三禮文化辭典

白玉林　遲鐸　編著

商務印書館
The Commercial Press

2019年·北京

圖書在版編目(CIP)數據

三禮文化辭典 / 白玉林,遲鐸編著. —北京:商務印書館,2019
ISBN 978-7-100-17077-2

Ⅰ.①三… Ⅱ.①白…②遲… Ⅲ.①《周禮》—文化—詞典②《儀禮》—文化—詞典③《禮記》—文化—詞典 Ⅳ.①K224.06-61

中國版本圖書館 CIP 數據核字(2019)第 024831 號

權利保留,侵權必究。

三禮文化辭典

白玉林 遲 鐸 編著

商務印書館出版
（北京王府井大街36號 郵政編碼100710）
商務印書館發行
北京冠中印刷廠印刷
ISBN 978-7-100-17077-2

2019年5月第1版　　開本 880×1230　1/32
2019年5月北京第1次印刷　印張 35¾
定價：118.00 圓

目　錄

凡例 ……………………………………………………… 1
部首辭目檢字表 ………………………………………… 3
　（一）部首目錄 ……………………………………… 3
　（二）辭目檢字表 …………………………………… 5
正文 ………………………………………………… 1—1004
辭目分類索引 ………………………………………… 1005
歷代三禮研究重要參考書目 ………………………… 1067
　（一）歷代《周禮》研究重要參考書目 …………… 1067
　（二）歷代《儀禮》研究重要參考書目 …………… 1069
　（三）歷代《禮記》研究重要參考書目 …………… 1071
　（四）三禮綜論 …………………………………… 1072
後記 …………………………………………………… 1075

凡　例

　　一、本辭典爲專書辭典。收錄《周禮》《儀禮》《禮記》三書中有關古代文化的專用詞、短語。其中單音詞2470個，複音詞語6057條，引用例證凡12642例。
　　二、本辭典收錄的詞語分爲以下若干類：

1. 典籍、篇章；
2. 帝王、朝代；
3. 疆域、區劃；
4. 宗法、宗廟；
5. 稱謂、名稱；
6. 職官、爵位；
7. 職事、執事；
8. 政治、教化；
9. 學校、教育；
10. 通禮；
11. 祭祀、祈祝；
12. 郊社、羣祀；
13. 喪葬、喪禮；
14. 喪服、喪具；
15. 敬老、養老；
16. 燕飲、酒食；
17. 婚禮、冠禮；
18. 射禮、投壺；
19. 朝聘、會同；
20. 財用、貢賦；
21. 軍事、田獵；
22. 刑法、獄訟；
23. 田土、道路；
24. 天文曆法、陰陽五行；
25. 卜筮、占問；
26. 宮室、王城；
27. 車乘、馬匹；
28. 兵器、兵服；
29. 旗幟、徽識；
30. 服飾、冠冕；
31. 舞樂、樂器；
32. 玉器、符節；
33. 器物；
34. 動物、植物；
35. 牲體；
36. 集市、買賣；
37. 券契、盟書；
38. 避諱；
39. 災病、醫藥；
40. 養生、生態環境；
41. 民族；
42. 度量、計量；
43. 顔色、色彩；
44. 成語、格言；
45. 其他。

　　三、本辭典單字條目按部首分列。同一部首下的單字條目依筆畫多少爲序，筆畫少的排在前。畫數相同的按起筆一（横）、丨（竪）、丿（撇）、丶（點）、乙（折）的順序排列。

　　四、在單字條目後，標注漢語拼音。形同音異的單字條目，用㊀㊁㊂……標明音項。

五、多字條目以音節多少分音項排列在單字條目下。音節少的排在前；音節相同的按第二字的筆畫多少排列，筆畫少的排在前。凡多音項的多字條目屬第二音項以下者，在其右下角用阿拉伯數字標注相應的音項。

六、每一辭目下其義項的排列以例句的多少爲序，例句多的排在前。例句相同的，以其在各書中出現的先後爲序。

七、每一義項下書證的引用，在三禮均有的情況下，每經選用一例（個別情況除外），依其在各書中出現的先後爲序。書證前標出書名、篇名，書證後括注該書證在《十三經注疏》中的頁碼、欄次。書証中出現的辭目用"～"代替。

八、本辭典釋義力求準確、簡潔。所引前人考釋，一般均引用原文，並標明出處。如前人解釋有分歧者，在釋義後以"一説"標出。

九、釋義及書証中涉及的人名、地名、國名、朝代名等，均加專名號。

十、本辭典采用繁體字。單字條目後，用（ ）加注相應的簡化字，用［ ］加注相應的異體字。未被整理的異體字單出條目。

十一、本辭典插圖多取自宋聶崇義《新定三禮圖》，共291幅。

十二、本辭典以中華書局影印《十三經注疏》（附校勘記）爲底本。

十三、爲便於檢索，辭典正文前有"部首辭目檢字表"，正文後有"辭目分類索引"。

十四、本辭典後附錄"歷代三禮研究重要參考書目"。

部首辭目檢字表

（一）部首目錄

1. 部首次序按部首筆畫多少排列，同畫數的按起筆一（橫）、｜（豎）、丿（撇）、丶（點）、乙（折）的順序排列。
2. 附形部首不計入部首內。
3. 右邊的號碼指辭目檢字表的頁碼。

一畫							
一	5	卩（㔾）	14	彡	23	犬（犭）	30
丨	7	刀（刂）	14	夕	23	歹	30
丿	8	力	14	夂	24	戈	31
丶	8	厶	15	广	24	比	31
乙（⼀乚）	8	又	15	宀	25	牙	31
		廴	15	彐（彑）	25	瓦	31
二畫		附 阝在右 同邑		尸	25	止	31
		阝在左 同阜		己（巳）	26	支（攴）	31
十	9			弓	26	日（曰）	32
厂（厂）	9	三畫		子	26	水（氵氺）	33
匚	9	干	15	女	26	牛	34
卜	9	工	15	幺	27	手（扌）	34
冂	9	土（士）	15	附 扌同手		毛	35
人（入亻）	10	寸	17	艹同艸		气	35
八（丷）	11	廾	17	犭同犬		片	35
勹	12	大	17	氵同水		斤	35
匕	12	尢	19	忄同心		爪（爫）	36
儿	12	弋	19	辶同辵		父	36
几	13	小（⺌）	19	四畫		月	36
亠	13	口	19			氏（民）	37
冫	13	囗	21	王（玉）	27	欠	37
冖	13	巾	22	无（旡）	28	殳	37
凵	14	山	22	木	28	文	37
		彳	23	支	30	方	37

部首目錄

火(灬)	38	老(耂)	43	足(𧾷)	52	**十畫**	
斗	38	耳	43	邑(阝在右)	53		
戶	38	臣	43	身	53	髟	59
心(忄)	38	西(襾西)	43	辵(辶)	53	馬	59
爿	39	至	43	釆	54	鬲	60
毋(母)	39	虍	43	豸	54	高	60
附 耂同老		虫	44	角	55	**十一畫**	
礻同示		网(罒)	44	言	55		
韋同韋		肉	44	辛	55	黃	60
		缶	44			麥	60
五畫		舌	44	**八畫**		鹵	60
		竹(⺮)	44			鳥	60
示(礻)	39	臼	45	青	56	魚	60
甘	40	自	45	長	56	麻	60
石	40	血	45	雨	56	鹿	60
目	40	舟	45	非	56		
田	40	色	45	隹	56	**十二畫**	
皿	41	衣(衤)	45	阜(阝在左)	56		
生	41	羊(⺶⺷)	46	金	57	黹	61
矢	41	米	46	門	57	鼎	61
禾	41	聿(⺻)	46	隶	58	黑	61
白	42	艮	46	附 飠同食		黍	61
瓜	42	艸(艹)	46				
疒	42	羽	48	**九畫**		**十三畫**	
立	42	糸	48				
穴	42			革	58	鼓	61
疋(正)	42	**七畫**		頁	58	黽	61
皮	42			面	58	鼠	61
癶	42	走	50	韭	58		
矛	43	赤	50	骨	58	**十四畫**	
附 玉同王		車	50	香	58		
氺同水		豆	51	鬼	58	鼻	61
罓同网		酉	51	食(飠)	58	齊	61
衤同衣		辰	51	風	59		
民同氏		豕	51	音	59	**十五畫**	
母同毋		貝	51	首	59		
		見	52	韋	59	齒	61
六畫		里	52	飛	59		
耒	43					**十六畫**	
						龍	61
						十七畫	
						龜	61

（二）辭目檢字表

1. 正文中祗有注音而無釋義的單字頭不列入本表。
2. 多音項的單字頭不依音項分別列入本表，只標首音項所在頁碼。
3. 右邊的號碼指正文的頁碼。

一 部		二十曰弱	4	三公	7	三祖	12
一人	1	二十而嫁	4	三正	8	三赦	12
一命	1	二十有八星	4	三世	8	三推	12
一食	1	二名不偏諱	4	三田	8	三從	12
一家	1	丁	4	三代	8	三祭	12
一耦	1	丁己	4	三加	8	三族	12
一廟	1	丁亥	4	三老	8	三貳	12
一獻	1	七	5	三光	8	三揖	13
一元大武	2	七十	5	三行	9	三無	13
一手一足	2	七尺	5	三兆	9	三飯	13
一坐再至	2	七代	5	三辰	9	三飲	13
一言償事	2	七祀	5	三均	9	三善	13
一易之地	2	七命	6	三祀	9	三道	13
一張一弛	2	七星	6	三刺	9	三夢	14
一獻之禮	2	七教	6	三易	9	三槐	14
一馬從二馬	3	七菹	6	三典	10	三虞	14
一成而不可變	3	七情	6	三物	10	三號	14
一人有慶,兆民		七閩	6	三命	10	三農	14
賴之	3	七踊	6	三采	10	三監	14
二十	3	七廟	6	三享	10	三踊	14
二毛	3	七醢	6	三拜	10	三種	14
二正	3	七騶	7	三牲	10	三賜	15
二伯	3	七獻	7	三重	10	三德	15
二祀	3	七月之喪	7	三皇	11	三廟	15
二君	3	七年曰悼	7	三侯	11	三獻	15
二孤	4	三	7	三宥	11	三饎	15
二祧	4	三又	7	三宮	11	三讓	15
二廟(庿)	4	三个	7	三卿	11	三十曰壯	15
		三王	7	三酒	11	三年之喪	15

三年之蓄	16	下餕	20	上嗣	24	五世	29
三年不齒	16	下劑	20	上罪	24	五代	29
三辰之澶	16	下瞽	20	上幣	24	五刑	29
三昭三穆	16	下大夫	20	上齊	25	五地	29
三日而五哭	16	下佐食	21	上賓	25	五戎	29
三牲之肺不離	16	下執事	21	上綱	25	五至	29
三賜不及車馬	16	下農夫	21	上耦	25	五行	30
三年問第三十八		下氣怡聲	21	上贊	25	五色	30
	17	下氣怡色,柔聲		上餕	25	五材	30
三揖而后至階,		以諫	21	上衡	25	五戒	30
三讓而后升	17	下齊如權衡以應		上擯	25	五更	31
于	17	平	21	上瞽	25	五兵	31
下	17	上	21	上大夫	25	五狄	31
下工	17	上丁	21	上佐食	26	五祀	31
下士	17	上工	21	上農夫	26	五味	31
下地	17	上士	22	上大夫卿	26	五物	31
下臣	18	上个	22	上功糾力	26	五命	32
下舌	18	上水	22	上命糾守	26	五采	32
下利	18	上介	22	上能糾職	26	五服	32
下附	18	上公	22	上愿糾暴	26	五法	32
下物	18	上地	22	上德糾孝	26	五官	33
下服	18	上舌	22	上不怨天,下不		五毒	33
下拜	18	上利	23	尤人	26	五盾	33
下牲	18	上附	23	上於面則敖,下		五帝	33
下庠	18	上服	23	於帶則憂,傾		五氣	34
下室	19	上春	23	則姦	27	五射	34
下宫	19	上相	23	丈夫	27	五席	34
下射	19	上牲	23	井	27	五庫	34
下殺	19	上射	23	井牧	27	五涂	34
下卿	19	上庠	23	井匽	27	五馭	34
下旅	19	上帝	23	井泉	27	五冕	35
下達	19	上客	24	井椁	28	五雲	35
下罪	19	上神	24	五	28	五飲	35
下齊	20	上衽	24	五十	28	五禁	35
下綱	20	上殺	24	五几	28	五路	35
下賢	20	上卿	24	五方	28	五溝	35
下殤	20	上旅	24	五正	28	五經	35

五種	35	不王不禘	41	世父母	45	表裘	50
五齊	35	不任之刑	41	世相朝	45	表齍盛	50
五齊	36	不孝之刑	41	世奠繫	45	表記第三十二	50
五寢	36	不弟之刑	41	世子之記	45	亞祼	50
五儀	36	不取同姓	41	世子不爲天子服		亞獻	50
五穀	36	不易之地	41		45	事功	50
五廟	36	不恤之刑	41	丙丁	45	事典	50
五聲	36	不通乞假	41	丘	45	事酒	50
五隸	37	不媾之刑	41	丘封	46	事書	51
五嶽	37	不睦之刑	41	丘首	46	事爲	51
五禮	37	不諱嫌名	42	丘乘	46	事職	51
五藥	37	不以死傷生	42	丘陵	46	事齋	51
五獻	37	不顧望而對	42	丘隧	46	事師無犯無隱	51
五世祖免	37	不中門,不履閾	42	丘壟	46	事君有犯而無隱	
五弦之琴	37	不服闇,不登危	42	丘籠	46		51
五虐之刑	37	不陵節而施之	42	再	47	事鬼敬神而遠之	
五常之行	37	不妄説人,不辭		再刺	47		51
五等之命	38	費	42	再命	47	事親有隱而無犯	
不次	38	不踰節,不侵侮,		再拜	47		51
不杖	38	不好狎	42	再宥	47	兩	52
不物	38	不窺密,不旁狎,		再赦	47	兩下	52
不命	38	不道舊故,不		再飯	47	兩圭	52
不淑	38	戲色	43	再虞	48	兩肩	52
不禄	38	屯	43	再易之地	48	兩造	52
不穀	39	互	43	再拜稽首	48	兩敦	52
不齒	39	互物	43	再拜稽顙	48	兩端	52
不趨	39	世	43	再期之喪	48	兩劑	53
不諱	39	世及	43	再命齒于(父)族		兩司馬	53
不識	39	世子	43		48		
不顧	40	世父	43	吏	48	丨 部	
不反服	40	世母	43	丞	49	中	53
不即市	40	世臣	44	甫	49	中士	54
不躬坐	40	世事	44	甫刑	49	中央	54
不祭肺	40	世室	44	更名	49	中刑	54
不貳采	40	世國	44	更端	49	中地	54
不貳問	40	世婦	44	表	49	中吕	54
不傾聽	40	世一見	45	表貉	49	中衣	54

中孝	54	升下則授綏	60	主敬	66	九軌	70
中門	54	升降不由阼階	61	主黨	66	九室	71
中武	55	乏	61	半夏	66	九貢	71
中典	55	年祝	61	半幅	66	九夏	71
中軍	55	年不順成	61	半爲堵	66	九卿	71
中帶	55	年穀不登	61	半塗而廢	66	九祭	71
中國	55	年二十而笄	61	州	66	九章	71
中祭	55	乘	61	州史	67	九棘	72
中庸	56	乘黃	62	州里	67	九稅	72
中琴	56	乘禽	62	州伯	67	九等	72
中罪	56	乘路	62	州序	67	九御	72
中璋	56	乘₂人	62	州社	67	九禁	72
中殤	56	乘₂石	62	州長	67	九圍	72
中霤	57	乘₂車	62	州府	67	九貉	72
中雷	57	乘₂(必)以几	63	州巷	67	九經	72
中大夫	57	乘₂君之乘車不敢曠左	63	州閭	67	九旗	73
中月而禫	57					九穀	73
中道而廢	57	、部		乙(ㄧㄥ)部		九賦	73
中庸第三十一	57			乙	67	九數	73
中₂冬	58	丹	63	九	68	九儀	73
中₂春	58	丹青	63	九十	68	九德	74
中₂秋	58	丹秫	63	九比	68	九畿	74
中₂夏	58	丹圖	63	九正	68	九磬	74
		丹質	64	九功	68	九舉	74
丿部		丹組纓	64	九式	68	九擯	74
乃	59	丹朱中衣	64	九戎	69	九藏	74
川	59	主	64	九夷	69	九禮	74
川師	59	主人	65	九伐	69	九嬪	75
川奠	59	主友	65	九州	69	九職	75
川衡	59	主皮	65	九門	69	九竅	75
川澤	59	主車	65	九事	69	九籩	75
久無事則聘	59	主君	65	九兩	69	九獻	75
及	59	主命	65	九牧	70	九瀍	75
升	60	主妾	65	九和	70	九月之喪	76
升中	60	主祠	66	九命	70	九和之弓	76
升歌	60	主孤	66	九采	70	九采之國	76
升堂主慎	60	主國	66	九服	70	九經九緯	76

九德之歌	76	十有二壤	81	南有嘉魚	85	匱路	89
乞言	76	十有再獻	81	博習親師	85		
予	76	十目所視,十手		博聞强識	85	卜部	
予₂一人	76	所指	81			卜	89
予₂小子	77	十年以長,則兄		厂(厂)部		卜人	89
甫	77	事之	81	厄	85	卜日	90
承	77	直庪	81	厚往而薄來	85	卜宅	90
承賀	77	直祭	81	厞	86	卜郊	90
承擯	77	直而勿有	81	原	86	卜師	90
承衾而哭	77	直道而行	81	原兆	86	卜葬	90
乳母	77	直情而徑行	82	原隰	86	卜筮	90
乾肉	77	卑者舉角	82	厲	86	卜簪	90
乾豆	77	卑者與尊者爲耦		厲禁	86	卜筮日	90
乾薦	77	不異侯	82	厲飾	86	卜₂人師	91
亂	78	卒	82	厲山氏	86	卝人	91
亂獄	78	卒伍	82	厭	86	占	91
亂世之音	78	卒長	82	厭冠	87	占人	91
亂民之刑	78	卒哭	82	厭翟	87	占兆	91
亂名改作	78	卒哭乃(而)諱	82	厭₃祭	87	占色	91
		協	83			占圻	91
十部		南	83	匚部		占夢	91
十日	78	南人	83	匹	87	占墨	91
十年	78	南方	83	匹士	87	占體	91
十倫	78	南呂	83	巨指	88	卦	92
十煇	79	南門	83	匜	88	卦者	92
十義	79	南郊	83	匡	88		
十二衣	79	南陔	84	匡人	88	冂部	
十二食	79	南面	84	匠	88	內	92
十二管	79	南風	84	匠人	88	內人	92
十有二土	79	南洗	84	匠師	88	內子	92
十有二月	80	南國	84	匪	88	內女	92
十有二辰	80	南鄉	84	匪媒不得	88	內史	92
十有二律	80	南嶽	84	匪₂頒	88	內列	92
十有二風	80	南龜	84	匪₂頒之式	89	內次	92
十有二教	80	南蠻	84	匯	89	內拂	93
十有二歲	80	南山有臺	85	匱	89	內事	93
十有二聲	81	南方爲上	85	匱	89	內府	93

內宗	93	人情	97	以德報德	102	作䚲	106
內骨	93	人道	97	付	102	伯	106
內宮	93	人節	97	代哭	102	伯子	107
內羞	93	人義	97	代脅	102	伯父	107
內宰	93	人舞	97	仞	103	伯母	107
內祭	93	人器	97	全	103	伯仲	107
內朝	93	人臣之禮	97	全羽	103	伯舅	107
內御	94	入	98	全具	103	位	107
內寰	94	入子	98	休老	103	佛其首	108
內寢	94	入門	98	伍	103	使臣	108
內豎	94	入幣	98	伏	103	使車	108
內親	94	入束矢	98	伏兔	103	使者	108
內雷	94	入鈞金	98	伐	103	使能	108
內鎮	94	入門主敬	98	伐柯	104	使節	108
內饗	94	个	99	伐冰之家	104	侑	109
內䬴	94	仁	99	仲	104	侑俎	109
內小臣	94	什	99	仲丁	104	侑食	109
內兄弟	94	什伍	99	仲冬	104	侑幣	109
內司服	95	仄行	100	仲春	104	來孫	109
內命夫	95	仄輮	100	仲秋	104	來婦	109
內命男	95	介	100	仲夏	104	來體	109
內命婦	95	介子	100	仲尼燕居第二十		來百工	110
內削幅	95	介夫	100	八	104	俀	110
內祭祀	95	介次	100	任	105	侏儒	110
內具之物	95	介物	100	任$_2$土	105	佾	110
內官之士	95	介邕	101	任$_2$正	105	佩	110
內省不疚	95	介婦	101	任$_2$左	105	佩玉	110
內事以柔日	95	介爵	101	任$_2$民	105	佩垂	110
內則第十二	95	介蟲	101	任$_2$地	105	佩委	111
內稱不辟親,外		介者不拜	101	伊耆氏	105	佩悅	111
舉不辟怨	96	化材	101	余聚	105	佩倚	111
內$_2$火	96	化祝	101	余小子	105	佽袂	111
		化治絲枲	101	佐車	106	依	111
人(入亻)部		以齒	101	佐食	106	俠牀	111
		以日易月	102	佐食上利	106	保	111
人民	96	以神仕者	102	作	106	保介	112
人門	96	以德報怨	102	作材	106	保氏	112
人鬼	97						

保母	112	倉人	116	僕	120	八則	126
保庸	112	倉玉	116	僕人	121	八風	126
保息六	112	倉庚	116	僕夫	121	八音	126
保章氏	112	倉廩	117	僕右	121	八尊	126
俎	112	倉龍	117	僕人士	121	八統	126
俎豆	112	俱句	117	僕人正	121	八頌	126
俎篡	112	偕立	117	僕人師	121	八辟	127
信圭	112	側席	117	僕人之禮	121	八蜡	127
信$_2$誓旦旦	113	側室	117	偽	121	八職	127
侯	113	側殺	117	僎	122	八簭	127
侯弓	113	側階	117	僎爵	122	八瀰	127
侯中	113	側尊	117	儀	122	八蠻	127
侯氏	113	側聽	117	儀禮	122	八次八舍	128
侯社	114	偶坐不辭	117	儒	122	六	128
侯服	114	偯	118	儒行第四十一	122	六十	128
侯道	114	偏駕	118	儐	122	六工	128
侯畿	114	偏諱	118	儳言	123	六大	128
侯襄	114	假道	118	儳皮	123	六弓	128
俑	114	備	118			六尺	128
俊	114	備數	118	**八(丷)部**		六玉	129
俊士	114	備百姓	118	八	123	六戎	129
俊選	114	備酒漿	118	八十	123	六同	129
倚廬	115	備埽灑	118	八矢	124	六行	129
倒載干戈	115	傅	119	八刑	124	六色	129
條屬	115	傅別	119	八成	124	六材	129
條纓	115	禽	119	八州	124	六狄	129
條$_2$狼氏	115	禽羞	119	八材	124	六典	129
脩	115	禽獻	119	八伯	124	六命	130
脩閭氏	115	傳	119	八卦	124	六和	130
脩$_3$酌	116	傳遽	120	八枊	125	六服	130
候人	116	傳遽之臣	120	八物	125	六府	130
候館	116	傳$_2$重	120	八侑	125	六官	130
倫	116	傳$_2$擯	120	八命	125	六祈	130
倫膚	116	偏者不袒	120	八珍	125	六建	130
倅	116	傷	120	八政	125	六馬	130
倅車	116	傷而不弔	120	八故	125	六牲	131
倉	116	僚友	120	八柄	126	六律	131

六食	131	六職	135	并日而食	140	與	143
六計	131	六辭	135	并$_2$州	140	興	143
六宮	131	六盦	136	共	140	興$_3$功	143
六祝	132	六屬	136	共$_2$祭	140	興$_3$甿	143
六卿	132	六君子	136	共$_2$工氏	140	興$_3$鋤	143
六畜	132	公	136	共$_3$牢	140	興$_3$舞	144
六書	132	公士	136	兵	140	興$_3$積	144
六斂	132	公子	136	兵矢	140		
六章	132	公牛	136	兵車	140	勹 部	
六清	132	公田	136	兵舞	140	勹	144
六禽	132	公史	137	兵輸	141	芻	144
六飲	132	公旬	137	兵革使	141	芻禾	145
六尊	132	公車	137	兵車之會	141	芻稍	145
六瑞	132	公門	137	兵車不式	141	芻豢	145
六鼓	133	公邑	137	弟	141	芻薪	145
六夢	133	公社	137	弟$_2$子	141	芻靈	145
六號	133	公事	137	弟$_2$弟	141	芻秣之式	145
六節	133	公室	137	並坐不橫肱	141		
六詩	133	公宮	137	並行而不相悖	141	匕 部	
六幣	133	公酒	138	具脩	142	匕	145
六舞	133	公家	138	典同	142	北方	145
六齊	133	公孫	138	典祀	142	北門	146
六寢	134	公族	138	典命	142	北狄	146
六摯	134	公墓	138	典臬	142	北郊	146
六穀	134	公屬	138	典絲	142	北面	146
六儀	134	公幣	138	典瑞	142	北首	146
六德	134	公廟	138	典路	142	北宮	146
六樂	134	公器	138	典謁	142	北堂	146
六器	134	公館	138	典禮	142	北階	146
六膳	134	公諱	138	典書者	142	北領	147
六聯	134	公襧	139	典婦功	142	北嶽	147
六甌	134	公司馬	139	典庸器	142	北龜	147
六禮	135	公有司	139	前疾	143	邕	147
六擾	135	公食大夫之禮	139	前躋	143	邕人	147
六藝	135	公食大夫禮第九		前驅	143		
六獸	135		139	前$_2$樊	143	儿 部	
六彝	135	并夾	140	冀州	143	元士	147

元子	148	免経	152	玄纁	157	雍州	161
元日	148	免₂席	152	玄纁	157	雍府	161
元辰	148	免₂喪	152	玄組綬	157	雍爨	161
元服	148	免₂経	152	玄綃衣	157		
兄弟	148	兌命	152	交遊	157	冫部	
兄良	148	兔	152	交龍	157		
兄弟長	148	兔醢	153	交擯	157	冰	161
兄弟之國	148	兔羹	153	交爵	158	冰鑑	161
先王	149	兔去尻	153	交獻	158	冶	162
先公	149	兗州	153	交手哭	158	冶氏	162
先古	149			亥	158	凌人	162
先生	149	几部		亨	158		
先老	149	几	153	亨人	158	冖部	
先妣	149	几杖	153	享	158	冗食者	162
先牧	149	凡	154	享牛	158	冠	162
先祖	149	鳧氏	154	享右	158	冠弁	162
先師	149			享礿	159	冠帶	162
先聖	150	亠部		享烝	159	冠布纓	163
先嗇	150	亡國之音	154	享嘗	159	冠弁服	163
先路	150	亢	154	享禮	159	冠繩纓	163
先賢	150	玄	154	夜士	159	冠衣不純采	163
先匱	150	玄玉	155	夜明	159	冠衣不純素	163
先君子	150	玄衣	155	夜時	159	冠₂士	163
先意承志	150	玄武	155	夜行以燭	159	冠₂主	164
先人而後己	150	玄冠	155	奇擽	159	冠₂笄	164
先筮而後卜	150	玄鳥	155	奇₂衺之民	159	冠₂禮	164
充人	151	玄旂	155	商	160	冠₂醮	164
充美	151	玄酒	155	商祝	160	冠₂醴	164
兆	151	玄冥	155	商旅	160	冠₂義第四十三	
兆民	151	玄孫	156	商祭	160		164
兆域	151	玄堂	156	商賈	160	冢人	164
兜	151	玄冕	156	率	160	冢子	164
兜中	152	玄尊	156	率帶	160	冢宰	164
兜甲	152	玄路	156	雍	161	冢婦	165
免	152	玄裳	156	雍人	161	冥	165
免祖	152	玄端	156	雍氏	161	冥氏	165
免麻	152	玄璜	157	雍正	161	幂	165
						幂人	165

凵 部

凶	165
凶札	165
凶年	165
凶服	165
凶荒	165
凶器	165
凶擽	166
凶聲	166
凶禮	166
凶事仍几	166
出	166
出入	166
出火	166
出母	166
出妻	166
出祖	167
出學	167
出言有章	167
出必告,反必面	167
出不易方,復不過時	167
函	167
函人	167
函鍾	167

卩(㔾)部

卯	167
危	168
危弓	168
危矢	168
卵鳥	168
卵鹽	168
卵₂醬	168
即席	168
卷	168
卷衣	168
卷冕	168
卷₂耳	168
卺	169
卻行	169
卿	169
卿士	169
卿老	169
卿擯	169
卿大夫	169

刀(刂)部

刀	169
刀匕	170
刀卻刃授穎	170
刃	170
切肺	170
分	170
分₂星	170
刌肺	170
刉珥	170
刑	170
刑典	171
刑官	171
刑象	171
刑賞	171
刑職	171
刑人於市	171
刑於隱者	171
刑不上大夫	171
刑平國用中典	172
刑亂國用重典	172
刑新國用輕典	172
列	172
列采	172
列國	172
列事未盡,不問	172
刖	172
刖罪	172
別	172
別子	172
別子爲祖	173
別姓而哭	173
利	173
判	173
判妻	173
判書	173
判縣	173
刺	173
刺兵	174
刺齒	174
刺草之臣	174
制	174
制祭	174
制幣	174
制祿	174
刮楹	175
刮摩之工	175
荆	175
荆州	175
削	175
削杖	175
削授拊	175
削殺矢之齊	176
則	176
剛	176
剛日	176
剛鬣	176
剡上	177
剝奠	177
副	177
副褘	177
割	177
剸	177
剸席	177
劍	178
劊	178
劊罪	178
劑	178
劑信	178
劘	178
劘主	178
劘屋	178
劘浴	179
劘鬯	179
劘龜	179
劘龜筴	179

力 部

力	179
力正	179
力臣	179
力政	179
功	179
功布	180
功兆	180
功衰	180
功裘	180
功屨	180
加布	180
加田	180
加豆	180
加席	181
加爵	181
加籩	181
助葬必執紼	181
勃壞	181
勒	181
勒面	181

						力厶又廴干工土(士)	
動物	181	叔舅	186	**工部**		巫祠	195
勞	181	受	186			巫降	195
勞₂酒	182	受成	187	工	191	巫參	195
勞₂農	182	受命	187	工尹	191	巫環	195
勞₂農勸民	182	受冠	187	工師	191	差若豪氂,繆以	
勸說	182	受重者	187	工人士	191	千里	195
勳	182	受用之府	187	工事之式	191	**土(士)部**	
勸防	182	受藏之府	187	左	192		
厶部		受弓劍者以袂	187	左个	192	土	195
		受珠玉者以掬	187	左手	192	土工	195
去杖	182	叢物	187	左右	192	土牛	195
去幾	183	**廴部**		左史	192	土化	196
去樂	183			左物	192	土示	196
去麻服葛	183	廷	188	左房	192	土圭	196
參	183	延	188	左胖	192	土均	196
參均	183	建星	188	左首	192	土事	196
參₄互	183	建鼓	188	左袒	192	土周	196
又部		建橐	188	左祖	193	土宜	196
		干部		左鄉	193	土訓	196
又哭	184			左道	193	土國	196
友	184	干	189	左戴	193	土揖	196
友行	184	干戈	189	左還	193	土鼓	197
反舌	184	干祫	189	左學	193	土方氏	197
反坫	184	干戚	189	左右正	193	土圭之灋	197
反服	185	干揚	189	左本在下	193	土均之灋	197
反哭	185	干舞	189	左祖右社	193	土宜之灋	197
反殺	185	干櫓	189	巫	194	土會之灋	197
反幣	185	干戚羽旄	189	巫比	194	士	197
反輕	185	干₂侯	190	巫目	194	士介	198
反求諸己	185	午	190	巫史	194	士田	198
取予	185	午割	190	巫式	194	士長	198
取龜	186	午割勿沒	190	巫更	194	士師	198
取左耳	186	平市	190	巫易	194	士大夫	198
取妻不取同姓	186	平肆	190	巫馬	194	士庶子	198
叔	186	平衡	190	巫咸	194	士冠禮	199
叔父	186	幹	190	巫恒	194	士昏禮	199
叔母	186			巫祝	194	士旅食	199

土（士）16

士喪禮	200	坐	204	堂廉	209	壺尊	213
士虞禮	200	坐尸	205	堂贈	209	壺涿氏	213
士相見之禮	200	坐不中席	205	執	209	堉	213
士冠禮第一	200	坐而論道	205	執友	209	填	213
士昏禮第二	200	坐如尸，立如齊		執引	209	填池	213
士相見禮第三	201		205	執圭	209	墓	213
士喪禮第十二	201	坅坎	205	執技	209	墓属	213
士虞禮第十四	201	坎	205	執事	209	墓大夫	213
壬	201	坎壇	205	執紼	209	墓而不墳	213
壬午	201	均人	205	執駒	210	塡	213
圭	201	均市	206	執綏	210	塗	214
圭田	201	坊	206	執醴	210	塗車	214
圭窬	202	坊記第三十	206	執鐸	210	墊	214
圭璋	202	壯	206	執玉不麻	210	埔	214
圭璧	202	坫	206	執紼不笑	210	塵不出軌	214
圭瓚	202	坤	206	執箕膺揭	210	墮祭	214
圭以馬	202	坤乾	206	執摯以相見	210	墳衍	214
在室	202	垂佩	206	埽祭	210	墳墓	214
在官言官	202	垂拱	206	埽地而祭	210	墳燭	215
地	202	垂挩	206	堯	210	墳$_2$壤	215
地中	202	坏	207	場	210	埋	215
地比	203	垣	207	場人	211	墨	215
地示	203	城	207	場圃	211	墨刑	215
地守	203	城郭	207	報	211	墨車	215
地求	203	城隅	207	報功	211	墨罪	216
地事	203	埋	207	報本反始	211	壇	216
地征	203	塋	207	報$_2$葬	211	壇位	216
地官	203	垸	207	報$_2$虞	211	壇壝宮	216
地政	203	聖周	208	垍	211	壎	216
地貢	203	堵	208	壹刺	212	壙	216
地氣	203	堊	208	壹命	212	壋	216
地產	204	堊室	208	壹宥	212	壝壇	217
地慝	204	堇	208	壹赦	212	壘	217
地圖	204	埴壚	208	壹獻之禮	212	壘舍	217
地龜	204	堂	208	壹倡而三歎	212	壚	217
地職	204	堂事	208	壺	212	壞法亂紀	217
地官司徒第二	204	堂涂	209				

寸 部		尋	222	大赤	226	大祥	231
		對席	222	大孝	226	大烝	231
寸	217	對敦	222	大均	226	大帶	231
寺	217	對筵	222	大車	226	大雩	231
寺人	217	對而不言	222	大役	227	大國	231
封	217			大甸	227	大祭	231
封人	218	廾 部		大祀	227	大章	232
封君	218	弁	222	大武	227	大琴	232
封樹	218	弁師	223	大事	227	大琮	232
封疆	218	弁冕	223	大昕	228	大棺	232
封父龜	218	弁経	223	大和	228	大喪	232
射	219	弁経服	223	大昏	228	大雅	232
射人	219	弊田	223	大帛	228	大飲	232
射夫	219	弊餘	223	大命	228	大洏	232
射正	219	弊餘之賦	223	大卷	228	大割	232
射牲	219			大宗	228	大瑟	232
射侯	219	大 部		大封	228	大聘	233
射宮	220	大	224	大故	228	大裘	233
射鄉	220	大人	224	大荒	229	大輅	233
射御	220	大弓	224	大咸	229	大肆	233
射節	220	大刃	224	大貞	229	大盟	233
射器	220	大夫	224	大鬼	229	大號	233
射爵	220	大比	224	大侯	229	大路	233
射人師	220	大凶	224	大食	229	大詢	233
射鳥氏	220	大火	225	大酋	229	大辟	233
射義第四十六	220	大示	225	大客	229	大綏	234
專席	221	大功	225	大扃	230	大嘗	234
專達	221	大札	225	大神	230	大蜡	234
專道而行	221	大田	225	大胥	230	大閱	234
尊	221	大白	225	大都	230	大旗	234
尊服	221	大市	225	大裁	230	大寶	234
尊俎	221	大刑	225	大夏	230	大寢	234
尊貴	221	大圭	226	大射	230	大璜	234
尊尊	221	大臣	226	大師	230	大璋	234
尊者舉觶	221	大成	226	大病	230	大盤	234
尊客之前不叱狗		大吕	226	大旅	230	大麃	235
	222	大次	226	大旅	231	大磬	235

大濩	235	大羅氏	238	大₂誓	243	夫家	247
大斂	235	大寶器	239	大₂蔟	243	夫義	248
大難	235	大饗射	239	大₂僕	243	夫襮	248
大獻	235	大刃之齊	239	大₂廟	243	夫家之征	248
大饗	235	大田之禮	239	大₂學	244	夫₂遂	248
大纍	236	大均之禮	239	大₂羹	244	夭	248
大讎	236	大役之禮	239	大₂卑	244	夭₂鳥	248
大夫君	236	大封之禮	239	大₂父母	244	太甲	248
大功布	236	大射之儀	239	大₂羹涪	244	太史	248
大功衰	236	大射第七	240	大₂祖之廟	244	太常	248
大田役	236	大師之禮	240	大₂陰之弓	244	太尉	248
大田獵	236	大傀異烖	240	大₂蔟爲徵	244	太僕	249
大白冠	236	大裘不裼	240	大₂廟大室	244	太廟	249
大司成	236	大饗有四	240	天	245	夷	249
大司空	236	大傳第十六	240	天子	245	夷矛	249
大司馬	236	大功小功不諱	240	天王	245	夷狄	249
大司徒	237	大學第四十二	240	天府	245	夷服	249
大司寇	237	大₂卜	241	天宗	245	夷牀	249
大司樂	237	大₂士	241	天官	245	夷則	250
大合吹	237	大₂子	241	天星	245	夷衾	250
大合軍	237	大₂王	241	天神	245	夷槃	250
大合樂	237	大₂右	241	天時	245	夷樂	250
大行人	237	大₂甲	241	天氣	246	夷隸	250
大甸獵	237	大₂史	241	天産	246	夷畿	250
大宗人	237	大₂牢	242	天揖	246	夾	250
大宗伯	237	大₂社	242	天龜	246	夾弓	250
大軍旅	238	大₂府	242	天下爲公	246	夾室	251
大神示	238	大₂宗	242	天子之弓	246	夾道	251
大射正	238	大₂祖	242	天官冢宰第一	246	夾鍾	251
大祭祀	238	大₂祝	242	天作孽,可違也;		夾爵	251
大朝覲	238	大₂師	242	自作孽,不可		夾王車	251
大喪紀	238	大₂宰	242	以逭	246	奉者當心,提者	
大盟約	238	大₂馭	243	夫	247	當帶	251
大會同	238	大₂常	243	夫人	247	奔喪	251
大禮祀	238	大₂陰	243	夫子	247	奔者不禁	251
大賓客	238	大₂傅	243	夫布	247	奔則爲妾	251
大樂正	238	大₂尊	243	夫屋	247	奔喪第三十四	252

奇車	252	小史	256	小寢	261	尚齒	265	
奄	252	小市	256	小廟	261	尚辭	265	
奄尹	252	小刑	257	小學	261	尚饗	265	
契	252	小臣	257	小斂	261	尚左手	265	
奎	252	小成	257	小禮	261	尚右手	265	
奚	252	小呂	257	小蟲	261			
奅	252	小次	257	小觿	261	口　部		
奧	253	小孝	257	小功布	262	口	265	
奧阼	253	小祀	257	小功衰	262	口容止	265	
奠	253	小君	257	小司馬	262	口不甘味	266	
奠牛	253	小宗	257	小司徒	262	古樂	266	
奠食	254	小事	258	小司寇	262	右	266	
奠席	254	小命	258	小臣正	262	右个	266	
奠菜	254	小服	258	小臣師	262	右史	266	
奠賈	254	小侯	258	小行人	262	右物	267	
奠酬	254	小客	258	小宗人	262	右房	267	
奠鴈	254	小肩	258	小宗伯	262	右契	267	
奠摯	254	小祖	258	小軍旅	262	右胖	267	
奠竁	254	小祝	258	小射正	262	右達	267	
奠繭	254	小胥	258	小祭祀	262	右還	267	
奠彝	254	小都	258	小喪紀	263	右學	267	
奠衣服	254	小師	259	小會同	263	右縫	267	
奪	255	小卿	259	小賓客	263	右體	267	
		小宰	259	小樂正	263	右肉袒	267	
九　部		小祥	259	小膳宰	263	右本在上	267	
尪	255	小國	259	小瀸儀	263	史	267	
尨	255	小祭	259	小心翼翼	263	句	268	
就	255	小喪	260	少牢	263	句$_2$弓	268	
		小雅	260	少師	264	句$_2$芒	268	
弋　部		小暑	260	少傅	264	句$_2$兵	268	
弋	255	小飯	260	少皥	264	司	268	
式	256	小童	260	少儀第十七	264	司干	268	
弒		小瑟	260	少牢饋食之禮	264	司士	268	
		小聘	260	少牢饋食禮第十		司土	269	
小(屮)部		小辟	260	六	264	司木	269	
小子	256	小綏	260	尚左	264	司中	269	
小功	256	小舞	260	尚右	265	司水	269	

司正	269	司圜	274	同貨	278	告挈	282
司右	269	司勳	274	同族	278	告飽	282
司甲	269	司諫	274	同衣服	278	含	282
司市	269	司關	274	同貨財	278	含玉	282
司民	269	司爟	274	同姓之邦	278	含$_2$桃	282
司刑	270	司几筵	274	同姓從宗	278	君	283
司巫	270	司弓矢	274	后	278	君子	283
司門	270	司戈盾	274	后土	279	君母	283
司兵	270	司馬正	274	后王	279	君長	283
司刺	270	司馬師	274	后妃	279	君命	283
司命	270	司宮士	274	后稷	279	君陳	283
司服	270	司烜氏	274	合	279	君雅	283
司空	270	司尊彝	275	合土	279	君奭	283
司馬	271	司寤氏	275	合升	279	君大夫	284
司草	271	召公	275	合甲	279	君子子	284
司徒	271	召南	275	合巹	279	君夫人	284
司宮	271	吉	275	合莫	279	君子式黃髮	284
司約	271	吉土	275	合葬	279	君所無私諱	284
司射	272	吉日	275	合舞	280	和	284
司書	272	吉凶	275	合語	280	和令	285
司救	272	吉事	276	合耦	280	和容	285
司貨	272	吉服	276	合樂	280	和鍾	285
司常	272	吉拜	276	合聲	280	和難	285
司寇(冦)	272	吉祝	276	合方氏	280	和鸞	285
司祿	272	吉笄	276	合九而成規	280	命	285
司裘	272	吉祭	276	各得其宜	280	命士	286
司嗇	273	吉器	276	名	281	命夫	286
司盟	273	吉禮	276	名上	281	命圭	286
司會	273	吉凶二服	276	名子	281	命車	286
司厲	273	吉凶之事	277	名物	281	命服	286
司稽	273	吉事變几	277	名山大川	281	命卿	286
司稼	273	吉事先近日	277	吾子	281	命祭	286
司儀	273	同	277	告	281	命婦	286
司險	273	同几	277	告存	282	命龜	286
司虣	273	同姓	277	告旨	282	命屨	287
司隸	273	同徒	277	告朔	282	命筮者	287
司器	274	同律	278	告備	282	周	287

周公	287	喜夢	291	喙	295	四圭	299
周尺	287	喪主	291	嗇	295	四夷	299
周召	287	喪車	291	嗇夫	295	四兆	299
周易	287	喪事	291	嗇黍	295	四守	299
周南	287	喪具	291	嗣	295	四豆	299
周祭	287	喪服	291	嗣尸	295	四牡	299
周還中規,折還		喪荒	291	嗣子	295	四阿	299
中矩	288	喪拜	291	嗣王	295	四制	300
哶	288	喪冠	292	嗚呼哀哉	295	四金	300
品嘗	288	喪祝	292	嘉玉	296	四郊	300
哀	288	喪紀	292	嘉石	296	四弩	300
哀子	288	喪衰	292	嘉事	296	四氣	300
哀孫	288	喪祭	292	嘉草	296	四海	300
哀顯相	288	喪奠	292	嘉蔬	296	四教	300
哀公問第二十七		喪筭	292	嘉薦	296	四術	300
	288	喪器	292	嘉禮	296	四望	300
咤食	288	喪禮	292	叚	296	四達	300
哨壺	289	喪屨	293	嘼炙	296	四飲	301
哸	289	喪首服	293	噩夢	297	四誅	301
哭柩	289	喪事主哀	293	器	297	四塞	301
哭踊	289	喪荒之式	293	器車	297	四輔	301
哭殯	289	喪冠條屬	293	器物	297	四監	301
哭無時	289	喪紀之容	293	器貢	297	四暢	301
哭日不歌	289	喪容纍纍	293	器械	297	四種	301
哭晝夜無時	289	喪服第十一	293	噬羹	297	四翟	301
唐	289	喪荒之聯事	294	噭應	297	四耦	301
唐弓	289	喪大記第二十二		嚌	297	四衛	301
唯命是聽	290		294	嚌肺	298	四廟	301
唯$_2$而不對	290	喪服小記第十五		嚳	298	四器	302
唯$_2$而不諾	290		294			四學	302
啐	290	喪服四制第四十		**口 部**		四擾	302
啐酒	290	九	294			四鬄	302
啐醴	290	喪事先遠日,吉		四方	298	四鎮	302
啓	290	事先近日	294	四正	298	四瀆	302
啓位	290	單席	294	四世	298	四類	302
啓蟄	290	嗟來之食	294	四布	298	四體	302
啜菽飲水	291	善衣	295	四失	298	四籩	303
				四代	299		

四靈	303	國家	307	布衰	311	席	315
四世而緦	303	國粥	307	布紒	311	席蓋	316
四夷之樂	303	國禁	307	布帶	311	帨	316
四夷之隸	303	國寶	307	布帷	311	帶	316
四郊之賦	303	國遷	307	布絞	311	常	316
四時五色	303	國畿	307	布幕	311	常刑	316
因母	303	國學	307	布緫	311	常事	317
因國	304	國灋	308	布憲	311	常珍	317
固辭	304	國子弟	308	市	311	帷	317
囷	304	國司馬	308	市司	312	帷宮	317
囷倉	304	國有司	308	市刑	312	帷堂	317
圀圂	304	國賓客	308	市師	312	帷薄之外不趨	317
囿	304	國比之灋	308	市朝	312	幌	317
囿人	304	圈	308	市廛	312	幌氏	317
囿游	304	園	308	市井之臣	312	幅	318
圃	304	園地	308	希冕	312	幄	318
圂腴	304	園圃	308	帔舞	312	幕	318
圉	304	園廛	308	帛	313	幕人	318
圉人	304	圜土	308	尋	313	幕布	318
圉師	305	圜丘	309	帤	313	幎目	318
國	305	圜壺	309	帥	313	幣	318
國子	305	圜鍾	309	帝	313	幣玉	318
國火	305	圜鍾爲宮	309	帝	313	幣帛	319
國刑	305	圜者中規,方者		帝牛	313	幣馬	319
國老	306	中矩	309	帝典	313	幣貢	319
國行	306			帝堯	313	幣號	319
國危	306	**巾 部**		帝舜	313	幣餘	319
國宅	306	巾	309	帝藉	314	幣獻	319
國車	306	巾車	310	帝嚳	314	幣齎	319
國門	306	巾冪	310	帤	314	幣帛之式	319
國社	306	巾櫛	310	師	314	幣餘之賦	319
國典	306	布	310	師氏	315	幠	319
國使	306	布巾	310	師田	315	幦	319
國服	306	布武	310	師役	315	幬	320
國馬	306	布帛	310	師甸	315		
國風	307	布荒	310	師都	315	**山 部**	
國客	307	布侯	311	師儒	315	山	320

山川	320	役車	324	從祖父	328	德	332	
山林	320	役要	324	從祖姑	328	德車	332	
山師	320	役器	324	從父兄弟	328	德音	333	
山陵	320	征	324	從父姊妹	328	徵	333	
山國	320	征布	324	從父昆弟	328	徵比	333	
山尊	320	征役	324	從母昆弟	328	徵令	333	
山虞	320	征鳥	324	從祖父母	328	徵價	333	
山節	321	征塵	324	從祖昆弟	328	衝牙	333	
山鎮	321	往日	325	從重而輕	329	徹	333	
山纍	321	往體	325	從輕而重	329	徹帷	333	
山玄玉	321	待獲	325	從祖祖父母	329	徹縣	333	
山澤之賦	321	徇罰	325	從有服而無服	329	徹重席	334	
岱山	321	衍	325	從無服而有服	329	衡	334	
岱宗	321	衍₂祭	325	御	329	衡山	334	
峻	321	律	325	御人	330	衡石	335	
崩	321	後	326	御士	330	衡視	335	
崇	322	後路	326	御史	330	衡縫	335	
崇牙	322	後右手	326	御妻	330	衛	335	
崇丘	322	徒	326	御柩	330	衛服	335	
崇坫	322	徒行	326	御食	330	衛音	335	
崇酒	322	徒役	326	御棺	330	衛畿	335	
崇鼎	322	徒食	326	御僕	330	徽號	336	
巖	322	徒從	326	御瞽	330			
巇	322	徒跣	326	御匶	330	彡 部		
		徒坐不盡席尺	326	御庶子	331	形鹽	336	
彳 部		徑	326	復	331	形方氏	336	
行	323	術	327	復衣	331	彤几	336	
行人	323	徣市	327	復逆	331	彤几	336	
行夫	323	徣善遠罪	327	復廟	331	彤面	336	
行役	323	從	327	復衣服	331	鬱	336	
行媒	323	從父	327	復衣裳	331	鬱人	337	
行不中道	323	從母	327	微情	331	鬱鬯	337	
行容惕惕	323	從車	327	微諫不倦	332	鬱齊	337	
行不舉足,車輪		從服	327	徯徑	332			
曳踵	323	從政	328	徬	332	夕 部		
行₂司馬	324	從祖	328	銜枚	332	夕	337	
役	324	從人者	328	銜枚氏	332	夕市	337	

夕哭	337	夙夜不解	341	夏宜腒鱐	345	庶子官	349
外女	337	夙興夜處	341	夏官司馬第四	345	庶兄弟	349
外史	337	多	341	夏$_2$楚	345	庶昆弟	349
外令	337	多昏	341			庶子之卒	349
外臣	338	夢	341	广 部		庶$_2$氏	349
外交	338	舞	341	序	345	庙	349
外次	338	舞羽	341	序事	345	庚	349
外私	338	舞師	341	序哭	346	庚弓	349
外事	338	舞徒	342	序齒	346	康誥	350
外府	338	舞雩	342	序爵	346	庸	350
外治	338	舞器	342	府	346	庸器	350
外宗	338			府庫	346	廋	350
外骨	338	夊 部		庖人	346	廋人	350
外孫	338	冬	342	庚	346	廄	350
外祭	338	冬官	342	庚辛	346	廄庫	350
外朝	339	冬烝	342	度	346	廉正	350
外傅	339	冬遇	342	庇	346	廉能	350
外御	339	冬日至	342	庭	347	廉敬	350
外寢	339	冬曰烝	342	庭氏	347	廉善	351
外親	339	冬多鹹	343	庭長	347	廉辨	351
外饗	339	冬宜鮮羽	343	庭燎	347	廉灋	351
外内宗	339	冬溫而夏清	343	庭實	347	廣欤	351
外内朝	339	冬官考工記第六		庠	347	廣輪	351
外内饗	339		343	庫	347	廣$_2$車	351
外兄弟	339	夏	343	庫門	347	廟	351
外命婦	340	夏收	343	庶	347	廟主	351
外削幅	340	夏礿	344	庶人	347	廟見	352
外祖母	340	夏采	344	庶士	348	廟祧	352
外祭祀	340	夏官	344	庶子	348	廟堂	352
外諸侯	340	夏祝	344	庶母	348	廟中不諱	352
外内命夫	340	夏屋	344	庶老	348	塵	352
外内命婦	340	夏時	344	庶弟	348	塵人	352
外祖父母	340	夏篆	344	庶姓	348	塵布	352
外内命男女	340	夏縵	344	庶羞	348	塵里	352
外事以剛日	340	夏日至	344	庶孫	348	廞	352
外言不入於梱,内		夏曰禘	344	庶婦	349	廞馬	353
言不出於梱	341	夏多苦	344	庶子正	349	廞衣服	353

廢	353	宗祝	357	宮人	363	宰胥	368
廢疾	353	宗祧	357	宮正	363	寄	368
廢敎	353	宗族	357	宮刑	363	寄公	368
廢置	353	宗婦	358	宮伯	364	宿	368
廢爵	353	宗廟	358	宮室	364	宿肉	368
廩	353	宗器	358	宮宰	364	宿戒	368
廩人	353	宗彝	358	宮隅	364	宿息	368
廩爨	354	定墨	358	宮禁	364	寒蟬	369
廬	354	定龜	358	宮罪	364	寓公	369
廬人	354	定體	358	宮廟	364	寬疾	369
廬舍	354	宜	358	宮縣	364	寡	369
廬器	354	官	358	宮中讆	364	寡人	369
		官田	359	客	364	寡君	369
宀部		官令	359	客位	364	寡大夫	369
宁	354	官刑	359	客階	365	寡小君	369
宇	354	官成	359	客爵	365	寡君之老	369
守犬	355	官材	359	家	365	寡君之適	370
守臣	355	官長	360	家士	365	癊夢	370
守祧	355	官府	360	家臣	365	寢	370
守瘞	355	官契	360	家邑	365	寢門	370
守蠱	355	官計	360	家相	365	寢苦	370
宅	355	官師	360	家削	365	寢廟	370
宅田	355	官書	360	家僕	365	寢毋伏	371
宅者	355	官敘	360	家大夫	365	寢苦枕塊	371
安弓	355	官常	360	家司馬	365	寘柴	371
安矢	355	官禁	361	家宗人	365	寫	371
安車	355	官聯	361	家削之賦	366	審	371
安富	356	官職	361	宵衣	366	寶龜	371
宗	356	官瀍	361	宵雅	366		
宗人	356	官屬	361	容	366	**ヨ(彑)部**	
宗子	357	宛脾	362	容臭	367	彗	371
宗兄	357	宣	362	容蓋	367	彘	371
宗后	357	宥	362	容體正	367	彝	372
宗伯	357	室	362	宰	367		
宗弟	357	室老	362	宰夫	367	**尸部**	
宗後	357	室事	362	宰祝	368	尸	372
宗室	357	宮	362			尸次	372

尸俎	372	巷	377	彊	381	孤寡	386
尹吉	372	巷市	377	彊䡈	381	孤竹之管	386
尹祭	372	巷伯	377	彊$_2$予	381	孤陋而寡聞	386
尺	372			彌	381	孫竹之管	386
尻	373	**弓 部**				孰諫	386
尾	373	弓	377	**子 部**		學	386
尾蠹	373	弓人	378	子	382	學士	387
居士	373	弓兆	378	子卯	383	學藝	387
居喪	373	弓弩	378	子孝	383	學記第十八	387
居官者	373	弓韣	378	子師	383	學$_2$學半	387
居倚廬	373	弓矢舞	378	子貢問樂	383	孺人	387
居堊室	373	弔	378	孔子閒居第二十		孺子	387
居不主奥	373	弔喪	378	九	383		
居喪之禮	373	弔禮	378	存	383	**女 部**	
屈狄	374	弔而不傷	378	存愛	383	女	387
屋	374	引	378	字	383	女尸	388
屋粟	374	引年	379	孝	384	女子	388
屋誅	374	弛力	379	孝子	384	女工	388
屋漏	374	弛縣	379	孝王	384	女功	388
屏	374	弣	379	孝行	384	女史	388
屏$_2$之臣	375	弧	379	孝孫	384	女巫	388
展成	375	弧弓	379	孝德	384	女君	388
展衣	375	弧旌	379	孝有三	384	女事	388
展牲	375	弧張	380	孟月	385	女府	388
展幣	375	弧韣	380	孟冬	385	女宮	388
履	375	弦	380	孟春	385	女祝	389
屨	375	弩	380	孟秋	385	女酒	389
屨人	375	弭	380	孟夏	385	女桃	389
屬	375	弱	380	季	385	女媧	389
屬貴	376	張	380	季冬	385	女御	389
屬禽	376	張皮	380	季春	385	女羃	389
屬纊	376	張弓尚筋,弛弓		季指	385	女槀	389
屬辭比事	376	尚角	380	季秋	385	女漿	389
屬$_2$從	376	強	381	季夏	385	女醢	389
		強而弗抑	381	孤	385	女醯	389
己(巳)部		強立而不反	381	孤子	386	女饎	389
己	376	粥	381	孤卿	386	女籩	389

女幺王(玉)　27

		始醮	393	婦諱不出門 397	王弓	401
女鹽	389	始封之君	394	婦人不絕於男子	王子	401
女子子	389	姆	394	之手 397	王內	401
女舂抌	390	姪	394	婦人迎客送客不	王父	401
女從者	390	姪娣	394	下堂 397	王瓜	401
奴	390	姪丈夫、婦人 394		媒 397	王母	401
如切如磋,如琢		姻	394	媒氏 397	王老	401
如磨	390	姦色	394	嫺 398	王考	401
妄指	390	娣	394	嫂叔不通問 398	王后	401
妃	390	娣姒婦	394	婆女 398	王次	401
好	390	娶	395	嬪宮室 398	王事	401
好賜	390	婁	395	嫌名 398	王宮	402
好用之式	390	婢	395	嫁 398	王夏	402
好₂令	391	婢子	395	嫁殤 398	王棘	402
好₂事	391	婢妾	395	嬖御人 398	王道	402
好₂羞	391	婦	395	嬖御士 399	王畿	402
妣	391	婦人	395	嬪 399	王藉	402
妥尸	391	婦功	395	嬪物 399	王大子	402
姒	391	婦主	395	嬪貢 399	王父母	402
姑	391	婦出	395	嬪婦 399	王考廟	402
姑洗	391	婦式	395		王制第五	402
妻	392	婦	396	幺部	玉	402
妻子	392	婦言	396	幼 399	玉人	402
妻帑	392	婦事	396	幼名 399	玉几	403
姓	392	婦使	396	幼弱 399	玉兆	403
委	392	婦官	396	幼從父兄從子	玉豆	403
委人	392	婦洗	396	400	玉府	403
委積	392	婦容	396	幽 400	玉笄	403
委₂武	392	婦順	396	幽州 400	玉鬯	403
委₂巷	392	婦德	396	幽宗 400	玉琖	403
委₂貌	392	婦聽	397	幾 400	玉敦	403
妾	393	婦人子	397	幾珥	400	玉瑞	403
妾母	393	婦氏人	397	幾酒	400	玉路	403
	393	婦人重帶	397		王(玉)部	玉節	404
	393	婦人不葛帶	397	王	400	玉琪	404
					玉幣	404

玉瑾	404	瑚	408	璽節	412	朱極	
玉磬	404	瑞	408	瓚	412		
玉器	404	瑞玉	408				
玉錦	404	瑞祝	408	**无(旡)**			
玉爵	404	瑞節	408	既			
玉鎮	404	瑜玉	408	既廩			
玉藻	405	瑜不揜瑕	408	既夕禮第十三			
玉盥	405	瑕不揜瑜	408		41		
玉獻	405	璠玉	408	既₂明且哲,以保			
玉瓉	405	瑑	408	其身	412		
玉藻第十三	405	瑑琮	408				
玉不琢,不成器		瑱	409	**木部**			
	405	瑱₂圭	409	木	413		
玫	405	瑤	409	木工	413		
玦	405	瑤爵	409	木瓜	413		
珍	405	瑾	409	木車	413		
珍圭	405	璜	409	木梱	413		
珥	405	璜以黼	409	木桁	413		
珠玉	406	璋	409	木菫	413		
珠槃	406	璋瓉	410	木路	413		
玼	406	璋邸射	410	木鐲	413		
班朝	406	璋以皮	410	木燧	414		
班白不提挈	406	璪	410	木鐸	414		
球玉	406	環	410	木鑣	414		
理	406	環拜	410	本	414		
琴		環涂	406	本俗六	414		
琴瑟		環経	406	未齓			
琢		環₂人	406	朴	411		
瑳		璧	406	朱	411		
琥		璧角	407	朱干	411		
琥璜		璧散	407	朱色	411		
琥以繡		璧羨	407	朱衣	411		
琀圭		璧翣	407	朱弦	411		
琮		璧以帛	407	朱鳥	411		
琮以錦		瑞	407	朱紘	411		
琬圭		璽	407	朱組	412		
瑟							

殉葬	451	戚	456	正	460	歸宗	466
殤	451	戟	456	正尸	461	歸藏	466
殯	451	戲色	456	正内	461	歸₂脤	466
殯服	451	戴	456	正方	461		
殯宮	451	戴勝	456	正色	461	**支(攴)部**	
戈 部		**比 部**		正室	461	攴	466
				正脊	461	攴夫屋	466
戈	451	比	456	正脅	461	收	466
戈戟之齊	452	比投	457	正夢	462	收族	466
戊	452	比長	457	正歌	462	攻	467
戎	452	比居	457	正爵	462	攻特	467
戎右	452	比要	457	正體	462	攻駒	467
戎車	452	比瀍	457	正日景	462	攻說	467
戎狄	452	比物醜類	457	正容體	462	攻禜	467
戎馬	452	**牙 部**		正朝夕	462	攻龜	467
戎路	452			正歲年	462	攻木之工	467
戎僕	452	牙	458	正齒位	462	攻皮之工	467
成	452	牙₂璋	458	正₂月	463	攻金之工	467
成人	453	**瓦 部**		正₂朔	463	改服	467
成布	453			正₂歲	463	改葬	468
成名	453	瓦	458	正₂鵠	463	改正朔	468
成均	453	瓦大	458	步	463	改居則請退	468
成事	454	瓦兆	458	步爵	463	放飯	468
成服	454	瓦豆	458	武	464	政典	468
成拜	454	瓦屋	459	武功	464	政官	468
成婦	454	瓦棺	459	武車	464	政象	468
成童	454	瓦敦	459	武宿夜	464	政職	468
成賈	454	瓦盤	459	武車不式	464	政₂役	468
成踊	454	瓦甒	459	歲	464	政₂職	468
成人禮	454	瓬	459	歲成	465	故	469
戒	455	瓶	459	歲年	465	故士	469
戒射	455	甄	459	歲事	465	效駕	469
戒賓	455	甑	459	歲制	465	效馬效羊者右牽之	469
咸	455	甕	460	歲會	465		
咸池	455	甗	460	歷	465	教典	469
咸陟	455	**止 部**		歷階	465	教官	469
威儀	455	止於至善	460	歸	466	教象	469

教職	469	敦	474	曲藝	478	易服色	483
教學相長	469	數	474	曲禮下第二	478	易關市	483
教學臨文不諱	470	數器	474	曲禮上第一	478	易服者易輕者	483
救日	470	數₂日	474	旬	478	春	483
救日月	470	數₂獲	474	旬日	478	春社	483
敬	470	斂	474	昊天	478	春官	484
敏德	470	斂尸	475	昊天上帝	479	春秋	484
敘	470	斂衣	475	昔酒	479	春鳥	484
敘降	471	斂弛	475	昆	479	春日祠	484
敘哭	471	斂材	475	昆弟	479	春多酸	484
叙事之濾	471	斂服	475	昆蟲未蟄,不以		春官宗伯第三	484
敝	471	斂衾	475	火田	479	春田不圍澤,大	
敝邑	471	斂席	475	昌	479	夫不掩羣,士	
敝廬	471	斂賻	475	昌本	479	不取麛卵	484
敢	471	斂濾	475	昌歜	479	昧	485
散	471	斂衣服	475	明	479	冒	485
散衣	471	斂弛之聯事	476	明火	479	星	485
散車	471	斂人	476	明水	479	星土	485
散綏	472	斂征	476	明刑	480	昨	485
散樂	472	變	476	明衣	480	昨席	485
散爵	472	變几	476	明酌	480	昭	486
散屨	472	變味	476	明梏	480	昭夏	486
散觶	472	變國火	476	明堂	480	昭穆	486
散鹽	472			明旌	481	昭繆	486
散祭祀	472	**日(日)部**		明視	481	昏	486
散₂利	472			明粢	481	昏冠	487
散₂送	472	日	476	明齊	481	昏(昬)姻	487
散₂射	472	日成	476	明器	481	昏(昬)禮	487
散₂帶	473	日至	477	明燭	481	昏辭	487
散₂麻	473	日食	477	明竇	481	昏禮不賀	487
散₂等	473	日脩	477	明齍	481	昏定而晨省	487
散₂齊	473	日以至	477	明弓矢	482	昏禮不用樂	487
散₂馬耳	473	日短至	477	明衣裳	482	昏義第四十四	488
敬	473	日就月將	477	明明德	482	時	488
敬宗	473	早物	477	明堂之位	482	時田	488
敬故	473	曲	477	明堂位第十四	482	時見	488
敬業樂羣	474	曲袷	478	易	482	時祀	488
		曲禮	478				

日(曰)水(氵氺) 33

時制	488	曠左	494	泰厲	498	淫聲	503
時揖	488			泰壇	498	涼	503
時聘	488	水(氵氺)部		泰龜	499	淳母	503
時會	488	水	494	泰羹湆	499	淳熬	503
時器	488	水地	494	沽功	499	淳₂制	503
時難	489	水庸	494	河出馬圖	499	淙	504
晉	489	水涷	494	泉府	499	深	504
晉鼓	489	水尊	494	注	499	深弓	504
晊	489	水禁	495	治	499	深衣	504
書	489	水虞	495	治中	499	深蒲	504
書方	489	水蟲	495	治兵	500	深衣第三十九	504
書卦	489	水盬	495	治典	500	湛熾	504
書致	489	水蒼玉	495	治官	500	湢浴	504
書契	489	求日	495	治朝	500	涷帛	504
冕	490	求牛	495	治象	500	涷絲	505
冕服	490	汁	495	治職	500	澳澤	505
景	490	汁獻	495	洗	500	湯沐之邑	505
景₂夕	490	氾拜	496	涖	500	温柔敦厚	505
景₂長	491	汙尊而抔飮,蕢		涅廟	501	温故而知新	505
景₂朝	491	桴而土鼓	496	澨卜	501	渴澤	505
景₂短	491	池	496	澨牲	501	滑	506
普淖	491	沐	496	涂	501	滑養竅	506
普薦	491	沐浴	496	浮	501	溲酒	506
曾孫某	491	沐梁	496	流	501	湆	506
曾子問第七	491	沐稷	497	流歠	501	游	506
會	492	沐稷而靧梁	497	涗水	501	游卒	506
會同	492	沙	497	涗酌	501	游牝別羣	506
會飯	492	沃盥	497	清	502	湡	506
會同主諂	492	沃尸盥	497	清酌	502	湑	507
會₂計	493	泛齊	497	清酒	502	溝	507
嘗	493	沈	497	清滌	502	溝池	507
暢	493	沈齊	498	清廟	502	溝洫	507
暢月	493	決	498	淺	502	溝封	507
暴	493	泰	498	渠	502	溝渠	507
暴天物	493	泰折	498	渠眉	502	溝瀆	507
暴₂尪	493	泰昭	498	淫祀	503	滌	507
暴₂練	493	泰筮	498	淫樂	503	潞灉	507

溢	507	瀝羊	511	物靡	516	扑	520
溺音	508	瀝則	511	牲	516	扑罰	520
漬	508	**牛 部**		牲牷	516	扱地	520
漆	508			牲號	516	扱₂衽	520
漆几	508	牛	511	牲禮	516	扶	520
漆車	508	牛人	512	牲犢	516	抔飲	521
漱上氣疾	508	牛田	512	牲用白牡	517	折	521
漁師	508	牛炙	512	特	517	折俎	521
漿	508	牛牲	512	特拜	517	折瘍	521
漿人	508	牛脩	512	特牲	517	投	521
漿飲	508	牛戴	512	特揖	517	投壺	521
潛服	509	牛膠	512	特餕	517	投壺之禮	521
潰瘍	509	牛膾	512	特縣	517	投壺第四十	521
潘	509	牛鮨	512	特立獨行	517	抗木	522
澄酒	509	牛藿	513	特牲饋食之禮	518	抗席	522
澣帛	509	牛戴牛	513	特牲饋食禮第十		抗衾	522
澡麻	509	牛夜鳴則庮	513	**五**	518	抉	522
澡葛	509	牝服	513	牷	518	拜	522
澤	509	牟	513	牷物	518	拜日	522
澤人	509	牡麻	513	牽	518	拜至	522
澤手	509	牡樟	513	牽牛	518	拜受	523
澤國	509	牡蘜	513	牽牲	518	拜送	523
澤梁	510	牡麻経	513	牽傍	518	拜洗	523
澤虞	510	牢	514	牴	519	拜既	523
澤藪	510	牢肉	514	牴₂牲	519	拜辱	523
澤物之奠	510	牢具	514	犀甲	519	拜貺	523
濁	510	牢禮	514	犀膠	519	拊	523
澮	510	牢禮之米	514	犢	519	拊搏	523
濫	510	牢禮之法	514	犧牛	519	拍	523
濡	510	牧	514	犧牲	519	抵	524
濡₂濯	510	牧人	515	犧牷	519	拘	524
濟濟翔翔	510	牧田	515	犧賦	519	抱	524
瀰	511	牧師	515	犧₂象	519	抱厤	524
瀆	511	物	515	犧₂尊	520	拂柩	524
潏	511	物色	515	**手(扌)部**		披	524
灌	511	物貢	516			招	524
潘	511	物彪	516	手拜	520	招弭	525

手(扌)毛气片斤

招搖	525	掌節	529	摯	533	攝主	538
拚	525	掌察	529	搏	533	攝服	538
挈壺氏	525	掌戮	529	搏₂飯	533	攝酒	538
拳	525	掌疆	529	搏₂埴之工	533	攦	538
持馬	525	掌染草	529	摳衣趨隅	534		
拱	525	掌貨賄	529	摭鐸	534	毛 部	
拱手	526	掌察四方	529	撻	534	毛	538
拒	526	掩	529	撻戮	534	毛物	539
括	526	掩口而對	529	揭	534	毛炮	539
括髮	526	授	529	撣人	534	氂毛	539
挺	526	授几	530	撮	534	氂冕	539
挺臂	526	授校	530	撫	534	氂	539
拾	526	授祭	530	撫玉	534	毦豆	539
拾₂踊	526	授綏	530	撫式	534	毦案	539
振羽	526	授立不跪,授坐		撫席	535	氈	539
振旅	527	不立	530	撫祭	535		
振容	527	接子	530	撟	535	气 部	
振動	527	接武	530	撟₂邦令	535	氣	540
振祭	527	接₂盛	530	播餘	535	氣聽	540
振窮	527	揩擊	530	撥	535		
捂受	527	提	531	攓	535	片 部	
挾日	528	揚	531	擊柝	535	版	540
捍	528	揚州	531	擊笙	535	版圖	540
捘祭	528	揚飯	531	操縵	536	牖	541
掌囚	528	揖	531	擩祭	536	牖戶	541
掌皮	528	揖讓	531	擔主	536	牖鄉	541
掌次	528	揄狄	531	擣珍	536	牘	541
掌交	528	揄絞	532	擯	536		
掌舍	528	援	532	擯士	536	斤 部	
掌固	528	摠干	532	擯者	536	斤	541
掌客	528	握	532	擯相	537	斥蠖	541
掌炭	528	握₂手	532	擯詔	537	斧	541
掌畜	528	搔篲	532	擢馬	537	斧斤	542
掌荼	529	揉	533	擾	537	斧依	542
掌蜃	529	搏	533	攘	537	斧斤之齊	542
掌訝	529	搞	533	攘₂獄	537	斬	542
掌葛	529	搢本	533	攜	537	斬衰	542

斬殺	542	肝	549	脉	554	腊	559
斬衰裳	542	肝膋	549	胥	554	腊人	559
斯禁	543	肺	549	胥師	555	朝	559
新	543	肺石	549	胅	555	朝士	560
新宮	543	肺祭	549	脡	555	朝日	560
新樂	543	肫	549	脡脊	555	朝廷	560
斷長補短	543	胏	549	脡祭	555	朝車	560
爪(爫)部		胏俎	550	脂	555	朝事	560
		肴	550	脂膏	555	朝服	560
爲人後者	543	朋友	550	胳	555	朝享	561
爲祖母後者	544	股	550	脊	555	朝聘	561
舜	544	肩	550	朕	556	朝踐	561
爵	544	肩隨	550	朔	556	朝覲	561
爵弁	545	肩而不併	551	朔月	556	朝獻	561
爵韋	545	肥牛	551	朔食	556	朝大夫	561
爵韠	545	服	551	朔奠	556	朝廷之容	561
爵弁服	545	服不	551	朔鼙	556	朝事之豆	562
爵(皆)無算	545	服玉	551	胥	556	朝事之籩	562
父部		服弁	552	脅	556	朝儀之位	562
		服色	552	脯	557	朝$_2$夕	562
父師	546	服車	552	脯肉	557	朝$_2$市	562
父後者	546	服位	552	脯脩	557	朝哭	562
月部		服事	552	脯醢	557	朝$_2$夕哭	562
		服除	552	脯羹	557	脾	563
月	546	服貢	552	脛	557	脾析	563
月半	546	服術	553	脛鳴	557	脧	563
月吉	547	服飾	553	脛臑	557	勝國之社	563
月成	547	服不氏	553	脈膰	557	腒	563
月辰	547	服問第三十六	553	脹膰之禮	558	腸	563
月制	547	胡	553	脣	558	腥	563
月要	547	胃	553	望	558	腥魚	564
月食	547	胄	553	望祀	558	腥臊羶香	564
月令第六	547	胙俎	554	望衍	558	腫瘍	564
有司	548	胎	554	期	558	股脩	564
有虞氏	548	胸	554	期而練	558	腨肥	564
有司第十七	548	胞	554	期而小祥	559	滕	564
有旨無簡,不聽		胖	554	朞	559	滕爵	564
	548						

膏	564	臕	569	殷奠	574	方士	579
膏物	565	臝	569	殷覜	574	方丘	579
膏香	565	臝醢	569	殷膳	574	方兆	579
膏腥	565	臘	569	殺	574	方色	579
膏臊	565	騰馬	569	殺矢	574	方志	579
膏臑	565	臝	569	殺罪	574	方足	580
膏羶	565	臝物	569	殺人而義	574	方伯	580
脢	565			殺$_2$哀	575	方祀	580
脊	565	**氏(民)部**		殺$_2$禮	575	方明	580
膊	565	氏	570	殷	575	方壺	580
膚	566	氏	570	殷全	575	方策	580
脾	566	民訟	570	殷膌	575	方慝	580
膠	566	民虜	570	殷兵	575	方相氏	581
腳	566	民獄	570	毀	576	方以類聚,物以	
臁	566	民職	570	毀事	576	羣分	581
臐	566			毀瘠	576	方$_2$良	581
膰	566	**欠部**		毀不危身	576	斿	581
臟	567	次	571	毀不滅性	576	斿$_2$車	581
膳	567	次介	571	穀	576	斿$_2$貢	581
膳夫	567	次祀	571	穀圭	576	旃	581
膳羞	567	次舍	571	穀積	576	旄	581
膳酒	567	次席	572	穀璧	577	旄期	582
膳宰	567	次敘	572	穀	577	旄$_2$人	582
膳尊	567	次路	572	穀	577	旄$_2$舞	582
膳爵	567	次纛	572	穀$_2$折	577	旂	582
膳觶	567					旗	582
膳獻	568	**殳部**		**文部**		旅人	583
膳食之宜	568	殳	572	文	577	旅占	583
臘	568	段	572	文章	578	旅行	583
膝	568	段氏	572	文德	578	旅帥	583
臊	568	段脩	573	文織	578	旅食	583
臅	568	殷	573	文繡	578	旅酬	583
膾	568	殷同	573	文武之道	578	旅師	583
膾炙	568	殷見	573	文王世子第八	578	旅賁	583
臂	568	殷事	573			旅揖	584
臑	569	殷國	573	**方部**		旅幕	584
臑折	569	殷祭	573	方	579	旅酬	584

旅幣	584	火田	590	燕衣	595	**戶 部**		
旅樹	584	火令	590	燕見	595			
旅擯	584	火禁	590	燕食	595	戶	599	
旅賁氏	584	灰	590	燕射	595	戶牖之閒	599	
旁殺	584	炙	590	燕朝	595	房	599	
旁尊	585	炎帝	590	燕飲	595	房中	599	
旁磔	585	炮	590	燕寢	596	房俎	599	
旌	585	炮祭	591	燕樂	596	房中之羞	600	
旌門	585	炮土之鼓	591	燕器	596	房中之樂	600	
旌旗	585	烏	591	燕禮	596	扃	600	
旌節	585	烝	591	燕衣服	596	扇	600	
旌旗	586	焄蒿	591	燕飲酒	596	扉	600	
族	586	焚牧	591	燕樂器	596			
族長	586	焚萊	591	燕禮第六	596	**心(忄)部**		
族食	586	無主	591	燕義第四十七	596	心	600	
族夏	586	無服	592	燎	597	心喪	600	
族師	587	無後	592	燋	597	心廣體胖	601	
族葬	587	無射	592	燔	597	必	601	
族厲	587	無夫家	592	燔柴	597	志	601	
族燕	587	無筭樂	592	燔燎	597	志矢	601	
族父母	587	無筭爵	592	燧	597	志趨	601	
族昆弟	587	無服之喪	592	營室	597	忌日	601	
族墳墓	587	無服之殤	592	燭	597	忌諱	601	
族祖父母	587	無聲之樂	592	燭不見跋	597	忠	601	
族曾祖父母	587	無體之禮	593	爨	598	忠恕	601	
旋	587	然	593	爛	598	思次	601	
旋蠱	587	焞	593	爛祭	598	思夢	601	
旎	588	輝	593	爌	598	恒山	602	
旒	588	熬	593	爨	598	恒矢	602	
旗	588	熬穀	593	爨室	598	息	602	
旗物	589	熊	594			息燕	602	
旐	589	熊侯	594	**斗 部**		息老物	602	
旟	589	熊席	594	斗	598	恤	602	
旜	589	熊旗	594	斛	598	恤貧	602	
		燕	594	斝	599	恤禮	602	
火(灬)部		燕几	595	斝彝	599	恕	602	
火	590	燕毛	595	斞	599	惡	603	

惡₂車	603	示號	607	神祀	612	祭脯醢	617
惡₂筓	603	示高	607	神祇	612	祭祀之式	617
悼	603	社	607	神倉	612	祭祀主敬	617
惇史	603	社田	608	神號	612	祭祀之聯事	617
想	603	社宗	608	神農	612	祭法第二十三	617
慈母	603	社祭	608	神士者	612	祭統第二十五	617
慈幼	604	社稷	608	神仕者	613	祭義第二十四	617
愷歌	604	社壝	608	祝	613	祧	617
愷樂	604	社稷之壝	608	祝史	613	祥	618
愷獻	604	衤勺	608	祝號	613	祥車	618
蠢愚	604	祀	609	祝嘏	613	祥事	618
慢聲	604	祀戶	609	祝融	613	禓	618
憲	604	祀行	609	祔	614	禓夏	618
憲罰	604	祀門	609	祔食	614	祲	618
應	604	祀典	609	祔葬	614	禁	619
應鼓	604	祀祊	609	祇	614	禁原蠶	619
應鍾	605	祀貢	609	祠	614	禁殺戮	619
應鼙	605	祀竈	609	祫	614	禁暴氏	619
應₂門	605	祀中霤	610	祫事	614	禁麛卵	619
懷方氏	605	祈	610	祫祭	615	祼	619
懼夢	605	祈年	610	祫禘	615	祼尸	620
		祈珥	610	祭	615	祼玉	620
爿 部		祈穀	610	祭祀	615	祼圭	620
牀	605	衹	610	祭肺	615	祼將	620
牀第	605	祊	610 禘	祭服	615	祼器	620
將	606	祓除	611	祭侯	616	祼獻	620
將軍	606	祖	611	祭菜	616	禂	620
將幣	606	祖考	611	祭禽	616	禄	620
牆	606	祖姑	611	祭墓	616	禄位	621
		祖奠	611	祭號	616	福	621
毋(母)部		祖廟(庿)	611	祭蜡	616	禓	621
毋追	606	祖禰	611	祭酺	616	禡	621
毒	607	祖考廟	612	祭僕	616	禋祀	621
毒蠱	607	祖庶母	612	祭器	616	禘	621
毒藥	607	祖廟未毀	612	祭縈	617	禘禮	621
		神示	612	祭禮	617	禜	621
示(礻)部		神位	612	祭爌	617	禜門	622
示	607						

示(礻)甘石目田

禫	622	甞	627	眂高	631	甲吏	635
禨	622			眂祲	631	甲革	635
禮	622	石 部		眂瞭	631	甲冑	635
禮典	623	石	627	睇視	631	由庚	635
禮命	623	石工	627	睦	632	由儀	635
禮官	623	石椁	627	瞢	632	甸	635
禮俗	623	砥厲廉隅	627	瞽	632	甸人	636
禮射	623	碦蕨氏	628	瞽宗	632	甸地	636
禮酒	623	碑	628	瞽矇	632	甸服	636
禮幣	623	碏	628			甸祝	636
禮賓	623	碩牲	628	田 部		甸師	636
禮實	624	磔	628	田	632	甸聚	636
禮樂	624	磔攘	628	田弋	633	甸畿	636
禮職	624	磬	628	田夫	633	甸師氏	636
禮辭	624	磬氏	628	田犬	633	甸₂徒	637
禮籍	624	磬折	628	田矢	633	甸₃役	637
禮尚往來	624	磬師	629	田主	633	男	637
禮運第九	624	磨	629	田車	633	男尸	637
禮器第十	624	礪	629	田豕	633	男巫	637
禮儀三百	624			田里	633	男事	637
禮不下庶人	625	目 部		田邑	633	男服	637
禮不盛,服不充		目聽	629	田役	634	男教	637
	625	目容端	629	田馬	634	男畿	637
禬	625	相	629	田祖	634	男女有別	637
禬禮	625	相步	630	田原	634	男子重首	638
禱	625	相者	630	田萊	634	男角女羈	638
禱祠	625	相飯	630	田野	634	男女不雜坐	638
禰	625	相₂見	630	田畯	634	男女授受不親	638
禰宮	626	相₂受	630	田祿	634	男女不同席,不	
禰廟	626	相₂保	630	田路	634	共食	638
禬	626	相₂翔	630	田鼠	634	男子由右,女子	
禳	626	相₂寅	631	田僕	634	由左	638
		相₂覵	631	田獵	634	男子由右,婦人	
甘 部		省	631	田疇	635	由左	638
甘	626	省牲	631	田役之聯事	635	男不言內,女不	
甘醴	626	盾	631	甲	635	言外	638
甘養肉	627	甞禮	631	甲乙	635	畎	638

甿	638	盟書	643	贈矢	647	秩	651
畏	638	盟詛	643	**禾 部**		秩酒	651
畢	639	盟載	643			秩膳	651
畛	639	監	643	禾	647	移民	651
畝	639	監工	643	禿者不免	647	移風易俗	651
畚	639	監門	643	禿者不鬜	647	稍	651
異別	640	盤	643	秀士	647	稍人	652
異居	640	盤銘	643	私	647	稍地	652
異姓	640	盥	644	私人	647	稍事	652
異室	640	盥洗	644	私臣	648	稍食	652
異姓主名	640	鹽	644	私事	648	稍秣	652
晦	640	鹽	644	私面	648	稍聚	652
畫	640	鹽人	644	私財	648	稍禮	652
畫荒	640			私家	648	稍餼	652
畫純	640	**生 部**		私祭	648	稌	652
畫嬰	641	生	644	私尊	648	税	652
畫繢	641	生材	645	私館	648	税$_2$衣	653
畫布巾	641	生事	645	私諱	649	稑	653
畺	641	生齒	645	私親	649	種馬	653
畺地	641	生者南鄉	645	私獻	649	稷	653
當兔	641	生無爵,死無謚		私覿	649	稱	653
當室	641		645	耗	649	稱$_2$責	653
楝	641	生與來日,死與		秉	649	稻	653
畿	641	往日	645	秬鬯	649	稽首	653
畿疆	641	甥	645	秋	649	稽顙	654
疁	642			秋官	650	稷	654
疁事	642	**矢 部**		秋政	650	稷牛	654
疁辜	642	矢	645	秋省	650	稻	654
		矢人	646	秋嘗	650	稻人	655
皿 部		知	646	秋曰嘗	650	稻米	655
盆	642	知$_2$類通達	646	秋多辛	650	稻醴	655
盍旦	642	矩	646	秋祭曰嘗	650	槀車	655
盎	642	矧	646	秋食耆老	650	稼政	655
盎齊	642	短臂	646	秋官司寇第五	650	稼器	655
盛	642	短毋見膚,長毋		秦誓	651	稼穡	655
盟	643	被土	646	秝	651	積	655
盟約	643	贈	647	秩	651	穆	656

穮	656	皇姑	660	**立 部**		**疋(正)部**	
穜	656	皇祖	660				
穜稑	656	皇舅	660	立尸	663	疏	667
		皇辟	660	立冬	663	疏匕	667
白 部		皇舞	660	立君	663	疏勺	667
		皇祖考	660	立春	663	疏布	668
白	656	皇祖妣	660	立秋	664	疏材	668
白玉	657	皇祖姑	660	立夏	664	疏屏	668
白圭	657	皇考廟	660	立不中門	664	疏衰	668
白衣	657	皇皇者華	660	立則視足,坐則		疏屨	668
白牡	657	皐門	660	視膝	664	疏衰裳	668
白虎	657			章	664	壹	669
白馬	657	**瓜 部**		章甫	664	疑	669
白虹	657	瓜	661	章夏	665	疑丞	669
白華	657	瓜瓠	661	童子	665	疑衰	669
白旂	658	瓢齎	661	童子不衣裘裳	665	疑獄	669
白盛	658			端	665	疑事毋質	669
白琥	658	**疒 部**		端衰	665	疑$_2$立	669
白黍	658			端冕	665		
白駱	658	疕	661	端行,頤霤如矢		**皮 部**	
白露	658	疥癘	661		665		
白狗臂	658	疾	661			皮	669
百工	658	疾醫	661	**穴 部**		皮弁	670
百祀	658	痒疥疾	661			皮車	670
百物	658	痟首疾	662	穴氏	666	皮帛	670
百乘	659	痺矢	662	空首	666	皮革	670
百羞	659	瘧疾	662	空桑之琴瑟	666	皮侯	670
百族	659	瘧寒疾	662	窒	666	皮幣	670
百辟	659	瘍	662	窒器	666	皮屨	670
百種	659	瘍醫	662	窌	666	皮弁服	670
百縣	659	瘞	662	窆	666	皮弁笄	671
百物之神	659	瘞埋	662	窮	666	皮樹中	671
皐	659	瘞繒	662	窮民	666	皺	671
的	659	瘠	662	窺密	666	皵	671
皇	659	瘳	663	窒	667		
皇考	659	癘疾	663	竇	667	**癶 部**	
皇邸	659	癥疾	663	竇窌	667	癸	671
皇妣	659			竈	667	登假	671

登歌	671	聘	676	臨₂文不諱	680	至善	685
登城不指,城上		聘享	677	臨₂祭不惰	681	至德	685
不呼	672	聘禮	677	臨₂喪不笑	681	至敬無文	685
發揚蹈厲	672	聘問之禮	677	臨₂樂不歎	681	至敬不饗味	685
		聘禮第八	677	臨₂財毋苟得	681	至敬不壇,埽地	
矛 部		聘覲之禮	677	臨₂難毋苟免	681	而祭	685
矛	672	聘義第四十八	677			致	685
矜	672	聘則爲妻,奔則		两(襾西)部		致事	685
		爲妾	677	西上	681	致知	686
耒 部		聚足	678	西方	681	致政	686
耒	672	聚櫜	678	西戎	682	致貢	686
耒耜	673	聲	678	西夾	682	致師	686
耕藉	673	聲容靜	678	西序	682	致夢	686
耜	673	聯	678	西門	682	致殯	686
耡	673	聯事	678	西郊	682	致毀	686
耡粟	673	聯兄弟	678	西堂	682	致福	686
耦	673	聯朋友	678	西階	682	致齊	686
耦次	674	聯師儒	678	西塾	682	致館	686
耦耕	674	聶	678	西墻	682	致膳	687
		職內	678	西學	683	致襘	687
老(耂)部		職方	679	西壁	683	致饗	687
老	674	職金	679	西嶽	683	致饗餼	687
老夫	674	職喪	679	西颾	683	臺	687
老物	675	職歲	679	西方爲上	683	臺門	687
老旄	675	職幣	679	要	683	臺榭	687
老婦	675	職聽	679	要服	683		
考	675	職方氏	679	要經	683	虍 部	
考廟	675	職₂人	679	要經不除	683	虎	688
耆	675	聽朔	679	要節而踊	684	虎士	688
耆老	675	聽訟	679	要縫半下	684	虎中	688
耆耋	675	聽事不麻	679	要₂貳	684	虎皮	688
耄	676			要₂會	684	虎門	688
		臣 部		覆手	684	虎侯	688
耳 部		臣	680	覈物	684	虎賁	689
耳	676	臣妾	680			虎裘	689
耳聽	676	臣孽	680	至 部		虎節	689
聖	676	臨	680	至	685	虎彝	689

虎賁氏	689	蝸	693	肉 部		竽	701
虛	689	蝸醢	693			笓	702
虛口	689	蜩	693	肉吏	697	笄	702
號名	689	蟄蟲	694	肉豆	697	第	702
號祝	689	蟄獸	694	肉脩	697	笏	702
虞	689	螻蟈	694	肉袒	697	筍	703
虞	690	蜩氏	694	胾	697	笙	703
虞人	690	蟲	694	醢	697	笙入	703
虞中	690	蟲蜺	694	臡	697	笙師	703
虞事	690	蠱	694			笙歌	704
虞庠	690	蠱	694	缶 部		笙磬	704
虞帝	690	蠱醢	694	缶	698	笙鍾	704
虞旌	690	蠢物	694	缺	698	笮	704
虞衡	691	蠱事	694	缺項	698	符節	704
虞旗	691	蠱室	694	甕	698	笠	704
		蠻	694	罍	698	笥	704
虫 部		蠻服	695	罍尊	698	筓	704
虹	691	蠻貊	695			筐	705
虯	691	蠻畿	695	舌 部		筐人	705
蚤	691	蠻隸	695	舌	699	等	705
蚔	692			舍	699	等籍	705
蚔醢	692	网(罒)部		舍人	699	策	705
蛇	692	罟	695	舍₂采	699	策命	705
蛤	692	置罘	695	舍₂萌	699	策彗	705
蛟	692	置	695	舍₂奠	699	笆	705
蜃	692	置社	696	舍₂箄	700	笆米	706
蜃車	692	罪隸	696	舍₃禁	700	筵	706
蜃物	692	罰布	696	舍₃故而諱新	700	筵席	706
蜃炭	692	罷	696	舒武	700	筋	706
蜃器	693	罷民	696	舒鳧	700	筍	706
蛾	693	罽羅	696	舒鴈	700	筍菹	706
蛾子	693	羅	696			筍虡	706
蜱	693	羅氏	696	竹(⺮)部		箏	706
蜱醢	693	羅罔	696	竹	701	筯	707
蜡	693	羅襦	696	竹杠	701	筮	707
蜡₂氏	693	羂	696	竹笏	701	筮人	707
蜼彝	693	羂䋈	696	竹簠方	701	筮尸	707

竹(⺮)白自血舟色衣(衤) 45

筮日	707	簧	711	舂人	716	色聽	720
筮宅	707	簋	712	舂槀	716	色容莊	720
筮賓	707	篁	712	舂不相	716	色容屬肅	721
筴	707	箸	712	舄	716	色容顛顛	721
筴祝	708	筨人	712	舅	716		
筲	708	簠	712	舅姑	717	**衣(衤)部**	
節	708	簠簋	712	舉	717	衣	721
節傅	708	簟	713	舉肺	717	衣服	721
節服氏	708	簟席	713	舉奠	717	衣衽	721
節哀順變	708	簝	713	舉前曳踵	717	衣衾	721
箸	708	簞	713	舊故	717	衣裳	721
箕	709	簸	713			衣₂尸	721
筒	709	簜	713	**自部**		衰	721
箙	709	簡	713	皋陶	718	衰冠	722
箔	709	簡記	713	皋鼓	718	衰麻	722
箔蒩	709	簡衆	713			衰葛	722
管	709	簡稽	713	**血部**		衰経	722
管人	709	簨虡	714	血毛	718	衰裳	722
管節	709	簫	714	血祭	718	衽	722
管鍵	710	籍	714	衃	719	衽席	723
管籥	710	籌	714	衄	719	衾	723
箱	710	籔	714	衆	719	衿	723
箴	710	籠	714	衆子	719	衿₂纓	723
篋	710	篷	714	衆介	719	袞	723
篋笥	710	篷筐	714	衆賓	719	袞冕	723
箭	710	籥	714	衆兄弟	719	袂	724
箭笴	710	籥師	715	衆主人	719	袪	724
箭籌	710	籥章	715	衆婦人	719	袒	724
篆	710	籩	715			袒裼	724
築	711	籩人	715	**舟部**		袒而踴之	724
築氏	711	籩豆	715	舟	720	袡	724
築鬻	711	籩祭	715	舟牧	720	褰	725
篷	711			舟而不游	720	袍	725
筐	711	**臼部**				袗	725
簞門圭窬	711	臼	716	**色部**		袗玄	725
簏	711	臾	716	色	720	袧	725
簣	711	舂	716	色性	720	袍	725

被	725	襵裣	730	義兆	734	糁食	739
被₂錫	725	襌	730	羨	734	糧	739
被₃髮文身	725	褨	730	羣士	735	蘗	739
袴	725	禮衣	730	羣立	735		
袷	725	襦	730	羣臣	735	聿(肀)部	
袼	725	襦袴	730	羣吏	735		
裘	726	襲	730	羣姓	735	肂	739
裘氏	726	襲事	731	羣執事	735	肆	740
裘冕	726	襲處	731	羶薌	735	肆長	740
裏	726	襲裘	731	羹	736	肆夏	740
裏椁	726	襲裘而弔	731	羹定	736	肆師	740
裏棺	726	襲裘不入公門	731	羹戴	736	肆器	740
褚	726			羹飪	736	肆₂享	741
褚幕	726	羊(芉羋)部		羹獻	736	肅拜	741
裳	726			羹齊眡(視)夏時		肅撜	741
裳帷	727	羊	732		736		
裳内衰外	727	羊人	732			艮 部	
裼	727	羊車	732	米 部			
裼襲	727	羊炙	732			良	741
裼裘而弔	727	羊牲	732	米	737	良馬	741
裼襲之不相因	727	羊戴	732	米廪	737	良綏	741
裨	728	羊殳	732	粉酏	737		
裨冕	728	羊肆	732	粉餈	737	艸(艹)部	
裌	728	羊骼	732	粟	737		
複衣	728	羊燔	733	粱	737	艾	742
複裣	728	羊臑	733	粱盛	737	芊	742
褻	728	羊宜黍	733	粱₂醴	737	芐	742
禈	728	羊泠毛而毳,羶		粱	737	芐剪不納	742
禈衣	728		733	粱醴	738	芒種	742
褖衣	729	羔	733	粮	738	芝栭	742
褐	729	羔裘	733	糔溲	738	苣	742
襄衣	729	羔鴈	733	糗	738	芸	742
襃器	729	羞	733	糗餌	738	茝	742
襃衣	729	羞豆	734	糟	738	茝羹	743
襃撜	730	羞鼎	734	糞	738	芹	743
褶	730	羞籩	734	糞種	739	芹菹	743
褶衣	730	羞服之式	734	麋粥	739	芥	743
		義	734	糁	739	芥醬	743
						茭	743
						芰	743

芨夷	743	草工	747	葭₂塗	752	蒐	756
苦	743	草木	748	萊	752	蒐田	756
苦菜	743	草服	748	菽	752	萬	756
苦蓫氣	743	草貢	748	菲	752	葱	757
苦₂功	744	草笠	748	萌	753	葱衡	757
苦₂鹽	744	草木之滋	748	葟氏	753	葷	757
苛	744	草茅之臣	748	萑	753	葦	757
苛政猛於虎	744	草木零落,然後		萑席	753	葦苞	757
若屬	744	入山林	748	菜	753	葦事	757
茇舍	744	茵	748	菜果	753	葦席	757
苹車	744	苔拜	748	菜羹	753	葦籥	757
苫	744	苳解	749	萃	753	葵	757
苴	744	荒	749	萍	753	葵菹	758
苴杖	745	荒政	749	萍氏	753	葵菹芋	758
苴衰	745	荒禮	749	萡	754	蓍	758
苴絰	745	荒辯之法	749	萡豆	754	蓍龜	758
苗田	745	荔挺	750	萡醢	754	蓋	758
英蕩	745	華	750	菅	754	蓋弓	758
苁	745	華黍	750	菅菲	754	蓐	758
苟笑	746	華₃山	750	菅筲	754	蓐收	758
苟敬	746	苞蘭	750	菅屨	754	蒩	758
苟訾	746	莽草	750	篆竹	754	蒩館	759
茆	746	莢物	750	菡	754	蔬	759
茆菹	746	莖	750	菡₂舎	755	蒼	759
苑	746	荍	751	葑	755	蒼璧	759
苞	746	荼	751	葉	755	蓬矢	759
苞苴	746	荼白	751	葬	755	蓬戶甕牖	759
苞筲	746	莞	751	葛	755	蓑	759
苞屨	747	莞席	751	葛征	755	蒲	759
范	747	莞筵	751	葛帶	756	蒲勺	759
范金	747	莞簟	751	葛覃	756	蒲席	760
茀矢	747	菁	751	葛經	756	蒲蒻	760
茅	747	菁菹	751	葛屨	756	蒲越	760
茅藉	747	著	752	葛藟	756	蒲筵	760
萱	747	著尊	752	葛絰帶	756	蒲蔽	760
荊	747	著₂代	752	葺屋	756	蒲盧	760
草人	747	葭	752	萬	756	蒲璧	760

艸(艹) 47

蒸	760	藍	765	翟	769	素冠	773
蔓羿	760	薹	765	翟車	769	素紕	773
蔽	761	薰	766	翠	770	素帶	773
蓼	761	藏	766	翣	770	素琴	774
薌	761	藻	766	翣柳	770	素裳	774
薌合	761	藻車	766	鼉氏	770	素端	774
薌萁	761	藻薜	766	鵻矢	770	素器	774
蕡	761	藝	766	翦氏	770	素積	774
蕤	761	藪	766	翦屏	770	素縞	774
蕤賓	761	藪牧	766	翦屏柱楣	770	素屨	774
蕢桴	762	繭	767	翰	771	素籤	774
蕃	762	繭稅	767	翰音	771	素韠	774
蕃$_2$國	762	繭衣裳	767	翮	771	素錦褚	774
蕃$_2$樂	762	藜	767	翳	771	素隱行怪	775
蕃$_2$畿	762	藨	767	翼	771	索	775
薑桂	762	縠	767	翻旌	771	索牛	775
蓮	762	藩服	767			索鬼神	775
蕘	762	藩盾	767	**糸 部**		紘	775
薙	762	藩蔽	767			純	775
薙氏	762	蕷	767	糾禁	771	純帛	776
薜跛	763	藿	767	糾職	771	純$_3$衣	776
薇	763	蘋藻	768	紆行	771	純$_4$服	776
薨	763	藻	768	紂	772	純$_4$冕	776
薦	763	藻稅	768	紂衣	772	紕	776
薦俎	763			紃	772	納女	776
薦羞	763	**羽 部**		約	772	納吉	777
薦新	764			約信	772	納亨	777
薦邊	764	羽	768	約劑	772	納采	777
薪柴	764	羽人	768	級	772	納夏	777
薪蒸	764	羽物	769	素	772	納幣	777
薪燎	764	羽旌	769	素几	772	納徵	777
薄	764	羽葆	769	素勺	773	紝	777
薄社	764	羽蓋	769	素功	773	紛	777
薄征	764	羽舞	769	素衣	773	紟	778
蕭	764	羽籥	769	素車	773	紛	778
藉	764	羽翮之政	769	素沙	773	紛帨	778
藉而不稅	765	羽籥之舞	769	素服	773	紛純	778
		翔	769	素俎	773		

紡	778	絞衣	782	綴	787	緯	792
紌	778	絞帶	782	綴兆	787	緣	792
紃	778	絞$_2$垂	782	綴$_2$足	787	緣衣	792
紐	778	絘布	783	緇	788	縓	792
組	778	絮羹	783	緇衣	788	縓冠	793
組紃	779	絲	783	緇帶	788	縓緣	793
組就	779	絲竹	783	緇布衣	788	縣	793
組綦	779	絲屨	783	緇布冠	788	縣封	793
組鞔	779	絟	783	緇布之冠	788	縣弧	793
組綏	779	綆	783	緇布裳帷	788	縣壺	793
組總	779	經	784	緇衣第三十三	788	縣鼓	793
組繫	779	經塗	784	緤	789	縣棺而封	793
組纓	779	經禮	784	練	789	縣$_2$土	794
紳	779	經解第二十六	784	練衣	789	縣$_2$正	794
紳垂	779	綃	784	練帛	789	縣$_2$地	794
累牛	779	綌	784	練冠	789	縣$_2$師	794
絅	779	綌巾	784	練祥	789	縣$_2$鄙	794
絇	779	綌布	784	練帶	789	繟	794
終	780	綌	785	練祭	789	縝	795
終葵	780	綏	785	緝	789	繫	795
終辭	780	綏	785	縕	790	繫裏	795
紵	780	綏祭	785	縕載	790	縫人	795
紼	780	綏$_3$視	786	縕組綏	790	縞	795
紹擯	780	綪	786	緫	790	縞衣	795
絜矢	780	緂	786	緫服	790	縞武	795
絜矩之道	781	綦	786	緫冠	790	縞冠	795
結	781	綽綽有裕	786	緫衰	790	縞衾	795
結本	781	緆	786	緫麻	791	縞帶	795
結帨	781	綱	786	緫冠繰纓	791	縞總	795
結旌	781	緌	786	緹齊	791	績	795
經	781	維	786	緩刑	791	縶騰駒	795
經帶	781	綷	787	緫	791	縛	796
紫	781	綷錫	787	緫布	791	縷	796
絢組	782	綸	787	緫角	792	縵	796
絕祭	782	綏	787	緫章	792	縵樂	796
絕末以祭	782	綢練	787	編	792	繁	796
絞	782	綠	787	編$_2$鍾	792	繁纓	796

縱	796	繩纓	801	**赤 部**		軍司馬	810
縱縱爾	796	繰	801			軍旅之容	810
縮	796	繹	801	赤	806	軍旅之聯事	810
縮俎	797	繹屬	801	赤玉	806	軌	810
縮酌	797	戀	801	赤旂	806	軒	810
縮祭	797	戀爵	801	赤烏	806	軒$_2$摯	810
縮縫	797	繡	801	赤璋	806	軒$_2$輖	810
繆	797	纁	801	赤戟	806	軒$_2$縣	810
繆$_2$經	797	纁袡	802	赤緹	806	軏	811
繆	797	纁裳	802	赤駟	807	軛	811
繆冪	797	纁屨	802	赤友氏	807	軸	811
繅	797	纘	802	䞓	807	軹	811
繅席	798	纘極	802	䞓殺	807	軫	811
繅斿	798	繼父	802	䞓	807	軨	811
繅藉	798	繼母	802	䞓殺	807	軾	812
緫	798	繼武	802	**車 部**		載	812
緫衰	798	繼別爲宗	803			載師	812
緫裳	798	纓	803	車	807	載$_2$辭	812
緫屨	799	織	803	車人	808	軼軸	812
緫衰裳	799	織$_2$紃	803	車右	808	葷	812
繚	799	纓	803	車甲	808	葷葷	812
繚祭	799	纓經	804	車米	808	輈	812
纘	799	纓條屬	804	車徒	808	輈人	813
纘純	799	纛	804	車宮	808	輅	813
纘綾	799	纚	804	車僕	808	較	813
纘緫	800			車輦	808	輔	813
織	800	**走 部**		車輴	808	輔病	813
繕人	800			車在馬前	808	輕車	813
繒	800	走	804	車馬之容	809	輕典	813
繘	800	赴	805	車有六等之數	809	輕㷊	814
繫	800	越	805	軍	809	輕無赦	814
繫世	800	越席	805	軍刑	809	輴	814
繩	800	越$_2$棘	805	軍社	809	葷	814
繩菲	800	越$_2$疆而弔人	805	軍旅	809	葷車	814
繩帶	800	趣馬	805	軍禁	809	輪	814
繩墨	801	趨	805	軍禮	809	輪人	814
繩屨	801	趨走	805	軍聲	810	輻	814
		趨辟	805				

						車豆酉辰豕貝	51
輯杖	814	酢	819	釀	823	象觚	827
輪車	815	酢爵	819	醴	823	象齒	827
輴	815	酢必易爵	819	醴酒	823	象櫛	827
輮	815	酪	819	醴齊	823	象魏	827
轅	815	酬	819	醴賓	823	豪	828
轅門	815	酬酢	819	醴醆	823	豫	828
輿	815	酬幣	819	醢	823	豫₂州	828
輿人	815	酺	819	醑	823	豫₂則立,不豫則	
輿司馬	815	酸	819			廢	828
僕	816	酸養骨	820	辰 部		豭豚	828
轚	816	酣	820			爾雅	828
轡	816	酳尸	820	辰	824	爾頌	828
		醋	820	辱	824	爾詩	828
豆 部		酸	820	農	824	爾籥	828
		酸酒	820	農夫	824		
豆	816	酸粤	820			貝 部	
豆祭	817	醒酒	820	豕 部			
豆邊	817	醙	821	豕	824	貝	829
豐	817	醢	821	豕炙	825	貝面	829
豐本	817	醢醢	821	豕賤	825	貝勒	829
豐碑	817	醜	821	豕宜稷	825	貞	829
豐年不奢,凶年		醜夷不爭	821	豕盲眂(視)而		貞蚔	829
不儉	817	醢	821	交腱,腥	825	負	829
		醢人	821	豚	825	負繩	829
酉 部		醢醬	821	豚拍	825	負侯者	829
		醫	821	豚肩	825	負薪之憂	830
酉矛	817	醫師	821	豚解	825	貢	830
酊	818	醤	821	豚,春用韭,秋用		財	830
酌	818	醬	821	蓼	825	財用	830
酒	818	醬齊眂(視)秋時		象	826	財賄	830
酒人	818		822	象人	826	財賦	830
酒正	818			象邸	826	財齎	830
酒材	818	醮	822	象物	826	責	830
酒漿	818	醯	822	象胥	827	貨	830
酒禮	818	醯人	822	象笲	827	貨貝	831
酒醴	818	醯物	822	象笏	827	貨物	831
配	818	醯醢	822	象尊	827	貨貢	831
酏	818	醯醬	822	象路	827	貨賄	831
酏食	819						

貨罰	831	賓(賔)客	836	贈玉	841	重屋	846
貨之節	831	賓射	836	**見 部**		重素	846
販夫	831	賓器	836			重鬲	846
販婦	831	賓館	836	見	841	重案	846
貫鼎	831	賓禮	836	規	841	重翟	846
貫革之射	832	賓客之式	836	視	841	重檐	846
貳	832	賓客之容	836	視朝	842	重雷	847
貳令	832	賓客主恭	836	視學	842	重$_2$典	847
貳車	832	賓射之禮	837	視必下	842	野	847
貳采	832	賓客之聯事	837	視容清明	842	野人	847
賁鼓	832	賦	837	視下而聽上	842	野夫	848
貴人	832	賦貢	837	視容瞿瞿梅梅	842	野民	848
貴老	833	賢	837	覘	842	野刑	848
貴臣	833	賢$_2$獲	837	親	842	野豕	848
貴妾	833	賤不誄貴	838	親民	843	野役	848
貴骨	833	賞田	838	親迎	843	野委	848
貴室	833	賞地	838	親耕	843	野舍	848
貴宮	833	賜	838	親戚	843	野囿	848
貴貴	833	賜予	838	親親	843	野牲	848
貴有德	833	賜舍	838	親屬	843	野哭	848
貴遊子弟	833	賜頒	838	觀	843	野涂	848
貸	833	賜諡	838	觀禮	843	野禁	848
賀	833	質	838	觀禮第十	844	野虞	849
賀慶	834	質人	839	觀	844	野鄙	849
賀慶之禮	834	質布	839	覲	844	野舞	849
賈	834	質劑	839	覲$_2$者如堵牆	844	野賦	849
賈人	834	賙	839	**里 部**		野職	849
賈田	834	賙委	839	里	844	野廬氏	849
賈民	834	賙賜	840	里尹	845	量	849
賈師	834	賵	840	里布	845	量人	849
賄	834	賵馬	840	里宰	845	量幣	849
資衰	835	購	840	里有殯,不巷歌		量而后入	849
賒	835	購馬	840		845	量入以爲出	849
賓	835	賛	840	重	845	量$_2$鼓	850
賓位	835	賛祭	840	重木	845	**足(𤴶)部**	
賓長	836	賛大行	840	重席	846		
賓相	836	贈	841	重帟	846	足爵	850

足(𠯁)邑(阝在右)身辵(辶)

足毋蹶	850	邦成	854	郊射	859	鄉先生	864
足容重	850	邦交	854	郊野	859	鄉射之禮	865
跛	850	邦汋	855	郊勞	859	鄉射禮第五	865
跛倚	850	邦邑	855	郊廟	860	鄉飲酒之禮	865
跛$_2$者不踊	850	邦役	855	郊特牲第十一	860	鄉飲酒禮第四	865
跣	850	邦甸	855	郜地	860	鄉飲酒義第四十	
跪	850	邦事	855	都	860	五	865
路	850	邦典	855	都士	860	鄙	866
路車	851	邦朋	855	都邑	861	鄙師	866
路門	851	邦治	855	都城	861	鄭	866
路馬	851	邦政	855	都則	861	鄭里	866
路室	851	邦都	855	都家	861	鄭長	866
路鼓	851	邦教	856	都鄙	861	鄭有喪,舂不相	
路節	851	邦國	856	都司馬	861		866
路寢	851	邦盜	856	都宗人	861	鄭衛之音	866
路鼛	852	邦禁	856	郵罰	861	鄴	866
跪布	852	邦墓	856	郵表畷	861	鄴長	866
跪趾	852	邦賊	856	郭	862		
踊	852	邦節	856	部	862	**身 部**	
踊不絕地	852	邦誣	856	鄉	862		
踏席	852	邦縣	856	鄉人	862	躬	867
踐阼	852	邦諜	857	鄉士	862	躬圭	867
踐閾	852	邦器	857	鄉刑	863	躬耕	867
踐履	852	邦禮	857	鄉老	863	躬桑	867
踖	853	邦比之灋	857	鄉吏	863		
踵	853	邦中之賦	857	鄉合	863	**辵(辶)部**	
踰言	853	邦甸之賦	857	鄉里	863		
躍	853	邦都之賦	857	鄉邑	863	巡守	867
躚行	853	邦縣之賦	858	鄉射	863	巡牲	868
躚席	853	邸	858	鄉師	864	近日	868
		郊	858	鄉遂	864	近臣	868
邑(阝在右)部		郊人	859	鄉樂	864	近郊	868
		郊血	859	鄉器	864	迎	868
邑	853	郊里	859	鄉黨	864	迎$_2$冬	868
邦	854	郊社	859	鄉八刑	864	迎$_2$虎	868
邦工	854	郊祀	859	鄉三物	864	迎$_2$春	868
邦中	854	郊送	859	鄉大夫	864	迎$_2$牲	869
邦刑	854					迎$_2$秋	869
						迎$_2$夏	869

迎₂寒	869	遠兄弟	872	遂	877	避位	882
迎₂賓	869	遠某日	872	遂人	878	邃延	882
迎₂貓	869	遠而諫則諂也，		遂士	878	邊坐	882
追	869	近而不諫則尸		遂師	878	邊璋	882
追師	869	利	872	遂大夫	878	邇	882
追₂享	869	過失	873	運	878	邇師	882
追₂胥	869	過聲	873	運笏	878		
追₂養繼孝	869	進士	873	遺	878	**釆部**	
迹人	870	進下	873	遺車	878	釆	883
送令	870	進奏	873	遷	879	釆服	883
送往迎來	870	進柢	873	適	879	釆纚	883
送喪不由徑，送		進容	873	適士	879	釆₂衣	883
葬不辟塗潦	870	進腴	873	適子	879	釆₂齊	883
逆	870	進脄	874	適者	879	釆₂薺	883
逆牆	870	進賢	874	適室	879	釆₂蘋	884
退	870	進醑	874	適孫	879	釆₂蘩	884
連	870	進左手	874	適婦	879	釋	884
連山	870	進右手	874	適寢	879	釋采	884
連行	871	進食之禮	874	適昆弟	880	釋菜	884
連步	871	達	874	遷尸	880	釋軷	884
速	871	達吏	874	遷主	880	釋奠	885
速賓	871	達官	875	遷葬	880	釋筭	885
造	871	達常	875	遷廟主	880	釋幣	885
造士	871	達鄉	875	遺忘	881	釋獲	885
造冰	871	遇	875	遺衣服	881		
造言之刑	871	遊倅	875	遺₂人	881	**豸部**	
逢掖之衣	871	道	875	選	881	豸	885
通	871	道右	876	選士	881	豸侯	885
通事	872	道布	876	選賢與能	881	豸禩	885
通帛	872	道車	876	邊	881	豺祭獸	885
通淫	872	道馬	876	邊令	881	豹侯	886
通賓客	872	道義	876	還玉	881	豹犆	886
遂人	872	道僕	876	還圭	881	豹飾	886
遂日	872	道藝	876	還辟	881	豹裘	886
遂郊	872	道齋	876	還摯	882	貊	886
遂國	872	道而不徑	877	還圭璋	882	貆	886
遂廟	872	道₂而弗牽	877	還₂屨	882	貉	886

貉₂隸	886	訓方氏	891	説	895	議能之辟	899
貍	886	記	891	説₃筞	895	議貴之辟	900
貍沈	887	訊鹹	891	説₃屨	895	議勤之辟	900
貍物	887	訊羣臣	891	誦	896	議賓之辟	900
貍₂步	887	訊羣吏	891	誦訓	896	議賢之辟	900
貍₂首	887	訊萬民	891	請事	896	議親之辟	900
貔貅	887	訝	891	請期	896	議而不及樂	900
		訝士	892	請歸	896	讀書	900
角部		訝受	892	請覲	896	讀遣	900
角	887	許嫁	888	請覿	896	讀誄	900
角人	888	許友以死	892	請業則起,請益		讀賵	901
角枕	888	訟	892	則起	896	調	901
角柶	888	設冒	892	諸	897	讓	901
角節	888	設弧	892	諸子	897	讓食不唾	901
角觡	888	設帨	892	諸父	897	讒	901
角瑱	888	設笄	892	諸母	897		
角觿	888	設飾	893	諸侯	897	**辛部**	
觜觿	889	設墊	893	諸婦	897	辛	901
解屨不敢當階	889	設色之工	893	諸侯長	897	辛養筋	901
觚	889	詛	893	諸祖父母	897	辠	902
觭夢	889	詛祝	893	諸	897	辟	902
觵	889	詔	893	論語	897	辟布	902
觴	889	誅	893	論₂學取友	898	辟名	902
觶	889	詩	893	調人	898	辟咡	902
觸	889	詩書	893	諒	898	辟盟	902
		詩教	893	諒闇	898	辟踊	902
言部		詩三百	894	謀	898	辟廱	902
言	890	詩書不諱	894	諧和	898	辟₂雞	903
言不文	890	誠	894	諷	898	辨卑	903
言而不議	890	詡	894	諱	898	辨₂異	903
言容詻詻	890	誓	894	諱惡	899	辭	903
言容繭繭	890	誓戒	894	諡	899	辭令	903
言孝不言慈	890	誓社	894	謹酒	899	辭命	903
言而不語,對而		誓命	895	讖	899	辭費	903
不問	890	誓省	895	譯	899	辭聽	903
計	890	語	895	議功之辟	899	辭令順	904
訃	891	誥	895	議故之辟	899		

青部

青	904	雲門	908	雞羹	912	附	916
青句	904	雲和之琴瑟	908	雞彝	912	附庸	916
青圭	904	雷同	908	雛鼈	912	附從輕,赦從重	
青衣	904	雷鼓	908	雛尾不盈握弗食			916
青州	904	需	908		912	陂池	916
青金	904	霜露	908	離	912	降	916
青旂	905	靁	908	離立	913	降龍	917
青旌	905	靁鼓	909	離肺	913	陔	917
青旌	905	靁鼗	909	離磬	913	除	917
青陽	905	靁屬	909	離經辨志	913	除服	917
青龍	905	靈鼓	909	離羣而索居	913	除喪	917
青豻褎	905	靈鼗	909	離立者,不出中		除盜賊	917
青組纓	905	靈屬	909	間	913	除服者先重者	917
				離坐離立,毋往		除喪者先重者	917
## 長部		## 非部		參焉	913	陳詩	918
		靡草	910	雜木	914	陳肆	918
長	905	## 隹部		雜坐	914	陶	918
長子	906			雜帛	914	陶人	918
長幼	906	雀	910	雜金	914	陶瓬	918
長妾	906	雀飾	910	雜服	914	陶匏	918
長惠	906	雅	910	雜帶	914	陶器	918
長賓	906	雉	910	雜裳	914	陪臣	918
長殤	906	雉門	911	雜記上第二十	914	陪乘	918
長²日	906	雉羹	911	雜記下第二十一		陪鼎	918
長²至	906	雕	911		914	隋	918
長²衣	906	雕人	911	難	914	隋釁	919
長²脅	907	雕幾	911			階	919
		雕篹	911	## 阜(阝在左)部		陽	919
## 雨部		雕題	911			陽木	919
		蓳	911	阜蕃	915	陽祀	919
雨	907	蓳蔽	911	阞	915	陽事	919
雨水	907	雞	912	阤	915	陽氣	919
雨師	907	雞人	912	阪險	915	陽童	919
零	907	雞夷	912	防	915	陽道	919
零祀	907	雞肝	912	阿	915	陽厭	919
零宗	907	雞牲	912	阼	915	陽德	919
零斂	907	雞斯	912	阼俎	916	陽聲	919
雲	908			阼階	916		920

陽禮	920	金鐃	924	錙	929	鑼	933
隅坐	920	金鐸	924	鍾	929	钂	933
隁	920	金鐲	924	鍾人	929	鑿	933
陰	920	金石絲竹	925	鍾氏	929		
陰木	920	金革之事	925	鍾師	929	門 部	
陰令	921	釱	925	鍾帶	929	門	934
陰竹	921	鈇鉞	925	鍾鼓	929	門子	934
陰祀	921	鈞	925	鍾磬	930	門阿	934
陰事	921	鉦	925	鍾鼎之齊	930	門庭	934
陰氣	921	鉞	925	鏃矢	930	門闑	934
陰訟	921	鉤	925	鎮	930	門隧	934
陰(隂)陽	921	鉤車	925	鎮圭	930	門燎	934
陰厭	921	鉤楹	925	鎮服	930	門關	935
陰德	921	鉤邊	925	鎮幾	930	門閭、溝渠必步	
陰聲	921	銒	926	鎛	931		935
陰(隂)禮	921	銒芼	926	鎛師	931	閉	935
陰竹之管	922	銒羹	926	鎛器	931	問	935
隨行	922	銖	926	鏟	931	問卜	935
隧	922	銑	926	鐃	931	問名	935
隰	922	鋌	926	鐟	931	問喪第三十五	936
隱疾	922	銘	926	鐓	931	閏月	936
隱惡而揚善	922	銘旌	927	鐘	931	開竁	936
隋	922	錞	927	鐘鼓	931	開而弗達	936
		錯	927	鐘磬	931	閑	936
金 部		錯立	927	鐏	931	閒	936
金	923	錫	927	鐙	932	閒問	936
金工	923	錫衰	928	鐵	932	閒歌	936
金石	923	鋼疾	928	鐵驪	932	閒若一	937
金版	923	錦	928	鑊	932	閒$_2$色	937
金奏	924	錦衣	928	鐸	932	閒$_2$祀	937
金革	924	錦衾	928	鐲	932	閒$_2$傳第三十七	
金敦	924	錦帶	928	鑄金之狀	932		937
金路	924	錞	929	鑑	932	閒$_3$田	937
金罰	924	舘	929	鋻	933	閒$_3$民	937
金瘍	924	鍵	929	鑒燧	933	閒$_3$粟	937
金錞	924	鍵閉	929	鑒燧之齊	933	間	937
金燧	924	錄	929	鑣	933	間中	938

閽史	938	革車	942	頌磬	946	骸	950
閽里	938	革帶	942	頌而無調，諫而		髀	950
閽胥	938	革路	942	無驕	946	體	950
閽師	938	革鞜	942	頯宮	946	體名	950
閩	938	靮	942	頴	946		
閩隸	938	靲	942	頤雷	946	香部	
䎽	938	鞞	942	頭容直	946	香	951
閣	938	韜	942	頸	946	香合	951
閫	938	靴	942	頲	946		
閤	938	鞞	942	頹	946	鬼部	
閣人	938	鞠	942	頴繡	947	鬼	951
閣寺	939	鞠衣	942	顃項	947	鬼事	951
閹	939	鞻屨	943	顔色齊	947	鬼享	951
闌	939	鞻鞻氏	943	類	947	鬼神	951
闌門	939	鞭	943	類見	947	鬼號	951
閼	939	鞭度	943	顧不過轂	948	鬼器	952
闍	939	鞭策	943	顯考	948	鬼神示	952
闔扇	939	鞶	943	顯相	948	彪	952
闌	939	韇	943	顯諫	948	魁	952
闕	940			顯考廟	948	魄	952
闕狄	940	頁部					
闕₂車	940	頃步	944	面部		食(𠊊)部	
關	940	項	944	面	948	食	952
關人	940	順	944	面拜	948	食母	952
關雎	940	順行	944	面襯	949	食禮	952
關市之賦	940	順祝	944	醮粱	949	食饗	953
關梁不租	941	順變	944			食₂玉	953
關譏而不征	941	順辭令	944	韭部		食₂醫	953
		順投爲入	944	韭	949	食₂齊眂(視)春時	
隸部		須	945	韭菹	949		953
隸	941	頓首	945			殗	953
隸人	941	頒	945	骨部		殗牽	953
隸僕	941	頒馬	945	骨	949	殗饗	954
隸僕人	941	頒禽	945	骨物	950	殗饗餕	954
		頒賜	945	骨鏃	950	飪	954
革部		頒學	945	骭禁	950	飪鼎	954
革	941	頌	945	骼	950	飭材	954

飭化八材	954	館	959	韶	964	髶首	968
飯	954	館人	959	**首　部**		髶	968
飯玉	955	館舍	959			髻	968
飯米	955	饐獸	959	首	964	髻	968
飯飧	955	饇	959	首服	964	髻笄	968
飯腥	955	饇牢	960	首絰	964	鬏	969
飲	955	饇獻	960	**韋　部**		**馬　部**	
飲食	955	饗	960				
飲酒	955	饗食	960	韋	965	馬	969
飲食之禮	956	饗婦	960	韋氏	965	馬步	969
飲食男女	956	饗禮	960	韋弁	965	馬社	969
飲酒之節	956	饗食燕	961	韋當	965	馬政	969
飲齊眂(視)冬時		饗燕之禮	961	韋弁服	965	馬祖	969
	956	饒富	961	韎	965	馬資	970
飲其血,茹其毛		饎人	961	韎師	966	馬圉	970
	956	饎㸑	961	韎韐	966	馬膠	970
飾	956	饋	961	韍	966	馬質	970
飾行	956	饋食	962	韠	966	馬纓封	970
飾車	956	饋奠	962	韡	966	馬黑脊而般臂，	
飾柩	956	饋獻	962	韡人	966	螻(漏)	970
飾棺	956	饋食之豆	962	韡	966	馮	970
飾行儥慝	957	饋食之籩	962	韜	966	馮尸	970
飽	957	饋獻不及車馬	962	韣	966	馮相氏	971
養老	957	饌	963			馭	971
飴鹽	957	饘	963	**飛　部**		馭夫	971
餌	957	饘粥	963			馳	971
資	957	饗	963	飛鴻	967	馳道	971
餘	957	饗人	963	**髟　部**		駔	971
餘子	958	饗饎	963			駔琮	971
餘夫	958	**風　部**		髦	967	馴	971
餘席	958			髢	967	馴之過隙	971
餘飯	958	風	963	髳	967	駒	972
餘閣	958	風欷	964	髦	967	駑馬	972
餒	958	飆師	964	髦馬	968	駓	972
餕餘	958	**音　部**		髻髮	968	駱馬	972
餕餘不祭	959			髽	968	駟	972
餞	959	音	964	鬏	968	駴	972

駞車	972	黃裳	976	鳳皇	980	魚醢	983
驊	972	黃駬	976	鳳凰	980	魚膾	984
驊牲	972	黃髮	976	鴈	980	魚麗	984
駵剛	972	黃鍾	976	鴈行	980	魚去乙	984
駚	973	黃彝	977	鴈腎	980	魚宜苽	984
鷔	973	黃總	977	鴈醢	980	魯皷	984
鷔夏	973	黃鐘	977	鴈宜麥	980	魯春秋	984
駴	973	黃鍾爲角	977	鴞	980	魴	984
驕	973			鴞奧	980	鮒	984
驕虞	973	**麥部**		鴻脰	980	鮑	984
驅逆之車	973	麥	977	鴽	981	鮑人	984
驂	973	麥秋	977	鶂	981	鮑魚	984
驂乘	973	麴糵	977	鵠	981	鮪	985
驪	973	麷	978	鵠₂纓	981	鮨	985
				鵲巢	981	鮫龍	985
鬲部		**鹵部**		鶉火	981	鮮	985
鬲	974	鹹	978	鶉羹	981	鮮羽	985
鬴	974	鹹潟	978	鶉旦	981	鮮魚	985
		鹹鹺	978	鷔	982	鯀	985
高部		鹹養脈	978	鶂	982	鱒	985
高	974			鷄	982	鱗	985
高祖	974	**鳥部**		鷖	982	鱗物	985
高禖	974	鳥	978	鷖總	982	鰓	985
高山仰止	975	鳥隼	979	鷙	982	鱅	985
		鳥彝	979	鷙冕	982	鱻	985
黃部		鳥旗	979	鷹乃祭鳥	982		
黃	975	鳥獸蛇	979	鶻鵃	982	**麻部**	
黃玉	975	鳥臚色而沙鳴,		鸞	982	麻	986
黃目	975	狸(鬱)	979	鷟刀	982	麻衣	986
黃衣	975	鳩	979	鷟車	983	麻枲	986
黃金	976	鳩化爲鷹	979	鷟和	983	麻衰	986
黃耇	976	梟	979	鷟路	983	麻帶	986
黃帝	976	梟氏	979			麻屨	986
黃冠	976	鳶飛戾天,魚躍		**魚部**		麻帶絰	986
黃旂	976	于淵	979	魚	983	麻者不紳	987
黃琮	976	鳴鳶	980	魚須	983		
黃粱	976	鳳	980	魚膠	983	**鹿部**	
						鹿	987

鹿中	987	蕭裘	991	鼓篋	995	齊$_3$衰期	1000
鹿角	987	蕭翣	991	鼓鼙	995	齊$_3$衰三月	1000
鹿胃	987	蕭敵	991	藜鼓	995	齊$_4$馬	1000
鹿脯	987	蕭敵文章	991	鼖	995	齊$_4$顔色	1001
鹿鳴	987			鼛	996	盝	1001
鹿裘	987	**鼎部**		鼖鼓	996	盝盛	1001
鹿膠	987	鼎	991	鼖	996	盝號	1001
鹿幦	988	鼎九	992				
鹿鷹	988	鼎肉	992	**黽部**		**齒部**	
鹿淺禣	988	鼎俎	992	黽	996	齒	1001
鹿淺幦	988	鼎銘	992	黿	996	齒杖	1002
麂	988	鼎俎奇而籩豆偶		黿黽	996	齒位	1002
麋鷹	988		992	鼈人	997	齒決	1002
麇	988	鼐	992	鼂	997	齒讓	1002
麋侯	988					齒路馬	1002
麋脯	988	**黑部**		**鼠部**		齔	1002
麋腥	988	黑	993	鼠膠	997	齧骨	1002
麋膚	988	黑衣	993				
麋鷹	988	黑烏	993	**鼻部**		**龍部**	
麒麟	989	黑屨	993	鼻	997	龍	1002
麓	989	黔首	993	鼽嚏	998	龍勺	1003
麗	989	黝	993			龍卷	1003
麝脯	989	黝牲	993	**齊部**		龍袞	1003
麛	989	黝堊	993	齊	998	龍旂	1003
麛卵	989	黨	994	齊逮	998	龍帷	1003
麛裘	990	黨正	994	齊$_2$牛	999	龍章	1003
麟	990			齊$_2$右	999	龍節	1003
麤良	990	**黍部**		齊$_2$車	999	龍輴	1003
		黍	994	齊$_2$戒	999	龍轜	1003
黹部		黍醊	994	齊$_2$服	999	龍簨虡	1004
黼	990	黍稷	994	齊$_2$冠	999	龍門之琴瑟	1004
黼翣	990	黍醴	994	齊$_2$夏	999	龍$_2$勒	1004
黼	990			齊$_2$酒	999		
黼依	990	**鼓部**		齊$_2$僕	999	**龜部**	
黼荒	991	鼓	995	齊$_2$齊	999	龜	1004
黼殺	991	鼓人	995	齊$_3$衰	999	龜人	1004
黼純	991	鼓足	995	齊$_3$斬	1000	龜蛇	1004
				齊$_3$盛	1000		

一 部

一 yī 見下。

【一人】❶特指天子。孔穎達《疏》:"一人,謂天子也。天子有善行,民皆蒙賴之。"《禮記·緇衣》:《甫刑》曰:"～有慶,兆民賴之。"(1648 上)❷特指諸侯國國君。鄭玄《注》:"一家、一人,謂人君也。"《禮記·大學》:一家仁,一國興仁;一家讓,一國興讓;～貪戾,一國作亂。(1674 下)

【一命】周時官分九級,一命至九命。一命為最低的官階。上公及侯伯的士、子男的大夫、小國的卿皆為一命。一命之官於鄉里行飲酒禮時,與衆賓依年齡大小為序。參見"壹命"。《周禮·春官·典命》:公之孤四命,以皮帛眡小國之君,其卿三命,其大夫再命,其士～。……子男之卿再命,其大夫～。(0781 上)《禮記·王制》:大國之卿不過三命,下卿再命,小國之卿與下大夫～。(1327 中)

【一食】即一飯。為食禮中告飽之儀節。孔穎達《疏》:"食猶飱也。尊者常以德為飽,不在食味,故每一飱輒告飽,而待勸之乃更飱,故云一食也。諸侯再者,德降天子,故至再飱而告飽,須勸乃又食。大夫、士三者,德轉少,告轉疏也,故少牢特牲禮皆三飯而告飽也。"一説,"一食"為食一口。孫希旦《集解》:"愚謂食一口謂之一飯,再謂連食二口,三謂連食三口也。孔氏以一飯、再飯、三飯為告飽之節,非也。"《禮記·禮器》:天子～,諸侯再,大夫、士三,食力無數。(1432 下)

【一家】特指諸侯。鄭玄《注》:"一家、一人,謂人君也。"《禮記·大學》:～仁,一國興仁;～讓,一國興讓;一人貪戾,一國作亂。(1674 下)

【一耦】指上耦。行射禮時兩人一組稱一耦。比射的選手共六人,分為三組,稱三耦。比射時,三耦依組由北向南排列,最北的一組為上耦,中間的為次耦,靠南的一組為下耦。上耦亦稱一耦。《儀禮·大射》:～出,西面揖。(1036 中)

【一廟】指中士、下士所立的父廟。中士、下士亦稱官師。孔穎達《疏》:"曰考廟者,父廟。"《禮記·祭法》:官師～,曰考廟。(1589 上)

【一獻】❶宴飲時一獻、一酢、一酬為一獻之禮。《士昏禮》鄭玄《注》:"設兩洗者,獻、酬、酢以絜清為敬。"詳見"一獻之禮①"。《儀禮·士昏禮》:舅姑共饗婦以～之禮。舅洗於南洗,姑洗於北洗,奠酬。(0968 中)《禮記·昏義》:厥明,舅姑共饗婦以～之禮。(1681 上)❷祭羣小祀之禮。獻酒一次,祭用熟肉。其禮質略。鄭玄《注》:"一獻,祭羣小祀也。"孔穎達《疏》:"小祀卑,酒一獻也,其用孰肉。"《禮記·禮器》:郊血,大饗腥,三獻爓,～孰。(1439上)❸祭祀時進酒一次。以供尸漱口。鄭玄《注》:"一獻,一酳尸。"《禮記·祭統》:故祭之日,～,君降立于阼階之南,南鄉,所命北面。(1605下)

【一元大武】宗廟祭祀時對牛的美稱。鄭玄《注》:"號牲物者,異於人用也。元,頭也。武,迹也。"孔穎達《疏》:"牛若肥,則脚大,脚大則迹痕大,故云'一元大武'也。"《禮記·曲禮下》:凡祭宗廟之禮,牛曰～。(1269上)

【一手一足】謂一個人或一人之力。孔穎達《疏》:"言后稷之功,豈止一人之手、一人之足而用之哉!言用之者多,天下皆是也。"今爲成語,喻指一個人的力量或作用。《禮記·表記》:子曰:"后稷,天下之爲烈也,豈～哉!"(1641上)

【一坐再至】指下跪一次叩頭兩次。古之坐與跪近似,兩膝著地,臀部壓足跟爲坐;直身,臀部不壓足跟爲跪。故此"一坐"實指"一跪"。至,即叩頭至地。據古禮,臣拜君命,當用"再拜稽首"之禮,即跪拜兩次,叩首兩次。八十老人及瞽者,起跪不便,故可用"一坐再至"之禮,以示優待。《禮記·王制》:八十拜君命,～,瞽亦如之。(1346上)

【一言僨(fèn)事】一句話就可以壞了大事。今爲成語。《禮記·大學》:一家仁,一國興仁;一家讓,一國興讓;一人貪戾,一國作亂。其機如此,此謂～,一人定國。(1674下)

【一易之地】休耕一年復種一年之地。即每兩年耕種一次的土地,土質較"不易之地"爲差。鄭玄《注》:"一易之地休一歲乃復種,地薄,故家二百畮。"參見"不易之地"。《周禮·地官·大司徒》:不易之地家百畮,～家二百畮,再易之地家三百畮。(0705中)

【一張一弛】張,拉緊弓弦。弛,放鬆弓弦。喻施政於民要勞逸結合,寬猛相濟。此爲周文王、周武王治國之道。鄭玄《注》:"張、弛,以弓弩喻人也。弓弩久張之則絶其力,久弛之則失其體。"今爲成語,比喻工作、生活等要有鬆有緊,勞逸結合。《禮記·雜記下》:張而不弛,文、武弗能也。弛而不張,文、武弗爲也。～,文、武之道也。(1567下)

【一獻之禮】❶宴飲時一獻、一酢、一酬爲一獻之禮。主人先敬賓酒稱獻,賓回敬主人酒稱酢;主人先自飲一杯,然後再酌酒以勸賓飲稱酬;賓則奠爵而不舉。《昏義》孔穎達《疏》:"舅酳酒於阼階獻婦,婦西階上拜受。……婦酢舅,舅於阼階上受酢,飲畢,乃酬婦。先酌自飲畢,更酌酒以酬姑。姑受爵奠於薦左,不舉爵,正禮畢也。"《儀禮·士昏禮》:舅姑共饗婦以～。舅洗于南洗,姑洗于北洗,奠酬。(0968中)《禮記·昏義》:厥明,舅姑共饗婦以～。(1681上)❷祭祀時進酒一次。爲祭羣小祀之禮。孔穎達《疏》:"言雖習一獻小祀,其禮既小,不堪足以行大饗之禮。大饗,謂祫祭宗廟也。"參見"一獻②"《禮記·禮器》:誦《詩》三百,不足以一獻。～,不足以大饗。(1442下)

【一馬從二馬】投壺之禮。馬，計算比分的籌籌。賓主投壺時，中多者得一馬，得三馬爲勝。當出現二馬對一馬的比分時，一馬方應將其所得給二馬一方，則二馬方爲三馬而取勝。鄭玄《注》："投壺如射，亦三而止也。三者，一黨不必三勝，其一勝者，并其馬於再勝者，以慶之。"《禮記·投壺》：正爵既行，請立馬，馬各直其筭。～，以慶。(1666中)

【一成而不可變】人體一旦受刑成形，就不可改變。故對案件的審理要特別盡心、謹慎。孔穎達《疏》："此說刑之不可變改，故云刑者，侀也。上刑是刑罰之刑，下侀是侀體之侀。……容貌一成之後，若以刀鋸鑿之，斷者不可續，死者不可生，故云不可變。"今爲成語，省作"一成不變"，謂事物一旦形成，永不改變。《禮記·王制》：刑者，侀也。侀者，成也。～，故君子盡心焉。(1344上)

【一人有慶，兆民賴之】天子有美德，億萬民衆都賴以受益。引自《尚書·吕刑》。相傳該篇是周穆王采用其相吕侯的意見而成，故史官稱《吕刑》；吕侯又做過甫侯，故又稱《甫刑》。孔穎達《疏》："天子有善行，民皆蒙賴之。引者證上有善行，賴及于下。""一人有慶"後常用爲歌頌帝王政德之辭，今爲成語。《禮記·緇衣》：《甫刑》曰："～。"(1648上)

一 èr 見下。

二

【二十】即二十歲。爲男子加冠、取字，女子出嫁的年齡。《禮記·曲禮上》：男子～，冠而字。(1241下)

【二毛】斑白的頭髮，故常以此指老年人。鄭玄《注》："二毛，鬢髮斑白。"《禮記·檀弓下》：不殺厲，不獲～。(1305上)

【二正】正，指正樂。二正蓋指閒歌、合樂，爲孤、卿、大夫、士射前之正樂。孫詒讓《正義》："竊謂此五正、三正、二正，自據射前正樂言之。……天子五正者，一金奏，二升歌，三下管，四閒歌，五合樂也。諸侯大射無閒歌、合樂，故止三正。……其大夫、士二正，疑當爲閒歌、合樂。"鄭玄《注》以正爲射侯之中心部位，即鵠的。五正爲鵠的五采，二正爲二采，内朱外綠。"畫五正之侯，中朱，次白，次蒼，次黄，玄居外。三正，損玄、黄。二正，去白蒼而畫以朱綠。"以孫説爲長。《周禮·夏官·射人》：孤、卿、大夫以三耦射一侯，一獲一容，樂以《采蘋》，五節～。士以三耦射豻侯，一獲一容，樂以《采蘩》，五節～。(0845中)

【二伯】指周初協助天子分治東方和西方諸侯的兩位重臣周公、召公。自陝以東，周公主之；自陝以西，召公主之。亦稱天子之老。《禮記·王制》：八伯各以其屬屬於天子之老二人，分天下以爲左右，曰～。(1325中)

【二祀】指適士(上士)設立的對兩種神的祭祀，門神和行神。鄭玄《注》："門、户，主出入；行，主道路、行作。"詳見"七祀"。《禮記·祭法》：適士立～，曰門，曰行。(1590上)

【二君】副君。嗣子代君卜筮所用之辭。孔穎達《疏》："二當爲貳，謂副貳也。謂君有事故，不得親臨卜筮，其嗣子爲君而卜，其辭得稱君之貳。"

《禮記·坊記》：唯卜之日稱～。(1621中)

【二孤】兩位喪主。依禮，他國諸侯來弔臣喪，須由本國國君作喪主，原喪主不得拜客。魯臣季桓子之喪，衛靈公前來弔唁，魯哀公爲喪主與之行揖讓之禮。然而季康子(季桓子之子)在魯哀公拜客後復拜衛靈公，亦行喪主之禮，這樣一件喪事就有了兩位主喪人，此不合禮制。《禮記·曾子問》：喪有～，廟有二主，禮與？(1392下)

【二祧(tiāo)】指文王、武王之廟。爲古代帝王七廟中因功德突出而保留不遷的遠祖廟。孔穎達《疏》："遠廟謂文、武廟也。文、武廟在應遷之例，故云遠廟也。特爲功德而留，故謂爲祧。祧之言超也,言其超然上去也。"王肅以爲，二祧爲顯考、皇考廟。王引之則認爲當指祖考之父和祖考之祖廟。《禮記·祭法》：遠廟爲祧，有～,享嘗乃止。(1589上)

【二廟(廡)】父廟與祖父廟。《祭法》孔穎達《疏》："曰考廟者,父廟。……曰王考廟者,祖廟也。"《儀禮·既夕禮》：其～,則饌于禰廟,如小斂奠,乃啓。(1162下)《禮記·祭法》：適士～一壇,曰考廟,曰王考廟。(1589上)

【二十曰弱】二十歲稱爲弱,行加冠禮。孔穎達《疏》："二十成人,初加冠,體猶未壯,故曰弱也。"《禮記·曲禮上》：～,冠。(1232上)

【二十而嫁】女子二十歲出嫁。依禮,女子十五歲時許嫁,行加笄禮并取字,標誌已經成人,二十歲就可出嫁。如十五歲至十九歲間仍未許配人家,則二十歲時須行加笄禮。二十歲出嫁時如遇父母之喪,就要推至二十三歲出嫁。鄭玄《注》："女子許嫁笄而字之,其未許嫁二十則笄。"《禮記·內則》：十有五年而笄,～。(1471中)

【二十有八星】即二十八宿：東壁、營室、危、虛、須女、牽牛、建星、箕、尾、心、房、氐、亢、角、軫、翼、七星、張、注、弧、狼、罰、參、濁、留、胃、婁、奎。此用孫詒讓說,以《史記·律書》之"二十八舍"釋之。《周禮·春官·馮相氏》：掌十有二歲、十有二月、十有二辰、十日、～之位,辨其敘事,以會天位。(0818下)

【二名不偏諱】兩個字的名字兩字不必都避諱。爲人名不需避諱的情況之一。如孔子之母名徵在,諱徵就不諱在,諱在就不諱徵。《禮記·曲禮上》：禮,不諱嫌名。～。(1251上)

丁 dīng 天干的第四位。古時十天干與十二地支相配,用來記時(年、月、日)。《儀禮·少牢饋食禮》：日用～、己。(1196上)

【丁己】干支記日所謂柔日中的丁日、己日。鄭玄《注》："內事用柔日,必丁己者,取其令名,自丁寧,自變改,皆爲謹敬。"賈公彥《疏》："'內事用柔日',《曲禮》文。彼云：'外事以剛日,內事以柔日。'內事謂冠昏祭祀,出郊爲外事,謂征伐巡守之等。若然,甲、丙、戊、庚、壬爲剛日,乙、丁、己、辛、癸爲柔日。"《儀禮·少牢饋食禮》：日用～。(1196上)

【丁亥】天干第四位與地支第十二位相配所紀的日期。古時常用丁亥爲吉日的代稱。亦可概指逢"丁"、逢"亥"的日子,如丁丑日或己亥日等。兩周金文中言"丁亥"甚多,據曆譜,正月初吉丁亥,非每年必有,有時幾年不遇,可見金文丁亥有時非實指。《少牢饋食禮》鄭玄《注》:"丁未必亥也,直舉一日以言之耳。《禘于大廟禮》曰:'日用丁亥。不得丁亥,則己亥、辛亥亦用之,無則苟有亥焉可也。'"《儀禮·少牢饋食禮》:孝孫某,來日~,用薦歲事于皇祖伯某,以某妃配某氏。(1196 中)《禮記·祭統》:六月~,公假於大廟。(1607 上)

七 qī 指五行中的火輔佐天地生成萬物的成數。《易》曰:"天一地二,天三地四,天五地六,天七地八,天九地十。"此天地之數。五行有生數、成數。生數,是指五行天生排列的順序之數:水、火、木、金、土。成數,是指五行之生數與天地奇偶之數相合相成之數。孫希旦《集解》:"一與六合,二與七合,三與八合,四與九合,五與十合。故天一生水,地六成之。地二生火,天七成之。天三生木,地八成之。地四生金,天九成之。天五生土,地十成之。"古人以五行配四季:木配春,火配夏,金配秋,水配冬,而土"包載四行,含養萬物,為物之主"。火生數二,成數七,故夏季的成數為七。鄭玄《注》:"火生數二,成數七,但言七者,亦舉其成數。"《禮記·月令》:孟夏之月,……其蟲羽,其音徵,律中中呂,其數~。(1364 下)

【七十】七十歲。七十歲稱老。對七十歲的老人當時有許多優厚的待遇:可以辭官退休("大夫七十而致事");如果退休不被允許,就一定賜給几杖,出使四方乘坐安車,有人照顧("必賜之几杖,行役以婦人,適四方,乘安車");可以在國都拄杖("七十杖於國");可以不在朝廷上俟立("七十不俟朝");可以不參與接待賓客之事("七十不與賓客之事");用餐時,除了有肉外還要加一樣美食("七十貳膳");在鄉飲酒,可享受四豆菜肴("七十者四豆");可以在大學行養老之禮("七十養於學");居喪期間,祇穿喪服即可("七十唯衰麻在身");要為其製作一季可成的送終衣物("七十時制")……。體現了尊老、敬老的社會風氣。《禮記·曲禮上》:~曰老,而傳。(1232 上)

【七尺】指年齡二十歲。賈公彥《疏》:"七尺謂年二十。"《周禮·地官·鄉大夫》:國中自~以至六十,野自六尺以及六十有五,皆征之。(0716 中)

【七代】指顓頊、帝嚳、唐、虞、夏、殷、周七個朝代。孫希旦《集解》:"自黃帝以至於周,黃帝為立法之祖,歷顓頊、帝嚳、唐、虞、三代為七代。"《禮記·祭法》:~之所更立者,禘、郊、宗、祖,其餘不變也。(1588 下)

【七祀】周時天子為羣族姓設立的七種祭祀:司命、中霤、國門、國行、泰厲、戶、竈。七祀均祭小神,各有所主,分時祭之。鄭玄《注》:"此非大神所祈報大事者也。小神居人之間,司察小過,作譴告者爾。《樂記》曰:'明則有禮樂,幽則有鬼神。'鬼神謂此與?司命,主督察三命;中霤,主堂室居處;門、戶,主出入;行,主道路、行作;厲,主殺罰;竈,主飲食之事。"《禮

記·祭法》：王爲羣姓立～，曰司命，曰中霤，曰國門，曰國行，曰泰厲，曰戶，曰竈。王自爲立～。(1590上)

【七命】周時官分九級，一命至九命。七命爲侯、伯之級別。《周禮·春官·典命》：侯伯～，其國家、宮室、車旗、衣服、禮儀皆以七爲節。(0780中)《禮記·王制》：次國之君，不過～，小國之君，不過五命。(1326上)

【七星】南方朱鳥七宿之第四宿，有星七顆。爲二十八宿之一。孫希旦《集解》："七星，南方朱鳥之第四宿。"《禮記·月令》：季春之月，日在胃，昏～中，旦牽牛中。(1363上)

【七教】指用以教育人民的七種倫理規範。即父子、兄弟、夫婦、君臣、長幼、朋友、賓客。孔穎達《疏》："七教，即父子一，兄弟二，夫婦三，君臣四，長幼五，朋友六，賓客七也。"《禮記·王制》：司徒脩六禮以節民性，明～以興民德，齊八政以防淫，一道德以同俗。(1342上)

【七菹】指韭、菁、茆、葵、芹、箔、筍七種醃菜。鄭玄《注》："七菹：韭、菁、茆、葵、芹、箔、筍。"《周禮·天官·醢人》：王舉，則共醢六十罋，以五齊、七醢、～、三臡實之。(0675上)

【七情】人的七種感情。即喜、怒、哀、懼、愛、惡、欲。《禮記·禮運》：故聖人之所以治人～，脩十義，講信脩睦，尚辭讓，去爭奪，舍禮何以治之？(1422下)

【七閩】歸服周的七個南方部落。具體不詳。鄭玄《注》："鄭司農云：'東方曰夷，南方曰蠻，西方曰戎，北方曰貉狄。'玄謂閩，蠻之別也。……四、八、七、九、五、六，周之所服國數也。……《爾雅》曰：'九夷、八蠻、六戎、五狄，謂之四海。'"孫詒讓《正義》："《大戴禮記·用兵篇》云'六蠻四夷'，盧注云：'《周禮·職方氏》"四夷、八蠻、七閩、九貉、五戎、六狄"，此周所服四海其種落之數也。《明堂位》曰"九夷、八蠻、六戎、五狄"，此朝明堂時來者國數也。'"《周禮·夏官·職方氏》：辨其邦國、都鄙、四夷、八蠻、～、九貉、五戎、六狄之人民。(0861下)

【七踊】七次跳着腳號哭。喪禮中國君死所爲哭踊的次數。依禮：國君死五日而殯，始死、襲、小斂、大斂時各一踊，襲之第二日晨，小斂之日晨，小斂之第二日晨又各一踊，共七踊。孔穎達《疏》："七踊者，始死一踊；明日襲之時又一踊；襲明日朝，又明日小斂朝一踊，爲四也。其日晚小斂時又一踊，是小斂日再踊，就於前三日爲五也。小斂明日朝又踊，爲六也。至明日大斂之朝不踊，當大斂時乃踊，凡爲七踊也。"《禮記·雜記上》：公～，大夫五踊，婦人居間。(1556中)

【七廟】周制天子所建祖先宗廟之數。指四親廟(父曰考廟、祖曰王考廟、曾祖曰皇考廟、高祖曰顯考廟)、二祧(遠祖之廟)和大祖之廟(祖考廟)。共七廟。《禮記·王制》：天子～：三昭三穆，與大祖之廟而七。(1335中)

【七醢】七種肉醬。鄭玄《注》："七醢：醓、蠃、蠯、蚳、魚、兔、雁醢。"《周禮·天官·醢人》：王舉，則共醢六十罋，以五齊、～、七菹、三臡實之。(0675上)

【七騶(zōu)】七位管養、駕馭馬的吏役。天子之馬有六種，各有騶（管理者），再加總管一人，共爲七騶。鄭玄《注》："七騶，謂趣馬，主爲諸官駕說者也。既駕之，又爲之載旌旗。"孔穎達《疏》："皇氏云：'天子馬有六種，種別有騶，則六騶也。又有惣主之人，并六騶爲七，故爲七騶。'"《禮記·月令》：命僕及～咸駕，載旌旐，授車以級，整設于屏外。(1379下)

【七獻】祭宗廟祖先之禮。其禮最爲隆重。鄭玄《注》："謂祭先公。"孔穎達《疏》："謂祭先公之廟，禮又轉尊，神靈尊重也。"《禮記·禮器》：一獻質，三獻文，五獻察，～神。(1442上)

【七月之喪】七個月的服喪期。爲喪服五服中的大功殤服。此服爲殤（未成年而死）者服，如爲子、女子子之中殤（十五歲至十二歲），昆弟之中殤。服期七個月。孫希旦《集解》："七月之喪，大功殤服也。成人期喪，其長、中殤皆爲之大功，長殤九月，中殤七月。"《禮記·喪服小記》：九月、～，三時也。(1497上)

【七年曰悼】七歲孩童稱作"悼"。七歲孩童年幼無知，甚爲天真可愛，因此即使有罪也不加刑罰。表現出愛護幼童、"教而不誅"的教育理念。鄭玄《注》："悼，憐愛也。"《禮記·曲禮上》：八十、九十曰耄。～、悼與耄，雖有罪，不加刑焉。(1232中)

【三】sān 即三飯。爲食禮中告飽之儀節。孔穎達《疏》："食猶飧也。尊者常以德爲飽，不在食味，故每一飧輒告飽，而待勸之乃更飧，故云一食也。諸侯再者，德降天子，故至再殽而告飽，須勸乃又食。大夫、士三者，德轉少，告轉疏也，故少牢特牲禮皆三飯而告飽也。"一解"三"爲連食三口。孫希旦《集解》："愚謂食一口謂之一飯，再謂連食二口，三謂連食三口也。孔氏以一飯、再飯、三飯爲告飽之節，非也。"《禮記·禮器》：天子一食，諸侯再，大夫、士～，食力無數。(1432下)

【三又】即三宥。三種可以免罪或減刑的情況。一曰不識，二曰過失，三曰遺忘。鄭玄《注》："又，當作宥。宥，寬也。一宥曰不識，再宥曰過失，三宥曰遺忘。"詳見"三宥②"。《禮記·王制》：三公以獄之成告於王，王～，然後制刑。(1343下)

【三个】指祭牲的臂、臑、肫三部分。賈公彥《疏》："唯有臂、臑、肫三者佐食，即當俎釋三个，不復盛牲體，故直舉魚、腊而已。"《儀禮·士虞禮》：舉魚、腊俎，俎釋～。(1169中)

【三王】指夏、商、周三代之君。《儀禮·士冠禮》：周弁，殷冔，夏收。～共皮弁、素積。(0958下)《禮記·王制》：夏后氏收而祭，燕衣而養老。殷人冔而祭，縞衣而養老。周人冕而祭，玄衣而養老。凡～養老皆引年。(1346下)

【三公】指太師、太傅、太保。三公八命，爲周天子王臣之爵命最高者。入朝見君北面，執璧。《宰夫》孫詒讓《正義》："三公謂大師、大傅、大保。……三公，詳《地官·敘官》疏。"《周禮·地官·敘官》"鄉老二鄉則公一人"鄭玄《注》："王置六鄉，則公有三人也。三公者，內與王論道，中參六官之事，外與六鄉之教，其要爲民，是以屬之鄉焉。"賈公彥《疏》:"在朝三公八命,……分陝而治則九命。"《尚書·周書》:"立太師、太傅、太保,茲爲三公,論道經邦,變理陰陽。"僞孔安國《傳》:"師,天子所師法。傅,傅相天子。保,保安天子於德義者。"《周禮·天官·宰夫》:"掌治朝之灋,以正王及~、六卿、大夫、羣吏之位。(0655 中)《禮記·王制》:天子~,九卿,二十七大夫,八十一元士。(1325 中)

【三正】正,指正樂。三正指金奏、升歌、下管,爲諸侯射前之正樂。孫詒讓《正義》:"竊謂此五正、三正、二正,自據射前正樂言之。……天子五正者,一金奏,二升歌,三下管,四閒歌,五合樂也。諸侯大射無閒歌,合樂,故止三正。……其大夫士二正,疑當爲閒歌、合樂。鄭玄《注》以正爲射侯之中心部位,即鵠也。五正爲鵠的五采,三正爲朱、白、蒼。"畫五正之侯,中朱,次白,次蒼,次黃,玄居外。三正,損玄、黃。二正,去白蒼而畫以朱綠。"以孫説爲長。《周禮·夏官·射人》:諸侯以四耦射二侯,二獲二容,樂以《貍首》,七節~。(0845 中)

【三世】指祖孫三代。鄭玄《注》:"三世,自祖至孫。"《禮記·曲禮下》:去國~,爵祿有列於朝,出入有詔於國。(1257 中)

【三田】天子、諸侯每年春、秋、冬三時田獵稱"三田"。鄭玄《注》:"三田者,夏不田。"孔穎達《疏》:"天子、諸侯無事者,謂無征伐、出行、喪者之事,則一歲三時田獵。獵在田中,又爲田除害,故稱田也。"《禮記·王制》:天子、諸侯無事,則歲~。(1333 中)

【三代】指夏、商、周三代。《禮記·檀弓下》:殷既封而弔,周反哭而弔。孔子曰:"殷已慤,吾從周。"葬於北方,北首,~之達禮也,之幽之故也。(1302 中)

【三加】❶男子行冠禮,初加緇布冠,次加皮弁,再加爵弁,總稱"三加"。《冠義》鄭玄《注》:"冠者,初加緇布冠,次加皮弁,次加爵弁,每加益尊,所以益成也。"《儀禮·士冠禮》:~彌尊,諭其志也。(0958 中)《禮記·冠義》:醮於客位,~彌尊,加有成也。(1679 下)❷第三次加冠。即加爵弁。《儀禮·士冠禮》:~,曰:"以歲之正,以月之令,咸加爾服。兄弟具在,以成厥德。黃耇無疆,受天之慶。"(0957 下)

【三老】天子所養的有德之老者。由年老退休的官員充任。《文王世子》鄭玄《注》:"三老、五更各一人也,皆年老更事致仕者也。天子以父兄養之,示天下之孝悌也。"《禮運》孫希旦《集解》:"三公在朝以論其道,三老在學以乞其言。"《禮記·文王世子》:適東序,釋奠於先老,遂設~、五更、羣老之席位焉。(1410 上)《禮記·禮運》:故宗祝在廟,三公在朝,~在學。(1425 下)

【三光】三大辰。即大火、伐星、北辰三大星。古人以大火、伐星定時,以北辰定向。鄭玄《注》:"三光,三大辰也。"孔穎達《疏》:"案《昭十七年》'有星孛于大辰',《公羊》云:'大辰者何?大火也。伐爲大辰,北辰亦爲大辰。'故《爾雅》云:'大辰,房、心、尾也。大火謂之大辰,北極謂之北辰。'是三大

辰也。"《禮記·鄉飲酒義》：鄉飲酒之義，立賓以象天，立主以象地，設介、僎以象日月，立三賓以象～。(1684中)

【三行】三種品行。即孝行、友行、順行。《周禮·春官·小宗伯》：教～：一曰孝行，以親父母；二曰友行，以尊賢良；三曰順行，以事師長。(0730中)

【三兆】指《玉兆》《瓦兆》《原兆》三部占卜書。古龜卜時，先以火灼龜，然後依據龜甲所出現的不同裂紋，來卜其吉凶。三兆，即龜甲裂紋似玉、似瓦、似原田者。鄭玄《注》："兆者，灼龜發於火，其形可占者，其象似玉、瓦、原之釁罅，是用名之焉。上古以來作其法，可用者有三。原，原田也。杜子春云：'《玉兆》，帝顓頊之兆；《瓦兆》，帝堯之兆；《原兆》，有周之兆。'"賈公彥《疏》："釁罅，謂破而不相離也。"《周禮·春官·大卜》：大卜，掌～之灋：一曰《玉兆》，二曰《瓦兆》，三曰《原兆》。(0802中)

【三辰】指日、月、星。孫詒讓《正義》："是日月星謂之三辰。"《周禮·春官·神仕》：凡以神仕者，掌～之灋。(0827下)

【三均】指弓之力。鄭玄《注》："謂若幹勝一石，加角而勝二石，被筋而勝三石，引之中三尺。"孫詒讓《正義》引江永云："注言以繩試弓之法，每加物一石，則張一尺，本已成之弓，先言幹勝一石，加角勝二石，被筋勝三石。此推三均之由，謂其由此三者之力耳，非謂弓未成而迭試之也。"《周禮·冬官考工記·弓人》：量其力，有～，均者三，謂之九和。(0936中)

【三祀】指大夫設立的對三種神的祭祀，族厲之神、門神和行神。鄭玄《注》："門、户，主出入；行，主道路、行作；厲，主殺罰。"詳見"七祀"。《禮記·祭法》：大夫立～，曰族厲，曰門，曰行。(1590上)

【三刺】❶對疑重案判決時的三次徵詢。周代決斷庶民疑重案時，要依次徵詢羣臣、羣吏、百姓三類人的意見，然後定罪判決，以示審慎，以求公允。《小司寇》孫詒讓《正義》："明必疑獄，乃有與羣臣、羣吏、萬民共訊議之法矣。……八辟止於親貴，而三刺則通於庶民。"《司刺》孫詒讓《正義》："三刺者，問衆以當殺與否，是刑與宥不可豫定。"《周禮·秋官·小司寇》：以～斷庶民獄訟之中：一曰訊羣臣，二曰訊羣吏，三曰訊萬民。(0874上)《周禮·秋官·司刺》：掌～、三宥、三赦之灋，以贊司寇聽獄訟。(0880下)《禮記·王制》：司寇正刑明辟，以聽獄訟，必～。(1343下)❷對重案判決時的第三次徵詢。詢問萬民。《周禮·秋官·司刺》：壹刺曰訊羣臣，再刺曰訊羣吏，～曰訊萬民。(0880下)

【三易】指《連山》《歸藏》《周易》三部占筮之書。相傳《連山》爲夏之《易》(一説是宓戲之《易》)，《歸藏》爲商之《易》(一説是黃帝之《易》)，此二書已失傳。孫詒讓《正義》："案：據賈引鄭《易贊》謂夏曰《連山》，殷曰《歸藏》，與《周易》爲三代之《易》，與杜義異，後人多從其説。"鄭玄《注》："易者，揲蓍變易之數，可占者也。名曰《連山》，似山出内氣也。《歸藏》者，萬物莫不歸而藏於其中。杜子春云：'《連山》,宓戲;《歸藏》,黃帝。'"《周禮·春官·大卜》：掌～之灋,一曰《連山》,二曰《歸藏》,三曰《周易》。(0802下)

【三典】指輕、中、重三種刑法。鄭玄《注》："典,法也。"《周禮·秋官·大司寇》：大司寇之職,掌建邦之～,以佐王刑邦國,詰四方：一曰刑新國用輕典,二曰刑平國用中典,三曰刑亂國用重典。(0870上)

【三物】三種馬。即戎馬、田馬、駑馬。鄭玄《注》："此三馬,買以給官府之使,無種也。"賈公彥《疏》："馬有六種,此三者無種,買以給官府,餘三者仍有種馬、齊馬、道馬。"《周禮·夏官·馬質》：馬量～：一曰戎馬,二曰田馬,三曰駑馬,皆有物賈。(0842上)

【三命】周時官分九級,一命至九命。九命最高,一命最低。天子之上士、諸侯之卿爲三命。三命之官與父族之人行飲酒禮時,不依年齡序尊卑,而以爵位爲序。《黨正》鄭玄《注》："不齒者,席于尊東,所謂遵。"賈公彥《疏》："'三命而不齒'者,若有三命之人來者,縱令父族爲賓,亦不與之齒；若非父族,是異姓爲賓,灼然不齒,位在賓東,故云不齒也。"《周禮·地官·黨正》：國索鬼神而祭祀,則以禮屬民,而飲酒于序以正齒位,壹命齒于鄉里,再命齒于父族,～而不齒。(0718上)《周禮·春官·典命》：公之孤四命,以皮帛眡小國之君,其卿～,其大夫再命,其士一命。(0781上)《禮記·王制》：大國之卿不過～,下卿再命,小國之卿與下大夫一命。(1327中)

【三采】❶指朱、白、蒼三種顏色。《儀禮·聘禮》：繅～六等,朱、白、倉(1072下)❷指絳、黃、黑三種顏色。爲柳衣頂部(荒)裝飾物(齊)的顏色。孔穎達《疏》："齊三采者,絳、黃、黑也。《禮記·喪大記》：繡紐二,玄紐二,齊～,三貝。(1584上)

【三享】即三獻。獻物於上爲享。三享爲諸侯朝見天子的儀節。鄭玄《注》："鄭司農云：'……三享,三獻也。'……玄謂三享皆束帛加璧,庭食惟國所有。"《周禮·秋官·大行人》：廟中將幣～,王禮再祼而酢,饗禮九獻,食禮九舉,出入五積,三問三勞。(0890下)

【三拜】跪而拱手,頭俯至於手,與心齊,爲拜。重複三次,謂之三拜。主人對衆賓行禮,不及一一相拜,僅以三拜表示。鄭玄《注》："三拜,示徧也。"賈公彥《疏》："衆賓無問多少,止爲三拜而已,是示徧也。"參見"拜"。《儀禮·鄉射禮》：主人西南面～衆賓,衆賓皆答壹拜。(0994下)

【三牲】宴饗或祭祀用的牛、羊、豕。《儀禮·公食大夫禮》：～之肺不離,贊者辯取之,壹以授賓。(1081下)《禮記·禮器》：～、魚、腊,四海九州之美味也。(1442上)

【三重(zhòng)】❶周代祭祀中三件重要的事。即獻用祼,聲用升歌,舞用《武宿夜》。孫希旦《集解》："祼者獻之始,升歌者聲之始,《武宿夜》者舞之始。天子祭禮十二獻,上公九獻,侯伯七,子男五,而祼爲重。聲有下管、間歌,而升歌爲重。《武》有六成,而《武宿夜》爲重。"《禮記·祭統》：夫祭有～焉：獻之屬莫重於祼，聲莫重於升歌，舞莫重於《武宿夜》，此周道也。(1604 上)❷三種重要的禮儀。指夏、商、周三王之禮。鄭玄《注》："三重，三王之禮。"孔穎達《疏》："言器君王有天下者，有三種之重焉，謂夏、殷、周三王之禮，其事尊重，若能行之，寡少於過矣。"《禮記·中庸》：王天下有～焉，其寡過矣乎！(1634 上)

【三皇】傳説中上古三位帝王。具體所指説法不一。(1)天皇、地皇、泰皇(《史記·秦始皇本紀》)；(2)伏羲、神農、黃帝(孔安國《書序》)；(3)伏羲、神農、女媧(《呂氏春秋》高誘注)；(4)伏羲、神農、燧人(《白虎通》)；(5)伏羲、神農、祝融(《白虎通》)；(6)天皇、地皇、人皇(司馬貞《補三皇本紀》引《河圖》《三五歷》)。《周禮·春官·外史》：外史，掌書外令，掌四方之志，掌～、五帝之書，掌達書名于四方。(0820 下)

【三侯】大射禮中所設的三種箭靶。即大侯(國君用的箭靶)、參侯(大夫用的箭靶)、干侯(士用的箭靶)。《儀禮·大射》：射～，將乘矢，始射干，又射參，大侯再發。(1035 上)

【三宥】❶三次勸食。爲祭祀、飲食之禮。天子大食共四飯，正食不宥，隨意取飽，亞飯則一宥，三飯則二宥，四飯則三宥。鄭玄《注》："大食，朔月月半以樂宥食時也。宥猶勸也。"孫詒讓《正義》："三宥者，特牲饋食，士禮，尸食再宥；少牢饋食，大夫禮，尸食三宥；天子諸侯大食，蓋亦三宥。……蓋通祭禮食禮言之。"《周禮·春官·大司樂》：王大食，～，皆令奏鍾鼓

(0791 上)❷三種可以免罪或減刑的情況。一曰不識，二曰過失，三曰遺忘。鄭玄《注》："識，審也。不審，若今仇讎當報甲，見乙，誠以爲甲而殺之者。過失，若舉刃欲斫伐而軼中人者。遺忘，若間帷薄，忘有在焉，而以兵矢投射之。"一説，"不識"謂愚民。鄭玄《注》引鄭司農云："不識謂愚民，無所識，則宥之。"《周禮·秋官·司刺》：司刺，掌三刺、～、三赦之灋。(0880 下)❸第三種可以免罪或減刑的情況。即遺忘。鄭玄《注》："遺忘，若間帷薄，忘有在焉，而以兵矢投射之。"《周禮·秋官·司刺》：壹宥曰不識，再宥曰過失，～曰遺忘。(0880 下)❹王公家族之人犯死罪，依法國君可爲之三請寬恕，稱"三宥"。《禮記·文王世子》：獄成，有司讞于公。其死罪，則曰："某之罪在大辟。"其刑罪，則曰："某之罪在小辟。"公曰："宥之。"有司又曰："在辟。"公又曰："宥之。"有司又曰："在辟。"及～，不對，走出，致刑于甸人。(1409 上)

【三宮】諸侯夫人之宮。鄭玄《注》："諸侯夫人三宮，半王后也。"《禮記·祭義》：君皮弁素積，卜～之夫人，世婦之吉者，使入蠶于蠶室，奉種浴于川。(1597 下)

【三卿】指司徒、司馬、司空。孔穎達《疏》："崔氏云：'三卿者，依周制而言，謂立司徒兼冢宰之事，立司馬兼宗伯之事，立司空兼司寇之事。'"《禮記·王制》：大國～，皆命於天子，下大夫五人，上士二十七人。次國～，二卿命於天子，一卿命於其君，下大夫五人，上士二十七人。(1325 下)

【三酒】指事酒、昔酒和清酒。三酒均

爲濾去汁滓之酒，以釀造時間長短爲序。鄭玄《注》："鄭司農云：'事酒，有事而飲也。昔酒，無事而飲也。清酒，祭祀之酒。'玄謂事酒，酌有事者之酒，其酒則今之醳酒也。昔酒，今之酋久白酒，所謂舊醳者也。清酒，今中山冬釀接夏而成。"賈公彥《疏》："一曰事酒者，……酌有事人飲之，故以事上名酒也。二曰昔酒者，久釀乃熟，故以昔酒爲名，酌無事之人飲之。三曰清酒者，此酒更久於昔，故以清爲號，祭祀用之。此昔酒、清酒，皆以酒上爲名也。"孫詒讓《正義》："三酒之中，事酒較濁，亦隨時釀之，酋繹即孰。昔酒較清，則冬釀春孰。清酒尤清，則冬釀夏孰。"《周禮·天官·酒正》：辨～之物：一曰事酒，二曰昔酒，三曰清酒。(0669 上)

【三祖】奔喪之禮。父母已殯，孝子遠道奔喪而歸，初至時袒左臂，第二、三日朝各袒一次，稱三袒。鄭玄《注》："凡奔喪，謂道遠已殯乃來也。……三袒者，始至袒，與明日又明日之朝而三也。"《禮記·喪服小記》：三日而五哭，～。(1503 中)

【三赦】❶對三種有罪之人可以赦免。一曰幼弱，二曰老旄，三曰蠢愚。鄭玄《注》："惷愚，生而癡騃童昏者。鄭司農云：'幼弱、老旄，若今律令，年不滿八歲，八十以上，非手殺人，他皆不坐。'"《周禮·秋官·司刺》：掌三刺、三宥、～之灋，以贊司寇聽獄訟。(0880 下)❷第三種可以赦免的有罪之人。即蠢愚。鄭玄《注》："惷愚，生而癡騃童昏者。"《周禮·秋官·司刺》：壹赦曰幼弱，再赦曰老旄，～曰惷愚。(0880 下)

【三推】天子親耕之禮。每年正月天子親臨藉田，扶耒耜往返推行三次，以示勸農，稱爲"三推"。《禮記·月令》：是月也，天子乃以元日祈穀于上帝。乃擇元辰，天子親載耒耜，措于參保介之御間，帥三公、九卿、諸侯、大夫，躬耕帝藉。天子～，三公五推，卿、諸侯九推。(1356 中)

【三從】謂婦人年幼未嫁從父兄，既嫁從夫，夫死從子。"三從"是奴役婦女的封建禮教。鄭玄《注》："從者，從其教令。"《禮記·郊特牲》："婦人，從人者也：幼從父兄，嫁從夫，夫死從子。"《儀禮·喪服》：婦人有～之義，無專用之道。故未嫁從父，既嫁從夫，夫死從子。故父者，子之天也；夫者，妻之天也。(1106 下)

【三祭】在箭靶的正中及左、右三處行祭禮。胡培翬《正義》引吳廷華曰："祭，祭食也，禮食必有祭也。三祭者，《注》所謂'獲者以侯爲功'也。侯有中及左、右，故必歷三處祭薦俎及酒，示三處皆其所也。"《儀禮·鄉射禮》：薦脯醢，設折俎，俎與薦皆～。(1003 下)

【三族】❶指父、子、孫三代。《小宗伯》鄭玄《注》："三族，謂父、子、孫。"《周禮·春官·小宗伯》：掌～之別，以辨親疏，其正室皆謂之門子，掌其政令。(0766 中)《禮記·仲尼燕居》：以之閨門之內有禮，故～和也。(1613 中)❷謂父輩、兄弟輩、子輩。鄭玄《注》："三族謂父昆弟、己昆弟、子昆弟。"《儀禮·士昏禮》：惟是～之不虞，使某也請吉日。(0972 中)

【三貳】祭祀天地時添酒三次。鄭玄

《注》："鄭司農云：'三貳，三益副之也。大祭天地，中祭宗廟，小祭五祀。'……三貳、再貳、壹貳者，謂就三酒之尊而益之也。"賈公彥《疏》："三貳者，貳，副也。就三酒人所飲者三度副益之。"《周禮·天官·酒正》：大祭～，中祭再貳，小祭壹貳，皆有酌數，唯齊酒不貳，皆有器量。（0669中）

【三揖】三次行揖禮。❶主人迎賓入門，將右轉，互揖；將北轉，互揖；及庭中碑處，互揖，凡三揖。三揖又稱作"每曲揖"。《士冠禮》鄭玄《注》："入門，將右曲，揖。將北曲，揖。當碑，揖。"《周禮·秋官·司儀》：再勞，～，登，拜受，拜送。（0897中）《儀禮·士冠禮》：至于廟門，揖入。～，至于階，三讓。（0951下）《禮記·鄉飲酒義》：主人拜迎賓于庠門之外，入，～而后至階，三讓而后升，所以致尊讓也。（1683下）❷士分上、中、下三等，君於每等一揖，共三揖。鄭玄《注》："三揖者，士有上、中、下。王揖之，皆逡遁，既，復位。"孫詒讓《正義》："黃以周云：'士有三等，王三揖之，是亦以其等旅揖也，故《禮器》云士旅之。'案：黃説是也。"一説，指揖卿、大夫、士。鄭玄《注》引鄭司農云："卿、大夫、士皆君之所揖，《禮》《春秋傳》所謂三揖在下。"《周禮·夏官·司士》：司士擯，孤卿特揖，大夫以其等旅揖，士旁三揖，王還揖門左，揖門右。（0849上）

【三無】指無聲之樂，無體之禮，無服之喪。即没有聲音的樂，没有儀節的禮，没有服制的喪。"三無"是孔子對爲民父母官治理社會、管理民衆的基本要求。鄭玄《注》："言君夙夜謀爲政教以安民，則民樂之，此非有鐘鼓之聲也。……言君之威儀安和逮逮然，則民傚之，此非有升降揖讓之禮也。……言君於民有喪，有以賙恤之，則民傚之，此非有衰絰之服也。"孔穎達《疏》："此三者，皆謂行之在心，外無形狀，故稱無也。"《禮記·孔子閒居》：夫民之父母乎，必達於禮樂之原，以致"五至"而行"～"，……無聲之樂，無體之禮，無服之喪，此之謂"～"。（1616下、1617上）

【三飯】古禮用飯以手，用手抓食一次爲一飯，連續抓食三次，即爲三飯。三飯謂之初食。《公食大夫禮》胡培翬《正義》："蔡氏云：'三飯，以手三舉飯食也。'《禮經釋例》云：'凡食禮，初食三飯，卒食九飯。'"《儀禮·公食大夫禮》：賓～，以湆、醬。（1082下）《禮記·玉藻》：飯飧者，～也。（1476上）

【三飲】公食大夫禮。大夫食正饌之飯時，飲漿以潔口安食，三飯一飲，共三飲。鄭玄《注》："已食會飯，三漱漿也。"胡培翬《正義》引敖繼公曰："曩者三飯乃飲，此凡三飲，蓋九飯也。"《儀禮·公食大夫禮》：賓卒食會飯，～。（1083上）

【三善】指子事父、臣事君、幼事長的三種道德規範。孔穎達《疏》："謂衆知父子，衆知君臣，衆知長幼，是其三善。"《禮記·文王世子》：行一物而～皆得者，唯世子而已，……父子、君臣、長幼之道得而國治。（1407中）

【三道】人子事親的三種孝道：即生養，死葬，祭祀。《禮記·祭統》：是故孝子之事親也，有～焉：生則養，没則

喪,喪畢則祭。(1603上)

【三夢】指《致夢》《觭夢》和《咸陟》。爲分別作於夏、殷、周的解夢之書。鄭玄《注》:"《致夢》,言夢之所至,夏后氏作焉。咸,皆也;陟之言得也。……言夢之皆得,周人作焉。……(《觭夢》)亦言夢之所得,殷人作焉。"《周禮·春官·大卜》:掌~之灋:一曰《致夢》,二曰《觭夢》,三曰《咸陟》。(0803上)

【三槐】周外朝南面種有三株槐樹,以爲三公之位。外朝爲聽斷獄訟之所,立槐木以象徵懷來天下人民而與之謀議。鄭玄《注》:"槐之言懷也,懷來人於此,欲與之謀。"賈公彥《疏》:"此亦據三詢而言也。"《周禮·秋官·朝士》:面~,三公位焉,州長、衆庶在其後。(0877下)

【三虞】❶三次虞祭。爲士的葬儀。士死後,停殯三月而葬,入葬後,子孫四日内在殯宫要爲死者舉行三次虞祭。初虞曰祫事,再虞曰虞事,三虞曰成事。初虞、再虞用柔日,三虞用剛日。《既夕禮》鄭玄《注》:"虞,喪祭名。虞,安也。骨肉歸於土,精氣無所不之,孝子爲其彷徨,三祭以安之。朝葬,日中而虞,不忍一日離。"《儀禮·既夕禮》:猶朝夕哭,不奠。~。(1157下)《禮記·雜記下》:士~,大夫五,諸侯七。(1566中)❷第三次虞祭。三虞用剛日。胡培翬《正義》引王引之《經義述聞》云:"始虞者第一虞,再虞者第二虞也,不得包有三虞,三虞者第三虞也,亦非統舉上文之辭。"《儀禮·士虞禮》:~卒哭,他,用剛日,亦如初。(1174中)

【三號】三次長聲號哭。爲招魂之儀。

孔穎達《疏》:"三號,號呼之聲三徧也。必三者,一號於上,冀神在天而來也。一號於下,冀神在地而來也。一號於中,冀神在天地之間而來也。"《禮記·喪大記》:皆升自東榮,中屋履危,北面~,捲衣投于前。(1572上)

【三農】指居住在平地、山區和水澤地區的農民。爲九職之一。鄭玄《注》:"鄭司農云:'三農,平地、山、澤也。'……玄謂三農,原、隰及平地。"孫詒讓《正義》:"彼山澤皆曰農,又皆出物以當邦賦,明生九穀爲其本職。而後鄭不從者,蓋以山澤生穀之地甚少,故易之。"兩説皆通。《周禮·天官·大宰》:以九職任萬民:一曰~,生九穀。(0647上)

【三監】天子派大夫往方伯之國,以佐方伯領諸侯,稱三監。此爲漢代儒生依託周初三監監殷之事,把三監作爲周之通制。鄭玄《注》:"使佐方伯領諸侯。"孫希旦《集解》:"愚謂方伯之國設三監,經傳皆無其事,而惟見於此篇,豈其聞周初有三監監殷之事,故欲放而設之與?……既使爲方伯,而又立爲三監以窺伺其動靜,牽制其手足,此乃末世猜防之術,曾謂先王之世而有是乎?"《禮記·王制》:天子使其大夫爲~,監於方伯之國,國三人。(1325下)

【三踊】三次跳脚號哭。爲古喪禮。初死、小殮、大殮時皆哭踊,稱三踊。鄭玄《注》:"始死及小斂、大斂而踊,君、大夫、士一也,則皆三踊矣。"《禮記·雜記上》:士~,婦人皆居間。(1556中)

【三種】三種穀物。指黍、稷、稻。鄭

玄《注》："三種，黍、稷、稻。"《周禮·夏官·職方氏》：其畜宜四擾，其穀宜～。(0863 上)

【三賜】即三命。周時官分九級，一命至九命。天子之上士、諸侯之卿大夫爲三命。三命之官與父族之人行飲酒禮時，不依年齡序尊卑，而以爵位爲序。鄭玄《注》："三賜，三命也。"參見"三命"。《禮記·曲禮上》：夫爲人子者，～不及車馬。(1233 上)

【三德】三種美德。即至德、敏德、孝德。鄭玄《注》："德行，內行之稱。在心爲德，施之爲行。至德，中和之德，覆燾持載含容者也。……敏德，仁義順時者也。……孝德，尊祖愛親，守其所以生者也。……孝在三德之下，三行之上，德有廣於孝，而行莫尊焉。"《周禮·地官·師氏》：以～教國子：一曰至德，以爲道本；二曰敏德，以爲行本；三曰孝德，以知逆惡。(0730 中)

【三廟】指大夫爲供奉祖先所立之三廟。即考廟（父廟）、王考廟（祖父廟）、皇考廟（曾祖廟）。《禮記·祭法》：大夫立～二壇。曰考廟，曰王考廟，曰皇考廟，享嘗乃止。(1589 上)

【三獻】❶指祭禮中向尸獻酒的上賓。賈公彥《疏》："三獻是上賓。不言上賓而言三獻者，以其主人、主婦并此賓長備三獻，因號上賓爲三獻，是以事名官者也。"《儀禮·有司》：尸作～之爵。(1214 下) ❷祭社稷、五祀之禮。祭用沉於湯下之肉。其禮有文飾。鄭玄《注》："三獻，祭社稷、五祀。一獻，祭羣小祀也。燗，沉肉於湯也。"孔穎達《疏》："三獻謂祭社稷、五祀也。其禮三獻，故因名其祭爲三獻也。""三獻文者，謂祭社稷、五祀，其神稍尊，比羣小祀禮儀爲文飾也。"《禮記·禮器》：郊血，大饗腥，～燗，一獻孰。(1439 上)《禮記·禮器》：一獻質，～文，五獻察，七獻神。(1442 上)

【三臡】三種有骨的肉醬：麋臡、鹿臡、麇臡。鄭玄《注》："三臡，麋、鹿、麇臡也。"《周禮·天官·醢人》：王舉，則共醢六十甕，以五齊、七醢、七菹、～實之。(0675 上)

【三讓】三次相讓。凡升階，主賓相讓三次。如主賓地位相等，三讓後，主賓一同升階；如主尊賓卑，主先，賓後。《士昏禮》賈公彥《疏》："禮之通例，賓主敵者，賓主俱升，若《士冠》與此文是也。若《鄉飲酒》《鄉射》，皆主尊賓卑，故初至之時，主人升一等，賓乃升。"《周禮·秋官·司儀》：及廟，唯君相入，～，客登。(0898 下)《儀禮·士昏禮》：至于廟門，揖入。三揖，至于階，～。主人以賓升，西面。賓升西階，當阿，東面致命。(0961 下)《禮記·鄉飲酒義》：入，三揖而后至階，～而后升，所以致尊讓也。(1682 中)

【三十曰壯】三十歲稱爲壯，娶妻成家。鄭玄《注》："有室，有妻也。"孔穎達《疏》："三十而立，血氣已定，故曰壯也。壯有妻，妻居室中，故呼妻爲室。"《禮記·曲禮上》：二十曰弱，冠。～，有室。四十曰強，而仕。(1232 上)

【三年之喪】指服斬衰三年、齊衰三年的喪服制度。其喪服最爲粗重，其喪期時間最長，是喪服制度中最隆重、最受重視的儀節。服斬衰三年的是：臣爲君，子爲父，妻爲夫，媳爲公婆，父爲嫡長子等；服齊衰三年的是：父卒爲母，母爲長子等。三年之喪，實際上服喪滿兩週年，到第三年第一月結束便可除服，共二十五月，跨越三個年頭。體現出禮在居喪上的節制性。《禮記·中庸》：期之喪，達乎大夫，~，達乎天子。（1628下）《禮記·三年問》：則~，二十五月而畢。（1663中）

【三年之蓄】三年的糧食積蓄。古人認爲國家没有三年的糧食儲備，就没有辦法應付意外的變故，則將國非其國。孫希旦《集解》：“九年之蓄者，三十年之通所用之餘財也。三十年而有九年之蓄者，乃制用之常法也。少於此，謂之不足；又少焉，而無六年之蓄，則曰急；又少焉，而無三年之蓄，則無以待意外之變，而國非其國矣。”《禮記·王制》：國無九年之蓄曰不足，無六年之蓄曰急，無~曰國非其國也。（1334上）

【三年不齒】三年内不得以年齡大小與鄉人排長幼之序。謂剥奪其公民權。是對犯重罪者出獄後的懲罰。《周禮·秋官·大司寇》“不齒三年”鄭玄《注》：“不齒者，不得以年次列於平民。”《周禮·秋官·司圜》：其不能改而出圜土者殺。雖出，~。（0882下）

【三辰之灋】日、月、星運行的位置和軌迹，謂之三辰之法。根據三辰之法，可以描繪出人鬼、天神、地祇的位次，辨别它們的名號物色。孫詒讓《正義》：“是日月星謂之三辰。”《周禮·春官·神仕》：凡以神仕者，掌~。（0827下）

【三昭三穆】左邊三座昭廟，右邊三座穆廟。連同中央的太祖廟一共七座，爲天子應設的宗廟總數。古代宗法制度，宗廟中神主的排列，始祖居中，以下按順序遞爲昭穆，左爲昭，右爲穆。二、四、六等双數世代爲昭，三、五、七等單數世代爲穆。墓地葬位亦爲左昭右穆。《禮記·王制》：天子七廟：~，與大祖之廟而七。（1335中）

【三日而五哭】奔喪之禮。父母已殯，孝子遠道奔喪而歸，初至時一哭，第二、三日朝夕各一哭，稱“三日五哭”。鄭玄《注》：“凡奔喪，謂道遠已殯乃來也。……三日五哭者，始至，訖夕反位哭，乃出就次，一哭也。與明日又明日之朝、夕而五哭。”《禮記·喪服小記》：~，三袒。（1503中）

【三牲之肺不離】牛、羊、猪的肺要切開。是公食大夫禮中爲方便賓客行祭禮而切割肺的方法。離，即切而不斷，留少許相連。這樣切割的肺叫“離肺”，也叫“舉肺”，是食用的肺。不離，就是完全切割開，是用於祭祀的肺。鄭玄《注》：“肺不離者，刌之也。不言刌，刌則祭肺也。此舉肺不離而刌之，便賓祭也。”參見“離肺”“舉肺”“祭肺”。《儀禮·公食大夫禮》：~，贊者辯取之，壹以授賓。（1081下）

【三賜不及車馬】三命之官受賜不敢接受車馬。此言人子之謙卑。鄭玄《注》：“三賜，三命也。凡仕者，一命而受爵，再命而受衣服，三命而受車馬。車馬而身所以尊者備矣。”孫希旦《集解》：“三命受位，即受車馬。所以許受三命、不受車馬者,命是榮美光顯祖父,故受也。車馬是安身,身安不關祖父,故不受也。不云'不受'而云'不及'者,明非惟外迹不受,抑亦心所不及於此賜也。《禮記‧曲禮上》:夫爲人子者,～。(1233 上)

【三年問第三十八】《禮記》第三十八篇篇名。孔穎達《疏》引鄭玄《三禮目錄》云:"名曰'三年問'者,善其問以知喪服年月所由。此於《別錄》屬《喪服》。"本篇以問三年之喪爲主,因以名篇,亦涉及一年之喪。主要說明"送死有已,復生有節"的道理。(1663 上)

【三揖而后至階,三讓而后升】三次行揖禮而後到達堂階前,三次相讓而後登階上堂。主人迎賓入門,將右轉,互揖;將北轉,互揖;及庭中碑處,互揖,凡三揖。凡升階,主賓相讓三次。如主賓地位相等,三讓後,主賓一同升階;如主尊賓卑,主先,賓後。參見"三揖①""三讓"。《禮記‧鄉飲酒義》:入,～,所以致尊讓也。(1682 中)

于 yú 鍾口邊緣的兩角之間。鄭玄《注》:"此四名者,鍾體也。鄭司農云:'于,鍾脣之上袪也。鼓,所擊處。'"《周禮‧冬官考工記‧鳧氏》:銑間謂之～,～上謂之鼓,鼓上謂之鉦,鉦上謂之舞。(0916 上)

下 xià ❶指下殤。八歲至十一歲而亡者。《儀禮‧喪服》:大功之殤中從上,小功之殤中從～。……齊衰之殤中從上,大功之殤中從～。(1116 中、1120 下)❷指吃尸剩餘食物的賓長。鄭玄《注》:"減置於羊俎兩端,則一賓長在上佐食之北,一賓長在下佐食之南。"胡培翬《正義》:"敖氏云:'餕主於二佐食,故以二賓長爲兩下。'"《儀禮‧少牢饋食禮》:資黍于羊俎兩端,兩～是餕。(1203 下)❸指下卿。職官名。周制,天子、諸侯設卿,卿分上、中、下三等。參見"下卿"。《禮記‧王制》:次國之上卿,位當大國之中,中當其～,～當其上大夫。(1323 上)

【下工】技藝低下的工匠。與"上工"相對。《周禮‧冬官考工記‧弓人》:上工以有餘,～以不足。(0936 下)

【下士】❶官祿的品級。周制,天子、諸侯皆設卿、大夫、士。士分上、中、下三等。中士、下士亦稱官師。《天官‧敘官》孫詒讓《正義》:"凡諸官上士,《王制》謂之元士,又謂之適士,中、下士又謂之官師。"《周禮‧天官‧敘官》:甸師～二人,府一人,史二人,胥三十人,徒三百人。(0641 上)《禮記‧王制》:諸侯之上大夫卿、下大夫、上士、中士、～,凡五等。(1321 下)❷身材矮小的武士。賈公彥《疏》:"此上士、中士、下士,以長者爲上士,次者爲中士,短者爲下士,皆非命士者。"《周禮‧冬官考工記‧弓人》:弓長六尺有六寸,謂之上制,上士服之。弓長六尺有三寸,謂之中制,中士服之。弓長六尺,謂之下制,～服之。(0936 下)

【下地】❶指低下之澤地。可種稻。鄭玄《注》:"以水澤之地種穀也。"《周禮‧地官‧稻人》:稻人,掌稼～。(0746 下)❷下等的薄瘠之地。古以土質美惡將土地分爲上、中、下三等,下地爲下等的瘠薄之地,每年可耕種三分之一。耕種下地之家有五人,其

中年輕力壯、可勝任勞役的必須有二人。《周禮·夏官·大司馬》：～，食者參之一，其民可用者家二人。(0835下)

【下臣】士、大夫在本國國君前的謙稱。《玉藻》孔穎達《疏》："上大夫，卿也。自於己君之前，稱曰下臣。君前臣名，稱下臣某也。"《儀禮·士相見禮》：凡自稱於君，士、大夫則曰～。(0978中)《禮記·玉藻》：上大夫曰"～"，擯者曰"寡君之老"。(1485中)

【下舌】射禮所用箭靶下方兩邊伸出的布幅。用以張侯。下舌向左右伸出的長度爲上舌的一半。鄭玄《注》："半者，半其出於射者也，用布三丈。"參見"舌"。《儀禮·鄉射禮》：～半上舌。(1012上)

【下利】祭祀時助尸享食之年次者。佐食由賓之二人擔任，年長者爲上利，即上佐食；年次者爲下利，即下佐食。享食時，由下佐食取祭品授上佐食，上佐食以授尸。胡培翬《正義》引吳廷華曰："利即佐食也，長爲上，次爲下。"《儀禮·少牢饋食禮》：佐食上利執羊俎，～執豕俎，司士三人執魚、腊、膚俎，序升自西階，相從入。(1200下)

【下附】向下附於輕。此言量罪定刑、擬議喪服，實際情況極其複雜而制度有限，因此臨事須酌量比附。罪重者附上刑，罪輕者附下刑；大功以上附於親，小功以下附於疏。孫希旦《集解》："罪雖多，刑止於五；喪雖多，服止於五。重者上附於重，輕者下附於輕，各從其等列也。"《禮記·服問》：罪多而刑五，喪多而服五，上附～，列

也。(1659上)

【下物】行射禮時下射所站立的東面位置，也叫左物。與上射所站立的西面位置（右物）相對。《儀禮·鄉射禮》鄭玄《注》："物，謂射時所立處也。"參見"物②"。《儀禮·大射》：出，升自西階，適～，立于物間。(1035中)

【下服】五刑中施於下身的刑罰，即宮刑、刖刑（砍掉腳或腳趾）。鄭玄《注》："上服，劓墨也；下服，宮刖也。"一說，指輕刑。孫詒讓《正義》："上服、下服，猶言上刑、下刑，輕重之辭也。"《周禮·秋官·小司寇》：聽民之所刺宥，以施上服、～之刑。(0874中)

【下拜】下堂而欲拜。實際並未成拜。鄭玄《注》："不言成拜者，爲拜故下，實未拜也。下不輒拜，禮殺也。"《儀禮·大射》：公卒觶，賓～，小臣正辭。(1032下)

【下牲】等級較低的祭牲。天子、諸侯、大夫、士祭祀用牲各以身份而定，不得隨意升降。但遇到凶災之年，皆得有所貶損，如禮當用太牢者改用少牢，用少牢者改用特豕等。反映出儒家禮與時而變之靈活。鄭玄《注》："下牲，少牢，若特豕、特豚也。"孔穎達《疏》："天子、諸侯及天子大夫，常祭用太牢，若凶年降用少牢；諸侯卿大夫常祭用少牢，降用特豕；士常祭用特豕，降用特豚。如此之屬，皆爲下牲也。"《禮記·雜記下》孔子曰："凶年則乘駑馬，祀以～。"(1567中)

【下庠】有虞氏時的小學名。亦稱左學，在國中王宮之東。古時的學校不

僅是教養貴族子弟講習禮樂射御書數的場所，而且具有養老的功能，下庠爲尊養庶老之處。鄭玄《注》：「下庠，左學，小學也。在國中王宮之東。」《禮記·王制》：有虞氏養國老於上庠，養庶老於～。（1346中）

【下室】寢息的内室。亦稱燕寢。《既夕禮》鄭玄《注》：「下室，如今之内堂。」胡培翬《正義》：「下室，即燕寢，在正寢之内，故舉漢之内堂以況之。」《文王世子》鄭玄《注》：「下室，燕寢。」《儀禮·既夕禮》：朔月，若薦新，則不饋于～。（1162下）《禮記·文王世子》：正室守大廟，諸父守貴宮貴室，諸子諸孫守下宮，～。（1408下）

【下宮】祖廟。父、祖、曾祖、高祖，四親廟。鄭玄《注》：「下宮，親廟也。」《禮記·文王世子》：正室守大廟，諸父守貴宮貴室，諸子、諸孫守～、下室。（1408下）

【下射】行射禮時一組兩人，分爲上射、下射。地位尊者爲上射，地位低者爲下射。胡培翬《正義》引郝敬曰：「凡耦，尊者立右，爲上射。武事尚右，左爲下。」《儀禮·鄉射禮》：三耦之南，北面，命上射曰：「某御於子。」命～曰：「子與某子射。」（0997中）

【下殺(shài)】指由子向下（子至孫，以至曾孫、玄孫）親情遞疏而喪服亦漸輕。鄭玄《注》：「殺，謂親益疏者，服之則輕。」孔穎達《疏》：「下殺者，謂下於子孫而減殺。……父服子期，孫……爲九月。……曾孫既緦麻三月，玄孫理不容異。」《禮記·喪服小記》：親親以三爲五，以五爲九。上殺，～，旁殺，而親畢矣。（1495上）

【下卿】職官名。周制，天子、諸侯設卿、大夫、士。卿分上、中、下三等。同爲卿，在諸侯覜、聘排序時，小國之卿排在大國之卿下。鄭玄《注》：「此諸侯使卿大夫覜、聘並會之序也。其爵位同，小國在下。爵異固在上耳。」孔穎達《疏》：「小國卑於大國，故知小國之卿在大國之卿下。」《禮記·王制》：小國之上卿，位當大國之～，中當其上大夫，下當其下大夫。（1323上）

【下旅】戰服的下裳。賈公彥《疏》：「上旅，腰以上，謂衣也。下旅，腰以下，謂裳也。」《周禮·冬官考工記·函人》：權其上旅與其～，而重若一。（0917中）

【下達】❶婚聘時男方請媒人向女方通報求婚之意。鄭玄《注》：「達，通也。」賈公彥《疏》：「下達者，謂未行納采已前，男父先遣媒氏[適]女氏之家通辭往來，女氏許之，乃遣使者行納采之禮也。言下達者，男爲上，女爲下，取陽倡陰和之義，故云下達，謂以言辭下通於女氏也。」《儀禮·士昏禮》：昏禮。～。納采，用鴈。（0961中）❷以己之私事陳於君。不下達，爲臣事君的原則之一。鄭玄《注》：「不下達，不以私事自通於君也。」孔穎達《疏》：「此一節廣明臣之事君當以正直之道。」《禮記·表記》：事君不～，不尚辭，非其人弗自。（1643上）

【下罪】❶輕罪。觸犯刑法的罪分上、中、下三等，不同等級之罪，刑罰亦不相同。下罪者在獄中要戴手銬；能改邪歸正的一年後釋放。《掌囚》孫詒讓《正義》：「極重者三木俱著，次者二，下者一。」參見"上罪""中罪"。《周禮·秋官·司圜》：能改者上罪三年而舍,中罪二年而舍,～一年而舍。(0882下)《周禮・秋官・掌囚》:上罪梏拲而桎,中罪桎梏,～梏。(0882下)❷指未觸犯刑法所犯的罪。對其處罰爲,戴上手銬脚鐐在嘉石上跪三天,服三個月勞役。期滿後,需要有家鄉地方長官做擔保人,纔能放回原籍。《周禮・秋官・大司寇》:凡萬民之有罪過而未麗於灋而害於州里者,桎梏而坐諸嘉石,……其～,三日坐,三月役。(0870下)

【下齊(jì)】銅器中含錫比例大於三分之一者。下齊可製大刃、削殺矢、鑒燧之類。鄭玄《注》:"多錫爲下齊,大刃、削殺矢、鑒燧也。少錫爲上齊,鍾鼎、斧斤、戈戟也。"賈公彥《疏》:"四分以上爲上齊,三分以下爲下齊。"孫詒讓《正義》:"錫多則金不純,故爲下齊。多者,謂參分其金,而錫居一以下。"《周禮・冬官考工記・築氏》:攻金之工:築氏執～,冶氏執上齊。(0914下)

【下綱】繫於侯(箭靶)下方左右舌上的繩子。《梓人》鄭玄《注》:"綱,所以繫侯於植者也。"《鄉射禮》鄭玄《注》:"侯,謂所射布也。綱,持各繩也。"胡培翬《正義》:"張氏爾岐云:'侯制有中、有躬、有舌、有綱。其持舌之繩謂之綱……上下各有綱。'"《周禮・冬官考工記・梓人》:上綱與～出舌尋,緆寸焉。(0926上)《儀禮・鄉射禮》:乃張侯,～不及地武;不繫左～,中掩束之。(0993下)

【下賢】居己以尊賢。反映出儒家尚賢的政治主張。孫希旦《集解》:"人皆樂告以善而有輔仁之益。"《禮記・表記》:彰人之善而美人之功,以求

～。(1614上)

【下殤】八歲至十一歲而亡者。參見"長殤""中殤"。《儀禮・喪服》:年十九至十六爲長殤,十五至十二爲中殤,十一至八歲爲～,不滿八歲以下皆爲無服之殤。(1111下)《禮記・喪服小記》:～小功,帶澡麻不絕本,詘而反以報之。(1502中)

【下餕(jùn)】祭禮中吃尸剩餘食物的人。有上餕、下餕之分。特牲饋食禮下餕由長兄弟充當。胡培翬《正義》:"下餕,長兄弟也。"參見"餕"。《儀禮・特牲饋食禮》:上餕拜受爵,主人荅拜。酳～亦如之。(1191上)

【下劑】最低一等的徵役之法。爲每家二人。鄭玄《注》:"以下劑爲率,謂可任者家二人。"孫詒讓《正義》:"下劑致甿,謂依下等役法徵聚遂徒,輕其力役以惠遠也。"《周禮・地官・遂人》:凡治野,以～致甿,以田里安甿,以樂昏擾甿。(0740中)

【下瞽】瞽矇中才藝最低者。根據才藝高下,瞽矇分爲上瞽、中瞽、下瞽三等。鄭玄《注》:"凡樂之歌,必使瞽矇爲焉。"孫詒讓《正義》:"此皆樂工也。以其才藝高下,分爲三等,《禮經》亦通謂之工。"《周禮・春官・敘官》:瞽矇上瞽四十人,中瞽百人,～百有六十人。(0754上)

【下大夫】官祿的品級。周制,天子、諸侯皆設卿、大夫、士。大夫又分上、中、下三等。《周禮・天官・敘官》:大宰卿一人,小宰中大夫二人,宰夫～四人。(0640上)《儀禮・公食大夫禮》:上大夫蒲筵加萑席,其純皆如～純。(1086下)《禮記・禮器》:天

子之豆二十有六,諸公十有六,諸侯十有二,上大夫八,～六。(1431下)

【下佐食】祭祀時助尸享食之年次者。佐食由賓之二人擔任,年長者爲上佐食,即上利;年次者爲下佐食,即下利。享食時,由下佐食取祭品授上佐食,上佐食以授尸。胡培翬《正義》引吳廷華曰:"利即佐食也,長爲上,次爲下,佐食上利猶言上佐食也。"《儀禮·少牢饋食禮》:上佐食取黍、稷于四敦;～取牢一切肺于俎,以授上佐食;上佐食兼與黍以授尸。(1202中)

【下執事】指士。孫希旦《集解》:"愚謂下執事,謂士也。"《禮記·雜記下》:哀公問子羔曰:"子之食奚當?"對曰:"文王之～也。"(1568下)

【下農夫】耕種最差一等土地百畝的農夫。其收入最低,僅可以供養五人。陳澔《集說》:"井田之制,一夫百畝,肥饒者曰上農,饒瘠者爲下農。故所養有多寡也。"孫希旦《集解》:"所食多者,地美而力勤也。所食少者,地惡而功寡也。"《禮記·王制》:制:農田百畝。百畝之分,上農夫食九人,其次食八人,其次食七人,其次食六人,～食五人。(1322下)

【下氣怡聲】聲氣卑下,聲音和悅。謂子事父母、婦事公婆所應表現出的態度。孔穎達《疏》:"此一節論子事父母、婦事舅姑。"《禮記·內則》:及所～,問衣燠寒,疾痛苛癢,而敬抑搔之。(1461下)

【下氣怡色,柔聲以諫】聲氣卑下,和顏悅色,柔聲勸諫。爲孝子諫諍父母過錯時所應採取的態度。鄭玄《注》:"子事父母,有隱無犯。"孔穎達《疏》:"此一節論父母有過,子諫諍之禮。"《禮記·內則》:父母有過,～。(1463上)

【下齊如權衡以應平】(深衣)下擺齊平如秤杆,以象徵公平。深衣上衣、下裳相連,是古代諸侯、大夫、士居家所穿之衣,又是庶人之常禮服。深衣的下擺齊平如秤,取其量物公平之義,示人應安平意志,均衡其心。孔穎達《疏》:"下齊如權衡者,以安志而平心也者,言裳下之齊如權之衡低仰平也,欲以安其志意而平均其心也。"由於深衣之制體現了諸多道德內涵,且深長寬大,事文、事武皆宜,故被認爲是僅次於朝服的最佳服裝。參見"深衣"。《禮記·深衣》:袂圜以應規。曲袷如矩以應方。負繩及踝以應直。～。(1664中)

【上】shàng 指長殤。十六歲至十九歲而亡者。《儀禮·喪服》:大功之殤中從～,小功之殤中從下。……齊衰之殤中從～,大功之殤中從下。(1116中、1120下)

【上丁】農曆每月上旬的丁日。孔穎達《疏》:"其習舞吹必用丁者,取其丁壯成就之義,欲使學者藝業成故也。"《禮記·月令》:～,命樂正入學習吹。(1379中)

【上工】❶技藝精良的工匠。與"下工"相對。《周禮·冬官考工記·弓人》:～以有餘,下工以不足。(0936下)❷即上瞽。瞽矇爲樂工,其中才藝最高者爲上瞽。胡培翬《正義》引《儀禮釋官》:"《周禮》瞽矇有上瞽、中瞽、下瞽,此上工當彼上瞽也。"參見"上瞽"。《儀禮·大射》:僕人正徒相

大師，僕人師相少師，僕人士相～。（1033 中）

【上士】❶官祿的品級。周制，天子、諸侯皆設卿、大夫、士。士分上、中、下三等，上士為士中最高一等。天子之上士又稱元士、適士。《天官·敘官》孫詒讓《正義》："凡諸官上士，《王制》謂之元士，又謂之適士，中、下士又謂之官師。"《周禮·天官·敘官》：宰夫，下大夫四人，～八人。（0640 上）《禮記·王制》：諸侯之上大夫卿，下大夫、～、中士、下士，凡五等。（1321 下）❷身材高大的武士。賈公彥《疏》："此上士、中士、下士，以長者爲上士，次者爲中士，短者爲下士，皆非命士者。"《周禮·冬官考工記·弓人》：弓長六尺有六寸，謂之上制，～服之。弓長六尺有三寸，謂之中制，中士服之。弓長六尺，謂之下制，下士服之。（0936 下）

【上个】射禮所用箭靶上方兩邊伸出的布幅。用以張侯。鄭玄《注》："上个，謂最上幅也。八尺曰尋，上幅用布四丈。"參見"个㊀"。《儀禮·鄉射禮》：鄉侯，～五尋，中十尺。（1011 下）

【上水】水爲上，故稱上水。爲五飲之一。鄭玄《注》："上水，水爲上，餘其次之。"孫希旦《集解》："上水者，以水爲上，貴其自然之性也。"《禮記·玉藻》：五飲：～、漿、酒、醴、酏。（1473 下）

【上介】❶聘問他國使團的副使。協助行禮，傳達言辭。上介爲大夫。《聘禮》胡培翬《正義》引蔡德晉曰："上介，大夫爲之，所以副使者，或聘使有故，則上介攝其事，是其任亦

重。"《周禮·秋官·掌客》：凡介、行人、宰史，皆有飱饔餼，以其爵等爲之牢禮之陳數，唯～有禽獻。（0900 中）《儀禮·聘禮》：既圖事，戒～，亦如之。（1046 中）《禮記·雜記上》：～賵，執圭將命曰："寡君使某賵。"（1557 下）❷諸侯國國君朝見天子時相佐國君行禮的人。胡培翬《正義》："上介，諸侯之上介也。"《儀禮·覲禮》：～皆奉其君之旂，置於宮，尚左。（1093 上）

【上公】諸侯爵位之最高者。周天子之三公爲上公，夏、殷二王之後亦爲上公。三公爲八命，出封爲諸侯，加命一等，則爲九命。《典命》鄭玄《注》："上公，謂王之三公有德者，加命爲二伯，二王之後亦爲上公。"賈公彥《疏》："三公八命，出封皆加一等。"《周禮·春官·典命》：～九命爲伯，其國家、宮室、車旗、衣服、禮儀皆以九爲節。（0780 中）《禮記·聘義》：聘禮：～七介，侯伯五介，子男三介，所以明貴賤也。（1692 中）

【上地】肥沃之地。古以土質美惡將土地分爲上、中、下三等，上地爲肥沃之土，每年可耕種三分之二。耕種上地之家有七人，其中年輕力壯、可勝任勞役的必須有三人。鄭玄《注》引鄭司農云："上地謂肥美田也。……假令一家有三頃，歲種二頃，休其一頃。"《周禮·夏官·大司馬》：～，食者參之二，其民可用者家三人。（0835 下）

【上舌】即上个。射禮所用箭靶上方兩邊伸出的布幅。用以張侯。上舌向左右伸出的長度爲下舌的一倍。《儀禮·鄉射禮》"上个"鄭玄《注》：

"上个,謂最上幅也。八尺曰尋,上幅用布四丈。"參見"舌①"。《儀禮·鄉射禮》:下舌半~。(1012 上)

【上利】祭祀時助尸享食之年長者。佐食由賓之二人擔任,年長者爲上利,即上佐食;年次者爲下利,即下佐食。享食時,由下佐食取祭品授上佐食,上佐食以授尸。胡培翬《正義》引吴廷華曰:"利即佐食也,長爲上,次爲下,佐食上利猶言上佐食也。"《儀禮·少牢饋食禮》:佐食~執羊俎,下利執豕俎,司士三人執魚、腊、膚俎,序升自西階,相從人。(1200 下)

【上附】向上附於重。此言量罪定刑、擬議喪服,實際情況極其複雜而制度有限,因此臨事須酌量比附。罪重者附上刑,罪輕者附下刑;大功以上附於親,小功以下附於疏。孫希旦《集解》:"罪雖多,刑止於五;喪雖多,服止於五。重者上附於重,輕者下附於輕,各從其等列也。"《禮記·服問》:罪多而刑五,喪多而服五,~下附,列也。(1659 上)

【上服】❶五刑中施於面部的刑罰,即劓刑(割鼻)、墨刑(以刀刺面,染墨爲記)。鄭玄《注》:"上服,劓墨也;下服,宫刖也。"一説,指輕刑。孫詒讓《正義》:"上服、下服,猶言上刑、下刑,輕重之辭也。"《周禮·秋官·小司寇》:聽民之所刺宥,以施~、下服之刑。(0874 中)❷指玄端服。一種黑色的禮服。鄭玄《注》:"上服者,如《特牲》士玄端也。"參見"玄端"。《儀禮·士虞禮》:尸服卒者之~。(1173 中)

【上春】孟春。夏正建寅之月,今農曆之正月。鄭玄《注》:"上春,孟春也。"

《周禮·春官·天府》:~,釁寶鎮及寶器。(0776 上)

【上相】天子舉行大典時,主持禮儀的官員。由卿大宗伯擔任。鄭玄《注》:"相,詔王禮也。出接賓曰擯,入詔禮曰相。相者五人,卿爲上擯。"賈公彦《疏》:"大宗伯是卿,故指此上擯而言也。"《周禮·春官·大宗伯》:朝覲、會同,則爲~。大喪亦如之,王哭諸侯亦如之。(0763 下)

【上牲】指祭祀用的羊和豕,即少牢。鄭玄《注》:"貴禄重宗也。上牲,大夫少牢。"孔穎達《疏》:"用大夫之牲,是貴禄;宗廟在宗子之家,是重宗。"《禮記·曾子問》:曾子問曰:"宗子爲士,庶子爲大夫,其祭也如之何?"孔子曰:"以~祭於宗子之家。"(1398 下)

【上射】行射禮時一組兩人,分爲上射、下射。地位尊者爲上射,地位低者爲下射。胡培翬《正義》引郝敬曰:"凡耦,尊者立右,爲上射。武事尚右,左爲下。"《儀禮·鄉射禮》:三耦之南,北面,命~曰:"某御於子。"命下射曰:"子與某子射。"(0997 中)

【上庠】有虞氏時的大學名。亦稱右學。在國都西郊。古時的學校不僅是教養貴族子弟講習禮樂射御書數的場所,而且具有養老的功能,上庠爲尊養國老之處。鄭玄《注》:"上庠,右學,大學也。在西郊。"《禮記·王制》:有虞氏養國老於~,養庶老於下庠。(1346 中)

【上帝】❶指五帝中的蒼帝。孫詒讓《正義》:"此大旅上帝,專指受命帝而言,不兼及黄、赤、白、黑四帝。……蓋亦以此上帝爲南郊所祭之蒼帝也。"依孫説，《周禮》中凡言上帝，均指啓蟄南郊所祀之受命帝，即五帝中的蒼帝。一説，指五方天帝。鄭玄《注》："上帝，五帝也。"《周禮·春官·大宗伯》：國有大故，則旅～及四望。(0764 上) ❷指五方天帝。孔穎達《疏》："上帝者，靈威仰，五帝也。"《禮記·月令》：乃命太史，次諸侯之列，賦之犧牲，以共皇天、～、社稷之饗。(1384 中) ❸天帝。古人認爲上帝是萬事萬物的主宰者。《禮記·郊特牲》：萬物本乎天，人本乎祖，此所以配～也。(1453 下) ❹喻指君王。鄭玄《注》："上帝，喻君也。"《禮記·緇衣》：《詩》云："～板板，下民卒癉。"(1648 下)

【上客】尊客，貴賓。依禮，有尊客到來，要起立。鄭玄《注》："敬尊者。"孔穎達《疏》："上客，謂尊者之上客也。尊者見之則起，故侍者宜從之而起。"《禮記·曲禮上》：燭至，起。食至，起。～，起。(1240 上)

【上神】先祖。孔穎達《疏》："上神，謂在上精魂之神，即先祖也。"一説，指尸(即尸主，祭祀時代死者受祭者)。孫希旦《集解》："上神，謂尸也，若《詩》稱尸爲'神保'也。"《禮記·禮運》：陳其犧牲，備其鼎俎，列其琴瑟、管、磬、鍾、鼓，脩其祝嘏，以降～與其先祖。(1416 中)

【上衽】深衣的前襟。孔穎達《疏》："上衽，謂深衣前衽。"《禮記·問喪》：親始死，雞斯，徒跣，扱～，交手哭。(1656 中)

【上殺(shài)】指由父向上(父至祖，以至曾祖、高祖)親情遞疏而喪服亦漸輕。鄭玄《注》："殺，謂親益疏者，服之則輕。"孔穎達《疏》："上殺者，據己上服父祖而減殺。故服父三年，服祖減殺至期，以次減之，應曾祖大功，高祖小功。"《禮記·喪服小記》：親親以三爲五，以五爲九。～，下殺，旁殺，而親畢矣。(1495 上)

【上卿】職官名。周制，天子、諸侯設卿、大夫、士。卿分上、中、下三等，上卿爲天子、諸侯大臣之最尊者。同爲卿，在諸侯覜、聘排序時，小國之卿排在大國之卿下。鄭玄《注》："此諸侯使卿大夫覜、聘並會之序也。其爵位同，小國在下。爵異固在上耳。"孔穎達《疏》："小國卑於大國，故知小國之卿在大國之卿下。"《禮記·王制》：次國之～，位當大國之中，中當其下，下當其上大夫。(1323 上)

【上旅】戰服的上衣。賈公彥《疏》："上旅，腰以上，謂衣也。下旅，腰以下，謂裳也。"《周禮·冬官考工記·函人》：權其～與其下旅，而重若一。(0917 中)

【上嗣】君王的嫡長子。鄭玄《注》："上嗣，君之嫡長子。"《禮記·文王世子》：其登餕、獻、受爵，則以～。(1408 上)

【上罪】重罪。罪分上、中、下三等，不同等級之罪，刑罰亦不相同。上罪者關在獄中，兩手共戴一手銬，兩脚各戴一脚鐐，稱爲三木。能改邪歸正的三年後釋放。孫詒讓《正義》："極重者三木俱著，次者二，下者一。"參見"中罪""下罪"。《周禮·秋官·掌囚》：～梏拲而桎，中罪桎梏，下罪桎。(0882 下)

【上幣】上介、士介之長面見君、卿所

執的禮物。胡培翬《正義》引盛世佐曰:"上幣,上介之束錦也。""上幣,士長一人之玉錦也。"《儀禮·聘禮》:擯者執～,士執衆幣,有司二人舉皮,從其幣;出請受。(1058 中)

【上齊(jì)】銅器中含錫比例小於四分之一者。上齊可製鍾鼎、斧斤、戈戟之類。鄭玄《注》:"多錫爲下齊,大刃、削殺矢、鑒燧也。少錫爲上齊,鍾鼎、斧斤、戈戟也。"賈公彥《疏》:"四分以上爲上齊,三分以下爲下齊。"孫詒讓《正義》:"錫少則金純,故爲上齊。少者,謂四分其金而錫居一。"《周禮·冬官考工記·築氏》:攻金之工:築氏執下齊,冶氏執～。(0914 下)

【上賓】❶聘問他國的使者。胡培翬《正義》:"上賓即使者也。"《儀禮·聘禮》:饔之以其禮:～大牢,積唯芻禾;介皆有饔。(1048 上)❷少牢饋食祭禮中的賓長。鄭玄《注》:"上賓,賓長也。"《儀禮·有司》:～洗爵以升,酌,獻尸。(1210 下)

【上綱】繫於侯(箭靶)上方左右舌上的繩子。鄭玄《注》:"綱,所以繫侯於植者也。"《周禮·冬官考工記·梓人》:～與下綱出舌尋,縮寸焉。(0926 上)

【上耦】指三組射手中排序最靠北的一組。行射禮時兩人一組稱一耦。比射的選手共六人,分爲三組,稱三耦。比射時,三耦依組由北向南排列,最北的一組爲上耦,中間的爲次耦,靠南的一組爲下耦。《儀禮·鄉射禮》:司射還,當～,西面作～射。(1000 中)

【上贊】堂上佐賓食禮者。胡培翬《正義》引敖繼公曰:"上贊即經所謂贊者也,以其佐賓食禮於堂上,故云上贊。"《儀禮·公食大夫禮》:～,下大夫也。(1086 下)

【上餕(jùn)】祭禮中吃尸剩餘食物的人。有上餕、下餕之分。特牲祭上餕由主人的嗣子充當,少牢祭上餕由上佐食充任。參見"餕"。《儀禮·特牲饋食禮》:主人升,酌,酳～。(1191 上)

【上衡】高於心。依禮,爲天子拿東西要高於心。鄭玄《注》:"謂高於心,彌敬也。此衡謂與心平。"孔穎達《疏》:"衡,平也。平,謂人之拱手,正當心平,故謂心爲衡。天子至尊,器不宜下,故臣爲擎奉,皆高於心,彌敬也。"《禮記·曲禮下》:執天子之器則～,國君則平衡,大夫則綏之,士則提之。(1256 上)

【上擯】朝聘禮中,由諸侯國君所派出迎貴賓者。由卿充任。《聘禮》鄭玄《注》:"擯,謂主國之君所使,出接賓者也。"《聘義》孔穎達《疏》:"主國之卿爲上擯,接迎於賓。"《儀禮·聘禮》:卿爲～,大夫爲承擯,士爲紹擯。(1052 下)《禮記·聘義》:卿爲～,大夫爲承擯,士爲紹擯。(1692 下)

【上瞽】瞽矇中才藝最高者。根據才藝高低,瞽矇分爲上瞽、中瞽、下瞽三等。鄭玄《注》:"凡樂之歌,必使瞽矇爲焉。"孫詒讓《正義》:"此皆樂工也。以其才藝高下,分爲三等,《禮經》亦通謂之工。"《周禮·春官·敘官》:瞽矇～四十人,中瞽百人,下瞽百有六十人。(0754 上)

【上大夫】官祿的品級。周制,天子、

諸侯皆設卿、大夫、士。大夫又分上、中、下三等，上大夫即卿。《士相見禮》鄭玄《注》："上大夫，卿也。"《儀禮·士相見禮》：～相見以羔，飾之以布。(0976下)《禮記·王制》：次國之上卿，位當大國之中，中當其下，下當其～。(1323上)

【上佐食】祭祀時助尸享食之年長者。佐食由賓之二人擔任，年長者爲上佐食，即上利；年次者爲下佐食，即下利。享食時，由下佐食取祭品授上佐食，上佐食以授尸。胡培翬《正義》引吳廷華曰："利即佐食也，長爲上，次爲下，佐食上利猶言上佐食也。"《儀禮·少牢饋食禮》：～取黍、稷于四敦；下佐食取牢一切肺于俎，以授～；～兼與黍以授尸。(1202中)

【上農夫】耕種上等土地百畝的農夫。其收入可以供養九人。孫希旦《集解》："所食多者，地美而力勸也。所食少者，地惡而功寡也。"《禮記·王制》：制：農田百畝。百畝之分，～食九人，其次食八人，其次食七人，其次食六人，下農夫食五人。(1322下)

【上大夫卿】上大夫即卿。孫希旦《集解》："上大夫卿者，言上大夫即卿也。"《禮記·王制》：王者之制祿爵，公、侯、伯、子、男，凡五等；諸侯之～、下大夫、上士、中士、下士，凡五等。(1321下)

【上功糾力】鼓勵農功農作，糾察懶惰不出力者。此爲治理郊野之刑所要達到的目的。鄭玄《注》："功，農功。力，勤力。"孫詒讓《正義》引吳廷華云："上功、上命、上德、上能、上愿，俱是當嘉尚者。"《周禮·秋官·大司寇》：以五刑糾萬民：一曰野刑，～；二曰軍刑，上命糾守；三曰鄉刑，上德糾孝；四曰官刑，上能糾職；五曰國刑，上愿糾暴。(0870中)

【上命糾守】鼓勵遵守命令，糾察失離部伍者。此爲治理軍隊之刑所要達到的目的。鄭玄《注》："命，將命也。守，不失部伍。"《周禮·秋官·大司寇》：以五刑糾萬民：一曰野刑，上功糾力；二曰軍刑，～；三曰鄉刑，上德糾孝；四曰官刑，上能糾職；五曰國刑，上愿糾暴。(0870中)

【上能糾職】推崇賢能之人，糾察失職者。此爲治理官府之刑所要達到的目的。鄭玄《注》："能，能其事也。職，職事脩理。"《周禮·秋官·大司寇》：以五刑糾萬民：一曰野刑，上功糾力；二曰軍刑，上命糾守；三曰鄉刑，上德糾孝；四曰官刑，～；五曰國刑，上愿糾暴。(0870中)

【上愿糾暴】推崇誠實謹慎的人，糾察暴虐之徒。此爲治理都邑之刑所要達到的目的。鄭玄《注》："愿，慤慎也。"《周禮·秋官·大司寇》：以五刑糾萬民：一曰野刑，上功糾力；二曰軍刑，上命糾守；三曰鄉刑，上德糾孝；四曰官刑，上能糾職；五曰國刑，～。(0870中)

【上德糾孝】推崇具有六德的人，糾察不孝順父母者。此爲治理六鄉之刑所要達到的目的。鄭玄《注》："德，六德也。善父母爲孝。"《周禮·秋官·大司寇》：以五刑糾萬民：一曰野刑，上功糾力；二曰軍刑，上命糾守；三曰鄉刑，～；四曰官刑，上能糾職；五曰國刑，上愿糾暴。(0870中)

【上不怨天，下不尤人】向上不怨恨

老天,向下不責怪別人。儒家提倡中庸思想,要求人們以平和的態度處世立身,特別是在身處貧賤、患難之時,要求求諸己而薄責於人,不怨天,不尤人。《論語·憲問》:"子曰:'不怨天,不尤人。'""怨天尤人"今爲成語。《禮記·中庸》:在上位不陵下,在下位不援上。正己而不求於人,則無怨。~。(1627中)

【上於面則敖,下於帶則憂,傾則姦】凡看人,向上超過面部就顯得傲慢,向下低於衣帶就顯得憂愁,歪着頭看就顯得用心不正。鄭玄《注》:"敖則仰。……憂則低。……辟頭旁視,心不正也。"孔穎達《疏》:"此解所以觀視有界限之義也。視人過高,則是敖慢。……若視過下,則似有憂,有憂頭低垂。……若視尊者,而款側旁視,流目東西,則似有奸惡之意也。"《禮記·曲禮下》:凡視,~。(1270上)

丈

zhàng 見下。

【丈夫】❶成年男子的通稱。《儀禮·士昏禮》:壻饗婦送者~,婦人,如舅姑饗禮。(0970下)《禮記·奔喪》:~、婦人之待之也,皆如朝夕哭位,無變也。(1654上)❷指同宗族的男子。賈公彥《疏》:"丈夫、婦人者,謂同宗男子、女子,皆爲大宗子。"《儀禮·喪服》:~、婦人爲宗子、宗子之母、妻。(1110中)

井

jǐng 即井田。相傳是殷、周時代的田制。制:將每方里的農田依照"井"字形均分爲九塊,每塊一百畝。中心爲公田,週圍八塊分給八家農民作私田。八家農民共同耕種完公田之後,再去耕種私田。公田的收入作爲八家農民上繳官府的田賦。《孟子·滕文公上》:"方里而井,井九百畝,其中爲公田。八家皆私百畝,同養公田;公事畢,然後敢治私事。"一説,鄭玄《注》:"九夫爲井者,方一里,九夫所治之田也。"《周禮·地官·小司徒》:乃經土地而井牧其田野,九夫爲~,四~爲邑,四邑爲丘,四丘爲甸,四甸爲縣,四縣爲都。(0711下)

【井牧】劃定井田耕作或劃爲牧場放牧。周制,平坦之地,九夫爲井;低隰之地,九夫爲牧。鄭玄《注》引鄭司農云:"井牧者,《春秋傳》所謂'井衍沃,牧隰皋'者也。玄謂隰皋之地,九夫爲牧,二牧而當一井。"《周禮·地官·小司徒》:乃經土地而~其田野,九夫爲井,四井爲邑,四邑爲丘,四丘爲甸,四甸爲縣,四縣爲都。(0711下)

【井匽(yàn)】指路邊有屏蔽之廁所。鄭司農云:"匽,路廁也。"孫詒讓《正義》:"謂於宮中路旁隱匿之處爲廁溷,是謂之匽。……惠士奇云:'井匽,一名偃,一名屏匽。'《莊子·庚桑楚》篇云:'觀室者周於寢廟,又適其偃焉。'郭注:'偃謂屏廁。'寢廟則以饗燕,屏廁則以偃溲,此井匽乃屏廁之明證。而後鄭謂漏井、匽豬者,非也。"一説,爲排除污水穢物的滲井和水池。鄭玄《注》:"井,漏井,所以受水潦。……玄謂匽猪,謂霤下之池,受畜水而流之者。"《周禮·天官·宮人》:爲其~,除其不蠲,去其惡臭。(0676上)

【井泉】水泉。爲仲冬之月天子命有

司所祭者。孫希旦《集解》："井泉，水之聚者。"鄭玄《注》："順其德盛之時祭之也。"《禮記·月令》：天子命有司祈祀四海、大川、名源、淵澤、～。(1383上)

【井椁】使外棺之木成井形。爲椁之木兩縱兩橫，累疊成井形。鄭玄《注》："匠人爲椁，刊治其材，以井構於殯門外也。"《儀禮·士喪禮》：既～，主人西面拜工。(1143上)

【五】 wǔ 指五行中的土輔佐天地生成萬物的成數。《易》曰："天一地二，天三地四，天五地六，天七地八，天九地十。"此天地之數。五行有所謂的生數、成數。生數，是指五行天生排列的順序之數：水、火、木、金、土。成數，是指五行之生數與天地奇偶之數相合相成之數。孫希旦《集解》："一與六合，二與七合，三與八合，四與九合，五與十合。故天一生水，地六成之。地二生火，天七成之。天三生木，地八成之。地四生金，天九成之。天五生土，地十成之。"古人以五行配四季：木配春，火配夏，金配秋，水配冬，而土"包載四行，含養萬物，爲萬物之主"。土生數五，成數十，土以生爲本，故但言五。鄭玄《注》："土生數五，成數十，但言五者，土以生爲本也。"《禮記·月令》：季夏之月，……中央土，其日戊己，其帝黃帝，其神后土，其蟲倮，其音宮，律中黃鍾之宮，其數～。(1372中)

【五十】五十歲。五十歲稱艾，可以受命做大夫，獨當一面處理政事（"命爲大夫，服官政"），可以受爵位（"五十而爵"），"以伯仲"相稱。五十開始衰老，因此五十歲的人可以享有許多優厚的待遇：在鄉中行養老禮（"五十養於鄉"），在家中挂杖（"五十杖於家"），吃精細的食品（"五十異糧"），不服勞役（"五十不從力政"），田獵時不作甸徒，而分享豐厚的獵物（"五十不爲甸徒，頒禽隆諸長者"）。居喪時，可以不參與完整的喪禮（"五十不成喪"），不腰絰散垂而送葬（"五十不散送"），不必過度悲傷損毀身體（"五十不致毀"）……。體現了尊老、敬老的社會風氣。《禮記·曲禮上》：～不致毀，六十不毀，七十唯衰麻在身，飲酒食肉處於內。(1249上)

【五几】行禮時所用之几，用以憑依。五几爲玉几、彫几、肜几、漆几、素几。鄭玄《注》："五几，左右玉、彫、肜、漆、素。"賈公彥《疏》："云左右者，唯於王憑及鬼神所依皆左右玉几。……其彫几以下非王所憑，生人則几在左，鬼神則几在右。"《周禮·春官·司几筵》：掌～五席之名物，辨其用與其位。(0774下)

【五方】南、北、東、西、中五個方位地域。中，指華夏族居住的中原之地，稱中國；其餘東方曰夷，南方曰蠻，西方曰戎，北方曰狄。《禮記·王制》：中國戎夷～之民，皆有性也，不可推移。(1338中)

【五正】五正樂。指金奏、升歌、下管、閒歌、合樂，爲天子行射前之正樂。孫詒讓《正義》："竊謂此五正、三正、二正，自據射前正樂言之。……天子五正者，一金奏，二升歌，三下管，四閒歌，五合樂也。諸侯大射無閒歌、合樂，故止三正。……其大夫、士二正，疑當爲閒歌、合樂。"一說，鄭玄《注》以正爲射侯之中心部位，即鵠的。五正爲鵠的五采,朱、白、蒼、黃、玄。"畫五正之侯,中朱,次白,次蒼,次黃,玄居外。三正,損玄黃。二正,去白蒼而畫以朱綠。"以孫說爲長。《周禮·夏官·射人》:王以六耦射三侯,三獲三容,樂以《騶虞》,九節~。(0845 上)

【五世】向上五代,即父親、祖父、曾祖、高祖、高祖之父。孔穎達《疏》:"謂其承高祖之父者也。"《禮記·大傳》:~祖免,殺同姓也。(1507 中)

【五代】指上古五個朝代。即黃帝、堯、舜、禹、湯、周。鄭玄《注》:"五代謂黃帝、堯、舜、禹、湯、周。"《禮記·祭法》:大凡生於天地之間者皆曰命,其萬物死皆曰折,人死曰鬼,此~之所不變也。(1588 下)

【五刑】❶ 指墨、劓、宮、刖、殺五種刑法。《司刑》鄭玄《注》:"墨,黥也。先刻其面,以墨窒之。劓,截其鼻也。今東西夷或以墨劓爲俗,古刑人亡逃者之世類與?宮者,丈夫則割其勢,女子閉於宮中,若今宦男女也。刖,斷足也。周改臏作刖。殺,死刑也。"《周禮·秋官·司刑》:掌~之灋,以麗萬民之罪。墨罪五百,劓罪五百,宮罪五百,刖罪五百,殺罪五百。(0880 中)《禮記·王制》:凡制~,必即天論。(1343 下)❷ 五種治理百姓的刑律。即野刑、軍刑、鄉刑、官刑、國刑。詳見各條。《周禮·秋官·大司寇》:以~糾萬民。一曰野刑,上功糾力;二曰軍刑,上命糾守;三曰鄉刑,上德糾孝;四曰官刑,上能糾職;五曰國刑,上愿糾暴。(0870 中)

【五地】五種不同地形的土地。指山林、川澤、丘陵、墳衍、原隰。參見"土會之灋"。《周禮·地官·大司徒》:以土會之灋辨~之物生:一曰山林,其動物宜毛物,其植物宜早物,其民毛而方;二曰川澤,其動物宜鱗物,其植物宜膏物,其民黑而津;三曰丘陵,其動物宜羽物,其植物宜覈物,其民專而長;四曰墳衍,其動物宜介物,其植物宜莢物,其民晳而瘠;五曰原隰,其動物宜臝物,其植物宜叢物,其民豐肉而庳。"(0702 中)

【五戎】❶ 歸服周的五個西方部落。具體不詳。後泛稱西方各民族。鄭玄《注》:"鄭司農云:'東方曰夷,南方曰蠻,西方曰戎,北方曰貉狄。'玄謂閩,蠻之別也。……四、八、七、九、五、六,周之所服國數也。……《爾雅》曰:'九夷、八蠻、六戎、五狄,謂之四海。'"孫詒讓《正義》:"《大戴禮記·用兵篇》云'六蠻四夷',盧注云:'《周禮·職方氏》"四夷、八蠻、七閩、九貉、五戎、六狄",此周所服四海其種落之數也。《明堂位》曰"九夷、八蠻、六戎、五狄",此朝明堂時來者國數也。'"《周禮·夏官·職方氏》:辨其邦國、都鄙、四夷、八蠻、七閩、九貉、~、六狄之人民。(0861 下)❷ 五種兵器。弓矢、殳、矛、戈、戟。鄭玄《注》:"五戎謂五兵。弓矢、殳、矛、戈、戟也。"《禮記·月令》:是月也,天子乃教於田獵,以習~,班馬政。(1379 下)

【五至】愛民的父母官必須做到的五個方面:志、詩、禮、樂、哀。君王恩至民眾,就能用詩歌表達;詩歌表達到的,能通過禮體現;禮體現到的,樂也能表達;樂能表達到的,哀情也能表現,這就是"五至"。鄭玄《注》:"凡言至者,至於民也。志謂恩意也,言君恩意至於民,則其詩亦至也。詩,謂好惡之情也,自此以下,皆謂民之父母者善推其所有,以與民共之。"《禮記·孔子閒居》:孔子曰:"志之所至,詩亦至焉;詩之所至,禮亦至焉;禮之所至,樂亦至焉;樂之所至,哀亦至焉。哀樂相生,是故正明目而視之,不可得而見也;傾耳而聽之,不可得而聞也,心志塞乎天地,此之謂~。"(1616下)

【五行】❶指金、木、水、火、土五種物質。古人認爲是構成物質世界的五種元素,將它們與萬物的起源變化聯繫起來,具有樸素的唯物論及自發的辯證法因素。鄭玄《注》:"一曰水,二曰火,三曰木,四曰金,五曰土。"《禮記·禮運》:播~於四時,和而后月生也。(1423上)❷鄉飲酒禮表現出的五種品行。即"貴賤明"(尊卑貴賤分明),"隆殺辨"(禮數多少明辨),"和樂而不流"(和樂而不流俗),"弟長而無遺"(長幼皆被恩澤而無有遺漏),"安燕而不亂"(宴會安樂而不亂)。具備這五種品行,就足以端正自身安定國家。《禮記·鄉飲酒義》:貴賤明,隆殺辨,和樂而不流,弟長而無遺,安燕而不亂,此~者,足以正身安國矣。(1684中)

【五色】❶青、赤、黃、白、黑五種顏色。古人以此五者爲正色。古以五色與五行、五方相配:春爲木,木色青,東方青;夏爲火,火色赤,南方赤;秋爲金,金色白,西方白;冬爲水,水色黑,北方黑;中央土,土色黃。《禮運》孔穎達《疏》:"五色謂青、赤、黃、白、黑,據五方。"《周禮·冬官考工記·畫繢》:畫繢之事,雜~。(0918中)《禮記·禮運》:~、六章、十二衣,還相爲質也。(1423上)❷青、赤、黃、白、黑五色見諸病人之面,則爲五臟之氣,可據以診斷疾病。鄭玄《注》:"五色,面貌青赤黃白黑也。察其盈虛休王,吉凶可知。"孫詒讓《正義》引《素問·五臟生成篇》云:"五臟之氣色,見青如草兹者死,黃如枳實者死,黑如炲者死,赤如衃血者死,白如枯骨者死,此五色之見死也。青如翠羽者生,赤如雞冠者生,黃如蟹腹者生,白如豕膏者生,黑如烏羽者生,此五色之見生也。"《周禮·天官·疾醫》:以五氣、五聲、~眠其死生。(0667下)

【五材】指金、木、皮、玉、土。鄭玄《注》:"鄭司農云:'謂金、木、水、火、土也。'玄謂此五材金、木、皮、玉、土。"賈公彥《疏》:"玄知有皮、玉無水、火者,以百工定造器物之人,水、火單用不得爲器物,故不取之。知有皮、玉者,此三十工内,函人爲甲,韗人爲皋陶造鼓,鮑人主治皮,又有玉人之等,故知有皮、玉無水、火者也。"《周禮·冬官考工記·總敘》:或審曲面埶,以飭~,以辨民器。(0905中)

【五戒】五種防止百姓犯罪的戒律。即誓、誥、禁、糾、憲。鄭玄《注》:"誓、誥,於《書》則《甘誓》《湯誓》《大誥》《康誥》之屬。禁則軍禮曰'無干車''無自後射',此其類也。糾、憲,未有聞焉。"詳見各條。《周禮·秋官·士師》:以~先後刑罰,毋使罪麗于民:一曰誓,用之于軍旅;二曰誥,用之于會同;三曰禁,用諸田役;四曰糾,用諸國中;五曰憲,用諸都鄙。(0874下)

【五更】天子所養的有德行的老者，從退休官員中選出。鄭玄《注》："三老、五更各一人也，皆年老致仕者也。天子以父、兄養之，示天下之孝悌也。"一說，據孔穎達《疏》，蔡邕以爲"更"爲"叟"之誤。《禮記·文王世子》：適東序，釋奠於先老，遂設三老、～、羣老之席位焉。（1410 上）

【五兵】五種兵器。有車之五兵和步卒五兵之不同。戈、殳、戟、酋矛、夷矛爲車之五兵，戈、殳、戟、酋矛、弓矢爲步卒之五兵。鄭玄《注》："鄭司農云：'五兵者，戈、殳、戟、酋矛、夷矛。'……車之五兵，鄭司農云者是也。步卒之五兵，則無夷矛而有弓矢。"《周禮·夏官·司兵》：掌五兵、五盾，各辨其物與其等，以待軍事。……軍事，建車之～。（0855 上、中）

【五狄】朝明堂時來的五個北方狄人國家。《爾雅·釋地》疏引李巡注，謂月支、穢貊、匈奴、單于、白屋。後用以爲北方民族之通稱。《禮記·明堂位》：～之國，北門之外，南面，東上。（1488 上）

【五祀】❶諸侯所祭祀的住宅内外與生活起居相關的五種神祇。即户、竈、中霤、門、行之神。《曲禮下》鄭玄《注》："五祀，户、竈、中霤、門、行，此蓋殷時制也。《祭法》曰，天子立七祀，諸侯立五祀，大夫立三祀，士立二祀，謂周制也。"《周禮·春官·小祝》：及葬，設道齋之奠，分禱～。（0812 中）《儀禮·既夕禮》：乃行禱于～。（1158 上）《禮記·曲禮下》：天子祭天地，祭四方，祭山川，祭～，歲徧。（1268 中）❷祭祀的五行之神。即春神句芒，夏神祝融，中央后土，秋神蓐收，冬神玄冥。天子以四時祀之。孫詒讓《正義》："五行，氣行於天，質具於地，故在天有五帝，在地亦有五神。五神分列五方，佐地以造化萬物，天子祀之，謂之五祀。《月令》云，春神句芒，夏神祝融，中央后土，秋神蓐收，冬神玄冥，即五祀之神也。"一說，所祀五帝爲人神。鄭玄《注》："此五者，五官之神在四郊，四時迎五行之氣於四郊，而祭五德之帝，亦食此神焉。少昊氏之子曰重，爲句芒，食於木；該爲蓐收，食於金；脩及熙爲玄冥，食於水；顓頊氏之子曰黎，爲祝融、后土，食於火土。"《周禮·春官·大宗伯》：以血祭祭社稷、～、五嶽，以貍沈祭山林、川澤。（0758 上）

【五味】指酸、甜、苦、辛、鹹五種味道。《疾醫》鄭玄《注》："五味，醯、酒、飴蜜、薑、鹽之屬。"賈公彥《疏》："醯則酸也，酒則苦也，飴蜜即甘也，薑即辛也，鹽即鹹也。"《周禮·天官·疾醫》：以～、五穀、五藥養其病。（0667 中）《禮記·王制》：廣谷大川異制，民生其間者異俗，剛柔、輕重、遲速異齊，～異和，器械異制，衣服異宜。（1338 中）

【五物】❶五種土地所生的不同的動植物。山林所生動物爲毛物（細長毛之獸類），其植物爲皁物（可染皁色的柞實之類）；川澤所生動物爲鱗物（有鱗之動物），其植物爲膏物（膏當爲"橐"字之誤，爲蓮芡之類）；丘陵所生動物爲羽物（鳥類），其植物爲覈物（有核之類）；墳衍所生動物爲介物（甲殼之類），其植物爲莢物（莢當爲

"菉",草木有芒刺之類);原隰所生動物宜臝物(短毛獸類如虎豹),其植物宜叢物(葦類叢生之物)。《周禮·地官·大司徒》:一曰山林,其動物宜毛物,其植物宜早物,其民毛而方;二曰川澤,其動物宜鱗物,其植物宜膏物,其民黑而津;三曰丘陵,其動物宜羽物,其植物宜覈物,其民專而長;四曰墳衍,其動物宜介物,其植物宜莢物,其民皙而瘠;五曰原隰,其動物宜臝物,其植物宜叢物,其民豐肉而庳。因此~者民之常,而施十有二教焉。(0703 上)❷鄉射禮之五事。即和、容、主皮、和容、興舞。賈公彥《疏》:"物,事也。"詳見各條。《周禮·地官·鄉大夫》:退而以鄉射之禮~詢衆庶:一曰和,二曰容,三曰主皮,四曰和容,五曰興舞。(0716 下)❸五類事物。即札喪、凶荒、師役、福事、禍災。遇到這五類情況,諸侯國之間有相應的應對方法。《周禮·秋官·小行人》:若國札喪,則令賻補之;若國凶荒,則令賙委之;若國師役,則令槁禬之;若國有福事,則令慶賀之;若國有禍烖,則令哀弔之。凡此~者,治其事故。(0894 中)

【五命】周時官分九級,一命至九命。九命最高,一命最低。諸侯的子爵、男爵爲五命,小國之君不可超過五命。《周禮·春官·典命》:子男~,其國家、宮室、車旗、衣服、禮儀皆以五爲節。(0780 中)《禮記·王制》:制:三公一命卷,若有加,則賜也,不過九命;次國之君,不過七命;小國之君,不過~。(1326 上)

【五采】指玄、黃、朱、白、蒼五色。《典瑞》孫詒讓《正義》引《左傳·桓二年》孔《疏》云:"五采,謂玄、黃、朱、白、蒼。"《周禮·春官·典瑞》:王晉大圭,執鎮圭,繅藉~五就以朝日。(0776 下)《禮記·雜記上》:率帶,諸侯、大夫皆~,士二采。(1555 下)

【五服】❶指王、公、卿、大夫、士之服飾。鄭玄《注》:"王及公卿大夫士之服。"孫詒讓《正義》:"吉凶五服,謂以爵次爲差,吉凶皆有此五等,與喪服五服異。"《周禮·春官·小宗伯》:辨廟祧之昭穆,辨吉凶之~,車旗、宮室之禁。(0766 中)❷指按照與死者關係的親疏和地位的尊卑製作的五種喪服,即斬衰、齊衰、大功、小功、緦麻。其中有喪服(冠、裳、絰、鞋)、質地(麻、布、葛、草)的不同,縫製方法的不同;喪期用杖與否,喪期長短等亦與五服有關。《儀禮·喪服》:何以不在~之中也?君之所不服,子亦不敢服也。君之所爲服,子亦不敢不服也。(1121 上)❸泛指五代之内的親屬關係。孔穎達《疏》:"師與弟子,不當五服之一也,而弟子之家若無師教誨,則五服之情,不相和親也。"《禮記·學記》:師無當於~,~弗得不親。(1524 下)

【五法】縫製深衣必須遵循的五種方法。以應規、矩、繩、權、衡五種法度。指衣袖之圓中規,以應合舉手揖讓之便;交領成方合於矩,以應合方正不邪;背縫垂直中繩墨,以應合正直不偏;下擺平衡而端正,以應合公平端正。深衣之制有砥礪道德的作用。《禮記·深衣》:袂圜以應規,曲袷如矩以應方,負繩及踝以應直,下齊如權衡以應平。故規者,行舉手以爲

容。負繩抱方者,以直其政、方其義也。……下齊如權衡者,以安志而平心也。～已施,故聖人服之。(1664中)

【五官】❶指殷時的司徒、司馬、司空、司士、司寇五種官職。司徒掌國家土地與人民,司馬掌軍政與財賦,司空(一稱"司工")掌工程建築、車服、器械,司士掌群臣爵祿,司寇掌刑獄糾察。鄭玄《注》:"此亦殷時制也。周則司士屬司馬。大宰、司徒、宗伯、司馬、司寇、司空爲六官。"《禮記·曲禮下》:天子之～,曰司徒、司馬、司空、司士、司寇,典司五衆。(1261中)❷指諸侯主事的五大夫。鄭玄《注》:"五官,五大夫典事者。"《禮記·曾子問》:冕而出視朝,命祝史告于社稷、宗廟、山川,乃命國家～而後行,道而出。(1389下)❸人的五種器官。説法不一。《荀子·天論》以耳、目、口、鼻、形爲五官。古醫家以鼻、目、口、舌、耳爲五官。陳澔《集説》:"五官,身、口、耳、目、心之所職。"儒家認爲五種器官爲求知必備之器,若無五官,則學業不治。一説,爲五行之官。孔穎達《疏》:"五官,金木水火土之官也。學爲官之理,本求博聞強識,非主於一官,而五官不得,學則不能治。"《禮記·學記》:學無當於～,～弗得不治。(1524下)

【五毒】五種有毒之藥。即石膽、丹砂、雄黄、礜石、慈石。將其煉成丹藥,可以治潰瘍、腫瘍,去惡肉。鄭玄《注》:"五毒,五藥之有毒者,今醫方有五毒之藥。作之,合黄堥(wū),置石膽、丹砂、雄黄、礜石、慈石其中,燒之三日三夜,其煙上著,以雞羽掃取之,以注創,惡肉破,骨則盡出。"孫詒讓《正義》:"《名醫別録》説石膽、雄黄、礜石竝有毒,丹砂、慈石竝無毒。蓋五石之藥,咸氣性酷烈,故謂之五毒。不必皆有毒也。"《周禮·天官·瘍醫》:凡療瘍,以～攻之,以五氣養之,以五藥療之,以五味節之。(0668上)

【五盾】五種盾牌。盾爲手持的防禦武器。鄭玄《注》:"五盾,干櫓之屬,其名未盡聞也。"《周禮·夏官·司兵》:司兵,掌五兵、～。(0855上)

【五帝】❶五行之帝。指春帝大皥,夏帝炎帝,中央黄帝,秋帝少皥,冬帝顓頊。孫詒讓《正義》:"金鶚云:'五帝爲五行之精,佐昊天化育,其尊亞於昊天。《月令》云,春帝大皥,夏帝炎帝,中央黄帝,秋帝少皥,冬帝顓頊,此五帝之名也。……鄭注《月令》以五帝爲人帝,其亦誤矣。《周官》注引《春秋緯》《文耀鉤》,……其怪妄不足據也。'……金氏謂凡祀五帝,即祭《月令》大皥、炎帝、黄帝、少皥、顓頊五天帝,而以伏羲、神農、軒轅、金天、高陽五人帝爲配,其説致塙。《楚辭·九章·惜誦》:'令五帝以折中兮。'王注云:'五帝,謂五方神也。東方爲大皥,南方爲炎帝,西方爲少昊,北方爲顓頊,中央爲黄帝。'"一説,五帝爲外神,配五色,並以人帝配食。鄭玄《注》:"五帝:蒼曰靈威仰,太昊食焉;赤曰赤熛怒,炎帝食焉;黄曰含樞紐,黄帝食焉;白曰白招拒,少昊食焉;黑曰汁光紀,顓頊食焉。"《周禮·春官·小宗伯》:兆～於四郊,四望四類亦如之。(0766上)❷傳説中五位遠古帝王。《大戴禮記·五帝德》

以黄帝、顓頊、帝嚳、堯、舜爲五帝。《禮記·内則》：凡養老，～憲，三王有乞言。（1468上）

【五氣】指五臟之氣。即肺氣、心氣、肝氣、脾氣、腎氣。鄭玄《注》："五氣，五臟所出氣也。肺氣熱，心氣次之，肝氣涼，脾氣温，腎氣寒。"《周禮·天官·疾醫》：以～、五聲、五色眡其死生。（0667下）

【五射】指五種射技：白矢、參連、剡注、襄尺、井儀。爲六藝之一。賈公彦《疏》："白矢者，矢在侯而貫侯過，見其鏃白；云參連者，前放一矢，後三矢連續而去也；云剡注者，羽頭高鏃低而去剡剡然；云襄尺者，臣與君射，不與君並立，襄君一尺而退；云井儀者，四矢貫侯如井之容儀也。"《周禮·地官·保氏》：而養國子以道，乃教之六藝：一曰五禮，二曰六樂，三曰～，四曰五馭，五曰六書，六曰九數。（0731中）

【五席】行禮時鋪設的五種席子。即莞席、藻席、次席、蒲席、熊席。朝覲、祭祀時所用。鄭玄《注》："五席：莞、藻、次、蒲、熊。用位所設之席及其處。"《周禮·春官·司几筵》：司几筵，掌五几、～之名物，辨其用與其位。（0774下）

【五庫】國家收藏財物的五類倉庫。即金鐵庫、皮革筋庫、角齒庫、羽箭幹庫、脂膠丹漆庫。孔穎達《疏》："五庫者，熊氏云：'各以類相從，金鐵爲一庫，皮革筋爲一庫，角齒爲一庫，羽箭幹爲一庫，脂膠丹漆爲一庫。'"《禮記·月令》：是月也，命工師令百工審～之量，金、鐵、皮、革、筋、角、齒、羽、箭、幹、脂、膠、丹、漆，毋或不良。（1364上）

【五涂】五類道路。即徑、畛、涂、道、路。鄭玄《注》："五涂：徑、畛、涂、道、路也。"孫詒讓《正義》："涂爲行路之通名，……五涂總稱涂也。"《周禮·夏官·司險》：設國之五溝、～，而設之林以爲阻固，皆有守禁，而達其道路。（0844上）

【五馭】指五種馭車之技藝。即鳴和鸞，逐水曲，過君表，舞交衢，逐禽左。爲六藝之一。鳴和鸞，謂車行時御者使和鸞鳴聲相應。逐水曲，謂車馳於水邊屈曲之處而不墜水。過君表，謂駕車經過君之表位而致敬之法。舞交衢，謂車行至交叉路口，驂服配合協調，若應舞節。逐禽左，謂駕車驅趕禽獸於車之左邊，使人君於車左射殺之。鄭玄《注》引鄭司農云："五馭，鳴和鸞、逐水曲、過君表、舞交衢、逐禽左。"賈公彦《疏》："鳴和鸞者，和在式，鸞在衡。案《韓詩》云：'升車則馬動，馬動則鸞鳴，鸞鳴則和應。'……逐水曲者，謂御車逐水勢之屈曲而不墜水也。……舞交衢者，衢，道也，謂御車在交道中，車旋應於舞節。云逐禽左者，謂御驅逆之車，逆驅禽獸使左，當人君以射之，人君自左射。"孫詒讓《正義》："鳴和鸞者，《大馭》云'凡馭路儀以鸞和爲節'是也。……君表猶言君位，……蓋會同師田，君在則必有表位，凡車過之，當別有儀以致敬，故五馭有過君表之法。……《詩·鄭風·大叔于田》云：'兩驂如舞。'毛傳云：'驂之與服，和諧中節。'所謂舞交衢也。又《秦風·駟驖》云：'公曰左之，舍拔則獲。'鄭箋云：'左之者，從禽之左射之也。'亦即逐禽左

之法。"《周禮·地官·保氏》:乃教之六藝:一曰五禮,二曰六樂,三曰五射,四曰～,五曰六書,六曰九數。(0731中)

【五冕】五種禮冠。即袞冕、鷩冕、毳冕、希冕、玄冕。鄭玄《注》:"冕服有六,而言五冕者,大裘之冕蓋無旒,不聯數也。"孫詒讓《正義》:"《司服》冕服六,此云五冕者,凡冕服以衣章爲別異,大裘而冕,亦被袞衣,衣冕相同,故不數也。鄭謂大裘之冕蓋無斿,於經無文,故爲不敢質定之辭,本非篤論。"《周禮·夏官·弁師》:弁師,掌王之～,皆玄冕,朱裏、延紐。(0854中)

【五雲】五種雲氣的顔色。爲青、白、赤、黑、黄。鄭玄《注》引鄭司農曰:"以二至(冬、夏至)、二分(春、秋分)觀雲色,青爲蟲,白爲喪,赤爲兵荒,黑爲水,黄爲豐,故《春秋傳》曰:'凡分、至、啓(立春、立夏)、閉(立秋、立冬),必書雲物,爲備故也。"《周禮·春官·保章氏》:以～之物,辨吉凶、水旱降豐荒之祲象。(0819下)

【五飲】五種飲料:水、漿、酒、醴、酏。鄭玄《注》:"上水,水爲上,餘其次之。"孫希旦《集解》:"上水者,以水上,貴其自然之性也。"《禮記·玉藻》:～:上水,漿、酒、醴、酏。(1473下)

【五禁】五種輔助刑罰的禁令,即宮禁、官禁、國禁、野禁、軍禁。孫詒讓《正義》:"五禁、五戒等,並士師之官法也。此五禁與《大司寇》五刑相當。惟彼有鄉刑無宮刑,與此錯互者,宮中之刑咳於國而禁異,鄉中之禁通於野而刑亦異,故刑禁不盡同也。"《周禮·秋官·士師》:掌國之～之戒,以左右刑罰:一曰宮禁,二曰官禁,三曰國禁,四曰野禁,五曰軍禁。(0874下)

【五路】王及后所乘的五種車。依《周禮·春官·巾車》,王之五路爲玉路、金路、象路、革路、木路,王后之五路爲重翟、厭翟、安車、翟車、輦車。詳見各條。《周禮·春官·典路》:掌王及后之～,辨其名物與其用說。(0825下)

【五溝】指遂、溝、洫、澮、川。五溝組成河網系統。鄭玄《注》:"五溝:遂、溝、洫、澮、川。"《周禮·夏官·司險》:設國之～、五涂,而樹之林以爲阻固。(0844上)

【五經】即五禮。爲吉禮、凶禮、賓禮、軍禮、嘉禮。鄭玄《注》:"禮有五經,謂吉禮、凶禮、賓禮、軍禮、嘉禮。"《禮記·祭統》:凡治人之道,莫急於禮,禮有～,莫重於祭。(1602下)

【五種(zhǒng)】即五穀。黍、稷、菽、麥、稻。《職方氏》鄭玄《注》:"五種:黍、稷、菽、麥、稻。"《周禮·夏官·職方氏》:河南曰豫州,……其畜宜六擾,其穀宜～。(0862中)《禮記·月令》:令告民出～,命農計耦耕事,修耒耜,具田器。(1384上)

【五齊(jì)】指五種清濁程度不同的酒。即泛齊、醴齊、盎齊、緹齊、沈齊。五齊皆爲有滓不沛、糟汁未分之酒,其中泛齊最濁,沈齊最清。用於祭祀。鄭玄《注》:"泛者,成而滓浮泛泛然,如今宜成醪矣。醴猶體也,成而汁滓相將,如今恬酒矣。盎猶翁也,成而翁翁然葱白色,如今酇白矣。緹者,成而紅赤,如今下酒矣。沈者,成而滓沈,如今造清矣。自醴以上尤濁縮酌者,盎以下差清,其象類則然。……謂齊者,每有祭祀,以度量節作之。"孫詒讓《正義》:"吕飛鵬云:'五齊皆酒之濁者。後鄭謂盎以下差清,但較泛齊、醴齊爲稍清耳,其實皆濁酒也。'……五齊三酒俱用黍稻麴糵,又三酒味厚,人所飲者也;五齊味薄,所以祭者也。"詳見各條。《周禮·天官·酒正》:辨~之名:一曰泛齊,二曰醴齊,三曰盎齊,四曰緹齊,五曰沈齊。(0668下)

【五齏(jī)】指五種細切的冷食菜肴。昌本、脾析、蜃、豚拍、深蒲。鄭玄《注》:"齊當爲'齏'。五齏:昌本、脾析、蜃、豚拍、深蒲也。……凡醯醬所和,細切爲齏,全物若䐑爲菹。"《周禮·天官·醢人》:王舉,則共醢六十罋,以~、七醢、七菹、三臡實之。(0675上)

【五寢】五廟之寢。天子七廟,其中二祧有廟無寢,故稱五寢。鄭玄《注》:"五寢,五廟之寢也。周天子七廟,惟祧無寢。《詩》云:'寢廟繹繹。'相連貌也。前曰廟,後曰寢。"《周禮·夏官·隸僕》:隸僕,掌~之埽除糞洒之事。(0852下)

【五儀】五等爵(公、侯、伯、子、男)的禮儀。公、侯、伯、子、男之儀命分爲三等,上公九命,侯伯七命,子男五命,按其命數,在國家、都城、宮室、車旗、衣服、禮儀等方面都有相應的規定。上公九命,其國家、都城、宮室、車旗、衣服、禮儀皆以九爲節;侯伯七命,以七爲節;子男五命,以五爲節。鄭玄《注》:"五儀,公、侯、伯、子、男之儀。"《周禮·春官·典命》:掌諸侯之~,諸臣之五等之命。(0780中)

【五穀】五種穀物。説法不一。《疾醫》鄭玄《注》:"五穀,麻、黍、稷、麥、豆也。"孫詒讓《正義》引金鶚云:"鄭注《疾醫》五穀,據《月令》爲説。其注《職方》五穀,則以爲稻黍稷麥菽,有稻而無麻。……鶚謂五穀者,以其爲飯者而言也,曰黍稷稻粱麥。"金説近是。亦泛指糧食作物。《周禮·天官·疾醫》:以五味、~、五藥養其病,以五氣、五聲、五色眡其死生。(0667中)《禮記·王制》:~皆入,然後制國用。(1334上)

【五廟】周代諸侯建五廟:二昭、二穆及太祖廟。太祖廟是始封君之廟,其餘四廟即高祖廟、曾祖廟、祖廟、禰廟。宗廟具有收聚同族、維繫宗法制度之作用。《禮記·曾子問》:朝服而出視朝,命祝史告于~所過山川。(1390上)

【五聲】❶樂音的五個音階。即宮、商、角、徵、羽,亦稱五音。《禮運》鄭玄《注》:"五聲,宮、商、角、徵、羽也。"《周禮·春官·大司樂》:以六律、六同、~、八音、六舞大合樂。(0788上)《禮記·禮運》:~、六律、十二管,還相爲宮也。(1423上)❷指獄訟審理中五種判斷曲直之法。辭聽,色聽,氣聽,耳聽,目聽。賈公彦《疏》:"案《吕刑》曰:'惟貌有稽。'在獄定之後。則此五聽,亦在要辭定訖,恐其濫失,更以五聽觀之,以求民情也。"詳見各條。《周禮·秋官·小司寇》:以~聽獄訟,求民情:一曰辭聽,二曰色聽,三曰氣聽,四曰耳聽,五曰目聽。(0873下)

【五隸】周時的五種奴隸，即罪隸、蠻隸、夷隸、閩隸、貉隸。罪隸因罪淪爲奴隸，其他四隸皆爲戰俘。五隸爲王宮所役使。鄭玄《注》："五隸，謂罪隸、四翟之隸也。"孫詒讓《正義》："五隸，罪隸是罪人，四翟則夷狄之虜也。……凡隸皆男子爲奴給役之名。"《周禮·秋官·司隸》：掌～之灋，辨其物而掌其政令。(0883下)

【五嶽】五大名山的總稱。《大宗伯》鄭玄《注》："東曰岱宗(泰山)，南曰衡山，西曰華山，北曰恒山，中曰嵩高山。"《大司樂》鄭玄《注》："五嶽，岱在兗州，衡在荆州，華在豫州，嶽在雍州，恒在并州。"《爾雅·釋山》："五嶽有二：一云河南華，河西嶽，河東岱，河北恒，江南衡。一云泰山爲東嶽，華山爲西嶽，霍山爲南嶽，恒山爲北嶽，嵩山爲中嶽。"孫詒讓《正義》引金鶚云："岱、衡、華、霍大，唐虞與夏之五嶽也。岱、衡、華、恒、嵩高，殷之五嶽也。岱、衡、華、恒、吳嶽，周之五嶽也。"《周禮·春官·大宗伯》：以血祭祭社稷、五祀、～。(0758上)《禮記·王制》：天子祭天下名山大川：～視三公，四瀆視諸侯。(1336上)

【五禮】指吉禮、凶禮、賓禮、軍禮、嘉禮。鄭玄《注》："五禮，吉、凶、賓、軍、嘉也。"詳見各條。《周禮·地官·保氏》：乃教之六藝：一曰～，二曰六樂，三曰五射，四曰五馭，五曰六書，六曰九數。(0731中)

【五藥】指草、木、蟲、石、穀五類藥物。鄭玄《注》："五藥，草、木、蟲、石、穀也。"賈公彥《疏》："草謂麻黃、勺藥之類是也，木謂厚朴、杜仲之類是也，蟲謂吳公、蠃蠬之類是也，石謂磁石、白石之類是也，穀謂五穀之中麻豆之等有入藥分者是也。"《周禮·天官·疾醫》：以五味、五穀、～養其病。(0667中)

【五獻】❶謂子爵、男爵所行之饗禮。鄭玄《注》："五獻，子、男之饗禮也。"孔穎達《疏》："凡王饗臣及其自相饗，行禮獻數各隨其命。子、男五命，知五獻是子、男。"《禮記·禮器》：～之尊，門外缶，君尊瓦甒。(1433中)❷祭四望、山川之禮。其禮較一獻、三獻隆盛。鄭玄《注》："察，明也。謂祭四望、三川也。"孔穎達《疏》："其神既尊，神靈明察。"《禮記·禮器》：一獻質，三獻文，～察，七獻神。(1442上)

【五世祖免】與死者上同五代之祖，服喪衹需袒衣、著免(脫帽紒髮以布纏頭)。服喪無正服，表明不在五服之中，說明親屬關係已經疏遠。親情愈遠，服喪愈簡。孔穎達《疏》："謂其承高祖之父者也。言服祖免而無正服，減殺同姓也。"《禮記·大傳》：～，殺同姓也。(1507中)

【五弦之琴】樂器名。傳說爲舜所作。孔穎達《疏》："五弦，謂無文武二弦，唯宮、商等之五弦也。"《禮記·樂記》：昔者舜作～，以歌《南風》。夔始制樂，以賞諸侯。(1534上)

【五虐之刑】五種酷刑。指大辟、劓(割鼻)、刵(斷耳)、椓(宮)、黥(黥面)。相傳爲蚩尤所作。孔穎達《疏》："唯作蚩尤五種虐刑。"《禮記·緇衣》：《甫刑》曰："苗民匪用命，制以刑，惟作～曰法。"(1647下)

【五常之行】即金、木、水、火、土之性。

鄭玄《注》:"五常,五行也。"孔穎達《疏》:"五常之行,謂依金、木、水、火、土之性也。"一說,孫希旦《集解》引陳澔曰:"五常之行,仁、義、禮、智、信之德也。"《禮記·樂記》:是故先王本之情性,稽之度數,制之禮義,合生氣之和,道～,使之陽而不散,陰而不密,剛氣不怒,柔氣不懾,四暢交於中,而發作於外,皆安其位而不相奪也。(1535 中)

【五等之命】指諸侯之諸臣的五等命數。諸侯之臣有孤、卿、大夫、士。公之孤四命,其卿三命,其大夫再命,其士一命;子男之士不命。鄭玄《注》:"五等,謂孤以下四命、三命、再命、一命、不命。"《周禮·春官·典命》:掌諸侯之五儀,諸臣之～。(0780 中)

不 bù 見下。

【不次】不住在臨時搭建的廬舍中守喪。依禮,子亡父不次,弟亡兄不次,新婦未廟見公婆而亡其婿不次。鄭玄《注》:"謂不就其殯宮爲次而居。"孫希旦《集解》:"《小記》曰:'父不爲衆子次於外。'"《禮記·喪大記》:父～於子,兄～於弟。(1582 上)

【不杖】不執喪杖。喪禮,小孩、婦女不杖,因其在喪事中不會過度勞累;孝子在堂上不杖,因爲要避開尊者所居之處("堂上不杖,辟尊者之處也");孫輩爲祖父母服喪不杖("不杖、麻屨者,祖父母");父母健在,爲妻服喪則不杖("爲妻,父母在,不杖");大夫在世,其嫡子爲妻服喪不杖;未出嫁的女子爲父母服喪,代主喪事的人不杖("女子子在室爲父母,其主喪者不杖");虞祭不得拄喪杖進入室内,祔祭不得拄喪杖進入廟堂("虞,杖不入於室。祔,杖不升於堂");新婦未廟見公婆而亡,其婿不爲新婦執杖。《儀禮·喪服》:何以～也?父在則爲妻～。(1105 中)《禮記·喪服四制》:婦人、童子～,不能病也。(1694 下)

【不物】衣服及所操之物不合常法。鄭玄《注》:"不物,衣服視占不與衆同,及所操物不如品式。"賈公彦《疏》:"此皆違禁之物,故搏之也。"《周禮·地官·司稽》:掌巡市,而察其犯禁者與其～者而搏之。(0738 上)

【不命】無爵位。子、男之國,其卿再命,其大夫一命,士則無爵。《周禮·春官·典命》:子男之卿再命,其大夫一命,其士～。(0781 上)

【不淑】弔問之辭。猶如不幸。表示哀悼。鄭玄《注》:"淑,善也。如何不善,言君痛之甚,使某弔。"陳澔《集說》:"如何不淑,慰問之辭,言何爲而罹此凶禍也。"《禮記·雜記上》:客曰:"寡君使某,如何～。"(1557 上)

【不禄】❶士死的諱稱。鄭玄《注》:"不禄,不終其禄。"《禮記·曲禮下》:天子死曰崩,諸侯曰薨,大夫曰卒,士曰～,庶人曰死。(1269 中)❷指短命夭折。古人以未冠曰短,未婚曰折。士死諱稱不禄(不終其禄),短命夭折者以士死之諱稱之。鄭玄《注》:"老而死從大夫之稱,少而死從士之稱。"《禮記·曲禮下》:壽考曰卒,短折曰～。(1269 下)❸諸侯、諸侯夫人亡故,向他國之君報喪訃文上的謙稱。爲君、夫人卒相訃告之禮。鄭玄《注》:"君、夫人不稱薨告他國君,謙也。"《禮記·雜記上》：君訃於他國之君，曰："寡君～，敢告於執事。"夫人，曰："寡小君～。"(1549下)❹大夫亡故，向本國與其爵位相等者的人及士報喪訃文上的謙稱。為大夫之卒相訃告之禮。孔穎達《疏》："謂同國大夫位相敵者，曰：'某不祿。'"《禮記·雜記上》：大夫訃於同國適者，曰："某～。"訃於士，亦曰："某～。"(1549下)

【不穀】九州之長及統領一方的諸侯對內自稱的謙辭。鄭玄《注》："與民言之謙稱。穀，善也。"《禮記·曲禮下》：於內自稱曰"～"。於外自稱曰"王老"。(1265上)

【不齒】❶不依年齡排序、分上下。表示尊重。《祭義》鄭玄《注》："齒者，謂以年次立若坐也。"葉夢得曰："三命不齒，貴貴也。"《周禮·地官·黨正》：壹命齒于鄉里，再命齒于父族，三命而～。(0718上)《禮記·祭義》：壹命齒于鄉里，再命齒于族，三命～。族有七十者弗敢先。(1600下)❷罪犯被釋放，不與百姓同列；不服從教誨的不錄用。表示鄙視。《大司寇》鄭玄《注》："不齒者，不得以年次列於平民。"《王制》鄭玄《注》："齒，猶錄也。"《周禮·秋官·大司寇》：其能改者，反于中國，～三年。(0870下)《禮記·王制》：不變，屏之遠方，終身～。(1342上)❸指不服從教化、不事勞作之民。鄭玄《注》："所放不帥教者。"孫希旦《集解》："不齒者，圜土之罷民。"《禮記·玉藻》：垂緌五寸，惰游之士也。玄冠縞武，～之服也。(1477上)

【不趨】不快步行走。依禮，堂上不趨，以其地狹且近尊；手中拿玉、龜筴等重器不趨，以其須慎；城牆上不趨，以其地迫狹；孝子堂上不趨，示不匆遽，以免父憂（"堂上不趨，示不遽也"）。《曲禮上》孔穎達《疏》："臣來朝君，至屏而加肅靜，屏外不敬，故不趨也。……堂上不趨者，亦謂不疾趨，堂上迫狹故也。……執玉不趨者，執玉須慎，不論堂之上下，皆不疾趨也。"《少儀》鄭玄《注》："於重器，於近尊，於迫狹，無容也。"《禮記·曲禮上》：帷薄之外～。堂上～。執玉～。(1239上)《禮記·少儀》：執玉、執龜筴～。堂上～。城上～。(1513中)

【不諱】不避諱尊長的名字。依禮，讀《詩》《書》時可以不諱；執禮文行事時可以不諱，為其失事之正；廟中祭祀高祖時可以不諱曾祖以下，因為尊無二人。鄭玄《注》："謂有事於高祖，則不諱曾祖以下，尊無二也。於下則諱上。"孔穎達《疏》："何胤云：'《詩》《書》，謂教學時也。臨文，謂禮執文行事時也。'"此外禮所規定不必避諱的情況還有：同音字或讀音相近的字不諱（"不諱嫌名"）；如果其名是雙字，兩個字不必都避諱（"二名不偏諱"）；沒有事奉過父母的人，可以不諱祖父母的姓名（"不逮事父母，則不諱王父母"）；在國君面前可以不避家諱（"君所無私諱"）；臣可以不避國君夫人的家諱（"夫人之諱，雖質君之前，臣不諱也"）；服大功、小功喪服者可以不諱死者的姓名（"大功小功不諱"）；等等。詳見各條。《禮記·曲禮上》：《詩》《書》～，臨文～，廟中～。(1251上)

【不識】沒有詳察而誤殺他人。為三

種可以免罪或減刑的情況（三宥）之一。鄭玄《注》："識，審也。不審，若今仇讎當報甲，見乙，誠以爲甲而殺之者。"一說，"不識"謂愚民。鄭玄《注》引鄭司農云："不識謂愚民，無所識，則宥之。"參見"三宥②③"。《周禮·秋官·司刺》：壹宥曰～，再宥曰過失，三宥曰遺忘。(0880 下)

【不顧】不回頭。賓去而不回頭，示主人可以入内休息了。所謂客走主人安。鄭玄《注》："君命上擯送賓出，反告賓不顧，於此君可以反路寢矣。"《儀禮·聘禮》：賓出，公再拜送，賓～。(1059 中)

【不反服】不返回爲舊君服喪。依禮，離開諸侯到大夫家爲臣，或離開大夫到諸侯家爲臣，不得再爲舊君服喪，恐亂尊卑之序。孔穎達《疏》："若本是諸侯臣，如去往仕大夫，此是自尊適卑，若舊君死，則此臣不反服也。言不反者，謂今仕卑，臣不可反服於前之尊君也。……本是大夫臣，今去仕諸侯，此是自卑適尊，若猶服卑君，則爲新君之恥也，故亦不反服舊君也。"《禮記·雜記上》：違諸侯，之大夫，～；違大夫，之諸侯，～。(1554 下)

【不即市】不於市朝行刑。依禮，王之同族有罪，行刑於遠郊甸師之處，以免國人議論。鄭玄《注》引鄭司農云："刑諸甸師氏。《禮記》曰：'刑于隱者，不與國人慮兄弟。'"《周禮·秋官·小司寇》：凡王之同族有罪，～。(0873 下)

【不躬坐】不親自到庭跪坐受審。依禮，大夫及其妻有獄訟，可以不親自到庭供辭，而由其部屬或子弟代坐。鄭玄《注》："躬，身也。不身坐者，必使其屬若子弟也。"《周禮·秋官·小司寇》：凡命夫、命婦，～獄訟。(0873 下)

【不祭肺】不用肺行食前祭禮。災荒之年，君當自損抑其禮，此即其一。鄭玄《注》："皆自爲貶損，憂民也。禮食殺牲則祭先，有虞氏以首，夏后氏以心，殷人以肝，周人以肺。不祭肺，則不殺也。"孫希旦《集解》："膳，美食名。盛食必祭，周人重肺，故食先祭肺，歲凶饑，故不祭肺，則不殺牲也。"《禮記·曲禮下》：歲凶，年穀不登，君膳～，馬不食穀，馳道不除，祭事不縣。(1259 中)

【不貳采】不穿兩種顏色的衣服。爲禮對離位之大夫、士的服裝要求。鄭玄《注》："大夫去位，宜服玄端、玄裳。"孔穎達《疏》："此謂大夫、士去國三月之内，服素衣、素裳；三月之後，別服此玄端、玄裳。……不貳采，是有采色，但不貳耳。采之中，玄最貴也。"《禮記·玉藻》：無君者～。(1477 中)

【不貳問】占問卜筮不可有貳心。鄭玄《注》："當正己之心以問吉凶於蓍龜，不得於正，凶。"孔穎達《疏》："凡卜筮之法，當正己心志而來問於蓍龜，則得吉兆，不得二心不正。若二心不正，必凶，則卜筮權時妄告。"一說，"貳問"爲問兩人。孫希旦《集解》："問宜專向一人，若貳問，則令人難爲答也。注疏以問爲問卜、筮，非是。下句方言'問卜、筮'，則此'問'不謂卜、筮。"《禮記·少儀》：～。問卜、筮，曰："義與，志與?"(1511 下)

【不傾聽】不偏頭而聽。爲兒童站立

之儀。孔穎達《疏》:"立宜正嚮一方,不得傾頭屬聽左右也。"《禮記·曲禮上》:立必正方,～。(1234中)

【不王不禘】不爲天子不得郊祭天。天子爲天之子,爲權力至高無上者,依禮,祇有天子纔能祭天。孔穎達《疏》:"王謂天子也,禘謂郊天也。禮,唯天子得郊天,諸侯以下否。"《禮記·喪服小記》:禮,～。(1496中)

【不任之刑】不信任朋友的刑罰。爲鄉八刑之一。賈公彥《疏》:"謂不信任於朋友,亦刑之。"《周禮·地官·大司徒》:以鄉八刑糾萬民:一曰不孝之刑,二曰不睦之刑,三曰不婣之刑,四曰不弟之刑,五曰～,六曰不恤之刑,七曰造言之刑,八曰亂民之刑。(0707下)

【不孝之刑】不孝敬父母的刑罰。爲鄉八刑之一。賈公彥《疏》:"有不孝於父母者,則刑之。"《周禮·地官·大司徒》:以鄉八刑糾萬民:一曰～,二曰不睦之刑,三曰不婣之刑,四曰不弟之刑,五曰不任之刑,六曰不恤之刑,七曰造言之刑,八曰亂民之刑。(0707下)

【不弟之刑】不敬兄長的刑罰。爲鄉八刑之一。賈公彥《疏》:"謂不敬師長,亦刑之。"《周禮·地官·大司徒》:以鄉八刑糾萬民:一曰不孝之刑,二曰不睦之刑,三曰不婣之刑,四曰～,五曰不任之刑,六曰不恤之刑,七曰造言之刑,八曰亂民之刑。(0707下)

【不取同姓】不娶同姓之女。古人認爲,同姓女子猶如姐妹,娶之則如同禽獸;近親結婚,有礙子孫繁衍。故娶妻不娶同姓之女。鄭玄《注》:"爲其近禽獸也。"孔穎達《疏》:"無別無義,禽獸之道。"《禮記·曲禮上》:取妻～,故買妾不知其姓則卜之。(1241上)

【不易之地】不用休耕、年年都可耕種的肥美之地。鄭玄《注》引鄭司農云:"不易之地,歲種之地美,故家百畮。"《周禮·地官·大司徒》:～家百畮,一易之地家二百畮,再易之地家三百畮。(0705中)

【不恤之刑】不周恤貧苦之人的刑罰。爲鄉八刑之一。賈公彥《疏》:"謂見災危而不憂恤,亦刑之。"《周禮·地官·大司徒》:以鄉八刑糾萬民:一曰不孝之刑,二曰不睦之刑,三曰不婣之刑,四曰不弟之刑,五曰不任之刑,六曰～,七曰造言之刑,八曰亂民之刑。(0707下)

【不通乞假】不相互借東西。言男女有別,以避嫌。《禮記·內則》:外內不共井,不共湢浴,不通寢席,～。(1462下)

【不婣(yīn)之刑】不親外家(妻族、母族)的刑罰。爲鄉八刑之一。賈公彥《疏》:"於外親,亦刑之。"《周禮·地官·大司徒》:以鄉八刑糾萬民:一曰不孝之刑,二曰不睦之刑,三曰～,四曰不弟之刑,五曰不任之刑,六曰不恤之刑,七曰造言之刑,八曰亂民之刑。(0707下)

【不睦之刑】不與同姓九族親密相處的刑罰。爲鄉八刑之一。賈公彥《疏》:"不相親睦,亦刑之。"《周禮·地官·大司徒》:以鄉八刑糾萬民:一曰不孝之刑,二曰～,三曰不婣之刑,

四曰不弟之刑,五曰不任之刑,六曰不恤之刑,七曰造言之刑,八曰亂民之刑。(0707下)

【不諱嫌名】不避諱聲音相近的字。因其音相近,難以分辨。爲禮所規定的不必避諱的情況之一。但後世諱法加嚴,亦諱嫌名。鄭玄《注》:"嫌名,謂音聲相近,若禹與雨,丘與區也。"《禮記·曲禮上》:禮,～,二名不偏諱。(1251上)

【不以死傷生】不因死者而傷害生者。體現了喪禮"有節"的原則。父死三天後進食,三月後洗頭,一週年後戴練冠,雖哀痛憔悴而不傷及生命,都是"不以死傷生"的體現。孔穎達《疏》:"此一節明四制之中節制也。"《禮記·喪服四制》:三日而食,三月而沐,期而練,毁不滅性,～也。(1695上)

【不顧望而對】不看週圍是否有勝過自己的人就搶先回答。這是回答君子提問時不合於禮的行爲。鄭玄《注》:"禮尚謙也。不顧望,若子路率爾而對。"孔穎達《疏》:"謂多人侍而君子有問,若指問一人,則一人直對;若問多人,則侍者當先顧望坐中或有勝己者宜前,而己不得率爾先對。先對,非禮也。"《禮記·曲禮下》:侍於君子,～,非禮也。(1257中)

【不中門,不履閾】不從門正中走過,脚不踩在門限之上。爲聘禮對賓客的要求。鄭玄《注》:"辟尊者所從也。"孔穎達《疏》:"賓,謂聘賓也。不中門,謂位不當闑西棖闑之中央也,而稍東近闑也。不履閾者,閾,門限,足不履踐門限之上。"《禮記·玉藻》:賓入～。(1484中)

【不服闇,不登危】不在冥暗之處做事,不登臨危險之地。爲禮對孝子的要求之一。鄭玄《注》:"服,事也。闇,冥也。不於闇冥之中從事,爲卒有非常,且嫌失禮也。男女夜行以燭。"《禮記·曲禮上》:孝子～,懼辱親也。(1234上)

【不陵節而施之】不超過學生的年齡、才智而施教。大學教育之法,要循序漸進,因材施教,不得超前,稱作順。爲儒家教育方法之一。孔穎達《疏》:"陵,猶越也。節,謂年才所堪。施,猶教也。孫,順也。謂教人之法,當隨其年才。若年長而聰明者,則教以大事,而多與之;若年幼又頑鈍者,當教以小事,又與之少。是不越其節分而教之,所謂'孫,順也',從其人而設教也。"《禮記·學記》:大學之法,禁於未發之謂豫,當其可之謂時,～謂孫,相觀而善之謂摩。(1523上)

【不妄說人,不辭費】不隨便取悅人,不衹説不做。爲禮對人們的要求之一。鄭玄《注》:"爲近佞媚也。君子説之不以其道,則不悦也。……爲傷信。君子先行其言而後從之。"《禮記·曲禮上》:禮～。(1231上)

【不踰節,不侵侮,不好狎】不逾越節度,不侵侮他人,不親昵失敬。爲禮對人們的要求之一。鄭玄《注》:"爲傷敬也。"孔穎達《疏》:"禮者,所以辨尊卑,别等級,使上不逼下,下不僭上,故云禮不踰越節度也。不侵侮者,禮主於敬,自卑而尊人,故戒之不得侵犯侮慢於人也。不好狎者,賢者當狎而敬之,若直近而習之,不加於敬,則是好狎。"《禮記·曲禮上》:禮～。(1231上)

【不窺密,不旁狎,不道舊故,不戲色】不窺視他人隱私,不隨便與人過於親昵,不道說故交的罪過,不露嬉笑侮慢之色。爲禮對人們的要求之一。孔穎達《疏》:"不窺密者,人當正視,不得窺覘隱秘之處。……不旁狎,……不得妄與人狎習或至紛爭。……不道舊故者,不道說故舊之罪過。不戲色者,不戲弄其顏色。"孫希旦《集解》:"朱子曰:旁,泛及也。泛與人狎習,不恭敬也。……戲色,謂嬉笑侮慢之容。'……愚謂此四者皆非恭敬長厚之道,故戒之。"《禮記·少儀》:~。(1512 下)

屯 tún 指屯紮聚集的車輛、徒衆。鄭玄《注》:"前後屯,車徒異部也。"賈公彥《疏》:"謂兵衆屯聚,各有車徒,各於前後,而巡行之,而戮其犯命者。"《周禮·地官·鄉師》:巡前後之~,而戮其犯命者,斷其爭禽之訟。(0714 中)

互 hù ❶懸牲肉的木架。鄭玄《注》:"互,若今屠家縣肉格。"《周禮·地官·牛人》:凡祭祀,共其牛牲之~與其盆簝以待事。(0724 中)❷阻攔人馬通行的木栅欄。亦名行馬。以木交叉制成,置於門閭兩旁,以遮人馬。賈公彥《疏》:"互謂行馬,所以爲遮障。"《周禮·秋官·脩閭氏》:掌比國中宿~槀者與其國粥,而比其追胥者,而賞罰之。(0888 上)

【互物】甲殼動物的總稱。如蚌蛤龜等。鄭玄《注》:"互物,蚌蛤之屬。"《周禮·地官·掌蜃》:掌蜃,掌斂~、蜃物。(0748 下)

世 shì 父子相承爲世。即一代。《周禮·春官·小史》:掌邦國之志,奠繫~,辨昭穆。(0818 中)《儀禮·士冠禮》:繼~以立諸侯,象賢也。(0959 上)《禮記·檀弓上》:大公封於營丘,比及五~,皆反葬於周。(1281 上)

【世及】世代相傳。父子相傳曰世,兄弟相傳曰及。孔穎達《疏》:"世及,諸侯傳位自與家也。父子曰世,兄弟曰及。謂父傳與子,無子,則兄傳與弟也。以此爲禮也。"《禮記·禮運》:大人~以爲禮,城郭溝池以爲固,禮義以爲紀。(1414 中)

【世子】太子。天子、諸侯的嫡長子,王位的合法繼承人。《周禮·天官·膳夫》:掌王之食飲、膳羞,以養王及后、~。(0659 下)《儀禮·聘禮》:遭夫人、~之喪,君不受,使大夫受于廟;其他如遭君喪。(1069 中)《禮記·文王世子》:凡三王教~,必以禮樂。樂所以脩内也,禮所以脩外也。(1406 下)

【世父】伯父。《爾雅·釋親》:"父之晜弟,先生爲世父,後生爲叔父。"《儀禮·喪服》:《傳》曰:~、叔父何以期也? 與尊者一體也。(1105 上)《禮記·雜記下》:王父母、兄弟、~、叔父、姑、姊妹,子與父同諱。(1564 上)

【世母】伯母。《爾雅·釋親》:"父之兄妻爲世母,父之弟妻爲叔母。"《儀禮·喪服》:~、叔母何以亦期也? 以名服也。(1105 上)《禮記·曾子問》:父喪稱父;母喪稱母;父母不在,則稱伯父~。(1392 上)

【世臣】父代有功之老臣。大夫不能稱呼世臣之名。鄭玄《注》："世臣,父時老臣。"《禮記・曲禮下》:國君不名卿老、世婦,大夫不名～、姪、娣,士不名家相、長妾。(1256下)

【世事】❶指士、農、工、商各自具備的技藝。鄭玄《注》:"世事謂士、農、工、商之事,少而習焉,其心安焉,因教以能,不易其業。"孫詒讓《正義》:"事謂道藝曲藝之等,四民皆有之。"《周禮・地官・大司徒》:十曰以～教能,則民不失職。(0703上)❷世代相傳的職業。如巫、醫、卜、筮等。爲十二職事之一。孫詒讓《正義》:"蔣載康云:'世事,累世專業相傳,凡巫醫卜筮諸藝事。'"《周禮・地官・大司徒》:頒職事十有二于邦國、都鄙,使以登萬民:一曰稼穡,二曰樹藝,三曰作材,四曰阜蕃,五曰飭材,六曰通財,七曰化材,八曰斂材,九曰生材,十曰學藝,十有一曰～,十有二曰服事。(0707中)

【世室】❶即夏之明堂。天子大廟,所以祭祀。孫詒讓《正義》:"世室者,即夏之明堂。"一説,指宗廟。鄭玄《注》:"世室者,宗廟也。魯廟有世室,牲有白牡,此用先王之禮。"《周禮・冬官考工記・匠人》:夏后氏～,堂脩二七,廣四脩一。(0927下)❷指不毁之宗廟。鄭玄《注》:"此二廟,象周有文王、武王之廟也。世室者,不毁之名也。"《禮記・明堂位》:魯公之廟,文～也。武公之廟,武～也。(1491上)

【世國】世襲封國。以宗法制度,諸侯的太子可以世襲封國。孫希旦《集解》:"諸侯,謂畿外諸侯。……有功,故爵之爲諸侯,而有功之賞宜及於其子孫,此諸侯之所以世國也。"《禮記・王制》:諸侯世子～。大夫不世爵,使以德,爵以功。(1348中)

【世婦】❶職官名。協助王后掌管内宫賓客、祭祀、喪紀等事。由内命婦(二十七世婦)充任。屬天官冢宰。《寺人》鄭玄《注》:"世婦,二十七世婦。"《曲禮下》孔穎達《疏》:"天子立官則先從后妃爲始。所以然者,爲治之法,刑於寡妻,始於家邦,終於四海。"《周禮・天官・寺人》:若有喪紀、賓客、祭祀之事,則帥女宫而致於有司,佐～治禮事。(0687上)《周禮・天官・世婦》:～,掌祭祀、賓客、喪紀之事。(0689下)《禮記・曲禮下》:天子有后,有夫人,有～,有嬪,有妻,有妾。(1261上)❷職官名。其執掌與《天官・世婦》略同。協助王后處理宫中賓客、祭祀等禮事。由外命婦(卿大夫士之妻)充任。屬春官宗伯。《春官・叙官》鄭玄《注》:"世婦,后宫官也。"孫詒讓《正義》:"蓋天官世婦爲内命婦,故與九嬪、九御爲次,而屬大宰,以大宰兼掌宫政也。此世婦爲外命婦,故與内外宗並列,而屬宗伯,以宗伯掌禮事也。"《周禮・春官・叙官》:～每宫卿二人,下大夫四人,中士八人,女府二人,女史二人,奚十有六人。(0753下)《周禮・春官・世婦》:～,掌女宫之宿戒,及祭祀,比其具。(0784中)❸諸侯的妃妾。爲諸侯夫人之姪(兄女)、娣(妻之妹)。其數二人,貴於二媵。孔穎達《疏》:"謂夫人之姪、娣。故《公羊》云:'夫人無子,立姪、娣子也。'"《禮記・曲禮下》:公、侯有夫人,有～,有妻,有妾。夫人自稱於天子曰"老婦",自稱於諸侯曰"寡小君",自稱於其君曰"小童"。自～以下自稱曰"婢子"。(1267上)❹即命婦。大夫之妻。鄭玄《注》:"此變命婦言世婦者,明尊卑同也。"孔穎達《疏》:"大夫妻曰命婦而云世婦,世婦是諸侯之次婦,今既明諸侯世婦尊與命婦敵,故互言見義。"《禮記·喪大記》:君、夫人卒於路寢。大夫、～卒於適寢。(1572上)

【世一見】每更替一次國君纔覲見一次。爲九州外蕃國的觀見之禮。鄭玄《注》:"然則九州之外,其君皆子男也。無朝貢之歲,父死子立,及嗣王即位,乃一來耳。"賈公彥《疏》:"此經世中含二,父死子立,須得受王命,故須來;新王即位,亦須來。"《周禮·秋官·大行人》:九州之外,謂之蕃國,～。(0892中)

【世父母】伯父、伯母的合稱。《儀禮·喪服》:女子子嫁者、未嫁者爲～、叔父母、姑、姊妹。(1115上)

【世相朝】國君更替要相互朝聘。爲諸侯國之間相朝聘之禮。鄭玄《注》:"父死子立曰世。凡君即位,大國朝焉,小國聘焉。"孫詒讓《正義》:"凡諸侯即位,小國朝之,大國聘之,以繼好結信,謀事補闕,禮之大者也。"《周禮·秋官·大行人》:凡諸侯之邦交,歲相問也,殷相聘也,～也。(0893上)

【世奠繫】指已定的王、諸侯、卿大夫的世繫譜籍。奠,釋爲定。鄭玄《注》:"杜子春云:'帝讀爲定,其字爲奠,書亦或爲奠。世奠繫,謂帝繫,諸侯、卿大夫世本之屬是也。小史主次

序先王之世,昭穆之繫,述其德行。瞽矇主誦詩,并誦世繫,以勸誡人君也。'"一說,孫詒讓《正義》引俞樾云:"鄭、杜以帝繫、世本解世繫二字,且曰誦世繫以誡勸人君。疑經文本當作'奠世繫',與《小史》職同。《周禮·春官·瞽矇》:諷誦詩,～,鼓琴瑟。(0797中)

【世子之記】當爲記述文王世子禮儀的文獻。鄭玄《注》:"世子之禮亡,言此存其《記》。"《禮記·文王世子》:《～》曰:"朝夕至于大寢之門外,問於内豎曰:'今日安否?何如?'内豎曰:'今日安。'"(1411上)

【世子不爲天子服】諸侯的太子不爲天子服喪。爲避天子所立太子之嫌。鄭玄《注》:"遠嫌也。不服,與畿外之民同也。"孔穎達《疏》:"此明諸侯世子有繼世之道,所以遠嫌,不爲天子服也。"《禮記·服問》:君爲天子三年。夫人如外宗之爲君也。～。(1659上)

丙

bǐng 見下。

【丙丁】火日之代稱。古以十天干紀日。陰陽家將十天干分屬五行,丙丁屬火行;以四季分屬五行,夏季屬火行。故以丙丁爲火日。鄭玄《注》:"時萬物皆炳然著見而強大。"孫希旦《集解》:"高氏誘曰:丙丁,火日也。……愚謂丙丁爲火,故日之值丙丁者屬乎夏。"《禮記·月令》:其日～,其帝炎帝,其神祝融,其蟲羽,其音徵,律中中律,其數七,其味苦,其臭焦。(1364下)

丘

qiū ❶墓塋高出地面的封土。亦稱墳。春秋以前,墓而不墳;

春秋末以後,纔在墓上加土成墳。《周禮·春官·冢人》:及窆,以度爲～隧,共喪之空器。(0786 中)《禮記·曲禮下》:君子雖貧,不粥祭器;雖寒,不衣祭服;爲宫室,不斬～木。(1258 中)❷都鄙田地,區劃單位。爲方四里之地。鄭玄《注》:"此謂造都鄙也。采地制井田,異於鄉遂。……其制似井之字,因取名焉。……四邑爲丘,方四里。"《周禮·地官·小司徒》:九夫爲井,四井爲邑,四邑爲～,四丘爲甸,四甸爲縣,四縣爲都。(0711 下)

【丘封】泛指墳墓。大者曰丘,小者曰封。《冢人》鄭玄《注》:"别尊卑也。王公曰丘,諸臣曰封。"《周禮·春官·冢人》:凡死於兵者不入兆域,凡有功者居前,以爵等爲～之度與其樹數。(0786 上)《禮記·禮器》:有以大爲貴者:宫室之量,器皿之度,棺椁之厚,～之大。(1433 上)

【丘首】頭向着山丘。相傳狐狸死時頭必正對所居之山丘。獸尚如此,人不待言。今用作典故"正丘首""狐死丘首",喻不忘本或對故鄉的思念。《禮記·檀弓上》:古之人有言曰:"狐死正～。"仁也。(1281 上)

【丘乘】(shèng)即丘甸。都鄙田地、區劃單位。《稍人》鄭玄《注》:"丘乘,四丘爲甸。甸……其訓曰乘,由是改云。"孫詒讓《正義》:"以《司馬法》丘出戎馬一匹,甸出長轂一乘,乘非丘之所出。況《郊特牲》以'丘乘共粢盛',彼共者爲丘甸之人,無與車乘事。經記互證,則丘乘與丘甸之借字明矣。"《郊特牲》孔穎達《疏》:"丘乘者,都鄙井田也。"一説,乘爲車乘。《郊特牲》鄭玄《注》:"四丘六十四井,曰甸,或謂之乘。乘者,以於車賦出長轂一乘。"《周禮·地官·稍人》:稍人,掌令～之政令。(0745 中)《禮記·郊特牲》:唯爲社事,單出裏;唯爲社田,國人畢作,唯社,～共粢盛,所以報本反始也。(1449 中)

【丘陵】❶小土山爲丘,大土山爲陵。爲五地之一。五地爲山林、川澤、丘陵、墳衍、原隰。《大司徒》鄭玄《注》:"土高曰丘,大阜曰陵。"《周禮·地官·大司徒》:以天下土地之圖,周知九州之地域廣輪之數,辨其山林、川澤、～、墳衍、原隰之名物。(0702 上)《禮記·曲禮上》:從長者而上～,則必鄉長者所親。(1238 上)❷指丘陵之神。賈公彥《疏》:"四瀆與山陵俱是地神。"《儀禮·覲禮》:禮日於南門外,禮月與四瀆於北門外,禮山川～於西門外。(1093 下)❸指圓丘。祭天神之處。鄭玄《注》:"謂冬至祭天於圓丘之上。"孔穎達《疏》:"丘陵謂圓丘。天圓而高,故祭其天神於圓丘之上也。"《禮記·禮器》:爲高必因～,爲下必因川澤。(1440 上)

【丘隧】墓封土和墓道。鄭玄《注》:"隧,羨道也。"《周禮·春官·冢人》:及窆,以度爲～,共喪之空器。(0786 中)

【丘壟】封土高的墳墓。孫希旦《集解》:"墓域曰壟,其封土而高者曰丘壟。"《禮記·月令》:飭喪紀,辨衣裳,審棺椁之薄厚,塋～之大小、高卑、厚薄之度,貴賤之等級。(1381 下)

【丘籠】盛土的器具。棺柩下葬後,以丘籠覆土爲墳。賈公彥《疏》:"共丘籠者,土曰丘,謂共爲丘之籠器以盛

土也。"《周禮·地官·遂師》：及窆，抱磨，共～及蜃車之役。(0742 上)

再 zài 即再飯。爲食禮告飽之儀節。孔穎達《疏》："食猶殽也。尊者常以德爲飽，不在食味，故每一殽輒告飽，而待勸之乃更殽，故云一食也。諸侯再者，德降天子，故至再殽而告飽，須勸乃又食。大夫、士三者，德轉少，告轉疏也，故少牢特牲禮皆三飯而告飽也。"一説，"再"爲連食二口。孫希旦《集解》："愚謂食一口謂之一飯，再謂連食二口，三謂連食三口也。孔氏以一飯、再飯、三飯爲告飽之節，非也。"《禮記·禮器》：天子一食，諸侯～，大夫、士三，食力無數。(1432 下)

【再刺】對重案判決時的第二次徵詢。訊問羣吏。周代決斷重案時，要依次徵詢羣臣、羣吏、百姓三類人的意見，然後定罪判決，以示審慎，以求公允。孫詒讓《正義》："三刺者，問衆以當殺與否，是刑與宥不可豫定。"《周禮·秋官·司刺》：壹刺曰訊羣臣，～曰訊羣吏，三刺曰訊萬民。(0880 下)

【再命】即二命。周時官位分九級，一命至九命。九命最高，一命最低。天子之中士，公、侯、伯之大夫和子、男之卿皆爲再命。再命之官與父族之人行飲酒禮時，依年齡大小爲序。《黨正》鄭玄《注》："齒於父族者，父族有爲賓者，以年與之相次，異姓雖有老者，居於其下。"賈公彦《疏》："云'再命齒于父族'者，謂父族爲賓，即與之爲齒，年大在賓東，年小在賓西。"《周禮·地官·黨正》：國索鬼神而祭祀，則以禮屬民，而飲酒于序以正齒位，壹命齒于鄉里，～齒于父族，三命而不齒。(0718 上)《周禮·春官·典命》：公之孤四命，以皮帛眡小國之君，其卿三命，其大夫～，其士一命，其宮室、車旗、衣服、禮儀，各眡其命之數。侯伯之卿大夫、士亦如之。子男之卿～，其大夫一命，其士不命(0781 上)《禮記·王制》：大國之卿不過三命，下卿～，小國之卿與下大夫一命。(1327 中)

【再拜】❶拜了又拜，即拜兩拜。表示恭敬的禮節。《周禮·地官·鄉大夫》：王～受之，登于天府，内史貳之。(0716 下)《儀禮·覲禮》：侯氏用束帛、乘馬儐使者，使者～受；侯氏～送幣。(1088 中)《禮記·曲禮下》：大夫、士見於國君，君若勞之，則還辟，～稽首。(1258 下)❷再次拜謝。孫希旦《集解》："再拜者，賜時拜受，明日又往拜也。"《禮記·玉藻》：酒肉之賜，弗～。(1483 下)

【再宥】第二種可以免罪或減刑的情況。即過失犯罪。鄭玄《注》："過失，若舉刃欲斫伐而軼中人者。"《周禮·秋官·司刺》：壹宥曰不識，～曰過失，三宥曰遺忘。(0880 下)

【再赦】第二種可以赦免的有罪之人。即年高智昏的老人。鄭玄《注》引鄭司農云："幼弱、老旄，若今律令，年不滿八歲，八十以上，非手殺人，他皆不坐。"《周禮·秋官·司刺》：壹赦曰幼弱，～曰老旄，三赦曰惷愚。(0880 下)

【再飯】古食禮用飯以手，用手抓食一次爲一飯，連續抓食兩次，即爲再飯。黄以周《禮書通故·食禮二》："案古者飯以手。凡禮食有飯數，一手謂之一飯，一飯三咽。……《禮器》云：'天

子壹食,諸侯再,大夫、士三。'"《禮記·文王世子》:文王一飯,亦一飯;文王～,亦～。(1404上)

【再虞】第二次虞祭。爲士的葬儀。士死後,停殯三月而葬,入葬後,子孫四日內在殯宮要爲死者舉行三次虞祭。初虞曰祫事,再虞曰虞事,三虞曰成事。初虞、再虞用柔日,三虞用剛日。胡培翬《正義》引王引之《經義述聞》云:"始虞者第一虞,再虞者第二虞也,不得包有三虞,三虞者,第三虞也,亦非統舉上文之辭。"詳見"虞①"。《儀禮·士虞禮》:～,皆如初。曰:"哀薦虞事。"三虞卒哭,他,用剛日,亦如初。(1174中)

【再易之地】休耕兩年復種一年的土地。即每三年耕種一次的土地,土質較"不易之地""一易之地"爲差。鄭玄《注》:"再易之地休二歲乃復種,故家三百畮。"《周禮·地官·大司徒》:不易之地家百畮,一易之地家二百畮,～家三百畮。(0705中)

【再拜稽首】拜了又拜,跪而拱手至地,再俯頭下地並短暫稽留。爲九拜最恭敬者,多爲臣於君之禮。詳見"稽首"。《周禮·秋官·司儀》:君勞客,客～,君答拜,客趨辟。(0899上)《儀禮·大射》:媵爵者阼階下皆北面,～,公答再拜。(1032中)《禮記·玉藻》:君若賜之爵,則越席～受。(1476中)

【再拜稽顙】拜了又拜,跪而以額觸地。爲凶事之拜中哀感至甚者。詳見"稽顙"。《禮記·雜記上》:含者入,升堂致命,～。(1557上)

【再期之喪】指滿兩週年的大祥之祭。大祥之祭在父母去世下葬後的第二十五個月舉行,其實數已滿兩年,故稱再期;又已進入第三個年頭,故又稱三年。孫希旦《集解》:"謂期而行小祥之祭,再期而行大祥之祭也。"《禮記·喪服小記》:～,三年也。(1497上)

【再命齒于(父)族】再命之官與父族之人行飲酒禮時,要依年齡序尊卑。周時官分九級,一命至九命。天子之中士,公、侯、伯之大夫和子、男之卿皆爲再命。《黨正》鄭玄《注》:"齒於父族者,父族有爲賓者,以年與之相次,異姓雖有老者,居於其上。"賈公彥《疏》:"云'再命齒于父族'者,謂父族爲賓,即與之爲齒,年大在賓東,年小在賓西。"《周禮·地官·黨正》:國索鬼神而祭祀,則以禮屬民,而飲酒于序以正齒位,壹命齒于鄉里,～,三命而不齒。(0718上)《禮記·祭義》:壹命齒于鄉里,～,三命不齒。(1600下)

吏

❶百官的通稱。上自公卿,下至不命之士,皆可稱吏。如三公稱天子之吏,王畿鄉遂之長稱羣吏,最低級的小官也稱作甲吏(掌制皮革)、肉吏(掌屠宰)、樂吏(掌樂)等。《周禮·天官·大宰》:三歲,則大計羣～之治而誅賞之。(0650下)《禮記·曲禮下》:五官之長曰伯,是職方。其擯於天子也,曰"天子之～"。(1264下) ❷指小吏。吏以治得民。爲維繫百姓、使民心不離散的九項措施(九兩)之一。賈公彥《疏》:"吏在民間,若比長、里胥。"參見"九兩"。《周禮·天官·大宰》:以九兩繫邦國之民:一曰牧,以地得民;二曰

長,以貴得民;三曰師,以賢得民;四曰儒,以道得民;五曰宗,以族得民;六曰主,以利得民;七曰～,以治得民;八曰友,以任得民;九曰藪,以富得民。(0648 中)❸指地方官員。即外官。與朝廷官府之官員相對。孫詒讓《正義》:"羣臣者,朝廷官府有職事之官也;羣吏者,鄉遂公邑都鄙之吏有地治之官也。"《周禮・秋官・小司寇》:其位:王南鄉,三公及州長,百姓北面,羣臣西面,羣～東面。(0873 中)

丞 chéng ❶佐助之官。《禮記・文王世子》:小樂正學干,大胥贊之;籥師學戈,籥師～贊。(1404 下)❷職官名。相傳爲帝王的四輔之一。孔穎達《疏》:"《尚書大傳》云:'古者天子必有四鄰:前曰疑,後曰丞,左曰輔,右曰弼。天子有問,無以對,責之疑;可志而不志,責之丞;可正而不正,責之輔;可揚而不揚,責之弼。其爵視卿,其祿視次國之君也。'"《禮記・文王世子》:《記》曰:"虞、夏、商、周有師、保,有疑、～。"(1407 上)

甫 fǔ 用同"父"。男子的美稱,多附於表字之後。《士冠禮》鄭玄《注》:"甫是丈夫之美稱。孔子爲尼甫,周大夫有嘉甫,宋大夫有孔甫,是其類。甫字或作父。"《儀禮・士冠禮》:曰伯某～。(0957 下)《禮記・曲禮下》:臨諸侯,畛於鬼神,曰"有天王某～"。(1260 中)

【甫刑】《尚書》篇名。即《吕刑》。爲周穆王時有關刑罰的文告,由吕侯請命而頒。因吕侯後代改封甫侯,《吕刑》亦稱《甫刑》。《禮記・緇衣》:

《～》曰:"一人有慶,兆民賴之。"(1648 上)

更 gēng 見下。

【更名】更換名。依禮,父親死後君子就不再更換名。孔穎達《疏》:"不復改易更作新名。所以然者,名是父之所作,父今已死,若其更名,似遺棄父。"《禮記・曲禮下》:君子已孤不～,已孤暴貴,不爲父作謚。(1257 下)

【更端】改換話題。依禮,君子轉變話題問別的事情,應該站起來回答。鄭玄《注》:"離席對,敬異事也。君子必令復坐。"孔穎達《疏》:"謂鄉語已畢,更問他事。則起而對者,事異宜新更敬,又起對也。"《禮記・曲禮上》:侍坐於君子,君子問～,則起而對。(1240 中)

表 biǎo ❶標木。軍事教練場中間從北向南樹立四根標杆,第一杆至第三杆距離各爲一百步,第三杆至第四杆距離爲五十步,作爲軍隊操練時進退距離的標誌。鄭玄《注》:"表所以識正行列也。"《周禮・夏官・大司馬》:虞人萊所田之野,爲～,百步則一,爲三～,又五十步爲一～。(0838 上)❷外衣。孔穎達《疏》:"袍是褻衣,必須在上有衣以表之,不使襌露,乃成稱也。"《禮記・喪大記》:袍必有～,不襌。(1579 下)

【表貉(mà)】立表以行貉祭。古時田獵或出征前,立望表於營陣前以祭造兵之神黃帝、蚩尤。爲軍中之祭。《大司馬》鄭玄《注》:"表貉,立表而貉祭也。……鄭司農云:'貉,讀爲禡。禡,謂師祭也。'"《肆師》鄭玄《注》:"貉,師祭也。……其神蓋蚩尤,或曰黄帝。"《周禮·春官·肆師》：凡四時之大甸獵，祭~，則爲位。(0770上)《周禮·夏官·大司馬》：遂以蒐田，有司~，誓民，鼓。(0836中)

【表裘】裘衣穿在外面。依禮，裘衣穿在外面不可以進入國君之門。裘衣是冬天的内衣，其上須加裼衣纔能出門。孫希旦《集解》："絺、綌夏之褻衣；裘，冬之褻衣，其上必有中衣與禮衣焉。"陳澔《集説》："裘上必有裼衣。表裘，是無裼衣而裘在外也。"《禮記·玉藻》：振絺綌不入公門，~不入公門，襲裘不入公門。(1477中)

【表齍(zī)盛】在六粢上立小旗標明黍稷名。爲祭祀之禮。賈公彦《疏》："於六粢之上皆爲徽識小旌，書其黍稷之名以表之。餘饌不表，獨此表之者，以其餘器所盛各異，覩器則知其實。此六穀者，簠盛稻粱，簋盛黍稷，皆有盒蓋覆之，覩器不知其實，故特須表顯之也。"一説，爲標明各人之食。孫詒讓《正義》引段玉裁云："表粢盛者，謂如周公盛、魯公盎、羣公漾，各以小旌書某公之食爲表識也。"《周禮·春官·肆師》：祭之日，~，告絜。(0769上)

【表記第三十二】《禮記》第三十二篇篇名。該篇主要記述君子之德在儀表方面的表現。孔穎達《疏》引鄭玄《三禮目録》云："名曰《表記》者，以其記君子之德見於儀表。此於《別録》屬《通論》。"孔穎達《疏》又云："此一篇揔論君子及小人爲行之本，并論虞、夏、殷、周質文之異，又論爲臣事君之道。"(1638中)

亞

(亚) yà 見下。

【亞祼(guàn)】次於君行祼禮。祭禮，夫人應在國君之後行祼禮，即以圭瓚酌鬱鬯灌地以求神。如夫人有事，大宗伯代替夫人行祼禮。孫希旦《集解》："諸侯祭禮，夫人亞君而祼，……容夫人有故，則宗伯攝而祼獻也。"《禮記·祭統》：君執圭瓚祼尸，大宗執璋瓚~。(1603下)

【亞獻】主婦第二次向尸獻酒。士、大夫家祭，主人、主婦和賓長依次向尸獻酒，主人初獻，主婦亞獻，賓長三獻。鄭玄《注》："亞，次也，次猶貳。主婦貳獻。"胡培翬《正義》："士大夫祭禮皆主人初獻、主婦亞獻、賓長三獻也。"《儀禮·特牲饋食禮》：主婦洗爵于房，酌，~尸。(1185中)

事

shì 見下。

【事功】爲國操勞勤勉，其功勛曰事功。鄭玄《注》："以勞定國若禹。"賈公彦《疏》："據勤勞施國而言。"《周禮·夏官·司勛》：王功曰勛，國功曰功，民功曰庸，~曰勞，治功曰力，戰功曰多。(0841中)

【事典】百工作事之法典。爲建邦六典之一。鄭玄《注》引鄭司農云："此三時皆有官，唯冬無官。又無司空，以三隅反之，則事典司空之職也。《司空》之篇亡。《小宰》職曰：'六曰冬官，其屬六十，掌邦事。'"賈公彦《疏》："既有春、夏、秋三時之官，明有冬時之官，可知則事典司空之職是也。"《周禮·天官·大宰》：六曰~，以富邦國，以任百官，以生萬民。(0645中)

【事酒】酒名。冬釀而春成，濾去滓

一部 事

祭祀、賓客等事而飲用。爲三酒之一。鄭玄《注》："鄭司農云：'事酒，有事而飲也。……'玄謂事酒，酌有事者之酒也。"賈公彥《疏》："事酒，冬釀春成。"《周禮·天官·酒正》：辨三酒之物：一曰～，二曰昔酒，三曰清酒。（0669 上）

【事書】諸侯給天子的奏事之書。賈公彥《疏》："諸侯凡事有書奏白於王，內史讀示王。"《周禮·春官·內史》：凡四方之～，內史讀之。（0820 中）

【事爲】指工藝技術。爲八政之一。鄭玄《注》："事爲，謂百工技藝也。"《禮記·王制》：八政：飲食、衣服、～、異別、度、量、數、制。（1348 中）

【事職】指冬官的具體職責。管理百工、器用、耒耜、弓車之類。爲官府六職之一。孫詒讓《正義》："《書》《周官》孔疏引馬融注云：'事職，掌百工器用耒耜弓車之屬者。'"《周禮·天官·小宰》：六曰～，以富邦國，以養萬民，以生百物。（0653 下）

【事齎（zī）】指女功之事所用絲枲等原材料。齎，用同"資"。鄭玄《注》："事齎，謂以女功之事來取絲枲。故書'齎'爲'資'。"《周禮·天官·典婦功》：掌婦式之灋，以授嬪婦及內人女功之～。（0690 上）

【事師無犯無隱】事奉老師不可犯言直諫，也不可隱匿其過失。此爲儒家所提倡的事師之道。鄭玄《注》："凡此以恩義之間爲制。"孫希旦《集解》："師者道之所在，有教則率，有疑則問，無所謂隱，亦無所謂犯也。"《禮記·檀弓上》：～，左右就養無方，服勤至死，心喪三年。（1274 上）

【事君有犯而無隱】事奉國君可犯言直諫而不可隱匿其過失。此爲儒家所提倡的臣事君之道。鄭玄《注》："隱，謂不稱揚其過失也。無犯，不犯顏而諫。"孫希旦《集解》："君臣主義，隱則恐其阿諛而傷於義，故必勿欺也而犯之。"《禮記·檀弓上》：～，左右就養有方，服勤至死，方喪三年。（1274 上）

【事鬼敬神而遠之】尊奉鬼神，敬而遠之。這是夏、周時對待鬼神的態度。孔穎達《疏》："宗廟在外，是遠鬼神也；朝廷在內，是近人也。"這種思想對孔子影響很大。孔子對鬼神的態度是，他既不否認鬼神的存在，贊成祖先崇拜，但又"敬鬼神而遠之"（《雍也》），"不語怪、力、亂、神"（《述而》）。在"人"與"鬼"之間，孔子主張先人後鬼。"季路問事鬼神。子曰：'未能事人，焉能事鬼？'"（《先進》）《禮記·表記》：夏道尊命，～，近人而忠焉。……周人尊禮尚施，～，近人而忠焉。（1641 下、1642 上）

【事親有隱而無犯】侍奉父母可委婉指出其過失而不可犯言直諫。此爲儒家所主張的對於父母過錯所應當採取的方式和態度。《禮記·內則》云："父母有過，下氣怡色，柔聲以諫。諫若不入，起敬起孝，説則復諫；不説，與其得罪於鄉黨州閭，寧孰諫。"孫希旦《集解》："事親以恩爲制。……愚謂幾諫謂之隱，直諫謂之犯。父子主恩，犯則恐其責善而傷於恩，故有幾諫而無犯顏。"孔穎達《疏》："親有尋常之過，故無犯；若有大惡，亦當犯顏。"一説，鄭玄《注》："隱，謂不稱揚其過失也。"《禮記·檀

弓上》：～，左右就養無方，服勤至死，致喪三年。(1274 上)

兩（两）liǎng ❶匹。用於計量錦、帛。長四丈。《媒氏》鄭玄《注》："束五兩，兩五尋，然則每端二丈。"《雜記下》鄭玄《注》："十个爲束，貴成數，兩兩合其卷，是謂五兩。八尺曰尋。一兩五尋則每卷二丈也，合之則四十尺，今謂之匹。"《周禮·地官·媒氏》：凡嫁子娶妻，入幣純帛，無過五～。(0733 下)《禮記·雜記下》：納幣一束，束五～，～五尋。(1569 下) ❷指聯繫、協調萬民的人或事物。鄭玄《注》："兩猶耦也，所以協耦萬民。"賈公彥《疏》："謂王者於邦國之中立法，使諸侯與民相合耦而聯繫，不使離散，有九事。"《周禮·天官·大宰》：以九～繫邦國之民。(0648 中) ❸特指采邑中所置之二卿。鄭玄《注》："兩謂兩卿。"一說，爲兩丞。鄭司農云："兩謂兩丞。"《周禮·天官·大宰》：乃施則于都鄙，而建其長，立其～，設其伍。(0649 中) ❹軍隊編制單位名。二十五人爲兩。《周禮·地官·小司徒》：五人爲伍，五伍爲～，四～爲卒。(0711 上)

【兩下】二賓長。上賓長爲上佐食的下餕，衆賓長爲下佐食的下餕，故稱二賓長爲兩下。胡培翬《正義》引吳廷華注曰："賓長爲兩下。"鄭玄《注》："則一賓長在上佐食之北，一賓長在下佐食之南。"《儀禮·少牢饋食禮》：資黍于羊俎兩端，～是餕。(1203 下)

【兩圭】玉器名。以琮爲本體，上下各連有一圭，以一玉雕成。用於祀地，旅祭四望。《典瑞》鄭玄《注》："兩圭者，以象地數二也，儕而同邸。祀地，謂所祀於北郊神州之神。"孫詒讓《正義》："祀地兩圭者，取降於天之四圭，非象地數也。……此兩圭亦是兩足同邸，是足相向之義，故以儕言之。"《周禮·春官·典瑞》：～有邸，以祀地，旅四望。(0777 中)《周禮·冬官考工記·玉人》：～五寸，有邸，以祀地，以旅四望。(0923 中)

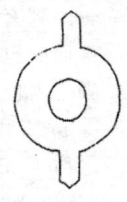
兩圭有邸

【兩肩】指牲之左右肩、左右臂和左右臑。即牲之前肢。牲之前肢稱肱骨，肱骨最上端爲肩，肩下爲臂，臂下爲臑。賈公彥《疏》："前左右肩、臂、臑屬焉。"《儀禮·士喪禮》：～亞，兩胉亞，脊、肺在於中。(1137 上)

【兩造】指訴訟雙方。發生訴訟案件時，要求原告和被告都要到官，然後審理。鄭玄《注》："造，至也。使訟者兩至。"《周禮·秋官·大司寇》：以～禁民訟，入束矢於朝，然後聽之。(0870 下)

【兩敦】有虞氏之器物名。用以盛黍稷。鄭玄《注》："皆黍稷器，制之異同未聞。"孫希旦《集解》："有虞氏始爲兩敦，三代遞加焉。"參見"敦"。《禮記·明堂位》：有虞氏之～，夏后氏之四連，殷之六瑚，周之八簋。(1491 下)

【兩端】謂事物的兩個方面，即過與不及。孔子認爲"過猶不及"，過頭與不及兩者都不好，祇有適中纔是最好的。鄭玄《注》："兩端，過與不及也。"《禮記·中庸》：舜好問而好察邇言，隱惡而揚善，執其～，用其中於民，其

斯以爲舜乎！（1626 上）

【兩劑】雙方所立的契券。契券一式三份，簽約雙方各執一份，另一份存於官府。如發生財產糾紛而訴訟，則雙方都要提供契券。鄭玄《注》：「劑，今券書也。」賈公彥《疏》：「則劑謂券書者，謂獄訟之要辭。」《周禮·秋官·大司寇》：以～禁民獄，入鈞金，三日乃致于朝，然後聽之。（0870 下）

【兩司馬】職官名。爲一兩二十五人之長，爵中士。《周禮·夏官·敘官》：二十五人爲兩，～皆中士。（0830 上）

丨部

中 ㈠ zhōng ❶盛放筭籌的器皿。射禮及投壺時用之。以木爲之，其狀如兕鹿而伏，背上有圓圈，可盛八筭。依其形制，君皮樹中、閭中、虎中，大夫兕中，士鹿中等。《投壺》孔穎達《疏》：「中，謂受筭之器。……其中之形，刻木爲之，狀如兕鹿而伏，背上立圓圈以盛筭。」《周禮·春官·大史》：凡射事，飾～，舍筭，執其禮事。（0818 上）《儀禮·鄉射禮》：君國中射，則皮樹～，以翿旌獲，白羽與朱羽糅；於郊，則閭～，以旌獲；於竟，則虎～，龍旜。大夫兕～，各以其物獲。士鹿～，翿旌以獲。（1012 下）《禮記·投壺》：投壺之禮。主人奉矢，司射奉～，使人執壺。（1665 上）❷指中殤。十二歲至十五歲而亡者。《儀禮·喪服》：大功之殤～從上，小功之殤～從下。……齊衰之殤～從上，大功之殤～從下。（1116 中、1120 下）《禮記·雜記下》：妻視叔父母，姑、姊妹視兄弟，長、～、下殤視成人。（1561 下）❸官府簿書。即文書案卷。鄭玄《注》：「鄭司農云：『治中，謂其治職簿書之要。』」孫詒讓《正義》引江永云：「凡官府簿書謂之中，故諸官言治中，受中，小司寇斷庶民訟獄之中，皆謂簿書，猶今之案卷也。」《周禮·春官·天府》：凡官府、鄉、州及都鄙之治～，受而藏之。（0776 上）❹忠。六樂德之一。鄭玄《注》：「中猶忠也。」賈公彥《疏》：「此是樂中之六德，與教萬民者少別。」《周禮·春官·大司樂》：以樂德教國子：～、和、祇、庸、孝、友。（0787 下）❺侯中。即射靶中心的靶布。賈公彥《疏》：「謂侯中正方十尺。」《儀禮·鄉射禮》：鄉侯，上个五尋，～十尺。（1011 下）❻指中卿。職官名。周制，天子、諸侯設卿，卿分上、中、下三等。《禮記·王制》：次國之上卿，位當大國之～，～當其下，下當其上大夫。小國之上卿，位當大國之下卿，～當其上大夫，下當其下大夫。（1323 上）

❼指中衣。衣裳相連,穿在深衣之內,又稱禓衣。鄭玄《注》:"其爲長衣、中衣,則繼袂揜一尺。"詳見"中衣"。《禮記·玉藻》:長、～繼揜尺。(1477中)❽指中庸、中正之德。詳見"中庸"。《禮記·中庸》:舜好問而好察邇言,隱惡而揚善,執其兩端,用其～於民,其斯以爲舜乎!(1626上)

【中士】❶官祿的品級。周制,天子、諸侯皆設卿、大夫、士。士分上、中、下三等。中士、下士亦稱官師。《天官·敘官》孫詒讓《正義》:"凡諸官上士,《王制》謂之元士,又謂之適士,中、下士又謂之官師。"《周禮·天官·敘官》:宮伯～二人,下士四人,府一人,史二人,胥二人,徒二十人。(0640下)《禮記·王制》:諸侯之上大夫卿,下大夫,上士、～、下士,凡五等。(1321下)❷身材中等的武士。賈公彥《疏》:"此上士、中士、下士,以長者爲上士,次者爲中士,短者爲下士,皆非命士者。"《周禮·冬官考工記·弓人》:弓長六尺有六寸,謂之上制,上士服之。弓長六尺有三寸,謂之中制,～服之。弓長六尺,謂之下制,下士服之。(0936下)

【中央】指四時之中央。古人以五行配四季:木配春,火配夏,金配秋,水配冬,土爲中央。依季節論,季夏亦當中央,故亦屬土。鄭玄《注》:"火休而盛德在土也。"孫希旦《集解》:"然五行播於四時,春爲木,夏爲火,秋爲金,冬爲水,而火生土,土生金。土之次在火、金之間,故其氣偏王於季夏之末,居四時之中央。"《禮記·月令》:～土,其日戊己,其帝黃帝,其神后土。(1371下)

【中刑】遊街示衆之罰。爲市刑三刑之一。孫詒讓《正義》:"謂列其所犯,褐著其身,使周行市廛,以示衆爲戒也。"《周禮·地官·司市》:市刑,小刑憲罰,～徇罰,大刑撲罰。(0735中)

【中地】中等田地。古以土質美惡將土地分爲上、中、下三等,中地爲介於上、下之間的土地,每年可耕種一半。耕種中地之家有六人,其中年輕力壯、可勝任勞役的兩家必須有五人。《周禮·夏官·大司馬》:～,食者半,其民可用者二家五人。(0835下)

【中呂】古樂十二律的第六律。與農曆十二月中的四月相應。鄭玄《注》:"孟夏氣至,則中呂之律應。"《禮記·月令》:(孟夏之月)其日丙丁,其帝炎帝,其神祝融,其蟲羽,其音徵,律中～。(1364下)

【中衣】穿在深衣裏的內衣。又稱禓衣。孔穎達《疏》:"中衣,謂以素爲冕服之裏衣。"《禮記·郊特牲》:臺門而旅樹,反坫,繡黼,丹朱～,大夫之僭禮也。(1448上)

【中孝】中等的孝。即不使父母、祖先的名聲受到侮辱。曾子將孝分爲大、中、小三等:大孝是使父母、祖先受人尊敬;中孝是使父母、祖先的名聲不受到侮辱;小孝是竭盡全力使父母得到贍養。孔穎達《疏》:"其次弗辱一也,謂賢人爲諸侯及卿、大夫、士也,各保社稷、宗廟、祭祀,不使傾危以辱親也,即與下文'中孝用勞'亦爲一也。"《禮記·祭義》:孝有三:小孝用力,～用勞,大孝不匱。(1598下)

【中門】內、外門之間的門。即王宮五

門中的庫門、雉門、應門。鄭玄《注》："中門,於外、內爲中,若今宮闕門。鄭司農云:'王有五門,外曰皋門,二曰雉門,三曰庫門,四曰應門,五曰路門。路門一曰畢門。'玄謂雉門,三門也。"孫詒讓《正義》:"然此中門實不專屬雉門,當兼庫、雉、應三門言之。蓋五門以路門爲內門,皋門爲外門,餘三門處內外之間,故通謂之中門。"《周禮·天官·閽人》:閽人,掌守王宮之~之禁。(0686下)

【中武】武,足迹。行步時,後足與前足間相距一足,稱中武。爲士在君廟中與尸行走時的步儀。鄭玄《注》:"迹間容迹。"孔穎達《疏》:"謂士與其尸行也。中,猶間也。每徙足間容一足地,乃躡之也。士極卑,故及尸行步極廣也。"《禮記·玉藻》:君與尸行接武,大夫繼武,士~。(1484下)

【中典】常行之法。爲三刑典之一。施之於承平守成的諸侯國。鄭玄《注》:"平國,承平守成之國也。用中典者,常行之法。"賈公彥《疏》:"謂先君受封,後君承前平安守持成立之國,民已被化,則用常行之法以治之。"《周禮·秋官·大司寇》:掌建邦之三典,以佐王刑邦國,詰四方:一曰刑新國用輕典,二曰刑平國用~,三曰刑亂國用重典。(0870中)

【中軍】《周禮》稱天子六軍,大國三軍。三軍分爲上、中、下,主帥居中軍,故由中軍發號施令。鄭玄《注》:"中軍,中軍之將也。"《周禮·夏官·大司馬》:~以鼙令鼓,鼓人皆三鼓,司馬振鐸,羣吏作旗,車徒皆作。(0838中)

【中帶】婦女所穿貼身明衣的腰帶。俞樾《羣經平議·儀禮二》:"中帶猶言內帶也。蓋男子帷外有緇帶而內無帶,婦人則親身之明衣亦有帶也。以其在內,故謂之中帶。"一說,鄭玄《注》:"中帶,若今之襌衫(單層內衫)。"賈公彥《疏》:"雖名中帶,亦號明衣,取其圭絜也。"《儀禮·既夕禮》:設明衣,婦人則設~。(1158下)

【中國】❶指鄉里。鄭玄《注》:"反于中國,謂舍之還於故鄉里也。"《周禮·秋官·大司寇》:其能改過,反于~,不齒三年。(0870下)❷指四千多年前華夏族建立於黃河流域一帶的國家。自以爲居天下之中,故稱中國,而稱週圍四方爲四夷。後泛指中原地區。《禮記·王制》:~、戎夷五方之民,皆有性也,不可推移。(1338中)

【中祭】指宗廟之祭。王服鷩冕、毳冕而祭。中祭添酒兩次。鄭玄《注》:"鄭司農云:'大祭天地,中祭宗廟,小祭五祀。'……玄謂大祭者,王服大裘袞冕所祭也;中祭者,王服鷩冕毳冕所祭也;小祭者,王服希冕玄冕所祭也。三貳、再貳、壹貳者,謂就三酒之尊而益之也。"一說,中祭即"次祀",謂祭日月星辰、社稷、五祀、五嶽,祭用牲幣。《周禮·春官·肆師》"立次祀,用牲幣"鄭玄《注》:"鄭司農云:'大祀,天地。次祀,日月星辰。小祀,司命以下。'玄謂大祀又有宗廟,次祀又有社稷、五祀、五嶽,小祀又有司中、風師、雨師、山川、百物。"孫詒讓《正義》:"竊謂經凡言祭祀,惟《酒正》及此職分爲三等,餘職皆止分大小二等,疑次祀亦并入大祀,其差次

難以詳定。"《周禮・天官・酒正》:大祭三貳,～再貳,小祭壹貳,皆有酌數。(0669中)

【中庸】儒家學説中重要的哲學思想、倫理觀念。謂待人處事不偏不倚,無過無不及。"中庸"始見於《論語・雍也》,其理論由孔子提出,然而"尚中"思想的淵源却甚爲久遠。《論語・堯曰》記載堯讓位於舜時曾強調"允執其中",《尚書・呂刑》記載折獄用刑時要做到"中正",《周易》的卦爻中也表現出較爲明顯的尚中觀念。可見華夏先民長期以來嚮往追求一種適中、和諧的理想境界。孔子在此基礎上提出中庸這一理論,並進一步使之哲理化。孔子的中庸思想承認事物對立的兩端是客觀存在、相互依存的,對此應持"和而不同"的態度。其基本原則是"允執其中",既要不"過",也無"不及",把握適當的限度,以保持事物的平衡,以維護當時社會的和諧穩定。孔子的中庸思想,是其世界觀的表現,也是他對待自然及社會、人生的基本方法。孔子以後,相傳戰國時子思作《中庸》,認爲"中"爲"天下之大本",達到"中庸""中和",就會"天地位焉,萬物育焉";採用"執其兩端,用其中于民"的辦法,就能像舜一樣治理好社會。後世歷代儒者不斷對"中庸"加以詮釋發揮。朱熹説:"庸是常然之理,萬古世不可變易底,中只是個恰好道理。"程顥、程頤説:"不偏之謂中,不易之謂庸。中者,天下之正道;庸者,天下之定理。"這使"中庸"逐漸成爲儒者認識世界的基本方法和待人處事的基本準則。"中庸"作爲儒家的核心思想之一,作爲一種思維方法,在當時以及對今天都有着積極的意義。《禮記・中庸》:君子～,小人反～。(1625下)

【中琴】樂器名。相傳爲虞、夏、殷、周時代的樂器。鄭玄《注》:"四代,虞、夏、殷、周也。"《禮記・明堂位》:拊搏、玉磬、揩擊、大琴、大瑟、～、小瑟,四代之樂器也。(1491上)

【中罪】中等罪。罪分上、中、下三等,不同等級的犯罪,刑罰亦不相同。中罪者關在獄中,戴手銬、脚鐐。能改邪歸正的二年後釋放。孫詒讓《正義》:"極重者三木俱著,次者二,下者一。"參見"上罪""下罪"。《周禮・秋官・掌囚》:上罪梏拲而桎,～桎梏,下罪梏。(0882下)

【中璋】❶天子灌祭山川用的玉器。長九寸,有文飾。大璋祀大山川,中璋祀中山川,邊璋祀小山川。

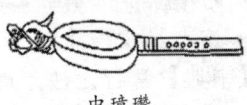
中璋瓚

鄭玄《注》:"三璋之勺形如圭瓚。天子巡守,有事山川,則用灌焉。於大山川則用大璋,加文飾也。於中山川用中璋,殺文飾也。於小山川用邊璋,半文飾也。"《周禮・冬官考工記・玉人》:大璋、～九寸,邊璋七寸,射四寸,厚寸。(0923上)❷用以發兵的玉製符節。賈公彦《疏》:"軍多用牙璋,軍少用中璋。"《周禮・冬官考工記・玉人》:牙璋、～七寸,射二寸,厚寸,以起軍旅,以治兵守。(0923上)

【中殤】十二歲至十五歲死爲中殤。《喪服》鄭玄《注》:"殤者,男女未冠,笄而死可殤者。"參見"長殤""下殤"。《儀禮・喪服》:子、女子子之長殤、

～。(1111下)《禮記·檀弓上》：周人以殷人之棺椁葬長殤，以夏后氏之堲周葬～，下殤，以有虞氏之瓦棺葬無服之殤。(1276上)

【中瞽】瞽矇中才藝中等者。根據才藝高低，瞽矇分爲上瞽、中瞽、下瞽三等。鄭玄《注》："凡樂之歌，必使瞽矇爲焉。"孫詒讓《正義》："此皆樂工也。以其才藝高下，分爲三等，《禮經》亦通謂之工。"《周禮·春官·叙官》：瞽矇上瞽四十人，～百人，下瞽百有六十人。(0754上)

【中霤(liù)】❶土神，亦稱宅神。主掌堂室居處。天子爲羣族姓設立的七祀、諸侯爲國設立的五祀之一。天子、諸侯設社壇祭土神，卿大夫以下不得立社，以中霤爲土神，祭於室中。《郊特牲》孔穎達《疏》："中霤，謂土神。"《祭法》鄭玄《注》："中霤，主堂室居處。"《禮記·郊特牲》：家主～，而國主社，示本也。(1449中)《禮記·祭法》：諸侯爲國立五祀：曰司命，曰～，曰國門，曰國行，曰公厲。(1590上)❷屋室正中處。孔穎達《疏》："中霤，室中也。死而掘室中之地作坎，所以然者，一則言此室於死者無用；二則以床架坎上，尸於床上浴，令浴汁入坎。"《禮記·檀弓上》：掘～而浴，毁竈以綴足。(1286中)

【中大夫】官禄的品級。周制，天子、諸侯皆設卿、大夫、士。大夫又分上、中、下三等。天子之中大夫爲四命。《周禮·天官·叙官》：小宰～二人，宰夫下大夫四人。(0640上)

【中月而禫(dàn)】大祥之祭後間隔一個月舉行禫祭。期之喪，第十三個月爲大祥祭，則禫祭在第十五個月。三年之喪，第二十五個月爲大祥祭，則禫祭在第二十七個月。禫祭後服喪結束，孝子恢復正常生活。《服問》孔穎達《疏》："中，間也。大祥之後，更間一月而爲禫祭。二十五月大祥，二十七月而禫。"《儀禮·士虞禮》：～。是月也吉祭，猶未配。(1176中)《禮記·服問》：又期而大祥，居復寢；～，禫而牀。(1660下)

【中道而廢】中途精疲力竭而停止。鄭玄《注》："廢，喻力極罷頓不能復行則止也。"今爲成語，喻事情没做完就停止。《禮記·表記》：鄉道而行，～，忘身之老也，不知年數之不足也。(1640上)

【中庸第三十一】《禮記》第三十一篇篇名。孔穎達《疏》引鄭玄《三禮目録》云："名曰《中庸》者，以其記中和之爲用也。庸，用也。孔子之孫子思伋作之，以昭明聖祖之德。此於《別録》屬《通論》。"該篇首先論説中庸之道，認爲"道"受於天，率於性，是人們"不可須臾離"的；而達到"中和"之道的境界，則"天地位焉，萬物育焉"，就能與自然界和諧相處。進而指出"中庸"之道即使如匹夫、匹婦之愚也"可以與知""可以能行"，但要達到最高的境界，雖聖人"亦有所不知""亦有所不能"。而要真正實行"中庸"之道，祇有像堯、舜、文、武、周公、顔回那樣的聖人、賢人纔能做到。繼而由哀公問政涉及治國行政之道，提出天下之"達道五"（君臣、父子、夫婦、昆弟、朋友之交）、"達德三"（智、仁、勇），以及治國之"九經"（修身、尊賢、親親、敬大臣、體羣臣、子庶民、來百工、柔遠人、懷諸侯）等。該篇用一定篇幅論述"誠",認爲"誠"是"天之道也","誠者,不勉而中,不思而得,從容中道,聖人也";要做到"誠",就要"博學之,審問之,慎思之,明辨之,篤行之"等。最後歌頌了孔丘以及天下至聖、至賢、君子的主張、行爲。該篇前後有舛錯,缺乏嚴密的邏輯性。自宋朱熹"其書始言一理,中散萬事"之後,學者多以爲本篇雖與"中庸"相聯,其實它和《禮記》中的大多篇章一樣,屬雜記性質。《漢書·藝文志》禮家類有《中庸説》二篇,有人懷疑即是此二篇抄合而成。自鄭玄《三禮目錄》指出本篇是孔子之孫子思所作,後世學者多從之,但《漢書》未言作者。《子思》二十三篇與此篇文字出入不大。宋汪晫所輯《子思子全書》又將《中庸》部分章節割裂,別立名目數篇,文字也不完全相同,且文中有"今天下車同軌,書同文,行同倫"等字樣,有人懷疑它是子思收錄的作品,大致成書於戰國晚期,亦有可能經過秦初學者的修改而寫定於秦統一後。(1625中)

㈡ zhòng 見下。

【中₂冬】即仲冬。夏正之十一月。仲冬之月,大司馬教大校閲之法。賈公彦《疏》:"以冬時農隙,故大簡閲軍實之凡要也。"《周禮·夏官·大司馬》:~,教大閲。(0837下)

【中₂春】即仲春。夏正之二月。夏正建寅,孟春爲夏曆正月,中春爲夏曆二月。中春之月,内宰詔告王后率領外内命婦在北郊開始養蠶,爲製作祭服做準備("中春,詔后帥外内命婦始蠶于北郊,以爲祭服");大司馬教軍隊演練陣法,辨別鼓、鐸、鐲、鐃之用,舉行春季田獵("中春,教振旅,……辨鼓、鐸、鐲、鐃之用,……遂以蒐田");司弓矢進獻製成的弓和弩("中春獻弓弩");司烜氏在都城中敲着木鐸提醒人們小心火燭("中春以木鐸修火禁于國中");籥章白天擊土鼓,吹奏《豳詩》以迎暑氣並祭祀("中春晝擊土鼓,龡《豳詩》以逆暑");羅氏用網捕捉春鳥,進獻斑鳩以饗宴國老,并獻上頒賜羣臣的飛禽("中春羅春鳥,獻鳩以養國老,行羽物");此月陰陽相交,媒氏令男女會合以成婚禮("中春之月令會男女");牧師讓馬匹交配以繁育後代("中春通淫")。《周禮·天官·内宰》:~,詔后帥外内命婦始蠶于北郊,以爲祭服。(0685下)

【中₂秋】即仲秋。夏正之八月。中秋之月,大司馬教治兵之法,辨識旗物的用途,舉行秋季田獵("中秋教治兵,……辨旗物之用,……遂以獮田");司裘進獻良裘("中秋獻良裘");司弓矢進獻箭和箭筒("中秋獻矢箙");籥章夜晚要迎接寒氣并祭祀("中秋夜迎寒")。《周禮·夏官·大司馬》:~,教治兵,如振旅之陳。(0837中)

【中₂夏】即仲夏。夏正之五月。仲夏之月,大司馬教野外宿營之法("教茇舍"),辨別徽幟的用途("辨號名之用"),舉行夏季田獵("遂以苗田")。《周禮·夏官·大司馬》:~,教茇舍,如振旅之陳。(0836下)

丿部

乃 nǎi
丈夫卜葬其妻時，祝辭中對丈夫的稱呼。孔穎達《疏》："夫曰乃者，若夫卜葬其妻，則祝辭云'乃某卜葬其妻某氏'。乃者，言之助也。妻卑，故假助句以明夫之尊也。"《禮記·雜記下》：祝稱卜葬、虞，子孫曰"哀"，夫曰～，兄弟曰"某"，卜葬其兄弟曰"伯子某"。(1562 中)

川 chuān
❶指河神。《儀禮·覲禮》：祭天，燔柴。祭山、丘陵，升。祭～，沈。祭地，瘞。(1094 上)《禮記·王制》：歲二月，東巡守，至于岱宗，柴，而望祀山川。……山～神祇有不舉者爲不敬，不敬者君削以地。(1328 中) ❷田野中最大的溝渠。孔穎達《疏》："此川亦人造，雖無丈尺之數，蓋亦倍澮耳。"《周禮·地官·遂人》：凡治野，夫間有遂，遂上有徑；十夫有溝，溝上有畛；百夫有洫，洫上有涂；千夫有澮，澮上有道；萬夫有～，～上有路，以達于畿。(0741 上)

【川師】職官名。掌管川澤的名稱、物產，規定邦國所貢之珍異。爵中士、下士。《周禮·夏官·川師》：～，掌川澤之名，辨其物與其利害，而頒之邦國，使致其珍異之物。(0865 上)

【川奠】水中所產用以祭享之物。鄭玄《注》："川奠，籩豆之實，魚、鱐、蜃、蛤之屬。"賈公彥《疏》："皆川中所生之物。"《周禮·地官·川衡》：祭祀、賓客，共～。(0747 下)

【川衡】職官名。掌管河流、小澤的源流、出產與守禁。爵下士。《周禮·地官·川衡》：～，掌巡川澤之禁令，而平其守。(0747 下)

【川澤】❶河川湖泊。爲五地之一。五地爲山林、川澤、丘陵、墳衍、原隰。川澤主要繳納魚鱉、菱荷、黑白形鹽及珍珠之屬。《周禮·地官·大司徒》：二曰～，其動物宜鱗物，其植物宜膏物，其民黑而津。(0702 下) ❷指河流湖泊之神。《禮記·月令》：命祀山林～，犧牲毋用牝。(1357 中)

久 jiǔ
見下。

【久無事則聘】諸侯之間很久沒有盟會，就要派使者互相聘問。即殷聘。鄭玄《注》："事，謂盟會之屬。"賈公彥《疏》："此云'久無事則聘焉'者，則《周禮》殷聘也。是以《周禮·大行人》云：'凡諸侯之邦交，歲相問也，殷相聘也，世相朝也。'"《儀禮·聘禮》：～焉。若有故，則卒聘。(1072 上)

及 jí
兄傳位於弟。孔穎達《疏》："世及，諸侯傳位自與家也。父子曰世，兄弟曰及。謂父傳與子，無子則兄傳與弟也。以此爲禮也。"參

見"世及"。《禮記·禮運》：大人世~以爲禮，城郭溝池以爲固，禮義以爲紀。(1414 中)

升 shēng ❶容量單位。十合爲一升，十升爲一斗。《周禮·冬官考工記·槀氏》：其耳三寸，其實一~。(0917 上)《禮記·投壺》：壺，頸脩七寸，腹脩五寸，口徑二寸半，容斗五~。(1666 下) ❷布八十縷爲一升。升數越少，布愈稀疏，用作喪服服愈重。升數越多，布愈細密，用作喪服服愈輕。最粗的喪服用布爲三升，最細者爲三十升。據《儀禮·喪服》，斬衰服用布三升、三升半，其冠六升；齊衰服用布四升，其冠七升；緦衰服用布四升半，其冠八升；大功服用布八升或九升；小功服用布十升或十一升。據《禮記·間傳》，斬衰服用布三升；齊衰服用布四升、五升、六升；大功服用布七升、八升、九升；小功服用布十升、十一升、十二升。《喪服》鄭玄《注》："布八十縷爲升。"《儀禮·喪服》：冠六~，外畢，鍛而勿灰。(1097 中)《儀禮·喪服》：衰，三~，三~有半。其冠六~。以其冠爲受，受冠七~。齊衰四~，其冠七~。以其冠爲受，受冠八~。緦衰，四~有半，其冠八~。大功，八~若九~。小功，十~若十一~。(1126 上)《禮記·間傳》：斬衰三~、齊衰四~、五~、六~。大功七~、八~、九~。小功十~、十一~、十二~。(1660 下) ❸量酒的單位。《周禮·冬官考工記·梓人》：梓人，爲飲器。勺一~，爵一~，觚三~。(0925 下) ❹登上山懸掛祭物祭祀。爲山、丘陵之祭。鄭玄《注》："升、沈，必就祭者也。"胡培翬《正義》："升則是就其山之處升祭之。"《儀禮·覲禮》：祭山、丘陵，~、祭川，沈。(1094 上)

【升中】帝王祭天告成功。燔柴祭天，則煙氣上達於天，故爲告天。鄭玄《注》："升，上也。中，猶成也。謂巡守至於方嶽，燔柴祭天，告以諸侯之成功也。"《禮記·禮器》：是故因天事天，因地事地，因名山~于天，因吉土以饗帝于郊。~于天而鳳凰降，龜龍假；饗帝於郊而風雨節，寒暑時。(1440 中)

【升歌】樂工登堂演奏歌樂。祭祀時升歌《清廟》；鄉飲酒禮升歌《鹿鳴》《四牡》《皇皇者華》。升歌爲聲之始，是周代祭祀中三件重要的事之一。《明堂位》孔穎達《疏》："升，升堂也。……升樂工於廟堂而歌《清廟》詩也。"《祭統》孫希旦《集解》："升歌者聲之始。……聲有下管、間歌，而升歌爲重。"參見"三重①"。《禮記·明堂位》：~《清廟》，下管《象》，朱干玉戚，冕而舞《大武》。(1489 上)《禮記·祭統》：夫祭有三重焉：獻之屬莫重於祼，聲莫重於~，舞莫重於《武宿夜》，此周道也。(1604 上)

【升堂主慎】登堂時要以謹慎爲主。爲聘禮使者應表現出的儀容。胡培翬《正義》："大指不外致謹於行步、威儀而已。蓋聘使鄰國不可隕越失容以爲君羞也。"《儀禮·聘禮》：入門主敬，~。(1073 下)

【升下則授綏】上車、下車時御僕要把綏遞給君子。爲僕御之禮。孔穎達《疏》："此一經論僕御之禮。"孫希旦《集解》："僕於君子，謂爲尊者御也。……升時則授綏以升，下時則授

綏以下也。"《禮記·少儀》：僕於君子,君子～。(1514 上)

【升降不由阼階】上下堂不走阼階。為居喪禮節之一。阼階,即堂之東階,是主人上下堂之階。孔穎達《疏》:"阼階,主人之階也。孝子事死如事生,故在喪思慕猶若父在,不忍從父阼階上下也。"《禮記·曲禮上》:居喪之禮,毀瘠不形,視聽不衰,～,出入不當門隧。(1248 下)

乏 fá 行射禮時報靶人的防箭之器。以革製成,形如屏風,立於箭靶之後。脱靶之箭至此力已乏,故稱。亦名"容"。據聶崇義《三禮圖集注》卷八引《舊圖》考訂,乏的形狀似屏風,寬高各七尺,用牛皮製成。《鄉射禮》鄭玄《注》:"容謂之乏,所以為獲者御矢也。侯道五十步,此乏去侯北一丈,西三丈。"賈公彦《疏》:"容者以革爲之,可以容身,故云容也。云乏者,謂矢於此匱乏不去,故云乏也。"《周禮·春官·典路》:大射,共三～。(0826 上)《儀禮·鄉射禮》:～,參侯道,居侯黨之一,西五步。(0993 下)

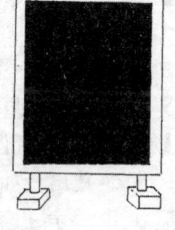
乏

年 nián 見下。

【年祝】祈求天子年年健康,無災無病。爲大祝所掌六祝之一。鄭玄《注》:"永,長也。貞,正也。求多福,歷年得正命也。鄭司農云:'……年祝,求永貞也。'"《周禮·春官·大祝》:一曰順祝,二曰～,三曰吉祝,四曰化祝,五曰瑞祝,六曰筴祝。(0808 下)

【年不順成】年成不順,即莊稼欠收。依禮,"年不順成",天子穿素衣,乘素車,吃飯時不奏樂("天子素服,乘素車,食無樂");國君穿布衣,腰間插與大夫、士相同的笏板,關卡和山梁不收租,山澤不收取賦税,不興建土木工程,大夫不得添置車馬;不舉行八蜡之祭,使百姓謹慎使用財物("八蜡不通,以謹民財")。《禮記·玉藻》:～,君布衣,搢本,關梁不租,山澤列而不賦,土功不興,大夫不得造車馬。(1475 上)

【年穀不登】一年的莊稼没有收成。依禮,"歲凶,年穀不登",國君用餐不殺牲,喂馬不用穀物,馳道不加修治,祭祀不懸掛鍾磬,大夫不吃稻米飯,士飲酒不奏樂。《禮記·曲禮下》:歲凶,～,君膳不祭肺,馬不食穀,馳道不除,祭事不縣。(1259 中)

【年二十而笄】二十歲時行加笄禮。依禮,女子十五歲時許嫁、行加笄禮并取字,標誌已經成人,二十歲就可出嫁。如十五歲至十九歲間仍未許配人家,則二十歲時須行加笄禮。《禮記·内則》"十有五年而笄,二十而嫁"鄭玄《注》:"女子許嫁笄而字之,其未許嫁二十則笄。"《禮記·雜記下》:女雖未許嫁,～,禮之。(1569 下)

乘 ㊀ shèng ❶古時計物以四爲乘。《聘禮》鄭玄《注》:"物四曰乘。"《周禮·夏官·校人》:～馬一師四圉。(0860 上)《儀禮·聘禮》:賓揖,先入,勞者從之。～皮設。(1049 下)《禮記·少儀》:其以～壺酒、束脩、一犬賜人。(1514 上)❷用以計算車輛。車一輛爲一乘。《檀弓下》孔穎達《疏》："車三乘者,遣車也。"《周禮·秋官·大行人》:樊纓九就,貳車九～。(0890 下)《儀禮·士昏禮》:乘墨車,從車二～,執燭前馬。(0963 下)《禮記·檀弓下》:君之適長殤,車三～。公之庶長殤,車一～。大夫之適長殤,車一～。(1298 下)❸禽類一對曰乘。《聘禮》鄭玄《注》:"乘禽,乘行之禽也,謂鴈鶩之屬,其歸之以雙爲數。"《周禮·秋官·掌客》:～禽日九十雙。(0900 中)《儀禮·聘禮》:宰夫始歸～禽,日如其饗餼之數。(1075 上)《禮記·聘義》:～禽日五雙,羣介皆有餼牢。(1693 中)❹馬四匹爲乘。《夏官·敘官》鄭玄《注》:"四馬爲乘。"《周禮·夏官·敘官》:圉師～一人。(0832 下)《周禮·夏官·校人》:乘馬一師四圉,三～爲皁,皁一趣馬。(0860 上)❺指車輛。《周禮·夏官·司右》:凡有軍旅、會同,合其車之卒伍,而比其～,屬其右。(0850 中)

【乘黃】四匹黃色的馬。孔穎達《疏》:"乘黃,謂馬也。大路,謂車也。"《禮記·雜記上》:陳～、大路於中庭,北輈。(1557 下)

【乘禽】並行、羣居的禽鳥。如雁、鶩、雉之類。爲聘問的禮物時,以雙爲數。《掌客》鄭玄《注》:"乘禽,乘行羣處之禽,謂雉鴈之屬,於禮以雙爲數。"孫詒讓《正義》:"乘行謂雙雙相並而行,羣處謂成羣而居。"《聘義》孔穎達《疏》:"謂乘行羣匹之禽,鴈鶩之屬。"《周禮·秋官·掌客》:～日七十雙,殷膳太牢。(0900 中)《儀禮·聘禮》:賓三拜～於朝,訝聽之。(1067 中)《禮記·聘義》:～日五雙,羣介皆有餼牢。(1693 中)

【乘路】玉路。周代君主所乘之車。鄭玄《注》:"乘路,玉路也。"《禮記·明堂位》:大路,殷路也。～,周路也。(1490 中)

㈡ chéng 見下。

【乘₂人】送葬時用人牽引柩車。此爲士喪禮與天子喪禮相同的三件事之一。鄭玄《注》:"乘人,謂使人執引也。"孔穎達《疏》:"謂人引車,不用馬也。"《禮記·雜記上》:士喪有與天子同者三:其終夜燎,及～,專道而行。(1558 中)

【乘₂石】王登車的墊腳石。鄭玄《注》引鄭司農云:"乘石,王所登上車之石也。"《周禮·夏官·隸僕》:王行,洗～。(0853 上)

【乘₂車】❶諸侯、大夫或使者自乘之車。其出行如死於路途,隨行人員登此車爲其招魂。《雜記上》孔穎達《疏》:"乘車,其所自乘之車也。"《周禮·天官·夏采》:夏采,掌大喪以冕服復於大祖,以～建綏,復于四郊。(0694 下)《禮記·雜記上》:諸侯行而死於館,則其復如於其國;如於道,則升其～之左轂,以其綏復。(1548 下)❷天子所乘之車。王之乘車五路:玉路、金路、象路、革路、木路。《司戈盾》鄭玄《注》:"乘車,王所乘車也。軍旅則革路,會同則金路。"《冬官考工記·總敘》鄭玄《注》:"兵車,革路也。田車,木路也。乘車,玉路、金路、象路也。兵車、乘車駕國馬,田車駕田馬。"《周禮·夏官·司戈盾》:軍旅、會同,授貳車戈盾,建～之戈盾。(0855 中)《周禮·冬官考工記·總敘》：故兵車之輪六尺有六寸，田車之輪六尺有三寸，～之輪六尺有六寸。(0907 中)❸指乘坐的墨車、惡車、棧車等。《公食大夫禮》賈公彥《疏》："墨車亦云不入大門，與此亦同。"《儀禮·既夕禮》"其他皆如乘車"鄭玄《注》："如所乘惡車。""薦乘車"鄭玄《注》："士乘棧車。"《儀禮·公食大夫禮》：賓之～在大門外西方，北面立。(1086 中)❹指喪禮所用的魂車。即薦車。胡培翬《正義》："薦車陳於南北之中庭。"《既夕禮》"薦車，直東榮，北輈"鄭玄《注》："薦，進也。進車者，象生時將行陳駕也。今時謂之魂車。"《儀禮·既夕禮》：陳明器於～之西。(1148 下)❺君主的副車。孔穎達《疏》："乘車，謂君之次路也。王者五路，玉、象、木、金、革各一路，王自乘一，所餘四路皆從行。"《禮記·曲禮上》：乘君之～不敢曠左，左必式。(1253 中)

【乘₂(必)以几】上車時須用几墊腳。尸乘用几，爲尊者之禮。新婦乘用几，以重其新婚。《曲禮上》鄭玄《注》："尊者慎也。"孫希旦《集解》："謂乘車之時必履几以升也。"《士昏禮》鄭玄《注》："乘以几者，尚安舒也。"賈公彥《疏》："乘以几者，謂登車之時也。几所以安體，謂若尸乘以几之類，以重其初昏，與尸同也。"《儀禮·士昏禮》：婦～，姆加景，乃驅，御者代。(0966 中)《禮記·曲禮上》：尸必式，～。(1248 中)

【乘₂君之乘車不敢曠左】乘君之車不敢空出左邊的位置。因爲國君尚在，空左猶如送葬之祥車，空其左以爲神位。鄭玄《注》："君存，惡空其位。"孔穎達《疏》："若曠左，則似祥車，近於凶時。故乘者自居左也。"參見"祥車"。《禮記·曲禮上》：～，左必式。(1253 中)

丶 部

【丹】dān 朱砂。一種礦物質，用作染料。《周禮·夏官·職方氏》：其利～、銀、齒、革，其民一男二女。(0862 中)《禮記·禮器》：～、漆、絲、纊、竹、箭，與衆共財也。(1442 上)

【丹青】朱砂和青雘。兩種可作染料的礦物。《周禮·秋官·職金》：職金，掌凡金玉錫石～之戒令。(0881 下)

【丹秫(shú)】用作染料的赤粟。丹秫爲黍稷之黏者，可用於染色。鄭玄《注》引鄭司農云："丹秫，赤粟。"《周禮·冬官考工記·鍾氏》：以朱湛～，三月而熾之，淳而漬之。(0919 上)

【丹圖】盟誓、契約用丹朱書於竹帛、簡牘者，稱丹書。丹圖類此。鄭玄《注》："丹圖未聞。或有彫器簠簋之屬,有圖象者與?《春秋傳》曰:'斐豹,隸也,著於丹書.'今俗語有鐵券丹書,豈此舊典之遺言?"孫詒讓《正義》:"鄭以此丹圖類比丹書,故引以爲證。……小約劑,事輕文約,則書於竹帛,取足檢考而已,不必鏤之金石也。……丁晏云:'……鄭君所言,漢法也。'"《周禮·秋官·司約》:凡大約劑,書於宗彝。小約劑,書於～。(0881 上)

【丹質】❶把靶心塗成紅色。射禮,凡是畫有野獸的箭靶,即大夫、士之侯,靶心都塗成紅色。鄭玄《注》:"賓射之侯、燕射之侯,皆畫雲氣於側以爲飾,必先以丹采其地。丹淺於赤。"賈公彦《疏》:"此鄉射以采侯二,正是賓射之侯也。此獸侯也,又是燕射之侯。"《儀禮·鄉射禮》:凡畫者,～。(1010 中)❷紅色質地的布。以此布製成覆棺的褚幕,爲殷代士的棺飾。孔穎達《疏》:"褚謂覆棺之物,……以丹質之布而爲之也。"《禮記·檀弓上》:褚幕～,蟻結於四隅,殷士也。(1284 下)

【丹組纓】用紅色絲帶做成的繫於玄冠上的纓。爲諸侯祭祀時的冠飾。《禮記·玉藻》:玄冠,～,諸侯之齊冠也。(1476 下)

【丹朱中衣】用紅色的繒鑲邊的內衣。爲諸侯的禮服。孔穎達《疏》:"丹朱,赤色,謂染繒爲赤色也。中衣,謂以素爲冕服之裏衣。"《禮記·郊特牲》:臺門而旅樹,反坫,繡黼、～,大夫之僭禮也。(1448 上)

主 zhǔ ❶主人。亦指所聘問國的國君。《聘禮》賈公彦《疏》:"主人則主國君,受聘享者。"《周禮·秋官·大行人》:其朝位賓～之間九十步,立當車軹。(0890 下)《儀禮·聘禮》:朝服,無～,無執也。(1048 中)《禮記·鄉飲酒義》:賓、～,象天地也。介、僎,象陰陽也。(1683 上)❷指祭主。《山虞》賈公彦《疏》:"此山林在畿内王國四方,各依四時而祭,云'則爲主'者,謂主當祭事者也。"《喪服》賈公彦《疏》:"無主者,謂其無祭主。"《周禮·地官·山虞》:若祭山林,則爲～而脩除,且蹕。(0747 中)《儀禮·喪服》:《傳》曰:無～者,謂其無祭主者也。(1109 上)❸指神主。供奉死者的木製牌位,藏於宗廟。《曲禮下》孔穎達《疏》:"王葬後,卒哭竟而祔,置於廟,立主,使神依之也。《白虎通》云:'所以有主者,神無依據,孝子以繼心也。'"孫希旦《集解》:"主用木,方尺,或曰尺二寸。"《周禮·夏官·大司馬》:若大師,則掌其戒令,涖大卜,帥執事涖釁～及軍器。(0839 中)《禮記·曲禮下》:措之廟,立之～,曰"帝"。(1260 下)❹喪主或主持喪事的人。《喪服》賈公彦《疏》:"雖無爵無德,然以適子故,假取有爵之杖,爲之喪主。"《奔喪》孔穎達《疏》:"言子有妻、子喪,則其父爲主。"《儀禮·喪服》:無爵而杖者何?擔～也。非～而杖者何?輔病也。(1097 中)《禮記·奔喪》:凡喪,父在,父爲～。(1656 上)❺指大夫。大夫以利得民。爲維繫百姓、使民心不離散的九項措施(九兩)之一。賈公彦《疏》:"主謂大夫。……民則采邑之民也。"參見"九兩"。《周禮·天官·大宰》:以九兩繫邦國之民:一曰牧,以地得民;二曰長,以貴得民;三曰師,以賢得民;四曰儒,以道得民;五曰宗,以族得民;六曰~,以利得民;七曰吏,以治得民;八曰友,以任得民;九曰藪,以富得民。(0648 中)
❻君,君主。包括天子、諸侯、卿、大夫。鄭玄《注》:"主,君也。"孔穎達《疏》:"今此言主,上通天子諸侯,下含大夫爲君者,故并曰主,士則不然。"《禮記·曲禮下》:凡執~器,執輕如不克。(1256 上)

【主人】❶喪主,居喪的人。《檀弓上》孔穎達《疏》:"其喪主人文子之子身著深衣。"《周禮·春官·職喪》:凡國有司以王命有事焉,則詔贊~。(0787 上)《禮記·檀弓上》:將軍文子之喪,既除喪而后越人來弔。~深衣,練冠,待于廟,垂涕洟。(1286 上)❷家主。《士昏禮》鄭玄《注》:"主人,女父也。"《昏義》孔穎達《疏》:"主人,女之父,以壻來親迎,故拜迎于門外,以敵禮待之。"《儀禮·士昏禮》:納采,用鴈。~筵于户西,西上,右几。(0961 下)《禮記·昏義》:子承命以迎,~筵几於廟,而拜迎于門外。(1680 下)❸接待賓客的人。與"客人"相對。《儀禮·鄉飲酒禮》:~就先生而謀賓,介。(0980 上)《禮記·曲禮上》:客至於寢門,則~請入爲席。(1238 中)

【主友】指結識而成爲朋友的異國國君。王引之《經義述聞·卷八》:"今案《曲禮》曰:'交遊之讎不同國。'主友,蓋皆交遊之屬。主,謂適異國所主之人也。羈旅相依,有朋友之道,故與友竝言之。"《周禮·地官·調人》:君之讎眂父,師長之讎眂兄弟,~之讎眂從父兄弟。(0732 中)

【主皮】射中箭靶中心。即善射。爲鄉射禮詢問衆庶的五事之一。《鄉大夫》鄭玄《注》引鄭司農云:"主皮,謂善射。"孫詒讓《正義》:"此經五物、四射所同。主皮之名,蓋起於大射。大射張皮侯,以皮飾侯,又方制之以爲鵠,故以中鵠爲主皮。"《周禮·地官·鄉大夫》:退而以鄉射之禮五物訊衆庶:一曰和,二曰容,三曰~,四曰和容,五曰興舞。(0716 下)《儀禮·鄉射禮》:禮射不~。~之射者,勝者又射,不勝者降。(1011 中)

【主車】載神主之齋車。天子若有征伐之事,則以齋車(金路)載社主及廟主隨軍而行。賈公彥《疏》:"云奉主車者,謂遷主亦載於齊車以行也。"《周禮·春官·小宗伯》:若大師,則帥有司而立軍社,奉~。(0767 中)

【主君】主國之君。諸侯國間互相聘問,受聘國之君稱主君。《聘義》孔穎達《疏》:"謂來聘使者行聘之時禮有錯誤,則主國之君不親自饗食以接賓。"《周禮·秋官·司儀》:賓繼~,皆如主國之禮。(0898 中)《禮記·聘義》:使者聘而誤,~弗親饗食也,所以愧厲之也。(1693 上)

【主命】向廟主所請之命。天子、諸侯出征前以幣帛、皮圭祭於祖禰之廟,然後把幣帛、皮圭載於齋車,象徵祖先之命,稱主命。孔穎達《疏》:"孔子言天子、諸侯將出,既無遷主,乃以幣帛及皮圭告于祖禰之廟,遂奉以出行,載于齊車以象受命,故云主命。"《禮記·曾子問》:曾子問曰:"古者師行無遷主,則何主?"孔子曰:"~"。(1393 中)

【主妾】正妻死後,替代妻主管家務的

妾稱主妾。孔穎達《疏》："妾既卑賤，得主之者，崔氏云：'謂女君死，攝女君也。'"《禮記・雜記上》：～之喪，則自衻至於練祥，皆使其子主之。(1554上)

【主祠】掌管祭祀的官吏。孔穎達《疏》："主祠，謂典祭祀者也。"《禮記・月令》：天子乃厲飾，執弓挾矢以獵。命～祭禽於四方。(1380中)

【主孤】去世諸侯的嗣子。嗣子爲喪主，故稱主孤。《禮記・雜記上》：弔者即位于門西，東面。其介在其東南，北面，西上，西於門。～西面。(1557上)

【主國】諸侯國間互相聘問，受聘之國稱主國。《周禮・秋官・司儀》：凡諸公相爲賓，～五積、三問，皆三辭。(0897中)《禮記・聘義》：～待客，出入三積。(1693中)

【主敬】以敬爲主。❶聘禮，使者入門時神色要恭敬。胡培翬《正義》："大指不外致謹於行步、威儀而已。蓋聘使鄰國不可隕越失容以爲君羞也。"《儀禮・聘禮》：入門～，升堂主慎。(1073下)❷依禮，祭祀時内心要敬。孔穎達《疏》："恭在貌，敬在心。賓客輕，故主恭；祭祀重，故主敬。"孫希旦《集解》："祭祀以誠感格，故以内心之敬爲主。"《禮記・少儀》：賓客主恭，祭祀～，喪事主哀，會同主詡。(1514下)

【主黨】主人一方的親族。與"賓黨"相對。投壺比賽時，樂人、使者及童子皆屬主黨。《禮記・投壺》：賓黨於右，～於左。(1666上)

半 bàn 見下。

【半夏】草藥名。多年生草本，五月生長，有毒。其塊莖炮製後可入藥。性溫，味辛。可燥濕化痰，和胃止嘔。《禮記・月令》：鹿角解，蟬始鳴，～生，木堇榮。(1370中)

【半幅】即一尺。鄭玄《注》："半幅，一尺；終幅，二尺。"《儀禮・士喪禮》：爲銘，各以其物。亡則以緇，長～。(1130上)

【半爲堵】單懸鍾或磬十六枚爲一架稱爲堵。爲"肆"的一半。是鍾磬懸掛之稱。鄭玄《注》："鍾磬者，編縣之二八十六枚而在一虡謂之堵，鍾一堵，磬一堵，謂之肆。"孫詒讓《正義》："單縣鍾或磬一虡十六枚者，並是半爲堵也。"《周禮・春官・小胥》：凡縣鍾磬，～，全爲肆。(0795中)

【半塗而廢】走到路程的一半停下來。鄭玄《注》："廢，猶罷止也。"今爲成語，比喻做事缺乏恆心，不能堅持到底。《禮記・中庸》：君子遵道而行，～，吾弗能已矣。(1626下)

州 zhōu ❶民户編制。二千五百家爲州。《曲禮上》鄭玄《注》："《周禮》：'二十五家爲閭，四閭爲族，五族爲黨，五黨爲州，五州爲鄉。'"《周禮・地官・大司徒》：五黨爲～，使之相賙；五～爲鄉，使之相賓。(0707上)《禮記・曲禮上》：故～閭鄉黨稱其孝也，兄弟親戚稱其慈也，僚友稱其弟也，執友稱其仁也，交遊稱其信也。(1233上)❷地理區域、行政區劃名。天下共分九州。《禮記・王制》將九州作爲行政區劃。每州方一千里，中央一州爲天子之畿内，建方百里之國九，七十里之國二十一，五十里之國六十三，共九十三國。週圍八州，每州建百里之國三十,七十里之國六十,五十里之國一百二十,共二百一十國。八州設方伯統屬。八伯又分作左右兩部,分屬天子的二位上公統領。參見"九州"。《周禮·夏官·量人》:掌建國之灋,以分國爲九～。(0842 中)《禮記·王制》:凡四海之内九～,～方千里。～建百里之國三十,七十里之國六十,五十里之國百有二十,凡二百一十國。(1323 中)

【州史】州長的屬吏。孔穎達《疏》:"州之屬吏則有州史。"《禮記·内則》:閭史書爲二,其一藏諸閭府,其一獻諸～。～獻諸州伯,州伯命藏諸州府。(1470 上)

【州里】二千五百家爲州,二十五家爲里。泛指州里或鄉里之人。《周禮·春官·司常》:～建旟,縣鄙建旐。(0826 中)《禮記·檀弓下》:喪,公弔之,必有拜者,雖朋友,～、舍人可也。(1299 中)

【州伯】即州長。爵中大夫。鄭玄《注》:"州長,中大夫一人也。"孔穎達《疏》:"州伯則州長也。"《禮記·内則》:州史獻諸～,～命藏諸州府。(1470 上)

【州序】州中所設之學校。亦爲行射禮的處所。賈公彥《疏》:"州長因春秋二時,皆以禮會聚其民而行射禮于州之序學中。"《周禮·地官·州長》:春秋,以禮會民而射于～。(0717 下)

【州社】州中的官社。賈公彥《疏》:"春祭社以祈膏雨,望五穀豐熟;秋祭社者,以百穀豐稔,所以報功。故云祭祀州社也。"《周禮·地官·州長》:若以歲時祭祀～,則屬其民而讀灋,亦如之。(0717 下)

【州長】職官名。一州之行政長官。掌管州之教治政令。爵中大夫。《周禮·地官·州長》:～,各掌其州之教治政令之灋。(0717 中)

【州府】州長收藏文書簿籍的府庫。孔穎達《疏》:"州府是州長之府藏。"《禮記·内則》:州史獻諸州伯,州伯命藏諸～。(1470 上)

【州巷】即州閭。鄭玄《注》:"一鄉者五州,巷猶閭也。"泛指鄉里。《禮記·祭義》:强不犯弱,衆不暴寡,而弟達乎～矣。(1599 下)

【州閭】二千五百家爲州,二十五家爲閭。泛指鄉里或鄉里之人。《禮記·内則》:不説,與其得罪於鄉黨～,寧孰諫。(1463 上)

乙(一乚)部

乙 yǐ 魚目旁之骨。其形狀像篆文之"乙"字,故稱。乙食之鯁喉,不可出,故吃魚的時候要去掉乙。鄭玄《注》:"乙,魚體中害人者名也。

今東海容魚有骨名乙,在目旁,狀如篆'乙',食之鯁人,不可出。"一說,魚腸。《爾雅·釋魚》:"魚腸謂之乙。"《禮記·內則》:狼去腸,狗去腎,狸去正脊,兔去尻,狐去首,豚去腦,魚去～,鱉去醜。(1466 下)

九 jiǔ 指五行中的金輔佐天地生成萬物的成數。《易》曰:"天一地二,天三地四,天五地六,天七地八,天九地十。"此天地之數。五行有所謂的生數、成數。生數,是指五行天生排列的順序之數:水、火、木、金、土。成數,是指五行之生數與天地奇偶之數相合相成之數。孫希旦《集解》:"一與六合,二與七合,三與八合,四與九合,五與十合。故天一生水,地六成。地二生火,天七成之。天三生木,地八成之。地四生金,天九成之。天五生土,地十成之。"古人以五行配四季:木配春,火配夏,金配秋,水配冬,而土"包載四行,含養萬物,為萬物之主"。金生數四,成數九,故秋季的成數為九。鄭玄《注》:"金生數四,成數九,但言九者,亦舉其成數。"《禮記·月令》:孟秋之月,……其蟲毛,其音商,律中夷則,其數～。(1372 下)

【九十】九十歲。九十歲稱耄。九十歲的老人當時有許多優厚待遇:可以使人代受君賜而不親自拜謝("九十者使人受");飲食不離居室,四處游觀膳飲不離其側("九十飲食不違寢,膳飲從於遊可也");喪具每天都要修整("九十日脩");天子如有事請教,要親自去他的居處,並要帶珍貴禮品("九十者,天子欲有問焉,則就其室,以珍從");國君每天派人贈送美食("九十日有秩");全家人都可以不服徭役("九十者,其家不從政");在鄉飲酒,可享受六豆菜肴("九十者六豆");……體現了尊老、敬老的社會風氣。《禮記·曲禮上》:八十、～曰耄。(1232 中)

【九比】指都鄙公邑及四郊鄉遂之家數。九夫為井,都鄙、公邑之家以九計之;五家為比,四郊、鄉遂之家以比計之。孫詒讓《正義》:"竊謂經'九比'二字本平列,與'夫家'同。九者謂井田之制,九家為一井也。比者謂比閭之法,五家為一比也。都鄙公邑之家數以九計之,四郊鄉遂之家數以比計之,其法數不同,故云夫家九比之數。"《周禮·地官·小司徒》:掌建邦之教灋,以稽國中及四郊都鄙之夫家、～之數。(0710 下)

【九正(zhēng)】九賦、九貢之稅。鄭玄《注》:"九正謂九賦、九貢。正,稅也。"詳見"九賦""九貢"。《周禮·天官·司書》:掌邦之六典、八灋、八則、九職、～、九事、邦中之版、土地之圖。(0682 上)

【九功】對九職之民徵收的賦稅。即三農貢九穀,園圃貢草木,虞衡貢山澤之材,藪牧貢鳥獸,百工貢器物,商賈貢貨賄,嬪婦貢布帛,臣妾貢疏材,閒民被人雇用。賈公彥《疏》:"謂九職之功,大宰以九職任之,成孰斂其稅,則是九功也。"《周禮·天官·大府》:掌九貢、九賦、～之貳,以受其貨賄之入。(0677 中)

【九式】九項節省財政支出的規定。九式即祭祀、賓客、喪荒、羞服、工事、幣帛、芻秣、匪頒、好用之式。鄭玄《注》:"式,謂用財之節度。"詳見各條。《周禮·天官·大宰》：以～均節財用：一曰祭祀之式，二曰賓客之式，三曰喪荒之式，四曰羞服之式，五曰工事之式，六曰幣帛之式，七曰芻秣之式，八曰匪頒之式，九曰好用之式。(0648上)

【九戎】即九伐。天子對諸侯所犯九種罪行的征伐之法。九罪爲馮弱犯寡，賊賢害民，暴内陵外，野荒民散，負固不服，賊殺其親，放弑其君，犯令陵政，外内亂鳥獸行。由大司馬掌之。鄭玄《注》："九戎，九伐之戎。"賈公彥《疏》："大司馬設九伐有所威刑。"《周禮·秋官·掌交》：掌邦國之通事而結其交好，以諭九稅之利，九禮之親，九牧之維，九禁之難，～之威。(0903上)

【九夷】九個東方夷人國家。《後漢書·東夷傳》記爲畎夷、于夷、方夷、黃夷、白夷、赤夷、玄夷、風夷、陽夷。《爾雅·釋地》疏爲玄菟、樂浪、高驪、滿飾、鳧更、索家、東屠、倭人、天鄙。後用以爲東方民族之通稱。《禮記·明堂位》：～之國，東門之外，西面，北上。(1488上)

【九伐】天子對諸侯所犯九種罪行的征伐之法。九罪爲馮弱犯寡，賊賢害民，暴内陵外，野荒民散，負固不服，賊殺其親，放弑其君，犯令陵政，外内亂鳥獸行。由大司馬掌管。《周禮·夏官·大司馬》：以～之灋正邦國：馮弱犯寡則眚之，賊賢害民則伐之，暴内陵外則壇之，野荒民散則削之，負固不服則侵之，賊殺其親則正之，放弑其君則殘之，犯令陵政則杜之，外内亂，鳥獸行，則滅之。(0835上)

【九州】古代地理、行政區劃。古籍説法不一。《尚書·禹貢》篇作冀州、兗州、青州、徐州、揚州、荆州、梁州、雍州、豫州。《周禮·夏官·職方氏》有幽州、并州，無徐州、梁州；《爾雅·釋地》有幽州、營州，無青州、梁州。《爾雅·釋地》邢昺疏以爲，《禹貢》爲夏制，《職方氏》爲周制，《釋地》爲殷制。依《周禮·秋官·大行人》文，九州指六服以内之地，爲天子可以封建諸侯之疆土。多泛指天下。《周禮·秋官·大行人》：～之外，謂之蕃國，世壹見，各以其所貴寶爲摯。(0892中)《禮記·月令》：凡在天下～之民者，無不咸獻其力，以共皇天上帝、社稷、寢廟、山林、名川之祀。(1384下)

【九門】天子都城所設的九門，即路門、應門、雉門、庫門、皋門、城門、近郊門、遠郊門、關門。鄭玄《注》："九門者，路門也，應門也，雉門也，庫門也，皋門也，城門也，近郊門也，遠郊門也，關門也。"《禮記·月令》：田獵罝罘、羅罔、畢、翳、餧獸之藥，毋出～。(1363下)

【九事】即九式。九項節省財政支出的規定。九事即祭祀、賓客、喪荒、羞服、工事、幣帛、芻秣、匪頒、好用之事。鄭玄《注》："九事謂九式，變言之者，重其職。"式，謂用財之節度。《周禮·天官·司書》：掌邦之六典、八灋、八則、九職、九正、～、邦中之版、土地之圖。(0682上)

【九兩】維繫百姓、使民心不離散的九項措施。即牧以地得民，長以貴得民，師以賢得民，儒以道得民，宗以族得民，主以利得民，吏以治得民，友以任得民，藪以富得民。鄭玄《注》：

"兩,猶耦也,所以協耦萬民。"《周禮·天官·大宰》:以～繫邦國之民:一曰牧,以地得民;二曰長,以貴得民;三曰師,以賢得民;四曰儒,以道得民;五曰宗,以族得民;六曰主,以利得民;七曰吏,以治得民;八曰友,以任得民;九曰藪,以富得民。(0648中)

【九牧】九州之長。天子於每州中選取諸侯有功德者一人,加命作一州之長,即方伯。州牧爲八命。鄭玄《注》:"九牧,九州之牧。"《周禮·秋官·掌交》:掌邦國之通事而結其交好,以諭九稅之利,九禮之親,～維,九禁之難,九戎之威。(0903上)

【九和】弓材料優良,技藝精巧,製作適時,爲參均。角與幹相得,幹與筋相得,爲參均。測量弓的力度有參均。三個"參均",謂之九和。《周禮·冬官考工記·弓人》:材美,工巧,爲之時,謂之參均。角不勝幹,幹不勝筋,謂之參均。量其力,有三均,均者三,謂之～。～之弓,角與幹權,筋三侔,膠三鋝,絲三邸,漆三斛。(0936中)

【九命】周時官分九級,一命至九命。九命最高,一命最低。三公爲八命,若加一命則爲九命上公,上公九命爲伯。《王制》孔穎達《疏》:"三公八命,身著鷩冕,若加一命,則爲上公。"《周禮·春官·典命》:上公～爲伯,其國家、宮室、車旗、衣服、禮儀皆以九爲節。(0780中)《禮記·王制》:制,三公一命卷,若有加則賜也,不過～。(1326上)

【九采】指蠻服以内之地。孫希旦《集解》:"王制:'千里之外,曰采曰流。'自蠻服以内,皆謂之采,其地在九州之内,采取美物以貢天子。……采之地盡於蠻服,故謂蠻服爲九采。《禮記·明堂位》:～之國,應門之外,北面,東上。(1488上)

【九服】王畿以外的九等地區。天下疆土以王畿爲中心向四週延伸,每延伸五百里之地爲一服,共九服。依次爲侯服、甸服、男服、采服、衛服、蠻服、夷服、鎮服、藩服。九服,《周禮·夏官·大司馬》作"九畿"。依《周禮·秋官·大行人》文,九服之邦國分爲兩部分,六服以内之地爲九州,爲天子可以封建諸侯之疆土;七服以外,謂之藩國。《周禮·夏官·職方氏》:乃辨～之邦國:方千里曰王畿,其外方五百里曰侯服,又其外方五百里曰甸服,又其外方五百里曰男服,又其外方五百里曰采服,又其外方五百

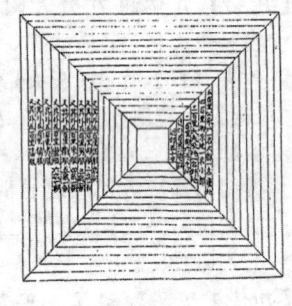

九服

里曰衛服,又其外方五百里曰蠻服,又其外方五百里曰夷服,又其外方五百里曰鎮服,又其外方五百里曰藩服。(0863中)

【九軌】七十二尺。爲南北方向路的寬度。軌,兩車輪之間的距離,即八尺。鄭玄《注》:"軌謂轍廣。乘車六尺六寸,旁加七寸,凡八尺。是爲轍廣。九軌積七十二尺,則此涂十二步也。"《周禮·冬官考工記·匠人》:國

中九經九緯,經涂～。(0927下)

【九室】王宮有內九室、外九室。內九室在路寢之裏,是九嬪治婦學之處。外九室在路門之外,是九卿治事之處。鄭玄《注》:"九室如今朝堂,諸曹治事處。"賈公彥《疏》:"此九嬪之九室與九卿九室相對而言之,九卿九室是治事之處,則九嬪九室亦是治事之處。……九嬪職掌婦學之法,則九室是教九御之所也。"《周禮·冬官考工記·匠人》:內有～,九嬪居之。外有～,九卿朝焉。(0928中)

【九貢】諸侯向天子所納的九種常貢。即祀貢、嬪貢、器貢、幣貢、材貢、貨貢、服貢、斿貢、物貢。詳見各條。《周禮·天官·大宰》:以～致邦國之用:一曰祀貢,二曰嬪貢,三曰器貢,四曰幣貢,五曰材貢,六曰貨貢,七曰服貢,八曰斿貢,九曰物貢。(0648上)

【九夏】九種古樂名。即《王夏》《肆夏》《昭夏》《納夏》《章夏》《齊夏》《族夏》《祴夏》《驁夏》。皆以鍾鼓奏之而不歌。孫詒讓《正義》:"凡《九夏》皆奏而不歌,鄭誤釋爲樂歌,賈遂謂堂上歌之,堂下應之,《左·襄四年》孔疏亦謂《肆夏》二人歌之,並非也。"一說,以爲《九夏》爲歌或頌類詩篇。鄭玄《注》:"夏,大也,樂之大歌有九。……《九夏》皆詩篇名,頌之族類也。此歌之大者,載在樂章,樂崩亦從而亡,是以頌不能具。"《周禮·春官·鍾師》:凡樂事,以鍾鼓奏～:《王夏》《肆夏》《昭夏》《納夏》《章夏》《齊夏》《族夏》《祴夏》《驁夏》。(0800中)

【九卿】天子所設的九種官職。周代以少師、少傅、少保、冢宰、司徒、宗伯、司馬、司寇、司空爲九卿。《匠人》鄭玄《注》:"六卿、三孤爲九卿。"《王制》鄭玄《注》:"此夏制也。"《周禮·冬官考工記·匠人》:外有九室,～朝焉。(0928中)《禮記·王制》:天子三公,～、二十七大夫、八十一元士。(1325中)

【九祭】九種食祭。即命祭、衍祭、炮祭、周祭、振祭、擩祭、絕祭、繚祭、共祭。凡禮,飲食必祭。祭時,取食置於俎豆間。孫詒讓《正義》:"謂飲食之祭,儀節有此九科,《膳夫》注云'凡食必祭,示有所先'是也。凡禮約者專舉一祭,禮詳者或兼備衆祭,大祝皆辨之。"《周禮·春官·大祝》:辨～:一曰命祭,二曰衍祭,三曰炮祭,四曰周祭,五曰振祭,六曰擩祭,七曰絕祭,八曰繚祭,九曰共祭。(0810上)

【九章】周時天子、諸侯禮服上繪畫的九種圖案。上衣畫龍、山、華蟲、火、宗彝,下裳畫藻、粉米、黼、黻,總共九種。《周禮·春官·司服》鄭玄《注》:"《書》曰:'予欲觀古人之象,日、月、星辰、山、龍、華蟲作繢,宗彝、藻、火、粉米、黼、黻希繡。'此古天子冕服十二章,舜欲觀焉。……至周而以日月星辰畫於旌旗,所謂三辰旂旗,昭其明也。而冕服九章,登龍於山,登火於宗彝,尊其神明也。初一曰龍,次二曰山,次三曰華蟲,次四曰火,次五曰宗彝,皆畫以爲繢;次六曰藻,次七曰粉米,次八曰黼,次九曰黻,皆希以爲繡。則袞之衣五章,裳四章,凡九也。"《周禮·秋官·大行人》:上公之禮,執桓圭九寸,繅藉九寸,冕服～。

(0890下)

【九棘】羣臣百官外朝之位，立九株棘木爲標誌，以區分等級職位。外朝爲聽斷獄訟之所，赤心象徵無偏頗，三刺表示廣泛徵詢意見。鄭玄《注》："樹棘以爲位者，取其赤心而外刺，象以赤心三刺也。"參見"三刺"。《周禮·秋官·朝士》：掌建邦外朝之灋。左～，孤、卿、大夫位焉，羣士在其後；右～，公、侯、伯、子、男位焉，羣吏在其後。(0877下)

【九稅】九類職業的庶民所納之稅。周時庶民所從事的九類職業爲：三農、園圃、虞衡、藪牧、百工、商賈、嬪婦、臣妾、閒民。鄭玄《注》："九稅，所稅民九職也。"賈公彥《疏》："《太宰》云：'以九職任萬民。'既任之使之營種，因即稅之。三農生九穀稅九穀，園圃毓草木稅草木。"《周禮·秋官·掌交》：以諭～之利，九禮之親，九牧之維，九禁之難，九戎之威。(0903上)

【九等】指九種不同土質的土地。據《周禮·地官·草人》，即騂剛、赤緹、墳壤、渴澤、鹹潟、勃壤、埴壚、彊㯺、輕爂。鄭玄《注》："九等，騂剛、赤緹之屬。"詳見各條。《周禮·地官·大司徒》：以土均之灋辨五物、～，制天下之地征，以作民職，以令地貢，以斂財賦，以均齊天下之政。(0704上)

【九御】即女御。宮中女官，掌女工及侍御之事。鄭玄《注》："九御，女御也。九九而御于王，因以號焉。"《周禮·天官·內宰》：以婦職之灋教～，使各有屬。(0684下)

【九禁】即九法之禁。禁其不奉行治國之九法者。天子平治諸侯國之九法爲：制畿封國，設儀辨位，進賢興功，建牧立監，制軍詰禁，施貢分職，簡稽鄉民，均守平則，比大事小。九法由大司馬掌管。鄭玄《注》："九禁，九法之禁。"《周禮·秋官·掌交》：掌邦國之通事而結其交好，以諭九稅之利，九禮之親，九牧之維，～之難，九戎之威。(0903上)

【九圍】即九州。鄭玄《注》："九圍，九州之界也。"參見"九州"。《禮記·孔子閒居》：帝命式于～。(1617中)

【九貉(mò)】歸服周的九個北方部落。具體不詳。鄭玄《注》："鄭司農云：'東方曰夷，南方曰蠻，西方曰戎，北方曰貉狄。'玄謂閩，蠻之別也。……四、八、七、九、五、六，周之所服國數也。……《爾雅》曰：'九夷、八蠻、六戎、五狄，謂之四海。'"孫詒讓《正義》："《大戴禮記·用兵篇》云'六蠻四夷'，盧注云：'《周禮·職方氏》"四夷、八蠻、七閩、九貉、五戎、六狄"，此周所服四海其種落之數也。《明堂位》曰"九夷、八蠻、六戎、五狄"，此朝明堂時來者國數也。'"《周禮·夏官·職方氏》：辨其邦國、都鄙、四夷、八蠻、七閩、～、五戎、六狄之人民。(0861下)

【九經】治理天下國家的九條原則。即修養自身，尊敬賢人，親愛親人，敬重大臣，體恤羣臣，愛護民衆，勸勉百工，懷柔遠人，安撫諸侯。孔穎達《疏》："夫子更爲哀公廣說修身治天下之道，有九種常行之事。"《禮記·中庸》：凡爲天下國家有～，曰：脩身也，尊賢也，親親也，敬大臣也，體羣臣也，子庶民也，來百工也，柔遠人

也,懷諸侯也。(1629下)

【九旗】九種與旗幟有關之物。指常、旂、旜、物、旗、旟、旐、旞、旌。其中正旗有五,爲五路所建,以象五方色,即日月之常、交龍之旂、熊虎之旗、鳥隼之旟、龜蛇之旐。而旜、物、旞、旌爲旗幟之通制,用以區別五正旗的等級及用途,不是另外四種旗幟。孫詒讓《九旗古誼述·釋九旗五正弟一》:"案:九旗名制,備於司常,綜而論之,其正旗唯五:曰常,曰旂,曰旗,曰旟,曰旐,五路所建也。五者隨章異物,其曰旜、曰物,爲縿斿之異名;曰旞、曰旌,爲注羽之異名。四者即就五正旗爲之別異,乃旗物之通制,非於五正旗之外別爲章物也。"《周禮·春官·司常》:司常,掌~之物名,各有屬,以待國事。日月爲常,交龍爲旂,通帛爲旜,雜帛爲物,熊虎爲旗,鳥隼爲旟,龜蛇爲旐,全羽爲旞,析羽爲旌。(0826上)

【九穀】九種穀物。即黍、稷、稻、粱、苽、麻、大豆、小豆、小麥。一說,鄭玄《注》引鄭司農云:"九穀,黍、稷、秫、稻、麻、大小豆、大小麥。"鄭玄認爲"九穀無秫、大麥,而有粱、苽"。《周禮·天官·大宰》:以九職任萬民:一曰三農,生~。(0647上)

【九賦】王畿内的九種稅。即邦中之賦、四郊之賦、邦甸之賦、家削之賦、邦縣之賦、邦都之賦、關市之賦、山澤之賦、弊餘之賦。九賦爲天子財政收入的主要來源,各賦均有專用。詳見各條。《周禮·天官·大宰》:以~斂財賄:一曰邦中之賦,二曰四郊之賦,三曰邦甸之賦,四曰家削之賦,五曰邦縣之賦,六曰邦都之賦,七曰關市之賦,八曰山澤之賦,九曰弊餘之賦。(0647下)

【九數】九種計算法。爲六藝之一。用以計算田畝、容量、高低、功庸、遠近勞費、三角等。鄭玄《注》引鄭司農云:"九數:方田、粟米、差分、少廣、商功、均輸、方程、贏不足、旁要。"孫詒讓《正義》:"《九章算術》云:'方田以御田疇界域,粟米以御交質變易,衰分以御貴賤稟稅,少廣以御積冪方圓,商功以御功程積實,均輸以御遠近勞費,盈不足以御隱雜互見,方程以御錯糅正負,句股以御高深廣遠。'李籍《音義》云:'諸田不等,以方爲正,故曰方田。粟者,米之未舂。諸米不等,以粟爲率,故曰粟米。衰,差也。以差而平分,故曰衰分。少廣從多,以從之多,益廣之少,故曰少廣。商,度也。以度其功庸,故曰商功。均,平也;輸,委也。以均平其輸委,故曰均輸。盈者滿也,不足者虛也,滿虛相推,以求其適,故曰盈不足。方者左右也,程者課率也,左右課率,總統羣物,故曰方程。句,短面也;股,長面也。短長相推,以求其弦,故曰句股。'案差分即衰分,旁要即句股,古今異名耳。先鄭説並本《九章》。"《周禮·地官·保氏》:乃教之六藝:一曰五禮,二曰六樂,三曰五射,四曰五馭,五曰六書,六曰~。(0731中)

【九儀】九等不同爵位者的禮儀。九等謂命者五:公、侯、伯、子、男;爵者四:孤、卿、大夫、士。統言之,公、侯、伯、子、男亦稱爵。《大宗伯》鄭玄《注》:"每命異儀,貴賤之位乃正。"《大行人》鄭玄《注》:"九儀,謂命者五:公、侯、伯、子、男也。爵者四:孤、卿、大夫、士也。"孫詒讓《正義》:"命者五,謂五命以上,諸侯之命也。爵者四,謂四命以下,諸臣之爵也。《大宗伯》云:'以九儀之命正邦國之位。'此九儀與彼同。但彼通晐王臣及諸侯,此則專據侯國君臣,既無王臣,而子男之士不命,是又在彼九命之外。"《周禮·春官·大宗伯》:以～之命正邦國之位,壹命受職,再命受服,三命受位,四命受器,五命賜則,六命賜官,七命賜國,八命作牧,九命作伯。(0761上)《周禮·秋官·大行人》:以～辨諸侯之命,等諸臣之爵,以同邦國之禮,而待其賓客。(0890下)

【九德】九功之德。鄭玄《注》引鄭司農云:"《春秋傳》所謂水、火、金、木、土、穀謂之六府,正德、利用、厚生謂之三事。六府、三事謂之九功。九功之德皆可歌也,謂之九歌也。"《周禮·春官·大司樂》:～之歌,《九磬》之舞,於宗廟之中奏之。(0790上)

【九畿】即九服。天下疆土以王畿爲中心向四週延伸,每延伸五百里之地爲一服,共九服。依次爲侯服、甸服、男服、采服、衛服、蠻服、夷服、鎮服、藩服。九服之邦國分爲兩部分,六服以内之地爲九州,爲天子可以封建諸侯之疆土;七服以外,謂之藩國。賈公彦《疏》:"自此已上六服是中國之九州,自此已外是夷狄之諸侯。"參見"九服"。《周禮·夏官·大司馬》:乃以～之籍施邦國之政職:方千里曰國畿,其外方五百里曰侯畿,又其外方五百里曰甸畿,又其外方五百里曰男畿,又其外方五百里曰采畿,又其外方五百里曰衛畿,又其外方五百里曰

蠻畿,又其外方五百里曰夷畿,又其外方五百里曰鎮畿,又其外方五百里曰蕃畿。(0835下)

【九磬】亦作"九韶"。舜時樂曲名。孫詒讓《正義》:"磬、韶古今字。"一説,以爲即《大韶》。鄭玄《注》:"《九磬》讀當爲《大韶》,字之誤也。"《周禮·春官·大司樂》:《九德》之歌,～之舞,於宗廟之中奏之。(0790上)

【九舉】宴飲時九舉牲體而食。食禮上公九舉。賈公彦《疏》:"食禮九舉者,亦亨大牢以食賓,無酒。行食禮之時,九舉牲體而食畢。"《周禮·秋官·大行人》:上公之禮……饗禮九獻,食禮～。(0891上)

【九擇】九種拜禮。即稽首、頓首、空首、振動、吉拜、凶拜、奇拜、襃拜、肅拜。擇,"拜"的古字。孫詒讓《正義》:"此經例用古字,皆作'擇';注例用今字,皆作'拜'。"詳見各條。《周禮·春官·大祝》:辨～:一曰稽首,二曰頓首,三曰空首,四曰振動,五曰吉擇,六曰凶擇,七曰奇擇,八曰襃擇,九曰肅擇。(0810中)

【九藏(zàng)】人體的九種内臟器官。即肺、心、肝、脾、腎、胃、膀胱、大腸、小腸。賈公彦《疏》:"正藏五者,謂五藏。肺、心、肝、脾、腎。……又有胃、旁胱、大腸、小腸者。"《周禮·天官·疾醫》:兩之以九竅之變,參之以～之動。(0667下)

【九禮】即九儀。天子接見九等不同爵位者的禮儀。九等包括命者五:公、侯、伯、子、男;爵者四:公、卿、大夫、士。九儀爲諸侯百官尊卑的具體表現。鄭玄《注》:"九禮,九儀之禮。"

《周禮・秋官・掌交》：以諭九稅之利，～之親，九牧之維，九禁之難，九戎之威。(0903上)

【九嬪】宮中女官。亦為天子之妾。協助王后掌管婦學之法，教九御以下之婦德、婦言、婦容、婦功。其職位相當於世婦之卿。《昏義》孫希旦《集解》："《周禮・春官》：'世婦，每宮卿二人，下大夫四人，中士八人。'世婦之卿，以三夫人、九嬪充之，下大夫以世婦充之，中士以女御充之。"《周禮・天官・九嬪》：～，掌婦學之灋，以教九御婦德、婦言、婦容、婦功。(0687中)《禮記・昏義》：古者天子后立六宮、三夫人、～、二十七世婦、八十一御妻，以聽天下之內治，以明章婦順。(1681下)

【九職】周時庶民所從事的九類職業。即三農、園圃、虞衡、藪牧、百工、商賈、嬪婦、臣妾、閒民。詳見各條。《周禮・天官・大宰》：以～任萬民：一曰三農，生九穀；二曰園圃，毓草木；三曰虞衡，作山澤之材；四曰藪牧，養蕃鳥獸；五曰百工，飭化八材；六曰商賈，阜通貨賄；七曰嬪婦，化治絲枲；八曰臣妾，聚斂疏材；九曰閒民，無常職，轉移執事。(0647上)

【九竅】人體器官的九個孔道。指耳、目、鼻、口及肛門、尿道之孔。鄭玄《注》："陽竅七，陰竅二。"孫詒讓《正義》："《金匱真言論》云：'東方青色，入通於肝，開竅於目。南方赤色，入通於心，開竅於耳。中央黃色，入通於脾，開竅於口。西方白色，入通於肺，開竅於鼻。北方黑色，入通於腎，開竅於二陰。'呂飛鵬云：'耳目鼻，竅各二，口竅一，陰竅二，是為九竅。'"

《周禮・天官・疾醫》：兩之以～之變，參之以九藏之動。(0667下)

【九筮(shì)】問卜九類大事的吉凶。即巫更、巫咸、巫式、巫目、巫易、巫比、巫祠、巫參、巫環。鄭玄《注》："此九巫讀皆當為筮，字之誤也。更，謂筮遷都邑也。咸猶僉也，謂筮眾心歡不也。式，謂筮制作法式也。目，謂事眾，筮其要所當也。易，謂民眾不說，筮所改易也。比，謂筮與民和比也。祠，謂筮牲與日也。參，謂筮御與右也。環，謂筮可致師不也。"詳見各條。《周禮・春官・筮人》：～之名：一曰巫更，二曰巫咸，三曰巫式，四曰巫目，五曰巫易，六曰巫比，七曰巫祠，八曰巫參，九曰巫環，以辨吉凶。(0805下)

【九獻】宴飲時一獻、一酢、一酬為一獻之禮。如是者九，則為九獻。饗禮上公九獻。賈公彥《疏》："饗禮九獻者，謂後日王速賓，賓來就廟中行饗。饗者，亨太牢以飲賓。……九獻者，王酌獻賓，賓酢主人，主人酬賓。酬後更八獻，是為九獻。"《周禮・秋官・大行人》：上公之禮……饗禮～，食禮九舉。(0891上)

【九灋】天子平治諸侯國之九法。即制畿封國，設儀辨位，進賢興功，建牧立監，制軍詰禁，施貢分職，簡稽鄉民，均守平則，比大事小。由大司馬掌管。《周禮・夏官・大司馬》：掌建邦國之～，以佐王平邦國：制畿封國，以正邦國；設儀辨位，以等邦國；進賢興功，以作邦國；建牧立監，以維邦國；制軍詰禁，以糾邦國；施貢分職，以任邦國；簡稽鄉民，以用邦國；均守平則，以安邦國；比小事大，以和邦

國。(0834下)

【九月之喪】喪期爲九個月的喪制。其喪服爲大功服。又分殤大功服中的長殤(年十九至十六)及成人大功服。殤大功服，父、母爲子、女之殤服，祖父、母爲嫡孫之殤服，公、大夫爲其嫡子之殤服等；成人大功服，父、母爲出嫁的女兒，昆弟爲姊妹，爲庶孫，爲嫡婦等。《禮記·雜記下》：～，既葬而從政。(1563下)

【九和之弓】弓材料優良，技藝精巧，製作適時，爲參均。角與幹相得，幹與筋相得，爲參均。測量弓的力度有參均。三個"參均"，謂之九和，這樣的弓謂之九和之弓。《周禮·冬官考工記·弓人》：材美，工巧，爲之時，謂之參均。角不勝幹，幹不勝筋，謂之參均。量其力，有三均。均者三，謂之九和。～，角與幹權，筋三侔，膠三鋝，絲三邸，漆三斛。(0936中)

【九采之國】指九州之内的蠻服諸侯。鄭玄《注》："九采，九州之牧，典貢職者也。"孔穎達《疏》："謂之采者，以采取當州美物而貢天子。"孫希旦《集解》："九采之國，謂蠻服諸侯也。"《禮記·明堂位》：～，應門之外，北面，東上。(1488上)

【九經九緯】九條南北大道、九條東西大道。指王都城内的道路，路寬七丈二尺。鄭玄《注》："國中，城内也。經緯謂涂也。經緯之涂，皆容方九軌，軌謂轍廣。乘車六尺六寸，旁加七寸，凡八尺。是爲轍廣。九軌積七十二尺，則此涂十二步也。"《周禮·冬官考工記·匠人》：國中～，經涂九軌。(0927中)

【九德之歌】用於宗廟祭祀、頌扬祖先功德的樂歌。其歌已佚。或曰爲夏禹時樂歌。鄭玄《注》引鄭司農云："《春秋傳》所謂水、火、金、木、土、穀謂之六府，正德、利用、厚生謂之三事。六府、三事謂之九功。九功之德皆可歌也，謂之九歌也。"《周禮·春官·大司樂》：～，《九磬》之舞，於宗廟之中奏之。(0790上)

乞

qǐ 見下。

【乞言】向德高望重的老人們求教善言。爲帝王及嫡長子爲政之禮。鄭玄《注》："養老人之賢者，因從乞善言可行者也。"《禮記·文王世子》：凡祭與養老，～，合語之禮，小樂正詔之於東序。(1405中)

予

㊀ yǔ 賜予。爲天子駕馭羣臣的八柄之一。鄭玄《注》："柄，所秉執以起事者也。……幸謂言行偶合於善，則有以賜予之，以勸後也。"《周禮·天官·大宰》：以八柄詔王馭羣臣：一曰爵，以馭其貴；二曰禄，以馭其富；三曰～，以馭其幸；四曰置，以馭其行；五曰生，以馭其福；六曰奪，以馭其貧；七曰廢，以馭其罪；八曰誅，以馭其過。(0646中)

㊁ yú 見下。

【予一人】天子的謙稱。《曲禮下》孔穎達《疏》："但自謂'予一人'者，言我是人中之一人，與物不殊，故自謙損。《白虎通》云：'王自謂一人者，謙也，欲言己才能當一人耳。'"《儀禮·覲禮》：天子曰："非他，伯父實來，～嘉之；伯父其入，～將受之。"(1089下)《禮記·曲禮下》：君天下，曰"天子"。朝諸侯，分職，授政，任功，曰"～"。(1260上)

【予₂小子】天子未除喪時的自稱。鄭玄《注》:"謙,未敢稱一人。"孔穎達《疏》:"夫適嗣於初喪,但人子當未忍即受天王之稱,故不曰予一人而稱予小子者,言我德狹小也。"孫希旦《集解》:"愚謂在喪曰'予小子',除喪曰'予一人',此天子自稱之辭也。"《禮記·曲禮下》:天子未除喪,曰"～"。(1260下)

甬 yǒng ❶用以懸掛鍾體的柄。鄭玄《注》:"此二名(甬、衡)者,鍾柄。"《周禮·冬官考工記·鳧氏》:舞上謂之～,～上謂之衡。(0916上)❷量器名。即斛。十斗。鄭玄《注》:"甬,今斛也。"《禮記·月令》:日夜分,則同度、量,鈞衡、石、角斗、～,正權、概。(1362上)

承 chéng 用同"贈"。贈喪之物。鄭玄《注》:"承,讀爲贈,聲之誤也。"陸德明《釋文》:"賵、賻、含、襚,皆贈喪之物也。"《禮記·文王世子》:至于賵、賻、～、含,皆有正焉。(1408下)

【承賀】接受慶賀。依禮,爵位低者不接受爵位高者親來慶賀,反之則可。鄭玄《注》:"士有慶事,不聽大夫親來賀己,不敢變動尊也。"《禮記·玉藻》:士於大夫不～,下大夫於上大夫～。(1484上)

【承擯】朝聘禮中,協助上擯迎接貴賓者。由大夫充任。《聘義》孔穎達《疏》:"大夫爲承擯者,承副上擯也。"《儀禮·聘禮》:卿爲上擯,大夫爲～,士爲紹擯。(1052下)《禮記·聘義》:卿爲上擯,大夫爲～,士爲紹擯。(1692下)

【承衾而哭】兩手撫着覆屍的被子而哭。爲親始死時,喪主哭屍之禮。鄭玄《注》:"承衾哭者,哀慕若欲攀援。"《禮記·喪大記》:凡哭尸于室者,主人二手～。(1573上)

乳 rǔ 見下。

【乳母】奶媽。鄭玄《注》:"謂養子者。有他故,賤者代之慈己。"胡培翬《正義》引呂坤云:"此乳母者,蓋僱他人之婦乳哺三年,恩亦如母,故以母呼之者。"《儀禮·喪服》:～。《傳》曰:何以緦也?以名服也。(1120上)

乾 (干) gān 見下。

【乾肉】晾乾的肉,即脯。供食用或祭祀。乾肉堅韌,食時不能用牙齒咬,要用手撕着吃。《士虞禮》鄭玄《注》:"乾肉,牲體之脯也。"《曲禮上》孔穎達《疏》:"乾肉,脯屬也。堅韌不可齒決斷之,故須用手擘而食之。"《周禮·天官·腊人》:共其脯、腊,凡～之事。(0664中)《儀禮·士虞禮》:有～、折俎二尹,縮祭半尹,在西墊。(1174下)《禮記·曲禮上》:濡肉齒決,～不齒決。(1242下)

【乾豆】放入祭器中供祭祀用的乾肉。鄭玄《注》:"乾豆,謂腊之以爲祭祀豆實也。"孫希旦《集解》:"先宗廟,次賓客,尊神敬賓之義。"《禮記·王制》:天子、諸侯無事,則歲三田。一爲～,二爲賓客,三爲充君之庖。(1333中)

【乾䕩】乾梅。爲宗廟祭祀時獻熟食所薦之籩中裝的食物之一。鄭玄《注》:"乾,乾梅也。"《周禮·天官·籩人》:饋食之籩,其實棗、㮚、～、榛實。(0671下)

亂 (乱) luàn 指樂曲末尾的演奏。孫希旦《集解》:"《論語》曰:'《關雎》之亂.'彼謂合樂爲亂,此謂合舞爲亂,蓋合樂合舞皆在樂之終也。"《禮記·樂記》:始奏以文,復~以武。(1538中)

【亂獄】重大而不容易判決的獄訟。鄭玄《注》:"亂獄,謂若君臣宣淫、上下相虐者也。"孫詒讓《正義》:"此皆獄之尤重,大不易平斷者也。"《周禮·秋官·訝士》:四方有~,則往而成之。(0877中)

【亂世之音】禍亂之世的音樂。禍亂之世政事乖僻,百姓怨怒,反映到音樂上,其音亦怨恨而恚怒。孔穎達《疏》:"亂世,謂禍亂之世,樂音怨恨而恚怒。亂世之時其民怨怒,故樂聲亦怨怒。"《禮記·樂記》:是故治世之音安以樂,其政和;~怨以怒,其政乖;亡國之音哀以思,其民困。(1527下)

【亂民之刑】對擅改法度使民迷亂者的刑罰。爲鄉八刑之一。鄭玄《注》:"亂民,亂名改作。"《周禮·地官·大司徒》:以鄉八刑糾萬民:一曰不孝之刑,二曰不睦之刑,三曰不婣之刑,四曰不弟之刑,五曰不任之刑,六曰不恤之刑,七曰造言之刑,八曰~。(0707下)

【亂名改作】變易名稱,擅改法度。爲四誅罪行之一。鄭玄《注》:"謂變易官與物之名,更造法度。"《禮記·王制》:析言破律,~,執左道以亂政,殺。(1344上)

十 部

十 shí 見下。

【十日】十天干所表示的日子。十天干即甲、乙、丙、丁、戊、己、庚、辛、壬、癸。《馮相氏》賈公彥《疏》:"十日者,謂甲、乙、丙、丁之等也。"《䐠蔟氏》鄭玄《注》:"日謂從甲至癸。"《周禮·春官·馮相氏》:掌十有二歲、十有二月、十有二辰、~、二十有八星之位。(0818下)《周禮·秋官·䐠蔟氏》:以方書~之號,十有二辰之號,十有二月之號,十有二歲之號,二十有八星之號。(0889上)

【十年】十歲。十歲稱爲幼,這時男孩要外出就師學習("十年,出就外傅"),女孩則閉門不出,學習女工之事("女子十年不出,……學女事")。《禮記·曲禮上》:人生~曰幼,學。(1232上)

【十倫】祭祀之禮表示的十項意義。即鬼神之道,君臣之義,父子之倫,貴賤之等,親疏之殺,爵賞之施,夫婦之別,政事之均,長幼之序,上下之祭。鄭玄《注》:"倫,猶義也。"《禮記·祭統》：夫祭有～焉：見事鬼神之道焉，見君臣之義焉，見父子之倫焉，見貴賤之等焉，見親疎之殺焉，見爵賞之施焉，見夫婦之別焉，見政事之均焉，見長幼之序焉，見上下之祭焉。此之謂～。（1604 下）

【十煇（yùn）】太陽週圍的十種光氣。爲祲、象、鑴、監、闇、瞢、彌、敘、隮、想。望氣者以之辨吉凶。鄭玄《注》引鄭司農云："煇，謂日光氣也。"孫詒讓《正義》："煇、暈爲日月光氣之通名。秦漢以後，天官家以爲氣圍繞日月之專名。……此十煇者，並地氣烝騰，日光穿映，視之成暈，如在日旁。……古望氣之術，占驗吉凶，蓋以日旁氣爲尤重。"詳見各條。《周禮・春官・眂祲》：掌～之灋，以觀妖祥，辨吉凶。一曰祲，二曰象，三曰鑴，四曰監，五曰闇，六曰瞢，七曰彌，八曰敘，九曰隮，十曰想。（0808 中）

【十義】儒家提倡的倫理道德的十個標準。即父慈，子孝，兄良，弟弟，夫義，婦聽，長惠，幼順，君仁，臣忠。《禮記・禮運》：何謂人義？父慈、子孝、兄良、弟弟、夫義、婦聽、長惠、幼順、君仁、臣忠，十者謂之人義。……故聖人之所以治人七情，脩～，講信脩睦，尚辭讓，去爭奪，舍禮何以治之？（1422 下）

【十二衣】十二個月穿著的顏色不同的衣服。孫希旦《集解》："十二衣，十二月之所衣也。……蓋五味有四時之分，而無每月之別，若衣則因事而服：冕服以祭，韋弁以兵，皮弁以朝，並無四時之異也。《月令》春衣青，夏衣朱，秋衣白，冬衣黑，乃秦法耳。此因上文言'十二月、十二律'，故以十二食、十二衣配而言之，謂以五味、六和於十二月食之，以五色、六章於十二月衣之耳。若必於衣食求其十二之說，則鑿矣。"《禮記・禮運》：五色、六章、～、還相爲質也。（1423 上）

【十二食】十二個月食用的不同食物。孫希旦《集解》："愚謂十二食，十二月之所食也。"參見"十二衣"。《禮記・禮運》：五味、六和、～、還相爲質也。（1423 上）

【十二管】十二律管。用竹或銅製成。其管長短不齊，陽曰律，陰曰呂，可發出十二個音高不同的標準音，即十二律。鄭玄《注》："其管陽曰律，陰曰呂。……始於黃鍾，管長九寸，下生者三分去一，上生者三分益一。"《禮記・禮運》：五聲、六律、～、還相爲宮也。（1423 上）

【十有二土】爲十二次星宿所對應之土地。古分周天爲十二次，二十八星宿分屬其中，以對應地上的九州十二邦。鄭玄《注》："十二土分野十二邦，上繫十二次，各有所宜也。"故可用星宿名其地，曰星土。古人認爲觀星宿之變動，可預知對應之地的吉凶禍福。二十八星宿所主之地，今已不詳。《周禮・春官・保章氏》"所封封域，皆有分星"鄭玄《注》："今其存可言者，十二次之分也。星紀，吳越也；玄枵，齊也；娵訾，衛也；降婁，魯也；大梁，趙也；實沈，晉也；鶉首，秦也；鶉火，周也；鶉尾，楚也；壽星，鄭也；大火，宋也；析木，燕也。"《淮南子・天文訓》《漢書・天文志》等書所記十二次之分野與鄭玄《注》不盡相同。《周禮・地官・大司徒》：以土宜之灋辨～之名物，以相民宅而知其利害。

(0703下)

【十有二月】一年中的十二個月。正月爲陬,二月爲如,三月爲窝,四月爲餘,五月爲皋,六月爲且,七月爲相,八月爲壯,九月爲玄,十月爲陽,十一月爲辜,十二月爲塗。鄭玄《注》:"月謂從陬至塗。"《周禮·秋官·萆蔟氏》:以方書十日之號,十有二辰之號,~之號,十有二歲之號,二十有八星之號。(0889上)

【十有二辰】指十二地支。子、丑、寅、卯、辰、巳、午、未、申、酉、戌、亥。賈公彥《疏》:"云十有二辰者,謂子、丑、寅、卯之等十有二辰也。"《周禮·秋官·萆蔟氏》鄭玄《注》:"辰謂從子至亥。"《周禮·春官·馮相氏》:掌十有二歲、十有二月、~、十日、二十有八星之位。(0818下)

【十有二律】古樂中十二個高度不同的標準音。陽聲:黃鍾、大蔟、姑洗、蕤賓、夷則、無射,謂之六律;陰聲:大呂、應鍾、南呂、函鍾、小呂、夾鍾,謂之六同。六律、六同合稱十二律。十二律之音一般由十二個長短粗細不同的竹管或銅管來確定,長管發音低,短管發音高。參見"六律""六同"。《周禮·春官·典同》:凡爲樂器,以~爲之數度,以十有二聲爲之齊量。(0798中)

【十有二風】即十二辰之氣。鄭玄《注》:"十有二辰皆有風,吹其律以知和不,其道亡矣。"賈公彥《疏》:"鄭知十二風是十二辰氣爲風者,師曠云歌北風、南風,皆據十二辰之氣爲風,故知風即氣也。"孫詒讓《正義》:"此十二辰風即十二律之氣,若《大師》注所云者,故必吹十二律,以聽風之和與乖別也。"《周禮·春官·保章氏》:以~,察天地之和,命乖別之妖祥。(0819下)

【十有二教】十二種教化百姓之法。大司徒根據不同地方民衆的特點,對其施以教化:以祭祀之禮教民尊敬,以鄉射、飲酒之禮教民謙讓,以婚姻之禮教民親愛,以六樂教民和睦,以禮儀辨別尊卑等級,以良好的習俗使民安居樂業,以刑罰教民處事中正,以誓戒教民敬慎,以等級制度教民節制,以世代相傳的技藝教民技能,根據賢行頒予爵位,根據功勞制定食祿。《周禮·地官·大司徒》:因此五物者民之常,而施~焉:一曰以祀禮教敬,則民不苟;二曰以陽禮教讓,則民不爭;三曰以陰禮教親,則民不怨;四曰以樂禮教和,則民不乖;五曰以儀辨等,則民不越;六曰以俗教安,則民不偷;七曰以刑教中,則民不虣;八曰以誓教恤,則民不怠;九曰以度教節,則民知足;十曰以世事教能,則民不失職;十有一曰以賢制爵,則民慎德;十有二曰以庸制祿,則民興功。(0703上)

【十有二歲】十二歲。歲,指太歲星,即木星。歲星約十二年繞太陽一週,古人據此分黃道爲十二等分,爲十二次。因太歲每年所在黃道中的位次與十二地支相配,定有十二歲之名。此爲太歲紀年法。賈公彥《疏》:"歲謂太歲,左行於地,行有十二辰,一歲移一辰者也。"孫詒讓《正義》:"《爾雅·釋天》云:'太歲在寅曰攝提格,在卯曰單閼,在辰曰執徐,在巳曰大荒落,在午曰敦牂,在未曰協洽,在申曰涒灘,在酉曰作噩,在戌曰閹茂,在亥曰大淵獻,在子曰困敦,在丑曰赤奮若。'即所謂十有二歲也。"《周禮·春官·馮相氏》:掌～、十有二月、十有二辰、十日、二十八星之位。(0818下)

【十有二聲】鍾的十二種聲音。即高聲,正聲,下聲,陂聲,險聲,達聲,微聲,回聲,侈聲,弇聲,薄聲,厚聲。孫詒讓《正義》:"此十二聲,自指上文高聲、正聲以下十二者言之,謂依此十二聲校其齊量之合否也。"《周禮·春官·典同》:凡聲,凡爲樂器,以十有二律爲之數度,～爲之齊量。(0798中)

【十有二壤】可以耕種的十二種土壤。鄭玄《注》:"壤亦土也,變言耳。以萬物自生焉則言土,土猶吐也;以人所耕而樹藝焉則言壤,壤,和緩之貌。"《周禮·地官·大司徒》:辨～之物而知其種,以教稼穡樹藝。(0703下)

【十有再獻】十二次獻酒。爲王饗九命方伯之禮,亦爲最敬之禮。鄭玄《注》:"諸侯長,九命作伯者也。"孫詒讓《正義》:"待方伯以殊禮,蓋與大祫十二獻禮略同。凡上公九獻,依《司尊彝》注説祭禮約之,蓋先有二祼,祼後又有四獻,賓食後酳爵又二獻,衆賓之長又一獻,是爲九獻。此外更有三獻,則《禮經》無可推約,莫能詳也。"《周禮·秋官·掌客》:王合諸侯而饗禮,則具十有二牢,庶具百物備,諸侯長～。(0900上)

【十目所視,十手所指】十隻眼睛注視着,十隻手指指點着。謂在衆人的監察之下,無所隱蔽。亦省作"十目所視",今爲成語。《禮記·大學》:曾子曰:"～,其嚴乎!"(1673上)

【十年以長,則兄事之】比自己年長十歲的人,就要像對待兄長一樣侍奉他。與之同行應並行而稍後。爲年幼者事奉年長者之儀。孔穎達《疏》:"謂年二十於三十者,全倍者父事之,半倍故兄事之也。凡事之,則正差退而鴈行也。"《禮記·曲禮上》:年長以倍,則父事之;～;五年以長,則肩隨之。(1233下)

直 zhí 見下。

【直庛(cì)】耒木下端穿插鐵耜的部分。有直、彎之分,直的叫直庛,彎的叫句庛。鄭玄《注》:"中地之耒,其庛與直者如磬折,則調矣。調則弦六尺。"孫詒讓《正義》:"明庛與中直者如磬折,其上句者與中直者則不如磬折也。調者,倨句得中之謂。"《周禮·冬官考工記·車人》:堅地欲～,柔地欲句庛。～則利推,句庛則利發。(0934上)

【直祭】正祭。即用熟牢祭祀。鄭玄《注》:"直,正也。祭以孰爲正。"《禮記·郊特牲》:詔祝於室,坐尸於堂,用牲於庭,升首於室,～祝于主,索祭祝于祊。(1457中)

【直而勿有】正確時不要據功於己。要歸於師友,以示謙遜。爲爲人處世之道。孔穎達《疏》:"直,正也。彼有疑事而來問己,己若不疑而答之,則當稱師友所説以正之,勿爲己有此義也。"《禮記·曲禮上》:疑事毋質,～。(1230中)

【直道而行】依正道而行。孔穎達《疏》:"則直依喪之道理而行之於義是也。"今爲成語。《禮記·雜記下》:

如此而后可以服三年之喪,其餘則～之是也。(1561下)

【直情而徑行】放縱自己的感情徑直行事。如哭踊無節制,喪服不合制。鄭玄《注》:"哭踊無節,衣服無制。"今爲成語"直情徑行"。《禮記·檀弓下》:有～者,戎狄之道也。(1304中)

卑 bēi 見下。

【卑者舉角】地位低下者舉角飲酒。爲宗廟祭祀之禮。鄭玄《注》:"凡殤,一升曰爵,二升曰觚,三升曰觶,四升曰角,五升曰散。"孔穎達《疏》:"《特牲》主人受尸酢受角飲者,是卑者舉角。此是士禮耳。"孫希旦《集解》:"疑天子諸侯尸有旅酬之禮,酬尸用觶,而爲尊者之所舉;至賓與兄弟相酬,避尸之所用,故旅酬降而用角,而爲卑者之所舉與?"《禮記·禮器》:宗廟之祭,貴者獻以爵,賤者獻以散。尊者舉觶,～。(1433上)

【卑者與尊者爲耦不異侯】謂地位低者與地位高者爲一組時,射一個箭靶。射禮,公射大侯,大夫射參侯,士射干侯。但當卑者與尊者爲一組時,就祇射尊者之侯。賈公彦《疏》:"賓與君爲耦同射大侯,士與大夫爲耦同射參侯,以其既與尊者爲耦,不可使之別侯。"《儀禮·大射》:～。(1034下)

卒

㊀ zú ❶春秋軍隊編制單位。百人爲卒,設卒長一人。亦泛指軍隊。《周禮·地官·小司徒》:五人爲伍,五伍爲兩,四兩爲～,五～爲旅。(0711上)《禮記·燕義》:若有甲兵之事,則授之以車甲,合其～伍,置其有司,以軍法治之,司馬弗正。(1690上)❷死亡。特指大夫及其夫人之死,有德未做官者老死亦稱卒。《曲禮下》孔穎達《疏》:"若有德不仕老而死者,從大夫之稱,故曰卒也。"《儀禮·喪服》:父～,則爲母。(1103下)《禮記·曲禮下》:天子死曰崩,諸侯曰薨,大夫曰～,士曰不祿,庶人曰死。……壽考曰～,短折曰不祿。(1269中、下)❸指卒哭。喪禮祭名。鄭玄《注》:"卒辭,卒哭之祝辭。"詳見"卒哭"。《儀禮·士虞禮》:～辭曰:"哀子某,來日某,隮祔爾于爾皇祖某甫。尚饗。"(1175下)❹春秋時天子統率諸侯的一級行政組織。三十國爲一卒。《禮記·王制》:三十國以爲～,～有正。(1325上)

【卒伍】周代軍隊的兩級編制單位,五人爲伍,百人爲卒。亦泛指軍隊。《周禮·地官·縣師》:會其車人之～,使皆備旗鼓、兵器。(0727下)《禮記·燕義》:若有甲兵之事,則授之以車甲,合其～,置其有司,以軍法治之,司馬弗正。(1690上)

【卒長】軍職名。爲一百名士兵之長。爵上士。《周禮·夏官·敘官》:百人爲卒,～皆上士。(0830上)

【卒哭】祭名。卒哭祭。此祭在三虞之祭後進行,改"哀至則哭"爲"朝夕哭",至此而祭止。卒哭爲吉祭。士死後三月而葬,當月卒哭;大夫三月而葬,五月卒哭;諸侯五月而葬,七月卒哭。《既夕禮》鄭玄《注》:"卒哭,三虞之後祭名。始朝夕之間哀至則哭,至此祭止也,朝夕哭而已。"《儀禮·既夕禮》:三虞,～。(1157下)《禮記·雜記下》:諸侯五月而葬,七月而～。(1566中)

【卒哭乃(而)諱】行卒哭祭後,就要

避諱死者之名。爲所應避諱的情況之一。《雜記下》鄭玄《注》："自此而鬼神事之,尊而諱其名。"《曲禮上》鄭玄《注》："敬鬼神之名也。諱,辟也。生者不相辟名。"《禮記‧曲禮上》：～。(1251上)《禮記‧雜記下》：～,王父母、兄弟、世父、叔父、姑姊、妹、子與父同諱。(1564上)

㊁ cuì 用同"倅"。副。鄭玄《注》："卒讀皆爲倅。"孫希旦《集解》："庶子之倅,謂公、卿、大夫之衆子,爲適子之副貳者也。"《禮記‧燕義》：古者周天子之官有庶子官。庶子官職諸侯、卿大夫、士之庶子之～,掌其戒令與其教治,別其等,正其位。(1690上)

協

(协) xié 見下。

【協日】干支相合之吉日。古時處決罪犯,要選擇干支相合之吉日。鄭玄《注》："協,合也,和也。和合支幹善日,若今時望後利日也。"《周禮‧秋官‧鄉士》：獄訟成,士師受中,～刑殺,肆之三日。(0876上)

南

nán 南夷之樂。鄭玄《注》："《南》,南夷之樂也。"《禮記‧文王世子》：胥鼓～。春誦,夏弦,大師詔之。(1405上)

【南人】殷掌卜筮之人。孔穎達《疏》："南人,殷掌卜之人。"《禮記‧緇衣》：子曰："～有言曰'人而無恒,不可以爲卜筮',古之遺言與？"(1651中)

【南方】❶方位名。古以四方配四時,南方爲夏,夏爲火,火色赤。儒家認爲夏養育,長大萬物,代表仁。《畫繢》賈公彥《疏》："六方有六色之事。"《鄉飲酒義》孫希旦《集解》："愚謂春作夏長,仁也。"《周禮‧冬官考工記‧畫繢》：東方謂之青,～謂之赤,西方謂之白,北方謂之黑,天謂之玄,地謂之黃。(0918中)《儀禮‧覲禮》：方明者,木也,方四尺,設六色：東方青,～赤,西方白,北方黑,上玄,下黃。(1092下)《禮記‧鄉飲酒義》：～者夏,夏之爲言假也,養之、長之、假之,仁也。(1684下)❷指南方之神。赤精之帝。鄭玄《注》："禮南方以立夏,謂赤精之帝。"《周禮‧春官‧大宗伯》：以青圭禮東方,以赤璋禮～,以白琥禮西方,以玄璜禮北方。(0762中)❸指南方地區的民族蠻,亦稱南蠻。爲五方民之一。《禮記‧王制》：～曰蠻,雕題交趾,有不火食者矣。(1338中)

【南呂】樂律名。古代樂律分爲十二,陽聲爲律,陰聲爲同。南呂爲六同之第三。五行說認爲其應仲秋(夏曆八月)之氣。《周禮‧春官‧大師》：陽聲：黃鍾、大蔟、姑洗、蕤賓、夷則、無射。陰聲：大呂、應鍾、～、函鍾、小呂、夾鍾。(0795中)《禮記‧月令》：仲秋之月,……其音商,律中～。(1373中)

【南門】❶王制城南面之正門。《覲禮》賈公彥《疏》："夏禮日於南郊,則爲壇於國南。"《玉藻》鄭玄《注》："東門、南門,皆謂國門也。"《儀禮‧覲禮》：禮日於～外,禮月與四瀆於北門外,禮山川丘陵於西門外。(1093下)《禮記‧玉藻》：玄端而朝日於東門之外,聽朔於～之外。(1473上)❷指明堂之南門。《禮記‧明堂位》：八蠻之國,～之外,北面,東上。(1488上)

【南郊】❶天子立夏之日郊祭之處。孫希旦《集解》："迎赤帝炎帝而祭之於南郊之兆。"《禮記‧月令》：立夏之日,天子親帥三公、九卿、大夫以迎夏於~。(1365中)❷都城外南面百里以内之地。《禮記‧祭統》:是故天子親耕於~以共齊盛,王后蠶於北郊以共純服。(1603中)

【南陔】《詩經‧小雅》篇名。辭佚。古舉行飲酒禮時用笙吹奏此詩。鄭玄《注》:"以笙吹此詩以爲樂也。《南陔》《白華》《華黍》,《小雅》篇也,今亡,其義未聞。"《儀禮‧鄉飲酒禮》:笙入堂下,磬南,北面立。樂《~》《白華》《華黍》。(0986上)

【南面】面向南。古以坐北朝南爲尊位,故天子諸侯見羣臣,卿大夫見僚屬,主人接待賓客,皆面向南。《儀禮‧士昏禮》:主人阼階上北面再拜。授于楹閒,~。(0961下)《禮記‧大傳》:聖人~而治天下,必自人道始矣。(1506下)

【南風】古佚詩名。鄭玄《注》:"南風,長養之風也。以言父母之長養己,其辭未聞也。"《禮記‧樂記》:昔者舜作五弦之琴,以歌~。(1534上)

【南洗】設於堂下庭院的盛水器。洗,狀如臉盆,用來承接盥洗時下注的污水。鄭玄《注》:"南洗在庭,北洗在北堂。"《儀禮‧士昏禮》:舅洗于~,姑洗于北洗。(0968中)

【南國】南方的諸侯國,即荊蠻之國。鄭玄《注》:"四奏象南方荊蠻之國。"《禮記‧樂記》:且夫《武》始而北出,再成而滅商,三成而南,四成而~是疆。(1542中)

【南鄉】面向南。❶古以坐北朝南爲尊位,故天子諸侯見羣臣,卿大夫見僚屬,主人接待賓客,皆面向南。《郊特牲》孫希旦《集解》:"此謂君視朝、臣朝君之位也。答,對也。"《周禮‧夏官‧司士》:王~,三公北面東上。(0862中)《儀禮‧燕禮》:公降,立于阼階之東南,~。(1015下)《禮記‧郊特牲》:君之~,荅陽之義也。臣之北面,荅君也。(1448下)❷向南歸陽。常理,活人的房屋皆朝南向陽。鄭玄《注》:"鄉陽也。"孔穎達《疏》:"死者既歸陰,則生者南鄉歸陽也。"《禮記‧禮運》:故死者北首,生者~,皆從其初。(1415下)❸鄉飲酒之禮,賓亦須同天子一樣面朝南,以尊賓。孫希旦《集解》:"南鄉、鄉仁,貴長大萬物也。……聖人之立如此,而賓之南鄉亦如之,尊賓之至也。"《禮記‧鄉飲酒義》:賓必~。(1684下)

【南嶽】即衡山。爲五嶽之一。在今湖南衡山縣西。天子五年一巡守,五月,巡至南嶽。於其上焚柴祭天,觀諸侯,察政教,觀民情。《禮記‧王制》:五月南巡守,至于~,如東巡守之禮。(1328下)

【南龜】龜後甲長而甲裙邊爲赤者。爲六龜之一。鄭玄《注》:"色,謂天龜玄,地龜黃,東龜青,西龜白,南龜赤,北龜黑。龜俯者靈,仰者繹,前弇果,後弇獵,左倪雷,右倪若,是其體也。東龜南龜長前後,在陽,象經也。西龜北龜長左右,在陰,象緯也。天龜俯,地龜仰,東龜前,南龜卻,西龜左,北龜右,各從其耦也。"《周禮‧春官‧龜人》:天龜曰靈屬,地龜曰繹屬,東龜曰果屬,西龜曰雷屬,~曰獵屬,北龜曰若屬,各以其方之色與其體辨之。(0804下)

【南蠻】對南部諸侯國及民族的稱謂。

《禮記·曲禮下》：其在東夷、北狄、西戎、～，雖大曰"子"。（1265上）

【南山有臺】《詩經·小雅》篇名。鄉飲酒與燕禮中樂工歌之以樂賓。鄭玄《注》："《南山有臺》，言大平之治以賢者爲本。此采其愛友賢者爲邦家之基、民之父母，既欲其身之壽考，又欲其名德之長也。"《儀禮·鄉飲酒禮》：歌《魚麗》，笙《由庚》；歌《南有嘉魚》，笙《崇丘》；歌《～》，笙《由儀》。（0986中）

【南方爲上】以南方爲上。南北布席之法，如果坐者面向東或面向西，就以南方爲上。鄭玄《注》："上，謂席端也。坐在陽，則上左；坐在陰，則上右。"孔穎達《疏》："謂南北設席。……坐在東方，西鄉，是在陽，以南方爲上。坐若在西方，東鄉，是在陰，亦以南方爲上。亦是坐在陽則上左，坐在陰則上右。此據平常布席如此，若禮席則不然。"《禮記·曲禮上》：席，南鄉北鄉，以西方爲上；東鄉西鄉，以～。（1239中）

【南有嘉魚】《詩經·小雅》篇名。鄉飲酒與燕禮中樂工歌之以樂賓。鄭玄《注》："《南有嘉魚》，言大平君子有酒樂與賢者共之也。此采其能以禮下賢者，賢者纍蔓而歸之，與之燕樂也。"《儀禮·鄉飲酒禮》：歌《魚麗》，笙《由庚》；歌《～》，笙《崇丘》；歌《南山有臺》，笙《由儀》。（0986中）

博 bó 見下。

【博習親師】廣泛學習並親愛老師。爲入大學第五年考校所要達到的學習目標。孔穎達《疏》："言五年考校之時視此學者。博習，謂廣播學習也；親師，謂親愛其師。"《禮記·學記》：一年視離經辨志，三年視敬業樂羣，五年視～，七年視論學取友，謂之小成。（1521中）

【博聞強識】見識廣博、記憶力強。今爲成語。《禮記·曲禮上》：～而讓，敦善行而不怠，謂之君子。（1248中）

厂（厂）部

卮 [卮] zhī 盛酒器。鄭玄《注》："卮、匜，酒漿器。敦、牟，黍稷器也。"《禮記·内則》：敦、牟、～、匜，非餕莫敢用。（1462上）

厚 hòu 見下。

【厚往而薄來】厚禮相送而薄收貢賦。爲天子撫慰諸侯的方法之一。孔穎達《疏》："厚往，謂諸侯還國王者以其材賄厚重往報之；薄來，謂諸侯貢獻使輕薄而來，如此則諸侯歸服。""厚往薄來"今爲成語。《禮記·中

庸》：繼絕世，舉廢國，治亂持危，朝聘以時，～，所以懷諸侯也。(1630 上)

扉 fēi 室內西北角隱蔽處。《喪大記》鄭玄《注》："扉，……隱也。"孔穎達《疏》："扉，謂西北隅扉隱之處。"《儀禮・士虞禮》：几在南，～用席。(1170 上)《禮記・喪大記》：甸人取所徹廟之西北～薪，用爨之。(1576 上)

原 yuán 高而平坦之地。詳見"原隰"。《周禮・地官・大司徒》：五曰～隰，其動物宜臝物，其植物宜叢物，其民豐肉而庳。(0702 下)《禮記・月令》：善相丘陵、阪險、～隰，土地所宜，五穀所殖，以教道民，必躬親之。(1356 下)

【原兆】卜書名。爲《三兆》之一。龜卜時，先以火灼龜，然後依據龜甲所出現的不同裂紋，卜其吉凶。原兆，爲龜甲裂紋似原田者，故名之爲《原兆》。鄭玄《注》："兆者，灼龜發於火，其形可占者，其象似玉、瓦、原之舋罅，是用名之焉。上古以來作其法，可用者有三。原，原田也。杜子春云：'《玉兆》，帝顓頊之兆；《瓦兆》，帝堯之兆；《原兆》，有周之兆。'"孫詒讓《正義》："蓋三兆之說，古書無文，故鄭唯著杜說，於此不復辨證也。"《周禮・春官・大卜》：大卜掌《三兆》：一曰《玉兆》，二曰《瓦兆》，三曰《～》。(0802 中)

【原隰(xí)】高平低濕之地。爲五地之一。《大司徒》鄭玄《注》："高平曰原，下濕曰隰。"《周禮・地官・大司徒》：以天下土地之圖，周知九州之地域廣輪之數，辨其山林、川澤、丘陵、墳衍、～之名物。(0702 上)《禮記・月令》：善相丘陵、阪險、～，土地所宜，五穀所殖，以教道民，必躬親之。(1357 上)

厲 (厉) lì 藩界。《山虞》鄭玄《注》："物爲之厲，每物有藩界也。"《墓大夫》鄭玄《注》："厲，塋限遮列處。"《周禮・地官・山虞》：掌山林之政令，物爲之～而爲之守禁。(0747 上)《周禮・春官・墓大夫》：帥其屬而巡墓～，居其中之室而守之。(0787 上)

【厲禁】禁衛、防護的隊列。《典祀》鄭玄《注》引鄭司農云："遮列禁人，不得令入。"《司隸》鄭玄《注》："厲，遮例也。"孫詒讓《正義》："《釋文》云：'例，本又作列。'……厲與列同，例即列之借字。"《周禮・春官・典祀》：及祭，帥其屬而守其～而蹕之。(0784 上)《周禮・秋官・司隸》：掌帥四翟之隸，使之皆服其邦之服，執其邦之兵，守王宮與野舍之～。(0883 下)

【厲飾】戎服。此處謂穿戎服。鄭玄《注》："厲飾，謂戎服。尚威武也。"《禮記・月令》：天子乃～，執弓挾矢以獵。(1380 中)

【厲山氏】傳說中的帝王。鄭玄《注》："厲山氏，炎帝也，起於厲山。或曰有烈山氏。"《禮記・祭法》：是故～之有天下也，其子曰農，能殖百穀。(1590 中)

厭 (厌) ㊀ yā ❶ 即厭冠。此處謂服喪冠。鄭玄《注》引鄭司農云："厭謂厭冠，喪服也。"詳見"厭冠"。《周禮・夏官・大司馬》：若師不功，則～而奉主車。(0839 中) ❷ 爲崩圬之物所壓死的人。爲死而不弔唁的三種人之一。孔穎達《疏》："厭，謂行止危險之下，爲崩墜所厭殺也。"《禮記・檀弓上》：死而不弔者三：畏、～、

溺。(1279上)

【厭冠】喪冠名。其冠偃伏。此處謂服喪冠。依禮,服喪冠之人不得進入公的宮門。鄭玄《注》:"厭,猶伏也。喪冠厭伏。"《禮記·曲禮下》:苞屨、扱衽、~,不入公門。(1258上)

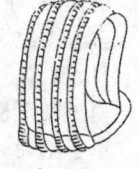
斬衰冠

【厭翟(dí)】以編排較密的雉羽爲兩旁屏蔽之車。爲王后所乘五路之一。鄭玄《注》:"厭翟,次其羽以相迫也。……厭翟,后從王賓饗諸侯所乘。"《周禮·春官·巾車》:王后之五路:重翟,錫面

厭翟車

朱總;~,勒面繢總;安車,彫面鷖總,皆有容蓋;翟車,貝面組總,有握;輦車,組輓,有翣,羽蓋。(0823下)

㈡ yì 拱手爲禮。拱手向外伸爲揖,拱手向內引謂厭。厭輕於揖。鄭玄《注》:"推手曰揖,引手曰厭,今文皆作揖。"《儀禮·鄉飲酒禮》:主人揖,先入。賓~介,入門左;介~衆賓,入。(0981中)

㈢ yàn 行厭祭。詳見"厭₃祭"。《禮記·曾子問》:祭殤必~,蓋弗成也。(1399下)

【厭₃祭】祭祀時無尸,僅以食品供神,稱厭祭。多用於祭殤。厭祭有陽厭、陰厭之分:在西北角顯亮處擺設祭品,奠酒於東房之中,稱陽厭;祭之於宗廟幽陰之處,稱陰厭。鄭玄《注》:"厭時無尸。"參見"陰厭""陽厭"。《禮記·曾子問》:曾子問曰:"祭必有尸乎?若~,亦可乎?"(1399下)

#匚部

匹 pǐ ❶馬的計量單位。《周禮·夏官·敘官》:圉人良馬~一人,駑馬麗一人。(0832下)《儀禮·覲禮》:奉束帛,~馬卓上,九馬隨之。(1091中)❷鶩,家鴨。爲庶人見面之禮。孔穎達《疏》:"匹,鶩也。野鴨曰鳧,家鴨曰鶩。鶩不能飛騰,如庶人但守耕稼而已。"《禮記·曲禮下》:凡摯,天子鬯,諸侯圭,卿羔,大夫鴈,士雉,庶人之摯~。(1270中)

【匹士】即士。微賤之稱。孔穎達《疏》:"匹士,士也。攘,盜也。士常祭特豚,遣奠、卒哭、祔加一等少牢,若用大牢,則是盜竊用君子之禮也。然不直言士而言匹士者,更云士言其微賤,不得特使爲介乃行,故謂之匹

也。"依禮,士常祭用特牲,殷祭用少牢,所以用大牢祭就是盜用天子、諸侯之禮。《禮記·禮器》:是故君子大牢而祭謂之禮,～大牢而祭謂之攘。(1434 中)

巨 jù 見下。

【巨指】大拇指。鄭玄《注》:"右巨指,右手大擘。"《儀禮·大射》:挾乘矢於弓外,見鏃於弣,右～鉤弦。(1034 中)

匜 yí ❶盥洗時盛水的器皿。胡培翬《正義》:"匜以盛水,故經每云匜水。陳匜水必實于槃,故云槃匜。"《儀禮·士虞禮》:～水錯于槃中,南流。(1167 下)❷盛酒漿之器。鄭玄《注》:"卮、匜,酒漿器。"《禮記·內則》:敦、牟、卮、～,非餕莫敢用。(1462 上)

匡 kuāng 螃蟹的背殼。孔穎達《疏》:"蟹背殼似匡,仍謂蟹背作匡。"《禮記·檀弓下》:蠶則績而蟹有～,范則冠而蟬有緌,兄則死而子皋爲之衰。(1316 下)

【匡人】職官名。掌巡行邦國,宣告法令,糾查邦治。爵中士。《周禮·夏官·匡人》:～,掌達灋則,匡邦國而觀其慝,使無敢反側,以聽王命。(0865 上)

匠 jiàng 即匠人。屬攻木之工,營造土木建築及水利設施。在諸侯之喪禮中匠人亦主御柩。《冬官考工記·總敘》賈公彥《疏》:"匠人爲宮室、城郭、溝洫之等。"《既夕禮》鄭玄《注》:"遂匠,遂人、匠人也。遂人引徒役,匠人主載柩窆。"《周禮·冬官考工記·總敘》:攻木之工:輪、輿、弓、廬、～、車、梓。(0906 中)《儀禮·既夕禮》:既正柩,賓出,遂、～納車于階閒。(1164 上)

【匠人】營造土木建築及水利設施之工匠。在諸侯之喪禮中匠人亦主御柩。《雜記下》孔穎達《疏》:"匠人,工人也。……匠人主宮室,故執蓋物御柩。……然《周禮》喪祝御柩,此云匠人者,《周禮》王禮,此諸侯禮也。"《周禮·冬官考工記·匠人》:～,建國。……～營國,方九里,旁三門。……～爲溝洫。(0927 上、中,0931 下)《禮記·雜記下》:～執羽葆御柩。(1566 下)

【匠師】職官名。匠人之長。鄭玄《注》:"匠師,事官之屬。……匠師主衆匠。"《周禮·地官·鄉師》:及葬,執纛以與～御匶而治役。(0714 上)

匪 ㊀ fěi 用同"篚"。竹器。孫詒讓《正義》:"'匪'經典多叚'篚'爲之。……篚,以竹爲之,……所以盛幣帛。"一說,"匪"爲"篚"之誤字。鄭玄《注》:"匪,其篚字之誤。"《周禮·春官·肆師》:大朝覲,佐儐,共設～饔之禮,饗食、授祭。(0769 上)

【匪媒不得】沒有媒人不能娶妻。古禮,男女之間沒有媒人不能相互交往。鄭玄《注》:"取妻之法,必有媒。"《禮記·坊記》:《詩》云:"伐柯如之何?匪斧不克。取妻如之何?～。"(1622 中)

㊁ fēn 見下。

【匪₂頌】即匪頒之式。爲使用財物的九種法規之一。詳見"匪₂頒之式"。《周禮·天官·大府》:關市之賦,以待王之膳服;邦中之賦,以待賓客;四郊之賦,以待稍秣;家削之賦,以待~;邦甸之賦,以待工事;邦縣之賦,以待幣帛;邦都之賦,以待祭祀;山澤之賦,以待喪紀;幣餘之賦,以待賜予。(0677 下)

【匪₂頒之式】依例分賜羣臣開支的規定。爲均節財用的九式之一。鄭玄《注》引鄭司農云:"匪,分也。頒,讀爲班布之班,謂班賜也。"賈公彦《疏》:"式,謂依常多少用財法式也。……謂若分賜羣臣也。"《周禮·天官·大宰》:以九式均節財用:一曰祭祀之式,二曰賓客之式,三曰喪荒之式,四曰羞服之式,五曰工事之式,六曰幣帛之式,七曰芻秣之式,八曰~,九曰好用之式。(0648 上)

匰 dān 宗廟中安放神主的器具。鄭玄《注》引杜子春云:"匰,器名。主,謂木主也。"《周禮·春官·司巫》:祭祀,則共~主及道布及蒩館。(0816 中)

匴 suǎn 行冠禮時盛放冠的竹箱。鄭玄《注》:"匴,竹器名,今之冠箱也。"《儀禮·士冠禮》:爵弁、皮弁、緇布冠各一~。(0951 下)

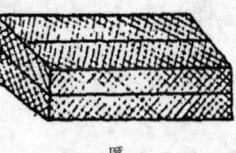
匴

匶 jiù "柩"的古字。已盛屍之棺。賈公彦《疏》:"喪祝執纛居前以御正柩也。"《周禮·春官·喪祝》:及朝,御~,乃奠。(0814 下)

【匶路】載柩之四輪喪車。又名蜃車。鄭玄《注》:"匶路,載柩車也。"參見"蜃車"。《周禮·春官·巾車》:小喪,共~與其飾。歲時更續,共其幣車。(0825 中)

卜部

卜 ㊀ bǔ ❶占卜。即用火灼龜甲,據其裂紋來預測吉凶。大事用卜,小事用筮。國有大事,則先筮而後卜。《周禮·春官·大卜》:凡國大貞,~立君,~大封。(0803 下)《儀禮·士喪禮》:若不從,~宅如初儀。(1144 上)《禮記·曲禮上》:取妻不取同姓,故買妾不知其姓則~之。(1241 上) ❷卜人。掌占卜技藝的人。《禮記·王制》:凡執技以事上者,祝、史、射、御、醫、~及百工。(1343 中)

【卜人】❶職官名。卜師之助理,掌管占龜。爵中士。《周禮·春官·敘官》:卜師上士四人,~中士八人。(0755 上)《儀禮·士喪禮》:~徹龜,宗人告事畢。(1144 上)《禮記·雜記上》:大夫之喪,大宗人相,小宗人命龜,～作龜。(1551 中)❷職官名。即卜師。孫希旦《集解》:"愚謂卜人,卜師也。"參見"卜師"。《禮記·玉藻》:～定龜,史定墨,君定體。(1475 上)

【卜日】占卜確定行事之日。吉則從,不吉則改日。凡大祭祀,皆卜日。《周禮·春官·大史》:大祭祀,與執事～。(0817 下)《儀禮·既夕禮》:～吉,告從于主婦。(1162 下)

【卜宅】占卜選擇墓地。大夫以上卜宅,下大夫及士筮宅。孔穎達《疏》:"宅謂葬地。"《禮記·雜記上》:大夫～與葬日。(1551 上)

【卜郊】占卜郊祭的日期。孔穎達《疏》:"郊事既尊,不敢專輒,故先告祖後乃卜。"《禮記·郊特牲》:～,受命於祖廟,作龜於禰宮,尊祖親考之義也。(1453 上)

【卜師】職官名。大卜之屬官,掌占卜之事。爵上士。《周禮·春官·敘官》:大卜下大夫二人,～上士四人。(0755 上)

【卜葬】占卜選擇吉祥的葬日與墓地。《儀禮·士喪禮》:哀子某,來日某,～其父某甫。(1143 下)《禮記·雜記下》:～其兄弟曰"伯子某"。(1562 中)

【卜筮】❶占卜預測吉凶。灼龜甲取兆爲卜,用蓍草占易卦爲筮,合稱卜筮。卜取象,筮取數。大事(指征伐、出師及巡守)用卜,小事用筮。國有大事,則先筮而後卜。卜筮求吉不得超過三次。卜不吉,不得更筮;筮不吉,不得更卜。鄭玄《注》:"求吉不過三。魯四卜郊,《春秋》譏之。……卜不吉則又筮,筮不吉則又卜,是瀆龜、筮也。"孔穎達《疏》:"凡卜筮,天子諸侯若大事則卜筮並用,皆先筮後卜。……若次事,則唯卜不筮也。……大事皆用卜也,是天子出行唯卜無筮是也。小事無卜唯筮。……一卜不吉而凶,又卜,以至於三,三若不吉則止。若筮亦然。"《禮記·曲禮上》:～不過三,～不相襲。(1251 中)《禮記·曲禮上》:～者,先聖王之所以使民信時日、敬鬼神、畏法令也;所以使民決嫌疑、定猶與也。(1252 中)❷指從事卜筮的人。孔穎達《疏》:"卜筮主決疑"《禮記·禮運》:王前巫而後史,～瞽侑皆在左右。(1425 下)

【卜簭】即卜筮。詳見"卜筮①"。《周禮·春官·占人》:凡～,君占體,大夫占色,史占墨,卜人占坼。(0805 中)

【卜筮日】卜筮行事之日期。古人遇祭祀、婚冠、喪葬之大事均卜筮日。卜筮日期,本月下旬先卜來月上旬之日,爲近日;如果卜來月下、中旬之日,爲遠日。依禮,喪事先卜筮遠日,吉事先卜筮近日。孔穎達《疏》:"喪事先遠日者,……今月下旬先卜來月下旬,不吉,卜中旬,不吉,卜上旬。"《儀禮·特牲饋食禮》"若不吉,則筮遠日"胡培翬《正義》:"古人卜筮日之法,皆以此月之下旬卜筮來月之日。如吉事,則以此月之下旬先卜筮來月之上旬,不吉,卜筮中旬,又不吉,卜筮下旬。喪事,則以此月之下旬先筮來月之下旬,不吉,卜筮中旬,又不吉,卜筮上旬。此所謂喪事先遠日,吉事先近日也。"《禮記·曲禮上》：凡～，旬之外曰"遠某日"，旬之內曰"近某日"。喪事先遠日，吉事先近日。（1251 中）

㈡ pú 見下。

【卜₂人師】侍奉君王贊助其服位的高級官員。卜，用同"僕"。鄭玄《注》："卜當爲僕，聲之誤也。僕人、射人皆平生時贊正君服位者。"陸德明《釋文》："卜人師，依注音僕。師，長也，謂大僕也。"《禮記·檀弓上》：扶君，～扶右，射人師扶左。（1289 上）

卝 kuàng 見下。

【卝人】職官名。掌管礦藏及其禁令。爵中士、下士。《周禮·地官·卝人》：～，掌金玉錫石之地，而爲之厲禁以守之。（0748 上）

占 zhān 以龜甲、蓍草卜問吉凶。《周禮·春官·占人》：占人，掌～龜。（0805 上）《儀禮·士冠禮》：旅～，卒；進告吉。（0946 下）《禮記·雜記上》：～者皮弁。……～者朝服。（1551 上）

【占人】職官名。掌占龜及占筮。爵下士。《周禮·春官·占人》：～，掌占龜，以八筮占八頌，以八卦占筮之八故，以眂吉凶。（0805 中）

【占兆】占卜時火灼龜甲所生的裂紋。鄭玄《注》："占兆，龜之繇文也。"《禮記·月令》：是月也，命大史釁龜筴～，審卦吉凶。（1381 上）

【占色】占視兆氣。爲大夫卜筮所看之象。鄭玄《注》："體，兆象也。色，兆氣也。墨，兆廣也。坼，兆璺也。體有吉凶，色有善惡，墨有大小，坼有微明，尊者視兆象而已，卑者以次詳其餘也。"《周禮·春官·占人》：凡卜筮，君占體，大夫～，史占墨，卜人占坼。（0805 中）

【占坼(chè)】占視龜兆裂紋的小枝。爲卜人卜筮所看之象。鄭玄《注》："體，兆象也。色，兆氣也。墨，兆廣也。坼，兆璺也。體有吉凶，色有善惡，墨有大小，坼有微明，尊者視兆象而已，卑者以次詳其餘也。"孫詒讓《正義》："墨蓋謂龜兆所發之大畫，如以墨畫物之界域明顯；坼則大畫之旁坼裂之細紋。"《周禮·春官·占人》：凡卜筮，君占體，大夫占色，史占墨，卜人～。（0805 中）

【占夢】職官名。占驗夢之吉凶。爵中士。《周禮·春官·占夢》：～，掌其歲時，觀天地之會，辨陰陽之氣，以日月星辰占六夢之吉凶。（0807 下）

【占墨】占視龜兆裂紋的大枝。爲史卜筮所看之象。鄭玄《注》："體，兆象也。色，兆氣也。墨，兆廣也。坼，兆璺也。體有吉凶，色有善惡，墨有大小，坼有微明，尊者視兆象而已，卑者以次詳其餘也。"孫詒讓《正義》："墨蓋謂龜兆所發之大畫，如以墨畫物之界域明顯；坼則大畫之旁坼裂之細紋。"《周禮·春官·占人》：凡卜筮，君占體，大夫占色，史～，卜人占坼。（0805 中）

【占體】占視兆象。爲國君卜筮所看之象。鄭玄《注》："體，兆象也。色，兆氣也。墨，兆廣也。坼，兆璺也。體有吉凶，色有善惡，墨有大小，坼有微明，尊者視兆象而已，卑者以次詳其餘也。"《周禮·春官·占人》：凡卜筮，君～，大夫占色，史占墨，卜人占

坼。(0805 中)

【卦】guà 《周易》中一套有象徵意義的符號。卦以陽爻（—）和陰爻（--）相配合，每卦三爻，組成八卦，象徵宇宙中八種基本事物及其陰陽剛柔諸性。又以八卦兩兩重合組成六十四卦，象徵事物間的種種矛盾聯繫變化。古人以占卜所得之卦判斷吉凶。《周禮·春官·大卜》：其經～皆八，其別皆六十有四。(0803 上)《儀禮·士冠禮》：卒筮，書～，執以示主人。(0946 下)《禮記·月令》：是月也，命大史釁龜筴占兆，審～吉凶。(1381 上)

【卦者】占筮時負責記卦爻的人。鄭玄《注》："卦者，有司主畫地識爻者。"《儀禮·士冠禮》：筮人許諾，右還，即席坐，西面；～在左。(0946 下)

冂部

【内】㈠ nèi 戈刃後部的短柄。長四寸，有孔，貫繩以縛於柄之上端。鄭玄《注》："内，謂胡以内接秘者也。"賈公彥《疏》："謂胡以内接秘者，柄也。"《周禮·冬官考工記·冶氏》：戈廣二寸，～倍之，胡三之，援四之。(0915 中)

【内人】❶宫中女官。鄭玄《注》："内人，主謂九御。"孫詒讓《正義》："經言内人者凡六。……通校諸文，蓋内人所晐甚廣，當上關女御，下兼女府史及女酒、女籩、内工等。"《周禮·天官·内宰》：歲終，則會～之稍食，稽其功事，佐后而受獻功者，比其小大與其麤良而賞罰之。(0685 下)❷妻妾。鄭玄《注》："内人，妻妾。"《禮記·檀弓下》：今及其死也，朋友、諸臣未有出涕者，而～皆行哭失聲。(1304 中)

【内子】卿、大夫的正妻。鄭玄《注》："内子，大夫妻也。"《禮記·曾子問》：大夫～有殷事，亦之君所，朝夕否。(1397 下)

【内女】王同姓之女。鄭玄《注》："内女，王同姓之女謂之内宗。有爵，其嫁於大夫及士者。"《周禮·春官·敘官》：内宗，凡～之有爵者。(0753 下)

【内史】職官名。佐太宰管理爵、祿、廢、置、殺、生、予、奪等政務，掌頒王之策命，助王治邦國。爵中大夫。《周禮·春官·内史》：～，掌王之八枋之灋，以詔王治。(0820 上)

【内列】野舍蕃營的内層禁衛。鄭玄《注》："蕃營之在内者也。"《周禮·地官·師氏》：使其屬帥四夷之隸，各以其兵服守王之門外，且蹕。朝在野外，則守～。(0731 上)

【内次】大門内婦女更衣、止息之處。孔穎達《疏》："亦深衣於門内之次也。"

《禮記·曾子問》：男不入，改服於外次；女入，改服於～。(1392 中)

【內拂】向自身一面拂拭。卑者爲尊者拂拭器物上塵土的方式。鄭玄《注》："內拂几，不欲塵坋尊者。"《儀禮·聘禮》：宰夫～几三，奉兩端以進。(1057 中)

【內事】❶六宮之事。賈公彥《疏》："王后六宮之內有徵索之事。"《周禮·春官·世婦》：凡～有達於外官者，世婦掌之。(0784 下)❷指祭祀宗廟內神之事。孔穎達《疏》："內事，郊內之事也。……崔靈恩云："外事指用兵之事，內事指宗廟之祭。"孫希旦《集解》："愚謂外事謂祭外神，內事謂祭內神。"參見"內事以柔日"。《禮記·曲禮上》：外事以剛日，～以柔日。(1251 中)

【內府】職官名。掌管王室庫藏及王、后之所用。爵中士。《周禮·天官·內府》：～，掌受九貢、九賦、九功之貨賄、良兵、良器，以待邦之大用。(0678 下)

【內宗】❶職官名。掌管宗廟祭祀，佐王后饗食賓客。由嫁於大夫及士的王同姓之女擔任。《周禮·春宗·內宗》：～，掌宗廟祭祀，薦加豆籩，及以樂徹，則佐傳豆籩。(0784 下)❷五服內同姓之女。鄭玄《注》："內宗，五屬之女也。"《禮記·雜記下》：外宗爲君，夫人，猶～也。(1568 上)

【內骨】鱉之類。鱉甲四週有軟裙邊，故稱。鄭玄《注》："內骨，鱉屬。"賈公彥《疏》："以鱉外有肉緣，故爲內骨也。"《周禮·冬官考工記·梓人》：外骨、～……謂之小蟲之屬。(0925 上)

【內宮】即六宮。后、夫人、九嬪、世婦、女御等。賈公彥《疏》："是緫六宮之內所有財用皆會計之。"《周禮·天官·內宰》：會～之財用。(0686 上)

【內羞】即房中之羞。女宮所供，皆穀物。包括豆實和籩實。豆實爲酏食、糝食，籩實爲糗餌、粉餈。《世婦》鄭玄《注》："內羞，謂房中之羞。"孫詒讓《正義》："內羞皆穀物，女宮所共與庶羞爲內外饗所共異，故謂之內羞，又謂之房中之羞。"《燕禮》鄭玄《注》："謂羞豆之實酏食、糝食，羞籩之實糗餌、粉餈。"《周禮·天官·世婦》：及祭之日，沧陳女宮之具，凡～之物。(0689 下)《儀禮·燕禮》：凡薦與羞者，小膳宰也。有～。(1025 中)

【內宰】職官名。掌管內宮之名籍及政令，爲內宮之總管及王后之助理。爵下大夫。《周禮·天官·內宰》：～，掌書版圖之灋，以治王內之政令。(0684 中)

【內祭】天子祭祀祖先宗廟。《禮記·祭統》：外祭則郊、社是也，～則大嘗、禘是也。夫大嘗、禘，升歌《清廟》，下而管《象》，朱干玉戚以舞《大武》，八佾以舞《大夏》，此天子之樂也。(1607 下)

【內朝】天子、諸侯處理政事和休息的場所。與"外朝"相對。內朝有二：一在路門之外，謂之治朝，爲王處理政事的地方；一在路門內路寢之庭，謂之燕朝，是王治政後燕飲休息的場所。《司士》鄭玄《注》："王入，入路門也。"《文王世子》鄭玄《注》："內朝，路寢庭。"《周禮·夏官·司士》：王入，

～皆退。(0849 中)《禮記·文王世子》：其朝于公，～則東面，北上。(1407 下)

【内御】指侍女。亦稱女御。《既夕禮》鄭玄《注》："内御，女御也。"賈公彦《疏》："以婦人稱内，故以女御爲内御。婦人不死男子之手，故知内御，女御也。天子八十一御妻亦曰女御，與此別也。"《喪大記》孔穎達《疏》："内御，婦人。"《儀禮·既夕禮》：其母之喪，則～者浴，醫無筭。(1158 下)《禮記·喪大記》：其母之喪，則～者抗衾而浴。(1576 上)

【内賓】指姑姊妹。鄭玄《注》："内賓，姑姊妹。"《儀禮·特牲饋食禮》：～立於其北，東面，西上。(1192 中)

【内寢】嫡妻的寢室。鄭玄《注》："内寢，適妻寢也。"《禮記·内則》：子生三月之末，漱澣，夙齊，見於～，禮之如始入室。(1470 中)

【内豎】職官名。掌宮中傳達小事之命。由未冠之童豎爲之。《天官·叙官》鄭玄《注》："豎，未冠者之官名。"《文王世子》鄭玄《注》："豎，小臣之屬，掌外内之通命者。"《周禮·天官·叙官》：～，倍寺人之數。(0642 下)《禮記·文王世子》：雞初鳴而衣服，至於寢門外，問～之御者曰："今日安否？何如？"～曰："安。"(1404 上)

【内親】同姓親戚。孔穎達《疏》："欲使親在其内，故於内朝也。"《禮記·文王世子》：公族朝于内朝，～也。(1409 中)

【内霤】大門之内承接檐水的地方。《檀弓下》孫希旦《集解》："内霤，大門之内霤水處也。"《儀禮·大射》：賓所執脯以賜鐘人于門～，遂出。(1044 上)《禮記·檀弓下》：涉～，卿大夫皆辟位，公降一等而揖之。(1315 中)

【内鎮】即大琮。王后所持之瑞玉。鄭玄《注》："如王之鎮圭也。"賈公彦《疏》："言是謂内鎮者，對天子執鎮圭爲内。……王不言外者，男子居外是其常，但婦人陰，則得内稱也。"《周禮·冬官考工記·玉人》：大琮十有二寸，射四寸，厚寸，是謂～，宗后守之。(0923 中)

【内饔】職官名。掌供王、王后、世子及宗廟祭祀之膳羞。爵中士。《周禮·天官·内饔》：～，掌王及后、世子膳羞之割亨煎和之事。(0661 下)

【内鬣】使掃帚的末端朝向自身。以防灰塵觸及旁人。爲掃地之方法。胡培翬《正義》："末，帚末也，用以埽者，末形似鬣。内之者，以鬣向身也。垂末而内其鬣，恐塵觸人也。"《儀禮·既夕禮》：卒奠，埽者執帚，垂末，～，從執燭者而東。(1162 中)

【内小臣】職官名。王后左右供使令的侍者，以奄者充任。爵上士。《燕禮》鄭玄《注》："内小臣，奄人，掌君陰事陰令，后、夫人之官也。"《周禮·天官·内小臣》：～，掌王后之命，正其服位。(0686 中)《儀禮·燕禮》：遂獻左右正與～，皆於阼階上，如獻庶子之禮。(1023 中)

【内兄弟】指内賓與宗婦。内賓即姑姊妹，宗婦即族人之婦。鄭玄《注》："内兄弟，内賓、宗婦也。"賈公彦《疏》："内賓，姑姊妹；宗婦，族人之婦。若然兄弟者，服名，故號婦人爲

兄弟也。"《儀禮·特牲饋食禮》：洗，獻～于房中，如獻衆兄弟之儀。(1186下)

【内司服】職官名。宮中縫人之長，掌后之六服及内外命婦之禮服，以奄者充任。《周禮·天官·内司服》：～，掌王后之六服：褘衣、揄狄、闕狄、鞠衣、展衣、緣衣，素沙。(0691上)

【内命夫】指在朝廷受策命之卿、大夫、士。其在鄉遂者爲外命夫。鄭玄《注》："内命夫，卿、大夫、士之在宮中者。"《周禮·天官·閽人》：凡外～、命婦出入，則爲之闢。(0686下)

【内命男】即内命夫。指在朝廷受策命之卿、大夫、士。其在鄉遂者爲外命夫。鄭玄《注》："外命男，六鄉以出也。内命男，朝廷卿、大夫、士也。"《周禮·春官·肆師》：令外、内命婦序哭，禁外、～女之衰不中灋者，且授之杖。(0769中)

【内命婦】亦稱内命女。國君之妻位於夫人之下者。如九嬪、世婦、女御均可稱内命婦。"外命婦"即"外命女"，指卿、大夫、士之妻。《内宰》鄭玄《注》："内命婦，謂九嬪、世婦、女御。鄭司農云：'外命婦，卿、大夫之妻。'"《喪大記》鄭玄《注》："世婦爲内命婦。"《周禮·天官·内宰》：凡喪事，佐后使治外～，正其服位。(0685中)《禮記·喪大記》：夫人坐于西方，～、姑、姊妹、子姓立于西方，外命婦率外宗哭于堂上，北面。(1572下)

【内削幅】將布的邊幅向内摺倒一寸縫製。爲喪服下裳的縫製方法。胡培翬《正義》："内削幅者，謂折倒一寸向内也。"《儀禮·喪服》：凡衰，外削

幅；裳，～。(1125上)

【内祭祀】指六宮之中霤、門、戶之祭。爲王后在宮内所行之小祭祀。鄭玄《注》："内祭祀，六宮之中霤、門、戶。"《周禮·天官·女祝》：女祝，掌王后之～。(0690上)

【内具之物】指婦女日常所用的雜物。如佩巾、絲綫、小囊等。鄭玄《注》："内具，紛帨、線纊、鑿裹之屬。"《周禮·天官·内司服》：后之喪，共其衣服，凡～。(0692中)

【内官之士】后、夫人之官。佐后、夫人祭祀、賓客之禮事。鄭玄《注》："夫人之官，内宰之屬也。"《儀禮·公食大夫禮》：～在宰東北，西面，南上。(1080上)

【内省不疚】自我省察而無愧疚。説明君子德行之深，守志彌固。孔穎達《疏》："言君子雖不遇世，内自省身不有愆病，則亦不損害於己志，言守志彌堅固也。"今爲成語。《禮記·中庸》：故君子～，無惡於志。(1635上)

【内事以柔日】内事雙日進行。内事指祭祀宗廟内神之事。孔穎達《疏》："内事，郊内之事也。剛，奇日也。十日有五奇五偶：甲、丙、戊、庚、壬五奇爲剛也，外事剛義，故用剛日也。……乙、丁、己、辛、癸五偶爲柔也。……崔靈恩云：'外事指用兵之事，内事指宗廟之祭。'"孫希旦《集解》："愚謂外事謂祭外神，内事謂祭内神。"《禮記·曲禮上》：外事以剛日，～。(1251中)

【内則第十二】《禮記》第十二篇篇名。孔穎達《疏》引鄭玄《三禮目錄》

云:"名曰《内則》者,以其記男女居室事父母、舅姑之法。此於《別錄》屬《子法》。以閨門之内軌儀可則,故曰《内則》。"本篇主要論述家庭内應遵守的禮法及規則:兒子怎樣侍奉父母、媳婦如何侍奉公婆、夫妻關係、男女之別、妻妾生子、嬰兒見父、父爲子取名以及如何培養教育子女等。還涉及到了飲食制度、烹調之法、養老之禮、曾子論孝等。甚或有他篇文字侵淫的現象,孫希旦《集解》:"愚謂自'養老,有虞氏以燕禮',至'皆有惇史',與通篇所言不相比附,而文體亦異,疑係他篇脱簡。"(1461 上)

【内稱不辟親,外舉不辟怨】舉薦宗族内的人不避親眷,舉薦宗族外的人不避怨家。爲儒者舉薦賢能的準則和做人的原則。孔穎達《疏》:"不辟親,舉人以理,若祁奚舉子祁午是不辟親。外舉不辟怨者,若祁奚薦讎人解狐也。"《禮記・儒行》:儒有～,程功積事,推賢而進達之。(1670 中)

㊀ nà 見下。

【内$_2$火】禁止用火。按規定,季秋九月,陶冶之工需熄火休工,謂之内火。孫詒讓《正義》:"是陶冶工事,始於季春,休於季秋,經有明文,與此經出火内火之文,足以互證矣。"《周禮・夏官・司爟》:季春出火,民咸從之;季秋～,民亦如之。(0843 中)

人(入亻)部

人 rén 見下。

【人民】❶指奴婢、刑人及奴隸之逃亡者。因其可以買賣,故與牛馬、貨賄等並言。《質人》鄭玄《注》:"人民,奴婢也。"《朝士》鄭玄《注》:"人民,謂刑人、奴隸逃亡者。"《周禮・地官・質人》:掌成市之貨賄、～、牛馬、兵器、珍異。(0737 中)《周禮・秋官・朝士》:凡得獲貨賄、～、六畜者,委于朝,告于士,旬而舉之,大者公之,小者庶民私之。(0878 上)❷指官吏的子弟。王宫宿衛之人。鄭玄《注》:"人民,吏子弟。分之,使衆者就寡,均宿衛。"《周禮・天官・内宰》:掌書版圖之灋,以治王内之政令,均其稍食,分其～以居之。(0684 中)❸平民,百姓。凡無爵者。《周禮・地官・閭師》:掌國中及四郊之～、六畜之數,以任其力,以待其政令,以時徵其賦。(0727 上)

【人門】用人護衛環列所成之門。天子駐紮野外,四週以軍士排列爲垣,又以高大之人立於出入處,謂之人門。鄭玄《注》:"謂王行有所逢遇,若住遊觀,陳列周衞則立長大之人以表門。"《周禮・天官・掌舍》:爲帷宫,設旌門。無宫,則共～。(0676 中)

【人鬼】指死者的靈魂。《周禮·春官·神仕》：以冬日至，致天神、～。(0828上)《禮記·郊特牲》：帝牛必在滌三月，稷牛唯具，所以別事天神與～也。(1453下)

【人情】人的感情，即喜、怒、哀、懼、愛、惡、欲。儒家認爲，歡喜、惱怒、悲哀、恐懼、愛慕、憎惡、欲望七情是人生來具有的，人們應該像農夫照料田地一樣精心護理之：用禮耕作，用義播種，用教育除草，用仁愛聚集人們，用音樂安定人心（"脩禮以耕之，陳義以種之，講學以耨之，本仁以聚之，播樂以安之"）。並認爲治理社會要循天理，順人情。《禮記·禮運》：何謂～？喜、怒、哀、懼、愛、惡、欲，七者弗學而能。(1422下)

【人道】❶人倫道德。指社會的倫理等級關係，其基本内容爲孝親、尊祖、敬長，男女有別。儒家認爲人道是爲政的基礎。孔穎達《疏》："人間道理最大者。"《禮記·喪服小記》：親親、尊尊、長長，男女之有別，～之大者也。(1496中)《禮記·大傳》：聖人南面而治天下，必自～始矣。(1506下中)❷爲人之道。指一定社會要求人們所遵循的道德規範，即仁、義、禮、智。孫希旦《集解》："仁、義、禮、智，人之所以爲人者，其道不外乎此矣。"《禮記·喪服四制》：仁、義、禮、智，～具矣。(1694下)

【人節】人形之符節。爲六節之一。爲平土之國的使臣聘問天子諸侯時所執。鄭玄《注》："使節，使卿大夫聘於天子、諸侯行道所執之信也。土，平地也。山多虎，平地多人，澤多龍，以金爲節。鑄象焉，必以其國所多者於以相別爲信明也。"《周禮·地官·掌節》：凡邦國之使節，山國用虎節，土國用～，澤國用龍節，皆金也。(0739下)

【人義】人的道義。即父慈、子孝、兄良、弟弟、夫義、婦聽、長惠、幼順、君仁、臣忠。爲儒家倫理範疇。此十者既含家庭倫理，也含君臣關係；特別是它強調了父子、兄弟、夫婦、長幼、君臣之間關係的對等性，即彼此雙方都應恪守一定的道德規範。《禮記·禮運》：何謂～？父慈、子孝、兄良、弟弟、夫義、婦聽、長惠、幼順、君仁、臣忠，十者謂之～。(1422下)

【人舞】以手袖之動作舞蹈，不執其他道具。爲國子所習六小舞之一。用以祀日月星辰。鄭玄《注》："人舞者，手舞。……星辰以人舞。"賈公彦《疏》："人舞無所執，以手袖爲威儀。"《周禮·春官·樂師》：凡舞，有帗舞，有羽舞，有皇舞，有旄舞，有干舞，有～。(0793中)

【人器】指祭器。孔穎達《疏》："祭器堪爲人用，以言亡者有知，與人同，故以有用之器送之，表示其有知也。"《禮記·檀弓上》：夫明器，鬼器也；祭器，～也。(1290下)

【人臣之禮】做臣子的禮節。對待國君的錯誤，儒家主張臣子應當進諫，但要講究方式方法：要微言勸諫，不公開批評國君的錯誤；再三規勸意見仍不被採納，就應離職而去，所謂"道不同不相爲謀"。鄭玄《注》："顯，明也。謂明言其君惡，不幾諫。……逃，去也。君臣有義則合，無義則離。"孔穎達《疏》："凡諫，諷諫爲上，贛諫爲下。事君雖主諫爭，亦當依微

納進善言耳,不得顯然明言君惡以奪君之美也。"《禮記・曲禮下》:爲~,不顯諫,三諫而不聽,則逃之。(1267下)

入 rù 浸染。以赤紅色的粟浸漬羽毛,染三次的顏色叫纁,染五次的顏色叫緅,染七次的顏色叫緇。鄭玄《注》:"染纁者三入而成,又再染以黑,則爲緅,……又復再染以黑,乃成緇矣。"《周禮・冬官考工記・鍾氏》:以朱湛丹秫,三月而熾之,淳而漬之。三~爲纁,五~爲緅,七~爲緇。(0919上)

【入子】再嫁之婦所携入後夫家的子女。孫詒讓《正義》引江永云:"娶判妻謂娶人所出之妻,入子謂再嫁而携其女入後夫之家者。"一説,爲嫁女。鄭玄《注》引鄭司農云:"入子者,謂嫁女者也。"《周禮・地官・媒氏》:凡娶判妻~者,皆書之。(0733上)

【入門】進入門時,門闑東面爲右,西面爲左。入門之儀:(1)主人自右入,賓客自左入("主人揖,入門右;賓奉摯,入門左"《儀禮・士相見禮》);(2)主人先入,賓客後入("主人以賓揖,先入"《儀禮・鄉射禮》);(3)因臣統於君,故臣屬及以臣禮見者皆入門右("大夫、士出入君門,由闑右"《禮記・曲禮上》);(4)若君以客禮待臣,臣也可自門左進入。《觀禮》胡培翬《正義》:"門之中央有闑,門以向堂爲正,闑之東爲右,闑之西爲左。《曲禮》曰:'主人入門而右,客入門而左。'是門左爲賓客位也。……《禮經釋例》曰:'凡以臣禮見者,則入門右。'"《儀禮・覲禮》:侯氏~右,坐奠圭,再拜稽首。(1089下)《禮記・曲禮上》:主人~而右,客~而左。(1238中)

【入幣】即納幣,亦作"納徵"。爲婚禮六禮之四。男家派遣使者到女家送聘禮。禮物爲玄纁、束帛、儷皮等。鄭玄《注》:"凡於娶禮,必用其類。"《周禮・地官・媒氏》:凡嫁子娶妻,~純帛,無過五兩。(0733下)

【入束矢】繳納一百支箭。古時因財貨而打官司,訴訟雙方要先到官府各自繳納一百支箭,然後案件纔能受理。不交箭者視爲自動認輸。入矢,取箭杆筆直之義。鄭玄《注》:"訟,謂以財貨相告者。造,至也。使訟者兩至,既兩至,使入束矢乃治之也。不至,不入束矢,則是自服不直者也。必入矢者,取其直也。……古者一弓百矢,束矢其百个與?"《周禮・秋官・大司寇》:以兩造禁民訟,~於朝,然後聽之。(0870下)

【入鈞金】繳納三十斤銅。古時因犯罪而打官司,訴訟雙方要出具獄詞,并到官府各自繳納三十斤銅,三日後受理案件。不出具獄詞、不到官府交金者視爲自動認輸。入金,取銅堅硬之義。鄭玄《注》:"獄,謂相告以罪名者。劑,今券書也。使獄者各齎券書,既兩券書,使入鈞金,三日乃治之,重刑也。不券書,不入金,則是亦自服不直者也。必入金者,取其堅也。"《周禮・秋官・大司寇》:以兩劑禁民獄,~,三日乃致于朝,然後聽之。(0870下)

【入門主敬】入門時以敬爲主。爲聘禮使者應表現出的儀容。胡培翬《正義》:"大指不外致謹於行步、威儀而已。蓋聘使鄰國不可隕越失容以爲

君羞也。"《儀禮·聘禮》:～,升堂主慎。(1073下)

个

㊀ gè ❶計量單位。枚,個。如射禮指矢,祭禮指牲、魚或腊體等,亦指人。《士虞禮》鄭玄《注》:"个,猶枚也。今俗或名枚,曰個,音相近。"《周禮·冬官考工記·匠人》:廟門容大扃七～,闈門容小扃參～,路門不容乘車之五～,應門二徹參～。(0928中)《儀禮·士虞禮》:舉魚、腊俎,俎釋三～。(1169中)《禮記·大學》:《泰誓》曰:若有一～臣,斷斷兮無他技,其心休休焉,其如有容焉。(1675上)❷正堂兩旁的廂房。鄭玄《注》:"青陽右个,東堂南偏。"《禮記·月令》:天子居青陽右～,乘鸞路,駕倉龍,載青旂,衣青衣。(1363上)

㊁ gàn 箭靶兩旁上下伸出的部分。用布做成,用以維繫箭靶。又稱舌。上兩个如臂,長八尺;下兩个如足,長六尺。鄭玄《注》:"鄭司農云:'兩个,謂布可以維持侯者也。'……或謂之舌者,取其出而左右也。侯制,上廣下狹,蓋取象於人也,張臂八尺,張足六尺。"《周禮·冬官考工記·梓人》:上兩～與其身三,下兩～半之。(0926上)

仁

rén 仁德,仁愛。《周禮》中爲教民六德之一。仁的核心內容是"仁者愛人",血緣親情則是其出發點,"孝弟也者,其爲仁之本與"(《論語·雍也》),"仁者,人也,親親爲大"(《禮記·中庸》)。關愛百姓,愛惜自然萬物,是仁處理社會人際關係與自然萬物關係的原則,"仁民而愛物"。推己及人是仁重要的一個方面,所謂"己欲立而立人,己欲達而達人"(《論語·雍也》),"己所不欲,勿施于人"(《論語·衛靈公》)。此外,仁還包括恭、寬、信、敏、惠、溫良、謙讓等一系列道德規範。儒家認爲仁是人內在自然心理感情和人性的自然生發,"仁,人心也"(《孟子·告子上》),"惻隱之心,仁之端也"(《孟子·公孫丑上》)。儒家把仁作爲個人修養的最高道德準則,作爲治國安天下的最高道德原則,"一家仁,一國興仁"(《禮記·大學》),"以德行仁者王"。儒家的仁具有兩重性,一方面仁愛以宗法等級之禮爲標準,因而是有差等的仁愛;另一方面又要求實行德政,主張"使民以時""養民以惠",使民"養生喪死無憾",具有反暴政的積極因素。《周禮·地官·大司徒》:一曰六德,知、～、聖、義、忠、和。(0707中)《禮記·中庸》:～者,人也,親親爲大。(1629中)

什

shí 軍隊編制。十夫爲什。《周禮·秋官·士師》:掌鄉合州黨族閭比之聯,與其民人之～伍。(0875上)《禮記·祭義》:軍旅～伍,同爵則尚齒,而弟達乎軍旅矣。(1600上)

【什伍】軍隊編制。五人爲伍,十人爲什。《宮正》鄭玄《注》:"五人爲伍,二伍爲什。"《祭義》鄭玄《注》:"什伍,士卒部曲也。"《周禮·天官·宮正》:去其淫怠與其奇衺之民,會其～而教之道藝。(0657下)《禮記·祭義》:軍旅～,同爵則尚齒,而弟達乎軍旅矣。(1600上)

仄

zè 見下。

【仄行】橫側爬行的小動物。如螃蟹。鄭玄《注》："仄行，蟹屬。"賈公彥《疏》："今人謂之旁蟹，以其側行故也。"《周禮·冬官考工記·梓人》：卻行、～、連行、紆行……謂之小蟲之屬。(0925 上)

【仄輮】揉製車輪圈的方法。將材心和材邊同時朝外，使外周的外側堅韌而內側柔軟，堅柔配合得當，便於山路行走。賈公彥《疏》："言仄柔者，堅者在外，柔者在內，以其取堅刃相成故也。"孫詒讓《正義》："段玉裁云：'表裏相依，謂表堅裏柔相倚，並在輮外。'段說是也。"《周禮·冬官考工記·車人》：行澤者反輮，行山行者～，反輮則易，～則完。(0934 上)

介 jiè ❶諸侯國相聘問時賓方使者的隨從。介有上介、次介、衆介。主要傳達賓、主之言。介人數多少及由何人擔當，依不同情況而定。上公的使者介七人，侯伯的使者介五人，子男的使者介三人。使者爲上卿，則上介爲大夫，次介、衆介爲士。《聘禮》鄭玄《注》："衆介者，士也，士屬司馬。"《周禮·夏官·射人》：會同、朝覲，作大夫～。(0846 上)《儀禮·聘禮》：宰命司馬戒衆～，衆～皆逆命，不辭。(1046 中)《禮記·聘義》：聘禮：上公七～，侯伯五～，子男三～，所以明貴賤也。(1692 中)❷在冠、飲、喪諸禮中協助賓行禮的人。《士冠禮》鄭玄《注》："介，賓之輔，以贊爲之，尊之。飲酒之禮，賢者爲賓，其次爲介。"《儀禮·士冠禮》：贊者皆與，贊冠者爲～。(0953 下)《禮記·檀弓下》：滕成公之喪，使子叔敬叔弔，進書，子服惠伯爲～。(1312 上)❸身披鎧甲。鄭玄《注》："介，被甲。"《周禮·夏官·旅賁氏》：軍旅，則～而趨。(0851 上)❹指甲殼之蟲。如龜鱉。鄭玄《注》："介，甲也。象物閉藏地中，龜鱉之屬。"《禮記·月令》：孟冬之月，……其蟲～，其音羽。(1380 下)❺用同"個"。計量人。《禮記·雜記上》：寡君有宗廟之事，不得承事，使一～老某相執紼。(1558 上)

【介子】即庶子。古宗法制度，身爲大夫的庶子如果要祭祖禰，就要去宗子家，因爲祖廟設在宗子之家。如果宗子有罪而居於他國，庶子也可以代祭。兩種情況，祝辭中均稱庶子爲介子，取副貳之意，以示不敢僭越宗子。鄭玄《注》："介，副也。不言庶，使若可以祭然。"孔穎達《疏》："介子，謂庶子爲大夫者。"《禮記·曾子問》：孔子曰："以上牲祭於宗子之家，祝曰：'孝子某爲～某薦其常事。'"(1398 下)

【介夫】披甲的衛士。鄭玄《注》："介夫，甲衛士。"《禮記·檀弓下》：陽門之～死，司城子罕入而哭之哀。(1315 中)

【介次】市亭之屬。爲胥師、賈師處理市場事務及聽治小訟之處。鄭玄《注》："介次，市亭之屬別，小者也。"孫詒讓《正義》："凡思次、介次皆於市中爲寺舍，其外爲朝，以聽治訟及爲刑肆罪人之所。"《周禮·地官·司市》：胥師、賈師涖于～，而聽小治、小訟。(0734 下)

【介物】有甲殼的動物。如龜鱉。爲水邊及低下之地所產之物。鄭玄《注》："介物，龜鱉之屬，水居陸生者。"《周禮·地官·大司徒》：四曰墳

衍,其動物宜～,其植物宜莢物,其民晳而瘠。(0702下)

【介鬯】天子弔臨諸臣,由副使進香酒於神前,爲介鬯。賈公彥《疏》:"介,副也。王弔臨諸臣,則有副使從行者。天子所住,停在諸侯之廟,祝致辭告廟,介使則進此鬯於神前,故云介鬯。"《周禮·春官·鬯人》:凡王弔臨,共～。(0771中)

【介婦】衆庶子之妻。嫡長子之妻爲冢婦,非嫡長子之妻稱介婦。冢婦尊於介婦。鄭玄《注》:"介婦,衆婦。"《禮記·內則》:舅沒則姑老,冢婦所祭祀、賓客,每事必請於姑,～請於冢婦。(1463中)

【介爵】主人獻介的飲酒器。鄭玄《注》:"三爵皆飲爵也。介,賓之輔也。"孫希旦《集解》:"介爵,主人獻介之爵。"《禮記·少儀》:客爵居左,其飲居右。～、酢爵、僎爵,皆居右。(1515上)

【介蟲】有甲殼的蟲。如螃蟹。鄭玄《注》:"介,甲也,甲蟲屬冬。敗穀者,稻蟹之屬。"孔穎達《疏》:"稻蟹,謂蟹食稻也。"《禮記·月令》:孟秋行冬令,則陰氣大勝,～敗穀,戎兵乃來。(1373中)

【介者不拜】身穿鎧甲的人不拜。因爲著甲而拜,有損軍威之容。鄭玄《注》:"蓌則失容節。"孔穎達《疏》:"著鎧者不爲式敬,故宜無所拜之也。……著甲而屈拜,則坐損其戎威之容也。一云,蓌,詐也。言著鎧而拜,形儀不足,似詐也。"《禮記·曲禮上》:～,爲其拜而蓌拜。(1253中)

化 huà 見下。

【化材】即化治絲枲。繅絲紡麻,織造布帛。爲大司徒所頒十二職事之一。嬪婦所爲。鄭玄《注》:"化材,謂嬪婦化治絲枲。"《周禮·地官·大司徒》:頒職事十有二于邦國、都鄙,使以登萬民:一曰稼穡,二曰樹蓺,三曰作材,四曰阜蕃,五曰飭材,六曰通財,七曰～,八曰斂材,九曰生材,十曰學藝,十有一曰世事,十有二曰服事。(0707中)

【化祝】祈禱消弭天災、兵禍。爲六祝之一。鄭玄《注》:"化祝,弭災兵也。"賈公彥《疏》:"弭,安也。安去災兵,是化惡從善之事。《小祝》有'弭災兵',故知化祝當之。"《周禮·春官·大祝》:一曰順祝,二曰年祝,三曰吉祝,四曰～,五曰瑞祝,六曰筴祝。(0808下)

【化治絲枲(xǐ)】繅絲紡麻,織造布帛。爲大宰所頒九職之一嬪婦的工作。賈公彥《疏》:"嬪婦,謂國中婦人有德行者。治理變化絲枲,以爲布帛之等也。"《周禮·天官·大宰》:七曰嬪婦,～;八曰臣妾,聚斂疏材。(0647上)

以 yǐ 見下。

【以齒】按年齡長幼排列位次。爲排列位次的標準之一。孔穎達《疏》:"皆以昭穆長幼爲齒。"依禮,公族中之爲臣者在內朝朝見國君,不論貴賤皆以齒("臣有貴者以齒");國君與族人燕飲以齒("公與族燕則以齒");居住在鄉里以齒("居鄉以齒");國君給參加祭祀的羣吏賜酒以齒("凡羣有司皆以齒");鄉飲酒禮酬酒以齒("少長以齒")。體現了尊老、敬老之優良

傳統。《禮記・文王世子》：公族朝于內朝，內親也。雖有貴者～，明父子也。(1409中)

【以日易月】以哀哭的天數代替生存的月數。不滿八歲死亡者爲無服之殤，依禮，父母不爲其服喪，僅哀哭而已；哀哭的天數，以子女生存的月數而定，生一月哭一天。鄭玄《注》："以日易月，謂生一月者哭之一日也。殤而無服者，哭之而已。"《儀禮・喪服》：不滿八歲以下皆爲無服之殤。無服之殤～。～之殤，殤而無服。(1111下)

【以神仕者】以事神爲官職的人。即巫。賈公彥《疏》："此神仕是巫。"《周禮・春官・神仕》：凡～，掌三辰之灋，以猶鬼神示之居，辨其名物。(0827下)

【以德報怨】用恩德來回報怨恨。語出《論語・憲問》。孔子不贊成以德報怨，對別人的怨恨用恩德來回報，那麼對別人的恩德該用什麼來回報呢？如此則不能持平，反教人虛僞，他主張以直報怨。孔子認爲以德報怨者，是寬身息禍之人；而以怨報德者，則是該受刑戮之民。孔穎達《疏》："若以直報怨，是禮之常也。今以德報怨，但是寬愛己身之民欲苟息禍患，非禮之正也。……禮當以德報德，今以怨報德，其人凶惡，是合刑戮之民也。"今爲成語。《禮記・表記》：子曰："～，則寬身之仁也。以怨報德，則刑戮之民也。"(1639上)

【以德報德】用恩德回報恩德。語出《論語・憲問》。孔子認爲，對於別人的恩德，一定要用恩德回報，這樣民衆就有所勉勵而多做好事。而用怨恨回報怨恨，民衆就會有所懲戒。今爲成語。《禮記・表記》：子曰："～，則民有所勸。以怨報怨，則民有所懲。"(1639上)

付

fù 用同"祔"。新死者祔祭於先祖。鄭玄《注》："付，當爲祔。祭於先王，以祔後死者。"孫詒讓《正義》：《既夕禮》云：'卒哭，明日以其班祔。'注云：'祔，卒哭之明日祭名。祔猶屬也，祭昭穆之次而屬之。'《説文・示部》云：'祔，後死者合食於先祖。'"《周禮・春官・大祝》：～、練、祥，掌國事。(0811中)

代

dài 見下。

【代哭】輪流交替而哭。爲大殮前喪禮之儀。代哭既能使哭聲不絕，以示哀慟，又能防止孝子傷身。君、大夫之喪由下屬官吏代哭，士喪由親屬代哭。爲君代哭懸壺(計時)，按時輪流而哭。爲大夫、士代哭則不懸壺。《士喪禮》鄭玄《注》："代，更也。孝子始有親喪，悲哀憔悴，禮防其以死傷生，使之更哭，不絕聲而已。人君以官尊卑，士賤，以親疏爲之，三日之後哭無時。"胡培翬《正義》："自始死至小斂，已踊歷晝夜，恐其以哀致毁，故制代哭之禮，使之相代而哭，非謂有代哭者而孝子不哭也。"《挈壺氏》鄭玄《注》："禮，未大殮代哭。"《周禮・夏官・挈壺氏》：凡喪，縣壺以～者。(0844下)《儀禮・士喪禮》：乃～，不以官。(1137中)《禮記・喪大記》：司馬縣之，乃官～。大夫官～，不縣壺。士～不以官。(1574中)

【代脅】牲體肋骨之靠前者。胡培翬《正義》："脊兩旁之肋謂之脅，脅骨有

三,前爲代脀,中爲正脀,後爲短脀。"《儀禮·少牢饋食禮》:短脀一、正脀一、～一,皆二骨以並。(1197下)

仞 rèn 長度單位。七尺爲一仞,一說八尺爲一仞。《鄉飲酒禮》鄭玄《注》:"七尺曰仞。"賈公彥《疏》:"王肅則依《小爾雅》'四尺曰仞',孔君則八尺曰仞,所見不同也。"《周禮·冬官考工記·匠人》:同間廣二尋,深二～,謂之澮。(0931下)《儀禮·鄉飲酒禮》:杠長三～,以鴻脰韜上二尋。(1010下)《禮記·祭義》:古者天子、諸侯,必有公桑、蠶室,近川而爲之,築宮,～有三尺,棘墻而外閉之。(1597下)

全 quán 純色的玉。鄭玄《注》:"鄭司農云:'全,純色也。'……玄謂全,純玉也。"《周禮·冬官考工記·玉人》:天子用～,上公用龍,侯用瓚,伯用將。(0922上)

【全羽】置於旗杆頂端爲飾的羽毛—羽兼備五彩稱全羽。衆羽合爲五彩稱析羽。鄭玄《注》:"全羽、析羽皆五采,繫之於旞旌之上,所謂注旄於干首也。"孫詒讓《正義》:"案:依鄭、賈說,旞旌皆用染羽,全羽蓋謂一羽備五彩,析羽則衆羽襍五彩。"《周禮·春官·司常》:～爲旞,析羽爲旌。(0826中)

【全具】祭祀的牲體完整。孔穎達《疏》:"體完曰全。"孫希旦《集解》:"犧牲全具,謂體完也。"《禮記·月令》:是月也,乃命宰、祝循行犧牲:視～,案芻豢,瞻肥瘠,察物色。(1374上)

休 xiū 見下。

【休老】饗養年老之人。爲年終百官所行養老之禮。鄭玄《注》:"饗養之。"孫希旦《集解》:"休老勞農,謂於蜡祭而行正齒位之禮,以休老人,勞農夫也。"《禮記·王制》:百官齊戒受質,然後～勞農。(1345上)

伍 wǔ ❶軍隊編制單位。五人爲一伍,設伍長一人。《周禮·夏官·敘官》:五人爲～,～皆有長。(0830上)《禮記·郊特牲》:然後簡其車賦而歷其卒～,而君親誓社,以習軍旅。(1450上)❷兵車編制單位。一百二十五乘爲一伍。賈公彥《疏》:"《司馬法》……又云:'以百二十五乘爲伍。'"《周禮·夏官·司右》:凡軍旅、會同,合其車之卒～,而比其乘,屬其右。(0850中)

伏 fú 即軷道之祭。道祭時,置犬於軷壤(廟門外之西),以王車轢之而行。鄭玄《注》引鄭司農曰:"伏,謂伏犬,以王車轢之。"賈公彥《疏》:"此謂王將祭,而出國軷道之祭時。"《周禮·秋官·犬人》:凡祭祀,共犬牲,用牷物,～、瘞亦如之。(0882中)

【伏兔】車廂底部兩側之枕木。上承車廂,前後作半矩形下扣車軸,形如伏兔,故名。亦稱轐。賈公彥《疏》:"伏兔銜車軸,在輿下,短不至軌。"參見"轐"。《周禮·冬官考工記·輈人》:良輈環灂,自～不至軌七寸,軌中有灂,謂之國輈。(0914中)

伐 fá 星名。亦作"罰"。爲參宿中央三小星。鄭玄《注》:"伐屬白虎宿,與參連體而六星。"孫詒讓《正義》:"伐在參中,與參連體,并數之則爲六星,故參通謂之伐。"《周

禮・冬官考工記・䩦人》：熊旗六旒，以象～也。(0914 下)

【伐柯】砍伐樹木做斧柄。❶伐柯必須有斧頭，就像娶妻必須有媒人一樣。後因以"伐柯"謂做媒。鄭玄《注》："伐柯，伐木以爲柯也。……取妻之法必有媒，猶伐柯之必須斧也。"《禮記・孔子閒居》：《詩》云："～如之何？匪斧不克。取妻如之何？匪媒不得。"(1622 中)❷伐柯必須用斧頭，斧柄的大小長短皆近取法於柯。後以"伐柯"爲取法於人的典故。鄭玄《注》："則，法也，言持柯以伐木，將以爲柯，近以柯爲尺寸之法。此法不遠人，人尚遠之，明爲道不可以遠。"《禮記・中庸》：《詩》云："～～，其則不遠。"(1627 上)

【伐冰之家】即卿大夫之家。鄭玄《注》："伐冰之家，卿大夫以上，喪祭用冰。"孔穎達《疏》："謂卿大夫喪祭用冰，從固陰之處伐擊其冰以供喪祭，故云伐冰也，謂卿大夫爲伐冰之家。"《禮記・大學》：～不畜牛羊，百乘之家不畜聚斂之臣。(1675 中)

仲 zhòng 排行第二。古人用伯、仲、叔、季來表示兄弟姊妹之間的排行次序，仲爲排行第二者。男子五十歲以上不稱名字而稱排行，或伯或仲，以示尊敬。《士冠禮》鄭玄《注》："伯、仲、叔、季，長幼之稱。"《檀弓上》孔穎達《疏》："年至五十，耆艾轉尊，又捨其二十之字，直以伯仲別之，至死而加諡。"《儀禮・士冠禮》：～、叔、季，唯其所當。(0957 下)《禮記・檀弓上》：幼名，冠字，五十以～，死諡，周道也。(1286 中)

【仲丁】中旬之丁日，即每月第二個丁日。孫希旦《集解》："仲丁，中旬之丁日也。"《禮記・月令》：～，又命樂正入學習舞。(1362 中)

【仲冬】冬季第二月，農曆十一月。是月可以砍伐生長在山南的樹木。《山虞》鄭玄《注》："鄭司農云：'陽木春夏生者，陰木秋冬生者，若松柏之屬。'玄謂陽木生山南者，陰木生山北者。冬斬陽，夏斬陰，堅濡調。"孫詒讓《正義》："後鄭意，冬夏斬木違其時，則木或過堅硬，或過濡弱，恐不任用；惟各依時斬之，則堅濡適調。"《周禮・地官・山虞》：～斬陽木，仲夏斬陰木。(0747 中)《禮記・月令》：～之月，日在斗，昏東壁中，旦軫中。(1382 中)

【仲春】春季第二月，農曆二月。《禮記・月令》：～之月，日在奎，昏弧中，旦建星中。(1361 上)

【仲秋】秋季第二月，農曆八月。《禮記・月令》：～之月，日在角，昏牽牛中，旦觜觿中。(1373 中)

【仲夏】夏季第二月，農曆五月。是月可以砍伐生長在山北的樹木。詳見"仲冬"。《周禮・地官・山虞》：仲冬斬陽木，～斬陰木。(0747 中)《禮記・月令》：～之月，日在東井，昏亢中，旦危中。(1369 上)

【仲尼燕居第二十八】《禮記》第二十八篇篇名。孔穎達《疏》引鄭玄《三禮目錄》云："名曰《仲尼燕居》者，善其不倦，燕居猶使三子侍之，言及於禮，著其字言事可法。退朝而處曰燕居。此於《別錄》屬《通論》。"該篇通過孔子和他的三個學生子張、子貢、子游關於禮的相互問答，闡述禮的內容、本質、作用；行禮的意義，違禮的害處以及禮與樂、《詩》、德行、行政等的關係。此與下篇《孔子閒居》同被王肅《孔子家語》所收錄,並定名《論禮》篇,其中個別文字與此略有不同。(1613 上)

任

㈠ rén 南方少數民族的樂曲。《禮記·明堂位》:《昧》,東夷之樂也;《～》,南蠻之樂也。(1489 上)

㈡ rèn 見下。

【任$_2$土】依據土地的具體情況制定貢賦。鄭玄《注》:"任土者,任其力勢所能生育,且以制貢賦也。"《周禮·地官·載師》:掌～之灋,以物地事,授地職,而待其政令。(0724 下)

【任$_2$正】輿下前及左右三面持車的橫木。即軫。鄭玄《注》:"任正者,謂輿下三面材,持車正者也。"孫詒讓《正義》:"鄭珍云:'車箱三面之下,即軫之左右前三方也。'"《周禮·冬官考工記·輈人》:～者,十分其輈之長,以其一為之圍。(0913 中)

【任$_2$左】以左耳靠近國君。為聽國君説話的方式。孔穎達《疏》:"立者尊右,則坐者尊左也。侍君之時,君坐,故侍者在右,是以聽鄉皆以左為任也。此謂臣以左耳近君,故云任左。"《禮記·玉藻》:凡侍於君,紳垂,足如履齊,頤霤,垂拱,視下而聽上,視帶以及袷,聽鄉～。(1482 上)

【任$_2$民】任使萬民各出貢賦。大宰以九職任萬民,有職則有功,有功則有貢。賈公彥《疏》:"凡任民,謂任使民使出貢。"《周禮·地官·閭師》:凡～:任農以耕事,貢九穀;任圃以樹事,貢草木;任工以飭材事,貢器物;任商以市事,貢貨賄;任牧以畜事,貢鳥獸;任嬪以女事,貢布帛;任衡以山

事,貢其物;任虞以澤事,貢其物。凡無職者出夫布。(0727 上)

【任$_2$地】即任土。依據土地的具體情況制定貢賦。《周禮·地官·載師》:凡～,國宅無征,園廛二十而一,近郊十一,遠郊二十而三,甸、稍、縣、都皆無過十二,唯其漆林之征,二十而五。(0726 中)

伊

yī 見下。

【伊耆(qí)氏】❶職官名。掌供年老、有爵者之杖。爵下士。《周禮·秋官·伊耆氏》:～,掌國之大祭祀,共其杖咸。軍旅,授有爵者杖。共王之齒杖。(0889 下)❷古帝王號。即神農。鄭玄《注》:"伊耆氏,古天子有天下之號也。"孔穎達《疏》:"按《易·繫辭》:'神農始作耒耜。'是田起於神農,故説者以伊耆氏為神農也。"一説,以為帝堯。《禮記·明堂位》:土鼓,蕢桴,葦籥,～之樂也。(1491 上)

余

yú 見下。

【余聚】即餘聚。縣、都之地畜聚之物品。用以供應國家的頒賜。鄭玄《注》:"余當為餘,聲之誤也。餘,謂縣、都畜聚之物。"《周禮·地官·委人》:凡其～,以待頒賜。(0745 下)

【余小子】天子居喪時的自稱。鄭玄《注》:"辟天子之子未除喪之名。"孔穎達《疏》:"天子未除喪自稱曰余小子。"《禮記·曲禮下》:君大夫之子不敢自稱曰"～"。(1257 上)

佐

zuǒ 見下。

【佐車】田路(木路)的副車。天子諸侯用於征戰、田獵。田路之副車曰佐車,戎路之副車曰倅車,通言之,皆可稱佐車。《田僕》鄭玄《注》:"佐亦副。"孫詒讓《正義》:"此謂佐車爲木路之副,與戎僕戎路之副爲倅車,道僕象路之副爲貳車,各因事異名,義則同也。……倅、貳、佐,皆有副義,分言之,則戎路之副曰倅車,田路之副曰佐車;通言之,則戎田二路之副,並得稱佐車。"《檀弓上》鄭玄《注》:"戎車之貳曰佐。"《周禮·夏官·田僕》:田僕,掌馭田路以田以鄙。掌~之政。(0858中)《禮記·檀弓上》:馬驚敗績,公隊。~授綏。(1277中)

【佐食】祭祀時助尸享食者。佐食由賓之二人擔任,年長者爲上佐食,即上利;年次者爲下佐食,即下利。享食時,由下佐食取祭品授上佐食,上佐食以授尸。鄭玄《注》:"佐食,賓尸食者。"《儀禮·少牢饋食禮》"佐食上利"胡培翬《正義》引吳廷華曰:"利即佐食也,長爲上,次爲下,佐食上利猶言上佐食也。"參見"利②"。《儀禮·特牲饋食禮》:~北面立于中庭。(1181中)

【佐食上利】即上佐食。祭祀時助尸享食之年長者。佐食由賓之二人擔任,年長者爲上佐食,即上利;年次者爲下佐食,即下利。享食時,由下佐食取祭品授上佐食,上佐食以授尸。胡培翬《正義》引吳廷華曰:"利即佐食也,長爲上,次爲下,佐食上利猶言上佐食也。"《儀禮·特牲饋食禮》:"利洗散"鄭玄《注》:"利,佐食也。言利以今進酒也。"賈公彥《疏》:"利與佐食乃有二名者,以上文設俎、啓會、爾敦之時以黍稷爲食,故名佐食。今進以酒,酒所以供養,故名利。利即養也。"《儀禮·少牢饋食禮》:~執羊俎,下利執豕俎。(1200下)

作 zuò 用同"斮"。削除,去除。爲魚去鱗之專稱。孔穎達《疏》:"郭氏《爾雅》今本作'斮之',注云:'謂削鱗也。'"《禮記·内則》:肉曰脫之,魚曰~之,棗曰新之,栗曰撰之。(1466下)

【作材】採集山林、川澤中的物産。爲十二職事虞衡之職事。鄭玄《注》:"作材,謂虞衡作山澤之材。"《周禮·地官·大司徒》:頒職事十有二于邦國、都鄙,使以登萬民:一曰稼穡,二曰樹藝,三曰~,四曰阜蕃,五曰飭材,六曰通財,七曰化材,八曰斂材,九曰生材,十曰學藝,十有一曰世事,十有二曰服事。(0707中)

【作龜】用火灼龜甲。視其裂紋,以卜吉凶。作龜之法,先鑿腹骨以火燒灼之,使顯現裂紋以成卦兆。春灼後左足處之腹骨,夏灼前左足處,秋灼前右處,冬灼後右處。《大卜》鄭玄《注》:"卜用龜之腹骨,骨近足者,其部高。……作龜,謂以火灼之,以作其兆也。春灼後左,夏灼前左,秋灼前右,冬灼後右。"《周禮·春官·大卜》:凡國大貞,卜立君,卜大封,則眂高~。(0803下)《儀禮·士喪禮》:卜人坐,~,興。(1143下)《禮記·雜記上》:大夫之喪,大宗人相,小宗人命龜,卜人~。(1551中)

伯 bó ❶爵位名。諸侯爵位公、侯、伯、子、男五等爵之第三等。七命,封疆方三百里。《周禮·地官・大司徒》：諸～之地，封疆方三百里，其食者參之一。(0704 下)《儀禮・覲禮》：公、侯、～、子、男皆就其旂而立。(1093 上)《禮記・王制》：王者之制祿爵，公、侯、～、子、男，凡五等。(1321 下)❷諸侯爵位之最高者。周有東、西二伯，爲九命。《典命》鄭玄《注》："上公，謂王之三公有德者，加命爲二伯。"《曲禮下》鄭玄《注》："《周禮》：'九命作伯。'……是伯分主東西者。"《周禮・春官・典命》：上公九命爲～，其國家、宮室、衣服、禮儀皆以九爲節。(0780 中)《禮記・曲禮下》：五官之長曰～，是職方。(1264 中)❸同輩之長者。《士冠禮》鄭玄《注》："伯、仲、叔、季，長幼之稱。"《儀禮・士冠禮》："爰字孔嘉，髦士攸宜。宜之于假，永受保之。曰～某甫。"仲、叔、季，唯其所當。(0957 下)《禮記・喪服小記》：男子稱名，婦人書姓與～仲，如不知姓則書氏。(1499 中)❹統領各州的諸侯之長。亦稱方伯、州伯。鄭玄《注》："殷之州長曰伯，虞夏及周皆曰牧。"《禮記・王制》：二百一十國以爲州，州有～。(1325 上)

【伯子】弟爲兄卜葬時，祝辭中對兄長的稱呼。孔穎達《疏》："若兄弟相爲，其弟爲兄則祝辭云'某卜葬兄伯子某'，若兄爲弟則云'某卜葬其弟某'。"《禮記・雜記下》：祝稱卜葬、虞，子孫曰"哀"，夫曰"乃"，兄弟曰"某"，卜葬其兄弟曰"～某"。(1562 中)

【伯父】❶周王朝對同姓大國諸侯的稱呼。《曲禮下》孔穎達《疏》："此三公與王同姓者，王呼爲伯父。伯者長大之名，父乃同姓重親之稱也。"《儀禮・覲禮》：同姓大國則曰～，其異姓則曰伯舅；同姓小邦則曰叔父，其異姓小邦則曰叔舅。(1092 上)《禮記・曲禮下》：天子同姓謂之"～"，異姓謂之"伯舅"。(1264 下)❷父親的哥哥。《禮記・曾子問》：已祭而見～、叔父，而后饗冠者。(1390 下)

【伯母】伯父的妻子。《禮記・雜記下》：～、叔母疏衰，踊不絕地。(1566 中)

【伯仲】指排行。男子五十歲以上不稱名字而稱排行，或伯或仲，以示尊敬。孔穎達《疏》："年至五十，耆艾轉尊，又捨其二十之字，直以伯仲別之，至死而加諡。"爲女子死者書銘和招魂時亦用之("婦人書姓與伯仲")。《禮記・檀弓上》：幼名，冠字，五十以～，死諡，周道也。(1286 中)

【伯舅】周王朝對異姓諸侯的稱呼。《覲禮》胡培翬《正義》："此天子稱諸侯之辭。父與舅以姓同異而別也，伯與叔以國大小而別也，謂之叔伯父舅，尊之、親之之稱也。"《曲禮下》孔穎達《疏》："異族，重親之名也。異族無父稱，故呼爲伯舅，亦親之故也。"《儀禮・覲禮》：同姓大國則曰伯父，其異姓則曰～；同姓小邦則曰叔父，其異姓小邦則曰叔舅。(1092 上)《禮記・曲禮下》：天子同姓謂之"伯父"，異姓謂之"～"。(1264 下)

位 wèi ❶壇位，祭祀之位。先祖受祭享之處。鄭玄《注》："位，壇位也。先祖形體託於此地，祀其神以安之。"《周禮・春官・小宗伯》：既葬，詔相喪祭之禮；成葬而祭墓，爲～。(0768 中)❷神位。即祭祀時設立的牌位。孔穎達《疏》:"如見親之在神位也。"《禮記・祭義》:祭之日,入室,僾然必有見乎其~;周還出户,肅然必有聞乎其容聲。(1592下)

佛 fú 見下。

【佛其首】扭轉鳥首。爲獻鳥之方法。佛,用同"拂",拗轉。孔穎達《疏》:"王云:'佛,謂取首戾轉之。'恐其喙害人也。"孫希旦《集解》:"鳥喙能傷人,故執以將命,必佛其首於翼下。"一說,用小竹籠將鳥首罩住。鄭玄《注》:"爲其喙害人也。佛,戾也。蓋爲小竹籠以冒之。"《禮記・曲禮上》:獻鳥者~,畜鳥者則勿佛。(1244上)

使 shǐ 見下。

【使臣】聘使對主國國君謙稱自己。《儀禮・燕禮》:寡君,君之私也,君無所辱賜于~,臣敢辭。(1024上)

【使車】驅逆之車。田獵時用以驅趕攔擋野獸。因職在使役,故稱。鄭玄《注》:"使車,驅逆之車。"賈公彦《疏》:"以使役勞劇之事,故知是驅逆之車也。"一說,孫詒讓《正義》:"王安石云:'使車,使者所乘之車。'案:王說亦是。……此車爲奉使者所乘,……田事驅逆之車雖亦晐於其中,而實不止此也。"《周禮・夏官・馭夫》:馭夫,掌貳車、從車、~。(0858中)

【使者】❶出使他國以行聘禮的卿大夫。《内府》賈公彦《疏》:"謂使公卿大夫聘問諸侯。"《聘禮》鄭玄《注》:"聘使卿。"胡培翬《正義》引吴廷華云:"變卿言使者,以所事名之也。"《周禮・天官・内府》:凡適四方~,共其所受之物而奉之。(0679上)《儀禮・聘禮》:君與卿圖事,遂命~。(1046上)❷指媒人。鄭玄《注》:"使者,夫家之屬。"胡培翬《正義》引吴廷華云:"此使者,當是《周禮》媒氏,男父使來納采。"《儀禮・士昏禮》:納采,用鴈。主人筵于户西,西上,右几。~玄端至。(0961上)❸天子所遣在王都近郊迎接、慰勞來朝諸侯的職官。即大行人。鄭玄《注》:"小行人"職曰:'凡諸侯入王,則逆勞于畿。'則郊勞者大行人也。"《儀禮・覲禮》:~不答拜,遂執玉,三揖,至于階。(1088上)❹天子所遣賞賜來朝諸侯車服的公及大史。胡培翬《正義》:"使者兼公與大史。"《儀禮・覲禮》:儐~,諸公賜服者束帛、四馬。(1092上)

【使能】任用有才能之人。❶爲天子統馭萬民的八項措施("八統")之一。賈公彦《疏》:"下有技能,軍民共舉任之。"《周禮・天官・大宰》:以八統詔王馭萬民:一曰親親,二曰敬故,三曰進賢,四曰~,五曰保庸,六曰尊貴,七曰達吏,八曰禮賓。(0646下)❷爲聖人治理天下首先要做的五件事之一。孔穎達《疏》:"謂有道藝。既無功德,又非賢能,而有道藝,亦禄之,使各當其職也。輕於賢德,故次之。"《禮記・大傳》:聖人南面而聽天下,所且先者五,民不與焉:一曰治親,二曰報功,三曰舉賢,四曰~,五曰存愛。(1506下)

【使節】卿大夫聘於天子諸侯時所持的符節。以金做成,有虎形、人形、龍形圖案,分别用於不同的國家。鄭玄

《注》:"使節,使卿大夫聘於天子、諸侯,行道所執之信也。"參見"虎節""人節""龍節"。《周禮·地官·掌節》:凡邦國之～,山國用虎節,土國用人節,澤國用龍節,皆金也,以英蕩輔之。(0739下)

侑 yòu ❶勸。多指勸賓或尸饗食。爲宴飲之禮。《禮器》鄭玄《注》:"告尸行節,勸尸飲食無常。"《儀禮·特牲饋食禮》:祝～,主人拜。(1184中)《禮記·禮器》:周坐尸,詔～武方,其禮亦然,其道一也。(1439上) ❷佐尸行饋者。大夫祭父祖完畢後行儐之禮,選賓之賢者爲侑,以勸尸享食,助尸成禮。鄭玄《注》:"擇賓之賢者可以侑尸。"胡培翬《正義》:"儐尸以尸爲賓,故立侑以勸之,輔之。盛氏云:'尸之有侑,猶賓之有介也。'"《儀禮·有司》:乃議～于賓,以異姓。宗人戒～。～出,俟于廟門之外。(1206下) ❸四輔,輔佐天子的諫官。鄭玄《注》:"侑,四輔也。"孔穎達《疏》:"侑是四輔,典於規諫者也。"《禮記·禮運》:故宗祝在廟,三公在朝,三老在學,王前巫而後史,卜筮瞽～皆在左右。(1425下)

【侑俎】爲侑者所設之俎。侑俎有羊、豕各一。《儀禮·有司》:～:羊左肩、左肺、正脊一、脅一、腸一、胃一、切肺一,載于一俎。～:豕左肩折、正脊一、脅一、膚三、切肺一,載于一俎。(1208上)

【侑食】❶佐食。天子奏樂以佐食。賈公彥《疏》:"即是《王制》云'天子食日舉以樂'。"《白虎通義·禮樂篇》:"王者食所以有樂何? 樂食天下之大平富積之饒也。明天子至尊,非功不食,非德不飽,故傳曰:天子食時舉樂。"《周禮·天官·膳夫》:以樂～,膳夫授祭,品嘗食,王乃食。(0660上) ❷勸食。侍奉尊長進食,爲宴飲之禮。勸食者不吃盡自己的飯菜。孫希旦《集解》:"侑,勸也。侑食,謂侍食於尊長,主於勸尊者之飽,故不盡食。"《禮記·玉藻》:凡～,不盡食。(1476中)

【侑幣】宴會上侑賓之禮物。聘禮,主國國君行食禮款待使者,贈以幣帛以侑食,稱侑幣。胡培翬《正義》:"侑幣,侑食之幣。……公親食有侑幣,不親食,故使人以侑幣致之於賓館也。"《儀禮·聘禮》:若不親食,使大夫各以其爵,朝服致之以～。(1065上)

來 (来) lái 見下。

【來孫】玄孫之子。從自身算起的第六代。《禮記·祭法》:王下祭殤五,適子、適孫、適曾孫、適玄孫、適～。(1590中)

【來婦】新婦於廟拜見公婆時的自稱。依禮,女子嫁後若公婆已經亡故,三月之後需備供品至廟中祭祀,祭祀時新婦自稱來婦。孔穎達《疏》:"此謂舅姑亡者,婦入三月之後,而於廟中以禮見於舅姑,其祝辭告神,稱來婦也。"《禮記·曾子問》:三月而廟見,稱～也。(1392中)

【來體】弓張弦時弓臂內向的體勢。孫詒讓《正義》:"往體,謂弓體外撓;來體,謂弓體內向。凡弓必兼往來兩體,而後有張弛之用,但以往來之多少爲強弱之差。"《周禮·冬官考工記·弓人》:往體多,～寡,謂之夾臾

【來百工】招徠百工。爲治國九經之一。有了百工,財用就會充足。孔穎達《疏》:"謂招來百工也。"《禮記·中庸》:凡爲天下國家有九經,曰:脩身也,尊賢也,親親也,敬大臣也,體羣臣也,子庶民也,～也,柔遠人也,懷諸侯也。……～則財用足。(1630 上)

侇 yí 陳放屍體。鄭玄《注》:"侇之言尸也。……今文'侇'作'夷'。"胡培翬《正義》:"案《喪大記》'侇'亦作'夷',注與此注同。彼疏云:'夷,陳也。'《釋文》云:'夷,如字,陳也,本或作侇。'"《儀禮·士喪禮》:士舉,男女奉尸,～于堂。(1136 下)

侏 zhū 見下。

【侏儒】身材矮小的人。爲依靠自己的技能供官役使、食養之人。孫希旦《正義》:"此等既非老無告,不可特與常餼,然既有病,又不可不養,故各以器能供官役使,以廩餼食之。"《禮記·王制》:瘖、聾、跛、躃、斷者、～、百工,各以其器食之。(1347 上)

佾 yì 古代樂舞的行列。一行八人爲一佾。佾的多少表示等級的高低,天子爲八佾,諸侯六佾,大夫四佾,士二佾。鄭玄《注》:"佾猶列也。"朱熹《論語集注》:"天子八,諸侯六,大夫四,士二。每佾人數如其佾數。或曰:'每佾八人。'未詳孰是。"《禮記·祭統》:八～以舞《大夏》,此天子之樂也。(1607 下)

佩 pèi 玉佩。繫掛在腰部衣帶上的裝飾物。孔穎達《疏》:"佩,謂玉佩也。"《禮記·曲禮下》:立則磬折垂～。(1256 上)

【佩玉】❶懸繫於衣帶的玉飾。由三部分組成,上有衡,中有琚瑀,下有衝牙。衝牙兩邊有璜,行走時衝牙撞擊璜作聲。亦稱雜佩。《玉府》賈公彥《疏》:"《詩傳》曰:'佩玉,上有葱衡,下有雙璜、衝牙,嬪珠以納其間。'"孫詒讓《正義》:"宋以後説者皆謂瑀在中組,雙琚在旁,咸無塙證,今亦無以定之。"《周禮·天官·玉府》:共王之服玉、～、珠玉。(0678 上)《禮記·玉藻》:凡帶必有～,唯喪否。～有衝牙。(1482 中)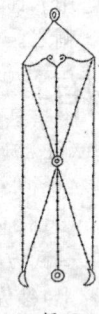

佩玉

❷佩戴玉佩。君子佩玉,既爲飾物,亦以玉比德,是身份的象徵。不同地位的人佩帶不同顏色、不同質地的玉,如天子佩白玉,公侯佩山玄玉,大夫佩水蒼玉,世子佩瑜玉,士佩瓀玫玉等;且其結繫之帶亦有顏色及質地的區別。鄭玄《注》:"比德焉。君子、士以上。"孔穎達《疏》:"《詩·秦風》云:'言念君子,溫其如玉。'是玉以比德。按《聘義》云:'溫潤而澤,仁也;縝密以栗,知也;廉而不劌,義也;垂之如隊,禮也;孚尹旁達,信也。'是玉以比德也。"《禮記·玉藻》:古之君子必～。(1482 中)

【佩垂】佩物離身懸垂。身體微俯時所繫佩物下垂之狀,以示謙恭。臣佩物下垂之狀,均依主君之俯仰爲準,君佩倚,則臣佩垂;君佩垂,則臣佩委。鄭玄《注》:"君臣俛仰之節。……小俛則垂,大俛則委於地。"孔穎達《疏》:"君若直立佩倚於身,則臣宜曲折。曲折則佩不得倚身,故縣垂於前也。"參見"佩倚"。《禮記·曲禮下》:主佩倚,則臣~;主~,則臣佩委。(1256上)

【佩委】佩物下垂委地。表示俯身極深,極其謙恭。鄭玄《注》:"君臣俛仰之節。……小俛則垂,大俛則委於地。"孔穎達《疏》:"言君若重慎折身而佩垂,則屈彌曲,則佩罄委於地。"參見"佩垂"。《禮記·曲禮下》:主佩倚,則臣佩垂;主佩垂,則臣~。(1256上)

【佩帨】佩巾。《禮記·內則》:婦或賜之飲食、衣服、布帛、~、茝蘭,則受而獻諸舅姑。(1463中)

【佩倚】佩物倚貼於身。身體直立時所繫佩物下垂之狀。鄭玄《注》:"君臣俛仰之節。倚,謂附於身。小俛則垂,大俛則委於地。"孔穎達《疏》:"主,謂君也。倚,猶附也。君宜直立,則佩直附倚身,而縣垂不出前。"參見"佩垂"。《禮記·曲禮下》:主~,則臣佩垂;主佩垂,則臣佩委。(1256上)

侈 chǐ 見下。

【侈袂】衣袖寬大。爲大夫以上弔服之衣袖,寬三尺三寸。鄭玄《注》:"袂之小者二尺二寸,大者半而益之,則侈袂三尺三寸。"孫希旦《集解》:"弁經,大夫以上之弔服也。侈,大也。士之弔衰,袂二尺二寸。"《禮記·雜記下》:凡弁經,其衰~。(1566上)

依 yǐ ❶用同"扆"。戶牖之間所設,狀如屏風。《曲禮下》孔穎達《疏》:"依,狀如屏風,以絳爲質,高八尺,東西當戶牖之間。繡爲斧文也。亦曰斧依。"《周禮·春官·司几筵》:王位設黼~,~前南鄉設莞筵紛純。(0774下)《儀禮·士虞禮》:佐食無事則出戶,負~,南面。(1171上)《禮記·曲禮下》:天子當~而立,諸侯北面而見天子,曰覲。(1265中) ❷用以纏弓弦的革。鄭玄《注》:"依,纏弦也;撻,拊側矢道。皆以韋爲之。"賈公彥《疏》:"依者,謂以韋依纏其弦,即今時弓弭是也。"《儀禮·既夕禮》:有柲,設~,撻焉。(1164中)

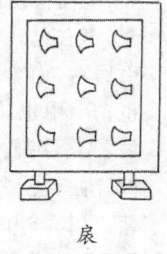
扆

(俠) jiā 見下。

俠

【俠牀】即夾牀。喪禮中,男女喪主分別在屍牀的兩側相對而處。賈公彥《疏》:"言俠牀者,男子牀東,婦人牀西,以近而言也。"胡培翬《正義》:"盛世佐曰:'俠,通夾。俠牀,在牀西也,與男子相對,故曰俠牀。'"《儀禮·士喪禮》:入,坐于牀東。衆主人在其後,西面。婦人~,東面。(1129中)

保 bǎo ❶即保傅。負責保護及教育太子及諸侯子弟的官員。孔穎達《疏》:"保,是護也;輔,相也;翼,助也。謂護慎世子之身,輔相翼助,使世子而歸於道。"《禮記·文王世子》:大傅在前,少傅在後,入則有~,出則有師,是以教喻而德成也。……~也者,慎其身以輔翼之,而歸諸道者也。(1407上) ❷保母。鄭玄《注》:"保,保母。"參見"保母"。《禮記·內則》:~受,乃負之。(1469中)

【保介】車右。即立於車右,披甲執兵,擔任侍衛的勇士。鄭玄《注》:"保介,車右也。……君之車必使勇士衣甲居右,而參乘備非常也。保,猶衣也;介,甲也。"《禮記·月令》:乃擇元辰,天子親載耒耜,措之於參~之御間,帥三公、九卿、諸侯、大夫,躬耕帝藉。(1356中)

【保氏】職官名。掌諫王之過失,教國子六藝、六儀。爵下大夫。《周禮·地官·保氏》:~,掌諫王惡,而養國子以道。(0731上)

【保母】宮中負責子女起居的女妾。鄭玄《注》:"慈母,知其嗜欲者。保母,安其居處者。士妻食乳之而已。"孫希旦《集解》:"養子備三母,人君之禮也。……然則大夫之子,但以庶母爲慈母,而兼子師、保母之事與?"《禮記·內則》:必求其寬裕、慈惠、溫良、恭敬、慎而寡言者,使爲子師,其次爲慈母,其次爲~。(1469中)

【保庸】酬賞有功人員。爲天子統馭萬民的八項措施(八統)之一。鄭玄《注》:"保庸,安有功者。"賈公彥《疏》:"保,安也。庸,功也。有功者上下俱賞之,以祿使心安也。"《周禮·天官·大宰》:以八統詔王馭萬民:一曰親親,二曰敬故,三曰進賢,四曰使能,五曰~,六曰尊貴,七曰達吏,八曰禮賓。(0646下)

【保息六】安養、蕃息百姓的六項措施。即慈幼、養老、振窮、恤貧、寬疾、安富。爲大司徒所掌。鄭玄《注》:"保息,謂安之使蕃息也。"《周禮·地官·大司徒》:以~養萬民:一曰慈幼,二曰養老,三曰振窮,四曰恤貧,五曰寬疾,六曰安富。(0706中)

【保章氏】職官名。掌觀測、記錄天星變動,以觀天下之變,以辨吉凶。爵中士、下士。《周禮·春官·保章氏》:~,掌天星,以志星辰日月之變動,以觀天下之遷,辨其吉凶。(0819上)

俎 zǔ 祭祀、宴饗時盛放牲體或其他食物的禮器。木製,平面四足。以其盛放牲體之不同,而有豕俎、羊俎、牛俎、魚俎、腊俎、膚俎、燔俎、胏俎等專名。依《禮記·明堂位》,其名稱、形制歷代亦各有異。《周禮·天官·膳夫》:鼎十有二,物皆有~。(0660上)《儀禮·公食大夫禮》:上大夫八豆、八簋、六鉶、九~。(1085中)《禮記·明堂位》:~,有虞氏以梡,夏后氏以嶡,殷以椇,周以房俎。(1491下)

【俎豆】俎和豆。祭祀、宴饗時盛放食物的兩種禮器。豆盛葅醢等濡汁食物,形似高腳盤。詳見"俎""豆①"。《周禮·夏官·司士》:帥其屬而割牲,羞~。(0849下)《禮記·鄉飲酒義》:仁義接,賓主有事,~有數,曰聖。(1683上)

【俎簋】俎和簋。祭祀時所用的兩種禮器。俎載牲體,簋盛黍稷。鄭玄《注》:"俎簋,牲與黍稷。"《周禮·春官·小史》:大祭祀,讀禮灋,史以書敘昭穆之~。(0818中)

信 ㊀ shēn 見下。

【信圭】即伸圭。爲六瑞之一。圭長七寸,刻人形較直。因爲天子所命,又謂之命圭。爲侯所執。孫詒讓《正義》:"段玉裁云:'信,古伸字。伸圭、躬圭同象人形爲瑑飾,而伸圭人形直,躬圭人形微曲.'……其義較鄭爲長。然則信圭又以所刻人形曲直爲別,不徒瑑文麤縟之判矣。"一說,"信"當爲"身"。身圭畫文較繁細。鄭玄《注》:"信當爲身,聲之誤也。身圭、躬圭,蓋皆象以人形,爲瑑飾,文有麤縟耳。欲其慎行以保身。圭皆長七寸。"《周禮·春官·大宗伯》:以玉作六瑞,以等邦國:王執鎮圭,公執桓圭,侯執～,伯執躬圭,子執穀璧,男執蒲璧。(0762上)

信圭

㈡ xìn 見下。

【信₂誓旦旦】誠信的誓言真摯懇切。引自《詩經·衛風·氓》。原詩意爲棄婦怨恨丈夫背棄誓言,另就新歡。孔子引以說明,君子當言語誠實不欺,否則必將招來怨恨。今爲成語。《禮記·表記》:《國風》曰:"言笑晏晏,～。"(1644上)

侯

hóu ❶爵位名。諸侯爵位公、侯、伯、子、男五等爵的第二等。七命,封疆方四百里。《周禮·春官·典命》:～伯七命,其國家、宮室、車旗、衣服、禮儀皆以七爲節。(0780中)《儀禮·覲禮》:公、～、伯、子、男皆就其旂而立。(1093上)《禮記·王制》:王者之制祿爵,公、～、伯、子、男,凡五等。(1321下)❷箭靶。以布爲之謂之布侯,邊側以獸皮爲飾的謂之皮侯。侯之形制:侯中謂之鵠,鵠中謂之正,正中謂之質。侯中的上下幅稱爲躬;侯左右伸出的部分稱爲舌(亦稱"个"),舌兩端以繩(綱)連綴,繫於兩旁所植之木(植),

侯的大小取決於侯道的矩離。大射王共三侯:虎侯、熊侯、豹侯;諸侯共二侯:熊侯、豹侯;卿大夫僅共麋侯。《周禮·夏官·射人》:王以六耦射三～,三獲三容,樂以《騶虞》,九節五正。(0845上)《儀禮·鄉射禮》:凡～:天子熊侯,白質;諸侯麋侯,赤質;大夫布侯,畫以虎、豹;士布侯,畫以鹿、豕。(1010中)❸迎候嘉善吉祥之祭。賈公彥《疏》:"侯者,候迎善祥;禳者,禳去殃氣。"《周禮·春官·肆師》:與祝～禳于畺及郊。(0769中)❹諸侯的通稱。多用於朝見天子或主持祭祀時的自稱,亦用作在其封國之外的稱呼。鄭玄《注》:"外,自其國之外。九州之中曰侯者,本爵也。"孫希旦《集解》:"於外曰侯者,亦依其本爵稱之,若《春秋》書晉侯、齊侯是也。"《禮記·曲禮下》:天子同姓謂之"叔父",異姓謂之"叔舅",於外曰"～",於其國曰"君"。……諸侯見天子曰"臣某～某"。……臨祭祀,內事曰"孝子某～某",外事曰"曾孫某～某"。(1265上、1266中)

【侯弓】射侯之弓。此弓角及幹均善,筋較差,故箭疾速而能射遠,但不能深入。鄭玄《注》:"射侯之弓也。幹又善,則矢疾而遠。"《周禮·冬官考工記·弓人》:覆之而幹至,謂之～。(0937中)

【侯中】箭靶的中央。侯中的大小由侯道的長度來確定。胡培翬《正義》引張爾岐云:"侯之遠近五十弓,每弓取二寸以爲侯中之數,故十尺也。"《儀禮·鄉射禮》:侯道五十弓,弓二寸以爲～。(1012上)

【侯氏】謂諸侯自身。《覲禮》鄭玄

《注》:"不言諸侯言侯氏者,明國殊舍異,禮不凡之也。"賈公彥《疏》:"言諸侯則凡之總稱,言侯氏則指一身,不凡之也。"《儀禮·覲禮》:~亦皮弁迎于帷門之外,再拜。(1087下)《禮記·射義》:曾孫~,四正具舉。(1687中)

【侯社】諸侯在藉田上爲自己所立的祭土神之處。孔穎達《疏》:"其諸侯國社亦在公宮之右,侯社在藉田。"《禮記·祭法》:諸侯自爲立社,曰~。(1589下)

【侯服】王畿之外方五百里之地區。爲"九服"中之最近者。九服爲侯、甸、男、采、衛、蠻、夷、鎮、藩,每服五百里。鄭玄《注》:"服,服事天子也。"賈公彥《疏》:"言侯者,侯之言候,爲王斥候。"《周禮·夏官·職方氏》:方千里曰王畿,其外方五百里曰~,其外方五百里曰甸服,又其外方五百里曰男服,又其外方五百里曰采服,又其外方五百里曰衛服,又其外方五百里曰蠻服,又其外方五百里曰夷服,又其外方五百里曰鎮服,又其外方五百里曰藩服。(0863中)

【侯道】射者與射侯之間的距離。天子、諸侯之大侯,侯道九十步(一步六尺)。卿大夫之參侯,侯道七十步。士之干侯,侯道五十步。《儀禮·大射》:司馬命量人量~與所設乏以貍步:大侯九十,參七十,干五十。(1028上)

【侯畿】即侯服。王畿之外方五百里之地區。爲"九服"中之最近者。《周禮·夏官·大司馬》:方千里曰國畿,其外方五百里曰~,又其外方五百里曰甸畿,又其外方五百里曰男畿,又其外方五百里曰采畿,又其外方五百里曰衛畿,又其外方五百里曰蠻畿,又其外方五百里曰夷畿,又其外方五百里曰鎮畿,又其外方五百里曰蕃畿。(0835下)

【侯禳(ráng)】迎祥除災之祭。侯爲迎候嘉慶,禳爲去除凶咎。爲小祝之職。賈公彥《疏》:"侯之言候也,候嘉慶,祈福祥之屬。禳,禳卻凶咎,寧風旱之屬。"《周禮·春官·小祝》:掌小祭祀將事~、禱、祠之祝號,以祈福祥,順豐年,逆時雨,寧風旱,彌烖兵,遠皋疾。(0811下)

俑 yǒng 用以殉葬的木偶、陶俑。孔子反對用俑殉葬,因其與人相似。鄭玄《注》:"俑,偶人也。有面目機發,有似於生人。孔子善古而非周。"孫希旦《集解》:"孔子以其象人而用之,故謂爲不仁。"《禮記·檀弓下》:孔子謂爲芻靈者善,謂爲~者不仁,殆於用人乎哉!(1303上)

俊 jùn 指俊士。參見"俊士"。《禮記·王制》:王大子、王子、羣后之大子、卿大夫、元士之適子、國之~選,皆造焉。(1342上)

【俊士】從選士中挑選優秀人才升入太學者。鄉里德才兼秀者爲秀士,從秀士中簡拔而推薦給司徒者稱選士,從選士中簡拔而升之國學者稱俊士。鄉里不徵選士之徭役,司徒不徵俊士之徭役。鄭玄《注》:"可使習禮者,學大學。"《禮記·王制》:命鄉論秀士,升之司徒,曰選士。司徒論選士之秀者而升之學,曰~。(1342上)

【俊選】俊士與選士。參見"俊士""選士"。《禮記·王制》:王大子、王子、羣后之大子、卿大夫、元士之適子、國

之~,皆造焉。(1342上)

倚

yǐ 見下。

【倚廬】居喪之處。倚木臨時搭成的簡陋棚屋。喪禮,哀情至重者居倚廬,如孝子爲父母,大夫爲君。婦人不居倚廬。《喪大記》孔穎達《疏》:"居倚廬者,謂於中門之外東牆下倚木爲廬。"聶崇義《三禮圖集注》引楊垂《喪服圖》曰:"凡起廬,先以一木橫於牆下,去牆五尺,臥於地爲楣,即立五椽於上,斜倚東墉上,以草苫蓋之。其南北亦以草屏之,向北開門一。(孝)廬門簾以縗布。廬形如偏屋,其間容半席。"《儀禮·喪服》:居~,寢苦枕塊。哭晝夜無時。(1097中)《禮記·喪大記》:父母之喪,居~,不塗,寢苦枕凷,非喪事不言。(1581上)

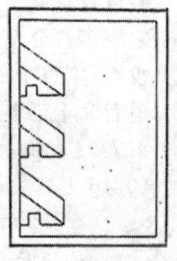
倚廬

倒

dào 見下。

【倒載干戈】倒置干戈等兵器。表示偃兵息武。孔穎達《疏》:"倒載而還鎬京也。所以倒之者,熊氏云:'凡載兵之法,皆刃向外。今倒載者,刃向國,不與常同,故云倒載也。'"今爲成語。《禮記·樂記》:馬散之華山之陽而弗復乘,牛散之桃林之野而弗復服,車甲衅而藏之府庫而弗復用,~包之以虎皮,將帥之士使爲諸侯,名之曰建櫜。(1542下)

條

(条) ㊀ tiáo 見下。

【條屬】喪冠形制。以麻繩或布條挽綴成喪冠的武(冠圈),所餘垂下爲冠纓,將冠與武連綴在一起。《雜記上》孔穎達《疏》:"屬,猶著也。謂取一條繩屈之爲武,垂下爲纓,以著冠,故云條屬。"《喪服》胡培翬《正義》:"謂纓武同材,以一條繩屈而繞之爲武,又垂其餘以爲纓也。云著之冠者,謂武纓皆上縫著於冠也。"《儀禮·喪服》:冠繩纓,~,右縫。(1097中)《禮記·雜記上》:喪冠~,以別吉凶。三年之練冠,亦~,右縫。(1554下)

【條纓】絲帶。飾於馬胸前。條,用同"絛"。賈公彦《疏》:"條,讀爲絛。其樊及纓以絛絲飾之而五成。"《周禮·春官·巾車》:革路,龍勒,~五就,建大白,以即戎,以封四衛。(0823中)

㊁ dí 見下。

【條₂狼氏】職官名。掌清除道路,驅避行人。爵下士。《周禮·秋官·條狼氏》:~,掌執鞭以趨辟。(0888上)

脩

㊀ xiū 加薑桂搗捶做成的乾肉。《膳夫》鄭玄《注》引鄭司農云:"脩,脯也。"賈公彥《疏》:"言脩、脯也者,謂加薑桂鍛治者謂之脩,不加薑桂以鹽乾之者謂之脯。"《周禮·天官·膳夫》:凡肉~之頒賜,皆掌之。(0660下)《儀禮·有司》:糗在籩西,~在白西。(1210上)《禮記·少儀》:其以乘壺酒,束~、一犬賜人。(1514上)

【脩閭氏】職官名。掌王城中治安秩序。爵下士。《周禮·秋官·脩閭氏》:~,掌比國中宿互欙者與其國粥,而比其追胥者。(0888上)

㊁ yǒu 用同"卣"。酒器。鄭玄

《注》:"廟用脩者,謂始祴時,自饋食始。……脩,讀爲卣。卣,中尊。"《周禮·春官·鬯人》:凡祭祀,社壝用大罍,禜門用瓢齎,廟用~。(0771 上)
㊂ dí 見下。

【脩₃酳】以水和酒而過濾之,使可酳。爲酳酒之方法。鄭玄《注》:"脩讀如滌濯之滌。滌酳,以水和而沸之。"一說,爲以水洗勺而酳。鄭玄《注》引鄭司農云:"脩酳者,以水洗勺而酳也。"《周禮·春官·司尊彝》:凡六彝、六尊之酳,鬱齊獻酳,醴齊縮酳,盎齊涗酳,凡酒~。(0774 中)

候

hòu 見下。

【候人】職官名。負責道路治理及其禁令,護送往來賓客使臣。爵上士、下士。《周禮·夏官·候人》:~,各掌其方之道治與其禁令,以設~。(0844 上)

【候館】供往來使者休止之客舍。設於遠郊以外,備有糧草。其重屋樓房,有瞭望之用。鄭玄《注》:"候館,樓可以觀望者也。"孫詒讓《正義》:"蓋候館之制尤備,不徒有室,又有高明樓榭,足供候望觀眺。"《周禮·地官·遺人》:五十里有市,市有~,~有積。(0728 中)

倫

(伦) lún 精而脆之牲肉。鄭玄《注》:"倫,理也。謂精理滑脆者。"《儀禮·公食大夫禮》:~膚七,腸、胃、膚皆橫諸俎,垂之。(1081 上)

【倫膚】紋理精細嫩滑的帶皮牲肉。淩廷堪《儀禮釋例》卷五《釋牲上篇》:"皮謂之膚,精者謂之倫膚。"《儀禮·公食大夫禮》:魚、腸胃、~,若九、若

十有一。(1085 中)

倅

cuì 聚集的部隊。孫詒讓《正義》:"竊謂此倅當從故書爲'卒',而讀爲'萃'。……此國子之萃,萃即聚集部隊之名。"一說,鄭玄《注》:"故書倅爲卒。鄭司農云:'卒讀如物有副倅之倅。'"《周禮·夏官·諸子》:諸子,掌國子之~,掌其戒令與其教治,辨其等,正其位。(0850 上)

【倅車】副車。天子乘戎車,倅車十二乘以爲護衛。鄭玄《注》:"倅車,戎車之副。"賈公彥《疏》:"王出征伐,王乘戎路,副車十二乘皆從王行,則使有爵者命士已上乘之。"《周禮·夏官·射人》:大師,令有爵者乘王之~。(0846 上)

倉

(仓) cāng 儲藏糧食的方形倉庫。《匠人》賈公彥《疏》:"方曰倉,圓曰囷,穿地曰窌。"《周禮·冬官考工記·匠人》:囷、窌、~、城,逆墻六分。(0933 中)《禮記·月令》:是月也,可以築城郭,建都邑,穿寶窖,脩囷~。(1374 中)

【倉人】職官名。掌管糧食貯存及供給。爵中士、下士。《周禮·地官·倉人》:~,掌粟入之藏。(0750 上)

【倉玉】青色的玉。春季屬木,木色青,故春月天子之器皆用青色,所佩之玉爲倉玉。孫希旦《集解》:"高氏誘曰:衣服佩玉皆青者,順木色也。"《禮記·月令》:天子居青陽大廟,乘鸞路,駕倉龍,載青旂,衣青衣,服~。(1361 中)

【倉庚】鳥名。即黃鶯、黃鸝。《禮記·月令》:始雨水,桃始華,~鳴,鷹化爲鳩。(1361 中)

【倉廩】儲藏穀米的倉庫。孔穎達《疏》:"蔡氏云:'穀藏曰倉,米藏曰廩。'"《禮記·月令》:天子布德行惠,命有司發～,賜貧窮,振乏絕。(1363中)

【倉龍】青色高大的馬。春季屬木,木色青,故春月天子之物皆用青色,所駕之馬爲倉龍。鄭玄《注》:"馬八尺以上爲龍。"孫希旦《集解》:"高氏誘曰:衣服佩玉皆青者,順木色也。"《禮記·月令》:天子居青陽左个,乘鸞路,駕～,載青旂,衣青衣,服倉玉。(1355中)

倨 jù 見下。

【倨句】物體彎曲的形狀角度。微曲爲倨,甚曲爲句。即呈鈍角以至180度叫倨,呈銳角叫句。孫詒讓《正義》:"此經說制器曲折形勢,凡侈者曰倨,斂者曰句,合校其角度之銳鈍,則曰倨句。"《周禮·冬官考工記·冶氏》:已倨則不入,已句則不決,長内則折前,短内則不疾,是故～外博。(0915中)

俏 bèi 見下。

【俏立】側身站立。行投壺禮時,立於堂下的弟子不得側身而立,否則就要罰酒。孔穎達《疏》:"俏立,謂不正面前。"《禮記·投壺》:毋憮,毋敖,毋～,毋踰言。～、踰言有常爵。(1667上)

側 (側) cè 見下。

【側席】單獨一席。父母有病時兒子獨席而坐,不與人共席。鄭玄《注》:"側,猶特也。憂不在接人,不布他面席。"孔穎達《疏》:"憂亦謂親有病也。側猶獨也。獨席謂獨坐,不舒他面席也。"《禮記·曲禮上》:有憂者～而坐,有喪者專席而坐。(1244上)

【側室】燕寢旁側之室。孔穎達《疏》:"夫正寢之室在前,燕寢在後,側室又次燕寢,在燕寢之旁,故謂之側室。"《禮記·內則》:夫齊,則不入～之門。(1469上)

【側殺】獨殺一豕。爲士祭祀祖廟。鄭玄《注》:"側殺,殺一牲也。"《儀禮·特牲饋食禮》:立于門外東方,南面,視～。(1180下)

【側階】正室的北階。孫希旦《集解》:"側階,北階也。側,特也。堂南,東西有階,其北惟東方有之,故曰'側階'。"《禮記·雜記下》:夫人至,入自闈門,升自～,君在阼。(1567上)

【側尊】祇設酒醴,不用玄酒。設尊一般有二,一爲玄酒,一爲醴。冠禮無玄酒,故稱側尊。鄭玄《注》:"側猶特也,無偶曰側。置酒曰尊,側者,無玄酒。"《儀禮·士冠禮》:～一甒醴,在服北。(0951上)

【側聽】在旁偷聽。此爲禮所不允許者。鄭玄《注》:"嫌探人之私也。側聽,耳屬於垣。"《禮記·曲禮上》:毋～,毋噭應,毋淫視,毋怠荒。(1240中)

偶 ǒu 見下。

【偶坐不辭】陪同他人吃飯不必推辭。因爲此盛筵並非爲己而設。鄭玄《注》:"盛饌不爲己。"孔穎達《疏》:"偶,媲也。或彼爲客設饌,而招己往媵偶於客共食,此饌本不爲己設,故己不辭之也。"一解"偶坐"爲二人共坐。孔穎達《疏》:"一云偶,二也。若唯獨有己,主人設饌,己當辭謝。若與他人俱坐,則己不假辭,以主人意不必在己也。"《禮記·曲禮上》:御同於長者,雖貳不辭,~。(1243下)

俋

yǐ 拉長哭聲的餘音。鄭玄《注》:"俋,聲餘從容也。"《禮記·間傳》:大功之哭三曲而~,小功、緦麻哀容可也。(1660下)

偏

piān 見下。

【偏駕】諸侯所乘的與王相同之車駕。天子所乘車駕共五路,稱爲正駕。五路中除玉路不賜予諸侯外,其餘四路根據同姓、異姓以及遠近親疏的不同,分賜諸侯,稱爲偏駕。依禮,偏駕不得進入王都城門。鄭玄《注》:"在旁與己同曰偏。同姓金路,異姓象路,四衛革路,蕃國木路,駕之與王同,謂之偏駕。"賈公彥《疏》:"依《周禮·巾車》掌王五路,玉路以祀,不賜諸侯;金路以賓,同姓以封;象路以朝,異姓以封;革路以即戎,以封四衛;木路以田,以封蕃國。此五路者,天子所乘爲正。四路者,諸侯乘之爲偏。"胡培翬《正義》引方苞曰:"入王都而羣駕天子之車,則使人疑。故五等之國乘墨車,所以彰臣節,定民志也。不入王門,則於畿內得乘可知矣。"《儀禮·覲禮》:~不入王門。(1094中)

【偏諱】名有二字的,祇需諱其中一字。爲避諱的方法之一。鄭玄《注》:"偏,謂二名不一一諱也。孔子之母名徵在,言'在'不稱'徵',言'徵'不稱'在'。"《禮記·曲禮上》:禮,不諱嫌名。二名不~。(1251上)

假

jiǎ 見下。

【假道】借路。使者出聘,若途經他國,在到達國境時,派遣次介向該國行借道之禮。鄭玄《注》:"至竟而假道,諸侯以國爲家,不敢直徑也。"《儀禮·聘禮》:若過邦,至于竟,使次介~。(1048上)

備

(备) bèi 獸爪。賈公彥《疏》:"虎豹有須備,獻之以擬器物之用也。"孫詒讓《正義》引惠士奇云:"備所以衛也,爪牙所以衛其體。"《周禮·秋官·冥氏》:若得其獸,則獻其皮、革、齒、須、~。(0888中)

【備數】充數。謙辭。胡培翬《正義》:"備數而擇之,若曰不專采己女然,謙也。"《儀禮·士昏禮》:吾子有命,且以~而擇之,某不敢辭。(0972中)

【備百姓】送女爲天子后妃的謙辭。孔穎達《疏》:"姓,生也。言致此女備王之后妃以下百二十人,以生廣子孫。"《禮記·曲禮下》:納女於天子曰"~",於國君曰"備酒漿",於大夫曰"備埽灑"。(1270下)

【備酒漿】送女爲諸侯夫人的謙辭。孔穎達《疏》:"酒漿是婦人之職也,故送女而持此爲辭。轉卑不敢言百姓也。"《禮記·曲禮下》:納女於天子曰"備百姓",於諸侯曰"~",於大夫曰"備埽灑"。(1270下)

【備埽灑】送女爲大夫妻的謙辭。孔穎達《疏》:"彌賤也,不敢同諸侯,故不得言酒漿也。"《禮記·曲禮下》:納女於天子曰"備百姓",於諸侯曰"備

酒漿",於大夫曰"～"。(1270下)

傅 fù 師傅。負責教導天子、諸侯之子的人。《禮記·曾子問》:古者男子外有～,內有慈母,君命所使教子也,何服之有！(1393下)

【傅別】券書。券書上手寫的文字從中間分開,雙方各執一半以核驗。爲官府治理政事的八種成規之一。鄭玄《注》:"鄭司農云:'……傅別,謂券書也。聽訟責者以券書決之。傅,傅著約束於文書;別,別爲兩,兩家各得一也。'……(玄)云傅別,謂爲大手書於一札,中字別之。"孫詒讓《正義》:"中字別之,謂字一行中分而爲兩。……傅別,破別爲二,各執其一,責時則合二者以爲驗。"《周禮·天官·小宰》:以官府之八成經邦治:一曰聽政役以比居,二曰聽師田以簡稽,三曰聽閭里以版圖,四曰聽稱責以～,五曰聽禄位以禮命,六曰聽取予以書契,七曰聽賣買以質劑,八曰聽出入以要會。(0654上)

禽 qín 鳥類,家禽。亦泛指鳥獸。常用作食物或禮物。《周禮·春官·大宗伯》:以～作六摯,以等諸臣:孤執皮帛,卿執羔,大夫執鴈,士執雉,庶人執鶩,工商執雞。(0762上)《儀禮·聘禮》:～羞俶獻,比。(1075上)《禮記·聘義》:乘～日五雙,羣介皆有餼牢。(1693中)

【禽羞】烹熟的禽鳥肉。鄭玄《注》:"禽羞,謂成熟有齊和者。"賈公彥《疏》:"以其稱羞,謂若庶羞、內羞等。故稱禽,則以鴈鶩等爲之,故以成熟解之。"《儀禮·聘禮》:～俶獻,比。(1075上)

【禽獻】❶獻禽於賓客。鄭玄《注》:"禽獻,獻禽於賓客。"《周禮·天官·庖人》:共喪紀之庶羞,賓客之～。(0661中)❷供王食用的佳餚。其物隨四時而更變。鄭玄《注》:"用禽獻,謂煎和之以獻王。"《周禮·天官·庖人》:凡用～,春行羔豚,膳膏香;夏行腒鱐,膳膏臊;秋行犢麑,膳膏腥;冬行鱻羽,膳膏羶。(0661中)

傳 (传) ㊀ zhuàn ❶書傳,著作。《喪服》賈公彥《疏》:"《傳》別舉傳者,是子夏引舊傳證成己義故也。"《服問》孔穎達《疏》:"《傳》曰者,是舊有成傳,記者引之。"《儀禮·喪服》:《傳》曰:慈母者何也?《～》曰:妾之無子者,妾子之無母者,父命妾曰:女以爲子。(1103下)《禮記·服問》:《～》曰:"母出則爲繼母之黨服,母死則爲其母之黨服。"(1658下)❷出入關口、國門等的文書憑證。凡通行於天下,一定要有符節,以傳輔之。鄭玄《注》:"傳,如今移過所文書。"《周禮·地官·司關》:凡所達貨賄者,則以節～出之。(0739中)❸《儀禮》中的《傳》是《喪服》中特有的,也叫"服傳",是對《喪服》經文及其"記"所做的解釋性文字。唐人相傳爲孔子弟子卜商(子夏)所傳。1959年7月在甘肅武威出土的竹木簡,有單行的《喪服傳》及單行的《喪服》,可證在西漢時,經傳尚未合一。據今人沈文倬《漢簡〈服傳〉考》考證,《服傳》蓋成書於周慎靚王(公元前320年)至秦始皇三十四年(前213)之間,始爲單行本,《白虎通德論》曾徵引,馬融亦爲之注,以後始有經傳合本。《儀禮·喪服》:《～》曰:斬者何? 不緝也。(1097中)❹指《禮記·大傳》。鄭玄

《注》:"傳,此引《大傳》文也。"參見"大傳"。《禮記·服問》:"《~》曰'有從輕而重'",公子之妻爲其皇姑。(1658下)

【傳遽】傳車驛馬。亦指乘傳車驛馬傳達王命。鄭玄《注》:"傳遽,若今時乘傳騎驛而使者也。"《周禮·秋官·行夫》:掌邦國~之小事,媺惡而無禮者。(0899中)

【傳遽之臣】供役使、奔走的小臣。爲士對自己國君的自謙之辭。孔穎達《疏》:"士位卑,給車馬役使,故稱傳遽,亦爲對己君也。"《禮記·玉藻》:士曰"~",於大夫曰"外私"。(1485中)

㊁ chuán 見下。

【傳₂重】將宗廟主的重任傳給嫡長子。古代宗法制度,祇有嫡子纔能主持禰廟之祭。鄭玄《注》:"重,其當先祖之正體,又其將代己爲宗廟主也。"胡培翬《正義》引程瑶田《喪服足徵記》云:"其長子適適相承,是己所受之重將於長子傳之,是爲'又乃將所傳重'也,……猶云又乃將所受之重傳之也。"嫡長子將受重成爲宗廟主,故嫡長子死,父要爲之服三年之喪。《儀禮·喪服》:《傳》曰:何以三年也?正體於上,又乃將所~也。(1100下)

【傳₂擯】傳達天子之命而佐禮事之人。諸侯來朝,王設傳命之擯,於公、侯、伯各一人,子、男一人,共四人。鄭玄《注》:"四傳擯者,每一位畢,擯者以告,乃更陳列而升。其次公也,侯也,伯也,各一位;子男俠門而俱東上,亦一位也。"《儀禮·覲禮》:公、侯、伯、子、男皆就其旂而立。四~。(1093上)

傴

(伛) yǔ 見下。

【傴者不袒】曲背的人不肉袒。喪以哀爲主,故身有痼疾,不求備禮。孫希旦《集解》:"傴者曲背,故不袒,以其不便於袒也。"《禮記·問喪》:然則禿者不免,~,跛者不踊,非不悲也,身有錮疾,不可以備禮也。(1656下)

傷

(伤) shāng 致傷辭。喪禮,與死者相識要致傷辭。鄭玄《注》:"人恩各施於所知也。"《禮記·曲禮上》:知生者弔,知死者~。(1249上)

【傷而不弔】(與死者相識而與死者家人不相識)致傷辭而不致弔辭。爲弔、傷之禮。鄭玄《注》:"弔、傷皆謂致命辭也。"孔穎達《疏》:"若存之與亡並識,則遣設弔辭傷辭兼行。若但識生而不識亡,則唯遣設弔辭而無傷辭。……若但識亡,唯施傷辭而無弔辭也。"《禮記·曲禮上》:知生而不知死,弔而不傷;知死而不知生,~。(1249上)

僚

liáo 見下。

【僚友】同官之人。鄭玄《注》:"僚友,官同者。"《禮記·曲禮上》:故州閭鄉黨稱其孝也,兄弟親戚稱其慈也,~稱其弟也,執友稱其仁也,交遊稱其信也。(1233上)

僕

(仆) pú ❶卿大夫之家臣。《聘禮》鄭玄《注》:"云僕爲祝者,大夫之臣攝官也者。"《禮運》孔穎達《疏》:"卿大夫之僕,又賤於臣。若仕於大夫之家,即自稱曰僕,彌更卑賤也。"《儀禮·聘禮》：～爲祝。(1074下)《禮記·禮運》：故仕於公曰臣,仕於家曰～。(1418 上)❷駕馭五路之官員。如大馭、戎僕、齊僕等。賈公彥《疏》："僕即大馭也。"《周禮·夏官·大馭》：及祭,酌～,～左執轡。(0857 下)❸駕車之人。孔穎達《疏》："僕即御車者也。"《禮記·曲禮上》：君車將駕,則～執策立於馬前。(1252下)❹職官名。太僕。爲衆僕之長。鄭玄《注》："僕,大僕也。君燕朝則正位,掌擯相。"《禮記·儒行》：遽數之不能終其物,悉數之乃留,更～未可終也。(1668下)

【僕人】❶職官名。即大僕。掌管天子之服位,傳達王命,助王擊鼓,出入陪侍等。爲諸僕之長。爵下大夫。鄭玄《注》："僕人,大僕也。"《周禮·夏官·射人》：大喪,與～遷尸,作卿大夫掌事,比其廬,不敬者苛罰之。(0846 中)❷駕車之人。孔穎達《疏》："凡僕人,謂爲一切僕,非但爲君僕時也。"《禮記·曲禮上》：凡～之禮,必授人綏。(1252下)

【僕夫】管馬之官。爵上士。鄭玄《注》："趣馬下士,馭夫中士,則僕夫上士。"《周禮·夏官·校人》：三乘爲皁,皁一趣馬；三皁爲繫,繫一馭夫；六繫爲廄,廄一～。(0860 上)

【僕右】車僕與車右。孫詒讓《正義》："竊謂此僕即謂大馭、戎僕、齊僕、道僕、田僕,《校人》'臧僕'注云'僕,馭五路之僕'是也。"賈公彥《疏》："右謂勇力之士,在車右,備非常。"《周禮·秋官·條狼氏》：誓～曰殺,誓馭曰車轘。(0888 上)

【僕人士】職官名。僕人正的屬吏。鄭玄《注》："僕人正,僕人之長。師,其佐也。士,其吏也。"《儀禮·大射》：僕人正徒相大師,僕人師相少師,～相上工。(1033 中)

【僕人正】職官名。僕人之長。疑即天子之御僕。鄭玄《注》："僕人正,僕人之長。"胡培翬《正義》引《儀禮釋官》曰："案《周禮》小臣下有御僕,此經僕人與小臣聯職,疑即御僕之官。"《儀禮·大射》：～徒相大師,僕人師相少師,僕人士相上工。(1033 中)

【僕人師】職官名。僕人正的副手。鄭玄《注》："僕人正,僕人之長。師,其佐也。士,其吏也。"《儀禮·大射》：僕人正徒相大師,～相少師,僕人士相上工。(1033 中)

【僕人之禮】駕車之人的禮儀。駕車者一定要把綏授給乘車者。如果駕車之人地位低,乘車者就接受綏；否則,就不接受。接受綏時,乘車者要先撫僕人之手,然後再接受。如果駕車之人與乘車者地位相當,乘車者就從僕人手下取過綏,以示不敢當。《禮記·曲禮上》：凡～,必授人綏。若僕者降等則受,不然則否。若僕者降等,則撫僕之手；不然則自下拘之。(1252下)

僞 (偽) wěi 用同"帷"。帷幕。棺柩四週障柩之飾物。周人出殯,棺柩週圍置一如帳蓬形尖頂的木框架稱柳；柳上覆以幕巾,幕巾頂稱荒,四週稱帷,亦稱牆。鄭玄《注》："荒,蒙也。在旁曰帷,在上曰荒,皆所以衣柳也。……僞,當爲帷。"《禮記·喪大記》：飾棺：君龍帷,三池,振容,黼荒,火三列,黼三列,素錦褚,加～荒。(1584 上)

僎

zūn 前來觀禮並輔佐主人行禮的鄉人。參見"僎爵"。《禮記·鄉飲酒義》：賓、主，象天地也。介、～，象陰陽也。（1683 上）

【僎爵】主人獻僎的飲酒器。鄭玄《注》："古文《禮》僎作遵。遵爲鄉人爲卿大夫來觀禮者。"孔穎達《疏》："僎謂鄉人來觀禮副主人者也。……謂之爲遵者，方以禮樂化民，欲其遵法之也。"《禮記·少儀》：介爵、酢爵、～，皆居右。（1515 上）

儀

（仪）yí 儀節，禮儀。即行禮的位次、進退、揖讓、跪拜等。儀根據官爵之九等（即九命）而有等級之差別，不得逾越。《大司徒》鄭玄《注》："儀，謂君南面臣北面，父坐子伏之屬。"賈公彥《注》："儀謂以卑事尊，上下之儀有度，以辨貴賤之等。"《周禮·地官·大司徒》：五曰以～辨等，則民不越。（0703 上）《儀禮·特牲饋食禮》：長兄弟酬賓，如賓酬兄弟之～。（1190 中）《禮記·內則》：朝夕學幼～，請肄簡、諒。（1471 上）

【儀禮】書名。是春秋、戰國時代部分禮制、器物的彙編。先秦時祇稱《禮》，漢稱《士禮》《禮經》《禮記》等。魏、晉之際，人們始稱戴聖抄輯的有關古"禮"《記》文四十九篇爲《禮記》，遂始名漢儒所傳古《禮經》十七篇爲《儀禮》。是儒家經典"十三經"之一。全書十七篇，記載十五種古代禮儀及多種器物。《儀禮》對後世影響深遠，其中婚、喪、祭禮等多爲後世承襲。歷代研究《儀禮》者甚多。東漢鄭玄爲之作注，唐賈公彥疏。清張惠言有《儀禮圖》，胡培翬有《儀禮正義》四十卷。（0945 上）

儒

rú 有專門知識技藝的人。儒以道得民。爲維繫百姓、使民心不離散的九項措施（九兩）之一。鄭玄《注》："儒，諸侯保氏，有六藝以教民者。"《周禮·天官·大宰》：以九兩繫邦國之民：一曰牧，以地得民；二曰長，以貴得民；三曰師，以賢得民；四曰～，以道得民。（0648 中）

【儒行第四十一】《禮記》第四十一篇篇名。此篇主要介紹了儒者應當具備的品行。孔穎達《疏》引鄭玄《三禮目錄》云："名曰《儒行》者，以其記有道德者所行也。儒之言優也，柔也。能安人，能服人。又儒者，濡也，以先王之道能濡其身。此於《別錄》屬《通論》。"鄭玄《注》："《儒行》之作，蓋孔子自衛初反魯之時也。"該篇對賢人之儒、聖人之儒及孔子自身的儒行，有詳盡的述説。（1668 下）

儐

（傧）bìn ❶賓主見面行禮畢，主人以禮禮賓，以幣帛等待賓。《文王世子》孫希旦《集解》："以禮禮賓謂之儐。"《聘禮》賈公彥《疏》："此下大夫使者受上介之儐禮。"胡培翬《正義》引《禮經釋例》云："凡賓主人行禮畢，主人待賓用醴則謂之禮，不用醴則謂之儐。"《儀禮·聘禮》：下大夫韋介，用束帛致之；上介韋弁以受，如賓禮。～之兩馬、束錦。（1063 上）《禮記·文王世子》：始立學者，既興器，用幣，然後釋菜，不舞不授器，乃退，～于東序。（1406 中）❷導引賓客。鄭玄《注》："儐，進之也。"《周禮·春官·大宗伯》：王命諸侯，則～。（0763 下）❸朝聘禮中，協助上儐迎接貴賓者。鄭玄《注》："爲承儐。"孫詒讓《正義》："大朝覲大宗伯爲上儐，此肆師佐之是爲承儐也。"

《周禮·春官·肆師》：大朝覲，佐～。(0769 上) ❹行儐尸之禮。上大夫祭父祖於正祭之後，為報答尸之勞，於堂上行儐尸之禮，即把尸當作賓客加以款待。其時間在正祭當日。天子、諸侯在正祭之明日行繹祭，亦祭畢而儐尸。下大夫不行儐尸禮，於室內加爵禮尸。賈公彥《疏》："鄭《目錄》云：'……大夫既祭，儐尸於堂之禮，祭畢禮尸於室中。天子、諸侯之祭，明日而繹。'……言'大夫既祭，儐尸於堂之禮'者，謂上大夫室內事尸，行三獻禮畢，別行儐尸於堂之禮。……下大夫室內事尸，行三獻，無別行儐尸於堂之事，即於室內為加爵禮尸。"胡培翬《正義》："儐尸，以尸為賓。"《儀禮·有司》：佐食受牢舉，如～。(1216 中)

儳

chàn 見下。

【儳言】隨便插話。為少者侍奉師長禮所不允許的情況之一。孔穎達《疏》："長者，猶先生也。……儳，暫。長者正論甲事未及乙事，少者不得輒以乙事雜甲事，暫然雜錯師長之說。"《禮記·曲禮上》：長者不及，毋～。(1240 上)

儷

(儷) lì 見下。

【儷皮】兩張鹿皮。冠禮、婚禮用於納徵。鄭玄《注》："儷，兩也。……兩皮為庭實。皮，鹿皮。"《儀禮·士昏禮》：納徵，玄纁束帛、～，如納吉禮。(0962 下)

八(丷)部

八

bā 指五行中的木輔佐天地生成萬物的成數。《易》曰："天一地二，天三地四，天五地六，天七地八，天九地十。"此天地之數。五行有所謂的生數、成數。生數，是指五行天生排列的順序之數：水、火、木、金、土。成數，是指五行之生數與天地奇偶之數相合相成之數。孫希旦《集解》："一與六合，二與七合，三與八合，四與九合，五與十合。故天一生水，地六成之。地二生火，天七成之。天三生木，地八成之。地四生金，天九成之。天五生土，地十成之。"古人以五行配四季：木配春，火配夏，金配秋，水配冬，而土"包載四行，含養萬物，為萬物之主"。木生數三，成數八，故春季的成數為八。鄭玄《注》："數者，五行佐天地生物成物之次也。……五行自水始，火次之，木次之，金次之，土為後。木生數三，成數八，但言八者，舉其成數。"《禮記·月令》：孟春之月，……其蟲鱗，其音角，律中大蔟，其數～。(1354 上)

【八十】八十歲。八十歲稱耋。對八十歲老人有許多優厚的待遇：可以經常吃珍饈佳餚（"八十常珍"）；朝廷每月派人去慰問("八十月告存");可以在朝廷上拄拐杖("八十杖於朝");拜受國君之命,可以下跪一次叩頭兩次("八十拜君命,一坐再至");可免除一個孩子徭役("八十者,一子不從政");齋戒、喪葬等活動可以不參與("八十齊衰之事弗及");在鄉飲酒,可以享受五豆菜肴("八十五豆");如有罪,不加刑罰("悼與耄,雖有罪,不加刑焉");每月都要準備喪葬用具("八十月制");……體現了尊老、敬老的社會風氣。《禮記·曲禮上》:~、九十曰耄。(1232中)

【八矢】八種箭。即枉矢、絜矢、殺矢、鍭矢、矰矢、茀矢、恒矢、痺矢。其所用分四類。詳見各條。《周禮·夏官·司弓矢》:掌六弓、四弩、~之灋,辨其名物,而掌其守藏與其出入。(0855下)

【八刑】鄉中糾察萬民的八種刑罰。賈公彥《疏》:"民有不從教者,則設刑以刑之,故言以鄉八刑糾萬民也。"《周禮·地官·大司徒》:以鄉~糾萬民:一曰不孝之刑,二曰不睦之刑,三曰不婣之刑,四曰不弟之刑,五曰不任之刑,六曰不恤之刑,七曰造言之刑,八曰亂民之刑。(0707下)

【八成】❶官府處理政事的八種成規。小宰所掌。賈公彥《疏》:"以官府之中有八事,皆是舊法成事品式,依時而行之,將此八者經紀國之治政,故云經邦治也。"《周禮·天官·小宰》:以官府之~經邦治:一曰聽政役以比居,二曰聽師田以簡稽,三曰聽閭里以版圖,四曰聽稱責以傅別,五曰聽禄位以禮命,六曰聽取予以書契,七曰聽賣買以質劑,八曰聽出入以要會。(0654上)❷依法對士判罪決事的八種成例。士師所掌。鄭玄《注》引鄭司農云:"八成者,行事有八篇,若今時決事比。"賈公彥《疏》:"言成者,皆舊有成事品式,後人依而行之,決事依前比類決之。"孫詒讓《正義》:"士師掌以此八者,定百官府之刑罰,即刑官之官成、官法也。"《周禮·秋官·士師》:掌士之~:一曰邦汋,二曰邦賊,三曰邦諜,四者犯邦令,五曰撟邦令,六曰爲邦盜,七曰爲邦朋,八曰爲邦誣。(0875上)

【八州】古分天下爲九州,天子畿內一州,其餘爲八州。州方圓千里,州內二百一十國。鄭玄《注》:"方千里者九也,其一爲縣內,餘八各爲一州。此殷制也。"詳見"州②"。《禮記·王制》:~,州二百一十國。(1323中)

【八材】八種原料。即珠、象牙、玉、石、木、金、革、羽,皆山澤所產。鄭玄《注》引鄭司農云:"八材,珠曰切,象曰瑳,玉曰琢,石曰磨,木曰刻,金曰鏤,革曰剥,羽曰析。"《周禮·天官·大宰》:五曰百工,飭化~。(0647上)

【八伯】八州之最高長官。古分天下爲九州,除天子畿內外有八州,八州之長爲八伯。八伯由諸侯之賢者擔任,替天子管理各州內之諸侯。鄭玄《注》:"凡長,皆因賢侯爲之。殷之州長曰伯,虞夏及周皆曰牧。"《禮記·王制》:八州、~、五十六正、百六十八師、三百三十六長。~各以其屬屬於天子之老二人分天下以爲左右,曰二伯。(1325上)

【八卦】《周易》中八種具有象徵意義的圖形。每卦由三爻組成,陽爻爲

"一",陰爻爲"--"。其名稱爲乾(☰)、坤(☷)、震(☳)、巽(☴)、坎(☵)、離(☲)、艮(☶)、兌(☱)。《易傳》認爲八卦主要象徵天、地、雷、風、水、火、山、澤,是構成自然界和人類社會一切現象的最初根源。《周禮·春官·占人》:以八筮占八頌,以～占筮之八故,以眡吉凶。(0805 上)

【八枋(bǐng)】王統馭羣臣的八種權柄。即爵(封爵)、祿(班祿)、廢(廢放)、置(置官)、殺(誅責)、生(養生)、予(賜予)、奪(抄家)。八枋爲内史所掌,内容同於大宰所掌之"八柄"而次序有異。鄭玄《注》:"柄,本又作枋。"賈公彥《疏》:"八者不與大宰次第同者,亦欲見事起無常。"參見"八柄"。《周禮·春官·内史》:掌王之～之灋,以詔王治。一曰爵,二曰祿,三曰廢,四曰置,五曰殺,六曰生,七曰予,八曰奪。(0820 上)

【八物】❶即八珍。鄭玄《注》:"珍,謂淳熬、淳母、炮豚、炮牂、擣珍、漬、熬、肝膋也。"《周禮·天官·膳夫》:珍用～,醬用百有二十罋。(0659 下)❷八類箭。即枉矢、絜矢、殺矢、鍭矢、矰矢、茀矢、恒矢、痺矢。《周禮·夏官·槀人》:矢～皆三等,箙亦如之。(0857 上)

【八佾(yì)】佾,古代樂舞的行列,一行八人爲一佾,天子爲八佾,計六十四人。鄭玄《注》:"佾猶列也。"朱熹《論語集注》:"天子八,諸侯六,大夫四,士二。每佾人數如其佾數。或曰:'每佾八人。'未詳孰是。"《禮記·祭統》:朱干玉戚以舞《大武》,～以舞《大夏》,此天子之樂也。(1607 下)

【八命】❶周時官分九級,一命至九命。九命最高,一命最低。五等諸侯之牧、王之三公爲八命。鄭玄《注》:"謂侯伯有功德者,加命得專征伐於諸侯。鄭司農云:'一州之牧、王之三公亦八命。'"《周禮·春官·大宗伯》:以九儀之命正邦國之位:壹命受職,再命受服,三命受位,四命受器,五命賜則,六命賜官,七命賜國,～作牧,九命作伯。(0761 下)❷需要龜卜而定的八種國家大事。即征伐、天象、賜予、謀議、成功、到達、下雨、病愈。鄭玄《注》:"國之大事待蓍龜而決者有八。定作其辭,於將卜以命龜也。鄭司農云:'征,謂征伐人也。象,謂災變雲物,如衆赤烏之屬,有所象似。……與,謂予人物也。謀,謂謀議也。果,謂事成與不也。至,謂至不也。雨,謂雨不也。瘳,謂疾瘳不也。'"《周禮·春官·大卜》:以邦事作龜之～:一曰征,二曰象,三曰與,四曰謀,五曰果,六曰至,七曰雨,八曰瘳。(0803 中)

【八珍】八種珍貴美味。即淳熬、淳母、炮豚、炮牂、擣珍、漬、熬、肝膋。《周禮·天官·食醫》:掌和王之六食、六飲、六膳、百羞、百醬、～之齊。(0667 上)

【八政】八方面的制度。即飲食、衣服、百工技藝、五方用器、長度、容量、進位制、布帛廣狹。爲司徒職責之一,"齊八政以防淫"。《禮記·王制》:～:飲食、衣服、事爲、異別、度、量、數、制。(1348 中)

【八故】需要占筮的八種國家大事。八事指征(征伐)、象(天象)、與(賜予)、謀(謀議)、果(成功)、至(到達)、雨(下雨)、瘳(病愈)。鄭玄《注》:"以

【八卦占筮之八故,謂八事不卜,而徒筮之也。"詳見各條。《周禮·春官·占人》:以八筮占八頌,以八卦占筮之～,以眡吉凶。(0805上)

【八柄】王統馭羣臣的八種權柄。即封爵、班禄、賜予、置官、養生、抄家、廢放、誅責。八柄爲大宰所掌,與内史所掌之八枋内容同而次第異。鄭玄《注》:"柄,所柄執以起事者也。"賈公彥《疏》:"此乃王所操持,王不獨執,羣臣佐之而已。"《周禮·天官·大宰》:以～詔王馭羣臣:一曰爵,以馭其貴;二曰禄,以馭其富;三曰予,以馭其幸;四曰置,以馭其行;五曰生,以馭其福;六曰奪,以馭其貧;七曰廢,以馭其罪;八曰誅,以馭其過。(0646中)

【八則】治理王畿內公卿大夫采邑、王子弟食邑的八項法則。即祭祀、法則、廢置、禄位、賦貢、禮俗、刑賞、田役。鄭玄《注》:"則亦法也。"詳見各條。《周禮·天官·大宰》:以～治都鄙:一曰祭祀,以馭其神;二曰灋則,以馭其官;三曰廢置,以馭其吏;四曰禄位,以馭其士;五曰賦貢,以馭其用;六曰禮俗,以馭其民;七曰刑賞,以馭其威;八曰田役,以馭其衆。(0646上)

【八風】八方之風。即明庶風、清明風、景風、涼風、菖闔風、不周風、廣莫風、條風。樂之八音,應乎八風。孫希旦《集解》:"八風,八方之風:東方曰明庶風,東南曰清明風,南方曰景風,西南曰涼風,西方曰菖闔風,西北曰不周風,北方曰廣莫風,東北方曰條風。"《禮記·樂記》:五色成文而不亂,～從律而不姦。(1536中)

【八音】指金、石、土、革、絲、木、匏、竹八類樂器。亦爲對樂器的統稱。鄭玄《注》:"金,鍾鏄也。石,磬也。土,塤也。革,鼓鼗也。絲,琴瑟也。木,柷敔也。匏,笙也。竹,管簫也。"詳見各條。《周禮·春官·大師》:皆播之以～:金、石、土、革、絲、木、匏、竹。(0795中)

【八尊】五齊(泛齊、醴齊、盎齊、緹齊、沈齊)和三酒(事酒、昔酒、清酒)爲八尊。八尊爲酒之全用者,以祭享天地宗廟。賈公彥《疏》:"言凡祭祀者,謂天地及宗廟祭摠目之言。……祭有小大,齊有多少,各有常法。……五齊,五尊;三酒,三尊,故云以實八尊。"詳見各條。《周禮·天官·酒正》:凡祭祀,以灋共五齊、三酒,以實～。(0669中)

【八統】統合萬民的八種方法。即親親、敬故、進賢、使能、保庸、尊貴、達吏、禮賓。鄭玄《注》:"統,所以合牽以等物也。"賈公彥《疏》:"謂牽下民使與上合,皆有以等其事,上行之,下效之也,故以萬民爲主也。"孫詒讓《正義》:"此八統並所以連合上下,敘其等差,故云合牽以等物也。"詳見各條。《周禮·天官·大宰》:以～詔王馭萬民:一曰親親,二曰敬故,三曰進賢,四曰使能,五曰保庸,六曰尊貴,七曰達吏,八曰禮賓。(0646下)

【八頌】占筮八事之辭。頌原爲龜卜之辭,此借指筮辭。鄭玄《注》:"以八筮占八頌,謂將卜八事,先以筮筮之。言頌者,同於龜占也。"孫詒讓《正義》:"是頌爲龜占之辭。"《周禮·春官·占人》:以八筮占～,以八卦占筮之八故,以眡吉凶。(0805上)

【八辟】周制規定八種人犯罪,經過特別審議可以減免刑罰,稱爲八辟。八種人包括宗室、故舊、賢良、能者、有功者、尊貴者、勤勉者及賓客。八辟不在刑法之内,故需據情議定,又稱八議。鄭玄《注》:"辟,法也。"賈公彦《疏》:"鄭注云:'其犯法則在八議輕重,不在刑書。'若然,此八辟爲不在刑書。若有罪當議,議以辟爲法,謂八者之法。"孫詒讓《正義》:"蓋凡入八議限者,輕罪則宥,重罪則改附輕比,仍有刑也。"《周禮·秋官·小司寇》:以~麗邦灋,附刑罰:一曰議親之辟,二曰議故之辟,三曰議賢之辟,四曰議能之辟,五曰議功之辟,六曰議貴之辟,七曰議勤之辟,八曰議賓之辟。(0873下)

【八蜡(zhà)】周時於每年十二月農事完畢後行大蜡祭。因其祭祀八神,故稱。鄭玄《注》:"蜡有八者,先嗇一也,司嗇二也,農三也,郵表畷四也,貓虎五也,坊六也,水庸七也,昆蟲八也。"孔穎達《疏》:"言蜡祭八神,因以明記四方之國,記其有豐稔有凶荒之異也。"八蜡所祭之物各家解釋不一,如王肅分貓虎爲二,而無昆蟲。《禮記·郊特牲》:~以記四方。四方年不順成,~不通,以謹民財也。(1454下)

【八職】百官的八種職守。即正、師、司、旅、府、史、胥、徒。以備天子徵召。鄭玄《注》:"別異諸官之八職,以備王之徵召所爲。"詳見各條。《周禮·天官·宰夫》:掌百官府之徵令,辨其~:一曰正,掌官灋以治要;二曰師,掌官成以治凡;三曰司,掌官灋以治凡;四曰旅,掌官常以治數;五曰府,掌官契以治藏;六曰史,掌官書以贊治;七曰胥,掌官敘以治敘;八曰徒,掌官令以徵令。(0655下)

【八簭】對八件國家大事進行占筮。八事指征(征伐)、象(天象)、與(賜予)、謀(謀議)、果(成功)、至(到達)、雨(下雨)、瘳(病愈)。凡國之大事,先筮而後卜。鄭玄《注》:"以八簭占八頌,謂將卜八事,先以筮筮之。"詳見各條。《周禮·春官·占人》:以~占八頌,以八卦占筮之八故,以眡吉凶。(0805上)

【八灋】管理官府百官的八種法規。即官屬、官職、官聯、官常、官成、官法、官刑、官計。詳見各條。《周禮·天官·大宰》:以~治官府:一曰官屬,以舉邦治;二曰官職,以辨邦治;三曰官聯,以會官治;四曰官常,以聽官治;五曰官成,以經邦治;六曰官灋,以正邦治;七曰官刑,以糾邦治;八曰官計,以弊邦治。(0645下)

【八蠻】歸服周的八個南方部落,亦指朝明堂時來的八個南方蠻人國家。《白虎通義·禮樂篇》尚有"八蠻"之語,但鄭玄已不知其詳。鄭玄同時人李巡注《爾雅》云:"一曰天竺,二曰咳首,三曰僬僥,四曰跂踵,五曰穿胸,六曰儋耳,七曰狗軹,八曰旁春。"後泛指南方各民族。《職方氏》鄭玄《注》:"鄭司農云:'東方曰夷,南方曰蠻,西方曰戎,北方曰貉狄。'玄謂閩,蠻之別也。……四、八、七、九、五、六,周之所服國數也。……《爾雅》曰:'九夷、八蠻、六戎、五狄,謂之四海。'"孫詒讓《正義》:"《大戴禮記·用兵篇》云'六蠻四夷',盧注云:'《周禮·職方氏》"四夷、八蠻、七閩、九貉、五戎、六狄",此周所服四海其種落之數也。《明堂位》曰"九夷、八蠻、六戎、五狄",此朝明堂時來者國數也。'"《周禮・夏官・職方氏》:辨其邦國、都鄙、四夷、~、七閩、九貉、五戎、六狄之人民。(0861 下)《禮記・明堂位》:~之國,南門之外,北面,東上。(1488 上)

【八次八舍】士庶子宿衛王宮之處及休沐之所。次謂守衛之處,其設於王宮之四角四中,共八次。舍謂休沐之處,共八舍。鄭玄《注》:"衛王宮者必居四角四中,於徼候便也。……玄謂次其宿衛所在,舍其休沐之處。"一說,守內爲次,守外爲舍。鄭玄《注》引鄭司農云:"庶子衛王宮,在內爲次,在外爲舍。"《周禮・天官・宮伯》:掌其政令,行其秩敘,作其徒役之事,授~之職事。(0658 上)

六

liù 指五行中的水輔佐天地生成萬物的成數。《易》曰:"天一地二,天三地四,天五地六,天七地八,天九地十。"此天地之數。五行有所謂的生數、成數。生數,是指五行天生排列的順序之數:水、火、木、金、土。成數,是指五行之生數與天地奇偶之數相合相成之數。孫希旦《集解》:"一與六合,二與七合,三與八合,四與九合,五與十合。故天一生水,地六成之。地二生火,天七成之。天三生木,地八成之。地四生金,天九成之。天五生土,地十成之。"古人以五行配四季:木配春,火配夏,金配秋,水配冬,而土"包載四行,含養萬物,爲萬物之主"。水生數一,成數六,故冬季的成數爲六。鄭玄《注》:"水生數一,成數六,但言六者,亦舉

其成數。"《禮記・月令》:孟冬之月,……其蟲介,其音羽,律中應鍾,其數~。(1380 下)

【六十】六十歲。六十歲稱爲耆。對六十歲老人當時有許多優厚的待遇:在國都行養老禮("六十養於國");隔一天吃一次肉("六十宿肉");在鄉里可以挂杖("六十杖於鄉");不用服兵役("六十不與服戎");不親往學校學習("六十不親學");服喪不必過分哀傷毀壞身體("六十不毀");每年都要爲其準備喪具("六十歲制");在鄉飲酒,可以入座("六十者坐"),享受三豆菜肴("六十者三豆");……體現了尊老、敬老的社會風氣。《禮記・曲禮上》:~曰耆,指使。(1232 上)

【六工】六類工匠。即土工、金工、石工、木工、獸工、草工。鄭玄《注》:"此亦殷時制也。周則皆屬司空。"詳見各條。《禮記・曲禮下》:天子之~,曰土工、金工、石工、木工、獸工、草工,典制六材。(1261 中)

【六大(tài)】即大宰、大宗、大史、大祝、大士、大卜六種職官。鄭玄《注》:"此蓋殷時制也。周則大宰爲天官,大宗曰宗伯,宗伯爲春官,大史以下屬焉,大士以神仕者。"詳見各條。《禮記・曲禮下》:天子建天官,先~,曰大宰、大宗、大史、大祝、大士、大卜,典司六典。(1261 中)

【六弓】六種弓。即王弓、弧弓、夾弓、庾弓、唐弓、大弓。詳見各條。《周禮・夏官・司弓矢》:掌~、四弩、八矢之灋,辨其名物,而掌其守藏與其出入。(0855 下)

【六尺】指年齡十五歲的男子。賈公

彦《疏》:"六尺,謂年十五。"《周禮·地官·鄉大夫》:野自～以及六十有五,皆征之。(0716中)

【六玉】指圭、璋、璧、琮、琥、璜六種玉。鑲嵌在象徵上下四方神明之方木的六面上,以祭天地及四方之神。鄭玄《注》:"六色象其神,六玉以禮之。"詳見各條。《儀禮·覲禮》:設～:上圭,下璧,南方璋,西方琥,北方璜,東方圭。(1092下)

【六戎】朝明堂時來的六個西方戎人國家。《爾雅》邢昺《疏》引李巡云:"一曰僥夷,二曰戎夷,三曰老白,四曰耆羌,五曰鼻息,六曰天剛。"後用以為西方民族之通稱。《禮記·明堂位》:～之國,西門之外,東面,南上。(1488上)

【六同】指大呂、應鍾、南呂、函鍾、小呂、夾鍾。為十二樂律中的六個陰聲,以銅為管。鄭玄《注》:"故書'同'作'銅'。鄭司農云:'陽律以竹為管,陰律以銅為管。竹陽也,銅陰也,各順其性,凡十二律。'"參見"六律"。《周禮·春官·典同》:掌六律、～之和,以辨天地、四方陰陽之聲,以為樂器。(0797下)

【六行】六種道德品行。即孝、友、睦、婣、任、恤。鄭玄《注》:"善於父母為孝,善於兄弟為友。睦,親於九族。姻,親於外親。任,信於友道。恤,振憂貧者。"《周禮·地官·大司徒》:二曰～,孝、友、睦、婣、任、恤。(0707中)

【六色】指青、赤、白、黑、玄、黃六種顏色。為象徵上下四方神明之方木六面的顏色。鄭玄《注》:"六色象其神,六玉以禮之。"《儀禮·覲禮》:方明者,木也,方四尺,設～:東方青,南方赤,西方白,北方黑,上玄,下黃。(1092下)

【六材】❶製弓所用的六種材料。即幹、角、筋、膠、絲、漆。鄭玄《注》:"取幹以冬,取角以秋,絲、漆以夏,筋、膠未聞。"《周禮·冬官考工記·弓人》:取～必以其時,～既聚,巧者和之。(0934中)❷指土、金、石、木、獸、草六工製作器物所需的材料。孔穎達《疏》:"材,謂材物。結上立此六工,使典治六府之材物。"《禮記·曲禮下》:天子之六工,曰土工、金工、石工、木工、獸工、草工,典制～。(1261中)

【六狄】歸服周的六個北方部落。具體不詳。後泛稱北方各民族。鄭玄《注》:"鄭司農云:'東方曰夷,南方曰蠻,西方曰戎,北方曰貉狄。'玄謂閩,蠻之別也。……四、八、七、九、五、六,周之所服國數也。……《爾雅》曰:'九夷、八蠻、六戎、五狄,謂之四海。'孫詒讓《正義》:"《大戴禮記·用兵篇》云'六蠻四夷',盧注云:'《周禮·職方氏》"四夷、八蠻、七閩、九貉、五戎、六狄",此周所服四海其種落之數也。《明堂位》曰"九夷、八蠻、六戎、五狄",此朝明堂時來者國數也。'"《周禮·夏官·職方氏》:辨其邦國、都鄙、四夷、八蠻、七閩、九貉、五戎、～之人民。(0861下)

【六典】❶六種治國之法典。即治典、教典、禮典、政典、刑典、事典。由大宰所掌。鄭玄《注》:"典,常也,經也,灋也。"詳見各條。《周禮·天官·大宰》:掌建邦之～,以佐王治邦國:一曰治典,以經邦國,以治官府,以紀萬民;二曰教典,以安邦國,以教官府,以擾萬民;三曰禮典,以和邦國,以統百官,以諧萬民;四曰政典,以平邦國,以正百官,以均萬民;五曰刑典,以詰邦國,以刑百官,以糾萬民;六曰事典,以富邦國,以任百官,以生萬民。(0645 中)❷六法。指殷時大宰、大宗、大史、大祝、大士、大卜所掌之法。鄭玄《注》:"典,法也。此蓋殷時制也。周則大宰爲天官,大宗曰宗伯,宗伯爲春官,大史以下屬焉,大士以神仕者。"孔穎達《疏》:"言立此六官,以守主於六事之法。"《禮記·曲禮下》:天子建天官,先六大,曰大宰、大宗、大史、大祝、大士、大卜,典司~。(1261 中)

【六和】指以滑、甘之味調和酸、苦、辛、鹹四味,謂之六和。鄭玄《注》:"和之者,春多酸,夏多苦,秋多辛,冬多鹹,皆有滑、甘,是謂六和。"《禮記·禮運》:五味,~,十二食,還相爲質也。(1423 上)

【六命】周時官分九級,一命至九命。九命最高,一命最低。王之卿爲六命。《周禮·春官·典命》:王之三公八命,其卿~,其大夫四命,及其出封,皆加一等。(0780 下)

【六服】王后的六種禮服。即褘衣、揄狄、闕狄、鞠衣、展衣、緣衣。詳見各條。《周禮·天官·內司服》:掌王后之~,褘衣、揄狄、闕狄、鞠衣、展衣、緣衣,素沙。(0691 上)

【六府】殷時有六府。六府之官即司土、司木、司水、司草、司器、司貨,職掌收藏各類物資。鄭玄《注》:"府,主藏六物之税者。此亦殷時制也,周則皆屬司徒。"《禮記·曲禮下》:天子之~,曰司土、司木、司水、司草、司器、司貨,典司六職。(1261 中)

【六官】周六卿之官。《漢書·百官公卿表上》:"夏、殷亡聞焉,周官則備矣。天官冢宰、地官司徒、春官宗伯、夏官司馬、秋官司寇、冬官司空,是爲六卿,各有徒屬職分,用於百事。"《大司寇》鄭玄《注》:"六官,六卿之官也。"孫詒讓《正義》:"謂大宰等六官之正,大司寇即六正之一。"《周禮·秋官·大司寇》:大史、內史、司會及~,皆受其貳而藏之。(0871 中)《禮記·昏義》:天子立~、三公、九卿、二十七大夫、八十一元士,以聽天下之外治,以明章天下之男教,故外和而國治。(1681 下)

【六祈】六種祭祀。即類、造、禬、禜、攻、說。六祈皆號呼告神,以求福消災。鄭玄《注》:"謂爲有災變號呼告于神以求福。天神、人鬼、地祇不和,則六癘作見,故以祈禮同之。"詳見各條。《周禮·春官·大祝》:掌~以同鬼神示:一曰類,二曰造,三曰禬,四曰禜,五曰攻,六曰說。(0808 下)

【六建】豎在車上的五種兵器和旌旗。五兵指戈、戟、殳、酋矛、夷矛。賈公彥《疏》:"廬人所造有柄者,戈、戟、殳與酋矛、夷矛五兵而已。"孫詒讓《正義》:"戴震云:'六建當爲五兵與旌旗。'案:戴說是也。人立車上不可言建,注義爲短。"一說,鄭玄《注》認爲六建謂"五兵與人也"。《周禮·冬官考工記·廬人》:~既備,車不反覆,謂之國工。(0927 上)

【六馬】六種馬。種馬、戎馬、齊馬、道馬、田馬、駑馬。其中種馬、戎馬、齊馬、道馬高八尺,稱爲國馬;田馬七尺,駑馬六尺。各有所用。鄭玄《注》:"種,謂上善似母者,以次差之。玉路駕種馬,戎路駕戎馬,金路駕齊馬,象路駕道馬,田路駕田馬,駑馬給宮中之役。"詳見各條。《周禮·夏官·校人》:辨~之屬:種馬一物,戎馬一物,齊馬一物,道馬一物,田馬一物,駑馬一物。(0860上)

【六牲】即六畜。馬、牛、羊、豕、犬、雞。《膳夫》鄭玄《注》:"六牲,馬、牛、羊、豕、犬、雞也。"一說,《膳夫》之六牲爲牛、羊、豕、犬、雁、魚。王引之《經義述聞·周官上》:"此六牲與《牧人》不同,《牧人》之六牲謂馬、牛、羊、豕、犬、雞,此六牲則牛、羊、豕、犬、鴈、魚也。蓋《膳夫》之食飲膳羞與《食醫》之六食、六飲、六膳、百羞相應。《食醫》職曰:'凡會膳食之宜,牛宜稌,羊宜黍,豕宜稷,犬宜粱,鴈宜麥,魚宜苽。'牛、羊、豕、犬、鴈、魚所謂六膳也,稌、黍、稷、粱、麥、苽所謂六食也。鄭司農以稌、黍、稷、粱、麥、苽爲六穀,其說洵不可易,由是推之,則牛、羊、豕、犬、鴈、魚亦《膳夫》之六牲明矣。"《周禮·天官·膳夫》:凡王之饋,食用六穀,膳用~,飲用六清,羞用百二十品,珍用八物,醬用百有二十罋。(0659下)《周禮·地官·牧人》:掌牧~而阜蕃其物,以共祭祀之牲牷。(0723中)

【六律】指黃鐘、大蔟、姑洗、蕤賓、夷則、無射。爲十二樂律中的六個陽聲,以竹爲管。《典同》鄭玄《注》引鄭司農云:"陽律以竹爲管,陰律以銅爲管。竹陽也,銅陰也,各順其性,凡十二律。"參見"六同"。《周禮·春官·

典同》:掌~、六同之和,以辨天地、四方陰陽之聲,以爲樂器。(0797下)《禮記·禮運》:五聲、~、十二管,還相爲宮也。(1423上)

【六食】用稌、黍、稷、粱、麥、苽六種穀物所做的飯食。鄭玄《注》:"六食,六穀之飯。"《周禮·地官·饎人》:掌凡祭祀共盛,共王及后之~。(0750中)

【六計】考察官吏的六個方面。即廉善、廉能、廉敬、廉正、廉法、廉辨。鄭玄《注》:"平治官府之計有六事。……既斷以六事,又以廉爲本。"賈公彥《疏》:"六計謂善、能、敬、正、法、辨。六者不同,既以廉爲本,又計其功過多少而聽斷之,故云六計弊羣吏之治也。"《周禮·天官·小宰》:以聽官府之~,弊羣吏之治:一曰廉善,二曰廉能,三曰廉敬,四曰廉正,五曰廉灋,六曰廉辨。(0654中)

【六宮】❶天子后妃的寢宮。大寢一,小寢五。《昏義》鄭玄《注》:"天子六寢,而六宮在後,六官在前,所以承副,施外內之政也。"孔穎達《疏》:"后之六宮在王之六寢之後,亦大寢一,小寢五。"《周禮·春官·小宗伯》:辨六齍之名物與其用,使~之人共奉之。(0766下)《禮記·昏義》:古者天子后立~,三夫人,九嬪,二十七世婦,八十一御妻,以聽天下之內治,以明章婦順,故天下內和而家理。(1681下)❷代指王后及羣妃。《內宰》鄭玄《注》:"六宮,謂后也。婦人稱寢曰宮。宮,隱蔽之言。后象王,立六宮而居之,亦正寢一,燕寢五。"《周禮·天官·內宰》:以陰禮教~,以陰禮教九嬪,以婦職之灋教九御。

(0684下)《禮記·昏義》:月食則后素服而脩～之職,蕩天下之陰事。(1682上)

【六祝】祭鬼神以求福消災的六種祝禱辭。即順祝、年祝、吉祝、化祝、瑞祝、筴祝。詳見各條。《周禮·春官·大祝》:掌～之辭,……一曰順祝,二曰年祝,三曰吉祝,四曰化祝,五曰瑞祝,六曰筴祝。(0808下)

【六卿】六官之長爲卿。指天官冢宰、地官司徒、春官宗伯、夏官司馬、秋官司寇、冬官司空。孫詒讓《正義》:"六卿即六官之正。"《周禮·天官·宰夫》:掌治朝之灋,以正王及三公、～、大夫、羣吏之位。(0655中)

【六畜】指馬、牛、羊、豕、犬、鷄。鄭玄《注》:"六畜,六牲也。始養之曰畜,將用之曰牲。"賈公彦《疏》:"六畜者,馬、牛、羊、豕、犬、雞。"《周禮·天官·庖人》:掌共～、六獸、六禽,辨其名物。(0661上)

【六書】分析漢字形體結構的六種方法。象形、會意、轉注、指事、形聲、假借。爲六藝之一。鄭玄《注》:"六書,象形、會意、轉注、處事、假借、諧聲也。"《周禮·地官·保氏》:乃教之六藝:一曰五禮,二曰六樂,三曰五射,四曰五馭,五曰～,六曰九數。(0731中)

【六敘】官府中以尊卑爲次的六種秩序。正位、進治、作事、制食、受會、聽情。鄭玄《注》:"敘,秩次也。謂先尊後卑也。"《周禮·天官·小宰》:以官府之～正羣吏:一曰以敘正其位,二曰以敘進其治,三曰以敘作其事,四曰以敘制其食,五曰以敘受其會,六曰以敘聽其情。(0653上)

【六章】青、赤、黄、白、黑、玄六種顏色。孔穎達《疏》:"五色,謂青、赤、黄、白、黑,據五方也。六章者,兼天玄也。以玄黑爲同色,則五中通玄纁,以對五方,則爲六色,爲六章也。"《禮記·禮運》:五色、～、十二衣,還相爲質也。(1423上)

【六清】即六飲。水、漿、醴、涼、醫、酏六種飲料。六飲既用於飲,亦用以飯後漱口。鄭玄《注》:"六清,水、漿、醴、涼、醫、酏。"詳見各條。《周禮·天官·膳夫》:凡王之饋,食用六穀,膳用六牲,飲用～。(0659下)

【六禽】六種飛禽。雁、鶉、鷃、雉、鳩、鴿。鄭玄《注》引鄭司農云:"六禽,雁、鶉、鷃、雉、鳩、鴿。"一說,鄭玄《注》:"六禽於禽獻及六摯宜爲羔、豚、犢、麛、雉、鴈。凡鳥獸未孕曰禽。"《周禮·天官·庖人》:掌共六畜、六獸、～,辨其名物。(0661上)

【六飲】六種飲料。水、漿、醴、涼、醫、酏。六飲既用於飲用,也用以飯後漱口。詳見各條。《周禮·天官·漿人》:掌共王之～:水、漿、醴、涼、醫、酏。(0670下)

【六尊】六種酒器。即獻尊、象尊、壺尊、著尊、大尊、山尊。鄭玄《注》引鄭司農云:"六尊,獻尊、象尊、壺尊、著尊、大尊、山尊。"詳見各條。《周禮·春官·小宗伯》:辨～之名物,以待祭祀、賓客。(0766下)

【六瑞】六種玉做的朝聘信物。即鎮圭、桓圭、信圭、躬圭、穀璧、蒲璧。不同爵位者執不同信物。鄭玄《注》:"瑞,信也。皆朝見所執,以爲信也。"

詳見各條。《周禮·秋官·小行人》：成～：王用鎮圭，公用桓圭，侯用信圭，伯用躬圭，子用穀璧，男用蒲璧。(0893下)

【六鼓】六種鼓。即雷鼓、靈鼓、路鼓、鼖鼓、鼛鼓、晉鼓。六鼓各有其用。詳見各條。《周禮·地官·鼓人》：掌教～、四金之音聲，以節聲樂，以和軍旅，以正田役。教爲鼓而辨其聲用：以雷鼓鼓神祀，以靈鼓鼓社祭，以路鼓鼓鬼享，以鼖鼓鼓軍事，以鼛鼓鼓役事，以晉鼓鼓金奏。(0720中)

【六夢】六種夢。即正夢、噩夢、思夢、寤夢、喜夢、懼夢。詳見各條。《周禮·春官·占夢》：以日月星辰占～之吉凶。一曰正夢，二曰噩夢，三曰思夢，四曰寤夢，五曰喜夢，六曰懼夢。(0807下)

【六號】祭祀時的六種美稱。即神號、鬼號、示號、牲號、齍號、幣號。鄭玄《注》：「號，謂尊其名，更爲美稱焉。」詳見各條。《周禮·春官·大祝》：辨～：一曰神號，二曰鬼號，三曰示號，四曰牲號，五曰齍號，六曰幣號。(0809下)

【六節】❶謂馬行、止、進、退、馳、驟六種節度。孫詒讓《正義》引王應電云：「六節謂行止進退馳驟之節。」一說，爲馬之六等：種馬、戎馬、齊馬、道馬、田馬、駑馬。鄭玄《注》：「差擇王馬以爲六等。」《周禮·夏官·趣馬》：掌贊正良馬，而齊其飲食，簡其～。(0861上)❷諸侯國使臣朝聘天子諸侯，或吏民通行他國，用作憑證的六種信物。即虎節、人節、龍節、旌節、符節、管節。詳見各條。《周禮·秋官·小行人》：達天下之～：山國用虎節，土國用人節，澤國用龍節，皆以金爲之；道路用旌節，門關用符節，都鄙用管節，皆以竹爲之。(0893下)

【六詩】即《詩》六義。風、雅、頌、賦、比、興。孫詒讓《正義》：「謂《詩》含六義也。」詳見各條。《周禮·春官·大師》：教～：曰風，曰賦，曰比，曰興，曰雅，曰頌。(0796上)

【六幣】朝聘所獻的六種禮物。包括六璧與馬、皮（虎豹之皮）、帛、錦、繡、黼。孫詒讓《正義》：「謂朝禮畢後享獻之幣。」鄭玄《注》：「六幣所以享也。五等諸侯享天子用璧，享后用琮，其大各如其瑞，皆有庭實，以馬若皮。皮，虎豹皮也。用圭璋者，二王之後也。……其於諸侯，亦用璧琮耳。子男於諸侯，則享用琥璜，下其瑞也。」《周禮·秋官·小行人》：合～：圭以馬，璋以皮，璧以帛，琮以錦，琥以繡，璜以黼。(0894上)

【六舞】上古六代之大樂舞。即《雲門》《大卷》（黃帝樂）、《大咸》（堯樂）、《大磬》（舜樂）、《大夏》（禹樂）、《大濩》（湯樂）、《大武》（武王樂）。詳見各條。《周禮·春官·大司樂》：以樂舞教國子：舞《雲門》《大卷》《大咸》《大磬》《大夏》《大濩》《大武》。以六律、六同、五聲、八音、～大合樂。(0787下)

【六齊】(jì) 銅與錫合金的六種不同配方。以應製造不同器物的要求。參見"上齊""下齊"。《周禮·冬官考工記·輈人》：金有～：六分其金而錫居一，謂之鍾鼎之齊。五分其金而錫居一，謂之斧斤之齊。四分其金而錫居一，謂之戈戟之齊。參分其金而錫居一，謂之大刃之齊。五分其金而錫居

二,謂之削殺矢之齊。金錫半,謂之鑒燧之齊。(0915上)

【六寢】天子聽政、休息之所。天子宮寢有六,一路寢(正寢),五小寢。路寢用以聽政,小寢用以休息。鄭玄《注》:"六寢者,路寢一,小寢五。……路寢以治事,小寢以時燕息焉。"《周禮·天官·宮人》:掌王之～之脩,爲其井匽,除其不蠲,去其惡臭。(0675下)

【六摯】賓主相見時饋贈的六種禮物。即皮帛、羔、雁、雉、鶩、雞。鄭玄《注》:"摯之言至,所執以自致。"《周禮·春官·大宗伯》:以禽作～,以等諸臣:孤執皮帛,卿執羔,大夫執鴈,士執雉,庶人執鶩,工商執雞。(0762上)

【六穀】指稌、黍、稷、粱、麥、苽六種穀物。六穀與六牲是食物最合適的搭配。"牛宜稌,羊宜黍,豕宜稷,犬宜粱,鴈宜麥,魚宜苽。"鄭玄《注》:"六穀,稌、黍、稷、粱、麥、苽。"《周禮·天官·膳夫》:凡王之饋,食用～,膳用六牲,飲用六清。(0659下)

【六儀】指祭祀、賓客、朝廷、喪紀、軍旅、車馬等六種儀容。詳見各條。《周禮·地官·保氏》:乃教之～:一曰祭祀之容,二曰賓客之容,三曰朝廷之容,四曰喪紀之容,五曰軍旅之容,六曰車馬之容。(0731中)

【六德】大司徒教民的六項道德標準。知、仁、聖、義、忠、和。詳見各條。《周禮·地官·大司徒》:以鄉三物教萬民而賓興之:一曰～,知、仁、聖、義、忠、和。(0707中)

【六樂】指《雲門》《咸池》《大韶》《大夏》《大濩》《大武》。相傳爲黃帝、堯、舜、禹、湯、周武王六代的古樂舞。鄭玄《注》引鄭司農云:"六樂謂《雲門》《咸池》《大韶》《大夏》《大濩》《大武》。"《周禮·地官·大司徒》:以五禮防萬民之僞而教之中。以～防萬民之情而教之和。(0708上)

【六器】祭享天地四方的六種玉器。即蒼璧、黃琮、青圭、赤璋、白琥、玄璜。鄭玄《注》:"禮神者必象其類:璧圜象天;琮八方象地;圭銳象春物初生;半圭曰璋,象夏物半死;琥猛象秋嚴;半璧曰璜,象冬閉藏,地上無物,唯天半見。"詳見各條。《周禮·春官·大宗伯》:以玉作～,以禮天地、四方:以蒼璧禮天,以黃琮禮地,以青圭禮東方,以赤璋禮南方,以白琥禮西方,以玄璜禮北方,皆有牲幣,各放其器之色。(0762中)

【六膳】用牛、羊、豕、犬、雁、魚六牲所做的膳食。參見"六牲"。《周禮·天官·食醫》:掌和王之六食、六飲、～、百羞、百醬、八珍之齊。……凡會膳食之宜,牛宜稌,羊宜黍,豕宜稷,犬宜粱,鴈宜麥,魚宜苽。(0667上)

【六聯】各官府聯合辦理的六種事務。即祭祀、賓客、喪荒、軍旅、田役、斂弛。賈公彥《疏》:"謂官府之中有六事皆聯事通職,然後國治得會合。"《周禮·天官·小宰》:以官府之～合邦治:一曰祭祀之聯事,二曰賓客之聯事,三曰喪荒之聯事,四曰軍旅之聯事,五曰田役之聯事,六曰斂弛之聯事,凡小事皆有聯。(0653下)

【六龜】指天龜、地龜、東龜、西龜、南龜、北龜。其各有名物。詳見各條。《周禮·春官·龜人》:掌～之屬,各

有名物。天龜曰靈屬，地龜曰繹屬，東龜曰果屬，西龜曰靁屬，南龜曰獵屬，北龜曰若屬。(0804下)

【六禮】指冠禮、婚禮、喪禮、祭禮、鄉飲酒及鄉射禮、相見禮六種禮儀。司徒修習六禮來節制人民的性情。詳見各條。《禮記·王制》：～：冠、昏、喪、祭、鄉、相見。(1348中)

【六擾】即六畜。馬、牛、羊、犬、豕、雞。鄭玄《注》："六擾，馬、牛、羊、犬、豕、雞。"《周禮·夏官·職方氏》：其畜宜～，其穀宜五種。(0862中)

【六藝】教國子及萬民的六種科目。禮、樂、射、御、書、數。詳見各條。《周禮·地官·大司徒》：三曰～，禮、樂、射、御、書、數。(0707中)

【六獸】六種野獸。即麋、鹿、熊、麕、野豕、兔。鄭玄《注》引鄭司農云："六獸，麋、鹿、熊、麕、野豕、兔。"一說，鄭玄以為"六獸當有狼而熊不屬"。《周禮·天官·庖人》：掌其六畜、～、六禽，辨其名物。(0661上)

【六彝】六種酒器。即雞彝、鳥彝、斝彝、黃彝、虎彝、蜼彝。鄭玄《注》："六彝者，雞彝、鳥彝、斝彝、黃彝、虎彝、蜼彝。此六彝，皆盛鬱鬯，以畫布冪之。"詳見各條。《周禮·天官·冪人》：祭祀，以疏布巾冪八尊，以畫布巾冪～。(0675下)

【六職】❶六大官府所掌之職。即治職、教職、禮職、政職、刑職、事職。詳見各條。《周禮·天官·小宰》：以官府之～辨邦治：一曰治職，以平邦國，以均萬民，以節財用；二曰教職，以安邦國，以寧萬民，以懷賓客；三曰禮職，以和邦國，以諧萬民，以事鬼神；四曰政職，以服邦國，以正萬民，以聚百物；五曰刑職，以詰邦國，以糾萬民，以除盜賊；六曰事職，以富邦國，以養萬民，以生百物。(0653中)❷指王公、士大夫、百工、商旅、農夫、婦功六種職事。孫詒讓《正義》："六職，自天子以下至於庶民，職事有此六等。"《周禮·冬官考工記·總敘》：國有～，百工居一焉。或坐而論道；或作而行之；或審曲面埶，以飭五材，以辨民器；或通四方之珍異以資之；或飭力以長地財；或治絲麻以成之。(0905上)❸指農、圃、虞、衡、工、商之民所貢六物之事。鄭玄《注》："六府，主藏六物之稅者。"孫希旦《集解》："呂氏大臨曰：農以耕事貢九穀，則司土受之；山虞以山事貢木材，則司木受之；澤虞以澤事貢水物，則司水受之；圃以樹事貢薪、芻、疏材，則司草受之；工以飭材事貢器物，則司器受之；商以市事貢貨賄，則司貨受之。《周官》司土則倉人、廩人之職，司木則山虞、林衡之職，司水則澤虞、川衡之職，司草則委人之職，司器、司貨則玉府、內府之職。所入者，乃農、圃、虞、衡、工、商之民所貢，故曰典司六職。"《禮記·曲禮下》：天子之六府，曰司土、司木、司水、司草、司器、司貨，典司～。(1261中)

【六辭】六種常用的辭令。即祠、命、誥、會、禱、誄。鄭玄《注》引鄭司農云："祠，當為辭。"賈公彥《疏》："此六者，惟一曰稱辭，自餘二曰已下不稱辭，而六事皆以辭目之者，二曰已下雖不稱辭，命、誥之等亦以言辭為主，故以辭苞之。"詳見各條。《周禮·春官·大祝》：作～以通上下、親疏、遠

近:一曰祠,二曰命,三曰誥,四曰會,五曰禱,六曰誄。(0809中)

【六齍】即六穀。鄭玄《注》:"齍讀爲粢。六粢,謂六穀:黍、稷、稻、梁、麥、苽。"《周禮·春官·小宗伯》:辨~之名物與其用,使六宮之人共奉之。(0766下)

【六屬】指天官、地官、春官、夏官、秋官、冬官六官所屬的職官。鄭玄《注》:"六官之屬,三百六十,象天地四時日月星辰之度數,天道備焉。"賈公彥《疏》:"立長官必當以屬官佐之,邦治得舉,是以六官各有其屬六十。"《周禮·天官·小宰》:以官府之~舉邦治。(0653上)

【六君子】指夏禹、商湯、文王、武王、成王、周公六位英傑。《禮記·禮運》:禹、湯、文、武、成王、周公,由此其選也。此~者,未有不謹於禮者也。(1414中)

公 gōng ❶諸侯五等爵位的第一等。亦爲諸侯國君的通稱。《周禮·春官·大宗伯》:王執鎮圭,~執桓圭,伯執信圭,侯執躬圭,子執穀璧,男執蒲璧。(0762上)《儀禮·觀禮》:~、侯、伯、子、男皆就其旅而立。(1093上)《禮記·王制》:王者之制祿爵,~、侯、伯、子、男,凡五等。(1321下)❷周天子王臣爵命之最高者。王畿內有六鄉,二鄉公一人,故天子朝中有三公。三公八命。鄭玄《注》:"王置六鄉,則公有三人也。三公者,內與王論道,中參六官之事,外與六鄉之教,其要爲民,是以屬之鄉焉。"參見"三公"。《周禮·地官·敘官》:鄉老二鄉則~一人,鄉大夫每鄉卿一人。(0697中)❸亦稱孤。輔助三公行事的官員。四命。鄭玄《注》:"大國有孤,四命,謂之公。"《儀禮·鄉飲酒禮》:賓若有遵者諸~、大夫,則既一人舉觶,乃入。(0989下)❹主管一方的諸侯之長在其封國之外的自稱。孔穎達《疏》:"外者,其私土采地之外也,而猶在王畿之內。如周公食邑於周,嚮國外之人,其自稱則曰公也。"《禮記·曲禮下》:自稱於諸侯曰"天子之老",於外曰"~",於其國曰"君"。(1264下)

【公士】在官之士,公家之士。《鄉射禮》鄭玄《注》:"公士,在官之士。"《玉藻》孔穎達《疏》:"公士擯者,謂正聘之時,則用公家之士爲擯。"《儀禮·鄉射禮》:大夫與,則~爲賓。(1009中)《禮記·玉藻》:大夫私事使,私人擯則稱名,~擯則曰"寡大夫""寡君之老"。(1485中)

【公子】諸侯之庶子。別於世子。《喪服》胡培翬《正義》:"諸侯之子適適相承爲諸侯,其支庶則稱公子。"《儀禮·喪服》:諸侯之子稱~,~不得禰先君。(1115中)《禮記·玉藻》:世子自名,擯者曰"寡君之適"。~曰"臣孽"。(1485中)

【公牛】官牛,王家之牛。別於私牛。鄭玄《注》:"公,猶官也。"《周禮·地官·牛人》:掌養國之~,以待公之政令。(0723下)

【公田】井田制,將每方里的農田依照"井"字形均分爲九塊,每塊一百畝。中心爲公田,週圍八塊分給八家農民作爲私田。八家農民共同耕種完公田之後,再去耕種私田。公田的收入作爲八家農民上繳官府的田賦。《孟子·滕文公上》:"方里而井,井九百畝,其中爲公田。八家皆私百畝,同養公田;公事畢,然後敢治私事。"《禮記·王制》:古者～藉而不税,市廛而不税,關譏而不征。(1337中)

【公史】諸侯掌典禮之官。鄭玄《注》:"公史,君之典禮書者。"《儀禮·既夕禮》:～自西方東面,命毋哭,主人、主婦皆不哭。(1154下)

【公旬】指朝廷徵用民役的日數。孫詒讓《正義》:"江永云:'公旬者,公家力役之程日也。力役以旬計。……舊讀均,非是。力役或一旬二旬三旬,而一夫不過三日,三日之外,他役代之。'案:江讀是也。……依江説,則不論公役之多少,而一人一年止用三日二日一日,與《王制》及賈申鄭義並合,於義爲允。"一説,取役事平均之義。鄭玄《注》:"公,事也;旬,均也。"《周禮·地官·均人》:豐年,則～用三日焉;中年,則～用二日焉;無年,則～用一日焉。(0730上)

【公車】官府所用之車。別於私車。鄭玄《注》:"公,猶官也。"《周禮·春官·巾車》:掌～之政令,辨其用與其旗物而等敍之,以治其出入。(0822下)

【公門】諸侯國君之宫門。大夫、士經過公門要下車;不穿正服不得進入公門("非列采不入公門");穿單薄葛衣不得進入公門("振絺綌不入公門");皮襲穿在外面不得進入公門("表裘不入公門");朝見時裼衣遮住裏面皮衣的不得進入公門("襲裘不入公門")。孔穎達《疏》:"公門,謂君之門也。"《禮記·曲禮上》:大夫、士下～,式路馬。(1253中)

【公邑】天子的直轄地。距王城百里之外、二百里之内謂之甸地,甸内除六遂之外的所有土地皆爲公邑。以别於家邑。天子使大夫治公邑,其税歸天子所有。鄭玄《注》:"公邑,謂六遂餘地,天子使大夫治之。"《周禮·地官·載師》:以～之田任甸地,以家邑之田任稍地。(0724下)

【公社】官家祭祀土神的場所。亦指代土神。孔穎達《疏》:"以上公配祭,故云公社。"《禮記·月令》:天子乃祈來年于天宗,大割祠于～及門閭,臘先祖、五祀。(1382上)

【公事】朝廷之事,公家之事。依禮,公事當自門閾之西而入,爲朝聘時賓入門之儀;朝廷之事不得私下議論,以防臣子專擅權政。《聘禮》鄭玄《注》:"公事,致命者也。"《玉藻》孔穎達《疏》:"謂行聘享之禮。聘享是奉君命而行,故謂之公事。自閾西,用賓禮也。"《鄉大夫》孫詒讓《正義》:"服公事舍謂庶人在官有復除。"《周禮·地官·鄉大夫》:其舍者,國中貴者、賢者、能者、服～者、老者、疾者,皆舍。(0716中)《儀禮·聘禮》:習～,不習私事。(1048中)《禮記·玉藻》:～自閾西,私事自閾東。(1484中)

【公室】諸侯之家。孫希旦《集解》:"豐碑,天子下棺所用,而魯君用之,故曰'視豐碑'。……此皆僭禮。"《禮記·檀弓下》:夫魯有初:～視豐碑,三家視桓楹。(1310下)

【公宫】諸侯的宫廟。《文王世子》鄭玄《注》:"或言宫,或言廟,通異語。"《儀禮·士昏禮》:祖廟未毁,教于～三月。(0971上)《禮記·文王世子》:公若有出疆之政,庶子以公族之

無事者守於～，正室守大廟，諸父守貴宮、貴室，諸子諸孫守下宮、下室。(1408下)

【公酒】爲公事所釀之酒。鄭玄《注》："謂鄉射飲酒。以公事作酒者亦以式法及酒材授之，使自釀之。"《周禮·天官·酒正》：掌酒之政令，以式灋授酒材。凡爲～者亦如之。(0668下)

【公家】天子、諸侯之家。依禮，天子諸侯之家不分田於受刑之人，不周濟畜養之。孔穎達《疏》："既與衆棄之，以是之故，天子諸侯之家不畜刑人也。"《禮記·王制》：是故～不畜刑人，大夫弗養，士遇之塗弗與言也。(1327下)

【公孫】諸侯之庶孫。即嫡長孫以外的其他孫子。胡培翬《正義》："諸侯之子適適相承爲諸侯，其支庶則稱公子。支庶所生之子，則稱公孫。"《儀禮·喪服》：公子之子稱～，～不得祖諸侯。(1115中)

【公族】諸侯同姓的族人。朱彬《訓纂》："盧《注》：'公族，諸侯同姓也。'"《禮記·文王世子》：～，其有死罪，則磬于甸人。(1409上)

【公墓】天子及其同姓的墓地。其排列依尊卑及昭穆之序。鄭玄《注》："公，君也。"《周禮·春官·冢人》：掌～之地，辨其兆域而爲之圖。先王之葬居中，以昭穆爲左右。凡諸侯居左右以前，卿大夫、士居後，各以其族。(0786上)

【公厲】諸侯爲國所立五祀之一。爲無後諸侯之鬼。孔穎達《疏》："曰公厲者，謂古諸侯無後者。諸侯稱公，其鬼爲厲，故曰公厲。"《禮記·祭法》：諸侯爲國立五祀：曰司命，曰中霤，曰國門，曰國行，曰～。(1590上)

【公幣】國君賜的禮物。別於私幣。鄭玄《注》："公幣，君之賜也；私幣，卿大夫之幣也。"《儀禮·聘禮》：上賓之～、私幣皆陳，上介～陳，他介皆否。(1067下)

【公廟】諸侯國君之廟。鄭玄《注》："言仲孫、叔孫、季孫氏皆立桓公廟。魯以周公之故立文王廟，三家見而僭之。"《禮記·郊特牲》：而～之設於私家，非禮也，由三桓始也。(1448上)

【公器】官家之器。此指持官家之器出入的人。鄭玄《注》引鄭司農云："公器，將持公家器出入者。"《周禮·天官·閽人》：凡內人、～、賓客，無帥，則幾其出入。(0686下)

【公館】他國使者奉命所居之處稱公館，公館包括公家所造之館或公命所居卿大夫之館。私自寄宿於卿大夫之家稱私館。鄭玄《注》："公館，若今縣官宮也。公所爲，君所命使舍己者。"孔穎達《疏》："公館，謂公家所造之館。……君所命停客之處，即是卿大夫之館也，但有公命，故謂之公館也。"《禮記·曾子問》：曾子問曰："爲君使而卒於舍，禮曰：'～復，私館不復。'凡所使之國，有司所授舍，則～已，何謂私館不復也？"孔子曰："善乎，問之也。自卿大夫之家曰私館。～與公所爲曰～。～復，此之謂也。"(1401上)

【公諱】已故國君之名諱。依禮，在大夫面前要避君諱。鄭玄《注》："辟君諱也。"《禮記·曲禮上》：君所無私

諱,大夫之所有～。(1251上)

【公禰】載於車隨國君出行的神主。鄭玄《注》:"公禰,行主也。所以遷主言禰,在外親也。"孔穎達《疏》:"公禰謂遷主,載在齊車,隨公行者也。"《禮記·文王世子》:其在軍,則守於～。(1408下)

【公司馬】職官名。即伍長。鄭玄《注》:"杜子春云:'公司馬,謂五人爲伍,伍之司馬也。'玄謂……伍長謂之公司馬者,雖卑,同其號。"《周禮·夏官·大司馬》:兩司馬執鐸,～執鐲。(0836上)

【公有司】公家之有司。多爲士之同僚或其屬官前來助祭者。胡匡衷《儀禮釋官·卷六》:"案:士之私臣少,不足以供祀事,故有公有司來助祭者。公有司蓋士之僚友若士之屬官,以其與士同爲臣於公,非家之私臣,故言公以別之。有司則賓及執事之通稱。……又案:……《士喪》《既夕》二篇所言旬人、管人、夏祝、商祝、冢人、卜人、隸人、遂匠之屬,公家之臣來給事者也。"《周禮·春官·職喪》:凡～之所共,職喪令之,趣其事。(0787上)《儀禮·特牲饋食禮》:若有～、私臣,皆殽脀。(1193中)

【公食大夫之禮】諸侯以食禮款待小聘之大夫的禮儀。凡待聘使,有饗禮、食禮、燕禮之別。燕禮主於酒,食禮主於飯,饗禮酒、飯兼之。就禮數而言,饗禮最重,食禮次之,燕禮又次之。賈公彥《疏》引鄭玄《三禮目錄》云:"主國君以禮食小聘大夫之禮,於五禮屬嘉禮。"食禮之主要儀節分九個部分。第一,戒賓,陳具。君派與聘使爵位相同的官員去賓館邀賓;於諸侯之廟設筵席,陳鼎和酒漿。第二,迎賓。公在廟門內迎賓,以大夫爲上擯出門相迎。第三,鼎入載俎。食禮用大牢,將牛、羊、豕、魚、腊、腸胃、膚七鼎之饌分載於七俎,設於庭中碑南。第四,設正饌,賓祭正饌。在堂上席前設六豆、七俎、黍稷六簋、四鉶和酒漿。公再拜揖食,賓以再拜稽首相答。二人升堂,賓徧取正饌以祭祖先。第五,設加饌,賓祭加饌。在堂上席前另設加饌十六豆、稻粱二簋。賓取之以祭。第六,賓食饌三飯。賓用手取飯三次,每次皆告飽,並以肴拌醬,飲湆,用漿漱口。第七,束帛侑賓。賓三飯畢,告退。公因致束帛侑幣留賓。賓拜受,出以侑幣授介。第八,卒食,禮畢賓辭,出廟門。賓授介後又返回堂上,再拜稽首,公答拜。賓九飯卒食,取粱與醬降於堂,放置於階西,表示親自撤饌。然後向國君再拜稽首,自大門而出。公送於大門內,再拜,賓不回禮,不告辭,徑自回賓館。第九,歸俎,賓拜賜。賓回到賓館,有司將三牲之俎送至。第二日早晨,賓上朝拜謝國君的款待和賜贈。《儀禮·公食大夫禮》:～。(1079中)

【公食大夫禮第九】《儀禮》第九篇篇名。賈公彥《疏》引鄭玄《三禮目錄》云:"主國君以禮食小聘大夫之禮,於五禮屬嘉禮。《大戴》第十五,《小戴》第十六,《別錄》第九。"該篇對公食大夫禮之戒賓,迎賓,設俎,設正饌、加饌,賓食三飯,侑賓,賓卒食送賓,饋俎於賓館等各個環節都有詳細的敘述。詳見"公食大夫之禮"。(1079中)

并

㊀ bīng 見下。

【并夾】從箭靶上拔箭的工具。鄭玄《注》："并夾,鍼箭具。"《周禮・夏官・射鳥氏》:射則取矢,矢在侯高,則以～取之。(0846下)

【并日而食】兩天吃一天的糧。形容家境貧寒,生活艱苦。鄭玄《注》:"二日用一日食也。"今爲成語。《禮記・儒行》:儒有一畝之宮,環堵之室,篳門圭窬,蓬戶甕牖;易衣而出,～。(1670上)

并夾

㊁ bīng 見下。

【并₂州】古九州之一。其地包括今河北保定、正定及山西太原、大同等地。《周禮・夏官・職方氏》:正北曰～,其山鎮曰恒山。(0863上)

共

㊀ gǒng 拱手。兩手在胸前相合以示恭敬。鄭玄《注》:"共,拱手也。"《儀禮・鄉飲酒禮》:司正實觶,降自西階,階閒北面坐奠觶;退,～,少立。(0987上)

㊁ gōng 見下。

【共₂祭】天子將食必祭先,膳夫取食授之以祭。爲九食祭之一。鄭玄《注》:"九祭,皆謂祭食者。……共,猶授也。王祭食,宰夫授祭。"孫詒讓《正義》:"共即供之借字。《廣雅・釋詁》云:'供,進也。'言進而授之。……宰夫當作膳夫,《膳夫》云'以樂侑食,膳夫授祭'是也。"《周禮・春官・大祝》:辨九祭:一曰命祭,二曰衍祭,三曰炮祭,四曰周祭,五曰振祭,六曰擩祭,七曰絕祭,八曰繚祭,九曰～。(0810上)

【共₂工氏】傳說中上古帝王,爲社神之先祖。鄭玄《注》:"共工氏無錄而王,謂之霸,在大昊、炎帝之閒。"《禮記・祭法》:～之霸九州也,其子曰后土,能平九州,故祀以爲社。(1590中)

㊂ gòng 見下。

【共₃牢】婚禮,新婚夫婦共食一牲牢。孔穎達《疏》:"共牢而食者,在夫之寢,壻東面,婦西面,共一牲牢而同食,不異牲。"《禮記・昏義》:婦至,壻揖婦以入,～而食,合卺而酳,所以合體同尊卑,以親之也。(1680下)

兵

bīng 指爲國戰死的人。孔穎達《疏》:"言人能爲國家捍難禦侮,爲寇所殺者,謂爲兵。"《禮記・曲禮下》:死寇曰～。(1269下)

【兵矢】箭名。指八矢中的枉矢和絜矢。其長三尺,利於火射,用於守城、車戰,亦用於田獵。鄭玄《注》:"兵矢,謂枉矢、絜矢。此二矢亦可以田。"《周禮・冬官考工記・矢人》:～、田矢五分,二在前,三在後。(0924上)

【兵車】戰車。亦稱革路、武車。兵車之輪六尺六寸,輿高四尺,駕用國馬中之戎馬。《冬官考工記・總敘》鄭玄《注》:"兵車,革路也。……兵車,乘車駕國馬。"《周禮・冬官考工記・總敘》:故～之輪六尺有六寸,田車之輪六尺有三寸,乘車之輪六尺有六寸。(0907中)《禮記・曲禮上》:～不式。(1250上)

【兵舞】祭祀天地小神時的舞蹈。手執干戚而舞,即六舞(帗、羽、皇、旄、干、人)中的干舞。鄭玄《注》:"兵,謂干戚也。……舞者所執。"賈公彥《疏》："天地之小神所舞不過此兵舞、帗舞二事。"孫詒讓《正義》："此武舞之小者,《樂師》謂之干舞。干戚即兵事所用之干戚,無飾者也。"《周禮·地官·鼓人》:凡祭祀百物之神,鼓~、帗舞者。(0721 上)

【兵輸】(軍隊征戰歸來後)繳還兵甲。鄭玄《注》:"兵輸,謂師還有司還兵也。"孫詒讓《正義》:"《說文·車部》云:'輸,委輸也。'師還,兵不復用,則當歸之有司,司兵主受所輸而藏之也。"《周禮·夏官·司兵》:及授兵,從司馬之灋以頒之,及其受~亦如之。(0855 中)

【兵革使】執兵著甲行誅斬之事。鄭玄《注》:"使,謂王使以兵,有所誅斬也。"孫詒讓《正義》:"以經云兵革使,則是在軍有誅斬之事用兵革者,當使戎右也。"《周禮·夏官·戎右》:戎右,掌戎車之~。(0857 上)

【兵車之會】王有征討之事,會合諸侯。孫詒讓《正義》:"云'及兵車之會'者,謂有征討之事而合諸侯,《大宗伯》云'時見曰會'是也。"《周禮·夏官·戎僕》:凡巡守及~亦如之。(0858 上)

【兵車不式】在兵車上不行軾禮。因爲兵車崇尚威猛,不講究禮讓,故不爲禮。鄭玄《注》:"尚威武,不崇敬。"孔穎達《疏》:"兵車,革路也。兵車尚武猛,宜無推讓,故不爲式敬也。"《禮記·曲禮上》:~。(1250 上)

弟

㊀ tì 用同"悌"。敬順兄長,尊敬長上。爲古代儒家道德倫理規範之一。其不僅是家庭倫理敬順兄長,而且還是社會道德尊敬長上。"悌"與"孝"結爲一體,成爲家庭和社會進行教化的道德規範。悌行於朝廷,朝廷制定了一系列敬老、愛老的措施;悌行於道路,人們養成了助老的風氣;悌行於鄉里,老有所養,老有所尊。《周禮·地官·族師》:月吉,則屬民而讀邦灋,書其孝~睦婣有學者。(0718 下)《儀禮·士相見禮》:與幼者言,言孝~於父兄。(0977 中)《禮記·大學》:孝者所以事君也,~者所以事長也,慈者所以使眾也。(1674 下)

㊁ dì 見下。

【弟₂子】❶爲人弟、爲人子者。泛指年少的人。《儀禮·士相見禮》:與老者言,言使~。(0977 中)《禮記·玉藻》:居士錦帶,~縞帶。(1480 下)❷學生。《禮記·孔子閒居》:子夏蹶然而起,負牆而立,曰:"~敢不承乎!"(1618 上)

【弟₂弟(tì)】爲弟者敬順兄長。爲儒家所倡導的做人十義理之一。孔穎達《疏》:"弟敬即此弟弟也。"《禮記·禮運》:何謂人義?父慈、子孝、兄良、~、夫義、婦聽、長惠、幼順、君仁、臣忠,十者謂人之義。(1422 下)

並

[并] bìng 見下。

【並坐不橫肱】與人並排而坐不要橫着胳肘。以防撞到他人。鄭玄《注》:"爲害旁人。"《禮記·曲禮上》:~。(1239 上)

【並行而不相悖】同時存在而不相違背。今爲成語"並行不悖"。《禮記·中庸》:萬物並育而不相害,道~。(1634 下)

具

具 jù 見下。

【具脩】供置祭祀之物和清掃祭祀場所。鄭玄《注》："具，所當共。脩，掃除糞洒。"賈公彥《疏》："使百官供祭祀之具及脩之掃除也。"《周禮·天官·大宰》：祀五帝，則掌百官之誓戒與其～。(0649下)

典

典 diǎn 見下。

【典同】職官名。掌管調理樂器的音律。爵中士。《周禮·春官·典同》：～，掌六律、六同之和，以辨天地、四方、陰陽之聲，以爲樂器。(0797下)

【典祀】職官名。掌管四郊外祀之壇域。爵中士、下士。鄭玄《注》："外祀，謂所祀於四郊者。域，兆表之塋域。"《周禮·春官·典祀》：～，掌外祀之兆守，皆有域，掌其政令。(0783下)

【典命】職官名。掌管諸侯、諸臣封遷爵位之文書。爵中士。《周禮·春官·敘官》鄭玄《注》："命，王遷秩羣臣之書。"《周禮·春官·典命》：～，掌諸侯之五儀、諸臣之五等之命。(0780中)

【典枲】(xǐ) 職官名。掌管麻、枲、布、緦等物之出入。爵下士。《周禮·天官·典枲》：～，掌布緦縷紵之麻草之物，以待時頒功而授齎。(0691上)

【典絲】職官名。掌管絲帛之出入，辨其品質，標其價格。爵下士。《周禮·天官·典絲》：～，掌絲入而辨其物。(0690中)

【典瑞】職官名。掌管玉瑞、玉器之收藏保管，辨別其名號及用途。爵中士。《周禮·春官·典瑞》：～，掌玉瑞、玉器之藏，辨其名物與其用事，設其服飾。(0776下)

【典路】職官名。掌管王及后所乘之車輦，並佐駕車、解馬等事務。爵中士、下士。《周禮·春官·典路》：～，掌王及后之五路，辨其名物與其用說。(0825下)

【典謁】執掌賓客拜見的傳達、接待事務。由士的子弟擔任。鄭玄《注》："謁，請也。謂能擯贊出入，以事請告也。"孔穎達《疏》："言能主賓客告請之事。"《禮記·曲禮下》：問士之子，長，曰："能～矣。"幼，曰："未能～也。"(1268上)

【典禮】執掌禮儀、禮樂、律曆及典章制度的官員。孔穎達《疏》："典禮之官，於周則大史也。"《禮記·王制》：命～考時月，定日，同律、禮、樂、制度、衣服，正之。(1328中)

【典書者】主講《書》之官。孫希旦《集解》："典，主也。《周禮》大司樂之屬，無教《書》《禮》之事，執《書》、典《書》，蓋以他官之習於《書》《禮》者充之，使之入教於國學也。"《禮記·文王世子》：冬讀《書》，～詔之。(1405上)

【典婦功】職官名。掌管婦人絲麻之工事。爲典絲、典枲之長。爵中士、下士。《周禮·天官·典婦功》：～，掌婦式之灋，以授嬪婦及内人女功之事齎。(0690上)

【典庸器】職官名。掌管樂器及鍾鼎之器的收藏保管。爵下士。鄭玄《注》："庸器，伐國所藏之器，若崇鼎、貫鼎及以其兵物所鑄銘也。"《周禮·春官·典庸器》：～，掌藏樂器、庸器。

前 ㈠ qián 見下。

【前疾】車轅彎曲下垂之處。疾，當作侯；侯，用同胡。鄭玄《注》引鄭司農云："前疾，謂駟馬車軾前胡下垂柱地者。"賈公彥《疏》："軾前曲中是也。"孫詒讓《正義》："'疾'亦當作'侯'。"《周禮·秋官·大行人》：朝位賓主之間七十步，立當～。(0891 上)

【前蹕(bì)】在車駕前開路清道，禁止行人出行。賈公彥《疏》："使內豎在車前蹕止行人也。"《周禮·天官·內豎》：王后之喪，遷于宮中，則～。(0687 中)

【前驅】❶在王前而行，以爲導引。鄭玄《注》："道王且避行人。"《周禮·秋官·士師》：王燕出入，則～而辟。(0875 中) ❷指在前開路引導的人。鄭玄《注》："爲辟道。"孔穎達《疏》："謂尸出行，則有前驅辟道之人也。"《禮記·曾子問》：尸弁、冕而出，卿、大夫、士皆下之，尸必式，必有～。(1401 下)

㈡ jiǎn 見下。

【前₂樊】淺黑色的馬肚帶。前，用同"䋰"。淺黑色。鄭玄《注》："前，讀爲緇䋰之䋰。䋰，淺黑也。"《周禮·春官·巾車》：木路，～鵠纓，建大麾，以田，以封蕃國。(0823 中)

冀 jì 見下。

【冀州】古九州之一。地域包括今山西全部、河南與河北之一部分。冀，用同"冀"。《周禮·夏官·職方氏》：河內曰～，其山鎮曰霍山。(0863 上)

與 (与) yǔ 賜予。需要龜卜而定的八種國家大事（八命）之一。鄭玄《注》："與，謂予人物也。"《周禮·春官·大卜》：以邦事作龜之八命：一曰征，二曰象，三曰～，四曰謀，五曰果，六曰至，七曰雨，八曰瘳。(0803 中)

興 (兴) ㈠ xīng ❶譬喻。爲六樂語之一。鄭玄《注》："興者，以善物喻善事。"《周禮·春官·大司樂》：以樂語教國子：～、道、諷、誦、言、語。(0787 下) ❷先言他物以引起所咏之詞的一種寫作手法。爲《詩》六義之一。孫詒讓《正義》："興者託物於事。"《周禮·春官·大師》：教《六詩》：曰風、曰賦、曰比、曰～、曰雅、曰頌。(0796 上)

㈡ xìn 用同"釁"。血祭。禮樂之器成，殺牲以血塗器之縫隙而祭。鄭玄《注》："興，當爲'釁'，字之誤也。禮樂之器成，則釁之。"《禮記·文王世子》：始立學者，既～器，用幣，然後釋菜，不舞不授器。(1406 中)

㈢ xīng 見下。

【興₃功】推舉有功之臣。爲治國措施之一。賈公彥《疏》："興，舉也。臣有功者，舉之亦使任用。"《周禮·夏官·大司馬》：設儀辨位，以等邦國；進賢～，以作邦國。(0834 下)

【興₃甿(méng)】推舉民之賢能者。爲治國措施之一。鄭玄《注》："興甿，舉民賢者、能者。"《周禮·地官·遂大夫》：三歲大比，則帥其吏而～，明其有功者，屬其地治者。(0742 中)

【興₃耡(chú)】徵收耡粟。以時頒發與民，助其糧食不濟。孫詒讓《正義》："江永云：'此即《旅師》職興發秫粟，頒之於民，施其惠，散其利，至秋而斂之者也。'"一説，爲組織農民互相幫助。鄭玄《注》："杜子春讀'秫'爲'助'，謂起民人令相佐助。"《周禮·地官·遂人》：以土宜教甿稼穡，以～利甿。（0740下）

【興₃舞】起舞。射時有以弓矢舞之禮。爲鄉射禮詢問衆庶的五事之一。孫詒讓《正義》："興，作也，起也。《舞師》'凡小祭祀則不興舞'。"《周禮·地官·鄉大夫》：退而以鄉射之禮五物詢衆庶：一曰和，二曰容，三曰主皮，四曰和容，五曰～。（0716下）

【興₃積】指徵聚的糧食。用以周濟百姓，春頒而秋斂。鄭玄《注》："縣官徵聚物曰興，今云軍興是也。"《周禮·地官·旅師》：以質劑致民，平頒其～，施其惠，散其利，而均其政令。（0745上）

勺　部

勺　㈠ sháo 舀酒器。以青銅或木製成，容量一升。《周禮·冬官考工記·梓人》：梓人，爲飲器。～一升，爵一升，觚三升。（0925下）《儀禮·少牢饋食禮》：司宫取二～于筐，洗之。（1198中）《禮記·明堂位》：其～，夏后氏以龍勺，殷以疏勺，周以蒲勺。（1490下）

㈡ zhuó ❶即《酌》。《詩經·周頌》篇名，爲《大武》樂舞的第五章。鄭玄《注》："《勺》，頌篇。告成《大武》之樂歌也。"胡培翬《正義》："《勺》，即《酌》也。"《儀禮·燕禮》：遂合鄉樂。若舞，則《～》。（1025上）❷古樂舞名。爲文舞，相傳爲周公所作。是十三歲兒童所學的舞蹈。後以舞勺指幼年。鄭玄《注》："先學《勺》，後學《象》，文、武之次也。"孔穎達《疏》："舞《勺》者，熊氏云：'《勺》，籥也。'言十三之時，學此舞籥之文舞也。"《禮記·內則》：十有三年，學樂，誦《詩》，舞《～》。成童，舞《象》，學射御。（1471中）

芻　（彳） chú ❶家畜的草料。《曲禮上》孔穎達《疏》："芻，食馬草也。"一説，泛言割下的草料，既作飼料，亦作燃料。《聘禮》胡培翬《正義》："郝氏敬云：'供爨曰薪，飼馬曰芻。'……舊説多以芻爲養牛馬之用，然上經'積唯芻禾'，鄭但云'禾以秣馬'，不兼芻言。《詩》'詢于芻蕘'，《毛傳》云：'芻蕘，采薪者。'然則芻以飼牲，亦可供爨，當兼二用也。"《周禮·地官·委人》：掌斂野之賦，斂薪～。（0745下）《儀禮·聘禮》：門外，米、禾皆二十車，薪、～倍禾。（1062中）《禮記·曲禮上》：以足蹙路馬～，有誅。（1253中）❷草束，穀類植物的莖稈。鄭玄《注》："芻，謂藁也。殺牲時用薦之。《周禮・封人》:'祭祀飾牲,共其水藁。'"《禮記・祭統》:及迎牲,君執紖,卿、大夫從,士執～。(1603下)

【芻禾】牲畜之飼草和穀粟之有桿者。《周禮・地官・舍人》:共其禮,車米、筲米、～。(0749下)

【芻稍】牲畜之飼草和人所食之米穀。鄭玄《注》:"芻,給牛馬。稍,人稟也。"孫詒讓《正義》:"'稍,人稟也'者,謂人所食米穀之屬。"《周禮・秋官・掌客》:賓客有喪,惟～之受。(0902中)

【芻豢】指牛、羊、犬、豕等家畜。鄭玄《注》:"牛、羊曰芻,犬、豕曰豢。"《禮記・月令》:視全具,案～,瞻肥瘠,察物色。(1374上)

【芻薪】牲畜之飼草和薪柴。《周禮・地官・委人》:賓客,共其～。(0746上)《禮記・聘義》:餼客於舍,五牢之具陳於內,米三十車,禾三十車,～倍禾,皆陳於外。(1693中)

【芻靈】用茅草紮成的人馬。作為明器,用來殉葬。孔子認為以芻靈殉葬是好的做法,而用木偶人殉葬為不仁,因為木偶象人。鄭玄《注》:"芻靈,束茅為人馬。謂之靈者,神之類。"《禮記・檀弓下》:塗車、～,自古有之,明器之道也。孔子謂為～者善,謂為俑者不仁,殆於用人乎哉!(1303上)

【芻秣之式】牛馬飼料支出的規定。為均財節用的九式之一。鄭玄《注》:"式,謂用財之節度。……芻秣,羊牛馬禾穀也。"《周禮・天官・大宰》:以九式均節財用:一曰祭祀之式,二曰賓客之式,三曰喪荒之式,四曰羞服之式,五曰工事之式,六曰幣帛之式,七曰～,八曰匪頒之式,九曰好用之式。(0648上)

匕 部

匕 bǐ 取食的器具。由手執的柄和盛食物的斗(亦稱葉)組成,類似後代之羹匙。匕以質料言,有青銅匕、桑匕、桃匕、棘匕等;以用途言,有匕飯、匕牲、匕湆(湯)之別;以形制分,則有匕柄長短、有無刻飾及斗之深淺之異。《儀禮・公食大夫禮》:旅人南面加～于鼎,退。(1080下)《禮記・檀弓下》:簣也,宰夫也,非刀～是共,又敢與知防,是以飲之也。(1305下)

北 běi 見下。

【北方】❶方位名。古以五行配五方、五色、四時,北方為冬,冬為水,水色黑。儒家認為冬代表信,主收藏。《畫繢》賈公彥《疏》:"六方有六色之事。"《鄉飲酒義》孔穎達《疏》:"言北方主智,亦爲信也。若以五行言之,則爲信;若以萬物歸藏言之,則爲藏也。《周禮·冬官考工記·畫繢》:東方謂之青,南方謂之赤,西方謂之白,～謂之黑,天謂之玄,地謂之黃。(0918 中)《儀禮·鄉射禮》:主人升席自～。(0994 下)《禮記·鄉飲酒義》:～者冬,冬之爲言中也,中者藏也。(1684 下) ❷指北方之神。黑精之帝。鄭玄《注》:"禮北方以立冬,謂黑精之帝。"《周禮·春官·大宗伯》:以青圭禮東方,以赤璋禮南方,以白琥禮西方,以玄璜禮～。(0762 中) ❸指北方地區的民族狄,亦稱北狄。爲五方民之一。《禮記·王制》:～曰狄,衣羽毛穴居,有不粒食者矣。(1338 中)

【北門】國都北門。北門外即北郊,是諸侯祭月與四瀆的處所。鄭玄《注》:"月,大陰之精,以爲地神也。"賈公彥《疏》:"四瀆爲極陰,故月同配北方,……而又祭於北郊也。"《儀禮·覲禮》:禮日於南門外,禮月與四瀆於外,禮山川丘陵於西門外。(1093 下)

【北狄】對北方民族的稱呼。《禮記·曲禮下》:其在東夷,～、西戎、南蠻,雖大曰"子"。(1265 上)

【北郊】❶都城外北面百里以內之地。《周禮·天官·內宰》:中春,詔后帥外內命婦始蠶于～。(0685 下)《禮記·祭統》:是故天子親耕於南郊以共齊盛,王后蠶於～以共純服。(1603 中) ❷天子立冬之日郊祀之處。孫希旦《集解》:"迎冬者,迎黑帝顓頊,祭之於北郊之兆,而高陽氏配食焉。"《禮記·月令》:立冬之日,天子親帥三公、九卿、大夫,以迎冬於～。(1381 上)

【北面】面朝北。古以坐北朝南爲尊位,故臣見君,卑見尊,幼見長,皆面北行禮,以示尊敬。《郊特牲》孫希旦《集解》:"此謂君視朝、臣朝君之位也。答,對也。"《周禮·秋官·小司寇》:王南鄉,三公及州長、百姓～。(0873 中)《儀禮·士冠禮》:冠者奠觶于薦東,降筵,北面坐,取脯;降自西階,適東壁,～見于母。(0953 上)《禮記·郊特牲》:君之南鄉,答陽之義也。臣之～,答君也。(1448 下)

【北首】❶首部朝北。爲獻皮、牲等之禮。以尊者在北。《儀禮·聘禮》:官陳幣,皮～,西上。(1046 中) ❷古禮,人死入葬頭朝北,以示歸陰。孔穎達《疏》:"體魄降入於地爲陰,故死者北首,歸陰之義。"《禮記·禮運》:故死者～,生者南鄉,皆從其初。(1415 下)

【北宮】王后之六宮。因在王六寢之北,故稱北宮。鄭玄《注》:"北宮,后之六宮。謂之北宮者,繫于王言之。"《周禮·天官·內宰》:正歲,均其稍食,施其功事,憲禁令于王之～,而糾其守。(0686 上)

【北堂】堂上東房中棧以北的部分稱北堂。爲婦女盥洗之所。鄭玄《注》:"北堂,房中半以北。"胡培翬《正義》:"室北有墻,謂之北墉;房北無墻,故名其半以北曰北堂。"《儀禮·士昏禮》:婦洗在～,直室東隅,篚在東,北面盥。(0971 下)

【北階】北堂之階。在東房北堂之下。鄭玄《注》:"工人士、梓人、司宮位在北堂下。"《儀禮·大射》:工人士與梓

人升自～，兩楹之閒。……卒畫，自～下。司宫埽所畫物，自～下。(1034下)

【北領】衣領朝北。爲大殮時國君殮衣陳放的方向。孔穎達《疏》："北領者，謂尸在堂也。"孫希旦《集解》："大殮時，尸在阼，君陳衣於庭，蓋在阼階下之東，故北領，西上。"《禮記·喪大記》：君陳衣于庭，百稱，～，西上。(1579中)

【北嶽】即恒山。爲五嶽之一。位於今河北境內。天子五年一巡守，十一月，巡至北嶽。於其上焚柴祭天，覲諸侯，察政教，觀民情。《禮記·王制》：十有一月，北巡守，至于～，如西巡守之禮。(1328下)

【北龜】龜右甲斜長而甲裙邊爲黑者。爲六龜之一。鄭玄《注》："色，謂天龜玄，地龜黃，東龜青，西龜白，南龜赤，北龜黑。龜俯者靈，仰者繹，前弇果，後弇獵，左倪霝，右倪若，是其體也。東龜南龜長前後，在陽，象經也。西龜北龜長左右，在陰，象緯也。天龜俯，地龜仰，東龜前，南龜卻，西龜左，北龜右，各從其耦也。"《周禮·春官·龜人》：天龜曰靈屬，地龜曰繹屬，東龜曰果屬，西龜曰靁屬，南龜曰獵屬，～曰若屬，各以其方之色與其體辨之。(0804下)

鬯 chàng 以鬱金香合黑黍釀成的香酒。祭祀及賓客行祼禮時用，亦用以大喪時浴尸。《曲禮下》孔穎達《疏》："釀黑黍爲酒，其氣芬芳調暢，故因謂爲鬯也。天子無客禮，必用鬯爲摯者，天子弔臨適諸侯，必舍其祖廟，既至諸侯祖廟，仍以鬯禮於廟神，以表天子之至。"《肆師》鄭玄《注》："築香草，煑以爲鬯，以浴尸。香草，鬱也。"《周禮·春官·肆師》：大喪，大渳以～。(0769中)《禮記·曲禮下》：凡摯，天子～，諸侯圭，卿羔，大夫鴈，士雉，庶人之摯匹。(1270中)

【鬯人】職官名。掌供秬鬯酒。爵下士。《周禮·春官·鬯人》：～，掌共秬鬯而飾之。(0771上)

儿 部

元 yuán 見下。

【元士】天子之士稱元士。孔穎達《疏》："元者，善之長也，故元爲善也。按《周禮》注：'天子上士三命，中士再命，下士一命。'故云善士謂命士，則上、中、下之士皆稱元士也。天子之士所以稱元者，異於諸侯之士也。《周禮》：公、侯、伯之士雖一命，不得稱元士也。"孫希旦《集解》："元士，上士也。……中士、下士不必皆有田。"《禮記·王制》：天子之三公之田視公

侯,天子之卿視伯,天子之大夫視子男,天子之~視附庸。(1322 上)

【元子】即世子。天子、諸侯之嫡長子。《士冠禮》鄭玄《注》:"元子,世子也。"《郊特牲》鄭玄《注》:"儲君副王,猶云士也。"《儀禮·士冠禮》:天子之~猶士也,天下無生而貴者也。(0959 上)《禮記·郊特牲》:天子之~,士也,天下無生而貴者也。(1455 下)

【元日】吉日。郊祭祈穀用上辛日,祀社用甲日,故上辛日、甲日爲吉日,亦稱元日。鄭玄《注》:"謂以上辛郊祭天也。"《禮記·月令》"擇元日,命民社"鄭玄《注》:"祀社日用甲。"《禮記·月令》:是月也,天子乃以~祈穀于上帝。(1356 中)

【元辰】吉辰,良辰。鄭玄《注》:"元辰,蓋郊後吉辰也。"孔穎達《疏》:"甲乙丙丁等謂之日,郊之用辛,上云元日。子丑寅卯之等謂之爲辰,耕用亥日,故云元辰。"《禮記·月令》:乃擇~,天子親載耒耜,措之于參保介之御間,帥三公九卿諸侯大夫,躬耕帝藉。(1356 中)

【元服】指冠。亦稱首服、頭衣。此指冠禮首加之緇布冠。鄭玄《注》:"元,首也。"《儀禮·士冠禮》:始加,祝曰:"令月吉日,始加~。"(0957 中)

兄 xiōng 見下。

【兄弟】❶指婚姻關係。《大司徒》鄭玄《注》:"兄弟,昏姻嫁娶也。"賈公彦《疏》:"《爾雅》又云:婦之黨爲昏兄弟,夫婦相名亦爲兄弟。"《曾子問》陳澔《集說》:"夫婦同等,有兄弟之義。"《周禮·地官·大司徒》:以本俗六安萬民:一曰媺宮室,二曰族墳墓,三曰聯~,四曰聯師儒,五曰聯朋友,六曰同衣服。(0706 下)《禮記·曾子問》:某之子有父母之喪,不得嗣爲~,使某致命。(1392 上)❷對同姓族親的稱呼。《喪服》鄭玄《注》:"兄弟,猶言族親也。"《周禮·春官·大宗伯》:以飲食之禮親宗族~,以昏冠之禮親成男女。(0760 中)《儀禮·喪服》:大夫、公之昆弟、大夫之子,於~降一等。(1121 上)❸對親戚的通稱。鄭玄《注》:"兄弟,主人親戚也。"《儀禮·士冠禮》:~畢袗玄,立于洗東,西面,北上。(0951 中)

【兄良】兄長善良。爲儒家所倡導的做人十義理之一。孔穎達《疏》:"此文先從親者爲始,以漸至疏。"《禮記·禮運》:父慈、子孝、~、弟弟、夫義、婦聽、長惠、幼順、君仁、臣忠,十者謂之人義。(1422 下)

【兄弟長】即長兄弟。兄弟中之年長者。賈公彦《疏》:"謂反燔于長兄弟。"《儀禮·特牲饋食禮》:~以燔從;尸受,振祭,嚌之,反之。(1185 中)

【兄弟之國】指同姓諸侯國,或謂有甥舅血緣關係的諸侯國。《大宗伯》賈公彦《疏》:"兄弟之國謂同姓諸侯,若魯、衛、晉、鄭之等。"《聘禮》鄭玄《注》:"兄弟,謂同姓若昏姻甥舅有親者。"賈公彦《疏》:"云若昏姻甥舅有親者,若魯取齊女以爲舅,齊則以魯爲甥,是有親者也。"胡培翬《正義》:"古人同族多稱昆弟,其稱兄弟,則兼異姓有親者言之。"《周禮·春官·大宗伯》:以脤膰之禮親~,以賀慶之禮親異姓之國。(0760 下)《儀禮·聘禮》:若~,則問夫人。(1074 中)

先 xiān 見下。

【先王】❶周代祖先稱王者。《禮記·中庸》："周公成文、武之德,追王大王、王季。"周公制禮以後,以太王、王季、文王、武王爲先王。孫詒讓《正義》引許宗彥云："先王,太王、王季、文王、武王也。"《周禮·春官·守祧》:"掌守~、先公之廟祧,其遺衣服藏焉。(0784 上)❷指前代聖明君王。孔穎達《疏》:"先王,聖人爲天子者也。"《禮記·曲禮上》:必則古昔,稱~。(1240 上)

【先公】指周代先祖,組紺以上至后稷。《中庸》鄭玄《注》:"先公,組紺以上至后稷也。"陸德明《釋文》:"組紺,大王之父也。"《守祧》孫詒讓《正義》引許宗彥云："先公,后稷、公祖、亞圉也。"《周禮·春官·守祧》:"掌守先王、~之廟祧,其遺衣服藏焉。(0784 上)《禮記·中庸》:武王末受命,周公成文、武之德,追王大王、王季,上祀~以天子之禮。(1628 中)

【先古】先祖。鄭玄《注》:"先古,先祖。"《禮記·祭義》:以事天地山川、社稷、~,以爲醴酪齊盛,於是乎取之,敬之至也。(1597 下)

【先生】❶退休的官吏。《士相見禮》鄭玄《注》:"先生,致仕者也。"《儀禮·士相見禮》:若~、異爵者請見之,則辭。(0978 上)《禮記·玉藻》:侍食於~、異爵者,後祭先飯。(1483 中)❷長兄弟。鄭玄《注》:"先生,兄弟。"賈公彥《疏》:"知先生是長兄弟者,以其文承長兄弟之下,故知先生非老人教學者。"《儀禮·有司》:其~之脅,折,脅一,膚一。(1214 中)❸老師。即年長而教學者。鄭玄《注》:"先生,老人教學者。"孔穎達《疏》:"先生,師也。謂師爲先生者,言彼先己而生,其德多厚也。"《禮記·曲禮上》:從於~,不越路而與人言。遭~於道,趨而進,正立拱手。(1238 上)

【先老】先世長老。古有尊老、養老之禮,於庠序中設三老、五更之席,天子以父兄之禮敬之,生尊養之,死祭奠之。孔穎達《疏》:"天子親自釋奠於先世之老。"陳澔《集說》:"先老,先世之爲三老、五更者也。"《禮記·文王世子》:適東序,釋奠於~,遂設三老、五更、羣老之席位焉。(1410 上)

【先妣】❶先祖之母。指姜嫄。周以后稷之母姜嫄爲先妣。鄭玄《注》:"先妣,姜嫄也。姜嫄履大人跡,感神靈而生后稷,是周之先母也。"《周禮·春官·大司樂》:乃奏夷則,歌小呂,舞《大濩》,以享~。(0789 上)❷已故的母親。《儀禮·士昏禮》:勗帥以敬~之嗣,若則有常。(0972 下)

【先牧】始養馬者。鄭玄《注》:"先牧,始養馬者。其人未聞。"《周禮·夏官·校人》:夏祭~,頒馬,攻特。(0860 下)

【先祖】指先王、先公。《大司樂》鄭玄《注》:"先祖,謂先王、先公。"《周禮·春官·大司樂》:乃奏無射,歌夾鍾,舞《大武》,以享~。(0789 中)《禮記·冠義》:不敢擅重事,所以自卑而尊~也。(1680 上)

【先師】已逝的前輩師長。古人尊師重道,對師長生前敬重,死後亦以時祀之。鄭玄《注》:"《周禮》曰:'凡有道者、有德者使教焉,死則以爲樂祖,祭於瞽宗。'此之謂先師之類也。"《禮記·文王世子》:凡學,春官釋奠于~,秋、冬亦如之。(1405下)

【先聖】指先世聖明君王或道德至高者,如周公、孔子等。鄭玄《注》:"先聖,周公若孔子。"《禮記·文王世子》:凡始立學者,必釋奠于~、先師,及行事必以幣。(1406上)

【先嗇(sè)】始教民稼穡者。亦稱田祖。祈年及蜡祭時,祭以爲田神。《周禮·春官·籥章》"凡國祈年于田祖,龡《豳雅》,擊土鼓,以樂田畯"孫詒讓《正義》:"祈年之祭,最隆者爲夏正南郊,祭受命帝,以后稷配,王親其事。此祈年與社同時,則王所不與,有司涖其祭而已,其禮甚殺,不得祭古帝及先王,則非神農,亦非后稷明矣。蓋此田祖即先嗇,田畯即司嗇,祈年及蜡祭皆兼祭此二神。"一說,鄭玄《注》:"先嗇,若神農者。司嗇,后稷是也。"參見"田祖"。《禮記·郊特牲》:蜡之祭也,主~而祭司嗇也,祭百種以報嗇也。(1453下)

【先路】❶即先輅。殷人祀天用三路:大路、先路、次路。禮有以少爲貴者,大路至尊,故其馬腹用一圈飾帶,先路之馬用三圈,次路之馬用五圈。孔穎達《疏》:"先路,亦殷路也。殷則有三路,……以少飾爲先。先,相次爲言,對次故稱先也。"《禮記·郊特牲》:大路繁纓一就,~三就,次路五就。(1444下)❷上路。與"後路"相對。孫希旦《集解》:"愚謂諸侯各以路之上者爲先路,同姓則金路,異姓則象路也。其次於先路者,皆爲後路。"《禮記·雜記上》:諸侯相襚以

後路與冕服,~與褒衣不以襚。(1555上)

【先賢】先世賢人。西周制禮,使有賢德者於西學教養國子。其死後,於西學祀之。鄭玄《注》:"先賢,有道德、王所使教國子者。"《禮記·祭義》:祀~於西學,所以教諸侯之德也。(1600上)

【先匶】在柩前開路。爲大喪出葬時方相氏之職責。賈公彥《疏》:"喪所多有凶邪,故使之導也。"《周禮·夏官·方相氏》:大喪,~。(0851中)

【先君子】稱自己或他人已去世的祖父。鄭玄《注》:"子上,孔子曾孫,子思伋之子。"孔穎達《疏》:"子之先君子,謂孔子也。"《禮記·檀弓上》:子上之母死而不喪。門人問諸子思曰:"昔者子之~喪出母乎?"(1274中)

【先意承志】對父母沒有表露的意願,要先期意會而行之;對父母已有之志,應當堅決奉行。爲儒家孝道之一。孔穎達《疏》:"謂父母將欲發意,孝子則預前逆知父母之意而爲之,是先意也。承志,謂父母已有志,己當承奉而行之。"今爲成語。《禮記·祭義》:君子之所爲孝者,~,諭父母於道。(1598中)

【先人而後己】讓別人在先而自己居後。爲君子貴人賤己之道德風範。今爲成語。《禮記·坊記》:君子貴人而賤己,~,則民作讓。(1619中)

【先筮而後卜】先用蓍草占易卦而後灼龜甲取兆。依禮,大事(指征伐、出師及巡守)用卜,小事用筮。國有大事,則先筮而後卜。鄭玄《注》:"當用卜者先筮之,即事有漸也。於筮之凶,

則止不卜。"賈公彥《疏》:"筮輕龜重,賤者先。……《曲禮》云:'卜筮不相襲。'若筮不吉而又卜,是卜襲筮,故於筮凶則止,不卜。"《周禮·春官·筮人》:凡國之大事,~。(0805 下)

充 chōng 見下。

【充人】職官名。掌管繫養祭祀用牲。爵下士。《周禮·地官·充人》:~,掌繫祭祀之牲牷。(0724 中)

【充美】覆蓋裼衣之美麗紋飾。在盛禮之場合,服裝以質樸爲美,故當掩上外服以覆蓋裼衣之美。鄭玄《注》:"充,猶覆也。"孔穎達《疏》:"謂覆蓋裼衣之美,以君不在,敬心殺故也。"《禮記·玉藻》:服之襲也,~也。(1480 上)

兆 zhào

❶設壇祭祀。《小宗伯》孫詒讓《正義》:"此兆五帝於四郊,謂於王城外近郊五十里之內,設兆位也。"《周禮·春官·小宗伯》:~五帝於四郊,四望、四類亦如之。~山川、丘陵、墳衍,各因其方。(0766 上)《禮記·郊特牲》:~於南郊,就陽位也。(1452 中)❷墓地。《小宗伯》鄭玄《注》:"兆,塋域。"《周禮·春官·小宗伯》:卜葬~,甫竁亦如之。(0768 上)《儀禮·士喪禮》:度兹幽宅~基,無有後艱。(1142 下)❸設在四郊的祭壇。《表記》鄭玄《注》:"兆,四郊之祭處也。"《周禮·春官·典祀》:掌外祀之~守,皆有域。(0783 下)《禮記·表記》:《詩》曰:"后稷~祀,庶無罪悔,以迄于今。"(1644 下)❹鑽灼甲骨所顯現的裂紋。據以占視吉凶。《大卜》鄭玄《注》:"兆者,灼龜發於火,其形可占

者。"《周禮·春官·大卜》:大卜,掌三~之灋。一曰《玉兆》,二曰《瓦兆》,三曰《原兆》。(0802 中)《禮記·月令》:是月也,命大史釁龜筴占~,審卦吉凶。(1381 上)❺占卜時灼甲骨顯現出吉祥的徵兆。鄭玄《注》:"言齊絜則得吉兆。"《禮記·檀弓下》:石駘仲卒,無適子,有庶子六人,卜所以爲後者。曰:"沐浴佩玉則~。"(1309 下)

【兆民】指天子之民。後泛指衆民、百姓。鄭玄《注》:"天子曰兆民"《禮記·月令》:命相布德,和令,行慶,施惠,下及~。(1356 上)

【兆域】墓地四週的界畔。孫詒讓《正義》:"云'辨其兆域'者,謂墓地之四畔有營域堳埒也。……惠士奇云:'溝者,兆域也。溝而絕之爲域外,溝而合之爲域內。'案:惠說是也。"《周禮·春官·冢人》:掌公墓之地,辨其~而爲之圖。(0786 上)

兆域

兕 sì

兕牛。犀牛之一種。皮厚,可製甲,亦爲製天子之棺的材料。《鄉射禮》鄭玄《注》:"兕,獸名。似牛,一角。"《檀弓上》鄭玄《注》:"以水牛、兕牛之革以爲棺被。"《周禮·冬官考工記·函人》:犀甲七屬,~甲六屬。(0917 中)《儀禮·鄉射禮》:大夫~中,各以其物獲。士鹿中,翿旌以獲。(1012 中)《禮記·檀弓上》:天子之棺

四重:水、~革棺被之,其厚三寸;杝棺一,梓棺二。(1293中)

【兕中】用兕牛皮做的盛計數籌籌的器皿。其狀如兕而伏。大夫射禮所用。《儀禮·鄉射禮》:大夫~,各以其物獲。士鹿中,翻旌以獲。(1012中)

兕中

【兕甲】兕牛皮製成的鎧甲。可用二百年。《周禮·冬官考工記·函人》:犀甲壽百年,~壽二百年。(0917中)

【免】 ㊀ wèn ❶用同"絻"。古服喪時去冠束髮,以布纏頭。即用麻布自項中交於額上,又繞後繫於髮結。免以布,髻髮以麻,故免較髻髮爲輕。《士喪禮》鄭玄《注》:"免之制未聞。舊説以爲如冠狀,廣一寸。《喪服小記》曰:'斬衰髻髮以麻,免而以布。'此用麻布爲之,狀如今之著幓頭矣。自項中而前交於額上,卻繞紒也。"《檀弓上》鄭玄《注》:"以布廣一寸從項中而前,交於額上,又卻向後繞於髻。"《儀禮·士喪禮》:主人髻髮,袒,衆主人~于房。(1136中)《禮記·檀弓上》:公儀仲子之喪,檀弓~焉。(1273下)❷用同"絻"。古喪服。纏在服喪者頭上的布。狀如冠,廣一寸。鄭玄《注》:"免狀如冠,而廣一寸。"《禮記·問喪》:冠,至尊也,不居肉袒之體也,故爲之~以代之也。(1656下)

【免袒】去冠束髮,以布纏頭,並袒露左臂。爲古喪服。《奔喪》孔穎達《疏》:"又哭、三哭,皆括髮袒。"《儀禮·既夕禮》:商祝~,執功布入。(1146下)《禮記·奔喪》:於又哭、三哭,皆~。(1654上)

【免麻】即免經。居喪者纏麻帶於首及腰,以示悲哀。鄭玄《注》:"麻亦経帶也。"《禮記·奔喪》:奔喪者自齊衰以下,入門左,中庭北面哭,盡哀,~于序東。(1654上)

【免經】居喪者纏麻帶於首及腰,以示悲哀。《禮記·奔喪》:襲、~于序東。(1654中)

㊁ miǎn 見下。

【免₂席】離開席位。以示恭敬。孔穎達《疏》:"免席,謂避席也。"《禮記·樂記》:賓牟賈起,~而請曰。(1542上)

【免₂喪】即除喪。守孝期滿,除去喪服。《禮記·曾子問》:壻~,女之父母使人請,壻弗取而后嫁之,禮也。(1392上)

【免₂經】居喪者在朝哭之後除去首經和腰經,僅穿衰服,以求吉利。《士喪禮》鄭玄《注》:"免經者,求吉,不敢純凶。"《儀禮·士喪禮》:主人皆往,兆南,北面,~。(1142下)《禮記·服問》:凡見人,無~。雖朝於君,無~。(1659上)

【兌】 yuè 見下。

【兌命】《尚書》篇名。今存《説命》上、中、下三篇,爲《古文尚書》。內容爲殷高宗武丁任命傅説爲相的命辭。鄭玄《注》:"兌,當爲説。《説命》,《書》篇名,殷高宗之臣傅説之所作。"《禮記·文王世子》:《~》曰:"念終始典于學。"(1411上)

【兔】 tù ❶兔子。哺乳類動物。肉可食,毛皮可作衣物。宗廟祭祀之禮,兔子被稱爲明視。《曲禮下》孔穎達《疏》:"兔肥則目開而視明也。"《儀禮·公食大夫禮》:上大夫庶羞二十,加於下大夫以雉、~、鶉、鴽。(1085下)《禮記·曲禮下》:凡祭宗廟之禮,牛曰一元大武,豕曰剛鬛,豚曰腯肥,羊曰柔毛,雞曰翰音,犬曰羹獻,雉曰疏趾,~曰明視。(1269上)❷即伏兔。車廂底部兩側之枕木。形如伏兔,上承車廂,下扣車軸。亦名屐。孫詒讓《正義》:"鄭珍云:'兔圍即是伏兔之圍。'"賈公彥《疏》:"伏兔銜車軸,在輿下,短不至軌。"《周禮·冬官考工記·輈人》:三分其~圍,去一以爲頸圍。(0913下)

【兔醢】兔肉醬。依《禮記·內則》,乾肉做成的羹要配以兔肉醬。孔穎達《疏》:"析脯爲羹,以兔醢配之。"《周禮·天官·醢人》:加豆之實,芹菹、~、深蒲、醓醢、箈菹、雁醢、筍菹、魚醢。(0674下)《禮記·內則》:殷脩,蜃醢;脯羹、~。(1464上)

【兔羹】帶汁之熟兔肉。兔羹宜配稻米飯。孔穎達《疏》:"謂細析稻米爲飯,以犬、兔爲羹,此三者亦味相宜也。"《禮記·內則》:析稌、犬羹、~、和糝,不蓼。(1464上)

【兔去尻(kāo)】食兔時要去掉其脊骨末端(尻)。尻爲兔身上不可食之部位。爲古人生活經驗之總結。鄭玄《注》:"皆爲不利人也。"《禮記·內則》:狼去腸,狗去腎,狸去正脊,~,狐去首,豚去腦,魚去乙,鱉去醜。(1466下)

兗 yǎn 見下。

【兗州】古九州之一。約在今山東西部及河北河間市至天津一帶。《周禮·夏官·職方氏》:河東曰~,其山鎮曰岱山,其澤藪曰大野。(0862下)

几 部

几 jī ❶古人席地而坐時憑依的器具。長方形,短腳,狀如小桌。天子之几有五:玉几、雕几、彤几、漆几、素几。祭祀設几,亦作爲神之所依。宗廟祭祀之吉事,要變換新几;喪葬等凶事,仍用原來的几。《周禮·春官·司几筵》:凡吉事變~,凶事仍~。(0775下)《儀禮·士昏禮》:主人拂~,授校,拜送。(0962中)《禮記·曾子問》:升,奠幣于殯東~上,哭降。(1388下)❷登車時踩腳用的矮桌。賈公彥《疏》:"乘以几者,謂登車時也。几所以安體。"《儀禮·士昏禮》:婦乘以~,姆加景,乃驅。(0966中)

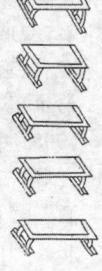

【几杖】憑几和手杖。皆老者行坐所

用之物。孔穎達《疏》:"杖可以策身,几可以扶己,俱是養尊者之物。"《禮記·曲禮上》:謀於長者,必操～以從之。(1233上)

凡 fán 一月之會計總數。鄭玄《注》:"治凡,謂月計也。"孫詒讓《正義》:"惠士奇云:'要、凡、目三者,皆數也。數分爲目,目最爲凡,凡合爲要,皆謂之數。'"《周禮·天官·宰夫》:一曰正,掌官灋以治要;二曰師,掌官成以治～;三曰司,掌官灋以治目。(0655下)

鳧(鳬) fú 見下。

【鳧氏】製造樂器的工匠。賈公彥《疏》:"此言聲者,鍾類非一,故言聲以包之。故注云:聲,鍾、鐏于之屬。"《周禮·冬官考工記·攻金之工》:～爲聲,栗氏爲量,段氏爲鏄器,桃氏爲刃。(0914下)

亠部

亡 wáng 見下。

【亡國之音】將滅亡之國的音樂。春秋時正值離亂之世的衛國,其桑間濮上一帶的音樂反映了"其政散,其民流,誣上行私而不可止"的社會情形,被稱作"亡國之音"。儒家認爲"樂由心生",音樂能反映政治之現狀。治世之音安詳而快樂,其政平和;亂世之音怨恨而憤怒,其政混亂;亡國之音悲哀而愁思,人民困苦不堪。孔穎達《疏》:"亡國,謂將欲滅亡之國。樂音悲哀而愁思,言亡國之時民心哀思,故樂音亦哀思,由其人困苦故也。"今爲成語。《禮記·樂記》:～哀以思,其民困。(1527下)

亢 kàng 東方蒼龍七宿之第二宿,有星四顆。今屬室女座。爲二十八宿之一。《禮記·月令》:仲夏之月,日在東井,昏～中,旦危中。(1369上)

玄 xuán ❶赤黑色。亦爲天之顔色。《檀弓上》鄭玄《注》:"玄,黑類也。"《周禮·冬官考工記·畫繢》:東方謂之青,南方謂之赤,西方謂之白,北方謂之黑,天謂之～,地謂之黃。(0918下)《儀禮·聘禮》:釋幣,制～纁束,奠于几下。(1047上)《禮記·檀弓上》:夏后氏尚黑,大事斂用昏,戎事乘驪,牲用～。(1276上)❷指玄衣、玄裳。爲士冠禮時主人之兄弟、親戚所穿之服。鄭玄《注》:"玄,玄衣、玄裳也。"《儀禮·士冠禮》:兄弟畢袗～,立于洗東,西面,北上。(0951中)❸指玄酒。鄭玄《注》:"皆玄尊,二者皆有玄酒之尊。"詳見"玄酒"。《儀禮·大射》:皆～尊,酒在北。(1029中)❹指黑色衣、冠。爲祭祀齋戒時所穿之服。孔穎達《疏》:

"玄,陰色。鬼神幽陰,故齊者玄服。"《禮記·郊特牲》:齊之～也,以陰幽思也。(1457下)

【玄玉】赤黑色的玉。冬季爲水,水色黑,故冬月天子之器皆用黑色,所佩之玉爲玄玉。孔穎達《疏》:"玉從自然之色,故其色淺而用玄玉也,猶如夏云赤玉,春云蒼玉相似也。"《禮記·月令》:孟冬之月,……天子居玄堂左个,乘玄路,駕鐵驪,載玄旂,衣黑衣,服～。(1381上)

【玄衣】赤黑色之服。周人養老亦服之。孔穎達《疏》:"《儀禮》'朝服緇布衣素裳',緇則玄,故爲玄衣素裳。"孫希旦《集解》:"玄衣者,六冕之服皆玄,祭服也。"《禮記·王制》:周人冕而祭,～而養老。(1346下)

【玄武】❶指畫有龜的軍旗。行軍時用以標示北方或殿後的軍陣。玄武原爲北方七宿（斗、牛、女、虛、危、室、壁）的合稱,因其形像龜而得名。孔穎達

玄武

《疏》:"此明軍行象天文而作陳法也。前南後北左東右西,朱鳥、玄武、青龍、白虎,四方宿名也。……軍後須殿捍,故用玄武。玄武,龜也,龜有甲,能禦侮用也。……今之軍行,畫此四獸於旌旗,以標左右前後之軍陳。"《禮記·曲禮上》:行,前朱鳥而後～,左青龍而右白虎。(1250上)
❷黑色冠卷。鄭玄《注》:"武,冠卷也。古者冠、卷殊。"孔穎達《疏》:"卷用玄而冠用縞,冠、卷異色。"孫希旦《集解》:"愚謂用縞爲冠,用玄爲武,縞爲凶,玄爲吉,冠在上,武在下,以象父猶有喪,而子已即吉也。"《禮記·玉藻》:縞冠,～,子姓之冠也。(1476下)

【玄冠】朝服冠名。即用黑色繒製成的冠。亦稱委貌。天子、諸侯、大夫、士常服之禮冠。亦謂戴玄冠。《士冠禮》胡培翬《正義》:"玄冠,黑繒冠也。"《玉藻》鄭玄《注》:"玄冠,委貌也。"《儀禮·士冠禮》:乃易服,服～、玄端、爵韠。(0953中)《禮記·玉藻》:～,朱組纓,天子之冠也。(1476下)

【玄鳥】燕子。因其羽黑得名。鄭玄《注》:"玄鳥,燕也。燕以施生時來,巢人堂宇而孚乳,嫁娶之象也。"《禮記·月令》:仲春之月,……是月也,～至。(1361下)

【玄旂】黑色的旗幟。冬季爲水,水色黑,故冬月天子之器皆用黑色,車載之旂爲玄旂。孫希旦《集解》:"車馬衣服皆以玄及黑者,順水色也。"《禮記·月令》:孟冬之月,……天子居玄堂左个,乘玄路,駕鐵驪,載～,衣黑衣,服玄玉。(1381上)

【玄酒】祭禮中當酒用的清水。以其色玄黑,故名。爲五飲中之上水,亦稱新水。《禮運》孔穎達《疏》:"玄酒,謂水也。以其色黑,謂之玄。而太古無酒,此水當酒所用,故謂之玄酒。"《士冠禮》鄭玄《注》:"玄酒,新水也。雖今不用,猶設之,不忘古也。"《儀禮·士冠禮》:～在西,加勺,南枋。(0956上)《禮記·禮運》:故～在室,醴、醆在户,粢醍在堂,澄酒在下。(1416中)

【玄冥】水神。即少皞氏之子,曰脩、

曰熙者。鄭玄《注》："玄冥,少皞氏之子,曰脩,曰熙,爲水官。"《禮記·月令》:孟冬之月,……其日壬癸,其帝顓頊,其神～。(1380下)

【玄孫】自身以下的第五代。《禮記·祭法》:王下祭殤五:適子,適孫,適曾孫,適～,適來孫。(1590中)

【玄堂】明堂之北堂。天子明堂有五室:東曰青陽,西曰總章,南曰明堂,北曰玄堂,中曰太室,其中以南爲正,以中爲尊。除太室外,四堂又各分爲左右室及中堂,左曰左个,右曰右个,中曰大廟。鄭玄《注》:"玄堂左个,北堂西偏也。""玄堂大廟,北堂當大室。"孫希旦《集解》:"玄堂左个,明堂北方之西室也。""玄堂大廟,明堂之北堂也。"參見"明堂①"。《禮記·月令》:天子居～左个,乘玄路,駕鐵驪,載玄旂,衣黑衣,服玄玉。(1381上)《禮記·月令》:天子居～大廟,乘玄路,駕鐵驪,載玄旂,衣黑衣,服玄玉。(1382下)

【玄冕】王祭羣小祀之禮服,亦爲諸侯朝聘天子及卿大夫助祭之服。其服衣無文,玄色,裳繡黻。爲王六冕服之一。亦爲穿玄冕服。《司服》鄭玄《注》:"玄者衣無文,裳刺黻而已。""玄冕,皆其朝聘天子及助祭之服。"《周禮·春官·司服》:祭羣小祀,則～。(0781中)《周禮·春官·司服》:卿大夫之服,自～而下,如孤之服。(0783上)《禮記·雜記上》:公襲:卷衣一,玄端一,朝服一,素積

玄冕

一,纁裳一,爵弁一,～一,褒衣一。(1556下)

【玄尊】裝有玄酒的尊。鄭玄《注》:"二者皆有玄酒之尊。"《儀禮·大射》:皆～,酒在北。(1029中)

【玄路】黑色的車。冬季爲水,水色黑,故冬月天子之器皆用黑色,所乘之車爲玄路。孫希旦《集解》:"車馬衣服皆以玄及黑者,順水色也。"《禮記·月令》:天子居玄堂左个,乘～,駕鐵驪,載玄旂,衣黑衣,服玄玉。(1381上)

【玄裳】黑色下裳。是玄端服的組成部分,爲上士所服。鄭玄《注》:"玄端即朝服之衣,易其裳耳。上士玄裳,中士黃裳,下士雜裳。"《儀禮·士冠禮》:玄端:～、黃裳、雜裳可也。(0950中)

【玄端】禮服名。黑色布上衣。因其袖正直端方,故名。玄端亦爲一種服制之名,其正服爲玄冠、緇布衣、玄裳、黑屨。玄端服還可根據人尊卑的不同以黃裳、雜裳替換玄裳,添加緇帶、爵韠。玄端爲士常服之禮服,天子、諸侯作爲燕居之服。《司服》孫詒讓《正義》:"玄端、素端……蓋自天子下達至於士,通用爲齊服;而冠則尊卑所用互異。……凡玄端皆玄冠、緇布衣、玄裳、黑屨,素端則縞冠、白布衣、素裳、素屨,此玄端、素端之正服也。"《士冠禮》鄭玄《注》:"此莫夕於朝之服。玄端即朝服之衣,易其裳耳。上士玄裳,中士

玄端

黃裳,下士雜裳。"胡培翬《正義》:"玄端即玄衣,端者取其正也。……然則玄冠,玄端,玄裳、黃裳、雜裳,緇帶,爵韠,黑履者,玄端服也;玄冠,玄衣,緇帶,素裳,素韠,白屨者,朝服也。此玄端與朝服之分也。"《雜記上》鄭玄《注》:"燕居之服。"《周禮·春官·司服》:其齊服,有~,素端。(0783上)《儀禮·士冠禮》:~:玄裳、黃裳、雜裳可也,緇帶,爵韠。(0950中)《禮記·雜記上》:公襲:卷衣一,~一,朝服一,素積一,纁裳一,爵弁二,玄冕一,褒衣一。(1556下)

【玄璜】玄色玉璜。爲六玉器之一。立冬時用以祭北方黑精之帝。鄭玄《注》:"禮北方以立冬,謂黑精之帝,而顓頊、玄冥食焉。……半璧曰璜,象冬閉藏,地上無物,唯天半見。"《周禮·春官·大宗伯》:以玉作六器,以禮天地、四方:以蒼璧禮天,以黃琮禮地,以青圭禮東方,以赤璋禮南方,以白琥禮西方,以~禮北方。(0762中)

玄璜

【玄赬(chēng)】玄衣赤裳。爲大夫招魂之服。鄭玄《注》:"赬,赤也。玄衣赤裳,所謂卿大夫自玄冕而下之服也。"孔穎達《疏》:"大夫以玄赬者,玄纁也。言大夫招魂用玄冕玄衣纁裳,故云玄赬也。"《禮記·喪大記》:君以卷,夫人以屈狄,大夫以~,世婦以襢衣。(1572上)

【玄纁】赤黑色與淺絳色。古人認爲天色蒼而玄,地色黃而纁,玄纁爲天地配合之象。婚禮納徵用玄纁,象徵陰陽相合。鄭玄《注》:"用玄纁者,象陰陽備也。"《儀禮·士昏禮》:納徵,~束帛、儷皮,如納吉禮。(0962下)

【玄組綬】繫玉的玄色絲帶。爲天子所用。鄭玄《注》:"綬者,所以貫佩相承受者也。"《禮記·玉藻》:天子佩白玉而~,公侯佩山玄玉而朱組綬,大夫佩水蒼玉而純組綬,世子佩瑜玉而綦組綬,士佩瓀玟而縕組綬。(1482下)

【玄綃(xiāo)衣】以玄色綺所做的裼衣。罩於狐青裘之外。鄭玄《注》:"君子,大夫士也。綃,綺屬也。染之以玄,於狐青裘相宜。"《禮記·玉藻》:君子狐青裘,豹褎,~以裼之。(1479下)

交 jiāo 見下。

【交遊】一般朋友。孔穎達《疏》:"交遊,汎交也。"《禮記·曲禮上》:故州閭鄉黨稱其孝也,兄弟親戚稱其慈也,僚友稱其弟也,執友稱其仁也,~稱其信也。(1233上)

【交龍】兩龍相依倚的圖案。爲旂的標誌。《周禮·春官·司常》:日月爲常,~爲旂。(0826中)

【交擯】朝聘時,由衆擯介依次傳辭謂之交擯。鄭玄《注》:"交擯者,各陳九介,使傳辭也。"鄭司農云:"交擯,擯者交也。"賈公彥《疏》:"上擯入受命出請事,傳辭與承擯,承擯傳與末擯,末擯傳與末介,末介傳與承介,承介傳與上介,上介傳與賓。賓又傳與上介,上介傳與承介,承介傳與末介,末介傳與末擯,末擯傳於承擯,承擯傳與上擯,上擯入告君。如是者三,謂之交擯三辭。"《周禮·秋官·司儀》:主君郊勞,~,三辭。(0897中)《周

禮・秋官・司儀》：及將幣，～，三辭，車逆，拜辱。(0897下)

【交爵】相互敬酒。依禮，非祭祀之時，男女之間不可以相互敬酒。鄭玄《注》："交爵，謂相獻酢。"《禮記・坊記》：禮，非祭，男女不～。(1622中)

【交獻】交替獻酒。此言祭祀時君與夫人交替獻酒於尸，以使祖先的靈魂快樂。孔穎達《疏》："第一君獻，第二夫人獻，第三君獻，第四夫人獻，是君與夫人交錯而獻也。"《禮記・禮運》：君與夫人～，以嘉魂魄，是謂合莫。(1417中)

【交手哭】兩手交替捶胸而哭。爲父母剛去世時孝子痛苦之表現。孔穎達《疏》："交手哭者，謂交手拊心而爲哭也。"《禮記・問喪》：親始死，雞斯，徒跣，扱上衽，～。(1656中)

亥 hài 地支的第十二位。古時十天干與十二地支相配，用來記時(年、月、日)。詳見"丁亥"。《儀禮・少牢饋食禮》：孝孫某，來日丁～，用薦歲事于皇祖伯某，以某妃配某氏。(1196中)《禮記・祭統》：六月丁～，公假於大廟。(1607上)

亨 pēng ❶用同"烹"。烹煮。《曲禮上》鄭玄《注》："煮也。"《周禮・天官・內饔》：掌王及后、世子膳羞之割～煎和之事。(0661下)《儀禮・鄉飲酒禮》：其牲，狗也，～于堂東北。(0990中)《禮記・曲禮上》：客絮羹，主人辭不能～。(1242下) ❷指亨人。鄭玄《注》："謂鄉祭之晨，既殺以授亨人。"參見"亨人"。《周禮・天官・大宰》：及納～，贊王牲事。(0650上)

【亨人】職官名。掌管以鼎鑊烹煮食物。爵下士。《周禮・天官・亨人》：～，掌共鼎鑊，以給水火之齊。(0662下)

享 xiǎng ❶在宗廟中獻祭品奉祀祖先。獻於天曰祀，獻於地曰祭，獻於鬼曰享，統言皆曰祭祀。《大宗伯》鄭玄《注》："宗廟之祭，有此六享。肆、獻、祼、饋食，在四時之上，則是祫也，禘也。"賈公彥《疏》："此六者皆言享者，對天言祀，地言祭，故宗廟言享。享，獻也，謂獻饌具於鬼神也。"《祭義》鄭玄《注》："享，猶祭也、饗也。"《周禮・春官・大宗伯》：以肆、獻、祼～先王，以饋食～先王，以祠春～先王，以禴夏～先王，以嘗秋～先王，以烝冬～先王。(0758下)《禮記・祭義》：君子生則敬養，死則敬～，思終身弗辱也。(1592下) ❷進獻，行享聘之禮。《玉人》鄭玄《注》："享，獻也。聘禮享君以璧，享夫人以琮。"《聘禮》賈公彥《疏》："不享者，謂不以束帛加璧，獻國所有。"《周禮・冬官考工記・玉人》：璧琮九寸，諸侯以～天子。(0922下)《儀禮・聘禮》：小聘曰問，不～，有獻，不及夫人。(1072上) ❸天子的五官(司徒、司馬、司空、司士、司寇)獻其功。鄭玄《注》："貢，功也。享，獻也。致其歲終之功於王，謂之獻也。"《禮記・曲禮下》：五官致貢曰～。(1261中)

【享牛】經過卜吉用於祭祀的牛。鄭玄《注》："享，獻也。獻神之牛，謂所以祭者也。"孫詒讓《正義》："享牛卜而後用，求牛具而不必卜。……卜吉而後養之，是爲享牛。……蓋凡大祭祀，牛必卜繫，其別擇以備臨時有故

更易者,則不卜繫,此即享牛、求牛之義。"《周禮·地官·牛人》:凡祭祀,共其～、求牛,以授職人而芻之。(0723下)

【享侑】向尸(代表死者受祭的活人)獻酒、勸食。獻酒食曰享,勸食曰侑。侑,用同"侑"。爲祭祀儀式之一。鄭玄《注》:"享,獻也,謂朝獻、饋獻也。侑讀爲侑。侑勸尸食而拜。"《周禮·春官·大祝》:辨九撵:一曰稽首,二曰頓首,三曰空首,四曰振動,五曰吉撵,六曰凶撵,七曰奇撵,八曰褒撵,九曰肅撵,以～祭祀。(0810中)

【享礿】夏季獻禽獸祭祀宗廟。鄭玄《注》:"礿,宗廟之夏祭也。"《周禮·夏官·大司馬》:車弊,獻禽以～。(0837上)

【享烝】冬季獻禽獸祭祀宗廟。鄭玄《注》:"人又以禽祭宗廟。"孫詒讓《正義》:"凡冬祭宗廟,通謂之烝。此亦因田獵而獻禽,非正祭也。"《周禮·夏官·大司馬》:致禽饁獸于郊,入獻禽以～。(0839上)

【享嘗】四時之祭。鄭玄《注》:"享嘗,謂四時之祭。"陳澔《集説》:"此不在月祭之例,但得四時祭之耳,故云享嘗乃止。"《禮記·祭法》:遠廟爲祧,有二祧,～乃止。(1589上)

【享禮】向朝聘國君進獻禮品的儀式。既聘而享,用圭璧,有庭實。《儀禮·聘禮》:聘于夫人,用璋,享用琮,如初禮。若有言,則以束帛,如～。(1056下)

夜 yè 見下。

【夜士】巡夜的小官。鄭玄《注》:"夜士,主行夜徼候者,如今都候之屬。"《周禮·秋官·司寤氏》:以星分夜,以詔～夜禁,禦晨行者,禁宵行者、夜遊者。(0885中)

【夜明】祭月之壇名。孔穎達《疏》:"夜明者,祭月壇名也。月明於夜,故謂其壇爲夜明也。"《禮記·祭法》:王宮,祭日也。～,祭月也。幽宗,祭星也。(1588上)

【夜時】夜間時刻。一日分十二時,以日入至鷄鳴分爲五夜:甲夜、乙夜、丙夜、丁夜、戊夜,亦稱五更。鄭玄《注》:"夜時,謂夜晚早,若甲、乙至戊。"《周禮·秋官·司寤氏》:司寤氏,掌～。(0885中)

【夜行以燭】夜晚行走須拿火把。爲夜晚行走時男女避嫌之法。孫希旦《集解》:"夜行必皆以燭者,所以遠暗昧之嫌也。"《禮記·内則》:男子入内,不嘯不指,～,無燭則止。女子出門,必擁蔽其面,～,無燭則止。(1462下)

奇 ㊀ jī 見下。

【奇撵】即一拜,君拜臣下。爲九拜之一。鄭玄《注》:"杜子春云:'……奇讀爲奇偶之奇。'……鄭大夫云:……'奇拜,一拜也。'"賈公彦《疏》:"一拜者,謂君拜臣下。按《燕禮》大射有一拜之時,君答一拜。"《周禮·春官·大祝》:辨九撵:一曰稽首,二曰頓首,三曰空首,四曰振動,五曰吉撵,六曰凶撵,七曰～,八曰褒撵,九曰肅撵,以享右祭祀。(0810中)

㊁ qí 見下。

【奇₂袤(xié)之民】卿大夫士家人中

之詭譎邪偽者。鄭玄《注》："民,宮中吏之家人也。……奇袤,謫觚非常。"賈公彥《疏》："吏即宅在宮中,卿大夫士。其家人爲此惡行也者,使之不爲,即是去也。"《周禮·天官·宮正》:去其淫怠與其～,會其什伍而教之道義。(0657 中)

商 shāng

❶商音。爲五聲之一。古人以五聲配四季,商音配秋;以五聲比五物,商音爲臣。《月令》鄭玄《注》："屬金者,以其濁次宮,臣之象也。秋氣和則商聲調。"《周禮·春官·大師》:皆文之以五聲:宮、～、角、徵、羽。(0795 中)《儀禮·鄉射禮》:舉旌以宮,偃旌以～。(1000 下)《禮記·月令》:孟秋之月,……其音～,律中夷則。(1372 下) ❷指行商。亦泛指商人。《司市》賈公彥《疏》："行曰商,居曰賈。"《周禮·地官·司市》:朝市朝時而市,～賈爲主;夕市夕時而市,販夫、販婦爲主。(0734 中)《儀禮·聘禮》:卿館於大夫,大夫館於士,士館於工～。(1073 上) ❸古樂歌名。爲五帝之樂。《禮記·樂記》:故《～》者,五帝之遺聲也。(1545 中)

【商祝】祝(主持喪禮、祭禮的人)習商禮者。《士喪禮》鄭玄《注》："商祝,祝習商禮者。商人教之以敬,於接神宜。"《樂記》孔穎達《疏》："商祝,謂習商禮而爲祝者。"胡匡衷《儀禮釋官》："夏祝、商祝、祝,皆周祝也。以習夏禮,謂之夏祝;習商禮,謂之商祝。三祝皆公臣,當《周禮》喪祝之職。"《儀禮·士喪禮》:～襲祭服,褖衣次。(1134 上)《禮記·樂記》:～辨乎喪禮,故後主人。(1538 上)

【商旅】行商,長途販賣貨物的人。《冬官考工記·總敘》鄭玄《注》："販賣之客也。"《月令》鄭玄《注》："商旅,賈客也。"《周禮·冬官考工記·總敘》:通四方之珍異以資之,謂之～。(0905 中)《禮記·月令》:是月也,易關市,來～,納貨賄,以便民事。(1374 下)

【商祭】祭祀所用乾魚之稱。孔穎達《疏》："橐,乾也。商,量也。祭用乾魚,量度燥滋,得中而用之也。"《禮記·曲禮下》:凡祭宗廟之禮,……脯曰尹祭,橐魚曰～,鮮魚曰脡祭。(1269 上)

【商賈】❶指商人阜通貨賄之事。爲大宰所頒九職之一。賈公彥《疏》："謂商賈之家所爲事業,通貨賄,使之阜盛。"《周禮·天官·大宰》:以九職任萬民:一曰三農,生九穀;二曰園圃,毓草木;三曰虞衡,作山澤之材;四曰藪牧,養蕃鳥獸;五曰百工,飾化八材;六曰～,阜通貨賄;七曰嬪婦,化治絲枲;八曰臣妾,聚斂疏材;九曰閒民,無常職,轉移執事。(0647 上) ❷長途販賣者爲商,坐地售賣者爲賈。泛指商人。鄭玄《注》："通物曰商,居賣物曰賈。"《周禮·地官·司市》:以政令禁物靡而均市,以～阜貨而行布。(0734 上)

率 lǜ

用同"繂"。編爲辮狀。鄭玄《注》："率,繂也。"孔穎達《疏》："士用執帛練爲帶,其帶用單帛,兩邊繂而已。繂,謂綆緝也。"《禮記·玉藻》:大夫素帶,辟垂。士練帶,～,下辟。(1480 下)

【率帶】指加於屍體的大帶。鄭玄《注》："此謂襲尸之大帶。"孔穎達《疏》："率,謂爲帶也,但攝帛邊而熨殺之,不加箴功,異於生也。"《禮記·雜記上》:～,諸侯、大夫皆五采,士二

采。(1555下)

雍 yōng 《詩經·周頌》篇目。本是武王祭祀文王,於撤去祭品時所奏之樂,後作爲燕飲時送別賓客所奏之樂。鄭玄《注》:"《采齊》《雍》《振羽》,皆樂章也。"《禮記·仲尼燕居》:和鸞中《采齊》,客出以《～》,徹以《振羽》。(1614上)

【雍人】職官名。掌管割烹、陳鼎俎之事。《公食大夫禮》胡培翬《正義》引《儀禮釋官》云:"案《周禮·外雍》職曰:'掌外祭祀之割亨,陳其鼎俎,實之牲體魚腊。凡賓客之飧饔饗食之事亦如之。'天子有内雍、外雍之官,諸侯唯有雍人而已。"《喪大記》孔穎達《疏》:"雍人主亨飪,故出鼎也。"《儀禮·公食大夫禮》:～以俎入,陳于鼎南。(1080下)《禮記·喪大記》:君喪,虞人出木、角,狄人出壺,～出鼎。(1574中)

【雍氏】職官名。掌管田間水道。爵下士。《周禮·秋官·雍氏》:～,掌溝瀆澮池之禁。(0885上)

【雍正】職官名。雍人之長,主管宰割、烹飪。鄭玄《注》:"雍正,官名也。"胡培翬《正義》:"《儀禮釋官》云:'雍正,私臣,掌割亨者。'雍正即雍人也。《少牢》有雍人,又有雍正,故雍正爲雍人之長。此士之官,當止一人也。"《儀禮·特牲饋食禮》:宗人視牲,告充。～作豕。(1180中)

【雍州】古九州之一。地域在今山西、陝西、甘肅、青海一帶。《周禮·夏官·職方氏》:正西曰～,其山鎮曰嶽山,其澤藪曰弦蒲。(0862下)

【雍府】雍正的屬官。鄭玄《注》:"雍正,羣吏掌辨體名肉物者。府,其屬。"《儀禮·有司》:雍正執一匕以從,～執二匕以從。(1207上)

【雍爨】烹飪牲肉、魚、腊的竈。此指竈神。胡培翬《正義》:"饎爨,以炊黍、稷;雍爨,以亨牲、魚、腊。"《儀禮·特牲饋食禮》:尸卒食,而祭饎爨、～。(1192下)

冫部

冰 bīng 水在攝氏零度以下凝結成的固體。古時冬季十二月取冰藏入冰窖,其用一爲冷藏食物,一爲喪祭冰屍,一爲防暑降溫。喪祭用冰者多爲卿大夫,故謂卿大夫爲伐冰之家。《周禮·天官·凌人》:歲十有二月,令斬～。(0671上)《儀禮·士喪禮》:士有～,用夷槃可也。(1133下)《禮記·喪大記》:大夫設夷盤,造～焉。士併瓦盤,無～。(1575下)

【冰鑑】盛冰的大口盆。置冰其中,以冷藏食物。鄭玄《注》:"鑑如甀,大口,以盛冰,置食物於中,以禦温氣。"賈公彦《疏》:"冰若有鑑,則冰不銷

冫部

釋,食得停久。"《周禮·天官·凌人》:春始治鑑。……祭祀,共~;賓客,共冰。(0671上)

冶 yě 即冶氏。鑄造金屬器物的工匠。《學記》鄭玄《注》:"冶,謂鑄冶也。"《周禮·冬官考工記·總敘》:攻金之工:築、~、鳧、㮚、段、桃。(0906中)《禮記·學記》:良~之子必學爲裘,良弓之子必學爲箕。(1524下)

【冶氏】鑄造金屬器物(殺矢、戈戟、斧斤)的工匠。爲攻金之工。《周禮·冬官考工記·攻金之工》:築氏執下齊,~執上齊,鳧氏爲聲,㮚氏爲量,段氏爲鎛器,桃氏爲刃。(0914下)

凌 líng 見下。

【凌人】職官名。掌藏冰、供冰。爵下士。《周禮·天官·凌人》:~,掌冰。(0671上)

冖部

冗 rǒng 見下。

【冗食者】即冗吏、散吏。指有班位而無固定職事的散官。賈公彥《疏》:"冗,散也。外内朝上直諸吏謂之冗吏,亦曰散吏。以上直不歸家食,稾人供之,因名冗食者。"孫詒讓《正義》:"此冗食,即在官府服公事之人,以事留外内朝者,故官共其食,以其爲散吏,故謂之冗食者。其公卿大夫等,以事留宫中,不遑退食者,則内饔共之,非稾人所掌。"《周禮·地官·稾人》:掌共外内朝~之食。(0750中)

冠 ㈠ guān 首服之總稱。與冕、弁並列而三。用布製成。有緇布冠,有玄冠,有白布冠等。冠又可分喪冠與吉冠。由冠圈(武)、冠梁、冠纓等部分組成,不同的冠所用材料和縫製方法不同。《士冠禮》鄭玄《注》:"冠,緇布冠也。"《周禮·春官·小宗伯》:縣衰~之式于路門之外。(0768上)《儀禮·士冠禮》:執~者升一等,東面授賓。(0952上)《禮記·玉藻》:玄冠,朱組纓,天子之~也。緇布冠,繢緌,諸侯之~也。(1476下)

【冠弁】即玄冠。鄭玄《注》:"冠弁,委貌。"賈公彥《疏》:"(委貌)若以色言,則曰玄冠也。"詳見"冠弁服"。《周禮·春官·司服》:凡甸,~服。凡凶事,服弁服。(0782中)

【冠帶】冠冕和腰帶。古時冠帶依照所穿衣

太古冠

冠弁

服均有定制。鄭玄《注》:"因制衣服而作之也。"《禮記·月令》:乃命司服,具飭衣裳,文繡有恒,制有小大,度有長短,衣服有量,必循其故,～有常。(1373下)

【冠布纓】齊衰喪冠以布做冠纓。胡培翬《正義》:"冠布纓者,以布爲武,垂下爲纓也。敖氏云:'此冠布纓亦條屬,右縫。'"《儀禮·喪服》:疏衰裳,齊,牡麻絰,～,削杖,布帶,疏屨,三年者。(1103中)

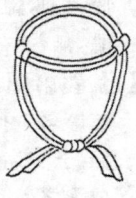
冠布纓

【冠弁服】天子田獵時的冠服,亦爲諸侯大夫士的朝服。冠弁,即玄冠;其服緇布衣,素裳。鄭玄《注》:"甸,田獵也。冠弁,委貌,其服緇布衣,亦素積以爲裳。諸侯以爲視朝之服。"賈公彥《疏》:"(委貌)若以色言,則曰玄冠也。"孫詒讓《正義》:"凡天子甸服,諸侯大夫士朝服,皆玄冠、緇衣、素裳。"《周禮·春官·司服》:凡甸,～。凡凶事,服弁服。(0782中)

【冠繩纓】斬衰喪冠以麻繩做冠纓。鄭玄《注》:"通屈一條繩爲武,垂下爲纓,著之冠也。"賈公彥《疏》:"《禮記》云:'喪冠條屬,以別吉凶。'若然,吉冠則纓武別材,凶冠則纓武同材。是以鄭云'通屈一條繩爲武',謂將一條繩從額上約之至項後交過,兩相各至耳於武綴之,各垂於頤下結之。"《儀禮·喪服》:～,條屬,右縫。(1097中)

【冠衣不純采】帽子和衣服不能鑲彩邊。爲孤子主持家事時衣、冠之儀規。鄭玄《注》:"早喪親,雖除喪,不忘哀也。……《深衣》曰:'孤子衣純以素。'"孫希旦《集解》:"是爲當室者有此禮,而餘孤不然也。蓋以適子傳重,所感彌深故也。"《禮記·曲禮上》:爲人子者,父母存,冠衣不純素。孤子當室,～。(1234上)

【冠衣不純素】帽子和衣服不能鑲白邊。爲人子雙親健在時衣、冠之儀規。鄭玄《注》:"爲其有喪象也。純,緣也。"孔穎達《疏》:"冠純,謂冠飾也。衣純,謂衣領緣也。《禮》:'具父母、大父母存,冠衣純以繢。若有父母,無太父母,則純以青。若少而并無,則乃純素也。'故親存者不得純素也。"《禮記·曲禮上》:爲人子者,父母存,～。孤子當室,冠衣不純采。(1234上)

㈠ guàn 冠禮,亦指笄禮。男子二十而冠,通過三次加冠,表示進入成年期。女子十五歲就可許嫁,許嫁之後行笄禮,並爲之取字,如男子之冠禮。未許嫁,則在二十歲時行笄禮。《大宗伯》賈公彥《疏》:"此一節陳昏姻冠笄之事。……男二十而冠;女子許嫁,十五而笄,不許亦二十而笄,皆責之以成人之禮也。"《曲禮上》鄭玄《注》:"成人矣。"《周禮·春官·大宗伯》:以飲食之禮親宗族兄弟,以昏～之禮親成男女。(0760中)《儀禮·士冠禮》:將～者采衣,紒,在房中,南面。(0951下)《禮記·曲禮上》:男子二十,～而字。(1241下)

【冠₂士】行過冠禮的成人。孔穎達《疏》:"冠士者,謂外人來觀投壺,成人加冠之士,尊之,故令屬賓黨。"《禮記·投壺》:司射、庭長及～立者,皆屬賓黨。(1667上)

【冠₂主】冠禮的主持人。一般指冠者的親父、宗兄等。鄭玄《注》："冠主,冠者親父若宗兄也。"《儀禮·士冠禮》:冠之日,主人紒而迎賓,拜、揖、讓,立于序端,皆如~,禮於阼。(0957 上)

【冠₂筓】男二十歲舉行成年禮曰冠,女十五至二十歲舉行成年禮曰筓。鄭玄《注》:"男二十而冠,女許嫁而筓,成人之禮。"《禮記·樂記》:昏姻~,所以别男女也。(1529 中)

【冠₂禮】加冠的禮儀。古代貴族青年男子二十歲要舉行隆重的加冠典禮,作爲成年的標誌。冠禮在禰廟(父廟)舉行。冠前要先筮日、筮賓,以決定行禮的日期及加冠的貴賓。正式加冠於阼階廳堂的主位上,表示冠者的繼承人身份。加冠共三次,所加冠一次比一次尊貴:一加緇布冠,次加皮弁,三加爵弁,並接受敬酒。加冠後,由來賓中年高德隆者爲冠者取字。行過冠禮,意味冠者具有了貴族成員所應有的權利和義務,並可入仕爲官。《儀禮·士冠禮》:無大夫~,而有其昏禮。(0958 下)《禮記·冠義》:古者~,筮日筮賓,所以敬冠事。(1679 下)

【冠₂醮】冠禮的一種儀節。行冠禮時,先加緇布冠,再加皮弁,三加爵弁。每一加向冠者酌一次酒,稱冠醮。三加後向冠者敬一次醴(甜酒),稱冠醴。鄭玄《注》:"酒爲醮。冠禮,醴重而醮輕。"《禮記·曾子問》:天子賜諸侯、大夫冕、弁,服於大廟,歸設奠,服賜服,於斯乎有~,無冠醴。(1390 下)

【冠₂醴】冠禮的一種儀節。冠禮三加後賓酌醴祝冠者,稱冠醴。醴重於醮。孔穎達《疏》:"醮之所以異於醴者,醴則三加之後揔一醴之,醮則每一加而行一醮,凡三醮也。"《禮記·曾子問》:天子賜諸侯、大夫冕、弁,服於大廟,歸設奠,服賜服,於斯乎有冠醮,無~。(1390 下)

【冠₂義第四十三】《禮記》第四十三篇篇名。孔穎達《疏》引鄭玄《三禮目錄》云:"名曰《冠義》者,以其記冠禮成人之義。此於《别錄》屬《吉事》。"《儀禮·士冠禮》專記男子加冠禮的儀節,此篇則解釋士冠禮的意義,包括冠禮時筮日、筮賓之義,三加之義,加冠後拜母、見兄弟、拜君、拜鄉大夫、鄉先生之義等。(1679 下)

冢 zhǒng 見下。

【冢人】職官名。掌公墓之地。爵下大夫。《士喪禮》鄭玄《注》:"冢人,有司掌墓地兆域者。"《周禮·春官·冢人》:~,掌公墓之地。(0786 上)《儀禮·士喪禮》:筮宅,~營之。(1142 下)

【冢子】嫡長子。鄭玄《注》:"謂長子侍母食也。"《禮記·内則》:父没母存,~御食。(1462 中)

【冢宰】職官名。《周禮》六官天官之大宰。爲六卿之首,總理百官、國事。《天官·敘官》賈公彦《疏》引鄭玄《三禮目錄》云:"冢,大也;宰者,官也。天者,統理萬物。天子立冢宰使掌邦治,亦所以揔御衆官,使不失職。"《周禮·天官·敘官》:乃立天官~,使帥其屬而掌邦治,以佐王均邦國。(0639 下)《禮記·檀弓下》:古者天子崩,王世子聽於~三年。(1305 中)

【冢婦】嫡長子之妻。公公去世後,即由冢婦主管家務。鄭玄《注》:"婦雖受傳,猶不敢專行也。"《禮記・內則》:舅沒則姑老,～所祭祀、賓客,每事必請於姑,介婦請於～。(1463 中)

冥 míng 古水官名。少皞之子曰脩,曰熙,為玄冥(水官),死祀為水神。鄭玄《注》:"冥,契六世之孫也。其官玄冥,水官也。"參見"玄冥"。《禮記・祭法》:契為司徒而民成,～勤其官而水死。(1590 下)

【冥氏】職官名。掌管捕取野獸的機弩、羅綱。爵下士。《周禮・秋官・冥氏》:～,掌設弧張。(0888 中)

冪 mì 覆蓋尊、簋、豆等器皿的巾。用綌、疏布、功布做成。鄭玄《注》:"綌,葛也。冪,覆尊巾。"《儀禮・鄉飲酒禮》:尊綌～,賓至徹之。(0990 中)

【冪人】職官名。掌管巾冪。由奄者任之。《周禮・天官・冪人》:～,掌共巾冪。(0675 下)

凵部

凶 xiōng 指凶禮。為五禮之一。參見"凶禮"。《禮記・喪服四制》:夫禮,吉～異道,不得相干,取之陰陽也。(1694 下)

【凶札】收成不好,疫病流行。凶札之年,可以免除力役、地稅,不徵收山澤農圃之賦,還可以免除關稅("國凶札,則無關門之征"),並以荒禮加以救助("以荒禮哀凶札")。賈公彥《疏》:"凶謂年穀不熟,札謂天下疫病。"《周禮・地官・均人》:～,則無力政,無財賦,不收地守、地職,不均地政。(0730 上)

【凶年】災荒之年。凶年國君帶頭一切從儉,出門乘最下等之馬,祭祀改太牢為少牢。孔穎達《疏》:"明凶荒之年君自貶損也。"《禮記・雜記下》:～則乘駑馬,祀以下牲。(1567 中)

【凶服】❶喪服。《周禮・春官・司服》:其～,加以大功、小功。(0783 上)❷服喪期。鄭玄《注》:"凶服,亦謂未除喪。"《禮記・曲禮下》:其在～曰"適子孤"。(1266 中)

【凶荒】因收成不好而造成的饑荒。依當時的規定,縣都所積蓄的粟米用來救濟凶荒。賈公彥《疏》:"凶荒,謂年穀不熟。"《周禮・地官・遺人》:野鄙之委積,以待羇旅;縣都之委積,以待～。(0728 上)

【凶器】即明器。為陪葬而專門製作的器物。依禮,賓客所贈送的陪葬物品,不經許可不得進入公的宮門。《閽人》鄭玄《注》:"凶器,明器也。"賈公彥《疏》:"案《士喪禮》,主人所造曰明器,賓客所致曰就器。此經凶器亦應兼有就器,而云凶器明器者,以主人明器爲主也。"《周禮·天官·閽人》：喪服，～不入宮，潛服、賊器不入宮，奇服、怪民不入宮。(0686下)《禮記·曲禮下》：書方、衰、～，不以告，不入公門。(1258上)

【凶拜】先稽顙(屈膝下拜，以額觸地，無容)而後拜手(跪後兩手相拱，以頭至手)。爲九拜之一。是喪拜之最重者，用於斬衰三年之喪。鄭玄《注》："凶拜，稽顙而後拜，謂三年服者。"《周禮·春官·大祝》：辨九擇：一曰稽首，二曰頓首，三曰空首，四曰振動，五曰吉擇，六曰～，七曰奇擇，八曰褒擇，九曰肅擇，以享右祭祀。(0810中)

【凶聲】象徵亡國的不祥之聲。如桑間濮上之聲。鄭玄《注》："凶聲，亡國之聲，若桑間濮上。"參見"亡國之音"。《周禮·春官·大司樂》：凡建國，禁其淫聲、過聲、～、慢聲。(0791中)

【凶禮】遇凶事所行的救患分災之禮。包括喪禮、荒禮、弔禮、禬禮、恤禮五者。爲五禮之一。鄭玄《注》："哀謂救患分災。凶禮之別有五。"孫詒讓《正義》："戎喪皆凶惡之事，孤哀弔之禮謂之凶禮。"詳見各條。《周禮·春官·大宗伯》：以～哀邦國之憂：以喪禮哀死亡，以荒禮哀凶札，以弔禮哀禍災，以禬禮哀圍敗，以恤禮哀寇亂。(0759上)

【凶事仍几】喪葬之事仍保留原來的几案。爲紀念死者，仍依照生前原樣。爲喪事之禮。賈公彥《疏》："此文見凡奠几相因不易之意。"《周禮·春官·司几筵》：凡吉事變几，～。(0775下)

出

chū ❶休棄妻子。《內則》孔穎達《疏》："出，去也。按《大戴禮·本命》云：'婦有七出。'"《儀禮·喪服》：～妻之子爲母期。(1104下)《禮記·內則》：子甚宜其妻，父母不說，～。(1463上) ❷出嫁。《儀禮·喪服》：姑、姊妹、女子子適人者。《傳》曰：何以大功也？～也。(1112中) ❸出奔。依禮，史書記載天子不言"出"，當言"居"。鄭玄《注》："天子之言出，諸侯之生名，皆有大惡，君子所遠。"《禮記·曲禮下》：天子不言～，諸侯不生名。(1267下)

【出入】指本族已嫁和未嫁的女子。女子因出入不同，所當服喪的輕重和對象也有所不同。爲制定喪服輕重的原則之一。鄭玄《注》："出入，女子出嫁者及在室者。"孫希旦《集解》："出入，謂己族之女有出有入，而服因之而有隆殺也。未適人及反而在室者曰入，適人曰出。"《禮記·大傳》：服術有六：一曰親親，二曰尊尊，三曰名，四曰～，五曰長幼，六曰從服。(1507下)

【出火】用火。季春三月火星現，始用火，行陶冶，焚田萊。《郊特牲》鄭玄《注》："謂焚萊也。凡出火，以火出建辰之月，火始出。"《司爟》鄭玄《注》："火所以用陶冶。"《周禮·夏官·司爟》：季春～，民咸從之。(0843中)《禮記·郊特牲》：季春～，爲焚也。(1450上)

【出母】被父休棄的生母。《喪服小記》孔穎達《疏》："出母，謂母犯七出，爲父所遣。"《儀禮·喪服》：出妻之子爲父後者，則爲～無服。(1104下)《禮記·喪服小記》：爲父後者，爲～無服。(1495上)

【出妻】被丈夫休棄的妻子。古禮，妻若犯"七出"，夫即可休妻。鄭玄《注》："出，猶去也。"賈公彥《疏》："七出者,無子,一也;淫佚,二也;不事舅姑,三也;口舌,四也;盜竊,五也;妒忌,六也;惡疾,七也。"所謂"七出"是封建禮制壓迫婦女的教條。《儀禮·喪服》:~之子爲母。(1104下)

【出祖】出葬時設遷祖之奠。柩車初載,棺柩頭朝北,於車西設遷祖之奠。撤奠後,轉棺柩頭朝外(南)爲出行之始。目的是乞求行神保佑一路平安。孫希旦《集解》:"遷祖之奠,設於柩車西。時柩猶北首,乃飾棺設披屬引,徹去遷祖之奠,還柩鄉外而爲行始,謂之祖。"《禮記·檀弓上》:曾子聞之,曰:"多矣乎!予~者。"(1285中)

【出學】謂在大學九年完成學業。亦稱"大成"。鄭玄《注》:"出學,謂九年大成學止也。"《禮記·王制》:將~,小胥、大胥、小樂正簡不帥教者,以告于大樂正,大樂正以告于王。(1342中)

【出言有章】出口成章。引自《詩經·小雅·都人士》。形容人説話條理清楚,很有文采,或思維敏捷,自成文章。今爲成語"出口成章"。《禮記·緇衣》:《詩》云:"彼都人士,狐裘黃黃。其容不改,~。"(1648中)

【出必告,反必面】外出必須稟告父母,回來必須面見父母。爲人子事親之禮。鄭玄《注》:"告、面同耳。反言面者,從外來,宜知親之顏色安否。"今省作成語"出告反面"。《禮記·曲禮上》:夫爲人子者,~;所遊必有常,所習必有業。(1233下)

【出不易方,復不過時】(父母年老)孝子外出不改變所去之處,返回不超過預定時間。以免父母擔憂。爲人子事親之禮。鄭玄《注》:"不可以憂父母也。易方,爲其不信己所處也。復,反也。"《禮記·玉藻》:親老,~。(1484中)

函 hán ❶鎧甲。以革製成。鄭玄《注》:"燕近強胡,習作甲冑。"《周禮·冬官考工記·總敘》:燕之無函也,非無函也,夫人而能爲~也。(0905下)❷製造革甲的工匠。爲攻皮之工。《周禮·冬官考工記·總敘》:攻皮之工:~、鮑、韗、韋、裘。(0906中)

【函人】製造革甲的工匠。《周禮·冬官考工記·函人》:~,爲甲。犀甲七屬,兕甲六屬,合甲五屬。(0917中)

【函鍾】樂律名。古代樂律分爲十二,陽聲爲律,陰聲爲同。函鍾爲六同之第四。《周禮·春官·大師》:陽聲:黃鍾、大蔟、姑洗、蕤賓、夷則、無射。陰聲:大吕、應鍾、南吕、~、小吕、夾鍾。(0795中)

卩(㔾)部

卯 mǎo 地支的第四位。古以十天干與十二地支相配以記日,這裏指代乙卯日。相傳乙卯爲夏桀滅亡之日,古人諱忌,吉事避而不用,凶事則不避。《士喪禮》鄭玄《注》:"子、卯,桀紂亡日,凶事不辟,吉事闕焉。"《檀弓下》鄭玄《注》:"紂以甲子死,桀以乙卯亡,王者謂之疾日,不以舉樂,爲吉事所以自戒懼。"《儀禮·士喪禮》:朝夕哭,不辟子~。(1141下)《禮記·檀弓下》:子~不樂。(1305下)

危 wēi ❶星宿名。北方玄武七宿的第五宿,有星三顆。爲二十八宿之一。《禮記·月令》:仲夏之月,日在東井,昏亢中,旦~中。(1369上)❷指屋脊。孔穎達《疏》:"履危者,踐履屋棟上高位之處而復也。"《禮記·喪大記》:皆升自東榮,中屋履~,北面三號。(1572上)

【危弓】强弓。强弓配以柔箭。孫詒讓《正義》引江永云:"當是剽疾者爲危,柔緩者爲安。"《周禮·冬官考工記·弓人》:豐肉而短,寬緩以茶,若是者爲之~,~爲之安矢。(0937上)

【危矢】飛行疾速的箭。疾箭用於柔弓。鄭玄《注》:"危、奔,猶疾也。"《周禮·冬官考工記·弓人》:骨直以立,忿埶以奔,若是者爲之安弓,安弓爲之~。(0937上)

卯 ㊀ luǎn 見下。

【卵鳥】指其卵可供祭祀的家禽。鄭玄《注》:"其卵可薦之鳥。"賈公彦《疏》:"鴛、鴨之屬,其雞亦在焉。"《周禮·夏官·掌畜》:祭祀,共~。(0846下)

【卵鹽】大鹽。以鹽形大似鳥卵,故稱。鄭玄《注》:"卵鹽,大鹽也。"孔穎達《疏》:"以其鹽形似鳥卵,故云大鹽也。"《禮記·内則》:麋腥,醢醬;桃諸、梅諸,~。(1464上)

㊁ kūn 見下。

【卯₂醬】魚子醬。鄭玄《注》:"卵,讀爲鯤。鯤,魚子。"《禮記·内則》:濡雞,醢醬,實蓼。濡魚,~,實蓼。(1464上)

即 jí 見下。

【即席】入席,就座。依禮,初即席時容顏要莊重,兩手要提起衣裳,使衣裳下緝離地一尺,以防絆足。《曲禮上》孔穎達《疏》:"初將來就席,顏色宜莊,不得變動顏色。……將就席之時,以兩手當裳前提挈裳使起,令裳下緝去地一尺,恐衣長轉足躡履之足。"《儀禮·士昏禮》:夫人入于室,~。(0966中)《禮記·曲禮上》:將~,容毋怍,兩手摳衣,去齊尺。(1239下)

卷 ㊀ gǔn 用同"衮"。君王或上公所穿有卷龍的禮服。鄭玄《注》:"卷,俗讀也,其通則曰衮。三公八命矣,復加一命,則服龍衮。"參見"衮"。《禮記·王制》:制:三公一命~,若有加則賜也,不過九命。(1326上)

【卷衣】即衮衣。帝王或上公的禮服。參見"衮"。《禮記·雜記上》:公襲:~一,玄端一,朝服一,素積一,纁裳一,爵弁二,玄冕一,褒衣一。(1556下)

【卷冕】帝王的禮服與禮帽。亦爲服禮服、禮帽。參見"衮冕"。《禮記·郊特牲》:~、路車,可陳也,而不可好也。(1455上)《禮記·明堂位》:君~立于阼,夫人副褘立于房中。(1489下)

㊁ juǎn 見下。

【卷₂耳】《詩經·國風·周南》篇名。全詩四章,每章四句。此詩寫採卷耳的婦女思念征夫,或以爲寫在外服役的小官吏思念閨婦,《詩序》說是寫后妃"輔佐君子"之志。爲燕飲禮中合

樂時所演奏的樂曲之一。《儀禮·鄉飲酒禮》:乃合樂,《周南》:《關雎》《葛覃》《～》。(0986 中)

巹 jǐn 婚禮用的酒器。將瓠剖成兩瓢,稱"巹"。三酳時,新婚夫婦各執一瓢,斟酒而飲。爲婚禮儀式之一。《昏義》孔穎達《疏》:"巹,謂半瓢,以一瓠分爲兩瓢,謂之巹。壻之與婦各執一片以酳,故云合巹而酳。"《士昏禮》胡培翚《正義》:"蓋分一瓠爲二,不用則仍合爲一也。一、再酳用爵,……三酳用巹。……禮成乃用巹,重之不輕用也。"《儀禮·士昏禮》:三酳,用～,亦如之。(0967 上)《禮記·昏義》:共牢而食,合～而酳。(1680 下)

卻 [却] què 見下。

【卻行】指能退行的小動物。如蚰蜒。鄭玄《注》:"卻行,螾衍之屬。"《周禮·冬官考工記·梓人》:外骨、內骨、～、仄行……謂之小蟲之屬。(0925 上)

卿 qīng 官爵名。天子九卿,大國三卿,小國二卿。天子之卿同伯,六命;公、侯、伯之卿三命,子、男之卿再命。諸侯之卿分上、中、下三等:次國之上卿位當大國之中卿,中卿當其下卿,下卿當其上大夫。小國之上卿位當大國之下卿,中當其上大夫,下當其下大夫。《周禮·春官·典命》:王之三公八命,其～六命。(0780 下)《儀禮·大射》:若有諸公,則先～獻之。(1033 上)《禮記·王制》:大國三～,皆命於天子。(1325 下)

【卿士】指卿、大夫主管事務者。後用以泛指官吏。孔穎達《疏》:"即大夫卿之典事者。"《禮記·緇衣》:毋以小謀敗大作,毋以嬖御人疾莊后,毋以嬖御士疾莊士,大夫、～。(1649 上)

【卿老】上卿。以禮,國君不稱呼上卿之名。鄭玄《注》:"卿老,上卿也。"詳見"上卿"。《禮記·曲禮下》:國君不名～、世婦,大夫不名世臣、姪、娣,士不名家相、長妾。(1256 下)

【卿擯】即上擯。由卿擔任,故稱。胡培翚《正義》:"此卿擯即上擯。以卿爲之,故曰卿擯。"詳見"上擯"。《儀禮·公食大夫禮》:～由下。(1086 下)

【卿大夫】諸侯國的卿及大夫。卿即上大夫,大夫包括中大夫及下大夫。《儀禮·燕禮》:公以賓及～皆坐,乃安。(1022 上)《禮記·曲禮上》:"四郊多壘,此～之辱也。"(1250 下)

刀(刂)部

刀 dāo ❶兵器。孫詒讓《正義》:"《說文·刀部》云:'刀,兵也。'"《周禮·冬官考工記·總敘》:鄭之～,宋之斤,魯之削,吳、粵之劍,遷乎其地而弗能爲良,地氣然也。(0906上)❷小刀。爲隨身佩帶的用具、飾物。鄭玄《注》:"刀、礪,小刀及礪礱也。"《禮記・內則》:左佩紛帨、~、礪、小觿、金燧。(1461上)

【刀匕】刀和匕。食具。《禮記・檀弓下》:蕢也,宰夫也,非~是共,又敢與知防,是以飲之也。(1305下)

【刀卻刃授穎】將刀遞給別人時要刀刃向上而授之以刀環。爲授刀之儀節。孔穎達《疏》:"言授人以刀,卻仰其刃,授之以穎。穎謂刀環也,言以刀環授之。"《禮記・少儀》:~,削授拊。(1514中)

刃 rèn ❶指刀劍一類有刃的兵器。賈公彥《疏》:"刃,大刃,刀劍之屬也。"《周禮・冬官考工記・攻金之工》:段氏爲鎛器,桃氏爲~。(0914下)❷指箭鏃。孫詒讓《正義》引江永云:"刃者,鏃鋒。"《周禮・冬官考工記・冶氏》:冶氏,爲殺矢。~長寸,圍寸,鋌十之,重三垸。(0915上)❸刀鋒,刀口。凡是帶有銳利鋒刃的東西,遞給別人時要將鋒刃避開對方。出境作戰時鋒刃向前,入境時鋒刃向後。《禮記・少儀》:凡有刺者,以授人則辟~。乘兵車,出先~,入後~。(1514中、下)

切 qiē 見下。

【切肺】用於祭祀的肺。肺根據切割方式和用途的不同分兩種:一種割離肺體,用於祭祀,稱祭肺,又稱切肺;一種割而留少許不與肺中央絕離,用於食用,稱離肺,又稱舉肺。賈公彥《疏》:"切肺亦祭肺,互言之。"參見"祭肺"。《儀禮・有司》:侑俎:羊左

肩、左肫、正脊一、脅一、腸一、胃一、~一,載于一俎。(1208上)

分 ㈠ fēn 長度單位。一寸等於十分。《禮記・王制》:古者百里,當今百二十一里六十步四尺二寸二~。(1347下)

㈡ fèn 見下。

【分₂星】與地上分野相對應的星次。鄭玄《注》:"星所主土也。……大界則曰九州,州中諸國中之封域,於星亦有分焉。"《周禮・春官・保章氏》:以星土辨九州之地,所封封域,皆有~,以觀妖祥。(0819中)

刌 cǔn 見下。

【刌肺】即切肺。用於祭祀的肺。肺根據切割方式和用途的不同分兩種:一種割離肺體,用於祭祀,稱祭肺,又稱切肺;一種割而留少許不與肺中央絕離,用於食用,稱離肺,又稱舉肺。鄭玄《注》:"今文'刌'爲'切'。"《儀禮・特牲饋食禮》:離肺一,~三。(1193上)

刉 jī 見下。

【刉珥(ěr)】割取禽獸之血而行祭祀。割獸曰刉,割禽曰珥。鄭玄《注》:"珥讀爲衈。刉衈,釁禮之事。用牲毛者曰刉,羽者曰衈。"一說,孫詒讓《正義》:"綜校鄭義,蓋刉爲刲割,衈爲涂釁,而皆用牲血,則與血祭相類。"《周禮・秋官・士師》:凡~,則奉犬牲。(0875下)

刑 xíng 夾脊肉。鄭玄《注》引鄭司農云:"刑膴,謂夾脊肉,或曰膺肉也。"孫詒讓《正義》:"先鄭以刑膴爲一物。……曾釗云:'刑不訓夾

脊肉。據先鄭意當讀爲肺,刑從开聲,與肺聲近。《說文·肉部》:"肺,夾脊肉。"正與先鄭合。'案,曾說是也。"刑、臑爲二物。一說,玄"謂刑,鉶羮也"。鉶爲盛羮之器,以肉汁盛於鉶中。《周禮·天官·内饔》:凡掌共羞、脩、~、臑、胖、骨、鱐,以待共膳。(0662 中)

【刑典】刑罰之典。爲建邦六典之一,由大司寇主管。其内容蓋《大司寇》職之三典、五刑。鄭玄《注》引鄭司農云:"刑典,司寇之職,故立其官,曰使帥其屬而掌邦禁,以佐王刑邦國。"《周禮·天官·大宰》:五曰~,以詰邦國,以刑百官,以糾萬民。(0645 中)

【刑官】掌刑法之官。即秋官。《周禮·秋官·敘官》:~之屬:大司寇一人,小司寇中大夫二人,士師下大夫四人,鄉士上士八人,中士十有六人,旅下士三十有二人。(0867 中)

【刑象】書於木板的刑法條文。鄭玄《注》:"正月朔日,布五刑於天下。正歲,又縣其書,重之。"孫詒讓《正義》:"刑象之法,即上三典五刑二千五百條之屬是也。"《周禮·秋官·大司寇》:正月之吉,始和布刑于邦國、都鄙,乃縣~之灋于象魏,使萬民觀~,挾日而斂之。(0871 上)

【刑賞】刑罰與獎賞。爲治理王畿内公卿大夫采邑、王子弟食邑的八項法則之一。賈公彦《疏》:"謂有罪刑之,有功賞之。"《周禮·天官·大宰》:以八則治都鄙:一曰祭祀,以馭其神;二曰灋則,以馭其官;三曰廢置,以馭其吏;四曰禄位,以馭其士;五曰賦貢,以馭其用;六曰禮俗,以馭其民;七曰

~,以馭其威;八曰田役,以馭其衆。(0646 上)

【刑職】掌管刑罰的職務。爲官府六職之一,由大司寇所掌。其職掌與"刑典"文同。《周禮·天官·小宰》:五曰~,以詰邦國,以糾萬民,以除盜賊。(0653 下)

【刑人於市】在集市上對犯人施刑。殷代不論貴賤皆刑於市;周代庶民及王異姓犯法刑之於市,王同姓有罪則由甸人刑於隱蔽之處,以避免外人議論。於集市施刑,目的是警戒衆人,使民奉公守法。孔穎達《疏》:"亦謂殷法,謂貴賤皆刑於市。周則有爵者刑於甸師氏也。"《禮記·王制》:~,與衆弃之。(1327 下)

【刑於隱者】在隱蔽的地方行刑。周制,王同族人犯罪,不在集市上而在隱蔽處施刑,是爲了親疏有別,"不以疏謀親"(孫希旦《集解》)。孔穎達《疏》:"異姓則刑之於市,此同姓刑於甸師隱蔽之處者,不與國人謀慮兄弟也。"《禮記·文王世子》:~,不與國人慮兄弟也。(1409 下)

【刑不上大夫】刑不爲大夫而制。禮,刑書中不設大夫犯罪之科目。這樣做的原因一是不允許賢者犯法;二是若預先設其刑法,就表明國君不識賢者。周制規定八種人犯罪,經過特別審議可以減免刑罰,稱爲八辟。八辟不在刑法之内,故需據情議定,又稱八議。大夫(尊貴者)犯罪當在"八議"之列,可重罪減輕,輕罪則宥。鄭玄《注》:"不與賢者犯法,其犯法則在八議輕重,不在刑書。"孔穎達《疏》:"五刑三千之科條,不設大夫犯罪之目也。所以然者,大夫必用有德,若

逆設其刑,則是君不知賢也。張逸云:'謂所犯之罪,不在夏三千,周二千五百之科,不使賢者犯法也。非謂都不刑其身也,其有罪則以八議議其輕重耳。'"參見"八辟"。《禮記·曲禮上》:禮不下庶人,〜。(1249 中)

【刑平國用中典】用常法治理承平守成的諸侯國。天子治理不同的諸侯國,採用不同的法典。鄭玄《注》:"平國,承平守成之國也。用中典者,常行之法。"《周禮·秋官·大司寇》:一曰刑新國用輕典,二曰〜,三曰刑亂國用重典。(0870 上)

【刑亂國用重典】用重法治理篡弒叛逆的諸侯國。天子治理不同的諸侯國,採用不同的法典。鄭玄《注》:"亂國,篡弒叛逆之國。用重典者,以其化惡伐滅之。"《周禮·秋官·大司寇》:一曰刑新國用輕典,二曰刑平國用中典,三曰〜。(0870 中)

【刑新國用輕典】用輕法治理新建立的諸侯國。天子治理不同的諸侯國,採用不同的法典。鄭玄《注》:"新國者,新辟地立君之國。用輕法者,為其民未習於教。"《周禮·秋官·大司寇》:一曰〜,二曰刑平國用中典,三曰刑亂國用重典。(0870 上)

列 liè 田壟水渠。鄭玄《注》:"列,田之畦畷也。"《周禮·地官·稻人》:以〜舍水,以淪寫水。(0746 下)

【列采】謂衣裳異色。如朝服,衣黑色,裳白色,色皆不同。列采為正服之色。依禮,不穿列采之服不能進入公之宮門,非列采之服不能用為殮衣。列采又稱貳采。《玉藻》鄭玄《注》:"列采,正服。"《喪大記》鄭玄《注》:"列采,謂正服之色也。"參見"貳采"。《禮記·玉藻》:非〜不入公門,振絺綌不入公門,表裘不入公門,襲裘不入公門。(1477 中)《禮記·喪大記》:凡陳衣不詘,非〜不入,絺、綌、紵不入。(1579 下)

【列國】指五等諸侯國。孔穎達《疏》:"列國,五等諸侯也。"《禮記·曲禮下》:〜之大夫,入天子之國,曰"某士"。(1267 中)

【列事未盡,不問】如果尊者沒有講述完,不可以插言提問。為侍奉尊者之儀。孔穎達《疏》:"其問事之時,必待尊者言終,如有不曉,然後更問。若尊者序列其事未得終盡,則不可錯亂尊者之語而輒有咨問,則為不敬也。"《禮記·文王世子》:可以問,終則負牆。〜。(1405 下)

刖 yuè 斷足。為五刑之一。斷足之人可使守囿。鄭玄《注》:"斷足驅衛禽獸,無急行。"《周禮·秋官·掌戮》:墨者使守門,劓者使守關,宮者使守內,〜者使守囿,髡者使守積。(0883 中)

【刖罪】處以斷足之罪的刑罰。鄭玄《注》:"刖,斷足也。周改臏作刖。"《周禮·秋官·司刑》:墨罪五百,劓罪五百,宮罪五百,〜五百,殺罪五百。(0880 中)

別 bié 別子的省稱。諸侯的庶子。詳見"別子"。《禮記·喪服小記》:別子為祖,繼〜為宗,繼禰者為小宗。(1495 中)

【別子】諸侯的庶子。以其別於正嫡,故稱別子。孔穎達《疏》:"別子,謂諸侯之庶子也。諸侯之適子、適孫繼世為君,而第二子以下悉不得禰先君,

故云別子。"《禮記·大傳》：～爲祖，繼別爲宗，繼禰者爲小宗。(1508上)

【別子爲祖】諸侯的庶子分出去另立新宗而爲始祖。別子之嫡長子繼承別子者爲大宗，別子之庶子爲小宗。鄭玄《注》："諸侯之庶子，別爲後世爲始祖也。"孔穎達《疏》："爲祖者，別與後世爲始祖。謂此別子子孫爲卿大夫，立此別子爲始祖。"《禮記·喪服小記》：～，繼別爲宗，繼禰者爲小宗。(1495中)

【別姓而哭】分別不同的姓氏依次而哭。天子之喪，諸侯依同姓、異姓相從而哭，其序有別於朝覲之時，以此表明其親疏遠近的關係。鄭玄《注》："使諸侯同姓、異姓、庶姓相從而爲位，別於朝覲來時。朝覲爵同同位。"《禮記·檀弓上》：唯天子之喪，有～。(1294上)

利 lì ❶指以酒饌供養尸之禮。《士虞禮》鄭玄《注》："利，猶養也。成，畢也。言養禮畢也。"《曾子問》鄭玄《注》："利成，禮之施於尸者。"孔穎達《疏》："利猶養也。不告供養之禮成也。"《儀禮·士虞禮》：祝出戶，西面告～成。(1170 上)《禮記·曾子問》：其吉祭特牲，祭殤不舉，無肵俎，無玄酒，不告～成，是謂陰厭。(1400 上) ❷佐食者。即祭祀時助尸享食之人。佐食由賓之二人擔任，年長者爲上利，即上佐食；年次者爲下利，即下佐食。享食時，由下佐食取祭品授上佐食，上佐食以授尸。鄭玄《注》："利，佐食也。言利，以今進酒也。"賈公彥《疏》："利與佐食乃有二名者，以上文設俎、啓會、爾

敦之時以黍稷爲食，故名佐食。今進以酒，酒所以供養，故名利。利即養也。"《儀禮·特牲饋食禮》：～洗散，獻于尸。(1190 中)

判 pàn 婚配之事。鄭玄《注》："判，半也。得耦爲合，主合其半，成夫婦也。"《周禮·地官·媒氏》：媒氏，掌萬民之～。(0732 下)

【判妻】爲夫所休而再嫁之婦。孫詒讓《正義》引江永云："娶判妻謂娶人所出之妻。……書之者，防其爭訟也。"《周禮·地官·媒氏》：凡娶～人子者，皆書之。(0733 上)

【判書】券書。借貸所用。券書上手寫一大字，從中間分開，借貸雙方各執一半以核驗。鄭玄《注》："判，半分而合者。故書判爲辨。鄭司農云：'謂若今時辭訟，有券書者爲治之。辨讀爲別，謂別券也。'"參見"傅別"。《周禮·秋官·朝士》：凡有責者，有～以治，則聽。(0878 中)

【判縣(xuán)】東西兩面懸掛鍾磬等樂器。爲卿大夫懸掛樂器之儀。兩面，東西兩面。缺南北。鄭玄《注》："鄭司農云：'宮縣四面，軒縣去其一面，判縣又去其一面，特縣又去其一面。'……玄謂軒縣去南面，辟王也。判縣左右之合，又空北面；特縣縣於東方。"《周禮·春官·小胥》：正樂器之位，王宮縣，諸侯軒縣，卿大夫～，士特縣，辨其聲。(0795 上)

刺 cì 徵詢意見。周代決斷庶民疑重案時，要依次徵詢羣臣、羣吏、百姓三類人的意見，然後定罪判決，以示審慎，以求公允。詳見"三刺"。《周禮·秋官·司刺》：掌三～、三宥、三赦之灋，以贊司寇聽獄訟：壹

～曰訊羣臣,再～曰訊羣吏,三～曰訊萬民。(0880 下)《禮記·王制》:司寇正刑明辟,以聽獄訟。必三～。(1343 下)

【刺兵】直刺的兵器。如矛之類。鄭玄《注》:"刺兵,矛屬。"孫詒讓《正義》:"刺兵亦謂之直兵。"《周禮·冬官考工記·廬人》:凡兵,句兵欲無彈,～欲無蜎,是故句兵椑,～搏。(0926 下)

【刺齒】剔牙。依禮,吃飯時不得剔牙。鄭玄《注》:"爲其弄口也。"《禮記·曲禮上》:勿絮羹。毋～。(1242 下)

【刺草之臣】庶人對君的自稱。因鏟除野草本爲庶人、農夫之事。鄭玄《注》:"刺猶剗除也。"《儀禮·士相見禮》:庶人則曰～。他國之人則曰外臣。(0978 中)

【制】zhì ❶指布帛長、寬不合規格者。布帛之長、寬合規格者爲淳,減而不足者爲制。淳用於賓、嘉禮,制用於吉、凶禮。孫詒讓《正義》:"惟惠氏以爲純即《媒氏》純帛之純,全者爲純,不全者爲制,嘉賓禮用純,吉凶禮用制。通校禮經,無不符合。今依其義,更爲申released。竊謂《説文·刀部》:'制,裁也。'是制者裁布帛之名,因以爲端幅尺度減少之稱。……如其正度者謂之純,……取其純者裁而減之,……則皆謂之制,制亦不必專屬長度也。"一説,以爲布帛一匹(四丈)之長度。鄭玄《注》引杜子春:"純謂幅廣也,制謂匹長。"《周禮·天官·內宰》:陳其貨賄,出其度量、淳～,祭之以陰禮。(0685 中)❷長度單位。長一丈八尺爲制。鄭玄《注》:"《朝貢禮》云:純,四尺。制,丈八尺。"賈公彦《疏》:"純謂幅之廣狹,制謂舒之長短。"《儀禮·聘禮》:～玄纁束,奠于几下。(1047 上)❸指製作棺木及送終的衣服被褥。孔穎達《疏》:"六十歲制者,明老而預爲送終之具也。年既衰老,故逆辨之也。歲制,謂棺也,不易可成,故歲制。……時制,謂一時可辨,是衣物之難得者。……月制,謂一月可辨,衣物易得者也。"《禮記·王制》:六十歲～,七十時～,八十月～,九十日脩,唯絞紟衾冒,死而后～。(1346 上)❹布帛幅面的寬窄及長短。爲八政之一。鄭玄《注》:"制,布帛幅廣狹也。"孫希旦《集解》:"制,布帛幅廣狹與其長短也。"《禮記·王制》:八政:飲食、衣服、事爲、異別、度、量、數、～。(1348 中)

【制祭】斷製牲肝洗於鬱鬯以供神主。鄭玄《注》:"親制祭,謂朝事進血膋時。所制者,制肝洗於鬱鬯,以祭於室及主。"《禮記·禮器》:君親～,夫人薦盎。(1441 中)

【制幣】長一丈八尺的帛。祭祀所用。鄭玄《注》:"丈八尺曰制。"《儀禮·既夕禮》:贈用～,玄纁束。(1156 下)

【制禄】制定官吏的俸禄。王所制之禄,以贊爲策命之辭,由內史書於方版而出之,而授司禄、廩人實施。所制各級官吏之禄數,無正文可考,衆説紛紜。孫詒讓之説,可了解其大概。孫詒讓《正義》:"今攷周時諸臣,唯貴戚世禄,得有采地、賞地,其次則授以禄田,更其次則賦以禄粟。田以夫畮爲差,粟以鍾石爲率。內史以書命司禄頒田,廩人頒粟,斯其大較

矣。"《周禮·春官·內史》：王～，則贊爲之，以方出之，賞賜亦如之。(0820 中)

刮 guā 見下。

【刮楹】經過打磨的柱子。爲天子廟堂之飾。孔穎達《疏》："刮，摩也。楹，柱也。以密石摩柱。"《禮記·明堂位》：山節，藻梲，復廟，重檐，～，達鄉，反坫出尊，崇坫康圭，疏屏，天子之廟飾也。(1490 上)

【刮摩之工】製造玉器、骨器的工匠。其事爲琢磨器物，使之光平。鄭玄《注》："刮作捖。……鄭司農云：'……捖摩之工，謂玉工也。'"《周禮·冬官考工記·總敘》：～：玉、柳、雕、矢、磬。(0906 中)

荆 jīng ❶荆州的簡稱。鄭玄《注》："荆，荆州也。"《周禮·冬官考工記·總敘》：燕之角，～之幹，妢胡之笴，吳、粵之金錫，此材之美者也。(0906 上) ❷荆木。落葉灌木。《周禮·冬官考工記·弓人》：凡取幹之道七，柘爲上，檍次之，檿桑次之，橘次之，木瓜次之，～次之，竹爲下。(0934 下)

【荆州】古九州之一。在今湖北、湖南及周邊地區。《周禮·夏官·職方氏》：正南曰～，其山鎮曰衡山，其澤藪曰雲瞢。(0862 中)

削 ㊀ xiāo ❶書刀。用以刊削竹簡木牘上的誤字，亦用以剖削果實。其形略彎，有柄，亦稱曲刀。《築氏》鄭玄《注》："今之書刀。"孫詒讓《正義》："故作書，以削刻簡札，故謂之書刀。……又《晏子春秋·內篇襍上》云：'景公使晏子於楚，楚王進橘置削。'是此刀亦用以剖削果實，不徒削牘作書也。"《少儀》孔穎達《疏》："削，謂曲刀。"《周禮·冬官考工記·築氏》：築氏，爲～。長尺博寸，合六而成規。(0915 上)《禮記·少儀》：刀卻刃授穎，～授拊。(1514 中) ❷削減。此指縫製喪服時把裁剪好的衣料邊打摺縫綴在一起。打摺的寬度即是布幅削減的寬度。鄭玄《注》："削，猶殺也。"胡培翬《正義》："此削謂摺倒一寸。衰外削幅者，謂摺倒一寸向外也；裳內削幅者，謂摺一寸向內也。"《儀禮·喪服》：凡衰，外～幅；裳，內～幅。(1125 上)

【削杖】喪杖名。喪制，齊衰三年，用削杖。以桐木爲之，削去其皮，故稱。亦爲拄削杖。《喪服小記》孫希旦《集解》："削杖，齊衰之杖也，用桐而削治之，故謂之削杖。杖大如絰，絰圓則杖亦圓。竹小而體本圓，故斬而用之；桐木大，又不必皆圓，故必削治之也。苴杖黧黑，削杖稍澤而晳，故以爲齊、斬輕重之別。"孔穎達《疏》："削，殺也。削奪其貌不使苴也。必用桐者，明其外雖被削，而心本同也。且桐隨時凋落，此謂母喪示外被削殺，服從時除，而終身之心當與父同也。"《儀禮·喪服》：疏衰裳，齊，牡麻絰，冠布纓，～，布帶，疏屨，三年者。(1103 中)《禮記·喪服小記》：苴杖，竹也。～，桐也。(1494 下)

削杖

【削授拊】授人曲刀應以刀把向人。依禮，凡授人以鋒刃者，不得以刃向人，而要將把遞上。孔穎達《疏》："削，謂曲刀。拊，謂削把。言以削授

人，則以把授之。"《禮記·少儀》：刀卻刃授穎，～。(1514中)

【削殺矢之齊(jì)】指製造箭頭銅與錫合金的配方。即含銅五分之三，含錫五分之二。爲六齊之一。鄭玄《注》："多錫爲下齊，大刃、削殺矢、鑒燧也。少錫爲上齊，鍾鼎、斧斤、戈戟也。"孫詒讓《正義》："錫多則金不純，故爲下齊。多者，謂參分其金，而錫居一以下。"《周禮·冬官考工記·攻金之工》：金有六齊：六分其金而錫居一，謂之鍾鼎之齊。五分其金而錫居一，謂之斧斤之齊。四分其金而錫居一，謂之戈戟之齊。參分其金而錫居一，謂之大刃之齊。五分其金而錫居二，謂之～。金錫半，謂之鑒燧之齊。(0915上)

㊁ shào 距王畿二百里至三百里以内之地。賈公彥《疏》："謂二[三]百里之内地名削，其中有大夫采地謂之家，故名家削。大夫采地中，賦稅入大夫家。但大夫家采地外，其地爲公邑，公邑之内，其民出泉，入王家。"《周禮·天官·太宰》：以九賦斂財賄：一曰邦中之賦，二曰四郊之賦，三曰邦甸之賦，四曰家～之賦，五曰邦縣之賦，六曰邦都之賦，七曰關市之賦，八曰山澤之賦，九曰弊餘之賦。(0647下)

則 (則) zé ❶天子掌控都鄙采邑之法。鄭玄《注》："則，亦法也。典、法、則所用異，異其名也。"賈公彥《疏》："謂典、法、則三者相訓，其義既同，但邦國言典，官府言法，都鄙言則，是所用處異，故別言之，其實義通也。"《周禮·天官·大宰》：以八～治都鄙：一曰祭祀，以馭其神；二曰灋則，以馭其官；三曰廢置，以馭其吏；四曰禄位，以馭其士；五曰賦貢，以馭其用；六曰禮俗，以馭其民；七曰刑賞，以馭其威；八曰田役，以馭其衆。(0646上) ❷受地不及三百里之小國。如子、男之國。亦稱未成國。鄭玄《注》："則，地未成國之名。王之下大夫四命，出封加一等，五命，賜之以方百里、二百里之地者。方三百里以上，爲成國。"《周禮·春官·大宗伯》：以九儀之命正邦國之位：壹命受職，再命受服，三命受位，四命受器，五命賜～，六命賜官，七命賜國，八命作牧，九命作伯。(0761中)

剛 (剛) gāng ❶堅硬的土地。化治土地，堅硬的土質要用牛骨熬汁澆地，以使土質肥美。鄭玄《注》："凡所以糞種者，皆謂煑取汁也。……謂地色赤而土剛强也。"參見"騂剛"。《周禮·地官·草人》：凡糞種，騂～用牛，赤緹用羊，墳壤用麋，渴澤用鹿，鹹潟用貆，勃壤用狐，埴壚用豕。(0746中) ❷用同"犅"。公牛。孔穎達《疏》："剛，牡也。"《禮記·明堂位》：夏后氏牲尚黑，殷白牡，周騂～。(1490中)

【剛日】單日，又稱陽日。古以十干記日，甲、丙、戊、庚、壬居奇位，屬陽剛，故稱。《曲禮上》孔穎達《疏》："外事，郊外之事也。剛，奇日也。十日有五奇五偶，甲、丙、戊、庚、壬五奇爲剛也。外事剛義，故用剛日也。"《儀禮·士虞禮》：三虞，卒哭，他，用～。(1174中)《禮記·曲禮上》：外事以～，内事以柔日。(1251中)

【剛鬣】宗廟祭祀時對所用豕的美稱。《曲禮下》鄭玄《注》："號牲物者，異於人用也。"孔穎達《疏》:"豕肥則毛鬣剛大也。"《儀禮·士虞禮》:敢用絜牲~、香合、嘉薦、普淖、明齊溲酒,哀薦祫事。(1174上)《禮記·曲禮下》:凡祭宗廟之禮,牛曰一元大武,豕曰~,豚曰腯肥。(1269上)

剡 yǎn 見下。

【剡上】削尖圭的上端。爲圭上端之形狀。《雜記下》孔穎達《疏》:"剡,殺也。殺上左右角各寸半也。"孫希旦《集解》:"距圭上端之一寸半,斜嚮上削之,各至上端之中央而止。其殺之度,從上端之中央至兩畔,從上端至下,皆一寸半也。"《聘禮》鄭玄《注》:"剡上,象天圜地方也。"賈公彥《疏》:"下不剡,象地方;上剡,象天圜。"《儀禮·聘禮》:所以朝天子,圭與繅皆九寸,~寸半,厚半寸,博三寸。(1072下)《禮記·雜記下》:~,左右各寸半,玉也。(1568下)

剥 bō 見下。

【剥奠】裸露祭祀之牲肉。依禮,祭祀之牲肉不得裸露在外,應用巾掩蓋,以防塵土落上。鄭玄《注》:"剥,猶倮也。有牲肉則巾之,爲其久設,塵埃加也。"《禮記·檀弓上》:喪不~也與?祭肉也與?(1293上)

副

㈠ fù 王后之首服。編結假髮覆於首上以爲飾。《追師》鄭玄《注》:"副者,婦人之首服。……玄謂副之言覆,所以覆首爲之飾,其遺象若今之步繇矣,服之以從王祭祀。"《明堂位》鄭玄《注》:"副,首飾也。今之步摇是也。"《周禮·天官·追師》:掌王后之首服。爲~、編、次、追衡、

笄。(0693上)《禮記·明堂位》:君卷冕立于阼,夫人~褘立于房中。(1489下)

【副褘】王后的首飾和祭服。此處爲戴首飾穿禮服。鄭玄《注》:"副,首飾也。今之步摇是也。……褘,王后之上服。"《禮記·明堂位》:君卷冕立于阼,夫人~立於房中。(1489下)

㈡ pì 剖分爲四瓣。爲天子切瓜之法。鄭玄《注》:"副,析也。既削,又四析之,乃橫斷之,而巾覆焉。"《禮記·曲禮上》:爲天子削瓜者,~之,巾以絺。(1243下)

割 gē

宰殺及分解牲體。將牲體分解成四肢、兩肋、一脊共七塊,謂之豚解;再各分爲三,成二十一塊,謂之體解,通稱肆解。《內饔》鄭玄《注》:"割,肆解肉也。"《月令》鄭玄《注》:"大殺羣牲,割之也。"《周禮·天官·內饔》:掌王及后、世子膳羞之~亨煎和之事。(0661下)《禮記·月令》:天子乃祈來年于天宗,大~祠于公社及門閭,臘先祖、五祀。(1382上)

蒯 kuǎi

草名。多年生草本植物,生於水邊或陰濕之處。莖可織席,製繩,編草鞋。《喪服》賈公彥《疏》:"薦是草名,……蒯亦草類。"《儀禮·喪服》:疏屨者,藨、~之菲也。(1103中)《禮記·玉藻》:出杅,履~席,連用湯,履蒲席。(1475中)

【蒯席】用蒯草編織的粗席。用以除去腳上的污垢。孔穎達《疏》:"蒯,菲草。席澀,出杅而脚踐履澀草席上,刮去垢也。"《禮記·玉藻》:出杅,履~,連用湯,履蒲席。(1475中)

劍 [劍] jiàn 兵器名。兩面有刃，短柄。依禮，獻劍時要將劍把首向左，以示對主人的尊敬。《曲禮上》孔穎達《疏》："客在右，主人在左，劍首首爲尊，以尊處與主人也。"《周禮·冬官考工記·桃氏》：桃氏，爲～。(0915 下)《禮記·曲禮上》：進～者左首。進戈者前其鐏，後其刃。進矛戟者前其鐓。(1244 上)

劓 yì 割鼻。爲五刑之一。割鼻之人可使守遠關。鄭玄《注》："截鼻亦無妨，以貌醜遠之。"《周禮·秋官·掌戮》：墨者使守門，～者使守關，宮者使守内，刖者使守囿，髡者使守積。(0883 中)

【劓罪】處以割鼻之罪的刑罰。鄭玄《注》："劓，截其鼻也。"《周禮·秋官·司刑》：墨罪五百，～五百，宮罪五百，刖罪五百，殺罪五百。(0880 中)

劑 (剂) jì ❶買賣契約之短券。一式兩份，書寫於一札，各執其半，以防失信。用於小宗貿易，如兵器、珍異之物等。《小宰》鄭玄《注》："質劑，謂兩書一札，同而別之，長曰質，短曰劑。"《質人》鄭玄《注》："質劑者，爲之券藏之也。大市人民、馬牛之屬用長券，小市兵器、珍異之物用短券。"參見"質劑"。《周禮·天官·小宰》：六曰聽取予以書契，七曰聽賣買以質～，八曰聽出入以要會。(0654 上)《周禮·地官·質人》：凡賣儥者質～焉，大市以質，小市以～。(0737 中) ❷徭役之比率。各户應徵人數比例大的爲上劑，小的爲下劑。以下劑徵役，可減輕民負。鄭玄《注》："民雖受上田、中田、下田，及會之，以下劑爲率，謂可任者家二人。"《周禮·地官·遂人》：凡治野，以下～致甿，以田里安甿，以樂昬擾甿。(0740 中) ❸券書，獄訟之辭。鄭玄《注》："劑，今券書也。使獄者各齎券書。"賈公彦《疏》："劑謂券書者，謂獄訟之要辭。"《周禮·秋官·大司寇》：以兩～禁民獄，入鈞金，三日乃致于朝，然後聽之。(0870 下) ❹泛指諸侯國的盟書及民衆的契約。鄭玄《注》："劑，謂券書也。"《周禮·秋官·司約》：掌邦國及萬民之約～。……凡大約～，書於宗彝。小約～，書於丹圖。(0880 下)

【劑信】盟約的信用。《周禮·春官·詛祝》：作盟詛之載辭，以敍國之信用，以質邦國之～。(0816 上)

釁 xìn 血祭。即殺牲取血塗器、物或新建的廟宇、房屋以祭。其牲用毛物、羽物，如羊、雞之類。《龜人》鄭玄《注》："釁者，殺牲以血之，神之也。"《雜記下》鄭玄《注》："廟新成必釁之，尊而神之也。"《周禮·春官·龜人》：上春，～龜，祭祀先卜。(0804 下)《禮記·雜記下》：成廟則～之。(1568 下)

【釁主】出征前殺牲取血塗隨軍遷廟之主及社主。鄭玄《注》："主，謂遷廟之主及社主在軍者也。……凡師既受甲，迎主于廟及社主，祝奉以從，殺牲以血塗主及軍器，皆神之。"《周禮·夏官·大司馬》：若大師，則掌其戒令，涖大卜，帥執事涖～及軍器。(0839 中)

【釁屋】宗廟建成後，殺牲取血塗屋以祭。孔穎達《疏》："言此屋與神明相交，故釁之也。"《禮記·雜記下》：～

者,交神明之道也。(1569 上)

【釁浴】以香草薰身而浴。鄭玄《注》:"釁浴,謂以香薰草藥沐浴。"孫詒讓《正義》:"蓋讀釁爲薰也。釁薰聲義同。"《周禮·春官·女巫》:女巫,掌歲時祓除~。(0816 下)

【釁鬯】喪禮中以香酒塗屍。鄭玄《注》:"釁尸以鬯酒,使之香美也。"《周禮·春官·鬯人》:大喪之大渳,設斗,共其~。(0771 中)

【釁龜】殺牲取血塗於龜甲上,使有神象。鄭玄《注》:"釁者,殺牲以血之,神之也。"《周禮·春官·龜人》:上春,~,祭祀先卜。(0804 下)

【釁龜筴】殺牲取血塗於龜甲、蓍草上,使有神靈。《禮記·月令》:是月也(孟冬之月),命大史~,占兆,審卦吉凶。(1381 上)

力 部

力 lì 治理國政之功稱爲力。爲六大功勳之一。鄭玄《注》:"制法成治,若咎繇。"賈公彥《疏》:"以其言治、言力,故知制法成治,出其謀力。按《虞書》,帝謂咎繇云:'蠻夷猾夏,寇賊姦宄,汝作士,五刑有服。'是咎繇制其刑法,國家治理,故以咎繇擬之。"《周禮·夏官·司勳》:王功曰勳,國功曰功,民功曰庸,事功曰勞,治功曰~,戰功曰多。(0841 中)

【力正(zhēng)】以強力奪取。爲刑法所禁之行爲。鄭玄《注》:"亦刑所禁也。力正,以力強得正也。"孫詒讓《正義》:"正,當讀爲征。言恃強力以相爭取。"《周禮·秋官·禁暴氏》:掌禁庶民之亂暴~者,撟誣犯禁者,作語言而不信者。(0884 中)

【力臣】行事盡力的臣子。爲天子之伯的自稱。孔穎達《疏》:"謂身自稱於諸侯也,言己是天子運力之臣。"《禮記·玉藻》:凡自稱,天子曰"予一人",伯曰"天子之~",諸侯之於天子,曰"某土之守臣某"。(1485 中)

【力政】力役之征。政,用同"征"。謂徵用人力、車馬。依禮,力征要依據年成的好壞,凶荒之年可以免除力征;五十歲的老人不服力役之征。《均人》鄭玄《注》:"政,讀爲征。……力政,人民則治城郭、涂巷、溝渠,牛馬車輦則轉委積之屬。"《王制》鄭玄《注》:"力政,城道之役也。"《周禮·地官·均人》:均人,掌均地政,均地守,均地職,均人民、牛馬、車輦之~。凡均~,以歲上下。……凶札,則無~,無財賦。(0730 上)《禮記·王制》:五十不從~,六十不與服戎,七十不與賓客之事,八十齊衰之事弗及也。(1346 上)

功 gōng 保全國家之功稱爲功。爲六大功勳之一。鄭玄《注》:"保全國家,若伊尹。"賈公彥《疏》:"以伊尹比之者,以湯時天下太平,湯崩,孫太甲即位,不明政事,伊尹爲數篇書以諫之。諫既不入,乃放之桐宮。三年思庸,復歸於亳,國家大全,故以伊尹擬之耳。"《周禮·夏官·司勳》:王功曰勳,國功曰~,民功曰庸,事功曰勞,治功曰力,戰功曰多。(0841 中)

【功布】經過鍛漂灰治之布,即喪服中的小功、大功之布。❶士送葬時用以引柩。以大功布三尺掛於竿首,形如麾。商祝執之,行於柩車前,視道路高低傾坦,指揮柩車行進。《喪大記》孔穎達《疏》:"功布,大功布也。士用大功布爲御也。"《既夕禮》鄭玄《注》:"居柩車之前,若道有低仰傾虧,則以布爲抑揚左右之節,使引者執披者知之。"《儀禮·既夕禮》:商祝執~以御柩。(1154 下)《禮記·喪大記》:士葬用國車,二綍,無碑,比出宮,御棺用~。(1584 下)❷覆蓋祭品或用作喪服。鄭玄《注》:"功布,鍛濯灰治之布也。"《儀禮·士喪禮》:饌于東堂下,脯醢,醴酒,冪奠用~。(1135 中)❸迎神所用。鄭玄《注》:"功布,灰治之布也。執之以接神。"賈公彥《疏》:"亦謂七升以下之布也。"《儀禮·既夕禮》:商祝免、袒,執~入。(1146 下)

【功兆】龜卜四兆之一。龜兆之體共一百二十,分爲四類,每類三十體。其內容已不可考。鄭玄《注》:"經兆百二十體,今言四兆者,分之爲四部⋯⋯方、功、義、弓之名未聞。"賈公彥《疏》:"但名此四部爲方、功、義、弓,必有其義,但無文以言,疑事無

功布

質,故云未聞也。"《周禮·春官·卜師》:掌開龜之四兆:一曰方兆,二曰~,三曰義兆,四曰弓兆。(0804 中)

【功衰】喪服名。父母之喪(斬衰、齊衰)在小祥(練祭)之後所穿的喪服。其與大功之服同,故名。鄭玄《注》:"斬衰、齊衰之喪練,皆受以大功之衰,此謂之功衰。"孔穎達《疏》:"尚功衰者,衰謂三年練後之衰,升數與大功同,故云功衰。"《禮記·雜記上》:有父母之喪,尚~。(1553 下)

【功裘】製作較粗的皮衣。次於良裘。卿大夫所服。如狐青、麕裘之屬。鄭玄《注》:"功裘,人功微麤,謂狐青、麕裘之屬。鄭司農云:'功裘,卿大夫所服。'"《周禮·天官·司裘》:季秋,獻~,以待頒賜。(0683 中)

【功屨】質地及製作較粗之屨。次於命屨。鄭玄《注》:"功屨,次命屨。於卿大夫則白屨、黑屨,九嬪、內子亦然。"《周禮·天官·屨人》:辨外內命夫、命婦之命屨、~、散屨。(0694 中)

加 jiā 見下。

【加布】始加緇布冠。士冠禮三次加冠,依次爲緇布之冠、皮弁、爵弁。賈公彥《疏》:"加布,初加緇布冠也。"《儀禮·士冠禮》:某有子某,將~於其首。(0957 中)

【加田】賞田之外另加賜之田。鄭玄《注》:"加田,既賞之,又加賜以田,所以厚恩也。"《周禮·夏官·司勳》:掌賞地之政令,凡賞無常,輕重眂功,凡頒賞地,參之一食,惟~無國正。(0841 下)

【加豆】宗廟祭祀於九獻之後,諸臣爲加爵時所進之豆。爲四豆之一。賈

公彦《疏》："此加豆之食亦與加籩之食同時設之。"孫詒讓《正義》："加豆，亦爲加爵時內宗所薦之豆，在正獻之後。"詳見"加籩"。《周禮·天官·醢人》：～之食，芹菹、兔醢、深蒲、醓醢，箔菹、鴈醢，筍菹、魚醢。(0674下)

【加席】在座席上再加一層席。表示尊重。所加之席稱加席。鄭玄《注》："加席，上席也。大夫席再重。"《儀禮·鄉飲酒禮》：無諸公，則大夫辭～。(0990上)

【加爵】再次進酒。大夫士獻酒，三獻而禮成，三獻之外再次進酒，謂之加爵。天子九獻之後，謂之加爵。鄭玄《注》："大夫士三獻而禮成，多之爲加也。"《儀禮·特牲饋食禮》：長兄弟洗觚爲～，如初儀。(1187上)

【加籩】宗廟祭祀九獻之後，諸臣爲加爵時所進之籩。其不在正獻之內。爲四籩之一。孫詒讓《正義》："此宗廟之祭，正獻之後所羞之籩也。……加籩之薦，與加爵相因，故《內宗》注釋加豆、籩爲加爵之豆、籩是也。"《正義》並引崔靈恩、陳祥道之意，謂加爵在正獻之外。薛季宣、鄭鍔説同。江永、金榜亦謂薦加豆籩，當在九獻後諸臣獻尸時，不在八獻后亞王酳尸時，足正鄭、賈之誤。一說，鄭玄《注》："加籩，謂尸既食，后亞獻尸所加之籩。"《周禮·天官·籩人》：～之實：菱、芡、栗、脯、菱、芡、栗、脯。(0672上)

助

zhù 見下。

【助葬必執紼】佐助他人送葬一定要抓着拉靈車的大繩。爲助葬之儀。鄭玄《注》："葬，喪之大事。紼，引車索。"孔穎達《疏》："助葬本非爲客，正是助事耳，故宜必執紼也。"《禮記·曲禮上》：～。(1249中)

勃

bó 見下。

【勃壤】土質鬆疏的土地。化治土地，鬆疏的土質要用狐骨熬汁澆地，以使土質肥美。鄭玄《注》："凡所以糞種者，皆謂糞取汁也。……勃壤，粉解者。"《周禮·地官·草人》：凡糞種，騂剛用牛，赤緹用羊，墳壤用麋，渴澤用鹿，鹹潟用貆，～用狐，埴壚用豕。(0746中)

勒

lè 帶嚼子的馬絡頭。《釋名·釋車》："勒，絡頭也，絡其頭而引之也。"《説文·革部》："勒，馬頭絡銜也。"段玉裁云："此云絡銜者，謂絡其頭而銜其口，可控制也。"《周禮·春官·巾車》：革路，龍～，條纓五就，建大白，以即戎，以封四衛。(0823中)《儀禮·既夕禮》：載旜，載皮弁服；纓、轡、貝～縣于衡。(1163中)

【勒面】馬面飾。以黑白二色的熟皮製成。如王龍勒之韋黑白雜色。鄭玄《注》："勒面，謂以如王龍勒之韋，爲當面飾也。"《周禮·春官·巾車》：重翟，錫面朱總；厭翟，～繢總。(0823下)

動

(动) dòng 見下。

【動物】生物的一種。與"植物"相對。包括毛物(貂狐)、鱗物(魚龍)、羽物(翟雉)、介物(龜鱉)、蠃物(虎豹)等。《周禮·地官·大司徒》：二曰川澤，其～宜鱗物，其植物宜膏物。(0702下)

勞

(劳) ㊀ láo 以勞定國之功績稱爲勞。爲六大功勛之一。鄭玄《注》："以勞定國，若禹。"賈公彥《疏》："以勞定國者，以其言勞，據勤勞施國而言。堯遭洪水，下民昏墊，國家不定,命禹治之。手足胼胝,三過門不入,弼成五服,國乃獲安,故以禹擬之也。"《周禮·夏官·司勳》:王功曰勳,國功曰功,民功曰庸,事功曰~,治功曰力,戰功曰多。(0841中)

㊁ lào 見下。

【勞₂酒】天子設宴慰勞羣臣稱勞酒。每年正月郊祭之後,天子率三公九卿諸侯大夫親耕藉田,返回後在大寢舉行酒宴,名爲勞酒。鄭玄《注》:"既耕而宴飲,以勞羣臣也。"《禮記·月令》:反,執爵于大寢,三公、九卿、諸侯、大夫皆御,命曰~。(1356中)

【勞₂農】慰勞農衆。每年歲終蜡祭之日,飲酒勞農。孔穎達《疏》:"即十月蜡祭之時,飲酒勞農也。"《禮記·王制》:百官齊戒受質,然後休老~。(1345上)

【勞₂農勸民】慰勞農衆勸勉農耕。以示重農。孫希旦《集解》:"勞以慰其勞,勸以勉其惰。"《禮記·月令》:命野虞出行田原,爲天子~,毋或失時。(1365中)

勦 chāo 見下。

【勦説】剿襲別人的話語作爲自己的話語。爲禮所禁止者。鄭玄《注》:"勦,猶擥也。謂取人之説以爲己説。"《禮記·曲禮上》:毋~,毋雷同。(1240上)

勳 [勛] xūn 輔成王業的功績。爲六大功勳之一。鄭玄《注》:"輔成王業,若周公。"賈公彦《疏》:"據王之位業而説耳。以周公攝政,相幼君,致大平,還政成王,是輔成王業之事,故以周公託之。但經之所云,不得專爲周公、伊尹之等,故皆云若此,擬之耳。"《周禮·夏官·司勳》:王功曰~,國功曰功,民功曰庸,事功曰勞,治功曰力,戰功曰多。(0841中)

勸 (劝) quàn 見下。

【勸防】柩車行時,指揮引柩者以防棺柩傾跌。鄭玄《注》:"鄭司農云:'勸防,引柩也。'……玄謂勸猶倡帥前引者,防謂執披備傾戲。"孫詒讓《正義》:"先鄭以勸防總爲引柩之事,謂勸助其力,防其危險。然其義未析,故後鄭分別釋之。"《周禮·春官·喪祝》:喪祝,掌大喪~之事。(0814下)

厶部

去 qù 見下。

【去杖】除去喪杖。喪禮,服喪者在服喪期間需拄喪杖,不得隨意去之。但以下幾種情況則要去杖:君之喪,世子爲天子所命之使者前來弔唁去杖;聽候占卜及有事於尸時去杖;大夫之喪,主人爲國君所命之使者前來弔唁去杖("大夫有君命則去杖"),内子爲國君夫人所命之使者前來弔唁去杖("内子爲夫人之命去杖");士之喪,當國君或國君夫人所命之使者前來弔唁時去杖("於君命、夫人之命,如大夫")。其目的在於尊君王,敬鬼神。孔穎達《疏》:"世子若有天子之命則對之,則不敢杖,故云之以尊王命也。……敬卜及尸,故去杖也。"《禮記·喪大記》:子有王命則~,國君之命則輯杖,聽卜、有事於尸則~。(1574 下)

【去幾(jī)】免除對市場貨物的稽查。爲救濟災荒的十二措施之一。鄭玄《注》:"去幾,關市不幾。"賈公彥《疏》:"幾謂呵禁,謂關市去稅而幾之。"《周禮·地官·大司徒》:以荒政十有二聚萬民:一曰散利,二曰薄征,三曰緩刑,四曰弛力,五曰舍禁,六曰~,七曰眚禮,八曰殺哀,九曰蕃樂,十曰多昏,十有一曰索鬼神,十有二曰除盜賊。(0706 上)

【去樂】撤去懸掛的樂器。依禮,凡有日食、月食、四鎮、五嶽崩塌,天地奇變,諸侯去世,就要去樂。《周禮·春官·大司樂》:凡日月食,四鎮、五嶽崩,大傀裁異,諸侯薨,令~。(0791 上)

【去麻服葛】除去麻腰帶而換成葛腰帶。喪禮,男子在虞祭、卒哭之後,喪服減輕,將麻腰帶換成葛腰帶。婦人重帶,故不變易麻腰帶。孔穎達《疏》:"謂男子也。既虞、卒哭,受服之節,要中之帶以葛代麻。"《禮記·間傳》:~,葛帶三重。(1661 上)

參 (參) ㊀ sān 指諸侯國所置之三卿。鄭玄《注》:"參,謂卿三人。"《周禮·天官·大宰》:乃施典于邦國,而建其牧,立其監,設其~,傅其伍,陳其殷,置其輔。(0649 上)

【參均】❶指製弓之材料優良,技藝精巧,製作適時。《周禮·冬官考工記·弓人》:材美、工巧,爲之時,謂之~。(0936 中)❷指角、幹、筋三者均一,不相妨害。角不妨礙幹,幹不妨礙筋。孫詒讓《正義》:"角與幹,幹與筋,並相得均一,不相勝害,則自無辟戾也。"《周禮·冬官考工記·弓人》:角不勝幹,幹不勝筋,謂之~。(0936 中)

㊁ sǎn 參侯。亦作"糝侯"。大夫助祭於君所射的箭靶。以豹皮爲鵠,麋皮爲飾。鄭玄《注》:"參,讀爲糝,糝,雜也。雜侯者,豹鵠而麋飾。"《儀禮·大射》:司馬命量人量侯道與所設乏貍步:大侯九十、~七十、干五十。(1028 上)

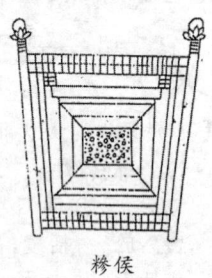

糝侯

㊂ shēn 星名。西方白虎七宿的末宿,有星七顆。爲二十八宿之一。《禮記·月令》:孟春之月,日在營室,昏~中,旦尾中。(1352 下)

㊃ cān 用同"驂"。陪乘。孔穎達《疏》:"保介,車右也。御者,御車之人。車右及御人皆是主參乘。於時天子在左,御者在中,車右在右。"《禮記·月令》:乃擇元辰,天子親載耒耜,措之于~保介之御間,帥三公九卿、諸侯、大夫,躬耕帝藉。(1356 中)

【參₄互】相互參證。根據司書的報表副本、職内的收入賬、職歲的支出賬,相互參證稽考每十天的計算文書。

鄭玄《注》："參互謂司書之貳要,與職內之人,職歲之出。"賈公彥《疏》："司會鉤考之官,以司書之等,相參交互攷一日之成,一日之中計筭文書也。"

孫詒讓《正義》引黃以周云:"日謂十日。日成謂旬日之成。"《周禮·天官·司會》:以～攷日成,以月要攷月成,以歲會攷歲成。(0679 下)

又部

又 yòu 見下。

【又哭】指親人去世第二天早上的哭泣。鄭玄《注》："又哭,至明日朝也。三哭,又其明日朝也。"《禮記·奔喪》:於～,括髮,袒,成踊。於三哭,猶括髮,袒,成踊。(1653 下)

友 yǒu ❶敬愛兄弟之德行。爲大司徒所教六行之一,大司樂所教六樂德之一。《大司徒》鄭玄《注》："善於兄弟爲友。"《周禮·地官·大司徒》:二曰六行,孝、～、睦、婣、任、恤。(0707 中)《周禮·春官·大司樂》:以樂德教國子:中、和、祗、庸、孝、～。(0787 下)《儀禮·士冠禮》:孝～時格,永乃保之。(0957 下)❷志同道合、彼此交好的人。友以任得民。爲維繫百姓、使民心不離散的九項措施(九兩)之一。鄭玄《注》:"兩,猶耦也,所以協耦萬民。……友,謂同井相合耦耡作者。"賈公彥《疏》:"言以任則非同門之朋友,謂在田里之間相佐助以相任使而得民,即鄰伍聚居者。"參見"九兩"。《周禮·天官·大宰》:以九兩繫邦國之民:一曰牧,以

地得民;二曰長,以貴得民;三曰師,以賢得民;四曰儒,以道得民;五曰宗,以族得民;六曰主,以利得民;七曰吏,以治得民;八曰～,以任得民;九曰藪,以富得民。(0648 中)

【友行】敬愛兄弟的德行。爲師氏所教三行之一。賈公彥《疏》:"此行施於外人,故尊事賢人、良人、有德行之士也。"《周禮·地官·師氏》:教三行:一曰孝行,以親父母;二曰～,以尊賢良;三曰順行,以事師長。(0730 中)

反 fǎn 見下。

【反舌】鳥名。即百舌鳥。鄭玄《注》:"反舌,百舌鳥。"孔穎達《疏》:"反舌,反舌鳥。春始鳴,至五月稍止,其聲數轉,故名反舌。"《禮記·月令》:小暑至,螳蜋生,鵙始鳴,～無聲。(1369 上)

【反坫(diàn)】兩楹之間土築的放置空酒器的小平臺。諸侯會飲,獻酬完畢,將酒爵放回平臺,謂之反坫。孔穎達《疏》:"反坫者,兩君相見反

爵坫

爵之坫也。築土爲之,在兩楹間,近南。人君飲酒既獻,反爵于坫上,故爲之反坫也。"《禮記·明堂位》:山節,藻棁,復廟,重檐,刮楹,達鄉,~,出尊,崇坫康圭,疏屏,天子之廟飾也。(1490上)

【反服】故臣返回爲舊君服喪。據《儀禮·喪服》,爲舊君反服之禮有三:年老致仕之臣爲舊君以及舊君的母親和妻子("爲舊君、君之母妻");大夫離開本國者,其妻子、長子要爲舊君("大夫在外,其妻、長子爲舊國君");行將被逐在郊外等待的大夫爲舊君("大夫爲舊君")。喪期爲齊衰三月。孫希旦《集解》:"《喪服》'齊衰三月'章,爲舊君凡三條:第一條,仕焉而已者爲舊君;第二條,大夫去國者,其妻、長子爲舊君;第三條,大夫爲舊君。"《禮記·檀弓下》:穆公問於子思曰:"爲舊君~,古與?"子思曰:"古之君子進人以禮,退人以禮,故有爲舊君~之禮也。"(1303中)

【反哭】將死者葬入墓穴後,喪主及衆親、衆賓返回哭泣。爲喪葬之儀。《檀弓下》孔穎達《疏》:"謂葬窆訖,反哭升於廟。"《儀禮·既夕禮》:乃~,入,升自西階。(1157上)《禮記·檀弓下》:~升堂,反諸其所作也。……~之弔也,哀之至也。(1302上)

【反殺】再次殺人。殺人者怕被殺者之子弟及徒黨報仇害己,而復殺欲報仇者,謂之反殺。反殺者罪大惡極,所有諸侯國抓到後即可誅殺。鄭玄《注》引鄭司農云:"有反殺者,謂重殺也。"賈公彥《疏》:"反,復也。謂既殺一人,其有子弟,復殺之,恐後與己爲敵而害己。"《周禮·地官·調人》:凡殺人有

~者,使邦國交讎之。(0732下)

【反幣】奉還聘禮。行朝聘之禮的使者回國時,主國將使者所獻之玉、束帛、乘皮等禮物全部奉還來使,以報答聘君之享禮。鄭玄《注》:"使者歸以得禮多爲榮,所以盈聘君之意也。反幣,謂禮玉、束帛、乘皮,所以報聘君之享禮也。"《儀禮·聘禮》:無行,則重賄~。(1075下)

【反輮】製作車輪木心在外圓。木心堅韌密滑,不易沾泥,適宜在澤地行走。鄭玄《注》:"鄭司農云:'反輮,謂輪輮反其木裏,需者在外。'"孫詒讓《正義》:"以全木析爲兩判,則每判各有心。生時木心在內,今揉以爲牙,乃使心向外,所謂反也。……反輮以木心著地,則泥不黏而行利矣。"《周禮·冬官考工記·車人》:行澤者~,行山者仄輮,~則易,仄輮則完。(0934上)

【反求諸己】反躬自問。謂從自己身上找原因。爲儒家對人們修身之要求。孔穎達《疏》:"唯內求諸己,不病害於物。"今爲成語。《禮記·射義》:發而不中則不怨勝己者,~而已矣。(1689中)

取 qǔ 見下。

【取予】受入和出予。亦指借貸之事。爲官府治理政事所使用的八種成規(八成)之一。鄭玄《注》:"書契,謂出予受入之凡要。"孫詒讓《正義》:"取予亦通官民財用頒授之事言之,賈謂於官直貸不出子,非是。……謂各司府藏之官,以物出而予人,及以物來入受取藏之者之凡目皆是。"《周禮·天官·小宰》:以官府之八成經邦治:一曰聽政役以比居,二曰聽師田以簡

稽,三曰聽閭里以版圖,四曰聽稱責以傅別,五曰聽祿位以禮命,六曰聽~以書契,七曰聽賣買以質劑,八曰聽出入以要會。(0654上)

【取龜】殺龜取體。取龜要在秋天,此時萬物長成,龜體堅備。鄭玄《注》:"秋取龜,及萬物成也。"孫詒讓《正義》:"及其長成時,取則骨體堅備也。"《周禮·春官·龜人》:凡~用秋時,攻龜用春時,各以其物入于龜室。(0804下)

【取左耳】割取禽獸的左耳。田獵時用以計算功績。鄭玄《注》:"得禽獸者取左耳,當以計功。"《周禮·夏官·大司馬》:大獸公之,小禽私之,獲者~。(0839上)

【取妻不取同姓】娶妻不能娶同姓女子。同姓女子猶如姐妹,娶之則如同禽獸;近親結婚,子孫繁衍不多不健。爲擴大政治勢力及家族利益,亦需要廣泛結盟外姓。孔穎達《疏》:"無別無義,禽獸之道。此不取同姓,爲其近禽獸故也。"《禮記·曲禮上》:~,故買妾不知其姓則卜之。(1241上)

【叔】shū ❶古人表示兄弟長幼排行的第三位。其長幼依次爲"伯、仲、叔、季"或"孟、仲、叔、季"。鄭玄《注》:"伯、仲、叔、季,長幼之稱。"《儀禮·士冠禮》:仲、~、季,唯其所當。(0957下) ❷丈夫的弟弟。《禮記·雜記下》:嫂不撫~,~不撫嫂。(1567上)

【叔父】❶周天子對同姓小邦諸侯的稱呼。九州之長牧劣於二伯,亦可視爲小國。《曲禮下》孔穎達《疏》:"牧劣於二伯,故天子謂之叔。叔,小也;父、舅義。"《儀禮·覲禮》:同姓大國則曰伯父,其異姓則曰伯舅;同姓小邦則曰~,其異姓小邦則曰叔舅。(1092上)《禮記·曲禮下》:九州之長,入天子之國曰"牧"。天子同姓謂之~,異姓謂之"叔舅"。(1265上) ❷父親的弟弟。《儀禮·喪服》:世父、~何以期也? 與尊者一體也。(1105上)《禮記·曾子問》:父没而冠,則已冠,埽地而祭於禰,已祭而見伯父、~,而后饗冠者。(1390下)

【叔母】叔父的妻子。《儀禮·喪服》:世母、~何以亦期也? 以名服也。(1105上)《禮記·雜記下》:伯母、~疏衰,踊不絕地。(1566中)

【叔舅】周天子對異姓小邦諸侯的稱呼。《覲禮》胡培翬《正義》:"此天子稱諸侯之辭。父與舅以姓同異而別也,伯與叔以國大小而別也。謂之伯叔父舅,尊之親之之稱也。"《曲禮下》孔穎達《疏》:"牧劣於二伯,故天子謂之叔。叔,小也;父、舅義。"《儀禮·覲禮》:同姓小邦則曰叔父,其異姓小邦則曰~。(1092上)《禮記·曲禮下》:九州之長,入天子之國曰"牧"。天子同姓謂之"叔父",異姓謂之~。(1265上)

【受】shòu 服喪者改重服爲輕服謂之受。服喪期間,隨着時間的推移哀思之情漸減,服喪者亦由初喪時的粗惡之服改穿漸細加飾的喪服。喪服有受,有不受。《喪服》胡培翬《正義》:"凡喪,皆既葬後,以輕服易重服,謂之受。受,承也,接也。"鄭玄《注》:"無受者,服是服而除,不以輕服受之。"《儀禮·喪服》:疏衰裳,齊,牡麻絰,無~者。(1110上)《禮記·間傳》:斬衰三升,既虞、卒哭,~以成

布六升，冠七升。爲母疏衰四升，～以成布七升，冠八升。(1661上)

【受成】接受既定的作戰謀略。鄭玄《注》："定兵謀也。"孔穎達《疏》："謂在學謀論兵事好惡、可否。其謀成定，受此成定之謀在於學裏。"《禮記·王制》:受命於祖，～於學。(1333上)

【受命】承受祖先之命。古時出征，皆先至祖廟祭告，以示有所稟承，不敢自專。孔穎達《疏》："謂出時告祖，是不敢自專，有所稟承，故言受命。"《禮記·王制》:～於祖，受成於學。(1333上)

【受冠】變易後之喪冠。葬後所戴喪冠與初喪成服時所戴喪冠相比，其所用冠布較爲細密。如斬衰初喪冠六升，既葬所受之冠爲七升；齊衰初喪冠七升，既葬所受之冠爲八升。賈公彦《疏》："據至虞變麻服葛，時更以初死之冠，六升布爲齊，更以七升布爲冠。以其葬後哀殺，衰冠亦隨而變輕故也。"《儀禮·喪服》:其冠六升。以其冠爲受，～七升。齊衰四升，其冠七升。以其冠爲受，～八升。(1126上)

【受重者】繼爲宗廟主者。胡培翬《正義》："其繼宗者是曰受重，受重者必以尊服服之。若不三年，豈爲尊重正主者邪？"《儀禮·喪服》:《傳》曰：何以三年也？～必以尊服服之。(1101上)

【受用之府】收藏邦國常用財物的府庫。如職内、職歲、職幣所掌。鄭玄《注》："受用之府，若職内也。"賈公彦《疏》："賄賤於貨，故知入職内以給國家所用。"參見"受藏之府"。《周禮·天官·大府》:掌九貢、九賦、九功之貳，以受其貨賄之入。頒其貨于受藏之府，頒其賄于～。(0677中)

【受藏之府】收藏寶貨、良器的府庫。如内府、玉府、外府。以備王之大用。鄭玄《注》："受藏之府，若内府也。受用之府，若職内也。凡貨賄皆藏以給用耳，良者以給王之用，其餘以給國之用。或言受藏，或言受用，又雜言貨賄，皆互文。"賈公彦《疏》："金玉曰貨物之善者，藏之於内府。近王，掌之以給王用故也。"孫詒讓《正義》："此經受藏受用之府，所晐甚廣，若酒人、漿人酒飲並入酒府，廛人市布入泉府，珍異入膳府之屬。凡百官之有府者，並得受之。注唯舉内府、職内二官以見例耳。云若者，即是比儗之詞，非謂受藏專屬内府，受用專屬職内也。"《周禮·天官·大府》:掌九貢、九賦、九功之貳，以受其貨賄之入，頒其貨于～，頒其賄于受用之府。(0677中)

【受弓劍者以袂】接受弓劍的人要用衣袖承接。以示敬重。孔穎達《疏》："不露手取之，故用衣袂承接之，以爲敬也。"《禮記·曲禮上》:受珠玉者以掬。～。(1244下)

【受珠玉者以掬】接受珠玉的人要用手捧。以示慎重。孔穎達《疏》："掬，謂手中也。珠玉寶重，宜慎。若受之，開匣而出，置在手中，下用袂承之，恐墜落也。"《禮記·曲禮上》:～。受弓劍者以袂。(1244下)

叢

（丛）cóng 見下。

【叢物】指蘆葦之類的植物。鄭玄《注》："叢物，萑葦之屬。"《周禮·地官·大司徒》:五曰原隰，其動物宜羸物，其植物宜～。(0702下)

廴 部

廷 tíng 堂前空地。《禮記·月令》：塗闕~、門閭，築囹圄，此以助天地之閉藏也。(1383 中)

延 yán ❶用同"綖"。冕上的覆版，外包玄色麻布。《弁師》賈公彥《疏》："延，冕之覆在上。按《玉藻》注：'延，冕上覆。'言雖不同，義則不異。皆以玄表覆之，在冕上也。"《周禮·夏官·弁師》：掌王之五冕，皆玄冕，朱裏，~紐。(0854 中)《禮記·玉藻》：天子玉藻，十有二旒，前後邃~，龍卷以祭。(1473 上) ❷在來賓身後詔禮引進賓客。鄭玄《注》："從後詔禮曰延。延，延進也。"《儀禮·覲禮》：擯者~之，曰："升。"升，成拜，乃出。(1089 下)

建 jiàn 見下。

【建星】星名。凡六星。處黃道北，與南斗六星同屬斗宿。孔穎達《疏》："餘月昏旦中星，皆舉二十八宿。此昏云弧中，旦云建星中，獨非二十八宿者，以弧星近井星，建星近斗。以井斗度，多其星體，廣可的指昏旦之中，故舉弧、建，定其昏旦之中也。"《禮記·月令》：仲春之月，日在奎，昏弧中，旦~中。(1361 上)

【建鼓】鼓名。鼓下有木柱貫穿其中以立之，木柱有四足。亦名楹鼓。鄭玄《注》："建，猶樹也。以木貫而載之，樹之跗（足）也。"賈公彥《疏》："按《明堂位》云：'殷楹鼓，周縣鼓。'注云：'楹，爲之柱貫中上出也。'……今言建鼓，則殷法也。"《儀禮·大射》：~在阼階西，南鼓；應鼙在其東，南鼓。(1028 下)

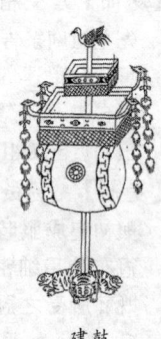
建鼓

【建櫜(gāo)】謂將兵甲武器收藏於武庫。表示停歇戰事。鄭玄《注》："建，讀爲鍵，字之誤也。兵甲之衣曰櫜。鍵櫜，言閉藏兵甲也。"孔穎達《疏》："言鎧及兵戈悉櫜韜之，置於府庫而鍵閉之。"一説，王引之《經義述聞·卷十五》："鍵，所以持門户，與櫜不倫，無由並舉。且凡府庫之藏，皆有鍵閉，無以見其爲藏兵戈也。今案：建，當讀爲鞬。《方言》曰：'所以藏弓謂之鞬。'《説文》曰：'鞬，所以戢弓矢也。'《釋名》曰：'鞬，建也。弓矢並建立於其中也。'……是鞬櫜皆所以戢弓矢也。……言藏弓矢，而干戈而戢可知矣。"《禮記·樂記》：車甲衅而藏之府庫而弗復用，倒載干戈包之以虎皮，將帥之士使爲諸侯，名之曰~。(1542 下)

干 部

干 ㊀ gān 兵器名。盾牌。《檀弓上》鄭玄《注》:"干,盾也。"《儀禮·既夕禮》:役器:甲,冑,~,笮。(1149 中)《禮記·檀弓上》:寢苫,枕~,不仕,弗與共天下也。(1284 下)

【干戈】❶干,盾;戈,戟。亦爲兵器之通稱。《禮記·檀弓下》:能執~以衛社稷,雖欲勿殤也,不亦可乎!(1311 中)❷干戈爲武舞所用之舞具,故指代武舞。鄭玄《注》:"干戈,萬舞,象舞也。"《禮記·文王世子》:春夏學~,秋冬學羽籥。(1404 下)

【干袷(xiá)】謂無廟袷祭於壇墠。鄭玄《注》:"干,猶空也。空袷,謂無廟袷祭之於壇墠。"《禮記·大傳》:大夫、士有大事,省於其君,~及其高祖。(1506 上)

【干戚】盾和斧。皆爲兵器。因其亦爲武舞所執之舞具,故用以指代干戚之樂舞。《文王世子》孫希旦《集解》:"干戚,《大武》之舞也。"孔穎達《疏》:"祭祀之時舞其干戚之樂。"《樂記》孫希旦《集解》:"干戚武舞,故言動;羽旄文舞,故言飾。"《禮記·文王世子》:大樂正學舞~。(1405 中)《禮記·樂記》:然後發以聲音,而文以琴瑟,動以~,飾以羽旄,從以簫管,奮至德之光。(1536 中)

【干揚】干,盾;揚,鉞的別稱,形似大斧。二者亦皆爲武舞之舞具。孫希旦《集解》:"愚謂揚,戚也。干、揚,皆舞者之所執。"一說,"揚"爲"舉"。孔穎達《疏》:"皇氏云:'揚,舉也。干揚,舉干以舞也。'"《禮記·樂記》:樂者,非謂黃鐘、大呂、弦歌、~也,樂之末節也。(1538 上)

【干舞】即兵舞。爲六小舞之一。舞者執干。鄭玄《注》引鄭司農云:"干舞者,兵舞。"賈公彥《疏》:"此有干舞,《舞師》有兵舞,先鄭以干戈兵事所用,故以干舞爲兵舞。後鄭亦從之也。"《周禮·春官·樂師》:凡舞,有帗舞,有羽舞,有皇舞,有旄舞,有~,有人舞。(0793 中)

【干櫓】小盾和大盾。鄭玄《注》:"干櫓,小楯、大楯也。"《禮記·儒行》:儒有忠信以爲甲冑,禮義以爲~;戴仁而行,抱義而處。(1669 下)

【干戚羽旄】武舞與文舞的舞具。鄭玄《注》:"干,盾也;戚,斧也,武舞所執也。羽,翟羽也;旄,旄牛尾也,文舞所執。"《禮記·樂記》:比音而樂之,及~,謂之樂。(1527 上)

㊁ àn 用同"豻"。指豻侯,即用豻(胡地野犬)皮製成的箭靶。爲士所射。鄭玄《注》:"干,讀爲豻。豻侯者,豻鵠豻飾也。"《儀禮·大射》:司

馬命量人量侯道與所設乏以貍步：大侯九十，參七十，～五十。(1028 上)

【干₂侯】即豻侯。用豻皮製成的箭靶。爲士所射。《儀禮・大射》：大史在～之東北，北面，東上。(1029 下)

午 wǔ ❶一縱一橫畫射者站立之處。其爲"十"字形標記，縱長三尺，橫尺二寸。鄭玄《注》："一從一橫曰午，謂畫物也。"參見"物②"。《儀禮・大射》：工人士與梓人升自北階，兩楹之間，疏數容弓，若丹若墨，度尺而～。(1034 下) ❷十二地支的第七位。常同天干相配表示日期。《禮記・檀弓下》：仲遂卒於垂，壬～猶繹。(1310 下)

【午割】縱橫交錯切割而不斷。這種切割方法既便於人們食用，又不使食物散開。鄭玄《注》："午割，從橫割之亦勿没。"胡培翬《正義》："一縱一橫曰午，謂四面皆嚮中割之，不絶中央少許爲勿没。"《儀禮・特牲饋食禮》：心、舌皆去本末，～之，實于牲鼎。(1192 中)

【午割勿没】把烹熟的心、舌縱橫交錯由外向内切，最中間一小部分不切斷，連在一起。爲行宴饗禮時對心、舌等食物的切割方法。鄭玄《注》："午割，使可絕也。勿没，爲其分散也。"胡培翬《正義》："彼言割之形，此言其義，一也。……勿没，不絕中央少許，恐其分散也。"《儀禮・少牢饋食禮》：心皆安下切上，～，其載于肵俎，末在上；舌皆切本末，亦～。(1198 中)

平 píng 見下。

【平市】平定市場物價。爲司市職責之一。賈公彦《疏》："謂行列其廛肆而辨其物，物異則市賈平。"孫詒讓《正義》："物各異肆，則種別相校，易以定其功沽，而價不至騰躍，故市得平。"《周禮・地官・司市》：以次敘分地而經市，以陳肆辨物而～。(0734 上)

【平肆】平整店鋪的貨物，各陳其肆，使名實相符。爲司市職責之一。鄭玄《注》："平肆，平賣物者之行列，使之正也。"孫詒讓《正義》引江永云："平肆者，平其肆之貨賄，不使其名實相紊也。"《周禮・地官・司市》：凡市入，則胥執鞭度守門，市之羣吏～、展成、奠賈。(0734 下)

【平衡】與心齊平。依禮，執國君之器當與心齊平。鄭玄《注》："此衡謂與心平。"孔穎達《疏》："衡，平也。平，謂人之拱手正當心平，故謂心爲衡。"《禮記・曲禮下》：執天子之器則上衡，國君則～。(1256 上)

幹 (干) gàn ❶指器物的主幹，以木爲之。《月令》鄭玄《注》："幹，器之木也。"《輪人》賈公彦《疏》："謂以革覆轂，轂之木隱著革。"《周禮・冬官考工記・輪人》：施筋必數，幬必負～。(0908 中)《禮記・月令》：是月也，命工師令百工審五庫之量，金、鐵、皮、革、筋、角、齒、羽、箭、～、脂、膠、丹、漆，毋或不良。(1364 上) ❷柘樹。其材美，可爲弓弩之幹。鄭玄《注》："幹，柘也。可以爲弓弩之幹。"《周禮・冬官考工記・總敘》：燕之角，荆之～，妢胡之笴，吴、粵之金錫，此材之美者也。(0906 上) ❸鍾上銜旋之紐。半環，鑄成獸形，附在甬上，銜鍾之環。亦稱旋蟲。孫詒

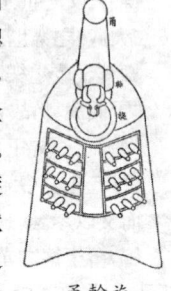

甬幹旋

讓《正義》："半環爲牛首形者，乃鍾之紐，所謂旋蟲謂之幹也。……幹爲銜旋而設。"《周禮·冬官考工記·鳧氏》：鍾縣謂之旋，旋蟲謂之～。（0916上）❹指弓幹。孫詒讓《正義》："是幹本楨幹字，引申之，凡木材通謂之幹，故《月令》注云'幹，器之木也'。此幹則專爲弓材之名，即弓身木，統柎及兩限兩簫爲一，所以發矢及遠也。"《周禮·冬官考工記·弓人》：～也者，以爲遠也。角也者，以爲疾也。（0934下）❺牲或獸之長脅。鄭玄《注》："幹，長脅也。"《儀禮·特牲饋食禮》：舉獸～、魚一，亦如之。（1184中）

工　部

【工】gōng ❶對從事各種技藝勞動者的總稱。《周禮·冬官考工記·總敘》：國有六職，百～與居一焉。（0905上）《儀禮·聘禮》：卿館於大夫，大夫館於士，士館於～、商。（1073上）《禮記·王制》：凡執技以事上者，祝、史、射、御、醫、卜及百～。（1343中）❷樂工，樂師。古代樂工，皆以瞽矇者充任。其中歌詩者爲歌工，鼓瑟者爲瑟工。古時諸侯之樂工六人：歌工二，由太師、少師充任；瑟工四，由上工充任。大夫之樂工四人：歌工二，瑟工二。《鄉飲酒義》鄭玄《注》："工，謂樂正也。"《鄉飲酒禮》鄭玄《注》："四人，大夫制也。二瑟，二人鼓瑟，則二人歌也。"《儀禮·鄉飲酒禮》：～四人，二瑟，瑟先。（0985中）《禮記·鄉飲酒義》：～入，升歌三終，主人獻之。（1684上）

【工尹】職官名。春秋時楚國設立，掌百工及官營手工業。鄭玄《注》："工尹，楚官名。"《禮記·檀弓下》：～商陽與陳弃疾追吳師，及之。（1311中）

【工師】職官名。百工之長，隸屬司空。掌管工程營建及百工之事。鄭玄《注》："工師，司空之屬官也。"《禮記·月令》：是月也，命～令百工審五庫之量。（1364上）

【工人士】職官名。司空的屬官。大射前，測量射者的射位。鄭玄《注》："工人士、梓人，皆司空之屬，能正方圓者。"《儀禮·大射》：～與梓人升自北階，兩楹之間，疏數容弓，若丹若墨，度尺而午。（1034下）

【工事之式】百工製作器物用財的規定。爲均節財用的九式之一。鄭玄《注》："式謂用財之節度。"賈公彥《疏》："謂百工巧作器物之法。"《周禮·天官·大宰》：以九式均節財用：一曰祭祀之式，二曰賓客之式，三曰喪荒之式，四曰羞服之式，五曰～，六曰幣帛之式，七曰芻秣之式，八曰匪頒之式，九曰好用之式。（0648上）

左 zuǒ ❶方位名。與"右"相對。以廟堂而言,因坐北朝南爲定制,故左在東,右在西。以具體儀節而言,則以奉禮者之面向定其左右。在道路上行走,男子走右邊,女子走左邊。《周禮·冬官考工記·匠人》:～祖右社,面朝後市,市朝一夫。(0927下)《儀禮·士冠禮》:筮人許諾,右還,即席坐,西面;卦者在～。(0946下)《禮記·內則》:道路,男子由右,女子由～。(1462下)❷即左學,又稱東學。相傳爲殷代的小學。因其建在王宮之東,故稱。孔穎達《疏》:"左,東學也,亦在於東郊。……諸侯習射於東學,歌《貍首》詩也。"《禮記·樂記》:散軍而郊射,～射《貍首》,右射《騶虞》。(1543中)

【左个】左側的偏室,東廂。鄭玄《注》:"青陽左个,大寢東室北偏。"《禮記·月令》:天子居青陽～,乘鸞路,駕倉龍,載青旂,衣青衣。(1355中)

【左手】左邊的手。男子行拜禮時,左手要放在右手之上。爲婦人駕車,要使左手在前。《內則》鄭玄《注》:"左陽。"《坊記》鄭玄《注》:"御者在右,前左手則身微背之。"孔穎達《疏》:"以御者之禮。婦人在車上左廂,御者在婦人之右,進左手謂左手在前,轉身向右,微偝婦人。"《儀禮·士冠禮》:賓右手執項,～執前,進容,乃祝。(0952中)《禮記·內則》:凡男拜,尚～。(1471中)《禮記·坊記》:御婦人則進～。(1622下)

【左右】❶指左射與右射。即射禮中的下射與上射。胡培翬《正義》引敖繼公云:"左右猶言上下射也,此亦據其所立之物而言之。"《儀禮·鄉射禮》:告于賓曰:"～卒射。"(1002下)❷指主、賓。孔穎達《疏》:"左謂主人,右謂賓客。"《禮記·投壺》:～告矢具,請拾投。(1666上)

【左史】職官名。周史官分左史和右史,左史記行動,右史記言語。《禮記·玉藻》:動則～書之,言則右史書之。(1473下)

【左物】射禮中左邊的射位。即下射的射位。鄭玄《注》:"左物,下物也。"賈公彥《疏》:"以南面爲正,東爲左物。"《儀禮·鄉射禮》:當～,北面揖,及物揖。(0999下)

【左房】即東房。爲陳饌之處。鄭玄《注》:"左在東,陽也。陽主養,房饌陳處也。"《儀禮·鄉飲酒禮》:薦脯五挺,橫祭於其上,出自～。(0990中)

【左胖】牲之左體。凡變禮反吉用左胖。鄭玄《注》:"反吉祭也。"凌廷堪《禮經釋例》:"凡牲皆用右胖,唯變禮反吉用左胖。"參見"右胖"。《儀禮·既夕禮》:其實:羊～,髀不升,腸五,胃五,離肺。(1153中)

【左首】使首朝左。古時獻劍或禽鳥時,要將劍把或禽首向左,以示對主人的尊敬。孔穎達《疏》:"客在右,主人在左。劍首首爲尊,以尊處與主人也。""左,陽也,首亦陽也。左首,謂橫捧之也。凡鳥皆然。若並授,則主人在左,故客以鳥首授之也。"《禮記·曲禮上》:進劍者～。……執禽者～。(1244上、下)

【左衽】❶席的右端壓在左端上。用葦蓆覆包重鬲,左衽,有如死者之衣襟。胡培翬《正義》:"左衽者,右端在上而西鄉,象死者之左衽也。"《儀禮·士喪禮》：幂用葦席，北面，～。(1135上) ❷衣襟向左。依禮，常服右衽，死者之服左衽。鄭玄《注》："左衽，衽鄉左，反時也。"孔穎達《疏》："衽，衣襟也。生鄉右，左手解抽帶便也；死則襟鄉左，示不復解也。"《禮記·喪大記》：小斂大斂，祭服不倒，皆～，結絞不紐。(1580上)

【左袒】脱左袖，露出左臂；或脱外服之左袖而露裼衣（中衣）。為古之禮儀。《士喪禮》胡培翬《正義》："凡禮事，無問吉凶皆左袒。"《檀弓下》孔穎達《疏》："凡以禮事者，左袒。若請罪待刑，則右袒。"《儀禮·士喪禮》：主人出，南面，～，扱諸面之右。(1134上)《禮記·檀弓下》：既封，～，右還其封，且號者三。(1314上)

【左鄉】指左鄉之學。在國之東郊。鄭玄《注》："亦復習禮於鄉學，使之觀焉。"《禮記·王制》：不變，命國之右鄉簡不帥教者移之左，命國之～簡不帥教者移之右。(1342上)

【左道】邪門旁道。鄭玄《注》："左道，若巫蠱及俗禁。"孔穎達《疏》："盧云左道謂邪道。地道尊右，右為貴。故《漢書》云：'右賢左愚，右貴左賤。'故正道為右，不正道為左。"《禮記·王制》：執～以亂政，殺。(1344上)

【左轂】車左輪軸轂。諸侯、大夫、士出行若死於道，則轉車向南，登左轂（東向）為其招魂。孔穎達《疏》："升其所乘車左邊轂上而復魂也。此車以南面為正，則左在東也，升左轂，象在家升屋東榮也。"《禮記·雜記上》：如於道，則升其乘車之～，以其綏復。(1548下)

【左還(xuán)】向左轉。古以在外之手而言還，與今以在内之手而言不同，故古之左還，當今之右還。還，用同"旋"。《内則》孔穎達《疏》："左嚮迴還轉身，西南以子授予師也。"按妻本面向東，將南面授子於師，此時左手在外，故言左還。《儀禮·鄉射禮》：上射揖，進，……執弦而～，退，反位，東面揖。(1001下)《禮記·内則》：妻抱子出自房，當楣立，東面。……妻對曰："記有成。"遂～授師子。(1469下)

【左學】殷代小學。亦稱東學。因其建在王宮之東，故稱。鄭玄《注》："左學，小學也，在國中王宮之東。"《禮記·王制》：殷人養國老於右學，養庶老於～。(1346中)

【左右正】指樂正、僕人正等左右侍從之長。鄭玄《注》："左右正，謂樂正、僕人正也。"《儀禮·燕禮》：遂獻～與内小臣，皆於阼階上，如獻庶子之禮。(1023中)

【左本在下】首絰之制。將麻根的一端置於左耳之上，然後從前額繞到頸後再回到左耳之上，將麻的末端壓在麻根之上，再綴束之。胡培翬《正義》："本，麻根也。大功以上絰有本。……張氏爾岐云：'左本在下者，首絰之制。以麻根置左當耳上，從額前遶項後復至左耳上，以麻之末加麻根之上綴束之也。'"參見"右本在上"。《儀禮·喪服》：苴絰大搹，～，去五分一以為帶。(1097中)

【左祖右社】左面是宗廟，右面是社稷。為王宫路門外左右之佈局。鄭玄《注》："王宫所居也。祖，宗廟。"孫詒讓《正義》："謂路門外之左右。……《天官·敘官》賈疏云：'宗

廟是陽故在左,社稷是陰故在右。'"《周禮·冬官考工記·匠人》:~,面朝後市。(0927下)

巫 wū 從事祈禱、卜筮兼用藥物為人求福、去災、治病的人。如司巫、男巫、女巫等。《喪大記》鄭玄《注》:"巫,主辟凶邪也。"《司巫》賈公彥《疏》:"男巫、女巫皆掌之。"《周禮·春官·司巫》:掌羣~之政令,若國大旱,則帥~而舞雩。(0816上)《儀禮·士喪禮》:~止于廟門外,祝代之。(1141上)《禮記·喪大記》:君至,主人迎,先入門右,~止于門外。(1580下)

【巫比】筮與民是否相和諧。為九筮之一。鄭玄《注》:"此九巫,讀皆當為筮字之誤也。……比,謂筮與民和比也。"孫詒讓《正義》:"國家有事,欲與民和比,亦筮之也。"《周禮·春官·筮人》:九筮之名:一曰巫更,二曰巫咸,三曰巫式,四曰巫目,五曰巫易,六曰~,七曰巫祠,八曰巫參,九曰巫環,以辨吉凶。(0805下)

【巫目】筮當務之要目。為九筮之一。賈公彥《疏》:"是要目之事。……欲知其要,故亦筮其要目所當者也。"《周禮·春官·筮人》:九筮之名:一曰巫更,二曰巫咸,三曰巫式,四曰~。(0805下)

【巫史】從事祈禱、卜筮等活動的人稱巫,掌管天文、星象、曆數、史册的人稱史。兩者最初由一人兼任,故稱。《禮記·禮運》:祝嘏辭說,藏於宗祝~,非禮也。(1418上)

【巫式】筮所制法典是否合適。為九筮之一。賈公彥《疏》:"式是法式,故知制作法式也。"《周禮·春官·筮人》:九筮之名:一曰巫更,二曰巫咸,三曰~。(0805下)

【巫更(gēng)】筮能否遷都。為九筮之一。鄭玄《注》:"此九巫,讀皆當為筮字之誤也。更,謂筮遷都邑也。"《周禮·春官·筮人》:九筮之名:一曰~。(0805下)

【巫易】筮政教改易之事。為九筮之一。賈公彥《疏》:"民衆不和說,須筮改易政教之事。"《周禮·春官·筮人》:九筮之名:一曰巫更,二曰巫咸,三曰巫式,四曰巫目,五曰~。(0805下)

【巫馬】職官名。掌醫治馬疾。爵下士。《周禮·夏官·巫馬》:~,掌養疾馬而乘治之。(0861中)

【巫咸】筮興作是否順民心。為九筮之一。賈公彥《疏》:"咸,猶僉也,謂筮衆心歡不也者。謂國有營建之事,恐衆心不齊,故筮之也。"《周禮·春官·筮人》:九筮之名:一曰巫更,二曰~。(0805下)

【巫恒】先巫遇事之作為。鄭玄《注》:"恒,久也。巫久者,先巫之故事。造之,當按視所施為。"賈公彥《疏》:"後鄭之意,以恒為先世之巫久故所行之事。今司巫見國大災,則率領女巫等往造所行之事,按視舊所施為而法之。"一說,杜子春謂為巫官常聚之所。《周禮·春官·司巫》:若國大災,則帥巫而造~。(0816中)

【巫祝】從事鬼神活動者為巫,祭主贊詞者為祝。後連用指掌占卜、祭祀的人。孫希旦《集解》:"愚謂臨喪用巫、祝者,亦與神交之道也。"《禮記·檀弓下》:君臨臣喪,以~桃、茢,執戈,

惡之也。(1302 下)

【巫祠】筮祭祀用牲、擇日是否恰當。爲九簭之一。鄭玄《注》："祠，謂筮牲與日也。"《周禮·春官·簭人》：九簭之名：一曰巫更，二曰巫咸，三曰巫式，四曰巫目，五曰巫易，六曰巫比，七曰～。(0805 下)

【巫降】巫使神靈降附於身。鄭玄《注》："降，下也。巫下神之禮。"賈公彥《疏》："人死骨肉下沈於地，精魂上歸於天，天地與神人通，故使巫下神。"孫詒讓《正義》引惠士奇云："司巫與神通，故掌下神之禮。"《周禮·春官·司巫》：凡喪事，掌～之禮。(0816 中)

【巫參(cān)】筮車御、車右之人是否合適。爲九簭之一。鄭玄《注》："參，謂筮御與右也。"《周禮·春官·簭人》：九簭之名：一曰巫更，二曰巫咸，三曰巫式，四曰巫目，五曰巫易，六曰巫比，七曰巫祠，八曰～。(0805 下)

【巫環】筮可否出戰。爲九簭之一。鄭玄《注》："環，謂筮可致師不也。"《周禮·春官·簭人》：九簭之名：一曰巫更，二曰巫咸，三曰巫式，四曰巫目，五曰巫易，六曰巫比，七曰巫祠，八曰巫參，九曰～。(0805 下)

差 chā 見下。

【差若豪氂，繆以千里】謂開始相差很小，但最後造成的錯誤却很大。豪，用同"毫"。氂，用同"厘"。繆，用同"謬"。引自《易·繫辭》。言君子要謹慎事之初始。今爲成語。《禮記·經解》：《易》曰："君子慎始，～。"(1611 上)

土(士)部

土 tǔ ❶用泥土燒成的樂器。即塤。爲八音之一。鄭玄《注》："土，塤也。"《周禮·春官·大師》：皆播之以八音：金、石、～、革、絲、木、匏、竹。(0795 下) ❷五行之一。古人認爲水、火、木、金、土五者是構成世界的五種元素。鄭玄《注》："火休而盛德在土也。"《禮記·月令》：中央～，其日戊己，其帝黃帝，其神后土。(1371 下) ❸指五土之神。孔穎達《疏》："謂五土：山林、川澤、丘陵、墳衍、原隰也。"《禮記·郊特牲》：社祭～而主陰氣也。(1449 上)

【土工】製作陶器的工匠。爲天子六工之一。鄭玄《注》："此亦殷時制也，周則皆屬司空。土工，陶旊也。"《禮記·曲禮下》：天子之六工，曰～、金工、石工、木工、獸工、草工，典制六材。(1261 中)

【土牛】用泥土做的牛。古時於季冬

之月製作土牛,置於四方城門之外,以除陰氣。後世,亦有立春時製土牛,象徵春耕將始,以勸農耕之意。鄭玄《注》:"土牛者,丑爲牛,牛可牽止也。"孔穎達《疏》:"其時月建丑,又土能剋水,持水之陰氣,故特作土牛以畢送寒氣也。"《禮記·月令》:季冬之月,……命有司大難,旁磔,出~,以送寒氣。(1383下)

【土化】施肥以改良土壤。根據不同的土質,選用不同的糞肥,以使田土變得肥美。鄭玄《注》:"土化之法,化之使美。"《周禮·地官·草人》:掌~之灋以物地,相其宜而爲之種。(0746中)

【土示】指原隰及平地之神。鄭玄《注》:"原隰及平地之神也。"《周禮·春官·大司樂》:五變而致介物及~,六變而致象物及天神。(0789中)

【土圭】測日影、正四時、測量土地的器具。以玉製成,長一尺五寸。《周禮·冬官考工記·玉人》:~尺有五寸,以致日,以土地。(0922中)

【土均】❶職官名。掌平邦國都鄙土地的徵稅。依據土地的肥瘠制定輕重不同之稅法而施行。爵上士。鄭玄《注》:"政讀爲征。所平之税,邦國都鄙也。"《周禮·地官·土均》:~,掌平土地之政,以均地守,以均地事,以均地貢。(0746上)❷即土均之法。詳見"土均之灋"。《周禮·地官·遂人》:凡治野,以下劑致甿,以田里安甿,以樂昏擾甿,以土宜教甿稼穡,以興耡利甿,以時器勸甿,以彊予任甿,以~平政。(0740下)

【土事】即地事。指農牧山林等各種職事。賈公彥《疏》:"地之所生,出物不同;民之所資,事業有異。謂若居山者利其金玉、錫石、禽獸、材木,居澤者利其魚鹽,居陸者利其田疇。"《周禮·地官·大司徒》:以土宜之灋辨十有二土之名物,以相民宅而知其利害,以阜人民,以蕃鳥獸,以毓草木,以任~。(0703下)

【土周】即聖(jí)周。燒土爲磚放在棺的四週,以葬死者。爲葬下殤(指八至十一歲而死者)之禮。鄭玄《注》:"土周,聖周也。周人以夏后氏之聖周葬下殤於園中,以其去成人遠,不就墓也。"《禮記·曾子問》:下殤,~葬于園。(1401上)

【土宜】即土宜之法。詳見"土宜之灋"。《周禮·地官·遂人》:凡治野,以下劑致甿,以田里安甿,以樂昏擾甿,以~教甿稼穡,以興耡利甿,以時器勸甿,以彊予任甿,以土均平政。(0740下)

【土訓】職官名。掌告山川形勢及所生產物。爵中士。《周禮·地官·土訓》:~,掌道地圖,以詔地事。(0747上)

【土國】地處平原的國家。其國之卿大夫聘於天子、諸侯,須持人節,因平地多人。鄭玄《注》:"土,平地也。山多虎,平地多人,澤多龍。"《周禮·地官·掌節》:凡邦國之使節,山國用虎節,~用人節,澤國用龍節。(0739下)

【土揖】拱手向外推出,稍低以近地。爲天子見庶姓諸侯之禮。鄭玄《注》:"土揖,推手小下之也。"《周禮·秋官·司儀》:詔王儀,南鄉見諸侯,~

庶姓,時揖異姓,天揖同姓。(0896下)

【土鼓】古樂器名。即瓦鼓。以瓦爲框,蒙以革,可擊打發聲。《籥章》鄭玄《注》:"杜子春云:'土鼓,以瓦爲匡,以革爲兩面,可擊也。'"一説,築土爲鼓。《禮運》鄭玄《注》:"土鼓,築土爲鼓也。"孔穎達《疏》:"其築土爲鼓,先儒未詳。"《周禮·春官·籥章》:掌~幽籥。中春晝擊~。(0801下)《禮記·禮運》:其燔黍捭豚,汙尊而抔飲,蕢桴而~,猶若可以致其敬於鬼神。(1415下)

【土方氏】職官名。掌土圭之法,測量土地,選擇宅地,並辨土宜、土化之法。爵上士。《周禮·夏官·土方氏》:~,掌土圭之灋,以致日景。(0864上)

【土圭之灋】用土圭測日影,正四時,以測量土地南北距離的方法。鄭玄《注》:"土圭,所以致四時日月之景也。"孫詒讓《正義》引戴震云:"測土深以南北言。聖人南面而聽天下,古者宫室皆南嚮,故南北爲深,東西爲廣,猶之車輿以前後爲深,左右爲廣也。表景短長即南北遠近,必測之而得,故曰測土深。"《周禮·地官·大司徒》:以~測土深,正日景,以求地中。(0704上)

【土均之灋】根據不同地區、不同土質及民衆的不同職業而均平貢賦的法規。鄭玄《注》:"均,平也。"孫詒讓《正義》:"謂均平土地貢賦之法,即均人、土均所掌是也。"《周禮·地官·大司徒》:以~辨五物、九等,制天下之地征。(0704上)

【土宜之灋】不同的土地適宜不同人民、鳥獸、草木的法則。賈公彥《疏》:"十二土各有所宜不同,所出之物及名皆異,故云以土宜之法辨十有二土之名物也。"孫詒讓《正義》:"即辨各土人民、鳥獸、草木所宜之法也。"《周禮·地官·大司徒》:以~辨十有二土之名物,以相民宅而知其利害,以阜人民,以蕃鳥獸,以毓草木,以任土事。(0703下)

【土會(kuài)之灋】根據山林、川澤、丘陵、墳衍、原隰五種不同土地分別計算貢稅的法則。鄭玄《注》:"會,計也。以土計貢稅之法,因別此五者也。"《周禮·地官·大司徒》:以~辨五地之物生。(0702中)

士 shì ❶官爵的最低等級。天子、諸侯皆有士,位次於大夫,分上士、中士、下士三等。除子男之士不命外,天子、公、侯、伯之士皆有命。天子之上士蓋爲三命,中士再命,下士一命。《周禮·春官·典命》:公之孤四命,以皮帛眡小國之君,其卿三命,其大夫再命,其~一命。(0781上)《儀禮·鄉射禮》:大夫布侯,畫以虎、豹;~布侯,畫以鹿、豕。(1010中)《禮記·王制》:大夫、~、庶人三日而殯,三月而葬。(1315下)❷士人,學士。即賢者,智者。《大宰》鄭玄《注》引鄭司農云:"士,謂學士。"《周禮·天官·大宰》:三曰廢置,以馭其吏;四曰禄位,以馭其~。(0646上)《禮記·少儀》:~依於德,游於藝。工依於法,游於説。(1512下)❸成年男子的通稱。《郊特牲》孫希旦《集解》:"男子生,則懸弧於門左。射者,男子之所有事也。"《周禮·夏官·司右》:凡國之勇力之~能用五兵者屬焉,掌其政令。(0850下)《禮記·郊特牲》:孔子曰:"～,使之射。不能,則辭以疾,縣弧之義也。"(1448下)❹指諸侯之卿。其入天子之國被稱爲士。《曲禮下》鄭玄《注》:"亦謂諸侯之卿也。三命以下於天子爲士。"《喪服》鄭玄《注》:"士,卿士也。"《儀禮·喪服》:公～、大夫之衆臣爲其君,布帶、繩屨。(1102上)《禮記·曲禮下》:列國之大夫,入天子之國曰某～,自稱曰"陪臣某"。(1267中)❺掌管刑獄的官員。鄭玄《注》:"士,司寇、士師之屬。……鄭司農云:'……士,謂主斷刑之官。'"《周禮·地官·大司徒》:凡萬民之不服教而有獄訟者,與有地治者聽而斷之,其附于刑者歸于～。(0708上)❻指訝士。掌理四方諸侯的獄訟,迎送國之賓客。鄭玄《注》:"士,訝士也。"《周禮·秋官·掌訝》:若將有國賓客至,則戒官脩委積,與～逆賓于疆。(0902中)❼士介的簡稱。出使他國,介由士充任,故稱士介(衆介)爲士。鄭玄《注》:"士,士介也。"《儀禮·聘禮》:習享,～執庭實。(1048中)❽以勇力供職者。即府、史、胥、徒等。鄭玄《注》:"此士謂胥徒之長也。有勇力者受馬。"《儀禮·既夕禮》:～受羊如受馬。(1152下)

【士介】即衆介。聘享他國,使者爲卿,上介爲大夫,衆介爲士,故衆介亦稱士介。《儀禮·聘禮》"宰命司馬戒衆介"鄭玄《注》:"衆介者,士也。士屬司馬。《周禮》司馬之屬。"參見"介①"。《儀禮·聘禮》:～死,爲之棺,斂之,君不弔焉。(1071下)

【士田】卿、大夫、士及其子弟所領有的田地。卿、大夫、士皆受田五十畝,其子弟受田二十畝,以供祭祀。士田亦稱圭田。鄭玄《注》:"士讀爲仕。仕者亦受田,所謂圭田也。"孫詒讓《正義》:"蓋卿大夫命士之圭田,之子及未仕之士家所受田,皆以五十晦爲率。士餘子弟亦受田,則止二十晦。"《周禮·地官·載師》:以廛里任國中之地,以場圃任園地,以宅田、～、賈田任近郊之地。(0724下)

【士長】指司正、司士等士之尊者。胡培翬《正義》引郝敬曰:"士長,士之尊者,如司正、司士等是也。"《儀禮·燕禮》:主人洗,升,獻士于西階上。～升,拜受觶;主人拜送觶。(1022中)

【士師】職官名。掌管國家五禁、五戒之法令,聽察獄訟。爵下大夫。《周禮·秋官·士師》:～之職,掌國之五禁之灋,以左右刑罰。(0874下)

【士大夫】泛指公卿大夫士。有官爵,有職守。《冬官考工記·總敘》鄭玄《注》:"親受其職,居其官也。"《周禮·冬官考工記·總敘》:坐而論道,謂之王公。作而行之,謂之～。(0905中)《禮記·檀弓下》:～既卒哭,麻不入。(1315下)

【士庶子】❶宿衛王宮的卿大夫士的子弟,已命者爲士,未命而在官者爲庶子。鄭玄《注》:"士庶子,卿大夫士之子弟宿衛王宮者。"孫詒讓《正義》:"凡卿大夫士之子,已命者爲士,未命而在官者爲庶子。"一說,士庶子有嫡庶之別。《周禮·天官·宮伯》"掌王宮之士庶子"鄭玄《注》:"士,謂王宮中諸吏之適子也。庶子,其支庶也。"孫詒讓《正義》:"蓋周時凡貴族子弟,無論適庶,並謂之國子,師氏所教、保氏所養、諸子所掌者是也。國子之中,適者謂之門子,小宗伯所掌者是也。以其才藝選擇爲宿衛及給侍御守圉者,謂之士庶子,則無適庶之分。"《周禮·地官·稾人》:若饗耆老、孤子、～,共其食。(0750 中)❷從軍的卿大夫士的子弟。鄭玄《注》:"師敗,王親弔士庶子之死者,勞其傷者。庶子,卿大夫之子從軍者,或謂之庶士。"《周禮·夏官·大司馬》:王弔勞～,則相。(0839 下)

【士冠禮】貴族青年男子二十歲舉行的加冠典禮。賈公彥《疏》引鄭玄《三禮目錄》云:"童子任職居士位,年二十而冠。主人玄冠、朝服,則是(仕)於諸侯,天子之士,朝服、皮弁、素積。古者四民世事,士之子恒爲士。冠禮於五禮屬嘉禮。"冠禮不祇適用於士,還適用於包括天子、諸侯在内的一切貴族。其主要儀節爲:一、筮日、戒賓,筮賓、宿賓及贊者。筮日,在廟門占筮行冠禮的日期。戒賓,邀請衆僚友參加冠禮。筮賓,占筮選定賓之賢者爲冠禮的主持人。宿賓及贊者,行禮前二日,主人再次邀請賓及助賓行禮的人。二、陳設、迎賓。行禮之日,在房中陳設冠服及酒尊等物。主人出門迎賓及贊者。三、行加冠之禮。賓及贊者爲冠者三加冠,初加緇布冠,再加皮弁,三加爵弁。每次加冠,賓均有祝辭。四、賓醴冠者。賓向冠者敬醴酒,冠者拜,賓答拜。五、賓字冠者。賓爲冠者取"字"。六、醴賓、送賓、歸俎。主人爲答謝賓之辛勞,行一獻之禮。禮畢,送賓於門外,並派人將醴賓所用的牲俎送到賓家中。七、冠者見母、兄弟、姑姊。八、冠者見君及鄉大夫、鄉先生。《儀禮·士冠禮》:～。筮于廟門。(0945 中)

【士昏禮】士娶妻的禮儀。賈公彥《疏》引鄭玄《三禮目錄》云:"士娶妻之禮,以昏爲期,因而名焉。必以昏者,陽往而陰來。日入三商爲昏。昏禮於五禮屬嘉禮。"其主要儀節爲:一、納采。男方通過媒氏向女方提婚,經同意後,男方派使者到女家行納采之禮。納采之禮爲雁。二、問名。男家派使者到女家問女方之名,以備占卜吉凶。三、納吉。告知女方占卜名字所得之吉兆。四、納徵。向女方送聘禮。五、請期。告知女方迎娶的日期。六、親迎。婚禮之日黃昏時,新郎乘車到女家去迎親。七、合卺同牢。新婚夫婦同食一牲,食時飲酒安食,第三次飲酒用卺。八、婦見舅姑(公婆)。婚禮的第二天早晨,新婦拜見公、婆。九、舅姑醴婦。贊者代公、婆向新婦行醴禮。十、婦饋舅姑,舅姑饗婦。新婦向公、婆進食,公、婆亦用酒食慰勞新婦。十一、饗送者。舅姑用酒食招待送新婦來的男女客人,並贈給他們禮物以示酬謝。十二、廟見。如果公婆去世,新婦婚後三月要在廟奠菜。《儀禮·士昏禮》:～。凡行事,必用昏昕,受諸禰廟。(0970 下)

【士旅食】未得爵命的卿大夫士之子弟受諸侯宴飲。胡培翬《正義》:"《釋官》曰:'士旅食,謂未得爵命之士。'……蓋上士、中士、下士,此正爵也;下士食九人以上,此正禄也。學校之士升於司馬,隸於司士,論定後官而未得正爵、正禄者,既食於公,謂之旅食。……此士旅食即卿大夫士之子,國之俊選之士,後日任爲卿大夫士者,故特尊以圜壺,所以寵異之。"《儀禮·燕禮》:尊～于門西,兩圜壺。(1015上)

【士喪禮】士舉辦喪事的禮儀。《士喪禮》賈公彥《疏》引鄭玄《三禮目錄》云:"士喪其父母,自始死至於既殯之禮。喪於五禮屬凶。"其主要儀節爲:一、始死之日,爲死者招魂,國君和親友向死者贈衣,爲死者沐浴含飯。二、明日,小殮,爲死者加衣衾。三、第三日,大殮入殯。四、第四日,成服。五、筮墓地,卜葬期。六、三月而葬,葬前一日,柩遷於祖廟。七、葬日,柩車發行,入穴。返,行初虞之禮。八、葬之第三日,行再虞之禮。九、葬之第四日,行三虞之禮。十、葬之第六日,行卒哭之禮。十一、葬之第七日,行祔於祖廟之禮。《儀禮·士喪禮》:～。死于適室,幠用斂衾。(1128中)《禮記·雜記下》:恤由之喪,哀公使孺悲之孔子學～,～於是乎書。(1567中)

【士虞禮】士(包括其父母)葬後舉行的安神祭禮。賈公彥《疏》引鄭玄《三禮目錄》云:"虞,安也。士既葬父母,迎精而反,日中祭之於殯宮以安之。虞於五禮屬凶。"其主要儀節爲:一、陳設虞祭的牲酒器具。葬後當日在殯宮舉行初虞禮。二、主人及賓即位。主人及兄弟如葬時之服,賓及執事如弔服,即位於門外,婦人於堂。主人拜賓,入門哭,婦人哭。三、室中設饌,行陰厭之禮。即設酒食以饗死者之神。四、迎尸妥尸。祝迎尸入門。尸入室,主人及祝拜請尸安坐。五、饗尸,尸九飯。尸祭食,祝祝告主人拜。尸三飯;祭食,又三飯;祭食,又三飯。六、主人獻尸。七、主婦亞獻。主婦酌酒獻尸。八、賓長三獻尸。九、祝告利成。即饗尸之禮完畢。十、設陽厭。尸出室,改設饌於西北隅,稱陽厭。十一、送賓。《儀禮·士虞禮》:～。特豕饋食。(1167上)

【士相見之禮】士同其他各級貴族相互拜訪的禮儀。賈公彥《疏》引鄭玄《三禮目錄》云:"士相見於五禮屬賓禮。"其主要儀節爲:一、士相見。初次會見必用摯。冬用雉,夏用腒。主人依禮回見時,將賓帶來的禮品奉還("還摯")。二、士見大夫。士奉摯來見,因大夫不必回見,故辭謝不受。如士曾是大夫的臣屬,就將禮品放在地上("奠摯"),不親授。賓出時,大夫使人在門外還摯。三、大夫相見。下大夫相見用鴈,上大夫相見用羔。四、初見君。士、大夫均奠摯,再拜稽首,君答壹拜。《儀禮·士相見禮》:～。摯,冬用雉,夏用腒,左頭奉之。(0975中)

【士冠禮第一】《儀禮》第一篇篇名。賈公彥《疏》引鄭玄《三禮目錄》云:"童子任職居士位,年二十而冠。……士冠禮於五禮屬嘉禮。《大(戴)》《小戴》及《別錄》,此皆第一。"該篇記述了行冠禮的程序、儀式、陳設、服飾、說辭等。在《記》中,說明了夏、商、周三代冠禮的異同,論述了行冠禮的意義及應用範圍,點明了《士冠禮》不衹適用於士,還適用天子、諸侯等貴族。詳見"士冠禮"。(0945上)

【士昏禮第二】《儀禮》第二篇篇名。賈公彥《疏》引鄭玄《三禮目錄》云:

"士娶妻之禮,以昏爲期,因而名焉。必以昏者,陽往而陰來。日入三商爲昏。昏禮於五禮屬嘉禮。《大(戴)》《小戴》及《別錄》,此皆第二。"該篇記述了士娶妻的儀節。親迎前,有納采、問名、納吉、納徵、請期等程序;親迎後有合卺同牢、婦見舅姑、舅姑醴婦、婦饋舅姑、饗送者、廟見等禮儀。詳見"士昏禮"。(0961上)

【士相見禮第三】《儀禮》第三篇篇名。賈公彥《疏》引鄭玄《三禮目錄》云:"士以職位相親,始承摯相見。……士相見於五禮屬賓禮。《大(戴)》《小戴》及《別錄》,皆第三。"該篇重點記述了士與士相見之禮,并兼及士見大夫、大夫見大夫、士大夫見君等諸禮。詳細介紹了他們相見時的儀式,所執之禮品及應對說辭等。詳見"士相見之禮"。(0975中)

【士喪禮第十二】《儀禮》第十二篇篇名。賈公彥《疏》引鄭玄《三禮目錄》云:"士喪其父母,自始死至於既殯之禮。喪於五禮屬凶。《大戴》第四,《小戴》第八,《別錄》第十二。"該篇與《既夕禮》本爲一篇,因其簡册繁重,分而爲二。通常視《既夕禮》爲該篇的續篇或下篇。該篇與《既夕禮》專言士之喪禮,詳細記述了喪者自始死至既殯之禮。包括爲死者招魂,沐浴,含飯,二日小殮,三日大殮入殯,四日成服,朝夕哭,卜筮墓地及葬日等儀節。詳見"士喪禮"。(1128中)

【士虞禮第十四】《儀禮》第十四篇篇名。賈公彥《疏》引鄭玄《三禮目錄》云:"虞,安也。士既葬父母,迎精而反,日中祭之於殯宮以安之。虞於五禮屬凶。《大戴》第六,《小戴》第八,《別錄》第十四。"該篇記述了士安葬之後,返回殯宫舉行的安神祭禮。主要介紹了祭器、祭物的陳設,主、賓的服飾、位置,以及迎尸、安尸、飨神、飨尸,主、賓獻尸,祝告禮畢送尸,送賓。虞禮是繼喪禮之後祭禮的開始。詳見"士虞禮"。(1167上)

壬 rén 天干的第九位。古時十天干與十二地支相配,用來記時(年、月、日)。《禮記·月令》:其日～癸,其帝顓頊。(1380下)

【壬午】天干第九位同地支第七位相配所紀的日期。《禮記·檀弓下》:仲遂卒於垂,～猶繹。(1310下)

圭 guī ❶玉製禮器。長條形,上尖下方。多爲天子諸侯舉行朝覲、祭祀、喪葬等重大儀式時使用。其名稱、大小因爵位及用途不同而異。《周禮·春官·大宗伯》:以青～禮東方,以赤璋禮南方,以白琥禮西方,以玄璜禮北方。(0762中)《儀禮·聘禮》:上介執～如重,授賓。(1073中)《禮記·雜記下》:～,公九寸,侯、伯七寸,子、男五寸。博三寸,厚半寸。剡上,左右各寸半,玉也。(1568下)❷指圭瓚。祭祀時酌鬯酒之勺,以圭爲柄。孫希旦《集解》:"灌用圭、璋者,灌鬯盛以玉瓚,以圭、璋爲之柄也。"《禮記·郊特牲》:灌以～璋,用玉氣也。(1457上)

【圭田】卿、大夫、士供祭祀用的田地。鄭玄《注》:"《孟子》曰:'卿以下必有圭田。'"孔穎達《疏》:"謂之圭者,圭,絜也。言德行絜白也,而與之田。"《禮記·王制》:古者公田藉而不稅,市廛而不稅,關譏而不征,林麓川澤以時入而不禁,夫～無征。(1337

中)

【圭窬(yú)】牆上圭形的小門。借指貧窮人家的門戶。鄭玄《注》:"圭窬,門旁窬也。穿牆爲之,如圭矣。"《禮記·儒行》:儒有一畝之宮,環堵之室,篳門～,蓬戶甕牖。(1670上)

【圭璋】兩種珍貴的玉製禮器。圭爲長條形,上尖下方;璋從中間剖開一半,其形即爲璋。因兩者貴重,朝聘時可以單獨獻上。鄭玄《注》:"圭璋特,朝聘以爲瑞,無幣帛也。"孔穎達《疏》:"圭、璋,玉中之貴也。……諸侯朝王以圭,朝聘執璋。表德特達,不加物也。"《禮記·禮器》:～特,琥、璜爵。(1432下)

【圭璧】玉器名。一玉琢成上圭下璧形,用以祭祀。《玉人》鄭玄《注》:"圭,其邸爲璧。"《周禮·冬官考工記·玉人》:～五寸,以祀日月星辰。(0922下)《禮記·月令》:是月也,祀不用犧牲,用～,更皮幣。(1362下)

圭璧

【圭瓚】玉製的酌酒器。形狀如勺,以圭爲柄。祭祀所用,挹鬯以祼。圭瓚國君用之,璋瓚夫人用之。鄭玄《注》:"圭瓚、璋瓚,祼器也,以圭、璋爲柄,酌鬱鬯。"《禮記·祭統》:君執～祼尸,大宗執璋瓚亞祼。(1603下)

圭瓚

【圭以馬】圭配以馬。爲朝聘所獻六種禮物(六幣)之一。鄭玄《注》:"六幣所以享也。"賈公彥《疏》:"圭以馬,璋以皮,……二者雖非幣帛,以用之當幣處,故摠號爲幣也。"《周禮·秋官·小行人》:合六幣:～,璋以皮,璧以帛,琮以錦,琥以繡,璜以黼。(0894上)

在 zài 見下。

【在室】指女子未許嫁或已許嫁而未行者。《曲禮下》鄭玄《注》:"女子子在室,亦童子也。"《喪服》鄭玄《注》:"言在室者,謂已許嫁。"《儀禮·喪服》:女子子～爲父,布總、箭笄、髽衰,三年。(1101中)《禮記·喪服小記》:女子子～爲父母,其主喪者不杖,則子一人杖。(1502下)

【在官言官】在官府就談論官府之事。孔穎達《疏》:"此是君命所使之事。言,猶議也。若君命之在官,則臣當展習言議在官之事。"今爲成語,謂在什麼地位說什麼話。《禮記·曲禮下》:～,在府言府,在庫言庫,在朝言朝。(1270上)

地 dì 指地祇,地神。《儀禮·覲禮》:祭天,燔柴。祭山、丘陵,升。祭川,沈。祭～,瘞。(1094上)

【地中】指天下的正中。亦稱土中。爲天子建都之所在。孫詒讓《正義》:"地中者,爲四方九服之中也。"先鄭以爲用土圭測得地中,"土圭之長尺有五寸,以夏至之日立八尺之表,其景適與土圭等,謂之地中"。後人以爲實則先定地中,而後定一尺五寸之土圭。孫詒讓《正義》引江永云:"所謂土中者,合九州道里形勢而知之,非先制尺有五寸之土圭,度夏至景與圭齊而後謂之土中也。既定洛邑,樹八尺之表,景景尺有五寸,是爲土中之景。乃制土圭以爲法,他方度景,亦以此土圭隨其長短量之,是景以土中而定,非土中因景而得也。"《周禮·地官·大司徒》:日至之景,尺有五寸,謂之~。天地之所合也,四時之所交也,風雨之所會也,陰陽之所和也,然則百物阜安,乃建王國焉。(0704 中)

【地比】各地之户籍。孫詒讓《正義》:"孔廣森云:'比即比居,下圖即版圖。管仲治齊,有户籍、田結,是古圖比之法。'"《周禮·地官·小司徒》:凡民訟,以~正之;地訟,以圖正之。(0713 中)

【地示】地神。《周禮·春官·大宗伯》:掌建邦之天神、人鬼、~之禮,以佐王建保邦國。(0757 上)

【地守】地政官員的職守。川衡、林麓、山虞等各有所守,據其所守之山林川澤,繳納特產以爲賦稅。鄭玄《注》:"定地守,謂衡麓虞候之屬。"《周禮·地官·大司徒》:乃分地職,奠~,制地貢,而頒職事焉。(0705 下)

【地求】各地的時令特產。孫詒讓《正義》:"此謂王於九貢之外,特有所求,若《春秋》王使求金求車之屬,必因地所有,時所生也。"《周禮·地官·土訓》:道地慝,以辨地物而原其生,以詔~。(0747 上)

【地事】❶從事農、牧、衡、虞之事者。孫詒讓《正義》:"地事與《小司徒》'以任地事',《土均》'以均地事',義並同。《小司徒》注云:'地事謂農牧衡虞也。'《土均》注云:'地事,農圃之職。'彼二文言事不言職,故事即爲職。"《周禮·地官·載師》:掌任土之

灋,以物~,授地職,而待其政令。(0724 下)❷九州形勢及山川所宜種植之物。鄭玄《注》:"説地圖,九州形勢山川所宜,告王以施其事也。若云荆揚地宜稻,幽并地宜麻。"《周禮·地官·土訓》:掌道地圖,以詔~。(0747 上)

【地征】土地之賦税。鄭玄《注》:"征,税也。"《周禮·地官·大司徒》:以土均之灋辨五物、九等,制天下之~,以作民職,以令地貢,以斂財賦,以均齊天下之政。(0704 上)

【地官】爲王朝六大官府之一。掌管一國之教育。地官之長爲大司徒,地官之屬官稱教官。《周禮·天官·小宰》:二曰~,其屬六十,掌邦教。(0653 上)

【地政(zhēng)】即地征。土地之賦税。鄭玄《注》:"政,讀爲征。地征,謂地守、地職之税也。"《周禮·地官·均人》:掌均~,均地守,均地職。(0730 上)

【地貢】出自土地的貢物。如九穀、果品、蔬菜等。鄭玄《注》:"地貢,貢地所生。"《周禮·地官·大司徒》:以土均之灋辨五物、九等,制天下之地征,以作民職,以令~,以斂財賦。(0704 上)

【地氣】❶一地自然條件所形成的特性,包括氣候、水土成分、地勢等。《周禮·冬官考工記·總敍》:材美工巧,然而不良,則不時,不得~也。橘踰淮而北爲枳,鸜鵒不踰濟,貉踰汶則死,此~然也。(0906 上)❷指陰氣。氣分陰陽,天之氣爲陽氣,地之氣爲陰氣。《易》以六爻而象十二月,

將其分爲六陽(十一月至四月)、六陰(五月至十月)。鄭玄《注》:"此陽氣蒸達,可耕之候也。"孔穎達《疏》:"天地之氣謂之陰陽,一年之中或升或降。故聖人作象,各分爲六爻,以象十二月。陽氣之升從十一月爲始,陽氣漸升,陰氣漸下,至四月,六陽皆升,六陰皆伏。至五月,一陰初升,陰氣漸升,陽氣漸伏,至十月,六陰盡升,六陽盡伏。然則天氣下降,地氣上騰,五月至十月也;地氣下降,天氣上騰,十一月至四月也。"參見"天氣"。《禮記·月令》:是月也(孟春之月),天氣下降,~上騰,天地和同,草木萌動。(1356下)

【地產】指植物、九穀等地所產者。地產用於鄉射飲酒之禮。鄭玄《注》:"地產者植物,謂九穀之屬。"孫詒讓《正義》:"此陰德即謂昏禮,陽德亦即謂鄉射飲酒之禮。……以地產作陽德者,謂鄉射飲酒有酒醴、獻酬之禮,酒醴出於五穀也。"《周禮·春官·大宗伯》:以天產作陰德,以中禮防之;以~作陽德,以和樂防之。(0762下)

【地慝(tè)】地所生惡物能害人者,如瘴氣、蝮蛇之類。鄭玄《注》:"地慝,若瘴、蠱然。……鄭司農云:'地慝,地所生惡物能害人者,若虺、蝮之屬。'"《周禮·地官·土訓》:道~,以辨地物而原其生,以詔地求。(0747上)

【地圖】九州土地的形勢之圖。包括地域、山林、川澤、丘陵、墳衍、原隰及其自然物產。鄭玄《注》:"説地圖,九州形勢山川所宜,告王以施其事也。若云荊揚地宜稻,幽并地宜麻。"《周禮·地官·土訓》:掌道~,以詔地事。(0747上)

【地龜】龜甲前仰而甲裙緣爲黃色的龜。爲六龜之一。鄭玄《注》:"天龜玄,地龜黃,……天龜俯,地龜仰。"《周禮·春官·龜人》:天龜曰靈屬,~曰繹屬,東龜曰果屬,西龜曰靁屬,南龜曰獵屬,北龜曰若屬,各以其方之色與其體辨之。(0804下)

【地職】根據所受土地的不同而分派的各種職業。九職爲三農、園圃、虞衡、藪牧、百工、商賈、嬪婦、臣妾、閒民。鄭玄《注》:"分地職,分其九職所宜也。"《周禮·地官·大司徒》:乃分~,奠地守,制地貢,而頒職事焉。(0705下)

【地官司徒第二】《周禮》第二篇篇名。包括大司徒至橐人共七十九職。其中司祿職闕。地官司徒掌理天下的教育,輔佐天子安邦教民。賈公彥《疏》引鄭玄《三禮目錄》云:"象地所立之官。司徒主衆徒。地者,載養萬物,天子立司徒,掌邦教,亦所以安擾萬民。"(0697上)

坐 zuò ❶鋪席於地,兩膝跪席,臀部著於腳後跟之上。對於坐,古人有許多要求。如"坐如尸",坐時應像尸一樣矜莊;"坐必安",坐時不能隨便動;"虛坐盡後,食坐盡前",平時坐於席後以示謙虛,宴飲時坐於席前以防污席;女子已嫁而返,"兄弟弗與同席而坐";"父子不同席"等(《禮記·曲禮上》)。《周禮·夏官·大司馬》:羣吏弊旗,車徒皆~。(0838中)《儀禮·士冠禮》:筮人許諾,右還,即席~,西面。(0946下)《禮記·鄉飲酒義》:鄉飲酒之禮,六十者

～，五十者立侍。(1683 中)❷訴訟雙方坐地供辭。孫詒讓《正義》："然則凡獄訟者皆不席而坐地矣。"《周禮·秋官·小司寇》：凡命夫、命婦，不躬～獄訟。(0873 下)

【坐尸】使尸(代死者受祭之活人)坐在堂上受祭。為殷代祭祀之禮。孔穎達《疏》："言尸本象神，神宜安坐，不辯有事與無事，皆坐也。"《禮記·禮器》：夏立尸而卒祭。殷～。周旅酬六尸。(1439 上)

【坐不中席】不坐在席的正中。依禮，中席為尊者之位。為人子事親之法。孔穎達《疏》："共坐則席端最為上，獨坐則席中為尊。尊者宜獨，不與人共，則坐常居中，故卑者坐不得居中也。"《禮記·曲禮上》：為人子者，居不主奥，～，行不中道，立不中門。(1233 下)

【坐而論道】坐着謀劃治國之道。指天子諸侯。鄭玄《注》："論道，謂謀慮治國之政令也。"今為成語。《周禮·冬官考工記·總敘》：或～，或作而行之。……坐而論道，謂之王公。作而行之，謂之士大夫。(0905 中)

【坐如尸，立如齊(zhāi)】坐時應像尸一樣矜莊正視，站立時要像齋戒那樣恭敬。為君子坐、立之儀。鄭玄《注》："視貌正。……齊，謂祭祀時。"孔穎達《疏》："尸居神位，坐必矜莊。言人雖不為尸，若所在坐法，必當如尸之坐。故鄭云：'視貌正也。'……人之倚立，多慢不恭，故戒之。云倚立之時雖不齊，亦當如祭前之齊，必須磬折屈身。"《禮記·曲禮上》：若夫～，禮從宜，使從俗。(1230 下)

坅

qǐn 見下。

【坅坎】地坑。以備棄浴屍之水等。鄭玄《注》："築，實土其中堅之。穿坎之名，一曰坅。"《儀禮·既夕禮》：甸人築～。(1159 上)

坎

kǎn ❶坑，地穴。此坎穴於東、西階之間由北向南掘，寬一尺，長二尺，深三尺。用以棄埋死者沐浴的餘水、布巾、櫛、浴衣等物。《士喪禮》賈公彥《疏》："案《既夕記》云：'掘坎，南順，廣尺，輪二尺，深三尺，南其壤。'下文沐浴餘潘及巾櫛等棄埋之於此坎也。"《儀禮·士喪禮》：甸人掘～于階間，少西；為垼於西墻下，東鄉。(1130 中)《禮記·喪大記》：浴餘水弃于～。(1576 上)❷墓穴，墓坑。鄭玄《注》："坎，或為壙。"《禮記·雜記下》：鄉人，五十者從反哭，四十者待盈～。(1563 上)❸祭月及川谷的坑穴。孔穎達《疏》："月為幽，日為明。"《禮記·祭義》：祭日於壇，祭月於～，以別幽明，以制上下。(1595 上)

【坎壇】祭寒暑月日、川谷山林之所。掘地為坎，以祭月及川谷；壘木為壇，以祭日及山林、丘陵。鄭玄《注》："寒於坎，暑於壇。……四方，即謂山林川谷丘陵之神也。祭山林、丘陵於壇，川谷於坎。"孔穎達《疏》："祭寒暑也者。……寒則於坎，寒陰也；暑則於壇，暑陽也。"《禮記·祭法》：相近於～，祭寒暑也。……四～，祭四方也。(1588 上)

均

jūn 見下。

【均人】職官名。掌管調節土地的各

項賦稅及民力、車馬的徵役。爵中士。《周禮・地官・均人》：～，掌均地政，均地守，均地職，均人民、牛馬、車輦之力政。(0730上)

【均市】使市場的物價均平。爲司市之職責。賈公彥《疏》："但物貨細靡，人買之者多，貴而無用，令使靡物買之者少而賤，使市賈不平，令禁之則市物均平，故云均市也。"《周禮・地官・司市》：以次敍分地而經市，以陳肆辨物而平市，以政令禁物靡而～。(0734上)

坊 fáng 用同"防"。指堤防之神。因其有功於農事，故尊之爲神而祭。爲蜡祭所祀神之一。孔穎達《疏》："坊者，所以畜水，亦以鄣水。庸者，所以受水，亦以泄水。謂祭此坊與水庸之神。"《禮記・郊特牲》：祭～與水庸，事也。(1454上)

【坊記第三十】《禮記》第三十篇篇名。孔穎達《疏》引鄭玄《三禮目錄》云："名《坊記》者，以其記六藝之義，所以坊人之失者也。此於《別錄》屬通論。"孫希旦《集解》："君之坊民，以禮爲本，而刑與政輔之。篇中所言，皆以禮坊民之事也。"本篇言君王防民之事：以禮防民之德不足，以行防民之淫邪，以政令防民之貪慾，而以禮爲本。詳釋各種禮的要求及作用。(1618上)

壯 (壯) zhuàng 男子三十歲爲壯。依禮，三十歲應娶妻成家。《禮記・曲禮上》：人生十年曰幼，學。二十曰弱，冠。三十曰～，有室。(1232上)

坫 diàn ❶堂四角的土臺。《士冠禮》鄭玄《注》："坫在堂角。"胡培翬《正義》："《儀禮》凡言坫者，皆謂堂隅之坫。"《儀禮・士冠禮》：爵弁、皮弁、緇布冠各一匴，執以待于西～南，南面，東上(0951中)《儀禮・士喪禮》：牀笫、夷衾，饌于西～南。(1136上) ❷築於室中存放食物的土臺。孔穎達《疏》："士卑，不得作閣，但於室中爲土坫庋食也。"《禮記・内則》：大夫於閣三。士於～一。(1467上)

坤 kūn 《易》卦名。六十四卦之一，乾上坤下。《禮記・深衣》：故《易》曰："～六二之動，直以方也。"(1664中)

【坤乾】古書名。殷代講陰陽之書，存者爲《歸藏》。鄭玄《注》："得殷陰陽之書也。其書存者有《歸藏》。"《禮記・禮運》：吾得《～》也。《～》之義，《夏時》之等，吾以是觀之。(1415中)

垂 chuí 見下。

【垂佩】玉佩垂於前。指折腰鞠躬，爲授受時之儀節。孔穎達《疏》："此明授受時禮也。……佩，謂玉佩也，帶佩於兩邊。臣下身宜僂折，如磬之背，故云磬折也。身既僂折，則所著之佩從兩邊出，縣垂於前也。"《禮記・曲禮下》：立則磬折～。(1256上)

【垂拱】兩手重合而下垂。爲臣下侍君時的一種站立姿勢，表示恭敬。孔穎達《疏》："垂拱者，拱，沓手也。身俯則宜手沓而下垂也。"《禮記・玉藻》：凡侍於君，紳垂，足如履齊，頤霤，～，視下而聽上。(1482上)

【垂帨】身上的佩巾垂下。指折腰鞠躬。折腰鞠躬則佩巾下垂，爲尊者、卑者授受時之儀節。鄭玄《注》："帨，

佩巾也。磬折則佩垂。授受之儀,尊卑一。"《禮記·曲禮上》:尊卑～。(1244上)

圻 chè 龜甲裂紋之小枝。鄭玄《注》:"圻,兆釁也。"《周禮·春官·占人》:凡卜簭,君占體,大夫占色,史占墨,卜人占～。(0805中)

垣 yuán 矮牆。《禮記·月令》:脩宮室,壞～,補城郭。(1373中)

城 chéng 都邑四週的圍牆。分內外兩重,內爲城,外爲郭。城單用時,含城與郭。城、郭連用時,城僅指內城。王都之城每方長九里,高七丈,上

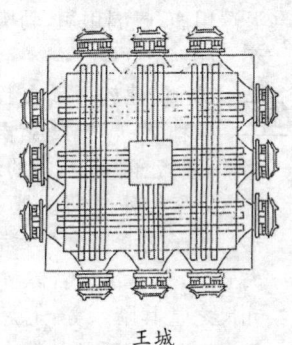
王城

有堞。公之城高五丈,侯伯之城高三丈。《匠人》賈公彥《疏》:"按《異義》古《周禮》說云:'天子城高七雉,隅高九雉。公之城高五雉,隅高七雉。侯伯之城高三雉,隅高五雉。'"《周禮·冬官考工記·匠人》:宮隅之制,以爲諸侯之～制。(0928下)《禮記·曲禮上》:登～不指,～上不呼。(1238上)

【城郭】城牆。城指內城牆,郭指外城牆。天子國都城每方長九里,郭每方長二十七里。城、郭相距九里。《禮運》孔穎達《疏》:"城,內城;郭,外也。"《周禮·夏官·量人》:掌建國之灋,以分國爲九州,營國～。(0842中)《禮記·禮運》:大人世及以爲禮,～溝池以爲固,禮義以爲紀。(1414中)

【城隅】城牆角上作爲屏障的女牆。隅高於城二丈。天子城隅高九丈,公七丈,侯伯五丈。鄭玄《注》:"宮隅、城隅,謂角浮思也。"孫詒讓《正義》:"角浮思者,城之四角爲屏以障城,高於城二丈。蓋城角隱僻,恐奸究踰越,故加高耳。"《周禮·冬官考工記·匠人》:王宮門阿之制五雉,宮隅之制七雉,～之制九雉。(0928下)

埋 mái 祭地祇之稱。孔穎達《疏》:"謂瘞繒埋牲,祭神州地祇於北郊也。"《禮記·祭法》:瘞～於泰折,祭地也。(1588上)

塯 yì 喪禮所用以土塊壘成的臨時竈臺。用以燒沐浴之水。《士喪禮》鄭玄《注》:"塯,塊竈也。"賈公彥《疏》:"案《既夕》記云:'塯用塊。'是以塊爲竈,名爲塯。用之以煮沐浴者之潘水。"《喪大記》孔穎達《疏》:"謂將沐之時,甸人之官爲塯于西牆下,土塯塹竈,甸人具此爲塯竈以贲沐汁。"《儀禮·士喪禮》:甸人掘坎于階間,少西;爲～于西牆下,東鄉。(1130中)《禮記·喪大記》:甸人爲～于西牆下,陶人出重鬲。(1576上)

垸 huán 用同"鍰"。重量單位名。鄭玄《注》:"垸,量名。讀爲丸。"戴震《考工記圖》:"鍰讀如丸。十一銖二十五分銖之十三。垸其假借字。"《周禮·冬官考工記·冶氏》:冶氏,爲殺矢。刃長寸,圍寸,鋌十之,重三～。(0915上)

聖 jí 見下。

【堲周】燒土爲磚繞於棺的四週。爲葬中殤(十二歲至十五歲而死者)、下殤(八至十一歲而死者)之禮。鄭玄《注》:"火熟曰堲,燒土冶以周於棺也。或謂之土周。"《禮記·檀弓上》:有虞氏瓦棺,夏后氏~、殷人棺椁,周人牆、置翣。周人以殷人之棺椁葬長殤,以夏后氏之~葬中殤、下殤,以有虞氏之瓦棺葬無服之殤。(1275下)

堵 dǔ 單懸鍾或磬十六枚爲一架稱爲堵。鍾一堵,磬一堵,合而爲肆。鄭玄《注》:"鍾磬者,編縣之二八十六枚,而在一虡,謂之堵。鍾一堵,磬一堵,謂之肆。半之者,謂諸侯之卿大夫士也。諸侯之卿大夫,半天子之卿大夫,西縣鍾,東縣磬。士亦半天子之士,縣磬而已。"孫詒讓《正義》:"單縣鍾或磬一虡十六枚者,並是'半爲堵'也。"《周禮·春官·小胥》:凡縣鍾磬,半爲~,全爲肆。(0795中)

堊 (垩) è 用白土粉刷牆壁。《喪大記》孔穎達《疏》:"黝,黑也,平治其地令黑也。堊,白也,新塗堊於牆壁令白。參見"黝堊"。《周禮·春官·守祧》:其廟則有司脩除之,其祧則守祧黝~之。(0784上)《禮記·喪大記》:既祥,黝~。(1581中)

【堊室】居喪者所住的屋子,四壁用白土粉刷。服斬衰者小祥後由倚廬改居堊室;服齊衰者,親死即居堊室。一説,壘坯爲室,不塗頂壁。《禮記·間傳》:期而小祥,居~,寢有席。(1660下)

堇 jǐn 菜名。堇菜。鄭玄《注》:"冬用堇。……堇,音謹。菜也。"《禮記·内則》:棗、栗、飴、蜜以甘之,~、荁、枌、榆、免、薧、瀹、漸以滑之。(1461下)

埴 zhí 見下。

【埴壚】稍黏而疏鬆的土壤。化治土地,黏疏的土質要用猪骨熬汁澆地,以使土質肥美。鄭玄《注》:"凡所以糞種者,皆謂糞取汁也。……埴壚,黏疏者。"賈公彦《疏》:"以埴爲黏,以壚爲疏。"《周禮·地官·草人》:凡糞種,騂剛用牛,赤緹用羊,墳壤用麋,渴澤用鹿,鹹潟用貆,勃壤用狐,~用豕。(0746中)

堂 táng 建於高臺之上的廳房,前面稱堂,爲天子、諸侯、達官貴人議事、迎賓、飲宴、行禮的地方。堂後有室,爲息卧之所。據《禮記·禮器》,天子之堂高九尺,諸侯七尺,大夫五尺,士三尺。若除去堂廉而言,九尺之堂其階八等,七尺者六等,五尺者四等,三尺者二等。《儀禮·士冠禮》"賓降等三等"胡培翬《正義》:"舊説士堂高三尺,階三等。程氏瑶田云:'階三等者,連堂廉而言,若除堂廉言之,則九尺之堂其階止八等,七尺者六等,五尺者四等,三尺者二等也。'"《周禮·冬官考工記·匠人》:殷人重屋,~脩七尋,~崇三尺。(0928上)《儀禮·公食大夫禮》:衆人騰羞者盡階,不升~。(1082中)《禮記·禮器》:天子之~九尺,諸侯七尺,大夫五尺,士三尺。(1433中)

【堂事】謂正祭之後於廳堂上儐尸之事。正祭尸在室,正祭之後尸在堂,爲報答尸之勞,以賓禮款待之。孔穎達《疏》:"謂正祭之後儐尸之時事。尸於堂,故云堂事。"《禮記·禮器》:

他日祭,子路與。室事交乎户,～交乎階。(1442下)

【堂涂】堂下東西兩階前之路。其路北連階,南接庭院門。以磚砌成,高於平地。鄭玄《注》:"謂階前。"孫詒讓《正義》:"蓋堂下之涂謂之堂涂。"《周禮·冬官考工記·匠人》:～十有二分。(0933中)

【堂廉】堂上南側檐下之地。《鄉飲酒禮》鄭玄《注》:"側邊曰廉。"《喪大記》孔穎達《疏》:"堂廉,即堂上近南雷爲廉也。"《儀禮·鄉飲酒禮》:設席于～,東上。(0985上)《禮記·喪大記》:卿、大夫即位于～檻西,北面,東上。(1580中)

【堂贈】年終逐送瘟疫及不祥。其行必由堂始,故稱。鄭玄《注》:"杜子春云:'堂贈,謂逐疫也。'……玄謂冬歲終以禮送不祥及惡夢,皆是也。其行必由堂始。"《周禮·春官·男巫》:冬～,無方無筭。(0816下)

執

（执）zhí 即執友。志同道合的朋友。孔穎達《疏》:"父之執,謂執友,與父同志者也。"《禮記·曲禮上》:見父之～,不謂之進不敢進,不謂之退不敢退,不問不敢對。(1233中)

【執友】志同道合的朋友。鄭玄《注》:"執友,志同者。"《禮記·曲禮上》:僚友稱其弟也,～稱其仁也。(1233上)

【執引】手執牽引靈車的大繩以助行進。爲喪葬之儀節。鄭玄《注》:"綍、引同耳。廟中曰綍,在塗曰引,互言之。"《禮記·雜記下》:大夫之喪,其升正柩也,～者三百人。(1566下)

【執圭】手執圭璧。表明受命於王,聘問出使他國。孔穎達《疏》:"謂受命執圭,專使鄰國,得行私覿,所以申己之誠信也。"《禮記·郊特牲》:大夫～而使,所以申信也。(1447中)

【執技】有一技之長。指祝、史、射、御、醫、卜筮及百工。鄭玄《注》:"言技,謂此七者。"《禮記·王制》:凡～以事上者,祝、史、射、御、醫、卜及百工。(1343中)

【執事】❶掌管具體事務、有職守的官吏。《大宰》鄭玄《注》:"執事,宗伯、大卜之屬。"《雜記上》孔穎達《疏》:"不敢指斥鄰國君身,故云敢告於執事也。"《周禮·天官·大宰》:前期十日,帥～而卜日,遂戒。(0650上)《禮記·雜記上》:君訃於他國之君,曰:"寡君不禄,敢告於～。"(1549下)❷受人雇用。鄭玄《注》引鄭司農云:"閒民謂無事業者,轉移爲人執事,若今傭賃也。"《周禮·天官·大宰》:九曰閒民,無常職,轉移～。(0647上)❸主管某種事務的人。在不同禮儀中,執事者的身份及所執掌之事均有不同。如《儀禮·士喪禮》《儀禮·既夕禮》中,執事爲主人下屬,執酒脯醢俎設奠之事。《儀禮·士虞禮》中,執事是虞祭中的助祭之賓,執舉鼎之事。《儀禮·特牲饋食禮》中,凡助祭之賓、兄弟(宗人)、公有司(由公派來助祭的人員)及主人之私臣皆可以執事稱之。《儀禮·士虞禮》:佐食及～盥,出舉,長在左。鼎入,設于西階前,東面,北上。(1168上)

【執紼】手執棺柩之大繩以助行進。爲喪葬之儀節。鄭玄《注》:"示助之

以力。車曰引，棺曰紼。"《禮記·檀弓下》：弔於葬者，必執引。若從柩，及壙，皆～。(1299中)

【執駒】拘繫二歲之馬駒。使不得靠近母馬交配。鄭玄《注》引鄭司農云："執駒，無令近母。猶攻駒也。二歲曰駒。"《周禮·夏官·校人》：春祭馬祖，～。(0860下)

【執綍(fú)】即執紼。手執棺柩之大繩以助行進。爲喪葬之儀節。鄭玄《注》："升正柩者，謂將葬朝于祖，正棺於廟也。……廟中曰綍，在塗曰引，互言之。"《禮記·雜記下》：升正柩，諸侯～五百人。(1566下)

【執醴】祭祀時獻醴酒等物以助祭者。鄭玄《注》："執醴，授醴之人。"孔穎達《疏》："謂夫人獻尸以醴齊之時，此人酌醴以授夫人；至夫人薦豆之時，此人又執豆以授夫人。是獻之與薦，皆此人所事。"《禮記·祭統》：夫人薦豆執校，～授之執鐙。(1605下)

【執鐸】手執金鈴。喪葬之時，司馬執鐸以號令衆人，節制動作。孔穎達《疏》："司馬，夏官，主武，故執金鐸率衆，左右各八人，夾柩以號令於衆也。"《禮記·雜記下》：升正柩，諸侯執綍五百人，四綍，皆銜枚。司馬～，左八人，右八人。(1566下)

【執玉不麻】執玉行禮的人不得服麻絰大帶。謂吉凶不得相干。孔穎達《疏》："謂平常手執玉行禮，不得服衰麻也。"《禮記·雜記下》：麻者不紳，～。(1566上)

【執紼不笑】手執棺柩大繩助葬時不能笑。謂吉凶異道，不得相干。鄭玄《注》："貌與事以相配。"《禮記·曲禮上》：～。臨樂不歎。(1249中)

【執箕膺擖(yè)】拿畚箕時應將畚箕口朝向自身。若對向尊者，則爲失禮。孔穎達《疏》："膺，人之胷前。擖，箕之舌也。箕是去物之具，賤者執之，不得持嚮尊者，當持箕舌自嚮胷前。"《禮記·少儀》：拚席不以鬣，～。(1511下)

【執摯以相見】男子拿着見面禮與女子相見。爲婚禮中親迎之禮。孔穎達《疏》："摯，鴈也。……壻親迎入門而先奠鴈，然後乃與婦相見。是先行敬以明夫婦禮有分別，不妄交親。"《禮記·郊特牲》：～，敬章別也。(1456下)

埽 sǎo 見下。

【埽祭】清掃豆間的祭物，埋於西階東側。鄭玄《注》："埽豆間之祭。舊說，云埋之西階東。"賈公彥《疏》："案舊說埋之西階東，以神位在西，故近西階。"《儀禮·有司》：司宮～。(1218上)

【埽地而祭】清掃地面而祭天。禮有以低下爲貴者，故周祭至尊之天不築壇，祇掃地而祭。孔穎達《疏》："掃地而設正祭，此周法也。"《禮記·禮器》：至敬不壇，～。(1433中)

堯 (尧) yáo

傳說中陶唐氏之號。爲五帝之一。是儒家盛讚的古代聖王，晚年禪位於舜。《禮記·禮器》：～授舜，舜授禹。(1431下)

場 (场) cháng

收打農作物的地方。鄭玄《注》："場，築地爲墠。季秋除圃中爲之。"賈公彥《疏》："春夏爲圃，以種菜蔬，至季秋始爲場。"

《周禮・地官・敘官》：場人每～下士二人，府一人，史一人，徒二十人。(0700下)

【場人】職官名。掌管國家場圃，負責種植、收藏及供給天子及朝廷之用。爵下士。《周禮・地官・場人》：～，掌國之場圃。(0749上)

【場圃】種植菜蔬和收打農作物的地方。場圃實爲一地，春夏爲圃，秋冬爲場。賈公彥《疏》："場圃同地耳。春夏爲圃，秋冬爲場，其場因圃而爲之，故並言之也。"《周禮・地官・場人》：場人，掌國之～。(0749上)

報（报）㊀ bào ❶喪服中，凡尊與卑、長與幼之間各爲對方穿相同喪服稱報；在服喪中含感恩之意，亦稱報。賈公彥《疏》："《喪服》上、下并《記》云報者有二：無降殺之差，感恩者，皆稱報。若此子念繼母恩，終從而爲服。"《儀禮・喪服》：父卒，繼母嫁，從，爲之服，～。(1104下) ❷祭祀。孔穎達《疏》："言薦黍以下，皆是報祭形魄之氣。"《禮記・祭義》：薦黍稷，羞肝肺首心，見間以俠甒，加以鬱鬯，以～魄也。(1596上)

【報功】回報有功之臣。爲聖人治理天下首先做的五件事之一。鄭玄《注》："功，功臣也。"孔穎達《疏》："既已正親，故下又報於有所功勞者，使爲諸侯之屬是也。緩於親親，故次治親。"《禮記・大傳》：聖人南面而聽天下，所且先者五，民不與焉：一曰治親，二曰～，三曰舉賢，四曰使能，五曰存愛。(1506下)

【報本反始】知恩思報，追念始祖。孫希旦《集解》："報本者，報其養人之本；反始者，反其生物之始。祭社所以報本反始。"孔穎達《疏》："天爲物本，祖爲王本，祭天以祖配，此所以報謝其本。反始者，反其初始。以財言之謂物爲本，以終言之謂初爲始。謝其財謂之報，歸其初謂之反，大義同也。"一說，"反始"爲祭所配之人。孔穎達《疏》："熊氏：'祭社稷之神爲報本，祭所配之人爲反始。'未知其孰是，故兩存焉。"今爲成語。《禮記・郊特牲》：唯爲社事，單出里；唯爲社田，國人畢作，唯社，丘乘共粢盛：所以～也。(1449中)《禮記・郊特牲》：郊之祭也，大～也。(1453下)

㊁ fù 見下。

【報₂葬】不及三月之殯而急葬。喪禮，死後須停柩三月而葬。此爲不依常葬之禮。鄭玄《注》："報，讀爲赴疾之赴，謂不及期而葬也。"孔穎達《疏》："赴，猶急疾也。急葬，謂貧者或因事故死而即葬，不得待三月也。"《禮記・喪服小記》：～者報虞，三月而後卒哭。(1499下)

【報₂虞】不及三月之殯而急葬，隨即舉行虞祭。鄭玄《注》："報，讀爲赴疾之赴，謂不及期而葬也。既葬即虞，虞，安神也。"孔穎達《疏》："謂亦葬竟而急設虞。"參見"報₂葬"。《禮記・喪服小記》：報葬者～，三月而後卒哭。(1499下)

埂 gěng 道路。《曾子問》鄭玄《注》："埂，道也。"《儀禮・既夕禮》：唯君命止柩于～，其餘則否。(1163下)《禮記・曾子問》：葬引至于～，日有食之，則有變乎？且不乎？(1400下)

壹 yī 見下。

【壹刺】對重案判決時的第一次徵詢。訊問羣臣。周代決斷重案時,要依次徵詢羣臣、羣吏、百姓三類人的意見,然後定罪判決,以示審慎,以求公允。孫詒讓《正義》:"三刺者,問衆以當殺與否,是刑與宥不可豫定。"《周禮·秋官·司刺》:～曰訊羣臣,再刺曰訊羣吏,三刺曰訊萬民。(0880下)

【壹命】周時官分九級,一命至九命。一命爲最低的官階。上公及侯伯的士、子男的大夫、小國的卿皆爲一命。一命之官於鄉里行飲酒禮時,與衆賓依年齡大小爲序。《黨正》鄭玄《注》:"齒于鄉里者,以年與衆賓相次也。"賈公彦《疏》:"云'一命齒于鄉里'者,……若有一命之人來者,即于堂下鄉里之中爲齒也。"《周禮·地官·黨正》:國索鬼神而祭祀,則以禮屬民,而飲酒于序以正齒位,～齒于鄉里,再命齒于父族,三命而不齒。(0718上)《禮記·祭義》:～齒于鄉里,再命齒于族,三命不齒。(1600中)

【壹宥】第一種可以免罪或減刑的情況。即沒有認清而錯殺人。鄭玄《注》:"識,審也。不審,若今仇讎當報甲,見乙,誠以爲甲而殺之者。"説,爲愚民。鄭玄《注》引鄭司農云:"不識,謂愚民無所識而宥之。"《周禮·秋官·司刺》:～曰不識,再宥曰過失,三宥曰遺忘。(0880下)

【壹赦】第一種可以赦免的有罪之人。即幼弱之人。鄭玄《注》:"鄭司農云:'幼弱、老旄,若今律令,年不滿八歲,八十以上,非手殺人,他皆不坐。'"《周禮·秋官·司刺》:～曰幼弱,再赦曰老旄,三赦曰憃愚。(0880下)

【壹獻之禮】宴飲時一獻、一酢、一酬爲一獻之禮。主人先敬賓酒稱獻,賓回敬主人酒稱酢;主人先自飲一杯,然後再酌酒以勸賓飲稱酬;賓則奠爵而不舉。《士冠禮》鄭玄《注》:"壹獻者,主人獻賓而已,即燕無亞獻者。獻、酢、酬、賓、主人各兩爵而禮成。"賈公彦《疏》:"主人獻賓,賓酢主人。主人將酬賓,先自飲訖乃酬;賓奠而不舉。是賓、主人各兩爵而禮成也。"《樂記》孔穎達《疏》:"謂士之饗禮唯有壹獻,言其所獻酒少也。"《儀禮·士冠禮》:乃醴賓以～。(0953中)《禮記·樂記》:～,賓主百拜,終日飲酒而不得醉焉。(1534下)

【壹倡而三歎】一人領唱而三人應和。鄭玄《注》:"倡,發歌句也。三歎,三人從歎之耳。"今爲成語。《禮記·樂記》:《清廟》之瑟,朱弦而疏越,～,有遺音者矣。(1528下)

壺 (壺)hú ❶盛酒漿之容器。腹大,頸長,兩耳繫提梁,上多有蓋,下有圈足。多爲圓形,亦有方者。現出土商、西周、春秋及戰國之青銅壺,均長頸,有耳有蓋,有圓、扁和方形。《周禮·秋官·掌客》:夫人致禮,八～、八豆、八籩。(0900中)《儀禮·鄉飲酒禮》:尊兩～于房戶閒,斯禁。(0980下)《禮記·禮器》:五獻之尊,門外缶,門內～,君尊瓦甒。(1433中)❷漏水計時之器。此器底有孔以漏水,下設承水之盤,盤豎有刻度之箭桿,觀水平刻度以知時間。《喪大記》鄭玄《注》:"壺,漏水之器也。"《挈壺氏》賈公彦《疏》:"謂縣壺於上,以水沃之,水漏下入器中,以没刻爲準。"《周禮·夏官·挈壺氏》:凡喪,縣～以代哭者。(0844 下)《禮記·喪大記》:君喪,虞人出木、角,狄人出～,雍人出鼎,司馬縣之。(1574 中)❸盛水、汲水之器。鄭玄《注》引鄭司農云:"謂爲軍穿井,井成,挈壺縣其上,令軍中士衆皆望見知下有井。壺所以盛飲,故以壺表井。"《周禮·夏官·挈壺氏》:掌挈～以令軍井,挈轡以令舍,挈畚以令糧。(0844 下)❹投壺所用之具。高一尺二寸,其中頸七寸,腹五寸,口徑二寸半,容斗五升。中實小豆,以防矢躍出。陸德明《釋文》:"壺,器名,以矢投其中,射之類。"《禮記·投壺》:～,頸脩七寸,腹脩五寸,口徑二寸半,容斗五升。～中實小豆焉,爲其矢之躍出也。(1666 下)

【壺尊】盛酒器。形似壺。爲六尊之一。鄭玄《注》引鄭司農云:"壺者,以壺爲尊。"《周禮·春官·司尊彝》:其朝獻用兩著尊,其饋獻用兩～,皆有罍,諸臣之所昨也。(0773 中)

壺尊

【壺涿氏】職官名。掌除水中毒蟲。爵下士。鄭玄《注》:"水蟲,狐蜮之屬。"《周禮·秋官·壺涿氏》:～,掌除水蟲。(0889 中)

壻

[婿] xù 女婿,女兒的丈夫。《儀禮·士昏禮》:～御婦車,授綏,姆辭不受。(0966 中)《禮記·曾子問》:如～之父母死,則女之家亦使人弔。(1391 下)

塡

tián 用同"奠"。遣奠。即柩車出發前所行之祭祀。鄭玄《注》:"塡池,當爲奠徹,聲之誤也。奠徹,謂徹遣奠,設祖奠。"《禮記·檀弓上》:主人既祖,～池,推柩而反之。(1285 上)

【塡池】當爲"奠徹"。撤去柩車出發前所行之祭祀。鄭玄《注》:"塡池,當爲奠徹,聲之誤也。奠徹,謂徹遣奠,設祖奠。"一説,朱彬《訓纂》引江永曰:"愚疑塡池,即《既夕禮》所謂'祖,還車'也。柩車上有池,象宫室之承霤。塡當讀如鎮,鎮即有奠定之義。……曾子來弔,柩車已還而鎮定,所謂塡池者也。……如此釋之,似可通。"《禮記·檀弓上》:主人既祖,～,推柩而反之。(1285 上)

墓

mù 墳墓。埋葬死者,封土平的叫墓,隆起的叫墳。《周禮·春官·冢人》:凡諸侯及諸臣葬於～者,授之兆,爲之蹕,均其禁。(0786 下)《禮記·曾子問》:望～而爲壇,以時祭。(1399 中)

【墓厲】墓地界限之藩籬。鄭玄《注》:"厲,塋限遮列處。"《周禮·春官·墓大夫》:帥其屬而巡～,居其中之室以守之。(0787 上)

【墓大夫】職官名,掌管國家公墓之地。爵下大夫。《周禮·春官·墓大夫》:～,掌凡邦墓之地域。(0786 下)

【墓而不墳】祇設墓而不起墳。爲殷時的墓葬制度。鄭玄《注》:"墓,謂兆域,今之封塋也。古,謂殷時也。土之高者曰墳。"《禮記·檀弓上》:吾聞之,古也～。(1275 上)

塤

(塤) xūn 吹奏樂器。陶製。大如鵝卵或鷄卵,鋭上平底,中空,有六孔。鄭玄《注》:"塤,燒土爲之,大如鴈卵。……鄭司農云:'……

土(士)部 塗墊埔塵墮墳

塤,六孔。'"孫詒讓《正義》:"《爾雅·釋樂》云:'大塤謂之嘂。'郭注云:'塤,燒土為之,大如鵝子,銳上平底,形如稱錘,六孔,小者如雞子。'……聶崇義云:'大如鴈卵謂之雅塤,小如雞子謂之頌塤,凡六孔,上一、前三、後二。'"《周禮·春官·小師》:掌教鼓鼗、柷、敔、~、簫、管、弦、歌。(0797上)

塗 (涂) tú 敷上泥巴。喪禮,殯後在棺木上覆蓋樹枝塗上泥巴,以防火。鄭玄《注》:"以木覆棺上而塗之,為火備。"《儀禮·士喪禮》:設熬,旁一筐,乃~。(1140中)

【塗車】泥車。送葬用的明器之一。孫希旦《集解》:"塗車、芻靈,皆送葬之物也。"《禮記·檀弓下》:~、芻靈,自古有之,明器之道也。(1303上)

墊 shú ❶門外東西兩側的堂屋。鄭玄《注》:"西墊,門外西堂也。"賈公彥《疏》:"案《爾雅》云:'門側之堂謂之墊。'……筮在門外,故知此經西墊,門外西堂也。"《儀禮·士冠禮》:筮與席、所卦者具饌於西~,布席于門中,闑西、閾外,西面。(0946中) ❷私人設立的學堂。孔穎達《疏》:"家有墊者,此明學之所在。《周禮》:百里之內二十五家為閭,同共一巷,巷首有門,門邊有墊。謂民在家之時朝夕出入,恒受教於墊。"《禮記·學記》:古之教者,家有~,黨有庠,術有序,國有學。(1521中)

埔 yōng 牆。《郊特牲》鄭玄《注》:"牆謂之埔。北埔,社內北牆。"《儀禮·聘禮》:西夾六豆,設於西~下。(1060中)《禮記·郊特牲》:君南鄉於北~下,荅陰之義也。(1449上)

塵 (尘) chén 見下。

【塵不出軌】車行時塵土不從車轍中飛揚出來。依禮,在都城中行車不得太快,以免塵土飛揚。孔穎達《疏》:"軌,車轍也。車行遲,故塵埃不起,不飛揚出轍外也。"《禮記·曲禮上》:國中以策彗卹勿驅,~。(1253中)

墮 (堕) duò 見下。

【墮祭】行墮祭。未食前,祭者從俎豆上取下祭品以授尸,使之祭於俎豆間,稱墮祭。鄭玄《注》:"下祭曰墮,墮之猶言墮下也。"胡培翬《正義》:"張氏爾岐云:'下祭曰墮,謂從俎豆上取下當祭之物以授尸,使之祭。佐食但下之而已。賈以為向下祭之,誤。'"一說,賈公彥《疏》:"以其凡祭,皆手舉之向下祭之,故云'下祭曰墮'。"參見"綏祭"。《儀禮·士虞禮》:祝命佐食~。(1168下)

墳 (坟) ㊀ fén 見下。

【墳衍】指水邊高地及低下平坦之地。為五地之一。其地適宜生長甲殼類動物和有芒刺的植物。鄭玄《注》:"水崖曰墳,下平曰衍。"《周禮·地官·大司徒》:以天下土地之圖,周知九州之地域廣輪之數,辨其山林、川澤、丘陵、~、原隰之名物。(0702下)

【墳墓】墓之封土隆起者為墳,平者為墓。對稱有別,合稱同義。《周禮·

地官・大司徒》：以本俗六安萬民：一曰媺宮室，二曰族~，三曰聯兄弟，四曰聯師儒，五曰聯朋友，六曰同衣服。(0706 下)《禮記・喪服四制》：喪不過三年，苴衰不補，~不培。(1695 上)

【墳燭】設於寢廟門外的大燭。鄭玄《注》："墳，大也。樹於門外曰大燭，於門內曰庭燎，皆所以照衆爲明也。"一説，鄭司農以爲蜀麻燭。《周禮・秋官・司烜氏》：凡邦之大事，共~庭燎。(0885 下)

㈡ fèn 見下。

【墳₂壤】肥沃而細的土壤。化治土地，墳壤要用麋骨熬汁澆地，以使土質肥美。鄭玄《注》："墳壤，潤解。"孫詒讓《正義》："案馬云有膏肥，即所謂潤；孔云無塊，即所謂解也。吕飛鵬云：'《地員》"五壤之狀，芬然若澤若屯土。"注言其土得澤，則墳起爲堆，故云屯土，蓋言墳壤也。'案：吕説是也。"《周禮・地官・草人》：凡糞種，騂剛用牛，赤緹用羊，~用麋，渴澤用鹿，鹹潟用貆，勃壤用狐，埴壚用豕。(0746 中)

墠 (墡) shàn 供祭祀所用經過清掃的場地。鄭玄《注》："封土曰壇，除地曰墠。"《禮記・祭法》：天下有王，分地建國，置都立邑，設廟、祧、壇、~而祭之，乃爲親疏多少之數。是故王立七廟，一壇、一~。(1589 上)

墨 mò ❶龜甲灼裂紋路的大枝。細枝曰坼。《卜師》鄭玄《注》："致其墨者，執灼之，明其兆。"賈公彦《疏》："墨，兆廣也。墨大坼明則逢吉。"《周禮・春官・卜師》：凡卜事，眡高，揚火以作龜，致其~。(0804 中)《禮記・玉藻》：卜人定龜，史定~，君定體。(1475 上)❷墨刑。即以刀刺面，染黑爲記。爲五刑中最輕的刑罰。受過墨刑的人派去守門。《掌戮》鄭玄《注》："黥者無妨於禁御。"《周禮・秋官・掌戮》：~者使守門，劓者使守關，宮者使守内，刖者使守囿，髡者使守積。(0883 中)《禮記・祭統》：草艾則~，未發秋政，則民弗敢草也。(1606 中)❸墨色，黑色。《儀禮・大射》：梓人升自北階，兩楹之間，疏數容弓，若丹若~，度尺而午。(1034 下)❹墨斗。木工畫直綫用的工具。《禮記・經解》：禮之於正國也，猶衡之於輕重也，繩~之於曲直也，規矩之於方圜也。(1610 中)

【墨刑】在犯人面上刺字，塗黑以爲標記。爲五刑之一。《周禮・秋官・司約》：若有訟者，則珥而辟藏，其不信者服~。(0881 上)

【墨車】車名。車身漆黑色，不加文飾。大夫所乘。爲五服車之一。士婚禮親迎，諸侯朝覲見天子，亦乘此車。士本應乘棧車，迎親乘墨車，超越一等，以示貴盛。同姓諸侯在本國乘金路，異姓諸侯在本國乘象路，金路、象路爲天子之五路，今朝見天子，車服不可與天子同，故自屈而乘大夫之

墨車

墨車。《巾車》鄭玄《注》："墨車不畫也。"賈公彥《疏》："墨車不畫也者,言墨漆革車而已。"《士昏禮》鄭玄《注》："墨車,漆車。士而乘墨車,攝盛也。"胡培翬《正義》引張爾岐曰："大夫乘墨車,士乘棧車。今親迎乘大夫車,故《注》云'攝盛'。"《儀禮·覲禮》"乘墨車"鄭玄《注》："墨車,大夫制也。乘之者,入天子之國,車服不可盡同也。"《周禮·春官·巾車》：大夫乘～,士乘棧車,庶人乘役車。(0825 上)《儀禮·士昏禮》：乘～,從車二乘,執燭前馬。(0963 下)

【墨罪】處以墨刑之罪的刑罰。鄭玄《注》："墨,黥也。先刻其面,以墨窒之。"《周禮·秋官·司刑》：～五百,劓罪五百,宮罪五百,刖罪五百,殺罪五百。(0880 中)

壇 (坛) ㊀ tán 高臺。天子祭祀天地、遠祖或會盟、拜將時的場所。築土而成。《祭法》鄭玄《注》："封土曰壇,除地曰墠。"《周禮·秋官·司儀》：將合諸侯,則令爲～三成。(0896 下)《儀禮·覲禮》：諸侯覲于天子,爲宮方三百步,四門;～十有二尋,深四尺,加方明于其上。(1092 中)《禮記·祭法》：天下有王,分地建國,置都立邑,設廟、祧、～、墠而祭之。(1589 上)

【壇位】除地爲壇,上設席位。鄭玄《注》："壇位,除地爲位也。"《禮記·曲禮下》：大夫、士去國,踰竟爲～,鄉國而哭。(1258 下)

【壇墠宮】平地築壇,堆土爲牆,以爲天子會盟、止息之所。壇,即墠埒,土堆的矮牆。鄭玄《注》："謂王行止宿,平地築壇,又委壝土起墠埒以爲宮。"

《周禮·天官·掌舍》：設車宮、轅門,爲～、棘門。(0676 上)

㊁ shàn 用同"墠"。放逐於荒野之地。爲九伐之法之一。鄭玄《注》："壇,讀如同墠之墠。……謂置之空墠以出其君,更立其次賢者。"一說,鄭司農以爲用同"憚",使畏懼。《周禮·夏官·大司馬》：以九伐之灋正邦國:馮弱犯寡則眚之,賊賢害民則伐之,暴內陵外則～之,野荒民散則削之,負固不服則侵之,賊殺其親則正之,放弒其君則殘之,犯令陵政則杜之,外內亂,鳥獸行,則滅之。(0835 上)

壎 [塤] xūn 吹奏樂器。陶製。大如鵝卵或鷄卵,銳上平底,中空,有六孔。《周禮·春官·小師》鄭玄《注》："塤,燒土爲之,大如鴈卵。……鄭司農云:'……塤,六孔。'"孫詒讓《正義》："《爾雅·釋樂》云:'大塤謂之嘂。'郭注云:'塤,燒土爲之,大如鵝子,銳上平底,形如稱錘,六孔,小者如雞子。'……聶崇義云:'大如鴈卵謂之雅塤,小如雞子謂之頌塤,凡六孔,上一、前三、後二。'"《禮記·樂記》：然後聖人作,爲鞉、鼓、椌、楬、～、篪,此六者,德音之音也。(1541 上)

壙 (圹) kuàng 墓穴。《方相氏》鄭玄《注》："壙,穿地中也。"《周禮·夏官·方相氏》：入～,以戈擊四隅,驅方良。(0851 中)《儀禮·既夕禮》：柩至于～,斂服載之。(1164 上)《禮記·坊記》：殷人弔於～,周人弔於家。(1621 上)

壝 wěi ❶祭壇及其四週矮土牆的總稱。鄭玄《注》："壝,壇與堳埒也。"《周禮·地官·大司徒》：而辨其邦國、都鄙之數,制其畿疆而溝封之,設其社稷之~而樹之田主,各以其野之所宜木,遂以名其社與其野。(0702 中)❷即坦埒。指壇四週壅土而成的矮牆。鄭玄《注》:"謂王行止宿,平地築壇,又委壝土起坦埒以為宮。"《周禮·天官·掌舍》:設車宮、轅門,為壇~宮、棘門。(0676 上)

【壝壇】土築的象徵壇的高臺。鄭玄《注》:"壝土象壇也。"《儀禮·聘禮》:為~,畫階,帷其北,無宮。(1048 中)

壘 (垒) lěi 軍事壁壘,防禦工事。《曲禮上》鄭玄《注》:"壘,軍壁也。"《周禮·夏官·量人》:營軍之~舍,量其市朝州涂、軍社之所里。(0842 中)《禮記·曲禮上》:四郊多~,此卿大夫之辱也。(1250 下)

【壘舍】防禦工事中的營房。鄭玄《注》:"軍壁曰壘。"孫詒讓《正義》:"軍所止之處,則外周帀為壁壘,又於壘中為館舍。"《周禮·夏官·量人》:營軍之~,量其市朝州涂、軍社之所里。(0842 中)

壚 (垆) lú 疏鬆的土壤。鄭玄《注》:"埴壚,黏疏者。"賈公彥《疏》:"以埴為黏,以壚為疏。"參見"埴壚"。《周禮·地官·草人》:凡糞種,騂剛用牛,赤緹用羊,墳壤用麋,渴澤用鹿,鹹潟用貆,勃壤用狐,埴~用豕。(0746 中)

壞 (坏) huài 見下。

【壞法亂紀】破壞法制和紀律。今為成語"違法亂紀"。《禮記·禮運》:故天子適諸侯,必舍其祖廟,而不以禮籍入,是謂天子~。(1418 中)

寸 部

寸 cùn 長度單位。十分為寸,十寸為尺。《周禮·秋官·大行人》:上公之禮,執桓圭九~。(0890 下)《儀禮·鄉射禮》:楅長如笴,博三~,厚~有半。(1011 上)《禮記·檀弓上》:夫子制於中都,四~之棺,五~之椁。(1290 上)

寺 shì 寺人。掌管王宮女御及女宮之戒令。鄭玄《注》:"閽,掌守中門之禁也。寺,掌內人之禁令也。"《禮記·內則》:深宮固門,閽~守之,男不入,女不出。(1468 下)

【寺人】職官名。掌管王宮女御(王之妃妾)及女宮(女奴)之戒令。以奄者為之,無爵。鄭玄《注》:"內人,女御也。女宮,刑女之在宮者。"《周禮·天官·寺人》:~,掌王之內人及女宮之戒令。(0687 上)

封 ㊀ fēng ❶分封。即帝王以爵位、土地,名號等賜人。《周禮·地官·封人》:凡~國,設其社稷之壝。(0720 上)《儀禮·喪服》:若公子之子孫有～爲國君者,則世世祖是人也。(1115 中)《禮記·檀弓上》:大公～於營丘,比及五世,皆反葬於周。(1281 上) ❷ 墳墓。大而高曰丘,小而低曰封;王公爲丘,諸臣爲封。亦爲堆土爲墳。《冢人》鄭玄《注》:"王公曰丘,諸臣曰封。"賈公彥《疏》:"丘高而樹多。卑者封下而樹少。"《周禮·春官·冢人》:凡死於兵者不入兆域,凡有功者居前,以爵等爲丘～之度與其樹數。(0786 上)《禮記·樂記》:～王子比干之墓,釋箕子之囚。(1542 中) ❸ 疆界。制疆界之法,挖土爲壕曰溝,聚土成堤曰封,高堤上植荆棘之林以爲藩籬曰樹,三者組合而成疆界。統言之,封即疆界。賈公彥《疏》:"謂九畿畿上皆有疆界,封樹以爲阻固也。"《周禮·地官·小司徒》:凡建邦國,立其社稷,正其畿疆之～。(0713 中) ❹ 封固疆界。鄭玄《注》:"正封疆溝塗之固。"《周禮·春官·大宗伯》:大役之禮,任衆也;大～之禮,合衆也。(0760 中) ❺ 築壇祭天地及四方山岳之神。鄭玄《注》:"封,謂壇也。大神,社與方嶽也。"孫詒讓《正義》:"社與方嶽並爲壇以祭,故謂之封。此皆地祇而言神者,散文神祇通也。"《周禮·春官·肆師》:類造上帝,～于大神,祭兵于山川亦如之。(0769 下)

【封人】職官名。掌建王之祭壇及諸侯國之封疆。爵中士。《周禮·地官·封人》:～,掌詔王之社壝,爲畿封而樹之。(0720 上)

【封君】指始封之國君。《儀禮·喪服》:是故始封之君不臣諸父、昆弟;～之子不臣諸父而臣昆弟,～之孫盡臣諸父、昆弟。(1115 下)

【封樹】堆土成堤爲封,堤上植荆木之林以爲藩籬曰樹。封樹以爲疆界。賈公彥《疏》:"於畿疆之上而作深溝,土在溝上謂之爲封,封上樹木以爲阻固,故云而封樹之。"《周禮·地官·大司徒》:乃建王國焉,制其畿方千里,而～之。(0704 中)

【封疆】❶ 疆域,疆土。受封疆域的大小,隨諸侯的等級而定。《禮記·王制》:"凡四海之内九州,州方千里。州建百里之國三十,七十里之國六十,五十里之國百有二十,凡二百一十國。"鄭玄《注》:"此殷制也。"《周禮·地官·大司徒》:諸公之地,～方五百里,其食者半;諸侯之地,～方四百里,其食者参之一;諸伯之地,～方三百里,其食者参之一;諸子之地,～方二百里,其食者四之一;諸男之地,～方百里,其食者四之一。(0704 下)《禮記·樂記》:君子聽磬聲,則思死～之臣。(1541 中) ❷ 疆界。鄭玄《注》:"封疆,謂使有司循其溝樹,及其衆庶之守法也。"孔穎達《疏》:"封疆理當險阻,故云固。"《禮記·月令》:坏城郭,戒門閭,脩鍵閉,慎管籥,固～,備邊竟,完要塞,謹關梁,塞徯徑。(1381 中)

【封父龜】封父國的寶龜。鄭玄《注》:"崇、貫、封父,皆國名。文王伐崇。古者伐國,遷其重器,以分同姓。"《禮記·明堂位》:崇鼎、貫鼎、大璜、～,天子之器也。(1491 上)

㈢ biǎn "窆"的古字。棺木下葬。鄭玄《注》:"封,當爲窆。窆,下棺也。"《禮記·檀弓上》:縣棺而～,人豈有非之者哉!(1291 下)

射 ㈠ shè ❶射禮,亦謂行射禮。射禮分大射、賓射、燕射、鄉射等。《儀禮》中有《鄉射禮》《燕禮》《大射儀》等篇記其儀節。大射爲天子爲祭祀選拔助祭之士而舉行的射禮,規格最高;賓射爲天子與來朝諸侯或使臣舉行的射禮;燕射爲天子、諸侯在燕飲之後所行之射禮;鄉射爲鄉大夫爲選賢舉能而舉行的射禮。詳見各條。《周禮·天官·掌次》:~,則張耦次。(0677 中)《禮記·射義》:是故古者天子以~選諸侯、卿、大夫、士。(1687 上)❷射技。爲六藝之一。其技藝有五。參見"五射"。《周禮·地官·大司徒》:三曰六藝,禮、樂、~、御、書、數。(0707 中)《禮記·內則》:成童,舞《象》,學~御。(1471 中)❸射宮。天子、諸侯行大射禮的地方。射宮有即國之小學,有即辟雍國之大學,有即路寢,有即治朝等。《燕義》鄭玄《注》:"射,射宮也。"《諸子》賈公彥《疏》:"射宮,即國之小學,在西郊。"孫詒讓《正義》:"凡禮射所在之宮即謂之射宮,射宮非宮之定名也。"《周禮·夏官·諸子》:春合諸學,秋合諸~,以考其藝而進退之。(0850 中)《禮記·燕義》:春合諸學,秋合諸~,以考其藝而進退之。(1690 上)❹圭璋上端銳出的部分。鄭玄《注》:"射,琰出者也。"孫詒讓《正義》:"琰與剡同,謂三璋上半所剡既多,角尤纖銳,若芒刺上出,以達於尙也。"《周禮·冬官考工記·玉人》:大璋、中璋九寸,邊璋七寸,~四寸,厚寸。(0923 上)❺善射者,射手。爲事上七技之一。鄭玄《注》:"言技,謂此七者。"《禮記·王制》:凡執技以事上者,祝、史、~、御、醫、卜及百工。(1343 中)

【射人】職官名。掌射禮、射儀及公卿大夫朝位等事。爵下大夫。《周禮·夏官·射人》:~,掌國之三公、孤、卿、大夫之位。(0845 上)《儀禮·燕禮》:乃薦司正與~一人,司士一人,執冪二人,立于觶南,東上。(1022 中)《禮記·內則》:~以桑弧、蓬矢六,射天地四方。(1469 上)

【射夫】參加射禮的射手。行射禮時,射者二人爲一耦,天子六耦,畿內諸侯四耦,畿外諸侯三耦。鄭玄《注》:"射夫,衆耦也。"賈公彥《疏》:"天子六耦,畿內諸侯四耦,畿外諸侯三耦。"《周禮·春官·樂師》:燕射,帥~以弓矢舞。(0794 中)

【射正】司射之長。鄭玄《注》:"射正,司射之長。"褚寅亮以爲即司射,掌射禮之官。《儀禮·大射》:~蒞之。卒畫,自北階下。(1034 下)

【射牲】射殺牲。大祭天地、宗廟,天子必自射牲以供祭祀。祀用大牢,故其射當爲牛、羊、豕。鄭玄《注》:"射牲,示親殺也。殺牲,非尊者所親,惟射爲可。《國語》曰:'禘郊之事,天子必自射其牲。'"孫詒讓《正義》:"王自射之,而使有司殺之,亦猶王親殺然者,以昭敬也。"《周禮·夏官·司弓矢》:凡祭祀,共~之弓矢。(0856 中)

【射侯】指天子大射之禮。古時射禮張侯而射,故射禮又稱射侯。亦謂賓射、燕射之禮。孔穎達《疏》:"舉大射言之,其實賓射、燕射皆謂之射侯也。"《禮記·射義》:故天子之大射,

謂之～。～者,射爲諸侯也。射中則得爲諸侯,射不中則不得爲諸侯。(1688中)

【射宮】天子、諸侯行大射禮的地方。參見"射㊀③"。《禮記·射義》:諸侯歲獻貢士於天子,天子試之於～。(1687中)

【射鄉】❶指鄉射禮和鄉飲酒禮。兩禮皆表現出對鄉里民衆的仁愛、存問。孔穎達《疏》:"射,謂鄉射;鄉,謂鄉飲酒也。禮鄉黨中有鄉射、有鄉飲酒者,存鄉黨故也。然射在鄉上者,欲明鄉射與鄉飲酒別也。"《禮記·仲尼燕居》:～之禮,所以仁鄉黨也;食、饗之禮,所以仁賓客也。(1613中)❷指大射禮和鄉飲酒禮。鄭玄《注》:"射鄉,大射、鄉飲酒也。"《禮記·樂記》:昏姻冠笄,所以別男女也。～食饗,所以正交接也。(1529中)

【射御】射箭和駕馭車馬之技藝。《禮記·月令》:天子乃命將帥講武,習～,角力。(1382中)

【射節】射箭時射者的儀容動作要與樂節相合,爲射節。天子、諸侯、卿大夫、士射箭時分別用不同節奏的樂曲伴奏,天子以《騶虞》爲節,諸侯以《貍首》爲節,卿大夫以《采蘋》爲節,士以《采蘩》爲節。鄭玄《注》:"射節,王歌《騶虞》。"賈公彥《疏》:"言射節者,謂若《射人》所云樂以《騶虞》九節,《貍首》七節,《采蘋》《采蘩》五節之類,則大師爲之歌也。"《周禮·春官·大師》:大射,帥瞽而歌～。(0796下)

【射器】射禮所用之器物。包括弓、矢、楅、決、拾、旌、中、籌、豐等。《鄉師》鄭玄《注》:"射器者,弓、矢、楅、中之屬。"《鄉射禮》鄭玄《注》:"射器,弓、矢、決、拾、旌、中、籌、楅、豐也。"《周禮·地官·鄉師》:閭共祭器,族共喪器,黨共～,州共賓器,鄉共吉凶禮樂之器。(0714下)《儀禮·鄉射禮》:司射降自西階,階前西面,命弟子納～。(0997上)

【射爵】即罰爵。爲射箭比賽負者所飲。鄭玄《注》:"不勝之黨無不飲。"賈公彥《疏》:"罰爵在於不勝之黨,雖數中,亦受罰。"《儀禮·大射》:三耦及衆射者皆升,飲～于西階上。(1040上)

【射人師】射人之長。即射師。掌射禮、射儀及公卿大夫之朝位等事。鄭玄《注》:"僕人、射人,皆平生時贊正君服位者。"孫希旦《集解》:"正者其長,而師者其貳也。此於僕人、射人皆言師者,言不但以其正而并以其師也。"《禮記·檀弓上》:扶君,卜人師扶右,～扶左。(1289上)

【射鳥氏】職官名。掌射取飛鳥以供膳羞;祭祀時驅逐烏鳶等惡鳥。爵下士。《周禮·夏官·射鳥氏》:～,掌射鳥。祭祀,以弓矢毆烏鳶。凡賓客、會同、軍旅亦如之。(0846中)

【射義第四十六】《禮記》第四十六篇篇名。其以射禮取士之義名篇。孔穎達《疏》:"鄭《目錄》云:'名曰射義者,以其記燕射、大射之禮,觀德行取其士之義。此於《別錄》屬吉事。'案此篇中有鄉射,又云'不失正鵠',正則賓射,然則鄉射、賓射俱有之矣。今《目錄》唯云燕射、大射者,但此篇廣説天子、諸侯大射、燕射之義,不專於鄉射、賓射,故鄭《目錄》特舉大射、燕射。"(1686下)

㈡ yì 見"無射"。

專

（专）zhuān 見下。

【專席】單席。與"重席"相對。專席爲有喪者所坐之席。又國君獻來聘卿大夫之介，介席一重，君減三重坐單席而受介之酢酒，以降尊而就卑。《曲禮上》鄭玄《注》："專，猶單也。"孔穎達《疏》："自齊衰以下，始喪而有席，並不重，降居處也。"《郊特牲》孔穎達《疏》："主君若受此介之酢爵，雖是諸侯合三重之席，必徹去重席，單席而受此介之酢爵焉。所以然者，降諸侯之尊以就介之卑故也。"《禮記·曲禮上》：有憂者側席而坐，有喪者～而坐。(1244 上)《禮記·郊特牲》：三獻之介，君～而酢焉，此降尊以就卑也。(1446 上)

【專達】官員自行行事。鄭玄《注》："小事專達，若宮人、掌舍各爲一官。"賈公彥《疏》："若宮人、掌舍直掌王之行設楷柣之等，二官並是小事，又不立長官，當官行事，故云各爲一官，是專達也。"《周禮·天官·小宰》：大事則從其長，小事則～。(0653 中)

【專道而行】(柩車)獨佔道路而行。謂喪在路，不辟行人。鄭玄《注》："專道，人辟之。"孔穎達《疏》："柩專道行，謂喪在路不辟行人也。"《禮記·雜記上》：其終夜燎，及乘人，～。(1558 中)

尊

zūn 盛酒器之總名。用於祭祀、宴饗。形制頗多，通常爲侈口、鼓腹、圈足，多爲圓形，亦有方者。盛行於商及西周。祭祀用尊有六：獻尊、象尊、著尊、壺尊、大尊、山尊。《明堂位》鄭玄《注》："尊，酒器也。"《小宗伯》鄭玄《注》引鄭司農云："六尊：獻尊、象尊、壺尊、著尊、大尊、山尊。"《周禮·春官·小宗伯》：辨六～之名物，以待祭祀、賓客。(0766 下)《儀禮·士昏禮》：贊者徹～冪，酌玄酒，三屬于～。(0971 下)《禮記·明堂位》：～用犧象、山罍，鬱～用黃目，灌用玉瓚大圭。(1489 上)

【尊服】指斬衰服。斬衰爲喪服之最重者。胡培翬《正義》："尊服，謂斬衰。"《儀禮·喪服》：《傳》曰：何以三年也？受重者必以～服之。(1101 上)

【尊俎】盛酒肉的器皿。尊，盛酒器。俎，置肉之器。《禮記·樂記》：鋪筵席，陳～，列籩豆，以升降爲禮者，禮之末節也，故有司掌之。(1538 上)

【尊貴】尊敬有爵者、德高者、年長者。爲天子統馭萬民的八項措施（八統）之一。鄭玄《注》："尊貴，尊天下之貴者。《孟子》曰：'天下之達尊者三，曰爵也、德也、齒也。'"《周禮·天官·大宰》：以八統詔王馭萬民：一曰親親，二曰敬故，三曰進賢，四曰使能，五曰保庸，六曰～，七曰達吏，八曰禮賓。(0646 下)

【尊尊】爲尊者而服。爲服喪六原則之一。孔穎達《疏》："尊尊，君爲首，次以公卿大夫。"《禮記·大傳》：服術有六：一曰親親，二曰～，三曰名，四曰出入，五曰長幼，六曰從服。(1507 下)

【尊者舉觶(zhì)】尊者舉觶嘗酒。爲宗廟祭祀之禮。孔穎達《疏》："此是士禮耳，天子、諸侯祭禮亡失不具也。"孫希旦《集解》："疑天子諸侯尸有旅酬之禮,酬尸用觶,而爲尊者之所舉;至賓與兄弟相酬,避尸之所用,故旅酬降而用角,而爲卑者之所舉與?"《禮記·禮器》:宗廟之祭,貴者獻以爵,賤者獻以散。～,卑者舉角。(1433 上)

【尊客之前不叱狗】在尊貴的賓客面前不斥罵狗。爲待客之儀。孔穎達《疏》:"若有尊客至,而主人斥罵於狗,則似厭倦其客,欲去之也。卑客亦當然,舉尊爲甚。"《禮記·曲禮上》:～。(1240 上)

尋 (寻) xún 長度單位。八尺爲尋。《雜記下》鄭玄《注》:"八尺曰尋。"《周禮·冬官考工記·匠人》:宮中度以～,野度以步。(0928 中)《儀禮·鄉射禮》:鄉侯,上个五～,中十尺。(1011 下)《禮記·雜記下》:納幣一束,束五兩,兩五～。(1569 下)

對 (对) duì 見下。

【對席】指新婦的席位。因與"婿席"相對,故名。婿席南上,婦席稍北。胡培翬《正義》:"章氏協夢云:'對席必稍北者,壻席南上,婦席雖與壻席相向,而不敢並,示有尊卑之義也。'"《儀禮·士昏禮》:御布～,贊啓會,卻于敦南。(0966 下)

【對敦(duì)】新婦盛黍稷的敦。因與"婿敦"相對,故名。胡培翬《正義》:"敦南,壻敦;對敦,婦敦。"《儀禮·士昏禮》:御布對席,贊啓會,卻于敦南,～于北。(0966 下)

【對筵】新婦的席位。與"婿席"相對。《儀禮·士昏禮》:揖婦即～,皆坐,皆祭。(0966 下)

【對而不言】祇回答賓客的問話而不主動説話。爲禮對居齊衰之喪者在言語方面的規定。鄭玄《注》:"此謂與賓客也。……言,謂先發口也。"孔穎達《疏》:"但對其所問之事,不餘言也。"《禮記·喪服四制》:禮,斬衰之喪,唯而不對;齊衰之喪,～;大功之喪,言而不議;緦、小功之喪,議而不及樂。(1695 下)

廾 部

弁 biàn 周代貴族首服(帽子)之名。夏稱收,殷稱冔。析言之,古首服有冕、弁、冠三者制别;通言之,則冕、弁皆爲冠。弁之制,上鋭下廣,爲圓錐之形。將製弁之材分解爲若干三角形之片,每片廣頭向下,狹頭向上,片片縫合。其合之縫謂之會;每縫中以絲繩貫結五彩玉十二以爲飾,謂之璂(綦);弁頂會合之處名邸,用象骨製成。弁因

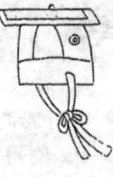

周弁

製作材料和使用場合禮事之異而有爵弁、韋弁、皮弁之分。亦爲戴弁、加弁。《士冠禮》鄭玄《注》："弁名出於槃，槃，大也，言所以自光大也。冔名出於幠，幠，覆也，言所以自覆飾也。收，言所以收斂髮也。其制之異亦未聞。"《弁師》鄭玄《注》："會，縫中也。……皮弁之縫中每貫結五采玉十二以爲飾，謂之綦。……邸，下柢也，以象骨爲之。"《周禮‧夏官‧弁師》：王之皮~，會五采玉璂，象邸，玉笄。（0854 下）《儀禮‧士冠禮》：周~，殷冔，夏收。（0958 下）《禮記‧雜記上》：大夫冕而祭於公，~而祭於己。士~而祭於公，冠而祭於己。（1555 中）

【弁師】職官名。掌冠冕之形制、製作及禁令。爵下士。《周禮‧夏官‧弁師》：~，掌王之五冕。（0854 中）

【弁冕】頭戴爵弁或冕。尸代死者受祭，死者爲士，則尸戴爵弁；爲大夫，則尸戴冕。孫希旦《集解》："尸服卒者之上服。君之祖父或爲士，則尸服爵弁；爲大夫、諸侯，則尸服冕。"《禮記‧曾子問》：尸~而出，卿、大夫、士皆下之，尸必式，必有前驅。（1401 下）

【弁絰】素冠環以麻繩。爲天子、諸侯、卿大夫弔喪之首服。亦爲頭戴素弁而加環絰。《弁師》鄭玄《注》："弁絰，王弔所服也。其弁如爵弁而素，所謂素冠也，而加環絰。環絰者，大如緦之麻絰，纏而不糾。"《檀弓下》鄭玄《注》："天子諸侯變服而葬，冠素弁以葛爲環絰。"《周禮‧夏官‧弁師》：王之~，弁而加環絰。（0854 下）《禮記‧檀弓下》：~葛而葬，與神交之道也。（1301 下）

【弁絰服】喪服名。頭戴弁而加環絰，穿錫衰服。爲王弔喪所穿之服。鄭玄《注》："其服錫衰、緦衰、疑衰。諸侯及卿大夫亦以錫衰爲弔服。"參見"弁絰"。《周禮‧春官‧司服》：凡弔事，~。（0782 中）

弊 bì 見下。

【弊田】田獵停止。春以火止，夏以車止，秋以羅止，冬以徒止，爲止獵之節。鄭玄《注》："弊，仆也。仆而田止。鄭司農云：'弊田爲春火弊，夏車弊，秋羅弊，冬徒弊。'"《周禮‧天官‧獸人》：及~，令禽注于虞中。（0663 下）

【弊餘】官府支用財物之剩餘者。孫詒讓《正義》："幣餘之幣，非幣帛也。用之不盡則有餘，凡物皆然，不獨幣帛而已。幣當讀爲敝，《說文》：'敝，帗也。一曰敗衣。'……是敝爲衣敗殘之名，殘則餘矣，因而凡物之殘者皆謂之幣餘。今時營造用物有餘，價賣以還官，謂之回殘是也。"《周禮‧天官‧大宰》：以九賦斂財賄：一曰邦中之賦，二曰四郊之賦，三曰邦甸之賦，四曰家削之賦，五曰邦縣之賦，六曰邦都之賦，七曰關市之賦，八曰山澤之賦，九曰~之賦。（0647 下）

【弊餘之賦】官府每年支用財物所餘之賦稅。爲九賦之一。弊餘之賦用於天子賞賜羣臣的開支。參見"弊餘"。《周禮‧天官‧大宰》：以九賦斂財賄：一曰邦中之賦，二曰四郊之賦，三曰邦甸之賦，四曰家削之賦，五曰邦縣之賦，六曰邦都之賦，七曰關市之賦，八曰山澤之賦，九曰~。（0647 下）

大部

大 ㈠dà 即大弩。爲四弩之一。利於車戰、野戰。《周禮·夏官·司弓矢》：凡弩，夾、庾利攻守，唐、～利車戰、野戰。(0856上)

【大人】指卿大夫。鄭玄《注》："大人，卿大夫也。"《儀禮·士相見禮》：與～言，言事君。(0977中)

【大弓】❶弓體向外彎曲度與向內彎曲度相同的弓。爲六弓之一。六弓中王弓、弧弓爲強弓，利射遠者、堅者；夾弓、庾弓爲弱弓，利射近者、飛動者；唐弓、大弓介於兩者之間，利射深。鄭玄《注》："王、弧、夾、庾、唐、大六者，弓異體之名也。……往體、來體若一曰唐、大。……學射者弓用中，後習強弱則易也。使者、勞者弓亦用中，遠近可也。"《周禮·夏官·司弓矢》：王弓、弧弓以授射甲革、椹質者，夾弓、庾弓以授射豻侯、鳥獸者，唐弓、～以授學射者、使者、勞者。(0855上)❷良弓名。即封父之繁弱。《春秋·定公八年》孔穎達《疏》："此寶玉、大弓必是國之重寶，歷世掌之，故自劉歆以來説《左氏》者，皆以爲夏后氏之璜，封父之繁弱，成王所以分魯公也。"《禮記·明堂位》：越棘、～，天子之戎器也。(1491中)

【大刃】指劍、刀之類的兵器。《周禮·冬官考工記·攻金之工》：四分其金而錫居一，謂之戈戟之齊。參分其金而錫居一，謂之～之齊。(0915上)

【大夫】官爵名。大夫有上、中、下之分。王之大夫四命，公、侯、伯之大夫再命，子、男之大夫一命。《典命》鄭玄《注》："四命，中、下大夫也。"《周禮·春官·典命》：王之三公八命，其卿六命，其～四命。(0780下)《儀禮·士冠禮》：無～冠禮，而有其昏禮。(0958下)《禮記·郊特牲》：諸侯不敢祖天子，～不敢祖諸侯。(1448上)

【大比】❶每三年全面統計一次人口、核點一次財物稱大比。各項數據均須上報天子，存於天府。由小司徒執掌。鄭玄《注》："大比，謂使天下更簡閱民數及其財物也。"《周禮·地官·小司徒》：及三年，則～，～則受邦國之比要。(0711上)❷鄉大夫每三年進行一次考核選拔賢能，稱大比。賈公彦《疏》："三年一閏，天道小成，則大案比當鄉之内。"《周禮·地官·鄉大夫》：三年則～，攷其德行、道藝，而興賢者、能者。(0716下)

【大凶】大凶之年五穀不收。賈公彦《疏》："大凶，則《曲禮》云'歲凶，年穀不登'是也。"《周禮·春官·大司樂》：大札、～、大裁、大臣死，凡國之

大憂,令弛縣。(0791 中)

【大火】星宿名。即心宿。其旁有尾宿九星,故此處指心宿及尾宿。鄭玄《注》:"大火,蒼龍宿之心,其屬有尾,尾九星。"《周禮·冬官考工記·輈人》:龍旂九斿,以象~也。(0914 中)

【大示】地祇。地及山川之神。《周禮·春官·大宗伯》:凡祀大神、享大鬼、祭~,帥執事而卜日。(0763 中)

【大功】喪服五服之第三等。其服以熟麻布製成,較齊衰爲細,較小功爲粗。服期九月。爲姑、姊妹、女子之嫁人者,爲堂兄弟、庶孫、嫡子之妻,爲丈夫的祖父母、伯父母、叔父母,爲男子、女子中的長殤、中殤等服之。亦爲服大功服。《周禮·春官·司服》:其凶服,加以~、小功。(0783 上)《儀禮·喪服》:~之絰,齊衰之帶也,去五分一以爲帶。(1097 中)《禮記·喪服小記》:夫爲人後者,其妻爲舅姑~。(1500 上)

大功布衰

大功布裳

【大札】瘟疫。大札之年不殺牲爲盛饌。鄭玄《注》:"大札,疫癘也。"《周禮·天官·膳夫》:大喪,則不舉。大荒,則不舉。~,則不舉。(0660 中)

【大田】天子四時田獵活動。即春蒐、夏苗、秋獮、冬狩。以講習軍事,簡閱車徒。亦作"大田獵""大甸獵"。鄭玄《注》:"古者因田習兵,閱其車徒之數。"賈公彥《疏》:"此謂天子、諸侯親自四時田獵。"《周禮·春官·大宗伯》:~之禮,簡衆也。(0760 中)

【大白】殷之正色旗。殷人尚白,故旗用白色。周沿用之,爲九旗中五正旗之一,即旗。正幅畫有熊虎圖像,白色,六斿。王五路之革路建之,用於軍事行動及封四方諸侯。表示西方。國大閱時,鄉遂大夫建旗。《明堂位》孔穎達《疏》:"大白,謂白色旗。"參見"旗②"。《周禮·春官·巾車》:革路,龍勒,條纓五就,建~,以即戎,以封四衞。(0823 中)《禮記·明堂位》:有虞氏之旂,夏后氏之綏,殷之~,周之大赤。(1490 中)

【大市】❶日中百姓交易之市。市場以時間分爲朝市、大市和夕市。大市以百姓爲主,朝市以商賈爲主,夕市以販夫、販婦爲主。三市中以大市人最多。賈公彥《疏》:"此三市皆於一院內爲之,大市於中,朝市於東偏,夕市於西偏。"《周禮·地官·司市》:~日昃而市,百族爲主;朝市朝時而市,商賈爲主;夕市夕時而市,販夫、販婦爲主。(0734 中)❷指奴隸、牛馬等大商品的交易。鄭玄《注》:"大市,人民、馬牛之屬,用長券。小市,兵器、珍異之物,用短券。"《周禮·地官·質人》:凡賣儥者質劑焉,~以質,小市以劑。(0737 中)

【大刑】❶重刑,亦指殺刑。《小宰》孫詒讓《正義》:"大刑,謂常刑之大者。……僞孔傳以大刑爲死刑,是也。"《明堂位》鄭玄《注》:"大刑,重罪也。"《周禮·春官·小宰》:各脩乃職,攷乃灋,待乃事,以聽王命。其有不共,則國有~。(0655 中)《禮記·明堂位》:百官廢職服~,而天下大服。(1489 下)❷受笞撻之罰。爲市

刑三刑之重者。《周禮・地官・司市》：市刑，小刑憲罰，中刑徇罰，～撲罰。(0735 中)

【大圭】天子帶於身的佩玉。長三尺，下方而上削，於削頭上爲方椎之形。用以朝日月。亦名珽。《玉人》鄭玄《注》："王所搢大圭也，或謂之珽。終葵，椎也。爲椎於其杼上，明無所屈也。"《禮器》孔穎達《疏》："大圭，天子朝日月之圭也。"《周禮・冬官考工記・玉人》：～長三尺，杼上，終葵首，天子服之。(0922 中)《禮記・禮器》：～不琢，大羹不和，大路素而越席。(1433 下)

大圭

【大臣】❶指句芒、祝融等。其爲天帝之大神。鄭玄《注》："帝之大臣，句芒之屬。"《禮記・月令》：乃畢山川之祀，及帝之～，天之神祇。(1384 上) ❷職位尊貴之臣。指大夫以上三公以下的官員。鄭玄《注》："大臣，謂大夫以上。"《禮記・禮運》：君位危則～倍，小臣竊。(1418 中)

【大成】大的成就。指入學九年學問觸類旁通，有獨立的見解而又不違師道，達到博學之最高境界。孔穎達《疏》："此大學之道也者。言如此所論是大學賢聖之道理，非小學技藝耳。"《禮記・學記》：九年知類通達，強立而不反，謂之～。(1521 中)

【大呂】樂律名。古代樂律分爲十二，陽聲爲律，陰聲爲同。大呂爲六同之第一。五行說認爲季冬(十二月)之氣，合於大呂之律。《周禮・春官・大師》：陰聲：～、應鍾、南呂、函鍾、小呂、夾鍾。(0795 中)《禮記・月令》：季冬之月，……其音羽，律中～。(1383 下)

【大次】天子出宮祭祀前、諸侯朝覲會同時所居之所。禮成後退居之所曰小次。鄭玄《注》："次，謂幄也。大幄，初住所止居也；小幄，既接祭退俟之處。……合諸侯於壇，王亦以時休息。"《周禮・天官・掌次》：朝日、祀五帝，則張～、小次。……諸侯朝覲、會同，則張～、小次。(0676 下)

【大赤】即旂。爲九旗中五正旗之一。正幅畫有鳥隼圖像，赤色，七斿。王五路之象路建大赤，用以視朝及封異姓諸侯。表示南方。國大閱時，鄉遂之官建旂。參見"旂"。《周禮・春官・巾車》：象路，朱，樊纓七就，建～，以朝，異姓以封。(0823 中)《禮記・明堂位》：有虞氏之旂，夏后氏之綏，殷之大白，周之～。(1490 中)

【大孝】最大的孝。曾子將孝分大、中、小三等，最大的孝是使父母祖先受人尊敬。孔穎達《疏》："孝有三者，大孝尊親一也，即是下文云'大孝不匱'，聖人爲天子者也。尊親，嚴父配天也。"孫希旦《集解》引黃裳曰："立身行道，有大功大德，俾人頌美其先而尊重之，上也。"參見"孝有三"。《禮記・祭義》：孝有三：～尊親，其次弗辱，其下能養。(1598 中)

【大均】每三年對地政、地守、地職、力政進行一次全面調整，使負擔均等。鄭玄《注》："有年、無年，大平計之。若久不脩，則數或闕。"《周禮・地官・均人》：三年大比，則～。(0730 上)

【大車】❶牛車。牛車爲《車人》大車、柏車、羊車的通稱。因三車皆駕牛，故稱。直轅。鄭玄《注》:"大車,牛車也。"孫詒讓《正義》:"即《車人》大車、柏車、羊車之通稱,三車皆駕牛也。……是牛車爲大車,對駟馬車爲小車言之。"《周禮·冬官考工記·輈人》:今夫~之轅摯,其登又難,既克其登,其覆車也必易。(0913 下)
❷平地載重之車。山行載重之車爲柏車。鄭玄《注》:"大車,平地載任之車。"孫詒讓《正義》:"此大車即牛車之大者,故云載任之車。曰平地者,別於柏車爲行山之車。"《周禮·冬官考工記·車人》:~崇三柯,綆寸。(0934 中)

【大役】需役使大量勞力纔能完成的徭役。如築堤防、修城邑等。賈公彥《疏》:"言大役者,謂築作堤防、城郭等,大役使其民。"《周禮·地官·鄉師》:~,則帥民徒而至,治其政令。(0713 下)

【大甸(tián)】即大田。天子四時田獵活動。即春蒐、夏苗、秋獮、冬狩。以講習軍事,簡閱車徒。鄭玄《注》:"甸,讀曰田。"賈公彥《疏》:"大甸者,天子四時田獵也。"《周禮·春官·小宗伯》:若~,則帥有司而饁獸于郊,遂頒禽。(0767 下)

【大祀】天地、宗廟之祭。天地之祭指圜丘、方丘、南北郊及五帝之祭,宗廟之祭指祫、禘、祠、禴、嘗、烝之祭。祭用玉帛、牲牷。鄭玄《注》:"鄭司農云:'大祀,天地。次祀,日月星辰。小祀,司命以下。'玄謂大祀又有宗廟,次祀又有社稷、五祀、五嶽,小祀又有司中、風師、雨師、山川、百物。"一説,孫詒讓《正義》:"竊謂經凡言祭祀,惟《酒正》及此職分爲三等,餘職皆止分大小二等,疑次祀亦并入大祀,其差次難以詳定。"《周禮·春官·肆師》:立~,用玉帛、牲牷;立次祀,用牲幣;立小祀,用牲。(0768 中)

【大武】武王之樂舞。爲六舞之一。周公所作。周天子用以祭先祖。亦稱《武》。《大司樂》鄭玄《注》:"《大武》,武王樂也。武王伐紂以除其害,言其德能成武功。"王國維《周大武樂章考》認爲,《大武》六章即今《周頌》之《武》《酌》《賚》《桓》《般》《昊天有成命》。《周禮·春官·大司樂》:以樂舞教國子;舞《雲門》《大卷》《大咸》《大磬》《大夏》《大濩》《~》。(0787 下)《禮記·祭統》:夫大嘗、禘,升歌《清廟》,下而管《象》,朱干玉戚以舞《~》。(1607 下)

【大事】與"小事"相對。❶有關國家利益的重大事情。指祭祀、征伐、田役、軍旅、大災、大故等。《宮正》賈公彥《疏》:"邦有大事,謂國之大事,在祀與戎。"《檀弓上》鄭玄《注》:"此大事,謂喪事也。"《禮器》鄭玄《注》:"大事,祭祀也。"《周禮·天官·宮正》:凡邦之~,令于王宮之官府,次舍,無去守而聽政令。(0657 下)《禮記·檀弓上》:夏后氏尚黑,~斂用昏,戎事乘驪,牲用玄。(1276 上)《禮記·禮器》:故作~必順天時。(1440 上)
❷六大官府之屬官不能獨立完成而需由長官主持之事。孫詒讓《正義》:"蓋大事職任既重,治辦又緐,非一官所能獨共,故備設長屬。長總其成,屬則從其長而達於王。"《周禮·天官·小宰》:一曰天官,其屬六十,掌邦治,~則從其長,小事則專達。(0653 上)

【大昕】❶黎明。鄭玄《注》："早昧爽擊鼓以召衆也。"《禮記·文王世子》：天子視學，～鼓徵，所以警衆也。(1410 上)❷指陽春三月初一。鄭玄《注》："大昕，季春朔日之朝也。"《禮記·祭義》：及～之朝，君皮弁素積，卜三宮之夫人、世婦之吉者，使入蠶于蠶室。(1597 下)

【大和】最優良的弓，即九和之弓。弓材料優良，技藝精巧，製作適時，謂之"參均"；角與幹相得，幹與筋相得，謂之"參均"；測量弓的力度也有"參均"。三個"參均"，謂之九和。鄭玄《注》："大和，尤良者也。"賈公彥《疏》："大和，謂九和之弓，以其六材俱善尤良。"《周禮·冬官考工記·弓人》：～無灂，其次筋角皆有灂而深。(0937 中)

【大昏】指天子、諸侯之婚娶。孔穎達《疏》："大昏，謂天子、諸侯之昏也。"《禮記·哀公問》：敬之至矣，～爲大，～至矣。(1611 下)

【大帛】素冠。凶喪之事所戴。孫希旦《集解》："愚謂大帛，謂以白色繒爲冠，所謂素冠也。……蓋人君遭凶札，喪師邑，及士大夫去國之所服也。"一説，"帛"爲"白"之誤。鄭玄《注》："帛，當爲白，聲之誤也。大白，謂白布冠也。"《禮記·玉藻》：～不緌。(1477 上)

【大命】王下達給羣臣的教令及羣臣所上報的奏報。鄭玄《注》："出大命，王之教也；入大命，羣臣所奏行。"《周禮·夏官·太僕》：掌王之服位，出入王之～。(0851 中)

【大卷】黄帝之樂舞。爲六代樂舞之一。鄭玄《注》："此周所存六代之樂，黄帝曰《雲門》《大卷》。黄帝能成名萬物以明民共財，言其德如雲之所出，民得以有族類。"賈《疏》以《大卷》《雲門》爲一。《周禮·春官·大司樂》：以樂舞教國子：舞《雲門》《～》《大咸》《大磬》《大夏》《大濩》《大武》。(0787 下)

【大宗】周代宗法制以嫡長子繼承制爲基礎，始封者之嫡長子爲大宗，其餘庶子爲小宗。天子之位由嫡長子世襲，爲大宗；其餘諸子對天子爲小宗。諸侯之位亦由嫡長子世襲，在本國爲大宗；其餘諸子對諸侯爲小宗。卿、大夫、士以此類推。大宗"百世不遷"，小宗祇傳五世便終止。《儀禮·喪服》：～者，尊之統也。(1106 上)《禮記·大傳》：有小宗而無～者，有～而無小宗者，有無宗亦莫之宗者，公子是也。(1508 中)

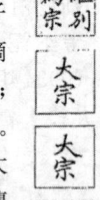

【大封】❶加封公、卿、大夫爵命。賈公彥《疏》："大封，謂若《典命》：'公八命，卿六命，大夫四命，其出封，皆加一等。'是其大封之事。對封公卿大夫爲采邑者，爲小封。"《周禮·春官·大宗伯》：王～，則先告后土。(0764 上)❷以兵征定疆界。鄭玄《注》："卜大封，謂竟界侵削，卜以兵征。"《周禮·春官·大卜》：凡國大貞，卜立君，卜～，則眂高作龜。(0803 下)

【大故】指死喪、兵寇、疾病、災禍等重大事故。《大司徒》鄭玄《注》："大故，謂王崩及寇兵也。"《檀弓上》鄭玄《注》:"大故,謂喪憂。"《周禮·地官·大司徒》:若國有～,則致萬民於王門,令無節者不行於天下。(0708下)《禮記·檀弓上》:是故君子非有～不宿於外。(1283上)

【大荒】凶年五穀不收。大荒之年不殺牲爲盛饌,王穿素服,並實行移民、通財、舍禁、弛力、薄征、緩刑等措施。鄭玄《注》:"大荒,大凶年。"《周禮·地官·大司徒》:～、大札,則令邦國移民、通財、舍禁、弛力、薄征、緩刑。(0708下)

【大咸】即《咸池》。帝堯之樂舞。爲六代樂舞之一。周天子用以祭地祇。鄭玄《注》:"《大咸》,《咸池》,堯樂也。堯能殫均刑法以儀民,言其德無所不施。"《周禮·春官·大司樂》:以樂舞教國子;舞《雲門》《大卷》《～》《大磬》《大夏》《大濩》《大武》。(0787下)

【大貞】指以龜卜問立君王、定疆界兩件大事。鄭玄《注》:"卜立君,君無冢適,卜可立者。卜大封,謂竟界侵削,卜以兵征之。……鄭司農云:'貞,問也。國有大疑,問於蓍龜。……'玄謂貞之爲問,問於正者,必先正之,乃從問焉。"賈公彥《疏》:"言凡非一。貞,正也。凡國家有大事,正問於龜之事有二:則'卜立君,卜大封'是也。"《周禮·春官·大卜》:凡國～,卜立君,卜大封,則眡高作龜。(0803下)

【大鬼】指先王。孫詒讓《正義》:"《御覽·禮儀部》引《五經異義》云:'……大鬼謂先王也。'"《周禮·春官·大宗伯》:凡祀大神、享～、祭大示,帥執事而卜日。(0763中)

【大侯】天子、諸侯所射之侯(箭靶)。指熊侯。以熊皮爲飾,其鵠高於大夫的箭靶,侯道最長爲九十步。鄭玄《注》:"大侯,熊侯。謂之大者,與天子熊侯同。"《儀禮·大射》:司馬命量人量侯道與所設乏以狸步:～九十,參七十,干五十。(1028上)

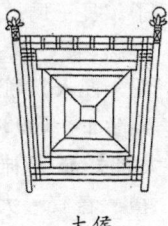
大侯

【大食】天子於每月初一、十五進食爲大食。其禮盛於常日,要三次奏鍾鼓勸食。鄭玄《注》:"大食,朔月、月半以樂宥食時也。宥,猶勸也。"《周禮·春官·大司樂》:王～,三宥,皆令奏鍾鼓。(0791上)

【大酋】職官名。酒官之長,主管釀酒。鄭玄《注》:"酒孰曰酋。大酋者,酒官之長也。於周則爲酒人。"《禮記·月令》:乃命～,秫稻必齊,麴糵必時,湛熾必絜,水泉必香。(1383上)

【大客】指來聘的大國之卿。與"小客"相對。《大行人》鄭玄《注》:"大賓,要服以内諸侯。大客,謂其孤卿。"《聘禮》賈公彥《疏》:"前有小國之卿大夫來聘,將行饗食,有大國卿大夫來聘,則廢小國饗食之禮,以其卑,不與尊齊禮並行之。"一説,指諸侯。胡培翬《正義》:"此篇賓客多通稱,則大客即謂諸侯,其先至之大夫自不得與諸侯齊禮也。"《周禮·秋官·大行人》:掌大賓之禮及～之儀,以親諸侯。(0890上)《儀禮·聘禮》:有～後至,則先客不饗食,致之。(1076上)

【大扃(jiōng)】抬牛鼎(大鼎)的杠子。長三尺。鄭玄《注》："大扃,牛鼎之扃,長三尺。"《周禮・冬官考工記・匠人》：廟門容～七个,闈門容小扃參个。(0928中)

【大神】❶天神。即昊天上帝。《周禮・春官・大宗伯》：凡祀～,享大鬼,祭大示,帥執事而卜日。(0763中)❷地祇與方嶽之神。鄭玄《注》："大神,社及方嶽也。"《周禮・春官・肆師》：類造上帝,封于～,祭兵于山川亦如之。(0769下)

【大胥】樂官名。掌卿大夫諸子舞者之名籍,招致並教授學舞之人,管理學宫中的事務。爵中士。《大胥》鄭玄《注》引鄭司農曰："學士,謂卿大夫諸子學舞者。"《周禮・春官・大胥》：～,掌學士之版,以待致諸子。(0794中)《禮記・王制》：小胥、～、小樂正簡不帥教者,以告于大樂正。(1342中)

【大都】公之采邑及王子弟的食邑。在距王都四百里至五百里的疆地之中。鄭玄《注》："大都,公之采地,王子弟所食邑也。"賈公彥《疏》："以大都之田任畺地者,謂三公及親王子母弟各受百里采地,在五百里畺地之中也。"《周禮・地官・載師》：以小都之田任縣地,以～之田任畺地。(0725上)

【大菑】指日食、月食、星辰殒落、地震等自然界之大災害。菑,用同"災"。賈公彥《疏》："天菑謂日月食,星辰奔殒；地菑謂震裂。"《周禮・春宗・小宗伯》：凡天地之～,類社稷、宗廟,則爲位。(0768中)

【大夏】夏禹之樂舞。爲六代樂舞之一。其與蕤賓、函鍾相配,周天子用以祭山川。《大司樂》鄭玄《注》："大夏,禹樂也。禹治水傅土,言其德能大中國也。"《周禮・春官・大司樂》：以樂舞教國子：舞《雲門》《大卷》《大咸》《大磬》《～》《大濩》《大武》。(0787下)《禮記・祭統》：朱干玉戚以舞《大武》,八佾以舞《～》,此天子之樂也。(1607下)

【大射】天子爲祭祀選拔助祭之士而舉行的射禮。選士標準有三：容體合於禮,節奏合於樂,射中者多。大射禮盛於賓射、燕射和鄉射。《司裘》鄭玄《注》："大射者,爲祭祀射。王將有郊廟之事,以射擇諸侯及羣臣與邦國所貢之士可以與祭者。射者,可以觀德行,其容體比於禮,其節比於樂而中多者得與於祭。"《射義》孔穎達《疏》："凡天子、諸侯及卿大夫禮射有三：一爲大射,是將祭擇士之射；二爲賓射,諸侯來朝天子入而與之射也,或諸侯相朝而與之射也；三爲燕射,謂息燕而與之射。"《周禮・天官・司裘》：王～,則共虎侯、熊侯、豹侯,設其鵠。(0683中)《禮記・射義》：故天子之～,謂之射侯。(1688中)

【大師】天子親自帥軍出征。鄭玄《注》："大師,王出征伐也。"《周禮・夏官・大司馬》：若～,則掌其戒令。(0839中)

【大病】死的婉辭。孫希旦《集解》："愚謂大病,謂死也。"《禮記・檀弓上》：子之病革矣。如至乎～,則如之何？(1292上)

【大旂】❶即旂。爲九旗中五正旗之

一。正幅畫有交龍(亦稱青龍)圖像,青色,九斿。王五路之金路建大旂,用以會見賓客及封同姓諸侯。表示東方。國大閱時,諸侯建旂。鄭玄《注》:"大旂,九旗之畫交龍者。"參見"旂①"。《周禮·春官·巾車》:金路,鉤、樊纓九就,建~,以賓,同姓以封。(0823 上)❷即常、大常。爲九旗中五正旗之一。正幅畫有日月圖像,黃色,十二斿。王五路之玉路建大旂,用於大祭祀。表示中央。國大閱時,天子建常。鄭玄《注》:"大旂,大常也。王建大常,縿首畫日月,其下及斿交畫升龍、降龍。"參見"常②"。《儀禮·覲禮》:天子乘龍,載~,象日、月、升龍、降龍。(1093 中)

【大旅】旅祭上帝。《禮器》孫希旦《集解》:"有故而禱於上帝及四望,皆曰旅;而上帝之旅爲大旅也。"一説,爲祭五帝。《禮器》鄭玄《注》:"大旅,祭五帝也。"《周禮·天官·掌次》:王~上帝,則張氊案,設皇邸。(0676 下)《禮記·禮器》:大饗之禮,不足以~。~具矣,不足以饗帝。(1442 下)

【大祥】喪祭名。三年之喪的二週年祭爲大祥;期之喪,十三月而大祥。大祥後除喪服,服常服。亦爲行大祥祭。《儀禮·士虞禮》:又朞而~,曰:"薦此祥事。"(1176 中)《禮記·喪服小記》:~,吉服筮尸。(1501 中)

【大烝(zhēng)】冬季大祭先王。祭時以功臣配享。賈公彦《疏》:"必祭功臣在冬之蒸祭者,蒸者,衆也,冬時物成者衆,故祭功臣。"《周禮·夏官·司勳》:凡有功者,銘書於王之大常,祭於~,司勳詔之。(0841 下)

【大帶】貴族禮服用帶。以素或練爲之,繫在腰間革帶之上,垂其餘曰紳,以爲飾。鄭玄《注》:"大夫以上以素,皆廣四寸;士以練,廣二寸。"《禮記·玉藻》:大夫~四寸。(1481 上)

大帶

【大雩(yú)】求雨之祭。祭時有舞,故又曰舞雩。鄭玄《注》:"雩,吁嗟求雨之祭也。"《禮記·月令》:命有司爲民祈祀山川百源,~帝,用盛樂。(1369 中)

【大國】指上公之國。上公之國可建三軍。《夏官·敘官》賈公彦《疏》:"上公爲大國,侯伯爲次國,子男爲小國也。"《周禮·夏官·敘官》:王六軍,~三軍,次國二軍,小國一軍。(0830 上)《儀禮·覲禮》:同姓~則曰伯父,其異姓則曰伯舅。(1092 上)

【大祭】指天地之祭。王服大裘袞冕而祭。大祭添酒三次。《酒正》鄭玄《注》:"鄭司農云:'大祭天地,中祭宗廟,小祭五祀。'……玄謂大祭者,王服大裘袞冕所祭也;中祭者,王服鷩冕毳冕所祭也;小祭者,王服希冕玄冕所祭也。三貳、再貳、壹貳者,謂就三酒之尊而益之也。"一說,大祭即"大祀",謂祭天地、宗廟,祭用玉帛、牲牷。《周禮·春官·肆師》"立大祀,用玉帛牲牷"鄭玄《注》:"鄭司農云:'大祀,天地。次祀,日月星辰。小祀,司命以下。'玄謂大祀又有宗廟,次祀又有社稷、五祀、五嶽,小祀又有司中、風師、雨師、山川、百物。"孫詒讓《正義》:"竊謂經凡言祭祀,惟《酒正》及此職分爲三等,餘職皆止分大小二等,疑次祀亦并入大祀,其差次難以詳定。"《周禮·天官·酒正》:~三貳,中祭再貳,小祭壹貳,皆有酌數。(0669 中)

【大章】堯樂名。鄭玄《注》:"堯樂名也。言堯德章明也。……或作《大卷》。"《禮記·樂記》:《~》,章之也。《咸池》,備矣。(1534 上)

【大琴】相傳爲虞、夏、殷、周時之樂器。又稱離。二十七弦。《爾雅·釋樂》:"大琴謂之離。"郭璞《注》:"或曰琴大者二十七弦,未詳長短。"《禮記·明堂位》:拊搏、玉磬、揩擊、~、大瑟、中琴、小瑟,四代之樂器也。(1491 上)

【大琮】王后所守之瑞玉,即内鎮。直徑一尺二寸,八角向外伸出四寸,厚一寸。《周禮·冬官考工記·玉人》:~十有二寸,射四寸,厚寸,是謂内鎮,宗后守之。(0923 中)

大琮

【大棺】外棺。大棺厚度根據身份的高低而不同。天子之棺四重,水牛、兕牛皮爲一重,杝棺爲第二重,屬爲第三重,大棺爲第四重。諸侯棺三重,最外爲大棺,中間爲屬,内爲椑。鄭玄《注》:"大棺,棺之在表者也。"《禮記·喪大記》:君~八寸,屬六寸,椑四寸。上大夫~八寸,屬六寸。下大夫~六寸,屬四寸。(1583 上)

【大喪】王、王后及世子之喪禮。鄭玄《注》:"大喪,王、后、世子也。小喪,夫人以下,小官士也。"《周禮·天官·宰夫》:~、小喪,掌小官之戒令、帥執事而治之。(0656 下)

【大雅】《詩經》組成部分之一。《大雅》凡三十一篇,多爲西周王室貴族的作品,主要歌頌從后稷以至武王、宣王等的功績,有些也反映了厲王、幽王的暴虐昏亂及其統治危機。《詩大序》:"雅者,正也,言王政之所由廢興也。政有小大,故有《小雅》焉,有《大雅》焉。"《禮記·樂記》:廣大而靜,疏達而信者,宜歌《~》。(1545 中)

【大飲】十月農功結束,天子諸侯於太學燕飲羣臣。以正齒位,尊老者。鄭玄《注》:"十月農功畢,天子、諸侯與其羣臣飲酒於太學,以正齒位,謂之大飲,別之於他。其禮亡,今天子以燕禮,郡國以鄉飲酒禮代之。烝,謂有牲體爲俎也。"一說,孫希旦《集解》以"大飲烝"爲祭宗廟。《禮記·月令》:是月也,~,烝。(1381 下)

【大渳】(mǐ)洗浴王及后之屍身。即搗煮鬱金香草和入鬯酒以浴。喪禮之一。賈公彦《疏》:"築鬱金香草和鬯酒以浴尸,使之香也。"《周禮·春官·肆師》:大喪,~以鬯,則築鬻。(0769 中)

【大割】大肆宰殺羣牲以祭祀。祈來年風調雨順,農業豐收。鄭玄《注》:"大割,大殺羣牲割之也。"《禮記·月令》:天子乃祈來年于天宗,~祠于公社及門閭。(1382 上)

【大瑟】相傳爲虞、夏、殷、周時之樂器。形似琴,二十七弦。又稱灑。孫希旦《集解》:"《釋樂》又云'大瑟謂之灑',郭氏云:'長八尺一寸,二十七弦。'"《禮記·明堂位》:拊搏、玉磬、揩擊、大琴、~、中琴、小琴,四代之樂器也。(1491 上)

【大聘】諸侯每三年派卿爲使節向天子行聘問之禮。大聘使卿,行享禮,享君,夫人。小聘使大夫,行獻禮,不及夫人。《王制》鄭玄《注》:"小聘使大夫,大聘使卿,朝則君自行。"《儀禮・聘禮》:唯～有几筵。(1076 上)《禮記・王制》:諸侯之於天子也,比年一小聘,三年一～,五年一朝。(1327 下)

【大裘】天子祭天之禮服。以黑羔皮製成,無飾。《司裘》鄭玄《注》引鄭司農云:"大裘,黑羔裘。服以祀天,示質。"《玉藻》鄭玄《注》:"天子祭上帝則大裘而冕。大裘,羔裘也。"《周禮・天官・司裘》:司裘,掌爲～,以共王祀天之服。(0683 上)《禮記・玉藻》:唯君有黼裘以誓省,～非古也。(1478 上)

大裘

【大輅(ㄌㄨˋ)】天子贈送給諸侯乘車之總稱。天子所乘之車五:玉輅、金輅、象輅、革輅、木輅。金輅贈于上公及同姓侯伯,象輅贈予異姓侯伯,革輅贈予四方諸侯,木輅贈予蕃國,總謂之大輅。孔穎達《疏》:"大輅,謂金輅也。據上公及同姓侯伯,故下云龍旂九旒,亦上公也。若異姓則象輅,若四衛則革輅,蕃國則木輅,受於天子,摠謂之大輅也。"一說,"大輅"指"玉輅"。《禮記・樂記》:所謂～者,天子之車也。龍旂九旒,天子之旌也。青黑緣者,天子之寶龜也。從地以牛羊之羣,則所以贈諸侯也。(1537 中)

【大肆】大浴。王崩,搗煮鬱金香草和入鬯酒以浴屍。喪禮之一。鄭玄《注》:"鄭司農云:'大肆,大浴也。'"《周禮・春官・小宗伯》:王崩,～,以秬鬯渳。(0767 下)

【大盟】天子親自參與的盟會。鄭玄《注》:"大盟,會同之盟。"賈公彥《疏》:"大盟,謂天子親往臨盟。"《周禮・地官・封人》:凡喪紀、賓客、軍旅、～,則飾其牛牲。(0720 中)

【大號】六號中之大者。古時尊神、鬼、祇、牲、齍、幣之名,均有美稱,曰六號。鄭玄《注》:"大號,六號之大者,以昭大祝,以爲祝辭。"孫詒讓《正義》:"謂大祝六號中之大者。若神號,則以皇天上帝爲大,餘天神爲小;示號則以后土爲大,餘地祇爲小。它皆放此。"《周禮・春官・大宗伯》:眡滌濯,涖玉鬯,省牲鑊,奉玉齍,詔～,治其大禮,詔相王之大禮。(0763 中)

【大路】天子所乘之車。制如殷路,以木爲之,塗黄色,無裝飾。鄭玄《注》:"大路,殷路也。車如殷路之制,而飾之以黄。"《禮記・月令》:天子居大廟大室,乘～,駕黄駵,載黄旂。(1372 中)

【大詢】徵詢民衆對國家大事的意見。鄭玄《注》:"大詢者,詢國危,詢國遷,詢立君。鄭司農云:'大詢于衆庶,《洪範》所謂"謀及庶民"。'"《周禮・地官・鄉大夫》:～于衆庶,則各帥其鄉之衆寡而致於朝。(0717 中)

【大辟】死刑。五刑之最重者。《禮・文王世子》:其死罪,則曰:"某之罪在～。"(1409 上)

【大綏】天子田獵時所建之旌旗。相傳爲有虞氏之旗。天子射殺猛獸,則放倒大綏。鄭玄《注》:"綏,當爲緌。緌,有虞氏之旌旗也。"孫希旦《集解》:"大綏,天子田獵所建之旌,染旄爲黑色,注之竿首而無疏縿,以其垂旄綏綏然,故謂之綏。"《禮記·王制》:天子殺則下~,諸侯殺則下小綏,大夫殺則止佐車。(1333 中)

【大嘗】周代廟祭名。孔穎達《疏》:"祫祭在秋也,大嘗、禘祭在夏也。"《禮記·祭統》:外祭則郊,社是也,內祭則~、禘是也。(1607 下)

【大蜡(zhà)】天子於歲十二月合祭與農業生産有關的諸神。以祈禱來年豐收。大蜡之神有八:先嗇、司嗇、農、郵表畷、貓虎、坊、水庸、昆蟲。鄭玄《注》:"大蜡,歲十二月索鬼神而祭之。"《禮記·明堂位》:是故夏礿,秋嘗,冬烝,春社,秋省而遂~,天子之祭也。(1489 下)

【大閱】大閱兵。每年仲冬舉行,以教習作戰。鄭玄《注》:"春辨鼓鐸,夏辨號名,秋辨旗物,至冬大閱,簡軍實。"賈公彥《疏》:"春夏秋各教其一,至冬大閱之時,揔教之。"《周禮·夏官·大司馬》:中冬,教~。(0837 下)

【大旗】指熊虎之旗。用以集合衆庶,興田役、軍旅。鄭玄《注》:"司徒致衆庶者以熊虎之旗。"《周禮·地官·鄉師》:及期,以司徒之~致衆庶,而陳之以旗物。(0714 中)

【大賓】指要服以內來朝見天子的諸侯。鄭玄《注》:"大賓,要服以內諸侯。"孫詒讓《正義》:"此以爲朝覲諸侯之尊稱。"《周禮·秋官·大行人》:掌~之禮及大客之儀,以親諸侯。(0890 上)

【大寢】即路寢(正寢)。天子退朝後治事和居住的處所。天子六寢,大寢一,小寢五。小寢即燕寢。《太僕》鄭玄《注》:"大寢,路寢也。"《檀弓上》孫希旦《集解》:"愚謂小寢,燕寢也。大寢,正寢也。天子小寢五,正寢一;諸侯小寢二,正寢一。"參見"小寢"。《周禮·夏官·太僕》:建路鼓于~之門外,而掌其政。(0851 中)《禮記·檀弓上》:君復,於小寢、~、小祖、大祖、庫門、四郊。(1293 上)

【大璜】夏后氏之璜。狀如半璧。鄭玄《注》:"古者伐國,遷其重器,以分同姓。大璜,夏后氏之璜。《春秋傳》曰:'分魯公以夏后氏之璜。'"《禮記·明堂位》:崇鼎、貫鼎、~、封父龜,天子之器也。(1491 上)

【大璋】天子灌祭山川用的玉器。長九寸,有文飾。大璋祀大山川,中璋祀中山川,邊璋祀小山川。諸侯亦用以聘女。鄭玄《注》:"三璋之勺形如圭瓚。天子巡守,有事山川,則用灌焉。於大山川則用大璋,加文飾也。於中山川用中璋,殺文飾也。於小山川用邊璋,半文飾也。"《周禮·冬官考工記·玉人》:~、中璋九寸,邊璋七寸,射四寸,厚寸。……~亦如之,諸侯以聘女。(0923 上)

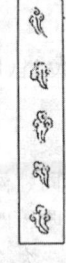

大璋

【大盤】盛冰之木盤。置於屍牀下,用以寒屍。君用大盤,大夫用夷盤。鄭玄《注》:"大盤,廣八尺,長丈二,深三尺,赤中。夷盤小焉。"《禮記·喪大記》:君設~,造冰焉。大夫設夷盤,

造冰焉。(1575下)

【大麾(huī)】即旐。爲九旗中的五正旗之一。正幅畫有龜蛇圖像，黑色，四斿。王五路之木路建之，用以田獵及封蕃國。表示北方，用於軍旅。國大閱時，縣鄙之官建旗。孫詒讓《正義》："鄭以司常九旗無與大麾相當者，故謂不在其中。金榜云：'《司常》龜蛇爲旐，《巾車》木路建大麾，大麾即龜蛇。……《明堂位》曰"夏后氏之綏"，綏即大麾，亦謂之大綏。'……金謂大麾即九旗之旐，又即夏后氏之綏，其説甚塙。鄭謂不在九旗中，誤。參見"旐①"。《周禮·春官·巾車》：木路，前樊鵠纓，建～，以田，以封蕃國。(0823中)

【大磬(sháo)】帝舜之樂舞。爲六代樂舞之一。周天子用以祭四望。亦稱《簫韶》《韶》。鄭玄《注》："此周所存六代之樂。……《大磬》，舜樂也。言其德能紹堯之道也。"《周禮·春官·大司樂》：以樂舞教國子：舞《雲門》《大卷》《大咸》《～》《大夏》《大濩》《大武》。(0787下)

【大濩(hù)】商湯之樂舞。爲六代樂舞之一。周天子用以祭先妣。亦作《大護》《護》。鄭玄《注》："此周所存六代之樂。……《大濩》，湯樂也。湯以寬治民而除其邪，言其德能使天下得其所也。"《周禮·春官·大司樂》：以樂舞教國子：舞《雲門》《大卷》《大咸》《大磬》《大夏》《～》《大武》。(0787下)

【大斂】人死第三日，在阼階(東階)上爲死者加衣衾，將屍體入棺，然後在西階上掘坎，置棺其中，稱作大殮。《既夕禮》鄭玄《注》："主人奉尸斂于棺，則西階上賓之。"《周禮·春官·小宗伯》：及執事泣～，小斂，帥異族而佐。(0767下)《儀禮·既夕禮》：～于阼。(1161中)《禮記·檀弓上》：飯於牖下，小斂於戶內，～於阼，殯於客位。(1285中)

【大難(nuó)】即大儺。季冬禓祭以驅除寒氣。鄭玄《注》："此難，難陰氣也。"孫希旦《集解》："愚謂是月陰氣至盛，故命大難。仲秋之難，唯天子行之；季春之難，雖及於國人，而不若是月之驅除爲尤徧也。"《禮記·月令》：命有司～，旁磔，出土牛，以送寒氣。(1383下)

【大獻】軍旅凱旋，獻俘授馘，陳列戰利品於宗廟社稷，以告成功。鄭玄《注》："大獻，獻捷於祖。愷樂，獻功之樂。"《周禮·春官·大司樂》：王師～，則令奏愷樂。(0791上)

【大饗】❶天子宴饗來朝之諸侯。《大司樂》鄭玄《注》："大饗，饗賓客也。"《仲尼燕居》鄭玄《注》："大饗，謂饗諸侯來朝者也。"《周禮·春官·大司樂》：～不入牲，其他皆如祭祀。(0791上)《禮記·仲尼燕居》：吾語女禮，猶有九焉，～有四焉。(1614上)❷遍祭五方天帝。依禮，祭五帝不得每帝問卜牲、日，祭品不得超過禮數。《月令》鄭玄《注》："言大饗者，遍祭五帝也。"《曲禮下》孔穎達《疏》："此大饗揔祭五帝，其神非一，若卜其牲、日，五帝揔卜而已，不得每帝問卜。若其一一問卜，神有多種，恐吉凶不同。……富之言備也。雖曰大饗諸帝，配以文武，然禮數有常，取備而已，不得以其大饗豐饒其物，使之過禮。"《禮記·曲禮下》：～不問卜，不饒富。(1270 上)《禮記·月令》：是月也，〜帝。(1379 中) ❸合祭先王。鄭玄《注》："大饗，祫祭先王也。"《禮記·禮器》：郊血，〜腥，三獻爓，一獻孰。(1439 上)

【大罍(léi)】酒尊。亦稱瓦罍。陶製，有蓋，有雲雷之文。鄭玄《注》："大罍，瓦罍。"《周禮·春官·鬯人》：凡祭祀，社壝用〜。(0771 上)

大罍

【大觿(xī)】以象骨製作的錐形解結工具。大觿用以解大結，小觿用以解小結。鄭玄《注》："觿，貌如錐，以象骨為之。"《禮記·內則》：左佩紛帨、刀、礪、小觿、金燧；右佩玦、捍、管、遰、〜、木燧。(1461 中)

【大夫君】大夫家臣對主人的稱謂。孔穎達《疏》："謂大夫下臣稱大夫為君，故曰大夫君也。"《禮記·喪大記》：〜，不迎于門外。(1582 下)

【大功布】粗略鍛治的布，九升，可製作大功喪服。鄭玄《注》："大功布者，其鍛治之功麤沽之。"《儀禮·喪服》：〜衰裳，牡麻絰，無受者。(1111 下)

【大功衰】用大功布縫製的喪服。《儀禮·喪服》：宗子孤為殤，〜、小功衰，皆三月。(1124 上)

【大田役】天子因田獵而徵召徒役。孫詒讓《正義》："即《大宗伯》軍禮之大師大田也。因大田而起徒役，謂之大田。役亦晐有大役之事。"《周禮·地官·大司徒》：大軍旅，〜，以旗致萬民，而治其徒庶之政令。(0708 下)

【大田獵】即大田。天子四時田獵活動。即春蒐、夏苗、秋獮、冬狩。以講習軍事，簡閱車徒。賈公彥《疏》："言大田獵者，謂王親行。"參見"大田"。《周禮·地官·山虞》：若〜，則萊山田之野，及弊田，植虞旗于中，致禽而珥焉。(0747 中)

【大白冠】上古白布冠。質樸無飾。鄭玄《注》："大白冠，大古之布冠也。"《禮記·雜記上》：〜，緇布之冠，皆不蕤。(1555 中)

【大司成】職官名。掌小學以教育國子，並以善道詔告王。爵中大夫。《周禮》稱師氏。鄭玄《注》："大司成，司徒之屬，師氏也。師氏，掌以美詔王，教國子以三德、三行及國中失之事也。"一說，孫希旦《集解》："大司成，有道德而教於國學者也。……大司成無定人，無專職，必其位望尊重而道德充盛者乃得為之。"《禮記·文王世子》：〜論說在東序。凡侍坐於〜者，遠近間三席。(1405 中)

【大司空】職官名。掌營建、修造及百工之事。爵卿。《禮記·王制》：大司徒、大司馬、〜齊戒受質，百官各以其成質於三官。大司徒、大司馬、〜以百官之成質於天子。(1345 上)

【大司馬】職官名。政官之長。掌建邦國之九法，以輔佐天子平定天下；掌九伐之法，以正邦國。爵卿。《周禮·夏官·大司馬》：〜之職，掌建邦國之九灋，以佐王平邦國。(0834 下)《禮記·王制》：大司徒、〜、大司空齊戒受質，百官各以其成質於三官。大司徒、〜、大司空以百官之成質於天子。(1345 上)

【大司徒】職官名。教官之長,掌管天下土地之輿圖和記載人民數目的户籍,以輔佐天子安定天下。爵卿。《周禮·地官·大司徒》:～之職,掌建邦之土地之圖與其人民之數,以佐王安擾邦國。(0702 上)《禮記·王制》:～、大司馬、大司空以百官之成質於天子。(1345 上)

【大司寇】職官名。刑官之長。掌制定國家的三種法典,輔佐天子以刑法治理邦國,督察四方諸侯。爵卿。《周禮·秋官·大司寇》:～之職,掌建邦之三典,以佐王刑邦國,詰四方。(0870 上)《禮記·王制》:正以獄成告於～,～聽之棘木之下。～以獄之成告於王,王命三公參聽之。(1343 下)

【大司樂】職官名。樂官之長,掌王國大學教育之法,教國子樂德、樂語、樂舞。爵中大夫。《周禮·春官·大司樂》:～,掌成均之灋,以治建國之學政,而合國之子弟焉。(0787 中)

【大合吹】即大合樂。孫希旦《集解》:"季秋習吹,至此則合而作之,以觀國子學吹之成也。"詳見"大合樂"。《禮記·月令》:命樂師～而罷。(1384 上)

【大合軍】大司馬總領六軍以從天子巡守。鄭玄《注》:"師,所謂王巡守若會同,司馬起師合軍以從,所以威天下、行其政也。"《周禮·夏官·大司馬》:及師,～,以行禁令,以救無辜,伐有罪。(0839 上)

【大合樂】合奏樂舞,使音律諧和,舞蹈應節。由大司樂主持。《大司樂》孫詒讓《正義》:"李光地云:'大合樂乃肄習於學之事。'……李氏以大合樂爲肄習之事,最爲允當。蓋合之云者,亦謂講肄其器調,諧協其音節。後《大胥》合舞合聲,注釋爲'等其進退曲折,使應節奏',此合樂義,正與彼同也。"《文王世子》孔穎達《疏》:"鄭以大合樂謂春入學釋菜,合舞,秋頒學,和聲者,其《月令》季春大合樂則亦在其中。"孫希旦《集解》:"愚謂三時釋奠皆合樂,而春合舞,秋和聲,則謂之大合樂,以其用樂爲特盛也。"《禮記·月令》"擇吉日大合樂"鄭玄《注》:"大合樂者,所以助陽達物,風化天下也。其禮亡。"《周禮·春官·大司樂》:以六律、六同、五聲、八音、六舞～,以致鬼神示,以和邦國,以諧萬民,以安賓客,以說遠人,以作動物。(0788 上)《禮記·文王世子》:凡～,必遂養老。(1406 上)

【大行人】職官名。爲行人之長。掌管諸侯及其使者朝聘接待之禮。爵中大夫。《周禮·秋官·大行人》:～,掌大賓之禮及大客之儀,以親諸侯。(0890 上)

【大甸獵】即大田。天子的四時田獵活動。即春蒐、夏苗、秋獮、冬狩。以講習軍事,簡閱車徒。參見"大田"。《周禮·春官·肆師》:凡四時之～,祭表貉,則爲位。(0770 上)

【大宗人】職官名。禮官之長。掌管天神、地祇、人鬼之禮,以輔佐天子建安邦國。爵卿。《周禮》作大宗伯。《禮記·雜記上》:大夫之喪,～相,小宗人命龜,卜人作龜。(1551 中)

【大宗伯】職官名。禮官之長。掌管天神、地祇、人鬼之禮,以輔佐天子建安邦國。爵卿。《周禮·春官·大宗

伯》:~之職,掌建邦之天神、人鬼、地示之禮,以佐王建保邦國。(0757上)

【大軍旅】即大師。天子親自帥軍出征。孫詒讓《正義》:"即《大宗伯》軍禮之大師大田也。"參見"大師"。《周禮·地官·大司徒》:~、大田役,以旗致萬民,而治其徒庶之政令。(0708下)

【大神示】天神地祇。鄭玄《注》:"大神祇,謂天地。"賈公彥《疏》:"云祀大神,謂冬至祭天於圓丘。云祀大祇,謂夏至祭地於方澤。"《周禮·天官·大宰》:祀~亦如之,享先王亦如之,贊玉几、玉爵。(0650中)

【大射正】職官名。射人之長,亦稱射正。鄭玄《注》:"大射正,射人之長。"《儀禮·大射》:~擯。(1030上)

【大祭祀】謂天地、宗廟之祭。祭天地指圜丘、方丘、南北郊及五帝之祭,祭宗廟指祫、禘、祠、礿、嘗、烝之祭。賈公彥《疏》:"大祭祀,天地、宗廟酌是。"參見"大祭"。《周禮·夏官·小臣》:~、朝覲,沃王盥;小祭祀、賓客、饗食、賓射,掌事,如大僕之灋。(0852中)

【大朝覲】諸侯以會同而朝見天子稱大朝覲。春見曰朝,秋見曰覲,夏見曰宗,冬見曰遇,大朝覲非四時之朝,因大會同而行朝覲之禮。賈公彥《疏》:"凡大朝覲非四時常朝。……朝覲言大,則因會同而行朝覲之禮。"參見"大會同"。《周禮·春官·司几筵》:凡~、大饗射,凡封國、命諸侯,王位設黼依。(0774下)

【大喪紀】王、王后及世子之喪。孫詒讓《正義》:"大喪,亦謂王、后及世子也。"《周禮·秋官·鄉士》:大祭祀、~、大軍旅、大賓客,則各掌其鄉之禁令,帥其屬夾道而蹕。(0876上)

【大盟約】天子與諸侯所訂立的盟約。賈公彥《疏》:"謂王與諸侯,因大會同而與盟所有約誓之辭。"《周禮·秋官·大司寇》:凡邦之~,涖其盟書,而登之于天府。(0871上)

【大會同】諸侯朝見天子之通稱。天子有事諸侯臨時來朝曰會,衆諸侯於四季來朝天子曰同。析言則異,通言則不別。賈公彥《疏》:"大會同者,王與諸侯時見曰會,殷見曰同。或在畿内,或在畿外。"《周禮·春官·大祝》:~,造于廟,宜于社。(0811下)

【大禋(yīn)祀】積柴燔燎升煙,柴上陳牲體玉帛,以祭天神。鄭玄《注》:"禋祀,祭天神也。"參見"禋祀"。《周禮·春官·大祝》:凡~、肆享、祭示,則執明水火而號祝。(0811上)

【大賓客】指前來朝聘天子的諸侯及卿大夫。賈公彥《疏》:"案《大行人》,諸侯朝稱賓,卿大夫來聘稱客,彼對文例,散文賓客通。"孫詒讓《正義》:"案,賈説是也。此云大賓客,《小司徒》云小賓客,皆君臣相對爲大小,其賓客則自不別。"《周禮·地官·大司徒》:~,令野脩道委積。(0708中)

【大樂正】職官名。樂官之長,掌王國大學教育之法,教國子樂德、樂語、樂舞。爵中大夫。《周禮》稱大司樂。《禮記·王制》:小胥、大胥、小樂正簡不帥教者,以告于~,~以告于王。(1342中)

【大羅氏】職官名。掌捕獵貢獻鳥獸。

《周禮》作羅氏，爵下士。《禮記·郊特牲》：～，天子之掌鳥獸者也，諸侯貢屬焉。(1454 中)

【大寶器】國家世傳之寶器。如赤刀、大訓、弘璧、天球、河圖、大貝之類。鄭司農引《書·顧命》："陳寶：赤刀、大訓、弘璧、琬、琰，在西序。大玉、夷玉、天球、《河圖》，在東序。胤之舞衣，大貝、鼖鼓，在西房。兌之戈、和之弓，垂之竹矢，在東房。"《周禮·春官·天府》：凡國之玉鎮、～藏焉。(0776 上)

【大饗射】大饗和大射。參見"大饗""大射"。《周禮·春官·司几筵》：凡大朝覲、～，凡封國、命諸侯，王位設黼依。(0774 下)

【大刃之齊(jì)】指製造刀劍之類兵器銅與錫合金的配方。即含銅三分之二，含錫三分之一。爲六齊之一。鄭玄《注》："多錫爲下齊，大刃、削殺矢、鑒燧也。少錫爲上齊，鍾鼎、斧斤、戈戟也。"孫詒讓《正義》："錫多則金不純，故爲下齊。多者，謂參分其金，而錫居一以下。"《周禮·冬官考工記·攻金之工》：金有六齊：六分其金而錫居一，謂之鍾鼎之齊。五分其金而錫居一，謂之斧斤之齊。四分其金而錫居一，謂之戈戟之齊。參分其金而錫居一，謂之～。五分其金而錫居二，謂之削殺矢之齊。金錫半，謂之鑒燧之齊。(0915 上)

【大田之禮】天子四時田獵活動之禮，即春蒐、夏苗、秋獮、冬狩。以講習軍事，簡閱車徒。爲軍禮之一。鄭玄《注》："古者因田習兵，閱其車徒之數。"賈公彥《疏》："此謂天子、諸侯親自四時田獵。"《周禮·春官·大宗伯》：以軍禮同邦國：大師之禮，用衆也；大均之禮，恤衆也；～，簡衆也；大役之禮，任衆也；大封之禮，合衆也。(0760 中)

【大均之禮】校正户口、調整賦稅之禮，用以撫恤百姓。爲軍禮之一。鄭玄《注》："均其地政、地守、地職之賦，所以憂民。"《周禮·春官·大宗伯》：以軍禮同邦國：大師之禮，用衆也；～，恤衆也；大田之禮，簡衆也；大役之禮，任衆也；大封之禮，合衆也。(0760 上)

【大役之禮】築王宮、城邑之禮，用以役使衆庶。爲軍禮之一。鄭玄《注》："築宮邑，所以視民力強弱。"《周禮·春官·大宗伯》：以軍禮同邦國：大師之禮，用衆也；大均之禮，恤衆也；大田之禮，簡衆也；～，任衆也；大封之禮，合衆也。(0760 中)

【大封之禮】以兵征定疆界之禮，用以合聚百姓。爲軍禮之一。鄭玄《注》："正封疆溝塗之固，所以合聚其民。"《周禮·春官·大宗伯》：以軍禮同邦國：大師之禮，用衆也；大均之禮，恤衆也；大田之禮，簡衆也；大役之禮，任衆也；～，合衆也。(0760 中)

【大射之儀】即大射禮。射禮於五禮屬嘉禮。大射不稱禮而稱儀者，賈公彥《疏》："以射禮盛，威儀多，故以儀言之。"諸侯將行祭祀之事，與羣臣以射選助祭之人，其主要儀節如下：一、戒百官，作射前準備，包括溉滌，量侯道，張射侯，設樂懸，陳燕具，設席位。二、射前先行燕飲之禮，包括主賓間獻、酢、酬及作樂娛賓的全部儀節。三、大射開始，先立司正，比三耦，並由司射誘射，然後三耦分別比射，輪番三次,爲射禮之"三番射事",其間並有釋獲,數獲,飲不勝者,獻釋獲者,以樂節射等儀節。四、射禮完畢,行燕飲之禮以盡歡。《儀禮·大射》:~。(1027下)

【大射第七】《儀禮》第七篇篇名。賈公彥《疏》引鄭玄《三禮目錄》云:"名曰大射者,諸侯將有祭祀之事,與其羣臣射以觀其禮,數中者得與於祭,不數中者不得與於祭。射儀於五禮屬嘉禮。《大戴》此第十三,《小戴》及《別錄》皆第七。"本篇記載了諸侯與羣臣習射,選擇祭祀之助祭者的儀式。因大射之主人爲國君,參加人數多,射有三侯,以鍾鼓示節,並奏《貍首》以射,其禮大於賓射、燕射、鄉射,故稱大射。本篇詳述了射前的準備工作,射前的燕飲之禮,習射的全過程及射後的燕飲之禮。(1027下)

【大師之禮】天子出兵征伐之禮,用以調動百姓的義勇。爲軍禮之一。鄭玄《注》:"用其義勇。"賈公彥《疏》:"大師者,謂天子六軍,諸侯大國三軍,次國二軍,小國一軍。出征之法用衆。"《周禮·春官·大宗伯》:以軍禮同邦國,~,用衆也;大均之禮,恤衆也;大田之禮,簡衆也;大役之禮,任衆也;大封之禮,合衆也。(0760上)

【大傀(guī)異烖】謂天地奇變,如星殞地震之類。鄭玄《注》:"傀,猶怪也。大怪異烖,謂天地奇變,若星辰奔實及震裂爲害者。"《周禮·春官·大司樂》:凡日月食、四鎮、五嶽崩,~,諸侯薨,令去樂。(0791上)

【大裘不襲】穿大裘祭天不坦露裼衣(內衣)。依禮,不當盛禮,禮服就要敞開前襟露出裏面有文飾的美麗裼衣。反之,就要掩上禮服不坦露裼衣,因爲大禮崇尚質樸。故天子大裘不裼。孔穎達《疏》:"充,猶襲也。服襲是充美於內,唯盛禮乃然也。……大裘不裼者,證禮盛服充時也。"《禮記·玉藻》:禮不盛,服不充,故~,乘路車不式。(1484上)

【大饗有四】大饗之禮樂有四。入門鍾磬齊奏,顯示賓主之情;升堂歌唱《清廟》,顯示仁愛之德;下堂吹奏管樂,舞《象》《武》《夏》《籥》,顯示功業大事;客出奏《雍》,撤席奏《振羽》。一說,鄭玄《注》:"四者,金再作;升歌《清廟》;下管《象》也。"《禮記·仲尼燕居》:吾語女禮,猶有九焉,~焉。(1614上)

【大傳第十六】《禮記》第十六篇篇名。孔穎達《疏》引鄭玄《三禮目錄》云:"名曰《大傳》者,以其記祖宗人親之大義。此於《別錄》屬通論。"本篇主要雜記宗法制度,兼及祭法和服制,並強調親親之道,所記多爲人道原則和親親的道理。(1506上)

【大功小功不諱】服大功、小功喪服者可以不諱死者的姓名。因其與死者的親戚關係已較疏遠。爲禮所規定不必避諱的情況之一。孔穎達《疏》:"期親則爲諱。"《禮記·曲禮上》:~。(1251上)

【大學第四十二】《禮記》第四十二篇篇名。相傳爲曾子及其門人所作。孔穎達《疏》引鄭玄《三禮目錄》云:"名曰《大學》者,以其記博學可以爲政也。此於《別錄》屬通論。"本篇提出了"明德""親民""止於至善"三綱領,以及治國、齊家、修身、正心、誠意、致知、格物、天下平八條目。本篇將倫理、哲學、政治融爲一體,故自漢以來,備受儒家學派及統治者重視,它被儒家尊爲"内聖外王之學"的基本綱領和主要原則,與《孟子》《論語》《中庸》合稱"四書"。宋以後,統治者以"四書"取士,它就成了獲取功名者的必讀之書。(1673 上)

㊁ tài 見下。

【大₂卜】❶職官名。爲卜官之長,掌卜筮之事。即龜卜,《易》筮,占夢。爵下大夫。《周禮·春官·大卜》:~,掌《三兆》之灋:一曰《玉兆》,二曰《瓦兆》,三曰《原兆》。(0802 中)❷職官名。掌管占卦。爲殷代天官六大之一。鄭玄《注》:"此蓋殷時制也。"《禮記·曲禮下》:天子建天官,先六大,曰大宰、大宗、大史、大祝、大士、~,典司六典。(1261 中)

【大₂士】職官名。掌管神事。爲殷代天官六大之一。鄭玄《注》:"此蓋殷時制也。周則大宰爲天官,大宗曰宗伯,宗伯爲春官,大史以下屬焉,大士以神仕者。"孔穎達《疏》:"知大士非司士及士師、卿士之等者,以其下別有司士、司寇,故知非士師、卿士也;與大祝、大卜相連,皆主神之士,故知神仕也。"《禮記·曲禮下》:天子建天官,先六大,曰大宰、大宗、大史、大祝、~、大卜,典司六典。(1261 中)

【大₂子】天子及諸侯的嫡長子。王位的繼承人。亦稱世子。《周禮·夏官·諸子》:國有大事,則帥國子而致於~,唯所用之。(0850 上)《禮記·雜記上》:君薨,~號稱子,待猶君也。(1552 中)

【大₂王】周文王的祖父古公亶父。武王滅商後追尊之爲大王。鄭玄《注》:"大王,文王之祖。"《禮記·孔子閒居》:"弛其文德,協此四國",~之德也。(1618 上)

【大₂右】職官名。即司右。掌管羣右之政令。爵上士。鄭玄《注》:"大右,司右也。"賈公彥《疏》:"按司右掌羣右,此云大右,是右中之大,明是司右也。"《周禮·夏官·司士》:大僕、~、大僕從者在路門之左。(0849 上)

【大₂甲】《尚書》篇名。大甲爲商湯嫡長孫至的廟號,《尚書》記其言行,因以爲篇名。本篇已佚,今僞《古文尚書》有《太甲》上、中、下三篇,爲東晉時人纂集傳記所成。《禮記》所引,爲《古文尚書》。《禮記·大學》:《~》曰:"顧諟天之明命。"(1673 中)

【大₂史】❶職官名。掌法典、禮籍、祭祀、星曆等。史官之長。爵下大夫。大史又稱左史,記王之行,與記言之右史(内史)相對。《周禮·春官·大史》:~,掌建邦之六典,以逆邦國之治。(0817 上)《儀禮·覲禮》:~加書于服上,侯氏受。(1092 上)❷職官名。爲殷代天官六大之一。掌邦之祭祀、曆數。鄭玄《注》:"此蓋殷時制也。周則大宰爲天官,大宗曰宗伯,宗伯爲春官,大史以下屬焉。大士,以神仕者。"孫希旦《集解》:"吕氏大臨曰:殷人尊神,率民以事神,先鬼而後禮。大宗以下,皆事鬼神、奉天時之官,故總謂之天官。……此言天子建官,先以六大,自大宗以下,皆爲事鬼神、治曆數之職。"《禮記·曲禮下》:天子建天官,先六大,曰大宰、大宗、~、大祝、大士、大卜,典司六典。(1261 中)

【大₂牢】古代祭祀、燕享牛、羊、豕三牲稱大牢。羊、豕二牲爲少牢。《公羊傳·桓八年》何休《注》:"牛羊豕凡三牲曰大牢,二牲曰少牢。"《周禮·秋官·掌客》:夫人致禮,八壺、八豆、八籩,膳~,致饗~,食~。(0900中)《儀禮·聘禮》:上賓~,積唯芻禾。(1048上)《禮記·王制》:天子社稷皆~。諸侯社稷皆少牢。(1337上)

【大₂社】天子爲百官、庶民所立的祭土神、穀神的地方。在庫門之內右。孔穎達《疏》:"羣姓,謂百官以下及兆民,言羣姓者,包百官也。大社在庫門之內右。"《禮記·祭法》:王爲羣姓立社,曰~;王自爲立社,曰王社。(1589下)

【大₂府】職官名。爲治藏之長,掌九貢、九賦、九職之法,負責管理財用府藏。爵下大夫。《天官·敘官》孫詒讓《正義》:"此大府與下玉府、內府、外府諸治藏官爲長,故尊之曰大。"《周禮·天官·大府》:~,掌九貢、九賦、九功之貳。(0677中)

【大₂宗】職官名。爲殷代天官六大之一。掌邦之祭祀、曆數。鄭玄《注》:"此蓋殷時制也。周則大宰爲天官,大宗曰宗伯。宗伯爲春官,大史以下屬焉。大士,以神仕者。"孫希旦《集解》:"吕氏大臨曰:殷人尊神,率民以事神,先鬼而後禮。大宗以下,皆事鬼神、奉天時之官,故總謂之天官。……此言天子建官,先以六大,自大宗以下,皆爲事鬼神、治曆數之職。"《禮記·曲禮下》:天子建天官,先六大,曰大宰、~、大史、大祝、大士、大卜,典司六典。(1261中)

【大₂祖】❶太祖廟之省稱。《夏采》賈公彥《疏》:"各服朝服而復於大祖之廟。"《周禮·天官·夏采》:掌大喪以冕服復于~,以乘車建綏,復于四郊。(0694下)《禮記·檀弓上》:君復於小寢、大寢、小祖、~、庫門、四郊。(1293上)❷始封之君。《王制》鄭玄《注》:"大祖,始封之君。"《儀禮·喪服》:諸侯及其~,天子及其始祖之所自出。(1106上)《禮記·王制》:諸侯五廟:二昭、二穆,與~之廟而五。(1335中)

【大₂祝】❶職官名。爲祝官之長,掌祭祀告神之贊辭。爵下大夫。《周禮·春官·大祝》:~,掌六祝之辭。(0808下)❷職官名。爲殷代天官六大之一。掌邦之祭祀、曆數。鄭玄《注》:"此蓋殷時制也。周則大宰爲天官,大宗曰宗伯。宗伯爲春官,大史以下屬焉。大士,以神仕者。"孫希旦《集解》:"吕氏大臨曰:殷人尊神,率民以事神,先鬼而後禮。大宗以下,皆事鬼神、奉天時之官,故總謂之天官。……此言天子建官,先以六大,自大宗以下,皆爲事鬼神、治曆數之職。"《禮記·曲禮下》:天子建天官,先六大,曰大宰、大宗、大史、~、大士、大卜,典司六典。(1261中)

【大₂師】職官名。掌管音律。爲樂師之長。爵下大夫。天子、諸侯均有此官,以瞽矇充任。《周禮·春官·大師》:~,掌六律、六同,以合陰陽之聲。(0795中)《儀禮·燕禮》:~告于樂正,曰:"正歌備。"(1021下)《禮記·王制》:命~陳詩,以觀民風。(1328中)

【大₂宰】❶周代職官名。即冢宰。爲

治官之長,掌建邦之六典、八法、八則、八柄、八統、九職、九賦、九式、九貢,以協助天子治理邦國。爲六卿之一。《周禮·天官·大宰》:～之職,掌建邦之六典,以佐王治邦國。(0645 中)❷職官名。爲殷代天官六大之一。掌邦之治典。鄭玄《注》:"此蓋殷時制也。周則大宰爲天官,大宗曰宗伯。宗伯爲春官,大史以下屬焉。"《禮記·曲禮下》:天子建天官,共六大,曰～、大宗、大史、大祝、大士、大卜,典司六典。(1261 中)

【大₂馭】職官名。掌駕馭天子玉路。爵中大夫。《周禮·夏官·大馭》:～,掌馭玉路以祀。(0857 下)

【大₂常】即常。爲九旗中五正旗之一。正幅畫有日月圖像,黃色,十二斿。王五路之玉路建太常,用於大祭祀。表示中央。國大閱時,天子建常。鄭玄《注》:"大常,九旗之畫日月者。"參見"常②"。《周禮·春官·巾車》:一曰玉路,錫,樊纓十有再就,建～十有二斿,以祀。(0822 下)

【大₂陰】指月亮。月爲陰之精,日爲陽之精。鄭玄《注》:"太陰之弓,救月之弓。"賈公彥《疏》:"以其與經云救日之弓相對,彼言救日之弓,明此太陰之弓是救月之弓可知。"《周禮·秋官·庭氏》:若不見其鳥獸,則以救日之弓與救月之矢射之。若神也,則以～之弓與枉矢射之。(0889 下)

【大₂傅】職官名。負責教育太子。《禮記·文王世子》:立～、少傅以養之,欲知其父子、君臣之道也。～審父子、君臣之道以示之,少傅奉世子以觀～之德行而審喻之。(1406

下)

【大₂尊】太古之瓦尊。爲六尊之一,爲原始質樸之形制。用於四時間祀之禘祭、祫祭,供羣臣酌酢之用。鄭玄《注》引鄭司農云:"大尊,太古之瓦尊。"《周禮·春官·司尊彝》:其朝踐用兩～,其再獻用兩象尊,皆有罍,諸臣之所昨也。(0773 中)

【大₂誓】《尚書》篇名。已佚。今傳僞《古文尚書》有《泰誓》上、中、下三篇,乃輯佚而成。鄭玄《注》:"《大誓》,《尚書》篇名也。……此武王誓衆以伐紂之辭也。今《大誓》無此章,則其篇散亡。"《禮記·坊記》:《～》曰:"予克紂,非予武,惟朕文考無罪。"(1620 上)

【大₂蔟(cù)】樂律名。古代樂律分爲十二,陽聲爲律,陰聲爲同。大蔟爲六律第二。五行説認爲孟春(正月)之氣,合於大蔟之律。亦作"太簇"。《周禮·春官·大師》:陽聲:黃鍾、～、姑洗、蕤賓、夷則、無射。(0795 中)《禮記·月令》:孟春之月,……其音角,律中～。(1354 上)

【大₂僕】職官名。掌正王之服位,傳達王命,轉呈奏章,侍從出入等。爲侍御之長,其屬官有小臣、祭僕、御僕、隸僕和弁師。爵下大夫。《周禮·夏官·敘官》:～下大夫二人。(0831 下)

【大₂廟】❶指明堂四方之堂的中堂。四方之堂東曰青陽,西曰總章,南曰明堂,北曰玄堂,其中以南爲正。四堂又各分爲左右室及中堂,左曰左个,右曰右个,中曰大廟。孫希旦《集解》:"青陽大廟,明堂之東堂也。明堂之四堂皆曰大廟者,明堂十二室,十二月分居之,而其祀天告朔皆於堂,以其爲事神之所,故謂之廟。"參見"明堂①"。《禮記·月令》:天子居青陽~,乘鸞路,駕蒼龍。(1361中)❷始祖之廟。凡國之大事均在祖廟舉行。鄭玄《注》:"大廟者,祖廟也。"《禮記·郊特牲》:獻命庫門之内,戒百官也。~之命,戒百姓也。(1453上)

【大₂學】貴族子弟成童後學習的地方。天子大學曰辟雍,諸侯曰泮宮。大學設在國郊。鄭玄《注》:"此小學,大學,殷之制。"《禮記·王制》:小學在公宮南之左,~在郊。天子曰辟廱,諸侯曰頖宮。(1332下)

【大₂羹】不調和五味的肉汁。爲原始太古之羹,祭祀時先奉之。《亨人》鄭玄《注》:"大羹,肉湆。鄭司農云:'大羹,不致五味也。'"《樂記》鄭玄《注》:"大羹,肉湆,不調以鹽菜。"《周禮·天官·亨人》:祭祀,共~,鉶羹。(0662下)《禮記·樂記》:大饗之禮,尚玄酒而俎腥魚,~不和,有遺味者矣。(1528下)

【大₂皞(hào)】即伏羲氏。爲五帝之一。戰國五行説,列之爲東方之帝,屬木,主春。鄭玄《注》:"大皞,宓戲氏也。"《禮記·月令》:其日甲乙,其帝~,其神句芒。(1353中)

【大₂父母】祖父祖母。陸德明《釋文》:"大父母音泰。大父母,祖父母也。"《禮記·深衣》:具父母、~,衣純以績。(1664中)

【大₂羹湆(qì)】不和五味的肉湯。亦稱大羹。鄭玄《注》:"大羹湆,煮肉汁也。大古之羹無鹽菜。"《儀禮·士昏禮》:~在爨。(0963中)

【大₂祖之廟】始祖之廟。爲天子七廟之一,即后稷之廟。鄭玄《注》:"此周制。……大祖,后稷。"《禮記·王制》:天子七廟:三昭、三穆,與~而七。諸侯五廟:二昭、二穆,與~而五。大夫三廟:一昭、一穆,與~而三。(1335中)

【大₂陰之弓】即救月之弓。出現月食時用之。又以射怪異之聲。其形制未詳。鄭玄《注》:"太陰之弓,救月之弓。"賈公彥《疏》:"以其與經云救日之弓相對,彼言救日之弓,明此太陰之弓是救月之弓可知。"《周禮·秋官·庭氏》:若不見其鳥獸,則以救日之弓與救月之矢射之。若神也,則以~與柱矢射之。(0889下)

【大₂蔟爲徵】用大蔟調定徵音。古代五聲宮、商、角、徵、羽,須與十二律相配,纔能譜成樂調,確定音高。以十二律定五聲之調,可得六十調。孫詒讓《正義》:"三大祭之樂皆首舉四調者,爲歌奏之通均也。"《周禮·春官·大司樂》:凡樂,圜鍾爲宮,黃鍾爲角,~,姑洗爲羽。(0789下)

【大₂廟大室】明堂中央之室。以其尊於四隅之室,處於四堂之中,故稱。天子明堂有五室:東曰青陽,西曰總章,南曰明堂,北曰玄堂,中曰太室,其中以南爲正,以中爲尊。鄭玄《注》:"大廟大室,中央室也。"孫希旦《集解》:"大廟大室,明堂五室之中也。以其尊於四隅之室，故曰'大室'；以其處乎四堂之中，故曰'大廟大室'。《禮記·月令》：天子居～，乘大路，駕黃騮，載黃旂，衣黃衣，服黃玉(1372 中)

天 tiān ❶天神。《周禮·春官·典瑞》：四圭有邸，以祀～，旅上帝。(0777 中) ❷天子。依禮，對諸侯國君不得稱天，以避天子。孔穎達《疏》："謂諸侯之君，臣子不得稱之曰天公，辟天子。"《禮記·孔子閒居》：禮，君不稱～，大夫不稱君。(1619 上)

【天子】古以君權乃天所授，故稱帝王爲天子。《曲禮下》孔穎達《疏》："不言王者，以父天母地，是上天之子，又爲天所命子養下民，此尊名也。"《周禮·夏官·校人》：～十有二閑，馬六種。(0860 中)《儀禮·士冠禮》：～之元子猶士也，天下無生而貴者也。(0959 上)《禮記·曲禮下》：君天下，曰～。(1260 上)

【天王】天子。《曲禮下》孔穎達《疏》："某是天子之字，甫是男子美稱也。"參見"天子"。《周禮·春官·司服》：凡喪，爲～斬衰，爲王后齊衰。(0782 下)《禮記·曲禮下》：臨諸侯，畛於鬼神，曰"有～某甫"。(1260 中)

【天府】職官名。掌收藏保管祖廟的玉器寶物、國家的重要書册、盟約。爵上士。《春官·敘官》鄭玄《注》："府，物所藏。言天者，尊此所藏，若天物然。"《周禮·春官·敘官》：～上士一人，中士二人。(0753 上)《周禮·春官·天府》：～，掌祖廟之守藏與其禁令。(0776 上)

【天宗】指日、月、星之神。鄭玄《注》："天宗，謂日、月、星辰也。"《禮記·月令》：天子乃祈來年于～，大割祠于公社及門閭，臘先祖、五祀。(1382 上)

【天官】❶爲王朝六大官府之首。掌管國家的邦治。天官之長爲冢宰，亦稱大宰。其屬官統稱治官。《周禮·天官·小宰》：以官府之六屬舉邦治：一曰～，其屬六十，掌邦治。(0653 上) ❷職官名。殷制其屬有六：大宰、大宗、大史、大祝、大士、大卜，分掌六種法典。鄭玄《注》："此蓋殷時制也。周則大宰爲天官，大宗曰宗伯，宗伯爲春官，大史以下屬焉，大士以神仕者。"《禮記·曲禮下》：天子建～，先六大，曰大宰、大宗、大史、大祝、大士、大卜，典司六典。(1261 中)

【天星】指恒星。孫詒讓《正義》："掌天星者，此謂掌占恒星。"《周禮·春官·保章氏》：掌～，以志星辰日月之變動，以觀天下之遷，辨其吉凶。(0819 上)

【天神】天上諸神。古時祭祀對象分三類，天神、地祇、人鬼。上帝爲天神中之至尊，其次有日月、星辰、風雨等神。《周禮·春官·大宗伯》：掌建邦之～、人鬼、地示之禮，以佐王建保邦國。(0757 上)《禮記·郊特牲》：帝牛必在滌三月，稷牛唯具，所以別事～與人鬼也。(1453 下)

【天時】占卜天時的儀器。亦稱式，又作栻。其形上圓象天，下方象地，四週刻二十八星宿、十二月次、干支等。旋轉用以占卜天時、戰爭及諸事吉凶。鄭玄《注》引鄭司農云："大出師則大史主抱式，以知天時，處吉凶。"孫詒讓《正義》："大史所抱者，即觀臺器法之一也。"1977年安徽阜陽雙古堆一號漢墓出土一隻漢代栻盤,是有年代可考之栻盤中最早的一件。《周禮·春官·大史》:大師,抱～,與大師同車。(0818上)

【天氣】指陽氣。氣分陰陽,天之氣爲陽氣,地之氣爲陰氣。《易》以六爻而象十二月,將其分爲六陽(十一月至四月)、六陰(五月至十月)。孟春之月,陽氣上騰,爲草木萌發之始,是可耕之候。鄭玄《注》:"此陽氣蒸達,可耕之候也。"孔穎達《疏》:"天地之氣謂之陰陽,一年之中或升或降。故聖人作象,各分爲六爻,以象十二月。陽氣之升從十一月爲始,陽氣漸升,陰氣漸下,至四月六陽皆升,六陰皆伏。至五月一陰初升,陰氣漸升,陽氣漸伏,至十月六陰盡升,六陽盡伏。然則天氣下降,地氣上騰,五月至十月也;地氣下降,天氣上騰,十一月至四月也。"《禮記·月令》:(孟春之月)是月也,～下降,地氣上騰,天地和同,草木萌動。(1356下)

【天產】指動物。謂馬、牛、羊、豕、犬、鷄六牲之屬。天產用於婚禮。鄭玄《注》:"天產者動物,謂六牲之屬。"孫詒讓《正義》:"此陰德即謂昏禮,陽德亦即謂鄉射飲酒之禮。……以天產作陰德者,謂同牢之禮有牲牢,而用食禮也。"《周禮·春官·大宗伯》:以～作陰德,以中禮防之;以地產作陽德,以和樂防之。(0762下)

【天揖】拱手向前,手稍高舉以向天。爲拱手禮之一種。王以天揖揖同姓諸侯。鄭玄《注》:"天揖,推手小舉之。"《周禮·秋官·司儀》:詔王儀,南鄉見諸侯,土揖庶姓,時揖異姓,～同姓。(0896下)

【天龜】龜甲前俯而甲裙邊爲玄色的龜。爲六龜之一。鄭玄《注》:"天龜玄,地龜黄,……天龜俯,地龜仰。"《周禮·春官·龜人》:～曰靈屬,地龜曰繹屬,東龜曰果屬,西龜曰靁屬,南龜曰獵屬,北龜曰若屬,各以其方之色與其體辨之。(0804下)

【天下爲公】天下爲大家所共有。即天子應傳位給聖德之人,如堯禪位給舜,舜禪位給禹。爲儒家盛讚之美政。鄭玄《注》:"公,猶共也。禪位授聖,不家之。"孔穎達《疏》:"謂天子位也。爲公,謂揖讓而授聖德,不私傳子孫,即廢朱均而用舜禹是也。"今爲成語。《禮記·禮運》:大道之行也,～,選賢與能,講信脩睦。(1414上)

【天子之弓】天子所用之弓。其弓九張合起來成爲一個圓。所合圓之弓數越多,則弓之弧度越小,其力就強。而弓的往體(兩端向外反撓的彎曲度)少,弓的弧度就小。鄭玄《注》:"往體寡,來體多,則合多。往體多,來體寡,則合少而圜。"賈公彦《疏》:"天子之弓,王弧也。以其往體寡,故合九成規。"《周禮·夏官·司弓矢》:～,合九而成規,諸侯合七而成規。(0856中)

【天官冢宰第一】《周禮》六篇之第一篇。包括叙官文一,職文六十三。賈公彦《疏》引鄭玄《三禮目録》云:"象天所立之官。冢,大也;宰者,官也。天者統理萬物,天子立冢宰,使掌邦治,亦所以摠御衆官,使不失職。"孫詒讓《正義》:"明冢宰象天,取兼總六職之義。"(0639上)

【天作孽,可違也;自作孽,不可以

逭(huàn)】天造成的禍害,可以避開;自己造成的禍害,不可逃避。引自《尚書・太甲》中篇,爲太甲的悔過之辭。孔子引此强調人事所致之禍的危害,對人們有警示作用。鄭玄《注》:"逭,逃也。"孔穎達《疏》:"若水旱災荒自然而有,非由人失所致,故云天作孽,亦可從移辟災,是可違也。……己自作禍物,皆怨恨所在而致禍害,故不可逃也。"《禮記・緇衣》:《太甲》曰:"～。"(1649 下)

夫 ㊀ fū ❶丈夫。女子的配偶。《周禮・地官・媒氏》:司男女之無～家者而會之。(0733 下)《儀禮・喪服》:妻爲～。《傳》曰:～至尊也。(1101 中)《禮記・喪服小記》:婦人爲～與長子稽顙,其餘則否。(1494 下)❷百畝之田。井田制,一夫受田百畝,故以百畝爲夫。鄭玄《注》引《司馬法》曰:"六尺爲步,步百爲畝,畝百爲夫,夫三爲屋。"《周禮・地官・小司徒》:九～爲井,四井爲邑。(0711 下)❸成年男子的通稱。《周禮・地官・遂人》:上地,～一廛,田百畝,萊五十畝,餘～亦如之。(0740 下)

【夫人】❶諸侯的正妻。《玉人》鄭玄《注》:"獻於所朝聘君之夫人也。"《周禮・冬官考工記・玉人》:璪琮八寸,諸侯以享～。(0923 中)《儀禮・聘禮》:受～之聘璋,享玄纁束帛加琮,皆如初。(1047 下)《禮記・曲禮下》:天子之妃曰"后",諸侯曰～,大夫曰"孺人",士曰"婦人",庶人曰"妻"。(1267 上)❷天子的第二等妃妾。共三位。位僅次於后。協助王后掌管婦學之法。《漿人》賈公彥《疏》:"夫人,謂三夫人致飲於賓客之禮。"《昏義》鄭玄《注》:"内治,婦學之法也。"孔穎達《疏》:"其三夫人雖不分居六宫,亦分主六宫之事,或二宫則一人也。"《周禮・天官・漿人》:共賓客之稍禮,共～致飲于賓客之禮。(0670 下)《禮記・曲禮下》:天子有后,有～,有世婦,有嬪,有妻,有妾。(1261 上)《禮記・昏義》:古者天子后立六宫、三～、九嬪、二十七世婦、八十一御妻,以聽天下之内治。(1681 下)

【夫子】❶對男子的尊稱。《緇衣》孔穎達《疏》:"夫子,男子也。"《儀禮・士相見禮》:賓對曰:"某也,～之賤私,不足以踐禮,敢固辭。"(0976 下)《禮記・緇衣》:恒其德偵,婦人吉,～凶。(1651 中)❷對老師的尊稱。《禮記・祭義》:門弟子曰:"～之足瘳足,數月不出,猶有憂色,何也?"(1599 上)

【夫布】一夫口稅之錢。即人丁稅。爲賦稅之一種。賈公彥疏:"出夫布者,亦使出一夫口稅之泉也。"《周禮・地官・閭師》:凡無職者出～。(0727 中)

【夫屋】百畝爲夫,三夫爲屋。一屋三夫互相擔保,以交納賦稅。鄭玄《注》:"夫三爲屋,屋三爲井,出地貢者,三三相任。"賈公彥《疏》:"是一屋三夫,互相保任。"《周禮・地官・小司徒》:及大比六鄉、四郊之吏,平教治,正政事,攷～及其衆寡、六畜、兵器,以待政令。(0713 中)

【夫家】❶男和女。指可生産、服役者。賈公彥《疏》:"夫家者,謂男夫、婦女。"《周禮・天官・司書》:三歲,則大計羣吏之治,以知民之財器械之數,以知田野、〜、六畜之數。(0682上)❷指單身男女。鄭玄《注》:"無夫家,謂男女之鰥寡者。"《周禮·地官·媒氏》:司男女之無〜者而會之。(0733下)

【夫義】丈夫行事要和宜。爲儒家所倡導的做人十義理之一。孔穎達《疏》:"夫和即此夫義也。"《禮記·禮運》:父慈、子孝、兄良、弟弟、〜、婦聽、長惠、幼順、君仁、臣忠,十者謂之人義。(1422下)

【夫襓(ráo)】劍衣。鄭玄《注》:"夫襓,劍衣也。加劍於衣上。"《禮記·少儀》:劍則啓櫝,蓋襲之,加〜與劍焉。(1514中)

【夫家之征】指稅粟和人口稅。孫詒讓《正義》:"夫家之征,惠士奇、黃以周並謂出夫布,其說甚是。然當兼鄭稅粟爲釋,方爲晐備。蓋凡平民既授室受田,則成夫家。任職事者有地征,九賦之稅是也;又有力征,九職之貢是也。……此無職事,浮游不任農圃,故罰使出閒粟以當地征;情窳不任役,故罰使出夫布以當力征。……此夫家之征,則布粟兼出,故經不質言布粟而通謂之征。"《周禮·地官·載師》:凡民無職事者,出〜。(0726下)

㊀ fú 見下。

【夫₂遂】在陽光下取火的凹形銅鏡。亦名陽遂。鄭玄《注》:"夫遂,陽遂也。"賈公彥《疏》:"以其日者太陽之精,取火於日,故名陽遂。"《周禮·秋官·司烜氏》:掌以〜取明火於日,以鑒取明水於月。(0885中)

夭 ㊀ ǎo 幼小的動物。依禮,孟春之月,禁止傷害幼小的動物。

鄭玄《注》:"爲傷萌幼之類。"孔穎達《疏》:"胎,謂在腹中未出。夭,爲生而已出者。"《禮記·月令》:(孟春之月)毋覆巢,毋殺孩蟲、胎、〜、飛鳥。(1357中)

㊁ yāo 見下。

【夭₂鳥】夜間惡鳴之鳥,如鴞鵬。鄭玄《注》:"夭鳥,惡鳴之鳥,若鴞鵬。"《周禮·秋官·萉蔟氏》:掌覆〜之巢。(0889上)

太 tài 見下。

【太甲】《尚書》篇名。大甲爲商湯嫡長孫至的廟號,《尚書》記其言行,因以爲篇名。該篇已佚,今僞《古文尚書》有《太甲》上、中、下三篇,爲東晉時人纂集傳記所成。《禮記》所引,爲《古文尚書》。《禮記·緇衣》:《〜》曰:"天作孽,可違也;自作孽,不可以逭。"(1649下)

【太史】職官名。掌法典、禮籍、祭祀、星曆等。史官之長。爵下大夫。太史又稱左史,記王之行,與記言之右史(内史)相對。又作大史。《禮記·月令》:先立冬三月,〜謁之天子曰:"某日立冬,盛德在水。"(1381上)

【太常】即常。爲九旗中五正旗之一。正幅畫有日月圖像,黄色,十二旒。王五路之玉路建太常,用於大祭祀。表示中央。國大閱時,天子建常。賈公彥《疏》:"《巾車》云:'玉路建太常,十有二旒。'"參見"常②"。《周禮·夏官·節服氏》:掌祭祀、朝覲袞冕,六人維王之〜。(0851上)

【太尉】秦職官名。每年立夏時,太尉受天子之命,舉薦人才,頒爵出祿。

鄭玄《注》："三王之官，有司馬，無太尉，秦官則有太尉。今俗人皆云周公作《月令》，未通於古。"孔穎達《疏》："俗人謂賈逵、馬融之徒，皆云《月令》周公所作，故王肅用焉。此等未通識於古，古謂秦已前，不知三王無太尉，是未通於古。"一說，孫希旦《集解》："命太尉舉此三者，亦周制以司馬掌爵祿之義。"《禮記·月令》：命～贊桀俊，遂賢良，舉長大。（1365中）

【太僕】職官名。掌正王之服位，傳達王命，侍從出入等。爲侍御之長，其屬官有小臣、祭僕、御僕、隸僕和弁師。爵下大夫。亦作"大僕"。《周禮·夏官·太僕》：～，掌正王之服位，出入王之大命。（0851中）

【太廟】❶指明堂四方之堂的中堂。四方之堂東曰青陽，西曰總章，南曰明堂，北曰玄堂，其中以南爲正。四堂又各分爲左右室及中堂，左曰左个，右曰右个，中曰太廟。《月令》"天子居青陽大廟"孫希旦《集解》："青陽大廟，明堂之東堂也。明堂之四堂皆曰大廟者，明堂十二室，十二月分居之，而其祀天告朔皆於堂，以其爲事神之所，故謂之廟。"參見"明堂①"。《禮記·月令》：天子居明堂～，乘朱路，駕赤駵，載赤旂，衣朱衣，服赤玉。（1369上）❷始祖之廟。凡朝覲、祭祖、策命、慶賞等大典均於此舉行。孔穎達《疏》："舉大祫之祭，故云大廟。"《禮記·禮器》：～之内敬矣。君親牽牲，大夫贊幣而從。（1441中）

【夷】yí ❶對東方各族的總稱。所謂東夷、北狄、南蠻、西戎。《周禮·夏官·職方氏》：辨其邦國、都鄙、四～、八蠻、七閩、九貉、五戎、六狄之人民。（0861下）《禮記·王制》：東方曰～，被髮文身，有不火食者矣。（1338中）❷安放，陳列。皆對屍而言。陸德明《釋文》："夷于堂，如字，陳也。本或作侇。"孔穎達《疏》："夷，陳也。小斂竟，相者舉尸將出戶，往陳于堂。"一說，鄭玄《注》："夷之言尸也。"《禮記·喪大記》：徹帷，男女奉尸～于堂，降拜。（1573下）

【夷矛】長矛。其柄長二丈四尺。賈公彥《疏》："酋、夷長短名，酋近夷長矣。"《周禮·冬官考工記·廬人》：酋矛常有四尺，～三尋。（0926中）

【夷狄】泛指中原以外各族。《禮記·中庸》：素富貴行乎富貴，素貧賤行乎貧賤，素～行乎～，素患難行乎患難。（1627中）

【夷服】王畿外三千五百里至四千里之地帶。爲九服之一。九服爲侯、甸、男、采、衛、蠻、夷、鎮、藩，每服五百里。《周禮·夏官·職方氏》：乃辨九服之邦國：方千里曰王畿，其外方五百里曰侯服，又其外方五百里曰甸服，又其外方五百里曰男服，又其外方五百里曰采服，又其外方五百里曰衛服，又其外方五百里曰蠻服，又其外方五百里曰～，又其外方五百里曰鎮服，又其外方五百里曰藩服。（0863中）

【夷牀】安放屍體的牀。鄭玄《注》："夷之言尸也，朝正柩用此牀。"賈公彥《疏》："謂柩至祖廟兩楹之閒，尸北首之時，乃用此牀，故名夷牀也。"《儀禮·既夕禮》：

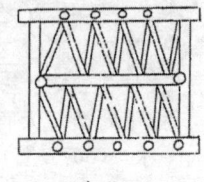

夷牀

~饌于階閒。(1146 下)

【夷則】樂律名。古代樂律分爲十二，陽聲爲律，陰聲爲同。夷則爲陽聲六律之第五。五行說認爲孟秋（七月）之氣，合於夷則之律。《周禮·春官·大師》：陽聲：黃鍾、大蔟、姑洗、蕤賓、~、無射。(0795 中)《禮記·月令》：孟秋之月，……其音商，律中~。(1372 下)

【夷衾】小殮後用以覆蓋屍體或棺柩的單被。《士喪禮》鄭玄《注》：「夷衾，覆尸之衾。」賈公彥《疏》：「鄭言小斂以往，則此夷衾本爲覆尸、覆柩，不用入棺矣。是以將葬啓殯，覆棺亦用之矣。」《喪大記》孔穎達《疏》：「小斂前有冒，故不用夷衾。自小斂後，衣多不可用冒，故用夷衾覆之也。」《儀禮·士喪禮》：牀笫、~、饌于西坫南。(1136 上)《禮記·喪大記》：自小斂以往用~，~質殺之，裁猶冒也。(1580 上)

夷衾

【夷槃】盛冰之木盤。置於屍牀下，用以寒屍。君用大盤，大夫用夷盤。《凌人》鄭玄《注》：「夷之言尸也。實冰于夷盤中，置之尸牀之下，所以寒尸。」《喪大記》鄭玄《注》：「大盤，廣八尺，長丈二，深三尺，赤中。夷盤小焉。」《周禮·天官·凌人》：大喪，共~冰。(0671 上)《儀禮·士喪禮》：士有冰，用~可也。(1133 下)《

夷盤

記·喪大記》：君設大盤，造冰焉。大夫設~，造冰焉。(1575 下)

【夷樂】四夷的樂舞，有歌有舞。鄭玄《注》：「夷樂，四夷之樂，亦皆有聲歌及舞。」《周禮·春官·旄人》：掌教舞散樂，舞~。(0801 中)

【夷隸】東夷之俘服役者。爲司隸所轄。受牧人役使養牛牲。賈公彥《疏》：「爲牧人之所役，使牧牛牲。」《周禮·秋官·夷隸》：~，掌役牧人養牛馬，與鳥言。(0884 上)

【夷畿】即夷服。爲王畿外三千五百里至四千里之地帶。《周禮·夏官·大司馬》：乃以九畿之籍施邦國之政職：方千里曰國畿，其外方五百里曰侯畿，又其外方五百里曰甸畿，又其外方五百里曰男畿，又其外方五百里曰采畿，又其外方五百里曰衛畿，又其外方五百里曰蠻畿，又其外方五百里曰~，又其外方五百里曰鎮畿，又其外方五百里曰蕃畿。(0835 下)

夾 (夾) jiā ❶指夾室。詳見「夾室」。《周禮·冬官考工記·匠人》：夏后氏世室，堂脩二七，廣四脩一，五室，三四步，四三尺，九階，四旁兩~。(0928 上) ❷指夾弓。詳見「夾弓」。《周禮·冬官考工記·弓人》：往體多，來體少，謂之~，臾之屬。(0937 上)

【夾弓】弓體向外彎曲度大、向內彎曲度小的弓。爲六弓之一。六弓中王弓、弧弓爲強弓，利射遠者、堅者；夾弓、庾弓爲弱弓，利射近者；唐弓、大弓介於兩者之間，利射深。鄭玄《注》：「王、弧、夾、庾、唐、大六者，弓異體之名也。……往體多，來體寡曰夾、庾。……豻侯五十步及射鳥獸，皆近射也,近射用弱弓。"《周禮‧夏官‧司弓矢》:王弓、弧弓以授射甲革、椹質者,～。庾弓以授射豻侯、鳥獸者,唐弓、大弓以授學射者、使者、勞者。(0855下)

【夾室】宗廟内堂東西廂房。用以貯藏遠祖神主。孔穎達《疏》:"夾室,東西廂也。"《禮記‧雜記下》:門、～皆用雞,先門而後～。(1568下)

【夾道】士卒在王出行的道路兩旁護衛,驅辟行人。夾道士卒之人數依爵位之高低而有不同。《周禮‧秋官‧條狼氏》:王出入,則八人～,公則六人,侯、伯則四人,子、男則二人。(0888上)

【夾鍾】樂律名。古代樂律分爲十二,陽聲爲律,陰聲爲同。夾鍾爲六同之第六。亦名圜鍾。《周禮‧春官‧大師》:陰聲:大吕、應鍾、南吕、函鍾、小吕、～。(0795下)《禮記‧月令》:其音角,律中～。(1361上)

【夾爵】自己先飲一爵,待君飲畢,再飲一爵。前後飲兩爵夾君之一爵,謂之夾爵。爲請國君飲酒的禮儀。賈公彦《疏》:"夾爵者,將飲君,先自飲,及君飲訖,又自飲,爲夾爵。"《儀禮‧燕禮》:若飲君,燕,則～。(1025中)

【夾王車】在王車左右隨行。以備有事問詢。孫詒讓《正義》:"夾王車者,從行備顧問。……王行在道,此官則左右夾王車而行。"《周禮‧地官‧土訓》:王巡守,則～。(0747上)

奉 fèng 見下。

【奉者當心,提者當帶】依禮,人捧物應與心平齊,提物應與帶平齊。孔穎達《疏》:"奉之者,謂仰手當心奉持其物。提之者,謂曲臂當帶而提絜其物。"《禮記‧曲禮下》:凡～。(1256上)

奔 bēn 見下。

【奔喪】從異國他鄉趕回服喪。爲喪禮之一。《禮記‧奔喪》:～之禮:始聞親喪,以哭荅使者,盡哀;問故,又哭盡哀。遂行,日行百里,不以夜行。唯父母之喪見星而行,見星而舍。(1653中)

【奔者不禁】仲春二月,媒氏組織未婚男女相會,在此期間,不禁止男女不待禮聘而嫁娶。孫詒讓《正義》:"《穀梁傳》文十二年,范注引譙周云:'奔者,不待禮聘,因媒請嫁而已矣。'……案:譙説是也。此奔亦由媒氏,但禮不備耳。"鄭玄《注》:"重天時,權許之。"賈公彦《疏》:"此月既是娶女之月,若有父母不娶不嫁之者,自相奔就,亦不禁之。但'人而無禮,胡不遄死?'以當禮乃可得爲配。言奔者不禁者,鄭云'權許之',其實非正禮也。"《周禮‧地官‧媒氏》:中春之月,令會男女,於是時也,～。(0733中)

【奔則爲妾】女子未行聘禮而嫁者爲妾。婚禮,納采、問名、納吉、納徵、請期、親迎六者需備,違此則非正禮。孫希旦《集解》:"女不待聘而嫁者謂之奔。"《周禮‧地官‧媒氏》"奔者不禁"孫詒讓《正義》引胡培翬云:"《内則》云:'聘則爲妻,奔則爲妾。'聘謂以禮娶也,奔則不備禮之謂。"《禮記‧内則》:聘則爲妻,～。(1471中)

【奔喪第三十四】《禮記》第三十四篇篇名。主要記身在異國他鄉而奔喪之禮。孔穎達《疏》引鄭玄《三禮目錄》云："名曰《奔喪》者，以其居他國聞喪奔歸之禮。此於《別錄》屬喪服之禮矣。"但本篇並非全記奔喪禮，亦有記他種喪禮者，如無服者哭喪之禮，相識者弔唁之禮，同居者主喪之禮等，文體也與《禮記》他篇有異。鄭玄《注》："實《曲禮》之正篇也。"孫希旦《集釋》則以爲是《儀禮》之逸篇，其前半部分爲經文，後則爲《儀禮》諸篇之《記》文。（1653 中）

奇 jī 見下。

【奇車】車一乘。依禮，國君出行必有從車。王闓運《禮記箋》："奇者，無偶之詞。此謂國君出門，必有從車。"一說，謂獵車、衣車等奇邪不正的車子。孔穎達《疏》："國君出入宜正，不可乘奇邪不正之車。……《隱義》曰：'獵車之形，今之鉤車是也。衣車，如鼈而長也。漢桓帝之時禁臣下乘之。'"《禮記·曲禮上》：國君不乘～。（1253 中）

奄 yān 用同"閹"。宦者，閹人。男子去勢於朝宮中任職服役者。鄭玄《注》："奄，精氣閉藏者，今謂之宦人。"《周禮·天官·敘官》：酒人～十人，女酒三十人，奚三百人。（0641 中）

【奄尹】職官名。爲宦者之長，掌管內宮政務。鄭玄《注》："奄尹，主領奄豎之官也。於周則爲內宰，掌治王之內政。"《禮記·月令》：是月也，命～，申宮令，審門閭，謹房室，必重閉。（1382 下）

契 qì ❶符契，憑證。古時契分爲左右兩半，雙方各執其一，用時合對以爲徵信。《曲禮上》鄭玄《注》："契，券要也，右爲尊。"《宰夫》孫詒讓《正義》："官契，即《小宰》八成之書契也。"參見"書契"。《周禮·天官·宰夫》：五曰府，掌官～以治藏。（0655 下）《禮記·曲禮上》：獻粟者執右～。（1244 上）❷灼龜甲之木。鄭玄《注》："《士喪禮》曰：'楚焞置于燋，在龜東。'楚焞即契，所用灼龜也。"孫詒讓《正義》："但諦審此經，燎契則槁爲灼龜之木。竊意龜卜所用，有金契，有木契。金契用以鑽鑿，木契即楚焞，用以爇灼。以二者皆刻削其尚纖銳，故同謂之契，實則異物也。"一說，杜子春云："契，謂契龜之鑿也。"《周禮·春官·菙氏》：掌共燋～，以待卜事。凡卜，以明火爇燋，遂龡其焌～，以授卜師，遂役之。（0805 上）

奎 kuí 星名。西方白虎七宿的首宿，有星十六顆。爲二十八宿之一。《禮記·月令》：仲春之月，日在～，昏弧中，旦建星中。（1361 上）

奚 xī 女奴。鄭玄《注》："古者從坐男女，沒入縣官爲奴，其少才知以爲奚，今之侍史官婢也。"《周禮·天官·敘官》：酒人奄十人，女酒三十人，～三百人。（0641 中）

匏 páo ❶笙竽之類的樂器，以匏瓠製成。爲八音之一。《大師》鄭玄《注》："匏，笙也。竹，管簫也。"《郊特牲》孔穎達《疏》："匏，笙也。竹，簫、笛也。"《周禮·春官·大師》：皆播之以八音：金、石、土、革、絲、木、～、竹。（0795 中）《禮記·郊特牲》：歌者在上，～竹在下，貴人聲也。

（1446下）❷匏爵。指用匏瓠製成的酒器。孔穎達《疏》："匏，謂酒爵。"《禮記·郊特牲》：器用陶、～，以象天地之性也。（1452中）

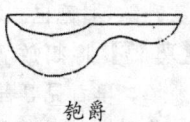
匏爵

奧 ào ❶室中西南角。爲尊位。祭祀設神主或尊長居坐之處。《少牢饋食禮》鄭玄《注》："布陳神坐也。室中西南隅謂之奧。"《曲禮上》鄭玄《注》："室中西南隅謂之奧。"孔穎達《疏》："尊者居必主奧也。"《儀禮·少牢饋食禮》：司宮筵于～，祝設几于筵上。（1198中）《禮記·曲禮上》：爲人子者，居不主奧，坐不中席。（1233上）❷謂鳥胃。古人認爲是不可食之物。孔穎達《疏》："奧，謂脾肶藏之深奧處。鶉奧及鹿胃亦不可食，凡此皆爲不利人也。"《禮記·內則》：雛尾不盈握弗食，舒鴈翠，鵠、鴞胖，舒鳧翠，雞肝，鴈腎，鶉～，鹿胃。（1466下）

【奧阼】 奧，室內西南角，尊者之處；阼，堂下東階，主人之位。孫希旦《正義》引陳澔曰："室之有奧，以爲尊者所處；堂之有阼，以爲主人之位。"《禮記·仲尼燕居》：目巧之室則有～，席則有上下，車則有左右，行則有隨，立則有序，古之義也。室而無～，則亂於堂室也。（1615上）

奠 diàn ❶陳獻祭品以告先祖。天子出征、巡守，諸侯覲見大子，諸侯相見以及返回後行奠幣之祭。奠不迎尸，沒有定期，應事而行，爲祭之較簡者。《大祝》鄭玄《注》："用事，亦用祭事告行也。……《曾子問》曰：'凡告必用牲幣，反亦如之。'"賈公彥《疏》："今王出行時，造于廟，將遷廟主行，反行還祭七廟，非時而祭曰奠。"《曾子問》鄭玄《注》："皆奠幣以告之。"《周禮·春官·大祝》：過大山川，則用事焉；反行，舍～。（0811下）《禮記·曾子問》：諸侯適天子，必告於祖，～於禰。（1389下）❷祭品。或指牲肉，或指魚類，或指菜類。《澤虞》鄭玄《注》："澤物之奠，亦籩豆之實，芹茆菱芡之屬。"《檀弓上》鄭玄《注》："有牲肉，則巾之，爲其久設塵埃加也。脯醢之奠不巾。"《周禮·地官·澤虞》：凡祭祀、賓客，共澤物之～。（0748上）《禮記·檀弓上》：喪不剝～也與？祭肉也與？（1293上）❸喪祭。陳放祭品祭祀亡靈。始死之後、未葬之前行此祭。所奠置於地者乃死者生時所餘脯醢、醴酒等飲食。喪主朝夕哭畢於哭位行此禮，稱朝奠。小殮之奠設於屍東，大殮之奠設於室，均無席。因其行饋食之禮（即進獻飲食），亦稱饋奠。其間逢朔、望或國君臨大夫、士喪，則祭品增牲體或新熟之穀蔬等，又稱大奠、殷奠。《釋名·釋喪制》："喪祭曰奠。"《檀弓下》孔穎達《疏》："奠，謂始死至葬之時祭名，以其時無尸，奠置於地，故謂之奠也。"《士喪禮》鄭玄《注》："殷，盛也。士月半不復如朔盛奠下尊者。"《儀禮·士喪禮》：月半，不殷～。（1142下）《禮記·檀弓下》：～以素器，以生者有哀素之心也。（1301下）❹酒尊。鄭玄《注》："古文'奠'爲'尊'。"惠棟《禮經古義·儀禮下》："古尊字作'尊'，與奠形近而致訛。"《儀禮·士喪禮》：冪～用功布，實于篚，在饌東。（1135中）

【奠牛】 殷奠、遣奠所用之牛。鄭玄

【奠】:"謂殷奠、遣奠也。喪所薦饋曰奠。"參見"奠③"。《周禮·地官·牛人》:喪事,共其~。(0724上)

【奠食】確定在職者的禄米。鄭玄《注》:"食,稍食也。"賈公彦《疏》:"奠,定也。據能者先試之以事,事成,乃定以稍食。"《周禮·夏官·司士》:以德詔爵,以功詔禄,以能詔事,以久~,惟賜無常。(0848下)

【奠席】爲舉行奠祭而設的席。鄭玄《注》:"大斂奠而有席,彌神之。"胡培翬《正義》:"奠席,即下設于奥用以奠者。"《儀禮·士喪禮》:~在饌北,斂席在其東。(1139中)

【奠菜】放堇菜於筐中以祭奠。爲新婦入門三月祭奠已故公婆之禮。鄭玄《注》:"奠菜者,以筐祭菜也。蓋用堇。"《儀禮·士昏禮》:若舅姑既没,則婦入三月,乃~。(0970中)

【奠賈(jià)】規定物價。鄭玄《注》:"奠,讀爲定。整勑會者,使定物賈,防誣豫也。"《周禮·地官·司市》:凡市入,則胥執鞭度守門,市之羣吏平肆、展成、~。(0734下)

【奠酬】主人敬酒,賓客放置酒杯而不飲稱奠酬。爲飲酒之禮節。飲酒之禮,主人先向賓敬酒曰獻;賓回敬主人曰酢;再後主人先自飲以勸賓飲酒曰酬。凡酬,賓奠而不飲。《士昏禮》鄭玄《注》:"奠酬者,明正禮成,不復舉。凡酬酒,皆奠於薦左,不舉。"《郊特牲》孔穎達《疏》:"主人酌獻賓,賓拜受爵。……賓飲卒爵,酢主人。……主人飲畢,爵以酬賓,賓筵前受酬,奠于薦東,不舉。"《儀禮·士昏禮》:舅洗于南洗,姑洗于北洗,~。

(0968中)《禮記·郊特牲》:~而工升歌,發德也。(1446下)

【奠鴈】將鵝放置於地。鴈即鵝,爲摯。卑者見尊者,奠摯於地,不親授。此爲婚禮親迎時新婿見岳父之禮。參見"奠摯"。《儀禮·士昏禮》:賓升,北面,~,再拜稽首。(0966上)

【奠摯】把摯(禮品)放置於地。古禮尊卑有别,凡卑者見於尊者,所帶禮品祇能置放於地,不能親授於尊者。《士相見禮》鄭玄《注》:"奠摯,尊卑異,不親授也。"《儀禮·士相見禮》:賓入,~,再拜;主人荅壹拜。(0976中)《禮記·冠義》:玄冠、玄端~於君,遂以摯見於鄉大夫、鄉先生,以成人見也。(1679下)

【奠竁(cuì)】置放祭品於墓穴中棺旁。爲喪禮之一。鄭玄《注》:"竁亦有俎實,謂所包遣奠。"賈公彦《疏》:"竁是壙内。……此言奠竁,則奠入於壙。……正喪祭奠入壙之事。"《周禮·夏官·量人》:掌喪祭~之俎實。(0842下)

【奠繭】進獻蠶繭。爲世婦、命婦助王后蠶事結束後的獻繭之禮。鄭玄《注》:"奠,猶獻也。凡世婦以下蠶事畢,獻繭,乃命之以其服。"孔穎達《疏》:"謂世婦及命婦入助蠶畢獻繭也。"《禮記·玉藻》:唯世婦命於~,其他則皆從男子。(1481下)

【奠彝】喪祭所用之彝器。賈公彦《疏》:"大喪之奠有彝尊,盛鬱鬯。"《周禮·春官·司尊彝》:大喪存~,大旅亦如之。(0774下)

【奠衣服】死者的魂衣。祭奠時陳於座上。鄭玄《注》:"奠衣服,今坐上魂衣也。"賈公彦《疏》:"鄭云:'大殮之

奪 （夺）duó 没收财产的法令。爲天子駕馭羣臣的八柄之一。賈公彦《疏》："謂臣有大罪,身殺,奪其家資,故云以馭其貧。"《周禮·天官·大宰》：以八柄詔王馭羣臣：一曰爵,以馭其貴；二曰禄,以馭其富；三曰予,以馭其幸；四曰置,以馭其行；五曰生,以馭其福；六曰～,以馭其貧；七曰廢,以馭其罪；八曰誅,以馭其過。(0646 中)

餘也。'至祭祀之時,則出而陳於坐上,則此奠衣服也者。"《周禮·春官·司服》：大喪,共其復衣服、斂衣服、～、襚衣服,皆掌其陳序。(0783 下)

尢部

尫 wāng 骨骼彎曲症。即胸、脛、背處骨骼彎曲,突胸、仰面。亦指患此病者。古時天不下雨,無道之君就暴曬尫者以求雨。鄭玄《注》："尫者面鄉天,覬天哀而雨之。"《禮記·檀弓下》：天久不雨,吾欲暴～而奚若？(1317 上)

尨 máng 雜色的牲畜。鄭玄《注》引杜子春云："尨,謂雜色不純。"《周禮·地官·牧人》：凡外祭毀事,用～可也。(0723 中)

就 jiù 五采絲一匝稱爲一就。據《周禮》,王之冕五采絲十二就,一就貫五采玉十二；諸侯之冕五采絲九就,一就貫三彩玉九。《禮器》孔穎達《疏》："五色一帀曰就。"《弁師》孫詒讓《正義》引朱大韶曰："五采一成爲一就,就自指繅斿言。《疏》謂'以一玉爲一成結之',經於玉無言就者,非也。"一说,賈公彦《疏》："就,成也。以一玉爲一成,結之,使不相并也。"《周禮·夏官·弁師》：掌王之五冕,皆玄冕、朱裏、延紐。五采繅十有二～,皆五采玉十有二,玉笄,朱紘。(0854 中)《儀禮·既夕禮》：薦馬,纓三～。(1148 上)《禮記·禮器》：大路繁纓一～,次路繁纓七～。(1432 下)

弋部

弋 yì 帶絲繩的箭。孫詒讓《正義》："弋據繳絲言之。"《周禮·夏官·膳人》：掌王之用弓、弩、矢、箙、繒、～、抉、拾。(0856 下)

式

式 shì ❶用同"軾"。以手撫憑車軾略微俯身,以示敬意。《曲禮上》鄭玄《注》:"禮之。"《周禮·夏官·道右》:王～則下,前馬,王下則以蓋從。(0857 下)《儀禮·士喪禮》:主人不哭,辟。君～之。(1141 中)《禮記·曲禮上》:尸必～,乘必以几。(1248 中)❷用同"軾"。車前供乘者憑依的橫木。式高三尺三寸,及人之半腰,故可憑依。《輿人》賈公彥《疏》:"式,謂人所憑依而式敬,故名此木爲式也。"《曲禮上》鄭玄《注》:"撫,猶據也。據式小俛,崇敬也。"《周禮·冬官考工記·輿人》:參分其隧,一在前,二在後,以揉其～。(0910 中)《禮記·曲禮上》:國君撫～,大夫下之。大夫撫～,士下之。(1249 中)

弑 shì 臣殺君、子殺父母曰弒。《釋名·釋喪制》:"下殺上曰弒。"《周禮·夏官·大司馬》:賊殺其親則正之,放～其君則殘之。(0835 中)《禮記·檀弓下》:臣～君,凡在官者殺無赦。子～父,凡在宮者殺無赦。(1314 下)

小(⺌)部

小 xiǎo 見下。

【小子】❶職官名。掌祭祀進獻牲血齍祭器等事。爵下士。《周禮·夏官·小子》:～,掌祭祀羞羊肆、羊殽、肉豆。(0842 下)❷老師對學生的稱呼。《禮記·檀弓下》:夫子曰:"～識之,苛政猛於虎也。"(1313 中)❸弟子。鄭玄《注》:"小子,弟子也。"《禮記·少儀》:～走而不趨,舉爵則坐,立飲。(1515 下)

【小功】喪服五服之第四等。其服以熟麻布製成,較大功爲細,較總麻爲粗。服期五月。爲從祖祖父母、從祖父母、從祖昆弟、從父姊妹及外祖父母、從母等服之。亦爲服小功服。《周禮·春官·司服》:其凶服,加以大功、～。(0783 上)《儀禮·喪服》:～者,兄弟之服也。(1111 上)《禮記·喪服小記》:適婦不爲舅後者,則姑爲之～。(1503 中)

【小史】職官名。大史之副。掌管王國及諸侯國之史籍,載王之世繫。爵中士,下士。《周禮·春官·小史》:～,掌邦國之志,奠繫世,辨昭穆。(0818 中)《儀禮·大射》:釋獲者命～,～命獲者。(1037 上)

【小市】指兵器、珍異之物等小商品的交易。鄭玄《注》:"大市,人民、馬牛之屬,用長券。小市,兵器、珍異之物,用短券。"《周禮·地官·質人》:凡賣儥者質劑焉,大市以質,～以劑。(0737 中)

殤小功

【小刑】張貼罪狀於肆門之罰。爲市刑三刑之輕者。鄭玄《注》引鄭司農云："憲罰，播其肆也。"《周禮·地官·司市》：市刑，～憲罰，中刑徇罰，大刑撲罰。(0735中)

【小臣】❶職官名。大僕之副。掌管傳達天子的小命令，詔相天子的小儀節。爵上士。《周禮·夏官·小臣》：～，掌王之小命，詔相王之小灋儀。(0852中)《儀禮·公食大夫禮》：～具槃匜，在東堂下。(1079下)❷職位低下之臣。指士以下的官員。孔穎達《疏》："小臣，士以下。"《禮記·禮運》：故政不正則君位危，君位危則大臣倍，～竊。(1418中)❸近臣。鄭玄《注》："小臣，君之近臣也。"《禮記·喪大記》：～復，復者朝服。(1572上)

【小成】小有成就。指入學七年在論學交友方面所取得的成就。孔穎達《疏》："比六年已前其業稍成，比九年之學其業小，故曰小成。"《禮記·學記》：一年視離經辨志，三年視敬業樂羣，五年視博習親師，七年視論學取友，謂之～。(1521中)

【小呂】樂律名。古代樂律分爲十二，陽聲爲律，陰聲爲同。小呂爲六同之第五。《周禮·春官·大師》：陰聲：大呂、應鍾、南呂、函鍾、～、夾鍾。(0795中)

【小次】天子祭祀、諸侯朝覲會同禮成後退居之所。鄭玄《注》："次，謂幄也。大幄，初往所止居也；小幄，既接祭退俟之處。"《周禮·天官·掌次》：朝日、祀五帝，則張大次、～。……諸侯朝覲、會同，則張大次。(0676下)

【小孝】下等的孝。曾子將孝分大、中、小三等，下等的孝是竭盡氣力使父母能得到贍養。鄭玄《注》："以庶人思父母慈愛，忘躬耕之勞，可謂用力矣。"孫希旦《集解》："思父母之慈愛，而忘其躬耕之勞，庶人之孝也。"參見"孝有三"。《禮記·祭義》：孝有三：～用力，中孝用勞，大孝不匱。(1598下)

【小祀】司命、司中、風師、雨師、山川、百物之祭。祭用牲。因其次於天地宗廟之大祀，日月星辰社稷五祀五嶽之次祀，故稱小祀。鄭玄《注》："鄭司農云：'……小祀，司命以下。'玄謂大祀又有宗廟，次祀又有社稷、五祀、五嶽，小祀又有司中、風師、雨師、山川、百物。"一說，孫詒讓《正義》："竊謂經凡言祭祀，惟《酒正》及此職分爲三等，餘職皆止分大小二等，疑次祀亦并入大祀，其差次難以詳定。"《周禮·春官·肆師》：立大祀，用玉帛、牲牷；立次祀，用牲幣；立～，用牲。(0768中)

【小君】國君夫人。鄭玄《注》："此贊拜夫人聘享辭也。"《儀禮·聘禮》：君以社稷故，在寡～，拜。(1075下)

【小宗】周代宗法制以嫡長子繼承制爲基礎，始封者之嫡長子一系爲大宗，其餘庶子爲小宗。天子之位由嫡長子世襲，爲大宗；其餘諸子對天子爲小宗。諸侯之位亦由嫡長子世襲，在本國爲大宗；其餘諸子對諸侯爲小宗。卿、大夫、士以此類推。大宗"百世不遷"，小宗"五世則遷"，祇傳五世便終止。《喪服小記》孔穎達《疏》："禰謂別子之庶子，以庶子所生長子繼此,庶子與兄弟為小宗。謂之小宗者,以其五世則遷,比大宗為小,故云小宗也。"《儀禮·喪服》:持重於大宗者,降其〜也。(1106上)《禮記·喪服小記》:別子為祖,繼別為宗,繼禰者為〜。(1495中)

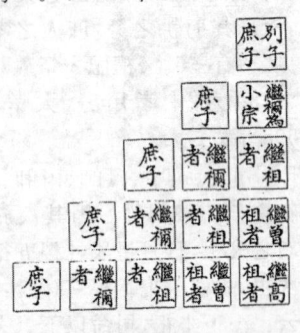

小宗子

【小事】與"大事"相對。❶六大官府之屬官能獨立完成而不需諮詢長官之事。賈公彥《疏》:"小事則專達者,謂若宮人掌舍,無大事,無長官可諮,自專行事。"《周禮·天官·小宰》:一曰天官,其屬六十,掌邦治,大事則從其長,〜則專達。(0653上)❷謂祭祀、征伐、田役、軍旅、大災、大故、喪葬等有關國家重大利益之外的事情。參見"大事"。《周禮·春官·肆師》:凡國之〜,治其禮儀。(0770中)

【小命】王日常小事之命。鄭玄《注》:"小命,時事所勅問也。"《周禮·夏官·小臣》:小臣,掌王之〜,詔相王之小灋儀。(0852中)

【小服】即小箙。裝短兵器之套子。鄭玄《注》:"服,讀為箙。小箙,刀劍短兵之衣。"《周禮·春官·巾車》:尾橐,疏飾,〜皆素。(0824中)

【小侯】指東夷、北狄、西戎、南蠻之君長。孔穎達《疏》:"小侯,謂四夷之

君。"《禮記·曲禮下》:庶方〜,入天子之國曰"某人",於外曰"子",自稱曰"孤"。(1265中)

【小客】指藩國來聘之使臣。賈公彥《疏》:"小客,謂藩國諸侯之使臣也。"《周禮·秋官·小行人》:凡四方之使者,大客則擯,〜則受其幣而聽其辭。(0893中)

【小扃(jiōng)】抬陪鼎的杠子。長二尺。鄭玄《注》:"小扃,膷鼎之扃,長二尺。"孫詒讓《正義》:"蓋牢鼎九,以牛鼎為首;陪鼎三,以膷鼎為首。此小扃為膷鼎之扃,即謂陪鼎之扃也。"《周禮·冬官考工記·匠人》:廟門容大扃七个,闈門容〜參个。(0928中)

【小祖】指高祖以下的廟。孔穎達《疏》:"小祖,高祖以下廟也。"《禮記·檀弓上》:君復,於小寢、大寢、〜、大祖、庫門、四郊。(1293上)

【小祝】職官名。掌管小祭祀行事之祝號。爵中士、下士。《周禮·春官·小祝》:〜,掌小祭祝將事侯、禳、禱、祠之祝號。(0811下)《儀禮·少牢饋食禮》:〜設槃、匜與簞、巾于西階東。(1198上)

【小胥】職官名。佐大胥掌管國學學士的徵召與考察。爵下士。《小胥》孔穎達《疏》:"小胥贊大胥為徵令校比之,知其在不。"《周禮·春官·小胥》:〜,掌學士之徵令而比之,觥其不敬者。(0795上)《禮記·王制》:將出學,〜、大胥、小樂正簡不帥教者,以告于大樂正,大樂正以告于王。(1342中)

【小都】卿之采邑。在距王都三百里

至四百里的縣地之中。鄭玄《注》："小都,卿大夫之采地。"賈公彥《疏》："以小都之田任縣地者,謂天子之卿各受五十里采地,在四百里縣地之內也。"《周禮・地官・載師》:以～之田任縣地,以大都之田任畺地。(0725上)

【小師】❶職官名。爲掌教瞽矇奏樂歌唱之樂師。爵上士。《周禮・春官・小師》:～,掌教鼓鼗、柷、敔、塤、簫、管、弦、歌。(0797上)❷天子不親自帥軍出征。鄭玄《注》:"小師,王不自出之師。"《周禮・秋官・小司寇》:～,涖戮。(0874中)

【小卿】指諸侯國位在三卿之下的五大夫。周制,小司徒、小宗伯、小司馬、小司寇等皆爲小卿。《大射》胡培翬《正義》:"小卿,即謂三卿下五大夫明矣。五大夫爲卿之副貳,故謂之小卿。……諸侯大夫不止五人,惟三卿下五大夫謂之小卿,其餘大夫不稱小卿。"《燕義》孫希旦《集解》:"上卿,謂三卿也。小卿,大夫之上,若司徒之小司徒,司馬之小司馬也。"《儀禮・大射》:卿席賓東,東上。～賓西,東上。(1029下)《禮記・燕義》:席,～次上卿,大夫次～,士、庶子以次就位於下。(1690下)

【小宰】職官名。大宰之副。掌制定王宮之刑法,管理宮中之政令。爵中大夫。《周禮・天官・小宰》:～之職,掌建邦之宮刑,以治王宮之政令,凡宮之糾禁。(0653上)《禮記・曾子問》:～升,舉幣。(1388下)

【小祥】喪祭名。父母去世後一週年之祭,因祭者皆著練服,亦稱練祭。祭後可以除去一部分喪服及稍微改善飲食。亦爲行小祥祭。《士虞禮》鄭玄《注》:"小祥,祭名。祥,吉也。"《曾子問》孫希旦《集解》:"三年之喪,至期而祭,謂之小祥。小祥練冠練衣。練祭,謂練冠以祭也。"《釋名・釋喪制》:"期而小祥,亦祭名也。孝子除首服,服練冠也。祥,善也,加小善之飾也。"《儀禮・士虞禮》:朞而～,曰:"薦此常事。"(1176中)《禮記・曾子問》:聞之～者,主人練祭而不旅,奠酬於賓。(1391上)

【小國】指子、男之國。子、男之國可建一軍。《夏官・敘官》賈公彥《疏》:"上公爲大國,侯伯爲次國,子男爲小國也。"《周禮・夏官・敘官》:王六軍,大國三軍,次國二軍,～一軍。(0830上)《禮記・王制》:～之卿食百四十四人,君食四百四十人。次國之卿命於其君者,如～之卿。(1348中)

【小祭】指五祀之祭,即祭五行之神。王服希冕玄冕而祭。小祭添酒一次。鄭玄《注》:"鄭司農云:'大祭天地,中祭宗廟,小祭五祀。'……玄謂大祭者,王服大裘袞冕所祭也;中祭者,王服鷩冕毳冕所祭也;小祭者,王服希冕玄冕所祭也。三貳、再貳、壹貳者,謂就三酒之尊而益之也。"一說,小祭即"小祀",謂祭司命、司中、風師、雨師、山川、百物,祭用牲。《周禮・春官・肆師》"立小祀,用牲"鄭玄《注》:"鄭司農云:'大祀,天地。次祀,日月星辰。小祀,司命以下。'玄謂大祀又有宗廟,次祀又有社稷、五祀、五嶽,小祀又有司中、風師、雨師、山川、百物。"孫詒讓《正義》:"竊謂經凡言祭祀,惟《酒正》及此職分爲三等,餘職皆止分大小二等,疑次祀亦并入大祀,其差次難以詳定。"《周禮·天官·酒正》:大祭三貳,中祭再貳,～壹貳,皆有酌數。(0669中)

【小喪】王之夫人、子弟及公卿大夫之喪。鄭玄《注》:"小喪,夫人以下小官士也。"《周禮·天官·宰夫》:大喪、～,掌小官之戒令,帥執事而治之。(0656下)

【小雅】《詩經》組成部分之一。《小雅》凡四十七篇。大多是西周後期及東周初期貴族宴會的樂歌,也有部分是批判當時朝政過失或抒發怨憤的民間歌謠。《詩大序》:"雅者,正也,言王政之所由廢興也。政有小大,故有《小雅》焉,有《大雅》焉。"《禮記·樂記》:廣大而靜,疏達而信者,宜歌《大雅》;恭儉而好禮者,宜歌《～》。(1544中)

【小暑】二十四節氣之一。在仲夏之月,公曆七月六日至八日。《禮記·月令》:仲夏之月,……～至,螳螂生,鵙始鳴,反舌無聲。(1369上)

【小飯】小口吃飯。侍食於尊者,須小口吃,且快速下咽,以防噦噎,以備見問。孔穎達《疏》:"小飯,謂小口而飯。亟,謂疾速而咽。小飯,而備噦噎也;速咽之,備見問也。"《禮記·少儀》:毋放飯,毋流歠,～而亟之。(1515上)

【小童】諸侯夫人對其夫自稱的謙辭。鄭玄《注》:"小童,若云未成人也。"《禮記·曲禮下》:夫人自稱於天子曰"老婦",自稱於諸侯曰"寡小君",自稱於其君曰～。(1267上)

【小瑟】相傳爲虞、夏、殷、周時之樂器。形似琴,比大瑟小。參見"大瑟"。《禮記·明堂位》:拊搏、玉磬、揩擊、大琴、大瑟、中琴、～,四代之樂器也。(1491上)

【小聘】❶諸侯之間每年派使者相互聘問之禮。《周禮·秋官·大行人》:"凡諸侯之邦交,歲相問也,殷相聘也,世相朝也。"其禮輕於聘,故稱小聘,亦稱問。小聘祇行獻禮,不行享禮,禮不及夫人。鄭玄《注》:"貶於聘,所以爲小也。"《儀禮·聘禮》:～曰問,不享,有獻,不及夫人。(1072上)❷諸侯每年派大夫爲使臣向天子行聘問之禮。鄭玄《注》:"比年,每歲也。小聘使大夫,大聘使卿,朝則君自行。"《禮記·王制》:諸侯之於天子也,比年一～,三年一大聘,五年一朝。(1327下)

【小辟】指死刑以外的刑罰。如墨、宮、臏、剕、刖等。孔穎達《疏》:"《魯語》云:'小刑用鑽鑿,次刑用刀鋸。'案:墨刑刻其面,是用鑽鑿也;其宮、剕之屬,則剌割也,故云宮、割、臏、墨、剕、刖,皆以刀鋸剌割人體也。"《禮記·文王世子》:其刑罪,則曰:"某之罪在～。"(1409上)

【小綏】諸侯田獵時所建之旌旗。諸侯射殺猛獸,則放倒小綏。孫希旦《集解》:"小綏,諸侯田獵所建之旌,制如大綏而稍小者。"參見"大綏"。《禮記·王制》:天子殺則下大綏,諸侯殺則下～,大夫殺則止佐車。(1333中)

【小舞】年幼時所學之舞。以器服言之有帗舞、羽舞、皇舞、旄舞、干舞、人舞等六小舞。鄭玄《注》:"謂以年幼少時教之舞。《內則》曰:十三舞

《勺》,成童舞《象》,二十舞《大夏》。"孫詒讓《正義》:"《勺》《象》並小舞之樂章,下經帗羽等,則據器服言之。"《周禮·春官·樂師》:掌國學之政,以教國子～。凡舞,有帗舞,有羽舞,有皇舞,有旄舞,有干舞,有人舞。(0793 中)

【小寢】即燕寢。天子、諸侯所息居之宮室。天子六寢,大寢一,小寢五。大寢即路寢(正寢),小寢即燕寢。《檀弓上》孫希旦《集解》:"愚謂小寢,燕寢也。大寢,正寢也。天子小寢五,正寢一;諸侯小寢二,正寢一。"《隸僕》孫詒讓《正義》:"劉敞、黃度以大寢爲路寢,小寢爲燕寢。金榜云:'以《檀弓》君復于大祖小祖大寢小寢考之,夏采以冕服復于大祖,祭僕大喪復于小廟,是天子復于大祖小祖之事。其復于大寢小寢,則此隸僕所職是也。……鄭云廟寢,誤。'案:劉、黃、金説是也。……《祭僕》注云:'小廟,高祖以下也,始祖曰大廟。'明寢亦隨廟爲稱。但此大寢小寢,以《檀弓》證之,當爲王居之寢,鄭説未然。"一説,鄭玄《注》:"小寢,高祖以下廟之寢也。始祖曰大寢。"《周禮·夏官·隸僕》:大喪,復于～、大寢。(0853 上)《禮記·檀弓上》:君復,於～、大寢、小祖、大祖、庫門、四郊。(1293 上)

【小廟】高祖以下之廟。鄭玄《注》:"小廟,高祖以下也。始祖曰大廟。"孫詒讓《正義》:"高祖以下,謂四親廟也,《檀弓》謂之小祖。"《周禮·夏官·祭僕》:大喪,復于～。(0852 中)

【小學】對貴族子弟實施初等教育的學校。天子、諸侯所設小學在都城君宮室之東南,爲國學。各地方組織亦有小學,稱庠、序等。入小學之年齡,或曰八歲,或曰十三歲,或曰十五歲。小學教授六藝:禮、樂、射、御、書、數。《禮記·王制》:～在公宮南之左,大學在郊。(1332 下)

【小斂】人死之次日,在室中爲死者加衣、覆衾的禮儀。人死當日,沐浴後穿衣三稱,稱作襲。小殮復加衣十九稱,其儀節爲:布席於户内;在席上布絞(綑綁屍體的帶)、衾(覆蓋屍體的衾被);在衾上布散衣、祭服;遷屍於服上;將衣、衾一一包裹完畢,再用絞綑紮。亦爲舉行小殮儀式《周禮·春官·小宗伯》:及執事涖大斂、～,帥異族而佐。(0767 下)《儀禮·既夕禮》:～,辟奠不出室。(1161 上)《禮記·檀弓上》:飯於牖下,～於户内,大斂於阼,殯於客位,祖於庭,葬於墓。(1285 中)

【小禮】王不親臨,臣代行之禮。王親行爲大禮。賈公彦《疏》:"謂王有故,不親行事,使臣攝祭,則爲小禮。"《周禮·春官·小宗伯》:凡祭祀、賓客,以時將瓚果,詔相祭祀之～。(0767 上)

【小蟲】小的動物,昆蟲之類。如龜鼈、甲蟲、蟬、蚯蚓、蟋蟀之類。《周禮·冬官考工記·梓人》:外骨、内骨、卻行、仄行、連行、紆行,以脰鳴者、以注鳴者、以旁鳴者、以翼鳴者、以股鳴者、以胷鳴者,謂之～之屬。(0925 上)

【小觿】(xī) 以象骨製作的錐形解結工具。小觿用以解小結,大觿用以解大結。鄭玄《注》:"觿,貌如錐,以象

骨爲之。"《禮記·內則》：左佩紛帨、刀、礪、～、金燧；右佩玦、捍、管、遰、大觿、木燧。(1461中)

【小功布】用來縫製小功喪服的麻布。用布爲十一升(經緯八百八十縷)，比大功布精細潔淨。布八十縷爲升。升數越少，布愈稀疏，服愈重。升數越多，布愈細密，服愈輕。《儀禮·喪服》：大功布九升，～十一升。(1112上)

【小功衰】用小功布做的衰裳。爲喪服五服的第四等。《儀禮·喪服》：大功布衰裳，牡麻絰纓，布帶三月；受以～，即葛，九月者。《傳》曰：大功布九升，小功布十一升。(1112上)

【小司馬】職官名。大司馬之副。掌理小祭祀、會同、師田等事。爵中大夫。《周禮·夏官·小司馬》：～之職，掌凡小祭祀、會同、饗射、師田、喪紀。(0841中)

【小司徒】職官名。大司徒之副。掌六鄉、四郊及都鄙之教法與征役、祭祀、喪紀之禁令，并稽查民衆之數。爵中大夫。《周禮·地官·小司徒》：～之職，掌建邦之教灋，以稽國中及四郊都鄙之夫家、九比之數。(0710下)

【小司寇】職官名。大司寇之副。掌外朝之政，天子有大事，則徵詢羣臣萬民之意見。爵中大夫。《周禮·秋官·小司寇》：～之職，掌外朝之政，以致萬民而詢焉。(0873中)

【小臣正】小臣之長。鄭玄《注》："正，長也。"參見"小臣①"。《儀禮·大射》：公卒觶，賓下拜，～辭。(1032下)

【小臣師】小臣之長，小臣正的助手。掌管諸侯服位、傳達命令等事。《燕禮》鄭玄《注》："師，長也。小臣之長一人，猶天子大僕，正君之服位者也。"《大射》鄭玄《注》："小臣師，正之佐也。"《儀禮·燕禮》：～一人在東堂下，南面。(1015下)《儀禮·大射》：～納諸公、卿、大夫。諸公、卿、大夫皆入門右，北面，東上。(1029下)

【小行人】職官名。大行人之副。掌邦國、賓客之禮籍，接待四方之使者，適四方，協九儀，爲書以報上。爵下大夫。《周禮·秋官·小行人》：～，掌邦國、賓客之禮籍，以待四方之使者。(0893中)

【小宗人】職官名。即小宗伯。大宗伯之副。掌建國之神位，辨昭穆及三族之別。爵中大夫。孔穎達《疏》："小宗，謂小宗伯也。"《禮記·雜記上》：大夫之喪，大宗人相，～命龜，卜人作龜。(1551中)

【小宗伯】職官名。大宗伯之副。掌建國之神位，辨昭穆及三族之別。凡國之大禮，佐大宗伯。國之小禮，小宗伯專掌。爵中大夫。《周禮·春官·小宗伯》：～之職，掌建國之神位，右社稷，左宗廟。(0766上)

【小軍旅】使臣帥兵出征。賈公彥《疏》："小軍旅謂使臣征伐，對大軍旅天子親行。"《周禮·地官·小司徒》：～，巡役，治其政令。(0713上)

【小射正】職官名。司射之佐。鄭玄《注》："小射正，司射之佐。"《儀禮·大射》：～作取矢，如初。(1041下)

【小祭祀】小祭祀有外內之分，林澤、四方百物之祭爲外小祭祀，宮中司命、中霤、國門、國行、泰厲、戶、竈之祭爲內小祭祀。賈公彥《疏》："按《司服》'羣小祀用玄冕',鄭注云:'小祭祀,謂林澤、四方百物。'是外小祭祀也,其内小祀謂宮中七祀之等。"《周禮·春官·小祝》:凡外内~、小喪紀、小會同、小軍旅,掌事焉。(0812下)

【小喪紀】王之夫人、子弟及公卿大夫之喪。賈公彦《疏》:"言小喪紀者,謂夫人以下之喪。"孫詒讓《正義》:"此小喪紀,當亦據王子弟、内諸侯言之。"《周禮·天官·外饔》:凡~,陳其鼎俎而實之。(0662下)

【小會同】王官伯(天子之官之長)與諸侯會盟之禮。孫詒讓《正義》:"金鶚云:'《小行人》云:"朝覲宗遇會同,君之禮也。"可知人臣無會同之禮。天子在上,而卿大夫自相會同,此春秋衰世之事,而謂成周有之乎,必不然矣。'孫希旦云:'王官伯出會諸侯,則謂之小會同,小祝小會同掌事焉是也。'……孫謂此小會同爲王官伯與諸侯出會之禮,其説甚塙。"一説,指由卿大夫舉行的會盟活動,天子及諸侯皆不親臨。賈公彦《疏》:"小會同,謂諸侯遣臣來,王使卿大夫與之行會同之禮。"《周禮·春官·小祝》:凡外内小祭祀、小喪紀、~、小軍旅,掌事焉。(0812下)

【小賓客】指前來朝聘天子的諸侯使臣。鄭玄《注》:"小賓客,諸侯之使臣。"孫詒讓《正義》:"注云'小賓客,諸侯之使臣'者,明此小賓客兼《大行人》之大客,《小行人》之小客而言。"參見"大賓客"。《周禮·地官·小司徒》:~,令野脩道委積。(0713上)

【小樂正】❶職官名。諸侯之樂師。爵下士。鄭玄《注》:"小樂正,於天子樂師也。"胡培翬《正義》:"敖氏曰:

'諸侯之小樂正,下士也。'"《儀禮·大射》:後者徒相入。~從之。(1033下)❷職官名。天子之樂師。爲大司樂之副,掌國子樂舞教育及樂官管理。爵下大夫。鄭玄《注》:"小樂正,樂師也。《周禮·樂師》:'掌國學之政,教國子小舞。'"《禮記·文王世子》:~學干,大胥贊之;籥師學戈,籥師丞贊之。(1404下)

【小膳宰】職官名。膳宰之佐。爲卿進獻飯食。由下士充任。鄭玄《注》:"膳宰之佐也。"胡培翬《正義》:"《釋官》曰:'天子膳夫有上士、中士、下士;諸侯之膳宰以中士爲長,亦當有下士爲之佐。小膳宰蓋下士之屬。'"參見"膳宰"。《儀禮·燕禮》:羞卿者,~也。(1024下)

【小瀘儀】行走、作揖之儀容。鄭玄《注》:"小瀘儀,趨行拱揖之容。"《周禮·夏官·小臣》:小臣,掌王之小命,詔相王之~。(0852中)

【小心翼翼】恭敬謹慎的樣子。今爲成語。《禮記·表記》:惟此文王,~。(1641上)

少

shào 見下。

【少牢】古代祭祀、燕享用羊、豕二牲稱少牢。少牢較太牢(牛、羊、豕俱用)之禮有所減省。禮,天子曰膳用,諸侯祭社稷及月朔之膳用,國君夫人禮養蠶世婦,上大夫之虞祭,下大夫之卒哭祭,大夫四時宗廟之祭,皆用少牢。《少牢饋食禮》鄭玄《注》:"羊、豕曰少牢,諸侯之卿大夫祭宗廟之牲。"《儀禮·少牢饋食禮》:~饋食之禮。日用丁、己。(1196上)《禮記·王制》:天子社稷皆大牢,諸侯社稷皆

【少師】❶樂工之長。鄭玄《注》:"大師、少師,工之長也,凡國之聲矇正焉。"《儀禮‧大射》:僕人正徒相大師,僕人師相~,僕人士相上工。(1033 中)❷古官名。三代所設,與少傅、少保合稱"三孤",爲三公"太師、太傅、太保"的副職,共同輔佐天子。少師,助太師以事教世子。孫希旦《集解》:"少師主養子者,蓋以師氏之上士爲之。"《禮記‧曾子問》:大宰、大宗、大祝,皆神冕。~奉子以衰。(1389 上)

【少傅】古官名。三代所設,與少保、少師合稱"三孤",爲三公"太師、太傅、太保"的副職,共同輔佐天子。少傅,助大傅教育太子。《禮記‧文王世子》:立大傅、~以養之,欲其知父子、君臣之道也。大傅審父子、君臣之道以示之,~奉世子以觀大傅之德行而審喻之。(1406 下)

【少皞(hào)】即少昊。傳說爲東夷首領,號金天氏。戰國時五行家列爲五帝之一,莅西方,主秋。鄭玄《注》:"少皞,金天氏。……少皞,黃帝之子。"《禮記‧月令》:孟秋之月……其日庚辛,其帝~,其神蓐收。(1372 下)

【少儀第十七】《禮記》第十七篇篇名。孔穎達《疏》:"鄭《目錄》云:'名曰《少儀》者,以其記相見及薦羞之威儀。少,猶小也。此於《別錄》屬制度。'……此一篇雜明細小威儀。"本篇記賓主相見應對之辭,適喪之禮,相互交往,燕飲之儀等禮儀之細節。一說,孫希旦《集解》:"朱子曰:此篇言少者事長之節,《疏》以爲細小威儀,非也。愚謂此篇固多爲少者事長之事,而亦有不專爲少時者,但其禮皆於少時學之,所謂'見小節,踐小義也'。名篇之義,朱子之說爲確,而鄭、孔所謂'細小威儀'者,其義亦未嘗不兼之焉。"(1510 下)

【少牢饋食之禮】即少牢饋食祭禮。諸侯之卿大夫逢歲時用羊猪二牲、黍稷、酒在廟中祭祀父祖神靈的禮儀。其主要儀節有:一、舉行祭禮前的準備。包括筮日、筮尸、爲期,以及祭日早晨殺牲、視滌、陳器就位、載俎等。二、正祭之禮。主要包括尸入前饗神之禮,迎尸、饗尸十一飯,主人、主婦以及賓長獻尸、獻祝等。三、餕餘。尸退出後,二佐食和二賓長分食尸的餘饌。食後上佐食向主人祝嘏。《儀禮‧少牢饋食禮》:~。日用丁、己。筮旬有一日。(1196 上)

【少牢饋食禮第十六】《儀禮》第十六篇篇名。賈公彥《疏》引鄭玄《三禮目錄》云:"諸侯之卿大夫祭其祖禰於廟之禮。羊豕曰少牢。少牢於五禮屬吉禮。《大戴》第八,《小戴》第十一,《別錄》第十六。"本篇與下篇《有司》本爲一篇,因簡冊繁重分而爲二。本篇記述諸侯之卿大夫在廟中祭祀其父祖神靈之禮。包括正祭前的準備,正祭之禮,正祭後的餕餘等。參見"少牢饋食之禮"。(1196 上)

尚

shàng 見下。

【尚左】❶以左邊(東)爲上位。王南向,以東爲左,故諸侯皆北面,以左爲上。鄭玄《注》:"古文尚作上。"胡培翬《正義》引盛世佐曰:"尚左者,據王而言也。王南鄉,以東爲左,故諸公北面者東上,諸侯在諸伯之東,諸子在諸男之東,是皆以左爲上也。"《儀禮·覲禮》:上介皆奉其君之旂,置於宮,~。(1093 上)❷拱手時左手放在右手之上。左陽右陰,故喪禮右爲上,吉禮左爲上。鄭玄《注》:"喪尚右,右,陰也;吉尚左,左,陽也。"《禮記·檀弓上》:孔子曰:"二三子之嗜學也。我則有姊之喪故也。"二三子皆~。(1283 下)❸軍中將領以左爲上。左爲陽,陽主生,示能取勝。鄭玄《注》:"左,陽也,陽主生。將軍有廟勝之策,左將軍爲上,貴不敗績。"孔穎達《疏》:"軍,謂軍將。行伍尊尚左方,左是陽,陽主生,欲其生不敗績也。"《禮記·少儀》:軍~,卒尚右。(1514 下)

【尚右】❶拱手時右手放在左手之上。左陽右陰,故喪禮右爲上,吉禮左爲上。鄭玄《注》:"喪尚右,右,陰也。吉尚左,左,陽也。"孔穎達《疏》:"此既凶事,尚右。吉事尚左。"《禮記·檀弓上》:孔子與門人立,拱而~,二三子亦皆~。(1283 中)❷士卒之行伍以右爲上。右爲陰,陰主殺,示有戰死之志。鄭玄《注》:"右,陰也,陰主殺。卒之行伍以右爲上,示有死志。"《禮記·少儀》:軍尚左,卒~。(1514 下)

【尚齒】尊崇年長者。爲儒家所提倡的孝悌主張,亦是四代先王之所爲。鄭玄《注》:"尚,謂有事尊之於其黨也。"《禮記·祭義》:昔者有虞氏貴德而~,夏后氏貴爵而~,殷人貴富而~,周人貴親而~。(1599 中)

【尚辭】崇尚浮華言辭。謂説浮誇的話。不誇大其辭,爲臣子事君的原則之一。鄭玄《注》:"不尚辭,不多出浮華之言也。"《禮記·表記》:事君不下達,不~,非其人弗自。(1643 上)

【尚饗】希望死者享用祭品。後成爲祭文中結束的慣用語。鄭玄《注》:"尚,庶幾也。"《儀禮·士虞禮》:哀子某,來日某,隮祔爾于爾皇祖某甫。~。(1175 下)

【尚左手】左手在右手上,即左手在前右手在後。爲男子行拜禮之儀,因男爲陽,左亦爲陽。鄭玄《注》:"左陽。"《禮記·内則》:凡男拜,~。(1471 中)

【尚右手】右手在左手上,即右手在前左手在後。爲女子行拜禮之儀,因女爲陰,右亦爲陰。鄭玄《注》:"右陰也。"《禮記·内則》:凡女拜,尚~。(1471 中)

口 部

口 kǒu 器物内外相通的地方。《禮記·投壺》:壺,頸脩七寸,腹脩五寸,~徑二寸半,容斗五升。(1666 下)

【口容止】口不隨便亂説。爲禮所認可的君子之口容。鄭玄《注》:"不妄動也。"《禮記·玉藻》:足容重,手容恭,目容端,~,聲容靜,頭容直,氣容

肅,立容德,色容莊。(1485 上)

【口不甘味】口舌不能感知美味。形容父母亡故後悲痛至極。今爲成語,泛指食不知味。《禮記·問喪》:痛疾在心,故~,身不安美也。(1656 中)

古

gǔ 見下。

【古樂】先王祭祀、朝會時所奏的正樂,亦稱雅樂。以別於民間音樂。鄭玄《注》:"古樂,先王之正樂也。"《禮記·樂記》:吾端冕而聽~,則唯恐臥。(1538 上)

右

yòu ❶右手一邊的方位。與"左"相對。以廟堂而言,因其坐北朝南爲定制,故左在東,右在西。以具體儀節而言,則以奉禮者之面向定其左右。古人認爲左陽右陰,故喪禮右爲上,吉禮左爲上。軍禮,士卒以右爲上,示有死志;將領以左爲上,示能取勝。在道路上行走,男子走右邊,女子走左邊。《周禮·春官·小宗伯》:小宗伯之職,掌建國之神位,~社稷,左宗廟。(0766 上)《儀禮·士冠禮》:宰自~少退,贊命。筮人許諾,~還。(0946 下)《禮記·內則》:道路,男子由~,女子由左。(1462 下)❷車右,又名驂乘。即戎右、齊右、道右等驂乘武士。《司右》鄭玄《注》:"羣右,戎右、齊右、道右。"《檀弓上》鄭玄《注》:"凡車右,勇力者爲之。"《周禮·夏官·司右》:掌羣~之政令。(0850 中)《禮記·檀弓上》:魯莊公及宋人戰于乘丘,縣賁父御,卜國爲~。(1277 中)❸用同"侑"。勸食。鄭玄《注》:"右,讀爲侑。侑,勸尸食而拜。"《周禮·春官·大祝》:以享~祭祀。(0810 中)❹右射。即上射。行射禮時一組兩人,分爲上射、下射。尊者立右爲上射,卑者立左爲下射。胡培翬《正義》:"敖氏繼公云:'左右,猶言上下。'"《儀禮·鄉射禮》:盡階,不升堂,告于賓曰:"左~卒射。"(1002 下)❺西學宮。在國之西郊。鄭玄《注》:"左,東學也。右,西學也。"孔穎達《疏》:"右是西學,在西郊也。"《禮記·樂記》:散軍而郊射,左射《貍首》,~射《騶虞》。(1543 中)❻指賓客。孔穎達《疏》:"左謂主人,右謂賓客。"《禮記·投壺》:左~告矢具,請拾投。(1666 上)

【右个】右側的偏室,西廂。鄭玄《注》:"青陽右个,東堂南偏。"《禮記·月令》:天子居青陽~,乘鸞路,駕倉龍,載青旂,衣青衣。(1363 上)

【右史】職官名。即內史。周史官有左史、右史之分,左史記行動,右史記言語。孔穎達《疏》:"經云'動則左史書之',《春秋》是動作之事,故以《春秋》當左史所書。左陽,陽主動,故記動。經云'言則右史書之',《尚書》記言語之事,故以《尚書》當右史所書。右是陰,陰主靜故也。……《周禮》有五史,有內史、外史、大史、小史、御史,無左史、右史之名者。熊氏云:'按《周禮·大史》之職云:"大師,抱天時,與大師同車。"又《襄·二十五年傳》曰:"大史書曰:'崔杼弑其君。'"是大史記動作之事。在君左廂記事,則大史爲左史也。按《周禮·內史》掌王之八枋。……是內史所掌在君之右,故爲右史。是以《酒誥》云:'矧大史友、內史友。'鄭注:'大史、內史,掌記言、記行。'是內史記

言,大史記行也。"《禮記‧玉藻》:動則左史書之,言則~書之。(1474上)

【右物】射禮中右邊的射位。即上射的射位。參見"左物"。《儀禮‧鄉射禮》:自~之後立于物閒,西南面,揖弓,命取矢。(1001上)

【右房】即西房。天子、諸侯、大夫堂後之室靠西側的房子。《儀禮‧聘禮》:賓自碑内聽命,升自西階,自左,南面受圭,退,負~而立。(1066下)

【右契】右券。鄭玄《注》:"契,券要也。右爲尊。"《禮記‧曲禮上》:獻粟者執~。(1244上)

【右胖】牲體的右半邊。凡吉禮皆用右體。胡培翬《正義》:"《說文》:'胖,半體肉也。'右胖,右半體也。……周人貴右,故祭神用右胖也。"《儀禮‧少牢饋食禮》:司馬升羊~,髀不升。(1197下)

【右達】堂上右邊夾室。鄭玄《注》:"達,夾室。"《禮記‧内則》:天子之閣,左達五,~五。(1467上)

【右還(xuán)】向右轉。古以在外之手而言還,與今以在内之手而言不同,故古之右還,當今之左還。還,用同"旋"。鄭玄《注》:"右還,將適觶南,先西面也。"按司正本面向南,要去觶之南,此時左手在外,故右還,先面向西,再右還,則面向北而在觶之南。《儀禮‧燕禮》:司正降自西階,南面坐取觶;升,酌散,降,南面坐奠觶;~,北面少立。(1022上)

【右學】殷代大學名。位於國之西郊。鄭玄《注》:"右學,大學也,在西郊。"《禮記‧王制》:殷人養國老於~,養庶老於左學。(1346中)

【右縫】喪冠形制。喪冠冠梁上的褶皺向右。右爲陰,故喪禮尚右。右縫是大功以上喪冠之制。《雜記上》鄭玄《注》:"右縫者,右辟而縫之。"孔穎達《疏》:"凶冠縫嚮右,右爲陰。陰,喪所尚也。"《儀禮‧喪服》:冠繩纓,條屬,~。(1097中)《禮記‧雜記上》:三年之練冠,亦條屬,~。小功以下左。(1554下)

【右體】牲體的右半邊。凡吉禮皆用右體。鄭玄《注》:"右體,周所貴也。"《儀禮‧鄉射禮》:皆~也,進腠。(1009下)

【右肉袒】脫下右邊衣袖,赤着右臂,表示請罪。爲諸侯向王述職待罪的禮儀。鄭玄《注》:"刑宜施於右也。凡以禮事者左袒。"胡培翬《正義》:"郝氏敬云:'此諸侯述職待罪也。覲享既畢,黜陟未分,懼王或譴,乃右肉袒請事是也。'"《儀禮‧覲禮》:乃~于廟門之東。(1091下)

【右本在上】首經之制。將麻根的一端置於右耳之上,然後從前額繞到頸後再回到右耳之上,將麻的末端壓在麻根之下,再綴束之。本,麻根。賈公彥《疏》:"上章爲父左本在下者,陽統於内。則此爲母,陰統於外,故右本在上也。"參見"左本在下"。《儀禮‧喪服》:牡麻絰,~,冠者,沽功也。(1103下)

史

shǐ ❶職官名。掌卜筮、星曆、史籍、文辭等事。《大行人》賈公彥《疏》:"史,大史、小史也者,樂師與大史、小史並是知天道者。"《周禮‧秋官‧大行人》:九歲屬瞽~,諭書名,聽聲音。(0892下)《禮記‧玉藻》：卜人定龜，～定墨，君定體。（1475 上）❷下級佐吏。負責起草文書、記錄檔案等事務。爲官府八職之一。與府、胥、徒同爲庶人在官者，無爵，可由官長自行聘任。《天官·敘官》鄭玄《注》："府，治藏。史，掌書者。凡府史皆其官長所自辟除。"《宰夫》鄭玄《注》："贊治，若今起文書草也。"《周禮·天官·敘官》：府六人，～十有二人，胥十有二人，徒百有二十人。（0640 中）《周禮·天官·宰夫》：掌百官府之徵令，辨其八職：……六曰～，掌官書以贊治。（0655 下）❸大夫之家臣。掌管文書及占筮之事。《既夕禮》胡培翬《正義》引《儀禮釋官》云："主人之史士，私臣掌文書者。"《少牢饋食禮》鄭玄《注》："史，家臣主筮事者。"《儀禮·既夕禮》：主人之～請讀賵。（1154 下）《儀禮·少牢饋食禮》：～朝服，左執筮，右抽上韇，兼與筮執之，東面受命于主人。（1196 上）❹職官名。分左史、右史，分別掌記君王之言行。孔穎達《疏》："動則左史書之，言則右史書之，不敢爲非也。"《禮記·禮運》：王前巫而後～，卜筮瞽侑皆在左右。（1425 下）

【句】㈠ qú 用同"絇"。鞋頭的裝飾品。隆起似鼻梁，有孔，以絲帶爲之。鄭玄《注》："句當爲絇，聲之誤也。……絇謂之拘，著烏屨之頭以爲行戒。"《周禮·天官·屨人》：爲赤烏、黑烏、赤繶、黃繶，青句、素屨、葛屨。（0693 下）

㈡ gōu 見下。

【句$_2$弓】彎曲而不能遠射的劣質弓。亦稱弊弓。鄭玄《注》："句，於三體材敝惡，不用之弓也。……但角善，則矢雖疾而不能遠。"孫詒讓《正義》："《司弓矢》云'句者謂之弊弓'，注云：'弊猶惡也。'"《周禮·冬官考工記·弓人》：覆之而角至，謂之～。（0937 中）

【句$_2$芒】木神之名。亦爲傳說中的主木之官。鄭玄《注》："句芒，少皞氏之子曰重，爲木官。"《禮記·月令》：其日甲乙，其帝大皞，其神～。（1353 中）

【句$_2$兵】戈戟之類的兵器。有鉤取的功能。鄭玄《注》："句兵，戈戟屬。"《周禮·冬官考工記·廬人》：凡兵，～欲無彈，刺兵欲無蜎，是故～椑，刺兵搏。（0926 下）

【司】 sī 負責具體事務的官員。爲官府八職之一。鄭玄《注》："司，辟上士、中士。"孫詒讓《正義》："此亦約大宰屬官之上中士爲譬況也。司與師亦通稱，若司市稱市師，亦稱市司是也。"《周禮·天官·宰夫》：掌百官府之徵令，辨其八職：……三曰～，掌官濾以治目。（0655 下）

【司干】職官名。掌管舞蹈所執之道具，如羽籥干戚等。爵下士。《春官·敘官》鄭玄《注》："干，舞者所持，謂楯也。"《周禮·春官·敘官》：～下士二人。（0802 中）《周禮·春官·司干》：～，掌舞器。（0802 中）

【司士】❶職官名。掌管羣臣的名籍、爵祿及正朝儀之位，祭祀掌士之戒令，詔輔禮儀。爵下大夫。《燕禮》鄭玄《注》："天子射人、司士皆下大夫。"《周禮·夏官·司士》：～，掌羣臣之版，以治其政令。（0848 下）《儀禮·燕禮》：乃薦司正與射人一人、～一人、執幂二人，立于觶南，東上。(1022 中)❷職官名。爲殷代五官之一。掌管刑獄之法。鄭玄《注》："此亦殷時制也。周則司士屬司馬，大宰、司徒、宗伯、司馬、司寇、司空爲六官。"《禮記·曲禮下》：天子之五官，曰司徒、司馬、司空、～、司寇。(1261 中)

【司土】職官名。爲殷代六府之一。掌管土地稅收之法及諸侯所納貢物。相當於《周禮》地官司徒之屬官土均。鄭玄《注》："府，主藏六物之稅者。此亦殷時制也。周則皆屬司徒：司土，土均也；司木，山虞也；司水，川衡也；司草，稻人也；司器，角人也；司貨，卝人也。"《禮記·曲禮下》：天子之六府，曰～、司木、司水、司草、司器、司貨。(1261 中)

【司木】職官名。爲殷代六府之一。掌管山林所生之物及其政令。相當於《周禮》地官司徒之屬官山虞。參見"司土"。《禮記·曲禮下》：天子之六府，曰司土、～、司水、司草、司器、司貨。(1261 中)

【司中】星名。文昌宮第五星。鄭玄《注》："司中、司命，文昌第五、第四星，或曰中能、上能也。"《周禮·春官·大宗伯》：以禋祀祀昊天上帝，以實柴祀日月星辰，以槱燎祀～、司命、飌師、雨師。(0757 上)

【司水】職官名。爲殷代六府之一。掌管川澤禁令並負責徵收水產品。相當於《周禮》地官司徒之屬官川衡。參見"司土"。《禮記·曲禮下》：天子之六府，曰司土、司木、～、司草、司器、司貨。(1261 中)

【司正】鄉飲酒禮中監禮之人。臨事而設，無常職。士禮以相禮者充當，諸侯禮則以射人充當。《鄉飲酒義》孔穎達《疏》："樂既備，將留賓旅酬，爲有懈怠，故主人使相禮者一人爲司正，以監之也。"《鄉飲酒義》胡培翬《正義》："司正，正賓主之禮者。其職無常官，飲酒則設之。……《鄉飲酒》《鄉射》以主人之相爲司正；《燕禮》射人爲擯，則射人爲司正；《大射》大射正擯，則大射正爲司正。以其主於正禮，故皆使相禮者爲之。"《儀禮·鄉飲酒禮》：主人降席自南方，側降。作相爲～。～禮辭，許諾。(0987 上)《禮記·鄉飲酒義》：一人揚觶，乃立～焉。(1684 上)

【司右】職官名。掌管羣右的政令。凡軍旅、會同時，掌組合軍隊，編制車乘，配備車右等事。爵上士、下士。鄭玄《注》："羣右，戎右、齊右、道右。"《周禮·夏官·司右》：～，掌羣右之政令。凡軍旅、會同，合其車之卒伍，而比其乘，屬其右。(0850 中)

【司甲】職官名。掌管鎧甲。爵下大夫。其職文闕。鄭玄《注》："甲，今之鎧也。司甲，兵戈盾官之長。"《周禮·夏官·敘官》：～下大夫二人。(0832 上)

【司市】職官名。爲市官之長，掌管買賣交易的各項政務及其禁令。爵下大夫。《周禮·地官·司市》：～，掌市之治、教、政、刑、量度、禁令。(0734 上)

【司民】❶星名。亦稱軒轅角。爲軒轅十七星之一。祀司民於孟冬之時，祀時小司寇要獻民數、穀數於王。鄭玄《注》："司民，軒轅角也。"賈公彥《疏》："案，《武陵太守星傳》云：'軒轅十七星如龍形,有兩角,角有大民、小民之星。'"《周禮・春官・天府》:若祭天之～,司祿而獻民數、穀數,則受而藏之。(0776 中)❷職官名。掌管户籍,統計人口。爵中士。《周禮・秋官・司民》:～,掌登萬民之數。(0878 下)

【司刑】職官名。掌管五刑之法以量刑定罪,協助司寇斷決獄訟。爵中士。賈公彥《疏》:"掌五刑之法,以麗萬民之罪。"《周禮・秋官・敘官》:～中士二人。(0867 下)

【司巫】職官名。爲巫官之長,掌管羣巫的政令。國遇大旱大烖,則帥羣巫而祭祀求雨,以消弭災害。爵中士。《周禮・春官・司巫》:～,掌羣巫之政令。(0816 上)

【司門】職官名。掌守衛、開啓國都之城門。爵下大夫。《地官・敘官》鄭玄《注》:"司門,若今城門校尉,主王城十二門。"《周禮・地官・敘官》:～下大夫二人。(0699 上)《周禮・地官・司門》:～,掌授管鍵,以啓閉國門。(0738 下)

【司兵】職官名。掌管兵械,分辨其等級,以供軍事需要。爵中士。《周禮・夏官・司兵》:～,掌五兵、五盾,各辨其物與其等,以待軍事。(0855 上)

【司刺】職官名。掌管三刺、三宥、三赦之法,協助司寇聽斷獄訟。爵下士。鄭玄《注》:"刺,殺也。訊而有罪則殺之。宥,寬也。赦,舍也。"《周禮・秋官・司刺》:～,掌三刺、三宥、三赦之灋,以贊司寇聽獄訟。(0880 下)

【司命】❶星名。文昌宮第四星。鄭玄《注》:"司中、司命,文昌第五、第四星,或曰中能、上能也。"《周禮・春官・大宗伯》:以禋祀祀昊天上帝,以實柴祀日月星辰,以槱燎祀司中、～、飌師、雨師。(0757 上)❷小神名。主督察人之三命,即受命(年壽)、遭命(行善而遇凶)、隨命(遂其善惡而報)。是王爲羣姓所立七祀、諸侯爲國所立五祀之一。鄭玄《注》:"司命,主督察三命。"孔穎達《疏》:"司命者,宮中小神。……案《援神契》云:'命有三科,有受命以保慶,有遭命以謫暴,有隨命以督行。受命謂年壽也,遭命謂行善而遇凶也,隨命謂隨其善惡而報之。'"《禮記・祭法》:王爲羣姓立七祀,曰～,曰中霤,曰國門,曰國行,曰泰厲,曰户,曰竈。(1590 上)

【司服】職官名。掌管王的吉凶禮服。爵中士。《周禮・春官・司服》:～,掌王之吉凶衣服,辨其名物與其用事。(0781 中)《禮記・月令》:乃命～,具飭衣裳,文繡有恒,制有小大,度有長短。(1373 下)

【司空】❶職官名。爲《周禮》六官之冬官。掌百工興土木之事:營城郭,建都邑,立社稷宗廟,造宫室車服器械。爲六卿之一。《冬官考工記・總敘》"國有六職,百工與居一焉"鄭玄《注》:"司空,掌營城郭,建都邑,立社稷宗廟,造宫室車服器械,監百工者,唐虞已上曰共工。"楊樹達《司徒司馬司空釋名》:"愚謂,《説文》空從工聲,司空即司工也。"參見"冬官考工記第六"。《周禮・地官・鄉師》:既役,則受州里之役要,以攷～之辟,以逆其役事。(0713下)❷職官名。爲殷代五官之一。掌管百工及土木之事。鄭玄《注》:"此亦殷時制也。周則司士屬司馬,大宰、司徒、宗伯、司馬、司寇、司空爲六官。"《禮記·曲禮下》:天子之五官,曰司徒、司馬、~、司士、司寇。(1261中)

【司馬】❶職官名。爲《周禮》六官之夏官。有大司馬、小司馬以及軍司馬、行司馬、兩司馬等。掌邦政,佐王平邦國,兼主大射之事。《大射》鄭玄《注》:"司馬,於天子政官之卿,凡大射,則合其六耦。"胡培翬《正義》:"《周禮》大司馬掌邦政,又云'若大射,合諸侯之六耦'是也。"《周禮·地官·縣師》:若將有軍旅、會同、田役之戒,則受灋于~。(0727中)《儀禮·大射》:前射三日,宰夫戒宰及~。(1027下)❷鄉射禮中臨時所設主持射事之官。由主人使相禮者充當。《射義》鄭玄《注》:"先行飲酒禮,將射,乃以司正爲司馬。"《鄉射禮》胡培翬《正義》引《儀禮釋官》曰:"司正主飲酒之禮,司馬主射禮,以其同主禮事,故職相兼。此大夫士之禮,大射儀則別有司馬,不使司正爲之,與此異也。"參見"司正"。《儀禮·鄉射禮》:司正爲~。~命張侯。(0997中)《禮記·射義》:射至於~,使子路執弓矢出延射。(1687下)❸即司馬正。爲大射禮中臨時所設主管射事之官。鄭玄《注》:"司馬,司馬正。"參見"司馬正"。《儀禮·大射》:~祖,執弓,升,命取矢,如初。(1039下)❹大夫家臣。少牢饋食祭禮中掌羊牲。胡培翬《正義》引《儀禮釋官》云:"司馬,大夫家臣,如《周禮》家司馬之

職。"《儀禮·少牢饋食禮》:~刲羊,司士擊豕。(1197中)❺職官名。爲殷代五官之一。掌邦政。鄭玄《注》:"此亦殷時制也。周則司士屬司馬,大宰、司徒、宗伯、司寇、司空爲六官。"《禮記·曲禮下》:天子之五官,曰司徒、~、司空、司士、司寇。(1261中)

【司草】職官名。爲殷代六府之一。掌管澤田治理及稻麥種植。相當於《周禮》地官司徒之屬官稻人。參見"司土"。《禮記·曲禮下》:天子之六府,曰司土,司木,司水,~,司器,司貨。(1261中)

【司徒】❶職官名。爲《周禮》六官之地官。有大司徒、小司徒。掌理天下的教育,輔佐天子安邦教民。《周禮·地官司徒第二》賈公彥《疏》引鄭玄《三禮目錄》云:"司徒主衆徒。……天子立司徒,掌邦教,亦所以安擾萬民。"《周禮·地官·鄉師》:及期,以~之大旗致衆庶。(0714中)❷職官名。爲殷代五官之一。掌邦教。鄭玄《注》:"此亦殷時制也。周則司士屬司馬,大宰、司徒、宗伯、司馬、司寇、司空爲六官。"《禮記·曲禮下》:天子之五官,曰~,司馬、司空、司士、司寇、典司五衆。(1261中)

【司宮】職官名。主管宮廟中掃除、執燭等事。鄭玄《注》:"司宮,大宰之屬,掌宮廟者也。"《儀禮·公食大夫禮》:~具几與蒲筵常,緇布純,加萑席尋、玄帛純,皆卷自末。(1186中)

【司約】職官名。掌管邦國及萬民的各種契約券書,包括治神之約、治民之約、治地之約、治功之約、治器之

約、治摯之約等六約。爵下士。鄭玄《注》："此六約者，諸侯以下至於民皆有焉。"《周禮·秋官·司約》：~，掌邦國及萬民之約劑。（0880下）

【司射】射禮中主持射事的人。臨事而設，無常職。天子、諸侯以射人爲司射，大夫、士臨時立一人以掌其事。《投壺》孫希旦《集解》："射禮有司射，以主其禮，投壺、射之類，故其主禮者亦曰司射。"《鄉射禮》胡培翬《正義》引《儀禮釋官》曰："……大夫、士無射人之官，臨事立一人以掌射事，亦謂之司射也。大射以射人爲司射，又有大射正、小射正共贊射事。"《儀禮·鄉射禮》：~適堂西，袒、決、遂，取弓于階西，兼挾乘矢，升自西階。（0996下）《禮記·投壺》：主人奉矢，~奉中，使人執壺。（1665上）

【司書】職官名。掌治官官法之書及邦中戶籍、地圖和財政收支的簿書。爵上士、中士。賈公彥《疏》："所掌與司會同者，以其司會主鉤考，司書掌書記之。司書所記，司會鉤考之，故二官所掌其事通焉。"《周禮·天官·司書》：~，掌邦之六典、八灋、八則、九職、九正、九事、邦中之版、土地之圖。（0682上）

【司救】職官名。掌管民衆的邪惡過失並加以責罰，以禮防禁，挽救過失行爲。爵中士。《周禮·地官·司救》：~，掌萬民之衺惡、過失而誅讓之，以禮防禁而救之。（0731下）

【司貨】職官名。爲殷代六府之一。掌管金、玉、錫、石等礦之開採及禁令。相當於《周禮》地官司徒之屬官礦人。參見"司土"。《禮記·曲禮下》：天子之六府，曰司土，司水，司木，司草，司器，~。（1216中）

【司常】職官名。掌管各種旗幟的名類及其使用之法。爵中士、下士。《周禮·春官·司常》：~，掌九旗之物名，各有屬，以待國事。（0826上）

【司寇（寇）】❶職官名。爲《周禮》六官之秋官。有大司寇、小司寇。掌刑獄之事。《周禮·秋官司寇第五》賈公彥《疏》引鄭玄《三禮目錄》云："天子立司寇，使掌邦刑。刑者，所以驅恥惡，納人於善道也。"《周禮·秋官·敘官》：乃立秋官~，使帥其屬而掌邦禁，以佐王刑邦國。（0867中）❷職官名。爲殷代五官之一。掌邦刑。鄭玄《注》："此亦殷時制也。周則司士屬司馬，大宰、司徒、宗伯、司馬、司寇、司空爲六官。"《禮記·曲禮上》：天子之五官，曰司徒、司馬、司空、司士、~。（1261中）

【司祿】❶職官名。掌頒祿穀。爵中士、下士。其職文闕。孫詒讓《正義》引江永云："《司祿》職雖闕，觀其序於廩人、倉人、舍人之後，司稼之前，皆爲穀米之類，其爲頒穀祿於羣臣可知矣。"《周禮·地官·敘官》：~中士四人，下士八人。（0700下）❷星名。文昌第六星。祀司祿於孟冬之時，祀時小司寇要獻民數、穀數於王。鄭玄《注》："司祿，文昌第六星，或曰下能也。祿之言穀也。年穀登，乃後制祿。祭此二星者以孟冬，既祭之，而上民、穀之數於天府。"《周禮·春官·天府》：若祭天之司民、~而獻民數、穀數，則受而藏之。（0776中）

【司裘】職官名。掌管製作天子祀天之大裘，並提供大射禮所用的皮侯。爵中士、下士。《周禮·天官·司

裘》:~,掌爲大裘,以供王祀天之服。……王大射,則共虎侯、熊侯、豹侯,設其鵠。(0683上)

【司嗇(sè)】掌管農田稼穡之官,教民稼穡者。亦稱田畯。祈年及蜡祭時,祭以爲田神。《周禮·春官·籥章》"凡國祈年于田祖,龡《豳雅》,擊土鼓,以樂田畯"孫詒讓《正義》:"祈年之祭,最隆者爲夏正南郊,祭受命帝,以后稷配,王親其事。此祈年與社同時,則王所不與,有司涖其祭而已,其禮甚殺,不得祭古帝及先王,則非神農,亦非后稷明矣。蓋此田祖即先嗇,田畯即司嗇,祈年及蜡祭皆兼祭此二神。……《詩·甫田》鄭箋亦云:'田畯,司嗇,今之嗇夫也。'彼雖指典農之官言之,然可證田神之田畯,亦即司嗇也。"一說,鄭玄《注》:"先嗇,若神農者。司嗇,后稷是也。"《禮記·郊特牲》:蜡之祭也,主先嗇而祭~也,祭百種以報嗇也。(1453下)

【司盟】職官名。掌管訂立盟約、記載盟辭的法式。爵下士。鄭玄《注》:"載,盟辭也。盟者書其辭於策,殺牲取血,坎其牲,加書於上而埋之,謂之載書。"《周禮·秋官·司盟》:~,掌盟載之灋。(0881中)

【司會(kuài)】職官名。爲會計官之長。掌管六典、八法、八則的副本,據以考核邦國、都鄙及官府的治績。爵中大夫、下大夫。《周禮·天官·敘官》鄭玄《注》:"會,大計也。司會主天下之大計,計官之長。"《周禮·天官·司會》:~,掌邦之六典、八灋、八則之貳,以逆邦國、都鄙、官府之治。(0679中)《禮記·王制》:~以歲之成,質於天子,冢宰齊戒受質。(1345

上)

【司厲】職官名。掌管沒收盜賊所用器具和偷盜的財物。爵下士。《周禮·秋官·司厲》:~,掌盜賊之任器貨賄。(0882上)

【司稽】職官名。掌管市場巡查,察舉不法,捉拿盜賊。爲司市之屬官,無爵位。《周禮·地官·司稽》:~,掌巡市,而察其犯禁者與其不物者而搏之。(0738上)

【司稼】職官名。掌管巡視邦野之民的耕作,區分穀物種類及適宜的土壤,根據年成以制定賦稅之法。爵下士。《周禮·地官·司稼》:~,掌巡邦野之稼。(0750上)

【司儀】職官名。掌管接待九儀(公、侯、伯、子、男及孤、卿、大夫、士)賓客擯相之禮,詔告儀容、辭令、揖攘各項禮儀之節度。爵上士、中士。《周禮·秋官·司儀》:~,掌九儀之賓客、擯相之禮,以詔儀容、辭令、揖攘之節。(0896下)

【司險】職官名。掌管九州的地圖,以知曉山林、川澤之險阻,開通其道路。爵中士、下士。《周禮·夏官·司險》:~,掌九州之圖,以周知其山林、川澤之阻,而達其道路。(0844上)

【司虣(bào)】職官名。掌管市肆的治安糾察。爲司市的屬官。無爵位。孫詒讓《正義》:"此官掌市刑,即司市以刑罰禁虣之事也。"《周禮·地官·司虣》:~,掌憲市之禁令。(0738上)

【司隸】職官名。掌管五隸(罪隸、蠻隸、閩隸、夷隸、貉隸)的法令。爵中士、下士。孫詒讓《正義》:"五隸,罪隸是罪人,四翟則夷狄之虜也。……凡隸皆男子爲奴給役之名。"《周禮·秋官·司隸》:~,掌五隸之灋,辨其物而掌其政令。(0883下)

【司器】職官名。爲殷代六府之一。掌管徵收齒、角等物。相當於《周禮》地官司徒之屬官角人。參見"司土"。《禮記·曲禮下》:天子之六府,曰司土,司木,司水,司草,~,司貨。(1261中)

【司圜(yuán)】職官名。掌管收教不從教化之惡人。爵中士、下士。鄭玄《注》引鄭司農云:"罷民,謂惡人不從化,爲百姓所患苦而未入五刑者也。"《周禮·秋官·司圜》:~,掌收教罷民,凡害人者,弗使冠飾,而加明刑焉。(0882下)

【司勳】職官名。掌管六鄉賞地之法,詔王論功行賞。爵上士、下士。孫詒讓《正義》:"計功之大小,以爲授地之差,司勳之官法也。"《周禮·夏官·司勳》:~,掌六鄉賞地之灋,以等其功。(0841中)

【司諫】職官名。掌管糾正萬民之品德、道藝。爵中士。《周禮·地官·司諫》:~,掌糾萬民之德而勸之朋友,正其行而強之道藝。(0731下)

【司關】職官名。掌管貨物出入的符節,查驗並徵收關稅。爵上士、中士。《周禮·地官·司關》:~,掌國貨之節,以聯門市。(0739上)

【司爟(guàn)】職官名。掌管用火的各項政令,四時變換取火之材,以救時疾;凡祭祀,則祭火神。爵下士。《周禮·夏官·司爟》:~,掌行火之政令,四時變國火,以救時疾。(0843中)

【司几筵】職官名。掌管五几、五席的名稱、種類,辨明其用途及陳設的位置。爵下士。《周禮·春官·司几筵》:~,掌五几、五席之名物,辨其用與其位。(0774下)

【司弓矢】職官名。掌管各種弓矢,負責保管收發,以供祭祀、澤宮、大射、會同、田獵之用。爵下大夫。《周禮·夏官·司弓矢》:~,掌六弓、四弩、八矢之灋,辨其名物,而掌其守藏與其出入。(0855下)

【司戈盾】職官名。掌管戈盾之類的兵器,負責發放保管,供祭祀、軍旅、會同之用。爵下士。《周禮·夏官·司戈盾》:~,掌戈盾之物而頒之。(0855中)

【司馬正】爲大射禮中臨時所設主管射事之官。胡培翬《正義》引敖繼公曰:"司馬正與司馬師乃射時所立之官,如司射之類也。"《儀禮·大射》:~適次,袒、決、遂,執弓,右挾之。(1035中)

【司馬師】爲大射禮中臨時所設主管射事之官。爲司馬正的副手。鄭玄《注》:"司馬師,正之佐也。"《儀禮·大射》:~司馬師命負侯者:"執旌以負侯。"(1035上)

【司宮士】司宮的下屬。主管宮中掃除、執燭之事。胡培翬《正義》引敖繼公曰:"司宮士,司宮之屬也。"參見"司宮"。《儀禮·大射》:~奉豐,由西階升,北面坐,設於西楹西,降,復位。(1040上)

【司烜(huǐ)氏】職官名。掌取明火、明水,以供祭祀之用;掌墳燭、庭燎,負責火禁。爵下士。《周禮·秋官·司烜氏》：~，掌以夫遂取明火於日，以鑒取明水於月，以共祭祀之明齍、明燭，共明水。(0885中)

【司尊彝】職官名。掌管六尊、六彝的陳設位置，辨明其用途及所盛之酒醴。爵下士。《周禮·春官·司尊彝》：~，掌六尊、六彝之位，詔其酌，辨其用與其實。(0773上)

【司寤氏】職官名。掌管夜時（日入至雞鳴之時）之禁戒，禁晨行、宵行、夜遊者。爵下士。《周禮·秋官·司寤氏》：~，掌夜時。(0885中)

召 shào 見下。

【召公】周武王之臣。姓姬，名奭。因其封地在召（在今陝西岐山縣西南），故稱召公或召伯。成王時，與周公旦分陝（今河南陝縣）而治，主政陝以西地區。《禮記·樂記》：五成而分，周公左，~右。(1542中)

【召南】《詩經·國風》之一，包括《鵲巢》《采蘩》《草蟲》《采蘋》《甘棠》《行露》《羔羊》《殷其雷》《摽有梅》《小星》《江有汜》《野有死麕》《何彼襛矣》《騶虞》十四篇。召，召公奭之采邑。南，地方風樂。《召南》與《周南》均被視爲儒家詩教的典範，王化之所基，故典禮多演唱之。《儀禮·鄉射禮》：乃合樂，《周南》：《關雎》《葛覃》《卷耳》；《~》：《鵲巢》《采蘩》《采蘋》。(0996上)

吉 jí

❶朔日。即初一。鄭玄《注》：吉，謂朔日。"《周禮·天官·大宰》：正月之~，始和布治于邦國、都鄙，乃縣治象之灋于象魏，使萬民觀治象，挾日而斂之。(0648下)

❷指吉冠。周以前尚質，冠梁上襵縐少，且由前向後縱向排列，即所謂"縮縫"。吉冠、凶冠皆如此。周代開始尚文，冠梁上襵縐增多，吉冠的襵縐改縱爲橫。鄭玄《注》："縮，從也。今禮制，衡讀爲橫。今冠橫縫，以其辟積多。……喪冠縮縫，古冠耳。"孔穎達《疏》："古者，自殷以上也。縮，直也。殷以上質，吉凶冠皆直縫。直縫者辟積攝（襵）少，故一一前後直縫之。……今，周也。衡，橫也。周世文冠，多辟積，不復一一直縫，但多作攝（襵）而并橫縫之。"《禮記·檀弓上》：古者冠縮縫，今也衡縫。故喪冠之反~，非古也。(1282上) ❸即吉禮。祭祀天神、地祇、人鬼之禮。爲五禮（吉、凶、賓、軍、嘉）之一。吉禮共十二，其中天、地各三，人鬼六。鄭玄《注》："吉禮、凶禮異道，謂衣服、容貌及器物也。"《禮記·喪服四制》：夫禮，~凶異道，不得相干，取之陰陽也。(1694下)

【吉土】謂王都。鄭玄《注》："吉土，王者所卜而居之土也。"《禮記·禮器》：因名山升中于天，因~以饗帝于郊。(1440中)

【吉日】朔日。即初一。鄭玄《注》："以四孟之月朔日讀法。"《周禮·地官·黨正》：及四時之孟月~，則屬民而讀邦灋以糾戒之。(0718上)

【吉凶】❶指吉冠和喪冠。孔穎達《疏》："此言吉冠則纓與武各別，喪冠則纓與武共材也。"《禮記·雜記上》：喪冠條屬，以別~。(1554下) ❷指吉禮和凶禮。鄭玄《注》："吉禮、凶禮異道，謂衣服、容貌及器物也。"詳見"吉禮""凶禮"。《禮記·喪服四制》：

夫禮、～異道,不得相干,取之陰陽也。(1694 下)

【吉事】指祭祀、婚、冠等事。《曲禮上》鄭玄《注》:"吉事,祭祀、冠、取之屬也。"《周禮·春官·司几筵》:凡～變几,凶事仍几。(0775 下)《禮記·曲禮上》:喪事先遠日,～先近日。(1251 中)

【吉服】指祭祀所穿之服。祭祀爲吉禮,故祭祀之服稱吉服。兵事、眡朝、田獵所穿之服也稱吉服。亦爲穿吉服。《周禮·春官·司服》:王之～,祀昊天上帝,則服大裘而冕,祀五帝亦如之。(0781 中)《儀禮·士喪禮》:族長涖卜,及宗人～立于門西。(1143 中)《禮記·喪服小記》:大祥,～而筮尸。(1501 中)

【吉拜】先拜手而後稽顙。爲九拜之一。亦爲喪拜中之輕者。《大祝》鄭玄《注》:"吉拜,拜而後稽顙,謂齊衰不杖以下者。"《雜記下》鄭玄《注》:"稽顙而後拜曰喪拜,拜而後稽顙曰吉拜。"《周禮·春官·大祝》:辨九拜,一曰稽首,二曰頓首,三曰空首,四曰振動,五曰～。(0810 中)《禮記·雜記下》:三年之喪,以其喪拜;非三年之喪,以～。(1562 下)

【吉祝】祈福祥之祝。爲六祝之一。鄭玄《注》引鄭司農云:"吉祝,祈福祥也。"《周禮·春官·大祝》:一曰順祝,二曰年祝,三曰～,四曰化祝,五曰瑞祝,六曰筴祝。(0808 下)

【吉笄】行吉禮所著之髮笄。大夫士之妻用象笄,天子諸侯之后、夫人用玉笄。賈公彥《疏》:"吉時大夫士(與)[之]妻用象笄,天子、諸侯之后、夫人用玉爲笄。"《儀禮·喪服》:總六升,長六寸,箭笄長尺,～尺二寸。(1101 下)

【吉祭】❶指春夏秋冬四時之常祭。胡培翬《正義》:"吉祭,四時之常祭。曰吉者,對禫以前爲喪祭言也。"《儀禮·士虞禮》:中月而禫。是月也～,猶未配。(1176 中)❷指卒哭祭。此祭在三虞之祭後進行,改"哀至則哭"爲"朝夕哭",至此而祭止。士死後三月而葬,當月卒哭;大夫三月而葬,五月卒哭;諸侯五月而葬,七月卒哭。鄭玄《注》:"卒哭,吉祭。"參見"卒哭"。《禮記·檀弓下》:是日也,以～易喪祭。(1302 下)

【吉器】吉禮所用的器物。如飲器、盛器等。喪禮,人始死時可用吉器,至次日小殮時則變爲凶器。賈公彥《疏》:"未忍異於生,故未變,至小斂奠則變。"《儀禮·既夕禮》:即床而奠,當腢,用～。(1158 中)

【吉禮】祭祀天神、地祇、人鬼之禮。吉禮共十二:祭天神三,禋祀、實柴、槱燎;祀地祇三,血祭、貍沈、疈辜;享人鬼六,祫、禘、祠、禴、嘗、烝。爲五禮之一。鄭玄《注》:"吉禮之別十有二。"賈公彥《疏》:"天、地各有三,享人鬼有六,故十二也。"《周禮·春官·大宗伯》:以～事邦國之鬼神示:以禋祀祀昊天上帝,以實柴祀日月星辰,以槱燎祀司中、司命、飄師、雨師,以血祭祭社稷、五祀、五嶽,以貍沈祭山林、川澤,以疈辜祭四方、百物,以肆、獻、祼享先王,以饋食享先王,以祠春享先王,以禴夏享先王,以嘗秋享先王,以烝冬享先王。(0757 上)

【吉凶二服】祭祀、喪弔所穿之服。鄭

玄《注》：" 吉服者，祭服也。凶服者，弔服也。"詳見"吉服""凶服①"。《周禮·地官·鄉師》：正歲，稽其鄉器，比共～。（0714 下）

【吉凶之事】祭祀之事和喪葬之事。鄭玄《注》："吉事，四時祭也；凶事，后王喪。"《周禮·春官·天府》：凡～，祖廟之中沃盥，執燭。（0776 中）

【吉事變几】祭祀、饋食等事要變換新几。爲吉事之禮。鄭玄《注》："玄謂吉事，王祭宗廟，祼於室，饋食於堂，繹於祊，每事易几，神事文，示新之也。"《周禮·春官·司几筵》：凡～，凶事仍几。（0775 下）

【吉事先近日】祭祀、婚、冠等吉事的日期要先卜筮近日。爲卜筮之法。孔穎達《疏》："吉事，謂祭祀、冠、昏之屬。故《少牢》云：'若不吉，則及遠日，又筮日如初。'是先近日也。"《禮記·曲禮上》：喪事先遠日，～。（1251 中）

同 tóng ❶天下四方諸侯畢至朝見天子。爲諸侯朝見天子六禮之一。《大宗伯》賈公彥《疏》："云殷同者，六服衆皆同來。"《周禮·春官·大宗伯》：春見曰朝，夏見曰宗，秋見曰覲，冬見曰遇，時見曰會，殷見曰～。（0759 下）《禮記·少儀》：賓客主恭，祭祀主敬，喪事主哀，會～主詡。（1514 下）❷樂律中的陰律。古代樂律分爲十二，陽聲爲律，陰聲爲同。六同亦稱六呂。鄭玄認爲十二律皆以銅爲之；鄭司農認爲六律以竹爲之，六同以銅爲之。鄭玄《注》："故書'同'作'銅'。鄭司農云：'陽律以竹爲管，陰律以銅爲管。竹，陽也；銅，陰也。各順其性，凡十二律，故《大師》職曰'執同律以聽軍聲'。'玄謂律，述氣者也。同助陽宣氣，與之同。皆以銅爲。"參見"六同""六律"。《周禮·春官·典同》：掌六律、六～之和，以辨天地、四方陰陽之聲，以爲樂器。（0797 下）❸土地面積方百里之稱。鄭玄《注》："同中容四都、六十四成，方八十里出田税，緣邊十里治澮。"《周禮·冬官考工記·匠人》：方百里爲～，～間廣二尋，深二仞，謂之澮。（0931 下）

【同几】祭夫婦共用之几。孔穎達《疏》："言人生時形體異，故夫婦別几。死則魂氣同歸於此，故夫婦共几。鋪席設几，使神依之。設此夫婦所共之几，席亦共之。"《禮記·祭統》：鋪筵，設～，爲依神也。（1605 上）

【同姓】同姓之人。同姓即同宗，爲一族之總稱。姓是血緣系統的標誌，在宗法社會中有特殊意義，可以辨親疏，別婚姻。依禮，娶妻不能娶同姓之人（"取妻不取同姓"）；王之同姓犯了罪，不在集市上公開受刑（"凡王之同姓有罪，不即市"），要交給甸師處理。《巾車》賈公彥《疏》："周人先同姓，故得金路。賜異姓以下，則用象路之等。"《覲禮》鄭玄《注》："同姓、異姓，受之將有先後也。"《周禮·春官·巾車》：金路，鉤，樊纓九就，建大旂，以賓，～以封。（0823 上）《儀禮·覲禮》：諸侯前朝，皆受舍于朝。～西面，北上；異姓東面，北上。（1088 下）《禮記·曲禮下》：天子～謂之"伯父"，異姓謂之"伯舅"。（1264 下）

【同徒】一縣之徒役。方百里之地曰

同,亦即一縣。孫詒讓《正義》:"金榜云:'《說文》云:"周制,王畿千里,分爲百縣。"稍人以縣師之法作其同徒,謂作其一縣之徒役,其縣方一同歟?……以《司馬法》"同方百里,革車百乘"計之,縣之里數,與《周官經》符合。'金據《司馬法》十終爲同釋此同徒,是也。"一說,鄭玄《注》釋"同"爲"均同"。《周禮·地官·稍人》:若有會同、師田、行役之事,則以縣師之灋作其～輂輦,帥而以至。(0745中)

【同律】即六同、六律。參見"六同""六律"。《周禮·春官·大師》:大師,執～以聽軍聲,而詔吉凶。(0796下)

【同貨】官與民共有貨物。即民貨不售,則官府爲斂而買之;民無貨,則官府賒而予之。以此互通有無,若官與民共有此貨。鄭玄《注》:"同,共也。同者,謂民貨不售,則爲斂而買之;民無貨,則賒貰而予之。"《周禮·地官·司市》:以刑罰禁虣而去盜,以泉府～而斂賒。(0734中)

【同族】同宗族之人。參見"同姓"。《周禮·秋官·小司寇》:凡王之～有罪,不即市。(0873下)

【同衣服】統一服飾。爲六種傳統的習俗之一。鄭玄《注》:"同,猶齊也。民雖有富者,衣服不得獨異。"《周禮·地官·大司徒》:以本俗六安萬民:一曰媺宮室,二曰族墳墓,三曰聯兄弟,四曰聯師儒,五曰聯朋友,六曰～。(0706下)

【同貨財】謂民與民共有貨財。富人在貨物多時蓄積,在匱乏時賣出,依法獲取盈利。而平民在貨物充盈時及匱乏時均能購得貨物,若民與民共有貨財。鄭玄《注》:"同貨財者,富人蓄積者,多時收斂之,乏時以國服之法出之,雖有騰躍,其贏不得過。此以利出者與取者,過此則罰之。"孫詒讓《正義》:"此同貨財,與司市以泉府同貨而斂賒義同。彼官與民同貨財,斂賒之事,泉府掌之;此民與民同貨財,斂賒之事,民自主之,朝士則掌其法令。……謂不依國法者,重則有刑,輕則有罰也。"參見"同貨"。《周禮·秋官·朝士》:凡民～者,令以國灋行之。(0878中)

【同姓之邦】與天子同姓的諸侯國。周代宗法制以嫡長子繼承制爲基礎,天子之位由嫡長子世襲,其餘諸子則被分封爲諸侯。天子、諸侯雖爲政治隸屬關係,然仍爲同宗。《禮記·月令》:乃命～,共寢廟之芻豢。(1384下)

【同姓從宗】同姓之人隨從宗子。古宗法制以嫡長子繼承制爲基礎,故不論大宗、小宗,都要隨從宗子。鄭玄《注》:"合,合之宗子之家,序昭穆也。"孔穎達《疏》:"同姓,父族也。從宗,謂從大、小宗也。"參見"大宗""小宗"。《禮記·大傳》:～,合族屬。(1507上)

后

hòu ❶天子的正妻。《周禮·春官·典路》:掌王及～之五路,辨其名物與其用說。(0825下)《禮記·曲禮下》:天子有～,有夫人,有世婦。(1261上)❷君王,諸侯。《量人》鄭玄《注》:"后,君也。言君,容王與諸侯。"《王制》鄭玄《注》:"羣后,公及諸侯。"《周禮·夏官·量人》:掌建國之灋,以分國爲九州,營國城郭,營～宮。(0842 中)《禮記·王制》:王大子、王子、羣～之大子,卿大夫、元士之適子,國之俊選,皆造焉。(1342 上)

【后土】❶指土神。《大宗伯》鄭玄《注》:"后土,土神也。"《周禮·春官·大宗伯》:王大封,則先告～。(0764 上)《禮記·月令》:中央土,其日戊己,其帝黃帝,其神～。(1372 上)❷祭祀土神之社壇。鄭玄《注》:"后土,社也。"《禮記·檀弓上》:君舉,而哭於～。(1294 上)

【后王】君王,天子。鄭玄《注》:"后,君也。"《內則》:～命冢宰降德於眾兆民。(1461 上)

【后妃】皇后嬪妃。《禮記·月令》:至之日,以大牢祀于高禖,天子親往,～帥九嬪御。(1361 下)

【后稷】周人先祖。相傳其母姜嫄踐天帝足跡,感而有孕,生而棄之,故名"棄"。後爲農官,教民稼穡,被尊而爲神。《禮記·明堂位》:祀帝于郊,配以～,天子之禮也。(1488 上)

合

hé ❶合葬。鄭玄《注》:"祔,謂合葬也。"《禮記·檀弓下》:衛人之祔也,離之。魯人之祔也,～之,善夫!(1317 上)❷合樂。孫希旦《集解》:"劉氏敞曰:'合,謂合樂也。'……陳氏祥道曰:'必有合,合舞與聲。有故則否,與國有大故去樂意同。'"《禮記·文王世子》:凡釋奠者,必有～也。(1406 上)

【合土】和合泥土。燒之以作器物。孔穎達《疏》:"謂和合其土,燒之以作器物。"《禮記·禮運》:後聖有作,然後脩火之利,范金,～,以爲臺榭、宮室、牖戶。(1416 上)

【合升】合牲體之左右兩半升於鼎。凡吉禮用牲體的右半邊,凶禮用牲體的左半邊。合升,則吉凶皆用。鄭玄《注》:"合升,合左右胖升於鼎也。"賈公彥《疏》:"以夫婦各一,故左右胖俱升。若祭,則升右也。"《儀禮·士昏禮》:其實:特豚～,去蹄。(0963 上)

【合甲】用多層犀兕之皮相合而製成的堅固鎧甲。可用三百年。鄭玄《注》引鄭司農云:"合甲,削革裏肉,但取其表,合以爲甲。"《周禮·冬官考工記·函人》:犀甲七屬,兕甲六屬,～五屬。犀甲壽百年,兕甲壽二百年,～壽三百年。(0917 中)

【合卺(jǐn)】剖一瓠爲兩瓢,新婚夫婦食畢各執一瓢,斟酒而飲,稱合卺。爲婚禮儀式之一。《昏義》孔穎達《疏》:"卺,謂半瓢,以一瓠分爲兩瓢,謂之卺。壻之與婦各執一片以酳,故云合卺而酳。"《士昏禮》鄭玄《注》:"合卺,破瓠也。四爵兩卺,凡六,爲夫婦各三酳。"《儀禮·士昏禮》:篚在南,實四爵,～。(0963 中)《禮記·昏義》:婦至,壻揖婦以入,共牢而食,～而酳,所以合體同尊卑,以親之也。(1680 下)

【合莫】生者的精神與死者寂寞之魂相合。這是通過祭祀祝禱產生的效應。孔穎達《疏》:"莫,謂虛無寂莫。言死者精神虛無寂莫,得生者嘉善而神來歆饗,是生者和合於寂莫。"《禮記·禮運》:君與夫人交獻,以嘉魂魄,是謂～。(1417 中)

【合葬】夫婦同葬於一個墓穴。即夫

婦後死者之柩，葬於先死者之墓。《禮記·檀弓上》：武子曰："～，非古也，自周公以來未之有改也。"（1274中）

【合舞】使舞蹈合於樂曲之節奏。爲春天學子入學時學習的內容。鄭玄《注》："合舞，等其進退，使應節奏。"賈公彥《疏》："謂等其舞者，或進或退，周旋使應八音奏樂之節合也。按《月令》注：春合舞者，象物出地，鼓舞也。"《周禮·春官·大胥》：春入學，舍采，～。（0794下）

【合語】合於君臣、父子、長幼之道的言辭。此禮行於鄉射、鄉飲酒、大射、燕射後旅酬之時。鄭玄《注》："合語，謂鄉射、鄉飲酒、大射、燕射之屬也。《鄉射》記曰：'古者於旅也語。'"孔穎達《疏》："……合語者，謂合會義理而語説也。"朱彬《訓纂》："三老、五更，與君言父子、君臣、長幼之道爲合語。"《禮記·文王世子》：凡祭與養老、乞言、～之禮，皆小樂正詔之於東序。（1405中）

【合耦】二人各執一耜並肩而耕。謂合二人之力，相互佐助。鄭玄《注》："《考工記》曰：'耜廣五寸，二耜爲耦。'此言兩人相助耦而耕也。"《周禮·地官·里宰》：以歲時～于耡，以治稼穡。（0743上）

【合樂】謂堂上下歌、瑟及笙，衆聲俱作。爲鄉飲酒禮作樂的第四節，即最後一節。《鄉飲酒義》孔穎達《疏》："謂堂上下歌、瑟及笙並作也。"《鄉飲酒禮》鄭玄《注》："合樂，謂歌樂與衆聲俱作。"賈公彥《疏》："謂堂上有歌瑟，堂下有笙磬，合奏此詩，故云衆聲俱作。"一説，爲合《周南》《召南》而歌之。胡培翬《正義》："合樂，《鵲巢》合《關雎》，《采蘩》合《葛覃》，《采蘋》合《卷耳》，每合爲一終。敖氏云：合樂謂合《周南》《召南》而歌之，與暴之惟歌《小雅》者不同也。"《儀禮·鄉飲酒禮》：乃～，《周南》：《關雎》《葛覃》《卷耳》；《召南》：《鵲巢》《采蘩》《采蘋》。（0986中）《禮記·鄉飲酒義》：間歌三終，～三終。（1684上）

【合聲】使聲音合於樂曲之節奏。爲秋天學成時考察的內容。鄭玄《注》："春使之學，秋頒其才藝所爲。合聲，亦等其曲折，使應節奏。"賈公彥《疏》："秋爲陰，陰主靜，聲亦靜，故秋合聲，象秋靜也。"《周禮·春官·大胥》：秋頒學，～。（0794下）

【合方氏】職官名。掌管疏通天下之道路，使貨物流通，度量衡統一。爵中士。《周禮·夏官·合方氏》：～，掌達天下之道路，通其財利，同其數器，壹其度量，除其怨惡，同其好善。（0864中）

【合九而成規】合九張弓而成爲圓。此爲天子所用弓之弧度。所合圓之弓數越多，則弓之弧度越小，其力就强。而弓的往體（兩端向外反撓的彎曲度）少，弓的弧度就小。鄭玄《注》："往體寡，來體多，則合多。往體多，來體寡，則合少而圜。"賈公彥《疏》："天子之弓，王弧也。以其往體寡，故合九成規。"《周禮·夏官·司弓矢》：天子之弓，～，諸侯合七而成規，大夫合五而成規。（0856中）

各

gè 見下。

【各得其宜】各自得到了應該得到的東西。今爲成語。《禮記·樂記》：此

所以祭先王之廟也,所以獻酬酢酳也,所以官序貴賤、～也,所以示後世有尊卑長幼之序也。(1541 上)

名 míng

❶名字。子生三月,父爲之取名。鄭玄《注》引鄭司農云:"成名,謂子生三月,父名之。"《周禮·地官·媒氏》:凡男女自成～以上,皆書年月日～焉。(0733 上) ❷姓氏。賈公彥《疏》:"問名者,問女之姓氏。"《儀禮·士昏禮》:賓執鴈,請問～,主人許。(0962 上) ❸指對來嫁的異姓女子的稱謂。爲服喪六原則之一。若夫爲父輩,則以母稱之;若夫爲子輩,則以婦稱之,並以此而爲之服喪。孔穎達《疏》:"異姓,謂他姓之女來爲己姓之妻,繫夫之親,主爲母、婦之名。夫若爲父行,則主母名;夫若子行,則主婦名。"孫希旦《集解》:"異姓之女,於己本無親屬,故繫其夫而定母、婦之名,以治際會之事也。""名,謂異姓之女,來嫁於己族,主母、婦之名而爲之服也。"《禮記·大傳》:同姓從宗,合族屬。異姓主～,治際會。～著而男女有別。……服術有六:一曰親親,二曰尊尊,三曰～,四曰出入,五曰長幼,六曰從服。(1507 上、下)

【名士】❶指名望高而未仕之人。鄭玄《注》:"名士,不仕者。"《禮記·月令》:勉諸侯,聘～,禮賢者。(1363 中) ❷稱士之名。爲稱呼之儀節。士在國君面前談到已死之士,稱其名;與大夫談到士,稱其名,因爲士身份低賤。孔穎達《疏》:"士賤,雖已死,而此生士與君言,猶呼死士名也。……士賤,故呼之名;大夫貴,故呼之字也。"《禮記·玉藻》:士於君所言大夫,没矣則稱諡若字,～;與大夫言,～,字大夫。(1482 中)

【名子】爲子取名。子生三月,父爲子取名。取名諱用本國名、日月名、隱疾名、山川名。《禮記·曲禮上》:～者,不以國,不以日月,不以隱疾,不以山川。(1241 下)

【名物】❶事物的名號、物色。賈公彥《疏》:"此禽獸等皆有名號、物色,故云辨其名物也。"《周禮·天官·庖人》:掌共六畜、六獸、六禽,辨其～。(0661 上) ❷名目物產。鄭玄《注》:"名物者,十等之名與所生之物。"《周禮·地官·大司徒》:以天下土地之圖,周知九州之地域廣輪之數,辨其山林、川澤、丘陵、墳衍、原隰之～。(0702 上)

【名山大川】著名的大山、大河。指五嶽、四瀆(江、淮、河、濟)。今爲成語。《禮記·王制》:天子祭天下～:五嶽視三公,四瀆視諸侯。(1336 上)

吾 wú 見下。

【吾子】對對方的尊稱。一般用於男子之間。相當於"您"。《士冠禮》鄭玄《注》:"吾子,相親之辭。吾,我也;子,男子之美稱。"《儀禮·士冠禮》:戒賓,曰:"某有子某,將加布於其首,願～之教之也。"(0957 中)《禮記·樂記》:丘之聞諸萇弘,亦若～之言是也。(1542 上)

告 gào

祭告。天子、諸侯有朝聘、盟會、征伐等大事,出行前必告祭於祖廟。《曾子問》鄭玄《注》:"皆奠幣以告之。"《周禮·春官·大宗伯》:王大封,則先～后土。(0764 上)《禮記·曾子問》:諸侯適天子,必

～于祖,莫于禰。冕而出視朝,命祝史～于社稷、宗廟、山川。(1389下)

【告存】八十以上的老人,國君每月派人致送食物,並問候其健康狀況。爲養老禮之一。鄭玄《注》:"每月致膳。"孔穎達《疏》:"告,謂問也。君每月使人致膳告問存否。"《禮記·王制》:七十不俟朝,八十月～,九十日有秩。(1346上)

【告旨】告知酒味美。古人獻酒,禮盛,賓啐酒告旨,意在謝主人以美酒待己。禮輕,不啐酒,不告旨。鄭玄《注》:"旨,美也。"胡培翬《正義》:"敖氏云:'拜乃告旨,謝其以旨酒飲己也。'……凌氏《釋例》云:'凡獻酒,禮盛者則啐酒告旨。《鄉飲酒》《鄉射》主人獻賓,皆啐酒,告旨。《燕禮》《大射》主人獻賓,亦皆啐酒,告旨。《有司徹》主人獻尸,亦啐酒,告旨,皆禮之盛者。《鄉飲酒》主人獻介,《鄉射》主人獻大夫,皆不啐酒,不告旨。……皆禮之殺者。'"《儀禮·鄉飲酒禮》:降席,坐奠爵,拜,～,執爵,興。(0982上)

【告朔】周制,天子每年季冬把第二年的曆書及政令頒發給諸侯,諸侯受之藏於祖廟,每月朔日朝於廟,告而受行,稱告朔。鄭玄《注》:"天子頒朔于諸侯,諸侯藏之祖廟,至朔朝于廟,告而受行之。"賈公彥《疏》:"言朔者,以十二月厤及政令,若月令之書,但以受行,號之爲朔。"《周禮·春官·大史》:正歲年以序事,頒之于官府及都鄙,頒～于邦國。(0817中)

【告備】❶稟告于王祭品已經齊備。爲祭祀之儀節。鄭玄《注》:"備,謂饌具。"《周禮·春官·小宗伯》:祭之日,逆齍省鑊,告時于王,～于王。(0767上)❷報告獸體或牲體完好無損。獸體以備爲貴,告備,乃可以宰殺。胡培翬《正義》:"牲由豢養,以充爲美。獸獵而得之,恐有傷闕,故必以備爲貴。鄭訓備爲具,謂完具無殘闕也。"《儀禮·特牲饋食禮》:宗人舉獸尾,～。(1180下)

【告絜】告訴神祭祀之粢盛潔淨。賈公彥《疏》:"當祭之日,具其黍稷等盛於簠簋,陳於廟堂東,又以徽識表其名,又告絜淨。"《周禮·春官·肆師》:祭之日,表齍盛,～。(0769上)

【告飽】告知主人已經吃飽。爲饗宴之儀節。鄭玄《注》:"三飯告飽,禮一成也。"《儀禮·特牲饋食禮》:尸三飯,～。(1184中)

含

㊀ hàn　置於死者口中的玉、貝。亦爲將玉、貝置於死者口中。爲喪禮之儀。《公羊傳·文公五年》何休《注》:"緣生以事死,不忍虛其口。天子以珠,諸侯以玉,大夫以碧,士以貝,春秋之制也。"《小宰》鄭玄《注》:"《春秋傳》曰:'口實曰含,衣服曰襚。'"《周禮·天官·小宰》:喪荒,受其～襚幣玉之事。(0655上)《禮記·雜記上》:～者執璧將命曰:"寡君使某～。"(1557上)

【含玉】天子死後口中所含之玉。鄭玄《注》:"含玉,死者口實。天子以玉。"《周禮·天官·大宰》:大喪,贊贈玉、～。(0650下)

㊁ hán　見下。

【含₂桃】即櫻桃。古人以之祭祖。鄭玄《注》:"含桃,櫻桃也。"《禮記·月令》:是月也,天子乃以雛嘗黍。羞以～,先薦寢廟。(1370上)

君 jūn ❶泛指擁有疆域、封地及臣民的天子、諸侯、卿、大夫。《喪服》鄭玄《注》:"天子、諸侯及卿、大夫有地者皆曰君。"《周禮·春官·典命》:公之孤四命,以皮帛視小國之～。(0781上)《儀禮·喪服》:～。《傳》曰:～至尊也。(1100下)《禮記·檀弓下》:事～不敢忘其～,亦不敢遺其祖。(1314上)❷妾對夫的尊稱。《內則》鄭玄《注》:"凡妾稱夫曰君。"《喪服》鄭玄《注》:"妾謂夫爲君者,不得體之,加尊之也。"胡培翬《正義》引陳銓云:"……不敢稱夫稱爲君者,同於人臣也。"《儀禮·喪服》:妾爲～。《傳》曰:～至尊也。(1101中)《禮記·內則》:～已食,徹焉,使之特餕,遂入御。(1470中)❸指嗣君。公卿大夫之子,父死而嗣爲後者。鄭玄《注》:"君,嗣君也。"《儀禮·喪服》:近臣,～服斯服矣。(1102中)❹特指諸侯國君。依禮,對大夫不得稱君,以避諸侯。孔穎達《疏》:"謂諸侯之大夫,家臣不得稱之爲君,辟諸侯也。"《禮記·坊記》:禮,君不稱天,大夫不稱～。(1619上)

【君子】❶官吏的通稱。泛指在位者。《食醫》賈公彥《疏》:"君子,大夫已上。"《士相見禮》鄭玄《注》:"君子,謂卿大夫及國中賢者也。"《周禮·天官·食醫》:凡～之食恒放焉。(0667中)《儀禮·士相見禮》:凡侍坐於～,～欠伸,問日之早晏,以食具告。(0977下)《禮記·郊特性》:故既蜡,～不興功。(1454下)❷對人的尊稱。猶言先生。鄭玄《注》:"言偃,孔子弟子子游。"《禮記·禮運》:仲尼之嘆,蓋嘆魯也。言偃在側,曰:"～何嘆?"(1413下)

【君母】妾之子對父親嫡妻的稱呼。《喪服》鄭玄《注》:"君母,父之適妻也。"胡培翬《正義》:"在父爲適妻,在子爲適母,一也。妾謂夫之適妻爲女君,故妾子因之謂適母爲君母。"《儀禮·喪服》:～之父母、從母。《傳》曰:何以小功也?～在,則不敢不從服。(1118下)《禮記·喪服小記》:爲～後者,～卒,則不爲～之黨服。(1499中)

【君長】國君與卿大夫。鄭玄《注》:"君,謂其國君;長,其卿大夫也。"《周禮·秋官·朝大夫》:日朝,以聽國事故,以告其～。(0903上)

【君命】指受有后命的子男之妻。鄭玄《注》:"君,女君也。"孔穎達《疏》:"子男之妻也,被后所命,故云君命。"《禮記·玉藻》:～屈狄。再命褘衣。一命襢衣。(1481下)

【君陳】《古文尚書》篇名。相傳爲周公旦之子伯禽之弟君陳所作。鄭玄《注》:"君陳,蓋周公之子伯禽弟也。名篇,在《尚書》,今亡。"《禮記·坊記》:《～》曰:"爾有嘉謀嘉猷,入告爾君于內,女乃順之于外。"(1620上)

【君雅】《古文尚書》篇名。亦作"君牙"。相傳爲周穆王司徒君牙所作。鄭玄《注》:"雅,《書》序作牙,假借字也。君雅,周穆王司徒,作《尚書》篇名也。"《禮記·緇衣》:《～》曰:"夏日暑雨,小民惟曰怨;資冬祁寒,小民亦惟曰怨。"(1650中)

【君奭】(shì)《尚書》篇名。鄭玄《注》:"奭,召公名也,作《尚書》篇名也。"《禮記·緇衣》:《～》曰:"昔在上

帝,周田觀文王之德,其集大命于厥躬。"(1651上)

【君大夫】指有封地的天子大夫。鄭玄《注》:"君大夫,天子大夫有地者。"孔穎達《疏》:"大夫有地者則亦稱曰君,故云君大夫也。"《禮記‧曲禮下》:~之子,不敢自稱曰余小子。(1257上)

【君子子】指大夫及諸侯庶子的嫡妻所生的兒子。鄭玄《注》:"君子子者,大夫及公子之適妻子。"《儀禮‧喪服》:~爲庶母慈己者。(1118下)

【君夫人】諸侯之妻。《禮記‧雜記下》:如三年之喪,則~歸。(1567上)

【君子式黃髮】國君乘車遇見年高者要行軾禮。爲敬老之儀節。孔穎達《疏》:"君子,謂人君也。黃髮,太老人也。人初老則髮白,太老則髮黃。髮黃彌老,宜敬之,故人君見而式敬也。人君尚爾,則大夫士可知也。"《禮記‧曲禮上》:故~,下卿位,入國不馳,入里必式。(1253上)

【君所無私諱】在國君面前不必避家諱。因爲君尊。爲禮所規定不必避諱的情況之一。鄭玄《注》:"謂臣言於君前,不辟家諱,尊無二。"《禮記‧曲禮上》:~,大夫之所有公諱。(1251上)

和 hé ❶調和,調味。古人注意養生,主張根據季節的變化調和不同的味道。《食醫》鄭玄《注》:"和,調也。"《內則》鄭玄《注》:"多其時味,以養氣也。"《周禮‧天官‧食醫》:掌王之六食、六飲、六膳、百羞、百醬、八珍之齊。(0667上)《儀禮‧公食大夫禮》:大羹湆不~,實于鐙。(1081中)《禮記‧內則》:凡~,春多酸,夏多苦,秋多辛,冬多鹹,調以滑甘。(1464上)❷車軾上的銅鈴。《大馭》鄭玄《注》:"鸞在衡,和在軾。"《周禮‧夏官‧大馭》:凡馭路儀,以鸞~爲節。(0858上)《禮記‧玉藻》:故君子在車則聞鸞~之聲,行則鳴佩玉。(1482中)❸指中和、中庸之德。爲大司徒所掌六德、大司樂所教六樂德之一。它是儒家所推崇的至高之德,其實質是適度、適中,無過無不及。《大司徒》鄭玄《注》:"和,不剛不柔。"《大司樂》鄭玄《注》:"和,剛柔適也。"《周禮‧地官‧大司徒》:一曰六德,知、仁、聖、義、忠、~。(0707中)《周禮‧春官‧大司樂》:以樂德教國子:中、~、祗、庸、孝、友。(0787下)❹謂志正體和。爲鄉射禮詢問衆庶的五事之一。孫詒讓《正義》:"《論語‧八佾篇》:'子曰,射不主皮。'《集解》引馬融云:'射有五善焉:一曰和,志體和;二曰和容,有容儀;三曰主皮,能中質;四曰和頌,合《雅》《頌》;五曰興武,與舞同。言射者不但以中皮爲美,亦兼取和容也。'案:馬説五善,即此經五物也。"《周禮‧地官‧鄉大夫》:退而以鄉射之禮五物詢衆庶:一曰~,二曰容,三曰主皮,四曰和容,五曰興舞。(0716下)❺軍隊營壘之門。鄭玄《注》:"軍門曰和。今謂之壘門,立兩旌以爲之。"《周禮‧夏官‧大司馬》:以旌爲左右~之門,羣吏各帥其車徒,以敍~出。(0838下)❻樂器名。小笙。鄭玄《注》:"三人吹笙,一人吹和,凡四人也。《爾雅》曰:'笙小者謂之和。'"

《儀禮・鄉射禮》：三笙一～而成聲。（1010 上）

【和令】宣佈節令時禁。王引之《經義述聞・卷十四》："古聲宣與和相近，故宣字通作和。"鄭玄《注》："令，謂時禁也。"《禮記・月令》：孟春之月，……命相布德，～，行慶，施惠，下及兆民。（1356 上）

【和容】射箭的動作與《雅》《頌》之節相應。爲鄉射禮詢問衆庶的五事之一。容，用同"頌"。鄭玄《注》："杜子春讀'和容'爲'和頌'，謂能爲樂也。"孫詒讓《正義》："《論語・八佾篇》：'子曰，射不主皮。'《集解》引馬融云：'射有五善焉：一曰和，志體和；二曰和容，有容儀；三曰主皮，能中質；四曰和頌，合《雅》《頌》；五曰興武，與舞同。……'案：馬說五善，即此經五物也。"《周禮・地官・鄉大夫》：退而以鄉射之禮五物詢衆庶：一曰和，二曰容，三曰主皮，四曰～，五曰興舞。（0716 下）

【和鍾】古樂器名。相傳堯時垂所作之鍾。孔穎達《疏》："垂之所作調和之鍾。"《禮記・明堂位》：垂之～，叔之離磬，女媧之笙簧。（1491 中）

【和難（nàn）】調解冤仇。依法，過失傷人者，通過人民公議調解；殺父之仇，殺人者須躲避到海外；殺兄弟之仇，殺人者須躲避到千里之外；殺叔伯兄弟之仇，殺人者不能與被殺者之家人同在一國；殺君之仇視同殺父之仇，殺師長之仇視同殺兄弟之仇，殺異國國君之仇視同殺叔伯兄弟之仇。如果殺人者不按規定躲避，就將其交給仇家，由官府逮捕。鄭玄《注》："難，相與爲仇讎。"《周禮・地官・調人》：調人，掌司萬民之難而諧和之。……凡～，父之讎辟諸海外，兄弟之讎辟諸千里之外。（0732 中）

【和鸞】和與鸞。均爲車鈴。繫在車軾上的稱和，繫在車轅前端橫木上的稱鸞。參見"和②"。《禮記・仲尼燕居》：行中規，還中矩，～中《采齊》。（1614 上）

命

mìng ❶天子策命諸侯、羣臣的等級。其等級有九，總稱九命。據《周禮・春官・典命》，諸侯上公九命，侯伯七命，子男五命。王之三公八命，卿六命，大夫四命。公之孤四命，其卿三命，其大夫再命，其士一命；侯伯之臣命數與公之臣同；子男之臣卿再命，大夫一命，士不命。九命之制在於統一天下諸侯羣臣之等級，以及其相應的禮儀等級，命數有九，儀亦有九，故又稱九儀之命、儀命。《周禮・秋官・大行人》：以九儀辨諸侯之～，等諸臣之爵，以同邦國之禮，而待其賓客。（0890 下）《禮記・王制》：三公一～卷，若有加則賜也，不過九～。次國之君不過七～，小國之君不過五～。（1326 上）❷命龜卜之文辭。國有大事將占卜，以所占之事告知於龜，所告之文辭即命。鄭玄《注》："國之大事待蓍龜而決者有八，定作其辭於將卜，以命龜也。"《周禮・春官・大卜》：以邦事作龜之八～：一曰征，二曰象，三曰與，四曰謀，五曰果，六曰至，七曰雨，八曰瘳。（0803 中）❸朝聘往來使命之辭。爲大祝所掌六辭之一。鄭玄《注》："命，《論語》所謂'爲命，裨諶草創之'。"孫詒讓《正義》："《論語》'爲命'，即謂聘會往來使命之辭也。"《周禮・春官・大

祝》：作六辭以通上下、親疏、遠近：一曰祠，二曰～，三曰誥，四曰會，五曰禱，六曰誄。(0809 中)

【命士】受官爵、策命的士人。一命及一命以上的士即爲命士。依禮，命士以上，父子皆異宮。《禮記·內則》：由～以上，父子皆異宮。(1462 上)

【命夫】受官爵、策命之卿、大夫、士。在朝廷者爲内命夫，在六鄉以外者爲外命夫。外内之別或以朝，或以宮。《閽人》賈公彦《疏》："内命夫，卿、大夫、士之在宫中者，謂若宫正所掌者也。對在朝卿大夫、士，爲外命夫。"《周禮·天宮·閽人》：凡外内～、命婦出入，則爲之闢。(0686 下)《儀禮·既夕禮》：兄弟有～，命婦在焉，亦坐。(1158 中)《禮記·喪大記》：其有～、命婦則坐，無則皆立。(1573 上)

【命圭】天子賜給公、侯、伯的玉圭。桓圭、信圭、躬圭皆爲命圭，根據不同的等級爵位而賜。鄭玄《注》："命圭者，王所命之圭也。朝覲執焉，居則守。"《周禮·冬官考工記·玉人》：～九寸，謂之桓圭，公守之。～七寸，謂之信圭，侯守之。～七寸，謂之躬圭，伯守之。(0922 上)

【命車】天子所賜之車。《禮記·王制》：命服～不粥於市，宗廟之器不粥於市。(1344 上)

【命服】指周天子賜予元士至上公九種不同命爵的衣服。後泛指官員及其配偶按等級所穿的衣服。《禮記·王制》：～命車不粥於市，宗廟之器不粥於市。(1344 上)

【命卿】天子所策命的諸侯之卿。鄭玄《注》："軍將皆命卿，則凡軍帥不特置，選於六官、六鄉之吏。"賈公彦《疏》："選於六官者，謂王朝六卿。此六軍之將還選六卿中有武者爲軍將也。"《周禮·夏官·敘官》：大國三軍，次國二軍，小國一軍，軍將皆～。(0830 上)

【命祭】食物先由祝命之，然後祭。爲九食祭之一。鄭玄《注》："九祭，皆謂祭食者。命祭者，《玉藻》曰'君若賜之食，而君客之，則命之祭，然後祭'是也。"孫詒讓《正義》："凌延堪云：'命祭謂墮祭也。墮祭即授祭，必祝命之，故曰命祭。'"《周禮·春官·大祝》：辨九祭：一曰～，二曰衍祭，三曰炮祭，四曰周祭，五曰振祭，六曰擩祭，七曰絕祭，八曰繚祭，九曰共祭。(0810 上)

【命婦】受有封號的婦女。宮中三夫人、九嬪、世婦、女御爲内命婦，諸侯及公卿大夫士之嫡妻爲外命婦。《内宰》鄭玄《注》："内命婦，謂九嬪、世婦、女御。鄭司農云：'外命婦，卿大夫之妻。王命其夫，后命其婦。'玄謂士妻亦爲命婦。"《周禮·天官·内宰》：凡喪事，佐后使治外内～，正其服位。(0685 中)《儀禮·喪服》：大夫弔於～，錫衰；～弔於大夫，亦錫衰。(1124 中)《禮記·禮器》：卿大夫從君，～從夫人。(1441 中)

【命龜】告訴龜所卜之事。爲占卜之儀節。《大卜》鄭玄《注》："命龜，告以所卜事。"《周禮·春官·大卜》：大祭祀，則眡高～。(0804 上)《儀禮·士喪禮》：西面坐，～；興，授卜人龜，負東扉。(1143 下)《禮記·雜記上》：大夫之喪，大宗人相，小宗人～，

卜人作龜。(1551 中)

【命屨】王賜予命夫、命婦的單底鞋。命屨隨命服之不同而異。鄭玄《注》："命夫之命屨,纁屨;命婦之命屨,黄屨以下。"孫詒讓《正義》："命屨,人功最精;功屨次於命屨,故微麤。"《周禮·天官·屨人》:辨外内命夫、命婦之～、功屨、散屨。(0694 中)

【命筮者】即宰。卜筮時,佐助主人將所筮之事告知筮者。胡培翬《正義》："盛氏世佐云:'命筮者,宰也。在主人之右,亦北面。'今案:《士冠》《特牲》二篇皆云'宰贊命',故盛氏以此命筮者爲宰也。"《儀禮·士喪禮》:～在主人之右。(1142 下)

周 zhōu ❶指周公。詳見"周公"。《禮記·樂記》:《武》亂皆坐,～、召之治也。(1542 中) ❷古部族名。始祖后稷原居邰(今陝西武功),傳至公劉,遷居豳(今陝西彬縣、旬邑一帶)。古公亶父時,定居於周(今陝西岐山、扶風二縣北部塬上),部族日益强盛。周文王時,遷都於豐(今陝西西安西南灃水西岸)。《禮記·祭法》:夏之衰也,～弃繼之,故祀以爲稷。(1590 中)

【周公】西周初年政治家。姬姓,名旦,亦稱叔旦。周武王之弟。因采邑在周(今陝西岐山北),稱周公。助武王滅商。武王死後,成王年幼,由他攝政。其兄弟管叔、蔡叔、霍叔等人不服,聯合武庚和東方夷族反叛,周公出師東征,平定叛亂。之後大規模分封諸侯,並營建洛邑(今河南洛陽西)爲東都。相傳他制禮作樂,建立典章制度,主張明德慎罰,獎勵農耕,因而社會安定,民食充裕,爲西周的鞏固和發展做出了重大貢獻。死後,成王以天子禮葬之。《禮記·明堂位》:武王崩,成王幼弱,～踐天子之位,以治天下。(1488 中)

【周尺】周代的尺度。鄭玄《注》:"周尺之數,未詳聞也。按禮制,周猶以十寸爲尺。蓋六國時多變亂法度,或言周尺八寸,則步更爲八八六十四寸。"《禮記·王制》:古者以～八尺爲步,今以～六尺四寸爲步。(1347 下)

【周召(shào)】周公旦與召公奭。二人在成王時共同輔政有功,故並稱。《禮記·樂記》:《武》亂皆坐,～之治也。(1542 中)

【周易】典籍名。周代之《易》。《三易》之一。《三易》皆占卦之書,《周易》即今存者。《周禮·春官·大卜》:掌《三易》之灋:一曰《連山》,二曰《歸藏》,三曰《～》。(0802 下)

【周南】《詩經·國風》之一。包括《關雎》《葛覃》《卷耳》《樛木》《螽斯》《桃夭》《兔罝》《芣苢》《漢廣》《汝墳》《麟之趾》十一篇。周,周公旦之采邑。南,地方風樂。《周南》即周地風樂。古代被作爲儒家詩教的典範,王化之所基,故典禮多演唱之。《儀禮·鄉飲酒禮》:乃合樂,《～》:《關雎》《葛覃》《卷耳》;《召南》:《鵲巢》《采蘩》《采蘋》。(0986 中)

【周祭】遍祭。爲九食祭之一。鄭玄《注》:"九祭,皆謂祭食者。……周,猶徧也。徧祭者,《曲禮》曰'殽之序,徧祭之'是也。"賈公彦《疏》:"凡祭者皆盛主人之饌,故所設殽羞次第徧終。"《周禮·春官·大祝》:辨九祭:

一曰命祭,二曰衍祭,三曰炮祭,四曰~,五曰振祭,六曰擩祭,七曰絶祭,八曰繚祭,九曰共祭。(0810上)

【周還中規,折還中矩】行禮時轉身圓如規,拐彎方如矩。鄭玄《注》:"反行也宜圜,曲行也宜方。"今爲成語"中規中矩"。《禮記·玉藻》:~,進則揖之,退則揚之。(1482中)

咡 ěr

口旁,口耳之間。依禮,尊長有問,當側首朝向其耳邊回答;長者與幼兒說話,也要面朝其耳邊,以免口氣及人。鄭玄《注》:"口旁曰咡。"孔穎達《疏》:"當爲尊者洗盥及執飲食之時,尊者有事問己,己則辟口而對,不使口氣及尊者。"《禮記·少儀》:洗盥、執食飲者,勿氣。有問焉,則辟~而對。(1516中)

品 pǐn 見下。

【品嘗】遍嘗各種食物。君王進食前,由主膳之人遍嘗食物,然後天子進食。《膳人》鄭玄《注》:"品者,每物皆嘗之,道尊者也。"《玉藻》鄭玄《注》:"必先徧嘗之。"《周禮·天官·膳夫》:膳夫授祭,~食,王乃食。(0660上)《禮記·玉藻》:命之~之,然後唯所欲。(1476上)

哀 āi

祝致辭時稱卜葬或虞祭的子孫爲哀。即哀子、哀孫。孔穎達《疏》:"若子卜葬父,則祝辭稱云'哀子某卜葬其父某甫';若孫卜祖,則祝辭稱云'哀孫某卜葬其祖某甫'。"《禮記·雜記下》:祝稱卜葬、虞,子孫曰"~",夫曰乃,兄弟曰"某",卜葬其兄弟曰"伯子某"。(1562中)

【哀子】居父母之喪者爲哀子。爲虞祭之前(凶祭)的稱呼,卒哭祭(吉祭)則稱孝子。《雜記上》孔穎達《疏》:"凶祭謂自虞以前祭也,喪則痛慕未申,故稱哀也。故《士虞禮》稱哀子,而卒哭乃稱孝子也。"《儀禮·士喪禮》:~某,爲其父某甫筮宅。(1142下)《禮記·雜記上》:祭稱"孝子""孝孫",喪稱"~""哀孫"。(1555中)

【哀孫】居祖父母之喪者稱哀孫。爲虞祭之前(凶祭)的稱呼,卒哭祭(吉祭)則稱孝孫。孔穎達《疏》:"凶祭謂自虞以前祭也,喪則痛慕未申,故稱哀也。故《士虞禮》稱哀子,而卒哭乃稱孝子也。"《禮記·雜記上》:祭稱"孝子""孝孫",喪稱"哀子""~"。(1555中)

【哀顯相】助喪祭之人。指衆子及嗣孫。鄭玄《注》:"喪祭稱哀。顯相,助祭者也。顯,明也;相,助也。"《儀禮·士虞禮》:哀子某,~,夙興夜處不寧。(1174上)

【哀公問第二十七】《禮記》第二十七篇篇名。本篇主要記載魯哀公向孔子請教禮以及治國之相關事宜。孔穎達《疏》引鄭玄《三禮目錄》云:"名曰《哀公問》者,善其問禮,著諡顯之也。此於《別錄》屬通論。但此篇哀公所問凡有二事,一者問禮,二者問政。問禮在前,問政在後。"(1611上)

咤 zhà 見下。

【咤食】進食時以舌口中作聲。似嫌主人飯食不好。此爲進食時禮所禁止的行爲。鄭玄《注》:"嫌薄之。"孔穎達《疏》:"咤,謂以舌口中作聲也,似若嫌主人之食也。"《禮記·曲禮上》:毋~。毋齧骨。(1242下)

哨 qiào 見下。

【哨壺】口不正的壺。爲主人對自己射壺的謙辭。鄭玄《注》：「枉、哨，不正貌。謙辭。」《禮記・投壺》：主人請曰：「某有枉矢、～，請以樂賓。」（1665上）

哻 xǔ 商代祭祀所用冠名。鄭玄《注》：「齊所服而祭也。」《禮記・郊特牲》：周弁，殷～，夏收。（1455下）

哭 kū 見下。

【哭柩】啓殯後衆孝子對柩痛哭。大夫、士之嫡子哭柩時收斂喪杖。爲喪禮之儀節。鄭玄《注》：「哭柩，謂啓後也。」孔穎達《疏》：「大夫、士，謂大夫、士之適子。……謂將葬既啓之後，對柩爲尊，則斂去其杖。」《禮記・喪大記》：大夫、士哭殯則杖，～則輯杖。（1575中）

【哭踊】邊哭邊頓足。爲喪禮之儀節。《禮記・喪大紀》：始卒，主人啼，兄弟哭，婦人～。（1572下）

【哭殯】大殮奠時，衆孝子面朝北對停放在堂下的棺柩痛哭。大夫、士之嫡子哭殯時拄喪杖。爲喪禮之儀節。《喪大記》鄭玄《注》：「哭殯，謂既塗也。哭柩，謂啓後也。」孔穎達《疏》：「大夫、士，謂大夫、士之適子。」《儀禮・士喪禮》：主人拜送于門外，入，及兄弟北面～。（1140下）《禮記・喪大記》：大夫、士～則杖，哭柩則輯杖。（1575中）

【哭無時】練祭之後，孝子哀至則哭，哭泣沒有固定的時間，以別於「朝夕哭」。胡培翬《正義》：「哭無時者，謂既練，雖止朝夕之哭，而哀動於中，則猶哭焉，但不拘朝夕之時耳。」參見「哭晝夜無時」。《儀禮・喪服》：飯素食，～。（1097中）

【哭日不歌】弔唁之日不唱歌。孔穎達《疏》：「哭日，謂弔人日也。哭、歌不可共日也。」《禮記・曲禮上》：適墓不歌。～。（1249中）

【哭晝夜無時】喪禮虞祭之前，孝子哭不分晝夜，哀至則哭，以別於「朝夕哭」。賈公彥《疏》：「哭晝夜無時者，哭有三無時：始死未殯已前哭不絕聲，一無時；既殯已後卒哭祭已前，阼階之下爲朝夕哭，在廬中思憶則哭，二無時；既練之後，無朝夕哭，唯有廬中或十日或五日思憶則哭，三無時也。卒哭之後，未練之前，唯有朝夕哭，是一有時也。」《儀禮・喪服》：居倚廬，寢苫枕塊；～。（1097中）

唐 táng 即唐弩。爲四弩之一。利於車戰、野戰。孫詒讓《正義》：「車戰、野戰，進退馳驟，非強弩則矢不及遠，故用唐、大，強於夾、庾之弩也。」《周禮・夏官・司弓矢》：凡弩，夾、庾利攻守，～、大利車戰、野戰。（0856上）

【唐弓】弓體向外翹（往體）與向内彎（來體）的程度相同的弓。爲六弓之一。六弓中王弓、弧弓往體寡，來體多，爲強弓，利射遠者、堅者；夾弓、庾弓往體多，來體寡，爲弱弓，利射近者、飛動者；唐弓、大弓往體、來體若一，介於兩者之間，利射深。《司弓矢》鄭玄《注》：「王、弧、夾、庾、唐、大六者，弓異體之名也。……往體、來體若一曰唐、大。……學射者弓用中,後習強弱則易也。使者、勞者弓亦用中,遠近可也。"《周禮・夏官・司弓矢》:王弓、弧弓以授射甲革、椹質者,夾弓、庾弓以授射豻侯、鳥獸者,～、大弓以授學射者、使者、勞者。(0855下)《周禮・冬官考工記・弓人》:往體來體若一,謂之～之屬,利射深。(0937中)

唯

㊀ wéi 見下。

【唯命是聽】祇聽從您的命令。"命",前置賓語;"是",賓語前置的標誌。今爲成語。《儀禮・士昏禮》:對曰:"某既前受命矣,～。"(0972下)

㊁ wěi 見下。

【唯₂而不對】祇發出答應聲而不回答。爲禮對服斬衰之喪者悲哀憂戚之情在言語方面的規定。鄭玄《注》:"此謂與賓客也。"孔穎達《疏》:"但稱唯而已,不對其所問之事。"《禮記・喪服四制》:禮,斬衰之喪,～;齊衰之喪,對而不言;大功之喪,言而不議;緦、小功之喪,議而不及樂。(1695下)

【唯₂而不諾】應答時用"唯"而不用"諾"。爲父親叫兒子時兒子所應答之語。因爲"唯"比"諾"更恭敬。孔穎達《疏》:"應之以'唯'而不稱'諾','唯'恭於'諾'也。"《禮記・玉藻》:父命呼,～。(1484上)

啐

cuì 嘗。酒入口爲啐。《雜記下》鄭玄《注》:"嚌、啐皆嘗也。嚌,至齒;啐,入口。"陳澔《集説》:"入口爲啐。"《儀禮・士冠禮》:冠者升筵,坐,左執爵,右祭脯醢,祭酒,興,筵末坐,～酒。(0956中)《禮記・雜記下》:自諸侯達諸士,小祥之祭,主人之酢也嚌之。衆賓、兄弟則皆～之。大祥,主人～之,衆賓、兄弟皆飲之可也。(1561中)

【啐酒】飲酒入口。祭酒畢即啐酒,以示禮成,意不在飲。《鄉飲酒義》孔穎達《疏》:"謂飲主人酒而入口,成主人之禮。"《儀禮・少牢饋食禮》:尸祭酒,～。(1202中)《禮記・鄉飲酒義》:嚌肺,嘗禮也。～,成禮也。(1683上)

【啐醴】即啐酒。飲酒入口。祭酒畢即啐醴酒,以示禮成,意不在飲。胡培翬《正義》:"祭則坐於筵中,啐則坐於筵末。……凡醴不卒觶,啐之而禮成。"《儀禮・士冠禮》:筵末坐,～,建柶,興。(0952下)

啓

(启) qǐ 即啓殯。將葬,棺柩從殯宮遷到祖廟謂之啓殯。《既夕禮》鄭玄《注》:"將葬,遷柩于祖,有司於是乃請啓肂之期於主人,以告賓。"《曾子問》孔穎達《疏》:"謂欲葬之時,從啓殯以後,葬畢反哭以前。"《儀禮・既夕禮》:請～期,告于賓。(1146中)《禮記・曾子問》:自虞比至于殯,自～至于反哭,奉帥天子。(1396下)

【啓位】啓殯時男女所在之位。婦人上堂,丈夫於中庭。鄭玄《注》:"啓位,婦人入升堂,丈夫即中庭之位。"《儀禮・既夕禮》:遂適殯宮,皆如～,拾踊三。(1157中)

【啓蟄】節氣名。即今驚蟄。冬蟄之蟲始於孟春聞雷而始動。鄭玄《注》:"啓蟄,孟春之中也。蟄蟲始聞雷聲而動。"《周禮・冬官・韗人》:凡冒鼓,必以～之日。(0918中)

啜

chuò 見下。

【啜菽飲水】 吃豆類,喝清水。形容生活貧苦。儒家認為,孝養並不衹在於使父母吃好穿好,即使啜菽飲水,但能使雙親盡其歡樂之情,這纔是真正的孝。今為成語。《禮記·檀弓下》:子路曰:"傷哉,貧也!生無以為養,死無以為禮也。"孔子曰:"~盡其歡,斯之謂孝。"(1310 上)

喜

xǐ 見下。

【喜夢】 因喜悅而成夢。為六夢之一。鄭玄《注》:"喜悅而夢。"《周禮·春官·占夢》:一曰正夢,二曰噩夢,三曰思夢,四曰寤夢,五曰~,六曰懼夢。(0808 上)

喪

(丧) sāng 見下。

【喪主】 喪事之主。此指丈夫或長子去世時,婦人為喪主。鄭玄《注》:"為夫與長子當稽顙也,其餘亦手拜而已。"《禮記·少儀》:為~則不手拜。(1513 中)

【喪車】 居喪所乘之車。天子之喪車有五,木車、素車、藻車、駹車、漆車,根據喪服變除而分別乘之。《雜記上》鄭玄《注》:"喪車,惡車也。喪者衣衰及所乘之車,貴賤同,孝子於親一也。"《周禮·春官·巾車》:王之五乘。(0824 中)《禮記·雜記上》:端衰、~,皆無等。(1555 中)

【喪事】 有關人死及喪葬的各種事宜。儒家認為,辦理喪事不得陵越喪禮之節;喪事以哀為主,與其哀不足而禮有餘,不若禮不足而哀有餘,即悲哀之情比喪禮更為重要。《檀弓上》孔穎達《疏》:"喪事雖須促遽,亦當有常不得陵越喪禮之節。"《周禮·春官·大卜》:凡~,命龜。(0804 中)《儀禮·既夕禮》:居倚廬,寢苫枕塊,不說絰帶;哭晝夜無時;非~不言。(1161 下)《禮記·檀弓上》:故~雖遽不陵節,吉事雖止不怠。(1289 中)

【喪具】 人死後喪葬所需的器具。如棺椁、衣衾之類。鄭玄《注》:"喪具,棺、衣之屬。"《禮記·檀弓上》:~,君子恥具。(1289 中)

【喪服】 居喪時的服飾。包括衰裳、首服、絰帶、鞋飾、杖等五方面。其又依據親疏差等分為斬衰、齊衰、大功、小功、緦麻等五個級別的服飾及服期。《儀禮》有《喪服》篇,《禮記》有《喪服小記》《喪大記》《喪服四制》等專論其事。《周禮·天官·閽人》:~、凶器不入宮,潛服、賊器不入宮,奇服、怪民不入宮。(0686 下)《儀禮·喪服》:~。斬衰裳,苴杖,絞帶,冠繩纓,菅屨者。(1096 下)《禮記·曾子問》:如將冠子而未及期日,而有齊衰、大功、小功之喪,則因~而冠。(1390 下)

【喪荒】 喪事與饑荒。賈公彥《疏》:"喪,謂王喪。……荒,謂凶年。"《周禮·天官·小宰》:~,受其含禭幣玉之事。(0655 上)

【喪拜】 稽顙而後拜。稽顙,屈膝下拜,以額觸地。稽顙而後拜為喪禮中最重之拜。鄭玄《注》:"稽顙而後拜曰喪拜,拜而後稽顙曰吉拜。"《禮記·雜記下》:三年之喪,以其~;非三年之喪,以吉拜。(1562 下)

【喪冠】服喪所戴之冠。喪冠無飾,直縫。周以前尚質,冠梁上褶紐少,且由前向後縱向排列,即所謂"縮縫"。吉冠、凶冠皆如此。周代開始尚文,冠梁上褶紐增多,吉冠的褶紐改縱爲橫。鄭玄《注》:"喪冠縮縫,古冠耳。"《禮記·檀弓上》:~不緌。……古者冠縮縫,今也衡縫。故~之反吉,非古也。(1282 上)

【喪祝】職官名。職掌喪祭之祝事,及柩車行進之事。爵上士、中士、下士。鄭玄《注》:"勸猶倡帥前引者,防謂執披備傾戲。"《周禮·春官·喪祝》:~,掌大喪勸防之事。(0814 下)

【喪紀】即喪事。喪事有法數,故謂喪紀。《文王世子》鄭玄《注》:"紀,猶事也。"《庖人》鄭玄《注》:"喪紀,喪事之祭,謂虞、祔也。"孫詒讓《正義》:"此喪紀與《甸師》'喪事'義同,蓋通大小喪言之。《禮運》鄭玄《注》云:'紀,絲縷之數有紀,喪事有法數,故亦謂之紀。'"《周禮·天官·庖人》:共~之庶羞,賓客之禽獻。(0661 中)《禮記·文王世子》:~以服之輕重爲序,不奪人親也。(1409 中)

【喪衰】居喪時所服之齊衰、斬衰。孫詒讓《正義》:"莊有可云:'喪衰,斬衰、齊衰也。'"《周禮·天官·内司服》:共~亦如之。(0692 上)

【喪祭】❶葬後之祭。包括虞祭、祔祭,主要指虞祭。《小宗伯》鄭玄《注》:"喪祭,虞、祔也。"參見"虞①"。《周禮·春官·小宗伯》:既葬,詔相~之禮。(0768 上)《禮記·檀弓下》:卒哭曰成事。是日也,以吉祭易~。(1302 下)❷即遣奠。將葬時ของ祭奠。鄭玄《注》:"王喪以馬祭者,蓋遣奠也。"孫詒讓《正義》:"天子禮用大牢,大遣奠加等用馬牲。其他殷奠則並用大牢,無馬牲,故鄭此注偏舉遣奠爲説。……禮例,凡有尸謂之祭,無尸謂之奠。散文祭奠亦通稱,故遣奠謂之喪祭。"《周禮·夏官·大司馬》:~,奉詔馬牲。(0840 上)

【喪奠】死者未葬前的祭奠。鄭玄《注》:"言死者不食糧也,遣奠本無黍稷。"《禮記·雜記上》:~,脯醢而已。(1555 中)

【喪筭(suàn)】喪祭之禮數。鄭玄《注》:"筭,數也。"孔穎達《疏》:"民既從順,然後示語其喪紀節數,以教之也。"《禮記·哀公問》:其順之,然後言其~,備其鼎俎,設其豕腊,脩其宗廟。(1611 上)

【喪器】喪事所用的器物。如夷槃、素俎、楬豆、輁輴之類。夷槃盛冰置牀下以寒屍,素俎用於小殮,楬豆用於大殮,輁輴用以遷棺。鄭玄《注》:"喪器者,夷槃、素俎、楬豆、輁輴之屬,族師主集爲之。"《周禮·地官·鄉師》:閒共祭器,族共~。(0714 下)

【喪禮】有關喪事的禮儀、制度。爲五凶禮之一。主要存於《儀禮》之《喪服》《士喪禮》《既夕禮》及《士虞禮》四篇。《禮記》之《檀弓》《曾子問》《喪服小記》《雜記》《喪大記》《喪服四制》等篇亦有記載。儒家認爲,喪禮以哀爲主,與其哀不足而禮有餘,不若禮不足而哀有餘,即悲哀之情比喪禮更爲重要。《周禮·春官·大宗伯》:以凶禮哀邦國之憂:以~哀死亡,以荒禮哀凶札,以弔禮哀禍烖,以禬禮哀圍敗,以恤禮哀寇亂。(0759 中)《禮

記·檀弓上》：~，與其哀不足而禮有餘也，不若禮不足而哀有餘也。（1285上）

【喪屨(jù)】居喪所著之鞋。有菅屨、繩屨等。孔穎達《疏》：“謂因喪之繩屨。”孫希旦《集解》：“大夫之貴臣爲其君菅屨，衆臣繩屨，凡喪中因事而變服者，唯其屨無變也。”《禮記·雜記上》：有司麻衣、布衰、布帶，因~，緇布冠不蕤。（1551上）

【喪首服】居喪期間之首服，即頭飾。鄭玄《注》：“首服之法，謂免、髽、笄、總廣狹長短之數。”免，去冠括髮，以麻布纏頭爲冠；髽，以麻束髮；笄，以竹笄束髮；總，以麻布總束髮根、髮稍。免爲男子之首服，髽、笄、總均爲婦女之首服。《周禮·夏官·太僕》：縣~之灋于宮門。（0852上）

【喪事主哀】喪事以哀爲主。喪禮，重在感情上真正悲哀。與其哀不足而禮有餘，不若禮不足而哀有餘。《論語·八佾》：“喪，與其易也，寧戚。”《禮記·少儀》：賓客主恭，祭祀主敬，~，會同主詡。（1514下）

【喪荒之式】辦理喪事與救濟凶荒的用財之法。爲均節財用的九式之一。喪事開支包括殮、葬、祭奠及明器諸費用；救濟凶荒爲穀物之用，待凶時頒之。皆有法式。鄭玄《注》：“式，謂用財之節度。”賈公彥《疏》：“喪，謂若諸侯、諸臣之喪。……荒，謂凶年穀用也。”《周禮·天官·大宰》：以九式均節財用：一曰祭祀之式，二曰賓客之式，三曰~，四曰羞服之式，五曰工事之式，六曰幣帛之式，七曰芻秣之式，八曰匪頒之式，九曰好用之式。（0648上）

【喪冠條屬】以麻繩或布條挽綴成喪冠的武（冠圈），所餘垂下爲冠纓，再將冠與武連綴在一起。爲喪冠形制。孔穎達《疏》：“屬，猶著也。謂取一條繩屈之爲武，垂下爲纓，以著冠，故云條屬。”《儀禮·喪服》“冠繩纓，條屬”胡培翬《正義》：“謂纓武同材，以一條繩屈而繞之爲武，又垂其餘以爲纓也。云著之冠者，謂武纓皆上縫著於冠也。”《禮記·雜記上》：~，以別吉凶。（1554下）

【喪紀之容】居喪時所應有的容儀，瘦瘠羸憊。爲保氏所教六儀之一。《禮記·玉藻》：“喪容纍纍，色容顛顛。”《周禮·地官·保氏》：乃教之六儀：一曰祭祀之容，二曰賓客之容，三曰朝廷之容，四曰~，五曰軍旅之容，六曰車馬之容。（0731中）

【喪容纍纍】喪容瘦瘠羸憊。爲禮所認同的孝子在居喪期間的容貌。鄭玄《注》：“羸憊貌也。”孔穎達《疏》：“謂容貌瘦瘠纍纍然。”《禮記·玉藻》：~，色容顛顛，視容瞿瞿梅梅，言容繭繭。（1485上）

【喪服第十一】《儀禮》第十一篇篇名。胡培翬《正義》引鄭玄《三禮目錄》云：“天子以下死而相喪，衣服、年月、親疏、隆殺之禮也。喪必有服，所以爲至痛飾也。不忍言死而言喪，喪者棄亡之辭，若全存於彼焉，已棄亡之耳。《大戴》第十七，《小戴》第九，劉向《別錄》第十一。”本篇用十一章記述了天子以下至士階層的喪服制度。依據等級、貴賤、親疏、長幼等原則，對斬衰、齊衰、大功、小功、緦麻等五種服制以及總衰服制及服喪時間進行了具體、詳細的說明。本篇有經有傳,爲《儀禮》所僅有,以致造成各本篇題不一。據《儀禮正義》,唐石經作"喪服第十一,子夏傳",《釋文》作"喪服經傳第十一",單《疏》作"喪服第十一",皆無"子夏傳"三字。經、傳原分別單行。據1959年武威漢墓漢簡,有單行《喪服傳》兩種(依沈文倬說),《喪服》一種,可見在西漢時經、傳仍分別單行。據錢玄《三禮辭典》,傳附於經當在東漢鄭玄作注之前。(1096中)

【喪荒之聯事】六官聯合辦理王者喪事與救濟饑荒的事務。爲小宰所掌六聯事之一。《周禮·天官·小宰》:"以官府之六聯合邦治:一曰祭祀之聯事,二曰賓客之聯事,三曰~,四曰軍旅之聯事,五曰田役之聯事,六曰斂弛之聯事。(0653下)

【喪大記第二十二】《禮記》第二十二篇篇名。孔穎達《疏》引鄭玄《三禮目錄》云:"名曰喪大記者,以其記人君以下始死、小殮、大殮、殯葬之事。此於《別錄》屬喪服。喪大記者,劉元云:'記謂之大者,言其委曲、詳備、繁多,故云大。'"本篇詳細記君、大夫、士始死、復、小斂、大殮、殯葬之事。(1571下)

【喪服小記第十五】《禮記》第十五篇篇名。孔穎達《疏》引鄭玄《三禮目錄》云:"喪服小記者,以其記喪服之小義也。此於《別錄》屬喪服。"《儀禮》有《喪服》篇,有經有傳,後有記。本篇以其事瑣碎而補經文中喪服之禮,故稱爲小記。(1494上)

【喪服四制第四十九】《禮記》第四十九篇篇名。孔穎達《疏》引鄭玄《三禮目錄》云:"名曰喪服四制者,以其

記喪服之制取於仁義禮知也。此於《別錄》舊說屬喪服。"本篇記喪服之制取於仁、義、禮、知,傚法四時陰陽,故稱四制。部分文字見於《大戴禮記·本命》。(1694下)

【喪事先遠日,吉事先近日】喪事先卜旬外之日,吉事先卜旬內之日。爲卜筮日之法。鄭玄《注》:"喪事,葬與練、祥也。吉事,祭祀、冠、取之屬也。"孔穎達《疏》:"卜先從遠日而起,示不宜急。……今月下旬先卜來月下旬,不吉,卜中旬,不吉,卜上旬。"《儀禮·特牲饋食禮》"若不吉,則筮遠日"胡培翬《正義》:"古人卜筮日之法,皆以此月之下旬卜筮來月之日。如吉事,則以此月之下旬先卜筮來月之上旬,不吉,卜筮中旬,又不吉,卜筮下旬。喪事,則以此月之下旬先卜筮來月之下旬,不吉,卜筮中旬,又不吉,卜筮上旬。此所謂喪事先遠日,吉事先近日也。"《禮記·曲禮上》:~。(1251中)

單

(単) dān 見下。

【單席】一層座席。古時富貴者,席皆數重,利於坐卧。而鬼神異於人,能自温,故單席。以單席祭鬼神是禮以少爲貴的體現。孔穎達《疏》:"神道異人,不假多重,自温,故單席也。"《禮記·禮器》:鬼神之祭~。(1432下)

嗟

jiē 見下。

【嗟來之食】原指憐憫人飢餓,呼喚人來吃食物。今爲成語,多指侮辱性的施舍。《禮記·檀弓下》:齊大饑,黔敖爲食於路,以待餓者而食之。有餓

者,蒙袂,輯屨,貿貿然來。黔敖左奉食,右執飲,曰:"嗟,來食!"揚其目而視之,曰:"予唯不食~,以至於斯也。"從而謝焉,終不食而死。曾子聞之,曰:"微與! 其嗟也可去,其謝也可食。"(1314 下)

善 shàn 見下。

【善衣】朝服,祭服。鄭玄《注》:"善衣,朝祭之服也。"《禮記·深衣》:故可以爲文,可以爲武,可以擯相,可以治軍旅,完且弗費,~之次也。(1664 中)

喙 huì 鳥獸的嘴。依禮,進獻牲首時,要使牲嘴朝前對着尊者。《周禮·冬官考工記·梓人》:銳~、決吻、數目、顧脰、小體、騫腹,若是者謂之羽屬。(0925 中)《禮記·少儀》:羞首者,進~,祭耳。(1515 下)

嗇 (嗇) sè 用同"穡"。收穫的穀物。指黍,或稱黃米、糜子。《特牲饋食禮》鄭玄《注》:"變黍言嗇,因事託戒,欲其重稼嗇。嗇者,農力之成功。"《郊特牲》鄭玄《注》:"嗇,所樹藝之功。"孔穎達《疏》:"種曰稼,斂曰嗇。不云'稼'而云'嗇'者,取其成功收斂,受嗇而祭也。"《儀禮·特牲饋食禮》:主人出,寫~于房,祝以籩受。(1185 上)《禮記·郊特牲》:蜡之祭也,主先嗇而祭司嗇也,祭百種以報~也。(1453 下)

【嗇夫】職官名。爲末擯,接待賓客並傳話。司空的屬官。鄭玄《注》:"嗇夫,蓋司空之屬也,爲末擯,承命於侯氏下介,傳而上,上擯以告于天子。"賈公彥《疏》:"案五官之內無嗇夫之名,故知是司空之屬。但司空職亡,

故言蓋以疑之。"胡培翬《正義》:"《儀禮》唯《覲禮》尚存天子之制,而有嗇夫,其爲冬官之闕,無疑。"《儀禮·覲禮》:~承命,告于天子。(1089 中)

【嗇黍】指黍。鄭玄《注》:"收斂曰嗇。明豐年乃有黍稷也。"《儀禮·少牢饋食禮》:宰夫以籩受~,主人嘗之,納諸內。(1202 下)

嗣 sì 即嗣子。承嗣之子。嗣子一般爲嫡長子,如無嫡長子,則指庶子或同宗作爲繼承人。鄭玄《注》:"嗣,主人將爲後者。"《儀禮·特牲饋食禮》:~舉奠,盥,入,北面再拜稽首。(1189 下)

【嗣尸】士死,自虞祭至祔祭所用之尸爲同一人,稱嗣尸。賈公彥《疏》:"用嗣尸,則從虞以至祔祭,唯用一尸而已。"胡培翬《正義》引江筠曰:"自虞訖祔理宜專用一尸,若更易之,則神失所主矣。"《儀禮·士虞禮》:其他如饋食。用~。(1176 上)

【嗣子】承嗣之子。嗣子一般爲嫡長子,如無嫡長子,則指庶子或同宗作爲繼承人。《禮記·曲禮下》:大夫、士之子,不敢自稱曰"~某",不敢與世子同名。(1257 上)

【嗣王】天子郊社之祭祝辭中的自稱。孔穎達《疏》:"外事,郊社也。……云嗣王某,言此王繼嗣前王而立也。"《禮記·曲禮下》:踐阼,臨祭祀,內事曰"孝王某",外事曰"~某"。(1260 中)

嗚 (嗚) wū 見下。

【嗚呼哀哉】祭文中常用以表示悲痛之辭。猶言唉呀悲痛啊。今爲成語,

指死亡或事情完結,或有詼諧之意。《禮記·檀弓上》:魯哀公誄孔丘曰:"天不遺耆老,莫相予位焉。~,尼父!"(1294 上)

嘉 jiā 見下。

【嘉玉】宗廟祭祀時對所用珠玉的美稱。孔穎達《疏》:"祭則各舉其美號,故此經備載其名。"《禮記·曲禮下》:凡祭宗廟之禮,……玉曰~,幣曰量幣。(1269 上)

【嘉石】有紋理的石頭。立於外朝門左,懲戒罪過較輕之人時,命罪人坐在石上以示衆。鄭玄《注》:"嘉石,文石也,樹之外朝門左。"賈公彥《疏》:"以其言嘉,嘉,善也。有文乃稱嘉,故知文石也。欲使罷民思其文理,以改悔自脩。"《周禮·秋官·大司寇》:以~平罷民,凡萬民之有罪過而未麗於灋而害於州里者,桎梏而坐諸~,役諸司空。(0870 下)

【嘉事】即嘉禮。爲五禮之一。鄭玄《注》:"嘉事,嘉禮也。宗伯掌五禮,有吉禮,有凶禮,有賓禮,有軍禮,有嘉禮,而冠屬嘉禮。"《禮記·冠義》:故圣王重禮,故曰"冠者禮之始也。"~之重者也。(1680 上)

【嘉草】即蘘荷。一種藥草。鄭玄《注》:"嘉草,藥物。其狀未聞。"孫詒讓《正義》引《搜神記》云:"蘘荷或謂嘉草。"《證類本草》亦引言以嘉草爲蘘荷。《周禮·秋官·庶氏》:掌除毒蠱,以攻說禬之,~攻之。(0888 中)

【嘉蔬】宗廟祭祀時對所用稻穀的美稱。鄭玄《注》:"嘉,善也;稻,菰蔬之屬也。"《禮記·曲禮下》:凡祭宗廟之禮,……黍曰薌合,粱曰薌萁,稷曰明粢,稻曰~。(1269 上)

【嘉薦】菜肴之美稱。謂祭品芳香。鄭玄《注》:"嘉,善也。善薦,謂脯醢芳香也。"《儀禮·士冠禮》:醴辭曰:"甘醴惟厚,~令芳。拜受祭之,以定爾祥。承天之休,壽考不忘。"(0957 下)

【嘉禮】包括飲食、婚冠、賓射、饗燕、脤膰、賀慶六種,用以使萬民相親愛。爲五禮(吉、凶、賓、軍、嘉)之一。鄭玄《注》:"嘉,善也,所以因人心所善者而爲之制。嘉禮之別有六。《周禮·春官·大宗伯》:以~親萬民:以飲食之禮親宗族兄弟,以昏冠之禮親成男女,以賓射之禮親故舊、朋友,以饗燕之禮親四方之賓客,以脤膰之禮親兄弟之國,以賀慶之禮親異姓之國。(0760 中)

嘏 gǔ ❶尸向主人致祝福之辭。《儀禮·特牲饋食禮》:尸受以菹豆,執以親~主人。(1185 上)❷祭禮中祝代尸向主人所致的祝福之辭。鄭玄《注》:"祝,祝爲主人饗神辭也;嘏,祝爲尸致福於主人之辭也。"《禮記·禮運》:脩其祝~,以降上神與其先祖。(1416 中)

嘬 chuài 見下。

【嘬炙】一口吞食大塊烤肉。此爲進食時禮所禁者,以其太過貪吃。鄭玄《注》:"爲其貪食甚也。嘬,謂一舉盡臠。"孔穎達《疏》:"炙肉濡,若食炙,先當以齒嚌而反置俎上,不一舉而併食。併食之曰嘬,是貪食也。"《禮記·曲禮上》:濡肉齒決,乾肉不齒決。毋~。(1242 下)

噩

噩 è 見下。

【噩夢】驚愕而成夢。爲六夢之一。鄭玄《注》引杜子春云："噩,當爲驚愕之愕。謂驚愕而夢。"《周禮·春官·占夢》:一曰正夢,二曰～,三曰思夢,四曰寤夢,五曰喜夢,六曰懼夢。(0808 上)

器

器 qì ❶指聘享所用的玉器。鄭玄《注》："四器,謂圭、璋、璧、琮。"《儀禮·聘禮》:凡四～者,唯其所實,以聘可也。(1073 中) ❷指隨葬於墓中的明器。《儀禮·既夕禮》:陳明器於乘車之西。……～,西南上,綪。(1149 上)

【器車】器與車。器指銀甕丹甑之類,車指山車垂鈎之類。古認爲是太平盛世出現的祥瑞之兆。鄭玄《注》:"器,謂若銀甕丹甑也。"孔穎達《疏》:"按《禮緯·斗威儀》云:'其政大平,山車垂鈎。'注云:'山車,自然之車。垂鈎,不揉治而自圓曲。'"《禮記·禮運》:山出～,河出馬圖。(1427 中)

【器物】指尊彝之類。爲九服中男服所貢之物。鄭玄《注》:"器物,尊彝之屬。"《周禮·秋官·大行人》:又其外方五百里,謂之男服,三歲一見,其貢～。(0892 上)

【器貢】諸侯依法向天子貢獻的器物。爲九貢之一。具體爲何器物,二鄭之説不同。鄭玄《注》:"鄭司農云:'……器貢,宗廟之器。'……玄謂嬪貢,絲枲。器貢,銀鐵石磬丹漆也。"《大行人》"其貢器物"鄭玄《注》:"器物,尊彝之屬。"與先鄭同。孫詒讓《正義》:"後鄭此注與《大宰》注異,注爲長。"《周禮·天官·大宰》:以九貢致邦國之用:一曰祀貢,二曰嬪貢,三曰～,四曰幣貢,五曰材貢,六曰貨貢,七曰服貢,八曰斿貢,九曰物貢。(0648 上)

【器械】泛指各種禮樂之器及兵甲。鄭玄《注》:"器械,禮樂之器及兵甲也。"《禮記·大傳》:殊徽號,異～,別衣服。(1506 下)

嗒

嗒 tà 見下。

【嗒羹】飲羹時不加咀嚼菜蔬,囫圇吞咽。此爲進食時禮所禁者,以其太過貪吃且行爲不雅。鄭玄《注》:"嗒爲不嚼菜。"孔穎達《疏》:"人若不嚼菜,含而歠吞之,其欲速而多,又有聲,不敬,傷廉也。……羹有菜者用梜,故不得嗒,當梜嚼也。"《禮記·曲禮上》:毋～。毋絮羹。(1242 下)

嚮

嚮 jiào 見下。

【嚮應】高聲應答。此爲不敬之行爲。鄭玄《注》:"皆爲其不敬。嚮,號呼之聲也。"孔穎達《疏》:"嚮,謂聲響高急,如叫之號呼也。應答宜徐徐而和,不得高急也。"《禮記·曲禮上》:毋側聽,毋～,毋淫視,毋怠荒。(1240 中)

嚌

嚌 jì ❶嘗。至齒而止。《雜記下》鄭玄《注》:"嚌、啐皆嘗也。嚌,至齒;啐,入口。"《儀禮·士昏禮》:贊以肝從,皆振祭,～肝,皆實于菹豆。(0967 上)《禮記·雜記下》:自諸侯達諸士,小祥之祭,主人之酢也～之。衆賓、兄弟則皆啐之。(1561 中) ❷指祭祀之物。如乾肉、肝肺等。《士虞禮》鄭玄《注》:"授乾肉之祭。"《祭統》孔穎達《疏》:"嚌,肝肺也。"《儀禮·士虞禮》:佐食授～。(1175 上)

《禮記·祭統》：君執鸞刀，羞～，夫人薦豆。(1603 下)

【嚌肺】❶嘗肺，即祭禮畢嘗食祭品中的肺。爲嘗食之禮。《鄉飲酒義》鄭玄《注》："非專爲飲食，言主於相敬以禮也。"孔穎達《疏》："賓既祭酒之後，興，取俎上之肺，嚌齒之，所以嘗主人之禮也。"《儀禮·士冠禮》：加俎，嚌之，皆如初；～。(0957 上)《禮記·鄉飲酒義》：～，嘗禮也。啐酒，成禮也。(1683 上)❷割而未絕的肺。肺首末兩端被割開，中央稍稍連而不斷，專爲食設。亦稱離肺、舉肺。鄭玄《注》："嚌肺，離肺也。"參見"離肺"。《儀禮·有司》：羊肉湆：臑折，正脊一、正脅一、腸一、胃一、～一，載于南俎。(1208 上)

嚳 (嚳) kù 傳說中的五帝之一。黃帝子玄囂後裔。居亳，號高辛氏。亦稱帝嚳。《禮記·祭法》：有虞氏禘黃帝而郊～，祖顓頊而宗堯。(1587 中)

口 部

四 sì 見下。

【四方】❶指四方之神。《曲禮下》鄭玄《注》："祭四方，謂祭五官之神於四郊也。句芒在東，祝融、后土在南，蓐收在西，玄冥在北。"《周禮·春官·大宗伯》：以玉作六器，以禮天地、～。(0762 中)《禮記·曲禮下》：天子祭天地，祭～，祭山川，祭五祀，歲徧。(1268 中)❷指東、西、南、北四個方向。《周禮·春官·典同》：掌六律、六同之和，以辨天地、～陰陽之聲，以爲樂器。(0797 下)《禮記·內則》：射人以桑弧、蓬矢六，射天地～。(1469 上)

【四正】謂射禮前正爵四獻。即獻賓、獻公、獻卿、獻大夫。鄭玄《注》："四正，正爵四行也。四行者，獻賓、獻公，獻卿，獻大夫，乃後樂作而射也。"《禮記·射義》：故《詩》曰："曾孫侯氏，～具舉。"(1687 中)

【四世】向上四代，即父親、祖父、曾祖、高祖。加上自己爲五世。鄭玄《注》："四世，共高祖五世。"孔穎達《疏》："四世，謂上至高祖，下至己兄弟。"《禮記·大傳》：～而緦，服之窮也。(1507 中)

【四布】四方所贈以助葬的錢幣。鄭玄《注》："司徒使下士歸四方之賻布。"孔穎達《疏》："使旅下士歸還四方賻主人之泉布也。"《禮記·檀弓上》：孟獻子之喪，司徒旅歸～。(1292 上)

【四失】學習中的四種過失。即貪多，務少，不求思，停止不前。《禮記·學記》：學者有～，教者必知之。人之學

也,或失則多,或失則寡,或失則易,或失則止。(1523下)

【四代】指虞、夏、商、周四代。鄭玄《注》:"四代,虞、夏、殷、周也。"《禮記·明堂位》:拊搏、玉磬、揩擊、大琴、大瑟、中琴、小瑟、~之樂器也。(1491上)

【四圭】祭天所用的禮器。以一玉琢成,中央以圓璧爲本,璧四邊各鋭出一圭,故稱四圭。圭長一尺二寸。鄭玄《注》引鄭司農云:"於中央爲璧,圭著其四面,一玉俱成。《爾雅》曰:'邸,本也。'圭本著於璧,故四圭有邸,圭末四出故也。"《周禮·春官·典瑞》:~有邸,以祀天,旅上帝。(0777中)

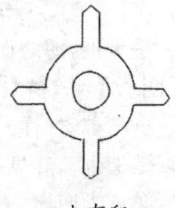
四圭有邸

【四夷】❶蠻、閩、夷、貉四方少數民族的總稱。孫詒讓《正義》:"四夷之隸,即蠻隸、閩隸、夷隸、貉隸。彼夷隸,專指東夷之隸;通言之,則蠻閩夷貉皆爲夷,故此總謂之四夷之隸。"《周禮·地官·師氏》:使其屬帥~之隸,各以其兵服守之門外,且蹕。(0731上)❷歸服周的四個東方部落。後泛指東方各民族。鄭玄《注》:"鄭司農云:'東方曰夷,南方曰蠻,西方曰戎,北方曰貉狄。'玄謂閩、蠻之別也。……四、八、七、九、五、六,周之所服國數也。'"孫詒讓《正義》:"《大戴禮記·用兵篇》云'六蠻四夷',盧注云:'《周禮·職方氏》"四夷、八蠻、七閩、九貉、五戎、六狄",此周所服四海其種落之數也。《明堂位》曰"九夷、八蠻、六戎、五狄",此朝

明堂時來者國數也。'"《周禮·夏官·職方氏》:辨其邦國、都鄙、~、八蠻、七閩、九貉、五戎、六狄之人民。(0861下)❸謂東夷、西戎、南蠻、北狄等邊遠之地。《禮記·大學》:唯仁人放流之,迸諸~,不與同中國。(1675中)

【四兆】龜卜之四類兆象。龜甲之兆象共一百二十體,分爲方兆、功兆、義兆、弓兆四類。其内容已不可考。鄭玄《注》:"經兆百二十體,今言四兆者,分之爲四部。"《周禮·春官·卜師》:掌開龜之~:一曰方兆,二曰功兆,三曰義兆,四曰弓兆。(0804中)

【四守】指煇、胞、翟、閽四小吏。煇,縫甲之吏;胞,屠宰小吏;翟,樂吏;閽,守門之吏。四者皆地位低賤之吏。《禮記·祭統》:煇者,甲吏之賤者也。胞者,肉吏之賤者也。翟者,樂吏之賤者也。閽者,守門之賤者也。古者不使刑人守門。此~者,吏之至賤者也。(1606上)

【四豆】宗廟祭祀時分四次進獻之豆。即朝事之豆、饋食之豆、加豆、羞豆。豆多以木製成,可容四升,用以盛菹醢等濡物。四豆所盛之實不同。賈公彦《疏》:"豆與籩並設,節數與四籩同時,亦謂朝事、饋食、加豆、羞豆之實是也。"詳見各條。《周禮·天官·醢人》:掌~之實。(0674下)

【四牡】《詩經·小雅》篇名。爲燕飲所唱之歌。《儀禮·燕禮》:工歌《鹿鳴》《~》《皇皇者華》。(1021上)

【四阿】(ē)屋宇四面的檐霤。可使水下注。鄭玄《注》:"四阿若今四注屋。"賈公彦《疏》:《燕禮》云:'設洗,

當東霤。'則此四阿，四霤者也。"孫詒讓《正義》："四注屋謂屋四面有霤下注，即所謂殿屋也。"《周禮·冬官考工記·匠人》：殷人重屋，堂脩七尋，堂崇三尺，～重屋。(0928 上)

【四制】喪服的四個原則。即仁、義、禮、智，由此四者又引出恩、理、節、權。此四制，旨在明禮以自然爲本，法四時而順人情。鄭玄《注》："喪服之制取其仁、義、禮、智四者也。"《禮記·喪服四制》：喪有～，變而從宜，取之四時也。(1694 下)

【四金】四種銅製樂器。即金錞、金鐲、金鐃、金鐸。詳見各條。《周禮·地官·鼓人》：掌教六鼓、～之音聲，以節聲樂，以和軍旅，以正田役。(0720 中)

【四郊】距王城百里之内的區域。王城四週皆有郊，近郊五十里，遠郊百里。《曲禮上》孔穎達《疏》："四郊者，王城四面並有郊，近郊五十里，遠郊百里。諸侯亦各有四面之郊。"《周禮·地官·小司徒》：掌建邦之教灋，以稽國中及～都鄙之夫家、九比之數。(0710 下)《禮記·曲禮上》：～多壘，此卿大夫之辱也。(1250 下)

【四弩】四種弩。指夾弩、庾弩、唐弩、大弩。孫詒讓《正義》："弩亦弓之類，故同官掌之。"詳見各條。《周禮·夏官·司弓矢》：掌六弓、～、八矢之灋，辨其名物，而掌其守藏與其出入。(0855 下)

【四氣】指春、夏、秋、冬四時溫、暖、冷、寒之氣。孔穎達《疏》："謂感動四時之氣，序之和平，使陰陽順序也。"《禮記·樂記》：動～之和，以著萬物

之理。(1536 中)

【四海】❶指四夷，即九州之外之夷、蠻、戎、狄。鄭玄《注》引《爾雅》曰："九夷、八蠻、六戎、五狄，謂之四海。"《周禮·秋官·布憲》：以詰四方邦國，及其都鄙，達于～。(0884 上)❷指四海之神。鄭玄《注》："順其德盛之時祭之也。"《禮記·月令》：天子命有司祈祀～、大川、名源、淵澤、井泉。(1383 上)❸指東海、西海、南海、北海。古人以爲中原地區四週皆海。《禮記·祭義》：夫孝，置之而塞乎天地，溥之而橫乎～。(1598 下)

【四教】指《詩》《書》《禮》《樂》四門學科。鄭玄《注》："順此四術而教以成是士也。"詳見各條。《禮記·王制》：樂正崇四術，立～，順先王《詩》《書》《禮》《樂》以造士。(1342 上)

【四術】指《詩》《書》《禮》《樂》四種學術。詳見各條。《禮記·王制》：樂正崇～，立四教，順先王《詩》《書》《禮》《樂》以造士。(1342 上)

【四望】對五嶽、四鎮、四瀆等大山川之望祭。鄭玄《注》："四望，五嶽、四鎮、四瀆。"賈公彦《疏》："言四望者，不可一往就祭，當四向望而爲壇遥祭之，故云四望也。"一説，鄭司農以日、月、星、海爲四望。《周禮·春官·大宗伯》：國有大故，則旅上帝及～。(0764 上)

【四達】指治民通行的四件大事。鄭玄《注》："四達者，治民之事，大通者有四：夫家衆寡也，六畜車輦也，稼穡耕耨也，旗鼓兵革也。"一説，謂政令通行四疆。孫詒讓《正義》："黄度云：'四達，謂達之於四疆。'案：鄭訓達爲

通是也。而以夫家衆寡等充四達之數,則未安。四達之義,似當以黃説爲長。"《周禮·地官·遂大夫》:凡爲邑者,以～戒其功事而誅賞、廢興之。(0742 中)

【四飲】四種飲品。指清、醫、漿、酏。賈公彥《疏》:"一曰清,則《漿人》云醴清也。二曰醫者,謂釀粥爲醴則爲醫。三曰漿者,今之畯漿。四曰酏者,即今薄粥也。"詳見各條。《周禮·天官·酒正》:辨～之物:一曰清,二曰醫,三曰漿,四曰酏。(0669 中)

【四誅】四種不能赦免之死刑。鄭玄《注》:"爲其爲害大而辟不可習。"《禮記·王制》:析言破律,亂名改作,執左道以亂政,殺。作淫聲、異服、奇技、奇器以疑衆,殺。行僞而堅,言僞而辯,學非而博,順非而澤以疑衆,殺。假於鬼神、時日、卜筮以疑衆,殺。此～者,不以聽。(1344 上)

【四塞】指遠方蔽塞之蕃國國君。鄭玄《注》:"四塞,謂夷服、鎮服、蕃服在四方爲蔽塞者。"《禮記·明堂位》:～,世告至。(1488 上)

【四輔】職官名。即疑、丞、輔、弼。相傳爲古時天子身邊的四位輔佐。孔穎達《疏》:"四輔者,案《尚書大傳》云:'古者天子必有四鄰,前曰疑,後曰丞,左曰輔,右曰弼。天子有問無以對,責之疑;可志而不志,責之丞;可正而不正,責之輔;可揚而不揚,責之弼。其爵視卿,其祿視次國之君也。'"《禮記·文王世子》:設～及三公,不必備,唯其人。(1407 上)

【四監】掌管山林、川澤的官員。鄭玄《注》:"四監,主山林、川澤之官。"《禮記·月令》:是月也,命～大合百縣之秩芻,以養犧牲。(1371 上)

【四暢】謂陰、陽、剛、柔四氣。孔穎達《疏》:"四暢,謂陰、陽、剛、柔也。四者通暢,交在身中而發見動作於身外也。"《禮記·樂記》:使之陽而不散,陰而不密,剛氣不怒,柔氣不懾,～交於中而發作於外,皆安其位而不相奪也。(1535 中)

【四種】四種穀物。指黍、稷、稻、麥。鄭玄《注》:"四種,黍、稷、稻、麥。"《周禮·夏官·職方氏》:其畜宜六擾,其穀宜～。(0862 下)

【四翟(dí)】指蠻、閩、夷、貉四個民族。四翟之隸指蠻隸、閩隸、夷隸、貉隸。孫詒讓《正義》:"翟與狄同。蠻閩夷貉四隸,總謂之四翟之隸,猶《師氏》云'四夷之隸'也。"《周禮·秋官·司隸》:掌帥～之隸,使之皆服其邦之服。(0883 下)

【四耦】二人爲耦,四耦則八人。大射時,諸侯以四耦射熊、豹二侯。《周禮·夏官·射人》:諸侯以～射二侯,二獲二容,樂以《貍首》,七節三正。(0845 中)

【四衛】指四方衛服之國。鄭玄《注》:"四衛,四方諸侯守衛者,蠻服以內。"《周禮·春官·巾車》:革路,龍勒,條纓五就,建大白,以即戎,以封～。(0823 中)

【四廟】指四親廟,即高祖、曾祖、祖父、父之廟。周代諸侯立五廟,四親廟合大祖廟爲五廟,禘、祫祝迎四廟之主於大祖廟一併享祀。鄭玄《注》:"高祖以下,與始祖而五。"《禮記·喪

服小記》：王者禘其祖之所自出，以其祖配之，而立～。（1495中）

【四器】指圭、璋、璧、琮四種貴重玉器。四器用以聘享。鄭玄《注》："四器，謂圭、璋、璧、琮。"《儀禮·聘禮》：凡～者，唯其所寶，以聘可也。（1073中）

【四學】指周所設四所大學學習之所，即成均、上庠、東序、瞽宗。《周禮·春官·大司樂》"成均之灋"孫詒讓《正義》："今通校諸經涉學制之文，知周制國中爲小學，在王宮之左；南郊爲五學，是爲大學，辟雍即大學，在郊與四學同處，殆無疑義。至五學方位，北上庠，東東序，西瞽宗，古無異說。唯成均辟雍，衆說不同。鄭鍔云：'周五學，中曰辟雍，環之以水，水南爲成均，水北爲上庠，水東爲東序，水西爲瞽宗。'其說最塙。"一說，指周、殷、夏、虞四代之學。孔穎達《疏》："天子設四學者，謂設四代之學。周學也，殷學也，夏學也，虞學也。"《禮記·祭義》：天子設～，當入學而大子齒。（1600中）

【四擾】四種家畜。指馬、牛、羊、豕。鄭玄《注》："四擾，馬、牛、羊、豕。"《周禮·夏官·職方氏》：其畜宜～，其穀宜三種。（0863上）

【四鬄（tī）】割解牲體分爲左右肩及左右髀，稱四鬄。鄭玄《注》："鬄，解也。四解之，殊肩、髀而已。喪事略。"胡培翬《正義》："凡牲體前爲肩，後爲髀。析言之則肩下有臂、臑，髀下有肫、胳。……今但解豚之前肩左右爲二，後髀左右爲二，不分肩臂、臑，髀肫、胳。"《儀禮·士喪禮》：其實：特豚～，去蹄，兩胉，脊、肺。

（1136上）

【四鎮】四座最大、最重要的成爲一州之鎮的名山，即會稽、沂山、醫無閭、霍山。鄭玄《注》："四鎮，山之重大者，謂揚州之會稽，青州之沂山，幽州之醫無閭，冀州之霍山。"賈公彥《疏》："以職方九州，州各有鎮山，皆曰其大者以爲一州之鎮，故云山之重大者也。"《周禮·春官·大司樂》：凡日月食，～、五嶽崩，大傀異烖，諸侯薨，令去樂。（0791上）

【四瀆】長江、黃河、淮河、濟水的合稱。《爾雅·釋水》："江、河、淮、濟爲四瀆。四瀆者，發源注海者也。"《儀禮·覲禮》：禮日於南門外，禮月與～於北門外，禮山川丘陵於西門外。（1093下）《禮記·王制》：天子祭天下名山大川：五嶽視三公，～視諸侯。（1336上）

【四類】指日月星辰、風師、雨師的祭祀。於四郊舉行。鄭玄《注》："四類，日月星辰運行無常，以氣類爲之位。兆日於東郊，兆月與風師於西郊，兆司中、司命於南郊，兆雨師於北郊。"《周禮·春官·小宗伯》：兆五帝於四郊，四望、～亦如之。（0766上）

【四體】❶四肢。兩手兩足。四肢共一體，亦用以比喻兄弟如同體無分。《儀禮·喪服》：故父子，手足也；夫妻，胖合也；昆弟，～也。（1105上）《禮記·禮運》：～既正，膚革充盈。（1427上）❷指龜之四足。用於占卜。鄭玄《注》："四體，謂龜之四足。春占後左，夏占前左，秋占前右，冬占後右。"一說，朱熹《集注》："四體，謂動作威儀之間，如執玉高卑，其容俯仰之類。"《禮記·中庸》：見乎蓍龜，

動乎～。(1632 下)

【四籩】宗廟祭祀時分四次進獻的籩。依次分別是朝事之籩、饋食之籩、加籩、羞籩。籩爲竹器，可容四升，用以盛放乾物。四籩所盛之物不同。鄭玄《注》："籩，竹器，如豆者，其容實皆四升。"賈公彥《疏》："四籩，謂下經朝事、饋食、加籩、羞籩是也。"詳見各條。《周禮・天官・籩人》：掌～之實。(0671 中)

【四靈】指麟、鳳、龜、龍。古人認爲麟、鳳、龜、龍皆有神靈，爲吉祥之物。四靈爲四獸之長：毛獸麟爲長，羽類鳳爲長，介類龜爲長，鱗獸龍爲長。五行，麟配西方金，龍配東方木，鳳配南方火，龜配北方水。孔穎達《疏》："《月令》：春，其蟲麟，則龍屬東方，木也。夏，其蟲羽，則鳳屬南方，火也。秋，其蟲毛，則麟屬西方，金也。"《禮記・禮運》：何謂～？麟、鳳、龜、龍，謂之～。(1425 上)

【四世而緦】與死者上同四代祖先，服緦麻之喪。此爲五服之最後一級。孔穎達《疏》："四世，謂上至高祖，下至己兄弟，同承高祖之後爲族兄弟，相報緦麻，是服盡於此。……爲親兄弟期，一從兄弟大功，再從兄弟小功，三從兄弟緦麻，共承高祖爲四世，而緦服盡也。"《禮記・大傳》：～，服之窮也。(1507 中)

【四夷之樂】四方少數民族的樂舞。東方之樂《韎》，南方之樂《任》，西方之樂《株離》，北方之樂《禁》。鄭玄《注》："東方曰《韎》，南方曰《任》，西方曰《株離》，北方曰《禁》。"賈公彥《疏》："四夷樂名出於《孝經緯・鈎命決》，故彼云：'東夷之樂曰《韎》，持矛助時生。南夷之樂曰《任》，持弓助時養。西夷之樂曰《株離》，持鉞助時殺。北夷之樂曰《禁》，持楯助時藏。'"《周禮・春官・鞮鞻氏》：掌～與其聲歌。(0802 上)

【四夷之隸】指蠻隸、閩隸、夷隸、貉隸。孫詒讓《正義》："四夷之隸，即蠻隸、閩隸、夷隸、貉隸。彼夷隸，專指東夷之隸；通言之，則蠻、閩、夷、貉皆爲夷，故此總謂之四夷之隸。"《周禮・地官・師氏》：使其屬帥～，各以其兵服守之門外，且蹕。(0731 上)

【四郊之賦】四郊六鄉的賦稅。爲九賦之一。王城以外百里之內的地區爲郊，郊之內爲六鄉。四郊的賦稅，用作牲畜草料的開支。《大宰》鄭玄《注》："四郊，去國百里。"賈公彥《疏》："計遠郊百里之內民所用出泉也。"《周禮・天官・大宰》：以九賦斂財賄，一曰邦中之賦，二曰～，三曰邦甸之賦，四曰家削之賦，五曰邦縣之賦，六曰邦都之賦，七曰關市之賦，八曰山澤之賦，九曰弊餘之賦。(0647 下)《周禮・天官・大府》：邦中之賦，以待賓客；～，以待稍秣。(0677 下)

【四時五色】指春青、夏赤、秋白、冬黑，再加中黃。孫詒讓《正義》："四時即謂《月令》春青、夏赤、秋白、冬黑之四時色。又中黃附屬季夏，是爲四時五色。"《周禮・冬官考工記・畫繢》：雜～之位以章之，謂之巧。(0918 下)

因

因 yīn 見下。

【因母】親生母親。鄭玄《注》："因，猶親也。"《儀禮・喪服》：繼母之配父與～同。(1103 下)

【因國】指已滅亡之國。其地爲今國所因襲，故稱。鄭玄《注》："謂所因之國，先王、先公有功德宜享世祀，今絕無後，爲之祭主者。"《禮記·王制》：天子、諸侯祭～之在其地而無主後者。(1336 中)

固 gù 見下。

【固辭】推辭兩次，而表同意。《曲禮上》孔穎達《疏》："固，如故也。禮有三辭：初曰禮辭，再曰固辭，三曰終辭。"《儀禮·士冠禮》"賓禮辭"鄭玄《注》："禮辭，一辭而許。再辭而許曰固辭；三辭曰終辭，不許也。"《儀禮·士相見禮》：某也～不得命，敢不敬從。(0976 上)《禮記·曲禮上》：客～，主人肅客而入。(1238 中)

囷 qūn 圓形穀倉。《匠人》鄭玄《注》："囷，圜倉。"《周禮·冬官考工記·匠人》：～、窌、倉、城，逆牆六分。(0933 中)《禮記·月令》：是月也，可以築城郭，建都邑，穿竇窖，脩～倉。(1374 中)

【囷倉】圓形穀倉爲囷，方形穀倉爲倉。泛指糧倉。《禮記·月令》：是月也，可以築城郭，建都邑，穿竇窖，脩～。(1374 中)

囹 líng 見下。

【囹圄】(yǔ) 牢獄。鄭玄《注》："囹圄，所以禁守繫者，若今別獄矣。"《禮記·月令》：命有司省～，去桎梏，毋肆掠，止獄訟。(1361 中)

囿 yòu 畜養禽獸之御苑。斷足者使守囿。鄭玄《注》："斷足，驅衛禽獸無急行。"《周禮·秋官·掌戮》：墨者使守門，劓者使守關，宮者使守内，刖者使守～，髡者使守積。(0883 中)

【囿人】職官名。掌離宫小苑之獸禁，供宴樂觀賞；牧百獸，供祭祀、喪紀、賓客之用。爵中士、下士。《周禮·地官·囿人》：～，掌囿游之獸禁，牧百獸。(0749 上)

【囿游】❶御苑和行宫。鄭玄《注》："囿，御苑也；游，離宫也。"《周禮·天官·敘官》：王宫每門四人，～亦如之。(0642 下)❷囿中小苑的游觀之處。鄭玄《注》："囿游，囿之離宫小苑觀處也。"孫詒讓《正義》："蓋鄭意囿本爲大苑，於大苑之中，別築藩界爲小苑，又於小苑之中爲宫室，是爲離宫。以其是囿中游觀之處，故曰囿游也。"《周禮·地官·囿人》：掌～之獸禁，牧百獸。(0749 上)

圃 pǔ 種植果木蔬菜的園地。《載師》鄭玄《注》："圃，樹果蓏之屬。"《周禮·地官·載師》：以廛里任國中之地，以場～任園地。(0724 下)《禮記·射義》：孔子射於矍相之～，蓋觀者如堵牆。(1687 下)

圂 huàn 見下。

【圂腴】豬犬的腸。古人認爲是不可食之物。孔穎達《疏》："圂，豬犬也。腴，猪犬腸也。"《禮記·少儀》：君子不食～。(1515 下)

圉 yǔ 指圉人。《周禮·夏官·校人》：乘馬一師，四～，三乘爲皁，皁一趣馬。(0860 上)

【圉人】職官名。役屬圉師。掌養馬放牧。良馬一匹一人，駑馬二匹一人。《周禮·夏官·圉人》：~，掌養馬芻牧之事，以役圉師。(0861下)《儀禮·既夕禮》：薦馬，纓三就；入門，北面；交轡，~夾牽之。(1148上)《禮記·檀弓上》：~浴馬，有流矢在白肉。(1277中)

【圉師】職官名。圉人之長，掌教圉人養馬。乘馬一圉師四圉人。賈公彥《疏》：“乘馬一師四圉。”《周禮·夏官·圉師》：~，掌教圉人養馬。(0861下)

國 (国) guó ❶諸侯的封地。凡諸侯之領地，大曰邦，小曰國，泛言則邦國不分。《夏官·敘官》賈公彥《疏》：“上公爲大國，侯伯爲次國，子男爲小國也。”《周禮·夏官·敘官》：王六軍，大~三軍，次~二軍，小~一軍。(0830上)《儀禮·覲禮》：同姓大~則曰伯父，其異姓則曰伯舅。(1092上)《禮記·檀弓下》：君反其~而有私也，毋乃不可乎！(1310上) ❷國都。天子國都方九里，十二門。諸侯大國國都亦九里，其次七里，再次五里，其門九門或不及九門。依禮，進入國都不得驅車馳馬。《匠人》賈公彥《疏》：“公之城蓋方九里，侯伯七里，子男五里。”《曲禮上》孔穎達《疏》：“國中人多，若馳車則害人，故不馳。”《周禮·冬官考工記·匠人》：匠人營~，方九里，旁三門。國中九經、九緯，經涂九軌。(0927中)《禮記·曲禮上》：入~不馳，入里必式。(1253中) ❸指天子之國。鄭玄《注》：“國，謂王之國。邦國，諸侯國也。”《周禮·春官·詛祝》：作盟詛之載辭，以敘~之信用，以質邦國之劑信。(0816上)

【國子】指王太子、諸王子、諸侯及卿大夫、元士之子弟。亦稱國子弟。《諸子》鄭玄《注》“國子，謂諸侯、卿大夫、士之子也。”《燕義》鄭玄《注》：“國子，諸子也。”《周禮·夏官·諸子》：掌~之倅，掌其戒令與其教治，辨其等，正其位。(0850上)《禮記·燕義》：國有大事，則率~而至於大子，唯所用之。(1690上)

【國火】謂鑽燧所取之火。古時四時選用不同的木材取火，以除去時疾。春取榆柳，夏取棗杏，季夏取桑柘，秋取柞楢，冬取槐檀。孫詒讓《正義》：“皇疏云：‘改火之木，隨五行之色而變也。榆柳色青，春是木，木色青，故春用榆柳也。棗杏色赤，夏是火，火色赤，故夏用棗杏也。桑柘色黃，季夏是土，土色黃，故季夏用桑柘也。柞楢色白，秋是金，金色白，故秋用柞楢。槐檀色黑，冬是水，水色黑，故冬用槐檀也。’”賈公彥《疏》：“火雖是一，四時以木爲變，所以禳去時氣之疾也。”《周禮·夏官·司爟》：四時變~，以救時疾。(0843中)

【國刑】指王都城中施行的刑罰。爲大司寇所掌五刑之一。用以推崇誠實謹慎之人，糾舉暴虐之徒。《周禮·秋官·大司寇》：以五刑糾萬民：一曰野刑，上功糾力；二曰軍刑，上命糾守；三曰鄉刑，上德糾孝；四曰官刑，上能糾職；五曰~，上愿糾暴。(0870中)

【國老】告老退職的卿大夫及上士(元士)。《王制》孔穎達《疏》：“國老，謂卿大夫致仕者。庶老，謂士也。”《羅氏》孫詒讓《正義》：“《大司樂》國子兼有命士之子，則此國老當兼含元士之老。"《周禮·夏官·羅氏》:中春,羅春鳥,獻鳩以養～,行羽物。(0846下)《禮記·王制》:有虞氏養～於上庠,養庶老於下庠。夏后氏養～於東序,養庶老於西序。(1346中)

【國行】行神。主道路行作。是天子爲羣族姓所設七祀、諸侯爲國所設五祀之一。孔穎達《疏》:"國行者,謂行神,在國門外之西。"《禮記·祭法》:王爲羣姓立七祀,曰司命,曰中霤,曰國門,曰～,曰泰厲,曰户,曰竈。(1590上)

【國危】國家有兵寇之難。爲小司寇所掌需向人民徵詢的三件大事之一。賈公彦《疏》:"國危,謂有兵寇之難者,謂鄰國來侵伐,與國爲難者也。"《周禮·秋官·小司寇》:掌外朝之政,以致萬民而詢焉:一曰詢～,二曰詢國遷,三曰詢立君。(0873中)

【國宅】官吏辦公的處所及住宅。國宅不需交稅。鄭玄《注》:"國宅,凡官所有宫室,吏所治者也。"《周禮·地官·載師》:凡任地,～無征,園廛二十而一,近郊十一,遠郊二十而三,甸、稍、縣、都皆無過十二,唯其漆林之征,二十而五。(0726中)

【國車】即輂車。一種低而無輻條的四輪木製柩車。孔穎達《疏》:"士葬用國車,國字與團字相似,因誤耳。團與輂聲相類,輂則屋車也。在路載柩,尊卑同用屋車。……皇氏云:'天子、諸侯以下載柩車同用輂也。其尊卑者差異,在於棺飾耳。'"《禮記·喪大記》:士葬用～,二綍,無碑。(1584下)

【國門】城門之神。是天子爲羣族姓所立七祀、諸侯爲國所立五祀之一。孔穎達《疏》:"國門,謂城門也。"《禮記·祭法》:諸侯爲國立五祀,曰司命,曰中霤,曰～,曰國行,曰公厲。(1590上)

【國社】諸侯爲百姓所立的祭土神的壇位。位於公宫之右(西)。《禮記·祭法》:諸侯爲百姓立社,曰～。(1589下)

【國典】治國的典章、制度、法令。即治國之六典:治典、教典、禮典、政典、刑典、事典。鄭玄《注》:"飭國典者,和六典之法也。"《禮記·月令》:天子乃與公卿、大夫共飭～,論時令,以待來歲之宜。(1384中)

【國使】奉命來王國聘問的蕃國之臣。鄭玄《注》:"謂蕃國之臣來覜聘者。"孫詒讓《正義》:"經云國使,即蕃國之臣奉使來至王國者也。"《周禮·秋官·象胥》:掌蠻、夷、閩、貉、戎、狄之～,掌傳王之言而諭説焉,以和親之。(0899下)

【國服】爲國家服事的稅收。鄭玄《注》:"以國服爲之息,以其於國服事之稅爲息也。"賈公彦《疏》:"凡言服者,服事爲名,此經以民之服事唯出稅是也。"孫詒讓《正義》:"於國服事,即九職農圃等事。稅云服者,若《書·禹貢》'三百里納秸服'是也。"《周禮·地官·泉府》:凡民之貸者,與其有司辨而授之,以～爲之息。(0738下)

【國馬】指種馬、戎馬、齊馬、道馬。馬高八尺,用以駕兵車、乘車。鄭玄《注》:"國馬,謂種馬、戎馬、齊馬、道馬,高八尺。"《周禮·冬官考工記·

輈人》：～之輈，深四尺有七寸。(0913上)

【國風】《詩經》組成部分之一。大體爲周初及春秋間各諸侯國的民間歌謠。包括《周南》《召南》和《邶風》《鄘風》《衛風》《王風》《鄭風》《齊風》《魏風》《唐風》《秦風》《陳風》《檜風》《曹風》《豳風》十五國風，共一百六十篇。《禮記》所引凡三，分別爲《邶風》之《谷風》，《曹風》之《蜉蝣》，《衛風》之《氓》。《禮記·表記》：“《～》曰：'言笑晏晏，信誓旦旦。不思其反，反是不思，亦已焉哉！'"(1644上)

【國客】諸侯之臣奉君命聘問、弔喪者。《司儀》鄭玄《注》：“謂相聘也。”孫詒讓《正義》：“'謂相聘也'者，謂奉君命聘問，往來爲國客也。”《象胥》鄭玄《注》：“謂諸侯使臣來弔者。”《周禮·秋官·司儀》：諸公之臣相爲～，則三積，皆三辭拜受。(0898下)《周禮·秋官·象胥》：凡國之大喪，詔相～之禮儀而正其位。(0900上)

【國家】諸侯的封地稱國，卿大夫的封地稱家。亦泛指國。《周禮·春官·典命》：上公九命爲伯，其～、宮室、車旗、衣服、禮儀，皆以九爲節。(0780中)《禮記·禮運》：故聖人以禮示之，故天下～可得而正也。(1415上)

【國粥(yù)】國家供養的羨卒。羨卒爲編制外之徒役，平日閒游無事，有事則助胥吏追捕盜賊，由政府供給衣食。鄭玄《注》：“粥，養也。國所游養，謂羨卒也。”孫詒讓《正義》：“注云游養，謂閒游無常職，而養於國者。”《周禮·秋官·修閭氏》：掌比國中宿互檯者與其～，而比其追胥者。(0888上)

【國禁】王都内的禁令。爲士師所掌五禁之一。鄭玄《注》：“國，城中也。”《周禮·秋官·士師》：掌國之五禁之灋，以左右刑罰：一曰宮禁，二曰官禁，三曰～，四曰野禁，五曰軍禁。(0874下)

【國賓】指來朝的諸侯以及來聘的孤、卿、大夫。《司几筵》鄭玄《注》：“國賓，諸侯來朝，孤、卿、大夫來聘。”《喪大記》鄭玄《注》：“國賓，聘大夫。”《周禮·春官·司几筵》：筵～于牖前，亦如之，左彤几。(0775中)《禮記·喪大記》：君之喪未小斂，爲寄公、～出。(1573上)

【國徙】徙國都。爲小司寇所掌需向人民徵詢的三件大事之一。賈公彦《疏》：“國徙，謂徙都改邑也者，謂王國遷徙，若殷之盤庚遷殷之類。”《周禮·秋官·小司寇》：掌外朝之政，以致萬民而詢焉：一曰詢國危，二曰詢～，三曰詢立君。(0873中)

【國畿】即王畿。王都週圍方圓千里爲國畿。爲天子直屬之領土。《周禮·夏官·大司馬》：方千里曰～，其外方五百里曰侯畿，又其外方五百里曰甸畿，又其外方五百里曰男畿，又其外方五百里曰采畿，又其外方五百里曰衛畿，又其外方五百里曰蠻畿，又其外方五百里曰夷畿，又其外方五百里曰鎮畿，又其外方五百里曰蕃畿。(0835下)

【國學】小學設在國都，故稱國學。對"鄉學"而言。鄭玄《注》：“謂以年幼少時教之舞。”孫詒讓《正義》：“國學者，在國城中王宮左之小學也。”《周禮·春官·樂師》：掌～之政，以教國

子小舞。(0793 中)

【國灋】指王國的六典、八灋、八則等法律條文。鄭玄《注》："國法,六典、八法、八則。"《周禮·春官·內史》:執~及國令之貳,以攷政事,以逆會計。(0820 上)

【國子弟】即國子。指王太子、諸王子、諸侯及卿大夫、元士之子弟。賈公彥《疏》:"國之子弟即王大子以下,言弟即王庶子,以其諸侯以下皆以適子入國學。參見"國子"。《周禮·地官·師氏》:掌國中失之事,以教~。(0731 上)

【國司馬】指王國之臣大司馬、小司馬、軍司馬、輿司馬等。與采地之臣都司馬、家司馬對舉。鄭玄《注》:"國司馬,大司馬之屬皆是。"孫詒讓《正義》:"此國謂王國,對都為采地言之。"《周禮·夏官·都司馬》:以國灋掌其政學,以聽~。(0865 中)

【國有司】王國之臣奉命使往諸侯國者。鄭玄《注》:"凡國有司,有司從王國以王命往。"《周禮·春官·職喪》:凡~以王命有事焉,則詔贊主人。(0787 上)

【國賓客】指來聘的諸侯以及其臣。賈公彥《疏》:"謂五等諸侯及其臣來朝聘。"《周禮·秋官·掌訝》:若將有~至,則戒官脩委積。(0902 中)

【國比之灋】國家四時稽考戶口、勞動力、財產多少的法規。賈公彥《疏》:"謂四時稽考其夫家男女衆寡多少。"《周禮·地官·鄉師》:以~,以時稽其夫家衆寡,辨其老幼、貴賤、癈疾、馬牛之物。(0713 下)

圈 quān 屈木所製的飲器。鄭玄《注》:"圈,屈木所為,謂巵匜之屬。"《禮記·玉藻》:母沒而杯~不能飲焉,口澤之氣存焉爾。(1484 中)

園 (园) yuán 四週設有藩籬,種植瓜果蔬菜的地方。《周禮·地官·載師》:國宅無征,~廛二十而一。(0726 中)《禮記·曾子問》:下殤,土周葬于~。(1401 上)

【園地】城外種植蔬菜瓜果的田地。孫詒讓《正義》:"園地則在城外郭內,故次國中也。"《周禮·地官·載師》:以廛里任國中之地,以場圃任~。(0724 下)

【園圃】指種植瓜果蔬菜的人。為大宰所頒九職之一。賈公彥《疏》:"謂在田畔樹菜蔬果蓏者。"《周禮·天官·大宰》:以九職任萬民:一曰三農,生九穀;二曰~,毓草木;三曰虞衡,作山澤之材;四曰藪牧,養蕃鳥獸;五曰百工,飭化八材;六曰商賈,阜通貨賄;七曰嬪婦,化治絲枲;八曰臣妾,聚斂疏材;九曰閒民,無常職,轉移執事。(0647 上)

【園廛】園地與居宅。賈公彥《疏》:"園即上經'場圃任園地',廛即上經'廛里'。"《周禮·地官·載師》:國宅無征,~二十而一。(0726 中)

圜 yuán 見下。

【圜土】獄城。改造、教育游墮之民為善的場所。凡有不良行為而未觸犯五刑的游墮之民,收至圜土,刑不虧體,罰不虧財,教其棄惡從善。鄭玄《注》:"圜土,獄城也。聚罷民其中,困苦以教之為善也。獄必圜者。"《周禮·秋官·大司寇》:以~聚教罷民,凡害人者,寘之~而施職事焉,以明刑恥之。(0870 中)

【圜丘】冬至祭天之高壇。土高而形圓。賈公彥《疏》:"案《爾雅》,土之高者曰丘,取自然之丘。圜者象天圜。"《周禮·春官·大司樂》:冬日至,於地上之~奏之。(0789下)

【圜壺】口頸、腹足皆圓的酒壺。爲庶人在官者旅食之用,以別於卿大夫及有正祿之士所用之方壺。黃以周《禮書通故·名物圖》:"方壺以口足皆方得名,圜壺以口足皆圓得名。"鄭玄《注》:"尊方壺,爲卿大夫士也,臣道直方。……尊士旅食者用圜壺,變於卿大夫也。"《儀禮·燕禮》:尊士旅食于門西,兩~。(1015上)

圜壺

【圜鍾】即夾鍾。樂律名。古代樂律分爲十二,陽聲爲律,陰聲爲同。夾鍾爲六同之第六。鄭玄《注》:"圜鍾,夾鍾也。"《周禮·春官·大司樂》:凡樂,~爲宮,黃鍾爲角,大蔟爲徵,姑洗爲羽。(0789下)

【圜鍾爲宮】用圜鍾調定宮音。古代五聲宮、商、角、徵、羽,須與十二律相配,纔能譜成樂調,確定音高。以十二律定五聲之調,可得六十調。孫詒讓《正義》:"三大祭之樂皆首舉四調者,爲歌奏之通均也。"《周禮·春官·大司樂》:凡樂,~,黃鍾爲角,大蔟爲徵,姑洗爲羽。(0789下)

【圜者中規,方者中矩】圓的同圓規相符,方的同曲尺相符。今爲成語"中規中矩"。《周禮·冬官考工記·輿人》:~,立者中縣,衡者中水。(0910下)

巾 部

巾 jīn ❶供擦拭、覆蓋、佩戴等用的一方布帛。有盥巾、拭巾、佩巾、覆巾等。《周禮》中的巾指覆巾,用以覆蓋尊彝豆籩等。《士昏禮》鄭玄《注》:"巾所以自絜清。"《幂人》賈公彥《疏》:"凡王之覆物之巾皆用黼文覆之。"《周禮·天官·幂人》:凡王~皆黼。(0675下)《儀禮·士昏禮》:婦説服于室,御受。姆授~。(0967中)《禮記·玉藻》:浴用二~,上絺下綌。(1475中)❷喪禮中爲死者覆面的布巾。二尺見方。設巾之義,爲孝子見其親之形變而哀,或爲飯含。賈公彥《疏》:"此爲飯含而設,所以覆死者。……布幅二尺二寸,……除邊幅二寸,……則此廣袤等亦二尺也。"《儀禮·士喪禮》:布~環幅,不鑿。(1130下)❸即功布。喪禮大小殮中用以覆蓋奠物。鄭玄《注》:"巾,功布也。"《儀禮·士喪禮》:甸人徹鼎~,待于阼階下。(1137上)

【巾車】職官名。掌天子、王后及官用之車、用車之政令及車旗之飾。爵下大夫。《大射》鄭玄《注》:"巾車,於天子宗伯之屬,掌裝衣車者。"《周禮・春官・巾車》:~,掌公車之政令。(0822下)《儀禮・大射》:遂命量人、~張三侯。(1028上)

【巾幂】覆蓋器物的巾。鄭玄《注》:"共巾,可以覆物。"孫詒讓《正義》:"謂巾幂,即是巾之可以覆物者,以別於佩巾不可以覆物也。"《周禮・天官・幂人》:掌共~。(0675下)

【巾櫛(zhì)】巾與梳笓。泛指梳洗用具。《禮記・曲禮上》:男女不雜坐,不同椸枷,不同~,不親授。(1240下)

【布】bù ❶麻、葛、棉等織品的總稱。布幅廣二尺二寸,每匹長四丈。布的精粗以升計之,一升經綫爲八十縷,最粗的喪服用布爲三升,最細者爲三十升。《周禮・天官・典枲》:掌~緦縷紵之麻草之物,以待時頒功而授齎。(0691上)《儀禮・喪服》:《傳》曰:大功~九升,小功~十一升。(1112上)《禮記・昏義》:順於舅姑,和於室人,而后當於夫,以成絲、麻、~、帛之事。(1681中)❷貨幣。《外府》鄭玄《注》:"布,泉也。布讀爲宣布之布。其藏曰泉,其行曰布。取名於水泉,其流行無不徧。"《檀弓上》鄭玄《注》:"古者謂錢爲泉布,所以通布貨財。"《周禮・天官・外府》:掌邦~之入出,以共百物而待邦之用。(0679上)《禮記・檀弓上》:既葬,子碩欲以賻~之餘具祭器。(1288下)❸指白布冠。周時用做喪冠。《郊特牲》鄭玄《注》:"大古,即太古;白布冠,今喪冠也。"《士冠禮》賈公彥《疏》:"大古時吉凶同服白布冠,未有喪冠。"《儀禮・士冠禮》:大古冠~,齊則緇之。(0958中)《禮記・郊特牲》:大古冠~,齊則緇之,其緌也。(1455下)❹指緇布冠。賈公彥《疏》:"加布,初加緇布冠也。"《儀禮・士冠禮》:某有子某,將加~於其首,願吾子之教之也。(0957中)

【布巾】❶喪禮中爲死者覆面之巾。二尺見方。設巾之義,爲孝子見其親之形變而哀,或爲飯含。賈公彥《疏》:"此爲飯含而設,所以覆死者。……布幅二尺二寸,……除邊幅二寸,……則此廣袤等亦二尺也。"《儀禮・士喪禮》:~環幅,不鑿。(1130下)❷覆蓋在祭禮食器上的巾。以紷布做成。鄭玄《注》:"布巾,籩巾也。籩豆具而有巾,盛[神]之也。"《儀禮・士喪禮》:兩籩無縢,~,其實栗、不擇。(1139中)

【布武】舉足離地,足迹與足迹不重疊。謂疾趨。爲在堂下行走之法。鄭玄《注》:"布武,謂每移足各自成迹,不相躡。"孫希旦《集解》:"堂上接武,即徐趨;堂下布武,即疾趨也。疾趨張足,則布武矣。"《禮記・曲禮上》:堂上接武。堂下~。(1239上)

【布帛】麻、葛、棉等織物爲布,絲織品爲帛。亦泛指織物。《周禮・地官・閭師》:任嬪以女事,貢~。(0727上)《禮記・禮運》:治其麻絲,以爲~。(1416上)

【布荒】覆蓋在士棺柩上的柳衣(棺罩)。用白布製成。喪禮,君黼荒,大夫畫荒。孔穎達《疏》:"帷是邊牆,荒是上蓋。……士帷及荒者,白布爲之

而不畫也。"《禮記·喪大記》：士布帷，～，一池。(1584 上)

【布侯】白布做的箭靶。大夫、士所用，其側不用皮爲飾。胡培翬《正義》引《經義聞斯錄》曰："案射侯皆以布爲地，故《大射儀》注云：'侯，謂所射布也。'天子、諸侯以皮飾側，故《考工記》謂之獸侯。惟大夫、士不飾皮，故此《記》云大夫布侯、士布侯也。"《儀禮·鄉射禮》：大夫～，畫以虎、豹；士～，畫以鹿、豕。(1010 中)

【布帶】齊衰服以下所繫之帶。以布爲之，故稱。斬衰服絞麻爲繩作帶，稱絞帶。《喪服》賈公彥《疏》："其布帶，則與齊衰同。"《儀禮·喪服》：公士、大夫之衆臣爲其君，～、繩屨。(1102 中)《禮記·雜記上》：大夫卜宅與葬日，有司麻衣、布衰、～，因喪屨，緇布冠不蕤。(1551 上)

【布衰(cuī)】粗麻布片。長六寸，寬四寸，以三升半粗布爲之。綴於胸前衣上。亦爲綴布衰。孔穎達《疏》："布衰，謂麤衰也。皇氏云：'以三升半布爲衰，長六寸，廣四寸，綴於衣前，當胷上。'"《禮記·雜記上》：大夫卜宅與葬日，有司麻衣、～、布帶，因喪屨，緇布冠不蕤。(1551 上)

【布紟(jìn)】白布單被。君、大夫、士大殮時所用。孔穎達《疏》："皇氏云：'紟，襌被也。'"《禮記·喪大記》：～，二衾，君、大夫、士一也。(1579 中)

【布帷】用以遮擋士柳車（喪車）棺柩的布障。白布爲之，無飾。喪禮，君龍帷，大夫畫帷。孔穎達《疏》："帷是邊牆，荒是上蓋。……士帷及荒者，白布爲之而不畫也。"《禮記·喪大記》：士～，布荒，一池。(1584 上)

【布絞】小殮、大殮時束屍所用的布帶。小殮縱一、橫三，大殮縱三、橫五。鄭玄《注》："絞，既斂所用，束堅之者。"《禮記·喪大記》：小斂～，縮者一，橫者三。(1577 上)

【布幕】諸侯死後用以覆棺的布帳。鄭玄《注》："幕，所以覆棺上也。"孔穎達《疏》："覆棺之幕天子、諸侯各別。以布爲幕者，衛是諸侯之禮；以繒爲幕者，魯是天子之制。"《禮記·檀弓上》：～，衛也；繒幕，魯也。(1276 下)

【布總(zǒng)】用布束髮。爲喪服中女子髮飾。鄭玄《注》："此妻妾、女子子喪服之異於男子者。總，束髮。謂之總者，既束其本，又總其末。"《儀禮·喪服》：女子子在室爲父，～、箭笄、髽、衰，三年。(1101 中)

【布憲】職官名。掌管頒佈邦國之刑法禁令。爵中士、下士。《秋官·敘官》鄭玄《注》："憲，表也。主表刑禁者。"《周禮·秋官·布憲》：～，掌憲邦之刑禁。(0884 上)

市 shì ❶進行交易、買賣的場所。國都中市設在王宫北面，國都外五十里設一市，軍營中設有臨時之市。市中還可懲處犯人。《說文·冂部》："市，買賣所之也。"《周禮·地官·司市》：掌～之治、教、政、刑、量度、禁令。(0734 上)《禮記·王制》：爵人於朝，與士共之；刑人於～，與衆棄之。(1327 下) ❷即司市。職官名。管理市場的官吏。鄭玄《注》："市，司市也。於周司徒之屬。"參見

"司市"。《禮記・王制》：大樂正、大司寇，～三官以其成從質於天子。(1345上)

【市司】即司市。爲市官之長，掌管買賣交易的各項政務及禁令。爵下大夫。鄭玄《注》："市司，司市也。"《周禮・地官・司市》：凡會同、師役，～帥賈師而從，治其市政，掌其賣儥之事。(0735下)

【市刑】市場中懲罰犯禁者的刑罰。有憲罰、徇罰、撲罰三種。憲罰，書其罪狀於版懸於肆門公佈；徇罰，將犯禁之人遊街示衆；撲罰，鞭打犯禁者。市刑較輕，由司市掌管。《周禮・地官・司市》：～，小刑憲罰，中刑徇罰，大刑撲罰。(0735中)

【市師】即司市。爲市官之長，掌管買賣交易的各項政務及禁令。爵下大夫。鄭玄《注》："市師，司市也。"《周禮・地官・司市》：上旌于思次以令市，～涖焉，而聽大治、大訟。(0734下)

【市朝】❶交易買賣之所與朝廷治事之所。戴震《考工圖記》引徐昭慶曰："朝者官吏所會，市者商旅所聚，必須有一夫百畝之地，然後足以容之。"《周禮・冬官考工記・匠人》：左祖右社，面朝後市，～一夫。(0927下) ❷君之臣有罪被處死，大夫以上陳尸於朝，士以下陳尸於市。鄭玄《注》："肆，陳尸也。大夫以上於朝，士以下於市。"《禮記・檀弓下》：君之臣不免於罪，則將肆諸～，而妻妾執。(1312中)

【市廛】集市中的店鋪。殷時稅法，市廛不用納稅。鄭玄《注》："廛，市物邸舍。"《禮記・王制》：古者公田藉而不稅，～而不稅，關譏而不征。(1337中)

【市井之臣】離任之官居住於國中者對君的自稱。鄭玄《注》："宅者，謂致仕者也。致仕者去官而居宅，或在國中，或在野。"《儀禮・士相見禮》：凡自稱於君，士大夫則曰下臣。宅者在邦，則曰～；在野，則曰草茅之臣。(0978中)

希 xī 見下。

【希冕】與繡有各種花紋禮服相配的禮冠。帝王祭社稷、五祀時所服。爲王六冕服之一。希，用同"黹"，刺繡。因希冕衣裳均繡，故稱。希冕亦爲公、侯伯、子男、孤朝聘天子及助祭之服。亦爲服希冕。鄭玄《注》："希讀爲絺，或作黹，字之誤也。"孫詒讓《正義》："云'希讀爲絺，或作黹，字之誤也'者，段玉裁謂絺黹二字當互易，云：'此鄭君易希爲黹，而辨之曰，書或作絺者，乃字之誤，不可從也。僞孔傳作絺，云"細葛上爲繡"，是鄭君所謂誤者。既易其字爲黹，則下文皆作黹。《説文》黹下云"箴縷所紩衣"，正與鄭合。'"《周禮・春官・司服》：祭社稷五祀，則～。(0781中)《周禮・春官・司服》：孤之服，自～而下，如子男之服。(0783上)

絺冕

帗 fú 見下。

【帗舞】舞蹈名。舞者執帗（五色帛製

成的舞具)以舞。爲六小舞之一,用於祭祀社稷。鄭玄《注》:"帗,析五采繒。"賈公彥《疏》:"此六舞者,小舞也。"《周禮·春官·樂師》:凡舞,有～,有羽舞,有皇舞,有旄舞,有干舞,有人舞。(0793中)

帛 bó 絲織物的總稱。帛二丈爲一端;兩端謂之兩,兩亦爲匹;十端爲束。《媒氏》鄭玄《注》:"五兩,十端也。"《周禮·地官·媒氏》:凡嫁子娶妻,入幣純～,無過五兩。(0733下)《儀禮·士冠禮》:主人酬賓,束～,儷皮。(0953中)《禮記·玉藻》:襌爲絅,～爲褶。(1477下)

帚 zhǒu 掃帚。《儀禮·既夕禮》:埽者執～,垂末,内鬣,從執燭者而東。(1162中)《禮記·曲禮下》:凡爲長者糞之禮,必加～於箕上。(1239中)

帑 nú 用同"孥"。子孫的統稱。鄭玄《注》:"古者謂子孫曰帑。"《禮記·中庸》:宜爾室家,樂爾妻～。(1627下)

帥 (帅) shuài 十國之長。鄭玄《注》:"伯、帥、正,亦長也。凡長,皆因賢侯爲之。殷之州長曰伯,虞夏及周皆曰牧。"《禮記·王制》:五國以爲屬,屬有長。十國以爲連,連有～。三十國以爲卒,卒有正。二百一十國以爲州,州有伯。八州,八伯,五十六正,百六十八～,三百三十六長。(1325上)

帟 yì 帳篷内座位上方用以遮蔽塵埃的平幕。又名承塵,以繒爲之。《幕人》鄭玄《注》:"鄭司農云:'帟,平帳也。'……玄謂帟,王在幕,若幄中坐上承塵。幄、帟皆以繒爲之。《檀弓上》鄭玄《注》:"帟,幕之小者,所以承塵。賜之則張於殯上。"《周禮·天官·幕人》:幕人掌帷、幕、幄、～、綬之事。(0676中)《禮記·檀弓上》:君於士有賜～。(1294中)

帝 dì 稱已故君王神主立於祖廟者。鄭玄《注》:"同之天神。"孔穎達《疏》:"天神曰帝。今號此主同於天神,故題稱帝云,文帝、武帝之類也。"《禮記·曲禮下》:措之廟,立之主,曰～。(1260下)

【帝牛】郊祭天帝所用之牛。爲赤色小公牛。祭祀前需單獨飼養三月,臨祭要占卜吉凶。《禮記·郊特牲》:～不吉,以爲稷牛。～必在滌三月,稷牛唯具,所以別事天神與人鬼也。(1453下)

【帝典】即《堯典》。《尚書》篇名。古稱堯爲帝,故稱《堯典》爲《帝典》。鄭玄《注》:"《帝典》,《堯典》,亦《尚書》篇名也。"《禮記·大學》:《～》曰:"克明峻德。"(1673中)

【帝堯】古帝王之一。傳說中原始社會後期炎黃部落聯盟首領。祁姓,名放勳。原封於唐,故稱陶唐氏,史稱唐堯。建都於平陽(今山西臨汾西南)。曾命羲和觀測天象,制定曆法。晚年諮詢四岳,經過長期考核,命舜攝行政事。堯在位七十年,傳帝位於舜,史稱"禪讓"。儒家尊堯爲聖明之君、古之聖人。《禮記·樂記》:封～之後於祝,封帝舜之後於陳。(1542下)

【帝舜】古帝王之一。姚姓,名重華,號有虞,史稱虞舜。傳說中的有虞氏部落長,炎黃部落聯盟首領。相傳因四岳推舉,三十歲便爲堯的繼位人。後遵堯命攝政。其間,巡行四方,除去共工、鯀、驩兜、三苗四大罪犯,天下咸服。堯死後,舜繼天子位,選拔賢人,治理民事。命禹作司空,平水土;契作司徒,敬敷五教;皋陶作士,主察獄訟;后稷播種,以作飲食,天下大治。禹治水有功,舜諮詢四岳,薦禹爲繼承人。儒家尊舜爲聖明之君、古之聖人。《禮記·樂記》:封帝舜之後於祝,封~之後於陳。(1542下)

【帝藉】(jí) 天子躬耕之田。其收成供祭祀之用。孫希旦《集解》:"天子藉田千畝,收其穀爲祭祀之粢盛,故曰帝藉。"《禮記·月令》:天子親載耒耜,措之于參保介之御間,帥三公、九卿、諸侯、大夫,躬耕~。(1356中)

【帝嚳】(kù) 古帝王之一。號高辛氏。傳說其爲黃帝曾孫,能測定星辰運行時序,制定曆法頒佈於天下。爲古代聖明之君。《禮記·祭法》:~能序星辰以著衆,堯能賞均刑法以義終,舜勤衆事而野死。(1590中)

弨 rú 弓幹正中的櫽木。亦稱裡。用以調節強弱。鄭玄《注》:"弨,謂弓中裡。"賈公彥《疏》:"造弓之法,弓幹雖用整木,仍於幹上裡之,乃得調適也。"《周禮·冬官考工記·弓人》:厚其~,則木堅;薄其~,則需。是故厚其液而節其~。(0935下)

師 (师) shī ❶軍隊,軍旅。《周禮·春官·大司樂》:王~大獻,則令奏愷樂。(0791上)《禮記·曾子問》:曾子問曰:"古者~行,必以遷廟主行乎?"(1393上) ❷指有德行才藝可授業者。師以賢得民。爲維繫百姓、使民心不離散的九項措施(九兩)之一。孫詒讓《正義》:"師則泛指四民之有德行材藝,足以教人者而言。上者國學,鄉遂州黨諸小學,以逮里巷家塾之師,故爲師而兼儒;下者如嬪婦有女師,巫醫農工亦皆有師。蓋齊民曲藝,咸有傳授,則亦各有師弟之分。"一說,鄭玄、賈公彥以爲師即師氏,教學之官。賈公彥《疏》:"謂諸侯以下立教學之官,爲師氏,以有三德、三行,使學子歸之。"《周禮·天官·大宰》:以九兩繫邦國之民:一曰牧,以地得民;二曰長,以貴得民;三曰~,以賢得民;四曰儒,以道得民;五曰宗,以族得民;六曰主,以利得民;七曰吏,以治得民;八曰友,以任得民;九曰藪,以富得民。(0648中) ❸百官府中的副職。爲宰夫所辦八職之一。王引之《經義述聞·卷八》:"宰夫掌敘羣吏之治,正也,師也,司也,旅也,皆羣吏之待徵令者。正非必六官之長,師非必六官之貳,與《大宰》職所云'建其正,立其貳'者不同。彼專指六官之長與貳,此則汎指百官府言之。"《周禮·天官·宰夫》:辨其八職:一曰正,掌官灋以治要;二曰~,掌官成以治凡;三曰司,掌官灋以治目;四曰旅,掌官常以治數;五曰府,掌官契以治藏;六曰史,掌官書以贊治;七曰胥,掌官敘以治敘;八曰徒,掌官令以徵令。(0655下) ❹軍隊編制,二千五百人爲一師。鄭玄《注》:"兩二十五人,卒百人,旅五百人,師二千五百人,軍萬二千五百人。"《周禮·地官·小司徒》:五人爲伍,五伍爲兩,四兩爲卒,五卒爲旅,五旅爲~,五~爲軍。(0711上)

❺指巫師。孫詒讓《正義》:"蓋巫師爲男女巫之長。以男巫之有才智者爲之。"《周禮·春官·敘官》:男巫無數,女巫無數,其~中士四人。(0755中)❻即圉師。職官名。掌教圉人養馬。鄭玄《注》:"師、趣馬、馭夫、僕夫,帥之名也。趣馬下士,馭夫中士,則僕夫上士也。"《周禮·夏官·校人》:乘馬一~,四圉;三乘爲皁,皁一趣馬;三皁爲繫,繫一馭夫;六繫爲廄,廄一僕夫。(0860上)❼指樂師。鄭玄《注》:"師,樂師也。"《周禮·秋官·條狼氏》:誓大夫曰"敢不關,鞭五百",誓~曰"三百"。(0888上)❽指師氏。職官名。爲太子四輔之一。負責教育太子。孫希旦《集解》:"師、保,即《周禮》之師氏、保氏也。"《禮記·文王世子》:大傅在前,少傅在後,入則有保,出則有~,是以教喻而德成也。~也者,教之以事,而喻諸德者也。(1407上)

【師氏】職官名。掌小學以教育國子,並以善道詔告王。爲保氏、司諫、司救諸官之長。爵中大夫。《周禮·地官·師氏》:~,掌以媺詔王。(0730中)

【師田】征伐與田獵。孫詒讓《正義》:"謂師出征伐及田獵。"《周禮·天官·小宰》:以官府之八成經邦治:一曰聽政役以比居,二曰聽~以簡稽,三曰聽閭里以版圖,四曰聽稱責以傅別,五曰聽祿位以禮命,六曰聽取予以書契,七曰聽賣買以質劑,八曰聽出入以要會。(0654上)

【師役】謂軍隊從事大規模勞作,出師征伐或巡狩田獵。《外饔》賈公彥《疏》:"師役者,謂出師征伐及巡狩田獵。"《司市》孫詒讓《正義》:"師役,謂軍旅起徒役也。"《周禮·天官·外饔》:~,則掌共其獻、賜脯肉之事。(0662下)《周禮·地官·司市》:凡會同,~,市司帥賈師而從,治其市政,掌其賣價之事。(0735下)《禮記·少儀》:朝廷曰退,燕遊曰歸,~曰罷。(1512中)

【師甸】❶征伐與田獵。賈公彥《疏》:"師,征伐;甸,謂四時田獵。"《周禮·春官·肆師》:凡~,用牲于社宗,則爲位。(0769下)❷集合徒衆大田獵。鄭玄《注》:"師田,謂起大衆以田也。"《周禮·春官·甸祝》:~,致禽于虞中,乃屬禽。(0815下)

【師都】指六鄉、六遂大夫。鄭玄《注》:"師都,六鄉、六遂大夫也。謂之師都,都,民所聚也。"賈公彥《疏》:"以師,衆也;都,聚也。主鄉、遂民衆所聚,故謂之師都也。"一說,王引之《經義述聞·卷九》認爲,"師都"當爲"帥都"。《周禮·春官·司常》:大夫士建物,~建旗。(0826中)

【師儒】鄉間教人以德行、道藝者,教官。賈公彥《疏》:"云師儒,鄉里教以道藝者。以其鄉立庠,州黨及遂皆立序,致仕賢者使教鄉間子弟,鄉間子弟相連合同就師儒。"《周禮·地官·大司徒》:以本俗六安萬民:一曰媺宮室,二曰族墳墓,三曰聯兄弟,四曰聯~,五曰聯朋友,六曰同衣服。(0706下)

席

xí 坐卧鋪墊的用具。以蒲葦、竹皮編成。亦稱筵。依禮,天子之席五重,諸侯三重,大夫再重。亦有爲人設席、爲神設席的不同,席之所向,確定着席位的上下。凌廷堪

《禮經釋例・卷二・通例下》："凡設席南鄉北鄉於神則西上，於人東上。東鄉西鄉於神則南上，於人則北上。"《禮器》孔穎達《疏》："諸侯之席三重者，謂相朝時賓主皆然也。尊者需溫厚，故多重乃稱也。三重，乃四席也。"《周禮・春官・司几筵》：掌五几、五～之名物。(0774下)《儀禮・士昏禮》：御衽于奧，媵衽良～在東，皆有枕，北止。(0967中)《禮記・禮器》：天子之～五重，諸侯之～三重，大夫再重。(1432上)

【席蓋】指座席與蔽雨之蓋。孫希旦《集解》："席，坐席也。朝內卿大夫視事之室，蓋有君所常設之席，故不可持席以入，嫌其自表異也。蓋，以禦雨，亦以表尊。朝位在庭，雨則廢。持蓋，嫌其表尊也。鄭謂'席蓋爲喪車'，非也。果爾，則當言車，不當但舉其席蓋也。"一說，指喪車之蓋。鄭玄《注》："席蓋，載喪車也。"孔穎達《疏》："席蓋者，喪車蓋也。"《禮記・曲禮下》：龜筴、几杖、～、重素、袗絺綌，不入公門。(1258上)

帨 shuì 佩巾。女子出嫁時，母親所授。在家掛於門右，出門繫在身左。《士昏禮》鄭玄《注》："帨，佩巾。"《儀禮・士昏禮》：母施衿結～，曰："勉之敬之，夙夜無違宮事"。(0972下)《禮記・內則》：子生，男子設弧於門左，女子設～於門右。(1469上)

帶 (帶) dài 束衣的帶子。根據質地及用途的不同，分爲革帶、大帶、緇帶、布帶、絞帶、散帶、葛帶、繩帶、中帶等。《儀禮・喪服》：寢不說經～。(1097中)《禮記・玉藻》：

凡～必有佩玉，唯喪否。(1482中)

常 cháng ❶長度單位。一丈六尺。《冬官考工記・總敘》鄭玄《注》："八尺曰尋，倍尋曰常。"《公食大夫禮》鄭玄《注》："丈六尺曰常，半常曰尋。"《周禮・冬官考工記・總敘》：車戟～，崇於戈四尺，謂之五等。(0907上)《儀禮・公食大夫禮》：司宮具几與蒲筵～，緇布純。(1086中)❷即大常。爲九旗中五正旗之一。正幅畫有日月圖像，黃色，十二斿。王五路之玉路建大常，用於大祭祀。表示中央。國大閱時，天子建常。孫詒讓《正義》："《初學記・武部》引《河圖》云：'……東方法青龍曰旟，南方法赤鳥曰旟，西方法白虎曰旗，北方法玄蛇曰旐，中央法黃龍曰常。'……蓋此經九旗之內，正旗實止有五，常、旂、旟、旗、旐，分象五方色。……此天子五正旗斿數，皆以尊卑遞減：大常十二斿，大旂即龍旂九斿，大赤即鳥旗七斿，大白即熊旗六斿，大麾即龜旐四斿，並見《巾車》《輈人》。"《周禮・春官・司常》：日月爲～，交龍爲旂，通帛爲旜，雜帛爲物，熊虎爲旗，鳥隼爲旟，龜蛇爲旐，全羽爲旞，析羽爲旌。(0826中)❸泛指旌旗。鄭玄《注》："常，旌旗也。"《周禮・秋官・大行人》：建～九斿，樊纓九就。(0890下)

太常

【常刑】固有的刑法。與"大刑"相對而言。賈公彥《疏》："常刑者，謂二千五百條各依輕重而受刑法。"《周禮・

地官·大司徒》:各共爾職,脩乃事,以聽王命,其有不正,則國有~。(0708下)

【常事】指小祥之祭。因週年而祭,是禮之常,故稱常事。鄭玄《注》:"言常者,期而祭,禮也。古文常爲祥。"《儀禮·士虞禮》:朞而小祥,曰:"薦此~。"(1176中)

【常珍】日常所食皆爲珍饈。爲禮所規定的八十歲老人的養老之食。孔穎達《疏》:"珍,謂常食之皆珍奇美食,尋常使有。"《禮記·王制》:五十異粻,六十宿肉,七十貳膳,八十~。(1346上)

帷 wéi ❶以布帛做成的環繞四週的帳幕。喪禮,小殮前常用以遮蔽死者,小殮後撤之。《幕人》鄭玄《注》:"在旁曰帷,在上曰幕。……帷幕皆以布爲之。"《周禮·天官·幕人》:共其~、幕、幄、帟、綬。(0676中)《儀禮·士喪禮》:卒斂,徹~。(1136中)《禮記·檀弓上》:曾子曰:"尸未設飾,故帷堂。小斂而徹~。"(1291中)❷指帷宮。諸侯朝覲天子,在王城郊外五十里設帷宮,以受天子郊勞之禮。賈公彥《疏》:"不在館舍,以帷爲宮,以受勞禮也。"胡培翬《正義》:"諸氏云:'帷宮而旌門,天子之制也;帷宮而帷門,諸侯之制也。'"《儀禮·覲禮》:至于郊,王使人皮弁用璧勞。侯氏亦皮弁迎于~門之外。(1087下)❸布幔。孔穎達《疏》:"帷,幔也;薄,簾也。"《禮記·曲禮上》:~薄之外不趨。(1239上)❹用以遮擋柳車(喪車)棺柩之圍障。喪禮,君龍帷,大夫畫帷,士布帷。孔穎達《疏》:"帷,柳車邊障也。……帷

是邊牆,荒是上蓋。"《禮記·喪服大記》:飾棺:君龍~,三池,振容,黼荒。(1583下)

【帷宮】帝王出行時張帷幕佈置成的行宮。供臨時飲食、休息之用。帷宮出口樹旌以表門,稱旌門。鄭玄《注》:"若食息,張帷爲宮,則樹旌以表門。"《周禮·天官·掌舍》:爲~,設旌門。(0676中)

【帷堂】設帷幕於堂上。喪禮,小斂前屍體未用衣衾包裹,故帷堂以遮蔽死者。《士喪禮》賈公彥《疏》:"以其未襲斂,必帷之者,鬼神尚幽闇故也。"《儀禮·士喪禮》:~。(1129上)《禮記·檀弓上》:曾子曰:"尸未設飾,故~。"(1291中)

【帷薄之外不趨】在布幔和簾子之外不用小步快走。禮,天子門外設屏,諸侯門內設屏,其臣至屏內則趨,以示恭敬。大夫、士無屏,故分別設薄,設帷,其屬吏於帷簾之外不見尊者,故可不趨。孔穎達《疏》:"帷,幔也;薄,簾也。趨,謂行而張足。疾趨而行,敬也。貴賤各有臣吏,故其敬處亦各有遠近也。禮:'天子外屏,諸侯內屏,卿大夫以簾,士以帷。'……臣來朝君,至屏而加肅敬,屏外不敬,故不趨也。今言帷薄,謂大夫士也。"《禮記·曲禮上》:~。(1239上)

㡡 huāng 設色之工匠,治絲練者。《說文·巾部》:"㡡,設色之工,治絲練者。……讀若荒。"《周禮·冬官考工記·總敘》:設色之工:畫、繢、鍾、筐、~。(0906中)

【㡡氏】漂治生絲生帛的工匠。《周禮·冬官考工記·㡡氏》:~,湅絲。(0919上)

幅 fú ❶布帛的寬度。古代布帛幅寬二尺二寸。《說文・巾部》："幅,布帛廣也。"《漢書・食貨志下》："布帛廣二尺二寸。"《儀禮・士冠禮》：緇纚廣終～,長六尺。(0950下)《禮記・王制》：布帛精麤不中數、～廣狹不中量,不粥於市。(1344上)❷布帛的邊幅。賈公彥《疏》："'衰,外削幅'者,謂縫之邊幅向外；'裳,内削幅'者,亦謂縫之邊幅向内。"《儀禮・喪服》：凡衰,外削～；裳,内削～。(1125上)

幄 wò 帳篷。鄭玄《注》："四合象宫室曰幄,王所居之帷也。"《周禮・天官・幕人》：掌帷、幕、～、帟、綬之事。凡朝覲、會同、軍旅、田役、祭祀,共其帷、幕、～、帟、綬。(0676中)

幕 mù ❶以布帛做成的懸空平遮在上面的帷幔。鄭玄《注》："在旁曰帷,在上曰幕。……帷、幕皆以布爲之。"《周禮・天官・幕人》：掌帷、～、幄、帟、綬之事。凡朝覲、會同、軍旅、田役、祭祀,共其帷、～、幄、帟、綬。(0676中)❷朝聘時陳放禮品的布墊。鄭玄《注》："布幕,以承幣。"胡培翬《正義》："張爾岐云：'此幕非在上之幕,乃布之地,以爲藉者。'今案,陳幣必先布幕以爲藉,不敢褻也。"《儀禮・聘禮》：管人布～于寢門外。(1046中)❸指覆蓋棺木的帷幕。鄭玄《注》："幕,所以覆棺上也。"《禮記・檀弓上》：布～,衛也；縿～,魯也。(1276下)

【幕人】職官名。掌管帷、幕、幄、帟、綬等事。爵下士。《周禮・天官・幕人》：～,掌帷、幕、幄、帟、綬之事。(0676中)

【幕布】做帷幕的布。用以製作明衣、明裳。鄭玄《注》："幕布,帷幕之布,升數未聞也。"《儀禮・既夕禮》：明衣裳,用～,袂屬幅,長下膝。(1158下)

幎 mì 見下。

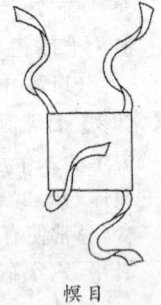
幎目

【幎目】覆蓋死者面目的巾。喪禮用品。鄭玄《注》："幎目,覆面者也。"《儀禮・士喪禮》：～,用緇,方尺二寸。(1131上)

幣 (币) bì ❶繒帛。用作祭祀、進貢、饋贈的禮物。《曲禮下》鄭玄《注》："幣,帛也。"《周禮・地官・媒氏》：凡嫁子娶妻,入～純帛,無過五兩。(0733下)《禮記・曲禮下》：玉曰嘉玉,～曰量幣。(1269上)❷泛指皮、馬、玉等。用作祭祀、進貢、饋贈的禮物。《聘禮》賈公彥《疏》："幣,享幣也。"《周禮・秋官・小行人》：合六～：圭以馬,璋以皮,璧以帛,琮以錦,琥以繡,璜以黼。此六物者,以和諸侯之好故。(0894上)《儀禮・聘禮》：宰書～,命宰夫官具。(1046中)❸官府公用節餘的財用。鄭玄《注》："幣,謂給公用之餘。"孫詒讓《正義》："幣讀爲敝。敝,餘也。"《周禮・天官・職幣》：掌式灋以斂官府、都鄙與凡用邦財者之～。(0682下)

【幣玉】帛和玉。用作祭祀的禮品。《周禮・天官・小宰》：喪荒,受其含襚～之事。(0655上)《禮記・曾子問》：斂

【幣帛】繒帛。用作祭祀、進貢、饋贈的禮物。《周禮·天官·大府》：邦縣之賦，以待～。(0677下)《禮記·曾子問》：天子、諸侯將出，必以～、皮、圭告于祖禰。(1393中)

【幣馬】用作饋贈禮品的馬匹。"六幣"中有馬，故稱。孫詒讓《正義》："吳廷華云：'校人，馬官，而言幣者，謂以馬爲幣。蓋馬爲《小行人》六幣之一，故亦稱幣，非幣帛之幣也。'"《周禮·夏官·校人》：飾～，執扑而從之。凡賓客，受其～。(0860下)

【幣貢】諸侯國所貢天子之玉、馬、皮、帛、材、貨等。爲九貢之一。鄭玄《注》："幣貢，玉、馬、皮、帛也。"《周禮·天官·大宰》：以九貢致邦國之用：一曰祀貢，二曰嬪貢，三曰器貢，四曰～，五曰材貢，六曰貨貢，七曰服貢，八曰斿貢，九曰物貢。(0648上)

【幣號】玉帛之物的名稱。爲大祝所辨六號之一。鄭玄《注》："號謂尊其美名，更爲美稱焉。……幣號若'玉云嘉玉，幣云嘉量'。"《周禮·春官·大祝》：辨六號：一曰神號，二曰鬼號，三曰示號，四曰牲號，五曰齍號，六曰～。(0809下)

【幣餘】官府支用財物之剩餘者。參見"弊餘之賦"。《周禮·天官·大府》：山澤之賦，以待喪紀；～之賦，以待賜予。(0677下)

【幣獻】諸侯朝覲所貢獻的禮物。如皮、馬、玉、帛及國珍。鄭玄《注》："諸侯朝覲所獻國珍。"《周禮·天官·內府》：凡四方之～之金玉、齒革、兵器，凡良貨賄入焉。(0679上)

【幣齎(jī)】指禮幣及行裝費用。鄭玄《注》："齎，行道之財用也。"孫詒讓《正義》："凡禮幣及行道辨裝，通爲幣齎。"《周禮·天官·外府》：凡祭祀、賓客、喪紀、會同、軍旅，共其財用之～，賜予之財用。(0679中)

【幣帛之式】賜予慰勞賓客用財的規定。爲均節財用的九式之一。鄭玄《注》："式謂用財之節度。"賈公彥《疏》："謂若贈勞賓客也。"《周禮·天官·大宰》：以九式均節財用：一曰祭祀之式，二曰賓客之式，三曰喪荒之式，四曰羞服之式，五曰工事之式，六曰～，七曰芻秣之式，八曰匪頒之式，九曰好用之式。(0648上)

【幣餘之賦】官府每年所餘財物之賦。爲九賦之一。幣餘之賦用於天子賞賜羣臣的開支。孫詒讓《正義》："幣當讀爲敝。……凡物之殘者皆謂之幣餘。今時營造用物有餘，價賣以還官，謂之回殘是也。"《周禮·天官·大府》：山澤之賦，以待喪紀；～，以待賜予。(0677下)

幠 hū 覆蓋屍體。《喪大記》孔穎達《疏》："幠，覆也。"《既夕禮》鄭玄《注》："幠，覆之爲其形露。"《儀禮·既夕禮》：商祝拂柩用功布，～用夷衾。(1147上)《禮記·喪大記》：始死，遷尸于牀。～用斂衾，去死衣。(1575下)

幦 mì 車軾上的覆蓋物。多用皮革，取其膞軟。《玉藻》鄭玄《注》："幦，覆笭也。"《既夕禮》鄭玄《注》："幦，覆笭也。以狗皮爲之，取其膞也。"《儀禮·既夕禮》：主人乘惡車，白狗～，蒲蔽。(1162上)《禮

記·玉藻》:君羔~,虎犆。大夫齊車,鹿~,豹犆,朝車。士齊車,鹿~,豹犆。(1475上)

幬 (幬)dào ❶蒙車轂的皮革。鄭玄《注》:"幬,幔轂之革也。"《周禮·冬官考工記·輪人》:望其轂,欲其眼也;進而眂之,欲其~之廉也。(0907下)❷覆蓋棺衣。爲大夫殯之儀。鄭玄《注》:"幬,覆也。"孔穎達《疏》:"謂棺衣覆之也。"《禮記·喪大記》:大夫殯以~,檳置于西序,塗不曁于棺。(1583中)

山　部

山 shān 指畫有山形圖案之蔽膝。爲夏代祭服之蔽膝。鄭玄《注》:"山,取其仁,可仰也。"《禮記·明堂位》:有虞氏服韍,夏后氏~,殷火,周龍章。(1491下)

【山川】指山河之神。《周禮·春官·小宗伯》:兆~、丘陵、墳衍,各因其方。(0766中)《儀禮·覲禮》:禮日於南門外,禮月與四瀆於北門外,禮~、丘陵於西門外。(1093下)《禮記·曲禮下》:天子祭天地,祭四方,祭~,祭五祀。(1268中)

【山林】指山林之神。《禮記·月令》:凡在天下九州之民者,無不咸獻其力,以共皇天上帝、社稷、寢廟、~、名川之祀。(1384下)

【山師】職官名。掌管各地山林的名稱、物產等,使各國貢珍異。爵中士、下士。《周禮·夏官·山師》:~,掌山林之名,辨其物與其利害,而頒之于邦國,使致其珍異之物。(0865上)

【山陵】山嶽。高者爲山,卑者爲陵。《禮記·王制》:~、林麓、川澤、溝瀆、城郭、宮室、塗巷,三分去一,其餘六十億畝。(1347下)

【山國】多山的國家。山國使節使用六符節中的虎節。鄭玄《注》:"山多虎。"《周禮·地官·掌節》:凡邦國之使節,~用虎節,土國用人節,澤國用龍節,皆金也,以英蕩輔之。(0739下)

【山尊】即山罍。盛酒的祭器。爲六尊之一。尊上刻畫有山紋雲氣。鄭玄《注》:"山尊,山罍也。……山罍亦刻而畫之爲山雲之形。"參見"山罍"。《周禮·春官·司尊彝》:其朝踐用兩大尊,其再獻用兩~,皆有罍,諸臣之所昨也。(0773中)

山尊

【山虞】職官名。掌管山林的各種政令:設置藩籬,劃分地界,使人按時伐

取木材,禁止盜伐林木等。爵中士、下士。《周禮·地官·山虞》:~,掌山林之政令,物爲之厲而爲之守禁。(0747上)

【山節】刻成山形的斗拱。天子宗廟設施之一。鄭玄《注》:"山節,刻欂盧爲山也。"孔穎達《疏》:"節名欂盧。……李巡云……則今之斗拱。"《禮記·明堂位》:~,藻梲,復廟,重檐,刮楹,達鄉,反坫,出尊,崇坫康圭,疏屏,天子之廟飾也。(1490上)

【山鎮】某一地區最大最有名,能鎮守安定一方的大山。《周禮》九州,每州皆有一山鎮:揚州爲會稽,荊州爲衡山,豫州爲華山,青州爲沂山,兗州爲岱山,雍州爲岳山,幽州爲醫無閭,冀州爲霍山,并州爲恒山。鄭玄《注》:"鎮,名山安地德者也。"孫詒讓《正義》:"此九州九山亦並當州重大之山,以鎮安地域者,故尊之曰鎮也。"《周禮·夏官·職方氏》:東南曰揚州,其~曰會稽。(0862上)

【山罍(léi)】盛酒的祭器。爲六尊之一。尊上刻畫有山紋雲氣。爲夏后氏之尊,天子祭享時所用。亦稱山尊。孔穎達《疏》:"山罍,謂夏后氏之尊,天子於追享、朝享之祭再獻所用。"《禮記·明堂位》:季夏六月,以禘禮祀周公於大廟,牲用白牡,尊用犧、象、~。(1489上)

【山玄玉】雜有斑紋的青黑色玉石。爲公侯所佩。鄭玄《注》:"玉有山玄、水蒼者,視之文色所似也。"孔穎達《疏》:"玉色似山之玄而雜有文。……尊者玉色純,公侯以下玉色漸雜,而世子及士唯論玉質,不明玉

色,則玉色不定也。"《禮記·玉藻》:天子佩白玉而玄組綬,公侯佩~而朱組綬,大夫佩水蒼玉而純組綬。(1482下)

【山澤之賦】山林川澤的賦稅。如齒角骨物羽翮之類。爲九賦之一。山澤之賦用於喪事的開支。《周禮·天官·大宰》:以九賦斂財賄:一曰邦中之賦,二曰四郊之賦,三曰邦甸之賦,四曰家削之賦,五曰邦縣之賦,六曰邦都之賦,七曰關市之賦,八曰~,九曰弊餘之賦。(0647下)

岱 dài 見下。

【岱山】即泰山。爲五嶽之首。又曰岱宗、岱嶽。古屬兗州,今屬山東。參見"岱宗"。《周禮·夏官·職方氏》:河東曰兗州,其山鎮曰~。(0862下)

【岱宗】即泰山。泰山爲五嶽之首,諸山所宗,故名。又曰岱山、岱嶽。古屬兗州,今屬山東。天子五年一巡守,二月,巡至岱宗。於其上焚柴祭天,覲諸侯,察政教,觀民情。《禮記·王制》:歲二月,東巡守,至于~,柴,而望祀山川。(1328中)

峻 jùn 指弓兩端的簫。向上隆起而有棱角,使弦綳得很緊。鄭玄《注》:"峻,謂簫也。"孫詒讓《正義》:"峻即簫上隆起而有隅棱,所以持弦使急,故欲方。"《周禮·冬官考工記·弓人》:凡爲弓,方其~而高其柎。(0936中)

崩 bēng 稱天子之死。《曲禮下》鄭玄《注》:"自上顛壞曰崩、薨、顛壞之聲。"《周禮·春官·小宗伯》:王~,大肆,以秬鬯渳。(0767下)

崇

《禮記·曲禮下》:天子死曰~,諸侯曰薨,大夫曰卒,士曰不祿,庶人曰死。(1269 中)

chóng 崇牙。旌旗的齒狀邊飾。鄭玄《注》:"崇,崇牙,旌旗飾也。"《禮記·檀弓上》:飾棺牆,置翣,設披,周也;設~,殷也;綢練設旐,夏也。(1284 中)

【崇牙】❶殷代懸掛鍾磬之類樂器的木架。架上有橫木,刻鋸齒重牙之形。孔穎達《疏》:"謂於簨之上刻畫木爲崇牙之形,以掛鍾磬。"《禮記·明堂位》:夏后氏之龍簨虡,殷之~,周之璧翣。(1491 中)❷殷代旌旗上的齒狀邊飾。孔穎達《疏》:"謂刻繒爲崇牙之形,飾旌旗之側。"《禮記·明堂位》:有虞氏之綏,夏后氏之綢練,殷之~,周之璧翣。(1492 上)

【崇丘】《詩經·小雅》篇名。爲六笙詩之一,有目無詩。《詩序》曰:"《崇丘》,萬物得其高大也。"《儀禮·鄉射禮》:歌《魚麗》,笙《由庚》;歌《南有嘉魚》,笙《~》;歌《南山有臺》,笙《由儀》。(0986 中)《燕禮》:歌《南有嘉魚》,笙《~》。(1021 中)

【崇坫(diàn)】築於室中的小高臺。用以放置玉圭。爲天子宗廟設施之一。鄭玄《注》:"崇,高也。康讀爲亢龍之亢。又爲高坫,亢所受圭,奠于上焉。"孔穎達《疏》:"崇,高也。亢,舉也。爲高坫,受賓之圭,舉於其上。"《禮記·明堂位》:山節,藻梲,復廟,重檐,刮楹,達鄉,反坫出尊,~康圭,疏屏,天子之廟飾也。(1490 上)

【崇酒】主人爲賓客的酒爵添滿酒。爲鄉飲酒之禮。胡培翬《正義》:"熊氏朋來曰:'崇,充也。添酌充滿之。'一説,"崇"爲看重或隆重之義。胡培翬《正義》:"崇酒之義説者各異。敖氏云:崇,重也,謂賓崇重己酒,不嫌其薄而飲之既也,故拜謝之。……姜氏兆錫云:此謝賓之酢爵也。崇之言隆,謂之崇酒者,謝賓酢之隆施耳。"《儀禮·鄉飲酒禮》:主人坐奠爵于序端,阼階上北面再拜,~。賓西階上荅拜。(0984 上)

【崇鼎】崇國之鼎。相傳爲周文王滅崇國所遷之鼎,是天子的重器。鄭玄《注》:"文王伐崇。古者伐國,遷其重器以分同姓。"《禮記·明堂位》:~、貫鼎、大璜、封父龜,天子之器也。(1491 上)

嶡

jué 夏代陳列祭品的木器。形似今之茶几,有四足,足間有橫檔。孔穎達《疏》:"梡、嶡兩代俎也。虞俎名梡,梡形四足如案。……夏俎名嶡,嶡亦如梡,而橫柱四足,中央如距也。"《禮記·明堂位》:爵用玉琖仍雕,加以璧散、璧角,俎用梡、~。(1489 上)

嶡俎

巂

guī 用同"規"。車輪轉一週之稱。鄭玄《注》:"巂,猶規也。謂輪轉之度"陸德明《釋文》:"車輪轉一周爲巂。一周丈九尺八寸也。"《禮記·曲禮上》:立視五~,式視馬尾,顧不過轂。(1253 中)

彳部

行 ㊀ xíng ❶指行神。主道路行走之禍福,外出遠行祭之。《祭法》鄭玄《注》:"行,主道路、行作。"《聘禮》鄭玄《注》:"大夫三祀,曰門、曰行、曰厲。喪禮有毀宗躐行,出于大門。則行神之位,在廟門外西方。"《儀禮·聘禮》:卷幣,實于笲,埋于西階東。又釋幣于~。(1047上)《禮記·祭法》:適士立二祀,曰門、曰~。(1590上)❷行走之儀。行走時與長者不並肩而行,兄長則稍斜在後(雁行),父輩就相隨在後。孔穎達《疏》:"謂老少並行,言肩臂不得併行,少者差退在後。……若兄黨爲鴈行之差錯,是父黨則隨從而爲行。"《禮記·祭義》:~,肩而不併,不錯則隨。(1599下)

【行人】職官名。掌管朝覲聘問之事。周制,官有大行人、小行人,屬秋官。《周禮·秋官·訝士》:邦有賓客,則與~送逆之。(0877下)《禮記·檀弓下》:夫差謂~儀曰:"是夫也多言,盍嘗問焉?"(1305上)

【行夫】職官名。掌傳遞諸侯國慶喜、弔喪等小事。爵下士。鄭玄《注》:"美,福慶也。惡,喪荒也。此事之小者無禮,行夫主使之。"《周禮·秋官·行夫》:~,掌邦國傳遽之小事、媺惡而無禮者。(0899中)

【行役】巡狩與徭役。賈公彥《疏》:"行謂巡狩,役謂役作。"《周禮·地官·州長》:若國作民而師田、~之事,則帥而致之。(0717下)

【行媒】往來做媒的人。古男女有別,制禮以爲大防,無媒妁溝通,男女不相通其名。孔穎達《疏》:"相知男女名者,先須媒氏行傳昏姻之意,後乃知名。"《禮記·曲禮上》:男女非有~,不相知名。(1241上)

【行不中道】行走時不走在路的中間。依禮,路中爲尊者所行之處,卑者不得行於此。孔穎達《疏》:"尊者常正路而行,卑者故不得也。男女各路,路各有中也。"《禮記·曲禮上》:爲人子者,居不主奧,坐不中席,~,立不中門。(1233下)

【行容惕惕】在道路上行走要端直而急速。爲行走之儀容。鄭玄《注》:"惕惕,直疾貌也。"孔穎達《疏》:"道路雖速疾,又不忘於直,故其容直而疾也。"《禮記·玉藻》:凡~,廟中齊齊,朝廷濟濟翔翔。(1484下)

【行不舉足,車輪曳踵】行走時不抬腳,要像車輪轉動一樣拽着腳後跟擦地而行。言執國君圭璧等器物行走時要極爲小心謹慎。鄭玄《注》:"重慎也。"孔穎達《疏》:"曳,拽也。踵,

彳部 行役征往

脚後跟也。若執器行時,則不得舉足,但起前拽後,使踵如車輪曳地而行,故云車輪曳踵。"《禮記・曲禮下》:執主器,操幣,圭、璧,則尚左手、~。(1256上)

㊁ háng　器物不堅實、不牢固。鄭玄《注》:"飾行儥慝,謂使人行賣惡物於市,巧飾之,令欺誑買者。"王引之《經義述聞・卷八》:"古人謂物脆薄曰行。"《周禮・地官・胥師》:察其僞詐、飾~、儥慝者,而誅罰之。(0737下)

【行₂司馬】職官名。其職掌闕。蓋爲掌步卒之行列。爵中士。鄭玄《注》:"行,謂軍行列。晉作六軍而有三行,取名於此。"《周禮・夏官・敘官》:~中士十有六人。(0830上)

役 yì ❶勞役之事。即徵集民衆,從事軍事、田獵、修築堤防、營造宮室以及其他勞作活動。《周禮・秋官・縣士》:若邦有大~,聚衆庶,則各掌其縣之禁令。(0877上)《禮記・少儀》:朝廷曰退,燕遊曰歸,師~曰罷。(1512中)❷役徒,服役之人。《周禮・春官・典祀》:若以時祭祀,則帥其屬而脩除,徵~于司隸而役之。(0783下)

【役車】供役之車。方箱,庶人所乘。爲五服車之一。鄭玄《注》:"役車,方箱,可載任器,以共役。"《周禮・春官・巾車》:服車五乘:孤乘夏篆,卿乘夏縵,大夫乘墨車,士乘棧車,庶人乘~。(0825上)

【役要】記錄役徒姓名、人數的簿册。鄭玄《注》:"役要,所遣民徒之數。"賈公彥《疏》:"役要,則役人簿要。"《周禮・地官・鄉師》:既役,則受州里之~,以攷司空之辟,以逆其役事。(0713下)

【役器】指甲、冑、干、笮等兵器。鄭玄《注》:"此皆師役之器。"《儀禮・既夕禮》:~,甲,冑,干,笮。(1149中)

征 zhēng　征伐。需龜卜而定的八種國家大事(八命)之一。鄭玄《注》:"征謂征伐。"《周禮・春官・大卜》:以邦事作龜之八命:一曰~,二曰象,三曰與,四曰謀,五曰果,六曰至,七曰雨,八曰瘳。(0803中)

【征布】各種稅金。指絘布(房屋稅)、總布(貨物稅)、質布(契稅)、罰布、廛布等稅款。賈公彥《疏》:"即上廛人絘布以下之布,並入泉府而藏。"《周禮・地官・泉府》:掌以市之~,斂市之不售貨之滯於民用者。(0738中)

【征役】賦稅及徭役。賈公彥《疏》:"征謂稅之,役謂徭役。"《周禮・地官・小司徒》:以辨其貴賤、老幼、廢疾,凡~之施舍,與其祭祀、飲食、喪紀之禁令。(0710下)

【征鳥】指鷹隼等猛禽。鄭玄《注》:"征鳥,題肩也。齊人謂之擊征,或名曰鷹。"孔穎達《疏》:"征鳥,謂鷹隼之屬也。謂爲征鳥,如征厲嚴猛疾捷速也。"《禮記・月令》:~厲疾。(1383下)

【征廛】貨物稅及倉儲稅。鄭玄《注》:"征廛者,貨賄之稅與所止邸舍也。關下亦有邸客舍,其出布如市之廛。"《周禮・地官・司關》:司貨賄之出入者,掌其治禁與其~。(0739上)

往 wǎng　見下。

【往日】死亡之日。喪禮，死者的殯殮期從人死的當天算起，活人爲死者服喪從人死的第二天算起。鄭玄《注》："與，猶數也。生數來日，謂成服、杖以死明日數也。死數往日，謂殯殮以死日數也。"《禮記·曲禮上》：生與來日，死與～。（1249 上）

【往體】弓弛弦時弓臂外向的體勢。孫詒讓《正義》："往體，謂弓體外撓；來體，謂弓體內向。凡弓必兼往來兩體，而後有張弛之用，但以往來之多少爲強弱之差。"《周禮·冬官考工記·弓人》：～多，來體寡，謂之夾臾之屬，利射侯與弋。～寡，來體多，謂之王弓之屬，利射革與質。～來體若一，謂之唐弓之屬，利射深。（0937 上）

待 dài 見下。

【待獲】行射禮時，待射中目標，則舉旗唱獲。鄭玄《注》："待獲，待射者中，舉旌以獲。"《周禮·夏官·服不氏》：射則贊張侯，以旌居乏而～。（0846 中）

徇 xùn 見下。

【徇罰】遊街示衆的處罰。爲市刑之中等刑罰。孫詒讓《正義》："謂列其所犯，楬著其身，使周行市廛，以示衆爲戒也。"《周禮·地官·司市》：市刑，小刑憲罰，中刑～，大刑扑罰。（0735 中）

衍 ㈠ yǎn 低而平的土地。鄭玄《注》："水崖曰墳，下平曰衍。"《周禮·地官·大司徒》：辨其山林、川澤、丘陵、墳、原隰之名物。（0702 上）

㈡ yán 見下。

【衍₂祭】主人引導客人行食前祭禮。爲九食祭之一。鄭玄《注》："九祭，皆謂祭食者。……衍字當爲延。……主人延客祭是也。"又有三說：先鄭以爲即羨祭，道中以食祭無主之鬼，"衍祭羨之道中，如今祭殤，無所主命。"李光坡釋衍爲酳，謂飲酒之祭。夏炘謂以勺舀羮祭，衍同抯。孫詒讓以爲鄭玄說較妥。《周禮·春官·大祝》：辨九祭：一曰命祭，二曰～，三曰炮祭，四曰周祭，五曰振祭，六曰擩祭，七曰絕祭，八曰繚祭，九曰共祭。（0810 上）

律 lǜ ❶指十二律中的陽聲。即黃鍾、大蔟、姑洗、蕤賓、夷則、無射。《周禮·春官·大師》：掌六～、六同，以合陰陽之聲。（0795 中）《禮記·禮運》：五聲、六～、十二管，還相爲宮也。（1423 上）❷古人按音節高低分爲十二律，即六律、六同（六呂）。六律爲陽聲，六同爲陰聲。《周禮·春官·典同》：凡爲樂器，以十有二～爲之數度。（0798 中）《禮記·樂記》：～小大之稱，比終始之序，以象事行。（1535 中）❸確定標準音高的銅管或竹管。或指用作測定季節變化的儀器。《月令》鄭玄《注》："律，候氣之管，以銅爲之。"孔穎達《疏》："司農注《周禮》云：陽律以竹爲管，陰律以銅爲管，鄭康成則以皆用銅爲之。"《大司馬》賈公彥《疏》："律所以聽軍聲。"《周禮·夏官·大司馬》：若師有功，則左執～，右秉鉞，以先愷樂獻于社。（0839 中）《禮記·月令》：孟春之月，……其音角，～中大蔟。（1354

上）

【後】（后）hòu 指承繼宗廟祭祀之人。即嫡子、嫡孫。《喪服》賈公彥《疏》："爲父後者，謂父没適子承重。"《喪服小記》鄭玄《注》："適子正體於上，當祭祀也。"《儀禮・喪服》：出妻之子爲父〜者，則爲出母無服。（1104下）《禮記・喪服小記》：爲父〜者，爲出母無服。（1502下）

【後路】貳車，副車。鄭玄《注》："後路，貳車。貳車行在後也。"《禮記・雜記上》：諸侯相襚，以〜與冕服，先路與褒衣不以襚。（1555上）

【後右手】右手在後。爲婦人駕車，御者要左手在前執轡，右手在後以避嫌；爲國君駕車，要右手在前執轡，左手在後並微俯身以示敬。孔穎達《疏》："僕在中央，婦人在左。僕御之時進左手持轡，所以爾者，形微相背也。……若進右手，則近相嚮，相嚮則生嫌，故後右手，遠嫌也。……禮以相嚮爲敬，故進右手。"《禮記・曲禮上》：僕御婦人，則進左手，〜。御國君，則進右手，後左手而俯。（1253中）

【徒】tú ❶官府中供役使的人。鄭玄《注》："此民給徭役者。"《周禮・天官・敘官》：甸師下士二人，府一人，史二人，胥三十人，〜三百人。（0641上）❷在朝奔走供官人召呼使役之事。爲宰夫所辨八職之一。賈公彥《疏》："爲在朝趨走供給官人召呼使役之事也。"《周禮・天官・宰夫》：辨其八職：……八曰〜，掌官令以徵令。（0655下）❸步卒。《周禮・夏官・大司馬》：乃鼓，車馳〜走，及表乃止，鼓戒三闋，車三發，〜

三刺。（0838下）

【徒行】徒步行走。古養老之禮，大夫士之老者出行要有車，不能徒步行走。孫希旦《集解》："不徒行，出必乘車也。"《禮記・王制》：君子耆老不〜，庶人耆老不徒食。（1347中）

【徒役】服役的民眾。賈公彥《疏》："謂起民徒役作之。"《周禮・地官・小司徒》：凡起〜，毋過家一人。（0711下）

【徒食】祇有飯而無肉。六穀爲食，六牲爲膳，無肉即徒食。養老之禮，庶人之老者要食有肉。孫希旦《集解》："不徒食，食必宿肉也。"《禮記・王制》：君子耆老不徒行，庶人耆老不〜。（1347中）

【徒從】與死者無親屬關係，從其支黨爲死者服喪。如臣爲君之黨，妻爲夫之君，妾爲女君之黨等。爲喪禮六從服之一。孔穎達《疏》："徒，空也。與彼無親，空服彼之支黨。"《禮記・大傳》：從服有六：有屬從，有〜，有從有服而無服，有從無服而有服，有從重而輕，有從輕而重。（1507下）

【徒跣】赤脚不穿鞋。喪禮，親始死未成喪服之前，無喪屨可穿，故赤脚。《禮記・喪大記》：凡主人之出也，〜，扱衽，拊心，降自西階。（1573中）

【徒坐不盡席尺】無事閒坐時，席前要空出一尺而不要坐在席邊。以示謙而無所求。孔穎達《疏》："空坐，謂非飲食及講問時也。不盡席之前畔有餘一尺，示無所求於前，不忘謙也。"《禮記・玉藻》：〜。（1475下）

【徑】（径）jìng 田間小溝上的小路。可容牛馬。依禮，送喪不走小路。《遂人》鄭玄《注》："徑容牛馬。"《周禮·地官·遂人》：凡治野，夫間有遂，遂上有～。(0740下)《禮記·曲禮上》：送喪不由～。(1249中)

術 （术）suì ❶用同"遂"。小溝。鄭玄《注》："術，《周禮》作遂。……遂，小溝也。"《禮記·月令》：王命布農事，命田舍東郊，皆脩封疆，審端經～。(1356下)❷用同"遂"。行政區劃名。距王城百里外至二百里之内，有居民一萬二千五百户。鄭玄《注》："術，當爲遂，聲之誤也。……萬二千五百家爲遂。……遂在遠郊之外。"《禮記·學記》：古之教者，家有塾，黨有庠，～有序，國有學。(1521中)

徙 xǐ 見下。

【徙市】移市。天子、諸侯喪，庶人爲示哀悼不外出交易求利，因移市於巷中以供急需，謂之徙市，亦稱巷市。天子巷市七日，諸侯三日。鄭玄《注》："徙市者，庶人之喪禮。"《禮記·檀弓下》："～則奚若？"曰："天子崩，巷市七日；諸侯薨，巷市三日。爲之～，不亦可乎！"(1317上)

【徙善遠罪】趨向善良，遠離罪惡。儒家認爲這是禮的教化作用。今爲成語。《禮記·經解》：故禮之教化也微，其止邪也於未形，使人日～而不自知也。(1610下)

從 （从）㊀ cóng 指吉兆。吉兆爲可聽從的卜筮結果。鄭玄《注》："從，猶吉也。"《儀禮·士喪禮》：東面旅占，卒，進告于命筮者與主人："占之曰～。"(1143上)

【從父】父親的兄弟。即伯父、叔父。從父不單用，祇在區别兄弟派系時使用，如從父昆弟。《爾雅·釋親》："兄之子、弟之子，相謂爲從父昆弟。"《周禮·地官·調人》：凡和難，父之讎辟諸海外，兄弟之讎辟諸千里之外，～兄弟之讎不同國。(0732中)《儀禮·喪服》：～昆弟、姪之下殤。(1119下)《禮記·檀弓上》：請問居～昆弟之仇，如之何？(1284下)

【從母】母親的姊妹。今稱姨。《喪服》鄭玄《注》："從母，母之姊妹。"《儀禮·喪服》：～，丈夫婦人，報。(1118中)《禮記·檀弓上》：～之夫，舅之妻，二夫人相爲服。(1289上)

【從車】跟從之車。即卿大夫隨王出行所乘之車。孫詒讓《正義》："姜兆錫云：'從車，即《道右》職從王之車。'莊存與云：'卿大夫從王乘公車。'案：姜、莊説是也。王安石、王昭禹、李光坡並釋從車爲屬車，義亦略同。"一説，鄭玄《注》："從車，戎路、田路之副也。"《周禮·夏官·馭夫》：掌馭貳車、～、使車。(0858中)

【從服】與死者無直接關係，但隨與死者有直接關係的人而服喪，稱從服。爲服喪六原則之一。從服主要有兩類：一曰屬從，即與死者有間接親屬關係，如夫爲妻之父母，妻爲夫之黨，子爲母之黨等；屬從所從者雖亡亦服。二曰徒從，即與死者無親屬關係，如臣爲君之黨，妻爲夫之君，妾爲女君之黨等；徒從所從者亡則不服。《儀禮·喪服》：爲君之父、母、妻、長子、祖父母。《傳》曰：何以期也？……也。……婦爲舅姑。《傳》曰：何以期也？～也。(1109上、中)《禮記·大傳》：服術有六：一曰親親，二曰尊尊，三曰名,四曰出入,五曰長幼,六曰~。~有六:有屬從,有徒從,有從有服而無服,有從無服而有服,有從重而輕,有從輕而重。(1507下)

【從政】服從為政者之令。指服徭役。養老之禮,九十歲者,全家可以不服徭役;八十歲者,可以一個兒子不服徭役("八十者,一子不從政;九十者,其家不從政");殘疾無人照顧不能生活者,家中可以一人不服徭役("廢疾非人不養者,一人不從政")。喪禮,服三年之喪者,大祥祭之後開始服徭役;服齊衰一年喪者,卒哭祭之後開始服徭役。鄭玄《注》:"從政,從為政者教令,謂給徭役。"《禮記‧雜記下》:三年之喪,祥而~。期之喪,卒哭而~。(1563下)

【從祖】即從祖父。父親的堂兄弟。即堂伯父、堂叔父。《爾雅‧釋親》:"父之從父昆弟為從祖父。"參見"從祖父"。《儀禮‧喪服》:從祖祖父母、~父母,報。(1118中)《禮記‧雜記下》:與~昆弟同名,則諱。(1564上)

【從人者】順從人的人。指婦人。因其幼年時順從父兄,出嫁後順從丈夫,丈夫死後順從兒子,故稱。《禮記‧郊特牲》:婦人,~也:幼從父兄,嫁從夫,夫死從子。(1456下)

【從祖父】父親的堂兄弟。即堂伯父、堂叔父。亦稱從祖。《爾雅‧釋親》:"父之從父昆弟為從祖父。"《儀禮‧喪服》:~、從祖昆弟之長殤。(1119下)

【從祖姑】父親的堂姊妹。即堂姑。《爾雅‧釋親》:"父之從父姊妹為從祖姑。"清郝懿行《爾雅義疏》:"父之從父姊妹為從祖姑,其義與父之從父昆弟為從祖父同。"《儀禮‧喪服》:~姊妹適人者,報。(1119下)

【從父兄弟】父親兄弟之子。即伯父、叔父之子。參見"從父昆弟"。《周禮‧地官‧調人》:君之讎眂父,師長之讎眂兄弟,主友之讎眂~。(0732中)

【從父姊妹】父親的兄弟之女。即伯父、叔父的女兒。即堂姐妹。鄭玄《注》:"父之昆弟之女。"《儀禮‧喪服》:~。(1118中)

【從父昆弟】父親兄弟之子。即伯父、叔父之子。《喪服》鄭玄《注》:"世父、叔父之子也。"《爾雅‧釋親》:"兄之子、弟之子,相謂為從父昆弟。"《儀禮‧喪服》:~。(1112上)《禮記‧雜記下》:~以下,既卒哭,遺人可也。(1563上)

【從母昆弟】母之姐妹之子。即姨表兄弟。《爾雅‧釋親》:"從母之男子為從母昆弟。"《儀禮‧喪服》:~。《傳》曰:何以期也?以名服也。(1120上)

【從祖父母】父親的堂兄弟及堂兄弟之妻。《爾雅‧釋親》:"父之從父晜弟為從祖父。……父之從父晜弟之妻為從祖母。"《儀禮‧喪服》:從祖父母、~,報。(1118中)

【從祖昆弟】同曾祖的兄弟。《喪服》鄭玄《注》:"父之從父昆弟之子。"《雜記下》孔穎達《疏》:"從祖昆弟,共同曾祖之親。"《儀禮‧喪服》:~。(1118中)《禮記‧雜記下》:與~同名,則諱。(1564上)

【從重而輕】所隨從者服重,而從服者服輕。爲喪禮六從服之一。如妻爲其父母服齊衰期之喪,服重;夫從妻僅服緦麻三月,服輕。鄭玄《注》:"夫爲妻之父母。"孔穎達《疏》:"妻自爲其父母期,爲重;夫從妻服之三月,爲輕,是從重而輕也。"《禮記·大傳》:從服有六:有屬從,有徒從,有從有服而無服,有從無服而有服,有～,有從輕而重。(1507下)

【從輕而重】所隨從者服輕,而從服者服重。爲喪禮六從服之一。如公子因君而降,僅爲其母服練冠,服輕;而其妻則爲婆母服齊衰期,服重。鄭玄《注》:"公子之妻爲其皇姑。"孔穎達《疏》:"公子爲君所厭,自爲其母練冠,是輕。其妻猶服期,是從輕而重也。"《禮記·大傳》:從服有六:有屬從,有徒從,有從有服而無服,有從無服而有服,有從重而輕,有～。(1507下)

【從祖祖父母】父親的堂伯父母、堂叔父母。《爾雅·釋親》:"父之世父、叔父爲從祖祖父,父之世母、叔母爲從祖祖母。"《儀禮·喪服》:～、從祖父母,報。(1118中)

【從有服而無服】所隨從者有服,而從服者無服。爲喪禮六從服之一。如公子之妻爲其父母服齊衰期,公子因君而降,不得從服。鄭玄《注》:"公子爲其妻之父母。"孔穎達《疏》:"其妻爲本生父母期,而公子爲君所厭,不得服從,是妻猶服而公子無服,是從有服而無服。"《禮記·大傳》:從服有六:有屬從,有徒從,有～,有從無服而有服,有從重而輕,有從輕而重。(1507下)

【從無服而有服】所隨從者無服,而從服者有服。爲喪禮六從服之一。如公子因君而降,不得爲自己的外親服喪,而其妻仍然服之。鄭玄《注》:"公子之妻爲公子之外兄弟。"孔穎達《疏》:"公子被君厭,爲己外親無服,而妻猶服之,是從無服而有服也。"《禮記·大傳》:從服有六:有屬從,有徒從,有從有服而無服,有～,有從重而輕,有從輕而重。(1507下)

㈡ zòng "縱"的古字。自隆起的劍脊向下至劍刃的部分。鄭玄《注》引鄭司農云:"謂劍脊兩面殺趨鍔。"孫詒讓《正義》:"凡劍,自脊以下,殺之漸薄,以趨於刃。"《周禮·冬官考工記·桃氏》:臘廣二寸有半寸,兩～半之。(0915下)

御 yù ❶駕馭車馬。僕爲婦人駕車,要左手在前執轡,右手在後以避嫌;爲國君駕車,要右手在前執轡,左手在後並微俯身以示敬。《周禮·冬官考工記·輈人》:終歲～,衣衽不敝。(0914中)《儀禮·士昏禮》:壻～婦車,授綏,姆辭不受。(0966中)《禮記·曲禮上》:僕～婦人,則進左手,後右手。～國君,則進右手,後左手而俯。(1253中) ❷侍寢。羣妃御王有一定之法,卑者在先,尊者在後。《内則》鄭玄《注》:"此御,謂侍夜勤息也。"《九嬪》鄭玄《注》:"卑者宜先,尊者宜後。女御八十一人當九夕,世婦二十七人當三夕,九嬪九人當一夕,三夫人當一夕,后當一夕,亦十五日而徧。"《周禮·天官·九嬪》:掌婦學之灋,以教九御婦德、婦言、婦容、婦功,各帥其屬而以時～敍于王所。(0687中)《禮記·內則》：故妾雖老，年未滿五十，必與五日之～。（1468 下）❸駕馭之術。爲六藝之一。《周禮·地官·大司徒》：三曰六藝，禮、樂、射、～、書、數。（0707 中）《禮記·內則》：成童，舞《象》，學射～。（1471 中）❹勸人吃飯、喝酒。鄭玄《注》："勸侑曰御。"《禮記·曲禮上》：～食於君。（1243 中）❺御者，駕馭車馬的人。爲憑藉技藝事奉君王的七種人之一。鄭玄《注》："言技，謂此七者。"《禮記·王制》：凡執技以事上者，祝、史、射、～、醫、卜及百工。（1343 中）❻侍候，陪侍。鄭玄《注》："御，侍也。"《禮記·月令》：反，執爵于大寢，三公、九卿、諸侯、大夫皆～，命曰勞酒。（1356 中）

【御人】侍妾。鄭玄《注》："嬖御人，愛妾也。"《禮記·緇衣》：毋以小謀敗大作，毋以嬖～疾莊后，毋以嬖御士疾莊士、大夫、卿士。（1649 上）

【御士】侍臣。鄭玄《注》："嬖御士，愛臣也。"《禮記·緇衣》：毋以小謀敗大作，毋以嬖御人疾莊后，毋以嬖～疾莊士、大夫、卿士。（1649 上）

【御史】職官名。掌管邦國、都鄙及萬民之治令文件、檔案典籍，並協助記事及起草文件。爵中士。《周禮·春官·御史》：～，掌邦國、都鄙及萬民之治令，以贊冢宰。（0822 下）

【御妻】宮中女官。位在世婦之下。亦爲天子之妾。孫希旦《集解》："愚謂御妻，《周禮》之女御也。"《禮記·昏義》：古者天子后立六宮、三夫人、九嬪、二十七世婦、八十一～。（1681 下）

【御柩】指麾輓引柩車。使車不傾覆。喪禮，御君柩用羽葆，大夫用茅，士用大功布。《既夕禮》鄭玄《注》："居柩車之前，若道有低仰傾虧，則以布爲抑揚左右之節，使引者執披者知之。"《儀禮·既夕禮》：商祝執功布以～。（1154 下）《禮記·雜記下》：大夫之喪，其升正柩也，執引者三百人，執鐸者左右各四人，～以茅。（1566 下）

【御食】陪同進食。依禮，父亡母在，長子要陪母親吃飯。鄭玄《注》："謂長子侍母食也。侍食者不餕，其婦猶皆餕也。"《禮記·內則》：父沒母存，冢子～，羣子、婦佐餕如初。（1462 中）

【御棺】指麾輓引柩車。使車不傾覆。喪禮，君御棺用羽葆，大夫用茅，士用大功布。孔穎達《疏》："居前以指麾爲節度也。"參見"御柩"。《禮記·喪大記》：君葬用輴，四綍，二碑，～用羽葆。（1584 下）

【御僕】職官名。掌管羣吏、庶民的奏告、弔勞等事務。爵下士。《周禮·夏官·御僕》：～，掌羣吏之逆及庶民之復，與其弔勞。（0852 下）

【御瞽】指樂工。因其事奉於君王之側，故稱。鄭玄《注》："瞽，樂人也。"孔穎達《疏》："御者，侍也。以瞽人侍側，故云御瞽。"《禮記·玉藻》：～幾聲之上下。（1474 上）

【御匶（jiù）】指麾輓引柩車。使車不傾覆。喪禮，御君柩用羽葆，大夫用茅，士用大功布。鄭玄《注》引鄭司農云："翿，羽葆幢也。《爾雅》曰：'纛，翳也。'以指麾輓柩之役，正其行列進退。"賈公彥《疏》："謂在路恐有傾覆，故與匠師御正其柩。"《周禮·地官·

鄉師》:及葬,執纛以與匠師～而治役。(0714上)

【御庶子】在路鼓旁值勤宿衛王宮的人。鄭玄《注》:"御僕、御庶子,直事鼓所者。"孫詒讓《正義》:"云御者,蓋宿衛王宮。……《宮伯》之士庶子,乃卿大夫士子弟入宿衛者,因給事於宮中,即更迭侍御於王,故謂之御庶子。路鼓在王大寢之門外,正宿衛八次所在。御庶子與御僕同直事鼓所,即宿衛路門。"《周禮·夏官·太僕》:以待達窮者與遽令,聞鼓聲則速逆御僕與～。(0851下)

復 (复) fù ❶人始死稱招喚死者魂魄歸來爲復。復,天子不呼名,諸侯呼字;男子呼名,女子呼字。人死先哭而後復,復後再辦喪事。賓客死在國外,死於公館則復,死於私館不復。《曲禮下》鄭玄《注》:"始死時呼魂辭也。不呼名,臣不名君也。諸侯呼字。"《士喪禮》鄭玄《注》:"復者,有司招魂復魄也。"胡培翬《正義》:"人始死,魂氣猶存,故孝子欲招之使復附於魄以生,是以有復之事,故解復爲招魂復魄也。"詳見《禮記·喪大記》。《周禮·天官·夏采》:掌大喪以冕服～于大祖,以乘車建綏,復於四郊。(0694下)《儀禮·士喪禮》:～者一人,以爵弁服,簪裳于衣,左何之,扱領于帶。升自前東榮,中屋,北面招以衣,曰:"皐,某～。"(1128下)《禮記·曲禮下》:～,曰"天子～矣"。(1260下) ❷奏請,彙報。鄭玄《注》:"鄭司農云:'復,請也。'……玄謂復之言報也,反也。反報於王,謂於朝廷奏事。"《周禮·天官·宰夫》:以待賓客之令,諸臣之

～,萬民之逆。(0655中)

【復衣】招魂用的衣服。復衣不給死者穿,不能用來殮屍。鄭玄《注》:"復者,庶其生也。若以其衣襲殮,是用生施死,於義相反。"詳見"復衣服"。《禮記·喪大記》:～不以衣尸,不以殮。(1572中)

【復逆】奏事,上書。鄭司農云:"復謂奏事也,逆謂受下奏。"賈公彥《疏》:"按《宰夫》職云:'諸臣之復,萬民之逆。'……玄謂'復之言報也,反也,反報於王,謂朝廷奏事,自下而上曰逆,逆謂上書。"孫詒讓《正義》:"全文復逆之文四見,並爲告請之義。先鄭復字説解不誤,而訓逆爲迎受則非,當據後鄭《宰夫》注正之。"《周禮·夏官·太僕》:掌諸侯之～。(0851中)

【復廟】重屋,雙層結構的宗廟。爲天子宗廟之形式。鄭玄《注》:"復廟,重屋也。"《禮記·明堂位》:山節,藻梲,～,重檐,刮楹,達鄉,反坫,出尊,崇坫康圭,疏屏,天子之廟飾也。(1490上)

【復衣服】招魂所用的衣服。爲國君招魂用袞服,夫人用屈狄。大夫用玄赬,世婦用襢衣,士用爵弁服,士妻用稅衣。賈公彥《疏》:"復衣服,謂始死招魂復魄之服。"《周禮·春官·司服》:大喪,共其～、斂衣服、奠衣服、廞衣服,皆掌其陳序。(0783下)

【復衣裳】招魂所用的衣裳。詳見"復衣服"。《周禮·天官·玉府》:大喪,共含玉、～、角枕、角柶。(0678中)

微 wēi 見下。

【微情】節制內心悲痛之情。喪禮原

則之一是"不以死傷生",因此制定了一系列的禮儀,如三日而食,哭踊有數,來節制生者之哀情。鄭玄《注》:"節哭踊。"孔穎達《疏》:"微,殺也。言若賢者喪親,必致滅性,故制使三日而食,哭踊有數,以殺其内情,使之俯就也。"《禮記·檀弓下》:子游曰:"禮有～者,有以故興物者。"(1304中)

【微諫不倦】委婉地勸諫而不停止。父母有了過錯,不能不聞不問,也不能聲色俱厲犯顏直説,而要委婉地予以勸説,直到改正爲止。爲儒家孝道之一。鄭玄《注》:"子於父母尚和順,不用鄂鄂。《論語》曰:'事父母幾諫,見志不從,又敬不違。'《内則》曰:'父母有過,下氣怡色,柔聲以諫。諫若不入,起敬起孝,説則復諫。'此所謂不倦。"《禮記·坊記》:從命不忿,～,勞而不怨,可謂孝矣。(1620中)

徯 xī 見下。

【徯徑】小路。徯,用同"蹊"。鄭玄《注》:"徯徑,禽獸之道也。"《禮記·月令》:固封疆,備邊竟,完要塞,謹關梁,塞～。(1381下)

徬 bàng

在車轅外拉車的牛。鄭玄《注》:"牽徬,在轅外輓牛也。人御之,居其前曰牽,居其旁曰徬。"孫詒讓《正義》:"《説文·車部》云:'輓,引車也。'謂在轅外引車之牛。"參見"牽徬"。《周禮·地官·牛人》:凡會同、軍旅、行役,共其兵車之牛與其牽～,以載公任器。(0724中)

衡 (銜) xián 見下。

【衘枚】口中横銜枚,以防喧嘩。枚形如筷子,兩端有帶,可繫於頸上。《大司馬》鄭玄《注》:"枚如箸,銜之,有繣結項中。軍法止語,爲相疑惑也。"《雜記下》孔穎達《疏》:"謂執綍之人口皆銜枚,止喧囂也。"《周禮·夏官·大司馬》:遂鼓行,徒～而進。(0839上)《禮記·雜記下》:升正柩,諸侯執綍五百人,四綍,皆～。(1566下)

【衘枚氏】職官名。掌禁止喧嘩。爵下士。《周禮·秋官·銜枚氏》:～,掌司嘂。(0889下)

德 dé

❶道德,品德。即人對待自然、社會所持的原則。西周初年已確定德的倫理範疇,大司徒以"知、仁、聖、義、忠、和"六德教化萬民。儒家之德被確立爲最基本的四種品德——仁、義、禮、智,以及爲達到這種道德目標而須具有的品性,即孝悌、忠恕、温、良、恭、儉、讓等。此外還有各種具體之德,如《周禮·春官·大司樂》中的六樂德:中、和、祇、庸、孝、友,等等。《少儀》鄭玄《注》:"德,三德也。一曰至德,二曰敏德,三曰孝德。"《周禮·地官·大司徒》:一曰六～:知、仁、聖、義、忠、和。(0707中)《儀禮·士冠禮》:令月吉日,始加元服。棄爾幼志,順爾成～。(0957中)《禮記·少儀》:士依於～,游於藝。工依於法,游於説。(1512下)❷五行説指一種相生相克循環不息,能主宰天道人事的天然力量。《禮記·月令》:先立春三日,大史謁之天子曰:"某日立春,盛～在木。"(1355下)

【德車】指帝王所乘五路中的玉、金、象、木四種乘車。鄭玄《注》:"德車,乘車。"孔穎達《疏》:"德車,謂玉路、金路、象路、木路。四路不用兵,故曰德車。德美在內,不尚赫奕,故結纏其旒,著於竿也。"《禮記·曲禮上》:武車綏旌,~結旌。(1250上)

【德音】合於道德之音。即正樂。儒家認為"德音"對人有積極教育意義,使人奮發向上。與"溺音"相對。鄭玄《注》:"此有德之音,所謂樂也。"《禮記·樂記》:天下大定,然後正六律,和五聲,弦歌詩頌,此之謂~,~之謂樂。(1540中)

徵 (㊀征) ㊀ zhēng 見下。

【徵比】徵召、考校之事。鄭玄《注》:"徵,徵召也。比,案比。"《周禮·地官·縣正》:各掌其縣之政令~,以頒田里,以分職事,掌其治訟,趨其稼事而賞罰之。(0742下)

【徵令】❶徵召及施令。賈公彥《疏》:"宜備王之所徵召及施令。"《周禮·天官·宰夫》:掌百官府之~,辨其八職。(0655上)❷徵斂賦稅之法令。《周禮·地官·閭胥》:各掌其閭之~,以歲時各數其閭之眾寡,辨其施舍。(0719中)

【徵價(yù)】徵召買主。司市依照量度標明貨物的價格,以招徠顧客。鄭玄《注》:"徵,召也。價,買也。物有定價,則買者來也。"《周禮·地官·司市》:以商賈阜貨而行布,以量度成賈而~,以質劑結信而止訟。(0734上)

㊁ zhǐ 古五聲音階之一。《周禮·春官·大師》:皆文之以五聲:宮、商、角、~、羽。(0795中)《禮記·玉藻》:古之君子必佩玉,右~、角,左宮、羽。(1482中)

衝 (冲) chōng 見下。

【衝牙】佩玉部件之一。懸於玉中央下端,其旁有雙璜,動則擊璜以發聲。因所觸之玉形似牙,故曰衝牙。鄭玄《注》:"居中央以前後觸也。"孔穎達《疏》:"凡佩玉,必上繫於衝,下垂三道,穿以蠙珠,下端前後以縣於璜。中央下端縣以衝牙,動則衝牙前後觸璜而為聲。所觸之玉,其形似牙,故曰衝牙。"《禮記·玉藻》:佩玉有~。(1482下)

徹 (彻) chè ❶祭奠或宴會結束時,撤去食物。撤食時亦奏樂歌詩。《樂師》鄭玄《注》:"徹者,歌《雍》。"《周禮·天官·膳夫》:卒食,以樂~于造。(0660上)《周禮·春官·樂師》:詔及徹,帥學士而歌~。(0794上)❷軌轍。即車輪之間的距離。四馬之車轍寬八尺,牛車轍寬六尺。孫詒讓《正義》:"徹即軌也。《匠人》注云:'軌廣八尺者,謂馴馬車徹也。'依此文,則大車(牛車)軌狹於彼二尺。"《周禮·冬官考工記·車人》:~廣六尺,鬲長六尺。(0934中)

【徹帷】撩起帷帳。人初死未襲殮,恐人惡之,故設帷帳。小殮之後,死者衣物具備,故可撤帷。《士喪禮》賈公彥《疏》:"謂褰帷而上,非謂全徹去。"《儀禮·士喪禮》:君使人弔,~。(1129中)《禮記·檀弓上》:曾子曰:"尸未設飾,故帷堂,小斂而~。"(1291中)

【徹縣】撤去懸掛的樂器。君、大夫遇災、患疾則撤縣,表示與民同甘苦,不敢貪圖逸樂。孔穎達《疏》:"徹亦去

也。無災變,則不去樂也。"《禮記·曲禮下》:君無故玉不去身,大夫無故不~,士無故不徹琴瑟。(1259下)

【徹重席】撤去席上的加席。依禮,客爲公設三重席,爲大夫設兩重席。主人爲尊客設多重席,客自撤重席,示謙不敢當。鄭玄《注》:"去重席,謙也。"孔穎達《疏》:"《禮器》云:'諸侯三重,大夫再重。'又鄉飲酒之禮,公三重,大夫再重,是尊者多,卑者少。故主人爲客設多重席,客謙而自徹也。"《禮記·曲禮上》:客~,主人固辭。(1239下)

衡 héng ❶車轅前端駕馬的橫木。兩旁繫軛以夾持馬頸。《既夕禮》胡培翬《正義》:"敖氏云:'衡,輈端橫木,以駕馬者。'"《輈人》鄭玄《注》:"衡任者,謂兩軛之間也。"《周禮·冬官考工記·輈人》:~任者,五分其長,以其一爲之圍。(0913中)《儀禮·既夕禮》:縷轡、貝勒縣于~。(1163中)❷職官名。掌管川林。賈公彦《疏》:"案《地官》,掌山澤者謂之虞,掌川林者謂之衡。"參見"虞衡"。《周禮·天官·大宰》:一曰三農,生九穀;二曰園圃,毓草木;三曰虞~,作山澤之材。(0647上)❸髮簪。使冠冕固定於髮上。鄭玄《注》:"衡,維持冠者。"《周禮·天官·追師》:爲副、編、次,追~、笄,爲九嬪及外内命婦之首服。(0693上)❹鍾頂的平處。孫詒讓《正義》:"戴震云:'衡者,鍾頂平處。'程瑤田云:'甬末正平,故謂之衡。'"《周禮·冬官考工記·鳧氏》:兩欒謂之銑,銑間謂之于,于上謂之鼓,鼓上謂之鉦,鉦上謂之舞,舞上謂之甬,甬上謂之~。(0916上)

❺眉。亦指眉目之間的位置。鄭玄《注》引鄭司農云:"衡,謂麋衡也。"賈公彦《疏》:"麋,即眉也。"《周禮·冬官考工記·梓人》:凡試梓,飲器鄉~而實不盡,梓師罪之。(0925下)❻打水的桔橰上起杠桿作用的橫木。鄭玄《注》:"橫奉之,令左昂右低,如有首尾然。橋,井上桔橰,衡上低昂。"《禮記·曲禮上》:奉席如橋~,請席何鄉,請衽何趾。(1239中)❼用同"珩"。珮玉上部的橫杠,用以繫璜和衝牙。鄭玄《注》:"衡,佩玉之衡也。"《禮記·玉藻》:一命緼韍幽~,再命赤韍幽~,三命赤韍葱~。(1481上)❽用同"桁"。葬具。置放隨葬物的木架子。鄭玄《注》:"此謂葬時藏物也。衡當爲桁,所以庪甕甒之屬,聲之誤也。"孔穎達《疏》:"衡者,以大木爲桁,置於地,所以庪舉於甕甒之屬。"《禮記·雜記上》:甕、甒、筲、~,寶見間,而后折入。(1555下)❾下棺入穴時用的橫木。諸侯下棺,爲防棺柩傾斜,以木貫於棺束間,下棺時視此木横而平,故名此木爲衡。孫希旦《集解》:"諸侯禮大物多棺重,恐棺不正,別以大木爲衡,貫穿棺束之緘,平持而下,備傾頓也。"《禮記·喪大記》:君封以~,大夫、士以咸。(1585上)❿秤。鄭玄《注》:"衡,稱也。"《禮記·經解》:禮之於正國也,猶~之於輕重也,繩墨之於曲直也,規矩之於方圜也。(1610中)

【衡山】五嶽中的南嶽。一名岣嶁山,又名霍山。位於湖南中部(古荆州地),有七十二峰,以祝融、天柱、芙蓉、紫蓋、石廩五峰爲最著。相傳舜南巡、禹治水都到過這裏。歷代帝王大都於此山祀典。《周禮·夏官·職方氏》：正南曰荆州，其山鎮曰～。(0862中)《禮記·王制》：自江至於～，千里而遥。(1347下)

【衡石】泛指稱重量的器物。衡，秤；石，重量單位，一百二十斤。《禮記·月令》：日夜分，則同度、量，鈞～，角斗、甬，正權、概。(1362上)

【衡視】平視。即看臉部。爲視大夫之儀節。鄭玄《注》："視大夫又彌高也。衡，平也。平視，謂視面也。"孔穎達《疏》："人相看以面爲平，若大夫之臣視大夫，平看其面也。"《禮記·曲禮下》：國君綏視，大夫～。(1269下)

【衡縫】吉冠的褶縐爲橫縫。爲吉冠之縫製方法。周以前尚質，冠梁上褶縐少，且由前向後縱向排列，即所謂"縮縫"。吉冠、凶冠皆如此。周代開始尚文，冠梁上褶縐增多，吉冠的褶縐改縱爲橫，與喪冠相反。鄭玄《注》："衡讀爲橫。今冠橫縫，以其辟積多。"孔穎達《疏》："今，周也。衡，橫也。周世文冠，多辟積，不復一一直縫，但多作襵(襵)而并橫縫之。"《禮記·檀弓上》：古者冠縮縫，今也～。故喪冠之反吉，非古也。(1282上)

橫縫

衛 wèi ❶六服以内守衛王國之庶姓諸侯。鄭玄《注》："四衛，四方諸侯守衛者，蠻服以内。"賈公彦《疏》："以其諸侯非同姓，與王無親，即是庶姓，在四方六服已内衛守王。"《周禮·春官·巾車》：建大白，以即戎，以封四～。(0823中) ❷箭尾兩旁的羽毛。起箭射出後保持平正的作用。賈公彦《疏》："謂之羽者，指體而言；謂之衛者，以其無羽則不平正。羽所以防衛其矢，不使不調，故名羽爲衛。"《儀禮·既夕禮》：骲矢一乘，骨鏃，短～。(1164中)

【衛服】距王畿二千里至二千五百里之行政區域。爲九服之一。九服爲侯、甸、男、采、衛、蠻、夷、鎮、藩，每服五百里。《周禮·夏官·職方氏》：乃辨九服之邦國：方千里曰王畿，其外方五百里曰侯服，又其外方五百里曰甸服，又其外方五百里曰男服，又其外方五百里曰采服，又其外方五百里曰～，又其外方五百里曰蠻服，又其外方五百里曰夷服，又其外方五百里曰鎮服，又其外方五百里曰藩服。(0863中)

【衛音】衛國民間音樂。《漢書·地理志下》："衛地有桑間濮上之阻，男女亦亟聚會，聲色生焉，故俗稱鄭衛之音。"鄭衛之音向被儒家稱爲溺音、亂世之音、亡國之音。認爲衛國音樂急促而快速，使人心志煩勞。魏文侯"聽鄭衛之音，則不知倦"，從側面表明衛音的強烈感染力。《禮記·樂記》：鄭音好濫淫志，宋音燕女溺志，～趨數煩志，齊音敖辟喬志。(1540下)

【衛畿】即衛服。距王畿二千至二千五百里之行政區域。《周禮·夏官·大司馬》：乃以九畿之籍施邦國之政職：方千里曰國畿，其外方五百里曰侯畿，又其外方五百里曰甸畿，又其外方五百里曰男畿，又其外方五百里曰采畿，又其外方五百里曰～，又其外方五百里曰蠻畿，又其外方五百里曰夷畿，又其外方五百里曰鎮

畿,又其外方五百里曰蕃畿。(0835下)

徽 huī 見下。

【徽號】旌旗的名號。指旗的圖案、顏色、式樣等,爲改朝換代的標誌之一。鄭玄《注》:"徽號,旌旗之名也。"孔穎達《疏》:"徽號,旌旗也。周大赤,殷大白,夏大麾,各有別也。"《禮記·大傳》:立權度量,考文章,改正朔,易服色,殊～,異器械,別衣服,此其所得與民變革者也。(1506下)

彡部

形 xíng 見下。

【形鹽】特製成的虎形之鹽。祭祀、接待賓客所用。鄭玄《注》:"形鹽,鹽之似虎形。"《周禮·天官·鹽人》:祭祀,共其苦鹽、散鹽;賓客,共其～、散鹽。(0675中)

【形方氏】職官名。掌管制訂四方諸侯國之地域及疆界。爵中士。《周禮·夏官·形方氏》:～,掌制邦國之地域,而正其封疆。(0864下)

彤 tóng 見下。

【彤几】朱紅色的几。爲五几之一:玉几、彤几、彫几、漆几、素几。聘禮所用。《周禮·春官·司几筵》:筵國賓于牖前,亦如之,左～。(0775中)

彫 diāo 見下。

【彫几】刻鏤花紋之几。爲五几之一。諸侯祭祀時所用。《周禮·春官·司几筵》:諸侯祭祀席,蒲筵繢純,加莞席紛純,右～。(0775中)

【彫面】刻鏤皮革製成的馬額中央的飾物。鄭玄《注》:"勒面,謂以如王龍勒之韋,爲當面飾也。彫者,畫之,不龍其韋。"孫詒讓《正義》:"畫謂漆韋而鏤刻爲文,與畫繢異。上勒面爲龍其韋以飾面,此言彫不言勒,故知不龍其韋,唯刻畫之也。"《周禮·春官·巾車》:重翟,錫面朱總;厭翟,勒面繢總;安車,～鷖總,皆有容蓋。(0823下)

鬱 (郁) yù ❶香草名。鬱金香草。可和鬯酒。《鬱人》鄭玄《注》:"築鬱金煑之,以和鬯酒。鄭司農云:'鬱,草名。十葉爲貫,百二十貫爲築,以煑之鐎中,停於祭前。鬱爲草若蘭。'"《周禮·春官·鬱人》:凡祭祀、賓客之祼事,和～鬯,以實彝而陳之。(0770中)《禮記·郊特牲》:周人尚臭,灌用鬯臭,～合鬯,臭陰達於淵泉。(1457上)❷指鬱鬯之酒。煑鬱金香草取汁,合黑黍釀成。孔穎達《疏》:"因將貯鬱鬯酒,故云鬱

氣也。"《禮記·郊特牲》:"黃目，～氣之上尊也。(1455 上)

【鬱人】職官名。掌酌祼之器。爵下士。《周禮·春官·鬱人》:～，掌祼器。(0770 中)

【鬱鬯】酒名。用鬱金之汁合黑黍釀成的酒。用於祭祀或待賓。《周禮·春官·鬱人》:凡祭祀、賓客之祼事，和～。(0770 中)《禮記·禮器》:諸侯相朝，灌用～，無籩豆之薦。(1432 下)

【鬱齊(jì)】即鬱鬯。用鬱金之汁合黑黍釀成的酒。《周禮·春官·司尊彝》:凡六彝、六尊之酌，～獻酌。(0774 中)

夕 部

夕 xī ❶傍晚朝見(君王)。《內則》孫希旦《集解》:"朝見曰朝，夕見曰夕。……日入又夕，每日再朝也。"《儀禮·聘禮》:使者朝服，帥衆介～。(1046 中)《禮記·內則》:昧爽而朝，慈以旨甘;日出而退，各從其事;日入而～，慈以旨甘。(1462 上) ❷指天子於秋分之夕祀月之祭。孔穎達《疏》:"爲朝，謂天子春分之日朝日於東門之外;爲夕，謂天子秋分之夕祀月於西門之外也。"《禮記·禮器》:爲朝必放於日月，爲高必因丘陵，爲下必因川澤。(1440 上)

【夕市】傍晚交易之市。以小商小販爲主。國都之北有三市，大市、朝市、夕市。鄭玄《注》:"販夫、販婦，朝資夕賣，因其便而分爲三時之市。"《周禮·地官·司市》:朝市朝時而市，商賈爲主;～夕時而市，販夫、販婦爲主。(0734 中)

【夕哭】傍晚祭奠時哭。朝夕哭在同一天早、晚進行，朝哭後"卜日"，確定下葬日期;夕哭後請"啓期"，確定遷柩於祖廟的日期。賈公彦《疏》:"夕哭者，是主人朝夕哭，在殯宮阼階之下，禮將請啓殯之時。"《儀禮·既夕禮》:既～，請啓期，告于賓。(1146 中)

外 wài 見下。

【外女】王之姑姊妹之女。鄭玄《注》:"外女，王諸姑姊妹之女。"《周禮·春官·敍官》:外宗，凡～之有爵者。(0753 下)

【外史】職官名。掌管書寫王下達給畿外邦國的命令，收藏各國之志及三皇五帝之書，並推廣統一的文字。爵上士、中士、下士。《周禮·春官·外史》:～，掌書外令。(0820 中)

【外令】王給畿外邦國所下的命令。鄭玄《注》:"王令下畿外。"《周禮·春官·外史》:外史，掌書～，掌四方之志，掌三皇、五帝之書，掌達書名于四

方。(0820中)

【外臣】大夫、士對他國國君的自稱。《雜記上》孔穎達《疏》:"大夫不屬他國,故云外臣。"《儀禮·士相見禮》:他國之人則曰～。(0978中)《禮記·雜記上》:訃於他國之君,曰:"君之～寡大夫某死。"(1549下)

【外交】指人臣私見諸侯。爲禮所不允許。鄭玄《注》:"私覿是外交也。"孔穎達《疏》:"朝覲謂君親往鄰國行朝覲之禮,大夫從君而行,輒行私覿,是非禮也。"《禮記·郊特牲》:爲人臣者無～,不敢貳君也。(1447中)

【外次】大門外男子更衣、止息之處。孔穎達《疏》:"男謂堵也。不入大門,改其親迎之服,服深衣於門外之次。"《禮記·曾子問》:男不入,改服於～;女人,改服於内次。(1392中)

【外私】❶士對本國大夫的自稱。孔穎達《疏》:"凡大夫家臣稱私,此士既不與大夫爲臣,故對大夫稱曰外私。"《禮記·玉藻》:士曰"傳遽之臣",於大夫曰"～"。(1485中)❷大夫、士對他國大夫、士的自稱。孔穎達《疏》:"以是别國私有恩好,故曰外私。"《禮記·雜記上》:訃於適者,曰:"吾子之～寡大夫某不祿,使某實。"訃於士,亦曰:"吾子之～寡大夫某不祿,使某實。"(1549下)

【外事】指郊祭、田獵之事。其祭常在剛日,即甲、丙、戊、庚、壬日。孔穎達《疏》:"外事,郊外之事也。……崔靈恩云:"外事指用兵之事,内事指宗廟之祭。"孫希旦《集解》:"愚謂外事謂祭外神,内事謂祭内神。……田獵出兵,亦爲外事。"參見"外事以剛日"。

《禮記·曲禮上》:～以剛日,内事以柔日。(1251中)

【外府】職官名。掌管邦國貨幣的收支。爵中士。《周禮·地官·外府》:～,掌邦布之入出。(0679上)

【外治】指國事、政事。與后所掌"内治"相對。《禮記·昏義》:天子立六官,三公,九卿,二十七大夫,八十一元士,以聽天下之～。……天子聽～,后聽内職。(1681下)

【外宗】❶職官名。掌助王后祭祀等事。由王之姑姊妹之女有爵者任之。《周禮·春官·敘官》:～,凡外女之有爵者。(0753下)《周禮·春官·外宗》:～,掌宗廟之祭祀,佐王后薦玉豆,胝豆籩。(0785上)❷王諸姑、姊妹及舅的女兒。外宗爲外姓女親,内宗是五服内同姓女親。鄭玄《注》:"外宗,謂姑姊妹之女、舅之女及從母皆是也。"《禮記·雜記下》:～爲君夫人,猶内宗也。(1568上)

【外骨】指龜類動物。因其甲殼在外,故稱。鄭玄《注》:"外骨,龜屬。"《周禮·冬官考工記·梓人》:～、内骨、卻行、仄行、連行、紆行……謂之小蟲之屬。(0925上)

【外孫】女兒的子女。鄭玄《注》:"女子子之子。"《儀禮·喪服》:～。(1119下)

【外祭】❶田獵時立表貉祭,以及在外有事不定時的山川百物之祭。鄭玄《注》:"外祭,謂表貉及王行所過山川用事者。"賈公彥《疏》:"知外祭中有表貉者,據上文外神之中已云天地至四方百物,依時而祭者已盡,此别言外祭,則外祭中唯有表貉之等。案

《大司馬》，田獵之時，立表而貉祭。……又知外祭中有王行所過山川用事者，……亦是非常外祭之事。"《周禮·地官·牧人》：凡時祀之牲，必用牷物。凡～毁事，用龙可也。(0723中) ❷即外祭祀。對天地、山川、社稷、五祀等外神的祭祀。與宗廟之內祭對言。詳見"外祭祀"。《禮記·祭統》：～則郊、社是也，內祭則大嘗、禘是也。(1607下)

【外朝】天子詢臣民、治獄訟之朝。外朝在雉門之外，與在路門内的"內朝"相對。《小司寇》鄭玄《注》："外朝，朝在雉門之外者也。"《文王世子》鄭玄《注》："外朝，路寢門之外庭。"《周禮·秋官·小司寇》：掌～之政，以致萬民而詢焉：一曰詢國危，二曰詢國遷，三曰詢立君。(0873中)《禮記·文王世子》：其在～，則以官，司士爲之。(1407下)

【外傅】稱外出就學所從之師。鄭玄《注》："外傅，教學之師也。"《禮記·内則》：十年，出就～，居宿於外。(1471上)

【外御】侍從之小臣。鄭玄《注》："外御，小臣侍從者。"《儀禮·士喪禮》：～受沐入。(1133下)

【外寢】❶惡室。中門之外屋下用土壘成的守孝居室。孝子於練祭（小祥祭）後居住。鄭玄《注》："舍外寢，於中門之外屋下，壘墼爲之，不塗塈，所謂惡室也。"《儀禮·喪服》：既練，舍～，始食菜果，飯素食，哭無時。(1097中) ❷正寢。古代宮室之制，有正寢、內寢之分。正寢爲君王治事之所，又稱路寢。鄭玄《注》："人君見世子於路寢也。"《禮記·内則》：適子、庶子見於～，撫其首，咳而名之。(1470中)

【外親】異姓姻親。包括母族、妻族等。鄭玄《注》："外親，異姓。正服不過緦。"《儀禮·喪服》：～之服皆緦也。(1118中)

【外饔(yōng)】職官名。掌外祭祀、賓客、宴饗耆老孤子等割烹之事。爵中士、下士。《周禮·天官·外饔》：～，掌外祭祀之割亨。(0662中)

【外內宗】指外宗與內宗。外宗由王之姑姊妹之女有爵者任之；內宗由嫁於大夫及士的王同姓之女任之。詳見各條。《周禮·春官·世婦》：詔王后之禮事，帥六宮之人共齍盛，相～之禮事。(0784中)

【外內朝】指外朝與內朝。外朝在雉門之外，爲天子詢臣民、治獄訟之朝；內朝在路門內、外，爲天子處理政事及休息的場所。詳見各條。《周禮·地官·槀人》：掌共～冗食者之食。(0750中)《周禮·春官·外宗》：大喪，則敘～莫哭者。(0785上)

【外內饔】指外饔與內饔。外饔掌外祭祀、賓客、宴饗耆老孤子等割烹之事；內饔掌供王、王后、世子及宗廟祭祀之膳羞。《周禮·天官·亨人》：職～之爨亨煮，辨膳羞之物。(0662下)

【外兄弟】❶有服的異姓兄弟。如舅、姑、從母之子。鄭玄《注》："外兄弟，異姓有服者也。"賈公彥《疏》："謂若舅之子、姑姊妹、從母之子等。"《儀禮·士喪禮》：～在其南，南上。(1141下) ❷同姓的遠房兄弟。孫希旦《集解》："曰'外兄弟'者，以明非公

子之親昆弟,猶曰'遠兄弟'云爾,非外親之謂也。"《禮記·服問》:"有從無服而有服",公子之妻爲公子之～。(1658下)

【外命婦】指卿、大夫之妻。鄭玄《注》:"世婦爲內命婦,卿、大夫之妻爲外命婦。"《禮記·喪大記》:夫人坐于西方,內命婦、姑、姊妹、子姓立于西方,～率外宗哭于堂上,北面。(1572下)

【外削幅】將布的邊幅向外摺倒一寸縫製。是喪服衰衣的縫製方法。胡培翬《正義》:"外削幅者,謂折倒一寸向外也;內削幅者,謂折倒一寸向內也。"《儀禮·喪服》:凡衰,～;裳,內削幅。(1125上)

【外祖母】母親的母親,又稱外婆。《禮記·檀弓下》:～也,故爲之服。(1300中)

【外祭祀】對天地、山川、社稷、五祀等外神的祭祀。與宗廟之內祭對言。賈公彥《疏》:"謂天地、四望、山川、社稷、五祀外神,皆掌其割亨。"《周禮·天官·外饔》:掌～之割亨,共其脯、脩、刑、膴,陳其鼎俎。(0662中)

【外諸侯】天子王畿之外的諸侯。孔穎達《疏》:"此畿外諸侯世世象賢,傳嗣其國也。"《禮記·王制》:天子之縣內諸侯,祿也。～,嗣也。(1326上)

【外內命夫】指外命夫與內命夫。命夫指受策命之卿、大夫、士,其在朝廷者爲內命夫,其在鄉遂者爲外命夫。亦稱外命男、內命男。鄭玄《注》:"內命夫,卿、大夫、士之在宮中者。"賈公彥《疏》:"對在朝卿、大夫、士,爲外命夫。"《周禮·天官·閽人》:凡～、命婦出入,則爲之闢。(0686下)

【外內命婦】指外命婦與內命婦。外命婦指卿、大夫、士之妻;內命婦指國君之妻位於夫人之下者,如九嬪、世婦、女御。亦稱外命女、內命女。鄭玄《注》:"內命婦之服:鞠衣,九嬪也;展衣,世婦也;緣衣,女御也。外命婦者,其夫孤也,則服鞠衣;其夫卿大夫也,則服展衣;其夫士也,則服緣衣。"賈公彥《疏》:"則此命婦之中,無三夫人及三公夫人矣,故內命婦從九嬪爲首也。"《周禮·天官·內司服》:辨～之服:鞠衣、展衣、緣衣,素沙。(0691下)

【外祖父母】母親的父母。《儀禮·喪服》:出妻之子爲母期,則爲～無服。(1104下)

【外內命男女】指外命男、內命男與外命女、內命女。外命男亦稱外命夫,指受策命之卿、大夫、士之在鄉遂者;內命男亦稱內命夫,指受策命之卿、大夫、士之在朝廷者。內命女亦稱內命婦,指國君之妻位於夫人之下者,如九嬪、世婦、女御;外命女亦稱外命婦,指卿、大夫、士之妻。《周禮·春官·肆師》:令外、內命婦序哭,禁～之衰不中灋者,且授之杖。(0769中)

【外事以剛日】郊祭、田獵之事單日進行。孔穎達《疏》:"外事,郊外之事也。剛,奇日也。十日有五奇五偶:甲、丙、戊、庚、壬五奇爲剛也,外事剛義,故用剛日也。……乙、丁、己、辛、癸五偶爲柔也。……崔靈恩云:"外事指用兵之事,內事指宗廟之祭。"孫希旦《集解》:"愚謂外事謂祭外神,內事謂祭內神。……田獵出兵,亦爲外

事。……婚、冠、喪、祭，亦爲内事。"《禮記·曲禮上》：～，内事以柔日。(1251 中)

【外言不入於梱，内言不出於梱(kǔn)】男子外面的公務不入門限（即不説給女人聽），女人家内的事務不出門限（即不説給男人聽）。鄭玄《注》："皆爲重別防淫亂。……外言、内言，男女之職也。不出入者，不以相問也。梱，門限也。"《禮記·曲禮上》：～。(1240 下)

夙 sù 見下。

【夙夜不解(xiè)】形容日夜辛勞，毫不懈怠。解，用同"懈"。今爲成語。《禮記·祭統》：其勤公家，～。(1607 上)

【夙興夜處】早起晚睡。形容日夜辛勞。今爲成語"夙興夜寐"。《儀禮·士虞禮》：孝子某，孝顯相，～，小心畏忌，不惰其身，不寧。(1176 上)

多 duō 指戰功。爲六大功勛之一。鄭玄《注》："尅敵出奇，若韓信、陳平。《司馬法》曰：'上多前虜。'"孫詒讓《正義》："《説文·多部》云：'多，重也。'案：多訓重而以爲戰功之名。……上多，謂戰功高者爲上。前虜，謂虜獲多者居前。"《周禮·夏官·司勛》：王功曰勛，國功曰功，民功曰庸，事功曰勞，治功曰力，戰功曰～。(0841 下)

【多昏】增多婚事。爲救濟災荒的十二措施之一。大災之年，婚禮一切從簡，使結婚之人增多。賈公彦《疏》："昏禮有六，并有玄纁束帛，凶荒爲昏，不可備行此禮。使女之家得減口數，有男之家易得其妻，故娶昏者多也。"《周禮·地官·大司徒》：以荒政十有二聚萬民：一曰散利，二曰薄征，三曰緩刑，四曰弛力，五曰舍禁，六曰去幾，七曰眚禮，八曰殺哀，九曰蕃樂，十曰～，十有一曰索鬼神，十有二曰除盜賊。(0706 上)

夢 （梦）mèng 人在熟睡時腦海中出現的幻象及其過程。古有六夢之説，占之以見事之吉凶。孫詒讓《正義》："李光地云：'古者占夢，必參以天地陰陽，謂人感天地陰陽之氣，於是乎有動於機而形於夢。'"《周禮·春官·占夢》：以日月星辰占六～之吉凶：一曰正～，二曰噩～，三曰思～，四曰寤～，五曰喜～，六曰懼～。(0807 下)

舞 wǔ ❶樂舞。上古有六大樂舞，即《雲門》《大卷》（黄帝樂）、《大咸》（堯樂）、《大磬》（舜樂）、《大夏》（禹樂）、《大濩》（湯樂）、《大武》（武王樂）。詳見各條。《周禮·春官·大司樂》：以樂舞教國子：舞《雲門》《大卷》《大咸》《大磬》《大夏》《大濩》《大武》。以六律、六同、五聲、八音、六～大合樂。(0787 下) ❷鍾體的平頂。上接鍾柄。孫詒讓《正義》："程瑤田云：'……鉦上爲鍾頂，覆之如廡，故謂之舞。'"《周禮·冬官考工記·鳧氏》：兩欒謂之銑，銑間謂之于，于上謂之鼓，鼓上謂之鉦，鉦上謂之～，～上謂之甬，甬上謂之衡。(0916 上)

【舞羽】持羽翩而舞。爲文舞。鄭玄《注》："文舞有持羽吹籥者。"《周禮·春官·籥師》：掌教國子～歙籥。(0801 中)

【舞師】職官名。掌管教習樂舞。爵下

士。《周禮·地官·舞師》：～,掌教兵舞,帥而舞山川之祭祀。(0721中)

【舞徒】服勞役者中之能舞者。鄭玄《注》："舞徒,給徭役能舞者以爲之。"《周禮·地官·敘官》：舞師下士二人,胥四人,～四十人。(0697下)

【舞雩(yú)】天旱求雨舉行伴有樂舞的祭祀。鄭玄《注》："雩,旱祭也。"《爾雅·釋訓》："舞,號雩也。"《周禮·春官·司巫》：若國大旱,則帥巫而～。(0816上)

【舞器】舞蹈者所執的道具。如羽、籥、干、戚等。孫詒讓《正義》："以羽籥干戚等授當舞者。"《周禮·春官·司干》：掌～。祭祀,舞者既陳,則授～。(0802中)

夂部

【冬】dōng 一年四季的最後一季。以農曆每年十月爲始,至十二月爲終。冬季三個月爲孟冬、仲冬、季冬。古以五行配五方、五色、四時,北方爲冬,冬爲水,水色黑。《周禮·天官·獸人》：～獻狼,夏獻麋,春秋獻獸物。(0663中)《儀禮·士相見禮》：摯,～用雉,夏用腒。(0975中)《禮記·鄉飲酒義》：北方者～,冬之爲言中也,中者藏也。(1684下)

【冬官】爲王國六大官府之一。掌管百工之事。冬官之長爲司空。其職文於西漢發現時已佚,漢人以《考工記》補之。《周禮·冬官考工記》賈公彥《疏》引鄭玄《三禮目錄》云："象冬所立官也。是官名司空者,冬閉藏萬物,天子立司空使掌邦事,亦所以富立家,使民無空者也。"《周禮·天官·小宰》：六曰～,其屬六十,掌邦事。(0653中)

【冬烝(zhēng)】冬時舉行烝祭。冬時之祭曰烝,爲宗廟四時享先王之常祭。詳見"冬日烝"。《周禮·春官·司尊彝》：秋嘗、～,祼用斝彝、黃彝,皆有舟。(0773上)《禮記·明堂位》：是故夏礿,秋嘗、～,春社,秋省而遂大蜡,天子之祭也。(1489下)

【冬遇】天子冬季會見諸侯。遇爲天子與諸侯定期會見之禮。四時來朝王,春曰朝,夏曰宗,秋曰覲,冬曰遇。鄭玄《注》："冬見諸侯則合其慮之異同。"《周禮·秋官·大行人》：春朝諸侯而圖天下之事,秋覲以比邦國之功,夏宗以陳天下之謨,～以協諸侯之慮。(0890上)

【冬日至】即冬至。冬至之日,地處北半球的中國白晝最短。賈公彥《疏》："冬日至,謂十一月冬至之日。"《周禮·秋官·柞氏》：夏日至,令刊陽木而火之。～,令剝陰木而水之。(0888下)

【冬日烝】冬天祭宗廟叫作烝。天子、

諸侯四時皆祭宗廟,冬祭稱爲烝。鄭玄《注》:"此蓋夏、殷之祭名。……《詩·小雅》曰:'礿祠烝嘗,于公先王。'此周四時祭宗廟之名。"孔穎達《疏》:"烝者,衆也,冬之時物成者衆。孫炎云:'烝,進也,進品物也。'"《禮記·王制》:天子、諸侯宗廟之祭,春曰礿,夏曰禘,秋曰嘗,~。(1335下)

【冬多醎(xián)】冬季調和食物應多醎味。爲古人養生經驗之總結。《食醫》賈公彦《疏》:"北方水味醎,屬冬,冬時調和食,醎亦多於餘味一分,故云冬多醎。"《内則》鄭玄《注》:"多其時味以養氣也。"孔穎達《疏》:"此云多其時味以養氣者,《經方》所云,謂時氣壯者,減其時味以殺盛氣。此經所云食以養人,恐氣虛羸,故多其時味以養氣也。"《周禮·天官·食醫》:凡和,春多酸,夏多苦,秋多辛,~,調以滑甘。(0667上)《禮記·内則》:凡和,春多酸,夏多苦,秋多辛,~,調以滑甘。(1464上)

【冬宜鮮羽】冬季宜吃鮮魚和雁肉。冬季魚、雁肥美,魚和雁爲涼性食物,故烹飪時應用熱性之羊膏以除其寒。爲古人冬季膳食養生之法。鄭玄《注》:"此八物,四時肥美也,爲其大盛,煎以休廢之膏,節其氣也。……鮮,生魚也;羽,鴈也。"孔穎達《疏》:"膏羶,謂羊膏也。羊屬南方火,冬水王,水尅火,水盛則火休廢,故用羊膏也。"《禮記·内則》:春宜羔豚,膳膏薌;夏宜腒鱐,膳膏臊;秋宜犢麑,膳膏腥;~,膳膏羶。(1464上)

【冬温而夏清】冬温被使暖,夏扇席使涼。爲兒子侍奉父母的禮儀之一。今爲成語"冬温夏清"。《禮記·曲禮上》:凡爲人子之禮,~,昏定而晨省。(1233上)

【冬官考工記第六】《周禮》六篇之第六。《冬官》於西漢獻書時已佚,漢以《考工記》補之。《考工記》蓋爲戰國末年齊人之著作,共四卷。除總敘外,計三十一官,闕六官,存二十五官。《冬官考工記》述百工之事。鄭玄《注》:"此篇司空之官也。《司空》篇亡,漢興,購千金不得。此前世識其事者記録,以備大數爾。"(0905上)

夏 ㊀ xià ❶一年四季的第二季。以農曆每年四月爲始,至六月爲終。夏季三個月爲孟夏、仲夏、季夏。古以五行配五方、五色、四時,南方爲夏,夏爲火,火色赤。《周禮·天官·獸人》:冬獻狼,~獻麋,春秋獻獸物。(0663中)《儀禮·士冠禮》:履,~用葛。(0958上)《禮記·鄉飲酒義》:南方者~,夏之爲言假也,養之,長之,假之,仁也。(1684下)❷五色。鄭玄《注》:"染夏者,染五色。謂之夏者,其色以夏狄爲飾。"夏狄,即五色之雉。《周禮·天官·染人》:秋染~,冬獻功。(0692下)❸即《大夏》。樂名。相傳爲夏禹時作,歌頌禹能發揚堯舜之德。鄭玄《注》:"禹樂名也。言禹能大堯舜之德。《周禮》曰《大夏》。"《禮記·樂記》:《大章》,章之也。《咸池》,備矣。《韶》,繼也。《~》,大也。殷周之樂盡矣。(1534中)

【夏收】夏代祭祀時戴的帽子。古祭祀用冠名稱不同,有虞氏稱皇,殷稱冔,周稱弁,夏稱收。孔穎達《疏》:"收,言所以收斂髮也。"《禮記·郊特

牲》:周弁,殷冔,~。(1455下)

【夏礿(yuè)】周代夏天舉行礿祭。夏時之祭曰礿,爲宗廟四時享先王之常祭。《禮記·明堂位》:是故~,秋嘗,冬烝,春社,秋省而遂大蜡,天子之祭也。(1489下)

【夏采】職官名。掌天子死後招魂之事。爵下士。鄭玄《注》引鄭司農云:"復謂始死招魂復魄。"《周禮·天官·夏采》:~,掌大喪以冕服復于大祖,以乘車建綏,復于四郊。(0694下)

【夏官】爲王朝六大官府之一。掌管國家的政事。夏官之長爲大司馬,其屬官統稱政官。《周禮·天官·小宰》:四曰~,其屬六十,掌邦政。(0653中)

【夏祝】熟習夏禮的司禮者。鄭玄《注》:"夏祝,祝習夏禮者也。"《儀禮·士喪禮》:~鬻餘飯,用二鬲,于西牆下。(1135上)

【夏屋】夏代之廊屋。前後兩注,廣而低。鄭玄《注》:"夏屋,今之門廡也,其形旁廣而卑。"孔穎達《疏》:"夏家之屋唯兩下而已,無四阿,如漢之門廡。"《禮記·檀弓上》:吾見封之若堂者矣,見若坊者矣,見若覆~者矣,見若斧者矣。(1292中)

【夏時】夏代的曆書。鄭玄《注》:"得夏四時之書也。其書存者有《小正》。"《禮記·禮運》:孔子曰:"我欲觀夏道,是故之杞,而不足徵也,我得~焉。"(1415中)

【夏篆】車名。其車轂上雕有花紋,並漆以五彩。爲五服車之一。三孤所乘。鄭玄《注》:"夏篆,五采畫轂約也。"《周禮·春官·巾車》:服車五乘:孤乘~,卿乘夏縵,大夫乘墨車,士乘棧車,庶人乘役車。(0824下)

【夏縵】車名,其車轂上畫有五彩之紋而無雕刻。爲五服車之一。卿所乘。鄭玄《注》:"夏縵,亦五采畫,無瑑爾。"《周禮·春官·巾車》:服車五乘:孤乘夏篆,卿乘~,大夫乘墨車,士乘棧車,庶人乘役車。(0825上)

【夏日至】即夏至。夏至之日,地處北半球的中國白晝最長。賈公彥《疏》:"夏日至,謂五月夏至之日。"《周禮·秋官·柞氏》:~,令刊陽木而火之。冬日至,令剝陰木而水之。(0888下)

【夏曰禘】夏天祭宗廟稱禘。天子、諸侯四時皆祭宗廟,夏祭稱禘。此蓋爲夏、殷之禮。鄭玄《注》:"此蓋夏、殷之祭名。周則改之:春曰祠,夏曰礿,以禘爲殷祭。《詩·小雅》曰:'礿祠烝嘗,于公先王。'此周四時祭宗廟之名。"孔穎達《疏》:"皇氏云:'禘者,次第也。夏時物雖未成,宜依時次第而祭之。'"《禮記·王制》:天子、諸侯宗廟之祭,春曰礿,~,秋曰嘗,冬曰烝。(1335下)

【夏多苦】夏天調和食物應多苦味。爲古人養生經驗之總結。《食醫》賈公彥《疏》:"南方火味苦,屬夏,夏時調和食,苦亦多於餘味一分,故云夏多苦。"《內則》鄭玄《注》:"多其時味以養氣也。"孔穎達《疏》:"依《經方》:'春不用食酸,夏不用食苦。'四時各減其時味也。此云多其時味以養氣者,《經方》所云,謂時氣壯者,減其時味以殺盛氣。此經所云食以養人,恐氣虛羸,故多其時味以養氣也。"《周禮·天官·食醫》：凡和，春多酸，～，秋多辛，冬多鹹。(0667上)《禮記·內則》：凡和，春多酸，～，秋多辛，冬多鹹，調以滑甘。(1464上)

【夏宜腒鱐】夏季宜吃乾雉和乾魚。夏季吃雉、魚之乾脯，其食暵熱而乾，故烹飪時應用犬膏以降其火。爲古人夏季膳食養生之法。鄭玄《注》："此八物，四時肥美也，爲其大盛，煎以休廢之膏，節其氣也。……腒，乾雉也；鱐，乾魚也。"孔穎達《疏》："膏臊，犬膏也。犬屬西方金，夏南方火，火尅金，火盛則金休廢，故用犬膏也。"《禮記·內則》：春宜羔豚，膳膏薌；～，膳膏臊；秋宜犢麛，膳膏腥；冬宜鮮羽，膳膏羶。(1464上)

【夏官司馬第四】《周禮》六篇之第四篇。本篇述夏官司馬率其屬，掌邦政，佐君王，平邦國正天下之事。賈公彥《疏》引鄭玄《三禮目錄》云："象夏所立之官。馬者，武也，言爲武者也。夏整齊萬物，天子立司馬，共掌邦政，政可以平諸侯，正天下，故曰統六師平邦國。"(0830上)

㈡ jiǎ 木名。亦作"檟"。古時學校用作笞罰越禮犯規者的用具。鄭玄《注》："夏，榎也；楚，荊也。二者所以撲撻犯禮者。"《禮記·學記》：～、楚二物，收其威也。(1522上)

【夏₂楚】用榎木、荊條製成的學校笞打越禮犯規者的用具。鄭玄《注》："夏，榎也；楚，荊也。二者所以撲撻犯禮者。"《禮記·學記》：～二物，收其威也。(1522上)

广 部

序 xù ❶學校名。即州黨之學。學校不僅爲傳道授業進行教育之地，還是養老、行射禮及飲酒禮之所。《州長》鄭玄《注》："序，州黨之學也。"《鄉射禮》賈公彥《疏》："庠、序皆然，但有室無室爲異。"《周禮·地官·州長》：春秋，以禮會民而射于州～。(0717下)《儀禮·鄉射禮》：則物當棟，堂則物當楣。(1010下)《禮記·學記》：古之教者，家有塾，黨有庠，術有～，國有學。(1521中)❷正堂與東西堂之間的隔牆。《士冠禮》鄭玄《注》："堂東西牆謂之序。"《儀禮·士冠禮》：主人玄端、爵韠，立于阼階下，直東～，西面。(0951中)《禮記·喪大記》：君陳衣于～東，大夫、士陳衣于房中。(1577上)

【序事】按職事排序。天子祭祀時，公卿大夫士助祭，以其職事爲序各司其能。鄭玄《注》："序猶次也。爵，謂公卿大夫士也；事，謂薦羞也。以辨賢者，以其事別所能也。若司徒羞牛，宗伯共雞牲矣。"《禮記·中庸》：序爵，所以辨貴賤也。～，所以辨賢也。

【序哭】按次序哭。遇王喪,外内命婦在王后之後依尊卑次序相繼而哭。鄭玄《注》:"序,使相次秩。"《周禮·春官·肆師》:令外、内命婦～,禁外、内命男女之衰不中灋者。(0769 中)

【序齒】按年齡大小排座次。祭祀時,以爵之尊賤排座次;而燕飲時,則以年齡大小排座次。鄭玄《注》:"燕謂既祭而燕也,燕以髮色爲坐。祭時,尊尊也;至燕,親親也。齒亦年也。"《禮記·中庸》:燕毛,所以～也。(1629 上)

【序爵】按爵位排序。天子祭祀時,公卿大夫士助祭,以爵位高低來排列其序。鄭玄《注》:"序猶次也。爵,謂公卿大夫士也。"《禮記·中庸》:～,所以辨貴賤也。序事,所以辨賢也。(1629 上)

府 fǔ ❶貯藏物資錢財的倉庫。《曲禮下》鄭玄《注》:"府,謂寶藏貨賄之處也。"《周禮·天官·大府》:頒其貨于受藏之～,頒其賄于受用之～。(0677 中)《禮記·曲禮下》:在官言官,在～言～。(1270 上) ❷管理財物、文書的小吏。鄭玄《注》:"府,治藏。史,掌書者。凡府史皆其官長所自辟除。"孫詒讓《正義》:"《一切經音義》引《三蒼》云:'府,文書財物藏也。'是凡財物所藏,並謂之府。因之凡治藏之吏,亦通謂之府也。"《周禮·天官·敘官》:宰夫下大夫四人,上士八人,中士十有六人,旅下士三十有二人,～六人,史十有二人,胥十有二人,徒百有二十人。(0640 中)

【府庫】貯藏財貨的倉庫。《周禮·天官·大府》:凡萬民之貢,以充～。(0677 下)《禮記·月令》:開～,出幣帛,周天下。(1363 中)

庖 páo 見下。

【庖人】職官名。爲廚師之長,掌管天子之膳食。爵中士、下士。《周禮·天官·庖人》:～,掌共六畜、六獸、六禽,辨其名物。(0661 上)

庚 gēng 天干的第七位。五行中屬金。《禮記·月令》:其日～,其帝少皥,其神蓐收,其蟲毛,其音商,律中無射。(1379 上)

【庚辛】指秋季。陰陽五行家將天干分配於五行,甲乙屬木,丙丁屬火,戊己屬土,庚辛屬金,壬癸屬水。又以五行配四時,春爲木,夏爲火,秋爲金,冬爲水,中央屬土。故庚辛屬金爲秋。孫希旦《集解》:"高氏誘注:'庚辛,金日。'……愚謂庚辛屬金,故凡日之值庚辛者屬乎秋。"鄭玄《注》:"庚之言更也,辛之言新也。日之行秋,西從白道,成熟萬物。……萬物皆肅然改更,秀實新成。"《禮記·月令》:其日～,其帝少皥,其神蓐收,其蟲毛,其音商,律中夷則。(1372 下)

度 dù 杖。一種刑具。鄭玄《注》:"胥,守門察僞詐也。必執鞭度,以威正人衆也。度謂殳也。"孫詒讓《正義》:"《廣雅》曰:'殳、度,杖也。'然則古人謂殳爲度,以打得名。"《周禮·地官·司市》:凡市入,則胥執鞭～守門。(0734 下)

庛 cì 耒下端用以接耜的曲木柄。鄭玄《注》:"庛讀爲棘刺之刺。刺,耒下前曲接耜。"《周禮·冬官考工記·車人》:車人爲耒,～長尺有一

寸。(0933 下)

庭 tíng 堂前之地。古時大門內有屏,屏至堂之間的空地稱庭。《周禮‧天官‧閽人》:掌埽門～。(0687 上)《儀禮‧燕禮》:若以樂納賓,則賓及～奏《肆夏》。(1024 下)《禮記‧內則》:灑掃室、堂及～,布席,各從其事。(1462 上)

【庭氏】職官名,掌射殺國中夜鳴之惡鳥。爵下士。《周禮‧秋官‧庭氏》:～,掌射國中之夭鳥。(0889 中)

【庭長】即司正。爲行射禮、投壺時的監禮之官。鄭玄《注》:"庭長,司正也。"《禮記‧投壺》:司射、～,及冠士立者,皆屬賓黨。(1667 上)

【庭燎】庭中照明之火炬。《司烜氏》鄭玄《注》:"樹於門外曰大燭,於門內曰庭燎,皆所以照衆爲明。"賈公彥《疏》:"以葦爲中心,以布纏之,飴蜜灌之,若今蠟燭。"一說,鄭司農以爲麻燭。《周禮‧秋官‧司烜氏》:凡邦之大事,共墳燭、～。(0885 下)《禮記‧郊特牲》:～之百,由齊桓公始也。(1447 中)

【庭實】朝貢、聘問時陳放在庭中的禮品。包括皮、馬、牲、米等。《聘禮》胡培翬《正義》:"實謂實于庭者也。敖氏云:'對堂上之幣而言,故謂之庭實。'"《儀禮‧聘禮》:習享,士執～。(1048 中)《禮記‧郊特牲》:不敢私覿,所以致敬也。而～私覿,何爲乎諸侯之庭?(1447 中)

庠 xiáng 學校名。周之鄉學,亦稱虞庠。學校不僅爲傳道授業進行教育之地,還是養老、行射禮及飲酒禮之所。鄭玄《注》:"此庠,謂鄉學也。"《禮記‧王制》:耆老皆朝于～,元日習射上功,習鄉上齒。(1342 上)

庫 (庫) kù 貯藏兵甲戰車的倉庫。鄭玄《注》:"庫,謂車馬兵甲之處也。"《禮記‧曲禮下》:在府言府,在～言～。(1270 上)

【庫門】❶王城之第二門。天子王城有五門,從外到內依次爲:皋門、庫門、雉門、應門、路門。鄭玄《注》:"庫門在雉門之外。"一說,庫門爲王城之第三門。《周禮‧天官‧閽人》"守王宮之中門之禁"鄭玄《注》:"鄭司農云:'王有五門:外曰皋門,二曰雉門,三曰庫門,四曰應門,五曰路門。路門一曰畢門。'玄謂雉門,三門也。"《禮記‧郊特牲》:獻命～之內,戒百官也。(1453 上)❷諸侯王城三門(路門、雉門、庫門)之一。鄭玄《注》:"天子五門,皋、庫、雉、應、路。魯有庫、雉、路,則諸侯三門與?"孔穎達《疏》:"言魯之庫門制似天子皋門。"《禮記‧明堂位》:～,天子皋門。雉門,天子應門。(1490 上)

庶 ㊀ shù 非正妻所生,宗族的旁支。與"嫡"相對。《儀禮‧喪服》:公之～昆弟、大夫之庶子爲母、妻、昆弟。(1114 下)《禮記‧大傳》:公子之公,爲其士、大夫之～者,宗其士、大夫之適者。(1508 下)

【庶人】指在官而沒有爵位的府史胥徒。《士相見禮》賈公彥《疏》:"此不言民而言庶人,則是庶人在官。謂若《王制》云:'庶人在官者,其祿以是爲差。'即府史胥徒是也。"《曲禮上》孔穎達《疏》:"庶人,府吏之屬也。"《儀禮‧士相見禮》:～見於君,不爲容,進退走。(0977 上)《禮記‧曲禮

上》:士竁之。~甃之。(1243下)

【庶士】官府小吏。孔穎達《疏》:"庶士,府史之屬。"《禮記·祭法》:~、庶人無廟,死曰鬼。(1589上)

【庶子】❶職官名。掌諸侯、卿大夫之子的教養、訓誡等事。《周禮·夏官》稱諸子。《文王世子》鄭玄《注》:"庶子,司馬之屬,掌國子之倅,爲政於公族者。"《燕禮》鄭玄《注》:"庶子,掌正六牲之體及舞位,使國子脩德學道,世子之官也。"《儀禮·燕禮》:主人洗,升自西階,獻~于阼階上,如獻士之禮。(1023中)《禮記·文王世子》:~之正於公族者,教之以孝弟、睦友、子愛,明父子之義,長幼之序。(1407下)❷嫡長子的同母弟及其庶母所生之子。《喪服》胡培翬《正義》:"庶子是妾子之稱,……嫡妻之第二子亦不得爲長子。"《儀禮·喪服》:~不得爲長子三年,不繼祖也。(1100下)《禮記·喪大記》:士馮父母、妻、長子,~。(1581上)❸公卿大夫之子弟未授爵命而在官者。鄭玄《注》:"庶子者,蓋亦主采地之諸子,今在府史之下,蓋官長所自辟除也。"《周禮·秋官·敘官》:朝大夫每國上士二人,下士四人,府一人,史二人,~八人,徒二十人。(0870上)❹指女兒。鄭玄《注》:"君之庶子,女子子也。"《儀禮·喪服》:大夫之妾爲~適人者。(1118下)

【庶母】父親的妾。與"嫡母"相對。《士昏禮》鄭玄《注》:"庶母,父之妾也。"《儀禮·士昏禮》:~及門內,施鞶,申之以父母之命。(0972下)《禮記·喪服小記》:爲慈母後者,爲~可也,爲祖庶母可也。(1500下)

【庶老】指庶人之年老者,包括告老退休的士人。孔穎達《疏》:"國老,謂卿大夫致仕者;庶老,謂士也。皇氏云:'庶老,兼庶人在官者。其致仕之老,大夫以上當養從國老之法,士養從庶老之法。'"《禮記·王制》:有虞氏養國老於上庠,養~於下庠。(1346中)

【庶弟】庶出之弟。《禮記·檀弓上》:子碩曰:"請粥~之母。"(1288下)

【庶姓】與天子、諸侯沒有親屬關係的異姓。《司儀》鄭玄《注》:"庶姓,無親者也。"《周禮·秋官·司儀》:詔王儀,南鄉見諸侯,土揖~,時揖異姓,天揖同姓。(0896下)《禮記·大傳》:其~別於上而戚單於下,昏姻可以通乎?(1507中)

【庶羞】衆多美味佳餚。《公食大夫禮》胡培翬《正義》引郝敬曰:"肴美曰羞,品多曰庶。"《周禮·天官·庖人》:共喪紀之~,賓客之禽獻。(0661中)《儀禮·公食大夫禮》:士羞~,皆有大,蓋,執豆如宰。(1085下)《禮記·王制》:~不踰牲,燕衣不踰祭服,寢不踰廟。(1337中)

【庶孫】庶出之孫,包括在世嫡子的子女。嫡子如在,則無嫡孫;嫡子死,則立嫡子的長子爲嫡孫,與庶孫相區別。《儀禮·喪服》"有適子者無適孫"鄭玄《注》:"周之道,適子死則立適孫。……長子在,則皆爲庶孫耳。"《儀禮·喪服》:大夫、大夫之子、公之昆弟爲從父昆弟、~、姑、姊妹、女子子適士者。(1118下)《禮記·內則》:父母有婢子,若庶子、~,甚愛之,雖父母没,没身敬之不衰。(1463

上)

【庶婦】庶子之妻。鄭玄《注》:"庶婦,庶子之婦也。"《儀禮·士昏禮》:～,則使人醮之。(0972 上)

【庶子正】職官名。庶子之長。胡培翬《正義》引敖繼公曰:"正,庶子之長者也。"《儀禮·大射》:～徹公俎,降自阼階以東。(1042 下)

【庶子官】職官名。掌諸侯、卿大夫之子的教養、訓誡等事。《周禮·夏官》稱諸子。鄭玄《注》:"庶子猶諸子也。《周禮》諸子之官,司馬之屬也。"《禮記·燕義》:古者周天子之官有～。～職諸侯、卿、大夫、士之庶子之卒,掌其戒令與其教治,別其等,正其位。(1690 上)

【庶兄弟】即衆兄弟。泛指小功以下親屬,包括同姓、異姓姻親。鄭玄《注》:"庶兄弟,即衆兄弟也。變衆言庶,容同姓耳。"《儀禮·士喪禮》:～襚,使人以將命于室。(1130 上)

【庶昆弟】諸侯的異母兄弟。胡培翬《正義》引馬融曰:"言庶者,諸侯異母兄弟也。"《儀禮·喪服》:公之～、大夫之庶子爲母、妻、昆弟。(1114 下)

【庶子之卒】謂公、卿、大夫、士之衆子,其爲嫡子之副。卒,用同"倅",副。鄭玄《注》:"卒讀皆爲倅。"孫希旦《集解》:"庶子之倅,謂公、卿、大夫之衆子,爲適子之副貳者也。"《禮記·燕義》:古者周天子之官有庶子官。庶子官職諸侯、卿大夫、士之～,掌其戒令與其教治,別其等,正其位。(1690 上)

㈠ zhù 見下。

【庶₂氏】職官名。掌驅除毒蠱。爵下士。《秋官·敘官》鄭玄《注》:"庶,讀如藥煮之煮,驅除毒蠱之言。書不作蠱者,字從聲。"孫詒讓《正義》引段玉裁云:"讀如煮,擬其音耳。"《周禮·秋官·敘官》:～下士一人。(0868 下)《周禮·秋官·庶氏》:～,掌除毒蠱,以攻説禬之,嘉草攻之。(0888 中)

廟 miào

❶宗廟。設置祖先牌位、供祭祀的建築物。包括祭祀祖先的祖廟和祭祀先父的禰廟。《禮記·王制》:"天子七廟,三昭三穆,與太祖之廟而七;諸侯五廟,二昭二穆,與太祖之廟而五;大夫三廟,一昭一穆,與太祖之廟而三;士一廟;庶人祭于寢。"據《儀禮》鄭玄《注》、賈公彥《疏》、胡培翬《正義》:周制,上士二廟,祖廟、禰廟;中士、下士一廟,祖禰共廟。《儀禮·既夕禮》:其二～,則饌于禰廟,如小斂奠,乃啓。(1162 下)❷指寢宮。古人認爲人雖死神靈猶在,故將停放靈柩之寢宮稱作廟。賈公彥《疏》:"今雖葬,既以其迎魂而反,神還在寢,故以寢爲廟。"《儀禮·士虞禮》:側亨于～門外之右,東面。(1170 中)

庾 yǔ

即庾弓。詳見"庾弓"。《周禮·冬官考工記·弓人》:往體多,來體寡,謂之夾、～之屬。(0924 中)

【庾弓】弓體向外彎曲度大、向内彎曲度小的弓。爲六弓之一。六弓中王弓、弧弓爲强弓,利射遠者、堅者;夾弓、庾弓爲弱弓,利射近者;唐弓、大弓介於兩者之間,利射深。鄭玄《注》:"王、弧、夾、庾、唐、大六者,弓異體之名也。……往體多,來體寡曰夾、庾。……豻侯五十步及射鳥獸，皆近射也，近射用弱弓。"《周禮·夏官·司弓矢》：王弓、弧弓以授射甲革、椹質者，夾弓、~以授射豻侯、鳥獸者，唐弓、大弓以授學射者、使者、勞者。(0855 下)

康 kāng 見下。

【康誥】《尚書》篇目之一。相傳爲周公命封康叔(周武王少弟)的教令。鄭玄《注》："康，康叔也，作誥。《尚書》篇名也。"《禮記·緇衣》："《~》曰："敬明用罰。"(1649 上)

庸 yōng

❶指能遵循等級秩序之常德。爲六樂德之一。鄭玄《注》："庸，有常也。"《周禮·春官·大司樂》：以樂德教國子：中、和、祇、~、孝、友。(0787 下) ❷爲民之功。爲六大功勳之一。鄭玄《注》："法施於民，若后稷。"《周禮·夏官·司勳》：王功曰勳，國功曰功，民功曰~，事功曰勞，治功曰力，戰功曰多。(0841 中)

【庸器】銘記功勳的銅器，如鼎彝之類。鄭玄《注》："庸器，伐國所藏之器，若崇鼎、貫鼎，及以其兵物所鑄銘也。"《周禮·春官·典庸器》：掌藏樂器、~。及祭祀，帥其屬而設筍虡，陳~。(0802 上)

廋 sōu

職官名。即廋人。掌管馬廄及養馴馬匹等事。《周禮》屬夏官司馬。鄭玄《注》："廋，廋人也。"賈公彥《疏》："《周禮》天子夏官有廋人職，掌養馬。"《儀禮·聘禮》：肵肉及~、車。(1075 上)

【廋人】職官名。掌管馬廄，教圉師、圉人養馬馴馬。爵下士。《周禮·夏官·廋人》：~，掌十有二閑之政。(0861 中)

廄 [廏] jiù

馬舍。一廄有馬二百一十六匹。《周禮·夏官·校人》：乘馬一師、四圉；三乘爲皁，皁一趣馬；三皁爲繫，繫一馭夫；六繫爲~，一僕夫；六~成校，校有左右。(0860 上)《禮記·雜記下》：~焚，孔子拜鄉人爲火來者。(1568 中)

【廄庫】牲口房和庫房。鄭玄《注》："重先祖及國之用。"《禮記·曲禮下》：君子將營室，宗廟爲先，~爲次，居室爲後。(1258 中)

廉 lián 見下。

【廉正】考察品行是否端正。爲考察各級官吏的六條標準之一。鄭玄《注》："正，行無傾邪也。"孫詒讓《正義》："王安石、王昭禹、易祓、王與之、黃以周並訓廉爲察。"《周禮·天官·小宰》：以聽官府之六計，弊羣吏之治：一曰廉善，二曰廉能，三曰廉敬，四曰~，五曰廉灋，六曰廉辨。(0654 中)

【廉能】考察政令是否暢通。爲考察各級官吏的六條標準之一。鄭玄《注》："能，政令行也。"《周禮·天官·小宰》：以聽官府之六計，弊羣吏之治：一曰廉善，二曰~，三曰廉敬，四曰廉正，五曰廉灋，六曰廉辨。(0654 中)

【廉敬】考察是否敬於職守。爲考察各級官吏的六條標準之一。鄭玄《注》："敬，不解于位也。"《周禮·天官·小宰》：以聽官府之六計，弊羣吏之治：一曰廉善，二曰廉能，三曰~，四曰廉正，五曰廉灋，六曰廉辨。

(0654 中)

【廉善】考察政績是否優異,有善譽。爲考察各級官吏的六條標準之一。鄭玄《注》:"善,善其事有辭譽也。"《周禮·天官·小宰》:以聽官府之六計,弊羣吏之治:一曰～,二曰廉能,三曰廉敬,四曰廉正,五曰廉灋,六曰廉辨。(0654 中)

【廉辨】考察是否明事不惑。爲考察各級官吏的六條標準之一。鄭玄《注》:"辨,辨然不疑惑也。"《周禮·天官·小宰》:以聽官府之六計,弊羣吏之治:一曰廉善,二曰廉能,三曰廉敬,四曰廉正,五曰廉灋,六曰～。(0654 中)

【廉灋】考察是否守法不失。爲考察各級官吏的六條標準之一。鄭玄《注》:"法,守法不失也。"《周禮·天官·小宰》:以聽官府之六計,弊羣吏之治:一曰廉善,二曰廉能,三曰廉敬,四曰廉正,五曰～,六曰廉辨。(0654 中)

廣

(广) ㊀ guǎng 見下。

【廣欬】大聲咳嗽。依禮,在車上不得大聲咳嗽。孔穎達《疏》:"廣,弘大也。欬,聲欬也。車已高,若在上而聲大欬,似自驕矜,又驚衆也。"《禮記·曲禮上》:車上不～,不妄指。(1253 中)

【廣輪】東西之長度爲廣,南北之長度爲輪。《大司徒》賈公彥《疏》:"馬融云:'東西爲廣,南北爲輪。'"《周禮·地官·大司徒》:以天下土地之圖,周知九州之地域～之數。(0702 上)《禮記·檀弓下》:既葬而封,～揜坎,

其高可隱也。(1313 下)

㊁ guàng 見下。

【廣$_2$車】縱橫排列的戰車。爲五兵車之一。鄭玄《注》:"廣車,橫陳之車也。"《周禮·春官·車僕》:掌戎路之萃,～之萃。(0825 下)

廟

(庙) miào ❶宗廟。設置祖先牌位、供祭祀的建築物。包括祭祀祖先的祖廟和祭祀先父的禰廟。據《禮記》:天子七廟,諸侯五廟,大夫三廟,士一廟。據《儀禮》鄭玄《注》、賈公彥《疏》、胡培翬《正義》:周制,上士二廟,祖廟、禰廟;中士、下士一廟,祖禰共廟。《周禮·天官·閽人》:大祭祀、喪紀之事,設門燎,蹕宮門、～門。(0687 上)《儀禮·聘禮》:及門,公揖入。(1053 下)《禮記·王制》:天子七～:三昭、三穆,與大祖之～而七。諸侯五～:二昭、二穆,與大祖之～而五。大夫三～:一昭、一穆,與大祖之～而三。士一～。庶人祭於寢。(1335 中)❷停放靈柩的寢宮。《士喪禮》鄭玄《注》:"凡宮有鬼神曰廟。"《雜記上》鄭玄《注》:"廟,所殯宮。"《儀禮·士喪禮》:巫止于～門外,祝代之。(1141 上)《禮記·雜記上》:至於～門,不毀牆,遂入。(1549 上)❸指宗廟的前殿。鄭玄《注》:"凡廟,前曰廟,後曰寢。"孔穎達《疏》:"廟是接神之處,其處尊,故在前;寢衣冠所藏之處,對廟爲卑,故在後。但廟制有東西廂,有序牆,寢制惟室而已。"《禮記·月令》:是月也,耕者少舍,乃脩闔扇,寢～畢備。(1362 上)

【廟主】宗廟中的牌位。《禮記·曾子問》:曾子問曰:"古者師行,必以遷～

行乎?"(1393 上)

【廟見】行廟見之禮。舅姑已死,新婦三月後要行廟見之禮,擇吉日到禰廟祭奠舅姑,表示婦的名分正式確立。《禮記·曾子問》:三月而～,稱來婦也。擇日而祭於禰,成婦之義也。(1392 中)

【廟祧(tiāo)】泛指祖廟。鄭玄《注》:"廟,謂大祖之廟及三昭三穆。遷主所藏曰祧。先公之遷主,藏于后稷之廟。先王之遷主,藏于文武之廟。"《周禮·春官·守祧》:掌守先王、先公之～,其遺衣服藏焉。(0784 上)

【廟堂】太廟的殿堂。《禮記·禮器》:～之上,疊尊在阼,犧尊在西。(1440 下)

【廟中不諱】宗廟祝辭可以不避家諱。爲禮所規定不需避諱的情況之一。比如在始祖廟祭祀,祝告之辭不爲曾祖以下之人諱,因爲祇有一個至尊者。孔穎達《疏》:"謂有事於高祖廟,祝嘏辭説不爲曾祖以下諱也,爲尊無二上也。"《禮記·曲禮上》:《詩》《書》不諱,臨文不諱,～。(1251 上)

廛 chán ❶公家所建供商人儲存貨物的房舍。《司關》鄭玄《注》:"征廛者,貨賄之税與所止邸舍也。"《王制》鄭玄《注》:"廛,市物邸舍。税其舍而不税其物。"《周禮·地官·司關》:司貨賄之出入者,掌其治禁與其征～。(0739 上)《禮記·王制》:古者公田藉而不税,市～而不税。(1337 中) ❷古時平民一家在城邑中所佔的房地。鄭玄《注》:"廛,城邑之居。《孟子》所云'五畮之宅,樹之以桑麻'者也。"《周禮·地官·遂人》:上地,夫一～,田百畮。(0740 下)

【廛人】職官名,掌管徵收肆市之税及罰金。爵中士、下士。《周禮·地官·廛人》:～,掌斂市絘布、緫布、質布、罰布、廛布,而入于泉府。(0737 中)

【廛布】貨物存於肆市倉庫及居住房屋之税。鄭玄《注》:"廛布者,貨賄諸物邸舍之税。"孫詒讓《正義》:"江永云:'……廛是停儲貨物之舍,賣者買者皆有之,今時謂之棧房。賣者肆中不能容,則停貨物於廛;買者當時不能即運,又或儲之以待時鬻,亦須廛。此廛亦是官物,故當有税。'案:江説固是,但市肆狹隘,止容販物,商賈之家人或於肆外近市之地別居者,則亦當納廛布,猶農民之受廛者有里布,則廛固不徒儲藏貨物之舍矣。"《周禮·地官·廛人》:掌斂市絘布、緫布、質布、罰布、～,而入于泉府。(0737 中)

【廛里】城市居民住宅的通稱。鄭玄《注》:"廛里者,若今云邑居里居矣,廛民居之區域也。里,居也。"孫詒讓《正義》:"蓋通言之,廛里皆居宅之稱;析言之,則庶人農工商等所居謂之廛。……士大夫等所居謂之里。"《周禮·地官·載師》:以～任國中之地,以場圃任園地。(0724 下)

廞 (廕)xīn 陳列,陳設。隨葬的器物陳則謂之廞,亦可謂之陳;生者用的器物則謂之陳,而不可謂之廞。《司裘》鄭玄《注》:"故書'廞'爲'淫'。鄭司農云:'淫裘,陳裘也。'玄謂廞,興也。若《詩》之興,謂象飾而作之。凡爲神之偶衣物,必沽而小耳。"賈公彦《疏》:"廞猶興也。興象生時裘而爲之,謂明器中之裘。"孫詒讓《正義》:"全經五篇,大喪言㡡者十有六職。……先鄭皆訓爲陳,後鄭皆訓爲興,謂作之。……要之,凡器物之陳而不用者謂之㡡,亦可謂之陳。……其用者則謂之陳,而不可謂之㡡。"《司常》孫詒讓《正義》:"㡡車,即㡡遣車。"《周禮·天官·司裘》:大喪,～裘,飾皮車。(0684 上)《周禮·春官·司常》:大喪,共銘旌,建～車之旌,及葬亦如之。(0827 上)

【㡡馬】拉遣車的馬。遣車,送葬時裝載牲體的車。鄭玄《注》:"㡡馬,遣車之馬。"《周禮·夏官·圉人》:凡賓客、喪紀,牽馬而入陳。～亦如之。(0861 下)

【㡡衣服】隨葬之衣服。置於椁中。鄭玄《注》:"㡡衣服,所藏於椁中。"《周禮·春官·司服》:大喪,共其復衣服、斂衣服、奠衣服、～,皆掌其陳序。(0783 下)

廢 (废) fèi 流放。爲天子駕馭羣臣的八柄之一。鄭玄《注》:"廢猶放也。舜殛鯀于羽山是也。"《周禮·天官·大宰》:以八柄詔王馭羣臣:一曰爵,以馭其貴;二曰禄,以馭其富;三曰予,以馭其幸;四曰置,以馭其行;五曰生,以馭其福;六曰奪,以馭其貧;七曰～,以馭其罪;八曰誅,以馭其過。(0646 中)

【廢疾】一種疾病,侏儒。鄭玄《注》:"廢疾,謂癃病也。"《周禮·地官·大司徒》"五曰寬疾"孫詒讓《正義》:"《說文·广部》云:'癃,罷病也。'……孔廣森云:'《漢書·高帝紀》如淳注云:"律,高不滿六尺二寸已下,爲罷癃。"是但以人矬矮者通謂之癃。'"《周禮·地官·小司徒》:掌

建邦之教灋,以稽國中及四郊都鄙之夫家、九比之數,以辨其貴賤、老幼、～,凡征役之施舍,與其祭祀、飲食、喪紀之禁令。(0710 下)

【廢敦】無足之敦。喪禮中用以盛飯含之米。鄭玄《注》:"廢敦,敦無足者,所以盛米也。"賈公彦《疏》:"凡物無足稱廢。"《儀禮·士喪禮》:新盆、槃、瓶、～、重鬲,皆濯,造于西階下。(1130 中)

【廢置】黜免與任用官吏。爲治理王畿内公卿大夫采邑、王子弟食邑的八項法則之一。鄭玄《注》:"廢猶退也。退其不能者,舉賢而置之。"《周禮·天官·大宰》:以八則治都鄙:一曰祭祀,以馭其神;二曰灋則,以馭其官;三曰～,以馭其吏;四曰禄位,以馭其士;五曰賦貢,以馭其用;六曰禮俗,以馭其民;七曰刑賞,以馭其威;八曰田役,以馭其衆。(0646 上)

【廢爵】無足之爵。喪禮中服喪者飲酒之器。鄭玄《注》:"爵無足曰廢爵。"胡培翬《正義》:"足爵爲有足者,則此廢爵無足明矣,以服重不敢用成器也。"《儀禮·士虞禮》:主人洗～,酌酒,酢尸。(1169 中)

廩 lǐn 禄糧,俸禄。鄭玄《注》:"既讀爲餼。餼廩,稍食也。"《禮記·中庸》:日省月試,既～稱事,所以勸百工也。(1630 上)

【廩人】職官名。爲舍人、倉人、司禄之長,掌九穀收入之總數,以備邦國之用。爵下大夫。《少牢饋食禮》鄭玄《注》:"廩人,掌米入之藏者。"《周禮·地官·廩人》:～,掌九穀之數,以待國之匪頒、賙賜、稍食。(0749 上)《儀禮·少牢饋食禮》:～概甑、

瓺、匕與敦于廩爨;廩爨在雍爨之北。(1197中)

【廩爨(cuàn)】用以煮飯的竈。以別於煮牲肉的雍爨。胡培翬《正義》:"廩爨以熟黍稷。"《儀禮·少牢饋食禮》:廩人概甑、瓺、匕與敦于～;～在雍爨之北。(1197中)

【廬】(庐) lú ❶即倚廬。居喪時所住的倚牆臨時搭成的簡陋棚屋。喪禮,哀情至重者居倚廬,如孝子爲父母,大夫爲君。婦人不居倚廬。亦爲居廬守喪。詳見"倚廬"。《周禮·夏官·射人》:大喪,與僕人遷尸,作卿大夫掌事,比其～,不敬者苛罰之。(0846中)《禮記·雜記上》:大夫居～,士居堊室。(1550上)《禮記·雜記下》:疏衰皆居堊室,不～。(1561下)❷道路上供賓客飲食之所。賈公彦《疏》:"云廬,若今野候徒有序也者,此舉漢法以況義。漢時野路候迎賓客之處皆有序舍,與廬相似。"《周禮·地官·遺人》:凡國野之道,十里有～,～有飲食。(0728中)❸戈戟殳矛之柄。鄭玄《注》:"廬讀爲纑,謂矛戟柄。"《周禮·冬官考工記·總敘》:秦之無廬也,非無廬也,夫人而能爲～也。(0905下)❹即廬人。製造戈戟殳矛之柄的工匠。屬攻木之工。《周禮·冬官考工記·總敘》:攻木之工:輪、輿、弓、～、匠、車、梓。(0906中)

【廬人】製造戈戟殳矛之柄的工匠。屬攻木之工。鄭玄《注》:"柲猶柄也。"《周禮·冬官考工記·廬人》:～,爲廬器。戈柲六尺有六寸,殳長尋有四尺,車戟常,酋矛常有四尺,夷矛三尋。(0926中)

【廬舍】倚廬與堊室。倚廬臨時搭成的簡陋棚屋稱倚廬,四壁用白土粉刷的屋子稱堊室,均爲居喪者所住的簡陋屋子。服斬衰者小祥後由倚廬改居堊室;服齊衰者,親死即居堊室。鄭玄《注》:"廬,倚廬也;舍,堊室也。"《周禮·天官·宮正》:大喪,則授～,辨其親疏、貴賤之居。(0658上)

【廬器】戈戟殳矛之柄。《周禮·冬官考工記·廬人》:廬人,爲～。(0926中)

宀部

【宁】zhù 宮室門與屏之間。鄭玄《注》:"門屏之間曰宁。"《禮記·曲禮下》:天子當～而立,諸公東面,諸侯西面曰朝。(1265中)

【宇】yǔ ❶指車蓋的邊緣。鄭玄《注》:"隤下曰宇。"孫詒讓《正義》:"蓋爪隤裹下覆,與屋四垂相似,故以屋檐爲名。"《周禮·冬官考工記·輪人》:上欲尊而～欲卑,上尊而～卑,則吐水疾而霤遠。(0910上)❷屋檐。《儀禮·士喪禮》:竹杠長三尺,置於～西階上。(1130中)

守 shǒu 見下。

【守犬】看家護院的狗。孔穎達《疏》："犬有三種：一曰守犬，守禦宅舍者也；二曰田犬，田獵所用也；三曰食犬，充君子庖廚庶羞用也。"《禮記·少儀》：犬則執緤，～、田犬，則授擯者。(1514 上)

【守臣】守土之臣。諸侯對天子的自稱。《禮記·玉藻》：凡自稱，天子曰"予一人"，伯曰"天子之力臣"，諸侯之於天子，曰"某土之～某"。(1485 中)

【守祧(tiāo)】職官名。掌管守護先王、先公的廟祧。以奄人充任。《周禮·春官·守祧》：～，掌守先王、先公之廟祧。(0784 上)

【守瘞(yì)】祭地神時，將祭品埋於地下，設人守護，謂之守瘞。鄭玄《注》："瘞，謂若祭地祇有埋牲玉者也。守之者，以祭禮未畢，若有事然。祭禮畢則去之。"《周禮·春官·司巫》：凡祭事，～。(0816 中)

【守鼜(qì)】軍中夜間警戒所擊之鼓。一夜擊三次。鄭玄《注》："守鼜，備守鼓也。……杜子春云：'一夜三擊，備守鼜也。'"孫詒讓《正義》："謂王宫中常時戒守之鼓，亦以夜鼓也。"《周禮·春官·鎛師》：凡軍之夜三鼜，皆鼓之。～亦如之。(0801 中)

宅 zhái 葬地，墓穴。古人以之爲死人在陰間所居之地，故稱。《士喪禮》鄭玄《注》："宅，葬居也。"《雜記上》孔穎達《疏》："宅，謂葬地也。"《儀禮·士喪禮》：筮～，冢人營之。(1142 下)《禮記·雜記上》：大夫卜～與葬日。(1551 上)

【宅田】分給退休官員養老的祿田。鄭玄《注》："宅田，致仕者之家所受田也。"《周禮·地官·載師》：以廛里任國中之地，以場圃任園地，以～、士田、賈田任近郊之地。(0724 下)

【宅者】指退休在家的士大夫。鄭玄《注》："宅者，謂致仕者也。致仕者去官而居宅，或在國中，或在野。"《儀禮·士相見禮》：～在邦則曰市井之臣，在野則曰草茅之臣。(0978 中)

安 ān 見下。

【安弓】力量柔弱的弓。孫詒讓《正義》："江永云：'危弓、安弓，疏説非是。下文言弓安矢安，而莫能速中，且不深，是弓弱也。……當是剽疾者爲危，柔緩者爲安。……'案：江説是也。一説，賈公彦《疏》："危弓則夾庾，弱者爲言；安弓謂王弧之類，強者而言。"《周禮·冬官考工記·弓人》：骨直以立，忿埶以奔，若是者爲之～，～爲之危矢。(0937 上)

【安矢】速度較慢的矢。參見"安弓"。《周禮·冬官考工記·弓人》：豐肉而短，寬緩以荼，若是者爲之危弓，危弓爲之～。(0937 上)

【安車】四週有裳帷、上有蓋之車。以其坐乘，故稱安車。爲王后所乘五路之一。年老的高級官員亦乘用此車。《巾車》鄭玄《注》："安車，坐乘車。凡婦人車皆坐乘。"《曲禮上》鄭玄《注》："安車，坐乘，若今小車也。"《周禮·春官·巾車》：王后之五路：重翟，錫面朱緫；厭翟，勒面繢緫；～，彫面鷖緫，皆有容蓋。(0823 下)《禮記·曲

禮上》：若不得謝，則必賜之几杖，行役以婦人，適四方，乘～。（1232中）

【安富】使富者安定。爲安定繁息萬民的六種措施之一。鄭玄《注》："安富，平其繇役，不專取。"賈公彥《疏》："言繇役均平，又不專取，則富者安，故云安富也。"《周禮·地官·大司徒》：以保息六養萬民：一曰慈幼，二曰養老，三曰振窮，四曰恤貧，五曰寬疾，六曰～。（0706中）

宗 zōng ❶宗族。同祖曰宗。宗以族得民。爲周時維繫百姓、使民心不離散的九項措施（九兩）之一。宗法制，君位由嫡長子繼承，是爲大宗。嫡長子以下的諸嫡子及庶子稱別子，別子另立新宗，是爲小宗。別子所立新宗亦由嫡長子繼承，是爲大宗，所謂"繼別爲宗"。大宗"百世不遷"，小宗祇傳五世便終止。《大宰》鄭玄《注》："宗，繼別爲大宗，收族者。"詳見"大宗""小宗"。《周禮·天官·大宰》：以九兩繫邦國之民：一曰牧，以地得民；二曰長，以貴得民；三曰師，以賢得民；四曰儒，以道得民；五曰～，以族得民；六曰主，以利得民；七曰吏，以治得民；八曰友，以任得民；九曰藪，以富得民。（0648中）《儀禮·喪服》：婦人雖在外，必有歸～，曰小宗，故服期也。（1106下）《禮記·喪服小記》：別子爲祖，繼別爲～，繼禰者爲小宗。（1495中）❷宗廟，祖廟。祭祀祖先的地方。《司約》鄭玄《注》："大約劑，邦國約也，書於宗廟之六彝，欲神監焉。"《士昏禮》鄭玄《注》："宗事，宗廟之事。"《周禮·秋官·司約》：凡大約劑，書於～彝；小約劑，書於丹圖。（0881上）《儀禮·士昏禮》：往迎爾相，承我～事。（0972下）《禮記·檀弓上》：及葬，毀～，躐行，出于大門，殷道也。（1286中）❸指嫡長子，亦稱宗子。泛指大、小宗之嫡長子。《士昏禮》鄭玄《注》："稱其宗子。"《大傳》鄭玄《注》："合之宗子之家，序昭穆也。"孔穎達《疏》："從宗，謂從大、小宗也。"孫希旦《集解》："若宗子祭則族人皆侍是也。"《儀禮·士昏禮》：支子，則稱其～。（0973上）《禮記·大傳》：同姓從～，合族屬。（1507上）❹諸侯夏時朝見天子曰宗。《周禮·春官·大宗伯》：以賓禮親邦國：春見曰朝，夏見曰～，秋見曰覲，冬見曰遇。（0759下）❺遷主。出師征伐，必遷廟主行，以備祭祀。鄭玄《注》："宗，遷主也。"《周禮·春官·肆師》：凡師甸，用牲于社～，則爲位。（0769下）❻職官名。即宗伯。掌宗族事務及祭祀之禮。孔穎達《疏》："宗，宗伯也。祝，大祝也。"《禮記·禮運》：故～祝在廟，三公在朝，三老在學。（1425下）❼宗祭。上古祭禮之一。有虞氏宗堯，夏后氏宗禹，殷人宗湯，周人宗武王。鄭玄《注》："禘、郊、祖、宗，謂祭祀以配食也。"孫希旦《集解》："宗者，德高而可尊，其廟不遷也。"《禮記·祭法》：有虞氏禘黃帝而郊嚳，祖顓頊而～堯。（1587中）

【宗人】職官名。掌禮及宗廟之官。《周禮》有都宗人、家宗人。《文王世子》鄭玄《注》："宗人，掌禮及宗廟也。"《士冠禮》鄭玄《注》："宗人，有司主禮者。"胡培翬《正義》："《儀禮釋官》云：'宗人，私臣掌禮及宗廟。'案：掌禮之官，天子謂之宗伯，諸侯以下通謂之宗人。《周禮》有都宗人、家宗人。……《周禮》都、家宗人皆王朝所置,諸侯、大夫之宗人或自使其家臣爲之,士雖卑亦當有家臣主禮事者,如大夫宗人之職。《儀禮·士冠禮》:～告事畢。(0947上)《禮記·文王世子》:～授事,以爵,以官。(1407下)

【宗子】❶大宗的嫡長子。宗法制,嫡長子承繼大宗,故稱宗子。《喪服》鄭玄《注》:"宗子,繼別之後,百世不遷,所謂大宗也。"《儀禮·喪服》:丈夫、婦人爲～、～之母、妻。(1110中)《禮記·曲禮下》:支子不祭,祭必告于～。(1269上)❷泛指嫡長子。包括大、小宗而言。鄭玄《注》:"宗子者,適長子也。"賈公彦《疏》:"大宗、小宗皆是,適妻所生長子也。"《儀禮·士昏禮》:～無父,母命之。(0973上)

【宗兄】庶子對年長於己的嫡子的稱呼。鄭玄《注》:"與宗子爲列,則曰'宗兄'若'宗弟'。"《禮記·曾子問》:～、宗弟、宗子在他國,使某辭。(1399上)

【宗后】王后。孫詒讓《正義》:"林希逸云:'宗后,尊后也,即王后也。'"《周禮·冬官考工記·玉人》:駔琮五寸,～以爲權。大琮十有二寸,射四寸,厚寸,是謂內鎮,～守之。(0923中)

【宗伯】職官名。爲《周禮》六官之春官。有大宗伯、小宗伯。掌邦禮,以佐王和邦國。《周禮·春官·敘官》:乃立春官～,使帥其屬而掌邦禮,以佐王和邦國。(0752中)

【宗弟】庶子對年幼於己的嫡子的稱呼。鄭玄《注》:"與宗子爲列,則曰'宗兄'若'宗弟'。"《禮記·曾子問》:宗兄、～、宗子在他國,使某辭。(1399上)

【宗後】宗子。鄭玄《注》:"宗後,宗子也。"詳見"宗子"。《禮記·曲禮下》:若兄弟宗族猶存,則反告於～。(1257中)

【宗室】大宗之家。《士昏禮》鄭玄《注》:"宗室,大宗之家。"《喪大記》鄭玄《注》:"宗室,宗子之家。"《儀禮·士昏禮》:若祖廟已毀,則教于～。(0971上)《禮記·喪大記》:朔月、忌日則歸哭于～。(1582上)

【宗祝】❶職官名。即大祝。掌祭祀告神之贊辭。爵下大夫。孫詒讓《正義》:"此經宗祝,則似專屬大祝,故下注即引《大祝》職以證義也。"《周禮·冬官考工記·玉人》:天子以巡守,～以前馬。(0923上)❷宗伯和大祝。掌宗族事務及祭祀之禮。孔穎達《疏》:"宗,宗伯也。祝,大祝也。"《禮記·禮運》:故～在廟,三公在朝,三老在學。(1425下)

【宗祧(tiāo)】宗廟與祧廟。宗廟是親廟,天子四親廟爲父、祖、曾祖和高祖。祧指遠祖之廟,爲高祖以上。《禮記·祭義》:聖人以是爲未足也,築爲宮室,設爲～,以別親疏遠邇,教民反古復始,不忘其所由生也。(1595下)

【宗族】謂同宗、同族之人。《周禮·春官·大宗伯》:以嘉禮親萬民:以飲食之禮親～兄弟,以昏冠之禮親成男女,以賓射之禮親故舊、朋友,以饗燕之禮親四方之賓客,以脤膰之禮親兄

弟之國,以賀慶之禮親異姓之國。(0760 中)《禮記·哀公問》:脩其宗廟,歲時以敬祭祀,以序~。(1611 上)

【宗婦】❶同宗人之妻。《特牲饋食禮》胡培翬《正義》引蔡德晋《禮經本義》云:"宗婦,同宗之婦來助祭者。"《儀禮·特牲饋食禮》:~執兩籩,户外坐。(1185 中)《禮記·祭統》:~執盎從,夫人薦涗水。(1603 下)❷宗子之妻。孔穎達《疏》:"宗婦,謂大宗子之婦。"《禮記·内則》:適子、庶子,祇事宗子、~。(1463 下)

【宗廟】祖廟。祭祀祖先的地方。《周禮·春官·小宗伯》:掌建國之神位,右社稷,左~。(0766 上)《儀禮·喪服》:大夫去,君埽其~,故服齊衰三月也,言與民同也。(1111 中)《禮記·王制》:天子諸侯~之祭,春曰礿,夏曰禘,秋曰嘗,冬曰烝。(1335 下)

【宗器】祭器。鄭玄《注》:"宗器,祭器也。"《禮記·中庸》:春秋脩其祖廟,陳其~,設其裳衣,薦其時食。(1629 上)

【宗彝】宗廟之六種酒具。六彝爲鷄彝、鳥彝、斝彝、黄彝、虎彝、蜼彝。鄭玄《注》:"大約劑,邦國約也,書於宗廟之六彝,欲神監焉。"《周禮·秋官·司約》:凡大約劑,書於~;小約劑,書於丹圖。(0881 上)

定 dìng 見下。

【定墨】判定龜甲裂紋之吉凶。爲大史之職事。鄭玄《注》:"視兆坼也。"孫希旦《集解》:"凡卜,以火灼龜,視其裂紋,以占吉凶,其鉅紋謂之墨,其細紋旁出者謂之坼。謂之墨者,卜以墨畫龜腹而灼之,其從墨而裂者吉,不從墨而裂者凶,故卜吉謂之從。裂紋不必皆從墨,以其吉者名之,故總謂之墨也。"《禮記·玉藻》:卜人定龜,史~,君定體。(1475 上)

【定龜】選定占卜所當灼之龜。龜之甲有多種,占卜不同之事當用不同之龜甲,故需卜師選定。鄭玄《注》:"謂靈、射之屬所當用者。"孔穎達《疏》:"其所當用,謂卜祭天用靈,祭地用射,射則繹也,春用果,秋用雷之屬也。"孫希旦《集解》:"愚謂卜人,卜師也。定龜,定龜體所當灼。《卜師》云:'凡卜,辨龜之上下、左右、陰陽,以授命龜者。'"《禮記·玉藻》:卜人~,史定墨,君定體。(1475 上)

【定體】判定兆體之吉凶。由國君來判定。鄭玄《注》:"視兆所得也。"《禮記·玉藻》:卜人定龜,史定墨,君~。(1475 上)

宜 yí

祭土地之神。《大祝》孫詒讓《正義》:"宜者,祭於大社。《爾雅·釋天》云:'起大事,動大衆,必先有事乎社而後出,謂之宜。'"《王制》鄭玄《注》:"類、宜、造,皆祭名。其禮亡。"《周禮·春官·大祝》:大師,~于社,造于祖,設軍社,類上帝。(0811 中)《禮記·王制》:天子將出,類乎上帝,~乎社,造乎禰。(1332 中)

官 guān

❶職官。周代根據職能分設六大部門,各有若干下屬,共約三百六十,蓋稱三百六十官。《周禮·春官·大史》:凡邦國、都鄙及萬民之有約劑者藏焉,以貳六~,

六～之所登。(0817上)❷官府,官署。爲百官府治事之所,亦爲邦國、都鄙收藏契約文書之處。鄭玄《注》:"官謂板圖文書之處,府謂寶藏貨賄之處也。"孫希旦《集解》:"愚謂官,謂百官府治事之處。"《禮記·曲禮下》:在～言～,在府言府。(1270上)

【官田】庶人在官者其家人所受之田。在官的庶人指府、史、胥、徒等,其本人食官廩,其家人則受田以耕。鄭玄《注》:"官田,庶人在官者其家所受田也。"《周禮·地官·載師》:以～、牛田、賞田、牧田任遠郊之地。(0724下)

【官令】官府徵召之令。爲八職之一徒所掌。《周禮·天官·宰夫》:辨其八職:一曰正,掌官灋以治要;二曰師,掌官成以治凡;三曰司,掌官灋以治目;四曰旅,掌官常以治數;五曰府,掌官契以治藏;六曰史,掌官書以贊治;七曰胥,掌官敘以治敘;八曰徒,掌～以徵令。(0655下)

【官刑】百官失職的刑法。爲大宰所掌治理官府的八法之一,亦爲大司寇所掌糾萬民的五刑之一。《大宰》鄭玄《注》:"鄭司農云:'……官刑,謂司刑所掌墨辠、劓辠、宮辠、刖辠、殺辠也。'……玄謂官刑,《司寇》之職五刑其四曰官刑,上能糾職。"賈公彥《疏》:"先鄭謂司刑所掌墨辠、劓辠、宮辠、刖辠、殺辠,此是正五刑施于天下,非爲官中之刑,故後鄭不從之也。……玄謂官刑,……是專施于官府之中,於義爲當也。"孫詒讓《正義》:"凡百官府黜陟廢置誅賞,並此爲斷,與《司刑》'五刑'異也。"《周禮·天官·大宰》:以八灋治官府:一曰官屬,以舉邦治;二曰官職,以辨邦治;三曰官聯,以會官治;四曰官常,以聽官治;五曰官成,以經邦治;六曰官灋,以正邦治;七曰～,以糾邦治;八曰官計,以弊邦治。(0645下)《周禮·秋官·大司寇》:以五刑糾萬民:一曰野刑,上功糾力;二曰軍刑,上命糾守;三曰鄉刑,上德糾孝;四曰～,上能糾職;五曰國刑,上愿糾暴。(0870中)

【官成】官府載入簿書的成規。爲大宰所掌治理官府的八法之一。鄭玄《注》引鄭司農云:"官成謂官府之成事品式也。《小宰》職曰:'以官府之八成經邦治:一曰聽政役以比居,二曰聽師田以簡稽,三曰聽閭里以版圖,四曰聽稱責以傅別,五曰聽禄位以禮命,六曰聽取予以書契,七曰聽賣買以質劑,八曰聽出入以要會。'"孫詒讓《正義》:"謂各官府所掌之事已成,則案其簿書文字,攷其品數法式,即治會之事。……然則鄭所謂成事品式,即謂凡官事之有文籍可稽校案驗者,《小宰》以比居簡稽等爲八成,正是此義。"參見"八成"。《周禮·天官·大宰》:以八灋治官府:一曰官屬,以舉邦治;二曰官職,以辨邦治;三曰官聯,以會官治;四曰官常,以聽官治;五曰～,以經邦治;六曰官灋,以正邦治;七曰官刑,以糾邦治;八曰官計,以弊邦治。(0645下)

【官材】按才能授予官職。爲選賢任官之法。孔穎達《疏》:"觀其材能高下,知其堪任何官,是準擬其官以其材,故云官材也。"《禮記·王制》:司馬辨論～,論進士之賢者,以告於王而定其論。(1343中)

【官長】指大夫、士。鄭玄《注》:"官長,大夫、士。"《禮記・檀弓下》:天子崩三日,祝先服;五日,~服;七日,國中男女服;三月,天下服。(1314中)

【官府】各級官吏處理政務的場所,亦指各級官吏。經文、注文中常有官府與百官互文的情況。鄭玄《注》:"百官所居曰府。"孫詒讓《正義》:"此八法爲治百官之通法。"《周禮・天官・大宰》:一曰治典,以經邦國,以治~,以紀萬民;二曰教典,以安邦國,以教~,以擾萬民;三曰禮典,以和邦國,以統百官,以諧萬民;四曰政典,以平邦國,以正百官,以均萬民。(0645中)《周禮・天官・大宰》:以八灋治~。(0645下)

【官契】官府中的書券契約。爲八職之一府所掌。賈公彥《疏》:"藏文書及器物者,其名曰府。"《周禮・天官・宰夫》:辨其八職:一曰正,掌官灋以治要;二曰師,掌官成以治凡;三曰司,掌官灋以治目;四曰旅,掌官常以治數;五曰府,掌~以治藏;六曰史,掌官書以贊治;七曰胥,掌官敘以治敘;八曰徒,掌官令以徵令。(0655下)

【官計】考核百官治績的規定。爲大宰所掌治理官府的八法之一。鄭玄《注》:"鄭司農云:'……官計謂三年則大計羣吏之治而誅賞之。'……玄謂……官計謂《小宰》之六計,所以斷羣吏之治。"孫詒讓《正義》:"云'官計謂三年則大計羣吏之治而誅賞之'者,據後文,凡三年大計與歲計,通爲官計,先鄭略舉一隅爲釋也。……云'官計謂《小宰》之六計,所以斷羣吏之治'者,……與此經官計文亦相會,故鄭據彼爲歲計,補先鄭義也。"《周禮・天官・大宰》:以八灋治官府:一曰官屬,以舉邦治;二曰官職,以辨邦治;三曰官聯,以會官治;四曰官常,以聽官治;五曰官成,以經邦治;六曰官灋,以正邦治;七曰官刑,以糾邦治;八曰~,以弊邦治。(0645下)

【官師】指中士、下士、庶士、府吏等低級官吏。鄭玄《注》:"官師,中士、下士、庶士、府吏之屬。"《禮記・祭法》:~一廟,曰考廟。(1589上)

【官書】官府中的文書記錄。爲八職之一史所掌。《周禮・天官・宰夫》:辨其八職:一曰正,掌官灋以治要;二曰師,掌官成以治凡;三曰司,掌官灋以治目;四曰旅,掌官常以治數;五曰府,掌官契以治藏;六曰史,掌~以贊治;七曰胥,掌官敘以治敘;八曰徒,掌官令以徵令。(0655下)

【官敘】官府中的尊卑次序。爲八職之一胥所掌。《周禮・天官・宰夫》:辨其八職:一曰正,掌官灋以治要;二曰師,掌官成以治凡;三曰司,掌官灋以治目;四曰旅,掌官常以治數;五曰府,掌官契以治藏;六曰史,掌官書以贊治;七曰胥,掌~以治敘;八曰徒,掌官令以徵令。(0655下)

【官常】官府的常職。爲大宰所掌治理官府的八法之一。鄭玄《注》引鄭司農云:"官常謂各自領其官之常職,非連事通職所共也。"孫詒讓《正義》:"每官各有其專領之職事,不得相侵越,官常主分,與官聯主合,義正相反。蓋以官職分言之,著於書者爲官法,布於行事者爲官常,官尊者法與常皆備,官卑者則惟奉行官常而已。"《周禮・天官・大宰》:以八灋治官府:一曰官屬,以舉邦治;二曰官職,以辨邦治;三曰官聯,以會官治;四曰～,以聽官治;五曰官成,以經邦治;六曰官灋,以正邦治;七曰官刑,以糾邦治;八曰官計,以弊邦治。(0645下)

【官禁】官府中的禁令。爲五禁之一。鄭玄《注》:"官,官府也。"孫詒讓《正義》:"官與府通,故官府亦省稱官也。"《周禮·秋官·士師》:掌國之五禁之灋,以左右刑罰:一曰宮禁,二曰～,三曰國禁,四曰野禁,五曰軍禁。(0874下)

【官聯】官府聯合治事的職責。爲大宰所掌治理官府的八法之一。鄭玄《注》引鄭司農云:"官聯謂國有大事,一官不能獨共,則六官共舉之。……聯謂連事通職,相佐助也。《小宰》職曰:'以官府之聯合邦治,一曰祭祀之聯事,二曰賓客之聯事,三曰喪荒之聯事,四曰軍旅之聯事,五曰田役之聯事,六曰斂弛之聯事。'"《周禮·天官·大宰》:以八灋治官府:一曰官屬,以舉邦治;二曰官職,以辨邦治;三曰～,以會官治;四曰官常,以聽官治;五曰官成,以經邦治;六曰官灋,以正邦治;七曰官刑,以糾邦治;八曰官計,以弊邦治。(0645下)

【官職】六官的職責。爲大宰所掌治理官府的八法之一。鄭玄《注》引鄭司農云:"官職謂六官之職。《小宰》職曰:'以官府之六職辨邦治,一曰治職,二曰教職,三曰禮職,四曰政職,五曰刑職,六曰事職。'"孫詒讓《正義》:"職者,主領之言,即《敘官》注云'各有所職而百事舉'也。凡三百六十職,通謂之官職,此舉其大者明之。"《周禮·天官·大宰》:以八灋治官府:一曰官屬,以舉邦治;二曰～,三曰官聯,以會官治;四曰官常,以聽官治;五曰官成,以經邦治;六曰官灋,以正邦治;七曰官刑,以糾邦治;八曰官計,以弊邦治。(0645下)

【官灋】官府掌管的法度。如祭祀、朝覲、會同、賓客之法。爲大宰所掌治理官府的八法之一。鄭玄《注》引鄭司農云:"官法謂職所主之法度,官職主祭祀、朝覲、會同、賓客者,則皆自有其法度。《小宰》職曰:'以灋掌祭祀、朝覲、會同、賓客之戒具。'"孫詒讓《正義》:"謂邦之大事,各有專法,著其禮節名數,若今會典、通禮之屬,一官秉之,以授衆官,使各依法共治之,是謂官法。"《周禮·天官·大宰》:以八灋治官府:一曰官屬,以舉邦治;二曰官職,以辨邦治;三曰官聯,以會官治;四曰官常,以聽官治;五曰官成,以經邦治;六曰～,以正邦治;七曰官刑,以糾邦治;八曰官計,以弊邦治。(0645下)

【官屬】六官官員的統屬關係。爲大宰所掌治理官府的八法之一。鄭玄《注》引鄭司農云:"官屬,謂六官其屬各六十。若今博士、大史、大宰、大祝、大樂屬大常也。《小宰》職曰'以官府之六屬舉邦治:一曰天官,其屬六十'是也。"孫詒讓《正義》:"屬猶屬別,謂以爵秩尊卑相領隸。"《周禮·天官·大宰》:以八灋治官府:一曰～,以舉邦治;二曰官職,以辨邦治;三曰官聯,以會官治;四曰官常,以聽官治;五曰官成,以經邦治;六曰官灋,以正邦治;七曰官刑,以糾邦治;

八曰官計,以弊邦治。(0645下)

宛

wǎn 見下。

【宛脾】兔肉醬。鄭玄《注》:"此軒、辟雞、宛脾,皆菹類也。"孔穎達《疏》:"兔爲宛脾者,是齏也。"《禮記·內則》:或曰麋、鹿、魚爲菹,麕爲辟雞,野豕爲軒,兔爲~。(1467上)

宣

xuān 角度單位。四十五度爲宣。孫詒讓《正義》:"此總明車工倨句形體之法數也。程瑤田云:'百工皆持矩以起度,而倨句之度法遂生於矩焉。矩者,倨句之正方者也。由是而句焉,則半倨謂之宣。'"陳澧《東塾讀書記·周禮》:"一矩者,九十度角;一宣者,四十五度角。"一說,爲長度單位,一尺三寸又三分之一寸,即一個人頭的長度。鄭玄《注》:"半矩,尺三寸三分寸之一,人頭之長也。"《周禮·冬官考工記·車人》:車人之事,半矩謂之~,一~有半謂之欘。(0933中)

宥

yòu 用同"侑"。勸食。爲祭祀、飲食之禮。鄭玄《注》:"宥猶勸也。"《周禮·春官·大司樂》:王大食,三~,皆令奏鍾鼓。(0791上)

室

shì ❶堂後之正室。古人寢廟之制,前爲堂,堂後爲室;堂左右爲廂,爲夾,室左右爲房。寢制:天子、諸侯中室及東西房;大夫、士東房西室。廟制:天子至士均中室及東西房。室爲宮室之主,其西南隅稱"奧",西北隅稱"屋漏",東北隅稱"宧",東南隅稱"窔",室之中稱"中霤"。王國維《明堂廟寢通考》:"故室者,宮室之始也。後世彌文,而擴其外而爲堂,擴其旁而爲房,或更擴堂之左右而爲箱,爲夾,爲个。然堂後及左右房間之正室,必名之曰室,此名之不可易者也。此通言之,則宮謂之室,室謂之宮。析言之,則所謂室者,必指後之正室;而堂也,房也,箱也,均不得蒙此名也。"《周禮·冬官考工記·匠人》:~中度以几,堂上度以筵。(0928中)《儀禮·士昏禮》:婦說服于~,御受。(0967中)《禮記·問喪》:上堂又弗見也,入~又弗見也。(1656下)❷妻。《內則》鄭玄《注》:"室猶妻也。"《儀禮·士昏禮》:吾子有惠,貺~某也。(0972上)《禮記·內則》:三十而有~,始理男事。(1471中)❸指宗廟、廟室。鄭玄《注》:"謂人燒其宗廟。"《禮記·檀弓下》:有焚其先人之~,則三日哭。(1313中)

【室老】公卿大夫的家相。《喪服》鄭玄《注》:"室老,家相也。"胡培翬《正義》:"老是尊稱,室老爲私室之尊,主相家事,故又稱家相。"《儀禮·喪服》:公卿大夫,~,士,貴臣,其餘皆衆臣也。(1102中)《禮記·喪大記》:大夫之喪,三日之朝既殯,主人、主婦、~皆杖。(1575上)

【室事】在室內舉行的祭祀。與"堂事"相對。孔穎達《疏》:"室事,謂正祭之時,事尸在室,故云室事。"《禮記·禮器》:~交乎戶,堂事交乎階。(1442下)

宮

gōng ❶房屋、居室的通稱。古時貴賤所居,皆得稱宮。陸德明《釋文·爾雅音義》:"古者貴賤同稱宮。秦漢以來,唯王者所居稱宮焉。"《周禮·地官·大司徒》:以本俗六安萬民:一曰媺~室,二曰族墳墓,三曰聯兄弟,四曰聯師儒,五曰聯朋友,六曰同衣服。(0706 下)《儀禮・喪服》:故有東～,有西～,有南～,有北～。(1105 上)《禮記・祭義》:築～,仞有三尺,棘牆而外閉之。(1597 下)❷五聲音階的第一音級。相當於工尺樂譜的"上",現代簡譜的"1"。按五行之説,宫屬土爲君。射禮中舉旌呼以宫聲。《樂記》孔穎達《疏》:"宫屬土,土居中央,摠四方,君之象也。"《周禮・春官・大師》:皆文之以五聲:～、商、角、徵、羽。(0795 中)《儀禮・鄉射禮》:舉旌以～,偃旌以商。(1000 下)《禮記・樂記》:～爲君,商爲臣,角爲民,徵爲事,羽爲物。(1528 上)❸四面圍成之隔障。天子出行、諸侯朝聘時,在郊外用矮牆、車、帷幔等圍成的象徵宫室的牆。《掌舍》鄭玄《注》:"謂王行止宿阻險之處,備非常,次車以爲藩。……又委壝土起埒圻以爲宫。"《觀禮》鄭玄《注》:"宫,謂壝土爲埒,以象牆壁也。"《周禮・天官・掌舍》:設車～、轅門,爲壇壝～,棘門。(0676 上)《儀禮・覲禮》:諸侯覲于天子,爲～方三百步。(1092 中)❹帝王所居之處。《周禮・天官・閽人》:掌守王～之中門之禁,喪服、凶器不入～,潛服、賊器不入～,奇服、怪民不入～。(0686 下)《禮記・内則》:深～固門,閽寺守之,男不入,女不出。(1468 下)❺宗廟。《聘禮》賈公彦《疏》:"宫是廟名,其受聘享於廟,故以宫言之。"《儀禮・聘禮》:以君命聘于某君,某君受幣于某～。(1067 下)《禮記・祭義》:築爲宫室,設爲～祧,以別親疎遠邇。(1595 下)❻殯宫。停放靈柩的正寢。《檀弓下》鄭玄《注》:"宫,殯宫。"《儀禮・既夕禮》:出～,踴,襲。(1155 上)《禮記・檀弓下》:君於大夫,將葬,弔於～。(1299 上)❼宫刑。閹割男子生殖器,破壞婦女生殖機能的刑罰。爲五刑之一。鄭玄《注》:"宫者,丈夫則割其勢,女子閉於宫中,若今宦男女也。"《周禮・秋官・司刑》:墨罪五百,劓罪五百,～罪五百,刖罪五百,殺罪五百。(0880 中)

【宫人】職官名。掌管天子六寢的掃除,執燭,供爐炭,供王沐浴等。爵中士、下士。《周禮・天官・宫人》:～,掌王之六寢之脩。(0675 下)

【宫正】職官名。爲宫中官員之長,掌管王宫之禁令,檢查供職人數,安排值班人員等。爵上士、中士、下士。《周禮・天官・宫正》:～,掌王宫之戒令、糾禁。(0657 上)

【宫刑】❶宫中之刑法。用以糾察宫中違禁的行爲。鄭玄《注》:"宫刑,在王宫中者之刑。"孫詒讓《正義》:"此宫刑蓋即犯宫禁者之刑也。"《周禮・天官・小宰》:掌建邦之～,以治王宫之政令,凡宫之糾禁。(0653 上)❷閹割男子生殖器,破壞婦女生殖機能的刑罰。爲五刑之一。詳見"宫罪"。《禮記・文王世子》:公族無～,不翦其類也。(1409 下)

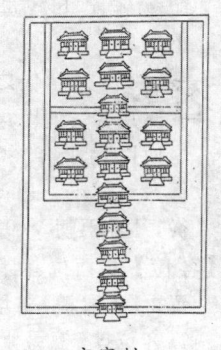

宫寢制

【宮伯】職官名。掌管王宮中列入名籍的公卿大夫子弟。爵中士、下士。《周禮·天官·宮伯》：～，掌王宮之士庶子，凡在版者。(0658 上)

【宮室】房屋的通稱。《周禮·春官·家宗人》：掌家禮與其衣服、～、車旗之禁令。(0827 下)《禮記·曲禮下》：君子將營～，宗廟爲先，廄庫爲次，居室爲後。(1258 中)

【宮宰】職官名。即内宰。掌守護王宮及宮中禁令。鄭玄《注》："宮宰，守宮官也。"《禮記·祭統》：是故先期旬有一日，～宿夫人。(1603 下)

【宮隅】宮牆四角增高之處。王宮隅高七丈。鄭玄《注》："宮隅、城隅，謂角浮思也。雉，長三丈，高一丈。"《周禮·冬官考工記·匠人》：王宮門阿之制五雉，～之制七雉，城隅之制九雉。(0928 下)

【宮禁】出入王宮的禁令。爲五禁之一。《周禮·秋官·士師》：掌國之五禁之灋，以左右刑罰：一曰～，二曰官禁，三曰國禁，四曰野禁，五曰軍禁。(0874 下)

【宮罪】即宮刑。處以宮刑之罪的刑罰。閹割男子生殖器，破壞婦女生殖機能。爲五刑之一。鄭玄《注》："宮者，丈夫則割其勢，女子閉於宮中，若今宦男女也。"《周禮·秋官·司刑》：墨罪五百，劓罪五百，～五百，刖罪五百，殺罪五百。(0880 中)

【宮廟】庶人祭祀祖先的寢廟。賈公彥《疏》："非必正廟，但是鬼神所居曰廟。若《祭法》云：'庶人祭於寢也'。"《儀禮·喪服》：所適者以其貨財爲築～，歲時使之祀焉。(1108 下)

【宮縣(xuán)】四面懸掛鍾磬等樂器。爲天子樂懸之法。古時鍾磬等樂器懸掛於架上，其形制因用樂者身份不同而有別，天子懸掛四面，象徵宮室四面之圍牆，故稱。《小胥》鄭玄《注》："樂縣，謂鍾磬之屬縣於笱虡者。鄭司農云：'宮縣，四面縣；軒縣，去其一面；判縣，又去其一面；特縣，又去其一面。四而象宮室四面有牆，故謂之宮縣。軒縣三面，其形曲。'……玄謂軒縣去南面，辟王也。判縣左右之合，又空北面。特縣縣於東方，或於階間而已。"孫詒讓《正義》："此辨天子、諸侯、卿大夫、士樂縣差次之異，亦樂官之官法也。凡鍾磬鼓鼙等，無論特縣編縣，皆在堂下，堂上不得有縣。"《周禮·春官·小胥》：正樂縣之位，王～，諸侯軒縣，卿大夫判縣，士特縣。(0795 上)《禮記·郊特牲》：諸侯之～，而祭以白牡，擊玉磬。(1448 上)

【宮中諱】(母親爲娘家已故雙親諱)子孫在家中亦諱而不説。爲所需避諱的情況之一。鄭玄《注》："母之所爲其親諱，子孫於宮中不言。"《禮記·雜記下》：母之諱，～。(1564 上)

客 kè 指諸侯之使臣。主國稱之爲客。使臣爲孤卿爲大客，蕃國之使臣爲小客。《周禮·秋官·司儀》：君館～，～辟，介受命，遂送，～從，拜辱于朝。(0899 上)

【客位】指西位、西階。其爲賓客的位置。《士冠禮》胡培翬《正義》："户西爲客位。"《檀弓上》孫希旦《集解》："周人殯於西階之上。"《儀禮·士冠禮》：醮於～，加有成也。(0958 中)

《禮記·檀弓上》：飯於牖下，小斂於戶內，大斂於阼，殯於～，祖於庭，葬於墓。(1285 中)《禮記·郊特牲》：適子冠於阼，以著代也。醮於客位，加有成也。三加彌尊，喻其志也。冠而字之，敬其名也。(1455 下)

【客階】指西階。爲賓客升降之階。鄭玄《注》："孝子升自客階，受弔於西方賓位之處，不敢在東方以即父位。"《禮記·坊記》：升自～，受弔於賓位，教民追孝也。未沒喪，不稱君，示民不爭也。(1621 中)

【客爵】主人酬賓之爵。鄭玄《注》："客爵，謂主人所酬賓之爵也。"《禮記·少儀》：～居左，其飲居右。(1515 上)

家 jiā ❶大夫之采地食邑。鄭玄《注》："都，王子弟及公卿之采地；家，大夫之采地。"《周禮·秋官·方士》：掌都～。(0877 上) ❷指卿大夫。孔穎達《疏》："謂卿大夫之僕。"《禮記·禮運》：故仕於公曰臣，仕於～曰僕。(1418 上)

【家士】職官名。掌管大夫采地内吏民的獄訟。其職闕。爵中士、下士。鄭玄《注》："都家之士，主治都家吏民之獄訟。"孫詒讓《正義》："都士主治大都、小都王子弟公卿采地之獄訟，家士主治家邑大夫采地之獄訟也。"《周禮·秋官·敍官》：都士中士二人，下士四人，府二人，史四人，胥四人，徒四十人。～亦如之。(0870 上)

【家臣】卿大夫臣屬的總稱。《禮記·郊特牲》：大夫之臣不稽首，非尊～，以辟君也。(1448 下)

【家邑】大夫之采地。家邑在稍地，即王都外二百里至三百里之間。鄭玄《注》："家邑，大夫之采地。"參見"稍地"。《周禮·地官·載師》：以公邑之田任甸地，以～之田任稍地。(0725 上)

【家相】卿大夫的管家。孔穎達《疏》："家相，謂助知家事者也。"《禮記·曲禮下》：國君不名卿老、世婦，大夫不名世臣、姪、娣，士不名～、長妾。(1256 下)

【家削】大夫的采地。在王都外二百里至三百里之間。削，又作稍。賈公彦《疏》："謂二(三)百里之内，地名削。其中有大夫采地，謂之家，故名家削。"《周禮·天官·大宰》：以九賦斂財賄：一曰邦中之賦，二曰四郊之賦，三曰邦甸之賦，四曰～之賦，五曰邦縣之賦，六曰邦都之賦，七曰關市之賦，八曰山澤之賦，九曰弊餘之賦。(0647 下)

【家僕】卿大夫的家臣。孔穎達《疏》："或與家臣之僕錯雜而居。"《禮記·禮運》：以衰裳入朝，與～雜居齊齒，非禮也。(1418 上)

【家大夫】即家宰。卿大夫的管家。多由其家臣小吏擔任。孫希旦《集解》："愚謂家大夫，即宰也。"《禮記·檀弓下》：陳子車死於衛，其妻與其～謀以殉葬。(1310 上)

【家司馬】職官名。掌管采邑内的軍賦。由大夫家臣擔任。《周禮·夏官·敍官》：～各使其臣，以正於公司馬。(0834 中)

【家宗人】職官名。掌管采邑祭祀的禮儀。《周禮·春官·家宗人》：～，

掌家祭祀之禮。(0827中)

【家削之賦】王都外二百里至三百里內大夫采地、公邑的地征。爲九賦之一。用於天子賞賜羣臣的開支。《大宰》孫詒讓《正義》:"'四曰家削之賦'者,距國三百里,公邑之地征。……賈依後鄭義,以此九賦爲口泉,與稅異。……不知此賦自是地征,非口賦。地征在公邑固全入王,采邑雖入其主,亦計率貢其餘於王。"一說,以此賦爲口賦。賈公彦《疏》:"謂二(三)百里之內,地名削。其中有大夫采地,謂之家,故名家削。大夫采地中,賦稅入大夫家。但大夫家采地外,其地爲公邑,公邑之內,其民出泉,入王家。故舉家削以表公邑之民也。"《周禮・天官・大宰》:以九賦斂財賄:一曰邦中之賦,二曰四郊之賦,三曰邦甸之賦,四曰~,五曰邦縣之賦,六曰邦都之賦,七曰關市之賦,八曰山澤之賦,九曰幣餘之賦。(0647下)《周禮・天官・大府》:~,以待匪頒;邦甸之賦,以待工事。(0677下)

宵 xiāo 見下。

【宵衣】即綃衣。以綃絲爲領的黑布女服。鄭玄《注》:"宵讀爲……朱綃之綃。……姆亦玄衣,以綃爲領,因以爲名且相別耳。"賈公彦《疏》:"此衣雖言綃衣,亦與純衣同是褖衣,用綃爲領,故因得名綃衣也。"《儀禮・士昏禮》:姆纚、笄、~,在其右。(0965下)

宵衣

【宵雅】即《小雅》。《詩》組成部分之一。有詩七十四篇,大部分是西周後期至春秋初期貴族宴會的樂歌,其它則是批評當時朝政過失、抒發怨憤的歌謠。鄭玄《注》:"宵之言小也。"詳見"小雅"。《禮記・學記》:《~》肄三,官其始也。(1522上)

容 róng

❶有容儀。指射箭時進退旋轉合乎禮儀。爲鄉射禮詢問衆庶的五事之一。鄭玄《注》引鄭司農云:"容謂容貌也。"孫詒讓《正義》:"先鄭不知和容爲射禮,故泛舉行及容貌爲說,其實非也。《論語》馬注以射禮說和爲志體和,容爲有容儀。……蓋和專指射者之志體,容則通凡射儀之委曲緣繹者而言,志體和即《射義》所謂志正體直也,有容儀即《射義》所謂進退周還必中禮也。"《周禮・地官・鄉大夫》:退而以鄉射之禮五物詢衆庶:一曰和,二曰~,三曰主皮,四曰和容,五曰興舞。(0716下)❷指雅頌之樂。"和容"謂射箭的動作與《頌》之節奏相應。孫詒讓《正義》:"段玉裁云:'頌容古今字。漢時以容爲容兒字,則以頌專爲雅頌字。……馬季長曰"四曰和頌,合《雅》《頌》也。"'"《周禮・地官・鄉大夫》:退而以鄉射之禮五物詢衆庶:一曰和,二曰容,三曰主皮,四曰和~,五曰興舞。(0716下)❸車帷。鄭玄《注》引鄭司農云:"容謂幨車,山東謂之裳帷,或曰潼容。"賈公彦《疏》:"潼容是容,潼容與幨及裳帷爲一物也。"《周禮・春官・巾車》:厭翟,勒面繢總;安車,彫面鷖總,皆有~蓋。(0823下)❹蔽障物。以皮革做成,行射禮時報靶者用以防箭。又稱乏。鄭玄《注》:"容者,乏也。待獲者

所蔽也。"《周禮・夏官・射人》:王以六耦射三侯,三獲三～。(0845上)❺做出合於禮的儀容。以爲冠者取法。爲冠禮儀節之一。鄭玄《注》:"進容者,行翔而前鶬焉。"《儀禮・士冠禮》:賓右手執項,左手執前,進～,乃祝。(0952中)

【容臭】香囊。鄭玄《注》:"容臭,香物也。"《禮記・内則》:拂髦,總角,衿纓,皆佩～。(1462上)

【容蓋】帷幔和篷蓋。爲王后所乘之車的裝飾。鄭玄《注》引鄭司農云:"容謂襜車,山東謂之裳帷,或曰潼容。……蓋,如今小車蓋也。"《周禮・春官・巾車》:厭翟,勒面繢總;安車,彫面鷖總,皆有～。(0823下)

【容體正】容貌體態端正。爲行冠禮後表現出合於禮義的三個方面之一。鄭玄《注》:"言人爲禮,以此三者爲始。"孔穎達《疏》:"言欲一世行禮之始,先須正容體,齊顔色,順辭令爲先也,然後可以正君臣,親父子,和長幼。"孫希旦《集解》:"吕氏大臨曰:'容體,動乎四體者也。顔色,發乎面目者也。辭令,見乎言語者也。三者,脩身之要也。必學而後成,必成人而後備。'"《禮記・冠義》:～,顔色齊,辭令順,而后禮義備。……故冠而后服備,服備而后～,顔色齊,辭令順。(1679下)

宰 zǎi ❶指冢宰、大宰。天子之臣。爲六卿之首,主治百官。《量人》鄭玄《注》:"冢宰佐王祭。"《表記》鄭玄《注》:"宰,冢宰也。冢宰主治百官。"《周禮・夏官・量人》:凡～祭,與鬱人受斝歷而皆飲之。(0842下)《禮記・表記》:邇臣守和,～正百官,大臣慮四方。(1643上)❷指家宰。卿大夫、士的管家。主家中政教。多由其家臣小吏擔任。《士冠禮》鄭玄《注》:"宰,有司主政教者。"賈公彦《疏》:"士雖無臣,以屬吏爲宰,若諸侯使司徒兼冢宰以出政教之類,故云'主政教者'。"胡培翬《正義》:"《儀禮釋官》云:'宰,家宰,私臣,亦曰家相。'……此諸侯之士無地,未必有邑宰,但於私臣中擇其長者一人,使主家之政教,亦謂之宰。"《檀弓下》孫希旦《集解》:"愚謂家大夫,即宰也。"《儀禮・士冠禮》:～自右少退,贊命。(0946下)《禮記・檀弓下》:陳子車死於衞,其妻與其家大夫謀以殉葬。……子亢曰:"以殉葬,非禮也。雖然,則彼疾當養者,孰若妻與～?(1310上)❸指宰夫。孫詒讓《正義》:"此宰在行人下,則非司徒卿,蓋指宰夫以下言之。"參見"宰夫①"。《周禮・秋官・掌客》:羣介、行人、～史皆有牢。(0900中)❹指諸侯國的執政大臣,即上卿。鄭玄《注》:"宰,上卿,貳君事者也。諸侯謂司徒爲宰。"《儀禮・聘禮》:～命司馬戒衆介,衆介皆逆命,不辭。(1046中)❺指小宰。大宰之屬官。孔穎達《疏》:"宰,小宰也。"《禮記・月令》:命～歷卿、大夫至于庶民土田之數,而賦犧牲,以共山林名川之祀。(1384下)

【宰夫】❶職官名。小宰之副貳。掌治朝之法,正公、卿、大夫、羣吏之位,掌其禁令,管理諸臣及百姓的上書、奏事等。爵下大夫。諸侯亦有宰夫,由士擔任。《既夕禮》胡培翬《正義》:"天子宰夫下大夫,諸侯之官降天子一等,宰夫亦士也。"《周禮·天官·宰夫》:~之職,掌治朝之灋,以正王及三公、六卿、大夫、羣吏之位,掌其禁令。(0655中)《儀禮·既夕禮》:至于邦門,公使~贈玄纁束。(1155上)《禮記·檀弓下》:既卒哭,~執木鐸以命于宮曰:"舍故而諱新。"(1313上)❷掌管膳食的小吏。鄭玄《注》:"宰夫,主膳食之官也。"《禮記·燕義》:使~爲獻主,臣莫敢與君亢禮也。(1690中)

【宰祝】太宰與太祝。均爲主祭祀之官。鄭玄《注》:"宰祝,太宰、大祝,主祭祀之官也。"《禮記·月令》:是月也,乃命~循行犧牲。(1374上)

【宰胥】宰的屬吏。鄭玄《注》:"宰胥,宰官之吏也。"《儀禮·大射》:~薦脯醢。(1030中)

寄 jì ❶能够通譯東方民族語言的官吏。孔穎達《疏》:"其通傳東方之語官謂之曰寄,言傳寄外内言語。"孫希旦《集解》:"愚謂此四者,《周禮》總謂之'象胥',故鄭氏以此爲俗間之名。"《禮記·王制》:五方之民,言語不通,嗜欲不同,達其志,通其欲,東方曰~,南方曰象,西方曰狄鞮,北方曰譯。(1338下)❷放逐到東方之稱。孫希旦《集解》:"寄者,寓也。示其雖屏之,特寓於此耳。"《禮記·王制》:屏之遠方,西方曰棘,東方曰~,終身不齒。(1342中)

【寄公】失去國土後寄居他國的諸侯。《儀禮·喪服》:~者何也?失地之君也。(1110中)《禮記·喪大記》:君之喪未小斂,爲~國賓出。(1573上)

宿 sù ❶祭祀前三日第二次齋戒稱宿。舉行祭祀等禮儀前十日(一説七日)戒祭者使齋戒謂之戒,行禮前三日再戒謂之宿。《大史》孫詒讓《正義》:"戒日,即祭前十日,《大宰》云'前期十日,帥執事而卜日,遂戒'是也。宿日在祭前三日,《大宗伯》注云:'宿,申戒也。'"參見"宿戒"。《周禮·春官·大史》:戒及~之日,與羣執事讀禮書而協事。(0817下)《禮記·禮器》:三月繫,七日戒,三日~,慎之至也。(1439中)❷設於道旁的住宿館舍。國中郊野之道每三十里設一宿,宿有路室及粟米薪芻,以供來往使者使用。鄭玄《注》:"宿可止宿,若今亭有室矣。"《周禮·地官·遺人》:三十里有~,~有路室,路室有委。(0728中)

【宿肉】隔日備肉。爲養老禮六十歲者之飲食必備。陳澔《集説》:"宿肉,謂恒隔日備之。"《禮記·王制》:五十異粻,六十~,七十貳膳。(1346上)

【宿戒】❶宿與戒。舉行祭祀等禮儀前十日(一説七日)戒祭者使齋戒謂之戒,行禮前三日再戒謂之宿。鄭玄《注》:"宿戒,當給事豫告之齊戒也。"賈公彦《疏》:"此亦祭前十日戒之使齊,祭前三日又宿之,故宿戒並言。"《周禮·春官·世婦》:掌女宫之~,及祭祀,比其具。(0784中)❷祭祀前三日第二次齋戒。鄭玄《注》:"再戒爲宿戒。禮,將有事,先戒,而又宿戒。"《儀禮·鄉飲酒禮》:鄉朝服而謀賓,介,皆使能,不~。(0990中)

【宿息】設於道路旁賓客可休息住宿之處。鄭玄《注》:"宿息,廬之屬,賓客所宿及晝止者也。"《周禮·秋官·

野廬氏》：比國郊及野之道路、～、井樹。(0884 中)

寒 hán 見下。

【寒蟬】昆蟲名。又名寒螿、寒蜩。蟬的一種，體形較小，青赤色。鄭玄《注》："寒蟬，寒蜩，謂蜺也。"《禮記·月令》：涼風至，白露降，～鳴。(1373 上)

寓 yù 見下。

【寓公】失去國土後寄居他國的諸侯。鄭玄《注》："寓，寄也。"孔穎達《疏》："案《喪服》傳云：'寄公者何也？失地之君也。'或天子削地，或被諸侯所逐，皆爲失地也。"《禮記·郊特牲》：諸侯不臣～，故古者～不繼世。(1448 下)

寬 (宽) kuān 見下。

【寬疾】寬免殘疾人的徭役。爲安定繁息萬民的六種措施之一。賈公彥《疏》："謂不爲重役，輕處使之，取其半功而已，似今殘疾者也，是其寬饒疾病之法。"《周禮·地官·大司徒》：以保息六養萬民：一曰慈幼，二曰養老，三曰振窮，四曰恤貧，五曰～，六曰安富。(0706 中)

寡 guǎ

❶指老而無夫的婦人。鰥、寡、孤、獨這四種人，爲天下民衆中窮困而無處求告者，是朝廷救濟的對象。孔穎達《疏》："按《孝經》云：'男子六十無妻曰鰥，婦人五十無夫曰寡。'"《禮記·王制》：少而無父者謂之孤，老而無子者謂之獨，老而無妻者謂之矜，老而無夫者謂之～。(1347 上) ❷指爲國事而死者之妻。孔穎達《疏》："孤寡，即死事者妻子也。"《禮記·月令》：賞死事，恤孤～。(1381 上)

【寡人】國君自稱的謙辭。即寡德之人。《禮記·曲禮下》：其與民言，自稱曰"～"。(1266 中)

【寡君】臣子對別國稱本國國君的謙辭。寡德之君。《燕禮》鄭玄《注》："寡，鮮也。猶言少德，謙也。"《儀禮·燕禮》：～有不腆之酒，以請吾子之與～須臾焉，使某也以請。(1024 上)《禮記·坊記》：故稱人之君曰君，自稱其君曰～。(1619 中)

【寡大夫】擯者對因公出聘他國的下大夫的稱呼。《禮記·玉藻》：下大夫自名，擯者曰"～"。(1485 中)

【寡小君】❶對他國謙稱本國國君夫人。《儀禮·聘禮》：君以社稷故，在～，拜。(1075 下)《禮記·雜記上》：夫人，曰："～不祿。"(1549 下) ❷國君夫人對他國諸侯自稱的謙辭。《禮記·曲禮下》：夫人自稱於天子曰"老婦"，自稱於諸侯曰～，自稱於其君曰"小童"。(1267 上)

【寡君之老】❶擯者對奉君命出聘的上大夫的稱呼。《士相見禮》賈公彥《疏》："大聘使上大夫，小聘使下大夫，則曰寡君之某。"胡培翬《正義》："擯者稱上大夫曰寡君之老，稱下大夫曰寡大夫。"《儀禮·士相見禮》：非以君命使，則不稱寡。大夫士則曰～。(0978 上)《禮記·玉藻》：上大夫曰"下臣"，擯者曰～。(1485 中) ❷大夫出使他國自稱的謙辭。鄭玄《注》："此謂諸侯之卿上大夫。"《禮記·曲禮下》：諸侯使人使於諸侯，使者自稱曰"～"。(1266下)❸國人對本國大夫的稱呼。孫希旦《集解》："於其國曰'寡君之老'，謂其國中之人與他國人言，稱此卿爲'寡君之老'也。"一說，孔穎達《疏》："其國，自國中也。其君與民言自稱曰寡人，故此卿若與國中人語自稱曰'寡君之老'也。"《禮記·曲禮下》：列國之大夫，入天子之國曰"某士"，自稱曰"陪臣某"，於外曰"子"，於其國曰～。(1267中)

【寡君之適(dí)】諸侯世子出使他國，擯者對他的稱呼。《禮記·玉藻》：世子自名，擯者曰"～"。(1485中)

寤 wù 見下。

【寤夢】醒時有所見而夜成之夢。爲六夢之一。鄭玄《注》："覺時道之而夢。"孫詒讓《正義》："蓋覺時有所見而道其事，神思偶涉，亦能成夢，與上思夢爲無所見而憑虛想象之夢異也。"《周禮·春官·占夢》：以日月星辰占六夢之吉凶。一曰正夢，二曰噩夢，三曰思夢，四曰～，五曰喜夢，六曰懼夢。(0808上)

寢 (寑)qǐn ❶居室。其形制大小多少因其人等級地位不同而各異。如天子寢宮有六，一路寢，五燕寢。《宮人》鄭玄《注》："六寢者，路寢一，小寢五。"《燕禮》鄭玄《注》："燕於路寢。"《檀弓上》孔穎達《疏》："寢是己之所居，師又成就于己。故哭之在正寢。"《周禮·天官·宮人》：掌王之六～之脩。(0675下)《儀禮·燕禮》：燕，朝服於～。(1024中)《禮記·檀弓上》：師，吾哭諸～。(1282

中)❷宗廟的後殿。爲放置祖先衣冠之處。《月令》鄭玄《注》："凡廟，前曰廟，後曰寢。"孔穎達《疏》："凡廟，前曰廟，後曰寢者，廟是接神之處，其處尊，故在前；寢衣冠所藏之處，對廟爲卑，故在後。但廟制有東西廂，有序牆，寢制惟室而已。"《隸僕》鄭玄《注》："五寢，五廟之寢也。"《周禮·夏官·隸僕》：掌五～之埽除糞洒之事。祭祀，脩～。(0853上)《禮記·月令》：是月也，耕者少舍，乃脩闔扇，～廟畢備。(1362上)

【寢門】❶內室之門。《曲禮上》孔穎達《疏》："至主人內門也。"《儀禮·士昏禮》：婦人～，贊者徹尊冪，酌玄酒。(0971下)《禮記·曲禮上》：客至於～，則主人請入爲席，然後出迎客。(1238中)❷即路門。天子五門，諸侯三門，大夫二門，最內之門曰寢門，亦稱路門。《聘禮》鄭玄《注》："寢門外，朝也。"賈公彥《疏》："謂路門外即正朝之處也。"《檀弓下》孔穎達《疏》："寢門，路門。"《儀禮·聘禮》：管人布幕于～外。(1046中)《禮記·檀弓下》：自～至于庫門。(1313上)

【寢苫】睡於草席。爲男子居父母之喪期間所當行之禮。婦人不行此禮。《禮記·喪大記》：婦人不居廬，不～。(1581下)

【寢廟】凡宗廟，正殿稱廟，後殿稱寢。廟是接神處，其位尊，故在前；寢是衣冠所藏之處，故在後。鄭玄《注》："凡廟，前曰廟，後曰寢。"孔穎達《疏》："廟是接神之處，其處尊，故在前；寢衣冠所藏之處，對廟爲卑，故在後。但廟制有東西廂，有序牆，寢制惟室而已。"一說，孫希旦《集解》："寢，居

室也。廟,奉先之所也。"《禮記‧月令》:是月也,耕者少舍,乃脩闔扇,～畢備。(1362 上)

【寢毋伏】睡覺不要趴着。睡覺正確的姿勢是側卧,或仰睡。孔穎達《疏》:"寢,卧也。伏,覆也。卧當或側或仰,而不覆也。"《禮記‧曲禮上》:坐毋箕,～。(1240 中)

【寢苫枕塊】睡草苫,枕土塊。喪禮,孝子爲父母守喪,睡在草苫上,用土塊作枕頭。此爲居喪最重之禮。《既夕禮》賈公彥《疏》:"孝子寢卧之時,寢於苫,以塊枕頭。必寢苫者,哀親之在草;枕塊者,哀親之在土。"《儀禮‧既夕禮》:居倚廬,～,不說絰帶。(1161 下)《禮記‧間傳》:父母之喪,居倚廬,～,不說絰帶。(1660 下)

實

(实) shí 見下。

【實柴】祭名。積柴將犧牲置於其上燒烤以祀日月星辰。鄭玄《注》:"三祀皆積柴實牲體焉,或有玉帛燔燎而升煙,所以報陽也。"《周禮‧春官‧大宗伯》:以禋祀祀昊天上帝,以～祀日月星辰,以槱燎祀司中、司命、飌師、雨師。(0757 上)

寫

(写) xiě 從一器皿倒入另一器皿。國君把吃剩下的食物賜給侍者時,依禮,食物盛在可洗滌的器物中,就不必倒出而直接吃;如果食物盛在不可洗滌的器物中,就要倒在可洗滌的器物中再吃,以防時久而污染其器。鄭玄《注》:"寫者,傳己器中,乃食之也。"孔穎達《疏》:"寫謂倒傳之也。若所賜食之器可滌溉者,不畏汙,則不須倒寫,仍於器中食之。"《禮記‧曲禮上》:御食於君,君賜餘,器之溉者不～,其餘皆～。(1243 中)

審

(审) shěn 計算羽毛的單位。十羽一束爲審。《周禮‧地官‧羽人》:凡受羽,十羽爲～,百羽爲摶,十摶爲縛。(0748 中)

寶

(宝) bǎo 見下。

【寶龜】指龜甲裙邊爲青黑色的龜。史傳此龜千歲,占卜十分靈驗。孔穎達《疏》:"寶龜之甲,並以青黑爲之緣。"孫希旦《集解》:"《公羊傳》曰'龜青純',何休云:'純,緣也。謂緣甲頳也。千歲之龜青髯。'"《禮記‧樂記》:青黑緣者,天子之～也。(1537 中)

ヨ(彑)部

彗

huì 竹掃帚。鄭玄《注》:"彗,竹帚。"《禮記‧曲禮上》:國中以策～卹勿驅,塵不出軌。(1253 中)

彘

zhì 豬。《禮記‧月令》:衣黑衣,服玄玉,食黍與～。(1381 上)

彝 yí ❶盛酒之禮器。方形，有蓋如屋頂。天子之彝有六：鷄彝、鳥彝、斝彝、黃彝、虎彝、蜼彝。賈公彥《疏》："此六彝皆盛鬱鬯。"《周禮·天官·幂人》：祭祀，以疏布巾幂八尊，以畫布巾幂六～。（0675下）❷宗廟禮器的通稱。鄭玄《注》："彝，尊也。"《禮記·祭統》：勤大命，施于烝～鼎。（1607上）

尸 部

尸 shī 尸主，神主。即祭祀時代死者受祭的活人。凡祭，成年而喪者必有尸，男以孫或孫輩爲尸，女必使異姓，以孫輩之婦爲尸。未成年而死不用尸。尸一般穿受祭者生前的服飾受祭。《士虞禮》鄭玄《注》："尸，主也。孝子之祭，不見親之形象，心無所繫，立尸而主意焉。"《周禮·春官·守祧》：若將祭祀，則各以其服授～。（0784上）《儀禮·士虞禮》：祝迎～。（1168中）《禮記·曾子問》：祭成喪者必有～，～必以孫，孫幼則使人抱之。（1399下）

【尸次】祭祀時尸主休息更衣的帳幕。鄭玄《注》引鄭司農云："尸次，祭祀之尸所居更衣帳。"《周禮·天官·掌次》：凡祭祀，張其旅幕，張～。（0677中）

【尸俎】爲尸所設的食俎。有牲體十一種。鄭玄《注》："尸俎，神俎也。士之正祭禮九體，貶於大夫，有併骨二，亦得十一之名，合少牢之體數。"《儀禮·特牲饋食禮》：～：右肩、臂、臑、肫、胳，正脊二骨，橫脊，長脊二骨，短脅；膚三，離肺一，刌肺三，魚十有五；腊如牲骨。（1192下）

尹 yǐn 見下。

【尹吉】《尚書》篇名。即《尹告（誥）》，一名《咸有壹德》。今亡。爲伊尹告戒太甲之言。鄭玄《注》："吉當爲告。告，古文誥字之誤也。《尹告》，伊尹之誥也。《書》序以爲《咸有壹德》，今亡。"《禮記·緇衣》："～曰：惟尹躬及湯，咸有壹德。"（1648下）

【尹祭】祭祀所用切割方正的乾肉。《曲禮下》鄭玄《注》："號牲物者，異於人用也。……尹，正也。"孔穎達《疏》："尹，正也。裁截方正而用之祭。"《士虞禮》鄭玄《注》："大夫、士祭無云脯者。"《儀禮·士虞禮》：用～、嘉薦、普淖、普薦、溲酒。（1176上）《禮記·曲禮下》：凡祭宗廟之禮，……脯曰～，槁魚曰商祭，鮮魚曰脡祭。（1269上）

尺 chǐ 長度單位。十寸爲尺。《周禮·冬官考工記·總敘》：車軫四～，謂之一等。（0907上）《儀禮·覲禮》：壇十有二尋，深四～。（1092中）《禮記·禮器》：天子之堂

九～,諸侯七～,大夫五～,士三～。(1433 中)

尻 kāo 臀部,脊骨末端。古人認爲兔之尻對人不利,不可食。《内則》鄭玄《注》:"皆爲不利人也。"《儀禮·少牢饋食禮》:腊兩髀屬于～。(1203 上)《禮記·内則》:狼去腸,狗去腎,狸去正脊,兔去～,狐去首,豚去腦,魚去乙,鼈去醜。(1466 下)

尾 wěi 星宿名。東方蒼龍七宿之第六宿。爲二十八宿之一。《禮記·月令》:孟春之月,日在營室,昏參中,旦～中。(1352 下)

【尾櫜(gāo)】用白犬尾皮做的戈戟套。鄭玄《注》:"犬,白犬皮。既以皮爲覆笭,又以其尾爲戈戟之弢。"《周禮·春官·巾車》:木車,蒲蔽,犬䄜,～,疏飾。(0824 中)

居 jū 見下。

【居士】謂有德才而隱居未仕的人。鄭玄《注》:"居士,道藝處士也。"《禮記·玉藻》:～錦帶,弟子縞帶。(1480 下)

【居喪】處在直系尊親的喪期中。猶守孝。《禮記·曲禮下》:～,未葬,讀喪禮;既葬,讀祭禮。(1257 下)

【居官者】指士以下的官府屬吏。鄭玄《注》:"居官,謂士以下。"胡培翬《正義》:"'居官謂士以下'者,古者建國,必立三卿,又有五大夫,皆所以佐君出治者。其下,上士、中士、下士及庶人在官者,皆屬於卿大夫,不能自達於君,是士以下與卿大夫尊卑迥殊。鄭見經言大人於君,下而又别言居官者,故以卿大夫爲大人,以士以下爲居官者。其解甚確。"《儀禮·士相見禮》:與～言,言忠信。(0977 中)

【居倚廬】住在守喪的房子中。倚廬,臨時倚牆搭建的居喪之處。喪禮,哀情至重者居倚廬,如孝子爲父母,大夫爲君。婦人不居倚廬。參見"倚廬"。《儀禮·既夕禮》:～,寢苫枕塊;哭晝夜無時。(1161 下)《禮記·間傳》:父母之喪,～,寢苫枕塊,不説經帶。(1660 下)

【居堊室】住在草屋中。堊室,四壁用白土粉刷。一説堊坯爲室,不塗頂壁。服斬衰者小祥後由倚廬改居堊室;服齊衰者,親死即居堊室。參見"堊室"。《禮記·間傳》:齊衰之喪,～,苄翦不納。(1660 下)

【居不主奥】在家不敢坐在室内西南角。室内西南角稱奥,爲尊者所居之處,依禮爲子者不得居此。鄭玄《注》:"謂與父同宫者也,不敢當其尊處。室中西南隅謂之奥。"孔穎達《疏》:"主猶坐也。奥者,室内西南隅也。……尊者居必主奥,……則人子不宜處之也。"《禮記·曲禮上》:爲人子者,～,坐不中席,行不中道,立不中間。(1233 下)

【居喪之禮】居喪期間應遵守的禮節。其禮甚煩,大致爲:食粥,不食肉,不飲酒;不聽奏樂;居倚廬、堊室;男女不同房;不言外事;服斬衰、齊衰、大功、小功、緦麻、葛之服;守服三年、期、九月、七月、五月、三月之時;挂喪仗;等等。具體該行何禮,要根據與死者親疏尊卑關係而定。《禮記·曲禮上》:～,毀瘠不形,視聽不衰,升降

不由阼階，出入不當門隧。(1248下)

屈 què 見下。

【屈狄】即闕翟。爲子男之妻之祭服。其服刻繒爲翟羽之形而綴衣以爲飾。鄭玄《注》："屈，《周禮》作闕，謂刻繒爲翟，不畫也。此子男之夫人及其卿大夫士之妻命服也。"孔穎達《疏》："君謂女君，子男之妻也，被后所命，故云君命。屈，闕也；狄，亦翟也。直刻雉形，闕其采畫，故云闕翟也。"《禮記·玉藻》：君命～，再命褘衣。(1481下)

屋 wū ❶屋面，屋頂。《周禮·冬官考工記·匠人》：堂脩七尋，堂崇三尺，四阿重～。(0928上)《儀禮·士喪禮》：升自前東榮，中～北面招以衣。(1128下)《禮記·禮運》：及其死也，升～而號。(1415下) ❷井田區劃單位。三百畝爲屋。鄭玄《注》："夫三爲屋，屋三爲井。"《周禮·地官·小司徒》"九夫爲井"鄭玄《注》引《司馬法》曰："六尺爲步，步百爲畮，畮百爲夫，夫三爲屋，屋三爲井，井十爲通。"《周禮·地官·小司徒》：及大比六鄉、四郊之吏，平教治，正政事，攷夫～。(0713中) ❸如屋狀的帳帷。用素錦做成，用以覆棺。鄭玄《注》："屋，其中小帳，襯覆棺者。"《禮記·雜記上》：其輤有裧，緇布裳帷，素錦以爲～而行。(1548下)

【屋粟】稅名。三戶所受田之稅粟。爲有田不耕者所罰之稅粟。賈公彥《疏》："出屋粟者，夫三爲屋，民有百畝之田不耕墾種作者，罰以三家之稅粟。"《周禮·地官·載師》：凡宅不毛者，有里布；凡田不耕者，出～。(0726下)

【屋誅】誅殺於屋舍中。王之同族及有爵者犯罪不殺之於市，而誅於屋舍之中。屋，用同剭。鄭玄《注》："屋讀如'其刑剭'之剭。剭誅謂所殺不於市，而以適甸師士者也。"賈公彥《疏》："屋誅，謂甸師士屋舍中誅，則王之同族及有爵者也。"一説，爲誅三族的殺刑，鄭玄《注》引鄭司農云："屋誅，謂夷三族，無親屬收葬者。"《周禮·秋官·司烜氏》：邦若～，則爲明竁焉。(0885下)

【屋漏】室内西北角。鄭玄《注》："室西北隅謂之屋漏。"《禮記·中庸》：《詩》云："相在爾室，尚不愧于～。"(1635上)

屏 ㊀ píng ❶即外屏。天子廟門外的小牆，設於正對廟門處。《月令》鄭玄《注》："屏，所田之地門外之蔽。"《觀禮》賈公彥《疏》："《禮緯》云：'天子外屏，諸侯内屏，大夫以簾，士以帷。'"《儀禮·觀禮》：侯氏再拜稽首，出；自～南適門西，遂入門左，北面立。(1091下)《禮記·月令》：命僕及七騶咸駕，載旌旐，授車以級，整設于～外。(1379下) ❷蓋在倚廬上用以遮風雨的草苫。《喪服》胡培翬《正義》引程瑤田曰："屏，謂楣上但結草屏蔽之，初不剪，既虞，乃剪其屏。"《儀禮·喪服》：既虞，翦～柱楣，寢有席，食疏食，水飲，朝一哭夕一哭而已。(1097中)《禮記·閒傳》：父母之喪，既虞、卒哭，柱楣，翦～，芐翦不納。(1660下)

㊁ bǐng 見下。

【屏₂之臣】邊邑守衛之臣。爲九州以外諸侯國君對天子的自稱。孫希旦《集解》："屏者,言在邊境爲天子之屏蔽也。"《禮記·玉藻》:諸侯之於天子,曰"某土之守臣某",其在邊邑,曰"某~某"。(1485 中)

展 zhǎn 見下。

【展成】督促買賣雙方訂立合同成交貨物。鄭玄《注》："展之言整也,成平也,會平成市物者也。"孫詒讓《正義》："展成,即《質人》'掌成市之貨賄'之成,謂以所買賣之物,書之質劑,成其交易。"《周禮·地官·司市》:凡市入,則胥執鞭度守門,市之羣吏平肆、~、奠賈。(0734 下)

【展衣】即白衣。王后六服之一。爲王后見天子及賓客之禮服,亦爲世婦及子男國卿大夫之妻的命服。"展"用同"襢"。鄭玄《注》引鄭司農云:"展衣,白衣也。《喪大記》曰:復者朝服,君以卷,夫人以屈狄,世婦以襢衣。'屈'者音聲與'闕'相似,'襢'與'展'相似,皆婦人之服。……展衣,以禮見王及賓客之服。"《周禮·天官·內司服》:掌王后之六服:褘衣、揄狄、闕狄、鞠衣、~、緣衣,素沙。(0691 上)

展衣

【展牲】察看挑選犧牲。祭祀之前三月,肆師挑選祭祀用牲,交予充人飼養。祭祀之前夕,大宗伯再次審視犧牲,以備次日宰殺。鄭玄《注》引鄭司農云:"展,具也。具牲,若今時選牲也。"《周禮·地官·充人》:~,則告牷。(0724 下)

【展幣】檢查核驗禮品。爲出聘前的準備工作。鄭玄《注》:"展,猶校錄也。"《儀禮·聘禮》:史讀書,~。(1046 下)

履 lǚ 鞋。鄭玄《注》:"繐履,喪履也。"《儀禮·士冠禮》:不履繐~。(0958 中)

屨 (履) jù 單底鞋。用麻、葛、草、絲、皮等製成。古時屨與服相配。《屨人》鄭玄《注》:"必連言服者,著服各有屨也。複下曰舄,禪下曰屨。"《説文解字注·履部》:"晉蔡謨曰:'今時所謂履者,自漢以前皆名屨。'"《方言·卷四》:"屨,履也,自關而西謂之屨。"《周禮·天官·屨人》:掌王及后之服~。爲赤舄、黑舄、赤繶、黃繶,青句、素~、葛~。(0693 下)《儀禮·士冠禮》:~,夏用葛。(0958 上)《禮記·鄉飲酒義》:降,説~,升坐,脩爵無數。(1684 中)

【屨人】職官名。掌王及后之禮服用鞋。爵下士。《周禮·天官·屨人》:~,掌王及后之服屨。(0693 下)

屬 (属) ㈠ zhǔ ❶甲片連綴之數。鎧甲分上下旅,皆以甲片連綴,一片爲一札,即一屬。鄭玄《注》:"屬……謂上旅下旅札續之數也。"孫詒讓《正義》:"七屬、六屬,甲每旅連屬之數也。"《周禮·冬官考工記·函人》:犀甲七~、兕甲六~,合甲五~。(0917 中) ❷屬棺。用梓木製作。君之棺三重,外大棺,中屬棺,內杝棺。鄭玄《注》:"大棺及屬,用梓。"《禮記·喪大記》:君大棺八寸,~六寸,椑四寸。上大夫大棺八寸,~六寸。

下大夫大棺六寸,～四寸。(1583上)

【屬責(zhài)】債權人死亡,委託他人收債。鄭玄《注》:"屬責,轉責使人歸之,而本主死亡,歸受之數相抵冒者也。"孫詒讓《正義》:"轉責亦謂展轉相委付,故謂之屬。……曾釗云:'屬,託也。屬責者,謂遠賈異方而死者,屬伴侶之人收取其責,負者或賴不償,因訟於官,則官必召其地相比近之民,問是果與亡者爲侶伴否,然後聽而責負者償之,'案:曾説亦通。"《周禮·秋官·朝士》:"凡～者,以其地傅,而聽其辭。(0878中)

【屬禽】分别禽獸的種類。鄭玄《注》:"屬禽,别其種類。"孫詒讓《正義》:"凡禽獸種類同者,聚於一處,而後可以别之,故别其種類謂之屬禽。"《周禮·春官·甸祝》:"師甸,致禽于虞中,乃～。(0815下)

【屬纊(kuàng)】置絲綿於口鼻上。人將斷氣時,以驗氣之有無。爲喪禮之儀。《喪大記》鄭玄《注》:"纊,今之新緜。易動摇,置口鼻之上以爲候。"《既夕禮》胡培翬《正義》:"蓋將死之際,其氣甚微,難於辨别,故屬纊以爲候也。蔡氏德晉云:'屬之口鼻,觀其動否以驗氣之有無,無則絶矣。'"《儀禮·既夕禮》:～以俟絶氣。(1158上)《禮記·喪大記》:～以俟絶氣。(1571下)

【屬辭比事】聚合文辭,排比褒貶史事。爲《春秋》紀事之手法。孔穎達《疏》:"屬,和也。比,近也。《春秋》聚合會同之辭,是屬辭;比次褒貶之事,是比事也。"今爲成語。《禮記·經解》:～,《春秋》教也。(1609下)

㊁ shǔ 行政區劃。五諸侯國爲一屬。《禮記·王制》:五國爲～,～有長。(1325上)

【屬$_2$從】指按親屬關係而從其喪服。如子爲母之黨,妻爲夫之黨,夫爲妻之父母。屬從所從者雖亡亦服。爲從服六原則之一。孔穎達《疏》:"屬者,骨血連續以爲親也,亦有三:一是子從母服母之黨,二是妻從夫服夫之黨,三是夫從妻服妻之黨。此三從雖没,猶從之服其親也。"參見"從服"。《禮記·喪服小記》:～者,所從雖没也服。(1496中)

己(巳)部

己 jǐ ❶指己日。每月三旬,每旬十日,陽日五天,陰日五天。陽日用甲、丙、戊、庚、壬表示,又名剛日;陰日用乙、丁、己、辛、癸表示,又名柔日。冠、婚、祭祀之事用柔日,征伐、巡守之事用剛日。賈公彦《疏》:"甲、丙、戊、庚、壬爲剛日,乙、丁、己、辛、癸爲柔日。"《儀禮·少牢饋食禮》:

日用丁、~。(1196 上) ❷天干的第六位。與十二地支相配,用於紀年、月、日、時等。《禮記·月令》:中央土,其日戊~,其帝黃帝,其神后土。(1371 下)

巷 xiàng ❶里中的街道。《周禮·夏官·量人》:量市朝道~門渠,造都邑亦如之。(0842 中)《儀禮·聘禮》:赴者未至,則哭于~,衰于館。(1069 中)《禮記·檀弓上》:吾父死,將出哭於~。(1289 下) ❷行政區劃單位。周制,五家爲比,五比爲閭,閭則二十五家。鄭玄《注》:"巷,猶閭也。"《禮記·祭義》:居鄉以齒,而老窮不遺,強不犯弱,衆不暴寡,而弟達乎州~矣。(1599 下)

【巷市】在里巷中交易。古禮,天子、諸侯之喪須停市以示憂戚,如有急需之物,則在里巷中交易。亦稱徙市。孔穎達《疏》:"若居天子、諸侯之喪,必巷市者,以庶人憂戚,無復求覓財利,要有急須之物不得不求,故於邑里之內而爲巷市也。"《禮記·檀弓下》:天子崩,~七日;諸侯薨,~三日。(1317 上)

【巷伯】《詩經·小雅》篇名。全詩七章,三十五句。巷伯名孟子,任王后宮巷官之長。巷伯被惡言而受宮刑之害,所以他痛恨進讒言之人,欲投之於豺狼虎豹及諸方惡鬼之處。故此詩被稱爲"惡惡"之詩。《禮記·緇衣》:好賢如《緇衣》,惡惡如《~》。(1647 中)

弓 部

弓 gōng ❶發射箭的器械。弓身以木製成,稱幹;附在幹外的稱筋(弓弦),附在幹內的稱角(弓面);射者握持處稱弣,中央稱弣;弓兩端的弓梢稱簫;簫與弣之間彎曲處稱隈。弓長分三等:六尺六寸、六尺三寸、六尺。弓弧度分四等:合九成規、合七成規、合五成規、合三成規,以弧度小者爲上。弓有六種,王、弧、夾、庾、唐、大。《曲禮上》孔穎達《疏》:"弓之爲體,以木爲身,以角爲面,筋在外面。"

形弓

《周禮·冬官考工記·弓人》:爲天子之~,合九而成規。爲諸侯之~,合七而成規。大夫之~,合五而成規。士之~,合三而成規。~長六尺有六寸,謂之上制,上士服之。~長六尺有三寸,謂之中制,中士服之。~長六尺,謂之下制,下士服之。(0936 下)《儀禮·鄉射禮》:賓與大夫之~倚於西序,矢在~下,北括。(0997 上)《禮記·曲禮上》:凡遺人~者,張~尚筋,弛~尚角。(1244 上) ❷製作弓之工匠。《周禮·冬官考工記·總敘》:攻木之工:輪、輿、~、廬、匠、車、梓。(0906 中)《禮記・學記》:良冶之子必學爲裘,良～之子必學爲箕。(1524 下)❸車蓋上的弓形骨架。一蓋有二十八橑。鄭玄《注》:"弓,車橑也。"《周禮・冬官考工記・輪人》:部尊一枚,～鑿廣四枚。(0909 下)

【弓人】❶製作弓的工匠。屬攻木之工。《周禮・冬官考工記・弓人》:～,爲弓。(0934 中)❷職官名。掌管弓、弩、矢、箙等物。胡培翬《正義》:"弓人,即《周禮》繕人。《考工記》有弓人爲弓,不預射事,與此別也。"《儀禮・燕禮》:既發,則小臣受弓以授～。(1025 中)

【弓兆】龜卜四兆之一。龜兆之體共一百二十,分爲四類,每類三十體。其内容已不可考。鄭玄《注》:"經兆百二十體,今言四兆者,分之爲四部。……方、功、義、弓之名未聞。"《周禮・春官・卜師》:掌開龜之四兆:一曰方兆,二曰功兆,三曰義兆,四曰～。(0804 中)

【弓弩】弓和弩。以人力控弦的叫弓,以機械臂發射的叫弩。《周禮・夏官・司弓矢》:中春獻～,中秋獻矢箙。(0855 下)

【弓韣(dú)】弓袋,弓套。陸德明《釋文》:"弓衣。"《禮記・月令》:乃禮天子所御,帶以～,授以弓矢。(1361 下)

【弓矢舞】執弓挾矢揖讓進退,與樂相應以爲舞。爲行射禮時射者之儀。鄭玄《注》:"舞謂執弓挾矢揖讓進退之儀。"《周禮・春官・大司樂》:及射,令奏《騶虞》,詔諸侯以～。(0791

上)

弔

[吊] diào 致弔辭。喪禮,與死者家人相識要致弔辭。鄭玄《注》:"人恩各施於所知也。弔、傷皆謂致命辭也。"參見"弔而不傷"。《禮記・曲禮上》:知生者～,知死者傷。(1249 上)

【弔喪】往喪家祭奠死者。《禮記・曲禮上》:～弗能賻,不問其所費。(1249 中)

【弔禮】慰問救濟遭水火之災的諸侯國之禮。爲五凶禮之一。鄭玄《注》:"禍裁,謂遭水火。"《周禮・春官・大宗伯》:以凶禮哀邦國之憂:以喪禮哀死亡,以荒禮哀凶札,以～哀禍裁,以襘禮哀圍敗,以恤禮哀寇亂。(0759 中)

【弔而不傷】(與死者家人相識而與死者不相識)致弔辭而不致傷辭。爲弔、傷之禮。鄭玄《注》:"弔、傷皆謂致命辭也。"孔穎達《疏》:"若存之與亡並識,則遣設弔辭傷辭兼行。若但識生而不識亡,則唯遣設弔辭而無傷辭。"《禮記・曲禮上》:知生而不知死,～;知死而不知生,傷而不弔。(1249 上)

引

yǐn 牽拉柩車的繩索。亦稱綍。《大司徒》鄭玄《注》引鄭司農云:"六引,謂引喪車索也。六鄉主六引,六遂主六紼。"《既夕禮》鄭玄《注》:"引,所以引柩車。"《雜記下》鄭玄《注》:"綍、引同耳。在廟曰綍,在塗曰引。"《周禮・地官・大司徒》:大喪,帥六鄉之衆庶,屬其六～而治其政令。(0708 中)《儀禮・既夕禮》:設披,屬～。(1148 下)《禮記・雜記下》:大夫之喪,其升正柩也,執～者

三百人。(1566下)

【引年】逐戶校定年齡。夏商周三代天子養老,須選擇年老而有賢德者予以尊養,免其徭役。鄭玄《注》:"已而引戶校年,當行復除也。老人衆多,非賢者不可皆養。"《禮記·王制》:凡三王養老皆~。(1346下)

弛 chí 見下。

【弛力】停止勞役。爲救濟災荒的十二措施之一。鄭玄《注》引鄭司農云:"弛力,息徭役也。"《周禮·地官·大司徒》:以荒政十有二聚萬民:一曰散利,二曰薄征,三曰緩刑,四曰~,五曰舍禁,六曰去幾,七曰眚禮,八曰殺哀,九曰蕃樂,十曰多昏,十有一曰索鬼神,十有二曰除盜賊。(0706上)

【弛縣(xuán)】收起懸掛的樂器。謂罷樂。國有大憂,就收藏起懸掛的鍾磬等樂器,停止演奏,以示哀悼。鄭玄《注》:"弛,釋下之。"賈公彥《疏》:"謂大司樂令樂官弛常縣之樂也。"《周禮·春官·大司樂》:凡國之大憂,令~。(0791中)

拊 fǔ 弓把中部。《大射》鄭玄《注》:"拊,弓把也。"《曲禮上》鄭玄《注》:"拊,把中。"《釋名·釋兵》:"中央曰拊。拊,撫也,人所撫持也。"《儀禮·大射》:挾乘矢於弓外,見鏃於~,右巨指鉤弦。(1034中)《禮記·曲禮上》:凡遺人弓者,張弓尚筋,弛弓尚角,右手執簫,左手承~。(1244上)

弧 hú ❶星名。亦名天弓、弧矢。在天狼星東南。《周禮·冬官考工記·輈人》:弧旌枉矢,以象~也。(0914下)《禮記·月令》:仲春之月,日在奎,昏~中,旦建星中。(1361上)❷張掛旗幟的竹弓。據劉績《三禮圖》之形制,旗杆上端彎曲成龍頭形,在龍口處下縣弓(弧),弓下張旗之正幅。《觀禮》鄭玄《注》:"弧,所以張縿之弓也,弓衣曰韣。"賈公彥《疏》:"《爾雅》說旌旗之正幅爲縿,故以此弧弓張縿之兩幅,故云張縿之弓也。"《明堂位》鄭玄《注》:"弧,旌旗所以張幅也。"《儀禮·覲禮》:乘墨車,載龍旂,~,乃朝以瑞玉有繅。(1089上)《禮記·明堂位》:是以魯君孟春乘大路,載~韣,旂十有二旒。(1488下)❸機弩。捕捉禽獸的工具。孫詒讓《正義》:"《輈人》注云'弧,木弓也',則是機弩之類。"《周禮·秋官·冥氏》:掌設~張,爲阱擭以攻猛獸。(0888中)❹木弓。鄭玄《注》:"弧者,示有事於武也。"《禮記·內則》:子生,男子設~於門左,女子設帨於門右。(1469上)

【弧弓】弓體向外彎曲度小、向內彎曲度大的弓。爲六弓之一。六弓中王弓、弧弓爲強弓,利射遠者、堅者;夾弓、庾弓爲弱弓,利射近者、飛動者;唐弓、大弓介於兩者之間,利射深。鄭玄《注》:"王、弧、夾、庾、唐、大六者,弓異體之名也。往體寡、來體多曰王、弧。"《周禮·夏官·司弓矢》:王弓、~以授射甲革、椹質者,夾弓、庾弓以授射豻侯、鳥獸者,唐弓、大弓以授學射者、使者、勞者。(0855下)

【弧旌】以竹弓張幅的旌旗。賈公彥《疏》:"弧旌者,弧弓也。旌旗有弓,所以張縿幅,故曰弧旌也。"孫詒讓《正義》:"此云弧旌,是旌有弧也。"《周禮·冬官考工記·輈人》:~枉

矢,以象弧也。(0914下)

【弧張】弧,機弩之類;張,羅網之屬。均爲捕捉禽獸的工具。孫詒讓《正義》:"《廣雅·釋詁》云:'張,施也。'凡網羅之屬,竝爲機軸張施之,故即謂之張。……《輈人》注云'弧,木弓也',則是機弩之類。……此'設弧張'與下'爲阱攫'文相對,弧張阱攫各爲二物,注并釋之,似微誤。賈疏謂張弓以取猛獸,似亦誤合爲一物也。"一説,鄭玄《注》:"弧張,罝罦之屬,所以扃絹禽獸。"賈公彦《疏》:"弧,弓也,謂張弓以取猛獸。"《周禮·秋官·冥氏》:掌設～,爲阱攫以攻猛獸。(0888中)

【弧韣(dú)】張旗的竹弓和弓衣。《覲禮》鄭玄《注》:"弧,所以張縿之弓也,弓衣曰韣。"《明堂位》鄭玄《注》:"弧,旌旗所以張幅也,其衣曰韣。"《儀禮·覲禮》:載龍旂、～,乃朝。(1089上)《禮記·明堂位》:是以魯君孟春乘大路,載～,旂十有二旒。(1488下)

弦 xián ❶指弦樂器,如琴瑟等。《周禮·春官·小師》:掌教鼓鼗、柷、敔、塤、簫、管、～、歌。(0797上)《禮記·樂記》:～匏笙簧,會守拊鼓,始奏以文,復亂以武。(1538中) ❷弓弦。《周禮·冬官考工記·弓人》:春被～則一年之事。(0935下)《儀禮·大射》:挾乘矢於弓外,見鏃於弣,右巨指鉤～。(1034中) ❸弦樂器上用以發聲的絲綫。《儀禮·鄉飲酒禮》:相者二人,皆左何瑟,後首,挎越,内～。(0985中)《禮記·學記》:不學操縵,不能安～。(1522中)

弩 nǔ 利用機栝發箭的弓。四弩爲夾、庾、唐、大。《説文·弓部》:"弩,弓有臂者。"《周禮·夏官·司弓矢》:掌六弓、四～、八矢之灋。……凡～,夾、庾利攻守,唐、大利車戰、野戰。(0855下、0856上)

弭 mǐ 即角弓。弓兩端以骨、角爲飾。鄭玄《注》:"弓無緣者謂之弭,弭以骨角爲飾。"《儀禮·既夕禮》:有～飾焉,亦張可也。(1164中)

弱 ruò ❶車輻插入車轂中的部分。鄭玄《注》:"弱,菑也。今人謂蒲本在水中者爲弱,是其類也。"賈公彦《疏》:"此經弱亦是輻入轂中者也。"《周禮·冬官考工記·輪人》:故竑其輻廣以爲之～,則雖有重任,轂不折。(0908下) ❷指男子二十歲。孔穎達《疏》:"二十成人,初加冠,體猶未壯,故曰弱也。"《禮記·曲禮上》:二十曰～,冠。(1232上)

張 (张)zhāng 羅網。捕捉禽獸的工具。孫詒讓《正義》:"凡網羅之屬,並爲機軸張施之,故即謂之張。"《周禮·秋官·冥氏》:掌設弧～,爲阱攫以攻猛獸。(0888中)

【張皮】展開皮毛,使毛的花紋展現出來。據經文,執皮的方法是兩手分別握住皮的前、後足,皮沿脊部摺疊,毛向裏。張皮時,執皮者鬆開朝外的兩足,使皮毛的花紋展現出來。爲賓向主國國君行聘享的儀節。鄭玄《注》:"張者,釋外足見文也。"《儀禮·聘禮》:賓入門左,揖、讓如初;升,致命,～。(1056下)

【張弓尚筋,弛弓尚角】張弦的弓要使弓弦朝上,鬆弦的弓要使弓背朝上。爲獻弓之儀。孔穎達《疏》:"弓之爲體,以木爲身,以角爲面,筋在外面,張之時曲來嚮内。故遺人之時使筋在上,弓身曲嚮其下,其弛弓之時反張嚮外,筋在曲内,角在曲外。"《禮記·曲禮上》:凡遺人弓者,~,右手執簫,左手承弣。(1244上)

强 qiáng 指男子四十歲。此時男子智慮强,身體健,氣力强,故稱。孔穎達《疏》:"三十九以前通曰壯,壯久則强,故四十曰强。强有二義:一則四十不惑,是智慮强;二則氣力强也。"《禮記·曲禮上》:四十曰~,而仕。(1232上)

【强而弗抑】加以鼓勵而不强抑使曉。爲儒家所主張的鼓勵式教學方法,以調動學生的學習積極性。孔穎達《疏》:"抑,推也。……賀氏以爲,師但勸强其神識,而不抑之令曉,則受者和易,和易亦易成也。"孫希旦《集解》:"强之使有所勉,而弗抑之使退,則人無難能之病。"《禮記·學記》:故君子之教喻也,道而弗牽,~,開而弗達。道而弗牽則和,~則易,開而弗達則思。(1523中)

【强立而不反】有獨立的見解而又不違師教。爲九年學業大成的條件之一。鄭玄《注》:"强立,臨事不惑也。不反,不違失師道。"孔穎達《疏》:"强立謂專强獨立,不有疑滯。而不反,謂不違失師教之道。"《禮記·學記》:九年知類通達,~,謂之大成。(1521中)

粥 zhōu 稀飯。《檀弓上》孔穎達《疏》:"厚曰饘,稀曰粥。"《儀禮·喪服》:歠~,朝一溢米,夕一溢米。(1097中)《禮記·檀弓上》:哭泣之哀,齊斬之情,饘~之食,自天子達。(1276下)

彊 [⁰强] ㈠ jiāng 用同"僵"。堅硬的土地。孔穎達《疏》:"難耕之地。"《禮記·月令》:可以糞田疇,可以美土~。(1371下)

【彊㯺】堅硬的土地。化治土地,堅硬的土質要用麻子熬汁澆地,以使土質肥美。鄭玄《注》:"强堅者。"《周禮·地官·草人》:凡糞種,騂剛用牛,赤緹用羊,墳壤用麋,渴澤用鹿,鹹潟用貆,勃壤用狐,埴壚用豕,~用蕡,輕㯺用犬。(0746中)

㈡ qiáng 見下。

【彊₂予】民强壯而有餘力,則於百畝之外復多授予土地。爲任民土地之法。鄭玄《注》:"謂民有餘力,復予之田,若餘夫然。"孫詒讓《正義》:"據注及《詩》箋疏説,蓋謂凡民一夫受百畝之田,其彊有餘力者,則不以百畝爲限,當於百畝之外,復予之田,若餘夫受田之比也。"一説,孫詒讓《正義》引馬瑞辰:"彊謂農民自相助,予殆即閒民受庸治田。"《周禮·地官·遂人》:以~任甿,以土均平政。(0740下)

彌 (弥) mí 雲氣遮日而日光旁出的現象。爲十煇之一。望氣者據以辨吉凶。鄭玄《注》:"彌,氣貫日也。"一説,鄭司農以爲"白虹彌天"。《周禮·春官·眡祲》:掌十煇之灋,以觀妖祥,辨吉凶。一曰祲,二曰象,三曰鑴,四曰監,五曰闇,六曰瞢,七曰~,八曰敘,九曰隮,十曰想。(0808中)

子 部

子 zǐ ❶兒或女。《喪服》鄭玄《注》:"凡言子者,可以兼男女。"《周禮·地官·媒氏》:凡娶判妻入～者,皆書之。(0733 上)《儀禮·喪服》:故～生三月則父名之。(1111 下)《禮記·内則》:～生,男子設弧於門左,女子設帨於門右。(1469 上)❷指女兒。《周禮·地官·媒氏》:凡嫁～娶妻,入幣純帛,無過五兩。(0733 下)《儀禮·喪服》:～嫁,反在父之室,爲父三年。(1102 上)《禮記·雜記下》:主人對曰:"某之～不肖,不敢辟誅,敢不敬須以俟命!"(1569 中)❸子爵,諸侯五等爵位中的第四等。五命,封地方二百里。《周禮·春官·典命》:～男五命,其國家、宮室、車旗、衣服、禮儀皆以五爲節。(0780 中)《儀禮·覲禮》:公、侯、伯、～、男皆就其旃而立。(1093 上)《禮記·王制》:王者之制禄爵,公、侯、伯、～、男,凡五等。(1321 下)❹兒子。《儀禮·士冠禮》:某有～某,將加布於其首。(0957 中)《禮記·曲禮上》:父不祭～,夫不祭妻。(1243 中)❺對男子的尊稱。《儀禮·士相見禮》:某也願見,無由達,某～以命命某見。(0975 中)《禮記·投壺》:賓曰:"～有旨酒嘉肴,某既賜矣。"(1665 上)❻嗣君。國君死未逾年,新立之君稱子。《聘禮》鄭玄《注》:"不言世子者,君薨也。"賈公彦《疏》:"案《公羊傳》,君存稱世子,君薨稱子某,既葬稱子,踰年稱君。"《雜記上》鄭玄《注》:"謂未逾年也。雖稱子,與諸侯朝會如君矣。"孔穎達《疏》:"其本大子,君存,稱世子,今君既薨,故稱子。不言世子,待猶君者。"《儀禮·聘禮》:～即位,不哭。(1069 下)《禮記·雜記上》:君薨,大子號稱～,待猶君也。(1552 中)❼地支的第一位。古以十天干與十二地支相配以記日,這裏指代甲子日。詳見"子卯"。《儀禮·士喪禮》:朝夕哭,不辟～卯。(1141 下)《禮記·檀弓下》:～卯不樂。(1305 下)❽指國子。公卿大夫之子弟。賈公彦《疏》:"公卿大夫之子爲王斬衰,與父同。"《周禮·夏官·諸子》:大喪,正羣～之服位。會同、賓客,作羣～從。(0850 中)❾對九州之外四夷之長的稱呼。鄭玄《注》:"謂九州之外長也。天子亦選其諸侯之賢者以爲之子,子猶牧也。……雖有侯伯之地,本爵亦無過子。"《禮記·曲禮下》:九州之長,……其在東夷、北狄、西戎、南蠻,雖大曰～。(1265 上)❿諸侯之大夫在國外的稱呼。鄭玄《注》:"子,有德之稱。"《禮記·曲禮下》:列國之大

夫,入天子之國曰"某士",自稱曰"陪臣某",於外曰～。(1267 中)

【子卯】甲子日與乙卯日。相傳甲子爲紂死之日,乙卯爲桀死之日,古人諱忌,吉事避而不用,凶事則不避。《士喪禮》鄭玄《注》:"子、卯,桀紂亡日,凶事不辟,吉事闕焉。"《檀弓下》鄭玄《注》:"紂以甲子死,桀以乙卯亡,王者謂之疾日,不以舉樂,爲吉事所以自戒懼。"《儀禮·士喪禮》:朝夕哭,不辟～。(1141 下)《禮記·檀弓下》:～不樂。(1305 下)

【子孝】兒女孝順父母。爲儒家所倡導的做人十義理之一。《禮記·禮運》:父慈、～、兄良、弟弟、夫義、婦聽、長惠、幼順、君仁、臣忠,十者謂之人義。(1422 下)

【子師】以善道教幼子的老師。鄭玄《注》:"子師,教示以善道者。"《禮記·內則》:擇於諸母與可者,必求其寬裕、慈惠、溫良、恭敬、慎而寡言者,使爲～。(1469 中)

【子貢問樂】爲《樂記》中之一章。記子貢問樂。孫希旦《集解》:"此篇題之名。古書篇題皆在篇末,此十一篇蓋皆有之。先儒合十一篇爲一篇,而刪去其每篇末篇題之名,獨此失於刪去,故尚存耳。"《禮記·樂記》:《～》。(1545 下)

孔

kǒng 見下。

【孔子閒居第二十九】《禮記》第二十九篇篇名。孔穎達《疏》引鄭玄《三禮目錄》云:"名曰《孔子閒居》者,善其無倦而不褻,猶使一弟子侍,爲之説《詩》,著其氏,言可法也。退燕避人曰閒居。此於《別錄》屬通論。"本篇的內容,是記子夏與孔子就王者之德的問答之辭,由怎樣纔能爲民父母,步步深入以至於怎樣纔能德配天地。談話中孔子多引《詩》以明義,而所引詩句多與今本《毛詩》異,且斷章取義。清人陳喬樅《三家詩遺説考》、王先謙《詩三家義集疏》皆以爲引自《齊詩》。(1616 下)

存

cún 慰問,問候。天子隔年慰問諸侯一次,以十二年爲一週期,第一年謂之存,第三年謂之頫,第五年謂之省。《大行人》鄭玄《注》:"存、頫、省者,王使臣於諸侯之禮,所謂間問也。"《周禮·秋官·大行人》:王之所以撫邦國、諸侯者,歲徧～,三歲徧頫,五歲徧省。(0892 下)《周禮·秋官·小行人》:～、頫、省、聘、問,臣之禮也。(0893 中)

【存愛】訪察有仁愛之心的人。爲聖王治理天下首先要做的五件事之一。鄭玄《注》:"存,察也。察有仁愛也。"一説。心存仁愛。孫希旦《集解》:"存愛,以愛人之事存於心而不忘也。"《禮記·大傳》:聖人南面而聽天下,所且先者五,民不與焉:一曰治親,二曰報功,三曰舉賢,四曰使能,五曰～。(1506 下)

字

zì 表字。男子行冠禮、女子行笄禮後據本名涵義所取的別名。男女成人而取表字後,非君父之前稱字而不呼名,以敬其所受於父母之名。亦爲取表字。《儀禮·士冠禮》:禮儀既備,令月吉日,昭告爾～。爰～孔嘉,髦士攸宜。(0957 下)《禮記·曲禮上》:男子二十,冠而～。……女子許嫁,笄而～。(1241

孝 xiào ❶善事父母之德行。爲大司徒所掌六行之一,大司樂所教六樂德之一。周人孝的觀念,一是表示對祖宗的敬服,二是表現於對在世父母的盡心奉養。孔子最重孝悌,以其爲仁的基礎,並對孝做了新的多方面的詮釋。認爲孝不僅限於對父母的贍養,還應注重對父母的尊敬與順從;孝還表現在父母死後,能竭盡其財依時而祭;父母已殁,子當謹言慎行,"三年無改父母之道","不遺父母惡名"。在儒家的倡導下,孝成爲中華民族傳統道德中最重要的一部分。《周禮·地官·大司徒》:二曰六行,～、友、睦、婣、任、恤。(0707 中)《周禮·春官·大司樂》:以樂德教國子:中、和、祗、庸、～、友。(0787 下)《禮記·祭義》:曾子曰:"～有三:大～尊親,其次弗辱,其下能養。(1598 中)❷吉祭。鄭玄《注》:"稱孝者,吉祭。"《儀禮·士虞禮》:孝子某,～顯相,夙興夜處,小心畏忌,不惰其身,不寧。(1176 上)

【孝子】❶祭祀父母時主祭人的自稱。多由禮儀執事代言。《儀禮·聘禮》:孝孫某、～某,薦嘉禮于皇祖某甫、皇考某子。(1074 下)《禮記·雜記上》:祭稱"～""孝孫",喪稱"哀子""哀孫"。(1555 中)❷居父母之喪者。《儀禮·喪服》:繼母之配父,與因母同,故～不敢殊也。(1103 下)《禮記·問喪》:～喪親,哭泣無數,服勤三年,身病體羸,以杖扶病也。(1657 上)

【孝王】天子祭祀時對祖先的自稱。鄭玄《注》:"唯宗廟稱孝。"《禮記·曲禮下》:踐阼,臨祭祀,內事曰"～某",外事曰"嗣王某"。(1260 中)

【孝行】孝順父母長輩之德行。爲師氏所教三行之一。《周禮·地官·師氏》:教三行:一曰～,以親父母;二曰友行,以尊賢良;三曰順行,以事師長。(0730 中)

【孝孫】祭祀先祖時主祭人的自稱。多由禮儀執事代言。《儀禮·少牢饋食禮》:～某,敢用柔毛、剛鬣、嘉薦、普淖,用薦歲事于皇祖伯某。(1201 上)《禮記·雜記上》:祭稱"孝子""～",喪稱"哀子""哀孫"。(1555 中)

【孝德】孝順父母長輩之德行。爲師氏所教三德之一。《周禮·地官·師氏》:以三德教國子:一曰至德,以爲道本;二曰敏德,以爲行本;三曰～,以知逆惡。(0730 中)

【孝有三】孝有三等。即大孝、中孝、小孝。曾子將孝分大、中、小三等,最大的孝是使父母祖先受人尊敬,中等的孝是使父母、祖先的名聲不受到侮辱,下等的孝是竭盡氣力使父母得到贍養。孫希旦《集解》:"黃氏裳曰:'……立身行道,有大功大德,俾人頌美其先而尊重之,上也。生事、葬祭之以禮,全父母遺體,沒身無毀者,次也。事父母盡其色養者,下也。'愚謂下文言'小孝用力,中孝用勞,大孝不匱',以位之尊卑而異者也。此言'大孝尊親,其次弗辱,其下能養',以行之優劣而分者也。"詳見各條。《禮記·祭義》:曾子曰:"～:大孝尊親,其次弗辱,其下能養。……～:小孝用力,中孝用勞,大孝不匱。"(1598 中、下)

孟

孟 mèng 見下。

【孟月】一年四季的第一個月，即農曆正月、四月、七月、十月。《周禮·地官·黨正》：及四時之～吉日，則屬民而讀邦灋以糾戒之。(0718上)

【孟冬】冬季第一个月，農曆十月。《周禮·秋官·小司寇》：～，祀司民。(0874下)《禮記·月令》：～之月，日在尾，昏危中，旦七星中。(1380下)

【孟春】春季第一个月，農曆正月。《周禮·夏官·牧師》：～焚牧，中春通淫。(0861中)《禮記·月令》：～之月，日在營室，昏參中，旦尾中。(1352下)

【孟秋】秋季第一个月，農曆七月。《禮記·月令》：～之月，日在翼，昏建星中，旦畢中。(1372下)

【孟夏】夏季第一个月，農曆四月。《禮記·月令》：～之月，日在畢，昏翼中，旦婺女中。(1364下)

季

季 jì 指同輩中排行最小的。古以伯、仲、叔、季排行，季爲排行中最年幼者。賈公彦《疏》："言伯、仲、叔、季者，是長幼次第之稱。若兄弟四人，則依次稱之。"《儀禮·士冠禮》：仲、叔、～，唯其所當。(0957下)

【季冬】冬季最後一个月，農曆十二月。《周禮·春官·天府》：～，陳玉以貞來歲之媺惡。(0776中)《禮記·月令》：～之月，日在婺女，昏婁中，旦氐中。(1383中)

【季春】春季最後一个月，農曆三月。《周禮·夏官·司爟》：～出火，民咸從之；季秋内火，民亦如之。(0843中)《禮記·月令》：～之月，日在胃，昏七星中，旦牽牛中。(1363上)

【季指】小指。鄭玄《注》："季，小也。實于左袂，挂袟以小指者，便卒角也。"《儀禮·特牲饋食禮》：實于左袂，挂于～。(1185上)

【季秋】秋季最後一个月，農曆九月。《周禮·天官·司裘》：～，獻功裘，以待頒賜。(0683中)《禮記·月令》：～之月，日在房，昏虛中，旦柳中。(1379上)

【季夏】夏季最後一个月，農曆六月。《禮記·月令》：～之月，日在柳，昏火中，旦奎中。(1370下)

孤

孤 gū ❶爲國事而死者之妻子、兒女。《月令》孔穎達《疏》："孤寡，即死事者妻子也。"《周禮·地官·司門》：幾出入不物者，正其貨賄，凡財物犯禁者，舉之，以其財養死政之老與其～。(0739上)《禮記·月令》：立冬之日，天子親帥三公、九卿、大夫，以迎冬於北郊，還反，賞死事，恤～寡。(1381上)❷幼而無父之人。鰥、寡、孤、獨這四種人，爲天下民衆中窮困而無處求告者，是朝廷救濟的對象。《儀禮·喪服》：宗子～爲殤，大功衰、小功衰，皆三月。(1124上)《禮記·王制》：少而無父者謂之～，老而無子者謂之獨，老而無妻者謂之矜，老而無夫者謂之寡。(1347上)❸官爵名。天子之孤爲冢卿，於六卿中獨尊（從王引之説）。諸侯唯上公有孤，侯伯子男不設孤。《掌次》孫詒讓《正義》："蓋六卿中有秉國政者，其位獨尊，故謂之孤。……王謂孤爲冢卿，即在六卿之中，非三少，其説致塙。……通言之，孤在卿中爲特尊，秩次亞於三公,故亦通稱公。《鄉飲酒禮》'諸公大夫',注云'大國有孤,四命謂之公'是也。卿士爲孤,而亦爲諸卿之通稱。"一說,孤三人,即少師、少傅、少保,爲三公之副。鄭玄《注》:"孤,王之孤三人,副三公論道者。"《周禮‧天官‧掌次》:~卿有邦事,則張幕設案。(0677上)《周禮‧夏官‧射人》:三公北面,~東面,卿、大夫西面。(0845上)❹四夷子男之君的自稱,擯者向天子報告時亦稱其爲孤。《曲禮下》鄭玄《注》:"謂戎狄子男君也。"《玉藻》孔穎達《疏》:"此謂夷狄子,男之君自稱。……擯者告天子,亦應云'某孤'。"《禮記‧曲禮下》:庶方小侯,入天子之國曰"某人",於外曰"子",自稱曰~。(1265中)《禮記‧玉藻》:小國之君曰~,擯者亦曰~。(1485中)❺諸侯服喪期間的稱謂。鄭玄《注》:"凶服,亦謂未除喪。"孔穎達《疏》:"謂擯者告賓之辭。"《禮記‧曲禮下》:其在凶服曰"適子~"。(1266中)

【孤子】爲國事而死者之子。鄭玄《注》:"孤子者,死王事者之子也。"《周禮‧天官‧外饔》:邦饗耆老、~,則掌其割亨之事。(0662下)

【孤卿】孤與卿。參見"孤❸"。《周禮‧天官‧掌次》:~有邦事,則張幕設案。(0677上)

【孤寡】爲國事而死者的妻子兒女。孔穎達《疏》:"孤寡,即死事者妻子也。"《禮記‧月令》:立冬之日,天子親帥三公、九卿、大夫,以迎冬於北郊,還反,賞死事,恤~。(1381上)

【孤竹之管】用獨生之竹所製的管樂器。賈公彥《疏》:"孤竹,竹特生者。"

《周禮‧春官‧大司樂》:~,雲和之琴瑟,《雲門》之舞,冬日至,於地上之圜丘奏之。(0789下)

【孤陋而寡聞】學識淺薄而見識不廣。爲教育學習六失之"獨學而無友"的後果。今爲成語"孤陋寡聞"。《禮記‧學記》:獨學而無友,則~。(1523中)

孫

（孙）sūn 見下。

【孫竹之管】用竹枝根末端所生之竹製成的管樂器。鄭玄《注》:"孫竹,竹枝根之末生者。"《周禮‧春官‧大司樂》:~,空桑之琴瑟,《咸池》之舞,夏日至,於澤中之方丘奏之。(0789下)

孰

shú 見下。

【孰諫】盡力規勸（父母的過錯）。爲儒家之孝道。儒家認爲,子女完全聽從父母之令不能稱爲孝。正確的做法是,對於父母的過錯,要柔聲下氣和顏悅色地盡力勸諫;勸諫不聽,還要更加恭敬孝順,等父母心情好的時候再行勸諫。鄭玄《注》:"子從父之令不可謂孝也。"孔穎達《疏》:"孰諫,謂純孰殷勤而諫。"《禮記‧內則》:父母有過,下氣怡色,柔聲以諫。諫若不入,起敬起孝,說則復諫;不說,與其得罪於鄉黨州閭,寧~。(1463上)

學

（学）㊀ xué ❶學校。包括大學、小學。小學在公宮東南,大學在國郊。天子之大學曰辟雍,諸侯之大學曰泮宮。各地亦有學校,家塾,黨有庠,遂有序。《諸子》鄭玄《注》:"學,大學也。射,射宮也。"《周禮‧夏官‧諸子》:春合諸~,秋合諸射,以攷其藝而進退之。(0850中)

《禮記·學記》:古之教者,家有塾,黨有庠,術有序,國有~。(1521 中) ❷指六藝。即禮、樂、射、御、書、數。賈公彥《疏》:"有學,即六藝也。"《周禮·地官·族師》:月吉,則屬民而讀邦灋,書其孝弟睦媚有~者。(0718 下)

【學士】在國學讀書的卿大夫之子。即國子。《樂師》鄭玄《注》:"學士,國子也。"《喪服》賈公彥《疏》:"此學謂鄉庠序及國之大學、小學之學士。"《周禮·春官·樂師》:詔來瞽,皋舞,詔及徹,帥~而歌徹,令相。(0794 上)《儀禮·喪服》:都邑之士則知尊禰矣,大人及~則知尊祖矣。(1106 上)

【學藝】學習六藝,即禮、樂、射、御、書、數。為大司徒所頒十二職事之一。鄭玄《注》:"謂學道藝。"賈公彥《疏》:"案《保氏》職云:'掌養國子以道,乃教之六藝。'故以藝中兼有道也。"《周禮·地官·大司徒》:頒職事十有二于邦國、都鄙,使以登萬民:一曰稼穡,二曰樹藝,三曰作材,四曰阜蕃,五曰飭材,六曰通財,七曰化材,八曰斂材,九曰生材,十曰~,十有一曰世事,十有二曰服事。(0707 中)

【學記第十八】《禮記》第十八篇篇名。孔穎達《疏》引鄭玄《三禮目錄》云:"名曰《學記》者,以其記人學教之義。此於《別錄》屬通論。"篇中記古代學校制度,教人傳道授業之門第、方法,親師敬業之道理。着重表現了儒家的教育教學思想。(1521 上)

㈡ xiào 見下。

【學₂學半】教別人,一半也增長了自己的知識。語出《尚書·兌命》。儒家認為,教與學是治學過程中同樣重要的兩個環節,它們可以相互促進,學然後知不足,教然後知困,所謂"教學相長"。這種教、學並重之觀點是儒家教育思想的重要組成部分。孔穎達《疏》:"上學為教,音斅。下學者謂習也,謂學習也。言教人乃是益己學之半也。"《禮記·學記》:《兌命》曰:"~。"(1521 中)

孺 rú 見下。

【孺人】對大夫妻子的稱謂。《禮記·曲禮下》:天子之妃曰"后",諸侯曰"夫人",大夫曰"~",士曰"婦人",庶人曰"妻"。(1267 上)

【孺子】古稱天子、諸侯、世卿的嫡長子。《禮記·檀弓下》:雖吾子儼然在憂服之中,喪亦不可久也,時亦不可失也。~其圖之。(1300 中)

女部

女 nǚ ❶未婚女子。女孩結婚三月之內未行廟見公婆(舅姑)之禮而死,以及未婚的女孩,均稱女,不得稱婦。《周禮·地官·媒氏》:令男三十而娶,～二十而嫁。(0733上)《禮記·雜記下》:～雖未許嫁,年二十而笄,禮之。(1569下)❷女兒。《儀禮·士昏禮》:父送～,命之曰:"戒之敬之,夙夜毋違命。"(0972下)❸指新婦。鄭玄《注》:"女,謂婦也。"《儀禮·士昏禮》:其他如取～禮。(0968上)

【女尸】代替死去的主婦受祭的女子。主婦死,祭時亦有尸,稱女尸。女尸必異姓,一般由死者孫輩的嫡婦充任。鄭玄《注》:"異姓,婦也。賤者,謂庶孫之妾也。尸配尊者,必使適也。"《儀禮·士虞禮》:女,～,必使異姓,不使賤者。(1173中)

【女子】❶指未婚女孩。《士昏禮》賈公彥《疏》:"女子許嫁,謂年十五已上,至十九已下。"《儀禮·士昏禮》:～許嫁,笄而醴之,稱字。(0970下)《禮記·曲禮上》:～許嫁,笄而字。(1241下)❷女兒。《禮記·内則》:子生,男子設弧於門左,～設帨於門右。(1469上)

【女工】從事裁縫的女奴。鄭玄《注》:"女工,女奴曉裁縫者。"《周禮·天官·敍官》:縫人奄二人,女御八人,～八十人。(0643中)

【女功】婦女從事的紡織、刺繡、縫紉等事。《鄭長》鄭玄《注》:"女功,絲枲之事。"《周禮·地官·鄭長》:趨其耕耨,稽其～。(0743上)《禮記·郊特牲》:黼黻文繡之美,疏布之尚,反～之始也。(1455上)

【女史】❶職官名。宮中女官。掌王后典禮、文書等事。蓋以良家婦女知書者任之。《周禮·天官·敍官》孫詒讓《正義》:"案:女史疑當以良家婦女知書者爲之,奚乃女奴耳,鄭義恐未允。"一説,鄭玄《注》以爲"女奴曉書者"。《周禮·天官·女史》:～,掌王后之禮職,掌内治之貳,以詔后治内政。(0690上)❷春官世婦之女史,爲女奴之知書有才智者。鄭玄《注》:"女府、女史,女奴有才知者。"《周禮·春官·敍官》:世婦每宮卿二人,下大夫四人,中士八人,女府二人,～二人。(0753下)

【女巫】職官名。宮中女官。掌祓除、釁浴,以舞通神等。《周禮·春官·女巫》:～,掌歲時祓除釁浴。(0816下)

【女君】妾對丈夫嫡妻的稱呼。《喪服》賈公彥《疏》:"妾事女君,使與臣事君同。……故妾稱適妻爲女君也。"《儀禮·喪服》:妾爲～。(1109中)《禮記·雜記上》:～死,則妾爲～之黨服。(1554中)

【女事】謂婦女從事的紡織、縫紉、刺繡等事。依禮,女孩十歲起學女事。《閭師》賈公彥《疏》:"《大宰》云:'七曰嬪婦,化治絲枲。'"《周禮·地官·閭師》:任嬪以～,貢布帛。(0727上)《禮記·内則》:執麻枲,治絲繭,織紝組紃,學～,以共衣服。(1471中)

【女府】保管財物檔案的女奴。鄭玄《注》:"女府、女史,女奴有才知者。"《周禮·春官·敍官》:～二人,女史二人。(0753下)

【女宮】因犯罪或因别人犯罪而受牽連没入宮中服役的女子。鄭玄《注》:"女宮,刑女之在宮中者。"《周禮·天

官・寺人》：掌王之内人及～之戒令，相道其出入之事而糾之。（0687 上）

【女祝】職官名。宮中女官。掌王后之内祭祀。蓋爲祝官之家婦女任之。《周禮・天官・敍官》孫詒讓《正義》："女祝疑當以祝官之家婦女爲之，與女巫略同。鄭樔以女奴當之，恐非。"《周禮・天官・女祝》：～，掌王后之内祭祀，凡内禱祠之事。（0690 上）

【女酒】釀酒的女奴。鄭玄《注》："女酒，女奴曉酒者。"《周禮・天官・敍官》：酒人奄十人，～三十人。（0641 中）

【女桃(tiāo)】女奴中有才智者。助守桃掌宗廟。鄭玄《注》："女桃，女奴有才知者。"《周禮・春官・敍官》：守桃奄八人，～每廟二人。（0753 中）

【女媧】傳說中的古帝王名。與伏羲、神農並稱三皇。《禮記・明堂位》：垂之和鍾，叔之離磬，～之笙簧。（1491 中）

【女御】職官名。宮中女官，爲天子之妾。其職侍王之燕寢，兼任役使内司服、縫人之事。天子妻妾有后、夫人、九嬪、世婦，女御地位在世婦之下。《周禮・天官・敍官》鄭玄《注》："《昏義》所謂御妻。"《周禮・天官・女御》：～，掌御敍于王之燕寢。（0689 下）

【女冪(mì)】從事巾冪之事的女奴。鄭玄《注》："女冪，女奴曉冪者。"《周禮・天官・敍官》：冪人，奄一人，～十人。（0641 下）

【女槀(kào)】供外内朝有事不歸者飯食的女奴。鄭玄《注》引鄭司農云："槀，讀爲犒師之犒。主冗食者，故謂之犒。"孫詒讓《正義》："漢時犒師之犒正作槁。……犒亦當作槁。據本職云：'掌共外内朝冗食者之食。'因其無事而給食，同於犒勞，故以名官。"《周禮・地官・敍官》：槀人奄八人，～每奄二人。（0701 上）

【女漿】製漿的女奴。鄭玄《注》："女漿，女奴曉漿者。"《周禮・天官・敍官》：漿人奄五人，～十有五人。（0641 中）

【女醢】做肉醬的女奴。鄭玄《注》："女醢，女奴曉醢者。"《周禮・天官・敍官》：醢人奄一人，～二十人。（0641 下）

【女醯(xī)】做醋等調味品的女奴。鄭玄《注》："女醯，女奴曉醯者。"《周禮・天官・敍官》：醯人奄二人，～二十人。（0641 下）

【女饎(chì)】炊米之女奴。《周禮・地官・敍官》：饎人奄二人，～八人。（0701 上）

【女籩(biān)】爲籩食的女奴。鄭玄《注》："女籩，女奴之曉籩者。"《周禮・天官・敍官》：籩人奄一人，～十人。（0641 下）

【女鹽】掌管鹽事的女奴。鄭玄《注》："女鹽，女奴曉鹽者。"《周禮・天官・敍官》：鹽人奄二人，～二十人。（0641 下）

【女子子】女兒。女雙言子，以別於男一子者。《喪服》鄭玄《注》："女子子者，子女也。別於男子也。"賈公彥《疏》："男子、女子各單稱子，是對父母生稱，今於女子別加一字，故雙言二子，以別於男一子者云。"《曲禮上》孔穎達《疏》："女子子者，謂已嫁女子子是己之女。不直云女子而云女子者,凡男子、女子皆是父生,同爲父之子,男子則單稱子,女子則重言子者。"《儀禮·喪服》:～在室爲父。(1101 中)《禮記·曲禮上》:姑、姊妹、～已嫁而反,兄弟弗與同席而坐,弗與同器而食。(1240 下)

【女舂抌(yóu)】舂米、舀米之女奴。鄭玄《注》:"女舂抌,女奴能舂與抌者。"《周禮·地官·敍官》:舂人奄二人,～二人。(0700 下)

【女從者】指跟從女子出嫁的妹妹、侄女。鄭玄《注》:"女從者,謂姪娣也。"《儀禮·士昏禮》:～畢袗玄,纚、笄、被頴黼,在其後。(0966 上)

奴

nú 因罪而沒入官府爲人役使的男女。鄭玄《注》:"鄭司農云:'謂坐爲盜賊而爲奴者輸於罪隸、舂人、槀人之官也。由是觀之,今之爲奴婢,古之罪人也。'……玄謂奴從坐而沒入縣官者,男女同名。"《周禮·秋官·司厲》:其～,男子入于罪隸,女子入于舂槀。凡有爵者、與七十者、與未齓者,皆不爲～。(0882 中)

如

rú 見下。

【如切如磋,如琢如磨】如切骨,如磋象牙,如琢玉,如磨石。比喻相互砥礪探討,加強自我修養。《爾雅·釋器》:"骨謂之切,象謂之磋,玉謂之琢,石謂之磨。"孔穎達《疏》:"如骨之切,如象之磋,又能自脩也。……如玉之琢,如石之磨也。"今爲成語。《禮記·大學》:有斐君子,～。(1673 中)

妄

wàng 見下。

【妄指】胡亂指畫。依禮,在車上不得妄指,以使衆人迷惑。孔穎達《疏》:"妄,虛也。在車上高,若無事忽虛以手指麾於四方,並爲惑衆也。"《禮記·曲禮上》:車上不廣欬,不～。(1253 中)

妃

fēi ❶妻,配偶。《少牢饋食禮》鄭玄《注》:"某妃,某妻也。"《儀禮·少牢饋食禮》:孝孫某,來日丁亥,用薦歲事于皇祖伯某,以某～配某氏。(1196 中)《禮記·曲禮下》:天子之～曰"后",諸侯曰"夫人",大夫曰"孺人",士曰"婦人",庶人曰"妻"。(1267 上)❷皇帝的姬妾。妃子,嬪妃。《禮記·月令》:天子親往,后～帥九嬪御。(1361 下)❸指祖母、祖姑。鄭玄《注》:"夫所祔之妃,於婦則祖姑。"《禮記·雜記上》:婦祔於其夫之所祔之～,無～則亦從其昭穆之～。(1552 上)

好

㈠ hào 指玉璧之孔。鄭玄《注》引鄭司農云:"好,璧孔也。"《周禮·冬官考工記·玉人》:璧羨度尺,～三寸,以爲度。(0922 下)

【好賜】天子對臣下的特別恩賜。即有恩寵而賞賜。鄭玄《注》:"好賜,王所善而賜也。"孫詒讓《正義》:"此好賜與好用義同,《内府》又謂之好賜予,皆謂王於羣臣有所厚好則賜予之,不在常賜之科者也。"《周禮·天官·内饔》:凡王之～肉脩,則饗人共之。(0662 中)

【好用之式】燕飲賞賜用財的規定。爲均節財用的九式之一。鄭玄《注》:"式謂用財之節度。"賈公彥《疏》:"燕好所施予也。"《周禮·天官·大宰》:以九式均節財用:一曰祭祀之式,二曰賓客之式,三曰喪荒之式,四曰羞服之式,五曰工事之式,六曰幣帛之式,七曰芻秣之式,八曰匪頒之式,九曰~。(0648 上)

㈢ hǎo 見下。

【好₂令】指恩賜卿大夫之事。參見"好事"。《周禮·天官·內小臣》:后有好事于四方,則使往;有~于卿大夫,則亦如之。(0686 中)

【好₂事】指恩賜四方諸侯之事。鄭玄《注》:"后於其族親所善者,使往問遺之。"賈公彥《疏》:"后有族親在四方,謂畿外諸侯於王有親。……於卿大夫,亦謂同姓族在朝廷者也。王后意行所善,遣(遣)小臣往以物問遺之。四方諸侯言事,卿大夫言令。"孫詒讓《正義》:"好事,恩澤之事。……好令,亦恩澤之命。……此四方諸侯云好事,卿大夫云好令者,亦互文見義。"《周禮·天官·內小臣》:后有~于四方,則使往;有好令于卿大夫,則亦如之。(0686 中)

【好₂羞】美味,佳肴。賈公彥《疏》:"今言好羞,則是非常之物,謂美魚之屬也。"《周禮·天官·庖人》:共祭祀之~,共喪紀之庶羞。(0661 中)

妣
bǐ 已故的母親。《禮記·曲禮下》:生曰父,曰母,曰妻;死曰考,曰~,曰嬪。(1269 下)

妥
tuǒ 見下。

【妥尸】使尸安坐。爲祭祀之禮。鄭玄《注》:"拜妥尸,拜之使安坐也。"《儀禮·少牢饋食禮》:祝、主人皆拜~,尸不言。(1201 中)

姒
sì 弟妻稱兄妻爲姒。鄭玄《注》:"娣姒婦者,兄弟之妻相名

也。長婦謂穉婦爲娣婦,娣婦謂長婦爲姒婦。"《儀禮·喪服》:夫之姑、姊妹、娣~婦,報。《傳》曰:娣~婦者,弟長也。(1118 下)

姑
gū ❶姑母。稱父親的姐姐、妹妹。《儀禮·士冠禮》:入見~、姊,如見母。(0953 中)《禮記·雜記下》:王父母、兄弟、世父、叔父、~、姊妹,子與父同諱。(1564 上)❷婆婆。稱丈夫的母親。《爾雅·釋親》:"稱夫之母曰姑。"《儀禮·士昏禮》:舅~入于室,婦盥,饋。(0968 上)《禮記·內則》:舅没則~老,冢婦所祭祀、賓客,每事必請於~。(1463 中)❸岳母。稱妻之母親。鄭玄《注》:"舅姑,妻之父母也。"《禮記·坊記》:昏禮,壻親迎,見於舅~,舅~承子以授壻,恐事之違也。(1622 下)

【姑洗】樂律名。古代樂律分爲十二,陽聲爲律,陰聲爲同。姑洗爲六律之第三。《周禮·春官·大師》:陽聲:黃鍾、大蔟、~、蕤賓、夷則、無射。(0795 中)《禮記·月令》:其音角,律中~。(1363 上)

妻
qī ❶妻子。男子的嫡配。即正式接受男方聘禮而出嫁者。古禮,娶妻不娶同姓。《周禮·地官·媒氏》:凡嫁子娶~,入幣純帛,無過五兩。(0733 下)《儀禮·喪服》:~爲夫。《傳》曰:夫至尊也。(1101 中)《禮記·內則》:聘則爲~,奔則爲妾。(1471 中)❷宮中女官。亦爲帝王之妾。周代稱女御。鄭玄《注》:"妻,八十一御妻。《周禮》謂之女御。"《禮記·曲禮下》:天子有后,有夫人,有世婦,有嬪,有~,有妾。(1261 上)

【妻子】男子的嫡配。《禮記·中庸》：《詩》曰："～好合，如鼓琴瑟。"（1627下）

【妻出】即出妻。將妻子趕出家門，即今之離婚。"七出"（亦稱七去）是古時關於離婚的規定：不順父母去，無子去，淫去，妒去，惡疾去，多言去，盜竊去。《禮記·雜記下》：～，夫使人致之曰："某不敏，不能從而共粢盛，使某也敢告於侍者。"（1569中）

【妻帑(nú)】妻子和兒女。鄭玄《注》："古者謂子孫曰帑。"《禮記·中庸》：宜爾室家，樂爾～。（1627下）

姓

xìng 標誌家族系統的稱號。遠古姓從女，其後姓演變爲父系家族之稱號。姓在宗法制度下具有分族屬、定親疏、別婚姻等作用。先秦時，姓與氏含義不同。姓指血緣家族的稱號，終身不變；氏是家族分支的稱號，其命名來源複雜，可依據官職、封邑、職業、謚號、住地等的變遷而更改。秦漢以後，姓氏合而爲一，統稱姓。《周禮·天官·甸師》：王之同～有辠，則死刑焉。（0663中）《儀禮·士昏禮》：祝告，稱婦之～曰："某氏來婦，敢奠嘉菜于皇舅某子。"（0970中）《禮記·坊記》：取妻不取同～，以厚別也。（1622中）

委

㈠ wěi ❶指供給賓客道路所需之米粟薪芻等。少曰委，多曰積。賈公彥《疏》："遠處須多故有積，近處須少故有飲食及委也。"《周禮·地官·遺人》：三十里有宿，宿有路室，路室有～；五十里有市，市有候館，候館有積。（0728中）❷指儲蓄道路所需米粟薪芻之處。孫詒讓《正義》："此謂當致委積之處。"《周禮·秋官·掌訝》：及～，則致積。（0902中）

【委人】職官名。掌斂遠郊薪芻、果蔬、木材之賦。爵中士、下士。《周禮·地官·委人》：～，掌斂野之賦，斂薪芻。（0745下）

【委積】❶指常規食用之外所儲備之米粟薪芻等。《遺人》鄭玄《注》："委積者，廩人、倉人計九穀之數足國用，以其餘共之，所謂餘法用也。"《周禮·地官·遺人》：掌邦之～，以待施惠。鄉里之～，以恤民之囏阨；門關之～，以養老孤；郊里之～，以待賓客；野鄙之～，以待羈旅；縣都之～，以待凶荒。（0728上）《禮記·昏義》：以成絲、麻、布、帛之事，以審守～蓋藏。（1681中）❷指供給賓客道路所需之米粟薪芻等。鄭玄《注》："少曰委，多曰積，皆所以共賓客。"《周禮·地官·大司徒》：大賓客，令野脩道～。（0708中）

㈡ wěi 見下。

【委₂武】冠圈。形似今之帽檐。鄭玄《注》："委武，冠卷也。秦人曰委，齊東曰武。"《禮記·雜記上》：～玄、縞而后蕤。（1555中）

【委₂巷】街里小巷。鄭玄《注》："委巷，猶街里，委曲所爲也。"《禮記·檀弓上》：小功不爲位也者，是～之禮也。（1282上）

【委₂貌】即玄冠。周代禮帽。以黑色絹帛製成。其形制《後漢書·輿服志》記："長七寸，高四寸，制如覆杯，前高廣，後卑銳。"是士、大夫常服之禮冠。《士冠禮》賈公彥《疏》："委貌，玄冠。"《儀禮·士冠禮》：～，周道也；

章甫,殷道也;毋追,夏后氏之道也。(0958下)《禮記·郊特牲》:～,周道也。(1455下)

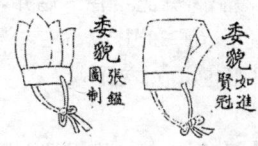
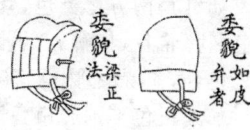

委貌

妾 qiè ❶男子在正妻之外所娶的女子稱妾。《儀禮·喪服》:～爲女君。《傳》曰:何以期也？～之事女君,與婦之事舅姑等。(1109中)《禮記·曲禮上》:取妻不取同姓,故買～不知其姓則卜之。(1241上) ❷女奴。鄭玄《注》:"臣妾,男女貧賤之稱。"《周禮·天官·大宰》:以九職任萬民:一曰三農,生九穀;二曰園圃,毓草木;三曰虞衡,作山澤之材;四曰藪牧,養蕃鳥獸;五曰百工,飭化八材;六曰商賈,阜通貨賄;七曰嬪婦,化治絲枲;八曰臣～,聚斂疏材;九曰閒民,無常職,轉移執事。(0647上) ❸天子之妃六等,公侯之妃四等,其中最低的一等爲妾。《禮記·曲禮下》:天子有后,有夫人,有世婦,有嬪,有妻,有～。(1261上) ❹指隨嫁的妹妹或侄女。孔穎達《疏》:"此云從而出,謂姪娣也。"《禮記·喪服小記》:～從女君而出,則不爲女君之子服。(1496中)

【妾母】庶子的母親。鄭玄《注》:"以其非正。"孔穎達《疏》:"妾母,謂庶子自爲其母也。"《禮記·喪服小記》:慈母與～,不世祭也。(1501上)

【妾祖姑】丈夫之妾祖母。孔穎達《疏》:"妾祔於妾祖姑者,言妾死,亦祔夫祖之妾也。"《禮記·喪服小記》:其妻祔於諸祖姑,妾祔於～。(1500中)

始 shǐ 見下。

【始加】給冠者第一次加冠。爲緇布冠,加冠後行第一次醮禮。鄭玄《注》:"始加者,言一加一醮也。加冠於東序,醮之於户西阼耳。"《儀禮·士冠禮》:～,醮用脯醢。(0956中)

【始冠】初始加冠。男子二十行冠禮,需加冠三次,第一次加緇布冠,稱始冠。《儀禮·士冠禮》:～,緇布之冠也。(0958中)《禮記·郊特牲》:冠義:～之緇布之冠也。(1455下)

【始虞】葬後當日日中舉行的祭奠死者的禮儀。士死後,停殯三月而葬,入葬後,子孫四日内在殯宫要爲死者舉行三次虞祭。始虞曰祫事,再虞曰虞事,三虞曰成事。始虞、再虞用柔日(偶日),三虞用剛日(單日)。鄭玄《注》:"葬之日日中虞,欲安之。柔日陰,陰取其靜。"參見"虞①""柔日"。《儀禮·士虞禮》:～用柔日。(1174上)

【始醮】士冠禮中始加緇布冠後飲冠者酒的禮儀。賓酌酒獻冠者,冠者祭酒、啐酒即成禮。賓與冠者之間無酬酢。《儀禮·士冠禮》:～如初。(0956下)

【始封之君】初始受封爲國君者。即大祖。胡培翬《正義》:"鄭注'大祖,始封之君'是也。"《儀禮·喪服》:是故～不臣諸父、昆弟。(1115下)

姆

mǔ 女師。女子未出嫁時,有德之老婦爲師,誨以婦道,稱姆。《士昏禮》鄭玄《注》:"姆,婦人年五十無子出而不復嫁能以婦道教人者。若今時乳母矣。"胡培翬《正義》:"姆,蓋齒德兼優之婦可爲女之師表者。或爲乳母,或爲幼時撫育之人,更有老而無夫、老而無子、無所歸依而德行猶堪導人者,可勝斯任。"《儀禮·士昏禮》:～纚、笄、宵衣,在其右。(0965下)《禮記·內則》:妻不敢見,使～衣服而對。(1469上)

姪

zhí 女子對兄弟子女的稱呼。男子於兄弟之子,不得稱姪,稱昆弟之子。《喪服》賈公彥《疏》:"云'謂吾姑者,吾謂之姪'者,名唯對姑生稱。若對世叔,唯得言昆弟之子,不得姪名也。"《儀禮·喪服》:～者何也?謂吾姑者,吾謂之～。(1114中)《禮記·曲禮下》:大夫不名世臣、～、娣。(1256下)

【姪娣】妻兄弟之女和妻之妹。古貴族之女出嫁,以姪女和妹妹從嫁爲妾。孔穎達《疏》:"姪是妻之兄女,娣是妻之妹,從妻來爲妾也。"《禮記·曲禮下》:大夫不名世臣、～。(1256下)

【姪丈夫、婦人】姪男、姪女。鄭玄《注》:"爲姪男女同服。"《儀禮·喪服》:～。報。(1114中)

姻

yīn 男方對嫁娶之稱。《士昏禮》鄭玄《注》:"女氏稱昏,壻氏稱姻。"賈公彥《疏》:"及其親,則女民稱昏,男氏稱姻,義取送女者昏時往,男家因得見之故也。"《儀禮·士昏禮》:某以得爲外昏～,請覿。(0973上)《禮記·樂記》:昏～冠笄,所以別男女也。(1529中)

姦

[奸] jiān 見下。

【姦色】兩色相雜之色,即不正之色。古以青、赤、黃、白、黑爲正色,其他爲姦色。如紅爲南方之姦色,紫爲北方之姦色。孫希旦《集解》:"愚謂姦色,不正之色,若紅紫之屬也。"《禮記·王制》:～亂正色不粥於市,錦文珠玉成器不粥於市。(1344上)

娣

dì ❶從姊同嫁一夫的妹妹。《曲禮下》孔穎達《疏》:"姪是妻之兄女,娣是妻之妹,從妻來爲妾也。"《士昏禮》鄭玄《注》:"古者嫁女,必姪娣從,謂之媵。姪,兄之子;娣,女弟也。娣尊姪卑。"《儀禮·士昏禮》:雖無～,媵先。(0968中)《禮記·曲禮下》:大夫不名世臣、姪、～。(1256下)❷兄妻稱弟妻爲娣。鄭玄《注》:"娣姒婦者,兄弟之妻相名也。長婦謂穉婦爲娣婦,娣婦謂長婦爲姒婦。"《儀禮·喪服》:～姒婦者,弟長也。(1118下)

【娣姒婦】娣婦和姒婦。兄弟之妻合稱,俗言妯娌。《爾雅·釋親》:"長婦謂稺婦爲娣婦,娣婦謂長婦爲姒婦。"郭璞注:"今相呼先後,或云妯娌。"《儀禮·喪服》:～者,弟長也。(1118下)

娶

qǔ 男子接女子過門成親。依禮,男子二十至三十歲之間可娶,女子十五至二十歲之間可嫁。《媒氏》賈公彥《疏》:"王肅曰:'《周官》云"令男三十而娶,女二十嫁",謂男女之限,嫁娶不得過此也。'三十之男,二十之女,不待禮而行之,所奔者不禁。娶何三十之限?"《周禮·地官·媒氏》:令男三十而~,女二十而嫁。(0733 上)《儀禮·喪服》:父必三年然後~,達子之志也。(1104 中)

【婁】 (娄) lóu 星宿名。西方白虎七宿的第二宿。爲二十八宿之一。《禮記·月令》:季冬之月,日在婺女,昏~中,旦氐中。(1383 中)

【婢】 bì 使女。《禮記·內則》:雖~妾,衣服飲食,必後長者。(1468 下)

【婢子】 ❶天子、諸侯之妾自世婦以下自稱的謙辭。《禮記·曲禮下》:自世婦以下自稱曰~。(1267 上)❷妾。鄭玄《注》:"婢子,妾也。"《禮記·檀弓下》:如我死,則必大爲我棺,使吾二~夾我。(1310 中)

【婢妾】 使女與妾。《禮記·內則》:雖~,衣服飲食,必後長者。(1468 下)

【婦】 (妇) fù 妻。《儀禮·喪服》:庶孫之~,庶孫之中殤。(1119 中)《禮記·王制》:七教:父子、兄弟、夫~、君臣、長幼、朋友、賓客。(1348 中)

【婦人】 ❶古稱士之妻爲婦人。《周禮·春官·世婦》:凡王后有拜事於~,則詔相。(0784 中)《禮記·曲禮下》:天子之妃曰"后",諸侯曰"夫人",大夫曰"孺人",士曰~,庶人曰"妻"。(1267 上)❷宗婦。同姓族人之妻。鄭玄《注》:"婦人贊者,宗婦之少者。"《儀禮·有司》:~贊者執籩,葦以授婦贊者。(1210 下)

【婦功】 即女功。指紡織、刺繡、縫紉等事。爲婦女四德之一。《九嬪》鄭玄《注》:"婦功,謂絲枲。"孫詒讓《正義》:"《後漢書·列女傳》曹昭《女誡·婦行篇》云:'……婦功不必工巧過人也。……專心紡績,不好戲笑,潔齊酒食,以奉賓客,是謂婦功。'案:曹大家論四行,即本此經四事也。"《周禮·天官·九嬪》:掌婦學之灋,以教九御婦德、婦言、婦容、~。(0687 中)《禮記·昏義》:教以婦德、婦言、婦容、~。(1681 中)

【婦主】 女喪主。依禮,如攝代婦主,必由喪家異姓之女充當。孔穎達《疏》引庾氏云:"喪有男主以接男賓,女主以接女賓。若父母之喪,則適子爲男主,適婦爲女主也。今或無適子,適婦爲正主,遣他人攝主。若攝男主,必使喪家同姓之男;若攝婦主,必使喪家異姓之女。"《禮記·喪服小記》:男主必使同姓,~必使異姓。(1495 上)

【婦出】 將妻子趕出家門,即今之離婚。"七出"(亦稱"七去")是關於離婚的規定:不順父母去,無子去,淫去,妒去,惡疾去,多言去,盜竊去。妻子犯其中一條即可被休棄。孔穎達《疏》:"婦被出棄。"《禮記·內則》:子婦未孝未敬,勿庸疾怨,姑教之;若不可教,而後怒之;不可怒,子放~,而不表禮焉。(1462 下)

【婦式】 婦人刺繡、紡織、縫紉等事之法式。如用料之多少及所完成之時間。鄭玄《注》:"婦式,婦人事之模範,灋,其用財舊數。"《周禮·天官·典婦功》:掌~之灋,以授嬪婦及內人女功之齎。(0690 上)

【婦車】四週飾有圍裳的墨車。墨車本是大夫所乘之車,士婚禮隆盛,故假大夫之禮而新婦乘之。鄭玄《注》:"墨車,漆車,士而乘墨車,攝盛也。"賈公彥《疏》:"婦車,亦墨車,但有裧爲異耳。"《儀禮·士昏禮》:～亦如之,有裧。(0963下)

【婦言】婦女的言辭。爲婦女四德之一。《九嬪》鄭玄《注》:"婦言,謂辭令。"孫詒讓《正義》:"《後漢書·列女傳》曹昭《女誡·婦行篇》云:'……婦言不必辯口利辭也。……擇辭而說,不道惡語,時然後言,不厭於人,是謂婦言。……'案:曹大家論四行,即本此經四事也。"《周禮·天官·九嬪》:掌婦學之灋,以教九御婦德、～、婦容、婦功。(0687中)《禮記·昏義》:教以婦德、～、婦容、婦功。(1681中)

【婦事】婦女所從事的刺繡、紡織、縫紉等事。《禮記·月令》:省～,毋得淫。(1382下)

【婦使】即婦事。鄭玄《注》:"婦使,縫線組紃之事。"《禮記·月令》:禁婦女毋觀,省～,以勸蠶事。(1363下)

【婦官】宮中女官。鄭玄《注》:"婦官,染人也。"孔穎達《疏》:"按《周禮》婦官有典婦功、典枲、染人等。"《禮記·月令》:是月也,命～染采。(1371上)

【婦洗】新婦盥洗所用之器皿。因設於北堂,亦稱北洗。鄭玄《注》:"洗在北堂,所謂北洗。北堂,房中半以北。"胡培翬《正義》:"此洗,內洗也,亦曰北洗。"《儀禮·士昏禮》:～在北堂,直室東隅。(0971下)

【婦容】婦女柔順端莊的儀容。爲婦女四德之一。《九嬪》鄭玄《注》:"婦容,謂婉娩。"孫詒讓《正義》:"《後漢書·列女傳》曹昭《女誡·婦行篇》云:'……婦容不必顔色美麗也。……盥洗塵穢,服飾鮮潔,沐浴以時,衣不垢辱,是謂婦容。……'案:曹大家論四行,即本此經四事也。"《周禮·天官·九嬪》:掌婦學之灋,以教九御婦德、婦言、～、婦功。(0687中)《禮記·昏義》:教以婦德、婦言、～、婦功。(1681中)

【婦順】婦女順從孝敬之美德。爲婦德之一。鄭玄《注》:"供養之禮主於孝順。"《禮記·昏義》:舅姑入室,婦以特豚饋,明～也。(1681上)

【婦德】婦女貞順之德。爲婦女四德之一。《九嬪》鄭玄《注》:"婦德,謂貞順。"孫詒讓《正義》:"《後漢書·列女傳》曹昭《女誡·婦行篇》云:'……夫云婦德,不必才明絕異也。……清閑貞靜,守節整齊,行己有恥,動靜有法,是謂婦德。……'案:曹大家論四行,即本此經四事也。"《周禮·天官·九嬪》:掌婦學之灋,以教九御～、婦言、婦容、婦功。(0687中)《禮記·昏義》:教以～、婦言、婦容、婦功。(1681中)

【婦學】對婦女之教育。包括婦德、婦言、婦容、婦功四方面。賈公彥《疏》:"謂婦人所學之法,即婦德以下是也。"《周禮·天官·九嬪》:掌～之灋,以教九御婦德、婦言、婦容、婦功。(0687中)

【婦職】即婦功。指紡織、刺繡、縫紉等事。鄭玄《注》:"婦職,謂織紝組紃

縫線之事。"《周禮・天官・內宰》：以陰禮教六宮，以陰禮教九嬪，以～之灋教九御。(0684下)

【婦聽】妻子柔順。爲儒家所倡導的做人十義理之一。孔穎達《疏》："妻柔即此婦聽也。"《禮記・禮運》：父慈、子孝、兄良、弟弟、夫義、～、長惠、幼順、君仁、臣忠，十者謂之人義。(1422下)

【婦人子】已出嫁的女子。鄭玄《注》："婦人子者，女子子也。不言女子子者，因出見恩踈。"《儀禮・喪服》：爲夫之昆弟之～適人者。(1115上)

【婦氏人】送新婦的娘家主事男子。鄭玄《注》："婦氏人，丈夫送婦者。"《儀禮・士昏禮》：舅姑先降自西階，婦降自阼階。歸婦俎于～。(0968下)

【婦人重帶】婦人服喪，以腰絰最爲重要。男子重首，婦人重腰，易服易輕者，除服先重者。因此婦人易服變首絰，除服先除腰帶。參見"婦人不葛帶"。《禮記・間傳》：男子何爲除乎首也？婦人何爲除乎帶也？男子重首，～。(1661上)

【婦人不葛帶】婦人不變麻腰帶爲葛帶。爲喪服之制。鄭玄《注》："婦人質，不變重者，至期除之。卒哭，變絰而已。"孫希旦《集解》："愚謂帶，要絰也。凡經，男子重首，婦人重要。喪至卒哭，而變麻服葛，男子首絰、要絰皆變，婦人則變首絰而要絰不變。蓋婦人質，於所重者有除無變也。五服皆然。"《禮記・檀弓上》：～。(1292下)

【婦諱不出門】婦人的家諱不出宮門。即出了宮門就不必避諱。爲不必避諱的情況之一。孔穎達《疏》："門謂婦宮門。婦家之諱，但於婦宮中不言耳。若於宮外，則不諱也。故臣對君不諱也。"《禮記・曲禮上》：夫人之諱，雖質君之前，臣不諱也，～。(1251上)

【婦人不絕於男子之手】婦人不能死在男人手中。爲喪葬之禮。鄭玄《注》："備褻。"賈公彥《疏》："君子重終，爲其相褻。若然疾時，使御者持體，并死于其手。若婦人，則內御者持體，還死于其手。"《儀禮・既夕禮》：男子不絕於～之手，～。(1158上)

【婦人迎客送客不下堂】主婦迎接或送別與自己身份地位相等的客人不下堂。若是地位比自己高的人前來弔唁如君夫人，那麼主婦迎客、送客就要下堂至庭，稽顙而不哭。爲喪禮儀節。鄭玄《注》："婦人所有事自堂及房，男子所有事自堂及門。"孔穎達《疏》："敵者不下堂，若有君夫人弔，則主婦下堂至庭，稽顙而不哭也。"《禮記・喪大記》：～，下堂不哭。(1574下)

媒 méi

❶射獵時用作誘餌的鳥。賈公彥《疏》："若今取鷹隼者，以鳩鴿置於網羅之下以誘之。"《周禮・秋官・翨氏》：掌攻猛鳥，各以其物爲～而掎之。(0888下) ❷媒人。即說合婚姻的人。《禮記・坊記》：故男女無～不交，無幣不相見。(1622中)

【媒氏】職官名。掌男女婚姻之事。爵下士。《周禮・地官・媒氏》：～，掌萬民之判。(0732下)

姻

[姻] yīn 親愛母族、妻族之品行。爲大司徒所掌六行之一。鄭玄《注》："姻,親於外親。"《周禮·地官·大司徒》:二曰六行:孝、友、睦、~、任、恤。(0707 中)

嫂

sǎo 見下。

【嫂叔不通問】嫂子和小叔子不互相問候稱謝。意在明嫂叔之別,避嫌防亂。鄭玄《注》："皆爲重別防淫亂。……通問謂相稱謝也。"《禮記·曲禮上》:~。諸母不漱裳。(1240 下)

婺

wù 見下。

【婺女】星宿名。二十八宿之女宿,又名宿女。玄武七星的第三宿,有四星。《禮記·月令》:孟夏之月,日在畢,昏翼中,旦~中。(1364 下)

媺

měi 見下。

【媺宮室】修建房舍,使之堅固耐用。爲六種傳統習俗之一。媺,用同"美"。鄭玄《注》："美,善也。謂約椓攻堅,風雨攸除,各有攸宇。"《周禮·地官·大司徒》:以本俗六安萬民:一曰~,二曰族墳墓,三曰聯兄弟,四曰聯師儒,五曰聯朋友,六曰同衣服。(0706 下)

嫌

xián 見下。

【嫌名】與人姓名字音相近的字。依禮,避諱不諱嫌名,因其音相近,難以分辨,如禹與雨。但後世諱法加嚴,亦諱嫌名。鄭玄《注》："嫌名,謂音聲相近,若禹與雨,丘與區也。"《禮記·曲禮上》:禮,不諱~,二名不偏諱。(1251 上)

嫁

jià ❶女子出嫁。依禮,女子十五至二十歲之間可嫁。《媒氏》賈公彥《疏》："王肅曰:'《周官》云"令男三十而娶,女二十嫁",謂男女之限,嫁娶不得過此也。'三十之男,二十之女,不待禮而行之,所奔者不禁。娶何三十之限?"《周禮·地官·媒氏》:令男三十而娶,女二十而~。(0733 上)《禮記·曾子問》:~女之家,三夜不息燭,思相離也。(1392 中)❷特指嫁於大夫以上者。鄭玄《注》："凡女行於大夫以上曰嫁,行於士、庶人曰適人。"胡培翬《正義》引褚寅亮云："嫁與適人亦可通稱,但此篇之例是專以嫁屬大夫。適人指士耳,庶人與士不別者,禮窮則同也。"《儀禮·喪服》:子~,反在父之室,爲父三年。(1102 上)

【嫁殤】指男女十九歲以下死而配成夫婦者,即陰婚。此爲禮所禁止者。鄭玄《注》："殤,十九歲以下未嫁而死者,生不以禮相接,死而合之,是亦亂人倫者也。鄭司農云:'嫁殤者,謂嫁死人也。'"賈公彥疏："嫁殤者,生年十九以下而死,死乃嫁之。不言殤娶者,舉女殤,男可知也。"孫詒讓《正義》："此謂生時本無昏議,男女兩殤,因嫁而合葬之。"一說,謂生前有婚議,女未嫁而死,死而歸葬於男家(黃式三說)。《周禮·地官·媒氏》:禁遷葬者與~者。(0733 下)

嬖

bì 見下。

【嬖御人】愛妾。鄭玄《注》："嬖御人,愛妾也。"《禮記·緇衣》:毋以小謀敗

大作,毋以~疾莊后,毋以嬖御士疾莊士、大夫、卿士。(1649上)

【嬖御士】愛臣。鄭玄《注》:"嬖御士,愛臣也。"《禮記·緇衣》:毋以小謀敗大作,毋以嬖御人疾莊后,毋以~疾莊士、大夫、卿士。(1649上)

嬪 (嬪) pín ❶宮中女官,亦爲天子之妾。協助王后掌管婦學之法,教九御以下之婦德、婦言、婦容、婦功。其職位相當於世婦之卿。《昏義》孫希旦《集解》:"《周禮·春官》:'世婦,每宮卿二人,下大夫四人,中士八人。'世婦之卿,以三夫人、九嬪充之,下大夫以世婦充之,中士以女御充之。"《周禮·天官·九嬪》:九~,掌婦學之灋,以教九御婦德、婦言、婦容、婦功。(0687中)《禮記·昏義》:古者天子后立六宮、三夫人、九~、二十七世婦、八十一御妻,以聽天下之內治,以明章婦順。(1681下)❷即嬪婦。從事布帛生產的婦女。詳見"嬪婦"。《周禮·地官·閭師》:任牧以畜事,貢鳥獸;任~以女事,貢布帛。(0727上)❸對亡妻的美稱。鄭玄《注》:"嬪,婦人有法度者之稱也。"《禮記·曲禮下》:生曰父,曰母,曰妻;死曰考,曰妣,曰~。(1269下)

【嬪物】婦女生產的絲麻布帛之類。鄭玄《注》:"鄭司農云:'嬪物,婦人所爲物也。'……玄謂嬪物,絲枲也。"《周禮·秋官·大行人》:又其外方五百里,謂之甸服,二歲一見,其貢~。(0892上)

【嬪貢】接待賓客用的貢物。指布帛絲麻之類。鄭玄《注》:"嬪,故書作賓。……嬪貢,絲枲。"王引之《經義述聞·卷八》:"祀與賓相對爲文,其爲賓客之事明甚。……祀貢以供王祭祀之事,賓貢以供王賓客之事。"《周禮·天官·大宰》:以九貢致邦國之用:一曰祀貢,二曰~,三曰器貢,四曰幣貢,五曰材貢,六曰貨貢,七曰服貢,八曰斿貢,九曰物貢。(0648上)

【嬪婦】從事布帛生產的婦女。爲大宰所頒九職之一。鄭玄《注》:"嬪,婦人之美稱也。"孫詒讓《正義》:"此嬪婦指外嬪婦,即《典絲》之外工,與九嬪世婦等內嬪婦異。嬪義取可賓敬,故爲婦人之美稱。"《周禮·天官·大宰》:以九職任萬民:一曰三農,生九穀;二曰園圃,毓草木;三曰虞衡,作山澤之材;四曰藪牧,養蕃鳥獸;五曰百工,飭化八材;六曰商賈,阜通貨賄;七曰~,化治絲枲;八曰臣妾,聚斂疏材;九曰閒民,無常職,轉移執事。(0647上)

幺 部

幼 yòu 指十歲幼童。《禮記·曲禮上》:人生十年曰~,學。(1232上)

【幼名】子生三月由父命名。孔穎達

《疏》:"生若無名,不可分別,故始生三月而加名,故云幼名也。"《禮記·檀弓上》:~,冠字,五十以伯、仲,死謚,周道也。(1286 中)

【幼弱】指八歲以下之幼童。爲第一種可以赦免的有罪之人。鄭玄《注》引鄭司農云:"幼弱、老旄,若今律令,年未滿八歲,八十以上,非手殺人,他皆不坐。"《周禮·秋官·司刺》:壹赦曰~,再赦曰老旄,三赦曰憃愚。(0880 下)

【幼從父兄,嫁從夫,夫死從子】婦人年幼未嫁從父兄,既嫁從夫,夫死從子。"三從"是奴役婦女的封建禮教。鄭玄《注》:"從謂順其教令。"參見"三從"。《禮記·郊特牲》:婦人,從人者也:~。(1456 下)

幽 yōu 用同"黝"。黑色。鄭玄《注》:"幽讀爲黝,黑謂之黝。"《禮記·玉藻》:一命緼韍~衡,再命赤韍~衡,三命赤韍葱衡。(1481 上)

【幽州】古九州之一。在今河北北部及遼寧一帶。《周禮·夏官·職方氏》:東北曰~,其山鎮曰醫無閭,其澤藪曰貕養。(0863 上)

【幽宗】祭星之壇。宗當爲"禜"字之誤。鄭玄《注》:"宗皆當爲禜字之誤

也。幽禜,亦謂星壇也。星以昏始見,禜之言營也。"孔穎達《疏》:"祭星壇名也。幽,闇也。宗當爲禜,禜,壇域也。星至夜而出,故曰幽也。爲營域而祭之,故曰幽禜也。"《禮記·祭法》:~,祭星也。(1588 上)

幾 (㊀几) ㊀ jī 用同"刉"。割獸取血以釁。參見"幾珥"。《周禮·秋官·犬人》:凡~珥沈辜,用駹可也。(0882 中)

【幾珥】即刉衈。割取禽獸之血以行祭禮。割獸曰刉,割禽曰珥。鄭玄《注》:"幾讀爲刉,珥當爲衈。刉衈者,釁禮之事。"《周禮·秋官·犬人》:凡~沈辜,用駹可也。(0882 中)

【幾酒】嚴察買酒過多及飲酒不時者。爲秋官萍氏之職掌。周時禁止過多飲酒而不節制者。鄭玄《注》:"苛察沽買過多及非時者。"孫詒讓《正義》:"然雖民閒沽買,但過多則飲之將不節,故亦察而詰之。"《周禮·秋官·萍氏》:~,謹酒。(0885 中)

㊁ qí 沂鄂。凹凸綫紋。沂,凹紋;鄂,凸紋。孔穎達《疏》:"幾謂沂鄂也,謂不雕鏤使有沂鄂也。"《禮記·哀公問》:車不雕~,器不刻鏤。(1611 上)

王(玉)部

王 wáng 夏、商、周三代天子的稱號。《天官·敘官》陸德明《釋文》引干寶云:"王,天子之號,三代所稱。"《周禮·天官·敘官》:惟~建

國,辨方正位,體國經野,設官分職,以爲民極。(0639 上)《儀禮·覲禮》:~使人皮弁用璧勞。(1087 下)《禮記·郊特牲》:卜之日,~立于澤,親聽誓命。(1453 上)

【王弓】弓體向外彎曲度小、向內彎曲度大的弓。爲六弓之一。六弓中王弓、弧弓爲強弓,利射遠者、堅者;夾弓、庾弓爲弱弓,利射近者、飛動者;唐弓、大弓介於兩者之間,利射深。鄭玄《注》:"王、弧、夾、庾、唐、大六者,弓異體之名也。往體寡,來體多曰王、弧。……射大侯者用王、弧。"《周禮·夏官·司弓矢》:~、弧弓以授射甲革、椹質者,夾弓、庾弓以授豻侯、鳥獸者,唐弓、大弓以授學射者、使者、勞者。(0855 下)

【王子】天子之子。《禮記·王制》:王大子、~、羣后之大子、卿大夫、元士之適子、國之俊選,皆造焉。(1342 上)

【王內】指路門以內至於北宮,王及后、夫人所居之處。孫詒讓《正義》:"王路寢以內,至於北宮,凡王及后、夫人所居之舍,此官通掌之。蓋皋門以內通爲王宮,路門以內通爲王內。"《周禮·天官·內宰》:掌書版圖之灋,以治~之政令。(0684 中)

【王父】祖父。孔穎達《疏》:"王父,父也。"《禮記·曲禮下》:祭~曰皇祖考,王母曰皇祖妣。(1269 下)

【王瓜】植物名。土瓜的別名。葫蘆科。果實生青熟赤。鄭玄《注》:"王瓜,萆挈也。"一說,爲栝樓。《禮記·月令》:~生,苦菜秀。(1365 上)

【王母】祖母。孔穎達《疏》:"王母,祖母也。"《爾雅·釋親》:"父之妣爲王母。"《禮記·曲禮上》:祭王父曰皇祖考,~曰皇祖妣。(1269 下)

【王老】四夷之君在封國之外的自稱。孔穎達《疏》:"四夷之君去王遠,由有歸往之義,賢使得爲長,故以'王老'爲稱也。"《禮記·曲禮下》:其在東夷、北狄、西戎、南蠻,雖大曰"子"。於內自稱曰"不穀",於外自稱曰~。(1265 中)

【王考】對已故祖父的尊稱。孔穎達《疏》:"曰王考廟者,祖廟也。"《禮記·祭法》:曰考廟,曰~廟,曰皇考廟,曰顯考廟,曰祖考廟,皆月祭之。(1589 上)

【王后】天子的正妻。《周禮·天官·女史》:掌~之禮職,掌內治之貳,以詔后治內政。(0690 上)《禮記·王藻》:~褘衣,夫人揄狄。(1481 中)

【王次】天子出行臨時所設的止息之舍。一般以帷幕搭建。賈公彥《疏》:"次者,次則舍也。言次,謂次止;言舍,謂舍息。……王出宮,則幕人以帷與幕等送至停所,掌次則張之。"《周禮·天官·掌次》:掌~之灋,以待張事。(0676 下)

【王社】天子祭土神之所。孫希旦《集解》:"今按天子之社,祭畿內之土神也。"孔穎達《疏》:"王社所在,書傳無文,或云與大社同處,王社在大社之西。崔氏並云:'王社在藉田,王自所祭以供粢盛。'今從其說。"《禮記·祭法》:王爲羣姓立社,曰大社;王自爲立社,曰~。(1589 下)

【王事】指朝聘、會盟、征伐等王之大事。孫希旦《集解》:"王事,謂朝聘、

會盟、征伐之事，施於境外，以蕃輔天子者也。《禮記·喪大記》：既葬，與人立，君言～，不言國事。（1581中）

【王宮】天子祭日之壇。孔穎達《疏》："王，君也；宮，亦壇也。……日神尊，故其壇曰君宮也。"《禮記·祭法》：～，祭日也。（1588上）

【王夏】古樂名。爲《九夏》之一。王出入時所奏。《周禮·春官·鍾師》：凡樂事，以鍾鼓奏《九夏》：《～》《肆夏》《昭夏》《納夏》《章夏》《齊夏》《族夏》《祴夏》《驁夏》。（0800中）

【王棘】木名。俗稱砥鼠。其質地堅韌，可以製作拉弓弦用的扳指。鄭玄《注》："王棘與檡棘善理堅刃者，皆可以爲決。……世俗謂王棘砥鼠。"《儀禮·士喪禮》：決，用正～，若檡棘。（1131上）

【王道】以仁義治理天下之道。是儒家提出的以仁義之德治理天下、統一天下的政治主張。《禮記·樂記》：禮、樂、刑、政四達而不悖，則～備矣。（1529中）

【王畿】以王城爲中心方千里的地域。爲天子直接統治之地。其按距王城遠近又分爲郊、州、野、縣、都。《周禮·夏官·職方氏》：乃辨九服之邦國：方千里曰～。（0863中）

【王藉（jí）】天子親耕之田。藉田在南郊，其穀供祭祀之用。鄭玄《注》："王以孟春躬耕帝藉，天子三推，三公五推，卿、諸侯九推，庶人終於千畝。"《周禮·天官·甸師》：掌帥其屬而耕耨～，以時入之，以共齍盛。（0662下）

【王大（tài）子】天子的嫡長子。宗法制度，天子的嫡長子爲嗣君，稱王太子或王世子。《禮記·王制》：～、王子、羣后之大子，卿大夫、元士之適子，國之俊選，皆造焉。（1342上）

【王父母】王父、王母的合稱。即祖父、祖母。《禮記·曲禮上》：逮事父母，則諱～；不逮事父母，則不諱～。（1251上）

【王考廟】祖廟。供奉祖父神主以祭祀的廟舍。孔穎達《疏》："曰王考廟者，祖廟也。"《禮記·祭法》：曰考廟，曰～，曰皇考廟，曰顯考廟，曰祖考廟，皆月祭之。（1589上）

【王制第五】《禮記》第五篇篇名。孔穎達《疏》引鄭玄《三禮目錄》云："名曰《王制》者，以其記先王班爵、授祿、祭祀、養老之法度。此於《別錄》屬制度。《王制》之作，蓋在秦漢之際。"《王制》篇保存了夏、商、周大量的典章制度，是研究古代政治制度的珍貴文獻，對後世有着深遠的影響。大致爲孟子之後學者所作，成於戰國之末。（1321下）

玉 yù ❶溫潤而有光澤的美石，亦指經加工而成用於祭祀、饗聘、賜贈、佩帶的玉器。六玉指圭、璋、璧、琮、琥、璜。《周禮·秋官·職金》：掌凡金～錫石丹青之戒令。（0881下）《儀禮·覲禮》：設六～：上圭，下璧，南方璋，西方琥，北方璜，東方圭。（1092下）《禮記·玉藻》：古之君子必佩～。（1482中）❷即玉人。雕琢玉器的工匠。賈公彦《疏》："刮摩之工五，玉人造王璋之等。"《周禮·冬官考工記·總敘》：刮摩之工：～、㮯、雕、矢、磬。（0906中）

【玉人】雕琢玉器的工匠。《周禮·冬

官考工記·玉人》：～之事，鎮圭尺有二寸，天子守之。(0922上)

【玉几】玉石几案。爲五几之最尊者。行禮時所用，以供先王之靈及天子所憑依。五几指玉几、彫几、彤几、漆几、素几。鄭玄《注》："玉几所以依神。天子左右玉几。""玉几，王所依也。"《周禮·天官·大宰》：享先王亦如之，贊～、玉爵。大朝覲、會同，贊玉幣、玉獻、～、玉爵。(0650中)

【玉兆】卜書名，爲《三兆》之一。古龜卜時，先以火灼龜，然後依據龜甲所出現的不同裂紋，來卜其吉凶。玉兆爲龜甲裂紋似玉石者，故名之爲《玉兆》。鄭玄《注》："兆者，灼龜發於火，其形可占者，其象似玉、瓦、原之璺䗧，是用名之焉。上古以來作其法，可用者有三。原，原田也。杜子春云：'《玉兆》，帝顓頊之兆；《瓦兆》，帝堯之兆；《原兆》，有周之兆。'"孫詒讓《正義》："蓋三兆之説，古書無文，故鄭唯著杜説，於此不復辨證也。"《周禮·春官·大卜》：掌《三兆》之灋：一曰《～》，二曰《瓦兆》，三曰《原兆》。(0802中)

【玉豆】玉飾之豆。殷人所用，王亦用。用以盛菹醢之物。《外宗》賈公彥《疏》："凡王之豆籩，皆玉飾之。"《周禮·春官·外宗》：掌宗廟之祭祀，佐王后薦～，眡豆籩。(0785上)《禮記·明堂位》：夏后氏以楬豆，殷～，周獻豆。(1491下)

【玉府】職官名。掌收藏保管金玉、珍異、兵器等財物。爵上士、中士。《周禮·天官·玉府》：～，掌王之金玉、玩好、兵器，凡良貨賄之藏。(0678上)

【玉笄(jī)】玉做的簪子。用以固定冕弁與總髮。《周禮·夏官·弁師》：五采繅十有二就，皆五采玉十有二，～，朱紘。(0854中)

【玉鬯(chǎng)】即圭瓚。舀酒之器。形狀似勺，以玉爲柄，用於祭祀。孫詒讓《正義》："今案：'泲玉鬯'三句，專謂享大鬼也。玉鬯，圭瓚也。"《周禮·春官·大宗伯》：宿，眡滌濯，泲～，省牲鑊，奉玉齍，治其大禮，詔相王之大禮。(0763中)

【玉琖(zhǎn)】玉飾的酒杯。爲夏后氏之爵名。孔穎達《疏》："琖，夏后氏之爵名也。以玉飾之，故曰玉琖。"《禮記·明堂位》：爵用～仍雕，加以璧散、璧角。(1489上)

【玉敦(duì)】盛黍稷稻粱的玉飾器皿。圓腹，有蓋，有足。鄭玄《注》："敦，盤類，珠玉以爲飾。古者以盤盛血，以敦盛食。"一説，鄭司農以爲"歃血玉器"。《周禮·天官·玉府》：若合諸侯，則共珠槃、～。(0678中)

【玉瑞】以玉製成，如圭、璋、璧之類。天子諸侯執以爲信。爲鎮圭之屬。禮神之玉謂之器，人之所執謂之瑞。鄭玄《注》："人執以見曰瑞，禮神曰器。瑞，符信也。"賈公彥《疏》："人執之則曰瑞，即下文鎮圭之等是也。"《周禮·春官·典瑞》：掌～、玉器之藏，辨其名物與其用事，設其服飾。(0776下)

【玉路】以玉爲飾的車。爲天子五路之一。祭祀所乘。鄭玄《注》："玉路，以玉飾諸末。"賈公彥《疏》："凡言玉路、金路、象路者，皆是以玉、金、象爲飾，不可以玉、金爲路。……凡車上之材，於末頭皆飾之。"《周禮·春官·巾車》：王之五路：一曰～，鍚，樊

纓十有再就，建大常十有二斿，以祀。（0822下）

玉輅

【玉節】玉製的符節。諸侯使者在境內執以爲憑信。孫詒讓《正義》："江永云：'此謂諸侯與都鄙大夫，遣使不出竟內者用之。'"《周禮·地官·掌節》：守邦國者用～，守都鄙者用角節。（0739下）

【玉瑱(tiàn)】冠冕上垂在兩側以塞耳的玉器。鄭玄《注》："玉瑱，塞耳者。"《周禮·夏官·弁師》：纓斿皆就，～，玉笄。（0854下）

【玉幣】諸侯朝覲時所獻的禮品。所獻之玉與幣有一定的配合：圭以馬，璋以皮，璧以帛，琮以錦，琥以繡，璜以黼。鄭玄《注》："玉幣，諸侯享幣也。其合亦如《小行人》所合六幣云。"孫詒讓《正義》："金鶚云：'古者玉帛通謂之幣，玉幣即瑞玉也。'……案：金說亦足補鄭義。"《周禮·天官·大宰》：大朝覲、會同，贊～、玉獻、玉几、玉爵。（0650中）

【玉琪(qí)】天子皮弁結縫處的玉飾。鄭玄《注》："琪，讀如薄借綦之綦。綦，結也。皮弁之縫中每貫結五采玉十二以爲飾，謂之綦。"《周禮·夏官·弁師》：王之皮弁，會五采～，象邸，玉笄。（0854下）

【玉磬】玉製的打擊樂器。爲虞、夏、殷、周四代之樂器。《禮記·明堂位》：拊搏、～、揩擊、大琴、大瑟、中琴、小瑟，四代之樂器也。（1491上）

【玉器】玉製的禮神之器。如圭、璋、璧、琮之類。禮神之玉謂之器，人之所執謂之瑞。鄭玄《注》："人執以見曰瑞，禮神曰器。"賈公彥《疏》："禮神曰器，則下文四圭之等是也。"《周禮·春官·典瑞》：掌玉瑞、～之藏，辨其名物與其用事，設其服飾。（0776下）

【玉錦】花紋細密如玉的織錦。賈公彥《疏》："錦之文纖縟似玉之密致者。"《儀禮·聘禮》：士介四人皆奉～束，請覿。（1058中）

【玉爵】玉製的酒杯。用於宗廟祭祀及王禮諸侯。《曲禮上》孔穎達《疏》："玉爵，玉杯也。"《大宰》鄭玄《注》："宗廟獻用玉爵。……玉爵，王禮諸侯之酢爵。"《周禮·天官·大宰》：享先王亦如之，贊玉几、～。大朝覲、會同，贊玉幣、玉獻、玉几、～。（0650中）《禮記·曲禮上》：飲～者弗揮。（1244下）

玉爵

【玉鎮】指玉瑞鎮圭之屬。鄭玄《注》："玉鎮、大寶器，玉瑞、玉器之美者。"賈公彥《疏》："玉鎮，即《大宗伯》云以玉作六瑞鎮圭之屬。"孫詒讓《正義》："依鄭、賈義，則王及諸侯六瑞，通謂之玉鎮。《蘇氏演義》引《三禮義宗》云：'上公鎮桓圭九寸，侯鎮信圭七寸,伯鎮躬圭六寸,子鎮穀璧五寸,男鎮蒲璧五寸。謂之鎮者,皆受之於天子,以爲瑞信,鎮撫國家也。'"《周禮·春官·天府》:凡國之~、大寶器藏焉。(0776 上)

【玉藻】帝王冕冠前後懸垂的貫以玉珠的五彩絲繩。孔穎達《疏》:"藻,謂雜采之絲繩,以貫於玉。以玉飾藻,故云玉藻也。"《禮記·玉藻》:天子~,十有二旒,前後邃延,龍卷以祭。(1473 上)

【玉盞(zī)】盛黍稷之器。祭祀用之。鄭玄《注》:"玉盞,玉敦,受黍稷器。"《周禮·天官·九嬪》:凡祭祀,贊~。(0687 下)

【玉獻】執玉以獻珍異。爲諸侯獻天子珍異之禮。鄭玄《注》:"玉獻,獻國珍異,亦執玉以致之。"賈公彥《疏》:"謂三享之外,別有獻國珍異,亦如三享執玉以致之,故言玉獻,謂以玉致獻也。"孫詒讓《正義》:"易袚云:'玉獻,乃諸侯貢珍之禮,《大行人》之六貢是也。'"《周禮·天官·大宰》:大朝覲、會同,贊玉幣、~、玉几、玉爵。(0650 中)

【玉瓚】即圭瓚。鬯酒之器。形狀如勺,以玉爲柄,用於祭祀。孔穎達《疏》:"以玉飾瓚,故云玉瓚也。"《禮記·明堂位》:灌用~大圭,薦用玉豆、雕篹。(1489 上)

【玉藻第十三】《禮記》第十三篇篇名。孔穎達《疏》引鄭玄《三禮目錄》云:"名曰《玉藻》者,以其記天子服冕之事也。冕之旒,以藻紃爲之,貫玉爲飾。此於《別錄》屬通論。"該篇首先記錄了天子、諸侯的衣服、飲食、居處之位,以及后、夫人、命婦之服;又雜記禮節、禮容、稱謂,內容大致與《曲禮》《王制》《深衣》《少儀》等略同。其中逸文錯簡頗多。(1473 上)

【玉不琢,不成器】美石不經雕琢,就不能成爲禮器。同理,人不通過學習,就不能明白道理。重在說明學習爲先的道理。今爲成語,用來比喻人不經培養鍛煉,就不能成材。《禮記·學記》:~。人不學,不知道(1521 上)

【玟】mín 次於玉的美石。孔穎達《疏》:"瑉、玟,石次玉者,賤,故士佩之。"《禮記·玉藻》:士佩瑉~而縕組綬。(1482 下)

【玦】jué 用同"決"。套在右手大拇指上鉤弦開弓的用具。多用象骨製成。孫希旦《集解》:"玦當作'決',以象骨爲之,著於右手大指,所以鉤弦闓體也。"《禮記·內則》:右佩~、捍、管、遰、大觿、木燧。(1461 中)

【珍】zhēn 指八珍。八種精美食品:淳熬、淳母、炮豚、炮牂、擣珍、漬、熬、肝膋。鄭玄《注》:"珍謂淳熬、淳母、炮豚、炮牂、擣珍、漬、熬、肝膋也。"《周禮·天官·膳夫》:羞用百二十品,~用八物。(0659 下)

【珍圭】天子使臣所持之符節。用以徵召諸侯,撫慰凶荒。鄭玄《注》:"珍圭,王使之瑞節,制大小當與琬琰相依。王使人徵諸侯,憂凶荒之國,則授之,執以往,致王命焉,如今時使者持節矣。一說,杜子春認爲"珍"當爲"鎮",珍圭即鎮圭。《周禮·春官·典瑞》:~以徵守,以恤凶荒。(0777 下)

【珥】ěr ❶用同"聝"。田獵時割取所獲禽獸之左耳以記功。鄭玄《注》引鄭司農云:"珥者,取禽左耳以效功也。《大司馬》職曰:'獲者取左耳。'"《周禮·地官·山虞》:及弊田,植

虞旗于中,致禽而~焉。(0747下)
❷用同"岨"。殺牲取血以供釁禮之用。鄭玄《注》:"珥讀爲岨,祈或爲刉。刉岨者,釁禮之事也。用毛牲曰刉,羽牲曰岨。"《周禮・夏官・小子》:而掌~于社稷,祈于五祀。(0842下)

珠 zhū 見下。

【珠玉】小而圓似珍珠之美玉。孫詒讓《正義》:"此珠玉則當是小玉圓好如珠者,或亦琢玉爲之,非蚌珠也。"《周禮・天官・玉府》:共王之服玉、佩玉、~。(0678上)

【珠槃】以珠爲飾之槃。盟誓時用以盛血或牛耳。鄭玄《注》:"敦,槃類,珠玉以爲飾。古者以槃盛血,以敦盛食。合諸侯者必割牛耳,取其血,歃之以盟。珠槃以盛牛耳。"《周禮・天官・玉府》:若合諸侯,則共~、玉敦。(0678中)

珽 tǐng 天子所持的玉笏。鄭玄《注》:"此亦笏也。謂之珽,珽之言挺然無所屈也。或謂之大圭,長三尺,杼上終葵首。"詳見"笏"。《禮記・玉藻》:天子搢~,方正於天下也。(1475下)

班 bān 見下。

【班朝】正朝儀之位次。孔穎達《疏》:"班,次也;朝,朝廷也。次謂司士正朝儀之位次也。"《禮記・曲禮上》:~治軍,涖官行法,非禮威嚴不行。(1231中)

【班白不提挈】不讓頭髮花白的老人拿着東西走路。爲古時尊老、養老之風的體現。《禮記・王制》:輕任并,重任分,~。(1347中)

球 qiú 見下。

【球玉】美玉。鄭玄《注》:"球,美玉也。"《禮記・玉藻》:笏,天子以~,諸侯以象,大夫以魚須文竹。(1480中)

理 lǐ 治獄之官。鄭玄《注》:"理,治獄官也。"《禮記・月令》:命~瞻傷,察創,視折,審斷。(1373上)

琴 qín 弦樂器。傳説始爲五弦,周初增爲七弦。琴身狹長,木質音箱。《周禮・春官・大司樂》:孤竹之管,雲和之~瑟,《雲門》之舞,冬日至,於地上之圜丘奏之。(0789下)《儀禮・既夕禮》:有疾,疾者齊。養者皆齊。徹~瑟。(1157下)《禮記・檀弓上》:孔子既祥,五日彈~而不成聲,十日而成笙歌。(1278下)

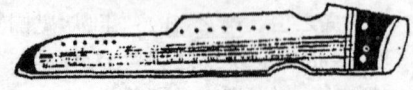

琴

【琴瑟】琴和瑟。兩種弦樂器。爲士寢宮中的常設樂器,主人有病則撤去。《周禮・春官・瞽蒙》:諷誦詩,世奠繫,鼓~。(0797中)《儀禮・既夕禮》:徹~。(1157下)《禮記・喪大記》:疾病,外内皆埽。君、大夫徹縣,士去~。(1571下)

琢 zhuó 雕刻加工玉石。《禮記・學記》:玉不~,不成器。(1521上)

琖 zhǎn 酒器。夏后氏之爵名。《禮記・明堂位》:爵,夏后氏以~,殷以斝,周以爵。(1490下)

琥 hǔ 雕成虎形的玉器。用以祭祀或餽贈。《左傳・昭公三十二年》:"賜子家子雙琥。"孔穎達《疏》:"蓋刻玉爲虎形也。參見"琥璜"。《周禮・秋官・小行人》:合六幣:圭以馬,璋以皮,璧以帛,琮以錦,~以

繡,璜以黼。(0894 上)《儀禮‧覲禮》:南方璋,西方~,北方璜,東方圭。(1092 下)《禮記‧禮器》:圭、璋特,~、璜爵。(1432 下)

【琥璜】兩種次於圭、璋的玉器。因其質次,故不能單獨進獻,須隨酬酒之幣同獻。鄭玄《注》:"琥、璜爵者,天子酬諸侯,諸侯相酬,以此玉將幣也。"孔穎達《疏》:"琥、璜是玉劣於圭、璋者也。……琥、璜既賤,不能特達,故附爵乃通也。崔氏云:'諸侯貴者以琥,賤者以璜。則公、侯以琥,伯、子、男以璜也。'"《禮記‧禮器》:圭、璋特,~爵。(1432 下)

【琥以繡】琥配以繡。爲朝聘所獻六種禮物(六幣)之一。鄭玄《注》:"六幣所以享也。"《周禮‧秋官‧小行人》:合六幣:圭以馬,璋以皮,璧以帛,琮以錦,~,璜以黼。(0894 上)

琰 yǎn 見下。

【琰圭】圭上端尖鋭者。其上半尖而有鋒芒,下半有瑑刻文飾。長九寸。天子使者執以爲符節,誡諸侯改過、易行。鄭玄《注》:"琰圭,琰半以上,又半爲瑑飾。諸侯有爲不義,使者征之,執以爲瑞節也。"《周禮‧冬官考工記‧玉人》:~九寸,判規,以除慝,以易行。(0922 下)

琮 cóng 玉器。方柱形,中有圓孔,外分四方,每方突出一鈍角,則爲八方。琮之用有多種,黄琮以禮地,瑑琮諸侯以享君夫人,大琮爲王后之内鎮,駔琮天子、王后以爲權。《玉人》鄭玄《注》:"享,獻也。聘禮,君以璧,享夫人以琮。"賈公彦《疏》:"此據上公九命,若侯、伯當七寸,子、男當五寸。"《周禮‧冬官考工記‧玉人》:璧~九寸,諸侯以享天子。(0922 下)《儀禮‧聘禮》:受夫人之聘璋,享玄纁束帛加~,皆如初。(1047 下)

【琮以錦】琮以配錦。爲朝聘所獻六種禮物(六幣)之一。鄭玄《注》:"六幣所以享也。"《周禮‧秋官‧小行人》:合六幣:圭以馬,璋以皮,璧以帛,~,琥以繡,璜以黼。(0894 上)

琬 wǎn 見下。

【琬圭】圭上端渾圓而無棱角者。諸侯有德行善事者,王命賜琬圭。鄭玄《注》:"琬猶圜也。王使之瑞節也。諸侯有德,王命賜之。使者執琬圭以致命焉。"《周禮‧冬官考工記‧玉人》:~九寸而繅,以象德。(0922 下)

瑟 sè ❶弦樂器。長方形,木質音箱。或四十五弦,或二十五弦,或十五弦等。每弦有柱,移動之以定音。《周禮‧春官‧大司樂》:孫竹之管,空桑之琴~,《咸池》之舞,夏日至,於澤中之方丘奏之。(0790 上)《儀禮‧鄉飲酒禮》:相者二人,皆左何~。(0985 中)《禮記‧樂記》:《清廟》之~,朱弦而疏越,壹倡而三歎。(1528 下) ❷彈瑟的樂工。《儀禮‧鄉飲酒禮》:工

瑟

四人,二~,~先。(0985 中)

瑚 hú 宗廟祭祀盛黍稷之禮器。殷商之制,天子之祭用六瑚。鄭玄《注》:"皆黍稷器,制之異同未聞。"孫希旦《集解》:"是敦、璉、瑚、簋,四代之名雖異,而其實爲一物也。有虞氏始爲兩敦,三代遞加焉。"《禮記·明堂位》:有虞氏之兩敦,夏后氏之四連,殷之六~,周之八簋。(1491 下)

瑞 ruì 玉製之符信。六瑞指瑱圭、桓圭、信圭、躬圭、穀璧、蒲璧。爲天子及諸侯所執。《小行人》鄭玄《注》:"瑞,信也。皆朝見所執以爲信。"《禮器》孔穎達《疏》:"圭兼五等玉也。……天子得天之物謂之瑞,故諸侯受封於天子,天子與之玉亦謂爲瑞也。"《周禮·秋官·小行人》:成六~:王用瑱圭,公用桓圭,侯用信圭,伯用躬圭,子用穀璧,男用蒲璧。(0893 下)《禮記·禮器》:諸侯以龜爲寶,以圭爲~。(1431 下)

【瑞玉】指五等諸侯所執之玉製符信。鄭玄《注》:"瑞玉,謂公桓圭,侯信圭,伯躬圭,子穀璧,男蒲璧。"《儀禮·覲禮》:乘墨車,載龍旂、弧韣,乃朝以~有繅。(1089 上)

【瑞祝】爲迎時雨、寧風旱之祝禱。爲六祝之一。鄭玄《注》引鄭司農云:"瑞祝,逆時雨、寧風旱也。"《周禮·春官·大祝》:一曰順祝,二曰年祝,三曰吉祝,四曰化祝,五曰~,六曰筴祝。(0808 下)

【瑞節】指琰圭。天子使者執以爲符節,誡諸侯改過、易行。鄭玄《注》:"瑞節,玉節之琰(據阮元校改)圭也。孫詒讓《正義》:"此執罪人,與除惡義相應,故知用琰圭也。"參見"琰圭"。《周禮·地官·調人》:弗辟,則與之~而以執之。(0732 下)

瑜 yú 見下。

【瑜玉】美玉。孔穎達《疏》:"瑜是玉之美者。"《禮記·玉藻》:世子佩~而綦組綬。(1482 下)

【瑜不掩瑕】玉美好的部分遮掩不住其瑕疵。鄭玄《注》:"瑕,玉之病也;瑜,其中間美者。玉之性善惡不相掩,似忠也。"今爲成語,以瑜比喻優點,以瑕比喻缺點,二者互不相掩。《禮記·聘義》:~,忠也。(1694 中)

瑕 xiá 見下。

【瑕不掩瑜】玉上的瑕疵掩蓋不住其美好的部分。今爲成語,比喻小小的缺點不會影響美好的本質。參見"瑜不掩瑕"。《禮記·聘義》:~,瑜不掩瑕,忠也。(1694 中)

瑉 mín 見下。

【瑉玉】似玉的美石。瑉,用同珉。孫詒讓《正義》:"《釋文》云:'瑉,本又作珉。'案:《説文·玉部》云:'珉,石之美者。'"《周禮·夏官·弁師》:諸侯之繅斿九就,~三采。(0854 下)

瑑 zhuàn 玉器上隆起的雕紋。以爲飾。鄭玄《注》引鄭司農云:"瑑,有圻鄂瑑起。"《周禮·春官·典瑞》:~圭、璋、璧、琮,繅皆二采一就,以覜聘。(0777 上)

【瑑琮】有雕紋的琮玉。鄭玄《注》:"獻於所朝聘君之夫人也。"《周禮·冬官考工記·玉人》:~八寸,諸侯以享夫人。(0923 中)

瑱 ㈠ tiàn ❶垂於冠冕兩側用以塞耳者。以示不聽讒言。天子玉瑱,諸侯以石,臣以象、角。《弁師》鄭玄《注》:"玉瑱,塞耳者。"《檀弓上》鄭玄《注》:"瑱,充耳也。吉時以玉,人君有瑱。"《周禮·夏官·弁師》:繅斿皆就,玉~、玉笄。(0854 下)《禮記·檀弓上》:葛要絰,繩屨無絇,角~,鹿裘衡,長袪。(1293 上) ❷指用新絲綿爲死者塞耳。鄭玄《注》:"瑱,充耳。纊,新綿。"賈公彥《疏》:"瑱,塞耳。《詩》云'充耳',充即塞也。生時人君用玉,臣用象。又著《詩》云'充耳以素'、'充耳以黃'之等,《注》云'所以懸瑱',則生時以黃以素,又以玉、象等爲之,示不聽讒。今死者直用纊塞耳而已,異於生也。"《儀禮·士喪禮》:~,用白纊。(1130 下)
㈡ zhèn 見下。

【瑱₂圭】即鎮圭。天子鎮撫天下之寶器。爲六瑞之一。鄭玄《注》:"按王執鎮圭,瑱宜作鎮音。"《周禮·秋官·小行人》:成六瑞:王用~,公用桓圭,侯用信圭,伯用躬圭,子用穀璧,男用蒲璧。(0893 下)

瑤 yáo 似玉之美石。《周禮·天官·內宰》:凡賓客之裸獻、~爵,皆贊。(0685 上)《禮記·祭統》:尸飲七,以~爵獻大夫。(1605 中)

【瑤爵】以瑤爲飾的酒器。王及后酯尸及酬賓所用。《內宰》鄭玄《注》:"瑤爵,謂尸卒食,王既酯尸,后亞獻之。其爵以瑤爲飾。"《周禮·天官·內宰》:大祭祀,后裸獻,則贊,~亦如之。(0684 下)《禮記·祭統》:尸飲七,以~獻大夫。(1605 中)

璂 qí 用同"綦"。天子皮弁結縫處的玉飾。鄭玄《注》:"璂,讀如薄借綦之綦。綦,結也。皮弁之縫中每貫結五采玉十二以爲飾,謂之綦。"《周禮·夏官·弁師》:王之皮弁,會五采玉~,象邸,玉笄。(0854 下)

璜 huáng 玉器。形如半璧。劣於圭、璋。用於朝聘、祭祀、喪葬等。《周禮·春官·大宗伯》"以玄璜禮北方"鄭玄《注》:"半璧曰璜,象冬閉藏,地上無物,唯天半見。"《禮器》孔穎達《疏》:"琥、璜是玉劣於圭、璋者也。……琥、璜既賤,不能特達,故附爵乃通也。崔氏云:'諸侯貴者以琥,賤者以璜。則公、侯以琥,伯、子、男以璜也。'"《周禮·秋官·小行人》:合六幣:圭以馬,璋以皮,璧以帛,琮以錦,琥以繡,~以黼。(0894 上)《儀禮·覲禮》:設六玉:上圭,下璧,南方璋,西方琥,北方~,東方圭。(1093 上)《禮記·禮器》:圭、璋特,琥、~爵。(1432 下)

【璜以黼】璜配以黼。爲朝聘所獻六種禮物(六幣)之一。鄭玄《注》:"六幣所以享也。"《周禮·秋官·小行人》:合六幣:圭以馬,璋以皮,璧以帛,琮以錦,琥以繡,~。(0894 上)

璋 zhāng ❶玉器。狀如半圭。其大小長短不同,用途有異。朝聘、祭祀、喪葬、軍事時用作禮器或信物。如大璋用於祭祀大山川,邊璋用於祭祀小山川,牙璋用以發兵等。《聘禮》鄭玄《注》:"其聘用璋,取其半圭也。"《周禮·秋官·小行人》:合六幣:圭以馬,~以皮,璧以帛,琮以錦,琥以繡,璜以黼。(0894 上)《儀禮·聘禮》:受享束帛加璧,受夫人之聘

~,享玄纁束帛加琮,皆如初(1047下)《禮記·王制》:有圭璧金~不粥於市。(1344上)❷即玉瓚。祭祀時酌鬯酒之勺,以璋爲柄。孫希旦《集解》:"灌用圭、璋者,灌鬯盛以玉瓚,以圭、璋爲之柄也。"《禮記·郊特牲》:灌以圭~,用玉氣也。(1457上)

【璋瓚】玉製盛酒器。形狀如勺,以璋爲柄。祭祀所用,專酌鬯酒。鄭玄《注》:"圭瓚、璋瓚,祼器也,以圭、璋爲柄,酌鬱鬯。"《禮記·祭統》:君執圭瓚祼尸,大宗執~亞祼。(1603下)

璋瓚

【璋邸射】邸部銳出的玉璋。無飾文。用以祭祀山川,贈予賓客。《典瑞》鄭玄《注》:"璋有邸而射取殺於四望。鄭司農云:'射,剡也。'"《玉人》鄭玄《注》:"邸射,剡而出也。"孫詒讓《正義》:"剡而出者,專據琮邸言之,出即謂邸八出也。賈謂於璋首爲之,誤。"一說,賈公彥《疏》:"半圭曰璋,璋首邪却之。今於邪却之處,從下向上摠邪却之,名爲剡而出。"《周禮·春官·典瑞》:~,以祀山川,以造贈賓客。(0777下)《周禮·冬官考工記·玉人》:~,素功,以祀山川,以致稍餼。(0923下)

璋邸射

【璋以皮】璋配以皮。爲朝聘所獻六種禮物(六幣)之一。鄭玄《注》:"六幣所以享也。"賈公彥《疏》:"圭以馬,璋以皮,⋯⋯二者雖非幣帛,以用之當幣處,故摠號爲幣也。"《周禮·秋官·小行人》:合六幣:圭以馬、~,璧以帛,琮以錦,琥以繡,璜以黼。(0894上)

璪 zǎo 王冠前下垂的的裝飾。用五彩絲貫玉而成,狀如水藻。孫希旦《集解》:"璪者,用五采絲爲繩,垂之以爲冕之旒也。"《禮記·郊特牲》:戴冕~十有二旒,則天數也。(1453中)

環 (环) ㈠ huán 圓形的器物。鄭玄《注》:"環,取可循而無窮。"孔穎達《疏》:"佩象環者,象牙有文理,言己有文章也。而爲環者,示己文教所循環無窮也。"《禮記·玉藻》:孔子佩象~五寸而綦組綬。(1482下)

【環佩】珮玉。鄭玄《注》:"環佩,佩玉也。"《禮記·經解》:行步,則有~之聲;升車,則有鸞和之音。(1610上)

【環拜】盤旋與直拜。古禮中的兩種儀節程式。鄭玄《注》引鄭司農云:"環,謂旋也;拜,直拜也。"孫詒讓《正義》:"旋與還通,此環即《玉藻》所謂周還折還也。云'拜,直拜'者,謂即《大祝》九拜是也。此環與拜是二事。"《周禮·春官·樂師》:教樂儀,行以《肆夏》,趨以《采薺》,車亦如之,~以鍾鼓爲節。(0793下)

【環涂】環繞王都城的道路。路寬七軌。車兩輪之間的距離爲軌,一軌爲八尺。鄭玄《注》:"環涂,環城之道。"《周禮·冬官考工記·匠人》:經塗九軌,~七軌,野涂五軌。(0928下)

【環絰】古喪服名。用麻繞成環狀,戴在頭上。爲小功以下喪服。小殮之後,公、大夫、士均戴此。《檀弓下》孫希旦《集解》:"環絰,爲之如環,以加於首也。舊說謂環絰一股,非也。繩必兩股而後能固結,凡経皆然,一股者,不可以爲経也。……環経者,小功以下之経也。"《弁師》鄭玄《注》:"環経者,大如緦之麻経,纏而不紏。"《周禮·夏官·弁師》:王之弁経,弁而加~。(0854下)《禮記·檀弓下》:叔仲衍以告,請繐衰而~。(1316下)

㊁ huán 見下。

【環₂人】❶職官名。掌以勇力挑戰敵陣,糾察軍中的内奸。爲夏官之屬。爵下士。《周禮·夏官·環人》:~,掌致師,察軍慝,環四方之故。(0844中)❷職官名。掌迎送諸侯的賓客。爲秋官之屬。爵中士。《周禮·秋官·環人》:~,掌送逆邦國之通賓客。(0899下)

璧 bì 玉器名。扁平,圓形,中有孔。爲六玉之一。璧制:其孔稱好,其邊稱肉,邊倍於孔者,稱璧。《爾雅·釋器》:"肉倍好謂之璧。"依《周禮·冬官考工記·玉人》"好三寸",則肉爲六寸,璧直徑爲九寸。璧多用作朝聘、祭祀、喪葬的禮器,亦爲佩帶之裝飾。《周禮·夏官·射人》:其摯,三公執~,孤執皮帛,卿執羔,大夫鴈。(0845上)《儀禮·覲禮》:設六玉:上圭,下~,南方璋,西方琥,北方璜,東方圭。(1092下)《禮記·禮器》:束帛加~,尊德也。(1442上)

【璧角】酒爵名。因以璧飾其口,故稱璧角。用於禘祭,其實五升。鄭玄《注》:"散、角,皆以璧飾其口也。"孫希旦《集解》:"四升曰散,五升曰角。"《禮記·明堂位》:爵用玉琖仍雕,加以~、璧角。(1489上)

【璧羨】橢圓形的璧。長一尺,寬八寸。《典瑞》鄭玄《注》:"羨,不圜之貌,蓋廣徑八寸,袤一尺。"《周禮·春官·典瑞》:~以起度。(0778上)《周禮·冬官考工記·玉人》:~度尺,好三寸,以爲度。(0922下)

璧羨

【璧翣(shà)】❶周代懸鍾磬之簨虡上的扇形飾物。以璧、繒及五彩羽爲之。鄭玄《注》:"簨虡,所以縣鍾磬也。橫曰簨,飾之以鱗屬;植曰虡,飾之以臝屬、羽屬。……周又畫繒爲翣,戴以璧,垂五采羽於其下,樹於簨之角上。"孔穎達《疏》:"翣,扇也。言周畫繒爲扇,戴小璧於扇之上。"《禮記·明堂位》:夏后氏之龍簨虡,殷之崇牙,周之~。(1491中)❷周代喪葬用的棺飾。形似扇,上飾璧,用以遮隔柩車。孔穎達《疏》:"周之璧翣者,謂周代以物爲翣,翣上戴之以璧,陳之而障柩車。"《禮記·明堂位》:有虞氏之綏,夏后氏之綢練,殷之崇牙,周之~。(1492上)

【璧以帛】璧配以帛。爲朝聘所獻六種禮物(六幣)之一。鄭玄《注》:"六幣所以享也。"《周禮·秋官·小行人》:合六幣:圭以馬,璋以皮,~,琮以錦,琥以繡,璜以黼。(0894上)

瓀 ruǎn 次於玉的美石。孔穎達《疏》:"瓀、玫,石次玉者。賤,故士佩之。"《禮記·玉藻》:士佩~玫而縕組綬。(1482下)

璽

璽 (玺) xǐ 印章。此處爲加蓋印章。鄭玄《注》:"璽者,印也。"《周禮·秋官·職金》:辨其物之媺惡與其數量,楬而~之。(0881下)

【璽節】准許通商出貨的憑證。上蓋有印章,故名。爲六節之一。鄭玄《注》:"璽節,印章。如今斗檢封矣,使人執之以通商,以出貨賄者。"《周禮·地官·司市》:凡通貨賄,以~出入之。(0735上)

瓚

瓚 (瓒) zàn ❶玉製酌酒器。形狀如勺,以圭爲柄。祭祀、享賓客所用,挹鬯以祼。圭瓚國君用之,璋瓚夫人用之。《玉人》鄭玄《注》:"瓚如盤,其柄用圭,有流前注。"《祭統》鄭玄《注》:"圭瓚、璋瓚,祼器也,以圭、璋爲柄,酌鬱鬯。"《周禮·冬官考工記·玉人》:祼圭尺有二寸,有~,以祀廟。(0922下)《禮記·祭統》:君執圭~祼尸,大宗執璋~亞祼。(1603下)❷質地不純之玉。鄭玄《注》:"龍、瓚、將,皆雜名也。卑者下尊,以輕重爲差,玉多則重,石多則輕。"《周禮·冬官考工記·玉人》:天子用全,上公用龍,侯用~,伯用將。(0922上)

无(旡)部

既

既 ㈠ xì 見下。

【既廩】官府發給的給養。如米粟之類。既,用同"餼"。鄭玄《注》:"既,讀爲餼。餼廩,稍食也。"孔穎達《疏》:"既廩,謂飲食糧廩也。"《禮記·中庸》:日省月試,~稱事,所以勸百工也。(1630上)

㈡ jì 見下。

【既₂夕禮第十三】《儀禮》第十三篇篇名,是《士喪禮》的下篇。記載了喪禮從啓殯到下葬的禮儀。因本篇開頭二字爲"既夕",故取之以爲篇名。賈公彥《疏》引鄭玄《三禮目錄》云:"《士喪禮》之下篇也。既,已也。謂先葬二日已夕哭時,與葬閒一日。凡朝廟日,請啓期,必容焉。此諸侯之下士一廟,其上士二廟,則既夕哭先葬前三日。《大戴》第五,《小戴》第十四,《別錄》名《士喪禮下篇第十三》。"其主要儀節爲:一、啓殯,遷柩,朝祖廟,設奠;二、第二日薦車馬,載柩,飾柩,陳明器,還柩,設祖奠,並國君和賓贈奠賻贈;三、葬日設葬奠,柩車出行,道途,窆柩,藏器及反哭。篇末附記了士喪禮上下兩篇有關的諸儀法器物。(1146中)

【既₂明且哲,以保其身】既能明曉善惡,又能聰明辨智,以保全自身。言中庸之人皆能如此。今爲成語"明哲保身",多指回避原則鬥爭,生怕有損自己的處世態度。《禮記·中庸》:《詩》曰:"~。"(1633下)

木 部

木 mù ❶指柷敔等木製樂器。爲八音之一。鄭玄《注》：“木，柷敔也。”《周禮·春官·大師》：皆播之以八音：金、石、土、革、絲、～、匏、竹。(0795 中) ❷五行之一。古人認爲春季屬木。《禮記·月令》：先立春三日，大史謁之天子曰：“某日立春，盛德在～。”(1355 下)

【木工】製作木器及營造土木工程的工匠。包括輪人、輿人、弓人、廬人、匠人、車人、梓人。爲天子六工之一。鄭玄《注》：“此亦殷時制也，周則皆屬司空。……木工，輪、輿、弓、廬、匠、車、梓也。”《禮記·曲禮下》：天子之六工，曰土工、金工、石工、～、獸工、草工，典制六材。(1261 中)

【木瓜】植物名。落葉灌木或小喬木。此指木瓜樹之材。《周禮·冬官考工記·弓人》：凡取幹之道七，柘爲上，檍次之，檿桑次之，橘次之，～次之，荊次之，竹爲下。(0934 下)

【木車】不漆、粗布爲飾之車。爲天子五喪車之一。初遭喪時所乘。鄭玄《注》：“木車，不漆者。……此始遭喪所乘。”《周禮·春官·巾車》：王之喪車五乘：～、蒲蔽、犬䄜、尾囊、疏飾，小服皆疏。(0824 中)

【木柶(sì)】木製的柶。舀食器，如勺、匙。參見“柶”。《儀禮·既夕禮》：篚在東，南順，實角觶四，～二，素勺二。(1161 上)

【木桁(héng)】木製的放置隨葬品的器物。其形如几，狹而長。鄭玄《注》：“桁，所以庪苞、筲、甕、甒也。”參見“桁”。《儀禮·既夕禮》：皆～，久之。(1149 中)

【木堇】植物名。即木槿。落葉灌木，夏秋開紅、白或紫色花，朝開暮斂。鄭玄《注》：“木堇，王蒸也。”孔穎達《疏》：“其花朝生暮落。”《禮記·月令》：鹿角解，蟬始鳴，半夏生，～榮。(1370 中)

【木路】漆而不以革飾之車。爲天子五路之一。用以田獵、封蕃國。鄭玄《注》：“木路，不鞔以革，漆之而已。”《周禮·春官·巾車》：～，前樊鵠纓，建大麾，以田，以封蕃國。(0823 中)

【木錧(guǎn)】木製的車轄。錧，貫於軸頭以轄制車轂的銷子，即轄。常用銅、鐵製成，喪用木。鄭玄《注》：“取少聲。”賈公彥《疏》：“車錧，常用金，喪用木。”《儀禮·既夕禮》：主人乘惡車，白狗幦，蒲蔽；御以蒲菆，犬服，～，約綏，約轡，木鑣。(1162 上)

【木燧】木製的鑽取火種之用具。鄭玄《注》：“木燧，鑽火也。”孔穎達《疏》：“皇氏云：‘晴則以金燧取火於

日,陰則以木燧鑽火也。'"《禮記·內則》:右佩玦、捍、管、遰、大觿、~。(1461 中)

【木鐸】以木爲舌的大鈴。銅質。宣布政教法令時用以警衆。《小宰》鄭玄《注》:"古者將有新令,必奮木鐸以警衆,使明聽也。木鐸,木舌。文事奮木鐸,武事奮金鐸。"《周禮·天官·小宰》:正歲,帥治官之屬而觀治象之灋,徇以~,曰:"不用灋者,國有常刑。"(0655 上)《禮記·檀弓下》:既卒哭,宰夫執~以命于宮曰:"舍故而諱新。"(1313 上)

【木鑣】木製的馬嚼子。與銜合用,銜在馬口內,鑣在口旁。一般用金屬製成,喪用木。鄭玄《注》:"亦取少聲。"賈公彥《疏》:"平常用馬鑣以金爲之,今用木,故知亦取少聲也。"《儀禮·既夕禮》:主人乘惡車,白狗幦,蒲蔽;御以蒲茢,犬服,木鑣,約綏、約轡,~。(1162 中)

【本】bèn ❶草木的根。《醢人》賈公彥《疏》:"本,根也。"《公食大夫禮》賈公彥《疏》:"昌本者,……昌蒲根。"《周禮·天官·醢人》:朝事之豆,其實韭菹、醓醢、昌~、麋臡。(0674 下)《儀禮·公食大夫禮》:韭菹,以東醓醢,昌~,昌~南麋臡,以西菁菹、鹿臡。(1081 中)《禮記·少儀》:爲君子擇蔥薤,則絕其~末。(1515 下)❷指用雌麻根部之皮製成的喪服。《服問》鄭玄《注》:"有本,謂大功以上也,小功以下澡麻斷本。"孫希旦《集解》:"喪自大功以上,首絰、要帶,其麻皆有本。"《儀禮·士喪禮》:婦人之帶,牡麻結~。(1136 上)《禮記·服問》:麻之有~者,變三年之葛。(1658 下)

【本俗六】六種傳統的習俗。指媺宮室,族墳墓,聯兄弟,聯師儒,聯朋友,同衣服。賈公彥《疏》:"本,舊也。不依舊俗創立制度,民心不安;若依舊俗,民心乃安。故以本俗六條以安民也。"詳見各條。《周禮·地官·大司徒》:以~安萬民:一曰媺宮室,二曰族墳墓,三曰聯兄弟,四曰聯師儒,五曰聯朋友,六曰同衣服。(0706 下)

【未】wèi 見下。

【未齓(chèn)】未換牙齒。指男八歲、女七歲時。鄭玄《注》:"齓,毀齒也。男八歲、女七歲而毀齒。"《周禮·秋官·司厲》:凡有爵者,與七十者,與~者,皆不爲奴。(0882 中)

【札】zhá ❶疫病,疫癘。賈公彥《疏》:"大札,大疫病也。"《周禮·地官·均人》:大荒、大~,則令邦國移民、通財、舍禁、弛力、薄征、緩刑。(0708 下)❷遭疾病而死亡。鄭玄《注》引鄭司農云:"札,謂疫疾死亡也。"《周禮·地官·司關》:國凶~,則無關門之征,猶幾。(0739 中)

【札喪】疫病死喪。爲接待賓客可以殺減禮儀的條件之一。《周禮·秋官·掌客》:凡禮賓客,國新殺禮,凶荒殺禮,~殺禮,禍烖殺禮,在野在外殺禮。(0902 上)

【朱】zhū 大紅色。爲五色中紅的正色。《周禮·春官·巾車》:象路,~,樊纓七就,建大赤,以朝,異姓以封。(0823 中)《儀禮·聘禮》:繅三采六等,~、白、倉。(1072 下)《禮記·玉藻》:韠:君~,大夫素,士爵。(1481 上)

【朱干】大紅色的盾。舞《大武》時所用。爲天子之禮。鄭玄《注》："干,盾也。"《禮記·郊特牲》：諸侯之宮縣,而祭以白牡,擊玉磬,〜設錫,冕而舞《大武》,乘大路,諸侯之僭禮也。(1448上)

赤楯

【朱色】大紅色。《周禮·冬官·弓人》：凡相膠,欲〜而昔。(0935上)

【朱衣】天子所穿的大紅色的禮服。夏季爲火,火色赤,故夏時天子之物皆用赤朱色,所穿之衣爲朱衣。孫希旦《集解》："車馬衣服皆朱赤者,順火之色也。"《禮記·月令》：天子居明堂太廟,乘朱路,駕赤騮,載赤旂,衣〜,服赤玉。(1369上)

【朱弦】用熟絲製成的琴弦。鄭玄《注》："朱弦,練朱弦。練則聲濁。"孔穎達《疏》："爲弦練則聲濁也。"《禮記·樂記》：《清廟》之瑟,〜而疏越,壹倡而三歎,有遺音者矣。(1528下)

【朱鳥】指畫有朱雀的軍旗。行軍時用以標示前方軍陣。古時軍隊按天文四宮佈列前後左右四陣,各陣軍旗上畫有圖形作爲標識,前陣之旗畫以朱鳥,取其

朱鳥

飛行捷速之義。孔穎達《疏》："此明軍行象天文而作陳法也。前南後北左東右西。朱鳥、玄武、青龍、白虎,四方宿名也。軍前宜捷,故用鳥。……今之軍行,畫此四獸於旌旗,以標左右前後之軍陣。"《禮記·曲禮上》：行,前〜而後玄武,左青龍而右白虎。(1250上)

【朱紘(hóng)】天子冠冕上的紅色絲帶。《弁師》鄭玄《注》："朱紘,以朱組爲紘也。"《禮器》鄭玄《注》："朱紘,天子冕之紘也,諸侯青組紘,大夫士當緇組紘。"《周禮·夏官·弁師》：五采繅十有二就,皆五采玉十有二,玉笄,〜。(0854中)《禮記·禮器》：管仲鏤簋,〜,山節,藻梲,君子以爲濫矣。(1434中)

【朱組】大紅色的絲帶。天子、公侯用以繫冠、佩玉。《禮記·玉藻》：玄冠〜纓,天子之冠也。(1476下)

【朱極】大紅色的皮指套。射箭時用以護指。鄭玄《注》："極猶放也。所以韜指,利放弦也,以朱韋爲之。"《儀禮·大射》：小射正坐奠筒于物南,遂拂以巾,取決,興,贊設決,〜三。(1039中)

【朱路】朱紅色的車。夏季爲火,火色赤,故夏時天子之器皆用赤朱色,所乘之車爲朱路。孫希旦《集解》："車馬衣服皆朱赤者,順火之色也。"《禮記·月令》：天子居明堂左个,乘〜,駕赤騮,戴赤旂,衣朱衣,服赤玉。(1365上)

朱極

【朱總】紅色的絲繩。爲馬之頭飾,結於馬耳旁勒上。鄭玄《注》："總著馬勒,直兩耳與兩鑣。"賈公彥《疏》："凡言總者,謂以總爲車馬之飾。若婦人之總,亦既繫其本又垂爲飾,故皆謂之總。"《周禮·春官·巾車》：王后之五路：重翟,錫面〜。(0823下)

【朱襦(rú)】紅色短襖。爲君之射服。夏炘《學禮管釋·釋袒》:"是鄉射大射,自君袒朱襦、大夫袒繡襦以外,皆肉袒也。"《儀禮·鄉射禮》:君袒～以射。(1012 中)

【朱干玉戚】紅色的盾和玉飾的斧。爲武舞所用之具。孔穎達《疏》:"干,盾也;戚,斧也。赤盾而玉飾斧也。"今爲成語,專指儀仗。《禮記·明堂位》:～,冕而舞《大武》。(1489 上)

朼 bǐ 大木匙。祭祀時用以從鼎中舀取牲肉。此處爲用朼從鼎中舀取牲肉。鄭玄《注》:"乃朼,以朼次出牲體。"《儀禮·士喪禮》:乃～,載。(1137 上)

杅 yú ❶用同"桙"。盛湯漿的食器。鄭玄《注》:"杅,盛湯漿。……今文杅爲桙。"《儀禮·既夕禮》:用器:弓、矢、耒耜、兩敦、兩～、槃匜。(1149 中) ❷浴盆。鄭玄《注》:"杅,浴器也。"《禮記·玉藻》:出～,履蒯席,連用湯。(1475 中)

杠 gāng 竿子,旗杆。鄭玄《注》:"杠,橦也。"《儀禮·鄉射禮》:無物則以白羽與朱羽糅,～長三仞,以鴻脰韣上二尋。(1010 下)

杜 dù 見下。

【杜舉】酒爵名。晉大夫知悼子喪而未葬,平公卻與臣下舉樂飲酒,膳宰杜蕢入而進諫。平公引過自責,飲酒示罰。杜蕢洗杯斟酒,高高舉起獻給平公。爲誡後世,平公說:"如我死,則必無廢斯爵也。"後因以稱享燕禮畢而舉杯爲杜舉,表明此酒杯乃杜蕢所舉。鄭玄《注》:"此爵遂因杜蕢爲名。"《禮記·檀弓下》:至于今,既畢獻,斯揚觶,謂之～。(1305 下)

材 cái 見下。

【材物】即八材。指珠、象牙、玉、石、木、金、革、羽,皆山澤所產。爲衛服所貢之物。鄭玄《注》:"材物,八材也。"《周禮·秋官·大行人》:又其外方五百里,謂之衛服,五歲壹見,其貢～。(0892 中)

【材貢】諸侯所貢天子之木竹材料。爲九貢之一。鄭玄《注》:"鄭司農云:'……材貢,木材也。'……玄謂……材貢,櫄、幹、栝、柏、篠、簜也。"《周禮·天官·大宰》:以九貢致邦國之用:一曰祀貢,二曰嬪貢,三曰器貢,四曰幣貢,五曰～,六曰貨貢,七曰服貢,八曰斿貢,九曰物貢。(0648 上)

杖 zhàng ❶居喪時所執之喪棒。喪杖的長度與人胸口齊,根部在下。有苴杖、削杖二種。苴杖以竹爲之,用於斬衰服,爲父;削杖以桐爲之,用於齊衰服,爲母。扶喪杖是喪禮中極度哀傷的表示,親人去世,孝子傷心至極,服喪三年,身病體瘦,沒有杖難以站起。喪服中,孝子用杖,未成年的兒童和非主婦之婦人不用杖。亦爲扶喪杖。《周禮·春官·肆師》:令外、內命婦序哭,禁外、內命男女之衰不中濾者,且授之～。(0769 中)《儀禮·喪服》:童子何以不～,不能病也。婦人何以不～?亦不能病也。(1097 中)《禮記·問喪》:或問曰:"～者以何爲也?"曰:"孝子喪親,哭泣無數,服勤三年,身病體羸,以～

扶病也。"(1657 上)❷手杖，拐杖。年老體弱之人用杖。有爵之人，王授之杖。賜杖爲古時養老禮之一。亦爲拄杖。《周禮・秋官・伊耆氏》：軍旅，授有爵者～。(0890 上)《禮記・曲禮上》：大夫七十而致事，若不得謝，則必賜之几～。(1232 中)《禮記・王制》：五十～於家，六十～於鄉，七十～於國，八十～於朝。(1346 上)❸手杖。此杖爲送死者燕居安體的明器。賈公彥《疏》："燕居安體之器也。"《儀禮・既夕禮》：燕器：～，笠，翣。(1149 中)

【杖咸】盛手杖的函匣。鄭玄《注》："咸，讀爲函。老臣雖杖於朝，事鬼神尚敬，去之，有司以此函藏之，既事乃授之。"《周禮・秋官・伊耆氏》：掌國之大祭祀，共其～。(0889 下)

束 shù ❶帛五匹。帛十端爲束，兩端爲一兩，亦稱匹，十端即爲五匹。每端二丈(或一丈八尺)，則每匹合四丈。《士冠禮》鄭玄《注》："束帛，十端也。"《雜記下》鄭玄《注》："十个爲束，貴成數。兩，兩合其卷，是謂五兩。八尺曰尋，一兩五尋，則每卷二丈也。合之則四十尺，今謂之匹。"《儀禮・士冠禮》：主人酬賓，～帛，儷皮。(0953 中)《禮記・雜記下》：納幣一～，～五兩，兩五尋。(1569 下)❷百矢爲一束。鄭玄《注》："古者一弓百矢，束矢其百个與？"《周禮・秋官・大司寇》：以兩造禁民訟，入～矢於朝，然後聽之。(0870 下)❸束棺的皮條。孔穎達《疏》："古棺木無釘，故用皮束合之。"《禮記・檀弓上》：棺～，縮二，衡三。(1293 下)❹指物十個。孔穎達《疏》："束脩，十脡脯也。"《禮記・少儀》：其以乘壺酒、～脩、一犬賜人。(1514 上)

【束帛】五匹帛。爲古人婚喪及聘問所用的禮物。《儀禮・士昏禮》：納徵，玄纁～、儷皮，如納吉禮。(0962 下)《禮記・檀弓上》："伯高之喪，孔氏之使者未至，冉子攝～乘馬而將之。(1282 中)

【束脩】十條乾肉。常用作饋贈的一般性禮物。孔穎達《疏》："束脩，十脡脯。"《禮記・少儀》：其以乘壺酒、～、一犬賜人。(1514 上)

【束紡】五匹細絹。爲大夫贈送的禮物。鄭玄《注》："紡，紡絲爲之，今之縛也。"《儀禮・聘禮》：大夫賄用～。(1067 上)

【束錦】五匹錦。禮有以少文爲貴者，帛色單純，而錦有雜文，故用作禮物，錦次於帛。胡培翬《正義》："案：昏禮用束帛，此酬用束錦，或亦辟昏禮之正歟？《小行人》合六幣，錦次帛，繡次錦，則差次可知。"凌廷堪《禮經釋例・器服之例上》："束帛則加璧，束錦則加琮，琮下璧一等，則錦亦下束帛一等。"《儀禮・士昏禮》：舅饗送者以一獻之禮，酬以～。(0968 下)

【束帛加璧】束帛上加放玉璧。是聘、覲行享所用的禮品。《聘禮》賈公彥《疏》："以其享時，束帛加璧於其上。"《儀禮・聘禮》：受享～，受夫人之聘璋，享玄纁束帛加琮，皆如初。(1047 下)《禮記・郊特牲》：～，往德也。(1447 中)

杓 sháo 杓子。木製有柄的酌酒器具。《禮記・禮器》：大路素而越席，犧尊疏布鼏，樿～。(1433 下)

杝

杝 yí 木名。椵木。形似白楊。因其材輕而耐濕,多用作棺木。《爾雅·釋木》:"椵,杝。"《禮記·檀弓上》:天子之棺四重:水兕革棺被之,其厚三寸;～棺一,梓棺二。(1293 中)

【杝棺】即椑棺。天子之棺四重,最裏一層爲椑。椑弓以杝木做成,故稱杝棺。鄭玄《注》:"所謂椑棺也。"《禮記·檀弓上》:天子之棺四重:水兕革棺被之,其厚三寸;～一,梓棺二。(1293 中)

柾

柾 wǎng 見下。

【柾矢】❶即兵矢。飛行速度快,利於火射,用以守城、車戰。爲八矢之一。鄭玄《注》:"柾矢者,取名變星,飛行有光,今之飛矛是也,或謂之兵矢。"《周禮·夏官·司弓矢》:～、絜矢利火射,用諸守城、車戰。(0856 上)❷彎曲不直的箭。投壺之禮,主人謙稱己箭爲柾矢。鄭玄《注》:"柾、哨,不正貌。爲謙辭。"《禮記·投壺》:某有～、哨壺,請以樂賓。(1665 上)

林

林 lín 見下。

【林衡】官職名。掌巡視山林,執行禁令。爵下士。《周禮·地官·林衡》:～,掌巡林麓之禁令。(0747 下)

【林鍾】古樂十二律之一。十二律有六律、六呂,林鍾爲六呂之一。《禮記·月令》:其音徵,律中～。(1370 下)

【林麓】山林。平地爲林,山足爲麓。《地官·敘官》鄭玄《注》:"平地曰林,山足曰麓。"《周禮·地官·敘官》:中～如中山之虞,小～如小山之虞。(0700 上)《禮記·王制》:山陵、～、川澤、溝瀆、城郭、宮室、塗巷,三分去一,其餘六十億畝。(1347 下)

杯

杯 bēi 見下。

【杯圈】木質飲器。婦人所用。後用作思念先母之辭。鄭玄《注》:"圈,曲木所爲,謂卮匜之屬。"孔穎達《疏》:"杯圈,是婦人所用,故母言杯圈。"《禮記·玉藻》:母沒而～不能飲焉,口澤之氣存焉爾。(1484 中)

枇

枇 bǐ 祭祀用的大木匙。喪祭用桑枇,吉祭用棘枇。鄭玄《注》:"枇,所以載牲體者。此謂喪祭也,吉祭枇用棘。"《禮記·雜記上》:～以桑,長三尺,或曰五尺。(1555 下)

果

果 ㊀ guàn 用同"祼"。酌酒以飲賓客。鄭玄《注》:"果,讀爲祼,代王祼賓客以鬯。"《周禮·春官·大宗伯》:大賓客,則攝而載～。(0763 下)

【果將】助天子酌酒以祭祖或飲賓客。賈公彥《疏》:"祼言將者,將,送也。謂以圭瓚酌之,送與尸及賓。"《周禮·春官·小宗伯》:辨六彝之名物,以待～。(0766 下)

㊁ guǒ 戰事之勇敢決斷。需要龜卜而定的八種國家大事(八命)之一。鄭玄《注》:"果,謂以勇決爲之。"一說,以爲卜事成與否。鄭司農云:"果,謂事成與不也。"《周禮·春官·大卜》:以邦事作龜之八命:一曰征,二曰象,三曰與,四曰謀,五曰～,六曰至,七曰雨,八曰瘳。(0803 中)

【果₂蓏】瓜果的總稱。木實曰果,草實曰蓏。鄭玄《注》:"果,棗、李之屬;

蓏,瓜瓠之屬。"《周禮·地官·場人》:掌國之場圃,而樹之~珍異之物,以時斂而藏之。凡祭祀、賓客,共其~,享亦如之。(0749 上)

㈢ luǒ 見下。

【果₃屬】即東龜。龜前甲長而甲裙邊為青者。為六龜之一。鄭玄《注》:"色,謂天龜玄,地龜黃,東龜青,西龜白,南龜赤,北龜黑。龜俯者靈,仰者繹,前弇果,後弇獵,左倪靁,右倪若,是其體也。東龜南龜長前後,在陽,象經也。西龜北龜長左右,在陰,象緯也。天龜俯,地龜仰,東龜前,南龜卻,西龜左,北龜右,各從其耦也。"《周禮·春官·龜人》:天龜曰靈屬,地龜曰繹屬,東龜曰~,西龜曰靁屬,南龜曰獵屬,北龜曰若屬,各以其方之色與其體辨之。(0804 下)

東

(东)dōng 見下。

【東上】以東為上。❶王坐北朝南,三公覲見天子面向北,以東為上。《周禮·夏官·司士》:王南鄉,三公北面~,孤東面北上,卿大夫西面北上。(0849 上)《禮記·明堂位》:天子負斧依,南鄉而立。三公,中階之前,北面,~。(1488 上)❷東為主人之位,故以東為上。賈公彥《疏》:"言東上,亦主人在東,故席端在東。"《儀禮·鄉飲酒禮》:乃席賓,南面,~。(0993 中)

【東井】星宿名。即井宿,二十八宿南方朱雀之第一星。因在玉井之東,故稱。《禮記·月令》:仲夏之月,日在~,昏亢中,旦危中。(1369 上)

【東方】❶方位名。日出的方向。古以五行配五方、五色、四時,東方為春,春為木,木色青。儒家認為春生育萬物,故代表聖。古禮效法天地自然,重視東方之位,如宮室坐北面南,以東為上;東代表主位、夫位;祭祀自東開始;設立學校,建在東郊等。《畫繢》賈公彥《疏》:"六方有六色之事。"《鄉飲酒義》孔穎達《疏》:"產萬物者聖也者,聖之言生也。東方產育萬物,故為聖也。"《周禮·冬官考工記·畫繢》:~謂之青,南方謂之赤,西方謂之白,北方謂之黑,天謂之玄,地謂之黃。(0918 中)《儀禮·少牢饋食禮》:明日,主人朝服,即位于廟門之外~,南面。(1197 中)《禮記·鄉飲酒義》:主人必居~。~者春,春之為言蠢也,產萬物者聖也。(1684 下)❷指東方之神。蒼精之帝。鄭玄《注》:"禮東方以立春,謂蒼精之帝。"《周禮·春官·大宗伯》:以青圭禮~,以赤璋禮南方,以白琥禮西方,以玄璜禮北方。(0762 中)❸指東方地區的民族夷,亦稱東夷。為五方民之一。《禮記·王制》:~曰夷,被髮文身,有不火食者矣。(1338 中)

【東田】秦漢對陝東六國田地的總稱。孫希旦《集解》:"東田,東方之田也。漢初諸儒皆齊、魯人,自據其地言之,故曰東田。"俞正燮《癸巳類稿·〈王制〉東田名制解義》:"謂之'今東田'者,漢文帝時,洛濱以東,河北燕趙及南方舊井地。武帝以後即無之。……對秦田言之也。"《禮記·王制》:古者百畝,當今~百四十六畝三十步。(1347 下)

【東夷】對中原以東地區各族的統稱。《禮記·曲禮下》:其在~、北狄、西戎、南蠻,雖大曰"子"。(1265 上)

【東夾】堂內東房與東堂之間稱東夾。黃以周《禮書通故·宮室一》:"兩夾在東西房之南,東西堂之北。"《儀禮·公食大夫禮》:大夫立于～南,西面,北上。(1080 上)

【東門】國都之東大門。東門是王朝日及東夷之君來朝時所立之所。《玉藻》鄭玄《注》:"東門、南門,皆謂國門也。"《儀禮·覲禮》:天子乘龍,載大旆象日、月,升龍、降龍,出,拜日於～之外,反祀方明。(1093 中)《禮記·玉藻》:玄端而朝日於～之外,聽朔於南門之外。(1473 上)

【東序】❶堂上與東堂之間的隔牆叫東序。鄭玄《注》:"堂東西牆謂之序。"《儀禮·士冠禮》:主人玄端、爵韠,立于阼階下,直～,西面。(0952 上)❷指東堂。東序的東邊、東夾的南邊叫東堂。《儀禮·特牲饋食禮》:壺、棜禁饌于～,南順。(1192 上)❸夏大學名。位於國中王宮之東。當時的大學不僅是學習道德才藝的地方,亦是養國老之場所。鄭玄《注》:"東序、東膠亦大學,在國中王宮之東。"孔穎達《疏》:"養老必在學者,以學教孝悌之處,故於中養老。"《禮記·王制》:夏后氏養國老於～,養庶老於西序。(1346 中)

【東郊】國都以東的郊外。東郊是天子立春之日祭青帝太皞及諸侯耕藉田之所。孫希旦《集解》:"迎春者,迎青帝大皞,祭之於東郊之兆。"《禮記·月令》:立春之日,天子親帥三公、九卿、諸侯、大夫,以迎春於～。(1355 下)

【東房】堂屋中央正室東邊的房間。《儀禮·少牢饋食禮》:主婦自～執一金敦黍。(1200 下)《禮記·祭統》:君純冕立於阼,夫人副褘立於～。(1603 下)

【東面】面朝東。爲孤見天子之位。鄭玄《注》:"此王日視朝事於路門外之位。"《周禮·夏官·司士》:正朝儀之位,辨其貴賤之等。王南鄉,三公北面東上,孤～北上,卿大夫西面北上。(0849 上)

【東首】頭朝東。❶疾病時東首,以便君南面而視之。《喪大記》孔穎達《疏》:"東首,令君得南面而視之。"《儀禮·既夕禮》:士處適寢,寢～于北墉下。(1157 下)《禮記·喪大記》:疾病,……寢～於北牖下。(1571 下)❷古人認爲東方主生長,故寢東首能生養氣息。鄭玄《注》:"首生氣也。"《禮記·玉藻》:君子之居恒當户,寢恒～。(1475 中)

【東堂】東序的東邊、東夾的南邊叫東堂。鄭玄《注》:"東堂,東夾之前,近南。"參見"東序②""東夾"。《儀禮·特牲饋食禮》:賓與長兄弟之薦自東房,其餘在東堂。(1192 中)

【東階】即阼階。堂前東邊的臺階。東階爲主人升降之階,故爲主人之位,亦是主人接送賓客之處。依禮,凡上東階,先邁右足;婦人奔喪,升自東階。夏后氏停柩於東階。《禮記·曲禮上》:主人入門而右,客入門而左。主人就～,客就西階。……上於～,則先右足;上於西階,則先左足。(1238 中)

【東塾】廟寢門內東側的堂屋。廟寢門東西兩側的堂屋稱塾,塾有外、內

（在門外、門內）之分。鄭玄《注》："東塾，門內東堂。"《儀禮·士冠禮》：擯者玄端，負～。(0951 下)

【東箱】即東堂。鄭玄《注》："東箱，東夾之前，相翔待事之處。"《儀禮·覲禮》：几俟于～。(1094 中)

【東膠】周大學名。位於國中王宮之東。當時的大學不僅是學習道德才藝的地方，亦是養國老之場所。鄭玄《注》："東序、東膠亦大學，在國中王宮之東。"孔穎達《疏》："養老必在學者，以學教孝悌之處，故於中養老。"《禮記·王制》：周人養國老於～，養庶老於虞庠。(1346 中)

【東壁】星宿名。即壁宿，二十八宿北方玄武之第七星。因在天門之東，故稱。《禮記·月令》：仲冬之月，日在斗，昏～中，旦軫中。(1382 下)

【東龜】龜前甲長而甲裙邊爲青色者。爲六龜之一。鄭玄《注》："色，謂天龜玄，地龜黃，東龜青，西龜白，南龜赤，北龜黑。龜俯者靈，仰者繹，前弇果，後弇獵，左倪雷，右倪若，是其體也。東龜南龜長前後，在陽，象經也。西龜北龜長左右，在陰，象緯也。天龜俯，地龜仰，東龜前，南龜卻，西龜左，北龜右，各從其耦也。"《周禮·春官·龜人》：天龜曰靈屬，地龜曰繹屬，～曰果屬，西龜曰雷屬，南龜曰獵屬，北龜曰若屬，各以其方之色與其體辨之。(0804 下)

【東嚮】面向東。東爲主位、上位，面向東表示尊敬之義。《禮記·檀弓下》：司徒敬子之喪，夫子相，男子西鄉，婦人～。(1304 上)

【東霤】殿屋東南角檐下滴水處。胡培翬《正義》："李氏如圭云：'霤，屋檐滴水處也。'"《儀禮·燕禮》：設洗，篚于阼階東南，當～。(1015 上)

杵 chǔ 棒槌。桐木製成，用以搗鬱金香作鬯酒。鄭玄《注》："所以搗鬯也。"《禮記·雜記上》：白以椈，～以梧。(1555 下)

枚 méi ❶行軍時士卒銜在口中的器具。形如筷子，兩端有帶，可繫於頸中。用以禁止出聲。《大司馬》鄭玄《注》："枚如箸，銜之，有繣結項中。軍法止語，爲相疑惑也。"《周禮·夏官·大司馬》：遂鼓行，徒銜～而進。(0839 上)《禮記·雜記下》：升正柩，諸侯執綍五百人，四絼，皆銜～。(1566 下)❷長度單位。十分之一寸。《周禮·冬官考工記·輪人》：十分寸之一謂之～。(0909 中)❸鍾乳。鍾面上突出如乳頭狀的飾物。鄭玄《注》引鄭司農云："枚，鍾乳也。"孫詒讓《正義》："枚隆起如乳，故亦曰鍾乳。"《周禮·冬官考工記·鳧氏》：篆間謂之～，～謂之景。(0916 上)

析 xī 見下。

【析羽】置於旗杆頂端爲飾的衆羽合爲五彩稱析羽。一羽兼備五彩爲全羽。亦指代旗幟。鄭玄《注》："全羽、析羽皆五采，繫之於旞旌之上，所謂注旄於干首也。"孫詒讓《正義》："案：依鄭、賈説，旞旌皆用染羽，全羽蓋謂一羽備五彩，析羽則衆羽襍五彩。"《周禮·春官·司常》：全羽爲旞，～爲旌。(0826 中)

【析言破律】謂巧説詭辯，曲解律令。有此行爲者，當殺。鄭玄《注》："析言破律，巧賣法令者也。"今爲成語。

《禮記‧王制》:~,亂名改作,執左道以亂政,殺。(1344 上)

板 bǎn 築牆用的夾板。寬二尺,長六尺,圍其週,以繩約束之,其中填土夯實。築移一板,斬斷繩索,又反復之。鄭玄《注》:"板,蓋廣二尺,長六尺。"《禮記‧檀弓上》:今一日而三斬~,而已封,尚行夫子之志乎哉!(1292 中)

枌 fén 白皮榆樹。其皮可用以調和飲食。鄭玄《注》:"謂用調和飲食也。……榆白曰枌。"《禮記‧內則》:堇、荁、~、榆、免、薧、瀞瀡以滑之。(1461 下)

松 sōng 見下。

【松柏（栢）】松樹和柏樹。其性耐寒,木質堅硬,紋理細密,爲優良用材。因其長青不凋,又常用以比喻志操之堅貞。《禮器》孔穎達《疏》:"松栢陵寒而鬱茂,由其内心貞和故也。"《周禮‧夏官‧職方氏》:河内曰冀州,……其浸汾、潞,其利~。(0863 上)《禮記‧禮器》:其在人也,如竹箭之有筠也,如~之有心也,二者居天下之大端矣,故貫四時而不改柯易葉。(1430 下)

【松椁】松木黃腸做成的外棺。諸侯以上用之。孔穎達《疏》:"君,諸侯也。諸侯用松爲椁材也。盧云:'以松黃腸爲椁。'盧云:'黃腸,松心也。'"《禮記‧喪大記》:君~,大夫柏椁,士雜木椁。(1585 上)

枋 bǐng 用同"柄"。指栖、勺、匕等的柄。鄭玄《注》:"今文枋爲柄。"《儀禮‧士冠禮》:賓受醴于户東,加柶,面~,筵前北面。(0952 下)

枓 zhǔ 勺子之類的舀水用具。《喪大記》孔穎達《疏》:"用枓酌盆水沃尸。"《少牢饋食禮》鄭玄《注》:"凡設水用罍,沃盥用枓,禮在此也。"《儀禮‧少牢饋食禮》:司宮設罍水于洗東,有~。(1198 上)《禮記‧喪大記》:浴水用盆,沃水用~。(1576 上)

枕 zhěn 見下。

【枕凷】即枕塊。凷,"塊"的古字。詳見"枕塊"。《禮記‧喪大記》:父母之喪,居倚廬,不塗,寢苫~,非喪事不言。(1581 上)

【枕塊】頭枕土塊。居父母喪,睡時頭枕土塊,表示極度悲痛。《既夕禮》賈公彥《疏》:"孝子寢卧之時,寢於苫,以塊枕頭。必寢於苫者,哀親之在草;枕塊者,哀親之在土。"《儀禮‧既夕禮》:居倚廬,寢苫~。(1161 下)《禮記‧間傳》:父母之喪,居倚廬,寢苫~,不說絰帶。(1660 下)

某 mǒu 卜葬及虞祭祝致辭時,若主喪者是亡者的兄弟就直稱主喪者之名某。稱亡者,兄稱"伯子某",弟稱"季子某"等。孫希旦《集解》:"'子孫曰哀'三句,謂所稱主喪者之辭也。……兄弟相爲,直稱名而已。卜葬其兄弟曰'伯子某',謂所稱死者之辭也。伯子,謂其居長者也。……若仲、叔,亦各因而稱之,卜葬其弟則曰'季子某'。上言'兄弟',下但言'伯子某',舉一端以發其凡也。"孔穎達《疏》:"若兄弟相爲,其弟爲兄,則祝辭云'某卜葬兄伯子某';若兄爲弟,則云'某卜葬其弟某'。"《禮記‧雜記下》:祝稱卜葬、虞,子孫

曰"哀",夫曰"乃",兄弟曰~,卜葬其兄弟曰"伯子~"。(1562 中)

【某甫】對男子的尊稱。古時稱男子多稱字,以示尊敬。《士虞禮》鄭玄《注》:"某甫,皇祖字也,若言尼甫。"《曲禮下》孔穎達《疏》:"某是天子之字,甫是男子美稱也。"《儀禮·士虞禮》:哀薦祫事,適爾皇祖~。(1174 中)《禮記·曲禮下》:臨諸侯,畛於鬼神,曰"有天王~"。(1260 中)

柯 kē ❶斧柄。長三尺。《車人》鄭玄《注》:"柯,其柄也。鄭司農云:'柯長三尺,謂斧柯,因以爲度。'"《周禮·冬官考工記·車人》:~長三尺,博三寸,厚一寸有半。(0934 上)《禮記·坊記》:《詩》云:"伐~如之何?匪斧不克。"(1622 中) ❷斧與其柄間的角度。合今 101°25′。孫詒讓《正義》引程瑤田云:"欘者四分一矩之三,半欘者,四分一矩之一分有半,以半欘加於一欘,則出乎一矩又餘八分一矩之一矣。"《周禮·冬官考工記·車人》:一欘有半之~,一~有半謂之磬折。(0933 下) ❸長三尺之稱。鄭玄《注》:"大車轂徑尺五寸。"《周禮·冬官考工記·車人》:轂長半~,其圍一~有半。(0934 上)

柘 zhè 木名。柘樹。落葉灌木或小喬木,木質密致堅韌,爲製弓幹的最佳之材。《周禮·冬官考工記·弓人》:凡取幹之道七,~爲上,檍次之,檿桑次之,橘次之,木瓜次之,荆次之,竹爲下。(0934 下)《禮記·月令》:是月也,命野虞無伐桑~。(1363 下)

柩 jiù 已裝屍體的棺材。《儀禮·既夕禮》:商祝執功布以御~。(1154 下)《禮記·問喪》:三日而斂,在牀曰尸,在棺曰~。(1656 中)

柤 zhā 用同"樝"。果木名。《禮記·內則》:棗曰新之,栗曰撰之,桃曰膽之,~、梨曰攢之。(1466 下)

枳 zhǐ 木名。也稱枸橘、臭橘。果小,味酸不能食,可入藥。《周禮·冬官考工記·總敘》:橘踰淮而北爲~,鸜鵒不踰濟,貉踰汶則死,此地氣然也。(0906 上)

柷 zhù 打擊樂器名。木製,形如方斗,中有椎。奏時投椎其中,撞而發聲。《月令》孔穎達《疏》:"柷如漆桶,方二尺四寸,深一尺八寸,中有椎柄,連底撞之,令左右擊。"《周禮·春官·小師》:掌教鼓鼗、~、敔、塤、簫、管、弦歌。(0797 上)《禮記·月令》:命樂師脩鞀、鞞、鼓,均琴、瑟、管、簫,執干、戚、戈、羽,調竽、笙、竾、簧,飭鍾、磬、~、敔。(1369 中)

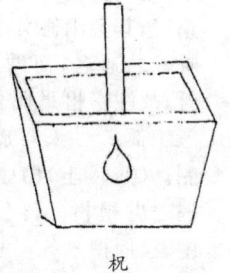
柷

柶 sì 用角或木做成的舀食器皿,形如湯匙。亦用以楔入屍齒間,以便飯含。《士冠禮》鄭玄《注》:"柶,狀如匕,以角爲之者,欲滑也。"《喪大記》孔穎達《疏》:"柶,以角爲之,長六寸,兩頭曲屈。"《周禮·天官·玉府》:大喪,共含玉、復衣裳、角枕、角~。(0678 中)《儀禮·士冠禮》:側尊一甒醴,在服北,有篚,實

銅柶

勺、觶、角~,脯醢,南上。(0951 上)《禮記·喪大記》:小臣楔齒用角~,綴足用燕几。(1575 下)

柞 zé 見下。

【柞氏】職官名。掌管除野草及砍伐樹木。爵下士。《周禮·秋官·柞氏》:~,掌攻草木及林麓。(0888 下)

柎 fǔ

❶ 柎兩側之骨片。用以增強弓體的彈力。鄭玄《注》:"柎,側骨。"孫詒讓《正義》:"挺臂當榦之中,柎又當挺臂之中。柎內既以薄木爲帑,其旁兩側又以骨附貼之。柎爲骨榦之通名,而助其剽疾者則在側骨,故注釋柎爲側骨。"《周禮·冬官考工記·弓人》:於挺臂中有~,故剽。(0936 上)❷ 弓幹中間(挺臂)手握之處稱柎。賈公彥《疏》:"柎,把中。"《周禮·冬官考工記·弓人》:凡爲弓,方其峻而高其~。(0936 中)

柏 bǎi 見下。

【柏車】行於山地的大車。柏車駕牛,故亦謂之牛車。鄭玄《注》:"柏車,山車。輪高六尺,牙圍尺二寸。"參見"大車①"。《周禮·冬官考工記·車人》:~轂長一柯,其圍二柯。(0934 中)

【柏席】椁席。喪禮中神坐之席。鄭玄《注》:"柏,椁字磨滅之餘。椁席,藏中神坐之席也。"鄭司農以爲:"柏席,迫地之席,葦居其上。或曰柏席,載黍稷。"又一説,以爲"箔席"。《周禮·春官·司几筵》:其~用萑黼純,諸侯則紛純,每敦一几。(0775 下)

【柏椁】柏木做成的椁。天子、大夫之外棺。鄭玄《注》:"天子柏椁以端長六尺。……尊者用大材,卑者用小材耳。"孔穎達《疏》:"大夫柏椁者,以柏爲椁,不用黄腸,下天子也。"《禮記·喪大記》:君松椁,大夫~,士雜木椁。(1585 上)

柝 tuò

木梆。巡夜人敲之報更、警戒。鄭玄《注》引鄭司農云:"柝,戒守者所擊也。"《周禮·天官·宮正》:以時比宫中之官府、次舍之衆寡,爲之版以待,夕擊~而比之。(0657 上)

柢 dǐ

用同"胝"。用於祭祀的牲之本體。鄭玄《注》:"柢,本也。……今文柢爲胝。"《儀禮·士虞禮》:載猶進~,魚進鬐。(1170 下)

柳 liǔ

❶ 棺飾。包括上下外罩及罩内的木框。孫詒讓《正義》:"凡覆柩車者,上曰柳,下曰牆,柳衣謂之荒,牆衣謂之帷。……然則柩車之上,上荒下帷,内材外衣,通得柳名,此經之柳故無所不賅矣。"《禮記·檀弓上》"周人牆置翣"孔穎達《疏》:"《喪大記》注云:在旁曰帷,在上曰荒,帷荒所以衣柳,則以帷荒之内木材爲柳。其實帷荒及木材等揔名曰柳。"詳見各條。《周禮·天官·縫人》:喪,縫棺飾焉,衣翣~之材。(0692 下)❷ 星宿名。又稱鶉火。南方朱鳥七宿的第三宿,有星八顆。爲二十八宿之一。《禮記·月令》:季夏之月,日在~,昏火中,旦奎中。(1370 下)

柱 zhù 見下。

【柱楣】用柱子撑起梁楣。爲孝子服

喪期間守喪之廬形制的改變。孝子既居倚廬，虞祭之後，將倚廬在地之梁楣用柱子支撑起來，成爲小屋形的居喪梁闇，可納日光。《喪服》鄭玄《注》："楣謂之梁，柱楣所謂梁闇。"《喪大記》孔穎達《疏》："柱楣稍舉以納日光。"參見"倚廬"。《儀禮·喪服》：既虞，剪屛～，寢有席，食疏食，水飲，朝一哭夕一哭而已。（1097中）《禮記·喪大記》：既葬，～，塗廬，不於顯者。（1581中）

染 rǎn 見下。

【染人】職官名。掌染絲帛。爵下士。《周禮·天官·染人》：～，掌染絲帛。（0692下）

【染草】可用於染色的草本植物。鄭玄《注》："染草，茅蒐、橐蘆、豕首、紫茢之屬。"《周禮·地官·掌染草》：掌以春秋斂～之物，以權量受之，以待時而頒之。（0748中）

柲 bì ❶兵器之柄。鄭玄《注》："柲猶柄也。"《周禮·冬官考工記·廬人》：戈～六尺有六寸。（0926中）❷正弓之器。鄭玄《注》："柲，弓檠。弛則縛之於弓裏，備損傷。以竹爲之。……古文柲作枈。"《儀禮·既夕禮》：有～，設依，撻焉。（1164中）

枲 xǐ ❶大麻的雄株。不結籽。纖維可織麻布。《周禮·天官·大宰》：七曰嬪婦，化治絲～。（0647上）《禮記·內則》：姆教婉娩、聽從，執麻～，治絲繭，織紝組紃，學女事。（1471中）❷像枲麻一樣的顏色。枲麻色蒼黑但較苴麻色爲淡。爲喪禮服齊衰服之人所應有的臉色。鄭玄《注》："有大憂者面必深黑。"《禮

間傳》：斬衰貌若苴，齊衰貌若～。（1660下）

【枲麻】大麻的雄株。即牡麻、公麻。不結籽。《儀禮·喪服》：牡麻者，～也。（1103中）

柔 róu 見下。

【柔日】偶日。又稱陰日。古以十干紀日，乙、丁、己、辛、癸居偶位，屬陰柔，故稱。祭祀宗廟之事用柔日。《曲禮上》鄭玄《注》："順其居内爲陰。"孔穎達《疏》："十日有五奇五偶：甲、丙、戊、庚、壬五奇爲剛也，外事剛義，故用剛日也。……乙、丁、己、辛、癸五偶爲柔也。"孫希旦《集解》："愚謂外事謂祭外神，内事謂祭内神。……田獵出兵，亦爲外事。……婚、冠、喪、祭，亦爲內事。"《儀禮·士虞禮》：始虞，用～。（1174上）《禮記·曲禮上》：外事以剛日，内事以～。（1251中）

【柔毛】對祭祀所用肥羊之稱。《曲禮下》孔穎達《疏》："若羊肥則毛細而柔弱，故王云柔毛，言肥澤也。"《儀禮·少牢饋食禮》：孝孫某，敢用～、剛鬣、嘉薦、普淖，用薦歲事于皇祖伯某。（1201上）《禮記·曲禮下》：凡祭宗廟之禮，牛曰一元大武，豕曰剛鬣，豚曰腯肥，羊曰～。（1269上）

【柔遠人】安撫四方蕃國之諸侯。爲治國九原則之一。孔穎達《疏》："遠謂蕃國之諸侯，四方則蕃國也。"《禮記·中庸》：凡爲天下國家有九經，曰：脩身也，尊賢也，親親也，敬大臣也，體羣臣也，子庶民也，來百工也，～也，懷諸侯也。（1630上）

桂

guì 指桂皮。桂樹之皮極香，可作香料或入藥。《禮記·內則》：布牛肉焉，屑～與薑，以洒諸上而鹽之，乾而食之。(1468 中)

桓

huán 見下。

【桓圭】玉圭名。長九寸，上圜銳。兩面各雕有二棱，與桓楹相似，故稱。爲六瑞之一。公爵守之。鄭玄《注》："桓圭蓋亦以桓爲緣飾，圭長九寸。"孫詒讓《正義》："桓圭蓋兩面，面各瑑二棱，合之爲四棱，正與四桓楹相似。……圭上圜銳，下覆象棟宇，兩面爲桓，象四楹。"《周禮·春官·大宗伯》：以玉作六瑞，以等邦國：王執鎮圭，公執～，侯執信圭，伯執躬圭，子執穀璧，男執蒲璧。(0762 上)

【桓楹】諸侯下棺時植於墓四角的大木柱。其上有孔，穿大索用轆轤緩下之。鄭玄《注》："斲之，形如大楹耳。四植謂之桓。"孔穎達《疏》："桓，大也。楹，柱也。"孫希旦《集解》："豐碑，諸侯下棺所用。……桓楹，諸侯下棺所用。"《禮記·檀弓下》：公室視豐碑，三家視～。(1310 下)

栗

lì 板栗。栗樹的果實，可食。常爲婦人之摯。《儀禮·士冠禮》：兩籩：～、脯。(0956 下)《禮記·曲禮下》：婦人之摯，椇、榛、脯、脩、棗、～。(1270 中)

【栗階】下見上登階之儀。其始升時左右並於一級而進；至堂階的最高兩級，左、右足各登一級而升堂，稱栗階。鄭玄《注》："栗，蹵也。謂越等急趨君命也。其始升猶聚足連步，越二等，左右足各一發而升堂。"賈公彥《疏》："凡升階之法有四等：連步，一也；栗階，二也；歷階，三也；……越階，四也。"參見"歷階"。《儀禮·燕禮》：凡公所辭皆～。凡～，不過二等。(1025 上)

栭

ér 木耳。孔穎達《疏》："王肅云：'無華而實者名栭，皆芝屬也。'"參見"芝栭"。《禮記·內則》：爵、鷃、蜩、范、芝、～、菱、椇、棗、栗、榛、柿、瓜、桃、李、梅、杏、楂、梨、薑、桂。(1464 上)

桎

zhì 拘繫犯人兩脚的刑具。脚鐐。亦爲戴上脚鐐。《周禮·秋官·掌囚》：有爵者～，以待弊罪。(0882 下)《禮記·月令》：是月也，命有司脩法制，繕囹圄，具～、梏，禁止姦。(1373 上)

【桎梏】脚鐐和手銬。木在足曰桎，在手曰梏。泛指刑具。亦爲戴上脚鐐手銬。《月令》鄭玄《注》："桎梏，今械也。在手曰梏，在足曰桎。"《周禮·秋官·大司寇》：凡萬民之有罪過而未麗於灋而害於州里者，～而坐諸嘉石。(0870 下)《禮記·月令》：命有司省囹圄，去～，毋肆掠，止獄訟。(1361 中)

柴

chái 柴祭。即燒柴祭天。鄭玄《注》："柴，祭天告至也。"《禮記·王制》：歲二月，東巡守，至于岱宗，～，而望祀山川。(1328 中)

桐

tóng 桐木。古代用做喪杖，爲母服喪用之。《喪服》賈公彥《疏》："爲母杖桐者，欲取桐之言同，內心同之。"《喪服小記》孔穎達《疏》："必用桐者，名其外雖被削，而心本同

木部 桁桃格校 427

也。且桐隨時凋落,此謂母喪。"《儀禮‧喪服》:苴杖,竹也。削杖,~也。(1097 中)《禮記‧喪服小記》:苴杖,竹也。削杖,~也。(1494 下)

桁 héng 古代葬具。狹而長如几,用以承放苞、筲、甕、甒等隨葬器物。鄭玄《注》:"桁,所以庪苞、屑、甕、甒也。"胡培翬《正義》:"桁制若今之几,狹而長,以承藏具。"《儀禮‧既夕禮》:甒二:醴、酒,冪用功布。皆木~,久之。(1149 中)

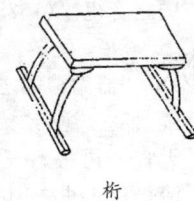
桁

桃 táo ❶桃枝。古人認爲鬼畏桃木,故以驅鬼辟邪。《戎右》鄭玄《注》:"桃,鬼所畏也。茢,苕帚,所以掃不祥。"《玉藻》鄭玄《注》:"堇、桃、茢,辟凶邪也。"孔穎達《疏》:"桃,桃枝也。"《周禮‧夏官‧戎右》:贊牛耳~茢。(0857 中)《禮記‧玉藻》:膳於君,有葷、~。(1483 下) ❷製作刀劍的工匠。爲攻金之工。《周禮‧冬官考工記‧總敘》:攻金之工:築、冶、鳧、栗、段、~。(0906 中)

桃匕 長柄勺。鄭玄《注》:"桃,長枋,可以抒物於器中者。"《儀禮‧有司》:司馬在羊鼎之東,二手執~枋以挹湆,注于疏匕,若是者三。(1209 上)

桃氏 製作刀劍的工匠。《周禮‧冬官考工記‧桃氏》:~,爲劍。(0915 下)

桃茢 桃枝與掃帚。用以辟邪除穢。《檀弓下》鄭玄《注》:"桃,鬼所

惡;茢,萑苕,可掃不祥。"《周禮‧夏官‧戎右》:贊牛耳~。(0857 中)《禮記‧檀弓下》:君臨臣喪,以巫、祝~,執戈,惡之也。(1302 下)

桃諸 經過腌製晾曬的桃乾。孔穎達《疏》引王肅云:"諸,菹也。謂桃菹、梅菹,即今之藏桃也、藏梅也。欲藏之時,必先稍乾之。"《禮記‧內則》:~、梅諸,卵鹽。(1464 上)

桃之夭夭 桃花美盛。引自《詩經‧周南‧桃夭》。成語"逃之夭夭"源於此,以"桃"諧言"逃"。《禮記‧大學》:《詩》云:"~,其葉蓁蓁。之子于歸,宜其家人。"(1674 下)

格 gé 見下。

格物 推究事物的原理。爲大學八條目之一。朱熹《集注》:"格,至也。物,猶事也。窮至事物之理,欲其極處無不到也。"《禮記‧大學》:欲正其心者先誠其意,欲誠其意者先致其知,致知在~。(1673 上)

校 ㊀ jiào 馬六廄爲一校。一廄有馬二百一十六匹,一校即一千二百九十六匹。《周禮‧夏官‧校人》:乘馬一師、四圉;三乘爲皁,皁一趣馬;三皁爲繫,繫一馭夫;六繫爲廄,廄一僕夫;六廄成~,~有左右。(0860 上)

校人 職官名。掌天子之馬的飼養、使用及其政令。爵中大夫。《周禮‧夏官‧校人》:~,掌王馬之政。(0860 上)

㊁ qiāo 用同"骹"。几、豆等器物之足。《士昏禮》鄭玄《注》:"校,几足。"《祭統》鄭玄《注》:"校,豆中央直者也。"孔穎達《疏》:"謂豆之中央直

者,夫人薦豆之時手就此校。"《儀禮·士昏禮》:主人拂几,授~,拜送。(0962中)《禮記·祭統》:夫人薦豆執~,執醴授之執鐙。(1605下)

案 àn ❶坐憩之具。即牀。鄭玄《注》:"張氈案,以氈爲牀於幄中。"《周禮·天官·掌次》:王大旅上帝,則張氈~,設皇邸。(0676下) ❷擺設食器的玉飾之案。鄭玄《注》:"鄭司農云:'案,玉案也。'……玄謂案,玉飾案也。"《周禮·冬官考工記·玉人》:~十有二寸,棗栗十有二列。(0923中)

桑 sāng 桑木。以"桑"諧言"喪",故多爲喪事用材。《士喪禮》鄭玄《注》:"桑之爲言喪也,用爲笄,取其名也。"《雜記上》鄭玄《注》:"枇所以載牲體者,此謂喪祭也。吉祭枇用棘。"《儀禮·士喪禮》:鬠笄用~,長四寸,緇中。(1130下)《禮記·雜記上》:枇以~,長三尺,或曰五尺。(1555下)

【桑柘】桑樹和柘樹。二者桑屬,其葉皆可飼蠶,木可製弓。《禮記·月令》:是月也,命野虞無伐~。(1363下)

【桑弧】桑木製作的弓。國君世子出生,射人以桑弧、蓬矢射天地四方。鄭玄《注》:"桑弧、蓬矢,本大古也。天地四方,男子所有事也。"孔穎達《疏》:"以桑與蓬皆質素之物,故知本大古也。"《禮記·內則》:國君世子生,……射人以~、蓬矢六,射天地四方。(1469上)

【桑間濮上之音】春秋衛地桑間濮上的音樂。傳說殷紂使師延作靡靡之音於此,不久自沉於濮水,後遂以桑間濮上之音爲亡國之音的代稱。鄭玄《注》:"濮水之上,地有桑間者,亡國之音於此之水出也。昔殷紂使師延作靡靡之樂,已而自沈於濮水。後師涓過焉,夜聞而寫之,爲晉平公鼓之,是之謂也。"《禮記·樂記》:~,亡國之音也。(1528中)

械 xiè 兵器。《司書》鄭玄《注》:"器謂禮樂之器,械謂兵器。"《少儀》鄭玄《注》:"械,兵器也。"《周禮·天官·司書》:三歲,則大計羣吏之治,以知民之財器~之數。(0682上)《禮記·少儀》:不疑在躬,不度民~,不願於大家,不訾重器。(1511下)

梗 gěng 預防未至疾殃的祭祀。鄭玄《注》:"梗,禦未至也。"《周禮·天官·女祝》:掌以時招、~、禬、禳之事,以除疾殃。(0690上)

梜 jiā 筷子。鄭玄《注》:"梜,猶箸也。"《禮記·曲禮上》:羹之有菜者用~,其無菜者不用~。(1243下)

梐 bì 見下。

【梐枑(hù)】用木棍交叉連接成的柵欄。置於天子停留之所的週圍以截人馬。又名行馬。鄭玄《注》:"梐枑謂行馬。玄謂行馬再重者,以周衛有外內列。"《周禮·天官·掌舍》:設~再重。(0676上)

梢 xiāo 見下。

【梢溝】水流自然衝激而形成的溝。鄭玄《注》:"謂不墾地之溝也。鄭司農云:'梢讀爲桑螵蛸之蛸。蛸謂水漱齧之溝。'"《周禮·冬官考工記·

匠人》：〜三十里而廣倍。(0933 上)

桯 yíng 車蓋柄下節較粗的一段，又叫蓋杠。蓋柄有上下兩節，上節較細名達常，下節較粗名桯。桯圍六寸，高八尺，上端有鑿孔，供達常插入。桯立於軹中央，有環固之。鄭玄《注》："蓋柄有兩節，此達常是上節，下入杠中也。……鄭司農云：'桯，蓋杠也。'"《周禮·冬官考工記·輪人》：達常圍三寸，〜圍倍之，六寸。(0909 中)

梱 kǔn 門限。鄭玄《注》："梱，門限也。"《禮記·曲禮上》：外言不入於〜，內言不出於〜。(1240 下)

梏 gù 手銬。在手曰梏，在足曰桎。泛指刑具。《月令》鄭玄《注》："桎梏，今械也。在手曰梏，在足曰桎。"亦爲戴上手銬。《周禮·秋官·大司寇》：凡萬民之有罪過而未麗於灋而害於州里者，桎〜而坐諸嘉石。(0870 下)《禮記·月令》：命有司省囹圄，去桎〜，毋肆掠，止獄訟。(1361 中)

【梏拲(gǒng)】古代刑具。兩手共一木的手銬。此處爲戴上兩手共一木的手銬。鄭玄《注》："杜子春云：'拲者，兩手共一木也。桎梏者，兩手各一木也。'"《周禮·秋官·掌囚》：上罪〜而桎，中罪桎梏，下罪梏。(0882 下)

梅 méi 梅樹的果實。可食，亦用作調味品。《禮記·內則》：爵、鷃、蜩、范、芝、栭、菱、椇、棗、栗、榛、柿、瓜、桃、李、〜、杏、楂、梨、薑、桂。(1464 上)

【梅諸】經過腌製晾曬的梅乾。孔穎達《疏》引王肅云："諸，菹也。謂桃

菹、梅菹，即今之藏桃也、藏梅也。欲藏之時，必先稍乾之。"《禮記·內則》：桃諸、〜、卵鹽。(1464 上)

梓 zǐ ❶梓人。製作筍虡、勺、爵、觚及射侯之木工。《周禮·冬官考工記·總敘》：攻木之工：輪、輿、弓、廬、匠、車、〜。(0906 中) ❷指飲酒器爵。《周禮·冬官考工記·梓人》：凡試〜，飲器鄉衡而實不盡，梓師罪之。(0925 下)

【梓人】製作筍虡、飲器、射侯之木工。《大射》鄭玄《注》："工人士、梓人皆司空之屬，能正方圜者。"《周禮·冬官考工記·梓人》：〜，爲飲器。……〜，爲侯。(0925 下)《儀禮·大射》：工人士與〜升自北階兩楹之間，疏數容弓，若丹若墨，度尺而午。(1034 下)

【梓師】梓人之長。鄭玄《注》："梓人之長罪於梓人也。"《周禮·冬官考工記·梓人》：凡試梓，飲器鄉衡而實不盡，〜罪之。(0925 下)

【梓棺】梓木棺。禮，天子之棺四重，裏棺用水牛、兕牛皮合成，次用杝(即椴)木棺，又次用梓木棺(屬棺)，最外有大棺。孔穎達《疏》："杝棺之外又有屬棺，屬棺之外又有大棺，大棺與屬棺並用梓，故云二也。"《禮記·檀弓上》：天子之棺四重：水兕革棺被之，其厚三寸；杝棺一，〜二。(1293 中)

梲 zhuō 梁上短柱。孔穎達《疏》："藻梲者，謂畫梁上短柱爲藻文也。"《禮記·禮器》：管仲鏤簋，朱紘，山節，藻〜，君子以爲濫矣。(1434 中)

【梁】liáng ❶斷水捕魚的堰。《敝人》鄭玄《注》引鄭司農云："梁,水偃也。"《王制》鄭玄《注》:"梁,絕水取魚者。"《周禮·天官·敝人》:掌以時敝爲～。(0663下)《禮記·王制》:獺祭魚,然後虞人入澤～。(1333中) ❷用同"粱"。精細的稻米。依禮,凶年大夫不得食梁。孔穎達《疏》:"大夫食黍稷,以梁爲加,故凶年去之也。"《禮記·曲禮下》:大夫不食～。(1259中) ❸河堤。孔穎達《疏》:"關謂關門,梁謂津梁。"《禮記·玉藻》:關～不租,山澤列而不賦。(1475上)

【梁木】屋之正梁。用以承負楣、庋、桷等衆木者。鄭玄《注》:"梁木,衆木所放。"《禮記·檀弓上》:泰山其頹乎!～其壞乎!哲人其萎乎!(1283下)

【梡】kuǎn 禮器名。有虞氏之俎。木製,四足。用以盛放全牲。鄭玄《注》:"梡,斷木爲四足而已。"《禮記·明堂位》:俎,有虞氏以～,夏后氏以嶡,殷以椇,周以房俎。(1491下)

梡俎

【梡嶡】(jué) 禮器名。上古祭祀時用以陳放牲體的俎案。有虞氏名梡,夏后氏名嶡。參見"嶡"。《禮記·明堂位》:爵用玉琖仍雕,加以璧散、璧角,俎用～。(1489上)

【柳】zhì 用同"櫛"。雕刻木器之工匠。鄭玄《注》:"柳,讀如巾櫛之櫛。"《周禮·冬官考工記·總敘》:刮摩之工:玉、～、雕、矢、磬。(0906中)

【柳人】雕刻木器之工匠。孫詒讓《正義》:"玉人治玉,雕人治骨角,磬氏治石,此柳人疑即治木之工。"《周禮·冬官考工記·柳人》:～。(0923下)

【根】(棖) chéng 門兩旁所豎的木柱。以防車過觸門。鄭玄《注》:"根,門楔也。"孔穎達《疏》:"根,謂門之兩旁長木,所謂門楔也。"《禮記·玉藻》:君入門,介拂闑,大夫中～與闑之間,士介拂～。(1484中)

【椒】sǒu 用同"藪"。草澤。鄭玄《注》:"椒,聚草。"陸德明《釋文》:"澤也。本或作藪。"《禮記·禮運》:鳳皇、麒麟皆在郊～,龜、龍在宮沼。(1427中)

【植】zhí ❶部曲將吏。鄭玄《注》引鄭司農云:"植謂部曲將吏。"一說,以爲築牆時豎在兩端的木柱。鄭玄《注》:"築城楨也。"《周禮·夏官·大司馬》:大役,與慮事屬其～,受其要,以待攷而誅賞。(0839下) ❷懸掛蠶箔的柱子。鄭玄《注》:"植,槌也。"孔穎達《疏》:"《方言》注:'槌,縣蠶薄柱也。宋、魏、陳、楚、江、淮之間謂之植,自關而西謂之槌,齊謂之样。'"《禮記·月令》:具曲、～、簏、筐。(1363下)

【植旌】樹立旌旗。田獵結束後,樹旗以告獲,令獻禽。鄭玄《注》:"以告獲也。植,樹也。"《周禮·夏官·田僕》:設驅逆之車,令獲者～,及獻,比禽。(0858中)

【棼】fén 麻的一種。《周禮·春官·巾車》:素車,～蔽。(0824下)

【棼蔽】用蘋麻織成的簾子。繫於車廂兩旁以御風雨。鄭玄《注》:"棼,讀

爲蘋。蘋麻以爲蔽。"《周禮·春官·巾車》：素車，～。（0824 下）

棟 （栋）dòng 屋脊的正梁。鄭玄《注》："是制五架之屋也，正中曰棟，次曰楣，前曰庪。"《儀禮·鄉射禮》：序則物當～，堂則物當楣。（1010 下）

棧 （栈）zhàn 棧車。即柩車。用竹木編成，無漆飾。鄭玄《注》："棧謂柩車也。凡士車制無漆飾。"孔穎達《疏》："此棧車，柩車即廇車，四輪迫地，無漆飾。"《儀禮·既夕禮》：賓奠幣于～左服，出。（1152 下）

【棧車】用竹木做成的車子。有漆，無革鞔。爲五服車之一。士所乘。鄭玄《注》："棧車，不革鞔而漆之。"《周禮·春官·巾車》：服車五乘：孤乘夏篆，卿乘夏縵，大夫乘墨車，士乘～，庶人乘役車。（0825 上）

棗 （枣）zǎo 棗樹的果實。棗子。古時新婦見舅（公公）必以棗栗，勞問祭祀亦薦棗栗。《周禮·天官·籩人》：饋食之籩，其實～、栗、桃、乾䕩、榛實。（0671 下）《儀禮·士昏禮》：婦執笲～、栗，自門入，升自西階，進拜，奠于席。（0967 下）《禮記·玉藻》：食～、桃、李，弗致于核。（1483 中）

棘 jí ❶用同"戟"。古兵器名。《明堂位》鄭玄《注》："棘，戟也。"《周禮·天官·掌舍》：設車宮、轅門，爲壇壝宮，～門。（0676 上）《禮記·明堂位》：越～大弓，天子之戎器也。（1491 上）❷棘木。即酸棗木。木質堅實，赤紅色。可製作箭。《儀禮·特牲饋食禮》：～心匕，刻。（1192 上）《禮記·投壺》：矢，以柘若～，毋去其皮。（1666 下）❸外朝聽斷獄訟，其東西兩側各立九株酸棗木作爲標示，以區分諸侯百官之等級職位。棘木赤心象徵無偏頗，三刺表示廣泛徵詢意見。鄭玄《注》："樹棘以爲立者，取其赤心而外刺，象以赤心三刺也。"《周禮·秋官·朝士》：左九～，孤卿大夫位焉，羣士在其後；右九～，公、侯、伯、子、男位焉，羣吏在其後。（0877 下）❹指西方邊遠地區。《禮記·王制》：不變，王三日不舉，屏之遠方，西方曰～，東方曰寄，終身不齒。（1342 中）

【棘木】外朝聽斷獄訟，其東西兩側各立九株酸棗木作爲標示，以區分諸侯百官之等級職位。樹立棘木，取其赤心而外刺，赤心象徵無偏頗，三刺表示廣泛徵詢意見。《禮記·王制》：正以獄成告于大司寇，大司寇聽之～之下。（1343 下）

【棘門】天子外出，於止宿處插戟爲門，稱棘門。鄭玄《注》引鄭司農云："棘門，以戟爲門。"《周禮·天官·掌舍》：設車宮、轅門，爲壇壝宮，～。（0676 上）

【棘心匕】用棘木心做成的匕。吉祭用於舀取飯食。胡培翬《正義》："喪祭用桑匕，吉祭用棘匕，則吉祭匕飯、匕牲體之匕同用棘可知。"《儀禮·特牲饋食禮》：～，刻。（1192 上）

椇 jǔ ❶枳椇之果實。又稱拐棗。形似珊瑚，味甜美。鄭玄《注》："椇，枳椇也。"《禮記·曲禮下》：婦人之

椇俎

摯,~、榛、脯、脩、棗、栗。(1270 中)
❷禮器名。殷代之俎。用以盛放祭品。陳澔《集說》："棋者,俎之足間橫木,爲曲橈之形,如棋枳之樹枝也。"孫希旦《集解》："棋枳之樹,其枝多曲撓,殷俎似之。"《禮記·明堂位》:俎,有虞氏以梡,夏后氏以嶡,殷以~,周以房俎。(1491 下)

椑 bì 內棺。鄭玄《注》："椑謂杝棺,親屍者。"參見"杝棺"。《禮記·檀弓上》:君即位而爲~,歲一漆之,藏焉。(1292 下)

椑

椈 jú 柏木。因其性堅,有脂而香,破爲臼,用以搗和鬱鬯。鄭玄《注》:"所以搗鬱也。椈,柏也。"《禮記·雜記上》:暢,臼以~,杵以梧。(1555 下)

椁 guǒ 套於棺外的大棺。古時棺有兩重,内曰棺,外曰椁。天子、大夫之椁用柏,諸侯用松,士用雜木。《喪大記》鄭玄《注》:"椁謂周棺者也。天子柏椁,以端長六尺。"《周禮·地官·閭師》:不樹者無~,不蠶者不帛。(0727 中)《儀禮·士喪禮》:既井~,主人西面拜工;左還~,反位,哭。(1143 上)《禮記·喪大記》:君松~,大夫柏~,士雜木~。(1585 上)

棜 yù 祭祀時盛放食饌、腊獸、酒尊等的木器。其形四方如車輿,四週有欄,無足。亦稱斯禁。《玉藻》鄭玄《注》:"棜,斯禁也。無足,有似於棜,是以言棜。"《特牲饋食禮》鄭玄《注》:"棜之制,如今之大木轝矣,上有四周,下無足。"《儀禮·特牲饋食

棜

禮》:~在其南,南順。(1180 上)《禮記·玉藻》:大夫側尊用~,士側尊用禁。(1476 中)

【棜禁】棜和禁。士用以陳放酒尊、食饌、腊獸等的器具。無足曰棜,有足曰禁。《禮器》鄭玄《注》:"棜,斯禁也。謂之棜者,無足有似於棜,或因名云耳。大夫用斯禁,士用棜禁。"《特牲饋食禮》胡培翬《正義》:"棜即斯禁,棜無足,禁有足,二者別也。《儀禮》諸篇,承尊之器或言棜與斯禁,或言禁,義各不同。"《儀禮·特牲饋食禮》:壺、~饌于東序,南順。(1192 上)《禮記·禮器》:天子、諸侯之尊廢禁,大夫、士~。(1433 中)

棺 guān 棺材。人死後裝殮屍體的用具。據《禮記·檀弓上》《禮記·喪大記》載,周代天子之棺四重:水牛、兕牛皮爲一重,杝棺爲第二重,屬爲第三重,大棺爲第四重。諸侯之棺三重:外爲大棺,中間爲屬,内爲椑。君大棺八寸,屬六寸,椑四寸;上大夫大棺八寸,屬六寸;下大夫大棺六寸,屬四寸;士棺六寸。《周禮·春官·喪祝》:及祖,飾~,乃載,遂御。(0815 上)《儀禮·聘禮》:士介死,爲之~,斂之。(1072 上)《禮記·問喪》:在牀曰尸,在~曰柩。(1656 中)

【棺束】束合棺木的皮帶。孔穎達《疏》："棺束者,古棺木無釘,故用皮束合之。"《禮記·檀弓上》:~,縮二,衡三。(1293下)

【棺椁】棺和套在棺外的外棺。棺與椁之間,國君可容柷,大夫可容漏壺,士可容甒。《禮記·喪大記》:~之間,君容柷,大夫容壺,士容甒。(1585中)

【棺飾】遮蔽棺柩的帷蓋。帷蓋上稱荒,下稱帷,其上畫有黼、黻、火等紋;荒帷之內的木框稱柳。鄭玄《注》:"孝子既啓見棺,猶見親之身。既載,飾而以行,遂以葬,若存時居于帷幕而加文繡。"孫詒讓《正義》:"故棺飾儗生時帷幕爲之。……云'既載,飾而以行'者,此明棺飾即葬行時柩車所飾柳翣等。"參見"柳①""翣①"。《周禮·天官·縫人》:喪,縫~焉,衣翣柳之材,掌凡内之縫事。(0692中)

【椌】qiāng 打擊樂器。亦名柷。木製,形如方斗,中有椎。奏時投椎其中,撞而發聲。鄭玄《注》:"椌,楬,謂柷、敔也。"孔穎達《疏》:"柷,形如漆筩,中有椎。"《禮記·樂記》:然後聖人作,爲鞉、鼓、~、楬、壎、篪,此六者,德音之音也。(1541上)

【極】(極)jí 射箭用的手指套。射禮所用者,以紅色熟牛皮製成,套在右手食指、中指、無名指上,引弓拉弦時以護指;喪禮所用者以絲絮製成,套在死者右手食指、中指上。《大射》鄭玄《注》:"所以韜指,利放弦也,以朱韋爲之。三者,食指、將指、無名指。無極放弦,契於此指多則痛。小指短,不用。"《士喪禮》胡培翬《正義》:"纗極,以纗爲極也。言二,當著於右食指、將指。"《儀禮·大射》:贊設決,朱~三。(1039中)《儀禮·士喪禮》:決,用正王棘,若擇棘,組繫,纗~二。(1131上)

【極星】北極星,亦稱北辰。鄭玄《注》:"極星,謂北辰。"《周禮·冬官考工記·匠人》:晝參諸日中之景,夜考之~,以正朝夕。(0927中)

【楔】xiē 人死飯含時,爲防口齒僵閉,而加於齒間的楔形器具。亦稱角柶。其形狀像軛,末端向上。賈公彥《疏》:"軛謂馬鞅軛。馬領亦上兩末,令以屈處入口,取出時易,故鄭云:'事便也。'"《儀禮·既夕禮》:~,貌如軛,上兩末。(1158中)

【楔齒】人始死,爲防齒僵口閉,用角柶楔入屍齒間,以便飯含。《士喪禮》鄭玄《注》:"爲將含,恐其口閉急也。"《儀禮·士喪禮》:~用角柶,綴足用燕几。(1129上)《禮記·檀弓上》:復,~,綴足。(1292下)

【椹】zhēn 見下。

【椹質】箭靶。鄭玄《注》:"質,正也。樹椹以爲射正。"《周禮·夏官·司矢》:王弓、弧弓以授射甲革、~者。(0855下)

【楚】chǔ 責打生徒的小木杖。鄭玄《注》:"夏,榎也;楚,荆也。二者所以撲撻犯禮者。"陳澔《集說》:"夏,榎也;楚,荆也。榎形圓,楚形方。以二物爲扑,以驚其怠忽者,使之收斂威儀也。"《禮記·學記》:夏、~二物,收其威也。(1522上)

【楚扑】責撻犯教者的荆木杖。《儀

禮·鄉射禮》：～長如笴，刊本尺。(1012中)

【楚書】書名。鄭玄《注》："楚昭王時書也。"《國語·楚語》有王孫圉與趙簡子論國寶節，文義與《大學》所引同。《禮記·大學》：《～》曰："楚國無以爲寶，惟善以爲寶。"(1675上)

【楚焞】(tūn) 荆木條。點燃後用以灼龜占卜。又名契。鄭玄《注》："楚，荆也。荆焞，所以鑽灼龜者。"《儀禮·士喪禮》：卜人先奠龜于西塾上，南首，有席；～置於燋，在龜東。(1143中)

楅 bī 承箭的器具。長三尺，高三寸，厚一寸半，兩端刻有龍首，中間爲兩蛇相交之形。上置以紅色熟皮製成的插箭的皮袋(韋當)。鄭玄《注》："楅猶幅也，所以承笴矢者。""兩端爲龍首，中央爲蛇身相交也。虯、龍，君子之類也。"《儀禮·鄉射禮》：司馬出于左物之南，還其後，降自西階，遂適堂前，北面立于所設～之南，命弟子設～。(1001上)《儀禮·鄉射禮》：～長如笴，博三寸，厚寸有半，龍首，其中虯交，韋當。(1011上)

楚焞

【楅衡】束於牛角前的橫木。以防牛觸人。鄭玄《注》："鄭司農云：'楅衡，所以楅持牛也。'……杜子春云：'楅衡，所以持牛，令不得抵觸人。'"一說，鄭玄認爲"衡楅"爲二物，"楅設於

角，衡設於鼻"。《周禮·地官·封人》：凡祭祀，飾其牛牲，設其～。(0720上)

業 (业) yè 書策篇卷。指學業、學問。鄭玄《注》："業，謂篇卷也。"《禮記·曲禮上》：請～則起，請益則起。(1240上)

楬 ㈠ jié 做標誌的小木椿。亦名楬櫫。鄭玄《注》引鄭司農云："楬，欲令其識取之，今時楬櫫是也。"《周禮·秋官·蜡氏》：若有死於道路者，則令埋而置～焉。(0885上)

㈡ qià 古樂器。亦名敔。木製，形狀如伏虎，擊之用以止樂。鄭玄《注》："柷、楬，謂柷、敔也。"孔穎達《疏》："敔，狀如伏虎。"《禮記·樂記》：然後聖人作，爲鞉、鼓、椌、～、壎、箎，此六者，德音之音也。(1541上)

【楬₂豆】無裝飾的木製高脚盤。爲夏后氏之祭器。鄭玄《注》："楬，無異物之飾也。"孫希旦《集解》："愚謂楬豆，斷木爲之，而無他飾焉。"《禮記·明堂位》：夏后氏以～，殷玉豆，周獻豆。(1491下)

槐 huái 槐樹。外朝之南樹槐三株，爲三公之朝位。《周禮·秋官·朝士》：面三～，三公位焉，州長、衆庶在其後。(0877下)

楹 yíng 堂前的立柱。一般兩兩東西相對，東邊叫東楹，西邊叫西楹。有賓客之事，主人位於東楹之東，即東階之上；賓客位於西楹之西，即西階之上。《説文·木部》："楹，柱也。"徐鍇曰："楹，言盈盈對立之狀。"《儀禮·鄉射禮》：豫則鉤～内，堂則由～外。(0999下)《禮記·檀弓

上》：殷人殯於兩～之間，則與賓主夾之也。(1283 下)

【楹內】楹北。即堂前東西兩楹之間偏北的地帶，此處常行南北向的禮節。鄭玄《注》："楹內，楹北。"《儀禮·鄉射禮》：司正洗觶，升自西階，由～適阼階上。(0996 中)

【楹外】楹南。即堂前東西兩楹之間偏南的地帶，此處常行南北向的禮節。胡培翬《正義》："堂則由楹外，謂循楹之南而東。"《儀禮·鄉射禮》：豫則鉤楹內，堂則由～。(0997 下)

【楹間（閒）】堂上東西兩楹之間。❶爲東西方向賓主爵位相同者授受禮的處所。《士昏禮》鄭玄《注》："授於楹間，明爲合好，其節同也。"賈公彥《疏》："楹間，謂兩楹之間。賓以鴈授主人於楹間者，明合和親好，令其賓主遠近節同也。凡賓主敵者授於楹間，不敵者不於楹間。"胡培翬《正義》："蓋楹內、楹外著南北之節，楹間著東西之節。"《儀禮·士昏禮》：授于～，南面。(0962 上)《禮記·投壺》：已拜，受矢，進即兩～，退反位。(1665 中)❷調正靈柩方向之處。靈柩本頭朝南，上堂後於楹間調正爲頭朝北。鄭玄《注》："兩楹間象鄉戶牖也。是時柩北首。"《儀禮·既夕禮》：正柩于兩～，用夷牀。(1147 中)

【楹鼓】古樂器。亦稱建鼓、應鼓。其形制以木柱穿大鼓而過，使之豎立，柱下有四足。鄭玄《注》："楹謂之柱，貫中上出也。"《禮記·明堂位》：夏后氏之鼓足，殷～，周縣鼓。(1491 中)

【椸】yí 懸掛衣服的橫竿。鄭玄《注》："竿謂之椸。"孔穎達《疏》："植曰楎，橫曰椸。"《禮記·內則》：男女不同椸枷，不敢縣於夫之楎，～。(1468 下)

【椸枷】衣架。依禮，男女不共用一個衣架。鄭玄《注》："椸，可以枷衣者。"陸德明《釋文》："椸，……衣架也。枷，本又作架。"《禮記·曲禮上》：男女不雜坐，不同～。(1240 下)

【楎】huī 釘在牆上懸掛衣服的木橛。鄭玄《注》："楎，杙也。"孔穎達《疏》："李巡曰：'謂橛杙也。'《釋宮》又云：'在牆者謂之楎。'"《禮記·內則》：男女不同椸枷，不敢縣於夫之～、椸。(1468 下)

【概】gài ❶漆飾的酒尊。鄭玄《注》："脩、蜃、概、散，皆漆尊也。"賈公彥《疏》："凡物無飾曰散，直有漆，明概、蜃之等漆尊外別有飾。"《周禮·春官·鬯人》：廟用脩，凡山川、四方用蜃，凡祼事用～，凡甋事用散。(0771 上)❷刮平斗斛的刮板。鄭玄《注》："概，平斗斛者。"《禮記·月令》：日夜分，則同度、量、鈞衡、石、角斗、甬，正權、～。(1362 上)

概尊

【槩】[概] gài 刮平斗斛的刮板。此處爲用概刮平斗斛。孫詒讓《正義》："《荀子·宥坐篇》云'盈不求概'，楊注云：'概，平斗斛之木也。'《考工記》曰：'概而不稅。'案：楊倞釋槩與鄭異，而義實長。"《周禮·冬官考工記·㮚氏》：其聲中黃鍾之宮，～而不稅。(0917 上)

【楣】méi ❶房屋的次梁。即門上的橫梁。《鄉射禮》鄭玄《注》："是制五架之屋也，正中曰棟，次曰楣。

《爾雅·釋宮》："楣謂之梁。"郭璞《注》："門户上橫梁。"《儀禮·鄉射禮》：序則物當棟，堂則物當～。(1010 下)《禮記·內則》：妻抱子出自房，當～立，東面。(1469 下) ❷ 指服喪期間爲孝子搭廬時置於地、距牆五尺而與牆平行的橫木。葬後，將倚廬平臥於地上的梁楣用柱子支撐起來，成爲小屋形的居喪梁閭。《喪服》賈公彦《疏》："前梁謂之楣，楣下兩頭豎柱。"胡培翬《正義》："聶氏《三禮圖》云：<u>唐大曆</u>中楊垂撰《喪服圖》，説廬形制云，……凡起廬，先以一木横於牆下，去牆五尺，卧於地，爲楣。即立五椽於上，斜倚東埔，上以草苫蓋之，其南北面亦以草屏之，向北開門一。……楣謂之梁，……非如後世以持桯之横木爲梁也。"參見"柱楣"。《儀禮·喪服》：既虞，剪屏柱～，寢有席，食疏食，水飲。(1097 中)《禮記·喪大記》：既葬，柱～，塗廬，不於顯者。(1581 中)

槀

lì 即槀氏。製作量器的工匠。《周禮·冬官考工記·總敘》：攻金之工：築、冶、鳧、～、段、桃。(0906 下)

【槀氏】製作量器的工匠。《周禮·冬官考工記·槀氏》：～，爲量。(0916 下)

榛

zhēn 榛子。榛樹的果實，似栗而小。爲婦人之摯。《禮記·曲禮下》：婦人之摯，椇、～、脯、脩、棗、栗。(1270 中)

【榛杖】用榛木做的喪杖。孫希旦《集解》："今蜡祭以葛爲帶，以榛爲杖，服之減殺者也。"《禮記·郊特牲》：葛帶、～，喪殺也。(1454 上)

榭

xiè 建於高臺上的木屋。多爲遊觀之處。鄭玄《注》："闍者謂之臺，有木者謂之榭。"《禮記·月令》：可以升山陵，可以處臺～。(1370 中)

槃

pán ❶ 用同"盤"。承水的器皿。常與匜配套使用。《內則》鄭玄《注》："槃，承盥水者。"《儀禮·士虞禮》：匜水錯于～中，南流，在西階之南。(1167 下)《禮記·內則》：進盥，少者奉～，長者奉水，請沃盥。(1461 下) ❷ 用同"盤"。盛血、盛食的器皿。鄭玄《注》："古者以槃盛血，以敦盛食。"賈公彦《疏》："祭祀之時有黍稷，故敦中盛黍稷。今盟無黍稷，敦中宜盛血，牛耳宜在槃。"《周禮·天官·玉府》：若合諸侯，則共珠～、玉敦。(0678 中)

【槃匜(yí)】槃與匜。匜爲盛盥水之器，槃爲承棄水之器。亦用爲明器。鄭玄《注》："槃匜，盥器也。"《儀禮·既夕禮》：用器：弓、矢、耒耜、兩敦、兩杅，～。(1149 中)

槁

kào 見下。

【槁牛】用來犒賞軍士的牛。鄭玄《注》引鄭司農云："槁師之牛。"《周禮·地官·牛人》：饗食、賓射，共其膳羞之牛。軍事，共其～。喪事，共其奠牛。(0724 上)

【槁襘(guì)】聚合財物加以援助。即襘禮。鄭玄《注》："鄭司農云：'……謂槁師也。'玄謂師役者，國有兵寇以匱病者也，使鄰國會合財貨以與之。"《周禮·秋官·小行人》：若國師役，則令～之。(0894 中)

槁

槁 [槀] gǎo ❶禾稈。祭祀殺牲時用以襯墊。賈公彥《疏》:"水所以洗牲,槀所以薦牲。"《周禮·地官·封人》:凡祭祀,飾其牛牲,設其楅衡,置其絼,共其水~,歌舞牲及毛炮之豚。(0720 上)❷指地官之槀人。掌管外内朝當值官吏的膳食。由奄者充任。鄭玄《注》:"舂人、槀人之官也。"《周禮·秋官·司厲》:其奴,男子入于罪隸,女子入于舂~。(0882 中)

【槀人】❶職官名。掌管外内朝當值官吏的膳食。由奄者充任。《周禮·地官·槀人》:~,掌共外内朝冗食者之食。(0750 中)❷職官名。掌管領取財貨,付給製造弓弩矢籣之工匠。爵中士。《周禮·夏官·槀人》:~,掌受財于職金,以齎其工。(0856 下)

【槀魚】乾魚。用以祭祀或食用。孔穎達《疏》:"槀,乾也。商,量也。祭用乾魚,量度燥濕,得中而用之也。"《禮記·曲禮上》:脯曰尹祭,~曰商祭,鮮魚曰脡祭。(1269 上)

【槀鞂(jiē)】用禾稈編織的草席。鄭玄《注》:"穗取實曰槀。"孔穎達《疏》:"槀鞂,除穗粒取稈槀爲席。"《禮記·禮器》:莞簟之安,而~之設。(1439 下)

榮

榮 (荣) róng 屋檐兩端翹起的部分。今通稱飛檐。《喪大記》鄭玄《注》:"榮,屋翼。"《儀禮·士冠禮》:夙興,設洗,直于東~,南北以堂深。(0948 上)《禮記·喪大記》:皆升自東~,中屋履危,北面三號,捲衣投于前,司服受之,降自西北~。(1572 上)

槷

槷 ㊀ xiè 木楔。孫詒讓《正義》:"程瑤田云:'槷與楔同。'"《周禮·冬官考工記·輪人》:牙得,則無~而固;不得,則有~,必足見也。(0909 上)

㊁ niè 用同"臬"。觀測日影的標杆。高八尺。鄭玄《注》:"槷,古文臬假借字。於所平之地中央,樹八尺之臬,以縣正之。"一說,杜子春以爲"槷當爲弋,讀爲杙"。《周禮·冬官考工記·匠人》:水地以縣,置~以縣,眂以景。(0927 中)

橫

橫 héng 見下。

【橫肱】橫放胳肘。依禮,與人並排而坐不得橫起胳肘,以其妨害他人。鄭玄《注》:"爲害旁人。"《禮記·曲禮上》:並坐不~。(1239 上)

【橫脊】牲體靠近尾部不帶脅骨的一段脊椎骨。牲體脊椎骨從前向後分三段,依次分屬正脊、脡脊、橫脊。《儀禮·少牢饋食禮》:正脊一,脡脊一,~一,短脅一。(1197 下)

檟

檟 yǒu 見下。

【檟燎】祭名。以牲體置薪柴上焚燒,揚其光焰上達於天,以祭祀天上諸神。鄭玄《注》:"檟,積也。……三祀皆積柴實牲體焉,或有玉帛,燔燎而升煙,所以報陽也。"《周禮·春官·大宗伯》:以禋祀祀昊天上帝,以實柴祀日月星辰,以~祀司中、司命、飌師、雨師。(0757 上)

樊

樊 fán 用同"鞶"。馬頸上的環狀飾物。孫詒讓《正義》:"樊正字當作'鞶',此經及《左傳》作'樊',叚借字也。其義則當如許君説,爲馬髦

上飾。後鄭讀爲鞶，釋爲大帶，並非經義。"詳見"樊纓"。《周禮·春官·巾車》：一曰玉路，錫，～纓十有再就。（0822下）

【樊纓】馬頸上的環狀飾物及胸前下垂的纓飾。爲天子、諸侯之駕飾。鄭玄《注》引鄭司農云："纓謂當胷。《士喪禮下篇》曰'馬纓三就'，禮家説曰：纓，當胷，以削革爲之。"賈公彦《疏》："馬飾，在膺前，十有二币。"一説，爲絡馬的帶飾，樊爲馬腹帶，纓爲馬頸革。鄭玄《注》："樊，讀如鞶帶之鞶，謂今馬大帶也。……玄謂纓，今馬鞅。"孫詒讓《正義》："綜而論之，緐纓古義約區三科，所施各異。後鄭説樊爲馬大帶，則施於脅下；纓爲鞅，則施於頸下也。賈，馬以緐爲當膺革，而緐爲纓下飾，則施於膺前也。許以緐爲馬髦飾，則施於庬上也。漢晉諸儒所説，要不出此。今玫馬鞍具之有大帶與當胷，貴賤所同，而樊纓爲諸侯以上盛飾，則不可并爲一，明矣。參互詳校，竊謂當以許義爲最塙。"《周禮·春官·巾車》：一曰玉路，錫，～十有再就。（0822下）

樛 jiū 見下。

【樛垂】絞結麻絰下垂的部分。喪禮，爲未成年者服喪，散垂不絞。鄭玄《注》："不樛垂者，不絞其帶之垂者。"賈公彦《疏》："今殤大功，亦於小斂服麻散垂，至成服後亦散不絞，以示未成人。"《儀禮·喪服》：故殤之絰不～，蓋未成人也。（1111下）

樂（乐）㈠ yuè ❶音樂。泛指五聲八音、音樂舞蹈。禮、樂是儒家治國最重要的兩個方面，禮以區分貴賤等級差別，樂以感化人心，和同人心好惡。兩者相輔相成，缺一不可。《樂記》鄭玄《注》："此一節……明禮樂相須之事。……同謂協好惡也，異謂别貴賤也。"《周禮·春官·大司樂》：凡六～者，文之以五聲，播之以八音。（0789中）《儀禮·鄉射禮》：乃合～，《周南》：《關雎》《葛覃》《卷耳》；《召南》：《鵲巢》《采蘩》《采蘋》。（0996上）《禮記·樂記》：禮節民心，～和民聲，政以行之，刑以防之。禮、～、刑、政四達而不悖，則王道備矣。～者爲同，禮者爲異。（1529中）❷表演六代音樂歌舞之技藝。爲六藝之一。鄭玄《注》："樂，六樂之歌舞。"《周禮·地官·大司徒》：三曰六藝，禮、～、射、御、書、數。（0707中）❸《樂經》。爲儒家六經之一。《禮記·王制》：樂正崇四術，立四教，順先王《詩》《書》《禮》《～》以造士。（1342上）

【樂人】❶職官名。掌管樂事的官員。《儀禮·大射》：～宿縣于阼階東。（1028下）《禮記·少儀》：長，則曰"能從～之事矣"；幼，則曰"能正於～""未能正於～"。（1513中）❷指能行樂事之國子。鄭玄《注》："樂人，國子能爲樂者。"《禮記·投壺》：～及使者、童子，皆屬主黨。（1667上）

【樂正】❶職官名。諸侯、大夫樂官之長，掌管樂歌演奏。樂正又分大樂正、小樂正。大樂正相當於天子之大司樂，小樂正相當於天子之樂師。鄭玄《注》："正，長也。"賈公彦《疏》："案《周禮》有大司樂、樂師，天子之官。此樂正者，諸侯及大夫、士之官，當天子大司樂。"《儀禮·鄉飲酒禮》：～先升,立于西階東。(0985 中)❷職官名。天子樂官之長,掌教國子。鄭玄《注》:"樂正,樂官之長,掌國之教。"《禮記·王制》:～崇四術,立四教,順先王《詩》《書》《禮》《樂》以造士。(1342 上)

【樂官】大司樂之屬官。如磬師、鍾師、笙師、鎛師、瞽矇、眡瞭等。賈公彥《疏》:"樂官亦謂笙師、磬師、鎛師之屬。"《周禮·春官·樂師》:凡喪,陳樂器,則帥～。(0794 中)

【樂祖】音樂的祖師。樂官才藝出眾、道德高尚者,死後尊爲樂祖。鄭玄《注》:"道多才藝者,德能躬行者,若舜命夔典樂教胄是也。死則以爲樂之祖神而祭之。"《周禮·春官·大司樂》:凡有道者、有德者,使教焉,死則以爲～,祭於瞽宗。(0787 中)

【樂師】職官名。大司樂之副,掌國子樂舞教育及樂官管理。爵下大夫。《周禮·春官·樂師》:～,掌國學之政,以教國子小舞。(0793 中)《禮記·月令》:乃命～習合禮樂。(1365 中)

【樂章】指配樂之詩。孔穎達《疏》:"樂章,謂樂書之篇章,謂詩也。"《禮記·曲禮下》:居喪未葬,讀喪禮;既葬,讀祭禮;喪復常,讀～。(1257 下)

【樂舞】指周所保存的六代之樂。即黃帝之樂《雲門》《大卷》,堯樂《咸池》,舜樂《大磬》,禹樂《大夏》,湯樂《大濩》,武王之樂《大武》。鄭玄《注》:"此周所存六代之樂。"《周禮·春官·大司樂》:以～教國子:舞《雲門》《大卷》《大咸》《大磬》《大夏》《大濩》《大武》。(0787 下)

【樂語】合於樂歌旨意的語言表現形式。孫詒讓《正義》:"謂言語應答,比於詩樂,所以通意恉、遠鄙倍也。凡賓客饗射旅酬之後,則有語,故《鄉射記》云'古者於旅也語'。《文王世子》……又記養三老、五更云:'既歌而語以成之也,言父子君臣長幼之道,合德音之致,禮之大者也。'"《周禮·春官·大司樂》:以～教國子:興、道、諷、誦、言、語。(0787 下)

【樂德】樂舞中的六種品德。即中、和、祇、庸、孝、友。賈公彥《疏》:"此是樂中之六德,與教萬民者稍別。"詳見各條。《周禮·春官·大司樂》:以～教國子:中、和、祇、庸、孝、友。(0787 下)

【樂縣(xuán)】指懸掛於筍虡上的鍾磬類樂器。等級越高,懸掛數量越多。鄭玄《注》:"樂縣,謂鍾磬之屬。"《周禮·春官·小胥》:正～之位,王宮縣,諸侯軒縣,卿大夫判縣,士特縣,辨其聲。(0795 上)

【樂闋(què)】歌舞之樂結束。奏樂結束,謂禮儀告一段落。《文王世子》鄭玄《注》:"闋,終也。告君以歌舞之樂終。"《儀禮·燕禮》:主人升受爵以下而～。(1024 下)《禮記·文王世子》:有司告以～,王乃命公、侯、伯、子、男及羣吏。(1410 中)

【樂極則憂】好樂過度不止,就會生憂。儒家講究中庸,認爲任何事情過了頭,就會向它的反面轉化。孔穎達《疏》:"樂,人之所好,害在淫佚。若極而不止,則必至憂戚也。"今爲成語。《禮記·樂記》:～,禮精則偏矣。

(1530下)

【樂記第十九】《禮記》第十九篇篇名。孔穎達《疏》引鄭玄《三禮目錄》云："名曰《樂記》者,以其記樂之義。此於《別錄》屬樂記。"《史記》題作《樂書》,爲戰國至秦、漢間儒家所作。原有二十三篇,戴聖以十一篇輯入《禮記》,亡佚十二篇。此章論述樂之起源,古樂新樂之區別,以及音樂的社會作用等。爲我國古代音樂理論之代表作。(1527上)

㊀ lè 見下。

【樂₂昏】勸成婚姻。爲治理野地之民的方法之一。以此使之和順。鄭玄《注》:"樂昏,勸其昏姻,如媒氏會男女也。"《周禮·地官·遂人》:凡治野,以下劑致甿,以田里安甿,以~擾甿,以土宜教甿稼穡,以興耡利甿,以時器勸甿,以彊予任甿。(0740中)

【樹】(树)shù ❶指樹渠。孫詒讓《正義》:"皆如竟有溝池樹渠之固也。"參見"樹渠"。《周禮·夏官·掌固》:凡國都之竟,有溝~之固,郊亦如之。(0844上) ❷門屏,照壁。鄭玄《注》:"屏謂之樹,樹所以蔽行道。"《禮記·郊特牲》:臺門旅~,反坫,繡黼、丹朱中衣,大夫之僭禮也。(1448上)

【樹渠】用荊棘等有刺樹木構成的防衛藩落。鄭玄《注》:"樹謂枳棘之屬有刺者也。"孫詒讓《正義》:"樹渠者,於城外宮外設藩落,以資守衛也。《爾雅·釋宮》云:'屏謂之樹。'屏藩皆遮蔽門垣,故藩亦謂之樹,又謂之渠。其制蓋有二:或種植林木,因編聯以爲阻固……或斬伐材木,羅列栽築之。"《周禮·夏官·掌固》:掌脩城郭、溝池、~之固。(0843中)

【樹藝(yì)】種植果木蔬菜。爲大司徒所頒十二職事之一。鄭玄《注》引鄭司農云:"稼穡,謂三農生九穀也。樹藝,謂園圃毓草木。"《周禮·地官·大司徒》:頒職事十有二于邦國、都鄙,使以登萬民:一曰稼穡,二曰~,三曰作材,四曰阜蕃,五曰飭材,六曰通財,七曰化材,八曰斂材,九曰生材,十曰學藝,十有一曰世事,十有二曰服事。(0707中)

【樿】shàn 木名。白理木。白紋,質堅,用以製梳、杓等物。孔穎達《疏》:"樿,白理木也。"《禮記·禮器》:大路素而越席,犧尊疏布鼏、~杓。(1433下)

【樿杓】用白理木製作的杓。祭天用以酌酒。孔穎達《疏》:"貴素,故用白理木爲杓。"《禮記·禮器》:大路素而越席,犧尊疏布鼏、~。(1433下)

【樿櫛(zhì)】用白理木製作的梳子。孔穎達《疏》:"櫛,梳也。沐髮爲除垢膩,故用白理澁木以爲梳。"《禮記·玉藻》:日五盥,沐稷而靧粱,櫛用~,髮晞用象櫛。(1475中)

【橋】(桥)㊀ qiáo 器物上的横梁。《正字通·木部》:"橋,凡器有横梁者,工人皆呼曰橋。"鄭玄《注》:"橋,所以庋笄,其制未聞。"《儀禮·士昏禮》:笄,緇被纁裹,加于~。(0971下)

㊁ jiāo 桔橰。井上提水的工具。在井架上設一横木作槓桿,一頭系汲器,一頭懸以重物,隨着横木的上下以提水。鄭玄《注》:"橋,井上橰棒,衡上低昂。"

橋

《禮記·曲禮上》：奉席如～衡,請席何鄉,請衽何趾。(1239 中)

橧 zēng 見下。

【橧巢】用薪柴堆積成的巢形住處。鄭玄《注》："暑則聚薪柴居其上。"《禮記·禮運》：昔者先王未有宮室,冬則居營窟,夏則居～。(1416 上)

橘 jú 橘木。可用作製弓幹的材料。《周禮·冬官考工記·弓人》：凡取幹之道七,柘爲上,檍次之,檿桑次之,～次之,木瓜次之,荆次之,竹爲下。(0934 下)

機 (机) jī ❶運屍之床。用四木爲框,中央以繩網之。運屍至於墓上,抽繩而屍落入墓穴。殯不用棺而用機。鄭玄《注》："機,輿尸之床也。以繩緪其中央,又以繩從兩旁鉤之。禮以機舉尸,輿之以就圜而斂葬焉。"《禮記·曾子問》：下殤,土周葬于園,遂輿～而往,塗邇故也。(1401 上) ❷弩牙。弓上發箭的裝置。鄭玄《注》："機,弩牙也。"《禮記·緇衣》：若虞機張,往省括于厥度則釋。(1649 下)

檡 zhái 見下。

【檡棘】木名。木理細密堅靭,可以爲決(射箭時套在大拇指上的扳指)。鄭玄《注》："王棘與檡棘,善理堅刃者,皆可以爲決極,猶放弦也。"《儀禮·士喪禮》：決,用正王棘,若～。(1131 上)

櫛 (栉) zhì 梳、篦等梳髮工具的統稱。木製的曰梳櫛,象牙製的曰象櫛。《儀禮·士冠禮》：贊者奠纚、笄、～于筵南端。(0952 下)《禮記·曲禮上》：男女不雜坐,不同椸枷,不同巾～,不親授。(1240 下)

【櫛笄】用製作櫛的木料(櫸木、榛木)製成的笄。女子服喪時所用。鄭玄《注》："櫛笄者,以櫛之木爲笄,或曰榛笄。"《儀禮·喪服》：惡笄者,～也。(1124 下)

檀 tán 見下。

【檀弓下第四】《禮記》第四篇篇名。參見"檀弓上第三"。(1298 下)

【檀弓上第三】《禮記》第三篇篇名。因首句有"檀弓免焉",故取以爲名。孔穎達《疏》引鄭玄《三禮目錄》云："名曰《檀弓》者,以其記人善於禮,故著姓名以顯之。……此於《別錄》屬通論。"篇中所記人物最晚的爲魯穆公(前 407 至前 375 年在位),可見其作不會早於戰國中期。任銘善以爲"此篇蓋當爲漢儒輯七十子之門人所嘗記聞者,又頗采逸禮經記之文"。篇中多記載傳聞失實或不合義理之事,後世學者多有譏評。孫希旦説："其中多傳聞失實之言,亦不可不知。"清人邵泰衢特撰《檀弓疑問》一書,專揭其失。然篇中所記有關喪事的大量失禮、疑禮事例,可爲春秋戰國時的"禮崩樂壞"提供許多佐證。《注疏》本因其篇幅較大,將其分爲上、下兩篇。(1273 下)

檍 yì 木名。可用作製弓幹的材料。《周禮·冬官考工記·弓人》：凡取幹之道七,柘爲上,～次之,檿桑次之,橘次之,木瓜次之,荆次之,竹爲下。(0934 下)

檪 tuò 用同"柝"。巡夜打更用的木梆。鄭玄《注》："擊檪,兩木相敲,行夜時也。"《周禮·夏官·挈壺氏》：

凡軍事，縣壺以序聚～。(0844 下)

檿 yǎn 見下。

【檿桑】木名。亦稱山桑。木堅勁，多用製作弓幹及車轅。鄭玄《注》："檿桑，山桑。"《周禮·冬官考工記·弓人》：凡取幹之道七，柘爲上，檍次之，～次之，橘次之，木瓜次之，荆次之，竹爲下。(0934 下)

櫝 (椟) dú

櫃，函類木匣。用以藏物。《儀禮·聘禮》：賈人西面坐啓～，取圭，垂繅，不起而授宰。(1047 中)《禮記·少儀》：劍則啓～，蓋襲之。(1514 中)

櫜 gāo

收藏鎧甲的袋子。鄭玄《注》："櫜，甲衣。"《禮記·檀弓下》：軍有憂，則素服哭於庫門之外，赴車不載～韔。(1313 中)

【櫜韔(chàng)】甲衣與弓衣。鄭玄《注》："櫜，甲衣。韔，弓衣。"《禮記·檀弓下》：軍有憂，則素服哭於庫門之外，赴車不載～。(1313 中)

櫓 (橹) lǔ

兵器。大盾。鄭玄《注》："干，櫓，小楯，大楯也。"《禮記·儒行》：儒有忠信以爲甲胄，禮義以爲干～。(1669 下)

欄 (栏) liàn

木名。即楝。楝葉、楝實均可漂白去污。鄭玄《注》："以欄木之灰漸釋其帛也。"《周禮·冬官考工記·㡛氏》：涷帛，以～爲灰，渥淳其帛，實諸澤器，淫之以蜃。(0919 中)

權 (权) quán

❶秤錘。《月令》鄭玄《注》："稱錘曰權。"《玉人》鄭玄《注》引鄭司農云："以爲稱錘以起量。"《周禮·冬官考工記·玉人》：駔琮五寸，宗后以爲～。(0923 中)《禮記·月令》：日夜分，則同度、量，鈞衡、石，角斗、甬，正～、概。(1362 上)❷秤。鄭玄《注》："權，稱也。"《禮記·大傳》：立～度量，考文章，改正朔，易服色。(1506 下)❸權變之法。爲服喪四原則之一。鄭玄《注》："或有事故，不能備禮，則變而行權。是皆變而從宜，取人情也。"《禮記·喪服四制》：有恩，有理，有節，有～，取之人情也。(1694 下)

【權概】秤錘和平斗斛的刮板。鄭玄《注》："稱錘曰權；概，平斗斛者。"《禮記·月令》：日夜分，則同度、量，鈞衡、石，角斗、甬，正～。(1362 上)

【權衡】秤錘和秤桿。用以稱量物體重量的器具。《禮記·月令》：日夜分，則同度、量，平～，正鈞、石，角斗、甬。(1374 下)

欒 (栾) luán

樂器鍾口的兩角。鄭玄《注》："銑，鍾口兩角。"賈公彥《疏》："古之樂器應律之鍾，狀如今之鈴，不圜，故有兩角也。"《周禮·冬官考工記·鳧氏》：兩～謂之銑，銑間謂之于，于上謂之鼓，鼓上謂之鉦，鉦上謂之舞，舞上謂之甬，甬上謂之衡。(0916 上)

欘 zhú

角度單位名。據清陳澧《東塾讀書記·周禮》，一欘合今67°30′。孫詒讓《正義》："案：此矩即《輿人》'方者中矩'之矩。鄭誤以欘等立爲長短之度，故別訓矩爲法，非經義也。……程瑤田云：'由宣而倨焉，益以半宣，則四分矩之三而爲一宣有半矣，是謂之欘。'"《周禮·冬官考工記·車人》：半矩謂之宣，一宣有半謂之～，一～有半之柯，一柯有半謂之磬折。(0933 下)

支 部

支 zhī 見下。

【支子】古代宗法制度將嫡妻次子以下及妾子均稱支子。嫡長子及繼承祖先嫡系之子爲宗子。《喪服》胡培翬《正義》：“支子，適妻次子以下及妾子也。”《曲禮下》孔穎達《疏》：“支子，庶子也。”《儀禮·喪服》：何如而可以爲人後？～可也。(1101 上)《禮記·曲禮下》：～不祭，祭必告于宗子。(1269 上)

【支子不祭】支子不主持祭祀宗廟。孔穎達《疏》：“祖禰廟在適子之家，而庶子賤，不敢輒祭之也。”《禮記·曲禮下》：～，祭必告于宗子。(1269 上)

犬（犭）部

犬 quǎn 狗。六畜之一。《周禮·地官·橐人》：掌豢祭祀之～。(0750 中)《禮記·王制》：諸侯無故不殺牛，大夫無故不殺羊，士無故不殺～，豕。(1337 上)

【犬人】職官名。掌管供犬牲。爵下士。《周禮·秋官·犬人》：～，掌犬牲。(0882 中)

【犬服】白狗皮做成的裝兵器的套子。鄭玄《注》：“笭閒兵服，以犬皮爲之，取堅也，亦白。”《儀禮·既夕禮》：御以蒲蔽，～，木錧，約綏，約轡，木鑣。(1162 上)

【犬襀】白犬皮製成的車笭上的覆蓋物。周天子喪車所用。鄭玄《注》：“鄭司農云：‘……犬襀，以犬皮爲覆笭。’玄謂……犬，白犬皮。”《周禮·春官·巾車》：王之喪車五乘：木車，蒲蔽，～，尾櫜，疏飾，小服皆疏。(0824 中)

【犬羹】狗肉羹。《禮記·內則》：析稌、～、兔羹，和糝，不蓼。(1464 上)

【犬宜粱】吃狗肉宜配粱米。古人注重養生，認爲肉食當配以與之相適應的穀物。狗肉性溫，故配以微寒之粱米。《內則》鄭玄《注》：“言其氣味相成。"《食醫》賈公彥《疏》："犬味酸而溫,粱米味甘而微寒,亦是氣味相成。"《周禮·天官·食醫》：凡會膳食之宜,牛宜稌,羊宜黍,豕宜稷,～,鴈宜麥,魚宜菰。(0667 上)《禮記·內則》：牛宜稌,羊宜黍,豕宜稷,～,鴈宜麥,魚宜菰。(1464 上)

【犬羊之裘不裼】狗皮襖、羊皮襖不用加外衣。以其庶人所穿,質地粗略,無須文飾。鄭玄《注》："質略,亦庶人無文飾。"孫希旦《集解》："犬羊之裘,庶人所服也。不裼者,賤而略之也。"《禮記·玉藻》：～。(1479 下)

【犬馬不上於堂】依禮,所送的犬馬不得牽上堂。以其爲禮而賤。孔穎達《疏》："賓主相見之禮也。犬馬將爲禮而賤,不牽上堂也。"《禮記·曲禮上》：～。(1252 下)

【犬赤股而躁,臊】狗大腿無毛且舉動躁疾,其肉一定腥臊。爲古人生活經驗之總結。賈公彥《疏》："股裏無毛謂之赤股,……而走又躁疾。犬有如此者,其肉必臊。"《周禮·天官·內饔》：～。(0662 上)

犯 fàn 見下。

【犯軷(bá)】出行前祭祀路神的儀節。其祭封土爲壇,伏牲其上,立神主,祭後以車轢過牲體而行。喻路無險難。鄭玄《注》："行山曰軷。犯之者,封土爲山象,以菩芻棘柏爲神主,既祭之以車轢之而去,喻無險難也。"《周禮·夏官·大馭》：及～,王自左馭,馭下祝,登,受轡,～,遂驅。(0857 下)

【犯邦令】觸犯王教令之罪。爲士師所掌依法對士判罪決事的八種成例(八成)之一。鄭玄《注》："干冒王教令者。"《周禮·秋官·士師》：掌士之八成:一曰邦汋,二曰邦賊,三曰邦諜,四者～,五曰撟邦令,六曰爲邦盜,七曰爲邦朋,八曰爲邦誣。(0875 上)

狂 kuáng 見下。

【狂夫】驅疫及墓葬時驅鬼之人。孫詒讓《正義》："狂夫無爵,蓋與虎賁氏虎士同。《左·閔》二年傳'狂夫阻之',孔疏引服虔云:'方相之士,蒙玄衣朱裳,主索室中敺疫,號之爲狂夫。'《國語·晉語》韋注說同。"《周禮·夏官·敘官》：方相氏～四人。(0831 下)

狄 dí

❶泛稱北方少數民族。《周禮·秋官·象胥》：掌蠻、夷、閩、貉、戎、～之國使。(0899 下)《禮記·王制》：北方曰～,衣羽毛穴居,有不粒食者矣。(1338 中)❷用同"翟"。山雉之長尾羽。爲文舞之舞具。孔穎達《疏》："狄,羽也。"《禮記·樂記》：然後鍾、磬、竽、瑟以和之,干、戚、旄、～以舞之。(1541 上)❸即揄狄。王后及諸侯夫人之祭服。上彩畫雉形爲飾。參見"揄狄"。《禮記·雜記上》：夫人稅衣,揄狄,～,稅素沙。(1551 下)

【狄人】職官名。掌樂的下級官吏。鄭玄《注》："狄人,樂吏之賤者。"《禮記·喪大記》：復,有林麓則虞人設階,無林麓則～設階。(1572 上)

【狄鞮(dī)】能夠通譯西方民族語言的官吏。孔穎達《疏》："鞮,知也。謂通傳夷狄之語,與中國相知。"孫希旦《集解》："愚謂此四者,《周禮》總謂之

'象胥',故鄭氏以此爲俗間之名。"《禮記·王制》:五方之民,言語不通,嗜欲不同,達其志,通其欲,東方曰寄,南方曰象,西方曰~,北方曰譯。(1338 中)

狐 hú 指狐的骨汁或骨灰,可作肥料。鄭玄《注》:"凡所以糞種者,皆謂蓑取汁也。"《周禮·地官·草人》:凡糞種,騂剛用牛,赤緹用羊,墳壤用麋,渴澤用鹿,鹹潟用貆,勃壤用~。(0746 中)

【狐白】用狐腋下白毛做的皮襖。大夫以上所服。鄭玄《注》:"狐之白者少,以少爲貴也。"《禮記·玉藻》:士不衣~。(1479 下)

【狐裘】狐皮裘衣。《禮記·玉藻》:~,黃衣以裼之。(1479 下)

【狐去首】食狐時要去掉頭部。首爲狐身上不可食之部位。爲古人生活經驗之總結。鄭玄《注》:"皆爲不利人也。"《禮記·內則》:狼去腸,狗去腎,狸去正脊,兔去尻,~,豚去腦,魚去乙,鼈去醜。(1466 下)

【狐白裘】用狐腋下白毛做的皮襖。大夫以上所服。鄭玄《注》:"君衣狐白毛之裘。"《禮記·玉藻》:君衣~,錦衣以裼之。(1479 下)

【狐青裘】用青色狐皮做的皮襖。大夫、士所服。孔穎達《疏》:"君子,謂大夫、士也,以此狐青爲裘。……此狐青又是畿外諸侯朝服之裘。"《禮記·玉藻》:君子~,豹褎,玄綃衣以裼之。(1479 下)

【狐死正丘首】狐狸死時頭必正對巢穴之山丘。陳澔《集說》:"狐雖微獸,丘其所窟藏之地,是亦生而樂於此矣。故及死而猶正其首以向丘,不忘其本也。"孔穎達《疏》:"丘是狐窟穴根本之處,雖狼狽而死,意猶嚮此丘,是有仁恩之心也。"後爲成語"狐死首丘",喻不忘本或對故鄉的思念。《禮記·檀弓上》:古之人有言曰:"~。"仁也。(1281 上)

狗 gǒu 犬。六畜之一。《周禮·夏官·職方氏》:其畜宜雞~,其穀宜稻麥。(0862 下)《儀禮·鄉射禮》:其牲,~也,亨于堂東北。(1009 中)《禮記·曲禮上》:尊客之前不叱~。(1240 上)

【狗去腎】食狗時要去掉腎。腎爲狗身上不可食之部位。爲古人生活經驗之總結。鄭玄《注》:"皆爲不利人也。"《禮記·內則》:狼去腸,~,狸去正脊,兔去尻,狐去首,豚去腦,魚去乙,鼈去醜。(1466 下)

【狗赤股而躁,臊】狗大腿無毛且舉動躁疾,其肉一定腥臊。爲古人生活經驗之總結。孔穎達《疏》:"赤股,股裏無毛。躁,謂舉動急躁。狗若如此,其肉臊惡。"《禮記·內則》:~。(1466 下)

狩 shòu 冬獵。鄭玄《注》:"春獵爲蒐,冬獵爲狩。"《禮記·祭義》:五十不爲甸徒,頒禽隆諸長者,而弟達乎蒐~矣。(1600 上)

【狩田】冬天圍獵。鄭玄《注》:"冬田爲狩。"《周禮·夏官·大司馬》:遂以~,以旌爲左右和之門。(0838 下)

狸 lí 見下。

【狸去正脊】食狸貓時要去掉正脊。正脊爲狸身上不可食之部位。爲古人生活經驗之總結。鄭玄《注》："皆爲不利人也。"《禮記·內則》：狼去腸，狗去腎，～，兔去尻，狐去首，豚去腦，魚去乙，鱉去醜。(1466下)

狼 láng 見下。

【狼裘】狼皮做的衣服。爲國君左衛士之服。鄭玄《注》："衛尊者宜武猛。"《禮記·玉藻》：君之右虎裘，厥左～。(1479下)

【狼去腸】食狼時要去掉腸。腸爲狼身上不可食之部位。爲古人生活經驗之總結。鄭玄《注》："皆爲不利人也。"《禮記·內則》：～，狗去腎，狸去正脊，兔去尻，狐去首，豚去腦，魚去乙，鱉去醜。(1466下)

獀 sōu 用同"蒐"。春獵。《禮記·祭義》：孝弟發諸朝廷，行乎道路，至乎州巷，放乎～狩，脩乎軍旅。(1600上)

【獀狩】春獵爲獀（蒐），冬獵爲狩。泛指打獵。鄭玄《注》："春獵爲獀，冬獵爲狩。"《禮記·祭義》：古之道，五十不爲甸徒，頒禽隆諸長者，而弟達乎～矣。(1600上)

猶 (犹) yóu 見下。

【猶子】如同自己的兒子。喪服之制，爲自己的兒子服期喪，也爲兄弟的兒子服期喪，侄子同如己子。後稱侄子爲猶子。孫希旦《集解》："猶子，謂與己子同也。兄弟一體，服其子同於己子。"《禮記·檀弓上》：喪服，兄弟之子～也，蓋引而進之也。(1289中)

獄 (狱) yù 訟案。《周禮·秋官·鄉士》：司寇聽之，斷其～，

弊其訟于朝。(0877上)《禮記·經解》：鄉飲酒之禮廢，則長幼之序失，而爭鬬之～繁矣。(1610下)

【獄成】訟案的判決結果。孔穎達《疏》："吏以成辭告於正也。"《禮記·王制》：成獄辭，史以～告於正，正聽之。(1343下)

【獄訟】訴訟案件。以罪行指控者曰獄，以財貨指控者曰訟。統言則獄訟不別。《大司徒》鄭玄《注》："爭罪曰獄，爭財曰訟。"賈公彥《疏》："獄訟相對，故獄爲爭罪，訟爲爭財。若獄訟不相對，則爭財亦爲獄。"一說，孫詒讓《正義》："然經凡獄訟對文者，獄大而訟小也。鄭謂以爭罪爭財爲異，似非經義。獄訟散文亦通。"《周禮·地官·大司徒》：凡萬民之不服教而有～者，與有地治者聽有斷之。(0708上)《禮記·王制》：司寇正刑明辟，以聽～，必三刺。(1343下)

【獄辭】判決之辭。孔穎達《疏》："成獄辭者，謂獄吏初責覈罪人之辭已成定也。"《禮記·王制》：成～，史以獄成告於正，正聽之。(1343下)

獲 (获) huò ❶唱獲者。即行射禮時負責報靶的人員。《鄉射禮》鄭玄《注》："射獲，謂矢中人也。"賈公彥《疏》："人謂獲者。"《射人》賈公彥《疏》："言容者，據唱獲者容身於其中。"《周禮·夏官·射人》：王以六耦射三侯，三～三容。(0845上)《儀禮·鄉射禮》：無射～，無獵～。(1000下) ❷唱獲。射者射中，報靶者舉旌宣告射中。《服不氏》鄭玄《注》："待射者中，舉旌以獲。"《周禮·夏官·服不氏》：賓客之事則抗皮，射則贊張侯，以旌居乏而待～。

(0846 中)《儀禮·鄉射禮》：君國中射，則皮樹中，以翿旌～，白羽與朱羽糅；於郊，則閭中，以旌～。(1012 中) ❸指射禮中射中鵠的。鄭玄《注》："射者中則大言獲。獲，得也。射講武田之類，是以中爲獲也。"賈公彥《疏》："射著禽獸爲獲，……射著正鵠亦曰獲。"《儀禮·鄉射禮》：獲者坐而～，舉旌以宮，偃旌以商。(1000 下) ❹射箭時用來計算射中數目的籌碼。亦稱筭或籌。長或尺四寸，或尺二寸。鄭玄《注》："賢獲，勝黨之筭也。"賈公彥《疏》："以筭爲獲，以其唱獲則釋筭，故名筭爲獲。"《儀禮·鄉射禮》：釋～者遂進，取賢～，執以升。(1003 上)

【獲者】唱獲者。即今報靶之人。行射禮時，揚旌唱獲。若射中，則獲者舉旌以唱。舉旌時聲高，偃旌時聲低。《儀禮·大射》：～坐而獲，舉旌以宮，偃旌以商。(1035 下)

【獲旌】唱獲者所持之旌。行射禮時，射中則舉之。鄭玄《注》："獲旌，獲者所持旌。"《周禮·春官·司常》：凡射，共～。(0827 中)

獨 （独）dú 無子孫的老人。鰥、寡、孤、獨這四種人，爲天下民衆中窮困而無處求告者，是朝廷救濟的對象。《周禮·秋官·大司寇》：凡遠近惸～老幼之欲有復於上而其長弗達者，立於肺石。(0871 上)《禮記·王制》：少而無父者謂之孤，老而無子者謂之～，老而無妻者謂之矜，老而無夫者謂之寡。(1342 上)

獮 （狝）xiǎn 秋季打獵。以田獵的形式演習作戰。鄭玄《注》："秋田爲獮，始習兵戒不虞也。"《周禮·春官·肆師》：～之日，涖卜來歲之戒。(0770 上)

【獮田】秋季打獵。鄭玄《注》："秋田爲獮。"《周禮·夏官·大司馬》：遂以～，如蒐田之灋，羅弊，致禽以祀祊。(0837 下)

獸 （兽）shòu ❶泛指四足有毛之哺乳動物。包括家養的與野生的。《周禮·天官·獸醫》：掌療病，療～瘍。(0668 中)《儀禮·喪服》：禽～知母而不知父。(1106 上)《禮記·郊特牲》：大羅氏，天子之掌鳥～者也。(1454 中) ❷野獸。與畜、牲區別而言之。《周禮·天官·庖人》：掌共六畜、六～、六禽，辨其名物。(0661 上)《禮記·月令》：是月也，驅～毋害五穀，毋大田獵。(1365 中)

【獸人】職官名。掌管捕捉野獸及獵獸之政令。爵中士、下士。《周禮·天官·獸人》：～，掌罟田獸，辨其名物。(0663 中)

【獸工】攻皮之工。爲天子六工之一。鄭玄《注》："此亦殷時制也，周則皆屬司空。……獸工，函、鮑、韗、韋、裘也。"《禮記·曲禮下》：天子之六工曰：土工、金工、石工、木工、～、草工。(1261 中)

【獸侯】畫有獸形的箭靶。鄭玄《注》："獸侯，畫獸之侯也。《鄉射記》曰：

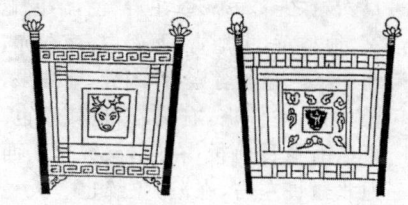

獸侯（麋首）　　獸侯（熊首）

'凡侯，天子熊侯，白質；諸侯麋侯，赤質；大夫布侯，畫以虎、豹；士布侯，畫以鹿、豕。凡畫者，丹質。'是獸侯之差也。"《周禮·冬官考工記·梓人》：張～，則王以息燕。（0926 中）

獸侯(虎豹首)

【獸禁】囿中游觀之處所設的藩籬。防止野獸逃逸及外人私入。鄭玄《注》："禁者，其蕃衞也。"《周禮·地官·囿人》：掌囿游之～，牧百獸。（0749 上）

【獸醫】職官名。掌管治療動物的疾病、瘍瘡。爵下士。《周禮·天官·獸醫》：～，掌療獸病，療獸瘍。（0668 中）

【獸用梅】獸肉用梅調和。古人注重養生，認為肉食應當配以與之相適應的調料。鄭玄《注》："亦野味，自相和。"《禮記·內則》：三牲用藙，和用醯。～。（1466 下）

獿 náo 用同"猱"。獼猴。鄭玄《注》："獿，獼猴也。"《禮記·樂記》：～雜子女，不知父子。（1540 中）

獵 （猎）liè 見下。

【獵屬】龜後甲長而甲裙邊為赤者。為六龜之一。鄭玄《注》："色，謂天龜玄，地龜黃，東龜青，西龜白，南龜赤，北龜黑。龜俯者靈，仰者繹，前弇果，後弇獵，左倪靁，右倪若，是其體也。東龜南龜長前後，在陽，象經也。西龜北龜長左右，在陰，象緯也。天龜俯，地龜仰，東龜前，南龜卻，西龜左，北龜右，各從其耦也。"《周禮·春官·龜人》：天龜曰靈屬，地龜曰繹屬，東龜曰果屬，西龜曰靁屬，南龜曰～，北龜曰若屬，各以其方之色與其體辨之。（0804 下）

獺 （獭）tǎ 見下。

【獺祭魚】（每年十月）水獺捕魚陳列水邊以待食，如陳物而祭。古人認為此徵候表明河裏魚正多，故虞人此時方可入澤捕魚。表現出了古人的生存智慧。鄭玄《注》："取物必順時候也。"孫希旦《集解》："《孝經緯》云'獺蟄伏，獺祭魚'，則十月中也。是獺一歲再祭魚。此獺祭魚，然後虞人入澤梁，謂十月時。"《禮記·王制》：～，然後虞人入澤梁。豺祭獸，然後田獵。（1333 中）

獻 （献）㈠ xiàn ❶進奉，奉送。可以指下對上進奉，也可以指奉送東西於尊者及尊敬的人。《玉府》鄭玄《注》："謂百工為王所作，可以獻遺諸侯。古者致物於人，尊之則曰獻，通行曰饋。"《周禮·天官·玉府》：凡王之～金玉、兵器、文織、良貨賄之物，受而藏之。（0678 下）《儀禮·士喪禮》：～于殯門外，西面，北上，綪。（1143 中）《禮記·曲禮上》：～車馬者執策綏。～甲者執冑。～杖者執末。（1244 上）❷進酒。宗廟祭祀則進酒於尸，饗燕則進酒於賓客。《鄉射禮》鄭玄《注》："進酒於賓也。"《周禮·冬官考工記·梓人》：～以爵而酬以觚，一～而三酬，則一豆矣。（0925 下）《儀禮·鄉射禮》：主人坐取爵，實之，賓席之前西北面～賓。（0994 中）《禮記·鄉飲酒義》：

工入,升歌三終,主人~之。笙入三終,主人~之。(1684 上)❸獻祭。一獻祭羣小祀,三獻祭社稷五祀,五獻祭四望山川,七獻祭先王,九獻祭天地。鄭玄《注》:"謂祭羣小祀也。謂祭社稷五祀。謂祭四望山川也。謂祭先公。"孔穎達《疏》:"一獻質者,謂祭羣小祀,最卑,但一獻而已,其禮質略。"《禮記·禮器》:一~質,三~文,五~察,七~神。(1442 上)

【獻主】指酒席上代王爲主人以獻賓者。天子、諸侯宴飲羣臣、賓客,因爲尊卑不敵,故君王使人代己獻酒,此人即稱獻主。獻主多由宰夫、膳夫爲之。《膳夫》鄭玄《注》引鄭司農云:"主人當獻賓,則膳夫代王爲主。君不敵臣也。"《少儀》孔穎達《疏》:"獻主,主人也。謂爲飲酒主人法也。凡飲酒,主人自獻賓,若尊卑不敵,則使宰夫爲主人以獻賓,故爲獻主也。"《周禮·天官·膳夫》:王燕飲酒,則爲~。(0660 下)《禮記·少儀》:凡飲酒,爲~者,執燭抱燋,客作而辭,然後以授人。(1516 上)

【獻酬】宴飲中主、客互相敬酒。孔穎達《疏》:"酌酒獻賓,賓酢主人,主人又酌而自飲以酬賓,是辭讓之節其數繁多也。"《禮記·鄉飲酒義》:三揖至于階,三讓以賓升,拜至,~,辭讓之節繁。(1683 下)

【獻繭】三月末世婦向后夫人行獻繭禮。鄭玄《注》:"蠶,歲之大功,事畢於此也。……禮奉繭之世婦。"《禮記·祭義》:歲既單矣,世婦卒蠶,奉繭以示于君,遂~于夫人。夫人曰:"此所以爲君服與!"遂副褘而受之,因少牢以禮之。古之~者,其率用此

與?(1598 上)

㊀ suō 摩挲,搓揉。一種濾酒法。《郊特牲》鄭玄《注》:"獻讀當爲莎,齊語聲之誤也。秬鬯者,中有賣鬱,和以盎齊,摩莎泲之,出其香汁,因謂之汁莎。"《周禮·春官·司尊彝》:鬱齊~酌,醴齊縮酌。(0774 中)《禮記·郊特牲》:醆酒涗于清,汁~涗于醆酒。(1457 下)

【獻₂豆】周代稀疏刻紋之豆。孔穎達《疏》:"獻音娑。娑是希疏之義,故爲疏刻之。"孫希旦《集解》:"蓋殷之豆飾以玉而不雕,周飾以玉而又雕刻其柄,故別名獻豆。"《禮記·明堂位》:夏后氏以楬豆,殷玉豆,周~。(1491 下)

【獻₂酌】搓揉鬱金香草,和入秬鬯,過濾以待酌。鄭玄《注》:"獻讀爲摩莎之莎,齊語聲之誤也。賣鬱和相鬯,以醆酒摩莎泲之,出其香汁也。"《周禮·春官·司尊彝》:凡六尊、六彝之酌,鬱齊~,醴齊縮酌。(0774 中)

【獻₂酒】濁酒。鄭玄《注》:"獻讀爲沙。沙酒濁,特泲之,必摩沙者也。兩壺皆沙酒。"《儀禮·大射》:又尊于大侯之乏東北,兩壺~。(1029 中)

【獻₂尊】即犧尊。盛酒之禮器。牛形,飾以翡翠。鄭玄《注》引鄭司農云:"獻,讀爲犧。犧尊飾以翡翠。"《周禮·春官·司尊彝》:其朝踐用兩~,其再獻用兩象尊,皆有罍,諸臣之所昨也。(0773 上)

獻尊

歹　部

死 sǐ 對庶人、小人死亡之稱。《曲禮下》孔穎達《疏》："庶人極賤,生無令譽,死絕餘芳,精氣一去,身名俱盡,故曰死。"《檀弓上》孔穎達《疏》："若小人之死,但謂之爲死,無功名可錄,但形骸漸盡也。"《禮記·曲禮下》:天子死曰崩,諸侯曰薨,大夫曰卒,士曰不禄,庶人曰～。(1269中)《禮記·檀弓上》:君子曰終,小人曰～。(1281下)

【死刑】剝奪犯人生命的刑罰。爲五刑中最重者。賈公彥《疏》："死與四刑輕重不同。"《周禮·秋官·鄉士》:聽其獄訟,察其辭,辯其獄訟,異其～之罪而要之,旬而職聽于朝。(0875下)

【死衣】指死前換上的新衣和復衣。鄭玄《注》："病時所加新衣及復衣也,去之以俟沐浴。"《禮記·喪大記》:幠用斂衾,去～。(1575下)

【死牢】爲宴饗而宰殺之牲。即生、熟牲肉。與生牢相對。《聘禮》胡培翬《正義》："死牢,謂飪與腥也。"參見"飪""腥①"。《周禮·秋官·掌客》:饔餼九牢,其～如飧之陳。(0900中)《儀禮·聘禮》:門外,米、禾視～,牢十車。(1063上)

【死事】❶爲國事而死者。鄭玄《注》："死事,謂以國事死者。"《禮記·月令》:還反,賞～,恤孤寡。(1381上)

❷喪事。指殯殮等事。孔穎達《疏》："謂正尸於牀及浴、襲之屬也。"《禮記·喪大記》:唯哭先復,復而後行～。(1572中)

【死終】死亡。少者稱死,老者稱終。鄭玄《注》："少者曰死,老者曰終。"《周禮·天官·疾醫》:～,則各書其所以,而入于醫師。(0668上)

【死謚】死後按生平事迹制爲謚號。爲周制。謚有美惡,用以懲惡勸善。孔穎達《疏》："殷以上有生號,仍爲死後之稱,更無別謚,堯舜禹湯之例是也。周則死後別立謚,故摠云周道也。"《禮記·檀弓上》:～,周道也。(1286中)

【死政之老】爲國事而死者之父母。按規定,爲國事而死者的父母及子女由國家撫養。鄭玄《注》："死政之老,死國事者之父母也。"《周禮·地官·司門》:幾出入不物者,正其貨賄,凡財物犯禁者,舉之,以其財養～與其孤。(0739上)

殀 yǎo 見下。

【殀夭】殺死獸仔。儒家認爲未成之物不得摧殺,表現出了古人的生存智慧及樸素的可持續發展思想。鄭玄《注》："殀,斷殺。"孔穎達《疏》："重傷未成物,則四時皆然也。"《禮記·王制》:不麛,不卵,不殺胎,不～,不覆

巢。(1333 中)

殉 xùn 以人或物陪葬。陸德明《釋文》："以人從死曰殉。"《禮記·檀弓下》：死者而用生者之器,不殆於用~乎哉!(1303 上)

【殉葬】以人或物陪葬。《禮記·檀弓下》：陳子車死於衞,其妻與其家大夫謀以~。(1310 上)

殤 (殇) shāng 男女未成年而死者。其中十九至十六歲爲長殤,十五至十二歲爲中殤,十一至八歲爲下殤,八歲以下爲無服之殤。男子行過冠禮、女子行過笄禮而後死,則不爲殤死。《喪服》鄭玄《注》："殤者,男女未冠笄而死可殤者。女子子許嫁不爲殤也。"《媒氏》鄭玄《注》："殤,十九歲以下未嫁而死者。"《周禮·地官·媒氏》：禁遷葬者與嫁~者。(0733 下)《儀禮·喪服》：年十九至十六爲長~,十五至十二爲中~,十一至八歲爲下~,不滿八歲以下皆爲無服之~。(1111 下)《禮記·曾子問》：祭~必厭,蓋弗成也。(1399 下)

殯 (殡) bìn ❶死者入殮後停柩以待葬。天子七日而殯,諸侯五日而殯,大夫、士、庶人三日而殯。夏后氏殯於阼階之上,殷殯於兩楹之間,周殯於西階之上。《說文·歺部》："殯,死在棺,將遷葬柩,賓遇之。"段玉裁注："尸在棺,故從歺；西階賓之,故從賓。"《儀禮·士虞禮》：死三日而~,三月而葬。(1175 中)《禮記·檀弓上》：夏后氏~於東階之上,則猶在阼也。殷人~於兩楹之間,則與賓主夾之也。周人~於西階,則猶賓之也。(1283 下)《禮記·檀弓上》：飯於牖下,小斂於户内,大斂於阼,~於客位,祖於庭,葬於墓,所以即遠也。(1285 中)❷即殯宮。賈公彦《疏》："二燭者,以其發殯宮。"詳見"殯宮"。《儀禮·既禮》：二燭俟于~門外。(1146 下)❸指靈柩。《禮記·曲禮上》：里有~,不巷歌。(1249 中)

【殯服】殯殮期間所著之喪服。鄭玄《注》："此謂君已大斂,殯服謂布深衣,苴絰、散帶垂,殯時主人所服。"《禮記·曾子問》：孔子曰："共~,則子麻弁絰,疏衰,菲、杖。"(1398 上)

【殯宮】停放棺柩的堂室。古人居室有正寢與燕寢之分,燕寢爲平時常居之所,正寢即齋戒或疾病時所居。正寢又曰適寢或適室,殯宮多設於此。《儀禮·既夕禮》：遂適~,皆如啓位。(1157 中)

戈 部

戈 gē 兵器名。青銅鑄造,長柄横刃,用以横擊、鉤殺。戈由援(横出供刺的鋒刃部分)、胡(鉤刃)、内(供綑綁固定的部分)組成。盛行於殷、周,秦以後逐漸消失。《周禮·夏官·司戈盾》：軍旅、會同,授貳車~

盾。(0855 中)《儀禮·士喪禮》：小臣二人執～先，二人後。(1141 上)《禮記·曲禮上》：進～者前其鐏，後其刃。(1244 上)

【戈戟之齊(jì)】指製造戈戟兵器銅與錫合金的配方。即含銅四分之三，含錫四分之一。爲六齊之一。鄭玄《注》："多錫爲下齊，大刃、削殺矢、鑒燧也。少錫爲上齊，鍾鼎、斧斤、戈戟也。"孫詒讓《正義》："錫多則金不純，故爲下齊。多者，謂參分其金，而錫居一以下。"《周禮·冬官考工記·攻金之工》：金有六齊：六分其金而錫居一，謂之鍾鼎之齊。五分其金而錫居一，謂之斧斤之齊。四分其金而錫居一，謂之～。參分其金而錫居一，謂之大刃之齊。五分其金而錫居二，謂之削殺矢之齊。金錫半，謂之鑒燧之齊。(0915 上)

戊 wù 十天干中之第五位。與十二地支相配，用以紀年、月、日、時。《禮記·月令》：中央土，其日～己，其帝黃帝，其神后土。(1371 下)

戎 róng 泛指我國西部少數民族。《周禮·夏官·職方氏》：辨其邦國、都鄙、四夷、八蠻、七閩、九貉、五～、六狄之人民。(0861 下)《禮記·王制》：西方曰～，被髮衣皮，有不粒食者矣。(1338 中)

【戎右】職官名。天子乘戎車出征或田獵時，坐君主之右，保衛天子。爵中大夫。賈公彥《疏》："戎右者，與君同車，在車之右，執戈盾備制非常。"《周禮·夏官·戎右》：～，掌戎車之兵革使。(0857 上)

【戎車】❶即革路。爲天子五路之一。親征時所乘。鄭玄《注》："戎車，革路也。師出王乘以自將。"《周禮·夏官·戎僕》：戎僕，掌馭～。(0858 上)❷兵車。將帥士卒所乘之戰車。鄭玄《注》："凡戎車，衆之兵車也。"《周禮·夏官·戎僕》：掌凡～之儀。(0858 上)

【戎狄】民族名。西方曰戎，北方曰狄。亦泛指少數民族。《周禮·秋官·象胥》：掌蠻、夷、閩、貉、～之國使，掌傳王之言而諭說焉，以和親之。(0899 下)《禮記·王制》：中國、夷、蠻、～，皆有安居。(1338 中)

【戎馬】高八尺，駕戎路之馬。爲六馬中四國馬之一。鄭玄《注》："戎路駕戎馬。"《周禮·夏官·校人》：辨六馬之屬：種馬一物，～一物，齊馬一物，道馬一物，田馬一物，駑馬一物。(0860 上)

【戎路】兵車。爲五戎車之一。天子親征所乘。《車僕》鄭玄《注》："此五者皆兵車，所謂五戎也。戎路，王在軍所乘也。"《周禮·春官·車僕》：掌～之萃，廣車之萃，闕車之萃，苹車之萃，輕車之萃。(0825 下)《禮記·月令》：天子居總章左个，乘～，駕白駱，載白旂。(1373 上)

【戎僕】職官名。掌管駕馭戎車。爵中大夫。《周禮·夏官·戎僕》：～，掌馭戎車。(0858 上)

成 chéng ❶演奏完一章樂曲。《樂師》鄭玄《注》："成，謂所奏一竟。"《樂記》鄭玄《注》："成猶奏也，每奏《武》曲一終爲一成。"《周禮·春官·樂師》：凡樂～，則告備。(0794 上)《儀禮·燕禮》：升歌《鹿鳴》，下管《新宮》，笙入三～。(1025 上)《禮記·樂記》：且夫《武》始而北出，再～

而滅商,三~而南,四~而南國是疆,五~而分,周公左,召公右,六~而復綴以崇。(1542中)❷官府治理政務的成規。《小宰》賈公彥《疏》:"以官府之中有八事皆是舊法成事品式,依時而行之。"孫詒讓《正義》:"八成……謂成事品式著於薄書文券可以案驗者,其目有八。"《周禮·天官·小宰》:以官府之八~經邦治:一曰聽政役以比居,二曰聽師田以簡稽,三曰聽閭里以版圖,四曰聽稱責以傅別,五曰聽禄位以禮命,六曰聽取予以書契,七曰聽賣買以質劑,八曰聽出入以要會。(0654上)《禮記·緇衣》:誰能秉國~? 不自爲正,卒勞百姓。(1650中)❸計要,統計的文簿。《王制》鄭玄《注》:"成,計要也。"《酒正》賈公彥《疏》:"謂酒人用多少,日計所用酒,以此成入於酒正。"《周禮·天官·酒正》:酒正之出,日入其~,月入其要,小宰聽之。(0670中)《禮記·王制》:司會以歲之~,質於天子,冢宰齊戒受質。(1345上)❹調解雙方之爭訟。鄭玄《注》:"成,平也。鄭司農云:'……一説以鄉里之民共和解之。'"孫詒讓《正義》:"平謂斷其是非,使兩得其當,息其爭訟也。"一説,鄭司農云:"謂立證佐成其罪也。"《周禮·地官·調人》:凡過而殺傷人者,以民~之。(0732中)❺據以斷決獄訟的案例。鄭玄《注》引鄭司農云:"八成者,行事有八篇,若今時決事比。"賈公彥《疏》:"此八者,皆是獄官斷事成品式。……凡言成者,皆舊有成事品式,後人依而行之決事,依前比類決之。"《周禮·秋官·士師》:掌士之八~:一曰邦汋,二曰邦賊,三曰邦諜,四者犯邦令,五曰撟邦令,六曰爲邦盜,七曰爲邦朋,八曰爲邦誣。(0875上)❻指審判的結果,判決書。賈公彥《疏》:"成是獄成之事。"《周禮·秋官·方士》:司寇聽其~于朝,群士司刑皆在,各麗其灋,以議獄訟。(0877上)❼層,重。高一尺。鄭玄《注》引鄭司農云:"三成,三重也。"賈公彥《疏》:"重高一尺。"《周禮·秋官·司儀》:將合諸侯,則令爲壇三~。(0896下)❽井田區劃名。指方圓十里之地。《周禮·冬官考工記·匠人》:方十里爲~,~間廣八尺,深八尺,謂之洫。(0931下)

【成人】成年人。凡行過冠禮和笄禮的男女均爲成人。《喪服》鄭玄《注》:"成人,謂年二十已笄禮者也。"《儀禮·喪服》:未嫁者,其~而未嫁者也。(1111中)《禮記·冠義》:已冠而字之,~之道也。(1679下)

【成布】質地較細的布。孔穎達《疏》:"以言三升、四升、五升之布,其縷既麤疏,未爲成布也。六升以下,其縷漸細,與吉布相參,故稱成布也。"《禮記·間傳》:斬衰三升,既虞、卒哭,受以~六升,冠七升。(1661上)

【成名】取名。男女出生三月,父爲之取名。鄭玄《注》引鄭司農云:"成名,謂子生三月,父名之。"《周禮·地官·媒氏》:凡男女自~以上,皆書年月日名焉。(0733上)

【成均】相傳爲五帝時大學名。周仍沿用,爲大學四學之一。《文王世子》鄭玄《注》:"董仲舒曰:五帝名大學曰成均。"《周禮·春官·大司樂》:掌~之法,以治建國之學政,而合國之子

弟焉。(0787中)《禮記·文王世子》：於～，以及取爵於上尊也。(1406中)

【成事】喪祭名。三次虞祭中，第三次虞祭及卒哭之祭叫成事。《禮經釋例·祭例下》："凡始虞之祭，謂之祫事；再虞之祭，謂之虞事；三虞、卒哭之祭謂之成事。"《士虞禮》鄭玄《注》："士則庚日三虞，壬日卒哭，其祝辭異者，亦一言耳。"胡培翬《正義》："三虞曰成事，禮成於三也。卒哭亦曰成事，因於三虞也。"《檀弓下》鄭玄《注》："既虞之後卒哭而祭。"參見"三虞""卒哭"。《儀禮·士虞禮》：三虞，卒哭，他，用剛日，亦如初，曰："哀薦～。"(1174中)《禮記·檀弓下》：卒哭曰～。(1302中)

【成服】喪禮，殯之明日，即死後的第四天，有服者各自穿戴喪服規定的冠、絰、履，叫成服。《士喪禮》鄭玄《注》："既殯之明日，全三日。"賈公彥《疏》："今別言三日成服，則除上三日，更加一日，是四日矣，而言三日者，謂除死日數之爲三日也。"《儀禮·士喪禮》：三日，～。(1141下)《禮記·奔喪》：三日～，拜賓、送賓皆如初。(1654下)

【成拜】完成再拜稽首禮。燕禮，君旅酬衆賓及賜爵於臣，賓與臣均須下堂再拜稽首，升堂後又行再拜稽首禮，謂之成拜。喪禮，喪主對來弔之賓客先稽顙(叩頭至地)而後行禮致謝，叫成拜。《燕義》鄭玄《注》："成拜，復再拜稽首也。"《燕義》孔穎達《疏》："謂賓受君之酬及臣受君賜爵，皆降自西階再拜稽首，以受君恩。又升堂更再拜稽首禮，以成拜也。"《儀禮·燕禮》：公坐取大夫所媵觶，興，以酬賓。賓降，西階下再拜稽首。公命小臣辭，賓升，～。(1018上)《禮記·燕義》：君舉旅於賓，及君所賜爵，皆降，再拜稽首，升～，明臣禮也。(1690下)

【成婦】婦的名分成立。新婚之婦於婚後次日天亮拜見公婆後，方成爲夫家的正式成員，謂之成婦。若公婆已亡，婚後三月祭於禰廟，廟見而後成婦。鄭玄《注》："謂舅姑没者也。必祭成婦義者，婦有供養之禮，猶舅姑存時盥饋特豚於室。"《禮記·曾子問》：三月而廟見，稱來婦也；擇日而祭於禰，～之義也。(1392中)

【成童】指十五至二十歲間的人。鄭玄《注》："成童，十五歲以上。"《禮記·內則》：～，舞《象》，學射御。(1471中)

【成賈】確定價格。鄭玄《注》："物有定價，則買者來也。"《周禮·地官·司市》：以商賈阜貨而行布，以量度～而徵價，以質劑結信而止訟。(0734上)

【成踊】行成踊禮。哭者捶胸頓足。一踊三跳，三踊九跳稱成踊。成踊是凶喪禮中最重的禮，也是最哀慟之禮。《士喪禮》鄭玄《注》："成踊三者三。"賈公彥《疏》："三者三，凡九踊也。"胡培翬《正義》："凶事之拜，以拜稽顙、成踊爲最重。……《檀弓》疏云：'跳躍爲踊，每一踊三跳，三踊九跳是也。'"《儀禮·士喪禮》：主人哭，拜稽顙，～。(1129下)《禮記·奔喪》：於又哭，括髮，袒，～。(1653下)

【成人禮】指冠禮。男子二十行冠禮始爲成人，故加冠禮即爲成人禮。詳見"冠"。《禮記·冠義》：成人之者，

將責～焉也。責～焉者,將責爲人子、爲人弟、爲人臣、爲人少者之禮行焉。(1679下、1680上)

戒 jiè ❶散齋。即舉行大祭祀前十日(一説七日)不御、不樂、不弔。《禮器》鄭玄《注》:"戒,散齊也。"《大史》孫詒讓《正義》:"戒日,即祭前十日,《大宰》云'前期十日,帥執事而卜日,遂戒'是也。宿日在祭前三日。"《周禮·春官·大史》:~及宿之日,與羣執事讀禮書而協事。(0817下)《禮記·禮器》:三月繫,七日~,三日宿,慎之至也。(1439中) ❷戒令,戒律。五戒即誓、誥、禁、糾、憲,以防止百姓犯罪。詳見各條。《周禮·秋官·士師》:以五～先後刑罰,毋使罪麗于民:一曰誓,用之于軍旅;二曰誥,用之于會同;三曰禁,用諸田役;四曰糾,用諸國中;五曰憲,用諸都鄙。(0874下)

【戒射】通告舉行大射。爲大射之儀節。諸侯祭祀前要通過射箭選拔參祭人員,宰先向君請示,君即命宰告知有關人員。鄭玄《注》:"將有祭祀之事,當射,宰告於君,君乃命之。言君有命,政教宜由尊者。"賈公彦《疏》:"宰先告君,君之使戒,乃戒,即云戒百官是也。……其經云戒射,此戒亦政教之類,故以政教言之也。"《儀禮·大射》:君有命～。(1027下)

【戒賓】邀請賓客。爲冠禮、鄉飲酒禮、鄉射禮中之儀節,即在正式行禮前三天,主人通知其僚友於某日來參加禮儀。鄭玄《注》:"戒,警也,告也。賓,主人之僚友。古者有吉事,則樂與賢者歡成之;有凶事,則欲與賢者哀戚之。今將冠子,故就告僚友使

來。"賈公彦《疏》:"論主人筮日,訖三日之前廣戒僚友使來觀禮之事也。云主人戒賓者,謂主人親至賓大門外之西,東面,賓出大門外之東,西面,戒之。"《儀禮·士冠禮》:主人～,賓禮辭,許。(0947上)

咸 ㊀ xián 用同"函"。匣,盒子。鄭玄《注》:"咸,讀爲函。"《周禮·秋官·伊耆氏》:掌國之大祭祀,共其杖～。(0889下)

【咸池】堯之樂舞,亦名《大咸》。相傳原爲黄帝之樂舞,而堯修之。周天子用以祭地神。爲黃帝、堯、舜、夏禹、商湯、周六代大舞之一。《樂記》鄭玄《注》:"黄帝所作樂名也,堯增脩而用之。咸,皆也,池之言施也,言德之無不施也。《周禮》曰《大咸》。"《周禮·春官·大司樂》:孫竹之管,空桑之琴瑟,《～》之舞,夏日至,於澤中之方丘奏之。(0790上)《禮記·樂記》:《大章》,章之也。《～》,備矣。《韶》,繼也。(1534上)

【咸陟】蓋周人所作占夢之書。爲《三夢》之一。鄭玄《注》:"夢者,人精神所寤可占者。……周人作焉。"《周禮·春官·大卜》:掌《三夢》之灋:一曰《致夢》,二曰《觭夢》,三曰《～》。(0803上)

㊁ jiān 用同"緘"。束棺的繩索。鄭玄《注》:"咸,讀爲緘。……今齊人謂棺束爲緘繩。"《禮記·喪大記》:君封以衡,大夫、士以～。(1585上)

威 wēi 見下。

【威儀】指《儀禮》中所記載的典禮的儀節及接人待物的禮儀。孔穎達《疏》:"威儀三千者,即《儀禮》行事之

威儀。《儀禮》雖十七篇,其中事有三千。"《禮記·中庸》:優優大哉!禮儀三百,～三千,待其人然後行。(1633下)

戚 qī ❶泛指與自己有血緣或婚姻關係的人。孔穎達《疏》:"親指族內,戚言族外。"《禮記·曲禮上》:故州閭鄉黨稱其孝也,兄弟親～稱其慈也。(1233上) ❷古兵器名。形似斧。亦用作樂舞的舞具。鄭玄《注》:"戚,斧也。"《禮記·文王世子》:大樂正學舞干～。(1405中)

戟 jǐ 兵器名。長柄,頂端有直刃,兩旁有橫刃,可直刺或橫擊。《冶氏》鄭玄《注》:"戟,今三鋒戟也。"《曲禮上》孔穎達《疏》:"兩邊皆安橫刃,長六寸,中刃長七寸半,橫刃下接柄處。"《周禮·冬官考工記·冶氏》:～廣寸有半寸,內三之,胡四之,援五之。(0915下)《禮記·曲禮上》:進矛～者前其鐓,後其刃。(1244上)

戲 [戲] xì 見下。

【戲色】嬉笑輕侮的樣子。依禮,"戲色"不合恭敬長厚之道,故戒之。孔穎達《疏》:"不戲弄其顔色。"孫希旦《集解》:"戲色,謂嬉笑侮慢之容。愚謂此四者皆非恭敬長厚之道,故戒之。"《禮記·少儀》:不窺密,不旁狎,不道舊故,不～。(1512下)

戴 dài 棺飾。用紅色帛做成,橫繫於棺柳之上,用來飾棺。以其顔色、數量標誌死者的身份、地位。孔穎達《疏》:"繢戴,謂用繢帛繫棺紐,著柳骨也。……棺橫束有三,亦每一束兩邊輒各屈處為紐,三束有六紐,今穿繢戴於紐,以繫柳骨,故有六戴也。"《禮記·喪大記》:君繢～六,繢披六。(1584上)

【戴勝】鳥名。頭有冠,呈五色,如頭戴五彩冠,故名。按物候,戴勝於季春降落在桑樹上,是時婦女開始女工及蠶事。鄭玄《注》:"戴勝,織紝之鳥,是時恒在桑。"《禮記·月令》:鳴鳩拂其羽,～降于桑。(1363下)

比 部

比 bǐ ❶考核,考校。國家對宮中、諸侯、官員、萬民進行全面核查。三年一次爲"大比"。鄭玄《注》:"比,校次其人之在否。"《周禮·天官・宮正》：以時～宮中之官府、次舍之衆寡。(0657 上) ❷ 周代地方基層組織。五家爲一比。《周禮・地官・大司徒》：令五家爲～，使之相保；五～爲閭，使之相受。(0707 上) ❸ 即比居。登記人口、丁壯的簿籍。孫詒讓《正義》：" 孔廣森云：'比即比居。下圖即版圖。管仲治齊，有户籍、田結，是古圖比之法。'"《周禮・地官・小司徒》：凡民訟，以地～正之；地訟，以圖正之。(0713 中) ❹ 比類之寫作方法。爲《詩》六義之一。鄭玄《注》："比，見今之失，不敢斥言，取比類以言之。"《周禮・春官・大師》：教六詩：曰風，曰賦，曰～，曰興，曰雅，曰頌。(0796 中) ❺ 親近。鄭玄《注》："比猶親也。"《周禮・夏官・訓方氏》：使小國事大國，大國～小國。(0864 下) ❻ 箭括。箭桿末端的凹槽，用以扣弦。鄭玄《注》引鄭司農云："比謂括也。"《周禮・冬官考工記・矢人》：夾其陰陽，以設其～；夾其～，以設其羽。(0924 中) ❼ 成例。鄭玄《注》："已行故事曰比。"孔穎達《疏》："必察按舊法輕重之例以成於事。"《禮記・王制》：衆疑，赦之。必察小大之～以成。(1343 下)

【比投】連續投壺。投壺應依次輪流而投，"比投"不合投壺規則，故雖投入亦不算數。孔穎達《疏》："比，頻也。又賓主投壺法，要更遞而投，不得以前既入喜悦，不待後人投之而己頻投。頻投雖入，亦不爲之釋筭也。"《禮記・投壺》：順投爲人，～不釋，勝飲不勝者。(1665 下)

【比長】職官名。掌管比内五家之治。爵下士。《周禮・地官・比長》：～，各掌其比之治。(0719 下)

【比居】登記人口丁壯的簿籍。爲官府治理政事所使用的八種成規（八成）之一。鄭玄《注》："比居，謂伍籍也。"《周禮・天官・小宰》：以官府之八成經邦治：一曰聽政役以～，二曰聽師田以簡稽，三曰聽閭里以版圖，四曰聽稱責以傅别，五曰聽禄位以禮命，六曰聽取予以書契，七曰聽賣買以質劑，八曰聽出入以要會。(0654 上)

【比要】核查統計人口、財產的簿籍。賈公彦《疏》："要謂其簿。"《周禮・地官・小司徒》：及三年，則大比，大比則受邦國之～。(0711 上)

【比灋】核查統計人口、財產的法令。此爲小比之法，由鄉師、族師四時行之，與小司徒三年大比異。賈公彦《疏》："比法，謂若下經'五人爲伍，五伍爲兩'是也。"孫詒讓《正義》："謂校數户口財物之法，對三年大比爲小比，即鄉師國比、族師邦比之法也。"《周禮・地官・小司徒》：乃頒～于六鄉之大夫，使各登其鄉之衆寡、六畜、車輦。(0710 下)

【比物醜類】連綴同類事物，進行排比歸納。爲古人之學習方法。猶觸類旁通，舉一反三。鄭玄《注》："以事相況而爲之。醜，猶比也。"孔穎達《疏》："謂以同類之事相比方，則事學乃易成。"今爲成語。《禮記・學記》：古之學者，～。(1524 下)

牙 部

牙 ㊀ yà 車輪的外圈。孫詒讓《正義》:"輪牙輞會合眾木聚成大圜形,互相持引而固也。"《周禮‧冬官考工記‧輪人》:~也者,以爲固抱也。(0907 下)

㊁ yá 見下。

【牙₂璋】兵符之一種。亦王使之瑞節。長七寸,形似半圭,一邊有齒,以玉製成。鄭玄《注》:"鄭司農云:'牙璋,瑑以爲牙。牙齒,兵象,故以牙璋發兵,若今時以銅虎符發兵。'玄謂牙璋,亦王使之瑞節。"《周禮‧春官‧典瑞》:~以起軍旅,以治兵守。(0778 上)

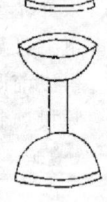
牙璋

瓦 部

瓦 wǎ 陶器。用泥土燒製而成。孔穎達《疏》:"謂瓦器無光澤也。"《禮記‧檀弓上》:是故竹木不成用,~不成味,木不成斲。(1289 下)

【瓦大】太古之酒尊。即大尊,亦稱瓦甒。瓦質,口底小,腹稍大,形似後世之瓶。鄭玄《注》:"瓦大,有虞氏之尊也。"參見"大₂尊"、"瓦甒"。《儀禮‧燕禮》:公尊~兩,有豐。(1015 上)

【瓦兆】占卜書名。爲《三兆》之一。龜甲經灼後所形成如瓦之裂紋,故名之爲《瓦兆》。鄭玄《注》:"兆者,灼龜發於火,其形可占者,其象似玉、瓦、原之釁罅,是用名之焉。……杜子春云:'《玉兆》,帝顓頊之兆;《瓦兆》,帝堯之兆;《原兆》,有周之兆。'"孫詒讓《正義》:"蓋三兆之説,古書無文,故鄭唯著杜説,於此不復辨證也。"《周禮‧春官‧大卜》:掌三兆之瀍:一曰《玉兆》,二曰《~》,三曰《原兆》。(0802 中)

【瓦豆】食器名。即登。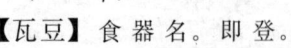
登

瓦質,形似今之高腳盤。《儀禮·少牢饋食禮》:上佐食羞兩~,有醓,亦用~,設於薦豆之北。(1202上)

【瓦屋】以瓦蓋頂的房屋。孫詒讓《正義》:"句六尺,股三尺,弦六尺七寸,為瓦屋也。"《周禮·冬官考工記·匠人》:葺屋參分,~四分。(0933中)

【瓦棺】用泥土燒製的棺材。有虞氏所用。鄭玄《注》:"有虞氏上陶。"《禮記·檀弓上》:有虞氏~,夏后氏堲周,殷人棺槨。(1275下)

【瓦敦(duì)】食器名。盛黍、稷的器物。瓦質,分上下兩半,合在一起呈圓球形,下有四足,器身與蓋上均有耳狀飾物,供手持用。《儀禮·士喪禮》:無簜,有黍、稷,用~,有蓋。(1142中)

【瓦盤】用泥土燒製的盤。用以盛冰、盛水。為士所用。鄭玄《注》:"以瓦為盤,併以盛水耳。"《禮記·喪大記》:士併~,無冰。(1575下)

【瓦甒(wǔ)】太古之酒尊。即大尊,亦稱瓦大。瓦質,口底小,腹稍大,形似後世的瓶。《禮器》鄭玄《注》:"瓦甒,五斗。"孔穎達《疏》:"此瓦甒即《燕禮》'公尊瓦大'也。……按《禮圖》,瓦大受五斗。口徑尺,頸高二寸;徑尺,大中;身銳,下平。瓦甒與瓦大同。"參見"大₂尊"。《儀禮·士喪禮》:東方之饌:兩~,其實醴、酒。(1139中)《禮記·禮器》:五獻之尊,門外缶,門內壺,君尊~。

瓦甒

(1433中)

瓶 fǎng 見下。

【瓶人】搏土製瓦簋的工匠。賈公彥《疏》:"祭宗廟皆用木簋,今此用瓦簋,據祭天地及外神尚質,器用陶匏之類也。"《周禮·冬官考工記·瓶人》:~,為簋。(0924下)

瓶 píng

❶喪禮中用來汲水的瓦器。鄭玄《注》:"瓶以汲水也。"《儀禮·士喪禮》:新盆、槃、~、廢敦、重鬲,皆濯,造於西階下。(1130中)

❷陶製的炊器。鄭玄《注》:"盆、瓶,炊器也。"《禮記·禮器》:夫奧者,老婦之祭也,盛於盆,尊於~。(1435上)

甒 wǔ

即瓦甒。盛酒瓦器。《雜記上》鄭玄《注》:"甒音武,瓦器。"孔穎達《疏》:"甒者盛醴酒。"參見"瓦甒"。《儀禮·少牢饋食禮》:~有玄酒。(1198上)《禮記·雜記上》:甕、~、筲、衡,實見間,而后折入。(1555下)

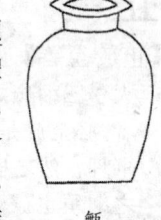

甒

甑 zèng

蒸食炊器。底部有七孔,如今之蒸籠。陶製。《陶人》孫詒讓《正義》:"戴震云:'一穿為鬲,七穿為甑,並上大下小。'……詒讓案:鬲甑皆炊飪之器,……並陶土為之。"《周禮·冬官考工記·陶人》:~,實二鬴,厚半寸,唇寸,七穿。(0924中)《儀禮·少牢饋食禮》:廩人摡~、甑、匕與敦于廩爨。(1197中)

甕 wèng 陶製盛器。斂口大腹。用以盛醯醢。孔穎達《疏》:"甕者盛醯醢.""《禮記·雜記上》:~、甒、筲、衡,實見間,而后折入。(1555下)

甗 yǎn 炊飯之器。陶製。分上下兩層,上層置算,下層如鬲;下容水可煮,上昇氣可蒸。《陶人》鄭玄《注》引鄭司農云:"甗,無底甗."孫詒讓《正義》云:"戴震云:'一穿爲甗,七穿爲甑,並上大下小.'……甗上體如甑,無底,施算其中,容十二斗八升;下體如鬲,以盛水,陞氣於上。……詒讓案:甗甑皆炊飪之器,……並陶土爲之."《周禮·冬官考工記·陶人》:陶人,爲~,實二鬴,厚半寸,脣寸。(0924中)《儀禮·少牢饋食禮》:廩人概甑,~、匕與敦于廩爨。(1197中)

止部

止 zhǐ 見下。

【止於至善】處於最美善的境界。爲大學三綱領之一。朱熹《集注》:"止者,必至於是而不遷之意。至善,則事理當然之極也。……此三者,大學之綱領也."《禮記·大學》:大學之道,在明明德,在親民,在~。(1673上)

正 ㈠ zhèng ❶諸官府各種職務之長。《周禮》宰夫所辨八職之一。《宰夫》鄭玄《注》:"正,辟於治官,則冢宰也."《大射》鄭玄《注》:"正,司馬正也."《周禮·天官·宰夫》:辨其八職:一曰~,掌官灋以治要;二曰師,掌官成以治凡;三曰司,掌官灋以治目;四曰旅,掌官常以治數;五曰府,掌官契以治藏;六曰史,掌官書以贊治;七曰胥,掌官敘以治敘;八曰徒,掌官令以徵令。(0655下)《儀禮·大射》:~坐,左右撫之,進束,反位。(1039下)❷指六官之正卿。鄭玄《注》:"正,謂冢宰、司徒、宗伯、司馬、司寇、司空也。貳,謂小宰、小司徒、小宗伯、小司馬、小司寇、小司空也."《周禮·天官·大宰》:乃施灋于官府,而建其~,立其貳,設其攷,陳其殷,置其輔。(0649中)❸正樂。孫詒讓《正義》:"天子五正者,一金奏,二升歌,三下管,四閒歌,五合樂也。諸侯大射無閒歌、合樂,故止三正。……其大夫士二正,疑當爲閒歌、合樂."一說,鄭玄以正爲靶之中央部分。《周禮·夏官·射人》:王以六耦射三侯,三獲三容,樂以《騶虞》,九節五~。(0845中)❹即卒長,掌管三十國。孔穎達《疏》:"伯、帥、正俱是長,但異其名."《禮記·王制》:十國以爲連,連有帥。三十國以爲卒,卒有~。(1325上)❺掌獄訟之官。大司寇的屬官。鄭玄《注》:"史,司寇吏也。正,於周鄉、師之屬。……《周禮》鄉、師之屬,'辨其獄訟,異其死刑之罪而要之',職聽于朝,司寇聽之'。"《禮記·王制》:成獄辭,史以獄成告於~,~聽之。~以獄成告于大司寇,大司寇聽之棘木之下。(1343下)

【正尸】人君始死,將屍遷至南牆窗下,頭朝南,稱正屍。爲喪禮的儀式。死前則寢於北牆窗下,頭朝東。鄭玄《注》:"正尸者,謂遷尸牖下,南首也。"孫希旦《集解》:"遷尸牖下謂之正尸者,始廢牀時猶東首,至是始卒,始正其南首之法也。"《禮記·喪大記》:既~,子坐于東方。(1572下)

【正內】王后之路寢。王與后各六寢:一路寢,五燕寢。路寢爲正寢。鄭玄《注》:"正內,路寢。"賈公彥《疏》:"謂在后之路寢耳。若王之路寢,不得稱內,以后宮,故以內言之。"《周禮·天官·敘官》:寺人,王之~五人。(0642下)

【正方】指正東面或正西面。爲臣見君之儀節。君以南面之位爲正,臣北面而見君;若君處非南面之位,則臣當取正東或正西之位,不得隨便猜測君之方位而斜向行禮。鄭玄《注》:"君南面,則臣見正北面君。或時不然,當正東面若正西面,不得疑君所處耶。"《儀禮·士相見禮》:若不得,則~,不疑君。(0977上)

【正色】指青、赤、黃、白、黑五種顏色。相對於間色而言。孔穎達《疏》:"皇氏云:'正謂青、赤、黃、白、黑五方正色也。不正謂五方間色也,綠、紅、碧、紫、騮黃是也。'"《禮記·玉藻》:衣~,裳間色。(1477中)

【正室】❶嫡子。側室爲庶子。《小宗伯》鄭玄《注》:"正室,嫡子也。"《周禮·春官·小宗伯》:掌三族之別,以辨親疏,其~皆謂之門子。(0766中)《禮記·文王世子》:~守大廟,諸父守貴宮、貴室,諸子諸孫守下宮、下室。(1408下)❷祖廟。鄭玄《注》:"祔自爲之者,以其祭於祖廟。"孔穎達《疏》:"鄭云'於廟'者,崔氏云:'於廟中爲壇祭之。'此謂攝女君,若不攝,女君之妾則不得爲主,則別爲壇,不在祖廟中,而子自主之也。"《禮記·雜記上》:主妾之喪,則自祔至於練祥,皆使其子主之。其殯、祭不於~。(1554上)

【正脊】❶三分牲牢之脊骨,前脊稱正脊。鄭玄《注》:"脊從前爲正。"胡培翬《正義》:"脊有三,前爲正脊,中爲脡脊,後爲橫脊。"《儀禮·少牢饋食禮》:~一、脡脊一、橫脊一、短脅一、正脅一、代脅一,皆二骨以並。(1197下)❷爲狸身上不可食之部位。食時要去掉。鄭玄《注》:"皆爲不利人也。"孫希旦《集解》:"陸氏佃曰:'狼腸直,狗腎熱,狸脊上一道如界,兔尻有九孔,豕俯聚在腦。'"《禮記·內則》:狼去腸,狗去腎,狸去~,兔去尻,狐去首,豚去腦,魚去乙,鼈去醜。(1466下)

【正脅】牲牢之肋骨中,中脅稱正脅。鄭玄《注》:"脅旁中爲正。"胡培翬《正義》:"脊兩旁之肋謂之脅。脅有三,前爲代脅,中爲正脅,後爲短脅。"《儀禮·少牢饋食禮》:正脊一、脡脊一、橫脊一、短脅一、~一、代脅一,皆二骨以並。(1197下)

【正夢】無所觸動，安然自夢。爲六夢之一。鄭玄《注》：「無所感動，平安自夢。」《周禮·春官·占夢》：一曰～，二曰噩夢，三曰思夢，四曰寤夢，五曰喜夢，六曰懼夢。(0808 上)

【正歌】宴飲時按禮儀規定正式演奏歌唱的全套樂歌。包括升歌三終，笙奏三終，閒歌三終，合樂三終。鄭玄《注》：「正歌者，聲歌及笙各三終，閒歌三終，合樂三終，爲一備。備亦成也。」《儀禮·燕禮》：大師告于樂正，曰：「～備。」(1021 下)

【正爵】賓主行投壺禮，以投中多少分勝負，勝者飲負者之爵，稱正爵。孔穎達《疏》：「正爵，謂勝飲不勝之爵也。以其正禮，故謂爲正爵。」《禮記·投壺》：～既行，請爲勝者立馬。(1665 下)

【正體】指承宗的嫡長子。胡培翬《正義》引雷次宗《儀禮喪服經傳略注》云：「父子一體也，而長嫡獨正，故曰體。」《儀禮·喪服》：父爲長子。《傳》曰：「何以三年也？～於上，又乃將所傳重也。」(1100 下)

【正日景】以土圭測度日影以求得正確的方位。孫詒讓《正義》：「《說文·日部》：『景，光也。』……蓋日光外照爲景，因之物之成陰於日者亦謂之景。……地之方位遠近不同，日景有長短朝夕之異，故必測度而後乃得其正。」《周禮·地官·大司徒》：以土圭之灋測土深，～，以求地中。(0704 上)

【正容體】容貌體態端正。爲冠者成人行禮所應具備的三條件之一。鄭玄《注》：「言人爲禮，以此三者爲始。」孔穎達《疏》：「言欲一世行禮之始，先須正容體，齊顏色，順辭令爲先也，然後可以正君臣，親父子，和長幼。」孫希旦《集解》：「呂氏大臨曰：『容體，動乎四體者也。顏色，發乎面目者也。辭令，見乎言語者也。三者，脩身之要也。必學而後成，必成人而後備。』」《禮記·冠義》：禮義之始，在於～，齊顏色，順辭令。(1679 下)

【正朝夕】正東西。根據日中之影以及北極星正東西之方位。鄭玄《注》：「日中之景，最短者也。極星，謂北辰。」孫詒讓《正義》：「程瑤田云：『朝夕即《大司徒》職所謂景朝景夕也。正朝夕者，正其東西也。必夜考之極星者，極星與地中正南北相直者也。日東立表，北視極星，則在表西；日西立表，北視極星，則在表東，南北不相直者也。』」《周禮·冬官考工記·匠人》：晝參諸日中之景，夜考之極星，以～。(0927 中)

【正歲年】歲指陽曆，地球繞太陽公轉一週，約三百六十五日又四分之一日。年指陰曆，月球繞地球十二週，約三百五十四天。歲、年相差約十一天。古曆以閏月補正陽曆、陰曆之差，制定曆法，謂之正歲年。鄭玄《注》：「中數曰歲，朔數曰年。中朔大小不齊，正之以閏，若今時作曆日矣。」孫詒讓《正義》：「《月令》孔疏云：『中數者，謂十二月中氣一周，揔三百六十五日四分日之一，謂之一歲。朔數者，十二月之朔一周，謂三百五十四日，謂之爲年。』」《周禮·春官·大史》：～以序事，頒之于官府及都鄙，頒告朔于邦國。(0817 中)

【正齒位】按照年齡排定座次。正齒

位之禮行於年終鄉飲酒之時，旨在教民敬老尊長。鄭玄《注》：「正齒位者，《鄉飲酒義》所謂'六十者坐，五十者立侍。六十者三豆，七十者四豆，八十者五豆，九十者六豆'是也。」賈公彥《疏》：「黨正行正齒位之禮在十二月建亥之月爲之。」《周禮·地官·黨正》：國索鬼神而祭祀，則以禮屬民，而飲酒于序以～。(0718 上)

㊁ zhēng ❶用同「征」。賦貢徭役之總稱。鄭玄《注》：「九正謂九賦、九貢。正，稅也。」詳見「九正」。《周禮·天官·司書》：掌邦之六典、八灋、八則、九職、九～、九事、邦中之版、土地之圖。(0682 上) ❷一年的開始。孔穎達《疏》：「正謂年始，朔謂月初。」《禮記·大傳》：立權度量，考文章，改～朔，易服色，殊徽號，異器械，別衣服，此其所得與民變革者也。(1506 下) ❸箭靶的中心。以布爲之，上畫有鳥。常與鵠連用。鄭玄《注》：「畫[布]曰正，棲皮曰鵠。」陸德明《釋文》：「正、鵠皆鳥名也。……大射則張皮侯而棲鵠，賓射張布侯而設正也。」《禮記·中庸》：射有似乎君子，失諸～鵠，反求諸其身。(1627 下)

【正₂月】周曆之正月，即建子之月。爲夏曆之十一月。《大宰》鄭玄《注》：「正月，周之正月。」《周禮·天官·大宰》：～之吉，始和布治于邦國、都鄙。(0648 下)《禮記·雜記下》：～日至，可以有事於上帝。(1567 下)

【正₂朔】正，一年的開始；朔，一月的開始。新王朝建立，應天承運，必改正朔。孔穎達《疏》：「正謂年始，朔謂月初。言王者得政示從我始，改故用新，隨寅丑子所損也。周子、殷丑、夏寅，是改正也；周半夜，殷雞鳴，夏平旦，是易朔也。」《禮記·大傳》：立權度量，考文章，改～，易服色，殊徽號，異器械，別衣服，此其所得與民變革者也。(1506 下)

【正₂歲】夏曆之正月，即建寅之月。鄭玄《注》：「正歲，謂夏之正月，得四時之正。」孫詒讓《正義》：「全經凡言正歲者，並爲夏正建寅之月，別於凡言正月者爲周正建子之月也。」《周禮·天官·小宰》：～，帥治官之屬而觀治象之灋。(0655 上)

【正₂鵠】箭靶的中心。射侯之中有鵠，以皮爲之；鵠中有正，以彩布爲之。鄭玄《注》：「畫[布]曰正，棲皮曰鵠。」陸德明《釋文》：「正、鵠皆鳥名也。……大射則張皮侯而棲鵠，賓射張布侯而設正也。」《禮記·中庸》：射有似乎君子，失諸～，反求諸其身。(1627 下)

步 bù ❶長度單位。歷代定制不一。周代以八尺爲步，秦代以六尺爲步，《禮記》所紀時代以六尺四寸爲步。《周禮·冬官考工記·匠人》：室中度以几，堂上度以筵，室中度以尋，野度以～，塗度以軌。(0928 中)《儀禮·覲禮》：諸侯覲于天子，爲宮方三百～，四門。(1092 中)《禮記·王制》：古者以周尺八尺爲～，今以周尺六尺四寸爲～。(1347 下) ❷兩足分別向前各跨出一次爲步。陸德明《釋文》：「頃讀爲跬。……一舉足爲跬，再舉足爲步。」《禮記·祭義》：故君子頃～而弗敢忘也。(1599 中)

【步爵】行酒。指無算爵。即行酒不計其數，醉而後止。鄭玄《注》：「步，行也。"孔穎達《疏》:"羞,殽羞也。殽羞本爲酒設,若爵未行而先嘗羞,是貪食矣,故不先爵嘗之矣。"《禮記·少儀》:未~,不嘗羞。(1515下)

武 wǔ ❶足迹。鄭玄《注》:"武,迹也。"《儀禮·士相見禮》:執玉者則唯舒~,舉前曳踵。(0978中)《禮記·曲禮上》:堂上接~,堂下布武。(1239上)❷指足迹的長度,即一尺二寸。鄭玄《注》:"武,迹也,中人之迹尺二寸。侯象人,綱即其足也,是以取數焉。"《儀禮·鄉射禮》:乃張侯,下綱不及地~。(0993下)❸樂舞名。亦稱《大武》。是歌頌周武王伐紂滅商武功的樂舞。《大武》凡六章。據王國維考證,即今《詩經·周頌》之《昊天有成命》《武》《酌》《桓》《賚》《般》。孔穎達《疏》:"《武》是萬舞,《大武》也。"《禮記·郊特牲》:《~》,壯而不可樂也。(1455上)❹冠冕之圈於首者。亦稱冠卷。武兩旁有小孔,以組固冕。鄭玄《注》:"武,冠卷也。"孔穎達《疏》:"卷用玄而冠用縞,冠卷異色。"《禮記·玉藻》:縞冠,玄~,子姓之冠也。(1476下)❺金屬打擊樂器。鄭玄《注》:"文謂鼓也,武謂金也。"孔穎達《疏》:"武謂金鐃也。言舞畢反復亂理欲退之時,擊金鐃而退。"《禮記·樂記》:始奏以文,復亂以~。(1538中)

【武功】武事。與"文治"相對。爲平天下方略之一。孔穎達《疏》:"謂伐紂也。此皆有功烈於民者也。"《禮記·祭法》:文王以文治,武王以~去民之菑。(1590下)

【武車】兵車。武車崇尚威武,故要舒展其旌旗。孔穎達《疏》:"武車,亦革路也。取其建戈刃,即云兵車;取其威猛,即云武車也。綏,謂舒垂散之也;旌,謂車上旗幡也。尚威武,故舒散旗幡垂綏然。何胤云:'垂放旌旗之旒,以見於美也。'"《禮記·曲禮上》:~綏旌,德車結旌。(1250上)

【武宿夜】樂名。爲武樂。鄭玄《注》:"《武宿夜》,武曲名也。"孔穎達《疏》:"皇氏云:師説《書傳》云,武王伐紂至於商郊,停止宿夜,士卒皆歡樂歌舞以待旦,因名焉。《武宿夜》其樂亡也。熊氏云:'此即《大武》之樂也。'"王國維認爲即《詩經·周頌》中的《昊天有成命》。《禮記·祭統》:獻之屬莫重於祼,聲莫重於升歌,舞莫重於《~》。(1604上)

【武車不式】乘兵車不行軾禮。以兵車崇尚威武,不顧及禮敬之儀節。鄭玄《注》:"兵車不以容禮下人也。"《禮記·少儀》:~。介者不拜。(1513中)

歲 (岁) suì ❶年。一年爲一歲。指地球繞太陽公轉一週,約三百六十五日又四分之一日。歲、年相對而言,歲指陽曆,年指陰曆;散而言之,歲亦即年。參見"歲年"。《周禮·地官·遂大夫》:三~大比,則帥其吏而興甿。(0742中)《儀禮·士冠禮》:以~之正,以月之令,咸加爾服。(0957下)《禮記·王制》:冢宰制國用,必於~之杪。(1334上)❷指太歲紀年法中的年。歲指太歲星,即木星。歲星約十二年繞太陽一週,古人據此分黃道爲十二等分,以太歲每年所在黃道中的位次定十二歲之名。因其位次與歲星相應,十二年運行一週,故稱十二歲。《馮相氏》賈公彥《疏》："歲謂太歲，左行於地，行有十二辰，一歲移一辰者也。"《硩蔟氏》鄭玄《注》："歲，謂從攝提格至赤奮若。"《周禮·春官·馮相氏》：掌十有二~、十有二月、十有二辰、十日、二十有八星之位。(0818下)《周禮·秋官·硩蔟氏》：以方書十日之號，十有二辰之號，十有二月之號，十有二~之號，二十有八星之號。(0889上)

【歲成】當年成事之文書。賈公彥《疏》："歲計曰會，以一歲之會計考當歲成事文書。"《周禮·天官·司會》：以參互攷日成，以月要攷月成，以歲會攷~，以周知四國之治，以詔王及冢宰廢置。(0679下)

【歲年】歲、年相對而言，歲指陽曆，即地球繞太陽公轉一週，約三百六十五日又四分之一日；年指陰曆，即月球繞地球十二週，約三百五十四天。歲、年相差約十一天，故以閏月補正之。散而言之，歲亦即年。鄭玄《注》："中數曰歲，朔數曰年。中朔大小不齊，正之以閏，若今時作厤日矣。"孫詒讓《正義》："《月令》孔疏云：'中數者，謂十二月中氣一周，揔三百六十五日四分日之一，謂之一歲。朔數者，十二月之朔一周，謂三百五十四日，謂之爲年。此是歲年相對，故有朔數中數之別。若散而言之，歲亦年也。'"《周禮·春官·大史》：正~以序事，頒之于官府及都鄙，頒告朔于邦國。(0817中)

【歲事】每年按時祭祀之事。如春祠、夏禴、秋嘗、冬烝。胡培翬《正義》："歲事者，謂祠、禴、嘗、烝四時之祭，每歲皆行之，故曰歲事。"《儀禮·特牲饋食禮》：某薦~，吾子將涖之，敢宿。(1180上)

【歲制】一年製成之物，指棺槨。古禮，老人六十歲開始預製送終之具：六十歲時，在一年內製成棺木；七十歲時，製作一季可成的送終衣物；八十歲時，製作一月可成的送終衣物；到九十歲，棺木衣物都已準備完畢，就日日修整以作送終之用。孔穎達《疏》："明老而預爲送終之具也。……歲制，謂棺也。不易可成，故歲制。"孫希旦《集解》："六十已衰，始制爲送死之具；至七十八十，而所制彌備；至九十，又於所制者日脩也。"《禮記·王制》：六十~，七十時制，八十月制，九十日脩。(1346上)

【歲會】(kuài) 一年的收支總計及事功文書。鄭玄《注》："使齋歲盡文書。"賈公彥《疏》："歲計曰會。……謂助冢宰受一歲之計。"《周禮·天官·小宰》：月終，則以官府之敘，受羣吏之要，贊冢宰受~。(0655上)

【歷】(历) lì 用同"瀝"。清酒。孫詒讓《正義》："陸佃、鄭鍔並以畢歷爲畢罩之餘瀝。"《周禮·夏官·量人》：凡宰祭，與鬱人受斝~而皆飲之。(0842下)

【歷階】下見上登階之儀。一步上一級臺階。與栗階略有不同。栗階其始升階時左右足並於一級而進；至堂階的最高兩級，左、右足各登一級而升堂。孫希旦《集解》："謂升階不聚足也。"《儀禮·燕禮》賈公彥《疏》："凡升階之法有四等：連步，一也；栗階，二也；歷階，三也；……越階，四也。"參見"栗階"。《禮記·檀弓下》：杜蕢入寢，~而升。(1305中)

歸（归）㈠ guī 燕遊中止之禮辭。孔穎達《疏》："若在燕及遊退還，稱曰歸，以燕遊禮褻，主於歸家。"《禮記·少儀》：朝廷曰退，燕遊曰～，師役曰罷。(1512 中)

【歸宗】女子出嫁，若父親已卒，仍要回娘家省問，以示不絕於其宗族。鄭玄《注》："歸宗者，父雖卒，猶自歸宗其爲父後持重者，不自絕於其族類也。"《儀禮·喪服》：婦人雖在外，必有～，曰小宗，故服期也。(1106 下)

【歸藏】相傳爲商之《易》(一說是黄帝之《易》)。爲《三易》之一。漢初已佚。鄭玄《注》："《歸藏》者，萬物莫不歸而藏於其中。杜子春云：'《連山》宓戲；《歸藏》，黄帝。'"孫詒讓《正義》："案：據賈引鄭《易贊》謂夏曰《連山》，殷曰《歸藏》，與《周易》爲三代之《易》，與杜義異，後人多從其説。"《周禮·春官·大卜》：掌《三易》之灋：一曰《連山》，二曰《～》，三曰《周易》。(0802 下)

㈡ kuì 見下。

【歸₂脤】贈送祭祀之肉。將祭祀之肉分贈同姓之國，以分享神靈降賜之福，表示親好。鄭玄《注》："此四者，王使臣於諸侯之禮也。"《周禮·秋官·大行人》：間問以諭諸侯之志，～以交諸侯之福，賀慶以贊諸侯之喜，致襘以補諸侯之栽。(0890 下)

攴(攵)部

攷 [考] kǎo 副職，正長之輔佐者。鄭玄《注》："考，成也，佐成事者。謂宰夫、鄉師、肆師、軍司馬、士師也。"《周禮·天官·大宰》：乃施灋于官府，而建其正，立其貳，設其～，陳其殷，置其輔。(0649 中)

【攷夫屋】考核田地之數。百畝爲夫，三夫爲屋。一屋三夫互相擔保，以交納賦税。鄭玄《注》："夫三爲屋，屋三爲井，出地貢者，三三相任。"《周禮·地官·小司徒》：及大比六鄉、四郊之吏，平教治、正政事，～，及其衆寡、六畜、兵器，以待政令。(0713 中)

收 shōu 夏代冠名。齋戒、祭祀時所戴。亦爲戴收冠。《儀禮·士冠禮》：周弁，殷冔，夏～。(0958 下)《禮記·王制》：有虞氏皇而祭，深衣而養老；夏后氏～而祭，燕衣而養老；殷人冔而祭，縞衣而養老；周人冕而祭，玄衣而養老。(1346 下)

【收族】謂以上下尊卑、親疏遠近之序聚合族人。《喪服》鄭玄《注》："收族者，謂別親疏，序昭穆。"《大傳》鄭玄《注》："收族，序以昭穆也。"《儀禮·喪服》：大宗者，～者也，不可以絕。(1106 上)《禮記·大傳》：尊祖故敬宗，敬宗故～，～故宗廟嚴。(1508 下)

攻 gōng 祭名。日食鳴鼓以祭，爲六祈之一。鄭玄《注》：'鄭司農云："類、造、禬、禜、攻、説，皆祭名也。"……攻，如其鳴鼓然。董仲舒救日食，祝曰："炤炤大明，瀸滅無光，奈何以陰侵陽，以卑侵尊。"'《周禮·春官·大祝》：掌六祈以同鬼神示：一曰類，二曰造，三曰禬，四曰禜，五曰～，六曰説。(0808 下)

【攻特】閹割公馬。成年公馬交配之後，性情暴戾，喜蹄人咬人，不可乘用，故須騸之。鄭玄《注》："夏通淫之後，攻其特，爲其蹄齧，不可乘用。鄭司農云：'攻特，謂騬之。'"《周禮·夏官·校人》：夏祭先牧，頒馬，～。(0860 下)

【攻駒】閹割踢人咬人的公馬。鄭玄《注》："攻駒，騬其蹄齧者。"參見"攻特"。《周禮·夏官·廋人》：掌十有二閑之政教，以阜馬、佚特、教駣、～及祭馬祖，祭閑之先牧及執駒、散馬耳、圉馬。(0861 中)

【攻説】兩祭名。爲禳災之祭。攻爲鳴鼓以攻之，説爲陳辭以責之。鄭玄《注》："攻説，祈名。祈其神求去之也。"參見"攻"。《周禮·秋官·庶氏》：掌除毒蠱，以～禬之，嘉草攻之。(0888 中)

【攻禜(yǒng)】兩祭名。與"攻説"義略同。爲禳災之祭。孫詒讓《正義》："此攻禜蓋亦兼有二祈，與《庶氏》'攻説'略同。謂以辭告其神，又鳴鼓以攻之也。"參見"攻説"。《周禮·秋官·剪氏》：掌除蠹物，以～攻之，以莽草熏之。(0889 上)

【攻龜】剥取龜甲。攻龜要在春天，此時天寒骨乾，不易損傷龜甲。鄭玄《注》："攻，治也。治龜骨以春，是時乾，解不發傷也。"孫詒讓《正義》："春時尚寒，骨易乾，故治龜解其甲，取其乾，則不發起傷坼。"《周禮·春官·龜人》：凡取龜用秋時，～用春時。(0804 下)

【攻木之工】製作木器及營造土木工程的工匠。包括輪人、輿人、弓人、廬人、匠人、車人、梓人。詳見各條。《周禮·冬官考工記·總敘》：～：輪、輿、弓、廬、匠、車、梓。(0906 中)

【攻皮之工】製作革器、革服的工匠。包括函人、鮑人、韗人、韋氏、裘氏。詳見各條。《周禮·冬官考工記·總敘》：～：函、鮑、韗、韋、裘。(0906 中)

【攻金之工】製作金屬器皿的工匠。包括築氏、冶氏、桃氏、鳧氏、㮚氏、段氏。詳見各條。《周禮·冬官考工記·總敘》：～：築、冶、鳧、㮚、段、桃。(0906 中)

改 gǎi 見下。

【改服】改換服裝。改服有多種情況：喪禮，親始死，不及備喪服，去其常服而已；小殮後，改服。殮之明日，有服者各自穿戴喪服規定的冠、繚、履。家有病重將死之人，家中的男女均要改服，以待賓客來看望病人。父母的柩車已經上路，聽説國君死了，就待棺柩下葬後，改變喪服前往奔喪。婚禮，迎親時，女在塗中聞婿之父母死，改婚服爲喪服；婿親迎，女子還未到家，婿家有了齊衰、大功之喪，男子在大門外改服，女子在大門內改服，然後即位而哭，等等。孔穎達《疏》："謂改已重喪服,著新死未成服之服。"參見《禮記‧曾子問》《禮記‧喪大記》《禮記‧雜記下》等篇。《禮記‧雜記下》:有殯,聞外喪,哭之他室。入奠,卒奠出,~即位。(1560 下)

【改葬】因墳墓崩壞而遷葬。改葬時服緦服。鄭玄《注》:"謂墳墓以他故崩壞,將亡失尸柩也。言改葬者,明棺物毀敗,改設之如葬時也。"《儀禮‧喪服》:~,緦。(1124 上)

【改正朔】改訂曆法。新王朝建立,應天承運,必改正朔。孔穎達《疏》:"正謂年始,朔謂月初。言王者得政,示從我始,改故用新,隨寅丑子所損也。周子、殷丑、夏寅,是改正也;周夜半、殷雞鳴、夏平旦,是易朔也。"《禮記‧大傳》:立權度量,考文章,~,易服色,殊徽號。(1506 下)

【改居則請退】君子不斷變動坐的姿勢,就請求告退。爲侍坐君子之法。胡培翬《正義》:"謂君子不安其位而自變動,是有倦意也。鄭玄《注》:"君子謂卿大夫及國中賢者也。"《儀禮‧士相見禮》:凡侍坐於君子,君子欠伸,問日之早晏,以食具告,~可也。(0977 下)

放

㊀ fàng 見下。

【放飯】將手上的餘飯放回器皿中。此種行爲不合於侍食之禮。《曲禮上》鄭玄《注》:"去手餘飯於器中,人所穢。"《禮記‧曲禮上》:侍食於長者,……毋摶飯,毋~。(1242 下)《禮記‧少儀》:毋~,毋流歠,小飯而亟。(1515 上)

政

㊀ zhèng 見下。

【政典】有關軍政事務之法典。爲建邦六典之一。夏官司馬所掌。用以平服邦國,治理百官,均役萬民。鄭玄《注》:"政典,司馬之職。故立其官曰:'使帥其屬而掌邦政,以佐王平邦國。'"《周禮‧天官‧大宰》:四曰~,以平邦國,以正百官,以均萬民。(0645 中)

【政官】指夏官所屬官員。因其主掌政事,故稱。《周禮‧夏官‧敍官》:~之屬:大司馬卿一人,小司馬中大夫二人。(0830 上)

【政象】書寫的政法條文。正月朔日,將其懸掛於王門之象魏,使國中萬民觀看。鄭玄《注》:"縣政法之書。"《周禮‧夏官‧大司馬》:正月之吉,始和布政于邦國、都鄙,乃縣~之灋于象魏,使萬民觀~。(0835 中)

【政職】指夏官司馬所掌有關軍政事務的職責。爲官府六職之一。用以服諸侯,治天下,徵賦貢。《周禮‧天官‧小宰》:四曰~,以服邦國,以正萬民,以聚百物。(0653 下)

㊁ zhēng 見下。

【政₂役】賦稅與勞役。鄭玄《注》:"政謂賦也。凡其字或作政,或作正,或作征。"《周禮‧天官‧小宰》:以官府之八成經邦治:一曰聽~以比居,二曰聽師田以簡稽,三曰聽閭里以版圖,四曰聽稱責以傅別,五曰聽祿位以禮命,六曰聽取予以書契,七曰聽賣買以質劑,八曰聽出入以要會。(0654 上)

【政₂職】指賦稅。鄭玄《注》:"政職,所共王政之職,謂賦稅也。"《周禮‧夏官‧大司馬》:乃以九畿之籍施邦

國之～。（0835下）

故 gù ❶指凶荒、札喪、寇戎等凶事。《宮正》鄭玄《注》引鄭司農云："故，謂禍災。"《曲禮下》鄭玄《注》："故，謂灾患喪病。"《周禮·天官·宮正》：國有～，則令宿。（0657上）《儀禮·聘禮》：若有～，則卒聘。（1072上）《禮記·曲禮下》：君無～玉不去身，大夫無～不徹縣，士無～不徹琴瑟。（1259下）❷指需要占筮的國家大事。八故指征（征伐）、象（天象）、與（賜予）、謀（謀事）、果（成功）、至（到達）、雨（下雨）、瘳（病愈）。鄭玄《注》："以八卦占筮之八故，謂八事不卜，而徒筮之也。"《周禮·春官·占人》：以八簭占八頌，以八卦占簭之八～，以眡吉凶。（0805上）❸指祭祀、饗食等事。鄭玄《注》："故，謂祭祀之屬。"孔穎達《疏》："若待賓客饗食，亦在其中，故云祭祀之屬。"《禮記·玉藻》：君無～不殺牛，大夫無～不殺羊，士無～不殺犬、豕。（1474下）

【故士】王族中已退休而仍留任的宿衛之士。鄭玄《注》："故爲士，晚退留宿衛者。"《周禮·夏官·司士》：王族～、虎士在路門之右，南面東上。（0849上）

效 xiào 見下。

【效駕】試車。王引之《經義述聞·卷十四》："今案效者，考也，驗也。考驗其駕具已完善否，然後登車調試之，僕人之慎也。古人多謂考爲效。"一說，告訴車已駕好。鄭玄《注》："效駕，白已駕。"《禮記·曲禮上》：君車將駕，則僕執策立於馬前。已駕，僕展軨，～。（1252下）

【效馬效羊者右牽之】呈獻馬或羊要用右手牽。呈獻狗要用左手牽。此爲以物授人之儀節。鄭玄《注》："效，猶呈見。"孔穎達《疏》："馬羊多力，人右手亦有力，故用右手牽掣之也。……犬好齕齧人，故左手牽之，而右手防禦也。"《禮記·曲禮上》：～。效犬者左牽之。（1244下）

教 jiào 見下。

【教典】有關教育之法典。爲建邦六典之一。《周禮·天官·大宰》：二曰～，以安邦國，以教官府，以擾萬民。（0645中）

【教官】指地官所屬官員。因其主掌教化，故稱。《周禮·地官·敘官》：～之屬：大司徒卿一人，小司徒中大夫二人。（0697上）

【教象】書寫教法的木板。正月朔日，將其懸掛於王門之象魏，使國中萬民觀看。鄭玄《注》："書教法而縣焉。"《周禮·地官·大司徒》：正月之吉，始和布教于邦國、都鄙，乃縣～之灋于象魏，使萬民觀～。（0706下）

【教職】職掌教化之職。爲官府六職之一。《周禮·天官·小宰》：二曰～，以安邦國，以寧萬民，以懷賓客。（0653中）

【教學相長】教和學相互促進。通過學習，能知己之不足；通過教育別人，能現己之短處，知不足與短處，然后能自反、自強。爲儒家教育思想之一。孫希旦《集解》："學則覩己行之所短，教則見己道之所未達。"今爲成語。《禮記·學記》：是故學然後知不

足,教然後知困。知不足,然後能自反也;知困,然後能自强也。故曰~也。(1521 中)

【教學臨文不諱】老師教學及讀書可以不避諱。爲人名不需避諱的情況之一。孔穎達《疏》:"教學,謂師長也。教人若諱,疑誤後生也。臨文,謂簡牒及讀法律之事也,若諱則失於事正也。"《禮記·玉藻》:凡祭不諱,廟中不諱,~。(1482 中)

救 jiù 見下。

【救日】古人遇日食,以爲是陰侵陽,大不祥,必擊鼓以救之。孔穎達《疏》:"擊鼓爲聲,所以助陽壓陰也。《春秋傳》曰:'日有食之,天子伐鼓於社。'"《禮記·曾子問》:如諸侯皆在而日食,則從天子~。(1394 上)

【救日月】即救日、救月。古人遇日食、月食,擊鼓以救之。鄭玄《注》:"救日月食,王必親擊鼓者,聲大異。"賈公彥《疏》:"《春秋》不記救月食者,但日食是陰侵陽、臣侵君之象,故記之;月食是陽侵陰、君侵臣之象,非逆事,故略不記之也。"《周禮·地官·鼓人》:~,則詔王鼓。(0721 中)

敔 yǔ 樂器名。木製,形如伏虎,背上有二十七鉏鋙。樂終時擊以止樂。《小師》賈公彥《疏》:"敔,狀如伏虎,背有刻,所以鼓之以止樂。《爾雅》注云:'……敔如伏虎,背上有二十七鉏鋙,刻以木。'"《周禮·春官·小師》:掌教鼓鼗、柷、~、塤、簫、管、弦、歌。(0797 上)《禮記·月令》:命樂師脩鞀、鞞、鼓,均琴、瑟、管、簫,執干、戚、戈、羽,調竽、笙、竾、簧,飭鍾、磬、柷、~。(1369 中)

敏 mǐn 見下。

【敏德】仁義順時之德。爲師氏所教三德之一。鄭玄《注》:"敏德,仁義順時者也。"賈公彥《疏》:"人君施政,春夏行賞爲仁,秋冬行罰爲義,是仁義順時敏疾爲德者也。"孫詒讓《正義》:"順時即敏疾之義。"《周禮·地官·師氏》:以三德教國子:一曰至德,以爲道本;二曰~,以爲行本;三曰孝德,以知逆惡。(0730 中)

敘 [叙] xù ❶尊卑之秩次。《周禮·天官·小宰》職有"六敘",亦稱"官敘"。鄭玄《注》:"敘,秩次也,謂先尊後卑也。"《周禮·天官·小宰》:以官府之六~正羣吏:一曰以~正其位,二曰以~進其治,三曰以~作其事,四曰以~制其食,五曰以~受其會,六曰以~聽其情。(0653 上)❷指市場中胥及肆長處理事務之所。位於各肆行列之首。賈公彥《疏》:"置其敘,謂胥師、賈師等所居。"孫詒讓《正義》:"敘蓋市肆行首當市朝者,胥及肆長所治處。"《周禮·天官·內宰》:凡建國,佐后立市,設其次,置其~,正其肆,陳其貨賄。(0685 中)❸日上之雲氣排列如山者。爲十煇之一。望氣者據以辨吉凶。鄭玄《注》引鄭司農云:"……

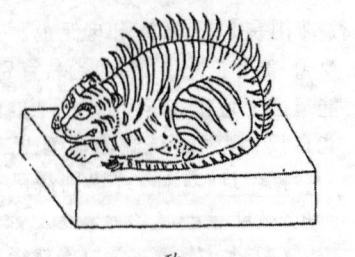

敘者,雲有次序也,如山在日上也。"《周禮·春官·眂祲》:"掌十煇之灋,以觀妖祥,辨吉凶。一曰祲,二曰象,三曰鑴,四曰監,五曰闇,六曰瞢,七曰彌,八曰~,九曰隮,十曰想。(0808 中)

【敘降】憑方位推知凶禍所降之地。因而禳除之。賈公彥《疏》:"次敘其凶禍所下之地,禳移之。"孫詒讓《正義》:"次序之者,謂見妖祥,則以方位日辰占法,次序推其凶禍所下之地。"《周禮·春官·眂祲》:"掌安宅~。正歲則行事,歲終則弊其事。(0808 下)

【敘哭】按次序哭。遇王喪,外内命婦在王后之後依尊卑次序相繼而哭。鄭玄《注》:"亦從后。……后哭,衆之次敘者乃哭。"《周禮·天官·九嬪》:大喪,帥~者亦如之。(0687 下)

【叙事之灋】以尊卑次序聽其獄訟情實之法。即"六敘"中之"六曰以敘聽其情"。賈公彥《疏》:"叙,六叙也者,按《小宰》職有六序[敘],六序之内云:'六曰以序聽其情。'是其聽治之法也。"《周禮·春官·内史》:"掌~,受納訪。(0820 上)

敝 bì ❶弓把。鄭玄《注》引鄭司農云:"謂弓人所握持者。"《周禮·冬官考工記·弓人》:凡爲弓,方其峻而高其柎,長其畏而薄其~。(0936 中)❷謙辭。稱自己或與自己有關的事物。《禮記·檀弓下》:君王討~邑之罪,又矜而赦之,師與有無名乎!(1305 上)

【敝邑】對自己國家的謙稱。《禮記·祭統》:請君之玉女與寡人共有~,事宗廟、社稷。(1603 上)

【敝廬】對自家居室之謙稱。《禮記·檀弓下》:君之臣免於罪,則有先人之~在,君無所辱命。(1312 中)

敢 gǎn 表示謙卑。大膽,冒昧。《士虞禮》鄭玄《注》:"敢,昧冒之辭。"《儀禮·士虞禮》:~用絜牲剛鬣、香合、嘉薦、普淖、明齊溲酒,哀薦祫事,適爾皇祖某甫。(1174 上)《禮記·聘義》:子貢問於孔子曰:"~問君子貴玉而賤碈者何也?"(1694 上)

散 ㈠ sǎn 酒器名。塗漆,無飾,實五升。《禮器》鄭玄《注》:"凡觴,……五升曰散。"《鬯人》鄭玄《注》:"無飾曰散。"《燕禮》鄭玄《注》:"酌散者,酌方壺酒也。"羅振玉《殷墟書契考釋》及王國維《説斝》均以爲諸經中指飲器之"散"爲"斝"字之誤,可備一説。《周禮·春官·鬯人》:凡山川、四方用蜃,凡祼事用概,凡疈事用~。(0771 上)《儀禮·燕禮》:主人盥,洗,升,媵觚于賓,酌~。(1017 中)《禮記·禮器》:宗廟之祭,貴者獻以爵,賤者獻以~。(1433 上)

散尊

【散衣】小殮、大殮裹屍體的衣服中,除祭服(爵弁服、皮弁服)以外的統稱爲散衣。鄭玄《注》:"褖衣以下袍繭之屬。"胡培翬《正義》:"上襲時止有三稱,故於祭服外惟言褖衣。此斂時衣多,故言散衣,則爵弁服、皮弁服以外之衣皆統名之矣。"《儀禮·士喪禮》:祭服次,~次,凡十有九稱。(1135 中)

【散車】製作粗劣之車。賈公彥《疏》:"良車、散車,精作爲功則曰良,麤作

爲沽則曰散也。"《周禮·春官·巾車》:凡良車,～不在等者,其用無常。(0825上)

【散綏】副綏。登車時御僕所執之繩,別於君所執之正綏(良綏)。孔穎達《疏》:"散綏,副綏也。僕登車既不得執君綏,故執副綏而升也。"《禮記·少儀》:以～升,執轡然後步。(1512中)

【散樂】樂舞名。周代民間樂舞,別於雅樂。鄭玄《注》:"散樂,野人爲樂之善者,若今黃門倡矣。"賈公彥《疏》:"以其不在官之員内,謂之爲散。"《周禮·春官·旄人》:掌教舞～,舞夷樂,凡四方之以舞仕者屬焉。(0801中)

【散爵】酒器名。塗漆,無飾,實五升。諸臣所用。《燕禮》胡培翬《正義》引郝敬曰:"膳爵,君之爵;散爵,賓卿大夫之爵。"一說,王國維《觀堂集林三·說斝》:"禮有散爵,乃雜爵之意。"《儀禮·燕禮》:士也,有執膳爵者,有執～者。(1023下)《禮記·祭統》:尸飲五,君洗玉爵獻卿;尸飲七,以瑶爵獻大夫;尸飲九,以～獻士及羣有司。(1605中)

【散屨】没有裝飾的鞋。散屨次於功屨,平日燕居所穿。鄭玄《注》:"散屨,亦謂去飾。"賈公彦《疏》:"散即上之素,皆是無飾,互換而言,故云謂去飾者也。"《周禮·天官·屨人》:辨外内命夫、命婦之命屨、功屨、～。(0694中)

【散觶(zhì)】酒器名。諸臣所用,以別於君之膳觶。《儀禮·大射》:降,洗～,升,實散,下拜。(1040下)

【散鹽】末鹽。煮曬海水而製成,品質較粗劣,用於祭祀次於苦鹽,用於賓客次於形鹽。鄭玄《注》:"散鹽,鬻水爲鹽。"賈公彦《疏》:"散鹽,煑水爲之,出於東海。"《周禮·天官·鹽人》:祭祀,共其苦鹽、～;賓客,共其形鹽、～。(0675中)

【散祭祀】即小祀。指對司中、司命、風師、雨師及山川百物等的小祭祀。鄭玄《注》:"散祭祀,謂司中、司命、山川之屬。"《周禮·地官·充人》:凡～之牲,繫于國門,使養之。(0724中)

㊁ sàn 見下。

【散₂利】凶荒之年貸給民衆穀種和糧食。爲救濟災荒的十二措施之一。鄭玄《注》引鄭司農云:"救飢之政十有二品。散利,貸種食也。"《周禮·地官·大司徒》:以荒政十有二聚萬民:一曰～,二曰薄征,三曰緩刑,四曰弛力,五曰舍禁,六曰去幾,七曰眚禮,八曰殺哀,九曰蕃樂,十曰多昏,十有一曰索鬼神,十有二曰除盗賊。(0706上)

【散₂送】腰絰散垂而送葬。喪禮,人始死三日之内腰絰當散垂,三日之後當絞;至啓殯送葬時又當散垂,葬後又當絞。人年五十,體力始衰,不必備禮,因此可以不散送。鄭玄《注》:"送喪不散麻。"孔穎達《疏》:"始死三日之前要絰散垂,三日之後乃絞之。至葬,啓殯已後亦散垂,既葬乃絞。五十既衰,不能備禮,故不散垂。"《禮記·玉藻》:五十不～。(1477上)

【散₂射】指禮射(大射、賓射、燕射)及習射。鄭玄《注》:"二者皆可以散射也,謂禮射及習射也。"《周禮·夏

官·司弓矢》：矰矢、茀矢用諸弋射，恒矢、痺矢用諸～。(0856上)

【散₂帶】喪服散垂於腰間的麻帶。麻帶絞纏後多餘的部分任其散而下垂。爲服大功喪以上的人小殮之後、成服之前所服。成服後，要將腰帶下垂部分絞纏於腰間，稱絞。《士喪禮》胡培翬《正義》引李如圭云："《雜記》曰：'大功以上散帶。'散帶者，小殮後垂其帶，至成服而絞之。婦人則初而絞之，與小功總之男子同。"《雜記上》孔穎達《疏》："大功以上散此帶垂，不忍即成之，至成服，乃絞。"《儀禮·士喪禮》：要絰小焉，～垂，長三尺。(1135下)《禮記·雜記上》：大功以上～。(1555上)

【散₂麻】喪服散垂於腰間的麻帶。爲服大功喪以上的人小殮之後、成服之前所服。將腰帶下垂部分絞纏於腰間，稱絞，即不散麻。鄭玄《注》："不散麻者，自若絞垂。"參見"散₂帶"。《禮記·喪服小記》：君弔，雖不當免時也，主人必免，不～。(1503上)

【散₂等】即栗階。下見上登階之儀。其始升階時左右足並於一級而進；至堂階的最高兩級，左、右足各登一級而升堂。鄭玄《注》："散等，栗階。"孔穎達《疏》："謂升一等而後散升不連步也。故《燕禮》記云：'栗階，不過二等。'注云：'其始升猶聚足連步，趨二等，左右足各一發而升堂。'以此知散等、栗階是一也。"《禮記·雜記下》：祭，主人之升降～，執事者亦～。(1561上)

【散₂齊(zhāi)】祭祀前齋戒。即七日不與妻妾同房，不作樂，不弔喪。鄭玄《注》："散齊，七日不御、不樂、不弔

耳。"《禮記·祭義》：致齊於內，～於外。(1592下)

【散₂馬耳】馴馬使不驚的方法。鄭司農認爲，經常以各種聲音擾馬，使其逐漸習慣，則聞聲不驚。鄭玄認爲將竹括夾在馬耳上，馬頭動搖則括中之物作響，馬習之則不驚。鄭玄《注》："鄭司農云：'……謂聒馬耳，毋令善驚也。'玄謂……散馬耳，以竹括押其耳，頭動搖則括中物，後遂串習，不復驚。"《周禮·夏官·廋人》：掌十有二閑之政教，以阜馬、佚特、教駣、攻駒及祭馬祖，祭閑之先牧及執駒、～、圉馬。(0861中)

敬

jìng ❶恭敬。儒家倫理思想範疇之一。儒家認爲禮以敬爲主，敬是禮的根本，是仁的基礎。要求人們凡事以敬爲先，"修己以敬"。《儒行》孔穎達《疏》："亦言仁者之儒以敬慎爲地。地所以居止萬物，仁者之儒亦居止敬慎，故云仁之地。"《周禮·地官·大司徒》：一曰以祀禮教～，則民不苟。(0703上)《儀禮·聘禮》：入門主～，升堂主慎。(1073下)《禮記·儒行》：～慎者，仁之地也。(1671中) ❷敬辭。表示尊敬。《禮記·檀弓上》：夫子之病革矣，不可以變。幸而至於旦，～易之。(1277下)

【敬宗】尊敬大宗。宗法之制，同族人都要尊祖敬宗，因爲宗子奉祀祖廟，是祖先的正統。賈公彥《疏》："云尊祖故敬宗者，是百世不遷之宗。大宗者，尊之統，故同宗敬之。"《儀禮·喪服》：尊祖故～。～者，尊祖之義也。(1110中)

【敬故】尊敬故舊。爲天子統馭萬民

的八項措施（八統）之一。鄭玄《注》："敬故，不慢舊也。"賈公彥《疏》："君與民皆須恭敬故舊朋友。"參見"八統"。《周禮·天官·大宰》：以八統詔王馭萬民：一曰親親，二曰～，三曰進賢，四曰使能，五曰保庸，六曰尊貴，七曰達吏，八曰禮賓。（0646 下）

【敬業樂羣】專心學業，樂於從朋友身上集取善益。爲入大學第三年考校所要達到的目標。孫希旦《集解》："敬業者，專心致志，以事其業也。樂羣者，樂於取益，以輔其仁也。"今爲成語。《禮記·學記》：一年視離經辨志，三年視～，五年視博習親師，七年視論學取友，謂之小成。（1521 中）

【敦】duì 盛黍稷之器。圓腹，有蓋，一般爲三足兩耳。蓋和器身皆呈半圓形，上下合爲球形。以質地言，青銅爲多，亦有木製、瓦製、玉製者。尊者有飾。有虞氏之制，天子之祭用兩敦。《玉府》鄭玄《注》："敦，盤類，珠玉以爲飾。古者以盤盛血，以敦盛食。"《明堂位》鄭玄《注》："皆黍稷器，制之異同未聞。"孫希旦《集解》："是敦、璉、瑚、簋，四代之名雖異，而其實爲一物也。有虞氏始爲兩敦，三代遞加焉。"《周禮·天官·玉府》：若合諸侯，則共珠槃、玉～。（0678 中）《儀禮·士喪禮》：無簦，有黍、稷。用瓦～，有蓋，當簦位。（1142 中）《禮記·明堂位》：有虞氏之兩～，夏后氏之四連，殷之六瑚，周之八簋。（1491 下）

【數】（數）㈠ shù 算術，數學。爲六藝之一。鄭玄《注》："九數之記。"《周禮·地官·大司徒》：三曰六藝，禮、樂、射、御、書、～。（0707 中）

【數器】指權衡等衡量輕重的器具。鄭玄《注》："數器，銓衡也。"《周禮·秋官·大行人》：同度量，成牢禮，同～，脩灋則。（0892 下）

㈡ shǔ 見下。

【數₂日】計算朔望及掌握干支記日之法。爲九歲時所要學習的內容。鄭玄《注》："朔望與六甲也。"《禮記·內則》：九年，教之～。（1471 上）

【數₂獲】計算射中所得的籌碼。古數獲之法，計數時，以兩根筭籌爲一純，右手一純一純地取放在左手上；取滿十純，東西向放爲一堆，每堆分開放置。剩下的籌碼，如果是雙數，就以純爲單位南北向放在"堆"的西側；如果是單數，就東西向放在"純"的西側，使總數一目了然。凌廷堪《禮經釋例·射禮數獲即古算位說》："蓋古九數布籌列位之本法，凡算皆用之，不獨射禮數獲也。"《儀禮·鄉射禮》：釋獲者東面于中西坐，先～右～。（1003 上）

【斂】（斂）liǎn ❶ 用同"殮"。爲死者穿衣、入棺。即行小殮、大殮之禮。《士喪禮》賈公彥《疏》："以尸入棺名斂，亦名殯也。"參見"小斂""大斂"。《周禮·春官·典瑞》：駔圭、璋、璧、琮、琥、璜之渠眉，疏璧、琮以～尸。（0778 上）《儀禮·士喪禮》：主人奉尸～于棺，踊如初，乃蓋。（1140 中）《禮記·檀弓上》：殷人尚白，大事～用日中，戎事乘翰，牲用白。（1276 上）❷ 指爲死者所穿之衣衾。《禮記·雜記上》：士盥于盤北，舉遷尸于～上。（1558 中）

【斂尸】殯殮死者。衣屍爲小殮，屍入棺爲大殮。孫詒讓《正義》："王五日小斂，七日大殮，而大殮禮隆，陳器服尤備，故知六玉所用在於大殮也。"《周禮・春官・典瑞》：駔圭、璋、璧、琮、琥、璜之渠眉，疏璧、琮以～。(0778 上)

【斂衣】爲死者穿衣。依禮，此時孝子當哭踊。《禮記・喪大記》：遷尸踊，～踊，斂衾踊，斂絞、紟踊。(1580 下)

【斂弛(shī)】徵斂與施予。豐年，國家徵收賦稅；凶年，發放救濟物資。鄭玄《注》："杜子春弛讀爲施。"王引之《經義述聞・卷八》："弛舍與賦斂意義不倫，無由並舉，當以讀'施'爲是。斂者，聚也；施者，散也。"一説，弛爲減輕、減少。"玄謂荒政弛力役，及國中貴者、賢者、服公事者、老者、疾者皆舍，不以力役之事。"《周禮・天官・小宰》：以官府之六聯合邦治：一曰祭祀之聯事，二曰賓客之聯事，三曰喪荒之聯事，四曰軍旅之聯事，五曰田役之聯事，六曰～之聯事。(0653 下)

【斂材】採集可食之百草根實。爲大司徒所頒十二職事之一。鄭玄《注》："斂材，謂臣妾聚斂疏材。"《周禮・地官・大司徒》：頒職事十有二于邦國、都鄙，使以登萬民：一曰稼穡，二曰樹蓺，三曰作材，四曰阜蕃，五曰飭材，六曰通財，七曰化材，八曰～，九曰生材，十曰學藝，十有一曰世事，十有二曰服事。(0707 中)

【斂服】棺柩到達墓地後，柩車已空，要將乘車、道車、槀車之皮弁服、朝服、蓑笠等收集起來，載入柩車而返。爲喪禮之儀節。鄭玄《注》："柩車至壙，祝說載除飾，乃斂乘車、道車、槀車之服載之，不空之以歸。送行而往，迎情而反，亦禮之宜。"《儀禮・既夕禮》：柩至于壙，～載之。(1164 上)

【斂衾】❶大小殮用以覆蓋屍體的被子。《士喪禮》鄭玄《注》："斂衾，大斂所并用之衾。衾，被也。"《儀禮・士喪禮》：死于適室，幠用～。(1128 中)《禮記・喪大記》：始死，遷尸于牀。幠用～，去死衣。(1575 下) ❷爲屍體蓋被子。依禮，此時孝子當哭踊。《禮記・喪大記》：遷尸踊，斂衣踊，～踊，斂絞、紟踊。(1580 下)

【斂席】大殮所用之席。即下莞上簟。《儀禮・士喪禮》：葽席在饌北，～在其東。(1139 中)

【斂賒】收購與賒給。爲調節市場貨物的方法。貨物滯銷時，由官府收購；貨物緊缺時，官府賒貨物於百姓。鄭玄《注》："謂民貨不售，則爲斂而買之；民無貨，則賒貰而予之。"《周禮・地官・司市》：以賈民禁僞而除詐，以刑罰禁虣而去盜，以泉府同貨而～。(0734 中)

【斂灋】徵收賦稅之法。即豐年用正稅法，歉收之年減損之。鄭玄《注》："斂法者，豐年從正，凶荒則損。"《周禮・地官・司稼》：巡野觀稼，以年之上下出～，掌均萬民之食，而賙其急，而平其興。(0750 上)

【斂衣服】殮屍時所用的衣服。賈公彥《疏》："云斂衣服者，小斂皆十九稱，大斂則士三十稱，大夫五十稱，諸

侯皆百稱，天子蓋百二十稱。"《周禮·春官·司服》：大喪，共其復衣服、～、奠衣服、廞衣服。(0783 下)

【斂弛之聯事】六官聯合辦理豐年徵收賦稅，凶年發放救濟物資的事務。爲小宰所掌六聯事之一。《周禮·天官·小宰》：以官府之六聯合邦治：一曰祭祀之聯事，二曰賓客之聯事，三曰喪荒之聯事，四曰軍旅之聯事，五曰田役之聯事，六曰～。(0653 下)

斁 (斁) yú 見下。

【斁人】職官名。掌捕魚、供魚、收魚稅。爵中士、下士。《周禮·天官·斁人》：～，掌以時斁爲梁。(0663 下)

【斁征】捕魚者的租稅。鄭玄《注》引鄭司農云："漁征，漁者之租稅。"《周禮·天官·斁人》：凡～，入于玉府。(0664 上)

變 (变) biàn 奏樂一曲終了，再奏一遍，稱變。鄭玄《注》："變，猶更也。樂成則更奏也。"《周禮·春官·大司樂》：凡六樂者，一～而致羽物及川澤之 。(0789 中)

【變几】變換新几。爲祭祀、饋食等吉事之禮。鄭玄《注》："吉事，王祭宗廟，祼於室，饋食於堂，繹於祊，每事易几，神事文，示新之也。"一說，變爲有紋飾之几。鄭玄《注》引鄭司農云："變几，變更其質，謂有飾也。"《周禮·春官·司几筵》：凡吉事～，凶事仍几。(0775 下)

【變味】改變口味。謂父母有病時，不得多吃肉。鄭玄《注》："憂不在味。"孔穎達《疏》："猶許食肉，但不許多耳。少食則味不變，多食則口味變也。"《禮記·曲禮上》：父母有疾，冠者不櫛，行不翔，言不惰，琴瑟不御，食肉不至～，飲酒不至變貌。(1243 下)

【變國火】改變取火的燧木。古人以爲，四季改變取火的燧木，可以救四季之疾。鄭玄《注》："變，猶易也。鄭司農說以鄹子曰：春取榆柳之火，夏取棗杏之火，季夏取桑柘之火，秋取柞楢之火，冬取槐檀之火。"《周禮·夏官·司爟》：掌行火之政令，四時～，以救時疾。(0843 中)

日(日)部

日 rì 指日神。鄭玄《注》："主日者，以其光明，天之神可見者莫著焉。"《禮記·祭義》：郊之祭，大報天而主～，配以月。(1594 下)

【日成】十日統計的會計文書。《宰夫》賈公彥《疏》："日成，謂日計曰成也。"《司會》孫詒讓《正義》引黃以周云:"日謂十日。日成謂旬日之成。"《周禮·天官·宰夫》:旬終,則令正~,而以攷其治。(0656 下)《周禮·天官·司會》:以參互攷~,以月要攷月成,以歲會攷歲成。(0679 下)

【日至】❶指夏至,即一年中白晝最長的一天。《大司徒》鄭玄《注》:"夏至之日。"《雜記下》孔穎達《疏》:"七月,周七月建午之月也。日至,夏至日也。"《周禮·地官·大司徒》:~之景,尺有五寸,謂之地中。(0704 中)《禮記·雜記下》:孟獻子曰:"正月日至,可以有事於上帝。七月~,可以有事於祖。(1567 下)❷指冬至。即一年中白晝最短的一天。孔穎達《疏》:"正月,周正月建子之月也。日至,冬至日也。"《禮記·雜記下》:正月~,可以有事於上帝。七月日至,可以有事於祖。(1567 下)

【日食】月球運行到地球和太陽中間時,太陽光被月球擋住,不能射到地球上來,這種現象叫日食。太陽全部被月球擋住時叫日全食,部分被擋住時叫日偏食,中央部分被擋住時叫日環食。日食一般發生在農曆初一。古人認爲出現日食不吉利,所以天子要舉行一定的儀式"救日"。日食出現時,正在舉行的諸侯朝見天子之禮、諸侯相見之禮等要立即停止。在古人看來,日食是上天對男子政教不修、陽剛之事不當等錯誤行爲的譴責,因此天子要穿上素服,檢討政教,改正錯誤。《禮記·曾子問》:曾子問曰:"當祭而~,大廟火,其祭也如之何?"(1394 中)

【日脩】天天修整送終之具。古禮,老人六十歲開始預製送終之具:六十歲時,在一年内製成棺木;七十歲時,製作一季可成的送終衣物;八十歲時,製作一月可成的送終衣物;到九十歲,棺木衣物都已準備完畢,就日日修整以備送終之用。後以"日脩"指死亡即在旦夕。孔穎達《疏》:"至九十棺衣皆畢,但日日脩理之,爲近於終故也。"孫希旦《集解》:"六十已衰,始制爲送死之具;至七十八十,而所制彌備;至九十,又於所制者日脩也。"《禮記·王制》:六十歲制,七十時制,八十月制,九十~。(1346 上)

【日以至】即日至。指冬至。即一年中白晝最短的一天。孫希旦《集解》:"謂冬至之祭也。"《禮記·郊特牲》:郊之用辛也,周之始郊~。(1452 中)

【日短至】指冬至。此日白天最短,故稱。《禮記·月令》:(仲冬之月)是月也,~,陰陽争,諸生蕩。(1383 中)

【日就月將】每天有成就,每月有進步。形容積少成多,不斷進步。今爲成語。《禮記·孔子閒居》:無聲之樂,日聞四方;無體之禮,~。(1617 中)

早 zǎo 見下。

【早物】即皁物。柞栗之屬。其實名皁斗,可爲染黑之料。鄭玄《注》引鄭司農云:"皁物,柞栗之屬。今世間謂柞實爲皁斗。"《周禮·地官·大司徒》:一曰山林,其動物宜毛物,其植物宜~。(0702 中)

曲 qū 蠶箔。鄭玄《注》:"曲,薄也。"《禮記·月令》:鳴鳩拂其羽,戴勝降于桑,具~、植、蘧、筐。

(1363下)

【曲袷(jié)】方領。鄭玄《注》：「袷，交領也。古者方領，如今小兒衣領。」《禮記·深衣》：袷圜以應規，～如矩以應方，負繩及踝以應直。(1664中)

【曲禮】指禮之細節小目。如冠禮之三加，婚禮之六禮等。其目有三千。孫希旦《集解》：「經禮者，常行之禮，如《儀禮》《冠禮》《昏禮》之類，其目三百也。曲禮者，儀文之委曲，如《冠禮》有三加，《昏禮》有六禮之類，其目有三千也。……朱子曰：『《禮儀》三百，便是《儀禮》中士冠、諸侯冠、天子冠禮之類。此是大節目有三百，餘如始加、再加、三加，又如坐如尸，立如齊之類，皆是其中小目。』一説，"曲禮"即《儀禮》。鄭玄《注》：「曲猶事也。事禮，謂今禮也。」《禮記·禮器》：故經禮三百，～三千，其致一也。(1435中)

【曲藝】指有小技能之人。如醫卜之類。鄭玄《注》：「曲藝，爲小技能也。」孔穎達《疏》：「若醫卜之屬也。」《禮記·文王世子》：～皆誓之，以待又語。(1406中)

【曲禮下第二】《禮記》第一篇下篇篇名。參見"曲禮上第一"。(1256上)

【曲禮上第一】《禮記》第一篇上篇篇名。"曲禮"用作篇名，是摘取此篇首句二字而來。因其簡策繁重，故分爲《曲禮上第一》《曲禮下第二》兩篇。全篇記述了古代日常生活禮節和守則，內容廣泛，瑣細，涉及吉、凶、軍、賓、嘉等禮。文章所言前後之事互不相涉，文互不相聯，意互不相貫，相互之間無邏輯關聯，比較雜亂。孔穎達《疏》：「鄭《目錄》云：『名曰《曲禮》者，以其篇記五禮之事。祭祀之説，吉禮也；喪荒去國之説，凶禮也；致貢朝會之説，賓禮也；兵車旌鴻之説，軍禮也；事長敬老執贄納女之説，嘉禮也。此於《別錄》屬制度。』……此篇既含五禮，故其篇名爲《曲禮》。《曲禮》之與《儀禮》其事是一，以其屈曲行事則曰《曲禮》，見於威儀則曰《儀禮》。」孫希旦《集解》：「《曲禮》者，古《禮》篇之名。《禮記》多以簡端之語名篇，此篇名《曲禮》者，以篇首引之也。鄭氏謂『篇中記五禮之事』，故名《曲禮》，非是。此篇所記，多禮文之細微曲折，而上篇尤致詳於言語、飲食、灑掃、應對、進退之法，蓋將使學者謹乎其外，以致養乎其內；循乎其末，以漸及乎其本。」孫說是。(1229下)

旬

xún 十日曰旬。《宰夫》鄭玄《注》：「旬，十日也。」《周禮·天官·宰夫》：歲終，則令群吏正歲會，月終，則令正月要，～終，則令正日成，而以攷其治。(0656下)《儀禮·聘禮》：既致饔，～而稍。(1075上)《禮記·曲禮上》：凡卜筮日，～之外曰"遠某日"，～之内曰"近某日"。(1251中)

【旬日】十日。《周禮·地官·泉府》：凡賒者，祭祀無過～，喪紀無過三月。(0738下)

昊

hào 見下。

【昊天】天神。鄭玄《注》引鄭司農云：「昊天，天也。」孫詒讓《正義》：「昊天爲圜丘所祭之天，天之總神也。」《周禮·春官·大宗伯》：以禋祀祀～上帝，以實柴祀日月星辰。(0757上)

【昊天上帝】天神及蒼帝。孫詒讓《正義》：「此職及《司服》之昊天上帝，亦當分爲二。昊天爲圜丘所祭之天，天之總神也。上帝爲南郊所祭受命帝，五帝之蒼帝也。」一說，「昊天上帝」爲天皇大帝。鄭玄《注》：「昊天上帝，冬至於圜丘所祀天皇大帝。」《周禮·春官·大宗伯》：以禋祀祀～，以實柴祀日月星辰。(0757 上)

昔 xī 見下。

【昔酒】陳釀之酒。爲三酒之一。鄭玄《注》：「昔酒，今之酋久白酒，所謂舊醳者也。」賈公彥《疏》：「言昔爲久酋，亦遂久之義，故以漢之酋久白酒況之。但昔酒對事酒爲清，若對清酒則爲白，故云酋久白酒也。」《周禮·天官·酒正》：辨三酒之物：一曰事酒，二曰～，三曰清酒。(0669 上)

昆 kūn 兄。同輩男性中年長者。《儀禮·喪服》：爲所後者之祖父母、妻，妻之父母、～弟、～弟之子，若子。(1101 上)《禮記·檀弓下》：妻之～弟爲父後者死，哭之適室。(1299 下)

【昆弟】兄弟。《儀禮·喪服》：父子一體也，夫妻一體也，～一體也。(1105 上)《禮記·雜記下》：雖諸父、～之喪，如當父母之喪。(1560 中)

【昆蟲未蟄，不以火田】昆蟲沒有冬眠時，不能放火燒田。表現出了古人的生存智慧。鄭玄《注》：「取物必順時候也。」孫希旦《集解》：「昆蟲未蟄，謂未十月時。十月則得火田。……從十月以後至仲春，皆得火田也。」《禮記·王制》：草木零落，然後入山林。～。(1333 中)

昌 chāng 今作「菖」。即菖蒲。多年生水生植物。這裏指菖蒲根。鄭玄《注》：「昌，昌本也。」《儀禮·有司》：主婦不興，受；陪設于南，～在東方。(1207 下)

【昌本】菖蒲根。此指用菖蒲根腌製的菜。爲食禮中所薦豆實之一。《醢人》鄭玄《注》：「昌本，菖蒲根，切之四寸爲菹。」《公食大夫禮》鄭玄《注》：「昌本，昌蒲本菹也。」《周禮·天官·醢人》：朝事之豆，其實韭菹、醓醢、～、麋臡、菁菹、鹿臡、茆菹、麇臡。(0674 下)《儀禮·公食大夫禮》：韭菹以東，醓醢、～；～南麋臡，以西菁菹、鹿臡。(1081 中)

【昌菹】菖蒲根腌製的菜。《儀禮·有司》：婦贊者執～，醢以授主婦。(1207 下)

明 míng ❶視力。鄭玄《注》：「明，目精。」《禮記·檀弓上》：子夏喪其子而喪其～，曾子弔之，曰：「吾聞之也，朋友喪～則哭之。」(1282 下) ❷即明酌。祭祀所用之清酒。孔穎達《疏》：「明謂明酌，清謂清酒。」參見「明酌」。《禮記·郊特牲》：醆酒涗于清，汁獻涗于醆酒，猶～、清與醆酒于舊澤之酒也。(1457 下)

【明火】占卜、祭祀所用之火。以銅鏡聚陽光而點燃，用以灼龜、燃燭。鄭玄《注》引杜子春云：「明火，以陽燧取火於日。」《周禮·春官·菙氏》：凡卜，以～爇燋，遂龡其燧契，以授卜師，遂役之。(0805 上)

【明水】祭祀所用的淨水。以陰鑒向月而得。《司烜氏》鄭玄《注》：「鑒，鏡屬。取水者，世謂之方諸。取日之火，月之水，欲得陰陽之潔氣也。明燭以照饌陳，明水以爲玄酒。"《周禮·秋官·司烜氏》：掌以夫遂取明火於日，以鑒取～於月，以共祭祀之明齍、明燭，共～。（0885 中）《禮記·郊特牲》：祭黍稷加肺，祭齊加～，報陰也。取膟膋，燔燎升首，報陽也。～、涗齊，貴新也。凡涗，新之也。其謂之～也，由主人之絜著此水也。（1457 中）

【明刑】一種刑罰。去其冠飾，書罪於版，繫於犯人背上，使坐於外朝門左之嘉石上，以羞辱之，而後使服勞役。凡過失犯罪或行爲邪惡而未觸犯刑法者受此刑。鄭玄《注》："加明刑者，去其冠飾，而書其衺惡之狀，著之背也。嘉石，朝士所掌，在外朝之門左，使坐焉，以恥辱之。"《周禮·地官·司救》：凡民之有衺惡者，三讓而罰，三罰而士加～，恥諸嘉石，役諸司空。（0732 上）

【明衣】死者沐浴後所服之潔淨內衣。以帷幕之布製成。參見"明衣裳"。《儀禮·既夕禮》：設～，婦人則設中帶。（1158 下）

【明酌】祭祀所用的清明之酒。鄭玄《注》："明酌者，事酒之上也。"孔穎達《疏》："明謂清明，故知是事酒之上清明者也。"《禮記·郊特牲》：縮酌用茅，～也。（1457 下）

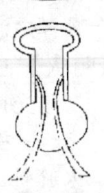
明衣

【明梏(gù)】將姓名、罪行寫在要殺犯人的手銬上以示衆。鄭玄《注》："加明梏者，謂書其姓名及其罪於梏而著之也。"《周禮·秋官·掌囚》：及刑殺，告刑於王，奉而適朝士，加～以適市，而刑殺之。（0882 下）

【明堂】❶古代帝王宣明政教的地方。凡朝會、祭祀、慶賞、選士、養老、教學等大典，都在此舉行。天子明堂有五室：東曰青陽，西曰總章，

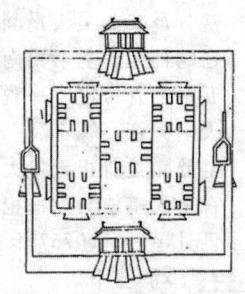
明堂

南曰明堂，北曰玄堂，中曰太室，其中以南爲正，以中爲尊。除太室外，其餘四堂又各分爲左右室及中堂，左曰左个，右曰右个，中曰大廟。四堂共十二室，天子依五行周轉，每月換居一室。《匠人》鄭玄《注》："明堂者，明政教之堂。"《禮記·月令》"青陽大廟"孫希旦《集解》："明堂十二室，十二月分居之。"《周禮·冬官考工記·匠人》：周人～，度九尺之筵，東西九筵，南北七筵。（0928 上）《禮記·明堂位》：～也者，明諸侯之尊卑也。……六年，朝諸侯於～，制禮作樂，頒度量，而天下大服。（1488 中）❷明堂之南堂。鄭玄《注》："明堂左个，大寢南堂東偏也。""明堂太廟，南堂當太室也。"孫希旦《集解》："明堂左个，明堂南方之東室也。明堂東曰青陽，西曰總章，北曰玄堂，南方不別爲之名者，明堂以向南爲正也。""明堂大廟，明堂之南堂也。"參見"明堂①"。《禮記·月令》：天子居～左个，乘朱路，駕赤駵，載赤旂，衣朱衣，服赤玉。（1365 上）《禮記·月令》：天子居～太廟，乘朱路，駕赤駵，載赤旂，衣朱衣，服赤玉。（1369 上）

【明旌】書寫死者姓名的旗幡。明旌各用其生前所用之旗，以表明其等級身份。鄭玄《注》："神明之旌。"參見"銘①""銘旌"。《禮記·檀弓下》：銘，～也。以死者爲不可別已，故以其旗識之。(1301 中)

【明視】宗廟祭祀時對所用兔的美稱。孔穎達《疏》："兔肥，則目開而視明也。"《禮記·曲禮下》：凡祭宗廟之禮，牛曰一元大武，豕曰剛鬣，豚曰腯肥，羊曰柔毛，雞曰翰音，犬曰羹獻，雉曰疏趾，兔曰～。(1269 上)

【明粢(zī)】宗廟祭祀時對所用穀粟的美稱。孔穎達《疏》："稷，粟也。明，白也。言此祭明白粢也。……《爾雅》云：'粢，稷也。'"《禮記·曲禮下》：凡祭宗廟之禮，……黍曰薌合，粱曰薌萁，稷曰～，稻曰嘉蔬。(1269 上)

【明齊(zī)】祭祀時所用的潔淨穀物。王引之《經義述聞·卷十》："'明齊'二字疑當在'香合'之上，寫者錯亂在下耳。'絜牲剛鬣'、'明齊香合'相對爲文。據今文作'明粢'，則'齊'爲粢盛之'粢'明甚。字通作'齍'。《春官·大祝》：'辨六號，四曰牲號，五曰齍號。'此云'絜牲剛鬣'，所謂牲號也；'明齊香合'，所謂齍號也。……明，猶絜也。"王引之並駁了《士虞禮》鄭注："水不可謂之齊。《郊特牲》云'明水涚齊'，又云'祭齊加明水'，則明水與齊爲二，不得謂明水爲明齊也。涚酒之'涚'，今文作'酸'。鄭注《聘禮》曰：'酸，白酒也。下衬祝辭單言'涚酒'，則'涚酒'乃酒名，不連'明齊'爲義，亦不得云'以新水涚釀此酒'也。"一說，爲新水，用以釀酒。鄭玄《注》："明齊，新水也。言以新水溲釀此酒也。《郊特牲》曰：'明水涚齊，貴新也。'"《儀禮·士虞禮》：敢用絜牲剛鬣、香合、嘉薦、普淖、～涚酒，哀薦祫事，適爾皇祖某甫。(1174 上)

【明器】即冥器。專爲隨葬而製作的器物，以供神明之用。有食具、用具、樂器、兵器、燕器、犬畜等，一般用竹、木或陶土製成。宋代逐漸流行紙製明器，明代亦有鉛、錫製作的明器。《檀弓上》孔子曰："竹不成用，瓦不成味，木不成斲，琴瑟張而不平，竽笙備而不和，有鐘磬而無簨虡。其曰明器，神明之也。"《儀禮·既夕禮》：陳～於乘車之西。折，橫覆之。(1148 下)《禮記·檀弓上》：夏后氏用～，示民無知也。殷人用祭器，示民有知也。(1290 中)

【明燭】祭祀所用之燭。以明火點燃。鄭玄《注》："明燭以照饌陳，明水以爲玄酒。"《周禮·秋官·司烜氏》：掌以夫遂取明火於日，以鑒取明水於月，以共祭祀之明齍、～，共明水。(0885 中)

【明竁(cuì)】(凡王之同族及有爵者犯罪而誅殺於屋舍之中，甸師)將罪犯的姓名、罪行寫在木板上，加於其身而葬埋，稱明竁。鄭玄《注》："明竁，若今楬頭，明書其罪法也。"賈公彥《疏》："爲明竁焉者，明用刑以板書其姓名及罪狀，著於身，竁壙中也。"《周禮·秋官·司烜氏》：邦若屋誅，則爲～焉。(0885 下)

【明齍(zī)】祭祀所用之黍稷。以明水洗之。鄭玄《注》引鄭司農云："明齍，謂以明水脩滌粢盛黍稷。"《周禮·秋官·司烜氏》：掌以夫遂取明

火於日,以鑒取明水於月,以共祭祀之~,明燭,共明水。(0885 中)

【明弓矢】隨葬之弓矢。鄭玄《注》:"弓矢,明器之用器也。"賈公彥《疏》:"明器中有用器、役器。役器中有甲、冑、干、笮,用器中有弓、矢。"《周禮·夏官·司弓矢》:大喪,共~。(0856 下)

【明衣裳】死者沐浴後所服之潔淨内衣。以帷幕之布製成。《士喪禮》鄭玄《注》:"所以親身,爲圭絜也。"《儀禮·士喪禮》:~,用布。(1130 下)《儀禮·既夕禮》:~,用幕布,袂屬幅,長下膝。(1158 下)

【明明德】顯明内心之至德。"明德"指人生之初所禀賦的美善之性。爲大學三綱領之一。鄭玄《注》:"明明德,謂顯明其至德也。"朱熹《集注》:"此三者,大學之綱領也。"《禮記·大學》:大學之道,在~,在親民,在止於至善。(1673 上)

【明堂之位】周公在明堂接見來朝諸侯的位置。據《明堂位》,天子在明堂中央大室户牖之間南嚮而立,三公在中階之前,諸侯之國君在阼階之東,諸伯之國君在西階之西,諸子之國君在門東,諸男之國君在門西,九夷之國君在東門之外,八蠻之國君在南門之外,六戎之國君在西門之外,五狄之國君在北門之外,九采之國君在應門之外。鄭玄《注》:"周公攝王位,以明堂之禮儀朝諸侯也。不於宗廟,辟王也。"《禮記·明堂位》:昔者周公朝諸侯于~:天子負斧依,南鄉而立。(1487 下)

【明堂位第十四】《禮記》第十四篇篇名。本篇記述了諸侯朝周公於明堂,列陳其位,以明尊卑。記述了成王以周公有勳勞於天下,封之於曲阜,賜魯以天子之禮樂。並記魯有承三代之制,爲研究上古文明提供了資料。孔穎達《疏》引鄭玄《三禮目錄》云:"名曰《明堂》者,以其記諸侯朝周公於明堂之時所陳列之位也。在國之陽,其制東西九筵,南北七筵,堂崇一筵;五室,凡室二筵。此於《別錄》屬明堂陰陽。"朱彬《訓纂》:"汪氏中曰:'《逸周書·明堂篇》:'周公相武王以伐紂,既克紂,六年而武王崩。成王嗣,幼弱,未能踐天子之位。周公攝政,君天下,弭亂,六年而天下大治,乃會方國諸侯於宗周,大朝諸侯於明堂之位。'因是而制爲會同,以發四方之禁,施天下之政。習《禮》者傳釋其文,以爲《朝事義》。而魯之儒又因《周書》之舊而增飾之,爲《明堂位》篇,以表周公之功。"孫希旦《集解》:"此篇記周公相成王朝諸侯於明堂以致太平,而成王賜魯以天子之禮樂也。"(1487 下)

【易】yì ❶職官名。即太卜。掌卜筮之事。鄭玄《注》:"易抱龜,易,官名。《周禮》曰大卜。大卜主三兆、《三易》、三夢之占。"《禮記·祭義》:~抱龜南面,天子卷冕北面,雖有明知之心,必進斷其志焉,示不敢專,以尊天也。(1601 上)❷書名。卜筮之書。有《連山》《歸藏》《周易》三種,合稱三《易》,今僅存《周易》,簡稱《易》。《周易》爲儒家經典。全書包括《經》《傳》兩部分,《經》由六十四卦卦畫、卦名、卦辭和三百八十四爻爻辭組成,約成書於殷周之際。《傳》

是解《經》的文字，由《彖傳》上下、《象傳》上下、《文言》、《繫辭》上下、《説卦》、《序卦》、《雜卦》十篇組成，又稱"十翼"、《易大傳》，大都是战國末期至秦漢之間的作品。《易》本卜筮之書，然因其書記載許多殷周歷史故事，以及自然界和社會的变化現象，又以陰陽剛柔闡發天道、地道、人道，包含濃厚的樸素的哲學思想，因而成爲中國哲學的一個重要淵源，奠定了中华民族傳統的思想文化基礎。《禮記·經解》：絜靜精微，《～》教也；恭儉莊敬，《禮》教也。(1609下)

【易服色】改朝換代後變換車馬祭牲的顏色。如夏尚黑，殷尚白，周尚赤。鄭玄《注》："服色，車馬也。"孫希旦《集解》："色，謂祭祀所用之牲色，若夏玄牡，殷白牡，周騂犅是也。"《禮記·大傳》：立權度量，考文章，改正朔，～，殊徽號，異器械，別衣服，此其所得與民變革者也。(1506下)

【易關市】減輕關市稅收，放寬關市禁令。《禮記·月令》主張"凡舉大事，毋逆大數，必順其時，慎因其類"，仲秋之月是貨物流通的最佳時節，爲了招徠客商，滿足人民的生活日用，解決國家的財政開支，就要減輕關市稅收，放寬關市禁令。這是儒家利民重商思想的表現。鄭玄《注》："易關市，謂輕其稅，使民利之。"《禮記·月令》：是月也，～，來商旅，納貨賄，以便民事。(1374下)

【易服者易輕者】變易喪服者祇改變輕服。喪禮，喪服隨着時間的推移，悲哀之情的減輕，可以變易喪服。變服的原則是祇變輕服。輕服，男子爲腰絰，女子爲首絰。故卒哭祭後，男子將原來的麻腰絰變爲葛腰絰，而不變其首絰；婦人則將原來的麻首絰變爲葛首絰，而不變其腰絰。又如先遭斬衰之喪，卒哭祭後已變麻爲葛，又遭齊衰之喪，此時亦需變服，其原則仍是祇變輕服。男子將斬衰之葛腰帶變爲齊衰之麻腰帶，而首絰不變；婦人將斬衰之葛首絰變爲齊衰之麻首絰，而腰絰不變。鄭玄《注》："謂大喪既虞卒哭而遭小喪也。其易喪服，男子易乎帶，婦人易乎首。"孔穎達《疏》："重，謂男首絰，女要絰。男重首，女重要。凡所重者，有除無變。所以卒哭不受以輕服，至小祥各除其重也。"孫希旦《集解》："易服者易輕者，謂若先遭斬衰，卒哭已變麻服葛。又遭齊衰之喪，男子則以齊衰之要絰變斬衰之葛帶，而首絰不變；婦人則以齊衰之首絰變斬衰之葛絰，而要絰不變也。蓋二喪兼服，而變其輕者，所以明新喪之爲輕。"參見"除喪者先重者"。《禮記·喪服小記》：除喪者先重者，～。(1499中)

【春】chūn 一年四季的第一季。即農曆的正月至三月。春季三個月爲孟春、仲春、季春。古以五行配五方、五色、四時，東方爲春，春爲木，木色青。《周禮·春官·大宗伯》：以賓禮親邦國：～見曰朝，夏見曰宗，秋見曰覲，冬見曰遇。(0759下)《禮記·鄉飲酒義》：東方者～，春之爲言蠢也，產萬物者聖也。(1684下)

【春社】春耕前祭祀土神，以祈豐收。鄭玄《注》："春田祭社，秋田祀祊。"孫希旦《集解》："春社，祈也。"《禮記·明堂位》：是故夏礿，秋嘗，冬烝，～，秋省而遂大蜡，天子之祭也。(1489下)

【春官】爲王朝六大官府之一。掌管國家的禮儀制度。春官之長爲大宗伯,其屬官統稱禮官。《周禮·天官·小宰》:三曰～,其屬六十,掌邦禮,大事則從其長,小事則專達。(0653 中)

【春秋】書名。相傳是孔子依據魯國史記加工整理而成的一部編年體史書,是儒家重要經典。起於魯隱公元年(前 722 年),終於魯哀公十四年(前 481 年),計二百四十二年。其書文字簡練,修辭寓褒貶。全文約一萬六千餘字,記事一千八百多條,最長的四十五字,最短的祇有一字。原文很難理解,因而出現了解釋《春秋》的諸家之《傳》,據《漢書·藝文志》著錄有左氏、公羊、穀梁、夾氏、鄒氏五家。今僅存左、公、穀三家《傳》。最初《經》《傳》自單行,其後《經》《傳》合併,所以"十三經"無單行的《春秋》。《禮記·經解》:絜靜精微,《易》教也;恭儉莊敬,《禮》教也;屬辭比事,《～》教也。(1609 下)

【春鳥】指仲春始出的黃雀、斑鳩等鳥。鄭玄《注》:"春鳥,蟄而始出者,若今南郡黃雀之屬。"《周禮·夏官·羅氏》:中春,羅～,獻鳩以養國老,行羽物。(0846 下)

【春曰礿(yuè)】春天祭宗廟叫作礿。天子、諸侯四時皆祭宗廟,春祭稱爲礿。此爲夏、殷之禮。鄭玄《注》:"此蓋夏、殷之祭名。周則改之:春曰祠,夏曰礿,以禘爲殷祭。《詩·小雅》曰:'礿祠烝嘗,于公先王。'此周四時祭宗廟之名。"孔穎達《疏》:"皇氏云:'礿,薄也。春物未成,其祭品鮮薄也。'孫炎云:'礿者,新菜可礿。'"《禮記·王制》:天子、諸侯宗廟之祭,～,夏曰禘,秋曰嘗,冬曰烝。(1335 下)

【春多酸】春天調和食應多酸味。爲古人養生經驗之總結。《食醫》賈公彥《疏》:"東方木味酸,屬春,謂和食,酸多於餘味一分,故云春多酸。"《內則》鄭玄《注》:"多其時味以養氣也。"孔穎達《疏》:"依《經方》:'春不用食酸,夏不用食苦。'四時各減其時味也。此云多其時味以養氣者,《經方》所云,謂時氣壯者,減其時味以殺盛氣。此經所云食以養人,恐氣虛羸,故多其時味以養氣也。"《周禮·天官·食醫》:凡和,～,夏多苦,秋多辛,冬多鹹。(0667 上)《禮記·內則》:凡和,～,夏多苦,秋多辛,冬多鹹,調以滑甘。(1464 上)

【春官宗伯第三】《周禮》第三篇篇名。賈公彥《疏》引鄭玄《三禮目錄》云:"象春所立之官也。宗,尊也;伯,長也。春者出生萬物,天子立宗伯,使掌邦禮,典禮以事神爲上,亦所以使天下報本反始。不言司者,鬼神示,人之所尊,不敢主之故也。"孫詒讓《正義》:"謂地夏秋冬四官,並以'司'爲名,是取典主之義;春官掌鬼神示之事,以人所尊敬,不可以人主之,故獨變其名,不言司而言宗也。"(0752 中)

【春田不圍澤,大夫不掩羣,士不取麛卵】春天田獵諸侯不合圍獵場,大夫不盡殺禽獸,士不獲取幼獸及鳥卵。此爲春季田獵之禮。它表現出古人的生存智慧,也多少反映了當時人們與自然和諧相處的思想。鄭玄《注》:"生乳之時,重傷其類。"孔穎達《疏》:"春時萬物產孕,不欲多傷殺,故不圍繞取也。夏亦當然。……羣，謂禽獸共聚也。羣聚則多，不可掩取之。……麛乃是鹿子之稱，而凡獸子亦得通名也。卵，鳥卵也。春方乳長，故不得取也。"《禮記·曲禮下》：國君～。(1259 中)

昧 mèi 東方少數民族的音樂。《禮記·明堂位》：《～》，東夷之樂也；《任》，南蠻之樂也。(1489 上)

冒 mào ❶ 殮屍的布囊。形同口袋，分爲顏色不同的上下兩部分。上段從頭到手稱質，由頭往下套；下段從腳到腰稱殺，從腳往上套，兩布袋口於腰胯處以帶子聯繫。《喪大記》孔穎達《疏》："冒，謂襲後小斂所用以韜尸也。冒有質、殺者，作兩囊，每輒橫縫合一頭，又縫連一邊，餘一邊不縫，兩囊皆然也。上者曰質，下者曰殺。"《士喪禮》鄭玄《注》："冒，韜尸者。制如直囊，上曰質，下曰殺。質，正也。其用之，先以殺韜足而上，後以質韜首而下，齊手。上玄下纁象天地也。"《儀禮·士喪禮》：～，緇質，長與手齊。(1131 上)《禮記·喪大記》：凡～，質長與手齊，殺三尺。(1580 上) ❷ 用同"瑁"。瑞玉名。長四寸。天子執之以朝諸侯。鄭玄《注》："名玉曰冒者，言德能覆蓋天下也。四寸者，方以尊接卑，以小爲貴。"《周禮·冬官考工記·玉人》：天子

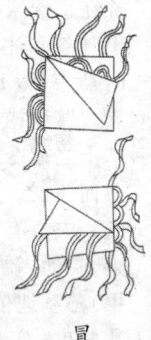

冒

執～四寸，以朝諸侯。(0922 上)

星 xīng ❶ 指水、木、金、火、土五星。即東方歲星(木)、南方熒惑(火)、西方太白(金)、北方辰星(水)、中央鎮星(土)。鄭玄《注》："星，謂五星。辰，日月所會。"賈公彥《疏》："按《天文志》，謂東方歲，南方熒惑，西方大白，北方辰，中央鎮星。"《周禮·春官·保章氏》：掌天星，以志～、辰、日月之變動，以觀天下之遷，辨其吉凶。(0819 上) ❷ 指星辰之神。古以天地山川日月星等皆有神靈掌之，故祭其神。《禮記·祭法》：王宮，祭日也。夜明，祭月也。幽宗，祭～也。(1588 上)

【星土】星宿所主的下界九州封域。古時認爲山川之精上應星辰，故以星宿分主九州地域或諸侯封域。如參主晉，大火主商，歲主周；角、亢、氐主兗州，房、心主豫州，尾、箕主幽州等。鄭玄《注》："星土，星所主土也。"賈公彥《疏》："此經論北斗及二十八宿所主九州及諸國封域之妖祥所在之事。……云辨九州之地者，據北斗而言；云所封封域者，據二十八星而說。"《周禮·春官·保章氏》：以～辨九州之地，所封封域，皆有分星，以觀妖祥。(0819 中)

昨 zuó 用同"酢"。以酒回敬主人。主人酌酒敬客曰獻，客回敬主人曰酢。鄭玄《注》："昨讀爲酢，字之誤也。"《周禮·春官·司尊彝》：其再獻用兩象尊，皆有罍，諸臣之所～也。(0773 上)

【昨席】即酢席。祭祀及國君受酢之席。鄭玄《注》："鄭司農云：'昨席，於主階設席，王所坐也。'玄謂昨，讀曰

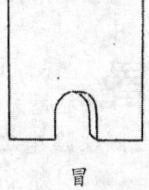

酢,謂祭祀及王受酢之席。"《周禮·春官·司几筵》:祀先王～亦如之。(0775上)

昭 zhāo ❶宗廟或宗廟中的神主按照輩分排列的順序。依宗法制度,始祖居中,二、四、六世等雙數輩分爲昭,居於其左;三、五、七等單數輩分爲穆,居於其右。《小宗伯》鄭玄《注》:"自始祖之後,父曰昭,子曰穆。"《周禮·春官·小宗伯》:辨廟祧之～穆,辨吉凶之五服、車旗、宮室之禁。(0766中)《禮記·王制》:天子七廟:三～、三穆,與大祖之廟而七。(1335中)❷子孫在宗廟祭祀時所排列的順序。《司士》鄭玄《注》:"《祭統》曰:'凡賜爵,昭爲一,穆爲一,昭與昭齒,穆與穆齒。'"《祭統》鄭玄《注》:"昭穆咸在,同宗父子皆來。"《周禮·夏官·司士》:凡祭祀,掌士之戒令,詔相其灋事及賜爵,呼～穆而進之。(0849中)《禮記·祭統》:是故有事於大廟,則羣～羣穆咸在,而不失其倫。(1605中)❸墓地依輩分排列的順序。依宗法制度,墓地始祖居中,二、四、六世等雙數輩分爲昭,居於其左;三、五、七等單數輩分爲穆,居於其右。鄭玄《注》:"先王,造塋者。昭居左,穆居右,夾處東西。"《周禮·春官·冢人》:掌公墓之地,辨其兆域而爲之圖,先王之葬居中,以～穆爲左右。(0786上)

【昭夏】樂章名。爲《九夏》之一。鄭玄《注》:"三夏,皆樂章名。"《周禮·春官·大司樂》:王出入,則令奏《王夏》;尸出入,則令奏《肆夏》;牲出入,則令奏《～》。(0790下)

【昭穆】❶宗廟或宗廟中的神主按照輩分排列的順序。依宗法制度,始祖居中,二、四、六世等雙數輩分爲昭,居於其左;三、五、七等單數輩分爲穆,居於其右。《小宗伯》鄭玄《注》:"自始祖之後,父曰昭,子曰穆。"《周禮·春官·小宗伯》:辨廟祧之～,辨吉凶之五服、車旗、宮室之禁。(0766中)《禮記·雜記上》:無昆弟則從其～,雖王父母在亦然。(1552上)❷子孫在宗廟祭祀時所排列的順序。《司士》鄭玄《注》:"《祭統》曰:'凡賜爵,昭爲一,穆爲一,昭與昭齒,穆與穆齒。'"《周禮·夏官·司士》:凡祭祀,掌士之戒令,詔相其灋事及賜爵,呼～而進之。(0849中)《禮記·祭統》:夫祭有～,～者,所以別父子、遠近、長幼、親疏之序而無亂也。(1605中)❸墓地依輩分排列的順序。依宗法制度,墓地始祖居中,二、四、六世等雙數輩分爲昭,居於其左;三、五、七等單數輩分爲穆,居於其右。鄭玄《注》:"先王,造塋者。昭居左,穆居右,夾處東西。"《周禮·春官·冢人》:掌公墓之地,辨其兆域而爲之圖,先王之葬居中,以～爲左右。(0786上)❹泛指祖先。《禮記·仲尼燕居》:郊、社之義,所以仁鬼神也;嘗、禘之禮,所以仁～也。(1613上)

【昭繆】即昭穆。謂舉行食禮時,依輩分排列族人的順序。鄭玄《注》:"繆,讀爲穆,聲之誤也。"《禮記·大傳》:旁治昆弟,合族以食,序以～。(1506中)

昏 [昬] hūn 指婚禮。男娶女嫁,結爲夫婦。娶親以黃昏爲期,取陽往陰來之意。《士昏禮》賈公彥《疏》引鄭玄《三禮目錄》云:"士娶妻之禮以昏爲期，因而名焉。必以昏者，陽往而陰來。"《大司徒》鄭玄《注》引鄭司農云："多昏，不備禮而娶，昏者多也。"《周禮·地官·大司徒》：九曰蕃樂，十曰多～。(0706 上)《儀禮·士昏禮》：～辭曰："吾子有惠，貺室某也。某有先人之禮，使某也請納采。"(0972 上)《禮記·昏義》：夫禮始於冠，本於～，重於喪、祭，尊於朝、聘，和於射、鄉，此禮之大體也。(1681 上)

【昏冠】婚禮和冠禮。男子二十而冠，則可娶妻；女十五而笄，則可出嫁。婚冠之禮雖就男子而言，亦包括女子姻笄。《周禮·地官·黨正》：凡其黨之祭祀、喪紀、～、飲酒，教其禮事，掌其戒禁。(0718 下)

【昏(婚)姻】❶婚姻之族。謂以婚聯姻的親族。亦稱"外昏姻"。《儀禮·士昏禮》：某得以爲～之故，不敢固辭，敢不從。(0973 中)《禮記·哀公問》：非禮無以別男女、父子、兄弟之親，～、疏數之交也。(1611 上)❷男娶女嫁之事。《禮記·大傳》：其庶姓別於上而戚單於下，～可以通乎？(1507 中)

【昏(婚)禮】結婚娶嫁之禮。因在黃昏時舉行而得名。爲嘉禮之一。婚禮主要儀節有六：一、納采。男方遣媒人到女家行納其采擇之禮。二、問名。男方遣媒人到女家問女孩子之名，以備占卜吉凶。三、納吉。占卜若吉，則由媒人向女家告知占卜結果。四、納徵。由媒人向女家贈送玄纁束帛儷皮等聘禮，表示婚姻關係正式確立。五、請期。男方通過占卜選好日子，遣媒人到女家協商婚期。六、親迎。婚禮之日，初昏，新郎服爵弁服乘車，到女家親迎。歸，合卺同牢。次日婦見舅姑。新婦執棗栗、腶脩，拜見舅姑。舅姑醴婦，婦饋舅姑，若舅姑已歿，則婚後三月在廟奠菜。《儀禮·士昏禮》：～。下達。納采，用鴈。(0961 中)《禮記·郊特牲》：夫～，萬世之始也。取於異姓，所以附遠厚別也。(1456 中)

【昏辭】婚禮納采時，前來納采的使者向女子之父轉達男子之父的言辭。鄭玄《注》："昏辭，擯者請事告之辭。"《儀禮·士昏禮》：～曰："吾子有惠，貺室某也。某有先人之禮，使某也請納采。"(0972 上)

【昏禮不賀】婚禮不祝賀。古人認爲婚禮是人生必經之程序，是傳宗接代之常事，故不必相互祝賀。孫希旦《集解》："昏禮，舅姑授婦以室，子有傳重之端，則親有代謝之勢，人子之所不忍言也，故不賀。"朱彬《訓纂》引方性夫曰："昏姻之禮，在子則有代父之序，在婦則有代姑之序，所以不賀則一也。"《禮記·郊特牲》：～，人之序也。(1456 下)

【昏定而晨省】晚上鋪好床褥，早晨省視請安。爲兒子侍奉父母的儀節之一。鄭玄《注》："安定其床衽也。省，問其安否何如。"今爲成語"昏定晨省"。《禮記·曲禮上》：凡爲人子之禮，冬溫而夏凊，～。(1233 上)

【昏禮不用樂】婚禮不用音樂。婚禮爲陰禮，音樂爲陽，陰陽不相爲用。孫希旦《集解》："愚謂昏爲陰禮，而樂爲陽氣，故昏禮不用樂，與食、嘗無樂同義。"《禮記·郊特牲》：～，幽陰之義也，樂，陽氣也。(1456 下)

【昏義第四十四】《禮記》第四十四篇篇名。此篇是對《儀禮》第二篇《士昏禮》的解釋和發揮。其內容有言婚禮之重者,有明婦事舅姑之義者,有言婦順由於教成者,有言因明昏義而外內和順、國家理治者。孔穎達《疏》引鄭玄《三禮目錄》云:"名曰《昏義》者,以其記取妻之義,內教之所由成也。此於《別錄》屬吉事也。"(1680 中)

【時】(时)shí 指冷暖、陰晴、風雨、乾濕之自然變化。鄭玄《注》:"時,寒溫也。"《周禮·冬官考工記·總敘》:天有~,地有氣,材有美,工有巧。(0906 上)

【時田】四時之田獵。即春蒐、夏苗、秋獮、冬狩。賈公彥《疏》:"謂四時田獵,獸人守罟。"《周禮·天官·獸人》:~,則守罟。(0663 下)

【時見】天子有征伐之事,召諸侯來朝。無常期。亦稱會。鄭玄《注》:"時見者,言無常期。諸侯有不順服者,王將有征討之事,則既朝覲,王爲壇於國外,合諸侯而命事焉。《春秋傳》曰'有事而會,不協而盟'是也。"《周禮·春官·大宗伯》:~曰會,殷見曰同,時聘曰問,殷覜曰視。(0759 下)

【時祀】四時之常祀。指祭山林、川澤、四方、百物 等。鄭玄《注》:"時祀,四時所常祀,謂山川以下,至四方百物。"《周禮·地官·牧人》:凡~之牲,必用牷物。(0723 中)

【時制】指一季可製成的送終衣物。古禮,老人六十歲開始預製送終之具:六十歲時,在一年內製成棺木;七十歲時,製作一季可成的送終衣物;八十歲時,製作一月可成的送終衣物;到九十歲,棺木衣物都已準備完畢,就日日修整以作送終之用。後以"時制"借指七十歲。孔穎達《疏》:"時制,謂一時可辦,是衣物之難得者。"孫希旦《集解》:"六十已衰,始制爲送死之具;至七十八十,而所制彌備;至九十,又於所制者日脩也。"《禮記·王制》:六十歲制,七十~,八十月制,九十日脩,唯絞紟、衾、冒,死而后制。(1346 上)

【時揖】拱手當心平推以作揖。爲王見異姓諸侯的作揖禮式。鄭玄《注》:"時揖,平推手也。"《周禮·秋官·司儀》:詔王儀,南鄉見諸侯,土揖庶姓,~異姓,天揖同姓。(0896 下)

【時聘】天子有事,諸侯派使臣前來聘問之禮。因無常期,故曰時聘。亦稱問。《大行人》鄭玄《注》:"時聘者,亦無常期。天子有事,諸侯使大夫來聘,親以禮見之,禮而遣之,所以結其恩好也。天子無事則已。"《周禮·春官·大宗伯》:時見曰會,殷見曰同,~曰問,殷覜曰視。(0760 上)《周禮·秋官·大行人》:~以結諸侯之好,殷覜以除邦國之慝,間問以諭諸侯之志,歸脤以交諸侯之福。(0890 中)

【時會】即時見。天子有征伐之事,召諸侯來朝。無常期。鄭玄《注》:"時會即時見也,無常期。諸侯有不順服者,王將有征討之事,則既朝,王命爲壇於國外,合諸侯而發禁命事焉。"《周禮·秋官·大行人》:~以發四方之禁,殷同以施天下之政。(0890 上)

【時器】指農器。如耒、耜、鏟、鋤之

屬。鄭玄《注》:"時器,鑄作耒耜錢鎛之屬。"《周禮·地官·遂人》:以興鉏利甿,以~勸甿,以彊予任甿,以土均平政。(0740 下)

【時難(nuó)】難,用同"儺"。四時舉行驅除疫鬼的儺祭。鄭玄《注》:"時難,四時作方相氏以難卻凶惡也。"《周禮·夏官·方相氏》:掌蒙熊皮,黃金四目,玄衣朱裳,執戈揚盾,帥百隸而~,以索室毆疫。(0851 上)

晉 [晋] jìn 殳、矛柄部末端的銅套。圓錐形,可插於地。亦稱鐏。鄭玄《注》引鄭司農云:"晉,謂矛戟下銅鐏也。"《周禮·冬官考工記·廬人》:參分其圍,去一以為~圍;五分其~圍,去一以為首圍。(0927 上)

【晉鼓】鼓名。鼓長六尺六寸,兩面。為六鼓之一。奏樂時,先擊鍾,後擊晉鼓。鄭玄《注》:"晉鼓長六尺六寸。金奏,謂樂作擊編鍾。"賈公彥《疏》:"鄭云先擊鍾,次擊鼓。金則鍾也,奏則擊也,則是擊鍾後即擊鼓。故云晉鼓鼓金奏。"《周禮·地官·鼓人》:以鼖鼓鼓軍事,以鼛鼓鼓役事,以~鼓金奏。(0720 下)

晉鼓

冔 xǔ 冠名。殷稱弁曰冔。鄭玄《注》:"冔名出於幠。幠,覆也,言所以自覆飾也。"《儀禮·士冠禮》:周弁,殷~,夏收。(0958 下)

書 (书) shū 即文字。由文字形音義構成的知識。包括象形、會意、轉注、處事、假借、諧聲。為六藝之一。《周禮·地官·大司徒》:三曰六藝,禮、樂、射、御、~、數。(0707 中)

【書方】記錄喪禮送死者車馬財物數目的方板。此為喪葬之物,不事先報告,不得進入公門。鄭玄《注》:"方,板也。《士喪禮》下篇曰:'書賵於方。'"孔穎達《疏》:"書,謂條錄送死者物件數目多少,如今死人移書也。方,板也。百字以上,用方板書之,故云書方也。"《禮記·曲禮下》:~、衰、凶器,不以告,不入公門。(1258 上)

【書卦】書寫卦體於卦版。為筮人卒筮所行之事。鄭玄《注》:"書卦者筮人,以方寫所得之卦。"賈公彥《疏》:"此言所筮六爻俱了,卦體得成,更以方版書體,示主人之事也。"《儀禮·士冠禮》:卒筮,~,執以示主人。(0946 下)

卦版

【書致】書契。致,用同"質"。王引之《經義述聞·卷十四》云:"致,讀為質劑之'質'。《周官·小宰》:'聽賣買以質劑。'鄭注曰:'質劑,謂兩書一札,同而別之。長曰質,短曰劑,今之券書也。'"一說,孔穎達《疏》:"書致,謂圖書於板,丈尺委曲書之,而致之於尊者也。以上諸物可動,故不云致,而田宅著土,故板圖書畫以致之,故言書,又言致也。然古者田宅悉為官所賦,本不屬民,今得此田宅獻者,是或有重勳為君王所賜可為己有,故得有獻。"《禮記·曲禮上》:獻米者,操量鼓;獻熟食者,操醬齊;獻田宅者,操~。(1244 上)

【書契】契約之類的文書憑證。為官

府治理政事所使用的八種成規（八成）之一。古時契分爲左右兩半，雙方各執其一，用時合對以爲徵信。鄭玄《注》："鄭司農云：'……書契，符書也。'……（玄謂）書契，謂出予受入之凡要。"孫詒讓《正義》："此皆合并兩札，刻書以爲符信，故曰符書。……詒讓案：《説文·大部》云：'契，大約也。'凡以文書爲要約，或書於符券，或載於簿書，並謂之書契。"《周禮·天官·小宰》：以官府之八成經邦治：一曰聽政役以比居，二曰聽師田以簡稽，三曰聽間里以版圖，四曰聽稱責以傅別，五曰聽禄位以禮命，六曰聽取予以～，七曰聽賣買以質劑，八曰聽出入以要會。（0654 上）

冕 miǎn 天子、諸侯、卿、大夫祭祀、朝儀時所戴的禮帽。爲首服中最尊者。冕頂覆以版曰延，以其前後引出而長得名。延上玄下朱，後高前低，下伏，得冕名。延有紐，自延左右垂下。著於首者稱武，亦稱冠卷。武兩旁有小孔，用以穿笄貫紐及髮以固冕。延前有五彩絲繩十二，稱繅，亦稱就。每繩間隔約一寸。每繩貫五彩玉十二，亦稱斿或旒。有朱紘一條，屬兩端於武孔之笄，繫於領下。天子、諸侯所著冕以旒數多少區別尊卑。天子旒十二，玉十二，諸侯九旒九玉；卿七旒七玉，大夫五旒五玉。《弁師》鄭玄《注》："延，冕之覆，在上，是以名焉。紐，小鼻，在武上，笄所貫也。……繅，雜文之名也。合五采絲爲之繩，垂於延之前後，各十二，所謂邃延也。就，成也。繩之每一帀而貫五采玉十二，斿則十二玉也。每就間蓋一寸。"《周禮·夏官·弁師》：掌王

之五～，皆玄冕、朱裏、延紐。五采繅十有二就，皆五采玉十有二，玉笄，朱紘～，釋幣于禰。（1088 下）《禮記·禮器》：天子之～，朱緑藻，十有二旒，諸侯九，上大夫七，下大夫五，士三。（1433 下）

【冕服】大夫以上著冕所服之禮服稱冕服。區別於著弁之弁服，著冠之冠服。爲禮服中之最尊者。據《周禮·春官·司服》載，凡吉禮皆戴冕，而服飾隨事而異，有大裘而冕、袞冕、鷩冕、毳冕、希冕、玄冕。大裘之冕無旒，其餘五服同冕。《大行人》鄭玄《注》："冕服，著冕所服之衣也。"《周禮·秋官·大行人》：上公之禮，執桓圭九寸，繅藉九寸，～九章。（0890 下）《禮記·祭統》：諸侯耕於東郊亦以共齊盛，夫人蠶於北郊以共～。（1603 中）

景 ㊀ jǐng ❶鍾乳。鍾面上突出之部分。鄭玄《注》引鄭司農云："枚，鍾乳也。"孫詒讓《正義》引程瑤田云："枚，隆起有光，故又謂之景。"《周禮·冬官考工記·鳧氏》：鍾帶謂之篆，篆間謂之枚，枚謂之～。（0916 上）❷用絲織縐紗做成的襌罩衣。婚禮親迎時，新婦在道途中加於衣外，用以防禦風塵。鄭玄《注》："景之制蓋如明衣，加之以爲行道禦塵，令衣鮮明也。景亦明也。"《儀禮·士昏禮》：婦乘以几，姆加～，乃驅，御者代。（0966 中）

㊁ yǐng 見下。

【景夕】日影近晚夕。地中日方正，而此地日影已夕，説明此地偏東。爲

測地東西之法。鄭玄《注》引鄭司農曰:"景夕謂日跌景乃中,立表之處大東,近日也。景朝謂日未中而景中,立表處大西,遠日也。"孫詒讓《正義》:"凡地之東西緯度同,則距日遠近亦不異,故景無長短而有朝夕,氣亦無寒暑而有燥濕。若其地偏東,則得日較早,故地中日方中而此已夕,其氣亦燥而多風。若其地偏西,則得日較遲,故地中日已中而此尚朝,其氣亦濕而多陰。"《周禮・地官・大司徒》:以土圭之灋測土深,正日景以求地中。日南則景短,多暑;日北則景長,多寒;日東則~,多風;日西則景朝,多陰。(0704 上)

【景₂長】日影長。日影長於土圭之影,説明此地偏北。爲測地南北之法。參見"景₂短"。《周禮・地官・大司徒》:以土圭之灋測土深,正日景以求地中。日南則景短,多暑;日北則~,多寒;日東則景夕,多風;日西則景朝,多陰。(0704 上)

【景₂朝(zhāo)】日影近朝。地中日已正,而此地日影尚朝,説明此地偏西。爲測地東西之法。參見"景₂夕"。《周禮・地官・大司徒》:以土圭之灋測土深,正日景以求地中。日南則景短,多暑;日北則景長,多寒;日東則景夕,多風;日西則~,多陰。(0704 上)

【景₂短】日影短。日影短於土圭之影,説明此地偏南。爲測地南北之法。鄭玄《注》引鄭司農曰:"日南謂立表處大南,近日也。日北謂立表處大北,遠日也。"孫詒讓《正義》:"地體渾圓,以距日之遠近,爲景之長短及氣之寒暑。蓋日行出入常近赤道,中國居赤道北,若其地偏南,則於日爲近南,距日較遠,日光線所射微正,故其景短,得日之光熱亦最盛而多暑。若其地偏北,則於日爲近北,距日較遠,日光線所射尤斜,故其景長,得日之光熱亦大減而多寒也。"《周禮・地官・大司徒》:以土圭之灋測土深,正日景以求地中。日南則~,多暑;日北則景長,多寒;日東則景夕,多風;日西則景朝,多陰。(0704 上)

普 pǔ 見下。

【普淖(zhào)】置於鉶中加鹽菜的肉醬。見王引之《經義述聞・卷十》。一説,爲黍稷。鄭玄《注》:"普淖,黍稷也。"《儀禮・士虞禮》:敢用絜牲剛鬣、香合、嘉薦、~、明齊溲酒,哀薦祫事,適爾皇祖某甫。(1174 上)

【普薦】置於俎中的牲與魚腊。王引之《經義述聞・卷十》:"則所謂普薦者,當謂牲與魚腊之俎。"一説,爲鉶羹。鄭玄《注》:"普薦,鉶羹。"《儀禮・士虞禮》:用尹祭、嘉薦、普淖、~、溲酒,適爾皇祖某甫,以隮祔爾孫某甫。尚饗!(1176 上)

曾 zēng 見下。

【曾孫某】天子、諸侯祭曾祖以上祖先時的自稱。鄭玄《注》:"謂諸侯事五廟也,於曾祖以上稱曾孫而已。"《禮記・郊特牲》:祭稱孝孫、孝子,以其義稱也;稱~,謂國、家也。(1457 中)

【曾子問第七】《禮記》第七篇篇名。除子游與子夏問孔子兩條外,全是曾子與孔子對有關喪禮、祭禮或行吉禮而遭喪變應該如何處理的問答之辭。孔穎達《疏》引鄭玄《三禮目錄》云："名爲《曾子問》者,以其記所問多明於禮,故著姓名以顯之。曾子,孔子弟子曾參。此於《別錄》屬喪服。"(1388下)

會（会）㊀ huì ❶天子有征伐之事,召諸侯來朝。無常期。亦稱時見。鄭玄《注》："時見者,言無常期。諸侯有不順服者,王將有征討之事,則既朝覲,王爲壇於國外,合諸侯而命事焉。《春秋傳》曰'有事而會,不協而盟'是也。"《周禮·春官·大宗伯》：以賓禮親邦國：春見曰朝,夏見曰宗,秋見曰覲,冬見曰遇,時見曰～,殷見曰同,時聘曰問,殷覜曰視。(0759下)❷音節,節奏。鄭玄《注》："大同六樂之節奏,正其位,使相應也。"《周禮·春官·大胥》：以六樂之～正舞位,以序出入舞者,比樂官,展樂器。(0794下)❸會同盟誓之辭。爲六辭之一。鄭玄《注》："會,謂會同盟誓之辭。"《周禮·春官·大祝》：作六辭以通上下、親疏、遠近：一曰祠,二曰命,三曰誥,四曰～,五曰禱,六曰誄。(0809中)❹簠、敦等器物的蓋子。鄭玄《注》："會,簠蓋也。"《儀禮·公食大夫禮》：宰夫東面坐,啓簠～,各卻于其西。(1081下)❺諸侯依約定時間在邊境相見稱會。孫希旦《集解》引呂大臨曰："會、遇、聘、問、誓、盟,皆諸侯之禮也。會禮詳而遇禮略。期而相見曰會,日有期,地有所也。郤地,竟上之地也。"《禮記·曲禮下》：諸侯未及期相見曰遇,相見於郤地曰～。(1266上)

【會同】諸侯朝見天子之禮。天子有事諸侯臨時來朝曰會,衆諸侯於四季來朝天子曰同。析言則異,通言則不別。據金鶚《求古錄禮說·會同考》,會同之禮有四：一爲天子將有征討,會一方諸侯於京師；一爲天子不巡狩,四方諸侯皆會京師。此二者皆行於境內。一爲天子巡狩諸侯,諸侯會於方嶽；一爲天子不巡狩,而衆諸侯畢會於近畿。此二者行於境外。天子合一方諸侯謂之小會同,天子所會四方六服,諸侯畢至,謂之大會同。《典瑞》鄭玄《注》："時見曰會,殷見曰同。"參見"會㊀①""同①"。《周禮·春官·典瑞》：子執穀璧,男執蒲璧,繅皆二采再就,以朝覲、宗遇、～于王。(0777上)《禮記·少儀》：賓客主恭,祭祀主敬,喪事主哀,～主詡。(1514下)

【會飯】指盛在有蓋之簠中的黍稷飯。鄭玄《注》："會飯,謂黍稷也。此食黍稷,則初時食稻粱。"賈公彥《疏》："知會飯是黍稷者,見上文云：'宰夫東面坐,啓簠會,各卻於其西。'此云食會飯,故知會飯者是黍稷也。"《儀禮·公食大夫禮》：賓卒食～,三飲,不以醬湆。(1083上)

【會同主詡(xǔ)】會同之時以言辭敏捷、大膽敢言爲主。鄭玄《注》："詡謂敏而有勇。"孔穎達《疏》："詡謂敏大言語,會同之時,貴在敏捷勇武自光大。"《禮記·少儀》：賓客主恭,祭祀主敬,喪事主哀,～。(1514下)

㊁ kuài ❶冠弁、衣物等的合縫稱會。《弁師》鄭玄《注》："會,縫中也。"《雜記下》鄭玄《注》："會,謂領上縫

也。"《周禮·夏官·弁師》:王之皮弁,~五采玉璂,象邸玉笄。(0854下)《禮記·雜記下》:韠長三尺,下廣二尺,上廣一尺,~去上五寸。(1569下)❷年終的總計。鄭玄《注》:"會,大計也。"孫詒讓《正義》:"是會爲每年之歲計,對日計、月計爲大。"《周禮·天官·大宰》:歲終,則令百官府各正其治,受其~。(0650下)

【會₂計】統計之簿書。賈公彥《疏》:"聽其會計者,羣吏以會計文書送於司會者,司會皆聽斷之。"《周禮·天官·司會》:掌國之官府、郊野、縣都之百物材用,凡在書契、版圖者之貳,以逆羣吏之治而聽其~。(0679下)

嘗

(尝) cháng 宗廟秋祭之名。爲夏、殷之祭名,亦爲周祭宗廟之名。秋天新穀成熟,於宗廟祭祀祖先,使品嘗新穀。嘗祭無樂,禘祭則要用樂。《王制》鄭玄《注》:"此蓋夏、殷之祭名。……《詩·小雅》曰:'礿祠烝嘗,于公先王。'此周四時祭宗廟之名。"孔穎達《疏》引《白虎通》云:"嘗者,新穀熟而嘗之。"《郊特牲》孔穎達《疏》:"嘗謂秋祭宗廟,以其在陰時,故無樂。"《周禮·春官·司尊彝》:秋~、冬烝,祼用斝彝、黄彝。(0773上)《禮記·王制》:天子、諸侯宗廟之祭,春曰礿,夏曰禘,秋曰~,冬曰烝。(1335下)《禮記·郊特牲》:故春禘而秋~,春饗孤子,秋食耆老,其義一也,而食、嘗無樂。(1446中)

暢

(畅) chàng 用同"鬯"。鬱金香草。爲釀製香酒的原料。孔穎達《疏》:"暢,謂鬱鬯也者《禮記·雜記上》:~,臼以梧,杵以梧。枕以桑,長三尺,或曰五尺。(1555下)

【暢月】充實不發之月。謂農曆十一月。孔穎達《疏》:"暢,充也。言名此月爲充實之月,當使萬物充實,不發動故也。"一說,俞樾讀"暢"爲"腸",腸訓不生,十一月萬物未生。《禮記·月令》:地氣沮泄,是謂發天地之房,諸蟄則死,民必疾疫,又隨以喪。命之曰~。(1382下)

暴

㈠ bào 指喪事、祭祀的開支用之無度而超出預算。鄭玄《注》:"暴,猶耗也。"孫希旦《集解》:"愚謂不足,謂財匱而不給,由於用之無度,而物力傷殘也,故曰暴。"《禮記·王制》:喪、祭,用不足曰~,有餘曰浩。(1334上)

【暴天物】暴害天物。謂田獵不依禮行事,殺傷過多的野獸。孔穎達《疏》:"若田獵不以其禮,殺傷過多,是暴害天之所生之物。"《禮記·王制》:無事而不田曰不敬,田不以禮曰~。(1333中)

㈡ pù 見下。

【暴₂尪(wāng)】曝曬仰面不能俯身的病患者。爲古時天旱求雨之習俗。鄭玄《注》:"尪者,面鄉天。覬天哀而雨之。"《禮記·檀弓下》:天久不雨,吾欲~而奚若?(1317上)

【暴₂練】將絲帛煮熟後置於陽光下暴曬。爲染色之工序。鄭玄《注》:"暴練,練其素而暴之。"孔穎達《疏》:"素即絹也,先練乃暴之。"《周禮·天官·染人》:凡染,春~、夏纁玄,秋染夏,冬獻功。(0692下)

曠

曠（旷）kuàng　見下。

【曠左】空着左邊的位置。祥車本爲生前所乘之車，葬時以爲喪車，空其左以爲神位。鄭玄《注》："空神位也。祥車，葬之乘車。"孔穎達《疏》："祥，猶吉也。吉車爲平生時所乘也，死葬時因爲魂車。鬼神尚吉，故葬魂乘吉車也。曠，空也。車上貴左，故僕在右，空左以擬神也。"《禮記·曲禮上》：祥車～。（1253 中）

水（氵冰）部

水 shuǐ ❶可飲用之水。爲六飲之一。《周禮·天官·漿人》：掌王之六飲，～、漿、醴、涼、醫、酏，入于酒府。（0670 下）❷指玄酒。胡培翬《正義》："水尊，玄酒之尊也。"《儀禮·士虞禮》：～尊在酒西，勺北枋。（1174 下）❸指水牛皮。與兕牛皮合爲天子四重棺之一重。鄭玄《注》："以水牛、兕牛之革以棺被，革各厚三寸，合六寸也。此爲一重。"孔穎達《疏》："二皮能濕，故最在裏，近尸也。"《禮記·檀弓上》：天子之棺四重，～、兕革棺被之，其厚三寸。（1293 中）

【水地】用水平之法測量地之高下。鄭玄《注》："於四角立植，而縣以水，望其高下。高下既定，乃爲位而平地。"孫詒讓《正義》："將建國，必先以水平地，以爲測量之本。……四角立植，即於所平之地立之。縣繩所以正植，亦以測四植距水之高下均否，此蓋兼有準繩之用矣。"《周禮·冬官考工記·匠人》：建國，～以縣，置槷以縣，眡以景。（0927 上）

【水庸】水溝。爲蜡祭所祀之神。鄭玄《注》："水庸，溝也。"孔穎達《疏》："坊者，所以畜水，亦以鄣水。庸者，所以受水，亦以泄水。謂祭此坊與水庸之神。"《禮記·郊特牲》：祭坊與～，事也。（1454 上）

【水湅(liàn)】治絲使熟的方法。先用濾清的灰水浸泡絲七天，然後漂洗掛起來曝曬。白天曝於陽光下，夜晚懸於井中，經過七日七夜，謂之水湅。孫詒讓《正義》："湅絲必以灰和水，又恐其濁而失其色，故必沸而清之，而後可漚。古凡治絲麻布帛，必以灰。……但絲之灰湅，蓋唯用欄灰漚之，不淫以蜃，與帛灰湅小異也。"《周禮·冬官考工記·㡛氏》：湅絲，以涗水漚其絲七日，去地尺暴之。晝暴諸日，夜宿諸井，七日七夜，是謂～。（0919 中）

【水尊】盛有玄酒的尊。胡培翬《正義》："水尊，玄酒之尊也。"《儀禮·士虞禮》：～在酒西，勺北枋。（1174

【水禁】有關河川水域的禁令。如水中害人之處不得進入，不得違反時令捕捉魚鱉等。鄭玄《注》：「水禁，謂水中害人之處及入水捕魚鱉不時。」賈公彥疏：「'水中害人之處'，或有深泉、洪波、沙蟲、水弩。云'捕魚鱉不時'者，案《月令》，春、秋及冬取魚，夏不合取魚，夏取則不時，故云不時皆禁之也。」《周禮·秋官·萍氏》：掌國之～。（0885 中）

【水虞】職官名。掌管川澤。孫希旦《集解》：「愚謂水虞，澤虞。漁師，虞人也。水泉池澤之賦，若《周禮·虞人》之'虞徵'，《掌葛》'徵草貢之材于澤農'之類是也。」《禮記·月令》：乃命～、漁師收水泉、池澤之賦，毋或敢侵削衆庶兆民，以爲天子取怨于下。（1382 中）

【水蟲】指水中狐蜮等毒蟲。鄭玄《注》：「水蟲，狐蜮之屬。」孫詒讓《正義》：「蜮，一名短狐，水中毒蟲也。」《周禮·秋官·壺涿氏》：掌除～，以炮土之鼓敺之，以焚石投之。（0889 中）

【水蠱(gǔ)】指會發聲的兩棲動物。如黽、青蛙、蝦蟆等。孫詒讓《正義》：「即黽電之屬有聲者，與《壺涿氏》水蟲異。」《周禮·秋官·蟈氏》：掌去蛙黽，焚牡蘜，以灰灑之，則死。以其煙被之，則凡～無聲。（0889 中）

【水蒼玉】雜有斑紋的深青色玉石。爲大夫所佩。鄭玄《注》：「玉有山玄、水蒼者，視其文色所似也。」孔穎達《疏》：「玉色……似水之蒼而雜有文。……尊者玉色純，公侯以下玉色漸雜，而世子及士唯論玉質，不明玉色，則玉色不定也。」《禮記·玉藻》：天子佩白玉而玄組綬，公侯佩山玄玉而朱組綬，大夫佩～而純組綬。（1482 下）

求

qiú 見下。

【求日】以占筮確定行禮的日期。古人對確定禮期很重視，進行這種活動時極其莊敬嚴肅。參見"筮日"。《儀禮·士冠禮》：前期三日，筮賓，如～之儀。（0947 中）

【求牛】爲祭祀挑選的以備卜的牛牲。孫詒讓《正義》：「陳祥道云：'……享牛卜而後用，求牛具而不必卜。'……惠士奇云：'凡祭祀前三日擇牲，君召牛納而視之，擇其毛而卜之，是爲求牛。求猶擇也。卜吉而後養之，是爲享牛。……'案：陳、惠説校二鄭爲長。蓋凡大祭祀，牛必卜繫，其別以備臨時有故更易者，則不卜繫，此即享牛、求牛之義。」一説，爲繹祭之牛。鄭玄《注》：「求，終也。終事之牛，謂所以繹者也。」《周禮·地官·牛人》：凡祭祀，共其享牛、～，以授職人而芻之。（0723 下）

汁

zhī 雨夾雪。鄭玄《注》：「雨汁者，水雪雜下也。」《禮記·月令》：行秋令，則天時雨～，瓜瓠不成，國有大兵。（1383 中）

【汁獻(suō)】即秬鬯。以黑黍和鬱金香草釀成的香酒。主要用於祭祀灌地、齋戒時沐浴及大喪浴屍。鄭玄《注》：「謂涗秬鬯以醆酒也。獻，讀當爲莎，齊語聲之誤也。秬鬯者，中有煑鬱，和以盎齊，摩莎涗之，出其香汁，因謂之汁莎。不以三酒涗秬鬯

者,秬鬯尊也。"参見"秬鬯"。《禮記・郊特牲》:醆酒涗于清,～涗于醆酒,猶明、清與醆酒于舊澤之酒也。(1457下)

氾 fàn 見下。

【氾拜】謂合衆賓一次拜之。爲拜賤者之禮。鄭玄《注》:"衆賓,謂士妻也。尊者皆特拜,拜士與其妻,皆旅之。"孔穎達《疏》:"謂不特也。衆賓、士妻賤,故氾拜之。"《禮記・喪大記》:大夫内子士妻,特拜命婦,～衆賓於堂上。(1573下)

汙 wā 見下。

【汙尊而抔飲,蕢桴而土鼓】挖地爲坑當酒尊,用手掬之而飲,搏土爲鼓槌,築土做鼓。爲祭禮之最初形態。说明祭祀鬼神,不重物質之豐富,關鍵在於是否有恭敬之心。鄭玄《注》:"言其物雖質略,有齊敬之心,則可以薦羞於鬼神,鬼神饗德不饗味也。中古未有釜甑,釋米捋肉,加於燒石之上而食之耳。今北狄猶然。汙尊,鑿地爲尊也。抔飲,手掬之也。蕢,讀爲由,聲之誤也。由,堛也,謂搏土爲桴也。土鼓,築土爲鼓也。"《禮記・禮運》:夫禮之初,始諸飲食。其燔黍捭豚,～,猶若可以致其敬於鬼神。(1415中)

池 chí

❶棺飾。用竹篾紫成,外覆青布,懸於柳(覆於棺上的木框)上,猶如死者生前屋檐下的承霤。依禮,君三池,懸於三面;大夫二池,懸於兩邊;士一池,懸於柳前。《既夕禮》鄭玄《注》:"池者,象宫室之承霤,以竹爲之,狀如小車笒,衣以青布,一池懸於柳前。"賈公彦《疏》:"案《喪大記》,君三池,大夫二池,士一池。君三池,三面而有;大夫二池,縣於兩相;士一池,縣於柳前面而已。"《喪大記》孔穎達《疏》:"三池者,諸侯禮也。池,謂編竹爲籠,衣以青布,挂著於柳上荒邊爪端,象平生宫室有承霤也。天子生有四注屋,四面承霤,柳亦四池。象之諸侯屋亦四注,而柳降一池,闕於後一,故三池也。"《儀禮・既夕禮》:商祝飾柩:一～,紐,前緇後緇,齊三采,無貝。(1148中)《禮記・喪大記》:飾棺:君龍帷,三～,振容,黼荒,火三列,黼三列。(1583下) ❷護城河。賈公彦《疏》:"謂環城與郭皆有溝池。"《周禮・夏官・掌固》:掌脩城郭、溝～、樹渠之固,頒其士庶子及其衆庶之守。(0843中) ❸蓄水池。鄭玄《注》:"池,謂陂障之水道也。"孫詒讓《正義》:"池以潴水,與上三者爲田閒通水别也。"《周禮・秋官・雍氏》:掌溝瀆澮～之禁,凡害於國稼者。(0885上)

沐 mù 淘米水。用以爲死者洗髮。《士喪禮》鄭玄《注》:"沐,管人所責潘也。"《喪大記》鄭玄《注》:"渐飯米,取其潘以爲沐也。"《儀禮・士喪禮》:外御受～人。(1133下)《禮記・喪大記》:管人汲,授御者,御者差～于堂上。(1576上)

【沐浴】洗髮爲沐,洗身爲浴。王及后喪,沐用淘米水,浴用熱水。賈公彦《疏》:"王及后喪,沐用潘,浴用湯,始死爲之於南牖下。"《周禮・天官・女御》:大喪,掌～。(0689下)

【沐粱】用淘粱之水洗髮。爲諸侯及天子之士喪禮之儀節。鄭玄《注》:

"淅飯米,取其潘以爲沐也。……《士喪禮》沐稻,此云'士沐粱',蓋天子之士也。"孔穎達《疏》:"就稻粱之内,粱貴而稻賤。……粱是穀中之美,……故諸侯之士用稻,天子之士用粱。"《禮記·喪大記》:君～,大夫沐稷,士～。(1576 上)

【沐稷】用淘稷之水洗髮。爲大夫喪禮之儀節。鄭玄《注》:"淅飯米,取其潘以爲沐也。"孔穎達《疏》:"黍稷相對,稷雖爲重,其味短,故大夫用之。"《禮記·喪大記》:君沐粱,大夫～,士沐粱。(1576 上)

【沐稷而靧粱】用淘稷之水洗髮,用淘粱之水洗面。爲大夫之禮。孔穎達《疏》:"沐,洗髮也。靧,洗面也。取稷粱之潘汁,用將洗面沐髮,並須滑故也。然此大夫禮耳,又人君沐靧皆粱也。"《禮記·玉藻》:日五盥,～,櫛用樿櫛,髮晞用象櫛。(1475 中)

沙 shā

"紗"的本字。精細、輕薄的絲織品。《内司服》鄭玄《注》:"素沙者,今之白縳(juān)也。六服皆袍制,以白縳爲裏,使之張顯。今世有沙縠者,名出于此。"孫詒讓《正義》:"沙、紗,古今字。"《周禮·天官·内司服》:掌王后之六服:褘衣、揄狄、闕狄、鞠衣、展衣、緣衣、素～。(0691 上)《禮記·雜記上》:内子以鞠衣、襃衣、素～,下大夫以襢衣,其餘如士。(1551 中)

沃 wò

見下。

【沃盥(guàn)】奉匜澆水洗手,下以盤盛之。爲禮儀中的儀節。《鬱人》孫詒讓《正義》:"《説文·皿部》云:'盥,澡手也。'……沃盥者,謂行禮時必澡手,使人奉匜盛水以澆沃之,而下以槃承其棄水也。"《周禮·春官·鬱人》:詔祼將之儀與其節,凡祼事,～。(0770 下)《儀禮·士昏禮》:夫入于室即席,婦尊西南面,媵、御～交。(0966 中)《禮記·內則》:進盥,少者奉槃,長者奉水,請～。(1461 下)

【沃尸盥】奉匜爲尸澆水洗手。爲祭禮之儀節。《小祝》賈公彥《疏》:"尸尊不就洗,按《特牲》《少牢》,尸入廟門盥於盤,其時小祝沃水。"《周禮·春官·小祝》:大祭祀,逆齍盛,送逆尸,～,贊隋,贊徹,贊奠。(0812 上)《儀禮·特牲饋食禮》:～者一人,奉槃者東面,執匜者西面,淳沃執巾者在匜北。(1192 中)

泛 fàn

見下。

【泛齊(jì)】味薄之濁酒。釀酒成後,滓泛其上,故稱。爲五齊之一。五齊皆爲有滓不沸、糟汁未分之酒,其中泛齊最濁,沈齊最清。用於祭祀。鄭玄《注》:"泛者,成而滓浮泛泛然,如今宜成醪矣。"孫詒讓《正義》:"成而滓浮,謂酒孰而糟上浮。……泛齊味薄,故謂之行酒。"參見"五齊"。《周禮·天官·酒正》:辨五齊之名:一曰～,二曰醴齊,三曰盎齊,四曰緹齊,五曰沈齊。(0668 下)

沈 chén

沉祭品(牲或玉)於水中以祭川澤。《大宗伯》鄭玄《注》:"祭山林曰埋,川澤曰沈。"《周禮·春官·大宗伯》:以血祭祭社稷、五祀、五嶽,以貍～祭山林、川澤,以疈(pí)辜祭四方百物。(0758 上)《儀禮·覲禮》:祭天,燔柴。祭山、丘陵,升

祭川,~。祭地,瘞。(1094 上)

【沈齊(jì)】釀成後滓沉於下之濁酒。爲五齊之一。五齊皆爲有滓不沛、糟汁未分之酒,其中泛齊最濁,沈齊最清。用於祭祀。鄭玄《注》:"沈者,成而滓沈,如今造清矣。"參見"五齊"。《周禮·天官·酒正》:辨五齊之名:一曰泛齊,二曰醴齊,三曰盎齊,四曰緹齊,五曰~。(0668 下)

[決] jué 用同"抉"。即射抉。射箭時著於右手大拇指上,以便鉤弦時保護手指,以象骨爲之。今謂之扳機、扳指。亦指爲死者所做的隨葬決,用優質的木材玉棘或檡棘做成,以別於生前所用的象骨決。《大射》鄭玄《注》:"決,猶闓也。以象骨爲之,著右巨指,所以鉤弦而闓之。"《儀禮·大射》:司射簡次,袒、~、遂,執弓,挾乘矢於弓外,見鏃於弣,右巨指鉤弦。(1034 中)《儀禮·士喪禮》:~,用正王棘,若檡棘,組繫,纊極二。(1131 上)

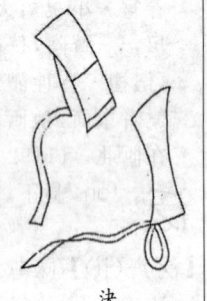
決

【泰】 tài 酒器名。瓦製。相傳爲有虞氏時代的酒尊。鄭玄《注》:"泰,用瓦。"孫希旦《集解》:"愚謂泰,泰古之瓦尊無飾者,《燕禮》曰'公尊瓦大兩'是也。瓦尊起於大古,而有虞氏用焉。"《禮記·明堂位》:~,有虞氏之尊。山罍,夏后氏之尊也。(1490 下)

【泰折】舉行祭地典禮的土築方臺。位於北郊。祭時將牲、帛埋於土。鄭玄《注》:"壇、折,封土爲祭處也。"孫希旦《集解》:"泰折者,北郊之坎也。泰者,尊之稱也。"陳澔《集説》:"泰折,即方丘。折,如磬折之義,喻方也。"《禮記·祭法》:燔柴於泰壇,祭天也。瘞埋於~,祭地也。用騂犢。(1588 上)

【泰昭】祭四時之神的土壇。祭時以少牢埋於土。鄭玄《注》:"昭,明也,亦謂壇也。時,四時也,亦謂陰陽之神也。埋之者,陰陽出入於地中也。"孔穎達《疏》:"泰昭,壇名也。昭,亦謂取明也。"《禮記·祭法》:埋少牢於~,祭時也。(1588 上)

【泰筮】對筮草的尊稱。古人認爲筮草生百年而神,故用以占卜吉凶。孔穎達《疏》:"泰,大中之大也。欲襃美此龜筮,故謂爲泰龜、泰筮也。"《禮記·曲禮上》:爲日,假爾泰龜有常,假爾~有常。(1251 中)

【泰厲】帝王無後者之鬼。是天子爲羣族姓設立的七祀之一。鬼無所歸則爲厲,祀之以除災害。孔穎達《疏》:"曰泰厲者,謂古帝王無後者也。此鬼無所依歸,好爲民作禍,故祀之也。"《禮記·祭法》:王爲羣姓立七祀:曰司命,曰中霤,曰國門,曰國行,曰~,曰戶,曰竈。(1590 上)

【泰壇】舉行祭天典禮的土築圓臺。位於南郊。祭時在壇上以柴焚燒牲、玉。鄭玄《注》:"壇、折,封土爲祭處也。壇之言坦也。坦,明貌也。"孫希旦《集解》:"泰壇者,南郊之壇也。泰折者,北郊之坎也。泰者,尊之稱也。……折以言其方,則知泰壇之爲圓矣。"《禮記·祭法》:燔柴於~,祭天也。瘞埋於泰折,祭地也。(1588 上)

【泰龜】對龜的尊稱。龜爲四靈之一，灼龜甲占卜可預知吉凶。孔穎達《疏》："泰，大中之大也。欲襃美此龜筮，故謂爲泰龜、泰筮也。"《禮記・曲禮上》：爲日，假爾～有常，假爾泰筮有常。(1251 中)

【泰羹湆(qì)】即大羹湆。不和五味的肉湯。亦稱大羹。鄭玄《注》："湆，肉汁也。"《儀禮・士昏禮》"大羹湆在爨"鄭玄《注》："大羹湆，煑肉汁也。大古之羹無鹽菜。……今文'湆'皆作'汁'。"《儀禮・士虞禮》：～自門入，設于鉶南。(1169 上)

沽 gǔ 見下。

【沽功】指大功之布。爲齊衰之冠所用之布。鄭玄《注》："沽，猶麤也。冠尊，加其麤。麤功，大功也。"《儀禮・喪服》：牡麻絰，右本在上，冠者～也。(1103 中)

河 hé 見下。

【河出馬圖】黃河中有龍馬駄着的寶圖出現。傳說上古伏羲稱王天下時，黃河中有龍馬駄圖書出現，稱爲河圖。春秋戰國人認爲，鳳鳥至、河出圖，是天下太平、聖人受命的吉祥徵兆。漢人據《易・繫辭》"河出圖、洛出書，聖人則之"之文，附會出伏羲見龍馬所負之圖而畫成八卦的傳說。《禮記・禮運》：故天降膏露，地出醴泉，山出器車，～，鳳皇、麒麟皆在郊椒。(1427 中)

泉 quán 見下。

【泉府】職官名。掌管徵收市稅，收購滯銷貨物等。爵上士、中士、下士。《周禮・地官・泉府》：～，掌以市之征布，斂市之不售貨之滯於民用者。(0738 中)

注 zhòu 用同"咮"。鳥嘴。孫詒讓《正義》："《公羊釋文》云：'注與咮同。'案：《說文・口部》云：'咮，鳥口也。'"《周禮・冬官考工記・梓人》：以～鳴者，以旁鳴者，以翼鳴者。以股鳴者，以胷鳴者，謂之小蟲之屬，以爲雕琢。(0925 上)

治 zhì ❶指治典。包括六典、八法、八則、八柄、八統、九職等。孫詒讓《正義》："大宰於周正月朔日，始宣布治典於畿外邦國、畿內都鄙。"《周禮・天官・大宰》：正月之吉，始和布～于邦國、都鄙，乃縣治象之灋于象魏，使萬民觀治象。(0648 下)
❷總結政績之文書。鄭玄《注》："治，功狀也。"賈公彥《疏》："謂卿大夫士有治職功狀文書進于上。"《周禮・天官・小宰》：以官府之六敘正羣吏：一曰以敘正其位，二曰以敘進其～，三曰以敘作其事，四曰以敘制其食，五曰以敘受其會，六曰以敘聽其情。(0653 上)

【治中】治理政事的文書檔案。鄭玄《注》引鄭司農云："治中，謂其治職簿書之要。"孫詒讓《正義》："江永云：'凡官府簿書謂之中，故諸官言'治中'、'受中'，小司寇'斷庶民獄訟之中'，皆謂簿書，猶今之案卷也。'"《周禮・春官・天府》：凡官府、鄉州及都鄙之～，受而藏之，以詔王察羣吏之治。(0776 上)

【治兵】秋季軍隊演練兵法。孫詒讓《正義》:"秋習兵之法也。"《周禮·夏官·大司馬》:中秋,教~,如振旅之陳。(0837中)

【治典】治理國家的法典。為建邦六典之一。由天官冢宰執掌。鄭玄《注》:"典,常也,經也,灋也。……鄭司農云:'治典,冢宰之職,故立其官,曰使帥其屬而掌邦治,以佐王均邦國。'"《周禮·天官·大宰》:一曰~,以經邦國,以治官府,以紀萬民。(0645中)

【治官】指天官所屬官員。為王之臣僚,因其主掌邦治,故稱。鄭玄《注》:"自太宰至旅下士,轉相輔貳,皆王臣也。"《周禮·天官·敘官》:~之屬:大宰,卿一人;小宰,中大夫二人;宰夫,下大夫四人;上士八人;中士十有六人;旅下士三十有二人。(0640上)

【治朝】天子日常處理政務、與羣臣治事之所。為天子三朝之一。天子有外朝、治朝及燕朝。治朝居中,在路門外。鄭玄《注》:"治朝在路門外,羣臣治事之朝。"《周禮·天官·大宰》:王眡~,則贊聽治,眡四方之聽朝亦如之。(0650下)

【治象】記載政典的文字。孫詒讓《正義》:"治象之法,即上六典八法已下,凡大宰之官法皆是。……凡書著文字,通謂之象。"《周禮·天官·大宰》:正月之吉,始和布治于邦國都鄙,乃縣~之灋于象魏,使萬民觀~。(0648下)

【治職】治理政務之職事。為官府六職之一。賈公彥《疏》:"'一曰治職'者,謂以平為義也。云'以節財用'者,亦以制國用故也。"《周禮·天官·小宰》:以官府之六職辨邦治:一曰~,以平邦國,以均萬民,以節財用。(0653中)

洗 xǐ ❶盥洗時承接棄水的禮器。《士冠禮》鄭玄《注》:"洗,承盥洗者棄水器也。士用鐵。"賈公彥《疏》:"案漢禮器制度,洗之所用,士用鐵,大夫用銅,諸侯用白銀,天子用黃金也。"《儀禮·士冠禮》:夙興,設~,直于東榮,南北以堂深;水在~東。(0948上)《禮記·鄉飲酒義》:~當東榮,主人之所以自絜而以事賓也。(1682下) ❷洗手後再洗酒器。鄭玄《注》:"洗,盥而洗爵者。"賈公彥《疏》:"凡洗爵必先盥。盥有不洗爵者。此經直云洗,明盥手乃洗爵。"《儀禮·士冠禮》:贊者~于房中,側酌醴。(0952下)

洗

洫 xù 田方十里之間的水道。寬、深各八尺。《周禮·冬官考工記·匠人》:方十里為成,成間廣八尺,深八尺,謂之~。(0931下)

遂(溝洫同)

涅

niè 見下。

【涅廁】人死後，要將死者生前用過的廁所堵塞起來。因死者不用，以防生者玷污。鄭玄《注》："涅，塞也。爲人復往褻之，又亦鬼神不用。"《儀禮·既夕禮》：隸人～。(1159上)

涖

[莅] **lì** 見下。

【涖卜】指族長。占卜葬之日期，由有司中掌管族人親疏的族長臨視，故稱族長爲涖卜。鄭玄《注》："涖卜，族長也。"《儀禮·士喪禮》：～即位于門東，西面。(1143下)

【涖牲】訂立盟約時殺牲歃血誓於神。爲盟會之禮。孔穎達《疏》："亦諸侯事也。涖，臨也。臨牲者，盟所用也。盟者，殺牲歃血，誓於神也。若約束而臨牲，則用盟禮。"《禮記·曲禮下》：約信曰誓，～曰盟。(1266上)

涂

tú 指田間洫上之路。路寬一尋（八尺），可容一輛乘車。鄭玄《注》："涂，容乘車一軌。"賈公彥《疏》："軌，皆廣八尺。"《周禮·地官·遂人》：凡治野，夫間有遂，遂上有徑；十夫有溝，溝上有畛；百夫有洫，洫上有～。(0740下)

浮

fú 罰人飲酒。孔穎達《疏》："引《晏子春秋》者，證浮是罰爵之義。故《小爾雅》云：'浮，罰也。'"《禮記·投壺》：薛令弟子辭曰："毋憮，毋敖，毋偝立，毋踰言。若是者～。"(1667上)

流

liú ❶九州之外的邊遠地區。爲夷狄所居。夷狄流移，或貢或否，故名。鄭玄《注》："謂九州之外也。夷狄流移，或貢或不。"《禹貢》：'荒服之外，三百里蠻，二百里流。'"《禮記·王制》：千里之內曰甸，千里之外曰采，曰～。(1325中) ❷把罪人流放遠方。爲五刑之一。鄭玄《注》："流，放也。"《禮記·王制》：變禮易樂者爲不從，不從者君～。(1328中)

【流歠(chuò)】一口氣喝下去。依禮，與人共餐，不得"流歠"。孔穎達《疏》："毋流歠者，謂開口大歠，汁入口如水流，則欲多而速，是傷廉也。"《禮記·曲禮上》：毋搏飯。毋放飯。毋～。(1242下)

涗

shuì 見下。

【涗水】❶以灰過濾後的清水。用以漂湅絲。鄭玄《注》："涗水，以灰所泲水也。"孫詒讓《正義》："湅絲必以灰和水，又恐其濁而失其色，故必泲而清之，而後可湅。"《周禮·冬官考工記·幌氏》：以～漚其絲，七日，去地尺暴之。(0919上) ❷祭祀用的清酒和水。鄭玄《注》："涗，盎齊也。盎齊，涗酌也。凡尊有明水，因兼云水爾。"孫希旦《集解》："涗即盎也，盎齊曰涗酌。水，明水也。獻尸用齊，而不用明水，因明水配齊而設，故并言'涗水'也。"一說，爲涗酌之明水。孫詒讓《正義》："涗水似亦謂涗酌之明水，鄭彼注謂'凡尊有明水，因兼云水'，疑未塙。"《禮記·祭統》：及迎牲，君執紖、卿、大夫從，士執芻，宗婦執盎從，夫人薦～。(1603下)

【涗酌】酌用盎齊之法。盎齊不夠清冽，加入清酒，以竹筐過濾之。鄭玄《注》："盎齊差清，和以清酒，泲之而已。"孫詒讓《正義》："泲之，謂用筐釃之也。"一説，揩拭勺而後酌酒。鄭玄《注》引鄭司農云："涗酌者，涗拭勺而酌也。"《周禮·春官·司尊彝》：凡六彝、六尊之酌，鬱齊獻酌，醴齊縮酌，盎齊〜，凡酒脩酌。(0774 中)

清 qīng ❶即清酒。釀造時日最久，味最醇，濾去汁滓之酒。爲《周禮》酒正所掌三酒、四飲之一。亦爲祭祀專用之酒。《酒正》鄭玄《注》："清，謂醴之沛者。"《郊特牲》孔穎達《疏》："明謂明酌，清謂清酒。"參見"清酒""三酒"。《周禮·天官·酒正》：辨四飲之物：一曰〜，二曰醫，三曰漿，四曰酏。(0669 中)《儀禮·聘禮》：醙、黍、〜皆兩壺。(1064 中)《禮記·郊特牲》：醆酒涗于〜，汁獻涗于醆酒，猶明，〜與醆酒于舊澤之酒也。(1457 下) ❷指五音中之短音(高音)。與"濁"相對。《樂記》鄭玄《注》："清，謂蕤賓至應鐘也。濁，謂黃鐘至中呂也。"孔穎達《疏》："黃鐘至仲呂爲濁，長者濁也；蕤賓至應鐘爲清，短者清也。"《周禮·冬官考工記·鳧氏》：薄厚之所振動，〜濁之所由出，侈弇之所由興，有説。(0916 中)《禮記·樂記》：小大相成，終始相生。倡和〜濁，迭相爲經。(1536 中) ❸飲料。六清即水、漿、醴、涼、醫、酏。其既用於飲用，亦用於飯後漱口。鄭玄《注》："六清，水、漿、醴、涼、醫、酏。"《周禮·天官·膳夫》：凡王之饋，食用六穀，膳用六牲，飲用六〜。(0659 下)

【清酌】對祭祀所用酒之稱。孔穎達《疏》："言此酒甚清澈，可斟酌。"《禮記·曲禮下》：凡祭宗廟之禮，……水曰清滌，酒曰〜。(1269 上)

【清酒】冬釀夏成之陳酒。爲三酒之一。其味最醇，用於祭祀。鄭玄《注》："鄭司農云：'……清酒，祭祀之酒。'……玄謂……清酒，今中山冬釀接夏而成。"《周禮·天官·酒正》：辨三酒之物：一曰事酒，二曰昔酒，三曰〜。(0669 上)

【清滌】對祭祀所用水之稱。孔穎達《疏》："古祭用水當酒，謂之玄酒也。而云清滌，言其甚清皎潔也。"《禮記·曲禮下》：凡祭宗廟之禮，……水曰〜，酒曰清酌。(1269 上)

【清廟】祭祀周文王的樂歌。《詩經·周頌》中有《清廟》一篇，共八句。據《詩序》言："《清廟》，祀文王也。周公既成洛邑，朝諸侯，率以祀文王焉。"後亦爲天子行養老禮、魯人祭周公於太廟時演唱之歌樂。主要表現對先聖、先師、羣老以及天子仁心的讚頌。《禮記·文王世子》：登歌《〜》，既歌而語，以成之也。(1410 上)

淺 (浅) qiǎn 短毛獸皮。《既夕禮》鄭玄《注》："鹿淺，鹿夏毛也。"胡培翬《正義》："夏時鹿毛新生，故淺也。"《巾車》鄭玄《注》："以鹿夏皮爲覆苓。"《周禮·春官·巾車》：藻車，藻蔽，鹿〜幦，革飾。(0824 下)《儀禮·既夕禮》：薦乘車：鹿〜幦，干笮，革靾。(1163 中)

渠 qú 車輪之外圈。亦稱牙。鄭玄《注》："渠二丈七尺，謂罔也。其徑九尺。鄭司農云：'渠謂車輮，所謂牙。'"《周禮·冬官考工記·車人》：〜三柯者三。(0934 上)

【渠眉】玉器上雕刻的花紋。深凹者爲渠，凸起者爲眉。鄭玄《注》："渠眉，玉飾之溝瑑也。"孫詒讓《正義》：

"刻玉爲容突界畫,容者如地之溝渠,突者如地之堳埒,故謂之渠眉。"《周禮·春官·典瑞》:䪘圭、璋、璧、琮、琥、璜之~,疏璧、琮以斂尸。(0778上)

淫 yín 見下。

【淫祀】不合禮制的祭祀。鄭玄《注》:"妄祭,神不饗。"孔穎達《疏》:"此明祭有常典,不可輒擅廢興。"《禮記·曲禮下》:非其所祭而祭之,名曰~。~無福。(1268下)

【淫樂】即淫聲。參見"淫聲"。《禮記·樂記》:凡姦聲感人,而逆氣應之;逆氣成象,而~興焉。(1536上)

【淫聲】古以雅樂爲正聲,以不合於禮的俗樂爲淫聲。如春秋時鄭、衞兩國的民間音樂。儒家認爲鄭音好淫濫而使人意志放縱,衞音急促而使人意志煩勞,兩者皆爲"亂世之音"。《大司樂》鄭玄《注》:"淫聲,若鄭、衞也。"《周禮·春官·大司樂》:凡建國,禁其~、過聲、凶聲、慢聲。(0791中)《禮記·王制》:作~、異服、奇技、奇器以疑衆,殺。(1344上)

涼 [凉] liáng 薄酒。爲六飲之一。鄭玄《注》引鄭司農云:"涼,以水和酒也。"一說,爲寒粥。鄭玄《注》:"涼,今寒粥,若糗飯雜水也。"《周禮·天官·漿人》:掌共王之六飲:水、漿、醴、~、醫、酏。(0670下)

淳 ㊀ zhūn 見下。

【淳母(mú)】將熬好的肉醬加於黍飯上,並澆油。爲王膳八珍之一。鄭玄《注》:"母讀曰模。模,象也。作此象淳熬。"孔穎達《疏》:"法象淳熬而爲之,但用黍爲異耳。"參見"淳熬"。《禮記·內則》:~:煎醢加于黍食上,沃之以膏,曰~。(1468上)

【淳熬】將熬好的肉醬加於稻米飯上,並澆油。爲王膳八珍之一。孔穎達《疏》:"淳熬者,是八珍之內一珍之膳名也。淳,謂沃也,則沃之以膏是也。熬,謂煎也,則煎醢是也。……謂以陸地稻米,熟之爲飯,煎醢使熬,加于飯上,恐其味薄,更沃之以膏,使味相湛漬,曰淳熬。"《禮記·內則》:~:煎醢加于陸稻上,沃之以膏,曰~。(1468上)

㊁ zhǔn 見下。

【淳₂制】布帛長寬的標準。通行的標準曰淳,一端長二丈,布寬二尺二寸,帛寬二尺四寸。縮減的標準曰制。孫詒讓《正義》:"惠士奇云:'淳與純通,純猶全也。……古之幣帛有純有制,全曰純,量曰制,吉凶禮用制,賓嘉禮用純。'……惟惠氏以爲純即《媒氏》純帛之純,全者爲純,不全者爲制,嘉賓禮用純,吉凶禮用制。通校禮經,無不符合。……蓋古者布帛廣度不同,而一端之長,則咸以二丈爲正。如其正度者謂之純,純不必專屬廣度也。取其純者裁而減之,或減其長不及二丈,或減其廣布不及二尺二寸,帛不及二尺四寸者,則皆謂之制,制亦不必專屬長度也。……淳制爲布帛之專稱。"一說,鄭玄《注》:"故書淳爲敦,杜子春讀敦爲純。純謂幅廣也,制爲匹長。"《周禮·天官·內宰》:凡建國,佐后立市,設其次,置其敘,正其肆,陳其貨賄,出其度量、~,祭之以陰禮。(0685中)

渁

yì 用同"渫"。蒸葱。鄭玄《注》："渁,烝葱也。"《禮記·曲禮上》：膾炙處外,醢醬處內,葱~處末,酒漿處右。(1242上)

深

shēn 土地南北之距離。東西曰廣,南北曰深。孫詒讓《正義》引戴震云："測土深以南北言。聖人南面而聽天下,古者宮室皆南嚮,故南北爲深,東西爲廣,猶之車輿以前後爲深,左右爲廣也。表景短長即南北遠近,必測之而得,故曰測土深。"《周禮·地官·大司徒》：以土圭之灋測土~,正日景,以求地中。(0704上)。

【深弓】指角、幹、筋優良、射出速度快、射入物體深的弓。鄭玄《注》："射深之弓也。筋又善,則矢既疾而遠又深。"賈公彥《疏》："此弓三善者也。"《周禮·冬官考工記·弓人》：覆之而角至,謂之句弓;覆之而幹至,謂之侯弓;覆之而筋至,謂之~。(0937中)

【深衣】諸侯、大夫、士平常家居所穿之服,亦爲庶人之吉禮服。因上衣下裳相連,衣服深長,故稱。形如後世之長袍。深衣之制,用十五升布,鍛濯灰治,短不至於露出體膚,長不至於覆住地面。其衽、腰、袂的長短、高低,詳見《禮記·深衣》《禮記·玉藻》篇。孔穎達《疏》："凡深衣皆用諸侯、大夫、士夕時所著之服。故《玉藻》云：'朝玄端,夕深衣。'庶人吉服亦深衣,皆著之在表也。……所以此稱深衣者,以餘服則上衣下裳不相連,此深衣衣裳相連,被體深邃,故謂之深衣。"《禮記·深衣》：古者~,蓋有制度。(1664上)

【深蒲】水中之蒲。初生時嫩葉尚在深水中,可以爲菹。鄭玄《注》引鄭司農云："深蒲,蒲蒻入水深,故曰深蒲。"孫詒讓《正義》："深蒲蓋蒲始生,嫩葉未出水者,故可爲菹。"《周禮·天官·醢人》：加豆之實,芹菹、兔醢、~、醓醢、箈菹、鴈醢、筍菹、魚醢。(0674下)

【深衣第三十九】《禮記》第三十九篇篇名。記深衣的制度、意義和用途。孔穎達《疏》引鄭玄《三禮目錄》云："名曰《深衣》者,以其記深衣之制也。深衣,連衣裳而純之以采者。素純曰長衣,有表則謂之中衣。大夫以上祭服之中衣用素。《詩》云：'素衣朱襮。'《玉藻》曰：'以帛裹布,非禮也。'士祭以朝服,中衣以布明矣。此於《別錄》屬制度。"(1664上)

湛

jiān 見下。

【湛熾(chì)】浸泡、蒸煮米麴。爲釀酒的兩道工序。鄭玄《注》："湛,漬也;熾,炊也。"《禮記·月令》：秫稻必齊,麴蘖必時,~必絜,水泉必香,陶器必良,火齊必得。(1383上)

湢

bì 見下。

【湢浴】浴室。鄭玄《注》："湢,浴室也。"《禮記·內則》：外內不共井,不共~,不通寢席,不通乞假。(1462下)

湅

liàn 見下。

【湅帛】治帛使熟。用欄木灰和水,澆在帛上,再在帛上塗上蛤粉,漂洗後曝於陽光,經七日。反復兩次,謂之灰湅。灰湅爲湅帛之法。鄭玄《注》：

"以欄木之灰,漸釋其帛也。"《周禮·冬官考工記·幌氏》:~,以欄爲灰,渥淳其帛,實諸澤器,淫之以蜃。(0919 中)

【涑絲】治絲使熟。先用濾清的灰水浸泡絲七天,然後漂洗掛起來曝曬。白天曝於陽光下,夜晚懸於井中,經過七日七夜,謂之水涑。水涑爲涑絲之法。孫詒讓《正義》:"涑絲必以灰和水,又恐其濁而失其色,故必沸而清之,而後可漚。古凡治絲麻布帛,必以灰。……但絲之灰涑,蓋唯用欄灰漚之,不淫以蜃,與帛灰涑小異也。"《周禮·冬官考工記·幌氏》:~,以涗水漚其絲七日,去地尺暴之。晝暴諸日,夜宿諸井,七日七夜,是謂水涑。(0919 上)

渜 nuǎn 見下。

【渜濯】洗浴屍體後的污水。鄭玄《注》:"沐浴餘潘水、巾櫛、浴衣,亦并棄之。古文渜作緣,荊沔之閒語。"賈公彥《疏》:"潘水既經溫煑,名之爲渜;已將沐浴,謂之爲濯。已沐浴訖,餘潘水棄于坎。"《儀禮·士喪禮》:~棄于坎。(1134 上)

湯 (汤) tāng 見下。

【湯沐之邑】天子賜予方伯的封地,供其朝覲、祭祀時食宿、沐浴自潔之用。亦稱"朝宿之邑"。鄭玄《注》:"給齊戒自潔清之用。浴用湯,沐用潘。"孫希旦《集解》:"愚謂方伯湯沐之邑在天子之縣内者,即《左氏》《公羊》所謂'朝宿之邑'也。《左氏》《公羊》以在京師者爲朝宿之邑,在泰山下者爲湯沐之邑,其實京師及泰山下之邑,皆爲朝王而居宿,皆所以齊戒自潔清也。"《禮記·王制》:方伯爲朝天子,皆有~於天子之縣内,視元士。(1348 中)

溫 wēn 見下。

【溫柔敦厚】溫和寬厚。儒家認爲這是《詩經》的基本格調和教育功能之所在。雖然《詩經》内容多有咏嘆時世,怨刺當世者,然而由於孔子以溫柔敦厚評論《詩經》,溫柔敦厚即成爲後世論《詩》的基本格調,也成爲古時士大夫修身養性的基本内容。孔穎達《疏》:"溫,謂顏色溫潤;柔,謂性情和柔。《詩》依違諷諫,不指切事情,故云溫柔敦厚,是《詩》教也。"今爲成語。《禮記·經解》:其爲人也,~,《詩》教也。(1609 下)

【溫故而知新】溫習舊的知識,從中能有新的體會。語出《論語·爲政》。爲孔子所提倡的學習方法。他認爲,人們應該創造性地運用已有知識,並在此基礎上能有新的體會、新的發現。今爲成語"溫故知新"。《禮記·中庸》:~,敦厚以崇禮。(1633 下)

渴 jié 見下。

【渴澤】乾涸的澤地。化治土地,渴澤要用鹿骨熬汁澆地,以使土質肥美。鄭玄《注》:"渴澤,故水處也。"孫詒讓《正義》:"渴今通作竭字,與訓欲飲之渴别。渴澤猶竭澤也。澤故有水,今涸渴則無水,而可耕種,故云故水處。"《周禮·地官·草人》:凡糞種,騂剛用牛,赤緹用羊,墳壤用麋,~用鹿。(0746 中)

滑

huá 指通竅利中之物。如藥物滑石，食材菫荁粉榆之類。《食醫》賈公彥《疏》："滑者，通利往來，亦所以調和四味，故云調以滑甘。"《瘍醫》鄭玄《注》："滑，滑石也。"賈公彥《疏》："平常服食，五味之外有滑，彼滑用菫荁粉榆。今此養病，五味之外亦宜有滑，但於藥分之中慎滑，則不得如平常用菫荁等，故以滑石解之。"孫詒讓《正義》："《本草·名醫別錄》云：'滑石通九竅六腑津液，去留結，令人利中。'是通往利來之藥，故可以養竅。然鄭云諸滑物，似通苋菜之滑而言，以其品類衆多而性味同，義得兼含也。"《周禮·天官·食醫》：凡和，春多酸，夏多苦，秋多辛，冬多鹹，調以～甘。(0667 上)《周禮·天官·瘍醫》：凡藥，以酸養骨，以辛養筋，以鹹養脈，以苦養氣，以甘養肉，以～養竅。(0668 中)《禮記·內則》：凡和，春多酸，夏多苦，秋多辛，冬多鹹，調以～甘。(1464 上)

【滑養竅】用滑潤之藥養竅。古人認爲，滑潤之物利於通竅，故以滑養竅。爲古代醫藥之總結。鄭玄《注》："以類相養也。……滑，滑石也。"賈公彥《疏》："凡諸滑物，通利往來，似竅，故以滑養之也。"《周禮·天官·瘍醫》：凡藥，以酸養骨，以辛養筋，以鹹養脈，以苦養氣，以甘養肉，以～。(0668 中)

溲

sǒu 見下。

【溲酒】即酸酒。白酒。鄭玄《注》："今文溲爲酸。"《儀禮·士虞禮》：敢用絜牲剛鬣、香合、嘉薦、普淖、明齊～，哀薦祫事，適爾皇祖某甫。(1174 上)

湆

qì 羹汁，肉湯。《少牢饋食禮》鄭玄《注》："湆，肉汁也。"《少儀》孔穎達《疏》："湆，汁也。"《儀禮·少牢饋食禮》：又進二豆～于兩下，乃皆食。(1204 上)《禮記·少儀》：凡羞有～者，不以齊。(1515 下)

游

yóu 離宮。正宮之外，供君王居住之所。鄭玄《注》："游，離宮也。"孫詒讓《正義》："別於城中王所居之宮，故謂之離宮。以其可以游觀，故謂之游。"《周禮·天官·敍官》：閽人，王宮每門四人，囿、～亦如之。(0642 下)

【游卒 (cuì)】未做官之人。卒，用同"倅"。鄭玄《注》："游卒，未仕者也。"《禮記·燕義》：凡國之政事，國子存～，使之脩德學道，春合諸學，秋合諸射，以考其藝而進退之。(1690 上)

【游牝別羣】將交配的母畜分羣另放。爲古時馬政之一。古人認爲，季春之月爲牛馬的發情期，此時應將母牛、母馬和種牛、種馬散放原野，使其同羣交配。而到了仲夏之月，母牛、母馬已受孕，爲使其妊娠安全順利生産，就應將它們分羣另放。鄭玄《注》："孕妊之欲止也。"孫希旦《集解》："別羣，別其牝牡之羣也。"《禮記·月令》：～，則縶騰駒，班馬政。(1370 上)

湖

mǐ 浴屍。鄭玄《注》引鄭司農云："杜子春讀湖爲泯。以秬鬯浴尸。"賈公彥《疏》："以死者人所惡，故以秬鬯浴尸，使之香也。"《周禮·春官·小宗伯》：王崩，大肆，以秬鬯～。(0767 下)

湑

xǔ 濾酒使清。鄭玄《注》："湑，清也。"孔穎達《疏》："湑，沛酒之稱。"《儀禮·士冠禮》：旨酒既～，嘉薦伊脯。(0957 下)

溝

(沟) gōu ❶田間水道。一井之田間的水道稱溝，其深、廣各四尺。《遂人》鄭玄《注》："遂，廣深各二尺，溝倍之。"《周禮·地官·遂人》：凡治野，夫間有遂，遂上有徑，十夫有～，～上有畛。(0740 下)《周禮·冬官考工記·匠人》：九夫爲井，井間廣四尺，深四尺，謂之～。(0931 下)❷壕塹。用作行政地域的疆界。疆界由溝、封、樹三者組成：溝爲挖土作壕塹，封爲積土作堤防，樹爲封上植木以爲蕃籬。《周禮·夏官·掌固》：掌脩城郭、～池、樹渠之固，頒其士庶子及其衆庶之守。(0843 中)

【溝池】壕塹，護城河。《掌固》賈公彥《疏》："謂環城及郭皆有溝池。"《禮運》孔穎達《疏》："溝池，城之壍。"《周禮·夏官·掌固》：掌脩城郭、～、樹渠之固，頒其士庶子及其衆庶之守。(0843 中)《禮記·禮運》：大人世及以爲禮，城郭～以爲固，禮儀以爲紀。(1414 中)

【溝洫】泛指田間水道。溝深、寬各四尺，洫深、寬各八尺。鄭玄《注》："主通利田間之水道。"《周禮·冬官考工記·匠人》：匠人爲～。(0931 下)

【溝封】開鑿壕塹，積土爲封，以定疆界。鄭玄《注》："溝，穿地爲阻固也。封，起土界也。"賈公彥《疏》："謂於疆界之上設溝，溝上爲封樹以爲阻固也。"《周禮·地官·大司徒》：而辨其邦國都鄙之數，制其畿疆而～之，設其社稷之壝而樹之田主。(0702 中)

【溝渠】田間水道。孔穎達《疏》："溝，廣深四尺者。渠，亦溝也。"《禮記·曲禮上》：門間，～必步。(1252 下)

【溝瀆】田間水道。《禮記·王制》：方百里者，爲田九十億畝，山陵、林麓、川澤、～、城郭、宮室、塗巷，三分去一，其餘六十億畝。(1347 下)

滌

(涤) dí 即滌宮。清掃乾淨用來喂養祭牛之室。依禮，天子祭天用牛牲，稱作帝牛。帝牛須在滌宮餵養三月，以示莊重、潔淨。鄭玄《注》："滌，牢中所搜除處也。"《禮記·郊特牲》：帝牛必在～三月，稷牛唯具，所以別事天神與人鬼也。(1453 下)

滫

xiū 見下。

【滫瀡(suǐ)】以液體調和粉狀物，使食物柔滑。爲調和食物的方法。鄭玄《注》："謂用調和飲食也。……秦人溲曰滫，齊人滑曰瀡。"孔穎達《疏》："謂用堇、用荁及粉榆及新生蕘相和滫瀡之，令柔滑之。"《禮記·內則》：堇、荁、粉、榆、免、蕘～以滑之，脂、膏以膏之。(1461 下)

溢

yì 用同"鎰"。古代容量、重量單位。一又二十四分之一升爲一溢。其重量約今二市兩。《喪服》鄭玄《注》："二十兩曰溢。爲米一升二十四分升之一。"《小爾雅·廣量》："一手之盛謂之溢。"《儀禮·喪服》：歠粥，朝一～米，夕一～米。(1097 中)《禮記·喪大記》：子、大夫、公子食粥，納財，朝一～米，莫一～米，食之無筭。(1576 中)

溺

nì 見下。

【溺音】姦邪淫亂而使人意志消沉的音樂。與"德音"相對。子夏認為鄭音放蕩、宋音柔媚、衛音急促、齊音怪僻,此四者皆為溺音,"淫於色而害於德",是以祭祀不用之。參見"德音"。《禮記·樂記》:今君之所好者,其~乎?(1540 下)

漬 (漬) zì ❶四足動物(主要指家畜)因病疫而死稱漬。鄭玄《注》:"漬,謂相瀸汙而死也。"孔穎達《疏》:"四足曰漬者,牛馬之屬也。若一箇死,則餘者更相染漬而死。今云其漬,則知死也。"《禮記·曲禮下》:羽鳥曰降,四足曰~。(1269 中) ❷將新宰殺的牛肉切成薄片,腌漬於美酒內,第二天調味食用。為王膳八珍之一。《禮記·內則》:~:取牛肉,必新殺者,薄切之,必絕其理,湛諸美酒,期朝而食之,以醢若醯醷。(1468 中)

漆 qī 用漆樹汁製成的塗料。《周禮·夏官·職方氏》:其川滎、雒,其浸波、溠,其利林~絲枲。(0862 中)《禮記·月令》:是月也,命工師,令百工審五庫之量,金、鐵、皮、革、筋、角、齒、羽、箭、幹、脂、膠、丹、~,毋或不良。(1364 上)

【漆几】黑漆之几。《周禮·春官·司几筵》:甸役,則設熊席,右~。(0775 中)

【漆車】車名。車身為黑色,漆席為車藩,胡犬皮覆在車軾上,黑赤色皮革飾邊緣。為王五喪車之一。禫祭(除喪服之祭)時所乘。鄭玄《注》:"漆車,黑車也。藩,今時小車藩,漆席以為之。豻,胡犬也。雀,黑多赤之色韋也。此禫所乘。"《周禮·春官·巾車》:~,藩蔽,豻裶,雀飾。(0824 下)

漱 shù 見下。

【漱上氣疾】咳喘病。鄭玄《注》:"漱,欬也;上氣,逆喘也。"《周禮·天官·疾醫》:四時皆有癘疾:春時有痟首疾,夏時有癢疥疾,秋時有瘧寒疾,冬時有~。(0667 中)

漁 (漁) yú 見下。

【漁師】職官名。主管漁業。孫希旦《集解》引高誘曰:"漁師,掌漁官。"《禮記·月令》:命~伐蛟,取鼉,登龜,取黿。(1370 下)

漿 (浆) jiāng 味微酸之酒,以糟釀之。為四飲、六飲之一。《酒正》鄭玄《注》:"漿,今之載漿也。"賈公彥《疏》:"此漿亦是酒類,故其字從載從西省。"孫詒讓《正義》:"蓋亦釀糟為之,但味微酢耳。"《周禮·天官·酒正》:辨四飲之物:一曰清,二曰醫,三曰~,四曰酏。(0669 中)《周禮·天官·漿人》:掌共王之六飲:水、~、醴、涼、醫、酏。(0670 下)

【漿人】職官名。掌供王之六飲。由宦者為之。《周禮·天官·敘官》:~,掌共王之六飲:水、漿、醴、涼、醫、酏,入于酒府。(0670 下)

【漿飲】供食畢漱口之漿。鄭玄《注》:"漿飲,載漿也。……漿飲先言漿,別於六飲也。"賈公彥《疏》:"彼六飲為渴而飲,此漿為酳口,不為渴,故異之。"《儀禮·公食大夫禮》:飲酒、~,俟于東房。(1079 下)

潛 [潛] qián 見下。

【潛服】指衣內著鎧甲者。此類人不得入宮。鄭玄《注》："潛服，若衷甲者。"孫詒讓《正義》："此潛服亦謂姦人隱密而襲戎服者。"《周禮·天官·閽人》：喪服、凶器不入宮，〜、賊器不入宮，奇服、怪民不入宮。（0686下）

潰（潰）kuì 見下。

【潰瘍】癰疽之化膿潰破者。鄭玄《注》："潰瘍，癰而含濃血者。"《周禮·天官·瘍醫》：掌腫瘍、〜、金瘍、折瘍之祝藥劀殺之齊。（0668上）

潘 pān 淘米水。用以洗臉，亦用爲死者沐浴。《內則》鄭玄《注》："潘，米瀾也。"陸德明《釋文》："浙米汁。"《儀禮·士喪禮》：管人盡階不升堂，受〜，奠于垼，用重鬲。（1133下）《禮記·內則》：其間面垢，燂〜請靧；足垢，燂湯請洗。（1462中）

澄 dèng 見下。

【澄酒】即沈齊。釀成後滓沉於下之濁酒。爲五齊中最清之酒。孔穎達《疏》："澄，謂沈齊也。"參見"沈齊"。《禮記·禮運》：故玄酒在室，醴、醆在戶，粢醍在堂，〜在下。（1416中）

澣 [浣] huàn 見下。

【澣帛】染色的絲織祭服。鄭玄《注》："澣帛，練染以爲祭服。"《禮記·禮運》：疏布以冪，衣其〜。（1417中）

澡 zǎo 見下。

【澡麻】經過洗滌、整治的麻皮。用以製作喪服的首絰腰帶。鄭玄《注》："澡者，治去莩垢，不絕其本也。"胡培翬《正義》："大功以上麻不澡，小功以下澡治之，亦以其服輕故也。"《儀禮·喪服》：小功布衰裳，〜帶絰，五月者。（1116中）

【澡葛】經過洗滌、整治的葛皮。用以製作喪服的首絰腰帶。鄭玄《注》："澡，治也。治葛以爲首絰及帶。"《儀禮·士虞禮》：祝免，〜絰帶，布席于室中，東面，右几。（1167下）

澤（泽）㊀ zé ❶指澤宮。天子舉行射禮、擇士的地方。《司弓矢》鄭玄《注》引鄭司農云："澤，澤宮也。所以習射選士之處也。"《郊特牲》鄭玄《注》："澤，澤宮也。所以擇賢之宮也。"《周禮·夏官·司弓矢》：〜，共射椹質之弓矢。（0856中）《禮記·郊特牲》：卜之日，王立于〜，親聽誓命，受教諫之義也。（1453上）❷香草名。澤蘭。爲多年生菊科草本植物，因其香且御濕，用作墊放棺木茵褥的填充材料。鄭玄《注》："綏，廉薑也。澤，澤蘭也。皆取其香且御濕。"《儀禮·既夕禮》：茵，著用荼，實綏、〜焉。（1163下）

【澤人】職官名。掌管藪澤。孫希旦《集解》："澤人，澤虞也。"《禮記·月令》：命〜納材葦。（1371上）

【澤手】兩手揉搓。古時吃飯用手而不用筷子，故與人吃飯應當先將手洗乾淨，不得臨時揉搓手而食。鄭玄《注》："爲汗手不潔也。澤，謂捼莎也。"孔穎達《疏》："古之禮，飯不用箸但用手。既與人共飯，手宜潔淨，不得臨時始捼莎手乃食，恐爲人穢也。"《禮記·曲禮上》：共食不飽，共飯不〜。（1242下）

【澤國】多水澤之國。澤多龍，故澤國

使臣用龍形符節。孫詒讓《正義》："山國、澤國，即《管子·山至數》篇所謂有山處之國、有氾下多水之國是也。"《周禮·地官·掌節》：凡邦國之使節，山國用虎節，土國用人節，～用龍節。(0739下)

【澤梁】水澤中攔水捕魚的堰。鄭玄《注》："梁，絶水取魚者。"《禮記·王制》：獺祭魚，然後虞人入～；豺祭獸，然後田獵。(1333中)

【澤虞】職官名。掌管澤藪及其物産。依澤的大小分大澤大藪、中澤中藪、小澤小藪三等。爵中士、下士。《周禮·地官·澤虞》：～，掌國澤之政令，爲之厲禁。(0747下)

【澤藪】大澤。析言之則澤、藪有別。低窪處有水曰澤，無水曰藪。《職方氏》鄭玄《注》："大澤曰藪。"《地官·敍官》"澤虞"鄭玄《注》："澤，水所鍾也。水希曰藪。"《周禮·夏官·職方氏》：東南曰揚州，其山鎮曰會稽，其～曰具區。(0862上)

【澤物之奠】沼澤中所産以供祭祀、享宴之用者。如芹、茆、菱、芡等。鄭玄《注》："澤物之奠亦籩豆之實，芹、茆、菱、芡之屬。"《周禮·地官·澤虞》：凡祭祀、賓客，共～。(0748上)

㈡ yì 用同"醳"。陳酒。鄭玄《注》："澤，讀爲醳。舊醳之酒，謂昔酒也。"《禮記·郊特牲》：縮酌用茅，明酌也。醆酒涗於清，汁獻涗於醆酒，猶明、清與醆酒于舊～之酒也。(1457下)

濁

(浊) zhuó 指五音中之長音(低音)。與"清"相對。《樂記》鄭玄《注》："清，謂蕤賓至應鐘也。濁，謂黃鐘至中呂。"孔穎達《疏》："黃鐘至仲呂爲濁，長者濁也。蕤賓至應鐘爲清，短者清也。"《周禮·冬官考工記·鳧氏》：薄厚之所震動，清～之所由出。(0916中)《禮記·樂記》：小大相成，終始相生，倡和清～，迭相爲經。(1536中)

澮

(浍) kuài 田方十里之間的水道。寬一丈六尺，深一丈四尺。《周禮·冬官考工記·匠人》：方百里爲同，同間廣二尋，深二仞，謂之～。(0931下)

濫

(滥) làn 一種飲料。以冰置水中而成，亦謂之涼。一說，以果乾泡水製成的飲料。鄭玄《注》："以諸和水也。以《周禮》六飲挍之，則濫，涼也。紀、莒之間，名諸爲濫。"陸德明《釋文》："以諸，乾桃、乾梅皆曰諸。"《禮記·內則》：或以酏爲醴，黍酏，漿，水，醷，～。(1463下)

濡

㈠ ér 用湯汁調和烹煮。爲烹飪食物的方法之一。鄭玄《注》："凡濡，謂亨之以汁和也。"《禮記·內則》：～豚，包苦，實蓼。～雞，醢醬，實蓼。～魚，卵醬實。～鼈，醢醬，實蓼。(1464上)

㈡ rú 見下。

【濡₂濯】指給死者洗頭的髒水。孔穎達《疏》："皇氏云，濡謂煩潤其髮，濯謂不淨之汁也。言所濡濯汁棄於坎中。"《禮記·喪大記》：小臣爪手翦須，～弃于坎。(1576上)

濟

(济) qí 見下。

【濟濟翔翔】容貌矜莊有威儀，行走時張開兩臂。爲在朝廷中所應有的儀容。鄭玄《注》："莊敬貌也。"孔穎達《疏》："濟濟，有威儀矜莊也；翔翔，行

而張拱也,並朝廷所須也。"《禮記·玉藻》:凡行容惕惕,廟中齊齊,朝廷～。(1484下)

瀡 suǐ 使食物柔滑的佐料。鄭玄《注》:"秦人溲曰滫,齊人滑曰瀡。"《禮記·內則》:堇、荁、枌、榆、免、薧瀡～以滑之,脂、膏以膏之。(1461下)

瀆 (凟)dú ❶田間溝渠。鄭玄《注》:"溝、瀆、澮,田間通水者也。"《周禮·秋官·雍氏》:掌溝～澮池之禁,凡害於國稼者。(0885上) ❷大川,大河。長江、黃河、淮河、濟水稱爲四瀆。《儀禮·覲禮》:禮日於南門外,禮月與四～於北門外,禮山川丘陵於西門外。(1093下)

瀦 zhū 蓄流水的陂塘。鄭玄《注》:"鄭司農說豬、防以《春秋傳》曰'町原防,規偃豬'。……玄謂偃豬者,畜流水之陂也。防,豬旁隄也。"《周禮·地官·稻人》:以～畜水,以防止水,以溝蕩水,以遂均水。(0746下)

灌 guàn 用同"祼"。周代宗廟祭祀的儀式。用圭瓚酌鬱鬯澆地以求神降臨。亦用作祭祀祼尸之事,王會賓客之禮等。鄭玄《注》:"灌,謂以圭瓚酌鬱鬯始獻神也。"《禮記·郊特牲》:周人尚臭,～用鬯臭,鬱合鬯臭,陰達於淵泉。～以圭璋,用玉氣也。(1457上)

灂 jiào 漆,塗漆。賈公彥《疏》:"灂,謂漆。"《周禮·冬官考工記·輈人》:良輈環～,自伏兔不至軌七寸,軌中有～,謂之國輈。(0914中)

灋 [法]fǎ 見下。

【灋羊】依牢禮之法招待國賓膳食及途中所用之羊。鄭玄《注》:"法羊,殷饔積膳之羊。"孫詒讓《正義》:"此法羊,即謂共賓客之羊著於牢禮之法者也。"《周禮·夏官·羊人》:賓客,共其～。(0843上)

【灋則】法度,制度。爲治理王畿内公卿大夫采邑、王子弟食邑的八項法則之一。賈公彥《疏》:"灋則,謂官之制度。制度與在官爲法則,使不僭差,亦所以斀之使入善也。"《周禮·天官·大宰》:以八則治都鄙:一曰祭祀,以馭其神;二曰～,以馭其官。(0646上)

牛部

牛 niú ❶牛在三禮中主要用作祭祀。在祭禮中,因祭祀者的身份地位、祭祀對象不同,所用之牛亦有不同。天子祭祀所用爲毛色純一的"犧牛",諸侯所用爲房室餵養的"肥牛",大夫所用則爲臨時挑選的"索牛"。祭天神之牛稱作"帝牛",以后稷配祭天神之牛稱作"稷牛";祭祀之牛經過卜吉者稱爲"享牛",以備卜者稱爲"求牛"。祭祀之牛統稱爲"一元大武"。祭天地用角長到像蠒繭或栗子形狀的牛犢,祭宗廟用角長一握之牛,宴飲賓客用角長一尺之牛。即使國君見到祭祀之牛,亦須對之行禮。《周禮·地官·牛人》:凡賓客之事,共其牢禮積膳之~。饗食、賓射,共其膳羞之~。(0724上)《儀禮·公食大夫禮》:~、羊、豕陳于門内西方,東上。(1085下)《禮記·曲禮上》:國君下齊~,式宗廟;大夫上下公門,式路馬。(1253中) ❷指牛的骨汁或骨灰。可作肥料。鄭玄《注》:"凡所以糞種者,皆炙取汁也。"《周禮·地官·草人》:凡糞種,騂剛用~,赤緹用羊,墳壤用麋,渴澤用鹿。(0746中)

【牛人】職官名。掌養官牛。爵中士、下士。《周禮·地官·牛人》:~,掌養國之公牛,以待國之政令。(0723下)

【牛田】授予養官牛者的田地。鄭玄《注》:"鄭司農云:'……牛田者,以養公家之牛。賞田者,賞賜之田。牧田者,牧六畜之田。'玄謂……牛田、牧田,畜牧者之家所受田也。"孫詒讓《正義》引江永云:"牛田、牧田兼用先、後鄭之説,皆是授民以田而爲公家畜牧,即九職之'藪牧養蕃鳥獸',《閭師》之'任牧以畜事貢鳥獸'者也。牛田,牛人掌之;牧田,牧人掌之。"《周禮·地官·載師》:以宅田、士田、賈田任近郊之地,以官田、~、賞田、牧田任遠郊之地。(0724下)

【牛炙】烤牛肉。爲貴族食物之一。《内則》鄭玄《注》:"此上大夫之禮,庶羞二十豆也。"《儀禮·公食大夫禮》:腵,以東臐、膮、~。(1082中)《禮記·内則》:膳:腵、臐、膮、醢、~。(1463下)

【牛牲】供祭祀或宴享的牛。《周禮·地官·牛人》:凡祭祀,共其~之互與其盆簝以待事。(0724中)

【牛脩】牛肉乾。爲貴族宴飲所加食物之一。鄭玄《注》:"脯,皆析乾肉也。……自牛脩至此三十一物,皆人君燕食所加庶羞也。"《禮記·内則》:~、鹿脯、田豕脯、麋脯、麕脯。(1464上)

【牛胾(zì)】切成塊狀的無骨牛肉。爲貴族的食物之一。《儀禮·公食大夫禮》:炙南醢,以西~,醢,牛鮨。(1082中)《禮記·内則》:醢、~、醢、牛膾。(1463下)

【牛膠】用牛角熬成的火赤膠。爲製弓所用膠之一種。鄭玄《注》:"皆謂煮用其皮,或用角。"孫詒讓《正義》:"用皮謂馬、鼠;用角謂鹿、牛、犀也。"《周禮·冬官考工記·弓人》:鹿膠青白,馬膠赤白,~火赤,鼠膠黑,魚膠餌,犀膠黄。(0935上)

【牛膾】細切的牛肉。爲貴族食物之一。《禮記·内則》:醢、牛胾、醢、~。(1463下)

【牛鮨(qí)】細切的牛肉。鄭玄《注》:"《内則》謂鮨爲膾,然則膾用牛鮨。"胡培翬《正義》:"此經所陳庶羞與《内則》同,《内則》有牛膾無牛鮨,則是謂'鮨爲膾'也。既謂鮨爲膾,則其'膾用鮨'爲之明矣。"《儀禮·公食大夫

禮》：炙南醢，以西牛胾，醢，～。(1082 中)

【牛藿】牛肉加放豆葉做成的羹。鄭玄《注》："藿，豆葉也。"胡培翬《正義》："此食禮用大牢，牛羊豕具，故別言之。牛則用藿，羊則用苦，豕則用薇也。"《儀禮·公食大夫禮》：鉶芼，～、羊苦、豕薇，皆有滑。(1086 下)

【牛戴牛】一牛角之價與一牛相等。牛角長二尺五寸，根部白，中青，末稍豐潤，爲質最優者，其價亦高。鄭玄《注》引鄭司農云："牛戴牛，角直一牛。"孫詒讓《正義》："謂一角之直與全牛等。"《周禮·冬官考工記·弓人》：角長二尺有五寸，三色不失理，謂之～。(0935 上)

【牛夜鳴則庮】牛夜晚鳴叫，其肉就有朽木之臭味。這種肉食之有害健康。爲古人生活經驗之總結。《内饔》鄭玄《注》引鄭司農云："庮，朽木臭也。"《周禮·天官·内饔》：～；羊泠毛而毳，羶。(0662 上)《禮記·内則》：～。(1466 下)

牝 pìn 見下。

【牝服】大車車廂兩旁橫木。鄭玄《注》："牝服長八尺，謂較也。鄭司農云：'牝服，謂連箱。'"孫詒讓《正義》："今以鄭義推之，較者，輿兩面上橫木之稱。馬車、牛車皆有左右兩較，但馬車較左右出式而高，牛車較卑，無較式之別，是之謂平較。平較謂之牝服，較高者爲牡，則平者爲牝矣。"《周禮·冬官考工記·車人》：大車崇三柯，綆寸，～二柯有參分柯之二。(0934 中)

牟 móu 用同"堥"。盛黍稷的器皿。鄭玄《注》："牟，讀曰堥也。……敦、牟，黍稷器也。"陸德明《釋文》："齊人呼土釜爲牟。"孔穎達《疏》："堥，土釜也。今以木爲器，象土釜之形。"《禮記·内則》：敦、～、卮、匜，非餕莫敢用。(1462 上)

牡 mǔ 見下。

【牡麻】大麻的雄株。大麻雌雄異株，雄株不結子，故稱。李時珍《本草綱目·卷二十二》："雄者爲枲麻、牡麻，雌者爲苴麻、苧麻。"《儀禮·喪服》：～者，枲麻也。(1103 中)《禮記·檀弓上》：司寇惠子之喪，子游爲之麻衰，～絰。(1285 下)

【牡樟】榆木。鄭玄《注》："故書樟爲梓。……杜子春云：'梓當爲樟，樟讀爲枯。枯，榆木名。'"《周禮·秋官·壼涿氏》：若欲殺其神，則以～午貫象齒而沈之。(0889 中)

【牡鞠】不開花之菊。可入藥。鄭玄《注》："牡鞠，鞠不華者。"《周禮·秋官·蟈氏》掌去䵷黽，焚～，以灰洒之，則死。(0889 中)

【牡麻絰】用牡麻做的孝帶。有首絰、腰絰之分。爲服齊衰三年、齊衰杖期、齊衰不杖期、齊衰三月、大功殤九月或七月、大功九月、緦衰等喪所用。鄭玄《注》："牡麻絰者，齊衰以下之絰也。牡麻絰者，其貌易，服輕者宜差好也。"《儀禮·士喪禮》：～，右本在上，亦散帶垂，皆饌於東方。(1135 下)

牡麻絰

牢 láo ❶饗食及祭祀所用的牛、羊、豕。牛、羊、豕各一爲一牢，亦稱太牢；又可分爲飪(熟肉)、腥(生肉)、餼(活牲)。有羊、豕而無牛，謂少牢。一牲謂特。已殺曰死牢，曰飧；未殺曰生牢，曰牽。《聘禮》鄭玄《注》："飪，孰也。"胡培翚《正義》："敖氏云：'牢，大牢也。大牢者，牛、豕各一也。'"《周禮·秋官·掌客》：上公五積，皆眡殄牽，三問皆脩，羣介、行人、宰史皆有～。(0900 中)《儀禮·聘禮》：宰夫朝服設飧：飪一～，在西，鼎九，羞鼎三；腥一～，在東，鼎七。(1052 中)《禮記·禮器》：諸侯七介、七～，大夫五介、五～。(1432 上) ❷關養牲畜的欄圈。鄭玄《注》："牢，閑也。必有閑者，防禽獸觸齧。"《周禮·地官·充人》：祀五帝，則繫于～，芻之三月。(0724 中)

【牢肉】指特牲。孫希旦《集解》："愚謂祭牢肉者，切肉爲小段以祭，《士虞禮》所謂'膚祭'是也。特牲而曰牢，通朔食言之也。"《禮記·玉藻》：又朝服以食，特牲，三俎，祭肺。夕深衣，祭～。(1474 中)

【牢具】下葬祭奠時所包裹的牲牢之體。孔穎達《疏》："牢具，遣奠所包牲牢之體，貴賤各有數也。一个爲一具。"《禮記·雜記上》：遣車視～。(1555 上)

【牢禮】宴飲賓客之禮。聘禮中，賓客剛到主人所致之食禮爲飧；來賓奉獻玉帛之禮畢，主國贈送賓客食物之禮稱饔餼。飧爲小禮，所致之物較少；饔餼爲大禮，賜品較多。鄭玄《注》："牢禮，殄饗也。"孫詒讓《正義》："謂賓客始至則致飧，既朝聘則致饗，皆有牲牢，故云牢禮。"《周禮·地官·牛人》：凡賓客之事，共其～積膳之牛。(0724 上)

【牢禮之米】贈送賓客的牲牢及米。鄭玄《注》："謂可以實筐筥。"孫詒讓《正義》："賓客至，致禮有牢者也。……凡禮之通例，致禮於賓客等，孰食並實於簠簋，生米並實於筐筥。實筥者，即《舍人》之筥米，致饗餼時所陳者也。實筐者，《掌客》注說致積云，'簠簋之實，米實於筐'是也。"《周禮·地官·舂人》：祭祀，共其齍盛之米。賓客，共其～。(0750 中)

【牢禮之法】朝覲、會同賓客時，依據賓客的爵等及時間場合，決定употребляемое牲多少的法式。鄭玄《注》："牢禮之法，多少之差及其時也。三牲牛羊豕具，爲一牢。"《周禮·天官·宰夫》：凡朝覲、會同賓客，以～，掌其牢禮、委積、膳獻、賓賜之殄牽，與其陳數。(0656 上)

牧 mù ❶一州的首領。天下九州，各有其長。爲八命。《大宰》鄭玄《注》："以侯伯有功德者，加命作州長，謂之牧。所謂八命作牧者。"《周禮·天官·大宰》：乃施典于邦國，而建其～，立其監，設其參，傅其伍，陳其殷，置其輔。(0649 上)《周禮·春官·大宗伯》：以九儀之命正邦國之位：壹命受職，再命受服，三命受位，四命受器，五命賜則，六命賜官，七命賜國，八命作～，九命作伯。(0761 下)《禮記·曲禮下》：九州之長，入天子國曰～。(1265 上) ❷指諸侯及采邑的公卿大夫。牧以地得民。爲維繫百姓，使民心不離散的九項措施(九兩)之一。孫詒讓《正義》："劉敞云：'牧者，司牧也，謂邦國之君也。諸侯世，故曰以地得民。'……案：劉說較鄭爲晐。此牧即《孟子·梁惠王》篇之人牧，趙岐注以爲'牧民之君'是也。此與'建其牧'之牧微異。……蓋自畿外九州牧伯、五等諸侯及附庸之君與公卿大夫食三等采地，凡世守其國邑者，通謂之牧。鄭云州長，固爲牧中之一，而別以諸侯爲長，公卿大夫爲主，則非也。"一說，鄭玄《注》："牧，州長也。"《周禮·天官·大宰》：以九兩繫邦國之民：一曰～，以地得民；二曰長，以貴得民。(0648 中)❸放牧牲畜、養殖鳥獸的人。爲《周禮·天官·大宰》所頒九職之四"藪牧"之牧。《周禮·地官·閭師》：任～以畜事，貢鳥獸；任嬪以女事，貢布帛；任衡以山事，貢其物；任虞以澤事，貢其物。(0727 上)

【牧人】職官名。掌管放牧六牲，以供祭祀之用。爵下士。鄭玄《注》："六牲，謂牛、馬、羊、豕、犬、雞。"《周禮·地官·牧人》：～，掌牧六牲，而阜蕃其物，以共祭祀之牲牷。(0723 中)

【牧田】授予爲公家畜牧者的田地。鄭玄《注》："鄭司農云：'……牧田者，牧六畜之田。'……玄謂……牛田、牧田，畜牧者之家所受田也。"孫詒讓《正義》引江永云："牛田、牧田兼用先、後鄭之說，皆是授民以田而爲公家畜牧，即九職之'藪牧養蕃鳥獸'，《閭師》之'任牧以畜事貢鳥獸'者也。牛田，牛人掌之；牧田，牧人掌之。"《周禮·地官·載師》：以宅田、士田、賈田任近郊之地，以官田、牛田、賞田、～任遠郊之地。(0724 下)

【牧師】職官名。掌管牧馬。爵下士。鄭玄《注》："主牧放馬而養之。"孫詒讓《正義》："此官爲牧馬官之長，故稱師也。……牧人掌養六牲，此牧師專主養馬，亦稱牧者，六牲得通稱也。"《周禮·夏官·敘官》：～下士四人。(0832 下)

物 wù ❶九旗物名之一。其縿(旗的正幅)與斿(旗上的飾物)不同色，即雜色的旌旗。與縿、斿同色的五正旗別異。爲旗幟之通制。國大閱時，大夫、士建物。《司常》孫詒讓《正義》："襍帛者，縿斿異色，猶《士冠禮》之襍裳，皆取不專屬一色之義。蓋縿如五正旗，而以雜色爲之斿。"參見"九旗"。《周禮·春官·司常》：日月爲常，交龍爲旂，通帛爲旜，雜帛爲～，熊虎爲旗，鳥隼爲旟，龜蛇爲旐，全羽爲旞，析羽爲旌。(0826 中)《儀禮·鄉射禮》：旌，各以其～。(1010 下)❷行射禮時射者站立的地方。其地以畫"十"字形爲標記，縱長三尺，橫尺二寸。同時射者兩人，故有左、右兩物。上射立右物，下射立左物。兩物相距六尺。鄭玄《注》："物，謂射時所立處也。謂之物者，物猶事也，君子所有事也。"《儀禮·鄉射禮》：射自楹間，～長如笴，其閒容弓，距隨長武。(1010 下)

【物色】犧牲的毛色。祭禮，要根據不同的祭祀對象選擇不同毛色的犧牲。孔穎達《疏》："物色，騂黝之別也。

《周禮》：陽祀用騂牲，陰祀用黝，望祀各以其方之色也。"《禮記·月令》：是月也，乃命宰、祝循行犧牲：視全具，案芻豢，瞻肥瘠，察～，必比類，量小大，視長短，皆中度。(1374 上)

【物貢】諸侯國向天子獻各地的特產。爲九貢之一。鄭玄《注》："鄭司農云：'……物貢，九州之外各以其所貴爲摯。肅慎氏貢楛矢之屬是也。'玄謂……物貢，雜物魚鹽橘柚。"《周禮·天官·大宰》：以九貢致邦國之用：一曰祀貢，二曰嬪貢，三曰器貢，四曰幣貢，五曰材貢，六曰貨貢，七曰服貢，八曰斿貢，九曰～。(0648 上)

【物魅(mèi)】百物之神。鄭玄《注》："百物之神曰魅。"《周禮·春官·神仕》：以冬日至致天神人鬼，以夏日至致地示～。(0828 上)

【物靡】物之侈靡而無實用價值者，即奢侈品。市場政令禁止買賣之。鄭玄《注》："物靡者，易售而無用，禁之則市均。鄭司農云：'靡，謂侈靡也。'"《周禮·地官·司市》：以陳肆辨物而平市，以政令禁～而均市。(0734 上)

【牲】shēng ❶供祭祀及膳食的家畜。牛、馬、羊、豕、犬、鷄、雁(鵝)、魚等謂之牲。祭牲之色，夏后氏用黑色，殷代用白色，周代用紅色。《周禮·地官·閭師》：凡庶民，不畜者祭無～，不耕者祭無盛，不樹者無椁，不蠶者不帛，不績者不衰。(0727 中)《儀禮·少牢饋食禮》：宰宗人西面，北上；～北首，東上。(1197 中)《禮記·檀弓上》：夏后氏尚黑，大事斂用昏，戎事乘驪，～用玄。殷人尚白，大事斂用日中，戎事乘翰，～用白。周人尚赤，大事斂用日出，戎事乘騵，～用騂。(1276 上) ❷當爲"腥"。指腥鼎。殺而未烹之牲，實於鼎中，謂之腥鼎。鄭玄《注》："牲當爲腥，聲之誤也。腥，謂腥鼎也。"《周禮·秋官·掌客》：鼎簋十有二，～三十有六，皆陳。(0900 中)

【牲牷】祭祀用的純色全牲。《牧人》鄭玄《注》："鄭司農云：'牷，純也。'玄謂牷，體完具。"孫詒讓《正義》："凡言牲牷犧牲者，牲謂角體完具，牷謂毛羽純色，犧則祭牲角體完具而又兼毛羽純色也，蓋單言牲，則純厖兼有，而角體則無不完具者。"《周禮·地官·牧人》：掌牧六牲而阜蕃其物，以共祭祀之～。(0723 中)《禮記·表記》：～、禮樂、齊盛，是以無害乎鬼神，無怨乎百姓。(1644 中)

【牲號】犧牲的名號、美稱。鄭玄《注》："號，謂尊其名，更爲美稱焉。……鄭司農云：'牲號，爲犧牲皆有名號。《曲禮》曰：'牛曰一元大武，豕曰剛鬣，羊曰柔毛，鷄曰翰音。'"《周禮·春官·大祝》：辨六號：一曰神號，二曰鬼號，三曰示號，四曰～，五曰齍號，六曰幣號。(0809 下)

【牲禮】祭祀時用牲之禮。主國有喪，不舉行盛大宴會饗食賓客，則殺牲而生致之。鄭玄《注》："牲亦當爲腥，聲之誤也。有喪，不忍煎亨，正禮殞饗餼常熟者，腥致之也。"《周禮·秋官·掌客》：遭主國之喪，不受饗食，受～。(0902 中)

【牲犢】諸侯供膳天子的小牛。供膳天子及祭天地不得用懷孕之牲。鄭玄《注》："犢，繭栗之犢也。以膳天子，貴誠也。牲孕，天子不食也，祭帝不用也。"賈公彥《疏》:"《王制》云:'天地之牛,角繭栗。'《郊特牲》云:'天子適諸侯,諸侯膳用犢。'謂殷膳時特與祭天之牲同用犢。"《周禮·秋官·掌客》:王巡守殷國,則國君膳以～。(0900 上)

【牲用白牡】祭牲用白色公牛。魯人季夏六月大祭始祖周公,用白色雄性犧牲,以別於天子。鄭玄《注》:"白牡,殷牲也。"孫希旦《集解》:"祭周公以先代之牲,蓋出於成王之命,以示其不敢臣周公之意也。"《禮記·明堂位》:季夏六月,以禘禮祀周公於大廟,～。(1489 上)

【特】 tè ❶指雄性馬。鄭玄《注》引鄭司農云:"四之一者,三牝一牡。"孫詒讓《正義》:"特本爲牡牛,引申之牡馬亦得稱特也。"《周禮·夏官·校人》:凡馬,～居四之一。(0860 中) ❷一頭牛牲。鄭玄《注》:"特,特牛也。祖下及禰,皆一牛。"《禮記·王制》:歸假于祖禰,用～。(1328 下) ❸一一揖拜。孔穎達《疏》:"君行日出路門視諸臣之朝,若大夫,則君人人揖之;若士,則不問多少而君衆共一揖之也。"《禮記·禮器》:諸侯視朝,大夫～,士旅之。(1432 下)

【特拜】逐一獨拜。卿妻爲内子,大夫妻爲命婦,其位尊,故來弔喪時須逐一拜之。士之妻卑,則可一併拜之。鄭玄《注》:"尊者皆特拜。拜士與其妻,皆旅之。"孔穎達《疏》:"特,猶獨也。謂人人拜之,尊故也。"《禮記·喪大記》:大夫内子、士妻,～命婦,氾拜衆賓於堂上。(1573 下)

【特牲】一頭犧牲。一牛或一豕。孔穎達《疏》:"特,一也。天神尊,尊(貴)質,故止一特(牲)也。"《禮記·禮器》:天子無介,祭天～。(1432 下)

【特揖】遂一揖拜。爲天子揖孤卿之禮。鄭玄《注》:"詔王出揖公卿大夫以下朝者。……特揖,一一揖之。"《周禮·夏官·司士》:司士擯,孤卿～,大夫以其等旅揖,士旁三揖。(0849 上)

【特餕】獨自吃所餘之食。大夫、士之妾生子後,三月之末與夫相見於内寢,可獨自食夫與正妻所餘之食,不似平常與衆妾同食。爲禮對其的特殊待遇。孔穎達《疏》:"尋常夫食之後,衆妾共餕,今以其生子故,使之特餕也。"《禮記·内則》:君已食,徹焉,使之～,遂以御。(1470 中)

【特縣】僅東面懸掛鍾磬等樂器。爲士樂縣之法。鄭玄《注》:"樂縣,謂鍾磬之屬縣於筍虡者。鄭司農云:'宮縣,四面縣;軒縣,去其一面;判縣,又去其一面;特縣,又去其一面。'……玄謂軒縣去南面,辟王也。判縣左右之合,又空北面。特縣縣於東方,或於階間而已。"參見"宮縣"。《周禮·春官·小胥》:正樂縣之位,王宮縣,諸侯軒縣,卿大夫判縣,士～,辨其聲。(0795 上)

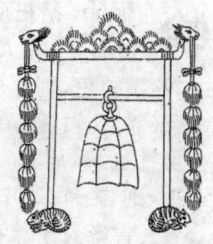

特縣鐘

【特立獨行】指人志節高尚,不隨俗沉浮。這是孔子對儒者品德的要求。孔子認爲儒者特立獨行的品格是:重視個人品德修養;勇於向君主陳述己見;處治世不自輕,處亂世不沮喪;不與志同者結黨,不指責異志者。儒家倡導的這種道德思想對後世影響深遠,成爲中國傳統道德的重要組成部分。今爲成語。《禮記·儒行》:其～有如此者。(1670下)

【特牲饋食之禮】諸侯之士祭祀父祖的禮儀。參見"特牲饋食禮第十五"。《儀禮·特牲饋食禮》:～。(1178下)

【特牲饋食禮第十五】《儀禮》第十五篇篇名。賈公彥《疏》引鄭玄《三禮目錄》云:"特牲饋食之禮,謂諸侯之士祭祖禰,非天子之士。而於五禮屬吉禮。"該篇記述諸侯之士逢歲時節令,用豬、黍稷熟食、酒等祭品,祭祀父祖神靈的禮儀。其儀節有筮日、筮尸、宿賓、視濯、視牲等祭祀前的準備事宜;有特牲饋食禮的全過程,如尸入前的設饌饗神,尸入後的祭尸、尸食九飯,三獻尸,主人獻賓,與祭者互行旅酬等;有禮畢之後嗣子與長兄弟餕尸之餘的儀節等。(1178下)

牷 quán 祭祀所用色純而體完的牲畜。《充人》孫詒讓《正義》:"牷謂純色,則亦告牲體完具可知。"《祭義》孔穎達《疏》:"牷,完也,謂諸侯牲也。"《周禮·地官·充人》:展牲,則告～。(0724下)《禮記·祭義》:古者天子諸侯,必有養獸之官,及歲時,齊戒沐浴而躬朝之,犧～祭牲必於是取之,敬之至也。(1597下)

【牷物】祭祀所用毛色純一的全牲。鄭玄《注》引鄭司農云:"牷,純也。物,色也。"《周禮·秋官·犬人》:凡祭祀,共犬牲,用～。(0882中)

牽 (牽) qiān 指牛、羊、豕。鄭玄《注》引鄭司農云:"牽,牲牢可牽而行者。"《周禮·天官·宰夫》:凡朝覲、會同、賓客,以牢禮之灋,掌其牢禮、委積、膳獻、飲食、賓賜之飱～,與其陳數。(0656上)

【牽牛】星宿名。二十八宿北方玄武之第二星宿,屬摩羯星座,俗謂牛郎星。古人認爲此星於季春之月拂曉、仲秋之月黃昏位於天空正中。《禮記·月令》:季春之月,日在胃,昏七星中,旦～中。(1363上)

【牽牲】牽引犧牲。祭太廟爲示敬意,君親牽牲於庭,告神殺牲。鄭玄《注》:"納牲於庭時也,當用鸞告神而殺牲。"《禮記·禮器》:太廟之内敬矣,君親～,大夫贊幣而從。(1441中)

【牽傍】❶指牽拉車駕的牛。在前拉者爲牽,在旁拉者爲傍。鄭玄《注》:"牽傍,在轅外輓牛也。人御之,居其前曰牽,居其旁曰傍。"孫詒讓《正義》:"大車之御,亦當居車上以御轅內之牛。其轅外三牛,別以二人於車下御之,或牽引於前,或附傍於旁,因謂其牛爲牽傍。然則牽傍者即輓車之牛,而實據人御之而爲名。"《周禮·地官·牛人》:凡會同、軍旅、行役,共其兵軍之牛與其～,以載公任器。(0724中)❷指助牽之人。牛車罪隸助牽,在前牽者爲牽,在旁牽者爲傍。鄭玄《注》:"牛助,國以牛助轉徙也。罪隸牽傍之。在前曰牽,在旁曰傍。"《周禮·秋官·罪隸》:凡封國若家,牛助爲～。(0883下)

牰 ㈠ zhí 齋車之緣飾。鄭玄《注》:"牰,讀皆如'直道而行'之直。直,謂緣也。此君齋車之飾。"《禮記·玉藻》:君羔幦,虎～。大夫齋車,鹿幦,豹～,朝車。士齋車,鹿幦,豹～。(1475 上)

㈡ tè 見下。

【牰₂牲】即特牲。一頭犧牲。指一牛或一豕。參見"特牲"。《禮記·雜記下》:下大夫之虞也～,卒哭成事,附,皆少牢。(1562 中)

犀 xī 見下。

【犀甲】犀牛革製成的鎧甲。其上下分爲七節,可用百年。《周禮·冬官考工記·函人》:～七屬,兕甲六屬,合甲五屬。～壽百年,兕甲壽二百年,合甲壽三百年。(0917 中)

【犀膠】用犀牛角熬成的黃膠。爲製弓所用膠之一種。鄭玄《注》:"皆謂煮用其皮,或用角。"孫詒讓《正義》:"用皮謂馬、鼠;用角謂鹿、牛、犀也。"《周禮·冬官考工記·弓人》:鹿膠青白,馬膠赤白,牛膠火赤,鼠膠黑,魚膠餌,～黃。(0935 上)

犢 (犊) dú 幼小的牛,牛子。用以享燕天子,祭祀天帝。《掌客》鄭玄《注》:"犢,繭栗之犢也。以膳天子,貴誠也。牲孕,天子不食也,祭帝不用也。"《周禮·秋官·掌客》:王巡守殷國,則國君膳以牲～,令百宰、百牲皆具。(0900 上)《禮記·禮器》:天子適諸侯,諸侯膳以～。(1432 下)

犧 (牺) ㈠ xī 見下。

【犧牛】純色牛。爲天子祭祀所用。諸侯祭用繫於圈中餵養三個月的肥牛,大夫祭用臨時選定的索牛,士祭僅得用羊豕。鄭玄《注》:"犧,純毛也。"《禮記·曲禮下》:天子以～,諸侯以肥牛,大夫以索牛,士以羊豕。(1268 下)

【犧牲】祭祀所用的色純體全之牲畜。《牧人》鄭玄《注》:"犧牲,毛羽完具也。"孫詒讓《正義》:"祭牲必毛純體完。"《周禮·地官·牧人》:凡祭祀,共其～,以授充人繫之。(0723 下)《禮記·王制》:宗廟之器不粥於市,～不粥於市,戎器不粥於市。(1344 上)

【犧牷】祭祀時天子用的純色牲,諸侯用的全體牲。孔穎達《疏》:"犧,純色,謂天子牲也。牷,完也,謂諸侯牲也。"《禮記·祭義》:古者,天子諸侯必有養獸之官,及歲時,齋戒沐浴而躬朝之,～祭牲,必於是取之。(1597 下)

【犧賦】出祭祀之牛以充賦税。鄭玄《注》:"犧賦,以税出牲。"孔穎達《疏》:"此言犧,謂牛,即是天子之大夫祭祀,賦斂邑民,供出牲牢,故曰犧賦。"《禮記·曲禮下》:凡家造,祭器爲先,～爲次,養器爲後。(1258 中)

㈡ suō 見下。

【犧₂象】周代酒器。上飾有鳥形、鳥羽或象骨之形。今出土西周酒尊有作牛形、象形者,或以造型得名。孔穎達《疏》:"畫沙羽及象骨飾尊也。然殷名著,周名犧象。"一説,爲犧尊與象尊的合稱。《禮記·明堂位》:泰,有虞氏之尊也;山罍,夏后氏之尊也;著,殷尊也;～,周尊也。(1490 下)

【犧₂尊】古酒器。用於祭禮。多作牛形,其背部有口以盛酒,亦有於其腹位雕鏤牛圖紋者。孔穎達《疏》:"犧尊者,先儒云刻尊爲犧牛之形,用以爲尊。……皇氏以爲,犧尊即《周禮》犧象也。"《禮記·禮器》:至敬無文,父黨無容,大圭不琢,大羹不和,大路素而越席,~疏布鼏、樿杓。(1433 下)

手(扌)部

手 shǒu 見下。

【手拜】跪而兩手至地,再以頭至手。爲婦人凶事的跪拜禮。鄭玄《注》:"肅拜,拜低頭也。手拜,手至地也。婦人以肅拜爲正,凶事乃手拜耳。"《禮記·少儀》:婦人吉事,雖有君賜,肅拜。爲尸坐則不~,肅拜。爲喪主則不~。(1513 中)

扑 pū ❶體罰用具。用以責不聽教誨或有大過者。《鄉射禮》鄭玄《注》:"扑,所以撻犯教者。《書》云:'扑作教刑。'"胡培翬《正義》引方苞云:"扑作教刑,平時庠序之所用也。至習射,則必有大過而後撻。"《儀禮·鄉射禮》:遂適階西,取~,搢之,以反位。(1000 上)《禮記·月令》:司徒搢~,北面誓之。(1380 上) ❷馬鞭。《周禮·夏官·校人》:凡祭祀、朝覲、會同,毛馬而頒之,飾幣馬,執~而從之。(0860 下)

【扑罰】扑撻的處罰。爲市刑之最重者。鄭玄《注》:"扑,撻也。"《周禮·地官·司市》:市刑,小刑憲罰,中刑徇罰,大刑~。(0735 中)

扱 ㊀ qì 見下。

【扱地】跪而兩手至地,首不至手。爲婦人吉事的跪拜禮。鄭玄《注》:"扱地,手至地也。婦人扱地,猶男子稽首。"胡培翬《正義》引淩廷堪《禮經釋例》曰:"《士昏禮》疏云'婦人肅拜爲正',今云扱地,則婦人之重拜也。……是拜扱地即手拜之類,惟手拜用於凶事,扱地拜用於吉事爲異。蓋婦人之拜皆立,扱地始坐拜也。"《儀禮·士昏禮》:婦拜~,坐,奠菜于几東席上,還,又拜如初。(0970 中)

㊁ chā 見下。

【扱₂衽】謂插衣襟於帶。陈澔《集説》:"扱衽,以深衣前衽扱之於帶也。蓋親初死時,孝子以號踊履踐爲妨,故扱之也。"《禮記·曲禮下》:苞屨、~、厭冠,不入公門。(1258 上)

扶 fū 用同"膚"。長度單位。四指寬爲一扶。鄭玄《注》:"鋪四指曰扶,一指案指尺寸。《春秋傳》曰：'膚寸而合。'(何休《注》云：'側手爲膚，案指爲寸。')"《禮記·投壺》：籌，室中五～，堂上七～，庭中九～。(1666下)

抔

póu 見下。

【抔飲】用手掬水而飲。爲祭禮最初形態之一。鄭玄《注》："言其物雖質略，有齊敬之心，則可以薦羞於鬼神，鬼神饗德不饗味也。……抔飲，手掬之也。"參見"汙尊而抔飲，蕢桴而土鼓"。《禮記·禮運》：其燔黍捭豚，汙尊而～，蕢桴而土鼓，猶若可以致其敬於鬼神。(1415中)

折

zhé ❶ 葬具。形似牀而無足，以木爲之，横五道，縱三道。棺木入空後，加折於壙上，以承抗席。《既夕禮》鄭玄《注》："折，猶庪也。方鑿連木爲之。蓋如牀，而縮者三，横者五，無簀。窆事畢，加之壙上，以承抗席。"《雜記上》鄭玄《注》："折，承席也。"《儀禮·既夕禮》：陳明器於乘車之西。～，横覆之。(1148下)《禮記·雜記上》：甕、甒、筲、衡，實見間，而后～入。(1555下) ❷ 已肢解折分的牲體。鄭玄《注》："折者，擇取牢正體餘骨，折分用之。"《儀禮·少牢饋食禮》：其俎，～，一膚。(1203下) ❸ 萬物死亡的別稱。《禮記·祭法》：大凡生於天地之間者皆曰命，其萬物死皆曰～，人死曰鬼，此五代所不變也。(1588下)

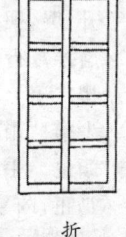
折

【折俎】解折牲體盛放於俎。依所獻者身份之異，俎中牲體之部位、數量亦有不同；禮儀性質不同，所用牲亦有別，如士冠禮用豚，燕禮、鄉飲酒禮用狗。《士冠禮》鄭玄《注》："折其體以爲俎。"《少儀》孔穎達《疏》："折，謂折骨體於俎也。"《儀禮·士冠禮》：三醮，有乾肉～，嚌之，其他如初。(0956下)《禮記·少儀》：飲酒者、禨者、醮者，有～不坐。(1515下)

【折瘍】骨折及扭傷之疾病。鄭玄《注》："折瘍，踠跌者。"孫詒讓《正義》："踠跌謂手足宛屈及躄仆，因而折損支體，故謂之折瘍。"《周禮·天官·瘍醫》：掌腫瘍、潰瘍、金瘍、～之祝藥劀殺之齊。(0668上)

投

tóu 即投壺。鄭玄《注》："投，投壺也。"參見"投壺"。《禮記·少儀》：侍射則約矢。侍～則擁矢。(1512上)

【投壺】宴飲時的一種遊戲。備一特製的壺，中盛小荳，以免矢投入時彈出。賓主依次投矢，中多者勝，負者罰飲。投壺時設一司射主持儀式，擊鼓以爲節。參見"投壺第四十"。《禮記·投壺》：～之禮：主人奉矢，司射奉中，使人執壺。(1665上)

【投壺之禮】投壺遊戲之禮。主人捧着矢，司射捧着盛筭器，另使人捧着壺。主人邀請賓客娛樂，賓客再拜而受。司射宣佈比賽規則，命奏樂爲節，賓主雙方輪流投壺。投壺完畢，勝方爲負方酌酒，飲者跪而奉觴。《禮記·投壺》：～。(1667上)

【投壺第四十】《禮記》第四十篇篇名。孔穎達《疏》："鄭《目錄》云：'名曰《投壺》者，以其記主人與客燕飲講論才藝之禮。此於《別錄》屬吉禮，亦實《曲禮》之正篇。'是《投壺》與射爲

類,此於五禮宜屬嘉禮也,或云宜屬賓禮。"(1665 上)

抗 kàng 見下。

【抗木】喪具。置於棺最上層用以禦土護棺的木架子。棺入壙後,棺上加折,折上加抗席,抗席之上加抗木,抗木之上填土爲冢。抗木橫木三,豎木二。鄭玄《注》:"抗,禦也,所以禦止土者。其橫與縮,各足掩壙。"抗木的層數與棺的重數相等,爵高重多,位卑重少。《禮記·喪大記》鄭玄《注》:"抗木之厚,蓋與椁方齊,天子五重,上公四重,諸侯三重,大夫再重,士一重。"《儀禮·既夕禮》:~,橫三縮二。(1149 上)

抗木

【抗席】喪具。加在棺上用以護棺禦塵的葦席。三重。鄭玄《注》:"席,所以禦塵。"《儀禮·既夕禮》:抗木,橫三縮二。加~,三。(1149 上)

抗席

【抗衾】舉起殮衾以遮蔽屍體。爲死者沐浴時,因屍裸體,故由四名御者舉殮衾遮蔽於屍體上方。《既夕禮》鄭玄《注》:"抗衾,爲其倮裎,蔽之也。"《儀禮·既夕禮》:御者四人,~而浴,櫛第。(1158 下)《禮記·喪大記》:小臣四人~,御者二人浴。(1576 上)

抉 jué 射箭用具。即今之扳指。用骨做成,戴在右手大姆指上,用以鉤弦。鄭玄《注》:"抉,挾矢時所以持弦飾也,著右手巨指。"孫詒讓《正義》:"蓋開弓注矢於弦,必用右巨

指鉤弦,著抉者,爲挾矢時以持弦使不脫,又以爲飾也。"一說,鄭司農云:"抉者,所以縱弦也。"《周禮·夏官·繕人》:掌王之用弓、弩、矢、箙、矰、弋、~、拾。(0856 下)

拜 bài ❶表示對人恭敬的禮節。亦稱拜手、空首。空首爲九拜禮之一。行禮時,跪而拱手,頭下低至手,與心平齊。凡經中單言"拜",皆指此禮。《周禮·春官·大祝》"三曰空手"孫詒讓《正義》引段玉裁云:"拜者,頭至手也。頭至手,故經謂之拜手。凡經或言拜手,或單言拜,一也。《周禮》謂之空首。……頭不至於地,是以謂之空首,對稽首、頓首之頭箸地言也。拜本專爲空首之稱,引申之則稽首、頓首、肅拜皆曰拜。"《周禮·秋官·司儀》:賓之~禮:~饗饎,~饗食。(0898 中)《儀禮·聘禮》:賓三~乘禽於朝,訝聽之。(1068 上)《禮記·雜記上》:孤降自阼階,~之,升,哭,與客拾踊三。(1558 上)❷指肅拜。行禮時下跪,頭微低。爲九拜禮之一。婦女常用的禮節。《禮記·少儀》"肅拜"鄭玄《注》:"肅拜,拜低頭也。手拜,手至地也。婦人以肅拜爲正,凶事乃手拜耳。"參見"肅擤"。《儀禮·士冠禮》:母~受,子拜送,母又~。(0953 上)

【拜日】即朝日。天子春天祭日之禮。鄭玄《注》:"此謂會同以春者也。"參見"朝日"。《儀禮·覲禮》:天子乘龍,載大旆象日、月、升龍、降龍,出,~于東門之外,反祀方明。(1093 中)

【拜至】主人行拜禮感謝賓客光臨。爲鄉飲酒禮五拜之一。鄭玄《注》:

"拜至,謂始升時拜,拜賓至。"孔穎達《正義》:"謂賓與主人升堂之後,主人於阼階之上北面再拜,是拜至也。"《禮記·鄉飲酒義》:~、拜洗、拜受、拜送、拜既,所以致敬也。(1682 中)

【拜受】賓客行拜禮而後接受主人獻酒。爲鄉飲酒禮五拜之一。孔穎達《疏》:"拜受者,賓於西階上拜受爵也。"《禮記·鄉飲酒義》:拜受、拜洗、~、拜送、拜既,所以致敬也。(1682 中)

【拜送】賓客接受主人獻酒後,主人拜而送之入席。爲鄉飲酒禮五拜之一。《鄉飲酒義》孔穎達《疏》:"拜送者,主人於阼階上拜送爵也。"孫希旦《集解》:"拜送者,賓既受爵,主人於阼階上拜送也。"《儀禮·鄉飲酒禮》:主人介右北面~爵,介少退。(0984 中)《禮記·鄉飲酒義》:拜至、拜洗、拜受、~、拜既,以致敬也。(1682 中)

【拜洗】賓客行拜禮感謝主人爲己洗觶。爲鄉飲酒禮五拜之一。《鄉飲酒義》孔穎達《疏》:"拜洗者,謂主人拜至訖,洗爵而升,賓於西階上北面再拜,拜主人洗也。"《儀禮·鄉飲酒禮》:卒洗,主人壹揖,壹讓,升。賓~。(0981 下)《禮記·鄉飲酒義》:拜至、~、拜受、拜送、拜既,所以致敬也。(1682 中)

【拜既】賓客飲主人所獻之酒後行拜禮以致謝。爲鄉飲酒禮五拜之一。孔穎達《疏》:"既,盡也。賓飲酒既盡而拜也。"《禮記·鄉飲酒義》:拜至、拜洗、拜受、拜送、~,所以致敬也。(1682 中)

【拜辱】行拜禮以感謝對方屈駕光臨。《司儀》鄭玄《注》:"賓以主君親來,乘車出舍門而迎之,若欲遠就之然。見之則下拜,迎謝其自屈辱來也。"《鄉飲酒禮》鄭玄《注》:"拜辱,出拜其自屈辱于己門也。"《周禮·秋官·司儀》:主君郊勞,交擯,三辭,車逆,~。(0897 中)《儀禮·鄉飲酒禮》:主人戒賓,賓~,主人荅拜。(0980 下)

【拜貺】拜受賜與。鄭玄《注》:"貺,賜也。"《禮記·聘義》:君親拜迎于大門之内而廟受,北面~。(1692 下)

拊 fǔ ❶形似小鼓的一種打擊樂器。以熟皮爲之,内實糠。《大師》鄭玄《注》:"拊形如鼓,以韋爲之,箸之以糠。"孫詒讓《正義》:"參綜諸説,蓋此器以拊拍出音,故曰拊,曰搏拊,曰拊搏,曰撫拍;以節和樂,故曰節;其中著以糠,故曰相;其形似小鼓,故又曰節鼓。七者異名,實一物也。"《周禮·春官·大師》:大祭祀,帥瞽登歌,令奏擊~。(0796 中)《禮記·樂記》:今夫古樂,進旅退旅,和正以廣,弦匏笙簧,會守~鼓,始奏以文,復亂以武,治亂以相,訊疾以雅。(1538 中)❷器物的把、柄。孔穎達《疏》:"拊,弓把也。"《禮記·少儀》:器則執蓋,弓則以左手屈韣執~。(1514 中)

【拊搏】形似小鼓的打擊樂器。鄭玄《注》:"拊搏,以韋爲之,充之以糠,形如小鼓。"參見"拊①"。《禮記·明堂位》:~、玉磬、揩擊、大琴、大瑟、中琴、小瑟,四代之樂器也。(1491 上)

拍 bó 用同"膊"。脅,肋骨。鄭玄《注》:"鄭大夫、杜子春皆以拍爲膊,謂脅也。"《周禮·天官·醢人》:饋食之豆,其實葵菹,蠃醢,脾析,蠯

醢,蠯,蚳醢,豚~、魚醢。(0674下)

抵 dǐ 用同"柢"。買者所屬的主管官員。鄭玄《注》:"抵實柢字。柢,本也。本,謂所屬吏主有司是也。"一説,原價。鄭司農云:"抵,故賈也。"《周禮·地官·泉府》:買者各從其~,都鄙從其主,國人、郊人從其有司,然後予之。(0738中)

拘 gōu 輕微牽引死者心上之衣。爲小殮、大殮時妻子對於丈夫所行之憑屍禮。鄭玄《注》:"此恩之深淺尊卑之儀也。"孔穎達《疏》:"盧云:'拘輕於馮,重於執也。'庾云:'拘者,微引心上衣也。'賀云:'拘其衣衾領之交也。'"《禮記·喪大記》:君於臣撫之,父母於子執之,子於父母馮之,婦於舅姑奉之,舅姑於婦撫之,妻於夫~之,夫於妻、於昆弟執之。(1581上)

抱 bào 指衣之領下、帶上的地方。胡培翬《正義》:"抱在袷下帶上。謂既進言之後,不敢視面而視抱者,容聽言者思之,且以視下於面爲敬也。"《儀禮·士相見禮》:凡與大人言,始視面,中視~,卒視面。(0977中)

【抱曆(lì)】 持名版查點挽紼下棺者的人數。曆,寫有送葬執紼者姓名的簿册。鄭玄《注》:"曆者,適歷執紼者名也。"賈公彥《疏》:"執紼之人,背碑負引而退行,遂師抱持版之名字,巡行而校録之,以知在否,故云'抱曆'也。"《周禮·地官·遂師》:大喪,使帥其屬,以幄帟先,道野役,及窆,~,共丘籠及蜃車之役。(0742上)

拂 fú 見下。

【拂柩】 ❶拂去靈柩上的灰塵。拂柩用大功之布。鄭玄《注》:"拂去塵也。"《儀禮·既夕禮》:商祝~用功布,幠用夷衾。(1147上) ❷指君臨臣喪之禮。由巫祝用桃枝撣拂靈柩,以示掃除不祥。鄭玄《注》:"巫祝桃茢,君臨臣喪之禮。"《禮記·檀弓下》:巫先~。(1312上)

披 bì 喪具。用紅色或黑色帛做成,横繫於棺柩兩旁。柩車行進時,人左右牽拉,以防道路顛簸而致棺柩傾斜。依禮,天子一邊六披,兩旁十二人;諸侯一邊四披,兩旁八人;大夫一邊三披,兩旁六人;士一邊二披,兩旁四人。《司士》鄭玄《注》:"披,柩車行所以披持棺者,有紐以結之,謂之戴。鄭司農云:'披者,扶持棺險者也。天子旁十二,諸侯旁八,大夫六,士四。'玄謂結披必當棺束,於束繫紐。"《周禮·夏官·司士》:大喪,作士掌事,作六軍之事執~。(0849下)《儀禮·既夕禮》:設~。屬引。(1148下)《禮記·檀弓上》:飾棺牆,置翣,設~,周也。(1284中)

招 zhāo ❶祭名。祭祀以招福祥。爲宫中祈禳之小事。孫詒讓《正義》:"此四者並宫中祈禳之小事。……招梗檜禳與《小祝》侯禳事略同。"《周禮·天官·女祝》:掌以時~、梗、檜、禳之事,以除疾殃。(0690上) ❷招回死者的靈魂。依禮,人死後先由復者招魂,不復蘇醒方始辦理喪事。其意義在於"人子不忍死其親,冀精氣之返而重生"。胡培翬《正義》:"凡人形體謂之魄,其精氣謂之魂。……人始死魂氣猶存,故孝子欲

招之,使復附於魄以生。"《儀禮·士喪禮》:升自前東榮,中屋,北面~以衣,曰:"皋,某復!"三。(1128下)

【招弭】招福祥,止禍災。鄭玄《注》:"招,招福也。杜子春讀弭如'彌兵'之彌。玄謂弭讀爲枚,字之誤也。枚,安也,安凶禍也。招枚皆有祀衍之禮。"《周禮·春官·男巫》:冬堂贈,無方無筭;春~,以除疾病。(0816下)

【招搖】星名。北斗七星的第七星搖光。此指畫有北斗的軍旗,以示方位。鄭玄《注》:"招搖星在北斗杓端,主指者。"孔穎達《疏》:"招搖,北斗七星也。北斗居四方宿之中,以斗末從十二月建而指之,則四方宿不差。今軍行法之,亦作此北斗星,在軍中舉之於上,以指正方,使四方之陳不差。"《禮記·曲禮上》:行,前朱雀而後玄武,左青龍而右白虎,~在上,急繕其怒。(1250上)

拚 fèn 清除污穢。依禮,清除席子上的污穢不得用笤帚。《少儀》鄭玄《注》:"鬠,謂帚也。帚恒埽地,不潔清也。"孔穎達《疏》:"拚是除穢,埽是滌蕩。"《儀禮·聘禮》:不腆先君之祧,既~以俟矣。(1051下)《禮記·少儀》:氾埽曰埽,埽席前曰~。~席不以鬠,執箕膺揭。(1511下)

挈 qiè 見下。

【挈壺氏】職官名。掌懸壺漏刻計時之職,以序擊柝守夜者。爵下士。亦掌懸壺以示軍井,懸轡以示舍止之所,懸畚以示儲糧之處。鄭玄《注》引鄭司農云:"挈壺以令軍井,謂爲軍穿井,井成,挈壺縣其上,令軍中士衆皆望見,知此下有井。壺所以盛飲,故以壺表井。挈轡以令舍,亦縣轡于所當舍止之處,使軍望見知當舍止于此。轡所以駕舍,故以轡表舍。挈畚以令糧,亦縣畚于所當禀假之處,令軍望見,知當禀假于此下也。畚所以盛糧之器,故以畚表禀。軍中人多,車騎雜會讙嚻,號令不能相聞,故各以其物爲表,省煩趨疾,于事便也。"《周禮·夏官·挈壺氏》:~,掌挈壺以令軍井,挈轡以令軍舍,挈畚以令軍糧。(0844下)

拲 gǒng 刑罰之一種。將兩手鎖於一木之中,狀如拱手。鄭玄《注》引鄭司農云:"拲者,兩手共一木也。"《周禮·秋官·掌囚》:上罪梏~而桎,中罪桎梏,下罪梏,王之同族~,有爵者桎。(0882下)

持 chí 見下。

【持馬】執鞭立於馬前。以防馬驚奔傷王。賈公彥《疏》:"《曲禮》曰:'僕執策立於馬前,備驚奔。'謂未乘時,此亦未乘之時,在馬前備驚奔也。"《周禮·夏官·齊右》:掌祭祀、會同、賓客前齊車,王乘則~,行則陪乘。(0857中)

拱 gǒng 兩手抱拳於胸前以示敬意稱拱、拱手。拱手時右手放在左手之上,爲尚右,行於凶禮。左手放在右手之上,爲尚左,行於吉禮。婦女則相反。鄭玄《注》:"喪尚右,右,陰也。吉尚左,左,陽也。"孫希旦《集解》:"愚謂凡拜,男尚左手,左,陽也。其拱亦然。凶事則尚右手,反吉也。婦人則吉事尚右,凶事尚左。"

《禮記·檀弓上》:孔子與門人立,~而尚右,二三子亦皆尚右。孔子曰:"二三子之嗜學也。我則有姊之喪故也。"二三子皆尚左。(1283中)

【拱手】兩手抱拳於胸前以示敬意。參見"拱"。《禮記·曲禮上》:遭先生於道,趨而進,正立~。(1238上)

抾 zhèn 擦使乾、潔淨。鄭玄《注》:"抾,晞也,清也。"賈公彥《疏》:"抾謂拭也,而云'晞也、清也'者,以其櫛訖,又以巾拭髮乾,又使清淨無潘糠。"《儀禮·士喪禮》:乃沐,櫛,~用巾;浴用巾,~用浴衣。(1133下)

括 kuò 用同"栝"。箭的末端與弦交會處。《鄉射禮》胡培翬《正義》引郝敬云:"括,矢端受弦處。括,會也,矢與弦會也。括向北,鏃向南,順也。"《儀禮·鄉射禮》:賓與大夫之弓倚于西序,矢在弓下,北~。(0997中)《禮記·緇衣》:若虞機張,往省~于厥度則釋。(1649下)

【括髮】束髮。喪禮小殮之後,主人去笄纚而用麻束髮。《檀弓上》孫希旦《集解》:"括髮,去纚而約其髮以麻也。"《儀禮·聘禮》:與介入,北鄉哭。出,袒,~。(1069下)《禮記·檀弓上》:主人既小斂,袒,~。(1285下)

挺 tǐng 乾肉條。長一尺二寸。鄭玄《注》:"挺,猶臘也。《鄉射禮》曰:'祭半臘,臘長尺有二寸。'"《儀禮·鄉飲酒禮》:薦脯五~,橫祭于其上。(0990中)

【挺臂】弓之把手處挺直,故稱。鄭玄《注》:"挺,直也。"賈公彥《疏》:"直臂中正謂弓把處。"《周禮·冬官考工記·弓人》:於~中有柎焉而剝。

(0936上)

拾 ㊀ shí 皮製護袖。射箭時套在左臂上,用以蔽膚斂衣。亦稱遂、捍、射韝。《曲禮下》鄭玄《注》:"拾,謂射韝。"《鄉射禮》"袒決遂"鄭玄《注》:"遂,射韝也,以韋爲之,所以遂弦者也。其非射時,則謂之拾,拾,斂也,所以蔽膚斂衣也。"《繕人》鄭玄《注》:"鄭司農云'……拾謂韝扞也。'玄謂……韝扞著左臂裏,以韋爲之。"孫詒讓《正義》:"凡拾、遂、韝、捍,四者同物。韝爲凡袒時蔽膚斂衣之通名。……其射時箸之,取其捍弦,故謂之捍;亦取其遂弦,故又謂之遂。非射時,則無取捍遂之義,故謂之拾。《大射》《鄉射》兩篇於'說抉拾'則云拾,於'袒決遂'則云遂,一篇之中,立文有異,其明證也。"《周禮·夏官·繕人》:掌王之用弓、弩、矢、箙、矰、弋、抉、~。(0856下)《儀禮·鄉射禮》:賓序西,主人序東,皆釋弓,說決、~、襲,反位。(1002下)《禮記·曲禮下》:野外軍中無摯,以纓、~、矢可也。(1270中)

㊁ jié 見下。

【拾₂踊】交替頓足跳躍。爲喪禮之儀節。其次序是主人先踊,次婦人踊,最後賓踊。以示哀傷。《既夕禮》胡培翬《正義》:"拾踊者,主先,賓後,婦人居間。"《儀禮·既夕禮》:即位,~三,襲。(1156下)《禮記·雜記上》:升,哭,與客~三。(1558上)

振 zhèn 見下。

【振羽】樂章名,即《詩經·周頌·振鷺》。爲天子饗宴來朝諸侯,禮畢撤器時所奏之樂章。鄭玄《注》:"《采齊》《雍》《振羽》，皆樂章也。《振羽》、《振鷺》。"孔穎達《疏》："《振羽》即《振鷺》詩，亦樂章名也。言禮畢徹器之時，歌《振鷺》也。"《禮記·仲尼燕居》：行中規，還中矩，和鸞中《采齊》，客出以《雍》，徹以《～》，是故君子無物而不在禮矣。(1614 上)

【振旅】整頓軍隊，操練士兵。爲春季軍事演練項目之稱。一說，指班師回朝。鄭玄《注》："凡師出曰治兵，入曰振旅，皆習戰也。四時各教民以其一焉。春習振旅，兵入收衆，專於農。"《周禮·夏官·大司馬》：中春，教～，司馬以旗致民，平列陳，如戰之陳。(0836 上)

【振容】棺飾。如幡，以繒爲之，繒上繪有翟雉，懸於棺罩之上爲飾。柩車行則幡動，故稱。孔穎達《疏》："振容者，振，動也；容，飾也。謂以絞繒爲之，長丈餘，如幡。畫幡上爲雉，縣於池下爲容飾。車行則幡動，故曰振容。"《禮記·喪大記》：飾棺：君龍帷，三池、～、黼荒。(1583 下)

【振動】九拜之一。其説主要有四：先鄭以爲"動讀爲董，書亦或爲董。振董，以兩手相擊也"；鄭玄謂"振動，戰慄變動之拜"；杜子春云"振讀爲振鐸之振，動讀爲哀慟之慟"，凌廷堪云"振動，即喪禮拜而後踊也。振動之拜，諸儒言人人殊，惟杜得之。蓋凶事之有振動，猶吉事之有稽首，皆拜之最重者"。孫詒讓《正義》："竊謂振動之拜，《禮經》無明文，以意求之，疑即拜儀之應樂節者也。"《周禮·春官·大祝》：辨九㧑：一曰稽首，二曰頓首，三曰空首，四曰～，五曰吉㧑，六曰凶㧑，七曰奇㧑，八曰褒㧑，九曰肅㧑，以享右祭祀。(0810 中)

【振祭】手執祭物，振動以爲祭。爲九食祭之一。其祭物爲肝、肺、脯、燔、魚、黍等。一般均先擩於鹽，乃取出行振祭，然後食之。《大祝》鄭玄《注》："九祭，皆謂祭食者。……振祭、擩祭本同。不食者擩則祭之，將食者既擩，必振乃祭也。"《士昏禮》胡培翬《正義》："振祭者，執而振動之以爲祭也。"《周禮·春官·大祝》：辨九祭：一曰命祭，二曰衍祭，三曰炮祭，四曰周祭，五曰～，六曰擩祭，七曰絕祭，八曰繚祭，九曰共祭。(0810 上)《儀禮·士昏禮》：贊以肝從，皆～，嚌肝，皆實于菹豆。(0967 上)

【振窮】賑濟鰥寡孤獨等困窮之人。爲安定蕃息萬民的六項措施之一。鄭玄《注》："振窮，抍捄(jiù)天民之窮者也。窮者有四，曰矜、曰寡、曰孤、曰獨。"《周禮·地官·大司徒》：以保息六養萬民：一曰慈幼，二曰養老，三曰～，四曰恤貧，五曰寬疾。六曰安富。(0706 中)

捂

wǔ 見下。

【捂受】對面相迎而授受。與同一方向之"並受"不同。喪禮，贈送助喪的財物，若財物盛在器皿中，使者就坐下，將器皿置放於地；如果沒有器皿，宰就直接從使者手裏接過財物。鄭玄《注》："謂對相授，不委地。"賈公彥《疏》："以堂上授有並受法。以其在門外，若有器盛之，則坐委於地；若無器，則對面相授受，故云捂受之。捂即逆也，對面相逢受也。"《儀禮·既夕禮》：若無器，則～之。(1153 上)

挾

挾 (挾) jiā 見下。

【挾日】十日。鄭玄《注》:"從甲至甲謂之挾日,凡十日。"賈公彥《疏》:"破諸家從甲至癸謂之挾日也。若從甲至癸,仍有癸日,不得通挾,故以從甲至甲言之。"孫詒讓《正義》:"諸家云從甲至癸差一日者,據鄭云凡十日,則亦是甲癸一周。而云自甲至甲者,不外所挾日耳。此乃立文小殊,不爲異說。"《周禮·天官·大宰》:乃縣治象之灋於象魏,使萬民觀治象,～而斂之。(0648 下)

捍

捍 hàn 皮製護袖。射箭時套在左臂上,用以蔽膚、殘衣、捍弦。亦稱遂、拾、射韝。鄭玄《注》:"捍,謂拾也。言可以捍弦也。"參見"拾"。《禮記·內則》:右佩玦、～、管、遰、大觿、木燧。(1461 中)

綏

綏 suī 見下。

【綏祭】即隋祭。尸未食前進行的祭祀。祭者不嚌、不嘗,將祭品取下,置於俎豆間祭之。亦作"墮祭""綏祭"。胡培翬《正義》引《禮經釋例》云:"凡尸未食前之祭謂之墮祭,又謂之綏祭。"《儀禮·特牲饋食禮》:祝命～。尸左執觶,右取菹,換于醢,祭于豆間。(1184 上)

掌

掌 zhǎng 見下。

【掌囚】職官名。管掌囚禁罪犯。爵下士。《周禮·秋官·掌囚》:～,掌守盜賊,凡囚者。(0882 下)

【掌皮】職官名。掌管收藏、頒發皮革。爵下士。《周禮·天官·掌皮》:～,掌秋斂皮,冬斂革,春獻之。(0684 中)

【掌次】職官名。掌管天子出行在外居所張設之事。爵下士。《周禮·天官·掌次》:～,掌王次之灋,以待張事。(0676 下)

【掌交】職官名。掌管巡行各諸侯之國,宣揚君王的美德,結好諸侯。爵中士。《周禮·秋官·掌交》:～,掌以節與幣巡邦國之諸侯,及其萬民之所聚者,道王之德意志慮,使咸知王之好惡,辟行之。(0902 下)

【掌舍】職官名。掌管天子出行設館舍之事。爵下士。《周禮·天官·掌舍》:～,掌王之會同之舍。(0676 上)

【掌固】職官名。掌管修築城郭、溝池、樹渠。爵上士、下士。《周禮·夏官·掌固》:～,掌脩城郭、溝池、樹渠之固。(0843 中)

【掌客】職官名。掌管宴請賓客、供給飲食的等級及數量。爵上士、下士。《周禮·秋官·掌客》:～,掌四方賓客之牢禮、餼獻、飲食之等數與其政治。(0900 上)

【掌炭】職官名。掌管徵收灰、炭之事。爵下士。鄭玄《注》:"灰給澣練。"孫詒讓《正義》:"謂以灰濯布縷。"《周禮·地官·掌炭》:～,掌灰物、炭物之徵令,以時入之。(0748 下)

【掌畜】職官名。掌畜養、繁殖鳥,以供祭祀、歲時、膳獻之用。爵下士。鄭玄《注》:"鳥之可養使盛大蕃息者,謂鴈、鶩之屬。"《周禮·夏官·掌畜》:～,掌養鳥而阜蕃教擾之。

(0846下)

【掌荼】職官名。掌收聚荼、野蔬，以供喪事及饗宴賓客之用。爵下士。鄭玄《注》："共喪事者，以著物也。《既夕禮》曰：'茵著用荼。'"《周禮·地官·掌荼》：〜，掌以時聚荼，以共喪事。(0748下)

【掌蜃】職官名。掌管徵收蚌蛤之物，供壙中防潮，裝飾祭器，粉刷牆壁。爵下士。《周禮·地官·掌蜃》：〜，掌歛互物，蜃物，以共闉壙之蜃。(0748下)

【掌訝】職官名。掌管迎送賓客。爵中士。《周禮·秋官·掌訝》：〜，掌邦國之等籍，以待賓客。(0902中)

【掌葛】職官名。掌管向山農、澤農徵收葛麻之材。爵下士。鄭玄《注》："草貢出澤。"《周禮·地官·掌葛》：〜，掌以時徵絺綌之材于山農。(0748中)

【掌節】職官名。掌管王者之符節，辨別其不同的功用。爵上士、中士。《周禮·地官·掌節》：〜，掌守邦節而辨其用，以輔王命。(0739下)

【掌察】職官名。其職文闕佚。一說，孫詒讓《正義》引俞樾云："此官以'掌察四方'四字爲名，非名'掌察'也。此下又有'掌貨賄'四字，賈《疏》出'掌察四方掌貨賄'七字，則賈氏所見經文必是'掌察四方'，不如今本止作'掌察'也。"《周禮·秋官·掌察》：〜。(0903上)

【掌戮】職官名。掌管斬殺、刑戮罪犯。爵下士。鄭玄《注》："斬以鈇鉞，若今要斬也。殺以刀刃，若今棄市也。諜，謂姦寇反間者。賊與諜，罪大者斬之，小者殺之。搏當爲'膊諸城上'之膊，字之誤也。膊，謂去衣磔之。"《周禮·秋官·掌戮》：〜，掌斬殺賊諜而搏之。(0883上)

【掌疆】職官名。其職文闕佚。《周禮·夏官·掌疆》：〜。(0844上)

【掌染草】職官名。掌管徵收染色之草木，以按時頒發，供人染織。爵下士。《周禮·地官·掌染草》：〜，掌以春秋斂染草之物。以權量受之。以待時而頒之。(0748中)

【掌貨賄】職官名。其職文闕佚。爵下士。《周禮·秋官·掌貨賄》：〜。(0903下)

【掌察四方】職官名。其職文闕佚。爵中士。賈公彥《疏》："蓋督察邦國之事。"參見"掌察"。《周禮·秋官·敘官》：〜中士八人。(0869下)

掩 yǎn 死者的裹頭巾。用長五尺的整幅熟帛，末端中分爲二以纏結於頤下，又還結於項中。鄭玄《注》："掩，裹首也。析其末，爲將結於頤下，又還結於項中。"《儀禮·士喪禮》：〜練帛，廣終幅，長五尺，析其末。(1130下)

【掩口而對】用手虛遮住口回答。以免說話時口氣惹人之嫌。爲童子對長者之儀。鄭玄《注》："習其鄉尊者屏氣也。"孔穎達《疏》："掩口，恐氣觸人。"《禮記·曲禮上》：負、劍，辟咡詔之，則〜。(1234中)

授 shòu 指官府頒發的遷徙證明文書。鄭玄《注》："或國中之民出徙郊，或郊民入徙國中，皆從而付所處之吏，明無罪惡。"《周禮·地

官・比長》：徒于國中及郊，則從而授之。若徒于他，則爲之旌節而行之。若無～無節，則唯圜土内之。(0719下)

【授几】授几與人。以示優待。凡授几之法，如尊者授卑者，則尊者執几中段，將几足授卑者；如卑者授尊者，則卑者執几的兩端，將几中間授尊者。參見"授校"。《儀禮・公食大夫禮》：不～。無阼席。(1086中)

【授校】授予几足。爲尊者授几於卑者之法。尊者執几中間，將几足予卑者。鄭玄《注》："校，几足。"胡培翬《正義》："凡授几之法，卑者以兩手執几兩端，尊者則以兩手於几間執之，授受皆然。受時或受其足，或受於手，皆橫受之。"《儀禮・士昏禮》：主人拂几，～，拜送。(0962中)

【授祭】即共祭。天子將食必祭先，膳夫取食授之以祭。爲九食祭之一。孫詒讓《正義》："授祭即《大祝》九祭之'共祭'。"參見"共$_2$祭"。《周禮・天官・膳夫》：以樂侑食，膳夫～，品嘗食，王乃食。(0660上)

【授綏】爲御車僕人之禮。婚禮親迎，男方御車，女方將上車時，男方把用以登車的帶子交給女方。行僕人之禮。鄭玄《注》："綏，所以引升車者。僕人之禮，必授人綏。"賈公彦《疏》："今堉御車，即僕人禮，僕人合授綏。"《儀禮・士昏禮》：堉御婦車，～，姆辭不受。(0966中)

【授立不跪，授坐不立】把東西給站着的人不跪下相授，把東西給坐着的人不站着相授。以免尊者俯仰而接之。爲授受之禮。鄭玄《注》："爲煩

尊者俛仰受之。"《禮記・曲禮上》：～。(1239上)

接

⊖ jiē 見下。

【接子】接子之禮。子生三日内擇吉日舉行。天子、庶人皆行此禮，唯厚、薄不同。其禮，設饌以食其母，使補虛强氣；射人用桑木弓、蓬蒿矢射天地四方，以示子四方之志；宰夫向抱太子之士獻醴賜帛，通過占卜選擇餵養太子之人。《禮記・内則》：凡～擇日。冢子則大牢，庶人特豚，士特豕，大夫少牢，國君世子大牢。其非冢子，則皆降一等。(1469中)

【接武】步履相接。即行走時前後脚迹要相重合半足，謂小步緩行。爲在堂上行走之法。鄭玄《注》："武，迹也。迹相接，謂每移足半躡之。"孫希旦《集解》："堂上接武，即徐趨；堂下布武，即疾趨也。"《禮記・曲禮上》：堂上～，堂下布武。(1239上)

⊖ chā 見下。

【接$_2$盛】取新穀以授舂人。供大祭祀之用。鄭玄《注》："接讀爲'一扱再祭'之'扱'。扱以受舂人舂之。大祭祀之穀，藉田之收藏於神倉者也，不以給小用。"孫詒讓《正義》："謂扱取穀粟於倉，以授舂人。……此王國大祭祀之盛，當皆用新者，其舂舀亦尤精絜。"《周禮・地官・廩人》：大祭祀，則共其～。(0749中)

揩

jiá 見下。

【揩擊】樂器名。奏樂時用來擊打節拍。亦稱柷敔。鄭玄《注》："揩擊，謂柷敔，皆所以節樂者也。"《禮記・明

堂位》：拊搏、玉磬、~、大琴、大瑟、小琴、小瑟，四代之樂器也。(1491上)

提 tí 鼓名。有曲木柄可以提持之鼓。行軍時師帥所執，以擊鼓發令。鄭玄《注》引鄭司農云："提讀如攝提之提，謂馬上鼓，有曲木提持鼓立馬髦上者，故謂之提。"孫詒讓《正義》："竊謂提鼓以提爲名，固當有柄可以提持，但不必在馬髦上耳。"賈公彥《疏》："此先鄭蓋據當時已有單騎，舉以況周。其實周時皆乘車，無輕騎法也。"《周禮·夏官·大司馬》：師帥執~，旅帥執鼙，卒長執鐃。(0836上)

揚 (扬) yáng 亦稱戚、鉞，形似大斧。爲舞者手中所持之物。孫希旦《集解》："揚，戚也。干、揚，皆舞者之所執。"《禮記·樂記》：樂者，非謂黃鍾、大呂、弦歌、干~也，樂之末節也，故童者舞之。(1538上)

【揚州】九州之一。蓋爲今江西九江市東長江以南之地。其地域不同於《禹貢》所説"淮南維揚州"，而與《爾雅·釋地》"江南曰揚州"相近。《周禮·夏官·職方氏》：東南曰~，其山鎮曰會稽，其澤藪曰具區。(0862上)

【揚飯】揚去飯的熱氣，以求速冷。爲陪侍長者吃飯時不合於禮的舉動。孔穎達《疏》："飯熱，當待冷。若揚去熱氣，則爲貪快，傷廉也。"《禮記·曲禮上》：毋~。飯黍毋以箸。(1242下)

揖 yī 行推手禮。爲拱手禮之一種。拱手禮有推手、引手之别，推手由胸前向外伸，曰揖，多爲主人禮；引手由外向胸前收，曰厭，多爲賓之禮。漢以後則統稱爲揖。推手而稍上謂之天揖，推手而平謂之時揖，推手而稍下謂之土揖。《鄉飲酒禮》鄭玄曰："賓之屬相厭，變於主人也。推手曰揖，引手曰厭。今文皆作揖。"參見"拱"。《周禮·夏官·司士》：孤卿特~，大夫以其等旅~，士旁三~，王還~門左，~門右。(0849上)《儀禮·鄉飲酒禮》：拜介，介荅拜；揖衆賓。主人~，先入。賓厭介，入門左。(0981中)

【揖讓】賓主相見的禮儀。先揖而後讓。揖爲行推手禮，讓爲賓主之間讓對方先入門或先升堂。《周禮·秋官·司儀》：掌九儀之賓客擯相之禮，以詔儀容、辭令、~之節。(0896下)《禮記·曾子問》：將冠子，冠者至，~而入。(1390下)

揄 yáo 見下。

【揄狄】即揄翟。其服以彩畫雉形。王后六服之一。爲王后從王祭先公之服。亦爲王三夫人、侯伯夫人之服。《内司服》鄭玄《注》："狄，當爲翟。翟，雉名。……王后之服刻繒爲之形而采畫之，綴於衣以爲文章。……從王祭先王則服褘衣，祭先公則服揄翟，祭羣小祀則服闕翟。"《玉藻》鄭玄《注》："夫人，三夫人，亦侯伯之夫人也。"《周禮·天官·内司服》：掌王后之六服：褘衣、~、闕狄、鞠衣、展衣、緣衣，素沙。(0691上)《禮記·玉藻》：王后褘衣，夫人

揄翟

～。(1481 中)

【揄絞】棺飾。以青黃色繒為之，繒上繪有翟雉，繫於棺罩之上為飾。亦名振容。諸侯以上用之。鄭玄《注》："謂池飾也。揄，揄翟也。采青黃之間曰絞。……人君之柳，其池繫絞繒於下，而畫翟雉焉，名曰振容。"參見"振容"。《禮記·雜記上》：大夫不～，屬於池下。(1552 上)

援 yuán 戈的橫刃。孫詒讓《正義》："凡戈三體，援為橫刃，主擊，故最長；胡半刃，主決，次之；內即援本之入柲為固者，又次之。"《周禮·冬官考工記·冶氏》：戈廣二寸，內倍之，胡三之，～四之。(0915 中)

揔 zǒng 見下。

【揔干】持盾而舞。天子在食三老、五更之典禮時，親自著冕持盾起舞，以示敬重。鄭玄《注》："冕而揔干，親在舞位也。"孔穎達《疏》："謂天子親自著冕，手持干盾而親舞也。"《禮記·樂記》：食三老、五更於大學，天子袒而割牲，執醬而饋，執爵而酳，冕而～，所以教諸侯之弟也。(1543 中)

握 ㊀ wò ❶用同"幄"。車帷。陸德明《釋文》："握，干馬皆作幄。"孫詒讓《正義》："《釋名·釋牀帳》云：'幄，屋也。以帛衣板，施之形如屋。'則幄是以帛衣板，與以蓋施容同。"《周禮·春官·巾車》：翟車，貝面，組總，有～。(0824 上)❷箭桿上手握之處。在箭桿中央，其寬度相當於四寸。鄭玄《注》："握，謂中央也。"胡培翬《正義》引敖繼公云："上握，謂上於手握之處也。矢以鏃為上，括為下。"引盛世佐云："上握焉者，謂束矢之處去鏃四寸也。"《儀禮·鄉射禮》：大夫之矢，則兼束之以茅，上～焉。(1002 下)❸四指寬的長度。古以一指寬為一寸，四指寬為一膚。鄭玄《注》："握，謂長不出膚。"陳澔《集說》："握，謂長不出膚。側手為膚，四指也。"《禮記·王制》：祭天地之牛角繭、栗，宗廟之牛角～，賓客之牛角尺。(1337 上)

㊁ òu 即握手。喪葬殮具。參見"握₂手"。《儀禮·既夕禮》：設～，裹親膚，繫鉤中指，結于掔。(1159 上)

【握₂手】喪葬殮具。其形制蓋為一韜手布袋。黑布面，紅布裹，內裝綿絮，長一尺二寸，寬五寸，中間部分兩側各縮去一寸，死者手置其中，兩頭有帶子，繞中指結於手腕上。胡培翬《正義》："盛氏世佐謂，握手所以韜手，兩手各一。方氏苞謂，長尺二寸，廣五寸，乃以一面言，其制宜合二面如囊是也。……其制，用兩面逢合如囊，則以玄為表，每面各用玄長尺二寸，廣五寸；以纁為裏，亦每面各用纁長尺二寸，廣五寸，而縫合其兩旁及下端，留上端不縫，以手貫入也。"《儀禮·士喪禮》：～，用玄，纁裏，長尺二寸，廣五寸，牢中旁寸，著，組繫。(1131 上)

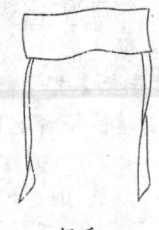

握手

搔 zhǎo 見下。

【搔翦】修剪手足指甲、鬢髮、鬍鬚。入殮前為死者整容。鄭玄《注》："搔當為爪。今文曰沐浴搔翦，或為蚤揃，揃或為鬋。"《儀禮·士虞禮》：沐

浴,櫛,～。(1176 上)

揉 róu 用火使木直或彎曲。鄭玄《注》:"謂以火橈之,衆輻之直齊如一也。"《周禮·冬官考工記·輪人》:～輻必齊,平沈必均。(0908 下)

搏 bó 用同"膊"。分裂四肢。爲一種酷刑。鄭玄《注》:"搏當爲'膊諸城上'之膊,字之誤也。膊,謂去衣磔之。"《周禮·秋官·掌戮》:掌斬殺賊諜而～之。(0883 上)

搹 è 指中等人一把的圍長。九寸。鄭玄《注》:"盈手曰搹。搹,扼也。中人之扼,圍九寸。"《儀禮·喪服》:苴絰大～,左本在下,去五分一以爲帶。(1097 中)

搢 jìn 見下。

【**搢本**】佩士的笏板。竹笏最爲質樸,逢凶年王去瑱佩本,以示節儉。孔穎達《疏》:"本謂士笏,用竹爲之,以象飾本。君遭凶年,搢插士笏,故云搢本。"《禮記·玉藻》:年不順成,君衣布,～,關梁不租,山澤列而不賦,士功不興,大夫不得造車馬。(1475 上)

摯 (贄) zhì ❶賓主相見時所持之禮品。因爵位、性別、季節之不同而禮物亦各異。一般男子之摯爲玉、帛、禽、鳥等,婦人之摯爲榛、榛、脯、脩、棗、栗等。大宗伯所作"六摯"爲皮帛、羔、雁、雉、鶩、鷄。《大宗伯》鄭玄《注》:"摯之言至,所執以自致。"《曲禮下》孫希旦《集解》:"愚謂摯之言致也,見於尊者,親致之以爲敬也。"《周禮·春官·大宗伯》:以禽作六～,以等諸臣。(0762 上)《儀禮·士相見禮》:始見于君,執～至下,容彌蹙。(0977 上)《禮記·曲禮下》:凡～,天子鬯,諸侯圭,卿羔,大夫鴈,士雉,庶人之～匹。(1270 中)❷特指作爲見面禮的雉。《士冠禮》鄭玄《注》:"摯,雉也。"賈公彥《疏》:"士執摯是其常,故知摯是雉也。"《士昏禮》鄭玄《注》:"摯,雉也。"胡培翬《正義》:"注言雉也,以別於鴈。壻親迎執鴈,此當執雉。"參見"雉①"。《儀禮·士冠禮》:遂以～見於鄉大夫、鄉先生。(0953 中)《儀禮·士昏禮》:壻入門,東面,奠～,再拜,出。(0973 中)

摶 (抟) ㊀ zhuàn 計量羽毛捆束的單位。百羽爲摶。鄭玄《注》:"審、摶、縛,羽數束名也。"《周禮·地官·羽人》:凡受羽,十羽爲審,百羽爲～,十～爲縛。(0748 中)

㊁ tuán 見下。

【**摶₂飯**】捏飯成團。以其爲爭飽不謙之舉,故侍食長者時所忌。鄭玄《注》:"爲欲致飽不謙。"孔穎達《疏》:"共器若取飯作摶,則易得多,是欲爭飽,非謙也。"《禮記·曲禮上》:毋～。毋放飯。(1242 下)

【**摶₂埴之工**】製作陶器的工匠。因其拍拊黏土以爲陶器之坯而稱。爲《考工記》所記六工之一。鄭玄《注》:"摶之言拍也。埴,黏土也。"賈公彥《疏》:"以手拍黏土以爲培,乃燒之。"《周禮·冬官考工記·總敘》:凡攻木之工七,攻金之工六,攻皮之工五,設色之工五,刮摩之工五,～二。(0906 中)

摳 (抠) kōu 見下。

【摳衣趨隅】提起下裳走到席角登席爲升席之法。孔穎達《疏》："摳，提也。衣，裳也。趨，猶向也。隅，猶角也。既不踏席，當兩手提裳之前，徐徐向席之下角，從下而升，當己位而就坐也。"《禮記・曲禮上》：毋踐屨，毋踏席，～，必慎唯諾。(1238 上)

摙 lù 見下。

【摙鐸】手掩上搖動大鈴。以爲軍隊休息的命令。鄭玄《注》："掩上振之爲摙。摙者，止行息氣也。"《周禮・夏官・大司馬》：三鼓，～，羣吏弊旗，車徒皆坐。(0838 中)

撻 (挞) tà ❶用鞭、戒尺、棍等擊打。以懲罰失禮者或有過者。《閽胥》鄭玄《注》："撻，扑也。"賈公彥《疏》："凡有失禮者，輕者以觵酒罰之，重者以楚撻之。"《周禮・地官・閽胥》：凡事，掌其比觵～罰之事。(0719 下)《儀禮・鄉射禮》：射者有過則～之。(1011 上)《禮記・文王世子》：成王有過，則～伯禽，所以示成王世子之道也。(1404 下) ❷弓把上的矢道。一名箭溜。鄭玄《注》："撻，拊側矢道也。皆以韋爲之。"賈公彥《疏》："所以撻矢令出。謂生時以骨爲之拊側，今死者用韋。"胡培翬《正義》引胡承珙云："禮所謂撻，即今之箭溜。以韋若骨及金玉爲之，大如錢，嵌入拊側，以別上下。射時在弓之右、矢之上，矢由此而去，故名溜，溜亦滑達之意。"《儀禮・既夕禮》：有柲，設依，～焉。(1164 中)

【撻戮】即扑罰。扑撻的處罰。施與有罪但還沒有觸及刑法的人。孫詒讓《正義》："撻即司市市刑之大刑扑罰也。此謂市人有罪而未麗於刑者，故戮而罰之，不歸於士。"《周禮・地官・胥》：凡有罪者，～而罰之。(0738 中)

擖 yè 箕舌。畚箕前伸的部分。依禮，執箕時應將箕口朝向自身。鄭玄《注》："擖，舌也。持箕將去糞者，以舌自鄉。"《禮記・少儀》：拚席不以鬣，執箕膺～。(1511 下)

撢 tàn 見下。

【撢人】職官名。掌述天子詔令以曉諭四方諸侯。爵中士。《周禮・夏官・撢人》：～，掌誦王志，道國之政事，以巡天下之邦國而語之。(0865 上)

撮 cuō 用三指抓取的量。泛指少量。《禮記・中庸》：今夫地，一～土之多，及其廣厚，載華嶽而不重。(1633 中)

撫 (抚) fǔ 即撫屍。喪禮小殮、大殮時有憑屍之禮，依與死者恩之深淺及尊卑，分爲憑屍、拘屍、執屍、撫屍等儀節，以示哀痛。此禮憑最重，拘次之，執又次之，撫最輕。鄭玄《注》："撫，以手按之也。"《禮記・喪大記》：君～大夫，～內命婦。大夫～室老，～姪娣。(1581 上)

【撫玉】撫摸玉璧。諸侯覲見天子時所獻之玉璧，天子僅撫摸之而不受，以示輕財。鄭玄《注》："王不受玉，撫之而已，輕財也。"《儀禮・覲禮》：侯氏升，致命。王～。(1091 中)

【撫式】兩手按着車軾，身體前傾，以示敬意。式，用同"軾"。車前橫木。

鄭玄《注》：" 撫猶據也。據式小俛,崇敬也。"《禮記・曲禮上》：國君〜,大夫下之。大夫〜,士下之。(1249中)

【撫席】雙手按住座席。當主人跪地爲客整理座席時,客人跪地按住座席婉言推辭,表示感謝。鄭玄《注》：" 撫之者,荅主人之親正。"《禮記・曲禮上》：主人跪正席,客跪〜而辭。(1239下)

【撫祭】撫摸祭品。以示親自參與祭祀。鄭玄《注》：" 撫授祭,示親祭。"《儀禮・特牲饋食禮》：主婦左執爵,右〜。(1185中)

撟

(挢) ㈠ kǎo 用火使木直或彎曲。爲製弓工藝之一。孫詒讓《正義》："撟幹、撟角皆用火,與輪人揉輻、揉牙同。"《周禮・冬官考工記・弓人》：〜幹欲孰於火而無贏,〜角欲孰於火而無燂。(0936上)

㈡ jiǎo 見下。

【撟₂邦令】詐稱王命。爲士師所掌依法對士判罪決事的八種成例(八成)之一。鄭玄《注》："稱詐以有爲者。"賈公彦《疏》："撟即詐也。……謂詐上命,營搆僞物之類也。"《周禮・秋官・士師》：掌士之八成：一曰邦汋,二曰邦賊,三曰邦諜,四者犯邦令,五曰〜,六曰爲邦盜,七曰爲邦朋,八曰爲邦誣。(0875中)

播

bō 見下。

【播餘】棄置手中的餘飯。古者吃飯用手,手中所餘之飯,不能放回原容器,應棄之。喪禮棄餘飯於筐,平時棄餘飯於會(敦蓋)。鄭玄《注》："不反餘也。古者飯用手,吉時播餘於會。"胡培翬《正義》："飯小,則或取於敦者多而入於口者少,故有餘飯。……不反餘也者,謂不可反之於敦,故播于筐。"《儀禮・士虞禮》：尸飯,〜于筐。(1169上)

撥

(拨) bō 即綍。出喪時牽引靈車的繩子。鄭玄《注》："撥,可撥引輴車,所謂綍。"《禮記・檀弓下》：孺子䵷之喪,哀公欲設〜,問於有若。(1312中)

㩊

huò 裝有機關的捕獸器。《雍氏》鄭玄《注》："㩊,柞鄂也。堅地阱淺,則設柞鄂於其中。秋而杜塞阱㩊,收刈之時,爲其陷害人也。"賈公彦《疏》："柞鄂者,或以爲豎柞於中,向上鄂鄂然,所以載禽獸,使足不至地,不得躍而出,謂之柞鄂也。"《中庸》朱熹《集注》："㩊,機檻也。"《周禮・秋官・雍氏》：春,令爲阱－溝瀆之利於民者；秋,令塞阱杜〜。(0885上)《禮記・中庸》：人皆曰予知,驅而納諸罟〜陷阱之中,而莫之知辟也。(1626上)

擊

(击) jī 見下。

【擊柝】敲梆子以巡夜。鄭玄《注》引鄭司農云："柝,戒守者所擊也。"《周禮・天官・宮正》：以時比宮中之官府、次舍之衆寡,爲之版以待,夕〜而比之。(0657上)

【擊筮】敲打蓍草。卜筮問吉凶前,敲打蓍草,以動其神。鄭玄《注》："將問吉凶焉,故擊之以動其神。"賈公彦《疏》："以其用蓍爲筮,因名蓍爲筮。"《儀禮・少牢饋食禮》：左執筮,右兼

執轡以～。(1196 中)

操 cāo 見下。

【操縵】調弦,雜弄。鄭玄《注》:"操縵,雜弄。"孔穎達《疏》:"弦,琴瑟之屬,學之須漸。言人將學琴瑟,若不先學調弦、雜弄,則手指不便;手指不便,則不能安正其弦。先學雜弄,然後音曲乃成也。"《禮記·學記》:學,不學～,不能安弦。(1522 中)

擩 rǔ 見下。

【擩祭】將肺、肝、腌菜等染鹽與肉醬中,置於豆間祭享。爲九食祭之一。鄭玄《注》:"鄭司農云:'……擩祭,以肝肺菹擩鹽醢中以祭也。'……玄謂九祭,皆謂祭食者。……振祭、擩祭本同。不食者擩則祭之,將食者既擩必振乃祭也。"《周禮·春官·大祝》:辨九祭:一曰命祭,二曰衍祭,三曰炮祭,四曰周祭,五曰振祭,六曰～,七曰絕祭,八曰繚祭,九曰共祭。(0810 上)

擔 (担)shàn 見下。

【擔主】擔任喪主。依禮,無爵位者無孝杖,不能作爲喪主。但庶人的嫡長子以其爲嫡子之故,可借取有爵之杖擔任喪主,主持喪事。《喪服》鄭玄《注》:"擔,猶假也。無爵者假之以杖,尊其爲主也。"賈公彥《疏》:"以其有爵之人必有德,有德則能爲父母致病深,故許以杖扶病。……庶人無爵亦得杖,……以其雖無爵無德,然以適子故,假取有爵之杖爲之喪主,拜賓送賓,成喪主之義也。"《儀禮·喪服》:無爵而杖者何?～也。(1097 中)《禮記·喪服四制》:三日授子杖,五日授大夫杖,七日授士杖。或曰～,或曰輔病。(1695 中)

擣 [搗]dǎo 見下。

【擣珍】爲王膳八珍之一。其製法,取牛羊鹿麋之背脊肉,捶搗之,去其筋,煮熟,加汁和之。《禮記·內則》:～取牛、羊、麋、鹿、麕之肉,必脄,每物與牛若一,捶反側之,去其餌,孰出之,去其皽,柔其肉。(1468 中)

擯 (擯)bìn 接引賓客、傳達言辭。亦指擯者。天子、諸侯接待賓客,大夫、士行禮,皆有擯。《內小臣》鄭玄《注》:"擯,爲后傳辭。"《曲禮下》孔穎達《疏》:"擯,謂天子接賓之人也。"《周禮·天官·內小臣》:若有祭祀、賓客、喪紀,則～。(0686 中)《儀禮·聘禮》:大夫降,授老幣,無～。(1063 下)《禮記·曲禮下》:其～於天子也,曰"天子之吏"。(1264 下)

【擯士】導引初爲士者覲見君王。鄭玄《注》:"擯士,告見初爲士者於王也。"《周禮·夏官·司士》:掌～者,膳其摯。(0849 中)

【擯者】❶接引賓客、傳達言辭者。《周禮·秋官·大行人》:上公之禮,……介九人,禮九牢,其朝位賓主之間九十步,立當車軹,～五人,廟中將幣三享。(0890 下)《儀禮·聘禮》:～執上幣出,禮請受,賓辭。(1064 上)《禮記·少儀》:賵者既致命,坐委之,～舉之,主人無親受也。(1511 中)❷指傅姆。鄭玄《注》:"擯者,傅姆之屬也。人君尊,雖妾不抱

子。"《禮記·內則》:三月之末,其母沐浴朝服見於君,～以其子見。(1470 下)

【擯相】接引賓客,執贊禮儀。《司儀》鄭玄《注》:"出接賓曰擯,入贊禮曰相。"《深衣》孫希旦《集解》:"擯、相,謂大夫士相見,而爲之接賓、相禮也。"《周禮·秋官·司儀》:掌九儀之賓客～之禮,以詔儀容、辭令、揖讓之節。(0896 下)《禮記·深衣》:故可以爲文,可以爲武,可以～,可以治軍旅。(1664 中)

【擯詔】助賓主行禮之人。鄭玄《注》:"擯詔,告道賓主者也。"《禮記·禮器》:故禮有～,樂有相步,溫之至也。(1439 中)

擢 zhuó 見下。

【擢馬】撤去一馬。投壺之禮:立籌爲馬,賓主投矢,每中一次得一馬,凡得三馬者爲勝。如甲得二馬,乙得一馬,則乙之一馬應去而添於甲,甲得三馬而勝。故有"一馬從二馬,三馬既立,請慶多馬"之説。此處指卑者勝二馬,不敢撤尊者之一馬。鄭玄《注》:"擢,去也,謂徹也。"孔穎達《疏》:"凡投壺,每一勝輒立一馬,至三馬而成勝。但頻勝馬三,難得。若一朋得二馬,一朋得一馬,於是二馬之朋徹取一馬者,足以爲三馬,以成定勝也。今若卑者朋,雖得二馬,亦不敢徹尊者馬足成已勝也。"《禮記·少儀》:不角,不～。(1512 上)

擾 (扰) rǎo 指家畜。六擾指馬、牛、羊、豕、犬、雞;五擾無雞,四擾無犬、雞。鄭玄《注》:"六擾,馬、牛、羊、豕、犬、雞。"《周禮·夏官·職方氏》:其畜宜六～,其穀宜五種。(0862 中)

攘 ㊀ ráng 用同"禳"。祈禳,祈福。鄭玄《注》:"磔牲以攘於四方之神,所以畢止其災也。"《禮記·月令》:命國難,九門磔～,以畢春氣。(1364 中)

㊁ rǎng 見下。

【攘₂獄】有人以獄訟來告,官吏故意推卻不受理。依法,此類行爲當受處罰。鄭玄《注》:"攘猶卻也。卻獄者,言不受也。"孫詒讓《正義》:"卻獄不受者,謂小吏及府史胥徒阻人之來獄者,不受達其陳告之辭也。"《周禮·秋官·禁殺戮》:掌司斬殺戮者,凡傷人見血而不以告者,～者,遏訟者,以告而誅之。(0884 中)

攝 (摄) shè ❶代理。代理君主主持國政,代理喪主主持喪事。依禮,士不得代大夫主持喪事,唯士之宗子可代大夫主持喪事。《大宗伯》鄭玄《注》:"王有故,代行其祭事。"《喪服小記》孔穎達《疏》:"謂若宗子爲士而無主後者,可使大夫攝主之也。士之喪雖無主,不敢攝大夫爲主,士卑故也。宗子尊,則可以攝之也。"《周禮·春官·大宗伯》:若王不與祭祀,則～位。(0763 中)《禮記·喪服小記》:士不～大夫。士～大夫,唯宗子。(1502 上) ❷借貸。鄭玄《注》:"攝,猶貸也。"孔穎達《疏》:"謂冉子見孔子使人本至,貸之以束帛乘馬而行禮。"《禮記·檀弓上》:伯高之喪,孔氏之使者未至,冉子～束帛乘馬而將之。(1282 中) ❸鑲邊,滾邊。鄭玄《注》:"攝,猶緣也。"《儀禮·既

夕禮》:貳車,白狗～服,其他皆如乘車。(1162中)

【攝主】代理主持喪事、祭祀的人。鄭玄《注》:"攝主,上卿,代君聽國政。"孔穎達《疏》:"此宗子有罪出在他國,庶子既爲攝主不敢備禮,故於祭末不爲陽厭之祭也。"《禮記·曾子問》:卿、大夫、士從～,北面於西階南。(1388下)《禮記·曾子問》:～不厭祭,不旅,不假,不綏祭,不配。(1399上)

【攝服】鑲邊的衣服。鄭玄《注》:"攝,猶緣也。狗皮緣服,差飾。"賈公彥《疏》:"有兵服,服又加白狗皮緣之,謂之攝服。……對主人服無緣,此則有緣,是差也。"《儀禮·既夕禮》:貳車,白狗～,其他皆如乘車。(1162

中)

【攝酒】將尊中已有的酒添加攪和,整治一新。《士冠禮》鄭玄《注》:"攝,猶整也。整酒,謂撓之。"《有司》鄭玄《注》:"更洗,益整頓之。"賈公彥《疏》:"此'洗'當作'撓'。此謂實尸唯徹室中之饋,亦因前正祭之酒,更撓攪添益整新之也。"《儀禮·士冠禮》:再醮,～,其他皆如初。(0956中)《儀禮·有司》:司宮～。(1206下)

攠 mí 鍾上受擊而磨損發光之處。鄭玄《注》:"攠,所擊之處攠弊也。"孫詒讓《正義》:"鍾隧常用鼓擊,易銷敝,故因以爲名。"《周禮·冬官考工記·鳧氏》:于上之～謂之隧。(0916上)

毛部

毛 máo ❶選擇純毛色的牲畜。亦指純毛色。《牧人》鄭玄《注》:"毛之,取純毛也。"孫詒讓《正義》:"擇牲取其純色謂之毛,故《公羊》文十二年傳,以不純色爲不毛矣。"《周禮·地官·牧人》:凡陽祀,用騂牲,～之。阴祀,用黝牲,～之(0723中)《禮記·祭義》:君召牛,納而視之,擇其～而卜之,吉,然後養之。(1597下)❷以鬚髮之色排座次。鬚髮白年長者居上位。《司儀》鄭玄《注》:"謂以須髮坐也。朝事尊,尊上爵;燕則親,親上齒。鄭司農云:'謂老者在上也。老者二毛,故曰毛。'"《中庸》鄭玄《注》:"燕,謂既祭而燕也。燕以髮色爲坐。祭時,尊尊也;至燕,親親也。"《周禮·秋官·司儀》:王燕,則諸侯～。(0897中)《禮記·中庸》:燕～,所以序齒也。(1629上)❸獸毛,牲毛。可製作器物,可用於祭神。《周禮·天官·獸人》:凡獸入于腊人,皮、～、筋、角入于玉府。(0663

下》《禮記·郊特牲》：～、血，告幽全之物也。(1457中)

【毛物】指長有豐厚細毛的獸類。如貂、狐之類。鄭玄《注》："毛物，貂、狐、貒、貉之屬，縟毛者也。"《周禮·地官·大司徒》：一曰山林，其動物宜～，其植物宜皁物，其民毛而方。(0702中)

【毛炮】用熱水或火去羊、豕之毛，整體包裹烤熟。鄭玄《注》："毛炮豚者，爓去其毛而炮之，以備八珍。"孫詒讓《正義》："蓋凡燔炙之屬，皆制割肝肉而後火熟之；炮則不制割而以全體包裹燒之，其牂豚之屬有毛者，則先去其毛而燒之，謂之毛炮。"《周禮·地官·封人》：凡祭祀，飾其牛牲，設其福衡，置其紖，共其水槀，歌舞牲及～之豚。(0720中)

毳 cuì 見下。

【毳毛】細毛。用以製作氈。鄭玄《注》："毳毛，毛細縟者。"《周禮·天官·掌皮》：遂以式灋頒皮革于百工，共其～爲氈，以待邦事。(0684中)

【毳冕】王祭四望、山川時之服。毳冕五章，宗彝、藻、粉米三章畫於衣，黼、黻二章繡於裳，宗彝之上刻虎、蜼爲飾。爲王六冕服之一。子、男亦服之，以朝聘天子及助祭。鄭玄《注》："九章：初一曰龍，次二曰山，次三曰華蟲，次四曰火，次五曰宗彝，皆畫

以爲繢；次六曰藻，次七曰粉米，次八曰黼，次九曰黻，皆希以爲繡。……毳，畫虎蜼，謂宗彝也。其衣三章，裳二章，凡五也。……凡冕服，皆玄衣纁裳。"孫詒讓《正義》："依鄭義，衣三章宗彝、藻、粉米，裳二章黼、黻也。"《周禮·春官·司服》：王之吉服：祀昊天上帝，服大裘而冕；祀五帝亦如之；享先王，則袞冕；享先公、饗射，則鷩冕；祀四望、山川，則～；祭社稷、五祀，則希冕；祭羣小祀，則玄冕。(0781中)

氂 lí 用同"釐"。長度單位，十毫爲分，十分爲寸。《禮記·經解》：《易》曰："君子慎始，差若豪～，繆以千里。"(1611上)

氊 kě 見下。

【氊豆】素而不加彩飾的豆。鄭玄《注》："氊，白也。"《儀禮·士喪禮》：～兩，其實葵菹芋，蠃醢。(1139中)

[氈] zhān 見下。

【氈案】鋪有氈的座榻。鄭玄《注》："張氈案，以氈爲牀於幄中。"孫詒讓《正義》："《木部》云：'案，几屬。牀，安身之几坐也。'案：對文則案與牀異，散文則通。凡牀以木爲之，此注云以氈爲牀者，言以氈覆牀上爲之。"《周禮·天官·掌次》：王大旅上帝，則張～，設皇邸。(0676下)

氈 （毡）zhān 以獸毛碾合而成的片狀物。可做鋪墊之用。《周禮·天官·掌皮》：共其毳毛爲～，以待邦事。(0684中)

毳冕

气部

氣 (气) qì ❶指脈氣。鄭玄《注》:"氣,謂脈氣。"《周禮·天官·獸醫》:凡療獸病,灌而行之以節之,以動其～,觀其所發而養之。(0668中) ❷指牲血、牲肉之氣味。爲虞舜時祭祀所崇尚者。鄭玄《注》:"尚,謂先薦之。"孔穎達《疏》:"以其並未熟,故云'用氣也'。"孫希旦《集解》:"愚謂用氣者,血、腥、燔三者皆不可食,但用其氣以歆神也。"《禮記·郊特牲》:有虞氏之祭也,尚用～。血、腥、燔祭,用～也。(1457上)

【氣聽】根據呼吸緩急察其曲直。理屈者氣喘,理直者氣緩。爲獄訟審理中判斷曲直的五種方法之一。鄭玄《注》:"觀其氣息,不直則喘。"賈公彦《疏》:"虛本心知,氣從内發,理既不直,吐氣則喘。"《周禮·秋官·小司寇》:以五聲聽獄訟,求民情:一曰辭聽,二曰色聽,三曰～,四曰耳聽,五曰目聽。(0873下)

片部

版 bǎn ❶户籍,名册。鄭玄《注》引鄭司農云:"版,名籍也。以版爲之。"《周禮·天官·宫伯》:掌王宫之士庶子,凡在～者。(0658上) ❷築牆所用之夾板。鄭玄《注》:"築防若牆者,以繩縮其版。大引之,言版橈也。版橈,築之則鼓,土不堅矣。"孫詒讓《正義》:"此築防牆之法。……必以繩束版,兩版相去如防與牆之厚,實土其中,而後可用杵椓築之也。"《周禮·冬官考工記·匠人》:凡任,索約大汲其～,謂之無任。(0933中)

【版圖】户籍和地域圖册。爲官府治理政事所使用的八種成規(八成)之一。鄭玄《注》:"版,户籍。圖,地圖也。聽人訟地者,以版圖決之。"《周禮·天官·小宰》:以官府之八成經邦治:一曰聽政役以比居,二曰聽師田以簡稽,三曰聽閭里以～,四曰聽

稱責以傅別，五日聽禄位以禮命，六曰聽取予以書契，七曰聽賣買以質劑，八曰聽出入以要會。(0654 上)

牖 yǒu 室之窗。《司几筵》孫詒讓《正義》：“凡天子諸侯宗廟路寢，皆有東西房，其中爲室，房室結皆南向開户。東房則户近西，西房則户近東，而皆無牖。室則户牖俱有，户在東，牖在西。”《周禮·春官·司几筵》：昨席莞筵紛純，加繅席畫純，筵國寶于～前，亦如之，左彤几。(0775 中)《儀禮·士喪禮》：商祝執巾從入，當～北面，徹枕設巾，徹楔受貝，奠于尸西。(1134 中)《禮記·檀弓上》：飯於～下，小斂於户内，大斂於阼，殯於客位，祖於庭，葬於墓，所以即遠也。(1285 中)

【牖户】窗和門。户牖之間爲堂之正中，爲最尊之處。《儀禮·覲禮》：“天子設斧依於户牖之閒。”《儀禮·有司》：司宫闈～，祝告利成，乃執俎以出于廟門外。(1218 中)《禮記·禮運》：後聖有作，然後脩火之利，范金，合土，以爲臺榭、宫室、～。(1423 上)

【牖鄉】窗。鄭玄《注》：“鄉、牖，一名也。”《儀禮·士虞禮》：主人入，祝從，啟～如初。(1174 上)

牘 (牍) dú 樂器名。以竹製成，管長七尺，圍五六寸，端有兩孔，撞地以發聲。鄭玄《注》引鄭司農云：“舂牘，以竹，大五六寸，長七尺，短者一二尺，其端有兩空，髹畫，以兩手築地。”《周禮·春官·笙師》：掌教歙竽、笙、塤、籥、簫、篪、篴、管，舂～、應、雅，以教祴樂。(0801 上)

牘

斤部

斤 jīn 斧頭。《周禮·冬官·考工記》：鄭之刀，宋之～，魯之削，吳、粵之劍，遷乎其地而弗能爲良，地氣然也。(0906 上)

斥 chǐ 見下。

【斥蠖】即尺蠖。小青蟲。鄭玄《注》：“斥蠖，屈蟲也。”孫詒讓《正義》：“依郭說，則即今樹閒小青蟲，形細小蜷曲。”《周禮·冬官考工記·弓人》：角環灂，牛筋賁灂，麋筋～灂。(0937 中)

斧 fǔ 用同“黼”。指繡有黑白相閒斧形紋飾的棺衣。鄭玄《注》：“斧謂之黼，白黑文也。以刺繡於絳幕，加椁以覆棺。”賈公彦《疏》：“斧，謂繡覆棺之衣爲斧文也。”《禮記·檀弓上》：天子之殯也，菆塗龍輴以椁，加～于椁上，畢塗屋，天子之禮也。(1294 上)

【斧斤】斧子。《周禮·冬官考工記·攻金之工》：六分其金而錫居一，謂之鍾鼎之齊；五分其金而錫居一，謂之～之齊。(0915 上)

【斧依】即黼依。帝王朝堂所用的狀如屏風的器具。以絳爲質，高八尺，設於王位之後，當户牖之間。其上繪有黑白相間的斧形圖案，故名。爲天子、帝王朝覲、大饗射、封國等大事用之。亦作"斧扆"。《覲禮》鄭玄《注》："依，如今絣素屏風也，有繡斧文，所以示威也。斧謂之黼。"《明堂位》鄭玄《注》："斧依，爲斧文屏風於户牖之間。"參見"黼依"。《儀禮·覲禮》：天子設～於户牖之間，左右几。(1089 上)《禮記·明堂位》：昔者周公朝諸侯于明堂之位：天子負～，南鄉而立；三公，中階之前，北面東上；諸侯之位，阼階之東，西面北上。(1487 下)

【斧斤之齊】(jì) 指製造斧子銅與錫合金的配方。即含銅五分之四，含錫五分之一。爲六齊之一。鄭玄《注》："多錫爲下齊，大刃、削殺矢、鑒燧也。少錫爲上齊，鍾鼎、斧斤、戈戟也。"孫詒讓《正義》："錫多則金不純，故爲下齊。多者，謂參分其金，而錫居一以下。"《周禮·冬官考工記·攻金之工》：金有六齊：六分其金而錫居一，謂之鍾鼎之齊。五分其金而錫居一，謂之～。四分其金而錫居一，謂之戈戟之齊。參分其金而錫居一，謂之大刃之齊。五分其金而錫居二，謂之削殺矢之齊。金錫半，謂之鑒燧之齊。(0915 上)

斬 (斩) zhǎn 即斬衰衣裳。爲五等喪服中最重的一種。由極粗疏的麻布做成，不縫邊。亦爲服斬衰衣裳。《喪服》胡培翬《正義》："謂斬布爲衰裳，而其邊側不縫也。"參見"斬衰"。《儀禮·喪服》：～者何？不緝也。(1097 中)《禮記·喪服小記》：庶子不爲長子～，不繼祖與禰故也。(1495 下)

【斬衰】五等喪服中最重的一種。用三升粗麻布製成，左右和下邊不縫。服制三年(一般爲二十五月，特殊情況爲二十六月或二十七月)。子及未嫁之女爲父，妻、妾爲夫，父爲嫡長子，承重孫爲祖父母，均服斬衰。諸

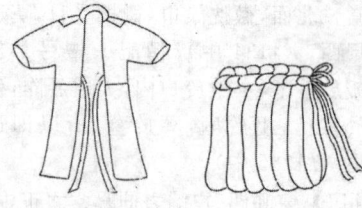

斬衰衣　　斬衰裳

侯爲天子，臣爲君亦服斬衰。《周禮·春官·司服》：凡喪，爲天王～，爲王后齊衰。(0782 下)《儀禮·喪服》：爲父何以～也？父至尊也。(1100 下)《禮記·喪服小記》：～，括髮以麻。(1494 上)

【斬殺】殺頭或腰斬。爲大辟之刑。《掌戮》鄭玄《注》："斬以鈇鉞，若今要斬也。殺以刀刃，若今棄市也。"《月令》孫希旦《集解》："高氏誘曰：……軍刑斬，獄刑殺，皆重其事，故曰'必當'。……於百刑之中又特言'斬殺必當'，以大辟之刑尤宜甚也。"《周禮·秋官·掌戮》：掌～賊諜而搏之。(0883 上)《禮記·月令》：乃命有司，申嚴百刑，～必當，毋或枉橈。(1373 下)

【斬衰裳】即斬衰服的下裳。鄭玄《注》："凡服，上曰衰，下曰裳。"賈公

彦《疏》:"言斬衰裳者,謂斬三升布以爲衰裳。不言裁割而言斬者,取痛甚之意。"參見"斬衰"。《儀禮·喪服》:~,苴絰、杖、絞帶,冠繩纓,菅屨者。(1096下)

斯 sī 見下。

【斯禁】置放酒尊之器。爲長方形無足木盤。取其禁止之義,戒飲而勿醉。爲士所用。一名"棜"。鄭玄《注》:"斯禁,禁切地無足者。"胡培翬《正義》引吴澄云:"斯禁,一名棜。長四尺,廣四尺二寸,深五寸,無足。大夫用棜,士用禁。"參見"禁①"。《儀禮·鄉飲酒禮》:尊兩壺于房户間,~。(0980下)

新 xīn 指剛剛收穫的糧食、果菜時鮮。可用以祭祀宗廟。《士喪禮》鄭玄《注》:"薦五穀若時果物新出者。"《月令》鄭玄《注》:"黍稷之屬於是始孰。"《儀禮·士喪禮》:有薦~,如朔奠。(1142下)《禮記·月令》:是月也,農乃登穀,天子嘗~,先薦寢廟。(1373上)

【新宫】《詩經·小雅》中的逸詩篇名。鄭玄《注》:"《新宫》,《小雅》逸篇也。"賈公彦《疏》:"知在《小雅》者,以配《鹿鳴》而言。《鹿鳴》是《小雅》,明《新宫》《小雅》可知。"《儀禮·燕禮》:升歌《鹿鳴》,下管《~》,笙入三成。(1025上)

【新樂】即淫樂。與"古樂"對。古以雅樂爲正聲,以不合於禮的俗樂爲淫聲,如春秋時鄭、衛兩國的民間音樂。儒家認爲鄭音好淫濫而使人意志放縱,衛音急促而使人意志煩勞,兩者皆爲"亂世之音"。然其婉轉優美使人嗜愛而不知倦,説明它具有較強的藝術感染力。鄭玄《注》:"古樂,先王之正樂也。"《禮記·樂記》:魏文侯問於子夏曰:"吾端冕而聽古樂,則唯恐卧。聽鄭衛之音,則不知倦。敢問古樂之如彼,何也?~之如此,何也?"(1538上)

斷 (断) duàn 見下。

【斷長補短】截取長的來補足短的。亦作"絕長補短"。今爲成語。《禮記·王制》:凡四海之内,~,方三千里,爲田八十萬億一萬億畝。(1347下)

爪(爫)部

爲 (为) wéi 見下。

【爲人後者】指出繼爲大宗無後者之子的小宗支子。胡培翬《正義》:"此爲人後者,後大宗也。……雷氏云:'此文當云:爲人後者,爲所後之父。闕此五字者,以其所後之父或早卒,今所後其人不定,或後祖父,或曾高祖,故闕之,見所後不定故也。'"《儀禮·喪服》:~。《傳》曰:何以三年也?受重者,必以尊服服之。(1101上)

【爲祖母後者】喪禮,父母先於祖父母而死,嫡孫就成爲祖父母的承重之人。祖父死時,嫡孫要服喪三年;至祖母死,嫡孫亦得服喪三年。爲祖母服喪三年之人謂之"爲祖母後者"。孔穎達《疏》:"謂適孫無父而爲祖後,祖父已卒,今又遭祖母喪,故云'爲祖母後'也。……若祖父卒時父已先亡,亦爲祖父三年。若祖卒時父在,己雖爲祖期。今父没,祖母亡時己亦爲祖母三年也。"《禮記·喪服小記》:祖父卒,而后~三年。(1494下)

舜 shùn 古帝名。傳說爲我國父系氏族社會後期的部落酋長。《尚書·堯典》稱之虞舜,《大戴禮記·五帝德》謂其名重華。三十歲被堯舉爲繼承人,五十歲代行天子事,六十歲踐帝位。相傳舜曾制訂三禮、五刑、巡守制度,流放四凶族,建立司空、司徒、后稷、士、共工、虞、秩宗、典樂、納言等官。命禹作司空,平水土;契作司徒,敬敷五教;皋陶作士,主察獄訟;后稷播種,以作飲食,天下因而大治。舜子商均不肖,而禹治水有功,故舜咨詢四岳,禪位於禹。舜是儒家所推崇的盛德之君,堯舜時代被稱作"大同之世"。《禮記·檀弓上》:~葬於蒼梧之野,蓋三妃未之從也。(1281中)

爵 jué ❶爵位。即諸侯及羣臣的等級。封爵與官爵皆稱爵。封爵係天子所封,凡公、侯、伯、子、男五等;官爵爲諸侯所封,凡上大夫卿、下大夫、上士、中士、下士五等。亦爲授爵或授官。《大宰》鄭玄《注》:"爵,謂公、侯、伯、子、男、卿、大夫、士也。"《士冠禮》鄭玄《注》:"德大者爵以大官,德小者爵以小官。"《周禮·天官·大宰》:以八柄詔王馭羣臣:一曰~,以馭其貴。(0646中)《儀禮·士冠禮》:以官~人,德之殺也。(0959上)《禮記·王制》:王者之制禄~,公、侯、伯、子、男,凡五等。諸侯之上大夫卿、下大夫、上士、中士、下士凡五等。(1321下)❷飲酒器的統稱。亦用作禮器。像雀形,容一升。其形狀爲:前有流,後有尾,中爲杯,一側有鋬,下有三足,流與杯口之際有柱。多爲青銅製。據《禮記·明堂位》,三代爵名不同,"爵,夏后氏以琖,殷以斝,周以爵。《禮器》鄭玄《注》:"凡觴,一升曰爵,二升曰觚,三升曰觶,四升曰角,五升曰散。"孔穎達《疏》:"摠名曰爵,其實曰觴。"《儀禮》諸篇中,於此五者往往差互行文,或具指一升之爵,或以爵代指觚、觶、角、散,當於上下行文中辨識之。如《燕禮》有以爵言觚者,有以爵言觶者;《大射》中有以爵言散者;《特牲饋食禮》有以爵言角者。參見"觚""觶""角㊀①""散㊀"。《周禮·冬官考工記·梓人》:勺一升,~一升,觚三升。獻以~而酬以觚。(0925下)《儀禮·

士冠禮》：賓降，取~于篚，辭降如初。（0956中）《禮記·禮器》：宗廟之祭，貴者獻以~，賤者獻以散；尊者舉觶，卑者舉角。（1433中）❸用同"雀"。黑紅色。鄭玄《注》："爵弁者，冕之次，其色赤而微黑，如爵頭然。"《儀禮·士冠禮》：~弁服：纁裳、純衣、緇帶、韎韐。（0950上）❹用同"雀"。鳥的一種。孔穎達《疏》引《國語》云："雀入于海爲蛤。"《禮記·月令》：鴻鴈來賓，~入大水爲蛤（1379上）❺用作量詞。指一升的容量。《禮記·玉藻》：君子之飲酒也，受一~而色洒如也，二~而言言斯，禮已三~而油油以退。（1476中）

【爵弁】禮冠之一種，次冕一等。形如冕，無旒，用赤微黑的布製成，其布三十升。大夫祭於家廟，士助祭於君，士昏禮迎親，皆著爵弁。《士冠禮》鄭玄《注》："爵弁者，制如冕，黑色，但無繅耳。"《儀禮·士冠禮》：~、皮弁、緇布冠各一匴，執以待于西坫南。（0951中）《禮記·雜記上》：子羔之襲也：繭衣裳與稅衣、纁袡爲一，素端一，皮弁一，~一，玄冕一。（1556中）

【爵韋】赤黑色的柔軟熟皮。鄭玄《注》："此玄端服之韠也。……凡韠以韋爲之，必象裳色。則天子玄端朱裳，大夫素裳，唯士玄裳、黃裳、雜裳也。"陳澔《集說》："爵韋，爵色之韋也。"《禮記·玉藻》：韠，君朱，大夫素，士~。（1481上）

【爵韠】用赤黑色熟皮製成的蔽膝。爲士玄端服之韠。繫在裳外，上窄下寬而較長，可遮住膝部。《士冠禮》鄭玄《注》："士皆爵韋爲韠。"《儀禮·士冠禮》：玄端：玄裳、黃裳、雜裳可也，緇帶，~。（0950下）《禮記·玉藻》：居則設佩，朝則結佩；齊則綪結佩而~。（1482中）

【爵弁服】與爵弁冠相配的禮服，次於冕服。其服上身爲黑色絲衣，下身爲紅色絲裳，黑大帶，紅色韋韍。大夫祭於家廟，士助祭於君，士冠禮三加，士婚禮親迎，皆服之。《士喪禮》鄭玄《注》："爵弁服，純衣纁裳也。禮以冠名服。"《儀禮·士喪禮》：復者一人，以~簪裳于衣，左何之，扱領于帶。（1128中）《禮記·雜記上》：襚者降，受~而門內霤，將命。（1557中）

【爵(皆)無筭】亦作"無筭爵"。謂飲酒不計杯數，一醉方休。無筭爵在旅酬之後，爲燕飲之末節。《有司》鄭玄《注》："筭，數也。長賓取觶酬兄弟之黨，長兄弟取觶酬賓之黨。唯己所欲，無有次第之數也。"《儀禮·特性饋食禮》：弟子皆復其位。~。（1190中）《儀禮·有司》：賓及兄弟交錯其酬，皆遂及私人，~。（1215下）

父 部

父 fù 見下。

【父師】職官名。即大司成。太子的師傅,掌國學之教。孔穎達《疏》:"父師,主大子成就其德行也。"孫希旦《集解》:"父師,即大司成也。樂正掌國學之政,故世子之學業,樂正之所主;大司成總國學之教,故世子學業之成,大司成之所主也。"《禮記·文王世子》:語曰:"樂正司樂,～司成,一有元良,萬國以貞。"(1407 下)

【父後者】父親的繼承人。即嫡長子。若無嫡子,庶子亦可繼父位。賈公彥《疏》:"爲父後者,謂父沒適子承重。"《儀禮·喪服》:出妻之子爲～,則爲出母無服。(1104 下)

月 部

月 yuè ❶計時單位。農曆按月相朔、弦、望、晦的變化周期,即朔(初一)至晦(月盡)爲一月。大月三十日,小月二十九日。十二月各有名號,依次爲陬、如、寎、余、皋、且、相、壯、玄、陽、辜、塗。《周禮·地官·媒氏》:凡男女自成名以上,皆書年～日名焉。(0733 上)《儀禮·士虞禮》:是～也吉祭,猶未配。(1176 中)《禮記·禮運》:五行、四時、十二～,還相爲本也。(1423 上)❷月亮,月神。《覲禮》鄭玄《注》:"月,大陰之精。"《周禮·春官·典瑞》:圭璧以祀日～星辰。(0777 下)《儀禮·覲禮》:禮日於南門外,禮～與四瀆於北門外,禮山川丘陵於西門外。(1093 下)《禮記·孔子閒居》:天無私覆,地無私載,日～無私照。奉斯此三者以勞天下,此之謂三無私。(1617 中)❸指月食。賈公彥《疏》:"謂日月食時,鼓人詔告于王,擊鼓聲大異,以救之。"參見"月食"。《周禮·地官·鼓人》:救日～,則詔王鼓。(0721 中)

【月半】即望日(十五日)。鄭玄《注》:"士月半,不復如朔盛奠。"《儀禮·士喪禮》:～,不殷奠。(1142 下)

【月吉】每月初一。鄭玄《注》："月吉，每月朔日也。"《周禮·地官·族師》：～，則屬民而讀邦灋，書其孝弟睦婣有學者。(0718下)

【月成】記載一月成事的文書。賈公彥《疏》："月計曰要，亦與諸職參互考一月成事文書也。"《周禮·天官·司會》：以參互攷日成，以月要攷～，以歲會攷歲成。(0679下)

【月辰】分娩月的初一。孔穎達《疏》："謂生月之辰，初朔之日也。"《禮記·内則》：妻將生子，及～，居側室。(1469上)

【月制】指一月内可製成的衣物。古禮，老人六十歲開始預製送終之具：六十歲時，在一年内製成棺木；七十歲時，製作一季可成的送終衣物；八十歲時，製作一月可成的送終衣物；九十歲，棺木衣物都已準備完畢，就日日修整以作送終之用。孔穎達《疏》："月制，謂一月可辨，衣物易得者也。漸老彌切也。"孫希旦《集解》："六十已衰，始制爲送死之具；至七十八十，而所制彌備；至九十，又於所制者日脩也。"《禮記·王制》：六十歲制，七十時制，八十～，九十日脩，唯絞、紟、衾、冒，死而后制。(1346上)

【月要(yào)】一月收支的總賬。賈公彥《疏》："月要，謂月計曰要也。"《周禮·天官·宰夫》：歲終，則令羣吏正歲會，月終，則令正～，旬終，則令正日成，而以攷其治。(0656下)

【月食】地球運行到太陽與月球之間，月球因受地球所遮，月面變黑的天文現象。太陽光全部被地球擋住時，爲月全食；部分被擋住時，爲月偏食。古人以月爲羣陰之本，視月食爲上天異象，認爲如果婦女不修順德，違背陰柔之道，就會出現月食。遇到月食，王后要著素服，修整六宮，清除天下不合陰柔之道的事情。《禮記·昏義》：婦順不脩，陰事不得，適見於天，月爲之食。是故日食則天子素服而脩六官之職，蕩天下之陽事；～則后素服而脩六宮之職，蕩天下之陰事。(1682上)

【月令第六】《禮記》第六篇篇名。因篇幅較長，《注疏》分爲四卷。孔穎達《疏》引鄭玄《三禮目錄》云："名曰《月令》者，以其記十二月政之所行也。本《吕氏春秋》十二月紀之首章也，以禮家好事抄合之，後人因題之名曰《禮記》。言周公所作，其中官名、時、事多不合周法。此於《別錄》屬《明堂陰陽記》。"孔穎達進而申鄭《月令》非周公所作之意云："《(吕氏春秋)》篇首皆有《月令》，與此文同，是一證也。又周無大尉，唯秦官有大尉，而此《月令》云'乃命大尉'，此是官名不合周法，二證也。又秦以十月建亥爲歲首，而《月令》云'爲來歲授朔日'，即是九月爲歲終，十月爲授朔，此是時不合周法，三證也。又周有六冕，郊天迎氣則用大裘，乘玉輅，建大常，日月之章，而《月令》服飾車旗並依時色，此是事不合周法，四證也。"漢蔡邕云："因天時，制人事，天子發號施令，祀神受職，每月異禮，故謂之《月令》。"(《蔡中郎集》卷三《明堂月令篇》)《月令》篇名取自《吕氏春秋·十二紀》首章，逐月記載當月的天象、物候、所主神物、天子所居處、車馬、服飾、飲食、器用、政令、災祥等。全文以陰陽五行學説爲指導思想，認爲一切自然現象、政治措施、生産勞動、生活起居，都必須和五行相適應。這些都爲我們研究古代歷史和文化保留了極爲珍貴的資料。(1352 上)

有 yǒu 見下。

【有司】❶專掌一事的官吏。古時設官分職，事各有專司，故稱有司。奉天子之命辦事者稱"國有司"，奉官府之命辦事者稱"公有司"或"官有司"。《大司馬》鄭玄《注》："有司，大司徒也。"《周禮·夏官·大司馬》：～表貉，誓民，鼓，遂圍禁，火弊，獻禽以祭社。(0836 中)《禮記·文王世子》：衆至，然後天子至，乃命～行事，興秩節，祭先師先聖焉。(1410 上) ❷指士之私臣。鄭玄《注》："有司，羣吏有事者。謂主人之吏所自辟除府史以下，今時卒吏及假吏是也。"胡培翬《正義》引《儀禮釋官》云："司，主也。凡事有專主之者，謂之有司。……此篇經言有司不言公有司，又下賓及贊者不在有司之列，則有司皆士之私臣，府史以下也。"《儀禮·士冠禮》：～如主人服，即位于西方，東面，北上。(0946 上)

【有虞氏】古部落名。相傳其首領舜受堯禪，都蒲阪，故址在今山西永濟縣東南。亦指代舜之時代。《冬官考工記·總敘》鄭玄《注》："舜至質，貴陶器。"《周禮·冬官考工記·總敘》：～上陶，夏后氏上匠，殷人上梓，周人上輿。(0906 下)《禮記·王制》：～養國老於上庠，養庶老於下庠；夏后氏養國老於東序，養庶老於西序。(1346 中)

【有司第十七】《儀禮》第十七篇篇名。該篇名賈公彥《疏》爲《有司徹》，鄭《目錄》亦爲《有司徹》。據《十三經注疏》爲"有司"。賈公彥《疏》引鄭玄《三禮目錄》云："《少牢》之下篇也。大夫既祭，儐尸於堂之禮。祭畢，禮尸於室中。天子諸侯之祭，明日而繹。有司徹於五禮屬吉（禮）。《大戴》第九，《小戴》第十二，《別錄》《少牢》下篇第十七。"本篇與上篇《少牢饋食禮》本爲一篇，因簡册繁重分而爲二，故有《少牢》下篇之說。篇中先述上大夫於堂行儐尸禮的全過程：一、選侑。從賓中選侑，必爲異姓，其職爲勸尸飲。二、設俎，迎尸，侑。尸席於户西，南面，最尊之位；侑席西序，東面。三、主人獻尸、獻侑。四、主人受尸酢，初獻禮畢。五、主婦獻尸、獻侑。六、主婦致爵於主人。七、主婦受尸酢，主婦亞獻禮竟。八、上賓三獻尸。九、主人酬尸。十、爲尸、侑、主人、主婦呈獻肴饌。十一、主人獻長賓，遍獻衆賓，獻兄弟（同姓），獻內賓（姑姊妹及宗婦），獻私人（家臣）。十二、上賓三獻禮竟。十三、旅酬，無算爵。十四、儐尸禮畢。後記下大夫於室不儐尸的禮儀及其異同：一、尸七飯前與儐尸禮同；二、尸八飯後將祭物羊、豕骨、魚、腊肉等盛於肵俎；三、尸十一飯；四、主人初獻與主婦亞獻同儐尸之禮；五、賓長三獻；六、主人遍獻堂下及內賓；七、次賓長爲加爵；八、旅酬無算爵同儐尸之禮；九、佐食爲加爵；十、禮終尸出；十一、餕食同儐尸之禮；十二、陽厭。(1206 中)

【有旨無簡，不聽】有犯罪意圖而無

確鑿事實的,不予受理,不以論罪。**孔穎達**《疏》:"既得其所犯之罪,雖有旨意,無誠實之狀,則不聽之,不論以爲罪也。"《禮記·王制》:~,附從輕,赦從重。(1343下)

肝 gān 動物肝臟。用作食物或祭品。《士昏禮》鄭玄《注》:"肝,肝炙也。飲酒宜有肴以安之。"《儀禮·士昏禮》:贊以~從,皆振祭,嚌~,皆實于菹豆。(0967上)《禮記·月令》:其味辛,其臭腥。其祀門,祭先~。(1372下)

【肝膋(liáo)】王膳八珍之一。其法,用腸間網油蒙於狗肝外炙烤。**鄭玄**《注》:"膋,腸間脂。"《禮記·内則》:~:取狗肝一,幪之以其膋,濡炙之,舉燋其膋,不蓼。(1468下)

肺 fèi 牲肺。用作食品或祭品。有舉肺、離肺、嚌肺、祭肺、忖肺、切肺諸稱,其形其用各別。《儀禮·士冠禮》"離肺"**賈公彥**《疏》:"凡肺有二種:一者舉肺,一者祭肺。就舉肺之中復有三稱:一名舉肺,爲食而舉。二名離肺,《少儀》云:'三牲之肺,離而不提心也。'三名嚌肺,以齒嚌之。此三者皆據生人爲食而有也。就祭肺之中亦復有三稱:一者謂之祭肺,爲祭先而有之。二者謂之忖肺,忖切之使斷。三者謂之切肺,名雖與忖肺異,切肺則忖肺也。三者皆爲祭而有。若然,切肺、離肺指其形,餘皆舉其義稱也。"《儀禮·士昏禮》:贊告具,揖婦即對筵,皆坐,皆祭,祭薦黍稷~。(0966下)《禮記·曲禮下》:歲凶,年穀不登,君膳不祭~,馬不食穀。(1259中)

【肺石】設於庫門外外朝右側的赤石。石形如肺,肺色赤,故稱。凡窮民有事欲上告,而地方長官不予上達者,可立於其上鳴冤。**鄭玄**《注》:"肺石,赤石也。"**賈公彥**《疏》:"必使之坐赤石者,使之赤心,不妄告也。"《周禮·秋官·大司寇》:以~達(達)窮民,凡遠近惸獨老幼之欲有復於上,而其長弗達者,立於~,三日,士聽其辭,以告於上而罪其長。(0871上)

【肺祭】即祭肺。專爲祭祀而設的牲肺。亦名切肺、刌肺。《士虞禮》**胡培翬**《正義》:"此肺祭,祭肺也。"《特牲饋食禮》**鄭玄**《注》:"肺祭,刌肺也。"參見"切肺""刌肺"。《儀禮·士虞禮》:佐食取黍、稷、~授尸,尸祭之,祭奠。(1169上)《儀禮·特牲饋食禮》:佐食取黍、稷、~授尸,尸祭之,祭奠。(1184上)

肫 chún ❶用同"純"。全,整體。指用腊左右胖。**鄭玄**《注》:"肫,或作純。純,全也。凡腊用全。"**賈公彥**《疏》:"凡牲體則用一胖,不得云全,其腊則左右體脊相配,共爲一體,故得全名也。"《儀禮·士昏禮》:其實:特豚合升、去蹄,舉肺、脊二,祭肺二,魚十有四,腊一~,髀不升。(0963上)❷牲體後腿骨的上半部。又名膞。《特牲饋食禮》**胡培翬**《正義》引《禮經釋例·釋牲上篇》曰:"凡牲……後體謂之股骨,又謂之後脛骨。股骨三,最上謂之肫,又謂之膞。"參見"膞㊀"。《儀禮·鄉飲酒禮》:賓俎:脊、脅、肩、肺;主人俎:脊、脅、臂、肺;介俎:脊、脅、~、胳、肺。(0990下)

肵 qí 即肵俎。爲敬尸之俎。參見"肵俎"。《儀禮·特牲饋食

【肵俎】敬尸之俎。俎盛牲體心舌，祭祀禮畢歸於尸。《特牲饋食禮》鄭玄《注》：“肵，謂心舌之俎也。《郊特牲》曰：‘肵之爲言敬也。’言主人所以敬尸之俎。”《儀禮·特牲饋食禮》：佐食升～，焄之，設于阼階西。(1183 下)《禮記·曾子問》：祭殤不舉，無～，無玄酒，不告利成，是謂陰厭。(1400 上)

肴 yáo 熟肉或指豬肉乾。《士冠禮》鄭玄《注》：“肴升折俎，亦謂豚。”胡培翬《正義》引敖繼公云：“肴謂乾肉若豚也。”《儀禮·士冠禮》：咸加爾服，～升折俎。(0957 下)《禮記·學記》：雖有嘉～，弗食，不知其旨也。(1521 中)

朋 péng 見下。

【朋友】同門、同道之人。同師曰朋，同志曰友，統言則不別。爲儒家論人際關係的"五倫""七教"之一。儒家重視交友，倡導朋友之間要相互勉勵、輔助，以獲得道德的完善。《大司徒》鄭玄《注》：“同師曰朋，同志曰友。”《周禮·地官·大司徒》：以本俗六安萬民：一曰媺宫室，二曰族墳墓，三曰聯兄弟，四曰聯師儒，五曰聯～，六曰同衣服。(0706 下)《儀禮·喪服》：～皆在他邦，袒免，歸則已。(1123 中)《禮紀·王制》：七教：父子、兄弟、夫婦、君臣、長幼、～、賓客。(1348 中)

股 gǔ ❶指車輻近轂的部分。鄭玄《注》引鄭司農云：“股，謂近轂者也。”《周禮·冬官考工記·輪人》：参分其～圍，去一以爲骹圍。(0908 下) ❷指車蓋之弓近蓋斗（部）的部分。孫詒讓《正義》：“王宗涑云：“股，弓近部者。”《周禮·冬官考工記·輪人》：参分其～圍，去一以爲蚤圍。(0910 上) ❸磬上端設懸之處。鄭玄《注》：“鄭司農云：‘股，磬之上大者；鼓，其下小者，所當擊者也。’玄謂股，外面；鼓，內面也。”賈公彥《疏》：“以其股面廣，鼓面狹，故以大小而言也。”孫詒讓《正義》：“程瑤田云：‘磬之有股，猶鍾之有甬也。鍾縣設於甬，磬縣設於股。恐著鍾磬之本體而爲聲疲，故別爲甬與股以設之。’又云：‘磬有二體：曰鼓，曰股。縣設於股，故股橫在上；其下縱者鼓，蓋所擊處，磬之本體也。司農以上下寫其形，得古縣磬之法。’……程瑤田云：‘先鄭言上下，後鄭言內外，蓋互相足。先鄭解直縣，則鼓在下，故以上下寫之。後鄭申言鼓直縣，故恒在內，爲內面；惟鼓直縣，則股斜出，故恒在外，爲外面，而向人。’”《周禮·冬官考工記·磬氏》：其博爲一，～爲二，鼓爲三。(0923 下)

肩 jiān 牲前體的上部。牲之前體謂之前脛骨，亦謂之肱骨，肱骨有三：最上爲肩，肩下爲臂，臂下爲臑。《鄉飲酒禮》鄭玄《注》：“凡牲前脛骨三：肩、臂、臑也。”《儀禮·鄉飲酒禮》：賓俎：脊、脅、～、肺。(0990 下)《禮記·雜記下》：晏平仲祀其先人，豚～不揜豆，澣衣濯冠以朝，君子以爲隘矣。(1434 下)

【肩隨】並排行走而稍後。爲與年長自己五歲者同行之儀。鄭玄《注》：“肩隨者，與之並行差退。”《禮記·曲禮上》：十年以長，則兄事之；五年以

長,則～之。(1233 下)

【肩而不併】不並肩而行。與年長者同行,不得與之並肩,不是肩隨就是相隨在後。孔穎達《疏》:"'行,肩而不併'者,謂老少並行,言肩臂不得併行,少者差退在後,則朋友肩隨是也。"《禮記·祭義》:行,～,不錯則隨。(1599 下)

肥 féi 見下。

【肥牛】指豢養於滌內以供祭祀的牛。滌,養祭牲之室。鄭玄《注》:"肥,養於滌也。"《禮記·曲禮下》:天子以犧牛,諸侯以～,大夫以索牛,士以羊豕。(1268 下)

服

㊀ fú ❶衣服,服飾。有時兼指宮室車旗。《都宗人》鄭玄《注》:"服,謂衣服及宮室車旗。"《周禮·春官·都宗人》:凡都祭祀,致福于國,正都禮與其～。(0827 中)《儀禮·士冠禮》:陳～于房中西墉下,東領,北上。(0950 上)《禮記·王制》:作淫聲、異～、奇技、奇器以疑衆,殺。(1344 上)❷特指喪服,亦指穿喪服。《諸子》賈公彥《疏》:"正其服者,公卿大夫之子爲王斬衰。"《周禮·夏官·諸子》:大喪,正羣子之～位。(0850 中)《儀禮·喪服》:小功者,兄弟之～也。(1111 上)《禮記·雜記下》:管仲死,桓公使爲之～。(1568 中)❸用同"箙"。喪車上裝弓箭、短劍等兵器的套子。《巾車》鄭玄《注》:"服讀爲'箙',小箙,刀劍短兵之衣。"《既夕禮》鄭玄《注》:"笭閒兵服,以犬皮爲之,取堅也。"賈公彥《疏》:"喪家乘車亦有兵器自衛,以白犬皮爲服。"《周禮·春官·巾車》:木車,蒲蔽,犬

禎,尾櫜疏飾,小～皆疏。(0824 中)《儀禮·既夕禮》:主人乘惡車,白狗幦,蒲蔽;御以蒲菆,犬～。(1162 上)❹指王畿以外的疆域。天下疆土以王畿爲中心向四週延伸,每延伸五百里之地爲一服,共九服。依次爲侯服、甸服、男服、采服、衛服、蠻服(亦稱要服)、夷服、鎮服、藩服。九服《周禮·夏官·大司馬》作九畿。依《周禮·秋官·大行人》文,九服之邦國分爲兩部分,六服以內之地爲九州,爲天子可以封建諸侯之疆土;七服以外,謂之藩國。見《周禮·夏官·職方氏》。《周禮·夏官·職方氏》:乃辨九～之邦國。(0863 中)❺指冠,亦稱元服。即緇布冠、皮弁、爵弁。鄭玄《注》:"皆加女之三服,謂緇布冠、皮弁、爵弁也。"《儀禮·士冠禮》:以歲之正,以月之令,咸加爾～。(0957 下)

【服不】職官名。掌管馴養猛獸,兼射事。鄭玄《注》:"服不,司馬之屬,掌養猛獸而教擾之者。"參見"服不氏"。《儀禮·大射》:司馬正洗散,遂食爵,獻～。(1040 下)

【服玉】冠飾之玉及其他所佩之玉飾。鄭玄《注》引鄭司農曰:"服玉,冠飾十二玉。"孫詒讓《正義》:"《弁師》又有玉笄、玉瑱,當亦在服玉之內。先鄭不言者,文不具。又《月令》,春服蒼玉,夏服赤玉,中央土服黃玉,秋服白玉,冬服玄玉。後鄭彼注云:'凡所服玉,謂佩飾及所佩者之衡璜也。'《呂氏春秋·孟春紀》高《注》,則直訓服爲佩。彼不言服玉,故服玉內兼有佩玉。此服玉在佩玉之外,故先鄭止舉冠飾之玉爲飾也。"《周禮·天官·

玉府》：掌王之金玉、玩好、兵器，凡良貨賄之藏，共王之～、佩玉、珠玉。(0678上)

【服弁】喪冠。以粗布爲冠，用麻繩（或布）繞於額，下垂爲纓。爲斬衰、齊衰之首服。據《儀禮・喪服》，斬衰服之喪冠以麻繩做冠纓，齊衰服之喪冠以布做冠纓。鄭玄《注》：“服弁，喪冠也。其服斬衰、齊衰。”《周禮・春官・司服》：凡凶事，～服。(0782中)

【服色】指車馬和祭牲的顏色。歷代所尚不同。鄭玄《注》：“服色，車馬也。”孔穎達《疏》：“謂夏尚黑，殷尚白，周尚赤。車之與馬，各用從所尚之正色也。”孫希旦《集解》：“服，如'服牛乘馬'之服，謂戎事所乘，若夏乘驪，殷乘翰，周乘騵是也。色，謂祭祀所用之牲色，若夏玄牲，殷白牲，周騂犅是也。”《禮記・大傳》：立權度量，考文章，改正朔，易～，殊徽號，異器械，別衣服，此其所得與民變革者也。(1506下)

【服車】孤、卿、大夫、士、庶人服王事者所乘之車。共五種：夏篆、夏縵、墨車、棧車、役車。《巾車》鄭玄《注》：“服車，服事者之車。”賈公彥《疏》：“其孤卿以下皆是輔佐之臣，服事於上，故以服事之車解之也。”《少儀》鄭玄《注》：“服車，所乘車也。”《周禮・春官・巾車》：～五乘：孤乘夏篆，卿乘夏縵，大夫乘墨車，士乘棧車，庶人乘役車。(0824下)《禮記・少儀》：有貳車者之乘馬、～，不貳。(1514上)

【服位】行禮時所著之服及所立之位。《內宰》賈公彥《疏》：“服，謂若《內服》褘衣以下六服，皆正之，使服當其用。位，謂后助祭之位，正之，使不失其所。”《諸子》賈公彥《疏》：“大喪，正羣子之服位者，位謂在殯宮外內哭位也。正其服者，公卿大夫之子爲王斬衰，與父同。”《周禮・天官・內宰》：正后之～，而詔其禮樂之儀，贊九嬪之禮事。(0685上)《周禮・夏官・諸子》：大喪，正羣子之～。(0850中)

【服事】指庶民在官任府史胥徒等爲公家服事。爲大司徒所頒十二職事之一。鄭玄《注》引鄭司農云：“服事，謂爲公家服事者。”賈公彥《疏》：“謂若府史胥徒、庶人在官者，是公家服事者也。”孫詒讓《正義》：“大宰任民，主於理財，故止有九職。此官主於教民，故十二職通頒之。”《周禮・地官・大司徒》：頒職事十有二于邦國、都鄙，使以登萬民：一曰稼穡，二曰樹藝，三曰作材，四曰阜蕃，五曰飭材，六曰通財，七曰化材，八曰斂材，九曰生材，十曰學藝，十有一曰世事，十有二曰～。(0707中)

【服除】死者葬埋之後，緦麻者除掉原來的喪服，小功以上者除重服而受輕服。鄭玄《注》：“卒哭當變，衰麻者變之，或有除者，不視主人。”孫希旦《集解》：“謂既葬卒哭，則緦麻除服，小功以上亦皆除其重服而受以輕服也。”《禮記・檀弓上》：既葬，各以其～。(1292下)

【服貢】進貢製作祭服之絲麻。爲九貢之一。鄭玄《注》：“鄭司農曰：'……服貢，祭服。'……玄謂……服貢，絺紵也。”《周禮・天官・大宰》：以九貢致邦國之用：一曰祀貢，二曰

嬪貢，三曰器貢，四曰幣貢，五曰材貢，六曰貨貢，七曰～，八曰斿貢，九曰物貢。(0648 上)

【服術】服喪的原則。共有六項：一是按血統親疏關係服喪的原則，如父母、妻、子、伯、叔等；二是爲尊者服喪的原則，如國君、公、卿、大夫等；三是本無血統關係，異姓女子嫁於己族，因而有名分關係而服喪的原則，如伯母、叔母、兒媳、弟媳、兄嫂等；四是未嫁女、已嫁女及其爲他人後嗣而服喪的原則；五是成年人與未成年而殤者的服喪原則；六是本人與死者無直接關係，而隨從與死者有直接關係者服喪的原則。鄭玄《注》：「術，猶道也。」《禮記·大傳》：～有六：一曰親親，二曰尊尊，三曰名，四曰出入，五曰長幼，六曰從服。(1507 下)

【服飾】指玉器的彩色襯墊。鄭玄《注》：「服飾，服玉之飾，謂繢藉。」參見「繢藉」。《周禮·春官·典瑞》：掌玉瑞、玉器之藏，辨其名物與其用事，設其～。(0776 下)

【服不氏】職官名。掌管馴養猛獸。爵下士。鄭玄《注》：「猛獸，虎豹熊羆之屬。擾，馴也，教習使之馴服。」《周禮·夏官·服不氏》：～，掌養猛獸而教擾之。(0846 中)

【服問第三十六】《禮記》第三十六篇篇名。孔穎達《疏》引鄭玄《三禮目錄》云：「名曰《服問》者，以其善問以知有服而遭喪所變易之節。此於《別錄》屬喪服也。」孫希旦《集解》：「上篇廣言居喪之禮，此篇專言喪服之義，故因上篇之名而謂之《服問》。」本篇主要記載從服輕重的等差，特殊情況下的喪服的變易，天子、公卿及公門喪服之法等。篇中四引《傳》文，一出《大傳》，一出《雜記下》；另兩引不知所出，清人孫希旦籠統稱之爲「舊《傳》」。(1658 下)

㈡ fù 即牝服。車廂。《山虞》鄭玄《注》：「服，牝服，車之材。」《既夕禮》鄭玄《注》：「服，車箱。」《周禮·地官·山虞》：凡～耜，斬季材，以時入之。(0747 中)《儀禮·既夕禮》：賓奠幣于棧左～，出。(1152 下)

胡 hú ❶對北方、西方少數民族的統稱。鄭玄《注》引鄭司農曰：「胡，今匈奴。」《周禮·冬官考工記·總敘》：粵無鎛，燕無函，秦無廬，～無弓車。(0905 下)❷戈直刃下垂的部分。長六寸，有孔，以繩縛於柄。鄭玄《注》：「胡六寸。」孫詒讓《正義》：「援乃其橫刃，胡乃橫刃之下，當援內相接處，爲半刃下垂，附於柲者。」參見「戈」。《周禮·冬官考工記·冶氏》：戈廣二寸，內倍之，～三之，援四之。(0915 中)

胃 wèi ❶星宿名。西方白虎七宿的第三宿。爲二十八宿之一。孫希旦《集解》：「胃者，西方白虎之第三宿，而大梁之次也。」《禮記·月令》：季春之月，日在～，昏七星中，旦牽牛中。(1363 上)❷動物的胃臟。古人認爲動物的胃臟不可食。《禮記·內則》：舒鴈翠，鵠、鴞胖，舒鳧翠，雞肝，鴈腎，鴇奧，鹿～。(1466 下)

胄 zhòu 頭盔。士兵所戴。《既夕禮》鄭玄《注》：「胄，兜鍪。」《說文·冃部》：「兜，兜鍪，首鎧也。」朱駿聲《說文通訓定聲·需部》：「兜，古謂之胄。胄所以蒙冒其首，故謂之兜。

亦曰兜鍪者,疊韻連語。"《儀禮·既夕禮》:役器:甲、~、干、笮。(1149中)《禮記·曲禮上》:獻車馬者執測綏,獻甲者執~。(1244上)

胙

zuò 見下。

【胙俎】主人祭祀、飲食之俎。亦作胙俎。胙階為主人之位,故稱。鄭玄《注》:"胙俎最尊也。……主人飲食之俎皆為胙俎。"孫詒讓《正義》:"蓋以東階為主人之位,故即稱主人之俎為胙俎。"《周禮·天官·膳夫》:凡王祭祀,賓客食,則徹王之~。(0660中)

胉

pò 牲體的兩脅。亦作拍。鄭玄《注》:"胉,脅也。"《儀禮·士喪禮》:陳一鼎于寢門外,當東塾,少南、西面,其實特豚,四鬄去蹄、兩~、脊、肺。(1136上)

胊

qú 屈曲的肉脯。《士虞禮》鄭玄《注》:"胊,脯及乾肉之屈也。"《儀禮·士虞禮》:薦脯醢,設俎于薦東,~在南。(1174下)《禮記·曲禮上》:以脯脩置者,左~右末。(1242上)

胞

páo 用同"庖"。祭祀時掌管割肉的低級官吏。《禮記·祭統》:夫祭有畀煇、~、翟、閽者,惠下之道也。……~者,肉吏之賤者也。(1606上)

胖

㈠ bǎn 脅側薄肉,夾脊肉。《內則》鄭玄《注》:"謂脅側薄肉也。"《腊人》鄭玄《注》:"胖宜為脯而腥。胖之言片也,析肉意也。"孫詒讓《正義》:"脅側薄肉即夾脊肉。"《周禮·天官·腊人》:凡祭祀,共豆脯、薦脯、膴、~、凡腊物。(0664中)《禮記·內則》:舒鴈翠,鵠鴞~,舒鳧翠,雞肝,鴈腎,鴇奧,鹿胃。(1466下)

㈡ pàn 半邊牲體。右體稱右胖,用於吉禮;左體稱左胖,用於凶禮。鄭玄《注》:"反吉祭也。"《腊人》孫詒讓《正義》:"又《既夕禮》云:'厥明,陳鼎五于門外,其實羊左~,髀不升。'是《禮經》所謂胖者,並謂半體。凡吉禮牲皆用右胖,變禮反吉,用左胖。《說文》亦以胖為半體肉。"《儀禮·既夕禮》:其實:羊左~,髀不升。(1153中)

脉

mài 血脈。《周禮·天官·瘍醫》:凡藥,以酸養骨,以辛養筋,以鹹養~,以苦養氣,以甘養肉,以滑養竅。(0668中)

胥

xū ❶小吏。由庶民中有才智者擔任。無爵。為宰夫所辨八職之一。《天官·敘官》鄭玄《注》:"此民給徭役者,若今衛士矣。胥讀如諝,謂其有才知,為什長。"孫詒讓《正義》:"《周禮》上下文,有胥必有徒,胥為什長故也。……以上府、史、胥、徒四者皆無爵,所謂庶人在官者也。"《周禮·天官·敘官》:~十有二人,徒百有二十人。(0640中)《周禮·天官·宰夫》:掌百官府之徵令,辨其八職:……七曰~,掌官敘以治敘。(0655下)《儀禮·燕禮》:~薦主人于洗北,西面,脯醢,無脀。(1020下)❷職官名。管理貿易市場二肆之政令。胥師的下屬,為庶民之服役者。《地官·敘官》鄭玄《注》:"胥及肆長,市中給徭役者。"《胥》賈公彥《疏》:"則一人掌二肆者也。"《周禮·地官·敘官》:~二肆則一人,肆長每肆則一人。(0698下)《周禮·

地官·胥》：～，各掌其所治之政，執鞭度而巡其前。(0738 中)❸樂官名。即大胥。鄭玄《注》："胥，掌以六樂之會，正舞位。"孔穎達《疏》："胥，謂大胥。"參見"大胥"。《禮記·文王世子》：小樂正學干，大胥贊之，籥師學戈，籥師丞贊之。～鼓《南》。(1405 上)

【胥師】職官名。掌管市場的物價，公佈禁罰和禁令。胥師由司市自行任命，無爵位。賈公彥《疏》："胥者，有才智之稱。師，長也。"《周禮·地官·敘官》：～，二十肆則一人，皆二史。(0698 下)

脄

méi 背脊肉。鄭玄《注》："脄，脊側肉也。"《禮記·內則》：擣珍：取牛、羊、麋、鹿、麕之肉，必～。(1468 中)

脡

tǐng 計量條狀乾肉。鄭玄《注》："古文脡爲挺。"《儀禮·士虞禮》：饌籩豆，脯四～。(1174 下)

【脡脊】牲體脊梁骨中間的一段。脊骨分爲三段，前段正脊，中間脡脊，後段橫脊。賈公彥《疏》："脊以前爲正，其次名脡，卻後名橫者，取脡脡然直。後言橫者，取闊於脡。"《儀禮·少牢饋食禮》：正脊一、～一、橫脊一，短脅一，正脅一，代脅一。(1197 下)

【脡祭】對祭祀所用鮮魚之稱。孔穎達《疏》："脡，直也。祭有鮮魚。必須鮮者，煮熟則脡直。若餒，則敗碎不直。"《禮記·曲禮下》：凡祭宗廟之禮，……脯曰尹祭，槀魚曰商祭，鮮魚曰～。(1269 上)

脂

zhī ❶指牛羊類牲畜。鄭玄《注》："脂，牛羊屬。"《周禮·冬官考工記·梓人》：天下之大獸五：～者、膏者、臝者、羽者、鱗者。(0924 下)❷油脂，脂肪。亦泛指動物體內的油質。鄭玄《注》："凡輈幹有當用脂。"孫希旦《集解》："脂，亦以柔皮革。"《禮記·月令》：是月也，命工師令百工審五庫之量，金、鐵、皮、革、筋、角、齒、羽、箭、幹、～、膠、丹、漆，毋或不良。(1364 上)

【脂膏】油脂，脂肪。孔穎達《疏》："凝者爲脂，釋者爲膏。"《禮記·內則》：棗、栗、飴、蜜以甘之，菫、荁、枌、榆、免、薨、瀡瀡以滑之，～以膏之。(1461 下)

骼

gé 牲體後腿股骨的中部。爲卑俎所用。《鄉飲酒禮》鄭玄《注》："凡牲，前脛骨三：肩、臂、臑；後脛骨二：膊，骼也。尊者俎尊骨，卑者俎卑骨。《祭統》曰：'凡爲俎者，以骨爲主。骨有貴賤。'凡前貴後賤。"《特牲饋食禮》胡培翬《正義》引《禮經釋例·釋牲上篇》曰："後體謂之股骨，又謂之後脛骨。股骨三，最上謂之肫，又謂之膊；肫下謂之骼，又謂之骼；骼下謂觳。"《儀禮·鄉飲酒禮》：介俎：脊、脅、肫、～、肺。(0990 下)《儀禮·特牲饋食禮》：尸俎：右肩、臂、臑、肫、～。(1192 下)

脊

jǐ 牲體背部中央的脊骨。從前向後依次分爲正脊、脡脊、橫脊三部分。《士昏禮》鄭玄《注》："脊者，體之正也。"賈公彥《疏》："但一身之上體總有二十一節，前有肩、臂、臑，後有肫、骼，脊在中央。有三脊：正、脡、橫脊，而取中央正脊，故云體之正。"《周禮·天官·內饔》：馬黑～而般臂，螻。(0662 上)《儀禮·士昏禮》：其實：特豚合升，去蹄，舉肺、～

二,祭肺二,魚十有四,腊一肫,膴不升。(0963上)《禮記·内則》:馬黑～而般臂,漏。(1466下)

朕 zhèn 所裁製皮革之縫隙。鄭玄《注》引鄭司農云:"朕,謂革制。"孫詒讓《正義》:"謂裁制革之縫也。"《周禮·冬官考工記·函人》:眡其裏,欲其易也;眡其～,欲其直也。(0917中)

朔 shuò ❶農曆每月初一。亦稱朔日或朔月。《檀弓上》孔穎達《疏》:"如朔之奠也。大夫以上,則朔、望大奠;若士,但朔而不望。"《儀禮·士喪禮》:月半,不殷奠。有薦新,如～奠。(1142下)《禮記·檀弓上》:有薦新,如～奠。(1292下) ❷指一年十二個月的日曆及政事。鄭玄《注》引鄭司農云:"以十二月朔布告天下諸侯。"賈公彦《疏》:"言朔者,以十二月厤及政令,若《月令》之書,但以受行,號之爲朔。"《周禮·春官·大史》:正歲年以序事,頒之于官府及都鄙,頒告～于邦國。(0817中) ❸指告朔之禮。孔穎達《疏》:"卒朔,謂卒告朔之時服皮弁。"參見"告朔"。《禮記·玉藻》:朝服而朝,卒～然後服之。(1478上)

【朔月】❶即月朔。農曆每月初一。《士喪禮》鄭玄《注》:"朔月,月朔日也。"《儀禮·士喪禮》:～奠,用特豚、魚、腊,陳三鼎,如初。(1142中)《禮記·玉藻》:日少牢,～大牢。(1473下) ❷指朔、望二日。即初一和十五。孔穎達《疏》:"朔月,朔、望也。"《禮記·喪大記》:大夫、士父母之喪,既練而歸。～、忌日則歸哭于宗室。(1582上)

【朔食】帝王及貴族每月初一所備的較平日豐盛的膳食。依禮,此食天子太牢,諸侯少牢,大夫特豕,士特豚。鄭玄《注》:"朔食,天子太牢,諸侯少牢,大夫特豕,士特豚也。"《禮記·内則》:男女夙興,沐浴、衣服,具視～。(1469下)

【朔奠】大殮之後下葬之前,逢初一則在殯宫以盛饌祭奠死者。禮如大殮奠。亦稱朔月奠。《檀弓上》孔穎達《疏》:"謂未葬前,月朔大奠於殯宫者。大奠則牲饌豐也。朔禮視大斂,士則特豚三鼎。……大夫以上,則朔、望大奠;若士,但朔而不望。"《儀禮·士喪禮》:有薦新,如～。(1142下)《禮記·檀弓上》:有薦新,如～。(1292下)

【朔鼙(pí)】奏樂開始時擊打的小鼓。鄭玄《注》:"朔,始也。奏樂先擊西鼙,樂爲寶所由來也。"《儀禮·大射》:一建鼓在其南,東鼓,～在其北。(1029上)

脀 zhēng 將牲體置放於俎中。亦指俎中盛放的牲體。《燕禮》鄭玄《注》:"脀,俎實。"賈公彦《疏》:"脀者,升也。謂升特牲體於俎,故云俎實也。"《特牲饋食禮》鄭玄《注》:"脀,俎也。"《儀禮·燕禮》:脀薦主人于洗北,西面,脯醢,～。(1020下)《儀禮·特牲饋食禮》:宗人告祭～。(1189下)

脅 (脇) xié 指牲體兩肋。靠近前腿部分爲代脅,居中爲正脅、長脅,靠近後腿部分爲短脅。《少牢饋食禮》"正脅"胡培翬《正義》:"脊兩旁之肋謂之脅。脅有三,前爲代脅,中爲正脅,後爲短脅。"《儀禮·鄉飲酒

禮》：賓俎：脊、~、肩、肺；主人俎：脊、~、臂、肺；介俎：脊、~、胉、胳、肺。（0990下）

脯 fǔ ❶切成薄片的乾肉。《腊人》鄭玄《注》：「薄析曰脯。」孫詒讓《正義》：「散文脯與乾肉亦通稱。凡脯，牲獸兩有。《內則》有鹿脯、田豕脯、麋脯、麕脯，此獸脯也。又有脯羹，注謂析乾牛羊肉，此牲脯也。……鄭云薄析，即謂作片。」《周禮·天官·腊人》：掌乾肉，凡田獸之~、腊、膴、胖之事。（0664中）《儀禮·士昏禮》：賓即筵奠于薦左，降筵，北面，坐取~。（0962下）《禮記·內則》：牛脩、鹿~、田豕~、麋~、麕~。（1464上）❷指脯醢。佐酒的菜肴。此獨言脯，與醢辭前後各句協韻。胡培翬《正義》引敖繼公云：「獨言脯者，欲協音耳，亦舉其所上言之也。凡一籩一豆，則先脯後醢。」《儀禮·士冠禮》：旨酒既湑，嘉薦伊~。（0957下）

【脯肉】泛指肉食。孫詒讓《正義》：「脯，籩實；肉，豆實。獻有脯肉，若《量人》從獻脯燔之等；賜有脯肉，若《膳夫》肉脩頒賜之等是也。」《周禮·天官·外饔》：師役，則掌共其獻、賜~之事。（0662下）

【脯脩】乾肉。孔穎達《疏》：「脩，亦脯也。」《禮記·曲禮上》：以~置者，左朐右末。（1242上）

【脯醢】佐酒的菜肴。《膳夫》賈公彥《疏》：「脯醢者，是飲酒肴羞，非是食饌。」《周禮·天官·膳夫》：凡王之稍事，設薦~。（0660下）《禮記·檀弓下》：始死，~之奠；將行，遣而行之；既葬而食之，未有見其饗之者也。

【脯羹】以切成薄片的乾肉製成的羹食。鄭玄《注》：「此脯，所謂析乾牛羊肉也。」《禮記·內則》：食：蝸醢而苽食，雉羹，麥食、~、雞羹，析稌，犬羹、兔羹，和糝，不蓼。（1464上）

脰 dòu 頸肉。胡培翬《正義》引郝敬云：「脰，頸肉，即脰也。」《儀禮·士虞禮》：祝俎：髀、~、脊、脅、離肺，陳于階間，敦東。（1170下）

【脰鳴】指用頸項鳴叫的蛙類動物。鄭玄《注》：「脰鳴，黽蛙屬。」賈公彥《疏》：「黽蛙，即蝦蟇也。脰，項也。以其項中鳴也。」孫詒讓《正義》：「黽蛙無肋骨，口不能呼氣成聲，其聲似出咽項之間，故云『脰鳴』也。」《周禮·冬官考工記·梓人》：以~者、以注鳴者、以旁鳴者、以翼鳴者、以股鳴者、以胷鳴者，謂之小蟲之屬。（0925上）

【脰肉（yì）】頸肉。《士虞禮》"取諸左脰上"鄭玄《注》：「脰，脰肉也。」《儀禮·士虞禮》：用專膚爲折俎，取諸~。（1176上）

脤 shèn 見下。

【脤膰】祭祀用的生肉曰脤，熟肉曰膰。孫詒讓《正義》：「《公羊》定十四年傳云：『脤者何？俎實也。腥曰脤，熟曰燔。』《穀梁傳》文略同。此並謂脤膰爲腥熟異名，無廟社之別。一說，爲祭祀社稷、宗廟所用的肉。鄭玄《注》：「脤膰，社稷宗廟之肉。」賈公彥《疏》：「鄭摠云脤膰社稷宗廟之肉，分而言之，則脤是社稷之肉，膰是宗廟之肉。」《周禮·春官·大宗伯》：以~之禮親兄弟之國，以賀慶之禮親異

姓之國。(0760 下)

【脤膰之禮】將祭祀之肉分贈同姓兄弟之國之禮。分享神靈降賜之福,以示親好。此禮亦稱"歸脤"。鄭玄《注》:"以賜同姓之國,同福祿也。"《周禮·春官·大宗伯》:以～親兄弟之國,以賀慶之禮親異姓之國。(0760 下)

脣 [脣] chún 器物的口邊。《周禮·冬官考工記·陶人》:陶人,爲甗,實二鬴,厚半寸,～寸。(0924 中)

望 wàng 遙祭山川。鄭玄《注》:"四望,五嶽、四鎮、四瀆。"賈公彥《疏》:"言四望者,不可一往就祭,當四向望而爲壇遙祭之,故云四望也。"孫詒讓《正義》:"四望者,分方望祭之名。通言之,凡山川之祭皆曰望。於山川之中,舉其尤大者別祭之,則有四望。天子統治宇内,則四望之祭,亦外極四表。"一說,鄭司農云:"四望,日月星海。"《周禮·春官·大宗伯》:國有大故,則旅上帝及四～。(0764 上)

【望祀】❶以牲、粢盛等遙祭名山大川。《牧人》鄭玄《注》:"望祀,五嶽、四鎮、四瀆也。"《王制》孫希旦《集解》:"望祀山川,望祭東方之山川也。"《周禮·地官·牧人》:～,各以其方之色牲,毛之。(0723 中)《禮記·王制》:歲二月,東巡守,至于岱宗,柴,而～山川。(1328 中)❷祭名。遙祭類、造、檜、禜之神,以避災禍。鄭玄《注》:"望祀,謂有牲、粢盛者。"賈公彥《疏》:"云望祀者,類、造、檜、禜,遙望而祝之。"孫詒讓《正義》:"《牧人》云'望祀各以其方之色牲毛之',故知望祀有牲、粢盛也。但彼注釋'望祀'云'五嶽四鎮四瀆也',則即《大宗伯》之四望;而此'望祀'通含類造檜禜之神,則似不專據四望,與《牧人》義微異也。"《周禮·春官·男巫》:掌～、望衍、授號,旁招以茅。(0816 下)

【望衍】祭名。以幣進神而遙祭之。與"望祀"義相近。鄭玄《注》:"衍讀爲延,聲之誤也。……延,進也,謂但用幣致其神。"孫詒讓《正義》:"但用幣,則無牲及粢盛也。致其神,即是進而禮之,故云望延。然則望衍與望祀同,唯禮有詳略耳。"《周禮·春官·男巫》:掌望祀、～、授號,旁招以茅。(0816 下)

期 ㊀ jī ❶用同"朞"。時間週而復始。分別指一週年、一个月或一整天。《中庸》孔穎達《疏》:"亦不能期帀一月而守之。"《周禮·地官·質人》:凡治質劑者,國中一旬,郊二旬,野三旬,都三月,邦國～。(0737 中)《禮記·中庸》:人皆曰予知,擇乎中庸而不能～月守也。(1626 上)❷即期服。爲期一年的喪服,亦指服一年喪服。通常指齊衰一年。喪禮,服齊衰期者,當在第二年第一月末除喪服,共十三個月,由於跨兩個年度,故稱二年。服期服者主要爲:父在爲母,夫爲妻,出妻之子爲母,爲改嫁之繼母,爲祖父母,爲伯父母、叔父母,爲昆弟等所服。《儀禮·喪服》:父在爲母。《傳》曰:何以～也?屈也。(1104 中)《禮記·喪服小記》:～之喪,二年也。(1497 上)

【期而練】爲父服喪一週年而行小祥祭。練,即小祥祭。詳見"期而小

祥"。《禮記·喪服四制》：三日而食，三月而沐，～，毀不滅性，不以死傷生。(1695上)

【期而小祥】爲父服喪一週年而行小祥祭。小祥祭爲父母去世後一週年之祭，因祭者皆著練服，故稱練祭。依喪禮，小祥祭後孝子可以除去一部分喪服、稍微改善飲食及居所：除去喪冠而戴練冠，並可以穿有淺絳色鑲邊的内衣；可以吃蔬菜瓜果，但仍不能飲酒食肉；可以住在堊室中，睡覺有席。至此服喪由隆而減殺。《禮記·間傳》：～，練冠縓緣，要絰不除。(1661上)

㈡ qī 人壽百歲曰期。朱彬《訓纂》：「王氏念孫曰：『期之言極也。《詩》言"思無期"、"萬壽無期"，《左傳》"忿纇無期"，皆究極之義。百年爲年數之極，故曰"百年曰期"。』《禮記·曲禮上》：百年曰～，頤。(1232中)

朞 [期]jī 指服喪一年。參見"期㈠②"。《儀禮·士虞禮》：～而小祥，曰："薦此常事。"(1176中)

腊 xī 乾的、不加切割的完整小禽獸。亦泛指乾肉。《腊人》鄭玄《注》："腊，小物全乾。"孫詒讓《正義》："小物全乾，謂小禽獸之屬不解肆者，若《庖人》注云'膴乾雉'，《既夕禮》注云'士腊用兔'是也。"《周禮·天官·腊人》：掌乾肉，凡田獸之脯、～、膴、胖之事。(0664中)《禮記·禮器》：三牲、魚、～，四海九州之美味也。(1442上)

【腊人】職官名。掌管製作乾肉。爵下士。鄭玄《注》："腊之言夕也。"賈公彦《疏》："乾曰腊，朝曝，於夕乃乾，故云'腊之言夕'。"《周禮·天官·敘官》：～下士四人，府二人，史二人，徒二十人。(0641上)

朝 ㈠ cháo ❶ 天子、諸侯、卿大夫治事、議事的地方。有外朝、治朝和燕朝之分。據江永《鄉黨圖考》，諸侯之宫城有三門、三朝。外門稱庫門，中門稱雉門，内門稱路門；庫門外曰外朝，雉門内、路門外曰治朝（亦名正朝），路門内曰燕朝（又稱路寢）。三朝唯燕朝有堂。諸侯國有兵寇之難、遷都、立君等大事，則召羣臣商議於外朝。《曲禮下》鄭玄《注》："朝，謂君臣謀政事之處也。"《觀禮》胡培翬《正義》："受舍於朝，即治朝也。"《周禮·地官·鄉大夫》：大詢于衆庶，則各帥其鄉之衆寡而致於～。(0717中)《儀禮·覲禮》：諸侯前朝，皆受舍于～。(1088下)《禮記·曲禮下》：在官言官，在府言府，在庫言庫，在～言～。(1270下) ❷ 指諸侯秋季朝見天子，亦指天子春季接見諸侯。又四時朝於王，均得稱朝。《大宗伯》鄭玄《注》："此六禮者，以諸侯見王爲文。六服之内，四方以時分來，或朝春，或宗夏，或覲秋，或遇冬，名殊禮異，更遞而徧。"《大行人》鄭玄《注》："此六事者，以王見諸侯爲文。"《周禮·春官·大宗伯》：春見曰～，夏見曰宗，秋見曰覲，冬見曰遇，時見曰會，殷見曰同。(0759下)《周禮·秋官·大行人》：春～諸侯而圖天下之事，秋覲以比邦國之功，夏宗以陳天下之謨，冬遇以協諸侯之慮，時會以發四方之禁，殷同以施天下之政。(0890上)《儀禮·覲禮》：乘墨車，載龍旂、弧韣，乃～以瑞玉有繅。(1089上)《禮記·曲禮下》：～諸侯，分職，授政，任功,曰"予一人"。(1260 上)❸臣見君、子見父母均稱朝。《檀弓上》鄭玄《注》:"載其寶來朝於君。"《周禮‧秋官‧朝大夫》:日~,以聽國事故,以告其君長。(0903 上)《禮記‧檀弓上》:南宮敬叔反,必載寶而~。(1290 上)《禮記‧內則》:由命士以上,父子皆異宮。昧爽而~,慈以旨甘;日出而退,各從其事;日入而夕,慈以旨甘。(1462 上)❹指諸侯之間相拜見。《大行人》鄭玄《注》:"父死子立曰世。凡君即位,大國朝焉,小國聘焉。"《周禮‧秋官‧大行人》:凡諸侯之邦交,歲相問也,殷相聘也,世相~也。(0893 上)《禮記‧禮器》:諸侯相~,灌用鬱鬯,無籩豆之薦。(1432 下)❺指下葬前棺柩由寢遷廟行朝廟之禮。《檀弓下》鄭玄《注》:"朝,謂遷柩於廟。"孔穎達《疏》:"謂將葬前以柩朝廟者。"《儀禮‧既夕禮》:~于禰廟,重止于門外之西,東面。(1163 上)《禮記‧檀弓下》:喪之~也,順死者之孝心也。……殷而殯於祖,周~而遂葬。(1303 上)❻祭拜。鄭玄《注》:"朝日,春分拜日於東門之外。"《周禮‧天官‧掌次》:~日,祀五帝,則張大次、小次,設重帟、重案。(0676 下)

【朝士】職官名。掌管外朝的秩序和治安。爵中士。《周禮‧秋官‧朝士》:~,掌建邦外朝之灋。(0877 下)

【朝日】天子春分祭日之禮。鄭玄《注》:"朝日,春分拜日於東門之外。"《周禮‧天官‧掌次》:~、祀五帝,則張大、次小次,設重帟、重案。(0676 下)

【朝廷】天子、諸侯接受朝見及處理政務的地方。由朝堂和堂前之廷組成,故稱。《周禮‧地官‧保氏》:一曰祭祀之容,二曰賓客之容,三曰~之容。(0731 中)《禮記‧祭義》:孝弟發諸~,行乎道路,至乎州巷,放乎獀狩,脩乎軍旅,衆以義死之而敢犯也。(1600 上)

【朝車】朝臣上朝、宴飲所乘之車。鄭玄《注》:"臣之朝車與齊車同飾。"《禮記‧玉藻》:君羔幦,虎犆。大夫齊車,鹿幦,豹犆,~。士齊車,鹿幦,豹犆。(1475 上)

【朝事】❶天子、諸侯祭宗廟薦血腥之事。亦稱朝踐。鄭玄《注》:"以《司尊彝》之職參之,朝事謂祭宗廟薦血腥之事。"一説,鄭玄《注》引鄭司農云:"朝事,謂清朝未食,先進寒具口實之籩。"孫詒讓《正義》引《司尊彝》《祭義》《郊特牲》及注云:"足證'朝事'即'朝踐',不當如先鄭清朝進口實之説也。"參見"朝踐"。《周禮‧天官‧籩人》:~之籩:其實麷、蕡、白、黑、形鹽、膴、鮑魚、鱐。(0671 中)❷朝廷燕樂羣臣之事。孔穎達《疏》:"朝事,謂朝廷之事也。"孫希旦《集解》:"愚謂朝事,謂朝廷燕樂羣臣之事也。"《禮記‧禮器》:禮也者,反本脩古,不忘其初者也。故凶事不詔,~以樂。(1439 下)

【朝服】諸侯與羣臣視朝所穿的禮服。遇隆重典禮時亦穿之。其制:頭戴玄冠,上穿緇衣,下著素裳,繫緇帶、素韠。衣用麻布中最精細的十五升布製成。禮之通例,衣冠同色,裳韠同色。《士冠禮》鄭玄《注》:"朝服者,十五升布衣而素裳也。衣不言色者,衣與冠同也。……天子與其臣玄冕以視朔，皮弁以日視朝。諸侯與其臣皮弁以視朔，朝服以日視朝。"《儀禮·士冠禮》：主人玄冠、～、緇帶、素韠，即位於門東，西面。(0945下)《禮記·郊特牲》：鄉人禓，孔子～立于阼，存室神也。(1448下)

【朝享】即祫祭。三年喪畢，合先君之主於祖廟而祭。鄭玄《注》引鄭司農云："追享、朝享，謂禘祫也。在四時之間，故曰間祀。"孫詒讓《正義》："任啓運云：'間祀，不常舉也。追享，大禘也，以追所自出，故曰追享。朝享，大祫也，合於大廟，若大廟然，故曰朝享。'案：任說是也。江永、林喬蔭說同。追享朝享之說，當以先鄭爲正。"一說，鄭玄《注》："朝享，謂朝受政於廟。"《周禮·春官·司尊彝》：凡四時之間祀，追享、～，祼用虎彝、蜼彝，皆有舟。(0773中)

【朝聘】諸侯親自或派使臣定期朝見天子。朱熹《集注》："朝，謂諸侯見於天子。聘，謂諸侯使大夫來獻。《王制》：'比年一小聘，三年一大聘，五年一朝。'"《禮記·中庸》：繼絕世，舉廢國，治亂持危，～以時，厚往而薄來，所以懷諸侯也。(1630上)

【朝踐】天子、諸侯祭宗廟時，王親殺牲，取血、取毛以告，以腥薦神，又酌獻，稱朝踐。爲祭禮儀節之一。鄭玄《注》："朝踐，謂薦血腥、酌醴，始行祭事。"賈公彥《疏》："王出迎牲之時，祝延尸向戶外戶牖之間，南面，后於是薦朝事八豆、八籩。王迎牲入廟，卿大夫贊幣而從，牲麗於碑，王親殺，大僕贊王牲事，取血以告殺，取毛以告純，肵解而腥之爲七體，薦於神坐訖，

王以玉爵酌醴齊以獻尸，后亦以玉爵酌醴齊以獻尸。此謂經朝踐用兩獻尊也。"《周禮·春官·司尊彝》：春祠夏禴，祼用雞彝、鳥彝，皆有舟；其～用兩獻尊，其再獻用兩象尊，皆有罍，諸臣之所昨也。(0773上)

【朝覲】指春、秋季諸侯朝見天子。春見曰朝，秋見曰覲。亦泛指諸侯四時朝見天子，亦指諸侯之間的拜見。《大宗伯》賈公彥《疏》："朝覲會同，即兼四時。"《郊特牲》孔穎達《疏》："朝覲，謂君親往鄰國行朝覲之禮。"《周禮·春官·大宗伯》：～會同，則爲上相，大喪亦如之，王哭諸侯亦如之。(0763下)《禮記·郊特牲》：～，大夫之私覿，非禮也。(1447中)

【朝獻】王酌酒獻尸。爲祭禮儀節之一。鄭玄《注》："朝獻，謂尸卒食，王酳之。"《周禮·春官·司尊彝》：其～用兩著尊，其饋獻用兩壺尊，皆有罍，諸臣之所昨也。(0773上)

【朝大夫】職官名。掌管朝廷與采邑之間的上傳下達。爵上士、下士。鄭玄《注》："都家，王子弟、公卿及大夫之采地也。主其國治者，平理其來文書於朝者。"孫詒讓《正義》："謂國有事施於都家及都家以事請於國，通謂之治。……此官爲都家之臣，奉其君長之命，居於王國者，故國治下達，都家治上達，通掌之也。"《周禮·秋官·朝大夫》：～，掌都家之國治。(0903上)

【朝廷之容】百官臨朝時應保持的儀容，即莊敬之貌。爲六儀之一。鄭玄《注》："朝廷之容，濟濟翔翔。"孫詒讓《正義》："《玉藻》云：'廟中齊齊，朝廷濟濟翔翔。'注云：'齊齊，恭慤貌也。

濟濟翔翔,莊敬貌也。'"《周禮·地官·保氏》:乃教之六儀:一曰祭祀之容,二曰賓客之容,三曰~,四曰喪紀之容,五曰軍旅之容,六曰車馬之容。(0731 中)

【朝事之豆】宗廟祭祀首先進獻之豆。爲四豆之一。內實韭菹、醓醢、昌本、麋臡、菁菹、鹿臡、茆菹、麇臡八物。孫詒讓《正義》:"凡祭祀,以豆盛濡物,亦分四次薦之。朝事、饋食、加豆皆八豆,羞豆則二豆,與籩人四籩數正相當也。……此第一豆亦最尊。"《周禮·天官·醢人》:掌四豆之實。~,其實韭菹、醓醢,昌本、麋臡、菁菹、鹿臡、茆菹、麇臡。(0674 下)

【朝事之籩】宗廟祭祀首先進獻之籩。爲四籩之一。內實麷、蕡、白、黑、形鹽、膴、鮑魚、鱐八物。孫詒讓《正義》:"謂宗廟之祭,第一次所薦之籩也。……此八籩於四等籩爲最尊,諸侯以下亦通用之,而數有降損,不得備用。"《周禮·天官·籩人》:掌四籩之實。~,其實麷、蕡、白、黑、形鹽、膴、鮑魚、鱐。(0671 中)

【朝儀之位】天子、諸侯、羣臣等在朝廷中的位置。治朝,天子南嚮,三公北面東上,孤東面北上,卿大夫西面北上。外朝,天子南嚮,三公及州長北面,羣臣東面,羣吏西面。燕朝之位《周禮》中無明文。鄭玄《注》:"此王日視朝事於路門外之位。"孫詒讓《正義》:"此亦天子治朝之朝位也。"《周禮·夏官·司士》:正~,辨其貴賤之等。(0849 上)

㊀ zhāo 指迎日之禮。天子於春分之日,早晨到東門外祭祀日神,以求風調雨順。孔穎達《疏》:"爲朝,謂天子春分之日朝日於東門之外。"《禮記·禮器》:故作大事,必順天時,爲~夕必放於日月,爲高必因丘陵,爲下必因川澤。(1440 上)

【朝$_2$夕】指迎日之禮及祭月之禮。天子於春分之日早晨祭日於東門之外,於秋分之日傍晚祭月於西門之外,以祈求風調雨順。孔穎達《疏》:"爲朝,謂天子春分之日朝日於東門之外;爲夕,謂天子秋分之夕祀月於西門之外也。日是陽,故朝旦用事;月爲陰,故夕晚用事也。"《禮記·禮器》:故作大事,必順天時,爲~必放於日月,爲高必因丘陵,爲下必因川澤。(1440 上)

【朝$_2$市】早晨交易之市。設於市內之東,以商賈爲主。《司市》賈公彥《疏》:"此三市皆於一院內爲之,大市於中,朝市於東偏,夕市於西偏。"《周禮·地官·司市》:~朝時而市,商賈爲主;夕市夕時而市,販夫、販婦爲主。(0734 中)《禮記·郊特牲》:繹之於庫門內,祊之於東方,~之於西方,失之矣。(1449 上)

【朝$_2$哭】大殮後,每日早晨哭喪。即"朝夕哭"中之朝哭。參見"朝$_2$夕哭"。《儀禮·士喪禮》:既~,主人皆往兆南,北面,免絰。(1142 下)

【朝$_2$夕哭】大殮之後,孝子每天早上和傍晚到殯宮哭奠。亦稱朝暮哭。朝夕哭表示大殮之後悲哀之情略加節制,僅在早晚哭之,與"代哭"整日更替號哭,哭聲不絕異。《士喪禮》鄭玄《注》:"既殯之後,朝夕及哀至乃哭,不代哭也。"《儀禮·士喪禮》:~,不辟子卯。(1141 下)《禮記·雜記上》:~不帷,無柩者不帷。(1556

腴 yú ❶動物腹部。《少牢饋食禮》胡培翬《正義》："進腴,謂每魚以腹向神也。"《少儀》鄭玄《注》："腴,腹下也。"《儀禮·少牢饋食禮》:魚用鮒,十有五而俎,縮載,右首,進～。(1199上)《禮記·少儀》:羞濡魚者進尾,冬右～,夏右鰭,祭膴。(1515上)❷豬狗的腸子。此爲君子不食之物。孔穎達《疏》："圂,豬犬也。腴,豬犬腸也。"《禮記·少儀》:君子不食圂～。(1515下)

脾 pí 見下。

【脾析】牛羊百葉。即牛羊的胃。《醢人》鄭玄《注》引鄭司農曰："脾析,牛百葉也。"《既夕禮》鄭玄《注》："脾析,百葉也。"賈公彥《疏》："案《醢人》注云:'脾析,牛百葉也。'此不云牛者,彼天子禮容有牛,此用少牢無牛,當是羊百葉,故不云牛也。"《周禮·天官·醢人》:饋食之豆:其實葵菹、蠃醢、～、蠯醢、蜃、蚳醢、豚拍、魚醢。(0674下)《儀禮·既夕禮》:四豆:～、蜱醢、葵菹、蠃醢。(1153下)

脪 rěn 祭祀用的熟肉。鄭玄《注》："脪,熟也。"《禮記·郊特牲》:腥、肆、爓、～祭,豈知神之所饗也?主人自盡其敬而已矣。(1457下)

勝 (胜) shèng 見下。

【勝國之社】亡國之社。其立於廟門之外,上有屋蓋,下有木棧,四週圍牆,不得通天地四方。設之以爲國君之警戒,故亦稱"戒社"。鄭玄《注》："勝國,亡國也。亡國之社,奄其上而棧其下,使無所通。"賈公彥《疏》云:"奄其上者,即《郊特牲》'屋之,不受天陽'者是也。云棧其下者,謂於下著柴以棧之,使不通陰故也。"依賈《疏》,此社有四名:勝國之社,亡國之社,喪國之社,亳社(以殷地名名之)。《周禮·地官·媒氏》:凡男女之陰訟,聽之于～。(0733下)

腒 jù 風乾的雉。《庖人》鄭玄《注》引鄭司農曰："腒,乾雉。"《士相見禮》鄭玄《注》："夏用腒,備腐臭也。"《周禮·天官·庖人》:凡用禽獸:春行羔豚,膳膏香;夏行～鱐,膳膏臊。(0661中)《儀禮·士相見禮》:摯,冬用雉,夏用～。(0975中)《禮記·內則》:春宜羔豚,膳膏薌,夏宜～鱐,膳膏臊。(1464上)

腸 (肠) cháng 動物消化器官的一部分。可烹製爲食品。古人認爲狼之腸不利於人,不可食。《公食大夫禮》鄭玄《注》："腸、胃次膚,以其出牛羊也。"《儀禮·公食大夫禮》:牛、羊、豕、魚、腊、～、胃同鼎。(1059下)《禮記·內則》:狼去～,狗去腎,狸去正脊,兔去尻。(1466下)

腥 xīng ❶生肉。煮熟者曰飪。《禮器》孔穎達《疏》："腥,生肉也。"《周禮·秋官·掌客》:鼎簋十有二,～二十有七,皆陳。(0900中)《儀禮·聘禮》:飪一牢,在西,鼎九,羞鼎三;～一牢,在東,鼎七。(1052中)《禮記·禮器》:郊血,大饗～,三獻爓,一獻孰。(1439上)❷生稻米。孔穎達《疏》:"於含之時,飯用生稻之米,故云'飯腥'。"《禮記·禮運》:及其死也,升屋而號,告曰:"皋某復!"

然後飯～而苴孰。(1415下)

【腥魚】生魚。鄭玄《注》:"以腥魚爲俎實,不臑熟之。"《禮記·樂記》:大饗之禮,尚玄酒而俎～,大羹不和,有遺味者矣。(1528下)

【腥臊羶香】以腥臊羶香的氣味代指豕、犬、羊、牛。《庖人》"膳膏腥"鄭玄《注》引杜子春云:"膏腥,豕膏也。"孫詒讓《正義》:"俞樾云:'臊腥羶三者,均當以杜説爲定。《内饔》職云:"辨腥臊羶香之不可食者。羊泠毛而毳,羶;犬赤股而躁,臊;豕盲視而交睫,腥。"然則臊以犬言,腥以豕言,羶以羊言,在本經具有明證。先鄭以膏臊味豕膏,則與《内饔》職不合。後鄭以膏腥爲雞膏,附會土木金火爲義,更不足據矣。'案:俞説是也。"一説,賈公彦《疏》:"依《庖人》職注:'腥謂雞也,臊謂犬也,羶謂羊也,香謂牛也。以腥臊羶香表見云牛羊犬雞也。"《周禮·天官·内饔》:辨～之不可食者。(0662上)

腫

(肿) zhǒng 見下。

【腫瘍】癰疽之未潰爛者。賈公彦《疏》:"腫瘍,癰而上生瘡者,謂癰而有頭未潰者。"《周禮·天官·瘍醫》:掌～、潰瘍、金瘍、折瘍之祝藥劀殺之齊。(0668上)

腶

duàn 見下。

【腶脩】加薑桂擣捶的乾肉。《内則》鄭玄《注》:"腶脩,捶脯施薑桂也。"《儀禮·士昏禮》:降階,受笲～,升,進,北面拜,奠于席。(0967下)《禮記·内則》:～,蚳醢;脯羹、兔醢、麋膚、魚醢。(1464上)

腯

tú 見下。

【腯肥】宗廟祭祀時對所用小豬的美稱。因小豬肌肉肥滿而得名。鄭玄《注》:"腯亦肥也。"孔穎達《疏》:"腯即充滿貌也。"《禮記·曲禮下》:凡祭宗廟之禮,牛曰一元大武,豕曰剛鬣,豚曰～,羊曰柔毛。(1269上)

媵

yìng ❶指女方送嫁之人。鄭玄《注》:"媵,送也。謂女從者也。"《儀禮·士昏禮》:～布席于奥。(0966中) ❷ 隨嫁的女子。士大夫嫁女,女子的妹妹和侄女要陪嫁爲媵。諸侯嫁女或聘娶,除女子之妹和侄女陪嫁外,另兩國同姓諸侯的女兒也要一同陪嫁,並且分别有其妹與侄女相陪,共九人,所謂"諸侯壹聘九女"(《公羊傳·莊公十九年》)。鄭玄《注》:"古者嫁女,必姪娣從,謂之媵。姪,兄之子。娣,女弟也。"《儀禮·士昏禮》:婦徹于房中,～御餕,姑酳之。(0968中)

【媵爵】燕飲獻禮畢,將行旅酬(一起宴飲相互敬酒)前,請年長的大夫再給諸侯獻酒,作爲共同宴飲的開始,稱媵爵。爲燕禮儀節。胡培翬《正義》:"李氏如圭云:'媵爵者,獻酬禮成,更舉酒於公,以爲旅酬之始。'"《儀禮·燕禮》:小臣自阼階下,請～者,公命長。小臣作下大夫二人～。(1017下)

膏

gāo ❶脂肪,油脂。《内則》鄭玄《注》:"脂,肥凝者,釋者曰膏。"《周禮·天官·庖人》:春行羔豚,膳～香;夏行腒鱐,膳～臊;秋行犢麛,膳～腥;冬行鱻羽,膳～羶。(0661中)《禮記·内則》:脂用葱,～

【膏薌(xiāng)】即膏香。牛脂。春季烹飪羔豚時用以調味。鄭玄《注》："牛膏薌。"《禮記·內則》：春宜羔豚，膳～；夏宜腒鱐，膳膏臊。(1464上)

【膏臊】犬脂。夏季烹飪乾肉、乾魚時用以調味。《庖人》鄭玄《注》引杜子春云："膏臊，犬膏。"一說，鄭玄《注》引鄭司農云："膏臊，豕膏也。"參見"膏腥"。《周禮·天官·庖人》：凡用禽獻，春行羔豚，膳膏香；夏行腒鱐，膳～。(0661中)《禮記·內則》：春宜羔豚，膳膏薌；夏宜腒鱐，膳～。(1464上)

【膏羶】羊脂。冬季烹飪鮮魚、雁時用以調味。《庖人》鄭玄《注》引杜子春云："膏羶，羊脂也。"《周禮·天官·庖人》：秋行犢麛，膳膏腥；冬行鱻羽，膳～。(0661中)《禮記·內則》：秋宜犢麛，膳膏腥；冬宜鮮羽，膳～。(1464上)

用薩。(1466下)❷指無角之獸、畜。如豕、熊之類。鄭玄《注》："膏，豕屬。"孫詒讓《正義》："《說文·肉部》云：'戴角者脂，無角者膏。'《周禮·冬官考工記·梓人》：天下之大獸五：脂者、～者、臝者、羽者、鱗者。(0924下)

【膏物】即橐物。指蓮、芰類水生植物。其果實外有橐韜，故稱。鄭玄《注》："膏，當爲'橐'字之誤也。蓮芡之實有橐韜。"一說，先鄭以爲："膏物，謂楊柳之屬，理致且白如膏。"《周禮·地官·大司徒》：二曰川澤，其動物宜鱗物，其植物宜～。(0702下)

【膏香】牛脂。春季烹飪羔豚時用以調味。鄭玄《注》引鄭司農云："膏香，牛脂也。"《周禮·天官·庖人》：凡用禽獸，春行羔豚，膳～；夏行腒鱐，膳膏臊。(0661中)

【膏腥】豕脂。秋季烹飪牛犢、鹿麛時用以調味。《庖人》鄭玄《注》引杜子春云："膏腥，豕膏也。"孫詒讓《正義》："俞樾云：'臊腥羶三者，均當以杜說爲定。《內饔》職云："辨腥臊羶香之不可食者。羊泠毛而毳，羶；犬赤股而躁，臊；豕盲視而交睫，腥。"然則臊以犬言，腥以豕言，羶以羊言，在本經具有明證。先鄭以膏臊味豕膏，則與《內饔》職不合。後鄭以膏腥爲雞膏，附會土木金火爲義，更不足據矣。'案：俞說是也。"一說，"玄謂膏腥，雞膏也。"《周禮·天官·庖人》：秋行犢麛，膳～；冬行鱻羽，膳膏羶。(0661中)《禮記·內則》：秋宜犢麛，膳～；冬宜鮮羽，膳膏羶。(1464上)

脰

yì 頸項之肉。亦稱脰脄。鄭玄《注》："脄，脰肉也。"《儀禮·士虞禮》：膚祭三，取諸左～上。(1170下)

膋

liáo 動物腸間的脂肪。鄭玄《注》："膋，腸間脂。"《禮記·內則》：肝～：取狗肝一，幪之以其～，濡，炙之，舉燋其～，不蓼。(1468下)

膞

㊀ chuán 製陶工具。爲長方形。用以測量陶器的正斜。鄭玄《注》："既拊泥而轉其均，剒膞其側，以儗度端其器也。"孫詒讓《正義》："膞蓋爲長方之式，以度器使無衺曲者。"《周禮·冬官考工記·瓬

人》:器中~,豆中縣。~崇四尺,方四寸。(0924下)

㊁ chún 即肫。牲體後腿骨的上部。俗稱後肘。鄭玄《注》:"膞,胳,股骨。"淩廷堪《禮經釋例·釋牲上篇》:"股骨三:最上謂之肫,又謂之膞,肫下謂之胳,又謂之骼,胳下謂觳。"《儀禮·少牢饋食禮》:肩、臂、臑、~、骼,正脊一,脡脊一,橫脊一,短脅一,正脅一,代脅一,皆二骨以並。(1197下)

膚

(肤) fū 供祭祀或食用的肉。《聘禮》鄭玄《注》:"膚,豕肉也。"《內則》鄭玄《注》:"膚,切肉也。"《儀禮·聘禮》:牛、羊、豕、魚、腊、腸胃同鼎,~、鮮魚、鮮腊,設扃鼏。(1059下)《禮記·內則》:脯羹、兔醢;麋~、魚醢。(1464上)

脬

lǜ 祭祀所用的牲血。鄭玄《注》:"脬瞀,血與腸間脂也。"《禮記·祭義》:鸞刀以刲,取~瞀,乃退。(1594下)

膠

(胶) jiāo 用來黏合材料的黏性物質。一般用動物的皮、角等熬製而成。《周禮·冬官考工記·弓人》:~也者,以爲和也。(0934下)《禮記·月令》:金、鐵、皮、革、筋、角、齒、羽、箭、幹、脂、~、丹、漆,毋或不良。(1364上)

膷

xiāng 牛臛。即牛肉羹。《聘禮》胡培翬《正義》:"膷、臐、膮,即以牛、羊、豕之肉爲羹也。"《內則》陸德明《釋文》:"膷音香。牛臛也。"《儀禮·聘禮》:~、臐、膮,蓋陪牛、羊、豕。(1059下)《禮記·內則》:膳:~、臐、膮、醢、牛炙。(1463下)

膮

xiāo 豕臛。即豬肉羹。《公食大夫禮》鄭玄《注》:"膷、臐、膮,今時臛也。牛曰膷,羊曰臐,豕曰膮,皆香美之名也。"《內則》陸德明《釋文》:"膮,……豕臛也。"《儀禮·公食大夫禮》:膷,以東臐、~,牛炙。(1082中)《禮記·內則》:膳:膷、臐、~、醢、牛炙。(1463下)

臐

hū ❶供祭祀用的大塊魚肉。《內饔》鄭玄《注》:"臐,膴肉大臠,所以祭者。"《有司》鄭玄《注》:"刳魚時,割其腹以爲大臠也,可用祭也。"《少儀》鄭玄《注》:"臐,大臠,謂刳魚腹也。"《周禮·天官·內饔》:凡掌共羞、脩、刑、~、胖、骨、鱐,以待共膳。(0662中)《儀禮·有司》:侑,主人皆一魚,亦橫載之。皆加~祭于其上。(1208下)《禮記·少儀》:冬右腴,夏右鰭,祭~。(1515上)❷無骨乾魚肉。孫詒讓《正義》:"又《說文·肉部》云:'臐,無骨腊也。揚雄說鳥腊。《周禮》有臐判。'……臐爲無骨腊者,蓋即爲膴肉大臠之乾昔者。"《周禮·天官·腊人》:凡祭祀,共豆脯、薦脯、~、胖,凡腊物。(0664中)

膰

fán 祭祀所用的熟肉。孫詒讓《正義》:"《公羊》定十四年傳云:'脤者何?俎實也。腥曰脤,熟曰膰。'《穀梁傳》文略同。此並謂脤膰爲腥熟異名,無廟社之別。"一說,爲祭祀宗廟所用的肉。鄭玄《注》:"脤膰,社稷宗廟之肉。"賈公彥《疏》:"鄭揔云脤膰社稷宗廟之肉,分而言之,則脤是社稷之肉,膰是宗廟之肉。"《周禮·春官·大宗伯》:以脤~之禮親兄弟之國,以賀慶之禮親異姓之國。(0760下)

臌 zhí 乾肉條。長一尺二寸。亦稱脡。《聘禮》鄭玄《注》：“臌，脯如版然者。或謂之脡，皆取直貌焉。”《鄉射禮》鄭玄《注》：“臌猶脡也，爲記者異耳。”《儀禮·聘禮》：薦，脯五～，祭半～，橫之。(1074 中)《儀禮·鄉射禮》：～長尺二寸。(1009 下)

膳 shàn ❶牲肉。主要指牛、羊、豕、犬、雁、魚六牲。亦泛指庶羞、美食。《膳夫》鄭玄《注》：“膳，牲肉也。”《士相見禮》鄭玄《注》：“膳，謂進庶羞。”胡培翬《正義》：“《周禮·膳夫》注云：‘膳，牲肉也；羞，有滋味者。’是二字對文異，散則通。”《曲禮下》孔穎達《疏》：“膳，美食名。”《周禮·天官·膳夫》：掌王之食、飲、～、羞，以養王及后、世子。(0659 下)《儀禮·士相見禮》：若君賜之食，則君祭，先飯，徧嘗～，飲而俟。(0977 下)《禮記·曲禮下》：歲凶，年穀不登，君～不祭肺。(1259 中) ❷特指殷膳。即賓客未離去之前，主人又致禮，以示念賓。鄭玄《注》：“膳，所以閒禮賓客。”賈公彥《疏》：“謂賓客未去之間致禮也。”《周禮·地官·牛人》：凡賓客之事，共其牢禮積～之牛。(0724 上) ❸國君用物的專稱。以其所用善於諸臣，故稱。此指飲宴中國君特有的酒尊。鄭玄《注》：“君物曰膳，膳之言善也。”《儀禮·燕禮》：執冪者舉冪，主人酌～，執冪者反冪。(1016 下)

【膳夫】職官名。食官之長，掌天子、后及世子之飲食。爵上士、中士、下士。《周禮·天官·膳夫》：～，掌王之食飲、膳羞，以養王及后、世子。(0659 下)

【膳羞】泛指美味食品。鄭玄《注》：“膳，牲肉也；羞，有滋味者。”《周禮·天官·膳夫》：掌王之食飲、～，以養王及后、世子。(0659 下)

【膳酒】國君所飲之酒。盛於瓦甒。與諸臣之散酒對言。參見“膳尊”。《儀禮·燕禮》：更爵，洗，升，酌～以降。(1017 中)

【膳宰】職官名。掌國君飲食膳羞，相當於天子的膳夫。其屬有小膳宰，宰胥。《燕禮》鄭玄《注》：“膳宰，天子曰膳夫。掌君飲食膳羞者也。”胡匡衷《儀禮釋官》：“膳宰當中士、下士爲之。小膳宰，其貳也。宰胥則其下府史胥徒之屬。”《儀禮·燕禮》：～具官饌于寢東。(1014 下)《禮記·文王世子》：若公與族燕，則異姓爲賓，～爲主人。(1408 中)

【膳尊】宴飲時國君所用之酒尊。與諸臣之散尊對言。君尊瓦甒，亦名瓦大。賓、卿大夫尊用方壺，士旅食者尊用圜壺。鄭玄《注》：“膳尊，君尊也。”《儀禮·大射》：厥明，司宮尊于東楹之西，兩方壺，～兩甒在南，有豐。(1029 中)

【膳爵】宴飲時國君所用之酒爵。與諸臣之散爵對言。胡培翬《正義》引郝敬云：“膳爵，君之爵。散爵，賓、卿大夫之爵。”《儀禮·燕禮》：士也有執～者，有執散爵者。執～者酌以進公，公不拜，受。(1023 中)

【膳觶(zhì)】象觶。宴飲時國君所用。與諸臣之角觶對言。胡培翬《正義》引敖氏云：“命謂使之仍用象觶也。”《儀禮·燕禮》：公有命，則不易不洗，反升，酌～，下拜。(1018 中)

【膳獻】指禽羞及四時鮮物。鄭玄《注》:"膳獻,禽羞俶獻也。"賈公彦《疏》:"云'膳獻,禽羞俶獻也'者,此《聘禮·記》文。彼注云:'禽羞,謂成孰有齊和者。俶獻,四時珍美新物也。'"《周禮·天官·宰夫》:凡朝覲、會同賓客,以牢禮之法,掌其牢禮、委積、～、飲食、賓賜之飱牽,與其陳數。(0656 上)

【膳食之宜】指六牲與六穀相互配合最相宜的味道。鄭玄《注》:"會,成也。謂其味相成。"孫詒讓《正義》:"此論六膳六食,牲與穀配合之宜也。"《周禮·天官·食醫》:凡會～,牛宜稌,羊宜黍,豕宜稷,犬宜粱,鴈宜麥,魚宜苽。(0667 上)

螣 tè 食禾苗的害蟲。鄭玄《注》:"螣,蝗之屬。"陸德明《釋文》:"螣音特。食苗葉蟲。"《禮記·月令》:行春令,則五穀晚熟,百～時起,其國乃饑。(1370 中)

縢 téng 邊緣的裝飾物。鄭玄《注》:"縢,緣也。"胡培翬《正義》:"凡緣邊有約束之義,故以縢爲緣。"《儀禮·士喪禮》:兩邊無～,布巾,其實栗,不擇。(1139 中)

臊 sāo 以臊味代指犬。《庖人》鄭玄《注》引杜子春云:"膏臊,犬膏。"一説,代指豕。鄭玄《注》引鄭司農云:"膏臊,豕膏也。"參見"腥臊羶香"。《周禮·天官·庖人》:凡用禽獻,春行羔豚,膳膏香;夏行腒鱐,膳膏～。(0661 中)《周禮·天官·內饗》:辨腥～羶香之不可食者。(0662 上)

臅 chù 胸腔。鄭玄《注》:"狼臅膏,臆中膏也。"杭世駿《續禮記集説·卷五十三》云:"潘氏兆錫曰:'胸臆曰臅。'"《禮記·內則》:取稻米,舉糔溲之,小切狼～膏,以與稻米爲酏。(1468 下)

膾 (膾) kuài 細切的魚、肉。《少儀》鄭玄《注》:"聶之言牒也。先藿葉切之,復報切之,則成膾。"孔穎達《疏》:"聶而切之者,謂先牒爲大臠,而復細切之爲膾也。"《儀禮·公食大夫禮》:炙南醢,以西豕胾,芥醬,魚～。(1082 中)《禮記·少儀》:牛與羊、魚之腥,聶而切之爲～。(1515 下)

【膾炙】細切的肉和烤熟的肉。均爲佳肴。孫希旦《集解》:"肉聶而切之曰膾。炙,炙肉也。"《禮記·曲禮上》:凡進食之禮,左殽右胾,食居人之左,羹居人之右,～處外,醢醬處內。(1242 上)

臂 bì ❶牲體前體的中間部分。《特牲饋食禮》胡培翬《正義》引《禮經釋例·釋牲上篇》曰:"凡牲,……前體謂之肱骨,又謂之前脛骨。肱骨三:最上謂之肩,肩下謂之臂,臂下謂之臑。後體謂之股骨,又謂之後脛骨。股骨三:最上謂之肫,又謂之膊,肫下謂之胳,又謂之骼,胳下謂之觳。"《周禮·天官·內饗》:馬黑脊而般～,螻。(0662 上)《儀禮·特牲饋食禮》:尸俎:右肩、～、臑、肫、胳。(1192 下)《禮記·少儀》:其禮,大牢則以牛左肩、～、臑折九箇。(1516 中) ❷弓把。孫詒讓《正義》:"弓隈把雖通謂之臂,然兩隈皆句曲,惟當把處挺直,故謂之挺臂。"《周禮·冬官考工記·弓人》:於挺～中有柎焉,故剽。(0936 上)

臑 nào 牲體前體的下部。《特牲饋食禮》胡培翬《正義》引《禮經釋例·釋牲上篇》曰:"凡牲,……前體謂之肱骨,又謂之前脛骨。肱骨三:最上謂之肩,肩下謂之臂,臂下謂之臑。"《儀禮·特牲饋食禮》:尸俎:右肩、臂、~、肫、胳。(1192下)《禮記·少儀》:其禮,大牢則以牛左肩、臂、~折九箇,少牢則以羊左肩七箇,犆豕則以豕左肩五箇。(1516中)

【臑折】折分的牲體前體的下部。鄭玄《注》:"必爲臑折,上所折分者。"《儀禮·有司》:羊肉湆:~、正脊一、正脅一、腸一、胃一、嚌肺一。(1208上)

臐 xūn 羊臛。即羊肉羹。《公食大夫禮》鄭玄《注》:"膷、臐、膮,今時通名也。牛曰膷,羊曰臐,豕曰膮,皆香美之名也。"《內則》陸德明《釋文》:"臐,……羊臛也。"《儀禮·公食大夫禮》:膷,以東~,膮,牛炙。(1082上)《禮記·內則》:膳:膷、~、膮、醢、牛炙。(1463下)

蠃 luó 螺。蚌屬。《鼈人》鄭玄《注》:"蠃,蜯蝓。"孫詒讓《正義》:"今語以水生者爲蠃,陸生者爲蝸牛,古人蓋無此分別。凡經典之言蚶蠃,言蠃,注家訓爲蝸爲蝸牛者,皆當爲水蠃。……若陸生之蝸牛,則《本草經》謂之陵蠡,腥穢不入食品,《醢人》蠃醢必不用是矣。於《士冠禮》鄭玄《注》:"今文蠃爲蝸。"《周禮·天官·鼈人》:祭祀,共蠯、~、蚳,以授醢人。(0664中)《儀禮·士冠禮》:再醮,兩豆葵菹、~醢,兩籩栗脯。(0956下)

【蠃醢】用螺肉製成的醬。爲七醢之一。七醢即醯、蠃、蠯、蚳、魚、兔、雁。《周禮·天官·醢人》:饋食之豆,其實葵菹、~、脾析、蠯醢、蜃、蚳醢、豚拍、魚醢。(0674下)《儀禮·既夕禮》:東方之饌:四豆,脾析、蜱醢、葵菹、~。(1153下)

臘 (腊) ㊀ liè 兩刃劍。鄭玄《注》:"臘,謂兩刃。"賈公彥《疏》:"兩面各有刃也。"《周禮·冬官考工記·桃氏》:~廣二寸有半寸,兩從半之。(0915下)

㊁ là 舉行臘祭。冬以田獵所得禽獸,祭先祖、五祀。鄭玄《注》:"臘,謂以田獵所得禽祭也。五祀,門、戶、中霤、竈、行也。"《禮記·月令》:孟冬之月,……天子乃祈來年于天宗,大割祠于公社及門閭,~先祖、五祀,勞農以休息之。(1382上)

騰 (腾) téng 見下。

【騰馬】公馬。孫希旦《集解》:"高氏誘曰:'累牛,父牛。騰馬,父馬也。'"一說,鄭玄《注》:"累、騰,皆乘匹之名。"《禮記·月令》:是月也,乃合累牛~,游牝于牧。(1364中)

臝 luǒ 短毛的獸類。如虎豹。鄭玄《注》:"臝者,謂虎豹貔螭,爲獸淺毛者之屬。"《周禮·冬官考工記·梓人》:天下之大獸五:脂者、膏者、~者、羽者、鱗者。(0924下)

【臝物】短毛的獸類。爲毛、鱗、羽、介、臝五類動物之一。《周禮·地官·大司徒》:五曰原隰,其動物宜~,其植物宜叢物,其民豐肉而庳。(0702下)

氏(民)部

氏 shì ❶加在姓或字後稱已婚婦女。鄭玄《注》："齊女則曰姜氏，魯女則曰姬氏。"《儀禮・士昏禮》：祝告，稱婦之姓曰："某～來婦，敢奠嘉菜于皇舅某子。"(0970 中) ❷繫於姓或字後以爲敬。《儀禮・士喪禮》：書銘于末，曰："某～某之柩。"(1130 上) ❸上古貴族表明宗族的稱號，爲姓的分支。鄭玄《注》："此謂殷禮也。"孔穎達《疏》："……姓，謂如魯姬、齊姜也。……氏，如孟孫三家之屬。"《禮記・喪服小記》：男子稱名，婦人書姓與伯仲，如不知姓，則書～。(1499 中)

氏 dī 星名。東方蒼龍七宿的第三宿。有星四顆。亦稱天根。爲二十八宿之一。《禮記・月令》季冬之月，日在婺女，昏婁中，旦～中。(1383 中)

民 mín 見下。

【民訟】百姓小的訴訟案件。鄭玄《注》："訟，謂以財貨相告者。"孫詒讓《正義》："鄭說訟獄之義，於經無塙證。《小司徒》云民訟、地訟，不必皆爭財也。……凡獄訟對文者，皆訟小而獄大，本無爭財爭罪之別。"《周禮・秋官・大司寇》：以兩造禁～，入束矢於朝，然後聽之。(0870 下)

【民虜】俘虜。進獻俘虜時，要用左手抓住其右邊衣袂，用右手以防不測。鄭玄《注》："民虜，軍所獲也。"孔穎達《疏》："獻之，以左手操于囚之右邊袂，右邊有力，故此用右手以防其異心。"《禮記・曲禮上》：獻～者操右袂。(1244 上)

【民獄】百姓大的訴訟案件。鄭玄《注》："獄，謂相告以罪名。"孫詒讓《正義》："獄者，訟之大者也，不必告以罪名。"參見"民訟"。《周禮・秋官・大司寇》：以兩劑禁～，入鈞金，三日乃致于朝，然後聽之。(0870 下)

【民職】百姓的九種職業。即三農、園圃、虞衡、藪牧、百工、商賈、嬪婦、臣妾、閒民。鄭玄《注》："民職，民九職也。"孫詒讓《正義》："即大宰以九職任萬民是也。"《周禮・地官・大司徒》：以土均之灋辨五物九等，制天下之地征，以作～，以令地貢，以斂財賦，以均齊天下之政。(0704 上)

欠 部

次 cì ❶用布帷、蘆蓆臨時搭設的更衣、休息處所。凡祭祀、朝聘、會同諸侯、冠射喪諸禮皆設次。《掌次》鄭玄《注》："次，謂幄也。大幄，初往所止居也。小幄，既接祭退俟之處。"《士冠禮》鄭玄《注》："次，門外更衣處也，以帷幕簟席爲之。"《周禮·天官·掌次》：朝日、祀五帝，則張大～、小～，設重帟重案。(0676下)《儀禮·士冠禮》：請醴賓，賓禮辭，許，賓就～。(0953上) ❷髪飾。以假髪與己髪合編而成。亦指戴假髪。《追師》鄭玄《注》："次，次第髪長短爲之，所謂髲髢。服之以見王。"《士昏禮》鄭玄《注》："次。首飾也。今時髲也。"《周禮·天官·追師》：掌王后之首服。爲副、編、～、追衡、笄。(0693上)《儀禮·士昏禮》：女～，純衣纁袡，立于房中，南面。(0965下) ❸市場管理官員的治所。賈公彥《疏》："案《司市》注：'次謂吏所治舍，思次、介次也，若今市亭然。'"孫詒讓《正義》："云'設其次，置其敘'者，謂設置市官所治官舍，又分置其市肆之行列。"《周禮·天官·内宰》：凡建國，佐后立市，設其～，置其敘，正其肆。(0685中) ❹古將黄道由西向東分成十二等分，稱爲十二次。各次均有專名，如大火、鶉首等。用以指示四季太陽的位置，節氣的變换，並據以紀年。《禮記·月令》：是月也，日窮于～，月窮于紀，星回于天，數將幾終。(1384中)

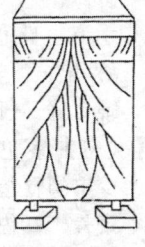

次

【次介】助賓行禮的人。上介之次，由士充任。胡培翬《正義》："敖氏曰：'次介，士也。'"《儀禮·聘禮》：若過邦，至于竟，使～假道。(1048上)

【次祀】日月星辰、社稷、五祀、五嶽之祭。祭用牲幣。因其次於天地、宗廟之祭，故稱。鄭玄《注》："鄭司農云：'大祀，天地。次祀，日月星辰。小祀，司命以下。'玄謂大祀又有宗廟，次祀又有社稷、五祀、五嶽，小祀又有司中、風師、雨師、山川百物。"一説，孫詒讓《正義》："竊謂經凡言祭祀，惟《酒正》及此職分爲三等，餘職皆止分大小二等，疑次祀亦并入大祀，其差次難以詳定。"《周禮·春官·肆師》：立大祀，用玉帛、牲牷；立～，用牲幣；立小祀，用牲。(0768中)

【次舍】宫中官吏治事執勤的處所稱次，休息的地方稱舍，通言之則不分。次多位於應門内，舍多位於應門外。鄭玄《注》："次，諸吏直宿，若今部署諸廬者,舍,其所居寺。"孫詒讓《正義》:"凡吏士有職事常宿官內者爲官府,官府之小者爲舍。其官府本在外而入內治事,或無專職而入共守衛,使令暫居更直者爲次。……凡官吏治事、士民聽事所居處,通謂之次。……凡次多在路門外應門內近治朝之處,舍則當在應門之外皋門之內,與次不同處也。"《周禮・天官・宮正》:以時比宮中之官府、～之衆寡,爲之版以待,夕擊柝而比之。(0657 上)

【次席】用桃枝編成的席。爲天子五席之一。鄭玄《注》:"次席,桃枝席,有次列成文。"賈公彦《疏》:"鄭亦見漢世以桃枝竹爲席,次第行列有成其文章,故言之也。"《周禮・春官・司几筵》:設莞筵紛純,加繰席畫純,加～黼純,左右玉几。(0774 下)

【次敘】市場的治事之處和商肆行列。鄭玄《注》:"次謂吏所治舍,思次、介次也,若今市亭然。敘,肆行列也。"賈公彦《疏》:"司市之官以次敘二事,分地而置之,而以經界其市,使各有處所,不相雜亂也。"《周禮・地官・司市》:以～分地而經市,以陳肆辨物而平市,以政令禁物靡而均市,以商賈阜貨而行布。(0734 上)

【次路】殷祭天所用的第三等車。木製,無雕飾。孔穎達《疏》:"次路,殷之第三路也。供卑用,故就多也。"《禮記・禮器》:大路繁纓一就,～繁纓七就。(1432 下)

【次饔】祭祀時助尸享食之年次者。少牢饋食禮餕者四人,爲二佐食、二賓長。二佐食中長爲上,次爲下,下佐食曰次餕。參見"下佐食"。《儀禮・少牢饋食禮》:司士進一鉶于上饔,又進一鉶于～,又進二豆湆于兩下。(1204 上)

殳部

殳 shū 兵器。形如杖,長一丈二尺,八棱,以竹木爲之,無刃。湖北隨縣 1978 年曾侯乙墓出土之殳,頂端裝金屬刺球,並有三棱矛狀刃。鄭玄《注》:"殳如杖,長尋有四尺。"孫詒讓《正義》:"殳以竹木爲之而無刃,與杖相似。"《周禮・夏官・司戈盾》:祭祀,授旅賁～,故士戈盾。(0855 中)

段 duàn 即段氏。製作金屬農具的工匠。《周禮・冬官考工記・總敘》:攻金之工:築、冶、鳧、栗、～、桃。(0906 中)

【段氏】製作金屬農具的工匠。鄭玄《注》:"鎛器,田器錢鎛之屬。"《周禮・冬官考工記・攻金之工》:～爲鎛器,桃氏爲刃。(0914 下)

殳部 殷殷

【殷脩】 即腶脩。經捶擣並加薑桂的乾肉。陸德明《釋文》：「殷脩，……本又作腶，或作鍛同。脩，脯也。加薑桂曰腶脩。何休云：'婦執腶脩者，取其斷斷自脩飾也。'」《禮記·昏義》：質明，贊見婦於舅姑，婦執笲、棗、栗、～以見。(1681上)

殷 yīn

衆士。即侯國、采邑、官府中具有士爵命的官吏及未得正禄的不命之士。鄭玄《注》：「殷，衆也，謂衆士也。」孫詒讓《正義》：「凡王朝下士之官，在侯國當以不命之士為之，此皆未得正禄，謂之士旅食，則與庶人在官同。但不命之士，亦列於職官，究與府史小異，疑亦當在陳殷之列矣。」《周禮·天官·大宰》：乃施典于邦國，而建其牧，立其監，設其參，傅其伍，陳其～，置其輔。(0649上)

【殷同】 即殷見。四方諸侯四時分批朝見天子。鄭玄《注》：「殷同，即殷見也。王十二歲一巡守，若不巡守，則殷同。殷同者，六服盡朝。……殷同，四方四時分來，歲終則徧矣。」參見"殷見"。《周禮·秋官·大行人》：時會以發四方之禁，～以施天下之政。(0890上)

【殷見】 四方諸侯四時分批朝見天子之禮。天子十二年巡守一次，若不巡守，諸侯就於當年四時分批朝見天子，歲終則徧。鄭玄《注》：「殷猶衆也。十二歲王如不巡守，則六服盡朝，朝禮既畢，王亦為壇，合諸侯以命政焉。……殷見，四方四時分來，歲終則徧。」孫詒讓《正義》：「十二歲，侯甸男采要五服皆當朝歲。其衛服雖不當朝歲，亦因王不巡守而來見，則六服盡同。」《周禮·春官·大宗伯》：時見曰會，～曰同，時聘曰問，殷覜曰視。(0759下)

【殷事】 即殷奠。指停殯期間逢初一、十五舉行的盛大祭奠。其祭品較平日朝夕小奠豐盛。鄭玄《注》：「殷事，朔月、月半薦新之奠也。」參見"殷奠"。《禮記·曾子問》：孔子曰：「歸居于家，有～，則之君所，朝夕否。」(1397下)

【殷國】 天子出在諸侯國行殷見之禮，稱殷國。天子十二年巡守一次，若不遍巡守而僅至某一侯國，召諸侯同來行殷見之禮。鄭玄《注》：「殷猶衆也。十二歲王若不巡守，則六服盡朝，謂之殷國。」孫詒讓《正義》：「殷見曰見，謂諸侯皆來見天子也；殷國曰國，謂天子出至侯國，諸侯盡朝也。……殷國者，謂王出在侯國而行殷見之禮也。蓋常禮，王巡守徧四方，則朝當方諸侯於方岳。若不徧巡守，則不能徧有方岳之朝，故或合諸侯於國城外，謂之殷同。或合諸侯於近畿之侯國，抑或巡守未訖，在道適遭事故，不能終行，亦即於所至之國，徵諸侯而行朝會之禮，皆謂之殷國。殷國與殷同雖並在十二年王不徧巡守時行之，然一在畿外，一在王都，事迥不同。……又殷同當如鄭《大宗伯》注說，四方四時分來；殷國則王至所期之國，諸侯一時畢會，不必六服分四時更來。」《周禮·夏官·職方氏》：及王之所行，先道，帥其屬而巡戒令。王～亦如之。(0864上)

【殷祭】 盛大的祭典。指小祥、大祥之祭。孔穎達《疏》：「殷祭，謂小、大二祥祭也。以其禮大，故曰殷也。」《禮記·曾子問》：君子喪服除，而后～，

禮也。(1397 中)

【殷奠】指停殯期間逢初一、十五舉行的盛大祭奠。其祭較平日朝夕小奠隆盛，故稱殷奠。亦稱殷事。《士喪禮》鄭玄《注》："殷，盛也。"胡培翬《正義》："朝夕奠無牲俎，朔月奠有牲俎，盛于朝夕，故名殷奠。"《喪大記》鄭玄《注》："殷，猶大也。朝夕小奠，至月朔則大奠。"《儀禮·士喪禮》：月半，不~。(1142 下)《禮記·喪大記》：大夫、士既殯而君往焉，使人戒之。主人具~之禮，俟于門外。(1582 上)

【殷覜(tiào)】諸侯定期使卿朝見天子之禮。諸侯朝見天子以十二年爲一週期，侯服年年朝見，甸服二年一朝，男服三年一朝，采服四年一朝，衛服五年一朝，要服六年一朝，因此元年、七年、十一年這三年祇有侯服前來朝見，因爲朝見的人少，其餘五服諸侯皆派卿以聘禮來見天子，是爲殷覜。鄭玄《注》："殷覜，謂一服朝之歲，以朝者少，諸侯乃使卿以大禮衆聘焉。一服朝在元年、七年、十一年。"《周禮·春官·大宗伯》：時見曰會，殷見曰同，時聘曰問，~曰視。(0760 上)

【殷膳】中途又致之膳。諸侯來朝，天子致饗餼之後，諸侯尚未離去，在此期間主國又送膳食，以示念賓。鄭玄《注》："殷，中也。中又致膳，示念賓也。"賈公彥《疏》："此爲牢禮之外，見賓中間未去，恐賓慮主人有倦，更致此膳，所以示念賓之意無倦也。"《周禮·秋官·掌客》：~大牢，以及歸，三饗，三食，三燕。(0900 中)

【殺】(杀) ㊀ shā ❶誅殺。爲天子治理羣臣的八枋之一。孫詒讓《正義》："此殺即《大宰》之誅，誅、殺義同。"《周禮·春官·內史》：一曰爵，二曰祿，三曰廢，四曰置，五曰~，六曰生，七曰予，八曰奪。(0820 上) ❷死刑。爲五刑之一。亦謂大辟。鄭玄《注》："殺，死刑也。"《周禮·秋官·司刑》：墨罪五百，劓罪五百，宮罪五百，刖罪五百，~罪五百。(0880 中)

【殺矢】弓所射之矢。爲八矢之一。金屬箭頭，剪齊箭羽，前重。用於近射、田獵，中之則死。鄭玄《注》："此八矢者，弓弩各有四焉。枉矢、殺矢、鍭矢、恒矢，弓所用也；繳矢、鏃矢、茀矢、痺矢，弩所用也。……殺矢，言中則死，鏃矢象焉。……二者皆可以司候射敵之近者及禽獸，前尤重，中深，而不可遠也。"賈公彥《疏》曰："解稱殺矢之名，以其最重，中則死故也。"《周禮·夏官·司弓矢》：凡矢，枉矢、繳矢利火射，用諸守城、車戰，~、鏃矢用諸近射、田獵，矰矢、茀矢用諸弋射，恒矢、痺矢用諸散射。(0856 上)

【殺罪】死刑之罪。鄭玄《注》："殺，死刑也。"《周禮·秋官·司刑》：墨罪五百，劓罪五百，宮罪五百，刖罪五百，~五百。(0880 中)

【殺人而義】殺人而合於法理。如殺侮辱父母、兄弟、師長的仇人，殺敵，殺盜等。殺人而義者，法律規定不得結仇報復。鄭玄《注》："義，宜也。謂父母兄弟師長嘗辱焉而殺之者，如是爲得其宜，雖所殺者人之父兄，不得讎也。"孫詒讓《正義》："殺人而義，於法宜殺者也。……劉敞謂若《朝士》職凡盜賊軍鄉邑及家人，殺之無罪。江永謂戰陳殺人，或爲姦盜被殺之類。"《周禮·

地官・調人》：凡～者，不同國，令勿讎，讎之則死。（0732下）

㈢ shài 套在屍體下肢的布袋。爲冒的一部分。掩上體者名質，掩下體者名殺。《士喪禮》鄭玄《注》："冒，韜尸者。制如直囊，上曰質，下曰殺。質，正也。其用之，先以殺韜足而上，後以質韜首而下齊手。"《喪大記》鄭玄《注》："冒者，既襲所以韜尸，重形也。殺，冒之下帣，韜足上行者也。"《儀禮・士喪禮》：冒，緇質，長與手齊，經～，掩足。（1131上）《禮記・喪大記》：凡冒，質長與手齊，～三尺。（1580上）

【殺₂哀】減省凶禮。爲救濟災荒的十二措施之一。鄭玄《注》："殺哀，謂省凶禮。"賈公彥《疏》："謂凶禮之中，殺其禮數。"《周禮・地官・大司徒》：以荒政十有二聚萬民：一曰散利，二曰薄征，三曰緩刑，四曰弛力，五曰舍禁，六曰去幾，七曰眚禮，八曰～，九曰蕃樂，十曰多昏，十有一曰索鬼神，十有二曰除盜賊。（0706上）

【殺₂禮】減損禮儀。接待賓客，以下幾種情況可以殺減禮儀：新建之國，遭受饑荒者，發生疫病死喪者，有兵寇災害者，國君在外者。鄭玄《注》："皆爲國省用愛費也。國新，新建國也。凶荒，無年也。禍烖，新有兵寇水火也。"賈公彥《疏》："在野在外殺禮者，以其野外忽遽，禮物不可卒備，故亦殺之。"《周禮・秋官・掌客》：凡禮賓客，國新～，凶荒～，札喪～，禍烖～，在野外～。（0902上）

【殽】yáo 帶骨的熟肉。《特牲饋食禮》鄭玄《注》："凡骨有肉曰殽。"《曲禮上》陸德明《釋文》："熟肉有骨曰殽。"《周禮・夏官・小子》：掌祭祀羞羊肆、羊～、肉豆。（0842下）《儀禮・特牲饋食禮》：衆賓及衆兄弟、內賓、宗婦，若有公有司、私臣，皆～殽。（1193中）《禮記・曲禮上》：凡進食之禮，左～右胾。（1241下）

【殽全】完整新鮮的豬骨肉。婚禮所用，以象徵新婚夫婦全節無虧。鄭玄《注》："殽全者，不委敗，不剝傷。"賈公彥《疏》："云殽必全者，義取夫婦全節無虧之理。"胡培翬《正義》："盛氏世佐云：'殽全謂豚俎。殽，骨體也。全者，不折也。'"《儀禮・士昏禮》：腊必用鮮，魚用鮒，必～。（0970下）

【殽烝(zhēng)】將散碎餘骨盛於俎。祭禮中供衆賓以下諸雜事人員食用，人僅一俎。鄭玄《注》："此所折骨，直破折餘體，可殽者升之俎。一而已，不備三者，賤。"胡培翬《正義》："鄭意以此記殽字爲餘骨之總名。殽與烝同，謂升于俎。"《儀禮・特牲饋食禮》：衆賓及衆兄弟、內賓、宗婦，若有公有司、私臣，皆～。（1193中）

【殻】jī 見下。

【殻兵】用以擊打的兵器，如殳之類。或言橫擊之兵器，如戈戟之類。鄭玄《注》："改句言殻，容殳無刃。"賈公彥《疏》："以殳長丈二而無刃，可以殻打人，故云殻兵也。"孫詒讓《正義》："鄭鍔云：'變句兵而謂之殻者，戈戟可以句，可以殻，殳不可以句，可以殻，故專言句兵，足以見戈戟而不及殳，於是言殻以包之。'……程瑤田云：'記文改句兵曰殻兵者，句言其形，殻言其用。戈戟用恒橫，故曰殻。橫用曰殻。'"《周禮・冬官考工記・廬人》：

~同强,舉圍欲細。(0926下)

毀 huǐ 指遷廟。古宗廟制度之一。諸侯有五廟,除大祖之廟外,爲高祖、曾祖、祖、禰四廟,凡超過高祖者毀其廟,將其牌位遷入祧廟(遠祖廟),以下依次遞升。如祖廟已毀,説明其血緣關係在五服之外。《士昏禮》胡培翬《正義》引敖氏云:"禮,國君五廟,大祖之廟不毀,其餘先君若過高祖,則毀其廟而遷之。未毀者,以其猶在今君四親廟之中也。"《儀禮·士昏禮》:祖廟未~,教于公宫三月;若祖廟已~,則教于宗室。(0971上)《禮記·文王世子》:五廟之孫,祖廟未~,雖爲庶人,冠取妻必告,死必赴,練、祥則告。(1408下)

【毀事】毀折牲體以祭之事。即不定時山川四方百物小神之祭。孫詒讓《正義》:"毀者,毀折牲體之言。……此毀事及《犬人》沈辜,内山川四方百物有用尨者,謂非時而祭,則得用尨。"《周禮·地官·牧人》:凡外祭~,用尨可也。(0723中)

【毀瘠】因居喪過哀而使身體極度消瘦。居喪之禮,"毀瘠"之義在於順孝子之情以致哀。但儒家又認爲,居喪不能對身體造成傷害,不能瘦到露出骨頭(毀瘠不形),更不能因此而致死。毀而死,使親無後,亦爲不孝。《曲禮上》孔穎達《疏》:"毀瘠,羸瘦也。形,骨露也。"《雜記下》鄭玄《注》:"毀而死,是不重親。"《禮記·曲禮上》:居喪之禮,~不形,視聽不衰,升降不由阼階,出入不當門隧。(1248下)《禮記·雜記下》:~爲病,君子弗爲也。毀而死,君子謂之無子。(1563下)

【毀不危身】哀痛憔悴不可危及生命。儒家重視父母之喪,認爲喪禮以哀爲主,故孝子居喪,哭踊無數,"水漿不入口,三日不舉火"。但儒家又主張"不以死傷生",表現出在居喪上的中庸適度思想。鄭玄《注》:"謂憔悴將滅性。"《禮記·檀弓下》:喪不慮居,~。喪不慮居,爲無廟也;~,爲無後也。(1313下)

【毀不滅性】即毀不危身。爲儒家所提倡的居喪之道。參見"毀不危身"。《禮記·喪服四制》:三日而食,三月而沐,期而練,~,不以死傷生也。(1695上)

穀 (谷) gǔ ❶糧食作物的總稱。有百穀、九穀、五穀之説。《周禮·天官·大宰》:一曰三農,生九~。(0647上)《禮記·曲禮下》:歲凶,年~不登,君膳不祭肺,馬不食~。(1259中) ❷俸禄。鄭玄《注》:"穀,禄也。"《禮記·表記》:《小雅》曰:"靖共爾位,正直是與。神之聽之,式~以女。"(1643上)

【穀圭】飾有粟米之紋的玉器。長七寸。爲瑞節之一。天子調解諸侯間之糾紛或聘女時用。鄭玄《注》:"穀圭,亦王使之瑞節。穀,善也。其飾若粟文然。"《周禮·春官·典瑞》:~以和難,以聘女。(0778中)

穀圭

【穀積】儲備的糧食。孫詒讓《正義》:"穀積謂九穀之委積。……遺人掌道路之委積,十里廬有飲食,三十里路室有委,五十里候館有積,此官與彼爲官聯也。"《周禮·地官·倉人》:凡國之大事,共道路之~,食飲之具。

(0750 上)

【穀璧】飾以穀紋之玉璧。直徑五寸。爲六瑞之一。子爵所執，以爲符信。鄭玄《注》："穀，所以養人，蒲爲席，所以安人。二玉蓋或以穀爲飾，或以蒲爲璲飾。璧皆徑五寸。不執圭者，未成國也。"《周禮·春官·大宗伯》：以玉作六瑞，以等邦國：王執鎮圭，公執桓圭，侯執信圭，伯執躬圭，子執～，男執蒲璧。(0762 上)

穀璧

轂 (穀) gǔ 車輪的中心部位。內心有圓孔以貫車軸，外週有榫眼以裝車輻。《輪人》孫詒讓《正義》："轂中貫軸，轉還無滯，謂之利。……錢坫云：'《説文·車部》：'轂，輻所湊也。'言轂外爲輻所湊，而中空虛受軸，以利轉爲用。"秦始皇陵二號銅車馬，轂長 33.5 厘米，銅車爲真車的二分之一，則實物相當於 67 厘米，以周尺合今 22.5 厘米折算，爲古之三尺，與《周禮·冬官·考工記》所説轂長三尺二寸相近似。《周禮·冬官考工記·輪人》：～也者，以爲利轉也。(0907 下)《禮記·雜記下》：叔孫武叔朝，見輪人以其杖關～而輗輪者。(1562 中)

觳 ㊀ hú 用同"斛"。量器。容一斗二升。鄭玄《注》："玄謂豆實三而成觳，則觳受斗二升。"先鄭以爲容三斗："觳，讀爲斛。觳受三斗。"《周禮·冬官考工記·陶人》：鬲，實五～。……庾，實二～。(0924 中)

㊁ què 供祭食的牲體後脚。鄭玄《注》："觳，後足。"《儀禮·特牲饋食禮》：主婦俎：～折。(1193 上)

【觳$_2$折】不完整的牲體後足。鄭玄《注》："觳，後足。折，分後右足以爲佐食俎。"胡培翬《正義》："禮經凡言牲觳，俱指後足言之。《校勘記》疑注'折'下脱'分也'二字。今案：經例，全者則直舉其體名，不全者言折。此觳分以爲佐食俎，則不全，故以折言之，非謂折爲分也。"《儀禮·特牲饋食禮》：主婦俎：～，其餘如阼俎。(1193 上)

文　部

文 wén ❶有彩色花紋的帛。《典絲》孫詒讓《正義》："組文並以絲織成。四者皆絲物，故此官共之。"《王制》孔穎達《疏》："此錦文珠玉等是華麗之物。"《周禮·天官·典絲》：喪紀，共其絲纊組～之物，凡飾邦器者，受～織絲組焉。(0690 下)《禮記·王制》：錦～珠玉成器不粥於市，衣服飲食不粥於市。(1344上)❷青與赤相間之色。參見"文章①"。《周禮·冬官考工記·畫繢》：青與赤謂之～，赤與白謂之章，白與黑謂之黼，黑與青謂之黻，五采備謂之繡。(0918下)《禮記·樂記》：五色成～而不亂，八風從律而不姦，百度得數而有常。(1536中)❸指鼓樂。鄭玄《注》："文謂鼓也，武謂金也。"《禮記·樂記》：始奏以～，復亂以武。(1538中)

【文章】❶指交錯的色彩或花紋。青與赤相間謂之文，赤與白相間謂之章。孔穎達《疏》："青與赤謂之文，赤與白謂之章。"《禮記·月令》：是月也，命婦官染采，黼黻～，必以法故，無或差貸。(1371上)❷禮樂法度。孔穎達《疏》："文章，國之禮法也。"孫希旦《集解》："文章，謂禮樂制度。"《禮記·大傳》：立權度量，考～，改正朔，易服色，殊徽號，異器械，別衣服，此其所得與民變革者也。(1506下)

【文德】指禮樂教化。與"武功"相對。《論語·爲政》："道之以政，齊之以刑，民免而無恥；道之以德，齊之以禮，有恥且格。"儒家認爲，政與刑祇能使人不敢犯罪，而禮與德能使人知恥歸心。故要求統治者不僅要修己愛人，使民以時，還要對百姓施以孝悌禮義教化，從而使家齊國治天下平。《禮記·孔子閒居》："弛其～，協此四國"，大王之德也。(1618上)

【文織】有彩色花紋的帛及繡錦。鄭玄《注》："文織，畫及繡錦。"孫詒讓《正義》："蓋大夫以上服，皆染絲織之。織成文則爲錦，織成縵繒而畫之則爲文，刺之則爲繡。畫兼布帛言之，雖屬文亦得爲織。繡錦皆帛之有文采者，雖屬織亦得爲文，故鄭兼釋之。"《周禮·天官·玉府》：凡王之獻金玉、兵器、～、良貨賄之物，受而藏之。(0678下)

【文繡】❶指祭服上衣的繪畫和下裳的刺繡。鄭玄《注》："此謂祭服也。文謂畫也。祭服之制，畫衣而繡裳。"《禮記·月令》：乃命司服，具飭衣裳，～有恒，制有大小，度有短長。(1373下)❷指刺繡華美的絲織品。《禮記·郊特牲》：黼黻～之美，疏布之尚，反女功之始也。(1455上)

【文武之道】周文王、周武王的治國之道。即施政於民要勞逸結合，寬猛相濟。爲儒家中庸思想在治國上的反應。孔穎達《疏》："言弓一時須張，一時須弛，喻民一時須勞，一時須逸，勞逸相參。若調之以道，化之以理，張弛以時，勞逸以意，則文武得其中道也。"《禮記·雜記下》：張而不弛，文武弗能也。弛而不張，文武弗爲也。一張一弛，～也。(1567下)

【文王世子第八】《禮記》第八篇篇名。孔穎達《疏》引鄭玄《三禮目錄》云："名曰《文王世子》者，以其記文王爲世子時之法。此於《別錄》屬世子法。"此篇爲集合衆篇而成，故其所記之禮較爲龐雜。孫希旦《集解》："此篇合衆篇而成，首言文王、武王爲世子及周公教成王之事，次言大學教士之法，次言三王教世子之法，次言庶子正公族之法，次言養老之事，末引《世子之記》以終之。蓋其初本各爲一篇之書，各有篇名，而記者集合之者也。"(1404上)

方　部

方 ㊀ fāng ❶計量面積的用語。方圓,表示縱橫長寬之面積。《周禮·地官·大司徒》:乃建王國焉,制其畿～千里,而封樹之。(0704中)《儀禮·覲禮》:爲宮,～三百步,四門。(1092中)《禮記·王制》:～百里者,爲～十里者百,爲田九十億畝。(1347下) ❷書寫用的木版。古人書寫時,字數少則寫在方形木版上,一版就可以寫完;字數多就寫在竹簡上,以便編綴成册。《内史》鄭玄《注》:"以方版書而出之。……杜子春云:'方,直謂今時牘也。'"《中庸》鄭玄《注》:"方,版也。策,簡也。"《聘禮》鄭玄《注》:"名,書文也,今謂之字。策,簡也。方,板也。"胡培翬《正義》:"方是一版不編連者。張氏爾岐云:'字多書于策,策以衆簡編連也;字少書于方,一版可盡也。'"《周禮·春官·内史》:王制禄,則贊爲之,以～出之。(0820中)《儀禮·聘禮》:百名以上書於策,不及百名書於～。(1072上)《禮記·中庸》:文武之政,布在～策。(1629中)

【方士】職官名。掌管都家之獄訟。爵中士。鄭玄《注》:"都,王子弟及公卿之采地。家,大夫之采地。"《周禮·秋官·方士》:～,掌都家,聽其獄訟之辭。(0877上)

【方丘】祭地祇之壇。自然形成於水澤之中,方形。賈公彦《疏》:"因高以事天,故於地上;因下以事地,故於澤中。取方丘者,水中曰澤,不可以水中設祭,故亦取自然之方丘,象地方故也。"《周禮·春官·大司樂》:夏日至,於澤中之～奏之。(0790上)

【方兆】龜卜四兆之一。龜兆之體共一百二十,分爲四類,每類三十體。其内容已不可考。鄭玄《注》:"經兆百二十體,今言四兆者,分之爲四部。……方、功、義、弓之名未聞。"賈公彦《疏》:"但名此四部爲方、功、義、弓,必有其義,但無文以言,疑事無質,故云未聞也。"《周禮·春官·卜師》:掌開龜之四兆:一曰～,二曰功兆,三曰義兆,四曰弓兆。(0804中)

【方色】五行家將東南西北中與青赤白黑黄相配,一方一色,稱"方色"。諸侯朝見天子時如發生日食,當穿各方之色衣從天子助陽壓陰。鄭玄《注》:"方色者,東方衣青,南方衣赤,西方衣白,北方衣黑。"《禮記·曾子問》:如諸侯皆在而日食,則從天子救日,各以其～與其兵。(1394上)

【方志】記載四方風俗、物土及久遠故事的簿册。鄭玄《注》:"説四方所識久遠之事,以告王觀古今。"孫詒讓《正義》:"方志,即《外史》四方之志,所以識記久遠掌故。"《周禮·地官·誦訓》:掌道～,以詔觀事。(0747上)

【方足】兩足併立。此姿勢不宜於射。鄭玄《注》:"方,猶併也。"胡培翬《正義》引盛世佐云:"射之立法與他時異,他時併足而立可也,而射者之足則不可併,併則不可射。聖人於此恐人或有未嫺也,故先於射位畫爲一縱一橫之物,而使之取正焉。"《儀禮·鄉射禮》:左足履物,不～,還,視侯中,俯,正足。(1000上)

【方伯】一方諸侯之長。古分天下爲九州,天子居中,其餘八州各設其長曰伯,稱方伯。鄭玄《注》:"凡長皆因賢侯爲之,殷之州長曰伯,虞夏及周皆曰牧。"《禮記·王制》:千里之外設～。五國以爲屬,屬有長。十國以爲連,連有帥。三十國以爲卒,卒有正。二百一十國以爲州,州有伯。八州,八伯。(1325上)

【方祀】祭祀本國所在之方的神祇。爲諸侯之祭。鄭玄《注》:"方祀者,各祭其方之官而已。"孔穎達《疏》:"諸侯既不得祭天地,又不得揔祭五方之神,唯祀當方,故云方祀。"一說,孫希旦《集解》:"方祀,謂祭四望之在其方者,若魯祭泰山,晉祭河。"《禮記·曲禮下》:諸侯～,祭山川,祭五祀,歲徧。(1268中)

【方明】上下四方神明之象。以方四尺之木爲之,六面設六色,各象徵一方神明,每面各設一玉,以爲之飾。天子行會盟禮時設於宮壇之上,意謂明神監視之。鄭玄《注》:"方明者,上下四方神明之象也。上下四方之神者,所謂明神也。會同而盟,明神監之,則謂之天之司盟。"胡培翬《正義》:"方明之禮,殷已有之矣。方明以方四尺之木爲之,上下四方共有六面。設六色者,每面各設一色,以象其神。設六玉者,每面各設一玉,以爲之飾。方明不必定指日月山川,蓋言上下四方而六合以内之神悉該之矣。"《儀禮·覲禮》:壇十有二尋,深四尺,加～于其上。～者,木也,方四尺,設六色:東方青,南方赤,西方白,北方黑,上玄,下黃。設六玉:上圭,下璧,南方璋,西方琥,北方璜,東方圭。(1092中、下)

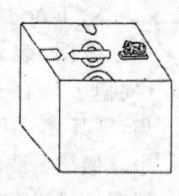

方明

【方壺】口頸、腹足皆方的酒壺。爲卿大夫及有爵祿之士所用,以別於庶人在官者旅食之圜壺。鄭玄《注》:"尊方壺,爲卿、大夫、士也。臣道直方。"黃以周《禮書通故·名物圖》:"方壺以口足皆方得名,圜壺以口足皆圜得名。"《儀禮·燕禮》:兩～,左玄酒,南上。(1015上)

【方策】方牘和簡策。均爲書寫之具。後泛指史册。鄭玄《注》:"方,版也。策,簡也。"《禮記·中庸》:文武之政,布在～。(1629中)

【方慝】各地所忌諱的惡語。依禮應當避忌之。鄭玄《注》:"方慝,四方言語所惡也。"孫詒讓《正義》:"四方各有鄙惡之語,爲人所惡,故謂之方慝。"《周禮·地官·誦訓》:掌道～,以詔辟忌,以知地俗。(0747上)

【方相氏】職官名。掌帥百隸驅除疫癘之鬼。由狂夫任之。《周禮·夏官·方相氏》：～，掌蒙熊皮，黃金四目，玄衣朱裳，執戈揚盾，帥百隸而時難，以索室毆疫。(0851 上)

方相氏

【方以類聚，物以羣分】物以類相聚，以羣相分。孔穎達《疏》："方謂走蟲禽獸之屬，各以類聚，不相雜也。……物謂殖生，若草木之屬，各有區分，自殊於藪澤者也。"今爲成語"物以類聚"。《禮記·樂記》：～，則性命不同矣。(1531 中)

㊁ wǎng 見下。

【方₂良】木石之怪。亦作"罔兩""魍魎"。鄭玄《注》："方良，罔兩也。……《國語》曰：'木石之怪夔罔兩。'"《周禮·夏官·方相氏》：及墓，入壙，以戈擊四隅，毆～。(0851 中)

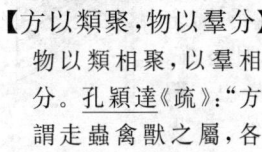

㊀ liú ❶用同"旒"。旌旗邊緣之飾物，車行時隨風飄颺。不同等級之旗其旒數以尊卑遞減，據《周禮·冬官考工記·輈人》，天子五正旗之斿數，大常十二斿，大旂即龍斿九斿，大赤即鳥旟七斿，大白即熊旗六斿，大麾即龜斿四斿。鄭玄《注》："大常，九旗之畫日月者，正幅爲縿，斿則屬焉。"《周禮·春官·巾車》：一曰玉路，錫，樊纓十有再就，建大常十有二～，以祀。(0822 下) ❷用同"旒"。冕冠前後懸垂的玉串。每串爲一斿，以五彩絲繩貫結五彩玉。天子之斿長一尺二寸，每斿十二玉。諸侯之斿長九寸，每斿九玉。斿數之多少，根據冕冠等級之不同而有差別。據《禮記·禮器》，天子衮衣之冕前後各十二斿，諸侯各九，上大夫各七，下大夫各五，士各三。鄭玄《注》："此爲衮衣之冕十二斿，則用玉二百八十八。鷩衣之冕繅九斿，用玉二百一十六。毳衣之冕七斿，用玉百六十八。希衣之冕五斿，用玉百二十。玄衣之冕三斿，用玉七十二。""公之冕用玉百六十二。"《周禮·夏官·弁師》：五采繅十有二就，皆五采玉十有二，玉笄，朱紘。諸侯之繅～九就，瑉玉三采。(0854 中)

㊁ yóu 見下。

【斿₂車】天子田獵及巡行鄙野所乘之車。即五路中之木路。木路載斿。鄭玄《注》："斿車，木路也，王以田以鄙。"《周禮·春官·司常》：道車載旞，～載斿，皆建其象焉。(0826 中)

【斿₂貢】珠玉之貢。爲九貢之一。鄭玄《注》："斿貢，燕好珠璣琅玕也。"一說，先鄭以爲"斿貢，羽毛"。《周禮·天官·大宰》：以九貢致邦國之用：一曰祀貢，二曰嬪貢，三曰器貢，四曰幣貢，五曰材貢，六曰貨貢，七曰服貢，八曰～，九曰物貢。(0648 上)

fǎng 即瓬人。搏土製瓦簋的工匠。賈公彥《疏》："瓬人爲瓦簋。"參見"瓬人"。《周禮·冬官考工記·總敘》：搏埴之工：陶、～。(0906 中)

㊀ mào 用同"耄"。指八十、九十的老人。爲三赦對象之一。老耄之人非親手殺人，其他皆不判罪。《司刺》鄭玄《注》引鄭司農云："幼弱、老旄，若今律令年未滿八歲，

八十以上，非手殺人，他皆不坐。"《射義》鄭玄《注》："八十、九十曰旄，百年曰期。"《周禮·秋官·司刺》：壹赦曰幼弱，再赦曰老～，三赦曰惷愚。(0880 下)《禮記·射義》：好學不倦，好禮不變，～期稱道不亂，者不？(1688 上)

【旄期】泛指年高的老人。鄭玄《注》："八十、九十曰旄，百年曰期。"《禮記·射義》：好學不倦，好禮不變，～稱道不亂，者不？(1688 上)

㊁ máo 牦牛尾。文舞所執道具之一。鄭玄《注》："羽，翟羽也；旄，旄牛尾也。文舞所執。"《禮記·樂記》：比音而樂之，及干戚羽～，謂之樂。(1527 上)

【旄₂人】職官名。掌教舞散樂、夷樂。爵下士。《周禮·春官·旄人》：～，掌教舞散樂，舞夷樂。(0801 中)

【旄₂舞】執旄牛之尾而舞。爲六小舞之一。鄭玄《注》："旄舞者，氂牛之尾。"賈公彥《疏》："此六舞者，即小舞也。"《周禮·春官·樂師》：凡舞，有帗舞，有羽舞，有皇舞，有～，有干舞，有人舞。(0793 中)

旂 qí

❶即大旂。正幅畫有交龍（亦稱青龍）圖像，青色，九斿。爲九旗中的五正旗之一。王五路之金路建大旂，用以會見賓客及封同姓諸侯。表示東方。國大閱時，諸侯建旂。《司常》孫詒讓《正義》："《初學記·武部》引《河圖》云：'……東方法青龍曰旂，南方法赤鳥曰旟，西方法白虎曰旗，北方法玄蛇曰旐，中央法黃龍曰常。'……蓋此經九旗之内，正旗實止有五，常、旂、旟、旗、旐，分象五方色。……此天子五正旗斿數，皆以尊卑遞減：大常十二斿，大旂即龍旂九斿，大赤即鳥旟七斿，大白即熊旗六斿，大麾即龜旐四斿，並見《巾車》《輈人》。"參見"九旗"。《周禮·春官·司常》：日月爲常，交龍爲～，通帛爲旃，雜帛爲物，熊虎爲旗，鳥隼爲旟，龜蛇爲旐，全羽爲旞，析羽爲旌。(0826 中)《儀禮·覲禮》：公、侯、伯、子、男皆就其～而立。(1093 上)《禮記·樂記》：龍～九旒，天子之旌也。(1537 中)

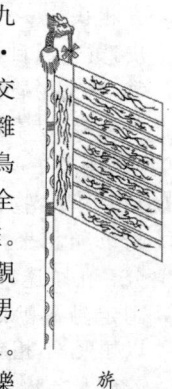

❷指大常。畫有日月圖像的旗子。黃色，十二斿。爲天子五正旗之一。鄭玄《注》："天子之旌旗畫日月。"參見"常②"。《禮記·明堂位》：～十有二旒，日月之章，祀帝于郊，配以后稷，天子之禮也。(1488 下)❸旗幟的泛稱。鄭玄《注》："四者，旌旗之屬也。"《禮記·明堂位》：有虞氏之～，夏后氏之綏，殷之大白，周之大赤。(1490 中)

旅 lǚ

❶職官名。掌管計治各種繁簡之事務。爵下士。爲《周禮》宰夫所辦八職之一。《宰夫》鄭玄《注》："旅，辟下士也。治數，每事多少異也。"《檀弓上》鄭玄《注》："旅，下士也。"《周禮·天官·宰夫》：掌百官府之徵令，辨其八職：……四曰～，掌官常以治數。(0655 下)《禮記·檀弓上》：孟獻子之喪，司徒～歸四布。(1292 上)❷即旅酬。衆賓依長幼之序相互敬酒。《曾子問》孔穎達《疏》："旅，謂旅酬。"《大射》鄭玄《注》："旅，

序也。賓欲以次序勸諸臣酒."詳見"旅酬①"。《儀禮・大射》：賓告于擯者，請～諸臣。(1032下)《禮記・曾子問》：聞之小祥者，主人練祭而不～，奠酬於賓，賓弗舉，禮也。(1391上)❸衆官員，衆人。鄭玄《注》："旅，衆也。公卿以下即位所祭祀之門外以待事，爲之張大幕。賈公彥《疏》："謂衆人共幕。"《周禮・天官・掌次》：凡祭祀，張其～幕，張尸次。(0677中)❹陳列祭品而祭。其禮不如祀之完備。鄭玄《注》："旅，陳也。陳其祭事以祈焉。禮不如祀之備也。"孫詒讓《正義》："《論語・八佾篇》：'季氏旅於泰山。'《集解》引馬融云：'旅，祭名。'"《周禮・春官・大宗伯》：國有大故，則～上帝及四望。(0764上)❺軍隊編制單位。五百人爲旅。《周禮・夏官・敘官》：五百人爲～，旅帥皆下大夫。(0830上)❻用同"膂"。脊骨。上旅指腰脊骨以上的鎧甲，下旅指腰脊骨以下的鎧甲。鄭玄《注》引鄭司農云："上旅謂要以上，下旅謂要以下。"孫詒讓《正義》："呂飛鵬云：'先鄭以要釋旅，旅當爲膂。……要以上、要以下，猶言膂以上、膂以下。經文蓋省膂作旅，疏訓旅爲衆，非。'案：呂説是也。"一説，賈公彥《疏》："謂札葉爲旅者，以札衆多，故言旅。旅即衆也。"《周禮・冬官考工記・函人》：權其上～與其下～，而重若一。(0917中)

【旅人】職官名。雍人的下屬，由士旅食者充任。助雍人宰牲烹飪、擺設俎鼎等事。鄭玄《注》："旅人，雍人之屬，旅食者也。"胡匡衷《儀禮釋官》："旅人蓋其下府史之屬，如《少牢》之有雍府也。"《儀禮・公食大夫禮》：雍人以俎入，陳于鼎南。～南面加匕于鼎，退。(1080下)

【旅占】依筮者長幼次序占卜，以定吉凶。王引之《經義述聞・卷十》："旅，序也。旅占，謂占者三人，順其長幼之序以占也。《特牲饋食禮》：'筮者還東面，長占。'注曰：'長占，以其年之長幼旅占之。'疏曰：'從長者爲始也。'是其明證。"《儀禮・士冠禮》：筮人還，東面，～，卒；進告吉。(0946下)

【旅行】衆人一起行走。依禮，服三年之喪者不得旅行，恐其隨便説話而忘了喪親之哀。鄭玄《注》："爲其苟語忘哀也。"《禮記・曾子問》：三年之喪，練，不羣立，不～。(1397中)

【旅帥】一旅之帥。爵下大夫。《周禮・夏官・敘官》：五百人爲旅，～皆下大夫。(0830上)

【旅食】指在官而未得封爵食禄之士人。士旅食地位略高於庶人而低於命士。鄭玄《注》："旅，衆也。士衆食，謂未得正禄，所謂庶人在官者也。"《儀禮・燕禮》：尊士～于門西，兩圜壺。(1015上)

【旅酬】依長幼次序自酌以相酬。鄭玄《注》："旅，序也。士以次序自酌相酬，無執爵者。"《儀禮・燕禮》：士～。(1023中)

【旅師】職官名。掌管收聚六遂之糧税。爵中士、下士。《周禮・地官・旅師》：～，掌聚野之鋤粟、屋粟、間粟。(0745上)

【旅賁(bēn)】即旅賁氏。職官名。掌管護衛天子之車乘。爵中士、下士。贾公彦《疏》:"授旅贲氏及虎士戈盾者,卫王故也。"参见"旅贲氏"。《周礼·夏官·司戈盾》:军旅、会同,授贰车戈盾,建乘车之戈盾,授～及虎士戈盾。(0855下)

【旅揖】向同爵位之众大夫作揖。为天子揖大夫之礼。郑玄《注》:"诏王出揖公卿大夫以下朝者。……旅,众也。大夫爵同者众揖之。"《周礼·夏官·司士》:司士摈,孤卿特揖,大夫以其等～,士旁三揖。(0849上)

【旅幕】祭祀时张于门外众官员共用之大幕帐。郑玄《注》:"旅,众也。公卿以下即位所祭祀之门外以待事,为之张大幕。"贾公彦《疏》:"其臣既多,不可人人独设,故张旅幕。旅,众也,谓众人共幕。"《周礼·天官·掌次》:凡祭祀,张其～,张尸次。(0677中)

【旅酬】❶众宾按长幼之序自上而下依次相互敬酒。为祭祀完后燕饮之仪节。孔颖达《疏》:"酬宾讫,主人洗爵于阼阶上献长兄弟及众兄弟及内兄弟于房中。献毕,宾乃坐,取主人所酬之觯于阼阶前酬长兄弟,长兄弟受觯于西阶前酬众宾,众宾酬众兄弟,所谓旅酬也。"《礼记·曾子问》:祭,如之何则不行～之事矣?(1391上)❷依次相互敬酒。为周祭祀时尸行旅酬之礼。郑玄《注》:"使之相酌也。"孔颖达《疏》:"谓祫祭时,聚群庙之主于大祖后稷庙中,后稷在室西壁东嚮,为发爵之主,尊不与子孙为酬酢,馀自文武二尸就亲庙中凡六,在后稷之东,南北对为昭穆,更相次序以酬也。殷但坐尸,未有旅酬之礼,周益之也。"《礼记·礼器》:夏立尸而卒祭。殷坐尸。周～六尸。(1439上)

【旅币】众诸侯助祭所携带的贡品。孔颖达《疏》:"旅,众也。币,庭实也。"《礼记·郊特牲》:～无方,所以别土地之宜而节远迩之期也。(1447上)

【旅树】当门道立屏(影壁)。以土筑墙而成,诸侯于门内,天子于门外。郑玄《注》:"旅,道也。屏谓之树,树所以蔽行道。……礼,天子外屏,诸侯内屏。"孔颖达《疏》:"人君当门道立屏,蔽内外为蔽也。"《礼记·郊特牲》:台门而～,反坫,绣黼,丹朱中衣,大夫之僭礼也。(1448上)

【旅擯】主国之擯与宾之介皆列其位而不传辞,称旅擯。凡君与臣行礼皆旅擯,由宾与擯面相交谈。郑玄《注》:"旅读为'鸿胪'之胪,胪陈之也。宾之介九人,使者七人,皆陈擯位,不传辞也。"贾公彦《疏》:"旅直陈擯介,不传辞。"孙诒让《正义》:"但经凡君与臣行礼皆旅擯,两君行礼皆交擯,是旅擯之礼必杀於交擯。……《聘礼》聘享诸节,并宾与擯面相交言,为旅擯之礼。是旅擯不传辞,后郑义合於经,殆不可易。"《周礼·秋官·司仪》:主国五积,三问,皆三辞,拜受,皆～。(0897中)

【旅贲氏】职官名。掌管执兵器护卫天子之车乘。爵中士、下士。《周礼·夏官·旅贲氏》:～,掌执戈盾夹王车而趋。(0850下)

旁 páng 见下。

【旁杀(shài)】旁系亲属之丧服以亲疏远近不同而依次减等。如为父服斬衰三年,世叔服齊衰期,從世叔服小功五月,族世叔服緦麻,是親愈疏而服愈輕。鄭玄《注》:"殺,謂親益疏者服之則輕。"孔穎達《疏》:"旁殺者,世叔之屬是也。"孫希旦《集解》:"旁殺者,謂由己而殺己之昆弟,由父、祖而殺父、祖之昆弟,由子、孫而殺子、孫之昆弟也。昆弟至親,故期。從父昆弟大功,從祖昆弟小功,族昆弟緦麻,此皆己之昆弟,由己而旁殺者也。"《禮記·喪服小記》:親親以三爲五,以五爲九。上殺,下殺,~,而親畢矣。(1495 上)

【旁尊】近親中的長者。如伯父、叔父。賈公彥《疏》:"因上世叔是旁尊,故以下廣明尊有正有旁之義也。"《儀禮·喪服》:然則昆弟之子何以亦期也?~也,不足以加尊焉,故報之也。(1105 上)

【旁磔(zhé)】於城郭四方之門宰牲攘祭。這是季冬之月的祭祀活動。此禮保留了原始社會氏族部落祭神的遺俗和攘除災疫的巫術,既反映了人們對時令節氣清醒的認識,又表現了人們對神的畏懼和祈盼。鄭玄《注》:"旁磔,於四方之門磔攘也。"孔穎達《疏》:"旁,謂四方之門,皆披磔其牲,以攘除陰氣。"《禮記·月令》:季冬之月,……令有司大難,~,出土牛,以送寒氣。(1383 下)

旌 jīng

❶杆頭繫有五彩羽毛爲飾的旗幟。九旗物名之一。爲旗幟之通制,以示五正旗的别異。國大閱之時,旍車(木路)載旌。《司常》鄭玄《注》:"全羽、析羽皆五采,繫之於旞旌之上,所謂注旄於干首也。"孫詒讓《正義》:"旞旌皆用染羽,全羽蓋一羽備五采,析羽則衆羽襍五采。"亦泛稱旗幟。《曲禮上》孔穎達《疏》:"旌,謂車上旗幡也。"《鄉射禮》鄭玄《注》:"旌,總名也。"參見"九旗"。《周禮·春官·司常》:全羽爲旞,析羽爲~。(0826 中)《儀禮·鄉射禮》:~,各以其物。(1010 下)《禮記·曲禮上》:武車綏~,德車結~。(1250 上)❷報靶用的旗幟。行射禮時,報靶者所執,射中則揮動旌旗唱獲。《鄉射禮》鄭玄《注》:"待獲,待射者中舉旌以獲。"《周禮·夏官·服不氏》:射則贊張侯,以~居乏而待獲。(0846 中)《儀禮·鄉射禮》:司馬又命獲者倚~于侯中。獲者由西方坐取~,倚于侯中,乃退。(0997 中)❸即銘旌。寫有死者姓名的旗幡。鄭玄《注》:"所持者銘旌。"參見"銘旌"。《周禮·春官·巾車》:及葬,執蓋從車,持~,及墓,嘑啓關,陳車。(0825 中)

【旌門】天子出行在野,張帷幕以爲行宫,宫前兩側樹旌旗爲門,謂之旌門。鄭玄《注》:"謂王行晝止,有所展肆,若食息,張帷爲宫,則樹旌以表門。"《周禮·天官·掌舍》:爲帷宫,設~。(0676 中)

【旌旐(zhào)】泛指各種旗幟。鄭玄《注》:"既駕之,又爲之載旌旗。《司馬》職曰'仲秋教治兵,如振旅之陣,辨旗物之用。王載大常,諸侯載旂,軍吏載旗,師都載旟,鄉遂載物,郊野載旐,百官載旞'是也。"《禮記·月令》:命僕及七騶咸駕,載~,授車以級,整設于屏外。(1379 下)

【旌節】即路節。出使、遷徙所持之節,以爲行路之憑信。用竹製成,竹首以旄牛尾及五彩羽爲飾。爲六節之一。鄭玄《注》："旌節,今使者所擁節是也。"孫詒讓《正義》："是凡道路之事,悉用旌節,故《秋官·環人》又謂之路節。……旌節蓋即以竹爲橦,又析羽綴橦以爲節。……古旌節綴羽,蓋亦兼有旄。"《周禮·地官·掌節》:門關用符節,貨賄用璽節,道路用～,皆有期以反節。(0740上)

【旌旗】泛指各種旗幟。《周禮·春官·司常》:凡軍事,建～,及致民,置旗,弊之。(0827上)

族 zú ❶有一定血緣關係的親屬的總稱。包括父族、母族、妻族。《白虎通義·宗族》:"族者何也?族者,湊也,聚也。謂恩愛相流湊也。上湊高祖,下至玄孫,一家有吉,百家聚之,合而爲親,生相親愛,死相哀痛,有會聚之道,故謂之族。《尚書》曰:'以親九族。'族所以有九何?九之爲言究也。親疏恩愛究竟,謂之九族也。父族四,母族三,妻族二。"《小宗伯》鄭玄《注》:"三族,謂父、子、孫。"《周禮·春官·小宗伯》:掌三～之別,以辨親疏。(0766中)《儀禮·喪服》:絶～無施服,親者屬。(1104下)《禮記·雜記下》:姑、姊妹其夫死,而夫黨無兄弟,使夫之～人主喪。(1566上)❷地方行政組織。百家爲一族。《大司徒》鄭玄《注》:"閭,二十五家。族,百家。黨,五百家。"《周禮·地官·大司徒》:令五家爲比,使之相保;五比爲閭,使之相受;四閭爲～,使之相葬;五～爲黨,使之相救。(0707上)《禮記·樂記》:在～長鄉里之中,長幼同聽之,則莫不和順。(1545上)

【族長】❶職官名。掌管宗族事務的官員。鄭玄《注》:"族長,有司掌族人親疏者也。"《儀禮·士喪禮》:～涖卜,及宗人吉服立于門西。(1143中)❷周代地方行政組織"族"與"長"的並稱。王引之《經義述聞·卷十五》:"族長,皆鄉黨之屬。《地官·大司徒》之職:'五家爲比,五比爲閭,四閭爲族。'《管子·乘馬篇》:'五家而伍,十家而連,五連而暴,五暴而長,命之曰某鄉。'是百家爲族,二百五十家爲長也。故與鄉里並言。《禮記·樂記》:在～鄉里之中,長幼同聽之,則莫不和順。(1545上)

【族食】國君與族人行燕食之禮。其會食次數由親至疏每年遞減一等。如同祖者一年四會食,同曾祖者則一年三會食,同高祖者一年二會食,同高祖以上者一年一會食。鄭玄《注》:"親者稠,疏者稀。"孔穎達《疏》:"族食,謂與族人燕食也。族人既有親疏,燕食亦隨世降殺也。……假令本是齊衰,一年四會食;若大功,則一年三會食;小功,則一年二會食;緦麻,則一年一會食。"《禮記·文王世子》:若公與族燕,則異姓爲賓,膳宰爲主人。公與父兄齒。～,世降一等。(1408中)

【族夏】樂曲名。爲《九夏》之一。族人侍時所奏。鄭玄《注》:"夏,大也。樂之大歌有九。……杜子春云:'……族人侍奏《族夏》。'"孫詒讓《正義》:"凡《九夏》皆奏而不歌。鄭誤釋爲樂歌,賈遂謂堂上歌之,堂下應之,《左·襄四年》孔疏亦謂《肆夏》二人歌之,並非也。"《周禮·春官·鍾師》:凡樂事,以鍾鼓奏《九夏》:《王

夏》《肆夏》《昭夏》《納夏》《章夏》《齊夏》《～》《祴夏》《驁夏》。(0800 中)

【族師】職官名。掌管一族百家之政事戒令。爵上士。鄭玄《注》："政事,邦政之事。"《周禮·地官·族師》：～,各掌其族之戒令政事。(0718 下)

【族葬】五服之内的親屬葬於同一墓地。鄭玄《注》："族葬,各從其親。"賈公彦《疏》："經云族葬,則據五服之内親者共爲一所而葬,異族則別塋。"孫詒讓《正義》："謂於邦墓之中分地,令民各以族相從而葬。"《周禮·春官·墓大夫》：掌凡邦墓之地域,爲之圖,令國民～,而掌其禁令。(0786 下)

【族厲】大夫死而無後者。爲大夫所立三祀之一。祀之以求免害。孔穎達《疏》："謂古大夫無後者鬼也。族,衆也。大夫衆多,其鬼無後者衆,故言族厲。"《禮記·祭法》：大夫立三祀,曰～,曰門,曰行。(1590 上)

【族燕】國君與族人行燕飲之禮。其禮,國君與族人按年齒而坐;因賓禮疏隔,故用異姓爲賓;君尊不與賓相敵,故以膳宰爲主人。孔穎達《疏》："此明公與族人燕食之禮。"《禮記·文王世子》：若公與～,則異姓爲賓,膳宰爲主人。公與父兄齒。(1408 中)

【族父母】族父、族母。即父之從祖兄弟及其妻。爲同一高祖之下的叔伯輩人。賈公彦《疏》："云族父母者,己之父從祖昆弟也。"《儀禮·喪服》：緦麻三月者。……族曾祖父母,族祖父母,～,族昆弟。(1119 中)

【族昆弟】同一高祖之兄弟,即己之三從兄弟。賈公彦《疏》："云族昆弟者,己之三從兄弟。"《儀禮·喪服》：族曾祖父母,族祖父母,族父母,～。(1119 中)

【族墳墓】使同族之人以昭穆之序葬在一起。爲六種傳統習俗之一。鄭玄《注》："族猶類也。同宗者,生相近,死相迫。"孫詒讓《正義》："此族墳墓即《墓大夫》令民族葬之法。……族葬蓋以先祖居中,子孫以昭穆居左右,所謂生相近、死相迫也。"《周禮·地官·大司徒》：以本俗六安萬民：一曰媺宮室,二曰～,三曰聯兄弟,四曰聯師儒,五曰聯朋友,六曰同衣服。(0706 下)

【族祖父母】祖父的堂兄弟及其妻。賈公彦《疏》："云族祖父母者,己之祖父從父昆弟也。"《儀禮·喪服》：緦麻三月者。……族曾祖父母,～,族父母,族昆弟。(1119 中)

【族曾祖父母】曾祖父的兄弟及其妻。賈公彦《疏》："云族曾祖父母者,己之曾祖親兄弟也。"《儀禮·喪服》：緦麻三月者。……～,族祖父母,族父母,族昆弟。(1119 中)

【旋】 xuán 鍾柄上的環,用以懸鍾。鄭玄《注》："旋屬鍾柄,所以縣也。"王引之《經義述聞·卷九》："竊謂鍾縣謂之旋者,縣鍾之環也。環形旋轉,故謂之旋。旋、環古同聲。"《周禮·冬官考工記·鳧氏》：鍾縣謂之～,旋蟲謂之幹。(0916 上)

【旋蟲】鍾旋上用作裝飾的獸形紐。鄭玄《注》："鄭司農云：'旋蟲者,旋以蟲爲飾也。'玄謂今時旋有蹲熊、盤龍、辟邪。"王引之《經義述聞·卷九》："旋蟲謂之幹者,銜旋之紐,鑄爲獸形,居甬與旋之間而司管轄,故謂之幹,幹之爲言猶管也。"《周禮·冬官考工記·鳧氏》:鍾縣謂之旋,～謂之幹。(0916 上)

旐 zhào ❶即大麾。正幅畫有龜蛇圖像,黑色,四斿。爲九旗中的五正旗之一。王五路之木路建大麾。表示北方,用於軍旅。國大閱時,縣鄙之官建旐。孫詒讓《正義》:"《初學記·武部》引《河圖》云:'……東方法青龍曰旂,南方法赤鳥曰旟,西方法白虎曰旗,北方法玄蛇曰旐,中央法黃龍曰常。'蓋此經九旗之內,正旗實止有五,常、旂、旟、旗、旐,分象五方色。……此天子五正旗斿數,皆以尊卑遞減:大常十二斿,大旂即龍旂九斿,大赤即鳥旟七斿,大白即熊旗六斿,大麾即龜旐四斿,並見《巾車》《輈人》。"參見"九旗"。《周禮·春官·司常》:日月爲常,交龍爲旂,通帛爲旜,雜帛爲物,熊虎爲旗,鳥隼爲旟,龜蛇爲～,全羽爲旞,析羽爲旌。(0826 中) ❷魂幡。以緇布爲之,廣終幅長尋,旗杆用素錦纏繞。葬乘車所建。鄭玄《注》:"此旐,葬乘車所建也。旐之旐,緇布廣充幅長尋,曰旐。"杭世駿《禮記集說·卷十三》引姜兆錫曰:"旐以緇布爲之,廣終幅長八尺。"《禮記·檀弓上》:飾棺牆,置翣,設披,周也;設崇,殷也;綢練設～,夏也。(1284 中)

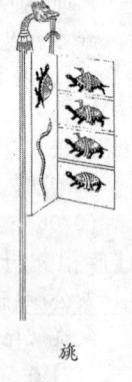

旐

旒 liú ❶冕冠前後懸垂的玉串。每串爲一旒,以五彩絲繩貫結五彩玉。旒數之多少,根據冕冠等級之不同而有差異。據《禮記·禮器》,天子衮衣之冕前後各十二旒,諸侯各九,上大夫各七,下大夫各五,士各三。鄭玄《注》:"雜采曰藻,天子以五采藻爲旒,旒十有二。"《禮記·玉藻》:天子玉藻,十有二～,前後邃延,龍卷以祭。(1473 上) ❷旌旗邊緣之飾物,車行時隨風飄颻。不同等級之旗其旒數以尊卑遞減,據《周禮·冬官考工記·輈人》,天子五正旗之旒數,大常十二旒,大旂即龍旂九旒,大赤即鳥旟七旒,大白即熊旗六旒,大麾即龜旐四旒。孔穎達《疏》:"據上公言之,侯伯則七旒,子男則五旒。"《禮記·樂記》:龍旂九～,天子之旐也。(1537 中)

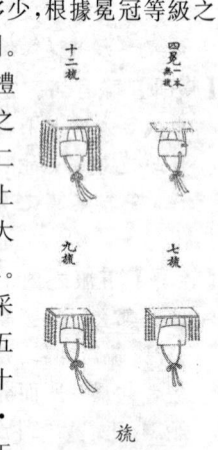

十二旒　四旒一本

九旒　七旒

旒

旗 qí ❶旗幟的總稱。旗由縿、旒、杠、羽旄等組成。縿即正幅,其顏色及圖像爲旗幟的主要表徵。縿旁有旒,依尊卑而有十二旒、九旒、七旒、六旒、四旒等不同。旗杆謂之杠,用白色錦綢纏繞,桿首注有羽旄爲飾。國事所用九旗爲常、旂、旟、物、旗、旐、旜、旞、旌。《周禮·春官·司常》:掌九～之物名,各有屬,以待國事。(0826 上) ❷即大白。正幅畫有熊虎圖像。白色,六斿。爲九旗中五正旗之一。王五路之革路建之,用於軍事行動及封四方諸侯。表示西方。國大閱時,鄉遂大夫建旟。孫詒讓《正義》:"《初學記·武部》引《河圖》云:'……東方法青龍曰旂,南方法赤鳥曰旟,西方法白虎曰旗,北方法玄蛇曰旐,中央法黃龍曰常。'……蓋此經九旗之內,正旗實止有五,常、旂、旟、旗、旐,分象五方色。……此天子五正旗斿數,皆以尊卑遞減:大常十二斿,大旂即龍旂九斿,大赤即鳥旟七斿,大白即熊旗六斿,大麾即龜旐四斿,並見《巾車》《輈人》。"參見"九旗"。《周禮·春官·司常》:日月爲常,交龍爲旂,通帛爲旃,雜帛爲物,熊虎爲~,鳥隼爲旟,龜蛇爲旐,全羽爲旞,析羽爲旌。(0826中)

【旗物】畫有物象旗幟的總稱。如常、旂、旟、旗、旐等。鄭玄《注》:"自王以下治民者,旗畫成物之象。"《周禮·春官·司常》:及國之大閱,贊司馬頒~。(0826中)

旞 suì 杆頭繫有完整五采羽毛爲飾之旗。九旗物名之一。爲旗幟之通制,以示五正旗的別異。國大閱時,道車(象路)載旞。鄭玄《注》:"全羽、析羽皆五采,繫之於旞旌之上,所謂注旄於干首也。"孫詒讓《正義》:"旞旌皆用染羽,全羽蓋謂一羽備五采,析羽則衆羽襍五采。"參見"九旗"。《周禮·春官·司常》:全羽爲~,析羽爲旌。(0826中)

旟 yú 即大赤。正幅畫有鳥隼圖像,赤色,七斿。爲九旗中五正旗之一。王五路之象路建大赤,用以視朝及封異姓諸侯。表示南方。國大閱時,鄉遂之官建旟。孫詒讓《正義》:"《初學記·武部》引《河圖》云:'……東方法青龍曰旂,南方法赤鳥曰旟,西方法白虎曰旗,北方法玄蛇曰旐,中央法黃龍曰常。'……蓋此經九旗之內,正旗實止有五,常、旂、旟、旗、旐,分象五方色。……此天子五正旗斿數,皆以尊卑遞減:大常十二斿,大旂即龍旂九斿,大赤即鳥旟七斿,大白即熊旗六斿,大麾即龜旐四斿,並見《巾車》《輈人》。"參見"九旗"。《周禮·春官·司常》:日月爲常,交龍爲旂,通帛爲旃,雜帛爲物,熊虎爲旗;鳥隼爲~,龜蛇爲旐,全羽爲旞,析羽爲旌。(0826中)

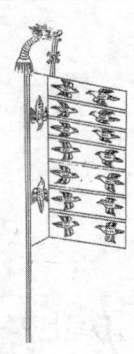

旟

旃

旃 zhān 用同"旜"。爲縿(正幅)與斿(邊飾)同色之旗。九旗物名之一。五正旗之常、旂、旟、旗、旐皆是。爲旗幟之通制,以示五正旗的別異。國大閱時,孤卿建旃。《司常》孫詒讓《正義》:"旃即常、旂、旟、旗、旐之純色者。通帛者,謂縿斿通以一色之帛爲之,如大常則縿斿皆黃,大旂則縿斿皆青是也。"《既夕禮》鄭玄《注》:"旃,旌旗之屬,通帛爲旃,孤卿之所建。"旃的縿與斿同色,純,故尊;物的縿與斿異色,雜,故卑。參見"九旗"。《周禮·春官·司常》:通帛爲~,雜帛爲物。(0826中)《儀禮·既夕禮》:載~,載皮弁服。(1163中)

火(灬)部

火 huǒ ❶指取火之木燧。鄭玄《注》："鄭司農説以鄹子曰：'春取榆柳之火，夏取棗杏之火，季夏取桑柘之火，秋取柞楢之火，冬取槐檀之火。'"孫詒讓《正義》："謂五時各以其木爲燧，鑽以取火。"《周禮·夏官·司爟》：掌行火之政令，四時變國~，以救時疾。(0843 中) ❷五行之火行。《禮記·月令》：先立夏三日，大史謁之天子曰："某日立夏，盛德在~。"(1365 中) ❸星名。二十八宿中東方七宿的第五宿，有星三顆。亦稱商星、大火、大辰、心星。《禮記·月令》：季夏之月，日在柳，昏~中，旦奎中。(1370 下)

【火田】焚燒野草而田獵。古制，十月以後至仲春之間方得火田。因此時昆蟲已蟄居地下，表現出了古人的生存智慧。孔穎達《疏》："謂未十月之時。……從十月以後至仲春皆得火田。"《禮記·王制》：昆蟲未蟄，不以~。(1333 中)

【火令】田獵焚燒野草時用火的命令。鄭玄《注》："焚萊之時。"賈公彥《疏》："謂中春大蒐及十月以後凡田獵焚萊之時。"《周禮·夏官·司爟》：時則施~。(0843 中)

【火禁】防備火災的禁令。賈公彥《疏》："爲季春將出火也。火禁，謂
火之處及備風燥。"《周禮·天官·宫正》：春秋，以木鐸脩~。(0657 下)

灰 huī 物質燃燒後殘留的粉狀物。可供練布洗衣之用。《掌炭》鄭玄《注》："灰，給澣練。"《雜記上》孔穎達《疏》："取總以爲布，猶加灰治之。"《周禮·地官·掌炭》：掌~物、炭物之徵令，以時入之，以權量受之，以共邦之用，凡炭~之事。(0748 下)《禮記·雜記上》：朝服十五升，去其半而總，加~，錫也。(1555 上)

炙 zhì 烤肉。《禮運》孔穎達《疏》："謂燔肉炙肝。"《儀禮·公食大夫禮》：膷，以東臐，膮，牛~。(1082 中)《禮記·禮運》：醴、醆以獻，薦其燔~。(1417 中)

炎 yán 見下。

【炎帝】神話傳説中主管夏令和南方的神。鄭玄《注》："炎帝，大庭氏也。"孫希旦《集解》："愚謂炎帝者，在大火德之帝。大庭氏乘火德而王，其號亦曰炎帝。"《禮記·月令》：孟夏之月，……其日丙丁，其帝~，其神祝融。(1364 下)

炮 páo 用泥塗裹食物置火中煨烤。《封人》鄭玄《注》："毛炮豚者，爛去其毛而炮之，以備八珍。"《内則》鄭玄《注》："炮者，以塗烤之爲名

也。"《周禮·地官·封人》：共其水稾，歌舞牲及毛～之豚。(0720 中)《禮記·內則》：～取豚若將，刲之刳之，實棗於其腹中，編萑以苴之，塗以謹塗，～之。(1468 上)

【炮祭】祭豆又兼祭籩。為九食祭之一。鄭玄《注》："九祭，皆謂祭食者。……炮字當為包，聲之誤也。……包猶兼也。兼祭者，《有司》曰'宰夫贊者取白、黑以授尸'尸受，兼祭于豆祭'是也。一說，為焚柴祭天。先鄭云："炮祭，燔柴也。"《周禮·春官·大祝》：辨九祭：一曰命祭，二曰衍祭，三曰～，四曰周祭，五曰振祭，六曰擩祭，七曰絕祭，八曰繚祭，九曰共祭。(0810 上)

【炮土之鼓】瓦製的鼓。燒土為鼓框。鄭玄《注》："炮土之鼓，瓦鼓也。"杜子春注《籥章》云："土鼓以瓦為匡，以革為兩面，可擊也。"《周禮·秋官·壺涿氏》：掌除水蟲，以～毆之，以焚石投之。(0889 中)

烏

（乌）wū 鳥名。烏鴉。《周禮·夏官·射鳥氏》：祭祀，以弓矢毆～鳶。(0846 中)

烝

zhēng 冬祭宗廟曰烝。冬時萬物成熟，進獻眾物以享先王。《大宗伯》孫詒讓《正義》："《爾雅》云：'冬祭曰烝。'郭注云：'烝，進品物也。'……《公羊傳》云：'烝者何？冬祭也。冬曰烝。'何注云：'烝，眾也。氣盛貌。冬萬物畢成，所薦眾多，芬芳備具，故曰烝。'"《周禮·春官·大宗伯》：以祠春享先王，以禴夏享先王，以嘗秋享先王，以～冬享先王。(0758 下)《禮記·王制》：天子、諸侯宗廟之祭，春曰礿，夏曰禘，秋曰嘗，冬曰～。(1335 下)

焄

xūn 見下。

【焄蒿】氣味蒸騰而上。鄭玄《注》："焄謂香臭也，蒿謂氣烝出貌也。"孔穎達《疏》："焄謂香臭也，言百物之氣或香或臭。蒿謂氣出貌，言此香臭烝而上出，其氣蒿然也。"《禮記·祭義》：其氣發揚于上，為昭明，～，悽愴，此百物之精也，神之著也。(1595 下)

焚

fén 見下。

【焚牧】焚燒牧地。除去陳草以生新草。鄭玄《注》："焚牧地，以除陳生新草也。"《周禮·夏官·牧師》：孟春～，中春通淫，掌其政令。(0861 中)

【焚萊】焚燒野草。除去陳草以生新草。賈公彥《疏》："當二月焚萊，除陳生新之時，則此官贊山澤之虞也。"《周禮·夏官·牧師》：凡田事，贊～。(0861 中)

無

（无）wú 見下。

【無主】❶無後，無主祭之人。《喪服》鄭玄《注》："無主後者。"《喪大記》孔穎達《疏》："若無主，則相對實有闕，故四鄰里尹主之。"《儀禮·喪服》：《傳》曰：～者，謂其無祭主者也。(1109 上)《禮記·喪大記》：喪有無後，無～。(1574 下) ❷廟中沒有神主。依禮，天子設七廟，諸侯設五廟，各廟不得空無神主。祇有在下列情況下廟虛其主：天子崩，諸侯薨，祝取羣廟之主藏於祖廟，諸廟空；君去其國，大宰取諸廟之主以從，諸廟空；祖廟之祭，祝取羣廟之主合祭於祖廟，

諸廟空。《禮記・曾子問》：虛主者，唯天子崩、諸侯薨、與去其國、與祫祭於祖，爲～耳。(1393上)

【無服】沒有服屬關係。喪服之制以親疏爲等差，有斬衰、齊衰、大功、小功、緦麻，統稱五服。五服之內稱有服屬關係，出五服則無服。《禮記・曾子問》：所祭，與死者～則祭。(1397上)

【無後】沒有後嗣。宗法制度，男子被當作血脈世繫的繼承者，故有無後嗣被納入孝道範疇，所謂"不孝有三，無後爲大"，無後爲最大的不孝。《禮記・曾子問》：凡殤與～者，祭於宗子之家。(1400中)

【無射(yì)】樂律名。古代樂律分爲十二，陽聲爲律，陰聲爲同。無射爲陽聲六律之第六。五行説認爲季秋(九月)之氣，合於無射之律。《周禮・春官・大師》：陽聲：黃鍾、大蔟、姑洗、蕤賓、夷則、～。(0795中)《禮記・月令》：季秋之月，……其音商，律中～。(1379上)

【無夫家】指男過三十歲、女過二十歲而未娶嫁者。鄭玄《注》："無夫家，謂男女之鰥寡者。"孫詒讓《正義》："古者未三十男亦行娶，未二十女亦行嫁，三十二十爲年盡。若踰時無夫家，則爲鰥寡矣。"《周禮・地官・媒氏》：司男女之～者而會之。(0733下)

【無筭樂】燕飲至無筭爵時，奏樂或閒歌，或合樂，無一定之數，盡歡而止，謂之無筭樂。鄭玄《注》："燕樂亦無數，或閒或合，盡歡而止也。"胡培翬《正義》："蓋謂奏樂不定，依獻酬之節，或用閒歌，或用合樂，無一定之數，主賓盡歡，爵止而樂始止也。"參見"無筭爵"。《儀禮・鄉飲酒禮》：無筭爵，～。(0989中)

【無筭爵】飲酒不計杯數，一醉方休。無筭爵在旅酬之後，爲燕飲之末節。鄭玄《注》："筭，數也。賓主宴飲，爵行無數，醉而止也。"《儀禮・鄉飲酒禮》：～，無筭樂。(0989中)

【無服之喪】沒有服制之喪。儒家認爲，國君當以仁愛之心治民，民有喪事，當周濟救助之，君與喪家無服屬關係，故稱"無服之喪"。爲孔子所論"三無"之一，它是對父母官治理社會、管理民衆的基本要求之一。鄭玄《注》："言君於民有喪，有以賙恤之，則民傚之，此非有衰絰之服。"孔穎達《疏》："此三者，皆謂行之在心，外無形狀，故稱無也。"《禮記・孔子閒居》：孔子曰："無聲之樂，無體之禮，～，此之謂'三無'。"(1617上)

【無服之殤】不滿八歲而夭折的小孩，親人不爲之服喪，稱爲無服之殤。無服之殤僅哀哭而已，生一月者哭一日。鄭玄《注》："以日易月，謂生一月者哭之一日也。殤而無服者，哭之而已。"《儀禮・喪服》：年十九至十六爲長殤，十五至十二爲中殤，十一至八歲爲下殤，不滿八歲以下皆爲～。～以日易月。以日易月之殤，殤而無服。(1111下)

【無聲之樂】沒有聲音之樂。儒家認爲，國君從早到晚謀劃政教大事，使百姓生活寬和安寧，此雖無鍾鼓琴瑟之聲而民樂之，故爲"無聲之樂"。爲孔子所論"三無"之一，它是對父母官治理社會、管理民衆的基本要求之一。鄭玄《注》："言君夙夜謀爲政教以安民,則民樂之,此非有鐘鼓之聲也。"孔穎達《疏》:"此三者,皆謂行之在心,外無形狀,故稱無也。"《禮記·孔子閒居》:孔子曰:"～,無體之禮,無服之喪,此之謂'三無'。"(1617上)

【無體之禮】沒有儀節之禮。儒家認爲,國君之威儀文雅安和,人民因而傚法之,此無升降揖讓之禮儀形式,故爲"無體之禮"。爲孔子所論"三無"之一,它是對父母官治理社會、管理民衆的基本要求之一。鄭玄《注》:"言君之威儀安和逮逮然,則民傚之,此非有升降揖讓之禮也。"孔穎達《疏》:"此三者,皆謂行之在心,外無形狀,故稱無也。"《禮記·孔子閒居》:孔子曰:"無聲之樂,～,無服之喪,此之謂'三無'。"(1617上)

然 rán 獸名。果然。長尾猴。鄭玄《注》:"然,果然也。"賈公彥《疏》:"果然,獸名。"《周禮·春官·巾車》:駹車,萑蔽,～裧,髤飾。(0824下)

焞 tūn 占卜時用以灼龜甲的柱條。以荊木製成。鄭玄《注》:"楚,荊也;荊焞,所以鑽灼龜者。"《儀禮·士喪禮》:楚～置于燋,在龜東。(1143中)

煇 ㈠ yùn 日月週圍的光氣。望氣者以之辨吉凶。十煇爲祲、象、鑴、監、闇、瞢、彌、敘、隮、想。鄭玄《注》引鄭司農云:"煇,謂日光炁也。"孫詒讓《正義》:"煇暈爲日月光氣之通名。秦漢以後,天官家以爲氣圍繞日月之專名。……此十煇者,並地氣烝騰,日光穿映,視之成暈,如在日旁。"《周禮·春官·眂祲》:掌十～之灋,以觀妖祥,辨吉凶。(0808中)

㈡ xuān 製造皮鼓之小吏。鄭玄《注》:"煇,《周禮》作韗,謂韗磔皮革之官也。"《禮記·祭統》:～者,甲吏之賤者也。(1606上)

熬 áo ❶即熬穀。殯時用筐盛之,加以魚腊,置於棺旁,蟻聞其香氣,食穀而不侵屍。所設煎穀的規格,君黍、稷、粱、稻四種糧食,大夫黍、稷、粱三種,士黍、稷二種。四筐手足各一,其餘的設於左右。《小祝》鄭玄《注》:"熬者,棺既蓋,設於其旁,所以惑蚍蜉也。"《喪大記》鄭玄《注》:"熬者,煎穀也。將塗設於棺旁,所以感(惑)蚍蜉,使不至棺也。《士喪禮》曰:'熬,黍、稷各二筐。'又曰:'……大夫三種,加以粱。君四種,加以稻。四筐,則手足皆一,其餘設於左右。'"孔穎達《疏》:"熬者,謂火熬其穀使香,欲使蚍蜉聞其香氣,食熬不侵尸也。"《周禮·春官·小祝》:大喪,贊渳,設～,置銘。(0812上)《儀禮·士喪禮》:設～,旁一筐。(1140中)《禮記·喪大記》:～:君四種八筐,大夫三種六筐,士二種四筐,加魚、腊焉。(1583下) ❷八珍之一。其做法爲,搗搗牛肉,去其薄膜,置於萑葦編成的箅上,灑上碾碎的桂皮、乾薑、鹽,用火烤乾即可食用。鄭玄《注》:"熬,於火上爲之也,今之火脯似矣。"《禮記·內則》:爲～:捶之,去其皽,編萑,布牛肉焉,屑桂與薑,以洒諸上而鹽之,乾而食之。(1468中)

【熬穀】用火熬過的穀物。殯時用筐盛之,加以魚腊,置於棺旁,蟻聞其香氣,食穀而不侵屍。鄭玄《注》:"熬穀者,盛於筐中,錯于棺旁,所以惑蚍蜉也。"《周禮·地官·舍人》:喪紀,共

飯米、～。(0749下)

熊 xióng 猛獸名。亦指熊的圖象。《周禮·夏官·方相氏》：掌蒙～皮，黃金四目，玄衣朱裳，執戈揚盾，帥百隷而時難，以索室敺疫。(0851上)

【熊侯】❶大射諸侯所用的箭靶。熊皮飾靶兩側，靶中綴熊皮之鵠。鄭玄《注》："侯者，其所射也。以虎熊豹麋之皮飾其側，又方制之以爲章，謂之鵠，著于侯中，所謂皮侯。王之大射：虎侯，王所自射也；熊侯，諸侯所射；豹侯，卿大夫以下所射。諸侯之大射：熊侯，諸侯所自射；豹侯，羣臣所射。卿大夫之大射：麋侯，君臣共射焉。"《周禮·天官·司裘》：王大射，則共虎侯、～、豹侯，設其鵠。諸侯則共～、豹侯，卿大夫則共麋侯，皆設其鵠。(0683中)❷燕射天子所用的箭靶。用白布做成，靶心畫熊頭，旁側飾熊皮。鄭玄《注》："此所謂獸侯也，燕射則張之。……熊、麋、虎、豹、豕皆正面畫其頭象於正鵠之處耳。"《儀禮·鄉射禮》：凡侯：天子～，白質；諸侯麋侯，赤質；大夫布侯，畫以虎、豹。(1010中)

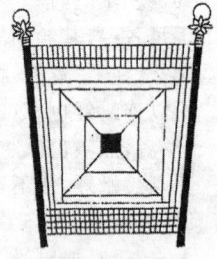

熊侯

【熊席】熊皮製成的座席。田獵時所設。《周禮·春官·司几筵》：甸役，則設～，右漆几。(0775中)

【熊旗】指畫有熊虎圖像的旗幟。白色，六斿。爲九正旗之一。帥都所建，主要用於軍事田獵。鄭玄《注》："熊虎爲旗，師都之所建。伐屬白虎宿，與參連體而六星。"《周禮·冬官考工記·輈人》：～六斿，以象伐也。(0914下)

燕 yàn ❶燕禮。享燕四方賓客之禮。待客之禮有三：饗、食、燕。其中饗最隆重，設太牢，有飯，有殽，有酒，以敬爲主。次爲食，設太牢，有殽，以飯爲主，設酒而不飲，以明善賢之禮。再次爲燕，設牲體，無飯，以飲酒爲主，不醉不歸，以歡爲主。饗、食於廟，而燕於寢。《儀禮·燕禮》胡培翬《正義》："褚氏寅亮云：'待賓之禮有三：饗也，食也，燕也。饗重於食，食重於燕。饗主於敬，燕主於歡，而食以明善賢之禮。饗則體薦而不食，爵盈而不飲，設几而不倚，致肅靜也。食以飯爲主，雖設酒漿，以漱不以飲，故無獻儀。燕以飲爲主，有折俎而無飯，行一獻之禮，脫屨升坐以盡歡。此三者之別也。饗、食於廟，燕則於寢，其處亦不同矣。考之諸經，諸侯於己臣有燕而無饗食，意者饗之禮自待賓客，外惟施之於耆老、孤子歟？'"《大宗伯》賈公彥《疏》："此饗燕謂《大行人》云：上公三饗，三燕，侯、伯再饗，再燕，子、男一饗，一燕。"《聘義》孔穎達《疏》："饗、食、燕者，謂主君設大禮以饗賓，設食禮以食賓，皆在朝也；又設燕以燕之，燕在寢也。"參見"燕禮"。《周禮·春官·大宗伯》：以饗～之禮親四方之賓客，以脤膰之禮親兄弟之

熊旗

國,以賀慶之禮親異姓之國。(0760下)《儀禮·聘禮》:～與羞,俶獻,無常數。(1065上)《禮記·聘義》:賄、贈、饗、食、～,所以明賓客、君臣之義也。(1692下) ❷指燕射。鄭玄《注》:"燕,謂勞使臣,若與羣臣閒暇飲酒而射。"《周禮·冬官考工記·梓人》:張獸侯,則王以息～。(0926中) ❸鳥名,亦稱玄鳥。燕科各類的通稱。捕食昆蟲,爲益鳥。夏時遍佈各地,營巢檐下屋内,冬遷南方。《禮記·三年問》:小者至於～雀,猶有啁噍之頃焉,然後乃能去之。(1663上)

【燕几】閒居時憑靠的小桌。喪禮中用以拘束固定死者的雙足。《士喪禮》賈公彥《疏》:"燕几者,燕,安也。當在燕寢之内,常馮之以安體也。"《儀禮·士喪禮》:楔齒用角柶,綴足用～。(1129上)《禮記·喪大記》:小臣楔齒用角柶,綴足用～。(1575下)

【燕毛】祭祀後燕飲之時,以髮色別長幼之坐次。毛,鬚髮。髮白年長者居上位。鄭玄《注》:"燕,謂既祭而燕也。燕以髮色爲坐。祭時,尊尊也;至燕,親親也。"《禮記·中庸》:～,所以序齒也。(1629上)

【燕衣】天子與羣臣行燕禮時所穿之服。鄭玄《注》:"凡養老之服,皆其時與羣臣燕之服。"陳澔《集説》:"黑衣也。君與羣臣燕飲之服,即諸侯日視朝之服也。"一説,爲閒居時所著之服。孫希旦《集解》:"燕衣,燕居之服,玄端服也。"《禮記·王制》:夏后氏收而祭,～而養老。(1346下)

【燕見】平時私見尊長。依禮,燕見無賓主之禮,無須擯者傳話。《士相見禮》胡培翬《正義》:"郝氏敬云:'燕見,謂私見,非公朝行禮之時。'"《少儀》孔穎達《疏》:"謂卑幼私燕而見,不使擯者將傳其命,無賓主之禮。"《儀禮·士相見禮》:凡～于君,必辯君之南面。(0977上)《禮記·少儀》:～不將命。(1511下)

【燕食】指日中與夕之食。天子用膳,朝食爲正饌,必殺牲,日中與夕食則用朝食之餘。《膳夫》鄭玄《注》:"燕食,謂日中與夕食。奉膳,奉朝之餘膳。"孫詒讓《正義》:"以王日三食,日中與夕食饌具減殺,別於禮食及朝食盛饌,故謂之燕食。"《周禮·天官·膳夫》:王～,則奉膳贊祭。(0660中)《禮記·内則》:大夫～,有膾無脯,有脯無膾;士不貳羹、胾;庶人耆老不徒食。(1465上)

【燕射】燕飲之射。即天子、諸侯在燕飲之後所行之射禮。孫詒讓《正義》:"燕射者,王與諸侯諸臣因燕而射,《梓人》注云'燕謂勞使臣,若與羣臣飲酒而射'是也。"《周禮·春官·樂師》:～,帥射夫以弓矢舞。(0794中)

【燕朝】内朝之在路門内者。爲天子處理政事後休息之所,亦爲議宗族事之處。鄭玄《注》:"燕朝,朝於路寢之庭。王圖宗人之嘉事,則燕朝。"賈公彥《疏》:"以其路寢安燕之處,則謂之燕朝。"孫詒讓《正義》:"内朝主燕謂之燕朝,對外朝主治謂之治朝也。……路寢之庭,即路門之内也。"《周禮·夏官·太僕》:王眂～,則正位,掌擯相。(0852上)

【燕飲】即燕飲酒。孫詒讓《正義》:"燕飲即《膳夫》《酒正》職之燕飲酒也。亦於路寢行之。"賈公彥《疏》:

"其法,有主人酌酒獻賓,賓酢主人,主人酬賓,洗爵升降之法,皆左右相助王。"《周禮·夏官·太僕》:王～,則相其灋。(0852 上)

【燕寢】天子居息之宮。天子六寢,一正寢,又稱路寢,爲治事之所;五燕寢,爲居息之所。孫詒讓《正義》:"胡培翬云:'王六寢,其一爲正寢,治事之處,而所居恒在於燕寢。后夫人以下分居六宮,其有當御者,則就於王之燕寢。'"《周禮·天官·女御》:掌御敘于王之～。(0689 下)

【燕樂】❶王后、國君夫人房中之樂歌。即《詩》之《周南》《召南》。鄭玄《注》:"燕樂,房中之樂。"賈公彥《疏》:"此即《關雎》《二南》也。"《周禮·春官·磬師》:教縵樂、～之鍾磬。(0800 中)❷祭祀、燕享時所奏之樂歌。賈公彥《疏》:"饗食,謂與諸侯行饗食之禮。在廟,故與祭祀同樂。"《周禮·春官·鍾師》:凡祭祀、饗食,奏～。(0800 下)

【燕器】日常生活用具。如手杖、竹笠、雉扇。亦用作陪葬之物。《既夕禮》鄭玄《注》:"燕居安體之器也。"《儀禮·既夕禮》:～,杖,笠,翣。(1149 中)《禮記·王制》:祭器未成,不造～。(1347 中)

【燕禮】諸侯享燕卿大夫之禮。《燕禮》賈公彥《疏》:"燕有四等,《目錄》云:'諸侯無事而燕,一也;卿大夫有王事之勞,二也;卿大夫又有聘而來還,與之燕,三也;四方聘客與之燕,四也。'"《燕禮》中對參與燕飲之人的身份、位次、酒食都有明確規定。其主要儀節有:一,通告宴會,並設饌具,懸樂器,置席位。二,確定賓客、主持及服務人員。三,引進賓客。四,主人向賓獻酒,賓客回敬;向國君獻酒。五,送爵,旅酬。六,作樂。七,立司正以安賓客,勸賓客酒。八,相互敬酒,飲酒不限,興盡方止。九,燕畢賓出。燕禮在五禮中屬嘉禮,其目的在於申明君臣大義,和諧君臣感情。參見"燕①"。《儀禮·燕禮》:～。(1014 下)《禮記·射義》:故～者,所以明君臣之義也;鄉飲酒之禮者,所以明長幼之序也。(1686 下)

【燕衣服】日常居息所穿戴的衣物。如頭巾、寢衣、内衣等。鄭玄《注》:"燕衣服者,巾絮寢衣袍襗之屬,皆良貨賄所成。"《周禮·天官·玉府》:掌王之～、衽席、牀笫,凡褻器。(0678 中)

【燕飲酒】享燕賓客飲酒。燕飲酒之禮最輕,天子不親獻酒,以膳夫爲獻主,別於饗、食之禮。孫詒讓《正義》:"燕即《大宗伯》饗燕之燕。……則天子之禮賓燕及族燕,亦並膳夫爲獻主也。"《周禮·天官·膳夫》:王～,則爲獻主。(0660 下)

【燕樂器】燕飲時所用的樂器。鄭玄《注》:"與賓客燕飲用樂之器也。"《儀禮·既夕禮》:無祭器,有～可也。(1149 中)

【燕禮第六】《儀禮》第六篇篇名。燕禮爲諸侯國君享燕卿大夫的禮儀。賈公彥《疏》引鄭玄《三禮目録》云:"諸侯無事若卿大夫有勤勞之功,與羣臣燕飲以樂之。燕禮於五禮屬嘉(禮)。《大戴》第十二,《小戴》及《别録》皆第六。"其具體儀節,詳見"燕禮"。(1014 下)

【燕義第四十七】《禮記》第四十七篇

篇名。是對《儀禮‧燕禮》的闡釋。孔穎達《疏》引鄭玄《三禮目錄》云："名曰《燕義》者,以其記君臣燕飲之禮,上下相尊之義。此於《別錄》屬吉事。"(1689下)

燎 liáo 樹在地上的大火炬。火在地曰燎,執之曰燭。依禮,天子百燎,公五十,侯、伯、子、男三十。《閽人》鄭玄《注》："燎,地燭也。"賈公彥《疏》："燭在地曰燎。謂若天子百,公五十,侯、伯、子、男皆三十。所作之狀,蓋百根葦皆以布纏之,以蜜塗其上,若今臘燭矣。"孫詒讓《正義》："謂樹地之大燭,非人所執者也。"《士喪禮》鄭玄《注》："燎,火燋。"《周禮‧天官‧閽人》:大祭祀、喪紀之事,設門~,嚲宮門、廟門。(0687上)《儀禮‧士喪禮》:宵,爲~于中庭。(1137下)《禮記‧郊特牲》:庭~之百,由齊桓公始也。(1447中)

燋 jiāo 引火的火把。用蘆葦紮成。《菙氏》鄭玄《注》："燋謂炬,其存火。"《士喪禮》鄭玄《注》："燋,炬也,所以燃火者也。"《少儀》鄭玄《注》："未爇曰燋。"《周禮‧春官‧菙氏》:掌共~契,以待卜事。凡卜,以明火爇~。(0805上)《儀禮‧士喪禮》:楚焞置于~,在龜東。(1143中)《禮記‧少儀》:凡飲酒,爲獻主者,執燭抱~,客作而辭,然後以授人。(1516上)

燔 fán 用同"膰"。烤肉。祭祀、饗賓獻酒後所薦。《量人》鄭玄《注》："燔,從於獻酒之肉炙也。"《士虞禮》胡培翬《正義》："敖氏云:'燔,炙肉也。'"《周禮‧夏官‧量人》:凡祭祀饗賓,制其從獻脯~之數量。(0842下)《儀禮‧士虞禮》:羞~俎在內西塾上,南順。(1167下)《禮記‧少儀》:其有折俎者,取祭肺,反之,不坐,~亦如之。(1515下)

【**燔柴**】祭天之禮。積柴於壇,上加牲體、玉帛而焚燒,使煙氣上達於天。《祭法》陸德明《釋文》："《爾雅》云:'祭天曰燔柴。'"《儀禮‧覲禮》:祭天,~。(1094上)《禮記‧祭法》:~於泰壇,祭天也。(1588上)

【**燔燎**】燒柴祭天。《禮記‧郊特牲》:取膟膋~,升首,報陽也。(1457中)

燧 suì 取火於日之青銅凹鏡。鄭玄《注》："鑒燧,取水火於日月之器也。"《周禮‧冬官考工記‧攻金之工》:金錫半,謂之鑒~之齊。(0915上)

營 (营) yíng 見下。

【**營室**】星名。爲北方玄武七宿中的室宿,亦稱定。爲二十八宿之一。《輈人》鄭玄《注》："營室,玄武宿,與東璧連體而四星。"《周禮‧冬官考工記‧輈人》:龜蛇四斿,以象~也。(0914下)《禮記‧月令》:孟春之月,日在~,昏參中,旦尾中。(1352下)

燭 (烛) zhú 火炬,火把。《士喪禮》鄭玄《注》："火在地曰燎,執之曰燭。"《周禮‧天官‧宮正》:凡邦之事,嚲宮中、廟中,則執~。(0657下)《儀禮‧士喪禮》:~俟于饌東。(1139下)《禮記‧內則》:男子入內,不嘯不指,夜行以~,無~則止。(1462下)

【**燭不見跋**】火把不要燃燒到根部,客人便起身告辭。鄭玄《注》:"跋,本也。燭盡則去之,嫌若燼多,有厭倦。"孔穎達《疏》:"本,把處也。古者未有蠟燭,唯呼火炬爲燭也,火炬照夜易盡,盡則藏所然殘本。所以爾者,若積聚殘本,客見之則知夜深,慮主人厭倦,或欲辭退也。故不見殘本,恒如然未盡也。"一說,孫希旦《集解》:"蓋燭本不淨,故不置於席旁而使之露見,恐先生見之而生憎惡,亦所以爲敬也。"《禮記·曲禮上》:~。(1240上)

熛 biāo 指土性不黏,易飛散之土。鄭玄《注》:"輕熛,輕脆者。"參見"輕熛"。《周禮·地官·草人》:輕~用犬。(0746中)

燖 xún 在開水中燙過的半熟的祭肉。鄭玄《注》:"燖,沉肉於湯也。"《禮記·禮器》:郊血,大饗腥,三獻~,一獻孰。(1439上)

【燖祭】以燖肉祭祀。孔穎達《疏》:"燖,謂沈肉於湯。次腥,亦薦於堂。"《禮記·郊特牲》:血、腥、~,用氣也。(1457上)

爟 guàn 始用火者。賈公彥《疏》:"祭爟,謂祭先出火之人。"《周禮·夏官·司爟》:凡祭祀,則祭~。(0843中)

爨 cuàn 竈。《亨人》鄭玄《注》:"爨,今之竈。"《士虞禮》鄭玄《注》:"爨,竈。"《周禮·天官·亨人》:職外内饔之~亨煮,辨膳羞之物。(0662下)《儀禮·士虞禮》:魚、腊~亞之。(1167上)《禮記·檀弓上》:或曰同~緦。(1289中)

【爨室】廚房。《禮記·檀弓上》:曾子之喪,浴於~。(1281下)

斗部

斗 dǒu ❶量器,亦用作容量單位。十升爲一斗。《儀禮·聘禮》:十~曰斛,十六~曰籔。(1076上)《禮記·月令》:日夜分,則同度量,鈞衡石,角~甬,正權概。(1362上) ❷方勺。有長柄,酌水以沃屍。鄭玄《注》:"斗,所以沃尸也。"《周禮·春官·鬯人》:大喪之大渳,設~,共其釁鬯。(0771中) ❸星宿名。即北斗。二十八宿中北方七宿的第一宿,有星七顆,其分佈似勺形。《禮記·月令》:仲冬之月,日在~,昏東壁中,旦軫中。(1382中)

斛 hú 容量單位。秦漢時以十斗爲一斛。《儀禮·聘禮》:十斗曰~,十六斗曰籔,十籔曰秉。(1076上)

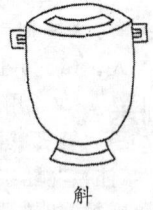

斛

斝 jiǎ 盛酒之器。侈口，口上有兩短柱，圓腹，三足，上有紋飾。《量人》鄭玄《注》引鄭司農云："斝，器名。"一說，王國維《說斝》以爲斝即"散"，二者同物。《周禮·夏官·量人》：凡宰祭，與鬱人受～歷而皆飲之。(0842下)《禮記·明堂位》：爵，夏后氏以琖，殷以～，周以爵。(1490下)

【斝彝】盛酒之器。上有禾稼紋飾。爲六彝之一。用於祭祀。鄭玄《注》："斝讀爲稼。稼彝，畫禾稼也。"《周禮·春官·司尊彝》：秋嘗、冬烝，祼用～、黃彝，皆有舟。(0773上)

斝彝

斔 yǔ 重量單位。其輕重不詳。鄭玄《注》："邸、斔，輕重未聞。"《周禮·冬官考工記·弓人》：膠三鋝，絲三邸，漆三～。(0936下)

戶 部

戶 hù ❶單扇門。亦泛指室門、房門。《儀禮·士冠禮》：筵于～西，南面。(0952下)《禮記·禮器》：未有入室而不由～者。(1435中)❷指戶神。掌管出入。爲王爲羣姓所立七祀之一。鄭玄《注》："戶主出入，行主道路。"《禮記·祭法》：王爲羣姓立七祀，曰司命，曰中霤，曰國門，曰國行，曰泰厲，曰～，曰竈。(1590上)

【戶牖之間】門窗之間。戶牖之間爲堂之正中，爲最尊之處。《儀禮·覲禮》：天子設斧依於～，左右几。(1089上)

房 fáng ❶正室兩側的房間。東側叫東房，西側叫西房。《禮器》鄭玄《注》："天子、諸侯有左右房。"《儀禮·士冠禮》：陳服于～中西墉下，東領，北上。(0950上)《禮記·禮器》：君在阼，夫人在～。(1440下)❷星宿名。東方蒼龍七宿的第四宿，有星四顆。爲二十八宿之一。《禮記·月令》：季秋之月，日在～，昏虛中，旦柳中。(1379上)

【房中】指婦人。鄭玄《注》："房中，婦人。"《禮記·曾子問》：衆主人、卿、大夫、士、～皆哭，不踊。(1388下)

【房俎】周代祭器。爲上下兩層，足間有橫，其下有跗，似堂後有房，用以盛放大的牲體。鄭玄《注》："房，謂足下跗也。上下兩間，有似於堂房。"《禮記·明堂位》：俎，

房俎

有虞氏以梡,夏后氏以嶡,殷以椇,周以~。(1491下)

【房中之羞】陳放在東房內的美味佳肴。如糗餌、粉餈、酏食、糝食等。鄭玄《注》:"房中之羞,其籩則糗餌、粉餈,其豆則酏食、糝食。……房中之羞,內羞也。"《儀禮·有司》:宰夫羞~于尸、侑、主人、主婦,皆右之。(1211上)

【房中之樂】指《詩經》中的《周南》《召南》。《二南》爲后妃、夫人在房中侍御君子所誦之詩,故稱房中之樂。鄭玄《注》:"弦歌《周南》《召南》之詩,而不用鍾磬之節也。謂之房中者,后、夫人之所諷誦以事其君子。"《儀禮·燕禮》:有~。(1025中)

扃 jiōng ❶橫貫鼎上兩耳之橫木。用以扛鼎。大扃長三尺,小扃長二尺。《士昏禮》鄭玄《注》:"扃所以扛鼎,鼏覆之。"《匠人》鄭玄《注》:"大扃,牛鼎之扃,長三尺。《周禮·冬官考工記·匠人》:廟門容大~七个,闈門容小~參个。(0928中)《儀禮·士昏禮》:皆飪,設~鼏。(0963上) ❷關閉門戶的門栓。陸德明《釋文》:"扃,……何云:'關也。'"孔穎達《疏》:"禮有鼎扃,所以關鼎。今關戶之木與關鼎相似,亦得稱扃。"《禮記·曲禮上》:入戶奉~,視瞻毋回。(1238上)

扇 shàn 用竹、葦編製的門。鄭玄《注》:"因蟄蟲啓戶,耕事少間,而治門戶也。用木曰闔,用竹葦曰扇。"《禮記·月令》:是月也,耕者少舍,乃脩闔~,寢廟畢備。(1362上)

扉 fēi 門扇。《士昏禮》鄭玄《注》:"扉,左扉。"賈公彥《疏》:"《士喪禮》'卜葬'云:'闔東扉,主婦立于其內。'既言東扉,即是左扉。"《儀禮·士昏禮》:主婦闔~,立于其內。(0973中)《禮記·玉藻》:閏月則闔門左~,立于其中。(1473上)

心(忄)部

心 xīn 牲之心臟。爲食用、祭祀之物。《儀禮·特牲饋食禮》:肵俎,~、舌皆去本末,午割之,實于牲鼎。(1192中)《禮記·郊特牲》:祭肺、肝、~,貴氣主也。(1457中)

【心喪】心中哀悼。古人尊師重教,老師去世,雖不在五服之內,弟子亦爲之守喪三年,不穿孝服,在心中哀傷悼念。鄭玄《注》:"心喪,戚容如父而無服也。"《禮記·檀弓上》:事師無犯無隱,左右就養無方,服勤至死,~三年。(1274上)

【心廣體胖（pán）】心胸寬廣，則身體安舒。朱熹《集注》："胖，安舒也。言富則能潤屋矣，德則能潤身矣，故心無愧怍，則廣大寬平，而體常舒泰，德之潤身者然也。"儒家認爲，道德修養的提高，可以改善人們的身體面貌，是儒家德、福一致思想的反映。今爲成語。《禮記·大學》：富潤屋，德潤身，～，故君子必誠其意。(1673 上)

必 bì 用同"縪"。繫圭玉的絲帶。鄭玄《注》："必讀如'鹿車縪'之縪，謂以組約其中央，爲執之以備失隊。"《周禮·冬官考工記·玉人》：天子圭中～。(0922 中)

志 zhì 記載史迹之書。鄭玄《注》引鄭司農云："志謂記也，《春秋傳》所謂《周志》，《國語》所謂《鄭書》之屬是也。"《周禮·春官·小史》：掌邦國之～，奠繫世，辨昭穆。(0818 中)

【志矢】習射所用的箭。無鏃。鄭玄《注》："習射之矢。……無鏃短衛，亦示不用。"《儀禮·既夕禮》：～一乘，軒輈中，亦短衛。(1164 中)

【志趨】小步行走。王引之《經義述聞·卷十》："志者，微也。《玉藻》曰：'卷豚行，不舉足。'不舉足，則趨步微小，故曰志趨。"《儀禮·聘禮》：將授，～。(1073 下)

忌 jì 見下。

【忌日】指父母或祖先去世的日子。因禁忌飲酒、作樂等事，故稱。鄭玄《注》："忌日，親亡之日。忌日者，不用舉他事，如有時日之禁也。"《禮記·祭義》：君子有終身之喪，～之謂也。(1592 下)

【忌諱】死日和名諱。鄭玄《注》引鄭司農曰："先王死日爲忌，名爲諱。"《周禮·春官·小史》：若有事，則詔王之～。(0818 中)

忠 zhōng 誠實無欺，盡心竭力。爲儒家道德規範。忠不僅指下對上，亦指平等關係的相互之間，它既是爲臣之道，也是爲人之道。《論語·學而》："爲人謀而不忠乎？"爲《周禮》六德之一。《大司徒》鄭玄《注》："忠，言以中心。"《周禮·地官·大司徒》：一曰六德，知、仁、聖、義、～、和。(0707 中)《禮記·禮運》：父慈，子孝，兄良，弟弟，夫義，婦聽，長惠，幼順，君仁，臣～。(1422 下)

【忠恕】盡心竭力曰忠，推己及人曰恕。爲儒家道德規範。忠恕是孔子"克己"的修養功夫，也是合於禮的待人態度。鄭玄《注》："忠者，內盡於心；恕者，外不欺物。"《禮記·中庸》：～違道不遠，施諸己而不願，亦勿施於人。(1627 上)

思 sī 見下。

【思次】司市管理市政、處斷獄訟的處所。設在市場中。鄭玄《注》："思次，若今市亭也。……思當爲司字，聲之誤也。"《周禮·地官·司市》：上旌于～以令市，市師涖焉，而聽大治、大訟。(0734 下)

【思夢】因思念所做之夢。爲六夢之一。鄭玄《注》："覺時所思念之而夢。"《周禮·春官·占夢》：一曰正夢，二曰噩夢，三曰～，四曰寤夢，五曰喜夢，六曰懼夢。(0808 上)

恒 héng 見下。

【恒山】五嶽中之北嶽。亦名常山。在今河北曲陽縣境。《職方氏》鄭玄《注》："恒山在上曲陽。"《王制》鄭玄《注》："冀州域。"《周禮·夏官·職方氏》:正北曰并州,其山鎮曰～,其澤藪曰昭餘祁。(0863上)《禮記·王制》:自～至於南河,千里而近。(1347中)

【恒矢】禮射、習射所用之矢。爲八矢之一。鄭玄《注》："恒矢,安居之矢也,痺矢象焉。二者皆可以散射也,謂禮射及習射也。"《周禮·夏官·司弓矢》:凡矢,枉矢、絜矢利火射,用諸守城、車戰,殺矢、鍭矢用諸近射、田獵,矰矢、茀矢用諸弋射,～、痺矢用諸散射。(0856上)

息 xī 利息。鄭玄《注》："以其於國服事之稅爲息也。"《周禮·地官·泉府》:凡民之貸者,與其有司辨而授之,以國服爲之～。(0738下)

【息燕】飲酒而射稱息燕。爲天子、諸侯之禮。孫詒讓《正義》:"攷《鄉飲酒》《鄉射禮》……息即鄉飲酒之細別,故通言之,凡飲酒皆謂之息。……此經息燕之射,雖同用獸侯,而其事則別。息者,先行飲酒禮而射,在卿、大夫、士則謂之鄉射;燕者,先行燕禮而射,即所謂燕射也。《射義》云:'古者諸侯之射也,必先行燕禮;卿、大夫、士之射也,必先行鄉飲酒禮。'是天子、諸侯有息燕之射而無鄉射,大夫、士有鄉射而無燕射。"《周禮·冬官考工記·梓人》:張獸侯,則王以～。(0926中)

【息老物】歲終祭萬物之神及田夫,息其勞,送其終。鄭玄《注》:"求萬物而祭之者,萬物助天成歲事,至此爲其老而勞,乃祀而老息之,於是國亦養老焉。"孫詒讓《正義》:"案:鄭意蓋謂蜡祭即取息老物之義。息謂息其勞,老謂送其終,息老並指萬物言之,與息民之臘祭義取息田夫者小異。然此息老物之義,當兼采金說,通田夫萬物而言之。"《周禮·春官·籥章》:國祭蜡,則龡《豳頌》,擊土鼓,以～。(0802上)

恤 xù 救濟貧苦之品行。爲六行之一。鄭玄《注》："恤,振憂貧者。"《周禮·地官·大司徒》:二曰六行,孝、友、睦、婣、任、～。(0707中)

【恤貧】救濟貧困之人。爲安定繁息萬民的六種措施之一。鄭玄《注》:"恤貧,貧無財業,廩貸之。"《周禮·地官·大司徒》:以保息六養萬民:一曰慈幼,二曰養老,三曰振窮,四曰～,五曰寬疾,六曰安富。(0706中)

【恤禮】慰問他國遭受戰亂之禮。爲凶禮之一。鄭玄《注》:"恤,憂也,鄰國相憂。兵作於外爲寇,作於內爲亂。"賈公彥《疏》:"云哀之者,既不損財物,當遣使往諮問安不而已。"《周禮·春官·大宗伯》:以凶禮哀邦國之憂:以喪禮哀死亡,以荒禮哀凶札,以弔禮哀禍烖,以襘禮哀圍敗,以～哀寇亂。(0759下)

恕 shù 指推己及人、仁愛萬物的恕道。爲儒家倫理思想範疇。《論語·衛靈公》載,子貢問曰:"有一言而可以終身行之者乎?"子曰:"其恕乎!己所不欲,勿施於人。"《禮記·中庸》:忠～違道不遠,施諸己而不願,亦勿施於人。(1627上)

惡 （惡）㊀ wù 指忌日。鄭玄《注》："諱,先王名。惡,忌日。"《禮記·王制》：大史典禮,執簡記,奉諱～。(1345上)
㊁ è 見下。

【惡₂車】用粗惡之木製成的喪車。鄭玄《注》："惡車,王喪之木車也。"胡培翬《正義》："惡車,謂麤惡之車,與惡衣、惡食文法相類。喪車五乘,本有等差,木車最爲麤惡,故始喪乘之。"《儀禮·既夕禮》：主人乘～,白狗幦,蒲蔽。(1162上)

【惡₂笄】粗木製成的喪笄。亦稱櫛笄、榛笄。婦人居齊衰喪服之飾。與以象骨製成的"吉笄"相對。《喪服》鄭玄《注》："櫛笄者,以櫛之木爲笄,或曰榛笄。"《喪服小記》孔穎達《疏》："惡笄者,榛木爲笄也。"《儀禮·喪服》：～者,櫛笄也。(1124下)《禮記·喪服小記》：齊衰,～以終喪。(1494上)

悼 dào 指七歲之童。因其幼弱天真,甚可憐愛,故稱。鄭玄《注》："悼,憐愛也。"孔穎達《疏》："未有識慮,甚可憐愛也。"依周禮,耄和悼,老可尊敬,幼無識慮則可憐愛,即使有罪,亦不加刑罰。《周禮·司刺》有三赦,一曰幼弱,二曰老耄,三曰惷愚。《禮記·曲禮上》：八十九十曰耄,七年曰～。～與耄,雖有罪,不加刑焉。(1232中)

惇 dūn 見下。

【惇史】記錄老人美善德行之史。使衆人效法之。孔穎達《疏》："惇,厚也。言老人有善德行則記錄之,使衆人法則,爲惇厚之史。"《禮記·內則》：五帝憲,養氣體而不乞言,有善則記之爲～。(1468上)

想 xiǎng 可想象而成形的日光雲氣。爲十煇之一。望氣者據以辨吉凶。鄭玄《注》："想,雜氣有似可形想。"賈公彥《疏》："以其雲氣雜有所象似,故可形想。"《周禮·春官·眡祲》：一曰祲,二曰象,三曰鑴,四曰監,五曰闇,六曰瞢,七曰彌,八曰敘,九曰隮,十曰～。(0808中)

慈 cí 見下。

【慈母】❶撫養自己的庶母稱慈母。妾之無子者與妾子之無母者,經父命爲母子,此母即爲慈母。其服如生母,服齊衰三年之喪。《喪服小記》孔穎達《疏》："慈母雖如母,猶不爲慈母之黨服。此慈母即是《喪服》中慈母者,父雖命爲母子,而本非骨肉,故慈母之子不爲慈母之父母有服者,爲恩所不及也。"《儀禮·喪服》：～如母。《傳》曰：～者何也？《傳》曰：妾之無子者,妾子之無母者。父命妾曰：女以爲子；命子曰：女以爲母。若是,則生養之,終其身如母；死則喪之三年如母。(1103下)《禮記·喪服小記》：爲～之父母無服。(1500上) ❷保姆。即負責照顧天子、諸侯之子食宿的婦人。其死後,大夫之子爲服小功之喪,諸侯之子則不服。鄭玄《注》："諸母,衆妾也。……慈母,知其嗜欲者。保母,安其居處者。"孔穎達《疏》："此文雖據諸侯,其實亦兼大夫、士也。但士不具三母耳,大夫以上則具三母。……是知大夫有三母也,爲之服小功。若諸侯之子,三母則不服也。"《禮記·內則》：擇於諸母

與可者,必求其寬裕、慈惠、溫良、恭敬、慎而寡言者,使爲子師,其次爲~,其次爲保母。(1469中)

【慈幼】慈愛年幼的人。爲治國五原則之一,亦爲《周禮》安定繁息萬民的六種措施之一。《大司徒》鄭玄《注》:"慈幼,謂愛幼少也。産子三人與之母,二人與之餼,十四以下不從征。"《周禮·地官·大司徒》:以保息六養萬民:一曰~,二曰養老,三曰振窮,四曰恤貧,五曰寬疾,六曰安富。(0706中)《禮記·祭義》:先王之所以治天下者五:貴有德,貴貴,貴老,敬長,~。(1594中)

愷

(恺)kǎi 見下。

【愷歌】戰勝歸來奏愷樂時所唱之歌。孫詒讓《正義》:"是愷歌即作愷樂時所歌。"《周禮·春官·樂師》:凡軍大獻,教~,遂倡之。(0794中)

【愷樂】戰勝歸來獻捷於祖時所奏之樂。鄭玄《注》:"大獻,獻捷於祖。愷樂,獻功之樂。"《周禮·夏官·大司樂》:王師大獻,則令奏~。(0791上)

【愷獻】戰勝歸來獻功、獻俘時奏愷樂。鄭玄《注》:"愷獻,獻功愷樂。"賈公彥《疏》:"謂戰勝獻俘之時作愷樂。"《周禮·春官·眡瞭》:賓射,皆奏其鍾鼓。鼖、~亦如之。(0797下)

惷

chōng 見下。

【惷愚】生來智力低下的人。爲三赦對象之一。鄭玄《注》:"惷愚,生而癡騃童昏者。"《周禮·秋官·司刺》:壹赦曰幼弱,再赦曰老旄,三赦曰~。(0880下)

慢

màn 見下。

【慢聲】惰慢不恭之樂。爲建國所禁之樂。鄭玄《注》:"慢聲,惰慢不恭。"《周禮·春官·大司樂》:凡建國,禁其淫聲、過聲、凶聲、~。(0791中)

憲

(宪)xiàn 都鄙之戒令。爲士師所掌五戒之一。孫詒讓《正義》:"糾、憲皆戒令之文,以其可表縣則謂之憲,以其主糾察則謂之糾,皆以所用異名。"《周禮·秋官·士師》:以五戒先後刑罰,毋使罪麗于民:一曰誓,用之于軍旅;二曰誥,用之于會同;三曰禁,用諸田役;四曰糾,用諸國中;五曰~,用諸都鄙。(0874下)

【憲罰】將罪狀懸於肆門公佈的處罰。爲市刑之最輕者。鄭玄《注》引鄭司農云:"憲罰,播其肆也。"賈公彥《疏》:"憲是表顯之名。……此憲是以文書表示於肆,若布憲之類也。"《周禮·地官·司市》:市刑,小刑~,中刑徇罰,大刑扑罰。(0735中)

應

(应)㊀ yìng 樂器名。竹管爲之,長六尺五寸,中空有椎,撞地發聲以節樂。鄭玄《注》:"鄭司農云:'……應,長六尺五寸,其中有椎。'……牘、應、雅教其春者,謂以築地。"《周禮·春官·笙師》:掌教龡竽、笙、塤、籥、簫、篪、箎、管,春牘、~、雅,以教祴樂。(0801上)

【應鼓】樂器名。小鼓。亦名應鼙。《小師》鄭玄《注》:"應鼙也。"《禮器》鄭玄《注》:"小鼓謂之應。"《周禮·春官·小師》:大祭祀,登歌擊拊,下管擊～。(0797 上)《禮記·禮器》:廟堂之下,縣鼓在西,～在東。(1440 下)

【應鍾】樂律名。古代樂律分爲十二,陽聲爲律,陰聲爲同。應鍾爲六同之第二。以十二律配十二月,應鍾配十月。《月令》鄭玄《注》:"孟冬氣至,則應鍾之律應。"高誘注《呂氏春秋》:"陰應於陽,轉成其功,萬物聚藏,故曰應鍾。"《周禮·春官·大師》:陰聲:大呂、～、南呂、函鍾、小呂、夾鍾。(0795 中)《禮記·月令》:其音羽,律中～。(1380 下)

【應鼙】樂器名。小鼓。擊此以應朔鼙,故稱。鄭玄《注》:"應鼙,應朔鼙也。先擊朔鼙,應之。鼙,小鼓也。"《儀禮·大射》:～在其東,南鼓。(1028 下)

㊁ yīng 見下。

【應₂門】王宫的正門。《匠人》鄭玄《注》:"正門謂之應門,謂朝門也。"《明堂位》孔穎達《疏》引李巡云:"宫中南嚮大門,應門也。應是當也,以當朝正門,故謂之應門。"《周禮·冬官考工記·匠人》:廟門容大扃七个,闈門容小扃參个,路門不容乘車之五个,～二徹參个。(0928 中)《禮記·明堂位》:九采之國,～之外,北面,東上。(1488 上)

懷

(怀) huái 見下。

【懷方氏】職官名。掌管招徠遠方之民,接待蕃國使者。爵中士。《周禮·夏官·懷方氏》:～,掌來遠方之民。(0864 中)

懼

(惧) jù 見下。

【懼夢】因恐懼而夢。爲六夢之一。鄭玄《注》:"恐懼而夢。"《周禮·春官·占夢》:一曰正夢,二曰噩夢,三曰思夢,四曰寤夢,五曰喜夢,六曰～。(0808 上)

爿部

爿

[床] chuáng 坐卧之具。亦用以停屍。《禮記·曲禮下》:在～曰尸,在棺曰柩。(1269 中)《禮記·内則》:少者執～與坐。(1462 上)

【爿笫】爿和爿上的竹爿墊。泛指爿。供人坐卧,亦用以停屍。《士喪禮》鄭玄《注》:"笫,簀也。"《玉府》孫詒讓《正義》:"《説文·竹部》云:'笫,爿簀也。簀,爿棧也。'《爾雅·釋器》云:'簀謂之笫。'郭注云:'爿,版也。'……案:笫爲爿上竹木之棧,亦通謂爿爲笫。"《周禮·天官·玉府》:

掌王之燕衣服、衽席、～。(0678 中)《儀禮·士喪禮》：～，夷衾，饋于西坫南。(1136 上)

將（將）jiāng ❶蓋爲"垼"之誤。爲玉、石相雜各佔一半之玉。孫詒讓《正義》："惠士奇、戴震、阮元並謂'將'當依《說文》作'垼'。……此作'將'者，字形之誤。……伯用垼，玉石半相垼也。"《周禮·冬官考工記·玉人》：侯用瓚，伯用～。(0922 上)❷用同"牂"。公羊。鄭玄《注》："將，當爲牂。牂，牡羊也。"一說，爲母羊。《禮記·內則》：炮：取豚若～，刲之刳之。(1468 上)

【將軍】官名。春秋時以卿爲軍將，稱之爲將軍。《禮記·檀弓上》：～文子之喪，既除喪而后越人來弔。(1286 上)

【將幣】朝聘時奉獻玉帛。爲賓客之禮。孫詒讓《正義》："姜兆錫、方苞、金鶚並謂將幣即授玉，其說甚塙。《司儀》諸侯相聘之禮，凡言將幣者，皆指授玉，與享別。"《周禮·秋官·大行人》：廟中～三享，王禮再祼而酢，饗禮九獻，食禮九舉，出入五積，三問三勞。(0890 下)

牆 [墻] qiáng 即柳衣。柩車上覆棺的黑色布帷。爲棺飾之一。亦爲飾棺牆。《既夕禮》鄭玄《注》："牆，飾柩也。"《檀弓上》鄭玄《注》："牆，柳衣也。"孔穎達《疏》："《喪大記》注云：'在旁曰帷，在上曰荒，帷荒所以衣柳。'"《周禮·天官·縫人》"衣翣柳之材"孫詒讓《正義》："凡覆柩車者，上曰柳，下曰牆，柳衣謂之荒，牆衣謂之帷。……若總言之，則牆亦通名柳，故《檀弓》注釋牆爲柳衣。"《儀禮·既夕禮》：巾奠，乃～。(1163 下)《禮記·檀弓上》：有虞氏瓦棺，夏后氏堲周，殷人棺椁，周人～、置翣。(1276 上)

毋(母)部

毋 móu 見下。

【毋追】夏代玄冠冠名。以緇布製成。《士冠禮》鄭玄《注》："毋，發聲也。追，猶堆也。夏后氏質，以其形名之。三冠皆所服以行道也，其制之異同未之聞也。"《郊特

毋追

牲》孫希旦《集解》："愚謂此三者，皆玄冠之別名也。"陳澔《集說》："委貌、章甫、毋追，皆緇布冠。但三代易名不同，而其形制亦應異耳。"《儀禮·士冠禮》：委貌，周道也；章甫，殷道也；～，夏后氏之道也。(0958 下)《禮記·郊特牲》：委貌，周道也；章甫，殷道也；～，夏后氏之道也。(1455 下)

毒

dú 氣味辛烈有毒之藥物。如石膽、丹砂、雄黃、礜石、慈石之類。鄭玄《注》："五毒，五藥之有毒者。"參見"五毒"。《周禮·天官·瘍醫》：凡療瘍，以五～攻之。（0668上）

【毒蟲】能使人害病之蟲物。設專官以除之。鄭玄《注》："毒蟲，蟲物而病害人者。"《周禮·秋官·庶氏》：掌除～，以攻說禬之，嘉草攻之。（0888中）

【毒藥】味辛苦之藥物。鄭玄《注》："毒藥，藥之辛苦者。"孫詒讓《正義》："凡辛苦之藥，味必厚烈而不適口，故謂之毒藥。"《周禮·天官·醫師》：掌醫之政令，聚～以共醫事。（0666下）

示（礻）部

示

qí 亦作"祇"。地神。天神稱神，地神稱祇，人神曰鬼。與土地有關之山林、川澤、丘陵、墳衍之神亦皆爲祇。《周禮·春官·大宗伯》：掌建邦之天神、人鬼、地～之禮，以佐王建保邦國。以吉禮事邦國之鬼神～。（0757上）

【示號】對地神的美稱。如稱后土、地祇等。鄭玄《注》："號，謂尊其名，更爲美稱焉。……祇號，若云后土、地祇。"《周禮·春官·大祝》：辨六號：一曰神號，二曰鬼號，三曰～，四曰牲號，五曰齍號，六曰幣號。（0809下）

shì 見下。

【示高】指示龜骨高起可灼之處。卜用龜之腹骨，骨近足者，其部高。爲卜事之一節。亦作眂高。鄭玄《注》："以龜腹甲高起所當灼處涖卜也。"《儀禮·士喪禮》：宗人受卜人龜，～。（1143下）

社

shè ❶土地神。《鼓人》鄭玄《注》："社祭，祭地祇也。"《祭法》孔穎達《疏》："爲君而掌土，能治九州五土之神，故祀以爲配社之神。"《周禮·地官·鼓人》：以雷鼓鼓神祀，以靈鼓鼓～祭，以路鼓鼓鬼享。（0720下）《禮記·祭法》：共工氏之霸九州也，其子曰后土，能平九州，故祀以爲～。（1590中）❷祭祀土地神。《肆師》鄭玄《注》："社，祭土。"《郊特牲》孔穎達《疏》："社事，祭社事也。"《周禮·春師·肆師》：～之日，涖卜來歲之稼。（0770上）《禮記·郊特牲》：唯爲～事，單出里。（1449中）❸社壇。祭祀社神之所。國中、籍田、采地、州里等皆有社。天子之社設於王宮前，中央積五色土爲壇，外週築土爲卑垣以爲界，並栽種其土所宜之樹，以爲神之所在。《祭法》鄭玄《注》："大夫不得特立社，與民族居，百家以上則共立一社，今時里社是也。"《周禮・冬官考工記・匠人》:左祖右～,面朝後市。(0927下)《禮記・祭法》:王爲羣姓立～,曰大社;王自爲立～,曰王社。諸侯爲百姓立～,曰國社;諸侯自爲立～,曰侯社。大夫以下成羣立～,曰置社。(1589下)❹指軍社。即軍中所祭之社主。凡出師,隨軍載社神之石主於齋車而行,駐扎時設壇於軍舍之右以置之。社之主蓋以石爲之。鄭玄《注》:"社,謂社主在軍者也。"參見"軍社"。《周禮・秋官・大司寇》:大軍旅,涖戮于～。(0871下)

【社田】爲祭土地神而進行的田獵。此田獵一國之人皆будут参加。孔穎達《疏》:"故若祭社,先爲社獵,則國中之人皆盡行。"《禮記・郊特牲》:唯爲～,國人畢作。(1449中)

【社宗】軍中所祭的社主與遷主。鄭玄《注》:"社,軍社也。宗,遷主也。"《周禮・春官・肆師》:凡師甸,用牲于～,則爲位。(0769下)

【社祭】祭祀土地神。鄭玄《注》:"社祭,祭地祇也。"《周禮・地官・鼓人》:以雷鼓鼓神祀,以靈鼓鼓～,以路鼓鼓鬼享。(0720下)

【社稷】❶土、穀之神。亦用作國家的代稱。祭社稷,設壇於路門外之右(西)。《大宗伯》鄭玄《注》:"社稷,土、穀之神。"《白虎通義・社稷》:"人非土不立,非穀不食。……故封土立社,示有土也;穀,五穀之長,故立稷而祭之也。"《周禮・春官・大宗伯》:以血祭祭～、五祀、五嶽,以貍沈祭山林、川澤,以疈辜祭四方、百物。(0758上)《儀禮・聘禮》:君以～故,在寡小君,拜。(1075下)《禮記・王制》:天子祭天地,諸侯祭～,大夫祭五祀。(1336上)❷指祭祀土、穀二神之所。《小司徒》賈公彥《疏》:"立其社稷者,諸侯亦有三社,謂國社、侯社、勝國之社,皆有稷配之。"《祭義》孔穎達《疏》:"此一節明神位所在。"《周禮・地官・小司徒》:凡建邦國,立其～,正其畿疆之封。(0713中)《禮記・祭義》:建國之神位,右～而左宗廟。(1601中)

【社壝(wēi)】社壇及其四週的矮土牆。鄭玄《注》:"壝,謂壇及堳埒也。"《周禮・地官・封人》:掌詔王之～,爲畿封而樹之。(0720上)

【社稷之壝】后土及田正之神所居之處。委土平築之爲壇,於壇上積土高若堂爲壇,壇四週築土成矮牆爲堳埒。壝、壇、堳埒通稱壝。鄭玄《注》:"社稷,后土及田正之神。壝,壇與堳埒也。"孫詒讓《正義》:"蓋壝者委土之名。凡委土而平築之謂之壝,於壝之上積土而高若堂謂之壇,外爲庫垣謂之堳埒。通言之,壝壇皆得稱壝。"《周禮・地官・大司徒》:制其畿疆而溝封之,設其～而樹之田主,各以其野之所宜木,遂以名其社與其野。(0702中)

礿 yuè 祭名。夏、殷時宗廟之春祭。周改夏祭爲礿。《王制》鄭玄《注》:"此蓋夏、殷之祭名,周則改之,春曰祠,夏曰礿。"《大司馬》鄭玄《注》:"礿,宗廟之夏祭也。"《周禮・夏官・大司馬》:遂以苗田,如蒐之灋,車弊,獻禽以享～。(0837上)《禮記・王制》:天子、諸侯宗廟之祭,春曰～,夏曰禘,秋曰嘗,冬曰烝。(1335下)

祀

祀 sì ❶爲神鬼、先祖舉行的祭禮。天神曰祀，地祇曰祭，人鬼曰享，統言則不別。《周禮·春官·大宗伯》：以禋祀～昊天上帝，以實柴～日月星辰，以槱燎～司中、司命、飌師、雨師。（0757上）《儀禮·覲禮》：出，拜日於東門之外，反～方明。（1093中）《禮記·月令》：凡在天下九州之民者，無不咸獻其力，以共皇天上帝、社稷、寢廟、山林、名川之～。（1384下）❷指祭祀之祠堂。鄭玄《注》："祀，謂神位有屋樹者。"《禮記·檀弓下》：子路曰："吾聞之也，過墓則式，過～則下。"（1311中）

【祀戶】祭祀戶神。王立七祀有戶，庶士、庶人立一祀或立戶。春季孟、仲、季三月各祭一次。鄭玄《注》："春，陽氣出，祀之於戶內，陽也。……祀戶之禮，南面設主于戶內之西，乃制脾及腎爲俎，奠于主北。又設盛于俎西，祭黍稷，祭肉，祭醴，皆三。祭肉，脾一，腎再。既祭徹之，更陳鼎俎，設饌于筵前。"《禮記·月令》：其～，祭先脾。（1354上）

【祀行】祭祀行神。行神主道路行走之禍福，外出遠行祭之。王立七祀、諸侯立五祀均有"國行"，大夫立三祀、適士立二祀亦均有"行"。祭行於廟門之西，冬季孟、仲、季三月各祭一次。鄭玄《注》："冬，陰盛，寒於水，祀之於行，從辟除之類也。……行在廟門外之西，爲軷壤，厚二寸，廣五尺，輪四尺。祀行之禮，北面設主于軷上，乃制腎及脾爲俎，奠于主南。又設盛于俎東，祭肉，腎一，脾再，其他皆如祀門之禮。"孫希旦《集解》："愚謂行，謂宮內道路之神也。冬祀者，以其爲往來之交也。"《禮記·月令》：其～，祭先腎。（1380下）

【祀門】祭祀門神。王立七祀、諸侯立五祀均有"國門"，大夫立三祀、適士立二祀亦均有"門"。秋季孟、仲、季三月各祭一次。鄭玄《注》："秋，陰氣出，祀之於門外，陰也。……祀門之禮，北面設主於門左樞，乃制肝及肺心爲俎，奠于主南。又設盛于俎東，其他皆如祭竈之禮。"《禮記·月令》：其～，祭先肝。（1372下）

【祀典】祭祀之法。依《禮記·祭法》，祭祀的對象是爲國家、百姓建立了豐功偉業的人，包括德政善法施於民者、爲國殉職者、安邦定國者、抵禦重大災難者、捍衛人民解除大禍者。《禮記·祭法》：夫聖王之制祀也，法施於民則祀之，以死勤事則祀之，以勞定國則祀之，能禦大菑則祀之，能捍大患則祀之。……非此族也，不在～。（1590下）

【祀礿】祭祀四方之神。秋季田獵主祭四方，報成萬物。鄭玄《注》："礿當爲方，聲之誤也。秋田主祭四方，報成萬物。"賈公彥《疏》："秋田主用羅。羅止田獸，入國過郊之神位，乃致禽以祀四方之神。"《周禮·夏官·大司馬》：中秋，……遂以獮田，如蒐田之灋，羅弊，致禽以～。（0837下）

【祀貢】犧牲苞茅等祭祀所用物之貢。爲九貢之一。鄭玄《注》引鄭司農云："祀貢，犧牲包茅之屬。"《周禮·天官·大宰》：以九貢致邦國之用：一曰～，二曰嬪貢，三曰器貢，四曰幣貢，五曰材貢，六曰貨貢，七曰服貢，八曰斿貢，九曰物貢。（0648上）

【祀竈】祭祀竈神。王立七祀有竈，庶

士、庶人立一祀或立竈。祭竈於廟門之外，夏季孟、仲、季三月各祭一次。漢以後改爲農曆臘月二十三或二十四日祭竈。鄭《注》："夏，陽氣盛，熱於外，祀之於竈，從熱類也。……竈在廟門外之東，祀竈之禮，先席於門之奧東面，設主于竈陘，乃制肺及心肝爲俎，奠于主西。又設盛于俎南，亦祭黍三，祭肺、心、肝各一，祭醴三。亦既祭徹之，更陳鼎俎，設饌于筵前。"《禮記·月令》：其～，祭先肺。(1364下)

【祀中霤】祭祀宅神。中霤，屋之中央。王立七祀、諸侯立五祀均有"中霤"。祀中霤於季夏之月（農曆六月）。鄭玄《注》："中霤，猶中室也。土主中央，而神在室，古者複穴，是以名室爲霤云。……祀中霤之禮，設主於牖下，乃制心及肺肝爲俎。其祭肉，心、肺、肝各一。他皆如祀户之禮。"《禮記·月令》：其～，祭先心。(1372中)

祈 qí ❶向神明求禱。如求賜福、消災、懲惡等。《郊特牲》鄭玄《注》："謂祈福祥，求永貞也。"《周禮·春官·小祝》：掌小祭祀將事侯、禳、禱、祠之祝號，以～福祥，順豐年。(0811下)《禮記·郊特牲》：祭有～焉，有報焉，有由辟焉。(1457下) ❷割牲以血塗釁器物。鄭玄《注》："祈或爲刏。刏珥者，釁禮之事也。"《周禮·夏官·小子》：掌祭祀羞羊肆、羊殽、肉豆，而掌珥于社稷，～于五祀。(0842下) ❸祭告天地、先祖。鄭玄《注》："柴、祈、奠，告天地及先祖也。"《禮記·大傳》：既事而退，柴於上帝，～於社，設奠於牧室。(1506上)

【祈年】祈求豐年。鄭玄《注》："祈年，祈豐年也。"賈公彥《疏》："義取《小祝》'求豐年'，俱是求甘雨，使年豐。"《周禮·春官·籥章》：凡國～于田祖，龡《豳雅》，擊土鼓，以樂田畯。(0801下)

【祈珥】割牲以血塗釁器物。鄭玄《注》："祈當爲進機之機，珥當爲衈。機珥者，釁禮之事。"《周禮·春官·肆師》：以歲時序其祭祀，及其～。(0768下)

【祈穀】郊祀后稷以求穀物豐收。鄭玄《注》："謂以上辛郊祭天也。《春秋》傳曰：'夫郊祀后稷以祈農事。'"《禮記·月令》：是月也，天子乃以元日～於上帝。(1356中)

祇 qí 地神。《禮記·王制》：山川神～有不舉者爲不敬，不敬者君削以地。(1328中)

祊 bēng ❶用同"方"。指四方之神。鄭玄《注》："祊當爲方，聲之誤也。秋田主祭四方，報成萬物。"賈公彥《疏》："以祊乃是廟門之外内，惟因祭宗廟及明日繹祭，乃爲祊祭。今既因秋田而祭，當是祭四方之神。"《周禮·夏官·大司馬》：中秋，……遂以獮田，如蒐田之灋，羅弊，致禽以祀～。(0837下) ❷祭名。於廟門旁祭祖。爲正祭次日舉行的續祭。鄭玄《注》："祊祭，明日之繹祭也。謂之祊者，於廟門之旁，因名焉。"陈澔《集說》："祊，祭之明日繹祭也。廟門謂之祊，設祭在廟門外之西旁，故因名爲祊也。"《禮記·禮器》：設祭于堂，爲～乎外。(1441下) ❸宗廟之門。爲設祭之處。鄭玄《注》："廟門曰祊。"《禮記·郊特牲》：用牲於庭，升

首於室,直祭祝于主,索祭祝于~。(1457中)

祓 fú 見下。

【祓除】除災去邪之祭。鄭玄《注》:"歲時祓除,如今三月上巳水如水上之類。"孫詒讓《正義》:"周漢祓除,亦皆不必在三月,不定用上巳也。"《周禮・春官・女巫》:掌歲時~釁浴。(0816下)

祖 zǔ ❶柩車將行而設奠。行祖奠於祖廟之庭。《喪祝》鄭玄《注》:"鄭司農云:'祖,謂將葬祖於庭,象生時出則祖也。'……玄謂祖,爲行始。"孫詒讓《正義》:"是還柩及車向外謂之祖,因而設奠謂之祖奠。此經之祖,蓋兼還柩及祖奠言之。祖於庭。"《檀弓上》孫希旦《集解》:"徹去遷祖之奠,還柩嚮外而爲行始,謂之祖。"《周禮・春官・喪祝》:及~,飾棺,乃載,遂御。(0815上)《儀禮・既夕禮》:有司請~期。曰:"日側。"(1148上)《禮記・檀弓上》:主人既~,填池,推柩而反之。(1285上)❷祖廟,宗廟。天子七廟,諸侯五廟,大夫三廟,士一廟,庶人無廟。亦爲立祖廟而祭之。《匠人》鄭玄《注》:"祖,宗廟。"《曾子問》孔穎達《疏》:"婦既死於己寢,將反葬與女氏之黨,故其柩不遷移朝於塯之祖廟。"《喪服》鄭玄《注》:不得祖者,不得立其廟而祭之也。"《周禮・冬官考工記・匠人》:左~右社,面朝後市。(0927下)《儀禮・喪服》:公子之子稱公孫,公孫不得~諸侯。(1115中)《禮記・曾子問》:曾子問曰:"女未廟見而死,則如之何?"孔子曰:"不遷於~,不祔於皇姑,塯不杖,不菲,不次,歸葬于女氏之黨,示未成婦也。"(1392下)❸祖父。亦指父之父以上的男性血親。《儀禮・喪服》:何以服齊衰三月也?尊~也。(1110中)《禮記・內則》:凡父在,孫見於~,~亦名之,禮如子見父,無辭。(1470下)❹遠行時祭祀路神。鄭玄《注》:"祖,始也。既受聘享之禮,行出國門,止,陳車騎,釋酒脯之奠於軷,爲行始也。《詩傳》曰:'軷,道祭也,謂祭道路之神。'"《儀禮・聘禮》:出~,釋軷,祭酒、脯,乃飲酒于其側。(1072中)

【祖考】始祖。參見"祖考廟"。《禮記・祭法》:顯考、~無廟,有禱焉,爲壇祭之。(1589上)

【祖姑】丈夫的祖母。孔穎達《疏》:"諸祖姑,是夫之諸祖父兄弟爲士大夫者之妻也。"《禮記・喪服小記》:祔於諸祖父之爲士、大夫者,其妻祔於諸~。(1500中)

【祖奠】柩車將行而設奠。行祖奠於祖廟之庭。參見"祖①"。《儀禮・既夕禮》:祝饌~于主人之南,當前輅。(1164中)

【祖廟(庿)】供祀祖先的宫廟。亦特指始祖之廟。《天府》鄭玄《注》:"祖廟,始祖后稷之廟。"《士昏禮》鄭玄《注》:"祖庿,女高祖爲君者之庿也。"《周禮・春官・天府》:掌~之守藏與其禁令。(0776上)《儀禮・士昏禮》:~未毀,教于公宫三月。若~已毀,則教于宗室。(0971)《禮記・曾子問》:天子崩,國君薨,則祝取羣廟之主而藏諸~,禮也。(1393中)

【祖禰】祖廟與父廟。《王制》陸德明

《釋文》:"禰,……父廟也。"《周禮·春官·甸祝》:及郊,饁獸,舍奠于～,乃斂禽。(0815 下)《禮記·王制》:歸假于～,用特。(1328 下)

【祖考廟】始祖之廟。孔穎達《疏》:"曰祖考廟者,祖,始也。此廟爲王家之始,故云祖考也。"《禮記·祭法》:是故王立七廟,一壇、一墠。曰考廟,曰王考廟,曰皇考廟,曰顯考廟,曰～,皆月祭之。(1589 上)

【祖庶母】祖父之妾,父之庶母。孫希旦《集解》:"庶母,父妾之有子者也。祖庶母,祖妾之有子者也。"《禮記·喪服小記》:爲慈母後者,爲庶母可也,爲～可也。(1500 下)

【祖廟未毀】高祖廟還未被撤除。依禮,諸侯五廟,始祖廟以下有高祖、曾祖、祖父、禰四親廟。四親廟之神主依次上遷,高祖之神主藏於始祖廟,其被撤除之廟稱毀廟。祖廟未毀,表明親未出五服。孔穎達《疏》:"祖廟未毀,謂同高祖。"《禮記·文王世子》:五廟之孫,～,雖爲庶人,冠、取妻必告,死必赴,練、祥則告。(1408 下)

神 shén 見下。

【神示】天神與地祇。鄭玄《注》:"大神祇,謂天地。"賈公彥《疏》:"云祀大神,謂冬至祭天於圓丘;云祀大祇,謂夏至祭地於方澤。"《周禮·天官·大宰》:祀大～亦如之。(0650 中)

【神位】鬼神所處的位置。周人以左爲上,故宗廟在路門外之左(東),社稷在路門外之右(西)。《小宗伯》孫詒讓《正義》:"通建國中及四郊廟兆之位。……據王宮出路門向外言之。"《祭義》鄭玄《注》:"周尚左也。"《周禮·春官·小宗伯》:掌建國之～,右社稷,左宗廟。(0766 上)《禮記·祭義》:建國之～,右社稷而左宗廟。(1601 中)

【神祀】祭祀天神。如禋祀、實柴、槱燎等。鄭玄《注》:"神祀,祀天神也。"《周禮·地官·鼓人》:以雷鼓鼓～,以靈鼓鼓社祭,以路鼓鼓鬼享。(0720 下)

【神祇】❶泛指神靈。《禮記·王制》:山川～有不舉者爲不敬,不敬者君削以地。(1328 中)❷指天神司中、司命、風師、雨師。鄭玄《注》:"天之祇,司中、司命、風師、雨師。"《禮記·月令》:乃畢山川之祀,及帝之大臣,天之～。(1384 上)

【神倉】貯藏祭祀所用穀物的糧倉。鄭玄《注》:"藏祭祀之穀爲神倉。"《禮記·月令》:藏帝藉之收於～,祇敬必飭。(1379 中)

【神號】對天神的美稱。如稱皇天、上帝等。鄭玄《注》:"號,謂尊其名,更爲美稱焉。神號,若云皇天、上帝。"《周禮·春官·大祝》:辨六號:一曰～,二曰鬼號,三曰示號,四曰牲號,五曰齍號,六曰幣號。(0809 下)

【神農】土神。鄭玄《注》:"土神稱曰神農者,以其主於稼穡。"孔穎達《疏》:"土神能吐生萬物,成其農事,故曰神農。"《禮記·月令》:毋舉大事,以搖養氣。毋發令而待,以妨～之事也。(1371 中)

【神士者】以事神爲官職的人。掌辨別天神、人鬼、地祇之位,祭之以消災除疾。由男巫之才德超卓者爲之。士,當爲仕。鄭玄《注》:"以神仕者,男巫之俊有學問才知者。"《周禮‧春官‧敍官》:凡以～無數,以其藝爲之貴賤之等。(0756上)

【神仕者】以事神爲官職的人。掌辨別天神、人鬼、地祇之位,祭之以消災除疾。由男巫之才德超卓者爲之。孫詒讓《正義》:"《序官》作'士',誤也。"《周禮‧春官‧神仕》:凡以～,掌三辰之灋,以猶鬼神示之居,辨其名物。(0827下)

祝 zhù ❶祝禱。以辭告於鬼神祇而求福除災。《大祝》鄭玄《注》:"大祝居前,先以祝辭告之。"賈公彥《疏》:"皆大祝前祝,以辭告之。"《周禮‧春官‧大祝》:國將有事于四望,及軍歸獻于社,則前～。(0811中)《儀禮‧少牢饋食禮》:祝～曰:"孝孫某,敢用柔毛、剛鬣、嘉薦、普淖,用薦歲事于皇祖伯某,以某妃配某氏。尚饗。"(1201上)《禮記‧郊特牲》:用牲於庭,升首於室,直祭～于主,索祭～于祊。(1457中)❷掌司禮儀以交通神靈者。《檀弓下》孔穎達《疏》:"祝,大祝、商祝也。"《特牲饋食禮》鄭玄《注》:"祝在左,當爲主人釋辭於神也。"《儀禮‧特牲饋食禮》:主人再拜稽首,～在左。(1183下)《禮記‧檀弓下》:天子崩三日,～先服。(1314中)❸指職官大祝、小祝。賈公彥《疏》:"肆師與小祝爲此侯禳二事于畺及郊。"《周禮‧春官‧肆師》:與～侯禳于畺及郊。(0769中)❹祭祀饗神之辭。參見"祝嘏"。《禮記‧禮運》:～以孝告,嘏以慈告。(1417中)

【祝史】❶掌司禮儀的官員。鄭玄《注》:"案《大射》:'大史在豻侯之東北,北面。'不言祝。此言祝史不言大史者,《大射》及下文云:'大史俟於所設中之西,東面以聽政。'嫌其位初在此,不在豻侯之東北,故著大史以明之。"《儀禮‧燕禮》:～立于門東,北面,東上。(1015下)❷祝官、史官的合稱。《禮記‧王制》:凡執技以事上者,～、射、御、醫、卜及百工。(1343中)

【祝號】即六祝、六號。祭祀時的六種祝辭、六種美稱。六祝即順祝、年祝、吉祝、化祝、瑞祝、筴祝;六號即神號、鬼號、祇號、牲號、齍號、幣號。《小祝》孫詒讓《正義》:"祝號,即《大祝》六祝六號是也。"《禮運》鄭玄《注》:"《周禮》祝號有六,一曰神號,二曰鬼號,三曰祇號,四曰牲號,五曰齍號,六曰幣號。號者,所以尊神顯物也。"孔穎達《疏》:"謂造其鬼神及牲玉美號之辭,史祝稱之以告鬼神,故云作其祝號。"《周禮‧春官‧小祝》:掌小祭祀將事侯、禳、禱、祠之～,以祈福祥,順豐年,逆時雨,寧風旱,彌烖兵,遠辠疾。(0811下)《禮記‧禮運》:作其～,玄酒以祭,薦其血毛。(1417上)

【祝嘏】祝爲主人饗神之辭稱祝,祝爲尸致福於主人之辭稱嘏。鄭玄《注》:"祝,祝爲主人饗神辭也。嘏,祝爲尸致福於主人之辭也。"《禮記‧禮運》:陳其犧牲,備其鼎俎,列其琴、瑟、管、磬、鍾、鼓,脩其～,以降上神與其先祖。(1416中)

【祝融】帝嚳時的火官,後尊爲火神。爲五神之一。鄭玄《注》:"祝融,顓頊

氏之子曰黎,爲火官。"《禮記·月令》:其日丙丁,其帝炎帝,其神～。(1364下)

祔 fù ❶祔祭。將新死者的神主陳放入祖廟,以昭穆之序與祖先神主一同祭祀。殷於練祭(父母去世後一週年之祭)後行祔祭,周於卒哭之次日行祔祭。《既夕禮》鄭玄《注》:"祔,卒哭之明日,祭名。祔猶屬也,祭昭穆之次而屬之。"《儀禮·既夕禮》:明日,以其班～。(1157下)《禮記·檀弓下》:殷練而～,周卒哭而～。(1302下)❷合葬。鄭玄《注》:"祔,謂合葬。"《禮記·檀弓上》:周公蓋～。(1281中)

【祔食】祔於祖廟而隨祖先受祭。凡未成年而死者及死而無嗣者不立廟,附於祖廟之內,隨祖先而受食。鄭玄《注》:"此二者當從祖祔食而已。不祭祖,無所食之也。"《禮記·喪服小記》:庶子不祭殤與無後者,殤與無後者從祖～。(1496上)

【祔葬】合葬。合葬者可不用卜筮葬地,因先前已卜筮。鄭玄《注》:"宅,葬地也,前人葬既筮之。"《禮記·喪服小記》:～者不筮宅。(1500中)

祇 zhī 恭敬之德。爲六樂德之一。鄭玄《注》:"祇,敬。"《周禮·春官·大司樂》:以樂德教國子:中、和、～、庸、孝、友。(0787下)

祠 cí ❶得福後祭神報謝。《女祝》鄭玄《注》:"禱,疾病求瘳也。祠,報福。"《曲禮上》陸德明《釋文》:"求得曰祠。"《周禮·天官·女祝》:掌王后之內祭祀,凡內禱～之事。(0690上)《禮記·曲禮上》:禱～祭祀,供給鬼神,非禮不誠不莊。(1231中)❷春祭宗廟曰祠。《大宗伯》孫詒讓《正義》:"《爾雅·釋天》云:'春祭曰祠。'郭注云:'祠之言食。'……《春秋》桓八年《公羊傳》云:'春曰祠。'何注云:'祠猶食也,猶繼嗣也。春物始生,孝子思親,繼祠而食之,故曰祠,因以別死生。'"《周禮·春官·大宗伯》:以～春享先王,以禴夏享先王,以嘗秋享先王,以烝冬享先王。(0758下)《禮記·月令》:(仲春之月)至之日,以大牢～于高禖,天子親往。(1361下)❸交接之辭令。爲六辭之一。鄭玄《注》:"鄭司農云:'祠當爲辭,謂辭令也。'……玄謂一曰祠者,交接之辭。"《周禮·春官·大祝》:作六辭以通上下、親疏、遠近:一曰～,二曰命,三曰誥,四曰會,五曰禱,六曰誄。(0809中)❹蜡祭。鄭玄《注》:"此《周禮》所謂蜡祭也。"參見"蜡㊀"。《禮記·月令》:天子乃祈來年于天宗,大割～于公社及門閭,臘先祖、五祀。(1382上)

祫 xiá 宗廟合祭之禮。天子、諸侯迎遠近祖先之神主於太廟而合祭之。天子迎六廟之主,諸侯迎四廟之主。祫祭一般於三年喪畢時舉行一次,次年禘祭後又舉行一次,以後每五年一次。參見"祫祭"。《禮記·王制》:諸侯礿犆,禘一犆一～,嘗～,烝～。(1336中)

【祫事】喪祭名。三虞之祭的始虞,即下葬當天中午於殯宮舉行的安神之祭。鄭玄《注》:"始虞謂之祫事者,主欲其祫先祖也,以與先祖合爲安。"賈公彥《疏》:"《公羊傳》文二年云:'大祫者何?合祭也。合先君之主於大廟。'故此鄭亦以祫爲合而言。但三虞卒哭後乃有祔祭,始合先祖,始虞而已。……是始虞預言祫之意也。"參見"虞①"。《儀禮·士虞禮》:哀薦～,適爾皇祖某甫。(1174 中)

【祫祭】合祭。孔穎達《疏》:"祫,合祭。祖,大祖。三年一祫,謂當祫之年,則祝迎高曾祖禰四廟而於大祖廟祭之。天子祫祭則迎六廟之主。"《禮記·曾子問》:～於祖,則祝迎四廟之主。(1393 中)

【祫禘】帝王合祭先祖之大禮。鄭玄《注》:"祫,合也。天子、諸侯之喪畢,合先君之主於祖廟而祭之,謂之祫。後因以爲常。"孫希旦《集解》:"祫者,合祭之名。三時之祫,合羣廟之主而祭於太廟,大祫,合羣廟及遷廟之主而祭於太廟,所祭有多寡,而其爲合祭則一也。……祫禘、祫嘗、祫烝者,謂以祫祭而爲禘、嘗、烝也。天子則言祫於禘、嘗、烝之上,諸侯則言祫於禘、嘗、烝之下,記者文便,非有義例也。"《禮記·王制》:天子犆礿,～,祫嘗,祫烝。(1336 中)

祭 jì ❶祭祀。陳物供奉天神、地祇、人鬼。《周禮·天官·酒正》:凡祭祀,以灋共五齊、三酒,以實八尊。大～三貳,中～再貳,小～壹貳。(0669 中)《儀禮·覲禮》:～天,燔柴。～山、丘陵,升。～川,沉。～地,瘞。(1094 上)《禮記·祭義》:～不欲數,數則煩,煩則不敬。(1592 中)❷指所祭之食物。《膳夫》鄭玄《注》:"祭,謂刌肺、脊也。"《周禮·天官·膳夫》:膳夫授～,品嘗食,王乃食。(0660 上)《儀禮·特牲饋食禮》:主人坐,左執角,受～,祭之。(1184 下)❸特指祭祀地祇。祀天神

曰祀,祀地祇曰祭,祀人鬼曰享。鄭玄《注》:"不言祭祀,此皆地祇,祭地可知也。"《周禮·春官·大宗伯》:以血祭～社稷、五祀、五嶽,以貍沈～山林、川澤,以疈辜～四方、百物。(0758 上)

【祭祀】陳物供奉天神、地祇、人鬼之禮。爲《周禮》大宰所掌治理王畿内公卿大夫采邑、王子弟食邑的八項法則之一。《周禮·天官·大宰》:以八則治都鄙:一曰～,以馭其神;二曰灋則,以馭其官;三曰廢置,以馭其吏;四曰禄位,以馭其士;五曰賦貢,以馭其用;六曰禮俗,以馭其民;七曰刑賞,以馭其威;八曰田役,以馭其衆。(0646 上)《儀禮·士昏禮》:某以得爲外昏姻之數,某之子未得濯溉於～,是以未敢見。(0973 中)《禮記·坊記》:～之有尸也,宗廟之有主也,示民有事也。(1620 中)

【祭肺】用於祭祀之肺。牛羊之肺根據需要的不同,分爲兩種:一爲祭肺,即專用於祭祀的肺,祭肺當割開肺體,故又稱刌肺或切肺;一爲舉肺,即專用於食用的肺,舉肺要切而不斷,故又稱離肺,亦稱嚌肺。《儀禮·士冠禮》"離肺,實于鼎"賈公彦《疏》:"凡肺有二種:一者舉肺,一者祭肺。"參見"舉肺""離肺"。《儀禮·少牢饋食禮》:腸三,胃三,舉肺一,～三,實于一鼎。(1197 下)

【祭服】祭祀所穿的禮服。古人敬鬼神,故尊祭服:有田禄者首先應置辦祭服;天冷時不得穿祭服禦寒;祭服破敝了要焚燒掉,不使人褻之;祭服用作小殮之衣,不穿之時不得顛倒置放。《士喪禮》鄭玄《注》:"祭服:爵弁

服、皮弁服,皆從君助祭之服。"《喪服大記》孔穎達《疏》:"唯祭服尊,雖散不著,而領不倒在足也。"《儀禮·士喪禮》:商祝襲～,祿衣次。(1134上)《禮記·喪服大記》:小斂之衣,～不倒。(1579中)

【祭侯】祭祀射侯。爲射禮之一。祭侯時,司馬等獻酒於服不氏(唱獲之人)及其徒,服不氏及其徒祭之。祭侯有祝辭。鄭玄《注》:"祭侯,獻服不,服不以祭侯。"孫詒讓《正義》:"虎侯獻服不,服不以祭侯,熊豹二侯則獻服不氏之徒,亦徒以祭侯。"《周禮·夏官·射人》:～,則爲位。與大史數射中,佐司馬治射正。(0846上)

【祭菜】以芹藻等菜蔬祭祀先聖、先師。爲入學之禮。鄭玄《注》:"祭菜,禮先聖先師。菜,謂芹藻之屬。"《禮記·學記》:大學始教,皮弁～,示敬道也。(1522上)

【祭禽】以所獲禽祭四方之神。秋季田獵主祭四方,報成萬物。鄭玄《注》:"以所獲禽祀四方之神也。"《禮記·月令》:命主祠～于四方。(1380中)

【祭墓】葬後設奠祭后土之神,使安佑亡者。賈公彥《疏》:"謂造丘墳已訖,以王之靈柩託於此土,故祭后土之神,使安祐之。"《周禮·春官·小宗伯》:既葬,詔相喪祭之禮;成葬而～,爲位。(0768中)

【祭號】祭祀時對神鬼及祭品的美稱。祭號有六:神號、鬼號、祇號、牲號、齍號、幣號。鄭玄《注》:"祭號,六號。"詳見各條。《周禮·春官·大祝》:辨

督逆祀命者,頒～于邦國、都鄙。(0811下)

【祭蜡(zhà)】歲終之祭。於每年十二月舉行,合祭衆神以報農功,兼息田夫。祭祀對象主要有八:先嗇、司嗇、農、郵表畷、貓虎、坊、水庸、昆蟲,又稱八蜡。鄭玄《注》"杜子春云:'……《郊特牲》曰:"天子大蜡八,伊耆氏始爲蜡。歲十二月,而合聚萬物而索饗之也。蜡之祭也,主先嗇而祭司嗇也。黃衣、黃冠而祭,息田夫也。既蜡而收,民息已。"'玄謂十二月,建亥之月也。求萬物而祭之者,萬物助天成歲事,至此爲其老而勞,乃祀而老息之,於是國亦養老焉。"參見"蜡㊀"。《周禮·春官·籥章》:國～,則龡《豳頌》,擊土鼓,以息老物。(0802上)

【祭酺(pú)】祭主掌人物災害之神。爲除災之祭。鄭玄《注》:"酺者,爲人物菑害之神也。故書'酺'或爲'步'。"《周禮·地官·族師》:春秋～亦如之。(0719上)

【祭僕】職官名。掌受天子之命監督祭祀全過程。爵中士。《周禮·夏官·祭僕》:～,掌受命于王以眡祭祀,而警戒祭祀有司,糾百官之戒具。(0852中)

【祭器】祭祀時陳設的器具。如籩、豆、簠、簋、鼎、俎等。依禮,無田祿者可以不自製祭器,因爲祭器可以借用。然有采地之大夫必須自己造祭器,祭器沒有造好,不得造生活器具。《坊記》鄭玄《注》:"祭器,籩豆簠簋鉶之屬也。"《禮記·坊記》:敬則用～,故君子不以菲廢禮,不以美没禮。(1620下)《儀禮·既夕禮》:"無～,

有燕樂器可也。(1149 中)

【祭禜（yǒng）】禳災之祭。爲禳風霜、雨雪、水旱、癘疫之災而祭日月星辰山川之神。定時之禜爲春秋而祭，祭於社壇。不定時之禜則遇災而祭，祭無常處。鄭玄《注》："禜，謂雩禜水旱之神，蓋亦爲壇位，如祭社稷云。"《周禮·地官·黨正》：春秋～亦如之。(0718 上)

【祭禮】喪葬祭祀之禮。孔穎達《疏》："祭禮，虞、卒哭、祔、小祥、大祥之禮也。"《禮記·曲禮下》：居喪未葬，讀喪禮；既葬，讀～。(1257 下)

【祭爟（guàn）】祭祀最先用火之人。報其爲明之功。鄭玄《注》："報其爲明之功，禮如祭爨。"賈公彥《疏》："此祭爟，謂祭先出火之人。"孫詒讓《正義》："此祭爟與祭爨同，亦以黍肉，無籩豆俎。"《周禮·夏官·司爟》：凡祭祀，則～。(0843 中)

【祭脯醢】以脯薦醢祭先人於豆間。凡禮事，食前必祭先人。此即《周禮·春官·大祝》九祭之"擩祭"。《士冠禮》胡培翬《正義》引敖繼公云："祭脯醢，以脯祭擩醢而祭之。"《士昏禮》鄭玄《注》："凡祭，於脯醢之豆間。必所爲祭者，謙敬示有所先也。"《儀禮·士冠禮》：冠者即筵坐，左執觶，右～，以柶祭醴三。(0952 下)《儀禮·士昏禮》：賓即筵坐，左執觶，～，以柶祭醴三。(0962 下)

【祭祀之式】祭祀所用財物的規定。爲均節財用的九式之一。鄭玄《注》："式，謂用財之節度。"賈公彥《疏》："謂若大祭、次祭用大牢，小祭用特牲之類。"《周禮·天官·大宰》：以九式均節財用：一曰～，二曰賓客之式，三曰喪荒之式，四曰羞服之式，五曰工事之式，六曰幣帛之式，七曰芻秣之式，八曰匪頒之式，九曰好用之式。(0648 上)

【祭祀主敬】祭祀以敬爲主。孔穎達《疏》："恭在貌，敬在心。賓客輕，故主恭；祭祀重，故主敬。"孫希旦《集解》："祭祀以誠感格，故以內心之敬爲主。"《禮記·少儀》：賓客主恭，～，喪事主哀，會同主詡。(1514 下)

【祭祀之聯事】六官聯合辦理陳物供奉天神、地祇、人鬼的事務。爲小宰所掌六聯事之一。《周禮·天官·小宰》：以官府之六聯合邦治：一曰～，二曰賓客之聯事，三曰喪荒之聯事，四曰軍旅之聯事，五曰田役之聯事，六曰斂弛之聯事。(0653 下)

【祭法第二十三】《禮記》第二十三篇篇名。以本篇篇首"祭法"二字名篇。孔穎達《疏》引鄭玄《三禮目錄》云："名曰《祭法》者，以其記有虞氏至周天子以下所制祀羣神之數。此於《別錄》屬祭祀。"(1587 中)

【祭統第二十五】《禮記》第二十五篇篇名。孔穎達《疏》引鄭玄《三禮目錄》云："名曰《祭統》者，以其記祭祀之本也。統，猶本也。此於《別錄》屬祭祀。"(1602 下)

【祭義第二十四】《禮記》第二十四篇篇名。孔穎達《疏》引鄭玄《三禮目錄》云："名曰《祭義》者，以其記祭祀齋戒薦羞之義也。此於《別錄》屬祭祀。"(1592 中)

祧 tiāo 遷主所藏之廟。天子七廟：太祖廟一，即始祖后稷廟；親廟四,即父、祖、曾祖、高祖之廟;文王、武王二廟。文王之上世,其主藏於始祖后稷廟;高祖以上,其主依昭穆分别藏於文王、武王廟,稱二祧。統言之,則廟、祧不別。《守祧》鄭玄《注》:"廟,謂大祖之廟及三昭三穆。遷主所藏曰祧。先公之遷主,藏于后稷之廟,先王之遷主,藏于文武之廟。"《聘禮》鄭玄《注》:"遷主所在曰祧。《周禮》天子七廟,文武爲祧。"《祭法》孔穎達《疏》:"遠廟,謂文武廟也。"《周禮‧春官‧守祧》:掌守先王、先公之廟~,其遺衣服藏焉。(0784 上)《儀禮‧聘禮》:不腆先君之~,既拚以俟矣。(1051 下)《禮記‧祭法》:遠廟爲~,有二~,享嘗乃止。(1589 上)

祥 xiáng 喪祭名。有小祥、大祥之分。父母去世三年之喪,一週年之祭爲小祥,亦稱練;二週年爲大祥(常爲二十五月,有故則二十六月或二十七月);一年之喪(父在爲母服喪),十一月之祭爲小祥,十三月爲大祥。小祥之後,孝子除首服,服練冠;大祥之後,除喪服,服朝服縞冠。亦爲行小祥、大祥之祭。《大祝》賈公彥《疏》:"練,謂十三月小祥,練祭。祥,謂二十五月大祥,除衰杖。"《釋名‧釋喪制》:"期而小祥,亦祭名也。孝子除首服,服練冠也。祥,善也,加小善之飾也。又期而大祥,亦祭名也。孝子除縗服,服朝服縞冠,加大善之飾也。"《周禮‧春官‧大祝》:付、練、~,掌國事。(0811 中)《禮記‧雜記下》:期之喪,十一月而練,十三月而~,十五月而禫。(1563 上)

【祥車】葬時所乘之車。祥車本爲生前平時所乘之車,葬時以爲喪車,空其左以爲神位。鄭玄《注》:"空神位也。祥車,葬之乘車。"孔穎達《疏》:"祥,猶吉也。吉車爲平生時所乘也,死葬時因爲魂車。鬼神尚吉,故葬魂乘吉車也。曠,空也。車上貴左,故僕在右,空左以擬神也。"《禮記‧曲禮上》:~曠左。(1253 中)

【祥事】指大祥之祭。胡培翬《正義》:"《釋名》云:'又期而大祥,亦祭名也。孝子除縗服,服朝服縞冠,加大善之飾也。'"《儀禮‧士虞禮》:又朞而大祥,曰:"薦此~。"(1176 中)

祴 gāi 即《祴夏》。樂章名。鄭玄《注》:"《祴》樂,《祴夏》之樂。"參見"祴夏"。《周禮‧春官‧笙師》:掌教龡竽、笙、塤、籥、簫、篪、篴、管,春牘、應、雅,以教《~》樂。(0801 上)

【祴夏】樂章名。爲《九夏》之一,亦稱《陔夏》。蓋爲送客之樂。鄭玄《注》引杜子春云:"祴讀爲陔鼓之陔。……客醉而出奏《陔夏》。"一說,以爲即詩之《頌》類,其樂於孔子前已佚。鄭玄《注》:"《九夏》皆詩篇名,《頌》之族類也。此歌之大者,載在樂章,樂崩亦從而亡,是以《頌》不能具。《周禮‧春官‧鍾師》:凡樂事,以鍾鼓奏《九夏》》:《王夏》《肆夏》《昭夏》《納夏》《章夏》《齊夏》《族夏》《~》《驁夏》。(0800 中)

祲 jìn ❶陰陽之氣相侵所形成的雲氣。爲十煇之一。望氣者據以辨吉凶。鄭玄《注》引鄭司農云:"祲,陰陽氣相侵也。"《周禮‧春官‧眡祲》:一曰~,二曰象,三曰鑴,四曰監,五曰闇,六曰瞢,七曰彌,八曰敘,九曰隮,十曰想。(0808 中)❷日旁的雲氣。以其五色而知吉凶之兆。賈公彥《疏》："祲，謂日旁雲氣，以見五色之雲則知吉凶也。"《周禮·春官·保章氏》：以五雲之物，辨吉凶、水旱降豐殺之～象。（0819 下）

禁 jìn ❶置放酒尊之器。其名取禁止之義，戒飲而勿醉。亦名棜、棜禁、斯禁。禁有足而棜無足。《士冠禮》鄭玄《注》："禁，承尊之器也。名之爲禁者，因爲酒戒也。"賈公彥《疏》："酒是所飲之物，恐醉，因而禁之，故云'因爲酒戒'。"《禮器》鄭玄《注》："棜，斯禁也。謂之棜者，無足，有似於棜，或因名云耳。大夫用斯禁，士用棜禁。"如今方案，隋長局足，高三寸。"《儀禮·士冠禮》：尊于房戶之閒，兩甒，有～。（0956 上）《禮記·禮器》：天子、諸侯之尊廢～，大夫、士棜、～。（1433 中）

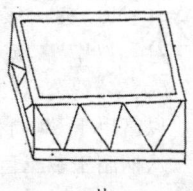

❷田獵之禁令。爲五戒之一。鄭玄《注》："禁則軍禮曰'無干車''無自後射'，此其類也。"《周禮·秋官·士師》：以五戒先後刑罰，毋使罪麗于民：一曰誓，用之于軍旅；二曰誥，用之于會同；三曰～，用諸田役；四曰糾，用諸國中；五曰憲，用諸都鄙。（0874 下）

【禁原蠶】禁止一年養兩次蠶。古者以馬與蠶同氣，一年養兩次蠶，恐傷及馬，故禁之。鄭玄《注》："原，再也。天文，辰（即大火，大火爲二月）爲馬。《蠶書》，蠶爲龍精。月值大火，則浴其種，是蠶與馬同氣。物莫能兩大，禁再蠶者，爲傷馬與？"賈公彥《疏》："以其俱取大火，是同氣也。"孫詒讓《正義》引惠士奇云："《海外北經》有歐絲之野，在大踵東，一女子跪據樹歐絲。即《荀子·賦篇》蠶賦所謂身女好而頭馬首者。是爲蠶神，與馬同形，故與馬同氣。"《周禮·夏官·馬質》：～者。（0842 上）

【禁殺戮】職官名。掌管制止庶民相互殺戮。爵下士。《周禮·秋官·禁殺戮》：～，掌司斬殺戮者。（0884 中）

【禁暴氏】職官名。掌管禁止庶民之亂暴。爵下士。《周禮·秋官·禁暴氏》：～，掌禁庶民之亂暴力正者、撟誣犯禁者、作言語而不信者。（0884 中）

【禁麛卵】禁止捕殺幼鹿，攫取鳥卵。依禮，春天爲長養之時，故不得捕取幼獸和鳥卵。鄭玄《注》："爲其夭物且害心多也。麛，麋鹿子。"《周禮·地官·迹人》：凡田獵者受令焉，～者與其毒矢射者。（0748 上）

祼 guàn ❶祭名。以圭瓚酌鬱鬯灌地以求神。用於祭享先王及饗宴賓客。祼亦作灌、果。《大宗伯》鄭玄《注》："祼之言灌，灌以鬱鬯。謂始獻尸求神時也。"《周禮·春官·大宗伯》：以肆、獻、～享先王，以饋食享先王。（0758 下）《禮記·祭統》：夫祭有三重焉：獻之屬莫重於～，聲莫重於升歌，舞莫重於《武宿夜》，此周道也。（1604 上）❷行祼禮，即酌鬱鬯以敬賓客。鄭玄《注》："爵行曰祼。"賈公彥《疏》："此《周禮》祼，皆據祭而言。至於生人飲酒，亦曰祼。故《投壺禮》云'奉觴賜灌'，是生人飲酒爵行亦曰灌也。"《周禮·春官·典

瑞》:裸圭有瓚,以肆先王,以~賓客。(0777中)

【裸尸】用圭瓚酌鬱鬯敬獻於尸。尸受祭而灌酒於地,以示神飲。鄭玄《注》:"圭瓚、璋瓚,裸器也。以圭璋爲柄,酌鬱鬯曰裸。"《禮記·祭統》:君執圭瓚~,大宗執璋瓚亞裸。(1603下)

【裸玉】指裸禮酌鬱鬯所用之圭瓚、璋瓚。鄭玄《注》:"裸玉,謂圭瓚、璋瓚。"賈公彥《疏》:"此裸玉即圭瓚是也。"《周禮·春官·鬱人》:凡~,濯之,陳之,以贊裸事。(0770中)

【裸圭】裸禮酌酒所用圭瓚的玉製手柄。圭瓚由兩部分組成,盛鬯酒之部分稱瓚,其柄稱裸圭。鄭玄《注》:"瓚如盤,其柄用圭,有流前注。"《周禮·冬官考工記·玉人》:~尺有二寸,有瓚,以祀廟。(0922下)

【裸將】助王行裸祭之禮。即酌鬱鬯以獻尸。鄭玄《注》:"又從大宰助王也。將,送也。裸送,送裸,謂贊王酌鬱鬯以獻尸謂之裸。"孫詒讓《正義》:"《詩·大雅·文王》篇:'殷士膚敏,裸將于京。'毛《傳》云:'將,行也。'毛訓裸將爲行裸,與送裸義亦相近。"《周禮·天官·小宰》:凡祭祀,贊王幣爵之事,~之事。(0654下)

【裸器】裸禮所用之器皿。包括盛鬱鬯的彝,承彝的舟,以及裸瓚之類。鄭玄《注》:"裸器,謂彝及舟與瓚。"《周禮·春官·鬱人》:鬱人,掌~。(0770中)

【裸獻】祭祀宗廟及饗宴賓客時,九獻之初獻、二獻爲裸,故稱裸獻。孫詒讓《正義》:"此王初裸,后亞裸,爲宗廟九獻首二裸之節,裸尸於室中,迎牲於門外。……(金榜)又云:'《祭統》"獻之屬,莫重於裸",故謂之裸獻,鄭君分釋裸獻爲二,非也。'"一說,裸、獻爲二事。鄭玄《注》:"謂祭宗廟,王既裸而出迎牲,后乃從後裸也。……獻,謂王薦腥薦孰,后亦從後獻也。"《周禮·天官·內宰》:大祭祀,后~,則贊,瑤爵亦如之。(0684下)

【禂】 dǎo 禱告。鄭玄《注》引杜子春云:"禂,禱也。爲馬禱,無疾;爲田禱,多獲禽牲。"《周禮·春官·甸祝》:~牲、~馬,皆掌其祝號。(0815下)

【禄】 lù ❶天子制禄之權。爲天子駕馭羣臣的八柄、八枋之一。《大宰》賈公彥《疏》:"以功詔禄,禄所以富臣下。"《周禮·天官·大宰》:以八柄詔王馭羣臣:一曰爵,以馭其貴;二曰~,以馭其富。(0646中)《周禮·春官·內史》:掌王之八枋之灋,以詔王治。一曰爵,二曰~,三曰廢,四曰置,五曰殺,六曰生,七曰予,八曰奪。(0820上)❷薪俸,俸給。或米粟,或田邑,或錢物,依爵位高低而有別。據《禮記·王制》,中士的俸禄是下士的一倍,上士的俸禄是中士的一倍,下大夫的俸禄是上士的一倍,卿的俸禄是大夫的四倍,君的俸禄是卿的十倍。次一等諸侯國卿的俸禄是大夫的三倍,君的俸禄是卿的十倍。小國之卿的俸禄是大夫一倍,君的俸禄是卿十倍。亦爲給以俸禄。《周禮·地官·大司徒》:十有二曰以庸制~,則民興功。(0703上)《禮記·王制》:論辨然後

【禄位】禄賞與爵位。爲治理王畿內公卿大夫采邑、王子弟食邑的八項法則之一。賈公彥《疏》："學士有賢行學業,則詔之以爵位禄賞,亦是歐之於善也。"《周禮·天官·大宰》:以八則治都鄙,一曰祭祀,以馭其神;二曰灋則,以馭其官;三曰廢置,以馭其吏;四曰~,以馭其士;五曰賦貢,以馭其用;六曰禮俗,以馭其民;七曰刑賞,以馭其威;八曰田役,以馭其衆。(0646 上)

福 fú 指祭祀之肉。《膳夫》鄭玄《注》："致福,謂諸臣祭祀,進其餘肉,歸胙于王。"《少儀》鄭玄《注》:"此皆致祭祀之餘於君子。"《周禮·天官·膳夫》:凡祭祀之致~者,受而膳之。(0660 下)《禮記·少儀》:爲人祭曰"致~",爲己祭而致膳於君子曰"膳"。(1516 中)

禓 shāng 死於非命之鬼。此處爲驅逐惡鬼,即儺。鄭玄《注》:"禓,強鬼也。謂時儺,索室敺疫,逐強鬼也。禓或爲獻,或爲儺。"陸德明《釋文》:"禓,音傷,鬼名也。"《禮記·郊特牲》:鄉人~,孔子朝服立于阼,存室神也。(1448 下)

禡 (禡) mà 軍中之祭。祭祀創建軍戰之法的戰神。以壯軍威,以嚴軍法。鄭玄《注》:"禡,師祭也,爲兵禱。其禮亦亡。"孫希旦《集解》:"愚謂禡,《周禮·肆師》作'貉',鄭注云:'祭造軍法者。其神蓋蚩尤,或曰黃帝。'"《禮記·王制》:天子將出征,類乎上帝,宜乎社,造乎禰,~於所征之地。(1333 上)

禋 yīn 見下。

【禋祀】燔柴升煙,再加犧牲玉帛於柴上焚燒。爲祀天帝之祭。鄭玄《注》:"禋之言煙,周人尚臭,煙,氣之臭聞者。……三祀皆積柴實牲體焉,或有玉帛,燔燎而升煙,所以報陽也。"孫詒讓《正義》:"蓋禋、煙聲類同,故升煙以祭謂之禋祀,對實柴、槱燎言之也。散文則禋通爲祭祀。"《周禮·春官·大宗伯》:以~祀昊天上帝,以實柴祀日月星辰,以槱燎祀司中、司命、飌師、雨師。(0757 上)

禘 dì ❶祭名。夏、殷時宗廟夏季之祭。周改夏祭爲礿。鄭玄《注》:"此蓋夏、殷之祭名,周則改之,春曰祠,夏曰礿。"《禮記·王制》:天子、諸侯宗廟之祭,春曰礿,夏曰~,秋曰嘗,冬曰烝。(1335 下) ❷郊祭天。古時天子祭天於郊,以其始祖配之。此爲大禘,不同於夏祭之時禘。依禮,諸侯以下不得郊祭天。鄭玄《注》:"凡大祭曰禘。……大祭其先祖所由生,謂郊祀天也。"《禮記·大傳》:禮,不王不~。王者~其祖之所自出,以其祖配之。(1506 上)

【禘禮】夏季祭宗廟之禮。鄭玄《注》:"禘,大祭也。"《禮記·明堂位》:季夏六月,以~祀周公於大廟。(1489 上)

禜 yǒng 禳災之祭。爲禳風霜、雨雪、水旱、癘疫之災而祭日月星辰山川之神。爲六祈之一。定時之禜爲春秋而祭,祭於社壇,以朱絲繞壇。不定時之禜則遇災而祭,祭無常處,臨時營其地。《黨正》鄭玄《注》:"禜,謂雩禜水旱之神。蓋亦爲壇位,如祭社稷云。"《大祝》鄭玄《注》:"鄭司農云:'……禜,日月星辰山川之祭也。《春秋傳》曰:"日月星辰之神,則雪霜風雨之不時,於是乎禜之;山川之神,則水旱癘疫之災,於是乎禜之。"'玄謂……禜,如日食以朱絲禜社,攻如其鳴鼓然。"孫詒讓《正義》:"禜有二:有有常時者,《黨正》春秋祭禜是也;有無常時者,遇災而禜日月、星辰、山川、社稷、國門,及《夢氏》之攻禜是也。此禜亦通晐之矣。"《周禮·地官·黨正》:春秋祭~亦如之。(0718上)《周禮·春官·大祝》:一曰類,二曰造,三曰禬,四曰~,五曰攻,六曰說。(0808下)

【禜門】禜祭國門。以瓢爲尊祭之,以止洪水。鄭玄《注》:"禜,謂營鄭所祭。門,國門也。"《周禮·春官·鬯人》:~用瓢齎,廟用脩。(0771上)

禫 dàn 舉行禫祭。二十七月(與大祥祭隔一月)除喪服的祭禮。三年之喪至禫祭而結束,恢復正常生活。《士虞禮》鄭玄《注》:"中,猶閒也。禫,祭名也,與大祥閒一月,自喪至此凡二十七月。禫之言澹澹然平安意也。"胡培翬《正義》:"禫,大祥後除服祭名。"一說,《檀弓上》孔穎達《疏》:"王肅以二十五月禫,除喪畢。而鄭康成則二十五月大祥,二十七月而禫,二十八月而作樂,復平常。"《儀禮·士虞禮》:中月而~。(1176中)《禮記·檀弓上》:孟獻子~,縣而不樂,比御而不入。(1278中)

禨 jī 洗髮後所飲之酒。亦爲洗髮後飲酒。《玉藻》孔穎達《疏》:"禨,謂酒也。……是沐畢必進禨酒。"《少儀》鄭玄《注》:"已沐,飲曰禨。"《禮記·玉藻》:櫛用樿櫛,髮晞用象櫛,進~進羞,工乃升歌。(1475中)《禮記·少儀》:飲酒者、~者、醮者,有折俎不坐。(1515下)

禮 (礼) lǐ ❶廣義的禮,是指一個時代的典章制度,比如夏禮、周禮。狹義的禮,專指人們的行爲規範、規矩、儀節。禮的中心內容和基本原則,是充分承認存在於社會各個階層的親疏、尊卑、長幼差別的合理性:"上下有義,貴賤有分,長幼有等,貧富有度,凡此八者,禮之經也"(《管子·五輔》),"夫禮者,所以定親疏、決嫌疑、別同異、明是非"(《禮記·曲禮上》)。禮有吉、凶、賓、軍、嘉五種,其外在形式可分爲動儀、禮容、禮辭以及借以表達各種思想情感的禮器;其內在思想則是關於處理君臣、父子、兄弟、夫婦、朋友關係的"五倫"或"五常",它是一套嚴格的等級制度。儒家重視禮,把禮作爲修身、齊家、治國、平天下的根本,"爲政先禮,禮,其政之本與!"(《禮記·哀公問》)西周是禮制的全盛期;春秋時,由於社會發生變化,導致禮樂制度的紊亂和崩潰;戰國以後,在中國二千餘年的古代社會中,禮在國家制度和民間生活中雖然還有保留,但它的嚴整體系已不復存在。《周禮·天官·大宰》:凡治,以典待邦國之治,以則待都鄙之治,以灋待官府之治,以官成待萬民之治,以~待賓客之治。(0649下)《儀禮·士昏禮》:某有先人之~,使某也請納采。(0972上)《禮記·禮運》:夫~,先王以承天之道,以治人之情,故失之者死,得之者生。(1414下)❷通曉禮義。爲六藝之一。禮分爲吉禮、凶禮、賓禮、軍禮、嘉禮五類。鄭玄《注》："禮，五禮之義。"《周禮・地官・大司徒》：三曰六藝，～、樂、射、御、書、數。（0707 中）❸指行食禮和燕禮。諸侯朝覲天子禮畢，天子以食、燕之禮饗諸侯。鄭玄《注》："禮，謂食燕也。"《儀禮・覲禮》：饗、～，乃歸。（1092 中）❹祭祀神靈。鄭玄《注》："變拜言禮者，容祀也。"《儀禮・覲禮》：～日於南門外，～月與四瀆於北門外，～山川丘陵於西門外。（1093 下）❺書名。亦與《詩》《書》《樂》並列爲四種學術、四門學科。孫希旦《集解》："唐、虞時，《詩》《書》未興，《禮》亦未備，……至周，《詩》《書》《禮》《樂》並列爲四教。"《禮記・王制》：樂正崇四術，立四教，順先王《詩》《書》《～》《樂》以造士。春秋教以《～》《樂》，冬夏教以《詩》《書》。（1342 上）

【禮典】禮儀之法典。爲建邦六典之一。春官宗伯所掌。鄭玄《注》引鄭司農云："禮典，宗伯之職，故立其官，曰使帥其屬而掌邦禮，以佐王和邦國。"《周禮・天官・大宰》：三曰～，以和邦國，以統百官，以諧萬民。（0645 中）

【禮命】國家的禮籍和天子的策命。爲官府治理政事所使用的八種成規（八成）之一。孫詒讓《正義》："禮命謂國之禮籍，王之策命。"賈公彦《疏》："有人爭禄之多少，位之前後，則以禮命文書聽之。"《周禮・天官・小宰》：以官府之八成經邦治：一曰聽政役以比居，二曰聽師田以簡稽，三曰聽閭里以版圖，四曰聽稱責以傅別，五曰聽禄位以～，六曰聽取予以

書契，七曰聽賣買以質劑，八曰聽出入以要會。（0654 上）

【禮官】指春官所屬官員。因其主掌禮儀，故稱。《周禮・春官・敘官》：～之屬：大宗伯卿一人，小宗伯中大夫二人，肆師下大夫四人。（0752 下）

【禮俗】禮儀與習俗。爲治理王畿內公卿大夫采邑、王子弟食邑的八項法則之一。鄭玄《注》："禮俗，昏姻喪紀，舊所行也。"《周禮・天官・大宰》：以八則治都鄙：……六曰～，以馭其民。（0646 上）

【禮射】習禮之射。射分主皮之射（習武）與不主皮之射（習禮）。不主皮之射以習禮爲目的，射時講究形體合於禮，動作合於樂，不以射中箭靶中心爲目標。鄭玄《注》："禮射，謂以禮樂射也，大射、賓射、燕射是矣。不主皮者，貴其容體比於禮，其節比於樂，不待中爲備也。"參見"主皮"。《儀禮・鄉射禮》：～不主皮。（1011 中）

【禮酒】天子所賜之酒。鄭玄《注》："禮酒，王所致酒也。"《周禮・天官・酒正》：共賓客之～，共后之致飲于賓客之禮醫、酏、糟。（0670 上）

【禮幣】主國國君郊勞來賓時初次贈予的幣帛。鄭玄《注》："禮幣，主國君初禮賓之幣。"賈公彦《疏》："是自郊勞爲初也"《儀禮・聘禮》：執～以盡言賜禮。（1068 上）

【禮賓】以禮厚待賢能之人。爲鄉飲酒禮之作用之一。鄭玄《注》："以鄉飲酒禮禮而賓之。"《周禮・地官・鄉大夫》：三年則大比，攷其德行、道藝，而興賢者、能者，鄉老及鄉大夫帥其

吏與其衆寡,以禮~之。(0716下)

【禮賓】以禮接待朝聘之諸侯賓客。爲《周禮》天子統馭萬民的八項措施(八統)之一。《大宰》鄭玄《注》:"禮賓,賓客諸侯,所以示民親仁善鄰。"賈公彥《疏》:"天子待朝聘之賓,在下皆當禮於賓客。"《周禮·天官·大宰》:以八統詔王馭萬民:一曰親親,二曰敬故,三曰進賢,四曰使能,五曰保庸,六曰尊貴,七曰達吏,八曰~。(0646下)《儀禮·聘禮》:不郊勞,不筵几,不~。(1069上)

【禮樂】禮儀和音樂。禮、樂是儒家治國最重要的兩個方面,禮以區分貴賤等級差別,規範人的行爲;樂以感化人心,和同人心好惡。統治者禮、樂相互爲用,以達到尊卑有序、上下和合的目的。《樂記》鄭玄《注》:"此一節……明禮樂相須之事。……同謂協好惡也,異謂別貴賤也。"《周禮·春官·大宗伯》:以~合天地之化、百物之產,以事鬼神,以諧萬民,以致百物。(0763上)《禮記·樂記》:~、刑、政四達而不悖,則王道備矣。樂者爲同,禮者爲異。(1529中)

【禮職】禮官之職事。官府六職之一。爲春官宗伯所掌。賈公彥《疏》:"此與上禮典同也。"《周禮·天官·小宰》:三曰~,以和邦國,以諧萬民,以事鬼神。(0653中)

【禮辭】禮節性地推辭一次,即表同意。鄭玄《注》:"禮辭,一辭而許。再辭而許曰固辭;三辭曰終辭,不許也。"《儀禮·士冠禮》:主人戒賓,賓~,許。(0947上)

【禮籍】記載諸侯百官名位尊卑之書。《小行人》鄭玄《注》:"禮籍,名位尊卑之書。"賈公彥《疏》:"名位尊卑,以解禮也;之書,以解籍也。"《周禮·秋官·小行人》:掌邦國、賓客之~,以待四方之使者。(0893中)《禮記·禮運》:故天子適諸侯,必舍其祖廟,而不以~入,是謂天子壞法亂紀。(1418中)

【禮尚往來】禮崇尚有往有來。爲儒家行禮的原則之一,強調了人與人交往中的相互對等性。孔穎達《疏》:"言三王之世,其禮主尚往來。"今爲成語。《禮記·曲禮上》:~,往而不來,非禮也;來而不往,亦非禮也。(1231下)

【禮運第九】《禮記》第九篇篇名。孔穎達《疏》引鄭玄《三禮目錄》云:"名曰《禮運》者,以其記五帝三王相變易陰陽轉旋之道。此於《別錄》屬通論。"本篇主要論說儒家關於人類社會的發展階段及禮義起源的理論學說,強調以禮義治天下,使天下和睦、安定,最終實現"天下爲公"的大同社會理想。《禮運》關於大同社會的描述受到歷代進步思想家的關注,成爲中華民族嚮往的理想和奮進向上的精神支柱。其寫作的時間大約在秦統一六國之後。(1413下)

【禮器第十】《禮記》第十篇篇名。孔穎達《疏》引鄭玄《三禮目錄》云:"名爲《禮器》者,以其記禮使人成器之義也。……此於《別錄》屬制度。"本篇涉及禮的內容甚廣,如談禮的"本"與"文";制禮與行禮的原則;禮的種種不同及沿革損益等。(1430下)

【禮儀三百】禮之大綱有三百餘條。指常行之禮,如儀禮、冠禮、婚禮之類,其目有三百。朱熹《集注》:"禮儀,經禮也。"一説,指《周禮》之官數。孔穎達《疏》:"《周禮》有三百六十官,言三百者,舉其成數耳。"參見"經禮三百"。《禮記·中庸》:~,威儀三千,待其人然後行。(1633 下)

【禮不下庶人】禮不爲庶人而制。儒家認爲,庶人貧窮不備禮器,忙於勞作無暇行禮,故不爲庶人制禮。若其行禮,當以士禮爲則而有所貶損。鄭玄《注》:"爲其遽於事,且不能備物。"孫希旦《集解》:"'禮不下庶人'者,不爲庶人制禮也。制禮自士以上,《士冠》《士昏》《士相見》是也。庶人有事,假士禮以行之,而有所降殺焉。"參見"刑不上大夫"。《禮記·曲禮上》:~,刑不上大夫。(1249 中)

【禮不盛,服不充】不當盛禮,禮服的前襟就不掩上。禮以質樸爲美,故當盛禮,則掩上外服以覆蓋裼衣之美。鄭玄《注》:"禮盛者服充。"孔穎達《疏》:"充,猶襲也。服襲是充美於内,唯盛禮乃然也。"《禮記·玉藻》:~,故大裘不裼,乘路車不式。(1484 上)

禬 guì ❶ 消除災害疫癘之祭。爲六祈之一。《女祝》鄭玄《注》:"除災害曰禬。禬,猶刮去也。"《周禮·天官·女祝》:掌以時招、梗、~、禳之事,以除疫殃。(0690 上)《周禮·春官·大祝》:一曰類,二曰造,三曰~,四曰禜,五曰攻,六曰説。(0808 下) ❷ 即禬禮。聚合財物救濟他人之禮。鄭玄《注》:"致禬,凶禮之弔禮、禬禮也。"參見"禬禮"。《周禮·秋官·大行人》:賀慶以贊諸侯之喜,致~以補諸侯之裁。(0890

下)

【禬禮】聚合財物救濟他人之禮。爲凶禮之一。鄭玄《注》:"同盟者合會財貨,以更其所喪。"孫詒讓《正義》:"《廣雅·釋言》云:'更,償也。'"《周禮·春官·大宗伯》:以凶禮哀邦國之憂:以喪禮哀死亡,以荒禮哀凶札,以弔禮哀禍裁,以~哀圍敗,以恤禮哀寇亂。(0759 中)

禱 (祷) dǎo ❶ 向神祝告求福。《檀弓下》孔穎達《疏》:"禱者,求福。"《周禮·春官·小祝》:及葬,設道齋之奠,分~五祀。(0812 中)《儀禮·既夕禮》:乃行~于五祀。(1158 上)《禮記·檀弓下》:君子謂之善頌善~。(1315 上) ❷ 賀慶祝福之辭。爲六辭之一。鄭玄《注》:"禱,賀慶言福祚之辭。"孫詒讓《正義》:"先鄭誤以此禱爲告神之辭,故後鄭不從。……謂人以吉語相賀慶,爲求福祚之辭,不從先鄭禱爲祈福鬼神之事也。"一説,鄭玄《注》引鄭司農云:"禱,謂禱於天地、社稷、宗廟,主爲其辭也。"《周禮·春官·大祝》:作六辭以通上下、親疏、遠近:一曰祠,二曰命,三曰誥,四曰會,五曰~,六曰誄。(0809 中)

【禱祠】求福於神爲禱,得福後報神爲祠。《喪祝》賈公彥《疏》:"禱祠,謂國有故祈請,求福曰禱,得福報賽曰祠。"《周禮·春官·喪祝》:掌勝國邑之社稷之祝號,以祭祀~焉。(0815 中)《禮記·曲禮上》:~祭祀,供給鬼神,非禮不誠不莊。(1231 中)

禰 (祢) nǐ ❶ 父廟。《甸祝》鄭玄《注》:"禰,父廟。"《周禮·春官·甸祝》:舍奠于祖廟,~亦如之。

(0815下)《儀禮·聘禮》:厥明,賓朝服釋幣于～。(1046下)《禮記·曾子問》:父没而冠,則已冠,埽地而祭於～。(1390下)❷行主,遷主。謂載於齋車,跟隨國君出行的神主。亦稱公禰。遷主不必是禰,稱禰以示親密。鄭玄《注》:"禰謂行主、遷主矣,而云禰,親之也。"参見"公禰"。《儀禮·覲禮》:侯氏裨冕,釋幣于～。(1088下)❸父死,神主入廟稱禰。《公羊傳·隱公元年》何休注:"生稱父,死稱考,入廟稱禰。"《儀禮·喪服》:都邑之士則知尊～矣,大夫及學士則知尊祖矣。(1106上)❹立禰廟而祭祀。鄭玄《注》:"不得禰、不得祖者,不得立其廟而祭之也。"《儀禮·喪服》:諸侯之子稱公子,公子不得～先君。(1115中)

【禰宫】父廟。孔穎達《疏》:"禰宫,禰廟也。"《禮記·郊特牲》:卜郊,受命于祖廟,作龜于～,尊祖親考之義也。(1453上)

【禰廟】父廟。《儀禮·既夕禮》:其二席,則饌于～,如小斂奠,乃啓。(1162下)

禴 yuè 用同"礿"。周代夏祭宗廟稱禴。以新麥享先王。夏、殷時稱春祭宗廟爲礿。《大宗伯》孫詒讓《正義》:"禴與礿同。《爾雅》云:'夏祭曰礿。'……《公羊傳》云:'夏曰礿。'何注云:'礿,麥始熟可汋,故曰礿。'"参見"礿"。《周禮·春官·大宗伯》:以祠春享先王,以～夏享先王,以嘗秋享先王,以烝冬享先王。(0758下)《禮記·坊記》:《易》曰:"東鄰殺牛,不如西鄰之～祭寔受其福。"(1620下)

禳 ráng 除邪消災之祭。《雞人》賈公彦《疏》:"謂禳去惡祥也。"《聘禮》鄭玄《注》:"禳,祭名也。爲行道累歷不祥,禳之以除災凶。"《周禮·春官·雞人》:凡祭祀、面～、釁,共其雞牲。(0773上)《儀禮·聘禮》:朝服,載旜,～,乃入。(1067下)

甘 部

甘 gān 甜味。五味之一。古人認爲,甘爲五味之主,可調和四時之味,用於藥食之補。《食醫》賈公彦《疏》:"中央土,味甘,屬季夏。金木水火,非土不載,於五行土爲尊,於五味甘爲上,故甘摠調四味。"《周禮·天官·食醫》:凡和,春多酸,夏多苦,秋多辛,冬多鹹,調以滑～。(0667上)《禮記·内則》:凡和,春多酸,夏多苦,秋多辛,冬多鹹,調以滑～。(1464上)

【甘醴】甜酒。《儀禮·士冠禮》:～惟

厚,嘉薦令芳。(0957下)

【甘養肉】用甘味之藥養人體之肉。古人認爲,甘爲土味,土含載金木水火,似人之肉,故以甘養之。爲古代醫術之總結。鄭玄《注》:"以類相養也。……甘,土味,土含載四者,似肉。"賈公彥《疏》:"金木水火,非土不載,故云含載四者,似人之肉,亦含載筋骨氣脉,故云似肉也,故以甘養之也。"孫詒讓《正義》:"《白虎通義·五行篇》云:'土味所以甘何? 中央者,中和也,故甘,猶五味以甘爲主也。'"《周禮·天官·瘍醫》:凡藥,以酸養骨,以辛養筋,以鹹養脈,以苦養氣,以～,以滑養竅。(0668中)

嘗 [嘗] cháng ❶秋祭宗廟之名。薦新穀以享先祖。《大宗伯》孫詒讓《正義》:"《爾雅》云:'秋祭曰嘗。'……《公羊傳》云:'秋曰嘗。'何注云:'嘗者,先辭也。秋穀成者非一,黍先熟,可得薦,故曰嘗。'"《周禮·春官·大宗伯》:以祠春享先王,以禴夏享先王,以～秋享先王,以烝冬享先王。(0758下)《禮記·明堂位》:是故夏礿,秋～,冬烝,春社,秋省而遂大蜡,天子之祭也。(1489下)❷向宗廟進獻新物。鄭玄《注》:"嘗,謂薦新物於寢廟。"《禮記·少儀》:未～,不食新。(1514上)

石　　部

石 shí ❶樂器名。石磬。爲八音之一。《大師》鄭玄《注》:"金,鍾鎛也。石,磬也。土,塤也。革,鼓鼗也。絲,琴瑟也。木,柷敔也。匏,笙也。竹,管簫也。"《周禮·春官·大師》:皆播之以八音:金、～、土、革、絲、木、匏、竹。(0795中)《禮記·樂記》:金～絲竹,樂之器也。(1536下)❷指美石及有用者。《周禮·秋官·職金》:掌凡金玉錫～丹青之戒令。(0881下)

【石工】雕琢玉和磬的匠人。爲天子六工之一。鄭玄《注》:"此亦殷時制也,周則皆屬司空。……石工,玉人、磬人也。"《禮記·曲禮下》:天子之六工,曰:土工、金工、～、木工、獸工、草工。(1261中)

【石椁】石製的外棺。《禮記·檀弓上》:昔者夫子居於宋,見桓司馬自爲～,三年而不成。(1290上)

砥 dǐ 見下。

【砥厲廉隅】磨礪節操。廉隅,棱角,喻指端正不苟的操守。孔穎達《疏》:"言儒者近習文章,以自磨礪,使成己廉隅也。"今爲成語。《禮記·儒行》:博學以知服,近文章,～。(1671上)

碻 chè 見下。

【碻蔟氏】職官名。掌驅除不祥之鳥。爵下士。《周禮‧秋官‧碻蔟氏》：〜，掌覆夭鳥之巢。（0889 上）

碑 bēi ❶ 竪石。竪立於宮、廟門内，或用以觀日影以識陰陽早晚，或用以繫牲畜以取毛血。《聘禮》鄭玄《注》：「宮必有碑，所以識日景引陰陽也。凡碑，引物者，宗廟則麗牲焉，以取毛血。其材，宮廟以石，窆用木。」《儀禮‧聘禮》：上當〜，南陳。（1059 下）《禮記‧祭義》：既入廟門，麗于〜。（1594 下）❷ 下棺時植於墓四角的大木柱。其上有孔，穿大索用轆轤緩下之。亦稱桓楹。天子葬四碑，君、大夫葬二碑，士葬無碑。鄭玄《注》：「碑，桓楹也。」參見「桓楹」。《禮記‧喪大記》：君葬用輴，四綍，二〜。（1584 下）

碈 mín 似玉之石。鄭玄《注》：「碈，石似玉。」《禮記‧聘義》：敢問君子貴玉而賤〜者何也？爲玉之寡而〜之多與？（1694 上）

碩（硕）shuò 見下。

【碩牲】肥碩之牲。爲祭告之禮所用。鄭玄《注》：「《春秋傳》曰：'故奉牲以告曰：博碩肥腯。'」《周禮‧地官‧充人》：展牲，則告牷。〜，則贊。（0724 下）

磔 zhé 祭祀時分裂牲畜肢體。鄭玄《注》：「旁磔，於四方之門磔攘也。」《禮記‧月令》：命有司大難，旁〜，出土牛，以送寒氣。（1383 下）

【磔攘】分裂牲體祭神以除凶災疫鬼。鄭玄《注》：「磔牲以攘於四方之神。」

孫希旦《集解》：「磔，磔裂牲體也。九門磔攘者，逐疫至於國外，因磔牲以祭國門之神，欲其攘除凶災，禦止疫鬼，勿使復入也。」《禮記‧月令》：命國難，九門〜，以畢春氣。（1364 中）

磬 qìng ❶ 樂器名。以玉、石或金屬製成，形似矩尺，懸於虡，擊之以發聲。天子之樂宮縣四面，階阼之東者曰笙磬，西者曰頌磬。《周禮‧春官‧小胥》：凡縣鍾〜，半爲堵，全爲肆。（0795 中）

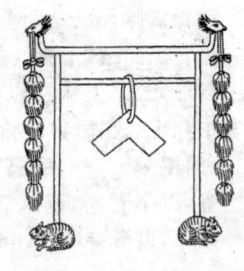
特懸磬

《儀禮‧鄉飲酒禮》：笙入堂下，〜南，北面立。（0986 上）《禮記‧檀弓上》：琴瑟張而不平，竽笙備而不和，有鐘〜而無簨虡。（1289 下）❷ 即磬氏。製磬之工匠。《周禮‧冬官考工記‧總敘》：刮摩之工：玉、栙、雕、矢、〜。（0906 中）❸ 懸縊而殺。古死刑之一。鄭玄《注》：「縣縊殺之曰磬。」《禮記‧文王世子》：公族，其有死罪，則〜于甸人。（1409 上）

【磬氏】製磬之工匠。《周禮‧冬官考工記‧磬氏》：〜，爲磬。（0923 下）

【磬折】❶ 指物體的彎曲度如磬。鄭玄《注》：「磬折，中曲之，不參正也。」《周禮‧冬官考工記‧韗人》：鼓四尺，倨句〜。（0918 中）❷ 指折腰鞠躬。表示謙恭。孔穎達《疏》：「臣則身宜僂折，如磬之背，故云磬折也。」《禮記‧曲禮下》：立則〜垂佩。（1256 上）

【磬師】職官名。掌教擊鍾磬。爵中士、下士。《周禮·春官·磬師》：～，掌教擊磬，擊編鍾。(0800 中)

磨 mó 用同"厤"。檢查牽引棺索徒役的名册。鄭玄《注》："磨者，適歷執綍者名也。"孫詒讓《正義》："孔廣森云：'厤者，執綍人名籍，取適歷之義以爲稱也。古者發大役，必籍其名而稽數之，師則拱稽，喪則抱厤。'……厤者，即校次執綍者之名籍。"《周禮·地官·遂師》：及窆，抱～。(0742 上)

礪（砺）lì 磨石。鄭玄《注》："礪，䃺也。"《禮記·内則》：左佩紛帨、刀、～、小觽、金燧。(1461 上)

目 部

目 mù 見下。

【目聽】觀察受審者的眼神而斷其曲直。爲獄訟審理中判斷曲直的五種方法之一。鄭玄《注》："觀其眸子，視不直則眊然。"賈公彥《疏》："目爲心視，視由心起，理若直，實視盼分明；理若虛，陳視乃眊亂。"《周禮·秋官·小司寇》：以五聲聽獄訟，求民情：一曰辭聽，二曰色聽，三曰氣聽，四曰耳聽，五曰～。(0873 下)

【目容端】看東西目光應當端正。爲禮所認可的君子之目容。鄭玄《注》："不睇視也。"孔穎達《疏》："此一節明君子動止之儀。"《禮記·玉藻》：足容重，手容恭，～，口容止，聲容靜，頭容直，氣容肅，立容德，色容莊。(1485 上)

相 ㊀ xiàng ❶贊禮之人。聘享、祭祀、喪紀等皆設相以助行禮。《司儀》鄭玄《注》："相，謂主君擯者及賓之介也。謂之相者，於外傳辭耳，入門當以禮詔侑也。"《鄉射禮》鄭玄《注》："相，主人家臣，擯贊傳命者。"《郊特牲》鄭玄《注》："相，謂詔侑也，詔侑尸者。"《周禮·秋官·司儀》：賓車進，答拜，三揖三讓，每門止一～，及廟，唯上相入。(0897 下)《儀禮·鄉射禮》：主人一～出迎于門外，再拜。(0994 上)《禮記·郊特牲》：～，饗之也。(1457 中)❷贊禮。《司儀》鄭玄《注》："出接賓曰擯，入贊禮曰相。"《雜記上》鄭玄《注》："相，相主人禮也。"《周禮·秋官·司儀》：掌九儀之賓客擯～之禮，以詔儀容、辭令、揖讓之節。(0896 下)《禮記·雜記上》：大夫之喪，大宗人～，小宗人命龜，卜人作龜。(1551 中)❸導引盲人。鄭玄《注》："相，謂扶工。"《周禮·春官·眡瞭》：凡樂事，～瞽。(0797 下)❹内助，新婦。鄭玄《注》："相，助也。"胡培翬《正義》："爾相，謂婦也。"《儀禮·士昏禮》：父醮子，命之曰:"往迎爾~,承我宗事。"(0972下)❺指三公。佐君治政之人。鄭玄《注》:"相,謂三公相王之事也。"《禮記·月令》:命~布德,和令,行慶,施惠,下及兆民。(1356上)❻樂器名。

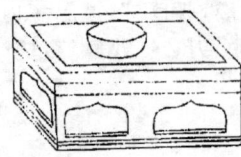

相

亦稱拊。鄭玄《注》:"相,即拊也,亦以節樂。拊者,以韋爲表,裝之以糠,糠一名相,因以爲名焉。"《禮記·樂記》:治亂以~,訊疾以雅。(1538中)❼扶助盲人之人。孔穎達《疏》:"相,謂扶相。"《禮記·仲尼燕居》:治國而無禮,譬猶瞽之無~與。(1613下)

【相步】扶助盲樂工之人。鄭玄《注》:"相步,扶工也。"陳澔《集説》:"樂工無目,必有扶相其行步者。"《禮記·禮器》:故禮有擯詔,樂有~,溫之至也。(1439中)

【相者】❶宴飧、祭祀、喪禮中輔佐主人執事行禮之人。《曲禮上》鄭玄《注》:"相者,主人贊僎者。"《儀禮·燕禮》:~對曰:"吾子無自辱焉。"(1025中)《禮記·曲禮上》:卒食,客自前跪,徹飯齊,以授~。(1243上)❷扶助盲樂工之人。鄭玄《注》:"相,扶工也。"《儀禮·鄉飲酒禮》:工四人,二瑟,瑟先;~二人,皆左何瑟。(0985中)

【相飯】給死者口中納含斂之物。爲喪禮儀節之一。以米、貝、珠、玉等物納於死者口中,不忍其口中空無所食。賈公彥《疏》:"云相飯者,浴訖即

飯含,故言相飯也。"《周禮·春官·大祝》:大喪,始崩,以肆鬯渳尸,~,贊斂,徹奠。(0811上)

㈡ xiāng 見下。

【相₂見】相見禮。爲六禮之一。《儀禮》有《士相見禮》,其主要儀節爲:一、士相見。初次會見必用摯。冬用雉,夏用腒。主人依禮回見時,將賓帶來的禮品奉還("還摯")。二、士見大夫。士奉摯來見,因大夫不必回見,故辭謝不受。如士曾是大夫的臣屬,就將禮品放在地上("奠摯"),不親授。賓出時,大夫使人在門外還摯。三、大夫相見。下大夫相見用鴈,上大夫相見用羔。四、初見君士、大夫均奠摯,再拜稽首,君答壹拜。賈公彥《疏》引鄭玄《三禮目錄》云:"士相見於五禮屬賓禮。"《禮記·王制》:六禮:冠、昏、喪、祭、鄉、~。(1348中)

【相₂受】相互接納。一閭二十五家,一家屋舍破損,其餘各家均需接納之。以此勸民。鄭玄《注》:"玄謂受者,宅舍有故,相受寄託也。"《周禮·地官·大司徒》:令五家爲比,使之相保;五比爲閭,使之~。(0707上)

【相₂保】相互擔保。此爲連坐之法,若一家犯罪,連及五家。賈公彥《疏》:"使五家相保,不爲罪過。"《周禮·地官·大司徒》:令五家爲比,使之~;五比爲閭,使之相受。(0707上)

【相₂翔】徘徊觀望,伺閒爲盜。有此行爲者當誅之。鄭玄《注》:"相翔,猶昌翔,觀伺者也。鄭司農云:'……有姦人相翔於賓客之側則誅之,不得令寇盜賓客。'"孫詒讓《正義》:"此相翔

亦謂徘徊觀望,伺間爲盜竊者。"《周禮·秋官·野廬氏》:有〜者誅之。(0884 中)

【相₂賓】尊重賢能之人。一鄉一萬二千五百家,使行飲酒禮以尊重鄉中之賢能。鄭玄《注》:"賓,賓客其賢者。"賈公彥《疏》:"鄉内之民有賢行者,則行鄉飲酒之禮賓客之。"《周禮·地官·大司徒》:五黨爲州,使之相賙;五州爲鄉,使之〜。(0707 上)

【相₂賙】相互補助不足。一州二千五百家,其禮物不足者大家接濟之。鄭玄《注》:"賙者,謂禮物不備,相給足也。"《周禮·地官·大司徒》:五黨爲州,使之〜;五州爲鄉,使之相賓。(0707 上)

省

㊀ xǐng 天子派使臣間問諸侯之禮。《小行人》賈公彥《疏》:"存、頫、省三者,天子使臣撫邦國之禮。聘、問二者,是諸(侯)使臣行聘時聘殷覜問天子之禮。"《周禮·秋官·大行人》:王之所以撫邦國、諸侯者,歲徧存,三歲徧覜,五歲徧〜。(0892 下)《周禮·秋官·小行人》:存、覜、〜、聘、問,臣之禮也。(0893 中)

【省牲】察看祭祀所用之牲是否符合要求。爲祭祀之儀式,以示虔誠。賈公彥《疏》:"省牲者,察其不如法。"《周禮·春官·小宗伯》:大祭祀,〜,眂滌濯。(0767 上)

㊁ xiǎn 用同"獮"。天子秋季田獵。鄭玄《注》:"省讀爲獮。獮,秋田名也。"《禮記·明堂位》:是故夏礿,秋嘗,冬烝,春社,秋〜而遂大蜡,天子之祭也。(1489 下)

盾

dùn 防護刀箭之兵器。有手持之盾和兵車之大盾兩種。《周禮·夏官·旅賁氏》:掌執戈〜夾王車而趨,左八人,右八人,車止則持輪。(0850 下)

眚

shěng 見下。

【眚禮】減省吉禮。爲救濟災荒的十二措施之一。鄭玄《注》:"眚禮,《掌客》職所謂'凶荒殺禮'者也。"賈公彥《疏》:"謂吉禮之中眚其禮數。"《周禮·地官·大司徒》:以荒政十有二聚萬民:一曰散利,二曰薄征,三曰緩刑,四曰弛力,五曰舍禁,六曰去幾,七曰〜,八曰殺哀,九曰蕃樂,十曰多昏,十有一曰索鬼神,十有二曰除盜賊。(0706 上)

眂

[視] shì 見下。

【眂高】指示龜骨高起可灼之處。爲卜事之一節。鄭玄《注》:"視高,以龜骨高者可灼處示宗伯也。……卜用龜之腹骨,骨近足者,其部高。"《周禮·春官·大卜》:凡國大貞,卜立君,卜大封,則〜作龜。大祭祀,則〜命龜。(0803 下)

【眂祲】職官名。掌占望雲氣,以辨吉凶妖祥。爵中士。《周禮·春官·眂祲》:〜,掌十煇之灋,以觀妖祥,辨吉凶。(0808 中)

【眂瞭】職官名。掌擊奏鼓磬,扶引瞽矇。《周禮·春官·眂瞭》:〜,掌凡樂事,播鼗,擊頌磬、笙磬。(0797 中)

睇

dì 見下。

【睇視】斜視。依禮,在父母、公婆之所,不得有此行爲。鄭玄《注》:"睇,

傾視也。"《禮記·內則》：在父母、舅姑之所，……不敢噦噫、嚏咳、欠伸、跛倚、～。(1462 中)

睦 mù 和睦、親善的品行。為六行之一。《大司徒》鄭玄《注》："睦，親於九族。"《周禮·地官·大司徒》：二曰六行，孝、友、～、婣、任、恤。(0707 中)《禮記·坊記》：～於父母之黨，可謂孝矣，故君子因～以合族。(1620 中)

瞢 méng 日月晦暗無光。為十煇之一。望氣者據以辨吉凶。鄭玄《注》引鄭司農云："瞢，日月瞢瞢無光也。"《周禮·春官·眡祲》：一曰祲，二曰象，三曰鑴，四曰監，五曰闇，六曰～，七曰彌，八曰敘，九曰隮，十曰想。(0808 中)

瞽 gǔ ❶樂人，樂師。樂人多以瞽者充當，故稱。《大行人》鄭玄《注》："瞽，樂師也。"《禮運》孔穎達《疏》："瞽是樂人。"《周禮·秋官·大行人》：九歲屬～史，諭書名，聽聲音。(0892 下)《禮記·禮運》：王前巫而後史，卜筮～侑皆在左右。(1425 下) ❷即瞽矇。職官名。掌演奏樂器及歌詩。賈公彥《疏》："言帥瞽者，即帥矇瞽，歌王治功之詩。"參見"瞽矇"。《周禮·春官·大師》：大喪，帥～而廞，作匶諡。(0796 下) ❸盲人。瞽者及八十老人，起跪不便，故可用"一坐再至（下跪一次叩頭兩次）"之禮，以示優待。參見"一坐再至"。《禮記·王制》：八十拜君命，一坐再至，～亦如之。(1346 上)

【瞽宗】殷大學名。周以瞽宗為大學四學之一，為學禮樂之處。《明堂位》鄭玄《注》："瞽宗，樂師瞽矇之所宗也，古者有道德者使教焉，死則以為樂祖，於此祭之。"《大司樂》鄭玄《注》引鄭司農云："瞽，樂人，樂人所共宗也。或曰祭於瞽宗，祭於廟中。《明堂位》曰：'瞽宗，殷學也。泮宮，周學也。'以此觀之，祭於學宮中。"《周禮·春官·大司樂》：凡有道者、有德者，使教焉，死則以為樂祖，祭於～。(0787 中)《禮記·明堂位》：～，殷學也。(1491 上)

【瞽矇】職官名。掌演奏樂器及歌詩。以其技藝分為上中下三等，皆由盲人充任。《周禮·春官·瞽矇》：～，掌播鞀、柷、敔、塤、簫、管、弦、歌。(0797 上)

田部

田 tián ❶可耕之土地。《周禮·地官·遂人》：上地，夫一廛，～百畮，萊五十畮。(0740 下)《儀禮·少牢饋食禮》：宜稼于～，眉壽萬年。(1202 下)《禮記·王制》：方一里者，為～九百畝。(1347 中) ❷田獵，狩獵。《左傳》《周禮》主四時田獵之說,春蒐、夏苗、秋獮、冬狩;《禮記》從《公羊傳》主歲三田之說,春苗、秋蒐、冬狩。田獵是古時重要社會活動,其功用除獲取野物以供祭祀、賓客、日常食用之外,還借此訓練軍隊、頒布政令,故爲軍禮之一種。《鄉師》賈公彥《疏》:"言四時之田者,謂春蒐、夏苗等。"《王制》鄭玄《注》:"三田者,夏不田,蓋夏時也。《周禮》春曰蒐,夏曰苗,秋曰獮,冬曰狩。"《周禮·地官·鄉師》:凡四時之~,前期,出田灋于州里。(0714 中)《禮記·王制》:天子、諸侯無事,則歲三~。一爲乾豆,二爲賓客,三爲充君之庖。(1333 中)❸帝王賜給親屬臣僚的封地。孫希旦《集解》:"愚謂田祿者,大夫士各有采地,無采地者,其祿亦皆出於公田之所入。"《禮記·曲禮下》:無~祿者,不設祭器;有~祿者,先爲祭服。(1258 中)❹田畯。主管農業之官。鄭玄《注》:"田,謂田畯,主農之官也。"《禮記·月令》:王命布農事,命~舍東郊。(1356 下)

【田弋】獵射飛禽。賈公彥《疏》:"田,謂四時田時。弋,謂弋梟與鴈。"《周禮·夏官·司弓矢》:~,充籠箙矢,共矰矢。(0856 下)

【田夫】農夫。鄭玄《注》:"於是勞農以休息之。"《禮記·郊特牲》:黃衣、黃冠而祭,息~也。(1454 中)

【田犬】田獵所用之犬。孔穎達《疏》:"田犬,田獵所用也。"《禮記·少儀》:犬則執紲,守犬、~,則授擯者。(1514 上)

【田矢】即矰矢。繫有生絲繩以射飛鳥之短矢。爲八矢之一。鄭玄《注》:"田矢,謂矰矢。"參見"矰矢"。《周禮·冬官考工記·矢人》:兵矢、~五分,二在前,三在後。(0924 上)

【田主】田神之主。古人以爲木之茂者爲神所依憑處,故於社稷壇中樹木以爲田神之主。鄭玄《注》:"田主,田神后土、田正之所依也。……所宜木,謂若松栢栗也。"孫詒讓《正義》:"此經田主亦當爲社稷之主,故鄭釋之。"《周禮·地官·大司徒》:設其社稷之壝而樹之~,各以其野之所宜木,遂以名其社與其野。(0702 中)

【田車】即木路。天子田獵之車。鄭玄《注》:"田車,木路也。……田車駕田馬。"賈公彥《疏》:"先言兵車者,重戎事故也;田獵戰伐相類,即言田車以繼兵車。"《周禮·冬官考工記·總敘》:故兵車之輪六尺有六寸,~之輪六尺有三寸,乘車之輪六尺有六寸。(0907 中)

【田豕】野猪。性凶猛,對農作物危害很大。《禮記·郊特牲》:迎貓,爲其食田鼠也;迎虎,爲其食~也。(1454 上)

【田里】耕地和住宅。用以使百姓安居。《遂人》賈公彥《疏》:"田則爲百畝之田,里則五畝之宅,民得業則安,故云安畎。"《禮運》孔穎達《疏》:"田,種穀稼之所;里,居宅之地。"《周禮·地官·遂人》:凡治野,以下劑致畎,以~安畎,以樂昏擾畎。(0740 中)《禮記·禮運》:以設制度,以立~。(1414 中)

【田邑】封地采邑。《禮記·祭統》:於嘗也,出~,發秋政,順陰義也。(1606 中)

【田役】因田獵而征役民衆。爲治理王畿内公卿大夫采邑、王子弟食邑的八項法則之一。賈公彥《疏》:"謂采地之中,得田獵使役於民。"孫詒讓《正義》:"田役,謂凡田獵起徒役也。"《周禮・天官・大宰》:以八則治都鄙:……八曰～,以馭其衆。(0646 上)

【田馬】高七尺之馬。爲六馬之一。用以駕木路。賈公彥《疏》:"田馬駕田路。"《周禮・夏官・校人》:辨六馬之屬:種馬一物,戎馬一物,齊馬一物,道馬一物,～一物,駑馬一物。(0860 上)

【田祖】始耕田教民稼穡者。祈年及蜡祭時,祭以爲田神。孫詒讓《正義》:"祈年之祭,最隆者爲夏正南郊,祭受命帝,以后稷配,王親其事。此祈年與社同時,則王所不與,有司涖其祭而已,其禮甚殺,不得祭古帝及先王,則非神農,亦非后稷明矣。蓋此田祖即先嗇,田畯即司嗇,祈年及蜡祭皆兼祭此二神。"一說,鄭玄《注》:"田祖,始耕田者,謂神農也。"《周禮・春官・籥章》:凡國祈年于～,龡《豳雅》,擊土鼓,以樂田畯。(0801 下)

【田原】田野。可耕之田。《禮記・月令》:命野虞出行～,爲天子勞農勸民,毋或失時。(1365 中)

【田萊】歲耕之田與休耕之田。鄭玄《注》:"萊,休不耕者。"《周禮・地官・縣師》:掌邦國、都鄙、稍甸、郊里之地域,而辨其夫家、人民、～之數。(0727 下)

【田野】即田萊。孫詒讓《正義》:"田野猶言田萊。"參見"田萊"。《周禮・

地官・遂人》:以土地之圖經～,造縣鄙形體之灋。(0740 中)

【田畯】掌管農田稼穡之官,教民稼穡者。即司嗇。祈年及蜡祭時,祭以爲田神。鄭玄《注》引鄭司農云:"田畯,古之先教田者。《爾雅》曰:'畯,農夫也。'"孫詒讓《正義》:"祈年之祭,最隆者爲夏正南郊,祭受命帝,以后稷配,王親其事。此祈年與社同時,則王所不與,有司涖其祭而已,其禮甚殺,不得祭古帝及先王,則非神農,亦非后稷明矣。蓋此田祖即先嗇,田畯即司嗇,祈年及蜡祭皆兼祭此二神。……《詩・甫田》鄭箋亦云:'田畯,司嗇,今之嗇夫也。'彼雖指典農之官言之,然可證田神之田畯,亦即司嗇也。"《周禮・春官・籥章》:凡國祈年于田祖,龡《豳雅》,擊土鼓,以樂～。(0801 下)

【田禄】先秦貴族官吏的俸給來自采地或公田,故稱田禄。孫希旦《集解》:"愚謂田禄者,大夫士各有采地,無采地者,其禄亦皆出於公田之所入。"《禮記・曲禮下》:無～者,不設祭器;有～者,先爲祭服。(1258 中)

【田路】即木路。天子田獵之車。鄭玄《注》:"田路,木路也。"《周禮・夏官・田僕》:掌馭～以田以鄙。(0858 中)

【田鼠】鼠的一種。主要食植物的莖、葉、種子,對農作物有害。《禮記・郊特牲》:迎貓,爲其食～也。(1454 上)

【田僕】職官名。掌管爲天子駕、馭田路。爵上士。《周禮・夏官・田僕》:～,掌馭田路以田以鄙。(0858 中)

【田獵】狩獵練兵活動。《遂師》賈公彥《疏》:"田獵,謂四時田。"《月令》鄭玄《注》:"因田獵之禮,教民以戰法也。"《周禮·地官·遂師》:軍旅、~,平野民,掌其禁令,比敘其事而賞罰。(0742中)《禮記·月令》:是月也,天子乃教於~,以習五戎,班馬政。(1379下)

【田疇】泛指耕熟的土地。穀地爲田,麻地爲疇。孔穎達《疏》:"蔡云:'穀田曰田,麻田曰疇。'"《禮記·月令》:可以糞~,可以美土彊。(1371下)

【田役之聯事】六官聯合辦理因田獵而征役民衆的事務。爲小宰所掌六聯事之一。《周禮·天官·小宰》:以官府之六聯合邦治:一曰祭祀之聯事,二曰賓客之聯事,三曰喪荒之聯事,四曰軍旅之聯事,五曰~,六曰斂弛之聯事。(0653下)

甲 jiǎ ❶鎧甲。作戰時穿的用皮革或金屬製成的護身衣。《曲禮上》孔穎達《疏》:"甲,鎧也。謂鎧爲甲者,言如龜鼈之有甲也。"段玉裁《說文解字注·卷十四上》:"古曰甲,漢人曰鎧。"《周禮·冬官考工記·函人》:函人,爲~。(0917中)《儀禮·既夕禮》:役器:~,胄,干,笮。(1149中)《禮記·曲禮上》:獻~者執胄。(1244上)❷甲日。每旬的第一日。孔穎達《疏》:"甲是旬日之初始,故用之也。"《禮記·郊特牲》:日用~,用日之始也。(1449上)

【甲乙】指春季。孫希旦《集解》:"高氏誘注:甲乙,木日也。……愚謂日以十干循環爲名,十干分屬五行,而甲乙爲木,故日之值甲乙者屬於春。"《禮記·月令》:孟春之月,日在營室,昏參中,旦尾中。其日~。(1353中)

【甲吏】掌製皮革之官。鄭玄《注》:"䩵,《周禮》作韗。謂韗磔皮革之官也。"《禮記·祭統》:䩵者,~之賤者也。(1606上)

【甲革】皮革製的戰甲。可爲射靶。鄭玄《注》:"甲革,革甲也。"賈公彥《疏》:"甲以革爲之。"《周禮·夏官·司弓矢》:王弓、弧弓以授射~,椹質者,夾弓、庾弓以授射犴侯、鳥獸者,唐弓、大弓以授學射者、使者、勞者。(0855下)

【甲胄】鎧甲和頭盔。鄭玄《注》:"甲,鎧。胄,兜鍪也。"《禮記·儒行》:儒有忠信以爲~,禮義以爲干櫓。(1669下)

由 yóu 見下。

【由庚】《詩經·小雅》篇名。爲笙歌,辭已佚。鄭玄《注》:"皆《小雅》篇也。……《由庚》《崇丘》《由儀》今亡,其義未聞。"賈公彥《疏》:"《詩序》云:'《由庚》,萬物得由其道也。'"《儀禮·鄉飲酒禮》:乃間:歌《魚麗》,笙《~》;歌《南有嘉魚》,笙《崇丘》;歌《南山有臺》,笙《由儀》。(0986中)

【由儀】《詩經·小雅》篇名。爲笙歌,辭已佚。鄭玄《注》:"皆《小雅》篇也。……《由庚》《崇丘》《由儀》今亡,其義未聞。"賈公彥《疏》:"《詩序》云:'……《由儀》,萬物之生各得其宜也。'"《儀禮·鄉飲酒禮》:乃間:歌《魚麗》,笙《由庚》;歌《南有嘉魚》,笙《崇丘》;歌《南山有臺》,笙《~》。(0986中)

甸 ㊀ diàn ❶郊外之地,即距國都一百里至二百里之地。王畿方千里,自中心向外分爲國中、郊、甸、稍、縣、都六大地帶。鄭玄《注》:"邦中在城郭者,四郊去國百里,邦甸二百里,家削三百里,邦縣四百里,邦都五百里。"賈公彥《疏》:"郊外曰甸,百里之外,二百里之内。"《周禮·天官·大府》:一曰邦中之賦,二曰四郊之賦,三曰邦～之賦,四曰家削之賦,五曰邦縣之賦,六曰邦都之賦。(0647下)❷王田。以王畿爲中心,方千里之内稱甸,甸貢天子田賦。孫希旦《集解》:"千里之内曰甸,即《禹貢》之'五百里甸服'也。《禹貢》據一面言之,故曰'五百里',此據兩面言之,故曰'千里'。甸,田也。千里之内,其田賦入於天子,故謂之甸。"《禮記·王制》:千里之内曰～,千里之外曰采,曰流。(1325中)

【甸人】❶即甸師。掌管耕種天子藉田;遇喪事替天子受神降之災;王之同族與有爵者有罪,擔任刑殺執行人。爵下士。《大祝》孫詒讓《正義》:"甸人即甸師也。"《文王世子》鄭玄《注》:"甸人,掌郊野之官。"《周禮·春官·大祝》:大喪,始崩,以肆鬯渳尸,相飯,贊斂,徹奠;言～讀禱。(0811中)《禮記·文王世子》:公族,其有死罪,則磬于～。(1409上)❷職官名。天子有甸師之官,諸侯則曰甸人,掌執大燭、陳鼎、掘坎等力役之事。鄭玄《注》:"甸人,掌共薪蒸者。"《儀禮·燕禮》:～執大燭於庭,閽人爲大燭於門外。(1024上)

【甸地】距國都一百里至二百里之地。詳見"甸㊀①"。《周禮·地官·載師》:以公邑之田任～,以家邑之田任稍地,以小都之田任縣地。(0725上)

【甸服】王畿外五百里至千里以内之地。爲九服之一。九服爲侯、甸、男、采、衞、蠻、夷、鎮、藩,每服五百里。《周禮·夏官·職方氏》:方千里曰王畿,其外方五百里曰侯服,又其外方五百里曰～。(0863中)

【甸祝】職官名。掌四時田獵及征伐、祭祀之祝號。爵下士。《周禮·春官·甸祝》:～,掌四時之田表貉之祝號。(0815下)

【甸師】職官名。又稱甸人。掌管耕種天子藉田;遇喪事替天子受神降之災;王之同族與有爵者有罪,擔任刑殺執行人。爵下士。《周禮·天官·甸師》:～,掌帥其屬而耕耨王藉,以時入之,以共齍盛。(0662下)

【甸聚】甸地斂聚的財物。用以接待過往寄止之客。鄭玄《注》:"聚,凡畜聚之物也。"《周禮·地官·委人》:以稍聚待賓客,以～待羇旅。(0745下)

【甸畿】即甸服。王畿外五百里至千里以内之地。爲九畿之一。《周禮·夏官·大司馬》:方千里曰國畿,其外方五百里曰侯畿,又其外方五百里曰～。(0835下)

【甸師氏】職官名。掌管耕種天子藉田;遇喪事替天子受神降之災;王之同族與有爵者有罪,擔任刑殺執行人。爵下士。《周禮·秋官·掌囚》:凡有爵者與王之同族,奉而適～,以待刑殺。(0883上)

㊁ shèng 都鄙采地區劃單位。爲方八里之地。采邑實行井牧制,劃分爲夫、井、邑、丘、甸、縣、都。鄭玄《注》:"此謂造都鄙也。采地制井田,異於鄉遂,重立國。……甸方八里。"《周禮·地官·小司徒》:九夫爲井,四井爲邑,四邑爲丘,四丘爲～,四～爲縣,四縣爲都。(0711下)

【甸₂徒】以甸納軍賦、服田役之人。六十四井爲甸,甸方八里,依軍田之法,甸所出役兵車一乘,甲士三人,七十二卒,服此役者稱爲甸徒。依禮,男子年五十以上者,不服此役。鄭玄《注》:"甸,六十四井也,以爲軍田出役之法。五十始衰,不從力役之事也。"孔穎達《疏》:"謂之甸者,以供軍賦及田役之事。五十者氣力始衰,不爲此甸役徒卒。"《禮記·祭義》:古之道,五十不爲~,頒禽隆諸長者,而弟達乎獀狩矣。(1600上)

㊂ tián 用同"田""畋"。田獵。鄭玄《注》:"甸,田獵也。"《周禮·春官·司服》:凡~,冠弁服。(0782中)

【甸₃役】田獵。天子田獵則徵發徒役,故稱。孫詒讓《正義》:"甸,亦讀爲'田',即《大宰》云'田役',謂王大田獵而起徒役也。"《周禮·春官·小宗伯》:凡王之會同、軍旅、~之禱祠,肄儀爲位。(0768中)

男 nán 五等爵之第五等。男國五命,封疆百里。《周禮·地官·大司徒》:諸~之地,封疆方百里,其食者四之一。(0704下)《儀禮·覲禮》:公、侯、伯、子、~皆就其旂而立。(1093上)《禮記·王制》:王者之制禄爵,公、侯、伯、子、~,凡五等。(1321下)

【男尸】代替死去的男性受祭的男子。《儀禮·士虞禮》:男,~。(1173中)

【男巫】職官名。掌管招迎四方衆神。其師爲中士。《周禮·春官·男巫》:~,掌望祀、望衍、授號,旁招以茅。(0816下)

【男事】耕田服役等事。爲男子成年後所承擔之事。鄭玄《注》:"男事,受田地給政役也。"《禮記·內則》:三十而有室,始理~。(1471中)

【男服】王畿外一千里至一千五百里之地。爲九服之一。九服爲侯、甸、男、采、衛、蠻、夷、鎮、藩,每服五百里。《周禮·夏官·職方氏》:方千里曰王畿,其外方五百里曰侯服,又其外方五百里曰甸服,又其外方五百里曰~。(0863中)

【男教】對男子的教化。儒家認爲男爲陽,女爲陰;男爲剛,女爲柔;男爲日,女爲月;男爲天,女爲地;男爲父,女爲母;男主外,女主內;男爲先,女爲後……。因此,天子與后各立其官,掌管內外之事,效法陰陽,治理天下。天子立六官、三公、九卿、二十七大夫、八十一元士,掌管外治,彰明男教。《禮記·昏義》:天子立六官、三公、九卿、二十七大夫、八十一元士,以聽天下之外治,以明彰天下之~,故外和而國治。(1681下)

【男畿】即男服。王畿外一千里至一千五百里之地。爲九畿之一。《周禮·夏官·大司馬》:方千里曰國畿,其外方五百里曰侯畿,又其外方五百里曰甸畿,又其外方五百里曰~。(0835下)

【男女有別】男女之間有所分別。儒家認爲,男女由於性別不同,其地位、職責等也須有別,如男剛女柔,男尊女卑,男帥女從,男主外女主內……,祇有這樣,家庭、社會才能和諧。鄭玄《注》:"言人倫有別則氣性醇也。"今爲成語。《禮記·郊特牲》:~,然

後父子親。(1456下)

【男子重首】男子服喪,以首経最爲重要。除服先重者,易服易輕者。男子重首,婦人重腰,因此除服時男子先除首経,女子先除腰帶。《禮記·間傳》:男子除乎首,婦人除乎帶。男子何爲除乎首也?婦人何爲除乎帶也?～,婦人重帶。除服者先重者,易服者易輕者。(1661上)

【男角女羈】男孩留腦門兩邊之髮,女孩留頭頂中髮。爲初生男女所剪之髮式。鄭玄《注》:"鬜,所遺髮也。夾囟曰角,午達曰羈。"孔穎達《疏》:"囟是首腦之上縫。……夾囟,兩旁當角之處,留髮不剪。……一從一橫曰午。今女剪髮留其頂上縱橫各一,相交通達,故云午達。"參見"角一③""羈②"。《禮記·內則》:三月之末,擇日翦髮爲鬌:～。(1469下)

【男女不雜坐】男女不混雜而坐。禮重在區別男女,以防淫亂。鄭玄《注》:"皆爲重別防淫亂。不雜坐,謂男子在堂,女子在房也。"《禮記·曲禮上》:～,不同椸枷,不同巾櫛,不親授。(1240下)

【男女授受不親】男女不得親手傳遞東西。禮所規定之儀節,其目的在於申明男女相遠,以防止發生淫佚之事。但祭祀和喪禮中男女可授器,授器或用竹籃,無竹籃則坐奠而後取之。鄭玄《注》:"不親者,不以手相與也。《內則》曰:'非祭非喪,不相授器。其相授,則女受以筐。其無筐,則皆坐奠之,而後取之。'"《禮記·坊記》:故～。(1622下)

【男女不同席,不共食】依禮,七歲的時候,男孩與女孩不同坐一席,不在一起吃飯。因男女有別。鄭玄《注》:"蚤其別也。"《禮記·內則》:七年,～。(1471上)

【男子由右,女子由左】男子在道路右邊行走,女子在道路左邊行走。地道尊右,男右女左,使相遠別。鄭玄《注》:"地道尊右。"《禮記·內則》:道路,～。(1462下)

【男子由右,婦人由左】男子在道路右邊行走,婦人在道路左邊行走。地道尊右,男右女左,使相遠別。鄭玄《注》:"道中三途,遠別也。"《禮記·王制》:道路,～,車從中央。(1347中)

【男不言內,女不言外】男子不談內事,女子不談論外事。依禮,男主外,女主內,各司其職,故男不言家事,女不言外事,兩者互不干預。孫希旦《集解》:"愚謂內謂內事,外謂外事,在內言內,在外言外,各治其事而不得相預也。"《禮記·內則》:～。(1462下)

甽

quǎn 用同"畎"。田間水道。寬一尺,深一尺。鄭玄《注》:"其堲中曰甽。……甽,畎也。"《周禮·冬官考工記·匠人》:一耦之伐,廣尺,深尺,謂之～。(0931下)

甿

méng 種田之人。孫詒讓《正義》:"此經之氓爲野民,與《說文》甿訓田民正合。……甿氓字通,並爲田野農民之專稱。"《周禮·地官·遂人》:凡治野,以下劑致～,以田里安～,以樂昏擾～。(0740中)

畏

wèi ❶用同"隈"。弓彎曲之處。鄭玄《注》:"畏,讀如秦師入隈之'隈'。"賈公彥《疏》:"子春從故書'威'，後鄭不從而爲'隁'者，……從隁爲曲限之義。"鄭玄《注》引杜子春云："當爲威。威謂弓淵。角之中央與淵相當。"孫詒讓《正義》："段玉裁云：'杜從威，鄭從畏而讀如隁，其訓則一。'"《周禮·冬官考工記·弓人》：夫角之中，恒當弓之～。～也者，必橈，橈故欲其堅也。(0935 上)❷因不能辯解而畏懼自殺者。爲死而不弔唁的三種人之一，以其輕生忘孝。孔穎達《疏》："謂有人以非罪攻己，己若不有以解说之而死者，則不弔也。"《禮記·檀弓上》：死而不弔者三：～、厭、溺。(1279 上)

畢 (毕) bì ❶喪祭時助舉牲肉入鼎的木叉。《特牲饋食禮》鄭玄《注》："畢，狀如叉，蓋爲其似畢星取名焉。"《雜記上》孔穎達《疏》："主人舉肉之時，則以畢助主人。舉肉以桑者，亦喪祭故也。"《儀禮·特牲饋食禮》：宗人執～先入，當阼階，南面。(1183 中)《禮記·雜記上》：～用桑，長三尺，刊其柄與末。(1555 下)❷指所授之器具。鄭玄《注》："畢，所以教助執事者。"賈公彥《疏》："以畢是助載鼎實之物，故司馬執弓爲畢以指授，若《周禮》執殳以爲鞭。"一說，爲竹簡。胡培翬《正義》引郝懿行曰："畢，竹簡，笏類，形如畢星，即今如意，執以止物。"《儀禮·大射》：小臣師設楅；司馬正東面，以弓爲～。(1035 下)❸捕鳥所用的長柄網。鄭玄《注》："鳥罟曰羅網，小而柄長謂之畢。"《禮記·月令》：田獵罝罘、羅罔

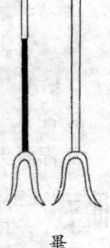

畢

～、翳，餧獸之藥，毋出九門。(1363 下)❹星宿名。白虎七宿的第五宿，有星八顆。以其分佈之狀像古代田獵用的畢網，故名。古人謂此星主兵、主雨。爲二十八宿之一。《禮記·月令》：孟夏之月，日在～。(1364 下)❺寫字的竹、木簡。《學記》鄭玄《注》："簡謂之畢。"《禮記·學記》：今之教者，呻其佔～，多其訊。(1522 下)

畛 zhěn 田間道路。其寬可行大車。鄭玄《注》："徑、畛、涂、道、路，皆所以通車徒於國都也。徑容牛馬，畛容大車。"《周禮·地官·遂人》：夫間有遂，遂上有徑；十夫有溝，溝上有～；百夫有洫，洫上有涂；千夫有澮，澮上有道；萬夫有川，川上有路。(0740 下)

畝 (亩) mǔ ❶田壟。鄭玄《注》："善蓋者以橫馳於壟上。無衣而無紘，而弓不落也。"《周禮·冬官考工記·輪人》：良蓋弗冒弗紘，殷～而馳，不隊，謂之國工。(0910 中)❷田地面積單位。周制，八尺爲步(或曰六尺四寸)，百步爲畝。秦時以五尺爲步，二百四十步爲畝。漢因秦制。《禮記·王制》：古者以周尺八尺爲步，今以周尺六尺四寸爲步。古者百～，當今東田百四十六～三十步。(1347 下)

畚 běn 盛物之器。用竹篾或草繩編織而成。鄭玄《注》："畚，所以盛糧之器。"《周禮·夏官·挈壺氏》：掌挈壺以令軍井，挈轡以令舍，挈～以令糧。(0844 下)

[异] yì 見下。

【異別】指五方用器不同。爲八政之一。鄭玄《注》："異別,五方用器不同也。"《禮記·王制》：八政：飲食、衣服、事爲、～、度、量、數、制。(1348中)

【異居】分居。此指子同繼父分居。其有三種情況：一、昔日同居而現今分居；二、雖共居，而無共同財產；三、繼父有親子。喪禮，與繼父分居則爲之服齊衰三月之喪。《喪服小記》孔穎達《疏》："異居之道其理有三：一者，昔同今異；二者，今雖共居，而財計各別；三者，繼父更有子，便爲異居。異居，則服齊衰三月而已。"《儀禮·喪服》：同居則服齊衰期，～則服齊衰三月。必嘗同居，然後爲～；未嘗同居，則不爲～。(1108下)《禮記·喪服小記》：繼父不同居也者，必嘗同居。皆無主後，同財而祭其祖禰爲同居；有主後者爲～。(1500中)

【異姓】❶指婚姻之親。《大宗伯》鄭玄《注》："異姓，王昏姻甥舅。"《周禮·春官·大宗伯》：以賑膰之禮親兄弟之國，以賀慶之禮親～之國。(0761上)《儀禮·聘禮》：同姓大國則曰伯父，其～則曰伯舅；同姓小邦則曰叔父，其～小邦則曰叔舅。(1092下)《禮記·曲禮下》：天子同姓謂之"伯父"，～謂之"伯舅"。(1264下)❷不同姓之人。姓是血緣系統的標誌，在宗法社會中有特殊意義，可以辨親疏，別婚姻。依禮，娶妻應娶異姓（"取妻不取同姓"）。《儀禮·有司》：乃議侑于賓，以～。(1206下)《禮記·郊特牲》：夫昏禮，萬世之始也，取於～，所以附遠厚別也。(1456中)❸指異姓之婦，即嫁與本族的女子。喪禮，異姓之婦可代爲女喪主。鄭玄《注》："異姓，同宗之婦也。"孔穎達《疏》："今或無適子，適婦爲正主，遣他人攝主。……若攝婦主，必使喪家異姓之女。……此云異姓者，與夫家爲異姓。"《禮記·喪服小記》：男主必使同姓，婦主必使～。(1495上)

【異室】側室。孫希旦《集解》："異室，側室也。"《禮記·檀弓下》：非爲父後者，哭諸～。(1300上)

【異姓主名】異姓女子以稱謂爲主。異姓女子來嫁爲妻，要根據其夫的身份來確定自己的稱謂，如果夫爲父輩，則稱母；爲子輩，則稱婦。孔穎達《疏》："異姓，謂他姓之女來爲己姓之妻。繫夫之親，主爲母、婦之名。夫若爲父行，則主母名；夫若子行，則主婦名。"《禮記·大傳》：～，治際會。名著而男女有別。(1507上)

畝 [畝] mǔ 周制，八尺爲步（或曰六尺四寸），百步爲畝。秦時以五尺爲步，二百四十步爲畝。漢因秦制。《周禮·地官·大司徒》：不易之地家百～，一易之地家二百～，再易之地家三百～。(0705中)

畫 (畫) huà 指繪畫之工匠。《周禮·冬官考工記·總敘》：設色之工：～、繢、鍾、筐、㡛。(0906中)

【畫荒】緣邊爲雲氣花紋的棺罩。棺罩上部稱荒，下部稱帷。孔穎達《疏》："畫荒，緣邊爲雲氣者。"《禮記·喪大記》：～，火三列，黻三列，素錦褚。(1584上)

【畫純】畫有雲氣花紋的鑲邊。鄭玄《注》："純，緣也。"《周禮·春官·司

几筵》：設莞筵紛純，加繰席～，加次席黼純。（0774下）

【畫翣】畫有雲氣圖案的棺飾。形似掌扇，上畫圖案花紋。喪車行時使人持之而從，入壙樹於棺之兩旁。鄭玄《注》：「漢禮，翣以木爲筐，廣三尺，高二尺四寸，方兩角高，衣以白布。畫者，畫雲氣，其餘各如其象。柄長五尺，車行使人持之而從。既窆，樹於壙中。」《禮記·喪大記》：飾棺：……黼翣二，黻翣二，～二，皆戴圭。（1584上）

【畫繢】繪畫。亦指繪畫之工匠。孫詒讓《正義》：「亦以事名工也。」《周禮·冬官考工記·畫繢》：～之事，雜五色。（0918中）

【畫布巾】畫有雲氣圖案的細布巾。祭祀時用以覆蓋六彝。鄭玄《注》：「宗廟可以文。畫者，畫其雲氣與?」《周禮·天官·冪人》：祭祀，以疏布巾冪八尊，以～冪六彝。（0675下）

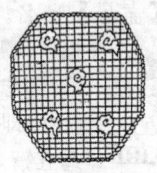

畫布巾

畺 jiāng 距王都四百里至五百之地。鄭玄《注》：「畺，五百里。」《周禮·春官·肆師》：與祝侯禳于～及郊。（0769中）

【畺地】距王都四百里至五百里之地。鄭玄《注》：「畺，五百里，王畿界也。」《周禮·地官·載師》：以小都之田任縣地，以大都之田任～。（0725上）

當 （当）dāng 見下。

【當兔】車廂底部兩側之枕木。上承車廂，前後作半矩形下扣車軸，形如伏兔，故亦名伏兔。也稱樸。鄭玄《注》：「輈當伏兔者也。」賈公彥《疏》：「當兔，謂輿下當橫軸之處。」孫詒讓《正義》：「戴震云：'當兔在輿下正中，其兩旁置伏兔者。'」參見「樸」。《周禮·冬官考工記·輈人》：十分其輈之長，以其一爲之～之圍。（0913中）

【當室】指父親去世後主持家事的嫡子。《喪服》鄭玄《注》：「當室者，爲父後承家事者。」《曲禮上》鄭玄《注》：「當室，適子也。」《儀禮·喪服》：童子，唯～緦。《傳》曰：不～則無緦服也。（1124中）《禮記·曲禮上》：孤子～，冠衣不純采。（1234中）

棘 yǐn 小鼓。鄭玄《注》引鄭司農云：「棘，小鼓也。」《周禮·春官·大師》：下管播樂器，令奏鼓～。（0796中）

畿 jī ❶天子領轄的方千里之地。亦稱王國之地。《周禮·地官·大司徒》：乃建王國焉，制其～方千里。（0704中）《禮記·大學》：《詩》云：「邦～千里，惟民所止。」（1673中）❷指王畿以外的九畿。即諸侯所領轄及外族所居住之地，相去王畿各五百里。鄭玄《注》：「畿，九畿。」賈公彥《疏》：「案《司馬》：除王畿'以外，仍有九畿，謂侯、甸、男、采、衛、要以內六服爲中國，其外更言夷、鎮、蕃三服爲夷狄。王畿四面皆有此九畿，相去各五百里，故云畿爲九畿。」《周禮·地官·小司徒》：凡建邦國，立其社稷，正其～疆之封。（0713中）

【畿疆】指天子之畿及諸侯九畿的疆界。鄭玄《注》：「千里曰畿。疆，猶界也。」賈公彥《疏》：「王畿內千里，中置王城,面有五百里。其邦國都鄙亦皆有畿界也。"《周禮·地官·大司徒》:而辨其邦國、都鄙之數,制其～而溝封之。(0702 中)

罷 pì 祭名。劈牲胸以祭四方百物之神。鄭玄《注》:"罷,罷牲胷也。"《周禮·春官·大宗伯》:以貍沈祭山林、川澤,以～辜祭四方、百物。(0758 上)

【罷事】即罷辜。賈公彥《疏》:"云罷事者,即《大宗伯》云'罷辜祭四方、百物'者也。"參見"罷辜"。《周禮·春官·鬯人》:凡山川、四方用蜃,凡祼事用概,凡～用散。(0771 上)

【罷辜】即割裂牲體以祭。罷指劈牲胸,辜指分裂牲體。皆爲祭祀四方百物的儀式。鄭玄《注》:"罷,罷牲胷也,罷而磔之。"《周禮·春官·大宗伯》:以貍沈祭山林、川澤,以～祭四方、百物。(0758 上)

皿 部

盆 pén ❶盛器。瓦製。多爲圓形。《牛人》鄭玄《注》:"盆、簝皆器名。盆,所以盛血;簝,受肉籠也。"《士喪禮》鄭玄《注》:"新此瓦器五種者,重死事。盆以盛水。"《周禮·地官·牛人》:凡祭祀,共其牛牲之互與其～簝以待事。(0724 中)《儀禮·士喪禮》:新～、槃、瓶、廢敦、重鬲,皆濯,造于西階下。(1130 中)《禮記·喪大記》:浴水用～,沃水用枓。(1576 上)❷量器。鄭玄《注》:"量六斗四升曰甂。"《周禮·冬官考工記·陶人》:～,實二甂,厚半寸,脣寸。(0924 中)❸炊器。鄭玄《注》:"盆、瓶,炊器也。"《禮記·禮器》:夫奧者,老婦之祭也,盛於～,尊於瓶。(1435 上)

盍 kě 見下。

【盍旦】鳥名。鄭玄《注》:"夜鳴求旦之鳥也。"《禮記·坊記》:《詩》云:"相彼～,尚猶患之。"(1619 上)

盎 àng 即盎齊。葱白色的濁酒。爲五齊之一。鄭玄《注》:"設盎齊之奠也。"《禮記·祭義》:君牽牲,夫人奠～;君獻尸,夫人薦豆。(1593 上)

【盎齊】(jì) 葱白色的濁酒。爲五齊之一。五齊皆爲有滓不沸、糟汁未分之酒,其中泛齊最濁,沈齊最清。用於祭祀。鄭玄《注》:"盎猶翁也,成而翁翁然葱白色,如今鄭白矣。"參見"五齊"。《周禮·天官·酒正》:辨五齊之名:一曰泛齊,二曰醴齊,三曰～,四曰緹齊,五曰沈齊。(0668 下)

盛 chéng ❶盛於祭器內以供祭祀之穀物。鄭玄《注》:"盛,黍稷也。"《周禮·地官·閭師》:不畜者祭

無牲,不耕者祭無～。(0727 中)
❷盛湯漿的器皿。鄭玄《注》:"盛,謂今時杯杅也。"《禮記・喪大記》:食粥於～,不盥,食於篹者盥,食菜以醯醬。(1576 下)

盟 méng

盟誓。諸侯殺牲歃血對神立誓締約。其儀式蓋有設壇、殺牲、歃血、告神、約誓、策書等。《曲禮下》孔穎達《疏》:"亦諸侯事也。涖,臨也。臨牲者,盟所用也。盟者,殺牲歃血誓於神也,若約束而臨牲,則用盟禮。……然天下太平之時,則諸侯不得擅相與盟,唯天子巡守至方嶽之下,會畢然後乃與諸侯相盟。"《戎右》賈公彥《疏》:"凡盟,先割牛耳,盛於珠盤,以玉敦盛血。"《周禮・夏官・戎右》:～,則以玉敦辟盟,遂役之。(0857 中)《禮記・曲禮下》:諸侯使大夫問於諸侯曰聘,約信曰誓,涖牲曰～。(1266 上)

【盟約】歃血爲盟時訂立的約誓之辭。賈公彥《疏》:"謂王與諸侯,因大會同而與盟所有約誓之辭。"《周禮・秋官・大司寇》:凡邦之大～,涖其盟書,而登之于天府。(0871 中)

【盟書】歃血爲盟時訂立的約誓之辭。《周禮・秋官・大司寇》:凡邦之大盟約,涖其～,而登之于天府。(0871 上)

【盟詛】❶結盟立誓。大者曰盟,小者曰詛。鄭玄《注》:"八者之辭皆所以告神明也。盟詛主於要誓,大事曰盟,小事曰詛。"孫詒讓《正義》:"盟詛亦有誓,但以用牲爲異。"《周禮・春官・詛祝》:掌～、類、造、攻、說、禬、禜之祝號。作～之載辭,以叙國之信用,以質邦國之劑信。(0816 上)❷對神立誓詛咒。《周禮・秋官・司盟》:有獄訟者,則使之～。(0881 下)

【盟載】即盟書。鄭玄《注》:"載,盟辭也。盟者書其辭於策,殺牲取血,坎其牲,加書於上而埋之,謂之載書。"《周禮・秋官・司盟》:司盟,掌～之灋。(0881 中)

監 (监) jiān

❶指諸侯。鄭玄《注》:"監,謂公侯伯子男,各監一國。"《周禮・天官・大宰》:乃施典于邦國,而建其牧,立其～。(0649 上)❷日旁如冠珥的赤色云氣。爲十煇之一。望氣者據以辨吉凶。鄭玄《注》:"監,冠珥也。"孫詒讓《正義》:"《釋名・釋天》云:'珥,氣在日兩旁之名也。珥,耳也,言似人耳之在兩旁也。'"《周禮・春官・眡祲》:掌十煇之灋,以觀妖祥,辨吉凶。一曰祲,二曰象,三曰鑴,四曰～,五曰闇,六曰瞢,七曰彌,八曰敘,九曰隮,十曰想。(0808 中)

【監工】監督工程的官吏。孔穎達《疏》:"監工之官日日號令之。"《禮記・月令》:百工咸理,～日號。(1364 上)

【監門】掌守國門之徒卒。鄭玄《注》:"監門,門徒。"《周禮・地官・司門》:祭祀之牛牲繫焉,～養之。(0739 上)

盤 (盘) pán

盥洗時的承水器。孔穎達《疏》:"舉尸,故先盥手於盤上也。"《禮記・喪大記》:士盥于～上,士舉遷尸于斂上。(1580 中)

【盤銘】刻於盤上的勸誡文辭。鄭玄《注》:"盤銘,刻戒於盤也。"朱熹《大學章句》:"盤,沐浴之盤也。銘,名其器以自警之辭也。"《禮記・大學》:湯之～曰:"苟日新,日日新,又日新。"

(1673中)

盥 guàn ❶以手承水沖洗。行禮時必洗手,以示潔敬。《鬱人》孫詒讓《正義》:"《説文‧皿部》云:'盥,澡手也。'……沃盥者,謂行禮時必澡手,使人奉匜盛水以澆沃之,而下以槃承其棄水也。"《士昏禮》鄭玄《注》:"媵沃塯盥於南洗,御沃婦盥於北洗。"《周禮‧春官‧鬱人》:凡祼事,沃~。(0770下)《儀禮‧士昏禮》:媵、御沃~交。(0966中)《禮記‧內則》:進~,少者奉槃,長者奉水。(1461下)❷盥器,洗手的器皿。鄭玄《注》:"爲奠設盥也。喪事略,故無洗也。"《儀禮‧士喪禮》:設盆、~于饌東,有巾。(1135下)

【盥洗】洗手而後洗爵。獻賓之禮節,先盥手,再洗爵,然後斟酒進獻,以示客潔敬之意。《鄉飲酒禮》鄭玄《注》:"已盥乃洗爵,致絜敬也。"《鄉飲酒義》孔穎達《疏》:"謂主人將獻賓,以水盥手而洗爵。……必盥洗者,所以致其絜敬之意也。"《儀禮‧鄉飲酒禮》:主人坐取爵,興,適洗,南面坐,奠爵于篚下,~。(0981中)《禮記‧鄉飲酒義》:~揚觶,所以致絜也。(1682中)

鹽 gǔ 未煎之鹽。孫詒讓《正義》:"呂飛鵬云:'鹽出鹽池,凡出鹽之所,皆得稱鹽,故未煎之鹽亦稱鹽。'"《周禮‧天官‧鹽人》:凡齊事,鬻~以待戒令。(0675下)

鹽 (盐) yán 食鹽。有形鹽、苦鹽、散鹽、飴鹽等。祭祀時美稱鹽爲"鹹鹺"。《周禮‧天官‧鹽人》:掌~之政令,以共百事之~。(0675中)《儀禮‧士虞禮》:尸左執爵,右取肝,擩~。(1169中)《禮記‧曲禮下》:稻曰嘉蔬,韭曰豐本,~曰鹹鹺。(1269上)

【鹽人】職官名。掌管鹽的收儲及供給。由奄人擔任。《周禮‧天官‧鹽人》:~,掌鹽之政令,以共百事之鹽。(0675中)

生　部

生 shēng 赦免死罪。爲天子駕馭羣臣的八柄、八枋之一。孫詒讓《正義》:"劉敞云:'生,以馭其福,福者,其人本坐死,以親故功貴者,議而免之,是其福矣。'……'江永云:'生謂以八議生之。'案:劉、江説是也。……經以生對誅殺爲文,則正謂保全臣下,使究其年壽耳。鄭以養爲訓,求之太深,於義轉遠矣。"一説,鄭玄《注》:"生猶養也。賢臣之老者,王有以養之。"《周禮‧天官‧大宰》:以八柄詔王馭羣臣:一曰爵,以馭其貴;二曰祿,以馭其富;三曰予,以馭其幸;四曰置,以馭其行;五曰~,以馭其福;

六曰奪,以馭其貧;七曰廢,以馭其罪;八曰誅,以馭其過。(0646 中)

【生材】閒民受僱於有常職者以生產材物。爲大司徒所頒十二職事之一。鄭玄《注》引鄭司農云:"生材,謂閒民無常職,轉移執事。"孫詒讓《正義》:"江永云:'先鄭得之。閒民執事於農工商賈虞衡之家,皆所以生材。後鄭謂養竹木者,非是。'"《周禮·地官·大司徒》:頒職事十有二于邦國、都鄙,使以登萬民:一曰稼穡,二曰樹藝,三曰作材,四曰阜蕃,五曰飭材,六曰通財,七曰化材,八曰斂材,九曰~,十曰學藝,十有一曰世事,十有二曰服事。(0707 中)

【生事】謂人始死至葬前以生人之禮事之,不忍言其死。爲始喪之禮。鄭玄《注》:"謂不復饋食於下室,而鬼神祭之。"孔穎達《疏》:"葬後當以鬼神事之。禮,未葬由生事之。"《禮記·檀弓下》:卒哭而諱,~畢而鬼事始已。(1313 上)

【生齒】長出乳齒。男嬰八月、女嬰七月生齒,則登入戶籍。鄭玄《注》:"人生齒而體備,男八月而生齒,女七月而生齒。"《周禮·秋官·小司寇》:及大比,登民數,自~以上,登于天府。(0874 中)

【生者南鄉】活人的房屋朝南嚮陽。古人認爲,人死歸陰,北方屬陰,所以死者頭朝北;活人屬陽,南方主陽,故生者鄉南而居。鄭玄《注》:"鄉,陽也。"孔穎達《疏》:"死者既歸陰,則生者南鄉歸陽也。"《禮記·禮運》:故死者北首,~,皆從其初。(1415 下)

【生無爵,死無謚】生前沒有建立功德而受爵位,死後就不加謚號。此言古今謚制之異,今則人死即加謚號。孫希旦《集解》:"死而謚,謂大夫死皆有謚,而不問其已爵與否也。謚起於周。今,蓋謂春秋以還;古者,謂周初也。"《禮記·郊特牲》:死而謚,今也。古者~。(1455 下)

【生與來日,死與往日】活人爲死者服喪從人死的第二天算起,死者的殯殮期從人死的當天算起。爲士喪禮。鄭玄《注》:"與,猶數也。生數來日,謂成服杖以死明日數也。死數往日,謂殯斂以死日數也。此士禮貶於大夫者,大夫以上皆以來日數。"《禮記·曲禮上》:~。(1249 上)

甥 shēng 姊妹的子女。《儀禮·喪服》:~者何也?謂吾舅者吾謂之~。(1120 上)

矢 部

矢 shǐ ❶古兵器。即箭。以木或竹爲之。有枉矢、絜矢、殺矢、鍭矢、繒矢、茀矢、恒矢、痺矢等。按用途分爲田矢和兵矢。詳見各條。《周禮·夏官·司弓矢》：掌六弓、四弩、八～之灋，辨其名物，而掌其守藏與其出入。(0855下)《儀禮·鄉射禮》：司射適堂西，袒、決、遂，取弓于階西，兼挾乘～，升自西階。(0996下)《禮記·王制》：諸侯賜弓～然後征，賜鈇鉞然後殺，賜圭瓚然後爲鬯。(1332中)❷即矢人。製造箭矢之工匠。《周禮·冬官考工記·總敘》：刮摩之工：玉、楖、雕、～、磬。(0906中)❸投壺遊戲中用的投籌。鄭玄《注》："矢，所以投者也。"孫希旦《集解》："矢用木爲之，而不去皮，無羽、鏃之屬，與射者之矢不同。但投壺本所以代射，故亦因名爲矢焉。"《禮記·投壺》：投壺之禮，主人奉～，司射奉中，使人執壺。(1665上)

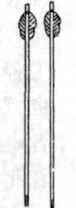

彤矢

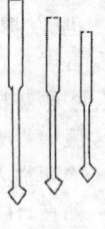

矢

【矢人】❶製造箭矢之工匠。屬刮摩之工。《周禮·冬官考工記·矢人》：～，爲矢。(0924上)❷射禮中負責納射器之官。鄭玄《注》："是言矢人，則納射器之有司，各以其器名官職。"《儀禮·大射》：賓之矢則以授～于西堂下。(1039下)

知 ㊀ zhī 聰智之德。爲六德之一。鄭玄《注》："知，明於事。"《周禮·地官·大司徒》：一曰六德：～、仁、聖、義、忠、和。(0707中)

㊁ zhī 見下。

【知₂類通達】即觸類旁通。爲大學第九年考校的內容之一。鄭玄《注》："知類，知事義之比也。"孫希旦《集解》："知類通達，聞一知十，而觸類貫通也。"《禮記·學記》：九年～，強立而不反，謂之大成。(1521中)

矩 jǔ ❶曲尺。畫直角或方形的工具。《玉藻》鄭玄《注》："曲行也宜方。"《周禮·冬官考工記·輿人》：圜者中規，方者中～。(0910下)《禮記·玉藻》：周還中規，折還中～，進則揖之，退則揚之。(1482中)❷九十度直角。陳澧《東塾讀書記·周禮》："一矩者，九十度角也；一宣者，四十五度角也。"《周禮·冬官考工記·車人》：半～謂之宣。(0933中)

矤 shěn 牙齦。依禮，笑時不能露出牙齦。鄭玄《注》："齒本曰矤，大笑則見。"《禮記·曲禮上》：笑不至～，怒不至詈。(1244上)

短 duǎn 見下。

【短脅】牲體中肋骨之後骨。淩廷堪《禮經釋例·釋牲上》："脊骨兩旁之肋，謂之脅，又謂之胉，又謂之榦。脅骨三，中骨謂之正脅，又謂之長脅；前骨謂之代脅；後骨謂之短脅。"《儀禮·特牲饋食禮》：尸俎：右肩、臂、臑、肫、胳，正脊二骨，橫脊，長脅二骨，～。(1192下)

【短毋見膚，長毋被土】深衣短不得露出膚體，長不得覆住地面。此爲古深衣之制：露出膚體，則爲褻慢；覆於地上，則使衣服汙穢。孔穎達《疏》："深衣所取覆形體，縱令稍短，不得見其膚肉，若見膚肉，則褻也。……其衣縱長，無覆於土，爲汙辱也。"《禮記·深衣》：古者深衣，蓋有制度，以應規、矩、繩、權、衡。～。(1664上)

矰

矰 zēng 即矰矢。繫有生絲繩以射飛鳥之短矢。孫詒讓《正義》："矰即《司弓矢》之矰矢，弋據繳絲言之。"《周禮・夏官・繕人》：掌王之用弓、弩、矢、箙、～、弋、抉、拾。(0856 下)

【矰矢】繫有生絲繩以射飛鳥之短矢。爲八矢之一。鄭玄《注》："結繳於矢謂之矰。……二者皆可以弋飛鳥。"賈公彥《疏》："繳則繩也，謂結繩於矢，以弋射鳥獸者。"《周禮・夏官・司弓矢》：凡矢，枉矢、絜矢利火射，用諸守城、車戰，殺矢、鍭矢用諸近射、田獵，～、茀矢用諸弋射，恒矢、痺矢用諸散射。(0856 上)

禾 部

禾 hé 指連稈帶穗實的穀子。用以餵馬。《聘禮》鄭玄《注》："禾，藁實并刈者也。"《周禮・地官・舍人》：共其禮，車米、筥米、芻～。(0749 下)《儀禮・聘禮》：門外，米、～皆二十車，薪、芻倍～。(1052 中)《禮記・聘義》：米三十車，～三十車，芻薪倍～，皆陳於外。(1693 中)

禿 tū 見下。

【禿者不免】無髮者不著免。免，喪服之一，去冠，以布包裹髮髻。喪禮以哀爲主，故身有殘疾者可變通處之，免行某些禮節。鄭玄《注》："此三疾，俱不踊，不免，不袒。"《禮記・問喪》：然則～，傴者不袒，跛者不踊，非不悲也，身有錮疾，不可以備禮也。(1656 下)

【禿者不髽(zhuā)】無髮者不以麻束髮。髽，婦人之喪髻，以麻或布束髮，不著笄纚。喪禮以哀爲主，故身有殘疾者可變通處之，免行某些禮節。鄭玄《注》："男子免而婦人髽。"孔穎達《疏》："髽者是婦人之大紒，重喪辮麻繞髮，禿者無髮，故不髽也。"《禮記・喪服四制》：～，傴者不袒，跛者不踊，老病不止酒肉。(1695 中)

秀 xiù 見下。

【秀士】有德行道藝之人。鄭玄《注》："秀士，鄉大夫所考有德行道藝者。"《禮記・王制》：命鄉論～，升之司徒，曰選士。(1342 上)

私 sī ❶大夫的家臣。鄭玄《注》："家臣稱私。"《儀禮・士相見禮》：某也，夫子之賤～，不足以踐禮，敢固辭。(0976 下) ❷士對大夫的謙稱。鄭玄《注》："士臣於大夫者曰私人。"《禮記・玉藻》：士曰"傳遽之臣"，於大夫曰"外～"。(1485 中)

【私人】大夫的家臣。《有司》鄭玄《注》："私人，家臣。"《玉藻》孔穎達《疏》："大夫之臣曰私人也。"《儀禮・有司》：主人於其羣～不荅拜。(1214

下)《禮記·玉藻》:大夫私事使,~擯則稱名。(1485中)

【私臣】士的家臣。鄭玄《注》:"私臣,自己所辟除者。"胡培翬《正義》引《儀禮釋官》云:"士之私臣有二:一以府、史、胥、徒爲之,《注》《疏》謂自己所辟除不命於君者是也;一以子弟爲之。"《儀禮·特牲饋食禮》:若有公有司、~,皆殽脀。……~,門東,北面,西上,獻次兄弟。(1193中)

【私事】指私覿、私面。依禮,私事出入當自門闑之東,以示爲臣。《玉藻》孔穎達《疏》:"謂私覿、私面,非行君命,故謂之私事。自闑東者,從臣禮,示將爲主君之臣也。"《聘禮》胡培翬《正義》:"私事,謂私覿、私面也。"參見"私覿""私面"。《儀禮·聘禮》:習夫人之聘享,亦如之。習公事,不習~。(1048中)《禮記·玉藻》:公事自闑西,~自闑東。(1484中)

【私面】聘禮於聘、享之後,使者以個人身份拜見主國之君或卿叫私面,亦稱私覿。《聘禮》孔穎達《疏》:"私面,謂私以己禮面見主國之卿大夫也。私覿者,謂私以己禮覿主國之君。以其非公聘正禮,故謂之私。"《司儀》鄭玄《注》:"私面,私覿也。"賈公彥《疏》:"於君謂之覿,於卿謂之面,覿面別。此云私面、私覿,爲一者,以彼文兩見,則私覿據君,私面據卿;此文不見有私覿,直言私面,豈不見君直見臣也。明此私面主於君,故以私面爲私覿也。"《周禮·秋官·司儀》:及禮、~、私獻,皆再拜稽首。(0899上)《禮記·聘禮》:君親禮賓,賓~私覿。(1692下)

【私財】個人財物。依禮,父母在時,子不得擁有自己的財物,示家無二尊。孔穎達《疏》:"家事統於尊,財關尊者,故無私財。"《禮記·曲禮上》:父母存,不許友以死,不有~。(1234上)

【私家】大夫之家。依禮,私家不得設國君的祖廟,不得藏君之冕服兵革,否則爲僭禮。孔穎達《疏》:"私家,大夫以下稱家。"《禮記·禮運》:冕弁兵革,藏於~,非禮也,是謂脅君。(1418上)《禮記·郊特牲》:而公廟之設於~,非禮也,由三桓始也。(1448上)

【私祭】宗子(嫡長子)祭祀完畢後,嫡子、庶子祭祀自家祖禰稱"私祭"。在宗法制下,禮嚴格規定了嫡長子與衆子的等級區別:祭祀祖禰,衆子祇能作爲嫡長子的助祭,待其祭祀完畢後,自己纔能單獨祭祀。孔穎達《疏》:"謂大宗終竟祭事,而后敢以私祭祖禰也。"《禮記·內則》:若富,則具二牲,獻其賢者於宗子,夫婦皆齊而宗敬焉,終事而后敢~。(1463下)

【私尊】指母親。賈公彥《疏》:"解父在母屈之意也。"胡培翬《正義》:"私尊謂母,據子言之。"《儀禮·喪服》:至尊在,不敢伸其~也。(1104中)

【私館】他國使者私自寄宿的卿大夫以下之家稱私館。奉君命居住之處稱公館。依禮,使臣死於公館行招魂之禮,死於私館不行招魂之禮。孔穎達《疏》:"私館者,謂非君命所使,私相停舍,謂之私館。"參見"公館"。《禮記·曾子問》:曾子問曰:"爲君使而卒於舍,禮曰:'公館復,~不復。'凡所使之國,有司所授舍,則公館已,

何謂～不復也？"孔子曰："善乎，問之也。自卿大夫之家曰～。公館與公所爲曰公館。"（1401 上）

【私諱】家諱。指已故父母的生名。臣與君言，士與大夫言，不辟父母之諱。鄭玄《注》："謂臣言於君前，不辟家諱，尊無二。"《禮記·曲禮上》：君所無～，大夫之所有公諱。（1251 上）

【私親】若母被父休棄或母是父妾，其子又得繼父爲宗廟主，則其母爲子之"私親"。胡培翬《正義》："尊者謂父，私親謂其母，庶子爲父後，傳父之重，即與父爲一體，而妾母不得體君，是己之私親，故不敢服也。"《儀禮·喪服》：與尊者爲一體，不敢服其～也。（1119 下）

【私獻】賓私覿後，以本國國君的名義饋獻乘馬、束帛或珍異之物給主國國君，以表達敬意。私獻可以有，也可以無。《聘禮》鄭玄《注》："時有珍異之物，或實奉之，所以自序尊敬也，猶以君命致之。"胡培翬《正義》："言既覿，則獻行於覿後矣。覿與獻皆是私禮，而覿有定，獻或有或無不定，故言若也。"《司儀》鄭玄《注》："既覿，則或有私獻者。"《周禮·秋官·司儀》：及禮、私面、～，皆再拜稽首。（0899 上）《儀禮·聘禮》：既覿，賓若～，奉獻將命。（1074 中）

【私覿】聘禮於聘、享之後，使者以個人身份拜見主國之君稱私覿。依禮，大夫隨君出使，不得私見他國國君；大夫受命執圭專使鄰國，得行私覿，用以申明己之誠信。《聘義》孔穎達《疏》："私面，謂私以己禮面見主國之卿大夫也。私覿者，謂私以己禮覿主

國之君。以其非公聘正禮，故謂之私。"《聘禮》鄭玄《注》："享時盈容，對聘時儀貌戰色，顏舒緩；此私覿對享時，又愉愉和敬，舒於盈容也。"《儀禮·聘禮》：～，愉愉焉。（1073 下）《禮記·聘義》：君親禮賓，賓私面～。（1692 下）

秅 chá 禾的計量單位。四百把爲一秅。《聘禮》鄭玄《注》："一車之禾三秅，爲千二百秉。"《周禮·秋官·掌客》：牢十車，車三～。（0900 中）《儀禮·聘禮》：四秉曰筥，十筥曰稯，十稯曰～，四百秉爲一～。（1076 上）

秉 bǐng ❶禾的計量單位。一秉即一把。《聘禮》鄭玄《注》："此秉謂刈禾盈手之秉也。"《儀禮·聘禮》：四～曰筥，十筥曰稯，十稯曰秅，四百～爲一秅。（1076 上）《禮記·孔子閒居》：彼有遺～，此有不斂穧，伊寡婦之利。（1622 上）❷米的計量單位。一秉爲一百六十斗。鄭玄《注》："秉，十六斛。"《儀禮·聘禮》：十斗曰斛，十六斗曰籔，十籔曰～。（1076 上）

秬 jù 見下。

【秬鬯】以黑黍和鬱金香草釀製的香酒。主要用於祭祀灌地、齋戒時沐浴及大喪浴屍。《表記》陸德明《釋文》："秬，……黑黍。……鬯，……香酒也。"《周禮·春官·小宗伯》：王崩，大肆，以～涗。（0767 下）《禮記·表記》：天子親耕，粢盛～以事上帝，故諸侯勤以輔事於天子。（1640 下）

秋 qiū 一年四季的第三季。以農曆每年七月爲始，至九月爲終。

秋季三個月爲孟秋、仲秋、季秋。古以五行配五方、五色、四時,西方爲秋,秋爲金,金色白。《周禮·冬官考工記·弓人》:凡爲弓,冬析幹而春液角,夏治筋,～合三材。(0935 中)《禮記·鄉飲酒義》:西方者～,秋之爲言愁也,愁之以時察,守義者也。(1684 下)

【秋官】爲王朝六大官府之一。掌管國家的刑罰及交往諸侯。秋官之長爲大司寇,其屬官統稱刑官。《周禮·天官·小宰》:五曰～,其屬六十,掌邦刑。(0653 中)

【秋政】謂刑殺之政。孫希旦《集解》:"秋政,謂刑殺之政也。……未發秋政,則民弗敢艾草也。"《禮記·祭統》:於嘗也,出田邑,發～,順陰義也。(1606 中)

【秋省】即秋獮。天子秋季狩獵以祭神。鄭玄《注》:"省,讀爲獮。獮,秋田名也。春田祭社,秋田祀祊。"《禮記·玉藻》:是故夏礿,秋嘗,冬烝,春社,～而遂大蜡,天子之祭也。(1489 下)

【秋嘗】宗廟秋祭之名。秋天新穀成熟,於宗廟祭祀祖先,使品嘗新穀。嘗祭一般無樂,禘祭則要用樂。孔穎達《疏》:"嘗謂秋祭宗廟,以其在陰時,故無樂。"參見"秋曰嘗"。《禮記·郊特牲》:故春禘而～,春饗孤子,秋食耆老,其義一也,而食、嘗無樂。(1446 中)

【秋曰嘗】秋天祭宗廟叫作嘗。秋天新穀成熟,於宗廟祭祀祖先,使品嘗新穀。嘗祭一般無樂,禘祭則要用樂。鄭玄《注》:"此蓋夏、殷之祭名。……《詩·小雅》曰:'礿祠烝嘗,于公先王。'此周四時祭宗廟之名。"孔穎達《疏》引《白虎通》云:"嘗者,新穀熟而嘗之。"《禮記·王制》:天子、諸侯宗廟之祭,春曰礿,夏曰禘,～,冬曰烝。(1335 下)

【秋多辛】秋天調和食應多辛味。爲古人養生經驗之總結。《食醫》賈公彥《疏》:"南方金味辛,屬秋,秋時調和食,辛亦多於餘味一分,故云秋多辛。"《內則》鄭玄《注》:"多其時味以養氣也。"孔穎達《疏》:"此云多其時味以養氣者,《經方》所云,謂時氣壯者,減其時味以殺盛氣。此經所云食以養人,恐氣虛羸,故多其時味以養氣也。"《周禮·天官·食醫》:凡和,春多酸,夏多苦,～,冬多鹹。(0667 上)《禮記·內則》:凡和,春多酸,夏多苦,～,冬多鹹,調以滑甘。(1464 上)

【秋祭曰嘗】秋天祭宗廟叫作嘗。鄭玄《注》:"謂夏、殷時禮也。"詳見"秋曰嘗"。《禮記·祭統》:凡祭有四時,春祭曰礿,夏祭曰禘,～,冬祭曰烝。(1606 中)

【秋食耆老】秋天用食禮來頤養年高德碩之人。爲養老禮之一,在宗廟中舉行。孔穎達《疏》:"秋是成熟之時,故食耆老,取老成之義。"《禮記·郊特牲》:故春禘而秋嘗,春饗孤子,～,其義一也。(1446 中)

【秋官司寇第五】《周禮》第五篇篇名。賈公彥《疏》引鄭玄《三禮目錄》云:"象秋所立之官。……如秋義殺害收聚斂藏也萬物也。天子立司寇,使掌邦刑。刑者,所以驅恥惡,納人於善道也。"本篇敘述設立秋官司寇,

率其屬下掌理天下禁令，輔佐王者行刑邦國，并說明其編制六十六職。（0867 中）

秦 qín 見下。

【秦誓】《尚書》篇名。是秦文獻留存較早的一篇。鄭玄《注》："《秦誓》，《尚書》篇名也。秦穆公伐鄭，爲晉所敗於殽，還，誓其羣臣而作此篇也。"《禮記·大學》："《～》曰："若有一个臣，斷斷兮無他技，其心休休焉，其如有容焉。"（1675 上）

秣 mò 飼料。亦爲餵飼料。《大宰》鄭玄《注》："芻秣，羊牛馬禾穀也。"《周禮·天官·大宰》：以九式均節財用：一曰祭祀之式，二曰賓客之式，三曰喪荒之式，四曰羞服之式，五曰工事之式，六曰幣帛之式，七曰芻～之式，八曰匪頒之式，九曰好用之式。（0648 下）《禮記·少儀》：國家靡敝，則車不雕幾，甲不組縢，食器不刻鏤，君子不履絲屨，馬不常～。（1516 中）

秫 shú 粟、黍、稻米之黏者。孫希旦《集解》："《爾雅》：'秫，黏粟也。'然凡黍稻之黏者皆謂之秫，不獨粟也。"《禮記·內則》：饘、酏、酒、醴、芼羹、菽、麥、蕢、稻、黍、粱、～，唯所欲。（1461 下）

秩 zhì 常膳。養老之禮，九十歲的老人每日要有常備的美食。鄭玄《注》："秩，常也，有常膳。"《禮記·王制》：七十不俟朝，八十月告存，九十日有～。（1346 上）

【秩酒】依常規賜給年老之臣的酒。鄭玄《注》："所秩者，謂老臣。《王制》曰：'七十不俟朝，八十月告存，九十日有秩。'"賈公彥《疏》："秩，常也。謂若老臣年九十以上，常與之酒。"《周禮·天官·酒正》：凡有～者，以書契授之。（0670 上）

【秩膳】常備的美食。養老之禮，七十歲的老人始有閣以備食物。鄭玄《注》："有秩膳也。閣以板爲之，庋食物也。"《禮記·內則》：大夫無～，大夫七十而有閣。（1467 上）

移 yí 見下。

【移民】遷徙飢民，以避災就食。爲政府賑災措施之一。鄭玄《注》："辟災就賤。"孫詒讓《正義》："大札則徙民避災。大荒穀貴，則徙民就穀賤之處，使易得食。"《周禮·地官·大司徒》：大荒、大札，則令邦國～、通財、舍禁、弛力、薄征、緩刑。（0708 下）

【移風易俗】改變社會的風氣和習俗。爲樂教的重要功能之一。儒家認爲，人們可以通過音樂宣泄情感，平息情緒，和諧身心，從而使人向善，所謂"樂行而倫清，耳目聰明，血氣和平，移風易俗，天下皆寧"（《禮記·樂記》）。孔穎達《疏》："謂好惡趣捨，用樂化之，故使惡風移改，弊俗變易。"今爲成語。《禮記·樂記》：樂也者，聖人之所樂也，而可以善民心。其感人深，其～，故先王著其教焉。（1534 下）

稍 shāo ❶禄米，廪食。《掌客》賈公彥《疏》："即月稟是也。"《聘禮》鄭玄《注》："稍，稟食也。"賈公彥《疏》："從者既多，不可闕於稍食。案《周禮》每云稍事，皆謂米稟，以其稍稍給之，故謂米稟爲稍。"《周禮·秋官·掌客》：賓客有喪，惟芻～之受。

（0902中）《儀禮・聘禮》：赴者至，則衰而出，唯～受之。（1069下）❷即稍地。王都外二百里至三百里之地。通常用作大夫的采地。參見"稍地"。《周禮・地官・載師》：近郊十一，遠郊二十而三，甸、～、縣、都皆無過十二。（0726中）

【稍人】職官名。掌管公邑出車徒的政令。爵下士。《周禮・地官・稍人》：～，掌令丘乘之政令。（0745中）

【稍地】王都外二百里至三百里之地。爲大夫的采地。鄭玄《注》："家邑，大夫之采地。"賈公彥《疏》："名三百里地爲稍者，以大夫地少，稍稍給之。故云稍也。"《周禮・地官・載師》：以公邑之田任甸地，以家邑之田任～，以小都之田任縣地，以大都之田任畺地。（0725上）

【稍事】有小事而飲酒。小事飲酒僅設薦脯醢，大事飲酒則有牲體。鄭玄《注》："鄭司農云：'稍事，爲非日中大舉時而閒食，謂之稍事。……'玄謂稍事，有小事而飲酒。"孫詒讓《正義》："《廣雅・釋言》云：'稍，稍小也。'以其爲飲酒之小者，別於大事飲酒，故謂之稍事。"一説，"稍事"爲供給賓客廩食之"稍禮"。孫詒讓《正義》引曾釗云："按賓客本有稍禮，……則此稍事亦當謂給賓客者矣。"《周禮・天官・膳夫》：凡王之～，設薦脯醢。（0660下）

【稍食】每月發給官吏的薪俸。此官俸以米粟爲之，按月發給，其數少，故稱稍食。鄭玄《注》："稍食，祿廩。"賈公彥《疏》："稍則稍稍與之，則月俸是也。……其祿與之米廩，故云祿廩

也。"《周禮・天官・宮正》：辨外内而時禁，稽其功緒，糾其德行，幾其出入，均其～。（0657中）

【稍秣】餵養牲畜之飼料。鄭玄《注》："稍秣，即芻秣也。"《周禮・天官・大府》：四郊之賦，以待～。（0677下）

【稍聚】稍地斂聚的財物。用以接待賓客。鄭玄《注》："聚，凡畜聚之物也。"《周禮・地官・委人》：以～待賓客，以甸聚待羈旅。（0745下）

【稍禮】賓客朝聘滯留期間，主人供其廩食稱"稍禮"。鄭玄《注》："稍禮，非殷饔之禮。留閒，王稍所給賓客者。"賈公彥《疏》："謂賓未去，留閒，王稍稍所給賓者也，故以稍言之。"《周禮・天官・漿人》：共賓客之～，共夫人致飲於賓客之禮。（0670下）

【稍餼】禀食與饔餼。即所給予的食物餽贈。鄭玄《注》："致稍餼，造賓客納廩食也。"孫詒讓《正義》："餼即《司儀》《掌客》之致饔餼。"參見"饔餼"。《周禮・冬官考工記・玉人》：璋邸射，素功，以祀山川，以致～。（0923下）

稌

tú 稻米，粳米。古人注重養生，認爲吃甘平之牛肉當配以苦温之稻米。《食醫》鄭玄《注》引鄭司農云："稌，粳也。《爾雅》曰：'稌，稻。'"《内則》鄭玄《注》："徐，稻也。"《周禮・天官・食醫》：凡會膳食之宜，牛宜～，羊宜黍，豕宜稷，犬宜粱，鴈宜麥，魚宜苽。（0667上）《禮記・内則》：析～、犬羹、兔羹，和糝，不蓼。（1464上）

税

㊀ tuì 喪期已過而追服喪。鄭玄《注》："日月已過乃聞喪而服，曰税。"《禮記・檀弓上》：曾子曰："小

功不～，則是遠兄弟終無服也，而可乎？"（1282 中）

㈡ tuàn 即稅衣。爲王后六服之一。詳見"稅₂衣①"。《禮記·雜記上》：夫人稅衣、揄狄、狄、～素沙。（1551 下）

【稅₂衣】❶有赤色鑲邊的黑衣。爲王后六服之一。后御王及燕居之服，諸侯之夫人及士之妻亦得用此。陳澔《集説》："稅衣，色黑而緣以纁。"參見"緣衣"。《禮記·雜記上》：夫人～、揄狄、狄、稅素沙。（1551 下）❷有赤色鑲邊的黑衣。其衣與裳連體，一般作袍的罩衣。爲士之禮服或士妻的命服。鄭玄《注》："稅衣，若玄端而連衣裳者也。"孔穎達《疏》："稅，謂黑衣也。"《禮記·雜記上》：子羔之襲也：繭衣裳與～、纁袡爲一，素端一，皮弁一，爵弁一，玄冕一。（1556 中）

稑

lù 後種先熟的穀類。鄭玄《注》引鄭司農云："先種後孰謂之穜，後種先孰謂之稑。"《周禮·天官·内宰》：上春，詔王后帥六宫之人，而生穜～之種，而獻之于王。（0686 上）

種

(种) zhǒng 見下。

【種馬】六馬之最善者。爲六國馬之一。用於駕玉路。鄭玄《注》："種，謂上善似母者。……玉路駕種馬。"孫詒讓《正義》："《廣雅·釋詁》云：'種，類也。'謂類其母也。種、戎、齊、道、田，五馬並爲良馬，此馬尤善，故獨稱種馬。"《周禮·夏官·校人》：辨六馬之屬：～一物，戎馬一物，齊馬一物，道馬一物，田馬一物，駑馬一物。（0860 上）

稯

zōng 禾的計量單位。一稯爲四十秉（把）。《儀禮·聘禮》：四秉曰筥，十筥曰～，十～曰秅，四百秉爲一秅。（1076 上）

稱

(称) ㈠ chèn 衣服的計量單位。套。指上衣下裳配合齊全的一套衣服。士喪襲衣三稱，指爵弁服、皮弁服和緣衣。《喪大記》孫希旦《集解》："衣、裳具，乃謂之稱。"《士喪禮》胡培翬《正義》："三稱，爵弁服、皮弁服、緣衣也。"《儀禮·士喪禮》：乃襲，三～。（1134 中）《禮記·喪大記》：衣必有裳，謂之一～。（1579 下）

㈡ chēng 見下。

【稱₂責】放債生息。鄭玄《注》引鄭司農云："稱責，謂貸予。"賈公彥疏："稱責，謂舉責生子。彼此俱爲稱意，故爲稱責，於官、於民俱是稱也。"《周禮·天官·小宰》：以官府之八成經邦治：一曰聽政役以比居，二曰聽師田以簡稽，三曰聽閭里以版圖，四曰聽～以傅别，五曰聽禄位以禮命，六曰聽取予以書契，七曰聽賣買以質劑，八曰聽出入以要會。（0654 上）

稰

xǔ 晚熟的穀物。鄭玄《注》："孰獲曰稰，生獲曰穛。"《禮記·内則》：飯：黍、稷、稻、粱、白黍、～、穛。（1463 下）

稽

qǐ 見下。

【稽首】跪而拱手至地，再俯頭至地並短暫稽留。爲九拜之一。稽首是九拜中最恭敬者，多爲臣於君之禮。《大祝》鄭玄《注》："頓首，拜頭叩地也。"賈公彥《疏》："此三者相因而爲之。空首者，先以兩手拱至地，乃頭至手,是爲空首也。以其頭不至地,故名空首。頓首者,爲空首之時,引頭至地,首頓地即舉,故名頓首。一曰稽首,其稽,稽留之字,頭至地多時,則爲稽首也。"《玉藻》鄭玄《注》:"致首於地。"《周禮·春官·大祝》:一曰~,二曰頓首,三曰空首。(0810 中)《儀禮·士昏禮》:賓升,北面,奠鴈,再拜~。(0966 上)《禮記·玉藻》:君賜,~,據掌,致諸地。(1483 下)

【稽顙】屈膝下拜,以額觸地。跪拜禮的一種,爲凶事拜中哀感至甚者。子居父母,婦居夫,長子之喪,迎賓、送賓皆行此禮。《士喪禮》鄭玄《注》:"稽顙,頭觸地。"胡培翬《正義》引淩廷堪《禮經釋例》曰:"吉事之拜,以稽首爲最重;凶事之拜,以拜稽顙成踊爲最重。"據《禮記·檀弓上》《注》《疏》,殷人禮質,居喪拜賓,五服之親皆先拜而後稽顙;周人禮文,杖期以上皆先稽顙而後拜,不杖期以下乃從殷禮。《周禮·春官·大祝》"頓首"孫詒讓《正義》:"《周禮》言頓首不言稽顙,《禮經》《禮記》言稽顙不言頓首,稽顙與頓首無二也。"《儀禮·士喪禮》:主人哭,拜,~,成踊。(1129 下)《禮記·問喪》:男子哭泣悲哀,~觸地無容,哀之至也。(1656 下)

稷 jì ❶穀物名。粟類。古人認爲吃猪肉當配以稷米。祭祀時美稱稷爲"明粢"。《曲禮下》孔穎達《疏》:"稷,粟也。"《食醫》賈公彥《疏》:"豭豬味酸,牝豬味苦,稷米味甘,亦是甘苦相成。"一說爲黍類不黏者,一說爲高粱。《周禮·天官·食醫》:凡會膳食之宜,牛宜稌,羊宜黍,豕宜~,犬宜粱,鴈宜麥,魚宜苽。(0667 上)《儀禮·公食大夫禮》:宰夫設黍,~六簋于俎西。(1081 中)《禮記·曲禮下》:黍曰薌合,粱曰薌萁,~曰明粢,稻曰嘉蔬。(1269 上) ❷指淘稷之水。常禮及喪禮用以爲大夫或其屍洗髮。《玉藻》孔穎達《疏》:"沐,沐髮也。靧,洗面也。取稷、粱之潘汁用將洗面、沐髮,並須滑故也。然此大夫禮耳,人君沐靧皆粱也。"《喪大記》孔穎達《疏》:"皆謂用其米取其汁而沐也。"《禮記·玉藻》:日五盥,沐~而靧粱。(1475 中)《禮記·喪大記》:君沐粱,大夫沐~,士沐粱。(1576 上) ❸周之始祖。相傳姜嫄踐巨迹懷孕生子,以爲不祥,棄而不養,故名爲"棄"。舜命作農官,教民耕稼,稱后稷。周人祭天以后稷配享。《禮記·祭法》:周人禘嚳而郊~,祖文王而宗武王。(1587 中) ❹穀神。與社神並稱爲"社稷"。以有功於播殖百穀,故祀之。孔穎達《疏》:"謂農及棄皆祀之,以配稷之神。"《禮記·祭法》:是故厲山氏有天下也,其子曰農,能殖百穀。夏之衰也,周棄繼之,故祀以爲~。(1590 中)

【稷牛】祭祀穀神所用之牛。用純赤色公牛,祭前單獨餵養三月。祭天時,如帝牛不吉或有死傷,則用稷牛頂替。孔穎達《疏》:"謂帝牲遭災之時,既取稷牲而用之。其祀稷之牲,臨時選其可者。"《禮記·郊特牲》:帝牛不吉,以爲~。帝牛必在滌三月,~唯具。(1453 下)

稻 dào 五穀之一。有旱稻、水稻及早稻(穮)、晚稻(稉)之分。庶人冬天獻稻配以大雁,季秋之月天子食稻配以犬肉。祭祀時美稱稻爲"嘉蔬"。《周禮·夏官·職方氏》：其畜宜鳥獸，其穀宜～。(0862 上)《儀禮·聘禮》：黍、粱、～皆二行，稷四行。(1062 上)《禮記·王制》：庶人春薦韭，夏薦麥，秋薦黍，冬薦～。韭以卵，麥以魚，黍以豚，～以鴈。(1337 上)

【稻人】職官名。掌管澤田治理及種稻穀之事。爵上士、中士、下士。《周禮·地官·稻人》：～，掌稼下田。(0746 下)

【稻米】稻穀碾春去皮後的米粒。《儀禮·士喪禮》：～一豆，實於筐。(1131 下)《禮記·内則》：～二、肉一，合以爲餌煎之。(1468 下)

【稻醴】用稻米釀造的酒。此飲品有清、糟兩種。喪禮中亦用作隨葬之物。賈公彥《疏》："此稻、黍、粱三醴各有清、糟，以清、糟相配，重設。"《禮記·内則》：飲：重醴，～、清、糟；黍醴，清、糟；粱醴，清、糟。(1463 下)

稾

[稿] gǎo 見下。

【稾車】亦稱散車。做工粗糙，用以田獵或巡行的車。鄭玄《注》："稾，猶散也。散車，以田以鄙之車。"賈公彥《疏》："謂王行小小田獵，巡行縣鄙。此散車與彼庌車同是游散所乘。"《儀禮·既夕禮》：道車載朝服，～載蓑笠。(1163 中)

稼

jià 見下。

【稼政】謂修封疆、開溝洫、教民種植五穀等事。鄭玄《注》："稼政，孟春之月令所云，皆脩封疆、審端徑術、善相丘陵、阪險、原隰土地所宜，五穀所殖，以教道民，必躬親之。"《周禮·地官·遂大夫》：正歲，簡稼器，脩～。(0742 中)

【稼器】指耒耜、大鋤等農具。鄭玄《注》："稼器，耒耜、鎡基之屬。"《周禮·地官·遂大夫》：正歲，簡～，脩稼政。(0742 中)

【稼穡】耕種和收穫。泛指農業生產。賈公彥《疏》："以教民春稼秋穡。"《周禮·地官·大司徒》：辨十有二壤之物而知其種，以教～樹藝。(0703 下)

積

(積) jī ❶朝聘時饋贈賓客之牲牢、糧草、芻薪等以供道路食用者。所饋贈次數之多少，按賓客地位高低而定，上公五積，諸侯四積，子、男三積。《大行人》鄭玄《注》："每積有牢禮、米、禾、芻、薪，凡數不同者，皆降殺。"《聘禮》胡培翬《正義》："積，謂給賓客道用者。"《周禮·秋官·大行人》：上公之禮，……饗禮九獻，食禮九舉，出入五～，三問三勞。(0891 上)《儀禮·聘禮》：上賓大牢，～唯芻禾；介皆有餼。(1048 上)《禮記·聘義》：主國待客，出入三～。(1693 中) ❷腰部有褶子的下裳。《士冠禮》鄭玄《注》："積，猶辟也。以素爲裳，辟蹙其中。"《儀禮·士冠禮》：皮弁服：素～，緇帶，素韠。(0950 中)《禮記·明堂位》：皮弁素～，裼而舞《大夏》。(1489 上) ❸指道路上所供賓客之米粟薪芻等。少曰委，多曰積。賈公彥《疏》："遠處須多，故有積；近處須少，故有飲食及委也。"《周禮·地官·遺人》：三十里有宿，宿有路室，路室有委；五十里有市，市有候館，候館有～。(0728 中) ❹積柴燔燎以祀天神。鄭玄《注》:"積,積柴,禋祀、槱燎、實柴。"孫詒讓《正義》:"《大宗伯》祀天神有禋祀、實柴、槱燎三法。……三祀皆積柴實牲體焉,或有玉帛,燔燎而升煙,故後鄭以積晐彼三祀也。"《周禮·夏官·羊人》:凡沈辜、侯禳、釁、~,共其羊牲。(0843 中)

穆 mù ❶宗廟或宗廟中的神主按照輩分排列的順序。依宗法制度,始祖居中,二、四、六世等雙數輩分爲昭,居於其左;三、五、七等單數輩分爲穆,居於其右。《小宗伯》鄭玄《注》:"自始祖之後,父曰昭,子曰穆。"《周禮·春官·小宗伯》:辨廟祧之昭~,辨吉凶之五服、車旗、宮室之禁。(0766 中)《儀禮·聘禮》:賜饗,唯羹飪,箋一尸,若昭若~。(1074 下)《禮記·王制》:天子七廟:三昭、三~,與大祖之廟而七。(1335 中)❷子孫在宗廟祭祀時所排列的順序。《司士》鄭玄《注》:"《祭統》曰:'凡賜爵,昭爲一,穆爲一,昭與昭齒,穆與穆齒。'"《祭統》鄭玄《注》:"昭穆咸在,同宗父子皆來。"參見"穆①"。《周禮·夏官·司士》:凡祭祀,掌士之戒令,詔相其灋事及賜爵,呼昭~而進之。(0849 中)《禮記·祭統》:是故有事於大廟,則羣昭羣~咸在,而不失其倫。(1605 中)❸墓地依輩分排列的順序。依宗法制度,墓地始祖居中,二、四、六世等雙數輩分爲昭,居於其左;三、五、七等單數輩分爲穆,居於其右。鄭玄《注》:"先王,造塋者。昭居左,穆居右,夾處東西。"《周禮·春官·冢人》:掌公墓之地,辨其兆域而爲之圖,先王之葬居中,以昭~爲左右。(0786 上)❹嗣子。鄭玄《注》:"子姓也。"孫希旦《集解》:"穆,謂主祭者之嗣子也。"《禮記·祭義》:祭之日,君牽牲,~荅君,卿、大夫序從。(1594 下)

穛 zhuō 早熟的穀物。鄭玄《注》:"孰獲曰稻,生獲曰穛。"《禮記·內則》:飯:黍、稷、稻、粱、白黍、黃粱,稰、~。(1463 下)

稑 tóng 先種後熟的穀類。《周禮·地官·舍人》:以歲時縣~稑之種,以共王后之春獻種。(0749 下)

【稑稑】先種後熟的穀類和後種先熟的穀類。亦泛指各種穀物。鄭玄《注》引鄭司農云:"先種後孰謂之稑,後種先孰謂之稑。"《周禮·天官·內宰》:上春,詔王后帥六宮之人,而生~之種,而獻之于王。(0686 上)

白 部

白 bái ❶白色。爲五色之一。古以五方配五色,白爲西方之色。《周禮·冬官考工記·畫繢》:青與赤謂之文,赤與~謂之章,~與黑謂之黼,黑與青謂之黻,五采備謂之繡。(0918下)《儀禮・覲禮》:設六色:東方青,南方赤,西方～,北方黑,上玄下黃。(1092下)《禮記・檀弓上》:殷人尚～,大事斂用日中,戎事乘翰,牲用～。(1276上) ❷ 炒熟的稻米。《籩人》鄭玄《注》:"稻曰白,黍曰黑。"賈公彥《疏》:"熬麥曰麷。……二者亦皆熬之乃可也。"《有司》鄭玄《注》:"白,熬稻。黑,熬黍。"《周禮・天官・籩人》:朝事之籩,其實麷、蕡、～、黑、形鹽、膴、鮑魚、鱐。(0671下)《儀禮・有司》:婦贊者執～,黑以授主婦。(1207下) ❸ 指事酒、昔酒。二酒色白,故稱。事酒,有事而飲之;昔酒,無事而飲之。鄭玄《注》:"白,事酒、昔酒也。"《禮記・內則》:酒:清、～。(1463下)

【白玉】白色的佩玉。秋季為金,金色白,故此時天子之物皆用白色,所佩之玉為白玉。《禮記・月令》:天子居總章左个,乘戎路,駕白駱,載白旂,衣白衣,服～。(1373上)

【白圭】白色的玉圭。《禮記・緇衣》:《詩》云:"～之玷,尚可磨也。"(1651上)

【白衣】天子所穿的白色禮服。秋季為金,金色白,故此時天子之物皆用白色,所穿之衣為白衣。《禮記・月令》:天子居總章左个,乘戎路,駕白駱,載白旂,衣～,服白玉。(1373上)

【白牡】白色公牛。殷代尚白,祭祀用純白色公牛。周代祇有天子纔能用白牡祭祀。鄭玄《注》:"順正色也。"《禮記・明堂位》:夏后氏牲尚黑,殷～,周騂剛。(1490中)

【白虎】指畫有白虎的軍旗。行軍時用以標示西方之軍陣。古時軍隊按天文四宮布列前後左右四陣,各陣軍旗上畫有圖形作為標誌,右陣之旗畫以白虎,取其威猛如虎之義。孔穎達《疏》:"此明軍行象天文而作陳法也。前南後北左東右西。朱鳥、玄武、青龍、白虎,四方宿名也。……左為陽,陽能發生,象其龍變生也。右為陰,陰沈能殺,虎沈殺也。軍之左右,生殺變應威猛如龍虎也。……今之軍行,畫此四獸於旌旗,以標前後左右之軍陳。"《禮記・曲禮上》:行,前朱鳥而後玄武,左青龍而右～。(1250上)

白虎

【白馬】白色的馬。殷人尚白,故乘用白身黑頭之馬。鄭玄《注》:"順正色也。"孔穎達《疏》:"殷尚白,故白馬也。純白似凶,故黑頭也。"《禮記・明堂位》:夏后氏駱馬黑鬣。殷人～黑首。周人黃馬蕃鬣。(1490中)

【白虹】日月週圍的白色暈圈。鄭玄《注》:"虹,天氣也。"《禮記・聘義》:氣如～,天也;精神見于山川,地也。(1694中)

【白華】《詩經・小雅》篇名。為六笙詩之一,有目無詩,為燕饗之樂。鄭玄《注》:"《南陔》《白華》《華黍》,《小雅》篇也。今亡,其義未聞。"《儀禮・鄉飲酒禮》:樂《南陔》《～》《華黍》。(0986上)

【白旍】白色的旌旗。秋季爲金,金色白,故此時天子之物皆用白色,車乘所插之旍爲白旍。《禮記·月令》:天子居總章左个,乘戎路,駕白駱,載~,衣白衣,服白玉。(1373上)

【白盛】蜃灰。塗牆可以使白。鄭玄《注》:"蜃灰也。盛之言成也。以蜃灰堊牆,所以飾成宫室。"《周禮·冬官考工記·匠人》:窻,~。(0928上)

【白琥】雕成虎形之白玉。爲六玉器之一。立秋時用以祭西方白精之帝。鄭玄《注》:"禮西方以立秋,謂白精之帝,而少昊、蓐收食焉。"賈公彦《疏》:"謂以玉爲琥形,猛屬西方,是象秋嚴也。"孫詒讓《正義》:"聶氏《三禮圖》引《鄭圖》云:'白琥以玉,長九寸,廣五寸,刻伏虎形,高三寸。'一説,白琥當爲半琮。孫詒讓《正義》引孔廣森云:"聶《圖》琥作虎形,疑未必然。六玉之名,半圭曰璋,半璧曰璜,琥當是半琮耳。"《周禮·春官·大宗伯》:以玉作六器,以禮天地、四方:以蒼璧禮天,以黃琮禮地,以青圭禮東方,以赤璋禮南方,以~禮西方,以玄璜禮北方。(0762中)

白琥

【白黍】穀物之一種。色泛白,故名之。此指用白黍所做的飯食。孔穎達《疏》:"下云白黍,則上'黍'是黄黍也。"《禮記·内則》:飯:黍、稷、稻、粱、~、黄粱、稻、穛。(1463下)

【白駱】白身黑鬣之馬。天子秋季所乘。鄭玄《注》:"白馬黑鬣曰駱。"《禮記·月令》:天子居總章左个,乘戎路,駕~,載白旍,衣白衣,服白玉。(1373上)

【白露】秋天的露水。因其色白,故稱。《禮記·月令》:涼風至,~降,寒蟬鳴。(1373上)

【白狗幦】用白色狗皮做的車軾上的覆蓋物。爲喪主所乘惡車之飾。鄭玄《注》:"幦,覆笭也。以狗皮爲之,取其臞也;白與喪飾宜。"《儀禮·既夕禮》:主人乘惡車,~。(1162上)

百 bǎi 見下。

【百工】❶指製造器物的各種專業工匠。爲大宰所頒九職之一。《周禮·冬官考工記》將其分爲攻木、攻金、攻皮、設色、刮摩、摶埴六大類。《大宰》鄭玄《注》:"謂百種巧作之工。"《王制》鄭玄《注》:"言技,謂此七者。"《周禮·天官·大宰》:以九職任萬民:……五曰~,飭化八材。(0647上)《禮記·王制》:凡執技以事上者,祝、史、射、御、醫、卜及~。(1343中)❷指司空及其屬官。鄭玄《注》:"百工,司空事官之屬。"《周禮·冬官考工記·總叙》:國有六職,~與居一焉。(0905上)

【百祀】指王畿内諸臣采地之祭祀。孔穎達《疏》:"百祀者,王畿内諸臣采地之祀也。"《禮記·檀弓下》:虞人致~之木,可以爲棺椁者斬之。(1314中)

【百物】指百物之神。孫詒讓《正義》:

"蜡亦索祭四方百物之神也。"《周禮·春官·大宗伯》:以血祭祭社稷、五祀、五嶽,以貍沈祭山林、川澤,以疈辜祭四方,～。(0758 上)

【百乘】指有采地的卿大夫。孔穎達《疏》:"百乘,謂卿大夫有采地者也。"《禮記·大學》:伐冰之家不畜牛羊,～之家不畜聚斂之臣。(1675 中)

【百羞】即庶羞。眾多美味佳肴。肴美曰羞,品多曰庶。天子羞用一百二十品。賈公彥《疏》:"百羞者,則庶羞百二十。"《周禮·天官·內饔》:選～、醬物、珍物以俟饋,共后及世子之膳羞。(0662 上)

【百族】指府史胥徒。鄭玄《注》:"百族,謂府史以下也。"《周禮·秋官·大司寇》:若禋祀五帝,則戒之日,涖誓百官,戒于～。(0871 中)

【百辟】指諸侯。鄭玄《注》:"辟,君也。……諸侯法之也。"《禮記·中庸》:《詩》曰:"不顯惟德,～其刑之。"(1635 上)

【百種】指各種穀種之神。爲蜡祭所祭神之一。陳澔《集説》:"百種,司百穀之種之神也。報嗇,謂報其教民樹藝之功。"一説,指百穀之種。孫希旦《集解》:"愚謂百種,百穀之種也。"《禮記·郊特牲》:蜡之祭也,主先嗇而祭司嗇也,祭～以報嗇也。(1453 下)

【百縣】指鄉遂之官。鄭玄《注》:"使諸侯及鄉遂之官受此法焉。"《禮記·月令》:合諸侯,制～,爲來歲受朔日。(1379 下)

【百物之神】主管山川、百物的眾小神。賈公彥《疏》:"故此更廣見小神之事。"《周禮·地官·鼓人》:凡祭祀～,鼓兵舞、帗舞者。(0721 上)

皁 [皂]zào 馬十二匹爲一皁。鄭玄《注》引鄭司農云:"四疋爲乘。"《周禮·夏官·校人》:乘馬一師、四圉;三乘爲～,～一趣馬;三～爲繫,繫一馭夫。(0860 上)

的 dì 靶心。鄭玄《注》:"的,謂所射之識也。"《禮記·射義》:《詩》云:"發彼有～,以祈爾爵。"(1689 下)

皇 huáng 冠冕名。其形制不可考。此處爲頭戴皇冠。孔穎達《疏》:"皇與下冕相對,故爲冕屬。"《禮記·王制》:有虞氏～而祭,深衣而養老。(1346 下)

【皇考】❶祭祀時對亡父的尊稱。《曲禮下》鄭玄《注》:"更設稱號尊神,異於人也。皇,君也。考,成也,言其德行之成也。"《儀禮·聘禮》:孝孫某、孝子某,薦嘉禮于皇祖某甫、某子。(1074 下)《禮記·曲禮下》:祭王父曰皇祖考,王母曰皇祖妣,父曰～,母曰皇妣,夫曰皇辟。(1269 下)❷對已故曾祖父的尊稱。孔穎達《疏》:"曰皇考廟者,曾祖也。"《禮記·祭法》:是故王立七廟,一壇,一墠,曰考廟,曰王考廟,曰～廟,曰顯考廟,曰祖考廟,皆月祭之。(1589 上)

【皇邸】飾以鳳凰羽毛的座後屏風。天子祭天時所用。賈公彥《疏》:"設皇邸者,邸謂以版爲屏風,又以鳳皇羽飾之,此謂王坐所置也。"《周禮·天官·掌次》:王大旅上帝,則張氈案,設～。(0676 下)

【皇妣】祭祀時對亡母的尊稱。鄭玄

《注》:"更設稱號尊神,異於人也。皇,君也。……妣之言媲也,媲於考也。"《禮記·曲禮下》:祭王父曰皇祖考,王母曰皇祖妣,父曰皇考,母曰～,夫曰皇辟。(1269下)

【皇姑】❶婦人對丈夫已故母親的尊稱。《服問》鄭玄《注》:"皇,君也。諸侯妾子之妻為其君姑齊衰。"《儀禮·士昏禮》:婦降堂,取笲菜,入。祝曰:"某氏來婦,敢告于～某氏。"(0970下)《禮記·服問》:《傳》曰"有從輕而重",公子之妻為其～。(1658下)❷婦人對丈夫已故祖母的尊稱。王引之《經義述聞·卷十五》:"此皇姑與《士昏禮》之皇姑異。《士昏禮》之皇姑謂既沒之姑,此皇姑則謂祖姑也。"《禮記·曾子問》:不遷於祖,不祔於～,堉不杖,不菲,不次,歸葬于女氏之黨,示未成婦也。(1392下)

【皇祖】對已故祖父的尊稱。《儀禮·聘禮》:孝孫某,孝子某,薦嘉禮于～某甫、皇考某子。(1074下)

【皇舅】婦人對丈夫已故父親的尊稱。《儀禮·士昏禮》:祝告,稱婦之姓曰:"某氏來婦,敢奠嘉菜于～某子。"(0970中)

【皇辟】祭祀時對亡夫的尊稱。鄭玄《注》:"更設稱號尊神,異於人也。皇,君也。……辟,法也,妻所取法也。"《禮記·曲禮下》:祭王父曰皇祖考,王母曰皇祖妣,父曰皇考,母曰～。(1269下)

【皇舞】執五彩羽以舞。為六小舞之一。用以求雨或祭四方。賈公彥《疏》:"雜五采羽,如鳳皇色,持以舞者。"《周禮·春官·樂師》:凡舞,有帗舞,有羽舞,有～,有旄舞,有干舞,有人舞。(0793中)

【皇祖考】祭祀時對已故祖父的尊稱。鄭玄《注》:"更設稱號尊神,異於人也。皇,君也。"《禮記·曲禮下》:祭王父曰～,王母曰皇祖妣,父曰皇考,母曰皇妣,夫曰皇辟。(1269下)

皇舞

【皇祖妣】祭祀時對已故祖母的尊稱。《士虞禮》鄭玄《注》:"女孫附於祖母。"《儀禮·士虞禮》:女子,曰:"～某氏。"(1175下)《禮記·曲禮下》:祭王父曰皇祖考,王母曰～,父曰皇考,母曰皇妣,夫曰皇辟。(1269下)

【皇祖姑】婦人對丈夫已故祖母的尊稱。《儀禮·士虞禮》:婦,曰:"孫婦于～某氏。"(1175下)

【皇考廟】曾祖父之廟。孔穎達《疏》:"曰皇考廟者,曾祖也。皇,大也,君也。曾祖轉尊,又加大君之稱也。"《禮記·祭法》:是故王立七廟,一壇,一墠,曰考廟,曰王考廟,曰～,曰顯考廟,曰祖考廟,皆月祭之。(1589上)

【皇皇者華】《詩經·小雅》篇名。鄭玄《注》:"三者皆《小雅》篇也。……《皇皇者華》,君遣使臣之樂歌也。"《儀禮·鄉飲酒禮》:工歌《鹿鳴》《四牡》《～》。(0985中)

皋 [皋]gāo 見下。

【皋門】王宮的外門。鄭玄《注》:"天子五門,皋、庫、雉、應、路。"《禮記·明堂位》:庫門,天子～。(1490上)

瓜 部

瓜 guā 葫蘆科蔓生植物。種類甚多，一般以所結之實爲名。有蔬瓜、果瓜之分。《禮記·玉藻》：～祭上環，食中，弃所操。(1483 中)

【瓜瓠】泛指瓜類作物。《禮記·月令》：行秋令，則天時雨汁，～不成。(1383 中)

瓢 piáo 見下。

【瓢齍】尊名。去掉葫蘆的柄，以腹做成的盛酒祭器。鄭玄《注》："齍讀爲齊，取甘瓠，割去柢，以齊爲尊。"《周禮·春官·鬯人》：禜門用～，廟用脩。(0771 上)

疒 部

疕 bǐ 頭瘡。鄭玄《注》："疕，頭瘍。"《周禮·天官·醫師》：凡邦之有疾病者，～瘍者造焉，則使醫分而治之。(0666 下)

疥 jiè 見下。

【疥癘】惡瘡。《禮記·月令》：行春令，則蝗蟲爲敗，水泉咸竭，民多～。(1383 中)

疾 jí 當爲"侯"。爲車轅曲中下垂者。鄭玄《注》："前疾，謂駟馬車轅前胡下垂柱地者。"孫詒讓《正義》："謂軾前曲中下垂柱地，如人之頸，故謂之侯，侯猶胡也，胡鄭注訓爲胡，以其在軹前，故曰前侯。……王宗涑云：'……軹前之軥上穹，其後有似下垂之胡，故謂之胡，侯以同音通借。'"《周禮·秋官·大行人》：朝位賓主之間七十步，立當前～。(0891 上)

【疾醫】職官名。掌管治療萬民的疾病。爵中士。《周禮·天官·疾醫》：～，掌養萬民之疾病。(0667 中)

痒 yǎng 見下。

【痒疥疾】疥瘡。孫詒讓《正義》："謂夏氣不和，民感其氣，則爲創瘍而成疥也。"《周禮·天官·疾醫》：四時皆有癘疾：春時有痟首疾，夏時有～，秋

時有瘧寒疾,冬時有漱上氣疾。(0667中)

痟 xiāo 見下。

【痟首疾】頭痛病。鄭玄《注》:"痟,酸削也。首疾,頭痛也。"《周禮·天官·疾醫》:四時皆有癘疾:春時有~,夏時有痒疥疾,秋時有瘧寒疾,冬時有漱上氣疾。(0667中)

痺 bì 見下。

【痺矢】即庳矢。爲八矢之一。箭鏃用骨,前後輕重平均,飛行較穩,平日用於禮射、習射。鄭玄《注》:"恒矢,安居之矢也。痺矢象焉。二者皆可以散射也,謂禮射及習射也。"《周禮·夏官·司弓矢》:凡矢,枉矢、絜矢利火射,用諸守城、車戰,殺矢、鍭矢用諸近射、田獵,矰矢、茀矢用諸弋射,恒矢、~用諸散射。(0856上)

瘧 (疟) nüè 見下。

【瘧疾】病名。以瘧蚊爲媒介,由瘧原蟲引起的週期性發作的急性傳染病。鄭玄《注》:"瘧疾,寒熱所爲也。"《禮記·月令》:行夏令,則國多火災,寒熱不節,民多~。(1373中)

【瘧寒疾】病名。瘧疾。孫詒讓《正義》:"《釋名·釋疾病》云:'瘧,酷虐也,凡疾或寒或熱耳,而此疾先寒後熱,兩疾似酷虐者也。'謂秋氣不和,民感其氣,則爲瘧而發於寒也。"《周禮·天官·疾醫》:四時皆有癘疾:春時有痟首疾,夏時有痒疥疾,秋時有~,冬時有漱上氣疾。(0667中)

瘍 (疡) yáng 癰瘡。分腫瘍、潰瘍、金瘍、折瘍四種。《周禮·天官·瘍醫》:凡療~,以五毒攻之。(0668上)《禮記·曲禮上》:居喪之禮,頭有創則沐,身有~則浴。(1249上)

【瘍醫】職官名。掌管治療各種癰瘍。爵下士。《周禮·天官·瘍醫》:~,掌腫瘍、潰瘍、金瘍、折瘍之祝藥劀殺之齊。(0668上)

瘞 (瘗) yì 埋牲玉帛等以祭地。《司巫》鄭玄《注》:"瘞,謂若祭地祇,有埋牲玉者也。"《周禮·春官·司巫》:凡祭祀,守~。(0816中)《儀禮·覲禮》:祭天,燔柴。祭山、丘陵,升。祭川,沈。祭地,~。(1094上)

【瘞埋】埋牲帛等以祭地。孔穎達《疏》:"謂瘞繒、埋牲,祭神州地祇於北郊也。"《禮記·祭法》:燔柴於泰壇,祭天也。~於泰折,祭地也。(1588上)

【瘞繒】埋牲帛等以祭地。鄭玄《注》:"埋牲曰瘞,幣帛曰繒。"《禮記·禮運》:故先王秉蓍龜,列祭祀,~,宣祀嘏辭說,設制度。(1425下)

瘠 jí 指因居父母之喪,哭泣悲哀致使身體羸瘦。儒家主張喪以哀爲主,但又認爲哀不得以死傷生。《曲禮上》鄭玄《注》:"毁瘠不形者,毁瘠,羸瘦也;形,骨露也。骨爲人形之主,故謂骨爲形也。居喪乃許羸瘦,不許骨露見也。"《雜記下》鄭玄《注》:"喪尚哀,言敬爲上者,疾時尚不能敬也。"《禮記·曲禮上》:居喪之禮,毁~不形,視聽不衰,升降不由阼階,出入不當門隧。(1248下)《禮記·雜記下》:子貢問喪,子曰:"敬爲上,哀次之,~爲下。"(1561中)

瘳 chōu 病愈。是否病愈,爲需要龜卜而定的八種國家大事(八命)之一。鄭玄《注》:"國之大事待蓍龜而決者有八,定作其辭於將卜,以命龜也。鄭司農云:'……瘳,謂疾瘳不也。'"《周禮·春官·大卜》:以邦事作龜之八命:一曰征,二曰象,三曰與,四曰謀,五曰果,六曰至,七曰雨,八曰~。(0803 中)

癘 (疠)lì 見下。

【癘疾】氣不和之疫病。鄭玄《注》:"癘疾,氣不和之疾。"《周禮·天官·疾醫》:四時皆有~:春時有痟首疾,夏時有痒疥疾,秋時有瘧寒疾,冬時有漱上氣疾。(0667 中)

癈 [廢]fèi 見下。

【癈疾】謂肢體或器官有嚴重功能缺陷。爲當免除徭役者。賈公彥《疏》:"癈疾,謂癈於人事疾病,若今癰不可任者也。"《周禮·地官·族師》:以邦比之灋,帥四閭之吏,以時屬民而校,登其族之夫家衆寡,辨其貴賤、老幼、~、可任者,及其六畜、車輦。(0719 上)

立 部

立 lì 見下。

【立尸】尸站立。夏禮,尸無事則立,有飲食之事乃坐。殷周之禮則坐尸。鄭玄《注》:"夏禮,尸有事乃坐。……(殷)無事猶坐。"孔穎達《疏》:"言尸是人,人不可久坐神坐,故尸唯飲食蹔坐,若不飲食時,尸倚立以至祭竟也。……殷轉文也,言尸本象神,神宜安坐,不辯有事與無事,皆坐也。"《禮記·禮器》:周坐尸,……夏~而卒祭。殷坐尸。(1439 上)

【立冬】節氣名。陽曆十一月七或八日。立冬之日,天子親帥三公、九卿、大夫在北郊舉行迎冬典禮,回朝後賞賜爲國事而死者,撫恤孤寡。《禮記·月令》:~之日,天子親帥三公、九卿、大夫,以迎冬於北郊。(1381 上)

【立君】選立君主。立君爲國之大事,故需卜筮之,詢於萬民。鄭玄《注》:"立君,謂無冢適,選於庶也。"《周禮·秋官·小司寇》:以致萬民而詢焉:一曰詢國危,二曰詢國遷,三曰詢~。(0873 中)

【立春】節氣名。陽曆二月三、四或五日。立春之日,天子親率三公、九卿、諸侯和大夫在東郊舉行迎春典禮,返回後在朝廷上行賞,頒布德教禁令,惠及兆民。《月令》:~之日,天子親帥三公、九卿、諸侯、大夫以迎春於東郊。(1355 下)

【立秋】節氣名。陽曆八月七、八或九日。立秋之日,天子親帥三公、九卿、諸侯及大夫在西郊舉行迎秋典禮,回朝後賞賜將帥,命其磨礪兵器,選練精兵,以討伐無道之人。《禮記·月令》:~之日,天子親帥三公、九卿、諸侯、大夫,以迎秋於西郊。(1373 上)

【立夏】節氣名。陽曆五月五、六或七日。立夏之時,天子親率三公、九卿、大夫在南郊舉行迎夏典禮,回朝後行賞,分封諸侯,習禮合樂,選薦賢良,賞賜爵祿。《禮記·月令》:~之日,天子親帥三公、九卿、大夫,以迎夏於南郊。(1365 中)

【立不中門】站立時不得居於門之正中。依禮,中門爲尊者所立之處,卑者(人子、賓客)不得立於此。孔穎達《疏》:"今云不中門者,謂棖闑之中是尊者所行,故人子不得當之而行也。"《禮記·曲禮上》:爲人子者,居不主奧,坐不中席,行不中道,~。(1233 下)

【立則視足,坐則視膝】依禮,與父言,如果對方不再説話,那麽視綫就要落在他行走時身體最先動作的部位:站立就視其足,坐着就視其膝。鄭玄《注》:"不言,則伺其行起而已。"《儀禮·士相見禮》:若不言,~。(0977 下)

章 ㊀ zhāng ❶ 有文彩的圖案。九章爲龍、山、華蟲、火、宗彝、藻、粉米、黼、黻,繪畫於天子、上公之冕服。諸侯、諸伯冕服七章,諸子、諸男冕服五章。《周禮·春官·司服》鄭玄《注》:"玄謂《書》曰:'予欲觀古人之象,日、月、星辰、山、龍、華蟲作繢,宗彝、藻、火、粉米、黼、黻希繡',此古天子冕服十二章。……九章,初一曰龍,次二曰山,次三曰華蟲,次四曰火,次五曰宗彝,皆畫以爲繢;次六曰藻,次七曰粉米,次八曰黼,次九曰黻,皆希以爲繡。"《大行人》鄭玄《注》:"九章者,自山龍以下。七章者,自華蟲以下。五章者,自宗彝以下。"《周禮·秋官·大行人》:上公之禮,執桓圭九寸,繅藉九寸,冕服九~。(0890 下) ❷ 赤色與白色相間之花紋。《周禮·冬官考工記·畫繢》:青與赤謂之文,赤與白謂之~,白與黑謂之黼,黑與青謂之黻,五采備謂之繡。(0918 下) ❸ 用同"獐"。一種似鹿的動物。鄭玄《注》:"章,讀爲獐。獐,山物也。"《周禮·冬官考工記·畫繢》:土以黄,其象方,天時變,火以圜,山以~,水以龍,鳥獸蛇。(0918 下) ❹ 彩色。六章指青、赤、黄、白、黑、玄六種顔色。孔穎達《疏》:"五色,謂青、赤、黄、白、黑,據五方也。六章,兼天玄也。"《禮記·禮運》:五色、六~、十二衣,還相爲質也。(1423 上)

【章甫】殷代冠名。相當於周代的玄冠。亦作章父。《郊特牲》孔穎達《疏》:"三代乃俱用緇布,而其形自殊。周爲委貌之形,殷則爲章甫之形,夏則爲毋追之形。"《士冠禮》鄭玄《注》:"章,明也。殷質,言以表明丈夫也。甫,或爲父。"參見"玄冠"。《儀禮·士冠禮》:~,殷道也。(0958 下)《禮記·郊特牲》:委貌,周道也;~,殷道也;毋追,夏

章甫冠

后氏之道也。(1455 下)

【章夏】古樂名。爲《九夏》之一。秦、漢時已佚。鄭玄《注》："夏，大也，樂之大歌有九。……《九夏》皆詩篇名，頌之族類也。此歌之大者，載在樂章，樂崩亦從而亡，是以頌不能具。"賈公彦《疏》："臣有功奏《章夏》。"參見"九夏"。《周禮·春官·磬師》：凡樂事，以鐘鼓奏《九夏》：《王夏》《肆夏》《昭夏》《納夏》《~》《齊夏》《族夏》《祴夏》《驁夏》。(0800 中)

（二）zhàng 用同"障"。遮蔽之帷帳。陸德明《釋文》："本或作障，音同，注亦同。"孔穎達《疏》："四面有物章之。"《禮記·雜記上》：疏布輤，四面有~，置於四隅。(1555 中)

童 tóng 見下。

【童子】指十九歲以下未成年的男孩。喪禮，童子不用杖；祇有主持家事者纔服緦麻之服。《喪服》鄭玄《注》："童子，未冠之稱也。"《儀禮·喪服》：~，唯當室緦。(1124 中)《禮記·玉藻》：~之節也，緇布衣，錦緣，錦紳並紐，錦束髮，皆朱錦也。(1483 上)

【童子不衣裘裳】童子不穿裘衣和裳。古人以爲裘過熱而不宜於童子，至二十歲方可衣裘；童子服裳不便於活動，故不服裳。孔穎達《疏》："童子，未成人之名也。……童子體熱，不宜著裘，裘大溫，傷陰氣也。又應給役，若著裳則不便，故並不著也。……二十則可。"《禮記·曲禮上》：~。(1234 中)

端 duān 禮服名。即玄端。黑色布上衣。因其袖正直端方，故名。《内則》鄭玄《注》："端，玄端，士服也。"《特牲饋食禮》鄭玄《注》："冠端玄，玄冠、玄端。"參見"玄端"。《儀禮·特牲饋食禮》：及筮日，主人冠~玄，即位于門外，西面。(1178 下)《禮記·内則》：子事父母，雞初鳴，咸盥、漱、櫛、縰、笄、拂髦、冠、緌纓、~、韠、紳、搢笏。(1461 上)

【端衰】指喪服上衣。喪服之上衣與吉時之玄端服同，身長與袖長均爲二尺二寸，衹是以六寸之衰綴於心前，故稱衣爲衰。孔穎達《疏》："端衰，謂喪服上衣。以其綴六寸之衰於心前，故衣亦曰衰。端，正也。吉時玄端服，身與袂同以二尺二寸爲正，而喪衣亦如之。"《禮記·雜記上》：~、喪車，皆無等。(1555 中)

【端冕】玄衣和大冠。帝王、貴族的禮服。鄭玄《注》："端，玄衣也。"孔穎達《疏》："謂玄冕也。凡冕服，皆其制正幅，袂二尺二寸，袪尺二寸，故稱端也。"參見"玄端"。《禮記·樂記》：吾~而聽古樂，則唯恐卧；聽鄭衛之音，則不知倦。(1538 上)

【端行，頤霤如矢】直身疾行時，身要微俯而頭向前，使下巴下垂如屋檐，疾步如箭。這是大夫、士行走的儀態。孔穎達《疏》："端行，謂直身而行也。頤霤者，行既疾，身乃小折而頭直俯臨前，頤如屋霤之垂也。"《禮記·玉藻》：~。(1484 下)

穴 部

穴 xué 見下。

【穴氏】職官名。掌管捕取冬蟄之獸。爵下士。《周禮·秋官·穴氏》：～，掌攻蟄獸，各以其物火之。(0888 中)

空 kōng 見下。

【空首】跪而拱手至地，再俯頭至手。又名拜手。爲九拜之一。鄭玄《注》："空首，拜頭至手，所謂拜手也。"賈公彥《疏》："空首者，先以兩手拱至地，及頭至手，是爲空首也。以其頭不至地，故名空首。"《周禮·春官·大祝》：一曰稽首，二曰頓首，三曰～。(0810 中)

【空桑之琴瑟】以空桑所產之木製成的琴瑟。鄭玄《注》："雲和、空桑、龍門，皆山名。"《周禮·春官·大司樂》：孫竹之管，～，《咸池》之舞，夏日至，於澤中之方丘奏之。(0789 下)

窆 biǎn 下棺入墓穴。《鄉師》鄭玄《注》引鄭司農云："窆，謂葬下棺也。"《既夕禮》鄭玄《注》："窆，下棺也。"《周禮·地官·鄉師》：及～，執斧以涖匠師。(0714 中)《儀禮·既夕禮》：乃～。主人哭，踊無筭。(1156 下)

【窆器】下棺入葬的用具。如豐碑。鄭玄《注》："窆器，下棺豐碑之屬。"參見"豐碑"。《周禮·春官·冢人》：及窆，

以度爲丘隧，共喪之～。(0786 中)

窌 jiào 地窖。鄭玄《注》："穿地曰窌。"《周禮·冬官考工記·匠人》：囷、～、倉、城，逆牆六分。(0933 中)

窔 yào 室的東南角。鄭玄《注》："室東南隅謂之窔。"《儀禮·既夕禮》：舉席，埽室，聚諸～。(1162 中)

窮 (窮) qióng 指鰥、寡、孤、獨，困窮而無依無靠者。這四種人是朝廷救濟的對象。《大司徒》鄭玄《注》："窮者有四：曰矜，曰寡，曰孤，曰獨。"《祭義》鄭玄《注》："雖貧且無子孫，無棄忘也。"《周禮·地官·大司徒》：以保息六養萬民：一曰慈幼，二曰養老，三曰振～，四曰恤貧，五曰寬疾，六曰安富。(0706 中)《禮記·祭義》：居鄉以齒，而老～不遺，強不犯弱，衆不暴寡，而弟達乎州巷矣。(1599 下)

【窮民】指鰥、寡、孤、獨，困窮而無依無靠者。這四種人是朝廷救濟的對象。鄭玄《注》："窮民，天民之窮而無告者。"《周禮·秋官·大司寇》：以肺石達～，凡遠近惸獨老幼之欲有復於上而其長弗達者，立於肺石。(0871 上)

窺 (窺) kuī 見下。

【窺密】窺探別人的隱私。依禮，人當正視，不得偷窺別人的隱密之事。鄭玄《注》："嫌伺人之私也。密，隱曲處也。"

《禮記·少儀》:不~,不旁狎,不道舊故,不戲色。(1512 下)

窜 cuì ❶挖地作墓穴。賈公彥《疏》:"既得吉,而始穿地爲壙。"《周禮·春官·小宗伯》:卜葬兆,甫~亦如之。(0768 上) ❷墓穴。賈公彥《疏》:"窜是壙内,……則奠入於壙。"《周禮·夏官·量人》:凡祭祀饗賓,制其從獻脯燔之數量,掌喪祭奠~之俎實。(0842 下)

竇 (窦)dòu ❶水道。鄭玄《注》:"竇,宮中水道。"《周禮·冬官考工記·匠人》:~,其崇三尺。(0933 中) ❷藏穀物的橢圓形地窖。《禮記·月令》:是月也,可以築城郭,建都邑,穿~窖,脩囷倉。(1374 中)

【竇窖】藏穀物的地窖。橢圓曰竇,方形曰窖。鄭玄《注》:"入地隋曰竇,方曰窖。"孔穎達《疏》:"隋者似方非方,似圓非圓,以其名竇,與窖相似,故云隋曰竇,方曰窖者。竇既爲隋圓,故以窖爲方也。"孫希旦《集解》:"穿竇窖,以藏穀於下也。"一説,指水溝和地窖。見《淮南子·時則訓》高誘注。《禮記·月令》:是月也,可以築城郭,建都邑,穿~,脩囷倉。(1374 中)

竈 (灶)zào ❶爐竈。《禮記·檀弓上》:掘中霤而浴,毀~以綴足。(1286 中) ❷竈神。掌伺察人間小過。鄭玄《注》:"小神居人之間,司察小過,作遣告者爾。……竈,主飲食之事。"《禮記·祭法》:王爲羣姓立七祀,曰司命,曰中霤,曰國門,曰國行,曰泰厲,曰户,曰~。(1590 上)

疋(疋)部

疏 shū ❶指遠親。與"親"相對。《小宗伯》賈公彥《疏》:"據己上至高祖,下至玄孫,傍至緦麻,重服者則親,輕服者則疏也。"《三年問》孔穎達《疏》:"親,謂大功以上;疏,謂小功以下。"《周禮·春官·小宗伯》:掌三族之别,以辨親~。(0766 中)《禮記·三年問》:稱情而立文,因以飾羣,别親~,貴賤之節,而弗可損益也。(1663 上) ❷粗布。鄭玄《注》:"麤布飾二物之側,爲之緣。"賈公彥《疏》:"喪服,齊衰已下皆稱疏。禮之通例,凡言疏布者,皆據大功布而言。若然,此則以八升布飾二物之緣。"《周禮·春官·巾車》:木車,蒲蔽,犬䄙,尾橐,~飾,小服皆~。(0824 中)

【疏匕】舀取糞汁的器具。淺斗,柄上有刻飾。鄭玄《注》:"疏匕,柄上有刻飾者。"《儀禮·有司》:覆二~于其上,皆縮俎,西枋。(1207 上)

【疏勺】舀酒器具。勺頭刻有飾紋。殷時所用。孔

疏匕

穎達《疏》:"疏謂刻鏤,通刻勺頭。"《禮記·明堂位》:夏后氏以龍勺,殷以～,周以蒲勺。(1490下)

疏勺

【疏布】 粗疏之布。祭祀時以之覆蓋尊,亦用作喪車之帷飾。《禮器》孔穎達《疏》:"疏,麤也。冪,覆也。謂郊天時以麤布爲巾,以覆尊也。"《既夕禮》胡培翬《正義》:"疏布,大功之布;功布,則小功之布也。"《儀禮·既夕禮》:甕三:醯、醢、屑,冪用～。瓺二:醴、酒,冪用功布。(1149中)《儀禮·既夕禮》:主婦之車亦如之,～袂。(1162中)《禮記·禮器》:有以素爲貴者:至敬無文,父黨無容,大圭不琢,大羹不和,大路素而越席,犧尊～冪,樿杓。(1433下)

【疏材】 可食用的野草木之實。鄭玄《注》:"疏材,百草根實可食者。"孫詒讓《正義》:"案:疏俗作蔬。……據《委人》注,則木實亦得稱疏。"《周禮·天官·大宰》:八曰臣妾,聚斂～。(0647上)

【疏屏】 刻有雲氣蟲獸的屏。爲天子宗廟之飾。孔穎達《疏》:"疏,刻也;屏,樹也。謂刻於屏樹爲雲氣蟲獸也。"《禮記·明堂位》:山節,藻梲,復廟,重檐,刮楹,達鄉,反坫,出尊,崇坫康圭,～,天子之廟飾也。(1490上)

【疏衰】 ❶喪服名。即齊衰。喪服有五:斬衰、齊衰、大功、小功、緦麻。齊衰服用四升粗麻布製成,以其緝邊縫齊,故稱。齊衰因服期不同,又分爲四:齊衰三年,父死爲母,母爲長子;齊衰杖期,父在爲母,夫爲妻;齊衰不杖期,爲祖父母、伯叔父母,爲兄弟;齊衰三月,爲舊君、君之母、妻,庶人爲國君,大夫爲大宗之子……。詳見《儀禮·喪服》。亦爲服齊衰喪服。《曾子問》孔穎達《疏》:"疏衰是齊衰也。"《喪服》賈公彦《疏》:"此齊衰三年章,以輕於斬,故次斬後。"參見"齊₃衰①"。《儀禮·喪服》:～裳,齊,牡麻絰,冠布纓,削杖,布帶,疏屨,三年者。(1103中)《禮記·曾子問》:共殯服,則子麻弁絰,～,菲,杖。(1398中)❷指服齊衰喪服之人。《禮記·雜記下》:～皆居堊室,不廬。(1561下)

【疏屨】 用藨蒯之草編織的粗糙喪鞋。爲服齊衰三年、齊衰杖期者所用,其較服斬衰三年者所穿的菅屨爲細。鄭玄《注》:"疏,猶麤也。"《儀禮·喪服》:疏衰裳,齊,牡麻絰,冠布纓,削杖,布帶,～,三年者。……～者,藨蒯之菲也。(1103中)

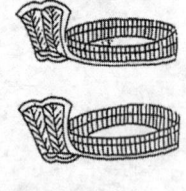
疏屨

【疏衰裳】 服齊衰之喪者所穿的喪服。古時布帛的精粗,以升數來計算,升數越少,布愈稀疏,用作喪服服愈重;升數越多,布愈細密,用作喪服服愈輕。據《儀禮·喪服》"齊衰四升",一升八十縷,則齊衰裳所用布爲三百二十縷。《儀禮·喪服》:～,齊,牡麻絰,冠布纓,削杖,布帶,疏屨,三年者。(1103中)

疐 dì 用同"蒂"。瓜果的蒂。此處爲去掉瓜果的蒂。爲士削瓜之儀。孔穎達《疏》："疐，謂脫華處。士不半破，但除疐。"《禮記·曲禮上》：爲天子削瓜者副之，巾以絺。爲國君者華之，巾以綌。爲大夫累之。士～之。庶人齕之。(1243 下)

疑 ㈠ yí 古官名。爲天子四輔之一。供天子諮詢。《禮記·文王世子》：《記》曰："虞、夏、商、周，有師、保，有～、丞。"(1407 上)

【疑丞】供天子諮詢的四輔中的二臣。後泛指輔佐大臣。孫希旦《集解》："《尚書大傳》云：'古者天子必有四鄰：前曰疑，後曰丞，左曰輔，右曰弼。天子有問無以對，責之疑；可志而不志，責之丞；可正而不正，責之輔；可揚而不揚，責之弼。'"《禮記·文王世子》：《記》曰："虞、夏、商、周，有師、保，有～。"(1407 上)

【疑衰】天子爲大夫、士所穿的喪服。以十四升麻縷之布製成。鄭玄《注》："鄭司農云：'……疑衰，十四升衰。'……疑之言擬也，擬於吉。"《周禮·春官·司服》：王爲三公、六卿錫衰，爲諸侯緦衰，爲大夫、士～。(0782 下)

【疑獄】可疑而難斷之案件。遇此疑獄，當與衆人商議。衆人疑而不決，則赦免之。孔穎達《疏》："疑獄，謂事可疑難斷者也。"《禮記·王制》：～，氾與衆共之。衆疑，赦之。(1343 下)

【疑事毋質】有疑問的事情不要臆斷。"知之爲知之，不知爲不知"，爲儒家爲學、處事之道。鄭玄《注》："質，成也。彼己俱疑而己成言之，終不然，則傷知。"賈公彥《疏》："若故言疑事，後爲賢人所譏，則傷己智。故孔子戒子路云：'不知爲不知也。'"《禮記·曲禮上》：～，直而勿有。(1230 中)

㈡ níng 見下。

【疑₂立】正立不動。爲待事之貌。《士昏禮》鄭玄《注》："疑，正，自立定之貌。"賈公彥《疏》："以其禮未至而無事，故疑然自定而立以待事也。"《儀禮·士昏禮》：婦～于席西。(0968 上)

皮 部

皮 pí ❶獸皮。連毛曰皮，去毛曰革。以虎、豹、鹿、牛、麋鹿等之皮，用作朝聘、祭祀、饗食、婚冠等的禮品。亦泛指皮革。《掌皮》賈公彥《疏》："獸皮治去其毛曰革。"《聘禮》鄭玄《注》："皮，虎豹之皮。"《周禮·天官·掌皮》：掌秋斂～，冬斂革，春獻之。(0684 中)《儀禮·聘禮》：庭實，～則攝之，毛在內，內攝之，入設也。(1056 下)《禮記·曾子問》：天子、諸侯將出,必以幣帛、~、圭,告于祖禰。(1393 中)❷獸皮製的箭靶。《儀禮·鄉射禮》:禮射不主~。(1011 中)

【皮弁】冠名。用白鹿皮製成。爲天子朝服之弁;諸侯自相朝聘,諸侯與臣視朔,士冠禮再加,均著此。天子皮弁高一尺二寸,由十二片皮縫合而成,每縫中以絲繩貫結五彩玉十二爲飾,謂之璂;冠頂名邸,用象骨製成;有玉笄,有紘,以固弁。諸侯以下皮弁以爵等降殺璂飾,如侯伯七,子男五,玉皆三彩。亦爲戴皮弁。《儀禮·士冠禮》"皮弁服"鄭玄《注》:"皮弁者,以白鹿皮爲冠,象上古也。"《弁師》孫詒讓《正義》:"皮弁者,王朝服之弁。"《周禮·夏官·弁師》:王之~,會五采玉璂,象邸,玉笄。(0854 下)《儀禮·士冠禮》:爵弁、~、緇布冠各一匴,執以待于西坫南,南面,東上。(0951 下)《禮記·玉藻》:~以日視朝,遂以食,日中而餕,奏而食。(1473 下)

皮弁

【皮車】用獸皮裝飾的隨葬遣車。天子之喪遣車有五路:玉、金、象、革、木。革路亦稱皮車,車覆以革而漆之,無他飾。鄭玄《注》:"皮車,遣車之革路。"孫詒讓《正義》:"天子遣車,亦備五路。此革車亦稱皮車,皮、革散文通。"《周禮·天官·司裘》:大喪,廞裘,飾~。(0684

上)

【皮帛】毛皮和絲帛。大國之孤所執之禮物,亦爲士婚禮之禮品。《大宗伯》鄭玄《注》:"皮,虎豹皮;帛,如今璧色繒也。"《士昏禮》鄭玄《注》:"皮帛,儷皮束帛也。"《周禮·春官·大宗伯》:以禽作六摯,以等諸臣:孤執~,卿執羔,大夫執鴈,士執雉,庶人執鶩,工商執雞。(0762 上)《儀禮·士昏禮》:摯不用死,~必可制,腊必用鮮。(0970 下)

【皮革】帶毛的獸皮和去毛的獸皮。賈公彥《疏》:"皮,謂若虎、豹、熊、羆;革,謂無文章者,去毛而獻之。"《周禮·秋官·冥氏》:若得其獸,則獻其~、齒、須、備。(0888 中)

【皮侯】以獸皮爲飾的箭靶,如虎侯、豹侯、熊侯等。鄭玄《注》:"以皮所飾之侯。《司裘》職曰:'王大射,則共虎侯、熊侯、豹侯,設其鵠。'謂此侯也。"《周禮·冬官考工記·梓人》:張~而棲鵠,則春以功。(0926 上)

【皮幣】毛皮和繒帛。皮,小者用鹿皮,大者用虎豹之皮;幣,繒帛。爲聘享之貴重禮物,亦用以接神。《禮記·月令》:祀不用犧牲,用圭璧,更~。(1362 下)

【皮屨】用獸皮製的鞋。《儀禮·士冠禮》:冬,~可也。(0958 中)

【皮弁服】禮服名。冠用白鹿皮;上衣用白布;裳用白繒,腰兩側有褶;黑色大帶;白色韋韠。天子視朝,諸侯自相朝聘,諸侯與臣視朔,士冠禮再加,均著此服。《士冠禮》鄭玄《注》:"此與君視朔之服也。皮弁者,以白鹿皮爲冠,象上古也。積,猶辟也。以素爲裳,辟蹙其要中。皮弁之衣用布,亦十五升,其色象焉。"《司服》鄭玄《注》:"視朝,視內外朝之事。皮弁之服十五升,白布衣,積素以爲裳。"《周禮·春官·司服》:眂朝,則~。(0782 上)《儀禮·士冠禮》:~,素積,緇帶,素韠。(0950 中)《禮記·雜記上》:受~於中庭,自西階受朝服,自堂受玄端,將命。(1557 中)

【皮弁笄】用來固定皮弁的簪子。天子、諸侯笄用玉,大夫、士笄用象。鄭玄《注》:"笄,今之簪。"賈公彥《疏》:"天子以玉爲笄,……諸侯之笄亦當用玉矣。……(大夫、士)其笄亦當用象耳。"《儀禮·士冠禮》:緇布冠缺項,青組纓屬于缺,緇纚廣終幅,長六尺,~,爵弁笄,緇組紘,纁邊:同篋。(0950 下)

【皮樹中】刻有皮樹獸形的盛筭之器。君國中射時所用。鄭玄《注》:"皮樹,獸名。"《儀禮·鄉射禮》:君國中射,則~,以翿旌獲,白羽與朱羽糅。(1012 中)

皮樹中

皷 [皷]gǔ 擊鼓的節奏,鼓譜。鄭玄《注》:"此魯薛擊鼓之節也。圜者擊鼙,方者擊鼓。古者舉事,皷各有節,聞其節則知其事也。"《禮記·投壺》:~:○○○○○○○○○半;○○○○○○○○○○魯~。○○○○○○○○○○○半;○○○○○○○○薛~。取"半"以下爲投壺禮,盡用之爲射禮。(1667 上)

皺 zhāo 皮肉上的薄膜。鄭玄《注》:"皺,謂皮肉之上魄莫也。"《禮記·內則》:塗皆乾,擘之,濯手以摩之,去其~。(1468 上)

癶 部

癸 guǐ 天干第十位。古時十天干與十二地支相配,用來記時(年、月、日)。《禮記·月令》:其日壬~,其帝顓頊,其神玄冥。(1380 下)

登 dēng 見下。

【登假】帝王死去的諱稱。鄭玄《注》:"登,上也。假,已也。上已者,若僊去云耳。"《禮記·曲禮下》:告喪,曰"天王~"。(1260 下)

【登歌】升堂奏歌。周禮,大祭祀及天子視學行養老禮時,樂工要登堂,坐於西階,北面,歌《清廟》等詩。《大師》賈公彥《疏》:"故將作樂時,大師帥取瞽人登堂,於西階之東,北面坐,而歌者與瑟以歌詩也。"《文王世子》孔穎達《疏》:"乃使工登堂上西階,北面歌《清廟》之詩,以樂之也。"《周禮·春官·大師》:大祭祀,帥瞽~,令奏擊拊。(0796中)《禮記·文王世子》:~《清廟》,既歌而語,以成之也。(1410上)

【登城不指,城上不呼】登臨城牆不要用手指畫,在城牆上不要高聲呼喊。因為在城牆上指手畫腳或高聲呼喊可能會使人產生疑慮、驚駭。鄭玄《注》:"為惑人。"《禮記·曲禮上》:~。(1238上)

發 (发)fā 見下。

【發揚蹈厲】舉袂頓足,精神振奮。形容舞蹈時動作威武的樣子。鄭玄《注》:"所以象威武時也,《武》舞象戰鬥也。"孔穎達《疏》:"言《武樂》之舞,發揚蹈厲,象大公威武鷹揚之志也。"後多形容精神奮發,意氣昂揚。今為成語。《禮記·樂記》:~,大公之志也。(1542中)

矛部

矛 máo 兵器名。在長柄上裝以尖頭,用於刺殺。依禮,進獻矛時要將矛刃朝後而平底朝前,以此為敬。鄭玄《注》:"後刃,敬也。"《禮記·曲禮上》:進~戟者前其鐓。(1244上)

矜 guān 用同"鰥"。年老而無妻者。鰥、寡、孤、獨這四種人,為天下民眾中窮困而無處求告者,是朝廷救濟的對象。陸德明《釋文》:"矜,本又作鰥。"孔穎達《疏》:"按《孝經》云:'男子六十無妻曰鰥,婦人五十無夫曰寡。'"《禮記·王制》:少而無父者謂之孤,老而無子者謂之獨,老而無妻者謂之~,老而無夫者謂之寡。(1347上)

耒部

耒 lěi 犁地農具上部的曲柄。其下端與耜相接。《說文·耒部》:"耒,手耕曲木也。"《車人》鄭玄《注》引鄭司農云:"耒,謂耕耒。"《月令》鄭玄《注》：" 耒耜之上曲也。"《周禮·冬官考工記·車人》：車人爲～，庛長尺有一寸，中直者三尺有三寸，上句者二尺有二寸。(0933 下)《儀禮·既夕禮》：用器：弓、矢、～耜，兩敦，兩杅，槃匜。(1149 中)《禮記·月令》：乃擇元辰，天子親載～耜，措之于參保介之御間。(1356 中)

【耒耜】犁地的農具。耒爲上部曲柄，耜爲下端的金屬刃。《既夕禮》賈公彥《疏》："耒耜，農器。"《月令》孔穎達《疏》："耒者，以木爲之，長六尺六寸，底長尺有一寸，中央直者三尺有三寸，勾者二尺有二寸。底謂耒下嚮前曲接耜者，頭而著耜。耜，金鐵爲之。"《儀禮·既夕禮》：用器：弓、矢、～，兩敦，兩杅，槃匜。(1149 中)《禮記·月令》：令告民出五種，命農計耦耕事，脩～，具田器。(1384 上)

耒耜

耕 gēng 見下。

【耕藉】耕藉之禮。藉，藉田，天子、諸侯借民力耕種之田。每年孟春之月，天子選擇吉日，帥三公、九卿、諸侯、大夫躬耕帝藉，以示對農業的重視。天子藉田千畝，諸侯百畝，由甸師管理，以供粢盛。據《禮記·月令》，天子按犂三推，三公五推，卿、諸侯九推，禮畢而返。孔穎達《疏》："王自耕藉田以供粢盛，故諸侯見而知其敬，亦還國而耕也。"參見"藉㊀①"。《禮記·樂記》：～，然後諸侯知所以敬。(1543 中)

耜 sì 耒下端的金屬刃。廣五寸，形似鏟，用以翻土。《既夕禮》賈

公彥《疏》："耒耜，農器。"《月令》鄭玄《注》："耜者，耒之金也，廣五寸。"《匠人》鄭玄《注》："古者耜一金。……今之耜岐頭，兩金象古之耦也。"《周禮·冬官考工記·匠人》：～廣五寸，二～爲耦。(0931 下)《儀禮·既夕禮》：用器：弓、矢、耒～，兩敦，兩杅，槃匜。(1149 中)《禮記·月令》：令告民出五種，命農計耦耕事，脩耒～，具田器。(1384 上)

耡 chú ❶即耡粟。農民合出的儲備糧，以備饑年濟助之用。詳見"耡粟"。《周禮·地官·遂人》：以土宜教甿稼穡，以興～利甿，以時器勤甿。(0740 下) ❷里宰治事之所。鄭玄《注》："耡者，里宰治處也。若今街彈之室。"賈公彥《疏》："鄭以漢法況之，漢時在街置室，檢彈一里之民。"《周禮·地官·里宰》：以歲時合耦于～，以治稼穡。(0743 上)

【耡粟】農民合出的儲備糧。以備饑年濟助之用。孫詒讓《正義》："江永云：'耡粟者，農民合出之，因合耦于耡，故名耡粟。正猶隋唐社倉、義倉，每歲出粟少許，貯之當社，以待年饑之用者也。'……案：江說是也。"一說，爲井田制中一井所納的稅粟。鄭玄《注》："耡粟，民相助作，一井之中所出九夫之稅粟也。"《周禮·地官·旅師》：掌聚野之～、屋粟、間粟，而用之。(0745 上)

耦 ǒu ❶二人爲耦。行射禮時兩人一組稱一耦。比射的選手共六人，分爲三組，稱三耦。比射時，三耦依經由北向南排列，最北的一組爲上耦，中間的爲次耦，靠南的一組爲下耦。射禮，王以六耦射三侯，諸侯

以四耦射二侯,孤、卿、大夫以三耦射一侯,士以三耦射豻侯。《周禮·夏官·射人》:王以六～射三侯,三獲三容。(0845 上)《儀禮·鄉射禮》:三～侯于堂西,南面,東上。(0996 下) ❷即耦耕。鄭玄《注》:"此言兩人相助耦而耕也。"《周禮·地官·里宰》:以歲時合～于鉏,以治稼穡。(0743 上) ❸兩耜爲耦。鄭玄《注》:"古者耜一金。……今之耜岐頭,兩金象古之耦也。"《周禮·冬官考工記·匠人》:耜廣五寸,二耜爲～。一～之伐,廣尺,深尺。(0931 下)

【耦次】射者所居之帳篷。鄭玄《注》:"耦,俱升射者。次,在洗東。大射曰,遂命三耦取弓矢於次。"《周禮·天官·掌次》:射,則張～。(0677 中)

【耦耕】二人合力並耕。爲耕田的主要方式。《禮記·月令》:令告民出五種,命農計～事,脩耒耜,具田器。(1384 上)

老(耂)部

老 lǎo ❶出使他國之卿大夫的自稱或他國的擯贊者稱之。《士相見禮》鄭玄《注》:"謂擯贊者辭也。"《曲禮下》孫希旦《集解》:"諸侯之卿,繫於其君言之,曰'寡君之老'。"《玉藻》孫希旦《集解》:"若出使出國,擯者稱上大夫爲'寡君之老'。"《儀禮·士相見禮》:大夫士則曰寡君之～。(0978 上)《禮記·曲禮下》:諸侯使人使於諸侯,使者自稱曰"寡君之～"。(1266 下)《禮記·玉藻》:上大夫曰"下臣",擯者曰"寡君之～"。(1485 中) ❷七十歲的老人稱老。參見"七十"。《周禮·地官·大司徒》:以保息六養萬民:一曰慈幼,二曰養～,三曰振窮,四曰恤貧,五曰寬疾,六曰安富。(0706 中)《禮記·曲禮上》:七十曰～,而傳。(1232 上) ❸家臣之尊長者。《士昏禮》鄭玄《注》:"老,羣吏之尊者。"《聘禮》鄭玄《注》:"老,賓之臣。"賈公彥《疏》:"大夫家臣稱老。"《儀禮·士昏禮》:主人降,授～鴈。(0970 下)《儀禮·聘禮》:授～幣。(1049 中) ❹指死於國事者之父母。鄭玄《注》:"死政之老,死國事者之父母也。"《周禮·地官·司門》:幾出入不物者,正其貨賄,凡財物犯禁者,舉之,以其財養死政之～與其孤。(0739 下) ❺指上公。即周初協助天子分治東方和西方諸侯的兩位重臣周公、召公。自陝以東,周公主之;自陝以西,召公主之。鄭玄《注》:"老,謂上公。"《禮記·王制》:八伯各以其屬屬於天子之～二人,分天下以爲左右,曰二伯。(1325 上)

【老夫】七十歲之大夫出使他國時的

自稱。孔穎達《疏》：「若此老臣行役及適四方，應與人語。其自稱爲老夫，言己是老大夫也，必稱老者，明君貪賢之故，而臣老猶在其朝也。」《禮記·曲禮上》：大夫七十而致事。若不得謝，則必賜之几杖，行役以婦人，適四方，乘安車。自稱曰～，於其國則稱名。(1232 中)

【老物】萬物之神及田夫。爲蜡祭的對象。以其老而勞，辛勤一年，至歲末因蜡祭以安息之。鄭玄《注》：「萬物助天成歲事，至此爲其老而勞，乃祀而老息之，於是國亦養老焉。」孫詒讓《正義》：「案：鄭意蓋謂蜡祭即取息老物之義。息謂息其勞，老謂送其終，息老並指萬物言之，與息民之臘祭義取息田夫者小異。然此息老物之義，當兼采金說，通田夫萬物而言。」《周禮·春官·籥章》：國祭蜡，則獻《豳頌》，擊土鼓，以息～。(0802 上)

【老旄】七十曰老，八十、九十曰旄(耄)。泛指老年人。爲三赦對象之一。老耄之人非手殺人，他皆不坐。鄭玄《注》引鄭司農云：「幼弱、老旄，若今律令年未滿八歲，八十以上，非手殺人，他皆不坐。」《周禮·秋官·司刺》：壹赦曰幼弱，再赦曰～，三赦曰憃愚。(0880 下)

【老婦】❶諸侯夫人對天子自稱的謙辭。《禮記·曲禮下》：夫人自稱於天子曰～，自稱於諸侯曰「寡小君」，自稱於其君曰「小童」。(1267 上)❷主炊事之神。鄭玄《注》：「老婦，先炊者也。」《禮記·禮器》：夫奧者，～之祭也，盛於盆，尊於瓶。(1435 上)

考 kǎo ❶亡父稱考。《禮記·曲禮下》：生曰父，曰母，曰妻；死曰～，曰妣，曰嬪。(1269 下)❷設盛食以行寢廟落成典禮。鄭玄《注》：「考之者，設盛食以落之爾。」《禮記·雜記下》：路寢成，則～之而不釁。(1569 上)

【考廟】父廟。《禮記·祭法》：是故王立七廟，一壇一墠，曰～，曰王考廟，曰皇考廟，曰顯考廟，曰祖考廟，皆月祭之。(1589 上)

耆 qí 六十年的老人稱耆。孔穎達《疏》：「耆，至也，至老之境也。」參見「六十」。《禮記·曲禮上》：六十曰～，指使。(1232 上)

【耆老】六十歲以上老人。包括四類，一爲有德之老者，如三老、五更；二爲死於國事者的父祖；三爲致仕已退休的老者；四爲庶人中七十歲以上的老者。《外饔》賈公彥《疏》：「謂死事者之父祖，兼有國老、庶老。」孫詒讓《正義》：「《說文·老部》云：耆，老也。《曲禮》云：『六十曰耆。』……耆老亦關四等之老言之。……孔疏引皇侃云：『人君養老有四種：一是養三老五更；二是子孫爲國難而死，王養死者父祖；三是養致仕之老；四是引戶校年養庶人之老是也。』」《王制》鄭玄《注》：「耆老，致仕及鄉中老賢者。」《周禮·天官·外饔》：邦饗～、孤子，則掌其割亨之事。(0662 下)《禮記·王制》：命鄉簡不帥教者以告，～皆朝于庠，元日習射上功，習鄉上齒。(1342 上)

【耆耋】老人。六十曰耆，七十（一說八十）曰耋。鄭玄《注》：「耆耋，皆老也。」《禮記·射義》：幼壯孝弟，～好

禮,不從流俗,脩身以俟死,者不?(1687下)

耄 mào 八十歲、九十歲的老人稱耄。其即使觸犯刑法,亦不加刑。鄭玄《注》:"耄,惛忘也。"《禮記·曲禮上》:八十、九十曰~。悼與~,雖有罪,不加刑焉。(1232中)

耳部

耳 ěr ❶器皿兩旁如兩耳便於提取之部分。鄭玄《注》:"耳,在旁可舉也。"《周禮·冬官考工記·桌氏》:其~三寸,其實一升。(0917上)❷牲耳。祭祀先以牲耳,因耳主聽,故先用耳祭以示神明知覺。孔穎達《疏》:"尊者若祭,先取牲耳祭之也。"《禮記·少儀》:羞首者,進喙,祭~。(1515下)

【耳聽】觀察受審者的聽力而斷其曲直。爲獄訟審理中判斷曲直的五種方法(五聲)之一。鄭玄《注》:"觀其聽聆,不直則惑。"賈公彥《疏》:"觀其事直,聽物明審,其理不直,聽物致疑。"《周禮·秋官·小司寇》:以五聲聽獄訟,求民情:一曰辭聽,二曰色聽,三曰氣聽,四曰~,五曰目聽。(0873下)

聖 (圣) shèng 博通先識,明達超凡。爲六德之一。《大司徒》鄭玄《注》:"聖,通而先識。"《周禮·地官·大司徒》:一曰六德,知、仁、~、義、忠、和。(0707中)《禮記·經解》:其在朝廷,則道仁、~、禮、義之序。(1610上)

聘 pìn ❶諸侯派遣大夫問於諸侯曰聘。諸侯派使臣問天子,天子派使者至諸侯國,亦得稱聘。《周禮·春官·典瑞》"覜聘"賈公彥《疏》:"鄭欲見此經遣臣聘法,有聘天子,并有自相聘,二者俱見。"《小行人》賈公彥《疏》:"存、覜、省三者,天子使臣撫邦國之禮。聘、問二者,是諸(侯)使臣行聘時聘殷覜問天子之禮。"《周禮·秋官·小行人》:賓客之禮,朝、覲、宗、遇、會、同,君之禮也;存、覜、省、~、問,臣之禮也。(0893中)《儀禮·聘禮》:~于夫人用璋,享用琮。(1056下)《禮記·曲禮下》:諸侯使大夫問於諸侯曰~,約信曰誓,涖牲曰盟。(1266上)❷聘娶正妻。《內則》鄭玄《注》:"聘,問也。妻之言齊也,以禮則(見)問,則得與夫敵體。"《周禮·春官·典瑞》:穀圭以和難,以~女。(0778中)《禮記·內則》:~則爲妻,奔則爲妾。(1471中)❸占問。鄭玄《注》:"聘,問也。"《周禮·春官·占夢》:季冬,~王夢,獻吉夢于王。(0808上)❹聘用。鄭玄《注》:"大問曰聘。"《禮記·儒行》:

儒有席上之珍以待~,夙夜强學以待問。(1668下)

【聘享】聘問獻納。聘問必有獻享,故聘、享連文。賈公彦《疏》:"聘享者,謂賓聘君以圭,享君以璧。夫人聘享者,謂賓聘夫人以璋,享夫人以琮。"《儀禮·聘禮》:~,夫人之~,問大夫,送賓,公皆再拜。(1067上、中)

【聘禮】諸侯國之間互派使者相互訪問,以結友好的禮儀。聘禮有大聘、小聘之分。大聘以卿爲使者,規格高,禮物重,主國(即被聘國)的接待也極隆重。小聘稱作問,派大夫爲使者,規格較低。聘禮的主要禮節是:出使前謀劃,命使,準備禮品,使者於朝廷接受國君的聘圭及出使命令;出使若經過鄰國需借道,未入國境前,要演習聘禮禮儀;到達國境,通報守關人;入境後,展示聘圭、禮品;至於都城近郊,所聘國國君派卿慰勞,引致館舍,宰夫設便宴招待;於朝廷行聘禮,使者呈交聘圭,行享禮,進獻禮品;使者以個人名義拜見國君,國君贈送食品,並宴請使者;使命結束時,國君歸還聘圭,並通過使者向行聘國國君行聘享禮;使者啓程前,拜謝國君,被送至國境;使者返國至都城郊外,報告國君,請求復命;使者入朝後,陳列禮品,報告出使經過;國君慰勞使者,賜予使者禮物。《儀禮·聘禮》:~。君與卿圖事,遂命使者。(1046上)《禮記·聘義》:~:上公七介,侯伯五介,子男三介,所以明貴賤也。(1692中)

【聘問之禮】諸侯派遣大夫問於諸侯之禮。大問曰聘,小聘曰問。鄭玄《注》:"小聘曰問。"詳見"聘禮"。《禮記·經解》:故朝覲之禮,所以明君臣之義也;~,所以使諸侯相尊敬也。(1610中)

【聘禮第八】《儀禮》第八篇篇名。賈公彦《疏》引鄭玄《三禮目錄》云:"大問曰聘,諸侯相於久無事,使卿相問之禮。小聘使大夫。《周禮》曰:'凡諸侯之邦交,歲相問,殷相聘也,世相朝也。'於五禮屬賓禮。《大戴》第十四,《小戴》第十五,《別錄》第八。"(1046上)

【聘覲之禮】聘禮和覲禮。於五禮中屬賓禮。聘,諸侯派遣大夫問於諸侯之禮。覲,諸侯秋時朝見天子之禮。詳見"聘禮""覲禮"。《禮記·經解》:~廢,則君臣之位失,諸侯之行惡,而倍畔侵陵之敗起矣。(1610下)

【聘義第四十八】《禮記》第四十八篇篇名。孔穎達《疏》引鄭玄《三禮目錄》云:"名曰《聘義》者,以其記諸侯之國交相聘問之禮,重禮輕財之義也。此於《別錄》屬吉事。此《聘義》釋《儀禮·聘禮》之義。"此外,文中還涉及聘射之禮、君子貴玉等內容。所叙禮節雜亂,行文散而無序。(1692中)

【聘則爲妻,奔則爲妾】接受男家禮聘而嫁的是妻,不待禮聘而嫁的是妾。婚禮,男女雙方必須有父母之命、媒妁之言,經過納采、問名、納吉、納徵、請期、親迎六禮方可得到家庭和社會的承認;而私訂終身則不被家庭和社會認同,衹能當妾看待。孫希旦《集解》:"女不待聘而嫁者謂之奔。"《禮記·內則》:~。(1471中)

聚 jù 見下。

【聚足】謂登臺階時一步一併。爲登階之常法。鄭玄《注》:"聚足,謂前足躡一等,後足從之併。"孔穎達《疏》:"此上階法也。拾,涉也;級,等也。聚足,謂每階先舉一足,而後足併之,不得後過前也。"《禮記·曲禮上》:主人先登,客從之,拾級~,連步以上。(1238下)

【聚檺】夜以兩木相敲報時。鄭玄《注》:"擊檺,兩木相敲行夜時也。"《周禮·夏官·挈壺氏》:凡軍事,縣壺以序~。(0844下)

聲 (声) shēng ❶音階。五聲,指宮、商、角、徵、羽五等音階。《周禮·春官·大師》:皆文之以五~:宮、商、角、徵、羽。(0795中) ❷指金屬樂器。如鍾、鎛于、鐲、鐃、鐸等。鄭玄《注》:"聲,鍾、鎛于之屬。"《周禮·冬官考工記·攻金之工》:鳧氏爲~。(0914下)

【聲容靜】說話時聲調要平靜。爲禮所認可的君子之聲容。鄭玄《注》:"不噦咳也。"孔穎達《疏》:"此一節明君子動止之儀。"《禮記·玉藻》:足容重,手容恭,目容端,口容止,~,頭容直,氣容肅,立容德,色容莊。(1485上)

聯 (联) lián 户口編制及地方行政區域名稱。孫詒讓《正義》:"即士師所掌鄉合州黨族閭比之聯,與其民人之什伍之法也。"《周禮·地官·族師》:五家爲比,十家爲~,五人爲比,十人爲~,四閭爲族,八閭爲~。(0719上)

【聯事】各官府聯合辦理的事務。有六事:祭祀、賓客、喪荒、軍旅、田役、斂弛。賈公彦《疏》:"謂官府之中有六事皆聯事通職,然後國治得會合。"《周禮·天官·小宰》:以官府之六聯合邦治:一曰祭祀之~,二曰賓客之~,三曰喪荒之~,四曰軍旅之~,五曰田役之~,六曰斂弛之~,凡小事皆有聯。(0653下)

【聯兄弟】聯合親戚兄弟。爲六種傳統習俗之一。鄭玄《注》:"兄弟,昏姻嫁娶也。"孫詒讓《正義》:"謂異姓兄弟也。"《周禮·地官·大司徒》:以本俗六安萬民:一曰媺宮室,二曰族墳墓,三曰~,四曰聯師儒,五曰聯朋友,六曰同衣服。(0706下)

【聯朋友】朋友之間相互緊密聯繫。爲六種傳統習俗之一。鄭玄《注》:"同師曰朋,同志曰友。"《周禮·地官·大司徒》:以本俗六安萬民:一曰媺宮室,二曰族墳墓,三曰聯兄弟,四曰聯師儒,五曰~,六曰同衣服。(0706下)

【聯師儒】鄉閭子弟聯合同就教於師儒,以學道藝。爲六種傳統習俗之一。鄭玄《注》:"師儒,鄉里教以道藝者。"《周禮·地官·大司徒》:以本俗六安萬民:一曰媺宮室,二曰族墳墓,三曰聯兄弟,四曰~,五曰聯朋友,六曰同衣服。(0706下)

聶 (聂) zhé 切肉成薄片。鄭玄《注》:"聶之言牒也。"《禮記·少儀》:牛與羊、魚之腥,~而切之爲膾。麋鹿爲菹,野豕爲軒,皆~而不切。(1515下)

職 (职) ㊀ zhí 見下。

【職內】職官名。掌管王國稅賦收入賬目。爵上士、中士。《周禮·天官·職內》:~,掌邦之賦入。(0682

中)

【職方】指職掌一方的東西二伯。鄭玄《注》:"職,主也。是伯分主東西者。《春秋傳》曰:'自陝以東,周公主之;自陝以西,召公主之。'"孔穎達《疏》:"言二伯於是職主當方之事也。"《禮記·曲禮下》:五官之長曰伯,是~。(1264下)

【職金】職官名。掌管金玉、錫石、丹青之戒令,並掌受金罰、貨罰。爵上士、下士。《周禮·秋官·職金》:~,掌凡金玉錫石丹青之戒令。(0881下)

【職喪】職官名。執掌諸侯、卿大夫、士之喪禮。爵上士、中士、下士。《周禮·春官·職喪》:~,掌諸侯之喪及卿大夫、士凡有爵者之喪。(0787上)

【職歲】職官名。掌管邦國財政支出賬目。爵上士、中士。《周禮·天官·職歲》:~,掌邦之賦出。(0682下)

【職幣】職官名。主管官府都鄙財政節餘的收斂和支出。爵上士、中士。《周禮·天官·職幣》:~,掌式灋以斂官府、都鄙與凡用邦財者之幣。(0682下)

【職聽】以職事聽治於外朝。審判獄訟時,羣士等各以其職參與,以佐司寇決斷。鄭玄《注》:"十日,乃以職事治之於外朝。"《周禮·秋官·鄉士》:辯其獄訟,異其死刑之罪而要之,旬而~于朝。(0876上)

【職方氏】職官名。掌管天下土地之版圖與制訂四方賦貢。爵中大夫、下大夫。《周禮·夏官·職方氏》:~,掌天下之圖,以掌天下之地。(0861下)

㈡ tè 見下。

【職₂人】繫養犧牲之人。由牧人、充人、監門人等充任。鄭玄《注》:"職,讀爲樴。樴,可以繫牲者。此職人,謂充人及監門人。"《周禮·春官·肆師》:大祭祀,展犧牲,繫于牢,頒于~。(0768下)

聽

(听)tīng 見下。

【聽朔】❶天子於每月初一聽朝治事前所行之禮。即每月初一,天子於南門外之明堂以特牲祭告帝及神,告朔而後處理朝政。鄭玄《注》:"明堂在國之陽,每月就其時之堂而聽朔焉。……凡聽朔,必以特牲告其帝及神,配以文王、武王。"《禮記·玉藻》:玄端而朝日於東門之外,~於南門之外。(1473上)❷諸侯於每月初一聽朝治事前所行之禮。即每月初一,諸侯以特羊祭告於太廟,告朔而後處理朝政。孫希旦《集解》:"聽朔者,天子頒來歲十二月之朔於諸侯,諸侯受而藏之祖廟,每至月朔,以特羊告廟,受而聽之,謂之朝廟。天子聽朔於明堂,明受之天與祖也。諸侯聽朔於大廟,明受之王與祖也。"《禮記·玉藻》:諸侯玄端以祭,裨冕以朝,皮弁以~於大廟。(1474上)

【聽訟】審理、斷決訴訟。孔穎達《疏》:"孔子稱斷獄猶如常人,無以異也。"《禮記·大學》:子曰:"~,吾猶人也,必也使無訟乎!"(1674中)

【聽事不麻】聽候安排做事而不服麻經。爲未成年之人參與喪事的禮儀。鄭玄《注》:"皆爲年少,不備禮也。"孫希旦《集解》:"聽事,往給喪家役使

也。不麻,不加麻絰也。"《禮記·玉藻》:童子不裘,不帛,不屨絇,無緦服;～,無事則立主人之北,南面。(1483 上)

臣　部

臣 chén ❶指天子、諸侯的官吏、大臣。諸侯對天子而言亦爲臣。亦爲稱臣。《周禮·天官·大宰》:以八柄詔王馭羣～。(0646 中)《儀禮·士相見禮》:若嘗爲～者,則禮辭其摯。(0976 中)《禮記·儒行》:儒有上不～天子,下不事諸侯。(1671 上)❷男奴。《大宰》鄭玄《注》:"臣妾,男女貧賤之稱。……男爲人臣,女爲人妾。"《周禮·天官·大宰》:以九職任萬民:……八曰～妾,聚斂疏材。(0647 上)《禮記·雜記下》:如同宮,則雖～妾,葬而后祭。(1561 上)❸官吏對君主的自稱,諸侯對天子亦自稱臣。《儀禮·燕禮》:君貺寡君多矣,又辱賜于使臣,～敢拜賜命。(1024 中)《禮記·玉藻》:諸侯之於天子,曰"某土之守～某"。(1485 中)❹指公卿大夫的家臣。《儀禮·喪服》:公士、大夫之衆～爲其君,布帶、繩屨。(1102 中)《禮記·郊特牲》:大夫之～不稽首,非尊家臣,以辟君也。(1448 下)❺指卿大夫士。鄭玄《注》:"羣臣,卿大夫士也;羣吏,府吏也。"《周禮·秋官·小司寇》:王南鄉,三公及州長、百姓北面,羣～西面,羣吏東面。(0873 中)❻囚俘,戰俘。鄭玄《注》:"臣,謂囚俘。"《禮記·少儀》:～則左之。(1514 中)

【臣妾】奴婢。男曰臣,女曰妾。爲《周禮》大宰所頒九職之一。《大宰》鄭玄《注》:"臣妾,男女貧賤之稱。……男爲人臣,女爲人妾。"《周禮·天官·大宰》:以九職任萬民:……八曰～,聚斂疏材。(0647 上)《禮記·雜記下》:如同宮,則雖～,葬而后祭。(1561 上)

【臣孼】庶子對己君的自稱。孔穎達《疏》:"公子曰臣孼,稱臣,謂對己君也。"孫希旦《集解》:"愚謂公子,謂諸侯庶子也。木之旁萌者曰孼,故以爲庶子之稱。"《禮記·玉藻》:公子曰～。(1485 中)

臨 (临) ㊀ lìn 哭弔死者。《士虞禮》鄭玄《注》:"臨,朝夕哭。"《檀弓下》孔穎達《疏》:"君往臨弔。"《儀禮·士虞禮》:宗人告有司具,遂請拜賓,如～。(1167 下)《禮記·檀弓下》:君～臣喪,以巫、祝桃、茢,執戈,惡之也,所以異於生也。(1302 下)

㊁ lín 見下。

【臨₂文不諱】執文行事時不須避諱。爲禮所規定不需避諱的情況之一。鄭玄《注》:"爲其失事正。"孔穎達

《疏》:"臨文,謂禮執文行事時也。……臨文行事,若有所諱,則並失事正,故不諱也。"《禮記·曲禮上》;《詩》《書》不諱,~,廟中不諱。(1251上)

【臨₂祭不惰】參加祭祀不可怠惰。鄭玄《注》:"爲無神也。"孔穎達《疏》:"祭如在,故臨祭須敬,不得怠惰。……鬼神享德,祭若怠惰,則神不歆,是無神也。"《禮記·曲禮上》:~。(1250下)

【臨₂喪不笑】參加喪禮不可以笑。與下文"臨喪則必有哀色"義同。鄭玄《注》:"臨喪宜有哀色。"《禮記·曲禮上》:~。(1249中)

【臨₂樂不歎】在歡樂的場合不歎息。

鄭玄《注》:"貌與事宜相配。"《禮記·曲禮上》:~。(1249中)

【臨₂財毋苟得】面對財物非義而不取。戒人廉潔自好,切莫貪心。孔穎達《疏》:"財利,人之所貪,非義而取,謂之苟得,故記人戒之。"今爲成語"臨財不苟"。《禮記·曲禮上》:~,臨難毋苟免。(1230中)

【臨₂難毋苟免】面對危難不隨便逃脫。要求人們具有見義勇爲、不懼危難的大無畏精神。孔穎達《疏》:"若君父有難,臣子若苟且免身而不鬥,則陷君父於危亡,故云毋苟免。見義不爲,無勇也。"今爲成語"臨難不苟""臨難苟免"。《禮記·曲禮上》:臨財毋苟得,~。(1230中)

襾(覀西)部

西 xī 見下。

【西上】以西爲上位。西方爲賓位,故以西爲尊。孫詒讓《正義》:"案:俞、黃並以此經據出路門鄉外爲文,左爲東,右爲西,是也。但中廷之位,孤在右而卿大夫在左,則又尊右者,賈《射人》疏謂別依西方賓位爲尊。……治朝之位,孤尊而在西,《小司寇》外朝之位,亦諸侯尊而在西,其例正同。"《周禮·夏官·司士》:大僕、大右、大僕從者在路門之左,南面~。(0849上)

【西方】❶方位名。古以五行配五方、五色、四時,西方爲秋,秋爲金,金色白。儒家認爲秋氣肅殺,主收斂,象徵守義。《畫繢》賈公彥《疏》:"六方有六色之事。"《鄉飲酒義》鄭玄《注》:"愁讀爲揫。揫,斂也。"孫希旦《集解》:"秋斂冬藏,義也。"《周禮·冬官考工記·畫繢》:東方謂之青,南方謂之赤,~謂之白,北方謂之黑,天謂之玄,地謂之黃。(0918下)《儀禮·士冠禮》:有司如主人服,即位於~,東面,北上。(0946上)《禮記·鄉飲酒義》:~者秋,秋之爲言愁也,愁之以時察,守義者也。(1684下)❷指西方之神。白精之帝。鄭玄《注》:"禮西方以立秋,謂白精之帝。"《周禮·春官·大宗伯》:以青圭禮東方,以赤璋禮南方,以白琥禮~,以玄璜禮北方。(0762中)❸指西方地區的民族戎,亦稱西戎。為五方民之一。《禮記·王制》:~曰戎,被髮衣皮,有不粒食者矣。(1338中)

【西戎】對西北少數民族的統稱。《禮記·曲禮下》:其在東夷、北狄、~,南蠻,雖大曰"子"。(1265上)

【西夾】西堂與西房之間的夾道。黃以周《禮書通故·宮室一》:"兩夾在東西房之南,東西堂之北。東夾之東、西夾之西皆有牆,其北亦有牆,東夾之西、西夾之東並無牆。"《儀禮·聘禮》:堂上之饌八,~六。(1052中)

【西序】❶堂之西牆。《喪大記》孔穎達《疏》:"屋堂西頭壁也。"《鄉射禮》胡培翬《正義》:"郝氏敬云:'西序,堂上西牆。'"《儀禮·鄉射禮》:賓與大夫之弓倚于~,矢在弓下,北括。(0997上)《禮記·喪大記》:大夫殯以幬,橫置于~,塗不暨于棺。(1583中)❷夏代小學名。當時的學校不僅是學習知識的地方,亦為尊養庶老之所。鄭玄《注》:"東序、東膠,亦大學,在國中王宮之東。西序、虞庠,亦小學也,西序在西郊。"《禮記·王制》:夏后氏養國老於東序,養庶老於~。(1346中)

【西門】都城正西的城門。天子秋季在西門外會同諸侯祭祀山川丘陵之神。《儀禮·覲禮》:禮日於南門外,禮月與四瀆於北門外,禮山川丘陵於~外。(1093下)

【西郊】王城西面百里之內的地域。詳見"郊"。《禮記·王制》:周人養國老於東膠,養庶老於虞庠,虞庠在國之~。(1346中)

【西堂】西房的前堂。位於西序之西,西夾之南。鄭玄《注》:"西堂,西夾室之前,近南耳。"《儀禮·特牲饋食禮》:几、席、兩敦在~。(1180中)

【西階】賓客升堂的臺階。賓主相見之禮,以西為尊,故以西階為賓客升堂之階;主人由東階升堂,示主人尊賓。凡上西階,先邁左足。喪禮,周人殯於西階之上,表示待死者如賓之義。《儀禮·燕禮》:賓~上拜,受爵于筵前。(1017中)《禮記·曲禮上》:主人入門而右,客入門而左。主人就東階,客就~。客若降等,則就主人之階。(1238中)《禮記·檀弓上》:周人殯於~之上,則猶賓之也。(1283下)

【西墉】房室的西牆。鄭玄《注》:"墉,牆。"《儀禮·士冠禮》:陳服于房中~下,東領,北上。(0950上)

【西塾】西側的堂屋。門兩側的房稱塾,在西側的稱西塾。塾又有位於門內外之分。鄭玄《注》:"西塾,門外西堂也。"邵晉涵《爾雅正義》引李如圭曰:"門之內外,其東西皆有塾。門一而塾四。"《儀禮·士冠禮》:筮與席,所卦者具饌于~。(0946中)

【西牆】中庭西邊的牆壁。鄭玄《注》:"西牆,中庭之西。"《儀禮·士喪禮》:甸人掘坎于階間,少西;為垼于~下,東鄉。(1130中)

【西學】周代的小學。因其位在國之西郊，故稱。當時的學校不僅是學習知識的地方，亦爲尊養庶老之所。鄭玄《注》："西學，周小學也。"孔穎達《疏》："周之小學在西郊。"一說，爲大學之一部分，四學之一，即瞽宗。《禮記·祭義》：祀先賢於～，所以教諸侯之德也。(1600 上)

【西壁】堂的西牆。鄭玄《注》："西壁，堂之西牆下。"《儀禮·特牲饋食禮》：牲爨在廟門外東南，魚、腊爨在其南，皆西面；饎爨在～。(1192 上)

【西嶽】即華山。爲五嶽之一。在今陝西華陰，因其位於西，故稱。天子五年一巡守，秋八月，巡至西嶽。於其上焚柴祭天；覲諸侯，察政教，觀民情。《禮記·王制》：八月，西巡守，至于～，如南巡守之禮。(1328 下)

【西龜】龜左甲長而甲裙邊爲白色者。爲六龜之一。鄭玄《注》："色，謂天龜玄，地龜黃，東龜青，西龜白，南龜赤，北龜黑。龜俛者靈，仰者繹，前弇果，後弇獵，左倪雷，右倪若，是其體也。東龜南龜長前後，在陽，象經也。西龜北龜長左右，在陰，象緯也。天龜俛，地龜仰，東龜前，南龜卻，西龜左，北龜右，各從其耦也。"《周禮·春官·龜人》：天龜曰靈屬，地龜曰繹屬，東龜曰果屬，～曰雷屬，南龜曰獵屬，北龜曰若屬，各以其方之色與其體辨之。(0804 下)

【西方爲上】以西方爲上。爲東西布席之法，若坐者面向南或面向北，就以西方爲上。鄭玄《注》："上，謂席端也。坐在陽，則上左；坐在陰，則上右。"孔穎達《疏》："謂東西設席。……南坐是陽，其左在西；北坐是陰，其右亦在西也，俱以西方爲上。……此據平常布席如此，若禮席則不然。"《禮記·曲禮上》：席，南鄉北鄉，以～；東鄉西鄉，以南方爲上。(1239 中)

【要】㈠ yāo 將核實的罪行及初判結果寫成文書。鄭玄《注》："要之，爲其罪法之要辭，如今劾矣。"賈公彦《疏》："死與四刑輕重不同，文書亦異。云'而要之者'，文書既得，乃後取其要辭。……劾，實也，正謂棄虛從實，收取要辭。"《周禮·秋官·鄉士》：聽其獄訟，察其辭，辯其獄訟，異其死刑之罪而～之，旬而職聽于朝。(0876 上)

【要服】距王畿二千五百里至三千里之諸侯國。《周禮·秋官·大行人》：又其外方五百里，謂之～，六歲一見，其貢貨物。(0892 中)

【要絰】束於腰間的麻帶。喪服之一。亦爲腰束麻帶。《士喪禮》胡培翬《正義》："要絰，即帶也。"《儀禮·士喪禮》：～小焉，散帶垂，長三尺。(1135 下)《禮記·喪服小記》：練，筮日，筮尸，視濯，皆～，杖，繩屨。(1501 中)

腰絰

【要絰不除】（男子的）麻腰帶不可除去。喪禮，除服先重者，易服先輕者。男子重首，婦人重腰。因此小祥之祭時，男子除首絰而不除腰絰，女子除腰絰而不除首絰。《禮記·間傳》：期而小祥，練冠縓緣，～。(1661 上)

【要節而踊】遇到應該踊（頓足跳躍以

示哀痛）的時節就踴。如執奠升時丈夫踴；降時婦人踴；奠者由重南向東時，丈夫踴。爲喪禮之儀節。胡培翬《正義》："要節而踴，謂會遇當踴之節而踴也。"鄭玄《注》："節，謂'執奠始升階'及'既奠由重南東'時也。"賈公彥《疏》："上文大斂奠升時，丈夫踴；降時，婦人踴。由重南而東，丈夫踴。"《儀禮·士喪禮》：君～，主人從踴。(1141中)

【要縫半下】腰縫的寬度是裳下邊的一半。腰狹而下闊，便於行走。爲深衣之裳制。鄭玄《注》："三分要中，減一以宜下，下宜寬也。"孔穎達《疏》："謂要中之縫，尺寸闊狹半下畔之闊，下畔一丈四尺四寸，則要縫半之，七尺二寸。"孫希旦《集解》："下，謂齊也。"《禮記·深衣》：～。(1664上)

【要₁】yào 會計之賬冊、簿書。一旬之計曰成，一月之計曰要，一年之計曰會。故亦稱日成、月要、歲會，泛稱則均可謂之要。《大司馬》鄭玄《注》："要者，簿書也。"《月令》鄭玄《注》："定其租稅之簿。"參見"要₂會"。《周禮·夏官·大司馬》：大役，與慮事屬其植，受其～，以待攷而賞誅。(0839下)《禮記·月令》：乃命冢宰，農事備收，舉五穀之～，藏帝藉之收於神倉，祇敬必飭。(1379中)

【要₂貳】簿書的副本。賈公彥《疏》："及事成收斂畢入要，爲寫一通副貳

文書，名爲要，入司書。"孫詒讓《正義》："此稅斂之官成也。事畢則有成，即《司會》所謂日成、月成、歲成。各官皆爲要會，其正本入於大宰，副本則入司書也。"《周禮·天官·司書》：凡稅斂，掌事者受灋焉，及事成，則入～焉。(0682中)

【要₂會】會計簿書。爲官府治理政事所使用的八種成規之一。鄭玄《注》："要會謂計最之簿書。月計曰要，歲計曰會。"《周禮·天官·小宰》：以官府之八成經邦治：一曰聽政役以比居，二曰聽師田以簡稽，三曰聽閭里以版圖，四曰聽稱責以傅別，五曰聽禄位以禮命，六曰聽取予以書契，七曰聽賣買以質劑，八曰聽出入以～。(0654上)

覆

覆 fù 見下。

【覆手】飯飽以手拭口。依禮，君飽食後，臣乃敢飽，此爲宴饗之禮。孔穎達《疏》："覆手者，謂食飽必覆手以循口邊，恐有穀粒污著之也。……君食畢竟而又飧，則臣乃敢飧，明不先君而飽也。"《禮記·玉藻》：君未～，不敢飧。(1476上)

覈

覈 [核] hé 見下。

【覈物】指桃、李、梅等有核的果實。鄭玄《注》："核物，李、梅之屬。"《周禮·地官·大司徒》：三曰丘陵，其動物宜羽物，其植物宜～。(0702下)

至 部

至 zhì 到達。能否到達,爲需要龜卜而定的八種國家大事(八命)之一。鄭玄《注》引鄭司農云:"至,謂至不也。"《周禮·春官·大卜》:以邦事作龜之八命:一曰征,二曰象,三曰與,四曰謀,五曰果,六曰~,七曰雨,八曰瘳。(0803 中)

【至善】道德修養所能達到的最高境界。爲《大學》三綱領之一。朱熹《集注》:"至善,則事理當然之極也。言明明德、親民,皆當至於至善之地而不遷,蓋必其有以盡夫天理之極,而無一毫人欲之私也。此三者,《大學》之綱領也。"《禮記·大學》:大學之道,在明明德,在親民,在止於~。(1673 上)

【至德】至極之美德。爲師氏所教三德之一。儒家以爲即中和之德。《師氏》鄭玄《注》:"至德,中和之德,覆燾持載含容者也。孔子曰:'中庸之爲德也,其至矣乎!'"賈公彥《疏》:"至德,謂至極之德,以爲行道之本也。"《禮器》孔穎達《疏》:"聖人法天地至極而爲德。"《周禮·地官·師氏》:以三德教國子:一曰~,以爲道本。(0730 中)《禮記·禮器》:天道至教,聖人~。(1440 下)

【至敬無文】祭祀天不穿有文飾的祭服,而穿質樸無飾的大裘。此爲周法,禮以素爲貴。孔穎達《疏》:"至敬,謂敬之至極。謂祭天服用大裘,是無文也。"《禮記·禮器》:有以素爲貴者:~,父黨無容,大圭不琢,大羹不和,大路素而越席,犧尊疏布鼏、樿杓。(1433 下)

【至敬不饗味】祭祀天不用美味,而貴在用氣味。孔穎達《疏》:"此解郊血義。……天神尊貴,事宜極敬,極敬不褻近,故用血也。用血是貴氣而不重味。"孫希旦《集解》:"至敬,謂郊天也。郊天以血爲始,血非食物之道,但用氣臭歆神而已。"《禮記·郊特牲》:~,而貴氣臭也。(1444 下)

【至敬不壇,埽地而祭】祭祀天不在高壇之上,把壇下的地掃乾淨而設正祭。此爲周法,禮以下爲敬。孔穎達《疏》:"此謂祭五方之天,初則燔柴於大壇,燔柴訖,於壇下掃地而設正祭。此周法也。"《禮記·禮器》:有以下爲貴者:~。(1433 中)

致 zhì 券契。王引之《經義述聞·卷十四》:"致,讀爲質劑之質。"《禮記·曲禮上》:獻田宅者操書~。(1244 上)

【致事】❶報告施政之情況。王據此廢置其爵。賈公彥《疏》:"百官致其治政功狀與冢宰。"《周禮·天官·大宰》:歲終,則令百官府各正其治,受其會,聽其～,而詔王廢置。(0650下)❷即致仕。還政於君,告老辭官。依禮,七十歲者應告老不仕。鄭玄《注》:"致其所掌之事於君而告老。"《禮記·曲禮上》:大夫七十而～。(1232中)

【致知】獲得無窮無盡的知識。朱熹《集注》:"致,推極也。知,猶識也。推極吾之知識,欲其所知無不盡也。""致知"作爲儒家的哲學概念,歷代各家解釋不盡相同。鄭玄《注》認爲"謂知善惡吉凶之所終始",王守仁以爲即"致吾心之良知"。《禮記·大學》:欲誠其意者先致其知,～在格物。(1673上)

【致政】猶致仕。還政於君,告老辭官。依禮,七十歲者應告老不仕。鄭玄《注》:"致政,還君事。"《禮記·王制》:七十～,唯衰麻爲喪。(1346上)

【致貢】即享。五官向天子上報一年的功績。鄭玄《注》:"貢,功也。享,獻也。致其歲終之功於王謂之獻。"《禮記·曲禮下》:五官～曰享。(1261中)

【致師】將戰之時,派猛士突入敵陣挑戰,以示必戰之志。鄭玄《注》:"致師者,致其必戰之志。古者將戰,先使勇力之士犯敵焉。"《周禮·夏官·環人》:掌～,察軍慝。(0844中)

【致夢】夏后氏所作釋夢之書。爲《三夢》之一。鄭玄《注》:"夢者,人精神所寤可占者。《致夢》,言夢之所至,夏后氏作焉。"《周禮·春官·大卜》:掌《三夢》之灋:一曰《～》,二曰《觭夢》,三曰《咸陟》。(0803上)

【致殯】賓始至之禮。賓至館舍後,主國向來賓贈送食品。殯禮有飪腥而無饔餼,故爲小禮。鄭玄《注》:"俱使大夫,禮同也。殯,食也。小禮曰殯,大禮曰饔餼。"賈公彥《疏》:"上公殯五牢,賓始至之禮。"《周禮·秋官·司儀》:致館亦如之,～如致積之禮。(0897下)

【致毀】使身體極度損傷。依禮,五十歲的老人居喪,不可極度悲哀以致傷身。孔穎達《疏》:"致,極也。五十始衰,居喪乃許有毀,而不得極羸瘦。"《禮記·曲禮上》:五十不～,六十不毀,七十飲酒食肉。(1249上)

【致福】臣祭後進獻祭祀之餘肉於君,以示添福。亦稱歸脤、歸胙。《膳夫》鄭玄《注》:"致福,謂諸臣祭祀,進其餘肉,歸胙于王。"賈公彥《疏》:"受脤謂君祭以肉賜大夫,歸脤謂大夫祭歸肉於公也。"《少儀》鄭玄《注》:"此皆致祭祀之餘於君子,攝主言致福,申其辭也。"孔穎達《疏》:"謂致彼祭祀之福於君子也。"《周禮·天官·膳夫》:凡祭祀之～者,受而膳之。(0660下)《禮記·少儀》:爲人祭曰"～"。(1516中)

【致齊(zhāi)】祭祀前齋戒。清心潔身三日,晝夜居於室內,思親之居處、笑語、志意、所樂、所嗜。鄭玄《注》:"致齊,思此五者也。"孔穎達《疏》:"此一節明祭前齊日之事。……謂孝子思念親存之五事也。"《禮記·祭義》:～於内,散齊於外。齊之日,思其居處,思其笑語,思其志意,思其所樂,思其所嗜。齊三日,乃見其所爲齊者。(1592下)

【致館】賓至於館舍,主人親自或派人

至館致禮,稱致館,亦稱眂館。爲賓初至國之禮,其禮有幣。《聘禮》鄭玄《注》:"賓至此館,主人以上卿禮致之,所以安之也。"《司儀》鄭玄《注》:"館,舍也。使大夫授之,君又以禮親致焉。"賈公彦《疏》:"凡致者,皆有幣以致之。《周禮·秋官·司儀》:~亦如之,致殯如致積之禮。(0897下)《儀禮·聘禮》:大夫帥,至于館,卿~,賓迎,再拜。(1052上)

【致膳】贈送祭祀之餘肉於人。鄭玄《注》:"此皆致祭祀之餘於君子。"孔穎達《疏》:"若己自祭而致胙於君子,則不敢云'福',而言致膳。膳,善也,言致善味耳。"《禮記·少儀》:爲己祭而~於君子曰"膳"。(1516中)

【致襘】向受災之國贈送財物,以示弔問。鄭玄《注》:"致襘,凶禮之弔禮,襘禮也。"《周禮·秋官·大行人》:歸脤以交諸侯之福,賀慶以贊諸侯之喜,~以補諸侯之災。(0890下)

【致饔】即致饔餼。諸侯接待賓客之大禮。亦稱歸饔。鄭玄《注》:"急歸大禮。"胡培翬《正義》:"乃於是日即歸饔餼,是急歸大禮也。"詳見"致饔餼"。《儀禮·聘禮》:聘日~。(1075上)

【致饔餼】諸侯接待賓客之大禮。聘禮中,來賓奉獻玉帛之禮畢,主國行贈送賓客食物之大禮。其饋贈較多:饔,包括飪(熟肉)與腥(生肉);餼,活牲,亦謂之牽;還有禾米、芻薪等。《聘義》孔穎達《疏》:"謂行聘之日,主君使卿致饔餼之禮於賓館。案《聘禮》:'君使卿韋弁,歸饔餼五牢。'注云:'牲,殺曰饔,生曰餼。'"《周禮·秋官·司儀》"致殯如致積之禮"鄭玄《注》:"小禮曰殯,大禮曰饔餼。"賈公彦《疏》:"大禮曰饔餼者,以其有腥有牽,芻薪米禾又多,故曰大。"《周禮·秋官·司儀》:~,還圭,饗食,致贈,郊送,皆如將幣之儀。(0898上)《禮記·聘義》:君親禮賓,賓私面私覿,~,還圭璋。(1692下)

臺

(台) tái 高而上平的建築物。可供觀望。鄭玄《注》:"闍者謂之臺,有木者謂之榭。"《禮記·月令》:可以居高明,可以遠眺望,可以升山陵,可以處~榭。(1370中)

【臺門】築土爲基臺,於基臺起屋曰臺門。爲天子、諸侯宮室之制,以高爲貴。孔穎達《疏》:"兩邊起土爲臺,臺上架屋,曰臺門。"《禮記·郊特牲》:~而旅樹,反坫,繡黼,丹朱中衣,大夫之僭禮也。(1448上)

【臺榭】臺和榭。臺,積土爲之,可觀望;臺上有屋爲榭。泛指樓臺等建築物。鄭玄《注》:"闍者謂之臺,有木者謂之榭。"《禮記·月令》:可以居高明,可以遠眺望,可以升山陵,可以處~。(1370中)

虍 部

虎 hǔ ❶猛獸名。哺乳類，猫科。性凶猛，力大，善於捕食野獸，有時也傷害人畜，號稱百獸之王。亦指所畫虎的圖像，用作旗飾或箭靶，以示威猛。《鄉射禮》鄭玄《注》："熊、麋、虎、豹、鹿、豕，皆正面畫其頭象於正鵠之處耳。"《周禮·春官·典路》：熊～爲旗，鳥隼爲旟，龜蛇爲旐。(0826 中)《儀禮·鄉射禮》：凡侯：天子熊侯，白質；諸侯麋侯，赤質；大夫布侯，畫以～、豹；士布侯，畫以鹿、豕。(1010 中)《禮記·月令》：冰益壯，地始坼，鶡旦不鳴，～始交。(1382 下) ❷大蜡所祭祀對象之一。虎有捕食野猪保護莊稼之功，故祭之。鄭玄《注》："迎其神也。"《禮記·郊特牲》：迎貓，爲其食田鼠也；迎～，爲其食田豕也：迎而祭之也。(1454 上)

【虎士】有勇力之兵卒。爲虎賁氏所統領。鄭玄《注》："不言徒，曰虎士，則虎士，徒之選有勇力者。"《周禮·夏官·敘官》：～八百人。(0831 下)

【虎中】盛放算籌的器皿。射禮及投壺時用之。以木爲之，刻爲虎形，可容八算。君與鄰國君射時所

虎中

用。參見"中㊀①"。《儀禮·鄉射禮》：於竟，則～，龍虡。(1012 中)

【虎皮】❶行軍儀仗之一。虎是威猛之物，亦是兵衆之象。行軍遇見前方有兵衆，舉以防犯。孔穎達《疏》："虎是威猛，亦兵衆之象。若見前有兵衆，則舉虎皮於竿首，使兵衆見以爲防。"《禮記·曲禮上》：前有士師，則載～。(1250 上) ❷虎皮是威猛之物，周武王克商後，以虎皮包藏兵器，示以武平息天下戰爭。鄭玄《注》："包干戈以虎皮，明能以武服兵也。"孔穎達《疏》："虎皮，武猛之物也。用此虎皮包裹兵器，示王克威猛，能包制服天下兵革也。"《禮記·樂記》：車甲衅而藏之府庫而弗復用，倒載干戈包之以～。(1542 下)

【虎門】王宮路寢之門。門外畫虎，因以爲名。鄭玄《注》："虎門，路寢門也。王日視朝於路寢，門外畫虎焉，以明勇猛，於守宜也。"《周禮·地官·師氏》：居～之左，司王朝。(0730 下)

【虎侯】以虎皮爲飾的箭靶。天子大射所用三侯之一，即王自射之侯。鄭玄《注》："侯者，其所射也，以虎、熊、豹、麋之皮飾其側。……王之大射，虎侯，王所自射也；熊侯，諸侯所射；

豹侯,卿大夫以下所射。"《周禮·天官·司裘》:王大射,則共～、熊侯、豹侯。(0683 中)

【虎賁】勇士之稱。孔穎達《疏》:"虎賁,言奔走有力如虎也者。"《禮記·樂記》:裨冕搢笏,而～之士説劍也。(1543 中)

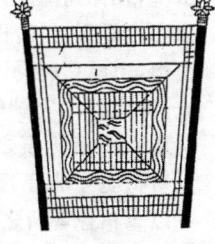
虎侯

【虎裘】虎皮大衣。君之車右所服,以示威猛。鄭玄《注》:"衛尊者宜武猛。"《禮記·玉藻》:君之右～,厥左狼裘。(1479 下)

【虎節】銅鑄的虎形符節。爲六節之一。爲多山之國卿大夫出使所用。鄭玄《注》:"使節,使卿大夫聘於天子、諸侯行道所執之信也。……山多虎,平地多人,澤多龍。……今漢有銅虎符。"賈公彥《疏》:"皆據多者相別爲信,以自明也。"《周禮·地官·掌節》:凡邦國之使節,山國用～,土國用人節,澤國用龍節,皆金也,以英蕩輔之。(0739 下)

【虎彝】祭祀先祖所用的盛酒禮器,上刻畫有虎形圖案。爲六彝之一。賈公彥《疏》:"其虎彝、蜼彝,當是有虞氏之尊。"《周禮·春官·司尊彝》:凡四時之間祀、追享、朝享,祼用～、蜼彝。(0773 中)

虎彝

【虎賁氏】職官名。掌侍衛天子及護衛王宫。爵下大夫。《周禮·夏官·虎賁氏》:～,掌先後王而趨以卒伍。(0850 下)

虛 xū 星宿名。爲北方玄武七宿之第四宿。爲二十八宿之一。孔穎達《疏》:"虛,北方玄武之第四宿也。"《禮記·月令》:季秋之月,日在房,昏～中,旦柳中。(1379 上)

【虛口】食後用酒漱口。亦名酳。酳所以潔口,且有安食之作用。爲宴會或祭祀儀節之一。依禮,主人還没有吃遍各種食物時,客人不得飲酒漱口。鄭玄《注》:"虛口,謂酳也。"孔穎達《疏》:"謂食竟飲酒蕩口,使清絜及安食也。用漿曰漱,……用酒曰酳。"《禮記·曲禮上》:主人未辯,客不～。(1242 上)

號 (号) hào 見下。

【號名】標誌,稱謂。用以相區别。如家以號名,鄉以州名,野以邑名,帥以門名等。鄭玄《注》:"號名者,徽識,所以相别也。鄉遂之屬謂之名,家之屬謂之號,百官之屬謂之事。"《周禮·夏官·大司馬》:羣吏撰車徒,讀書契,辨～之用。(0836 下)

【號祝】以六號詔祝於神。大祭祀時,以此勸享饗。六號謂神號、鬼號、祇號、牲號、齍號、幣號。孫詒讓《正義》:"號祝,謂以六號詔祝於神之辭。"《周禮·春官·大祝》:凡大禋祀、肆享、祭祀,則執明水火而～。(0811 上)

虡 jù 縣掛鍾、磬、鼓木架兩側的立柱。刻短毛獸爲鍾虡之飾,羽毛禽爲磬虡之飾。懸掛鍾鼓木架的横梁稱簨。《明堂位》鄭玄《注》:"簨虡,所以縣鍾磬也。横曰簨,飾之以鱗屬;植曰虡,飾之以臝屬、羽屬。"《梓人》孫詒讓《正義》:"《說文·虍部》云:'虡,鍾鼓之柎也,飾爲猛獸。'即爲臝屬之獸。"《周禮·冬官考工記·梓人》:若是者以爲鍾~。(0925上)《禮記·明堂位》:夏后氏之龍簨~,殷之崇牙,周之璧翣。(1491中)

【虞】 yú ❶ 喪祭名。下葬當天中午於殯宮舉行的安神之祭。從士到天子,因尊卑不同,舉行虞祭的次數亦異。士三虞(初虞稱袷事,再虞稱虞事,三虞稱成事),大夫五,諸侯七,天子九。除最後一次虞祭用剛日(甲、丙、戊、庚、壬)外,其餘均用柔日(乙、丁、己、辛、癸)。祭時立尸,有牲。《既夕禮》鄭玄《注》:"虞,喪祭名。虞,安也。骨肉歸於土,精氣無所不之,孝子爲其彷徨,三祭以安之。朝葬,日中而虞,不忍一日離。"《儀禮·既夕禮》:三~。卒哭。(1157下)《禮記·雜記下》:士三~,大夫五,諸侯七。(1566中) ❷ 掌管山林水澤、苑囿之官。《地官·敘官》賈公彦《疏》:"中小已下自如尋常法,故如山虞。"《緇衣》鄭玄《注》:"虞,主田獵之地者也。"《周禮·地官·敘官》:中林麓如中山之~,小林麓如小山之~。(0700上)《周禮·地官·閭師》:任衡以山事,貢其物;任~以澤事,貢其物。(0727上)《禮記·緇衣》:若~機張,往省括于厥度則釋。(1649下) ❸ 遠古部落名。即有虞氏。居於蒲阪(今山西永濟西蒲州鎮)。《禮記·祭義》:~、夏、殷、周,天下之盛王也,未有遺年者。(1599下)

【虞人】 掌管山澤苑囿之官。在山爲山虞,在澤爲澤虞。《大司馬》賈公彦《疏》:"虞人者,若田在澤,澤虞;若田在山,山虞。"《檀弓下》鄭玄《注》:"虞人,掌山澤之官。"《周禮·夏官·大司馬》:~萊所田之野,爲表。(0838上)《禮記·檀弓下》:~致百祀之木,可以爲棺椁者斬之。(1314中)

【虞中】 虞旗所樹立之處。爲所獲野獸的集中地。鄭玄《注》:"虞中,謂虞人螫所田之野,及弊田,植虞旗於其中,致禽而珥焉。獸人主令田衆得禽者,置虞人所立虞旗之中,當以給四時社廟之祭。"《周禮·天官·獸人》:及弊田,令禽注于~。(0663下)

【虞事】 喪祭名。三虞之祭的再虞稱虞事。鄭玄《注》:"丁日葬,則己日再虞。"賈公彦《疏》:"己日再虞者,以其後虞用剛日,初虞、再虞皆用柔日。始虞用丁日,隔戊日,故知再虞用己日。……一虞云袷,再虞云虞,三虞云成。"參見"虞①"。《儀禮·士虞禮》:再虞,皆如初。曰:"哀薦~。"(1174中)

【虞庠】 周代小學名。在西郊(一說在四郊)。古之學校兼有養老之功能。鄭玄《注》:"虞庠亦小學也。……周之小學爲有虞氏之庠制,是以名庠云。其立鄉學亦如之。"《禮記·王制》:周人養國老於東膠,養庶老於~,~在國之西郊。(1346中)

【虞帝】 遠古時代的部落酋長虞舜。參見"舜"。《禮記·表記》:後世雖有作者,~弗可及也已矣。(1642中)

【虞旌】 澤虞所立之旌。上有熊虎圖案,樹立之以匯聚所獵獲之禽。鄭玄

《注》:"澤虞有旌,以其主澤,澤鳥所集,故得注析羽。"孫詒讓《正義》:"此旌亦以熊虎之旗,而注析羽。"《周禮·地官·澤虞》:若大田獵,則萊澤野,及弊田,植～以屬禽。(0748 上)

【虞衡】管理山林川澤者及山林川澤之民。掌山澤爲虞,掌川林爲衡,通言則不別。爲大宰所頒九職之一。鄭玄《注》:"虞衡,掌山澤之官,主山澤之民者。"賈公彥《疏》:"謂在山澤之民,所作事業材木而已。……案《地官》,掌山澤者謂之虞,掌川林者謂之衡。"孫詒讓《正義》:"山林川澤之民屬於虞衡,故即名其民職曰虞衡。"《周禮·天官·大宰》:以九職任萬民:一曰三農,生九穀;二曰園圃,毓草木;三曰～,作山澤之材;四曰藪牧,養蕃鳥獸;五曰百工,飭化八材;六曰商賈,阜通貨賄;七曰嬪婦,化治絲枲;八曰臣妾,聚斂疏材;九曰閒民,無常職,轉移執事。(0647 上)

【虞旗】山虞所立之旗。上有熊虎圖案,樹立之以匯聚所獵獲之禽獸。鄭玄《注》:"山虞有旗,以其主山,得畫熊虎,其刐數則短也。"《周禮·地官·山虞》:及弊田,植～于中,致禽而珥焉。(0747 下)

虫 部

虹 hóng 陽光射入空中,經水氣折射形成的彩色圓弧,呈現紅、橙、黃、綠、藍、靛、紫七種顏色。這種圓弧常出現兩個,紅色在外,稱虹;紫色在內,稱霓。孔穎達《疏》:"虹是陰陽交會之氣,……若雲薄露日,日照雨滴,則虹生。"《禮記·月令》:桐始華,田鼠化爲鴽,～始見,萍始生。(1363 上)

虵 [蛇] shé 爬行動物。鄭玄《注》:"兩端爲龍首,中央爲蛇身相交也。"《儀禮·鄉射禮》:楅長如笴,博三寸,厚寸有半,龍首,其中～交,韋當。(1011 上)

蚤 zhǎo ❶用同"爪"。車輻榫入外輪圈中的小的一頭。鄭玄《注》:"蚤當爲爪,謂輻入牙中者也。"孫詒讓《正義》:"車輻大頭名股,蚤爲小頭,對股言之,與人手爪相類,故以蚤爲名。……別於菑爲輻入轂中者也。戴震云:'輻端之枘建牙中者,謂之蚤。'"《周禮·冬官考工記·輪人》:眡其綆,欲其～之正也。察其菑～不齲,則輪雖敝不匡。(0907 下、0908 上)❷車蓋之弓的末端。鄭玄《注》:"蚤當爲爪。"孫詒讓《正義》:"王宗涑云:'股,弓近部者。爪,弓末也。'鄭鍔云:'……弓之宇曲者亦謂之蚤,以其小也。'"《周禮·冬官考工記·輪人》:參分其股圍,去一以爲～圍。(0910 上)

蚳 chí 螞蟻卵。《鼈人》鄭玄《注》:"蚳,蛾子。"《內則》鄭玄《注》:"蚳,蚍蜉子也。"《周禮·天官·鼈人》:祭祀,共蠯、蠃、～,以授醢人。(0664 中)《禮記·內則》:腶脩,～醢;脯羹,兔醢。(1464 上)

【蚳醢】用蟻卵做的醬。《醢人》鄭玄《注》:"蚳,蛾子。"《周禮·天官·醢人》:饋食之豆,其實葵菹、蠃醢、脾析、蠯醢、～、豚拍、魚醢。(0674 下)《禮記·內則》:腶脩,～;脯羹,兔醢。(1464 上)

蛇 shé 爬行動物。此指蛇的圖案。《周禮·冬官考工記·畫繢》:火以圜,山以章,水以龍,鳥獸～。(0918 下)

蛤 gé 一種有介殼的軟體動物。產淺海、江河泥沙中,肉可食。古人認為季秋之月由燕雀入海變化而成。《禮記·月令》:鴻鴈來賓,爵入大水為～,鞠有黃華,豺乃祭獸,戮禽。(1379 上)

蛟 jiāo 鯊、鱷之類的動物。鄭玄《注》:"四者甲類。"《禮記·月令》:命漁師伐～,取鼉,登龜,取黿。(1370 下)

蜃 shèn ❶大蚌蛤。古人認為季秋之月雀入大海而化為蛤。《鼈人》鄭玄《注》:"蜃,大蛤。"《月令》鄭玄《注》:"大蛤曰蜃。"《周禮·天官·鼈人》:掌取互物,以時籍魚、鼈、龜、～,凡貍物。(0664 上)《禮記·月令》:水始冰,地始凍,雉入大水為～,虹藏不見。(1381 上)❷即蜃炭。用蜃甲燒成的灰。葬時置放在壙中用以防潮。鄭玄《注》:"將井椁,先塞下以蜃禦濕也。"孫詒讓《正義》:"《左》成二年傳云:'宋文公卒,始厚葬,用蜃炭。'杜注云:'燒蛤為炭以瘞壙。'"《周禮·地官·掌蜃》:掌斂互物、蜃物,以共闉壙之～。(0748 下)❸即蜃器。畫蜃為飾的酒尊。用於山川、四方之祭。鄭玄《注》:"脩、蜃、概、散,皆漆尊也。……蜃,畫為蜃形。"參見"蜃器"。《周禮·春官·鬯人》:凡山川、四方用～,凡祼事用概,凡甒事用散。(0771 上)

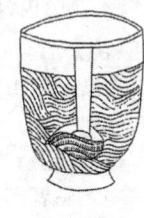
蜃尊

【蜃車】載柩之喪車。鄭玄《注》:"蜃車,柩路也。柩路載柳,四輪迫地而行,有似於蜃,因取名焉。"《周禮·地官·遂師》:及窆,抱磨,共丘籠及～之役。(0742 上)

柳車

【蜃物】泛指蚌蛤之物。賈公彥《疏》:"蜃物者,共百事之蜃,與下共闉壙之蜃別。"《周禮·地官·掌蜃》:掌斂互物、～,以共闉壙之蜃。(0748 下)

【蜃炭】用蜃甲燒成的灰。用以清除藏在牆屋中的蟲豸。賈公彥《疏》:"蜃炭者,謂蜃灰是也。"《周禮·秋官·赤犮氏》:掌除牆屋,以～攻之,

以灰洒毒之。(0889 上)

【蜃器】畫蜃爲飾的酒尊。用於山川、四方之祭。鄭玄《注》："《鬯人》職曰：凡四方山川用蜃器。……蜃之器以蜃飾，因名焉。"《周禮·地官·掌蜃》：祭祀，共～之蜃。(0748 下)

蛾

yǐ "蟻"的古字。大蟻。鄭玄《注》："蛾，蚍蜉也。"《禮記·學記》：《記》曰："～子時術之。"(1521 中)

【蛾子】幼蟻。鄭玄《注》："蛾，蚍蜉也。蚍蜉之子微蟲耳，時術蚍蜉之所爲，其功乃復成大垤。"陸德明《釋文》："蚍蜉之子，按《釋蟲》云：'蚍蜉，大螘，小者螘。'是蟻爲蚍蜉大者。又云蟻子，故云蚍蜉之子也。"《禮記·學記》：《記》曰："～時術之。"(1521 中)

蜱

pí 蚌的一種。鄭玄《注》："蜱，蜯也。"《儀禮·既夕禮》：東方之饌：四豆，脾析、～醢、葵菹、蠃醢。(1153 下)

【蜱醢】用蚌肉製成的醬。《儀禮·既夕禮》：東方之饌：四豆，脾析、～、葵菹、蠃醢。(1153 下)

蜡

㊀ zhà 祭名。於每年十二月舉行，合祭衆神以報農功，兼息田夫。祭祀對象主要有八：先嗇、司嗇、農、郵表畷、猫虎、坊、水庸、昆蟲，又稱八蜡。亦爲舉行蜡祭。《羅氏》鄭玄《注》引鄭司農云："蜡，謂十二月大祭萬物也。"《郊特牲》孔穎達《疏》："先嗇一，司嗇二，農三，郵表畷四，貓虎五，坊六，水庸七，昆蟲八。所祭之神合聚萬物而索饗之，但以此八神爲主。"《周禮·夏官·羅氏》：～則作羅襦。(0846 下)《禮記·郊特牲》：～

也者，索也，歲十二月，合聚萬物而索饗之也。～之祭也，主先嗇而祭司嗇也，祭百種以報嗇也。(1453 下)

㊁ qù 見下。

【蜡₂氏】職官名。掌管清除屍骨及道路上不乾淨的東西。爵下士。孫詒讓《正義》："蜡，骨肉腐臭，蠅蟲所蜡也。《月令》曰'掩骼埋胔'，此官之職也。"《周禮·秋官·蜡氏》：～，掌除骴。(0884 下)

蜼

wèi 見下。

【蜼彝】以蜼（長尾猴）爲飾之彝器。爲六彝之一。盛鬱鬯用於宗廟之灌祭。鄭玄《注》："蜼，禺屬，卬鼻而長尾。"《周禮·春官·司尊彝》：凡四時之間祀、追享、朝享，祼用虎彝、～。(0773 中)

蜼彝

蝸

（蝸）luó 用同"蠃"。水生軟體動物。外表有硬殼，肉可食用。參見"蠃"。《儀禮·特牲饋食禮》：主婦盥于房中，薦兩豆，葵菹、～醢，醢在北。(1183 中)《禮記·內則》：食：～醢而苽食、雉羹。(1464 上)

【蝸醢】用螺肉製成的醬。《內則》孔穎達《疏》："以蝸爲醢。"《儀禮·特牲饋食禮》：主婦盥于房中，薦兩豆，葵菹、～，醢在北。(1183 中)《禮記·內則》：食：～而苽食、雉羹。(1464 上)

蜩

tiáo 蟬的別名。鄭玄《注》："蜩，蟬也。"《禮記·內則》：爵、鷃、～、范、芝、栭、菱、棋、棗、栗、榛、柿、瓜、桃、李、梅、杏、楂、梨、薑、桂。

（1464上）

蟄

（蛰）zhé 見下。

【蟄蟲】藏在泥土中過冬的蟲豸。孔穎達《疏》："蟄伏之蟲皆得昭曉蘇息也。"《禮記·樂記》：～昭蘇,羽者嫗伏。（1537下）

【蟄獸】冬眠之獸。如熊羆之類。鄭玄《注》："蟄獸,熊羆之屬,冬藏者也。"《周禮·秋官·穴氏》：掌攻～,各以其物火之。（0888中）

螻

（蝼）lóu 見下。

【螻蟈】蛙類。鄭玄《注》："螻蟈,蛙也。"一説,螻爲螻蛄,蟈爲蛙。陸德明《釋文》："蔡云：'螻,螻蛄；蟈,蛙也。'"又一説,即螻蛄。見王念孫《廣雅疏證》。《禮記·月令》：～鳴,蚯蚓出,王瓜生,苦菜秀。（1365上）

蟈

（蝈）guō 見下。

【蟈氏】職官名。掌清除蛙類。爵下士。《周禮·秋官·蟈氏》：～,掌去鼃黽。（0889中）

蟲

（虫）chóng 動物的通稱。禽爲羽蟲,獸爲毛蟲,龜爲介蟲,魚爲鱗蟲,人爲倮蟲。《儒行》鄭玄《注》："鷙蟲,猛鳥、猛獸也。"《周禮·冬官考工記·梓人》：以脰鳴者、以注鳴者、以旁鳴者、以翼鳴者、以股鳴者、以胷鳴者,謂之小～之屬。（0925上）《禮記·儒行》：鷙～攫搏,不程勇者。（1669上）

【蟲螟】對莊稼有害的昆蟲類。陸德明《釋文》："《爾雅》云：'食苗心螟。'"《禮記·月令》：行夏令,則國乃大旱,

煖氣早來,～爲害。（1362下）

蠱

（蛊）gǔ 能病害人之蟲。鄭玄《注》："毒蠱,蟲物而病害人者。"《周禮·秋官·庶氏》：掌除毒～,以攻説檜之,嘉草攻之。凡敺～,則令之,比之。（0888中）

蠯

pí 蚌之狹長者。亦作"蠃"。鄭玄《注》："鄭司農云：'蠯,蛤也。'杜子春云：'蠯,蜯也。'"賈公彦《疏》："蜯即蛤,亦一物。"《周禮·天官·鼈人》：祭祀,共～、蠃、蚳,以授醢人。（0664中）

【蠯醢】用蠯做的肉醬。《周禮·天官·醢人》：饋食之豆,其實葵菹、蠃醢、脾析、～、蜃、蚳醢、豚拍、魚醢。（0674下）

蠹

dù 見下。

【蠹物】泛指各種蛀蟲。能穿食木器衣帛等。鄭玄《注》："蠹物,穿食人器物者。"《周禮·秋官·翦氏》：掌除～,以攻禜攻之,以莽草熏之。（0889上）

蠶

（蚕）cán 見下。

【蠶事】天子春天養蠶之事。《禮記·月令》：～畢,后妃獻繭,乃收繭税。（1365下）

【蠶室】王室養蠶之宫館。孔穎達《疏》："謂官家之桑,於處而築養蠶之室。"《禮記·祭義》：古者天子、諸侯,必有公桑、～,近川而爲之,築宫,仞有三尺,棘牆而外閉之。（1597下）

蠻

（蛮）mán 對南方少數民族的泛稱。《周禮·秋官·象胥》：掌

~、夷、閩、貉、戎、狄之國使,掌傳王之言而諭說焉,以和親之。(0899下)《禮記·王制》:南方曰~,雕題交趾,有不火食者矣。(1338中)

【蠻服】距王畿二千五百里至三千里之地域。爲九服之一。九服爲侯、甸、男、采、衛、蠻、夷、鎮、藩,每服五百里。《周禮·夏官·職方氏》:乃辨九服之邦國:方千里曰王畿,其外方五百里曰侯服,又其外方五百里曰甸服,又其外方五百里曰男服,又其外方五百里曰采服,又其外方五百里曰衛服,又其外方五百里曰~,又其外方五百里曰夷服,又其外方五百里曰鎮服,又其外方五百里曰藩服。(0863中)

【蠻貊】對南方和北方少數民族的稱呼。亦泛指四方少數民族。陸德明《釋文》:"貊……《說文》云:'北方人也。'"《禮記·中庸》:是以聲名洋溢乎中國,施及~。(1634下)

【蠻畿】距王畿二千五百里至三千里之地域。爲九畿之一。《周禮·夏官·大司馬》:乃以九畿之籍施邦國之政職:方千里曰國畿,其外方五百里曰侯畿,又其外方五百里曰甸畿,又其外方五百里曰男畿,又其外方五百里曰采畿,又其外方五百里曰衛畿,又其外方五百里曰~,又其外方五百里曰夷畿,又其外方五百里曰鎮畿,又其外方五百里曰蕃畿。(0835下)

【蠻隸】被俘虜的蠻人充當奴隸者。鄭玄《注》:"征南夷所獲。"《周禮·秋官·敘官》:~百有二十人。(0868中)

网(罒)部

罟 gǔ 網的總稱。亦爲以網捕鳥獸。《中庸》孔穎達《疏》:"罟,網也。"《周禮·天官·獸人》:掌~田獸,辨其名物。……時田,則守~。(0663中、下)《禮記·中庸》:人皆曰予知,驅而納諸~擭陷阱之中,而莫之知辟也。(1626上)

罝 jū 見下。

【罝罘】泛指捕野獸的網。鄭玄《注》:"獸罟曰罝罘。"《禮記·月令》:田獵~、羅網、畢、翳、餧獸之藥,毋出九門。(1363下)

置 zhì 舉賢而置之於位。爲天子駕馭羣臣的八柄、八枋之一。賈公彥《疏》:"有賢行則置之于位,故云以馭其行。"《周禮·天官·大宰》:以八柄詔王馭羣臣:一曰爵,以馭其貴;二曰祿,以馭其富;三曰予,以馭其幸;四曰~,以馭其行;五曰生,以馭其福;六曰奪,以馭其貧;七曰廢,以馭其罪;八曰誅,以馭其過。(0646中)

【置社】大夫、士庶共同設置的供奉社神之所。鄭玄《注》："大夫不得特立社,與民族居,百家以上則共立一社,今時里社是也。"孔穎達《疏》："爲衆特置,故曰置社。"《禮記·祭法》：大夫以下成羣立社,曰～。(1589下)

罪 zuì 見下。

【罪隸】罪人之男性入官爲奴服勞役者。鄭玄《注》："盜賊之家爲奴者。"賈公彦《疏》："古者身有大罪,身既從戮,男女緣坐,男子入于罪隸,女子入于舂槀。"《周禮·秋官·敘官》：～百有二十人。(0868中)

罰 (罚) fá 見下。

【罰布】違反市場法令的罰款。鄭玄《注》："布,泉也。……罰布者,犯市令者之泉也。"《周禮·地官·廛人》：掌斂市絘布、緫布、質布、～、廛布,而入于泉府。(0737中)

罷 (罢) pí 用同"疲"。疲勞。軍隊作戰而歸稱曰罷。鄭玄《注》："罷之言勞也。"孔穎達《疏》："謂於師役之中欲散退之時,稱曰罷勞。"《禮記·少儀》：朝廷曰退,燕遊曰歸,師役曰～。(1512中)

【罷民】不從教化、不事勞作之民。鄭玄《注》引鄭司農云："罷民,謂惡人不從化,爲百姓所患苦而未入五刑者也。"《周禮·秋官·司圜》：掌收教～,凡害人者,弗使冠飾,而加明刑焉。(0882下)

尉 wèi 見下。

【尉羅】捕鳥的網具。鄭玄《注》："尉,小網也。"孔穎達《疏》："按《説文》云：'尉,捕鳥網也。'又《爾雅》云：'鳥罟謂之羅。'尉羅,緫是捕鳥之網。"《禮記·王制》：鳩化爲鷹,然後設～。(1333中)

羅 (罗) luó 捕鳥的網。亦爲以網捕鳥。《大司馬》鄭玄《注》："羅弊,罔止也。"《周禮·夏官·大司馬》：～弊,致禽以祀祊。(0837下)《周禮·夏官·羅氏》：掌～烏鳥。(0846下)

【羅氏】職官名。掌管捕鳥。爵下士。《郊特牲》孔穎達《疏》："羅氏用細密之羅網以捕禽鳥矣。"《周禮·夏官·羅氏》：～,掌羅烏鳥。(0846下)《禮記·郊特牲》：～致鹿與女,而詔客告也。(1454中)

【羅罔】即羅網。用以捕捉鳥獸。鄭玄《注》："罟曰羅罔。"《禮記·月令》：田獵置罘、～、畢翳,餧獸之藥,毋出九門。(1363下)

【羅襦】細密的網。鄭玄《注》："襦,細密之網。"《周禮·夏官·羅氏》：臘則作～。(0846下)

羈 (羁) jī ❶馬絡頭。《禮記·檀弓下》：如皆守社稷,則孰執～靮而從？(1310上)❷女孩的髮髻。鄭玄《注》："髦,所遺髮也。……午達曰羈。"孔穎達《疏》："一從一横曰午。今女剪髮留其頂上縱横各一,相交通達,故云午達。"《禮記·內則》：三月之末,擇日翦髮爲鬌：男角,女～；否則,男左,女右。(1469下)

【羈靮】馬絡頭與馬繮繩。鄭玄《注》："靮,紖也。"《禮記·檀弓下》：如皆守社稷,則孰執～而從？(1310上)

肉 部

肉 ròu 見下。

【肉吏】掌管屠宰的吏人。《禮記·祭統》:胞者,～之賤者也。(1606 上)

【肉豆】盛在豆中的大塊切肉。鄭玄《注》:"肉豆者,切肉也。"《周禮·夏官·小子》:掌祭祀羞羊肆、羊殽、～。(0842 下)

【肉脩】肉脯。鄭玄《注》引鄭司農云:"脩,脯也。"《周禮·天官·膳夫》:凡～之頒賜,皆掌之。(0660 下)

【肉袒】脫去左臂上所有衣袖,露出肩臂。爲表示虔敬的禮節。依禮,冠是最尊貴的,因此戴冠者不肉袒,而以免替之。《鄉射禮》鄭玄《注》:"不袒薰襦,厭於君也。"《郊特牲》孔穎達《疏》:"今肉袒去飾,是服之竭盡也。"肉袒與袒不同,"袒"爲脫去上衣左袖,露出内衣。參見"袒"。《儀禮·鄉射禮》:君在,大夫射則～。(1012 下)《禮記·郊特牲》:君再拜稽首,～

親割,敬之至也。……稽首,服之甚也。～,服之盡也。(1457 中)

胾 zì 切成大塊的肉。《士虞禮》鄭玄《注》:"胾,切肉也。"《儀禮·士虞禮》:～四豆,設於左。(1169 上)《禮記·曲禮上》:凡進食之禮,左殽右～,食居人之左,羹居人之右。(1241 下)

臀 [臋]tún 器皿的底部。賈公彦《疏》:"此謂酺之底著地者。"《周禮·冬官考工記·㮚氏》:其～一寸,其實一豆。(0917 上)

臡 ní 帶骨的肉醬。《醢人》鄭玄《注》引鄭司農云:"醬也,有骨爲臡,無骨爲醢。"《公食大夫禮》鄭玄《注》:"醢有骨謂之臡。"《周禮·天官·醢人》:朝事之豆,其實韭菹、醓醢、昌本、麋～、菁菹、鹿～、茆菹、麇～。(0674 下)《儀禮·公食大夫禮》:昌本南麋～,以西菁菹、鹿～。(1081 中)

缶部

缶 fǒu 盛酒漿的瓦器。大腹小口，有蓋。多圓柱體。鄭玄《注》："缶，大小未聞也。"孔穎達《疏》："缶，尊名也。列尊之法，缶盛酒在門外，門內壺者。"《禮記·禮器》：五獻之尊，門外～，門內壺，君尊瓦甒。（1433 中）

缺 kuǐ 用同"頍"。即缺項。固定布冠的飾物。鄭玄《注》："缺讀如'有頍者弁'之頍。"詳見"缺項"。《儀禮·士冠禮》：緇布冠缺項，青組纓屬于～。（0950 下）

【缺項】固定緇布冠之物。缺項即頍(kuǐ)，爲緇布冠的附屬物，起束髮固冠作用。爲帶狀，用時圍繞髮際，於後項作結；缺項兩側有纓，可繫於頜下；缺項四角有繩，繫於冠武之上。鄭玄《注》："緇布冠無笄者，著頍圍髮際，結項中，隅爲四綴，以固冠也。"胡培翬《正義》："皮弁、爵弁有笄而緇布冠無笄，故於冠武下別制頍圍髮際，結於項中，謂之缺項。缺與頍同。"謂緇布冠以帶狀的缺項圍髮際，冠後當人頸項處空缺，用青組纓結於項中，故不用笄以固冠。《儀禮·士冠禮》：緇布冠～，青組纓屬于

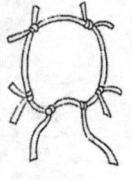

頍項

缺。（0950 下）

[甕] wèng 陶製容器。用以盛放食物或他物。受一斛。《既夕禮》鄭玄《注》："甕，瓦器。其容亦蓋一斛。"《周禮·天官·醢人》：王舉，則共醢六十～。（0675 上）《儀禮·既夕禮》：～三：醯、醢、屑。（1149 中）

罍 léi 容器。多圓形，腹大，口小，足較細，以雲雷紋爲飾。用來盛酒或水。多爲瓦器，亦有銅鑄者。《司尊彝》鄭玄《注》："諸臣獻者酌罍以自酢，不敢與王之神靈共尊。鄭司農云：'……罍，神（臣）之所飲也。'"《少牢饋食禮》鄭玄《注》："凡設水用罍，沃盥用枓。"《周禮·春官·司尊彝》：其朝踐用兩獻尊，其再獻用兩象尊，皆有～，諸臣之所昨也。（0773 中）《儀禮·少牢饋食禮》：司宮設～水于洗東，有枓。（1198 上）

罍

【罍尊】飾有雲雷狀花紋的酒尊。爲夫人所酌之尊。孔穎達《疏》："謂夫

人所酌也。"《禮記・禮器》:廟堂之上,~在阼,犧尊在西。……君西酌犧象,夫人東酌~。(1440 下、1441 上)

舌 部

舌 shé ❶射靶(侯)兩邊上下超出躬的布幅。上舌長,下舌短。《鄉射禮》鄭玄《注》:"居兩旁謂之个,左右出謂之舌。"賈公彥《疏》:"謂躬外兩相各出一丈,若人舒舌。"《梓人》賈公彥《疏》:"下个半上个,皆出舌尋。"參見"侯②"。《周禮・冬官考工記・梓人》:上綱與下綱出~尋,緆寸焉。(0926 上)《儀禮・鄉射禮》:倍中以爲躬,倍躬以爲左右~。下~半上~。(1012 上)❷祭祀所用牲的舌頭。《儀禮・特牲饋食禮》:肵俎,心、~皆去本末,午割之,實于牲鼎。(1192 中)

舍 ㊀ shè 堊室。爲居喪者所住的四壁用白土粉刷的簡陋屋子。服斬衰者小祥後由倚廬改居堊室;服齊衰者,親死即居堊室。鄭玄《注》:"廬,倚廬也;舍,堊室也。"《周禮・天官・宮正》:大喪,則授廬~,辨其親疏、貴賤之居。(0658 上)

【舍人】❶職官名。掌管宮中米穀收支。爵上士、中士。《周禮・地官・舍人》:~,掌平宮中之政,分其財守,以灋掌其出入。(0749 中)❷房東禮,臣死於異國,所在國之君親來或派人來弔唁,須有人謝其恩,若喪者無後,可由其朋友、同鄉甚至房東充任。孔穎達《疏》:"喪家典舍之人。"《禮記・檀弓下》:喪,公弔之,必有拜者,雖朋友、州里、~可也。(1299 中)

㊁ shì 見下。

【舍₂采】即釋菜。學子入學以蘋蘩之屬祭祀先聖、先師。鄭玄《注》:"舍,即釋也;采,讀爲菜。始入學,必釋菜禮先師也。菜,蘋蘩之屬者。"《周禮・春官・大胥》:春入學,~,合舞。(0794 下)

【舍₂萌】即釋菜。行釋菜之祭以除災。鄭玄《注》:"舍,讀爲釋。舍萌,猶釋采也。……萌,菜始生也。"《周禮・春官・占夢》:乃~于四方,以贈惡夢,遂令始難歐疫。(0808 上)

【舍₂奠】即釋奠。陳設酒食、牲牢、幣帛等以祭。凡朝會、出聘、山川、征伐等行舍奠禮於祖禰之廟或學宮;學宮中春夏秋冬四時舍奠於先聖、先師。亦有喪葬之後在墓地行此禮以祭地神的。《甸祝》鄭玄《注》:"舍,讀爲釋。釋奠者,告將時田若時征伐。鄭司農云:'禰,父廟。'"《祭統》鄭玄《注》:"舍當爲釋,聲之誤也。非時而祭曰奠。"孔穎達《疏》:"卿大夫等既受策書,歸還而釋奠於家廟,告以受君之命。"《周禮·春官·甸祝》:～于祖廟,禰亦如之。師甸,致禽于虞中,乃屬禽。及郊,饁獸,～于祖禰,乃斂禽。(0815下)《禮記·祭統》:再拜稽首,受書以歸,而～于其廟。(1605下)

【舍₂筭】置射籌於中(盛射籌的器具)內。射禮,射中則置一籌於中內,以計勝負。鄭玄《注》:"舍,讀曰釋。鄭司農云:'中,所以盛筭也。'玄謂設筭於中,以待射時而取之,中則釋之。"孫詒讓《正義》:"射筭即射籌,所以計獲者。"《周禮·春官·大史》:凡射事,飾中,～,執其禮事。(0818上)

㈢ shě 見下。

【舍₃禁】解除山林川澤的禁令。爲救濟災荒的十二措施之一。賈公彥《疏》:"山澤所遮禁者,舍去其禁,使民取蔬食。"《周禮·地官·大司徒》:以荒政十有二聚萬民:一曰散利,二曰薄征,三曰緩刑,四曰弛力,五曰～,六曰去幾,七曰眚禮,八曰殺哀,九曰蕃樂,十曰多昏,十有一曰索鬼神,十有二曰除盜賊。(0706上)

【舍₃故而諱新】取消舊的名諱,開始避新的名諱。依禮,卒哭後,新死者祔祭於祖廟而諱,高祖之父當遷而不再稱諱。鄭玄《注》:"故,爲高祖之父,當遷者也。"孫希旦《集解》:"故,謂高祖之父當遷者。廟遷則不諱其名,恩有所殺也。新,謂新死當祔者也。"《禮記·檀弓下》:既卒哭,宰夫執木鐸以命于宫曰:"～。"(1313上)

舒 shū 見下。

【舒武】脚步舒緩。爲執玉之禮。鄭玄《注》:"唯舒(武)者,重玉器尤慎也。武,迹也。"《儀禮·士相見禮》:執玉者則唯～,舉前曳踵。(0978中)

【舒鳧】家禽名。即鴨。古人認爲鴨尾部的肉不可食,爲古人生活經驗之總結。鄭玄《注》:"舒鳧,鶩也。"孔穎達《疏》:"鶩即是鴨,其翠不可食。"《禮記·內則》:雛尾不盈握弗食,舒鴈翠,鵠鴞胖,～翠,雞肝,鴈腎,鴇奧,鹿胃。(1466下)

【舒鴈】家禽名。即鵝。古人認爲鵝尾部的肉不可食,爲古人生活經驗之總結。《聘禮》鄭玄《注》:"舒鴈,鵝。"《內則》鄭玄《注》:"舒鴈,鶩也。"孔穎達《疏》:"翠,謂尾肉也,言鵝尾之肉不堪食也。"《儀禮·聘禮》:出如～,皇,且行。(1073下)《禮記·內則》:雛尾不盈握弗食,～翠,鵠鴞胖,舒鳧翠,雞肝,鴈腎,鴇奧,鹿胃。(1466下)

竹(⺮)部

竹 zhú ❶竹子。多年生長綠植物，莖中空，有節。可用作建築材料及製作器物，喪禮用竹張掛柩銘或作爲父服喪之杖。《喪服》賈公彦《疏》："爲父所以杖竹者，父者子之天，竹圓亦象天。竹又外内有節，象子爲父也有外内之痛。又竹能貫四時而不變，子之爲父哀痛亦經寒温而不改，故用竹也。"《周禮·冬官考工記·弓人》：凡取幹之道七，柘爲上，檍次之，檿桑次之，橘次之，木瓜次之，荆次之，～爲下。(0934下)《儀禮·喪服》：苴杖，～也。(1097中)《禮記·月令》：日短至，則伐木取～箭。(1383中) ❷竹製的管樂器，如簫、管、笙、笛之類。爲八音之一。《大師》鄭玄《注》："竹，管簫也。"《郊特牲》陸德明《釋文》："竹，篪笛也。"《周禮·春官·大師》：皆播之以八音：金、石、土、革、絲、木、匏、～。(0795中)《禮記·郊特牲》：歌者在上，匏～在下，貴人聲也。(1446下)

【竹杠】喪器。繫銘之竿。銘上書死者姓名，以爲柩之標識。鄭玄《注》："杠，銘橦也。"《儀禮·士喪禮》：～長三尺，置於宇西階上。(1130中)

【竹笏】喪器。竹製手板。鄭玄《注》："笏，所以書思對命者。"參見"笏"。《儀禮·士喪禮》：緇帶，韎韐，～。(1131中)

【竹簋方】盛器名。竹製，狀如簋而方，容一斗二升。鄭玄《注》："竹簋方者，器名也。以竹爲之，狀如簋而方。"賈公彦《疏》："凡簋皆用木而圓，受斗二升，此則用竹而方，故云如簋而方，受斗二升則同。"《儀禮·聘禮》：夫人使下大夫勞以二～，玄被纁裏，有蓋。(1051下)

竹簋方

竽 yú 管樂器。三十六管，每管端一簧，管貫於匏中，參差像鳥翼，長四尺二寸。《笙師》鄭玄《注》引鄭司農云："竽三十六簧。"賈公彦《疏》："按《通卦驗》：'竽長四尺二寸。'注云：'竽，管類，用竹爲之，形參差象鳥翼。'"《月令》孔穎達《疏》："竽者，鄭注《周禮》云：'竽三十六簧。'《釋名》云：'竽，汙也，其則汙空。'"應劭《風俗通·聲音·竽》："管三十六簧也，長四尺二寸。今二十三管。"1972年長沙馬王堆一號漢墓出土的隨葬器物中有竽，爲二十二管，分前

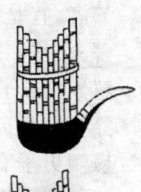

竽

竹（⺮）部 笹笄第笏

後兩排。《周禮・春官・笙師》：掌教龡〜、笙、塤、籥、簫、篪、篴，管。(0801上)《禮記・月令》：調〜、笙、笹、簧，飭鍾、磬、柷、敔。(1369中)

笹 chí

用同"篪"。管樂器。像笛，有孔，橫吹。其開孔數及尺寸古書記載不一。陸德明《釋文》："笹音池，本又作篪。"孔穎達《疏》："篪者，《釋樂》云：'大篪謂之沂。'郭景純云：'篪以竹爲之，長尺四寸，圍三寸，一孔上出寸三分，名翹，橫吹之。'《廣雅》云：'八孔。'鄭司農注《周禮》云：'篪七孔。'"《禮記・月令》：調竽、笙、〜、簧，飭鍾、磬、柷、敔。(1369中)

笄 jī

❶簪子，即首服。以用途言，笄有二：一爲安髮結之笄，如鬠笄、纚笄，男女均用；一爲固弁冕之笄，如玉笄，唯男子有之。以質地言，有木製、玉製、象骨製之別。以所用場合言，有吉笄、惡笄之分。女子未嫁居父之喪三年，要著小竹做成的惡笄（箭笄）；嫁後居齊衰之喪，要著榛木做的喪笄。亦爲插笄。《士冠禮》賈公彥《疏》："凡諸設笄有二種，一是紒內安髮之笄，一是皮弁、爵弁及六冕固冠之笄。今此櫛訖未加冠即言設笄者，宜是紒內安髮之笄也。"《內則》鄭玄《注》："笄，今簪也。"孫希旦《集解》："朱子曰：婦人不冠，所謂'吉笄'，即爲固髻之用，亦名爲簪，……愚謂男子有二笄，一以固髮，一以固冠。婦人惟有尺二寸之笄以固髮，而因以爲飾，與男子之冠相當，所謂'男子冠而婦人笄'

也。"《周禮・夏官・弁師》：王之皮弁，會五采玉璂，象邸，玉〜。(0854下)《儀禮・士冠禮》：櫛，設〜。(0952中)《禮記・內則》：婦事舅姑，如事父母。雞初鳴，咸盥，漱，櫛，縰〜，總，衣紳。(1461中) ❷行笄禮。笄禮，女子成年禮。女子十五歲可許嫁，許嫁之後行笄禮，並爲之取字，如男子之冠禮。未許嫁，則在二十歲時行笄禮。因結髮用笄，故稱笄禮。《士昏禮》鄭玄《注》："許嫁，已受納徵禮也。笄女之禮，猶冠男也。"《內則》鄭玄《注》："謂應年許嫁者。女子許嫁，笄而字之；其未許嫁，二十則笄。"《儀禮・士昏禮》：女子許嫁，〜而醴之，稱字。(0970下)《禮記・內則》：十有五年而〜，二十而嫁，有故，二十三年而嫁。(1471中)

第 zǐ

用竹片做的牀墊。《玉府》鄭玄《注》："第，簀也。"《喪大記》鄭玄《注》："禮第，袒簀也，謂無席，如浴時牀也。"《周禮・天官・玉府》：掌王之燕衣服，衽席、牀〜，凡褻器。(0678中)《儀禮・士喪禮》：牀〜、夷衾，饌于西坫南。(1136上)《禮記・喪大記》：設牀，襢〜，有枕。(1575下)

笏 hù

手板。以玉、象牙、竹等製成，用以指畫及記錄備忘。天子用美玉，諸侯用象牙，大夫用竹以魚須爲飾，士用竹以象牙飾邊。在家，子見父母亦用笏，有勞作之事插於腰帶，無事則執於手中。執時左手在上，右手在下。笏長二尺六寸，中寬三寸，天子諸侯由中寬三寸處往上漸

笏

窄,至首餘二寸半;大夫、士由中寬三寸處往下漸窄,至尾餘二寸半。平常笏不離身,祗有在袒免哭踊喪事時纔可脫笏。《士喪禮》鄭玄《注》:"笏,所以書思對命者。"《玉藻》孔穎達《疏》:"凡臣見君,皆執笏,笏所以記事。"孫希旦《集解》:"笏,忽也,其字從竹。蓋本以竹為之,如簡札之用,執之以便記事,備忽忘而已。後王漸文,乃飾以他物,以美其觀,而天子諸侯又別用象玉為之,復殊其稱,以為尊卑之別焉。"《儀禮·士喪禮》:爵弁服,純衣;皮弁服,褖衣;緇帶,韎韐,竹~。(1131中)《禮記·玉藻》:~,天子以球玉,諸侯以象,大夫以魚須文竹,士竹本象可也。……凡有指畫於君前,用~。造受命於君前,則書於~。~,畢用也,因飾焉。~度二尺有六寸,其中博三寸,其殺六分而去一。(1480中)

笴 gǎn ❶箭幹。《冬官考工記·總敘》鄭玄《注》:"笴,矢幹也。"《周禮·冬官考工記·總敘》:燕之角,荊之幹,妢胡之~,吳、粵之金錫,此材之美者也。(0906上)《儀禮·鄉射禮》:射自楹閒,物長如~,其閒容弓,距隨長武。(1010下)❷指箭桿的長度。即三尺。賈公彥《疏》:"案《矢人》注:'矢幹長三尺。'是去堂九尺也。"《儀禮·鄉射禮》:降自西階,阼階下之東南,堂前三~,西面,北上坐。(0997中)

笙 shēng ❶簧管樂器。竹管十三或十九,每管一簧,下貫於匏。亦為吹笙。《笙師》鄭玄《注》引鄭司農云:"笙,十三簧。"賈公彥《疏》:"《廣雅》云:'笙以匏為之,十三管。'"孫詒讓《正義》:"《釋名·釋樂器》云:'笙,生也,竹之貫匏,象物貫地而生也。'……《說文·竹部》云:'……笙,十三簧,象鳳之身也,笙正月之音,物生,故謂之笙。簧,笙中簧也。'……《爾雅·釋樂》云:'大笙謂之巢,小者謂之和。'郭注云:'列管匏中,施簧管端,大者十九簧,小十三簧者。'"《月令》孔穎達《疏》:"笙者,鄭注《周禮》云:'十三簧。'《釋樂》云:'大笙謂之巢。'郭景純云:'列管瓠中施簧,管端大者十九簧。'"《鄉射禮》鄭玄《注》:"三人吹笙,一人吹和。"《周禮·春官·笙師》:掌教龡竽、~、塤、籥、簫、篪、篴、管。(0801上)《儀禮·鄉射禮》:三~一和而成聲。(1010上)《禮記·月令》:調竽、~、竾、簧,飭鍾、磬、柷、敔。(1369中)❷指吹笙的樂工。《鄉飲酒禮》鄭玄《注》:"笙,吹笙者也。"《儀禮·鄉飲酒禮》:~入堂下,磬南,北面立。(0986上)《禮記·鄉飲酒義》:~入三終,主人獻之。(1684上)

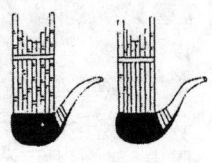
笙

【笙入】吹笙的樂工入堂下。笙人為鄉飲酒禮作樂的第二節。所奏之樂為《南陔》《白華》《華黍》。《鄉飲酒義》孔穎達《疏》:"謂吹笙之人入於堂下,奏《南陔》《白華》《華黍》,每一篇一終也。"《儀禮·鄉飲酒禮》:~堂下,磬南,北面立。樂《南陔》《白華》《華黍》。(0986上)《禮記·鄉飲酒義》:~三終,主人獻之。(1684上)

【笙師】職官名。掌教管樂。爵中士、

下士。《周禮·春官·笙師》：～，掌教竽、笙、塤、籥、簫、篪、篴、管。(0801 上)

【笙歌】合笙之歌。孔穎達《疏》："音曲諧和也。"《禮記·檀弓上》：孔子既祥，五日彈琴而不成聲，十日而成～。(1278 下)

【笙磬】懸於東方之磬。稱笙，取萬物以生之義。《眡瞭》鄭玄《注》："磬在東方曰笙，笙，生也；在西方曰頌。"《大射》鄭玄《注》："笙，猶生也，東爲陽中，萬物以生。……是以東方鍾、磬謂之笙。"《周禮·春官·眡瞭》：掌凡樂事，播鼗，擊頌磬、～。(0797 中)《儀禮·大射》：樂人宿縣于阼階東，～西面，其南笙鍾，其南鑮。(1028 中)

【笙鍾】懸於東方之鍾。參見"笙磬"。《儀禮·大射》：樂人宿縣于阼階東，笙磬西面，其南～，其南鑮，皆南陳。(1028 下)

笮 zé 竹編的箭袋。鄭玄《注》："笮，矢箙。"《儀禮·既夕禮》：役器：甲，冑，干，～。(1149 中)

符 fú 見下。

【符節】出入門關所持的憑證。以竹爲之，上有文字，爲六節之一。孫詒讓《正義》："《說文·竹部》云：'符，信也。漢制以竹長六寸，分而相合。'"《周禮·地官·掌節》：凡邦國之使節，山國用虎節，土國用人節，澤國用龍節，皆金也，以英蕩輔之；門關用～，貨賄用璽節，道路用旌節。(0740 上)

笠 lì 笠帽。用竹篾、箬葉或棕皮等編成，可以禦暑，亦可禦雨。

亦爲戴草笠。《急救篇·三》"竹器簦笠簟篝篪"

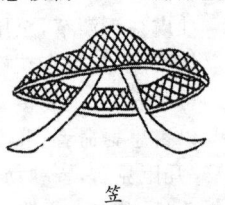

笠

注："簦、笠，皆所以禦雨也。大而有把，手執以行謂之簦；小而無把，首戴以行謂之笠。"《既夕禮》鄭玄《注》："笠，竹篛（筡）蓋也。"賈公彥《疏》："笠者，所以禦暑。……以竹青皮爲之。"《郊特牲》孔穎達《疏》："草笠，以草爲笠也。此諸侯所使貢獻鳥獸之使者著草笠而至王庭也。"《儀禮·既夕禮》：燕器：杖，～，翣。(1149 中)《禮記·郊特牲》：草～而至，尊野服也。(1454 中)

笥 sì 方形盛器。以竹或葦編成。用以盛飯食、衣物、射具等。《大射》鄭玄《注》："笥，萑葦器。"《曲禮上》鄭玄《注》："簞笥，盛飯食者。圜曰簞，方曰笥。"陸德明《釋文》："簞笥，竹器也。"《儀禮·大射》：公就物，小射正奉決，拾以～，大射正執弓，皆以從於物。(1039 中)《禮記·曲禮上》：凡以弓、劍、苞、苴、～、笥問人者，操以受命，如使之容。(1244 下)

笲 fán 圓形盛器。以葦或竹編成，外裹以青繒。用以盛放棗、栗、腵脩、幣及沐巾等。《昏義》鄭玄《注》："笲，……器名，以葦若竹爲之，其形如莒，衣之以青繒，以盛棗、栗、段脩之屬。"《儀禮·聘禮》：卷幣，實于～，埋于西階東。(1047 上)

《禮記·昏義》：質明，贊見婦於舅姑，婦執～棗、栗、段

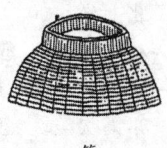

笲

脩之見。(1681 上)

筐 kuāng ❶方形盛物的竹器。《月令》陸德明《釋文》："方曰筐，圓曰筥。"《儀禮·聘禮》：大夫餼賓大牢，米八~。(1064 下)《禮記·月令》：具曲、植、籧、~。(1363 下) ❷即筐人。染色之工匠。《周禮·冬官考工記·總敘》：設色之工：畫、繢、鍾、~、慌。(0906 中)

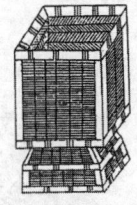
大筐

【筐人】染色之工匠。其職文闕。《周禮·冬官考工記·筐人》：~。(0919 上)

等 děng ❶臺階的級。可別高低、尊卑。《燕義》孔穎達《疏》："君降階一等而揖之，是以禮待於賓也。"《周禮·秋官·司儀》：及其擯之，各以其禮，公於上~，侯、伯於中~，子、男於下~。(0897 上)《儀禮·鄉射禮》：上射先升三~，下射從之，中~。(1000 中)《禮記·燕義》：賓入中庭，君降一~而揖之，禮之也。(1690 中) ❷即就。五采絲一匝稱爲一就。鄭玄《注》："飾以三色再就。"賈公彥《疏》："三色再就者，就即等也。是一采爲再就，三采即六等也。"參見"就"。《儀禮·聘禮》：繅三采六~，朱、白、倉。(1072 下)

【等籍】記載諸侯官吏等級的書册。鄭玄《注》："等，九儀之差數。"《周禮·秋官·掌訝》：掌邦國之~，以待賓客。(0902 中)

策 cè ❶竹簡，木簡。編連在一起，用以記事。《内史》鄭玄

《注》："策，謂以簡策書王命。"《聘禮》鄭玄《注》："策，簡也，方板也。"賈公彥《疏》："簡，謂據一片而言，策是編連之稱。"《周禮·春官·内史》：凡命諸侯及孤、卿、大夫，則~命之。(0820 中)《儀禮·聘禮》：束帛加書將命，百名以上書於~，不及百名書於方。(1072 上)《禮記·祭統》：故祭之日，一獻，君降立于阼階之南，南鄉，所命北面，史由君右執~命之。(1605 下) ❷鞭杖。用以驅趕牛馬或毆人。《輈人》鄭玄《注》："策，御者之策也。"《曲禮上》孔穎達《疏》："策，馬杖也。"《聘禮》鄭玄《注》："執策示罰。"《周禮·冬官考工記·輈人》：軌前十尺，而~半之。(0913 上)《儀禮·聘禮》：司馬執~立于其後。(1048 中)《禮記·曲禮上》：君車將駕，則僕執~立於馬前。(1252 下)

【策命】以策書封官授爵。孫詒讓《正義》："掌受王命作策書，以頒爵位。"《周禮·春官·内史》：凡命諸侯及孤、卿、大夫，則~之。(0820 中)

【策彗】以帶葉的竹帚爲馬鞭。依禮，進入都城不得驅馳，故以竹帚搔摩馬以行。鄭玄《注》："彗，竹帚。"孔穎達《疏》："入國不馳，故不用鞭策，但取竹帚帶葉者爲杖，形如掃帚，故云策彗。"《禮記·曲禮上》：國中以~郯勿驅，塵不出軌。(1253 中)

筥 jǔ ❶圓形盛米竹器。十斗曰斛，一筥爲半斛，故一筥盛米五斗。《周禮·秋官·掌客》：米百有二十~。(0900 中)《儀禮·聘禮》：米百~，~半斛，

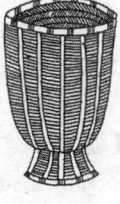
筥

設于中庭,十以爲列。(1062 上)❷禾的計算單位。一把稱秉,四秉稱筥。鄭玄《注》:"此秉謂刈禾盈手之秉也。"《儀禮·聘禮》:四秉曰~,十~曰稯。(1076 上)

【筥米】筥所盛之米。天子對四方賓客致饔餼之禮,據其等級送以筥米,上公一百二十筥,子男八十筥。《周禮·地官·舍人》:賓客亦如之,共其禮,車米、~、芻禾。(0749 下)

筵 yán ❶坐跪之席。以竹或蒲草編織而成。筵鋪於地,席鋪於筵上,筵大席小,統言則不別。亦爲鋪設座席。《周禮·春官·敘官》"司几筵"鄭玄《注》:"筵,亦席也。鋪陳曰筵,藉之曰席,然其言之,筵席通矣。"孫詒讓《正義》:"凡對文,則筵長席短,筵鋪陳於下,席在上,爲人所坐藉;散文則筵亦席也。"《祭統》孔穎達《疏》:"設之曰筵,坐之曰席。"《周禮·春官·肆師》:大賓客,涖~几。(0769 上)《儀禮·士昏禮》:主人~于户西,西上,右几。(0961 中)《禮記·祭統》:鋪~,設同几,爲依神也。(1605 上)❷堂室長度。九尺爲筵。鄭玄《注》:"周度以筵,亦王者相改。周堂高九尺,殷三尺,則夏一尺矣。"賈公彥《疏》:"夏度以步,殷度以尋,是王者相改也。"孫詒讓《正義》引《玉海·郊祀》云:"筵長九尺。"一説,《説文·竹部》:"筵,竹席也。《周禮》曰:'度堂以筵,筵一丈。'"《周禮·冬官·考工記·匠人》:周人明堂,度九尺之~,東西九~,南北七~。(0928 上)

【筵席】鋪於地者爲筵,鋪於筵上者爲席。泛指鋪於地的坐跪之席。《禮記·樂記》:鋪~,陳尊俎,列籩豆,以升降爲禮者,禮之末節也。(1538 上)

筋 jīn ❶動物的肌腱及骨上之韌帶。可爲製器之材。《周禮·天官·獸人》:皮、毛、~、角入于玉府。(0663 下)《禮記·月令》:是月也,命工師令百工審五庫之量,金、鐵、皮、革、~、角、齒、羽、箭、幹、脂、膠、丹、漆,毋或不良。(1364 上)❷指弓弦。《禮記·曲禮上》:凡遺人弓者,張弓尚~,弛弓尚角。(1244 上)

筍 [笋]sǔn ❶懸掛鍾磬等樂器的橫木。《周禮·春官·典庸器》:及祭祀,帥其屬而設~虡,陳庸器。(0802 中)❷竹笋。鄭玄《注》:"筍,竹萌。"《周禮·天官·醢人》:加豆之實,芹菹、兔醢、深蒲、醓醢、箈菹、鴈醢、~菹、魚醢。(0674 下)

【筍菹】竹笋做的醃菜。《周禮·天官·醢人》:加豆之實,芹菹、兔醢、深蒲、醓醢、箈菹、鴈醢、~、魚醢。(0674 下)

【筍虡】懸掛鍾磬等樂器的架子。其橫木爲筍,兩端立者爲虡。鄭玄《注》:"橫者爲筍,從者爲鐻。"《周禮·春官·典庸器》:及祭祀,帥其屬而設~,陳庸器。(0802 中)

筭 suàn 筭籌。射事及投壺時,用來計數的竹片。其長尺四寸或尺二寸,其四寸爲手握部分,無飾。《大史》孫詒讓《正義》:"射筭即射籌,所以計獲者,字當從筭爲正。"《周禮·春官·大史》:凡射事,飾中,舍~,執其禮事。

筭

（0818 上）《儀禮・大射》：大史實八～于中，橫委其餘于中西。（1036 下）《禮記・投壺》：有入者，則司射坐而釋一～焉。(1666 上)

筠 yún 竹子的青皮。陸德明《釋文》："鄭云：'竹之青皮也。'"《禮記・禮器》：如竹箭之有～也，如松柏之有心也。(1430 下)

筮 shì ❶用蓍草占卦預測吉凶。灼龜甲取兆爲卜。筮取數，卜取象。大事（指征伐、出師及巡守）用卜，小事用筮。國有大事，則先筮而後卜。《士冠禮》鄭玄《注》："筮者以筮問日吉凶於《易》也。"《曲禮上》"卜筮不過三"孔穎達《疏》："天子、諸侯若大事則卜筮並用，皆先筮而後卜。……若次事，則唯卜不筮也。"《儀禮・士冠禮》：～于廟門。（0945 中）《禮記・曲禮上》：龜爲卜，筮爲～。卜～者，先聖王之所以使民信時日、敬鬼神、畏法令也；所以使民決嫌疑、定猶與也。(1252 中) ❷占卜所用的蓍草。《特牲饋食禮》鄭玄《注》："取其所用問神明者，謂蓍也。"《儀禮・特牲饋食禮》：筮人取～于西塾，執之，東面受命于主人。(1179 上)《禮記・緇衣》：龜～猶不能知也，而況於人乎！(1651 中) ❸指用蓍草占卦之人。孔穎達《疏》："卜筮主決疑。"《禮記・禮運》：王前巫而後史，卜～瞽侑皆在左右。(1425 下)

【筮人】職官名。掌以蓍草占卦。鄭玄《注》："筮人，官名也。筮，問也。其所用問神明者，謂蓍也。"《儀禮・特牲饋食禮》：～取筮于西塾，執之，

東面受命于主人。(1179 上)

【筮尸】以蓍占爲尸之人。尸是代神受祭者，故占筮以擇其吉。《喪服小記》孔穎達《疏》："筮尸，亦筮占小祥之尸。"《儀禮・特牲饋食禮》：前期三日之朝，～，如求日之儀。(1179 中)《禮記・喪服小記》：練，筮日，～，視濯，皆要絰、杖、繩履。(1501 中)

【筮日】以蓍占行禮（如加冠、特牲祭、少牢祭）的日期。據《儀禮・士冠禮》，冠禮筮日必於廟門。《特牲饋食禮》胡培翬《正義》："李氏如圭云：'筮日者，孝子不知鬼神降格之期，故因卜筮以請，敬之至也。'"《喪服小記》孔穎達《疏》："筮日，謂筮占小祥之日。"《儀禮・特牲饋食禮》：及～，主人冠端玄，即位於門外，西面。(1178 下)《禮記・喪服小記》：練，～，筮尸，視濯，皆要絰、杖、繩履。(1501 中)

【筮宅】以蓍占墓地兆域。中大夫以上用卜，下大夫及士用筮。《既夕禮》賈公彥《疏》："凡葬，皆先相，乃筮之，筮吉乃掘坎。"《喪服小記》鄭玄《注》："宅，葬地也。"《儀禮・既夕禮》：～，冢人物土。(1162 下)《禮記・喪服小記》：祔葬者不～。(1500 中)

【筮賓】以蓍占加冠之賓。行冠禮時，占筮以擇鄉之賢者爲賓，加冠於子。《士冠禮》鄭玄《注》："筮賓，筮其可使冠子者，賢者恒吉。"《冠義》孔穎達《疏》："筮日、筮賓，重冠禮之事。"《儀禮・士冠禮》：前期三日，～，如求日之儀。(0947 中)《禮記・冠義》：古者冠禮，筮日～，所以敬冠事。(1679 下)

筴 [策]cè 卜筮用的蓍草。《曲禮上》鄭玄《注》："筴，或爲蓍。"《儀

禮·士冠禮》：筮人執～，抽上韇，兼執之，進受命於主人。(0946中)《禮記·曲禮上》：龜爲卜，～爲筮。(1252中)

【筴祝】書祝辭於簡策，以告神免罪除病。爲六祝之一。鄭玄《注》："筴祝，遂罪疾。"《周禮·春官·大祝》：一曰順祝，二曰年祝，三曰吉祝，四曰化祝，五曰瑞祝，六曰～。(0808下)

筲 shāo 盛糧的器具。編竹或菅草爲之。容量一斛，即一斗二升。《既夕禮》鄭玄《注》："筲，畚種類也。其容蓋與簋同，一斛也。"《雜記上》陸德明《釋文》："筲，……竹器。"《儀禮·既夕禮》：～三：黍、稷、麥。(1149中)《禮記·雜記上》：甕、甒、～、衡，實見閒，而後折入。(1555下)

節 (节) jié ❶符節。使者出行、商賈運輸、人民移居、軍旅調遣等皆需持以作憑證。有瑞節、玉節、角節、虎節、人節、龍節、符節、璽節、旌節等。鄭玄《注》："言遠行無有不得節而出者也。……節爲信耳。"《周禮·地官·掌節》：凡通達於天下者，必有～，以傳輔之。(0740上) ❷樂曲奏一遍爲一節。射禮，天子射時須合樂之節拍九節，諸侯七節，孤、卿、大夫、士五節。鄭玄《注》："九節、七節、五節者，奏樂以爲射節之差。言節者，容侯道之數也。《樂記》曰：'明乎其節之志，不失其事，則功成而德行立。'"《周禮·夏官·射人》：王以六耦射三侯，三獲三客，樂以《騶虞》，九～五正。諸侯以四耦射二侯，二獲二容，樂以《貍首》，七～三正。孤、卿、大夫以三耦射一侯，一獲一容，樂以《采蘋》，五～二正。士以三耦射豻侯，一獲一容，樂以《采蘩》，五～二正。(0845上、0845中) ❸國君派使者召臣所持的符信。符信共有三節，緩事用一節，急事用二節。鄭玄《注》："節所以明信，輔君命也。使使召臣，急則持二，緩則持一。"《禮記·玉藻》：凡君召以三～，二～以走，一～以趨。(1482上) ❹斗拱。天子宗廟設施之一。鄭玄《注》："山節，刻欂櫨爲山也。"孔穎達《疏》："節名欂櫨。……李巡云……則今之斗拱。"《禮記·明堂位》：山～，藻梲，復廟，重檐，刮楹，達鄉，反坫，出尊，崇坫康圭，疏屏，天子之廟飾也。(1490上)

【節傳】璽節與文書。即通行所需要的憑證，傳以輔節。鄭玄《注》："商或取貨於民間，無璽節者至關，關爲之璽節及傳出之；其有璽節，亦爲之傳。傳，如今過所文書。"《周禮·地官·司關》：凡所達貨賄者，則以～出之。(0739中)

【節服氏】職官名。掌管天子祭祀、朝覲時之袞冕禮服。爵下士。《周禮·夏官·節服氏》：～，掌祭祀、朝覲袞冕。(0851上)

【節哀順變】節制悲哀，使適應喪親的劇變。孔穎達《疏》："唯居父母喪禮，是哀戚之至極也。既爲至極，若無節文，恐其傷性，故辟踊有節筭，裁節其哀也。……所以節哀者，欲順孝子悲哀，使之漸變也。"《禮記·檀弓下》：～也，君子念始之者也。(1301上)

箸 zhù 筷子。吃黍米時不應用筷子，當用飯匕。孔穎達《疏》："飯

黍無用箸，當用匕。"《禮記·曲禮上》：飯黍毋以～。（1242下）

箕 jī ❶臀部著地，張開兩腿，狀如畚箕。爲不恭敬的坐姿。孔穎達《疏》："箕，謂舒展兩足，狀如箕舌也。"《禮記·曲禮上》：立毋跛，坐毋～。（1240中）❷簸箕。掃除時用以盛垃圾的器具。依禮，拿簸箕時應將其舌對向自己。孔穎達《疏》："箕是去物之具，賤者執之，不得持嚮尊者，當持箕舌自鄉賓前。"《禮記·少儀》：拚席不以鬣，執～膺揲。（1511下）

箇 [個]gè 用以計物數。《禮記·少儀》：其禮，大牢則以牛左肩、臂、臑折九～，少牢則以羊左肩七～，犆豕則以豕左肩五～。（1516中）

箙 fú 盛箭之器。以皮革製成。鄭玄《注》："箙，盛矢器也，以獸皮爲之。"《周禮·夏官·司弓矢》：中春獻弓弩，中秋獻矢～。（0855下）

箈 tái 嫩笋。鄭玄《注》："箈，箭萌。"《周禮·天官·醢人》：加豆之實，芹菹、兔醢、深蒲、醓醢、～菹、鴈醢、筍菹、魚醢。（0674下）

【箈菹】用嫩笋做的腌菜。《周禮·天官·醢人》：加豆之實，芹菹、兔醢、深蒲、醓醢、～、鴈醢、筍菹、魚醢。（0674下）

管 guǎn ❶用笙、簫、篪等管樂器吹奏樂曲。《大射》鄭玄《注》："管，謂吹簜以播《新宮》之樂。"《文王世子》鄭玄《注》："以管播其聲。"《周禮·春官·大師》：令奏擊拊，下～播樂器。（0796中）《儀禮·大射》：乃～《新宮》三終。（1034上）《禮記·文王世子》：下～《象》，舞《大武》，大合衆以事，達有神，興有德也。（1410

中）❷以竹製成的管樂器。似笛，六孔。《小師》鄭玄《注》："鄭司農云：'……管，如簴，六孔。'玄謂管如篪而小，併兩而吹之。"《周禮·春官·小師》：掌教鼓鼗、柷、敔、塤、簫、～、弦、歌。（0797上）《禮記·月令》：是月也，命樂師脩鞉、鞞、鼓，均琴、瑟、～、簫。（1369中）❸鑰匙。《周禮·地官·司門》：掌授～鍵，以啟閉國門。（0738下）❹律管。定音之具。共十二支，以竹或銅爲之。長度十二管各不相同，長者發音低，短者發音高。鄭玄《注》："其管陽曰律，陰曰呂。布十二辰，始於黃鍾，管長九寸，下生者三分去一，上生者三分益一，終於南呂，更相爲宮，凡六十也。"《禮記·禮運》：五聲、六律、十二～，還相爲宮也。（1423上）❺筆管。鄭玄《注》："管，筆彄也。"《禮記·內則》：右佩玦、捍、～、遰、大觿、木燧。（1461中）

【管人】職官名。即館人。掌管客館。《聘禮》鄭玄《注》："管猶館也。館人，謂掌次舍帷幕者也。"《喪大記》孔穎達《疏》："管人，有司主館舍者。"《儀禮·聘禮》：～布幕于寢門外。（1046中）《禮記·喪大記》：～汲，不說繘，屈之，盡階不升堂，授御者。（1576上）

【管節】以竹管製成的符節。爲行使都鄙的憑證。鄭玄《注》："管節，如今之竹使符也。"孫詒讓《正義》："管節，蓋截竹爲節，若樂器之管。漢竹使符亦以竹爲之，故舉以爲況。"《周禮·秋官·小行人》：道路用旌節，門關用符節，都鄙用～，皆以竹爲之。（0893下）

【管鍵】鑰匙與鎖。鄭玄《注》:"管謂籥也,鍵謂牡。"《周禮·地官·司門》:掌授～,以啟閉國門。(0738下)

【管籥】鑰匙。鄭玄《注》:"管籥,搏鍵器也。"《禮記·月令》:坏城郭,戒門閭,脩鍵閉,慎～。(1381中)

箱 xiāng 用同"廂"。正堂兩側夾室之前的小堂。爲下屬待事之處。鄭玄《注》:"箱,東夾之前,俟事之處。"賈公彥《疏》:"《爾雅》有'東西廂曰廟',其夾皆在序處故也。"《儀禮·公食大夫禮》:賓升,公揖,退于～。(1082中)

箴 zhēn 即針。縫衣用的工具。《禮記·內則》:衣裳綻裂,紉～請補綴。(1462中)

篋 (篋) qiè 指長方形的小箱。《士冠禮》鄭玄《注》:"隋方曰篋。"《儀禮·士冠禮》:緇布冠缺項,青組纓屬于缺,緇纚廣終幅,長六尺,皮弁笄,爵弁笄,緇組紘,纁邊:同～。(0950下)《禮記·喪大記》:凡陳衣者實之～,取衣者亦以～,升降者自西階。(1579下)

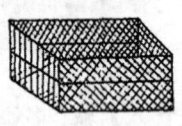
篋

【篋笥】竹製的藏物之器。《禮記·內則》:不敢藏於夫之～,不敢共湢浴。(1468下)

箭 jiàn ❶細竹,小竹。可製作箭,可用作笄籌。《職方氏》鄭玄《注》:"箭,篠也。"《周禮·夏官·職方氏》:其利金錫竹～,其民二男五女。(0862上)《儀禮·大射》:冪用錫若絺,綴諸～,蓋冪如勺,又反之。(1029中)《禮記·禮器》:其在人也,如竹～之有筠也,如松柏之有心也。(1430下)❷搭在弓上發射的武器。一般用竹製,尖端有金屬頭,箭桿末梢附有羽毛。《禮記·月令》:金、鐵、皮、革、筋、角、齒、羽、～、幹、脂、膠、丹、漆,毋或不良。(1364上)

【箭笄】用細竹做的喪笄。長一尺,婦女服斬衰喪時所用。《喪服》鄭玄《注》:"此妻妾女子子喪服之異於男子者:……箭笄,篠竹也。"《喪服小記》鄭玄《注》:"箭笄,篠竹也。"《儀禮·喪服》:布總、～、髽、衰,三年。(1101中)《禮記·喪服小記》:～終喪三年。(1501上)

【箭籌】用細竹製作的計算射獲多少的籌碼。長一尺四寸。凡射,一人四矢,一耦八矢,十耦八十矢,故十耦有箭籌八十。鄭玄《注》:"箭,篠也。籌,筭也。"賈公彥《疏》:"謂以箭爲籌。"胡培翬《正義》引張爾岐云:"箭,竹也,以竹爲籌,釋獲者所執之筭也。"《儀禮·鄉射禮》:～八十,長尺有握。(1012上)

篆 zhuàn ❶車轂上的裝飾。在車轂上篆刻的隆起之紋,形如竹節。亦稱轂約。鄭玄《注》:"篆,轂約也。"孫詒讓《正義》引王宗涑云:"篆刻轂木爲垠鄂,篆起如竹有節約然,鄭故訓轂約。小車不皆有篆,孤以上車乃有之。"《周禮·冬官考工記·輪人》:容轂必直,陳～必正,施膠必厚,施筋必數,幬必負幹。(0908中)❷鉦體中縱橫之綫條爲界,稱鍾帶。鍾帶花紋突出,又謂之篆。孫詒讓《正義》:"記鍾飾之制也。程瑤田云:'鉦體正方,中有界,縱三橫四,爲鍾帶;

竹(⺮)部 築篥筐篳篪簀簧 711

篆起,故謂之篆。'"《周禮·冬官考工記·鳧氏》:鍾帶謂之~,~間謂之枚,枚謂之景。(0916 上)

築 (筑)zhù 即築氏。製造書刀的工匠。《周禮·冬官考工記·總敘》:攻金之工:~、冶、鳧、㮚、段、桃。(0906 中)

【築氏】製造書刀的工匠。鄭玄《注》:"今之書刀。"《周禮·冬官考工記·築氏》:~,爲削。(0915 上)

【築鬻】搗鬱草煮以爲鬯。以供祼祭之用。鄭玄《注》引鄭司農云:"築蒦,築香草蒦以爲鬯。"《周禮·春官·肆師》:祭之日,表齍盛,告絜;展器陳,告備;及果,~。(0769 上)

篴 dí "笛"的古字。管樂器。五孔竪笛。鄭玄《注》引鄭司農云:"今時所吹五空竹篴。"《周禮·春官·笙師》:掌教龡竽、笙、塤、篇、簫、篪、~、管,春牘、應、雅,以教祴樂。(0801 上)

筐 fěi 盛物的圓形竹器。舉行鄉飲、鄉射禮設兩筐,用來裝酒器。設於堂上的爲上筐,盛未用過的酒爵;設於阼階東南的爲下筐,裝已用過的酒爵。《鄉飲酒禮》鄭玄《注》:"筐,竹器。"《鄉射禮》鄭玄《注》:"奠爵于下筐,不復用也。"《儀禮·鄉飲酒禮》:有~,實勺、觶、角柶。(0951 上)《儀禮·鄉射禮》:獻工與笙,取爵于上~;既獻,奠于下~。(1010 上)《禮記·內則》:

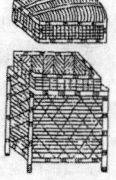
筐

其相授,則女受以~。其無~,則皆坐奠之,而后取之。(1462 下)

篳 (筚)bì 見下。

【篳門圭窬】篳門,用荊條竹木織的門;圭窬,牆上開的小門洞,上銳下方,形狀如圭。喻指窮人的住處。鄭玄《注》:"篳門,荊竹織門也。圭窬,門旁窬也,穿牆爲之,如圭矣。"今爲成語,亦作"篳門圭竇"。《禮記·儒行》:儒有一畝之宮,環堵之室,~,蓬戶甕牖。(1670 上)

篪 chí 管樂器。竹製,形似笛。長一尺四寸,八孔,橫吹。《笙師》賈公彥《疏》:"《廣雅》云:'篪以竹爲之,長尺四寸,八孔。'"《周禮·春官·笙師》:掌教龡竽、笙、塤、篇、簫、~、篴、管,春牘、應、雅,以教祴樂。(0801 上)《禮記·樂記》:然後聖人作,爲鞉、鼓、椌、楬、塤、~,此六者,德音之音也。(1541 上)

簀 (箦)zé 用竹子編成的床墊。鄭玄《注》:"簀,謂牀笫也。"《禮記·檀弓上》:華而睆,大夫之~與?(1277 下)

簧 huáng 樂器中以振動發聲的彈性薄片。用竹、金屬或其他材料製成。孔穎達《疏》:"竽者,鄭注《周禮》云:'竽三十六簧。'……笙者,鄭注《周禮》云:'十三簧。'……簧者,竽、笙之名也,氣鼓之而爲聲。《釋名》云:'簧,橫也,於管頭橫施之。'"《正字通·竹部》:"簧,笙竽管中舌金葉也。笙竽皆以竹管植匏中,而竅其管底之側,以薄金葉障之,吹則鼓之而出聲,所謂簧也。"《禮記·月令》:是月也,命樂師脩鞀、鞞、鼓,均琴、瑟、管、簫,執干、戚、戈、羽,調竽、笙、竾、~,飭鍾、磬、柷、敔。(1369 中)

簨 suǎn 竹筥。盛飯食之具。鄭玄《注》:"簨,竹筥也。"孔穎達《疏》:"飯盛於簨,以手就簨取飯,故盥也。"《禮記·喪大記》:食粥於盛,不盥;食於~者盥。(1576 下)

簋 guǐ 盛黍稷之器。外圓內方,有蓋,四短足,容一斗二升。製作材質有青銅、竹、陶、木等多種。祭祀、宴饗時常以偶數組合使用。周之制,天子之祭用八簋。《瓬人》賈公彥《疏》:"祭宗廟皆用木簋,今此用瓦簋,據祭天地及外神尚質,器用陶匏之類也。"《明堂位》鄭玄《注》:"皆黍稷器,制之異同未聞。"孫希旦《集解》:"是敦、璉、瑚、簋,四代之名雖異,而其實為一物也。有虞氏始為兩敦,三代遞加焉。"詳見"簠簋"。《周禮·冬官考工記·瓬人》:瓬人,為~。(0924 下)《儀禮·公食大夫禮》:上大夫八豆、八~、六鉶、九俎。(1085 中)《禮記·明堂位》:有虞氏之兩敦,夏后氏之四璉,殷之六瑚,周之八~。(1491 下)

筮 shì ❶用同"筮"。用蓍草占卦。依禮,大事(指征伐、出師及巡守)用卜,小事用筮。國有大事,則先筮而後卜。鄭玄《注》:"當用卜者先筮之,即事有漸也。於筮之凶,則止不卜。"賈公彥《疏》:"筮輕龜重,賤者先。"《周禮·春官·筮人》:凡國之大事,先~而後卜。(0805 下) ❷指占

蓍之事。《周禮·春官·筮人》:掌《三易》,以辨九~之名。(0805 中) ❸蓍草。用以占蓍。鄭玄《注》:"謂更選擇其蓍者也。"《周禮·春官·筮人》:上春,相~。凡國事,共~。(0805 下)

【筮人】 職官名。掌以蓍草占事之吉凶。爵中士。《周禮·春官·筮人》:~,掌《三易》,以辨九筮之名。(0855 中)

簠 fǔ 盛稻粱之禮器。外方內圓,有蓋,四短足,容一斗二升。製作材質有青銅、竹、陶、木等多種。祭祀、宴饗時常以偶數組合使用。詳見"簠簋"。《周禮·秋官·掌客》:食四十、~十、豆四十。(0900 中)《儀禮·公食大夫禮》:~有蓋、冪。(1086 下)《禮記·禮運》:然後退而合亨,體其犬、豕、牛、羊,實其~、簋、籩、豆,鉶羹,祝以孝告,嘏以慈告,是謂大祥。(1417 中)

簠

【簠簋】 簠和簋。祭祀宴享時,盛黍稷稻粱的禮器。方者為簠,圓者為簋。《舍人》鄭玄《注》:"方曰簠,圓曰簋,盛黍稷稻粱器。"賈公彥《疏》:"注云:'內圓外方,受斗二升者,直據簠而言。若簋,則內方外圓,知皆受斗二升者。'……案公食大夫,簠盛稻粱,簋盛黍稷,故鄭揔云黍稷稻粱器也。"《樂記》陸德明《釋文》:"並祭器名。"《周禮·地官·舍人》:凡祭祀,共其~。(0749 中)《禮記·樂記》:~俎豆,制度文章,禮之器也。(1530 中)

竹(⺮)部 簟簝簞箖簜簡 713

簟 diàn 細葦席,竹席。❶指爲死者鋪設的卧席。鄭玄《注》:"有司布斂席也。"《儀禮·士喪禮》:布席于户内,下莞上~。(1136 中)❷卧具之一。孔穎達《疏》:"莞簟,今之席也。《詩》云:'下莞上簟,乃安斯寢。'言其細精可安人也。"《禮記·禮器》:莞~之安,而槀鞂之設。(1439 下)

【簟席】細葦席,竹席。國君殯時所用。鄭玄《注》:"簟,細葦席也。三者下皆有莞。"陳澔《集説》:"簟席,竹席也。"《禮記·喪大記》:小斂於户内,大斂於阼。君以~,大夫以蒲席,士以葦席。(1577 上)

簝 liáo 祭祀時盛肉的竹籠。鄭玄《注》引鄭司農云:"盆、簝皆器名。盆所以盛血,簝受肉籠也。"《周禮·地官·牛人》:凡祭祀,共其牛牲之互與其盆~以待事。(0724 中)

簞 (箪)dān ❶葦編的小箱。鄭玄《注》:"簞,葦笥。"《儀禮·士喪禮》:櫛,於~。浴衣,於篋。(1131 下)❷盛飯用的圓形器具。以竹編成,有蓋。鄭玄《注》:"簞笥,盛飯食者。圓曰簞,方曰笥。"陸德明《釋文》:"簞笥,竹器也。"《禮記·曲禮上》:凡以弓、劍、苞、苴、~、笥問人者,操以受命,如使之容。(1244 下)

簞

箖 mì 車軾上的覆蓋物。鄭玄《注》:"箖,覆笭也。"陳澔《集説》:"箖,車覆闌也。"《禮記·曲禮上》:大夫、士去國,踰竟爲壇位,鄉國而哭,素衣,素裳,素冠,徹緣,鞮屨,

素~,乘髦馬,不蚤鬋,不祭食,不説人以無罪,婦人不當御。三月而復服。(1258 下)

簜 dàng 指笙簫之類的管樂器。鄭玄《注》:"簜,竹也,謂笙簫之屬。"《儀禮·大射》:~在建鼓之閒。(1029 上)

簡 (简)jiǎn 書寫用的狹長竹片。用以比喻弓弦筋條如竹簡細而長。鄭玄《注》:"讀如簡札之簡,謂筋條也。"孫詒讓《正義》:"筋之小者欲其成條而長,大者欲其摶結而色有潤澤,乃爲良也。"《周禮·冬官考工記·弓人》:凡相筋,欲小~而長,大結而澤。(0935 中)

【簡記】簡册簿書。鄭玄《注》:"簡記,策書也。"《禮記·王制》:大史典禮,執~,奉諱惡。(1345 上)

【簡衆】檢閲車徒之數。鄭玄《注》:"古者因田習兵,閲其車徒之數。"《周禮·春官·大宗伯》:大田之禮,~也。(0760 中)

【簡稽】查閲合計。爲官府治理政事所使用的八種成規(八成)之一。鄭玄《注》:"簡稽士卒、兵器、簿書。簡猶閲也。稽猶計也,合也。合計其士之卒伍,閲其兵器,爲之要簿也。"賈公彦《疏》:"謂師出征伐及田獵,恐有違法,則當閲其兵器與人,並等足否。"《周禮·天官·小宰》:以官府之八成經邦治:一曰聽政役以比居,二曰聽師田以~,三曰聽閭里以版圖,四曰聽稱責以傅别,五曰聽禄位以禮命,六曰聽取予以書契,七曰聽賣買以質劑,八曰聽出入以要會。(0654 上)

714 竹(⺮)部 簨簫籍籌籔籠簾籥

簨 sǔn 見下。

【簨虡】懸掛鍾磬的木架子，橫梁稱簨，兩旁立柱稱虡。簨虡上有飾紋，夏、殷、周各異。鄭玄《注》："簨虡，所以縣鍾磬也。橫曰簨，飾之以鱗屬；植曰虡，飾之以臝屬、羽屬。"《禮記·明堂位》：夏后氏之龍～，殷之崇牙，周之璧翣。（1491 中）

簫 (箫) xiāo ❶ 管樂器。即排簫。以繩編小竹管爲之，大者二十四管，小者十六管，有底。長一尺四寸，形如鳥翼。一名籟。《小師》鄭玄《注》："簫，編小竹管。"賈公彥《疏》："按《通卦驗》云：'簫長尺四寸。'注云：'簫，管形，象鳥翼。'……"《廣雅》云：'簫，大者二十四管，小者十六管，有底。'"孫詒讓《正義》："編小竹管，謂以繩編聯衆竹管，比次爲之。"《周禮·春官·小師》：掌教鼓鼗、柷、敔、塤、～、管、弦、歌。（0797 上）《禮記·月令》：是月也，命樂師脩鞀、鞞、鼓，均琴、瑟、管、～。（1369 中）❷ 弓的末端。《鄉射禮》鄭玄《注》："簫，弓末也。"《曲禮上》孔穎達《疏》："簫，弓頭。"《儀禮·鄉射禮》：右執～，南揚弓，命去侯。（1000 中）《禮記·曲禮上》：凡遺人弓者，張弓尚筋，弛弓尚角，右手執～，左手承弣。（1244 上）

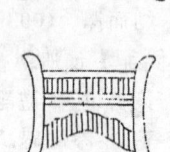

簫

籍 jí 簿書。記載四方侯國之大小、尊卑、貢物及朝覲時間等。

《大司馬》鄭玄《注》："籍，其禮差之書也。"《周禮·夏官·大司馬》：乃以九畿之～，施邦國之政職。（0835 下）《禮記·禮運》：故天子適諸侯，必舍其祖廟，而不以禮～入，是謂天子壞法亂紀。（1418 中）

籌 (筹) chóu ❶ 籌碼。射箭時用以計獲數的竹片。鄭玄《注》："籌，筭也。"《儀禮·大射》：君之弓矢適東堂，賓之弓矢與中、～、豐皆止于西堂下。（1034 下）❷ 投壺之矢。鄭玄《注》："籌，矢也。"其長短有五扶（二尺）、七扶（二尺八寸）、九扶（三尺六寸），短者用於室中，中者用於堂上，長者用於庭中。《禮記·投壺》：～，室中五扶，堂上七扶，庭中九扶。（1666 下）

籔 shǔ 容量名。一籔十六斗。《周禮·秋官·掌客》：牢十車，車乘有五～。（0900 中）《儀禮·聘禮》：十斗曰斛，十六斗曰～，十籔曰秉。（1076 上）

籠 (笼) lóng 竹編的盛矢之器。亦稱笮。皮製爲箙。鄭玄《注》："籠，竹箙也。"孫詒讓《正義》："對箙爲皮箙也。"《周禮·夏官·司弓矢》：田弋，充～箙矢，共矰矢。（0856 下）

筥 jǔ 用同"筥"。用以養蠶的圓形竹筐。《禮記·月令》：具、曲、植、～、筐。（1363 下）

【籧筐】用竹編製的養蠶用具。圓曰筥，方曰筐。鄭玄《注》："時所以養蠶器也。"陸德明《釋文》："籧，……亦作筥。方曰筐，圓曰筥。"《禮記·月令》：具、曲、植、～。（1363 下）

籥 yuè ❶ 管樂器。似笛而短，三孔。《少儀》鄭玄《注》："籥如笛，

竹(⺮)部 籥籩 715

三孔。"《籥師》鄭玄《注》："文舞有持羽吹籥者，所謂籥舞也。《文王世子》曰：'秋冬學羽籥。'《詩》云：'左手執籥，右手秉翟。'"《周禮·春官·籥師》：掌教國子舞羽龡~。（0801中）《禮記·少儀》：戈有刃者櫝，筴，~，其執之，皆尚左手。（1514中）

❷籥舞。執羽吹籥而舞。爲文舞。鄭玄《注》："籥，籥舞。"《禮記·檀弓下》：仲遂卒於垂，壬午猶繹，《萬》入，去《~》。（1310下）

【籥師】職官名。掌教國子羽籥之舞。爵中士。《文王世子》鄭玄《注》："四人皆樂官之屬也。……籥師，掌教國子舞羽吹籥。"《周禮·春官·籥師》：~，掌教國子舞羽龡籥。（0801中）《禮記·文王世子》：小樂正學干，大胥贊之；~學戈，籥師丞贊之。（1404下）

【籥章】職官名。掌演奏地方樂曲。爵中士、下士。《周禮·春官·籥章》：~，掌土鼓豳籥。（0801下）

【籩】（笾）biān 盛果脯之竹器，亦稱竹豆。形似豆，實四升。用於祭祀、宴饗。用必雙數。《籩人》鄭玄《注》："籩，竹器如豆者，其容實皆四升。"孫詒讓《正義》："《論語·述而》皇疏云：'竹曰籩，木曰豆。豆盛菹醢，籩盛果實，並容四升。柄尺二寸，下有跗也。'案：籩與豆形制大同，蓋亦有校有鐙，但編竹作之爲異，故《爾雅·釋器》謂之竹豆。"《周禮·天官·籩人》：掌四~之實。（0671中）《儀禮·士虞禮》：自反兩~，棗、栗，設於會南，棗在西。（1169下）《禮記·郊特牲》：鼎俎奇而~豆偶，陰陽之義也。（1455上）

籩

【籩人】職官名。掌管各種籩所盛之食物。以奄者充任。《周禮·天官·籩人》：~，掌四籩之實。（0671中）

【籩豆】籩和豆。祭祀及宴會時常用的兩種禮器。竹製爲籩，用以盛乾物；木製爲豆，用以盛濕物。用必雙數。亦指代盛於籩豆中的祭品、食物。《郊特牲》孔穎達《疏》："謂籩豆所充實之物皆是水土所生品類，非人所常食也。"朱駿聲《說文通訓定聲》："豆盛濕物，籩盛乾物。"《儀禮·聘禮》：宰夫薦~脯醢。（1057中）《禮記·郊特牲》：~之實，水土之品也。（1446中）

【籩祭】以籩中的棗栗祭神靈。鄭玄《注》："籩祭，棗栗之祭也。"《儀禮·特牲饋食禮》：祝贊~；尸受，祭之，祭酒，啐酒。（1185中）

臼 部

臼 jiù 搗物的容器。多以木、石製成。孔穎達《疏》：“謂搗臼所用也。”《禮記·雜記上》：暢，～以椈，杵以梧。(1555 下)

叟 yǔ 即庾弓。弓體向外彎曲度大、向內彎曲度小的弓。六弓中夾弓、庾弓爲弱弓，利射近者。鄭玄《注》：“夾、庾之弓，合五而成規。”詳見"庾弓"。《周禮·冬官考工記·弓人》：往體多，來體寡，謂之夾、～之屬，利射侯與弋。(0937 上)

舂 chōng ❶ 持樂器撞地以發聲。鄭玄《注》：“牘、應、雅教其舂者，謂以築地。”孫詒讓《正義》：“此破先鄭以舂牘爲器名之說，明牘、應、雅三者並笙師教其舂之，舂即爲築地。”一說，舂牘爲樂器之名。鄭玄《注》引鄭司農云：“舂牘，以竹大五六寸，長七尺，短者一二尺，其端有兩孔，髤畫，以兩手築地。”《周禮·春官·笙師》：掌教龡竽、笙、壎、籥、簫、篪、篴、管、～牘、應、雅，以教祴樂。(0801 上) ❷ 即舂人。《周禮·秋官·司厲》：其奴，男子入于罪隸，女子入于～槀。(0882 中)

【舂人】職官名。掌供各種穀米。由奄人充任。《周禮·地官·舂人》：～，掌共米物。(0750 上)

【舂槀】舂人和槀人。在其手下服役的均爲女奴。賈公彥《疏》：“《地官》舂人、槀人是也。”《周禮·秋官·司厲》：其奴，男子入于罪隸，女子入于～。(0882 中)

【舂不相】舂穀時不唱號子。依禮，鄰家有喪事未祥祭之前，舂穀時不得和以歌。因助舂之歌有助哀之嫌，故當依禮戒之。鄭玄《注》：“助哀也。相，謂送杵聲。”《禮記·曲禮上》：鄰有喪，～。里有殯，不巷歌。(1249 中)

舄 xì 以木爲複底的鞋。單底爲屨。鄭玄《注》：“複下曰舄，禪下曰屨。”《周禮·天官·屨人》：爲赤～、黑～、赤繶、黃繶，青句、素屨，葛屨。(0693 下)

舄

舅 jiù ❶ 對丈夫父親的稱呼。《檀弓下》鄭玄《注》：“夫之父曰舅。”《儀禮·喪服》：妾之事女君，與婦之事～姑等。(1109 中)《禮記·檀弓下》：昔者吾～死於虎，吾夫又死焉，今吾子又死焉。(1313 中) ❷ 稱母親的兄弟。《檀弓上》孔穎達《疏》：“以言從母及舅，皆是外甥稱謂之辭。”《儀禮·喪服》：謂吾～者吾謂之甥。(1120 上)《禮記·檀弓上》：從母之夫，～之妻，二夫人相爲服，君子未之言也。(1289 上)❸對妻子父親的稱呼。鄭玄《注》："舅姑，妻之父母也。"《禮記·坊記》：昏禮，壻親迎，見於～姑，～姑承子以授壻，恐事之違也。(1622 下)

【舅姑】❶丈夫的父、母。於妻而言，即公公、婆婆。《儀禮·士昏禮》：～共饗婦以一獻之禮。(0968 中)《禮記·昏義》：質明，贊見婦於～，婦執笲、棗、栗、段脩以見。(1681 上)❷妻子的父母。於夫而言，即岳父、岳母。《禮記·坊記》：昏禮，壻親迎，見於～，～承子以授壻，恐事之違也。(1622 下)

舉 (举)jǔ ❶殺牲盛饌。《膳夫》鄭玄《注》："殺牲盛饌曰舉。"《周禮·天官·膳夫》：王日一～，鼎十有二，物皆有俎。(0660 上)《禮記·王制》：以三十年之通，雖有凶旱水溢，民無菜色，然後天子食，日～以樂。(1334 上)❷舉牲體勸飯。獻爲進酒，舉爲進牲體。鄭玄《注》："九舉，舉牲體九飯也。"《周禮·秋官·大行人》：王禮再裸而酢，饗禮九獻，食禮九～，出入五積，三問三勞。(0891 上)❸指舉肺。賈公彥《疏》："舉，謂舉肺。以其舉以祭、以食，故名肺爲舉。則上文云祭者，祭肺也。"詳見"舉肺"。《儀禮·士昏禮》：贊爾黍，授肺、脊，皆食以湆醬；皆祭～、食～也。(0967 上)❹牲膚，剝骨肉。胡培翬《正義》引《禮經釋例》云："膚亦謂之舉。"《儀禮·特牲饋食禮》：佐食授～，各一膚。(1191 上)❺祭祀。鄭玄《注》："舉，猶祭也。"《禮記·王制》：山川神祇有不～者爲不敬，不敬者君削以地。(1328 中)

【舉肺】又名離肺。割而未絕的肺。肺體首末兩端被割開，中央稍稍連而不斷，以別於祭肺之切斷。專爲食而設。《儀禮·士冠禮》"離肺，實于鼎"賈公彥《疏》："凡肺有二種：一者舉肺，一者祭肺。就舉肺之中復有三稱：一名舉肺，爲食而舉；二名離肺……；三名嚌肺，以齒嚌之。此三者皆據生人爲食而有也。"《少牢饋食禮》鄭玄《注》："舉肺一，尸食所先舉也。"參見"離肺"。《儀禮·少牢饋食禮》：腸三，胃三，～一，祭肺三，實于一鼎。(1197 下)

【舉奠】指嗣子。胡培翬《正義》："舉奠本言其事，下文遂以目其人，謂嗣爲舉奠。……此及下節凡四言舉奠，皆謂嗣。高氏愈云：'明嗣爲舉奠，猶名賓爲三獻是也。'"《儀禮·特牲饋食禮》：～左執觶，再拜稽首。(1189 下)

【舉前曳踵】走路時擡起脚前掌而脚後跟不離地。以示安步徐行，謹防摔倒。爲執玉者行走之儀態。鄭玄《注》："舉前曳踵，備蹟跆也。"賈公彥《疏》："蹟跆則顛倒，恐損玉，故徐趨也。"《儀禮·士相見禮》：執玉者則唯舒武，～。(0978 中)

舊 (旧)jiù 見下。

【舊故】故友，舊交。依禮，不可隨便道說故舊的過失，否則即爲損友。鄭玄《注》："言知識之過失，損友也。"孔穎達《疏》："不道説故舊之罪過。"孫希旦《集解》："朱子曰：'……舊事既非今日所急，或揚人宿過，以取憎惡。'……愚謂此四者皆非恭敬長厚之道，故戒之。"《禮記·少儀》：不窺

密,不旁狎,不道～,不戲色。(1512下)

自 部

臯 [皋]gāo 見下。

【臯陶】鼓的木框。臯,用同"鼛"。鄭玄《注》引鄭司農云:"臯陶,鼓木也。"一説,爲鼓名。孫詒讓《正義》:"程瑶田……又云:'臯陶即鼓名。先鄭以爲鼓木,或即以木名其鼓。若但作鼓木,不應三鼓獨此鼓不見鼓名也。'"《周禮・冬官考工記・韗人》:韗人,爲～。(0918上)

【臯鼓】大鼓名。亦名鼛鼓。長一丈二尺,直徑四尺。擊之以詔民服役。鄭玄《注》:"以臯鼓鼓役事。"孫詒讓《正義》:"即《鼓人》之鼛鼓也。臯,鼛之借字。"《周禮・冬官考工記・韗人》:爲～,長尋有四尺,鼓四尺,倨句磬折。(0918中)

血 部

血 xuè 見下。

【血毛】指牲畜的血和毛。祭祀時用作祭品。孔穎達《疏》:"謂殺牲取血及毛,入以告神於室。"《禮記・禮器》:納牲詔於庭,～詔於室,羹定詔於堂:三詔皆不同位,蓋道求而未之得也。(1441下)

【血祭】殺牲取血以歆神之祭。《大宗伯》鄭玄《注》:"陰祀自血起,貴氣臭也。"賈公彥《疏》:"此皆地之次祀,先薦血以歆神。"《郊特牲》陳澔《集説》:"有血有氣乃爲生物。血由氣以滋,死則氣盡而血亦枯矣。故血祭者,所以表氣之盛也。"金鶚《求古録禮説・燔柴瘞埋考》:"血祭蓋以血滴於地,如鬱鬯之灌地也。氣爲陽,血爲陰,故煙氣上升而祀天,牲血下降而祭地,陰陽各從其類也。"《周禮・春官・大宗伯》:以～祭社稷、五祀、五嶽,以貍沈祭山林、川澤。(0758上)《禮記・郊特牲》:～,盛氣也。(1457

中)

衅 xìn 用同"釁"。殺牲取血塗物以祭。鄭玄《注》:"衅,釁字也。"孔穎達《疏》:"以血塗物皆爲釁。"《禮記·樂記》:濟河而西,馬散之華山之陽而弗復乘,牛散之桃林之野而弗復服,車甲～而藏之府庫而弗復用。(1542下)

衈 èr 殺牲取血塗物以祭。鄭玄《注》:"衈,謂將刲割牲以釁,先滅耳旁毛薦之。耳聽聲者,告神欲其聽之。"《禮記·雜記下》:門、夾室皆用雞,先門而後夾室。其～皆于屋下。(1568下)

衆 (众)zhòng ❶指師役之人。士兵。《鼓人》賈公彥《疏》:"軍旅始動,則擊鼓以作士衆之氣。"《曲禮下》鄭玄《注》:"衆,謂君師。"《周禮·地官·鼓人》:軍動,則鼓其～。(0721上)《禮記·曲禮下》:國君死社稷,大夫死～,士死制。(1259下) ❷羣臣,百官。鄭玄《注》:"衆,謂羣臣也。"《禮記·曲禮下》:天子之五官,曰司徒、司馬、司空、司士、司寇,典司五～。(1261中)

【衆子】指嫡長子以外的諸子。《喪服》鄭玄《注》:"衆子者,長子之弟及妾子。"《内則》孔穎達《疏》:"衆子,謂衆妾之子。"《儀禮·喪服》:爲～。(1105下)《禮記·内則》:～則使有司名之。(1470下)

【衆介】佐使者出聘行禮者爲介,爲首一人稱上介,其餘爲衆介,由士擔任。鄭玄《注》:"衆介者,士也。"《儀禮·聘禮》:宰命司馬戒～,～皆逆命,不辭。(1046中)

【衆賓】飲酒、廟祭、喪葬諸典禮中,以

賢者一人爲主賓,簡稱賓,次一人爲介,其餘之賓稱衆賓。飲酒禮中之賓、介、衆賓,皆鄉中未仕之賢者。《儀禮·鄉飲酒禮》"主人就先生而謀賓介"鄭玄《注》:"賢者爲賓,其次爲介,又其次爲衆賓。"《儀禮·鄉飲酒禮》:乃席賓、主人、介,皆不屬焉。(0980下)

【衆兄弟】❶稱服小功以下喪服的兄弟。鄭玄《注》:"衆婦人、衆兄弟,小功以下。"《儀禮·士喪禮》:衆婦人户外北面,～堂下北面。(1129中) ❷兄弟中年齡最長者稱長兄弟,其餘稱衆兄弟。《儀禮·特牲饋食禮》:受旅者拜受;長兄弟北面荅拜,揖,復位。衆賓及～交錯以辯,皆如初儀。(1190中)

【衆主人】❶喪禮中死者嫡長子主其事稱主人,嫡長子以外的諸子爲衆主人。爲斬衰之親。鄭玄《注》:"衆主人,庶昆弟也。"《儀禮·士喪禮》:～在其後,西面。(1129中) ❷指主喪的嫡長子之從兄弟以下的衆兄弟。爲齊衰之親。鄭玄《注》:"衆主人,齊衰以下。"賈公彥《疏》:"知衆主人非衆子者,以其衆子皆斬衰,絞帶。"《儀禮·既夕禮》:既馮尸,主人袒,髺髪,絞帶;～布帶。(1161上) ❸指已死國君的父兄。鄭玄《注》:"衆主人,君之親也。"孔穎達《疏》:"父兄即君之親。"《禮記·曾子問》:～、卿、大夫、士、房中皆哭,不踊。(1388下)

【衆婦人】指服小功以下喪服的婦人。鄭玄《注》:"衆婦人、衆兄弟,小功以下。"《儀禮·士喪禮》:～户外北面,衆兄弟堂下北面。(1129中)

舟 部

舟 zhōu 尊彝等的托盘。鄭玄《注》引鄭司農云："舟，尊下臺，若今時承槃。"《周禮·春官·司尊彝》：春祠、夏禴，裸用雞彝、鳥彝，皆有～。（0773 上）

【舟牧】掌管舟船之官。鄭玄《注》："舟牧，主舟之官也。"《禮記·月令》：命～覆舟，五覆，五反，乃告舟備具于天子焉，天子始乘舟。（1363 中）

【舟而不游】過大江大河要乘船而不游水。孔子認爲，身體髮膚受之父母，不可損傷，這是對父母的孝。孔穎達《疏》："言渡水必依舟船，不浮游水上。乘舟則安，浮水則危。"《禮記·祭義》：壹舉足而不敢忘父母，是故道而不徑，～，不敢以先父母之遺體行殆。（1599 中）

色 部

色 sè 指龜兆之色氣。大夫占之以視吉凶。鄭玄《注》："色，兆氣也。……體有吉凶，色有善惡。"孫詒讓《正義》："卜兆氣發爲色，與人顔氣同，故兆氣謂之色，《大卜》注説'體有五色'是也。"《周禮·春官·占人》：凡卜簭，君占體，大夫占～，史占墨，卜人占坼。（0805 中）

【色牲】毛色與五方色相配之牲。用於望祀（祭五嶽、四鎮、四瀆）。《周禮·地官·牧人》：望祀，各以其方～，毛之。（0723 中）

【色聽】根據面色神情而察其曲直。爲獄訟審理中判斷曲直的五種方法（五聲）之一。鄭玄《注》："觀其顔色，不直則赧然。"賈公彦《疏》："理直則顔色有厲，理曲則顔色愧赧。"《周禮·秋官·小司寇》：以五聲聽獄訟，求民情：一曰辭聽，二曰～，三曰氣聽，四曰耳聽，五曰目聽。（0873 下）

【色容莊】容色矜莊。爲君子常時所應具有的容色。孔穎達《疏》："欲常矜莊，勃如戰色，不乍變動也。"孫希旦《集解》："凡此皆君子容貌之常也。"《禮記·玉藻》：足容重,手容恭,目容端,口容止,聲容靜,頭容直,氣容肅,立容德,~,坐如尸,燕居告溫溫。(1485 上)

【色容厲肅】容貌嚴厲威重。爲在軍中所應表現出的容色。孔穎達《疏》："厲,嚴也;肅,威也。軍中顔色尚威嚴也。"《禮記·玉藻》：戎容暨暨,言容詻詻,~,視容清明。(1485 上)

【色容顛顛】容色憂思。爲禮所認同的孝子在居喪期間的容色。鄭玄《注》："憂思貌也。"《禮記·玉藻》：喪容纍纍,~,視容瞿瞿梅梅,言容繭繭。(1485 上)

衣(衤)部

衣 ㈠ yī ❶指上衣。《周禮·夏官·方相氏》：玄~朱裳,執戈揚盾,帥百隸而時難。(0851 上)《儀禮·士冠禮》：爵弁服,纁裳,純~,緇帶,韎韐。(0950 上)《禮記·喪大記》：~必有裳,謂之一稱。(1579 下)❷衣服。包括上衣和下裳。《周禮·天官·宮伯》：以時頒其~裘,掌其誅賞。(0658 中)《禮記·喪大記》：凡陳~者實之篋,取~者亦以篋。(1579 下)

【衣服】衣裳服飾。《周禮·春官·典命》：上公九命爲伯,其國家、宮室、車旗、~、禮儀皆以九爲節。(0780 中)《禮記·王制》：同律、度、量、衡、~、正。(1328 中)

【衣衽】衣服的下衣,即裳。鄭玄《注》："衽,謂裳也。"《周禮·冬官考工記·鞠人》：終歲御,~不敝。(0914 中)

【衣衾】衣服和被子。《禮記·內則》：父母、舅姑之~、簟、席、枕、几不傳。(1462 上)

【衣裳】上衣和下裳。後泛指衣服。《周禮·天官·玉府》：大喪,共含玉、復~、角枕、角柶。(0678 中)《禮記·月令》：飾喪紀,辨~。(1381 下)

㈡ yì 見下。

【衣₂尸】將衣服覆蓋在死者身上。喪禮,人死後,招魂的人拿着死者生前穿的衣服,登上屋頂,舉衣招魂,然後把衣服從屋頂丢到檐下受者所執的篋(小竹箱)中。受者持篋端衣升堂入室,把衣服覆蓋在死者身上,以待魂魄附體復生。鄭玄《注》："衣尸者,覆之,若得魂反之。"賈公彥《疏》："此服衣浴而去之,不用襲斂。"《儀禮·士喪禮》：受用篋,升自阼階,以~。(1129 上)

衰 cuī ❶喪服上衣,亦泛指喪服。用粗麻布製成。喪服依親疏遠近分爲五服：斬衰、齊衰、大功、小功、緦麻。《儀禮·喪服》："斬衰裳"鄭玄

《注》：" 凡服，上曰衰，下曰裳。"《曲禮下》孔穎達《疏》："衰者，孝子喪服也。"《周禮·春官·肆師》：令外、內命婦序哭，禁外、內命男女之～不中灋者，且授之杖。（0769 中）《儀禮·喪服》：凡～，外削幅；裳，內削幅。（1125 上）《禮記·曲禮下》：書方、～、凶器，不以告，不入公門。（1258 上）❷服喪服。《閒傳》鄭玄《注》："不衰，喪不得衣衰也。"《周禮·地官·閒師》：不蠶者不帛，不績者不～。（0727 中）《儀禮·聘禮》：赴者未至，則哭于巷，～于館。（1069 中）《禮記·檀弓下》：成人有其兄死而不爲～者，聞子皋將爲成宰，遂爲～。（1316 中）❸喪服上衣當心處所綴之麻布。與背上的"負"相對。爲孝子服父母之喪所用。鄭玄《注》："廣袤四寸也。前有衰，後有負版，左右有辟領，孝子哀戚無所不在。"賈公彥《疏》："廣長當心。"《儀禮·喪服》：～，長六寸，博四寸。（1125 中）

【衰冠】衰衣喪冠。天子死，懸此衰冠之式於路門之外，百姓依照此式服喪。鄭玄《注》："制色宜齊同。"孫詒讓《正義》："衰冠之制，具《喪服經》。"《周禮·春官·小宗伯》：王崩，大肆，以秬鬯渳；及執事泣大斂、小斂，帥異族而佐；縣～之式于路門之外。（0768 上）

【衰麻】衰衣麻絰。泛指喪服。亦爲穿衰衣，服麻絰。《禮記·曲禮上》：五十不致毀，六十不毀，七十唯～在身。（1249 上）《禮記·檀弓上》：司寇惠子之喪，子游爲之～，牡麻絰。（1285 下）

【衰葛】衰衣葛帶。此處爲穿衰衣，服葛絰。鄭玄《注》："葛，葛絰。"《周禮·夏官·旅賁氏》：喪紀，則～執戈盾。（0851 上）

【衰絰】喪服上衣爲衰，麻帶在頭、在腰稱絰。衰、絰是喪服的主要部分，因言居喪之服爲衰絰。此處爲穿衰衣，服麻絰。《儀禮·士虞禮》：祝迎尸。一人～奉筐，哭從尸。（1168 中）《禮記·雜記下》：三年之喪，如或遺之酒肉，則受之，必三辭，主人～而受之。（1562 下）

【衰裳】居喪之服。上曰衰，下曰裳。《禮記·禮運》：以～入朝，與家僕雜居齊齒，非禮也。（1418 上）

衽

rèn ❶上衣前襟。在衣下兩旁，形如燕尾，用以掩蓋與裳際之處。《喪服》鄭玄《注》："衽，所以掩裳際也。二尺五寸，與有司紳齊也。"賈公彥《疏》："掩裳際也者，對上腰而言，此掩裳兩廂下際不合處也。……此謂男子之服，婦人則無，以其婦人之服連衣裳。"《喪大記》陸德明《釋文》："衽，……裳際也。"《儀禮·喪服》：～，二尺有五寸。（1125 下）《禮記·喪大記》：凡主人之出也，徒跣，扱～，拊心，降自西階。（1573 中）❷卧席。《曲禮上》鄭玄《注》："衽，卧席也。"《士喪禮》鄭玄《注》："衽，寢卧之席也。"《儀禮·士喪禮》：設牀笫于兩楹之閒，～如初，有枕。（1136 中）《禮記·曲禮上》：請席何鄉，請～何趾。（1239 中）❸固定棺蓋與棺身的木榫。其形兩頭寬，中間細，榫入棺蓋與棺身接合處相對應的坎穴，使之連接緊固。亦稱小要。據《禮記·喪大記》，君棺三衽，大夫、士二衽。《士喪禮》鄭玄《注》："衽，小要也。"《檀弓

衣(衤)部 衽衾衿裒 723

上》鄭玄《注》："衽,今小要。"孔穎達《疏》："其形兩頭廣,中央小也。既不用釘棺,但先鑿棺邊及兩頭合際處,作坎形,則以小要連之,令固棺。"《儀禮·士喪禮》：掘肂,見～。(1139中)《禮記·檀弓上》：棺束,縮二,衡三。～每束一。(1293下)❹下衣,裳。鄭玄《注》："衽,謂裳也。"《周禮·冬官考工記·輈人》：終歲御,衣～不敝。(0914中)

【衽席】單層座席。鄭玄《注》引鄭司農云："衽席,單席也。"《周禮·天官·玉府》：掌王之燕衣服、～、牀笫,凡褻器。(0678中)

衾 qīn ❶覆蓋屍體的單被或夾被。殮時,以衾蓋於屍體,小殮一衾,大殮二衾。君錦衾,大夫縞衾,士緇衾。《士喪禮》鄭玄《注》："斂衾,大斂所并用之衾。衾,被也。小斂之衾當陳。"《檀弓下》鄭玄《注》："絞、衾,尸之飾。"《儀禮·士喪禮》：死于適室,幠用斂～。(1128中)《禮記·檀弓下》：是故制絞、～,設蔞、翣,爲使人勿惡也。(1304下)❷大被。《禮記·內則》：父母、舅姑之衣、～、簟、席、枕、几不傳。(1462上)

衾

衿 ㊀ jīn 繫衣物的帶子。繫於身以結帨(佩巾),爲女子婚姻之標識。胡培翬《正義》："衿,衣小帶。……施帶於身而結巾於帶,以爲識也。"《儀禮·士昏禮》：母施～結帨,曰："勉之敬之,夙夜無違宮事。"(0972下)

㊁ jìn 見下。

【衿2 纓】❶給許嫁女子佩結帶飾。禮,婦人繫纓,表示已有所屬,亦爲飾物。鄭玄《注》："衿,猶結也。婦人有纓,示繫屬也。"孔穎達《疏》："鄭注《昏禮》云：'婦人十五許嫁,笄而禮之,因著纓,明有繫,蓋以五采爲之。其制未聞。'"孫希旦《集解》："下'男女未冠笄者'亦云'衿纓',彼用以佩容臭,與此既笄之纓別也。"《禮記·內則》：～,綦屨。(1461中)❷給男女未冠笄者佩結彩帶。用以繫香囊。鄭玄《注》："容臭,香物也,以纓佩之。"《禮記·內則》：男女未冠笄者,雞初鳴,咸盥、漱、櫛、縰、拂髦、總角,～,皆佩容臭。(1462上)

裒 gǔn 裒服。天子及上公之禮服,有圖案九章。上衣畫有龍、山、華蟲、火、宗彝,下裳繡有藻、粉米、黼、黻。《覲禮》鄭玄《注》："裒衣者,裨之上也,續之繡之爲九章。其龍,天子有升龍,有降龍。"《司服》鄭玄《注》："自公之裒冕至卿大夫之玄冕,皆其朝聘天子及助祭之服。"參見"裒冕"。《周禮·春官·司服》：公之服,自～冕而下,如王之服。(0783上)《儀禮·覲禮》：天子～冕,負斧依。(1089中)《禮記·禮器》：天子龍～,諸侯黼,大夫黻,士玄衣纁裳。(1433下)

【裒冕】天子六冕服之一。裒衣,卷龍衣,九章;冕十二旒。爲祭祀先王及接見諸侯之禮服,亦爲上公朝聘天子及助祭之服。此爲穿裒服戴冕冠。《司服》鄭玄《注》："鄭司農云：'……裒,卷龍衣也。……'玄謂《書》曰：'予欲觀古人之象,日、月、星、辰、山、龍、華蟲作繢,宗彝、藻、火、粉米、黼、黻希繡。'此古天子冕服十二章,舜欲觀焉。……九章,初一曰龍,次二曰山,次三曰華蟲,次四曰火,次五曰宗彝,皆畫以爲繢;次六曰藻,次七曰粉米,次八曰黼,次九曰黻,皆希以爲繡:則袞之衣五章,裳四章,凡九也。"《覲禮》鄭玄《注》:"袞衣者,神之上也,繢之繡之爲九章。其龍,天子有升龍,有降龍,衣此衣而冠冕,南鄉而立,以俟諸侯見。"《周禮·春官·司服》:王之吉服,祀昊天上帝,則服大裘而冕,祀五帝亦如之。享先王,則~;享先公,饗射,則鷩冕;祀四望、山川,則毳冕;祭社稷五祀,則希冕;祭羣小祀,則玄冕。(0781 中)《儀禮·覲禮》:天子~,負斧依。(1089 中)

袞冕

袂 mèi 衣袖。常服袖長二尺二寸,寬以肘能自由回轉爲度。《有司》鄭玄《注》:"衣袖謂之袂。"《玉藻》鄭玄《注》:"袪,袂口也。"孔穎達《疏》:"袂上下之廣二尺二寸,肘長尺二寸,故可以回肘也。"《儀禮·有司》:主人西面,左手執几,縮之,以右~推拂几三。(1207 中)《禮記·玉藻》:深衣三袪,縫齊倍要,衽當旁,~可以回肘。(1477 中)

袪 qū 袖口。亦泛指衣袖。《喪服》鄭玄《注》:"袪,袖口也。"《檀弓上》鄭玄《注》:"袪,謂袞緣袂口也。"《儀禮·喪服》:~,尺二寸。(1125 下)《禮記·檀弓上》:鹿裘衡

長~,~,袪之可也。(1293 中)

袒 tǎn ❶脱去上衣左袖,露出內衣。凡行禮,不論吉凶,皆袒左,以爲敬、哀,且爲便事。受刑則袒右。《喪服小記》孔穎達《疏》:"袒,謂堂上去衣。"《鄉射禮》鄭玄《注》:"袒,左免衣也。"賈公彥《疏》:"凡事無問吉凶,皆袒左,……唯有受刑袒右。"胡培翬《正義》引吳廷華云:"蓋袒,去左袖露臂衣,非肉袒也。"袒與肉袒不同,肉袒即脱去左臂上所有衣袖,露出肩臂。《儀禮·鄉射禮》:司射適堂西,~、決、遂,取弓于階西,兼挾乘矢,升自西階。(0996 下)《禮記·喪服小記》:奔母之喪,不括髮,~於堂上。(1503 中)❷脱衣裸露上身。依禮,雖有疲勞之事,而不得坦露身體。陸德明《釋文》:"袒,……露也。"孔穎達《疏》:"雖有疲勞之事厭患其衣,而不得坦露身體。"《禮記·曲禮上》:斂髮毋髢,冠毋免,勞毋~,暑毋褰裳。(1240 中)

【袒裼】脱去上衣左袖,露出內衣。以表示敬意。鄭玄《注》:"袒與裼皆禮之敬,故非敬事不袒裼也。"一説,爲露臂。孫希旦《集解》:"袒裼,露臂也。……《玉藻》所謂裼,謂露其中衣也;此所謂裼,謂露臂也。"《禮記·內則》:不有敬事,不敢~。(1462 中)

【袒而踊之】脱去上衣左袖而踊跳。父母去世入殮時,孝子袒左哭踊,以身體動作之變化宣泄内心永離父母之哀痛。《禮記·問喪》:惻怛之心,痛疾之意,悲哀志懣氣盛,故~,所以動體安心下氣也。(1656 中)

袡 rán ❶衣裳的下緣。孔穎達《疏》:"袡,裳下緣襈也。以絳爲

緣。"《禮記·雜記上》：子羔之襲也：繭衣裳與稅衣，纁~爲一，素端一，皮弁一，爵弁一，玄冕一。(1556 中) ❷指婦人出嫁時所穿的鑲邊上衣。《喪大記》鄭玄《注》："袡，嫁時上服，而非事鬼神之衣。"孔穎達《疏》："袡是嫁時上服，乃是婦人之盛服，而非是事神之衣，故不用招魂也。"《士昏禮》鄭玄《注》："袡，亦緣也。袡之言任也，以纁緣其衣。"《儀禮·士昏禮》：女次，純衣纁~，立于房中，南面。(0965 下)《禮記·喪大記》：婦人復，不以~。(1572 中)

袠 zhì 小布袋。陳澔《集説》："縏袠，皆囊屬。"《禮記·内則》：右佩箴、管、線、纊、施縏、大觿、木燧。(1461 中)

袘 yì 裳的邊緣。鄭玄《注》："袘，謂緣。袘之言施，以緇緣裳。"《儀禮·士昏禮》：主人爵弁、纁裳、緇~。(0963 下)

袗 zhěn 單衣。鄭玄《注》："袗，單也。"《禮記·曲禮下》：龜筴、几杖、席蓋、重素、~絺綌，不入公門。(1258 上)

【**袗玄**】上下同色的玄衣、玄裳。袗，亦作均、袀。鄭玄《注》："袗，同也。玄者，玄衣、玄裳也。……古文袗爲均也。"段玉裁《周禮漢讀考》："經注'袗'字，皆'袀'字之誤。"《儀禮·士冠禮》：兄弟畢~，立于洗東，西面，北上。(0951 中)

袧 gōu 裳幅兩側打的褶皺。亦稱辟積。喪服之裳，每幅以三處褶皺爲限；祭服、朝服，褶皺之數不限。鄭玄《注》："袧者，謂辟兩側空中央也。祭服、朝服，辟積無數。"《儀禮·

喪服》：凡衰，外削幅；裳，内削幅。幅三~。(1125 上)

袍 páo 指有裏有面，内夾棉絮的長衣。鄭玄《注》："衣有著之異名也。"《禮記·玉藻》：纊爲繭，緼爲~。(1477 下)

被 ㊀ bèi 把中，手握之處。鄭玄《注》："被，把中也。"《周禮·冬官考工記·廬人》：凡爲殳，五分其長，以其一爲之~而圍之。(0927 上)

㊁ bì 見下。

【**被2 錫**】假髮。鄭玄《注》："被錫讀爲髲鬄，古者或剔賤者、刑人之髮，以被婦人之紒爲飾，因名髲鬄焉。"《儀禮·少牢饋食禮》：主婦~，衣移袂，薦自東房。(1200 下)

㊂ pī 見下。

【**被3 髮文身**】披散頭髮，身刺花紋。爲古時東方少數民族的風俗習慣。孔穎達《疏》："文身者，謂以丹青文飾其身。"今爲成語。《禮記·王制》：東方曰夷，~，有不火食者矣。(1338 中)

袴 [褲] kù 下衣，即褲子。依禮，兒童不得用帛爲袴，因帛大溫傷身。《禮記·内則》：十年，出就外傅，居宿於外，學書記，衣不帛襦~。(1471 上)

袷 jié 交疊於胸前的衣領。衣左襟掩於右襟之上，成相交形，故稱。交領分爲兩種，左襟斜直而下者稱方領，左襟領口屈曲者稱曲領。臣視君，目光不得過袷。鄭玄《注》："袷，交領也。天子至尊，臣視之，目不過此。"《禮記·曲禮下》：天子視不上於~，不下於帶。(1269 下)

袼 gē 袖與衣在腋下縫合之處。鄭玄《注》:"衣袂當腋之縫也。"《禮記·深衣》:~之高下,可以運肘。(1664 上)

裘 qiú ❶皮衣。用羊羔、鹿、狐、虎、狼、麑等皮製作而成。裘衣大溫,兒童不宜服。亦爲穿皮衣。《玉藻》鄭玄《注》:"裘、帛溫,傷壯氣也。"《周禮·天官·司裘》:中秋,獻良~,王乃行羽物。(0683 上)《禮記·玉藻》:童子不~,不帛。(1483 上)❷指大裘。即黑羔裘。鄭玄《注》:"裘,大裘也。"參見"裘冕"。《周禮·夏官·節服氏》:郊祀~冕,二人執戈,送逆尸從車。(0851 上)❸即裘氏。製作皮衣的工匠。《周禮·冬官考工記·總敘》:攻皮之工:函、鮑、韗、韋、~。(0906 中)

【裘氏】製作皮衣的工匠。其職文闕。《周禮·冬官考工記·裘氏》:~。(0918 中)

【裘冕】天子六冕服之一,即"大裘冕冠"。大裘爲黑羔裘,無飾;冕冠十二旒。天子服之以祭天。鄭玄《注》:"裘,大裘也。"《周禮·夏官·節服氏》:郊祀~,二人執戈,送逆尸從車。(0851 上)

裏 (里) lǐ 衣被、冕冠等物的內層。《檀弓上》鄭玄《注》:"以黃爲內。"《周禮·夏官·弁師》:掌王之五冕,皆玄冕,朱~、延紐。(0854 中)《儀禮·士喪禮》:緇衾,赬~,無紞。(1135 中)《禮記·檀弓上》:練,練衣黃~,縓緣。(1293 上)

【裏椁】以物貼椁裏。椁,外棺。喪禮,國君裏椁,大夫、士不裏椁。鄭玄《注》:"裏椁之物,'虞筐'之文未聞也。"孫希旦《集解》:"吳氏澄曰:言君之椁有物裏之,而又有虞筐。"《禮記·喪大記》:君~,虞筐,大夫不~,士不虞筐。(1585 中)

【裏棺】以繒帛貼棺裏。喪禮,國君之棺以朱、綠繒貼棺裏,大夫之棺以玄、綠繒貼棺裏,士之棺唯以玄繒貼棺裏。孔穎達《疏》:"此一經明裏棺之制,裏棺,謂以繒貼棺裏也。朱繒貼四方,以綠繒貼四角。"《禮記·喪大記》:君~用朱、綠,用雜金鐕。大夫~用玄、綠,用牛骨鐕。士不綠。(1583 中)

褚 zhǔ 如屋狀的棺柩帷罩。以白色織錦製成。爲大夫以上所用。鄭玄《注》:"大夫以上有褚,以襯覆棺,乃加帷荒於其上。"孔穎達《疏》:"素錦,白錦也。褚,屋也。於荒下又用白錦以爲屋也,葬在路,象宮室也。故《雜記上》云'素錦以爲屋而行',即褚是也。"《禮記·喪大記》:君龍帷,三池,振容,黼荒,火三列,黼三列,素錦~。(1583 下)

【褚幕】覆蓋於棺上的布幕。底色爲紅色。鄭玄《注》:"以丹布幕爲褚,葬覆棺。"《禮記·檀弓上》:~丹質,蟻結于四隅。(1284 下)

裳 cháng 下衣。古人之服上曰衣,下曰裳。裳狀類裙,男女皆服。製裳用布七幅,前三幅,後四幅。《喪服》賈公彥《疏》:"爲裳之法,前三幅,後四幅,幅皆三辟,攝之。"《周禮·夏官·方相氏》:掌蒙熊皮,黃金四目,玄衣朱~,執戈揚盾,帥百隸而時難,以索室毆疫。(0851 上)《儀禮·喪服》:凡衰,外削幅;~,內削幅。(1125 上)《禮記·喪大記》:衣

必有～,謂之一稱。(1579下)

【裳帷】載柩之車四面的帷幔。以緇色布爲之。鄭玄《注》:"緇布裳帷,圍棺者也。"孔穎達《疏》:"輤下棺外,用緇色之布以爲裳帷,以圍繞棺也。"孫希旦《集解》:"輤者,載尸之車飾之總名。若分而言之,則蓋於上者爲輤,屬於輤而四垂者爲袟,周於四旁者爲裳帷,在輤之内而周於尸者爲屋。"《禮記·雜記上》:其輤有袟,緇布～,素錦以爲屋而行。(1548下)

【裳内衰外】下裳下擺的邊向内摺,上衣下擺的邊向外摺。爲縫製衰服之邊的方法。鄭玄《注》:"齊,緝也。凡五服之衰一斬四緝,緝裳者,内展之;緝衰者,外展之。"《儀禮·喪服》:若齊,～。(1125中)

裼 xī ❶袒開上服前襟或去上服左袖而露出華美的裼衣。行禮之時,禮不盛尚文飾,以裼爲敬。《聘禮》鄭玄《注》:"裼者,免上衣見裼衣。凡當盛禮者,以充美爲敬;非盛禮者,以見美爲敬。禮尚相變也。……凡禮裼者左。"賈公彦《疏》:"凡服四時不同。假令冬有裘,襯身襌衫,又有襦袴,襦袴之上有褻裘,裘上有裼衣,裼衣之上又有上服,皮弁祭服之等。若夏則以絺綌,絺綌之上則有中衣,中衣之上復有上服,皮弁祭服之等。若春秋二時則衣袷襡,袷襡之上加以中衣,中衣之上加以上服也。言見裼衣者,謂袒衿前上服,見裼衣也。故《玉藻》云:裘之裼也,見美也。襲者奄之。"《玉藻》孔穎達《疏》:"充,猶襲也。服襲是充美於内,唯盛禮乃然也。……故大裘不裼者,證禮盛服充時也。"參見"襲①"。《儀禮·聘禮》:公側授宰玉,～,降立。(1054下)《禮記·玉藻》:禮不盛,服不充,故大裘不～,乘路車不式。(1484上) ❷裘上加中衣。裘爲褻衣,故於上加裼衣(中衣)。鄭玄《注》:"裼,表裘也。"孔穎達《疏》:"裼,謂裘上又加衣也。"《禮記·檀弓上》:袪,～之可也。(1293中)

【裼襲】袒外衣而露裼衣謂之裼,盡覆而不外現謂之襲。禮盛尚質,以襲爲敬;禮不盛尚文,以裼爲敬。鄭玄《注》:"禮盛者以襲爲敬,……禮不盛者以裼爲敬。"孔穎達《疏》:"行禮之時,禮不盛者,則露見裼衣;禮盛之時,則重襲上服。"《禮記·表記》:～之不相因也,欲民之毋相瀆也。(1638中)

【裼裘而弔】坦外衣而露裼衣,且不盡覆其裘衣而弔喪。爲主人未變服之前弔喪之禮。孔穎達《疏》:"凡弔喪之禮,主人未變之前,弔者吉服而弔,吉服謂羔裘、玄冠、緇衣、素裳,又袒去上服以露裼衣,則此裼裘而弔是也。主人既變之後,雖著朝服而加武以絰,又掩其上服,若是朋友,又加帶,則此襲裘帶絰而入是也。"《禮記·檀弓上》:曾子襲裘而弔,子游～。(1285中)

【裼襲之不相因】或坦露裼衣,或掩好正服前襟,不因循一種服式。行禮時要根據具體情況變化服式,禮盛尚質,以襲爲敬;禮不盛尚文,以裼爲敬。鄭玄《注》:"不相因者,以其或以裼爲敬,或以襲爲敬。禮盛者以襲爲敬,執玉龜之屬也;禮不盛者以裼爲敬,受享是也。"孔穎達《疏》:"行禮之時,禮不盛者,則露見裼衣;禮盛之

時,則重襲上服。"《禮記·表記》:~也,欲民之毋相瀆也。(1638 中)

裨 pí 次等禮服。天子六服,大裘爲上,其餘爲裨。此處爲穿次等禮服。《覲禮》鄭玄《注》:"天子六服,大裘爲上,其餘爲裨。"《儀禮·覲禮》:侯氏~冕,釋幣于禰。(1088 下)《禮記·玉藻》:諸侯玄端以祭,~冕以朝。(1474 上)

【裨冕】穿裨衣而戴冕。諸侯之卿大夫祭祀或朝覲時所穿冕服的統稱。裨冕次於袞冕。《覲禮》鄭玄《注》:"裨冕者,衣裨衣而冠冕也。裨之爲言埤也。天子六服,大裘爲上,其餘爲裨,以事尊卑服之,而諸侯亦服焉。"《曾子問》鄭玄《注》:"裨冕者,接神則祭服也,諸侯之卿大夫所服。裨冕,絺冕也、玄冕也。士服爵弁服,大祝裨冕則大夫。"孔穎達《疏》:"祝主接神,故服裨冕。裨冕,祭服也。"《儀禮·覲禮》:侯氏~,釋幣于禰。(1088 下)《禮記·曾子問》:大祝~,執束帛,升自西階。(1388 下)

裧 chān ❶車四週的帷幕。亦稱容。鄭玄《注》:"裧,車裳幃。《周禮》謂之容。"《儀禮·士昏禮》:婦車亦如之,有~。(0963 下)❷柩車之飾物。輤(覆蓋在柩車上的飾物)四面下垂如龜甲邊緣者稱裧。鄭玄《注》:"將葬,載柩之車飾曰柳裧,謂龜甲邊緣也。"孔穎達《疏》:"謂載柩之車有裧者,謂輤之四旁有物裧垂象龜甲邊緣。……輤象龜甲覆於棺上,中央隆高,四面漸下,裧象邊緣垂於輤之四邊,與輤連體,則亦赤也。"孫希旦《集解》:"輤者,載尸之車飾之總名。若分而言之,則蓋於上者爲輤,

屬於輤而四垂者爲裧,周於四旁者爲裳帷,在輤之内而周於尸者爲屋。"《禮記·雜記上》:其輤有~,緇布裳帷,素錦以爲屋而行。(1548 下)

複(复)fù 見下。

【複衣】絮有絲綿的夾衣。爲褻衣,小殮時用之。孫希旦《集解》:"愚謂有著者謂之複,有表裹而無著者謂之褶。……複衣,即袍也。"《禮記·喪大記》:小殮,君、大夫、士皆用~,複衾。(1579 下)

【複衾】絮有絲綿的大被。小殮時用之。孫希旦《集解》:"愚謂有著者謂之複,有表裹而無著者謂之褶。"《禮記·喪大記》:小殮,君、大夫、士皆用複衣,~。(1579 下)

褎 xiù "袖"之古字。衣袖。《禮記·玉藻》:君子狐青裘,豹~,玄綃衣以裼之;麑裘,青豻~,絞衣以裼之。(1479 下)

褘(袆)huī 褘衣。上畫五彩山鷄之圖案,玄色。爲王后六服之一。后從王祭祀先王時所服。此處爲穿褘衣。鄭玄《注》:"褘,王后之上服。"《禮記·明堂位》:君卷冕立于阼,夫人副~立于房中。(1489 下)

【褘衣】畫有五彩山鷄圖案的玄色衣。爲王后六服之最尊者。后從王祭祀先王時所服。亦爲穿褘衣。《内司服》賈公彥《疏》:"褘當爲翬,即翟雉,其色玄也。……此三

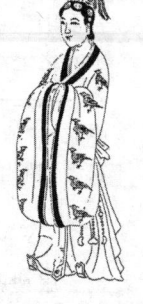

褘衣

翟,皆祭服也。"《玉藻》鄭玄《注》:"褘讀爲翬,揄讀爲搖,翬、搖皆翟雉名也。刻繒而畫之,著於衣以爲飾,因以爲名也。"孔穎達《疏》:"謂畫翬於衣,六服之最尊也。"《周禮·天官·內司服》:"掌王后之六服:~、揄狄、闕狄、鞠衣、展衣、緣衣。(0691 上)《禮記·玉藻》:王后~,夫人揄狄。(1481 中)

褖 tuàn 見下。

【褖衣】有赤色鑲邊的黑色禮服。其衣與裳連體,一般用作袍的罩衣。爲士之禮服或士妻的命服。《士喪禮》鄭玄《注》:"黑衣裳赤緣謂之褖,褖之言緣也,所以表袍者也。"胡培翬《正義》:"此褖衣亦連衣裳,故以褖名之,鄭即以婦人之服解之也。褖衣所以必連衣裳者,褖衣以表袍,袍本連衣裳也。"《玉藻》孔穎達《疏》:"謂子男之士不命,其妻服褖衣。"《儀禮·士喪禮》:皮弁服,~。(1131 中)《禮記·玉藻》:再命褘衣,一命褖衣,士~。(1481 下)

褖衣

幦 mì 用同"幦"。車軾上的覆蓋物。用獸皮製成。亦稱覆笭。鄭玄《注》引鄭司農云:"犬幦,以犬皮爲覆笭。"《周禮·春官·巾車》:木車,蒲蔽,犬~,尾橐,疏飾,小服皆疏。(0824 中)

褻 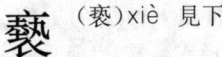 xiè 見下。

【褻衣】內衣,貼身之衣。孫希旦《集解》:"複衣、襺衣,即袍、襺之屬,皆褻衣也。君斂用褻衣,則大夫可知。"《禮記·檀弓下》:季康子之母死,陳~。敬姜曰:"婦人不飾,不敢見舅姑。將有四方之賓來,~何爲陳於斯?"(1304 中)

【褻器】❶溲便之器。鄭玄《注》引鄭司農云:"褻器,清器,虎子之屬。"孫詒讓《正義》:"《説文》:'厠,清也。'……蓋漢時名厠爲清,故謂受糞之器爲清器。清器即行清,謂以木爲函可移徙者,通謂之厠。……虎子,盛溺器,亦漢時俗語。"賈公彥《疏》:"案《內豎》'及葬,執褻器以從遣車'。彼褻器,振飾頮沐之器,彼褻器與此注不同。彼從葬於死者,不用清器,故爲頮沐之器。"《周禮·天官·玉府》:掌王之燕衣服,衽席,牀笫,凡~。(0678 中)❷洗臉沐浴之用具。如槃匜、巾等。爲隨葬品。鄭玄《注》:"褻器,振飾頮沐之器。"賈公彥《疏》:"《既夕禮》用器之中有槃匜,是送葬之時有褻器也。"孫詒讓《正義》:"此褻器蓋《既夕禮》明器、用器、燕器之屬。"《周禮·天官·內豎》:及葬,執~以從遣車。(0687 中)

褒 [襃] bāo 見下。

【襃衣】賞賜的禮服。指始命爲諸侯及朝覲時加賜之衣,以及始命爲命婦賜之衣。因是天子特賜,故不在命服之內。招魂時用之。孔穎達《疏》:"內子謂卿妻。復以鞠衣、襃衣者,始命爲內子,尚(上)所襃賜之衣,復時亦用此衣。"鄭玄《注》:"復,招魂、復魂也。……襃衣,亦始命爲諸侯及朝覲見加賜之衣也。襃猶進也。"《禮

記・雜記上》：内子以鞠衣、～、素沙，下大夫以禮衣，其餘如士。……復，諸侯以～，冕服，爵弁服。(1551 中、下)

【襃拜】再拜以上皆稱襃拜。以九拜爲限。爲九拜之一。鄭玄《注》："鄭大夫云：'……襃讀爲報，報拜，再拜是也。'"孫詒讓《正義》："段玉裁云：'襃拜者，謂再拜以上也。襃者大也，有所多大之辭也。凡《禮經》《聘禮》、《少牢饋食禮》、《特牲饋食禮》言三拜，及《左傳》僖十五年言三拜稽首，襄四年言三拜，定四年言九頓首，以及婦人之俠拜，皆是也。'黄以周云：'古人行禮，多用一拜。其或再拜以加敬，三拜以示徧，皆爲襃大之拜。'案：段、黄説是也。襃拜者，對一拜之名。凡再拜以上，拜數不一者，並屬此。"《周禮・春官・大祝》：辨九撵……八曰～，九曰肅撵。(0810中)

褶

dié 袷衣。即夾衣，有裏、面而中間無絮。《士喪禮》鄭玄《注》："帛爲褶，無絮。"《玉藻》鄭玄《注》："有表裏而無著。"《儀禮・士喪禮》：褶者以～則必有裳，執衣如初。(1137 中)《禮記・玉藻》：纊爲繭，縕爲袍，禪爲絅，帛爲～。(1477 下)

【褶衣】夾衣。君大殮所用。鄭玄《注》："褶，袷也。君衣尚多，去其著也。"《禮記・喪大記》：君～、褶衾，大夫、士如小斂也。(1579 下)

【褶衾】夾被。君大殮所用。《禮記・喪大記》：君褶衣、～，大夫、士猶小斂也。(1579 下)

禪

dān 單衣。鄭玄《注》："有衣裳而無裏。"《禮記・玉藻》：纊爲繭，縕爲袍，～爲絅，帛爲褶。(1477 下)

襚

suì ❶贈送給死者的衣被。《小宰》鄭玄《注》："《春秋傳》曰：'實曰含，衣服曰襚。'"《雜記上》孔穎達《疏》："謂宰之屬官舉此襚者之衣。"《周禮・天官・小宰》：喪荒，受其含～幣玉之事。(0655 上)《儀禮・士喪禮》：庶～繼陳，不用。(1131 中)《禮記・雜記上》：宰夫舉～，升自西階。(1557 下)❷向死者贈送衣被。《士喪禮》鄭玄《注》："襚之言遺也，衣被曰襚。"《雜記上》孔穎達《疏》："襚，謂以物送死用也。"《儀禮・士喪禮》：君使人～，徹帷。(1129 下)《禮記・雜記上》：諸侯相～，以後路與冕服，先路與襃衣不以～。(1555 上)

禮

zhàn 見下。

【禮衣】即展衣。白衣。爲王后六服之一。此指世婦及子男國大夫之妻的禮服。孔穎達《疏》："禮，展也。子男大夫一命，其妻服展衣也。"參見"展衣"。《禮記・玉藻》：君命屈狄，再命褘衣，一命～，士祿衣。(1481 下)

襦

rú 短衣。《儀禮・鄉射禮》：大夫與士射，袒薰～。(1011 中)

【襦袴】短衣與褲。依禮，十歲的男孩不穿用帛做的衣褲，以其太熱而傷陰。鄭玄《注》："不用帛爲襦袴，爲大温，傷陰氣也。"《禮記・内則》：十年，出就外傅，居宿於外，學書記，衣不帛～。(1471 上)

襲

(袭) xí ❶掩上敞開的上服。行禮之時，禮盛尚質，以襲爲敬。如執玉龜時重寶瑞，襲。《表記》鄭玄

《注》:"禮盛者以襲爲敬,執玉龜之屬也;禮不盛者以裼爲敬,受享是也。"孔穎達《疏》:"行禮之時,禮不盛者,則露見裼衣;禮盛之時,則重襲上服。"參見"裼①"。《儀禮·聘禮》:凡執玉,無藉者~。(1074 上)《禮記·表記》:裼~之不相因也,欲民之毋相瀆也。(1638 中)❷爲死者穿衣。《士喪禮》鄭玄《注》:"遷尸於襲上而衣之。"賈公彥《疏》:"今已飯含訖,乃遷尸,以衣著於尸。"《儀禮·士喪禮》:乃~,三稱。(1134 中)《禮記·檀弓上》:司士賁告於子游曰:"請~於牀。"(1291 下)❸衣上加衣。鄭玄《注》:"襲,謂重衣。"《禮記·内則》:寒不敢~,癢不敢搔。(1462 中)❹指殮屍之衣。孔穎達《疏》:"此明大夫死者襲衣稱數也。"《禮記·雜記上》:子羔之~也:繭衣裳與稅衣,纁袡爲一,素端一,皮弁一,爵弁一,玄冕一。(1556 中)

【襲事】指殮屍的衣服。鄭玄《注》:"襲事,謂衣服也。"《儀禮·士喪禮》:陳~于房中,西領,南上,不綪。(1130 下)

【襲處】握同一個地方。依禮,夫婦相互敬酒時不握酒杯上對方握過的地方,以表明夫婦之別。孔穎達《疏》:"襲,因也。其執之物,不相因故處。"《禮記·祭統》:夫婦相授受,不相~,酢必易爵,明夫婦之別也。(1605 下)

【襲裘】掩上裼衣而不使裘衣外現。爲小殮主人變服之後弔喪之禮。鄭玄《注》:"始死,弔者朝服裼裘,如吉時也。小斂則改襲,而加武與帶絰矣。"陳澔《集説》:"弔者小斂後來,則掩襲裘上之裼衣。"《禮記·喪大記》:弔者~,加武,帶。(1574 上)

【襲裘而弔】掩上裼衣遮住裏面的裘衣而弔喪。爲小殮主人變服之後弔喪之禮。孔穎達《疏》:"凡弔喪之禮,主人未變之前,弔者吉服而弔,吉服謂羔裘、玄冠、緇衣、素裳,又袒去上服以露裼衣,則此裼裘而弔是也。主人既變之後,雖著朝服而加武以絰,又掩其上服,若是朋友,又加帶,則此襲裘帶絰而入是也。"《禮記·檀弓上》:曾子~,子游裼裘而弔。(1285 中)

【襲裘不入公門】掩上裼衣遮住裏面裘衣者不可進入國君的門。行禮非當盛時,以文飾爲美,不可襲裘。朝君以裼爲敬,當袒正服之前襟,露出裏面的裘衣。孔穎達《疏》:"《檀弓》云裼裘、襲裘,謂若子游裼裘而弔,曾子襲裘而弔,皆謂裘上有裼衣,裼衣之上有襲衣,襲衣之上有正服。"孫希旦《集解》:"朝君以裼爲敬,故襲裘不入公門。"《禮記·玉藻》:非列采不入公門,振絺綌不入公門,表裘不入公門,~。(1477 下)

羊(羋羴)部

羊 yáng ❶六畜之一。古時羊除用作食品外，亦用作摯禮、祭品。《周禮·夏官·職方氏》：其畜宜牛～，其穀宜黍稷。(0863 上)《儀禮·聘禮》：衆介皆少牢，米六筐，皆士牽～以致之。(1064 下)《禮記·曲禮下》：天子以犧牛，諸侯以肥牛，大夫以索牛，士以～豕。(1268 下) ❷指羊的骨汁或骨灰。可作肥料。鄭玄《注》："凡所以糞種者，皆謂煮取汁也。"《周禮·地官·草人》：凡糞種，騂剛用牛，赤緹用～，墳壤用麋，渴澤用鹿。(0746 中)

【羊人】職官名。掌管供給羊牲。爵下士。《周禮·夏官·羊人》：～，掌羊牲。(0843 上)

【羊車】裝飾精美的車子。其制小於大車，大於柏車。用於裝載貨物。羊車駕牛，故亦謂之牛車。鄭玄《注》："羊，善也。善車，若今定張車，較長七尺。"孫詒讓《正義》："此職三車並牛車，則皆大車也。……三車之制，大車最大，羊車、柏車次之。一說，爲羊駕之車。參見"大車①"。《周禮·冬官考工記·車人》：大車崇三柯，綆寸，牝服二柯有參分柯之二，～二柯有參分柯之一，柏車二柯。(0934 中)

【羊炙】烤炙的羊肉。《儀禮·公食大夫禮》：鮨南～，以東羊臐，醢，豕炙。(1082 中)《禮記·內則》：～、羊臐、醢、豕炙。(1463 下)

【羊牲】用作膳食、祭祀之羊。《周禮·夏官·羊人》：祭祀，割～，登其首。凡祈珥，共其～。(0843 上)

【羊臐】大塊羊肉。《儀禮·公食大夫禮》：鮨南羊炙，以東～，醢，豕炙。(1082 中)《禮記·內則》：羊炙、～、醢、豕炙。(1463 下)

【羊殽】體解、爓熟之羊肉塊。鄭玄《注》引鄭司農云："羊殽，體解節折也。"孫詒讓《正義》："羊肆、羊殽，俎實也。……《曲禮》後鄭注云：'殽，骨體也。'孔疏云：'熟肉帶骨而臠曰殽。'……黃以周云：'……體解即是骨折，故亦名折俎，則有九體、十一體、二十一體是也。'"《周禮·夏官·小子》：掌祭祀羞羊肆、～、肉豆。(0842 下)

【羊肆】(tī) 豚解爲七體(前後肱四、脅二、脊一)之羊牲。鄭玄《注》："肆讀爲鬄。羊鬄者，所謂豚解也。"孫詒讓《正義》："羊肆、羊殽，俎實也。……黃以周云：'……豚解，鬄其肩髀爲四，兩脅一脊，分爲七體。'"《周禮·夏官·小子》：掌祭祀羞～、羊殽、肉豆。(0842 下)

【羊骼】羊牲左後脛骨。鄭玄《注》：

"羊骼,羊左骼。……古文骼爲胳。"《儀禮·有司》:司士設俎于豆北,~一、腸一、胃一、切肺一、膚一。(1213下)

【羊燔】烤炙的羊肉。鄭玄《注》:"燔,炙。"《儀禮·有司》:次賓羞~,縮執俎。(1209中)

【羊臑】羊前肢的最下部分。《儀禮·少牢饋食禮》"肩、臂、臑、膞、骼"鄭玄《注》:"肩、臂、臑,肱骨也;膞、骼,股骨也。"參見"臑"。《儀禮·有司》:佐食設俎于豆東:~,豕折,羊脊、脅,祭肺一。(1217下)

【羊宜黍】吃羊肉宜配黍米。古人注重養生,認爲肉食當配以與之相適應的穀物。羊肉性熱,故配以苦溫之黍,是爲甘苦相成。《食醫》賈公彥《疏》:"羊味甘熱,黍味苦溫,亦是甘苦相成,故云羊宜黍。"《內則》鄭玄《注》:"言其氣味相成。"《周禮·天官·食醫》:凡會膳食之宜,牛宜稌,~,豕宜稷,犬宜粱,鴈宜麥,魚宜苽。(0667上)《禮記·內則》:牛宜稌,~,豕宜稷,鴈宜麥,鴈宜麥,魚宜苽。(1464上)

【羊泠毛而毳,羶】羊毛稀疏而糾結,其肉一定腥羶。這種肉食之有害健康。爲古人生活經驗之總結。《內饔》賈公彥《疏》:"泠毛,謂毛長也;而毳,謂毛別聚結者。此羊肉必羶也。"孫詒讓《正義》:"洪頤煊云:'泠與零同,謂毛零落而又毳結。'……蓋凡畜病則細毛多零落,長毛雖存,而糾結不解。"《內則》孔穎達《疏》:"泠謂毛本稀泠,毳謂毛頭毳結。羊若如此,其肉羶氣也。"《周禮·天官·內饔》:~。(0662上)《禮記·內則》:~。

(1466下)

羔 gāo 小羊。卿相見所執之摯禮,亦用於祭祀。《羊人》鄭玄《注》:"羔,小羊也。"《士相見禮》鄭玄《注》:"上大夫,卿也。羔,取其從帥,羣而不黨也。"《周禮·夏官·羊人》:凡祭祀,飾~。(0843上)《儀禮·士相見禮》:上大夫相見以~,飾之以布。(0976下)《禮記·曲禮下》:凡摯,天子鬯,諸侯圭,卿~,大夫鴈,士雉。(1270中)

【羔裘】黑羔皮衣。羔裘、玄冠爲吉服,侍親疾病時所穿,親人始死易之以深衣。喪禮,主人成服之後,不得穿吉服去弔喪。亦爲穿黑羔皮衣。鄭玄《注》:"不以吉服弔喪。"孔穎達《疏》:"此一節論始死易服,小斂後不得吉服弔之事。但養疾者朝服,羔裘、玄冠即朝服也。"孫希旦《集解》:"弔於未成服之前者皆吉服,以主人尚未喪服也;主人既成服,則不以吉服弔矣。"《禮記·檀弓上》:夫子曰:"始死,~、玄冠者,易之而已。"~、玄冠,夫子不以弔。(1291中)

【羔鴈】小羊和雁。卿、大夫相見所執之摯禮。孔穎達《疏》:"羔,羊也。……《士相見禮》云:'下大夫以鴈,上大夫以羔。'"《禮記·曲禮上》:飾~者以繢。(1244下)

羞 xiū ❶美味食物。用牲畜及禽獸做成。盛於豆、籩,有百二十品,故亦稱庶羞、百羞。《膳夫》鄭玄《注》:"羞出於牲及禽獸,以備滋味,謂之庶羞。"《公食大夫禮》鄭玄《注》:"庶,衆也。進衆珍味可進者也。"胡培翬《正義》引郝敬云:"肴美曰羞,品多曰庶。"《周禮·天官·膳夫》:凡王之饋，食用六穀，膳用六牲，飲用六清，～用百二十品，珍用八物，醬用百有二十罋。(0659下)《儀禮·公食大夫禮》：士羞庶～。(1082上)《禮記·玉藻》：先飯，辯嘗～，飲而俟。(1475上)❷進獻食物。《大司徒》鄭玄《注》：「羞，進也。……謂進所肆解骨體。」《曲禮上》孔穎達《疏》：「故使我將此酒食以與子進賓客。」《有司》鄭玄《注》：「乃羞者，羞庶羞。」《周禮·地官·大司徒》：祀五帝，奉牛牲，～其肆。(0708上)《儀禮·有司》：乃～。宰夫～房中之羞，司士～庶羞于尸，祝，主人，主婦。(1217下)《禮記·曲禮上》：某子使某，聞子有客，使某～。(1241中)

【羞豆】祭祀宴饗時進獻美食的木製盛器。爲四豆之一。其與羞籩同時進獻，酏食、糝食盛於其中。賈公彥《疏》：「此羞豆之實，亦與羞籩之實同特設之。」參見「羞籩」。《周禮·天官·醢人》：～之實，酏食、糝食。(0675上)

【羞鼎】即陪鼎。行饗宴禮時用來置放加饌的鼎。共三鼎，分別盛膷、臐、膮。鄭玄《注》：「羞鼎則陪鼎也。以其實言之則曰羞，以其陳言之則曰陪。」胡培翬《正義》：「陪鼎三，則下云膷、臐、膮是也。」《儀禮·聘禮》：飪一牢，在西，鼎九，～三。(1052中)

【羞籩】祭祀宴饗時進獻美食的竹製盛器。爲四籩之一。於正獻之後、加爵之前進獻，糗餌、粉餈盛於其中。羞籩即房中之羞，亦稱內羞。鄭玄《注》：「羞籩，謂若《少牢》主人酬尸，宰夫羞房中之羞于尸，侑，主人，主婦，皆右之者。」孫詒讓《正義》：「此亦宗廟之祭，正獻之後，加爵之前，所羞之籩也。……羞籩羞豆，於天子祭禮，薦於何時，經無可攷。注以《少牢》上大夫禮相比況，則王禮當於明日賓尸，尸酬王後，薦於尸侑及王后。」參見「房中之羞」。《周禮·天官·籩人》：～之實，糗餌、粉餈。(0672上)

【羞服之式】節省飲食、服飾、車駕等費用的規定。爲均節財用的九式之一。鄭玄《注》：「式，謂用財之節度。」陸德明《釋文》：「羞服，干云：『羞，飲食也；服，車服也。』」賈公彥《疏》：「謂王之膳羞衣服所用也。」《周禮·天官·大宰》：以九式均節財用：一曰祭祀之式，二曰賓客之式，三曰喪荒之式，四曰～，五曰工事之式，六曰幣帛之式，七曰芻秣之式，八曰匪頒之式，九曰好用之式。(0648上)

義

義　(义) yì　合於道德規範的思想、行爲。爲六德之一。《大司徒》鄭玄《注》：「義，能斷時宜。」《周禮·地官·大司徒》：一曰六德，知、仁、聖、～、忠、和。(0707中)《禮記·禮運》：仁者，～之本也。(1426下)

【義兆】龜卜四兆之一。龜甲之兆象共一百二十體，分爲四類，每類三十體。其內容已不可考。鄭玄《注》：「經兆百二十體，今言四兆者，分之爲四部。」《周禮·春官·卜師》：掌開龜之四兆，一曰方兆，二曰功兆，三曰～，四曰弓兆。(0804中)

羨

羨　xiàn　羨卒。正卒以外的徒役。賈公彥《疏》：「一家兄弟雖多，除一人爲正卒，正卒之外，其餘皆爲羨卒。」《周禮·地官·小司徒》：凡起徒役，毋過家一人，以其餘爲～。(0711

下）

羣

[群]qún 見下。

【羣士】❶指鄉士、遂士、縣士、方士、訝士以及士師等衆刑官。賈公彥《疏》："羣士,謂鄉士、遂士以下皆是。"孫詒讓《正義》："此羣士謂衆刑官,疑當含有士師。《周禮·秋官·小司寇》:歲終,則令～計獄弊訟,登中于天府。(0874 下)❷指上、中、下士。孫詒讓《正義》："羣士謂上、中、下士,與《小司寇》《鄉士》《遂士》《縣士》《方士》諸職之羣士異。"《周禮·秋官·朝士》:左九棘,孤、卿、大夫位焉,～在其後。(0877 下)

【羣立】與衆人站在一起。依禮,服三年之喪者,不得與衆人站在一起,以防言及他事而忘哀。鄭玄《注》："爲其苟語忘哀也。"陳澔《集説》："羣立旅行,言及他事,則爲忘哀。"《禮記·曾子問》:三年之喪,練,不～,不旅行。(1397 中)

【羣臣】指在朝之官員。與各級地方官員之"羣吏"相對而言。《小司寇》孫詒讓《正義》："羣臣者,朝廷官府有職事之官也;羣吏者,鄉遂公邑都鄙之吏有地治之官也。"《周禮·秋官·小司寇》:其位:王南鄉,三公及州長、百姓北面,～西面,羣吏東面。(0873 中)《禮記·中庸》:脩身也,尊賢也,親親也,敬大臣也,體～也,子庶民也,來百工也,柔遠人也,懷諸侯也。(1630 上)

【羣吏】❶即羣士。指上、中、下士及故士。賈公彥《疏》："此羣吏即士。"孫詒讓《正義》引吳廷華云："此羣吏當合上中下士及故士等言之。"《周禮·天官·宰夫》:掌治朝之灋,以正王及三公、六卿、大夫、～之位,掌其禁令。(0655 中)❷指軍將以下的衆軍帥。即鄉吏在軍爲帥者,如師、旅、卒之長。鄭玄《注》："羣吏,諸軍帥也。"孫詒讓《正義》："此既陳軍,則宜爲軍將以下,亦以鄉吏在軍即爲軍將以下,名異而實不異也。"《周禮·夏官·大司馬》:～聽誓于陳前,斬牲以左右徇陳。(0838 上)❸指鄉遂公邑等有地治的官員。與在朝之官員"羣臣"相對而言。孫詒讓《正義》:"羣吏者,鄉遂公邑都鄙之吏有地治之官也。《大司馬》注云:'羣吏,鄉師以下。'《小司徒》云'六鄉四郊之吏',《鄉大夫》云'六鄉之吏',《族師》云'四閭之吏',《黨正》《遂大夫》並云'帥其吏',即此所謂羣吏也。"《周禮·秋官·小司寇》:其位:王南鄉,三公及州長、百姓北面,羣臣西面,～東面。(0873 中)

【羣姓】指百官萬民。孔穎達《疏》："羣姓,謂百官以下及兆民。言羣姓者,包百官也。"《禮記·祭法》:王爲～立社,曰大社。(1589 下)

【羣執事】指臨事來助祭者。胡培翚《正義》引《儀禮釋官》云："有司、羣執事分言之,凡職有專司者謂之有司,無專司而臨事來助祭者謂之羣執事。"《儀禮·特牲饋食禮》:有司、～如兄弟服,東面,北上。(1179 上)

羶

[膻]shān 見下。

【羶薌(xiāng)】五穀的香氣。羶,用同"馨"。指祭祀所用的黍稷等穀物。鄭玄《注》："羶當爲馨,聲之誤也。"孔穎達《疏》："馨香謂黍稷。"一説,指牛羊的腸脂。孫希旦《集解》："羶、薌，牛羊腸間脂也。"《禮記·郊特牲》：蕭合黍稷，臭陽達於牆屋。故既奠，然後焫蕭合～。（1457 上）

羹 gēng 用肉或菜蔬做成的帶濃汁的食物。亦爲做羹。《亨人》賈公彥《疏》："牛用藿，羊用苦，豕用薇，調以五味，盛之於鉶器，即謂之鉶羹。"《鄉飲酒禮》鄭玄《注》："肉謂之羹。"《周禮·天官·亨人》：祭祀，共大羹、鉶～，賓客亦如之。（0662 下）《儀禮·鄉飲酒禮》：～定。主人速賓，賓拜辱，主人荅拜，還，賓拜辱。（0981 上）《禮記·喪大記》：不能食粥，～之以菜可也。（1577 上）

【羹定】牲肉已煮熟。牲肉熟時在堂上行告神禮；牲肉熟時主人邀請賓客。《禮器》孫希旦《集解》："肉謂之羹。定，熟也。煮肉必沸，既熟則止火而沸者定，故曰羹定。"孔穎達《疏》："謂亨既孰，將欲迎尸主入室，乃先以俎盛之，告神於堂。"《鄉飲酒禮》鄭玄《注》："肉謂之羹，定猶孰也。"賈公彥《疏》："言此者，以與速賓時節爲限，不敢煩勞賓，故限之也。"《儀禮·鄉飲酒禮》：～。主人速賓，賓拜辱，主人荅拜，還，賓拜辱。（0981 上）《禮記·禮器》：納牲詔於庭，血毛詔於室，～詔於堂。（1441 下）

【羹胾】肉羹和大塊肉。依禮，士平日吃飯不得吃兩樣肉羹和肉塊。孫希旦《集解》："士燕食得有羹、胾，而不得重設也。"《禮記·內則》：士不貳～。（1465 上）

【羹飪】煮熟的牛、羊、豬肉。鄭玄《注》："羹飪，謂飪一牢也，肉謂之羹。"《儀禮·聘禮》：賜饔，唯～。（1074 下）

【羹獻】宗廟祭祀時對犬的美稱。孔穎達《疏》："人將所食羹餘以與犬，犬得食之肥，肥可以獻祭於鬼神，故曰羹獻也。"《禮記·曲禮下》：凡祭宗廟之禮，牛曰一元大武，豕曰剛鬣，豚曰腯肥，羊曰柔毛，雞曰翰音，犬曰～。（1269 上）

【羹齊眂（視）夏時】調配羹食要比照夏天以熱爲宜。爲古人養生經驗之總結。齊，用同劑。《食醫》鄭玄《注》："羹宜熱。"賈公彥《疏》："謂大羹、鉶羹、菜羹等，其所齊和，四時常熱，故云眂夏時，羹宜熱故也。"孫詒讓《正義》："此論調和飲食寒溫之齊。……羹者肉湆，以熱爲美。"《周禮·天官·食醫》：凡食齊眂春時，～，醬齊眂秋時，飲齊眂冬時。（0667 上）《禮記·內則》：凡食齊視春時，～，醬齊視秋時，飲齊視冬時。（1464 上）

米 部

米 mǐ 去殼後的穀實。九穀之中，黍、稷、稻、梁、苽、大荳爲六米。《周禮·地官·春人》：賓客，共其牢禮之～。(0750 中)《儀禮·聘禮》：門外，～、禾皆二十車。(1052 中)《禮記·聘義》：～三十車，禾三十車。(1693 中)

【米廩】周代魯國學校名。鄭玄《注》："魯謂之米廩。虞帝上孝，今藏粢盛之委焉。"孔穎達《疏》："明魯得立四代之學也。"陳澔《集說》："魯所藏粢盛米之廩，即虞氏之庠，謂藏此米於學宮也，亦教孝之義。"《禮記·明堂位》：～，有虞氏之庠也。序，夏后氏之序也。瞽宗，殷學也。頖宮，周學也。(1491 上)

粉 fěn 見下。

【粉餈】當爲粉餈。用炒熟的米麥搗粉做成的糕餅。上敷豆粉。鄭玄《注》："糗，擣熬穀也，以爲粉餌與餈。"參見"粉餈"。《禮記·內則》：羞：糗餌、～。(1464 上)

【粉餈】用炒熟的米麥搗粉做成的糕餅。上敷豆粉。鄭玄《注》："此二物皆粉稻米、黍米所爲也。合蒸曰餌，餅之曰餈。糗者，擣粉熬大豆，爲餌餈之黏著，以粉之耳。餌言糗，餈言粉，互相足。"《周禮·天官·籩人》：羞籩之實，糗餌、～。(0672 上)

粟 sù 穀物。粱、稻、黍、稷等的總稱。穀物未舂曰粟，已舂去殼曰米。《舍人》賈公彥《疏》："粟即粢也。《爾雅·釋草》：'粢，稷也。'稷爲五穀之長，故特舉以配米也。"《曲禮上》孔穎達《疏》："粟，梁稻之屬也。"《周禮·地官·舍人》：掌米～之出入，辨其物。(0749 下)《禮記·曲禮上》：獻～者執右契。(1244 上)

粢 ㈠ zī 穀類的總稱。陸德明《釋文》："杜預云：'黍稷曰粢，在器曰盛。'"《禮記·表記》：天子親耕，～盛秬鬯以事上帝。(1640 下)

【粢盛】盛放在器皿中的穀物。以供祭祀。孔穎達《疏》："粢，稷也。稷曰明粢，在器曰盛。"《禮記·郊特牲》：唯社，丘乘共～；所以報本反始也。(1449 中)

㈡ jì 見下。

【粢₂醍】即緹齊。紅赤色的酒。爲五齊之一。鄭玄《注》："粢讀爲齊，聲之誤也。"陳澔《集說》："粢醍，即《周禮》緹齊，酒成而紅赤色也。"參見"緹齊"。《禮記·禮運》：故玄酒在室，醴、醆在戶，～在堂，澄酒在下。(1416 中)

粱 liáng ❶即粟。統稱穀子，去殼後爲小米。古時粱與稻皆爲精食。宗廟祭祀時美稱粱爲"薌萁"。古人注重養生，認爲狗肉性溫，應配以微寒之粱米。《喪大記》孔穎達《疏》："粱，粱米也。"《食醫》賈公彦《疏》："犬味酸而溫，粱米味甘而微寒，亦是氣味相成。"《周禮·天官·食醫》：凡會膳食之宜，牛宜稌，羊宜黍，豕宜稷，犬宜～，鴈宜麥，魚宜苽。(0667 上)《儀禮·聘禮》：黍、～、稻皆二行，稷四行。(1062 上)《禮記·喪大記》：不辟～肉，若有酒醴則辭。(1577 上) ❷指淘粱米之水。常禮，大夫用以洗面；喪禮，用以爲國君及天子士之屍洗髮。《玉藻》孔穎達《疏》："沐，沐髮也。靧，洗面也。取稷、粱之潘汁用將洗面、沐髮，並須滑故也。然此大夫禮耳，人君沐靧皆粱也。"《喪大記》鄭玄《注》："蓋天子之士。"孔穎達《疏》："皆謂用其米取其汁而沐也。"《禮記·玉藻》：曰五盥，沐稷而靧～。(1475 中)《禮記·喪大記》：君沐～，大夫沐稷，士沐～。(1576 上)

【粱醴】粱米釀成的甜酒。孔穎達《疏》："此稻、黍、粱三醴，各有清、糟。"《禮記·內則》：黍醴，清、糟，～，清、糟。(1463 下)

粻 zhāng 糧食。鄭玄《注》："粻，糧也。"《禮記·王制》：五十異～，六十宿肉。(1346 上)

搔 xiǔ 見下。

【搔溲】以水拌和粉面。鄭玄《注》："搔溲，……搔，讀與滫瀡之滫同。"孫希旦《集解》："搔溲，謂溲釋其粉也。"《禮記·內則》：爲稻粉，～之以爲酏。(1468 上)

糗 qiǔ ❶炒熟的米麥。《內則》鄭玄《注》："糗，擣熬穀也，以爲粉餌與餈。"《周禮·天官·籩人》：羞籩之實，～、餌、粉餈。(0672 上)《禮記·內則》：羞：～餌、粉酏。(1464 上) ❷即糗餌。用炒熟的米麥擣粉合蒸的食品。鄭玄《注》："糗，糗餌也。"參見"糗餌"。《儀禮·有司》：興，入于房，取～與股脩；執以出，坐設之，～在葵西，脩在白西。(1210 上)

【糗餌】用炒熟的米麥擣粉合蒸的食品。《籩人》鄭玄《注》："此二物皆粉稻米、黍米所爲也。合蒸曰餌，餅之曰餈。糗者，擣粉熬大豆，爲餌餈之黏著，以粉之耳。餌言糗，餈言粉，互相足。"《周禮·天官·籩人》：羞籩之實，～、粉餈。(0672 上)《禮記·內則》：羞：～、粉酏。(1464 上)

糟 zāo 未過濾而帶滓之酒。《酒正》鄭玄《注》："泲曰清，不泲曰糟。"《內則》鄭玄《注》："糟，醇也。清，泲也。致飲有醇者，有泲者。"孔穎達《疏》："此稻、黍、粱三醴，各有清、糟。"《周禮·天官·酒正》：共賓客之禮酒，共后之致飲于賓客之禮醫酏～。(0670 上)《禮記·內則》：飲：重醴，稻醴，清、～，黍醴，清、～，粱醴，清、～。(1463 下)

糞 (糞) fèn 掃除席前。爲長者掃除之禮，前往掃除時，把掃帚放在簸箕上，兩手捧着簸箕，以示恭敬。掃除時，用衣袖遮住帚及箕，防止灰塵飛出。《隸僕》鄭玄《注》："氾埽曰埽，埽席前曰拚。"孫詒讓《正義》："此據《少儀》，彼文亦作'拚'。……故鄭據《少儀》之埽拚，釋此經之埽及糞也。……《少儀》孔《疏》云：'止埽席前不得名埽，則但曰拚也。拚是除穢，埽是滌盪。'"《曲禮上》鄭玄《注》："如是得兩手奉箕，恭也。"《周禮·夏

官·隸僕》:掌五寢之埽除～酒之事。(0852下)《禮記·曲禮上》:凡爲長者～之禮,必加帚於箕上。(1239中)

【糞種】施骨灰或骨汁於田而後種植。根據土質的不同,應選擇不同的獸骨作爲肥料。孫詒讓《正義》:"糞種即土化之法。《月令·季夏》云:'可以糞田疇。'……江永云:'種字當讀去聲。凡糞種,謂糞其地以種禾也。後鄭謂煮取汁,先鄭謂用汁漬其種,是讀種爲上聲。凡糞,當施之土;如用獸,則以骨灰洒諸田;用麻子,則用擣過麻油之渣布諸田;若土未化,但以汁漬其種,如何能使其土化惡爲美,此物理之易明者。今人糞田,未見有煮汁漬種者。農家歲歲糞田,欲其肥美多穀也。若驛剛諸土,未經變化,恐非一歲所能化,況又惟漬其種乎?'案:江說本項安世,於義近是。"一說,種爲種子。鄭玄《注》:"凡所以糞種者,皆謂炙取汁也。……鄭司農云:'用牛,以牛骨汁漬其種也,謂之糞種。'"《周禮·地官·草人》:凡～,驛剛用牛,赤緹用羊,渴澤用鹿,鹹潟用貆。(0746中)

麋 mí 見下。

【麋粥】稠粥。孔穎達《疏》:"麋厚而粥薄,薄者以飲之,厚者以食之。"《禮記·問喪》:水漿不入口,三日不舉火,故鄰里爲之～以飲食之。(1656中)

糝 (糁) sǎn ❶以米和羹。鄭玄《注》:"凡羹齊,宜五味之和米屑之糝。"陳澔《集說》:"宜以五味調和米屑爲糝。"《禮記·內則》:和～,不蓼。(1464上) ❷即糝食。細切牛羊豕之肉與稻米合煎之食物。鄭玄《注》:"此《周禮》糝食也。"《禮記·內則》:～:取牛、羊、豕之肉,三如一,小切之,與稻米。稻米二,肉一,合以爲餌,煎之。(1468下)

【糝食】細切牛羊豕之肉與稻米合煎之食物。參見"糝②"。《周禮·天官·醢人》:羞豆之實,酏食、～。(0675上)

糧 (粮) liáng 出行所携帶的乾糧。鄭玄《注》:"行道曰糧,謂糒也。止居曰食,謂米也。"《周禮·地官·廩人》:凡邦有會同、師役之事,則治其～與其食。(0749下)

糱 niè "糵"的俗字。酒麴。釀酒用的發酵劑。孔穎達《疏》:"釀酒須用麴糱則成。"《禮記·禮運》:故禮之於人也,猶酒之有～也,君子以厚,小人以薄。(1426中)

聿(聿)部

殔 sì 埋棺的坎穴。喪禮大殮後,在堂之西階上挖的暫時埋棺之坎。鄭玄《注》:"殔,埋棺之坎者也。掘之於西階上。"賈公彥《疏》:"殔訓

爲陳,謂陳尸於坎。"《儀禮·士喪禮》:掘～,見衽。(1139 中)

肆

(一) sì ❶陳屍示衆。《檀弓下》鄭玄《注》:"肆,陳尸也。"《周禮·秋官·鄉士》:獄訟成,士師受中,協日刑殺,～之三日。(0876 上)《禮記·檀弓下》:君之臣不免於罪,則將～諸市朝,而妻妾執。(1312 中) ❷陳售貨物之所。賈公彥《疏》:"平肆,平賣物者之行列,使之正也。"《周禮·地官·司市》:市之羣吏平～、展成、奠賈。(0734 下) ❸陳屍待浴。鄭玄《注》:"鄭司農云:'大肆,大浴也。'……玄謂大肆,始陳尸,伸之。"孫詒讓《正義》:"凡浴尸,必肆而後浴,故先鄭即以浴釋肆。此經據陳言之,則云大肆,《肆師》據浴言之,則云大湎,其義同也。"《周禮·春官·小宗伯》:王崩,大～,以秬鬯湎。(0767 下) ❹鍾、磬懸於木架(虡)之上,每架懸十六枚爲一堵;鍾一堵,磬一堵,稱爲肆。鄭玄《注》:"鍾磬者,編縣之二八十六枚,而在一虡,謂之堵。鍾一堵,磬一堵,謂之肆。"《周禮·春官·小胥》:凡縣鍾磬,半爲堵,全爲～。(0795 中)

【肆長】職官名。掌市中市集之政令。《周禮·地官·肆長》:～,各掌其肆之政令。(0738 中)

【肆夏】古樂名。爲《九夏》之一。燕、饗、大射諸禮皆用之。人君行步,奏《肆夏》爲節拍;賓、尸出入,亦奏以爲敬。《樂師》鄭玄《注》:"《肆夏》《采薺》皆樂名,或曰皆逸詩。謂人君行步以《肆夏》爲節,趨疾於步,則以《采薺》爲節。"《燕禮》鄭玄《注》:"《肆夏》,樂章也,今亡。……卿大夫有王事之勞則奏此樂焉。"一説,以爲逸詩。《周禮·春官·樂師》:教樂儀,行以《～》,趨以《采薺》。(0793 中)《儀禮·燕禮》:若以樂納賓,則賓及庭奏《～》。……公拜受爵而奏《～》。(1024 下)《禮記·郊特牲》:賓入大門而奏《～》,示易以敬也。(1446 下)

【肆師】職官名。掌管國家祭祀的禮儀制度。爲大宗伯的助手,爵下大夫。《周禮·春官·肆師》:～,掌立國祀之禮,以佐大宗伯。(0768 中)

【肆器】陳屍之器。死者身份等級不同,所用肆器亦異。天子用大盤,大夫用夷盤,有冰;士用瓦盤,無冰。鄭玄《注》:"肆器,陳尸之器。《喪大記》曰:'君設大盤,造冰焉。大夫設夷盤,造冰焉。士併瓦盤,無冰。設牀,襢笫,有枕。'此之謂肆器。天子亦用夷盤。"《周禮·春官·鬱人》:大喪之湎,共其～。(0770 下)

(二) tì ❶以解割之牲祭宗廟。《大宗伯》鄭玄《注》:"肆、獻、祼、饋食,在四時之上,則是祫也,禘也。肆者,進所解牲體,謂薦孰時也。"《典瑞》鄭玄《注》:"肆,解牲體以祭。"《周禮·春官·大宗伯》:以～、獻、祼享先王,以饋食享先王。(0758 下)《周禮·春官·典瑞》:祼圭有瓚,以～先王,以祼賓客。(0777 中) ❷指解割的牲體。鄭玄《注》:"謂進所肆解骨體。"《周禮·地官·大司徒》:祀五帝,奉牛牲,羞其～。(0708 中) ❸剔解牲體。解全牲爲前後肱四、脅二、脊一共七體,爲豚解。鄭玄《注》:"治肉曰肆。"孫希旦《集解》:"肆,剔也,謂豚解也。"《禮記·郊特牲》:腥、～、爛、

胗祭,豈知神之所饗也？主人自盡其敬而已矣。(1457 下)

【肆₂享】宗廟之祭的通稱。鄭玄《注》:"肆享,祭宗廟也。"孫詒讓《正義》:"肆,與《大宗伯》'肆獻祼'《典瑞》'肆先王'之肆義同,亦謂解牲體也。宗伯六享,依鄭義,禘祫時祭皆有肆,享則廟祭之通名,故經以'肆享'晐六享矣。"《周禮·春官·大祝》:凡大禋祀、～、祭示,則執明水火而號祝。(0811 上)

肅

(肅)sù 見下。

【肅拜】屈膝跪地,下手不至於地而頭微俯。爲九拜之一。是婦人所行之常禮。鄭玄《注》:"肅拜,拜低頭也。手拜,手至地也。婦人以肅拜爲正,凶事乃手拜耳。"一說,肅拜不跪。參見"肅撎"。《禮記·少儀》:婦人吉事,雖有君賜,～。爲尸坐則不手拜,

～。(1513 中)

【肅撎】屈膝跪地,下手不至於地而頭微俯。爲九拜之一。是婦人所行之常禮。孫詒讓《正義》:"案:惠謂肅必俯首,段謂婦人肅拜亦跪,並是也。凡拜之通法,未有不跪,亦未有不俯首者。《少儀》注以'拜低頭'釋肅拜,正與此注云'俯下手'同義。……而《特牲》《有司徹》主婦皆執爵拜者,以肅拜雖跪,而手不至地,自不必奠爵拜也。《困學紀聞》引張建章《渤海記》,謂唐武后時,婦人始拜不跪,則周時婦人肅拜必跪可知也。"一說,肅拜不跪。鄭玄《注》引鄭司農云:"肅拜,但俯下手,今時擖是也。"參見"肅拜"。《周禮·春官·大祝》:辨九撎:一曰稽首,二曰頓首,三曰空首,四曰振動,五曰吉撎,六曰凶撎,七曰奇撎,八曰褒撎,九曰～。(0810 中)

艮部

【良】liáng 妻子對丈夫的稱呼。鄭玄《注》:"婦人稱夫曰良。"《儀禮·士昏禮》:御衽于奧,媵衽～席在東,皆有枕,北止。(0967 中)

【良馬】優良之馬。馬分六類:種馬、戎馬、齊馬、道馬、田馬、駑馬,除駑馬外皆爲良馬。鄭玄《注》:"良,善也。善馬,五路之馬。"孫詒讓《正義》:"謂種馬至田馬,五者通爲良馬,對駑馬不駕路而言也。"《周禮·夏官·校人》:凡頒～而養乘之。(0860 上)

【良綏】國君登車時攀援的繩索。鄭玄《注》:"良綏,君綏也。"《禮記·少儀》:執君之乘車則坐,僕者右帶劍,負～,申之面,拖諸幦。(1512 上)

艸(艹)部

艾 ài 五十歲老人之稱。鄭玄《注》:"艾,老也。"孔穎達《疏》:"年至五十氣力已衰,髮蒼白色如艾也。"《禮記·曲禮上》:五十曰~,服官政。(1232 上)

芋 yù 指以未切之全菜腌製的菜。鄭玄《注》:"齊人或名全菹爲芋。"賈公彥《疏》:"菹法,舊短四寸者全之,若長於四寸者亦切之,則葵長者自然切,乃爲菹。但喪中之菹葵雖長而不切,取齊人全菹爲芋之解也。"《儀禮·士喪禮》:甒豆兩,其實葵菹~,羸醢。(1139 中)

苄 xià 蒲萍。可製席。鄭玄《注》:"苄,今之蒲萍也。"《禮記·間傳》:齊衰之喪,居堊室,~翦不納。(1660 下)

【苄翦不納】蒲席四週剪齊而不收邊。爲服齊衰者所卧席之形。孔穎達《疏》:"苄爲蒲萍,爲席,翦頭爲之,不編納其頭而藏於内也。"《禮記·間傳》:齊衰之喪,居堊室,~。(1660 下)

芒 máng 見下。

【芒種】指稻麥之類有芒刺的農作物。鄭玄《注》引鄭司農云:"芒種,稻麥也。"《周禮·地官·稻人》:澤草所生,種之~。(0746 下)

芝 zhī 見下。

【芝栭】靈芝和木耳。皆爲菌類植物。孔穎達《疏》:"盧氏云:'芝,木芝也。'王肅云:'無華而實者名栭,皆芝屬也。'"一説,芝栭爲一物。孔穎達《疏》:"庾蔚云:'無華葉而即生者曰芝栭。'"孫希旦《集解》:"孔氏以芝栭爲一,……賀氏以芝栭爲二,……未知孰是。"《禮記·内則》:爵、鷃、蜩、范、~、菱、椇、棗、栗、榛、柿、瓜、桃、李、梅、杏、楂、梨、薑、桂。(1464 上)

芑 qǐ 用同"杞"。枸杞。鄭玄《注》:"芑,枸檵也。"《禮記·表記》:《詩》云:<u>豐水有~,武王豈不</u>仕?(1639 下)

芸 yún 香草名。多年生草本植物,花、葉、莖皆可入藥。鄭玄《注》:"芸,香草也。"《禮記·月令》:~始生,荔挺出。(1383 中)

芼 mào 野菜或水草。可供食用。亦爲煮菜羹。《特牲饋食禮》鄭玄《注》:"芼,菜也。"《内則》鄭玄《注》:"芼,謂菜釀也。"孔穎達《疏》:"爲雉羹、兔羹皆有芼菜以和之。"《儀禮·特牲饋食禮》:主婦設兩敦黍、稷于俎南,西上;及兩鉶~設于豆南,南陳。(1183 下)《禮記·内則》:雉、兔,皆有~。(1464 上)《禮記·昏

義》:教成,祭之,牲用魚,～之以蘋藻。(1681 中)

【苢羹】用菜和肉做成的羹。鄭玄《注》:"苢,菜也。"孔穎達《疏》:"用菜雜肉爲羹。"《禮記·內則》:饘、酏、酒、醴、～、菽、麥、蕡、稻、黍、粱、秫,唯所欲。(1461 下)

芹 qín 蔬菜名。水芹,亦稱楚葵。鄭玄《注》:"芹,楚葵也。"《周禮·天官·醢人》:加豆之實,～菹、兔醢、深蒲、醓醢、箈菹、雁醢、筍菹、魚醢。(0674 下)

【芹菹】用切四寸之水芹腌製的菜。爲加豆之實。《周禮·天官·醢人》:加豆之實,～、兔醢、深蒲、醓醢、箈菹、雁醢、筍菹、魚醢。(0674 下)

芥 jiè ❶芥菜。草本植物,其葉、莖、根都可食用,其籽可榨油或製成芥末。《儀禮·公食大夫禮》:炙南醢,以西豕胾、～醬、魚膾。(1082 中)《禮記·內則》:醢、豕胾、～醬、魚膾。(1463 下) ❷指芥醬。鄭玄《注》:"芥,芥醬也。"《禮記·內則》:膾,春用葱,秋用～。(1466 下)

【芥醬】芥實製成的醬。《公食大夫禮》鄭玄《注》:"芥醬,芥實醬也。《內則》曰:'膾,春用葱,秋用芥。'"《儀禮·公食大夫禮》:炙南醢,以西豕胾,～,魚膾。(1082 中)《禮記·內則》:魚膾,～;麋腥,醢醬。(1464 上)

芡 qiàn 水生植物。又名鷄頭。其實可食。鄭玄《注》:"芡,鷄頭也。"《周禮·天官·籩人》:加籩之實:菱、～、栗、脯。(0672 上)

芟 shān ❶鐮刀。鄭玄《注》引鄭司農云:"以其水寫,故得行田中,舉其芟鉤也。"孫詒讓《正義》:"江永云:'下地之田,田中常有水,足涉水,揚舉除草之器以芟之。'"一説,鄭玄以爲指"前年所芟之草"。《周禮·地官·稻人》:以瀓寫水,以涉揚其～,作田。(0746 下) ❷割草除田。鄭玄《注》:"芟,芟草除田也。"《周禮·春官·肆師》:嘗之日,涖卜來歲之～。(0770 上)

【芟夷】芟除雜草。賈公彥《疏》:"芟夷爲刈殺之義也。"《周禮·地官·稻人》:凡稼澤,夏以水殄草而～之。(0746 下)

苦 ㊀ kǔ ❶苦味。爲五味之一。古人認爲夏天調和飲食,應多一些苦味,以養氣。《食醫》賈公彥《疏》:"南方火味苦,屬夏,夏時調和食,苦亦多於餘味一分,故云夏多苦。"《內則》鄭玄《注》:"多其時味以養氣也。"《周禮·天官·食醫》:凡和,春多酸,夏多～,秋多辛,冬多鹹,調以滑甘。(0667 上)《禮記·內則》:凡和,春多酸,夏多～,秋多辛,冬多鹹,調以滑甘。(1464 上) ❷苦菜。味苦,可食。鄭玄《注》:"苦,苦荼也。"《儀禮·士虞禮》:鉶芼用～,若薇,有滑。(1171 上)《禮記·內則》:濡豚,包～,實蓼。(1464 上)

【苦菜】野菜名。又名荼、苦苣、苦蕒。春夏之間開花,莖中空,嫩莖、葉可作蔬食。《禮記·月令》:螻蟈鳴,蚯蚓出,王瓜生,～秀。(1365 上)

【苦養氣】以苦味之藥養氣。古人認爲,苦爲火味,火出入無形,似人之氣,故以苦養之。爲古代醫術之總結。鄭玄《注》:"苦,火味,火出入無形,似氣。"賈公彥《疏》:"火乃人所覩見,似若有形,欖之不得,亦是無形,故云似氣,故以苦養之也。"孫詒讓《正義》:"《白虎通義‧五行篇》云:'火味所以苦何?南方主長養,苦者所以長養也,猶五味須苦可以養也。'"《周禮‧天官‧瘍醫》:凡藥,以酸養骨,以辛養筋,以鹹養脉,以~,以甘養肉,以滑養竅。(0668 中)

㊀ gǔ 見下。

【苦₂功】指粗疏之麻功。鄭玄《注》引鄭司農云:"苦功,謂麻功布紵。"賈公彥《疏》:"苦功,謂麻功,謂麤纑之功。"孫詒讓《正義》:"先鄭以麻功纑於絲功,故謂之苦功,對典絲絲功爲良功。"《周禮‧天官‧典枲》:及獻功,受~,以其賈楬而藏之,以待時頒。(0691 上)

【苦₂鹽】粗鹽,大顆粒鹽。賈公彥《疏》:"苦當爲盬,盬謂出於鹽池,今之顆鹽是也。"《周禮‧天官‧鹽人》:祭祀,共其~、散鹽。(0675 中)

苛 kē 用同"疴"。疥病。鄭玄《注》:"苛,疥也。"《禮記‧內則》:下氣怡聲,問衣燠寒,疾痛~癢,而敬抑搔之。(1461 下)

【苛政猛於虎】繁苛的政令和賦稅比老虎還要兇殘。今作成語。《禮記‧檀弓下》:夫子曰:"小子識之,~也。"(1313 中)

若 ruò 見下。

【若屬】龜右甲斜長而甲裙邊爲黑者。爲六龜之一。鄭玄《注》:"色,謂天龜玄,地龜黃,東龜青,西龜白,南龜赤,北龜黑。龜俯者靈,仰者繹,前弇果,後弇獵,左倪靁,右倪若,是其體也。東龜南龜長前後,在陽,象經也。西龜北龜長左右,在陰,象緯也。天龜俯,地龜仰,東龜前,南龜卻,西龜左,北龜右,各從其耦也。"《周禮‧春官‧龜人》:天龜曰靈屬,地龜曰繹屬,東龜曰果屬,西龜曰靁屬,南龜曰獵屬,北龜曰~,各以其方之色與其體辨之。(0804 下)

茇 bá 見下。

【茇舍】茇除草莽,於野地宿息。爲軍旅野宿之法。鄭玄《注》:"茇舍,草止之也。軍有草止之法。"《周禮‧夏官‧大司馬》:中夏,教~,如振旅之陳。(0836 下)

苹 píng 見下。

【苹車】兵車名。有屛蔽的戰車。四週蒙以堅甲,以禦矢石。苹,用同"屛"。鄭玄《注》:"苹猶屛也。所用對敵自隱蔽之車也。"孫詒讓《正義》:"此車蓋以韋革周帀四面爲屛蔽,故對敵時可蔽隱以避矢石也。"《周禮‧春官‧車僕》:掌戎車之萃,廣車之萃,闕車之萃,~之萃,輕車之萃。(0825 下)

苫 shān 草墊。居喪時寢卧之。《既夕禮》鄭玄《注》:"苫,編藁。"賈公彥《疏》:"孝子寢卧之時,寢於苫,以塊枕頭。必寢苫者,哀親之在草;枕塊者,哀親之在土。"《檀弓上》陸德明《釋文》:"苫,……草也。"《儀禮‧既夕禮》:居倚廬,寢~枕塊,不說絰帶。(1161 下)《禮記‧檀弓上》:寢~,枕干,不仕,弗與共天下也。(1284 下)

苴 jū ❶草墊。用以陳放祭品或食物。《士虞禮》鄭玄《注》:"苴,所以藉祭也。"《曲禮上》孔穎達《疏》:

"苴者,亦以草藉器而貯物也。"《儀禮·士虞禮》:取黍、稷,祭于～,三。(1168中)《禮記·曲禮上》:凡以弓、劍、苞、～、簞、笥問人者,操以受命,如使之容。(1244下)❷指苴麻經。詳見"苴經"。《禮記·間傳》:斬衰何以服～?(1660中)❸結籽的大麻。苴麻之色黎黑,有大憂者面色深黑,似苴麻之色,故稱惡貌。鄭玄《注》:"有大憂者面必深黑。"孔穎達《疏》:"苴是黎黑色,故爲惡貌也。"《禮記·間傳》:～,惡貌也,所以首其内而見諸外也。(1660中)

【苴杖】孝子居父喪時所用的喪杖。以竹製成,色黑黯。亦爲丠竹杖。《喪服小記》孔穎達《疏》:"苴者,黯也。夫至痛内結,必形色外章,心如斬斫,故貌必蒼苴,所以衰裳絰杖俱備苴色也。"《儀禮·喪服》:～,竹也。(1097中)《禮記·喪服小記》:～,竹也。削杖,桐也。(1494下)《禮記·問喪》:故爲父～,～,竹也。(1657上)

【苴衰】用苴麻之布製成的喪服。爲喪服中最重的一種。孔穎達《疏》:"言苴麻之衰雖破不補。"《禮記·喪服四制》:喪不過三年,～不補,墳墓不培。(1695上)

【苴經】苴麻經。裹頭爲首經,繫腰爲腰經。苴麻粗惡,斬衰服用之。鄭玄《注》:"麻在首、在腰皆曰經。經之言實也,明孝子有忠實之心,故爲制此服焉。首經象緇布冠之缺項,要經象大帶。"《儀禮·

喪服》:斬衰裳、～、杖、絞帶、冠繩纓、菅屨者。(1096下)

苗

miáo 見下。

【苗田】夏時行獵演兵。鄭玄《注》:"夏田爲苗。擇取不孕任者,若治苗去不秀實者。"《周禮·夏官·大司馬》:遂以～,如蒐之灋。(0837上)

英

yīng 見下。

【英蕩】刻有文書的竹箭。作爲符節的輔助證件。孫詒讓《正義》:"丁晏云:'……《續漢·百官志》劉注引干注云:"英,刻書也。蕩,竹箭。刻而書其所使之事,以助三節之信。則漢之竹使符者,亦取則於故事也。"'惠士奇云:'干說是。英蕩者,傳也。凡達節皆有傳,傳所以輔節,節以金,傳以竹。康成謂傳若漢之移過所文書。'詒讓案:……英蕩似與傳相近。若如子春說爲函器,函節相將,非所以言輔。干義長於杜。"一說,爲函器。鄭玄《注》引杜子春云:"蕩當爲帑,謂以函器盛此節。或曰:'英蕩,畫函。'"《周禮·地官·掌節》:凡邦國之使節,山國用虎節,土國用人節,澤國用龍節,皆金也,以～輔之。(0739下)

苽

gū 用同"菰"。植物名,即今茭白。生池沼中,其所結之實即彫胡、菰米,爲六穀之一。古人認爲膳食調配,苽宜與魚相配。《内則》鄭玄《注》:"苽,彫胡也。"陸德明《釋文》:"苽音孤,字又作菰。"《周禮·天官·食醫》:凡會膳食之宜,牛宜稌,羊宜黍,豕宜稷,犬宜粱,鴈宜麥,魚宜～。(0667上)《禮記·内則》:食:蝸醢而

～食、雉羹。(1464 上)

苟 gǒu 見下。

【苟笑】隨便譏笑人。爲禮所禁止的行爲。因此行會反招毀辱。鄭玄《注》："人之性,不欲見毀訾,不欲見笑,樂然後笑。"孔穎達《疏》："不樂而笑爲苟笑。彼雖有是非,而己苟譏毀訾笑之,皆非彼所欲,必反見毀辱,故孝子不爲也。"《禮記·曲禮上》:不登高,不臨深,不苟訾,不～。(1234 上)

【苟敬】小敬。爲主國之君對非正賓的接待禮儀。不可全敬,又不可不敬。鄭玄《注》："言苟敬者,賓實主國所宜敬也。"王引之《經義述聞·卷十》:"敖繼公《集說》曰:'苟,誠也,實也。賓於是時雖不爲正賓,而實爲主君之所敬,故以賓爲苟敬也。'……既不可專事恭敬,又不可全不敬,故謂之苟敬也。……苟敬者,主人所以小敬也。是苟敬有崇恩殺敬之義,命爲苟敬者,所以別於正賓之全主敬也。"《儀禮·燕禮》:賓爲～,席于阼階之西,北面。(1024 中)

【苟訾】隨便詆毀人。爲禮所禁止的行爲。因此行會反招毀辱。鄭玄《注》："人之性,不欲見毀訾。"孔穎達《疏》："相毀曰訾。……彼雖有是非,而己苟譏毀訾笑之,皆非彼所欲,必反見毀辱,故孝子不爲也。"《禮記·曲禮上》:不登高,不臨深,不～,不苟笑。(1234 上)

茆 mǎo 菜名。亦名鳧葵。生於水中,嫩葉及柄,莖可食。鄭玄《注》:"茆,鳧葵也。"《周禮·天官·

醢人》:朝事之豆,其實韭菹、醓醢,昌本、麋臡,菁菹、鹿臡,～菹、麇臡。(0674 下)

【茆菹】以鳧葵腌製的菜。食禮中所薦豆實之一。《周禮·天官·醢人》:朝事之豆,其實韭菹、醓醢,昌本、麋臡,菁菹、鹿臡,～、麇臡。(0674 下)

苑 yuàn 畜養禽獸的園林。依法不得在山上建苑囿。鄭玄《注》:"爲其就禽獸、魚鱉自然之居而害之。鄭司農云:'不得擅爲苑囿於山也。'"《周禮·秋官·雍氏》:禁山之爲～、澤之沈者。(0885 中)

苞 bāo 用同"包"。葦包。以截成三尺長的蘆葦編成,葬禮遣奠時用以包裹猪、羊之肉。鄭玄《注》:"所以裹奠羊豕之肉。"《儀禮·既夕禮》"葦苞"胡培翬《正義》:"此

苞

用葦爲苞,取其已秀而堅成也。葦最長,截取三尺爲一編,便於苞牲。《儀禮·既夕禮》:～二。筲三:黍、稷、麥。(1149 中)

【苞苴】用葦或茅編織的包裹魚肉的草包。鄭玄《注》:"苞苴,謂編束萑葦,以裹魚肉也。"《禮記·少儀》:笏,書,脩,～,弓,茵,席,枕,几,潁,杖,琴,瑟,戈有刃者櫝,筴,籥,其執之,皆尚左手。(1514 中)

【苞筲】苞和筲。苞以蘆葦編成,用來包裹羊豕之肉;筲以菅草編成,用來盛黍、稷和麥。葬時,苞筲置於棺之

一旁。《儀禮·既夕禮》:藏器於旁,加見;藏~於旁。(1157 上)

【苞履】以蘆蒯之草編的草鞋。居喪時所穿。鄭玄《注》:"此皆凶服也。苞,蘆也,齊衰蘆蒯之菲也。"《禮記·曲禮下》:~、扱衽、厭冠,不入公門。(1258 上)

范 fàn ❶昆蟲名。蜂。鄭玄《注》:"范,蜂也。"《禮記·檀弓下》:蠶則績而蟹有匡,~則冠而蟬有緌。(1316 下)❷車軾前的掩板。孔穎達《疏》:"軌謂轂末,范謂式前。"《禮記·少儀》:其在車,則左執轡,右受爵,祭左右軌、~,乃飲。(1515 中)

【范金】用模具鑄造金屬器物。鄭玄《注》:"鑄作器用。"孔穎達《疏》:"范金者,謂爲形范以鑄金器。"《禮記·禮運》:後聖有作,然後脩火之利,~,合土,以爲臺榭、宮室、牖户。(1416 上)

茀 fú 見下。

【茀矢】尾繫絲繩的箭。爲八矢之一。用於弩,以射飛鳥。鄭玄《注》:"茀矢……弩所用也。……結繳於矢,謂之矰,矰,高也。茀矢象焉。"《周禮·夏官·司弓矢》:矰矢、~用諸弋射,恒矢、痺矢用諸散射。(0856 上)

茅 máo 茅草。多年生草本植物。可編束盛祭品之承藉;祭祀時用以濾去酒滓;以之招四方望祭者;大夫之喪用以指麾柩車前進;行朝禮時用以束箭;等等。《男巫》鄭玄《注》引杜子春云:"旁招以茅,招四方之所望祭者。"《士虞禮》賈公彦《疏》:"《易》云:'藉用白茅,無咎。'"《周禮·春

官·男巫》:掌望祀、望衍、授號,旁招以~。(0816 下)《儀禮·士虞禮》:苴刌~,長五寸,束之。(1167 中)《禮記·郊特牲》:縮酌用~,明酌也。(1457 下)

【茅苴】以五寸斷茅編束的承藉。祭祀時用以襯墊黍稷等祭品。鄭玄《注》:"苴,《士虞禮》所謂'苴刌茅,長五寸,束之'者是也。"《周禮·地官·鄉師》:大祭祀,羞牛牲,共~。(0713 下)

萱 huán 菜名。堇菜之類。用以調和飲食。《士虞禮》鄭玄《注》:"萱,堇類也,乾則滑。夏秋用生葵,冬春用乾萱。"《內則》鄭玄《注》:"謂用調和飲食也。萱,堇類也。冬用堇,夏用萱。"《儀禮·士虞禮》:夏用葵,冬用~。(1171 上)《禮記·內則》:棗、栗、飴、蜜以甘之,堇、~、枌、榆、免、薨、瀡瀹以滑之,脂、膏以膏之。(1461 下)

茢 liè 苕帚。用以掃除不祥。《戎右》鄭玄《注》:"桃,鬼所畏也。茢,苕帚,所以掃不祥。"《檀弓下》鄭玄《注》:"桃,鬼所惡。茢,萑苕,可掃不祥。"《周禮·夏官·戎右》:贊牛耳桃~。(0857 中)《禮記·檀弓下》:君臨臣喪,以巫、祝桃、~,執戈,惡之也。(1302 下)

草 cǎo 見下。

【草人】職官名。掌管改良土壤,分辨土質,確定種植之種與耕作之法。爵下士。《周禮·地官·草人》:~,掌土化之法以物地,相其宜而爲之種。(0746 中)

【草工】製作草器的工匠。爲天子六

工之一。鄭玄《注》:"此亦殷時制也,周則皆屬司空。……唯草工職亡,蓋謂作萑葦之器。"孔穎達《疏》:"《考工》無,蓋謂作萑葦之器、盛食之器及葦席之屬也。"一說,草讀爲皁,草工爲染色之工。《禮記·曲禮下》:天子之六工,曰土工、金工、石工、木工、獸工、〜,典制六材。(1261中)

【草木】指蔬菜瓜果。爲九職之一園圃之職事。賈公彥《疏》:"謂在田畔樹菜蔬果蓏者,故云毓草木也。"《周禮·天官·大宰》:以九職任萬民:一曰三農,生九穀;二曰園圃,毓〜。(0647上)

【草服】草黃色的冠服。爲蜡祭田夫所穿之服。鄭玄《注》:"言祭以息民,服象其時物之色,季秋而草木黃落。"孔穎達《疏》:"此解上息田夫用黃衣、黃冠之意。……黃冠是季秋之後草色之服。"《禮記·郊特牲》:野夫黃冠。黃冠,〜也。(1454中)

【草貢】指苧蔴之類的紡織原料。鄭玄《注》:"草貢出澤,蕡絟之屬,可緝續者。"《周禮·地官·掌葛》:徵〜之材于澤農,以當邦賦之政令。(0748中)

【草笠】草編的斗笠。此處爲頭戴草笠。孔穎達《疏》:"草笠,以草爲笠也。"《禮記·郊特牲》:〜而至,尊野服也。(1454中)

【草木之滋】指用作調味的生薑、桂皮。鄭玄《注》:"增以香味,爲其疾不嗜食。"《禮記·檀弓上》:曾子曰:"喪有疾,食肉、飲酒,必有〜焉。"以爲薑桂之謂也。(1282下)

【草茅之臣】去官而閒居於民間的士大夫謁見本國國君時的自稱。鄭玄《注》:"致仕者去官而居宅,或在國中,或在野。"《儀禮·士相見禮》:凡自稱於君,士大夫則曰下臣。宅者在邦,則曰市井之臣;在野,則曰〜。(0978中)

【草木零落,然後入山林】草和樹葉零落時,然後可以進山林砍伐木材。表現出了古人的生存智慧。鄭玄《注》:"取物必順時候也。"孫希旦《集解》:"《月令》季秋:'草木黃落。'其零落芟折則在十月,此時官民總取材木。"《禮記·王制》:〜。昆蟲未蟄,不以火田。(1333中)

茵 yīn ❶襯棺材的墊褥。用淺黑色的粗布縫製,四週有鑲邊,內裝茶(白茅草的花穗)、綬(廉薑)、澤(澤蘭)等,取其香氣。下葬時,墊在墓穴地面,橫放三層,縱放兩層,用以御濕。賈公彥《疏》:"茵內非直用茅秀,兼實綬、澤,取其香。知且御濕者,以其在棺下須御濕之物,故與荼皆所以御濕。"《儀禮·既夕禮》:〜,著用荼,實綬、澤焉。(1163下) ❷褥子。鄭玄《注》:"茵,著蓐也。"孔穎達《疏》:"謂茵是以物所著之蓐。"《禮記·少儀》:笏、書、脩、苞苴、弓、〜、席、枕、几、潁、杖、琴、瑟、戈有刃者櫝、筴、籥,其執之,皆尚左手。(1514中)

茵

荅 dá 見下。

【荅拜】回拜。相見之禮,貴在禮尚往來。拜而不答者,蓋有以下幾種情況:弔喪之賓不答主人之拜;君見己臣不答拜;婚禮爲人使者不答拜;擯者拜送賓,賓不答拜。(《儀禮·聘禮》"賓出,公再拜送,賓不顧"鄭玄《注》:"公既拜,客趨辟。君命上擯送賓出,反告賓不顧,於此君可以反路寢矣。")《司儀》賈公彦《疏》:"賓亦下車答主君拜也。"《曲禮下》鄭玄《注》:"禮尚往來,喪賓不答拜,不自賓客也。國君見士不答其拜,士賤。"孔穎達《疏》:"己雖賢德,而必皆相答拜也。凡拜而不答拜者,唯有弔喪與士見己君此二條耳。弔所以賓不答拜者,己本來爲助執於喪事,非行賓主之禮,故主人雖拜己,己不答也。故《士喪禮》有'賓則拜之,賓不答拜'是也。君不答士者,謂士見己君,君尊不答也。"《士昏禮》鄭玄《注》:"不答拜者,奉使不敢當其盛禮。"《周禮·秋官·司儀》:及將幣,交擯,三辭,車逆,拜辱,賓車進,~。(0897下)《儀禮·士昏禮》:主人如賓服,迎于門外,再拜,賓不~。(0961下)《禮記·曲禮下》:凡非弔喪,非見國君,無不~者。(1259上)

茭

jī 見下。

【茭解】弓隈(弓把兩端的彎曲處)與弓簫(弓的末端)相接之處。鄭玄《注》:"茭解,謂接中也。"賈公彦《疏》:"謂弓隈與弓簫角接之處。"孫詒讓《正義》:"謂簫與隈相接之縫際。"一說,茭爲弓檠,正弓之器。鄭玄《注》引鄭司農云:"茭讀爲'激發'之激。茭,謂弓檠也。"《周禮·冬官·考工記·弓人》:今夫~中有變焉,故挍。(0936上)

荒

huāng 遮蔽棺柩的帷蓋上部稱荒。其上畫有黼、黻、火等紋。帷蓋下部稱帷;荒帷之内的木框稱柳。鄭玄《注》:"荒,蒙也。在旁曰帷,在上曰荒,皆所以衣柳也。"《禮記·喪大記》:君龍帷,三池,振容,黼~,火三列,黼三列,素錦褚,加偽~。(1583下)

【荒政】救濟凶荒之年的政令措施。共十二項:散利、薄征、緩刑、弛力、舍禁、去幾、眚禮、殺哀、蕃樂、多婚、索鬼神、除盜賊。鄭玄《注》:"荒,凶年也。鄭司農云:'救飢之政十有二品。'"賈公彦《疏》:"有年穀不熟之時,恐民離散,故以救荒之政十有二條以聚萬民,使不離散。"《周禮·地官·大司徒》:以~十有二聚萬民:一曰散利,二曰薄征,三曰緩刑,四曰弛力,五曰舍禁,六曰去幾,七曰眚禮,八曰殺哀,九曰蕃樂,十曰多昏,十有一曰索鬼神,十有二曰除盜賊。(0706上)

【荒禮】凶荒之年所行之禮。如君食不祭肺,祭事不縣,大夫不食粱,士飲酒不樂等。爲凶禮之一。鄭玄《注》:"荒,人物有害也。《曲禮》曰:'歲凶,年穀不登,君膳不祭肺,馬不食穀,馳道不除,祭事不縣,大夫不食粱。士飲酒不樂。'"《周禮·春官·大宗伯》:以凶禮哀邦國之憂:以喪禮哀死亡,以~哀凶札,以弔禮哀禍烖,以襘禮哀圍敗,以恤禮哀寇亂。(0759中)

【荒辯之法】凶荒之年緩刑及減損國用之法。辯,用同"貶"。鄭玄《注》:"'辯'當爲'貶',聲之誤也。遭飢荒不明判,國事有所貶損,作權時法也。

《朝士》職云：'若邦凶荒、札喪、寇戎之故，則令邦國、都家、縣鄙慮刑貶。'《周禮·秋官·士師》：若邦凶荒，則以～治之，令移民通財，糾守緩刑。(0875 中)

荔

lì 見下。

【荔挺】草名。又名馬薤。似蒲草而小，根可做刷。鄭玄《注》："荔挺，馬薤也。"《禮記·月令》：芸始生，～出，蚯蚓結，麋角解，水泉動。(1383 中)

華

(华) ㈠ huá ❶果蓏。鄭玄《注》："華，果蓏也。"《禮記·郊特牲》：天子樹瓜～，不斂藏之種也。(1454 中) ❷赤色。俞樾《羣經評議·禮記三》："華之訓黃，未詳其義。晉羊舌赤字伯華，孔子弟子公西赤字子華。古人名字相配，然則華非黃色，乃赤色也。郭璞注《穆天子傳》曰：'華騮色如華而赤，今名馬標赤者為棗騮。'此古人謂赤為華之證。"一說，為黃色。鄭玄《注》："華，黃色也。"《禮記·玉藻》：雜帶，君朱綠，大夫玄～，士緇辟。(1481 上)

【華黍】《詩經·小雅》篇名。笙詩，僅存其目而無文。鄭玄《注》："《南陔》《白華》《華黍》，《小雅》篇也，今亡，其義未聞。"《儀禮·鄉飲酒禮》：笙入堂下，磬南北面立，樂《南陔》《白華》《～》。(0986 上)

㈡ huā 從中間切開而不斷。為國君切瓜之法。鄭玄《注》："中裂之不四析也。"《禮記·曲禮上》：為天子削瓜者副之，巾以絺。為國君者～之，巾以綌。(1243 下)

㈢ huà 見下。

【華₃山】山名。五嶽中之西嶽。在今陝西華陰縣境內。有蓮花(西峰)、落雁(南峰)、朝陽(東峰)、玉女(中峰)、五雲(北峰)五峰。其山高千仞，以奇、險、峻而著名。《周禮·夏官·職方氏》：河南曰豫州，其山鎮曰～。(0862 中)《禮記·樂記》：馬散之～之陽而弗復乘，牛散之桃林之野而弗復服。(1542 下)

茝

zhǐ 見下。

【茝蘭】白芷與蘭草。均為香草。可入藥。陸德明《釋文》："韋昭注《漢書》云：'香草也。'"《禮記·內則》：婦或賜之飲食、衣服、布帛、佩帨、～，則受而獻諸舅姑。(1463 中)

莽

mǎng 見下。

【莽草】植物名。亦名芒草。氣香性毒。鄭玄《注》："莽草，藥物殺蟲者，以薰之則死。"《周禮·秋官·翦氏》：掌除蠹物，以攻禜攻之，以～熏之。(0889 上)

莢

(荚) jiá 見下。

【莢物】有芒刺的草木。孫詒讓《正義》："竊疑經注筴字並當為莢。《說文·艸部》云：'莢，莿也。'……《方言》云：'凡草木刺人，北燕、朝鮮之間謂之莢，自關而西謂之刺，江、湘之間謂之棘。'莢物謂草木之有芒刺者也。"一說，為結莢的草木。見賈公彥《疏》。《周禮·地官·大司徒》：四曰墳衍，其動物宜介物，其植物宜～。(0702 下)

莖

(茎) jīng 劍柄。鄭玄《注》："莖在夾中者，莖長五寸。"孫詒讓《正義》："程瑤田云：'莖者，人所握者也.'……戴震云:'刃後之鋌曰莖,以木傅莖外便持握者曰夾.'"《周禮·冬官考工記·桃氏》:以其臘廣爲之～圍,長倍之。(0915下)

莠
yǒu 草名。似禾非禾,秀而不實。俗名狗尾草。《禮記·月令》:行秋令,則其民大疫,飆風暴雨總至,藜～蓬蒿並興。(1357下)

荼
㊀ tú 菅茅之花。色白,可用來充塞衣服或茵席,以供喪事。《既夕禮》鄭玄《注》:"荼,茅秀也。"《掌荼》鄭玄《注》:"共喪事者,以著物也。《既夕禮》曰:'茵著用荼。'"孫詒讓《正義》:"依《大戴禮記·夏小正》説,取茅荼以四月。……凡衣服茵席之複者,中空而以物充之,並謂之著。"《周禮·地官·掌荼》:掌以時聚～,以共喪事。(0748下)《儀禮·既夕禮》:茵,著用～,實綏、澤焉。(1163下)

【荼白】如荼之白色。鄭玄《注》:"草草遠視之當如茅莠之色。"《周禮·冬官考工記·鮑人》:望而眠之,欲其～也。(0917下)

㊁ shū 諸侯所用之笏。以象牙爲之,上端呈圓形,下端爲方形。鄭玄《注》:"荼讀爲舒遲之舒。"《禮記·玉藻》:諸侯～,前詘後直,讓於天子也。(1475下)

莞
guān ❶指用莞草編織的席。《禮器》孔穎達《疏》:"莞簟,今之席也。《詩》云:'下莞上簟,乃安斯寢。'"《儀禮·士喪禮》:布席于户内,下～上簟。(1136中)《禮記·禮器》:～簟之安,而稾鞂之設。(1439下)❷莞草。可以織席。孫詒讓《正義》:"《釋文》云:'莞草叢生水中,莖圓,江南以爲席,形似小蒲而實非也。'"《周禮·春官·司几筵》:王位設黼依,依前南鄉,設～筵紛純,加繅席畫純,加次席黼純。(0774下)

【莞席】用莞草編織的席子。詳見"莞筵"。《周禮·春官·司几筵》:諸侯祭祀席,蒲筵繢純,加～紛純,右彫几。(0775中)

【莞筵】用莞草編織的席子。孫詒讓《正義》:"《釋文》云:'莞草叢生水中,莖圓,江南以爲席,形似小蒲而實非也。'……而《司几筵》有莞筵蒲筵,則有大小爲席精麤,故得爲兩種席也。知莞用小蒲者,以《司几筵》設席,皆麤者在下,善者在上。其職云:'諸侯祭祀之席,蒲筵繢純,加莞席紛純。'以莞加蒲,明莞細而用小蒲,故知莞小蒲之席也。"《周禮·春官·司几筵》:王位設黼依,依前南鄉,設～紛純,加繅席畫純,加次席黼純。(0774下)

【莞簟】蒲席與竹席。孔穎達《疏》:"莞簟,今之席也。《詩》云:'下莞上簟,乃安斯寢。'言其精細可安人也。"《禮記·禮器》:～之安,而稾鞂之設。(1439下)

菁
jīng 菜名。蔓菁,亦稱蕪菁、蔓菁。《醢人》鄭玄《注》:"菁,蔓菁也。"《公食大夫禮》鄭玄《注》:"菁,蔓菁菹也。"《周禮·天官·醢人》:朝事之豆,其實韭菹、醓醢、昌本、麋臡、菁菹、鹿臡、茆菹、麇臡。(0674下)《儀禮·公食大夫禮》:韭菹,以東醓醢、昌本,昌本南麋臡,以西～菹、鹿臡。(1081中)

【菁菹】以蔓菁醃製的菜。食禮中所薦豆實之一。《公食大夫禮》鄭玄

《注》:"菁,蒪菁菹也。"《周禮·天官·醢人》:朝事之豆,其實韭菹、醓醢、昌本、麋臡、〜、鹿臡、茆菹、麋臡。(0674 下)《儀禮·公食大夫禮》:韭菹,以東醓醢、昌本,昌本南麋臡,以西〜、鹿臡。(1081 中)

著 ㊀ zhuó ❶ 兩皮相接之處。孫詒讓《正義》:"江永云:'言縫合兩皮相著之處,欲淺狹。'"《周禮·冬官考工記·鮑人》:眡其〜,欲其淺也;察其線,欲其藏也。(0917 下) ❷ 酒器名。無足而底著地之尊。相傳為殷時酒尊。鄭玄《注》:"著,著地無足。"孔穎達《疏》:"無足而底著地,故謂為著也。"《禮記·明堂位》:〜,殷尊也。(1490 下)

【著尊】酒器名。無足而底著地之尊。為六尊之一。鄭玄《注》引鄭司農云:"著尊者,著略尊也,或曰著尊,著地無足。《明堂位》曰:'著,殷尊也。'"《周禮·春官·司尊彝》:其朝獻用兩〜,其饋獻用兩壺尊,皆有罍,諸臣之所昨也。(0773 中)

著尊

㊁ zhù 於表裏之間填充絮物。鄭玄《注》:"著,充之以絮也。"胡培翬《正義》:"謂以絮充入緇表經裏之中。"王引之《經義述聞·卷十》:"著,讀為褚,如言茅秀實茵中也。"《儀禮·士喪禮》:幎目,用緇,方尺二寸,經裏,〜,組繫。(1131 上)

【著₂代】表明將繼承主人或主婦之事。阼階為主人之階,冠於此,降於此,表明將代父或舅姑之事。《昏義》孔穎達《疏》:"婦降自阼階,是舅姑所升之處,今婦由阼階而降,是著明代舅姑之事也。"《儀禮·士冠禮》:適子冠於阼,以〜也。(0958 中)《禮記·昏義》:婦降自阼階,以〜也。(1681 上)

菆 ㊀ zōu 麻稭。亦泛稱植物的莖稈。鄭玄《注》:"蒲菆,牡蒲莖。"《儀禮·既夕禮》:主人乘惡車,白狗幦,蒲蔽,御以蒲〜,犬服,木錧,約綏、約轡,木鑣;馬不齊髦。(1162 上)

㊁ cuán 見下。

【菆₂塗】叢集木材於柩車週圍,四面用泥塗封,以像椁之形狀。為天子殯禮的一部分。孔穎達《疏》:"菆,叢也,謂用木菆棺而四面塗之。"《禮記·檀弓上》:天子之殯也,〜龍輴以椁,加斧于椁上,畢塗屋,天子之禮也。(1294 上)

萊 (萊) lái ❶ 郊外休耕之田。或休一歲,或休二歲。田為歲耕者。鄭玄《注》:"萊,休不耕者,郊內謂之易,郊外謂之萊。"《周禮·地官·縣師》:掌邦國、都鄙、稍甸、郊里之地域,而辨其夫家、人民、田〜之數,及其六畜、車輦之稽。(0727 下) ❷ 清除野草。鄭玄《注》:"萊,除其草萊也。"《周禮·地官·山虞》:若大田獵,則〜山田之野。(0747 中) ❸ 野草。賈公彥《疏》:"除陳生新之時。"《周禮·夏官·牧師》:凡田事,贊焚〜。(0861 中)

菽 shū 豆類的總稱。陸德明《釋文》:"菽……大豆也。"《禮記·檀弓下》:啜〜飲水盡其歡,斯之謂孝。(1310 上)

菲 ㊀ fèi 用同"扉"。服喪時穿的草鞋。即菲屨、繩菲,又稱不借。

亦爲穿草鞋。《曾子問》陸德明《釋文》：“菲，一本作扉，……草履。”《喪服》鄭玄《注》：“繩菲，今時不借也。”賈公彥《疏》：“周時人謂之屨，子夏人謂之菲，漢時謂之不借者，此凶荼屨，不得從人借，亦不得借人，皆是異時而別名也。”《儀禮·喪服》：繩屨者，繩～也。(1102 中)《禮記·曾子問》：堲不杖，不～，不次。(1392 下)

㈡fěi 蘿蔔一類的菜。鄭玄《注》：“菲，蔔類也。”《禮記·坊記》：《詩》云：“采封采～，無以下體。”(1622 上)

萌 méng 新生之菜。用以祭祀四方，欲以新善去故惡。鄭玄《注》：“舍讀爲釋。舍萌，猶釋采(菜)也。……萌，菜始生也。”《周禮·春官·占夢》：乃舍～于四方，以贈惡夢，遂令始難歐疫。(0808 上)

苹 chuí 見下。

【苹氏】職官名。掌管灼龜之木。爵下士。《周禮·春官·苹氏》：～，掌共燋契，以待卜事。(0805 上)

萑 huán 細蘆葦。亦名萑葦、蒹葭。《司几筵》鄭玄《注》：“萑，如葦而細者。”《特牲饋食禮》鄭玄《注》：“萑，細葦。”《內則》陸德明《釋文》：“萑，……蘆也。”《周禮·春官·司几筵》：其柏席用～黼純，諸侯則紛純，每敦一几。(0775 下)《儀禮·特牲饋食禮》：盛兩敦，陳于西堂，藉用～。(1181 上)《禮記·內則》：取豚若將，刲之刳之，實棗於其腹中，編～以苴之，塗之以謹塗，炮之。(1468 上)

【萑席】細蘆葦編織的席。鄭玄《注》：“萑，細葦也。”《儀禮·公食大夫禮》：

司宫具几與蒲筵常，緇布純，加～尋、玄帛純，皆卷自末。(1086 中)

菜 cài 指堇菜。亦稱旱芹。新婦祭奠已去世的舅姑所用。鄭玄《注》：“奠菜者，以筐祭菜也。蓋用堇。”《儀禮·士昏禮》：若舅姑既沒，則婦入三月，乃奠～。(0970 中)

【菜果】蔬菜瓜果。喪禮，孝子爲父母服斬衰，不食菜果。練祭之後，始可以吃菜果。《儀禮·喪服》：既練，舍外寢，始食～，飯素食。(1097 中)《禮記·間傳》：父母之喪，既虞，卒哭，疏食，水飲，不食～。(1660 下)

【菜羹】用蔬菜做的羹。孔穎達《疏》：“以稷穀爲飯，以菜爲羹。”《禮記·玉藻》：子卯，稷食，～。(1474 中)

萃 cuì 用同“倅”。隊，部隊(從王安石說)。孫詒讓《正義》：“鄭訓亦究未塙，王安石、王昭禹並釋萃爲隊，義似較長。蓋此掌五戎之萃，當與諸子掌國子之倅義同，萃即謂諸戎車之部隊，亦即《縣師》《司右》所謂車之卒伍也。”一說，萃爲“副”，副職。鄭玄《注》：“萃，猶副也。”《周禮·春官·車僕》：掌戎路之～，廣車之～，闕車之～，苹車之～，輕車之～。(0825 下)

萍 píng 水草名。即浮萍、水萍。全草入藥。亦可作飼料、綠肥。鄭玄《注》：“其大者曰蘋。”《禮記·月令》：桐始華，田鼠化爲鴽，虹始見，～始生。(1363 上)

【萍氏】職官名。掌管水禁。爵下士。鄭玄《注》：“水禁，謂水中害人之處及入水捕魚鼇不時。”《周禮·秋官·萍氏》：～，掌國之水禁。(0885 中)

【菹】zū ❶腌菜。將菜切成四寸長晾乾,和以粱麴及鹽,漬以美酒,盛入小口罌中,密封百日乃成。切之四寸曰菹,細切者為齊(韲)。統言之,則菹、齊不别。七菹指韭、菁、茆、葵、芹、箈、筍七種腌菜。《醢人》鄭玄《注》:"七菹:韭、菁、茆、葵、芹、箈、筍。……凡醯醬所和,細切為韲,全物若牒為菹。"《祭統》鄭玄《注》:"水草之菹,芹茆之屬。"《士冠禮》賈公彥《疏》:"先膊乾其肉,乃後莝之,雜以粱麴及鹽,漬以美酒,塗置甀中,百日則成矣。是作醢及菹之法也。"《周禮·天官·醢人》:王舉,則共醢六十甕,以五齊、七醢、七~、三臡實之。(0675 上)《儀禮·士冠禮》:再醮,兩豆:葵~、蠃醢。(0956 下)《禮記·祭統》:水草之~,陸產之醢,小物備矣。(1603 上)❷大塊肉,大片肉。孔穎達《疏》:"凡大切,若全物為菹,細切者為韲。其牲體大者菹之,其牲體小者韲之。"孫希旦《集解》:"然韲、菹之名,菜肉通,故此言菹與軒,皆菹也;辟雞、宛脾,皆韲也。"《禮記·内則》:或曰麋、鹿、魚為~,麕為辟雞,野豕為軒,兔為宛脾。(1467 上)

【菹豆】盛菹之豆。《儀禮·特牲饋食禮》:佐食搏黍,授祝,祝授尸,尸受以~。(1185 上)

【菹醢】菹和醢,即腌菜和肉醬。均為祭祀、燕飲中陳設的食品。《儀禮·士昏禮》:贊者設醬于席前,~在其北。(0966 下)《禮記·内則》:觀於祭祀,納酒、漿、籩、豆、~,禮相助奠。(1471 中)

【菅】jiān 茅草的一種,也稱菅茅。多年生草本植物,莖長數尺,柔韌,可製繩、織屨。所織之屨為喪服所用。《喪服》賈公彥《疏》:"菅屨者,謂以菅草為屨。"《儀禮·喪服》:斬衰裳,苴絰、杖,絞帶,冠繩纓,~屨者。(1096 下)《禮記·喪服四制》:父母之喪,衰冠繩纓,~屨,三日而食粥,三月而沐。(1695 下)

【菅菲】即菅屨。菅草編製的鞋。為斬衰之服。賈公彥《疏》:"周公時謂之屨,子夏時謂之菲。案:《士喪禮》"屨外納"鄭注云:'納,收餘也。'"參見"菅屨"。《儀禮·喪服》:菅屨者,~也。(1097 中)

【菅筲】菅草編製的盛器。祭祀中以盛黍稷麥。賈公彥《疏》:"筲用菅草,黍稷皆淹而漬之。"《儀禮·既夕禮》:~三,其實皆瀹。(1163 下)

【菅屨】菅草編製的鞋。菅草之餘末均向外,不收納,以示粗惡。為斬衰之服。亦為穿草鞋。《喪服》賈公彥《疏》:"菅屨者,謂以菅草為屨。"《儀禮·喪服》:斬衰裳,苴絰、杖,絞帶,冠繩纓,~者。(1096 下)《禮記·喪服四制》:父母之喪,衰冠繩纓,~,三日而食粥,三月而沐。(1695 下)

菅屨

【菉】lù 見下。

【菉竹】草名。即藎草,又名王芻。生陰濕之地,葉似竹,作牧草。莖葉可藥用。孔穎達《疏》:"菉,王芻也。"《禮記·大學》:《詩》云:"瞻彼淇澳,~猗猗。"(1673 中)

【䡉】㈠ zì 車輻大端入轂的榫頭。小端入牙的榫頭曰菑。鄭玄

《注》:"菑,謂輻入轂中者也。"孫詒讓《正義》:"戴震云:'輻端之枘建轂中者,謂之菑。'"《周禮·冬官考工記·輪人》:察其~蚤不齵,則輪雖敝不匡。(0908上)

㊁ zī 初耕之田曰菑。孔穎達《疏》:"案:《爾雅·釋地》云:田一歲曰菑,……二歲曰新田,……三歲曰畬。"《禮記·坊記》:《易》曰:"不耕穫,不~畬,凶。"(1621下)

【菑₂畬】初耕之田曰菑,三年耕種之熟田稱畬。此處爲開墾土地。鄭玄《注》:"言必先種之乃得穫。若先菑,乃得畬也,安有無事而取利者乎?"孔穎達《疏》:"案:《爾雅·釋地》云:田一歲曰菑,……二歲曰新田,……三歲曰畬。"《禮記·坊記》:《易》曰:"不耕穫,不~,凶。"(1621下)

葑 fēng 菜名。即蕪菁,又名蔓菁。塊根可做蔬菜,俗稱大頭菜。鄭玄《注》:"葑,蔓菁也。"《禮記·坊記》:《詩》云:"采~采菲,無以下體。"(1622上)

葉 (叶)yè 柶(即匕)之大端,盛物的部分。鄭玄《注》:"葉,柶大端。"《儀禮·士冠禮》:贊者洗于房中,側酌醴,加柶,覆之,面~。(0952下)

葬 zàng 掩埋屍體。古代葬期有嚴格的等級區分:天子七月而葬,諸侯五月而葬,大夫、士、庶人三月而葬。《周禮·春官·冢人》:凡諸侯及諸臣~於墓者,授之兆,爲之蹕,均其禁。(0786下)《儀禮·士虞禮》:死三日而殯,三月而~,遂卒哭。(1175中)《禮記·王制》:天子七日而殯,七月而~,諸侯五日而殯,五

月而~。大夫、士、庶人三日而殯,三月而~。(1334中)

葛 gé ❶葛草。多年生草本植物,莖皮可加工成綫縷,供織布、編屨等所用。亦泛指麻屬。《掌葛》孫詒讓《正義》:"《説文·艸部》云:'葛,絺綌艸也。'《糸部》云:'絺,細葛也。綌,粗葛也。'"《少儀》孔穎達《疏》:"其經以葛易麻,故云葛經。"《周禮·地官·掌葛》:凡~征,徵草貢之材于澤農,以當邦賦之政令,以權度受之。(0748中)《儀禮·士冠禮》:屨,夏用~。(0958上)《禮記·少儀》:~經而麻帶。(1513下)❷指葛經帶。服喪時所繫。繫在頭上的稱首經,繫在腰間的稱腰經。亦爲繫上葛經。《旅賁氏》鄭玄《注》:"葛,葛經。"《喪服》鄭玄《注》:"小功輕,三月變麻,因故衰以就葛經帶而五月也。"《喪服小記》孔穎達《疏》:"斬衰既虞受服之葛首經、要帶與齊衰初喪麻經帶同。"孫希旦《集解》:"愚謂葛,謂既虞、卒哭受服之葛經帶也。麻,謂始喪之麻經帶也。"《周禮·夏官·旅賁氏》:喪紀,則衰~執戈盾。(0851上)《儀禮·喪服》:小功布衰裳,牡麻經,即~,五月者。(1118中)《禮記·喪服小記》:斬衰之~,與齊衰之麻同。齊衰之~,與大功之麻同。(1499下)

【葛征】徵收葛草之類以當賦税。賈公彥《疏》:"凡葛征者,其徵絺綌之材,即葛是也。"孫詒讓《正義》:"江永云:'葛之材惟中絺綌艸,而又言'凡葛征',蓋蔓草之類如葛者亦征之。'"《周禮·地官·掌葛》:凡~,徵草貢之材于澤農,以當邦賦之政令,以權度受之。(0748中)

【葛帶】用葛縷織成的腰帶。服喪時所繫。葛帶三重爲男子卒哭後喪服腰帶的規格。喪禮，葛帶輕於麻帶，婦人不變易麻腰帶而繫葛帶。孔穎達《疏》："葛帶三重者，謂男子也。既虞、卒哭，受葛之節，要中之帶以葛代麻，帶又差小於前，以五分去一，唯有四分，見在三重，謂作四股糾之，積而相重，四股則三重。"《禮記·間傳》：去麻服葛，～三重。(1661上)

小功葛帶

【葛覃(tán)】《詩經·周南》篇名。《詩序》認爲，《葛覃》讚美后妃之德，習絺綌之事而無厭倦之心。饗宴時作爲演奏之樂。緇衣孔穎達《疏》："此《周南》《葛覃》之篇，美后妃之德也。"《鄉飲酒禮》鄭玄《注》："《葛覃》，言后妃之職。"《儀禮·鄉飲酒禮》：乃合樂：《周南》：《關雎》、《～》、《卷耳》。(0986中)《禮記·緇衣》：《～》曰："服之無斁。"(1651上)

【葛絰】用葛縷織成的絰帶。喪禮，葛絰輕於麻絰。孔穎達《疏》："此謂婦人既虞、卒哭，其絰以葛易麻，故云葛絰。"《禮記·少儀》：～而麻帶。(1513下)

小功葛絰

【葛屨】用葛草或葛布做的鞋子。夏日所穿。《屨人》賈公彥《疏》："葛屨者，自赤舃以下，夏則用葛爲之，若冬則用皮爲之。"《周禮·天官·屨人》：爲赤舃、黑舃、赤繶、黃繶、青句、素屨，～。(0693下)《儀禮·士喪禮》：夏～，冬白屨，皆繶緇絇純，組綦繋于踵。(1131中)

【葛藟(lěi)】植物名。又稱"千歲藟"。葉廣孵形，夏季開花，果實黑色，可入藥。《禮記·表記》：《詩》云："莫莫～，施于條枚。"(1641上)

【葛絰帶】用葛縷織成的絰帶。服喪時所繫。繫在頭上的稱首絰，繫在腰間的稱腰絰。《儀禮·喪服》：爲其妻，縓冠、～、麻衣縓緣。(1120下)

葺 qì 見下。

【葺屋】草屋。賈公彥《疏》："葺屋，謂草屋。草屋宜峻於瓦屋。"《周禮·冬官考工記·匠人》：～參分，瓦屋四分。(0933中)

萬 (万) wàn

舞名。即武舞，舞時執干(盾)戚。鄭玄《注》："萬，干舞也。"一說，爲文舞與武舞的總稱。孫希旦《集解》："萬者，文、武二舞之總名。籥，文舞也。"《禮記·檀弓下》：仲遂卒于垂，壬午猶繹，～入，去籥。(1310下)

蒐 sōu

春時田獵之名。賈公彥《疏》："春田爲蒐，搜取不孕任者。"《周禮·夏官·大司馬》：遂以苗田，如～之灋，車弊，獻禽以享礿。(0837上)

【蒐田】春時田獵。兼有軍事演習性質。其過程有集合、宣佈法令、立誓、進軍、合圍獵獸、收兵、獻獵物、祭祀等。鄭玄《注》："春田爲蒐。"《周禮·夏官·大司馬》：以教坐作、進退、疾徐、疏數之節，遂以～。(0836中)

萭 jǔ

用同"矩"。萭蔞。校正直角的一種工具，即今之曲尺。此處爲以曲尺測量。鄭玄《注》："等爲萬蔞,以運輸上,輪中萬蔞,則不匡刺也。……鄭司農云:'讀爲萬,書或作矩。'"孫詒讓《正義》:"案:鄭、洪讀萬爲矩,與故書或本合,是也。……蓋輪雖以圜爲用,而牙之平面與輻之上下相直,非矩無以定之也。"《周禮·冬官考工記·輪人》:是故規之以眡其圜也,~之以眡其匡也,縣之以眡其輻之直也。(0909 中)

【葱】cōng ❶多年生草本植物。種類有大葱、香葱等。可作蔬菜和調味品,亦可藥用。古人認爲,調和肉、油脂要用葱。《禮記·內則》:膾,春用~,秋用芥。……脂用~,膏用薤。(1466 下) ❷青綠色。鄭玄《注》:"青謂之葱。"《禮記·玉藻》:一命緼韍幽衡,再命赤韍幽衡,三命赤韍~衡。(1481 上)

【葱衡】珮玉上青綠色的衡。《禮記·玉藻》:一命緼韍幽衡,再命赤韍幽衡,三命赤韍~。(1481 上)

【葷】(葷) hūn 指葱、薑、蒜、薤、韭等有辛味的菜。食之可以解睏提神。《士相見禮》鄭玄《注》:"膳葷,謂食之葷辛物,葱薤之屬。食以止卧。"《玉藻》鄭玄《注》:"葷,薑及辛菜也。"《儀禮·士相見禮》:夜侍坐,問夜,膳~,請退可也。(0977 下)《禮記·玉藻》:膳於君,有~,桃、茢。於大夫去茢,於士去~。(1483 下)

【葦】(葦) wěi 蘆葦。多年生草本植物,多生在水邊或沼澤濕潤地帶。葉子披針形,莖長中空,外皮光滑,可用以織席、造紙等。《月令》鄭玄《注》:"蒲葦之屬。此時柔刃,可取作器物也。"《周禮·地官·澤虞》:喪紀,共其~蒲之事。(0748 上)《儀禮·士喪禮》:幂用~席,北面,左衽。(1135 上)《禮記·月令》:命澤人納材~。(1371 上)

【葦苞】用蘆葦編織的草包。葬禮遣奠時用以包裹猪羊之肉。胡培翬《正義》:"此用葦爲苞,取其已秀而堅成也。葦最長,截取三尺爲一編,便於苞牲。"《儀禮·既夕禮》:~,長三尺,一編。(1163 下)

【葦事】指以葦所編織之物。喪奠、喪葬時所用。鄭玄《注》:"葦以闉壙,禦濕之物。"《周禮·地官·稻人》:喪紀,共其~。(0746 下)

【葦席】用蘆葦編織的席子。喪禮,喪奠時用葦席陳薦祭品;殮屍時士用葦席;士的柩車以葦席爲頂蓋;埋葬時以葦席墊墓穴以禦濕。《士虞禮》鄭玄《注》:"藉猶薦也。"賈公彥《疏》:"謂先陳席,乃陳黍稷於上,是所陳席藉薦黍稷也。"《司几筵》鄭玄《注》:"喪事,謂凡奠也。"《周禮·春官·司几筵》:凡喪事,設~,右素几。(0775 下)《儀禮·士虞禮》:饌黍、稷二敦于階間,西上,藉用~。(1167 下)《禮記·雜記上》:士輤,~以爲屋,蒲席以爲裳帷。(1549 中)

【葦籥】古樂器名。截蘆葦製成。相傳爲伊耆氏時的樂器。鄭玄《注》:"籥如笛,三孔。"孔穎達《疏》:"葦籥者,謂截葦爲樂。"《禮記·明堂位》:土鼓、蕢桴、~,伊耆氏之樂也。(1491 上)

【葵】kuí 蔬菜名。其種類頗多。爲百菜之主,四時可用。可以腌製。王禎《農書·卷八》:"葵爲百菜之主,備四時之饌。……誠蔬茹之上品，民生之資助也。"《醢人》孫詒讓《正義》引金鶚云："今秋葵，一名側金盞，六月放花，大如椀，鵝黃色，紫心六瓣，朝開暮落，隨即結子。諸葵惟蜀葵根苗嫩時可食，秋葵嫩時食之尤佳。"《周禮·天官·醢人》：饋食之豆，其實～菹、蠃醢、脾析、蠯醢、蜃、蚳醢、豚拍、魚醢。（0674下）《儀禮·士虞禮》：鉶芼用苦，若薇，有滑：夏用～，冬用苣。（1171上）

【葵菹】用四寸長之秋葵腌製的菜。爲七菹（韭、菁、茆、葵、芹、箈、筍）之一。《周禮·天官·醢人》：饋食之豆，其實～、蠃醢、脾析、蠯醢、蜃、蚳醢、豚拍、魚醢。（0674下）《儀禮·既夕禮》：東方之饌：四豆，脾析、蜱醢、～、蠃醢。（1153下）

【葵菹芋】喪禮中所用之葵菹。即以全長不切的葵菜做成的菹。鄭玄《注》："齊人或名全菹爲芋。"賈公彥《疏》："菹法：舊短四寸者全之，若長於四寸者，亦切之，則葵長者自然切乃爲菹。但喪中之菹葵，雖長而不切，取'齊人全菹爲芋'之解也。"《儀禮·士喪禮》：鼏豆兩，其實～、蠃醢。（1139中）

蓍 shī 蓍草。多年生草本植物，一本多莖。占筮時用之。亦可入藥。《禮記·禮運》：故先王秉～龜，列祭祀，瘗繒，宣祝嘏辭説，設制度。（1425下）

【蓍龜】蓍草用以占筮，龜甲用以占卜。凡卜，皆先蓍，故蓍龜并稱。孔穎達《疏》："凡卜皆先蓍，故兼言也。"《禮記·禮運》：故先王秉～，列祭祀，瘗繒，宣祝嘏辭説，設制度。（1425下）

蓋 （盖）gài 遮陽、禦雨之具。此指車蓋。車蓋形似傘，有蓋斗稱部，上鑿孔以安二十八弓；部下有柄，分爲兩截，上稱達常，下稱桯，達常插入桯中。車蓋不用時可取下。《周禮·冬官考工記·輪人》：輪人，爲～，達常圍三寸，桯圍倍之，六寸。信其桯圍以爲部廣，部廣六寸。（0909中）《禮記·曲禮下》：龜筴、几杖、席～、重素、袗絺綌，不入公門。（1258上）

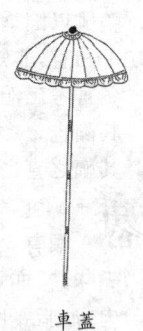
車蓋

【蓋弓】車蓋弓。支撐車蓋的弓形木架有二十八，以象天上二十八星。《周禮·冬官考工記·輈人》：～二十有八，以象星也。（0914中）

蓐 rù 草墊。鄭玄《注》："蓐，馬茲也。"孫詒讓《正義》："謂以草薦馬也。"《周禮·夏官·圉師》：春除～、釁廄、始牧。（0861下）

【蓐收】西方神名。掌管秋季。鄭玄《注》："此白精之君，金官之臣，自古以來著德立功者也。少皡，金天氏；蓐收，少皡氏之子，曰該，爲金官。"《禮記·月令》：其帝少皡，其神～。（1372下）

葅 zū 草墊。用五寸茅草做成，祭祀時用於襯墊祭品。鄭玄《注》："葅，《士虞禮》所謂'苴刌茅，長五寸，束之'者是也。祝設于几東席上，命佐食取黍稷，祭于苴。"一説，鄭玄《注》引杜子春云："葅當爲菹，以茅爲菹，若葵菹也。"《周禮·地官·鄉師》：大祭祀，羞牛牲，共茅～。（0713下）

【苴館】祭祀時盛草墊的筐。鄭玄《注》:"苴之言藉也。祭食有當藉者,館所以承苴,謂若今筐也。"《周禮·春官·司巫》:祭祀,則共匴主及道布及~。(0816 中)

蓏 luǒ 瓜類植物的果實。鄭玄《注》:"果,桃李之屬;蓏,瓜瓞之屬。"《周禮·天官·甸師》:祭祀,共蕭茅,共野果~之薦。(0663 上)

蒼 (苍)cāng 青色。《玉藻》孔穎達《疏》:"似水之蒼而雜有文。"《周禮·春官·大宗伯》:以玉作六器,以禮天地、四方:以~璧禮天,以黃琮禮地,以青圭禮東方,以赤璋禮南方,以白琥禮西方,以玄璜禮北方。(0762 中)《禮記·玉藻》:天子佩白玉而玄組綬,公侯佩山玄玉而朱組綬,大夫佩水~玉而純組綬。(1482 下)

【蒼璧】青色玉璧。外圓,内方。冬至時用以祭天皇大帝。爲六玉器之一。鄭玄《注》:"此禮天以冬至,謂天皇大帝在北極者也。……禮神者必象其類,璧圜象天。"《周禮·春官·大宗伯》:以玉作六器,以禮天地、四方:以~禮天,以黃琮禮地,以青圭禮東方,以赤璋禮南方,以白琥禮西方,以玄璜禮北方。(0762 中)

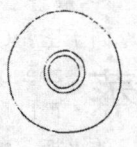
蒼璧

蓬 péng 見下。

【蓬矢】用蓬草梗做的箭。禮,男生三日,以桑木弓、蓬梗箭射天地四方,象徵男兒志在四方。它保留了部落時代狩獵生活的遺俗。《内則》孔穎達《疏》:"以桑與蓬皆質素之物,故知本大古也。"《禮記·内則》:射人以桑弧、~六,射天地四方。(1469 上)《禮記·射義》:故男子生,桑弧、~六以射天地四方。(1689 中)

【蓬户甕牖】以蓬草編門,以破甕爲窗。形容居室簡陋。孔穎達《疏》:"謂編蓬爲户,又以蓬塞門,謂之蓬户,甕牖者,謂牖總圓如甕口也;又云以敗甕口爲牖。"今爲成語。《禮記·儒行》:儒有一畝之宫,環堵之室,篳門圭窬,~。(1670 上)

蓑 suō 蓑衣。用以禦雨。鄭玄《注》:"蓑笠,備雨服。"《儀禮·既夕禮》:道車載朝服,槀車載~笠。(1163 中)

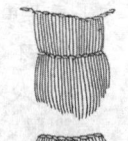
蓑

蒲 pú 水草名。香蒲。始生者可醃漬以供食用,蒲葉可以編席、扇、簍等。《澤虞》鄭玄《注》:"葦以圉壙,蒲以爲席。"《既夕禮》胡培翬《正義》:"以蒲草爲蔽也。"《周禮·地官·澤虞》:喪紀,共其~葦之事。(0748 上)《儀禮·既夕禮》:主人乘惡車,白狗幦,~蔽。(1162 上)《禮記·玉藻》:出杅,履蒯席,連用湯,履~席。(1475 中)

【蒲勺】周酌酒之禮器。勺柄上刻有鳧頭,鳧口微開,如同蒲草本合而未微開,故名。孔穎達《疏》:"皇氏云:蒲,謂合蒲。當刻勺爲鳧頭,其

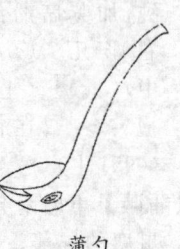
蒲勺

口微開,如蒲草本合而末微開也。"
《禮記·明堂位》:夏后氏以龍勺,殷
以疏勺,周以～。(1490 下)

【蒲席】蒲草編結的席子。殯屍時大
夫用蒲席;士的柩車以蒲席爲裳帷。
《禮記·雜記上》:士輤,葦席以爲屋,
～以爲裳帷。(1549 中)《禮記·喪
大記》:小斂於戶內,大斂於阼。君以
簟席,大夫以～,士以葦席。(1577
上)

【蒲菆(zōu)】蒲的莖稈。主人居喪
乘惡車時,駕車者以此策馬。鄭玄
《注》:"蒲菆,牡蒲莖。"賈公彥《疏》:
"士乘惡車之時,御車用蒲菆以策馬,
喪中示不在於驅馳。"《儀禮·既夕
禮》:主人乘惡車,白狗幦,蒲蔽,御以
～,犬服,木鑣,約綏,約轡,木鑣,馬
不齊髦。(1162 上)

【蒲越】即蒲席。用於祭天。鄭玄
《注》:"蒲越、稾鞂,藉神席也。"孔穎
達《疏》:"凡常而居下莞上簟,祭天則
蒲越、稾鞂之上也。"《禮記·郊特
牲》:莞簟之安,而～、稾鞂之尚,明之
也。(1455 上)

【蒲筵】蒲草編織的座席。《士冠禮》
鄭玄《注》:"蒲席
也。"《周禮·春
官·司几筵》:諸
侯祭祀席,～繽
純,加莞席紛純,
右彫几。(0775
中)《儀禮·士冠
禮》:～二在南。
(0951 上)

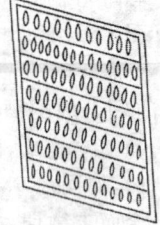
蒲筵

【蒲蔽】車廂兩旁以蒲草編結成的擋
風塵的屏藩。《既夕禮》鄭玄《注》:

"蔽,藩。"陸德明《釋文》:"藩,謂車兩
邊禦風爲藩蔽,以蒲草,亦無飾也。"
《巾車》鄭玄《注》:"以蒲爲蔽。"賈公
彥《疏》:"蔽,車旁禦風塵者。"《周
禮·春官·巾車》:王之喪車五乘:木
車,～。(0824 中)《儀禮·既夕禮》:
主人乘惡車,白狗幦,～。(1162 上)

【蒲盧】即蜾蠃。細腰土蜂。螟蛉(桑
蟲)生卵,蜾蠃負去孵化而爲己子。
鄭玄《注》:"蒲盧,蜾蠃,謂土蜂
也。……蒲盧取桑蟲之子去而變化
之,以成爲己子。政之於百姓,若蒲
盧之於桑蟲然。"《禮記·中庸》:夫政
也者,～也。(1629 中)

【蒲璧】有香蒲紋飾之璧。爲六瑞之
一。男爵諸侯所
執。鄭玄《注》:
"穀,所以養人;蒲
爲席,所以安人。
二玉蓋或以穀爲
飾,以蒲爲瑑飾,
璧皆徑五寸。"《周
禮·春官·大宗伯》:子執穀璧,男執
～,繅皆二采再就,以朝覲、宗遇、會
同于王。(0762 上)

蒲璧

蒸

zhēng 細小的木柴。薪柴不僅
可以燒火做飯,還可以用作照明
的火把。鄭玄《注》:"木大曰薪,小曰
蒸。"孫詒讓《正義》:"薪蒸又可以爲
燎燭。"《周禮·天官·甸師》:帥其徒
以薪～役外內饔之事。(0663 中)

蔞

(蔞)liǔ 見下。

【蔞翣(shà)】方扇及棺柳。皆爲出
殯時的棺飾。鄭玄《注》:"蔞翣,棺之
牆飾。《周禮》蔞作'柳'。"《周禮·天
官·縫人》"衣翣柳之材"賈公彥

《疏》："翣即上注方扇是也,柳即上注引《喪大記》帷荒是也。"參見"柳①""翣①"。《禮記·檀弓下》:是故制絞、衾,設～,爲使人勿惡也。(1304下)

蔽 bì 車廂兩旁擋風塵的屏藩。天子喪車有五,蔽亦有五:蒲蔽、藻蔽、芬蔽、蕚蔽、藩蔽。《巾車》鄭玄《注》:"以蒲爲蔽。"賈公彦《疏》:"玄謂蔽,車旁禦風塵者。"《既夕禮》鄭玄《注》:"蔽,藩。"賈公彦《疏》:"藩,謂車兩邊禦風爲藩,蔽以蒲草,亦無飾也。"《周禮·春官·巾車》:王之喪車五乘:木車,蒲～。(0824中)《儀禮·既夕禮》:主人乘惡車,白狗幦,蒲～。(1162上)

蓼 liǎo 一年生或多年生草本植物。味辛,又名辛菜。用作調味,亦可入藥。孔穎達《疏》:"以苦菜殺其惡氣,又實之以蓼。"《禮記·内則》:濡豚,包苦,實～。濡雞,醢醬,實～。(1464上)

蘇 (芎)xiāng 紫蘇之類的香草。用作調料。鄭玄《注》:"蘇,蘇荏之屬也。"《禮記·内則》:魴、鱮烝,雛燒,雉,～,無蓼。(1466下)

【蘇合】宗廟祭祀時對黍的美稱。孔穎達《疏》:"黍曰蘇合者,夫穀秋者曰黍,秋既軟而相合,氣息又香,故曰蘇合也。"孫希旦《集解》:"黍與稷,皆今之小米。黍之性黏,故曰蘇合;稷之色白。故曰明粢。"《禮記·曲禮下》:凡祭宗廟之禮,……黍曰～,粱曰薌萁,稷曰明粢,稻曰嘉蔬。(1269上)

【薌萁】宗廟祭祀時對粱的美稱。陳澔《集說》:"粱,穀之强者,其葉亦香,故曰薌萁。"孫希旦《集解》:"萁,莖

也。《漢書》曰:'落而爲萁。'粱之莖獨高大於他穀,今俗謂之高粱,以其氣息香而莖高大,故曰薌萁。"一說,鄭玄《注》、孔穎達《疏》皆云"萁"爲語助辭。《禮記·曲禮下》:凡祭宗廟之禮,……黍曰薌合,粱曰～,稷曰明粢,稻曰嘉蔬。(1269上)

蕡 fèi 麻籽。作爲祭獻食品,蕡爲炒熟的麻籽。化治土地,堅硬的土質要用麻籽熬汁澆地,以使土質肥美。《内則》鄭玄《注》:"蕡,熬枲實。"陸德明《釋文》:"大麻子。"《草人》鄭玄《注》:"凡所以糞種者,皆謂煮取汁也。"《喪服》賈公彦《疏》:"案《爾雅·釋草》云:'蕡,枲實。'孫氏注云:'蕡,麻子也。以色言之謂之苴,以實言之謂之蕡。'"《周禮·地官·草人》:凡糞種,騂剛用牛,赤緹用羊,墳壤用麋,渴澤用鹿,鹹潟用貆,勃壤用狐,埴壚用豕,彊㯺用～,輕爂用犬。(0746中)《儀禮·喪服》:苴絰者,麻之有～者也。(1097中)《禮記·内則》:饘、酏、酒、醴、芼羹、菽、麥、～、稻、黍、粱、秫,唯所欲。(1461下)

緌 ruí 用同"緌"。冠帶打結後下垂的部分。上古白布冠、大夫士之緇布冠,不加此飾。此處爲加緌飾。鄭玄《注》:"不緌,質無飾也。"孔穎達《疏》:"大白者,古之白布冠也,緇布冠,黑布冠也。二冠無飾,故皆不緌。此緇布冠謂大夫、士之冠,故不緌,其諸侯緇布冠則緌。"《禮記·雜記上》:大白冠,緇布之冠,皆不～。(1555中)

【蕤賓】樂律名。古代樂律分爲十二,陽聲爲律,陰聲爲同。蕤賓爲六律之第四。1978年湖北隨縣曾侯乙墓出

土的編鍾、編磬銘文"蕤賓"作"妥賓"。《月令》鄭玄《注》:"仲夏氣至,則蕤賓之律應。"《周禮·春官·大師》:陽聲:黃鍾、大蔟、姑洗、~、夷則、無射。(0795中)《禮記·月令》:其音徵,律中~。(1369上)

蕢 (蕢)kuài 見下。

【蕢桴】搏土做成的鼓槌。相傳爲伊耆氏之樂器。鄭玄《注》:"蕢讀爲由,聲之誤也。……謂搏土爲桴也。"陸德明《釋文》:"桴音浮,鼓槌。"《禮記·禮運》:其燔黍捭豚,汙尊而抔飲,~而土鼓,猶若可以致其敬於鬼神。(1415下)《禮記·明堂位》:土鼓,~桴,葦籥,伊耆氏之樂也。(1491上)

蕃 ㊀ fán 赤色。孔穎達《疏》:"蕃,赤也。周尚赤,用黃,近赤也。"一說,王引之《經義述聞·卷十五》:"蕃,蓋白色也,讀若老人髮白曰皤。"《禮記·明堂位》:周人黃馬~鬣。(1490中)

㊁ fān 見下。

【蕃₂國】建於九州之外的國家。指夷服、鎮服、蕃服。受封於天子,爲九州之藩籬屏障者。鄭玄《注》:"蕃國,謂九州之外的夷服、鎮服、蕃服。"《周禮·春官·巾車》:木路,前樊鵠纓,建大麾,以田,以封~。(0823中)

【蕃₂樂】閉藏樂器不作樂。爲救濟災荒的十二措施之一。鄭玄《注》:"杜子春讀'蕃樂'爲'藩樂',謂閉藏樂器而不作。"《周禮·地官·大司徒》:以荒政十有二聚萬民:……九曰~。(0706上)

【蕃₂畿】爲距天子國畿四千五百里之地域。九畿之第九。《周禮·夏官·大司馬》:乃以九畿之籍施邦國之政職:方千里曰國畿,其外方五百里曰侯畿,又其外方五百里曰甸畿,又其外方五百里曰男畿,又其外方五百里曰采畿,又其外方五百里曰衛畿,又其外方五百里曰蠻畿,又其外方五百里曰夷畿,又其外方五百里曰鎮畿,又其外方五百里曰~。(0835下)

薑 (姜)jiāng 見下。

【薑桂】生薑和肉桂。用做調味品,亦可入藥。《禮記·檀弓上》:曾子曰:"喪有疾,食肉、飲酒,必有草木之滋焉。"以爲~之謂也。(1282下)

薤 xiè 多年生草本植物。有圓錐形的鱗莖,葉叢生。其鱗莖用作菜的調和佐料,亦可入藥。《禮記·內則》:脂用葱,膏用~。(1466下)

薨 hōng 諸侯死稱薨。《周禮·春官·大司樂》:諸侯~,令去樂。(0791上)《儀禮·聘禮》:聘,君若~于後,入竟則遂。(1069中)《禮記·曲禮下》:天子死曰崩,諸侯曰~,大夫曰卒,士曰不祿,庶人曰死。(1269中)

薙 tì 指除掉的野草。鄭玄《注》:"薙,謂迫地芟草也。此謂欲稼萊地,先薙其草,草乾燒之。"《禮記·月令》:燒~行水,利以殺草,如以熱湯。(1371中)

【薙氏】職官名。掌剪除野草。爵下士。《周禮·秋官·薙氏》:~,掌殺草。(0888下)

薛 xuē 見下。

【薛皷】薛國的皷譜。皷譜由圓形與方形符號間隔組成，圓者擊鼙，方者擊鼓。"半"以下用以投壺禮，盡用之爲射禮。鄭玄《注》："此魯、薛擊鼓之節也。圓者擊鼙，方者擊鼓。古者舉事，鼙皷各有節，聞其節則知其事矣。"《禮記·投壺》：○□○○○○○□○○○○□○○□半；○□○○□○○□○～。取"半"以下爲投壺禮，盡用之爲射禮。(1667 上)

薇 wēi 野豌豆。莖、葉可作羹，亦可生食。《儀禮·公食大夫禮》：鉶芼，牛藿，羊苦，豕～，皆有滑。(1086 下)

薧 kǎo 乾肉，乾魚。《庖人》鄭玄《注》引鄭司農云："鮮謂生肉，薧謂乾肉。"《内則》鄭玄《注》："薧，乾也。"《周禮·天官·庖人》：凡其死生鱻～之物，以共王之膳，與其薦羞之物，及后、世子之膳羞。(0661 上)《禮記·内則》：棗、栗、飴、蜜以甘之，堇、荁、枌、榆、免、～、滫瀡以滑之，脂、膏以膏之。(1461 下)

薦 (荐) jiàn ❶美味的食品、祭品。《宰夫》鄭玄《注》："薦，脯醢也。"《鄉飲酒義》孔穎達《疏》："主人獻賓，賓即席祭所薦時脯醢也。"《周禮·天官·宰夫》：以式灋掌祭祀之戒具與其～羞，從大宰而眂滌濯。(0656 上)《儀禮·鄉射禮》：薦脯醢，設折俎，俎與～皆三祭。(1003 下)《禮記·鄉飲酒義》：祭～、祭酒，敬禮也。(1683 下) ❷進獻。先設品物謂之薦。《籩人》鄭玄《注》："薦、羞，皆進也。未食未飲曰薦，既食既飲曰羞。"《周禮·天官·籩人》：凡祭祀，共其籩～羞之實。(0672 中)《儀禮·鄉飲酒禮》：每人一獻，則～諸其席。(0984 下) ❸行進獻之禮。薦禮輕於祭禮，無卜、無尸、無全牲、無樂。金鶚《求古錄禮説·薦考》："薦者，倣乎祭禮而爲之，而與祭禮異者也。祭必卜日，薦不卜日；祭有尸，薦則無尸；祭有牲，薦則無牲；祭有樂，薦則無樂。此其異也。"《士虞禮》鄭玄《注》："薦，謂卒哭之祭。"《王制》鄭玄《注》："有田者既祭又薦新，祭以首時，薦以仲月。士薦牲用特豚，大夫以上用羔。"孫詒旦《集解》："士祭用特牲，薦宜貶降，不用成牲，故用特豚。大夫祭用少牢，薦則用羔也。……薦猶獻也。……蓋祭有黍稷，而薦則惟饋稷，祭有尸，而薦則無尸。"《儀禮·士虞禮》：將旦而祔，則～。(1175 中)《禮記·王制》：大夫、士宗廟之祭，有田則祭，無田則～。(1337 上) ❹指豆。祭祀、享宴時盛放食物的禮器。鄭玄《注》："薦俎，豆與俎也。"《禮記·祭義》：反饋樂成，薦其～俎，序其禮樂，備其百官。(1593 中)

【薦俎】豆和俎。祭祀、享宴時盛放食物的兩種禮器。鄭玄《注》："薦俎，豆與俎也。"《禮記·祭義》：反饋樂成，薦其～，序其禮樂，備其百官。(1593 中)

【薦羞】❶指美味的食品。《宰夫》鄭玄《注》："薦，脯醢也；羞，庶羞、内羞。"《燕義》鄭玄《注》："薦，謂脯醢也；羞，庶羞也。"《周禮·天官·宰夫》：以式灋掌祭祀之戒具與其～，從大宰而眂滌濯。(0656 上)《禮記·燕義》：俎、豆、牲體、～，皆有等差，所以明貴賤也。(1690 下) ❷進獻美味的食品。先設品物謂之薦，加進有滋味之食物謂之羞。鄭玄《注》：「薦亦進也。備品物曰薦，致滋味乃爲羞。」孫詒讓《正義》：「注云備品物者，謂正饌依法數備設之，不主於味。致滋味謂加饌，則以味爲主，不必備物也。」《周禮·天官·庖人》：凡其死生鱻薧之物，以共王之膳，與其～之物。(0661上)

【薦新】將時鮮五穀瓜果進獻宗廟。薦禮輕於祭禮。諸侯薦新當與天子略同，大夫、士薦新，其禮遞減。《士喪禮》鄭玄《注》：「薦五穀若時果物新出者。」《檀弓上》鄭玄《注》：「重新物，爲之殷奠。」孔穎達《疏》：「今若有新物及五穀始熟薦於亡者。……大夫以上則朔望大奠，若士但朔而不望。」《儀禮·士喪禮》：有～，如朔奠。(1142下)《禮記·檀弓上》：有～，如朔奠。(1292下)

【薦籩】所進獻之籩中盛的食物。爲喪事及燕享賓客所用。賈公彥《疏》：「喪事謂大奠時，賓客之事謂享燕時，亦共其薦籩、羞籩。」《周禮·天官·籩人》：喪事及賓客之事，共其～、羞籩。(0672中)

薪 xīn 見下。

【薪柴】柴火。鄭玄《注》：「大者可析謂之薪，小者合束謂之柴。」《禮記·月令》：乃命四監收秩～，以共郊、廟及百祀之薪燎。(1384中)

【薪蒸】薪柴。粗柴曰薪，細柴曰蒸。薪柴不僅可以燒火做飯，還可以用作照明的火把。鄭玄《注》：「木大曰薪，小曰蒸。」孫詒讓《正義》：「薪蒸又可以爲燎燭。」《周禮·天官·甸師》：帥其徒以～役外內饔之事。(0663中)

【薪燎】做飯用的柴火與照明用的火把。鄭玄《注》：「薪施炊爨，柴以給燎。」《禮記·月令》：乃命四監收秩薪柴，以共郊、廟及百祀之～。(1384中)

薄 bó 簾子。陸德明《釋文》：「帷，……帷幔也。薄，……簾也。」《禮記·曲禮上》：帷～之外不趨。(1239上)

【薄社】即亳社。古時建國必先立社，殷始都薄，故稱其社爲薄社。此指亡國之社，周立之以爲戒。鄭玄《注》：「薄社，殷之社，殷始都薄。」孔穎達《疏》：「即喪國社也。殷始都薄，故呼其社爲薄社也。」《禮記·郊特牲》：～北牖，使陰明也。(1449中)

【薄征】減輕稅賦。爲救濟災荒的十二措施之一。鄭玄《注》：「薄征，輕租稅。」《周禮·地官·大司徒》：以荒政十有二聚萬民：一曰散利，二曰～，三曰緩刑，四曰弛力，五曰舍禁，六曰去幾，七曰眚禮，八曰殺哀，九曰蕃樂，十曰多昏，十有一曰索鬼神，十有二曰除盜賊。(0706中)

蕭 (蕭) xiāo 植物名。即艾蒿。白葉，粗莖，有香氣。祭祀時燃之。《甸師》鄭玄《注》引杜子春云：「蕭，香蒿也。」《郊特牲》孔穎達《疏》：「取蕭草及牲脂膋合黍稷燒之也。」《周禮·天官·甸師》：祭祀，共～茅，共野果蓏之薦。(0663上)《禮記·郊特牲》：～合黍稷，臭陽達於牆屋。故既奠，然後焫～合羶薌。(1457上)

藉 ㊀ jí ❶藉田。天子、諸侯借民力耕種之田。每年春耕前，天子、諸侯躬耕藉田，以示對農業的重視。天子藉田千畝,諸侯百畝,由甸師管理,以供粢盛。《月令》鄭玄《注》:"帝藉爲天神借民力所治之田也。"《甸師》鄭玄《注》:"藉之言借也。"孫詒讓《正義》:"《續漢·禮儀志》劉注引干寶云:'古之王者,貴爲天子,富有四海,而必私置藉田,蓋其義有三焉。一曰奉宗廟,親致其孝也;二曰以訓于百姓在勤,勤則不匱也;三曰聞之子孫,躬知稼穡之艱難無逸也。'"《周禮·天官·甸師》:"掌帥其屬而耕耨王~,以時入之,以共齍盛。(0662下)《禮記·月令》:乃擇元辰,天子親載耒耜,措之于參保介之御間,帥三公、九卿、諸侯、大夫,躬耕帝~。(1356中)❷用同"籍"。耕種藉田。鄭玄《注》:"藉之言借也,借民力治公田。"《禮記·王制》:古者公田~而不稅,市廛而不稅,關譏而不征,林麓川澤以時入而不禁,夫圭田無征。(1337中)

【藉而不稅】借民力耕種公田而不徵收民之田稅。殷時實行勞役地租,農夫助耕公田,以勞力抵充其所耕私田之稅。孔穎達《疏》:"正謂殷時。……公田藉而不稅者,謂民田之外別作公田,一井之中凡有九夫,中央一夫以爲公田。藉之言借也,惟借八家之力以治此公田,美惡取於此,而不稅民之私田。"《禮記·王制》:古者公田~,市廛而不稅,關譏而不征,林麓川澤以時入而不禁,夫圭田無征。(1337中)

(㈡) jiè ❶墊玉的襯板。亦稱繅、藻。用木板外包皮革製成,其上畫以五彩。《聘禮》鄭玄《注》:"藉,謂繅也,繅所以縕藉玉。"《典瑞》鄭玄

《注》:"繅有五采文,所以薦玉,以木爲中榦,用韋衣而畫之。"《曲禮下》鄭玄《注》:"藉,藻也。"《周禮·春官·典瑞》:王晉大圭,執鎮圭,繅~五采五就以朝日。(0776下)《儀禮·聘禮》:凡執玉,無~者襲。(1074上)《禮記·曲禮下》:執玉,其有~者則裼,無~者則襲。(1256上)❷墊席。祭祀時用來陳設祭品。鄭玄《注》:"藉,猶薦也。古文藉爲席。"《儀禮·士虞禮》:饌黍、稷二敦于階間,西上,~用葦席。(1167下)

藍

(蓝)lán 植物名。藍草。其葉可製藍色染料,即靛青。鄭玄《注》:"此月藍始可別。《夏小正》曰:'五月啓灌藍蓼。'"《禮記·月令》:令民毋艾~以染,毋燒灰,毋暴布,門閭毋閉,關市毋索。(1370上)

䞇

jùn 用同"餕"。❶吃尊者或尸剩餘的食物。爲祭禮中最後一個儀節。餕之道爲:祭祀結束時,尸吃祭祀鬼神剩下的飯食,國君與三卿共四人吃尸剩下的飯食,大夫六人吃國君剩下的飯食,士八人吃大夫剩下的飯食,衆小吏吃士剩下的飯食,用以別貴賤、上下的等級。《特牲饋食禮》鄭玄《注》:"士使嗣子及兄弟䞇,其惠不過族親也。古文䞇皆作餕。"胡培翬《正義》:"案《祭統》曰:'尸謖,君與卿四人餕。君起,大夫六人餕。大夫起,士八人餕。'陳氏《禮書》曰:'天子諸侯之䞇,自君以至百官而煇胞翟閽之吏皆與焉,以明惠周于境內也。大夫之䞇,二佐食、二賓長而已,以明惠及于臣也。士之䞇,舉奠與長兄弟而已,以明止于其親也。'"《少牢饋食禮》鄭玄《注》:"大夫禮。"參見

"餕"。《儀禮·特牲饋食禮》：~者舉奠許諾，升，入，東面。(1191 上)《儀禮·少牢饋食禮》：司宮設對席，乃四人~。(1203 下)❷指吃尸或尊者剩餘食物的人。特牲饋食禮，士祭，餕者二人，爲嗣子及兄弟，其惠及於親。少牢饋食禮，大夫祭，餕者四人，爲二佐食、二賓長，其惠及於臣。《儀禮·特牲饋食禮》：兩~奠舉于俎，許諾，皆荅拜。(1191 上)

薰 xūn 本或作"纁"。淺絳色。阮元校勘記云："毛本'薰'作'纁'。"《儀禮·鄉射禮》：大夫與士射，袒~襦。(1011 中)

藏 zàng ❶收藏約書之府。鄭玄《注》："辟藏，開府視約書。"《周禮·秋官·司約》：若有訟者，則珥而辟~，其不信者服墨刑。若大亂，則六官辟~，其不信者殺。(0881 上、中)❷指府藏之文書和器物。鄭玄《注》："藏，文書及器物。"《周禮·天官·宰夫》：五曰府，掌官契以治~。(0655 下)

藻 zǎo 用同"藻"。水草。淺青色。鄭玄《注》："藻，水草，蒼色。"《周禮·春官·巾車》：藻車，~蔽。(0824 下)

【藻車】天子五喪車之一。以青色土塗車，以青色繒爲車蔽。服喪十三月小祥祭（練祭）後所乘。鄭玄《注》："以蒼土堊車，以蒼繒爲蔽也。……此既練所乘。"《周禮·春官·巾車》：~，藻蔽。(0824 下)

【藻蔽】用淺青色繒製成的遮擋風塵的簾子。《周禮·春官·巾車》：藻車，~。(0824 下)

藝（艺）yì 指六藝。即禮、樂、射、御、書、數六種教學科目。鄭玄《注》："藝，六藝也。一曰五禮，二曰六樂，三曰五射，四曰五御，五曰六書，六曰九數。"《禮記·少儀》：士依於德，游於~。(1512 下)

藪（薮）㈠ sǒu ❶無水之澤曰藪。水所聚爲澤，統言之則不別。《周禮·地官·敘官》：澤虞每大澤、大~中士四人，下士八人，府二人，史四人，胥八人，徒八十人，中澤、中~如中川之衡，小澤、小~如小川之衡。(0700 上)《禮記·月令》：山林~澤，有能取蔬食、田獵禽獸者，野虞教道之。(1383 上)❷指管理山林川澤的官員虞、衡之屬。這些官員利用自然資源使民富裕而得民心。爲維繫百姓、使民心不離散的九項措施（九兩）之一。鄭玄《注》："藪亦有虞，掌其政令，爲之厲禁。"孫詒讓《正義》："惠士奇云：'川衡、林衡、山虞、澤虞皆國之藪，民共之而吏掌之。'案：惠說是也。此藪即凡山林川澤材用所出之土，官吏守其地者之通名。"《周禮·天官·大宰》：以九兩繫邦國之民：……九曰~，以富得民。(0648 中)

【藪牧】指藪牧之民養殖鳥獸之職事。爲大宰所頒九職之一。無水之澤地曰藪，遠郊之牧場曰牧，其皆爲畜牧之地。鄭玄《注》："澤無水曰藪；牧，牧田，在遠郊，皆畜牧之地。"賈公彥《疏》："謂在藪牧之民事業，使之長養蕃滋飛鳥走獸而已。"《周禮·天官·大宰》：以九職任萬民：……四曰~，養蕃鳥獸。(0647 上)

㈡ còu 車轂中心之孔。用以貫車軸。鄭玄《注》："鄭司農云：'……

謂轂空壺中也。'玄謂……藪者,衆輻之所趨也。"賈公彥《疏》:"車轂之法,其孔必大頭寬,小頭狹,當輻入處謂之藪,寬狹處中而已。"《周禮·冬官考工記·輪人》:椁其漆内而中詘之,以爲之轂長,以其長爲之圍,以其圍之阞捎其~。(0908 中)

繭

（茧）jiǎn　絮有新絲綿的衣服。鄭玄《注》:"衣有著之異名也。"孫希旦《集解》:"衣以纊著之者謂之繭,《雜記上》子羔襲有'繭衣裳'……是也。"《禮記·玉藻》:纊爲~,縕爲袍。(1477 下)

【繭税】納繭於公家以爲税。鄭玄《注》:"收繭税者,收於外命婦。"孫希旦《集解》:"外命婦就公桑蠶室以蠶,以供其夫之祭服,使入繭於公家以爲税也。"《禮記·月令》:蠶事畢,后妃獻繭,乃收~,以桑爲均,貴賤長幼如一,以給郊、廟之服。(1365 下)

【繭衣裳】絮有新絲綿的衣裳。鄭玄《注》:"纊爲繭,縕爲袍,表之以税衣,乃爲一稱爾。"孫希旦《集解》:"繭衣裳者,衣裳相連,而著以綿纊者也。繭衣裳乃褻衣。"《禮記·雜記上》:子羔之襲也:~與税衣,纁袡爲一,素端一,皮弁一,爵弁一,玄冕一。(1556 中)

藜

lí　一年生草本植物。又稱灰菜。嫩時可食,老而莖可作杖,亦可燃燒照明。《禮記·月令》:行秋令,則其民大疫,猋風暴雨緫至,~莠蓬蒿並興。(1357 下)

藨

biāo　草名。多年生草本,多叢生水邊,可編織蓆、鞋等。鄭玄《注》:"藨是草名。"《儀禮·喪服》:疏屨者,~、蒯之菲也。(1103 中)

藙

yì　即食茱萸。喬木。果實味辛,可作調料。鄭玄《注》:"藙,煎茱萸也。"《禮記·内則》:三牲用~,和用醯。(1466 下)

藩

fān　見下。

【藩服】距王畿四千五百里之地域。爲九服之一。九服爲侯、甸、男、采、衛、蠻、夷、鎮、藩,每服五百里。《周禮·夏官·職方氏》:乃辨九服之邦國:方千里曰王畿,其外方五百里曰侯服,又其外方五百里曰甸服,又其外方五百里曰男服,又其外方五百里曰采服,又其外方五百里曰衛服,又其外方五百里曰蠻服,又其外方五百里曰夷服,又其外方五百里曰鎮服,又其外方五百里曰~。(0863 中)

【藩盾】以盾臨時構成的屏藩。天子有軍旅、會同之事,舍則設之。鄭玄《注》:"藩盾,盾可以藩衛者。"《周禮·夏官·司戈盾》:及舍,設~,行則斂之。(0855 下)

【藩蔽】以施漆的葦席製成的車兩旁的帷障。以禦風塵。鄭玄《注》:"藩,今時小車藩,漆席以爲之。"《周禮·春官·巾車》:漆車,~。(0824 下)

藔

lǎo　乾梅。鄭玄《注》:"乾藔,乾梅也。"《周禮·天官·籩人》:饋食之籩,其實棗、栗、桃、乾~、榛實。(0671 下)

藿

huò　豆葉。嫩時可食。鄭玄《注》:"藿,豆葉也。"《儀禮·公食大夫禮》:鉶芼,牛~、羊苦、豕薇,皆有滑。(1086 下)

蘋

（苹）pín　見下。

【蘋藻】蘋和藻。兩種水草做成羹菜，常用於祭祀。鄭玄《注》：「蘋藻爲羹菜,祭無牲牢,告事耳,非正祭也。」《禮記·昏義》：教成,祭之,牲用魚,芼之以～,所以成婦順也。(1681 中)

藻 zǎo ❶帝王冕上貫以玉珠的五彩絲繩。鄭玄《注》：「雜采曰藻。」孔穎達《疏》：「藻,謂雜采之絲繩以貫於玉,以玉飾藻,故云玉藻也。」孫希旦《集解》：「王祭天之冕,其旒前後各十有二,每旒之上,以五采玉爲飾,又以五采絲爲繩以繫玉,謂之藻。」《禮記·玉藻》：天子玉～,十有二旒,前後邃延,龍卷以祭。(1473 上)❷墊玉的襯板。鄭玄《注》：「藻,薦玉者也。」孔穎達《疏》：「藻,謂以韋衣板以藉玉者。」《禮記·雜記下》：～,三采六等。(1568 下)

【藻梲(zhuō)】梁上有彩畫的短柱。爲天子廟飾之一。孔穎達《疏》：「藻梲,謂畫梁上短柱爲藻文也。此是天子廟飾。」《禮記·禮器》：管仲鏤簋,朱紘、山節、～,君子以爲濫矣。(1434 中)

羽 部

羽 yǔ ❶箭翎。箭幹尾部所著之羽毛,用以保持方向。《矢人》鄭玄《注》：「弩矢比在上,下設羽於四角。鄭司農云：'比,謂括也。'」《周禮·冬官考工記·矢人》：夾其比,以設其～;參分其～,以設其刃。(0924 中)《儀禮·鄉射禮》：却手自弓下取一个,兼諸弣,順～且興。(1001 下)❷指雁,即鵝。《庖人》鄭玄《注》：「鮮,魚也。羽,鴈也。」《内則》鄭玄《注》：「鮮,生魚也。羽,鴈也。」《周禮·天官·庖人》：冬行鱻～,膳膏羶。(0661 中)《禮記·内則》：冬宜鮮～,膳膏羶。(1464 上)❸雉羽。用雄雉之尾羽做成的舞具,文舞所持。《樂記》鄭玄《注》：「羽,翟羽也;旄,旄牛尾也。文舞所執。」《籥師》鄭玄《注》：「文舞有持羽吹籥者,所謂籥舞也。」《周禮·春官·籥師》：掌教國子舞～龡籥。(0801 中)《禮記·樂記》：比音而樂之,及干戚～旄,謂之樂。(1527 上)❹鳥的代稱。《月令》鄭玄《注》：「飛鳥之屬。」《周禮·冬官考工記·梓人》：銳喙、決吻、數目、顧脰、小體、騫腹,若是者謂之～屬。(0925 中)《禮記·月令》：其蟲～,其音徵。(1364 下)❺古五音階之一。《周禮·春官·大師》：皆文之以五聲：宮、商、角、徵、～。(0795 中)《禮記·樂記》：宮爲君,商爲臣,角爲民,徵爲事,～爲物。(1528 上)

【羽人】職官名。掌管徵集羽翮之政。爵下士。《周禮·地官·羽人》：～,掌以時徵羽翮之政于山澤之農,以當

邦賦之政令。(0748 中)

【羽物】飛鳥之類。鄭玄《注》："鄭司農云：'……行羽物，以羽物飛鳥賜羣吏。'玄謂……此羽物，小鳥鶉雀之屬。"《周禮·天官·司裘》：中秋，獻良裘，王乃行～。(0683 上)

【羽旄】雉羽和旄牛尾。皆爲文舞所持之舞具。鄭玄《注》："羽，翟羽也；旄，旄牛尾也。文舞所執。"《禮記·樂記》：比音而樂之，及干戚～，謂之樂。(1527 上)

【羽葆】以鳥羽聚於柄頭如蓋，稱羽葆。爲諸侯葬禮儀仗之一種。葬時，行於柩前，以爲行止之節。孔穎達《疏》："以鳥羽注於柄頭如蓋，謂之羽葆。葆，謂蓋也。……執蓋物御柩，謂執羽葆居柩前，御行於道，示指揮柩於路，爲進止之節也。"《禮記·雜記下》：匠人執～御柩。(1566 下)

【羽蓋】以鳥羽爲飾的車蓋。用以遮日。鄭玄《注》："以羽作小蓋，爲翳日也。"《周禮·春官·巾車》：輦車，組挽，有翣，～。(0824 中)

【羽舞】集束羽毛於柄以爲飾，執之以舞。爲六小舞之一。用於祭祀四方。鄭玄《注》："羽，析白羽爲之形，如帗也。"孫詒讓《正義》："此注云析白羽，蓋亦謂析鷺鴻之羽，注之橦首以爲翳也。翳亦謂之翻，《鄉師》先鄭注所謂'羽葆幢'。"《周禮·地官·舞師》：教～，帥而舞四方之祭祀。(0721 中)

羽舞

【羽籥】雉羽與籥。文舞舞者所持之舞具和樂器。亦代指文舞。孔穎達《疏》："羽，翟羽也，秋則體成文章也。籥，笛也，籥聲出於中，冬則萬物藏於中。云羽籥，籥舞，象文也。宣公八年《公羊傳》云：'籥者何？籥舞也。以其不用兵器，故象文也。'"《禮記·文王世子》：春夏學干戈，秋冬學～，皆於東序。(1404 下)

【羽翻之政】徵收鳥羽以當賦稅。鄭玄《注》："翻，羽本。"賈公彥《疏》："此羽人所徵羽者，當入於鍾氏，染以爲后之車飾及旌旗之屬也。"孫詒讓《正義》："政，亦當讀爲征。"《周禮·地官·羽人》：掌以時徵～于山澤之農，以當邦賦之政令。(0748 中)

【羽籥之舞】指文舞。文舞時，舞者左手執籥，右手秉羽。參見"羽籥"。《周禮·春官·籥師》：祭祀，則鼓～。(0801 下)

翔

xiáng 行走時張開兩臂，像鳥張開翅膀一樣。依禮，室中行走不翔；父母有疾行不翔；參加喪禮不翔。《禮記·曲禮上》：父母有疾，冠者不櫛，行不～，言不惰。(1243 下)

翟

dí ❶用同"狄"。對四方少數民族之泛稱。《周禮·秋官·司隸》：掌帥四～之隸，使之皆服其邦之服。(0883 下) ❷官名。掌教羽舞。在樂官中地位等級最低，祭祀中可餕尸之餘。鄭玄《注》："翟，謂教羽舞者也。"孔穎達《疏》："煇也、胞也、翟也、閽也，此四者皆是賤官。"《禮記·祭統》：夫祭有畀煇、胞、～、閽者，惠下之道也。(1606 上)

【翟車】以翟羽爲幃飾之車。爲王后五路之一。王后乘之出郊事桑。鄭玄《注》："以翟飾車之側爾。……后所乘以出桑。"《周禮·春官·巾車》：

翠 cuì 鵝與野鴨之尾肉。古人認爲是不可食之物。鄭玄《注》："亦皆爲不利人也。……翠，尾肉也。"《禮記·內則》："雖尾不盈握弗食，舒鴈～，鵠、鴞胖，舒鳧～，雞肝，鴈腎，鴇奧，鹿胃。(1466 下)

翣 shà ❶棺飾。形似掌扇，以木爲框，框上蒙以白布，上畫圖案花紋。有柄五尺，喪車行時使人持之而從，入壙樹於棺之兩旁。《女御》鄭玄《注》："翣，棺飾也，持而從柩車。"《喪大記》鄭玄《注》："漢禮，翣以木爲筐，廣三尺，高二尺四寸，方兩角高，衣以白布。畫者，畫雲氣，其餘各如其象。柄長五尺，車行使人持之而從。既窆，樹於壙中。"《周禮·天官·女御》："后之喪，持～。(0689 下)《禮記·喪大記》："飾棺：……黼二，黻～二，畫～二，皆戴圭。(1584 上) ❷扇形羽飾的車蓋。用以遮風塵。鄭玄《注》："有翣，所以禦風塵。"《周禮·春官·巾車》："輦車，組輓，有～，羽蓋。(0824 中) ❸扇子。鄭玄《注》："翣，扇。"賈公彥《疏》："翣者，所以招涼。"《儀禮·既夕禮》：燕器，杖、笠、～。(1149 中) ❹鍾磬架簨上的飾物。鄭玄《注》："簨虡所以縣鍾磬也，橫曰簨，……植曰虡。……周又畫繢爲翣，戴以璧，垂五采羽於其下，樹於簨之角上。"《禮記·明堂位》："夏后氏之龍簨虡，殷之崇牙，周之璧～。(1491 中)

【翣柳】 方扇及棺柳。皆爲出殯時之棺飾。鄭玄《注》引鄭司農曰："皆棺飾。"賈公彥《疏》："翣即上注方扇是也，柳即上注引《喪大記》帷荒是也。"

～，貝面組總，有握。(0824 上)

參見"柳①"。《周禮·天官·縫人》：喪，縫棺飾焉，衣～之材。(0692 下)

翤 chì 見下。

【翤氏】 職官名。掌捕猛禽。爵下士。《周禮·秋官·翤氏》：～，掌攻猛鳥，各以其物爲媒而掎之。(0888 下)

猴 hóu 見下。

【猴矢】 箭名。爲明器之箭。箭頭爲骨製，箭桿的毛根短。鄭玄《注》："猴猶候也，候物而射之矢也。……骨鏃，短衛，亦示不用也。生時猴矢金鏃。"一說，王引之《經義述聞·卷十》："'猴矢一乘'本作'矢，猴一乘'。……今本'猴'上無'矢'字。……'矢猴'誤作'猴矢'。"《儀禮·既夕禮》：～一乘，骨鏃，短衛。(1164 中)

翦 jiǎn 見下。

【翦氏】 職官名。掌除毒蟲。爵下士。《周禮·秋官·翦氏》：～，掌除蠹物，以攻禜攻之，以莽草熏之，凡庶蠱之事。(0889 上)

【翦屏】 修剪倚廬兩旁之餘草。爲喪禮禮節之一。參見"翦屏柱楣"。《禮記·間傳》："父母之喪，既虞，卒哭，柱楣，～，苄翦不納。(1660 下)

【翦屏柱楣】 修剪倚廬兩旁之餘草，將卧地的廬楣用柱子撐起。爲喪禮禮節之一。虞祭之後，孝子守喪之禮減輕，隨之倚廬的形制亦有所改變。賈公彥《疏》："今傳言既虞，謂九虞、七虞、五虞、三虞之後，乃改舊廬西鄉開户，翦去户傍兩廂屏之餘草。柱楣者,前梁謂之楣,楣下兩頭豎柱施梁,乃夾戶傍之屛也。"參見"倚廬"。《儀禮·喪服》:既虞,~,寢有席,食疏食,水飮,朝一哭夕一哭而已。(1097中)

翰 hàn 白馬。鄭玄《注》:"翰,白色馬也。"《禮記·檀弓上》:殷人尙白,大事斂用日中,戎事乘~,牲用白。(1276上)

【翰音】宗廟祭祀時對雞的美稱。孔穎達《疏》:"翰,長也。雞肥則其鳴聲長也。"《禮記·曲禮下》:凡祭宗廟之禮,牛曰一元大武,豕曰剛鬣,豚曰腯肥,羊曰柔毛,雞曰~。(1269上)

翃 hé 鳥羽的莖。鄭玄《注》:"翃,羽本。"《周禮·地官·羽人》:掌以時徵羽~之政于山澤之農,以當邦賦之政令。(0748中)

翳 yì 用同"弋"。末端繫繩用以射飛鳥的箭。鄭玄《注》:"今《月令》無罘,翳爲弋。"《禮記·月令》:田獵罝罘,羅罔,畢,~,餧獸之藥,毋出九門。(1363下)

翼 yì 星宿名。南方朱鳥七宿中的第六宿,凡二十二星。爲二十八宿之一。《禮記·月令》:孟夏之月,日在畢,昏~中,旦婺女中。(1364下)

翿 dào 見下。

【翿旌】用紅白鳥羽交雜裝飾的旌旗。鄉射時用於唱獲。胡培翬《正義》:"敖氏云:'翿旌即白羽與朱羽糅者也。'"《儀禮·鄉射禮》:君國中射,則皮樹中,以~獲,白羽與朱羽糅。……士鹿中,~以獲。(1012中)

翿旌

糸部

糾 (纠)jiū 見下。

【糾禁】糾察,禁絕。鄭玄《注》:"糾,猶割也,察也。"賈公彥《疏》:"糾擧其非。事已發者依法斷割之,事未發者審查之。"《周禮·天官·小宰》:掌建邦之宮刑,以治王宮之政令,凡宮~。(0653上)

【糾職】糾察失職之官吏。爲五刑中官刑之作用。賈公彥《疏》:"謂修其法制,糾察職事。"《周禮·地官·小司徒》:令羣吏憲禁令,脩灋~,以待邦治。(0713中)

紆 (纡)yū 見下。

【紆行】指蛇之類的曲屈而行的動物。鄭玄《注》:"紆行,蛇屬。"賈公彥《疏》:"紆,曲也。以其蛇行屈曲,故謂之紆行也。"《周禮·冬官考工記·梓人》:外骨、內骨、卻行、仄行、連行、紗 zī 用同"緇"。黑色帛。陸德明《釋文》:"紗,本又作緇。"《禮記·檀弓上》:天子之哭諸侯也,爵弁,經,~衣。(1293下)

【紗衣】黑色帛縫製的衣服。天子哭弔諸侯時所穿。孔穎達《疏》:"紗衣,絲衣也。"《禮記·檀弓上》:天子之哭諸侯也,爵弁,經,~。(1293下)

紃 (紃)xún 用絲綫編織成的圓形細帶。可用作鑲邊。《内則》孔穎達《疏》:"組、紃俱爲絛也。……然則薄闊爲組,似繩者爲紃。"《雜記下》鄭玄《注》:"紃施諸縫中,若今時絛也。"《禮記·内則》:執麻枲,治絲繭,織紝組~,學女事,以共衣服。(1471中)《禮記·雜記下》:純以素,~以五采。(1569下)

約 (约)yuē ❶用言語或文字訂立的相互信守的約定。鄭玄《注》:"此六約者,諸侯以下至於民,皆有焉。……神約,謂命祀、郊社、羣望及所祖宗也。……民約,謂徵稅遷移,仇讎既和。……地約,謂經界所至,田萊之比也。功約,謂王功國功之屬,賞爵所及也。器約,謂禮樂吉凶車服所得用也。摯約,謂玉帛禽鳥,相與往來也。"《周禮·秋官·司約》:治神之~爲上,治民之~次之,治地之~次之,治功之~次之,治器之~次之,治摯之~次之。(0880下、0881上)❷繩子。鄭玄《注》:"約,繩。"《儀禮·既夕禮》:~綏,~轡。(1162上)

【約信】用言辭訂立的相互信守之約定。爲諸侯相見之禮。孔穎達《疏》:"亦諸侯事也。約信,以其不能和好,故用言辭共相約束以爲信也。若用言相約束以相見,則用誓。"《禮記·曲禮下》:諸侯使大夫問於諸侯曰聘,~曰誓,涖牲曰盟。(1266上)

【約劑】用作憑據的盟約、契書。鄭玄《注》:"約劑,要盟之載辭及券書也。"《周禮·春官·大史》:凡邦國、都鄙及萬民之有~劑者藏焉,以貳六官,六官之所登。(0817上)

級 (级)jí 階。陸德明《釋文》:"階等。"《禮記·曲禮上》:主人與客讓登,主人先登,客從之,拾~聚足,連步以上。(1238下)

素 sù ❶白色生絹。《雜記下》鄭玄《注》:"素,生帛也。"《巾車》鄭玄《注》:"其襮服以素繒爲緣。"賈公彦《疏》:"禮之通例,素有二種。其義有色飾者,以素爲白土,義有以繒爲飾者,即以素爲繒。"《周禮·春官·巾車》:素車,棼蔽,犬襮,~飾。(0824下)《儀禮·士冠禮》:皮弁服:~積,緇帶,素韠。(0950中)《禮記·雜記下》:純以~,紃以五采。(1569下)❷指形已定而未經修飾或著色的器物。《士喪禮》鄭玄《注》:"形法定爲素,飾治畢爲成。"賈公彦《疏》:"素是未加飾名。"《周禮·夏官·槀人》:春獻~,秋獻成。(0857上)《儀禮·士喪禮》:獻~,獻成,亦如之。(1143中)❸白色。《禮器》鄭玄《注》:"素尚白,黑尚青。"《周禮·天官·屨人》:爲赤舄、黑舄、赤繶、黄繶、青句、~屨,葛屨。(0693下)《禮記·禮器》:或~或青,夏造殷因。(1435下)

【素几】塗以白土的几案。用於喪事。《司几筵》孫詒讓《正義》:"《巾車》'素車',注云:'以白土堊車也。'此素几當與彼同,喪事略,故不漆也。"《周禮·春官·司几筵》:凡喪事,設葦席,右～。(0775 下)《儀禮·士虞禮》:～、葦席在西序下。(1167 中)

【素勺】不飾之本色木勺。喪事用以舀酒。鄭玄《注》:"勺二,醴酒各一也。"《儀禮·既夕禮》:實角觶四,木柶二,～二。(1161 上)

【素功】❶塗施白色。爲畫繪之最後工序。鄭玄《注》:"素,白采也。後布之,爲其易漬汙也。"孫詒讓《正義》:"白色以皎潔爲上,漬汙則色不顯,故於衆色布畢後布之。若先布白色,恐布他色時漬汙之,奪其色也。"《周禮·冬官考工記·畫繢》:凡畫繢之事,後～。(0919 上)❷玉器上不雕飾隆起的雕紋。鄭玄《注》引鄭司農云:"素功,無瑑飾也。"孫詒讓《正義》:"《禮器》云:'大圭不瑑,此以素爲貴也。'是素即不瑑之謂。"《周禮·冬官考工記·玉人》:璋邸射,～,以祀山川,以致稍饎。(0923 下)

【素衣】白色上衣。凶喪之服。鄭玄《注》:"言以喪禮自處也。"孔穎達《疏》:"今既離君,故其衣裳冠皆素,爲凶飾也。"《禮記·曲禮下》:大夫、士去國,踰竟爲壇位,鄉國而哭,～,素裳,素冠。(1258 下)

【素車】❶天子五喪車之一。以白土塗車。凶、喪事所乘。鄭玄《注》:"素車,以白土堊車也。"《周禮·春官·巾車》:～,棼蔽,犬䄙,素飾。(0824 下)❷未經修飾之車。相傳爲殷時之路。天子祭天所乘,貴其質樸如天。凶年,天子損禮亦乘此車。鄭玄《注》:"素車,殷路也。"孔穎達《疏》:"乘殷之樸素之車,貴其象天之質

也。"《禮記·郊特牲》:乘～,貴其質也。(1453 中)

【素沙】白色皺紗。用作六服之襯裏。《內司服》鄭玄《注》:"素沙者,今之白縛也。"《雜記上》鄭玄《注》:"素沙,若今紗縠之帛也。"《周禮·天官·內司服》:掌王后之六服:禕衣、揄狄、闕狄、鞠衣、展衣、緣衣,～。(0691 上)《禮記·雜記上》:內子以鞠衣、褒衣、～,下大夫以襢衣,其餘如士。(1551 中)

【素服】本色或白色衣服。居喪及遭遇凶事(如軍隊戰敗、國有大災荒、日月之食等)時所穿。亦爲穿素服。《郊特牲》孫希旦《集解》:"素服,以素繒爲衣裳。……素服色白,近於喪服,故曰'以送終'。"《周禮·春官·司服》:大札、大荒、大烖,～。(0783 上)《禮記·郊特牲》:皮弁、～而祭。～,以送終也。(1454 上)

【素俎】無飾之俎。喪事所用。鄭玄《注》:"素俎,喪尚質。"《儀禮·喪服》:～在鼎西,西順。(1136 上)

【素冠】白色冠。凶喪之服。鄭玄《注》:"言以喪禮自處也。"孔穎達《疏》:"今既離君,故其衣裳冠皆素,爲凶飾也。"《禮記·曲禮下》:大夫、士去國,踰竟爲壇位,鄉國而哭,素衣,素裳,～。(1258 下)

【素紕】白色緣邊。爲祥祭後所戴白絹之冠的緣邊。鄭玄《注》:"紕,緣邊也。"孔穎達《疏》:"謂緣冠兩邊及冠卷之下畔,其冠與卷身皆用縞,但以素緣耳。"《禮記·玉藻》:縞冠,～,既祥之冠也。(1476 下)

【素帶】白繒縫製的大帶。天子、諸侯、大夫皆用素帶。鄭玄《注》:"謂大

【素琴】未加裝飾雕漆之琴。大祥之日可以彈。鄭玄《注》：「鼓素琴，始存樂也。三年不爲樂，樂必崩。」《禮記·喪服四制》：喪不過三年，苴衰不補，墳墓不培，祥之日，鼓～，告民有終也，以節制者也。(1695 上)

【素裳】白色下衣。凶喪之服。鄭玄《注》：「言以喪禮自處也。」孔穎達《疏》：「今既離君，故其衣裳冠皆素，爲凶飾也。」《禮記·曲禮下》：大夫、士去國，踰竟爲壇位，鄉國而哭，素衣，～，素冠。(1258 下)

【素端】❶諸侯、大夫、士凶事齋戒之服。鄭玄《注》：「士齊有素端者，亦爲札荒有所禱請。變素服言素端者，明異制。……玄謂端者，取其正也。」賈公彥《疏》：「素端者，即上素服，爲札荒祈請之服也。」孫詒讓《正義》：「素端者，如玄端而素也。……吉事齊則玄端服，凶事齊則素端服也。……凡冕弁冠諸服，並繫冠爲名，唯玄端素端是服名，非冠名，蓋自天子下達至於士，通用爲齊服。」《周禮·春官·司服》：其齊服，有玄端、～。(0783 上)❷素服。士襲(殮屍)之服。孔穎達《疏》：「賀瑒云：『以素爲衣裳也。』」孫希旦《集解》：「素端，制若玄端，而用素爲之，蓋凶札祈禱致齊之服也。」《禮記·雜記上》：子羔之襲也：繭衣裳與稅衣，纁袡爲一，～一，皮弁一，爵弁一，玄冕一。(1556 中)

【素器】未加紋飾雕漆之器。始死至葬時祭奠之器。鄭玄《注》：「凡物無飾曰素。……哀則以素，敬則以飾。」《禮記·檀弓下》：奠以～，以生者有哀素之心也。(1301 下)

【素積】腰間有褶皺的白繒裳，爲皮弁服的下裳。是天子視朝、諸侯視朔之服。《士冠禮》鄭玄《注》：「積猶辟也，以素爲裳辟。」《郊特牲》孫希旦《集解》：「素積，以素繒爲裳而襞積之也。素言其色，積言其制。」《儀禮·士冠禮》：皮弁服：～，緇帶，素韠。(0950 中)《禮記·郊特牲》：三王共皮弁～。(1455 下)

【素縞】縞冠素紕。白色絹冠，白綾鑲邊。鄭玄《注》：「此素縞者，《玉藻》所云『縞冠素紕』。」參見「素紕」。《禮記·間傳》：又期而大祥，～麻衣。(1661 上)

【素屨】白色單底鞋。或以皮爲之，上有黑飾。王及后燕居時所穿。如有凶事，則去飾。鄭玄《注》：「凡屨之飾如繡次也。黃屨白飾，白屨黑飾，黑屨青飾。……素屨者，非純吉，有凶去飾者。言葛屨，明有用皮時。」《周禮·天官·屨人》：掌王及后之服屨。爲赤舄、黑舄、赤繶、黄繶、青句、～、葛屨。(0693 下)

【素幦(mì)】白狗皮做成的車軾覆蓋物。鄭玄《注》：「幦，覆笭也。」孔穎達《疏》：「素，白狗皮也。」《禮記·曲禮下》：大夫士去國，踰竟爲壇位，鄉國而哭，素衣，素冠，徹緣，鞮屨，～。(1258 下)

【素韠】未染色加飾的皮蔽膝。鄭玄《注》：「素韠，白韋韠。」參見「韠」。《儀禮·士冠禮》：主人玄冠，朝服，緇帶，～。(0945 下)

【素錦褚】以白色織錦做成的如屋狀的棺柩帷罩。棺飾之一。孔穎達

《疏》：“素錦，白錦也。褚，屋也。於荒下又用白錦以爲屋也，葬在路，象宮室也。故《雜記上》云‘素錦以爲屋而行’，即褚是也。《禮記·喪大記》：飾棺：君龍帷，三池，振容，黼荒，火三列，黼三列，～，加僞荒。(1583下)

【素隱行怪】探索隱晦之理，故作怪異之行。朱熹《集注》：“素，按《漢書》當作‘索’，蓋字之誤也。素隱行怪，言深求隱僻之理，而過爲詭異之行也。”今爲成語。《禮記·中庸》：～，後世有述焉，吾弗爲之矣。(1626下)

索 suǒ ❶繩子，繩索。《匠人》孫詒讓《正義》：“《小爾雅·廣器》云：‘大者謂之索，小者謂之繩。’築土縮版，必用繩索，故云任。”《周禮·冬官考工記·匠人》：凡任，～約大汲其版，謂之無任。(0933中)《儀禮·士相見禮》：下大夫相見以鴈，飾之以布，維之以～，如執雉。(0976下) ❷年終求神而祭。每年十二月，求索鬼神而祭饗之。鄭玄《注》：“索，謂求索也。”《禮記·郊特牲》：蜡也者，～也，歲十二月，合聚萬物而～饗之也。(1453下)

【索牛】挑選出來的牛。爲大夫祭祀所用之牛牲。鄭玄《注》：“索，求得而用之。”孫希旦《集解》：“索，簡擇也。”《禮記·曲禮下》：天子以犧牛，諸侯以肥牛，大夫以～，士以羊豕。(1268下)

【索鬼神】搜尋廢棄的神祇修而祭之。以求鬼神保佑度過凶荒之年。爲救濟災荒的十二措施之一。鄭玄《注》：“索鬼神，求廢祀而修之，《雲漢》之詩所謂‘靡神不舉，靡愛斯牲’者也。”賈公彥《疏》：“年有凶災，鬼神不佑，經云‘索鬼神’，謂搜索鬼神而祭之，是求廢祀而修之。”《周禮·地官·大司徒》：以荒政十有二聚萬民：……十有一曰～。(0706上)

紘 (纮) hóng ❶繫冠冕的絲帶。有笄之冠，帶子一頭繫於笄的左端，另一頭垂繞頤下屈而向上繫於笄的右端，剩餘部分則垂爲飾。無笄之冠，以兩條絲帶兩相繫于頰。《士冠禮》鄭玄《注》：“有笄者，屈組爲紘，垂爲飾；無笄者，纓而結其條。”賈公彥《疏》：“云‘屈組爲紘’者，……謂以一條組於左笄上繫定，遶頤下又相向上仰屬于笄，屈繫之有餘，因垂爲飾也。云‘無笄者，纓而結其條’者，……則以二條組兩相屬于頰。”《弁師》鄭玄《注》：“朱紘，亦朱組爲紘也。紘一條屬兩端於武。”《禮器》鄭玄《注》：“朱紘，天子冕之紘也。諸侯青組紘，大夫、士當緇組紘。”亦爲繫絲帶於笄的兩端。《周禮·夏官·弁師》：五采繅十有二就，皆五采玉十有二，玉笄，朱～。(0854中)《儀禮·士冠禮》：皮弁笄，爵弁笄，緇組～，纁邊。(0950下) 《禮記·禮器》：管仲鏤簋，朱～，山節，藻梲，君子以爲濫矣。(1434中) ❷編磬之繩。鄭玄《注》：“紘，編磬繩也。設鼗於磬西，倚於紘也。”一說，爲鼗兩旁懸耳之繩，若冠之紘。《儀禮·大射》：鼗倚于頌磬，西～。(1029上)

純 (纯) ㈠ zhǔn 衣、冠、鞋、席等的鑲邊、滾邊。《司几筵》鄭玄《注》引鄭司農云：“純，緣也。”《曲禮上》孔穎達《疏》：“冠純，謂冠飾也。

衣純,謂深衣領緣也。"《周禮·春官·司几筵》:設莞筵紛~,加繅席畫~,加次席黼~。(0774 下)《儀禮·士冠禮》:玄端黑屨,青絇、繶、~,~博寸。(0958 上)《禮記·曲禮上》:為人子者,父母存,冠衣不~素。孤子當室,冠衣不~采。(1234 中)

【純帛】長寬合乎標準之帛。即全帛,長二丈,幅二尺四寸。孫詒讓《正義》:"惠士奇讀純如字,云'純猶全也',其說最允。莊有可、黃以周說並略同。蓋此純帛為長二丈之全帛,對《聘禮》《既夕禮》之制帛,為長丈八尺減少之幣,即《內宰》所謂純制也。"一說,以純為緇,黑色。鄭玄《注》:"純,實緇字也。古緇以才為聲。納幣用緇,婦人陰也。凡於娶禮,必用其類。"《周禮·地官·媒氏》:凡嫁子娶妻,入幣~,無過五兩。(0733 下)

㈠ quán ❶射禮中射具的計數單位。偶,一雙。《大射》鄭玄《注》:"純,猶全也。耦陰陽也。"《投壺》孔穎達《疏》:"純,全也,二算合為一全。"《儀禮·大射》:二筭為~,一~以取,實于左手;十~則縮而委之,每委異之;有餘~則橫於下。(1039 下)《禮記·投壺》:二筭為~,一~以取,一筭為奇。(1666 上)❷牲體兩胖的合稱。鄭玄《注》:"合升左右胖曰純。純猶全也。"《儀禮·少牢饋食禮》:魚十有五而鼎,腊一~而鼎。(1198 上)

㈢ chún 絲織品。《士冠禮》鄭玄《注》:"純衣,絲衣也。"《儀禮·士冠禮》:爵弁服,纁裳,~衣,緇帶,韎韐。(0950 上)《禮記·雜記下》:祝、宗人、宰夫、雍人皆爵弁、~衣。(1568 下)

【純3衣】絲衣。爵弁服之衣。《士冠禮》鄭玄《注》:"純衣,絲衣也。餘衣皆用布,唯冕與爵弁服用絲耳。"一說,純當讀䊷,黃黑色。王引之《經義述聞·卷十》:"家大人曰:純當讀䊷。……《廣韻》:'䊷,黃黑色也。'䊷與純聲義相近,古字可通。爵弁服固以絲為之,然《士冠禮》之純衣與纁裳連文,則義主於色而不主於絲。"《儀禮·士冠禮》:爵弁服:纁裳,~,緇帶,韎韐。(0950 上)《禮記·雜記下》:祝、宗人、宰夫、雍人皆爵弁、~。(1568 下)

㈣ zī 用同"緇"。黑色。鄭玄《注》:"純,當為緇。"《禮記·玉藻》:天子佩白玉而玄組綬,公侯佩山玄玉而朱組綬,大夫佩水蒼玉而~組綬。(1482 下)

【純4服】黑色禮服。君主祭祀時所穿。鄭玄《注》:"純服,亦冕服也,互言之爾。純以見繒色,冕以著祭服。"孔穎達《疏》:"婦人以純,陰為尊故也。"《禮記·祭統》:是故天子親耕於南郊以共齊盛,王后蠶於北郊以共~。諸侯耕於東郊亦以共齊盛,夫人蠶於北郊以共冕服。(1603 中)

【純5冕】黑色冕冠。君主祭祀時所服。孔穎達《疏》:"純亦緇也。"《禮記·祭統》:君~立於阼,夫人副褘立於東房。(1603 下)

紕

(紕)pí 衣、冠等的鑲邊。鄭玄《注》:"紕,緣邊也。"《禮記·玉藻》:縞冠,素~,既祥之冠也。(1476 下)

納

(纳)nà 見下。

【納女】嫁女於天子、諸侯、大夫。嫁

女於不同地位的人有不同的謙辭,天子曰:"備廣生子者",國君曰:"備供酒漿者",大夫曰:"備供灑掃者"。鄭玄《注》:"納女猶致女也。壻不親迎,則女之家遣人致之,此其辭也。姓之言生也,天子,皇后以下百二十人,廣子姓也。酒漿,埽灑,賤婦人之職。"《禮記·曲禮下》:~於天子曰"備百姓",於國君曰"備酒漿",於大夫曰"備埽灑"。(1270下)

【納吉】婚禮六禮的第三禮。使者問名回去後,男家主人在禰廟中對女之姓名生辰八字等進行占卜,得吉兆,又遣使者到女家來告吉。納吉用雁。《士昏禮》鄭玄《注》:"歸卜於廟,得吉兆,復使使者往告,昏姻之事於是定。"《儀禮·士昏禮》:~,用鴈,如納采禮。(0962下)《禮記·昏義》:是以昏禮納采、問名、~、納徵、請期,皆主人筵几於廟,而拜迎於門外。(1680中)

【納亨】納牲於亨人。大祭祀宰殺牲之後,主祭之人將牲交予亨人。為祭禮之一節。鄭玄《注》:"納亨,納牲將告殺,謂鄉祭之晨,既殺以授亨人。"《周禮·天官·大宰》:及~,贊王牲事。(0650上)

【納采】婚禮六禮的第一禮。男家派媒氏到女家求婚,女方同意後,男方派人納其采擇之禮。納采用雁。《士昏禮》鄭玄《注》:"將欲與彼合昏姻,必先使媒氏下通其言,女氏許之,乃後使人納其采擇之禮。用鴈為摯者,取其順陰陽往來。"《儀禮·士昏禮》:~,用鴈。(0961中)《禮記·昏義》:是以昏禮~、問名、納吉、納徵、請期,皆主人筵几於廟,而拜迎於門外。(1680中)

【納夏】古樂名。為《九夏》之一。鄭玄《注》引杜子春云:"四方賓來奏《納夏》。"《周禮·春官·鍾師》:凡樂事,以鍾鼓奏《九夏》:《王夏》《肆夏》《昭夏》《~》《章夏》《齊夏》《族夏》《祴夏》《驁夏》。(0800中)

【納幣】即納徵。婚禮六禮的第四禮。納吉之後,男家擇日具書,派使者到女家送聘禮以定婚,女家受物復書,婚姻乃定。納徵是男女婚姻關係正式確立的標誌。聘禮用玄纁、束帛、儷皮等。鄭玄《注》:"納幣,謂昏禮納徵也。"朱彬《訓纂》引方性夫曰:"以物言故曰幣,以義言故曰徵。"參見"納徵"。《禮記·雜記下》:~一束,束五兩,兩五尋。(1569下)

【納徵】婚禮六禮的第四禮。男家派使者到女家送聘禮以定婚。納徵是男女婚姻關係正式確立的標誌。聘禮用玄纁、束帛、儷皮等。納徵用幣,故亦稱納幣。《士昏禮》鄭玄《注》:"徵,成也。使使者納幣以成昏禮。"賈公彥《疏》:"納此則昏禮成,故云徵也。"《儀禮·士昏禮》:~,玄纁束帛、儷皮,如納吉禮。(0962下)《禮記·昏義》:是以昏禮納采、問名、納吉、~、請期,皆主人筵几於廟,而拜迎於門外。(1680中)

【紝】(紉)rèn 織布帛的絲縷。孔穎達《疏》:"紝為繒帛。"《禮記·內則》:執麻枲,治絲繭,織~組紃,學女事,以共衣服。(1471中)

【紒】jì 束髮。鄭玄《注》:"紒,結髮。古文紛為結。"《儀禮·士冠禮》:將冠者采衣,~,在房中,南面。(0951下)

紟

（紟）jìn 裹屍的單被。《士喪禮》鄭玄《注》："紟，單被也。"《儀禮·士喪禮》：絞、～、衾二。(1139 中)《禮記·王制》：唯絞、～、衾、冒，死而后制。(1346 上)

紛

（紛）fēn 有花紋的絲帶。鄭玄《注》："紛如綬，有文而狹者。"《周禮·春官·司几筵》：設莞筵～純，加繅席畫純，加次席黼純。(0774 下)

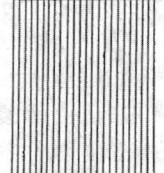
紟

【紛帨(shuì)】拭物的佩巾。鄭玄《注》："紛帨，拭物之佩巾也。"《禮記·內則》：左佩～、刀、礪、小觿、金燧。(1461 上)

【紛純】絲帶做的鑲邊。鄭玄《注》引鄭司農云："純，緣也。"《周禮·春官·司几筵》：設莞筵～，加繅席畫純，加次席黼純。(0774 下)

紡

（紡）fǎng 絹紗。可做衣服，可爲摯禮。鄭玄《注》："紡，紡絲爲之，今之縛(絹)也。所以遣聘君，可以爲衣服，相厚之至。"賈公彥《疏》："云'紡，紡絲爲之'者，因名此物爲紡。"《儀禮·聘禮》：大夫賄用束～。(1067 上)

紞

（紞）dǎn 縫在被頭用來識別被子前後的絲帶。《士喪禮》鄭玄《注》："紞，被(識)也。"賈公彥《疏》："被本無首尾，生時有紞爲記，識前後。"《喪大記》鄭玄《注》："紞，以組類爲之，綴之領側，若今被識矣。生時禪被有識，死者去之，異於生也。"《儀禮·士喪禮》：緇衾，赬裏，無～。(1135 中)《禮記·喪大記》：衿五幅，無～。(1579 中)

紖

（紖）zhèn 牛鼻繩。鄭玄《注》："緤、紖、靮，皆所以繫制之者。"《禮記·少儀》：犬則執緤，……牛則執～，馬則執靮，皆右之。(1514 上)

紐

（紐）niǔ ❶器物上懸繫的襻紐。冕頂有延板，延板左右下垂有孔之小耳，用以貫笄，是謂紐。鄭玄《注》："紐，小鼻在武上，笄所貫也。"賈公彥《疏》："紐者，綴於冕，兩旁垂之，武兩旁作孔，以笄貫之，使得其牢固也。"孫詒讓《正義》："凡器物之有孔竅可穿糸者，並得稱鼻。冕鼻謂之紐，猶印鼻謂之紐也。……戴震云：'延有紐，自延左右垂，笄貫之以爲固。'"《周禮·夏官·弁師》：掌王之五冕，皆玄冕、朱裏、延～。(0854 中) ❷聯繫帷與荒(遮蔽棺柩的帷蓋上稱荒，下稱帷)的扣紐。棺柩前部兩側的紐爲紅色，後部兩側的紐爲黑色，因以爲飾。鄭玄《注》："紐，所以聯帷、荒，前赤後黑，因以爲飾。"《儀禮·既夕禮》：商祝飾柩：一池，～前纁後緇，齊三采，無貝。(1148 中) ❸帶的結扣。孔穎達《疏》："紐，謂帶之交結之處，以屬其紐。"《禮記·玉藻》：居士錦帶，弟子縞帶，並～約用組。(1480 下)

組

（組）zǔ 寬絲帶。《內則》孔穎達《疏》："組、紃俱爲絛也。……然則薄闊爲組，似繩者爲紃。"《士喪禮》鄭玄《注》："用組，組束髮也。"《周禮·天官·典絲》：喪紀，共其絲纊之物，凡飾邦器者，受文織絲～焉。(0690 下)《儀禮·士喪禮》：鬠用～，乃笄，設明衣裳。(1134 上)《禮記·內則》：執麻枲，治絲繭，織紝～紃，學女事，以共衣服。(1471 中)

【組紃】絲繩帶。孔穎達《疏》："組、紃俱爲條也……然則薄闊爲組，似繩者爲紃。"《禮記·內則》：執麻枲，治絲繭，織紝～，學女事，以共衣服。(1471 中)

【組就】以五彩絲編成的冕旒絲帶。五彩絲一匝爲一就。鄭玄《注》："采色一成曰就。"賈公彥《疏》："組就者，謂以組爲冕旒之就，故組就連言。"《周禮·天官·典絲》：凡祭祀，共黼畫～之物。(0690 下)

【組綦】用絲帶做成的鞋帶。鄭玄《注》："綦，履係也，所以拘止履也。"《儀禮·士喪禮》：夏葛屨，冬白屨，皆繶緇絇純，～繫于踵。(1131 中)

【組輓】以絲帶爲輦之挽繩。賈公彥《疏》："此輦車組輓，亦是人輓行者。"《周禮·春官·巾車》：輦車，～，有翣，羽蓋。(0824 中)

【組綬】繫玉的絲帶。鄭玄《注》："綬者，所以貫珮玉相承受者也。"《禮記·玉藻》：天子佩白玉而玄～，公侯佩山玄玉而朱～，大夫佩水蒼玉而純～，世子佩瑜玉而綦～，士佩瓀玟而縕～。(1482 下)

【組總】以絲帶所編之馬首之飾。繫於馬勒上，垂於兩耳及兩㘉旁。賈公彥《疏》："上言朱總、鐻總、鷖總，彼皆以繒爲之。今此言組總，則以組條爲之。總亦施於勒及兩耳兩鑣，并član衡靷焉。"《周禮·春官·巾車》：翟車，貝面～，有握。(0824 上)

【組繫】用於捆綁、連結的絲帶。鄭玄《注》："組繫爲可結也。"《儀禮·士喪禮》：握手，用玄，纁裹長尺二寸，廣五寸，牢中旁寸，著，～。(1131 上)

【組纓】用絲編織的結冠之帶。其色因地位不同而異，如天子之冠朱組纓，諸侯之齊冠丹組纓，士之齊冠綦組纓。《檀弓上》孔穎達《疏》："以組爲纓也。"《儀禮·士冠禮》：緇布冠缺項，青～屬于缺。(0950 下)《禮記·檀弓上》：有子蓋既祥，而絲屨～。(1278 下)

紳 (绅) shēn 大帶之下垂者。亦爲繫大帶。《玉藻》鄭玄《注》："紳，帶之垂者也。"《禮記·玉藻》：～長制，士三尺，有司二尺有五寸。子游曰："參分帶下，～居二焉。"(1481 中)《禮記·雜記下》：麻者不～，執玉不麻，麻不加於采。(1566 上)

【紳垂】大帶下垂。侍君之禮當謙恭，謙恭彎腰則帶垂。鄭玄《注》："紳垂，則磬折也。"孔穎達《疏》："紳，大帶也。身直則帶倚，磬折則帶垂。"《禮記·玉藻》：凡侍於君，～，足如履齊。(1482 上)

累 léi 見下。

【累牛】交配期的公牛。孫希旦《集解》引高誘曰："累牛，父牛。騰馬，父馬也。"《禮記·月令》：是月也，乃合～騰馬，遊牝于牧。(1364 中)

絅 (䌹) jiǒng 單衣。鄭玄《注》："有衣裳而無裏。"《禮記·玉藻》：襌爲～，帛爲褶。(1477 下)

絇 qú 鞋頭上的飾物。猶今鞋梁，有孔，可穿結鞋帶。《士喪禮》鄭玄《注》："絇，履飾，如刀衣鼻，在履頭上，以餘組連之，止足坼也。"《檀弓上》陸德明《釋文》："履頭飾。"《儀禮·士喪禮》：乃屨，綦結于跗，連～。(1134 中)《禮記·檀弓上》：繩屨無

~。(1293上)

終 (終)zhōng ❶樂一章、歌詩一篇稱一終。《鄉射禮》賈公彥《疏》："大夫、士皆五節，一節一終。"《鄉飲酒義》孔穎達《疏》："每一篇而一終也。"《儀禮·鄉射禮》：歌《騶虞》，若《采蘋》，皆五~。(1011下)《禮記·鄉飲酒義》："工入，升歌三~，主人獻之。笙入三~，主人獻之。(1684上)❷謂君子之死。孔穎達《疏》："若君子之死謂之爲終，言但身終，功名尚在。若小人之死但謂之爲死，無功名可錄，但形骸澌盡也。"《禮記·檀弓上》：君子曰~，小人曰死。(1281下)

【終葵】椎。鄭玄《注》："終葵，椎也。爲椎於其杙上，明無所屈也。"賈公彥《疏》："齊人謂椎爲終葵。"《周禮·冬官考工記·玉人》：大圭長三尺，杼上，~首，天子服之。(0922中)

【終辭】推辭三次終不接受禮物。爲禮辭之儀。《儀禮·士冠禮》"賓禮辭"鄭玄《注》："禮辭，一辭而許。再辭而許曰固辭；三辭曰終辭，不許也。"依禮，地位平等的雙方相見，主人接受客人之摯，但事後須到對方住處回拜，並送還禮物。如果雙方是君臣關係，國君可以接受臣下禮物而必答見，還摯。士與大夫則不同，收下禮物不答還則有僭君之嫌，收下後答還又有降同於士之嫌，故"終辭其摯"。《士相見禮》鄭玄《注》："終辭其摯，以將不親答也。凡不答而受其摯，唯君與臣耳。"賈公彥《疏》："經直云'終辭其摯'，不言一辭、再辭，亦可知，但略而不言也。"《儀禮·士相見禮》：士見於大夫，~

其摯。(0976中)

紵 (紵)zhù ❶苧蔴織的白粗布。鄭玄《注》："白而細疏曰紵。"《周禮·天官·典枲》：掌布總緦~之麻草之物，以待時頒功而授齎。(0691上)❷指用白苧蔴布製成的内衣。鄭玄《注》："絺、綌、紵者，當暑之褻衣。"孔穎達《疏》："紵是紵布，此褻衣，故不入陳也。"《禮記·喪大記》：凡陳衣不詘，非列采不入，絺、綌、~不入。(1579下)

紼 (紼)fú 下葬時牽引棺柩入墓穴的繩索。在路牽引柩車的繩索叫引，亦可稱紼。喪禮，助葬一定要手抓繩索不笑。鄭玄《注》："紼，引車索。"孔穎達《疏》："繩屬棺曰紼，屬車曰引。引紼亦通名，故鄭云：'紼，引車索也。'"《禮記·曲禮上》：助葬必執~。……執~不笑。(1249中)

紹 (紹)shào 見下。

【紹擯】主國之君派出的接賓者。由士充任，其地位次於上擯、承擯。《聘禮》鄭玄《注》："擯，謂主國之君所使出接賓者也。紹，繼也，其位相承繼而出也。"《聘義》孔穎達《疏》："紹擯者，紹，繼也，謂繼續承接。"《儀禮·聘禮》：卿爲上擯，大夫爲承擯，士爲~。(1053上)《禮記·聘義》：卿爲上擯，大夫爲承擯，士爲~。(1692下)

絜 xié 見下。

【絜矢】弩所用矢之一種。可携帶火球，飛行有光。用於守城、車戰。鄭玄《注》："枉矢者，取名變星，飛行有光，今之飛矛是也，或謂之兵矢。絜矢象焉。二者皆可結火以射敵、守城、車戰。"《周禮·夏官·司弓矢》：凡矢，枉矢、～利火射，用諸守城、車戰。(0856 上)

【絜矩之道】以道德規範治理民衆之道。絜，量圍之粗細之繩；矩，畫直角的曲尺。喻指儒家提倡的以身作則、推己及人之道。鄭玄《注》："絜，猶結也，挈也；矩，法也。君子有挈法之道，謂當執而行之，動作不失之，……善持其所有以恕於人耳。"朱熹《集注》："君子必當因其所同，推以度物，使彼我之間，各得分願，則上下四方，均齊方正，而天下平矣。"《禮記·大學》：所謂平天下在治其國者，上老老而民興孝，上長長而民興弟，上恤孤而民不倍，是以君子有～也。所惡於上毋以使下，所惡於下毋以事上，所惡於前毋以先後，所惡於後毋以從前，所惡於右毋以交於左，所惡於左毋以交於右。此之謂～。(1674 下)

結

(结)jié 繫紐。鄭玄《注》："結，約餘也。"《禮記·玉藻》：紳、韠、～三齊。(1481 中)

【結本】把牡麻從根部絞結起來，不下垂。是婦女腰絰的形制，大功以上服用。賈公彥《疏》："謂男子帶有散麻，婦人則結本。"胡培翬《正義》："本，謂麻之根本也。……結本謂不垂，異於男子也，此婦人之帶。結本亦謂大功以上者。"《儀禮·士喪禮》：婦人之帶，牡麻～。(1136 上)

【結帨(shuì)】母親給女兒繫結佩巾。爲嫁女儀式之一。鄭玄《注》："帨，佩巾。"《儀禮·士昏禮》：母施衿～，曰："勉之敬之，夙夜無違宮事。"(0972 下)

【結旌】收斂旗幡繫結於旗杆。德車不用兵，故收斂其飾。鄭玄《注》："不盡飾也。結，謂收斂之也。德車，乘車。"孔穎達《疏》："德車，謂玉路、金路、象路、木路。四路不用兵，故曰德車。德美在内，不尚赫奕，故結纏其旒，著於竿也。"《禮記·曲禮上》：武車綏旌，德車～。(1250 上)

絰

(绖)dié 服喪時頭上或腰間所繫結的麻帶。繫在頭上的稱首絰，繫在腰間的稱腰絰。腰絰亦稱帶。亦爲加絰於首、腰。《喪服》鄭玄《注》："麻在首在腰皆曰絰。絰之言實也，明孝子有忠實之心，故爲制此服焉。"《喪服小記》鄭玄《注》："如要絰也。"孔穎達《疏》："絰殺者，按《喪服傳》云：'苴絰大搹，左本在下，去五分一以爲帶。'是首尊而要卑，卑宜小，故五分而去一。"《奔喪》鄭玄《注》："著首絰。"《周禮·夏官·弁師》：王之弁～，弁而加環絰。(0854 下)《儀禮·喪服》：斬衰裳，苴～，杖，絞帶，冠繩纓，菅屨者……大功之～，齊衰之帶也，去五分一以爲帶。(1096 下、1097 中)《禮記·喪服小記》：～殺五分而去一。杖大如～。(1499 中)《禮記·奔喪》：若除喪而后歸，則之墓，哭，成踊，柬括髮，袒，～。(1655 上)

【絰帶】喪服中首絰和腰帶的合稱。《士虞禮》鄭玄《注》："治葛以爲首絰及帶。"《儀禮·士虞禮》：祝免，澡葛～，布席于室中。(1167 下)《禮記·間傳》：父母之喪，居倚廬，寢苫枕塊，不說～。(1660 下)

紫

zǐ 紫色。藍、紅合成的顏色。爲五間色之一。《禮記·玉藻》：玄冠，～緌，自魯桓公始也。(1477 上)

絢

(绚)xuàn 見下。

【絢組】五彩絲帶。鄭玄《注》："采成文曰絢。……皆用五采組，上以玄，下以絳爲地。"《儀禮·聘禮》：問諸侯，朱、綠繅八寸，皆玄纁繫，長尺，～。(1072 下)

絕

(绝)jué 見下。

【絕祭】祭者左手執肺，右手扯斷牲肺之末端以祭。爲九食祭之一。用於鄉射禮、燕禮、特牲饋食禮等。《大祝》鄭玄《注》引鄭司農云："絕祭，不循其本，直絕肺以祭也。"《鄉射禮》鄭玄《注》："卻左手執本，右手絕末以祭也。肺離，上爲本，下爲末。"《周禮·春官·大祝》：辨九祭：一曰命祭，二曰衍祭，三曰炮祭，四曰周祭，五曰振祭，六曰擩祭，七曰～，八曰繚祭，九曰共祭。(0810 上)《儀禮·鄉射禮》：興，取肺，坐，～。(0994 中)

【絕末以祭】即絕祭。扯斷牲肺之末以祭。胡培翬《正義》："繚祭以手從肺本循之至末，乃絕之。絕祭不循其本，但絕末而已。參見"絕祭"。《儀禮·鄉飲酒禮》：右手取肺，卻左手執本，坐，弗繚，右～。(0982 上)

絞

(绞)㊀ xiáo ❶喪禮中小殮、大殮時用以束緊屍體所穿衣服的布帶。小殮之絞用布寬同布幅，絞的末端撕裂爲三，以便繫緊殮衣。大殮之絞一幅布分裂成三片直接用之，因其布較窄，故末端不辟。絞所用布升數與朝服相同。《士喪禮》鄭玄《注》："絞，所

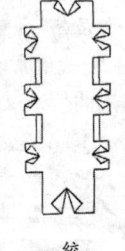
絞

以收束衣服爲堅急者也，以布爲之。"《喪大記》鄭玄《注》："如朝服者，謂布精麤。朝服十五升。小斂之絞也，廣終幅，析其末，以爲堅之强也。大斂之絞，一幅三析用之，以爲

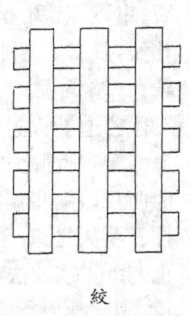
絞

堅之急也。"《儀禮·士喪禮》：～橫三縮一，廣終幅，析其末。(1135 中)《禮記·喪大記》：～、紟如朝服。～一幅爲三，不辟。(1579 中) ❷蒼黃色。鄭玄《注》："絞，蒼黃之色也。"《禮記·玉藻》：麛裘，青豻褎，～衣以裼之。(1479 下)

【絞衣】用蒼黃色的繒所做之衣。加於麛裘之外。《禮記·玉藻》：麛裘，青豻褎，～以裼之。(1479 下)

【絞帶】喪服的腰帶，又稱繩帶。用苴麻或布絞結而成，繫於腰間。斬衰之絞帶用苴麻做成；齊衰服以下用布做成，稱布帶。《喪服》鄭玄《注》："要經，象大帶；又有絞帶，象革帶。齊衰以下用布。"賈公彥《疏》："又絞帶與要經象大帶與革帶，二者同在要，要經既苴，明絞帶與要經同，用苴可知。"《儀禮·喪服》：斬衰裳，苴絰、杖、～，冠繩纓，菅屨者。(1096 下)

絞帶

《禮記·奔喪》：東即主人位，絰、～，哭，成踊。(1654 中)

㊁ jiǎo 見下。

【絞₂垂】喪禮，成服之日（即殯之明

日,人死之第四日,除死日則爲三日)居喪者將散垂的腰経絞結起來纏於腰間。鄭玄《注》:"成服日,絞要経之散垂者。"《儀禮·既夕禮》:既殯,主人説髦。三日,~。(1161 中)

紒 cì 見下。

【紒布】市肆所徵收的房屋場地税。鄭玄《注》:"布,泉也。鄭司農云:'紒布,列肆之税布。'"陸德明《釋文》:"紒音次,本或作次。"孫詒讓《正義》引江永云:"紒布,市之屋税。"《周禮·地官·廛人》:掌斂市~、總布、質布、罰布、廛布,而入于泉府。(0737 中)

絮 chù 見下。

【絮羹】加鹽梅調和羹味。依禮,對於主人所進之羹,不得再行調和,否則會有不滿主人食味之嫌。孔穎達《疏》:"絮,謂就食器中調和鹽梅也。若得主人羹,更於器中調和,是嫌主人食味惡也。"《禮記·曲禮上》:毋~。……客~,主人辭不能亨。(1242 下)

絲 (丝) sī

❶指琴瑟一類的弦樂器。爲八音之一。《大師》鄭玄《注》:"絲,琴瑟也。"《周禮·春官·大師》:皆播之以八音:金、石、土、革、~、木、匏、竹。(0795 中)《禮記·樂記》:金石~竹,樂之器也。(1536 下)❷蠶絲。《周禮·冬官考工記·總敘》:治~麻以成之,謂之婦功。(0905 下)《禮記·月令》:蠶事既登,分繭、稱~效功,以共郊、廟之服。(1363 下)❸絲綫。可用以加固弓幹。《周禮·冬官考工記·弓人》:~

也者,以爲固也。(0934 下)❹指絲織品。繒帛之類。鄭玄《注》:"鞶,小囊,盛帨巾者。男用韋,女用繒。《禮記·内則》:男鞶革,女鞶~。(1471 上)

【絲竹】絲指琴瑟等弦樂器,竹指笙、簫、竽等管樂器。後世泛指音樂。《禮記·樂記》:金石~,樂之器也。(1536 下)

【絲屨】以絲織品爲飾的鞋。依禮,國家凋敝之時,君子不得穿絲屨。孔穎達《疏》:"絲屨,謂絇、繶、純之屬,不以絲飾之。"《禮記·少儀》:國家靡敝,則車不雕幾,甲不組縢,食器不刻鏤,君子不履~,馬不常秣。(1516 中)

綍 fú

用同"綿"。引柩舉棺的大繩。《遂人》鄭玄《注》:"綍,舉棺索也。"《雜記下》鄭玄《注》:"綍、引同耳,廟中曰綍,在塗曰引。"《周禮·地官·遂人》:及葬,帥而屬六~,及窆,陳役。(0741 中)《禮記·雜記下》:升正柩,諸侯執~五百人,四~。(1566 下)

綆 (绠) bǐng

指輪圈外偏。輻上端入轂中,用正枘;下端入輪圈中,用偏枘,則輪圈外出。孫詒讓《正義》引戴震云:"輻上端入轂中,用正枘;下端入牙中,用偏枘,令牙外出,不與輻股骹參值,是爲綆,綆之言偏箪也。蚤正,謂衆輻齊平,雖有綆之減,蚤皆均正也。"鄭玄《注》引鄭司農云:"綆,讀爲關東言餅之餅,謂輪箪也。"一説,指牙綆。孫詒讓《正義》:"程瑶田云:'綆者,牙綆也。綆之形見於輻廣之外而綆之,故藏於輻廣之中。'"《周禮·冬官考工記·輪人》:

眂其～,欲其蚤之正也。(0907下)

經 (经) ㊀ jīng ❶劃分土地界限。鄭玄《注》:"經,謂爲之里數。"《周禮‧天官‧大宰》:惟王建國,辨方正位,體國～野,設官分職,以爲民極。(0639下) ❷治理。賈公彥《疏》:"但治典云'經'者,所以經紀爲名,故云經。"《周禮‧天官‧大宰》:一曰治典,以～邦國,以治官府,以紀萬民。(0645下) ❸南北走向的道路。鄭玄《注》:"經、緯,謂涂也。"《周禮‧冬官考工記‧匠人》:國中九～、九緯,～涂九軌。(0927下) ❹經書。即作爲典範的儒家載籍。《禮記‧學記》:一年視離～辨志,三年視敬業樂羣。(1521中)

【經涂】王都城內的道路。路寬九軌。車兩輪之間的距離爲軌,一軌爲八尺。鄭玄《注》:"國中,城內也。經、緯謂涂也。經緯之涂,皆容方九軌。"《周禮‧冬官考工記‧匠人》:國中九經、九緯,～九軌。(0927下)

【經禮】謂禮之大綱。如儀禮、冠禮、婚禮等。其目有三百。孫希旦《集解》:"經禮者,常行之禮,如《儀禮》《冠禮》《昏禮》之類,其目有三百也。"一說,指《周禮》之官,舉其成數。鄭玄《注》:"經禮,謂《周禮》也。《周禮》六篇,其官有三百六十。"《禮記‧禮器》:故～三百,曲禮三千,其致一也。(1435中)

【經解第二十六】《禮記》第二十六篇篇名。孔穎達《疏》引鄭玄《三禮目錄》云:"名曰《經解》者,以其記六義政教之得失也。此於《別錄》屬通論。"本篇論《詩》《書》《樂》《易》《禮》《春秋》之教,各有得失。六藝稱經,

此爲最早。(1609下)

㊁ jìng 用同"徑"。小路。鄭玄《注》:"步道曰徑。"《禮記‧月令》:王命布農事,命田舍東郊,皆脩封疆,審端～術。(1356下)

綃 (绡) xiāo 薄的生絲織品。鄭玄《注》:"綃,綺屬也。"《禮記‧玉藻》:君子狐青裘,豹褎,玄～衣以裼之。(1479下)

絺 (䌈) chī ❶細葛布。可爲暑日之衣,亦作覆酒尊之冪。《大射》鄭玄《注》:"絺,細葛也。"《曲禮上》陸德明《釋文》:"細葛。"《周禮‧地官‧掌葛》:掌以時徵～綌之材于山農。(0748中)《儀禮‧大射》:冪用錫若～,綴諸箭,蓋冪如勺,又反之。(1029中)《禮記‧曲禮上》:爲天子削瓜者副之,巾以～。(1243下) ❷細葛內衣。依禮,穿單葛布內衣不得進入公門。亦爲穿細葛布衣。《曲禮下》孫希旦《集解》:"絺綌,褻衣,其上宜有中衣與禮衣焉,所謂'必表而出之'也,裗絺綌則不敬矣。"《月令》鄭玄《注》:"初服暑服。"《禮記‧曲禮下》:龜筴、几杖、席蓋、重素、袗～綌,不入公門。(1258上)《禮記‧月令》:是月也,天子始～。(1365中) ❸細葛布巾。用來洗上身。《禮記‧玉藻》:浴用二巾,上～下綌。(1475中)

【絺巾】細葛布巾。用以爲死者洗浴。孔穎達《疏》:"絺是細葛,除垢爲易,故用之也。《士喪禮》云:'浴巾二,皆用絺。'"《禮記‧喪大記》:浴用～,挋用浴衣。(1576上)

【絺布】細葛布。鄭玄《注》:"絺布,葛屬。"《儀禮‧士虞禮》:無禁,冪用～,

糸部 綌絼綏

加勺,南枋。(1167 中)

綌 (绤) xì ❶粗葛布。可為暑日之衣,亦作覆酒尊之冪。《曲禮上》陸德明《釋文》:"麤葛。"《士昏禮》鄭玄《注》:"綌,麤葛。"《周禮·地官·掌葛》:掌以時徵絺~之材于山農。(0748 中)《儀禮·士昏禮》:玄酒在西,~冪,加勺,皆南枋。(0963 中)《禮記·曲禮上》:爲國君者華之,巾以~。(1243 下) ❷粗葛內衣。依禮,穿單葛布內衣不得進入公門。孫希旦《集解》:"絺綌,褻衣,其上宜有中衣與禮衣焉,所謂'必表而出之'也,袗絺綌則不敬矣。"《禮記·曲禮下》:龜筴、几杖、席蓋、重素、袗絺~,不入公門。(1258 上) ❸粗葛布巾。用來洗下身。《禮記·玉藻》:浴用二巾,上絺下~。(1475 中)

絼 zhèn 用同"紖"。牛鼻繩。鄭玄《注》:"絼,著牛鼻繩,所以牽牛者,今時謂之雉。"《周禮·地官·封人》:凡祭祀,飾其牛牲,設其楅衡,置其~,共其水槀。(0720 上)

綏 (绥) ㈠ suí ❶登車時手拉的引繩。君車有二綏,一爲正綏,亦稱良綏,君用;一爲副綏,亦稱散綏、貳綏,僕用。《士昏禮》鄭玄《注》:"綏,所以引升車者。"《曲禮上》孔穎達《疏》:"策是馬杖,綏是上車之繩。"《儀禮·士昏禮》:壻御婦車,授~,姆辭不受。(0966 中)《禮記·曲禮上》:獻車馬者執策~。(1244 上) ❷即旞。杆頭繫有完整五彩羽毛爲飾之旗。孫詒讓《正義》:"綏,當從故書作'禮',即旞之假字。謂以象路建大常,而載全羽之旞,至四郊祭祀兆域之處,升車之左轂而復也。"一説,

鄭玄《注》:"杜子春云:'當爲綏,禮非是也。'玄謂……旌旗有是綏者,當作緌字之誤也。緌以旄牛尾爲之,綴於橦上,所謂注旄於干首者。"王引之《經義述聞·卷八》:"經本謂建旞,非謂建綏。……鄭當依故書作禮而讀爲禮,不當沿子春之誤,徑改爲綏也。"參見"旞"。《周禮·天官·夏采》:掌大喪以冕服復于大祖,以乘車建~,復于四郊。(0694 下) ❸香草名。即廉薑。鄭玄《注》:"荼,茅秀也;綏,廉薑也;澤,澤蘭也,皆取其香且御濕。"《儀禮·既夕禮》:茵,著用荼,實~、澤焉。(1163 下)

【綏祭】祭名。未食之前,祭者將祭品從俎豆上取下以授尸,使之祭於俎豆之間,稱綏祭。亦作隋祭、墮祭、挼祭。《曾子問》鄭玄《注》:"綏,《周禮》作墮。"孔穎達《疏》:"謂欲食之時,先減黍稷牢肉而祭之於豆間,故曰綏祭。"《士虞禮》鄭玄《注》:"事尸之禮,始於綏祭,終於從獻。綏當爲墮。"胡培翬《正義》:"綏祭,即上經'尸人,祝命佐食綏隋祭。佐食取黍稷肺祭授尸,尸祭之'者是。"《儀禮·士虞禮》:不~,無泰羹湆、胾,從獻。(1173 下)《禮記·曾子問》:攝主不厭祭,不旅,不假,不~,不配。(1399 上)

㈡ ruí 旗杆上加綴的牛尾、羽毛。爲有虞氏時喪葬旌旗之飾。鄭玄《注》:"綏亦旌旗之緌也。"孔穎達《疏》:"緌,謂注旄竿首也。"孫希旦《集解》:"愚謂此其喪葬旌旗之飾也。綏,謂以旄及羽注於旗杆之首也。"《禮記·明堂位》:有虞氏之~,夏后氏之綢練,殷之崇牙,周之璧翣。(1492 上)

（三）tuǒ 見下。

綏₃ 視〕垂視。臣視國君，不得看於面，當視面下袷上。鄭玄《注》："綏，讀爲妥。妥視，謂視上於袷。"孔穎達《疏》："國君，諸侯也。妥，下也。若臣視君，目不得取看於面，當視面下袷上。"《禮記・曲禮下》：國君〜。(1269 下)

綪 （綪）zhēng 陳物之法。即第二行接着第一行折轉陳列。如第一行從西到東，第二行接續第一行折轉從東到西，謂之綪。如第二行仍從西到東，則謂之不綪。物多者綪，物少者不綪。鄭玄《注》："綪，屈也。"《儀禮・士喪禮》：厥明，陳衣于房，南領，西上，〜。(1135 中)

緅 zōu 青赤色。鄭玄《注》："染纁者三入而成，又再染以黑則爲緅。緅今禮俗文作爵，言如爵頭色也。"《周禮・冬官考工記・鍾氏》：三入爲纁，五入爲〜，七入爲緇。(0919 上)

綦 qí ❶鞋帶。亦爲繫鞋帶。《士喪禮》鄭玄《注》："綦，屨係也，所以拘止屨也。"《內則》鄭玄《注》："綦，屨繫也。"《儀禮・士喪禮》：夏葛屨，冬白屨，皆繶緇絇純，組〜繫于踵。(1131 中)《禮記・內則》：偪，屨著〜。(1461 上)《禮記・內則》：總角，拂髦，衿纓，〜屨。(1468 下) ❷雜色。古以青、赤、黃、白、黑爲五正色，五色相間爲雜色。此指青黑色。陸德明《釋文》："雜色也。"《禮記・玉藻》：玄冠，〜組纓，士之齊冠也。(1476 下)

綽 （綽）chuò 見下。

【綽綽有裕】形容寬容的樣子。鄭玄《注》："令，善也。綽綽，寬容貌也。"孔穎達《疏》："言此有德之人善於兄弟，故綽綽然而有寬裕。"今爲成語，形容寬裕、富裕。《禮記・坊記》：《詩》云："此令兄弟，〜。"(1620 中)

綅 xī 裳下邊的緣飾。鄭玄《注》："飾裳在幅曰綼，在下曰綅。"《儀禮・既夕禮》：縓綼〜，緇純。(1159 上)

綱 （纲）gāng 繫射侯（箭靶）的繩子。綱上下左右各二，連結侯的上下舌，而繫於左右兩柱（植）上。《梓人》鄭玄《注》："綱，所以繫侯於植者也。……鄭司農云：'綱，連侯繩也。'"《鄉射禮》鄭玄《注》："侯，謂所射布也。綱，持舌繩也。"《周禮・冬官考工記・梓人》：上〜與下〜出舌尋，縜寸焉。(0926 上)《儀禮・鄉射禮》：乃張侯，下〜不及地武；不繫左下〜，中掩束之。(0993 下)

緌 ruí 冠帶在領下繫結後下垂的部分。亦爲垂緌爲飾。《內則》鄭玄《注》："緌，纓之飾也。"孔穎達《疏》："結纓領下以固冠，結之餘者散而下垂，謂之緌。"一說，指冠帶在領繫處另繫的帶飾。張惠言《儀禮圖》卷一《冠圖》自注曰："緌者，別爲絲組，既結纓，乃著於纓之兩端。"《儀禮・士冠禮》：其〜也，孔子曰："吾未之聞也，冠而敝之可也。"(0958 中)《禮記・檀弓上》：喪冠不〜。(1275 下)《禮記・內則》：子事父母，雞初鳴，咸盥，漱，櫛，縰，笄，總，拂髦，冠〜纓，端，韠，紳，搢笏。(1464 上)

維 （维）wéi 箭靶上牽拉躬舌的繩索。鄭玄《注》："侯有上下綱，其

糸部 縪綸綬綢綠綴

邪制躬舌之角者爲維。"賈公彥《疏》："綱與維皆用繩爲之。"一说，維指躬與舌。胡培翬《正義》引敖繼公曰："或曰維謂躬與舌也。躬舌所以維持，未知是否。"《儀禮·大射》：司射西面命曰："中離～綱，揚觶，梱復，公則釋獲，衆則不與。"(1036 下)

縪 bì 裳幅的緣飾。鄭玄《注》："飾裳在幅曰縪。"《儀禮·既夕禮》：綼～緆，緇純。(1159 上)

【縪緆】裳幅邊緣之飾及下緣之飾。鄭玄《注》："飾裳在幅曰縪，在下曰緆。"《儀禮·既夕禮》：綼～，緇純。(1159 上)

綸 (纶) lún 粗絲綫。孔穎達《疏》："王言初出，微細如絲；及其出行於外，言更漸大如似綸也。言綸麤於絲。"《禮記·緇衣》：王言如絲，其出如～；王言如～，其出如綍。(1648 上)

綬 (绶) shòu 絲帶，絲繩。用以繋帷幕、佩玉、璽印等。《幕人》鄭玄《注》："鄭司農云：'……綬，組綬，所以繋帷也。'玄謂……凡四物者，以綬連繋焉。"《玉藻》鄭玄《注》："綬者，所以貫珮玉相承受者也。"《周禮·天官·幕人》：掌帷、幕、幄、帟、～之事。凡朝覲、會同、軍旅、田役、祭祀，共其帷、幕、幄、帟、～。(0676 中)《禮記·玉藻》：天子佩白玉而玄組～，公侯佩山玄玉而朱組～，大夫佩水蒼玉而純組～，世子佩瑜玉而綦組～，士佩瓀玟而縕組～。孔子佩象環五寸而綦組～。(1482 下)

綢 (绸) tāo 見下。

【綢練】夏時喪葬旌旗之飾。以素練纏裹旗杆並以爲旒。孫希旦《集解》："愚謂此其喪葬旌旗之飾也。……綢練，綢其杠而以練帛爲之旒也。"《禮記·明堂位》：有虞氏之綏，夏后氏之～，殷之崇牙，周之璧翣。(1492 上)

綠 (绿) lǜ 綠色。爲五間色之一。亦爲染成綠色。《儀禮·聘禮》：問諸侯，朱、～繶八寸，皆玄纁繫，長尺，絢組。(1072 下)《禮記·祭義》：遂朱～之，玄黃之，以爲黼黻文章。(1598 上)

綴 (缀) ㊀ zhuì ❶舞者的行列位置。孔穎達《疏》："言未舞之前，舞者久立於鄭綴，象武王待諸侯之至。"《禮記·樂記》：久立於～，以待諸侯之至也。(1542 下) ❷繋帶。孔穎達《疏》："不縫之邊上下安七帶綴以結之，故云綴旁七也。"《禮記·喪大記》：君錦冒黼殺，～旁七。大夫玄冒黼殺，～旁五。士緇冒赬殺，～旁三。(1580 上)

【綴兆】樂舞中舞者的步位及界域。鄭玄《注》："綴，謂鄭舞者之位也。兆，其外營域也。"《禮記·樂記》：屈伸俯仰，～舒疾，樂之文也。(1530 中)

㊁ chuò 見下。

【綴₂足】人始死，用燕几夾住死者雙脚，防止其變形，以便爲死者穿鞋。《喪大記》孔穎達《疏》："爲尸應著履，恐足辟戾，亦使小臣用燕几綴拘之，令直也。"《既夕禮》賈公彥《疏》："古者几兩頭各施兩足，今以夾則豎用之，尸南首足鄉北，故以几脚鄉南以夾足。"《儀禮·既夕禮》：～用燕几，校在南，御者坐持之。(1158 中)《禮記·喪大記》：小臣楔齒用角柶，～用

燕几。(1575 下)

緇 (缁) zī ❶黑色。染七次而成緇。《鍾氏》鄭玄《注》:"染纁者,三入而成。又再染以黑,則爲緅。……又復再染以黑,乃成緇。"《周禮·冬官考工記·鍾氏》:三入爲纁,五入爲緅,七入爲～。(0919 上)《儀禮·特牲饋食禮》:特牲饋食,其服皆朝服,玄冠,～帶,～韠。(1191 下)《禮記·喪大記》:士戴,前纁後～,二披皆纁。(1584 上)❷染黑。《郊特牲》鄭玄《注》:"緇之者,鬼神尚幽闇也。"孔穎達《疏》:"大古之時,其冠唯用白布,常所冠也。若有齊戒,則染之爲緇。"《儀禮·士冠禮》:大古冠布,齊則～之。(0958 中)《禮記·郊特牲》:大古冠布,齊則～之。(1455 下)

【緇衣】❶覆加在羔裘外的黑色罩衣。大夫、士所服。鄭玄《注》:"君子,大夫、士也。"《禮記·玉藻》:君子狐青裘,豹褎,玄綃衣以裼之;麛裘,青豻褎,絞衣以裼之;羔裘,豹飾,～以裼之;狐裘,黃衣以裼之。(1479 下)❷《詩經·鄭風》篇名。是讚美武公好賢之詩,此處引以説明愛賢當如之。鄭玄《注》:"《緇衣》《巷伯》,皆《詩》篇名也。"《禮記·緇衣》:好賢如《～》,惡惡如《巷伯》,則爵不瀆而民作愿,刑不試而民咸服。(1647 中)

【緇帶】黑繒製成的外衣束帶。重要禮事如冠禮、特牲饋食禮服朝服,戴玄冠,束緇帶。《士冠禮》鄭玄《注》:"緇帶,黑繒帶。"《儀禮·士冠禮》:主人玄冠,朝服,～,素韠。(0945 下)《儀禮·特牲饋食禮》:其服皆朝服,玄冠,～,緇韠。(1191 下)

【緇布衣】黑色布衣。爲童子之常服。孔穎達《疏》:"謂用緇布爲衣,尚質故也。"《禮記·玉藻》:童子之節也,～,錦緣,錦紳并紐,錦束髮,皆朱錦也。(1483 上)

【緇布冠】黑布冠。爲冠禮始加之冠,亦爲庶人之常冠。緇布冠不用笄,以缺項固冠。缺項即頍(kuǐ),爲帶狀,用時圍繞髮際,於後項作結;缺項兩側有纓,可繫於頷下;缺項四角有繩,繫於冠武之上。《士冠禮》鄭玄《注》:"缺讀如'有頍者弁'之頍。緇布冠無笄者,著頍圍髮際,結項中,隅爲四綴,以固冠也。"《儀禮·士冠禮》:～缺項,青組纓屬于缺。(0950 下)《禮記·玉藻》:始冠～,自諸侯下達。(1476 下)

緇布冠

【緇布之冠】黑布冠。爲士冠禮始加之冠,亦爲庶人之常冠。其冠不用笄,有缺項,隅有纓,綴於冠武。詳見"緇布冠"。《禮記·郊特牲》:冠義:始冠之～也。(1455 下)

【緇布裳帷】用緇色布做的棺柩四週的帷幔。爲死於國外的諸侯其柩車返國時之棺飾。鄭玄《注》:"緇布裳帷,圍棺者也。"孔穎達《疏》:"輔下棺外用緇色之布以爲裳帷,以圍繞棺也。"《禮記·雜記上》:其輔有裧,～,素錦以爲屋而行。(1548 下)

【緇衣第三十三】《禮記》第三十三篇名。因第二節有"好賢如《緇衣》"文,故取《緇衣》爲篇名。孔穎達《疏》引鄭玄《三禮目録》云:"名曰《緇衣》者,善其好賢者厚也。《緇衣》,鄭詩也。……此於《別錄》屬通論。"本篇廣涉君臣之道、君臣之德、君臣關係、交友之道等修身治國的各個方面,多引《詩》《書》之文以明義。或以爲《坊記》《表記》《緇衣》爲一人所作,而《緇衣》是《表記》的下篇。陸德明《釋文》引劉獻説以爲《緇衣》爲公孫尼子所作。1993年冬湖北荆門郭店出土戰國楚簡,有此篇殘簡11字,出自戰國人之手。(1647中)

【緤】xiè 用同"紲"。牽牲畜的繩索。鄭玄《注》:"緤、紖、鞠,皆所以繫制之者。"《禮記·少儀》:犬則執~。(1514上)

【練】(练) liàn ❶小祥之祭。父母去世後一週年之祭,因祭者皆著練服,亦稱練祭。祭後可以除去一部分喪服及稍微改善飲食、居處。亦爲行小祥之祭。《大祝》賈公彦《疏》:"練,謂十三月小祥,練祭。"詳見"小祥"。《周禮·春官·大祝》:付、~、祥,掌國事。(0811中)《儀禮·喪服》:既~,舍外寢。(1097中)《禮記·雜記上》:主妾之喪,則自祔至於~祥,皆使其子主之。(1554上) ❷加灰煮洗過的絲帛。其質柔軟、潔白。《檀弓上》孔穎達《疏》:"練則素錦,用以爲綢杠也。"《儀禮·聘禮》:遭喪,將命于大夫,主人長衣~冠以受。(1069中)《禮記·檀弓上》:綢~設旐,夏也。(1284中) ❸煮熟生絲絹,使之柔白。鄭玄《注》:"暴練,練其素而暴之。"賈公彦《疏》:"素即絹也,先練乃暴之。"《周禮·天官·染人》:凡染,春暴~,夏纁玄。(0692下)

【練衣】喪期年小祥祭所穿之衣。用煮洗過的布帛製成,黃色内裹,淺紅色的邊。鄭玄《注》:"小祥,練冠,練中衣,以黃爲内,緅爲飾。"《禮記·檀弓上》:練,~黃裹,緅緣。(1293上)

【練帛】煮洗過的熟帛。用作死者的裹頭。胡培翬《正義》:"練帛,熟帛。"《儀禮·士喪禮》:掩~,廣終幅,長五尺,析其末。(1130下)

【練冠】喪期年小祥祭之冠。用煮洗過的絲帛製成。亦爲戴練冠。《雜記上》孔穎達《疏》:"練冠是小祥以後,以練爲冠。"《儀禮·喪服》:公子爲其母,~、麻、麻衣緅緣。(1120下)《禮記·雜記上》:如筮,則史~長衣以筮。(1551上)

【練祥】小祥與大祥。父母去世後一週年之祭爲小祥,亦稱練;三年之喪的二週年祭爲大祥。亦爲行小祥、大祥之祭。《大祝》賈公彦《疏》:"練,謂十三月小祥,練祭。祥,謂二十五月大祥,除衰杖。"《周禮·春官·大祝》:付、~、掌國事。(0811中)《禮記·文王世子》:雖爲庶人,冠、取妻必告,死必赴,~則告。(1408下)

【練帶】用煮洗過的絲帛做的帶子。爲士所用。孔穎達《疏》:"士用孰帛練爲帶。"《禮記·玉藻》:士~,率,下辟。(1480下)

【練祭】即小祥之祭。父母去世後一週年之祭。孫希旦《集解》:"三年之喪,至期而祭,謂之小祥。小祥練冠練衣。練祭,謂練冠以祭也。"《禮記·曾子問》:聞之小祥者,主人~而不旅,奠酬於賓。(1391上)

【緝】(缉) qī 縫紉衣邊。喪服,斬衰邊側不縫,齊衰邊側縫齊。

胡培翬《正義》："下《傳》云：'齊者何？緝也。'賈《疏》云：'緝，今人謂之爲緶(pián)。'緶與緝同義，謂斬布爲衰裳而其邊側不縫也。"《儀禮・喪服》：斬者何？不～也。(1097中)

縕（缊）㊀ wēn 赤黃色，淺赤色。鄭玄《注》："縕，赤黃之間色。"《禮記・玉藻》：一命～韍幽衡，再命赤韍幽衡，三命赤韍蔥衡。(1481上)

【縕韍(fú)】祭服上的赤黃色蔽膝。爲公侯伯之士、子男之大夫的服飾。鄭玄《注》："韍之言亦蔽也。縕，赤黃之間色，所謂韎也。……公、侯、伯之卿三命，其大夫再命，其士一命；子、男之卿再命，其大夫一命，其士不命。"《禮記・玉藻》：一命～幽衡，再命赤韍幽衡，三命赤韍蔥衡。(1481上)

【縕組綬】繫玉的赤黃色絲帶。爲士所用。鄭玄《注》："綬者，所以貫佩玉相承受者也。……縕，赤黃。"《禮記・玉藻》：天子佩白玉而玄組綬，公侯佩山玄玉而朱組綬，大夫佩水蒼玉而純組綬，世子佩瑜玉而綦組綬，士佩瓀玟而～。(1482下)

㊁ yùn 新舊混合的綿絮。鄭玄《注》："纊，謂今之新綿也。縕，謂今纊及舊絮也。"《禮記・玉藻》：纊爲繭，～爲袍，襌爲絅，帛爲褶。(1477下)

緦（缌）sī ❶細麻布。經六百縷。《典枲》鄭玄《注》："緦，十五升布抽其半者。"《喪服》鄭玄《注》："謂之緦者，治其縷細如絲也。"賈公彥《疏》："以八十縷爲升，十五升千二百縷，抽其半六百縷。"《周禮・天官・典枲》：掌布～縷紵之麻草之物，以待時頒功而授齎。(0691上)《儀禮・喪服》：～者，十五升抽其半。(1119中)《禮記・間傳》：緦麻十五升去其半，有事其縷，無事其布，曰～。(1660下) ❷喪服名。五服之最輕者。以細麻布製成，又用澡治之麻爲絰帶，服期三月。亦爲服緦麻喪服。詳見"緦麻"。《儀禮・喪服》：《傳》曰：何以～？《傳》曰：與尊者爲一體，不敢服其私親也。然則何以服～也？有死於宮中者，則爲之三月不舉祭，因是以服～也。(1119下)《禮記・三年問》：故三年以爲隆，～、小功以爲殺，期、九月以爲間。(1663下)

【緦服】服緦麻之喪。未成年的兒童如果不主持家事，就不服緦麻之喪。《喪服》鄭玄《注》："當室者，爲父後承家事者。"《玉藻》孔穎達《疏》："童子唯當室，與族人爲禮有恩相接之義，故遂服本服之緦耳。若不當室，則情不能至緦，故不服也。"《儀禮・喪服》：《傳》曰：不當室則無～也。(1124中)《禮記・玉藻》：童子不裘、不帛，不屨絇，無～。(1483上)

【緦冠】緦麻冠。服期三月的喪冠。《禮記・雜記上》：～繰纓。(1555上)

【緦衰】緦麻服。天子弔諸侯之喪所服。此處爲服緦麻喪服。鄭玄《注》："君爲臣服弔服也。……鄭司農云：'……緦亦十五升去其半，有事其縷，無事其布。'"《周禮・春官・司服》：王爲三公、六卿錫衰，爲諸侯～，爲大

夫、士疑衰,其首服皆弁絰。(0782下)

【緦麻】喪服名。五服之最輕者。以細麻布製成,又用澡治之麻爲絰帶,服期三月。爲族曾祖父母、族祖父母、族父母、族昆弟、甥、婿、妻之父母、姑之子、舅、舅之子等服;天子弔諸侯之喪亦服。《喪服》賈公彥《疏》:"此章五服之內輕之極者,故以緦如絲者爲衰裳,又以澡治枲垢之麻以爲絰帶,故曰緦麻也。"詳見《儀禮·喪服》。《儀禮·喪服》:~三月者。(1119中)《禮記·間傳》:斬衰貌若苴,齊衰貌若枲,大功貌若止,小功、~容貌可也。(1660下)

【緦冠繰纓】緦麻冠以澡治的細麻布爲纓。鄭玄《注》:"繰當爲澡。"孔穎達《疏》:"緦衰冠治纓不治布,冠又用澡治緦布爲纓,以輕故也。"《禮記·雜記上》:小功以下左。~。(1555上)

緹 (緹)tí 見下。

【緹齊(jì)】紅赤色之濁酒。爲五齊之一。五齊皆爲有滓不沛、糟汁未分之酒,其中泛齊最濁,沈齊最清。用於祭祀。鄭玄《注》:"緹者,成而紅赤,如今下酒矣。"參見"五齊"。《周禮·天官·酒正》:辨五齊之名:一曰泛齊,二曰醴齊,三曰盎齊,四曰~,五曰沈齊。(0668下)

緩 (緩)huǎn 見下。

【緩刑】放寬刑罰。謂重罪輕判,輕罪赦宥。爲救濟災荒的十二措施之一。賈公彥《疏》:"三曰緩刑者,謂凶年犯刑緩縱之。"《周禮·地官·大司徒》:以荒政十有二聚萬民:一曰散利,二曰薄征,三曰~,四曰弛力,五曰舍禁,六曰去幾,七曰眚禮,八曰殺哀,九曰蕃樂,十曰多昏,十有一曰索鬼神,十有二曰除盜賊。(0706上)

總 zǒng 用同"總"。❶指喪服中下垂爲飾的束髮布帶。亦爲束髮。《檀弓上》鄭玄《注》:"總,束髮垂爲飾。齊衰之總八寸。"《喪服》鄭玄《注》:"總,束髮。謂之總者,既束其本,又總其末。"《儀禮·喪服》:女子子在室爲父,布~、箭笄、髽、衰,三年。(1101中)《禮記·檀弓上》:蓋榛以爲笄,長尺,而~八寸。(1278中)❷指會計簿書之分類賬與總賬。鄭玄《注》:"總,謂簿書之種別與大凡。"孫詒讓《正義》:"種別謂名物之細目,大凡謂多少之都數也。"《周禮·天官·職內》:掌邦之賦入,辨其財用之物,而執其~。(0682中)❸馬首之飾。以絲帛爲之,繫於馬勒上,垂於兩耳及兩嚼旁。鄭玄《注》引鄭司農云:"鷖總者,青黑色,以繒爲之,總著馬勒,直兩耳與兩鑣。"《周禮·春官·巾車》:重翟,錫面朱~;厭翟,勒面繢~;安車,彫面鷖~,皆有容蓋。(0823下)❹以綢帶束髮,垂餘以爲飾。鄭玄《注》:"總,束髮也,垂後爲飾。"孔穎達《疏》:"總者,裂練繒爲之,束髮之本,垂餘於髻後,故以爲飾也。"《禮記·內則》:子事父母,雞初鳴,咸盥、漱、櫛、縰、笄、~、拂髦。(1461上)

【總布】貨物之正稅。孫詒讓《正義》:"江永云:'緫布者,市之屋税;

總布者,貨賄之正稅;廛布者,市之地稅也。'案:江說是也。……緫布者,以貨物稅爲正,而亦兼有貢,故謂之緫,明通晐賦貢也。"《周禮·地官·廛人》:"掌斂絘布、~、質布、罰布、廛布,而入于泉府。(0737中)

【緫角】未成年男女束髮爲兩結,向上分開,形狀如角,故稱。鄭玄《注》:"緫角,收髮結之。"《禮記·內則》:"男女未冠笄者,鷄初鳴,咸盥、漱、櫛、縰、拂髦,~,衿纓,皆佩容臭。(1462上)

【緫章】明堂之西堂。取西方緫成萬物而章明之之意。天子明堂有五室,東曰青陽,西曰緫章,南曰明堂,北曰玄堂,中曰太室,其中以南爲正,以中爲尊。除太室外,四堂又各分爲左右室及中堂,左曰左个,右曰右个,中曰大廟。鄭玄《注》:"緫章左个,大寢西堂南偏。""緫章大廟,西堂當大室也。"孫希旦《集解》:"緫章左个,明堂西方之南室也。萬物至西方而章明成熟,故曰'緫章'。""緫章大廟,明堂之西堂也。"參見"明堂①"。《禮記·月令》:"天子居~左個,乘戎路,駕白駱,載白旂,衣白衣,服白玉。(1373上)《禮記·月令》:"天子居~大廟,乘戎路,駕白駱,載白旂,衣白衣,服白玉。(1373下)

編 (编) ㊀ biàn 假髮髻。爲婦女之首飾。鄭玄《注》:"編,編列髮爲之,其遺象若今之假紒也。"《周禮·天官·追師》:"爲副、~、次,追衡、笄,爲九嬪及外內命婦之首服,以待祭祀、賓客。(0693上)

㊁ biàn 見下。

【編₂鍾】打擊樂器。十六枚爲一堵,按律呂及大小順序排列,懸於筍虡上,敲擊以作樂。孫詒讓《正義》引黃以周云:"鍾磬有編而次者,

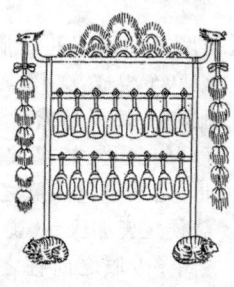

編鍾

有不編而特者。編鍾編磬胝瞭擊之。特鍾大於編鍾,鍾師擊之;特磬大於編磬,磬師擊之。"《周禮·春官·磬師》:"掌教擊磬,擊~。(0800中)

緯 (纬) wěi 東西向的道路或土地。賈公彥《疏》:"南北之道爲經,東西之道爲緯。"《周禮·冬官考工記·匠人》:"國中九經、九~,經涂九軌。(0927下)

緣 (缘) yuàn 裳下邊的緣飾。《深衣》鄭玄《注》:"緣,緆也。"《儀禮·既夕禮》"縓綼緆"鄭玄《注》:"飾裳在幅曰綼,在下曰緆。"《儀禮·喪服》:"帶,~各視其冠。(1104上)《禮記·深衣》:"純袂、~、純邊,廣各半寸。(1664中)

【緣衣】黑衣。爲王后六服之一。后御王及燕居所服。鄭玄《注》引鄭司農云:"此緣衣者,實作褖衣也。褖衣,御于王之服,亦以燕居。男子之褖衣黑,則是亦黑也。"《周禮·天官·內司服》:"掌王后之六服:褘衣、揄狄、闕狄、鞠衣、展衣、~、素沙。(0691上)

縓 quán 淺紅色。《檀弓下》陸德明《釋文》:"淺赤色,今之紅也。"《喪服》鄭玄《注》:"縓,淺絳也。一染

謂之縓。"《儀禮·喪服》：公子爲其母，練冠、麻、麻衣～緣。(1120下)《禮記·檀弓下》：練，練衣黃裏，～緣。(1293上)

【縓冠】淺紅色布的喪冠。君之庶子爲其妻服喪所戴。《儀禮·喪服》：爲其妻，～、葛絰帶、麻衣縓緣。(1120下)

【縓緣】淺紅色布的鑲邊。爲喪服、喪冠之鑲邊。《儀禮·喪服》：爲其妻，縓冠、葛絰帶、麻衣～。(1120下)《禮記·間傳》：期而小祥，練冠～、要絰不除。(1661上)

縣 (县) ㈠ xuán ❶指懸掛於筍簴上的鍾、磬、鎛等樂器。《大司樂》賈公彥《疏》："令弛縣，謂大司樂令樂宮弛常縣之樂。"《鄉射禮》鄭玄《注》："縣中，磬東，立西面。"《曲禮下》鄭玄《注》："無災變則不去樂也。"《周禮·春官·大司樂》：大札、大凶、大裁、大臣死，凡國之大憂，令弛～。(0791中)《儀禮·鄉射禮》：笙入，立于～中，西面。(0995下)《禮記·曲禮下》：大夫無故不撤～，士無故不撤琴瑟。(1259下)❷懸掛鍾磬於筍虡之上。《小胥》鄭玄《注》："樂縣，謂鍾磬之屬，縣於筍虡者。"《周禮·春官·小胥》：正樂～之位，王宮、諸侯軒～、卿大夫判～、士特～，辨其聲。(0795上)《儀禮·大射》：樂人宿～于阼階東，笙磬西面，其南笙鍾，其南鎛，皆南陳。(1028下)❸懸繩。測量垂直的工具。賈公彥《疏》："有直豎立者中于繩縣之垂者。"《周禮·冬官考工記·輿人》：圜者中規，方者中矩，立者中～，衡者中水。(0910下)❹秤錘。鄭玄《注》："衡，稱也。

縣，謂錘也。"孔穎達《疏》："衡謂稱衡，縣謂稱錘。"《禮記·經解》：故衡誠～，不可欺以輕重。(1610中)

【縣封】懸繩以手弔棺入穴。庶民至卑，爲竪穴葬，無墓道，故以繩索懸棺入穴。士大夫墓葬則有墓道，下棺有紼，四週有碑。鄭玄《注》："縣封，當爲縣窆。縣窆者，至卑不得引紼下棺。"《禮記·王制》：庶人～，葬不爲雨止，不封，不樹。(1334下)

【縣弧】懸弓弧於門之左。古人重射，故生子之家必縣弧以示有善射的本領。鄭玄《注》："男子生而設弧於門左，示有射道而未能也。"孫希旦《集解》："男子生，則懸弧於門左。射者，男子之所有事也。故君使士射，不能則託疾以辭，因有縣弧之義，不可自言其不能射故也。"《禮記·郊特牲》：士，使之射，不能，則辭以疾，～之義也。(1448下)

【縣壺】懸掛漏壺。漏壺用以計時。《挈壺氏》鄭玄《注》引鄭司農云："縣壺以爲漏，以序聚檹，以次更聚擊檹備守也。"《喪大記》孔穎達《疏》："縣漏，分時使均。"《周禮·夏官·挈壺氏》：凡軍事，～以序聚檹。凡喪，～以代哭者，皆以水火守之，分以日夜。(0844下)《禮記·喪大記》：大夫官代哭，不～。(1574中)

【縣鼓】周時廟堂所用之大鼓。懸於筍虡之上。孔穎達《疏》："縣鼓，謂大鼓也。"《禮記·禮器》：廟堂之下，～在西，應鼓在東。(1440下)

【縣棺而封】懸繩以手弔棺入穴。此爲庶民葬制。庶民至卑，爲竪穴葬，無墓道，故以繩索懸棺入穴。孔子以爲,喪葬當"稱家之有無",衹要衣能蔽形,懸棺而葬亦不爲失禮。鄭玄《注》:"不設碑繂,不備禮。封當爲窆。窆,下棺也。"孔穎達《疏》:"貴者則用碑繂。若貧而即葬者,但手縣棺而下之,同於庶人。"參見"縣封"。《禮記·檀弓上》:"苟亡矣,斂首足形,還葬,～,人豈有非之者哉!"(1291下)

㈠ xiàn ❶地方行政區劃。一縣爲二千五百家。《周禮·地官·遂人》:五家爲鄰,五鄰爲里,四里爲酇,五酇爲鄙,五鄙爲～,五～爲遂。(0740中)《禮記·月令》:合諸侯,制百～,爲來歲受朔日。(1379下)❷王畿中距國都三百里至四百里之地域。縣地有卿之采邑,曰小都。鄭玄《注》:"郊,四郊,去國百里。野,甸稍也。甸去國二百里,稍三百里,縣四百里,都五百里。"《周禮·天官·司會》:掌國之官府、郊野、～都之百物財用,凡在書契、版圖者之貳,以逆羣吏之治而聽其會計。(0679中)❸都鄙采地井田面積之單位。四甸爲縣,方二十里。鄭玄《注》:"此謂造都鄙也。采地制井田,異於鄉遂。……四甸爲縣,方二十里。"《周禮·地官·小司徒》:九夫爲井,四井爲邑,四邑爲丘,四丘爲甸,四甸爲～,四～爲都。(0711下)❹天子所居之州。殷、周稱畿。鄭玄《注》:"縣内,夏時天子所居州界名也。殷曰畿,……周亦曰畿。"《禮記·王制》:天子之～内,方百里之國九,七十里之國二十有一,五十里之國六十有三,凡九十三國。(1324上)

【縣₂士】職官名。掌管各縣之獄訟。爵中士。《周禮·秋官·縣士》:～,掌野,各掌其縣之民數,糾其戒令而聽其獄訟。(0876下)

【縣₂正】職官名。爲一縣之長,掌一縣之政令。爵下大夫。《周禮·地官·縣正》:～,各掌其縣之政令徵比。(0742下)

【縣₂地】王畿中距國都三百里至四百里之地域。縣地有卿之采邑,曰小都。鄭玄《注》:"小都,卿之采地。大都,公之采地。"《周禮·地官·載師》:以小都之田任～,以大都之田任畺地。(0725上)

【縣₂師】職官名。掌管郊、甸、稍、縣、都之地界與人口、土地之數。爵上士、中士。《周禮·地官·縣師》:～,掌邦國、都鄙、稍甸、郊里之地域,而辨其夫家、人民、田萊之數,及其六畜、車輦之稽。(0727下)

【縣₂鄙】縣和鄙。縣、鄙均爲六遂之行政區劃,縣二千五百家,鄙五百家,與六鄉之州、黨同。故縣、鄙亦泛指六鄉之行政區劃。《宰夫》鄭玄《注》:"六遂五百家爲鄙,五鄙爲縣,言縣鄙而六鄉州黨亦存焉。"《周禮·天官·宰夫》:掌治灋以考百官府、羣都～之治。(0656上)《禮記·月令》:命司徒巡行～,命農勉作,毋休于都。(1365中)

繂

bì 縫於冠卷。鄭玄《注》:"繂,謂縫著於武也。"賈公彦《疏》:"古者冠吉凶皆縫武別材。武謂冠卷,以冠前後皆縫著於武。若吉冠,則從武上鄉内縫之,繂餘在内謂之内繂。若凶冠。從武下鄉外縫之,謂之外繂。"《儀禮·既夕禮》:冠六升,外～,纓條屬,厭。(1161中)

緅

緅 yún 射侯（箭靶）左右个上的紐襻。繩穿其中，以固定射侯。鄭玄《注》引鄭司農云："綱，連侯繩也。緅，籠綱者。"孫詒讓《正義》："綱貫緅中，緅籠絡綱，使不脫，故曰籠綱。"《周禮・冬官考工記・梓人》：上綱與下綱出舌尋，～寸焉。(0926 上)

縏

縏 pán 盛物小袋。鄭玄《注》："縏，小囊也。"《禮記・內則》：右佩箴、管、線、纊、施～袠，大觿、木燧。(1461 中)

【縏袠(zhì)】泛指裝針綫等物的小袋。陳澔《集說》："縏袠，皆囊屬。"《禮記・內則》：右佩箴、管、線、纊、施～，大觿、木燧。(1461 中)

縫

縫 (縫)féng 見下。

【縫人】職官名。掌管王宮中裁剪縫製之事。由奄者擔任。《周禮・天官・縫人》：～，掌王宮之縫線之事。(0692 中)

縞

縞 (缟)gǎo ❶白色生絹。孔穎達《疏》："縞，白絹也。"《禮記・曾子問》：女改服布深衣，～總，以趨喪。(1392 上) ❷即縞冠。亦爲戴縞冠。《雜記上》鄭玄《注》："玄，玄冠也。縞，縞冠也。"《雜記下》孔穎達《疏》："謂來弔者既晚，不正當祥祭縞冠之時。"《禮記・雜記上》：大白冠，緇布之冠，皆不蕤。委武玄，～而后蕤。(1555 中)《禮記・雜記下》：既祥，雖不當～者必～，然後反服。(1562 上)

【縞衣】白絹衣裳。爲殷人行養老之禮之服。鄭玄《注》："殷尚白而縞衣裳。"《禮記・王制》：殷人冔而祭，～而養老。(1346 下)

【縞武】白絹帽邊。《禮記・玉藻》"玄武"鄭玄《注》："武，冠卷也。"《禮記・玉藻》：玄冠，～，不齒之服也。(1477 上)

【縞冠】白色生絹帽子。祥祭時所戴。鄭玄《注》："已祥祭而服之也。"孔穎達《疏》："縞是生絹而近吉，當祥祭之時，身著朝服，首著縞冠，以其漸吉故也。"《禮記・玉藻》：～，素紕，既祥之冠也。(1476 下)

【縞衾】白色生絹衾被。小殮時大夫所用。孫希旦《集解》："縞，生絹也。緇，緇布也。"《禮記・喪大記》：君錦衾，大夫～，士緇衾，皆一。(1577 上)

【縞帶】白色生絹帶。其質尚樸。爲學子之服飾。孔穎達《疏》："用生縞爲帶，尚質也。"《禮記・玉藻》：居士錦帶，弟子～。(1480 下)

【縞總】用白絹束髮。爲婦人始遭喪而尚未成服時之頭飾。鄭玄《注》："婦人始喪而未成服之服。"孔穎達《疏》："縞，白絹也。總，束髮也。"《禮記・曾子問》：女改服布深衣，～，以趨喪。(1392 上)

績

績 (绩)jī 搓織麻綫。賈公彥《疏》："其婦人不績其麻者，死則不爲之著衰裳，以罰之也。"《周禮・地官・閭師》：凡庶民，不畜者祭無牲，不耕者祭無盛，不樹者無椁，不蠶者不帛，不～者不衰。(0727 中)

縶

縶 (絷)zhí 見下。

【縶騰駒】拴住已發育强壯而能騰躍的馬駒。以防其踢傷母馬所懷之胎。爲仲夏所行馬政之一。鄭玄《注》：

縛 zhuàn 羽數。一千根鳥羽曰縛。鄭玄《注》:"審、搏、縛,羽數。"《周禮·地官·羽人》:凡受羽,十羽爲審,百羽爲搏,十搏爲~。(0748 中)

縷 (缕)lǔ 麻綫。《典棠》孫詒讓《正義》:"《説文·巾部》云:'布,枲織也。'《糸部》云:'縷,線也。'"賈公彦《疏》:"欲見布總縷用麻之物,紆用草之物。"《間傳》孔穎達《疏》:"縷細而疏也。有事其縷事,謂鍛治其布纑縷也。"《周禮·天官·典枲》:掌布總~紵之麻草之物,以待時頒功而授齎。(0691 上)《儀禮·喪服》:《傳》曰:總者,十五升抽其半,有事其~,無事其布,曰總。(1119 中)《禮記·間傳》:總麻十五升去其半,有事其~,無事其布,曰總。(1660 下)

縵 (缦)màn 即縵樂。雜聲之和樂。鄭玄《注》:"操縵,雜弄。"一説,爲琴瑟之弦。見陳澔《集説》。《禮記·學記》:學,不學操~,不能安弦。(1522 中)

【縵樂】雜聲之和樂。漢時稱雜樂。鄭玄《注》:"謂雜聲之和樂者也。《學記》曰:'不學操縵,不能安弦。'"《周禮·春官·磬師》:教~、燕樂之鍾磬。凡祭祀,奏~。(0800 中)

繁 pán 用同"鞶"。馬頸上的環狀飾物。一説,爲馬腹帶。孔穎達《疏》:"繁,謂馬腹帶也。"詳見"樊纓"。《禮記·禮器》:大路~纓一就,次路~纓七就。(1432 下)

【繁纓】馬頸上的環狀飾物及胸前下垂的纓飾。爲天子、諸侯之駕飾。詳見"樊纓"。《禮記·禮器》:大路~一就,次路~七就。(1432 下)

縰 xǐ 束髮之帛。此處爲用帛束髮。《禮記·內則》:子事父母,雞初鳴,咸盥、漱、櫛、~、笄、總、拂髦,冠,緌纓,端,韠,紳,搢笏。(1461 中)

縱 (纵)zǒng 見下。

【縱縱爾】急遽的樣子。爲辦理喪事時所要顯示出的神態。然急遽之中不得陵節,要合於禮、適於中。鄭玄《注》:"趨事貌。縱,讀爲'揔領'之揔。"陸德明《釋文》:"急遽貌。"孫希旦《集解》:"愚謂喪事固欲其疾,然不可以過於急而陵節,陵節則不足於禮之文而野矣。"《禮記·檀弓上》:喪事欲其~,吉事欲其折折爾。故喪事雖遽不陵節,吉事雖止不急。(1289 中)

縮 (缩)suō ❶ 濾酒去渣。《郊特牲》鄭玄《注》:"縮,去滓也。"《周禮·春官·司尊彝》:凡六尊、六彝之酌,鬱齊獻酌,醴齊~酌。(0774 中)《禮記·郊特牲》:~酌用茅,明酌也。(1457 下)❷ 縱,直。與"橫"相對。亦爲縱向陳列。《鄉射禮》鄭玄《注》:"縮,從也。於數者東西爲從。"賈公彦《疏》:"凡言從橫者,南北爲從,東西爲橫。今釋筭者東面而言從橫,則據數筭東爲正,是以東西爲從,南北者爲橫。"《喪大記》鄭玄《注》:"縮,從也。"《儀禮·鄉射禮》:二筭爲純,一純以取,實于左手;十純則~而委之,每委異之。(1003 上)《禮記·喪

大記》：小斂布絞，～者一，橫者三。（1577 上）

【縮俎】縱向陳列於俎。爲魚陳列之法。賈公彥《疏》："縮，縱也。魚在俎爲縱。"《儀禮・公食大夫禮》：魚七，～，寢右。（1081 上）

【縮酌】濾酒去渣。醴齊較濁，要加入澄清之酒，用茅濾去酒渣，然後方可酌用。《司尊彝》鄭玄《注》："醴齊尤濁，和以明酌，沛之以茅，縮去滓也。"《郊特牲》鄭玄《注》："縮，去滓也。……酌，猶斟也。酒已沛，則斟之以實尊彝。"《周禮・春官・司尊彝》：凡六尊、六彝之酌，鬱齊獻酌，醴齊～。（0774 中）《禮記・郊特牲》：～用茅，明酌也。（1457 下）

【縮祭】縱向置放乾肉於俎上以行祭祀。胡培翬《正義》："李氏云：'從置半尹於上以爲祭。'……又截正體之半以備授祭，而縮置於其上也。"《儀禮・士虞禮》：有乾肉、折俎二尹，～半尹，在西塾。（1174 下）

【縮縫】直縫。周以前尚質，冠梁上褶襉少，且由前向後縱向排列，即"縮縫"。吉冠、凶冠皆如此。周代開始尚文，冠梁上褶襉增多，吉冠的褶襉改縱爲橫。鄭玄《注》："縮，從也。……今冠橫縫，以其辟積多。喪冠縮縫，古冠耳。"孔穎達《疏》："古者，自殷以上也。縮，直也。殷以上質，吉凶冠皆直縫。直縫者辟積攝（襇）少，故一一前後直縫之。"《禮記・檀弓上》：古者冠～，今也衡縫。故喪冠之反吉，非古也。（1282 上）

繆 （繆）㊀ mù 用同"穆"。宗廟或宗廟中神主的排列次序。宗法之制，始祖居廟中，以下父子依序爲昭穆：昭居左，穆居右。鄭玄《注》："繆讀如穆，聲之誤也。"參見"昭穆"。《禮記・大傳》：旁治昆弟，合族以食，序以昭～。（1506 中）

㊁ jiū 見下。

【繆₂絰】用麻繩從前額向後，在項下交叉作結。爲大功以上之絰，士妻爲舅姑所服。鄭玄《注》："繆，當爲'木（不）樛垂'之樛。士妻爲舅姑之服也。"孔穎達《疏》："樛，謂兩股相交也。"孫希旦《集解》："愚謂樛，結也。樛絰，以繩一條，自額向後而交結於項下也。環絰，爲之如環，以加於首也。……樛絰者，大功以上之絰；環絰者，小功以下之絰也。"《禮記・檀弓下》：叔仲皮死，其妻魯人也，衣衰而～。（1316 中）

繐 xiāo 縑帛。鄭玄《注》："繐，縑也。繐讀如紵。"《禮記・檀弓上》：布幕，衛也；～幕，魯也。（1276 下）

【繐幕】用薄絲綢製成的覆棺之幕。爲天子之喪制。鄭玄《注》："幕，所以覆棺上也。繐，縑也。繐讀如紵。衛，諸侯禮；魯，天子禮。"孔穎達《疏》："覆棺之幕天子、諸侯各別，以布爲幕者，衛是諸侯之禮；以繐爲幕者，魯是天子之制。"《禮記・檀弓上》：布幕，衛也；～，魯也。（1276 下）

繅 （繅）㊀ zǎo ❶用同"璪"。圭、璋、琮、璧等玉器的彩色墊板。用木板外包皮革製成，其上畫以五彩。《聘禮》鄭玄《注》："雜采曰繅，以韋衣木板，飾以三采，再就。所以薦玉，重慎也。"參見"繅藉"。《周禮·春官·典瑞》：公執桓圭，侯執信圭，伯執躬圭，～皆三采三就。(0777上)《儀禮·聘禮》：所以朝天子，圭與～皆九寸。(1072下)❷用同"藻"。雜彩曰繅。如五彩爲玄、黃、朱、白、蒼，三彩爲朱、白、蒼，二彩爲朱、綠。鄭玄《注》："繅有五采文"。《周禮·春官·典瑞》：王晉大圭，執鎮圭，～藉五采五就以朝日。(0776下)❸五彩絲繩。鄭玄《注》："繅，雜文之名也。合五采絲爲之繩，垂於延之前后，各十二，所謂邃延也。"《周禮·夏官·弁師》：五采～十有二就，皆五采玉十有二，玉笄，朱紘。(0854中)

【繅席】蒲蒻編成的五彩座席。鄭玄《注》："繅席，削蒲蒻展之，編以五采，若今合歡矣。"《周禮·春官·司几筵》：王位設黼依，依前南鄉，設莞筵紛純，加～畫純，加次席黼純。(0774下)

【繅斿(liú)】五彩絲繩綴飾的冕上懸垂的玉串。爲冕飾。孫詒讓《正義》："斿正字當作瑬，《說文·玉部》云：'瑬，垂玉也，冕飾。'經典皆叚旌旗流之游爲之，游又省作斿。或作旒者，斿之俗也。此經並作斿，注則今本斿、旒錯出，蓋傳寫之誤。"《周禮·夏官·弁師》：諸侯之～九就，瑉玉三采，其餘如王之事。～皆就，玉瑱、玉笄。(0854中)

【繅藉】圭、璋、琮、璧等玉器的彩色墊板。用木板外包皮革製成，其上畫以五彩。鄭玄《注》："繅有五采文，所以薦玉，以木爲中榦，用韋衣而畫之。"《周禮·春官·典瑞》：王晉大圭，執鎮圭，～五采五就以朝日。(0776下)

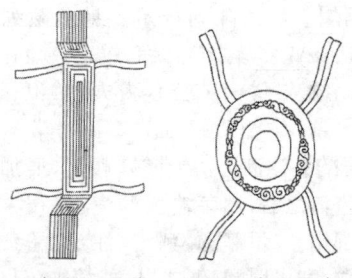

王者圭玉繅藉　　穀璧蒲璧繅藉

㈠ sāo　抽繭出絲。鄭玄《注》："凡繅，每淹大揔而手振之以出緒也。"《禮記·祭義》：及良日，夫人～，三盆手，遂布于三宮夫人，世婦之吉者，使～。(1598上)

繐 suì　細而疏的麻布。多用於製作喪服。《喪服》鄭玄《注》："凡布細而疏者謂之繐。"《檀弓上》陸德明《釋文》："布細而疏曰繐。"《儀禮·喪服》：繐衰者何？以小功之～也。(1116上)《禮記·檀弓上》：紟衰，～裳，非古也。(1291中)

【繐衰】用小功之縷織成的細而疏的麻布喪服。諸侯之大夫爲天子所服，喪期七月。亦爲服繐衰。《檀弓下》鄭玄《注》："繐衰，小功之縷而四升半之衰。"《喪服》鄭玄《注》："治其縷如小功，而成布四升半。細其縷者，以恩輕也；升數少者，以服至(尊)也。"《儀禮·喪服》：～者何？以小功之繐也。(1116上)《禮記·檀弓下》：叔仲衍以告，請～而環絰。(1316下)

【繐裳】用細而疏的麻布製成的喪服。孫希旦《集解》："繐，縷如小功而成布四升半者，諸侯之大夫爲天子用之爲齊。"《禮記·檀弓上》：紟衰，～，非古

也。(1291 中)

【總履】喪鞋。用細而疏的麻布製成。鄭玄《注》:"總履,喪履也。縷不灰治曰總。"賈公彥《疏》:"斬衰冠六升,傳云:鍛而勿灰則四升半。"《儀禮·士冠禮》:冬,皮屨可也。不屨～。(0958 中)

【總衰裳】用細而疏的麻布製成的喪服。諸侯之大夫爲天子所服,喪期七月。賈公彥《疏》:"此總衰是諸侯之臣爲天子。在大功下小功上者,以其天子七月葬,既葬除,故在大功九月下、小功五月上。又縷雖如小功,升數又少,故在小功上也。"參見"總衰"。《儀禮·喪服》:～、牡麻絰,既葬除之者。(1116 上)

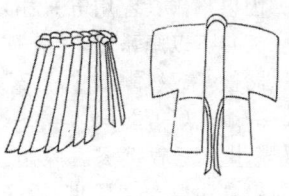

總衰裳　　總衰衣

繚 (繚)liáo 即繚祭。爲九食祭之一。鄭玄《注》:"繚猶紾也。"賈公彥《疏》:"此鄉飲酒大夫禮,故云繚祭。"詳見"繚祭"。《儀禮·鄉飲酒禮》:興,右手取肺,却左手執本,坐,弗～,右絶末以祭。(0982 上)

【繚祭】祭者左手持牲肺根,右手持肺尖,迴旋扭斷之以祭。爲九食祭之一。鄭玄《注》引鄭司農云:"繚祭,以手從肺本,循之至于末,乃絶以祭也。"孫詒讓《正義》:"此謂以左手從持肺本,以右手從本之離處摩循之,以至於末,使肺繚戾而後絶之以祭也。"《周禮·春官·大祝》:辨九祭:一曰命祭,二曰衍祭,三曰炮祭,四曰

周祭,五曰振祭,六曰擩祭,七曰絶祭,八曰～,九曰共祭。(0810 上)

繢 huì ❶指赤色絲帶。用作衣緣、席緣、冠纓等。孫希旦《集解》:"愚謂繢、青、素,皆繒也。朝、祭之服,其飾有一定,深衣用於燕居,故其飾有是三者之異。"一說,指畫有文彩的繒帛。《司几筵》鄭玄《注》:"繢,畫文也。"賈公彥《疏》:"畫於繒帛之上,與席爲緣也。"《深衣》鄭玄《注》:"繢,畫文也。"參見"繢純"。《周禮·春官·司几筵》:諸侯祭祀席,蒲筵～純。(0775 中)《禮記·深衣》:具父母、大父母,衣純以～。具父母,衣純以青。如孤子,衣純以素。(1664 中)❷繪畫刺繡之工匠。初畫曰畫,成文曰繢,統言則不別。《周禮·冬官考工記·總敘》:設色之工:畫、～、鍾、筐、㡛。(0906 中)❸指繪有彩色圖案的布。鄭玄《注》:"繢,畫也。諸侯大夫以布,天子大夫以畫。"孔穎達《疏》:"畫布爲雲氣,以覆羔鴈爲飾。"《禮記·曲禮上》:飾羔鴈者以～。(1244 下)

【繢純】用赤色絲帶做的鑲邊。王引之《經義述聞·卷九》:"今案:《文選·神女賦》:'羅紈綺繢盛文章。'李善注引《倉頡篇》曰:'繢似纂,色赤。'《急就篇》:'承塵戶幔條繢總。'顏師古注曰:'繢亦條組之屬也,似纂而色赤。'《說文》:'纂,似組而赤。'蓋以此爲席緣也。……《深衣》曰:'具父母、大父母,衣純以繢。'……蓋亦以赤色之組爲緣,與蒲筵繢純同。"《周禮·春官·司几筵》:諸侯祭祀席,蒲筵～,加莞席紛純,右彤几。(0775 中)

【繢緌(ruí)】有畫紋的赤色絲織帽

帶。鄭玄《注》："緇布冠有緌,尊者飾也。繢或作繪,緌或作蕤。"《禮記·玉藻》：緇布冠,～,諸侯之冠也。(1476下)

【繢緫】用赤色絲帶做的馬首之飾。賈公彥《疏》："凡言緫者,謂以緫爲車馬之飾。"《周禮·春官·巾車》：厭翟,勒面～。(0823下)

織 (织)zhī 用染絲織成的絲織品。《玉府》鄭玄《注》："文織,畫及繡錦。"《玉藻》鄭玄《注》："織,染絲織之,士衣染繒也。"《周禮·天官·玉府》：凡王之獻金玉、兵器、文～、良貨賄之物,受而藏之。(0678下)《禮記·玉藻》：士不衣～。(1477中)

繕 (缮)shàn 見下。

【繕人】職官名。掌管天子所用弓、弩、矢、箙等物。爵上士、下士。《周禮·夏官·繕人》：～,掌王之用弓、弩、矢、箙、繒、弋、抉、拾。(0856下)

繒 (缯)zēng 繒帛。絲織品的總稱。鄭玄《注》："幣帛曰繒。"《禮記·禮運》：故先王秉蓍龜,列祭祀,瘞～,宣祝嘏辭説,設制度。(1425下)

繘 yù 井上汲水的繩索。《士喪禮》胡培翬《正義》："《説文》：'繘,綆也。綆,汲井綆也。'是繘爲綆索,繫於瓶以汲水於井也。"《喪大記》孔穎達《疏》："繘,汲水瓶索也。"《儀禮·士喪禮》：管人汲,不説～,屈之。(1133下)《禮記·喪大記》：管人汲,不説～,屈之。(1576上)

繫 (系)xì ❶ 指王、諸侯、卿大夫的世繫譜籍。鄭玄《注》引杜子春云："世奠繫,謂帝繫、諸侯世本之屬是也。"《周禮·春官·瞽矇》：諷誦詩,世奠～,鼓琴瑟。(0797中) ❷ 養馬之單位名。三十六匹爲一繫。《周禮·夏官·校人》：乘馬一師、四圉；三乘爲皁,皁一趣馬；三皁爲～,～一馭夫；六～爲廄,廄一僕夫。(0860上) ❸ 拴物的帶子或繩子。鄭玄《注》："繫,無事則以繫玉,因以爲飾。皆以五采組,上以玄(爲天),下以絳爲地。"《儀禮·聘禮》：問諸侯,朱、綠繶八寸,皆玄纁～,長尺,絢組。(1072下)

【繫世】記載世繫之牒譜。鄭玄《注》引鄭司農云："繫世,謂帝繫、世本之屬是也。"賈公彥《疏》："天子謂之帝繫,諸侯謂之世本。"《周禮·春官·小史》：掌邦國之志,奠～,辨昭穆。(0818中)

繩 (绳)shéng 木工用以測定直綫的墨綫。《禮記·深衣》：古者深衣蓋有制度,以應規、矩、～、權、衡。……故規矩取其無私,～取其直,權衡取其平,故先王貴之。(1664上、中)

【繩菲】即繩屨。喪服所著之草鞋。鄭玄《注》："繩菲,今時不借也。"賈公彥《疏》："周時人謂之屨,子夏時人謂之菲,漢時謂之不借者,此凶荼屨不得從人借,亦不得借人,皆是異時而別名也。"參見"繩屨"。《儀禮·喪服》：繩屨者,～也。(1102中)

【繩帶】用直麻做的孝帶。繫在腰間。胡培翬《正義》引李如圭云："繩帶者,絞麻爲繩作帶也。五服之経皆絞麻,兩股相交,繩帶則不但兩股矣。"參見"絞帶"。《儀禮·喪服》：絞帶者,～也。(1097中)

【繩墨】木工劃直綫用的工具。《禮記·經解》：禮之於正國也，猶衡之於輕重也，～之於曲直，規矩之於方圓也。(1610 中)

【繩屨】喪服所著之草鞋。《喪服小記》鄭玄《注》："繩屨，謂以麻繩爲屨。"参見"繩菲"。《儀禮·喪服》：公士、大夫之衆臣爲其君，布帶、～。(1102 中)《禮記·喪服小記》：齊衰三月，與大功同者，～。(1501 中)

【繩纓】斬衰之帽纓。以麻繩爲之。《喪服》賈公彥《疏》："云冠繩纓者，以六升布爲冠，又屈一條繩爲武，垂下爲纓。……又齊衰冠纓用布，則知此繩纓不用苴麻用枲麻。"《喪服四制》孫希旦《集解》："繩纓，斬衰冠之纓。"《儀禮·喪服》：斬衰裳，苴絰、杖、絞帶，冠～，菅屨者。(1096 下)《禮記·喪服四制》：父母之喪，衰冠，～，菅屨。(1695 下)

冠繩纓

繰 （缲）zǎo 當爲"澡"。指漂洗過的麻布。鄭玄《注》："繰當爲澡麻、布、絰之澡，聲之誤也。謂有事其布以爲纓。"《禮記·雜記上》：總冠～纓。(1555 上)

繹 （绎）yì 周代稱正祭後次日又祭爲繹。孫希旦《集解》："繹者，祭而又祭之名。《絲衣》《詩序》曰：'繹，賓尸也。'大夫正祭畢而賓尸，天子諸侯祭之明日又祭，亦祭畢而賓尸，而大名曰繹也。"《禮記·郊特牲》：～之於庫門內，袱之東方，朝市之於西方，失之矣。(1449 上)

【繹屬】即地龜。龜甲前仰而裙邊爲黃色的龜。爲六龜之一。鄭玄《注》："天龜玄，地龜黃，……天龜俯，地龜仰。"《周禮·春官·龜人》：天龜曰靈屬，地龜曰～，東龜曰果屬，西龜曰雷屬，南龜曰獵屬，北龜曰若屬，各以其方之色與其體辨之。(0804 下)

繶 （缢）yì 鞋底與鞋幫之間嵌的圓形裝飾絲帶。《士冠禮》鄭玄《注》："繶，縫中紃也。"賈公彥《疏》："謂牙底相接之縫中有條紃也。"《屨人》鄭玄《注》："赤繶、黃繶，以赤、黃之絲爲下緣。"《周禮·天官·屨人》：掌王及后之服屨，爲赤舄、黑舄、赤～、黃～、青句，素屨，葛屨。(0693 下)《儀禮·士冠禮》：玄端黑屨，青絇、～、純，純博寸。(0958 上)

【繶爵】口足之間有篆文紋飾的酒爵。鄭玄《注》："繶爵，口足之間有篆文彌飾。"賈公彥《疏》："此爵云繶者，亦是爵口足之間有飾可知。"《儀禮·士虞禮》：賓長洗～，三獻，燔從，如初儀。(1170 上)

繡 [绣]xiù 備五彩之絲織品或衣裳。《月令》鄭玄《注》："文謂畫也。祭服之制，畫衣而繡裳。"《周禮·冬官考工記·畫繢》：青與赤謂之文，赤與白謂之章，白與黑謂之黼，黑與青謂之黻，五采備謂之～。(0918 下)《禮記·月令》：乃命司服，具飭衣裳，文～有恒，制有小大，度有長短。(1373 下)

纁 （纁）xūn 淺絳色。《士冠禮》鄭玄《注》："纁裳，淺絳裳。凡染絳，一入謂之縓，再入謂之赬，三入謂之纁，朱則四入。"《鍾氏》鄭玄《注》："染纁者三入而成。"《周禮·冬官考工記·鍾氏》：三入爲～，五入爲緅，七入爲緇。(0919 上)《儀禮·士冠禮》:爵弁服:~裳,純衣,緇帶,韎韐。(0950 上)《禮記·喪大記》:大夫戴,前~後玄。(1584 上)

【纁袡(rán)】以淺絳色爲衣緣。爲婚禮之服飾。鄭玄《注》:"袡亦緣也。袡之言任也,以纁緣其衣,象陰氣上任也。凡婦人不常施袡之衣,盛昏禮爲此服。"《儀禮·士昏禮》:女次,純衣~,立于房中,南面。(0965 下)

【纁裳】淺絳色的下裳。爲冕服之裳。《士冠禮》鄭玄《注》:"纁裳,淺絳裳。"《儀禮·士冠禮》:爵弁服:~,純衣,緇帶,韎韐。(0950 上)《禮記·禮器》:天子龍衮,諸侯黼,大夫黻,士玄衣~。(1433 下)

【纁屨】淺絳色的屨。爲冕服之屨。《儀禮·士冠禮》:爵弁~,黑絇,繶,純,純博寸。(0958 上)

【纊】(纩)kuàng 新絲綿絮。人臨死時,置之口鼻之上以檢測氣息之有無,喪禮亦用爲死者之瑱(耳塞)及指套。《喪大記》鄭玄《注》:"纊,今之新緜。易動搖,置口鼻之上以爲候。"《士喪禮》鄭玄《注》:"瑱,充耳。纊,新綿。"賈公彥《疏》:"生時以黃以素又以玉、象等爲之,示不聽讒。今死者直用纊塞耳而已,異於生也。"《周禮·天官·典絲》:喪紀,共其絲~組文之物。(0690 下)《儀禮·士喪禮》:瑱,用白~。(1130 下)《禮記·喪大記》:屬~以俟絕氣。(1571 下)

【纊極】用新綿做的手指套,爲明器。極,射箭時套在右手食指、中指、無名指上的套子,用紅色熟牛皮製成,以保護手指。喪事以纊爲極,又祇做兩個,以示不能用之明器。鄭玄《注》:"極,猶放弦也。……生者以朱韋爲之而三,死用纊又二,明不用也。"《儀禮·士喪禮》:決,用正王棘,若檡棘,組繫,~二。(1131 上)

纊極

纞 (继)jì 見下。

【繼父】後父。父親去世後,母親再嫁之夫。古時年未滿十五歲而喪父的男孩,若家中無大功之親可依靠,可跟隨改嫁之母。與母親再嫁之夫同居者,稱之爲繼父。不隨嫁或不同居者則無繼父之名。《喪服小記》孔穎達《疏》:"繼父者,謂母後嫁之夫也。若母嫁而子不隨,則此子與母繼夫自路人,無繼父之名。"《喪服》胡培翬《正義》:"經不云繼父而云繼父同居者,明同居乃有繼父之稱,若不同居則不稱繼父。"《儀禮·喪服》:~同居者。(1108 下)《禮記·喪服小記》:~不同居也者,必嘗同居。(1500 中)

【繼母】後母。母親去世後,父親再娶的妻子。喪禮,爲繼母服喪如同生母。《喪服》賈公彥《疏》:"繼母本非骨肉,故次親母。後謂己母早卒或被出之後,繼續己母,喪之如親母。……繼母配父,即是胖合之義,既與己母無別,故孝子不敢殊異之也。"《儀禮·喪服》:~如母。~何以如母?~之配父與因母同,故孝子不敢殊也。(1103 下)《禮記·服問》:母出則爲~之黨服,母死則爲其母之黨服。(1658 下)

【繼武】足迹相接。即後足尖與前足

跟相接。爲宗廟中大夫行步之法。在宗廟中行步，尊者徐行，卑者疾行；君每舉足衹邁出步迹的一半，士行走後足與前足間相距一足的距離。鄭玄《注》："迹相及也。"孔穎達《疏》："武，迹也。……謂大夫與其尸行時繼武者，謂兩足迹相接繼也。大夫漸卑，故與尸行步稍廣速也。"參見"接武""中武"。《禮記·玉藻》：君與尸行接武，大夫〜，士中武。(1484 下)

【繼別爲宗】繼承別子的嫡長子就是大宗。宗法制，王位由嫡長子繼承，是爲大宗；其餘嫡子及庶子(統稱別子)則被分封出去另立新宗，是爲小宗。別子另立新宗而爲始祖，而新的宗族同樣由嫡長子繼承，是爲大宗。鄭玄《注》："別子之世長子，爲其族人爲宗，所謂百世不遷之宗。"孔穎達《疏》："諸侯適子之弟，別於正適，故稱別子也。……謂別子之世世長子，恒繼別子，與族人爲百世不遷之大宗。"參見"別子爲祖"。《禮記·喪服小記》：別子爲祖，〜。(1495 中)

縰 yōu 髮簪中間較窄的部分。用來固定頭髮。鄭玄《注》："縰，笄之中央，以安髮。"賈公彥《疏》："兩頭闊中央狹則於髮安，故云'以安髮'也。"《儀禮·士喪禮》：鬠笄用桑，長四寸，〜中。(1130 下)

纖 (纤) ㊀ xiān 指以黑經白緯織品製成的纖冠。禫祭後所戴。此處爲戴纖冠。鄭玄《注》："黑經白緯曰纖。舊說：'纖，冠者采纚也。'"孔穎達《疏》："禫祭之時，玄冠、朝服。禫祭既訖，而首著纖冠，身著素端、黃裳，以至吉祭。"《禮記·間傳》：又期而大祥，素縞麻衣，中月而禫，禫而〜，無所不佩。(1661 上)

㊁ jiān 見下。

【纖₂ 劓(tuán)】指宮、割、臏、墨、劓之刑。其皆以刀鋸刺割人體也。鄭玄《注》："纖，讀爲殲。殲，刺也。劓，割也。宮、割、臏、墨、劓，皆以刀鋸刺割人體也。"《禮記·文王世子》：其刑罪，則〜。(1409 上)

纓 (缨) yīng ❶馬胸前的穗狀飾物。《巾車》鄭玄《注》引鄭司農云："纓謂當胸。《士喪禮下篇》曰'馬纓三就'，禮家説曰：纓，當胸，以削革爲之。"賈公彥《疏》："馬飾，在膺前，十有二币。"《周禮·春官·巾車》：一曰玉路，錫，樊〜十有再就。(0822 下)《儀禮·既夕禮》：薦馬，〜三就；入門，北面；交轡，圉人夾牽之。(1148 上) ❷繋冠的帶子。以二組繋於冠，結於頷下。吉冠用絲帶，喪冠斬衰用麻繩，疏衰用布條。《儀禮·士冠禮》：緇布冠缺項，青組〜屬于缺。(0950 下)《禮記·喪服四制》：父母之喪，衰冠、繩〜、菅屨。(1695 下) ❸許嫁女子所佩的彩飾。《士昏禮》鄭玄《注》："婦人十五許嫁，笄而禮之，因著纓，明有繋也，蓋以五采爲之。其制未聞。"《內則》鄭玄《注》："衿，猶結也。婦人有纓，示繋屬也。"孫希旦《集解》："下'男女未冠笄者'亦云'衿纓'，彼用以佩容臭，與此既笄之纓別也。"《儀禮·士昏禮》：主人入，親説婦之〜。(0967 中)《禮記·內則》：衿〜，綦屨。(1461 中)

大功牡麻経纓

❹套在馬頸上的革帶。駕車時用,亦有裝飾作用。鄭玄《注》:"纓,馬繁纓也。"孔穎達《疏》:"纓謂馬繁纓,即馬鞅也。"《禮記·曲禮下》:野外軍中無摯,以～、拾、矢可也。(1270 中)
❺用以繫香囊的帶子。鄭玄《注》:"容臭,香物也。以纓佩之。"《禮記·內則》:男女未冠笄者,鷄初鳴,咸盥、漱、櫛、縰、拂髦,總角,衿～,皆佩容臭。(1462 上)

【纓絰】兩邊垂下繩纓的首絰。服喪時所戴。鄭玄《注》:"絰有纓者,爲其重也。自大功以上絰有纓,以一條繩爲之;小功已下絰無纓也。"賈公彥《疏》:"絰之有纓,所以固絰,猶如冠之有纓以固冠,亦結於頤下也。"《儀禮·喪服》:其長殤皆九月,～;其中殤七月,不～。(1112 上)

【纓條屬】用麻繩繞圈爲武(冠圈),下垂的部分爲纓帶,武與纓爲同一麻繩。爲喪冠之制。鄭玄《注》:"纓條屬者,通屈一條繩爲武,垂下爲纓,屬之冠。"賈公彥《疏》:"吉冠則纓武別材,凶冠則纓武同材。以一繩從前額上以兩頭鄉項後交通至耳,各綴之於武,使鄉下纓結之。云'屬之冠'者,先爲纓武訖,乃後以冠屬著武,故云屬也。"《儀禮·既夕禮》:冠六升,外縪,～,厭。(1161 中)

纛 dào 飾以鳥羽雉尾或犛牛尾的大旗。喪儀中用以指揮輓柩之役者。鄭玄《注》引鄭司農云:"翿,羽葆幢也。《爾雅》曰:'纛,翳也。'以指麾輓柩之役,正其行列進退。"賈公彥《疏》:"纛,謂葆幢也。"《周禮·地官·鄉師》:及葬,執～以與匠師御匶而治役。(0714 上)

纛

纚 xǐ 束髮的帛。男女皆用。又作縰。亦爲束髮。《士冠禮》鄭玄《注》:"纚一幅長六尺,足以韜髮而結之矣。"《士昏禮》鄭玄《注》:"纚,韜髮。"《儀禮·士冠禮》:緇～廣終幅,長六尺。(0950 下)《儀禮·士昏禮》:姆～、笄、宵衣,在其右。(0965 下)

纚

走 部

走 zǒu 奔跑,疾趨。《玉藻》孔穎達《疏》:"但急走往而不暇疾趨也。"《周禮·夏官·田僕》:凡田,王提馬而～,諸侯晉,大夫馳。(0858 中)《儀禮·士相見禮》:庶人見於君,不爲容,進退～。(0977 上)《禮記·

玉藻》：父命呼，"唯"而不"諾"，手執業則投之，食在口則吐之，～而不趨。(1484 上)

赴 fù 用同"訃"。報喪。《既夕禮》鄭玄《注》："赴，走告也。今文赴作訃。"《儀禮・既夕禮》：～曰："君之臣某死。"(1158 中)《禮記・文王世子》：五廟之孫，祖廟未毀，雖爲庶人，冠、取妻必告，死必～。(1408 下)

越 ㈠ huó ❶瑟底小孔。用以發越音聲。《鄉射禮》鄭玄《注》："越，瑟下孔，所以發越其聲也。"《樂記》鄭玄《注》："越，瑟底孔也。"《儀禮・鄉射禮》：相者皆左何瑟，面鼓，執～，内弦，右手相。(0995 下)《禮記・樂記》：《清廟》之瑟，朱弦而疏～，壹倡而三歎，有遺音者矣。(1528 下) ❷一種蒲屬植物。可編席。孔穎達《疏》："越席，謂蒲席。"《禮記・禮運》：腥其俎，孰其殽，與其～席，疏布以冪。(1417 中)

【越席】用蒲草編的席子。因其質樸，故用以祭天。孔穎達《疏》："越席，蒲席也。祭天本質素，故素車、蒲席也。"《禮記・禮器》：大圭不琢，大羹不和，大路素而～，犧尊疏布鼏，樿杓。(1433 下)

㈡ yuè 見下。

【越₂棘】越國的戟。一種矛、戈相合的長柄兵器。爲天子之戎器。鄭玄《注》："越，國名。棘，戟也。"《禮記・明堂位》：～、大弓，天子之戎器也。(1491 中)

【越₂疆而弔人】越過國界去弔唁死者。禮，鄰之人有喪當前去弔唁，然五十歲以上無車者和婦人不任其事。孔穎達《疏》："五十既衰，越疆則道路遥遠，弔人又悲感哀戚，恐增衰恐，故不許也。……此是凡弔之法，婦人無外事，故不越疆而弔人。"《禮記・檀弓下》：五十無車者，不～。……婦人不～。(1299 中)

趣 cǒu 見下。

【趣馬】職官名。管養王馬。爵下士。《周禮・夏官・趣馬》：～，掌贊正良馬。(0861 上)

趨 (趍) qū ❶疾行。介於今天跑與走之間的一種步法。《士相見禮》賈公彦《疏》："凡趨有二種：有疾趨，行而張足曰趨是也；有徐趨，則下文'舒武，舉前曳踵'是也。"《玉藻》孔穎達《疏》："但急走往而不暇疾趨也。"《周禮・夏官・大司馬》：鼓進，鳴鐲，車驟徒～，及表乃止。(0838 中)《儀禮・士相見禮》：凡執幣者，～，容彌蹙以爲儀。(0978 中)《禮記・玉藻》：父命呼，"唯"而不"諾"，手執業則投之，食在口則吐之，走而不～。(1484 上) ❷小步急行。爲古時一種禮節，以示敬意。《禮記・曲禮上》：遭先生於道，～而進，正立拱手。(1238 上)《禮記・少儀》：小子走而不～，舉爵則坐，立飲。(1515 下)

【趨走】小步疾行。禮以示莊敬。孫希旦《集解》："蓋尸乃神象，故齊戒以承之，趨走以避之，教民以敬事其祖、考也。"《禮記・坊記》：七日戒，三日齊，承一人焉以爲尸，過者～，以教敬也。(1621 上)

【趨辟】❶在前驅趕行人，使之迴避車駕。鄭玄《注》："趨辟，趨而辟行人也。"孫詒讓《正義》："前馬而趨，禦行人使辟王及諸侯之車,無有干犯也。"《周禮·秋官·條狼氏》:掌執鞭以～。(0888上)❷疾行以避退。爲古時一種禮節,以示謙恭。《周禮·秋官·司儀》:君勞客,客再拜稽首,君荅拜,客～。(0899上)

赤 部

赤 chì 紅色。色淺曰赤,色深曰朱。亦指南方之色。《周禮·冬官考工記·弓人》:馬膠～白,牛膠火～。(0935上)《儀禮·覲禮》:東方青,南方～,西方白,北方黑,上玄,下黃。(1092下)《禮記·檀弓上》:周人尚～,大事斂用日出,戎事乘騵,牲用騂。(1276上)

【赤玉】赤色玉。夏季屬火,火色赤,故此時天子之物皆用赤色,所佩之玉爲赤玉。孫希旦《集解》:"車馬衣服皆朱赤者,順火之色也。"《禮記·月令》:天子居明堂左个,乘朱路,駕赤騮,載赤旂,衣朱衣,服～。(1365上)

【赤旂】赤色旗。夏季屬火,火色赤,故此時天子之物皆用赤色,車建之旂爲赤旂。孫希旦《集解》:"車馬衣服皆朱赤者,順火之色也。"《禮記·月令》:天子居明堂左个,乘朱路,駕赤騮,載～,衣朱衣,服赤玉。(1365上)

【赤舄】赤色重底鞋。王、侯著冕服時所穿。鄭玄《注》:"王吉服有九舄,有三等,赤舄爲上冕服之舄。"《周禮·天官·屨人》:掌王及后之服屨。爲～、黑舄、赤繶、黃繶、青句、素屨、葛屨。(0693下)

【赤璋】赤色玉璋。爲六玉器之一。立夏時用以祭南方赤精之帝。鄭玄《注》:"禮南方於立夏,謂赤精之帝,而炎帝、祝融食焉。……半圭曰璋,象夏物半死。"孫詒讓《正義》:"《白虎通義·文質篇》云:'璋,半圭。位在南方。南方陽極而陰始起。璋之爲言明也。南方之時,萬物莫不章,故謂之璋。'"《周禮·春官·大宗伯》:以玉作六器,以禮天地、四方:以蒼璧禮天,以黃琮禮地,以青圭禮東方,以～禮南方,以白琥禮西方,以玄璜禮北方。(0762中)

【赤韨(fú)】赤色蔽膝。用熟皮製成。諸侯之卿及大夫祭祀時所服。鄭玄《注》:"此玄冕爵弁服之韠,尊祭服,異其名耳。韨之言亦蔽也。"孔穎達《疏》:"他服稱韠,祭服稱韨。"《禮記·玉藻》:一命縕韨幽衡,再命～幽衡,三命～葱衡。(1481上)

【赤緹(tí)】指淺紅色的土地。化治土地,赤緹要用羊骨熬汁澆地,以使土質肥美。鄭玄《注》："赤緹，縓色也。"孫詒讓《正義》："《喪服記》鄭注云：'縓，淺絳也。'……緹即縓，爲赤之淺者。"《周禮·地官·草人》："凡糞種，騂剛用牛，～用羊，墳壤用麋，渴澤用鹿。"(0746 中)

【赤駵(liú)】赤色馬。夏季屬火，火色赤，故此時天子之物皆用赤色，所駕車之馬爲赤馬。孫希旦《集解》："車馬衣服皆朱赤者，順火之色也。"《禮記·月令》：天子居明堂左个，乘朱路，駕～，載赤旂，衣朱衣，服赤玉。(1365 上)

【赤犮氏】職官名。掌管清除宮室屋內的害蟲。爵下士。《周禮·秋官·赤犮氏》：～，掌除牆屋。(0889 上)

赬 chēng 用同"䞓"。赤色。鄭玄《注》："前赤後黑。"《儀禮·既夕禮》：商祝飾柩：一池，紐前～後緇。(1148 中)

【赬殺】用紅布做的冒（殮屍的布囊）的下半部。冒形同口袋，分爲上下兩部分，上段從頭到手稱質，由頭往下套；下段從脚到腰稱殺，從脚往上套，兩布袋口於腰胯處以帶子聯繫。緇質、赬殺爲士所用之冒。鄭玄《注》："冒，韜尸者，制如直囊，上曰質，下曰殺。質，正也。其用之，先以殺韜足而上，後以質韜首而下，齊手。上玄下纁，象天地也。"《儀禮·士喪禮》：冒，緇質，長與手齊，～，掩足。(1131 上)

赬 （赬）chēng 赤色。《儀禮·士喪禮》：緇衾，～裏，無紞。(1135 中)《禮記·喪大記》：士緇冒～殺，綴旁三。(1580 上)

【赬殺】用紅布做的冒（殮屍的布囊）的下半部。冒形同口袋，分爲上下兩部分，上段從頭到手稱質，由頭往下套；下段從脚到腰稱殺，從脚往上套，兩布袋口於腰胯處以帶子聯繫。緇質、赬殺爲士所用之冒。孔穎達《疏》："冒，謂襲後小斂所用以韜尸也。冒有質、殺者，作兩囊，每輒橫縫合一頭，又縫連一邊，餘一邊不縫，兩囊皆然也。上者曰質，下者曰殺。"《禮記·喪大記》：士緇冒～，綴旁三。(1580 上)

車部

車 （车）chē ❶車子。陸地交通運輸及戰爭、田獵的工具。以輪行地，以輿載重，以牛馬或人力牽引。車因乘用者地位及用途的不同而名稱、形制、裝飾亦異。車亦有稱路者，如王及后之五路。詳見各條。《周禮·春官·巾車》：掌公～之政令。(0822 下)《儀禮·士昏禮》：乘墨車，從～二乘,執燭前馬。(0963下)《禮記·仲尼燕居》:樂失其節,～失其式。(1613下)❷計量一車所載的容量。每車載米二十四斛,禾三十稯。《掌客》鄭玄《注》:"《聘禮》曰:'十斗曰斛,十六斗曰籔,十籔曰秉。'每車秉有五籔,則二十四斛也。……《聘禮》曰:'四秉曰筥,十筥曰稯,十稯曰秅。'每車三秅,則三十稯也。稯猶束也。"《周禮·秋官·掌客》:車米視生牢,牢十～。(0900中)《禮記·聘義》:米三十～,禾三十～,芻薪倍禾,皆陳於外。(1693中)❸治木的工匠。賈公彥《疏》:"車人爲車。"《禮·冬官考工記·總敘》:攻木之工:輪、輿、弓、廬、匠、～、梓。(0906中)

【車人】治木的工匠。可製作農具、車輪。《周禮·冬官考工記·車人》:～爲耒。(0933下)《周禮·冬官考工記·車人》:～爲車。(0934上)

【車右】車中位於御者右邊的武士。君王出行時要陪乘,行軾禮時要下車步行,時刻護衞國君。鄭玄《注》:"車右,勇力之士,備制非常者。君行則陪乘,君式則下步行。"《禮記·曲禮上》:至于大門,君撫僕之手,而顧命～就車。(1252下)

【車甲】兵車與鎧甲。鄭玄《注》:"乘兵車、衣甲之儀。"《禮記·王制》:有發,則命大司徒教士以～。(1343中)

【車米】天子饋贈賓客之米。因載於車中,故稱車米。依禮,上公四十車,侯伯三十車,子男二十車。鄭玄《注》:"禮,致饔餼之禮。"《周禮·地官·舍人》:賓客亦如之,共其禮,～、筥米、芻禾。(0749下)

【車徒】兵車和步卒。車指車、馬和車上之甲士,徒爲隨從兵車之步卒。《周禮·夏官·大司馬》:羣吏撰～,讀書契,辨號名之用。(0836下)

【車宮】以車排列圍成的宮牆。天子出行止宿山間險阻之處,排列車輛圍成藩蘺,猶如宮牆,以備非常,故稱。鄭玄《注》:"謂王行止宿阻險之處,備非常。次車以爲藩,則仰車以其轅表門。"《周禮·天官·掌舍》:設～、轅門,爲壇壝宮、棘門。(0676上)

【車僕】職官名。掌管五種戰車的卒伍。爵中士、下士。《周禮·春官·車僕》:～,掌戎路之萃,廣車之萃,闕車之萃,苹車之萃,輕車之萃。(0825下)

【車輦】畜力車和人輓車。泛指各種車輛。賈公彥《疏》:"車,謂革車及大車。輦,人挽行。"《周禮·地官·小司徒》:乃頒比灋于六鄉之大夫,使各登其鄉之衆寡、六畜、～,辨其物,以歲時入其數,以施政教,行徵令。(0710下)

【車轘】車裂之刑。頭懸車軫,四馬曳行,使人肢體分離。鄭玄《注》:"車轘,謂車裂也。"《周禮·秋官·條狼氏》:誓僕右曰"殺",誓馭曰～。(0888上)

【車在馬前】車在馬駒之前。馬駒學習駕車,大馬駕車在前,馬駒繫隨車後,天天跟着車行,這樣習慣以後,馬駒駕車就不會受驚。比喻初學者必須循序漸進,從易到難,由淺及深,爲儒家教育方法之一。孔穎達《疏》:"此第三譬,明新習者也。始駕者謂馬子……車在馬前,所以然者,此駒既未曾駕車,若忽駕之,必當驚奔。今以大馬牽車於前而繫駒於後,使此駒日日見車之行,其駒慣習而後駕之,不復驚也。言學者亦須先教小事操縵之屬,然後示其業,則道乃易成也。"《禮記·學記》:始駕馬者反之,~。(1524下)

【車馬之容】駕車、馭馬的儀容。謂車馬行進整飭從容。爲六儀之一。鄭玄《注》:"車馬之容,顛顛堂堂,……玄謂……車馬之容,匪匪翼翼。"《周禮·地官·保氏》:乃教之六儀:一曰祭祀之容,二曰賓客之容,三曰朝廷之容,四曰喪紀之容,五曰軍旅之容,六曰~。(0731中)

【車有六等之數】以四尺爲定數,根據兵車上所樹兵器及人立於車上的不同高度將車分爲六等。車軫高四尺,謂之一等;插在車上的戈柲高出軫四尺,謂之二等;人站在車上高於戈四尺,謂之三等;殳豎在車上高於人四尺,謂之四等;車戟高於殳四尺,謂之五等;酋矛高於戟四尺,謂之六等。兵車作戰適於用長兵器,兵器越長,越容易刺及敵人。鄭玄《注》:"此所謂兵車也。"賈公彥《疏》:"戈、殳、戟、矛皆插車輢。"《周禮·冬官考工記·總敘》:~,車軫四尺,謂之一等。戈柲六尺有六寸,既建而迤,崇於軫四尺,謂之二等。人長八尺,崇於戈四尺,謂之三等。殳長尋有四尺,崇於人四尺,謂之四等。車戟常,崇於殳四尺,謂之五等。酋矛常有四尺,崇於戟四尺,謂之六等。(0907上)

軍

(军)jūn 軍隊編制單位。一萬二千五百人爲軍。下屬師、旅、卒、兩、伍。《周禮·夏官·敘官》:凡制軍,萬有二千五百人爲~,王六~,大國三~,次國二~,小國一~。(0830上)

【軍刑】軍中的刑罰。爲大司寇所掌五刑之一。《周禮·秋官·大司寇》:以五刑糾萬民:一曰野刑,上功糾力;二曰~,上命糾守;三曰鄉刑,上德糾孝;四曰官刑,上能糾職;五曰國刑,上愿糾暴。(0870中)

【軍社】軍中所祭之社主。凡出師,載社主於齋車而行,駐扎時爲壇位於軍舍之右。鄭玄《注》:"王出軍,必先有事於社,及遷廟而以其行。社主曰軍社,遷主曰祖。……社之主蓋用石爲之。"賈公彥《疏》:"云'社主曰軍社'者,以其載社在於軍中,故以軍社言之。"《周禮·春官·小宗伯》:若大師,則帥有司而立~,奉主車。(0767中)

【軍旅】指征伐之事。大軍旅爲天子親自帥軍出征,小軍旅爲使臣帥兵出征。《周禮·夏官·司右》:凡~、會同,合其車之卒伍,而比其乘,屬其右。(0850中)《禮記·少儀》:~思險,隱情以虞。(1515上)

【軍禁】軍中的禁令。如禁止喧譁、夜行。爲士師所掌五禁之一。鄭玄《注》:"軍有躥讙夜行之禁。"《周禮·秋官·士師》:掌國之五禁之灋,以左右刑罰:一曰宫禁,二曰官禁,三曰國禁,四曰野禁,五曰~。(0874下)

【軍禮】即大師、大均、大田、大役、大封五禮。爲五禮之一。鄭玄《注》:"軍禮之別有五。"詳見各條。《周禮·春官·大宗伯》:以~同邦國:大師之禮,用衆也;大均之禮,恤衆也;

大田之禮,簡衆也;大役之禮,任衆也;大封之禮,合衆也。(0760 上)

【軍聲】軍將的呼喊聲。軍隊出征之際,士卒操練,軍將張弓大呼,大師吹律合聲辨其宮商,以測兵之強弱,戰之勝負。鄭玄《注》:"《兵書》曰:'王者行師出軍之日,授將弓矢,士卒振旅,將張弓大呼,大師吹律合音。商則戰勝,軍士強;角則軍擾多變,失士心;宮則軍和,士卒同心;徵則將急數怒,軍士勞;羽則兵弱,少威明。'"《周禮·春官·大師》:大師,執同律以聽~,而詔吉凶。(0796 下)

【軍司馬】職官名。爲小司馬之副。爵下大夫。其職文佚闕。孫詒讓《正義》:"黃度亦云:'興司馬掌車,行司馬掌卒,軍司馬兼掌之。'"《周禮·夏官·敘官》:~下大夫四人。(0830 上)

【軍旅之容】軍隊的儀容。即勇猛軒昂、果毅嚴肅。爲六儀之一。鄭玄《注》:"軍旅之容,闞闞仰仰。……玄謂……軍旅之容,暨暨詻詻。"《周禮·地官·保氏》:乃教之六儀:一曰祭祀之容,二曰賓客之容,三曰朝廷之容,四曰喪紀之容,五曰~,六曰車馬之容。(0731 中)

【軍旅之聯事】各官府聯合辦理的有關軍旅方面的事務。爲小宰所掌六聯事之一。賈公彥《疏》:"以六軍軍將皆命卿,田役亦然。且《大司徒》云:大軍旅、大田役,以旗致萬民;《大司馬》云:大師,建大常,比軍衆;中春,教振旅之事爲。"《周禮·天官·小宰》:以官府之六聯合邦治:一曰祭祀之聯事,二曰賓客之聯事,三曰喪荒之聯事,四曰~,五曰田役之聯事,六曰斂弛之聯事,凡小事皆有聯。(0653 下)

軌 (轨) guǐ ❶車兩輪之間的距離。古定制爲八尺。《匠人》鄭玄《注》:"軌,謂轍廣。乘車六尺六寸,旁加七寸,凡八尺,是謂轍廣。"《周禮·冬官考工記·匠人》:國中九經、九緯,經涂九~。(0927 下)《禮記·中庸》:今天下車同~,書同文,行同倫。(1634 下) ❷車軸頭。鄭玄《注》:"軌與軹於車同謂轊頭也。"孔穎達《疏》:"軌謂轂末,范謂式前。"《禮記·少儀》:其在車,則左執轡,右受爵,祭左右~,範,乃飲。(1515 中)

軒 (轩) ㊀ xiàn 大的肉片。鄭玄《注》:"言大切、細切異名也,膾者必先軒之。"《禮記·內則》:肉腥,細者爲膾,大者爲~。(1466 下)

㊁ xuān 見下。

【軒₂摯】車前高後低謂之軒,前低後高謂之摯。摯,用同"輊"。孫詒讓《正義》:"《玉篇·車部》云:'前頓曰摯,後頓曰軒。'"《周禮·冬官考工記·輈人》:是故大車,平地既節~之任,及其登阤,不伏其轅,必縊其牛。(0913 下)

【軒₂輈(zhōu)】車前輕(高)後重(低)謂之軒,前重(低)後輕(高)謂之輈。引申指物之輕重。鄭玄《注》:"凡爲矢,前重後輕也。"胡培翬《正義》:"軒言車輕,輈言車重,引申爲凡物之輕重。"《儀禮·既夕禮》:志矢一乘,~中,亦短衛也。(1164 中)

【軒₂縣】陳列鍾磬等樂器東、西、北三面懸掛,謂之軒縣。其懸樂之形如車輿,故稱。爲諸侯樂懸之制度。鄭玄《注》："鄭司農云：'宮縣，四面縣。軒縣，去其一面……'玄謂軒縣，去南面辟王也。"《周禮·春官·小胥》：正樂縣之位，王宮縣，諸侯～，卿大夫判縣，士特縣，辨其聲。(0795 上)

軓 fàn 車廂前及左右三面之板，以保持車體周正。鄭玄《注》："軓，法也。謂輿下三面之材，輢式之所尌，持車正也。"孫詒讓《正義》："輿下三面材持車正者總名軓。"一說，爲圍軓之木，在輿之前軓下正中，形如半矩。見阮元《考工記車制圖解·輿解》。《周禮·冬官考工記·輈人》：～前十尺，而策半之。(0913 上)

軛 (軛)è 牲畜拉物時駕在脖子上的器具。常以木或革填物製成，呈半橢圓形。賈公彥《疏》："軛，謂馬鞅軛。"《儀禮·既夕禮》：楔，貌如～，上兩末。(1158 中)

軸 (軸)zhóu ❶ 輪軸。即貫穿車輪中間用以持輪的柱形長桿。《周禮·冬官考工記·輈人》：輈有三度，～有三理。(0913 上) ❷ 即輁軸。載棺柩的工具。其形制大抵爲：軼上方如長牀以置棺，軼下裝有軸，軸穿入軼兩側的木桯中，軸兩頭置輪，以人力拉輓而行。鄭玄《注》："軸，輁軸也。軸狀如轉鱗，刻兩頭爲軹，輁狀如長牀，穿桯前後，著金而關軹焉。"賈公彥《疏》："漢時名轉軸爲轉鱗，鱗，輪也。……輁狀如牀，軸其輪，輓而行。"《儀禮·既夕禮》：遷于祖，用～。(1147 上)

軹 (軹)zhǐ ❶ 車軸之末端。即車軸頭。鄭玄《注》："軹謂兩轊也。賈公彥《疏》："轊即轂末。"《周禮·夏官·大馭》：及祭，酌僕，僕左執轡，右祭兩～，祭軓，乃飲。(0857 下) ❷ 車轂外端貫穿車軸之小孔。鄭玄《注》引鄭司農云："賢，大穿也。軹，小穿也。"《周禮·冬官考工記·輪人》：五分其轂之長，去一以爲賢，去三以爲～。(0908 中) ❸ 車廂兩側橫豎交結的欄木。鄭玄《注》："軹，輢之植者，衡者也，於轂末同名。"《周禮·冬官考工記·輿人》：參分較圍，去一以爲～圍。參分～圍，去一以爲軹圍。(0910 下)

軫 (軫)zhěn ❶ 車廂後部的橫木，亦指車底四面的橫木。《冬官考工記·總敘》鄭玄《注》："軫，輿後橫木。"孫詒讓《正義》引徐養原云："軫之本義，專指車後橫木，以其爲輿之本，言輿者多舉言之，故輿牀及兩旁通謂之軫矣。"《輈人》賈公彥《疏》："云'軫之方也，以象地也'者，據輿方而言，不言輿言軫者，軫是輿之本，故舉以言之。"《周禮·冬官考工記·總敘》：車～四尺，謂之一等。戈柲六尺有六寸，既建而迤，崇於～四尺，謂之二等。(0907 上)《周禮·冬官考工記·輈人》：～之方也，以象地也。蓋之圜也，以象天也。(0914 中) ❷ 星宿名。南方朱雀七宿的末宿，有右轄、左轄、長沙、青丘四星。爲二十八宿之一。《禮記·月令》：仲冬之月，日在斗，昏東壁中，旦～中。(1382 中)

軨 líng 車軾下縱橫交結的木格欄。孔穎達《疏》："舊解云：'軨，車欄也。'駕竟，僕則從車軨左右四面看視，上至於欄也。"孫希旦《集解》："按軨者，軾、較下從橫木統名，即《考工記》之'軹、轛'也。……愚謂軨爲軾下從橫之木，舊說以爲車闌，是也。"一說，以爲車轄頭。孫希旦《集解》："盧氏云：'軨，轄頭轊也。'"《禮記·曲禮上》：已駕，僕展～，效駕。(1252下)

軾 (轼)shì　車廂前供立乘者憑扶的橫木。《禮記·緇衣》：苟有車，必見其～；苟有衣，必見其敝。(1651上)

載 (载)㊀ zài ❶盟辭。鄭玄《注》："載，盟辭也。盟者書其辭於策，殺牲，取血，坎其牲，加書於上而埋之，謂之載書。"《周禮·秋官·司盟》：掌盟～之灋。凡邦國有疑會同，則掌其盟約之～及其禮儀。(0881中)❷指將牲體盛放在俎上。鄭玄《注》："在鼎曰升，在俎曰載。"《儀禮·士冠禮》：若殺，則特豚，～合升，離肺實于鼎，設扃鼏。(0956下)

【載師】職官名。掌管土地、賦役之事。爵上士、中士。《周禮·地官·載師》：～，掌任土之灋，以物地事，授地職，而待其政令。(0724下)

㊁ zǎi　見下。

【載₂辭】記載於盟書契約上的文辭。用以表示信用。鄭玄《注》："載辭，爲辭而載之於策。"賈公彥《疏》："爲要誓之辭，載之於策，人多無信，故爲辭對神要之，使用信。"《周禮·春官·詛祝》：作盟詛之～，以敘國之信用，以質邦國之劑信。(0816上)

輁 gǒng　見下。

【輁軸】載棺柩的工具。亦稱軸。其形制大抵為，輁上方如長牀以置棺，輁下裝有軸，軸穿入輁兩側的木樁

中，軸兩頭置輪，以人力拉軨而行。《儀禮·既夕禮》"遷于祖用軸"鄭玄《注》："軸，軸軸也。軸狀如轉轔，刻兩頭爲軹，輁狀如長牀，穿桯前後，著金而關軹焉。"賈公彥《疏》："漢時名轉軸爲轉轔，轔，輪也。……輁狀如

輁軸

牀，軸其輪，輓而行。"《儀禮·既夕禮》：夷牀、～饌于西階東。(1162下)

輂 jú　馬駕的大車。用以載器具。鄭玄《注》："輂，駕馬。輂，人輓行。所以載任器也。"《周禮·地官·鄉師》：大軍旅、會同，正治其徒役與其～輂，戮其犯命者。(0714上)

【輂車】輂車駕馬，輂車人拉。泛指載重之車。鄭玄《注》："作其衆庶及馬牛車輂。"《周禮·地官·稍人》：若有會同、師田、行役之事，則以縣師之灋作其同徒～，帥而至，治其政令，以聽於司馬。(0745中)

輈 (辀)zhōu　車前駕馬的獨木曲轅。轅有曲直之分，直爲轅，曲爲輈。直轅爲兩木，主要用於駕牛之大車、柏車、羊車；曲輈爲一木，主要用於駕馬之兵車、田車、乘車。《輈人》鄭玄《注》："輈，車轅也。"孫詒讓《正義》："小車曲輈，此輈人所爲者是也；大車直轅，車人所爲者是也。散文則輈轅亦通稱。王宗涑云：'析言

之,曲者爲輈,直者爲轅。小車曲輈,一木居中,兩服馬夾輈左右。任載車直轅,兩木分左右,一牛在兩轅中。《說文》云:'輈,轅也。轅,輈也。'渾言之也。'阮元云:'輈者曲轅,駕馬者也。輈所以必撓曲之者,爲登降均馬力也。'阮元《考工記車制圖解·輈解》:"輈者,曲轅駕馬者也。以其形曲,故與舟同聲,曰輈。輈身通長一丈九尺餘,車之材,莫大于此。"《周禮·冬官考工記·輈人》:輈人,爲~。(0913 上)《儀禮·既夕禮》:薦車,直東榮,北~。(1147 下)《禮記·雜記上》:陳乘黃、大路於中庭,北~。(1557 下)

【輈人】製作車輈之工匠。孫詒讓《正義》:"亦以所制之器名工也。"《周禮·冬官考工記·輈人》:~,爲輈。(0913 上)

輅(輅)hé 縛在車轅上用來輓車的橫木。鄭玄《注》:"輅,轅縛,所以屬引。"賈公彥《疏》:"謂以木縛於樞車轅上,以屬引於上而挽之,故名轅縛也。"《儀禮·既夕禮》:賓奉幣,由馬西當前~,北面命之。(1152 中)

較(較)jué 車廂兩旁高出於軾的平木。鄭玄《注》:"較,兩輢上出式者。"賈公彥《疏》:"較,謂車輿兩相,今人謂之平鬲也。"孫詒讓《正義》:"鄭珍云:'《說文》:"輢,車旁也。"則輢止是車兩旁之稱。注云兩輢,猶兩旁也。上出式者,謂兩旁之上,高出於式之平木。此平木爲較,猶較前平木爲式。'"《周禮·冬官考工記·輿人》:以其廣之半爲之式崇,以其隧之半爲之~崇。(0910 中)

(輔)fǔ 府吏。庶人在官者。鄭玄《注》:"輔,府吏。庶人在官者。"《周禮·天官·大宰》:乃施典于邦國,而建其牧,立其監,設其參,傅其伍,陳其殷,置其~。(0649 上)

【輔病】扶持病體。嫡子以外的衆子爲父母服喪,哀痛致病與嫡子同,故需用喪杖來支持病體。《喪服》胡培翬《正義》:"衆子雖非爲主,子爲父母致病,是爲輔病也。……孝子失親,悲哀哭泣三日不食,身體羸病,故杖以扶身。明不以死傷生也,是輔病之義也。"《喪服四制》孔穎達《疏》:"謂庶子以下雖非適子,皆杖,爲其輔病故也。"《儀禮·喪服》:非主而杖者何?~也。(1097 中)《禮記·喪服四制》:或曰擔主,或曰~。(1695 中)

輕(輕)qīng 見下。

【輕車】兵車中行動最爲輕便者。爲五兵車之一。用於挑戰追敵及田獵。鄭玄《注》:"輕車,所用馳敵致師之車也。"孫詒讓《正義》:"輕車在五戎中最爲便利,宜於馳驟,故用爲馳敵致師之車,又兼用之田狩也。"《周禮·春官·車僕》:掌戎路之萃,廣車之萃,闕車之萃,苹車之萃,~之萃。(0825 下)

【輕典】三刑典中之最輕者。用於新辟地立君的諸侯國。鄭玄《注》:"新國者,新辟地立君之國。用輕法者,爲其民未習於教。"《周禮·秋官·大司寇》:掌建邦之三典,以佐王刑邦國,詰四方:一曰刑新國用~,二曰刑平國用中典,三曰刑亂國用重典。(0870 上)

【輕䕻(biāo)】指輕浮易飛散之土。化治土地,輕散的土質要用犬骨熬汁澆地,以使土質肥美。鄭玄《注》:"輕䕻,輕脆者。"《周禮·地官·草人》:凡糞種,……～用犬。(0746 中)

【輕無赦】對輕法不作赦免的規定。鄭玄《注》:"法雖輕,不赦之,爲人易犯。"孔穎達《疏》:"此非疑獄,故雖輕不赦也。若輕者輒赦,則犯者衆也。故《書》云:'刑故無小,雖輕不赦之。'爲人易犯也。"《禮記·王制》:凡作刑罰,～。(1343 下)

輤

輤 qiàn 覆蓋在柩車上的飾物。以白布或葦席爲之。鄭玄《注》:"輤,載柩將殯之車飾也。"陳澔《集說》:"輤,載柩之車上覆飾也。"孫希旦《集解》:"輤者,載尸車飾之總名。若分而言之,則盎於上者爲輤,屬於輤而四垂者爲裧,周於四旁者爲裳帷,在輤之内而周於尸者爲屋。"《禮記·雜記上》:其～有裧,緇布裳帷,素錦以爲屋而行。(1548 下)

輦

輦 (輦) niǎn 人拉的車。用以載物。鄭玄《注》:"輦,駕馬。輦,人輓行。所以載任器也。"《周禮·地官·鄉師》:大軍旅、會同,正治其徒役與其輦～,戮其犯命者。(0714 上)

【輦車】宫内燕遊之車。爲王后五路之一。有羽扇、羽蓋、漆之而無飾,人拉以行。鄭玄《注》:"輦車不言飾,后居宫中從容所乘,但漆之而已。"《周禮·春官·巾車》:～,組挽,有翣,羽蓋。(0824 中)

輪

輪 (轮) lún ❶縱長,即南北之長度。東西爲廣,南北爲輪。《既夕禮》鄭玄《注》:"輪,從也。"《大司徒》賈公彦《疏》:"馬融云:'東西爲廣,南北爲輪。'"《周禮·地官·大司徒》:以天下土地之圖,周知九州之地域廣～之數。(0702 上)《儀禮·既夕禮》:掘坎,南順,廣尺,～二尺,深三尺,南其壤。(1158 下)《禮記·檀弓下》:既葬而封,廣～揜坎,其高可隱也。(1313 下)❷車輪。由轂、輻、牙三部分組成。《輪人》鄭玄《注》:"三材,所以爲轂、輻、牙也。"《周禮·冬官考工記·輪人》:輪人,爲～。斬三材必以其時,三材既具,巧者和之。(0907 中)《禮記·雜記下》:叔孫武叔朝,見輪人以其杖關轂而輠～者。(1562 中)❸即輪人。製作車輪、車蓋之工匠。《周禮·冬官考工記·總敍》:攻木之工:～、輿、弓、盧、匠、車、梓。(0906 中)❹指車牙。即車輪的外圈。鄭玄《注》:"輪,謂牙也。"《周禮·冬官考工記·輪人》:望而眠其～,欲其幎爾而下迆也。(0907 下)

【輪人】製作車輪、車蓋之工匠。《雜記下》鄭玄《注》:"輪人,作車輪之官。"《周禮·冬官考工記·輪人》:～,爲蓋。(0909 中)《禮記·雜記下》:叔孫武叔朝,見～以其杖關轂而輠輪者。(1562 中)

輻

輻 (辐) fú 車輻條。連接中心轂與輪圈的直木。孫詒讓《正義》:"《說文·車部》云:'輻,輪轑也。'謂三十輻各指其鑿。"《周禮·冬官考工記·輪人》:～也者,以爲直指也。(0907 下)

輯

輯 (辑) jí 見下。

【輯杖】收斂喪杖不使著地。喪禮,君之喪,世子於鄰國之君所命之使前

車部 輲輴輮轅輿

來弔唁時輯杖；大夫在世子面前輯杖。大夫之喪，大夫所命之使者前來弔唁輯杖（"大夫之命則輯杖"）；士之喪，大夫、士哭柩輯杖（"大夫、士……哭柩則輯杖"）。鄭玄《注》："輯，斂也。斂者，謂舉之不以柱地也。"孔穎達《疏》："若鄰國之君使人來弔，雖爲敵國，而世子自卑，未敢比成君，故自斂杖以敬彼君命也。"《禮記·喪大記》：子有王命則去杖，國君之命則～，聽卜，有事於尸則去杖。大夫於君所則～，於大夫所則杖。（1574下）

輲 chuán 見下。

【輲車】載運棺柩之車。其車以全木爲車輪，無輻條。孫希旦《集解》："戴氏震曰：'蜃車即輲車。……輲車，四輪迫地而行，其輪無輻。'……愚謂在道載柩載尸，皆以輲車，以其上有四周，下有四輪，又輪用全木，承載穩，行地安，而無傾敗之患也。"《禮記·雜上》：大夫以布爲輤而行，至於家而説輤，載以～。（1549 上）

輴 chūn 載運棺柩之車。鄭玄《注》："輴，殯車也。"《禮記·檀弓下》：天子龍～而椁，幬，諸侯～而設幬。（1312 中）

輮 （輮）róu 車輪的外圈。亦稱牙、輞。鄭玄《注》引鄭司農云："反輮，謂輪輮反其木裏，需者在外。"《周禮·冬官考工記·車人》：行澤者反～，行山者仄～，反～則易，仄～則完。（0934 上）

轅 （轅）yuán 車前駕牛的兩直木。從車廂底兩旁直達牲口頸處。轅有曲直之分，直爲轅，曲爲輈。直轅爲兩木，主要用於駕牛之大車、柏車、羊車；曲輈爲一木，主要用於駕馬之兵車、田車、乘車。賈公彥《疏》："言'凡'，語廣，則柏車、大車、羊車皆在其中。"孫詒讓《正義》："明牛車爲兩直轅，異於馬車之一曲輈也。"《周禮·冬官考工記·輈人》："輈人爲輈"孫詒讓《正義》："小車曲輈，此輈人所爲者是也；大車直轅，車人所爲者是也。散文則輈轅亦通稱。王宗涑云：'析言之，曲者爲輈，直者爲轅。小車曲輈，一木居中，兩服馬夾輈左右。任載車直轅，兩木分左右，一牛在兩轅中。《説文》云："輈，轅也。轅，輈也。"渾言之也。'"《周禮·冬官考工記·車人》：凡爲～，三其輪崇，參分其長，二在前，一在後。（0934 中）

【轅門】以車轅所表示的門。天子止宿山間險阻之處，列車以爲藩籬，仰立兩車，以其轅爲門。鄭玄《注》："謂王行止宿阻險之處，備非常。次車以爲藩，則仰車以其轅表門。"賈公彥《疏》："謂仰兩乘車轅相向以表門，故名爲轅門。"《周禮·天官·掌舍》：設車宮、～，爲壇壝宮、棘門。（0676 上）

輿 （輿）yú 即輿人。治木的工匠，專製作車廂。《周禮·冬官考工記·總敘》：攻木之工：輪、～、弓、廬、匠、車、梓。（0906 中）

【輿人】製作車廂的工匠。賈公彥《疏》："此輿人專作車輿。"《周禮·冬官考工記·輿人》：～，爲車。（0910 中）

【輿司馬】職官名。蓋掌管軍中兵車輜重。爵上士。其職文闕。《周禮·夏官·敘官》：～上士八人。（0830

車部 轐轛轡 豆部 豆

轐 bú 車廂底部兩側之枕木。上承車廂,前後作半矩形下扣車軸,形如伏兔,故亦名伏兔。鄭玄《注》引鄭司農云:"謂伏兔也。"孫詒讓《正義》:"阮元云:'轐在輿底,而銜於軸上。其居軸上之高,當與軹圍徑同。至其兩旁,則作半矩形,與軸相合,而更有二長足,少鍥其軸而夾鉤之,使軸不轉鉤。軸後又有革以固之。輿底有轐,則不至與軸脱離矣。'"賈公彦《疏》:"謂伏兔也者,漢時名,今人謂之車屐是也。"《周禮·冬官考工記·總敍》:六尺有六寸之輪,軹崇三尺有三寸也,加軫與~焉,四尺也。(0907 中)

轛 zhuì 車軾下縱橫交結的木格欄。鄭玄《注》:"轛,式之植者衡者也。"《周禮·冬官考工記·輿人》:參分軹圍,去一以爲~圍。(0910 下)

轡(轡)pèi 馬韁繩。《既夕禮》胡培翬《正義》引敖氏云:"轡,御者所執以御馬之索也。"《周禮·夏官·大馭》:及祭,酌僕,僕左執~,右祭兩軹,祭軓,乃飲。(0857 下)《儀禮·既夕禮》:御以蒲菆,犬服,木鐧,約綏,約~,木鑣。(1162 上)《禮記·曲禮上》:執策分~,驅之五步而立。君出就車,則僕並~授綏。(1252 下)

豆 部

豆 dòu ❶盛菹醢等濡汁食物的器皿。其形下部爲一圓足,上爲盛放食物之盤,中爲一直柄。容四升,高一尺。多爲陶製,亦以木、瓦、銅製成。豆亦用作祭器。《瓬人》鄭玄《注》:"豆實四升。"《鄉射禮》鄭玄《注》:"醢以豆,豆宜濡物也。"《周禮·冬官考工記·瓬人》:~實三而成觳,崇尺。(0924 下)《儀禮·鄉射禮》:醢以~,出自東房。(1009 下)《禮記·禮器》:天子之~二十有六,諸公十有六,諸侯十有二,上大夫八,下大夫六。(1431 下)❷容量單位。四升爲一豆。《梓人》孫詒讓《正義》:"劉敞云:'獻以一升,酬以三升也,并而計之爲四升。四升爲豆。豆雖非飲器,其計數則然。'……其説甚塙。"《士喪禮》鄭玄《注》:"豆四升。"《周禮·冬官考工記·梓人》:一獻而三酬,則一~矣。食一~肉,飲一~酒,中人之食也。(0925 下)《儀禮·士喪禮》:稻米一~,實於筐。(1131 下)

豆

【豆祭】在豆間祭祀。其方法是：將韭菹、黍稷、牲肉等祭品在三個盛醢的豆中逐一遍蘸，然後在豆與豆之間行祭。鄭玄《注》："合祭於俎豆之祭也。"《儀禮·少牢饋食禮》：尸受，同祭于～。(1201 下)

【豆籩】祭器。木製爲豆，竹製爲籩。《周禮·天官·九嬪》：凡祭祀，贊玉齍，贊后薦，徹～。(0687 下)《禮記·明堂位》：君肉袒迎牲于門，夫人薦～。(1489 下)

豐 (丰)fēng 盛放酒爵、酒觶的禮器。形似豆而略低。鄭玄《注》："設豐，所以承其爵也。豐形蓋似豆而卑。"《儀禮·鄉射禮》：司射適堂西，命弟子設～。(1003 中)

豐

【豐本】宗廟祭祀時對韭菜的美稱。鄭玄《注》："豐，茂也。"孔穎達《疏》："及水、酒、韭、鹽之祭，則各舉其美號。"《禮記·曲禮下》：凡祭宗廟之禮，……黍曰薌合，粱曰薌萁，稷曰明粢，稻曰嘉蔬，韭曰～，鹽曰鹹鹺。(1269 上)

【豐碑】下棺的工具。斫大木樹於墓壙四角，形如碑，上設轆轤，用以下棺於壙。亦稱碑。此爲天子之制，後諸侯僭用之。鄭玄《注》："豐碑，斲大木爲之，形如石碑，於椁前後四角樹之，穿中於間，爲鹿盧，下棺以繂繞。天子六繂、四碑，前後各重鹿盧也。"《禮記·檀弓下》：公室視～，三家視桓楹。(1310 下)

【豐年不奢，凶年不儉】祭祀豐年不可太過奢侈，凶年亦不可太過節儉。爲豐凶相輔之法，亦表現了儒家的中庸思想。依禮，祭祀的費用占全年開支的十分之一（"祭用數之仂"）。孫希旦《集解》："豐年不奢，留其有餘於凶也；凶年不儉，資其不足於豐也。此制用豐凶相輔之法也。"《禮記·王制》：祭用數之仂。……喪用三年之仂。喪、祭，用不足曰暴，有餘曰浩。祭，～。(1334 上)

酉部

酋 qiú 見下。

【酋矛】兵器名。長二丈之矛。鄭玄《注》："八尺曰尋，倍尋曰常。酋、夷，長短名。酋之言遒也，酋，近；夷，長矣。"《周禮·冬官考工記·廬人》：～

常有四尺,夷矛三尋。(0926中)

酎 zhòu 反復多次釀成的醇酒。鄭玄《注》:"酎之言醇也。謂重釀之酒也。"《禮記·月令》:是月也,天子飲～,用禮樂。(1365下)

酌 zhuó 斟酒。即以勺注酒於尊彝以行觴。酒有清濁,清者不過濾而酌,濁者濾而酌之,故酌亦包括過濾之義。《司尊彝》賈公彥《疏》:"凡言酌者,皆是沛之使可酌也。"《周禮·春官·司尊彝》:凡六彝、六尊之～,鬱齊獻～,醴齊縮～,盎齊涗～,凡酒脩～。(0774中)《儀禮·士冠禮》:贊者洗于房中,側～醴。(0952下)《禮記·郊特牲》:縮～用茅,明酌也。(1457下)

酒 jiǔ ❶以糧食等發酵而釀成的飲料。爲五飲之一。宗廟祭祀之禮,酒被稱爲清酌。《周禮·秋官·大行人》:廟中無相,以～禮之。(0891下)《儀禮·燕禮》:主人坐祭,不啐～,不拜～,不告旨。(1017上)《禮記·曲禮下》:凡祭宗廟之禮,……水曰清滌,～曰清酌。(1269上)❷即酒人。鄭玄《注》:"酒漿,酒人、漿人也。"《周禮·天官·凌人》:凡外、內饔之膳羞,鑑焉,凡～漿之酒醴亦如之。(0671上)

【酒人】職官名。掌管製酒。由奄者充任。《周禮·天官·酒人》:～,掌爲五齊、三酒。(0670中)

【酒正】職官名。爲酒人、漿人之長,掌管用酒之政令及製酒之法。爵中士、下士。《周禮·天官·酒正》:～,掌酒之政令,以式灋授酒材。(0668下)

【酒材】製酒的原料。如稻、粱、黍之米及麴糵等。賈公彥《疏》:"酒材,即米麴糵。授與酒人,使酒人造酒。"《周禮·天官·酒正》:掌酒之政令,以式灋授～。(0668下)

【酒漿】酒和漿。漿,一種微酸的飲料。鄭玄《注》:"此言若酒若漿耳。兩有之,則左酒右漿。"《禮記·曲禮上》:膾炙處外,醯醬處內,蔥渫處末,～處右。(1242上)

【酒禮】有關飲酒的禮節,即一獻之禮。飲酒無度會生出禍患,增加獄訟,因此先王制定酒禮以預防酒禍。宴飲時一獻、一酢、一酬爲一獻之禮。士之饗禮唯有壹獻,其所獻酒少,意在於敬而不在於酒,故不得醉。賈公彥《疏》:"謂士之饗禮唯有壹獻,言所獻酒少也;從初至末,賓主相荅而有百拜,言拜數多也。是意在於敬,不在酒也。"《禮記·樂記》:夫豢豕爲酒,非以爲禍也,而獄訟益繁,則酒之流生禍也。是故先生因爲～。壹獻之禮,賓主百拜,終日飲酒而不得醉焉,此先王之所以備酒禍也。(1534下)

【酒醴】酒和醴。醴,甜酒。泛指各種酒。《禮記·玉藻》:五飲:上水、漿、～、醷。(1473下)《禮記·喪大記》:不辟粱肉,若有～則辭。(1577上)

配 pèi 祭祀時配享、祔祭。《少牢饋食禮》鄭玄《注》:"合食曰配。"《儀禮·少牢饋食禮》:孝孫某,來日丁亥,用薦歲事于皇祖伯某,以某妃～某氏。尚饗。(1196中)《禮記·明堂位》:祀帝于郊,～以后稷。(1488下)

酏 yí 稀粥的粥清,亦指稀粥。爲四飲、六飲之一。《酒正》鄭玄

《注》:"酏,今之粥。《內則》有黍酏。酏飲,粥稀者之清也。"《內則》陸德明《釋文》:"饘,……厚粥也。……酏,……薄粥也。"《周禮·天官·酒正》:辨四飲之物:一曰清,二曰醫,三曰漿,四曰~。(0669中)《禮記·內則》:饘、~、酒、醴、芼羹、菽、麥、蕡、稻、黍、粱、秫,唯所欲。(1461下)

【酏食】以稻米加切碎的狼胸脂肪而熬成的粥。《禮記·內則》"取稻米舉糔溲之,小切狼臅膏,以與稻米爲酏"鄭玄《注》:"此《周禮》酏食也。"一說,爲餅。鄭玄《注》引鄭司農云:"酏食,以酒酏爲餅。"《周禮·天官·醢人》:羞豆之實,~、糝食。(0675上)

酢 zuò 客回敬主人酒。《大行人》賈公彥《疏》:"酢,報飲王也。"《周禮·秋官·大行人》:廟中將幣三饗,王禮再祼而~。(0890下)《儀禮·士昏禮》:婦~舅,更爵,自薦。(0971下)《禮記·曾子問》:其祭也,尸入,三飯,不侑,酳不~而已矣。(1396下)

【酢爵】客回敬主人酒所用之爵。鄭玄《注》:"三爵皆飲爵也。……酢,所以酢主人也。"《禮記·少儀》:介爵、~、僎爵,皆居右。(1515上)

【酢必易爵】回敬對方酒時必須更換酒爵。爲夫婦敬酒之禮,以表明男女之別。孔穎達《疏》:"謂夫婦交相致爵之時,主人受主婦之酢,易換其爵。故《特牲》主人受主婦之酢爵,更爵酢。鄭注云:'主人更爵自酢。男子不承婦人爵。'"《禮記·祭統》:夫婦相授受,不相襲處,~。(1605下)

酪 lào 醋。鄭玄《注》:"酪,酢載。"《禮記·雜記下》:功衰,食菜果,飲水漿,無鹽~。不能食食,鹽~可也。(1563下)

酬 chóu ❶再次敬酒。飲酒之禮,主人先敬賓酒稱獻,賓回敬主人酒稱酢;主人先自飲一杯,然後再酌酒以勸賓飲稱酬。獻用爵,酬用觚。一獻、一酢、一酬爲一獻之禮。《鄉飲酒禮》鄭玄《注》:"酬,勸酒也。"賈公彥《疏》:"故先自飲,乃飲賓爲酬也。"參見"一獻之禮①"。《周禮·冬官考工記·梓人》:獻以爵而~以觚,一獻而三~,則一豆矣。(0925下)《儀禮·鄉飲酒禮》:主人實觶~賓,阼階上北面坐奠觶。(0984上)《禮記·鄉飲酒義》:賓~主人,主人~介,介~眾賓。(1684上)❷飲酒時向賓客贈送財物。以示厚意。鄭玄《注》:"飲賓客而從之以財貨曰酬,所以申暢厚意也。"《儀禮·士冠禮》:主人~賓,束帛、儷皮。(0953中)

【酬酢】主客相互敬酒。參見"酬"。《禮記·仲尼燕居》:爾以爲必鋪几筵,升降、酌獻、~,然後謂之禮乎?(1615上)

【酬幣】主人饗禮酬賓時致送的禮物。如乘馬、束帛、儷皮等。鄭玄《注》:"酬幣,饗禮酬賓勸酒之幣也。"《儀禮·聘禮》:致饗以~,亦如之。(1065上)

酺 pú 神名。主管人、物之災害。鄭玄《注》:"酺者,爲人物烖害之神也。"《周禮·地官·族師》:春秋祭~亦如之。(0719上)

酸 suān 酸味。爲五味之一。食醫認爲,春天調和食物,酸味應該多一點。爲古人養生經驗之總結。《食醫》賈公彥《疏》:"東方木味酸,屬春,謂和食,酸多於餘味一分。"《周禮·天官·食醫》:凡和,春多~,夏多苦,秋多辛,冬多鹹,調以滑甘。(0667上)《禮記·內則》:凡和,春多~,夏多苦,秋多辛,冬多鹹,調以滑甘。(1464上)

【酸養骨】以酸味之藥養骨。古人認爲,酸爲木味,木根立於地中,似人之骨,故以酸養之。爲古代醫術之總結。鄭玄《注》:"酸,木味,木根立地中,似骨。"賈公彥《疏》:"木立地中似骨者,謂似人之骨立肉中者,故以酸養。"孫詒讓《正義》:"《白虎通義·五行篇》云:'木味所以酸何?東方萬物之生也,酸者以達生也,猶五味得酸乃達。'《淮南子·時則訓》'其味酸',高注云:'酸之言鑽也,萬物鑽地而生。'"《周禮·天官·瘍醫》:凡藥,以~,以辛養筋,以鹹養脉,以苦養氣,以甘養肉,以滑養竅。(0668中)

酳 yìn 食畢用酒漱口。漱所以潔口,且有安食之作用。爲宴會或祭祀儀節之一。士婚禮婦至成禮,夫婦同牢共餕,三飯卒食,由贊禮者酳酒酳夫、酳婦,凡三酳。初酳用爵,且有肝隨酒進上;再酳用爵,無肝;三酳用卺,無肝。《士昏禮》鄭玄《注》:"酳,漱也。酳之言演也,安也。漱所以潔口,且演安其所食。"孔穎達《疏》:"謂食訖天子親執爵而酳口也。"《儀禮·士昏禮》:~婦亦如之。……再~如初,無從。三~,用卺,亦如之。(0967上)《禮記·樂記》:執醬而饋,執爵而~。(1543中)

【酳尸】尸食畢,主人等再酳獻尸。主人一獻,主婦再獻,賓長三獻。爲宴會或祭祀儀節之一。鄭玄《注》:"酳

猶衍也,是獻尸也。謂之酳者,尸既卒食,又欲頤衍養樂之。"《儀禮·特牲饋食禮》:主人洗角,升,酌,~。(1184下)

醋 zuò 用同"酢"。客以酒回敬主人。鄭玄《注》:"醋,報也。……尸親醋,相報之義。古文醋作酢。"《儀禮·特牲饋食禮》:祝酌,授尸,尸以~主人。(1184下)

醆 zhǎn ❶指盎齊。其酒稍清,色葱白,汁滓各半。爲五齊之一。孔穎達《疏》:"醴謂醴齊,醆謂盎齊。"詳見"盎齊"。《禮記·禮運》:故玄酒在室,醴~在户。(1416中)❷夏代酒器名。鄭玄《注》:"夏曰醆,殷曰斝,周曰爵。"《禮記·禮運》:~、斝及尸君,非禮也,是謂僭君。(1418上)

【醆酒】指盎齊。其酒稍清,色葱白,汁滓各半。爲五齊之一。鄭玄《注》:"醆酒,盎齊。盎齊差清,和之以清酒沛之而已。"參見"盎齊"。《禮記·郊特牲》:~涗于清,汁獻涗于~。(1457下)

【醆斝(jiǎ)】酒器名。夏稱醆,殷稱斝。亦爲重要的禮器。鄭玄《注》:"醆斝,先王之爵也。……夏曰醆,殷曰斝,周曰爵。"《禮記·禮運》:~及尸君,非禮也,是謂僭君。(1418上)

醍 tǐ 見下。

【醍酒】即醍齊。爲五齊之一。《周禮·天官·酒正》作"緹齊"。其酒汁色赤紅,汁多於滓。孔穎達《疏》:"醴齊、醍齊、澄酒,味薄者在上,味厚者在下。"孫希旦《集解》:"醍酒,醍齊也。"參見"緹齊"。《禮記·坊記》:醴酒在室,~在堂,澄酒在下。(1621上)

醙 sōu 指用稻米釀成的酒。分白、清兩種。鄭玄《注》："醙,白酒也。凡酒,稻爲上,黍次之,粱次之。皆有清、白。以黍閒清、白者,互相備,明三酒六壺也。"《儀禮·聘禮》:～、黍、清皆兩壺。(1064中)

醓 tǎn 肉汁。《醯人》鄭玄《注》:"醓,肉汁也。"《聘禮》鄭玄《注》:"醓,醓汁也。"《周禮·天官·醢人》:朝事之豆,其實韭菹、～醢,昌本、麋臡,菁菹、鹿臡,茆菹、麋臡。(0674下)《儀禮·聘禮》:韭菹,其南～醢,屈。(1060上)

【醓醢】 多汁的肉醬。《周禮·天官·醢人》:加豆之實,芹菹、兔醢,深蒲、～,箈菹、鴈醢,筍菹、魚醢。(0674下)《儀禮·少牢饋食禮》:薦自東房,韭菹、～。(1200下)

醜 (丑) chǒu 動物的肛門。爲動物身上不可食之部位。鄭玄《注》:"皆爲不利人也。……醜,謂竅也。"《禮記·內則》:狼去腸,狗去腎,狸去正脊,兔去尻,狐去首,豚去腦,魚去乙,鱉去～。(1466下)

【醜夷不爭】 在同輩中不與人相爭。爲人子之禮。鄭玄《注》:"醜,衆也。夷,猶儕也。"孔穎達《疏》:"皆等類之名。……夫貴賤相臨則存畏憚,朋儕等輩喜爭勝負,亡身及親,故宜誡也以不爭。"《禮記·曲禮上》:凡爲人子之禮,冬溫而夏清,昏定而晨省,在～。(1233上)

醢 hǎi 肉醬。將肉切成薄片晾乾,剁成肉末,和以粱麴及鹽,漬以美酒,盛入小口罌中,密封百日乃成。《醢人》鄭玄《注》:"作醢及臡者,必先膊乾其肉,乃後莝之,雜以粱麴"

及鹽,漬以美酒,塗置瓶中,百日則成矣。"《周禮·天官·醢人》:朝事之豆,其實韭菹、醓～,昌本、麋臡,菁菹、鹿臡,茆菹、麋臡。(0674下)《儀禮·少牢饋食禮》:主人西面咠拜,薦兩豆菹、～。(1203上)《禮記·祭統》:水草之菹,陸產之～,小物備矣。(1603上)

【醢人】 職官名。掌管祭享之四豆之實。以奄者充任。《周禮·天官·醢人》:～,掌四豆之實。(0674下)

【醢醬】 肉醬。《禮記·內則》:濡雞,～,實蓼。(1464上)

醫 (医) yī ❶醫生。爲事奉君上的七技之一。《王制》鄭玄《注》:"言技,謂此七者。"《周禮·天官·醫師》:凡邦之有疾病者,疕瘍者造焉,則使～分而治之。(0666下)《禮記·王制》:凡執技以事上者,祝、史、射、御、～、卜及百工。(1343中)❷以黃米粥釀成的甜酒。糟少汁多。爲四飲、六飲之一。鄭玄《注》:"醫,《內則》所謂或以酏爲醴。凡醴濁,釀酏爲之,則少清矣。"賈公彥《疏》:"謂釀粥爲醴則爲醫。"《周禮·天官·酒正》:辨四飲之物,一曰清,二曰～,三曰漿,四曰酏。(0669中)

【醫師】 職官名。爲醫官之長,掌醫之政令。爵上士、下士。《周禮·天官·醫師》:～,掌之政令,聚毒藥以共醫事。(0666下)

醼 shāng 用同"觴"。酒器。阮元校:"醼、觴,正俗字"。《禮記·投壺》:命酌曰:"請行～。"(1666上)

醬 (酱) jiàng 用鹽醋等調料腌製而成的肉醬。即醓醢。《醢人》孫詒讓《正義》:"此祭祀云凡醢醬之"

物者,醓亦即和醓之齊菹,醬即未和醓之醢也。凡經言醬者,多爲醓醢之通名,若《膳夫》云'醬用百二十罋',《內饔》云'醬物'是也。此職醯醬並言,則醯及醬爲二物。但醬有二,有和醓不和醓之別。"《周禮·天官·醯人》:以共祭祀之齊菹,凡醯~之物。(0675中)《儀禮·公食大夫禮》:凡炙無~。(1086下)《禮記·玉藻》:主人自置其~,則客自徹之。(1483中)

【醬齊(jì)眡(視)秋時】調配醬類食物要比照秋天以涼爲宜。爲古人養生經驗之總結。齊,用同劑。《食醫》鄭玄《注》:"羹宜涼。"賈公彥《疏》:"醬者,食之主,言醬則該諸豆實。四時皆須涼,故言醬齊眡秋時。"孫詒讓《正義》:"此論調和飲食寒溫之齊。……醯醢之屬,不須溫食,故宜涼也。"《周禮·天官·食醫》:凡食齊眡春時,羹齊眡夏時,~,飲齊眡冬時。(0667上)《禮記·內則》:凡食齊視春時,羹齊視夏時,~,飲齊視冬時。(1464上)

醮 jiào 行醮禮。冠禮、婚禮時由尊者爲卑者酌酒,卑者飲後不需回敬。冠禮三加三醮。《曾子問》鄭玄《注》:"冠禮醴重而醮輕。"孫希旦《集解》:"酌而無酬酢曰醮。冠禮有醴與醮:醴用醴,三加之後,總一醴之;醮用酒,每一加而一醮。醴質而醮文,醴重而醮輕。"《儀禮·士昏禮》:父~子,命之曰:"往迎爾相,承我宗事。勖帥以敬先妣之嗣,若則有常。"(0972下)《禮記·曾子問》:天子賜諸侯,大夫冕、弁,服於大廟,歸設奠,服賜服,於斯乎有冠~,無冠醴。(1390下)

醯 xī 醋。亦指調和有醯之齎菹。《內則》陸德明《釋文》:"醯,……酢也。"《醯人》鄭玄《注》:"齊菹醬屬醯人者,皆須醯成味。"孫詒讓《正義》:"此祭祀云凡醯醬之物者,醯亦即和醯之齊菹。"參見"醯物"。《周禮·天官·醯人》:以共祭祀之齊菹,凡~醬之物。(0675中)《儀禮·既夕禮》:甕三,~,醯、屑,冪用疏布。(1149中)《禮記·內則》:三牲用藙,和用~。(1466下)

【醯人】職官名。掌共醯物。以奄充任。《周禮·天官·醯人》:~,掌共五齊、七菹,凡醯物。(0675中)

【醯物】指調和有醯之齎菹。五齎、七菹等需醯調和,故稱之爲醯物。孫詒讓《正義》:"經言共五齊七菹而云凡醯物,則醯物即指齊菹之和醯者。"《周禮·天官·醯人》:掌共五齊、七菹,凡~。(0675中)

【醯醢】指調和有醯之肉醬。《郊特牲》孫希旦《集解》:"曰'醯醢'者,醢必資醯以成也。"《周禮·秋官·掌客》:米百有二十筥,~百有二十罋。(0900中)《禮記·郊特牲》:~之美,而煎鹽之尚,貴天產也。(1455上)

【醯醬】❶和醯之齊菹爲醯,未和醯之醓爲醬。《醯人》孫詒讓《正義》:"此祭祀云凡醯醬之物者,醯亦即和醯之齊菹,醬即未和醯之醓也。"《周禮·天官·醯人》:以共祭祀之齊菹,凡~之物。(0675中)《禮記·喪大記》:食菜以~。(1576下)❷指調和有醯之肉醬。鄭玄《注》:"醯醬者,以醯和醬。"《儀禮·士昏禮》:饌于房中:~二豆,菹、醢四豆,兼巾之。(0963中)

醵 jù 湊錢飲酒。祫祭之時，周六親廟之尸聚於太廟，六尸相次旅酬，其禮與湊錢共飲相似。鄭玄《注》："合錢飲酒爲醵。旅酬相酌似之。"《禮記·禮器》:周旅酬六尸。曾子曰："周禮其猶～與！"(1439上)

醴 lǐ ❶甜酒。爲六飲之一。過濾去滓者謂之醴清，糟汁未分者謂之醴齊。《漿人》鄭玄《注》："醴，醴清也。"孫詒讓《正義》："據《內則》，醴本有清糟二種。《酒正》四飲，一曰清。《膳夫》又云六清。此六飲之醴，雖不言清，以《酒正》例之，則此醴亦謂醴之清者可知，故云醴清也。賈疏謂此醴是不沛者，未達鄭恉。"《周禮·天官·漿人》:掌共王之六飲，水、漿、～、涼、醫、酏，入于酒府。(0670下)《儀禮·士冠禮》:側尊一甒～，在服北。(0951上)《禮記·雜記上》:～者，稻～也。(1555 中)❷行醴禮。冠禮三加後由尊者進醴酒於受冠者，受冠者飲酒後不需回敬。《曾子問》鄭玄《注》："冠禮醴重而醮輕。"孫希旦《集解》："酌而無酬酢曰醮。冠禮有醴與醮:醴用醴，三加之後，總一醴之;醮用酒，每一加而一醮。醴質而醮文，醴重而醮輕。"《儀禮·士冠禮》:～辭曰:甘醴惟厚，嘉薦令芳。拜受祭之，以定爾祥。承天之休，壽考不忘。"(0957下)《禮記·曾子問》:天子賜諸侯、大夫冕、弁，服於大廟，歸設奠，服賜服，於斯乎有冠醮，無冠～。(1390下)❸即醴齊。糟汁相當之甜酒。孔穎達《疏》："醴謂醴齊，醆謂盎齊。"詳見"盎齊"。《禮記·禮運》:故玄酒在室，～醆在戶。(1416中)

【醴酒】即醴齊。糟汁相當之甜酒。爲五齊之一。孔穎達《疏》："醴酒，五齊第二酒也。"《禮記·禮器》:～之用，玄酒之尚。(1439下)

【醴齊(jì)】糟汁相當之甜酒。爲五齊之一。五齊皆爲有滓不沛、糟汁未分之酒，其中泛齊最濁，沈齊最清。用於祭祀。醴齊沛之則爲醴清。鄭玄《注》："醴猶體也，成而汁滓相將，如今恬酒矣。"孫詒讓《正義》："謂醴之不沛者，汁與糟相將未分，故《禮》酌醴必用柶。若沛而去其糟，則別爲醴清，入四飲內，不爲齊也。"《周禮·天官·酒正》:辨五齊之名:一曰泛齊，二曰～，三曰盎齊，四曰緹齊，五曰沈齊。(0668下)

【醴賓】向賓行醴禮。即以醴謝賓，表達酬勞之意。鄭玄《注》："此醴當作禮。禮賓者，謝其自勤勞也。"《儀禮·士冠禮》:請～。賓禮辭，許。(0953上)

【醴醆(zhǎn)】醴齊與盎齊。盎齊，葱白色的濁酒。孔穎達《疏》："醴謂醴齊，醆謂盎齊。"詳見"盎齊"。《禮記·禮運》:故玄酒在室，～在戶。(1416中)

醷 yì 梅漿，梅汁。鄭玄《注》："醷，梅漿。"《禮記·內則》:或以酏爲醴，黍酏，漿，水，～，濫。(1463下)

醮 jiào 飲盡杯中酒。依禮，長者喝酒未盡，少者不敢飲。鄭玄《注》："不敢先尊者。盡爵曰醮。"《禮記·曲禮上》:長者舉未～，少者不敢飲。(1243上)

辰部

辰 chén ❶指日月的交會點。鄭玄《注》:"星,謂五星。辰,日月所會。"《周禮·春官·保章氏》:"掌天星,以志星、〜、日月之變動,以觀天下之遷,辨其吉凶。(0819 上)❷農曆初一。孔穎達《疏》:"及月辰,謂生月之辰,初朔之日也。"《禮記·內則》:"妻將生子,及月〜,居側室。(1469 上)

辱 rǔ ❶屈尊降臨。謙辭。客謙稱主人親臨爲自辱身份。《司儀》鄭玄《注》:"鄭司農云:'……拜辱,實拜謝辱也。'……實以主君親來,乘車出舍門而迎之,若欲遽就之然。見之則下拜,迎謝其屈辱來也。"《曲禮下》孔穎達《疏》:"辱,謂見他國君也。"《周禮·秋官·司儀》:"主君郊勞,交擯,三辭,車逆,拜〜。(0897 中)《儀禮·士相見禮》:"某子命某見,吾子有〜。(0975 下)《禮記·曲禮下》:"大夫見於國君,國君拜其〜。(1259 上)❷表示謙敬。承蒙,屈尊。《儀禮·燕禮》:"君貺寡君多矣,又〜賜于使臣,臣敢拜賜命。(1024 中)《禮記·檀弓上》:"子〜與彌牟之弟游,又〜爲之服,又〜臨其喪,虎也敢不復位。(1285 下)

農 (农) nóng ❶農夫,從事耕作的人。爲六職之一。《周禮·地官·閭師》:"任〜以耕事,貢九穀。(0727 上)《禮記·王制》:"百官齊戒受質,然後休老勞〜。(1345 上)❷農神。相傳爲教人種田者。爲蜡祭所祀八神之一。鄭玄《注》:"農,田畯也。"孔穎達《疏》:"農,謂古之田畯,有功於民。"《禮記·郊特牲》:"饗〜及郵表畷、禽獸,仁之至義之盡也。(1454 上)

【**農夫**】從事耕作的人。爲六職之一。六職爲王公、士大夫、百工、商旅、農夫、婦功。《周禮·冬官考工記·總敘》:"飭力以長地財,謂之〜。(0905 中)

豕部

豕 shǐ ❶猪。六畜之一。宗廟祭祀之禮,豕被稱爲剛鬣。《周禮·天官·內饔》:"〜盲眂而交睫,腥。(0662 上)《儀禮·公食大夫禮》：牛、羊、～陳于門內西方，東上。(1085 下)《禮記·曲禮下》：凡祭宗廟之禮，牛曰一元大武，～曰剛鬣，豚曰腯肥，羊曰柔毛。(1269 下) ❷指豬的骨汁或骨灰，可作肥料。鄭玄《注》："凡所以糞種者，皆謂糞取汁也。"《周禮·地官·草人》：凡糞種，騂剛用牛，赤緹用羊，墳壤用麋，渴澤用鹿，鹹潟用貆，勃壤用狐，埴壚用～。(0746 中)

【豕炙】烤熟的豬肉。《儀禮·公食大夫禮》：以東羊截，醢，～。(1082 中)《禮記·內則》：羊炙，羊截，醢，～。(1463 下)

【豕截(zì)】切成大塊的豬肉。《儀禮·公食大夫禮》：炙南醢，以西～，芥醬，魚膾。(1082 中)《禮記·內則》：醢，～，芥醬，魚膾。(1463 下)

【豕宜稷】吃豬肉宜配稷米。古人注重養生，認爲肉食當配以與之相適應的穀物。豬肉苦酸，故配甘味之稷米。《內則》鄭玄《注》："言其氣味相成。"《食醫》賈公彥《疏》："豭豬味酸，牝豬味苦，稷米味甘，亦是甘苦相成，故云豕宜稷。"《周禮·天官·食醫》：凡會膳食之宜，牛宜稌，羊宜黍，～，犬宜粱，鴈宜麥，魚宜苽。(0667 上)《禮記·內則》：牛宜稌，羊宜黍，～，鴈宜麥，鴈宜麥，魚宜苽。(1464 上)

【豕盲眡(視)而交睫，腥】豬的眼睛朝上看而且眼睫毛相交，豬肉中就有囊蟲。這種豬肉俗稱米豬肉，食之有害健康。爲古人生活經驗之總結。《內饔》鄭玄《注》："腥當爲星，聲之誤也。肉有如米者似星。"《內則》孔穎達《疏》："腥，謂肉結如星。望視，謂豕視望揚。交睫，謂目睫毛交。豕若

如此，則其肉似星也。"《周禮·天官·內饔》：～。(0662 上)《禮記·內則》：～。(1466 下)

豚 tún 小豬，亦泛指豬。宗廟祭祀之禮，豚被稱爲腯肥。食醫調配飲食，認爲豬應配黍，甘苦相成。爲古人養生經驗之總結。《周禮·天官·庖人》：春行羔～，膳膏香。(0661 中)《儀禮·士冠禮》：若殺，則特～，載合升。(0956 下)《禮記·曲禮下》：凡祭宗廟之禮，牛曰一元大武，豕曰剛鬣，～曰腯肥，羊曰柔毛。(1269 上)

【豚拍】豬肋肉。爲饋食之豆裝盛之食物。鄭玄《注》："鄭大夫、杜子春皆以拍爲膊，謂脅也。"一說，指豬腿，鄭玄《注》："或曰豚拍，肩也。"《周禮·天官·醢人》：饋食之豆，其實葵菹、蠃醢、脾析、蠯醢、蜃、蚳醢、～、魚醢。(0674 下)

【豚肩】豬腿。《禮記·禮器》：晏平仲祀其先人，～不掩豆，澣衣濯冠以朝。(1434 下)

【豚解】指祭祀時解割小豬，亦泛指用解小豬之法解割他牲。豚解分爲七體：左右肱，左右股，左右脅，一脊。豚解後喪祭用牲左邊四體，吉祭用右邊四體。鄭玄《注》："凡爲喪事略也。豚解，解前後脛、脊、脅而已。"《儀禮·士虞禮》：殺于廟門西，主人不視。～。(1170 中)

【豚，春用韭，秋用蓼】調和豬肉，春天用韭菜，秋天用辛菜。爲古人養生經驗之總結。孔穎達《疏》："此一節論調和飲食之宜。"《禮記·內則》：膾，春用葱，秋用芥。～。(1466 下)

象 xiàng ❶象牙，象骨。用以製造器物或用作裝飾。《玉藻》孔穎達《疏》："孔子以象牙爲環。"《儀禮・燕禮》：賸爵者洗~觶，升，實之。(1017下)《禮記・玉藻》：孔子佩~環五寸而綦組綬。(1482下)❷異常天象。如日月食，赤雲如鳥，五星亂行等。爲需要龜卜而定的八種國家大事(八命)之一。鄭玄《注》："國之大事待蓍龜而決者有八，定作其辭於將卜，以命龜也。鄭司農云：'……象，謂災變雲物，如衆赤鳥之屬，有所象似。'"參見"八命"。《周禮・春官・大卜》：以邦事作龜之八命：一曰征，二曰~，三曰與，四曰謀，五曰果，六曰至，七曰雨，八曰瘳。(0803中)❸日旁雲氣之象物者。爲十煇之一。望氣者據以辨吉凶。鄭玄《注》引鄭司農云："象者，如赤鳥也。"賈公彥《疏》："楚有雲如衆赤鳥在日旁者也。"《周禮・春官・眡祲》：一曰祲，二曰~，三曰鑴，四曰監，五曰闇，六曰瞢，七曰彌，八曰敘，九曰隮，十曰想。(0808中)❹能夠通譯南方民族語言的官吏。孔穎達《疏》："通傳南方語官謂之曰象者，言放象外内之言。"孫希旦《集解》："愚謂此四者，《周禮》總謂之'象胥'，故鄭氏以此爲俗間之名。"《禮記・王制》：五方之民，言語不通，嗜欲不同，達其志，通其欲，東方曰寄，南方曰~，西方曰狄鞮，北方曰譯。(1338中)❺古樂名。爲武王打敗紂王所作之樂。鄭玄《注》："《象》，周武王伐紂之樂也。"《禮記・文王世子》：下管《~》，舞《大武》，大合衆以事。(1410中)❻古舞名。手執干戈的舞蹈。爲小舞。十五歲以上兒童所學。後以指成童之年。鄭玄《注》："先學《勺》，後學《象》，文武之次也。成童，十五以上。"孔穎達《疏》："舞《象》，謂舞武也。"《禮記・内則》：十有三年，學樂，誦《詩》，舞《勺》。成童，舞《~》，學射御。(1471中)

【象人】隨葬品。以茅草縶爲人形者。作爲明器，用來殉葬。鄭玄《注》引鄭司農云："象人，謂以芻爲人。"一説，爲木俑。鄭玄《注》："孔子謂爲芻靈者善，謂爲俑者不仁，非作象人者，不殆於用生乎。"孫詒讓《正義》："先鄭謂象人，即《檀弓》'芻靈'。後鄭以芻靈束草爲之，略具人形，不若木俑有面目機發，於人尤象，故不從先鄭也。"《周禮・春官・冢人》：及葬，言鸞車~。(0786中)

【象邸】皮弁下週以象骨做的邊緣。鄭玄《注》："邸，下柢也，以象骨爲之。"孫詒讓《正義》："任大椿云：'《初學記》載《魏臺訪議》："邸，以象骨周緣弁下根柢，如魏武帝所作弁柢。"據此，則邸在弁下，有周緣之形，其象冠之有武歟？賈疏謂於弁内頂上，以象骨爲柢，不特與《魏臺訪議》不合，即注亦明云下柢，則邸在弁下明矣。賈疏以爲在頂上，亦與下邸二字迕。'"一説，賈公彥《疏》，象邸位於弁内頂上。《周禮・夏官・弁師》：王之皮弁，會五采玉璂，~，玉笄。(0854下)

【象物】指龍、鳳、龜、麟四靈。四者有象在天，即二十八宿之青龍、朱雀、玄武、白虎。鄭玄《注》："象物，有象在天，所謂四靈者。"孫詒讓《正義》："謂四靈象應天之四官,龍,青龍;鳳,朱雀;龜,玄武;……麟是西方毛蟲。……西官白虎,亦麟之象也。"《周禮・春官・大司樂》:六變而致~及天神。(0789 中)

【象胥】職官名。掌管外族語言翻譯。爵上士、中士、下士。《周禮・秋官・象胥》:~,掌蠻、夷、閩、貉、戎、狄之國使,掌傳王之言而諭説焉。(0899 下)

【象笄】象牙製成的髮笄。爲吉時所用。賈公彦《疏》:"吉時之笄以象骨爲之。"《儀禮・喪服》:吉笄者,~也。(1124 下)

【象笏】象牙製成的手板。大夫朝見君主時所執,用以記事。孫希旦《集解》:"書之於笏,爲失忘也。……象笏者,大夫之笏,以象爲本也。"《禮記・玉藻》:史進~,書思對命。(1475 中)

【象尊】以象牙爲飾之酒尊。爲六尊之一。一説,其尊似大象或鳳凰之形。鄭玄《注》引鄭司農云:"象尊以象鳳凰,或曰以象骨飾尊。"孫詒讓《正義》:"《明堂位》注云:'象尊,象骨飾之。'則後鄭亦從或説。《國語・周語》韋注義同。《燕禮》《大射儀》有'象觚',注並云'觚,有象骨飾也'。義與尊同。象骨即象齒。……阮蓋謂尊腹畫象。……《詩疏》又引王肅謂尊爲象形,而背上負尊。王念孫云:'王説亦與雞鳥之諸彝之制不合,不可從也。'"《周禮・春官・司尊彝》:其朝踐用兩獻尊,其再

象尊(左鄭、右阮)

獻用兩~,皆有罍。(0773 上)

【象路】以象牙爲飾之車。爲天子五路之一。天子乘之以朝及封異姓諸侯。鄭玄《注》:"象路,以象飾諸末。"《釋名・釋車》:"象路,革路,木路,各隨所以爲飾名之也。"《周禮・春官・巾車》:~,朱,樊纓七就,建大赤,以朝,異姓以封。(0823 中)

【象觚】以象牙爲飾的觚。鄭玄《注》:"象觚,觚有象骨飾也。"《儀禮・燕禮》:主人盥,洗~。(1017 上)

【象齒】象牙。《周禮・秋官・壺涿氏》:若欲殺其神,則以牡橭午貫~而沈之。(0889 中)

【象櫛】用象牙製成的梳子。沐浴後用之梳髮。孔穎達《疏》:"沐已,燥則髮澁,故用象牙滑櫛以通之也。"《禮記・玉藻》:櫛用樿櫛,髮晞用~。(1475 中)

【象魏】宮門兩旁的觀臺。亦稱闕、觀,可懸法以供觀閲。鄭玄《注》引鄭司農云:"象魏,闕也。"賈公彦《疏》:"周公謂之象魏,雉門之外,兩觀闕高魏巍然。孔子謂之觀。……云觀者,以其有教象可觀望。又謂之闕者,闕,去也。仰視治象,闕去疑事。"孫詒讓《正義》:"象魏也,闕也,觀也,以魯制言之,三者蓋異名而同物。天子諸侯宮門皆築臺,臺上起屋謂之臺門。……天子臺門之兩旁,特爲屋,高出於門屋之上者,亦謂之雙闕,亦謂之兩觀。諸侯不得爲兩觀,則即於門臺之上正中,特高其屋,出於它門臺之上,是謂一觀。"《周禮・天官・大宰》:正月之吉,始和布治于邦國、

都鄙,乃縣治象之灋于～,使萬民觀治象,挾日而斂之。(0648下)

豪 háo 用同"毫"。長度單位。即寸的千分之一。《孫子算經》卷上:"十忽爲一絲,十絲爲一毫,十毫爲一厘,十厘爲一分,十分爲一寸。"《禮記·經解》:差若～氂,繆以千里。(1611上)

豫 ㈠ xiè 用同"榭"。古代州學名。鄭玄《注》:"今言豫者,謂州學也。……《周禮》作'序'。凡屋無室曰謝,宜從謝。"《儀禮·鄉射禮》:～則鉤楹內,堂則由楹外。(0999下)

㈡ yù 見下。

【豫₂州】九州之一。南至漢水,北至南河,西南至荊山,西北至華山,東至孟諸,東南至淮,居九州之中。《周禮·夏官·職方氏》:河南曰～,其山鎮曰華山,其澤藪曰圃田。(0862中)

【豫₂則立,不豫則廢】凡事預先計劃好就能成功,不預先計劃好就會失敗。表現出古人的憂患意識。孔穎達《疏》:"言欲爲事之時,先須豫前思定,則臨事不困。"今爲成語。《禮記·中庸》:凡事～。言前定則不跲,事前定則不困,行前定則不疚,道前定則不窮。(1630中)

豭 jiā 見下。

【豭豚】公豬。《禮記·雜記下》:凡宗廟之器,其名者,成則釁之以～。(1569上)

豳 bīn 見下。

【豳雅】指《七月》之第一章。鄭玄《注》:"《豳雅》,亦《七月》也。《七月》亦有'于耜舉趾,饁彼南畝'之事,是亦歌其類。謂之雅者,以其言男女之正。"孫詒讓《正義》:"鄭意此亦歌其全篇,而義唯取首章言農事諸文。"《周禮·春官·籥章》:凡國祈年于田祖,龡《～》,擊土鼓,以樂田畯。(0801下)

【豳頌】指《七月》之末章。鄭玄《注》:"《豳頌》,亦《七月》也。《七月》亦有'獲稻作酒,躋彼公堂,稱彼兕觥,萬壽無疆'之事,是亦歌其類也。謂之頌者,以其言歲終人功之成。"孫詒讓《正義》:"謂《七月》卒章以言歲終功成息燕之事,故亦謂之頌。"《周禮·春官·籥章》:國祭蜡,則龡《～》,擊土鼓,以息老物。(0802上)

【豳詩】指《詩經·豳風》中的《七月》。鄭玄《注》:"《豳詩》,《豳風·七月》也。"孫詒讓《正義》:"《豳風》七篇,《七月》其首篇也。"《周禮·春官·籥章》:中春晝擊土鼓,龡《～》以逆暑。(0801下)

【豳籥】豳人吹籥所奏之樂章。鄭玄《注》:"豳籥,豳人吹籥之聲章。《明堂位》曰:'土鼓、蕢桴、葦籥,伊耆氏之樂。'"孫詒讓《正義》:"破先鄭豳竹之説,謂此豳籥即依放豳人所吹葦籥之聲章,以吹《詩》《雅》《頌》之等,蓋葦籥與笙師竹籥聲自不同,以豳人習吹此籥,故即謂之豳籥。"一説,先鄭以爲"豳國之地竹"。《周禮·春官·籥章》:掌土鼓～。(0801下)

貝 部

貝 （贝）bèi ❶貝殼。多作爲飾物或死者口中的含物。作爲棺飾，君五貝，大夫三貝，士一貝。《士喪禮》賈公彥《疏》：“此云貝三，下云稻米，則士飯含用米、貝。”《周禮·春官·巾車》：翟車，～面組總，有握。（0824 上）《儀禮·士喪禮》：～三，實于笄。（1131 下）《禮記·檀弓下》：飯用米、～，弗忍虛也。（1301 上）《禮記·喪大記》：飾棺：君龍帷，三池，振容，黼荒，火三列，黼三列，素錦褚，加僞荒，纁紐六，齊五采，五～。（1584 上）❷貨幣。古時以貝殼爲貨幣。《禮記·少儀》：君將適他，臣如致金玉貨～於君，則曰：“致馬資於有司。”（1511 上）

【貝面】以貝殼爲飾的當面。當面即當盧，爲馬絡頭上的飾物，因飾於馬額中央，故稱。鄭玄《注》：“貝面，貝飾勒之當面也。”孫詒讓《正義》：“當面即前注之當盧，以其著馬面謂之面。”《周禮·春官·巾車》：翟車，～組總，有握。（0824 上）

【貝勒】以貝殼爲飾的馬絡頭。鄭玄《注》：“貝勒，貝飾勒。”《儀禮·既夕禮》：纓、轡、～縣于衡。（1163 中）

貞 （贞）zhēn 問卜。鄭玄《注》：“問事之正曰貞。問歲之美惡，謂問於龜。”賈公彥《疏》：“將卜筮之

時先陳玉以禮神，然後卜筮也。”孫詒讓《正義》：“而卜必曰貞者，乃取其問事之正也。”《周禮·春官·天府》：季冬，陳玉以～來歲之媺惡。（0776 中）

【貞龜】將龜正放於占卜之位。其位在門外席上。爲大規模遷徙、大規模軍事行動時占卜之儀節。鄭玄《注》：“正龜於卜位也。《士喪禮》曰‘卜人抱龜、燋，先奠龜，西面’是也。”賈公彥《疏》：“卜位謂即闑外席上也，故引《士喪禮》爲證也。”《周禮·春官·大卜》：國大遷、大師，則～。（0804 上）

負 （负）fù 指喪服衣背上的一塊方麻布片。其上部與衰衣領子相連，兩邊各比領子寬一寸。因其在背部，故名負。亦稱負版。鄭玄《注》：“負，在背部者也。適，辟領也。”賈公彥《疏》：“以一方布置於背上，上畔縫著領，下畔垂放之，以在背上，故得負名。”《儀禮·士喪禮》：～，廣出於適寸。（1125 中）

【負繩】衣的背縫。孔穎達《疏》：“衣之背縫與裳之背縫上下相當，如繩之正，故云負繩，非謂實負繩也。”《禮記·深衣》：～及踝以應直。（1664 中）

【負侯者】指唱獲者。此人背靠箭靶，行射禮時負責執旌報靶。鄭玄《注》：

"負侯,獲者也。"《儀禮·大射》:司馬師命~:"執旌以負侯。"(1035上)

【負薪之憂】背負柴草勞累了。爲自稱疾病之辭。孔穎達《疏》:"此稱疾之辭也。……負,擔也。薪,樵也,大樵曰薪。……憂,勞也。言己有擔樵之餘勞,不堪射也。不直云疾而云負薪者,若直云疾則似傲慢,故陳疾之所由,明非假也。"《禮記·曲禮下》:君使士射,不能,則辭以疾,言曰:"某有~。"(1257上)

貢 (贡) gòng ❶貢品,貢物。即諸侯進獻天子的財物。其貢有二,一爲常貢,每年春貢其地出産之美物;二爲因朝而貢,貢以指定的財物,如侯服歲一見貢犧牲,甸服二歲一見貢布帛等。《大宰》賈公彦《疏》:"謂此貢諸侯邦國歲之常貢,則《小行人》云'令春入貢'是也。《大行人》云:'侯服,歲一見,其貢祀物。'彼謂因朝而貢,與此別也。"《周禮·天官·大宰》:以九~致邦國之用:一曰祀~,二曰嬪~,三曰器~,四曰幣~,五曰材~,六曰貨~,七曰服~,八曰斿~,九曰物~。(0648上)《禮記·郊特牲》:大羅氏,天子之掌鳥獸者也,諸侯~屬焉。(1454中) ❷貢稅。即九職之民依職所納之稅。鄭玄《注》:"此九職之財。"《周禮·天官·大府》:凡萬民之~,以充府庫。(0677下)

財 (财) cái 指錢和糧食。亦泛指金錢、財物。《宰夫》鄭玄《注》:"財,泉穀也。用,貨賄也。物,畜獸也。"《喪大記》鄭玄《注》:"納財,謂食穀也。"《周禮·天官·宰夫》:凡失用物辟名者,以官刑詔冢宰誅之。(0656上)《儀禮·喪服》:異居而同~,有餘則歸之宗,不足則資之宗。(1105上)《禮記·喪大記》:子、大夫、公子食粥,納~,朝一溢米,莫一溢米。(1576中)

【財用】泛指財物。包括錢、糧食和貨物。參見"財"。《周禮·天官·大宰》:以九式均節~。(0648上)《禮記·祭法》:山林、川谷、丘陵,民所取~也。(1590下)

【財賄】錢糧財物。財指錢糧,賄指貨賄,如金玉齒革布帛之類。鄭玄《注》:"財,泉穀也。"賈公彦《疏》:"計口出泉,無泉者取財賄以當筭泉之賦,故云斂財賄也。"《周禮·天官·大宰》:以九賦斂~。(0647下)

【財賦】錢糧和賦稅。鄭玄《注》:"財謂泉穀,賦謂九賦及軍賦。"《周禮·地官·大司徒》:以土均之灋辨五物、九等,制天下之地征,以作民職,以令地貢,以斂~,以均齊天下之政。(0704上)

【財齎】(zī) 收入與結餘爲財,支出爲齎。鄭玄《注》:"財,斂財本數及餘見者;齎,所給予人以物曰齎。"《周禮·天官·掌皮》:歲終,則會其~。(0684中)

責 (责) zhài "債"的古字。借貸之錢財。鄭玄《注》:"稱責,謂貸予。"賈公彦《疏》:"稱責,謂舉責生子。"《周禮·天官·小宰》:以官府之八成經邦治:……四曰聽稱~以傅別。(0654上)

貨 (货) huò ❶指金玉龜貝等天然生成之財物。《聘禮》鄭玄《注》曰:"貨,天地所化生,謂玉也。"參見"貨賄"。《周禮·天官·大府》:

頒其～于受藏之府,頒其賄于受用之府。(0677 中)《儀禮·聘禮》:多～則傷于德,幣美則沒禮。(1074 上)《禮記·月令》:是月也,易關市,來商旅,納～賄,以便民事。(1374 下) ❷泛指財貨。《禮運》孔穎達《疏》:"貨,謂財貨也。"《周禮·地官·泉府》:斂市之不售～之滯於民用者,以其賈買之,物楬而書之,以待不時而買者。(0738 中)《禮記·禮運》:～惡其弃於地也,不必藏於己。(1414 上) ❸貨幣。鄭玄《注》:"貨,泉貝也;罰,罰贖也。"《周禮·秋官·職金》:入其要,掌受士之金罰、～罰,入于司兵。(0882 上)

【貨貝】古時以貝殼充當貨幣,故稱貨幣爲貨貝。孫希旦《集解》:"愚謂貨,布也。"《禮記·少儀》:君將適他,臣如致金玉～於君,則曰:"致馬資於有司。"(1511 上)

【貨物】指龜貝之物。爲要服之地六年一見君王的貢物。鄭玄《注》:"貨物,龜貝也。"《周禮·秋官·大行人》:又其外方五百里,謂之要服,六歲壹見,其貢～。(0892 中)

【貨貢】金玉龜貝等自然化成之貢品。爲九貢之一。鄭玄《注》:"鄭司農云:'……貨貢,珠貝自然之物也。'玄謂……貨貢,金玉龜貝也。"《周禮·天官·大宰》:以九貢致邦國之用:一曰祀貢,二曰嬪貢,三曰器貢,四曰幣貢,五曰材貢,六曰～,七曰服貢,八曰斿貢,九曰物貢。(0648 上)

【貨賄】金玉珠貝等自然之物曰貨,布帛等人工之物曰賄。統言之,貨賄皆爲財物。《大宰》鄭玄《注》:"金玉曰貨,布帛曰賄。"賈公彥《疏》:"案《食貨志》:王莽居攝,更作金銀龜貝錢布之器,名曰寶貨,是自然之物曰貨也。《聘禮》曰'賄用束紡',是人所爲曰賄也。"《周禮·天官·大宰》:六曰商賈,阜通～。(0647 上)《禮記·月令》:是月也,易關市,來商旅,納～,以便民事。(1374 下)

【貨罰】用以抵減刑罰的貨幣。古時判決罪行有疑問時,可以交納一定數量的罰金以赦免其罪。鄭玄《注》:"貨,泉貝也;罰,罰贖也。"賈公彥《疏》:"謂斷獄訟者有疑,即使出贖。"孫詒讓《正義》:"金罰、貨罰,五罰之金與貨。……蓋罪重者則罰金鍰,罪輕者則罰貨之泉貝。"《周禮·秋官·職金》:入其要,掌受士之金罰、～,入于司兵。(0882 上)

【貨之節】准許貨物出入國境的憑證。鄭玄《注》:"貨節,謂商本所發出市之璽節也。自外來者則案其節而書其貨之多少,通之國門。"《周禮·地官·司關》:掌國～,以聯門市。(0739 上)

販

（販）fàn 見下。

【販夫】男商販。《周禮·地官·司市》:夕市夕時而市,～、販婦爲主。(0734 中)

【販婦】女商販。《周禮·地官·司市》:夕市夕時而市,販夫、～爲主。(0734 中)

貫

（贯）guàn 見下。

【貫鼎】貫國之鼎。相傳爲周文王滅貫國所遷之鼎,爲天子之重器。鄭玄《注》:"古者伐國,遷其重器以分同

姓。"《禮記·明堂位》：崇鼎、～、大璜、封父龜，天子之器也。(1491 上)

【貫革之射】即軍中習武之射。其射以甲鎧爲射侯，以射穿甲革重數多者爲善。其別於學中習禮之射，習禮之射以布侯或獸侯爲靶，重在講習儀容而不看重是否中的射穿。鄭玄《注》："貫革，射穿甲革也。"孔穎達《疏》："所謂軍射也。言軍中不習於容儀，又無別物，但取甲鎧張之而射，唯穿多重爲善，謂爲貫革也。"《禮記·樂記》：左射《貍首》，右射《騶虞》，而～息也。(1543 中)

貳

（貳）èr ❶文籍的副本。亦爲寫錄副本。《小宰》鄭玄《注》引鄭司農云："貳，副也。"《鄉大夫》鄭玄《注》："内史，副寫其書者。"《周禮·天官·小宰》：掌邦之六典、八灋、八則之～，以逆邦國、都鄙、官府之治。(0653 上)《周禮·地官·鄉大夫》：厥明，鄉老及鄉大夫羣吏獻賢能之書于王，王再拜受之，登于天府，内史～之。(0716 中) ❷副職官員。如大宰爲正，小宰爲貳。鄭玄《注》："正，謂冢宰、司徒、宗伯、司馬、司寇、司空也。貳，謂小宰、小司徒、小宗伯、小司馬、小司寇、小司空也。"《周禮·天官·大宰》：乃施灋于官府，而建其正，立其～。(0649 中)

【貳令】命令的副本。鄭玄《注》："貳令者，謂若今御史所寫下本奏，王所可者。"孫詒讓《正義》："依鄭義推之，則此貳令，當爲王及冢宰所下之令，其正令下所出財用之府，而別以貳令下職内，使書之。"《周禮·天官·職内》：凡受財者，受其～而書之。(0682 中)

【貳車】副車。天子五路均有貳車，如倅車、佐車、次車等。諸侯、卿大夫亦有貳車，其數各視其命之等，如《周禮·秋官·大行人》上公貳車九乘，侯、伯貳車七乘，子、男貳車五乘。貳車之飾皆與正車同。《道僕》鄭玄《注》："貳亦副。"陸德明《釋文》："上文《戎僕》倅車云副，故此貳亦副也。"《少儀》鄭玄《注》："貳車、佐車，皆副車也。朝祀之副曰貳，戎獵之副曰佐。"《既夕禮》賈公彦《疏》："依正禮大夫以上有貳車，士卑無貳車，但以在喪可有副貳之車，非常法則。"《周禮·夏官·道僕》：掌～之政令。(0858 中)《儀禮·既夕禮》：～，白狗攝服。(1162 中)《禮記·少儀》：乘～則式，佐車則否。(1514 上)

【貳采】謂衣裳異色。如朝服，緇衣，素裳，色皆不同。貳采爲正服之色。依禮，去位之人不得穿貳采之服。貳采又稱列采。鄭玄《注》："大夫去位，宜服玄端、玄裳。"孔穎達《疏》："此謂大夫士去國，三月之内服素衣、素裳，三月之後別服此玄端、玄裳。以經云'不貳采'，是有采色，但不貳耳。"參見"列采"。《禮記·玉藻》：無君者不～。(1477 中)

賁

（賁）fén 見下。

【賁鼓】即鼖鼓。八尺長之大鼓。用於軍事。鄭玄《注》："《鼓人》職曰：'以路鼓鼓鬼享，以賁鼓鼓軍事。'"參見"鼖鼓"。《周禮·夏官·大司馬》：王執路鼓，諸侯執～。(0836 上)

貴

（貴）guì 見下。

【貴人】指公卿大夫。《喪服》胡培翬

【貴】《正義》引陳銓云:"貴人者,謂公卿大夫也。"《內則》鄭《注》:"貴人,大夫以上也。"《儀禮·喪服》:君子子者,~之子也。(1119 上)《禮記·內則》:是日也,妻以子見於父。~則爲衣服,由命士以下皆漱澣。(1469 下)

【貴老】尊敬年長者。以其近似自己的雙親。爲先王用來治理天下的五原則之一。《禮記·祭義》:先王之所以治天下者五:貴有德、貴貴、~、敬長、慈幼。(1594 中)

【貴臣】指公卿大夫、家相、邑宰等位尊的臣子。鄭玄《注》:"室老,家相也。士,邑宰也。"《儀禮·喪服》:公卿大夫,室老,士,~;其餘皆衆臣也。(1102 中)

【貴妾】指侄娣。侄是妻之侄女,娣是妻之妹,隨妻嫁來爲妾者。鄭玄《注》:"貴妾,姪娣也。"《儀禮·喪服》:貴臣、~。《傳》曰:何以緦也?以其貴也。(1120 上)

【貴骨】貴重之骨。祭祀所用之牲骨有貴賤之分,按其部位,前骨貴於後骨。如臂臑、正脊、正脅在前爲貴,膞胳、脡脊、橫脊、短脅在後爲賤。孔穎達《疏》:"前體臂臑爲貴,後體膞胳爲賤。……正脊在前爲貴,脡脊、橫脊在後爲賤;脅則正脅在前爲貴,短脅爲賤。"《禮記·祭統》:骨有貴賤:殷人貴髀,周人貴肩,凡前貴於後。……是故貴者取~,賤者取賤骨。(1605 下)

【貴室】即路寢。天子、諸侯的正寢,用以聽政。鄭玄《注》:"謂守路寢。"孔穎達《疏》:"指其院宇謂之宮,指其所居之處謂之室。"《禮記·文王世子》:正室守大廟,諸父守貴宮、~,諸子諸孫守下宮、下室。(1408 下)

【貴宮】即路寢。天子、諸侯的正寢,用以聽政。鄭玄《注》:"謂守路寢。"孔穎達《疏》:"指其院宇謂之宮,指其所居之處謂之室。"《禮記·文王世子》:正室守大廟,諸父守~、貴室,諸子諸孫守下宮、下室。(1408 下)

【貴貴】尊敬地位尊貴者。以其近似於國君。爲先王用來治理天下的五原則之一。《禮記·祭義》:先王之所以治天下者五:貴有德、~、貴老、敬長、慈幼。(1594 中)

【貴有德】尊敬有德之人。以其近於聖賢之道。爲先王用來治理天下的五原則之一。《禮記·祭義》:先王之所以治天下者五:~、貴貴、貴老、敬長、慈幼。(1594 中)

【貴遊子弟】王公子弟未仕而在學遊暇習業者。鄭玄《注》:"貴遊子弟,王公之子弟。遊,無官司者。"孫詒讓《正義》:"此貴遊子弟即上文之國子,與《諸子》'國子存遊倅'義亦同,並統卿大夫之子而言。"《周禮·地官·師氏》:凡國之~學焉。(0731 上)

貸 (貸) dài 借入錢財。鄭玄《注》引鄭司農云:"貸,謂從官借本賈也,故有息。"《周禮·地官·泉府》:凡民之~者,與其有司辨而授之,以國服爲之息。(0738 下)

賀 (賀) hè 以禮慶賀。禮有三種情況不賀:一是"昏禮不賀",婚姻乃傳宗接代之常事;二是"非君賜不賀",非君賜則無譽;三是"士於大夫不承賀",士地位微賤,不得勞尊者。《禮記·郊特牲》:昏禮不~,人之序也。(1456 下)

【賀慶】即賀慶之禮。王使臣以物慶賀諸侯國之喜事。鄭玄《注》："此四者,王使臣於諸侯之禮也。"《周禮·秋官·大行人》：間問以諭諸侯之志,歸脤以交諸侯之福,〜以贊諸侯之喜,致禬以補諸侯之裁。(0890下)

【賀慶之禮】王使臣以物慶賀諸侯國及異姓國之喜事。爲嘉禮之一。賈公彥《疏》："言賀慶者,謂諸侯之國有喜可賀可慶之事,王使大夫往以物賀慶之,可施及異姓之國,所以親之也。"《周禮·春官·大宗伯》：以嘉禮親萬民：以飲食之禮親宗族兄弟,以昏冠之禮親成男女,以賓射之禮親故舊、朋友,以饗燕之禮親四方之賓客,以脤膰之禮親兄弟之國,以〜親異姓之國。(0761上)

賈 (賈) gǔ ❶職官名。掌採購,知物價。爲庖人之屬官。鄭玄《注》："賈主市買,知物價。"《周禮·天官·敘官》：庖人中士四人,下士八人,府二人,史四人,〜八人。(0640下) ❷坐肆居賣的商人。行曰商,處曰賈。統言之則商賈不別。鄭玄《注》："行曰商,處曰賈。"《周禮·天官·大宰》：六曰商〜,阜通貨賄。(0647上)

【賈人】職官名。瞭解物價,掌管官府採購。《聘禮鄭玄《注》："賈人,在官知物賈者。"《少儀》孔穎達《疏》："賈人者,識物賈貴賤而主君之衣物者也。"《儀禮·聘禮》：〜西面坐啓櫝,取圭,垂繅,不起而授宰(1047中)《禮記·少儀》：臣致禭於君,則曰："致廢衣於〜。"(1511上)

【賈田】商賈之家所分的田地。鄭玄《注》："賈田,在市賈人其家所受田也。"孫詒讓《正義》："周制：凡賈人無論在官在市,本身皆不受田,其家則受田。"《周禮·地官·載師》：以宅田、士田、〜任近郊之地,以官田、牛田、賞田、牧田任遠郊之地。(0724下)

【賈民】市吏。胥師、賈師之下屬。由知物價之賈人擔任。鄭玄《注》："賈民,胥師、賈師之屬。必以賈民爲之者,知物之情僞與實詐。"孫詒讓《正義》："然則此賈民,即謂胥師至肆長諸市吏；以其辟役在市之賈人爲之,別於它官府之府吏胥徒等爲庶人在官者,故謂之賈民。"《周禮·地官·司市》：以〜禁僞而除詐,以刑罰禁虣而去盜,以泉府同貨而斂賒。(0734中)

【賈師】職官名。掌管市場物價。《周禮·地官·賈師》：〜,各掌其次之貨賄之治,辨其物而均平之,展其成而奠其賈,然後令市。(0738上)

賄 (賄) huì ❶財物。金玉珠貝等自然之物曰貨,布帛等人工之物曰賄。統言之,貨賄皆爲財物。《大宰》鄭玄《注》："金玉曰貨,布帛曰賄。"賈公彥《疏》："案《食貨志》：王莽居攝,更作金銀龜貝錢布之器,名曰寶貨,是自然之物曰貨也。《聘禮》'賄用束紡',是人所爲曰賄也。"《周禮·天官·大宰》：六曰商賈、阜通貨〜。(0647上)《儀禮·聘禮》：多則傷于德,幣美則沒禮。〜,在聘于〜。(1074上)《禮記·月令》：是月也,易關市,來商旅,納貨〜,以便民事。(1374下) ❷指聘禮還玉之禮後主國之卿贈送財物給使者。爲聘禮儀節之一。《聘禮》鄭玄《注》："賄,予人財之言也。"《聘義》孔穎達《疏》："賄贈者，因其還玉之時，主人之卿并以賄而往，還玉既畢，以賄贈之。故《聘禮》'還圭璋畢，大夫賂用束紡'是也。"《儀禮·聘禮》：賓禓，迎。大夫～用束紡。(1067 上)《禮記·聘義》：致饔餼，還圭璋，～、贈、饗、食、燕，所以明賓客、君臣之義也。(1692 下)

資 （資）zī 見下。

【資衰】即齊衰。喪服名。喪服有五：斬衰、齊衰、大功、小功、緦麻。齊衰服用四升粗麻布製成，以其緝邊縫齊，故稱。齊衰因服期不同，又爲分四：齊衰三年，父死爲母、母爲長子；齊衰杖期，父在爲母、夫爲妻；齊衰不杖期，爲祖父母、伯叔父母、爲兄弟；齊衰三月，爲舊君、君之母、妻，庶人爲國君，大夫爲大宗之子，等等。《禮記·昏義》：爲后服～，服母之義也。(1682 上)

賒 （賒）shē ❶賣物先給貨物而後收款。鄭玄《注》："民無貨則賒貰而予之。"賈公彥疏："此謂所買得之物，民有急須而無貨者，則貰予之，有時斂取其直。"《周禮·地官·司市》：以刑罰禁虣而去盜，以泉府同貨而斂～。(0734 中) ❷買物先拿貨物而後付款。孫詒讓《正義》："賒者，先貰物而後償直。"《周禮·地官·泉府》：凡～者，祭祀無過旬日，喪紀無過三月。(0738 下)

賓 bīn 爲"賓"的異體字。❶賓客。指朝見天子的諸侯及其使臣。要服以內的諸侯稱大賓，蠻夷之君稱小賓；要服以內諸侯的孤卿稱大客，蕃國諸侯之使臣稱小客。《大行人》鄭玄《注》："大賓，要服以內諸侯。大客，謂其孤卿。"《周禮·秋官·大行人》：掌大～之禮及大客之儀，以親諸侯。(0890 上)《儀禮·聘禮》：賓人告于上介，上介告于～。(1049 上)《禮記·聘義》：君親禮～，～私面私覿，致饔餼，還圭璋。(1692 下) ❷指在鄉射禮、燕禮、鄉飲酒禮等禮儀中特設的賓。一般由鄉州中年長、賢能者或國中大夫擔任。《鄉射禮》胡培翬《正義》："張氏爾岐云：'賓以州中處士賢者爲之。'……方氏苞云：'……蓋此賓或在朝公士，或不仕之君子。'"《文王世子》"異姓爲賓"孔穎達《疏》："立賓以行禮也。"《儀禮·鄉射禮》：鄉射之禮。主人戒～。(0993 上)《禮記·燕義》：設～主，飲酒之禮也。使宰夫爲獻主，臣莫敢與君亢禮也。不以公卿爲～，而以大夫爲～。(1690 中) ❸指黃帝、堯、舜、夏、商之後代。鄭玄《注》："謂所不臣者，三恪二代之後與？"孫詒讓《正義》："謂黃帝堯舜之後爲三恪，夏殷之後爲二代，通爲國賓也。"《周禮·秋官·小司寇》：以八辟麗邦灋，附刑罰：……八曰議～之辟。(0874 上) ❹用同"擯"。接待賓客。鄭玄《注》："賓當爲擯。勞用束帛，擯用束錦。"《周禮·秋官·司儀》：～使者，如初之儀。(0898 下)

【賓位】指堂上西方之位。其爲賓客的位置。主人之位在東方。孔穎達《疏》："孝子升自客階，受弔於堂上西方賓位之處，不敢在東方以即父位，示民追孝之心也。"《禮記·坊記》：升自客階，受弔於～，教民追孝也。

(1621中)

【賓長】衆賓之長。即衆賓客中年齡、爵位俱尊者。又稱上賓、長賓。《儀禮·少牢饋食禮》：上佐食盥，升，下佐食對之；～二人備。(1203下)

【賓相】接待賓客，助其施禮。鄭玄《注》："從來至去皆爲擯，而詔侑其禮儀。"《周禮·秋官·象胥》：凡其出入送逆之禮節、幣帛、辭令，而～之。(0900上)

【賓(賓)客】指朝見天子的諸侯及其使臣。《大宗伯》鄭玄《注》："賓客，謂朝聘者。"《周禮·春官·大宗伯》：以嘉禮親萬民：以飲食之禮親宗族兄弟，以昏冠之禮親成男女，以賓射之禮親故舊、朋友，以饗燕之禮親四方之～，以脤膰之禮親兄弟之國，以賀慶之禮親異姓之國。(0760下)《禮記·聘義》：賄、贈、饗、食、燕，所以明～、君臣之義也。(1692下)

【賓射】指天子與來朝諸侯或使臣射於朝。射前有燕飲。鄭玄《注》："賓射，與諸侯來朝者射。"孫詒讓《正義》："此賓客、饗食並據聘臣，惟賓射則通晐君臣，以其禮輕也。凡賓射在治朝。"《周禮·夏官·小臣》：大祭祀、朝覲，沃王盥；小祭祀、賓客、饗食、～，掌事，如大僕之灋。(0852中)

【賓器】指行鄉飲酒禮所用之器。如尊俎、笙瑟、籩豆等。鄭玄《注》："賓器者，尊俎笙瑟之屬，州長主集爲之，爲鄉大夫或時賓賢能於此州也。"賈公彥《疏》："案《鄉飲酒》，三年貢士之時，行飲酒之禮，即有酒尊俎實，二人鼓瑟在堂，笙入在於堂下，故言尊俎笙瑟。言之屬者，更有籩豆之等。"《周禮·地官·鄉師》：閭共祭器，族共喪器，黨共射器，州共～，鄉共吉凶禮樂之器。(0714下)

【賓館】供賓客居住的館舍。《儀禮·公食大夫禮》：有司卷三牲之俎，歸于～。(1083中)《禮記·雜記下》：夫大饗既饗，卷三牲之俎，歸于～。(1562下)

【賓禮】天子接見諸侯及其使臣的禮儀。爲五禮之一。賓禮分爲八種：朝、宗、覲、遇、會、同、問、視。鄭玄《注》："賓禮之別有八。"《周禮·春官·大宗伯》：以～親邦國：春見曰朝，夏見曰宗，秋見曰覲，冬見曰遇，時見曰會，殷見曰同，時聘曰問，殷覜曰視。(0759下)

【賓客之式】接待賓客時支出財物的規定。爲均節財用的九式之一。鄭玄《注》："式，謂用財之節度。"賈公彥《疏》："謂若上公饗餼九牢，殊五牢、五積之類。"《周禮·天官·大宰》：以九式均節財用：一曰祭祀之式，二曰～，三曰喪荒之式，四曰羞服之式，五曰工事之式，六曰幣帛之式，七曰芻秣之式，八曰匪頒之式，九曰好用之式。(0648上)

【賓客之容】接待賓客時之儀容。所謂嚴恪矜莊、穆穆皇皇。爲六儀之一。鄭玄《注》："鄭司農云：'……賓客之容，嚴恪矜莊。'玄謂……賓客之容，穆穆皇皇。"《周禮·地官·保氏》：乃教之六儀：一曰祭祀之容，二曰～，三曰朝廷之容，四曰喪紀之容，五曰軍旅之容，六曰車馬之容。(0731中)

【賓客主恭】接待賓客要以恭爲主。

孔穎達《疏》："恭在貌，敬在心。賓客輕，故主恭；祭祀重，故主敬。"孫希旦《集解》："交際以禮相示，故以容貌之恭爲主。"《禮記·少儀》：～，祭祀主敬，喪事主哀，會同主詡。(1514 下)

【賓射之禮】天子與來朝諸侯或使臣射於朝。賓射亦包括天子之故舊、朋友。爲嘉禮之一。鄭玄《注》："射禮，雖王亦立賓主也。王之故舊朋友爲世子時共在學者，天子亦有友諸侯之義。"《周禮·春官·大宗伯》：以嘉禮親萬民：以飲食之禮親宗族兄弟，以昏冠之禮親成男女，以～親故舊、朋友，以饗燕之禮親四方之賓客，以脤膰之禮親兄弟之國，以賀慶之禮親異姓之國。(0760 下)

【賓客之聯事】六官聯合辦理接待賓客的事務。爲小宰所掌六聯事之一。《周禮·天官·小宰》：以官府之六聯合邦治：一曰祭祀之聯事，二曰～，三曰喪荒之聯事，四曰軍旅之聯事，五曰田役之聯事，六曰斂弛之聯事。(0653 下)

賦

（賦）fù ❶地稅。泛指賦稅。《大宰》孫詒讓《正義》："經凡征斂通謂之賦。此九賦，則皆任地以制國用之法也。"《周禮·天官·大宰》：以九～斂財賄：一曰邦中之～，二曰四郊之～。三曰邦甸之～。(0647 下)《禮記·月令》：是月也，乃命水虞、漁師收水泉、池澤之，毋或敢侵削衆庶兆民，以爲天子取怨于下。(1382 中) ❷徭役，兵賦。《小司徒》鄭玄《注》："貢謂九穀山澤之材也，賦謂出車徒給徭役也。"《郊特牲》孔穎達《疏》："簡選車馬及兵賦器械之屬。"《周禮·地官·小司徒》：以任地

事而令貢～，凡稅斂之事。(0711 下)《禮記·郊特牲》：然後簡其車～而歷其卒伍，而君親誓社，以習軍旅。(1450 上) ❸直陳其事的表現手法。爲六詩之一。鄭玄《注》："賦之言鋪，直鋪陳今之政教善惡。"《周禮·春官·大師》：教六詩：曰風，曰～，曰比，曰興，曰雅，曰頌。(0796 上)

【賦貢】賦稅。爲治理王畿內公卿大夫采邑、王子弟食邑的八項法則之一。鄭玄《注》："賦，口率出泉也。貢，功也，九職之工所稅也。"《周禮·天官·大宰》：以八則治都鄙：一曰祭祀，以馭其神；二曰灋則，以馭其官；三曰廢置，以馭其吏；四曰禄位，以馭其士；五曰～，以馭其用；六曰禮俗，以馭其民；七曰刑賞，以馭其威；八曰田役，以馭其衆。(0646 上)

賢

（贤）㊀ xián 車轂內端近輿的大孔。外端近轄的小孔曰軹。皆以鐵製成。鄭玄《注》："鄭司農云：'賢，大穿也；軹，小穿也。'"孫詒讓《正義》："阮元云：'穿者，軸所貫也。大穿者，在輻內，近輿之名。小穿者，在輻外，近轄之名。'"《周禮·冬官考工記·輪人》：五分其轂之長，去一以爲～，去三以爲軹。(0908 中)

㊁ xián 見下。

【賢₂獲】射禮中獲勝一方多得的筭籌稱賢獲。行鄉射禮時，每射中鵠的一次得一筭，比賽結束計算雙方所得籌碼，多出的即爲賢獲，其隊即爲勝者。鄭玄《注》："賢獲，勝黨之筭也。齊之而取其餘。"賈公彥《疏》："取賢獲，以筭爲獲，以其唱獲則釋筭，故名筭爲獲。左右數齊，有餘則賢獲。"《儀禮·鄉射禮》：釋獲者遂進，取～，執

以升。(1003上)

賤 （贱）jiàn 見下。

【賤不誄貴】地位低的人不爲地位高的人作誄辭。依禮，當由尊者、長者爲賤者、幼者作誄辭。鄭玄《注》："誄，累也。累列生時行迹，讀之以作謚。謚當由尊者成。"孫希旦《集解》："徐氏師曾曰：謚由尊者成，一則以分之所在，不可擅操榮辱之權；一則以情之所在，恐其雜於虛美之私。"《禮記·曾子問》：～，幼不誄長，禮也。(1398上)

賞 （赏）shǎng 見下。

【賞田】賞賜有功者之田。所賞之地在遠郊。鄭玄《注》引鄭司農云："賞田者，賞賜之田。"《周禮·地官·載師》：以宅田、士田、賈田任近郊之地，以官田、牛田、～、牧田任遠郊之地。(0724下)

【賞地】即賞田。賞賜有功者之田。所賞之地在遠郊。鄭玄《注》："賞地，賞田也。"《周禮·夏官·司勳》：掌六鄉～之灋，以等其功。(0841中)

賜 （赐）cì ❶上對下之恩賜。《少儀》鄭玄《注》："卑者曰賜，於尊者曰獻。"《周禮·夏官·司士》：以德詔爵，以功詔祿，以能詔事，以久奠食，惟～無常。(0849上)《儀禮·覲禮》：重～無數，在車南。(1091下)《禮記·少儀》：其以乘壺酒、束脩、一犬～人。(1514下) ❷對帝王下達旨意的敬稱。謂以策命形式授予封土、爵祿、謚號、官職、宮室等。《周禮·春官·大宗伯》：五命～則，六命～官，七命～國。(0761中)《禮記·祭統》：古者明君爵有德而祿有功，必～爵祿於大廟，示不敢專也。(1605下)

【賜予】上對下之恩賜。賈公彥《疏》："此爲常賜予。"《周禮·天官·職幣》：掌式灋以斂官府、都鄙與凡用邦財者之幣，振掌事者之餘財，皆辨其物而奠其錄，以書楬之，以詔上之小用～。(0683上)

【賜舍】安排館舍。來朝覲之諸侯路途勞苦，剛到後即安排館舍使其休息。爲覲禮之儀節。鄭玄《注》："以其新至，道路勞苦，未受其禮，且使自安也。賜舍，猶致館也。"《儀禮·覲禮》：天子～。曰："伯父，女順命于王所，賜伯父舍。"(1088中)

【賜頒】賞賜。分外加惠贈送謂之賜，常制範圍内給予謂之頒。孫詒讓《正義》："賜謂好賜，頒謂常賜。"參見"頒賜"。《周禮·天官·酒正》：掌酒之～，皆有灋以行之。(0670上)

【賜謚】授予謚號。諸侯公卿大夫卒，天子考其生前德行、事迹，給予稱號。賈公彥《疏》："君親爲之制謚，謚成，使大史將往賜之。"《周禮·春官·大史》：小喪，～。(0818上)

質 （质）zhì ❶評量，審查。《王制》鄭玄《注》："質，平也。"孔穎達《疏》："謂奏上文簿聽天子半量之。"《周禮·夏官·馬質》：馬質，掌～馬。(0842上)《禮記·王制》：司會以歲之成，～於天子。(1345上) ❷冒（殮屍的布囊）的上半部。冒形同口袋，分爲上下兩部分，上段從頭到手稱質，由頭往下套；下段從腳到腰稱殺，從腳往上套，兩布袋口於腰胯處以帶子聯繫。《喪大記》孔穎達

《疏》："冒，謂襲後小斂所用以韜尸也。冒有質、殺者，作兩囊，每輒橫縫合一頭，又縫連一邊，餘一邊不縫，兩囊皆然也。上者曰質，下者曰殺。"孫希旦《集解》："質，正也。冒之在上者，上下方正，故曰質。"《士喪禮》鄭玄《注》："冒，韜尸者，制如直囊，上曰質，下曰殺。質，正也。其用之，先以殺韜足而上，後以質韜首而下，齊手。上玄下纁，象天地也。"《儀禮·士喪禮》：冒，緇~，長與手齊。(1131上)《禮記·喪大記》：凡冒，~長與手齊，殺三尺。(1580上)❸買賣契約之長券。一式兩份，書寫於一札，各執其半，以防失信。用於大宗貿易，如奴隸、牛馬等。鄭玄《注》："質劑者，爲之券藏之也。大市，人民馬牛之屬用長券；小市，兵器、珍異之物用短券。"參見"質劑"。《周禮·地官·質人》：凡賣儥者~劑焉，大市以~，小市以劑。(0737中)❹箭靶的中心部位，亦指箭靶。鄭玄《注》："質，正也，樹椹以爲射正。"《周禮·夏官·司弓矢》：王弓、弧弓以授射甲革、椹~者。(0855下)

【質人】職官名。掌管評估物價、簽訂契約。爵中士、下士。《周禮·地官·質人》：~，掌成市之貨賄、人民、牛馬、兵器、珍異。(0737中)

【質布】官府所收的買賣契券的稅費。孫詒讓《正義》："王與之云：'質布，人所稅質劑者之布也。質人賣儥之質劑，如今田宅，官給券以收稅，謂之質布。'江永云：'……此即償質劑之布也。古未有紙，大券小券當以帛爲之，交易以給買者，而賣者亦藏其半。質劑蓋官作之，其上當有璽印，是以量取買賣者之泉以償其費，猶後世契紙有錢也。'"一說，爲違反買賣契約所罰之貨幣。鄭玄《注》："質布，質人之所罰犯質劑者之泉也。"《周禮·地官·廛人》：掌斂市絘布、總布、~、罰布、廛布，而入于泉府。(0737中)

【質劑】買賣所用的契書。一式兩份，書寫於一札，各執其半，以防失信。質爲長券，用於大宗貿易，如奴隸、牛馬等；劑爲短券，用於小宗貿易，如兵器、珍異之物等。爲官府治理政事的八種成規(八成)之一。《小宰》鄭玄《注》："質劑，謂兩書一札，同而別之，長曰質，短曰劑。"《司市》賈公彥《疏》："質劑謂券書，恐民失信，有所違負，故爲券書結之，使有信也。"《質人》鄭玄《注》："質劑者，爲之券藏之也。大市人民、馬牛之屬用長券，小市兵器、珍異之物用短券。"一說，爲平定物價的文書。鄭玄《注》引鄭司農云："質劑，曰平賈也。質大買，劑小賈。"《周禮·天官·小宰》以官府之八成經邦治：一曰聽政役以比居，二曰聽師田以簡稽，三曰聽閭里以版圖，四曰聽稱責以傅別，五曰聽祿位以禮命，六曰聽取予以書契，七曰聽賣買以~，八曰聽出入以要會。(0654上)《周禮·地官·司市》：量度成賈而徵儥，以~結信而止訟。(0734中)《周禮·地官·質人》：凡賣儥者~焉，大市以質，小市以劑。(0737中)

賙

(賙) zhōu 周濟。鄭玄《注》："賙者，謂禮物不備，相給足也。"《周禮·地官·大司徒》：五黨爲州，使之相~。(0707上)

【賙委】以糧草救濟。孫詒讓《正義》："賙委，謂相給致其委積也。"《周禮·

秋官・小行人》：若國凶荒，則令～之。（0894 中）

【賵賜】周濟賞賜。鄭玄《注》："賵賜，謂王所賜予，給好用之式也。"《周禮・地官・廩人》：掌九穀之數，以待國之匪頒、～、稍食。（0749 上）

賵 （賵）fèng ❶以車馬束帛助主人送葬。《既夕禮》鄭玄《注》："賵，所以助主人送葬也。兩馬，士制。"賻與賵之區別在於：賻是補生者之不足，賵是用於死者。參見"賻"。《儀禮・既夕禮》：公～，玄纁束、馬兩。（1152 中）《禮記・文王世子》：敬弔、臨、賻、～、睦友之道也。（1409 下）❷指送給喪主送葬的車馬束帛，亦指寫在板上的助葬者人名、財物的清單。《既夕禮》鄭玄《注》："方，板也。書賵、奠、賻、贈之人名與其物於板。"《儀禮・既夕禮》：書～於方，若九、若七、若五。（1153 上）《禮記・檀弓上》：讀～，曾子曰："非古也，是再告也。"（1292 上）

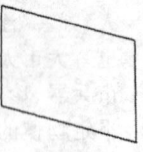
賵方

【賵馬】送給喪者的馬。賵馬用於牽引靈車，故得入祖廟之門。鄭玄《注》："以其主於死者。"孔穎達《疏》："賵馬入廟門者，以馬送死曰賵。……既送亡者，故將入廟也，……欲以供駕魂車也。"參見"賵馬"。《禮記・少儀》：～入廟門。（1511 上）

賻 （賻）fù ❶以財物補助喪主。賻與賵之區別在於：賻是補生者之不足，賵是用於死者。《既夕禮》鄭玄《注》："賻之言補也，助也。貨財曰賻。"《小行人》賈公彥《疏》引鄭司農云："賻補之，謂賻喪家補助其不足也。若今時一室二尸，則官與之棺也。《儀禮・既夕禮》："知生者賻"賈公彥《疏》："賻是補主人不足，施於生者。"《周禮・秋官・小行人》：若國札喪，則令～補之。（0894 下）《儀禮・既夕禮》：若～，入告。（1152 下）《禮記・文王世子》：敬弔、臨、～、賵、睦友之道。（1409 下）

【賻馬】送給喪主助葬的馬。賻馬用以助喪主治辦喪事，故不得進入廟門。鄭玄《注》："以其主於生人也。"孔穎達《疏》："以馬助生營喪曰賻。馬、幣謂以財貨賻助主人喪用，並助主人之物，故不將入廟也。"參見"賵馬"。《禮記・少儀》：～與其幣、大白兵車，不入廟門。（1511 上）

贊 （贊）zàn 佐助行禮之人。亦作"賛"。《昏義》孫希旦《集解》："贊，贊助行禮者，蓋以婦人為之。"《儀禮・士昏禮》：～告具。揖婦即對筵，皆坐，皆祭。（0966 下）《禮記・昏義》：質明，～見婦於舅姑。（1681 上）

【贊祭】即授祭。謂王將食必祭先，膳夫取食授之以祭。為飲食祭祀之一種，亦稱共祭。孫詒讓《正義》："贊祭即授祭也。……贊祭者，助王祭牢肉。"參見"授祭"。《周禮・天官・膳夫》：王燕食，則奉膳～。（0660 中）

【贊大行】論説外交官大行人之禮之文。鄭玄《注》："《贊大行》者，書説大行人之禮者名也。"孔穎達《疏》："《周禮》有《大行人》篇，掌諸侯五等之禮。舊作記之前有人説書贊明大行人之事，謂之《贊大行》。今亦作記者引此舊書。"《禮記・雜記下》：《～》曰：

"圭,公九寸,侯、伯七寸,子、男五寸。"(1568下)

贈 （贈）zèng ❶指送給死者玩好玉帛等殉葬品。《檀弓下》鄭玄《注》:"以幣送死者於壙也。"《既夕禮》賈公彦《疏》:"以其贈是玩好,施於死者。"《儀禮‧既夕禮》:知死者~,知生者賻。(1153上)《禮記‧檀弓下》:既封,主人~,而祝宿虞尸。(1302中)❷送走不祥。於舊歲將盡、新年將至之時,迎新以送舊。鄭玄《注》:"冬歲終,以禮送不祥及惡夢,皆是也。其行必由堂始。"《周禮‧春官‧男巫》:冬堂~,無方無筭。(0816下)❸指聘禮還玉之禮後主國之卿贈送財物給使者。爲聘禮儀節之一。鄭玄《注》:"賄贈者,因其還玉之時,主人之卿并以賄而往,還玉既畢,以賄贈之。故《聘禮》'還圭璋畢,大夫賂用束紡'是也。《禮記‧聘義》:賄、~、饗、食、燕,所以明賓客、君臣之義也。(1692下)

【贈玉】葬時埋入墓穴的玉璧。鄭玄《注》:"贈玉,既窆所以送先王。"《周禮‧天官‧大宰》:大喪,贊~、含玉。(0650下)

見 部

見 （見）jiàn ❶棺飾。即棺衣。《既夕禮》鄭玄《注》:"見,棺飾。"胡培翬《正義》:"棺飾即池、紐、荒、帷之屬,以加此于棺外,則不見棺柩而但見棺飾,故謂棺飾爲見也。《禮記》《釋文》云:'見,棺衣也。'"《雜記上》孔穎達《疏》:"見,謂棺外之飾。"《儀禮‧既夕禮》:藏器於旁,加~。(11157上)《禮記‧雜記上》:甕、甒、筲、衡、實一間,而后折入。(1555下)❷諸侯謁見天子,天子會見諸侯,諸侯之間相見,均稱見。《周禮‧春官‧大宗伯》:以賓禮親邦國:春~曰朝,夏~曰宗,秋~曰覲,冬~曰遇,時~曰會,殷~曰同,時聘曰問,殷覜曰視。(0759下)《周禮‧春官‧典瑞》:諸侯相~亦如之。(0777上)

規 （規）guī 圓規。畫圓的工具。亦指圓形。《周禮‧夏官‧司弓矢》:天子之弓,合九而成~,諸侯合七而成~,大夫合五而成~。(0856中)《禮記‧深衣》:古者深衣蓋有制度,以應~、矩、繩、權、衡。(1664上)

視 （視）shì 諸侯遣卿聘問天子之禮。諸侯朝見天子有定期,以距王畿遠近分侯服一年、甸服二年、男服三年、采服四年、衛服五年、要服六年朝見一次,故在一個朝見週期的十二年中,第一、第七、第十一年僅有侯服諸侯一服來朝,因來朝者人少,其他五服諸侯就於此年派卿以大禮前來聘問。此禮即名視或覜、殷覜。鄭玄《注》:"殷覜,謂一服朝之歲。以朝者少,諸侯乃使卿以大禮衆聘焉。一服朝在元年、七年、十一年。"《周禮·春官·大宗伯》:以賓禮親邦國:春見曰朝,夏見曰宗,秋見曰覲,冬見曰遇,時見曰會,殷見曰同,時聘曰問,殷覜曰~。(0760 上)

【視朝】臨朝聽政。鄭玄《注》:"聽國事也。"《禮記·曾子問》:冕而出~,命祝史告于社稷、宗廟、山川。(1389 下)

【視學】❶天子親臨國學行春秋祭奠及養老之大禮。孔穎達《疏》:"天子視學,必遂養老之法則。養老既畢,乃命諸侯羣吏令養老之事。天子視學者,謂仲春合舞,季春合樂,仲秋合聲,於此之時,天子親往視學也。"《禮記·文王世子》:天子~,大昕鼓徵,所以警衆也。(1410 上)❷天子親往或派有關官員去國學考察國子的學業。孔穎達《疏》:"此視學,謂考試學者經業,或君親往,或使有司爲之,非天子大禮視學也。"《禮記·學記》:未卜禘不~,游其志也。(1522 上)

【視必下】目光一定要下視。爲入戶之禮。孔穎達《疏》:"雖聞言而入,亦不得舉目而視,恐覩人之私,故必下。"《禮記·曲禮上》:將入戶,~。(1238 上)

【視容清明】目光清澈明察。爲軍中瞻視之容。鄭玄《注》:"察於事也。"孔穎達《疏》:"謂瞻視之容須清察明審。"《禮記·玉藻》:戎容暨暨,言容詻詻,色容厲肅,~。(1485 上)

【視下而聽上】目光要下視,聽國君講話時要仰首面朝上。爲侍君之儀態。孔穎達《疏》:"視下而聽上者,視高則敖,故下囑也。聽上,謂聽尊者語宜諦聽,故仰頭而面嚮上以聽之也。"《禮記·玉藻》:凡侍於君,紳垂,足如履齊,頤霤,垂拱,~。(1482 上)

【視容瞿瞿梅梅】目光驚遽、模糊不清。爲孝子居喪期間的視容。鄭玄《注》:"不審貌也。"孔穎達《疏》:"瞿瞿,驚遽之貌;梅梅,猶微微,謂微昧也。孝子在喪所視不審,故瞿瞿梅梅然。"《禮記·玉藻》:喪容纍纍,色容顛顛,~,言容繭繭。(1485 上)

覜 tiào ❶諸侯遣卿聘問天子之禮。諸侯朝見天子有定期,以距王畿遠近分侯服一年、甸服二年、男服三年、采服四年、衛服五年、要服六年朝見一次,故在一個朝見週期的十二年中,第一、第七、第十一年僅有一年一朝的侯服諸侯前來,因來朝者人少,其他諸侯就於此年派卿以大禮前來聘問。此禮即名覜、殷覜或視。鄭玄《注》:"大夫衆來曰覜,寡來曰聘。"參見"殷覜"。《周禮·春官·典瑞》:瑑圭、璋、璧、琮、繅皆二采一就,以~聘。(0777 上)❷天子每三年派大臣去安撫邦國諸侯之禮。鄭玄《注》:"撫猶安也。存、覜、省者,王使臣於諸侯之禮。"《周禮·秋官·大行人》:王之所以撫邦國諸侯,歲徧存,三歲徧~,五歲徧省。(0892 下)

親 (亲) qīn 親屬。即五服以内及外親有服制者。與"疏"相對。《小司寇》賈公彥《疏》:"親,謂五屬之内及外親有服者皆是。"《周禮·秋官·小司寇》:一曰議~之辟,二曰議故之辟,三曰議賢之辟,四曰議能之辟,五曰議功之辟,六曰議貴之辟,七曰議勤之辟,八曰議賓之辟。(0874上)《儀禮·喪服》:夫死,妻穉子幼,子無大功之～,與之適人。(1108下)

【親民】即新民。使民以至德自新。爲大學之目的之一。朱熹《集注》:"程子曰:'親當作新。……新者,革其舊之謂也。'"《禮記·大學》:大學之道,在明明德,在～,在止於至善。(1673上)

【親迎】婚之六禮的第六禮。子受父命親往女家迎婦歸家。其禮,父命子迎,有囑辭;著盛服,乘墨車前往;執摯以相見;親自爲婦駕車,授婦綏;男子要先於女子到家。從諸侯到士,均有親迎之禮,天子是否行此禮,各家説法不一。《左傳》説天子不親迎,由卿往迎;《禮記·哀公問》則有"冕而親迎"之文,似與左氏説不同。《儀禮·士昏禮》:若不～,則婦入三月然後塇見。(0973上)《禮記·郊特牲》:男子～,男先於女,剛柔之義也。(1456中)

【親耕】天子親耕藉田之禮。每年正月,天子親載耒耜,率三公、九卿前往畿内之藉田行親耕之禮,以此勸農。孔穎達《疏》:"祭須盡物、志,故人君、夫人各竭力從事於耕蠶也。"《禮記·祭統》:是故天子～於南郊以共齊盛,王后蠶於北郊以共純服。(1603中)

【親戚】泛指與自己有血緣或婚姻關係的人。孔穎達《疏》:"親指族内,戚言族外。"《禮記·曲禮上》:故州閭鄉黨稱其孝也,兄弟～稱其慈也。(1233上)

【親親】❶親愛九族之親人。爲天子統馭萬民的八項措施(八統)之一。賈公彦《疏》:"君與民俱親九族之親。"《周禮·天官·大宰》:以八統詔王馭萬民:一曰～,二曰敬故,三曰進賢,四曰使能,五曰保庸,六曰尊貴,七曰達吏,八曰禮賓。(0646下)❷因親愛自己的父母、妻子而爲之服喪。爲服喪六原則之一。孔穎達《疏》:"一曰親親者,父母爲首,次以妻子。"《禮記·大傳》:服術有六:一曰～,二曰尊尊,三曰名,四曰出入,五曰長幼,六曰從服。(1507下)

【親屬】指六世以内有服制者。鄭玄《注》:"六世以外,親盡無屬名。"《禮記·大傳》:六世,～竭矣。(1507中)

【覲】(覲)jìn ❶諸侯秋時朝見天子之禮。《周禮·春官·大宗伯》:以賓禮親邦國:春見曰朝,夏見曰宗,秋見曰～,冬見曰遇,時見曰會,殷見曰同,時聘曰問,殷覜曰視。(0759下)《禮記·經解》:故～之禮,所以明君臣之義也;聘問之禮,所以使諸侯相尊敬也。(1610中)❷泛指諸侯四時朝見天子。如時會、殷同等。《覲禮》鄭玄《注》:"四時朝覲,受之於廟。此謂時會、殷同也。"《王制》鄭玄《注》:"覲,見。"參見"時會""殷同"。《儀禮·覲禮》:諸侯～于天子,爲宫,方三百步,四門。(1092中)《禮記·王制》:歲二月,東巡守,至于岱宗,柴,而望祀山川。～諸侯,問百年者就見之。(1328中)

【覲禮】諸侯秋季朝見天子之禮。於五禮中屬賓禮。《覲禮》賈公彦《疏》:"鄭《目録》云:覲,見也。諸侯秋見天子之禮。春見曰朝，夏見曰宗，秋見曰覲，冬見曰遇。朝、宗禮備，覲、遇禮省，是以享獻不見焉。三時禮亡，唯此存爾。覲禮於五禮屬賓。"覲禮的主要儀節有：郊勞，諸侯至郊，天子使使者用璧慰勞之；賜舍，天子使使者賜諸侯館舍；戒覲期，天子使大夫告知覲見日期；諸侯見王行覲見之禮；三享，諸侯在廟中三次享獻；諸侯肉袒述職請罪；天子賜諸侯車服。《儀禮·覲禮》：～。至于郊，王使人皮弁用璧勞。(1087下)《禮記·郊特牲》：～，天子不下堂而見諸侯。(1447下)

【覲禮第十】《儀禮》第十篇篇名。賈公彥《疏》引鄭玄《三禮目錄》云："覲，見也。諸侯秋見天子之禮。春見曰朝，夏見曰宗，秋見曰覲，冬見曰遇。朝、宗禮備，覲、遇禮省，是以享獻不見焉。三時禮亡，唯此存爾。覲禮於五禮屬賓。《大戴》第十六，《小戴》十七，《別錄》第十。"本篇記載了諸侯秋季朝見天子的禮儀。包括郊勞，賜舍，三享，肉袒述職請罪，賞賜諸侯車服等。此外還對天子對諸侯的稱謂，諸侯朝見時的築壇以及天子對諸侯的禮遇，做了詳細說明。參見"覲禮"。(1087下)

覿 （覿）dí 見，相見。此指私覿。使者在辦完公事後，以個人身份再次拜見主國國君，以交歡好。《聘禮》鄭玄《注》："覿，見也。"賈公彥《疏》："聘是公禮，非是交歡。此行私禮，爲交歡敬也。"《聘義》孔穎達《疏》："私覿者，私以己禮覿主國之君，以其非公聘正禮，故謂之私。"《儀禮·聘禮》：賓奉束錦以請～。(1057上)《禮記·聘義》：君親禮賓，賓私面私～，致饔餼，還圭璋，賄、贈、饗、食、燕，所以明賓客、君臣之義也。(1692下)

觀 （观）㈠ guàn 宮門外兩側高臺上的望樓。亦名闕。鄭玄《注》："觀，闕也。"《禮記·禮運》：昔者仲尼與於蜡賓，事畢，出遊於～之上，喟然而嘆。(1413下)

㈡ guān 見下。

【觀₂者如堵牆】觀看的人多得像一堵牆一樣。後省作成語"觀者如堵"，形容觀看的人很多。《禮記·射義》：孔子射於矍相之圃，蓋～。(1687下)

里 部

里 lǐ ❶長度單位。一里爲三百步，每步六尺，計一千八百尺，約合今之四百一十五公尺。《周禮·地官·大司徒》：乃建王國焉，制其畿方千～，而封樹之。(0704中)《禮記·王制》：天子之田方千～，公侯田方百

～,伯七十～,子男五十～。(1322上)❷泛指宅地、居處。民之所居曰廛,百官所居曰里,統言則不別。《載師》孫詒讓《正義》:"金鶚亦云:'……廛是民所居,里是百官所居也。'……蓋通言之,廛里皆居宅之稱;析言之,則庶人農工商等所居謂之廛,……士大夫等所居謂之里。"《禮運》孔穎達《疏》:"田,種穀稼之所;里,居宅之地。"《周禮·地官·載師》:以廛～任國中之地,以場圃任園地。(0724下)《禮記·禮運》:以設制度,以立田～。(1414中)❸六遂行政區劃組織。二十五家爲里。里與六鄉之間相當,其長爲里宰。《周禮·地官·遂人》:五家爲鄰,五鄰爲～,四～爲酇,五鄙爲縣,五縣爲遂,皆有地域,溝樹之。(0740中)《禮記·郊特牲》:唯爲社事,單出～,唯爲社田,國人畢作。(1449中)❹一百家爲里。鄭玄《注》:"《王度記》:'百户爲里,里一尹。'"《禮記·雜記下》:夫若無族矣,則前後家,東西家;無有,則～尹主之。(1566上)

【里尹】一里之長。亦稱里宰。鄭玄《注》:"里尹,閭胥、里宰之屬。"《禮記·雜記下》:夫若無族矣,則前後家,東西家;無有,則～主之。(1566上)

【里布】宅地不樹桑麻所徵之税。鄭玄《注》引鄭司農云:"宅不毛者,謂不樹桑麻也。"《周禮·地官·載師》:凡宅不毛者,有～。(0726下)

【里宰】職官名。二十五家之行政長官。掌管一里之政令。爵下士。《周禮·地官·里宰》:～,掌比其邑之衆寡。(0743上)

【里有殯,不巷歌】同里有喪事未葬之前,不在巷中唱歌。唱歌有影響助哀之嫌,故當依禮戒之。鄭玄《注》:"助哀也。"孫希旦《集解》:"方氏慤曰:'未祥之前,謂之有喪;未葬之前,謂之有殯。'"《禮記·曲禮上》:鄰有喪,舂不相。～。(1249中)

重 ㈠ chóng ❶層。用以計席的數量。《鄉飲酒禮》賈公彦《疏》:"一領即爲一重,再重、三重猶二領、三領也。"《周禮·天官·掌次》:凡喪,王則張帟三～,諸侯再～。(0677中)《儀禮·鄉飲酒禮》:席于賓東,公三～,大夫再～。(0989下)《禮記·禮器》:天子之席五～,諸侯之席三～,大夫再～。(1432下)❷即重木。人死而未雕製神主之前暫代受祭的長形木塊。《檀弓下》鄭玄《注》:"始死未作主,以重主其神也。重,既虞而埋之,乃後作主。"參見"重木"。《儀禮·士喪禮》:重木,刊鑿之。甸人置～于中庭,參分庭一,在南。(1135上)《禮記·檀弓下》:～,主道也。(1301中)

【重木】人死而未雕製神主之前暫代受祭的長形木塊。其上鑿有小孔,用以懸掛盛有祭品的瓦罐(即重鬲)。依禮,天子重木長九尺,諸侯七尺,大夫五尺,士三尺。鄭玄《注》:"木也,懸物焉曰重。刊 斲 治鑿之爲懸簪孔也。士重木長三尺。"賈公彦《疏》:"大夫五尺,諸侯七尺,天子九尺。"《儀禮·士喪禮》:～,刊鑿之。(1135上)

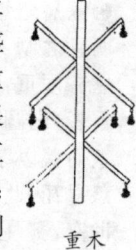

重木

【重席】兩層席子。古人席地而坐，以座席層數的多少表示身份的高低。《曲禮上》孔穎達《疏》："《禮器》云'諸侯三重，大夫再重'，又鄉飲酒之禮'公三重，大夫再重'，是尊者多，卑者少。故主人爲客設多重席，客謙而自徹也。"《燕禮》胡培翬《正義》引張爾岐云："重席，但一種席重設之。……加席，則於席上加異席。"《儀禮・燕禮》：司宮兼卷～，設于賓左，東上。（1020 上）《禮記・曲禮上》：客徹～，主人固辭。（1239 下）

【重帝(yì)】帷幕中所設的小帳幕，可以遮蔽塵土。亦稱承塵。鄭玄《注》："重帝，復帝。"賈公彦《疏》："次謂幄帳也。設重帝者，謂於幄中設承塵。"《周禮・天官・掌次》：朝日、祀五帝，則張大次、小次，設～、重案。（0676 下）

【重屋】❶即明堂。殷天子宣明政教的地方。爲雙重之屋。鄭玄《注》："重屋者，王宮正堂若大寢也。"孫詒讓《正義》："'殷人重屋'者，亦殷之明堂也。"參見"明堂①"。《周禮・冬官考工記・匠人》：殷人～，堂脩七尋，堂崇三尺，四阿重屋。（0928 上）❷雙層之屋。上層圓下層方。爲殷明堂之制。孫詒讓《正義》："重屋謂屋有兩重：下爲四阿者，方屋也；其上重者，則圓屋也。圓屋以覆中央之五室而蓋以茅，方屋以覆外出之四堂而蓋以瓦，此亦殷周之通制。……若夏世室，無上圓之屋，則室與堂基皆方。"一説，鄭玄《注》解重屋爲"複笮"，即鋪在屋上瓦下椽上的雙層箔席。又一説，重屋即重檐。《周禮・冬官考工記・匠人》：殷人重屋，堂脩七尋，堂崇三尺，四阿～。（0928 上）

【重素】衣與裳皆爲白色。指喪服。鄭玄《注》："重素，衣裳皆素。"《禮記・曲禮下》：龜筴、几杖、席蓋、～、袗絺綌，不入公門。（1258 上）

【重鬲】喪器。懸於重木上用以盛粥祭神的瓦瓶。《士喪禮》鄭玄《注》："重鬲，鬲將懸重者也。"胡培翬《正義》："又以飯尸之餘米，用鬲煮爲鬻縣于重，故名重鬲。或曰鬲用二，故云重。重鬲，二鬲也。"《喪大記》孔穎達《疏》："重鬲者，謂縣重之甓也。是瓦瓶受三升，以沐米爲粥，實於瓶。"《儀禮・士喪禮》：新盆、槃、瓶、廢敦、～，皆濯，造于西階下。（1130 中）《禮記・喪大記》：甸人爲垼于西牆下，陶人出～。（1576 上）

【重案】鋪有兩層席的牀。鄭玄《注》："重案，牀重席也。"賈公彦《疏》："云重案者，案則牀也。牀言重，謂牀上設重席。"《周禮・天官・掌次》：朝日、祀五帝，則張大次、小次，設重帝、～。（0676 下）

【重翟】車廂兩旁以二重雉羽爲蔽之車。爲王后五路之一。后從王祭祀所乘。鄭玄《注》："重翟，重翟雉之羽也。……后從王祭祀所乘。"賈公彦《疏》："凡言翟者，皆謂翟鳥之羽，以爲兩旁之蔽。言重翟者，皆二重爲之。"《周禮・春官・巾車》：王后之五路：～，錫面朱總。（0823 下）

【重檐】兩層屋檐。爲天子之廟飾。鄭玄《注》："重檐，重承壁材也。"孔穎達《疏》引皇侃云："謂就外檐下壁復安板檐，以辟風雨之灑壁。"《禮記・明堂位》：山節、藻梲、復廟、～、刮楹

達鄉,反坫,出尊,崇坫康圭,疏屏,天子之廟飾也。(1490 上)

【重霤】即承霤。屋檐下接水的長槽。鄭玄《注》:"如堂之有承霤也。承霤以木爲之,用行水,亦宫之飾也。"孔穎達《疏》:"重霤者,屋承霤也。以木爲之,承於屋,霤入此木中,又從木中而霤於地,故謂此木爲重霤也。"《禮記·檀弓上》:池視~。(1292 下)

㊁ zhòng 指嫡長子的大宗繼承權。父將宗廟主的重任傳給嫡長子叫傳重。鄭玄《注》:"重,其當先祖之正體,又其將代己爲宗廟主也。"胡培翬《正義》引程瑶田《儀禮喪服足徵記》云:"其長子適適相承,是己所受之重將於長子傳之,是爲'又乃將所傳重'也,……猶云又乃將所受之重傳之也。"《儀禮·喪服》:正體於上,又乃將所傳~也。(1100 下)

【重₂典】討伐誅滅之重法。爲三刑典之一。用之於篡弑叛逆的諸侯國。鄭玄《注》:"亂國,篡弑叛逆之國。用重典者,以其化惡伐滅之。"賈公彦《疏》:"如此之國民起惡心,故於常法之外爲惡者,則當伐滅之也。"《周禮·秋官·大司寇》:掌建邦之三典,以佐王刑邦國,詰四方:一曰刑新國用輕典,二曰刑平國用中典,三曰刑亂國用~。(0870 中)

【野】 yě ❶指王都城外五百里之地。王都外依次爲郊、甸、稍、縣、都,各距一百里。《天官·敘官》賈公彦《疏》:"經中野對國言之,謂國外則曰野。"孫詒讓《正義》:"此野爲國外城至五百里疆之通稱。"《士相見禮》賈公彦《疏》:"《爾雅》:'郊外曰野。'則自郊至畿内五百里内皆名野。"《周禮·天官·敘官》:惟王建國,辨方正位,體國經~,設官分職,以爲民極。(0639 下)《儀禮·士相見禮》:宅者在邦則曰市井之臣,在~則曰草茅之臣。(0978 中)❷指甸之地。爲王都外一百里至二百里之地。鄭玄《注》:"甸在遠郊之外,郊外曰野。"孫詒讓《正義》:"凡此經注言野者有五解,對文各有專屬,散文則可以相통。此注以甸釋野,則以野爲二百里甸之專名也。"《周禮·天官·甸師》:祭祀,共蕭茅,共~果蓏之薦。(0663 上)❸指甸、稍之地。爲王都外二百里至三百里之地。鄭玄《注》:"郊,四郊,去國百里。野,甸稍也。甸去國二百里,稍三百里,縣四百里,都五百里。"《周禮·天官·司會》:掌國之官府、郊~、縣都之百物財用,凡在書契、版圖者之貳,以逆羣吏之治而聽其會計。(0679 中)❹指四郊之地。爲王城外一百里之地。鄭玄《注》:"國中,城郭中也。"《周禮·天官·甸師》孫詒讓《正義》:"注云:'國中,城郭中也。'則野爲城郭外可知,是王城之外,四郊以内,亦得稱野也。"《周禮·地官·鄉大夫》:國中自七尺以及六十,~自六尺以及六十有五,皆征之。(0716 中)❺指甸、稍、縣、都之地。爲王城外二百里至五百里之地。國都郊外依次爲甸、稍、縣、都,各距一百里。鄭玄《注》:"郊外曰野。此野謂甸、稍、縣、都也。"《周禮·地官·遂人》:掌邦之~。(0740 中)

【野人】住在城外郊野的人,亦指農夫。《喪服》賈公彦《疏》:"與都邑之士相對,亦謂國外爲野人。"《玉藻》孔穎達《疏》:"野人賤,不得比士,又無

德,又可飽食,則宜食味。《儀禮·喪服》:~曰,父母何筭焉?(1106 上)《禮記·玉藻》:唯饗~皆酒。(1476 中)

【野夫】鄉野之人,農夫。孔穎達《疏》:"田夫則野夫也。"《禮記·郊特牲》:黃衣、黃冠而祭,息田夫也。~黃冠。(1454 中)

【野民】指六遂之民。遂在邦之野,故稱其民爲野民。賈公彥《疏》:"遂師平正六遂之民。"《周禮·地官·遂師》:軍旅、田獵,平~,掌其政令。(0742 中)

【野刑】有關田野農事的刑法。爲五刑之一。孫詒讓《正義》:"謂六遂以外田野之刑。……《呂氏春秋·上農篇》云:'若民不力田,墨乃家畜。'即上功糾力之刑也。"《周禮·秋官·大司寇》:以五刑糾萬民:一曰~,上功糾力;二曰軍刑,上命糾守;三曰鄉刑,上德糾孝;四曰官刑,上能糾職;五曰國刑,上愿糾暴。(0870 中)

【野豕】野猪。野猪肉食時要切成大片。《禮記·内則》:~爲軒,兔爲宛脾。(1467 上)

【野役】指六遂之兵衆徒役。鄭玄《注》:"役謂師田。"《周禮·地官·遂人》:若起~,則令各帥其所治之民而至,以遂之大旗致之。(0741 中)

【野委】郊外客舍所備之薪柴草料。鄭玄《注》:"野委,謂廬宿止之薪芻也。"《周禮·地官·委人》:軍旅,共其委積、薪芻,凡疏材,共~兵器與其野囿財用。(0746 上)

【野舍】天子外出息宿的臨時住所。鄭玄《注》:"野舍,王者所止舍也。"孫詒讓《正義》:"謂王師田、巡守、會同等在道路所止舍,若掌舍所掌者也。"《周禮·秋官·司隸》:執其邦之兵,守王宮與~之屬禁。(0883 下)

【野囿】郊外田獵之苑囿。鄭玄《注》:"野囿之財用者,苑囿藩羅之材。"《周禮·地官·委人》:軍旅,共其委積、薪芻,凡疏材,共野委兵器與其~財用。(0746 上)

【野牲】指六遂中畜養的六牲。賈公彥《疏》:"謂牛羊豕在六遂者。"《周禮·地官·遂人》:凡國祭祀,共~,令野職。(0741 中)

【野哭】不在禮儀所規定的地方哭謂之野哭。依禮,人死後,生者因與死者親疏關係不同而哭各有所。《禮記·奔喪》:"哭父之黨於廟,母妻之黨於寢,師於廟門外,朋友於寢門外,所識於野張帷。"孔穎達《疏》:"哭非其地謂之野。"《禮記·檀弓上》:孔子惡~者。(1294 中)

【野涂】王都城外郊甸之道路。路寬五軌。車兩輪之間的距離爲軌,一軌爲八尺。賈公彥《疏》:"野塗,國外謂之野,通至二百里内。"《周禮·冬官考工記·匠人》:經涂九軌、環涂七軌,~五軌。(0928 下)

【野禁】城邑外田野之禁令。爲士師所掌五禁之一。鄭玄《注》:"野有《田律》。"孫詒讓《正義》:"城郭外田野之禁。《呂氏春秋·上農篇》云:'……野禁有五,地未辟易不操麻、不出糞,齒年未長不敢爲圍囿,量力不足不敢渠地而耕,農不敢行,賈不敢爲異事,爲害於時也。'"《周禮·秋官·士師》:掌國之五禁之灋,以左右刑罰:

一曰宮禁,二曰官禁,三曰國禁,四曰～,五曰軍禁。(0874下)

【野虞】職官名。掌管田野及山林。鄭玄《注》:"野虞,謂主田及山林之官。"《禮記·月令》:是月也,命～無伐桑柘。(1363下)

【野鄙】指甸、稍之地。國都外二百里至三百里之地。孫詒讓《正義》:"此職野鄙不兼縣都,與縣師之野異。然當兼甸稍言之,《司會》《質人》注並云'野,甸稍也'是也。"《周禮·地官·遺人》:～之委積,以待羈旅。(0728上)

【野舞】民間欲學舞者。鄭玄《注》:"野舞,謂野人欲學舞者。"孫詒讓《正義》:"以別於舞徒四十人爲在官之舞人也。"《周禮·地官·舞師》:凡～,則皆教之。(0721中)

【野賦】遠郊之外所徵之賦稅。指九賦中邦甸、家削、邦縣、邦都四賦。賈公彥《疏》:"野賦,謂民九賦。自邦甸家稍縣都之等,口率出泉。以其在遠郊之外,故皆以野言之也。"《周禮·地官·遂師》:凡國祭祀,審其誓戒,共其野牲,入野職、～于玉府。(0742上)

【野職】遠郊之外九職之民的貢物。包括九穀、草木、山澤之材、鳥獸、八材、貨賄、絲麻、疏材等。賈公彥《疏》:"野職,謂民九職之供。……以其在遠郊之外,故皆以野言之也。"孫詒讓《正義》:"野職者,六遂中九職之民貢也。"《周禮·地官·遂師》:凡國祭祀,審其誓戒,共其野牲,入～、野賦于玉府。(0742上)

【野廬氏】職官名。掌管國中郊野道路的暢通及賓客途中的食宿、安全等事。爵下士。《周禮·秋官·野廬氏》:～,掌達國道路,至于四畿。(0884中)

量

㊀ liàng 計量物體多少的容器。如斗、斛、豆、區、釜、鍾、䤫等。《内宰》鄭玄《注》:"度,丈尺也;量,豆區之屬。"《月令》鄭玄《注》:"丈尺曰度,斗斛曰量。"《周禮·天官·内宰》:凡建國,佐后立市,設其次,置其敘,正其肆,陳其貨賄,出其度～、淳制,祭之以陰禮。(0685中)《禮記·月令》:日夜分,則同度、～,鈞衡、石,角斗、甬,正權、概。(1362上)

【量人】職官名。掌營建、丈量及制定祭獻之數等。爵下士。《大射》鄭玄《注》:"量人,司馬之屬,掌量道巷塗數者。"《周禮·夏官·量人》:～,掌建國之灋,以分國爲九州。(0842中)《儀禮·大射》:司馬命～量侯道與所設乏以貍步:大侯九十,參七十,干五十。(1028上)

【量幣】宗廟祭祀時對所用合乎規格的幣帛的美稱。鄭玄《注》:"幣,帛也。"孫希旦《集解》:"量幣者,言幣之長短廣狹合制度也。"《禮記·曲禮下》:凡祭宗廟之禮,……玉曰嘉玉,幣曰～。(1269上)

【量而后入】先衡量事情能否成功,然後再入朝請求。爲事君之道。鄭玄《注》:"量,量其事意合成否。"孔穎達《疏》:"凡臣之事君者,欲請爲其事,先商量事意堪合以否,然後入而請之。"《禮記·少儀》:事君者,～,不入而后量。(1512中)

【量入以爲出】衡量收入以確定支出。爲周時財政預算原則,以三十年

收入的平均數計劃開支。今爲成語"量入爲出"。《禮記·王制》：以三十年之通制國用，~。(1334 上)

㊁ liáng 見下。

【量₂鼓】古量器名。鄭玄《注》："量鼓，量器名。"孔穎達《疏》："量是知斗斛之數，鼓是量器名也。《隱義》云：東海樂浪人呼容十二斛者爲鼓以量米，故云量鼓。"《禮記·曲禮上》：獻米者操~。(1244 上)

足(𧾷)部

足 zú 見下。

【足爵】有足的酒爵。與無足的"廢爵"相對而言。足爵因其有足爲飾，服輕者所用；廢爵則爲服重者所用。鄭玄《注》："爵無足曰廢爵。……爵有足，輕者飾也。"《儀禮·士虞禮》：主婦洗~于房中。(1169 下)

【足毋蹶】不要快步疾行。迎接客人之時，不要快步疾行，以防跌倒失禮。鄭玄《注》："蹶，行遽貌。"孔穎達《疏》："謂客初至之時，勿得以爲行遽，恐有蹶躓之貌也。"《禮記·曲禮上》：衣毋撥，~。(1239 下)

【足容重】舉步要穩重。這是對君子足容的要求。鄭玄《注》："舉欲遲也。"《禮記·玉藻》：~，手容恭，目容端，口容止，聲容靜，頭容直，氣容肅，立容德，色容莊。(1485 上)

跛 ㊀ bì 站立時重心偏於一脚。是一種不恭敬的站立姿態。鄭玄《注》："皆爲其不敬。……跛，偏任也。"《禮記·曲禮上》：遊毋倨，立毋~，坐毋箕，寢毋伏。(1240 中)

【跛倚】站立時歪斜不正，倚依於物。是一種極爲不恭敬的站立姿態。鄭玄《注》："偏任爲跛，依物爲倚。"孔穎達《疏》："以其事久，有司倦怠，故皆偏跛邪倚於物。"《禮記·禮器》：有司~以臨祭，其爲不敬大矣。(1442 下)

㊁ bǒ 見下。

【跛₂者不踴】跛脚的人不行哭踴之禮。喪禮以哀爲主，故身有殘疾者，可以免行某些禮節。鄭玄《注》："此三疾，俱不踴，不免，不袒。"《禮記·問喪》：然則禿者不免，傴者不袒，~，非不悲也，身有錮疾，不可以備禮也。(1656 下)

跣 xiǎn 赤脚。喪禮，親始死未成喪服之前，無喪屨可穿，故赤脚。《禮記·喪大記》：凡主人之出也，徒~，扱袵，拊心，降自西階。(1573 中)

跪 guì 兩膝著地，直身而臀部不著於足跟。《禮記·曲禮上》：授立不~，授坐不立。(1239 上)

路 lù ❶君王及后所乘之車。王之五路爲金路、玉路、象路、革路、木路，王后之五路爲重翟、厭翟、安車、翟車、輦車。《覲禮》鄭玄《注》："路，謂車也。凡君所乘車曰路。"《周禮·春官·典路》：掌王及后之五～，辯其名物與其用說。(0825 下)《儀禮·覲禮》：～先設，西上。(1091 下)《禮記·明堂位》：鸞車，有虞氏之～也。鉤車，夏后氏之～也。大路，殷～也。乘路，周～也。(1490 中)
❷道路。道路有五：徑容牛馬，畛容大車，容一軌爲涂，容二軌爲道，容三軌爲路。統言之則道、路、涂不別。《遂人》鄭玄《注》："徑、畛、涂、道、路，皆所以通車徒於國都也。徑容牛馬，畛容大車，涂容一軌，道容二軌，路容三軌。"《周禮·地官·遂人》：凡治野，夫間有遂，遂上有徑；十夫有溝，溝上有畛；百夫有洫，洫上有涂；千夫有澮，澮上有道；萬夫有川，川上有～，以達于畿。(0741 上)《禮記·曲禮上》：從於先生，不越～而與人言。(1238 上)

【路車】即玉路。以玉爲飾的車。爲天子五路之一。祭祀所乘。孔穎達《疏》："路車，謂玉路，郊天車也。"參見"玉路"。《禮記·玉藻》：故大裘不裼，乘～不式。(1484 上)

【路門】宮室最裏面的正門。其内爲大寢，其外爲治朝。爲天子五門之一。鄭玄《注》："路門者，大寢之門。"賈公彦《疏》："此路門以近路寢，故特小爲之。"《周禮·冬官考工記·匠人》：闈門容小扃參个，～不容乘車之五个，應門二徹參个。(0928 中)

【路馬】爲君王駕車之馬。君王之車爲路車，故其馬稱路馬。鄭玄《注》："路馬，君之馬。"《禮記·曲禮上》：大夫、士下公門，式～。乘～，必朝服。(1253 中)

【路室】供往來使者住宿之館舍。有糧食供給。鄭玄《注》："宿，可止宿，若今亭有室矣。"《周禮·地官·遺人》：凡國野之道，十里有廬，廬有飲食；三十里有宿，宿有～，～有委。(0728 中)

【路鼓】四面之鼓。爲六鼓之一。用以祭享宗廟；擊之亦可報急、鳴冤。《鼓人》鄭玄《注》："路鼓，四面鼓也。"一說，爲兩面之鼓。鄭玄《注》引鄭司農云："路鼓、路鼗，兩面。"

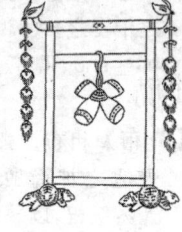
路鼓

《周禮·地官·鼓人》：～以雷鼓鼓神祀，以靈鼓鼓社祭，以路鼓鼓鬼享，以鼖鼓鼓軍事，以鼛鼓鼓役事，以晉鼓鼓金奏。(0720 下)《周禮·夏官·太僕》：建～于大寢之門外，而掌其政。以待達窮者與遽令，聞鼓聲則速逆御僕與御庶子。(0851 中)

【路節】即旌節。出使、遷徙所持之節，以爲行路之憑信。用竹製成，竹首以旄牛尾及五彩羽爲飾。鄭玄《注》："路節，旌節也。"賈公彦《疏》："以其道路用旌節，故知路節旌節也。"參見"旌節"。《周禮·秋官·環人》：掌送逆邦國之通賓客，以～達諸四方。(0899 下)

【路寢】天子、諸侯的正寢。天子宮寢有六，一路寢（正寢），五小寢。路寢用以聽政，小寢用以休息。《周禮·天官·宮人》"掌王之六寢之脩"鄭玄《注》："六寢者，路寢一，小寢

五。……路寢以治事,小寢以時燕息焉。"《禮記·玉藻》:君日出而視之,退適～聽政。(1474 中)

【路鼗(táo)】四面之鼓。手執搖而擊之。鄭玄《注》:"路鼓、路鼗,四面。"一說,爲兩面之鼓。鄭玄《注》引鄭司農云:"路鼓、路鼗,兩面。"《周禮·春官·大司樂》:路鼓、～,陰竹之管,龍門之琴瑟,《九德》之歌,《九磬》之舞,於宗廟之中奏之。(0790 上)

疏 shū 見下。

【疏布】粗布。鄭玄《注》:"以疏布者,天地之神尚質。"《周禮·天官·冪人》:祭祀,以～巾冪八尊。(0675 下)

【疏趾】對祭祀所用牲之稱。因牲肥足趾距離疏闊而得名。鄭玄《注》:"號牲物者,異於人用也。"孔穎達《疏》:"趾,足也。牲肥則兩足開張,趾相去疏也。"《禮記·曲禮下》:凡祭宗廟之禮,牛曰一元大武,豕曰剛鬣,豚曰腯肥,羊曰柔毛,雞曰翰音,犬曰羹獻,雉曰～,兔曰明視。(1269 上)

踊 yǒng 頓足跳躍。爲居喪時表示哀痛的禮儀之一。依禮,身有痼疾如跛者,可以不行此禮。《檀弓下》孔穎達《疏》:"撫心曰辟,跳躍爲踊。孝子喪親,哀慕至懣,男踊女辟,是哀痛之至極也。"參見"成踊"。《儀禮·聘禮》:出,袒,括髮;入門右,即位,～。(1069 下)《禮記·檀弓下》:辟～,哀之至也。(1301 下)

【踊不絶地】哭踊時脚不離地。伯母、叔母與己無名分之義而無骨肉之情,故雖服重而情輕,哭踊時脚不離地。姑、姊妹與己爲骨肉之親,故雖服輕而情重,哭踊時脚離地面。鄭玄

《注》:"伯母、叔母,義也。姑、姊妹,骨肉也。"《禮記·雜記下》:伯母、叔母疏衰,～。姑、姊妹之大功,踊絶於地。(1566 中)

踖 jí 見下。

【踖席】由前而登席。座席有上下之分,登席當從席之下端;若從席之上端登席,即爲踖席。踖席不合於禮。孔穎達《疏》:"踖猶躐也。席既地鋪,當有上下,將就坐,當從下而升,當位上,不發初從上。從上爲踖席也。"孫希旦《集解》:"升席必由下,此是數人連坐之席,以後爲下,當由後而升,若升從席前,則爲踖席矣。"《禮記·曲禮上》:毋踐屨,毋～。(1238 上)

踐 (踐) jiàn 見下。

【踐阼】❶走上阼階主位。阼階即東階,東階爲主人之位。孔穎達《疏》:"踐,履也。阼,主人階也。天子祭祀升阼階。"《禮記·曲禮下》:～,臨祭祀。(1260 中)❷登上王位。鄭玄《注》:"踐,履也。代成王履阼階攝王位治天下也。"《禮記·文王世子》:周公相,～而治。(1404 下)

【踐閾】踩踏門檻。依禮,賓客出入不得踐閾。鄭玄《注》:"閾,門限也。"孔穎達《疏》:"出入不得踐履門限,所以爾者,一則自高,二則不淨,並爲不敬。"《禮記·曲禮上》:大夫、士出入君門,由闑右,不～。(1238 中)

【踐屨】踩踏别人脱下的鞋。此爲不合於禮之行爲。孔穎達《疏》:"踐,踏也。既並脱屨户外,其人或多,若進者不得踏先入者屨。"孫希旦《集解》:"愚謂此言毋踐屨於入户之後,

則非踐戶外之屨矣。所毋踐者，爲長者之屨解於戶內者也。"《禮記·曲禮上》：毋～，毋踖席。（1238 上）

踣 bó

處死後陳屍。爲對殺人犯的處罰。鄭玄《注》："踣，僵尸也。"賈公彥疏："踣者，陳尸使人見之。"《周禮·秋官·掌戮》：凡殺人者，～諸市，肆之三日。（0883 中）

踵 zhǒng

車的後承軫。指軔（車轅）之末端，用以承受車廂後之橫木。鄭玄《注》："踵，後承軫者也。"賈公彥《疏》："軔後承軫之處，似人之足跗在後名曰踵，故名承軫處爲踵也。"孫詒讓《正義》引王宗涑云："軔自當兔以後，漸殺其下及旁側，以至於踵。"《周禮·冬官考工記·輈人》：五分其頸圍，去一以爲～圍。（0913 下）

踰 [逾] yú

見下。

【踰言】與遠處之人大聲談論。爲行投壺禮時所禁止的行爲，否則要罰酒。鄭玄《注》："踰言，遠談語也。……踰或爲遙。"《禮記·投壺》：魯令弟子辭曰："毋憮，毋敖，毋偝立，毋～。偝立、～有常爵。"（1667 上）

蹕 [趕] bì

帝王出行，禁止行人以清道。《曾子問》鄭玄《注》："蹕，

止行也。"《內豎》賈公彥《疏》："在車前蹕止行人。"《周禮·天官·內豎》：王后之喪，遷于宮中，則前～。（0687 中）《禮記·曾子問》：主出廟、入廟，必～。（1393 中）

蹔 liè

見下。

【蹔行】靈柩經過行神之壇。以祈保一路平安。爲殷代貴族葬禮之一。孔穎達《疏》："行神之位在廟門西邊，當所毀宗之外。若生時出行，則爲壇幣告行神，告竟，車蹔行壇上而出，使道中安穩如在壇。今嚮毀宗處出，仍得蹔此行壇，如生時之出也。"《禮記·檀弓上》：及葬，毀宗，～，出于大門，殷道也。（1286 中）

【蹔席】由前而登席。座席有上下之分，登席當由席之下端；若由席之上端登席，即爲蹔席。蹔席不合於禮。鄭玄《注》："升必由下也。"孫希旦《集解》："庾氏蔚曰：失節而踐曰蹔。愚謂此謂數人同坐之席也。數人同坐之席，以前爲上，後爲下，升必由下，於坐乃便也。若由前，則失其節矣。"《禮記·玉藻》：登席不由前，爲～。（1475 下）

邑（⻏在右）部

邑 yì

❶即家邑。大夫的采邑，方二十五里。周代王子弟及公卿大夫的采邑分大都、小都、家邑三等。大都爲三公及王子弟的采邑，方百里；小都爲卿之采邑，方五十里；家邑爲大夫的采邑，方二十五里。《左

傳·莊公二十八年》："凡邑，有宗廟先君之主曰都，無曰邑。"《封人》鄭玄《注》："造都邑者，謂大都、小都、家邑三等采地，有百里、五十里、二十五里，皆有四邊封域。"《喪服》賈公彥《疏》："對天子、諸侯曰國，采地，大夫曰都邑。"《祭法》鄭玄《注》："置都立邑，爲卿大夫之采地及賜士有功者之地。"《周禮·地官·封人》：凡封國，設其社稷之壝，封其四疆，造都～之封域者亦如之。(0720 上)《儀禮·喪服》：都～之士則知尊禰矣，大夫及學士則知尊祖矣。(1106 上)《禮記·祭法》：天下有王，分地建國，置都立～，設廟、祧、壇、墠而祭之。(1588 下) ❷民聚居之處。《里宰》鄭玄《注》："邑猶里也。"賈公彥《疏》："邑是人之所居之處，里又訓爲居，故云邑猶里也。"《周禮·地官·里宰》：掌比其～衆寡，與其六畜、兵器。(0743 上)《禮記·王制》：凡居民，量地以制～，度地以居民。(1338 下) ❸井田制土地區劃單位。四井爲邑，方二里。鄭玄《注》："四井爲邑，方二里。"《周禮·地官·小司徒》：九夫爲井，四井爲～，四～爲丘。(0711 下) ❹泛指城邑。《周禮·夏官·環人》：巡邦國，搏諜賊，訟敵國，揚軍旅，降圍～。(0844 下)

邦 bāng ❶諸侯的封國及臣服之異族部落。《周禮·秋官·司隸》：掌師四翟之隸，使之皆服其～之服，執其～之兵。(0883 下)《儀禮·士相見禮》：若他～之人，則使擯者還其摯。(0977 下)《禮記·月令》：乃命同姓之～，共寢廟之芻豢。(1384 下) ❷天子之國。《周禮·天官·大宰》：大宰之職，掌建～之六典，以佐王治邦國。(0645 中) ❸指都城。鄭玄《注》："致仕者去官而居宅，或在國中，或在野。"《儀禮·士相見禮》：宅者在～則曰市井之臣，在野則曰草茅之臣。(0978 中)

【邦工】國中以木材製作器物的工匠。孫詒讓《正義》："邦工，謂國之工事，若匠人建國營國之屬，須用木材者也。"《周禮·地官·山虞》：凡～入山林而掄材不禁，春秋之斬木不入禁。(0747 中)

【邦中】都城之中。鄭玄《注》："邦中，在城郭者。"《周禮·天官·大宰》：以九賦斂財賄：一曰～之賦，二曰四郊之賦，三曰邦甸之賦，四曰家削之賦，五曰邦縣之賦，六曰邦都之賦，七曰關市之賦，八曰山澤之賦，九曰弊餘之賦。(0647 下)

【邦刑】即邦禁。國家的刑法禁令。爲秋官司寇之職。如《大司寇》之五刑，野刑、軍刑、鄉刑、官刑、國刑；《士師》之五禁，宮禁、官禁、國禁、野禁、軍禁。《周禮·天官·小宰》：五曰秋官，其屬六十，掌～。(0653 中)

【邦成】國家審理庶民獄訟的成法。即小宰所掌官府"八成"中有關庶民的部分條文。鄭玄《注》："邦成，八成也。"賈公彥《疏》："皆是舊法成事品式，若今律其有斷事，皆依舊事斷之；其無條，取比類以決之。"《周禮·秋官·大司寇》：凡庶民之獄訟，以～弊之。(0871 中)

【邦交】諸侯國之間往來聘問的外交關係。賈公彥《疏》："一往一來爲交。謂己是小國，朝大國；己是大國，聘小

國;若敵國,則兩君自相往來。"《周禮·秋官·大行人》:凡諸侯之~,歲相問也,殷相聘也,世相朝也。(0893上)

【邦汋】竊取國家機密之罪。爲士師所掌依法對士判罪決事的八種成例(八成)之一。鄭玄《注》引鄭司農云:"國汋者,斟汋盜取國家密事,若今時刺探尚書事。"《周禮·秋官·士師》:掌士之八成:一曰~,二曰邦賊,三曰邦諜,四者犯邦令,五曰撟邦令,六曰爲邦盜,七曰爲邦朋,八曰爲邦誣。(0875上)

【邦邑】諸侯之國曰邦,大夫的采地曰邑。泛指國家。《禮記·檀弓上》:謀人之~,危則亡之。(1288下)

【邦役】國之服役者。多指喪事服役。鄭玄《注》:"喪役。"賈公彥《疏》:"帥領國民,謂六鄉衆庶役使之事。"《周禮·地官·小司徒》:大喪,帥~,治其政教。(0713上)

【邦甸】國都外一百里至二百里之地。鄭玄《注》:"邦中,在城郭者。四郊去國百里,邦甸二百里,家削三百里,邦縣四百里,邦都五百里。"《周禮·天官·大宰》:以九賦斂財賄:一曰邦中之賦,二曰四郊之賦,三曰~之賦,四曰家削之賦,五曰邦縣之賦,六曰邦都之賦,七曰關市之賦,八曰山澤之賦,九曰弊餘之賦。(0647下)

【邦事】❶國家百工力役之事。冬官司空所掌。《周禮·天官·小宰》:六曰冬官,其屬六十,掌~。(0653中)❷需要占蓍龜卜的八件國家大事。鄭玄《注》:"國之大事待蓍龜而決者有八。"《周禮·春官·大卜》:以~作

龜之八命:一曰征,二曰象,三曰與,四曰謀,五曰果,六曰至,七曰雨,八曰瘳。(0803中)

【邦典】治理邦國的六種法典。即治典、教典、禮典、政典、刑典、事典。爲大宰所掌。鄭玄《注》:"邦典,六典也。"詳見各條。《周禮·秋官·大司寇》:凡諸侯之獄訟,以~定之。(0871中)

【邦朋】結黨營私之罪。爲士師所掌依法對士判罪決事的八種成例(八成)之一。鄭玄《注》:"朋黨相阿,使政不平者。"《周禮·秋官·士師》:掌士之八成:一曰邦汋,二曰邦賊,三曰邦諜,四者犯邦令,五曰撟邦令,六曰爲邦盜,七曰爲~,八曰爲邦誣。(0875上)

【邦治】國家的一切政事。總括六官之職及天子本人之事。天官冢宰所掌。鄭玄《注》:"邦治,王所以治邦國也。……鄭司農云:'邦治,謂總六官之職也。'"《周禮·天官·敘官》:乃立天官冢宰,使帥其屬而掌~,以佐王均邦國。(0639下)

【邦政】國家的軍政事務。夏官司馬所掌。鄭玄《注》:"政,正也。政所以正不正者也。"《周禮·夏官·敘官》:乃立夏官司馬,使帥其屬而掌~,以佐王平邦國。(0830上)

【邦都】國都外四百里至五百里之地。鄭玄《注》:"邦中,在城郭者。四郊去國百里,邦甸二百里,家削三百里,邦縣四百里,邦都五百里。"《周禮·天官·大宰》:以九賦斂財賄:一曰邦中之賦,二曰四郊之賦,三曰邦甸之賦,四曰家削之賦,五曰邦縣之賦,六曰

～之賦,七曰關市之賦,八曰山澤之賦,九曰弊餘之賦。(0647下)

【邦教】國家的教化。地官司徒所掌。鄭玄《注》:"教所以親百姓,訓五品。有虞氏五,而周十有二焉。"《周禮·地官·敘官》:乃立地官司徒,使帥其屬而掌～,以佐王安擾邦國。(0697上)

【邦國】諸侯之國。大的稱邦,小的稱國。《周禮》所言之邦國,均指諸侯國;單言邦或國,則多指王國。《大宰》鄭玄《注》:"大曰邦,小曰國。邦之所居亦曰國。"賈公彥《疏》:"《周禮》凡言邦國者,皆是諸侯之國。"《周禮·天官·大宰》:大宰之職,掌建邦之六典,以佐王治。(0645中)《禮記·文王世子》:古者庶子之官治,而～有倫。～有倫,而衆鄉方矣。(1409下)

【邦盜】竊取國家寶藏之罪。爲士師所掌依法對士判罪決事的八種成例(八成)之一。鄭玄《注》:"竊取國之寶藏者。"《周禮·秋官·士師》:掌士之八成:一曰邦汋,二曰邦賊,三曰邦諜,四者犯邦令,五曰撟邦令,六曰爲～,七曰爲邦朋,八曰爲邦誣。(0875上)

【邦禁】國家的刑法禁令。如《士師》之五禁,宮禁、官禁、國禁、野禁、軍禁;《大司寇》之五刑,野刑、軍刑、鄉刑、官刑、國刑。鄭玄《注》:"禁所以防姦者也。"賈公彥《疏》:"案《士師》五禁,以左右刑罰。"《周禮·秋官·敘官》:乃立秋官司寇,使帥其屬而掌～,以佐王刑邦國。(0867中)

【邦墓】國中萬民歸葬之所。由國家指定地域,無償提供給無爵之平民,令其以族相從而葬。有爵者則入於公墓。鄭玄《注》:"凡邦中之墓地,萬民所葬地。"孫詒讓《正義》:"謂萬民族葬之處謂之邦墓,別於冢人掌公墓之地,爲王及諸侯諸臣之葬地也。"《周禮·春官·墓大夫》:掌凡～之地域,爲之圖。(0786下)

【邦賊】犯上作亂之罪。爲士師所掌依法對士判罪決事的八種成例(八成)之一。鄭玄《注》:"爲逆亂者。"孫詒讓《正義》:"謂爲逆亂犯上之事。"《周禮·秋官·士師》:掌士之八成:一曰邦汋,二曰～,三曰邦諜,四者犯邦令,五曰撟邦令,六曰爲邦盜,七曰爲邦朋,八曰爲邦誣。(0875上)

【邦節】天子所用的玉節。鄭玄《注》:"邦節者,珍圭、牙璋、穀圭、琬圭、琰圭也。王有命,則別其節之用以授使者。"賈公彥《疏》:"《典瑞》云:'珍圭以徵守,以恤凶荒。牙璋以起軍旅,以治兵守。穀圭以和難,以聘女。琬圭以治德,以結好。琰圭以易行,以除慝。'是其邦節也。"《周禮·地官·掌節》:掌守～而辨其用,以輔王命。(0739下)

【邦誣】誣陷之罪。爲士師所掌依法對士判罪決事的八種成例(八成)之一。鄭玄《注》云:"誣罔君臣,使事失實。"《周禮·秋官·士師》:掌士之八成:一曰邦汋,二曰邦賊,三曰邦諜,四者犯邦令,五曰撟邦令,六曰爲邦盜,七曰爲邦朋,八曰爲～。(0875上)

【邦縣】國都外三百里至四百里之地。鄭玄《注》:"邦中,在城郭者。四郊去國百里,邦甸二百里,家削三百里,邦縣四百里,邦都五百里。"《周禮·天官·大宰》:以九賦斂財賄:一曰邦中之賦,二曰四郊之賦,三曰邦甸之賦,四曰家削之賦,五曰～之賦,六曰邦都之賦,七曰關市之賦,八曰山澤之賦,九曰弊餘之賦。(0647下)

【邦諜】竊取情報之罪。爲士師所掌依法對士判罪決事的八種成例(八成)之一。鄭玄《注》:"爲異國反間。"孫詒讓《正義》:"謂以邦之密謀輸之異國。"《周禮·秋官·士師》:掌士之八成:一曰邦汋,二曰邦賊,三曰～,四者犯邦令,五曰撟邦令,六曰爲邦盜,七曰爲邦朋,八曰爲邦誣。(0875上)

【邦器】禮樂之器及宗廟祭器。鄭玄《注》:"邦器,謂禮樂之器及祭器之屬。"賈公彥《疏》:"禮器者,即射器之等;樂器,即鐘鼓之等;祭器,即籩豆俎篚尊彝器。"《周禮·夏官·小子》:釁～及軍器。(0843上)

【邦禮】國家的禮制。指吉、凶、賓、軍、嘉五禮。爲大宗伯所掌。鄭玄《注》:"禮謂曲禮五,吉、凶、賓、軍、嘉,其別三十有六。"《周禮·春官·敘官》:乃立春官宗伯,使帥其屬而掌～,以佐王和邦國。(0752中)

【邦比之灋】依據常法核對戶口、人數、財產等的規定。此爲小比之法,由鄉師、族師四時行之,與小司徒三年之大比不同。賈公彥《疏》:"比之法國家有常,故據其常法以案比之。"孫詒讓《正義》:"與《鄉師》國比之灋義同,即《小司徒》'頒比法於六鄉之大夫'是也。此亦小案比,四時行之,與小司徒三年大比事異。"《周禮·地官·族師》:以～,帥四閭之吏,以時

屬民而校,登其族之夫家衆寡,辨其貴賤、老幼、癈疾、可任者,及其六畜、車輦。(0719上)

【邦中之賦】都城之中的賦稅。爲九賦之一。其賦主要指廛里及園圃之租稅,供接待賓客之用。鄭玄《注》:"邦中,在城郭者。"孫詒讓《正義》:"《載師》云:'以廛里任國中之地,以場圃任園地。'此其地征也。"《周禮·天官·大宰》:以九賦斂財賄:一曰～,二曰四郊之賦,三曰邦甸之賦,四曰家削之賦,五曰邦縣之賦,六曰邦都之賦,七曰關市之賦,八曰山澤之賦,九曰弊餘之賦。(0647下)

【邦甸之賦】邦甸之賦稅。爲九賦之一。邦甸爲國都外一百里至二百里之地。其公邑田租地稅,供製造器物之用。鄭玄《注》:"邦中,在城郭者。四郊去國百里,邦甸二百里,家削三百里,邦縣四百里,邦都五百里。"孫詒讓《正義》:"距國二百里,六遂公邑之地征。《載師》云'以公邑之田任甸地'是也。"《周禮·天官·大宰》:以九賦斂財賄:一曰邦中之賦,二曰四郊之賦,三曰～,四曰家削之賦,五曰邦縣之賦,六曰邦都之賦,七曰關市之賦,八曰山澤之賦,九曰弊餘之賦。(0647下)

【邦都之賦】邦都之賦稅。爲九賦之一。邦都爲國都外四百里至五百里之地。其田租地稅,供祭祀之用。鄭玄《注》:"邦中,在城郭者。四郊去國百里,邦甸二百里,家削三百里,邦縣四百里,邦都五百里。"孫詒讓《正義》:"距國五百里地之地征。《載師》云'以大都之田任畺地'是也。亦公邑之賦,全入於王,大都采地之賦,計

率貢於王。"《周禮・天官・大宰》：以九賦斂財賄：一曰邦中之賦，二曰四郊之賦，三曰邦甸之賦，四曰家削之賦，五曰邦縣之賦，六曰～，七曰關市之賦，八曰山澤之賦，九曰弊餘之賦。(0647下)

【邦縣之賦】邦縣之賦稅。爲九賦之一。邦縣爲國都外三百里至四百里之地。其田租地稅，供朝聘幣帛之用。鄭玄《注》："邦中，在城郭者。四郊去國百里，邦甸二百里，家削三百里，邦縣四百里，邦都五百里。"孫詒讓《正義》："距國四百里地之征。《載師》云'以小都之田任縣地'是也。其公邑之賦，全入於王，小都采地之賦，則計率貢於王。"《周禮・天官・大宰》：以九賦斂財賄：一曰邦中之賦，二曰四郊之賦，三曰邦甸之賦，四曰家削之賦，五曰～，六曰邦都之賦，七曰關市之賦，八曰山澤之賦，九曰弊餘之賦。(0647下)

邸 dǐ ❶用同"柢"。物體的基部、底座。鄭玄《注》引鄭司農云："於中央爲璧，圭著其四面，一玉俱成。《爾雅》曰：'邸，本也。'"孫詒讓《正義》："四圭共著一璧爲柢。"《周禮・春官・典瑞》：四圭有～，以祀天，旅上帝。(0777中) ❷屏風。鄭玄《注》："鄭司農云：'……邸，後版也。'玄謂後版，屏風。"賈公彥《疏》："邸謂以版爲屏風。"《周禮・天官・掌次》：王大旅上帝，則張氈案，設皇～。(0676下) ❸用同"軧"。大車的後部。孫詒讓《正義》："王宗涑云：'邸當作軧，《說文・車部》云：軧，大車後也。'今謂之車尾。邸借字。"《周禮・冬官考工記・輈人》：及其

陁也，不援其～，必緧其牛後。(0913下) ❹量器名。用以量數，其所量輕重不詳。鄭玄《注》："邸斛輕重未聞。"孫詒讓《正義》引戴震云："邸，收絲之器；斛，挹漆之器，皆有量數可取則也。"《周禮・冬官考工記・弓人》：九和之弓，角與幹權，筋三侔，膠三鋝，絲三～，漆三斛。(0936下)

郊 jiāo ❶天子國都外百里之内的地域。周制，王城外五十里內爲近郊，五十里至百里爲遠郊。諸侯都城，其郊範圍不等。《大宰》鄭玄《注》："四郊去國百里。"《聘禮》鄭玄《注》："郊，遠郊也。周制：天子畿内千里，遠郊百里，以此差之，遠郊上公五十里，侯伯三十里，子男十里也。近郊各半之。"《王制》鄭玄《注》引《尚書傳》曰："百里之國，二十里之郊；七十里之國，九里之郊；五十里之國，三里之郊。"《周禮・天官・大宰》：以九賦斂財賄：一曰邦中之賦，二曰四～之賦，三曰邦甸之賦，四曰家削之賦，五曰邦縣之賦，六曰邦都之賦，七曰關市之賦，八曰山澤之賦，九曰弊餘之賦。(0647下)《儀禮・聘禮》：及～，又展，如初。(1049中)《禮記・王制》：小學在公宮南之左，大學在～。(1332下) ❷指鄉遂大夫。鄭玄《注》："郊，謂鄉遂之州長縣正以下也；野，謂公邑大夫。"《周禮・夏官・大司馬》：鄉遂載物，～野載旐。(0837中) ❸帝王於南郊祭祀天帝之禮。亦爲於南郊祭祀天帝。《曾子問》孔穎達《疏》："嘗禘者，謂宗廟之祭也；郊社，謂天地之祭。"《祭法》鄭玄《注》："此禘謂祭昊天於圜丘也，祭上帝於南郊曰郊。"一說，祭天地於

郊,故郊兼指天地,亦通。見金鶚《求古錄·禮說·禘祭考》。《禮記·曾子問》:天子嘗、禘、〜、社、五祀之祭,簠簋既陳,天子崩,后之喪,如之何?(1394 上)《禮記·祭法》:有虞氏禘黃帝而〜嚳,祖顓頊而宗堯。(1587 中)❹指設在都城西郊的學校。鄭玄《注》:"謂論說於郊學。"孔穎達《疏》:"周以虞庠爲小學,在西郊。今天子親視學於其西郊,考課論說於西郊之學,以西方成就之地故也。"《禮記·文王世子》:凡語于〜者,必取賢斂才焉。(1406 中)

【郊人】郊學中小有才藝可以選用之人。孔穎達《疏》:"若國子學士,未官之前,俱爲俊選;而以小才技藝者,未官之前,而不得同爲俊選,但名曰郊人,言其猶在郊學也。"《禮記·文王世子》:凡語于郊者,必取賢斂才焉:或以德進,或以事舉,或以言揚。曲藝皆誓之,以待又語。三而一有焉,乃進其等,以其序,謂之〜,遂之。(1406 中)

【郊血】郊祭天用牲血。郊天以血爲始,以其氣味歆神。爲祭社稷之儀式。鄭玄《注》:"郊,祭天也。"孔穎達《疏》:"郊用犢,犢有血有肉。"《禮記·禮器》:〜,大饗腥,三獻爓,一獻孰。(1439 上)

【郊里】指都城外百里之内民所居之處。遠郊之内,有場圃及七等田地,除此以外剩餘之地爲民所居者,謂之郊里。鄭玄《注》:"郊里,郊所居也。"孫詒讓《正義》:"遠郊之内,地凡四同,其稍近者,六鄉七萬五千家所居,《遺人》《司諫》所謂鄉里,《鄉師》《州長》《司常》所謂州里是也。六鄉之内

外,則爲《載師》之場圃及七等田地,其外尚有餘地爲民居者,則別謂之郊里。"《周禮·地官·縣師》:掌邦國、都鄙、稍甸、〜之地域,而辨其夫家、人民、田萊之數,及其六畜、車輦之稽。(0727 下)

【郊社】祭祀天地。朱熹《集注》:"郊,祭天;社,祭地。"《禮記·中庸》:〜之禮,所以事上帝也;宗廟之禮,所以祀乎其先也。(1629 上)

【郊祀】郊祭天地。《周禮·夏官·節服氏》:〜裘冕,二人執戈,送逆尸從車。(0851 上)

【郊送】送賓客至郊外。爲聘禮之儀節。鄭玄《注》:"此六禮者,惟饗食速賓耳,其餘主君親往。……既贈,又送至于郊。"《周禮·秋官·司儀》:致饔餼,還圭,饗食,致贈,〜,皆如將幣之儀。(0898 上)

【郊射】在郊學射宫中習射。用以選拔人才。孔穎達《疏》:"郊射,射於射宫,在郊學之中也。天子於郊學而射,所以擇士簡德也。"《禮記·樂記》:散軍而〜,左射《狸首》,右射《騶虞》。(1543 中)

【郊野】❶郊指四郊,野指郊以外的甸、稍之地。鄭玄《注》:"郊,四郊,去國百里。野,甸、稍也。甸去國二百里,稍三百里。"《周禮·天官·司會》:掌國之官府、〜、縣都之百物財用。(0679 中)❷指鄉遂大夫與公邑大夫。鄭玄《注》:"郊,謂鄉遂之州長縣正以下也;野,謂公邑大夫。"《周禮·夏官·大司馬》:鄉遂載物,〜載旗。(0837 中)

【郊勞】到郊外迎接並慰勞。觀禮,諸

侯至於郊,王使人郊勞。據《周禮·秋官·大行人》,上公三勞(加畿勞),侯伯二勞(遠郊、近郊),子男唯有近郊勞。聘禮,賓至於近郊,主國使人郊勞。若使者入境,主國國君喪亡,則不郊勞。《小行人》鄭玄《注》:"王使勞賓於郊。"孫詒讓《正義》:"郊勞兼遠郊近郊。公侯伯備有二郊勞,子男唯有近郊勞而已。"《聘義》孔穎達《疏》:"《聘禮》云:賓至於近郊,君使下大夫請行。君又使卿朝服,用束帛勞。"《周禮·秋官·小行人》:及~,眡館,將幣。(0893 中)《儀禮·聘禮》:聘遭喪,入竟,則遂也,不~。(1069 上)《禮記·聘義》:君使士迎于竟,大夫~。(1692 下)

【郊廟】祭天地與祭先祖。《禮記·月令》:薦事既登,分萠、稱絲效功,以共~之服。(1363 下)

【郊特牲第十一】《禮記》第十一篇篇名。鄭玄《注》:"以其記祭天用騂犢之義也。郊者,祭天之名。用一牛,故曰特牲。"孔穎達《疏》引鄭玄《三禮目錄》云:"名《郊特牲》者,以其記郊天用騂犢之義,此故《別錄》屬祭祀。"本篇以論祭祀為主,包括祭名、所祭對象、祭品、祭祀用具、祭法等,亦兼論冠婚之義。內容較為駁雜。(1444 下)

郤 xì 見下。

【郤地】兩國交界之地。為會禮所約定的相見之地。鄭玄《注》:"郤,間也。"孫希旦《集解》:"會禮詳而遇禮略,期而相見曰會,日有期,地有所也。郤地,竟上之地。"《禮記·曲禮下》:諸侯未及期相見曰遇,相見於

曰會。(1266 上)

都 dū ❶周代王子弟及公、卿、大夫的采邑。采邑分大都、小都、家邑三等。大都為三公及王子弟的采邑,方百里;小都為卿的采邑,方五十里;家邑為大夫的采邑,方二十五里。《夏官·敘官》鄭玄《注》:"都,王子弟所封及三公采地也。"《祭法》鄭玄《注》:"置都立邑,為卿大夫之采地及賜士有功者之地。"《周禮·夏官·敘官》:都司馬每~上士二人,中士四人,下士八人,府二人,史八人,胥八人,徒八十人。(0833 中)《禮記·祭法》:天下有王,分地建國,置~立邑,設廟、祧、壇、墠而祭之。(1588 下)❷距國中四百里至五百里之地。國都外依次為郊、甸、稍、縣、都,各距一百里。鄭玄《注》:"郊,四郊,去國百里。野,甸稍也。甸去國二百里,稍三百里,縣四百里,都五百里。"《周禮·天官·司會》:掌國之官府、郊野、縣~之百物財用,凡在書契、版圖者之貳,以逆羣吏之治而聽其會計。(0679 中)❸井田制區劃名。四縣為都,方四十里。鄭玄《注》:"四縣為都,方四十里。"《周禮·地官·小司徒》:乃經土地而井牧其田野,九夫為井,四井為邑,四邑為丘,四丘為甸,四甸為縣,四縣為~。(0711 下)❹都邑,大城市。孫希旦《集解》:"都,邑也。"《禮記·月令》:命司徒巡行縣鄙,命農勉作,毋休於~。(1365 下)

【都士】職官名。掌管都內吏民的獄訟。爵中士、下士。其職文闕。鄭玄《注》:"都家之士,主治都家吏民之獄訟,以告方士者也。"《周禮·秋官·敘官》:~中士二人,下士四人。

(0870 上)

【都邑】❶周代王子弟及公卿大夫的采邑。采邑分大都、小都、家邑三等。大都爲三公及王子弟的采邑,方百里;小都爲卿的采邑,方五十里;家邑爲大夫的采邑,方二十五里。《左傳·莊公二十八年》:"凡邑,有宗廟先君之主曰都,無曰邑。"《封人》鄭玄《注》:"造都邑者,謂大都、小都、家邑三等采地,有百里、五十里、二十五里,皆有四邊封域。"《喪服》賈公彥《疏》:"對天子、諸侯曰國、采地,大夫曰都邑。"《周禮·地官·封人》:"凡封國,設其社稷之壝,封其四疆,造~之封域者亦如之。(0720 上)《儀禮·喪服》:"~之士則知尊禰矣,大夫及學士則知尊祖矣。(1106 中)❷泛指都城。《禮記·月令》:"是月也,可以築城郭,建~,穿竇窖,脩囷倉。(1374 中)

【都城】都邑的城牆。都邑城牆的規制,比照天子王宮門阿之制:天子門阿五雉,則都城城隅高五丈,城高三丈。鄭玄《注》:"其城隅高五丈。"孫詒讓《正義》:"記内諸侯之城制也。城即城隅。……案:此都當亦兼卿采邑之小都言之,蓋小都惟里數減於大都,其城之高度則同也。"一說,鄭玄《注》:"都,四百里外距五百里,王子弟所封。"賈公彥《疏》:"惟據大都而言,不通小都卿之采地。"《周禮·冬官考工記·匠人》:"門阿之制,以爲~之制。宮隅之制,以爲諸侯之城制。(0928 下)

【都則】職官名。掌管都鄙之八則。爵中士、下士。其職文闕。鄭玄《注》:"都則,主都家之八則者也。"

《周禮·秋官·敘官》:"~中士一人、下士二人。(0870 上)

【都家】周代公卿大夫及王子弟的采邑。鄭玄《注》:"都,王子弟及公卿之采地;家,大夫之采地。"《周禮·秋官·方士》:"掌~,聽其獄訟之辭,辨其死刑之罪而要之,三月而上獄訟于國。(0877 上)

【都鄙】王畿中公卿大夫的采邑及王子弟的食邑。都之所居曰鄙,故都鄙連稱。鄭玄《注》:"都之所居曰鄙。……都鄙,公卿大夫之采邑,王子弟所食邑。"《周禮·天官·大宰》:"以八則治~。(0646 上)

【都司馬】職官名。掌管都中的軍賦及貴族子弟的教育。爵上士、中士、下士。《周禮·夏官·都司馬》:"~,掌都之士庶子及其衆庶、車馬、兵甲之戒令。(0865 中)

【都宗人】職官名。掌管大都、小都祭祀之禮。爵上士、中士。《周禮·春官·都宗人》:"~,掌都宗祀之禮。(0827 中)

郵 (郵)yóu 見下。

【郵罰】判人罪過,處罰其身。依照禮法,處罰人必須根據事實,不可憑個人的喜怒。鄭玄《注》:"郵,過也;麗,附也。過人、罰人當各附於其事,不可假他以喜怒。"孔穎達《疏》:"郵,過也,謂斷人罪過;罰謂責罰其身。"《禮記·王制》:"凡制五刑,必即天論,~麗於事。(1343 下)

【郵表畷】田官督耕所處的位於井田間的房舍。鄭玄《注》:"郵表畷,謂田畯所以督約百姓於井間之處也。"孔穎達《疏》:"郵,若郵亭屋宇處所。表,田畔。畷者,謂井畔相連畷。於此田畔相連畷之所,造此郵舍,田畯處焉。"陳澔《集說》:"標表田畔相連畷處,造爲郵舍,田畯居之以督耕者,故謂之郵表畷。"《禮記·郊特牲》:饗農及~、禽獸,仁之至義之盡也。(1454 上)

郭 guō 外城。在城之外圍加築的一道城牆,主要用于防禦。《禮運》孔穎達《疏》:"城,內城;郭,外城也。"《周禮·夏官·量人》:掌建國之灋,以分國爲九州,營國城~,營后宮,量市朝道巷門渠,造都邑亦如之。(0842 中)《禮記·禮運》:大人世及以爲禮,城~溝池以爲固,禮義以爲紀。(1414 中)

部 bù 車蓋的蓋斗。處於蓋柄的頂端,用以嵌入蓋弓。鄭玄《注》引鄭司農云:"部,蓋斗也。"賈公彥《疏》:"此言蓋之斗四面鑿孔,內蓋弓者於上。部,高隆穹然謂之爲部。"《周禮·冬官考工記·輪人》:信其桯圍以爲~廣,~廣六寸。~長二尺,桯長倍之。(0909 中)

鄉 (乡) ㊀ xiāng ❶郊內地方行政區劃名。在王城百里之地內。距王城五十里謂之近郊,五十里至百里謂之遠郊。郊分六鄉,每鄉一萬二千五百戶。每二鄉設鄉老一人,每鄉設鄉大夫一人。鄉下分設州、黨、族、閭、比。《周禮·地官·敘官》"鄉老二鄉則公一人"鄭玄《注》:"《司勳》職曰:'掌六鄉之賞地。'六鄉地在遠郊之內,則居四同。鄭司農云:'百里內爲六鄉,外爲六遂。'"《周禮·地官·大司徒》:令五家爲比,使之相保;五比爲閭,使之相受;四閭爲族,使之相葬;五族爲黨,使之相救;五黨爲州,使之相賙;五州爲~,使之相賓。(0707 上)《禮記·王制》:命~簡不帥教者以告。(1342 上) ❷指鄉大夫。鄉大夫爲一鄉行政之長,掌各鄉政教禁令。爵爲卿。鄭玄《注》:"鄉,鄉人,謂鄉大夫也。"《儀禮·鄉飲酒禮》:~朝服而謀賓,介,皆使能,不宿戒。(0990 中) ❸指鄉學。古時學校不僅是學習知識、修養道德的地方,亦爲養老之所。孔穎達《疏》:"養於鄉學。"《禮記·王制》:五十養於~,六十養於國,七十養於學,達於諸侯。(1345 中) ❹指鄉飲酒禮、鄉射禮。鄭玄《注》:"鄉,鄉飲酒,鄉射。"詳見"鄉射之禮""鄉飲酒之禮"。《禮記·王制》:六禮:冠、昏、喪、祭、~、相見。(1348 中)

【鄉人】❶同鄉的人。喪禮,同鄉之人來弔唁,年齡五十歲以上的要隨喪主人反哭,四十歲以下的要等墓坑填滿土而返。《雜記下》孔穎達《疏》:"鄉人,同鄉之人也。"《儀禮·既夕禮》:主人拜~。(1157 上)《禮記·雜記下》:~,五十者從反哭,四十者待盈坎。(1563 上) ❷指鄉大夫。鄉大夫爲一鄉行政之長,掌各鄉政教禁令。爵爲卿。鄭玄《注》:"鄉人,鄉大夫也。"《禮記·鄉飲酒義》:~、士、君子,尊於房中之間,賓主共之也。(1682 下)

【鄉士】職官名。掌管六鄉及國中之獄訟。爵上士、中士、下士。《周禮·秋官·鄉士》:~,掌國中,各掌其鄉之民數而糾戒之,聽其獄訟,察其辭。(0875 下)

【鄉刑】行於鄉里的八種刑罰。即不孝、不睦、不姻、不弟、不任、不恤、造言、亂民之刑。爲大司寇所掌五刑之一。賈公彥《疏》：“謂在鄉中之刑。”參見“鄉八刑”。《周禮·秋官·大司寇》：以五刑糾萬民：一曰野刑，上功糾力；二曰軍刑，上命糾守；三曰～，上德糾孝；四曰官刑，上能糾職；五曰國刑，上愿糾暴。(0870 中)

【鄉老】職官名。掌管六鄉教化。二鄉設一鄉老，以三公兼任。鄭玄《注》：“老，尊稱也。王置六鄉，則公有三人也。三公者，內與王論道，中參六官之事，外與六鄉之教，其要爲民，是以屬之鄉焉。”參見“三公”。《周禮·地官·敍官》：～二鄉則公一人，鄉大夫每鄉卿一人。(0697 中)

【鄉吏】指六鄉州長以下的各級官員。古時鄉下分設州、黨、族、閭、比各級行政區劃單位。鄭玄《注》：“其鄉吏，州長以下。”《周禮·地官·鄉大夫》：正月之吉，受教灋于司徒，退而頒之于其～，使各以教其所治，以攷其德行，察其道藝。(0716 中)

【鄉合】指鄉中的聯保制度。其小者以十家爲聯，大者以八閭二百家爲聯，使之相保相受，刑罰、慶賞相及相共。鄭玄《注》：“鄉合，鄉所合也。”賈公彥《疏》：“云‘州黨族閭比之聯’，即是鄉合之事。”孫詒讓《正義》：“《族師》云：‘五家爲比，十家爲聯，四閭爲族，八閭爲聯。’即所謂聯也。若然，鄉合之法，止於二族二百家。其二黨十族，二州十黨，二鄉十州以上，家數太多，里居較遠，則皆不爲聯。”《周禮·秋官·士師》：掌～州黨族閭比

之聯，與其民人之什伍，使之相安相受，以比追胥之事，以施刑罰慶賞。(0875 上)

【鄉里】六鄉民眾聚居之地。郊內置鄉，民眾聚居之處曰里。《遺人》鄭玄《注》：“鄉里，鄉所居也。”《周禮·地官·遺人》：～之委積，以恤民之囏阨。(0728 上)《禮記·祭義》：是故～有齒，而老窮不遺，強不犯弱，眾不暴寡。(1600 中)

【鄉邑】❶指六鄉及六遂之民聚居之城邑。六鄉，五比爲閭，一閭一百二十五家，聚居爲城邑；六遂，五鄰爲里，一里一百二十五家，亦聚爲城邑。孫詒讓《正義》：“易祓謂鄉邑即六鄉、六遂。李光坡云：‘鄉邑，鄉遂公邑。……先邦國，次都家，次鄉邑，自外至內之序也。’案：易、李說是也。”《周禮·春官·大宗伯》：王大封，則先告后土，乃頒祀于邦國、都家、～。(0764 上) ❷即鄉里。六鄉之民聚居之城邑。孫詒讓《正義》：“《里宰》注云：‘邑，鄉里也。’此鄉邑亦猶言鄉里。凡六鄉，五比爲閭，則聚居爲城邑，猶之《里宰》六遂之邑爲五鄰聚居，《小司徒》都鄙之邑爲四井聚居也。”《周禮·地官·鄉師》：及期，以司徒之大旗致眾庶，而陳之以旗物，辨～，而治其政令、刑禁。(0714 中)

【鄉射】即鄉射之禮。鄉射之禮屬嘉禮，通常在兩種情況下舉行：一是諸侯之鄉大夫在爲選賢舉能而設的鄉飲酒禮中舉行；一是鄉之下屬州長在每年春秋會民時舉行。參見“鄉射之禮”。《禮記·鄉飲酒義》：合諸～，教之鄉飲酒之禮，而孝弟之行立矣。

（1683中）

【鄉師】職官名。掌管所治各鄉的教育及其政務。爵下大夫。《周禮·地官·鄉師》：～之職，各掌其所治鄉之教而聽其治。（0713下）

【鄉遂】指鄉大夫。鄭玄《注》："鄉遂，鄉大夫也。"《周禮·夏官·大司馬》：～載物，郊野載旗。（0837中）

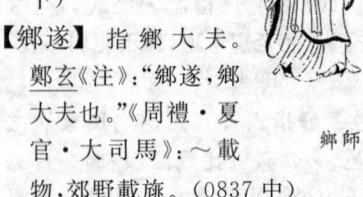

鄉師

【鄉樂】鄉土之樂。指《詩·國風》《周南》《召南》中的六篇樂曲。《燕禮》鄭玄《注》："鄉樂者，《風》也。"《鄉飲酒禮》鄭玄《注》："不歌《雅》《頌》，取《周》《召》之詩。"《儀禮·鄉飲酒禮》：～唯欲。（1009中）《儀禮·燕禮》：遂歌～：《周南》《關雎》《葛覃》《卷耳》；《召南》《鵲巢》《采蘩》《采蘋》。（1021中）

【鄉器】指鄉中所備的各種吉凶禮樂之器。如祭器簠簋鼎俎，喪器夷盤素俎，射器弓矢，賓器尊俎笙瑟等。鄭玄《注》："鄉大夫備集此四者，爲州黨族閒有故而不共也。"《周禮·地官·鄉師》：正歲，稽其～，比共吉凶二服，閒共祭器，族共喪器，黨共射器，州共賓器，鄉共吉凶禮樂之器。（0714下）

【鄉黨】鄉、黨皆地方行政區劃名。周制，一萬二千五百家爲鄉，五百家爲黨。後以鄉黨泛稱家鄉，此指鄉里之人。孔穎達《疏》："此仁鄉黨及下仁賓客，皆是存生之善者也。"《禮記·仲尼燕居》：射、鄉之禮，所以仁～也；食、饗之禮，所以仁賓客也。（1613中）

【鄉八刑】鄉中糾察萬民的八種刑罰。即不孝、不睦、不姻、不弟、不任、不恤、造言、亂民之刑。賈公彥《疏》："民有不從教者，則設刑以刑之，故言以鄉八刑糾萬民也。"詳見各條。《周禮·地官·大司徒》：以～糾萬民：一曰不孝之刑，二曰不睦之刑，三曰不姻之刑，四曰不弟之刑，五曰不任之刑，六曰不恤之刑，七曰造言之刑，八曰亂民之刑。（0707下）

【鄉三物】鄉里教化百姓的三項內容。即六德、六行、六藝。鄭玄《注》："物，猶事也。"詳見各條。《周禮·地官·大司徒》：以～教萬民而賓興之：一曰六德，知、仁、聖、義、忠、和；二曰六行，孝、友、睦、姻、任、恤；三曰六藝，禮、樂、射、御、書、數。（0707中）

【鄉大夫】職官名。爲一鄉行政之長。掌各鄉政教禁令。爵爲卿。《周禮·地官·鄉大夫》：～之職，各掌其鄉之政教禁令。（0716中）《禮記·冠義》：玄冠、玄端奠摯於君，遂以摯見於～、鄉先生。（1679下）

【鄉先生】❶曾任卿大夫而現已退居鄉中的老人。《士冠禮》鄭玄《注》："鄉先生，鄉中老人爲卿大夫致仕者。"《冠義》鄭玄《注》："鄉先生，同老而致仕者。"《儀禮·士冠禮》：奠摯見于君，遂以摯見于鄉大夫、～。（0953中）《禮記·冠義》：玄冠、玄端奠摯於君，遂以摯見於鄉大夫、～。（1679下）❷在鄉教學的老人。賈公彥《疏》："此即《鄉飲酒》注云：'先生，謂老人教學者。'"《儀禮·鄉射禮》：

徵唯所欲,以告於～、君子可也。(1009中)

【鄉射之禮】即鄉射禮。古時射箭比賽的一種。鄉射之禮屬嘉禮,通常在兩種情況下舉行:一是諸侯之鄉大夫在爲選賢舉能而設的鄉飲酒禮中舉行;一是鄉之下屬州長在每年春秋會民時舉行。《鄉射禮》賈公彥《疏》引鄭玄《三禮目錄》云:"州長春秋以禮會民而射於州序之禮。謂之鄉者,州,鄉之屬,鄉大夫或在焉,不改其禮。射禮於五禮屬嘉禮。"鄉射禮之前有迎賓、招待賓客等禮儀。射禮的主要儀節爲三番射:第一番射重在習射,由鄉學中弟子參加;第二番射,除原來的三耦外,主人、賓、衆賓均參與,重在比賽,統計筭籌,不勝者罰酒;第三番射,參與者與第二番同,但射箭必須按音樂節奏行動,注入了重教化、正志行的意義。鄉射之禮有五善事:志體和,有容儀,能中質,合《雅》《頌》,以弓矢舞。《周禮·地官·鄉大夫》:退而以～五物詢衆庶:一曰和,二曰容,三曰主皮,四曰和容,五曰興舞。(0716下)《儀禮·鄉射禮》:～。(0993上)

【鄉射禮第五】《儀禮》第五篇篇名。賈公彥《疏》引鄭玄《三禮目錄》云:"州長春秋以禮會民而射於州序之禮。謂之鄉者,州,鄉之屬,鄉大夫或在焉,不改其禮。射禮於五禮屬嘉禮。《大戴》十一,《小戴》及《別錄》皆第五。"該篇記述了射前的準備、陳設及儀節,重點介紹了三番射箭比賽,最後兼記鄉射、大射、鄉飲酒相關的禮儀。參見"鄉射之禮"。(0993上)

【鄉飲酒之禮】鄉人聚會宴飲的禮儀。此於五禮中屬嘉禮。據《鄉飲酒義》孔穎達《疏》,行鄉飲酒禮凡四事:"前後凡有四事:一則三年賓賢能,二則卿大夫飲國中賢者,三則州長習射飲酒也,四則黨正蜡祭飲酒。摠而言之,皆謂之鄉飲酒。"鄉飲酒禮的主要儀節有:謀訪賢能,列出賓客名單,請賓,陳設賓宴,迎賓,主賓相互酬敬,賞樂,送賓等。舉行鄉飲酒禮的意義在於序長幼,別貴賤,造就尊賢敬老、孝悌仁愛的道德風尚。孔子對鄉飲酒禮做過細緻的考察與描述,視之爲正身安國之本。《儀禮·鄉飲酒禮》:～。(0980上)《禮記·鄉飲酒義》:～,六十者坐,五十者立侍,以聽政役,所以明尊長也。(1683中)

【鄉飲酒禮第四】《儀禮》第四篇篇名。賈公彥《疏》引鄭玄《三禮目錄》云:"諸侯之鄉大夫三年大比,獻賢者、能者於其君,以禮賓之,與之飲酒。於五禮屬嘉禮。《大戴》此乃第十,《小戴》及《別錄》此皆第四。"本篇記述了諸侯之鄉大夫於三年大比時,爲其君選拔賢能所舉行的鄉飲酒之禮。重點敘述了飲宴時主賓相互酬敬、賞樂等儀節,後《記》中補記了經文所略之禮儀及行禮所用的器具、牲畜等。參見"鄉飲酒之禮"。(0980上)

【鄉飲酒義第四十五】《禮記》第四十五篇篇名。孔穎達《疏》引鄭玄《三禮目錄》云:"名曰《鄉飲酒義》者,以其記鄉大夫飲賓于庠序之禮、尊賢養老之義。此於《別錄》屬吉事。"該篇詳記西周春秋時鄉中集會飲酒之禮,並記載了儒家對鄉飲酒禮意蘊的闡發與評價,認爲該禮體現了長幼有序、

尊卑分明、有度有節、和樂安燕的禮儀文明。參見"鄉飲酒之禮"。(1682中)

㈡ xiàng 用同"向"。窗。鄭玄《注》："鄉，牖屬，謂夾户窻也。"參見"達鄉"。《禮記·明堂位》：山節，藻棁，復廟，重檐，刮楹，達～，反坫出尊，崇坫康圭，疏屏，天子之廟飾也。(1490 上)

鄙 bǐ 郊外地方行政區劃單位。五百户爲鄙。《遂人》鄭玄《注》："鄰、里、酇、鄙、縣、遂，猶郊内比、閭、族、黨、州、鄉也。"參見"遂①"。《周禮·地官·遂人》：五家爲鄰，五鄰爲里，四里爲酇，五酇爲～，五～爲縣，五縣爲遂。(0740 中)《禮記·月令》：命司徒巡行縣～，命農勉作，毋休于都。(1365 中)

【鄙師】職官名。掌管一鄙五百户之政令和祭祀。爵上士。《周禮·地官·鄙師》：～，各掌其鄙之政令、祭祀。(0742 下)

鄰 (鄰) lín 郊外最小的地方行政區劃單位。五家爲一鄰。《遂人》鄭玄《注》："鄰、里、酇、鄙、縣、遂，猶郊内比、閭、族、黨、州、鄉也。"參見"遂①"。《周禮·地官·遂人》：五家爲～，五～爲里，四里爲酇，五酇爲鄙，五鄙爲縣，五縣爲遂。(0740 中)《禮記·檀弓下》：與其～重汪踦往，皆死焉。(1311 上)

【鄰里】鄰、里均爲郊外地方行政區劃單位。五家爲鄰，二十五家爲里。此指鄰里之人。《禮記·問喪》：故～爲之糜粥從飲食之。(1656 中)

【鄰長】職官名。掌管一鄰之事，輔助邑之政事。《周禮·地官·鄰長》：～，掌相糾相受，凡邑中之政相贊。(0743 上)

【鄰有喪，舂不相】鄰家有喪事未祥祭之前，舂穀時不唱號子。助舂之歌有助哀之嫌，故當依禮戒之。鄭玄《注》："助哀也。相，謂送杵聲。"孫希旦《集解》："方氏慤曰：'未祥之前，謂之有喪；未葬之前，謂之有殯。'"《禮記·曲禮上》：～。里有殯，不巷歌。(1249 中)

鄭 (鄭) zhèng 見下。

【鄭衛之音】春秋時鄭、衛兩國的民間音樂。儒家認爲鄭音好淫濫而使人意志放縱，衛音急促而使人意志煩勞，都是"亂世之音"。鄭玄《注》："鄭國之音好濫淫志，衛國之樂促速煩志，並是亂世之音也。"《禮記·樂記》：～，亂世之音也。(1528 中)

酇 (酇) zàn 郊外地方行政區劃單位。百家爲酇。鄭玄《注》："鄰、里、酇、鄙、縣、遂，猶郊内比、閭、族、黨、州、鄉也。"參見"遂①"。《周禮·地官·遂人》：五家爲鄰，五鄰爲里，四里爲～，五～爲鄙，五鄙爲縣，五縣爲遂。(0740 中)

【酇長】職官名。掌管一酇之政令。爵中士。《周禮·地官·酇長》：～，各掌其酇之政令。(0742 下)

身部

躬 gōng 靶心的上下幅。長二丈。鄭玄《注》:"躬,身也,謂中之上下幅也,用布各二丈。"《儀禮·鄉射禮》:倍中以爲~,倍~以爲左右舌。(1012上)

【躬圭】琢有人形圖案之圭。爲六瑞之一。長七寸,爲伯所執。此圭爲天子所命,故亦稱命圭。鄭玄《注》:"身圭、躬圭,蓋皆象以人形,爲瑑飾,文有麤縟耳。欲其慎行以保身。圭皆長七寸。"孫詒讓《正義》:"信圭蓋僅具頭身,躬圭則兼琢四枝爲別異也。"《周禮·春官·大宗伯》:以玉作六瑞,以等邦國:王執鎮圭,公執桓圭,侯執信圭,伯執~,子執穀璧,男執蒲璧。(0762上)

躬圭

【躬耕】天子親耕藉田之禮。每年正月,王親載耒耜,率三公、九卿前往畿内之藉田行親耕之禮,以此勸農。天子扶犂三推,三公五推,卿、諸侯九推。《禮記·月令》:乃擇元辰,天子親載耒耜,措之于參保介之御間,帥三公、九卿、諸侯、大夫,~帝藉。(1356中)

【躬桑】后妃親自採桑之禮。季春之月,后妃躬桑於東郊,以勸蠶事。鄭玄《注》:"后妃親採桑,示帥先天下也。"《禮記·月令》:后妃齊戒,親東鄉~。(1363下)

辵(辶)部

巡 xún 見下。

【巡守】謂天子出行,視察邦國州郡。諸侯爲天子守土,故稱守。亦作"巡狩"。虞夏之制天子五年一巡守,周制十二年一巡守。巡守之年遍祭東南西北四嶽,考察諸侯之政,觀民之所好惡,獎賞有功德者,絀罰不敬、不孝、不順者。《王制》鄭玄《注》:"天子以海內爲家,時一巡省之。五年者,虞夏之制也,周則十二歲一巡守。"《周禮·秋官·大行人》:十有二歲王~殷國。(0892 下)《禮記·王制》:天子五年一~。歲二月,東~,至于岱宗,柴,而望祀山川。……五月,南~,至于南嶽,如東~之禮。八月,西~,至于西嶽,如南~之禮。十有一月,北~,至于北嶽,如西~之禮。(1327 下、1328 中)

【巡牲】巡視祭牲。每年祭祀的時節,天子、諸侯都要齋戒沐浴,親自視察牲畜,選取毛色純淨、形體完好者加以豢養。每月的初一、十五,國君要頭戴皮弁巡視祭牲,以示對神的敬意。孫希旦《集解》:"巡牲,即上文所謂'齊戒沐浴而躬朝之',蓋以察其芻豢之肥瘠也。"《禮記·祭義》:君皮弁素積,朔月、月半,君~,所以致力,孝之至也。(1597 下)

近 jìn 見下。

【近日】指近在十日之內的日期。卜筮日期,本月下旬先卜來月上旬之日,爲近日;如果卜來月下、中旬之日,爲遠日。依禮,祭祀、冠婚之吉事先卜近日。孔穎達《疏》:"吉事,謂祭祀、冠昏之屬。"參見"卜筮日"。《禮記·曲禮上》:喪事先遠日,吉事先~。(1251 中)

【近臣】君主左右親近之臣。如掌管宮門的閽人,管理宮內女御的寺人等。鄭玄《注》:"近臣,閽寺之屬。"《儀禮·喪服》:~,君服斯服矣。(1102 中)《禮記·喪服小記》:~,君服斯服矣。(1497 中)

【近郊】國都外五十里之地。近郊的稅率是十分之一,遠郊的稅率是二十分之三。《載師》鄭玄《注》引杜子春云:"五十里爲近郊,百里爲遠郊。"《周禮·地官·載師》:以宅田、士田、賈田任~之地,以官田、牛田、賞田、牧田任遠郊之地。(0724 下)《儀禮·聘禮》:賓至于~,張旃。(1049 中)

迎 ㊀ yíng 即親迎。子受父命親往女家迎婦歸家。爲婚六禮之一。《昏義》孔穎達《疏》:"命之親迎也。"詳見"親迎"。《儀禮·士昏禮》:父醮女而俟~者,母南面于房外。(0971 中)《禮記·昏義》:父親醮子而命之~,男先於女也。(1680 下)
㊁ yìng 見下。

【迎₂冬】天子於立冬日率百官至北郊祭黑帝。爲四時祭禮之一。五行以冬配北方、黑色。鄭玄《注》:"迎冬者,祭黑帝叶光紀於北郊之兆也。"《禮記·月令》:立冬之日,天子親帥三公、九卿、大夫,以~於北郊。(1381 上)

【迎₂虎】迎虎神而祭之。祈報其撲食野豬,保護壯稼。爲臘月八蜡之一。鄭玄《注》:"迎其神也。"孔穎達《疏》:"特云貓、虎,舉其除害甚者。"《禮記·郊特牲》:迎貓,爲其食田鼠也;~,爲其食田豕也;迎而祭之也。(1454 上)

【迎₂春】天子於立春日率百官到東郊祭青帝。爲四時祭禮之一。五行以春配東方、青色。鄭玄《注》:"迎春,祭蒼帝靈威仰於東郊之兆也。"《禮

記·月令》：立春之日，天子親帥三公、九卿、諸侯、大夫，以～於東郊。(1355 下)

【迎₂牲】迎接祭牲。天子、諸侯之祭，以鬱鬯灌地之後，主祭人到廟門外迎接祭牲。爲祭祀之禮。鄭玄《注》：「灌，謂以圭瓚酌鬯，始獻神也。已，乃迎牲於庭殺之，天子、諸侯之禮也。」《禮記·郊特牲》：既灌，然後～，致陰氣也。(1457 上)

【迎₂秋】天子於立秋日率百官至西郊祭白帝。爲四時祭禮之一。五行以秋配西方、白色。鄭玄《注》：「迎秋者，祭白帝白招拒於西郊之兆也。」《禮記·月令》：立秋之日，天子親帥三公、九卿、諸侯、大夫，以～於西郊。(1373 上)

【迎₂夏】天子於立夏日率百官到南郊祭赤帝。爲四時祭禮之一。五行以夏配南方、赤色。鄭玄《注》：「迎夏，祭赤帝赤熛怒於南郊之兆也。」《禮記·月令》：立夏之日，天子親帥三公、九卿、大夫，以～於南郊。(1365 中)

【迎₂寒】祭迎寒氣。寒氣生於陰，而陰盛於夜，故常於夜間祭迎之。鄭玄《注》：「迎寒，以夜求諸陰。」《周禮·春官·籥章》：中秋夜～，亦如之。(0801 下)

【迎₂賓】迎接賓客。聘禮，主人尊於賓，迎於大門之內；與賓地位相等，迎於大門之外；賓爲臣，則不迎。鄭玄《注》：「公不出大門，降于待其君也。」《儀禮·聘禮》：公皮弁，～于大門內，大夫納賓。(1053 中)

【迎₂貓】迎貓神而祭之。祈報其撲食田鼠，保護莊稼。爲臘月八蜡之一。鄭玄《注》：「迎其神也。」孔穎達《疏》：「特云貓、虎，舉其除害甚者。」《禮記·郊特牲》：～，爲其食田鼠也；迎虎，爲其食田豕也；迎而祭之也。(1454 上)

追

㊀ duī 治，雕琢。鄭玄《注》：「追，猶治也。」賈公彥《疏》：「追是治玉石之名。」《周禮·天官·追師》：爲副、編、次、～衡、笄，爲九嬪及外内命婦之首服，以待祭祀、賓客。(0693 上)

【追師】職官名。掌冠冕。爵下士。鄭玄《注》：「追師，掌冠冕之官，故并主王后之首服。」《周禮·天官·追師》：～，掌王后之首服，爲副、編、次、追衡、笄，爲九嬪及外内命婦之首服，以待祭祀、賓客。(0693 上)

㊁ zhuī 見下。

【追₂享】即禘祭。因事有所請禱，而追祭遷廟之主。鄭玄《注》：「追享、朝享，謂禘、祫也。在四時之間，故曰間祀。……追享，謂追祭遷廟之主，以事有所請禱。朝享，謂朝受政於廟。」《周禮·春官·司尊彝》：凡四時之間祀～、朝享，祼用虎彝、蜼彝。(0773 中)

【追₂胥】追爲逐外寇，胥爲伺捕盜賊。此處指逐寇捕盜的軍隊。鄭玄《注》：「追，逐寇也。……胥，伺捕盜賊也。」孫詒讓《正義》：「鄭意蓋謂追爲逐外寇，與胥爲司捕内盜賊異。然通言之，司捕亦爲追。」《周禮·地官·小司徒》：以起軍旅，以作田役，以比～，以令貢賦。(0711 上)

【追₂養繼孝】追繼生時之孝養。爲祭祀之本。孔穎達《疏》：「養者，是生

時養親;孝者,生時事親。親今既沒,設禮祭之,追生時之養,繼生時之孝。"《禮記・祭統》:祭者,所以~也。(1602下)

迹 jì 見下。

【迹人】職官名。掌管田獵所在地之政令。爵中士、下士。《周禮・地官・迹人》:~,掌邦田之地政,爲之厲禁而守之。(0748上)

送 sòng 見下。

【送令】指奉送的貢物及傳遞的文書。鄭玄《注》:"有送令,謂奉貢獻及文書,以常事往來。"孫詒讓《正義》:"貢獻謂邦國所貢獻,文書謂内外文報,皆尋常往來之事。"《周禮・地官・司關》:有外内之~,則以節傳出内之。(0739中)

【送往迎來】送別往者,迎接來者。用以安撫邊遠地區的人。今爲成語。指應酬遠方的客人。《禮記・中庸》:~,嘉善而矜不能,所以柔遠人也。(1630上)

【送喪不由徑,送葬不辟塗潦】送喪不走邪路,送葬不避泥塗水坑。以避盗亡之嫌,以免秩序混亂。陸德明《釋文》:"徑,……邪路也。"《禮記・曲禮上》:~。(1249中)

逆 nì 上報之文書。鄭玄《注》:"自下而上曰逆,逆謂上書。"一說,爲迎受王命者。鄭玄《注》引鄭司農云:"逆,迎受王命者。"《周禮・天官・宰夫》:敘羣吏之治,以待賓客之令,諸臣之復,萬民之~。(0655中)

【逆牆】牆的上端殺減厚度。殺減厚度爲高的六分之一。即牆下寬上窄,截面呈梯形。鄭玄《注》:"逆,猶卻也。築此四者,六分其高,卻一分以爲殺。"賈公彦《疏》:"假令高丈二尺,下厚四尺,則於上去二尺爲殺,上惟二尺。"孫詒讓《正義》:"卻牆,謂牆上退卻,殺減其廣也。"《周禮・冬官考工記・匠人》:囷、窌、倉、城、~六分。(0933中)

退 tuì 從朝廷返回之稱。孔穎達《疏》:"謂於朝廷之中,若欲散還,則稱曰退。"《禮記・少儀》:朝廷曰~,燕遊曰歸,師役曰罷。(1512中)

連 (连) lián ❶行政區劃名。王畿千里之外所封諸侯之國十國爲連。其長官稱帥。鄭玄《注》:"屬、連、卒、州,猶聚也。"《禮記・王制》:千里之外設方伯。五國以爲屬,屬有長。十國以爲~,~有帥。三十國以爲卒,卒有正。二百一十國以爲州,州有伯。(1325上)❷用同"璉"。盛黍稷之器。夏后氏之制,天子之祭用四連。鄭玄《注》:"皆黍稷器,制之異同未聞。"孫希旦《集解》:"是敦、璉、瑚、簋,四代之名雖異,而其實爲一物也。有虞氏始爲兩敦,三代遞加焉。"《禮記・明堂位》:有虞氏之兩敦,夏后氏之四~,殷之六瑚,周之八簋。(1491下)

【連山】西周占卜之書。爲《三易》之一。漢初已佚。鄭玄《注》:"名曰《連山》,似山出内雲氣也。"賈公彦《疏》:"此《連山易》,其卦以純《艮》爲首,《艮》爲山,山上山下,是名《連山》,雲氣出内於山,故名《易》爲《連山》。"《周禮・春官・太卜》:掌《三易》之

瀍：一曰《～》，二曰《歸藏》，三曰《周易》。（0802 下）

【連行】指連屬而行的動物。鄭玄以爲指魚類。鄭玄《注》："連行，魚屬。"賈公彥《疏》："以其魚唯行相隨，故謂之連行也。"《周禮·冬官考工記·梓人》：外骨、内骨、卻行、仄行、～、紆行……謂之小蟲之屬。（0925 上）

【連步】上臺階時，後脚邁到與前脚相齊的位置，再邁前脚向前。爲升堂行步之法。鄭玄《注》："連步，謂足相隨不相過也。"《禮記·曲禮上》：主人先登，客從之，拾級聚足，～以上。（1238 下）

速 sù 再次召請賓客。大夫相食之禮，主人先親自通知來賓，稱戒；準備完畢後，再親自召請，稱速。鄭玄《注》："速，召也。先就告之，歸具。既具，復自召之。"《儀禮·公食大夫禮》：大夫相食，親戒、～。（1086 上）

【速賓】再次召請賓客。鄭玄《注》："速，召也。射，賓輕也，戒時玄端。"參見"速"。《儀禮·鄉射禮》：羹定。主人朝服，乃～。（0993 下）

造 zào ❶國有大災及君出行，告於祖禰之祭。爲六祈之一。《大祝》鄭玄《注》："謂爲有災變，號呼告于神以求福。……杜子春：'……造，祭於祖也。'"《王制》鄭玄《注》："類、宜、造，皆祭名，其禮亡。"孔穎達《疏》："造，至也，謂至父祖之廟也。"《周禮·春官·大祝》：掌六祈以同鬼神示：一曰類，二曰～，三曰禬，四曰禜，五曰攻，六曰説。（0808 下）《禮記·王制》：天子將出，類乎上帝，宜乎社，～乎禰。諸侯將出，宜乎社，～乎禰。（1332 中）❷用同"竈"。廚房。鄭玄《注》引鄭司農云："造，謂食之故所居處也。"《周禮·天官·膳夫》：卒食，以樂徹于～。（0660 上）

【造士】學業有成就的人。造士可以免服國家繇役。鄭玄《注》："不征，不給其繇役。造，成也。能習禮，則爲成士。"孔穎達《疏》："學業既成，即爲造士。"《禮記·王制》：升於學者，不征於司徒，曰～。（1342 上）

【造冰】納冰於盤。自仲春至秋涼，大夫以上貴族死後，用盤盛冰，置於床下，以降溫防腐。爲古喪禮之一。鄭玄《注》："造，猶内也。……禮，自仲春之後，尸既襲、既小斂，先内冰盤中，乃設牀於其上，不施席而遷尸焉，秋涼而止。士不用冰。"孔穎達《疏》："造冰焉者，謂造内其冰於盤中也。"《禮記·喪大記》：君設大盤，～焉。大夫設夷盤，～焉。（1575 下）

【造言之刑】訛言惑衆之刑。爲鄉八刑之一。鄭玄《注》："造言，訛言惑衆。"《周禮·地官·大司徒》：以鄉八刑糾萬民：一曰不孝之刑，二曰不睦之刑，三曰不婣之刑，四曰不弟之刑，五曰不任之刑，六曰不恤之刑，七曰～，八曰亂民之刑。（0707 下）

逢 féng 見下。

【逢掖之衣】衣袖寬大的單衣。爲儒者所穿。鄭玄《注》："逢，猶大也。逢掖之衣，大袂襌衣也。此君子有道藝者所衣也。"《禮記·儒行》：丘少居魯，衣～。（1668 下）

通 tōng 通率，平均數。古時量入爲出，以三十年的平均數作爲依據。鄭玄《注》："通，三十年之率，當

有九年之蓄。"《禮記·王制》：以三十年之~制國用，量入以爲出。(1334上)

【通事】指朝覲聘問之事。鄭玄《注》："通事，謂朝覲聘問也。"《周禮·秋官·掌交》：掌邦國之~而結其交好。(0903上)

【通帛】指正幅與飄帶爲同一色之帛所製成的旌旗。五正旗常、旂、旗、旜、旐正幅與斿皆同色。鄭玄《注》："通帛謂大赤，從周正色，無飾。"孫詒讓《正義》："通帛者，謂縿斿通以一色之帛爲之。"《周禮·春官·司常》：~爲旜，雜帛爲物。(0826中)

【通淫】牝牡交配。爲仲春時節牧師之職責。鄭玄《注》："中春陰陽交，萬物生之時，可以合馬之牝牡也。"《周禮·夏官·牧師》：孟春焚牧，中春~。(0861中)

【通賓客】指朝覲聘問的大小賓客。鄭玄《注》："通賓客，以常事往來者也。"《周禮·秋官·環人》：掌送逆邦國之~，以路節達諸四方。(0899下)

遠 yuǎn 見下。

【遠人】指蕃國的諸侯。《中庸》鄭玄《注》："遠人，蕃國之諸侯也。"《周禮·春官·大司樂》：以諧萬民，以安賓客，以說~。(0788上)《禮記·中庸》：子庶民也，來百工也，柔~也，懷諸侯也。(1630上)

【遠日】指一旬以外的日子。卜筮日期，本月下旬先卜來月上旬之日，爲近日；如果卜來月下、中旬之日，爲遠日。依禮，喪事先卜遠日。《特牲饋食禮》鄭玄《注》："遠日，旬之外日。"《曲禮上》孔穎達《疏》："今月下旬先卜來月下旬，不吉，卜中旬，不吉，卜上旬。"參見"卜筮日"。《儀禮·特牲饋食禮》：卒，告于主人："占曰吉。"若不吉，則筮~，如初儀。(1179中)《禮記·曲禮上》：喪事先~，吉事先近日。(1251中)

【遠郊】國都外五十里至一百里之地域。遠郊的稅率是二十分之三，近郊的稅率是十分之一。鄭玄《注》引杜子春云："五十里爲近郊，百里爲遠郊。"《周禮·地官·載師》：以宅田、士田、賈田任近郊之地，以官田、牛田、賞田、牧田任~之地。(0724下)

【遠國】指王畿以外夷狄之諸侯。賈公彥《疏》："對畿內諸侯爲遠國。若以要服以內對夷狄諸侯，則夷狄爲遠國也。"《周禮·冬官考工記·梓人》：張五采之侯，則~屬。(0926上)

【遠廟】遠祖之廟。孔穎達《疏》："遠廟，謂文武廟也。文武廟在應遷之例，故云遠廟也。"《禮記·祭法》：~爲祧，有二祧。(1589上)

【遠兄弟】不同居的兄弟，族兄弟。孫希旦《集解》："愚謂遠兄弟，謂不同居者也。"《禮記·檀弓上》：有殯，聞~之喪，雖緦必往；非兄弟，雖鄰不往。(1293中)

【遠某日】即遠日。本旬之外的日子。參見"遠日"。《禮記·曲禮上》：凡卜筮日，旬之外曰"~"，旬之內曰"近某日"。(1251中)

【遠而諫則謟也，近而不諫則尸利】與國君關係疏遠而强爲進諫，就是讒佞求欲；與國君關係親近而不進諫，就像尸一樣白食利禄。此種行爲不合於臣事君之道。孔穎達《疏》:"若與君疏遠,强欲諫諍,則是謟佞之人,望欲自達也。……若親近於君而不諫,則似如尸之受利禄也。祭祀之尸無言辭而受享祭時,猶似近臣不諫。"《禮記·表記》:事君,〜也。(1643上)

過 (过) guò 見下。

【過失】過失殺人。爲三種可以免罪或減刑的情況之一。鄭玄《注》:"鄭司農云:'……過失,若今律過失殺人不坐死。'……過失,若舉刃欲斫伐而軼中人者。"參見"三宥②"。《周禮·秋官·司刺》:壹宥曰不識,再宥曰〜,三宥曰遺忘。(0880下)

【過聲】過於悲哀或過於歡樂的音樂。儒家主張音樂所表現出的哀、樂要適度,"樂而不淫,哀而不傷",過聲不合於中庸之道,故爲禮所禁止。鄭玄《注》:"過聲,失哀樂之節。"《周禮·春官·大司樂》:凡建國,禁其淫聲、〜、凶聲、慢聲。(0791中)

進 (进) jìn 見下。

【進士】指大學中可被舉薦而受爵禄的最優異人才。鄭玄《注》:"進士,可進受爵禄也。"《禮記·王制》:大樂正論造士之秀者,以告于王,而升諸司馬,曰〜。(1342中)

【進下】牲骨末端朝前陳設。爲祭鬼神陳設牲體之法。鄭玄《注》:"進下,變於食生也。"賈公彦《疏》:"牲體皆進膝,膝是本,是食生人之法。此言進末,末爲終,謂骨之終,食鬼神法,故云變於食生也。"參見"進柢"。《儀禮·少牢饋食禮》:體,其載于俎,皆〜。(1199上)

【進奏】即進腠。將牲體肉皮朝上載於俎,牲骨根端朝前陳列。凡吉禮用牲皆用右邊一半,進腠。鄭玄《注》:"體,謂牲與腊也。奏,謂皮膚之理也。進其理,本在前。"參見"進腠"。《儀禮·公食大夫禮》:載體,〜。(1080下)

【進柢】牲骨根部朝前陳設。設食之法,食生者,牲進本(牲骨的根端),魚進鰭;祭鬼神,牲進下(牲骨的末端),魚進腴。喪禮中設食亦進柢,以其始死,故"未異於生"。鄭玄《注》:"柢,本也。進本者,未異於生也。骨有本末。"賈公彦《疏》:"公食大夫亦進本,是生人法,今以始死,故云未異於生也。"《儀禮·士喪禮》:載兩髀于兩端,兩肩亞,兩胉亞,脊、肺在於中;皆覆,〜,執而俟。(1137上)

【進容】賓進至筵前,做出合於禮的儀容。其行走快步而有節,容貌端正而舒揚。進容的目的是要冠者效仿。爲冠禮儀節之一。鄭玄《注》:"進容者,行翔而前鶬焉。"胡培翬《正義》:"翔謂行而張拱,鶬謂容貌舒揚。……此謂賓進至筵前特正其容儀,爲冠者取法也。"《儀禮·士冠禮》:賓右手執項,左手執前,〜。(0952中)

【進腴】使魚腹朝前。爲祭祀鬼神時陳設魚之法。鄭玄《注》:"右首進腴,亦變於食生也。"賈公彦《疏》:"凡載魚,爲生人首皆向右,進鰭;其祭祀亦首皆在右,進腴。生人、死人皆右首陳設在地,地道尊右故也。鬼神進腴者,腴是氣之所聚,故祭祀進腴也。

生人進鰭者,鰭是脊,生人尚味。"《儀禮·少牢饋食禮》:魚用鮒,十有五而俎,縮載,右首,~。(1199上)

【進脀】使肉皮朝上。將牲體肉皮朝上載於俎,牲骨根端朝前陳列。凡吉禮用牲皆用右邊一半,進脀。鄭玄《注》:"脀,理也。進理,謂前其本也。"胡培翬《正義》:"淩氏《釋例》云:'凡牲皆用右胖,惟變禮反吉用左胖。'……此嘉禮,用右胖也。"《儀禮·鄉飲酒禮》:皆右體,~。(0990下)

【進賢】推舉賢能之人。爲大宰所掌治理萬民的八種方法(八統)之一。賈公彥《疏》:"有賢在下,君當招之,民當舉之,是君民共進賢也。"《周禮·天官·大宰》:以八統詔王馭萬民:一曰親親,二曰敬故,三曰~,四曰使能,五曰保庸,六曰尊貴,七曰達吏,八曰禮賓。(0646下)

【進鬐】使魚脊朝前。設食之法,食生者,牲體本(牲骨的根端),魚進鰭;祭鬼神,牲進下(牲骨的末端),魚進腴;喪禮中設食亦進鰭,以其始死,故"未異於生"。鄭玄《注》:"鬐,脊也。……古文鬐爲耆。"參見"進柢""進腴"。《儀禮·士虞禮》:載猶進柢,魚~。(1170下)

【進左手】左手在前。御者爲婦人駕車,要左手在前執轡,右手在後以避嫌。孔穎達《疏》:"僕在中央,婦人在左。僕御之時進左手持轡,所以爾者,形微相背也。……若進右手,則近相嚮,相嚮則生嫌,故後右手,遂嫌也。"《禮記·曲禮上》:僕御婦人,則~,後右手。(1253中)

【進右手】右手在前。御者爲國君駕車,要右手在前執轡,左手在後,並微俯身以示敬。孔穎達《疏》:"禮以相嚮爲敬,故進右手。"《禮記·曲禮上》:御國君,則~,後左手而俯。(1253中)

【進食之禮】大夫、士與賓客燕食設饌之法。鄭玄《注》:"皆便食也。殽,骨體也。胾,切肉也。食,飯屬也。居人左右,明其近也。殽在俎,胾在豆。""殽、胾之外內也。近醓醬者,食之主,膾炙皆在豆。""湆,烝蔥也。處醓醬之左。言末者,殊加也。湆在豆。""處羹之右。此言若酒若漿耳,兩有之,則左酒右漿。此大夫、士與賓客燕食之禮,其禮食,則宜放《公食大夫禮》云。"詳見《禮記·曲禮上》。《禮記·曲禮上》:凡~,左殽右胾,食居人之左,羹居人之右。膾炙處外,醓醬處內,蔥湆處末,酒漿處右。以脯脩置者,左朐右末。(1241下)

達 (达) dá

夾室。據江永《鄉黨圖考》引朱熹《儀禮釋宮》,古代宮室的建制,堂上東西兩邊各有一道南北向的短牆,叫作序;序之外與堂屋東西牆之間的地方叫作夾室。鄭玄《注》:"達,夾室。"《禮記·內則》:天子之閣,左~五,右~五。(1467上)

【達吏】察舉勤勞之小吏。爲大宰所掌治理萬民的八種方法(八統)之一。鄭玄《注》:"達吏,察舉勤勞之小吏也。"賈公彥《疏》:"吏勤勞在民間、在下位不能自達者,進之於上而用之也。"《周禮·天官·大宰》:以統詔王馭萬民:一曰親親,二曰敬故,三曰進賢,四曰使能,五曰保庸,六曰尊貴,七曰~,八曰禮賓。(0646下)

【達官】謂受君命的卿、大夫、士。鄭玄《注》："謂君所命。"孔穎達《疏》："達官謂國之卿、大夫、士被君命者也。既被君命，故稱達官也。"《禮記·檀弓下》：公之喪，諸～之長杖。（1299上）

【達常】車蓋斗柄的上節。車蓋之柄分為兩節，上節叫達常，較細；下節叫桯，較粗，達常插入桯中。鄭玄《注》引鄭司農云："達常，蓋斗柄，下入杠中也。"賈公彥《疏》："蓋柄有兩節，此達常是上節，下入杠中也。"《周禮·冬官考工記·輪人》：為蓋，～圍三寸，桯圍倍之，六寸。（0909中）

【達鄉】與門相對而通達的窗牖。為天子廟飾之一。孔穎達《疏》："達鄉者，達，通也；鄉，謂窻牖也。每室四戶八窻，窻戶皆相對，以牖戶通達，故曰達鄉也。"《禮記·明堂位》：山節，藻梲，復廟，重檐，刮楹，～，反坫，出尊，崇坫康圭，疏屏，天子之廟飾也。（1490上）

遇 yù ❶冬時諸侯進見天子之禮。《大宗伯》鄭玄《注》："此六禮者，以諸侯見王為文。六服之內，四方以時分來，或朝春，或宗夏，或覲秋，或遇冬，名殊禮異，更遞而徧。……遇，偶也，欲其若不期而俱至。"《周禮·春官·大宗伯》：春見曰朝，夏見曰宗，秋見曰覲，冬見曰～，時見曰會，殷見曰同。（0759下）《周禮·夏官·齊僕》：朝覲、宗～、饗食，皆乘金路。（0858上）❷遇禮。其禮簡易，用於諸侯未按約定時間、地點相見而忽然相遇之時。孔穎達《疏》："今若未至前所期之日及非所期之地而忽相見，則並用遇禮相接，故

所以爾者，遇禮易略，既期未至，故用簡易禮也。"《禮記·曲禮下》：諸侯未及期相見曰～，相見於郤地曰會。（1266上）

遊 [游] yóu 見下。

【遊倅】無官職之國子聚集而成的部隊。鄭玄《注》："遊倅，倅之未仕者。"孫詒讓《正義》："此倅當讀為萃。遊即《師氏》所謂貴遊。遊倅，謂貴遊子弟自相與為部隊也。"《周禮·夏官·諸子》：凡國之政事，國子存～，使之脩德學道。（0850中）

道 ㊀ dào ❶謂田間溝旁之道。其寬一丈六尺。鄭玄《注》："徑、畛、涂、道、路，皆所以通車徒於國中也。……涂容乘車一軌，道容二軌，路容三軌。"《周禮·地官·遂人》：凡治野，夫間有遂，遂上有徑；十夫有溝，溝上有畛；百夫有洫，洫上有涂；千夫有澮，澮上有～；萬夫有川，川上有路，以達于畿。（0740下）❷祭路神。諸侯出行前要在國都城門外祭祀路神。陳列車馬，設置酒脯，築小土丘為神位，殺牲放置其上，祭祀完畢後，車馬輾過小土丘及牲體而行，以示道無險阻。鄭玄《注》："祖道也。"孔穎達《疏》："言道而出，明諸侯將行，為祖祭道神而後出行。……按《聘禮》記云：'出祖，釋軷，祭酒、脯。'彼注云：'祖，始也。行出國門，止陳車騎，釋酒脯之奠於軷，為行始也。《春秋傳》曰："軷涉山川。"然則軷，止行之名也。道路以險阻為難，是以委土為山，或伏牲其上，使者為軷祭酒脯祈告也。禮畢，然後乘車轢之而遂行。其有牲，犬羊可也。'"孫希旦《集

解》:"道,祭行道之神於國城之外也。其禮以菩、芻、棘、柏爲神主,封土爲較壇,厚二寸,廣五尺,輪四尺,既祭,以車轢之而去,喻行道時無險難也。"《禮記・曾子問》:"諸侯適天子,必告于祖,奠于禰。冕而出視朝,命祝史告于社稷、宗廟、山川,乃命國家五官而後行,～而出。"(1389下)

【道右】職官名。掌管護衛象路。爵上士。《周禮・夏官・道右》:～,掌前道車。(0857中)

【道布】祭祀時所設之粗麻巾。以供神自潔。鄭玄《注》:"杜子春云:'……道布,新布三尺也。……或曰,布者,以爲席也。'玄謂道布者,爲神所設巾。《中霤禮》曰'以功布爲道布,屬於几'也。"孫詒讓《正義》:"生人有巾以自絜清,故祭時亦爲神共之。"《周禮・春官・司巫》:祭祀,則共匰主及～及蒩館。(0816中)

【道車】❶即象路。爲王五路之一。車以象牙爲飾,天子視朝、燕游及封異姓諸侯所乘。鄭玄《注》:"道車,象路也,王以朝夕燕出入。"參見"象路"。《周禮・春官・司常》:～載旞,斿車載旌。(0826中)❷士早晚或閒暇出入所乘之車。或即棧車。鄭玄《注》:"道車,朝夕及燕出入之車。"賈公彥《疏》:"士乘棧車,更無別車。……謂士家游燕出入之車。"胡培翬《正義》:"但士不得有象路,竊疑上乘車《釋例》謂爲墨車,則此道車當即棧車矣。"《儀禮・既夕禮》:～載朝服,藁車載蓑笠。(1163中)

【道馬】駕道車(象路)之馬。馬高八尺。爲天子六馬之一。鄭玄《注》:"象路駕道馬。"賈公彥《疏》:"道馬駕道車。"參見"國馬"。《周禮・夏官・校人》:辨六馬之屬:種馬一物,戎馬一物,齊馬一物,～一物,田馬一物,駑馬一物。(0860上)

【道義】即道藝。德行和技藝。爲先王所教民者。鄭玄《注》引鄭司農云:"道,謂先王所以教道民者。藝,謂禮、樂、射、御、書、數。"《周禮・天官・宮正》:去其淫怠與其奇衺之民,會其什伍而教之～。(0657下)

【道僕】職官名。掌駕馭象路。爵上士。《周禮・夏官・道僕》:～,掌馭象路以朝夕、燕出入。(0858上)

【道藝】❶指六藝。即禮、樂、射、御、書、數。賈公彥《疏》:"察其道藝者,謂萬民之中有六藝者竝擬賓之。"《周禮・地官・鄉大夫》:正月之吉,受教灋於司徒,退而頒之于其鄉吏,使各以教其所治,以攷其德行,察其～。(0716中)❷德行和技藝。三德即至德、敏德、孝德,三行即孝行、友行、順行。鄭玄《注》:"道,三德、三行也。藝,六藝。"《禮記・少儀》:問～,曰:"子習於某乎?""子善於某乎?"(1511中)

【道齍(zī)】在送喪道中祭奠。以禱五方之神。鄭玄《注》引杜子春云:"齍,當爲粢,道中祭也。漢儀每街路輒祭。"孫詒讓《正義》:"蓋大遣奠奠畢,包牲體載於遣車,從柩而行,道中或有停止,則即陳以爲奠,至壙則藏於窆。在道謂之道齍之奠,猶之人壙則謂之奠窆。"一說,以爲送道之奠。鄭玄《注》:"齍猶送也。送道之奠,謂遣奠也。"《周禮・春官・小祝》:及葬,設～之奠,分禱五祀。(0812上)

【道而不徑】走路不走斜僻的小路。儒家認爲,愛惜自身是回報父母生育之恩的大孝,"身體髮膚,受之父母,不敢損傷",故出行時不走險阻小徑以免遭遇禍患。孔穎達《疏》:"謂於正道而行,不由邪徑。正道平易,於身無損傷;邪徑險阻,或於身有患。"《禮記·祭義》:壹舉足而不敢忘父母,是故~,舟而不游,不敢以先父母之遺體行殆。(1599中)

㊁ dǎo 謂引古以刺今。爲六樂語之一。鄭玄《注》:"道,讀曰導。導者,言古以訓今也。"賈公彥《疏》:"謂若《詩》,陳古以刺幽王、厲王之輩皆是。"《周禮·春官·大司樂》:以樂語教國子:興、~、諷、誦、言、語。(0787下)

【道₂而弗牽】引導而不強牽使從。爲儒家教育方法之一。教育學生重在啓發誘導,這樣就會取得事半功倍的效果。鄭玄《注》:"道,示之以道塗也。"孔穎達《疏》:"道猶示也。牽謂牽偪。師教既識學之廢興,故教喻有節,使人曉解之法,但廣開道,示語學理而已。若人苟不曉知,亦不偪急,牽令速曉也。"孫希旦《集解》:"方氏慤曰:道之使有所向,而弗牽之使從,則人有樂學之心。"《禮記·學記》:故君子之教喻也,~,強而弗抑,開而弗達。~則和,強而弗抑則易,開而弗達則思。(1523中)

遂 suì ❶行政區劃名。距王城百里外至二百里内,置六遂。由遂人掌管,每遂設遂大夫一人。遂下分縣、鄙、鄼、里、鄰五級行政單位。一遂有居民一萬二千五百户,六遂共七萬五千户。《遂人》"遂人掌邦之野"賈公彥《疏》:"遂在遠郊百里外,……遂人雖專掌二百里之中,乃兼掌三百里以外。"《王制》鄭玄《注》:"遠郊之外曰遂。"《周禮·地官·遂人》:五家爲鄰,五鄰爲里,四里爲酇,五酇爲鄙,五鄙爲縣,五縣爲~。(0740中)《禮記·王制》:不變,移之~,如初禮。(1342上)❷田間小水渠。寬、深各二尺。鄭玄《注》:"遂、溝、洫、澮,皆所以通水于川也。遂廣、深各二尺,溝倍之,洫倍溝,澮廣二尋,深二仞。"遂、溝、洫、澮共同組成田間灌溉系統。《周禮·地官·遂人》:凡治野,夫間有~,

遂(溝洫同)

~上有徑;十夫有溝,溝上有畛;百夫有洫,洫上有涂;千夫有澮,澮上有道;萬夫有川,川上有路,以達于畿。(0740下)❸鍾體受擊之處。其處圓形凹下,在鍾體下半正中,其凹度爲鍾厚的六分之一。賈公彥《疏》:"遂,謂所擊之處。"參見"隧③"。《周禮·冬官考工記·鳧氏》:爲~,六分其厚,以其一爲之深而圜之。(0916下)❹即射韝。射箭用的臂衣。以熟皮製成,穿在左

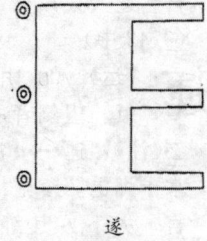

遂

臂上。此處爲穿上皮臂衣。鄭玄《注》:"遂,射韝也。以韋爲之,所以遂弦者也。"《儀禮·鄉射禮》:司射適堂西,袒,決,~,取弓于階西,兼挾乘矢,升自西階。(0996下)❺即遂人。葬時引導徒役。鄭玄《注》:"遂,匠,遂人,匠人也。遂人主引徒役,匠人主載柩窆,職相左右也。"賈公彥《疏》:"云遂人、匠人也者,以其《周禮》有遂人、匠人,天子之官。士雖無臣,亦有遂人、匠人主其葬事。……《周禮·遂人》職云:'大喪,帥六遂之役而致之,掌其政令。及葬,帥而屬六綍,及窆,陳役。'"《儀禮·既夕禮》:既正柩,賓出,~,匠納車于階間。(1164上)

【遂人】職官名。掌管六遂及公邑、采地土地政教之事。爵中大夫。《周禮·地官·遂人》:~,掌邦之野。(0740中)

【遂士】職官名。掌理六遂及四郊之獄訟。爵中士。《周禮·秋官·遂士》:~,掌四郊,各掌其遂之民數而糾其戒令。(0876中)

【遂師】職官名。掌管一遂之政令戒禁。爲遂人之副,二人共掌三遂。爵下大夫。《周禮·地官·遂師》:~,各掌其遂之政令、戒禁。(0741下)

【遂大夫】職官名。掌管一遂之政務。每遂一人,爵中大夫。《周禮·地官·遂大夫》:~,各掌其遂之政令。(0742中)

運(运) yùn 用同"煇"。日旁光氣。望氣者所占以辨吉凶。鄭玄《注》:"運……當爲煇。是視祲所掌十煇也。"參見"十煇"。《周禮·春官·太卜》:其經~十,其別九十。(0803中)

【運笏】搖動笏板。爲主人有倦意之狀,此時客即當請退。鄭玄《注》:"以此皆解倦之狀。"孔穎達《疏》:"謂君子搖動於笏。"《禮記·少儀》:侍坐於君子,君子欠伸,~,澤劍首,還屨,問日之蚤莫,雖請退可也。(1512中)

遣 qiǎn ❶將葬時祭奠。喪禮,葬前在祖廟舉行祭奠,並將隨葬物品裝車,禮畢而後送葬。《檀弓下》鄭玄《注》:"將行,將葬也,葬有遣奠。"《大史》鄭玄《注》:"遣,謂祖廟之庭大奠。將行時也,人之道終於此。"《周禮·春官·大史》:大喪,執灋以涖勸防,~之日,讀誄。(0818上)《禮記·檀弓下》:始死,脯醢之奠;將行,~而行之;既葬而食之。(1304下)❷隨葬之物。鄭玄《注》:"遣者,入壙之物。"《儀禮·既夕禮》:讀~,卒,命哭。(1154下)

【遣車】❶送葬時載牲體之車。遣車之數:天子九乘,諸侯七乘,大夫及天子之上士五乘。《雜記上》孔穎達《疏》:"遣車,送葬載牲體之車也。"《虎賁氏》鄭玄《注》:"遣車,王之魂魄所馮依。"賈公彥《疏》:"遣車者,將葬盛所苞奠遣送者之車。其車內既皆有牲體,故云王之魂魄所馮依。"《周禮·夏官·虎賁氏》:及葬,從~而哭。(0850下)《禮記·雜記上》:~視牢具。(1555上)❷隨葬之車。明器,

遣車

刻木爲之。以其有鈴,亦稱鸞車。鄭玄《注》:"遣車一曰鸞車。"賈公彥《疏》:"遣車,謂將葬遣送之車。入壙者也。……如生存之車,但麤小爲之耳。……一曰鸞車者,……以其遣車亦有鸞鈴故也。"孫詒讓《正義》:"共明器之車。"《周禮·春官·巾車》:大喪,飾~,遂廞之,行之。(0825 上)

【遰】shì 刀鞘。鄭玄《注》:"遰,刀鞞也。"《禮記·內則》:右佩玦、捍、管、~、大觿、木燧。(1461 中)

【適】(适) ㊀ dí 用同"嫡"。宗族的正支。正妻稱嫡妻,正妻所生之子稱嫡子,嫡子之子稱嫡孫。《儀禮·喪服》:《傳》曰:何以期也? 不敢降其~也。(1106 上)《禮記·玉藻》:世子自名,擯者曰"寡君之~"。(1485 中)

【適士】上士。鄭玄《注》:"適士,上士也。"一說,孫希旦《集解》:"愚謂適士,謂大宗世適爲士者也。……《曾子問》疏有'大宗子爲士,得立祖、禰二廟'之說,蓋已陰識鄭說之非矣。"《禮記·祭法》:~二廟,一壇。(1589 上)

【適子】即嫡子。正妻所生之子。亦指諸侯之嫡長子,王位的合法繼承人。《典命》賈公彥《疏》:"諸侯世子皆往朝天子,天子命之爲世子,故以誓爲命也。"《周禮·春官·典命》:凡諸侯之~誓於天子,攝其君,則下其君之禮一等。(0780 下)《儀禮·士冠禮》:~冠于阼,以著代也。(0958 中)《禮記·王制》:王大子、王子、羣后之大子,卿大夫、元士之~,國之俊選,皆造焉。(1342 上)

【適者】指爵位相匹敵者。鄭玄《注》:"適讀爲匹敵之敵,謂爵同者也。"孔穎達《疏》:"謂同國大夫位相敵者。"《禮記·雜記上》:大夫訃於同國~,曰:"某不祿。"(1549 下)

【適室】正寢之室。天子至士皆有正寢、燕寢。燕寢爲平時常居之所,正寢唯齋及疾乃居之。正寢,天子、諸侯謂之路寢,大夫、士謂之適寢。《士喪禮》鄭玄《注》:"適室,正寢之室也。疾者齊,故于正寢焉。"胡培翬《正義》:"自天子至士皆有正寢、燕寢。……燕寢,常居之所;正寢,唯齊及疾乃居之。……正寢,天子、諸侯謂之路寢,大夫、士又謂之適寢。……此云適室,即適寢之室也。"《檀弓下》孔穎達《疏》:"適室,正寢也。"參見"適寢"。《儀禮·士喪禮》:死于~,幠用斂衾。(1128 中)《禮記·檀弓下》:妻之昆弟爲父後者死,哭之~。(1299 下)

【適孫】嫡出之長孫。嫡子死,乃立嫡孫。《喪服》鄭玄《注》:"周之道,適子死則立適孫,是適孫將上爲祖後者也。長子在,則皆爲庶孫耳。"《儀禮·喪服》:何以期也? 不敢降其適也。有適子者無~,孫婦亦如之。(1106 上)《禮記·祭法》:王下祭殤五:適子、~、適曾孫、適玄孫、適來孫。(1590 中)

【適婦】嫡子之妻。《喪服》鄭玄《注》:"適婦,適子之妻。"《儀禮·喪服》:~。《傳》曰:何以大功也,不降其適也。(1114 中)《禮記·喪服小記》:~不爲舅後者,則姑爲之小功。(1503 中)

【適寢】正寢。天子至士皆有正寢、燕寢。燕寢爲平時常居之所,正寢唯齋及疾乃居之。正寢天子、諸侯謂之路寢，大夫、士謂之適寢。《既夕禮》鄭玄《注》："將有疾乃寢於適室。"《喪大記》鄭玄《注》："言死者必皆於正處也，寢、室通耳。……君謂之路寢，大夫謂之適寢，士或謂之適室。"參見"適室"。《儀禮·既夕禮》：士處～，寢東首，于北墉下。(1157下)《禮記·喪大記》：君、夫人卒於路寢，大夫、世婦卒於～。(1572上)

【適昆弟】嫡子或爲兄、或爲弟，統稱嫡昆弟。鄭玄《注》："兩言之者；適子或爲兄、或爲弟。"《儀禮·喪服》：大夫之庶子爲～。(1105下)

㊀ shì ❶女子出嫁。鄭玄《注》："庶女子子在室大功，其嫁於大夫亦大功。"《儀禮·喪服》：大夫之妾爲庶子～人者。(1118下) ❷辟領。古喪服的領子。因剪開喪服當領處反摺向外覆於肩而成。鄭玄《注》："適，辟領也。"胡培翬《正義》引吳廷華云："衣當領處縱橫各翦入四寸，以所翦各反摺向外覆於肩，謂之適，亦曰辟領。"一説，將兩幅布橫接於左右肩爲辟領。"於是又横接二幅，謂之適。"見毛奇齡《喪禮吾説篇·服制説》。《儀禮·喪服》：負，廣出於～寸。～，博四寸，出於衰。(1125中)

遷

(迁) qiān 見下。

【遷尸】搬移屍體到一定位置。士喪禮遷屍如下：人初死，將屍體由北牆下移至南牆窗下的牀上，此一遷。《儀禮·既夕禮》"遷尸"鄭玄《注》："徙於牖下也。"小殮時，將屍從户内遷到堂上東西兩楹之間的牀第上，此二遷。《儀禮·士喪禮》"士舉遷尸，……士舉，男女奉尸，侇于堂"鄭玄《注》："遷尸於服上。……堂，謂楹間牀第上也。"大殮時，將屍從兩楹之間遷到布於阼階的殯席上，此三遷。"士舉遷尸"賈公彦《疏》："謂從户外夷牀上遷尸於斂上。"大殮後，將屍從阼階的殯席上遷向西階入棺，此四遷。"奉尸斂于棺"賈公彦《疏》："謂從阼階斂上遷尸鄉西階，斂於棺中。"遷屍之儀，由室而堂，由堂而阼階，像主人生時的出行順序。《射人》鄭玄《注》："王崩，小斂、大斂，遷尸于室堂。"《周禮·夏官·射人》：大喪，與僕人～。(0846中)《儀禮·士喪禮》：士舉～，反位，設牀第于兩楹之間。(1136中)《禮記·喪大記》：始死，～于牀。(1575下)

【遷主】以昭穆之序最新遷入太廟的神主。參見"遷廟主"。《禮記·曾子問》：古者師行無～，則何主？(1393中)

【遷葬】生時非夫婦，死時遷之使合葬。此爲禮法所禁止者。鄭玄《注》："遷葬，謂生時非夫婦，死既葬，遷之，使相從也。"《周禮·地官·媒氏》：禁～者與嫁殤者。(0733下)

【遷廟主】指太廟昭廟、穆廟二廟中最新遷入的神主。古天子、諸侯出兵巡視，將新遷之神主請出，載於齋車(金路)以行，停宿時祭奠之。孔穎達《疏》："皇氏云：'謂載新遷廟之主。'"《禮記·曾子問》：曾子問曰："古者師行，必以～行乎？"孔子曰："天子巡守，以～行，載于齊車，言必有尊也。"(1393上)

遺

(遺) ㊀ yí 見下。

【遺忘】第三種可以免罪或減刑的情況。鄭玄《注》："遺忘，若間帷薄，忘有在焉，而以兵矢投射之。"《周禮·秋官·司刺》：一宥曰不識，二宥曰過失，三宥曰～。(0880 下)

【遺衣服】大殮後剩餘之衣服。存於廟祧。鄭玄《注》："遺衣服，大斂之餘也。"《周禮·春官·守祧》：掌守先王、先公之廟祧，其～藏焉。(0784 上)

㊀ wèi 見下。

【遺₂人】職官名。掌管國家糧草等財物，以待施惠。爵中士、下士。《周禮·地官·遺人》：～，掌邦之委積，以待施惠。(0728 上)

選

（选）xuǎn 即選士。鄉里選拔出的德才秀異者。參見"選士"。《禮記·王制》：王大子、王子、羣后之大子，卿大夫、元士之適子，國之俊～，皆造焉。(1342 上)

【選士】鄉里選拔出的德才秀異者。鄉、里德才兼秀者爲秀士，從秀士中簡拔而推薦給司徒者稱選士，從選士中簡拔而升之國學者稱俊士。選士可免去鄉里之服役。孔穎達《疏》："大司徒之官命鄉大夫論量考校此鄉學之人有秀異之士者，升於司徒。"《禮記·王制》：命鄉論秀士，升之司徒，曰～。司徒論～之秀者而升之學，曰俊士。(1342 上)

【選賢與能】選拔任用賢能之人。堯、舜盛世時行禪讓之制，以天下爲公，選賢與能是當時所推行的選拔人才的制度。儒家極力推崇之。孔穎達《疏》："此明不世諸侯也。國不傳世，唯選賢與能也。"今爲成語。《禮記·禮運》：大道之行也，天下爲公，～，講信脩睦。(1414 上)

遽

jù 驛馬。鄭玄《注》："傳遽，若今時乘傳騎遽而使者也。"《周禮·秋官·行夫》：掌邦國傳～之小事、媺惡而無禮者。(0899 中)

【遽令】傳車驛馬所傳之緊急軍令。鄭玄《注》："遽，傳也。若今時驛馬軍書當急聞者。"《周禮·夏官·太僕》：以待達窮者與～，聞鼓聲則速逆御僕與御庶子。(0851 下)

還

（还）㊀ huán 見下。

【還玉】歸還圭璋。聘禮，賓客（使者）來聘時以玉爲摯，賓、主人禮畢，主人則要行還玉之禮，以示輕財重禮。還玉亦作還圭、還璋、還圭璋。鄭玄《注》："玉，圭也。君子於玉比德焉，以之聘，重禮也；還之者，德不可取於人，相切厲之義也。"《儀禮·聘禮》：君使卿皮弁～于館。……禮玉、束帛、乘皮，皆如～禮。(1066 下、1067 上)

【還圭】歸還圭璋。聘禮，賓客（使者）來聘時以玉爲摯，賓、主人禮畢，主人則要行還玉之禮。鄭玄《注》："鄭司農云：'還圭，歸其圭也。故公子重耳受飱反璧。'玄謂聘以圭璋，禮也；享以璧琮，財也。已聘而還圭璋，輕財而重禮。"參見"還玉"。《周禮·秋官·司儀》：致饔餼，～，饗食，致贈，郊送，皆如將幣之儀。(0898 上)

【還辟】却退，退避。以示不敢當。孔穎達《疏》："還辟，猶逡巡也。"《禮記·曲禮上》：若主人拜，則客～辟拜。(1244 上)

【還摯】歸還禮物。士相見之禮,所送之禽摯一定要歸還。若臣拜見君,所送的禮物則不用歸還,與朝聘之禮異。鄭玄《注》:"復見之者,禮尚往來也。以其摯,謂曏時所執來者也。"賈公彥《疏》:"其在國之臣自執摯相見,雖禽摯,皆還之。臣見於君則不還,與朝聘異,不可相決也。《儀禮·士相見禮》:主人復見之以其摯,曰:"曏者吾子辱,使某見。請~於將命者。"……賓奉摯入,主人再拜受;賓再拜送摯,出。(0976 上)

【還圭璋】歸還圭璋。爲聘禮之儀節。參見"還玉"。《禮記·聘義》:以圭璋聘,重禮也。已聘而~,此輕財而重禮之義也。(1693 中)

㊀ xuán 見下。

【還₂屨】轉動鞋子。爲主人有倦意之狀,此時客即當請退。鄭玄《注》:"以此皆解倦之狀。"孔穎達《疏》:"謂君子自轉屨也。尊者説屨於户內,是屨恒在側,故得自還轉之也。"《禮記·少儀》:侍坐於君子,君子欠伸,運笏,澤劍首,~,問日之蚤莫,雖請退可也。(1512 中)

避 bì 見下。

【避位】却退,退避。表示恭敬。鄭玄《注》:"避位,逡遁。"《儀禮·特牲饋食禮》:尸入,主人及賓皆~。(1192 中)

遂 suì 見下。

【遂延】前後長出於冕的冕板。延,覆蓋於冕上的長方形木板,其色外玄裏纁。鄭玄《注》:"前後遂延者,言皆出冕前後而垂也,天子齊肩,延冕上覆也,玄表纁裏。"孫希旦《集解》:"延者,冕上之覆。……前後遂延者,延在冕上,其前後皆長出於冕而深遂,遂指延言,不指旒言。"《禮記·玉藻》:天子玉藻,十有二旒,前後~,龍卷以祭。(1473 上)

邊 (边) biān 見下。

【邊坐】坐不正。禮,服齊衰喪服者坐起必正,不可偏倚。孔穎達《疏》:"邊坐,謂偏倚也。喪服宜敬,坐起必正,不可著衰而偏倚也。"《禮記·檀弓上》:齊衰不以~,大功不以服勤。(1283 上)

【邊璋】瑞玉名。長七寸,厚寸。天子巡守時,用以祭祀小山川。鄭玄《注》:"於大山川則用大璋,加文飾也。於中山川用中璋,殺文飾也。於小山川用邊璋,半文飾也。"《周禮·冬官考工記·玉人》:大璋、中璋九寸,~七寸,射四寸,厚寸。(0923 上)

邊璋瓚

邍 yuán "原"的古字。高平之地。賈公彥《疏》:"高平曰原。"《周禮·夏官·邍師》:掌四方之地名,辨其丘陵、墳衍、~隰之名,物之可以封邑者。(0865 上)

【邍師】職官名。掌管四方之地名。爵中士、下士。《周禮·夏官·邍師》:~,掌四方之地名。(0865 上)

采 部

采 ㊀ cǎi ❶用同"菜"。蘋蘩之類的菜。始入學祭先師時所薦。鄭玄《注》:"采讀爲菜。始入學,必釋菜禮先師也。菜,蘋蘩之屬。"《周禮·春官·大胥》:春入學,舍~,合舞。(0794 下) ❷即采服、采畿。九畿之第四。爲距王畿一千五百里至二千里之地。孔穎達《疏》:"以殷制言之,中國方三千里,而面別去王城千五百里。今五百里以爲畿內,千里之外惟千里耳。采取美物,故言曰采。"《禮記·王制》:千里之內曰甸,千里之外曰~,曰流。(1325 中) ❸采地。大夫的封邑。孔穎達《疏》:"大夫以采地之祿養其子孫。"《禮記·禮運》:故天子有田以處其子孫,諸侯有國以處其子孫,大夫有~以處其子孫。(1418 中)

【采服】九服之第四服。爲距王畿一千五百里至二千里之地。其地貢以玄纁絺纊衣料之物。《周禮·夏官·職方氏》:乃辨九服之邦國:方千里曰王畿,其外方五百里曰侯服,又其外方五百里曰甸服,又其外方五百里曰男服,又其外方五百里曰~。(0863 中)

【采畿】即采服。九畿之第四畿。爲距王畿一千五百里至二千里之地。其地貢以玄纁絺纊衣料之物。《周禮·夏官·大司馬》:方千里曰國畿,其外方五百里曰侯畿,又其外方五百里曰甸畿,又其外方五百里曰男畿,又其外方五百里曰~。(0835 下)

㊁ cǎi ❶五色。鄭玄《注》:"采,五色。"《禮記·月令》:是月也,命婦官染~。(1371 上) ❷指彩色之衣。孔穎達《疏》:"麻不加於采衣,……采,玄纁之衣。"《禮記·雜記下》:麻者不紳,執玉不麻,麻不加於~。(1566 上)

【采₂衣】童子未冠時所穿之服。以錦緣邊,有紋飾。鄭玄《注》:"采衣,未冠者所服。《玉藻》曰:'童子之節也,緇布衣,錦緣,錦紳并紐,錦束髮,皆朱錦也。'"《儀禮·士冠禮》:將冠者~、紒,在房中,南面。(0951 下)

【采₂齊】樂章名。亦作"采薺"。天子於路門至應門趨疾以行時,奏《采齊》以爲行步之節拍。鄭玄《注》:"路門外之樂節也。門外謂之趨。齊,當爲《楚薺》之薺。"一說,逸詩名。《禮記·玉藻》:趨以《~》,行以《肆夏》。(1482 中)

【采₂薺】樂章名。天子於路門至應門趨疾以行時,奏《采薺》以爲行步之節拍。鄭玄《注》引鄭司農云:"《肆夏》《采薺》皆樂名,或曰皆逸詩。謂人君行步以《肆夏》爲節,趨疾於步則以

《采蘋》爲節。"一說,逸詩名。《周禮·春官·樂師》:教樂儀,行以《肆夏》,趨以《～》。(0793 中)

【采₂蘋】《詩經·國風·召南》篇名。❶行射禮時,孤卿大夫射則奏其曲以爲節。《樂師》鄭玄《注》:"《騶虞》《采蘋》《采蘩》皆樂章名,在《國風·召南》。"《周禮·春官·樂師》:凡射,王以《騶虞》爲節,諸侯以《貍首》爲節,大夫以《～》爲節,士以《采蘩》爲節。(0793 下)《禮記·射義》:天子以《騶虞》爲節,諸侯以《貍首》爲節,卿、大夫以《～》爲節,士以《采蘩》爲節。(1686 上)❷爲行鄉飲酒禮時所奏之樂歌。鄭玄《注》:"《采蘋》,言卿大夫之妻能修其法度。"《儀禮·鄉飲酒禮》:乃合樂:《周南》:《關雎》《葛覃》《卷耳》;《召南》:《鵲巢》《采蘩》《～》。(0986 中)

【采₂蘩】《詩經·國風·召南》篇名。❶行射禮時,士射則奏其曲以爲節。《樂師》鄭玄《注》:"《騶虞》《采蘋》《采蘩》皆樂章名,在《國風·召南》。"《周禮·春官·樂師》:凡射,王以《騶虞》爲節,諸侯以《貍首》爲節,大夫以《采蘋》爲節,士以《～》爲節。(0793 下)《禮記·射義》:天子以《騶虞》爲節,諸侯以《貍首》爲節,卿、大夫以《采蘋》爲節,士以《～》爲節。(1686 上)❷爲行鄉飲酒禮時所奏之樂歌。鄭玄《注》:"《采蘩》,言國君夫人不失職。"《儀禮·鄉飲酒禮》:乃合樂:《周南》:《關雎》《葛覃》《卷耳》;《召南》:《鵲巢》《～》《采蘋》。(0986 中)

【釋】(释)shì 即釋獲、釋筭。放一籌碼於地。《大射》鄭玄《注》:"貫猶中也。射不中鵠不釋筭。"《投壺》孔穎達《疏》:"頻投雖入,亦不爲之釋筭也。"參見"釋獲"。《儀禮·大射》:司射遂進,由堂下,北面視上射,命曰:"不貫不～。"(1037 上)《禮記·投壺》:順投爲入,比投不～,勝飲不勝者。(1665 下)

【釋采】致禮於門神。臣死,國君親臨視大殮,入門前所行之禮。鄭玄《注》:"釋菜者,祝爲君禮門神也。必禮門神者,明君無故不來也。"一說,爲脫去華美之吉服。胡培翬《正義》:"不知采與菜不同,釋菜者,祭禮之細;釋采者,釋去吉服也。"《儀禮·士喪禮》:君～,入門。(1141 上)

【釋菜】❶以芹藻等菜蔬祭祀先聖、先師。爲入學之禮。鄭玄《注》:"將舞,必釋菜於先師以禮之。"《禮記·月令》:上丁,命樂正習舞,～。(1362 中)❷致禮於門神。臣死,國君親臨視大殮,入門前所行之禮。鄭玄《注》:"釋菜,禮門神也。"孔穎達《疏》:"禮,君非問疾弔喪,不入諸臣之家,故釋門神而入也。"《禮記·喪大記》:君～。(1580 下)

【釋軷】出行前祭祀路神的儀節。其祭,在都門外陳列酒脯,封土爲壇,伏牲其上,祭後以車轢過牲體而行,喻路無險阻。鄭玄《注》:"釋酒脯之奠於軷,爲行始也。《詩傳》曰,'軷,道祭也,謂祭道路之神。'《春秋傳》曰:'軷涉山川。'然則軷,山行之名也。道路以險阻爲難,是以委土爲山,或伏牲其上,使者爲軷祭酒脯祈告也。……禮畢,乘車轢之而遂行,舍於近郊矣。其牲,犬羊可也。古文軷作祓。"《儀禮·聘禮》:使者既受行日,朝同位。出祖,～,祭酒、脯,乃飲酒于其側。(1072 中)

【釋奠】祭名。於祖廟或學宮陳設牲牢、幣帛、皮圭等以祭。亦稱"舍奠"。用於學祭先聖、先師及朝會、征伐、田獵、山川等事。始立學宮必舍奠；學宮中四時定期行釋奠之禮；出征執有罪而返，亦釋奠於學宮。《王制》孔穎達《疏》："是釋奠有牲牢，又有幣帛，無用菜之文。"《文王世子》鄭玄《注》："釋奠者，設薦饌酌奠而已。"參見"舍₂奠"。《禮記·王制》：出征執有罪，反，～于學，以訊馘告。（1333上）《禮記·文王世子》：凡學，春，官～于其先師，秋，冬亦如之。凡始立學者，必～于先聖、先師，及行事必以幣。（1405下）

【釋筭】放置筭籌於地以計算助喪禮品之多寡。孔穎達《疏》："以其所賻之物言之，亦得今必釋筭顯其數者，榮其多故也。"《儀禮·既夕禮》：讀書，～則坐。（1154下）

【釋幣】用幣帛祭告宗廟。爲古人出行時告神之禮。鄭玄《注》："告爲君使也。賓，使者。……天子、諸侯將出，告羣廟，大夫告禰而已。凡釋幣，設洗盥如祭。"《儀禮·聘禮》：厥明，賓朝服～于禰。（1046下）

【釋獲】行鄉射禮時，射者每射中一箭，記分者就在地上放一根筭籌，稱爲釋獲。射禮結束后，計算籌碼之多少以分勝負。胡培翬《正義》："釋謂置筭於地，獲則用此筭，故因名此筭曰獲。"《儀禮·鄉射禮》：乃射，若中，則～者坐而～，每一個釋一筭。（1002中）

豸部

【豻】àn 獸名。北方野狗。似狐，黑喙。毛皮可用。鄭玄《注》："豻，胡犬。"《周禮·春官·巾車》：漆車，藩蔽，～裧，雀飾。（0824下）《禮記·玉藻》：麛裘，青～袖，絞衣以裼之。（1479下）

【豻侯】以豻皮爲飾的箭靶。豻皮飾靶兩側，靶中心綴豻皮之鵠。豻侯爲士所射。鄭玄《注》："豻，胡犬也。士與士射，則以豻皮飾侯。"《周禮·夏官·射人》：士以三耦射～，一獲一容，樂以《采蘩》，五節二正。（0845中）

【豻裧】豻皮製成的車簾。《周禮·春官·巾車》：漆車，藩蔽，～，雀飾。（0824下）

【豺】chái 見下。

【豺祭獸】豺捕殺獸放置在週圍，如陳物而祭。古人認爲此徵候表明野獸正多，故獵人此時方可入山林田獵。表現出了古人的生存智慧。鄭玄

豸部 豹貊貆貉貍

《注》:"取物必順時候也。"孫希旦《集解》:"《月令》九月:'豺乃祭獸。'《夏小正》十月'豺祭獸',則是九月末十月初也。然後田獵,百姓可以田獵也。《禮記‧王制》:獺祭魚,然後虞人入澤梁。~,然後田獵。(1333 中)

豹 bào 見下。

【豹侯】以豹皮爲飾的箭靶。豹皮飾靶兩側,靶中心綴豹皮之鵠。豹侯爲卿大夫以下所射。鄭玄《注》:"侯者,其所射也,以虎、豹、熊、麋之皮飾其側。……王之大射,虎侯王所自射也,熊侯諸侯所射,豹侯卿大夫以下所射。諸侯之射,熊侯諸侯所自射,豹侯羣臣所射。"《周禮‧天官‧司裘》:王大射,則共虎侯、熊侯、~,設其鵠。諸侯則共熊侯、~,卿大夫則共麋侯,皆設其鵠。(0683 中)

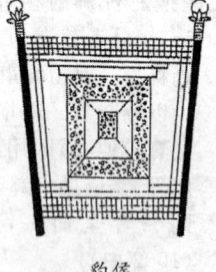
豹侯

【豹犆】豹皮裝飾的邊緣。鄭玄《注》:"犆,……謂緣也。"《禮記‧玉藻》:大夫齊車,鹿幦,~,朝車。士齊車,鹿幦,~。(1475 上)

【豹飾】即豹褎。豹皮緣飾的衣袖。鄭玄《注》:"飾猶褎也。"《禮記‧玉藻》:羔裘,~,緇衣以裼之。(1479 下)

【豹褎】豹皮緣飾的衣袖。《禮記‧玉藻》:君子狐青裘,~,玄綃衣以裼之。(1479 下)

貊 mò 用同"貉"。古代北方部族。陸德明《釋文》:"《説文》云:'北

方人也。'"《禮記‧中庸》:是以聲名洋溢乎中國,施及蠻~。(1634 下)

貆 huān 指獾的骨汁或骨灰。可作肥料。鄭玄《注》:"凡所以糞種者,皆謂煑取汁也。……貆,貒也。"孫詒讓《正義》:"云'貆,貒也'者,讀貆爲獾也。……《廣雅》:'貒,獾也。'貒、獾同,故古通用。"《周禮‧地官‧草人》:凡糞種,騂剛用牛,赤緹用羊,墳壤用麋,渴澤用鹿,鹹潟用~。(0746 中)

貉 ㈠ mà 用同"禡"。軍中之祭。祭祀創建軍戰之法的戰神,以壯軍威,以嚴軍法。鄭玄《注》:"表貉,立表而貉祭也。……鄭司農云:'貉讀爲禡。禡謂師祭也。書亦或爲禡。'"《周禮‧夏官‧大司馬》:有司表~,誓民,鼓,遂圍禁,火弊,獻禽以祭社。(0836 中)

㈡ mò 對北方少數民族的泛稱。鄭玄《注》引鄭司農云:"北方曰貉狄。"《周禮‧夏官‧職方氏》:辨其邦國、都鄙、四夷、八蠻、七閩、九~、五戎、六狄之人民。(0861 下)

【貉₂隸】貉族俘虜之充役者。掌養獸及守王宮廩禁。《周禮‧秋官‧貉隸》:~,掌役服不氏而養獸而教擾之。(0884 上)

㈢ hé 獸名。似狐而小,身體較胖,毛皮珍貴。俗名狗獾。《周禮‧冬官考工記‧總敘》:橘踰淮而北爲枳,鴝鵒不踰濟,~踰汶則死,此地氣然也。(0906 上)

貍 ㈠ mái 祭名。埋牲、玉、帛等祭品於地下以祭山林。鄭玄《注》:"祭山林曰埋,川澤曰沈,順其性之含藏。"《周禮‧春官‧大宗伯》:

以血祭祭社稷、五祀、五嶽,以~沈祭山林、川澤。(0758上)

【貍沈】兩種祭名。將祭品埋於地下或沉入水中。祭山林用貍,祭川澤用沉。鄭玄《注》:"祭山林曰埋,川澤曰沈,順其性之含藏。"《周禮·春官·大宗伯》:以血祭祭社稷、五祀、五嶽,以~祭山林、川澤。(0758上)

【貍物】潛藏於泥土中的動物。如龜、鼈、蜃之類。鄭玄《注》:"貍物,龜鼈之屬,自貍藏伏於泥中者。"《周禮·天官·鼈人》:以時籍魚、鼈、龜、蜃,凡~。(0664上)

㊁ lí 見下。

【貍$_2$步】大射時測量距離的器具。長六尺。亦稱弓。《射人》鄭玄《注》:"貍,善搏者也,行則止而擬度焉,其發必獲,是以量侯道法之也。"孫詒讓《正義》:"謂此量侯道之器,即準度野六尺之步也。侯道者,各以弓爲度。九節者九十弓,七節者七十弓,五節者五十弓。弓之下制六尺。"《大射》鄭玄《注》:"貍之伺物,每舉足者,止視遠近,爲發必中也,是以量侯道取象焉。"《鄉射記》曰'侯道五十弓',《考工記》曰'弓之下制六尺',則此貍步六尺明矣。"《周禮·夏官·射人》:若王大射,則以~張三侯。(0845下)《儀禮·大射》:司馬命量人量侯道與所設乏以~:大侯九十,參七十,干五十;設乏各去其侯西十、北十。(1028上)

【貍$_2$首】古逸詩篇名。行射禮時,諸侯射則奏其曲以爲節。《大射》鄭玄《注》:"《貍首》,逸詩《曾孫》也。貍之言不來也。其詩有'射諸侯首不朝者'之言,因以名篇。"《射義》陸德明《釋文》:"貍之言不來也,首,先也。此逸詩也。"《周禮·春官·樂師》:凡射,王以《騶虞》爲節,諸侯以《~》爲節,大夫以《采蘋》爲節,士以《采蘩》爲節。(0793下)《儀禮·大射》:樂正命大師,曰:"奏《~》,間若一。"(1042上)《禮記·射義》:天子以《騶虞》爲節,諸侯以《~》爲節,卿、大夫以《采蘋》爲節,士以《采蘩》爲節。(1686下)

貔

pí 見下。

【貔貅】猛獸名。行似虎,或曰似熊。此指畫有貔貅形狀之旌旗。因其凶猛,故畫於旌旗以示軍威。孔穎達《疏》:"貔貅是一獸,亦自威猛也。若前有猛獸,則舉此貔貅,使衆知爲備也。"一說,公爲貔,母爲貅。《禮記·曲禮上》:前有摯獸,則載~。(1250上)

角部

角

㊀ jiǎo ❶動物之角。用以製器皿及飾品,如飲器的角觶,舀器的角柶,喪器的角柶等。《周禮·地官·廛人》:凡屠者,斂其皮、~、

筋、骨，入于玉府。(0737 下)《儀禮·士喪禮》：楔齒用～柶，綴足用燕几。(1129 上)《禮記·月令》：金、鐵、皮、革、筋、～、齒、羽、箭、幹、脂、膠、丹、漆，毋或不良。(1364 上) ❷星宿名。角宿。二十八宿中東方蒼龍七宿的第一宿。《禮記·月令》：仲秋之月，日在～，昏牽牛中，旦觜觿中。(1373 中) ❸男孩之髮飾。頭頂兩側束髮爲髻，形如兩角，故稱。鄭玄《注》："夾囟曰角。"孔穎達《疏》："囟是首腦之上縫，……夾囟，兩旁當角之處，留髮不剪。"《禮記·內則》：三月之末，擇日翦髮爲鬌：男～，女羈。(1469 下)

【角人】職官名。掌管向山澤之農徵收獸角齒骨。爵下士。《周禮·地官·角人》：～，掌以時徵齒、角凡骨物於山澤之農，以當邦賦之政令。(0748 中)

【角枕】以角製成或以角爲飾的枕頭。用以枕屍。鄭玄《注》："角枕以枕尸。"《周禮·天官·玉府》：大喪，共含玉、復衣裳、～、角柶。(0678 中)

【角柶】❶喪器。角製，狀如匙。人剛死，以角柶柱齒，使口不猝閉，以備含飯。《玉府》鄭玄《注》："角柶，角匕也，以楔齒。"《士喪禮》鄭玄《注》："爲將含，恐其口閉急也。"《喪大記》孔穎達《疏》："以柶柱張尸齒，令開也。"《周禮·天官·玉府》：大喪，共含玉、復衣裳、角枕、～。(0678 中)《儀禮·士喪禮》：楔齒用～，綴足用燕几。(1129 上)《禮記·喪大記》：小臣楔齒用～，綴足用燕几。(1575 下) ❷角製的舀器。曲柄淺斗，用於舀取食物。鄭玄《注》："柶狀如匕，以

角爲之者，欲滑也。"《儀禮·士冠禮》：側尊一甒醴，在服北，有篚，實勺、觶、～、脯醢，南上。(0951 上)

【角節】用犀牛角製成的符節。都鄙卿大夫、王子弟遣使所用。鄭玄《注》："角用犀角，其制未聞。"賈公彥《疏》："此云都鄙用角節，注謂公卿大夫王子弟於其采邑，是都鄙之主。"《周禮·地官·掌節》：守邦國者用玉節，守都鄙者用～。(0739 下)

【角觡】牛羊曰角，麋鹿曰觡。泛指有角的走獸。孔穎達《疏》："角觡生者，謂走獸之屬悉皆生養也。"《禮記·樂記》：然後草木茂，區萌達，羽翼奮，～生。(1537 下)

【角瑱】用角製作的充耳。《禮記·檀弓上》：葛要絰，繩屨無絇，～，鹿裘衡。(1293 上)

【角觶】飲酒器。角製，容三升。參見"觶"。《儀禮·燕禮》：司正洗～，南面坐奠于中庭。(1022 上)

㈢ jué ❶古五聲音階之一。《周禮·春官·大師》：皆文之以五聲：宮、商、～、徵、羽。(0795 中)《禮記·月令》：其音～，律中大蔟。(1353 下) ❷酒器。青銅質，形似爵而無柱，前後兩尾相對斜出似角。容四升。凡宗廟之祭，尊者飲酒用觶，卑者飲酒用角。《禮器》鄭玄《注》："凡觴一升曰爵，二升曰觚，三升曰觶，四升曰角，五升曰散。"《儀禮·特牲饋食禮》：實二爵、二觚、四觶、一～、一散。(1192 上)《禮記·禮器》：尊者舉觶，卑者舉～。(1433 上) ❸罰酒之爵。射、投壺時敗者所飲之罰爵。此處爲行罰爵。鄭玄《注》："角謂觥，罰爵也。"孔穎達《疏》："角謂行

罰爵,用角酌之也。"《禮記・少儀》：不～,不擢馬。(1512上) ❹ 酌水器。鄭玄《注》："角,以爲斝水斗。"《禮記・喪大記》：君喪,虞人出木、～,狄人出壺,雍人出鼎。(1574中)

觜 zī 見下。

【觜觽】星宿名。即觜宿。二十八宿中西方白虎七宿的第六宿,有星三顆。《禮記・月令》：仲秋之月,日在角,昏牽牛中,旦～中。(1373中)

解 jiě 見下。

【解屨不敢當階】脫鞋不敢在正當堂階的地方。因爲這樣會妨礙後登堂之人。爲侍坐長者之禮。鄭玄《注》："爲妨後升者。"《禮記・曲禮上》：侍坐於長者,屨不上於堂,～。(1240下)

觚 gū 飲酒器。青銅製,侈口長身,底座呈喇叭形。實三升。一說,《梓人》鄭玄《注》以"觚當爲觛"。一說,觚實二升。《特牲饋食禮》鄭玄《注》："舊說云：爵一升,觚二升,觶三升,角四升,散五升。"《周禮・冬官考工記・梓人》：梓人,爲飲器,勺一升,爵一升,～三升。獻以爵而酬以～,一獻而三酬,則一豆矣。(0925下)《儀禮・特牲饋食禮》：實二爵、二～、四觶、一角、一散。(1192上)

觭 qí 見下。

【觭夢】殷人所作釋夢之書。爲《三夢》之一。鄭玄《注》："杜子春云：'觭讀爲奇偉之奇,其字直當爲奇。'……殷人作焉。"《周禮・春官・大卜》：掌《三夢》之灋：一曰《致夢》,二曰《～》,三曰《咸陟》。(0803上)

觥 gōng 用同"觵"。盛酒或飲酒器。以兕角製成。用作罰爵。亦爲用觵爵罰飲。《閭胥》鄭玄《注》："觥用酒,其爵以兕角爲之。"賈公彦《疏》："凡有失禮者,輕者以觥酒罰之,重者以楚撻之。"《周禮・地官・閭胥》：凡事,掌其比～撻罰之事。(0719下)《周禮・春官・小胥》：掌學士之徵令而比之,～其不敬者。(0795上)

觴 (觴) shāng ❶ 酌酒。鄭玄《注》："主人酌進奠。"胡培翬《正義》："全經酌稱觴者唯此。"《儀禮・聘禮》：釋幣于門,乃主于禰,筵几于室,薦脯醢,～酒陳。(1068上) ❷ 盛有酒的器皿。亦泛指酒器。《說文・角部》："觴,觶實曰觴,虛曰觶。"《禮記・投壺》：當飲者皆跪奉～,曰："賜灌。"(1666中)

觶 [觶] zhì 飲酒器。青銅製,也有陶、木或角製者。形制爲侈口、圈足、圓腹,有蓋;亦有扁體者,無蓋者,形狀甚多。容三升。凡宗廟之祭,尊者飲酒用觶,卑者飲酒用角。《禮器》鄭玄《注》："凡觴一升曰爵,二升曰觚,三升曰觶,四升曰角,五升曰散。"《士冠禮》鄭玄《注》："爵三升曰觶。"一說,觶容四升。《說文・角部》："觶受四升。"《儀禮・士冠禮》：有篚,實勺、～、角柶。(0951上)《禮記・禮器》：尊者舉～,卑者舉角。(1433上)

觽 xī 解結的用具。用象骨製成,形如錐。鄭玄《注》："小觽,解小結也。觽貌如錐,以象骨爲之。"《禮記・內則》：左佩紛帨、刀、礪、小～、金燧;右佩玦、捍、管、遰、大～、木燧。(1461上、中)

言 部

言 yán 直陳己意。爲六樂語之一。鄭玄《注》:"發端曰言。"賈公彥《疏》:"《詩·公劉》云:'于時言言,于時語語。'毛云:'直言曰言,答述曰語。'"《周禮·春官·大司樂》:以樂語教國子:興、道、諷、誦、～、語。(0787 下)

【言不文】說話不加文飾。爲孝子在居親喪或臣下居君喪期間,言語方面的規定。孫希旦《集解》:"言不文,謂士大夫居喪,言而後事行者,故不能無言,但哀痛不爲文飾耳。"《禮記·喪服四制》:然而曰"～"者,謂臣下也。(1695 下)

【言而不議】可以説話但不與人議論。爲對居大功之喪者在言語方面的規定。鄭玄《注》:"此謂與賓客也。……言,謂先發口也。"孔穎達《疏》:"但言説他事,不與人議論,相問答也。"《禮記·喪服四制》:禮,斬衰之喪,唯而不對;齊衰之喪,對而不言;大功之喪,～;緦、小功之喪,議而不及樂。(1695 下)

【言容詻詻】説話嚴肅。爲軍中言語之容。鄭玄《注》:"教令嚴也。"孔穎達《疏》:"軍旅行教令,宜嚴猛也。"《禮記·玉藻》:戎容暨暨,～,色容厲肅,視容清明。(1485 上)

【言容繭繭】説話聲氣微細。爲孝子在居喪期間的言容。鄭玄《注》:"聲氣微也。"孔穎達《疏》:"繭繭,猶綿綿,聲氣微細繭繭然。"《禮記·玉藻》:喪容纍纍,色容顛顛,視容瞿瞿梅梅,～。(1485 上)

【言孝不言慈】祇説孝順而不説慈愛。孝是下對上而言,慈是上對下而言。若爲人子而言慈,有怨雙親不慈己之嫌。爲孝子日常行爲之一。鄭玄《注》:"孝,上施。言慈,則嫌下流也。"《禮記·坊記》:父母在,不稱老,～。(1620 中)

【言而不語,對而不問】祇言己事而不説他人之事,祇回答問話而不主動提問。爲對居斬衰之喪者在言語方面的規定。孔穎達《疏》:"言而後事行者,故得言己事,不得爲人語説也。……謂有問者得對,而不得自問於人。此謂與有服之親者行事之時,若與賓客疏遠者言,則《間傳》云'斬衰唯而不對,齊衰對而不言'是也。"《禮記·雜記下》:三年之喪,～。(1561 中)

計 (計) jì 考察官吏之事。六計指廉善、廉能、廉敬、廉正、廉法、廉辨。鄭玄《注》:"平治官府之計有六事。"賈公彥《疏》:"六計謂善、能、敬、正、法、辨。六者不同,既以廉爲本,又計其功過多少而聽斷之,故云六計弊羣吏之治也。"《周禮·天官·小宰》：以聽官府之六~，弊羣吏之治：一曰廉善，二曰廉能，三曰廉敬，四曰廉正，五曰廉灋，六曰廉辨。(0654 中)

訃 （讣）fù 報喪。士以上的貴族及其家人死後，孝子或家屬要派人向本國國君、外國國君、同僚等告知喪事。鄭玄《注》："訃，或皆作'赴'。赴，至也。臣死，其子使人至君所告之。"《禮記·雜記上》：凡~於其君，曰："君之臣某死。"(1549 下)

訓 （训）xùn 見下。

【訓方氏】職官名。掌管四方諸侯國之政事及其動態。爵中士。《周禮·夏官·訓方氏》：~，掌道四方之政事與其上下之志。(0864 下)

記 （记）jì ❶補記。指後人在解釋經義和補充經文所不備的文字之前所加的標題。《儀禮》共十七篇，除《士相見禮》《大射》《士喪禮》《少牢饋食禮》《有司》五篇外，其餘十二篇均有《記》。賈公彥《疏》："凡言記者，皆是記經不備，兼記經外遠古之言。鄭注《燕禮》云：'後世衰微，幽厲尤甚，禮樂之書，稍稍廢棄。'蓋自爾之後有《記》乎！又案《喪服》《記》子夏爲之作傳，不應自造，還自解之，《記》當在子夏之前，孔子之時，未知定誰所錄。"胡培翬《正義》："十三篇之《記》必出孔子之後，子夏之前，蓋孔子定禮而門人記之，故子夏爲作《喪服傳》而並其《記》亦作《傳》焉。"《儀禮·士冠禮》：~。冠義。(0958 中) ❷典籍。孔穎達《疏》："舊《記》先有此文，故孔子引之。"《禮記·曾子

問》：《~》曰："君子不奪人之親，亦不可奪親也。"(1401 下)

訊 （讯）xùn 見下。

【訊馘】生俘之敵與被殺之敵。馘，割取死敵左耳以記功。鄭玄《注》："訊馘，所生獲、斷耳者。"孔穎達《疏》："以生獲解訊，以斷耳解馘。……訊是生者，馘是死而截耳者。"《禮記·王制》：出征執有罪，反，釋奠于學，以~告。(1333 上)

【訊羣臣】詢問羣臣。爲對疑重案判決時的第一次徵詢。周代決斷庶民疑重案時，要依次徵羣臣、羣吏、百姓三類人的意見，然後定罪判決，以示審愼，以求公允。鄭玄《注》："三訊罪定則殺之。"孫詒讓《正義》："明必疑獄，乃有與羣臣、羣吏、萬民共訊議之法矣。……八辟止於親貴，而三刺則通於庶民。"《周禮·秋官·小司寇》：以三刺斷庶民獄訟之中：一曰~，二曰訊羣吏，三曰訊萬民。(0874 中)

【訊羣吏】詢問羣吏。爲對疑重案判決時的第二次徵詢。參見"訊羣臣"。《周禮·秋官·小司寇》：以三刺斷庶民獄訟之中：一曰訊羣臣，二曰~，三曰訊萬民。(0874 中)

【訊萬民】詢問萬民。爲對疑重案判決時的第三次徵詢。參見"訊羣臣"。《周禮·秋官·小司寇》：以三刺斷庶民獄訟之中：一曰訊羣臣，二曰訊羣吏，三曰~。(0874 中)

訝 （讶）yà 主國國君所派的迎賓官員。一般由比所迎賓客官職低一級的官員充任。《聘禮》鄭玄《注》："訝，主國君所使迎待賓者。如今使者護客。"《掌訝》孫詒讓《正義》：

"此訝亦通指王使迎賓客之訝。"《周禮·秋官·掌訝》:凡～者,賓客至而往,詔相其事而掌其治令。(0902下)《儀禮·聘禮》:卿,大夫～;大夫士～;士皆有～。賓即館,～將公命。(1073中)

【訝士】職官名。掌管四方諸侯之獄訟,兼迎送賓客。爵中士。《周禮·秋官·訝士》:～,掌四方之獄訟,諭刑罰于邦國。(0877中)

【訝受】兩人對面相迎而授受。與同一方向之"並受"不同。爲授受之法。鄭玄《注》:"訝,迎也。今文曰捂受。"參見"捂受"。《儀禮·公食大夫禮》:上介受賓幣,從者～皮。(1083上)

許

(許)xǔ 見下。

【許嫁】應允女子婚事。女家受納徵之禮爲許嫁。這時要爲女子行加笄、取字、飲醴之禮。許嫁之女即爲成人,稱字不稱名。《士昏禮》鄭玄《注》:"許嫁,已受納徵禮也。笄女之禮,猶冠男也,使主婦、女賓執其禮。"《曲禮上》鄭玄《注》:"以許嫁爲成人。"《儀禮·士昏禮》:女子～,笄而醴之,稱字。(0970下)《禮記·曲禮上》:女子～,笄而字。(1241下)

【許友以死】對朋友以死相許。父母在世時,此種行爲爲禮所不允許。鄭玄《注》:"爲忘親也。"孔穎達《疏》:"謂不許爲其友報仇讎。親存,存需供養,則孝子不可死也。若父母存,許友報仇怨而死,是忘親也。親亡,則得許友報仇。"《禮記·曲禮上》:父母存,不～。(1234上)

訟

(訟)sòng 訴訟案件。以罪行指控者曰獄,以財貨指控者曰訟。或謂刑事案件曰獄,民事案件曰訟。統言則獄訟不別。《大司徒》鄭玄《注》:"爭罪曰獄,爭財曰訟。"賈公彥《疏》:"獄訟相對,故獄爲爭罪,訟爲爭財。若獄訟不相對,則爭財亦爲獄。"《周禮·地官·大司徒》:凡萬民之不服教而有獄～者,與有地治者聽有斷之。(0708上)《禮記·王制》:凡聽五刑之～,必原父子之親,立君臣之義以權之。(1343下)

設

(设)shè 見下。

【設冒】包裹屍體的布袋稱冒,分上下兩截,冒由首、足分別套向腰部,謂之設冒。設冒是爲了掩蓋屍體之形狀,是未葬前處理屍體的最後環節。《雜記下》鄭玄《注》:"言設冒者,爲其形,人將惡之也。"孔穎達《疏》:"若未襲之前,始死,事須沐浴,自既襲以後,以至小斂之前,雖已著衣,若不設冒,則尸象形見,爲人所惡。"《儀禮·士喪禮》:～,橐之。(1135上)《禮記·雜記下》:自襲以至于小斂,不～則形,是以襲而后～也。(1562下)

【設弧】懸掛弓弧。禮,男子誕生,懸弓於門左,以示職於武事。鄭玄《注》:"表男女也。弧者,示有事於武也。"《禮記·內則》:子生,男子～於門左,女子設帨於門右。(1469上)

【設帨(shuì)】懸掛佩巾。禮,女子誕生,懸巾於門右,以示事在家庭。鄭玄《注》:"表男女也。……帨,事人之佩巾也。"《禮記·內則》:子生,男子設弧於門左,女子～於門右。(1469上)

【設笄】在髮髻中貫插安髮的簪子。賈公彥《疏》:"云設笄者,凡諸設笄有二種：一是紒內安髮之笄；一是皮弁、爵弁及六冕固冠之笄。今此櫛訖未加冠即言設笄者，宜是紒內安髮之笄也。"《儀禮·士冠禮》：櫛，～。（0952 中）

【設飾】人殮前爲死者穿衣。孫希旦《集解》："設飾，謂襲、斂也。襲、斂必動搖尸，恐人褻之，故帷堂。"《禮記·檀弓上》：尸未～，故帷堂，小斂而徹帷。（1291 中）

【設熬】大殮後，在棺柩四週陳設裝有熬穀（炒熟的穀物）的筐。以誘蟲蟻，使不蛀棺侵屍。《小祝》鄭玄《注》："熬者，棺既蓋，設於其旁，所以惑蚍蜉也。"參見"熬①"。《周禮·春官·小祝》：大喪，贊渳，～，置銘。（0812 上）《儀禮·士喪禮》：～，旁一筐，乃塗。（1140 中）

【設色之工】從事繪畫染色之工匠。包括畫、繪、鍾氏、筐氏、㡛氏。詳見各條。《周禮·冬官考工記·總敍》：～、畫、繪、鍾、筐、㡛。（0906 中）

詛

（诅）zǔ 殺牲歃血告誓神明。《詛祝》鄭玄《注》："盟、詛主於要誓，大事曰盟，小事曰詛。"《司盟》鄭玄《注》："盟、詛者，欲相與共惡之也。"賈公彥《疏》："對神爲驗，是共惡之也。"《周禮·春官·詛祝》：掌盟、～、類、造、攻、說、禬、禜之祝號。（0816 上）《周禮·秋官·司盟》：盟萬民之犯命者，～其不信者亦如之。（0881 下）

【詛祝】職官名。掌管盟詛及"六祈"之祝號。爵下士。《周禮·春官·詛祝》：～，掌盟、詛、類、造、攻、說、禬、禜之祝號。（0816 上）

詔

（诏）zhào 告知，佐助。鄭玄《注》："詔，告也，助也。"孫詒讓《正義》："經例，凡言詔者，並以言語詔告相左助之謂。"《周禮·天官·大宰》：以八柄～王馭羣臣。（0646 中）

誄

（诔）lěi 總述死者一生德行以示哀悼的祭告之辭。用於上對下。爲《周禮》大祝所掌六辭之一。亦爲叙述死者生平，表示哀悼。《大祝》鄭玄《注》引鄭司農云："誄，謂積累生時德行，以賜之命，主爲其辭也。"《曾子問》鄭玄《注》："誄，累也。累列生時行迹，讀之以作謚。謚當由尊者成。"《周禮·春官·大祝》：作六辭以通上下、親疏、遠近：一曰祠，二曰命，三曰誥，四曰會，五曰禱，六曰～。（0809 中）《禮記·曾子問》：賤不～貴，幼不～長，禮也。（1398 上）

詩

（诗）shī ❶《詩經》。我國第一部詩歌總集，共收詩三百零五篇。當時人們稱之爲"詩"，或舉其成數稱之爲"詩三百"。《詩》有"六義"之說：風、雅、頌是其體制，賦、比、興是其表現手法。《大師》孫詒讓《正義》："謂《詩》含六義也。"《周禮·春官·大師》：教六～：曰風、曰賦、曰比、曰興、曰雅、曰頌。（0796 上）《禮記·表記》：《～》云："惟鵜在梁，不濡其翼。"（1640 中）❷指《風》和《雅》。孫希旦《集解》："《詩》，謂《風》《雅》也。"《禮記·樂記》：天下大定，然後正六律，和五聲，弦歌《～》《頌》。（1540 中）

【詩書】《詩經》和《尚書》。儒家的兩部經典。《禮記·王制》：春秋教以《禮》《樂》，冬夏教以～。（1342 上）

【詩教】指《詩》溫柔敦厚、怨而不怒的

教化作用。孔穎達《疏》："温,謂顏色温潤;柔,謂情性和柔。《詩》依違諷諫,不指切事情,故云温柔敦厚,是《詩》教也。"《禮記·經解》：其爲人也,温柔敦厚,～也。(1609下)

【詩三百】指《詩經》。共收詩三百零五篇,當時人們以其成數稱之爲"詩三百"。《禮記·禮器》：誦～,不足以一獻。(1442下)

【詩書不諱】讀《詩》《書》時可以不避諱。爲禮所規定可以不避諱的情況之一。鄭玄《注》："爲其失事正。"孔穎達《疏》："何胤云：'《詩》《書》,謂教學時也。'"《禮記·曲禮上》：～,臨文不諱,廟中不諱。(1251上)

誠 (诚)chéng 誠信,誠實。爲儒家所提倡的道德之一。鄭玄《注》："至誠之道天之性也,則人當學其至誠之性,是上天之道。……唯聖人能然。"《禮記·中庸》：～者,天之道也。……～者,不勉而中,不思而得,從容中道,聖人也。(1632上)

詡 (诩)xǔ 敏捷而勇武。諸侯會盟時以敏捷勇武爲主。鄭玄《注》："詡,謂敏而有勇。"孔穎達《疏》："詡謂敏大,言語會同之時貴在敏捷勇武自光大。"《禮記·少儀》：賓客主恭,祭祀主敬,喪事主哀,會同主～。(1514上)

誓 shì ❶警戒約束。《條狼氏》鄭玄《注》："有司讀誓辭則大言其刑,以警所誓也。"《禮器》孔穎達《疏》："聚集其衆而誓戒之。"《周禮·秋官·條狼氏》：～僕右曰"殺",～馭曰"車輦",～大夫曰"敢不關,鞭五百",～師曰"三百",～邦之大史曰"殺",～小史曰"墨"。(0888上)《儀禮·聘禮》：～于其竟。(1048上)《禮記·禮器》：是故昔先王尚有德,尊有道,任有能,舉賢而置之,聚衆而～之。(1440中)❷策命。天子以策書命之。鄭玄《注》："誓猶命也。言誓者,明天子既命以爲之嗣,樹子不易也。"《周禮·春官·典命》：凡諸侯之適子～於天子,攝其君,則下其君之禮一等。未～,則以皮帛繼子男。(0780下)❸警戒約束之文辭。爲士師所掌五戒之一。鄭玄《注》："誓,誥,於《書》則《甘誓》《湯誓》《大誥》《康誥》之屬。"孫詒讓《正義》："《說文·言部》云：'誓,約束也。誥,告也。'《書敘》云：'啓與有扈戰于甘之野,作《甘誓》。'又云：'伊尹相湯伐桀,升自陑,遂與桀戰于鳴條之野,作《湯誓》。'"《周禮·秋官·士師》：以五戒先後刑罰,毋使罪麗于民：一曰～,用之于軍旅;二曰誥,用之于會同;三曰禁,用諸田役;四曰糾,用諸國中;五曰憲,用諸都鄙。(0874下)❹用言辭訂立的相互信守之約定。孔穎達《疏》："以其不能自和好,故用言辭共相約束以爲信也。"《禮記·曲禮下》：諸侯使大夫問於諸侯曰聘,約信曰～,涖牲曰盟。(1266上)

【誓戒】約束訓誡。鄭玄《注》："誓戒,要之以刑,重失禮也。"賈公彥《疏》："謂祭前十日已前,誓戒百官,則大宰掌之。"《周禮·天官·大宰》：祀五帝,則掌百官之～與其具脩。(0649下)

【誓社】誓衆於社。謂田獵祭社之時教習戰陣之法。鄭玄《注》："君親誓社,誓吏士以習軍旅,既而遂田,以祭社也。"孫希旦《集解》："誓社,謂於社田而誓之也。……凡四時之田,誓皆有二:一爲教陳之誓,一爲田獵之誓。田獵,司徒誓之;教陳,則君親誓之。蓋教陳以象用師,用師必君親誓師。"《禮記·郊特牲》:而君親～,以習軍旅。(1450 上)

【誓命】約束警戒之辭。孫希旦《集解》:"誓命,謂戒王以失禮之譴也。郊天至重,故王亦受誓戒。"《禮記·郊特牲》:卜之日,王立于澤,親聽～,受教諫之義也。(1453 上)

【誓省】即誓社。孫希旦《集解》:"此'誓省'亦當作'誓社',誓社,爲社田而誓衆也。"詳見"誓社"。《禮記·玉藻》:唯君有黼裘以～,大裘非古也。(1478 上)

語 (语) yǔ 答問之話。爲六樂語之一。鄭玄《注》:"荅述曰語。"《周禮·春官·大司樂》:以樂語教國子:興、道、諷、誦、言、～。(0787 下)

誥 (诰) gào ❶告誡之文辭。爲六辭之一。鄭玄《注》引鄭司農云:"誥,謂《康誥》《盤庚之誥》之屬也。盤庚將遷于殷,誥其世臣卿大夫,道其先祖之善功,故曰以通上下、親疏、遠近。"《周禮·春官·大祝》:作六辭以通上下、親疏、遠近:一曰祠,二曰命,三曰～,四曰會,五曰禱,六曰誄。(0809 中) ❷告誡之文辭。爲士師所掌五戒之一。鄭玄《注》:"誓、誥,於《書》則《甘誓》《湯誓》《大誥》《康誥》之屬。"孫詒讓《正義》:"《說文·言部》云:'誓,約束也。誥,告也。'……又云:'武王崩,三監及淮夷叛,周公相成王,將黜殷,作《大誥》。'又云:'成王既伐管叔、蔡叔,以殷餘民封康叔,作《康誥》。'"《周禮·

秋官·士師》:以五戒先後刑罰,毋使罪麗于民:一曰誓,用之于軍旅;二曰～,用之于會同;三曰禁,用諸田役;四曰糾,用諸國中;五曰憲,用諸都鄙。(0874 下)

説 (说) ㊀ shuō 數説、責備鬼神。以消災求福。爲六祈之一。鄭玄《注》:"攻、説則以辭責之。"《周禮·春官·大祝》:掌六祈以同鬼神示:一曰類,二曰造,三曰檜,四曰禜,五曰攻,六曰～。(0808 下)

㊁ shuì 用同"税"。停車解馬。鄭玄《注》引鄭司農云:"説,謂舍車也。"《周禮·春官·典路》:掌王及后之五路,辯其名物與其用～。若有大祭祀,則出路,贊駕～。(0825 下)

㊂ tuō 見下。

【説₃笏】去掉笏板。笏,古時自天子至士所持的記事之板,平時或執於手上,或插於腰帶上,祇有在喪事殯殮時纔可脫去。大廟之中,唯君當事可以脫笏;小功之喪輕,若不當事,可不脫笏;若當事免,則脫之。鄭玄《注》:"言凡吉事無所説笏也。"孫希旦《集解》:"愚謂説笏,謂去於身也。笏或執於手,或搢於帶,不執不搢,是謂説笏。"《禮記·玉藻》:見於天子,與射,無～。入大廟～,非古也。(1480 中)

【説₃屨】脫去鞋子。入室時,尊者一人脫屨於室內,其餘皆脫屨於門外;燕飲時,堂上行禮不脫屨,但至撤俎無筭爵時,則脫屨升堂而坐;鄉射時,主人與賓行對等的禮節,皆脫屨於堂下。《少儀》孔穎達《疏》:"謂賓主登席,其衆須入户内者,雖尊卑相敵,猶推一人爲尊。……言止許一人,不得並皆如此也。"《鄉飲酒義》孔穎達《疏》:"此謂無筭爵之初也。以前皆立而行禮,未徹俎,故未説屨,至此徹俎之後,乃説屨,升堂坐也。"《鄉射禮》鄭玄《注》:"説屨者,將空坐,屨褻賤不宜在堂也。"賈公彥《疏》:"彼尊卑在室,則尊者説屨在户内,自餘説屨於户外。若尊卑在堂,則亦尊者一人説屨在堂,自餘説屨於堂下。是以《燕禮》《大射》臣皆説屨於階下,公不見説屨之文,明公舄在堂矣。此乃(及)《鄉飲酒》臣禮,賓、主人行敵禮,故皆説屨於堂下也。"《儀禮·鄉射禮》:主人以賓揖,讓,~,乃升。大夫及衆賓皆~,升,坐。(1008 中)《禮記·少儀》:排闥~於户内者,一人而已矣。(1511 中)《禮記·鄉飲酒義》:降,~,升坐,脩爵無數。(1684 中)

誦 (诵) sòng 有節奏地誦讀。爲六樂語之一。鄭玄《注》:"倍文曰諷,以聲節之曰誦。"賈公彥《疏》:"此亦皆背文,但諷是直言之,無吟詠;誦則非直背文,又爲吟詠,以聲節之爲異。"《周禮·春官·大司樂》:以樂語教國子:興、道、諷、~、言、語。(0787 下)

【誦訓】職官名。掌爲王講述各地風俗、傳説及忌諱。爵中士、下士。《周禮·地官·誦訓》:~,掌道方志,以詔觀事。(0747 上)

請 (请) qǐng 見下。

【請事】詢問爲何事而來。賓至,主人必使有司請事。明知而故問,禮貴慎也。《聘禮》鄭玄《注》:"請,猶問也。問所爲來之故也。"《儀禮·聘禮》:君使士~,遂以入竟。(1048 下)《禮記·雜記上》:相者受命曰:"孤某使某~。"(1557 上)

【請期】婚之六禮的第五禮。夫家卜得行婚禮的吉日,派使者告知女家。名曰請期,實爲告期。請期所執禮物爲雁。《昏義》孔穎達《疏》:"請期者,謂男家使人請女家以昏時之期,由男家告於女家。何必請者,男家不敢自專,執謙敬之辭,故云請也。女氏終聽男家之命,乃告之。納吉、納徵、請期,每一事則使者一人行。惟納徵無鴈,以有幣故,其餘皆用鴈。"《儀禮·士昏禮》:~,用鴈。(0963 上)《禮記·昏義》:是以昏禮納采、問名、納吉、納徵、~,皆主人筵几於廟,而拜迎於門外。(1680 中)

【請歸】請求准許回國。來聘者公事辦完後的禮貌性儀節。鄭玄《注》:"謂己問大夫事畢,請歸。不敢自專,謙也。"《儀禮·聘禮》:既將公事,賓~。(1075 中)

【請覿】使者以私人名義請求拜見主國國君。亦稱私覿。鄭玄《注》:"覿,見也。鄉將公事,是欲交其歡,敬也。"《儀禮·聘禮》:賓奉束錦以~。(1057 上)

【請觀】來聘者請求參觀主國宗廟、宮室及朝廷建築等。以示對主國的尊敬。鄭玄《注》:"聘於是國,欲見其宗廟之好,百官之富,若尤尊大焉。"《儀禮·聘禮》:歸大禮之日,既受饗餼,~。(1075 中)

【請業則起,請益則起】請教學業要起立向前,請求再講一遍也要起立向前。爲尊師重道的具體表現。鄭玄

《注》:"尊師重道也。起,若今摳衣前請也。業,謂篇卷也。益,謂受説不了,欲師更明説之。"《禮記・曲禮上》:~。(1240 上)

諸 (诸)zhū 乾果。孔穎達《疏》:"王肅云:'諸,菹也。謂桃菹、梅菹。'即今之藏桃也、藏梅也。欲藏之時,必先稍乾之。"《禮記・內則》:魚膾,芥醬;麋腥,醢醬;桃~、梅~,卵鹽。(1464 上)

【諸子】職官名。掌管公卿大夫士之子。爵下大夫。《周禮・夏官・諸子》:~,掌國子之倅,掌其戒令與其教治,辨其等,正其位。(0850 上)

【諸父】指父親的衆兄弟,即伯父和叔父。《儀禮・喪服》:是故始封之君不臣~、昆弟,封君之子不臣~而臣昆弟,封君之孫盡臣~、昆弟。(1115 下)《禮記・文王世子》:正室守大廟,~守貴宮、貴室。(1408 下)

【諸母】❶庶母,妾之有子者。禮,不得讓庶母洗裳裙。鄭玄《注》:"諸母,庶母也。……庶母賤,可使漱衣,不可使漱裳。裳賤。"孔穎達《疏》:"諸母,父之諸妾有子者……欲尊崇於兄弟之母,故不可使漱裳耳,又欲達別也。"《禮記・曲禮上》:嫂叔不通問,~不漱裳。(1240 下)❷指同族尊者之妻。孔穎達《疏》:"諸婦,謂同族卑者之妻。諸母,同族尊者之妻。後告諸母,欲名成於尊。"《禮記・內則》:子師辯告諸婦、~名。(1470 上)

【諸侯】天子於王畿以外分封的各國君主。諸侯凡五等,公、侯、伯、子、男。上公九命,侯伯七命,子男五命。公之封地方五百里,侯方四百里,伯方三百里,子方二百里,男方一百里。詳見各條。《周禮・天官・掌次》:~朝覲、會同,則張大次、小次。(0677 上)《儀禮・喪服》:~之子稱公子,公子不得禰先君。(1115 中)《禮記・聘義》:故天子制~,比年小聘,三年大聘,相厲以禮。(1693 上)

【諸婦】指同族卑者之妻。孔穎達《疏》:"諸婦,謂同族卑者之妻。"《禮記・內則》:子師辯告~、諸母名。(1470 上)

【諸侯長】即方伯。爲九命之上公,東西二方各一,爲諸侯之長。鄭玄《注》:"諸侯長,九命作伯者也。"《周禮・秋官・掌客》:王合諸侯而饗禮,則具十有二牢,庶具百物備,~十有再獻。(0900 上)

【諸祖父母】指從祖祖父母、外祖父母。鄭玄《注》:"諸祖父(母)者,夫之所爲小功從祖祖父母、外祖父母。"《儀禮・喪服》:夫之~,報。(1120 中)

諾 (诺)nuò 表示應答。應答之辭,"唯"急而"諾"緩,"唯"比"諾"恭敬。鄭玄《注》:"應辭,'唯'恭於'諾'。"孔穎達《疏》:"父與先生呼召,稱唯,……不得稱諾。其稱諾,則似寬緩驕慢。"《禮記・曲禮上》:父召無~,先生召無~,唯而起。(1240 上)

論 (论)㊀lún 見下。

【論語】《論語》爲先秦論説散文集,是儒家經典著作"十三經"之一。全書分爲《學而》《爲政》《八佾》《里仁》等二十篇。每篇又分若干章,取篇首二至三字爲篇名。全書記載了孔子及其著名弟子等的一些言論和活動情況，從多方面反映了孔子的思想和爲人，内容十分豐富，主要表現在以"仁"爲核心的道德觀，以"中庸"爲主的辯證思想，以"有教無類"爲基礎的教育思想。《論語》中所表現出的儒家思想精華成爲傳統文化思想的主流，對後世乃至現在有着深遠的影響。《禮記·坊記》：《～》曰："三年無改於父之道，可謂孝矣。"(1620 中)

㈡ lùn 見下。

【論₂學取友】論説學問是非，選取善人爲友。爲入大學第七年考校所要達到的學習目標。如能達到此目標，可謂學業小有成就。孔穎達《疏》："論學，謂學問嚮成，論説之是非。取友，謂選擇好人，取之爲友。"《禮記·學記》：一年視離經辨志，三年視敬業樂羣，五年視博習親師，七年視～，謂之小成。(1521 中)

調

(调) tiáo 見下。

【調人】職官名。掌管調解萬民之間的讎怨。爵下士。《周禮·地官·調人》：～，掌司萬民之難而諧和之。(0732 上)

諒

(谅) liàng 誠信。儒家所提倡的道德品行之一。孔穎達《疏》："諒，謂誠信。"《禮記·樂記》：致樂以治心，則易、直、子、～之心油然生矣。(1543 下)

【諒闇】居喪時所住的屋子。亦作諒陰。此處爲住在凶廬中。鄭玄《注》："諒，古作梁。楣謂之梁。……闇，謂廬也。廬有梁者，所謂柱楣也。"《禮記·喪服四制》《書》曰："高宗～，三年不言。"善之也。(1695 下)

謀

(谋) móu 謀議。爲需要龜卜而定的八種國家大事（八命）之一。鄭玄《注》："國之大事待著龜而決者有八，定作其辭於將卜，以命龜也。鄭司農云：'征，謂征伐人也。象，謂災變雲物，如衆赤烏之屬，有所象似。……與，謂予人物也。謀，謂謀議也。果，謂事成與不也。至，謂至不也。雨，謂雨不也。瘳，謂疾瘳不也。'"《周禮·春官·大卜》：以邦事作龜之八命：一曰征，二曰象，三曰與，四曰～，五曰果，六曰至，七曰雨，八曰瘳。(0803 中)

諧

(谐) xié 見下。

【諧和】調解民事糾紛。爲調人之職責。鄭玄《注》："難，相與爲仇讎。諧猶調也。"《周禮·地官·調人》：掌司萬民之難而～之。(0732 上)

諷

(讽) fěng 背誦。爲六樂語之一。鄭玄《注》："倍文曰諷，以聲節之曰誦。"賈公彦《疏》："此亦皆背文，但諷是直言之，無吟詠；誦則非直背文，又爲吟詠，以聲節之爲異。"《周禮·春官·大司樂》：以樂語教國子：興、道、～、誦、言、語。(0787 下)

諱

(讳) huì ❶名諱，家諱。《小史》鄭玄《注》引鄭司農云："先王死日爲忌，名爲諱。"《周禮·春官·小史》：若有事，則詔王之忌～。(0818 中)《禮記·雜記下》：過而舉君之～，則起。與君之～同，則稱字。(1568 中) ❷對已故君主、長者、尊者之名避而不直説。行卒哭祭後，就要避諱死者之名。鄭玄《注》："敬鬼神之名也。諱，辟也。"《禮記·曲禮上》：卒哭乃～。……逮事父母，則～

王父母;不逮事父母,則不~王父母。(1251上)

【諱惡】名諱和忌日。鄭玄《注》:"諱,先王名。惡,忌日。"《禮記・王制》:大史典禮,執簡記,奉~。(1345上)

諡

(諡)shì 諡號。帝王、貴族、大臣死後,依據其生前行迹給予的或褒或貶的稱號。亦爲給予諡號。《逸周書・諡法解》:"維周公旦、太公望開嗣王業,建功於牧之野,終將葬,乃制諡,遂敘諡法。諡者,行之迹也。"殷生無爵,死無諡。周初文、武、成、康爲生時之號,無諡。諡法始用約在周懿王時,惟天子、諸侯有諡。東周以後,卿大夫、士有諡。《表記》鄭玄《注》:"諡者,行之迹也。……言先王論行以爲諡。"《士冠禮》鄭玄《注》:"今謂周衰記之時也,古謂殷。殷士生不爲爵,死不爲諡。周制以士爲爵,死猶不爲諡耳,下大夫也。今記之時,士死則諡之,非也。諡之由魯莊公始也。"《周禮・春官・小史》:卿大夫之喪,賜~,讀誄。(0818中)《儀禮・士冠禮》:死而~,今也。古者生無爵,死無~。(0959上)《禮記・表記》:先王~以尊名,節以壹惠,恥名之浮於行也。(1641上)

謹

(謹)jǐn 見下。

【謹酒】節制飲酒。過度飲酒不僅誤國、妨事而且害己,不合於禮,古人已認識到其危害,故設萍氏之官查戒之。鄭玄《注》:"使民節用酒也。"孫詒讓《正義》:"晏子曰:'古之飲酒者,足以通氣合好而已矣。故男不羣樂以妨事,女不羣樂以妨功。男女羣樂者,周觴三獻,過之者誅。'此即謹酒之事。……謂用酒有節度,飲不及亂也。"《周禮・秋官・萍氏》:幾酒,~,禁川游者。(0885中)

譏

(讥)jī 稽查。鄭玄《注》:"譏,譏異服,識異言。"孔穎達《疏》:"譏謂呵查。公家但呵查非違,不稅行人之物。"《禮記・王制》:古者公田藉而不稅,市廛而不稅,關~而不征。(1337中)

譯

(译)yì 能够通譯北方民族語言的官吏。孔穎達《疏》:"其通傳北方語官謂之曰譯者,譯,陳也,謂陳說外內之言。"孫希旦《集解》:"愚謂此四者,《周禮》總謂之'象胥',故鄭氏以此爲俗間之名。"《禮記・王制》:五方之民,言語不通,嗜欲不同,達其志,通其欲,東方曰寄,南方曰象,西方曰狄鞮,北方曰~。(1338中)

議

(议)yì 見下。

【議功之辟】對功臣而有罪者經過議定減免刑罰的條例。爲八辟之一。鄭玄《注》:"謂有大勳力立功者。"參見"八辟"。《周禮・秋官・小司寇》:以八辟麗邦灋,附刑罰:一曰議親之辟,二曰議故之辟,三曰議賢之辟,四曰議能之辟,五曰~,六曰議貴之辟,七曰議勤之辟,八曰議賓之辟。(0874上)

【議故之辟】對天子故交舊友而有罪者經過議定減免刑罰的條例。爲八辟之一。鄭玄《注》:"故謂舊知也。鄭司農云:'故舊不遺,則民不偷。'"《周禮・秋官・小司寇》:以八辟麗邦灋,附刑罰:……二曰~。(0874上)

【議能之辟】對才能突出之人而有罪者經過議定減免刑罰的條例。爲八

辟之一。鄭玄《注》："能謂有道藝者。"《周禮·秋官·小司寇》：以八辟麗邦灋，附刑罰：……四曰～。(0874 上)

【議貴之辟】對大夫以上而有罪者經過議定減免刑罰的條例。爲八辟之一。鄭玄《注》引鄭司農云："若今時吏墨綬有罪，先請是也。"賈公彥《疏》："先鄭推引漢法墨綬爲貴，若據周，大夫以上皆貴也。墨綬者，漢法，丞相中二千石，金印紫綬；御史大夫二千石，銀印黃綬；縣令六百石，銅印墨綬是也。"《周禮·秋官·小司寇》：以八辟麗邦灋，附刑罰：……六曰～。(0874 上)

【議勤之辟】對勤於國事之命士及小吏而有罪者經過議定減免刑罰的條例。爲八辟之一。鄭玄《注》："謂憔悴以事國。"孫詒讓《正義》："謂命士以下凡不在議貴之科者，則又有此法，以念其勤勞官事也。"《周禮·秋官·小司寇》：以八辟麗邦灋，附刑罰：……七曰～。(0874 上)

【議賓之辟】對黃帝、堯、舜、夏、殷之後封爲諸侯而有罪者經過議定減免刑罰的條例。爲八辟之一。鄭玄《注》："謂所不臣者，三恪二代之後與？"孫詒讓《正義》："謂黃帝堯舜之後爲三恪，夏殷之後爲二代，通爲國賓也。"《周禮·秋官·小司寇》：以八辟麗邦灋，附刑罰：……八曰～。(0874 上)

【議賢之辟】對德行高尚而有罪者經過議定減免刑罰的條例。爲八辟之一。鄭玄《注》："鄭司農云：'若今時廉吏有罪，先請是也。'玄謂賢有德行者。"賈公彥《疏》："賢即有六德、六行

者也。"《周禮·秋官·小司寇》：以八辟麗邦灋，附刑罰：……三曰～。(0874 上)

【議親之辟】對天子宗親及外親而有罪者經過議定減免刑罰的條例。爲八辟之一。鄭玄《注》引鄭司農云："若今時宗室有罪，先請是也。"賈公彥《疏》："親謂五屬之内及外親有服者皆是。"《周禮·秋官·小司寇》：以八辟麗邦灋，附刑罰：一曰～，二曰議故之辟，三曰議賢之辟，四曰議能之辟，五曰議功之辟，六曰議貴之辟，七曰議勤之辟，八曰議賓之辟。(0874 上)

【議而不及樂(lè)】可以與賓客議論而不能言及享樂之事。爲對居緦麻、小功之喪者的規定。鄭玄《注》："此謂與賓客也。"孔穎達《疏》："得議他事，但不能聽及於樂也。"《禮記·喪服四制》：禮，斬衰之喪，唯而不對；齊衰之喪，對而不言；大功之喪，言而不議；緦、小功之喪，～。(1695 下)

讀

（读）dú 見下。

【讀書】❶宣讀所贈禮物的清單。爲聘禮之儀節。《儀禮·聘禮》：史～，展幣。(1046 下) ❷宣讀賵書。爲喪禮之儀節。孔穎達《疏》："書，謂凡送亡者賵人柩之物書也。讀之者，省錄之也。"參見"讀賵"。《禮記·雜記上》：薦馬者哭踊，出，乃包奠而～。(1551 中)

【讀遣】宣讀明器的清單。爲喪禮之儀節。鄭玄《注》："遣者，入壙之物君使史來讀之。"《儀禮·既夕禮》：～卒，命哭。(1154 下)

【讀誄】宣讀記載平生功德的誄書。

大史於遣奠將行之時讀之。鄭玄《注》："遣,謂祖廟之庭大奠,將行時也。人之道終於此。累其行而讀之,大師又帥矇廞之而作謚。"《周禮·春官·大史》：遣之日,～。(0818 上)

【讀賵】宣讀記載送葬之物的單子。將葬臨行時,史讀之以告死者。爲喪禮之儀節。《檀弓上》孫希旦《集解》："愚謂以車馬送死者曰賵。讀賵,謂書賵物於方,將行,主人之史當柩束前束讀之也。"《儀禮·既夕禮》：主人之史請～,執筭從。(1154 下)《禮記·檀弓上》：～,曾子曰："非古也,是再告也。"(1292 上)

諂 chǎn 傾身向下。爲軍中站立時所禁止之行爲。鄭玄《注》："諂,爲傾身以有下也。"孔穎達《疏》："軍中尚威武,雖自貶退,當有威可畏,無得過爲諂曲以屈下於人。"《禮記·玉藻》：立容辨卑毋～,頭頸必中,山立,時行,盛氣顛實揚休,玉色。(1485 上)

讓 (让) ràng 謙讓之德。爲儒家所提倡的品德之一。《周禮·地官·大司徒》：二曰以陽禮教～,則民不爭。(0703 上)《禮記·內則》：八年,出入門戶及即席飲食,必後長者,始教之～。(1471 上)

【讓食不唾】讓食時不要吐唾沫。爲禮所規定的日常行爲之一。鄭玄《注》："嫌有穢惡。"《禮記·曲禮上》：～。(1240 上)

讞 (谳) yàn 報告審判結果。鄭玄《注》："讞之言白也。"《禮記·文王世子》：獄成,有司～于公。(1409 上)

辛 部

辛 xīn ❶辣味。爲五味之一。古人認爲,秋季調和食應該偏辛。爲古人養生經驗之總結。《食醫》賈公彥《疏》："西方金味辛,屬秋,秋時調和食,辛亦多於餘味一分。"《周禮·天官·食醫》：凡和,春多酸,夏多苦,秋多～,冬多鹹,調以滑甘。(0667 上)《禮記·內則》：凡和,春多酸,夏多苦,秋多～,冬多鹹,調以滑甘。(1464 上) ❷天干的第八位。此指辛日。周郊祭於冬至後第一個辛日。鄭玄《注》："用辛日。"《禮記·郊特牲》：郊之用～也,周之始郊日以至。(1452 中)

【辛養筋】用辛味之藥養筋。古人認爲,辛爲金味,金纏合異物,就如同人之筋纏合諸骨一樣,故以辛養之。爲古代醫術之總結。鄭玄《注》："辛,金味,金之纏合異物,似筋。"賈公彥《疏》："人之筋亦纏合諸骨,故云似筋而以辛養之。"《周禮·天官·瘍醫》：凡藥,以酸養骨,以～,以鹹養脈,以苦養氣,以

甘養肉,以滑養竅。(0668 中)

辜

gū ❶分裂牲體以祭。用以祭四方、百物等。賈公彥《疏》:"云沈辜者,謂沈牲於水,辜謂罷磔牲體以祭。"《周禮·秋官·犬人》:凡幾珥沈~,用駹可也。(0882 中)❷以車分裂人體。一種酷刑。鄭玄《注》:"謂磔之。"《周禮·秋官·掌戮》:凡殺其親者,焚之;殺王之親者,~之。(0883 上)

辟

㈠ pì ❶拆除。天子死後,堆疊木材於棺柩四週為椁形而塗之,殯葬前拆除之。鄭玄《注》引鄭司農云:"辟,謂除菆塗椁也。"孫詒讓《正義》:"《小爾雅》《廣言》云:'辟,除也。'謂除菆塗去之。《檀弓》孔疏云:'菆,叢也。謂用木菆棺,而四面塗之。椁者,亦題湊菆木,象椁之形。'"《周禮·春官·喪祝》:掌大喪勸防之事。及~,令啓。(0814 下)❷法規,法律。鄭玄《注》:"辟,法也。"《周禮·秋官·小司寇》:以八~麗邦灋,附刑罰:一曰議親之~,二曰議故之~,三曰議賢之~。(0873 下)❸用同"擗"。捶胸。表示哀痛。鄭玄《注》:"辟,拊心。"《禮記·檀弓下》:慍斯戚,戚斯歎,歎斯~,~斯踊矣。(1304 下)

【辟布】買賣雙方發生錢貨之爭,市之胥吏加以考實,以定曲直,謂之辟布。鄭玄《注》:"辟布,市之羣吏考實諸泉入及有遺忘。"孫詒讓《正義》:"蓋凡萬民買賣,買直既定,而所與泉布與所約之數不相應,或已付賈而物主詐稱未付者,皆就其斂,案問其是非也。"《周禮·地官·司市》:凡萬民之期于市者,~者、量度者、刑戮者,各於其地之敘。(0734 下)

【辟名】偽造空頭賬目文書。即文書上的數字與實物不符。此種作假行為要加以誅罰。鄭玄《注》:"辟名,詐為書,以空作見,文書與實不相應也。"《周禮·天官·宰夫》:凡失財用物~者,以官刑詔冢宰而誅之。(0656 上)

【辟咡(èr)】交談時要側着頭。避免口氣觸及對方,以示尊敬。鄭玄《注》:"示不敢歆臭也。口旁曰咡。"孔穎達《疏》:"尊者有事問己,己則辟口而對,不使口氣及尊者。"《禮記·少儀》:有問焉,則~而對。(1516 中)

【辟盟】開啓玉敦之蓋而歃血盟誓。凡會同盟誓,必先殺牲割牛耳,以玉敦盛血。孫詒讓《正義》:"然執器陳辭,使心開闢,謂之辟盟,亦無見文。竊謂敦有蓋,歃血時必先開其蓋而後盟,是為辟盟。"一說,謂執器陳辭,開其誠心,歃血為盟。鄭玄《注》:"謂將歃血者,先執其器,為眾陳其載辭,使心皆開辟也。"《周禮·夏官·戎右》:盟,則以玉敦~,遂役之。(0857 中)

【辟踊】捶胸頓足。形容哀痛至極。孔穎達《疏》:"撫心為辟,跳躍為踊。孝子喪親,哀慕至懣,男踊女辟,是哀痛之至極也。"《禮記·檀弓下》:~,哀之至也。(1301 下)

【辟雍】即辟雍。古學校名。天子所設立的大學。因週圍環水如璧,故名。孔穎達《疏》:"按《詩》注云:'(築)土雝水之外,圍如璧。'"《白虎通·辟雍》:"天子立辟雍何?所以行禮樂宣德化也。辟者,璧也,象璧圓,

又以法天；於雍水側，象教化流行也。"《禮記·王制》：天子曰～，諸侯曰頖宫。(1332下)

㊀ bì ❶王外出時，驅除道路行人，令其迴避。鄭玄《注》："道王且辟行人。"《周禮·秋官·士師》：王燕出入，則前驅而～。(0875中) ❷即辟積。縫製裳時，給裳的腰部打摺使小。胡培翬《正義》："辟，謂辟積其腰間，使上狹下寬也。"《儀禮·既夕禮》：有前後裳，不～，長及轂。(1159上)

【辟₂雞】一種肉醬。先切成薄片，再細切之。鄭玄《注》："此軒、辟雞、宛脾，皆菹類也。……菹、軒，聶而不切；辟雞、宛脾，聶而切之。"孔穎達《疏》："凡大切，若全物爲菹，細切者爲齏。其牲體大者菹之，其牲體小者齏之。……麋爲辟雞，兔爲宛脾者，是齏也。"《禮記·内則》：或曰麋、鹿、魚爲菹，麇爲～，野豕爲軒，兔爲宛脾。(1467上)

㊂ pí 用彩繒鑲飾帶之緣邊。鄭玄《注》："辟讀如禪冕之禪，禪謂以繒采飾其側。"《禮記·玉藻》：而素帶，終～。大夫素帶，～垂。士練帶，率下～。(1480下)

辨

㊀ biǎn 見下。

【辨卑】貶損卑退，彎腰恭敬。爲君子在軍中站立之容。鄭玄《注》："辨，讀爲貶，自貶卑，謂磬折也。"孔穎達《疏》："謂在軍中立之形容，常貶損卑退，磬折恭敬，不得驕敖忽略士卒。"《禮記·玉藻》：立容～毋諂，頭頸必中，山立，時行，盛氣顛實揚休，玉色。(1485上)

㊁ biàn 見下。

【辨₂異】區分尊卑。爲禮的主要作用。鄭玄《注》："辨異，異尊卑也。"孔穎達《疏》："禮殊，別貴賤，是分別其異也。"《禮記·樂記》：樂統同，禮～，禮樂之説，管乎人情矣。(1537中)

辭

(辞) cí 指祭祀、聘問、盟誓等活動所記載的書面語辭。其種類有六：祠、命、誥、會、禱、誄。《周禮·春官·大祝》：作六～以通上下、親疏、遠近：一曰祠、二曰命、三曰誥、四曰會、五曰禱、六曰誄。(0809中)

【辭令】指祭祀、聘問、盟誓等活動所記載的各類書面語辭。《周禮·秋官·司儀》：掌九儀之賓客擯相之禮，以詔儀容、～、揖讓之節。(0896下)

【辭命】即辭令。指祭祀、聘問、盟誓等活動所記載的各類書面語辭。《周禮·秋官·司儀》：凡四方之賓客，禮儀、～、飧牢、賜獻以二等，從其爵而上下之。(0899中)

【辭費】説廢話。儒家主張言行一致，反對祇説不做的行爲。鄭玄《注》："爲傷信。君子先行其言而後從之。"孔穎達《疏》："凡爲人之道，當言行相副。今直有言而無行，爲辭費。"《禮記·曲禮上》：禮不妄説人，不～。(1231上)

【辭聽】聽其言辭而察其曲直。理屈者辭煩，理直者言要。爲獄訟審理中判斷曲直的五種方法（五聲）之一。鄭玄《注》："觀其出言，不直則煩。"賈公彦《疏》："直則言要理深，虚則辭煩義寡，故云不直則煩。"《周禮·秋官·小司寇》：以五聲聽獄訟，求民情：一曰～，二曰色聽，三曰氣聽，四曰耳聽，五曰目聽。(0873下)

【辭令順】辭令和順。爲行冠禮後表現出合於禮義的三個方面之一。鄭玄《注》："言人爲禮，以此三者爲始。"孔穎達《疏》："言欲一世行禮之始，先須正容體，齊顏色，順辭令爲先也，然後可以正君臣，親父子，和長幼。"孫希旦《集解》："呂氏大臨曰：'容體，動乎四體者也。顏色，發乎面目者也。辭令，見乎言語者也。三者，脩身之要也。必學而後成，必成人而後備。'"《禮記‧冠義》：容體正，顏色齊，～，而后禮義備。……故冠而后服備，服備而后容體正，顏色齊，～。(1679下)

青 部

青 qīng ❶綠色。爲五色之一。亦爲東方之色。《周禮‧冬官考工記‧畫繢》：～與赤謂之文，赤與白謂之章，白與黑謂之黼，黑與青謂之黻，五采備謂之繡。(0918下)《儀禮‧覲禮》：東方～，南方赤，西方白，北方黑，上玄，下黃。(1092下)《禮記‧禮器》：或素或～，夏造殷因。(1435下) ❷空青。畫色之礦物顏料，產於銅礦中。鄭玄《注》："青，空青也。"《周禮‧秋官‧職金》：掌凡金玉錫石丹～之戒令。(0881下)

【青句】青色絲帶做的鞋頭裝飾，隆起似鼻梁。《周禮‧天官‧屨人》：爲赤舃、黑舃、赤繶、黃繶、～、素屨、葛屨。(0693下)

【青圭】青色玉圭。爲六玉器之一。立春時用以祭東方蒼精之帝。鄭玄《注》："禮東方以立春，謂蒼精之帝。……圭銳，象春物初生。"孫詒讓《正義》："聶崇義云：'青圭亦九寸，厚寸，博三寸，剡上各半寸。'"《周禮‧春官‧大宗伯》：以玉作六器，以禮天地、四方：以蒼璧禮天，以黃琮禮地，以～禮東方，以赤璋禮南方，以白琥禮西方，以玄璜禮北方。(0762中)

【青衣】天子所穿的青色禮服。春季屬木，木色青，故春時天子之物皆用青色，所穿之衣爲青衣。鄭玄《注》："皆所以順時氣也。……凡此車馬衣服皆所取於殷時而有變焉，非周制也。"孫希旦《集解》："高氏誘曰：衣服佩玉皆青者，順木色也。"《禮記‧月令》：天子居青陽左个，乘鸞路，駕倉龍，載青旂，衣～，服倉玉。(1355中)

【青州】九州之一。蓋爲今山東膠東、濟南及以東一帶。《周禮‧夏官‧職方氏》：正東曰～，其山鎮曰沂山，其澤藪曰望諸。(0862下)

【青金】鉛。孫詒讓《正義》："《說文‧金部》云：'鉛，青金也。'"《周禮‧冬官考工記‧玉人》：大璋、中璋九寸，邊璋七寸，射寸，厚寸，黃金勺，～外。(0923上)

【青旂】青色的旗幟。春季屬木,木色青,故春時天子之器皆用青色,車載之旂為青旂。鄭玄《注》:"皆所以順時氣也。"孫希旦《集解》:"高氏誘曰:衣服佩玉皆青者,順木色也。"《禮記·月令》:天子居青陽左个,乘鸞路,駕倉龍,載~,衣青衣,服倉玉。(1355中)

【青旌】畫有青雀的軍旗。孔穎達《疏》:"青旌者,青雀旌,謂旌旗。軍行若前值水,則畫為青雀旌旗幡,上舉示之。所以然者,青雀是水鳥,軍士望見,則咸知前値水而各防也。"《禮記·曲禮上》:前有水,則載~。(1250上)

【青陽】明堂之東堂。天子明堂有五室:東曰青陽,西曰總章,南曰明堂,北曰玄堂,中曰太室,其中以南為正,以中為尊。除太室外,四堂又各分為左右室及中堂,左曰个,右曰个,中曰大廟。鄭玄《注》:"青陽左个,大寢東室北偏。""青陽大廟,東堂當大室。"孫希旦《集解》:"青陽,明堂東方之堂名也。室之夾堂者謂之个。……青陽左个個者,明堂東方之北室也。"參見"明堂①"。《禮記·月令》:天子居~左个,乘鸞路,駕倉龍,載青旂,衣青衣,服倉玉。(1355中)《禮記·月令》:天子居~大廟,乘鸞路,駕倉龍,載青旂,衣青衣,服倉玉。(1361中)

【青龍】指畫有青龍的軍旗。行軍時用以標示東方之軍陣。古時軍隊按天文四宮布列前後左右四陣,各陣軍旗上畫有圖形作為標識,左陣之旗畫以青龍,取其變應如龍之義。

青龍

孔穎達《疏》:"此明軍行象天文而作陳法也。前南後北左東右西。朱鳥、玄武、青龍、白虎,四方宿名也。……左為陽,陽能發生,象龍變生也。右為陰,陰沈能殺,虎沈殺也。軍之左右,生殺變應威猛如龍虎也。……今之軍行,畫此四獸於旌旗,以標前後左右之軍陳。"《禮記·曲禮上》:行,前朱鳥而後玄武,左~而右白虎。(1250上)

【青豻褎】青色豻皮做的衣袖。鄭玄《注》:"豻,胡犬也。"《禮記·玉藻》:麑裘,~,絞衣以裼之。(1479下)

【青組纓】青色的繫冠絲帶。《儀禮·士冠禮》:緇布冠缺項,~屬于缺。(0950下)

青組纓

長部

【長】(长) ㊀ zhǎng ❶指諸侯。諸侯以貴得民。為維繫百姓、使民心不離散的九項措施(九兩)之一。賈公彥《疏》:"謂一國立諸侯與民為君長。"參見"九兩"。《周禮·天官·大宰》：以九兩繫邦國之民：一曰牧，以地得民；二曰～，以貴得民；三曰師，以賢得民；四曰儒，以道得民；五曰宗，以族得民；六曰主，以利得民；七曰吏，以治得民；八曰友，以任得民；九曰藪，以富得民。(0648中)❷指三公之九命爲伯者。鄭玄《注》："謂爲三公者，《周禮》'九命作伯'。……是伯分主東西者。"孔穎達《疏》："即三公加一命出爲分陝二伯者也。"參見"伯②"。《禮記·曲禮下》：五官之一曰伯，是職方。(1264下)❸長殤。指十六歲至十九歲死亡的人。《禮記·雜記下》：妻視叔父母，姑、姊妹視兄弟，～、中、下殤視成人。(1561下)

【長子】排行第一的兒子，嫡長子。《儀禮·喪服》：妾爲女君、君之～。(1125上)《禮記·大傳》：庶子不得爲～三年，不繼祖也。(1508上)

【長幼】❶指長幼之間的關係。爲七教之一。《禮記·王制》：七教：父子、兄弟、夫婦、君臣、～、朋友、賓客。(1348中)❷根據長幼關係而服喪服。爲服喪六原則之一。《禮記·大傳》：服術有六，一曰親親，二曰尊尊，三曰名，四曰出入，五曰～，六曰從服。(1507下)

【長妾】妾之有子者。依禮，士不得稱長妾之名。孔穎達《疏》："長妾，妾之有子者也。士不得呼此二等人名也。"一說，爲年長之妾。孫希旦《集解》："長妾，妾之長者。"《禮記·曲禮下》：國君不名卿老、世婦，大夫不名世臣、姪、娣，士不名家相、～。(1256下)

【長惠】長者施惠於幼者。爲儒家所倡導的做人十義理之一。《禮記·禮運》：父慈、子孝、兄良、弟弟、夫義、婦聽、～、幼順、君仁、臣忠，十者謂之人義。(1422下)

【長賓】即賓長。賓客中年長、位尊者。亦稱上賓。《儀禮·有司》：～設羊俎于豆西。(1209下)

【長殤】十六歲至十九歲而死者。《喪服》鄭玄《注》："殤者，男女未冠、笄而死可殤者。"參見"中殤""下殤"。《儀禮·喪服》：子、女子子之～、中殤……年十九至十六爲～，十五至十二爲中殤，十一至八歲爲下殤，不滿八歲以下皆爲無服之殤。(1111下)《禮記·檀弓上》：周人以殷人之棺椁葬～，以夏后氏之塱周葬中殤、下殤，以有虞氏之瓦棺葬無服之殤。(1276上)

㈡ cháng 即長衣。居喪所穿的純素布衣。鄭玄《注》："其爲長衣、中衣。"參見"長₂衣"。《禮記·玉藻》：～、中繼揜尺。(1477中)

【長₂日】夏至之別名。夏至白晝最長，故稱。鄭玄《注》："此言迎長日者，建卯而晝夜分，分而日長也。"《禮記·郊特牲》：郊之祭也，迎～之至也。(1452中)

【長₂至】夏至的別稱。一年中這一天白晝最長，故名。孔穎達《疏》："長至者，謂此月之時日長之至極。"《禮記·月令》：是月也，日～，陰陽爭，死生分。(1370上)

【長₂衣】貴族居喪所穿的純素布衣。其服衣、裳連體，以素布爲緣邊。其袖較深衣爲長，故稱長衣。《聘禮》鄭玄《注》："長衣，素純布衣也。"賈公彥《疏》："此長衣則與深衣同布，但袖素純爲異，故云長衣、素純布衣也。此長衣之緣以素爲之，故云素純也。"《雜記上》鄭玄《注》："長衣，深衣之純以素也。長衣練冠，純凶服也。"《儀禮·聘禮》：遭喪，將命于大夫，主人～練冠以受。(1069 中)《禮記·雜記上》：如筮，則史練冠～以筮。

【長₂脅】肋骨之中骨。亦稱正脅。淩廷堪《禮經釋例·釋牲上》："脊骨兩旁之肋，謂之脅，又謂之胉，又謂之榦。脅骨三，中骨謂之正脅，又謂之長脅；前骨謂之代脅；後骨謂之短脅。"《儀禮·特牲饋食禮》：尸俎：右肩、臂、臑、肫、胳，正脊二骨，橫脊，～二骨，短脅(1192 下)

雨　　部

雨 yǔ 是否下雨。爲需要龜卜而定的八種國家大事(八命)之一。鄭玄《注》："雨，謂雨不也。"《周禮·春官·大卜》：以邦事作龜之八命：一曰征，二曰象，三曰與，四曰謀，五曰果，六曰至，七曰～，八曰瘳。(0803 中)

【雨水】二十四節氣之一。在公曆二月十九日前後。鄭玄《注》："漢始以雨水爲二月節。"孔穎達《疏》："雨水、驚蟄，據其早作在正月，若其晚在二月。故漢初驚蟄爲正月中，雨水爲二月節，至在後以來事稍變改，故《律厤志》云：'雨水爲正月中，驚蟄爲二月節。'由氣有參差故也。"《禮記·月令》：始～，桃始華，倉庚鳴，鷹化爲鳩。(1361 中)

【雨師】司雨之神。爲畢宿。賈公彥《疏》："雨師，畢也。"《周禮·春官·大宗伯》：以禋祀祀昊天上帝，以實柴祀日月星辰，以槱燎祀司中、司命、飄師、～。(0757 上)

雩 yú 求雨之祭。祭祀有舞，亦稱舞雩。《月令》鄭玄《注》："雩，吁嗟求雨之祭也。雩帝，謂爲壇南郊之旁雩五精之帝，配以先帝也。"《司巫》鄭玄《注》："雩，旱祭也。"《周禮·春官·司巫》：若國大旱，則帥巫而舞～。(0816 上)《禮記·月令》：命有司爲民祈祀山川百源，大～帝，用盛樂。(1369 中)

【雩祀】求雨之祭。參見"雩"。《禮記·月令》：乃命百縣～百辟卿士有益於民者，以祈穀實。(1369 中)

【雩宗】祭水旱神之壇。鄭玄《注》："宗，皆當爲禜，字之誤也。……雩禜，亦謂水旱壇也，雩之言吁嗟也。"《禮記·祭法》：～，祭水旱也。(1588 上)

【雩斂】爲求雨之祭而向百姓徵收的

財用。鄭玄《注》引鄭司農云："雩事所發斂。"孫詒讓《正義》："脩雩所需財用，官不能盡共，則斂之民，故曰雩斂。"《周禮·地官·稻人》：旱暵，共其～。(0746下)

雲 （云）yún 雲氣。望氣者以爲吉凶之兆。鄭玄《注》："視日旁雲氣之色。"《周禮·春官·保章氏》：以五～之物，辨吉凶、水旱降豐荒之祲象。(0819下)

【雲門】黃帝之樂舞。爲六代樂舞之一。祀天神所用。鄭玄《注》："此周所存六代之樂。黃帝曰《雲門》《大卷》，黃帝能成名，萬物以明，民共財，言其德如雲之所出，民得以有族類。"賈《疏》以《大卷》《雲門》爲一。《周禮·春官·大司樂》：以樂舞教國子：舞《～》《大卷》《大咸》《大磬》《大夏》《大濩》《大武》。(0787下)

【雲和之琴瑟】以雲和山之木所製之琴瑟。鄭玄《注》："雲和、空桑、龍門，皆山名。"《周禮·春官·大司樂》：孤竹之管，～，《雲門》之舞，冬日至，於地上之圜丘奏之。(0789下)

雷 léi 見下。

【雷同】隨聲附和。儒家主張"和而不同"，提倡每個人都要敢於發表自己的見解，"三軍可奪帥也，匹夫不可奪志也"，故反對隨聲附和的處世行爲。鄭玄《注》："雷之發聲，物無不同時應者。人之言當各由己，不當然也。"《禮記·曲禮上》：毋勦說，毋～。(1240上)

【雷鼓】八面鼓。爲六鼓之一。其聲音宏大，祭天神所用。鄭玄《注》："雷鼓，八面鼓也。神祀，祀天神也。"一說，先鄭以爲雷鼓、雷鼗六面。《周禮·地官·鼓人》：以～鼓神祀，以靈鼓鼓社祭，以路鼓鼓鬼享，以鼖鼓鼓軍事，以鼛鼓鼓役事，以晉鼓鼓金奏。(0720下)

雷鼓

需 ruǎn 弓隈。即弓幹彎曲的地方。其處較軟。鄭玄《注》："當弓之隈也。"孫詒讓《正義》："需字亦當爲㮙。……鄭鍔云：'……需者弓之隈，惟曲之處則需矣。'"《周禮·冬官考工記·弓人》：凡居角，長者以次～。(0935下)

霜 shuāng 見下。

【霜露】凍霜和寒露。鄭玄《注》："非其寒之謂，謂悽愴及怵惕，皆爲感時念親也。"後以成語"霜露之感"指對父母或祖先的懷念。《禮記·祭義》：～既降，君子履之，必有悽愴之心，非其寒之謂也。(1592中)

霤 liù ❶向下流的水。孫詒讓《正義》："《說文·雨部》云：'霤，屋水流也。'蓋弓如屋宇之隈下，故以霤言之。霤遠者，言水下流不濕軹輪軨以內也。"《周禮·冬官考工記·輪人》：上尊而宇卑，則吐水疾而～遠。(0910上) ❷屋檐滴水之處。賈公彥《疏》："漢時殿屋四向流水，故舉漢以況周。言東霤，明亦有西霤。"《儀禮·燕禮》：設洗，篚于阼階東南，當東～。(1015上) ❸即承霤。屋檐下接水的長槽。《檀弓上》："池視重霤"

鄭玄《注》："如堂之有承霤也。承霤以木為之，用行水。"孔穎達《疏》："以木為之，承於屋，霤入此木中，又從木中而霤於地。"《禮記·檀弓下》：涉內～，卿大夫皆辟位，公降一等而揖之。(1315 中) ❹ 屋檐。孔穎達《疏》："霤，屋簷。身俯，故頭臨前，垂頤如屋霤。"《禮記·玉藻》：凡侍於君，紳垂，足如履齊，頤～，垂拱。(1482 上)

靁 léi 見下。

【靁鼓】即雷鼓。八面鼓。為六鼓之一。其聲音宏大，祭天神所用。鄭玄《注》："雷鼓、雷鼗，八面。"一說，先鄭以為雷鼓、雷鼗六面。參見"雷鼓"。《周禮·春官·大司樂》：～、靁鼗，孤竹之管，雲和之琴瑟，《雲門》之舞，冬日至，於地上之圜丘奏之。(0789 下)

【靁鼗】即雷鼗。手搖的八面小鼓。祭天神所用。鄭玄《注》："雷鼓、雷鼗，八面。"一說，先鄭以為雷鼓、雷鼗六面。《周禮·春官·大司樂》：靁鼓、～，孤竹之管，雲和之琴瑟，《雲門》之舞，冬日至，於地上之圜丘奏之。(0789 下)

【靁屬】龜左甲長而甲裙邊為白色的龜。為六龜之一。鄭玄《注》："色，謂天龜玄，地龜黃，東龜青，西龜白，南龜赤，北龜黑。龜俯者靈，仰者繹，前弇果，後弇獵，左倪靁，右倪若，是其體也。東龜南龜長前後，在陽，象經也。西龜北龜長左右，在陰，象緯也。天龜俯，地龜仰，東龜前，南龜卻，西龜左，北龜右，各從其耦也。"《周禮·春官·龜人》：天龜曰靈屬，地龜曰繹屬，東龜曰果屬，西龜曰～，南龜曰獵屬，北龜曰若屬，各以其方之色與其體辨之。(0804 下)

靈 (灵) líng 見下。

【靈鼓】六面鼓。為六鼓之一。祭地祇所用。鄭玄《注》："靈鼓，六面鼓也。社祭，祭地祇也。"一說，先鄭以為靈鼓、靈鼗四面。《周禮·地官·鼓人》：教為鼓而辨其聲用：以雷鼓鼓神祀，以～鼓社祭，以路鼓鼓鬼享，以鼖鼓鼓軍事，以鼛鼓鼓役事，以晉鼓鼓金奏。(0720 下)

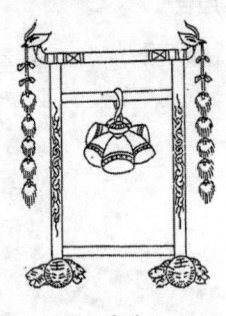
靈鼓

【靈鼗】手搖的六面小鼓。鄭玄《注》："靈鼓、靈鼗，六面。"孫詒讓《正義》："《宋書·樂志》亦依後鄭義。"一說，先鄭以為靈鼓、靈鼗四面。《周禮·春官·大司樂》：靈鼓、～，孫竹之管，空桑之琴瑟，《咸池》之舞，夏日至，於澤中之方丘奏之。(0789 下)

【靈屬】龜甲前俯而甲裙邊為玄色的龜。為六龜之一。鄭玄《注》："天龜玄，地龜黃，……天龜俯，地龜仰。"《周禮·春官·龜人》：天龜曰～，地龜曰繹屬，東龜曰果屬，西龜曰靁屬，南龜曰獵屬，北龜曰若屬，各以其方之色與其體辨之。(0804 下)

非 部

靡 mí 見下。

【靡草】草名。鄭玄《注》:"舊説云:'靡草,薺、亭歷之屬。'"孔穎達《疏》:"以其枝葉靡細,故云靡草。"《禮記·月令》:~死,麥秋至。(1365中)

隹 部

雀 què 赤黑色。《周禮·春官·巾車》:漆車,藩蔽,犴𧝓,~飾。(0824下)

【雀飾】以赤黑的皮革所做的𧝓之邊緣。孫詒讓《正義》:"依《鍾氏》及《士冠》注義,則雀乃赤多黑少之色。"《周禮·春官·巾車》:漆車,藩蔽,犴𧝓,~。(0824下)

雅 yǎ ❶《詩經》中的雅詩。爲《詩》六義之一。雅詩爲朝廷樂曲,也用以指盛世之樂、廟堂之樂。《大師》鄭玄《注》:"雅,正也。言今之正者,以爲後世法。"《周禮·春官·大師》:教六詩:曰風、曰賦、曰比、曰興、曰~、曰頌。(0796上)《禮記·樂記》:先王恥其亂,故制《~》《頌》之聲以道之。(1544下)❷樂器名。筒狀打擊樂器。《笙師》鄭玄《注》引鄭司農云:"雅,狀如漆筩而弇口,大二圍,長五尺六寸,以羊韋鞔之,有兩組疏畫。"《樂記》鄭玄《注》:"雅,亦樂器名也。狀如漆筩,中有椎。"《周禮·春官·笙師》:掌教歙竽、笙、塤、籥、簫、篪、篴、管,舂牘、應、~,以教祴樂。(0801上)《禮記·樂記》:治亂以相,訊疾以~。(1538中)

雅

雉 zhì ❶鳥名。俗稱野鷄。雄者美羽長尾而好鬥。雉爲士行禮所執之禮物。宗廟祭祀之禮,雉被稱爲疏趾。《大宗伯》賈公彥《疏》:"雉取其守介而死,不失其節者。"《士相見禮》鄭玄《注》:"摯用雉者,取其耿介,交有時,别有倫也。雉必用死者,爲其不可生服也。"《曲禮下》孔穎達《疏》："雉,取性耿介,唯敵是赴。士始升朝,宜爲赴敵,故用雉也。"《周禮·春官·大宗伯》:以禽作六摯,以等諸臣:孤執皮帛,卿執羔,大夫執鴈,士執～,庶人執鶩,工商執雞。(0762上)《儀禮·士相見禮》:摯,冬用～,夏用腒,左頭奉之。(0975中)《禮記·曲禮下》:凡摯,天子鬯,諸侯圭,卿羔,大夫鴈,士～,庶人之摯匹;童子委摯而退。(1270中) ❷城牆高一丈、長三丈爲雉。《匠人》鄭玄《注》:"雉,長三丈,高一丈。度高以高,度廣以廣。"《坊記》鄭玄《注》:"雉,度名也。高一丈,長三(二)丈爲雉。"《周禮·冬官考工記·匠人》:王宮門阿之制五～,宮隅之制七～,城隅之制九～。(0928下)《禮記·坊記》:故制國不過千乘,都成不過百～,家富不過百乘。(1618中)

【雉門】宮門名。舊說天子五門(皋、雉、庫、應、路),諸侯三門(雉、庫、路)。孫希旦《集解》引劉敞曰:"此經有五門之名,而無五門之實。以《詩》《書》《禮》《春秋》考之,天子有皋、應、畢,無庫、雉、路;諸侯有庫、雉、路,無皋、應、畢。天子三門,諸侯三門,門同而名不同。……《明堂位》所言,蓋魯用王禮,故門制同王門,而名不同也。"《禮記·明堂位》:～,天子應門。(1490上)

【雉羹】用雉肉調和五味做的羹。《禮記·內則》:食:蝸醢而菰食、～、麥食、脯羹、雞羹、析稌、犬羹、兔羹。(1464上)

雕 diāo 雕人。蓋爲雕琢骨角及漆畫革木之工匠。詳見"雕人"。

《周禮·冬官考工記·總敘》:刮摩之工五:玉、柳、～、矢、磬。(0906中)

【雕人】蓋爲雕琢骨角及漆畫革木之工匠。其職文闕。孫詒讓《正義》:"雕琢之事,蓋亦玉石骨角木所通有,……但此刮摩五工,已有玉人、柳人、磬氏等,則此雕人當爲治骨角之工。……江永云:'姓有漆雕氏,《記》言丹漆雕幾之美,《司几筵》有彤几、彫几、漆几。蓋凡漆器,彤人作之。'案:江說亦足備一義。凡漆革木,有彫刻爲文。"《周禮·冬官考工記·雕人》:～。(0923下)

【雕幾】雕畫漆飾成凹凸不平的紋飾。孔穎達《疏》:"幾,謂沂鄂。不雕畫漆飾以爲沂鄂。"陳澔《集說》:"雕,刻鏤之也;幾,漆飾之畿限也。"《禮記·少儀》:國家靡敝,則車不～,甲不組縢,食器不刻鏤。(1516中)

【雕篹】祭器名。以竹爲之,形似莒。孔穎達《疏》:"雕篹者,篹,篿也,以竹爲之,形似莒,亦薦時用也。彫鏤其柄,故曰雕篹也。"《禮記·明堂位》:灌用玉瓚大圭,薦用玉豆～。(1489上)

【雕題】在額頭刺畫紋飾。爲古時南方少數民族習俗之一。孔穎達《疏》:"雕謂刻也,題謂額也。謂以丹青彫刻其額。"《禮記·王制》:南方曰蠻,～交趾,有不火食者矣。(1338中)

蕾 huán 細葦席。《周禮·春官·巾車》:駹車,～蔽,然禩,髤飾。(0824下)

【蕾蔽】以細葦席做的車廂兩旁的藩帷。用以遮擋風塵。鄭玄《注》:"蕾,細葦席也。以爲蔽者,漆則成藩,即吉也。"《周禮·春官·巾車》:駹車,

～,然禩,綦飾。(0824下)

雞 [鷄] jī 家禽之一種。爲六牲之一。雄者知時。鷄爲工商者行禮所執之禮物。宗廟祭祀之禮,鷄被稱爲翰音。《大宗伯》賈公彦《疏》:"執雞象其守時而動。"《曲禮下》孔穎達《疏》:"翰,長也。雞肥,則其鳴聲長也。"《周禮‧春官‧大宗伯》:以禽作六摯,以等諸臣:孤執皮帛,卿執羔,大夫執鴈,士執雉,庶人執鶩,工商執～。(0762上)《禮記‧曲禮下》:凡祭宗廟之禮,牛曰一元大武,豕曰剛鬣,豚曰腯肥,羊曰柔毛,～曰翰音。(1269上)

【雞人】職官名。掌供雞牲及報時。爵下士。《周禮‧春官‧雞人》:～,掌共雞牲,辨其物。(0773上)

【雞彝】即"雞彝"。刻畫有鷄形圖案的酒尊。用於祼禮。爲六彝之一。鄭玄《注》:"夷讀爲彝。《周禮》:'春祠、夏禴,祼用雞彝、鳥彝。'"參見"雞彝"。《禮記‧明堂位》:灌尊,夏后氏以～,殷以斝,周以黃目。(1490下)

【雞肝】鷄的肝臟。古人認爲是不可食之物。鄭玄《注》:"亦皆爲不利人也。"《禮記‧內則》:舒鴈翠,鵠、鴞胖,舒鳧翠,～,鴈腎,鴇奥,鹿胃。(1466下)

【雞牲】用作祭祀之鷄。孫詒讓《正義》:"亦牧人六牲之一也。"《周禮‧春官‧雞人》:掌共～,辨其物。(0773上)

【雞斯】髮笄。親死二日,去笄纚而束髮。鄭玄《注》:"雞斯,當爲笄纚,聲之誤也。親始死,去冠,二日,乃去笄纚括髮也。"《禮記‧問喪》:親始死,～,徒跣,扱上衽,交手哭。(1656中)

【雞羹】用鷄肉熬成的羹湯。《禮記‧內則》:蝸醢而苽食、雉羹,麥食、脯羹、～。(1464上)

【雞彝】刻畫有鷄形圖案的酒尊。用於祼禮。爲六彝之一。1988年山西太原金勝村春秋墓出土有鳥形酒彝,背上有提手,有口,口上有蓋,或爲古之鷄彝。鄭玄《注》:"雞彝、鳥彝,謂刻而畫之爲雞、鳳凰之形。"《周禮‧春官‧司尊彝》:春祠、夏禴,祼用～、鳥彝,皆有舟。(0773上)

鷄彝

雛 (雛) chú 見下。

【雛鼈】幼鼈。以其幼小,不得食之。鄭玄《注》:"雛鼈,伏乳者。"《禮記‧內則》:不食～。(1466下)

【雛尾不盈握弗食】幼鳥的尾巴沒長到不滿人手一把的不可食用。孔穎達《疏》:"雛,謂小鳥。尾盈一握,然後堪食,若其過小未盈握,弗堪食者。"《禮記‧內則》:～。(1466下)

離 (离) lí 指食肺的一種切割方法。切開四邊衹連中間少許而不斷絶。牛羊之肺根據需要的不同,分爲兩種:一爲舉肺,即專用於食用的肺;一爲祭肺,即專用於祭祀的肺。這兩種不同用途的肺其切割方式不同:舉肺要切而不斷,故又稱離肺,亦稱嚌肺,此種切割方式便於食前絶取而祭;祭肺當割開肺體,故又稱刌肺或切肺。《少儀》鄭玄《注》:"提猶絶也。刌離之,不絶中央少者,使提絶以祭耳。"孫希旦《集解》:"愚謂割離其四旁,不絶其中央少許,食時則絶之以祭也。……肺有二:一爲祭肺,亦曰刌肺,……亦曰切肺。……一爲舉肺,亦曰離肺……亦曰嚌肺。……祭肺爲祭而設,舉肺爲食而設,祭祀兼有二肺,生人唯有舉肺。有祭肺則舉肺但振祭而已,無祭肺則於舉肺絶末以祭。"《公食大夫禮》鄭玄《注》:"肺不離者,刌之也。"參見"離肺"。《儀禮·公食大夫禮》:三牲之肺不~,贊者辯取之,壹以授賓。(1081下)《禮記·少儀》:牛羊之肺,~而不提心。(1515下)

【離立】兩人站在一起。依禮,遇到這種情況,應繞道避開,不得從兩人中間穿過。孔穎達《疏》:"又若見有二人併立,當己行路,則避之,不得輒當其中間出也。"《禮記·曲禮上》:~者,不出中間。(1240下)

【離肺】又名舉肺。割而未絶的肺。首末兩端被割開,中央稍稍連而不斷。專爲食設。鄭玄《注》:"離,割也。割肺者,使可祭也,可嚌也。"賈公彥《疏》:"凡肺有二種:一者舉肺,一者祭肺。就舉肺之中復有三稱:一名舉肺,爲食而舉;二名離肺……;三名嚌肺,以齒嚌之。此三者皆據生人爲食而有也。就祭肺之中亦復有三稱:一者謂之祭肺,爲祭先而有之;二者謂之刌肺,刌切之使斷;三者謂之切肺,名雖與刌肺異,切肺則刌肺也。三者皆爲祭而有。"參見"離"。《儀禮·士冠禮》:~,實于鼎,設扃鼏。(0956下)

【離磬】古樂器名。即編懸之磬。由一系列音頻不同的磬組成,按一定順序懸掛在架子上,供打擊演奏。鄭玄《注》:"和、離,謂次序其聲縣也。"孔穎達《疏》:"離磬者,叔之所作編離之磬。……聲解和也,縣解離也,言縣磬之時,其聲希疏相離。"《禮記·明堂位》:垂之和鍾,叔之~,女媧之笙簧。(1491中)

【離經辨志】分析經義讀斷文句,辨別學習的意向。爲入大學第一年考校所要達到的學習目標。鄭玄《注》:"離經,斷句絶也;辨志,謂別其心意所趨鄉也。"孔穎達《疏》:"離經,謂離析經理,使章句斷絶也;辨志,謂辨其志意趨鄉習學何經矣。"《禮記·學記》:一年視~,三年視敬業樂羣,五年視博習親師,七年視論學取友,謂之小成。(1521中)

【離羣而索居】遠離同伴而獨自散居。鄭玄《注》:"羣,謂同門朋友也。索,猶散也。"今爲成語。《禮記·檀弓上》:子夏投其杖而拜,曰:"吾過矣,吾過矣!吾~,亦已久矣。"(1282下)

【離立者,不出中間】兩人併立而站,不得從兩人中間穿過。孔穎達《疏》:"又若見有二人併立,當己行路,則避之,不得輒當其中間出也。"《禮記·曲禮上》:~。(1240下)

【離坐離立,毋往參焉】兩人坐在一起、站在一起,他人不得參與其間。以免干人隱私。鄭玄《注》:"爲干人私也。離,兩也。"孔穎達《疏》:"若見彼或二人併坐,或兩人併立,既唯二人,恐密有所論,則己不得輒往參預也。"《禮記·曲禮上》:~。(1240下)

雜

(杂) zá 見下。

【雜木】雜類木材。即松、柏以外的其他木材。爲士椁所用之木。孔穎達《疏》："士卑，不得同君，故用雜木也。"《禮記・喪大記》：君松椁，大夫柏椁，士～椁。(1585 上)

【雜坐】混坐在一起。依禮，男女授受不親，不得混坐。鄭玄《注》："皆爲重別防淫亂。不雜坐，謂男子在堂，女子在房也。"《禮記・曲禮上》：男女不～，不同椸枷，不同巾櫛，不親授。(1240 下)

【雜帛】旗的縿（正幅）與斿（旗上的飾物，如飄帶）不是一色。孫詒讓《正義》："襍帛者，縿斿異色，猶《士冠禮》之襍裳，皆取不專屬一色之義。蓋縿如五正旗，而以雜色爲之斿。"《周禮・春官・司常》：通帛爲旜，～爲物。(0826 中)

【雜金】舊説有二：一説，雜用金釘、象牙釘；又一説，雜用黄、白、青三色之釘。孔穎達《疏》："舊説云：用金釘，又用象牙釘，雜之以琢朱緑著棺也。……《尚書》曰：'貢金三品，黄白青色。'"《禮記・喪大記》：君裏棺用朱、緑，用～鐕。(1583 中)

【雜服】各色服制。鄭玄《注》："雜服，冕服、皮弁之屬。雜或爲雅。"孫希旦《集解》："雜服，謂私燕之所服，若深衣之屬也。"《禮記・學記》：不學～，不能安禮。(1522 中)

【雜帶】便服上的帶子。國君之雜帶上紅下緑，大夫之雜帶外黑内黄。鄭玄《注》："雜猶飾也。"孫希旦《集解》："雜帶，雜服之帶，燕居之服之所用也。君大夫大帶之外，别有雜帶，其飾則君以朱緑，大夫以玄華也。……君大夫大帶五采，而雜帶唯二采，雜帶降於大帶也。"《禮記・玉藻》：～，君朱緑，大夫玄華。(1481 上)

【雜裳】前黑後黄的下衣。下士所服。鄭玄《注》："上士玄裳，中士黄裳，下士雜裳。雜裳者，前玄後黄。《易》曰：'夫玄黄者，天地之雜色，天玄而地黄。'"《儀禮・士冠禮》：玄端，玄裳、黄裳、～可也，緇帶，爵韠。(0950 中)

【雜記上第二十】《禮記》第二十篇篇名，《雜記》的上篇。孔穎達《疏》引鄭玄《三禮目録》云："名曰《雜記》者，以其雜記諸侯以下至士之喪事。此於《别録》屬喪服，分爲上下。"其内容主要雜記諸侯以下到士的喪禮，同時涉及祭祀、婚姻、避諱、釁廟、出妻、女子加笄等禮，所記禮事甚爲龐雜。(1548 下)

【雜記下第二十一】《禮記》第二十一篇篇名，《雜記》的下篇。内容主要雜記諸侯以下到士的喪禮，同時涉及祭祀、婚姻、避諱、釁廟、出妻、女子加笄等禮，所記禮事甚爲龐雜。(1560 中)

難

（难）nuó 驅除疫鬼。《方相氏》鄭玄《注》："時難，四時作方相氏以難卻凶惡也。"陸德明《釋文》："難，乃多反。"《月令》鄭玄《注》："此難，難陰氣也。"《周禮・夏官・方相氏》：掌蒙熊皮，黄金四目，玄衣朱裳，執戈揚盾，帥百隸而時～，以索室毆疫。(0851 上)《禮記・月令》：命有司大～，旁磔，出土牛，以送寒氣。(1383 下)

阜（阝在左）部

阜 fù 見下。

【阜蕃】養殖鳥獸使繁衍盛多。爲大司徒所頒十二職事之一。鄭玄《注》："阜蕃，謂藪牧養蕃鳥獸。"《周禮·地官·大司徒》：頒職事十有二于邦國、都鄙，使以登萬民：一曰稼穡，二曰樹藝，三曰作材，四曰～，五曰飭材，六曰通財，七曰化材，八曰斂材，九曰生材，十曰學藝，十有一曰世事，十有二曰服事。(0707 中)

防 lè 三分之一。鄭玄《注》："防，三分之一也。"《周禮·冬官考工記·輪人》：以其長爲之圍，以其圍之～捎其藪。(0908 中)

陁 zhì 斜坡，山坡。鄭玄《注》："陁，阪也。輪庳則難引。"《周禮·冬官考工記·總敘》：輪已庳，則於馬終古登～也。(0907 中)

阪 bǎn 見下。

【阪險】山坡與山澤。孫希旦《集解》："陂者曰阪，山澤曰險。"《禮記·月令》：善相丘陵、～、原隰，土地所宜，五穀所殖，以教道民，必躬親之。(1357 上)

防 fáng ❶堤岸。鄭玄《注》："防，豬旁隄也。"《周禮·地官·稻人》：以瀦畜水，以～止水，以溝蕩水，以遂均水，以列舍水，以澮寫水。(0746 下)❷引六紼以備柩棺傾虧。鄭玄《注》："杜子春云：'防當爲披。'玄謂勑，猶倡帥前引者；防，謂執披備傾戲。"《周禮·春官·喪祝》：掌大喪勑～之事。(0814 下)

阿 ē 屋棟，正梁。《匠人》鄭玄《注》："阿，棟也。"一說，指屋正梁所在之處。胡培翬《正義》："胡氏承珙云：'……鄭以棟訓阿者，非謂棟有阿名，謂屋之中脊其當棟處名阿耳。'……夫屋有四柱，兩下必皆於中脊分之，則阿爲中脊卷曲之處明矣。中脊者棟之所承，故鄭以當阿爲當棟也。"《周禮·冬官考工記·匠人》：王宮門～之制五雉，宮隅之制七雉，城隅之制九雉。(0928 下)《儀禮·士昏禮》：賓升西階，當～，東面致命。(0961 下)

阼 zuò ❶即阼階。堂前東面的臺階。阼階爲主人升降之階，故爲主人之位，亦是主人接賓之處。大殮於阼階之上。《既夕禮》鄭玄《注》："未忍便離主人位也。"一說，爲堂上之東牆。俞樾《羣經平議·禮記四》："凡經單言阼不言阼階者皆謂東序。"《儀禮·既夕禮》：大斂于～。(1161 中)《禮記·祭統》：君純冕立於～，夫人副褘立於東房。(1603 下)❷借指

帝位。鄭玄《注》:"踐,履也。代成王履阼階,攝王位,治天下也。"《禮記·文王世子》:周公相,踐～而治。(1404下)

【阼俎】主人之俎。阼是主位,故謂主人之俎爲阼俎。鄭玄《注》:"阼俎,主人俎。"《儀禮·有司》:～羊肺一,祭肺一,載于一俎。(1208中)

【阼階】堂前東面的臺階。阼階爲主人升降之階,故爲主人之位,亦是主人接送賓客之處。孝子居喪期間,思慕猶若父在,故上下堂不走阼階。《曲禮上》孔穎達《疏》:"阼階,主人之階也。"《儀禮·士冠禮》:凡拜,北面于～上,賓亦北面于西階上荅拜。(0957上)《禮記·曲禮上》:居喪之禮,毀瘠不形,視聽不衰,升降不由～,出入不當門隧。(1248下)

附 fù 用同"祔"。祔祭。將後代死者之神位附於先祖父旁而祭。依禮,大夫可以祔祭於士,士不可以祔祭於大夫。鄭玄《注》:"附讀皆爲祔。"孔穎達《疏》:"廣明祔祭之義。……大夫附於士者,謂祖爲士,孫爲大夫,若死,可以祔祭於祖之爲士者也。士不附於大夫者,謂祖爲大夫,孫爲士,不可以祔祭於大夫,唯得祔於大夫之兄弟爲士者也。"《禮記·雜記上》:大夫～於士,士不～於大夫,～於大夫之昆弟。(1552上)

【附庸】指附屬於諸侯大國的小國。周制,土地不足方五十里的小國,不得單獨朝會天子,必須附屬於大國。鄭玄《注》:"小城曰附庸。附庸者,以國事附於大國,未能以其名通也。"《禮記·王制》:不能五十里者,不合於天子,附於諸侯,曰～。(1322上)

【附從輕,赦從重】判定罪行可輕可重時,當從輕處罰;非故意所犯而判重罪,赦免時當從重赦之。爲判罪、赦免的原則之一。孔穎達《疏》:"附,謂施刑。施刑之時,此人所犯之罪在輕重之間,可輕可重,則當求可輕之刑而附之,則'罪疑從輕'是也。""赦從重者,謂所犯之罪本非意故爲,而入重罪,今放赦之時,從重罪之上而赦之,其意輕故也。即《尚書》云'眚災肆赦'是也。"《禮記·王制》:～。(1343下)

陂 bēi 見下。

【陂池】澤障蓄水曰陂,穿地通水曰池。泛指陂塘、水池。鄭玄《注》:"畜水曰陂,穿地通水曰池。"《禮記·月令》:是月也,毋竭川澤,毋漉～,毋焚山林。(1362中)

降 jiàng ❶指降低喪服等級。降服有四種情況:君、大夫因位尊而降;國君之子、大夫之子因其父之尊而降;公之兄弟因旁親而降;爲人後者、女子已出嫁者因已出服而降。《喪服》鄭玄《注》:"降有四品:君、大夫以尊降,公子、大夫之子以厭降,公之昆弟以旁尊降,爲人後者、女子子嫁者以出降。"《檀弓上》鄭玄《注》:"古謂殷時也。上不降遠,下不降卑。"《儀禮·喪服》:父之所不～,子亦不敢～也。(1105中)《禮記·檀弓上》:吾聞之,古者不～,上下各以其親。(1291上) ❷鳥死之異稱。孔穎達《疏》:"鳥獸死異名也。降,落也。羽鳥飛翔之物,今云其降落,是知死也。"《禮記·曲禮下》:羽鳥曰～,四足曰漬。(1269中)

【降龍】龍頭朝下而龍尾朝上，有自天而降之勢，謂之降龍。爲天子龍車所樹大旗上的圖形。鄭玄《注》："王建大常，縿首畫日月，其下及旒交畫升龍、降龍。"《儀禮·覲禮》：天子乘龍，載大旆，象日、月，升龍、～。(1093中)

陔 gāi 即《陔夏》。古樂章。已亡佚。鄭玄《注》："《陔夏》，樂章也。其歌，頌類也。以鍾鼓奏之，其篇今亡。"《儀禮·大射》：賓醉，北面坐取其薦脯以降，奏《～》。(1044上)

除 chú 變易喪服，除去喪服。參見"除喪"。《儀禮·喪服》：總衰裳，牡麻経，既葬～之者。(1116上)《禮記·間傳》：男子～乎首，婦人～乎帶。男子何爲～乎首也？婦人何爲～乎帶也？(1661上)

【除服】祥祭之服。週年之祭稱小祥，二週年之祭稱大祥。鄭玄《注》："除服，謂祥祭之服也。"孔穎達《疏》："謂母死既葬，後值父應大祥，除服以行祥事，故云服其除服也。"《禮記·雜記下》：有父之喪，如未没喪而母死，其除父之喪也，服其～，卒事，反喪服。(1560中)

【除喪】由穿重服改穿輕服，或由穿喪服變爲穿吉服。根據與死者的親疏、遠近關係，服喪時間有三年、期(一年)、九月、七月、五月、三月之別；喪服精粗有斬衰、齊衰、大功、小功、緦麻之差。喪期越長，其服越重。正常情況下，喪服並非一次除盡，而是從虞祭、卒哭開始到服喪期滿(禫祭)逐次變除，父母(君)之喪由外到內，兄弟之喪由內到外；除喪先除重者，易服者先易輕者，等等。如有意外情況發生，除服亦會有所改變。孫希旦《集解》："期而除喪者，謂練而男子除首経，婦人除要帶，祥而總除衰杖也。"《禮記·喪服小記》：期而～，道也。(1497上)

【除盜賊】誅除盜賊。爲救濟災荒的十二措施之一。鄭玄《注》："除盜賊，急其刑以除之。飢饉則盜賊多，不可不除也。"《周禮·地官·大司徒》：以荒政十有二聚萬民：一曰散利，二曰薄征，三曰緩刑，四曰弛力，五曰舍禁，六曰去幾，七曰眚禮，八曰殺哀，九曰蕃樂，十曰多昏，十有一曰索鬼神，十有二曰～。(0706上)

【除服者先重者】除喪服者要先除去重服。詳見"除喪者先重者"。《禮記·間傳》：男子重首，婦人重帶。～，易服者易輕者。(1661上)

【除喪者先重者】除喪服者要先除去重服。喪禮，喪服不是等到服喪期滿一次除去，而是隨着喪期的延長、悲哀之情的減輕逐漸除去。除服的順序是先重服，後輕服。重服男子爲首経，女子爲腰経。故小祥祭後第一次除服，男子除首経，婦人除腰経。鄭玄《注》："謂練，男子除乎首，婦人除乎帶。"孔穎達《疏》："重，謂男首経，女要経。男重首，女重要。凡所重者，有除無變。所以卒哭不受以輕服，至小祥各除其重也。"孫希旦《集解》："既卒哭，男子變麻服葛，婦人則變首経，不變要経。至練而男子除葛経，婦人除麻帶，各除其所重也。"參見"易服者易輕者"。《禮記·喪服小記》：～，易服者易輕者。(1499中)

陳 (陈) chén 見下。

【陳詩】採集並進獻民間詩歌。詩言志,故古有採詩之令以觀民心。鄭玄《注》:"陳詩,謂采其詩而視之。"孔穎達《疏》:"大師是掌樂之官,各陳其國風之詩,以觀其政令之善惡。若政善,詩辭亦善;政惡,則詩辭亦惡。觀其詩,則知君政善惡。"《禮記・王制》:命大師~,以觀民風。(1328中)

【陳肆】分別貨物的種類陳列於肆。將相同的貨物放在一個肆內,容易比較其好壞,平定其價格。鄭玄《注》:"陳猶列也。辨物,物異肆也。肆異,則市平。"賈公彥《疏》:"謂行列其廛肆而辨其物,物異則市賈平。"《周禮・地官・司市》:以次敘分地而經市,以~辨物而平市,以政令禁物靡而均市。(0734上)

陶 táo

❶即陶人。製作陶器的工匠。《周禮・冬官考工記・總敘》:摶埴之工:~、旊。(0906中)
❷瓦器。以黏土爲坯燒製而成。孔穎達《疏》:"陶謂瓦器。"《禮記・郊特牲》:器用~匏,以象天地之性也。(1452中)

【陶人】製作盆、甑、鬲、庾的工匠。《周禮・冬官考工記・陶人》:~,爲甗。(0924中)《禮記・喪大記》:甸人爲垼于西牆下,~出重鬲。(1576上)

【陶瓬】陶人與瓬人。陶人製作瓦甗、瓦盆、瓦甑、瓦鬲、瓦庾;瓬人製作瓦簋、瓦豆。《周禮・冬官考工記・瓬人》:凡~之事,髺墾薜暴不入市。(0924下)

【陶匏】陶製的尊、豆、簋和酒爵等器皿。孔穎達《疏》:"陶謂瓦器,謂酒尊及豆簋之屬。……匏謂酒爵。"《禮記・郊特牲》:器用~,以象天地之性也。(1452中)

【陶器】以黏土爲坯燒製而成的器皿。《禮記・月令》:水泉必香,~必良。(1383上)

陪 péi 見下。

【陪臣】諸侯之卿大夫對天子的自稱。卿大夫爲諸侯之臣,諸侯又爲天子之臣,故卿大夫爲天子臣之臣,故曰重臣。鄭玄《注》:"亦謂諸侯之卿也。……陪,重也。"《禮記・曲禮下》:列國之大夫,入天子之國,曰"某士",自稱曰"~某"。(1267中)

【陪乘】車乘位居御者右邊的武士。又稱驂乘或車右。古時乘車,天子或主將居左,御僕居中,侍衛武士居右。齊右、戎右、道右皆天子之車右。鄭玄《注》:"陪乘,參乘,謂車右也。"《周禮・夏官・齊右》:王乘則持馬,行則~。(0857中)

【陪鼎】加鼎,亦即羞鼎。公食大夫時在正鼎之外附加的盛有食物的鼎,凡三。鄭玄《注》:"陪鼎三。"賈公彥《疏》:"公食大夫,庶羞也。以非正饌,故在正鼎後而言加也。"《儀禮・聘禮》:~當內廉,東面,北上。(1059下)

隋 suī

❶肺、黍稷等祭品。鄭玄《注》:"隋,尸所祭肺脊黍稷之屬。"一說,爲盥器之名。鄭司農云:"謂神前所沃盥器名。"《周禮・春官・守祧》:既祭,則藏其~與其服。

(0784中)❷隋祭。尸未食前以肺、黍稷等置於豆間而祭。祭後掩埋祭品。鄭玄《注》:"隋,尸之祭也。"孫詒讓《正義》:"謂尸未食前之隋祭也。"《周禮·春官·小祝》:沃尸盥,贊~,贊徹,贊奠。(0812上)

【隋釁】殺牲薦血以祭。鄭玄《注》:"隋釁,謂薦血也。凡血祭曰釁。"《周禮·春官·大祝》:~,逆牲,逆尸,令鐘鼓。(0811上)

階 (阶) jiē 堂階。據《禮記·禮器》,天子之堂高九尺,諸侯七尺,大夫五尺,士三尺。若除去堂廉而言,九尺之堂其階八等,七尺者六等,五尺者四等,三尺者二等。堂南東邊的稱阼階,是主人升降之階。西邊的稱西階,是賓客升降之階。《周禮·冬官考工記·匠人》:五室,三四步,四三尺,九~。(0927下)《儀禮·少牢饋食禮》:俎設于兩~之間。(1203上)《禮記·曲禮上》:客若降等,則就主人之~。(1238下)

陽 (阳) yáng ❶哲學概念之一。古代哲學認為宇宙中一切事物分為相對的兩大方面:陽和陰。如天為陽,地為陰;雄為陽,雌為陰;南為陽,北為陰;奇數為陽,偶數為陰;明暖為陽,雨寒為陰;人之性為陽,情為陰;五行之火木為陽,金水土為陰等。《周禮·春官·占夢》:掌其歲時,觀天地之會,辨陰~之氣。(0807下)《禮記·禮運》:故天秉~,垂日星;地秉陰,竅於山川。(1423上)❷山之南或水之北。《山虞》鄭玄《注》:"陽木,生山南者。陰木,生山北者。"《周禮·地官·山虞》:仲冬斬~木,仲夏斬陰木。(0747中)《禮記·樂記》:

濟河而西,馬散之華山之~而弗復乘,牛散之桃林之野而弗復服。(1542下)❸龜甲前長而掩其體謂之陽。龜甲後長而掩其體謂之陰。鄭玄《注》:"陰,後弇也;陽,前弇也。"《周禮·春官·卜師》:凡卜,辨龜之上下左右陰~。(0804中)

【陽木】生長於山南之樹木。鄭玄《注》:"陽木,生山南者。陰木,生山北者。"一說,為春夏生長的樹木。鄭司農云:"陽木,春夏生者。陰木,秋冬生者,若松柏之屬。"《周禮·地官·山虞》:仲冬斬~,仲夏斬陰木。(0747中)

【陽祀】在南郊祭天與宗廟。鄭玄《注》:"陽祀,祭天於南郊及宗廟。"一說,指春夏之祭。鄭司農云:"陽祀,春夏也。"《周禮·地官·牧人》:凡~,用騂牲,毛之;陰祀,用黝牲,毛之。(0723中)

【陽事】外治,宮廷以外的政事。《禮記·昏義》:是故男教不脩,~不得,適見於天,日為之食。(1682上)

【陽氣】構成萬物的物質之一。與"陰氣"相對。《禮記·月令》:殺氣浸盛,~日衰。(1374中)

【陽童】未成年而死的庶子。鄭玄《注》:"陽童,謂庶殤也,宗子則曰陰童。"《禮記·雜記上》:有父母之喪,尚功衰,而附兄弟之殤,則練冠附於殤,稱"~某甫"。(1553下)

【陽道】對外之政事。《禮記·昏義》:天子理~,后治陰德;天子聽外治,后聽內職。(1681下)

【陽厭】庶子未成年而死及無後嗣者,祭之於宗子家祖廟,在西北角顯亮處擺設祭品,奠酒於東房之中,稱陽厭。孔穎達《疏》:"凡殤,謂非宗子之殤。……無後者謂庶子之身無子孫爲後。此二者皆宗子大功内親,祭於宗子之家祖廟之內,不敢在成人之處,故於當室之明白顯露之處,爲之設尊於東房,以其明是陽,故爲陽厭也。"《禮記・曾子問》:凡殤與無後者,祭於宗子之家,當室之白,尊于東房,是謂~。(1400中)

【陽德】即陽禮。指鄉射、鄉飲酒之禮。孫詒讓《正義》:"此陰德即謂昏禮,陽德亦即謂鄉射飲酒之禮。本於性情之謂德,制其節文之謂禮,其實一也。"一說,鄭司農云:"陽德,謂分地利以致富。"《周禮・春官・大宗伯》:以天產作陰德,以中禮防之;以地產作~,以和樂防之。(0762下)

【陽聲】指六律。樂音標準名。古代樂律分爲十二,陽聲爲律,陰聲爲同。六律指黃鍾、大簇、姑洗、蕤賓、夷則、無射。參見"六律"。《周禮・春官・大師》:~:黄鍾、大簇、姑洗、蕤賓、夷則、無射。(0795中)

【陽禮】指鄉射、鄉飲酒之禮。此禮教民謙讓。鄭玄《注》:"陽禮,謂鄉射飲酒之禮也。"孫詒讓《正義》引俞樾云:"陽禮與陰禮對文,陰禮爲婦人之禮,則陽禮爲男子之禮明矣。古人行禮,凡祭祀、賓客、喪紀之禮,婦人皆得與焉;惟鄉射、飲酒,純乎男子之事,而婦人不與,故曰陽禮。"賈公彥《疏》:"飲酒之時,五十者堂下,六十者堂上,皆以齒讓爲禮,則無爭。"《周禮・地官・大司徒》:二曰以~教讓,則民不爭。(0703上)

隅 yú 見下。

【隅坐】坐在席角。古人席地而坐,尊者坐於正席,卑者坐於席角。鄭玄《注》:"隅坐,不與成人並。"《禮記・檀弓上》:曾子寢疾,病。樂正子春坐於牀下,曾元、曾申坐於足,童子~而執燭。(1277下)

隈 wēi 弓把兩端的彎曲處。鄭玄《注》:"隈,弓淵也。"《儀禮・大射》:大射正執弓,以袂順左右~,上再下壹。(1039中)

陰 [陰] yīn ❶哲學概念之一,與"陽"相對。古代哲學認爲宇宙中一切事物分爲相對的兩大方面:陰和陽。如天爲陽,地爲陰;雄爲陽,雌爲陰;南爲陽,北爲陰;奇數爲陽,偶數爲陰;明暖爲陽,雨寒爲陰;人之性爲陽,情爲陰;五行之火木爲陽,金水土爲陰等。《周禮・春官・占夢》:掌其歲時,觀天地之會,辨~陽之氣。(0807下)《禮記・禮運》:故天秉陽,垂日星。地秉~,竅於山川。(1423上)❷龜甲後長而掩其體謂之陰。前長而掩其體謂之陽。鄭玄《注》:"陰,後弇也;陽,前弇也。"《周禮・春官・卜師》:凡卜,辨龜之上下左右~陽。(0804中)❸山之北或水之南。鄭玄《注》:"生山南爲陽木,生山北爲陰木。"《周禮・秋官・柞氏》:夏日至,令刊陽木而火之;冬日至,令剝~木而水之。(0888下)

【陰木】生長於山北之樹木。鄭玄《注》:"陽木,生山南者。陰木,生山北者。"一說,爲秋冬生長的樹木。鄭司農云:"陽木,春夏生者。陰木,秋冬生者,若松柏之屬。"《周禮・地

官·山虞》：仲冬斬陽木，仲夏斬～。（0747中）

【陰令】王對北宮婦人所發佈的命令。鄭玄《注》："陰令，王所求見於北宮。"賈公彥《疏》："謂若縫人、女御爲王裁縫衣裳及絲枲織紝之等，皆是王之所求索、王之所造爲者也。"孫詒讓《正義》："亦以王令婦人之事，故謂之陰令。"《周禮·天官·内小臣》：掌王之陰事，～。（0686中）

【陰竹】生長在山北的竹子。鄭玄《注》："陰竹，生於山北者。"《周禮·春官·大司樂》：～之管，龍門之琴瑟、《九德》之歌、《九磬》之舞，於宗廟之中奏之。（0790上）

【陰祀】在北郊祭地祇與社稷也。鄭玄《注》："陰祀，祭地北郊及社稷也。"《周禮·地官·牧人》：凡陽祀，用騂牲，毛之；～，用黝牲，毛之。（0723中）

【陰事】婦人之事，宮中羣妃御見之事。《内小臣》鄭玄《注》："陰事，羣妃御見之事。"孫詒讓《正義》："以是婦人之事，故謂之陰事。"《周禮·天官·内小臣》：掌王之～、陰令。（0686中）《禮記·昏義》：婦順不脩，～不得，適見於天，月爲之食。（1682上）

【陰氣】構成萬物的物質之一。與"陽氣"相對。孔穎達《疏》："土是陰氣之主，故云而主陰氣也。"《禮記·郊特牲》：社祭土而主～也。（1449上）

【陰訟】因淫亂而觸犯法規之訟。鄭玄《注》："陰訟，爭中冓之事以觸法者。"《周禮·地官·媒氏》：凡男女之～，聽之于勝國之社。（0733下）

【陰（隂）陽】哲學概念。古代哲學認爲宇宙中一切事物分爲相對的兩大方面：陰和陽。如雄爲陽，雌爲陰；南爲陽，北爲陰；奇數爲陽，偶數爲陰；明暖爲陽，雨寒爲陰；人之性爲陽，情爲陰；五行之火木爲陽，金水土爲陰等。《周禮·地官·大司徒》：天地之所合也，四時之所交也，風雨之所會也，～之所和也。（0704中）《禮記·郊特牲》：樂由陽來者也，禮由陰作者也，～和而萬物得。（1446下）

【陰厭】嫡長子未成年而死，祭之於宗廟幽陰之處，稱陰厭。鄭玄《注》："是宗子而殤，祭之於奧之禮。"孔穎達《疏》："此宗子殤死，祭於祖廟之奧陰闇之處，是謂陰厭也。"《禮記·曾子問》：其吉祭特牲，祭殤不舉，無肵俎，無玄酒，不告利成，是謂～。（1400上）

【陰德】❶指男女自然親愛之情。鄭玄《注》引鄭司農云："陰德，謂男女之情，天性生而自然者。……情性隱而不露，故謂之陰德。"《周禮·春官·大宗伯》：以天產作～，以中禮防之；以地產作陽德，以和樂防之。（0762下）❷帝王後宮的事務。鄭玄《注》："陰德，謂主陰事、陰令也。"《禮記·昏義》：天子理陽道，后治～；天子聽外治，后聽内職。（1681下）

【陰聲】指六同。樂音標準名。古代樂律分爲十二，陽聲爲律，陰聲爲同。六同指大吕、應鍾、南吕、函鍾、小吕、夾鍾。參見"六同"。《周禮·春官·大師》：～：大吕、應鍾、南吕、函鍾、小吕、夾鍾。（0795中）

【陰（隂）禮】❶婦女應遵循的禮儀。

鄭玄《注》引鄭司農云:"陰禮,婦人之禮。"《周禮・天官・内宰》:以～教六宮,以～教九嬪。(0684 下)❷指婚嫁之禮。鄭玄《注》:"陰禮,謂男女之禮。"賈公彦《疏》:"陰禮,謂昏姻之禮。不可顯露,故曰陰禮也。"《周禮・地官・大司徒》:三曰以～教親,則民不怨。(0703 上)

【陰竹之管】用山北之竹所製成的管樂器。《周禮・春官・大司樂》:～,龍門之琴瑟、《九德》之歌、《九磬》之舞,於宗廟之中奏之。(0790 上)

隨 (随) suí 見下。

【隨行】跟在後面走。爲與父輩同行之儀。《禮記・王制》:父之齒～,兄之齒鴈行,朋友不相踰。(1347 中)

隧 suì ❶墓道。鄭玄《注》:"隧,羨道也。"《周禮・春官・冢人》:及窆,以度爲丘～,共喪之窆器。(0786 中)❷用同"遂"。指車廂之深度。鄭玄《注》引鄭司農云:"隧謂車輿深也。"孫詒讓《正義》:"深謂從度,對廣爲橫度也。"一説,爲車廂之長。賈公彦《疏》:"隧謂車輿從。"《周禮・冬官考工記・輿人》:参分車廣,去一以爲～。参分其～,一在前,二在後,以揉其式。(0910 中)❸鍾體受擊之處。其處圓形凹下,在鍾體下半正中,其凹度爲鍾厚的六分之一。鄭玄《注》:"隧在鼓中,窒而生光,有似夫隧。"孫詒讓《正義》引程瑶田云:"鼓所擊之處,在于之上,攤弊焉,窒下生光,如夫隧,謂之隧。"《周禮・冬官考工記・鳧氏》:于上之攠謂之～。(0916 上)

隰 xí 低濕之地。《大司徒》鄭玄《注》:"高平曰原,下濕曰隰。"《周禮・地官・大司徒》:以天下土地之圖,周知九州之地域廣輪之數,辨其山林、川澤、丘陵、墳衍、原～之名物。(0702 上)《禮記・月令》:善相丘陵、阪險、原～,土地所宜,五穀所殖。(1357 上)

隱 (隐) yǐn 見下。

【隱疾】幽隱之處的疾病。依禮,不得用隱疾爲兒子取名。此爲諱名法之一。鄭玄《注》:"隱疾,衣中之疾也。謂若黑臀、黑肱矣。"孫希旦《集解》引杜預曰:"隱痛疾病,避不祥也。"參見"名子"。《禮記・曲禮上》:名子者,不以國,不以日月,不以～,不以山川。(1241 下)

【隱惡而揚善】隱瞞人的過惡,宣揚人的好處。爲儒家爲人處世之道。今爲成語"隱惡揚善"。《禮記・中庸》:舜好問而好察邇言,～,執其兩端,用其中於民。(1626 上)

隮 (𬯀) jī 虹。爲十煇之一。望氣者據以辨吉凶。鄭玄《注》:"隮,虹也。"《周禮・春官・眡祲》:一曰祲,二曰象,三曰鑴,四曰監,五曰闇,六曰瞢,七曰彌,八曰敍,九曰～,十曰想。(0808 中)

金 部

金 jīn ❶兵器。刀劍、斧斤等。《瘍醫》鄭玄《注》:"金瘍,刃創也。"《周禮·天官·瘍醫》:掌腫瘍、潰瘍、～瘍、折瘍之祝藥劀殺之齊。(0668 上)《禮記·中庸》:袵～革,死而不厭,北方之強也,而強者居之。(1626 中) ❷金屬所製之樂器。如鍾、錞、鐲、鐃、鐸等。爲八音之一。《大師》鄭玄《注》:"金,鍾、鎛也。"《周禮·春官·大師》:皆播之以八音:～、石、土、革、絲、木、匏、竹。(0795 中)《禮記·樂記》:～石絲竹,樂之器也。(1536 下) ❸金屬的總稱。包括金、銀、銅、鉛、鐵等。金分五色,黃爲金,白爲銀,赤爲銅,青爲鉛,黑爲鐵。《禮運》鄭玄《注》:"用金,謂卄人以時取金玉錫石也。"《周禮·冬官考工記·總敘》:爍～以爲刃,凝土以爲器。(0906 中)《禮記·禮運》:用水、火、～、木,飲食,必時。(1427 中) ❹專指銅。《周禮·秋官·職金》"掌受士之金罰、貨罰"賈公彥《疏》:"古者言金,金有兩義。若相對而言,則有金銀銅鐵爲異;若散而言之,摠謂之金。是以《考工記》云'六分其金而錫居一'之等,皆是銅。是以《禹貢》揚州云貢金三品,孔以爲金銀銅,鄭以爲銅三色,是對散有異。"《周禮·冬官考工記·攻金之工》:六分其～而錫居一,謂之鍾鼎之齊。(0915 上)《禮記·月令》:是月也,命工師令百工審五庫之量,～、鐵、皮、革、筋、角、齒、羽、箭、幹、脂、膠、丹、漆,毋或不良。(1364 上) ❺五行之一。秋季爲金。《禮記·月令》:先立秋三日,大史謁之天子曰:"某日立秋,盛德在～。"(1373 上)

【金工】從事金屬加工工藝的工匠。爲天子六工之一。鄭玄《注》:"此亦殷時制也,周則皆屬司空。……金工,築、冶、鳧、栗、鍛、桃也。"詳見各條。《禮記·曲禮下》:天子之六工,曰土工、～、石工、木工、獸工、草工,典制六材。(1261 中)

【金石】金屬和石頭。用以製造兵器。鄭玄《注》:"用金石者,作槍雷椎椁之屬。"賈公彥《疏》:"用金石而云大故,止謂寇戎,爲禦捍之器有用金石者也。"《周禮·秋官·職金》:凡國有大故而用～,則掌其令。(0882 上)

【金版】金屬所製之餅形版塊。祭祀上帝、宴饗諸侯時所用。鄭玄《注》:"餅金謂之版。此版所施未聞。"孫詒讓《正義》:"《爾雅·釋器》云:'餅金謂之鈑。'彼《釋文》云:'鈑,本亦作版。'金版蓋謂煉冶金爲版,金當兼有金銀銅三品。"《周禮·秋官·職金》:旅于上帝,則共其～,饗諸侯亦如之。

(0882上)

【金奏】敲擊鍾、鎛。以爲奏樂之節。鄭玄《注》:"金奏,擊金以爲奏樂之節。金謂鍾及鎛。"《周禮·春官·鍾師》:鍾師,掌~。(0800中)

【金革】金,戈兵之屬;革,甲冑之屬。泛指軍戎器械。孔穎達《疏》:"金革,謂軍戎器械也。"《禮記·中庸》:衽~,死而不厭,北方之強也,而強者居之。(1626中)

【金敦】以金爲飾的敦。用以盛黍稷。胡培翬《正義》引敖繼公云:"金敦,以金飾之也。"《儀禮·少牢饋食禮》:主婦自東房執一~黍,有蓋,坐設于羊俎之南。(1200下)

【金路】以金爲車上部件末端之飾的車。爲天子五路之一。天子接待賓客、朝覲、宗遇、饗食及封同姓時所乘。鄭玄《注》:"金路,以金飾諸末。"《周禮·春官·巾車》:~,鉤,樊纓九就,建大旂,以賓,同姓以封。(0823上)

【金罰】以銅贖罪。凡罪無確證,疑而不能定者,得受金罰。鄭玄《注》:"罰,罰贖也。《書》曰:'金作贖刑。'"賈公彥《疏》:"《吕刑》云:'墨辟疑赦,其罰百鍰。'……古出金贖罪,皆據銅爲金。"孫詒讓《正義》:"古之贖罪者皆用銅,漢始改爲黃金,但少其斤兩,令與銅相敵。"《周禮·秋官·職金》:掌受士之~、貨罰,入于司兵。(0882上)

【金瘍】刀箭斧斤之傷而潰爛者。鄭玄《注》:"金瘍,刃創也。"《周禮·天官·瘍醫》:掌腫瘍、潰瘍、~、折瘍之祝藥劀殺之齊。(0668上)

【金錞】即錞于。形如碓頭,上大下小。軍中四金之一。軍中樂作鳴之,與鼓相和。鄭玄《注》:"錞,錞于也。圓如碓頭,大上小下,樂作鳴之,與鼓相和。"《周禮·地官·鼓人》:以~和鼓,以金鐲通鼓,以金鐃止鼓,以金鐸通鼓。(0721上)

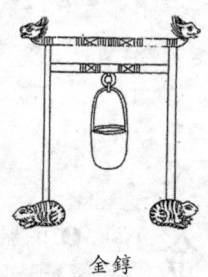
金錞

【金燧】取火於日的銅製工具。形狀如鏡。鄭玄《注》:"金燧,可取火於日。"孫希旦《集解》:"是金燧亦鑒類,其狀相似,欲取火則向日照之,以引取其火也。"《禮記·内則》:左佩紛帨、刀、礪、小觽、~。(1461上)

【金鐃】形如鈴,無舌,有柄。軍中四金之一。軍中鳴之以止鼓退軍。鄭玄《注》:"鐃,如鈴,無舌,有秉。執而鳴之,以止擊鼓。"《周禮·地官·鼓人》:以金錞和鼓,以金鐲通鼓,以~止鼓,以金鐸通鼓。(0721上)

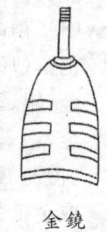
金鐃

【金鐸】即大鈴,金屬爲舌。軍中四金之一。軍中鳴之以令擊鼓。鄭玄《注》:"鐸,大鈴也,振之以通鼓。"《周禮·地官·鼓人》:以金錞和鼓,以金鐲通鼓,以金鐃止鼓,以~通鼓。(0721上)

金鐸

【金鐲】即鉦。形似小鍾。軍中四金之一。軍行鳴之以爲鼓節。

鄭玄《注》："钃，鉦也，形如小鍾。軍行鳴之，以爲鼓節。"《周禮・地官・鼓人》：以金錞和鼓，以～通鼓，以金鐃止鼓，以金鐸通鼓。（0721上）

金鐲

【金石絲竹】指鍾、磬、琴瑟、簫管四類樂器。亦泛指各種樂器。《禮記・樂記》：～，樂之器也。（1536下）

【金革之事】軍旅征伐之事。《禮記・曾子問》：三年之喪，卒哭，～無辟也者，禮與？（1401下）

鈇 ［鈇］fū 鍘刀。斬人的刑具。《禮記・樂記》：軍旅～者，先王之所以飾怒也。（1545中）

【鈇鉞】鍘刀和大斧。腰斬、砍頭的刑具，亦爲殺伐之權的象徵。孔穎達《疏》："謂上公九命得賜鈇鉞，然後鄰國臣弒君、子弒父者，得專討之。"《禮記・王制》：諸侯賜弓矢然後征，賜～鉞然後殺，賜圭瓚然後爲鬯。（1332中）

鈞 （鈞）jūn 古代重量單位。三十斤。《大司寇》鄭玄《注》："三十斤曰鈞。"《周禮・秋官・大司寇》：以兩劑禁民獄，入～金，三日乃致于朝，然後聽之。（0870下）《禮記・月令》：日夜分，則同度、量、平權、衡，正～、石，角斗、甬。（1374下）

鉦 （鉦）zhēng 鍾體上部的正面。孫詒讓《正義》引程瑤田云："鼓上爲鍾體之上段正面也，謂之鉦。"《周禮・冬官考工記・鳧氏》：鼓上謂之～，～上謂之舞。（0916上）

鉞 （鉞）yuè 古兵器。青銅製，形如大斧，有長柄。亦有玉製者，用於禮儀，象徵帝王的權威。《大司馬》鄭玄《注》："律所以聽軍聲，鉞所以爲將威也。"《周禮・夏官・大司馬》：若師有功，則左執律，右秉～，以先愷樂獻于社。（0839中）《禮記・樂記》：軍旅鈇～者，先王之所以飾怒也。（1545中）

［鉤］gōu ❶馬頸間以金爲飾的革絡。孫詒讓《正義》："凡馬領間亦皆有革絡，更以金飾之，則謂之鉤。"《周禮・春官・巾車》：金路，～，樊纓九就，建大旂。（0823上）❷車廂下與軸相連的鉤心木。鄭玄《注》引鄭司農云："鉤，鉤心。"《周禮・冬官考工記・車人》：凡爲轅，三其輪崇，參分其長，二在前，一在後，以鑿其～。（0934中）❸圓規。工匠畫圓的工具。《禮記・樂記》：故歌者，上如抗，下如隊，曲如折，止如槁木，倨中矩，句中～，纍纍乎端如貫珠。（1545中）

【鉤車】夏后氏祭天所乘之車。車前欄彎曲如鉤，故名。鄭玄《注》："鉤，有曲輿者也。"孔穎達《疏》："鉤，曲也。輿則車牀。曲輿，謂曲前闌也。"《禮記・明堂位》：～，夏后氏之路也。（1490中）

【鉤楹】繞堂柱而行。指升自西階，由楹西向北，繞楹東行，至堂中再面朝南而立。《鄉射禮》鄭玄《注》："鉤楹，繞楹而東也。"《聘禮》鄭玄《注》："鉤楹，由楹內，將南面致命。"《儀禮・鄉射禮》：豫則～內，堂則由楹外。（0999下）《儀禮・聘禮》：大夫升自西階，～。（1066下）

【鉤邊】曲裾。用上狹下寬一幅布爲之，綴於右後內衽，使其鉤曲而前，以掩裳際。鄭玄《注》:"鉤邊,若今曲裾也。"江永《深衣考誤》:"鉤邊,謂裳之右旁別用一幅布斜裁之,綴於右後衽之上,使鉤而前也,漢時謂之曲裾。蓋裳後爲裾,綴於裾曲而前,故名曲裾也。"《禮記·深衣》:短毋見膚,長毋被土。續衽~,要縫半下。(1664上)

鉶 (鉶) xíng ❶盛放菜羹的器皿。形如小鼎,兩耳三足,有蓋。常用於祭祀。《公食大夫禮》鄭玄《注》:"鉶,菜和羹之器。"《禮運》陸德明《釋文》:"盛和羹,器形如小鼎。"《周禮·秋官·掌客》:豆四十,~四十有二。(0900中)《儀禮·公食大夫禮》:宰夫設~四于豆西,東上。(1081中)《禮記·禮運》:體其犬、豕、牛、羊,實其簠、簋、籩、豆,~羹,祝以孝告,嘏以慈告,是謂大祥。(1417中)❷肉菜羹。鄭玄《注》:"鉶,肉味之有菜和者。"賈公彦《疏》:"以其盛之鉶器,因號羹爲鉶。"《儀禮·特牲饋食禮》:祭~,嘗之,告旨。(1184中)

鉶鼎

【鉶芼】肉羹中所加的菜。包括豆葉、苦茶、薇、菫、荁等。《公食大夫禮》鄭玄《注》:"藿,豆葉也。苦,苦茶也。滑,菫、荁之屬。"《特牲饋食禮》鄭玄《注》:"芼,菜也。"《儀禮·公食大夫禮》:~,牛藿、羊苦、豕薇,皆有滑。(1086下)《儀禮·特牲饋食禮》:主婦設兩敦黍、稷于俎南,西上;及兩~,設于豆南,南陳。(1183下)

【鉶羹】盛於鉶器中調有五味的羹。祭祀所用。《亨人》鄭玄《注》引鄭司農云:"大羹,不致五味也。鉶羹,加鹽菜矣。"賈公彦《疏》:"牛用藿,羊用苦,豕用薇,調以五味,盛之於鉶器,即謂之鉶羹。"《周禮·天官·亨人》:祭祀,共大羹、~。(0662下)《禮記·禮運》:體其犬、豕、牛、羊,實其簠、簋、籩、豆,~,祝以孝告,嘏以慈告,是謂大祥。(1417中)

銖 (銖) zhū 古代重量單位。一百黍爲一銖,即一兩的二十四分之一。孔穎達《疏》:"十黍爲参,十参爲銖,二十四銖爲兩。"《禮記·儒行》:雖分國,如錙~,不臣不仕。(1671上)

銑 (銑) xiǎn 鐘口的兩角。鄭玄《注》引杜子春云:"銑,鐘口兩角。"賈公彦《疏》:"古之樂器應律之鐘,狀如今之鈴,不圓,故有兩角也。"《周禮·冬官考工記·鳧氏》:兩欒謂之~,~間謂之于。(0916上)

鋌 (鋌) dìng 用同"莖"。箭頭後部插入箭桿的部分。鄭玄《注》引鄭司農云:"鋌,箭足入稟中者也。"孫詒讓《正義》:"箭足謂金也。《釋名·釋兵》云:'矢又謂之箭,其本曰足。矢形似木,木以下爲本,以根爲足也。……'稾即矢榦,箭足著金,惟見其刃,其莖入榦不見者,謂之鋌也。"《周禮·冬官考工記·冶氏》:刃長寸,圍寸,~十之,重三垸。(0915上)

銘 (銘) míng ❶即銘旌。寫有死者姓名的旗幡。銘旌各用其生前所用之旗,以表明其等級身份。《小祝》鄭玄《注》引鄭司農云:"書死者名於旌,今謂之柩。"《士喪禮》鄭玄

《注》:"銘,明旌也。……以死者爲不可別,故以其旗幟識之。"《檀弓下》鄭玄《注》:"神明之旌。"孔穎達《疏》:"案《司常》云:'王建大常,諸侯建旂,孤卿建旜,大夫士建物。'則銘旌亦然,但以尺寸易之。案《士喪禮》士長三尺,大夫五尺,諸侯七尺,天子九尺。"參見"銘旌"。《周禮·春官·小祝》:大喪,贊渳,設熬,置~。(0812上)《儀禮·士喪禮》:爲~,各以其物。(1130上)《禮記·檀弓下》:~,明旌也。以死者爲不可別已,故以其旗識之。(1301中)❷刻在器物上的文字。賈公彥《疏》:"是酺器之上銘文。"《周禮·冬官考工記·㮚氏》:其~曰:"時文思索,允臻其極。嘉量既成,以觀四國。永啓厥後,兹器維則。"(0917上)❸刻在器物上,用以稱揚先祖之美,使名著於後世的文字。鄭玄《注》:"銘,謂書之刻之以識事者也。"孔穎達《疏》:"言爲先祖之銘者,自著己之功名於下。"《禮記·祭統》:夫鼎有~。~者,自名也。自名以稱揚其先祖之美,而明著之後世者也。(1606下)

【銘旌】寫有死者姓名的旗幡。銘旌各用其生前所用之旗,以表明其等級身份。如王建大常,諸侯建旂,孤卿建旜,大夫士建物等。據《士喪禮》《既夕禮》,銘旌先置於屋宇西階之上("竹杠長三尺,置于宇西階上"),將殯時懸掛於中庭之重木("祝取銘,置于重"),大殮後樹於停柩之坎穴東側("卒塗,祝取銘置于肂"),葬時去竹杠置於襯棺之茵上入壙("祝取銘,置于茵")。鄭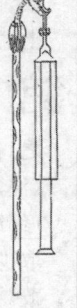

銘旌

玄《注》:"銘旌,王則大常也。《士喪禮》曰:'爲銘,各以其物。'"參見"銘①"。《周禮·春官·司常》:大喪,共~。(0827上)

鋝

(鋝)lüè 重量單位。爲六兩又大半兩。即三鋝合今二十兩。鄭玄《注》:"鄭司農云:'鋝,量名也。……'玄謂許叔重《説文解字》云:'鋝,鍰也。'今東萊稱或以大半兩爲鈞,十鈞爲鍰(環),鍰(環)重六兩大半兩。鍰鋝似同矣,則三鋝爲一斤四兩(合今二十兩)。"一説,爲六兩。孫詒讓《正義》:"賈逵説俗儒以鋝重六兩。此俗儒相傳譌失,不能覈實,脱去大半兩言之。"《周禮·冬官考工記·冶氏》:是故倨句外博,重三~。(0915中)

錯

(錯)cuò 指雁行。即並行而稍後。爲與兄長行走之儀。與父輩行走當隨後而行。鄭玄《注》:"錯,鴈行也。父黨隨行,兄黨鴈行。"《禮記·祭義》:行,肩而不併,不~而隨。(1599下)

【錯立】雜亂站立。爲臨朝所不允許的行爲之一。朝士查禁之。鄭玄《注》:"錯立、族談違其位。"《周禮·秋官·朝士》:帥其屬而以鞭呼趨且辟,禁慢朝、~、族談者。(0878上)

錫

(錫)xī ❶用同"緆"。加灰捶洗過的細麻布。《喪服》鄭玄《注》:"謂之錫者,治其布使之滑易也。"《雜記上》孔穎達《疏》:"取緦以爲布,又加灰治之,則曰錫,言錫然滑易也。"《儀禮·喪服》:~者何也?麻之有~者也。~者,十五升抽其半,無事其縷,有事其布,曰~。(1124下)《禮記·雜記上》:朝服十五升,去

其半而緦,加灰,~也。(1555 上)
❷當盧。馬額上的飾物。形如半月,以金爲之。鄭玄《注》:"錫,馬面當盧,刻金爲之。"賈公彦《疏》:"眉上曰錫,故知當額盧。"《周禮·春官·巾車》:一曰玉路,~,樊纓十有再就。(0822 下)❸金屬的一種。銀白色,質柔。古以銅與錫煉成合金,含錫比例小於四分之一者爲上劑,大於三分之一者爲下劑。《周禮·冬官考工記·攻金之工》:六分其金而~居一,謂之鍾鼎之齊。五分其金而~居一,謂之斧斤之齊。(0915 上)

【錫衰】用細麻布做成的喪服。天子爲三公六卿、諸侯爲卿大夫、大夫爲命婦、命婦爲大夫,均服錫衰。亦服錫衰喪服。《司服》鄭玄《注》:"君爲臣服弔服也。"《周禮·春官·司服》:王爲三公、六卿~,爲諸侯緦衰。(0782 下)《儀禮·喪服》:大夫弔於命婦,~;命婦弔於大夫,亦~。(1124 中)《禮記·服問》:公爲卿、大夫~以居,出亦如之。(1659 上)

鋼 (錮) gù 見下。

【錮疾】經久難治的疾病。指禿頭、駝背、跛足等。喪禮,身有痼疾者禮儀不必完備,因爲喪禮以哀爲主。孫希旦《集解》:"喪禮以哀爲主,故有疾之人雖於禮有所不能備,亦盡其哀而已矣。"《禮記·問喪》:然則禿者不免,傴者不袒,跛者不踊,非不悲也,身有~,不可以備禮也。(1656 下)

錦 (錦) jǐn ❶有文彩圖案之絲織品。依六種禮幣的配合方法,獻琮應配以錦。《周禮·秋官·小行人》:合六幣:圭以馬,璋以皮,璧以

帛,琮以~,琥以繡,璜以黼。(0894 上)《儀禮·士昏禮》:姑饗婦人送者,酬以束~。(0968 下)《禮記·玉藻》:童子之節也,緇布衣,~緣,~紳并紐,~束髮,皆朱~也。(1483 上)❷指錦衣。《禮記·中庸》;《詩》曰:"衣~尚絅。"惡其文之著也。(1635 上)

【錦衣】素錦衣。諸侯國君覆加在裘外之衣。亦稱禓衣、中衣。鄭玄《注》:"君衣狐白毛之裘,則以素錦爲衣覆之。"《禮記·玉藻》:君衣狐白裘,~以裼之。(1479 下)

【錦衾】錦面被子。國君小殮所用之被。《禮記·喪大記》:君~,大夫縞衾,士緇衾,皆一。(1577 上)

【錦帶】錦製的帶子。爲有德才而隱居不仕之人所繫。孔穎達《疏》:"用錦爲帶,尚文也。"《禮記·玉藻》:居士~,弟子縞帶,并紐約用組。(1480 下)

錞 (錞) chún 即錞于。爲四金之一。形如碓頭,上大下小。軍中樂作鳴之,與鼓相和。鄭玄《注》:"錞,錞于也。圜如碓頭,大上小下,樂作鳴之,與鼓相和。"《周禮·地官·鼓人》:以金~和鼓,以金鐲通鼓,以金鐃止鼓,以金鐸通鼓。(0721 上)

錧 guǎn 車軸兩頭包的套蓋。一般用金屬製成,喪車則以木爲之,爲減少磨擦,取其少聲。鄭玄《注》:"取少聲。今文錧爲鐯。"賈公彦《疏》:"其車錧常用金,喪用木,是取少聲也。"《儀禮·既夕禮》:御以蒲蔽,犬服,木~,約綏,約轡,木鑣。(1162 上)

鍵 （键）jiàn 鎖簧。《司門》鄭玄《注》引鄭司農云："管，謂籥也；鍵，謂牡。"《周禮·地官·司門》：掌授管～，以啓閉國門。（0738 下）《禮記·月令》：坏城郭，戒門閭，脩～閉，慎管籥。（1381 中）

【鍵閉】鎖鑰。鄭玄《注》："鍵，牡，閉，牝也。"孔穎達《疏》："凡鎖器入者謂之牡，受者謂之牝。"一説，爲門閂。孔穎達《疏》引何胤云："鍵是門扇之後豎兩木，穿上端爲孔。閉者謂將扃關門，以内孔中。"《禮記·月令》：坏城郭，戒門閭，脩～，慎管籥。（1381 中）

録 （录）lù 簿册。賈公彥《疏》："謂定其所録簿書。"《周禮·天官·職幣》：振掌事者之餘財，皆辨其物而奠其～。（0683 上）

錙 （锱）zī 古代重量單位。其説不一。鄭玄《注》："八兩曰錙。"《説文·金部》："錙，六銖也。"《淮南子·銓言訓》高誘注："六兩曰錙。"《禮記·儒行》：雖分國，如～銖。（1671 上）

鍾 （钟）zhōng ❶樂器名。金奏樂器之首，以青銅鑄成，懸掛於架上，用槌叩擊發聲，用於祭祀、宴享。鍾體似兩瓦相合，共鳴腔橫截面呈扁圓形。鍾上有柄，稱甬；懸鍾之環，稱旋。鍾口兩側有角，稱銑；兩銑之間的下緣，稱于；于上爲敲擊發聲之處，稱鼓；鼓之上段，稱鉦；鉦向上的平頂，稱舞。鍾數枚一組懸於鍾簴，成爲編鍾。1977 年湖北隨縣戰國曾侯乙墓出土全套編鍾 64 件。《周禮·冬官考工記·鳧氏》：鳧氏爲～。（0916 上）《儀禮·大射》：樂人宿縣于阼階東，笙磬西面，其南笙～，其南鑮，皆南陳。（1028 下）《禮記·月令》：是月也，命樂師脩鼗、鞞、鼓，均琴、瑟、管、簫，執干、戚、戈、羽，調竽、笙、竾、簧，飭～、磬、柷、敔。（1369 中）❷即鍾氏。染羽之工匠。爲設色之工。《周禮·冬官考工記·總敘》：設色之工五；畫、繢、～、筐、㡛。（0906 中）

【鍾人】掌鍾鼓奏樂之人。鄭玄《注》："鍾人掌以鍾鼓奏《九夏》。"《儀禮·燕禮》：賓所執脯以賜～于門内霤，遂出。（1024 上）

【鍾氏】染羽之工匠。爲設色之工。賈公彥《疏》："染布帛者在《天官·染人》，此鍾氏惟染鳥羽而已。"《周禮·冬官考工記·鍾氏》：～，染羽。（0919 上）

【鍾師】職官名。掌管敲擊鍾、鎛。爵中士、下士。鄭玄《注》："金奏，擊金以爲奏樂之節。金謂鍾及鎛。"《周禮·春官·鍾師》：～，掌金奏。（0800 中）

【鍾帶】鉦體中有縱橫之綫條爲界，稱鍾帶。鍾帶花紋突出，又謂之篆。孫詒讓《正義》："記鍾飾之制也。程瑤田云：'鉦體正方，中有界，縱三橫四，爲鍾帶；篆起，故謂之篆。'"《周禮·冬官考工記·鳧氏》：～謂之篆，篆間謂之枚，枚謂之景。（0916 上）

【鍾鼓】鍾和鼓。古代禮樂器。《周禮·春官·大司樂》：王大食，三宥，皆令奏～。（0791 上）《禮記·禮運》：備其鼎俎，列其琴、瑟、管、磬、～，脩其祝嘏，以降上神與其先祖。（1416 中）

【鍾磬】鍾和磬。古代禮樂器。《周禮·春官·磬師》:"掌教擊磬,擊編鍾,教縵樂、燕樂之~。(0800 中)《禮記·月令》:是月也,命樂師脩鞀鞞、鞀、鼓、均琴、瑟、管、簫,執干、戚、戈、羽,調竽、笙、竾、簧,飭~、柷、敔。(1369 中)

【鍾鼎之齊(jì)】指製造鍾鼎銅與錫合金的配方。即含銅六分之五,含錫六分之一。爲六齊之一。鄭玄《注》:"多錫爲下齊,大刃、削殺矢、鑒燧也。少錫爲上齊,鍾鼎、斧斤、戈戟也。"孫詒讓《正義》:"錫多則金不純,故爲下齊。多者,謂參分其金,而錫居一以下。"《周禮·冬官考工記·攻金之工》:金有六齊:六分其金而錫居一,謂之~。五分其金而錫居一,謂之斧斤之齊。四分其金而錫居一,謂之戈戟之齊。參分其金而錫居一,謂之大刃之齊。五分其金而錫居二,謂之削殺矢之齊。金錫半,謂之鑒燧之齊。(0915 上)

鍭

(鍭)hóu 見下。

【鍭矢】八矢之一。金屬箭頭,剪齊箭羽,前重。用於近射、田獵,亦可用於禮射。鄭玄《注》:"殺矢,言中則死,鍭矢象焉。……二者皆可以司候射敵之近者及禽獸,前尤重,中深而不可遠也。"孫詒讓《正義》:"《行葦》孔《疏》引孫炎《爾雅注》云:'金鏑斷羽,使前重也。'……凡禮射亦用金鍭,故亦謂之鍭矢。"《周禮·夏官·司弓矢》:凡矢,枉矢、絜矢利火射,用諸守城、車戰,殺矢、~用諸近射、田獵,矰矢、茀矢用諸弋射,恒矢、痹矢用諸散射。(0856 上)

鎮

(鎮)zhèn 一方最大、最重要的名山。鄭玄《注》:"四鎮,山之重大者。謂揚州之會稽,青州之沂山,幽州之醫無閭,冀州之霍山。"賈公彦《疏》:"以職方九州,州各有鎮山,皆以其大者以爲一州之鎮,故云山之重大者也。《周禮·春官·大司樂》:凡日月食,四~、五嶽崩,大傀異烖,諸侯薨,令去樂。(0791 上)

【鎮圭】天子鎮撫天下之圭。長一尺二寸,刻四鎮爲飾。爲六瑞之一。鄭玄《注》:"鎮,安也,所以安四方。鎮圭者,蓋以四鎮之山爲瑑飾,圭長尺有二寸。"《周禮·春官·大宗伯》:以玉作六瑞,以等邦國:王執~,公執桓圭,侯執信圭,伯執躬圭,子執穀璧,男執蒲璧。(0761 下)

鎮圭

【鎮服】距王畿四千里至四千五百里之地。爲九服之一。九服爲侯、甸、男、采、衛、蠻、夷、鎮、藩,每服五百里。《周禮·夏官·職方氏》:乃辨九服之邦國:方千里曰王畿,其外方五百里曰侯服,又其外方五百里曰甸服,又其外方五百里曰男服,又其外方五百里曰采服,又其外方五百里曰衛服,又其外方五百里曰蠻服,又其外方五百里曰夷服,又其外方五百里曰~,又其外方五百里曰藩服。(0862 中)

【鎮畿】即鎮服。距王畿四千里至四千五百里之地。《周禮·夏官·大司馬》:乃以九畿之籍施邦國之政職:……又其外方五百里曰~,又其外方五百里曰蕃畿。(0835 下)

鎛 （镈）bó ❶製作鎛器的工匠。即攻金之工的段氏。賈公彥《疏》："謂無此鎛官、函官之等也。"《周禮·冬官考工記·總敘》：粵無～，燕無函，秦無廬，胡無弓車。(0905 下) ❷鋤草的農器。鄭玄《注》："言其丈夫人人皆能作是器。"《周禮·冬官考工記·總敘》：粵之無鎛也，非無鎛也，夫人而能爲～也。(0905 下)

【鎛師】職官名。掌管金奏時擊鼓。爵中士、下士。《周禮·春官·鎛師》：～，掌金奏之鼓。(0801 上)

【鎛器】鋤草的農器。鄭玄《注》："鎛器，田器。"《周禮·冬官考工記·攻金之工》：段氏爲～，桃氏爲刃。(0914 下)

鏃 （镞）zú 箭頭。用金屬、骨角等製成。《儀禮·大射》：司射適次，袒、決、遂，執弓，挾乘矢於弓外，見～於弣，右巨指鉤弦。(1034 中)

鐃 （铙）náo 形如鈴，無舌而有柄。軍中四金之一。軍中擊之以止鼓退軍。《周禮·地官·鼓人》"以金鐃止鼓"鄭玄《注》："鐃，如鈴，無舌，有秉。執而鳴之，以止擊鼓。"參見"金鐃"。《周禮·夏官·大司馬》：乃鼓退，鳴～，且卻，及表乃止，坐作如初。(0838 下)

鐕 zān 釘子。鄭玄《注》："鐕，所以琢著裏。"孔穎達《疏》："鐕，釘也。"《禮記·喪大記》：君裏棺用朱綠，用雜金～。大夫裏棺用玄、綠，用牛骨～。(1583 中)

鐓 （镦）duì 用同"錞"。矛戟柄末端的平底銅套。依禮，凡授人刺刃之器，應避其刃，柄朝前，刃朝後。鄭玄《注》："銳底曰鐏，取其鐏地；平底曰鐓，取其鐓地。"孔穎達《疏》："鐓爲矛戟柄尾，平底如鐓，柄下也。以平嚮人，敬也。"《禮記·曲禮上》：進戈者前其鐏，後其刃；進矛戟者前其～。(1244 上)

鐘 （钟）zhōng ❶用同"鍾"。樂器名。金奏樂器之首，以青銅鑄成，懸掛於架上，用槌叩擊發聲，用於祭祀、宴享。鍾體似兩瓦相合，共鳴腔橫截面呈扁圓形。鍾上有柄，稱甬；懸鍾之環，稱旋。鍾口兩側有角，稱銑；兩銑之間的下緣，稱于；于上爲敲擊發聲之處，稱鼓；鼓之上段，稱鉦；鉦向上的平頂，稱舞。鍾數枚一組懸於鍾簴，成爲編鍾。1977 年湖北隨縣戰國曾侯乙墓出土全套編鍾 64 件。《周禮·春官·大祝》：隋釁，逆牲，逆尸，令～鼓。(0811 上)《禮記·樂記》：故～鼓管磬，羽籥干戚，樂之器也。(1530 中) ❷指青銅。鄭玄《注》："鐘，金也。獻金爲作器，鐘其大者。"孔穎達《疏》："不謂之爲金而謂之爲鐘者，貴金以供王之鑄器，器之大者莫大於鐘，故言以鐘次之也。"《禮記·郊特牲》：以～次之，以和居參之也。(1447 中)

【鐘鼓】鐘和鼓。古代禮樂器。《周禮·春官·大祝》：隋釁，逆牲，逆尸，令～。(0811 上)《禮記·樂記》：～干戚，所以和安樂也。(1529 中)

【鐘磬】鐘和磬。古代禮樂器。《禮記·檀弓上》：琴瑟張而不平，竽笙備而不和，有～而無簨虡。(1289 下)

鐏 （镈）zūn 戈柄尾部的圓形銅套。依禮，凡授人刺刃之器，應避其刃，柄朝前，刃朝後。鄭玄《注》：

"銳底曰錞,取其錞地;平底曰鐓,取其鐓地。"孔穎達《疏》:"刃,當頭而利者也,利故不持鐏人也。錞在尾而鈍,鈍鐏人爲敬,所以前錞後刃也。"《禮記・曲禮上》:進戈者前其~,後其刃;進矛戟者前其鐓。(1244 上)

鐙 (镫) dēng ❶食器。瓦質,豆形,故稱瓦豆。鄭玄《注》:"瓦豆謂之鐙。"《儀禮・公食大夫禮》:大羮湆不和,實于~。宰右執~,左執蓋,由門入。(1081 中) ❷指瓦豆之基部。鄭玄《注》:"鐙,豆下跗也。"《禮記・祭統》:夫人薦豆執校,執醴授之執~。(1605 下)

鐵 (铁) tiě 黑色金屬。可用於製作器物、兵器等。《禮記・月令》:是月也,命工師令百工審五庫之量,金、~、皮、革、筋、角、齒、羽、箭、幹、脂、膠、丹、漆,毋或不良。(1364 上)

【**鐵驪**】黑色馬。冬季爲水,水色黑,故冬時天子之物皆用黑色,所駕之馬爲鐵驪。鄭玄《注》:"鐵驪,色如鐵。"孫希旦《集解》:"鐵驪,馬色黑如鐵者也。車馬衣服皆以玄及黑者,順水色也。"《禮記・月令》:乘玄路,駕~,載玄旂,衣黑衣,服玄玉。(1381 上)

鑊 (镬) huò 無足鼎。用以烹煮肉、魚、腊等。《亨人》鄭玄《注》:"鑊,所以煮肉及魚腊之器。"孫詒讓《正義》引《淮南子・説山訓》高注云:"無足曰鑊。"《周禮・天官・亨人》:掌共鼎~,以給水火之齊。(0662 下)《儀禮・少牢饋食禮》:雍人陳鼎五,三鼎在羊~之西,二鼎在豕~之西。(1197 下)《禮記・内則》:鉅鑊湯,以小鼎,薌脯於其中,使其湯毋滅鼎。(1468 上)

鐸 (铎) duó 大鈴。青銅鑄成,有舌。金屬舌者稱金鐸,金鐸令於軍中。木舌者稱木鐸,木鐸令於國中。《雜記下》孔穎達《疏》:"司馬,夏官,主武,故執金鐸率衆。"《大司馬》鄭玄《注》:"《鼓人》:'……以金鐸通鼓。'"參見"金鐸""木鐸"。《周禮・夏官・大司馬》:辨鼓、~、鐲、鐃之用,王執路鼓,諸侯執賁鼓,軍將執晉鼓,師帥執提,旅帥執鼙,卒長執鐃,兩司馬執~,公司馬執鐲。(0836 上)《禮記・雜記下》:司馬執~,左八人,右八人。(1566 下)

鐲 (镯) zhuó 形似小鍾。軍中四金之一。軍行鳴之以爲鼓節。《周禮・地官・鼓人》"以金鐲節鼓"鄭玄《注》:"鐲,鉦也,形如小鍾。軍行鳴之,以爲鼓節。"參見"金鐲"。《周禮・夏官・大司馬》:鼓行,鳴~,車徒皆行,及表乃止。(0838 中)

鑄 (铸) zhù 見下。

【**鑄金之狀**】冶煉銅錫時的徵候。首先出現黑濁煙氣,其次冒黄白煙氣,最後出現青白煙氣,至此就可以開始澆鑄了。反映出我國先秦時期冶煉技術之精深。鄭玄《注》:"消湅金錫精麤之候。"《周禮・冬官考工記・栗氏》:凡~,金與錫,黑濁之氣竭,黄白次之;黄白之氣竭,青白次之;青白之氣竭,青氣次之;然後可鑄也。(0917 中)

鑑 [鉴] jiàn 冰鑑。形似大盆,大口而斂底,有耳。用以盛冰冷藏食物。青銅製成,亦有陶器。鄭玄《注》:"鑑如甄,大口,以盛冰,置食物

于中以禦溫氣。"《周禮・天官・凌人》：春始治～。(0671 上)

鑒 (鉴) jiàn 即方諸。在月下盛露取水的器具。鄭玄《注》："夫遂,陽遂也。鑒,鏡屬,取水者,世謂之方諸。取日之火,月之水,欲得陰陽之潔氣也。"《周禮・秋官・司烜氏》：掌以夫遂取明火於日,以～取明水於月。(0885 中)

【鑒燧】方諸和陽燧。方諸爲月下盛露取水的器具,陽燧爲向日取火的凹鏡。鄭玄《注》："鑒、燧,取水火於日月之器也。鑒亦鏡也。"《周禮・冬官考工記・攻金之工》：金錫半,謂之～之齊。(0915 上)

【鑒燧之齊(jì)】指製造鑒燧銅與錫合金的配方。即含銅二分之一,含錫二分之一。爲六齊之一。鄭玄《注》："多錫爲下齊,大刃、削殺矢、鑒燧也。少錫爲上齊,鍾鼎、斧斤、戈戟也。"孫詒讓《正義》："錫多則金不純,故爲下齊。多者,謂參分其金,而錫居一以下。"《周禮・冬官考工記・攻金之工》：金有六齊：六分其金而錫居一,謂之鍾鼎之齊。五分其金而錫居一,謂之斧斤之齊。四分其金而錫居一,謂之戈戟之齊。參分其金而錫居一,謂之大刃之齊。五分其金而錫居二,謂之削殺矢之齊。金錫半,謂之～。(0915 上)

鑣 (镳) biāo 馬嚼子。與銜合用,以勒馬口。銜在口内,鑣在口旁。一般用金屬製成,喪車則以木爲之,爲減少磨擦,取其少聲。鄭玄《注》："亦取少聲。"賈公彦《疏》："平常用馬鑣以金爲之,今用木,故知亦取少聲也。"《儀禮・既夕禮》：主人乘惡車,白狗幦,蒲蔽,御以蒲菆,犬服,木錧,約綏,約轡,木～。(1162 中)

鎛 bó 青銅樂器。形如鍾而大。鄭玄《注》："鎛,如鍾而大。奏樂以鼓鎛爲節。"《儀禮・大射》：樂人宿縣于阼階東,笙磬西面,其南笙鍾,其南～,皆南陳。(1028 下)

鑴 xī 日旁雲氣之有缺者。環繞太陽四週的暈圈而有所缺,尖角向日,背外向。爲十煇之一。望氣者據以辨吉凶。鄭玄《注》："鄭司農云：'……鑴,謂日旁氣四面反鄉,如煇狀也。'……(玄)謂日旁氣刺日也。"孫詒讓《正義》："如環而缺,故有四面反鄉之形。"《周禮・春官・眡祲》：一曰祲,二曰象,三曰～,四曰監,五曰闇,六曰瞢,七曰彌,八曰敘,九曰隮,十曰想。(0808 中)

鑿 (凿) zào 榫眼,卯眼。孫詒讓《正義》："鑿本穿木之器,引申之,凡穿物爲空亦謂之鑿。此鑿即輻菑所入之空,其數與輻同。"《周禮・冬官考工記・輪人》：凡輻,量其～深以爲輻廣。輻廣而～淺,則是以大扤,雖有良工,莫之能固。～深而輻小,則是固有餘而強不足。(0908 下)

門部

門（门）mén ❶門祭。如四時祭門,秋祭廟門等。鄭玄《注》引鄭司農云:"受祭門之餘。"《周禮·地官·司門》:凡歲時之～,受其餘。(0739上)❷指司門。掌管國門之官員。鄭玄《注》:"門關,司門、司關也。"《周禮·地官·掌節》:～關用符節,貨賄用璽節,道路用旌節。(0740上)❸指門神。大夫設立的三祀之一。鄭玄《注》:"門、戶,主出入;行,主道路、行作;厲,主殺罰。"《禮記·祭法》:大夫立三祀,曰族厲,曰～,曰行。(1590上)

【門子】嫡子。將代父頂立門戶的人。鄭玄《注》:"正室,適子也,將代父當門者也。"《周禮·春官·小宗伯》:其正室皆謂之～,掌其政令。(0766中)

【門阿】門屋屋脊。王宮門上有屋,南北兩下,門屋中間最高處(屋脊)稱門阿。門阿高五丈。鄭玄《注》:"阿,棟也。"賈公彥《疏》:"云'阿,棟也'者,謂門之屋,兩下爲之,其脊高五丈。"孫詒讓《正義》:"門屋,自天子以下皆爲兩下。……蓋中高爲阿,而內外各兩下爲霤,是其制也。"《周禮·冬官考工記·匠人》:王宮～之制五雉,宮隅之制七雉,城隅之制九雉。(0928下)

【門庭】對着門的空地。鄭玄《注》:"門庭,門相當之地。"賈公彥《疏》:"中門外之地謂之門庭。"《周禮·天官·閽人》:掌埽～。(0687上)

【門閭】❶里巷之門。賈公彥《疏》:"《爾雅》云:'巷門謂之閭。'則縣于處處巷門使知之。《周禮·秋官·士師》:皆以木鐸徇之于朝,書而縣于～。(0874下)❷城門和里門。孔穎達《疏》:"門,謂城門;閭,謂二十五家爲閭。"《禮記·月令》:～毋閉,關市毋索。(1370上)❸指宮中之門閭。孫希旦《集解》:"愚謂此門閭,謂宮中之門閭也。巷曰閭,宮中有永巷,故有閭。"《禮記·月令》:坏城郭,戒～,脩鍵閉,慎管籥,固封疆,備邊竟。(1381中)

【門隧】對着大門的道路。依禮,居喪之人出入不走正對着大門的路。鄭玄《注》:"隧,道也。"孫希旦《集解》:"門隧,門外當門之中道。"《禮記·曲禮上》:居喪之禮,毀瘠不形,視聽不衰,升降不由阼階,出入不當～。(1248下)

【門燎】置於廟門、宮門外地上的大燭。用以照明。置於門內者謂之庭燎。鄭玄《注》:"燎,地燭也。"賈公彥《疏》:"大喪以下朝廟及出葬之時,宮中及廟門皆設門燎。……燭在地曰燎。……所作之狀,蓋百根葦皆以布纏之,以蜜塗其上,若今臈燭矣。"《周禮·天官·閽人》:大祭祀、喪紀之事,設～,蹕宮門、廟門。(0687 上)

【門關】❶國都之門曰門,邊境之門曰關。《周禮·地官·遺人》:～之委積,以養老孤。(0728 上)❷指司門與司關。鄭玄《注》:"門關,司門、司關也。"《周禮·地官·掌節》:～用符節,貨賄用璽節,道路用旌節。(0740 上)

【門閭、溝渠必步】經過門閭或溝渠時,車右一定要下車。爲車右勇士之禮。孔穎達《疏》:"是車右勇士之禮也。……車若至門閭、溝渠,而勇士必下車。所以然者,一則君子不誣十室,過門閭必式,君式則臣當下也;二則溝渠是險阻,恐有傾覆,故勇士亦須下扶持之也。"《禮記·曲禮上》:～。(1252 下)

閉 (闭) bì 門閂的孔。鄭玄《注》:"鍵,牡;閉,牝也。"《禮記·月令》:壞城郭,戒門閭,脩鍵～,慎管籥,固封疆,備邊竟。(1381 中)

問 (问) wèn ❶諸侯之間每年派使者相互聘問之禮。其禮輕於聘,故亦稱小聘。小聘祇行獻禮,不行享禮,禮不及夫人。《大行人》鄭玄《注》:"小聘曰問。"賈公彥《疏》:"大聘使卿,小聘使大夫也。"《聘禮》鄭玄《注》:"貶於聘,所以爲小也。"參見"小聘""大聘"。《周禮·秋官·大行人》:凡諸侯之邦交,歲相～也,殷相聘也,世相朝也。(0893 上)《儀禮·聘禮》:小聘曰～,不享,有獻,不及夫人。(1072 上)《禮記·曲禮下》:諸侯使大夫～於諸侯曰聘,約信曰誓,涖牲曰盟。(1266 上)❷問候。用於賓主之間,爲朝聘禮儀中的一節。《司儀》鄭玄《注》:"賓所停止則積,間闊則問,行道則勞。其禮皆使卿大夫致之。"《周禮·秋官·司儀》:凡諸公相爲賓,主國五積,三～。(0897 中)《儀禮·聘禮》:賓朝服～卿,卿受于祖廟。(1063 中)❸天子有事諸侯使臣來問候。因無固定時間,故亦稱時聘。鄭玄《注》:"時聘者,亦無常期,天子有事乃聘之焉。"《周禮·春官·大宗伯》:以賓禮親邦國:春見曰朝,夏見曰宗,秋見曰覲,冬見曰遇,時見曰會,殷見曰同,時聘曰～,殷覜曰視。(0760 上)

【問卜】以龜甲取兆占問吉凶。古人敬神畏禍,有大事則測問吉凶,以龜甲占曰卜,以蓍草占曰筮。依禮,天子饗祭五帝時無須每帝問卜,總一卜而已。孔穎達《疏》:"此大饗總祭五帝,其神非一,若卜其牲、日,五帝總卜而已,不得每帝問卜。若其一一問卜,神有多種,恐吉凶不同。"《禮記·曲禮下》:大饗不～,不饒富。(1270 上)

【問名】在提親時問女家的姓氏。將以卜吉凶。問名包括女子及其生母的姓名。爲婚禮六禮之一。先秦時男子稱氏,女子稱姓。氏以別貴賤,姓以表婚姻。《士昏禮》鄭玄《注》:"問名者,將歸卜其吉凶。"賈公彥《疏》:"言問名者,問女之姓氏也。"《昏義》孔穎達《疏》:"問名者,問其女之所生母之姓名。"《儀禮·士昏禮》:賓執鴈,請～,主人許。(0962 上)《禮記·昏義》:是以昏禮納采、～、納吉、納徵、請期,皆主人筵几於廟,而拜迎

於門外。(1680 中)

【問喪第三十五】《禮記》第三十五篇篇名。孔穎達《疏》引鄭玄《三禮目錄》云:"名曰《問喪》者,以其記善問居喪之禮所由也。此於《別錄》屬《喪服》也。"該篇內容可分爲兩部分,前一部分記孝子如何居喪:哭踊,所穿喪服,扶喪、送葬以及虞祭等,著重表現居喪期間孝子的外貌及悲痛的心情;後一部分以問學形式,談有關三日而殮、袒、免和拄杖的意義,強調居喪之禮以哀爲主,"悲哀在中,故形變於外"。此章蓋本《儀禮》之《喪服》《士喪禮》《既夕禮》經文而作,是研究儒家思想,特別是喪禮及上古社會風俗的珍貴材料。(1656 中)

閏

(閏) rùn 見下。

【閏月】補足地球公轉時間之一月。約自夏代以後所行之曆,常年爲十二月,少於地球公轉十日有奇,故三年置一閏月,五年二閏,十九年七閏,以補不足。《周禮·春官·大史》:~,詔王居門終月。(0817 下)《禮記·玉藻》:~則闔門左扉,立于其中。(1473 上)

開

(开) kāi 見下。

【開龜】鑿鑽燒灼龜甲。使其開裂而現兆。孫詒讓《正義》:"開龜,蓋謂開發其兆,包鑽鑿爇灼諸事言之。"《周禮·春官·卜師》:掌~之四兆:一曰方兆,二曰功兆,三曰義兆,四曰弓兆。(0804 中)

【開而弗達】加以啓發而不完全說出。爲儒家所主張的啓發式教學方法,強調學生在學習過程中的主動性。孔穎達《疏》:"但開發義理而不爲通達,使學者用意思念,所得必深,故云則思也。"《禮記·學記》:故君子之教喻也,道而弗牽,強而弗抑,~。道而弗牽則和,強而弗抑則易,~則思。(1523 中)

閑

(閑) xián ❶馬廄。四馬爲一乘,三乘爲一皁,三皁爲一繫,六繫爲一廄,一廄養馬二百一十六匹。鄭玄《注》:"每廄爲一閑。"《周禮·夏官·校人》:天子十有二~,馬六種;邦國六~,馬四種。(0860 中) ❷柵欄。亦稱行馬。置於官舍前遮攔人馬。鄭玄《注》:"閑,梐枑。"賈公彥《疏》:"是其閑與梐枑皆禁衛之物。"《周禮·夏官·虎賁氏》:舍則守王~。(0850 下)

閒

[⊖閑] ㊀ jiàn 燕飲中吹笙與歌唱相更替的一種儀節。鄭玄《注》:"閒,代也。謂一歌則一吹。"《儀禮·鄉飲酒禮》:乃~:歌《魚麗》,笙《由庚》;歌《南有嘉魚》,笙《崇丘》;歌《南山有臺》,笙《由儀》。(0986 中)

【閒問】天子間隔一年派使者存問諸侯。鄭玄《注》:"閒問者,閒歲一問諸侯,謂存省之屬。"《周禮·秋官·大行人》:時聘以結諸侯之好,殷覜以除邦國之慝,~以諭諸侯之志,歸脤以交諸侯之福,賀慶以贊諸侯之喜,致襘以補諸侯之烖。(0890 下)

【閒歌】燕飲中吹笙與歌唱相更替的一種儀節。閒歌爲鄉飲酒禮作樂的第三節。孔穎達《疏》:"間,代也。謂笙歌已竟,而堂上與堂下更代而作也。堂上人先歌《魚麗》,則堂下笙《由庚》,此爲一終。又堂上歌《南有嘉魚》,則堂下笙《崇丘》,此爲二終也。又堂上歌《南山有臺》,則堂下笙《由儀》,此爲三終也。"《禮記·鄉飲酒義》:~三終,合樂三終,工告樂備,遂出。(1684 上)

【間若一】演奏樂曲節拍快慢要一致。以此控制每次射箭的時間節奏使相同。《鄉射禮》賈公彦《疏》:"間若一,謂五節之間長短希數皆如一,則是重樂節也。"《投壺》孔穎達《疏》:"謂前後樂節中間疏數如似一也。"《儀禮·鄉射禮》:樂正東面命大師,曰:奏《騶虞》,~。(1005 上)《禮記·投壺》:命弦者曰:"請奏《貍首》,~。"(1665 下)

㊁ jiān 見下。

【間₂色】雜色。與"正色"相對。鄭玄《注》:"謂冕服,玄上纁下。"孔穎達《疏》:"玄是天色,故爲正。纁是地色,赤黄之雜,故爲間色。皇氏云:'正,謂青、赤、黄、白、黑,五方正色也。不正,謂五方間色也,綠、紅、碧、紫、騮黄是也。'"《禮記·玉藻》:衣正色,裳~。(1477 中)

【間₂祀】四時正祭之間的祭祀。如追享、朝享。鄭玄《注》:"追享、朝享,謂禘祫也,在四時之間,故曰間祀。"《周禮·春官·司尊彝》:凡四時之~、追享、朝享,祼用虎彝、蜼彝,皆有舟。(0773 中)

【間₂傳第三十七】《禮記》第三十七篇篇名。孔穎達《疏》引鄭玄《三禮目録》云:"名曰《間傳》者,以其記喪服之間輕重所宜。此於《別録》屬喪服。"該篇多釋斬衰之服及父母之喪。(1660 中)

㊂ xián 見下。

【閒₃田】指未被封賜的土地。孔穎達《疏》:"若封人附於大國,謂之附庸;若未封人,謂之閒田。"《禮記·王制》:名山大澤不以封,其餘以爲附庸、~。(1323 中)

【閒₃民】無固定職業、與人爲役之人。爲大宰所頒九職之一。鄭玄《注》引鄭司農云:"閒民,謂無事業者,轉移爲人執事,若今傭賃也。"孫詒讓《正義》:"此民無常職事,轉移無定,與人爲役,故謂之閒民。"《周禮·天官·大宰》:九曰~,無常職,轉移執事。(0647 上)

【閒₃粟】向無常職者或不事生產者徵收的稅粟。鄭玄《注》:"間粟,閒民無職事者所出一夫之征粟。"孫詒讓《正義》:"通而言之,惰民亦得謂之閒民,故罰粟亦稱閒粟。"《周禮·地官·旅師》:掌聚野之鉏粟、屋粟、~。(0745 上)

閭 (閭) lǘ ❶六鄉之民行政區劃組織。二十五家爲閭。《大司徒》鄭玄《注》:"閭二十五家,族百家。"《周禮·地官·大司徒》:令五家爲比,受之相保;五比爲~,使之相受。(0707 上)《禮記·曲禮上》:故州~鄉黨稱其孝也,兄弟親戚稱其慈也。(1233 中) ❷里巷之門。賈公彦《疏》:"《爾雅》云:'巷門謂之閭。'"《周禮·秋官·士師》:皆以木鐸徇之于朝,書而縣于門~。(0874 下) ❸獸名。似驢。鄭玄《注》:"閭,獸名,如驢,一角。或曰如驢,歧蹄。"《儀禮·鄉射禮》:於郊,則~中,以旌獲;於竟,則虎中,龍旜。(1012 中) ❹指里巷之門神。《禮記·月令》:天子乃祈來年于天宗,大割祠于公社及門~,臘先祖、五祀。(1382 上)

【閭中】刻爲閭獸形的盛籌器。國君於郊大射時所用。《儀禮·鄉射禮》：於郊，則～，以旌獲；於竟，則虎中，龍䦆。(1012 中)

閭中

【閭史】閭里中主管文書的小吏。鄭玄《注》：「四閭爲族，族百家也，閭胥中士一人。」孔穎達《疏》：「閭之屬吏則有閭史也。」《禮記·內則》：宰告～。～書爲二，其一藏諸閭府，其一獻諸州史。(1470 上)

【閭里】六鄉中二十五家爲閭，六遂中二十五家爲里。泛指地方行政區劃組織。賈公彥《疏》：「在六鄉，則二十五家爲閭；在六遂，則二十五家爲里。」《周禮·天官·小宰》：一曰聽政役以比居，二曰聽師田以簡稽，三曰聽～以版圖。(0654 上)

【閭胥】職官名。掌管一閭二十五家之徵令。爵中士。《周禮·地官·閭胥》：～，各掌其閭之徵令。(0719 中)

【閭師】職官名。掌管六鄉人畜、賦貢。爵中士。《周禮·地官·閭師》：～，掌國中及四郊之人民、六畜之數，以任其力，以待其政令，以時徵其賦。(0727 上)

【閩】(閩) mǐn 古種族名。居於今浙江南部及福建一帶，其部落有七。鄭玄《注》：「閩，蠻之別也。」孫詒讓《正義》：「閩即今福建，在周爲南蠻之別也。」《周禮·夏官·職方氏》：辨其邦國、都鄙、四夷、八蠻、七～、九貉、五戎、六狄之人民。(0861 下)

【閩隸】閩族之民入供使役者。掌養鳥。《周禮·秋官·閩隸》：～，掌役畜養鳥而阜蕃、教擾之。(0883 下)

網 shài 指弓角與弓榦接縫之處。鄭玄《注》：「網，接中。」孫詒讓《正義》：「戴震云：'言因榦以致傷動者，其病必在角榦相接之處。'」《周禮·冬官考工記·弓人》：爲榦而發，必動於～。(0936 中)

閣 (閣) gé 用木板做成的擱置食物的架子。天子左右夾室各五閣；公、侯、伯於房中設五閣；大夫年過七十，可於夾室設三閣。鄭玄《注》：「閣以板爲之，庋食物也。」《禮記·內則》：大夫無秩膳，大夫七十而有～。天子之～，左達五，右達五。公、侯、伯於房中五。大夫於～三。士於坫一。(1467 上)

閾 (阈) yù 門檻。依禮，賓客出入不得踐履門檻。《曲禮上》鄭玄《注》：「閾，門限也。」孔穎達《疏》：「所以爾者，一則自高，二則不淨，並爲不敬。」《儀禮·聘禮》：擯者立于～外以相拜。(1074 中)《禮記·曲禮上》：大夫、士出入君門，由闑右，不踐～。(1238 中)

閽 (阍) hūn 守門之賤吏。參見「閽人①」。《禮記·祭統》：～者，守門之賤者也。(1606 上)

【閽人】❶職官名。掌守宮門之禁及囿游之門。由刑者擔任。《燕禮》鄭玄《注》：「閽人，門人也。」賈公彥《疏》：「《天官》閽人掌守王中門之禁，諸侯亦當然。」《周禮·天官·閽人》：～，掌守王宮之中門之禁。(0686

下》《儀禮·燕禮》：宵，則庶子執燭於阼階上，司宮執燭於西階上，甸人執大燭於庭，～為大燭於門外。（1024上）❷泛指守門之人。鄭玄《注》：「閽人，守門者。」《禮記·檀弓下》：曾子與子貢弔焉，～為君在，弗內也。（1315中）

【閽寺】閽人和寺人。掌管宮中門禁之官。由刑者擔任之。鄭玄《注》：「閽，掌守中門之禁也。寺，掌內人之禁令也。」《禮記·內則》：深宮固門，～守之，男不入，女不出。（1468下）

闇 ［暗］àn 白晝晦暗無光。為十煇之一。望氣者據以辨吉凶。孫詒讓《正義》：「俞樾云：'闇即《春秋》所謂晦也。……'日月（食）為大異，不當在十煇之數，先鄭說未允。……此闇即所謂晝盲，與下瞢為不光異。」一說，指日月之食。鄭玄《注》引鄭司農云：「闇，日月（食）也。」賈公彥《疏》：「以其日月如光消，故闇蒙也。」《周禮·春官·眂祲》：一曰祲，二曰象，三曰鑴，四曰監，五曰～，六曰瞢，七曰彌，八曰敘，九曰隮，十曰想。（0808中）

闈 （闱）wéi 閨門。宮室、宗廟的旁側小門。亦稱巷門。鄭玄《注》：「闈，宮中之巷門。」孫詒讓《正義》：「此保氏守王闈，亦即王宮之側門。……而凡側門之內，必別有巷以達於內宮，故側門亦得稱巷門也。」《周禮·地官·保氏》：使其屬守王～。（0731下）

【闈門】宮室、宗廟的旁側小門。《匠人》鄭玄《注》：「廟中之門曰闈。」孫詒讓《正義》：「蓋闈為小門之通稱，廟側小門旁出，外通於巷，故亦謂之巷門。」《雜記下》孫希旦《集解》：「愚謂闈門，宮旁小門也。」《周禮·冬官考工記·匠人》：廟門容大扃七個，～容小扃參個。（0928中）《禮記·雜記下》：夫人至，入自～，升自側階，君在阼。（1567上）

闋 （阕）què 鼓樂聲終止。《文王世子》鄭玄《注》：「闋，終也。」《大司馬》孫詒讓《正義》：「《大射儀》注云：'闋，止也。'謂三戒三止。」《周禮·夏官·大司馬》：鼓戒三～，車三發，徒三刺。（0838下）《儀禮·燕禮》：賓拜酒，主人荅拜而樂～。（1024下）《禮記·文王世子》：有司告以樂～，王乃命公、侯、伯、子、男及羣吏，曰：「反，養老幼於東序。」（1410中）

闔 （阖）hé ❶草苫。鄭玄《注》：「闔，苫也。」《周禮·夏官·囿師》：射則充椹質，茨牆則翦～。（0861下）❷門扇。孔穎達《疏》：「闔，謂門扇。」《禮記·少儀》：排～說屨於戶內者，一人而已矣。（1511中）

【闔扇】門扇。鄭玄《注》：「用木曰闔，用竹葦曰扇。」《禮記·月令》：是月也，耕者少舍，乃脩～，寢廟畢備。（1362上）

闑 （闑）niè 大門中央所樹的短木。亦稱橛。依禮，主人出入當從闑右（東），賓客出入當從闑左（西）；公事自闑西，私事自闑東。《士冠禮》鄭玄《注》：「闑，門橛。」《曲禮上》陸德明《釋文》：「門中木。」《儀禮·士冠禮》：布席於門中，～西、閾外。（0946中）《禮記·曲禮上》：大夫、士出入君門，由～右，不踐閾。

（1238 中）

闕（闕）㈠ què 宮門兩側的高臺。臺上起樓觀，中間有道路。《禮記·月令》：塗～廷、門閭，築囹圄，此以助天地之閉藏也。（1383 中）

【闕狄】刻繒爲翟羽之形以爲飾的衣服。爲王后六服之一。后從王祭羣小祀所服。鄭玄《注》："狄，當爲翟。翟，雉名。……王后之服刻繒爲之形而采畫之，綴於衣以爲文章。褘衣畫翬者，揄狄畫搖者，闕狄刻而不畫。此三者皆祭服。……祭羣小祀則服闕翟。"賈公彦《疏》："此闕翟亦刻爲雉形，不畫之爲彩色，故名闕翟。"《周禮·天官·內司服》：掌王后之六服：褘衣、揄狄、～、鞠衣、展衣、緣衣、素沙。（0691 上）

闕翟

㈡ quē 缺口。諸侯死於國外，其靈柩回國不入宗廟正門，將殯宮門西之牆打開一個缺口，棺由此入。以示吉凶異禮。鄭玄《注》："闕，謂毀宗也。柩毀宗而入，異於生也。"孔穎達《疏》："謂柩入宮之時，毀殯宮門西邊牆，從柩而入。"《禮記·曾子問》：入自～，升自西階。（1398 中）

【闕₂車】兵車名。後備補缺之車。戰時列車爲陣，或有疏闕，以此車補其數。鄭玄《注》："闕車，所用補闕之車也。"《周禮·春官·車僕》：掌戎車之萃，廣車之萃，～之萃，苹車之萃，輕車之萃。（0825 下）

關（关）guān ❶設在國境上的城門。《地官·敘官》鄭玄《注》："關，界上之門。"《王制》孔穎達《疏》："關，竟上門也。"《周禮·地官·敘官》：每～下士二人，府一人，史二人，徒四人。（0699 上）《禮記·王制》：古者公田藉而不稅，市廛而不稅，～譏而不征。（1337 中）❷掌關之官吏。如司關、關人。鄭玄《注》："門關，司門、司關也。"《周禮·地官·掌節》：門～用符節，貨賄用璽節，道路用旌節。（0740 上）❸墓門。鄭玄《注》："關，墓門也。"《周禮·春官·巾車》：及墓，嘑啓～，陳車。（0825 中）

【關人】國境上守關的官員。爲司關之屬吏。鄭玄《注》："古者竟上爲關，以譏異服，識異言。"《儀禮·聘禮》：乃謁～。～問從者幾人。（1048 下）

【關雎】《詩經·國風·周南》篇名。爲《詩》及《國風》的首篇。毛《傳》、鄭《箋》皆以爲《關雎》咏"后妃之德"。就其内容，當是青年男子思慕女子，並渴望與之結婚的戀歌。爲貴族燕飲時演唱的樂歌之一。鄭玄《注》："王后、國君夫人房中之樂歌也。《關雎》言后妃之德。"《儀禮·鄉飲酒禮》：乃合樂，《周南》：《～》《葛覃》《卷耳》。（0986 中）

【關市之賦】關門和市廛所徵收的賦稅。爲九賦之一。關市之賦用以供王之膳服。賈公彦《疏》："王畿四面皆有關門及王之市廛，二處其民之賦口稅所得之泉也。"《周禮·天官·大宰》：以九賦斂財賄：一曰邦中之賦，二曰四郊之賦，三曰邦甸之賦，四曰家削之賦，五曰邦縣之賦，六曰邦都

之賦,七曰~,八曰山澤之賦,九曰弊餘之賦。(0647下)

【關梁不租】關口和橋梁不用交稅。為周代凶荒之年所採取的救濟措施之一。孔穎達《疏》:"關謂關門,梁謂津梁,租謂課稅。以其凶年,故不課稅。此周禮,殷則雖非凶年,亦不課稅也。"《禮記·玉藻》:年不順成,君衣布,搢本,~,山澤列而不賦,土功不興,大夫不得造車馬。(1475上)

【關譏而不征】關口稽查而不徵稅。此為殷時稅法之一。鄭玄《注》:"古者,謂殷時。"孔穎達《疏》:"關,竟上門也。譏,謂呵察。公家但呵察,非違,不稅行人之物。"《禮記·王制》:古者公田藉而不稅,市廛而不稅,~。(1337中)

隶 部

隶 [隷] lì 男奴。女奴曰奚。鄭玄《注》:"奚隸,女奴、男奴也。"《周禮·秋官·禁暴氏》:凡奚~聚而出入者,則司牧之。(0884中)

【隸人】罪人,徒役。鄭玄《注》:"隸人,罪人也。今之徒役作者也。"《儀禮·既夕禮》:~涅廁。(1159上)

【隸僕】職官名。掌管廟寢掃除之事。爵下士。《周禮·夏官·隸僕》:~,掌五寢之埽除糞洒之事。(0852下)

【隸僕人】職官名。即隸僕。掌管宮寢掃除之事。屬夏官司馬。《儀禮·大射》:~埽侯道。(1039上)

革 部

革 gé ❶皮革。即加工去毛的獸皮。《內府》賈公彥《疏》:"革,謂若犀皮之屬。"《周禮·天官·內府》:凡四方之幣獻之金玉、齒~、兵器,凡良貨賄入焉。(0679上)《儀禮·大射》:凡乏用~。(1028中)《禮記·月令》:金、鐵、皮、~、筋、角、齒、羽、箭、幹、脂、膠、丹、漆,毋或不良。(1364上)❷革製成的甲、冑、盾等。《樂記》鄭玄《注》:"射穿甲革也。"《周禮‧地官‧鄭長》：若作其民而用之，則以旗鼓兵～帥而至。(0742下)《禮記‧樂記》：散軍而郊射，左射《貍首》，右射《騶虞》，而貫～之射息也。(1543中)❸用革製成的鼓類樂器。爲八音之一。鄭玄《注》："革，鼓鼗也。"《周禮‧春官‧大師》：皆播之以八音：金、石、土、～、絲、木、匏、竹。(0795中)

【革車】兵車之總名。兵車有五：戎路、廣車、闕車、蘋車、輕車，謂之五戎，革車是五戎之總名。《車僕》賈公彥《疏》："革車之言所含者多，五戎皆是。則王雖乘一路，四路皆從。"《明堂位》鄭玄《注》："革車，兵車也。"《周禮‧春官‧車僕》：凡師，共～，各以其萃。(0826上)《禮記‧明堂位》：是以封周公於曲阜，地方七百里，～千乘。(1488下)

【革帶】革製的腰帶。腰帶有二：革帶在內，用以繫韠韍等重物；大帶在革帶之外，以絲爲之。鄭玄《注》："凡佩繫於革帶。"孔穎達《疏》："以韠繫於革帶，恐佩繫於大帶，故云然。以大帶用組約，其物細小，不堪縣韠佩故也。"《禮記‧玉藻》：其頸五寸，肩、～，博二寸。(1481上)

【革路】覆革而塗漆之車。爲天子五路之一。用於戰事。鄭玄《注》："革路，鞔之以革而漆，無他飾。"孫詒讓《正義》："革路者，五路之四也。《戎右》謂之戎車，《左‧莊六年傳》謂之戎路。"《周禮‧春官‧巾車》：～，龍勒，條纓五就，建大白，以即戎，以封四衞。(0823中)

【革鞈】魂車上的皮製馬繮繩。鄭玄《注》："鞈，繮也。"《儀禮‧既夕禮》：薦乘車：鹿淺幦、干、笮、～。(1163中)

鞊 dí 馬繮繩。孔穎達《疏》："紖、鞊，俱牽牛馬之物。"《禮記‧少儀》：牛則執紖，馬則執～，皆右之。(1514上)

靲 qín 竹篾。可以繫物。鄭玄《注》："靲，竹篾也。"賈公彥《疏》："靲、篾一也，謂竹之青可以爲繫者。"《儀禮‧士喪禮》：幂用疏布，久之；繫用～，縣于重。(1135上)

鞊 yì 魂車上的馬繮繩。鄭玄《注》："鞊，繮也。"《儀禮‧既夕禮》：薦乘車：鹿淺幦、干、笮、革～。(1163中)

鞉 táo 用同"鼗"。有柄的小鼓，俗稱撥浪鼓。孔穎達《疏》："鞉，字或從兆下鼓。按《周禮‧小師》注云：'鼗如鼓而小，持其柄搖之，旁耳還自擊。'"《禮記‧月令》：是月也，命樂師脩～、～、鼓，均琴、瑟、管、簫，執干、戚、戈、羽，調竽、笙、竾、簧，飭鍾、磬、柷、敔。(1369中)

鞉 táo 用同"鼗"。有柄的小鼓，俗稱撥浪鼓。參見"鼗"。《禮記‧樂記》：然後聖人作，爲～、鼓、椌、楬、壎、篪。(1541上)

鞞 pí 用同"鼙"。小鼓。孔穎達《疏》："鄭注《詩》云：'小鼓在大鼓旁，應鞞之屬也。'"《禮記‧月令》：是月也，命樂師脩鞉、～、鼓，均琴、瑟、管、簫，執干、戚、戈、羽，調竽、笙、竾、簧，飭鍾、磬、柷、敔。(1369中)

鞠 jū 用同"菊"。菊花。《禮記‧月令》：鴻鴈來賓，爵入大水爲蛤，～有黃華。(1379上)

【鞠衣】淺黃之衣。爲王后六服之一。

陽春三月祭告上帝時所穿。侯伯子男夫人及卿妻亦服之。《內司服》鄭玄《注》:"鄭司農云:'……鞠衣,黃衣也。……'玄謂……鞠衣,黃桑服也,色如鞠塵,象桑葉始生。《月令》:'三月,薦鞠衣于上帝,告桑事。'"《雜記上》鄭玄《注》:"內子,卿之適妻也。……侯伯夫人自揄狄而下,子男夫人自闕狄而下,卿妻自鞠衣而下。"《周禮・天官・內司服》:掌王后之六服:褘衣,揄狄,闕狄,～,展衣,緣衣,素沙。(0691上)《禮記・雜記上》:內子以～褎衣素沙,下大夫以禮衣。(1551中)

鞠衣

鞮 dī 見下。

【鞮屨】沒有裝飾的草鞋。鄭玄《注》:"鞮屨,無絇之菲也。"孔穎達《疏》:"謂無絇飾屨也。屨以絇爲飾,凶,故無絇也。"一說,孫希旦《集解》:"鞮屨,革履也。"《禮記・曲禮下》:大夫、士去國,踰竟爲壇位,鄉國而哭,素衣,素裳,素冠,徹緣,～,素簚。(1258下)

【鞮鞻氏】樂官名。掌管四夷之音樂歌舞。爵下士。《周禮・春官・鞮鞻氏》:～,掌四夷之樂與其聲歌。(0802上)

鞭 biān 鞭子。刑具之一種。《周禮・秋官・條狼氏》:凡誓,執～以趨於前。(0888上)

【鞭度】鞭與杖。兩種刑具。鄭玄《注》:"鞭度,以威正人衆也。度謂殳也。"賈公彥《疏》:"鞭以威人衆,度以正人衆,故并言之也。"孫詒讓《正義》引王引之云:"《廣雅》曰:'殳、度,杖也。'然則古人謂殳爲度,以打得名,故鄭云'以威正人衆'也。"《周禮・地官・司市》:凡市人,則胥執～守門。(0734下)

【鞭策】馬鞭子。《禮記・曲禮上》:乘路馬,必朝服,載～,不敢授綏。(1253中)

鞶 pán 小囊。盛帨巾等物。男子之鞶以革製,女子之鞶用絲織。《內則》鄭玄《注》:"鞶,小囊,盛帨巾者。男用韋,女用繒。"《士昏禮》鄭玄《注》:"鞶,鞶囊也。男鞶革,女鞶絲,所以盛帨巾之屬。"《儀禮・士昏禮》:庶母及門內,施～。(0972下)《禮記・內則》:男～革,女～絲。(1471上)

韣 dú 藏放箸草的器具。其形圓筒狀,分上下兩節。上半節叫上韣,從上向下套;下半節叫下韣,由下向上套。《士冠禮》鄭玄《注》:"韣,藏筴(策)之器。"賈公彥《疏》:"韣有二,其一從下向上承之,其一從上向下韣之也。"《儀禮・士冠禮》:筮人執筴,抽上～,兼執之,進受命於主人。(0946中)《儀禮・少牢饋食禮》:史曰:"諾。"西面于門西,抽～,左執筮,右兼執～以擊筮。(1196中)

著韣

頁 部

頃

頃（顷）kuǐ 見下。

【頃步】即跬步。古稱人行走,舉足一次爲跬,舉足兩次爲步。鄭玄《注》:"頃,當爲跬,聲之誤也。"陸德明《釋文》:"一舉足爲跬,再舉足爲步。"《禮記·祭義》:故君子～而弗敢忘孝也。(1599中)

項

項（项）xiàng 冠的後部。賈公彥《疏》:"謂冠後爲項。"《儀禮·士冠禮》:賓右手執～,左手執前。(0952中)

順

順（顺）shùn 祝禱迎接。鄭玄《注》:"順豐年而順爲之祝辭。"賈公彥《疏》:"故設祈禮以求豐年而順民,故云爲之祝辭也。"孫詒讓《正義》:"《說文·人部》云:'候,伺望也。'凡嘉慶之事,則伺望迎之使來。祈福祥,順豐年,逆時雨,祈順逆皆有候迎之義。"《周禮·春官·小祝》:掌小祭祀將事侯、禳、禱、祠之祝號,以祈福祥,～豐年,逆時雨。(0812上)

【順行】遜順的品行。爲師氏所教三行之一。用以侍奉老師與尊長。賈公彥《疏》:"此亦施於外人行遜順之行。"《周禮·地官·師氏》:教三行:一曰孝行,以親父母;二曰友行,以尊賢良;三曰～,以事師長。(0730中)

【順祝】祈求豐年之祝。爲六祝之一。鄭玄《注》引鄭司農云:"順祝,順豐年也。"《周禮·春官·大祝》:一曰～,二曰年祝,三曰吉祝,四曰化祝,五曰瑞祝,六曰筴祝。(0808下)

【順變】順應變化。君子不以死傷生,節哀順變爲喪禮原則之一。孔穎達《疏》:"所以節哀者,欲順孝子悲哀,使之漸變也。……君子思念父母之生己,恐其傷性,故順變也。"孫希旦《集解》:"順變者,謂順其哀之隆、殺而漸變之而輕也。"《禮記·檀弓下》:喪禮,哀戚之至也;節哀,～也,君子念始之者也。(1301上)

【順辭令】辭令和順。爲冠者成人行禮所應具備的三條件之一。鄭玄《注》:"言人爲禮,以此三者爲始。"孔穎達《疏》:"言欲一世行禮之始,先須正容體,齊顔色,順辭令爲先也,然後可以正君臣,親父子,和長幼。"孫希旦《集解》:"呂氏大臨曰:'容體,動乎四體者也。顔色,發乎面目者也。辭令,見乎言語者也。三者,脩身之要也。必學而後成,必成人而後備。'"《禮記·冠義》:禮義之始,在於正容體,齊顔色,～。(1679下)

【順投爲入】箭頭先入壺就算投入。爲古人投壺競技規則之一。孔穎達《疏》:"順,本也。言矢有本末,投矢於壺,以矢本入者乃名爲入,則爲之

釋筭也。若矢以末入則不名爲入,亦不爲之釋筭也。"《禮記·投壺》:~,比投不釋,勝飲不勝者。(1665下)

須 (須)xū 獸之鬚。以備器物之用。賈公彥《疏》:"虎豹有須、備,獻之以擬器物之用也。"《周禮·秋官·冥氏》:若得其獸,則獻其皮、革、齒、~、備。(0888中)

頓 (頓)dùn 見下。

【頓首】雙膝跪地,兩手相拱俯頭至地,至地即舉。爲九拜之一。頓首爲男子之正拜。鄭玄《注》:"頓首,拜頭叩地也。"賈公彥《疏》:"此三者相因而爲之。空首者,先以兩手拱至地,乃頭至手,是爲空首也。以其頭不至地,故名空首。頓首者,爲空首之時,引頭至地,首頓地即舉,故名頓首。……頭至地多時,則爲稽首也。此三者,正拜也。"《周禮·春官·大祝》:一曰稽首,二曰~,三曰空首。(0810中)

頒 (頒)bān 賞賜。賈公彥《疏》:"以時頒其衣裘,夏時頒衣,冬頒裘。"孫詒讓《正義》:"鄭舉漢法爲況,明此頒爲常賜也。"《周禮·天官·宮伯》:以時~其衣裘,掌其誅賞。(0658中)

【頒馬】將馬駒分給卿大夫。以當乘馬之用。孫詒讓《正義》:"頒馬即頒駒也。彼傳云分大夫卿之駒者,謂以駒分與卿大夫之當乘馬者。"《周禮·夏官·校人》:夏祭先牧,~,攻特。(0860下)

【頒禽】分發獵物。畋獵結束鹼獸之後,天子取禽三十,其餘獵物由羣臣習射分取。《小宗伯》鄭玄《注》:"頒禽,謂以予羣臣。《詩傳》曰:'禽雖多,擇取三十焉。其餘以予大夫、士,以習射於澤官而分之。'"《祭義》鄭玄《注》:"及田者分禽,多其老者。"《周禮·春官·小宗伯》:若大甸,則帥有司而鹼獸于郊,遂~。(0767下)《禮記·祭義》:古之道,五十不爲甸徒,~隆諸長者,而弟達乎獀狩矣。(1600上)

【頒賜】常制範圍內給予謂之頒,分外加惠贈送謂之賜。泛指賞賜。孫詒讓《正義》:"常賜謂之頒,好賜謂之賜。經云頒賜,蓋兼二賜言之。"《周禮·天官·膳夫》:凡肉脩之~,皆掌之。(0660下)

【頒學】分別學生才藝高下。爲大學秋季對學生才藝進行評判。賈公彥《疏》:"秋,物成之時。頒,分也,分其才藝高下。"《周禮·春官·大胥》:春入學,舍采,合舞;秋~,合聲。(0794下)

頌 (頌)sòng ❶《詩經》中的頌詩。爲《詩》六義之一。現存《周頌》三十一篇,《魯頌》四篇,《商頌》五篇。皆宗廟祭祖樂歌,頌揚祖先的功德。《大師》鄭玄《注》:"頌之言誦也,容也,誦今之德,廣以美之。"《周禮·春官·大師》:教六詩:曰風,曰賦,曰比,曰興,曰雅,曰~。(0796上)《禮記·樂記》:先王恥其亂,故制《雅》《~》之聲以道之。(1544下)❷卦兆之占辭。鄭玄《注》:"頌,謂繇也。……每體十繇。"孫詒讓《正義》:"《左·閔二年傳》云:'成風聞成季之繇。'杜注云:'繇,卦兆之占辭。'"《周禮·春官·大卜》:其經兆之體,皆百有二十,其~皆千有二百。(0802

【頌磬】大射禮時置於西方的磬。《眠瞭》鄭玄《注》:"磬在東方曰笙,笙,生也。在西方曰頌,頌或作庸;庸,功也。"賈公彥《疏》:"西方是成功之方,故云庸;庸,功也。謂之頌者,頌者美盛德之形容,以其成功告於神明,故云頌。"《大射》鄭玄《注》:"言成功曰頌。西爲陰中,萬物之所成。……是以西方鍾磬謂之頌。"《周禮·春官·眠瞭》:掌凡樂事,播鼗,擊～、笙磬。(0797 中)《儀禮·大射》:西階之西,～東面,其南鍾,其南鎛,皆南陳。(1029 上)

【頌而無讇,諫而無驕】歌頌而不諂媚,諷諫而不驕慢。爲儒家事君之道。孔穎達《疏》:"若君有盛德,臣當美而頌之也。君苟無德,則匡而救之,不得虛妄以惡爲美,橫求見容。……君若從己諫,則己不得藉己言行謀用,恃知而生驕慢。"《禮記·少儀》:爲人臣下者,有諫而無訕,有亡而無疾,～。(1512 下)

頖 pàn 見下。

【頖宮】古學校名。周代諸侯所設立的大學。《王制》鄭玄《注》:"頖之言班也,所以班政教也。"《禮記·王制》:天子曰辟廱,諸侯曰～。(1332 下)《禮記·明堂位》:序,夏后氏之序也。瞽宗,殷學也。～,周學也。(1491 上)

頎 (頍) jiǒng 警枕。用圓木做成,睡時容易警醒。鄭玄《注》:"頍,警枕也。"《禮記·少儀》:弓、茵、席、枕、几、～、杖、琴、瑟。(1514 中)

頤 (颐) yí 見下。

【頤霤】下頷垂如屋檐。爲侍君之儀容。孔穎達《疏》:"頤霤者,霤,屋簷;身俯,故頭臨前,垂頤如屋霤。"《禮記·玉藻》:凡侍於君,紳垂,足如履齊,～,垂拱。(1482 上)

頭 (头) tóu 見下。

【頭容直】頭要端直。不得偏斜而看。爲君子之頭容。鄭玄《注》:"不傾顧也。"孔穎達《疏》:"此一節明君子動止之儀。"《禮記·玉藻》:足容重,手容恭,目容端,口容止,聲容靜,～,氣容肅,立容德,色容莊。(1485 上)

頸 (颈) jǐng ❶指車轅前端用以穩固衡的部件。鄭玄《注》:"頸,前持衡者。"《周禮·冬官考工記·輈人》:參分其兔圍,去一以爲～圍。五分其～圍,去一以爲踵圍。(0913 下)❷指物體像人頸部的位。《禮記·投壺》:壺,～脩七寸,腹脩五寸,口徑二寸半,容斗五升。(1666 下)

潁 [潁] yǐng 刀把末端的鐶。鄭玄《注》:"鐶也。"《禮記·少儀》:刀卻刃授～,削授拊。(1514 中)

頴 jiǒng ❶用同"褧"。單層罩領。即套在衣領外的假領。鄭玄《注》:"頴,禪也。……卿大夫之妻刺黼以爲領,如今偃領矣。"《儀禮·士昏禮》:女從者畢袗玄,纚、笄、被～黼,在其後。(0966 下)❷草名。枲麻類的植物。可織布製衣。此處爲穿頴草服。鄭玄《注》:"頴,草名。無葛之鄉,去麻則用頴。"《禮記·雜記下》:如三年之喪,則既～,其練、祥皆行。(1560 中)

【穎黼】繡有白黑相間紋飾的單層罩領。胡培翬《正義》："穎黼,以枲爲領而刺黼也。盛氏世佐云:'⋯⋯穎黼者,蓋爲無裏之領,而刺黼於其上也。⋯⋯此領與凡領不同。凡領連於衣,此蓋別以絲爲之,而加於領上歟。'"《儀禮‧士昏禮》:"女從者畢袗玄,纚、笄、被～,在其後。(0966 上)

（顓）zhuān 見下。

【顓頊】上古帝王名。爲五帝之一,號高陽氏。《史記‧五帝本紀》以爲是黃帝之孫、昌意之子。《國語‧楚語下》述顓頊功績,主要在整頓宗教秩序,命重黎絶地天通。《呂氏春秋》列顓頊爲北方之帝,於四季主冬。鄭玄《注》:"顓頊,高陽氏也。"《禮記‧月令》:"其日壬癸,其帝～,其神玄冥。"(1380 下)

（颜）yán 見下。

【顔色齊】表情得當。爲行冠禮後表現出合於禮義的三個方面之一。鄭玄《注》:"言人爲禮,以此三者爲始。"孔穎達《疏》:"言欲一世行禮之始,先須正容體,齊顔色,順辭令爲先也,然後可以正君臣,親父子,和長幼。"孫希旦《集解》:"吕氏大臨曰:'容體,動乎四體者也。顔色,發乎面目者也。辭令,見乎言語者也。三者,脩身之要也。必學而後成,必成人而後備。'"《禮記‧冠義》:"容體正,～,辭令順,而后禮義備。⋯⋯故冠而后服備,服備而后容體正,～,辭令順。(1679 下)

（类）lèi ❶天子出征而祭告天神。爲六祈之一。《大祝》鄭玄《注》:"鄭司農云:'類、造、禬、禜、攻、説,皆祭名也。'類祭于上帝,《詩》曰'是類是禡',《爾雅》:'是類是禡,師祭也。'"《王制》鄭玄《注》:"類、宜、造,皆祭名,其禮亡。"《周禮‧春官‧大祝》:"掌六祈以同鬼神示,一曰～,二曰造,三曰禬,四曰禜,五曰攻,六曰説。(0808 下)《禮記‧王制》:"天子將出,～乎上帝,宜乎社,造乎禰。(1332 中) ❷對日月星辰、風師、雨師之祭。以其氣分屬四方,各就其方而祭,故稱四類。鄭玄《注》:"四類,日月星辰運行無常,以氣類爲之位。兆日於東郊,兆月與風師於西郊,兆司中、司命於南郊,兆雨師於北郊。"《周禮‧春官‧小宗伯》:"兆五帝於四郊,四望、四～亦如之。(0766 上) ❸因大災禍而祭告天帝、社稷、宗廟。鄭玄《注》:"禱祈禮輕,類者,依其正禮而爲之。"《周禮‧春官‧小宗伯》:"凡天地之大烖,～社稷、宗廟,則爲位。(0768 中) ❹死後請謚之稱。謚與生前行爲功過必一致,故曰類。鄭玄《注》:"言謚者,序其行及謚所宜。其禮亡。"孔穎達《疏》:"王肅云:'請謚於天子,必以其實爲謚,類於平生之行也。'"《禮記‧曲禮下》:"既葬,見天子曰'類見',言謚曰～。(1266 中)

【類見】諸侯死葬後,其世子代父受國見天子之稱。鄭玄《注》:"代父受國。類,猶象也。執皮帛,象諸侯之禮見也。其禮亡。"孔穎達《疏》:"此諸侯世子父死葬畢而見於天子禮也。類,象也。言葬後未執玉而執皮帛以象諸侯見,故曰類見。"《禮記‧曲禮下》:"既葬,見天子曰～,言謚曰類。(1266 中)

顧

【顧不過轂】 在車上回頭看時目光不得超過車轂。因爲回頭看目光過高，就會趁人不備看到別人的隱私。鄭玄《注》："爲掩在後。"孔穎達《疏》："車轂也。若轉頭，不得過轂，過轂則掩後人私也。《論語》云'車中不內顧'是也。"《禮記·曲禮上》：立視五巂，式視馬尾，～。(1253 中)

顯

(显) xiǎn 見下。

【顯考】 高祖父。曾祖的父親。鄭玄《注》："顯，明也。"孔穎達《疏》："曰顯考廟者，高祖也。"《禮記·祭法》：曰考廟，曰王考廟，曰皇考廟，曰～廟，曰祖考廟，皆月祭之。(1589 上)

【顯相】 助祭者。鄭玄《注》："顯相，助祭者也。顯，明也；相，助也。"《儀禮·士虞禮》：哀子某，哀～，夙興夜處不寧。(1174 上)

【顯諫】 公然諫諍。儒家認爲，君有過，臣當諫之，但應婉言勸諫，不可公然加以指責。此爲事君之道。鄭玄《注》："謂明言其君惡，不幾諫。"孔穎達《疏》："事君雖主諫爭，亦當依微納進善言耳，不得顯然明言君惡，以奪君之美也。"《禮記·曲禮下》：爲人臣之禮，不～，三諫而不聽，則逃之。(1267 下)

【顯考廟】 高祖之廟。依禮，天子得立七廟：考廟、王考廟、皇考廟、顯考廟、祖考廟，以及祖考以上兩代先祖之廟，曰二祧。諸侯得立五廟，無二祧。大夫得立三廟，無顯考廟、祖考廟。《禮記·祭法》：曰考廟，曰王考廟，曰皇考廟，曰～，曰祖考廟，皆月祭之。(1589 上)《禮記·祭法》：～、祖考廟，享嘗乃止。(1589 上)

面部

面

miàn ❶ 馬首的飾物。因飾於馬額面，故稱。鄭玄《注》："勒面，謂以如玉龍勒之韋，爲當面飾也。"孫詒讓《正義》："當面即前注之當盧，以其著馬面謂之面。"《周禮·春官·巾車》：重翟，錫～朱緫；厭翟，勒～繢緫；安車，彫～鷖緫，皆有容蓋。(0823 下) ❷ 指拜見卿大夫。鄭玄《注》："面，亦見也。其謂之面，威儀質也。"胡培翬《正義》引敖繼公曰："聘使私見於主君曰覿，於大夫曰面，蓋異其稱以別尊卑也。……覿儀繁，面則儀簡耳。"《儀禮·聘禮》：賓～，如覿幣。(1063 下)

【面拜】 當面拜謝。國君賞賜大夫，依禮，大夫不當面拜謝，而是通過小臣轉達謝意。鄭玄《注》："不面拜者，於外告小臣，小臣受以入也。"《禮記·

郊特牲》：君有賜不～，爲君之荅已也。(1448下)

【面禳】四方禳祭。以求除邪消災。鄭玄《注》引鄭司農云："面禳，四面禳也。"孫詒讓《正義》："此諸禳，或於四畺，或於四郊，或於四門，或於四埔，竝分四方面而祭之，皆面禳之類。"《周禮‧春官‧雞人》：凡祭祀～、釁，共其雞牲。(0773上)

靧 huì 見下。

【靧粱】用高粱湯汁洗臉。以使面滑澤。爲人君、大夫之禮。孔穎達《疏》："靧，洗面也。取稷粱之潘汁，用將洗面沐髪，並須滑故也。然此大夫禮耳。又人君沐靧皆粱也。"《禮記‧玉藻》：日五盥，沐稷而～，櫛用樿櫛。(1475中)

韭部

韭 jiǔ 韭菜。多年生草本植物。庶人春天行薦新禮用韭菜，薦韭配以蛋。祭祀時美稱韭菜爲豐本。《王制》鄭玄《注》："庶人無常牲，取與新物相宜而已。"《禮記‧曲禮下》：凡祭宗廟之禮，……～曰豐本，鹽曰鹹鹺。(1269上)《禮記‧王制》：庶人春薦～，夏薦麥，秋薦黍，冬薦稻。～以卵，麥以魚，黍以豚，稻以鴈。(1337上)

【韭菹】以醯醬腌漬的韭菜。《周禮‧天官‧醢人》：朝事之豆，其實～、醓醢，昌本、麋臡。(0674下)《儀禮‧少牢饋食禮》：主婦不興，遂受，陪設於東，～在南，葵菹在北。(1200下)

骨部

骨 gǔ ❶指牲體。即帶骨肉。《內饔》鄭玄《注》："謂骨有肉者。"賈公彥《疏》："骨自是牲體。"參見"體名"。《周禮‧天官‧內饔》：凡掌共羞、脩、刑、膴、胖、～、鱐，以待共膳。(0662中)《儀禮‧特牲饋食禮》：尸俎：右肩、臂、臑、肫、胳，正脊二～。(1192下)《禮記‧祭統》：凡爲俎者，

以～爲主。～有貴賤：殷人貴髀，周人貴肩，凡前貴於後。（1605 下）
❷牲骨。用作製造、裝飾器物的材料。賈公彥《疏》："取皮、角、筋、骨堪飾器物者。"《周禮·地官·廛人》：凡屠者，斂其皮、角、筋、～，入于玉府。（0737 下）

【骨物】指犀角、象牙、鹿角等。鄭玄《注》："山澤出齒、角、骨物，大者犀象，其小者麇鹿。"《周禮·地官·角人》：掌以時徵齒、角凡～於山澤之農，以當邦賦之政令。（0748 中）

【骨鏃】骨質箭頭。用在陪葬的骹矢上。鄭玄《注》："骨鏃短衛，亦示不用也。生時骹矢金鏃。"《儀禮·既夕禮》：骹矢一乘，～，短衛。（1164 中）

骴 cī 見下。

【骴禁】掩埋道路屍骸的規定。孟春之月，掩埋暴露於野外道路的屍骸，插木牌以爲標誌，並書明日期，將其遺物存於地方官府，以待其家人。鄭玄《注》："禁，謂孟春掩骨埋骴之屬。"《周禮·秋官·蜡氏》：掌凡國之～。（0885 上）

骼 gé 亦作胳。牲體股骨（後脛骨）的中段。鄭玄《注》："膊、骼，股胳。"胡培翬《正義》："股骨，後脛骨也。"《儀禮·少牢饋食禮》：司馬升羊右胖，髀不升；肩、臂、臑、膊、～。（1197 下）

骹 qiāo 車輻連接輪牙較細的一端。連接車轂較粗的一端叫股。骹圍比股圍細三分之一。鄭玄《注》引鄭司農云："股，謂近轂者也。骹，謂近牙者也。方言股以喻其豐，故言骹以喻其細。"《周禮·冬官考工記·輪人》：參分其股圍，去一以爲～圍。（0908 下）

髀 bì 牲體股骨之上段。近竅（肛門），賤。《士昏禮》鄭玄《注》："髀不升者，近竅，賤也。"胡培翬《正義》："髀，尾骨也。"《儀禮·士昏禮》：舉肺、脊二，祭肺二，魚十有四，腊一肫，～不升。（0963 上）《禮記·祭統》：骨有貴賤：殷人貴～，周人貴肩，凡前貴於後。（1605 下）

體 （体）tǐ 占卜之兆象。《玉藻》孔穎達《疏》："體，兆象也。"《大卜》賈公彥《疏》："云體者，龜之金木水火土五兆之體。"《周禮·春官·大卜》：其經兆之～，皆百有二十。（0802 下）《禮記·玉藻》：卜人定龜，史定墨，君定～。（1475 上）

【體名】牲體各部分的名稱。牲宰殺後，分解成不同部位，皆有名稱。鄭玄《注》："體名，脊、脅、肩、臂、臑之屬。"賈公彥《疏》："案《少牢》解羊豕，前體肩、臂、臑，後體膊、骼，又有正脊、脡脊、橫脊，又有短脅、正脅、代脅，是其體十一體。"據淩廷堪《禮經釋例·儀禮釋牲上》：牲前體謂之肱骨（前脛骨），肱骨有三：最上謂之肩，肩下謂之臂，臂下謂之臑。後體謂之股骨（後脛骨），股骨有三：最上謂之肫（膞），肫下謂之胳（骼），胳下謂之觳。中體謂之脊，脊骨有三：前骨謂之止脊，中骨謂之脡脊，後骨謂之橫脊。脊兩旁之肋謂之脅（胉、幹），脅骨有三：中骨謂之正脅（長脅），前骨謂之代脅，後骨謂之短脅。肩上謂之脁（胵），肫下謂之髀，餘骨謂之儀。詳見各條。《周禮·天官·內饔》：掌王及后、世子膳羞之割亨煎和之事，辨～、肉物，辨百品味之物。（0661 下）

香 部

香 xiāng 指牛。賈公彥《疏》："腥，謂雞也。臊，謂犬也。羶，謂羊也。香，謂牛也。"《周禮·天官·内饔》：辨腥臊羶~之不可食者。（0662 上）

【香合】祭祀時對黍的美稱。黍既軟而相合，氣息又香，故稱。亦作"薌合"。鄭玄《注》："黍也。"參見"薌合"。《儀禮·士虞禮》：敢用絜牲剛鬣、~、嘉薦、普淖、明齊溲酒，哀薦祫事。（1174 上）

鬼 部

鬼 guǐ 指天子、諸侯、大夫已不在廟、壇、墠中享祭的遠祖。其主置於石函，於禘祫時纔取出爲位。孔穎達《疏》："若又有從壇遷來墠者，則此前在墠者遷入石函爲鬼，雖有祈禱，亦不得及，唯禘祫乃出也。"《禮記·祭法》：去祖爲壇，去壇爲墠。壇、墠，有禱焉祭之，無禱乃止。去墠曰~。（1589 上）

【鬼事】指死者安葬行三虞卒哭禮後的祭祀活動。鄭玄《注》："謂不復饋食於下室，而鬼神祭之。"孔穎達《疏》："既虞卒哭則生事畢，鬼神之義方爲始也。"孫希旦《集解》："爲明日將祔，而廟祭之禮自此始，始以鬼神之道事之。"《禮記·檀弓下》：卒哭而諱，生事畢而~始已。（1313 上）

【鬼享】宗廟祭祀。鄭玄《注》："鬼享，享宗廟也。"《周禮·地官·鼓人》：以雷鼓鼓神祀，以靈鼓鼓社祭，以路鼓鼓~，以鼖鼓鼓軍事，以鼛鼓鼓役事，以晉鼓鼓金奏。（0720 下）

【鬼神】鬼和神的合稱。天神人鬼。《周禮·天官·小宰》：三曰禮職，以和邦國，以諧萬民，以事~。（0653 中）《禮記·曲禮上》：禱祠祭祀，供給~，非禮不誠不莊。（1231 中）

【鬼號】對先祖的美稱。如皇祖伯某等。鄭玄《注》："號謂尊其名，更爲美稱焉。……鬼號，若云皇祖伯某。"《周禮·春官·大祝》：辨六號：一曰神號，二曰~，三曰示號，四曰牲號，

五曰齍號,六曰幣號。(809下)

【鬼器】隨葬的器皿。《禮記·檀弓上》:夫明器,～也;祭器,人器也。(1290下)

【鬼神示】人鬼、天神和地祇。《周禮·春官·大宗伯》:以吉禮事邦國之～。(0757上)

魅 mèi 用同"魅"。謂老而成精怪之物。鄭玄《注》:"百物之神曰魅。"孫詒讓《正義》:"《說文·鬼部》云:'魅,老精物也。……'百物之神,即物之老而能爲精怪者。"《周禮·春官·神仕》:以冬日至,致天神、人鬼;以夏日至,致地示物～。(0828上)

魁 kuí 大蛤。軟體動物,其貝殼燒成灰,可塗物使之色白,且具有驅蟲防腐的功效,古人常以之搗洗衣服和塗飾木器等。鄭玄《注》:"魁,蜃蛤。"《儀禮·士冠禮》:素積白履,以～樹之。(0958上)

魄 pò 用同"霸"。月亮初出時或將沒時的微光。孔穎達《疏》:"魄,謂明生傍有微光。"一說,指月亮初出或圓而始缺時的不明亮處。《禮記·鄉飲酒義》:月者三日則成～,三月則成時。(1684下)

食(飠)部

食 ㈠ sì 食禮。蓋待客之禮有三:饗、食、燕。食禮次於饗而隆於燕:設太牢,有殽,以飯爲主,設酒而不飲,以明善賢之禮。行食禮於廟,食三老五更則在大學。《儀禮·燕禮》胡培翬《正義》:"褚氏寅亮云:'待賓之禮有三:饗也,食也,燕也。饗重於食,食重於燕。饗主於敬,燕主於歡,而食以明善賢之禮。饗則體薦而不食,爵盈而不飲,設几而不倚,致肅靜也。食以飯爲主,雖設酒漿,以漱不以飲,故無獻儀。燕以飲爲主,有折俎而無飯,行一獻之禮,脫屨升坐以盡歡。此三者之別也。饗、食於廟,燕則於寢,其處亦不同矣。'"《聘義》孔穎達《疏》:"饗、食、燕者,謂主君設大禮以饗賓,設食禮以食賓,皆在朝也;又設燕以燕之,燕在寢也。"參見"饗食燕"。《周禮·秋官·掌客》:上公……殷膳大牢,以及歸,三饗,三～,三燕,若弗酌,則以幣致之。(0900中)《儀禮·聘禮》:大夫於賓,壹饗,壹～。(1065上)《禮記·聘義》:饗、～、燕,所以明賓客、君臣之義也。(1692下)

【食母】乳母,奶媽。鄭玄《注》:"選於傅、御之中,《喪服》所謂乳母也。"《禮記·內則》:大夫之子有～,士之妻自養其子。(1470下)

【食禮】食禮之一。蓋待客之禮有三:饗、食、燕。食禮次於饗而隆於燕:設太牢,有殽,以飯爲主,設酒而不飲,以明善賢之禮。食禮上公九舉。《大行人》賈公彥《疏》："亦亨大牢以食賓，無酒。行食禮之時，九舉牲體而食畢。"詳見"饗食燕"。《周禮·秋官·大行人》：上公之禮……饗禮九獻，～九舉。（0891上）《禮記·王制》：凡養老，有虞氏以燕禮，夏后氏以饗禮，殷人以～，周人脩而兼用之。（1345中）

【食饗】以酒食祭祀宗廟。孔穎達《疏》："食饗，謂宗廟祫祭。"《禮記·樂記》：～之禮，非致味也。（1528下）

（二）shí 鬼神享受祭品。《禮記·喪服小記》：庶子不祭殤與無後者，殤與無後者從祖祔～。（1496上）

【食₂玉】飾玉的食器。孫詒讓《正義》："蓋王齊備盛饌，則饌具之器，亦宜備飾。食玉者，殆即以玉飾食器，若玉敦、玉豆之類皆是與？"一說，以爲服食之玉屑。鄭玄《注》："玉是陽精之純者，食之以禦水氣。鄭司農云：'王齊當食玉屑。'"孫詒讓不同意此說："先鄭說蓋據漢時神仙服食家言，若俞氏所舉是也。然其說不經，於古未聞，殆不足據。"以孫說爲長。《周禮·天官·玉府》：王齊，則共～。（0678中）

【食₂醫】職官名。爲醫師的下屬。掌管天子飲食膳羞的劑量、溫度、品種調和搭配。爵中士。《周禮·天官·食醫》：～，掌和王之六食、六飲、六膳、百羞、百醬、八珍之齊。（0667上）

【食₂齊眡（視）春時】調配飯食要比照春天以溫爲宜。爲古人養生經驗之總結。齊，用同劑。《食醫》鄭玄《注》："飯宜溫。"賈公彥《疏》："言飯之齊和。……四時常溫，比於春時。"孫詒讓《正義》："此論調和飲食寒溫之齊。"《周禮·天官·食醫》：凡～，羹齊眡夏時，醬齊眡秋時，飲齊眡冬時。（0667上）《禮記·內則》：凡～，羹齊視夏時，醬齊視秋時，飲齊視冬時。（1464上）

飧

[飧] sūn ❶賓客始至主人所致之食。其爲小禮，所致之物較少，禮儀較簡，次於饔餼。《司儀》鄭玄《注》："飧，食也。小禮曰飧，大禮曰饔餼。"《聘禮》鄭玄《注》："食不備禮曰飧。"賈公彥《疏》："對饔餼也，生與腥飪俱有，餘物又多。此飧唯有腥飪而無生，餘物又少，故云不備禮也。"《周禮·秋官·司儀》：致館亦如之，致～如致積之禮。（0897下）《儀禮·聘禮》：宰夫朝服設～。（1052中）❷用湯水泡飯。用以勸食。鄭玄《注》："飧，勸食也。不敢先君飽。"孔穎達《疏》："飧，謂用飲澆飯於器中也。禮，食竟，更作三飧以勸助，令飽實，使不虛也。……君食畢竟而又飧，則臣乃敢飧，明不先君而飽也。"《禮記·玉藻》：君未覆手，不敢～。君既食，又飯～。飯～者，三飯也。（1476上）❸已飽後再用湯水泡飯吃，以讚美主人之食。鄭玄《注》："飧者，美主人之食也。"《禮記·玉藻》：客～，主人辭以"疏"。（1483中）

【飧牽】熟食與活牲。鄭玄《注》引鄭司農云："飧，夕食也。《春秋傳》曰：'飧有陪鼎。'牽，牲牢可牽而行者。《春秋傳》曰：'餼牽竭矣。'"一說，"飧"爲客始至所致之禮。鄭玄《注》：

"殯,客始至所致禮。"《周禮·天官·宰夫》:凡朝覲、會同、賓客,以牢禮之濃,掌其牢禮、委積、膳獻、飲食、賓賜之~,與其陳數。(0656上)

【飧饔】即飧饔饩。接待賓客的兩種食禮。鄭玄《注》:"飧,客始至之禮;饔,既將幣之禮。"參見"飧饔饩"。《周禮·天官·外饔》:凡賓客之~饔食之事亦如之。(0662中)

【飧饔饩】接待賓客的兩種食禮。聘禮中,賓客剛到主人所致之食爲飧;來賓奉獻玉帛之禮畢,主國贈送賓客的食物稱饔饩。飧爲小禮,所致之物較少;饔饩爲大禮,其餽贈較多,有牲肉、活牲、禾米、薪柴等。《周禮·秋官·司儀》"致飧如致積之禮"鄭玄《注》:"小禮曰飧,大禮曰饔饩。"賈公彥《疏》:"大禮曰饔饩者,以其有腥有牽,芻薪米禾又多,故曰大。"《周禮·秋官·掌客》:凡介、行人、宰史,皆有~,以其爵等爲之牢禮之陳數,唯上介有禽獻。(0900中)

飪

(饪) rèn 指熟牲。鄭玄《注》:"飪,孰也。孰在西,腥在東。"《儀禮·聘禮》:宰夫朝服設飧:~一牢,在西,鼎九,羞鼎三;腥一牢,在東,鼎七。(1052中)

【飪鼎】盛放熟牲的鼎。別於盛放生肉的腥鼎。《儀禮·聘禮》:腥一牢,鼎二七,無鮮魚、鮮腊,設於阼階前,西面,南陳,如~,二列。(1060上)

飭

(饬) chì 見下。

【飭材】整治原材料使成器物。爲大司徒所頒十二職事之一,爲百工之事。鄭玄《注》引鄭司農曰:"飭材,謂百工飭化八材。"《周禮·地官·大司徒》:頒職事十有二于邦國、都鄙,使以登萬民:一曰稼穡,二曰樹藝,三曰作材,四曰阜蕃,五曰~,六曰通財,七曰化材,八曰斂材,九曰生材,十曰學藝,十有一曰世事,十有二曰服事。(0707中)

【飭化八材】整治八種原材料使成器物。爲百工之事。八材指珠、象牙、玉、石、木、金、革、羽;五材指金、木、皮、玉、土。鄭玄《注》引鄭司農曰:"八材,珠曰切,象曰瑳,玉曰琢,石曰磨,木曰刻,金曰鏤,革曰剝,羽曰析。"《周禮·天官·大宰》:五曰百工,~。(0647上)

飯

(饭) fàn ❶即飯含。喪禮,以米、貝、珠、玉等物納於死者口中。不忍其口中空無所食。夏禮,天子飯九貝,諸侯七,大夫五,士三。《大祝》賈公彥《疏》:"浴訖即飯含,故言相飯也。"《周禮·春官·大祝》:大喪,始崩,以肆鬯涗尸,相~,贊斂,徹奠。(0811上)《禮記·檀弓下》:~用米、貝,弗忍虛也。(1301上)❷吃飯。古禮用飯以手,用手抓食一次爲一飯。每一飯要飲羹汁,食肴醬。三飯謂之初食。《公食大夫禮》鄭玄《注》:"每飯歠涪,以肴擩醬,食正饌也。"胡培翬《正義》:"蔡氏云:'三飯,以手三舉飯食也。'《禮經釋例》云:'凡食禮,初食三飯,卒食九飯。'"黃以周《禮書通故·食禮二》:"案古者飯以手。凡禮食有飯數,一手謂之一飯,一飯三咽。……《禮器》云:'天子壹食,諸侯

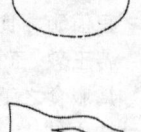

飯珠

再,大夫、士三.'此明一飯之食數有三種."《儀禮·公食大夫禮》:賓三~,以滑、醬.(1082下)《禮記·文王世子》:文王一~,亦一~;文王再~,亦再~.(1404上)❸大拇指的根部.鄭玄《注》:"飯,大擘指本也."《儀禮·士喪禮》:設決,麗于掔,自~持之.(1134下)

【飯玉】實於死者口中之碎玉.鄭玄《注》:"飯玉,碎玉,以雜米也."《周禮·春官·典瑞》:大喪,共~、含玉、贈玉.(0778下)

【飯米】實於死者口中之米.鄭玄《注》:"飯所以實口,不忍虛也.君用梁,大夫用稷,士用稻."《周禮·地官·舍人》:喪紀,共~、熬穀.(0749下)

【飯飧】以湯澆飯.用以勸食.孔穎達《疏》:"飧,謂用飲澆飯於器中也.禮,食竟,更作三飧以勸助,令飽食使不虛也.……君食畢竟而又飧,則臣乃敢飧,明不先君而飽也."《禮記·玉藻》:君既食,又~.~者,三飯也.(1476上)

【飯腥】把生米填入死者口中.孔穎達《疏》:"於含之時,飯用生稻之米,故云飯腥.用上古未有火化之法."《禮記·禮運》:及其死也,升屋而號,告曰:"皋!某復."然後~而苴孰.(1415下)

飲

(飲) yǐn ❶酒漿之總稱.六飲:水、漿、醴、涼、醫、酏;五飲上水、漿、酒、醴、酏;四飲:清、醫、漿、酏.詳見各條.《周禮·天官·漿人》:掌共王之六~:水、漿、醴、涼、醫、酏.(0670下)《儀禮·公食大夫禮》:飲酒、漿~俟于東房.(1079下)《禮記·玉藻》:五~:上水,漿、酒、醴、酏.(1473下)❷漱,漱口.飯畢漱口,為飲食之禮節.鄭玄《注》:"飲,漱."《儀禮·公食大夫禮》:賓坐祭,遂~,奠於豐上.(1082下)

【飲食】泛指饗禮、食禮、燕禮.鄭玄《注》:"飲食,燕饗也."賈公彥《疏》:"今云飲食燕者,欲見飲入燕禮,可知饗中又兼燕與食,以其饗有米有酒故也."孫詒讓《正義》:"即《掌客》云上公三食三饗三燕,侯伯再食再饗再燕,子男壹食壹饗壹燕是也."《周禮·天官·宰夫》:凡朝覲、會同、賓客,以牢禮之灋,掌其牢禮、委積、膳獻、~、賓賜之飱牽,舉其陳數.(0656上)

【飲酒】❶清酒.醴酒濾去渣滓而成,供食畢酳(漱)口之用.《酒人》鄭玄《注》:"飲酒,食之酒."賈公彥《疏》:"謂食時有酒者,……此非獻酬酒,是酳口之酒也."《公食大夫禮》鄭玄《注》:"飲酒,清酒也.……飲酒先言飲,明非獻酬之酒也."《周禮·天官·酒人》:共賓客之ïi酒,~而奉之.(0670中)《儀禮·公食大夫禮》:~、漿飲俟于東房.(1079下)❷天子行飲酒之禮.一為招待來朝諸侯及其使臣,二為招待宗室同姓,三為天子與后燕飲.賈公彥《疏》:"謂王與臣以禮燕飲."《周禮·天官·膳夫》:王燕~,則為獻主.(0660下)❸地方官員行飲酒之禮.以正齒位,以教民孝悌之道.鄭玄《注》:"黨正飲酒禮亡,以此事屬於鄉飲酒之義,微失少矣."《周禮·地官·黨正》:國索鬼神而祭祀,則以禮屬民,而~于序以正齒位.(0718上)

【飲食之禮】人君與族人所行的食禮與飲酒之禮。爲嘉禮之一。用以親宗族兄弟。賈公彥《疏》："謂人君與族人行食禮并飲酒之禮。"《周禮·春官·大宗伯》：以嘉禮親萬民：以～親宗族兄弟，以昏冠之禮親成男女，以賓射之禮親故舊、朋友，以饗燕之禮親四方之賓客，以脤膰之禮親兄弟之國，以賀慶之禮親異姓之國。(0760 中)

【飲食男女】指對吃喝及性的需要。飢欲得食，渴欲得飲，男女妃合繁育後代，這是人類生存的基本要求。今爲成語。《禮記·禮運》：～，人之大欲存焉。(1422 下)

【飲酒之節】飲酒的節制。古人認爲飲酒一定要有時間限制，早朝後纔能行飲酒之禮，傍晚前一定要結束，不能因飲酒而誤了正事。鄭玄《注》："既朝乃飲，先夕則罷，其正也。"孔穎達《疏》："朝後乃行飲酒之禮，……飲酒禮畢，乃治私家之事。"《禮記·鄉飲酒義》：～，朝不廢朝，莫不廢夕。(1684 中)

【飲齊眡(視)冬時】調配酒漿要比照冬天以寒爲宜。爲古人養生經驗之總結。齊，用同劑。《食醫》鄭玄《注》："飲宜寒。"賈公彥《疏》："謂若《漿人》六飲、水漿之等，四時皆須寒。"孫詒讓《正義》："此論調和飲食寒溫之齊。……六飲皆以水和齊，以寒爲貴。"《周禮·天官·食醫》：凡食齊眡春時，羹齊眡夏時，醬齊眡秋時，～。(0667 上)《禮記·內則》：凡食齊視春時，羹齊視夏時，醬齊視秋時，～。(1464 上)

【飲其血，茹其毛】連毛帶血生食禽獸。言上古人類不知用火時的飲食習慣。今爲成語"茹毛飲血"。《禮記·禮運》：未有火化，食草木之實，鳥獸之肉，～。(1416 上)

飾

(飾) shì ❶指襲、殮之衣衾。孫希旦《集解》："設飾，謂襲、斂也。"《禮記·檀弓上》：尸未設～，故帷堂。(1291 中) ❷指袖口。孔穎達《疏》："飾，猶褏也。"《禮記·玉藻》：羔裘，豹～，緇衣以裼之。(1479 下) ❸指裼衣。覆加在裘外之衣。孔穎達《疏》："謂裘上加裼衣。"《禮記·玉藻》：裘之～也，見美也。(1480 上)

【飾行(háng)】巧飾次品、劣貨。王引之《經義述聞·卷八》："古人謂物脆薄曰行。……取行苦之物，飾以欺人，故曰飾行。……飾行與價慝，相對爲文。"參見"飾行價慝"。《周禮·地官·胥師》：察其詐僞、～、價慝者，而誅罰之。(0737 下)

【飾車】以革飾輿之車。大夫以上所乘。鄭玄《注》："飾車，謂革鞔輿也。大夫以上革鞔輿。"一説，爲大車。孫詒讓《正義》："飾車制侈大，故亦謂之大車。"《周禮·冬官考工記·輿人》：棧車欲弇，～欲侈。(0910 下)

【飾柩】裝飾棺柩。詳見"飾棺"。《儀禮·既夕禮》：商祝～：一池，紐前經後緇，齊三采，無貝。(1148 中)

【飾棺】裝飾棺柩。棺飾依等級不同而異。一般有柳(柩車週圍所設之木框)；柳外圍以布稱柳衣，柳衣頂部稱荒，下部四週如牆者稱帷；柳邊懸有池(以竹製成的狀像屋檐的承霤)；連繫荒與帷的繒帶稱紐；柳尖頂上的裝飾稱齊。鄭玄《注》："飾棺者，以華道路及壙中，不欲衆惡其親也。"《禮記·喪大記》:~:君龍帷,三池,振容,黼荒,火三列,黼三列,素錦褚,加偽荒,纁紐六,齊五采,五貝,黼翣二,黻翣二,畫翣二,皆戴圭,魚躍拂池。(1583下)

【飾行儥慝(tè)】出售巧飾之劣次物品。此爲法所禁止。鄭玄《注》:"鄭司農云:'儥,賣也;慝,惡也。謂行且賣姦僞惡物者。'玄謂飾行儥慝,謂使人行賣惡物於市,巧飾之,令欺誑買者。"參見"飾行"。《周禮·地官·胥師》:察其詐僞,~者,而誅罰之。(0737下)

飽 (飽) bǎo 吃足。依禮,在別人家作客不吃飽。《玉藻》鄭玄《注》:"謙也。"孔穎達《疏》:"謙退不敢自足。"《特牲饋食禮》鄭玄《注》:"三飯告飽,禮一成也。"《儀禮·特牲饋食禮》:尸又三飯,告~。(1184中)《禮記·玉藻》:食於人不~。(1476中)

養 (养) yǎng 見下。

【養老】❶奉養年高德賢者。爲安定繁息萬民的六種措施之一。鄭玄《注》:"養老,七十養於鄉,五十異粻之屬。"賈公彦《疏》:"老人衆多,非賢者不可皆養。"《周禮·地官·大司徒》:以保息六養萬民:一曰慈幼,二曰~,三曰振窮,四曰恤貧,五曰寬疾,六曰安富。(0706中)❷養老禮之省稱。即對年高德劭的老者在衣食住行等各方面給予優待,且於每年天子視學之時行養老之大禮。孔穎達《疏》:"皇氏云:'人君養老有四種,一是養三老五更;二是子孫爲國難而死,王養死者父祖;三是養致仕之老

四是引户校年養庶人之老。'熊氏云:'天子視學之年,養老一歲有七,謂四時皆養老。'"《禮記·王制》:凡~,有虞氏以燕禮,夏后氏以饗禮,殷人以食禮,周人脩而兼用之。(1345中)

飴 (饴) yí 見下。

【飴鹽】味略甜之鹽。即石鹽,産於西北胡戎之地。鄭玄《注》:"飴鹽,鹽之恰者,今戎鹽有焉。"賈公彦《疏》:"即石鹽是也。孫詒讓《正義》:"飴味甘,故鹽味甘者亦謂之飴鹽。"《周禮·天官·鹽人》:王之膳羞,共~。(0675下)

餌 (饵) ěr ❶用稻米粉、黍米粉合蒸的糕餅。《籩人》鄭玄《注》:"此二物皆粉稻米、黍米所爲也。合蒸曰餌,餅之曰餈。"《周禮·天官·籩人》:羞籩之實:糗~、粉餈。(0672上)《禮記·內則》:羞:糗~、粉酏。(1464上)❷白而微黄。如餌餅之色。鄭玄《注》:"餌,色如餌。"《周禮·冬官考工記·弓人》:鼠膠黑,魚膠~,犀膠黄。(0935上)❸牲畜的筋健。鄭玄《注》:"餌,筋健也。"《禮記·內則》:每物與牛若一,捶反側之,去其~。(1468中)

餈 cí 用稻米粉、黍米粉製成的餅。鄭玄《注》:"此二物皆粉稻米、黍米所爲也。合蒸曰餌,餅之曰餈。"《周禮·天官·籩人》:羞籩之實:糗餌、粉~。(0672上)

餘 (余) yú 剩餘的飯食。參見"餕"。《儀禮·士昏禮》:媵餕主人之~,御餕婦~。(0967中)《禮記·祭統》:君起,大夫六人餕,臣餕君之~。(1604中)

【餘子】即羨卒。古代軍制，庶民每户正卒一人，其他人謂之餘子。鄭玄《注》引鄭司農云："國有大事，當徵召會聚百姓，則小司徒召聚之。餘子，謂羨也。"孫詒讓《正義》："王引之云：'……餘子即民之子弟，《孟子·滕文公篇》所謂餘夫也，故《大司徒》統謂之萬民。蓋國之大事，但致正卒而已，大故則不惟致正卒，又並羨卒而致之。'……案：王説是也。"一説，指守衛王宫之卿大夫子弟。"玄謂餘子，卿大夫之子當守於王宫者也。"《周禮·地官·小司徒》：凡國之大事，致民；大故，致～。（0711下）

【餘夫】農夫法定每户一人受田，其餘尚有餘力者謂之餘夫。孫詒讓《正義》："《孟子》趙注云：'餘夫者，一家一人受田，其餘老小尚有餘力者，受二十五畝。受田者，田萊多少，有上中下。《周禮》曰"餘夫亦如之"，亦如上中下之制也。'趙説較二鄭及班《志》爲長。"《周禮·地官·遂人》：上地，夫一廛，田百畮，萊五十畮，～亦如之。（0740下）

【餘席】空出座席前端。依禮，侍坐尊者，坐時要儘量靠前，不要使席前有空餘之處。孔穎達《疏》："謂先生坐一席，己坐一席，己必坐於近尊者之端，勿得使近尊者之端更有空餘之席。所以然者，欲得親近先生，似若扶持然，備擬先生顧問，不可過遠，且擬後人之來，故闕其下空處以待之。"《禮記·曲禮上》：侍坐於所尊，敬毋～。（1240上）

【餘飯】用爲死者飯含之餘米煮成之粥。鄭玄《注》："以飯尸餘米爲鬻也。"《儀禮·士喪禮》：夏祝鬻～，用二鬲，于西牆下。（1135上）

【餘閣】櫥櫃裏剩餘的食物。用作人初死時的祭奠物。孔穎達《疏》："始死，未容改異，故以生時庋閣上所餘脯醢以爲奠也。"《禮記·檀弓上》：始死之奠，其～也與？（1281下）

餕 jùn 餕餘之禮。祭禮中最後一個儀節。餕之道爲：祭祀結束時，尸吃祭祀鬼神剩下的飯食，國君與三卿共四人吃尸剩下的飯食，大夫六人吃國君剩下的飯食，士八人吃大夫剩下的飯食，衆小吏吃士剩下的飯食，用以辨別貴賤、上下的等級。餕餘之禮表現出的是施惠之道。此禮亦用於士婚禮。《祭統》孫希旦《集解》："食餘曰餕。……祭之餕，以上之所食者逮及於下，此施惠之道也。爲政在於施惠，故於餕可以觀政也。"孔穎達《疏》："初君四人，次大夫六人，次士八人。……其餕之禮，初餕貴而少，後餕賤而多，皆先上而後下，施惠之道亦當然，皆先貴後賤。"《儀禮·士昏禮》：媵～主人之餘，御～婦餘。（0967中）《禮記·祭統》：夫祭有～。～者，祭之末也，不可不知也。是故古之人有言曰："善終者如始。～其是已。"是故古之君子曰："尸亦～鬼神之餘也。惠術也，可以觀政矣。"是故尸謖，君與卿四人－。君起，大夫六人～，臣～君之餘也。大夫起，士八人～，賤～貴之餘也。士起，各執其具以出，陳于堂下，百官進，徹之，下～上之餘也。凡～之道，每變以衆，所以別貴賤之等，而興施惠之象也。（1604中）

【餕餘】吃別人剩下的食物。孔穎達《疏》："食餘曰餕。"《禮記·郊特牲》：

舅姑卒食,婦～,私之也。(1456下)

【餕餘不祭】餕餘之物不可以祭先祖。孫希旦《集解》:"朱子曰:'餕餘之物,不可以祭先祖。'……雖父不以祭子,夫不以祭妻,不敢以鬼神之餕復以祭也。……且禮惟有卑餕尊者之餘,若父餕子餘,夫餕妻餘,尤禮之所未嘗有也。"一說,"祭"為祭食,謂吃卑者剩餘的飯食可以不行食前祭禮。鄭玄《注》:"食人之餘曰餕。餕而不祭,唯此類也,食尊者之餘則祭盛之。"孔穎達《疏》:"凡食餘悉祭,若不祭者,唯此下二條也。……若父得子餘,夫得妻餘,不須祭者,言其卑故也。"《禮記·曲禮上》:～父不祭子,夫不祭妻。(1243中)

餞 (饯) jiàn 用酒食餞行。卒哭祭三獻之禮結束後,屍將遷於祖廟祔祭,所以為之餞行。鄭玄《注》:"餞,送行者之酒。……屍且將始祔于皇祖,是以餞送之。"《儀禮·士虞禮》:獻畢,未徹,乃～。(1174下)

館 (馆) guǎn ❶主國接待賓客居住的房屋。《雜記上》鄭玄《注》:"館,主國所致舍。"《周禮·秋官·掌訝》:至于國賓入～,次于舍門外,待事于客。(0902中)《儀禮·聘禮》:大夫帥,至于～,卿致之,賓迎再拜。(1052上)《禮記·雜記上》:諸侯行而死於～,則其復如於其國。(1548下)❷道路上供往來使者賓客休止的房舍。凡國野之道,十里有廬;三十里有宿,宿有路室;五十里有市,市有候館,皆有飲食糧草。《環人》賈公彥《疏》:"館則道上廬、宿、市、所、館舍。"孫詒讓《正義》:"此授館據在道言之,與入國致館異。"《聘禮》鄭玄《注》:"館,舍也。遠郊之內有候館,可以小休止、沐浴。"《周禮·秋官·環人》:掌送逆邦國之通賓客,以路節達諸四方,舍則授～。(0899下)《儀禮·聘禮》:及～,展幣至賓人之館。(1049中)❸盛放祭品的筐。鄭玄《注》:"苴之言藉也,祭食有當藉者。館所以盛苴,謂若今筐也。"孫詒讓《正義》:"《士虞》之苴即苴,《士虞》之筐即館也。……據《士虞禮》,苴實于筐,是筐即以盛苴。……謂之館者,蓋亦取館止之義。"《周禮·春官·司巫》:祭祀,則共匴主及道布及苴～。(0816中)❹即館人。掌管客舍的人。《禮記·檀弓上》:子貢曰:"於門人之喪,未有所說驂。說驂於舊～,無乃已重乎?"(1283上)

【館人】掌管客舍的人。《禮記·檀弓上》:孔子之衛,遇舊～之喪,入而哭之哀。(1283上)

【館舍】賓客行人住宿之房舍。《周禮·夏官·懷方氏》:治其委積、～、飲食。(0864中)

饁 (馌) yè 見下。

【饁獸】田獵時以獵獲之獸祭四方之神。鄭玄《注》:"饁,饋也。以禽饋四方之神於郊,郊有羣神之兆。"賈公彥《疏》:"謂田在四郊之外,田訖以禽獸饋於郊者,將入國過四郊,四郊皆有天地、日月、山川之位,便以獸薦於神位以歆神,非正祭。"《周禮·春官·小宗伯》:若大甸,則帥有司而～于郊,遂頒禽。(0767下)

餼 (饩) xì ❶贈送的糧食。《玉人》鄭玄《注》:"納廩食也。"賈公彥《疏》:"食米曰廩者也。"《王制》鄭玄《注》:"餼,廩也。"《周禮・冬官考工記・玉人》:璋邸射,素功,以祀山川,以致稍~。(0923 下)《儀禮・聘禮》:凡~,大夫黍、粱、稷,筐五斛。(1075 中)《禮記・王制》:此四者,天民之窮而無告者也,皆有常~。(1347 上)❷贈送的活牲。亦爲贈送活牲。爲聘禮儀節之一。《聘禮》鄭玄《注》:"凡賜人以牲,生曰餼。"《聘義》孫希旦《集解》:"餼客,致饗餼於客也。"《儀禮・聘禮》:~之以其禮:上賓大牢,積唯芻禾;介皆有~。(1048 上)《禮記・聘義》:主國待客,出入三積:~客於舍,五牢之具陳於內。(1693 中)

【餼牢】指饗餼。包括牲肉、禾米、薪柴等。爲接待賓客之大禮。《司儀》孫詒讓《正義》:"餼牢謂致饗餼等。"參見"饗餼"。《周禮・秋官・司儀》:凡四方之賓客,禮儀、辭命、~、賜獻以二等,從其爵而上下之。(0899 中)《禮記・聘義》:羣介皆有~,壹食,再饗。(1693 中)

【餼獻】指牲肉、禾米及雉鴈等。孫詒讓《正義》:"餼即下饗餼,獻即下乘禽。"《周禮・秋官・掌客》:掌四方賓客之牢之禮、~、飲食之等數與其政治。(0900 上)

饗(飨)xiǎng ❶饗禮。爲食禮之一。蓋待賓之禮有三:饗、食、燕。其中饗最隆重,設太牢,有飯,有殽,有酒,以敬爲主。饗多用於接待朝聘之諸侯、賓客,宴飲於廟;養老孤,則饗在學。據《周禮・秋官・大行人》,饗禮上公九獻,諸侯、諸伯七獻,諸子、諸男五獻。《聘禮》鄭玄《注》:"饗,謂亨大牢以飲賓也。"詳見"饗食燕"。《周禮・秋官・掌客》:上公……殷膳大牢,以及歸,三~,三食,三燕,若弗酌,則以幣致之。(0900 中)《儀禮・聘禮》:公於賓,壹食,再~。(1064 下)《禮記・聘義》:賄、贈、~、食、燕,所以明賓客、君臣之義也。(1692 下)❷用同"享"。神鬼享用祭品。《少牢饋食禮》鄭玄《注》:"饗,歆也。"《儀禮・少牢饋食禮》:主人曰:"孝孫某,來日丁亥,用薦歲事于皇祖伯某,以某妃配某氏。尚~。"(1196 中)《禮記・月令》:五者備當,上帝其~。(1374 上)❸用同"享"。用食物祭祀鬼神。鄭玄《注》:"饗者,祭其神也。"《禮記・郊特牲》:蜡也者,索也,歲十二月,合聚萬物而索~之也。(1453 下)

【饗食】饗禮和食禮。《大司馬》賈公彥《疏》:"饗食,謂諸侯來朝,上公三饗、三食之等。行之在廟。"詳見"饗食燕"。《周禮・夏官・大司馬》:大祭祀、~,羞牲魚,授其祭。(0839 下)《儀禮・聘禮》:赴者未至,則哭于巷,哀于館,受禮,不受~。(1069 下)《禮記・聘義》:使者聘而誤,主君弗親~也。(1693 上)

【饗婦】舅姑(公婆)親自用酒慰勞新婦。爲婚禮儀節之一。成婚之次日,新婦見舅姑,舅姑在寢堂饗婦:舅獻酒而姑酬婦,以成一獻之禮。《士昏禮》鄭玄《注》:"以酒食勞人曰饗。"賈公彥《疏》:"舅獻,姑酬,共成一獻。"《儀禮・士昏禮》:舅姑共~以一獻之禮。舅洗于南洗,姑洗于北洗,奠酬。(0968 中)《禮記・昏義》:厥明,舅姑共~以一獻之禮,奠酬。(1681 上)

【饗禮】食禮之一。蓋待賓之禮有三:

饗、食、燕。其中饗最隆重,設太牢,有飯,有殽,有酒,以敬爲主。饗多用於接待朝聘之諸侯賓客,宴飲於廟;養老孤,則饗在學。饗禮,上公九獻,諸侯、諸伯七獻,諸子、諸男五獻。《大行人》賈公彦《疏》:"饗禮九獻者,謂後日王速賓,賓來就廟中行饗。饗者,亨大牢以飲賓,設几而不倚,爵盈而不飲。"詳見"饗食燕"。《周禮·秋官·大行人》:"上公之禮,……~九獻,食禮九舉。(0891上)《儀禮·聘禮》:凡致禮,皆用其饗之加籩豆。無饗者無~。(1075中)《禮記·王制》:凡養老,有虞氏以燕禮,夏后氏以~,殷人以食禮,周人脩而兼用之。(1345中)

【饗食燕】饗禮、食禮和燕禮。蓋待客之禮有三:饗、食、燕。其中饗最隆重,設太牢,有飯,有殽,有酒,以敬爲主。次爲食,設太牢,有殽,以飯爲主,設酒而不飲,以明善賢之禮。再次爲燕,設牲體,無飯,以飲酒爲主,不醉不歸,以歡爲主。饗、食於廟,而燕於寝。《儀禮·燕禮》胡培翬《正義》:"褚氏寅亮云:'待賓之禮有三:饗也,食也,燕也。饗重於食,食重於燕。饗主於敬,燕主於歡,而食以明善賢之禮。饗則體薦而不食,爵盈而不飲,設几而不倚,致肅靜也。食以飯爲主,雖設酒漿,以漱不以飲,故無獻儀。燕以飲爲主,有折俎而無飯,行一獻之禮,脱屨升坐以盡歡。此三者之别也。饗、食於廟,燕則於寝,其處亦不同矣。考之諸經,諸侯於己臣有燕而無饗食,意者饗之禮自待賓客,外惟施之於耆老、孤子歟?'"《聘義》孔穎達《疏》:"饗、食、燕者,謂主

君設大禮以饗賓,設食禮以食賓,皆在朝也;又設燕以燕之,燕在寢也。"《禮記·聘義》:~,所以明賓客,君臣之義也。(1692下)

【饗燕之禮】饗禮與燕禮。用以接待四方之賓客。賈公彦《疏》:"此饗燕謂《大行人》云:上公三饗,三燕,侯、伯再饗,再燕,子、男一饗,一燕。"詳見"饗食燕"。《周禮·春官·大宗伯》:以賓射之禮親故舊、朋友,以~親四方之賓客。(0760下)

饒

(饶)ráo 見下。

【饒富】多於完備之禮。儒家認爲,祭祀祗要合於禮儀就行了,不可過於浪費財物。鄭玄《注》:"富之言備也。備而已,勿多於禮也。"孔穎達《疏》:"禮數有常,取備而已,不得以其大饗,豐饒其物,使之過禮。"《禮記·曲禮下》:大饗不問卜,不~。(1270上)

饎

chì 見下。

【饎人】職官名。主炊飯者。由奄者任之。鄭玄《注》引鄭司農云:"饎人,主炊官也。"《周禮·地官·敘官》:~奄二人,女饎八人。(0701上)

【饎爨】❶炊煮黍稷的竈。鄭玄《注》:"炊黍稷曰饎。……爨,竈也。"《儀禮·特牲饋食禮》:主婦視~于西堂下。(1180下)❷指竈神。鄭玄《注》:"宗婦祭饎爨。"《儀禮·特牲饋食禮》:尸卒食,而祭~,雍爨。(1192下)

饋

(馈)kuì ❶進獻食物。凡致物於人,通稱爲饋。《周禮·天官·玉府》"凡王之獻金玉兵器"鄭玄《注》:"古者致物於人,尊之則曰獻,

通行曰饋。"《曲禮上》孔穎達《疏》:"饋,謂進饌也。"《膳夫》鄭玄《注》:"進物於尊者曰饋。"《周禮·天官·膳夫》:凡王之～,食用六穀,膳用六牲,飲用六清。(0659下)《儀禮·士昏禮》:舅姑入于室,婦盥,～。(0968上)《禮記·曲禮上》:侍食於長者,主人親～,則拜而食。(1242下)❷向死者進食以奠。鄭玄《注》:"以其殷奠有黍稷也。"《儀禮·既夕禮》:朔月,若薦新,則不～于下室。(1162下)❸指進獻給死者的食物。鄭玄《注》:"饋,朝夕食也。"《儀禮·既夕禮》:燕養,～,羞,湯沐之饌如他日。(1162中)

【饋食】宗廟祭祀之禮。凡祭祀以熟食黍稷開始者,謂之饋食。大夫、士之少牢、特牲饋食禮即此。天子、諸侯亦有大牢饋食禮,然在饋食之前還有祼、獻(薦血腥)二醴。《特牲饋食禮》鄭玄《注》:"祭祀自孰始曰饋食。饋食者,食道也。"《大宗伯》鄭玄《注》:"宗廟之祭,有此六享。肆、獻、祼、饋食,在四時之上,則是祫也,禘也。……饋食者,著有黍稷,互相備也。"孫詒讓《正義》:"少牢、特牲饋食禮爲大夫士祭禮,皆三獻,因以饋孰爲始,謂之饋食。若然,天子諸侯亦當有大牢饋食禮。饋食雖有酳尸之獻,然在食後,與祼獻在祭前不同也。凡王禮廟享皆九獻,而告祭及祈禱禮殺,容有自饋食始者,故此經以爲六享之一也。又江永謂天子諸侯每月朔朝廟之祭,當用饋食禮,方苞、莊有可又以此饋食爲薦禮,經亦宜含此諸義。"《周禮·春官·大宗伯》:以肆、獻、祼享先王,以～享先王。(0758下)《儀禮·特牲饋食禮》:特牲～之禮。(1178下)

【饋奠】殯時進獻祭品奠祭亡者。此禮在柩未葬前,祇供奉食物,不行祭祀之禮。鄭玄《注》:"饋奠,在殯時也。"《禮記·曾子問》:大功之喪,可以與於～之事乎?(1391中)

【饋獻】獻熟食。爲宗廟祭祀之禮。后於此時薦饋食之豆籩。鄭玄《注》:"饋獻,謂薦孰時。后於是薦饋食之豆籩。此凡九酌,王及后各四,諸臣一,祭之正也。"《周禮·春官·司尊彝》:其朝獻用兩著尊,其～用兩壺尊,皆有罍。(0773中)

【饋食之豆】宗廟祭祀薦熟牲體時后所進獻之豆。爲四豆之一。四豆爲朝事之豆、饋食之豆、加豆之食、羞豆之食。賈公彥《疏》:"言饋食之豆者,亦與饋食之籩同時而薦。"《周禮·天官·醢人》:～,其實葵菹、蠃醢、脾析、蠯醢、蜃、蚳醢、豚拍、魚醢。(0674下)

【饋食之籩】爲宗廟祭祀薦熟牲體后第二次進獻之籩。爲四籩之一。内實棗、栗、桃、乾梅等。四籩爲朝事之籩、饋食之籩、加籩之食、羞籩之食。鄭玄《注》:"饋食,薦孰也。"賈公彥《疏》:"此謂朝踐薦腥後,堂上更體其犬豕牛羊烹孰之時,后先謂之饋食之籩也。"《周禮·天官·籩人》:～,其實棗、㮌、桃、乾藔、榛實。(0671下)

【饋獻不及車馬】饋送禮物不敢饋贈車馬。依禮,父母在世時,子不得專斷獨行,將家中的貴重物品送人。鄭玄《注》:"車馬,家物之重者。"《禮記·坊記》:父母在,～,示民不敢專

也。(1621中)

饌

(馔) zhuàn ❶宴饗、祭奠時備辦食物、陳設祭品。《酒正》賈公彥《疏》："饌者，謂饌陳具設之也。"《少牢饋食禮》賈公彥《疏》："乃更設豆籩於房中。"《周禮·天官·酒正》：掌其厚薄之齊，以共王之四飲、三酒之～，及后、世子之飲與其酒。(0669中)《儀禮·少牢饋食禮》：改～豆、籩于房中，南面，如饌之設。(1198上) ❷指食物或祭奠的酒食。《儀禮·士喪禮》：徹～，先取醴酒，北面，其餘取先設者。(1140上)《禮記·文王世子》：嘗～善，則世子亦能食；嘗～寡，世子亦不能飽。(1411中)

饘

(馆) zhān 稠粥。陸德明《釋文》："厚粥也。"《禮記·內則》：～、酏、酒、醴、芼羹、菽、麥、蕡、稻、黍、粱、秫，唯所欲。(1461下)

【饘粥】稠粥稱饘，稀粥稱粥。泛指粥。孔穎達《疏》："厚曰饘，希曰粥。"《禮記·檀弓上》：哭泣之哀，齊斬之情，～之食，自天子達。(1276下)

饔

yōng 牲肉。包括飪(熟肉)與腥(生肉)。爲聘禮中主國贈送給賓客的食物。《聘禮》鄭玄《注》："饔，謂飪與腥。"《外饔》鄭玄《注》："飧，客始至之禮。饔，既將幣之禮。

致禮於客，莫盛於饔。"賈公彥《疏》："莫盛於饔者，以其饔之中有飪有腥有牵，又有酒有米，兼燕與食，其中芻薪米禾又多。"參見"饔餼"。《周禮·天官·外饔》：凡賓客之飧～饗食之事亦如之。(0662中)《儀禮·聘禮》：～。飪一牢，鼎九，設于西階前。(1059下)

【饔人】指內饔。孫詒讓《正義》："饔人即內饔，稱人者，通舉其官長徒屬之言。凡此經總舉官屬者皆稱人，若《射人》稱大僕爲僕人，《大祝》稱甸師爲甸人是也。"《周禮·天官·內饔》：凡王之好賜肉脩，則～共之。(0662中)

【饔餼】指牲肉、活牲以及禾米、薪柴等。爲聘禮中主國所行之贈送賓客食物的大禮，其禮於來賓奉獻玉帛之後舉行。《司儀》"致飧如致積之禮"鄭玄《注》："小禮曰飧，大禮曰饔餼。"賈公彥《疏》："大禮曰饔餼者，以其有腥有牵，芻薪米禾又多，故曰大。"《聘禮》鄭玄《注》："牲，殺曰饔，生曰餼。"《周禮·秋官·司儀》：致～，還圭，饗食，致贈，郊送，皆如將幣之儀。(0898上)《儀禮·聘禮》：君使卿韋弁，歸～五牢。(1059中)《禮記·聘義》：君親禮賓，賓私面私覿；致～，還圭璋。(1692下)

風部

風

(风) fēng 《詩經》中的十一國風。爲《詩》六義之一。《周禮·春官·大師》：教六詩：曰～，曰賦，曰比，曰興，曰雅，曰頌。(0796上)《禮

記・樂記》:正直而靜,廉而謙者,宜歌～。(1545 中)

【風欬】因風寒而咳嗽。《禮記・月令》:季夏行春令,則穀實鮮落,國多～,民乃遷徙。(1371 下)

飌 fēng 見下。

【飌師】即風師。風神。孫詒讓《正義》:"飌師者,《九經字樣・虫部》云:'飌,古文風。'全經六篇,風雨字皆作風,惟風師字作飌。"《周禮・春官・大宗伯》:以禋祀祀昊天上帝,以實柴祀日月星辰,以槱燎祀司中、司命、～、雨師。(0757 上)

音部

音 yīn 樂器。八音指金、石、土、革、絲、木、匏、竹八類樂器。參見"八音"。《周禮・春官・大師》:皆文之以五聲:宮、商、角、徵、羽;皆播之以八～:金、石、土、革、絲、木、匏、竹。(0795 中)

韶 sháo 古樂名。相傳爲舜時樂曲,讚美舜能繼承堯之德政。鄭玄《注》:"舜樂名也。《韶》之言紹也,言舜能繼紹堯之德。《周禮》曰《大韶》。"《禮記・樂記》:《咸池》,備矣。《～》,繼也。《夏》,大也。(1534 中)

首部

首 shǒu 劍柄上的環。送人劍時劍環要朝左,以示尊敬。孔穎達《疏》:"首,劍柎環也。"《禮記・曲禮上》:進劍者左～。(1244 上)

【首服】頭上的冠戴服飾。男子有冕、弁、冠,女子有副、編、次、追衡、笄等。《周禮・天官・追師》:掌王后之～。爲副、編、次、追衡、笄,爲九嬪及外內命婦之～,以待祭祀、賓客。(0693 上)

【首絰】纏在頭上用麻做的孝帶。斬衰三年首絰用苴麻;齊衰三年、齊衰杖期、齊衰不杖期、齊衰三月、大功用牡麻;小功、緦麻用澡麻。《儀禮・喪服》"苴絰"鄭玄《注》:"麻在首在要皆曰絰。……首絰象緇布冠之缺項,要絰象大帶。"《儀禮・士虞禮》:婦人說～,不說帶。(1175 中)

韋部

韋（韦）wéi ❶即韋氏。熟治皮革的工匠。《周禮·冬官考工記·總敍》：攻皮之工：函、鮑、韗、～、裘。(0906 中) ❷去毛熟治的皮革。《禮記·玉藻》：韡，君朱，大夫素，士爵，～。(1481 上)

【韋氏】熟治皮革的工匠。其職文闕。《周禮·冬官考工記·韋氏》：～。(0918 中)

【韋弁】天子、諸侯、大夫兵事所服之冠。爲古禮冠之一。以熟革製成，赤色，尖頂。狀似皮弁，而尊於皮弁。《聘禮》鄭玄《注》："變皮弁，服韋弁，敬也。韋弁，韎韋之弁。"賈公彥《疏》："案《周禮·春官·司服》王之吉服有九，祭服之下先云兵事韋弁服，後云視朝皮弁服，則韋弁尊於皮弁。今行聘享之事等皆皮弁，至歸饔餼則韋弁，故云敬也。"參見"韋弁服"。《周禮·夏官·弁師》：諸侯及孤、卿、大夫之冕、～、皮弁、弁絰，各以其等爲之。(0855 上)《儀禮·聘禮》：君使卿～。(1059 中)

韋弁

【韋當】覆蓋在楅（箭架）背正中用以盛箭的革袋。以紅色熟皮製成。鄭玄《注》："直心背之衣曰當，以丹韋爲之。"胡培翬《正義》："郝氏云：'韋，皮也；當，中也，與襠通。中衣袴曰襠，兩腹如半圜，交處脊起如衣襠，撫矢乘之，則分委兩腹，以韋鞼之，如襠衣也。'"《儀禮·鄉射禮》：楅長如笴，博三寸，厚寸有半，龍首，其中蚖交，～。(1011 上)

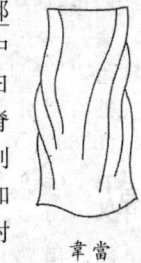
韋當

【韋弁服】天子、諸侯、大夫兵事之冠服。以赤色熟革爲冠及衣裳。鄭玄《注》："韋弁，以韎韋爲弁，又以爲衣裳。"賈公彥《疏》："韎是舊染謂赤色也，以赤色韋爲弁。"孫詒讓《正義》："任大椿云：'韋弁爲天子、諸侯、大夫兵事之服。戎服用韋者，以韋革同類，服以臨軍，取其堅也。《晉志》韋弁制似皮弁，頂上尖，韎草染之，色如淺絳。然則形狀似皮弁矣。'……此韋弁服，即染熟皮爲紅色，以爲弁及衣裳。韎爲一入，與朱四入色淺深不同。"《周禮·春官·司服》：凡兵事，～。(0782 上)

韎 mò ❶東夷舞樂之名。賈公彥《疏》："以其專主夷樂，則東夷之樂曰韎是也。"《周禮·春官·韎師》：

掌教~樂。(0801 中)❷赤黃色。鄭玄《注》："韎韐,縕韨也。"胡培翬《正義》："《玉藻》注云:'縕,赤黃之間色。'"《儀禮·士冠禮》:爵弁服:纁裳,純衣,緇帶,~韐。(0950 上)

【韎師】職官名。掌教東夷之舞樂。爵中士、下士。《周禮·春官·韎師》:~,掌教韎樂。(0801 中)

【韎韐】赤黃色蔽膝。鄭玄《注》："韎韐,縕韨也。"胡培翬《正義》："案:此韨也,而名韎韐者,韎言其色,韐言其質。……《玉藻》注云:'縕,赤黃之間色。'"參見"韠""韨"。《儀禮·士冠禮》:爵弁服:纁裳,純衣,緇帶,~。(0950 上)

韨 (韍) fú 即蔽膝。一名韠。朝覲、祭祀時遮蔽在衣裳前的服飾。用熟皮製成,其形制、圖案、顏色依等級有所不同。其色與裳色相同。鄭玄《注》："此玄冕爵弁服之韠,尊祭服,異其名耳。韨之言亦蔽也。"孔穎達《疏》："他服稱韠,祭服稱韨,是異其名。韨、韠皆言爲蔽,取蔽障之義也。"《禮記·玉藻》:一命縕韨幽衡,再命赤~幽衡,三命赤~蔥衡。(1481 上)

韨

韐 gé 蔽膝。鄭玄《注》:"韐帶,韎韐、緇帶。"參見"韎韐"。《儀禮·士喪禮》:設~帶,搢笏。(1134 下)

韣 chàng 弓袋。鄭玄《注》:"櫜,甲衣。韣,弓衣。"《禮記·檀弓下》:軍有憂,則素服哭於庫門之外,赴車不載櫜~。(1313 中)

韗 yùn 即韗人。製鼓之工匠。《周禮·冬官考工記·總敘》:攻皮之工:函、鮑、~、韋、裘。(0906 中)

【韗人】製作皋陶、蕢鼓的工匠。《周禮·冬官考工記·韗人》:~,爲皋陶。(0918 上)

韠 bì 蔽膝。一名韨。朝覲、祭祀時遮蔽在衣裳前的服飾。用熟皮製成,其形制、圖案、顏色依等級有所不同。其色與裳色相同。《士冠禮》胡培翬《正義》:"韠,蔽膝也。冕服謂之韨,其他服謂之韠,皆以韋爲之。"《玉藻》鄭玄《注》:"此玄端服之韠也。韠之言蔽也。凡韠,以韋爲之,必象裳色。"《儀禮·士冠禮》:主人玄冠,朝服,緇帶,素~,即位于門東,西面。(0945 下)《禮記·玉藻》:~,君朱,大夫素,士爵,韋。(1481 上)

韜 (韜) tāo 用同"翿"。行射禮時用以指揮進退的旌旗。常以鴻頸之羽爲飾。鄭玄《注》:"此翿旌也。翿亦所以進退衆者。……今文……韜爲翿。"《儀禮·鄉射禮》:無物則以白羽與朱羽糅,杠長三仞,以鴻脰~上二尋。(1010 下)

韇 dú ❶弓袋。用皮製成。用作明器的韇以緇布製成。《既夕禮》鄭玄《注》:"韇,弓衣也。以緇布爲之。"《少儀》鄭玄《注》:"韇,弓衣也。"《儀禮·既夕禮》:有~。骹矢一乘,骨鏃,短衛。(1164 中)《禮記·少儀》:器則執蓋,弓則以左手屈~執拊。(1514 中)❷指旌弧之套。鄭玄《注》:"弧,旌旗所以張幅也,其衣曰韇。"孫希旦《集解》:"韇,所以韜弧之衣也。"《禮記·明堂位》:是以魯君孟春乘大路,載弧~,旂十有二旒,日月之章,祀帝于郊,配以后稷,天子之禮也。(1488下)

飛部

飛 (飞) fēi 見下。

【飛鴻】指畫有鴻雁的旗。爲儀仗之一。鄭玄《注》:"載,謂舉於旃首以警衆也。……鴻取飛有行列也。"孔穎達《疏》:"鴻,鴻鴈也。鴈飛有行列,與車騎相似。若軍前忽遥見彼人有多車騎,則畫鴻於旃首而載之,使衆見而爲防也。"《禮記·曲禮上》:前有車騎,則載~。(1250上)

髟部

髡 kūn 剃髮之刑。爲五刑中之輕刑。鄭玄《注》:"髡頭而已。"《周禮·秋官·掌戮》:墨者使守門,劓者使守關,宫者使守内,刖者使守囿,~者使守積。(0883中)

髢 tì 垂如假髮。古人重髮,頭髮要以帛束好,不要讓它垂下來像假髮一樣。鄭玄《注》:"髢,髮也。毋垂餘如髢也。"孔穎達《疏》:"古人重髮,以纚韜之,不使垂也。"《禮記·曲禮上》:斂髮毋~,冠毋免,勞毋袒。(1240中)

髹 xiū 赤黑色的漆。《鄉射禮》鄭玄《注》:"髹,赤黑漆也。"《周禮·春官·巾車》:駹車,蘋蔽,然襖,~飾。(0824下)《儀禮·鄉射禮》:楅~,横而拳之,南面坐而奠之,南北當洗。(1011上)

髦 máo 本爲兒童齊眉之髮式。此指長大後,所做的類似兒時髮式的假髮。戴在頭上以爲飾,表示以赤子之心孝事父母。若父死,脱左髦;母死,脱右髦。二親並死,則皆脱之。《既夕禮》鄭玄《注》:"兒生三月,鬋(翦)髮爲鬌,男角女羈,否則男左女右,長大猶爲飾存之,謂之髦。所以順父母幼小之心。"《喪大記》孔穎達《疏》:"髦,幼時鬋髮爲之,至年長則垂著兩邊,明人子事親恆有孺子之義也。若父死,說左髦;母死,說右髦。二親並死,則並說之。"《儀禮·既夕禮》:既殯,主人說～。(1161中)《禮記·喪大記》:主人袒,說～,括髮以麻。(1573下)

【髦馬】不剪鬃毛無飾之馬。凶事所乘。孔穎達《疏》:"吉則翦剔馬毛爲飾,凶則無飾,不翦而乘之也。"《禮記·曲禮下》:乘～,不蚤鬋,不祭食。(1258下)

髺

kuò 見下。

【髺髮】喪禮中去纚、笄,用麻束髮爲結。鄭玄《注》:"髺髮者,去笄、纚而紒。……《喪服小記》曰:'斬衰髺髮以麻,免而以布。'此用麻布爲之,狀如今之著幓頭矣。自項中而前交於額上,卻繞紒也。……古文髺作括。"胡培翬《正義》:"戴氏震云:'喪之括髮,謂麻束髮也。始有喪去冠矣,二日又去笄纚,于是不復用吉時之總,而以麻代之,使髮不至于散而已矣。'……髺即髻字之異者,髻、髺古文皆作括。"《儀禮·士喪禮》:主人～,袒,衆主人免于房。(1136中)

髽

zhuā 喪禮婦人去笄、纚,用麻布束髮縮結。《士喪禮》鄭玄《注》:"今言髽者,亦去笄纚而紒也。……既去纚而以髮爲大紒。"賈公彥《疏》:"紒即髽也。故《喪服》注亦云:'髽,露紒也。'"《喪服小記》孔穎達《疏》:"髽者,形有多種,有麻、有布、有露紒也。"《儀禮·士喪禮》:婦人～于室。(1136下)《禮記·喪服小記》:男子冠而婦人笄,男子免而婦人～。(1494上)

髺 tī 用同"剔"。割解牲體。鄭玄《注》:"髺,解也,四解之,殊肩髀而已。……今文髺爲剔。"參見"四髺"。《儀禮·士喪禮》:其實:特豚四～,去蹄,兩胉,脊,肺。(1136上)

髮 quán 見下。

【髮首】分髮而結爲雙髻。爲成年女子平日家居時的髮式。孔穎達《疏》:"謂既笄之後,尋常在家燕居,則去其笄而髮首,謂分髮爲鬌紒也。此既未許嫁,雖已笄,猶爲少者處之。"《禮記·雜記下》:燕則～。(1569下)

鬊 shùn 梳頭梳下的亂髮。喪禮,國君及大夫頭上梳下的亂髮及剪下的指甲,要放在棺內四角,士則埋之。《喪大記》鄭玄《注》:"鬊,亂髮也。"《士喪禮》胡培翬《正義》:"鬊,櫛餘亂髮也。"《儀禮·士喪禮》:巾、栖、～、蚤埋于坎。(1135上)《禮記·喪大記》:君、大夫～、爪實于綠中,士埋之。(1583中)

鬌 duǒ 兒童頭上留而不剪之髮。鄭玄《注》:"所遺髮也。"孔穎達《疏》:"三月翦髮,所留不翦者謂之鬌。"《禮記·內則》:三月之末,擇日翦髮爲～。(1469下)

鬠 kuò 束髮。喪禮中以帶束髮。鄭玄《注》:"用組,組束髮也。古文鬠皆爲括。"《儀禮·士喪禮》:～用組,乃笄,設明衣裳。(1134上)

【鬠笄】喪禮中束髮所用之笄。以桑木製成。鄭玄《注》:"桑之爲言喪也,用爲笄,取其名也。長四寸,不冠故也。緌笄之中央以安髮。"賈公彥《疏》："以鬠爲髺，義取以髮會聚之意。"《儀禮·士喪禮》：～用桑，長四寸，緇中。(1130 下)

鬣 liè ❶掃帚，亦指掃帚的末端。拿掃帚時，掃帚的末端要下垂且朝向自己，以防塵觸他人。《少儀》鄭玄《注》："鬣，謂帚也。"《既夕禮》胡培翬《正義》："帚末也，用以埽者。末形似鬣，内之者，以鬣向身也。垂末而内其鬣，恐塵觸人也。"《儀禮·既夕禮》：埽者執帚，垂末，内～，從執燭者而東。(1162 中)《禮記·少儀》：拚席不以～，執箕膺擖。(1511 下) ❷馬頸上的長毛。《禮記·明堂位》：夏后氏駱馬黑～，殷人白馬黑首，周人黃馬蕃～。(1490 中)

馬 部

馬 (马) mǎ ❶六畜之一。根據馬之用途，國馬分爲種馬、戎馬、齊馬、道馬、田馬、駑馬六種。聘禮、覲禮中馬亦作爲饋贈的禮物。《周禮·夏官·校人》：天子十有二閑，～六種；邦國六閑，～四種；家四閑，～二種。(0860 中)《儀禮·覲禮》：侯氏用束帛，乘～儐使者，使者再拜受。(1088 中)《禮記·月令》：是月也，農有不收藏積聚者，～牛畜獸有放佚者，取之不詰。(1383 上) ❷籌碼。鄭玄《注》："勝筭也。"《禮記·投壺》：正爵既行，請爲勝者立～，一～從二～，三～既立，請慶多～。(1665 下)

【馬步】害馬之神。鄭玄《注》："馬步，神爲災害馬者。"《周禮·夏官·校人》：冬祭～，獻馬，講馭夫。(0860 下)

【馬社】始創乘馬之人配享於社者。始乘馬者蓋爲黃帝之臣相土。鄭玄《注》："馬社，始乘馬者。《世本·作》曰：'相土作乘馬。'"賈公彥《疏》："秋時馬肥盛，可乘用，故祭始乘馬者。"孫詒讓《正義》："牧地及十二閑之中，蓋皆爲置社，以祭后土，而以始制乘馬之人配食焉，謂之馬社也。"《周禮·夏官·校人》：秋祭～，臧僕。(0860 下)

【馬政】對馬匹牧養、訓練、使用之政教。鄭玄《注》："馬政，謂齊其色，度其力，使同乘也。"《禮記·月令》：是月也，天子乃教於田獵，以習五戎，班～。(1379 下)

【馬祖】天駟星。即房宿四星。古以龍爲天馬，故房四星謂之天駟。鄭玄《注》："馬祖，天駟也。《孝經説》曰：'房爲龍馬。'"賈公彥《疏》："馬與人

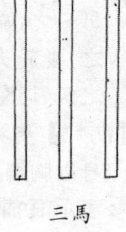

三馬

異,無先祖所尋,而言祭祖者,則天駟也。故取《孝經說》'房爲龍馬',是馬之祖。"《周禮·夏官·校人》:春祭~,執駒。(0860下)

【馬資】養馬之費用。爲臣下贈送國君財物之謙稱。孔穎達《疏》:"臣雖以物贈君,君體尊備物,不有乏少,故臣不敢言將物與君,但恐君行有車馬,路中或需資給,故云此物以充馬資。"孫希旦《集解》:"言己物菲薄,不堪充用,但致於有司,以給馬之芻秣而已。"《禮記·少儀》:君將適他,臣如致金玉貨貝於君,則曰:"致~於有司。"(1511上)

【馬圖】即河圖。古人認爲龍馬負圖而出是太平盛世的吉祥徵兆。漢人據《易·繫辭》"河出圖、洛出書,聖人則之"之文,附會出伏羲見龍馬所負之圖的圖案畫成八卦的傳說。鄭玄《注》:"馬圖,龍馬負圖而出也。"《禮記·禮運》:故天降膏露,地出醴泉,山出器車,河出~。(1427中)

【馬膠】用馬皮熬成的赤白膠。爲製弓所用膠之一種。鄭玄《注》:"皆謂煮用其皮,或用角。"孫詒讓《正義》:"用皮謂馬、鼠;用角謂鹿、牛、犀也。"《周禮·冬官考工記·弓人》:鹿膠青白,~赤白,牛膠火赤,鼠膠黑,魚膠餌,犀膠黃。(0935上)

【馬質】職官名。掌管評定馬的優劣、價格。爵中士。《周禮·夏官·馬質》:~,掌質馬。(0842上)

【馬鬣封】如斧形的墳墓封土。馬頸部長鬃鬣處,其肉薄似斧,故借以比喻斧形之封。鄭玄《注》:"俗間名。"孔穎達《疏》:"馬鬣鬣之上,其肉薄,封形似之。"《禮記·檀弓上》:昔者夫子言之曰:"吾見封之若堂者矣,見若坊者矣,見若覆夏屋者矣,見若斧者矣。從若斧者焉。"~之謂也。(1292中)

【馬黑脊而般臂,螻(漏)】馬背上有黑毛,前腿有雜色斑紋,它的肉有螻蛄臭味。這樣的馬其肉不可食。爲古人生活經驗之總結。《內饔》鄭玄《注》:"般臂,臂毛有文。……鄭司農云:'……螻,螻蛄臭也。'"賈公彥《疏》:"謂馬脊黑,前脛般般然,其馬如此,其肉螻蛄臭。"《內則》孔穎達《疏》:"漏,謂螻蛄臭。黑,謂馬脊黑。般臂,謂馬之前脛其色般般然。馬若如此,其肉如螻蛄臭也。"《周禮·天官·內饔》:~。(0662上)《禮記·內則》:~。(1466下)

【馮】(冯)píng 即馮尸。喪禮小殮、大殮時,生者坐俯身以胸觸靠屍之當心處。憑屍後踊,表示哀痛。《喪大記》鄭玄《注》:"馮之類必當心。"孔穎達《疏》:"馮者爲重,奉次之,拘次之,執次之。尊者則馮、奉,卑者則撫、執。"詳見"馮尸"。《儀禮·士喪禮》:主婦東面~,亦如之。(1141中)《禮記·喪大記》:子於父母~之,婦於舅姑奉之,舅姑於婦撫之,妻於夫拘之,大於妻、於昆弟執之。(1581上)

【馮尸】喪禮小殮、大殮時,生者坐俯身以胸觸靠屍之當心處。憑屍後踊,表示哀痛。分言之,其禮有馮、奉、撫、拘、執五種,以馮屍爲最重;總言之,皆謂之馮屍。行禮時尊者先,卑者後。《喪大記》鄭玄《注》:"目於其親所馮也。……馮之類必當心。……馮尸必坐。"孔穎達《疏》："父母尊，故馮尸在先；妻子卑，故馮尸在後。……馮之者，謂服膺心上也。……馮必哀殞，故起必踊，泄之也。"孫希旦《集解》："馮者爲重，奉次之，拘次之，執次之。尊者則馮、奉，卑者則撫、執。……吳氏澄曰：'總言之，皆謂之馮尸；分言之，則有馮、奉、撫、拘、執五者之異。'"《士喪禮》鄭玄《注》："馮，服膺之。"《儀禮·士喪禮》：主人西面～，踊無筭。(1136 中)《禮記·喪大記》：凡～者，父母先，妻、子後。……～不當君所。凡～，興必踊。(1581 上)

【馮相氏】職官名。掌管天文曆法，世登高臺以觀測天文之次序。爵中士、下士。《周禮·春官·馮相氏》：～，掌十有二歲，十有二月，十有二辰，十日，二十有八星之位。(0818 下)

馭 (馭) yù ❶駕車的技能。爲六藝之一。鄭玄《注》引鄭司農云："五馭，鳴和鸞，逐水曲，過君表，舞交衢，逐禽左。詳見"五馭"。《周禮·地官·保氏》：乃教之六藝：一曰五禮，二曰六樂，三曰五射，四曰五～，五曰六書，六曰九數。(0731 中) ❷指馭者。如大馭，戎僕、田僕等。賈公彥《疏》："馭，謂與王馭車者也。"《周禮·秋官·條狼氏》：誓僕右曰"殺"，誓～曰"車轘"，誓大夫曰"敢不關，鞭五百"，誓師曰"三百"，誓邦之大史曰"殺"，誓小史曰"墨"。(0888 上)

【馭夫】職官名。掌管駕馭副車及驅逆之車。爵中士、下士。《周禮·夏官·馭夫》：～，掌馭貳車、從車、使車。(0858 中)

馳 (馳) chí 馬疾奔。田獵之時，大夫可以縱馬奔馳。賈公彥《疏》："提遲於馳，皆使尊者體舒，卑者體促之義也。"孫詒讓《正義》："謂不牽馬，任其奔馳。"《周禮·夏官·田僕》：凡田，王提馬而走，諸侯晉，大夫～。(0858 中)

【馳道】君主行駛車馬之道。凶荒之年，爲節省開支，馳道不加修治。孔穎達《疏》："馳道，正道，如今御路也。是君馳走車馬之處，故曰馳道也。"《禮記·曲禮下》：歲凶，年穀不登，君膳不祭肺，馬不食穀，～不除，祭事不縣。(1259 中)

駔 (駔) zǔ 用同"組"。以絲繩連綴。鄭玄《注》："駔讀爲組。……以組穿聯六玉溝緣之中以斂尸。"《周禮·春官·典瑞》：～圭、璋、璧、琮、琥、璜之渠眉，疏璧、琮以斂尸。(0778 上)

【駔琮】用絲繩繫的琮，用作秤錘。鄭玄《注》："駔讀爲組，以組繫之，因名焉。鄭司農云：'以爲稱錘，以起量。'"《周禮·冬官考工記·玉人》：～五寸，宗后以爲權。(0923 中)

駟 (駟) sì 馬。陸德明《釋文》："駟音四，馬也。"《禮記·三年問》：則三年之喪，二十五月而畢，若～之過隙。(1663 中)

【駟之過隙】像駿馬穿過縫隙一樣。比喻時間過得快。孔穎達《疏》："駟謂駟馬，隙謂空隙。駟馬峻疾，空隙狹小，以峻疾而過狹小，言急速之甚。"今爲成語。《禮記·三年問》：則

三年之喪,二十五月而畢,若～。(1663 中)

駒 (驹) jū 兩歲的馬。亦泛指小馬。《廋人》鄭玄《注》引鄭司農云:"馬三歲曰駣,二歲曰駒。"《周禮·夏官·廋人》:掌十有二閑之政教,以阜馬、佚特、教駣、攻～及祭馬祖。(0861 中)《禮記·月令》:犧牲、～、犢,舉書其數。(1364 中)

駑 (驽) nú 見下。

【駑馬】劣馬。即身體、能力低下之馬。爲六馬之最下者。駑馬高六尺,用以給宮中之役。《校人》鄭玄《注》:"種,謂上善似母者,以次差之。玉路駕種馬,戎路駕戎馬,金路駕齊馬,象路駕道馬,田路駕田馬,駑馬給宮中之役。"《雜記下》鄭玄《注》:"駑馬,六種最下者。"《周禮·夏官·校人》:辨六馬之屬:種馬一物,戎馬一物,齊馬一物,道馬一物,田馬一物,～一物。(0860 上)《禮記·雜記下》:凶年則乘～,祀以下牲。(1567 中)

駣 táo 三歲的馬。鄭玄《注》引鄭司農云:"馬三歲曰駣,二歲曰駒。"《周禮·夏官·廋人》:掌十有二閑之政教,以阜馬、佚特、教～、攻駒及祭馬祖。(0861 中)

駱 (骆) luò 見下。

【駱馬】白身黑鬣的馬。鄭玄《注》:"白馬黑鬣曰駱。"《禮記·明堂位》:夏后氏～黑鬣,殷人白馬黑首,周人黃馬蕃鬣。(1490 中)

駵 liú 用同"騮"。紅身黑鬃尾的馬。陸德明《釋文》:"本又作騮。"《禮記·月令》:天子居明堂左个,乘朱路,駕赤～,載赤旂,衣朱衣,服赤玉。(1365 上)

駹 máng 雜色牲。鄭玄《注》引鄭司農云:"謂不純色也。"賈公彥《疏》:"駹,謂雜色牲。"《周禮·秋官·犬人》:凡幾珥沈辜,用～可也。(0882 中)

【駹車】邊側有漆飾之車。爲天子五喪車之一。服喪二十五月大祥時所乘。鄭玄《注》:"駹車,邊側有漆飾也。……此大祥所乘。"《周禮·春官·巾車》:～,蕫蔽,然禎,髤飾。(0824 下)

騂 (骍) xīng ❶赤色。《牧人》鄭玄《注》:"騂牲,赤色。"《周禮·地官·牧人》:凡陽祀,用～牲,毛之;陰祀,用黝牲,毛之。(0723 中)《禮記·明堂位》:夏后氏牲尚黑,殷白牡,周～剛。(1490 中) ❷赤色牲畜。用以祭祀天神或宗廟。鄭玄《注》:"騂,赤類。"《禮記·檀弓上》:戎事乘騵,牲用～。(1276 上)

【騂牲】赤色犧牲。用以祭祀天神或宗廟。鄭玄《注》:"陽祀,祭天於南郊及宗廟。"《周禮·地官·牧人》:凡陽祀,用～,毛之;陰祀,用黝牲,毛之;望祀,各以其方之色牲,毛之。(0723 中)

【騂剛】❶指赤色的堅硬土地。化治土地,騂剛要用牛骨熬汁澆地,以使土質肥美。鄭玄《注》:"騂,謂地色赤而土剛强也。"《周禮·地官·草人》:凡糞種,～用牛,赤緹用羊,墳壤用麋,渴澤用鹿。(0746 中) ❷赤色公牛。周祭祀天神或宗廟所用。孔穎達《疏》:"騂,赤色也。剛,牡也。"《禮記·明堂位》:夏后氏牲尚黑,殷白

牡,周~。(1490 中)

騋 lái 七尺高的馬。《周禮·夏官·廋人》:"馬八尺以上爲龍,七尺以上爲~,六尺以上爲馬。(0861 下)

鷔 (鷔) ào 即《鷔夏》。爲《九夏》之一。鄭玄《注》:"《鷔夏》,亦樂章也。以鍾鼓奏之,其詩今亡。"《儀禮·大射》:公入,《~》。(1044 上)

【鷔夏】樂曲名。爲《九夏》之一。鄭玄《注》:"《九夏》皆詩篇名,頌之族類也。此歌之大者,載在樂章,樂崩亦從而亡。"《周禮·春官·鍾師》:凡樂事,以鍾鼓奏《九夏》:《王夏》《肆夏》《昭夏》《納夏》《章夏》《齊夏》《族夏》《祴夏》《~》。(0800 中)

騵 (騵) yuán 赤身白腹黑鬣尾的馬。鄭玄《注》:"騵,駠馬白腹。"陸德明《釋文》:"赤馬,黑鬣尾。"《禮記·檀弓上》:戎事乘~,牲用騂。(1276 上)

騶 (驺) zōu 馬官。掌管養馬及駕車。鄭玄《注》:"七騶,謂趣馬,主爲諸官駕說者也。"《禮記·月令》:命僕及七~咸駕,載旌旐,授車以級,整設于屏外。(1379 下)

【騶虞】樂章名。其歌詩爲《詩經·召南》之卒章。天子大射,以《騶虞》爲節。鄉射亦奏之,取王樂賢之志。《大司樂》鄭玄《注》:"騶虞,樂章名。在《召南》之卒章。王射,以《騶虞》爲節。"《鄉射禮》鄭玄《注》:"《騶虞》之言樂得賢者衆多,嘆思至仁之人以充

其官,此天子之射節也。而用之者,方有樂賢之志,取其宜也。"《周禮·春官·大司樂》:大射,王出入,令奏《王夏》,及射,令奏《~》。(0791 上)《儀禮·鄉射禮》:樂正東面命大師,曰:"奏《~》,間若一。"(1005 上)《禮記·射義》:天子以《~》爲節,諸侯以《貍首》爲節,卿大夫以《采蘋》爲節,士以《采蘩》爲節。(1686 下)

驅 (驱) qū 見下。

【驅逆之車】驅趕、攔擋野獸之車。用於田獵。鄭玄《注》:"驅,驅禽使前趨獲。逆,衙還之使不出圍。"《周禮·夏官·田僕》:掌佐車之政,設~。(0858 中)

驂 (骖) cān 駕車時位於兩邊的馬。三或四匹馬駕車,居中的叫服,兩旁的叫驂,亦稱騑。《檀弓上》鄭玄《注》:"騑馬曰驂。"孔穎達《疏》:"《説文》云:'騑,旁馬。'是在服馬之旁。……驂在外也。"《儀禮·覲禮》:使者降,以左~出。(1088 中)《禮記·檀弓上》:孔子之衛,遇舊館人之喪,入而哭之哀,出,使子貢説~而賻之。(1283 上)

【驂乘】陪乘的人。《禮記·服問》:君之母非夫人,則羣臣無服,唯近臣及僕,~從服。(1659 上)

驪 (骊) lí 深黑色的馬。鄭玄《注》:"馬黑色曰驪。"《禮記·檀弓上》:夏后氏尚黑,大事斂用昏,戎事乘~,牲用玄。(1276 上)

鬲部

鬲 ㊀ lì 陶製炊器。形似鼎,三足而中空。《陶人》孫詒讓《正義》:"鬲三足似鼎。……其用主於烹飪,與釜鍑同。"《周禮·冬官考工記·陶人》:~,實五觳,厚半寸,脣寸。(0924 中)《儀禮·士喪禮》:夏祝鬻餘飯,用二~,于西牆下。(1135 上)

㊁ gé 用同"槅"。大車軛。即轅端置於牛頸之横木。鄭玄《注》引鄭司農云:"鬲,謂轅端厭牛領者。"孫詒讓《正義》:"鬲即槅之借字。……《説文·木部》云:'槅,大車軛。'"《周禮·冬官考工記·車人》:凡爲輈,三其輪崇,參分其長,二在前,一在後,以鑿其鉤,徹廣六尺,~長六尺。(0934 中)

㊂ è 拇指與食指一圍的長度。鄭玄《注》:"鬲,搹也。中人之手搹圍九寸。"賈公彦《疏》:"鬲是搹物之稱,故據中人一搹而言。大者,據大拇指與大巨指搹,故言大也。"《儀禮·士喪禮》:苴絰,大~,下本在左。(1135 下)

䰷 fǔ 量器名。外圓内方,有兩耳。内方及深皆一尺,容六斗四升。鄭玄《注》:"䰷,六斗四升也。"《周禮·冬官考工記·桌氏》:量之以爲~,深尺,内方尺而圜其外,其實一~。(0917 上)

高部

高 gāo 指龜甲腹部隆起可燒灼之處。《大卜》鄭玄《注》:"以龜骨高者可灼處,示宗伯也。"《士喪禮》鄭玄《注》:"以龜腹甲高起所當灼處,示涖卜也。"胡培翬《正義》:"卜用龜之腹骨,骨近足者,其部高。"《周禮·春官·大卜》:凡國大貞,卜立君,卜大封,則眂~作龜。(0803 下)《儀禮·士喪禮》:宗人受卜人龜,示~。(1143 下)

【高祖】曾祖的父親。由己而上第五代祖。《禮記·喪服小記》:有五世而遷之宗,其繼~者也。(1495 中)

【高禖】即郊禖。主媒之神。鄭玄

《注》:"高辛氏之出,玄鳥遺卵,娀簡吞之而生契。後王以爲媒官,嘉祥而立其祠焉。變媒言禖,神之也。"王引之《經義述聞·卷十四》:"高者,郊之借字,古聲高與郊同。……蓋古本《月令》本作郊禖也。"《禮記·月令》:是月也,玄鳥至。至之日,以大牢祠于~,天子親往,后妃帥九嬪御。(1361 下)

【高山仰止】高山,人們仰望它。引自《詩經·小雅·車舝》。孔穎達《疏》:"此《小雅》刺幽王之詩。《車舝》之篇言幽王若能脩德如高山,則天下之人瞻仰之;若幽王有景明之行,則天下之人仰行之。引之者,證古昔賢聖能行仁道,則後世之人瞻仰慕行也。"今爲成語。《禮記·表記》:《小雅》曰:"~,景行行止。"(1640 上)

黃 部

黃 huáng 黃色。亦爲地之色。《周禮·冬官考工記·畫繢》:東方謂之青,南方謂之赤,西方謂之白,北方謂之黑,天謂之玄,地謂之~。(0918 下)《儀禮·覲禮》:方明者,木也,方四尺,設六色:東方青,南方赤,西方白,北方黑,上玄,下~。(1092 下)《禮記·月令》:鴻鴈來賓,爵入大水爲蛤,鞠有~華,豺乃祭獸,戮禽。(1379 上)

【黃玉】黃色的玉。季夏之末屬中央,中央屬土,土色黃,故此時天子之器皆用黃色,所佩之玉爲黃玉。孫希旦《集解》:"車馬衣服皆黃者,順土色也。"《禮記·月令》:天子居大廟大室,乘大路,駕黃駵,載黃旂,衣黃衣,服~。(1372 中)

【黃目】即黃目尊。又稱黃彝。周代酒器。以其外鏤有黃金之目以爲飾,故稱。爲上尊,祭祀時盛鬱鬯以灌地。鄭玄《注》:"黃目,黃彝也。周所重於諸侯,爲上也。"孔穎達《疏》:"以黃金鏤其外以爲目,因取名也。因將貯鬱鬯酒,故云鬱氣也。"《禮記·郊特牲》:~,鬱氣之上尊也。(1455 上)

【黃衣】❶天子所穿的黃色禮服。季夏之末屬中央,中央屬土,土色黃,故此時天子之物皆用黃色,所穿之衣爲黃衣。孫希旦《集解》:"車馬衣服皆黃者,順土色也。"《禮記·月令》:天子居大廟大室,乘大路,駕黃駵,載黃旂,衣~,服黃玉。(1372 中)❷蜡祭時農夫所穿的黃衣。孫希旦《集解》:"黃衣、黃冠而祭,謂農夫與於蜡祭之禮者,既祭則使之飲酒宴樂,以休息之也。"《禮記·郊特牲》:~,黃冠而祭,息田夫也。(1454 中)❸國君蜡

祭時穿在狐裘外面的黃色禮服。鄭玄《注》：“黃衣,大蜡時臘先祖之服也。”《禮記·玉藻》：狐裘,～以裼之。(1479下)

【黃金】銅合金。《周禮·冬官考工記·玉人》：大璋、中璋九寸,邊璋七寸,射四寸,厚寸,～勺,青金外。(0923上)

【黃耈】長壽。鄭玄《注》：“黃,黃髮也。耈,凍黎也。皆壽徵也。”賈公彦《疏》：“《爾雅》云：‘耈,老壽也。’此云耈凍黎者,以其面似凍黎之色故也。”《儀禮·士冠禮》：～無疆,受天之慶。(0957下)

【黃帝】古帝王名。傳說爲華夏民族的祖先。少典之子,姓公孫,因居軒轅之丘,故號軒轅氏。又居姬水,改姓姬。曾敗炎帝於阪泉,殺蚩尤於涿鹿之野。鄭玄《注》：“黃帝,軒轅氏也。”《禮記·月令》：其帝～,其神后土。(1372上)

【黃冠】草笠。農夫蜡祭時所戴。鄭玄《注》：“言祭以息民,服象其時物之色,季秋而草木黃落。”孫希旦《集解》：“黃冠乃臺笠之屬,而其色黃也。”《禮記·郊特牲》：野夫～。～,草服也。(1454中)

【黃旂】黃色的旂。季夏之末屬中央,中央屬土,土色黃,故此時天子之器皆用黃色,車載之旗爲黃旂。孫希旦《集解》：“車馬衣服皆黃者,順土色也。”《禮記·月令》：天子居大廟大室,乘大路,駕黃騮,載～,衣黃衣,服黃玉。(1372中)

【黃琮】黃色之玉。內圓,外八方。爲六玉器之一。夏至時用以祭地。鄭玄《注》：“禮地以夏至,謂神在崑崙者也。……禮神者必象其類,璧圓象天,琮八方象地。”《周禮·春官·大宗伯》：以玉作六器,以禮天地、四方：以蒼璧禮天,以～禮地,以青圭禮東方,以赤璋禮南方,以白琥禮西方,以玄璜禮北方。(0762中)

黃琮

【黃粱】粟米名。即黃小米。食之香美,號爲竹根黃。《禮記·內則》：飯：黍、稷、稻、粱、白黍、～。(1463下)

【黃裳】黃色下裳。爲玄端服之一種。中士所服。鄭玄《注》：“此莫夕於朝之服。玄端即朝服之衣,易其裳耳。上士玄裳,中士黃裳,下士雜裳。”《儀禮·士冠禮》：玄端,玄裳、～、雜裳可也。(0950中)

【黃騮】黃色的馬。季夏之末屬中央,中央屬土,土色黃,故此時天子之物皆用黃色,所駕之馬爲黃騮。孫希旦《集解》：“車馬衣服皆黃者,順土色也。”《禮記·月令》：天子居大廟大室,乘大路,駕～,載黃旂,衣黃衣,服黃玉。(1372中)

【黃髮】指老年人。人老髮白,白久則黃,因以指壽高之像。孔穎達《疏》：“黃髮,太老人也。人初老則髮白,太老則髮黃,髮黃彌老,宜敬之。”《禮記·曲禮上》：故君子式～。(1253上)

【黃鍾】樂律名。古代樂律分爲十二,陽聲爲律,陰聲爲同。黃鍾爲六律之第一。五行說認爲季夏(六月)、仲冬(十一月)之氣,合於黃鍾之律。《周禮·春官·大師》:陽聲:~、大簇、姑洗、蕤賓、夷則、無射。(0795 中)《禮記·月令》:季夏之月,……其音宮,律中~之宮。(1372 上)

【黃彝】周代酒器。以其外鏤有黃金之目以爲飾,亦稱黃目尊。爲六彝之一。祭祀時盛鬱鬯以灌地。鄭玄《注》:"黃彝,黃目尊也。"《周禮·春官·司尊彝》:秋嘗、冬烝,祼用斝彝、~,皆有舟。(0773 上)

黃彝

【黃繶】裝飾鞋的黃色絲帶。鄭玄《注》:"鄭司農云:'赤繶、黃繶,以赤黃之絲爲下緣。'……黃繶者,王后玄舄之飾。"孫詒讓《正義》:"謂織赤黃之絲爲條紃,以緣牙底相接之縫中。云下緣者,對繞口之緣爲上緣也。"《周禮·天官·屨人》:掌王及后之服屨。爲赤舄、黑舄、赤繶、~、青句、素屨、葛屨。(0693 下)

【黃鐘】即黃鍾。樂律名。六律之第一。《禮記·樂記》:樂者,非謂~、大呂、弦歌、干揚也。(1538 上)

【黃鍾爲角】用黃鍾調定角音。古代五聲宮、商、角、徵、羽,須與十二律相配,纔能譜成樂調,確定音高。以十二律定五聲之調,可得六十調。孫詒讓《正義》:"三大祭之樂皆首舉四調者,爲歌奏之通均也。"《周禮·春官·大司樂》:凡樂,圜鍾爲宮,~,大蔟爲徵,姑洗爲羽。(0789 下)

麥部

麥 (麦)mài 六穀之一。包括大麥和小麥。庶人夏天行薦新禮用麥,薦麥配以魚。鵝肉性甘平,故吃時配以微寒之麥,爲古人養生經驗之總結。《周禮·天官·食醫》:凡會膳食之宜,牛宜稌,羊宜黍,豕宜稷,犬宜粱,鴈宜~,魚宜苽。(0667 上)《儀禮·既夕禮》:筲三:黍、稷、~。(1149 中)《禮記·王制》:庶人春薦韭,夏薦~,秋薦黍,冬薦稻。韭以卵,~以魚,黍以豚,稻以鴈。(1337 上)

【麥秋】麥熟的季節。指農曆四、五月。孫希旦《集解》:"凡物生於春,長於夏,成於秋,而麥獨成於夏,故言'麥秋',以於麥爲秋也。"陳澔《集說》:"秋者,百穀成熟之期。此於時雖夏,於麥則秋,故云麥秋。"《禮記·月令》:靡草死,~至。(1365 中)

麴 qū 見下。

【麴蘗】酒麴。鄭玄《注》:"古者獲稻

而漬米麴，至春而爲酒。"《禮記・月令》：秫稻必齊，～必時，湛熾必絜，水泉必香，陶器必良，火齊必得。(1383上)

麷 (麷) fēng 炒熟的麥粒。爲朝事之籩所裝食物之一，亦用作祭品。《籩人》賈公彥《疏》："麷爲熬麥。"《周禮・天官・籩人》：朝事之籩，其實～、蕡、白、黑、形鹽、膴、鮑魚、鱐。(0671下)《儀禮・有司》：尸取～、蕡，宰夫贊者取白、黑以授尸。(1208下)

鹵部

鹹 (咸) xián 鹽之味。爲五味之一。古人認爲，冬季調和食應該偏鹹。爲古人養生經驗之總結。《食醫》賈公彥《疏》："北方水味鹹，屬冬，冬時調和食，鹹亦多於餘味一分。"《周禮・天官・食醫》：凡和，春多酸，夏多苦，秋多辛，冬多～，調以滑甘。(0667上)《禮記・月令》：其味～，其臭朽。(1380下)

【**鹹潟**】鹹鹵之地。化治土地，鹹潟用貙骨熬汁澆地，使土質肥美。鄭玄《注》："潟，鹵也。"《周禮・地官・草人》：凡糞種，騂剛用牛，赤緹用羊，墳壤用麋，渴澤用鹿，～用貆。(0746中)

【**鹹鹺**】宗廟祭祀時對鹽的美稱。鄭玄《注》："大鹹曰鹺。"《禮記・曲禮下》：凡祭宗廟之禮，⋯⋯韭曰豐本，鹽曰～。(1269上)

【**鹹養脈**】用鹹味之藥養血脈。古人認爲，鹹爲水味，水流行地中，就如人的血脈流行一樣，故以鹹養之。爲古代醫術之總結。鄭玄《注》："鹹，水味，水之流行地中，似脈。"賈公彥《疏》："血脈在人亦流行不定，故云似脈而以鹹養之也。"《周禮・天官・瘍醫》：凡藥，以酸養骨，以辛養筋，以～，以苦養氣，以甘養肉，以滑養竅。(0668中)

鳥部

鳥 (鸟) niǎo 二足有羽之飛禽。長尾爲鳥，短尾爲隹，通言則不別。依禮，獻鳥的人要逆轉鳥的頭，以防鳥嘴啄傷人。《曲禮上》鄭玄

《注》:"爲其噣害人也。"《周禮·夏官·羅氏》:中春,羅春~,獻鳩以養國老,行羽物。(0846下)《禮記·曲禮上》:獻~者佛其首,畜~者則勿佛也。(1244上)

【鳥隼】指畫有鳥隼圖案的旗幟。爲九旗之一。《周禮·春官·司常》:熊虎爲旗,~爲旟,龜蛇爲旐。(0826中)

【鳥彝】雕刻有鳳凰圖案的酒器。用於祭祀。爲六彝之一。鄭玄《注》:"雞彝、鳥彝,謂刻而畫之爲雞、鳳皇之形。"《周禮·春官·司尊彝》:春祠、夏禴,祼用雞彝、~,皆有舟。(07773上)

鳥彝

【鳥旟】指繪有鳥隼圖案的旗幟。鄭玄《注》:"鳥隼爲旟,州里之所建。"《周禮·冬官考工記·輈人》:~七斿,以象鶉火也。(0914下)

【鳥獸蛇】指雉的圖案。孫詒讓《正義》:"《王制》孔疏云:'雉是鳥類,其頸毛及尾似蛇,兼有細毛似獸,故云鳥獸蛇。'"《周禮·冬官考工記·畫繢》:火以圜,山以章,水以龍,~。(0918下)

【鳥臘色而沙鳴,貍(鬱)】鳥羽失色而無光澤,且叫聲嘶啞,其肉有腐臭味。這種肉食之有害健康,爲古人生活經驗之總結。《内則》鄭玄《注》:"臘色,毛變色也。沙,猶嘶也。鬱,腐臭也。"《内饔》賈公彥《疏》:"臘,失色也;沙,澌也。鳥毛失色而鳴又澌,其肉氣必鬱。鬱,謂腐臭。"《周禮·

天官·内饔》:~。(0662上)《禮記·内則》:~。(1466下)

鳩

(鳩) jiū 鳥名。古爲鳩鴿類,五鳩(祝鳩、鵙鳩、鳲鳩、鷞鳩、鶻鳩)的總稱。古人認爲鳩、鷹可以互相變化,仲春二月鷹化爲鳩,仲秋八月鳩化爲鷹。《周禮·夏官·羅氏》:中春,羅春鳥,獻~以養國老,行羽行。(0846下)《禮記·月令》:始雨水,桃始華,倉庚鳴,鷹化爲~。(1361中)

【鳩化爲鷹】鳩鳥變化成鷹。古人認爲此徵候表明鳥類正多,故此時可設羅網捕鳥。表現出了古人的生存智慧。鄭玄《注》:"取物必順時候也。"孔穎達《疏》:"《月令》二月時'鷹化爲鳩',則八月鳩化爲鷹也。"《禮記·王制》:豺祭獸,然後田獵。~,然後設罻羅。(1333中)

鳧

fú 即鳧氏。製鍾之工匠。《周禮·冬官考工記·總敘》:攻金之工:築、冶、~、㮚、段、桃。(0906中)

【鳧氏】製鍾之工匠。《周禮·冬官考工記·鳧氏》:~,爲鍾。(0916上)

(鳶) yuān 見下。

鳶

【鳶飛戾天,魚躍于淵】鷂鷹展翅飛到天,魚兒跳躍在深淵。引自《詩經·大雅·旱麓》。此引謂聖人之德廣大精微,覆被萬物。孔穎達《疏》:"言聖人之德上至於天,……下至於地。"後省作成語"鳶飛魚躍",喻萬物各得其所。《禮記·中庸》:《詩》云:"~。"言其上下察也。(1626下)

鳴

(鳴) míng 見下。

【鳴鳶】指畫有鳴鵰的旌旗。鄭玄《注》："鳶鳴則將風。"孔穎達《疏》："鳶,今時鴟也。鴟鳴則風生,風生則塵埃起,前有塵埃起,則畫鴟於旌首而載之,衆見咸知以爲備也。"《禮記·曲禮上》:前有塵埃,則載～。前有車騎,則載飛鴻。(1250 上)

鳳 (凤) fèng 傳説中的神瑞之鳥。雄的名鳳,雌的名凰,統稱爲鳳或鳳凰。爲四靈之一。《禮記·禮運》:麟、～、龜、龍,謂之四靈。(1425 上)

【鳳皇】即鳳凰。傳説中的神瑞之鳥。雄的叫鳳,雌的叫凰,統稱爲鳳或凰。爲四靈之一。《禮記·禮運》:故天降膏露,地出醴泉,山出器車,河出馬圖,～、麒麟皆在郊棷,龜、龍在宫沼。(1427 中)

【鳳凰】傳説中的神瑞之鳥。雄的叫鳳,雌的叫凰,統稱爲鳳或鳳凰。爲四靈之一。《禮記·禮器》:升中于天而～降,龜龍假。(1440 中)

鴈 [雁] yàn 家禽之一,即鵝。亦稱舒雁。下大夫以爲摯,子娶妻以爲摯,冬獻稻以雁爲配,又爲膳用之一。《大宗伯》孫詒讓《正義》引王引之云:"其實大夫所執之鴈,直謂鵝耳。古者謂鵝爲鴈,故《膳夫》六牲有鴈。"《周禮·春官·大宗伯》:以禽作六摯,以等諸臣。孤執皮帛,卿執羔,大夫執～,士執雉,庶人執鶩,工商執雞。(0762 上)《儀禮·士昏禮》:請期,用～。(0963 上)《禮記·王制》:庶人春薦韭,夏薦麥,冬薦稻。韭以卵,麥以魚,黍以豚,稻以～。(1337 上)

【鴈行】並排行走而稍後。爲與兄長同行之儀。陳澔《集説》:"鴈行,并行而稍後也。"《禮記·王制》:父之齒隨行,兄之齒～,朋友不相踰。(1347 中)

【鴈腎】雁之腎臟。古人認爲此物不可食。孔穎達《疏》:"雞肝、鴈腎亦不可食。"《禮記·内則》:雛尾不盈握弗食,舒鴈翠,鵠、鴞胖,舒鳧翠,雞肝、～、鴇奥,鹿胃。(1466 下)

【鴈醢】鵝肉醬。鄭玄《注》:"醢,肉醬也。"《周禮·天官·醢人》:加豆之實,芹菹、兔醢、深蒲、醓醢、箈菹、～、筍菹、魚醢。(0674 下)

【鴈宜麥】吃鵝肉宜配麥子。古人注重養生,認爲肉食當配以與之相適應的穀物。鵝肉性甘平,故配以微寒之麥子。《内則》鄭玄《注》:"言其氣味相成。"《食醫》賈公彦《疏》:"鴈味甘平,大麥味酸而温,小麥味甘微寒,亦是氣味相成。"《周禮·天官·食醫》:凡會膳食之宜,牛宜稌,羊宜黍,豕宜稷,犬宜粱,～,魚宜苽。(0667 上)《禮記·内則》:牛宜稌,羊宜黍,豕宜稷,～,魚宜苽。(1464 上)

鴇 (鸨) bǎo 鳥名。似雁而略大。《禮記·内則》:雛尾不盈握弗食,舒鴈翠,鵠、鴞胖,舒鳧翠,雞肝,鴈腎、～奥,鹿胃。(1466 下)

【鴇奥】鴇鳥的脾臟與小腸。古人認爲此物不可食。孔穎達《疏》:"奥謂脾肶,謂藏之深奥處。鴇奥及鹿胃亦不可食。"《禮記·内則》:雛尾不盈握弗食,舒鴈翠,鵠、鴞胖,舒鳧翠,雞肝、鴈腎、～、鹿胃。(1466 下)

鴻 (鸿) hóng 見下。

【鴻胜】大雁的長頸。以喻指旗杆上

的裝飾物。胡培翬《正義》:"張氏爾岐云:'……鴻脰之制,注不言,疑亦縫帛爲之,其圓長若鴻項然也。'"《儀禮·鄉射禮》:無物則以白羽與朱羽糅,杠長三仞,以～韜上二尋。(1010下)

鴑 rú 鳥名。鵪鶉之類的小鳥。其肉蛋均可食。古人認爲,季春三月田鼠化爲鴑鳥。《公食大夫禮》賈公彥《疏》:"然則鴑、鶉一物也。"《儀禮·公食大夫禮》:上大夫庶羞二十,加於下大夫以雉、兔、鶉、～。(1085下)《禮記·月令》:桐始華,田鼠化爲～,虹始見,萍始生。(1363上)

鵙 jú 鳥名。即伯勞。鄭玄《注》:"鵙,博勞也。"《禮記·月令》:小暑至,螳蜋生,～始鳴,反舌無聲。(1369上)

鵠 (鵠) ㊀ gǔ 箭靶的中心。鵠占侯的三分之一。鵠中有正,正中有質。皮侯之鵠用皮,獸侯、采侯之鵠用布。獸侯鵠畫虎、豹、熊、麋之首,采侯鵠畫五種顏色。《梓人》鄭玄《注》:"鵠,所射也。以皮爲之,各如其侯也。"賈公彥《疏》:"侯謂以皮飾兩畔,其鵠之皮亦與飾侯用皮同也。謂若虎侯以虎皮飾侯側,其鵠亦用虎皮。其餘熊豹麋等亦然。"孫詒讓《正義》:"三射之侯,依《司裘》先鄭注說,皆用正有鵠,正小而鵠大,正中又有質。"《周禮·冬官考工記·梓人》:爲侯,廣與崇方,參分其廣,而～居一焉。(0925下)《儀禮·大射》:大侯之崇見～於參,參見～於干,干不及地武。(1028上)《禮記·射義》:爲人父者以爲父～,爲人子者以爲子～,爲人君者以爲君～,爲人臣者以爲臣～。(1688中)

㊁ hú ❶白色。孫詒讓《正義》:"《釋文》云:'鵠,白也。'此鵠色亦即謂白色。"《周禮·春官·巾車》:木路,前樊～纓,建大麾。(0823中) ❷鳥名。鴻鵠,通稱天鵝。《禮記·內則》:雛尾不盈握弗食,舒鴈翠、～胖,舒鳧翠、雞肝,鴈腎,鴇奧,鹿胃。(1466下)

【鵠₂纓】白色的革帶。鄭玄《注》:"以淺黑飾韋爲樊,鵠色飾韋爲纓。"《周禮·春官·巾車》:木路,前樊～,建大麾。(0823中)

鵲 (鵲) què 見下。

【鵲巢】《詩經·國風·召南》篇名。爲國君與臣下及四方之賓燕飲合樂時之歌詩。鄭玄《注》:"《鵲巢》,言國君夫人之德。"《儀禮·鄉飲酒禮》:乃合樂:《周南》:《關雎》《葛覃》《卷耳》;《召南》:《～》《采蘩》《采蘋》。(0986中)

鶉 (鶉) chún 見下。

【鶉火】星宿名。爲南方朱鳥七宿之柳宿。鄭玄《注》:"鶉火,朱鳥宿之柳,其屬有星星七星。"《周禮·冬官考工記·輈人》:鳥旟七斿,以象～也。(0914下)

【鶉羹】用鵪鶉肉做的羹。《禮記·內則》:～、雞羹、鴑、釀之蓼。(1466下)

鶡 (鶡) hé 見下。

【鶡旦】鳥名。即寒號蟲。鄭玄《注》:

"鶪旦,求旦之鳥也。"《禮記·月令》：冰益壯,地始坼,～不鳴,虎始交。(1382下)

鶩 (鹜) wù 鴨。庶人以鴨爲摯。賈公彥《疏》："鶩即今之鴨。"《周禮·春官·大宗伯》：孤執皮帛,卿執羔,大夫執鴈,士執雉,庶人執～,工商執雞。(0762上)

鷃 yàn 鳥名。鶉雀。可食用。《禮記·內則》：麷、豕胾、芥醬、魚膾;雉、兔、鶉、～。(1463下)

雞 (鸡) jī 家禽之一種。爲六牲之一。雄者知時。雞爲工商者行禮所執之禮物。宗廟祭祀之禮,雞被稱爲翰音。《禮記·內則》：～初鳴,咸盥,漱。(1462上)

鷖 (鹥) yì 青黑色的繒。參見"鷖緫"。《周禮·春官·巾車》：安車,彫面～緫,皆有容蓋。(0823下)

【鷖緫】馬頭部的飾物。以青黑色的繒聚結成束,繫於馬絡頭兩耳至兩鑣處。鄭玄《注》："鷖緫者,青黑色,以繒爲之,緫著馬勒直兩耳於兩鑣。"孫詒讓《正義》："以青黑繒爲緫,謂之鷖緫。"《周禮·春官·巾車》：安車,彫面～,皆有容蓋。(0823下)

鷩 bì 鷩衣。上畫有赤色山雞。爲古禮服。詳見"鷩冕"。《周禮·春官·司服》：享先公,饗射,則～冕。(0781中)

【鷩冕】鷩衣加冕。爲六吉服之一。天子祭祀先公、饗食、大射時所穿,亦爲公、侯、伯之禮服。衣裳七章,上衣畫鷩(即華蟲,赤色山

鷩冕

雞)、火、宗彝(虎與長尾猴),下裳綉藻、粉米、黼、黻。其冕,天子十二旒,諸侯九旒。鄭玄《注》："鷩,畫以雉,謂華蟲也。其衣三章,裳四章,凡七也。"《周禮·春官·司服》：享先王,則袞冕;享先公,饗射,則～;祀四望、山川,則毳冕;祭社稷五祀,則希冕;祭羣小祀,則玄冕。(0781中)

鷹 (鹰) yīng 見下。

【鷹乃祭鳥】鷹將捕殺的鳥四面陳放,就像祭祀陳放祭品一樣。爲孟秋七月之物候。鄭玄《注》："鷹祭鳥者,將食之,示有先也,既祭之後,不必盡食,若人君行刑戮之而已。"孔穎達《疏》："謂鷹欲食鳥之時,先殺鳥而不食,與人之祭食相似,猶若供祀先神不敢即食。"《禮記·月令》：涼風至,白露降,寒蟬鳴,～,用始行戮。(1373上)

鸜 qú 見下。

【鸜鵒】鳥名。今稱八哥。鄭玄《注》："鸜鵒,鳥也。"《周禮·冬官考工記·總敘》：橘踰淮而北爲枳,～不踰濟,貉踰汶則死,此地氣然也。(0906上)

鸞 (鸾) luán 車衡上的鈴。車軾上的鈴曰和。《玉藻》鄭玄《注》："鸞在衡,和在式。"《周禮·夏官·大馭》：凡馭路儀,以～和爲節。(0858上)《禮記·玉藻》：故君子在車則聞～和之聲,行則鳴佩玉。(1482中)

【鸞刀】祭祀時用以割牲肉的刀。刀上有環,環上有鈴,刀動則鈴鳴,故名。孔穎達《疏》："謂用鸞刀封割牲體。"《禮記·祭義》：卿、大夫袒,而毛

牛尚耳，～以刲。(1594 下)

【鸞車】❶即遣車。送葬時用來載牲體的小車。以木做成，設鸞和之鈴及旌旗，故稱。鄭玄《注》：" 鸞車，巾車所飾遣車也，亦設鸞旗。" 賈公彥《疏》：" 遣車則明器，遣送死者之車也。……以其遣車有鸞和之鈴，兼有旌旗。"《周禮・春官・冢人》：及葬，言～象人。(0786 中) ❷即鸞輅。有虞氏之車。此車鸞在衡，和在軾，行則鳴相應和，故稱。後爲天子王侯所乘之車。孔穎達《疏》：" 鸞車，車有鸞、和也。"《禮記・明堂位》：～，有虞氏之路也。(1490 中)

【鸞和】鸞與和。車上的兩種鈴，鈴在衡曰鸞，在軾曰和。車行時鸞和相應，以爲行進之節。《大馭》鄭玄《注》：" 鸞在衡，和在軾，皆以金爲鈴。"《周禮・夏官・大馭》：凡馭路儀，以～爲節。(0858 上)《禮記・玉藻》：故君子在車則聞～之聲，行則鳴佩玉。(1482 中)

【鸞路】即鸞輅。有虞氏之車。此車鸞在衡，和在軾，行則鳴相應和，故稱。後爲天子王侯所乘之車。鄭玄《注》：" 鸞路，有虞氏之車。有鸞和之節，而飾之以青，取其名耳。"《禮記・月令》：天子居青陽左个，乘～，駕倉龍，載青旂，衣青衣。(1355 中)

魚部

魚 (鱼) yú 水生脊椎動物。身多被鱗，以鰭游行，以鰓呼吸。肉味美。庶人夏天薦麥時配以魚。《周禮・天官・鼈人》：春獻鼈、蜃，秋獻龜、～。(0664 上)《儀禮・少牢饋食禮》：司士又升～，腊，～十有五而鼎。(1198 上)《禮記・王制》：韭以卵，麥以～，黍以豚，稻以鴈。(1337 上)

【魚須】鯊魚皮。須，當爲斑。魚皮有斑，可以爲飾。陸德明《釋文》：" 以魚須飾文竹之邊。須音班。"《禮記・玉藻》：笏，天子以球玉，諸侯以象，大夫以～文竹，士竹本象可也。(1480 中)

【魚膠】用魚皮熬成的膠。爲製弓所用膠之一種。鄭玄《注》：" 皆謂煮用其皮，或用角。"《周禮・冬官考工記・弓人》：鹿膠青白，馬膠赤白，牛膠火赤，鼠膠黑，～餌，犀膠黃。(0935 上)

【魚醢】魚肉醬。熟的麋鹿肉以魚醢配之。《醢人》鄭玄《注》：" 醢，魚醬也。"《內則》孔穎達《疏》：" 麋膚，謂麋肉外膚，食之以魚醢配之。……麋膚謂執也。"《周禮・天官・醢人》：饋食之豆，其實葵菹、蠃醢、脾析、蠯醢、蜃、蚳醢、豚拍、～。(0674 下)《禮記・內則》：麋膚，～；魚膾，芥醬。

【魚膾】細切的魚肉。魚膾以芥醬配之。《儀禮·公食大夫禮》：炙南醢，以西豕胾，芥醬，～。(1082 中)《禮記·內則》：麋膚，魚醢；～，芥醬。(1464 上)

【魚麗(lí)】《詩經·小雅》篇名。鄭玄《注》："皆《小雅》篇也。《魚麗》言大平年豐物多也，此采其物多酒旨所以優賓也。"《儀禮·鄉飲酒禮》：乃閒：歌《～》，笙《由庚》。(0986 中)

【魚去乙】吃魚時要去掉乙。乙爲魚目旁之骨，其形狀像篆文之"乙"字，故稱。食之鯁喉，不可出，故去之。爲古人生活經驗之總結。鄭玄《注》："乙，魚體中害人者名也。今東海容魚有骨名乙，在目旁，狀如篆'乙'，食之鯁人，不可出。"參見"乙"。《禮記·內則》：狼去腸，狗去腎，狸去正脊，兔去尻，狐去首，豚去腦，～，鱉去醜。(1466 下)

【魚宜苽】吃魚肉宜配苽米。古人注重養生，認爲肉食當配以與之相適應的穀物。魚生水中，故配以水生之苽米。《內則》鄭玄《注》："言其氣味相成。"《食醫》賈公彥《疏》："魚味寒，魚族甚多，寒熱酸苦兼有，而云宜苽，或同是水物相宜也。"《周禮·天官·食醫》：凡會膳食之宜，牛宜稌，羊宜黍，豕宜稷，犬宜粱，鴈宜麥，～。(0667 上)《禮記·內則》：牛宜稌，羊宜黍，豕宜稷，鴈宜麥，鴈宜麥，～。(1464 上)

魯

(魯) lǔ 見下。

【魯皷】魯國擊鼓之節。方形記號擊鼓，圓形記號擊鼙。鄭玄《注》："此魯、薛擊鼓之節也。圓者擊鼙，方者擊鼓。"《禮記·投壺》：魯皷：○□○○□□○○○半；○□○○□○□○○□○～。○□□□□□□□半；○○○○□□○薛皷。取"半"以下爲投壺禮，盡用之爲射禮。(1667 上)

【魯春秋】魯國編年體史書。所記以魯國十二公爲序，起自魯隱公，迄於魯哀公。相傳孔子據此刪削而成《春秋》。其記事文字極簡，寓於褒貶。《禮記·坊記》：故《～》記晉喪曰："殺其君之子奚齊及其君卓。"(1621 中)

魴

(魴) fáng 魚名。即鯿魚。體廣而薄肥，色青白，蒸食味美。《禮記·內則》：～、鱮烝，雛燒，雉，薌，無蓼。(1466 下)

鮒

(鮒) fù 魚名。即鯽魚。胡培翬《正義》："郝氏曰：'鮒，鯽魚，性相依附，曰鮒。'"賈公彥《疏》："云魚用鮒者，義取夫婦相依附者也。"《儀禮·士昏禮》：腊必用鮮，魚用～，必殽全。(0970 下)

鮑

(鮑) bào 即鮑人。製皮革的工匠。《周禮·冬官考工記·總敘》：攻皮之工：函、～、韗、韋、裘。(0906 中)

【鮑人】製皮革的工匠。《周禮·冬官考工記·鮑人》：～之事，望而眡之，欲其荼白也。(0917 下)

【鮑魚】乾魚。鄭玄《注》："鮑者，於楅室中糗乾之，出於江淮也。"《周禮·天官·籩人》：朝事之籩，其實麷、蕡、白、黑、形鹽、膴、～、鱐。(0671 下)

鮪 （鮪）wěi　魚名。鱘魚或鰉魚的古稱。《月令》孔穎達《疏》："鮪似鱣，長鼻，體無鱗甲。"《周禮·天官·獻人》：春獻王～。（0664 上）《禮記·月令》：薦～于寢廟，乃爲麥祈實。（1363 中）

鮨 qí　切得最細的肉絲。胡培翬《正義》："轟而切之爲膾，更細切之則成醬、爲鮨矣。鮨者，膾之最細者也。"《儀禮·公食大夫禮》：炙南醢，以西牛胾，醢，牛～。（1082 中）

鮫 （鮫）jiāo　見下。

【鮫龍】蛟和龍。傳説中的兩種動物，蛟能發洪水，龍能興雲雨。《禮記·中庸》：今夫水，一勺之多，及其不測，黿鼉、～、魚鼈生焉，貨財殖焉。（1633 中）

鮮 （鮮）xiān　活魚。鄭玄《注》："鮮，生魚也。"《禮記·內則》：春宜羔豚，膳膏薌；夏宜腒鱐，膳膏臊；秋宜犢麛，膳膏腥；冬宜～羽，膳膏羶。（1464 上）

【鮮羽】活魚和鳥類。鄭玄《注》："鮮，生魚也；羽，鴈也。"《禮記·內則》：冬宜～，膳膏羶。（1464 上）

【鮮魚】新宰殺的活魚。祭宗廟之禮，鮮魚稱爲脡祭。《曲禮下》孔穎達《疏》："祭有鮮魚，必須鮮者，煮熟則脡直，若餒，則敗碎不直。"《儀禮·聘禮》：腥二牢，鼎二七，無～、鮮腊。（1060 上）《禮記·曲禮下》：脯曰尹祭，槀魚曰商祭，～曰脡祭。（1269 上）

鯀 （鯀）gǔn　相傳爲古部落酋長名。爲禹之父，號崇伯。堯時任水官，治洪水九年無功，被堯殺死在羽山。孔穎達《疏》："鯀塞水而無功，而被堯殛死于羽山。"《禮記·祭法》：～鄣鴻水而殛死，禹能脩～之功。（1590 下）

鱄 zhuān　魚名。味美。《儀禮·士虞禮》：升魚～、鮒九，實于中鼎。（1170 下）

鱗 （鱗）lín　指龍、蛇等有鱗的動物。《梓人》鄭玄《注》："鱗，龍蛇之屬。"《周禮·冬官考工記·梓人》：天下之大獸五：脂者、膏者、臝者、羽者、～者。（0924 下）《禮記·月令》：其蟲～。（1353 下）

【鱗物】指魚、龍、蛇等有鱗的動物。鄭玄《注》："鱗物，魚龍之屬。"賈公彥《疏》："鱗物以魚爲主，有魚龍，有蛇可知。"《周禮·地官·大司徒》：二曰川澤，其動物宜～，其植物宜膏物，其民黑而津。（0702 下）

鱮 xù　魚名。鰱魚。《禮記·內則》：魴、～烝，雛燒，雉，薌無蓼。（1466 下）

鱐 sù　乾魚。《內饔》鄭玄《注》："鱐，乾魚。"《周禮·天官·內饔》：凡掌共羞、脩、刑、膴、胖、骨、～，以待共膳。（0662 中）《禮記·內則》：春宜羔豚，膳膏薌；夏宜腒～，膳膏臊。（1464 上）

鱻 ［鮮］xiān　鮮魚。鄭玄《注》引杜子春云："鮮，魚也。羽，鴈也。"《周禮·天官·庖人》：冬行～羽，膳膏羶。（0661 中）

麻 部

麻 má ❶大麻。一年生草本植物,雌雄異株,莖皮纖維可供紡織。雌株謂之苴麻,雄株謂之牡麻。《周禮·天官·典枲》:掌布緦縷紵之～草之物,以待時頒功而授齎。(0691 上)《儀禮·喪服》:苴絰者,～之有蕡者也。(1097 中)《禮記·坊記》:藝～如之何?橫從其畝。(1622 中)❷麻布,麻繩。《周禮·冬官考工記·總敘》:治絲～以成之,謂之婦功。(0905 下)《儀禮·喪服》:錫者何也?～之有錫者也。(1124 下)《禮記·昏義》:順於舅姑,和於室人,而后當於夫,以成絲、～、布、帛之事。(1681 中)❸麻絰。服喪時繫在頭上或腰部的麻布帶。亦爲服麻絰。《喪服小記》孔穎達《疏》:"斬衰既虞,受服之葛首絰、要帶與齊衰初喪麻絰帶同。"孫希旦《集解》:"愚謂葛,謂既虞、卒哭受服之葛絰帶也。麻,謂始喪之麻絰帶也。"《儀禮·喪服》:朋友,～。(1123 中)《禮記·喪服小記》:斬衰之葛,與齊衰之～同。(1499 下)

【麻衣】服喪時用小功布十五升所做的深衣,其衣與裳連爲一體。亦爲穿麻衣。《喪服》鄭玄《注》:"此麻衣者,如小功布深衣,爲不制衰裳,變也。"《雜記上》鄭玄《注》:"麻衣,白布深衣。"《儀禮·喪服》:公子爲其母,練冠、麻、～縓緣;爲其妻,縓冠、葛絰帶、～縓緣。(1120 下)《禮記·雜記上》:大夫卜宅與葬日,有司、～布衰、布帶,因喪屨,緇布冠不蕤。(1551 上)

【麻枲】即麻。《禮記·內則》:女子十年不出,姆教婉娩、聽從、執～,治絲繭,織紝組紃,學女事,以共衣服。(1471 中)

【麻衰】用細麻布製成的喪服。亦爲服麻衰。鄭玄《注》:"麻衰,以吉服之布爲衰。"《禮記·檀弓上》:司寇惠子之喪,子游爲之～,牡麻絰。(1285 下)

【麻帶】麻腰帶。爲喪禮服飾。孔穎達《疏》:"婦人尚質,所貴在要,帶有除無變,始終是麻。"《禮記·少儀》:葛絰而～。(1513 下)

【麻屨】麻布鞋。爲齊衰之服飾。鄭玄《注》:"此亦齊衰。"《儀禮·喪服》:不杖、～者。(1105 上)

【麻帶絰】喪服中麻腰帶和麻首絰的合稱。《禮記·雜記上》:未服麻而奔喪,及主人之未成絰也,疏者與主人皆成之,親者終其～之日數。(1554 上)

【麻者不紳】服麻絰的人不繫大帶。依禮,服喪者不得繫大帶,而以腰絰代之;而麻絰不得加著在采衣之上。鄭玄《注》:"吉凶不相干也。麻,謂絰也;紳,大帶也。喪以要絰代大帶也。"孔穎達《疏》:"言著要絰者而不得復著大帶也,故在喪以絰代紳。"《禮記‧雜記下》:〜,執玉不麻,麻不加於采。(1566上)

鹿 部

鹿 lù 指鹿的骨汁或骨灰。可作肥料。鄭玄《注》:"凡所以糞種者,皆謂漬取汁也。"《周禮‧地官‧草人》:凡糞種,騂剛用牛,赤緹用羊,墳壤用麋,渴澤用〜。(0746中)

【鹿中】射禮中用以盛筭的器具。刻木爲之,形如伏鹿,鹿背上有鑿孔,可盛八筭。鹿中爲士射所用。《儀禮‧鄉射禮》:〜,髤,前足跪,鑿背,容八筭。(1011中)

鹿中

【鹿角】鹿的角。可入藥。《禮記‧月令》:〜解,蜩始鳴,半夏生,木堇榮。(1370中)

【鹿胃】鹿的胃。古人認爲是不可食之物。鄭玄《注》:"亦皆爲不利人也。"《禮記‧内則》:雛尾不盈握弗食,舒鴈翠,鵠、鴞胖,舒鳧翠,雞肝,鴈腎,鴇奥,〜。(1466下)

【鹿脯】鹿肉乾。鄭玄《注》:"脯,皆析乾肉也。"《禮記‧内則》:牛脩、〜、田豕脯、麋脯、麕脯。(1464上)

【鹿鳴】《詩經‧小雅》篇名。爲宴飲羣臣與嘉賓的樂歌。鄭玄《注》:"三者皆《小雅》篇也。"《詩序》曰:"《鹿鳴》,燕羣臣嘉賓也。"據清人研究,其樂曲至兩漢魏晉時尚存,後佚。《儀禮‧鄉飲酒禮》:工歌《〜》《四牡》《皇皇者華》。(0985中)

【鹿裘】鹿皮大衣。常用爲喪服。孔穎達《疏》:"鹿裘者,亦小祥後也。爲冬時吉凶衣裏皆有裘,吉時則貴賤有異,喪時則同用大鹿皮爲之,鹿色近白,與喪相宜也。"《禮記‧檀弓上》:角瑱,〜衡,長袪。(1293上)

【鹿膠】用鹿角熬成的青白膠。爲製弓所用膠之一種。鄭玄《注》:"皆謂煮用其皮,或用角。"孫詒讓《正義》:"用皮謂馬、鼠;用角謂鹿、牛、犀也。"《周禮‧冬官考工記‧弓人》:〜青白,馬膠赤白,牛膠火赤,鼠膠黑,魚膠餌,犀膠黃。(0935上)

【鹿幦】鹿皮做的車軾上的覆蓋物。鄭玄《注》:"幦,覆苓也。"孔穎達《疏》:"苓,即式也。"《禮記·玉藻》:君羔幦,虎犆;大夫齊車,~,豹犆,朝車;士齊車,~,豹犆。(1475 上)

【鹿臡】帶骨的鹿肉醬。《醢人》鄭玄《注》:"有骨爲臡,無骨爲醢。"《公食大夫禮》鄭玄《注》:"醢有骨謂之臡。"《周禮·天官·醢人》:朝事之豆,其實韭菹、醓醢、昌本、麋臡、菁菹、~,茆菹、麇臡。(0674 下)《儀禮·公食大夫禮》:韭菹,以東醓醢、昌本,昌本南麋臡,以西菁菹、~。(1081 中)

【鹿淺裱】用鹿夏天新生淺毛的皮製成的車軾覆蓋物。鄭玄《注》:"以鹿夏皮爲覆苓。"賈公彥《疏》:"夏時鹿毛新生,爲淺毛。"《周禮·春官·巾車》:藻車,藻蔽,~,革飾。(0824 下)

【鹿淺幦】用鹿夏天新生淺毛的皮製成的車軾覆蓋物。鄭玄《注》:"鹿淺,鹿夏毛也。幦,覆苓。"胡培翬《正義》:"夏時鹿毛新生,故淺也。"《儀禮·既夕禮》:薦乘車:~、干、笮、革鞁。(1163 中)

【麀】yōu 母鹿。泛指牝獸。鄭玄《注》:"鹿牝曰麀。"《禮記·曲禮上》:夫唯禽獸無禮,故父子聚~。(1231 中)

【麇】jūn 見下。

【麇臡】帶骨的獐子肉醬。鄭玄《注》:"有骨爲臡,無骨爲醢。"《周禮·天官·醢人》:朝事之豆,其實韭菹、醓醢、昌本、麋臡、菁菹、鹿臡、茆菹、~。(0674 下)

【麋】mí 指麋鹿的骨汁或骨灰。可作肥料。鄭玄《注》:"凡所以糞種者,皆謂炙取汁也。"《周禮·地官·草人》:凡糞種,騂剛用牛,赤緹用羊,墳壤用~,渴澤用鹿。(0746 中)

【麋侯】以麋鹿皮爲飾的箭靶。麋鹿皮飾靶兩側,靶中綴麋鹿皮之鵠。麋侯爲君臣燕射所共射。《司裘》鄭玄《注》:"侯者,其所射也。以熊虎豹麋之皮飾其側,又方制之以爲

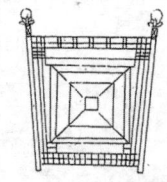
麋侯

辜,謂之鵠,著于侯中,所謂皮侯。……麋侯,君臣共射焉。"孫詒讓《正義》:"朱大韶云:'侯皆以布爲之。其曰虎侯、熊侯、豹侯、麋侯、豻侯者,據侯中言鵠用皮爲之,故掌於司裘,蓋用皮之存毛者,故得辨其爲虎熊麋豻。'"《鄉射禮》鄭玄《注》:"此所謂獸侯也,燕射則張之。……熊、麋、虎、豹、鹿、豕,皆正面畫其頭象於正鵠之處耳。"《周禮·天官·司裘》:諸侯則共熊侯、豹侯,卿大夫則共~,皆設其鵠。(0683 中)《儀禮·鄉射禮》:凡侯:天子熊侯,白質;諸侯~,赤質;大夫布侯,畫以虎、豹;士布侯,畫以鹿、豕。(1010 中)

【麋脯】麋鹿肉乾。鄭玄《注》:"脯,皆析乾肉也。"《禮記·內則》:牛脩、鹿脯、田豕脯、~、麕脯。(1464 上)

【麋腥】麋鹿的生肉。孔穎達《疏》:"腥謂生肉。"《禮記·內則》:魚膾,芥醬;~,醢醬。(1464 上)

【麋膚】熟的麋鹿肉。孔穎達《疏》:"麋膚,謂麋肉外膚,食之以魚醢配

之。……麋膚謂孰也。"《禮記·內則》：脯羹，兔醢；~，魚醢。(1464上)

【麋臡】帶骨的麋鹿肉醬。《醢人》鄭玄《注》："麋臡，醬也。有骨爲臡，無骨爲醢。"《公食大夫禮》鄭玄《注》："醢有骨謂之臡。"《周禮·天官·醢人》：朝事之豆，其實韭菹、醓醢，昌本、~，菁菹、鹿臡，茆菹、麋臡。(0674下)《儀禮·公食大夫禮》：韭菹，以東醓醢，昌本，昌本南~，以西菁菹、鹿臡。(1081中)

麒 qí 見下。

【麒麟】傳說中的祥瑞之獸。形狀像鹿，頭上有角，尾巴像牛。《禮記·禮運》：故天降膏露，地出醴泉，山出器車，河出馬圖，鳳皇、~皆在郊椒，龜、龍在宮沼，其餘鳥獸之卵胎，皆可俯而闚也。(1427中)

麓 lù 聚生於山腳下之竹木。竹木生平地曰林，生山足曰麓。《地官·敘官》鄭玄《注》："竹木生平地曰林，山足曰麓。"《周禮·地官·敘官》：林衡每大林~下士十有二人，史四人，胥十有二人，徒百有二十人，中林~如中山之虞，小林~如小山之虞。(0700上)《禮記·王制》：古者公田藉而不稅，市廛而不稅，關譏而不征，林~川澤以時入而不禁，夫圭田無征。(1337中)

麗 (丽) lì ❶依法、依事判刑。《鄉士》鄭玄《注》："麗，附也。各附致其法以成議也。"《王制》鄭玄《注》："麗，附也。過人、罰人，當各附於其事，不可假他以喜怒。"《周

禮·秋官·鄉士》：辜士司刑皆在，各~其灋，以議獄訟。(0876上)《禮記·王制》：凡制五刑，必即天論，郵罰~於事。(1343下)❷成對。鄭玄《注》："麗，耦也。"《周禮·夏官·校人》：~馬一圉，八~一師。(0860上)❸觸犯，附著。鄭玄《注》："麗，附也。未附於法，未著於法也。"《周禮·秋官·大司寇》：凡萬民之有罪過而未~於灋而害於州里者，桎梏而坐諸嘉石，役諸司空。(0870下)

麕 jūn 見下。

【麕脯】獐子肉乾。《禮記·內則》：牛脩、鹿脯、田豕脯、麋脯、~。(1464上)

麛 mí 幼鹿，亦泛指幼獸。肉爲佳肴，皮可製衣。依古人之生活經驗，秋季宜吃小獸之肉，以鷄膏煎食。亦爲捕獵幼獸。《士相見禮》胡培翬《正義》："麛，鹿子。蓋古時有獻麛之禮，今禮文殘闕，不可考矣。"《周禮·天官·庖人》：凡用禽獻，春行羔豚，膳膏香；夏行腒鱐，膳膏臊；秋行犢~，膳膏腥；冬行鱻羽，膳膏羶。(0661中)《儀禮·士相見禮》：上大夫相見以羔，飾之以布，四維之，結于面，如~執之。(0976下)《禮記·王制》：不~，不卵，不殺胎，不殀夭，不覆巢。(1333中)

【麛卵】幼鹿和鳥卵。依禮，春天爲長養之時，故不得捕取幼獸和鳥卵。《曲禮下》孔穎達《疏》："麛乃是鹿子之稱，而凡獸子亦得通名也。卵，鳥卵也。春方乳長，故不得取也。"《周禮·地官·迹人》：凡田獵者受令焉，禁~者與其毒矢射者。(0748上)

《禮記·曲禮下》：國君春田不圍澤，大夫不掩羣，士不取～。(1259 中)

【麛裘】幼鹿皮製成的皮衣。爲大夫、士之服。《禮記·玉藻》：～，青豻褎，絞衣以裼之。(1479 下)

麟 lín 麒麟。傳說中的祥瑞之獸。形狀像鹿，頭上有角，尾巴像牛。古人以爲四靈之一。孔穎達《疏》："以此四獸皆有神靈，異於他物，故謂之靈。"《禮記·禮運》：～、鳳、龜、龍、謂之四靈。(1425 上)

麤 [粗] cū 見下。

【麤良】指麻布與絲帛。孫詒讓《正義》："蓋此經之麤，即《典枲》之苦功，先鄭謂即麻功；良即《典絲》之良功，先鄭謂即絲功是也。麤良者，別絲枲而比之；小大者，通絲枲而比之。"《周禮·天官·內宰》：佐后受獻功者，比其小大與其～而賞罰之。(0685 下)

黹部

黻 fú 黑色與青色相間的亞形花紋。常繡在禮服上。亦爲穿繡有黑青色相間亞形花紋的禮服。《周禮·冬官考工記·畫繢》：青與赤謂之文，赤與白謂之章，白與黑謂之黼，黑與青謂之～，五采備謂之繡。(0918 下)《禮記·禮器》：天子龍袞，諸侯黼，大夫～，士玄衣纁裳。(1433 下)

【黻翣】畫有黑青色相間亞形花紋的棺飾。翣，棺飾。形似掌扇，以木爲框，框上蒙以白布，上畫有黑青色相間的亞形花紋。有柄五尺，喪車行時使人持之以障車，入壙樹於棺之兩旁以障柩。參見"翣①"。《禮記·喪大記》：黼翣二，～二，畫翣二，皆戴圭，魚躍拂池。(1584 上)《禮記·喪大記》：～二，畫翣二，皆戴綏，魚躍拂池。(1584 上)

黼 fǔ ❶白色與黑色相間的斧形花紋。常繡在禮服上。亦爲繡白黑相間的斧形花紋，穿繡有白黑色相間斧形花紋的禮服。《周禮·冬官考工記·畫繢》：青與赤謂之文，赤與白謂之章，白與黑謂之～，黑與青謂之黻，五采備謂之繡。(0918 下)《儀禮·士昏禮》：女從者畢袗玄，纚、笄，被穎～，在其後。(0966 上)《禮記·禮器》：天子龍袞，諸侯～，大夫黻，士玄衣纁裳。(1433 下) ❷指繡有白黑相間斧形花紋之物。如裳、巾、帛等。《周禮·秋官·小行人》：合六幣：圭以馬，璋以皮，璧以帛，琮以錦，琥以繡，璜以～。(0894 上)

【黼依】天子座位後繡有白黑相間斧形花紋的屏風。鄭玄《注》："斧謂之黼，其繡白黑采，以絳帛爲質。依，其制如屏風然，於依前爲王設席。"《周禮・春官・司几筵》：凡大朝覲、大饗射，凡封國、命諸侯，王位設～，依前南鄉，設莞筵紛純，加繅席畫純，加次席黼純，左右玉几。(0774 下)

【黼荒】覆蓋在天子棺上，四邊繡有黑白相間斧形花紋的棺飾。鄭玄《注》："荒，蒙也，在旁曰帷，在上曰荒，皆所以衣柳也。……黼荒，緣邊爲黼文。"《禮記・喪大記》：飾棺：君龍帷，三池，振容，～。(1583 下)

【黼殺】套在屍體下半身的布袋，上畫有黑白斧形花紋。諸侯至大夫死後小斂前皆用。孔穎達《疏》："冒，謂襲後小斂所用以韜尸也。冒有質、殺者，作兩囊，每輒橫縫合一頭，又綴連一邊，餘一邊不縫，兩囊皆然也。上者曰質，下者曰殺。君質用錦，殺用黼。"參見"殺""冒"。《禮記・喪大記》：君錦冒～，綴旁七。大夫玄冒～，綴旁五。(1580 上)

【黼純】用白黑絹爲黼文的緣飾。鄭玄《注》引鄭司農云："純，緣也。"《周禮・春官・司几筵》：凡大朝覲、大饗射，凡封國、命諸侯，王位設黼依，依前南鄉，設莞筵紛純，加繅席畫純，加次席～，左右玉几。(0774 下)

【黼裘】以黑羊皮與狐白雜爲黼文的皮衣。諸侯服之誓戒軍衆行秋季田獵之禮。鄭玄《注》："黼裘，以羔與狐白雜爲黼文也。"孔穎達《疏》："黼裘，以黑羊皮雜狐白爲黼文以作裘也。……諸侯服黼裘以誓軍衆田獵耳。"《禮記・玉藻》：唯君有～以誓省，大裘非古也。(1478 上)

【黼翣】畫有黑白相間斧形花紋的棺飾。形似掌扇，以木爲框，框上蒙以白布，上畫有黑白色相間的亞形花紋。喪車行進時使人持之以障車，入壙樹於棺之兩旁以障柩。鄭玄《注》："翣，以木爲筐，廣三尺，高二尺四寸，方兩角高，衣以白布。"孔穎達《疏》："翣，形似扇，以木爲之，在路則障車，入槨則障柩也。凡有六枚，二畫爲黼，二畫爲黻，二畫爲雲氣。"《禮記・喪大記》：～二，黻翣二，畫翣二，皆戴圭，魚躍拂池。(1584 上)

【黼黻】黼，黑白相間的斧形花紋；黻，青黑相間的亞形花紋。常繡在禮服上。《禮記・祭義》：遂朱綠之，玄黃之，以爲～文章。(1598 上)

【黼黻文章】指禮服上繡的色彩絢麗的花紋。黑與白謂之黼，黑與青謂之黻，青與赤謂之文，赤與白謂之章。孔穎達《疏》："白與黑謂之黼，黑與青謂之黻，青與赤謂之文，赤與白謂之章。"《禮記・月令》：～，必以法故，無或差貸。(1371 上)

鼎部

鼎 dǐng 盛熟牲之器，亦爲烹煮之器。青銅鑄成，有三足兩耳圓腹之形，亦有四足方鼎。多用作宗廟禮器或墓葬明器，亦作爲國家重器，成爲權力的象徵。《公羊傳·桓二年》何休《注》:"禮祭:天子九鼎,諸侯七,卿大夫五,元士三也。"但《周禮》《儀禮》所載,與之出入較大,如《周禮·天官·膳夫》天子用十二鼎,正鼎九,陪鼎三;《儀禮·聘禮》卿用九鼎、七鼎;《儀禮·少牢饋食禮》卿大夫用五鼎;等。設鼎以北爲上,故設於北方上位之鼎稱上鼎,設在南方下位之鼎稱下鼎。《明堂位》鄭玄《注》:"崇、貫、封父,皆國名。文王伐崇,古者伐國,遷其重器,以分同姓。"《周禮·天官·膳夫》:王日一舉,~十有二,物皆有俎。(0660上)《儀禮·士虞禮》:肺祭一,實于上~。升魚鱄、鮒九,實于中~。升腊左胖,髀不升,實于下~。(1170下)《禮記·明堂位》:崇~、貫~、大璜、封父龜,天子之器也。(1491上)

【鼎九】九正鼎。謂牛、羊、豕、魚、腊、腸胃、膚、鮮魚、鮮腊之鼎。七鼎無鮮魚、鮮腊。賈公彥《疏》:"九,謂正鼎九:牛、羊、豕、魚、腊、腸胃、膚、鮮魚、鮮腊。東七者腥鼎,無鮮魚、鮮腊,故七。"《儀禮·聘禮》:飪一牢,在西,~,羞鼎三;腥一牢,在東,鼎七。(1052中)

【鼎肉】指已分解成塊、可放入鼎中烹煮的牲肉。鄭玄《注》:"鼎肉,謂牲體已解,可升於鼎。"《禮記·少儀》:其以~,則執以將命。(1514上)

【鼎俎】鼎和俎。祭祀、饗食時盛牲體或其他食物的禮器。《內饔》鄭玄《注》:"取於鑊以實鼎,取於鼎以實俎。"《周禮·天官·內饔》:王舉,則

陳其~,以牲體實之。(0662上)《禮記·曾子問》:大夫之祭,~既陳,籩豆既設,不得成禮,廢者幾?(1397上)

【鼎銘】鼎上鑄刻的銘文。用以褒揚人之美德、功勳。鄭玄《注》:"公,衛莊公蒯聵也。得孔悝之立己,依禮褒之。"《禮記·祭統》:故衛孔悝之~曰:"六月丁亥,公假于大廟。"(1607上)

【鼎俎奇而籩豆偶】鼎俎用單數而籩豆用偶數。鼎俎用來盛放牲體,動物屬陽,故其數爲奇;籩豆用以盛放水土所產,植物爲陰,故其數爲偶。儒家以陰陽來類分祭祀所用牲肉及果物,旨在張揚其陰陽和諧、生息不已的思想。鼎俎奇,按《儀禮·聘禮》有九鼎、七鼎、三鼎、一鼎,《儀禮·少牢饋食禮》有五鼎;俎亦同。籩豆偶,按《禮記·禮器》,天子之豆二十六,諸公十六,諸侯十二,上大夫八,下大夫六;籩亦同。孔穎達《疏》:"鼎俎奇者,以其盛牲體,牲體動物,動物屬陽,故其數奇。籩豆偶者,其實兼有植物,植物爲陰,故其數偶。"《禮記·郊特牲》:~,陰陽之義也。(1□中)

【鼎幂】mì 鼎蓋。以茅草做成。鄭玄《注》:"凡鼎冪蓋以茅爲之,長則束本,短則編其中央。"《儀禮·公食大夫禮》:甸人陳鼎七,當門,南面,西上,設扃~,~若束若編。(1079下)

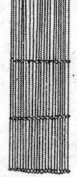

鼎幂

黑 部

黑 hēi ❶黑色。爲五色之一。古以五方配五色，黑爲北方之色。《周禮·冬官考工記·畫繢》：東方謂之青，南方謂之赤，西方謂之白，北方謂之～，天謂之玄，地謂之黃。(0918下)《儀禮·士冠禮》：爵弁纁屨，～絇、繶、純，純博寸。(0958上)《禮記·檀弓上》：夏后氏尚～，大事斂用昏，戎事乘驪，牲用玄。(1276上) ❷炒熟的黍米。《籩人》鄭玄《注》：“稻曰白，黍曰黑。”賈公彥《疏》：“熬麥曰麷。……二者亦皆熬之乃可也。”《有司》鄭玄《注》：“白，熬稻。黑，熬黍。”《周禮·天官·籩人》：朝事之籩，其實麷、蕡、白、～、形鹽、膴、鮑魚、鱐。(0671下)《儀禮·有司》：婦贊者執白、～以授主婦。(1207下)

【黑衣】天子所穿的黑色禮服。冬季爲水，水色黑，故冬時天子之物皆用玄黑色，所穿之衣爲黑衣。孫希旦《集解》：“車馬衣服皆以玄及黑者，順水色也。”《禮記·月令》：天子居玄堂左个，乘玄路，駕鐵驪，載玄旂，衣～，服玄玉。(1381上)

【黑舄】黑色重底鞋。著冕服時所穿，與裳色相配。鄭玄《注》：“凡履舄，各象其裳之色。”《周禮·天官·屨人》：爲赤舄、～、赤繶、黃繶、青句、素屨、葛屨。(0693下)

【黑屨】黑色單底鞋。著冕服時所穿，與裳色相配。鄭玄《注》：“屨者，順裳色。”賈公彥《疏》：“屨者，順裳色者，禮之通例。衣與冠同，屨與裳同。”《儀禮·士冠禮》：玄端～，青絇、繶、純，純博寸。(0958上)

黔 qián 見下。

【黔首】平民。鄭玄《注》：“黔首，謂民也。”孔穎達《疏》：“黔，謂黑也。凡人以黑巾覆頭，故謂之黔首。”《禮記·祭義》：因物之精，制爲之極，明命鬼神，以爲～，則百衆以畏，萬民以服。(1595下)

黝 yǒu 黑色。鄭玄《注》：“黝讀爲幽。幽，黑也。”《周禮·地官·牧人》：凡陽祀，用騂牲，毛之；陰祀，用～牲，毛之。(0723中)

【黝牲】黑色牲。於北郊祭地及祭社稷，要選用毛色純黑的牲。賈公彥《疏》：“毛之，取純毛也。……陰祀，祭地北郊及社稷也。”《周禮·地官·牧人》：凡陽祀，用騂牲，毛之；陰祀，用～，毛之。(0723中)

【黝堊】用黑土飾地，用白土刷牆。爲廟祧、堊室之飾。《喪大記》鄭玄《注》：“黝堊，堊室之節也。地謂之黝，牆謂之堊。”孔穎達《疏》：“黝，黑也,平治其地令黑也。堊,白也,新塗堊於牆壁令白。"《周禮·春官·守祧》:其廟則有司脩除之,其祧則守祧~之。(0784 上)《禮記·喪大記》:既祥,~。(1581 中)

黨 (党)dǎng ❶六鄉之民的行政區劃組織。五百家爲黨。《學記》鄭玄《注》:"《周禮》五百家爲黨。"《周禮·地官·大司徒》:令五家爲比,使之相保;五比爲閭,使之相受;四閭爲族,使之相葬;五族爲~,使之相救;五~爲州,使之相賙。(0707 上)《禮記·學記》:古之教者,家有塾,~有庠,術有序,國有學。(1521 中)❷親族,宗族中人。《奔喪》鄭玄《注》:"黨,謂族類無服者也。"《儀禮·喪服》:妾爲君之~服,得與女君同。(1115 上)《禮記·奔喪》:哭父之~於廟,母、妻之~於寢。(1655 下)

【黨正】職官名。爲一黨之行政長官,掌其政令、教治。爵下大夫。《周禮·地官·黨正》:~,各掌其黨之政令、教治。(0718 上)

黍 部

黍 shǔ ❶黃米。爲六穀之一。凡食禮,必以黍爲正饌。宗廟祭祀之禮,黍被稱爲薌合。食醫調配飲食,認爲羊應配黍,甘苦相成,爲古人養生經驗之總結。《食醫》賈公彥《疏》:"羊味甘熱,黍味苦溫,亦是甘苦相成,故云羊宜黍。"《周禮·天官·食醫》:凡會膳食之宜,牛宜稌,羊宜~,豕宜稷,犬宜粱,鴈宜麥,魚宜苽。(0667 上)《儀禮·聘禮》:凡餼,大夫~、粱、稷,筐五斛。(1075 中)《禮記·王制》:庶人春薦韭,夏薦麥,秋薦~,冬薦稻。(1337 上)❷指用黍米釀成的酒。分白、清兩種。鄭玄《注》:"醆,白酒也。凡酒,稻爲上,黍次之,粱次之。皆有清、白。以黍閒清、白者,互相備,明三酒六壺也。"《儀禮·聘禮》:醆、~、清皆兩壺。(1064 中)

【黍酏】黍米粥。鄭玄《注》:"酏,粥。"《禮記·內則》:或以酏爲醴,~,漿,水,醷,濫。(1463 下)

【黍稷】黍和稷。亦泛指穀物。《周禮·夏官·職方氏》:其畜宜牛馬,其穀宜~。(0862 下)《禮記·郊特牲》:蕭合~,臭陽達於牆屋。(1457 上)

【黍醴】黍米釀製的酒。《禮記·內則》:飲:重醴,稻醴,清、糟,~。(1463 下)

鼓 部

鼓 gǔ ❶打擊樂器。以木爲框,蒙以革,擊之發聲。以瓦爲框者,謂之土鼓。除禮儀樂舞之外,鼓亦用於軍事、田獵、役事等。王事用六鼓:雷鼓、靈鼓、路鼓、鼖鼓、鼛鼓(皋鼓)、晉鼓。民事或用土鼓。此外尚有鼙、鼗等小鼓。《周禮·地官·鼓人》:掌教六~、四金之音聲。(0720 中)《儀禮·大射》:大師及少師、上工皆降,立于~北。(1034 上)《禮記·月令》:是月也,命樂師脩鞀、鞞、~,均琴、瑟、管、簫。(1369 中)❷鍾磬被敲擊之處。鄭玄《注》引鄭司農云:"鼓,所擊處。"《周禮·冬官考工記·鳧氏》:兩樂謂之銑,銑間謂之于,于上謂之~,~上謂之鉦,鉦上謂之舞,舞上謂之甬,甬上謂之衡。(0916 上)

【鼓人】職官名。掌教六鼓使用之法。爵中士。《周禮·地官·鼓人》:~,掌教六鼓、四金之音聲。(0720 中)

【鼓足】四足之鼓。爲夏后氏之鼓。鄭玄《注》:"足,謂四足也。"黃以周《禮書通故·名物二》以爲"鼓足"爲"足鼓"之誤。《禮記·明堂位》:夏后氏之~,殷楹鼓,周縣鼓。(1491 中)

【鼓篋】擊鼓開篋。爲入學的一種儀式,欲使學者恭順其所治經業。鄭玄《注》:"鼓篋,擊鼓警衆,乃發篋出所治經業也。"《禮記·學記》:入學~,孫其業也。(1522 上)

【鼓鼙】大鼓和小鼓。軍中常用之樂器。亦泛指鼓。《禮記·樂記》:~之聲讙,讙以立動,動以進衆。君子聽~之聲,則思將帥之臣。(1541 中)

鼖 fén 見下。

【鼖鼓】大鼓。爲六鼓之一。長八尺,直徑四尺。用於軍事。鄭玄《注》:"大鼓謂之鼖,鼖鼓長八尺。"《周禮·地官·鼓人》:教爲鼓而辨其聲用:以雷鼓鼓神祀,以靈鼓鼓社祭,以路鼓鼓鬼享,以~鼓軍事,以鼛鼓鼓役事,以晉鼓鼓金奏。(0720 下)

鼗 táo 小鼓。有柄,兩邊拴有物,搖之以自擊。猶今之撥浪鼓。《小師》鄭玄《注》:"鼗如鼓而小,持其柄搖之,旁耳還自擊。"《大射》鄭玄《注》:"鼗如鼓而小,有柄,賓至搖之以奏樂也。"《周禮·春官·小師》:掌

鼖鼓

鼓足

教鼓～、柷、敔、塤、簫、管、弦、歌。(0797 上)《儀禮·大射》：～倚于頌磬，西紘。(1029 上)《禮記·王制》：賜伯、子、男樂，則以～將之。(1332 中)

鼙 pí 用於軍中的小鼓。將帥擊之下達前進命令。《周禮·夏官·大司馬》：中軍以～令鼓，鼓人皆三鼓，司馬振鐸，羣吏作旗，車徒皆作。(0838 中)《禮記·樂記》：鼓～之聲讙，讙以立動，動以進眾。(1541 中)

鼛 gāo 見下。

【鼛鼓】大鼓。爲六鼓之一。長一丈二尺，直徑四尺。用於勞役之事。亦作"皋鼓"。鄭玄《注》："鼛鼓長丈二尺。"孫詒讓《正義》："《說文·鼓部》云：'鼛，大鼓也。'《韗人》作'皋鼓'。"《周禮·地官·鼓人》：教爲鼓而辨其聲用：以雷鼓鼓神祀，以靈鼓鼓社祭，以路鼓鼓鬼享，以鼖鼓鼓軍事，以～鼓役事，以晉鼓鼓金奏。(0720 下)

鼛鼓

鼜 ㊀ qì 守夜警戒所擊之鼓。用於軍中、王宮。鄭玄《注》："鼜，夜戒守鼓也。"《周禮·地官·鼓人》：凡軍旅，夜鼓～。(0721 上)

㊁ cào 擊鼓巡夜戒守。鄭玄《注》引杜子春云："謂擊鼓行夜戒守也。"《周禮·夏官·掌固》：晝三巡之，夜亦如之。夜三～以號戒。(0843 下)

黽部

黽 (黾) měng 蛙之一種。背青腹大，鳴聲宏壯。又名耿黽。鄭玄《注》："黽，耿黽也。"《周禮·秋官·蟈氏》：蟈氏，掌去鼃～，焚牡蘜，以灰洒之，則死。(0889 中)

黿 (鼋) yuán 大鱉。《禮記·月令》：命漁師伐蛟，取鼉，登龜，取～。(1370 下)

鼃 [蛙] wā 見下。

【鼃黽】泛指蛙類。以其鳴聲宏壯擾人，故蟈氏去除之。鄭玄《注》："齊、魯之間謂鼃爲蟈。黽，耿黽也。蟈與耿黽尤怒鳴，爲聒人耳，故去之。"《周禮·秋官·蟈氏》：蟈氏，掌去～。(0889 中)

鼈 [鱉] biē 見下。

【鼈人】職官名。掌取水中甲殼動物。爵下士。《周禮·天官·鼈人》：～，掌取互物，以時簎魚、鼈、龜、蜃。(0664 上)

鼉 （鼉）tuó 揚子鰐。亦稱猪婆龍。其皮可以蒙鼓。鄭玄《注》："鼉皮又可以冒鼓。"《禮記·月令》：命漁師伐蛟，取～，登龜，取黿。(1370 下)

鼠 部

鼠 shǔ 見下。

【鼠膠】用鼠皮熬成的黑色膠。爲製弓所用膠之一種。鄭玄《注》："皆謂煮用其皮，或用角。"孫詒讓《正義》："用皮謂馬、鼠；用角謂鹿、牛、犀也。"《周禮·冬官考工記·弓人》：鹿膠青白，馬膠赤白，牛膠火赤，～黑，魚膠餌，犀膠黃。(0935 上)

鼻 部

鼻 bí ❶瓚勺的流水口。鄭玄《注》："鼻，勺流也。"孫詒讓《正義》："鼻謂勺前銳出之口也。"一説，爲勺。杜子春云："當爲勺，謂酒尊中勺也。"《周禮·冬官考工記·玉人》：大璋、中璋九寸，邊璋七寸，射四寸，厚寸，黃金勺，青金外，朱中，～寸，衡四寸。(0923 上) ❷印紐。即駔琮中央隆起的部分，上有孔，用以繫繩。鄭玄《注》引鄭司農云："以爲權，故有鼻也。"孫詒讓《正義》："鼻謂紐也，所以穿組而縣之。……《廣雅·釋器》云：'紐謂之鼻。'先鄭意，蓋謂駔琮八方，於中隆起爲鼻以繫組，若印紐然，它琮無此制也。"《周禮·冬官考工記·玉人》：駔琮七寸，～寸有半寸，天子以爲權。(0923 中) ❸壺嘴。設尊之儀，要使壺嘴嚮着尊長。鄭玄《注》："鼻在面中，言鄉人也。"孔穎達《疏》："尊與壺悉有面，面有鼻，鼻宜

嚮於尊者。"《禮記·少儀》：尊壺者面其~。(1515下)

鼽 qiú 見下。

【鼽嚏】鼻塞而打噴嚏。俗稱傷風。陸德明《釋文》："《說文》云：'病塞鼻室。'"《禮記·月令》：季秋行夏令，則其國大水，冬藏殃敗，民多~。(1380中)

齊部

齊（齐）㊀ jì ❶未經過濾而帶糟的濁酒。《郊特牲》鄭玄《注》："齊，五齊也。"《酒正》賈公彥《疏》："酒正直辨五齊之名，知其清濁而已。"《周禮·天官·酒正》：辨五~之名：一曰泛齊，二曰醴齊，三曰盎齊，四曰緹齊，五曰沈齊。(0668下)《禮記·郊特牲》：祭黍稷加肺，祭~加明水，報陰也。(1457中) ❷調配飲食，亦指調配的飲食。《食醫》孫詒讓《正義》："此論調和飲食寒温之齊。"《少儀》鄭玄《注》："齊，謂食羹醬飲有齊和者也。"《周禮·天官·食醫》：凡食~齊春時，羹~齊夏時，醬~齊秋時，飲~齊冬時。(0667上)《禮記·少儀》：凡~，執之以右，居之以左。(1515中) ❸合金。金爲銅、錫之合金，依兩者所占比例不同而分爲六齊，錫居四分之一以下者爲上齊，居三分之一以上者爲下齊。鄭玄《注》："目和金之品數。"孫詒讓《正義》："《少儀》注云：'齊，和也。'《亨人》注云：'齊多少之量。'故和金錫亦謂之齊，品數即齊之多少之量也。"《周禮·冬官考工記·攻金之工》：金有六~：六分其金而錫居一，謂之鍾鼎之~；五分其金而錫居一，謂之斧斤之~；四分其金而錫居一，謂之戈戟之~。(0915上)

【齊邀】疾速的樣子。爲見尊者所應表現出的儀容。鄭玄《注》："謙愨貌也。邀，猶蹙蹙也。"王引之《經義述聞·卷十五》："齊亦邀也。"《禮記·玉藻》：君子之容舒遲，見所尊者~。(1484下)

㊁ zhāi ❶用同"齋"。齋戒。祭祀或典禮前沐浴更衣，戒絕嗜欲，使身心潔淨，以示莊敬。《郊特牲》鄭玄《注》："齊者止樂。"孔穎達《疏》："凡祭，必散[齊]七日，致齊三日，不樂不弔。致齊三日，專其一心，用以祭祀。"參見"散₂齊""致齊"。《周禮·天官·玉府》：王~，則共食玉。(0678中)《儀禮·士冠禮》：大古冠布，~則緇之。(0958中)《禮記·郊特牲》：三日~，一日用之，猶恐不敬。(1449上) ❷祭祀。鄭玄《注》："齊，謂祭祀時。"《禮記·曲禮上》：若夫坐

如尸,立如～。(1230下)

【齊₂牛】祭祀所用之牛。國君在車上看到齊牛要行軾禮,以示恭敬。孔穎達《疏》:"熊氏云:'此文誤。當以《周禮》注爲正,宜云下宗朝,式齊牛。'"《禮記・曲禮上》:國君下～,式宗廟。(1253中)

【齊₂右】職官名。充任金路之車右,有牲事則前馬。爵下大夫。《周禮・夏官・齊右》:～,掌祭祀、會同、賓客前齊車,王乘則持馬,行則陪乘。(0857中)

【齊₂車】齋戒所用之車。即金路。爲天子接待賓客、朝覲、會同及封同姓時所乘,朝覲、會同必有齋戒,故稱。《齊右》鄭玄《注》:"齊車,金路。"《曾子問》陸德明《釋文》:"齊車,祭祀所乘金輅也。"《周禮・夏官・齊右》:掌祭祀、會同、賓客前～,王乘則持馬,行則陪乘。(0857中)《禮記・曾子問》:天子巡守,以遷廟主行,載于～,言必有尊也。(1393上)

【齊₂戒】祭祀或典禮前沐浴更衣,戒絕嗜欲,使身心潔淨,以示莊敬。《禮記・月令》:后妃～,親東鄉躬桑。(1363下)

【齊₂服】齋戒時所著之服。吉事齋戒著玄端,凶事齋戒著素端。孫詒讓《正義》:"吉事齊則玄端服,凶事齊則素端服也。"《周禮・春官・司服》:其～,有玄端,素端。(0783上)

【齊₂冠】祭服之冠。鄭玄《注》:"言齊時所服也。"孔穎達《疏》:"此齊亦兼祭祀,故言齊時所服。"《禮記・玉藻》:玄冠,丹組纓,諸侯之～也。玄冠,縢組纓,士之～也。(1476下)

【齊₂夏】古樂名。爲《九夏》之一。鄭玄《注》:"夏,大也。樂之大歌有九。"《周禮・春官・鍾師》:凡樂事,以鍾鼓奏《九夏》:《王夏》《肆夏》《昭夏》《納夏》《章夏》《～》《族夏》《祴夏》《驁夏》。(0800中)

【齊₂酒】指五齊。未經過濾而帶糟的濁酒。用於祭祀。鄭玄《注》引杜子春云:"謂五齊以祭,不益也。"《周禮・天官・酒正》:大祭三貳,中祭再貳,小祭壹貳,皆有酌數,唯～不貳,皆有器量。(0669中)

【齊₂僕】職官名。掌爲天子駕馭金路,以迎送賓客。爵下大夫。《周禮・夏官・齊僕》:～,掌馭金路以賓。(0858上)

【齊₂齊】恭敬嚴肅的樣子。爲在宗廟中所應有的儀容。鄭玄《注》:"恭愨貌也。"孔穎達《疏》:"自收持嚴正之貌也,以對神不敢舒散。"《禮記・玉藻》:凡行容惕惕,廟中～,朝庭濟濟翔翔。(1484下)

㊁ zī ❶將喪服的毛邊縫齊。齊衰之服僅次於斬衰,亦用粗麻布縫製,兩者不同的是,斬衰之服的邊側斷口露着,而齊衰之服的邊側縫齊。鄭玄《注》:"此章言齊,對斬。"《儀禮・喪服》:疏衰裳,～,牡麻絰,冠布纓,削杖,布帶,疏屨,三年者。～者何?緝也。(1103中)❷長衣下部的緝邊。鄭玄《注》:"齊,裳下緝也。"《禮記・玉藻》:凡侍於君,紳垂,足如履～。(1482上)

【齊₃衰】❶喪服名。喪服有五:斬衰、齊衰、大功、小功、緦麻。齊衰服用四升粗麻布製成,以其緝邊縫齊,故稱。

齊衰因服期不同，又爲分四：齊衰三年，父死爲母，母爲長子；齊衰杖期，父在爲母，夫爲妻；齊衰不杖期，爲祖父母、伯叔父母，爲兄弟；齊衰三月，爲舊君、君之母、妻，庶人爲國君，大夫爲大宗之子……。詳見《儀禮・喪服》。《儀禮・喪服》：～四升，其冠七升。(1126 上)《禮記・喪服小記》：斬衰之葛，與～之麻同。～之葛，與大功之麻同。(1499 下) ❷ 服齊衰喪服。《司服》鄭玄《注》：“王后，小君也，諸侯爲之不杖期。”《周禮・春官・司服》：凡喪，爲天王斬衰，爲王后～。(0782 下)《禮記・曾子問》：天子、諸侯之喪，斬衰者奠；大夫～者奠。(1391 中) ❸ 指服齊衰喪服之人。鄭玄《注》：“奔喪哭親疏遠近之差也。”《禮記・奔喪》：～望鄉而哭，大功望門而哭，小功至門而哭，緦麻即位而哭。(1655 下)

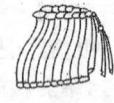

齊衰衣裳

【齊₃斬】指五服中的齊衰與斬衰。孔穎達《疏》：“齊是爲母，斬是爲父。”詳見“齊₃衰”“斬衰”。《禮記・檀弓上》：哭泣之哀，～之情，饘粥之食，自天子達。(1276 下)

【齊₃盛】粢盛。盛放在祭器内以供祭祀的穀物。陸德明《釋文》：“齊音粢。”孔穎達《疏》：“粢盛之實。”《禮記・表記》：牲牷、禮樂、～，是以無害乎鬼神，無怨乎百姓。(1644 中)

【齊₃衰期】服齊衰喪服一年。其中又分爲齊衰杖期與齊衰不杖期：父在子爲母，夫爲妻，出妻之子爲母，服齊衰杖期；孫爲祖父母，侄爲伯叔父母，爲兄弟，大夫的嫡子爲庶母，大夫之庶子爲適子，過繼給他人爲後者爲其父母，出嫁的女子爲父母及兄弟中立爲父親之後者，爲同居的繼父，妻爲夫之君，爲君之父、母、妻、長子、祖父母，妾爲嫡妻，媳婦爲公婆，等等，服齊衰不杖期。詳見《儀禮・喪服》。《儀禮・喪服》：同居則服～，異居則服齊衰三月。(1108 下)《禮記・喪服四制》：故父在爲母～者，見無二尊也。(1695 上)

【齊₃衰三月】服齊衰喪服三月。寄公爲所寓之國的國君，宗族中男女爲宗子及其母、妻，爲舊君及其母、妻，庶人爲國君，大夫在他國其妻、長子爲舊君，爲不同居的繼父及曾祖父母，大夫爲大宗之子，女子爲曾祖父母，等等，服齊衰三月。《儀禮・喪服》：同居則服齊衰期，異居則服～。(1108 下)《禮記・喪服小記》：～，與大功同者，繩屨。(1501 上)

㈣ qí ❶ 柩車荒（柳衣頂部）上之飾物。《喪大記》孫希旦《集解》：“齊，居柳之中央，若小車蓋上蕤，縫合雜采爲之，形如瓜分然，綴貝絡其上及旁。”孔穎達《疏》：“謂鼈甲上當中央，形員如華蓋，高三尺，徑二尺餘。”《儀禮・既夕禮》：商祝飾柩：一池，紐前經後緇，～三采，無貝。(1148 中)《禮記・喪大記》：纁紐六，～五采，五貝。(1584 上) ❷ 相傳爲三代之逸歌。齊人能歌之，故謂之《齊》。《禮記・樂記》：《～》者，三代之遺聲也。(1545 中)

【齊₄馬】高八尺之良馬。爲天子六馬

之～。用於駕金路。鄭玄《注》:"金路駕齊馬。"《周禮·夏官·校人》:辨六馬之屬:種馬一物,戎馬一物,～一物,道馬一物,田馬一物,駑馬一物。(0860上)

【齊₄顏色】表情得當。爲冠者成人行禮所應具備的三條件之一。鄭玄《注》:"言人爲禮,以此三者爲始。"孔穎達《疏》:"言欲一世行禮之始,先須正容體,齊顏色,順辭令爲先也,然後可以正君臣,親父子,和長幼。"孫希旦《集解》:"吕氏大臨曰:'容體,動乎四體者也。顏色,發乎面目者也。辭令,見乎言語者也。三者,脩身之要也。必學而後成,必成人而後備。'"《禮記·冠義》:禮義之始,在於正容體,～,順辭令。(1679下)

㈤ jī 用同"齏"。細切的菜肉用醬拌和而成者。《醢人》鄭玄《注》:"齊,當爲齏。五齊,昌本、脾析、蜃、豚拍、深蒲也。……凡醯醬所和,細切爲齏。"《曲禮上》鄭玄《注》:"齊,醬屬也。"孔穎達《疏》:"齊,醬菹通名耳。"《周禮·天官·醢人》:王舉,則共醢六十罋,以五～、七醢、七菹、三臡實之。(0675上)《禮記·曲禮上》:卒食,客自前跪,徹飯～,以授相者。(1243上)

齍 zī ❶用同"粢"。穀物的總稱。鄭玄《注》:"齍,讀爲粢。六粢,謂六穀:黍、稷、稻、梁、麥、苽。"《周禮·春官·小宗伯》:辨六～之名物與其用,使六宫之人共奉之。(0766下)❷盛黍稷的祭器。鄭玄《注》:"玉齍,玉敦,受黍稷器。"《周禮·天官·九嬪》:凡祭祀,贊玉～。(0687下)

【齍盛】盛於祭器内以供祭祀的穀物。鄭玄《注》:"齍盛,祭祀所用穀也。粢,稷也。……在器曰盛。"賈公彥《疏》:"六穀曰粢,在器曰盛,以供祭祀。"《周禮·天官·甸師》:掌帥其屬而耕耨王藉,以時入之,以共～。(0663上)

【齍號】祭祀所用穀物的美稱。如《禮記·曲禮下》"黍曰薌合,梁曰薌萁,稷曰明粢,稻曰嘉蔬"等。爲六號之一。鄭玄《注》:"號,謂尊其名,更爲美稱焉。"賈公彥《疏》:"齍號,謂黍稷皆有名號。引《曲禮》'黍曰香合'者,言此黍香合以爲祭。"《周禮·春官·大祝》:辨六號:一曰神號,二曰鬼號,三曰示號,四曰牲號,五曰～,六曰幣號。(0809下)

齒部

齒 (齒) chǐ 指象牙。《周禮·天官·内府》:凡四方之幣獻之金玉、～革、兵器,凡良貨賄入焉。(0679上)《禮記·月令》:金、鐵、皮、革、筋、角、～、羽、箭、幹、脂、膠、丹、漆,毋或不良。(1364上)

【齒杖】天子賜給年老者的手杖。亦稱王杖。鄭玄《注》："王之所以賜老者之杖。鄭司農云：'謂年七十當以王命受杖者，今時亦命之爲王杖。'"《周禮‧秋官‧伊耆氏》：共王之～。(0890 上)

【齒位】按年齡大小排列席次。爲鄉飲酒之禮。鄭玄《注》："正齒位者，《鄉飲酒義》所謂'六十者坐，五十者立侍。六十者三豆，七十者四豆，八十者五豆，九十者六豆'是也。"《周禮‧地官‧黨正》：國索鬼神而祭祀，則以禮屬民而飲酒於序，以正～。(0718 上)

【齒決】用牙齒咬斷。飲食之禮，濕軟之肉可以齒決，乾肉則不可，須以手撕開而食。鄭玄《注》："決，猶斷也。"孔穎達《疏》："濡，濕也。濕軟不可用手擘，故用齒斷決而食之。……乾肉，脯屬也，堅肕不可齒決斷之，故須用手擘而食之。"《禮記‧曲禮上》：濡肉～，乾肉不～。(1242 下)

【齒讓】以年歲大小相讓。以示長幼有序。孫希旦《集解》："父子、君臣、長幼，人之大倫也，學之所以教世子者。"孔穎達《疏》："父在之時，恒須謙退，不敢居人之前。"《禮記‧文王世子》：將君我，而與我～，何也？(1407 中)

【齒路馬】計算馬的歲數。依禮，計算國君乘馬的歲數爲不敬，要受懲罰。孔穎達《疏》："若論量君馬歲數，亦爲不敬，亦被責罰。"《禮記‧曲禮上》：～，有誅。(1253 中)

齕 (齕) hé 咬食。爲庶人吃瓜之方式。孔穎達《疏》："庶人，府史之屬也。齕，齧也。"《禮記‧曲禮上》：士嚌之。庶人～之。(1243 下)

齧 [嚙] niè 見下。

【齧骨】咬嚼骨頭。爲飲食之禮所禁止的行爲之一。鄭玄《注》："爲有聲響，不敬。"《禮記‧曲禮上》：毋咤食。毋～。(1242 下)

龍 部

龍 (龙) ㈠ lóng ❶傳說中一種有鱗有鬚能興雲作雨的神異動物。古人以爲四靈之一。亦指龍的形象、圖案。《禮運》孔穎達《疏》："以此四獸皆有神靈，異於他物，故謂之靈。"《畫繢》賈公彥《疏》："龍，水物，畫水者并畫龍。"《周禮‧冬官考工記‧畫繢》：火以圜，山以章，水以～。(0918 下)《儀禮‧鄉射禮》：～首，其中蚌交。(1011 上)《禮記‧禮運》：麟、鳳、龜、～，謂之四靈。(1425 上) ❷八尺以上高大之馬。《覲禮》鄭玄《注》："馬八尺以上爲龍。"《周禮‧夏官‧廋人》：馬八尺以上爲～，七尺以上爲騋，六尺以上爲馬。(0861 下)《儀禮‧覲禮》：天子乘～，載大旂象

日、月、升龍、降龍。(1093 中)

【龍勺】禮器名。柄端爲龍頭形,用以舀酒漿。相傳夏后氏時所用。孔穎達《疏》:"勺爲龍頭。"孫希旦《集解》:"勺,所以酌鬱鬯而注於瓚者也。"《禮記·明堂位》:其勺,夏后氏以～,殷以疏勺,周以蒲勺。(1490 下)

龍勺

【龍卷】繡有龍紋的朝服。天子服此以祭宗廟。鄭玄《注》:"龍卷,畫龍於衣。"孔穎達《疏》:"卷謂卷曲,畫此龍形卷曲於衣,以祭宗廟。"《禮記·玉藻》:天子玉藻,十有二旒,前後邃延,～以祭。(1473 上)

【龍衮】繡有龍紋的禮服。天子所服。孔穎達《疏》:"人君因天之文章以表於德,德多則文備,故天子龍衮,諸侯以下文稍少也。"《禮記·禮器》:天子～,諸侯黼,大夫黻,士玄衣纁裳。(1433 下)

【龍旂】畫有交龍圖案的旗。天子之旌。爲五正旗之一。《輈人》鄭玄《注》:"交龍爲旂,諸侯之所建也。"賈公彥《疏》:"言九旂,若此正謂天子龍旂。其上公亦九旂,若侯伯則七旂,子男則五旂。"《周禮·冬官考工記·輈人》:～九旒,以象大火也。(0914 中)《儀禮·覲禮》:乘墨車,載～,弧韣。(1089 上)《禮記·樂記》:～九旒,天子之旌也。(1537 中)

【龍帷】畫有龍的帷幕。爲王、侯之棺飾。孔穎達《疏》:"帷,柳車邊障也。以白布爲之,王、侯皆畫爲龍,象人君之德,故云龍帷也。"《禮記·喪大記》:飾棺:君～,三池,振容,黼荒。(1583 下)

【龍章】龍形圖案。❶畫於旗上,以象徵天。孔穎達《疏》:"畫龍爲章。……龍爲陽氣,變化日月,以光照下,皆是象天也。"《禮記·郊特牲》:旂十有二旒,～而設日月,以象天也。(1453 中)❷周祭服之韠(蔽膝)上的圖案。孔穎達《疏》:"周人加龍以爲文章。"《禮記·明堂位》:有虞氏服韍,夏后氏山,殷火,周～。(1491 下)

【龍節】龍形符節。爲六節之一。澤國使臣所用。鄭玄《注》:"山多虎,平地多人,澤多龍,以金爲節,鑄象焉。必自以其國所多者,於以相別,爲信明也。"《周禮·地官·掌節》:凡邦國之使節,山國用虎節,土國用人節,澤國用～,皆金也,以英蕩輔之。(0739 下)

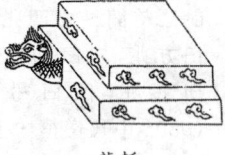
龍輴

【龍輴】載天子棺柩之車。車轅上畫有龍。鄭玄《注》:"天子殯以輴車,畫轅爲龍。"《禮記·檀弓上》:天子之殯也,菆塗～以輴,加斧于輴上,畢塗屋,天子之禮也。(1294 上)

【龍旜】畫有飛龍圖案的旜旗。爲九旗之一。鄭玄《注》:"畫龍於旜,尚文章也。通帛爲旜。"《儀禮·鄉射禮》:於竟,則虎中,～。(1012 中)

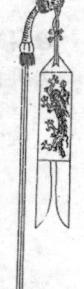
龙旜

【龍簨虡】刻有龍飾的懸掛鍾磬鼓的木架。夏后氏所用。孔穎達《疏》:"謂簨虡之上以龍飾之。"《禮記‧明堂位》:夏后氏之~,殷之崇牙,周之璧翣。(1491 中)

【龍門之琴瑟】用龍門山之木所製作的琴瑟。龍門,山名。在今陝西韓城和山西河津之間,黃河穿越其間。《周禮‧春官‧大司樂》:陰竹之管,~,《九德》之歌,《九磬》之舞,於宗廟之中奏之。(0790 上)

㊁ máng 用同"龍"。雜色。鄭玄《注》引鄭司農云:"龍,當爲尨,尨謂雜色。"《周禮‧冬官考工記‧玉人》:天子用全,上公用~。(0922 上)

【龍₂勒】黑白雜色的馬絡頭。鄭玄《注》:"龍,駹也。以白黑飾韋雜色爲勒。"《周禮‧春官‧巾車》:革車,~,條纓五就,建大白。(0823 中)

龜 部

龜 (龟) guī ❶龜甲。用於占卜。《周禮‧春官‧卜師》:掌開~之四兆:一曰方兆,二曰功兆,三曰義兆,四曰弓兆。(0804 中)《儀禮‧士喪禮》:卜人抱~,燋;先奠~,西首,燋在北。(1143 下)《禮記‧曲禮上》:~爲卜,筴爲筮。(1252 中) ❷烏龜。體長圓而扁,背腹有硬甲。肉可食,甲可入藥。古人以龜爲四靈之一,故灼其甲以行占卜。亦指龜形圖案。《禮運》孔穎達《疏》:"以此四獸皆有神靈,異於他物,故謂之靈。"《周禮‧春官‧龜人》:掌六~之屬,各有名物。(0804 下)《禮記‧禮運》:麟、鳳、~、龍,謂之四靈。(1425 上)

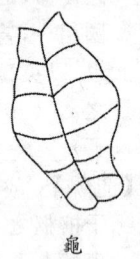
龜

【龜人】職官名。掌管龜甲的攻治、收藏及供給。爵中士。《周禮‧春官‧龜人》:~,掌六龜之屬,各有名物。(0804 下)

【龜蛇】畫有龜蛇圖案的旗旗。爲九旗之一。《周禮‧春官‧司常》:熊虎爲旗,鳥隼爲旟,~爲旐。(0826 中)

辭目分類索引

右邊的號碼指正文的頁碼；多音項、多義項的祇標注詞目所在頁碼。

1. 典籍、篇章

三兆	9
三易	9
三夢	14
三年問第三十八	17
世子之記	45
甫刑	49
表記第三十二	50
中庸第三十一	57
南陔	84
南風	84
南山有臺	85
南有嘉魚	85
原兆	86
内則第十二	95
仲尼燕居第二十八	104
傳㈠❶❸❹	119
儀禮	122
儒行第四十一	122
公食大夫禮第九	139
勻㈠❶	144
兌命	152
雍	161
冠₂義第四十三	164
卷₂耳	168

士冠禮第一	200
士昏禮第二	200
士相見禮第三	201
士喪禮第十二	201
士虞禮第十四	201
地官司徒第二	204
坊記第三十	206
坤乾	206
射義第四十六	220
大雅	232
大射第七	240
大傳第十六	240
大學第四十二	240
大₂甲	241
大₂誓	243
天官冢宰第一	246
太甲	248
奔喪第三十四	252
小雅	260
少儀第十七	264
少牢饋食禮第十六	264
召南	275
君陳	283
君雅	283
君奭	283
周易	287
周南	287
哀公問第二十七	288

喪服第十一	293
喪大記第二十二	294
喪服小記第十五	294
喪服四制第四十九	294
四牡	299
國風	307
帝典	313
崇丘	322
冬官考工記第六	343
夏官司馬第四	345
康誥	350
宵雅	366
尹吉	372
巷伯	377
子貢問樂	383
孔子閒居第二十九	383
學記第十八	387
王制第五	402
玉藻第十三	405
既₂夕禮第十三	412
楚書	434
樂㈠❸	438
樂記第十九	440
檀弓下第四	441

檀弓上第三	441
咸陟	455
瓦兆	458
歸藏	466
曲禮下第二	478
曲禮上第一	478
明堂位第十四	482
易❷	482
春秋	484
春官宗伯第三	484
昏義第四十四	488
曾子問第七	491
深衣第三十九	504
特牲饋食禮第十五	518
投壺第四十	521
振羽	526
新宮	543
月令第六	547
有司第十七	548
服問第三十六	553
文王世子第八	578
燕禮第六	596
燕義第四十七	596
志	601
祭法第二十三	617
祭統第二十五	617
祭義第二十四	617
禮❺	622
禮運第九	624

禮器第十	624	雜記上第二十	914	召公	275	九服	70
由庚	635	雜記下第二十一		后稷	279	九圍	72
由儀	635		914	周	287	九畿	74
秋官司寇第五	650	問喪第三十五	936	周公	287	十有二土	79
秦誓	651	閒₂傳第三十七		周召	287	卒㊀❹	82
白華	657		937	譽	298	南方❶	83
皇皇者華	660	關雎	940	四代	299	南郊❷	83
聘禮第八	677	鵲巢	981	四海❶	300	南嶽	84
聘義第四十八	677	魚麗	984	帝堯	313	厲	86
致夢	686	魯春秋	984	帝舜	313	侯服	114
華黍	750	鹿鳴	987	帝嚳	314	侯畿	114
葛覃	756			女媧	389	八州	124
經解第二十六	784	**2. 帝王、朝代**		河出馬圖	499	公邑	137
緇衣	788			舜	544	并₂州	140
緇衣第三十三	788	七代	5	有虞氏	548	冀州	143
繫❶	800	三王	7	炎帝	590	北方❶	145
繫世	800	三代	8	祝融	613	北郊❶	146
幽雅	828	三皇	11	稷❸	654	北嶽	147
幽頌	828	上帝❶❷❸	23	虞❸	690	兗州	153
幽詩	828	五代	29	虞帝	690	雍州	161
贊大行	840	五帝	33	蓐收	758	列國	172
覲禮第十	844	厲山氏	86	顓頊	947	荊❶	175
郊特牲第十一	860	伊耆氏❷	105	馬圖	970	荊州	175
鄉射禮第五	865	六君子	136	黃帝	976	削㊀	175
鄉飲酒禮第四	865	共₂工氏	140	鯀	985	則❷	176
鄉飲酒義第四		先王	149			左❶	192
十五	865	先公	149	**3. 疆域、區劃**		土圭	196
連山	870	先牧	149			土國	196
采₂蘋	884	先聖	150	五方	28	土圭之濾	197
采₂蘩	884	先嗇	150	五嶽	37	地中	202
貍₂首	887	玄冥	155	中國	55	封㊀❸❹	217
籥夢	889	冥	165	州	66	封樹	218
記	891	堯	210	州里	67	封疆	218
詩	893	大臣❶	226	州巷	67	大封❷	228
詩書	893	大₂王	241	州閭	67	大都	230
詩三百	894	大₂皞	244	九比	68	大國	231
論語	897	少皞	264	九州	69	夷服	249
		句₂芒	268	九采	70		

辞目分類索引　1007

夷畿	250	正日景	462	蠻服	695	遠郊	872
小都	258	正朝夕	462	蠻畿	695	遂❶	877
小國	259	景₂夕	490	華₃山	750	采㊀❷❸	883
吉土	275	景₂長	491	蕃₂國	762	采服	883
同❸	277	景₂朝	491	蕃₂畿	762	采畿	883
四方❷	298	景₂短	491	藩服	767	青州	904
四郊	300	流❶	501	縣㊀	793	附庸	916
四海❸	300	湯沐之邑	505	縣₂地	794	陽❷	919
四衛	301	溝❷	507	縣₂鄙	794	陰❸	920
四鎮	302	溝池	507	輪❶	814	鎮	930
四瀆	302	溝封	507	豫₂州	828	鎮服	930
國	305	澤國	509	里❷❸❹	844	鎮畿	930
國家	307	瀆❷	511	野	847	閭❶❷	937
國畿	307	揚州	531	野鄙	849	閭里	938
山國	320	服㊀❹	551	邑	853	黨❶	994
山鎮	321	族❷	586	邦	854		
岱山	321	族長❷	586	邦中	854	**4. 宗法、宗廟**	
岱宗	321	恒山	602	邦邑	855	一廟	1
術❷	327	田❸	632	邦甸	855	二祧	4
衡山	334	田邑	633	邦都	855	二廟（庿）	4
衛❶	335	甸㊀㊀	635	邦國	856	七廟	6
衛服	335	甸地	636	邦縣	856	三世	8
衛畿	335	甸服	636	郊❶	858	三族	12
廣輪	351	甸畿	636	郊里	859	三廟	15
廛❷	352	男服	637	郊野❶	859	三昭三穆	16
廛里	352	男畿	637	都	860	下宮	19
家❶	365	畺	641	都邑	861	五世	29
家邑	365	畺地	641	都家	861	五服❸	32
家削	365	畿	641	都鄙	861	五寢	36
屋❷	374	畿疆	641	鄉㊀❶	862	五廟	36
屬㊀	375	稍❷	651	鄉里	863	世	43
巷❷	377	稍地	652	鄉邑	863	世及	43
幽州	400	聯	678	鄙	866	世室	44
王畿	402	西方❶	681	鄰	866	世國	44
東方❶	419	西郊	682	鄭	866	世奠繫	45
棘❹	431	西嶽	683	近郊	868	及	59
比❷	456	要服	683	連❶	870	主❸	64

內宗❷	93	同族	278	宗彝	358	祖廟未毀	612
內親	94	同姓之邦	278	室❸	362	祧	617
介子	100	同姓從宗	278	宮❺	362	禰	625
介婦	101	名❶❷	281	宮廟	364	禰宮	626
來孫	109	君❸	283	寢❷	370	禰廟	626
傳₂重	120	嗣	295	寢廟	370	異姓	640
公宮	137	嗣子	295	屏㊀❶	374	當室	641
公孫	138	四世	298	姓	392	私祭	648
公族	138	四廟	301	始封之君	394	私親	649
公廟	138	帝	313	婦人❷	395	穆	656
元子	148	山節	321	婦人子	397	皇考廟	660
兄弟	148	崇坫	322	婦氏人	397	疏❶	667
兄弟長	148	後	326	王大子	402	疏屏	668
兄弟之國	148	復廟	331	王考廟	402	考❷	675
先古	149	外宗❷	338	支子	443	考廟	675
先生❷	149	外親	339	戚❶	456	節❹	708
先祖	149	庶㊀	347	正室	461	藻梲	768
玄孫	156	庶子❷	348	正體	462	繆	797
冢子	164	庶母	348	收族	466	繼別爲宗	803
冢婦	165	庶弟	348	敬宗	473	親	842
別	172	庶姓	348	昭	486	親戚	843
別子	172	庶孫	348	昭穆	486	親屬	843
別子爲祖	173	庶婦	349	昭繆	486	重㊀	845
刮楹	175	庶兄弟	349	爲人後者	543	遠廟	872
反坫	184	庶昆弟	349	父後者	546	適㊀	879
受重者	187	廟❶	349	氏❷❸	570	適子	879
封君	218	廟❶❸	351	毀	576	適孫	879
大宗	228	廟主	351	族❶	586	適婦	879
大₂子	241	廟祧	352	族葬	587	適昆弟	880
大₂祖	242	廟堂	352	無主❷	591	遷主	880
大₂廟❷	243	宗❶❷❸❺	356	無後	592	遷廟主	880
大₂祖之廟	244	宗子	357	祖❷❸	611	長子	906
太廟❷	249	宗後	357	祖考	611	門子	934
小宗	257	宗室	357	祖廟(庿)	611	顯考廟	948
小祖	258	宗祧	357	祖禰	611	高祖	974
小廟	261	宗族	357	祖考廟	612	黨❷	994
同姓	277	宗廟	358				

5. 稱謂、名稱

一人	1	人民	96	勞㊀	181	崩	321
一家	1	介婦	101	勳	182	從父	327
二毛	3	伐冰之家	104	叔	186	從母	327
二君	3	仲	104	叔父	186	從祖	328
二十曰弱	4	余小子	105	叔母	186	從人者	328
七年曰悼	7	伯❸	106	叔舅	186	從祖父	328
三十曰壯	15	伯子	107	士❸	197	從祖姑	328
下臣	18	伯父	107	壯	206	從父兄弟	328
上帝❹	23	伯母	107	執	209	從父姊妹	328
上嗣	24	伯仲	107	執友	209	從父昆弟	328
丈夫	27	伯舅	107	塯	213	從母昆弟	328
不禄❶❷	38	使臣	108	大病	230	從祖父母	328
不穀	39	來婦	109	大夫君	236	從祖昆弟	328
世子	43	侯氏	113	大₂父母	244	從祖祖父母	329
世父	43	備數	118	夫㊀❶❸	247	御人	330
世母	43	備百姓	118	夫人	247	外女	337
世臣	44	備酒漿	118	夫子❶	247	外臣	338
世婦❸❹	44	備埽灑	118	夫家	247	外私	338
世父母	45	傳遽之臣	120	弑	256	外宗❷	338
甫	49	僚友	120	小君	257	外孫	338
乃	59	公❹	136	小童	260	外兄弟	339
主人❷❸	65	公子	136	名士	281	外祖母	340
主友	65	公室	137	吾子	281	外祖父母	340
主妾	65	公家	138	君❷	283	多	341
主孤	66	兵	140	君子	283	庶子❸	348
予₂一人	76	弟₂子❶	141	君母	283	庶子之卒	349
予₂小子	77	先妣	149	君命	283	庸❷	350
乳母	77	先君子	150	君子子	284	守臣	355
卒㊀❷	82	兆民	151	君夫人	284	宗兄	357
匹士	87	交遊	157	哀	288	宗弟	357
内人❷	92	享❸	158	哀子	288	宗婦	358
内子	92	奇₂褒之民	159	哀孫	288	室❷	362
内女	92	冠₂士	163	嗣王	295	寡	369
内實	94	剌草之臣	174	因母	303	寡人	369
内兄弟	94	力	179	市井之臣	312	寡君	369
		力臣	179	帑	313	寡大夫	369
		功	179	幣號	319	寡小君	369

寡君之老	369	娣姒婦	394	氏❶	570	號名	689
寡君之適	370	婢	395	旄期	582	舅	716
居士	373	婢子	395	旁尊	585	舅姑	717
屏₂之臣	375	婢妾	395	族父母	587	舉奠	717
弱❷	380	婦	395	族昆弟	587	舊故	717
強	381	婦人❶	395	族祖父母	587	衆	719
子❶❷❹❺❻		嬖御人	398	族曾祖父母	587	衆子	719
❽❾❿	382	嬖御士	399	房中	599	衆兄弟	719
孝子❶	384	嬪❸	399	悼	603	衆主人	719
孝王	384	幼	399	慈母	603	衆婦人	719
孝孫	384	王子	401	祖姑	611	良	741
季	385	王父	401	祖庶母	612	艾	742
孤❶❷❹❺	385	王母	401	甥	645	草茅之臣	748
孤子	386	王老	401	私	647	薨	762
孤寡	386	王考	401	私人	647	終❷	780
孺人	387	王父母	402	私臣	648	繼父	802
孺子	387	某	422	私尊	648	繼母	802
女	387	某甫	423	皇考	659	負薪之憂	830
女子	388	樂人❷	438	皇妣	659	貴人	832
女君	388	獨	447	皇姑	660	貴老	833
女子子	389	死	450	皇祖	660	貴臣	833
女從者	390	死終	450	皇舅	660	貴妾	833
妃	390	成人	453	皇辟	660	貴遊子弟	833
妣	391	成童	454	皇祖考	660	賓❸	835
姒	391	步❷	463	皇祖妣	660	鄉黨	864
姑	391	武❶	464	皇祖姑	660	鄉先生❶	864
妻❶	391	歸㊀	466	登假	671	鄰里	866
妻子	392	敝❷	471	老❶❷	674	遠人	872
妻帑	392	敝邑	471	老夫	674	遠國	872
妾❶❸❹	393	敝廬	471	老婦❶	675	遠兄弟	872
妾母	393	昆	479	考❶	675	諸父	897
妾祖姑	393	昆弟	479	耆	675	諸母	897
姆	394	曾孫某	491	耆老	675	諸婦	897
姪	394	游卒	506	耆耋	675	諸祖父母	897
姪娣	394	折❸	521	耄	676	長妾	906
姪丈夫、婦人	394	期㊀	558	臣❸	680	陣❷	915
娣	394	膳❸	567	臣孽	680	降❷	916

辭目分類索引

陪臣	918	上大夫卿	26	占人	91	八伯	124
顯考	948	五更	31	占夢	91	八命❶	125
鬼號	951	五命	32	內人❶	92	六大	128
食母	952	五官❶❷	33	內史	92	六卿	130
馬資	970	五隸	37	內府	93	六府	130
黃耇	976	五等之命	38	內宗❶	93	六官	130
黃髮	976	不命	38	內宰	93	六宮❷	131
黔首	993	世婦❶❷	44	內豎	94	六卿	132
		再命	47	內饔	94	六屬	136
6. 職官、爵位		吏	48	內小臣	94	公❶❷❸	136
一命	1	丞	49	內司服	95	公士	136
二伯	3	兩❸	52	內命夫	95	公史	137
七命	6	兩司馬	53	內命男	95	公司馬	139
七騶	7	中㊀❻	53	內命婦	95	公有司	139
三公	7	中士❶	54	內官之士	95	兵革使	141
三老	8	中瞽	57	介㊀❷	100	典同	142
三命	10	中大夫	57	介㊁	101	典祀	142
三卿	11	川師	59	以神仕者	102	典命	142
三監	14	川衡	59	伊耆氏❶	105	典枲	142
三賜	15	主❺❻	64	伯❶❷❹	106	典絲	142
三獻❶	15	主祠	66	侑❸	109	典瑞	142
下❸	17	州史	67	保❶	111	典路	142
下士❶	17	州伯	67	保氏	112	典禮	142
下卿	19	州長	67	保章氏	112	典書者	142
下瞽	20	九牧	70	侯❶❹	113	典婦功	142
下大夫	20	九命	70	條₂狼氏	115	典庸器	142
下執事	21	九卿	71	脩閭氏	115	鬯人	147
上工❷	21	九御	72	候人	116	元士	147
上士❶	22	九嬪	75	倉人	116	先生❶	149
上介	22	卒㊀	82	傅	119	充人	151
上公	22	匡人	88	僕❷❹	120	亨❷	158
上相	23	匠師	88	僕❶	121	亨人	158
上卿	24	卜㊀❷	89	僕夫	121	夜士	159
上賓❷	25	卜人	89	僕右	121	商祝	160
上擯	25	卜師	90	僕人士	121	雍人	161
上瞽	25	卜₂人師	91	僕人正	121	雍氏	161
上大夫	25	卅人	91	僕人師	121	雍正	161

雍府	161	壹命	212	大₂馭	243	史	267
凌人	162	壺涿氏	213	大₂傅	243	司	268
冗食者	162	墓大夫	213	大₂僕	243	司干	268
冢人	164	寺	217	天❷	245	司士	268
冢宰	164	寺人	217	天子	245	司土	269
冥氏	165	封人	218	天王	245	司木	269
幂人	165	射人	219	天府	245	司水	269
卿	169	射正	219	天官	245	司正	269
卿士	169	射人師	220	夫人	247	司右	269
卿老	169	射鳥氏	220	太史	248	司甲	269
卿擯	169	弁師	223	太尉	248	司市	269
卿大夫	169	大人	224	太僕	249	司民❷	269
刑官	171	大夫	224	夷隸	250	司刑	270
參㊀㊃	183	大臣❷	226	奄	252	司巫	270
工❷	191	大酋	229	奄尹	252	司門	270
工尹	191	大胥	230	小子❶	256	司兵	270
工師	191	大司成	236	小史	256	司刺	270
工人士	191	大司空	236	小臣	257	司服	270
左史	192	大司馬	236	小祝	258	司空	270
左右正	193	大司徒	237	小胥	258	司馬	271
巫	194	大司寇	237	小師❶	259	司草	271
巫史	194	大司樂	237	小卿	259	司徒	271
巫馬	194	大行人	237	小宰	259	司宮	271
巫祝	194	大宗人	237	小司馬	262	司約	271
土均❶	196	大宗伯	237	小司徒	262	司書	272
土訓	196	大射正	238	小司寇	262	司救	272
土方氏	197	大樂正	238	小臣正	262	司貨	272
士❶❷❹❺❻❼		大羅氏	238	小臣師	262	司常	272
	197	大₂卜	241	小行人	262	司寇(宼)	272
士長	198	大₂士	241	小宗人	262	司禄❶	272
士師	198	大₂右	241	小宗伯	262	司裘	272
士大夫	198	大₂史	241	小射正	262	司嗇	273
士庶子	198	大₂府	242	小樂正	263	司盟	273
地官	203	大₂宗	242	小膳宰	263	司會	273
均人	205	大₂祝	242	少師	264	司厲	273
執事❶	209	大₂師	242	少傅	264	司稽	273
場人	211	大₂宰	242	右史	266	司稼	273

司儀	273	囿人	304	外御	339	官	358
司險	273	囿	304	外饔	339	官長	360
司虣	273	囿人	304	外內宗	339	官府	360
司隸	273	囿師	305	外內饔	339	官師	360
司器	274	國子	305	外命婦	340	室老	362
司圜	274	國老	306	外諸侯	340	宮人	363
司勳	274	國子弟	308	外內命夫	340	宮正	363
司諫	274	國司馬	308	外內命婦	340	宮伯	364
司關	274	巾車	310	外內命男女	340	宮宰	364
司爟	274	布憲	311	舞師	341	家❷	365
司几筵	274	市❷	311	舞徒	342	家士	365
司弓矢	274	市司	312	冬官	342	家臣	365
司戈盾	274	市師	312	夏采	344	家相	365
司馬正	274	帥	313	夏官	344	家僕	365
司馬師	274	師❸❺❻❼❽	314	夏祝	344	家大夫	365
司宮士	274	師氏	315	府❷	346	家司馬	365
司烜氏	274	師都	315	庖人	346	家宗人	365
司尊彝	275	幕人	318	庭氏	347	宰	367
司寤氏	275	山師	320	庭長	347	宰夫	367
后	278	山虞	320	庶人	347	宰祝	368
后王	279	行人	323	庶士	348	宰胥	368
后妃	279	行夫	323	庶子❶	348	寄❶	368
合方氏	280	行₂司馬	324	庶老	348	居官者	373
君❶❹	283	徒❶	326	庶子正	349	屨人	375
君長	283	御士	330	庶子官	349	弓人❷	378
君大夫	284	御史	330	庶₂氏	349	子❸	382
命❶	285	御妻	330	廋	350	孤❸	385
命士	286	御僕	330	廋人	350	孤卿	386
命夫	286	御瞽	330	廛人	352	女工	388
命卿	286	御庶子	331	廩人	353	女史	388
命婦	286	衘枚氏	332	守祧	355	女巫	388
命筮者	287	衡❷	334	宅者	355	女府	388
喪祝	292	形方氏	336	宗❻	356	女宮	388
嗇夫	295	鬱人	337	宗人	356	女祝	389
四守	299	外史	337	宗后	357	女酒	389
四輔	301	外府	338	宗伯	357	女桃	389
四監	301	外宗❶	338	宗祝	357	女御	389

女幂	389	戎僕	452	掌節	529	懷方氏	605
女稟	389	比長	457	掌察	529	將軍	606
女漿	389	甀人	459	掌戮	529	神士者	612
女醢	389	正㊀❶❷❹❺	460	掌疆	529	神仕者	613
女醯	389	夂	466	掌染草	529	祝❷❸	613
女饎	389	政官	468	掌貨賄	529	祝史	613
女篢	389	故士	469	掌察四方	529	祭僕	616
女鹽	389	教官	469	擇人	534	禁殺戮	619
女舂抌	390	敽人	476	爵❶	544	禁暴氏	619
妻❷	391	易❶	482	父師	546	禮官	623
委人	392	春官	484	有司	548	硈蔟氏	628
婦官	396	水虞	495	服不	551	磬師	629
媒氏	397	泉府	499	服不氏	553	相㊀❺	629
嬪❶	399	治官	500	胞	554	眡祲	631
王	400	漁師	508	胥	554	眡瞭	631
王后	401	漿人	508	胥師	555	瞽❶❷	632
玉府	403	澤人	509	腊人	559	瞽矇	632
理	406	澤虞	510	朝士	560	田❹	632
環₂人	411	牛人	512	朝大夫	561	田畯	634
林衡	418	牧❶❷	514	膳夫	567	田僕	634
柞氏	424	牧人	515	膳宰	567	甲吏	635
染人	425	牧師	515	次介	571	甸人	636
校人	427	抵	524	殷	573	甸祝	636
梓師	429	挈壺氏	525	方士	579	甸師	636
槀❷	437	掌囚	528	方伯	580	甸師氏	636
槀人	437	掌皮	528	方相氏	581	男	637
樂人❶	438	掌次	528	旄₂人	582	男巫	637
樂正	438	掌交	528	旅❶❸	582	監❶	643
樂官	439	掌舍	528	旅人	582	監工	643
樂師	439	掌固	528	旅帥	583	鹽人	644
犬人	443	掌客	528	旅食	583	矢人❷	646
狂夫	444	掌炭	528	旅師	583	秋官	650
狄人	444	掌畜	528	旅賁	583	稍人	652
狄鞮	444	掌荼	529	旅賁氏	584	稻人	655
獸人	447	掌蜃	529	族長❶	586	百工❷	658
獸醫	448	掌訝	529	族師	587	百乘	659
戎右	452	掌葛	529	煇㊀	593	百族	659

百辟	659	春人	716	象胥	827	遂士	878
百縣	659	春槀	716	貳❷	832	遂師	878
疾醫	661	舟牧	720	賈❶	834	遂大夫	878
瘍醫	662	羊人	732	賈人	834	適士	879
穴氏	666	羣士	735	賈民	834	遺₂人	881
疑㊀	669	羣臣	735	賈師	834	遼師	882
疑丞	669	羣吏	735	質人	839	貉₂隸	886
老❸	674	羣姓	735	里尹	845	角人	888
職內	678	肆長	740	里宰	845	訓方氏	891
職方	679	肆師	740	野虞	849	訝	891
職金	679	草人	747	野廬氏	849	訝士	892
職喪	679	華氏	753	量人	849	詛祝	893
職歲	679	萍氏	753	郊❷	858	誦訓	896
職幣	679	薙氏	762	郊野❷	859	諸子	897
職方氏	679	藪㊀❷	766	都士	860	諸侯	897
職₂人	679	羽人	768	都則	861	諸侯長	897
臣❶❹❺	680	翟❷	769	都司馬	861	調人	898
虎賁氏	689	翟氏	770	都宗人	861	譯	899
虞❷	690	翦氏	770	鄉㊀	862	長㊀❶❷	905
虞人	690	縣₂士	794	鄉人❷	862	雞人	912
蜡₂氏	693	縣₂正	794	鄉士	862	鍾人	929
蝈氏	694	縣₂師	794	鄉老	863	鍾師	929
蠻隸	695	繕人	800	鄉吏	863	鎛師	931
罪隸	696	趣馬	805	鄉師	864	門❷	934
羅氏	696	赤犮氏	807	鄉遂	864	門關❷	935
肉吏	697	車僕	808	鄉大夫	864	閽史	938
舍人❶	699	軍司馬	810	鄙師	866	閽胥	938
笙師	703	載師	812	鄉長	866	閽師	938
筮❸	707	輈	813	鄭長	866	閩隸	938
筮人	707	輿司馬	815	近臣	868	閣	938
節服氏	708	酒❷	818	追師	869	閣人❶	938
管人	709	酒人	818	迹人	870	閣寺	939
篝人	712	酒正	818	達官	875	關❷	940
簙師	715	醢人	821	道右	876	關人	940
簙章	715	醫師	821	道僕	876	隸僕	941
邎人	715	醯人	822	遂❺	877	隸僕人	941
春❷	716	象❹	826	遂人	878	韎韐氏	943

食₂醫	953	前驅❷	143	嬪❷	399	眂	638
饎人	960	臬氏	154	嬪婦	399	畫	640
饔人	963	商❷	160	玉❷	402	畫繢	641
鞎師	966	商旅	160	玉人	402	監門	643
馬質	970	商賈	160	瑟❷	407	生材	645
馮相氏	971	冶	162	木工	413	矢❷	645
馭❷	971	冶氏	162	桃❷	427	矢人❶	646
馭夫	971	函❷	167	桃氏	427	百工❶	658
騶	973	函人	167	梓❶	429	臣❷	680
黨正	994	刮摩之工	175	梓人	429	臣妾	680
鼓人	995	工❶	191	柳	430	虞衡	691
鼈人	997	土工	195	柳人	430	笙❷	703
齊₂右	999	士❸	197	棗	436	筐❷	705
齊₂僕	999	地守	203	棗氏	436	筐人	705
龜人	1004	地事❶	203	樹蓺	440	築	711
		地職	204	獸工	447	築氏	711
7. 職事、執事		執技	209	攻木之工	467	裘❸	726
		執事❷❸	209	攻皮之工	467	裘氏	726
三農	14	射㊀❺	219	攻金之工	467	羣執事	735
下工	17	夾王車	251	斂材	475	草工	747
上工❶	21	奚	252	曲藝	478	藪牧	766
世事	44	園囿	308	牧❸	514	縫人	795
九職	75	幌	317	牽徬❷	518	續❷	799
匠	88	幌氏	317	摶₂埴之工	533	車❸	807
匠人	88	役❷	324	擯者❷	536	車人	808
内御	94	徒❷	326	服事	552	輈人	813
化材	101	徒役	326	民職	570	輪❸	814
化治絲枲	101	御❺	329	段	572	輪❸	814
作材	106	復❷	331	段氏	572	輿	815
保❷	111	復逆	331	旅	581	輿人	815
保母	112	廬❹	354	石工	627	醫❶	821
僕❶❸	120	廬人	354	磬❷	628	農❶	824
僕人❷	121	弓❷	377	磬氏	628	農夫	824
僕	122	弓人❶	377	相㊀❶❸❼	629	販夫	831
八職	127	奴	390	相步	630	販婦	831
六工	128	妾❷	393	相者	630	賈❷	834
六職	135	婦職	396	田夫	633	野人	847
典謁	142						

野夫	848	三無	13	人義	97	友行	184
野民	848	三善	13	仁	99	取予	185
邦工	854	三道	13	任₂民	105	地比	203
邦事❶	855	三德	15	使能	108	報功	211
設色之工	893	三年之蓄	16	來百工	110	壇㊀	216
雕	911	下賢	20	保庸	112	封㊀❶	217
雕人	911	下劑	20	保息六	112	尊貴	221
阜蕃	915	上功糾力	26	八成❶	124	大比	224
陶❶	918	上命糾守	26	八枋	125	大均	226
陶人	918	上能糾職	26	八政	125	大役	227
陶瓶	918	上愿糾暴	26	八柄	126	大事	227
金工	923	上德糾孝	26	八則	126	大命	228
鍾❷	929	五至	29	八統	126	大封❶	228
鍾氏	929	五戒	30	六行	129	大故	228
鎛❶	931	五物❸	31	六典	129	大飲	232
閒₃民	937	五禁	35	六計	131	大詢	233
閻人❷	938	事功	50	六斂	132	夫義	248
隷	941	事典	50	六德	134	奠食	254
隷人	941	事書	51	六聯	134	奪	255
飭材	954	事爲	51	弟㊀	141	小事	258
飭化八材	954	事職	51	弟₂弟	141	小命	258
餘夫	958	兩❷	52	興₃功	143	同衣服	278
館❶	959	中㊀❹❽	53	興₃甿	143	和❸	284
館人	959	中庸	56	興₃耡	143	和令	285
韋❶	965	九事	69	興₃積	144	和難	285
韋氏	965	九兩	69	兄良	148	喪荒之聯事	294
韗	966	九禁	72	刑典	171	四達	300
韗人	966	九經	72	刑賞	171	因國	304
鳧	979	九瀍	75	刑職	171	國危	306
鳧氏	979	乞言	76	制❹	174	國典	306
鮑	984	予㊀	76	制祿	174	國禁	307
鮑人	984	十義	79	則❶	176	國遷	307
		十有二教	80	力政	179	國瀍	308
8. 政治、教化		內事❶	93	去幾	183	國比之瀍	308
一張一弛	2	內稱不辟親,外		去樂	183	德❶	332
七教	6	舉不辟怨	96	參₄互	183	徵比	333
三行	9	人道	97	友	184	外令	337

外治	338	好₂令	391	敬❶	473	祭祀之聯事	617
多昏	341	好₂事	391	敬故	473	禁❷	619
庸❶	350	婦功	395	斂弛	475	祿	620
廉正	350	婦式	395	斂賒	475	祿位	621
廉能	350	婦言	396	斂弛之聯事	476	禮❶	622
廉敬	350	婦事	396	變國火	476	禮典	623
廉善	351	婦使	396	易關市	483	禮命	623
廉辨	351	婦容	396	會㊀❷	492	禮俗	623
廉灋	351	婦順	396	水禁	495	禮賓	623
廢	353	婦德	396	治❶	499	禮寘	624
廢置	353	婦學	396	治典	500	禮樂	624
安富	356	婦聽	397	治象	500	禮職	624
官令	359	媚	398	治職	500	禮籍	624
官材	359	孅宮室	398	灋則	511	禮儀三百	624
官計	360	王事	401	振窮	527	相₂受	630
官敘	360	王道	402	朋友	550	相₂寘	631
官常	360	班朝	406	殺㊀❶	574	相₂覵	631
官禁	361	本俗六	414	殺₂哀	575	胥禮	631
官聯	361	柔遠人	425	殺₂禮	575	睦	632
官職	361	樂₂昏	440	穀❷	576	田役	634
官灋	361	死事❶	450	文章❷	578	田役之聯事	635
官屬	361	成❷	452	文德	578	男事	637
官禁	364	比❶❺	456	文武之道	578	男教	637
寄公	368	比灋	457	族墳墓	587	異別	640
寓公	369	武功	464	火禁	590	盤銘	643
寬疾	369	攷夫屋	466	無服之喪	592	知㊀	646
引年	379	改正朔	468	無聲之樂	592	移民	651
弛力	379	政典	468	無體之禮	593	稍食	652
弛縣	379	政象	468	忠	601	稼政	655
彊₂予	381	政職	468	忠恕	601	聖	676
子孝	383	教典	469	恤	602	聯事	678
存愛	383	教象	469	恤貧	602	聯兄弟	678
孝行	384	教職	469	恕	602	聯朋友	678
孝德	384	敏德	470	悼吏	603	聯師儒	678
女功	388	敘❶	470	慈幼	604	至德	685
女事	388	敘事之灋	471	憲	604	置	695
好賜	390	散₂利	472	祇	614	舍₃禁	700

策命	705	送令	870	五馭	34	四學	302
簡稽	713	進賢	874	不陵節而施之	42	國學	307
義	734	達吏	874	州序	67	師❷	314
荒政	749	道義	876	九數	73	師儒	315
荒辯之法	749	道藝	876	博習親師	85	御❸	329
蕃₂樂	762	計	890	俊	114	外傅	339
薄征	764	詔	893	俊士	114	夏㊀	343
糾禁	771	詩教	893	俊選	114	夏₂楚	345
糾職	771	誠	894	儒	122	序❶	345
約❶	772	誓❶❷❸	894	六書	132	庠	347
索鬼神	775	誓戒	894	六詩	133	强而弗抑	381
絜矩之道	781	誓命	895	六藝	135	强立而不反	381
經㊀❷	784	誥❷	895	弟₂子❷	141	子師	383
緩刑	791	諒	898	興㊀	143	學㊀	386
軍旅之聯事	810	謹酒	899	先生❸	149	學士	387
載₂辭	812	讖	899	先師	149	學藝	387
貴貴	833	讓	901	先賢	150	學₂學半	387
貴有德	833	辨₂異	903	出學	167	東序❸	420
賓客之聯事	837	長幼❶	906	左❷	192	東膠	421
賜	838	長惠	906	左鄉	193	格物	427
賜予	838	雷同	908	左學	193	楚	433
賜頒	838	除盜賊	917	塾❷	214	楚扑	433
賜諡	838	陳詩	918	射㊀❷	219	業	434
質❶	838	陽事	919	射御	220	樂㊀❷	438
賙	839	陽道	919	大成	226	成均	453
賙委	839	陰令	921	大₂學	244	比❹	456
賙賜	840	陰事	921	夫子❷	247	比物醜類	457
親親❶	843	陰德	921	小子❷❸	256	止於至善	460
野禁	848	關梁不租	941	小成	257	教學相長	469
邦典	855	關譏而不征	941	小學	261	敬業樂羣	474
邦治	855	順行	944	右❺	266	數㊀	474
邦政	855	鼎銘	992	右學	267	數₂日	474
邦教	856			合舞	280	明明德	482
邦禮	857	**9. 學校、教育**		合聲	280	書	489
邦比之灋	857	下庠	18	四失	298	温柔敦厚	505
鄉合	863	上庠	23	四教	300	温故而知新	505
鄉三物	864	五射	34	四術	300	祭菜	616

禮❷	622	頌❶	945	不妄説人,不辭		南方爲上	85
瞽宗	632	類宮	946	費	42	厭㊀	86
知₂類通達	646	風	963	不踰節,不侵侮,		內拂	93
秀士	647	馭❶	971	不好狎	42	內亂	94
登歌	671	鼓箧	995	不窺密,不旁狎,		內₂火	96
西序❷	682			不道舊故,不		人臣之禮	97
西學	683	**10. 通禮**		戲色	43	入門	98
至善	685	三拜	10	再拜	47	入門主敬	98
致知	686	三重❷	10	再拜稽首	48	介者不拜	101
虞庠	690	三推	12	再拜稽顙	48	以齒	101
舍₂采	699	三從	12	再命齒于(父)族		任₂左	105
舍₂萌	699	三揖	13		48	佛其首	108
米廩	737	三讓	15	更名	49	佩垂	110
藝	766	三賜不及車馬	16	更端	49	佩委	111
經㊀❹	784	三揖而后至階,		表裘	50	佩倚	111
車在馬前	808	三讓而后升	17	事師無犯無隱	51	側席	117
豫㊀	828	下拜	18	事君有犯而無隱		側尊	117
賦❸	837	下達❷	19		51	側聽	117
視學❷	842	下氣怡聲	21	事鬼敬神而遠之		偶坐不辭	117
親民	843	上客	24		51	僕人之禮	121
郊❹	858	上衡	25	中武	55	儀	122
郊人	859	上於面則敖,下		升下則授綏	60	儳言	123
鄉㊀❸	862	於帶則憂,傾		年不順成	61	六摯	134
鄉先生❷	864	則姦	27	年穀不登	61	六儀	134
造士	871	五經	35	乘₂(必)以几	63	六禮	135
進士	873	五儀	36	乘₂君之乘車不		六辭	135
道₂而弗牽	877	五禮	37	敢曠左	63	公事	137
選	881	不物	38	九儀	73	公食大夫之禮	139
選士	881	不齒❶	39	九摯	74	共㊀	140
釋菜❶	884	不趨	39	九禮	74	兵車不式	141
釋奠	885	不顧	40	承賀	77	並坐不橫肱	141
論₂學取友	898	不祭肺	40	十年	78	前躇	143
辟廱	902	不貳采	40	十年以長,則兄		前驅❶	143
雅❶	910	不傾聽	40	事之	81	北面	146
離經辨志	913	不通乞假	41	直而勿有	81	北首❶	146
開而弗達	936	不顧望而對	42	南面	84	充美	151
頒學	945	不中門,不履閾	42	南鄉❶❷	84	免₂席	152

辭目分類索引

交爵	158	垂拱	206	名子	281	幼名	399
夜行以燭	159	垂帨	206	告朔	282	幼從父兄,嫁從	
奇擗	159	執玉不麻	210	命❸	285	夫,夫死從子	400
冠衣不純采	163	執箕膺揭	210	呬	288	幾酒	400
冠衣不純素	163	塵不出軌	214	喪拜	291	環拜	410
凶擗	165	專席	221	嘉事	296	束脩	417
凶擗	166	專達	221	嘉禮	296	東上	419
凶禮	166	尊客之前不叱狗		嗷應	297	東面	420
出❸	166		222	固辭	304	東首❶	420
出火	166	大裘不裼	240	布武	310	東鄉	421
即席	168	天揖	246	帷薄之外不趨	317	栗階	426
刀卻刃授穎	170	夾道	251	行㈠❷	323	槁檜	436
刑不上大夫	171	奉者當心,提者		行不中道	323	橫肱	437
列事未盡,不問		當帶	251	行容惕惕	323	犬羊之裘不裼	444
	172	奇車	252	行不舉足,車輪		犬馬不上於堂	444
削授柎	175	奠摯	254	曳踵	323	獻㈠❶	448
副㈠	177	奠繭	254	後右手	326	獻繭	449
釁浴	179	式❶	256	徒食	326	死謚	450
加席	181	小禮	261	徒坐不盡席尺	326	成名	453
勞₂酒	182	小瀘儀	263	御❶❷❻	329	威儀	455
勞₂農	182	少牢饋食之禮	264	徹縣	333	戲色	456
勞₂農勸民	182	尚左❶❷	264	徹重席	334	正方	461
勸説	182	尚右❶	265	衡視	335	武車不式	464
取妻不取同姓	186	尚辭	265	外交	338	歷階	465
受弓劍者以袂	187	尚左手	265	外事以剛日	340	改居則請退	468
受珠玉者以掬	187	尚右手	265	外言不入於梱,內		放飯	468
平衡	190	口容止	265	言不出於梱	341	效駕	469
左手	192	右❶	266	廣欿	351	效馬效羊者右	
左首	192	右還	267	寢毋伏	371	牽之	469
左袒	193	右肉袒	267	弔禮	378	敢	471
左還	193	吉❸	275	張皮	380	散₂等	473
土揖	196	吉凶❷	275	張弓尚筋,弛弓		敬❷	473
士相見之禮	200	吉事	276	尚角	380	變味	476
坐❶	204	吉拜	276	妄指	390	曲禮	478
坐如尸,立如齊		吉事變几	277	婦人迎客送客		明堂之位	482
	205	吉事先近日	277	不下堂	397	易服色	483
垂佩	206	合語	280	嫂叔不通問	398		

時揖	488	朝儀之位	562	刟	646	祖裼	724
會㊀❸	492	殺人而義	574	私財	648	裼	727
氾拜	496	旅揖	584	私家	648	裼襲	727
沐稷而靧粱	497	旅樹	584	稽首	653	裼襲之不相因	727
沃盥	497	燕見	595	稽顙	654	褎襂	730
澤手	509	燭不見跋	597	立不中門	664	襲❶	730
濟濟翔翔	510	志趨	601	立則視足,坐則		襲處	731
特❸	517	恤禮	602	視膝	664	襲裘不入公門	731
特拜	517	祠❸	614	童子不衣裘裳	665	糞	738
特揖	517	禮辭	624	端行,頤霤如矢		肅拜	741
手拜	520	禮尚往來	624		665	肅撲	741
扱地	520	禮不下庶人	625	空首	666	茍笑	746
拜	522	禮不盛,服不充		窺密	666	茍訾	746
拚	525		625	箠	669	苔拜	748
持馬	525	檜❷	625	疑事毋質	669	荒禮	749
拱	525	檜禮	625	疑₂立	669	華㊀	750
拱手	526	禱❷	625	登城不指,城上		翔	769
振動	527	磬折❷	628	不呼	672	納女	776
掩口而對	529	目容端	629	耕藉	673	紳垂	779
授几	530	相₂見	630	聚足	678	終辭	780
授校	530	睇視	631	聲容靜	678	經禮	784
授立不跪,授坐		男女不雜坐	638	聽朔	679	綏₃視	786
不立	530	男女授受不親	638	臨₂樂不歎	681	絹	786
接武	530	男女不同席,不		臨₂財毋茍得	681	繼武	802
揖	531	共食	638	臨₂難毋茍免	681	走	804
揖讓	531	男子由右,女子		西上	681	趨	805
摯	533	由左	638	西方爲上	683	趨走	805
摳衣趨隅	534	男子由右,婦人		致事❶	685	趨辟	805
撫式	534	由左	638	致檜	687	辱	824
撫席	535	男不言內,女不		蠱事	694	賀	833
擂❶	537	言外	638	肉袒	697	賀慶	834
肩隨	550	異姓主名	640	舒武	700	賀慶之禮	834
肩而不併	551	盥❶	644	策彗	705	賤不誄貴	838
服色	552	盥洗	644	箕❶	709	視朝	842
服位	552	生者南鄉	645	舉前曳踵	717	視學❶	842
朔❸	556	生無爵,死無謚		色容莊	720	視必下	842
朝廷之容	561		645	祖	724	視容清明	842

辭目	頁	辭目	頁	辭目	頁	辭目	頁
視下而聽上	842	説₃屨	895	顧不過轂	948	川奠	59
視容瞿瞿梅梅	842	請業則起,請益		顯諫	948	升歌	60
親耕	843	則起	896	面拜	948	年祝	61
重席	846	謚	899	䭜粱	949	主敬❷	66
野哭	848	讓食不唾	901	骴禁	950	九祭	71
量而后入	849	辟㊀❶	902	餘席	958	乾豆	77
足毋蹶	850	辟咡	902	餽❶	961	乾薦	77
足容重	850	辭	903	髦	967	十倫	78
跛	850	辭令	903	鴈行	980	直祭	81
跛倚	850	辭命	903	鼎俎奇而籩豆偶		卑者舉角	82
跪	850	辭費	903		992	厭㊂	86
踖席	852	離立	913	齊邀	998	厭₃祭	87
踐阼	852	離立者,不出中		齒決	1002	內事❷	93
踐閾	852	間	913	齒路馬	1002	內祭	93
踐屨	852	離坐離立,毋往		齔	1002	內祭祀	95
踊言	853	參焉	913	齧骨	1002	內事以柔日	95
蹕	853	雜坐	914			人鬼	97
蹲席	853	隅坐	920	**11. 祭祀、祈祝**		人器	97
躬耕	867	陰(陰)禮❶	921	一獻❸	1	化祝	101
躬桑	867	隨行	922	一元大武	2	付	102
巡守	867	隱惡而揚善	922	七獻	7	佐食	106
連步	871	鉤楹	925	三牲	10	佐食上利	106
速	871	銘❷❸	926	三重❶	10	位	107
速賓	871	錯	927	三宥❶	11	側殺	117
遂而諫則謂也,		錯立	927	下利	18	償❹	122
近而不諫則尸		門、溝渠必步		下牲	18	六祈	130
利	872		935	下餕	20	六祝	132
進左手	874	頓首	945	下佐食	21	六號	133
進右手	874	頒	945	上利	23	公屬	138
運笏	878	頒馬	945	上牲	23	公襴	139
還辟	881	頒賜	945	上神	24	共₂祭	140
還₂屨	882	頌而無讇,諫而		上餕	25	具脩	142
避位	882	無驕	946	上佐食	26	興㊀	143
邊坐	882	頤霤	946	表豆盛	50	邕	147
解屨不敢當階	889	頭容直	946	亞祼	50	交獻	158
諫	893	類❹	947	亞獻	50	享❶	158
誥❶	895	類見	947	中祭	55	享牛	158

享右	159	吉凶二服	276	尹祭	372	沃尸盥	497
享礿	159	吉凶之事	277	展牲	375	涗水❷	501
享烝	159	同几	277	孝❷	384	清酌	502
享嘗	159	合莫	279	女尸	388	清酒	502
商祭	160	告	281	妥尸	391	清滌	502
切肺	170	告備❶	282	幾㊀	400	淫祀	503
刌肺	170	告絜	282	幾珥	400	滌	507
刌珥	170	命祭	286	珥❷	405	灌	511
利❷	173	周祭	287	瑞祝	408	牢❶	514
制祭	174	單席	294	果將	418	物色	515
剛鬣	176	嘉玉	296	柔毛	425	牲❶	516
剝奠	177	嘉蔬	296	梗	428	牲牷	516
釁	178	嘉薦	296	支子不祭	443	牲號	516
釁主	178	椵	296	獻㊀❷❸	448	牲禮	516
釁屋	178	噈❷	297	戒❶	455	牲用白牡	517
干祫	189	四豆	299	歲事	465	特❷	517
坐尸	205	四海❷	300	歸₂脤	466	特牲	517
堂事	208	四簋	303	攻	467	特牲饋食之禮	518
執醴	210	布巾❷	310	攻說	467	牷	518
埽祭	210	幣玉	318	攻禜	467	牷物	518
報❷	211	衍₂祭	325	故❸	469	牽牲	518
墮祭	214	徹❶	333	散₂齊	473	犆₂牲	519
射牲	219	舞雩	342	變几	476	犧牛	519
尊者舉觶	221	冬烝	342	明火	479	犧牲	519
大祀	227	冬曰烝	342	明水	479	犧牷	519
大鬼	229	夏礿	344	明視	481	抔飲	521
大烝	231	夏曰禘	344	明粢	481	招❶	524
大嘗	234	序事	345	明齊	481	招珥	525
大饗❸	235	序爵	346	明燭	481	振祭	527
大祭祀	238	廟見	352	明齍	481	授祭	528
大₂牢	242	宗❼	356	春曰礿	484	授祭	530
奠❶❷	253	宗器	358	嘗	493	接₂盛	530
宠	255	室事	362	暴㊀	493	撫祭	535
少牢	263	宿❶	368	暴₂厇	493	擩祭	536
尚饗	265	宿戒	368	求牛	495	攘㊀	537
吉祝	276	尸	372	汙尊而抔飲，蕢		毛❶	538
吉禮	276	尸俎	372	桴而土鼓	496	肝	549

肺	549	祈珥	610	嘗	627	薦新	764
肺祭	549	祊❷❸	610	碩牲	628	薄社	764
胏	549	祓除	611	省牲	631	翰音	771
胏俎	550	祖❶	611	盛❶	642	索牛	775
肥牛	551	神位	612	秋嘗	650	納亨	777
脡祭	555	祝❶❹	613	秋曰嘗	650	絶祭	782
脤膰	557	祝號	613	秋祭曰嘗	650	絶末以祭	782
脤膰之禮	558	祝嘏	613	稷牛	654	綏祭	785
朝㊀❻	559	祔❶	614	百祀	658	縮祭	797
朝事❶	560	祔食	614	立尸	663	繚	799
朝享	561	祠❶❷❹	614	登歌	671	繚祭	799
朝踐	561	祫	614	耳❷	676	繹	801
朝獻	561	祫祭	615	臨₂祭不惰	681	豆祭	817
朝事之豆	562	祫禘	615	至敬無文	685	豐本	817
朝事之籩	562	祭❶❷	615	至敬不饗味	685	豐年不奢,凶年不儉	817
脧	563	祭祀	615	至敬不壇,埽地而祭	685	配	818
腯肥	564	祭肺	615	致福	686	貴骨	833
膰	566	祭服	615	致齊	686	贊祭	840
臘㊀	569	祭號	616	致膳	687	贈❷	841
次蕢	572	祭器	616	號祝	689	量幣	849
穀脊	575	祭爟	617	舍₂奠	699	跪趾	852
旅❹	582	祭脯醢	617	筴祝	708	巡牲	868
旅幕	584	祭祀主敬	617	籩祭	715	迎₂牲	869
旅酬	584	祼❶	619	舉❺	717	追₂享	869
旅幣	584	祼尸	620	血毛	718	追₂養繼孝	869
族屬	587	祼將	620	血祭	718	造❶	871
炮祭	591	祼器	620	衈	719	進下	873
烝	591	祼獻	620	衈	719	進腶	873
焄蒿	591	裯	620	殫薦	735	道布	876
無主❶	591	福	621	羹獻	736	釋奠	885
燔	598	禘❶	621	粢盛	737	釋幣	885
燔祭	598	禘禮	621	肆㊀	740	詛	893
爟	598	禬❶	625	肆₂享	741	說㊀	895
祄	608	禱❶	625	藏合	761	難	914
祀	609	禱祠	625	藏其	761	附	916
祀典	609	禬	626	薦❸	763	隋	918
祈	610	禳	626				

隋釁	919	齊₃斬	1000	北郊❷	146	天神	245
陽祀	919	齊₃盛	1000	兆❶❸	151	小祀	257
閒₂祀	937	齊₃衰期	1000	夜明	159	小祭	259
順	944	齊₃衰三月	1000	雍禳	161	小祭祀	262
順祝	944	盦盛	1001	土❸	195	司命❷	270
面禳	949	盦號	1001	土牛	195	吉禮	276
香合	951			土示	196	后土	279
鬼	951	**12.郊社、羣祀**		地	202	四方❶	298
鬼享	951	一獻❷	1	地示	203	四望	300
鬼神	951	一獻之禮❷	2	坎❸	205	四類	302
鬼神示	952	二祀	3	坎壇	205	國行	306
食㊀	952	七祀	5	坊	206	國門	306
餕	958	三祀	9	埋	207	國社	306
餕餘不祭	959	三貳	12	堂贈	209	圜丘	309
饗❷❸	960	三獻❷	15	埽地而祭	210	帝牛	313
饒富	961	井泉	27	墠	215	山川	320
饋❷❸	961	五祀	31	壇㊀	216	山林	320
饋食	962	五獻❷	37	壇位	216	行㊀❶	323
饋奠	962	不王不禘	41	墥❶	216	夕❷	337
饋獻	962	丘陵❷❸	46	封㊀❺	217	外事	338
饋食之豆	962	表貉	49	大示	225	外祭	338
饋食之籩	962	中霤❶	57	大臣❶	226	外祭祀	340
饌	963	川❶	59	大祀	227	外事以剛日	340
騘	972	川澤❷	59	大神	230	守瘞	355
驛❷	972	升❹	60	大旅	231	宜	358
驛牲	972	升中	60	大雩	231	實柴	371
驛剛❷	972	主❷	64	大祭	231	幽宗	400
鹹齹	978	州社	67	大割	232	王社	401
黝牲	993	南方❷	83	大蜡	234	王宮	402
齊㊀	998	南郊❶	83	大難	235	東方❷	419
齊₂牛	999	伏	103	大饗❷	235	東郊	420
齊₂車	999	侯❸	113	大神示	238	柴	426
齊₂戒	999	侯社	114	大祭祀	238	榶燎	437
齊₂服	999	侯禳	114	大禫祀	238	犯軷	444
齊₂冠	999	八蜡	127	大₂社	242	散祭祀	472
齊₂齊	999	公社	137	天❶	245	日	476
齊₃衰	999	北方❷	145	天宗	245	昊天	478

昊天上帝	479	祀	609	積❹	655	雨師	907
春社	483	祀戶	609	百物	658	雩	907
星❷	485	祀行	609	百種	659	雩祀	907
時祀	488	祀門	609	百物之神	659	雩宗	907
時難	489	祀祊	609	瘞	662	陰祀	921
沈	497	祀竈	609	瘞埋	662	門❶❸	934
泰折	498	祀中霤	610	瘞繒	662	閒❹	937
泰昭	498	祈❸	610	竈❷	667	類❶❷❸	947
泰厲	498	祈年	610	老物	675	髧	952
泰壇	498	祈穀	610	老婦❷	675	饎爨❷	961
物髧	516	祇	610	西方❷	681	飄師	964
拜日	522	祊❶	610	虎❷	688	馬步	969
月❷	546	祖❹	611	蜡一	693	馬社	969
望	558	神示	612	置社	696	高禖	974
望祀	558	神祀	612	色牲	720		
望衍	558	神祇	612	索❷	775	**13. 喪葬、喪禮**	
朝一	559	神號	612	醋	819	二孤	4
朝日	560	神農	612	農❷	824	七踊	6
朝₂夕	562	祭❸	615	郊❸	858	七月之喪	7
次祀	571	祭禽	616	郊血	859	三祖	12
毀事	576	祭蜡	616	郊社	859	三虞	14
方丘	579	祭醋	616	郊祀	859	三號	14
方祀	580	祭禜	617	郊廟	860	三踊	14
方₂良	581	禓	621	迎₂冬	868	三年之喪	15
旁磔	585	禫祀	621	迎₂虎	868	三日而五哭	16
燔柴	597	禘❷	621	迎₂春	868	下❶	17
燔燎	597	禜	621	迎₂秋	869	下殺	19
戶❷	599	禜門	622	迎₂夏	869	下殤	20
息燕	602	禮❹	622	迎₂寒	869	上	21
息老物	602	磔	628	迎₂貓	869	上殺	24
示	607	磔攘	628	道一❷	875	五世祖免	37
示號	607	田主	633	釋采	884	不次	38
社❶❷❸	607	田祖	634	釋菜❷	884	不杖	38
社祭	608	畾	642	釋載	884	不淑	38
社稷	608	畾事	642	貍一	886	不禄❸❹	38
社壇	608	畾辜	642	貍沈	887	不反服	40
社稷之壇	608	稷❹	654	辜❶	902	不以死傷生	42

辭目分類索引 1027

世子不爲天子服		凶事仍几	166	大湒	232	喪祭	292
	45	出入	166	大肆	233	喪奠	292
再虞	48	出祖	167	大斂	235	喪筭	292
再期之喪	48	別姓而哭	173	大喪紀	238	喪禮	292
中㊀❷	53	利❶	173	夷❷	249	喪事主哀	293
中殤	56	虋㠯	179	奔喪	251	喪紀之容	293
中月而禫	57	助葬必執紼	181	奠❸	253	喪容纍纍	293
升降不由阼階	61	勸防	182	奠菜	254	喪事先遠日,吉	
乘₂人	62	去杖	182	奠竁	254	事先近日	294
主❹	64	去麻服葛	183	小祥	259	嗣尸	295
主人❶	65	又哭	184	小喪	260	四布	298
九月之喪	76	反服	185	小斂	261	四制	300
承衾而哭	77	反哭	185	小喪紀	263	四世而緦	303
卒㊀❸	82	受	186	吉祭	276	常事	317
卒哭	82	左袒	192	吉凶之事	277	帷堂	317
厭㊀❷	86	士喪禮	200	合❶	279	幠	319
以日易月	102	士虞禮	200	合葬	279	幬❷	320
代哭	102	塈	208	名❸	281	往日	325
伯子	107	執引	209	含㊀	282	徒從	326
倛	110	執紼	209	含玉	282	徒跣	326
俠牀	111	執綍	210	哀	288	徒市	327
俴	118	執鐸	210	哀子	288	從服	327
偏者不袒	120	執紼不笑	210	哀孫	288	從重而輕	329
傷	120	報㊀❶	211	哀顯相	288	從輕而重	329
傷而不弔	120	報₂葬	211	哭柩	289	從有服而無服	329
償❹	122	報₂虞	211	哭踊	289	從無服而有服	329
北首❷	146	塡	213	哭殯	289	御柩	330
北領	147	塡池	213	哭無時	289	御棺	330
邕	147	墓而不墳	213	哭日不歌	289	御匶	330
先匶	150	塗	214	哭晝夜無時	289	復❶	331
免袒	152	封㊀	217	唯₂而不對	290	微情	331
免麻	152	專席	221	啓	290	徹帷	333
免經	152	專道而行	221	啓位	290	夕哭	337
免₂喪	152	尊尊	221	喪主	291	序哭	346
免₂絰	152	對而不言	222	喪事	291	廞	352
交手哭	158	大祥	231	喪荒	291	寢苫	370
凶服❷	165	大喪	232	喪紀	292	寢苫枕塊	371

辭目分類索引　1029

居喪	373	改葬	468	服術	553	生事	645
居倚廬	373	斂哭	471	朔奠	556	生與來日,死與	
居堊室	373	散₂送	472	期㊀❷	558	往日	645
居喪之禮	373	斂❶	474	期而練	558	禿者不免	647
屬纊	376	斂尸	475	期而小祥	559	禿者不髽	647
屬₂從	376	斂衣	475	耆	559	稅㊀	652
弔	378	斂服	475	朝㊀❺	559	瘠	662
弔喪	378	斂衾❷	475	朝哭	562	窆	666
弔而不傷	378	易服者易輕者	483	朝₂夕哭	562	窆	667
孝子❷	384	暴㊀	493	殷事	573	聽事不麻	679
始虞	393	曠左	494	殷祭	573	臨㊀	680
婦主	395	沐	496	殷奠	574	臨₂喪不笑	681
婦人重帶	397	沐浴	496	毀瘠	576	要經不除	683
婦人不葛帶	397	沐梁	496	毀不危身	576	要節而踊	684
婦人不絕於男		沐稷	497	毀不滅性	576	致毀	686
子之手	397	涅廁	501	旅行	583	虞❶	690
瑱㊀❷	409	涖卜	501	旁殺	584	虞事	690
枕凷	422	澡濯	505	族葬	587	舍人❷	699
枕塊	422	涒	506	無服	592	節哀順變	708
柱楣	424	濡₂濯	510	無服之殤	592	春不相	716
枲❷	425	牢具	514	心喪	600	色容顛顛	721
楔齒	433	扱₂衽	520	忌日	601	衣₂尸	721
繆垂	438	抗衾	522	忌諱	601	袒而踊	724
猶子	446	拘	524	祖奠	611	裼裘而弔	727
死事❷	450	抱磨	524	祔❷	614	襲❷	730
殉	451	拂柩	524	祔葬	614	襲裘	731
殉葬	451	招❷	524	祫事	614	襲裘而弔	731
殤	451	拒	526	祭墓	616	羣立	735
殯	451	括髮	526	祭禮	617	肆㊀❸	740
殯服	451	拾₂踊	526	祥	618	苄翦不納	742
殯宮	451	捂受	527	祥事	618	墍₂塗	752
成事	454	搖翣	532	禫	622	葬	755
成服	454	撫	534	相飯	630	翣屏	770
成踊	454	擔主	536	男尸	637	翣屏柱楣	770
正尸	461	攝主	538	男子重首	638	結本	781
歸宗	466	爲祖母後者	544	畏❷	638	綴₂足	787
改服	467	服除	552	異居	640	練❶	789

練祥	789	言不文	890	飯玉	955	冠繩纓	163
練祭	789	言而不議	890	飯米	955	凶服❶	165
緝	789	言容繭繭	890	飯腥	955	凶器	165
縣封	793	言而不語，對而		飾柩	956	制❸	174
縣壺	793	不問	890	飾棺	956	削㊀❷	175
縣棺而封	793	訃	891	餘閣	958	削杖	175
縱縱爾	796	訝受	892	餕	959	功布	180
繆₂絰	797	設冒	892	髻髮	968	功衰	180
赴	805	設飾	893	鬠	968	受冠	187
越₂疆而弔人	805	設熬	893	馮	970	左本在下	193
輔病	813	説₃笏	895	馮尸	970	土周	196
輯杖	814	議而不及樂	900	麻者不紳	987	坅坎	205
賵	840	讀書❷	900	黝堊	993	坎❶❷	205
賵馬	840	讀遣	900			塪	207
賻	840	讀誄	900	**14. 喪服、喪具**		聖周	208
賻馬	840	讀賵	901			窐室	208
贈❶	841	辟㊀❶❸	902	井椁	28	墓	213
親親❷	843	辟踊	902	五服❷	32	墓屬	213
里有殯,不巷歌		長㊀❸	905	丘❶	45	塗車	214
	845	長幼❷	906	丘封	46	墳墓	214
跛₂者不踊	850	長殤	906	丘隧	46	壙	216
跣	850	防❷	915	丘壟	46	封㊀❷	217
踊	852	降❶	916	丹質❷	64	尊服	221
踊不絕地	852	除	917	承	77	弁絰	223
躐行	853	除服	917	厭㊀❶	86	弁絰服	223
邦墓	856	除喪	917	厭冠	87	大功	225
鄉人❶	862	除服者先重者	917	匴	89	大帛	228
鄰有喪,春不相		除喪者先重者	917	匴路	89	大棺	232
	866	陽童	919	倚廬	115	大功布	236
送喪不由徑,送		陽厭	919	條屬	115	大功衰	236
葬不辟塗潦	870	陰厭	921	偽	121	夷牀	249
造冰	871	闕㊀	940	公墓	138	夷衾	250
道齋	876	闕❸	940	刍靈	145	夷槃	250
遣❶	878	順變	944	兆❷	151	奠牛	253
遷尸	880	顯相	948	兆域	151	奠席	254
遷葬	880	鬼事	951	免㊀	152	奠彝	254
釋筭	885	飯❶	954	率帶	160	奠衣服	254
				冠布纓	163		

小功	256	褻衣服	353	死衣	450	殺❶	574
小功布	262	廢敦	353	咸❶	455	旌❸	585
小功衰	262	廢爵	353	戴	456	旗❷	588
右縫	267	廬❶	354	瓦棺	459	熬❶	593
右本在上	267	廬舍	354	散衣	471	熬穀	593
吉凶二服	276	宅	355	散₂帶	473	惡₂車	603
喪車	291	宮❻	362	散₂麻	473	惡₂笄	603
喪具	291	屋❸	374	斂❷	474	牆	606
喪服	291	屏❶❷	374	斂衾❶	475	祥車	618
喪冠	292	屬❶❷	375	斂席	475	石椁	627
喪衰	292	引	378	斂衣服	475	碑❷	628
喪器	292	環経	410	明衣	480	畢❶	639
喪屨	293	璧翣❷	411	明器	481	畫荒	640
喪首服	293	木桁	413	明弓矢	482	畫翣	641
喪冠條屬	293	本❷	414	明衣裳	482	稷❷	654
器❷	297	杖❶❸	416	冒❶	485	端衰	665
巾❷❸	309	束❸	417	書方	489	窆器	666
布巾❶	310	柂棺	418	池❶	496	疏衰	668
布荒	310	松椁	422	澡麻	509	疏屨	668
布衰	311	樞	423	澡葛	509	疏衰裳	668
布紟	311	柏席	424	牡麻経	513	疑衰	669
布帶	311	柏椁	424	折❶	521	要経	683
布帷	311	柳❶	424	抗木	522	蜃車	692
布絞	311	桓楹	426	抗席	522	舍❶	699
布幕	311	桁	427	披	524	竹杠	701
布總	311	梓棺	429	振容	527	竹笏	701
帷❹	317	椑	432	掩	529	箭笄	710
幎目	318	椁	432	揄絞	532	衰	721
復衣	331	棺	432	握❶	532	衰冠	722
復衣服	331	棺束	433	握₂手	532	衰麻	722
復衣裳	331	棺椁	433	撥	535	衰葛	722
衡❽❾	334	棺飾	433	斧	541	衰経	722
外寢❶	339	楔	433	斬	542	衰裳	722
外削幅	340	楣❷	435	斬衰	542	袺❸	722
廂❷	349	榛杖	436	斬衰裳	542	衾❶	723
廟❷	351	機❶	441	服❶❷	551	裹椁	726
廄馬	353	櫛笄	441	服弁	552	裹棺	726

褚	726	素服	773	縿幕	797	遺衣服	881	
褚幕	726	素俎	773	總衰	798	角枕	888	
裳帷	727	素冠	773	總裳	798	角柶❶	888	
袜❷	728	素紕	773	總履	799	諒闇	898	
複衣	728	素琴	774	總衰裳	799	長㊀	905	
複衾	728	素裳	774	繩菲	800	長₂衣	906	
禭	730	素端❷	774	繩帶	800	雜木	914	
襲❹	730	素器	774	繩履	801	雜金	914	
襲事	731	素縞	774	繩纓	801	隧❶	922	
梁❷	737	素錦褚	774	纊極	802	銘❶	926	
縡	739	紟	778	纖㊀	803	銘旌	927	
肂器	740	紐❷	778	纓經	804	錫衰	928	
苴❷	744	紼	780	纓條屬	804	錦衾	928	
苴杖	745	絰	781	纛	804	鬼器	952	
苴衰	745	絰帶	781	巠殺	807	飾❶	956	
苴絰	745	絞㊀❶	782	頗殺	807	首絰	964	
苞履	747	絞帶	782	軸❷	811	髽	968	
茵❶	748	絞₂垂	782	軤軸	812	髻	968	
荒	749	絻	783	軯	814	髻笄	968	
菲㊀	752	綴㊀❷	787	輴車	815	馬鬣封	970	
菅菲	754	緇布裳帷	788	輴	815	麻❸	986	
菅履	754	練衣	789	豐碑	817	麻衣	986	
葛❷	755	練帛	789	象人	826	麻衰	986	
葛帶	756	練冠	789	貝❶	829	麻帶	986	
葛絰	756	總❷	790	負	829	麻履	986	
葛絰帶	756	總服	790	資衰	835	麻帶經	986	
葦苞	757	總冠	790	質❷	838	黻翣	990	
葦席	757	總衰	790	贈玉	841	黼荒	991	
蒲席	760	總麻	790	見❶	841	黼殺	991	
蔞翣	760	總冠繰纓	791	重㊀❷	845	黼翣	991	
羽葆	769	總❶	791	重木	845	齊㊂❶	998	
翣❶	770	縓冠	793	重素	846	齊㊃❶	998	
翣柳	770	縓緣	793	重鬲	846	龍帷	1003	
素几	772	縞❷	795	足爵	850	龍輴	1003	
素勺	773	縞冠	795	遣❷	878			
素衣	773	縞衾	795	遣車	878	**15. 敬老、養老**		
素車❶	773	縞總	795	適㊀❷	879	一坐再至		2

辭目分類索引　1033

七十	5	正齒位	462	三牲	10	倫	116
下氣怡色,柔聲以諫	21	歲制	465	三宥❶	11	倫膚	116
		日脩	477	三酒	11	禽羞	119
五十	28	昏定而晨省	487	三飯	13	禽獻	119
不服闇,不登危	42	時制	488	三飲	13	八物❶	125
事親有隱而無犯	51	毛❷	538	三種	14	八珍	125
		月制	547	三饗	15	八尊	126
中孝	54	燕毛	595	三牲之肺不離	16	六和	130
九十	68	耆❸	632	下❷	17	六食	131
休老	103	秋食耆老	650	上水	22	六清	132
八十	123	秩	651	上贊	25	六飲	132
六十	128	秩酒	651	五行❷	30	六膳	134
先老	149	秩膳	651	五味	31	六盞	136
出必告,反必面	167	窮	666	五飲	35	公酒	138
		窮民	666	五種	35	兔醢	153
出不易方,復不過時	167	矜	672	五齊(jì)	35	兔羹	153
		致事❷	685	五齊(jī)	36	玄❸	154
坐不中席	205	致政	686	五獻❶	37	玄酒	155
大孝	226	舟而不游	720	再	47	亨❶	158
小孝	257	醜夷不爭	821	再飯	47	卵鹽	168
尚齒	265	道而不徑	877	事酒	50	卵₂醬	168
告存	282	言孝不言慈	890	兩下	52	刑	170
君子式黃髮	284	許友以死	892	升歌	60	刺齒	174
唯₂而不諾	290	諾	897	九舉	74	加豆	180
徒行	326	養老	957	九獻	75	加爵	181
從政	328	饋獻不及車馬	961	乾肉	77	加籩	181
御食	330	髦	967	乾豆	77	午割	190
微諫不倦	332	齒位	1002	乾薦	77	午割勿沒	190
冬溫而夏凊	343	齒讓	1002	十二食	79	士旅食	199
序齒	346			十有再獻	81	壹獻之禮	212
宿肉	368	**16.燕飲、酒食**		南鄉❸	84	大食	229
居不主奧	373	一食	1	內羞	93	大饗射	239
孝❶	384	一獻❶	1	作	106	大饗有四	240
孝有三	384	一獻之禮❶	2	侑❶❷	109	大₂牢	242
孰諫	386	七菹	6	侑食	109	大₂羹	244
班白不提挈	406	七醢	6	脩㊀	115	大₂羹湆	244
死政之老	450	三	7	脩₃酌	116	夾爵	251

奧❷	253	好₂羞	391	普薦	491	牛藿	513
奠酬	254	幾酒	400	會飯	492	牢❶	514
小飯	260	珍	405	水❶❷	494	牢肉	514
少牢	263	果㊀	418	汁獻	495	牢禮	514
右❸	266	果將	418	泛齊	497	牢禮之米	514
合樂	280	果₂蓏	418	沈齊	498	牢禮之法	514
告旨	282	栗	426	泰羹湆	499	牲	516
告備❷	282	楠	426	洗❷	500	牲牷	516
告飽	282	桃諸	427	流歠	501	特餕	517
和❶	284	梅	429	涗水❷	501	牽	518
品嘗	288	梅諸	429	涗酌	501	折俎	521
咤食	288	梁❷	430	清❶❸	502	拜至	522
啐	290	棗	431	清酌	502	拜受	523
啐酒	290	棋❶	431	清酒	502	拜送	523
啐醴	290	榛	436	清滌	502	拜洗	523
嚌炙	296	槀魚	437	涼	503	拜既	523
嚌羹	297	犬羹	443	淳母	503	挺	526
嚌❶	297	獻㊀❷	448	淳熬	503	揚飯	531
嚌肺	298	獻㊀	448	淡	504	搏₂飯	533
四飲	301	獻主	449	湛熾	504	播餘	535
四籩	303	獻酬	449	溲酒	506	擣珍	536
囷脾	304	獻₂酌	449	湆	506	攝酒	538
常珍	317	獻₂酒	449	渭	507	毛炮	539
崇酒	322	死牢	450	潄瀝	507	新	543
御❹	329	成拜	454	漬❷	508	爵(皆)無筭	545
徹❶	333	戒賓	455	漿飲	508	肝	549
形鹽	336	正歌	462	潘	509	肝膋	549
鬱❷	336	歷	465	澄酒	509	肺	549
鬱鬯	337	放飯	468	澤㊀	509	肴	550
鬱齊	337	散鹽	472	濫	510	胃❷	553
庶羞	348	昔酒	479	濡㊀	510	胸	554
糜𩱡	354	昌本	479	灑	511	胖㊀	554
宛脾	362	昌菹	479	牛炙	512	胅	555
宥	362	明❷	479	牛脩	512	脂❷	555
寫	371	明酌	480	牛胾	512	脂膏	555
尸	373	昨	485	牛膾	512	朔食	556
粥	381	普淖	491	牛鮨	512	脊	556

脯	557	臊	568	甘	626	箈菹	709
脯肉	557	臅	568	甘醴	626	築鬻	711
脯脩	557	膾	568	盎	642	舉❶❷❸❹	717
脯醢	557	膾炙	568	盎齊	642	舉肺	717
脯羹	557	臐	569	鹽	644	裛賓	719
脛	557	臝	569	鹽	644	羊炙	732
脛脠	557	臝醢	569	秙㫞	649	羊牲	732
臘	559	段脩	573	稍事	652	羊胾	732
朝事❷	560	殷膳	574	稍飯	652	羊殽	732
胦	563	穀	575	稻醴	655	羊肆	732
脾析	563	穀全	575	穛	656	羊骼	732
腒	563	穀㊀	577	穜	656	羊燔	733
腸	563	穀₂折	577	穜稑	656	羊臑	733
腥	563	旅❷	582	白❷❸	656	羞	733
腥魚	564	旅酬	583	百羞	659	羹	736
腥臊羶香	564	族食	586	瓜	661	羹定	736
股脩	564	族燕	587	瓜瓠	661	羹胾	736
朘爵	564	炙	590	竃❶	667	羹飪	736
膏❶	564	炮	590	皸	671	粉酏	737
膏香	565	無筭樂	592	蟲	678	粉餈	737
膏腥	565	無筭爵	592	覆手	684	粱₂醍	737
膏薌	565	熬❷	593	覈物	684	粱醴	738
膏臊	565	燕❶	594	虛口	689	粻	738
膏羶	565	燕食	595	蚔	692	糙溲	738
脎	565	燕飲	595	蚔醢	692	糗	738
脊	565	燕禮	596	蜱醢	693	糗餌	738
膚	566	燕飲酒	596	蝸醢	693	糟	738
脺	566	燔	597	麕醢	694	糜粥	739
腳	566	爨	598	肉豆	697	糝	739
膮	566	爨室	598	肉脩	697	糝食	739
膴	566	房中之羞	600	胾	697	糧	739
臓	567	心	600	饎	697	藁	739
膳❶❷	567	祼❷	619	舌❷	699	芋	742
膳羞	567	祼獻	620	筥米	706	芝栭	742
膳酒	567	襪	622	筍❷	706	苣	742
膳獻	568	禮❸	622	筍菹	706	苨	742
膳食之宜	568	禮酒	623	箔	709	苨羹	743

芹	743	薦羞	763	醓醢	821	雞肝	912
芹菹	743	蕢	765	醜	821	雞羹	912
芥	743	蕟	767	醢	821	離	912
芥醬	743	蕛	767	醢醬	821	離肺	913
苦❶❷	743	藿	767	醫❷	821	陪鼎	918
苦菜	743	翠	770	醬	821	銅❷	926
苦₂鹽	744	絮羹	783	醮	822	銅芼	926
茆	746	緹齊	791	醯	822	銅羹	926
茆菹	746	縮❶	796	醯物	822	韭	949
萱	747	縮俎	797	醯醢	822	韭菹	949
草木	748	縮酌	797	醯醬	822	香	951
草木之滋	748	軒㊀	810	醳	823	食㊀	952
華㊀❶	750	載㊀❷	812	醴❶❸	823	食禮	952
菁	751	酎	818	醴酒	823	食饗	953
菁菹	751	酌	818	醴齊	823	殽	953
菲㊀	752	酒❶	818	醴酨	823	殽牽	953
萌	753	酒材	818	醵	823	殽饗	954
菜	753	酒漿	818	醹	823	殽饗餼	954
菜果	753	酒禮	818	豕炙	825	飪	954
菜羹	753	酒醴	818	豕胾	825	飯❷	954
菹	754	酏	818	豚拍	825	飯飧	955
菹醢	754	酏食	819	豚肩	825	飲	955
苻	755	酢	819	賓❷	835	飲食	955
蔥❶	757	酢必易爵	819	賓長	836	飲酒	955
葷	757	酪	819	鄉飲酒之禮	865	飲食之禮	956
葵	757	酬	819	造❷	871	飲酒之節	956
葵菹	758	酬酢	819	進奏	873	飽	957
葵菹芋	758	酬幣	819	進柢	873	飴鹽	957
葍	759	酸	819	進腠	874	餌❶❸	957
蓼	761	酳	820	進鬐	874	餈	957
蕫	761	酳尸	820	進食之禮	874	餘	957
蕢	761	醋	820	鵻❶	889	餘飯	958
薑桂	762	酸❶	820	諸	897	餕餘	958
薤	762	酸酒	820	辛❶	901	饗❶	960
薇	763	醥酒	820	辟₂雞	903	饗食	960
薁	763	醅	821	長賓	906	饗禮	960
薦❶❷	763	醢	821	雉羹	911	饗食燕	961

詞	頁	詞	頁	詞	頁	詞	頁
饗燕之禮	961	齊㈤	998	對敦	222	縢	564
饎㸑❶	961	齊₂酒	999	對筵	222	無夫家	592
饌	963	盞❶	1001	大昏	228	相㈠❹	629
饘	963	**17.婚禮、冠禮**		奔者不禁	251	男角女羈	638
饘粥	963			奔則爲妾	251	聘❷	676
麴糵	977	二十	3	奠鴈	254	聘則爲妻,奔則	
籩	978	二十而嫁	4	合巹	279	爲妾	677
鹹	978	三加	8	行媒	323	羈❷	696
鴈腎	980	下達❶	19	容❺	366	笄	702
鴈醢	980	不取同姓	41	容體正	367	衿₂纓	723
鷂奧	980	年二十而笄	61	字	383	著₂代	752
鶉羹	981	乘₂(必)以几	63	妻出	392	蓬矢	759
魚醢	983	匪媒不得	88	始加	393	納吉	777
魚膾	984	入子	98	始冠	393	納采	777
鮑魚	984	入幣	98	始醮	393	納幣	777
鮨	985	使者❷	108	姻	394	納徵	777
鮮	985	儷皮	123	娶	394	結帨	781
鮮羽	985	共₃牢	140	婦出	395	縣弧	793
鮮魚	985	冠㈠	162	媒❷	397	醴❷	823
鱐	985	冠₂士	163	嫁	398	醴賓	823
鱻	985	冠₂主	164	嫁殤	398	贊	840
鹿胃	987	冠₂笄	164	束帛	417	親迎	843
鹿脯	987	冠₂禮	164	束錦	417	迎㈠	868
鹿臡	988	冠₂醮	164	桑弧	428	進容	873
麋臡	988	冠₂醴	164	成婦	454	適㈠❶	879
麋脯	988	出❶❷	166	成人禮	454	角㈠❸	887
麋腥	988	出母	166	戒賓	455	許嫁	892
麋膚	988	出妻	166	正容體	462	設弧	892
麋臡	989	香	169	昏	486	設帨	892
麕脯	989	判	173	昏冠	487	設笄	892
鼎九	992	判妻	173	昏(昏)姻	487	請期	896
鼎肉	992	加布	180	昏(昏)禮	487	辭令順	904
黑❷	993	士冠禮	199	昏辭	487	陰(陰)禮❷	921
黍❷	994	士昏禮	199	昏禮不賀	487	問名	935
黍酏	994	在室	202	昏禮不用樂	487	順辭令	944
黍醴	994	執摯以相見	210	授綏	530	顏色齊	947
齊㈠❶❷	998	對席	222	接子	530	饗婦	960

髽首	968	干㊀	189	戒射	455	籌	714
齊₄顏色	1001	干₂侯	190	戒賓	455	薛皷	763
		午❶	190	比投	457	純㊀❶	775
18.射禮、投壺		左右	192	正㊀❸	460	綱	786
		左物	192	正爵	462	維	786
一耦	1	壺❹	212	正₂鵠	463	纁	795
一馬從二馬	3	射㊀❶❸	219	步爵	463	纓❸	803
二正	3	射夫	219	散₂射	472	負侯者	829
三正	8	射正	219	數₂獲	474	賓❷	835
三侯	11	射侯	219	浮	501	賓射	836
三祭	12	射宮	220	澤㊀❶	509	賓射之禮	837
下舌	18	射鄉	220	物❷	515	賢₂獲	837
下物	18	射節	220	投	521	質❹	838
下射	19	射器	220	投壺	521	郊射	859
下綱	20	射爵	220	投壺之禮	521	鄉㊀❹	862
上个	22	射人師	220	擢馬	537	鄉射	863
上舌	22	大侯	229	方足	580	鄉射之禮	865
上射	23	大射	230	旌❷	585	躬	867
上綱	25	大射之儀	239	熊侯	594	遂❹	877
上耦	25	右❹❻	266	燕❷	594	釋	884
五正	28	右物	267	燕射	595	釋獲	885
五物❷	31	司射	272	祭侯	616	豻侯	885
五射	34	和❹	284	禮射	623	豹侯	886
中㊀❶❺	53	和容	285	矢❸	645	貍₂步	887
乏	61	哨壺	289	的	659	陽德	919
丹質❶	64	四正	298	皮❷	669	陽禮	920
主皮	65	四耦	301	皮侯	670	間中	938
主黨	66	布侯	311	皮樹中	671	韣	943
卑者與尊者爲		待獲	325	皷	671	順投爲入	944
耦不異侯	82	容❶❹	366	耦❶	673	韋當	965
个㊀	99	弓矢舞	378	耦次	674	韜	966
侯❷	113	枉矢❷	418	虎中	688	馬❷	969
侯中	113	椹質	433	虎侯	688	鵠㊀	981
侯道	114	獲	446	舌❶	699	魯皷	984
俏立	117	獲者	447	舍₂籌	700	鹿中	987
興₃舞	144	獲旌	447	筭	706	麋侯	988
兕中	152	獸侯	447	箭籌	710		
參㊀	183						

19.朝聘、會同

詞條	頁碼	詞條	頁碼	詞條	頁碼	詞條	頁碼
三享	10	大聘	233	璜以黼	409	私館	648
上介	22	大盟	233	璋以皮	410	私獻	649
上幣	24	大賓	234	璧以帛	411	私覿	649
上賓❶	25	大饗❶	235	束帛	417	稍禮	652
上擯	25	大朝覲	238	束紡	417	積❶❷❸	655
世一見	45	大會同	238	束帛加璧	417	聘❶❹	676
世相朝	45	大賓客	238	時見	488	聘享	677
久無事則聘	59	小客	258	時聘	488	聘禮	677
升堂主慎	60	小聘	260	時會	488	聘問之禮	677
主❶	64	小會同	263	會㊀❶❺	492	聘覿之禮	677
主君	65	小賓客	263	會同	492	致殯	686
主國	66	同❶	277	會同主訝	492	致館	686
主敬❶	66	國使	306	涖牲	501	致饗	687
承擯	77	國客	307	拜辱	523	致饗餼	687
介㊀❶	100	國賓	307	拜貺	523	眾介	719
使臣	108	國有司	308	撫玉	534	茍敬	746
使者❶❸❹	108	國賓客	308	擯	536	約信	772
侑幣	109	帷❷	317	擯士	536	紹擯	780
假道	118	帷宮	317	擯者❶	536	車米	808
傳遽	120	幕❷	318	擯相	537	車宮	808
傳₂擯	120	幣獻	319	擯詔	537	轅門	815
債❶❷❸	122	幣齎	319	朝㊀❷❸❹	559	象笏	827
六幣	133	夕❶	337	朝聘	561	賄❷	834
公幣	138	外交	338	朝覲	561	賓❶❹	835
公館	138	冬遇	342	殷同	573	賓位	835
交擯	157	庭實	347	殷見	573	賓相	836
享❷	158	廬❷	354	殷國	573	賓(賓)客	836
享禮	159	宗❹	356	殷覜	574	賓館	836
卿擯	169	宮❸	362	旅擯	584	賓禮	836
反幣	185	客	364	將幣	606	賓客之容	836
延❷	188	宿❷	368	禮幣	623	賓客主恭	836
士介	198	宿息	368	相㊀❷	629	賜舍	838
圭以馬	202	展幣	375	省㊀	631	贈❸	841
執圭	209	存	383	盟	643	見❷	841
大客	229	玉獻	405	盟詛❶	643	視	841
		琥以繡	407	私事	648	覜	842
		琮以錦	407	私面	648	覲	843

觀禮	843	九式	68	山澤之賦	321	甸₂徒	637
覿	844	九貢	71	行役	323	稍❶	651
邦交	854	九稅	72	役❶	324	稍聚	652
郊送	859	九賦	73	征布	324	耡❶	673
郊勞	859	匪₂頒	88	征役	324	耡粟	673
郤地	860	匪₂頒之式	89	征廛	324	致貢	686
迎₂賓	869	任₂土	105	徵令	333	罰布	696
退	870	任₂地	105	府❶	346	羞服之式	734
通事	872	余聚	105	府庫	346	草貢	748
通賓客	872	公旬	137	廛❶	352	葛征	755
遇	875	芻秣之式	145	廛布	352	藉而不稅	765
遽	881	凡	154	廙	353	繭稅	767
還玉	881	劑❷	178	家削之賦	366	羽翮之政	769
還圭	881	受用之府	187	屋粟	374	飲布	783
還摯	882	受藏之府	187	好用之式	390	總布	791
還圭璋	882	工事之式	191	委㊀	392	貝❷	829
詡	894	土均❷	196	委積	392	貢	830
誓❹	894	土均之灋	197	媺物	399	財	830
請事	896	土會之灋	197	媺貢	399	財用	830
請歸	896	地征	203	既廩	412	財賄	830
請覿	896	地政	203	材物	416	財賦	830
請觀	896	地貢	203	材貢	416	財齎	830
辟盟	902	弊餘	223	正㊀❶	460	貨	830
問	935	弊餘之賦	223	政₂役	468	貨貝	831
閒問	936	夫布	247	政₂職	468	貨物	831
面❷	948	夫屋	247	斂灋	475	貨貢	831
館❶❷	959	夫家之征	248	斂征	476	貨賄	831
館舍	959	同徒	277	物貢	516	賄❶	834
饋	959	喪荒之式	293	犧賦	519	賓客之式	836
饋牢	960	器貢	297	服貢	552	賦❶❷	837
饋獻	960	四郊之賦	303	斿₂貢	581	賦貢	837
饗	963	國服	306	息	602	質布	839
饗饋	963	幣❸	318	祀貢	609	里布	845
		幣貢	319	祭祀之式	617	野賦	849
20. 財用、貢賦		幣餘	319	田役	634	野職	849
		幣帛之式	319	田禄	634	邦役	855
九正	68	幣餘之賦	319	甸聚	636	邦中之賦	857
九功	68						

邦甸之賦	857	壘舍	217	朱鳥	415	甸㊂	635
邦都之賦	857	弊田	223	植❶	430	甸₃役	637
邦縣之賦	858	大田	225	植旌	430	秋省	650
通	871	大甸	227	棘門	431	白虎	657
零斂	907	大師	230	槁牛	436	聚檉	678
閒₃粟	937	大閱	234	樹❶	440	臣❻	680
關市之賦	940	大獻	235	樹渠	440	致師	686
21. 軍事、田獵		大田役	236	狩	445	虎士	688
		大田獵	236	狩田	445	虎皮	688
三田	8	大合軍	237	獀	446	虎賁	689
屯	43	大甸獵	237	獀狩	446	虞中	690
表❶	49	大軍旅	238	獼	447	罷	696
表貉	49	大田之禮	239	獼田	447	簡衆	713
兩❹	52	大均之禮	239	戎車❷	452	色容厲肅	721
中軍	55	大役之禮	239	武車	464	羨	734
主車	65	大封之禮	239	武車不式	464	茇舍	744
主命	65	大師之禮	240	時田	488	苗田	745
卒㊀❶	82	小師❷	259	暴天物	493	萃	753
卒伍	82	小軍旅	262	池❷	496	蒐	756
卒長	82	尚左❸	264	治兵	500	蒐田	756
屬禁	86	尚右❷	265	振旅	527	藩盾	767
內列	92	右❷	266	攜鐸	534	縣壺	793
人門	96	和❺	284	擊柝	535	車右	808
什	99	國粥	307	民虜	570	軍	809
什伍	99	師❶❹	314	旅❺	582	軍刑	809
介夫	100	師田	315	火令	590	軍社	809
伍	103	師役	315	愷歌	604	軍旅	809
保介	112	師甸	315	愷樂	604	軍禁	809
倅	116	徒❸	326	愷獻	604	軍禮	809
兵輪	141	銜枚	332	社❹	607	軍聲	810
兵車之會	141	外事	338	社田	608	軍旅之容	810
玄武❶	155	外祭❶	338	社宗	608	貫革之射	832
取左耳	186	外事以剛日	340	禡	621	野役	848
受成	187	廣₂車	351	省㊀	631	野囿	848
受命	187	守馨	355	田❷	632	追₂胥	869
建藁	188	屬禽	376	田弋	633	遊倅	875
壘	217	珥❶	405	田獵	634	遽令	881

貉㊀	886	不躬坐	40	剄罪	178	棘❸	431
言容詻詻	890	不任之刑	41	劓❸	178	棘木	431
訊鹹	891	不孝之刑	41	力正	179	犯邦令	444
誓社	894	不弟之刑	41	反殺	185	獄	446
誓省	895	不恤之刑	41	左道	193	獄成	446
䜱	901	不婣之刑	41	坐❷	204	獄訟	446
辨卑	903	不睦之刑	41	壹刺	212	獄辭	446
青龍	905	再刺	47	壹宥	212	死刑	450
陪乘	918	再宥	47	壹赦	212	成❹❺❻	452
金革之事	925	再赦	47	墨❷	215	戒❷	455
閑❷	936	兩造	52	墨刑	215	比❼	456
頒禽	945	中刑	54	墨罪	216	叙事之濾	471
餘子	958	中典	55	大刑	225	明刑	480
鰿獸	959	中罪	56	大辟	233	明梏	480
馳	971	九戎	69	小刑	257	明窯	481
鏊㊀	996	九伐	69	小辟	260	流❷	501
		九棘	72	嘉石	296	扑❶	520
22. 刑法、獄訟		亂獄	78	四誅	301	扑罰	520
三又	7	亂民之刑	78	圄圂	304	拳	525
三刺	9	亂名改作	78	國刑	305	搏	533
三典	10	入束矢	98	圜土	308	撻❶	534
三宥❷❸❹	11	入鈞金	98	市刑	312	撻戮	534
三赦	12	八刑	124	市朝❷	312	擿₂邦令	535
三槐	14	八成❷	124	常刑	316	擊柝	535
三年不齒	16	八辟	127	徇罰	325	攘₂獄	537
下附	18	八濾	127	外朝	339	氣聽	540
下服	18	刑象	171	度	346	斬殺	542
下罪	19	刑人於市	171	官刑	359	有旨無簡,不聽	
上附	23	刑於隱者	171	宮❼	362		548
上服❶	23	刑不上大夫	171	宮刑	363	肺石	549
上罪	24	刑平國用中典	172	宮罪	364	民訟	570
五刑	29	刑亂國用重典	172	屋誅	374	民獄	570
五聲❷	36	刑新國用輕典	172	幼弱	400	殺㊀❷	574
五虐之刑	37	剕	172	桎	426	殺罪	574
不齒❷	39	剕罪	172	桎梏	426	庇㊀	581
不識	39	剌	173	梏	429	愍愚	604
不即市	40	剄	178	梏拲	429	憲罰	604

磬❸	628	過失	873	井牧	27	場	210
目聽	629	遺忘	881	五地	29	場圃	211
相₂保	630	訊羣臣	891	五涂	34	垣	211
相₂翔	630	訊羣吏	891	五溝	35	墳衍	214
盟詛❷	643	訊萬民	891	五穀	36	墳₂壤	215
生	644	訟	892	不易之地	41	壚	217
秋政	650	諧和	898	丘❷	45	夫㊀❷	247
疑獄	669	議功之辟	899	丘乘	46	合耦	280
老旄	675	議故之辟	899	丘陵❶	46	嗇	295
耳聽	676	議能之辟	899	再易之地	48	嗇黍	295
職聽	679	議貴之辟	900	中地	54	圃	304
聽訟	679	議勤之辟	900	川❷	59	園	308
要㊀	683	議賓之辟	900	川澤❶	59	園地	308
罷民	696	議賢之辟	900	丹林	63	園廛	308
色聽	720	議親之辟	900	九等	72	帝藉	314
肆㊀❶	740	讞	901	九穀	73	山陵	320
纖₂剠	803	辜❷	902	十有二壤	81	衍	325
車轘	808	辟㊀❷	902	原	86	徑	326
輕典	813	辭聽	903	原隰	86	術❶	327
輕無赦	814	附從輕，赦從重		六穀	134	徯徑	332
貨罰	831		916	公田	136	宅田	355
重₂典	847	陰訟	921	列	172	官田	359
野刑	848	金罰	924	剛❶	176	彊	381
踣	853	鈇	925	加田	180	彊櫟	381
邦刑	854	鈇鉞	925	勃壤	181	王藉	402
邦成	854	鞭	943	土化	196	環涂	410
邦汋	855	鞭度	943	土事	196	林麓	418
邦朋	855	髡	967	土宜	196	東田	419
邦盜	856	麗❶❸	989	土宜之灋	197	梢溝	428
邦禁	856			士田	198	梁❶❸	430
邦賊	856	**23. 田土、道路**		圭田	201	椒	430
邦諜	856			地求	203	成❽	452
邦諛	857	一易之地	2	地事❷	203	水地	494
郵罰	861	下地	17	地氣❶	203	水庸	494
鄉刑	863	下農夫	21	地產	204	池❸	496
鄉八刑	864	上地	22	地圖	204	洫	500
造言之刑	871	上農夫	26	埒壚	208	涂	501
		井	27				

深	504	白黍	658	防❶	915	九	68
渴澤	505	寶❶	667	陂池	916	十日	78
溝❶	507	疏材	668	隰	922	十煇	79
溝洫	507	耦❷	673	閒₃田	937	十有二土	79
溝渠	507	耦耕	674	馳道	971	十有二月	80
溝瀆	507	羊❷	732	驛剛❶	972	十有二辰	80
澤梁	510	米	737	黃粱	976	十有二風	80
澤藪	510	粟	737	麥	977	十有二歲	80
澮	510	粱㊀	737	鹹潟	978	協日	83
濆❶	511	粱❶	737	鹿	987	伐	103
潴	511	糞種	739	麋	988	仲丁	104
牛❷	511	芒種	742	黍❶	994	仲冬	104
牛田	512	芟❷	743	黍稷	994	仲春	104
牧田	515	芟夷	743			仲秋	104
穀❶	576	萊	752	**24. 天文曆法、**		仲夏	104
穀積	576	菽	752	**陰陽五行**		八	123
焚牧	591	菑㊀	754	二十有八星	4	八風	126
焚萊	591	菑₂畬	755	丁	4	六	128
爂	598	薙	762	丁己	4	元日	148
田❶	632	藉㊀❶	764	丁亥	4	元辰	148
田里	633	藪㊀❶	766	七	5	亢	154
田原	634	經㊀❶❸	784	七星	6	亥	158
田萊	634	經㊀	784	三光	8	夜時	159
田野	634	經涂	784	三辰	9	卯	167
田疇	635	緯	792	三辰之瀇	16	危❶	168
畖	638	赤緹	806	上丁	21	分₂星	170
畛	639	輕爂	814	上春	23	剛日	176
畞	639	賈田	834	五	28	參㊂	183
畮	640	賞田	838	五行❶	30	建星	188
秋	651	賞地	838	五雲	35	午❷	190
稌	652	野涂	848	五常之行	37	土❷	195
稑	653	路❷	850	丙丁	45	壬	201
稻	653	道㊀❶	875	中央	54	壬午	201
稷❶	654	遂❷	877	中₂冬	58	地氣❷	203
稻	654	邍	882	中₂春	58	大火	225
稻米	655	阯	915	中₂秋	58	大昕	228
稼穡	655	阪險	915	中₂夏	58	大₂陰	243

辭目分類索引　1045

婁	245				547	長₂日 906
婺女	246	柔日		395 月食	553	長₂至 906
木❷		極星	398	胃❶	556	雨水 907
司民❶		戊	413	朔❶❷	556	陽❶ 919
司命❶	270	正一❷	419	朔月	558	陽氣 919
司祿❷	272	正歲年	421	期一❶	570	陰❶ 920
吉	275	正₂月		氐	571	陰氣 921
吉日	275	正₂朔			579	陰(陰)陽 921
啟蟄	290	正₂歲	452	火❷❸	590	隋 922
四氣	300	歲	460	煇一	593	金❺ 923
四暢	301	歲年	462	營室	597	鑣 933
四時五色	303	救日	463	斗❸	598	閏月 936
德❷	332	救日月	463	房❷	599	闇 939
冬	342	日至	463	祲	618	魄 952
冬日至	342	日食	464	瞢	632	馬祖 969
夏一❶	343	日以至	465	甲❷	635	麥秋 977
夏時	344	日短至	470	甲乙	635	鶉火 981
夏日至	344	旬	470	畢❹	639	鷹乃祭鳥 982
庚	346	旬日	477	監❷	643	
庚辛	346	春	477	秋		**25. 卜筮、占問**
尾	373	星❶	477	白虹	649	
己	376	星土	477	白露	657	不貳問 40
弧❶	379	時	478	立冬	658	九筮 75
彌	381	暢月	478	立春	663	南人 83
子❼	382	汁	483	立秋	663	卜一❶ 89
子卯	383	牽牛	485	立夏	664	卜日 90
孟月	385	招搖	485	癸	664	卜宅 90
孟冬	385	挾日	488	虛	671	卜郊 90
孟春	385	月	493	虹	689	卜葬 90
孟秋	385	月半	495	翼	691	卜筮 90
孟夏	385	月吉	518	軫❷	771	卜簪 90
季冬	385	月辰	525	辰	811	卜筮日 90
季春	385		528	象❷❸	824	占 91
季秋	385		546	運	826	占兆 91
季夏	385		546	角一❷	878	占色 91
			547	觜觽	887	占坼 91
			547	辛❷	889	占墨 91
					901	占體 91

卦	92	喜夢	291	筮❶❷		九室	707	
卦者	92	噩夢	297	筮尸	707	九經九緯	71	
作龜	106	四兆	299	筮日	707	南門	76	
八卦	124	四體❷	302	筮宅	707	扉	93	
八命❷	125	征	324	筮賓	707	内寢	94	
八故	125	從㊀	327	筴	707	内霤	94	
八頌	126	夢	341	色	712	个㊀❷	99	
八簭	127	定墨	358	義兆	720	介次	100	
六夢	133	定龜	358	菨	734	候館	116	
與	143	定體	370	菨龜	758	倉	116	
先簭而後卜	150	祸夢	378	貞	758	倉廩	117	
兆❹❺	151	弓兆	403	貞龜	829	側室	117	
釁龜	179	玉兆	418	邦事❷	829	側階	117	
釁龜筴	179	果㊀	434	近日	855	八次八舍	128	
功兆	180	楚焞	462	遠日	868	六宮❶	131	
取龜	186	正夢	467	遠某日	872	六寢	134	
巫	194	攻龜	469	謀	872	公門	137	
巫比	194	故❷	470	雨	898	北門	146	
巫目	194	敘❸	471	雲	907	北宮	146	
巫史	194	敘降	479	問卜	908	北堂	146	
巫式	194	明火	489	開龜	935	北階	146	
巫更	194	書卦	495	頌❷	936	玄堂	156	
巫易	194	求日	498	體	945	危❷	168	
巫咸	194	泰筮	535	高	950	廷	188	
巫恆	194	擊筮	579	龜❶	974	左个	192	
巫祝	194	方兆	583		1004	左房	192	
巫祠	195	旅占	593	**26. 宮室、王城**		左祖右社	193	
巫降	195	焞	601	三宮	11	圭窬	202	
巫參	195	思夢	603	下室	19	坫	206	
巫環	195	想	605	井匽	27	垣	207	
坤	206	懼夢	607	五庫	34	城	207	
坏	207	示高	631	中門	54	城郭	207	
墨❶	215	眠高	663	中霤❶	57	城隅	207	
大貞	229	瘳	663	州府	67	堂	208	
契❷	252	立君	676					
命❷	285	聘❸	685	九門	69			
命龜	286	至						

辭目分類索引

堂涂	209	室❶	362	獸禁	448	西夾	682
堂廉	209	宮❶❹	362	瓦屋	459	西序❶	682
塾❶	214	宮室	364	正內	461	西門	682
塾	214	宮隅	364	敘❷	470	西堂	682
壇墠宮	216	客位	364	明堂	480	西階	682
墠❷	216	客階	365	治朝	500	西墡	682
墠壇	217	寢❶	370	湢浴	504	西塾	682
大次	226	寢門	370	游	506	西墻	682
大寢	234	尸次	372	牢❷	514	西壁	683
大₂廟❶	243	屋❶	374	牖	541	臺	687
大₂廟大室	244	屋漏	374	牖户	541	臺門	687
太廟❶	249	巷❶	377	牖鄉	541	臺榭	687
夾❶	250	委₂巷	392	朝㈠❶	559	虎門	688
夾室	251	王內	401	朝廷	560	蠱室	694
奧❶	253	王次	401	勝國之社	563	等❶	705
奧阼	253	東夾	420	次❶❸	571	箱	710
小次	257	東門	420	次舍	571	苑	746
小寢	261	東序❶❷	420	次敘	572	葺屋	756
右个	266	東房	420	旌門	585	藏❶❷	766
右房	267	東堂	420	燕朝	595	級	772
右達	267	東階	420	燕寢	596	總章	792
四阿	299	東塾	420	户❶	599	象魏	827
囷	304	東箱	421	户牖之閒	599	貴室	833
囷倉	304	東霤	421	房❶	599	貴宮	833
囿	304	梲	429	扃❷	600	觀㈠	844
囿游	304	梁木	430	扇	600	重屋	846
國宅	306	桹	430	扉	600	重檐	846
外次	338	棟	431	思次	601	重霤	847
外朝	339	楹	434	應₂門	605	野舍	848
外寢❷	339	楹內	435	神倉	612	路門	851
外內朝	339	楹外	435	異室	640	路室	851
夏屋	344	楹間(閒)	435	皋門	660	路寢	851
序❷	345	楣❶	435	窔	666	都城	861
庭	347	樹	436	突	666	郵表畷	861
庫門	347	榮	437	竇❷	667	郭	862
宁	354	樹❷	440	竇窖	667	鄉㈠	862
宇❷	354	橧巢	441	耡❷	673	逆牆	870

達	874	仄輂	100	國馬	306	棧車	431
達鄉	875	伏兔	103	幣馬	319	樊	437
適室	879	任₂正	105	幦	319	樊纓	438
適寢	879	佐車	106	幠❶	320	犬	443
青陽	905	使車	108	役車	324	戎車	452
雷❷❸❹	908	條纓	115	後路	326	戎馬	452
雉❷	910	倅車	116	從車	327	戎路	452
雉門	911	倉龍	117	徬	332	牙㊀	458
阿	915	偏駕	118	德車	332	武車	464
阼階	916	六馬	130	徹❷	333	攻特	467
階	919	六節❶	133	衡❶	334	攻駒	467
門阿	934	公車	137	彫面	336	散車	471
門庭	934	兵車	140	夏篆	344	散綏	472
門閭	934	前疾	143	夏縵	344	散₂馬耳	473
門隧	934	前₂樊	143	廐	350	明旌	481
門關❶	935	芻	144	廐庫	350	渠	502
閈	935	芻禾	145	廣₂車	351	游牝別羣	506
閾	938	芻稍	145	羱馬	353	漆車	508
閨	939	芻薪	145	宇❶	354	牝服	513
閨門	939	先路	150	安車	355	牽徬❶	518
闔❷	939	兔❷	152	容❸	366	牷㊀	519
闔扇	939	玄路	156	容蓋	367	扑❷	520
闌	939	勒	181	弓❸	377	握㊀❶	532
闕㊀	940	勒面	181	弱❶	380	揉	533
關❶	940	反輂	185	婦車	396	股❶❷	550
		左轂	193	幾㊀	400	服㊀	551
27. 車乘、馬匹		執駒	210	玉路	403	服車	552
三物	10	墨車	215	木車	413	朝車	560
五馭	34	大車	226	木路	413	騰馬	569
五路	35	大輅	233	木舘	413	次路	572
乘㊀❷❹❺	61	大路	233	木鑣	414	轂	577
乘黃	62	式❷	256	朱路	415	斿㊀❶	581
乘路	62	和❷	284	柏車	424	斿₂車	581
乘₂車	62	和鸞	285	校㊀	427	惡₂車	603
主車	65	命車	286	桯	429	田車	633
厭翟	87	喪車	291	棼蔽	430	田馬	634
匱路	89	國車	306	棧	431	田路	634

當兔	641	素車❷	773	輦	814	錧	929
禾	647	素服	773	輦車	814	鐵驪	932
秣	651	素簚	774	輪❷❹	814	鑣	933
稍秣	652	組輓	779	輻	814	鑾	933
種馬	653	組總	779	輮	815	閑❶	936
稾車	655	緄	783	轅	815	闟₂車	940
白馬	657	緌㊀❶	785	轐	816	革車	942
白駱	658	總❸	791	轛	816	革鞦	942
白狗幦	658	繫騰駒	795	轚	816	革路	942
皁	659	繁	796	象路	827	靮	942
疾	661	繁纓	796	貝面	829	鞁	942
皮車	670	纘總	800	貝勒	829	鞭策	943
蚤	691	繫❷	800	貳車	832	頸❶	946
蜃車	692	纓❶❹	803	賢㊀	837	面❶	948
羈❶	696	赤駵	807	重翟	846	骸	950
羈靮	696	車❶	807	野委	848	飾車	956
篆❶	710	車甲	808	路❶	850	髦馬	968
袡❶	728	車徒	808	路車	851	鬣❷	969
褉	729	車輂	808	路馬	851	馬❶	969
羊車	732	車馬之容	809	踵	853	馬政	969
良馬	741	車有六等之數	809	邸❸	858	馴	971
良綏	741	軌❷	810	部	862	駒	972
苹車	744	軒₂摯	810	達常	875	駕馬	972
范❷	747	軒₂輖	810	道車	876	駓	972
苢㊀	754	軓	811	道馬	876	駱馬	972
蓋	758	軛	811	豻褉	885	駰	972
蓋弓	758	軸❶	811	豹犆	886	駹車	972
蒲蔽	760	軹	811	說㊀	895	駻	973
蔽	761	軫❶	811	雀飾	910	驅	973
藻車	766	軨	811	雕幾	911	驅逆之車	973
藻蔽	766	軾	812	靲蔽	911	驂	973
藪㊀	766	華	812	陓❷	915	驂乘	973
藩蔽	767	華蟲	812	隧❷	922	驪	973
羽蓋	769	輈	812	金路	924	鬲㊀	974
翟車	769	輅	813	鉤❶❷	925	黃駓	976
嬰❷	770	較	813	鉤車	925	鵠₂纓	981
翰	771	輕車	813	錫❷	927	驚總	982

鷥	982	刃	170	庾弓	349	比❻	456
鷥車	983	刺兵	174	廬❸	354	敝❶	471
鷥和	983	劎	178	廬器	354	晉	489
鷥路	983	參均	183	安弓	355	決	498
鹿幦	988	干㊀	189	安矢	355	深弓	504
鹿淺㡇	988	干戈❶	189	尾櫜	373	牛膠	512
鹿淺幦	988	干戚	189	屬㊀❶	375	犀甲	519
齊₂車	999	干櫓	189	弓❶	377	犀膠	519
齊₄馬	1000	幹❹	190	弓弩	378	抉	522
龍㊀❷	1002	大㊀	224	弓韣	378	拊❷	523
龍輴	1003	大弓	224	弣	379	括	526
龍₂勒	1004	大刃	224	弧❹	379	挺臂	526
		大和	228	弧弓	379	拾㊀	526
28. 兵器、兵服		大刃之齊	239	弦❷	380	捍	528
三均	9	大₂隂之弓	244	弩	380	揚	531
下旅	19	天子之弓	246	弭	380	援	532
上旅	24	夫襓	248	王弓	401	握㊀❷	532
五戎❷	29	夷矛	249	珙	405	撞❷	534
五兵	31	夾❷	250	朱干	415	撟㊀	535
五盾	33	夾弓	250	朱極	415	服㊀❸	551
九和	70	弋	255	朱干玉戚	416	胡❷	553
九和之弓	76	小服	258	柱矢❶	418	胄	553
厲飾	86	句₂弓	268	柎	424	朕	556
內㊀	92	句₂兵	268	柲	425	膠	566
介㊀❸	100	合甲	279	械	428	臂❷	568
來體	109	合九而成規	280	棘❶	431	臘㊀	569
侯弓	113	唐	289	極	433	殳	572
八矢	124	唐弓	289	楅	434	殺矢	574
八物❷	125	四弩	300	機❷	441	毂兵	575
六弓	128	帊	314	櫜	442	志矢	601
六建	130	峻	321	櫜鞬	442	恒矢	602
兵矢	140	役器	324	櫓	442	盾	631
兕甲	152	往體	325	犬服	443	田矢	633
函❶	167	從㊀	327	戈	451	甲❶	635
危弓	168	衛❷	335	戈戟之齊	452	甲革	635
危矢	168	庫	347	戚❷	456	甲胄	635
刀❶	169	庾	349	戟	456	畏❶	638

矢❶	645	骨鏃	950	旌旗	586	**30.服飾、冠冕**	
矰	647	首	964	旐❶	588		
矰矢	647	韏	966	旐❷	588	下齊如權衡以	
痺矢	662	鞻❶	966	旗	588	應平	21
矛	672	枲	967	旗物	589	上服❷	23
笴❶	703	馬膠	970	旋	589	上衽	24
筈	704	魚膠	983	旃	589	五服❶	32
筋	706	鹿膠	987	旜	589	五法	32
箙	709	鼠膠	997	熊旗	594	五冕	35
箭❷	710			白旂	658	表❷	49
簡	713	**29.旗幟、徽識**		虞旌	690	中❶❼	53
簫❷	714			虞旗	691	中衣	54
奧	716	九旗	73	翻旌	771	中帶	55
茀矢	747	全羽	103	結旌	781	丹組纓	64
茭解	749	玄旂	155	綏❶❷	785	丹朱中衣	64
莖	750	交龍	157	綏❶	785	九章	71
羽❶	768	大白	225	綢練	787	十二衣	79
獗矢	770	大赤	226	纛	804	內削幅	95
翳	771	大旂	230	赤旂	806	佩帨	111
絜矢	780	大綏	234	通帛	872	佹袂	111
絲❸	783	大旗	234	貔狦	887	六服	130
越₂棘	805	大麾	235	青旂	905	元服	148
酋矛	817	大₂常	243	青旌	905	玄❷❹	154
遱	879	太常	248	雜帛	914	玄衣	155
需	908	小綏	260	降龍	917	玄武❷	155
限	920	常❷❸	316	鞻❷	966	玄冠	155
金❶	923	崇	322	飛鴻	967	玄冕	156
金革	924	崇牙❷	322	黃旂	976	玄裳	156
鈇	925	徽號	336	鳥隼	979	玄端	156
鋌	926	弧❷	379	鳥旗	979	玄禎	157
鏃矢	930	弧旌	379	鳴鳶	980	玄組綏	157
鏃	931	弧鞻	380	鴻脰	980	玄綃衣	157
鐓	931	杠	416	龍旂	1003	率	160
鐏	931	析羽	421	龍章❶	1003	冠❶	162
襇	938	物❶	515	龍旜	1003	冠弁	162
革❷	941	旂	582	龜蛇	1004	冠帶	162
穎	946	旌❶	585			冠弁服	163
		旌旃	585				

詞目	頁碼	詞目	頁碼	詞目	頁碼	詞目	頁碼
卷㊀	168	幣帛	319	冔	489	短毋見膚,長毋	
卷衣	168	山	320	冕	490	被土	646
卷冕	168	衡❸	334	冕服	490	稅㊀	652
刀❷	169	衡縫	335	景㊀❷	490	稅₂衣	653
副㊀	177	夏收	343	會㊀❶	492	積❷	655
副褘	177	宵衣	366	暴₂練	493	白衣	657
功衰	180	容臭	367	水涷	494	皇	659
功屨	180	屈狄	374	沙	497	章㊀❶	664
延❶	188	展衣	375	沽功	499	章甫	664
弁	222	履	375	涚水❶	501	端	665
弁冕	223	屨	375	深衣	504	端冕	665
大帶	231	委₂武	392	涷帛	504	疏❷	667
大裘	233	委₂貌	392	涷絲	505	疏布	668
大白冠	236	玉笄	403	澣帛	509	皮弁	670
就	255	玉瑱	404	抱	524	皮屨	670
句㊀	268	玉瑱	404	揄狄	531	皮弁服	670
吉❷	275	玉錦	404	攝❸	537	皮弁笄	671
吉凶❶	275	玉藻	405	攝服	538	要縫半下	684
吉服	276	瑱㊀❶	409	毳冕	539	虎裘	689
吉笄	276	瑊	409	爵弁	545	缺	698
命服	286	璪	410	爵韠	545	缺項	698
命屨	287	朱衣	415	爵弁服	545	笄❶	702
啤	289	朱紘	415	服㊀❶❺	551	等❷	705
喪冠	292	朱組	415	服玉	551	烏	716
善衣	295	朱總	415	朝服	560	衣	721
巾❶	309	朱襦	416	次❷	571	衣服	721
巾冪	310	狄❸	444	文❶	577	衣衽	721
巾櫛	310	狐白	445	文織	578	衣衾	721
布❶❸❹	310	狐裘	445	文繡	578	衣裳	721
布巾	310	狐白裘	445	袴❷	581	衽❶❹	722
布帛	310	狐青裘	445	旒❶	588	衾❷	723
希冕	312	狼裘	446	灰	590	衿㊀	723
帛	313	成布	453	燕衣	595	袞	723
帨	316	武❹	464	燕衣服	596	袞冕	723
帶	316	收	466	毋追	606	袂	724
幅❷	318	散屨	472	畫純	640	袪	724
幣❶	318	曲裕	478	畫布巾	641	袡	724

衺	725	葛屨	756	絧	779	縞❶	795
袘	725	蕤	761	絢	779	縞衣	795
袗	725	繭	767	紵	780	縞武	795
袗玄	725	繭衣裳	767	結	781	縞帶	795
袡	725	藻❶	768	絢組	782	績	795
袍	725	紃	772	絞衣	782	縱	796
被₂錫	725	紃衣	772	絲❷❹	783	繼	796
袴	725	紃	772	絲屨	783	縮縫	797
袷	725	素❶	772	綃	784	縿	797
袼	725	素沙	773	絺	784	纖㊀❸	797
裘❶❷	726	素帶	773	絺巾	784	纖㊀	797
裘冕	726	素端❶	774	絺布	784	纖旆	798
裏	726	素積	774	綌	785	總	798
裳	726	素屨	774	綦❶	786	繢❶❸	799
裳内衺外	727	素韠	774	緆	786	繢緌	799
裨	728	絋❶	775	綾	786	織	800
裨冕	728	純㊀㊂	775	綼	787	繒	800
裛	728	純帛	776	綼緆	787	繰	801
褌	728	純衣	776	綸	787	繶	801
褌衣	728	純₄服	776	緇衣❶	788	繡	801
褖衣	729	純₄冕	776	緇帶	788	繡袡	802
褻衣	729	紕	777	緇布衣	788	繡裳	802
褎衣	729	絥	777	緇布冠	788	繡屨	802
褶	730	紛	778	緇布之冠	788	纊	802
褶衣	730	紛	778	練❷❸	789	纓	803
褶衾	730	紛帨	778	練帶	789	纚❷❺	803
襌	730	紛純	778	縕㊀	790	纙	804
禮衣	730	紡	778	縕韍	790	赤舄	806
襦	730	紞	778	總❶	790	赤韍	806
襦袴	730	紐❶❸	778	總❹	791	象邸	826
襲❸	730	組	778	總角	792	象笴	827
羔裘	733	組紃	779	編㊀	792	負繩	829
苦₂功	744	組就	779	緣	792	貳采	832
草服	748	組綦	779	緣衣	792	疏布	852
茵❷	748	組繫	779	繂	794	逢掖之衣	871
著㊀❶	752	組纓	779	繁	795	遂延	882
著㊀	752	紳	779	繁袅	795	采㊀❷	883

采₂衣	883	黃衣	975	十二管	79	大咸	229
豹飾	886	黃裳	976	十有二律	80	大夏	230
豹褎	886	黃繶	977	十有二聲	81	大章	232
角瑱	888	鷖	982	南	83	大琴	232
辟㊀❷	902	鷩	982	南呂	83	大瑟	232
辟㊁	902	鷩冕	982	人舞	97	大聲	235
青句	904	麻❷	986	任㊀	105	大濩	235
青衣	904	鹿裘	987	佾	110	大合吹	237
青豻褎	905	麛裘	990	八佾	125	大合樂	237
青組綦	905	纚	990	八音	126	大₂蔟	243
雞斯	912	黻	990	六同	129	大₂蔟爲徵	244
雜服	914	黼	990	六律	131	夷則	250
雜帶	914	黼純	991	六鼓	133	夷樂	250
雜裳	914	黼裘	991	六舞	133	夾鍾	251
鉤邊	925	黼黻	991	六樂	134	鮑❶	252
錫❶	927	黼黻文章	991	兵舞	140	小呂	257
錦	928	黑衣	993	勺㊀❷	144	小瑟	260
錦衣	928	黑舃	993	亡國之音	154	小舞	260
錦衾	928	黑屨	993	商❶❸	160	古樂	266
錦帶	928	齊㊀❷	998	凶聲	166	同❷	277
闕狄	940	龍卷	1003	函鍾	167	同律	278
革帶	942	龍袞	1003	判縣	173	合❷	279
鞠衣	942	龍章❷	1003	友❶	184	和❸❻	284
韘屨	943			建鼓	188	和鍾	285
磬	943	**31. 舞樂、樂器**		干戈❷	189	四金	300
項	944	于	17	干戚	189	四夷之樂	303
頴❶	946	五聲❶	36	干揚	189	圜鍾	309
頴黼	947	五弦之琴	37	干舞	189	圜鍾爲宮	309
飾❷❸	956	中㊀❹	53	干戚羽旄	189	岐舞	312
首服	964	中呂	54	土❶	195	律	325
韋弁	965	中琴	56	土鼓	197	德音	333
韋弁服	965	半爲堵	66	堵	208	徵㊀	333
韎韐	966	九夏	71	塤	213	衞音	335
韍	966	九聲	74	壎	216	舞❶	341
韐	966	九德之歌	76	大呂	226	舞羽	341
韡	966	亂	78	大武	227	舞器	342
鬠	968	亂世之音	78	大卷	228	夏㊀❸	343

庸❶	350	武❸❺	464	應㊀	604	皋鼓	718
宮❷	362	武宿夜	464	應鼓	604	肆㊀❹	740
宮縣	364	敔	470	應鍾	605	肆夏	740
容❷	366	散樂	472	應鼙	605	萬	756
弦❶❸	380	變	476	祇	614	葦籥	757
孤竹之管	386	昧	485	祴	618	蕤賓	761
孫竹之管	386	昭夏	486	祴夏	618	賈桴	762
姑洗	391	晉鼓	489	石	627	羽❸❺	768
王夏	402	景㊀❶	490	磬❶	628	羽旄	769
玉磬	404	會㊀❷	492	相❻	629	羽舞	769
琴	406	清❷	502	楝	641	羽籥	769
琴瑟	406	清廟	502	皇舞	660	羽籥之舞	769
瑟❶	407	淫樂	503	章夏	665	翣❹	770
木❶	413	淫聲	503	空桑之琴瑟	666	素琴	774
朱干	415	溺音	508	聲	678	紘❷	775
朱弦	415	濁	510	虡	689	納夏	777
朱干玉戚	416	特縣	517	竹❷	701	終❶	780
林鍾	418	拊❶	523	竿	701	絲❶	783
柷	423	拊搏	523	笆	702	絲竹	783
桑間濮上之音	428	揩擊	530	笙❶	703	綴㊀❶	787
桱	433	揔干	532	笙入	703	綴兆	787
楬㊀	434	操縵	536	笙歌	704	編₂鍾	792
楹鼓	435	牘	541	笙磬	704	縣㊀❶❷	793
樂㊀❶	438	新樂	543	笙鍾	704	縣鼓	793
樂祖	439	殷❸	550	笛❶	706	縵	796
樂章	439	朔鼙	556	笛虡	706	縵樂	796
樂舞	439	文❸	577	管❶❷❹	709	越㊀❶	805
樂語	439	旄㊀	581	篆❷	710	軒₂縣	810
樂德	439	旄₂舞	582	篴	711	象❺❻	826
樂縣	439	族夏	586	篪	711	圉籥	828
樂闋	439	炮土之鼓	591	簧	711	貫鼓	832
樂	442	無射	592	簜	713	野舞	849
狄❷	444	無聲之樂	592	簜虡	714	路鼓	851
成❶	452	燕樂	596	簫❶	714	路鼗	852
咸池	455	燕樂器	596	籥	714	鄉樂	864
正㊀❸	460	房中之樂	600	春❶	716	鄭衛之音	866
正歌	462	慢聲	604	皋陶	718	過聲	873

道㊀	875	鍾鼎之齊	930	龍門之琴瑟	1004	好㊀	390
遂❸	877	鐃	931	**32. 玉器、符節**		玉❶	402
采₂齊	883	鐘❶	931			玉瑞	403
采₂薺	883	鐘鼓	931	兩圭	52	玉節	404
角㊀❶	887	鐘磬	931	中璋	56	玉幣	404
言	890	鐸	932	內鎮	94	玉器	404
語	895	鐲	932	人節	97	玉鎮	404
誦	896	鑄	933	全	103	玟	405
諷	898	閒㊀	936	使節	108	珍圭	405
雲門	908	閒歌	936	佩	110	珠玉	406
雲和之琴瑟	908	閒若一	937	佩玉	110	球玉	406
雷鼓	908	闋	939	信圭	112	琢	406
靁鼓	909	革❸	941	倉玉	116	琥	406
靁鼗	909	韜	942	傳㊀❷	119	琥璜	407
靈鼓	909	鞉	942	六玉	129	琰圭	407
靈鼗	909	鞞	942	六瑞	132	琮	407
雅❷	910	頌磬	946	六節❷	133	琬圭	407
離磬	913	音	964	六器	134	瑞	408
陔	917	韶	964	玄玉	155	瑞玉	408
陽聲	920	鞁❶	965	玄璜	157	瑞節	408
陰聲	921	驁	973	剡上	177	瑜玉	408
陰竹之管	922	驁夏	973	圭❶	201	瑨玉	408
隧❸	922	騶虞	973	圭璋	202	璆	408
金❷	923	黃鍾	976	圭璧	202	璆琮	408
金奏	924	黃鐘	977	射㊀❹	219	璂₂圭	409
金錞	924	黃鍾爲角	977	大圭	226	瑤	409
金鐃	924	鼓	995	大琮	232	璜	409
金鐸	924	鼓足	995	大璜	234	璋❶	409
金鐲	924	鼓聲	995	大璋	234	璋邸射	410
金石絲竹	925	鼛鼓	995	命圭	286	環佩	410
鉦	925	鼖	995	嘉玉	296	璧	411
銑	926	鼙	996	器❶	297	璧羨	411
錞	929	鼙鼓	996	四圭	299	瑞	411
鍾❶	929	鼛㊀	996	四器	302	璽	412
鍾帶	929	齊㊃❷	998	山玄玉	321	璽節	412
鍾鼓	929	齊₂夏	999	衝牙	333	瓚❷	412
鍾磬	930	龍簨虡	1004	衡❼	334	桓圭	426

牙₂璋	458	路節	851	依	111	尊	221	
冒❷	485	邦節	856	俎	112	尊俎	221	
水蒼玉	495	躬圭	867	俎豆	112	大扃	230	
渠眉	502	追㊀	869	俎簋	112	大盤	234	
服玉	551	邊璋	882	俑	114	大罍	236	
服飾	553	角節	888	脩㊀	115	大觴	236	
穀圭	576	青圭	904	僕爵	122	大寶器	239	
穀璧	577	鎮圭	930	八材	124	大₂尊	243	
旌節	585	駔	971	六材	129	天時	245	
必	601	駔琮	971	六尊	132	夫₂遂	248	
將❶	606	黃玉	975	六齊	133	匏❷	252	
祼玉	620	黃琮	976	六彝	135	奠❹	253	
祼圭	620	鼻❷	997	公器	138	小服	258	
碫	628	龍節	1003	并夾	140	小扃	258	
白玉	657			勺㊀	144	小觴	261	
白圭	657	**33. 器物**		匕	145	口	265	
白琥	658	下齊	20	几	153	吉器	276	
虎節	689	上齊	25	几杖	153	合土	279	
符節	704	五几	28	玄尊	156	器車	297	
節❶❸	708	五材	30	冰	161	器物	297	
節傳	708	五席	34	冰鑑	161	器械	297	
管節	709	互	43	幎	165	圈	308	
英蕩	745	丘籠	46	卺	169	圜壺	309	
蔥衡	757	事齋	51	刀匕	170	尋	313	
蒼璧	759	兩敦	52	制❶	174	帘	313	
蒲璧	760	乘₂石	62	制幣	174	席	315	
藉㊀❶	764	甬❶	77	削㊀❶	175	席蓋	316	
藻❷	768	直庛	81	削殺矢之齊	176	帷❶❸	317	
素功❷	773	南洗	84	剶席	177	幄	318	
組綏	779	卮	85	幹❶❸	190	幕❶	318	
綏	787	匜	88	圭❷	201	幕布	318	
縕組綏	790	匪㊀	88	圭瓚	202	幣❷	318	
繅㊀❶	797	匰	89	壺❶❷❸	212	山尊	320	
繅藉	798	匴	89	壺尊	213	山罍	321	
赤玉	806	内具之物	95	墳燭	215	崇牙❶	322	
赤璋	806	介爵	101	墨❹	215	崇鼎	322	
貨之節	831	侑俎	109	封父龜	218	巖	322	

衡❹❺❻❿	334	璧散	411	楬₂豆	434	數器	474
衡石	335	璧翣❶	411	樴	435	曲	477
彤几	336	瓚❶	412	樴枊	435	昨席	485
彤几	336	木柶	413	樺	435	時器	488
舞❷	341	木燧	413	概	435	會㊀❹	492
庪	346	木鐸	414	槊	435	水❸	494
庭燎	347	朼	416	槃	436	水尊	494
庸器	350	杅	416	槃匜	436	泰	498
廢敦	353	杜舉	416	稾鞂	437	洗❶	500
廢爵	353	杖❷	416	槷㊀㊁	437	漆	508
守靈	355	杖咸	417	樺枸	440	漆几	508
宗器	358	杓	417	樺櫛	440	溜	511
宗彝	358	杯圈	418	橋	440	牟	513
客爵	365	枇	418	櫛	441	犧₂象	519
彗	371	杵	421	樸	441	犧₂尊	520
彝	372	枚❶❸	421	槚	442	提	531
弧❸	379	板	422	權	442	搢本	533
弧張	380	枋	422	權概	442	撾	534
張	380	枓	422	權衡	442	攫	535
婦洗	396	柯❶	423	獻₂豆	449	擯	538
玉几	403	栖	423	獻₂尊	449	毛❸	538
玉豆	403	柝	424	咸㊀	455	毳毛	539
玉鬯	403	桃匕	427	瓦	458	髦豆	539
玉瑳	403	校㊀	427	瓦大	458	氈案	539
玉敦	403	案	428	瓦豆	458	氈	539
玉爵	404	梜	428	瓦敦	459	版❷	540
玉盞	405	桲柘	428	瓦盤	459	斤	541
玉瓚	405	梱	429	瓦甒	459	斧斤	542
珠槃	406	梓❷	429	瓶	459	斧依	542
班	406	梡	430	瓠	459	斧斤之齊	542
琖	406	梡嶡	430	甒	459	斯禁	543
瑚	408	植❷	430	甕	460	爵❷	544
瑤爵	409	棘心匕	431	甒	460	爵韋	545
璋❷	409	楔	432	散㊀	471	肺石	549
璋瓚	410	楔禁	432	散爵	472	胏	549
環㊀	410	楅衡	434	散觶	472	胏俎	550
璧角	411	楬㊀	434	敦	474	胙俎	554

脣	558	盬❷	644	笱	704	褻器	729
膊㊀	565	矩❶	646	筓	704	羞豆	734
膳尊	567	稼器	655	筐❶	705	羞鼎	734
膳爵	567	白盛	658	策	705	羞籩	734
膳觶	567	皇邸	659	筦❶	705	芰❶	743
膝	568	瓢齍	661	筳❶	706	苦	744
次席	572	章㊀	664	筳席	706	苴❶	744
方㊀❷	579	疏匕	667	筲	708	苞	746
方明	580	疏勺	667	箸	708	苞苴	746
方壺	580	皮❶	669	箕❷	709	苞筲	746
方策	580	皮帛	670	管❸❺	709	范金	747
旋	587	皮革	670	管鍵	710	茅菹	747
旋蟲	587	皮幣	670	管籥	710	茢	747
火❶	590	耒	672	篋	710	草笠	748
熊席	594	耒耜	673	篋笥	710	茶㊀	751
燕几	595	耜	673	筐	711	莞❶	751
燕器	596	耦❸	673	簹	711	莞席	751
燎	597	耳❶	676	箬	712	莞筵	751
燋	597	虎彝	689	箴	712	莞簟	751
燧	597	蜃❷❸	692	筵	712	著㊀❷	752
燭	597	蜃炭	692	筵簋	712	著尊	752
斗❷	598	蜃器	693	簟	713	萑席	753
罕	599	蜼彝	693	簟席	713	菹豆	754
罕彝	599	罟	695	簪	713	菅筲	754
房俎	599	置罘	695	簞	713	葉	755
扃❶	600	罻羅	696	簸	713	萬	756
牀	605	羅	696	籠	714	蓐	758
牀笫	605	羅罔	696	籧	714	菹	758
毒蠱	607	羅襦	696	籧筐	714	菹館	759
禁❶	619	罽	697	簾	715	蓑	759
碑❶	628	缶	698	籩	715	蒲勺	759
礩	629	罋	698	籩豆	716	蒲苙	760
畢❷❸❺	639	罍	698	白	720	蒲越	760
畚	639	罍尊	698	舟	722	蒲筵	760
盆	642	笫	702	祖❷	722	薦❹	763
盛❷	642	笏	702	祖席	723	薦俎	763
盤	643	笠	704	被㊀	725	薦籩	764

薄	764	邦器	857	鐙	932	齊㊀❸	998
藉㊀❷	764	邸❶❷	858	鐵	932	齍❷	1001
翣❸	770	鄉器	864	鑊	932	齒杖	1002
約❷	772	連❷	870	鑄金之狀	932	龍勺	1003
素❷	772	采㊀❶	883	鑑	932		
素功❶	773	角㊀❷❸❹	887	鑒	933	**34. 動物、植物**	
索❶	775	角柶❷	888	鑒燧	933	五物❶	31
絅	778	角觶	888	鑒燧之齊	933	互物	43
終葵	780	瓻	889	門燎	934	乘禽	62
綏	785	觵	889	閽	938	丹	63
緤	789	觶❷	889	闈❶	939	丹青	63
縣㊀❸❹	793	觯	889	革❶	941	乙	67
繅席	798	觿	889	靳	942	南龜	84
繢純	799	青金	904	須	945	匹❷	87
繡	800	雕篹	911	頰	946	匠	88
繫❸	800	韭	911	頸❷	946	內骨	93
繩	800	雞夷	912	骨❷	949	仄行	100
繩墨	801	雞彝	912	骨物	950	介㊀❹	100
繶爵	801	阼俎	916	食₂玉	953	介物	100
越席	805	陶❷	918	飪鼎	954	介蟲	101
豆❶	816	陶匏	918	館❸	959	倉庚	116
豆籩	817	陶器	918	韋❷	965	備	118
豐	817	陪鼎	918	鬠❶	969	禽	119
酢爵	819	金❸❹	923	鬲㊀	974	六牲	131
醯❷	820	金石	923	鬴	974	六畜	132
醯罪	820	金版	923	黃目	975	六禽	132
醴	821	金敦	924	黃金	976	六龜	134
象❶	826	金燧	924	黃冠	976	六擾	135
象尊	827	鉤❸	925	黃彝	977	六獸	135
象觚	827	銅❶	926	鳥彝	979	公牛	136
象櫛	827	錫❸	927	鸞刀	982	芻豢	145
貝❶	829	鍵	929	魚須	983	北龜	147
貫鼎	831	鍵閉	929	鷫依	990	兜	151
寶器	836	鎛❷	931	鼎	991	兔❶	152
規	841	鎛器	931	鼎俎	992	玄鳥	155
重帟	846	鐏	931	鼏	992	卵鳥	168
重案	846	鐘❷	931	鼻❶❸	997	卻行	169

荊❷	175	果₃屬	419	春鳥	484	田犬	633
剛❷	176	東龜	421	暢	493	田豕	633
剒	177	枌	422	水蟲	495	田鼠	634
動物	181	松柏(栢)	422	水蠱	495	盇旦	642
反舌	184	柘	423	求牛	495	白牡	657
叢物	187	柤	423	泰龜	499	章㊀❸	664
幹❷	190	枳	423	注	499	西龜	683
地龜	204	染草	425	淺	502	虎❶	688
堇	208	枲❶	425	深蒲	504	虵	691
天產	246	枲麻	425	漬❶	508	蛇	692
天龜	246	桂	426	澤㊀❷	509	蛤	692
夭㊀	248	桐	426	澤物之奠	510	蛟	692
夭₂鳥	248	桃❶	427	灊羊	511	蜃❶	692
小蟲	261	桃茢	427	牛❶	511	蜃物	692
含₂桃	282	桑	428	牛牲	512	蛾	693
喙	295	桑柘	428	牡麻	513	蛾子	693
嘉草	296	棼	430	牡樟	513	蜱	693
四種	301	棘❷	431	牡鞠	513	蝸	693
四擾	302	椆	432	特❶	517	蜩	693
四靈	303	楚焞	434	犢	519	蟄蟲	694
帝牛	313	槐	434	犧牛	519	蟄獸	694
征鳥	324	槀❶	437	擾	537	螻蟈	694
徬	332	樺	440	毛物	539	蟲	694
鬱❶	336	橘	441	斥蠪	541	蟲蜞	694
外骨	338	檡棘	441	爵❹	544	蠱	694
夏㊀	343	檍	441	脂❶	555	麃	694
守犬	355	檿桑	442	胲鳴	557	蠧物	694
寒蟬	369	欄	442	膏❷	564	舒鳧	700
寶龜	371	犬	443	膏物	565	舒鴈	700
巍	371	狐	445	臘	568	竹❶	701
媒❶	397	狗	445	蠃	569	竹箭方	701
王瓜	401	獸	447	蠃物	569	筠	707
王棘	402	獲	448	烏	591	箭❶	710
木瓜	413	獵屬	448	然	593	羊❶	732
木堇	413	戴勝	456	熊	594	羔	733
本❶	414	旱物	477	燕❸	594	羔鴈	733
朻	418	昌	479	將❷	606	苄	742

辭目分類索引 1061

芸	742	羽物	769	魁	952	竃	997	
茨	743	翮	771	鳥	978	齒	1001	
若屬	744	紆行	771	鳥獸蛇	979	龍㊀❶	1002	
苴❸	744	累牛	779	鳩	979	龜❷	1004	
苉	745	綏㊀❸	785	鳳	980			
范❶	747	繹屬	801	鳳皇	980	## 35. 牲體		
茅	747	越㊀❷	805	鳳凰	980	三個	7	
荔挺	750	豕	824	鴈	980	兩肩	52	
苬蘭	750	豚	825	鴇	980	代脅	102	
莽草	750	象物	826	駕	981	全具	103	
莢物	750	象齒	827	賜	981	割	177	
莠	751	豭豚	828	鵠㊀❷	981	幹❺	190	
荼㊀	751	野豕	848	鶍旦	981	左胖	192	
莞❷	751	野牲	848	鶩	982	右胖	267	
蔽㊀	752	連行	871	鶃	982	右體	267	
萑	753	豻	885	雞	982	合升	279	
萍	753	貆	886	鶪鴿	982	四鬚	302	
菅	754	貉㊂	886	魚	983	柢	424	
箂竹	754	貍物	887	魴	984	橫脊	437	
葛❶	755	角㊀❶	887	鮒	984	正脊	461	
葛藟	756	角觡	888	鮪	985	正脅	461	
葦	757	青❷	904	鮫龍	985	折❷	521	
葦事	757	竃屬	909	鱒	985	拍	523	
蓍	758	靈屬	909	鱗	985	朕	549	
蒲	759	麻草	910	鱗物	985	肩	550	
蒲盧	760	雄❶	910	鯉	985	胉	554	
蒸	760	雞	912	麻❶	986	胖㊀	554	
薪柴	764	雞牲	912	麻枲	986	脡脊	555	
薪蒸	764	雛鼈	912	鹿	988	胳	555	
薪燎	764	陽❸	919	麒麟	989	脊	555	
蕭	764	陽木	919	麓	989	脅	556	
藍	765	陰❷	920	麛	989	膞㊀	565	
藻	766	陰木	920	麛卵	989	臂❶	568	
藜	767	陰竹	921	麟	990	臑	569	
蕉	767	閒❸	937	黽	996	臑折	569	
蘋藻	768	鞠	942	黿	996	旅❻	582	
羽❷❹	768	穎❷	946	黿鼉	996	短脅	646	

純㊀❷	775	賖	835	月成	547	私諱	649
豚解	825	辟布	902	月要	547	臨₂文不諱	680
長₂脅	907	辟名	902	方志	579	舍₃故而諱新	700
骨❶	949	陳肆	918	磨	629	詩書不諱	894
骼	950	飾行	956	盟約	643	諱	898
胔	950	飾行價慝	957	盟書	643	諱惡	899
體名	950			盟載	643	隱疾	922
髽	968	**37. 券契、盟書**		致	685		
				等籍	705	**39. 災病、醫藥**	
36. 集市、買賣		兩劑	53	簡記	713	五色❷	30
		中㊀❸	53	籍	714	五毒	33
平市	190	丹圖	63	約劑	772	五藥	37
平肆	190	傅別	119	總❷	791	半夏	66
均市	206	判書	173	載㊀❶	812	凶札	165
大市	225	劑❶❹	178	貳❶	832	凶年	165
奠賈	254	劑信	178	貳令	832	凶荒	165
小市	256	大盟約	238	質❸	838	地慝	204
同貨	278	契❶	252	質劑	839	大凶	224
同貨財	278	右契	267	逆	870	大札	225
布❷	310	役要	324	錄	929	大荒	229
市❶	311	官成	359			大裁	230
市朝❶	312	官契	360	**38. 避諱**		大傀異裁	240
市廛	312	官書	360			尪	255
行㊀	323	成❸	452	二名不偏諱	4	廢疾	353
徵價	333	比❸	456	不諱	39	札	414
夕市	337	比居	457	不諱嫌名	42	札喪	414
展成	375	比要	457	卒哭乃(而)諱	82	故❶	469
屬賈	376	歲成	465	偏諱	118	滑	506
巷市	377	歲會	465	公諱	138	漱上氣疾	508
成賈	454	日成	476	大功小功不諱	240	潰瘍	509
斂賖	475	書致	489	君所無私諱	284	折瘍	521
物靡	516	書契	489	廟中不諱	352	腫瘍	564
攝❷	537	會₂計	493	宮中諱	364	毒	607
朝₂市	562	治❷	499	婦諱不出門	397	毒藥	607
稱₂貴	653	治中	499	嫌名	398	疕	661
肆㊀❷	740	授	529	教學臨文不諱	470	疥癘	661
賣	830	版❶	540	方慝	580	疥瘙	661
貸	833	版圖	540	惡㊀	603	痒疥疾	661

瘠首疾	662	不取麛卵	484	鳩化爲鷹	979	蠻貊	695
瘧疾	662	滑養竅	506	鴈宜麥	980	翟❶	769
瘧寒疾	662	牛夜鳴則庮	513	魚去乙	984	貈	886
瘍	662	火田	590	魚宜菰	984	貉㊀	886
瘸疾	663	禁原蠶	619			雕題	911
癈疾	663	禁麛卵	619	**41. 民族**		閩	938
苛	744	甘養肉	627				
金瘍	924	秋多辛	650	七閩	6	**42. 度量、計量**	
錮疾	928	羊宜黍	733	五戎❶	29	兩❶	52
風欬	964	羊泠毛而毳,羶		五狄	31	升❶❷❸	60
鹿角	987		733	九夷	69	乘㊀❶❸	61
骶嚏	998	羹齊眡(視)夏時		九貉	72	半幅	66
			736	九采之國	76	九軌	70
40. 養生、生態環境		苦養氣	743	南方❸	83	甬❷	77
		草木零落,然後		南國	84	匹❶	87
兔去尻	153	入山林	748	南蠻	84	个㊀❶	99
冬多鹹	343	酸養骨	820	八蠻	127	介❺	100
冬宜鮮羽	343	醬齊眡(視)秋時		六戎	129	仞	103
夏多苦	344		822	六狄	129	倨句	117
夏宜腒鱐	345	豕宜稷	825	北方❸	145	分㊀	170
東首❷	420	豕盲眡(視)而		北狄	146	制❷	174
犬宜粱	443	交睫,腥	825	夷❶	249	垸	207
犬赤股而躁,臊		豚,春用韭,秋		夷狄	249	寸	217
	444	用蓼	825	小侯	258	尋	222
狐去首	445	貉祭獸	885	四夷	299	周尺	287
狗去腎	445	辛養筋	901	四塞	301	常❶	316
狗赤股而躁,臊		雛尾不盈握弗食		四翟	301	幅❶	318
	445		912	四夷之隸	303	幋	322
狸去正脊	445	食₂齊眡(視)春時		寄❷	368	衡石	335
狼去腸	446		953	東方❸	419	宣	362
獸用梅	448	飲齊眡(視)冬時		東夷	419	審	371
獺祭魚	448		956	狄❶	444	尺	372
殀夭	450	馬黑脊而般臂,		戎	452	束❶❷❹	417
昆蟲未蟄,不以		螻(漏)	970	戎狄	452	枚❷	421
火田	479	鹹養脈	978	胡❶	553	柯❷❸	423
春多酸	484	鳥曪色而沙鳴,		西方❸	681	校㊀	427
春田不圍澤,大		貍(鬱)	979	西戎	682	欘	442
夫不掩羣,士				蠻	694		

成❼	452	豪	828	華㊀❷	750	一張一弛	2
步❶	463	里❶	844	荼白	751	一成而不可變	3
武❷	464	重㊀❶	845	蔥❷	757	一人有慶,兆民	
淳₂制	503	量㊀	849	蒼	759	賴之	3
溢	507	量₂鼓	850	蕃㊀	762	上不怨天,下不	
扶	520	邸❹	858	薰	766	尤人	26
握㊀❸	532	防	915	素❸	772	丘首	46
搞	533	鈞	925	純㊃	775	中道而廢	57
搏㊀	533	銖	926	紫	781	半塗而廢	66
撮	534	鎰	927	絞㊀❷	782	十目所視,十手	
氂	539	鎰	929	緅	786	所指	81
爵❺	544	頃步	944	綦❷	786	直道而行	81
脡	555	鬲㊂	974	綠	787	直情而徑行	82
瀔㊀	577	麗❷	989	緇	788	博聞強識	85
方㊀❶	579			縕㊀	790	厚往而薄來	85
斗❶	598	**43. 顏色、色彩**		縓	792	內省不疚	95
斛	598			繟㊀❷	797	以德報怨	102
斞	599	三采	10	纁	801	以德報德	102
磬折❶	628	五色❶	30	赤	806	伐柯	104
矩❷	646	五采	32	赬	807	信₂誓旦旦	113
秏	649	入	98	赬	807	倒載干戈	115
秉	649	六色	129	采㊀❶	883	并日而食	140
稷	653	六章	132	青❶	904	並行而不相悖	141
稱㊀	653	玄❶	154	雀	910	先意承志	150
要㊀	683	玄纁	157	閒₂色	937	先人而後己	150
要₂貳	684	列采	172	餌❷	957	出言有章	167
要₂會	684	墨❸	215	鞹❷	965	反求諸己	185
竒❷	703	夏㊀❷	343	騂❶	972	差若豪氂,繆以	
筥❷	705	姦色	394	黃	975	千里	195
筵❷	706	幽	400	鵠㊀❶	981	在官言官	202
筁	709	朱	414	黑❶	993	坐而論道	205
籔	714	朱色	415	黝	993	報本反始	211
純㊀❶	775	正色	461	龍㊀	1002	壹倡而三歎	212
縛	796	爵❸	544			壞法亂紀	217
車❷	807	文❷	577	**44. 成語、格言**		天下爲公	246
軌❶	810	文章❶	578			天作孽,可違也;	
豆❷	816	白❶	656	一手一足	2	自作孽,不可	
		章㊀❷❹	664	一言僨事	2		

以逌	246	保其身	412	則廢	828	九德	74
小心翼翼	263	析言破律	421	觀₂者如堵牆	844	九藏	74
口不甘味	266	桃之夭夭	427	量入以爲出	849	九竅	75
各得其宜	280	樂極則憂	439	送往迎來	870	巨指	88
名山大川	281	狐死正丘首	445	選賢與能	881	人情	97
周還中規,折還		日就月將	477	霜露	908	侏儒	110
中矩	288	溫柔敦厚	505	離羣而索居	913	六尺	128
唯命是聽	290	溫故而知新	505	飲食男女	956	大號	233
啜菽飲水	291	特立獨行	517	飲其血,茹其毛		名物	281
嗟來之食	294	斷長補短	543		956	四體❶	302
嗚呼哀哉	295	方以類聚,物以		駟之過隙	971	國火	305
圜者中規,方者		羣分	581	高山仰止	975	季指	385
中矩	309	心廣體胖	601	鳶飛戾天,魚躍		未齓	414
徙善遠罪	327	禮尚往來	624	于淵	979	明❶	479
夙夜不解	341	砥厲廉隅	627			潛服	509
夙興夜處	341	男女有別	637	**45. 其他**		牛戴牛	513
屬辭比事	376	移風易俗	651	七尺	5	氣	540
孤陋而寡聞	386	發揚蹈厲	672	七情	6	脉	554
如切如磋,如琢		篳門圭窬	711	下士❷	17	生齒	645
如磨	390	被₃髮文身	725	上士❷	22	童子	665
玉不琢,不成器		苛政猛於虎	744	五官❸	33	縮❷	796
	405	蓬戶甕牖	759	五氣	34	通淫	872
瑜不揜瑕	408	素隱行怪	775	不齒❸	39	適者	879
瑕不揜瑜	408	綽綽有裕	786	兩端	52	雷❶	908
既₂明且哲,以		豫₂則立,不豫		中士❷	54	飯❸	954

歷代三禮研究重要參考書目

(一) 歷代《周禮》研究重要參考書目

1. 《周官注》 (漢)杜子春撰 (清)馬國翰輯 《玉函山房輯佚書》本
2. 《周官解詁》 (漢)鄭眾撰 (清)馬國翰輯 《玉函山房輯佚書》本
3. 《周官解詁》 (漢)賈逵撰 (清)王仁俊輯 《玉函山房輯佚書續編》本
4. 《周官傳》12卷 (漢)馬融撰 (清)馬國翰輯 《玉函山房輯佚書》本
5. 《周禮注》12卷 (漢)鄭玄撰 (唐)陸德明釋文 清乾隆五十二年(1787)福禮堂刻本 (清)陳奐校並跋
6. 《周官禮注》12卷 (晉)干寶撰 (清)王謨輯 《漢魏遺書鈔》本
7. 《周官禮義疏》1卷 (北周)沈重撰 (清)馬國翰輯 《玉函山房輯佚書》本
8. 《周禮注疏》42卷 (漢)鄭玄注 (唐)賈公彥疏 (唐)陸德明釋文 宋刻元明遞修本
9. 《周禮新義》16卷附《考工記解》2卷 (宋)王安石撰 《四庫全書》本
10. 《周禮詳解》40卷 (宋)王昭禹撰 《四庫全書》本
11. 《周禮傳》12卷 (宋)胡銓撰 《豫恕堂叢書》本
12. 《周禮說》1卷 (宋)朱熹撰 收入《朱子語類》卷86
13. 《禮經會元》4卷 (宋)葉時撰 《四庫全書》本
14. 《周禮總義》30卷 (宋)易祓撰 《四庫全書》本
15. 《周禮訂義》80卷 (宋)王與之撰 南宋刻本
16. 《周禮完解》12卷 (明)郝敬撰 《四庫全書存目叢書》本
17. 《考工記解》2卷 (明)徐光啓撰 清鈔本
18. 《周禮問》2卷 (清)毛奇齡撰 《四庫全書存目叢書》本
19. 《周官辨非》1卷 (清)萬斯大撰 《四庫全書存目叢書》本
20. 《周禮述注》24卷 (清)李光坡撰 《四庫全書》本
21. 《周官集注》12卷 (清)方苞撰 《四庫全書》本
22. 《禮說》14卷 (清)惠士奇撰 《四庫全書》本
23. 《周禮疑義舉要》7卷 (清)江永撰 清乾隆刻本
24. 《周禮疑義》44卷(殘存19卷 缺卷4—28) (清)吳廷華撰 寫本
25. 《周禮輯義》12卷 (清)姜兆錫撰 《四庫全書存目叢書》本

26.《田賦考》1卷 （清）任啓運撰 《皇清經解續編》本
27.《周禮古義》1卷 （清）惠棟撰 《昭代叢書》（道光本）本
28.《周官祿田考》3卷 （清）沈彤撰 《四庫全書》本
29.《周官記》5卷《周官説》2卷《補》3卷 （清）莊存與撰 《皇清經解續編》本
30.《周禮軍賦説》4卷 （清）王鳴盛撰 《皇清經解》本
31.《考工記圖注》2卷 （清）戴震撰 《皇清經解》本
32.《周禮漢讀考》6卷 （清）段玉裁撰 《皇清經解》本
33.《溝洫疆理小記》1卷 （清）程瑤田撰 《皇清經解》本
34.《水地小記》1卷 （清）程瑤田撰 《皇清經解》本
35.《考工創物小記》8卷 （清）程瑤田撰 《皇清經解》本
36.《磬折古義》1卷 （清）程瑤田撰 《皇清經解》本
37.《九穀考》3卷 （清）程瑤田撰 《皇清經解》本
38.《車制考》1卷 （清）錢坫撰 《皇清經解續編》本
39.《周官指掌》5卷 （清）莊有可撰 《正覺樓叢書》本
40.《考工記車制圖解》2卷 （清）阮元撰 《皇清經解》本
41.《附釋音周禮注疏》42卷附《校勘記》42卷 （漢）鄭玄注 （唐）賈公彥疏 （唐）陸德明釋文 《校勘記》 （清）阮元撰 《十三經注疏》本 中華書局1980年影印
42.《周禮學》2卷 （清）王聘珍撰 《皇清經解續編》本
43.《周官臆測》7卷 （清）孔廣林撰 《孔叢伯説經五稿》本
44.《考工記考辨》8卷 （清）王宗涑撰 《皇清經解續編》本
45.《侯國職方表》1卷 （清）胡匡衷撰 《昭代叢書》（道光本）本
46.《周禮畿內授田考實》1卷 （清）胡匡衷撰 《塾園叢刻》本
47.《周官故書考》4卷 （清）徐養原撰 《皇清經解續編》本
48.《周禮釋注》2卷 （清）丁晏撰 《頤志齋叢書》本
49.《周禮注疏小箋》5卷 （清）曾釗撰 《皇清經解續編》本
50.《考工輪輿私箋》2卷附《圖》1卷 （清）鄭珍撰 胡運飈點校 貴州人民出版社1991年版
51.《周禮補注》6卷 （清）呂飛鵬撰 《聚學軒叢書》本
52.《周禮平議》2卷 （清）俞樾撰 《皇清經解續編》本
53.《周官箋》6卷 （清）王闓運撰 《湘綺樓叢書》本
54.《周禮正義》86卷 （清）孫詒讓撰 王文錦、陳玉霞點校 中華書局1987年版
55.《周禮三家佚注》1卷 （清）孫詒讓撰 光緒二十年（1894）刻本
56.《九旗古義述》1卷 （清）孫詒讓撰 光緒二十八年（1902）孫氏自刻本
57.《周禮古注集疏》13卷 （清）劉師培撰 《劉申叔先生遺書》本
58.《西漢周官師説考》2卷 （清）劉師培撰 《劉申叔先生遺書》本

59.《周禮注疏》4卷　（清）陳廷煥撰　稿本　（清）楊用霖跋
60.《周禮今注今譯》　林尹撰　臺灣商務印書館1972年版
61.《考工記譯注》　聞人軍撰　上海古籍出版社1993年版
62.《十三經辭典·周禮卷》　湯斌主編　陝西人民出版社2010年版

（二）歷代《儀禮》研究重要參考書目

1.《鄭氏婚禮》1卷　（漢）鄭衆撰　（清）馬國翰輯　《玉函山房輯佚書》本
2.《喪服經傳注》1卷　（漢）馬融撰　（清）王謨輯　《漢魏遺書鈔》本
3.《冠禮約制》1卷　（漢）何休撰　（清）馬國翰輯　《玉函山房輯佚書》本
4.《儀禮注》17卷　（漢）鄭玄撰　明嘉靖徐氏刻《三禮》本　清盛百二校
5.《喪服要集》2卷　（晉）杜預撰　（清）馬國翰輯　《玉函山房輯佚書》本
6.《儀禮注疏》17卷附《校勘記》17卷　（漢）鄭玄注　（唐）賈公彥疏　（唐）陸德明釋文　《校勘記》（清）阮元撰　《十三經注疏》本　中華書局1980年影印
7.《儀禮識誤》3卷　（宋）張淳撰　《四庫全書》本
8.《儀禮圖》17卷《儀禮旁通圖》1卷　（宋）楊復撰　元刻本　清丁丙跋
9.《儀禮集釋》30卷　（宋）李如圭撰　《四庫全書》本
10.《儀禮釋宮》1卷　（宋）李如圭撰　清鈔本
11.《儀禮集說》17卷　（元）敖繼公撰　《四庫全書》本
12.《儀禮經集注》17卷　（清）張鳳翔撰　清順治七年（1650）刻本
13.《儀禮鄭注句讀》17卷附《監本正誤》1卷《石經正誤》1卷　（清）張爾岐撰　清乾隆刻本
14.《昏禮辨正》1卷　（清）毛奇齡撰　《四庫全書存目叢書》本
15.《喪禮吾說篇》10卷　（清）毛奇齡撰　《四庫全書存目叢書》本
16.《三年服制考》1卷　（清）毛奇齡撰　《昭代叢書》（道光本）本
17.《讀禮通考》120卷　（清）徐乾學撰　稿本
18.《喪服翼注》1卷　（清）閻若璩撰　《昭代叢書》（道光本）本
19.《儀禮述注》17卷　（清）李光坡撰　《四庫全書》本
20.《儀禮析疑》17卷　（清）方苞撰　《四庫全書》本
21.《儀禮釋宮增注》1卷　（清）江永撰　《皇清經解續編》本
22.《儀禮釋例》1卷　（清）江永撰　《守山閣叢書》本
23.《儀禮章句》17卷　（清）吳廷華撰　《四庫全書》本
24.《朝廟宮室考》2卷　（清）任啓運撰　《四庫全書》本
25.《肆獻祼饋食禮》3卷　（清）任啓運撰　《四庫全書》本
26.《儀禮古義》1卷　（清）惠棟撰　《昭代叢書》（道光本）本
27.《儀禮小疏》1卷　（清）沈彤撰　《四庫全書》本

28.《儀禮管見》17卷　（清）褚寅亮撰　《皇清經解續編》本
29.《儀禮集編》40卷　（清）盛世佐撰　《四庫全書》本
30.《儀禮注疏詳校》17卷　（清）盧文弨撰　《抱經堂叢書》本
31.《儀禮器制改釋》58卷（殘存49卷 卷1—49）　（清）孔廣森撰　稿本
32.《儀禮漢讀考》1卷　（清）段玉裁撰　《皇清經解》本
33.《弁服釋例》8卷《表》1卷　（清）任大椿撰　《皇清經解》本
34.《喪服文足徵記》10卷　（清）程瑤田撰　《皇清經解》本
35.《儀禮石經校刊記》4卷　（清）阮元撰　《文選樓叢書》本
36.《儀禮學》1卷　（清）王聘珍撰　《皇清經解續編》本
37.《儀禮臆測》17卷《敘錄》1卷　（清）孔廣林撰　《孔叢伯説經五稿》本
38.《儀禮釋官》9卷　（清）胡匡衷撰　《皇清經解》本
39.《鄭氏儀禮目錄校正》1卷　（清）胡匡衷撰　《皇清經解續編》本
40.《禮經釋例》13卷《目錄》1卷　（清）淩廷堪撰　《皇清經解》本
41.《儀禮圖》6卷　（清）張惠言撰　《皇清經解續編》本
42.《讀儀禮記》2卷　（清）張惠言撰　《皇清經解續編》本
43.《儀禮今古文疏義》17卷　（清）胡承珙撰　《皇清經解續編》本
44.《儀禮今古文異同疏證》5卷　（清）徐養原撰　《皇清經解續編》本
45.《儀禮釋注》2卷　（清）丁晏撰　《頤志齋叢書》本
46.《禮經宮室答問》2卷　（清）洪頤煊撰　《傳經堂叢書》本
47.《儀禮正義》40卷　（清）胡培翬撰　段熙仲點校　江蘇古籍出版社1993年版
48.《儀禮私箋》8卷　（清）鄭珍撰　李華年點校　《鄭珍集·經學》本　貴州人民出版社1991年版
49.《儀禮平議》2卷　（清）俞樾撰　《皇清經解續編》本
50.《禮經箋》17卷　（清）王闓運撰　《湘綺樓叢書》本
51.《禮經校釋》22卷　（清）曹元弼撰　清光緒刻本
52.《禮經學》7卷　（清）曹元弼撰　清宣統元年（1909）刻本
53.《禮經舊説》17卷《補遺》1卷　（清）劉師培撰　《劉申叔先生遺書》本
54.《逸禮考》1卷　（清）劉師培撰　《劉申叔先生遺書》本
55.《喪服鄭氏學》16卷　（清）張錫恭撰　《求恕齋叢書》本
56.《武威漢簡》　陳夢家等撰　文物出版社1964年版
57.《士昏禮服飾考》　陳瑞庚撰　臺灣中華書局1971年版
58.《儀禮譯註》　楊天宇撰　上海古籍出版社1994年版
59.《儀禮全譯》　彭林撰　貴州人民出版社1997年版
60.《十三經辭典·儀禮卷》　胡大浚主編　陝西人民出版社2010年版

（三）歷代《禮記》研究重要參考書目

1. 《禮記注》1卷　（漢）馬融撰　（清）馬國翰輯　《玉函山房輯佚書》本
2. 《禮記盧氏注》1卷　（漢）盧植撰　（清）馬國翰輯　《玉函山房輯佚書》本
3. 《月令章句》1卷　（漢）蔡邕撰　（清）馬國翰輯　《玉函山房輯佚書》本
4. 《禮記注》20卷附《釋文》4卷《考異》2卷　（漢）鄭玄注　（唐）陸德明釋文　《考異》（清）張敦仁撰　清嘉慶十一年（1806）張敦仁影刻　宋淳熙四年（1177）撫州公使庫刻本
5. 《禮記王氏注》2卷　（三國魏）王肅撰　（清）馬國翰輯　《玉函山房輯佚書》本
6. 《禮記新義疏》1卷　（南朝梁）賀瑒撰　（清）馬國翰輯　《玉函山房輯佚書》本
7. 《禮記皇氏義疏》4卷　（南朝梁）皇侃撰　（清）馬國翰輯　《玉函山房輯佚書》本
8. 《禮記正義》70卷（殘存8卷　卷63—70）　（唐）孔穎達撰　《四部叢刊三編》本
9. 《附釋音禮記注疏》63卷附《校勘記》63卷　（漢）鄭玄注　（唐）孔穎達疏　（唐）陸德明釋文　《校勘記》（清）阮元撰　《十三經注疏》本　中華書局1980年影印
10. 《禮記解》14卷　（宋）胡銓撰　《胡忠簡公經解》本
11. 《月令解》12卷　（宋）張虙撰　《四庫全書》本
12. 《禮記要義》33卷　（宋）魏了翁撰　《四部叢刊續編》本
13. 《禮記集說》160卷　（宋）衛湜撰　《四庫全書》本
14. 《禮記纂言》30卷　（元）吳澄撰　《四庫全書》本
15. 《禮記集說》10卷　（元）陳澔撰　上海古籍出版社1986年影印本
16. 《禮記集說大全》30卷　（明）胡廣等輯　《四庫全書》本
17. 《深衣考》1卷　（清）黃宗羲撰　《四庫全書》本
18. 《禮記章句》49卷　（清）王夫之撰　《船山遺書》本
19. 《禮記偶箋》3卷　（清）萬斯大撰　《皇清經解續編》本
20. 《禮記析疑》46卷　（清）方苞撰　《四庫全書》本
21. 《禮記訓義擇言》8卷　（清）江永撰　《四庫全書》本
22. 《深衣考誤》1卷　（清）江永撰　《皇清經解》本
23. 《禮記集說》70卷　（清）鄭元慶撰　《吳興叢書》本
24. 《禮記章句》10卷　（清）任啓運撰　《四庫全書存目叢書》本
25. 《禮記古義》1卷　（清）惠棟撰　《昭代叢書》（道光本）本
26. 《禮記章義》10卷　（清）姜兆錫撰　《四庫全書存目叢書》本
27. 《續衛氏禮記集說》100卷　（清）杭世駿撰　清鈔本

28.《禮記注疏考證》1卷　（清）齊召南撰　《皇清經解》本
29.《深衣釋例》3卷　（清）任大椿撰　《皇清經解續編》本
30.《深衣解》1卷　（清）戴震撰　稿本　（清）姚鼐批注
31.《宗法小記》1卷　（清）程瑤田撰　《通藝錄》本
32.《撫州本禮記鄭注考異》2卷　（清）張敦仁撰　清嘉慶十一年（1806）陽城張氏摹宋撫州本
33.《禮記集解》61卷　（清）孫希旦撰　沈嘯寰、王星賢點校　中華書局1989年版
34.《禮記集說》49卷　（清）莊有可撰　商務印書館1935年影印原稿本
35.《明堂考》3卷　（清）孫星衍撰　《問經堂叢書》本
36.《禮記訓纂》49卷　（清）朱彬撰　饒欽農點校　中華書局1996年版
37.《禮記箋》49卷　（清）郝懿行撰　《郝氏遺書》本
38.《禮記合參》不分卷　（清）王引之撰　清鈔本
39.《禮記補疏》3卷　（清）焦循撰　《皇清經解》本
40.《禮記釋注》4卷　（清）丁晏撰　《頤志齋叢書》本
41.《檀弓辨誣》3卷　（清）夏炘撰　清鈔本
42.《禮記鄭讀考》6卷　（清）陳喬樅撰　《皇清經解續編》本
43.《禮記質疑》49卷　（清）郭嵩燾撰　陳戎國、鄔錫非點校　嶽麓書社1992年版
44.《禮記注疏長編》1卷　（清）劉寶楠撰　手稿本　今藏上海圖書館
45.《禮記鄭讀考》1卷　（清）俞樾撰　《皇清經解續編》本
46.《禮記異文箋》1卷　（清）俞樾撰　《皇清經解續編》本
47.《王制箋》1卷　（清）皮錫瑞撰　《師伏堂叢書》本
48.《禮記箋》46卷　（清）王闓運撰　《湘綺樓全書》本
49.《學記箋證》4卷　（清）王樹枏撰　《陶廬叢刻》本
50.《禮運注》1卷　（清）康有為撰　樓宇烈點校　中華書局1987年版
51.《禮記今注今譯》　王夢鷗撰　臺灣商務印書館1970年版
52.《禮記譯注》　楊天宇撰　上海古籍出版社1997年版
53.《十三經辭典·禮記卷》　王明倉主編　陝西人民出版社2011年版

（四）三禮綜論

1.《三禮目錄》1卷　（漢）鄭玄撰　（清）王謨輯　《漢魏遺書鈔》本
2.《三禮圖集注》20卷　（宋）聶崇義撰　《四庫全書》本
3.《禮書》150卷　（宋）陳祥道撰　《四庫全書》本
4.《郊社禘祫問》1卷　（清）毛奇齡撰　《四庫全書》本

5.《大小宗通釋》1卷 (清)毛奇齡撰 《皇清經解續編》本
6.《三禮指要》1卷 (清)陳廷敬撰 《學海類編》本
7.《學禮質疑》2卷 (清)萬斯大撰 《四庫全書》本
8.《三禮述注》71卷 (清)李光坡撰 清乾隆八年(1743)清白堂刻本
9.《禮經質疑》2卷 (清)杭世駿撰 《道古堂外集》本
10.《三禮義疏》182卷 (清)任啓運 吳紱等纂修 稿本
11.《禘說》2卷 (清)惠棟撰 《經訓堂叢書》本
12.《禮箋》3卷 (清)金榜撰 清乾隆五十九年(1794)方起泰、胡國輔刻本
13.《禮學卮言》6卷 (清)孔廣森撰 《皇清經解》本
14.《三禮義證》12卷 (清)武億撰 《授堂遺書》本
15.《禮說》4卷 (清)凌曙撰 《皇清經解》本
16.《禘祫問答》1卷 (清)胡培翬撰 《皇清經解續編》本
17.《求古錄禮說》15卷《補遺》1卷 (清)金鶚撰 《皇清經解續編》本 《補遺》1卷 《滂喜齋叢書》本
18.《佚禮扶微》5卷 (清)丁晏撰 《南菁書院叢書》本
19.《學禮管釋》1卷 (清)夏炘撰 《皇清經解續編》本
20.《三禮通釋》280卷 (清)林昌彝撰 清同治三年(1846)廣州刻本
21.《鄭康成駁正三禮考》1卷 (清)俞樾撰 《皇清經解續編》本
22.《玉珮考》1卷 (清)俞樾撰 《皇清經解續編》本
23.《九族考》1卷 (清)俞樾撰 《皇清經解續編》本
24.《禮經通論》2卷 (清)邵懿辰撰 《皇清經解續編》本
25.《禮書通故》100卷 (清)黃以周撰 清光緒十九年(1893)黃氏試館刻初印本
26.《禮說》6卷 (清)黃以周撰 清光緒二十年(1894)江蘇南菁講舍刻本
27.《三禮通論》 (清)皮錫瑞撰 思賢書局1907年刊本
28.《禮書綱目》85卷 (清)江永撰 《四庫全書》本
29.《五禮通考》262卷 (清)秦蕙田撰 《四庫全書》本
30.《釋宮小記》1卷 (清)程瑤田撰 《通藝錄》本
31.《羣經宮室圖》2卷 (清)焦循撰 《皇清經解續編》本
32.《五禮異義》不分卷 (清)黃以周撰 稿本
33.《禮議》2卷 (清)曹元忠撰 《求恕齋叢書》本
34.《讀書雜誌》82卷 (清)王念孫 江蘇古籍出版社1985年版
35.《經義述聞》32卷 (清)王引之 中華書局1998年版
36.《明堂廟寢通考》1卷 王國維撰 《雪堂叢刻》本
37.《古禮器略說》 王國維撰 《雪堂叢刻》本
38.《觀堂學禮記》 王國維講授 劉盼遂筆記 《王觀堂先生全集》本
39.《三禮名物》 吳承仕撰 臺北藝文印書館1975年版

40.《三禮通論》 曾運乾撰　湖南大學印本
41.《三禮名物通釋》 錢玄撰　江蘇古籍出版社 1987 年版
42.《三禮辭典》 錢玄、錢興奇撰　江蘇古籍出版社 1993 年版
43.《三禮研究論著提要》 王鍔編著　甘肅教育出版社 2001 年版

後　　記

　　《三禮文化辭典》經過三年的編寫已經殺青,將由商務印書館出版,這可能是我有生之年編著的最後一部辭典。然而此時我的心情平靜如止,沒有些許的漣漪,也許是"曾經滄海難爲水"吧!辭書編纂有時需要一段青春,有時則需要一輩子,而我大學之後35年時間中的主要工作之一就是辭書編纂。1975年,陝西師大中文系的領導去廣州參加會議,在會上承擔了一項國家任務:編寫"一九七五年至一九八五年編寫出一百六十種中外詞典規劃"中的一種——《古漢語虛詞用法詞典》。廣州會議之後,中文系將古漢語教研室和古代文學教研室的老師組織起來,成立了"詞典編寫組",同時抽調部分同學參加編寫工作,我當時正讀大二,有幸參與其中。當時詞典組會聚了中文系兩學科著名的學者,有古代文學專家霍松林、高海夫、劉天澤、劉學林、李劍平等先生,有語言學專家高元白、馮成林、郭子直、賈則夫、王家純、遲鐸等先生,可謂"羣賢畢至,少長咸集"。1977年7月大學畢業後,我留校加入中文系詞典編寫組,繼續參與辭書編纂工作。當時我想,這一輩子不會一直都與辭書打交道吧!誰知一念成真,自編寫完《古漢語虛詞用法詞典》之後,詞典就一部接一部,隨着任務的加重,學校亦將詞典組升格爲辭書編纂研究所;直至退休,我都沒能離開辭書編纂工作。在畢業後的35年時間裏,除了正常的教學、研究生培養工作外,我先後參與和主持編寫了十餘部辭書,且所編辭書獲獎頗豐:《常用文言虛詞詞典》,1985年獲陝西省哲學社會科學優秀成果一等獎;《古漢語虛詞用法詞典》,1988年獲全國優秀圖書獎,1989年獲北方十五省市自治區哲學社會科學優秀圖書獎,1990年獲陝西省第三次社會科學優秀成果一等獎,1995年獲首屆中國辭書三等獎;《大中學生古漢語常用多義字詞典》(副主編),1994年獲陝西省1989—1992年哲學社會科學優秀成果三等獎;《古文觀止詞典》(副主編),1998年獲陝西省第五次哲學社會科學優秀成果二等獎;《古代漢語詞典》(主編之一),2001年獲陝西省第六次哲學社會科學優秀成果三等獎。

後記

在我所參與編著的辭書中,規模最巨、難度最高、歷時最長、影響最大、最令人刻骨銘心的就是《十三經辭典》。《十三經辭典》是經國務院批准、列入國家新聞出版署"1988—2000年全國辭書編寫出版規劃"中的一種,屬於陝西省重點大型科研工程,由陝西師範大學辭書編纂研究所負責編寫。全書共十五卷,每卷分爲正文及詞語索引兩大部分,前有張岱年先生作的序,各卷概述,以及《部首檢字表》《音序檢字表》《四角號碼檢字表》,後附經書原文、歷代研究參考書目、唐開成石經拓片(縮印件),共3000餘萬字。

《十三經辭典》編寫歷時近30載,參編人員有百餘人之多,成書字數達3000餘萬,其規模、其難度、其影響在陝西省文科科研項目中可説是絶無僅有。而編寫中的甘苦,更是常人所無法體會的。近30年來,陝西師範大學《十三經辭典》編寫團隊的成員們全身心地投入到辭典編纂工作中,他們不爲名,不爲利,不求職稱之升遷,不顧他人之議論,兢兢業業埋頭讀書,認認真真逐條編寫,反復琢磨,反復修改,這種"十年磨一劍"的精神在當時經濟大潮洶湧、物慾橫流、人心浮躁的社會中更顯出它的難能可貴。辭書編纂研究所原所長、《十三經辭典》主編劉學林教授,爲此付出了艱辛的勞動:他是這一課題的發起人,他積極聯絡各地專家、學者,組織編寫隊伍,千方百計籌措編寫經費,而正當編寫工作即將全面開始之際,他却積勞成疾,過早地離開了我們,"出師未捷身先死,長使英雄淚滿襟"。辭書編纂研究所原所長、《十三經辭典》主編遲鐸教授,在香港爲詞典編寫籌措到了第一筆經費,她工作兢兢業業,踏踏實實,不爲名利,任勞任怨,即使在退休後的十餘年間,仍一直無償承擔着《十三經辭典》的編纂、審稿工作。我身爲辭書編纂研究所副所長、《十三經辭典》主編,不僅要完成所承擔的《論語》《周禮》《禮記》編寫任務,還要審閲他人稿件,負責排版校對工作,處理一切行政事務。多年來,可以説我將自己的一切時間、精力全部投入到了《十三經辭典》的編寫工作中。《尚書》主編臧振教授在辭典定稿後有這樣一段話:"嗟我同仁,十餘年來付出了驚人的勞動;辨析字義,討論分歧;'焚膏油以繼晷,恒兀兀以窮年'。今天,《十三經辭典·尚書卷》總算殺青,我們輕鬆的心情難以言表。或許,因其不算論文亦不算專著,我們自己從中得不到什麼實惠;或許因爲我們水準有限,貽笑大方之處在在皆是。然而爲了中華民族傳統文化的承傳,我們自信是做了一件實實在在的工作,上對得起師長,下對得起學生;同時也是對人類文化遺產的保護，盡了我們的一份綿力。"語言學專家何樂士先生說："成就偉大的事業需要一種崇高的精神，一種自強不息的奮鬥精神。我們從《十三經辭典》的編撰隊伍身上看到了這種精神。"正是由於《十三經辭典》編寫團隊中無數同志的奉獻和努力，我們熬過了2000年之後幾年編寫環境最艱難的一段時期，我們沒有氣餒，沒有放棄，頂住了壓力，堅持到了最後，"最後的勝利，往往在於再堅持一下的努力之中"。《十三經辭典》出版以後，在學術界引起了極大的反響。《中國語文》《古漢語研究》《辭書研究》《中華讀書報》《古籍新書報》等陸續發表文章予以介紹並加以肯定。該辭典《論語、孝經卷》《孟子卷》《毛詩卷》《春秋穀梁傳卷》2004年榮獲陝西省第七屆哲學社會科學優秀成果一等獎，《爾雅卷》《尚書卷》《周禮卷》《儀禮卷》《春秋公羊傳卷》2011年榮獲陝西省第十屆哲學社會科學優秀成果一等獎，全書2015年12月榮獲教育部第七屆高等學校科學研究（語言學）優秀成果二等獎。

目前在許多高校，編纂辭書不算科研成果，但實際上，真正的辭書編纂本身就是一種學術研究。北京大學中文系教授孫玉文認爲："編纂一部好辭書，需要收集大量資料，去粗取精，去僞存真，需要利用各學科已知條件進行推理，以解決字詞的字形、讀音、字義問題，這無疑是在從事學術研究。"他說："將辭書編纂和學術研究對立起來，是沒有學理依據的。不僅如此，任何學科門類的發展，都得仰賴辭書的成果，科學、合理地吸收辭書成果，對於相關學科的研究有積極作用。"（《辭書編纂：築高原，迎高峰》，《光明日報》2017年1月7日）

2013年底，《十三經辭典》十五卷全部出齊，辭典完成之日，正是我退休之時（感謝房喻校長爲使《十三經辭典》能夠順利完成，批准我延退一年）。人雖退休了，却有一個心結未了：這就是在編寫《十三經辭典》的過程中，深深感到"三禮"中有關禮文化的知識（詞彙），涉及面廣，難度亦大，是讀經、讀史、了解古代社會的主要障礙之一。而此類辭書，之前僅有錢玄先生的《三禮辭典》（它是研究"三禮"學者的必備之書，我們在編寫工作中獲益良多）。面對這樣的現實，當時就産生編寫一部有關"三禮"辭典的念頭。現在《十三經辭典》任務已完成，人已退休，該是實現自己願望的時候了。於是我邀遲鐸老師共同從事這項工作。《三禮文化辭典》正是我們站在巨人的肩膀上，使用我們研讀、積累的有關資料，採用通俗的語言解釋禮文化的一個嘗試。

《三禮文化辭典》爲專書、專科辭典。收錄《周禮》《儀禮》《禮記》三部專書中有關古代禮文化的專用詞、短語。本辭典有以下特點：

　　1. 收錄的詞語較多，其中單音詞2470個，複音詞語6057條。

　　2. 内容較爲豐富。我們將所收錄的詞語分爲45類，增加了避諱、養生、生態環境、災病、成語、格言等内容。

　　3. 釋義簡明通俗，所引古注繁簡得當。

　　4. 引例較爲全面。引用例證凡12642例，在各書均有此義項的情況下，每書選用一例。這樣能較全面地反映此義項的詞語在各經書中的分佈情況，且能起到相互補充完善的作用。每一書證後均有其在《十三經注疏》中的頁碼、欄次，以方便讀者核查。

　　5. 插圖多取自宋聶崇義《新定三禮圖》，凡291幅。

　　6. 辭典按部首排列，這樣做能最大限度地將同類字排在一起，方便讀者綜合對比。

　　由於水平有限，辭典中漏收、錯訛之處在所難免。但我們有信心通過不斷地修改、補充，將其打磨成精品，奉獻給讀者。在此，感謝商務印書館有關領導對本辭典出版的大力支持，感謝包詩林先生對本辭典的認真審編，同時感謝長期以來所有關心、支持《十三經辭典》的人們。

白玉林
2018年1月